Inhaltsübersicht

	Seite
Allgemeines Gleichbehandlungsgesetz (AGG)	7
Arbeitsgerichtsgesetz (ArbGG) – Auszug	21
Arbeitsschutzgesetz (ArbSchG)	22
Arbeitssicherheitsgesetz (ASiG)	36
Arbeitsstättenverordnung (ArbStättV)	43
Arbeitszeitgesetz (ArbZG)	62
Baustellenverordnung (BaustellV)	75
Betriebssicherheitsverordnung (BetrSichV)	79
Betriebsverfassungsgesetz (BetrVG) – Auszug	101
Biostoffverordnung (BioStoffV)	120
Bürgerliches Gesetzbuch (BGB) – Auszug	141
Bundesdatenschutzgesetz (BDSG) – Auszug	143
Bundeselterngeld- und Elternzeitgesetz (BEEG)	145
Bundesurlaubsgesetz (BUrlG)	167
Datenschutz-Grundverordnung (DSGVO) – Auszug	171
Druckluftverordnung (DruckluftVO)	200
Fahrpersonalgesetz (FPersG)	209
Familienpflegezeitgesetz (FPfZG)	219
Gefahrstoffverordnung (GefStoffV)	227
Gendiagnostikgesetz (GenDG)	256
Geschäftsgeheimnisgesetz (GeschGehG)	269
Heimarbeitsgesetz (HAG)	277
Infektionsschutzgesetz (IfSG) – Auszug	291
Jugendarbeitsschutzgesetz (JArbSchG)	295
Kündigungsschutzgesetz (KSchG)	316
Ladenschlussgesetz (LadSchlG)	326
Lastenhandhabungsverordnung (LasthandhabV)	334
Mindestlohngesetz (MiLoG)	336
Mutterschutzgesetz (MuSchG)	347
Nachweisgesetz (NachwG)	365
Pflegezeitgesetz (PflegeZG)	369
PSA-Benutzungsverordnung (PSA-BV)	373
Sozialgesetzbuch Neuntes Buch (SGB IX) – Auszug	375
Strahlenschutzgesetz (StrlSchG)	420
Strahlenschutzverordnung (StrlSchV)	551
Teilzeit- und Befristungsgesetz (TzBfG)	720
Unfallverhütungsvorschriften (DGUV Vorschrift 1)	728
Vermögensbildungsgesetz (5. VermBG)	738
Verordnung über den Kinderarbeitsschutz (KindArbSchV)	754
Verordnung über den Verkauf bestimmter Waren an Sonn- und Feiertagen (SonntVerkV)	756
Verordnung zur arbeitsmedizinischen Vorsorge (ArbMedVV)	757
Verordnung zur Durchführung des Betriebsverfassungsgesetzes (WO)	769
Wahlordnung Schwerbehindertenvertretungen (SchwbWO)	786

Besondere Vorschriften für den öffentlichen Dienst
Seite

1. Gesetz für die Gleichstellung von Frauen und Männern in der Bundesverwaltung und in den Gerichten des Bundes (Bundesgleichstellungsgesetz – BGleiG) 795
2. Gesetz zur Verwirklichung der Chancengleichheit von Frauen und Männern im öffentlichen Dienst in Baden-Württemberg (Chancengleichheitsgesetz – ChancenG) 814
3. Bayerisches Gesetz zur Gleichstellung von Frauen und Männern (Bayerisches Gleichstellungsgesetz – BayGlG) 828
4. Landesgleichstellungsgesetz (LGG) Berlin 836
5. Gesetz zur Gleichstellung von Frauen und Männern im öffentlichen Dienst im Land Brandenburg (Landesgleichstellungsgesetz – LGG) 849
6. Gesetz zur Gleichstellung von Frau und Mann im öffentlichen Dienst des Landes Bremen (Landesgleichstellungsgesetz) 860
7. Gesetz zur Gleichstellung von Frauen und Männern im hamburgisches öffentlichen Dienst (Gleichstellungsgesetz) 869
8. Hessisches Gesetz über die Gleichberechtigung von Frauen und Männern und zum Abbau von Diskriminierungen von Frauen in der öffentlichen Verwaltung (Hessisches Gleichberechtigungsgesetz – HGlG) 877
9. Gesetz zur Gleichstellung von Frau und Mann im öffentlichen Dienst des Landes Mecklenburg-Vorpommern (Gleichstellungsgesetz – GlG M-V) 892
10. Niedersächsisches Gleichberechtigungsgesetz (NGG) 902
11. Gesetz zur Gleichstellung von Frauen und Männern für das Land Nordrhein-Westfalen (Landesgleichstellungsgesetz – LGG) 912
12. Landesgleichstellungsgesetz (LGG) Rheinland-Pfalz 926
13. Landesgleichstellungsgesetz (LGG) Saarland 939
14. Gesetz zur Förderung und der Vereinbarkeit von Familie und Beruf im öffentlichen Dienst im Freistaat Sachsen (Sächsisches Frauenförderungsgesetz – SächsFFG) ... 954
15. Frauenfördergesetz (FrFG) Sachsen-Anhalt 961
16. Gesetz zur Gleichstellung der Frauen im öffentlichen Dienst Schleswig-Holstein (Gleichstellungsgesetz – GstG) 969
17. Thüringer Gleichstellungsgesetz (ThürGleichG) 978
18. Gesetz über die förmliche Verpflichtung nichtbeamteter Personen 993
19. Verordnung über den Mutterschutz für Beamtinnen des Bundes und die Elternzeit für Beamtinnen und Beamte des Bundes 994

Einführung

1. Aushangpflichtige Gesetze

Um den Arbeitnehmern Gelegenheit zu geben, sich über wichtige, ihnen zustehende Rechte sowie ihnen obliegende Pflichten zu informieren, ist der Arbeitgeber aufgrund verschiedener gesetzlicher Vorschriften gehalten, den Wortlaut der betreffenden Gesetze oder Verordnungen an geeigneter Stelle im Betrieb auszulegen oder auszuhängen.

Die wichtigsten Aushangverpflichtungen ergeben sich dabei aus folgenden Bestimmungen:

Allgemeines Gleichbehandlungsgesetz

Nach § 12 Abs. 5 AGG muss das Allgemeine Gleichbehandlungsgesetz sowie Informationen über die Behandlung von Beschwerden nach § 13 AGG an den dafür zuständigen Stellen im Betrieb oder der Dienststelle bekannt gemacht werden. Weiterhin müssen die nach § 13 AGG zuständigen Stellen, die für die Entgegennahme und Behandlung von Beschwerden über Benachteiligungen einzurichten sind, bekannt gemacht werden.

Arbeitszeitgesetz

Der Arbeitgeber hat einen Abdruck dieses Gesetzes, der einschlägigen Rechtsverordnungen sowie der Tarifverträge und Betriebsvereinbarungen mit abweichenden Regelungen an geeigneter Stelle im Betrieb zur Einsichtnahme auszulegen oder auszuhängen (§ 16 ArbZG).

Arbeitsschutzvorschriften

Die folgenden Arbeitsschutzvorschriften sind auszuhängen:
- Der Flucht- und Rettungsplan nach § 4 Arbeitsstätten-VO, sowie Anschrift und Telefonnummer der örtlichen Rettungsdienste (Anhang Nr. 4.3. Abs. 3)
- der vollständige Text des Strahlenschutzgesetz und der Strahlenschutz-VO (gemäß § 46 StrlSchV)
- die Betriebsanweisungen nach § 14 Abs. 1 Biostoff-VO
- Sicherheitsanweisungen nach § 21 Gentechniksicherheits-VO
- Betriebsanweisungen über gefährliche Arbeitsstoffe gemäß § 14 Abs. 1 Gefahrstoff-VO
- Vorankündigungen nach der § 2 Abs. 2 BaustellenVO
- Arzt-Anschrift und -Telefon gemäß § 3 Abs. 2 DruckluftVO

Ausnahmen vom Beschäftigungsverbot an Sonn- und Feiertagen

Wer Arbeitnehmer in der Eisen- und Stahlindustrie beschäftigt, hat einen Abdruck der Verordnung über die Ausnahmen vom Verbot der Beschäftigung von Arbeitnehmern an Sonn- und Feiertagen in der Eisen- und Stahlindustrie an geeigneter Stelle im Betrieb zur Einsicht auszulegen oder auszuhängen (§ 8 VO Eisen- und Stahlindustrie).

Wer Arbeitnehmer in der Papierindustrie beschäftigt, hat einen Abdruck der Verordnung über die Ausnahmen vom Verbot der Beschäftigung von Arbeitnehmern an Sonn- und Feiertagen in der Papierindustrie an geeigneter Stelle im Betrieb zur Einsicht auszulegen oder auszuhängen (§ 9 VO Papierindustrie).

Betriebsratswahlen

Hierbei sind zahlreiche Auslegungspflichten zu beachten, die im Wesentlichen in der Wahlordnung geregelt sind.

Betriebsvereinbarungen
Diese sind vom Arbeitgeber an geeigneter Stelle auszulegen (§ 77 Abs. 2 BetrVG).

Heimarbeit
Das Heimarbeitsgesetz enthält Vorschriften über Aushänge für Personen, die Heimarbeit ausgeben, weitergeben oder abnehmen (§§ 6, 9 HAG).

Jugendschutzgesetz
Veranstalter und Gewerbetreibende haben die nach den §§ 4 bis 13 für ihre Betriebseinrichtungen und Veranstaltungen geltenden Vorschriften sowie bei öffentlichen Filmveranstaltungen die Alterseinstufung von Filmen oder die Anbieterkennzeichnung nach § 14 Abs. 7 durch deutlich sichtbaren und gut lesbaren Aushang bekannt zu machen (§ 3 Abs. 1 JuSchG).

Jugendarbeitsschutzgesetz
Arbeitgeber, die regelmäßig mindestens einen Jugendlichen beschäftigen, haben einen Abdruck dieses Gesetzes und die Anschrift der zuständigen Aufsichtsbehörde an geeigneter Stelle im Betrieb zur Einsicht auszulegen oder auszuhängen (§ 47 JArbSchG).
Arbeitgeber, die regelmäßig mindestens 3 Jugendliche beschäftigen, haben einen Aushang über Beginn und Ende der regelmäßigen täglichen Arbeitszeit und der Pausen der Jugendlichen an geeigneter Stelle im Betrieb anzubringen (§ 48 JArbSchG).
Ist eine Ausnahme für einen Betrieb oder einen Teil des Betriebs bewilligt worden, so hat der Arbeitgeber hierüber an geeigneter Stelle im Betrieb einen Aushang anzubringen. (§ 54 Abs. 3 JArbSchG).

Ladenschlussgesetz
Ein Abdruck des Gesetzes nebst Rechtsverordnung, mit Ausnahme der Vorschriften, die Verkaufsstellen anderer Art betreffen, sind in Verkaufsstellen, in denen regelmäßig mindestens ein Arbeitnehmer beschäftigt wird, an geeigneter Stelle auszulegen oder auszuhängen (§ 21 LSchlG).

Mutterschutzgesetz
Es ist im Betrieb mit regelmäßig mehr als drei Arbeitnehmerinnen an geeigneter Stelle zur Einsicht auszulegen oder auszuhängen (§ 26 MuSchG).

Schwerbehindertenvertretung
Nach der Wahlordnung gelten vergleichbare Auslegungspflichten wie bei Betriebsratswahlen.

Sprecherausschusswahlen
Für die Wahl des Sprecherausschusses ergeben sich die Aushang- und Bekanntmachungspflichten aus der Wahlordnung zum Sprecherausschussgesetz. Die Pflichten entsprechen denen zur Wahl des Betriebsrats.

Tarifverträge
Die Arbeitgeber sind verpflichtet, die für ihren Betrieb maßgebenden Tarifverträge und rechtskräftige Beschlüsse nach § 99 ArbGG an geeigneter Stelle im Betrieb auszulegen (§ 8 TVG). Das Gleiche gilt für allgemeinverbindliche Tarifverträge (§ 9 Abs. 2 TVGVO).

Einführung

Unfallverhütung
Der Unternehmer hat die einschlägigen Unfallverhütungsvorschriften (§ 15 SGB VII) auszuhängen und seine Arbeitnehmer darüber zu unterrichten (in der Regel durch Aushang), welcher Berufsgenossenschaft und Bezirksverwaltung das Unternehmen angehört, wo deren Geschäftsstellen sind und innerhalb welcher Frist Ansprüche anzumelden sind.

Unfallversicherung
Die Arbeitgeber sind verpflichtet, die für ihren Betrieb maßgebenden Tarifverträge und rechtskräftige Beschlüsse nach § 99 ArbGG an geeigneter Stelle im Betrieb auszulegen (§ 8 TVG). Das Gleiche gilt für allgemeinverbindliche Tarifverträge (§ 9 Abs. 2 TVGVO).

Vermögensbildung
Arbeitgeber, die für die einmalige Anlage vermögenswirksamer Leistungen einen Termin bestimmen, müssen diesen in geeigneter Form bekannt geben (§ 11 Abs. 4 VermBG).

Was ist bei der Aushangpflicht zu beachten?
- Der auszulegende oder auszuhängende Text muss **leicht lesbar** sein; in gewissen Zeitabständen ist eine Erneuerung unerlässlich.
- Bekanntzumachen ist die jeweils geltende Fassung des Textes. Der Arbeitgeber muss daher laufend auf etwaige Gesetzesänderungen achten.
- Grundsätzlich genügt es, den Text in deutscher Sprache zu bringen. Bei Beschäftigung zahlreicher ausländischer Arbeitnehmer kann es jedoch die Fürsorgepflicht des Arbeitgebers gebieten, sie auch in ihrer Landessprache zu informieren. Soweit fremdsprachige Texte bei Behörden, Verbänden oder im Handel erhältlich sind, ist es dem Arbeitgeber i.d.R. zuzumuten, diese Fassungen bei den Aushängen im Betrieb zu verwenden.

Was ist Pflicht?
Verstößt der Arbeitgeber schuldhaft gegen seine Aushangpflichten, kann unter Umständen eine Vernachlässigung seiner Fürsorgepflicht vorliegen und daraus ein Schadensersatzanspruch des Arbeitnehmers erwachsen, soweit dieser Verstoß einen Schaden des Arbeitnehmers verursacht hat. Unkenntnis des Arbeitgebers ist in der Regel als Fahrlässigkeit zu werten. In den Aushanggesetzen ist zudem überwiegend geregelt, dass ein Verstoß gegen die Verpflichtung zum Aushang als Ordnungswidrigkeit mit einer Geldbuße geahndet werden kann.

2. Arbeitsschutzgesetze
Der Begriff Arbeitsschutz ist umfassend zu verstehen; als alle Maßnahmen, die dazu beitragen, Leben und Gesundheit der arbeitenden Menschen zu schützen, ihre Arbeitskraft zu erhalten und die Arbeit menschengerecht zu gestalten. Die Arbeitsschutzgesetze sind Normen in Form von öffentlich-rechtlichen Pflichten, die der Arbeitgeber beachten muss.
Arbeitszeitschutz und Arbeitssicherheit sind wichtige Säulen des betrieblichen Arbeitsschutzes. Ziel ist die Vermeidung von Arbeitsunfällen und das Geringhalten von Unfallfolgen. Darüber hinaus sind der Gesundheitsschutz und der Schutz besonderer Personengruppen Bestandteil des Arbeitsschutzes (z.B. Bundeselterngeld- und Elternzeitgesetz, Mutterschutzgesetz). Neben diesem allgemeinen Arbeitsschutz gibt es auch den sozialen Arbeitsschutz. In diesem Zusammenhang sind zu nennen das Kündigungsschutzgesetz oder das Arbeitszeitgesetz. Viele der Arbeitsschutzvorschriften sind aus den sog. Aushangpflichtigen Gesetzen abzuleiten.

Allgemeines Gleichbehandlungsgesetz (AGG)

vom 14. August 2006 (BGBl. I 2006, S. 1897)
– zuletzt geändert durch Gesetz zur Anpassung der Bundesbesoldung und -versorgung für die Jahre 2023 und 2024 sowie zur Änderung weiterer dienstrechtlicher Vorschriften (BBVAnpÄndG 2023/2024) vom 22. Dezember 2023 (BGBl I 2023, S. 1 Nr. 414)

Abschnitt 1: Allgemeiner Teil

§ 1 Ziel des Gesetzes
Ziel des Gesetzes ist, Benachteiligungen aus Gründen der Rasse oder wegen der ethnischen Herkunft, des Geschlechts, der Religion oder Weltanschauung, einer Behinderung, des Alters oder der sexuellen Identität zu verhindern oder zu beseitigen.

§ 2 Anwendungsbereich
(1) Benachteiligungen aus einem in § 1 genannten Grund sind nach Maßgabe dieses Gesetzes unzulässig in Bezug auf:
1. die Bedingungen, einschließlich Auswahlkriterien und Einstellungsbedingungen, für den Zugang zu unselbstständiger und selbstständiger Erwerbstätigkeit, unabhängig von Tätigkeitsfeld und beruflicher Position, sowie für den beruflichen Aufstieg,
2. die Beschäftigungs- und Arbeitsbedingungen einschließlich Arbeitsentgelt und Entlassungsbedingungen, insbesondere in individual- und kollektivrechtlichen Vereinbarungen und Maßnahmen bei der Durchführung und Beendigung eines Beschäftigungsverhältnisses sowie beim beruflichen Aufstieg,
3. den Zugang zu allen Formen und allen Ebenen der Berufsberatung, der Berufsbildung einschließlich der Berufsausbildung, der beruflichen Weiterbildung und der Umschulung sowie der praktischen Berufserfahrung,
4. die Mitgliedschaft und Mitwirkung in einer Beschäftigten- oder Arbeitgebervereinigung oder einer Vereinigung, deren Mitglieder einer bestimmten Berufsgruppe angehören, einschließlich der Inanspruchnahme der Leistungen solcher Vereinigungen,
5. den Sozialschutz, einschließlich der sozialen Sicherheit und der Gesundheitsdienste,
6. die sozialen Vergünstigungen,
7. die Bildung,
8. den Zugang zu und die Versorgung mit Gütern und Dienstleistungen, die der Öffentlichkeit zur Verfügung stehen, einschließlich von Wohnraum.

(2) ¹Für Leistungen nach dem Sozialgesetzbuch gelten § 33c des Ersten Buches Sozialgesetzbuch und § 19a des Vierten Buches Sozialgesetzbuch. ²Für die betriebliche Altersvorsorge gilt das Betriebsrentengesetz.
(3) ¹Die Geltung sonstiger Benachteiligungsverbote oder Gebote der Gleichbehandlung wird durch dieses Gesetz nicht berührt. ²Dies gilt auch für öffentlich-rechtliche Vorschriften, die dem Schutz bestimmter Personengruppen dienen.
(4) Für Kündigungen gelten ausschließlich die Bestimmungen zum allgemeinen und besonderen Kündigungsschutz.

§ 3 Begriffsbestimmungen
(1) ¹Eine unmittelbare Benachteiligung liegt vor, wenn eine Person wegen eines in § 1 genannten Grundes eine weniger günstige Behandlung erfährt, als eine andere Person in

einer vergleichbaren Situation erfährt, erfahren hat oder erfahren würde. ²Eine unmittelbare Benachteiligung wegen des Geschlechts liegt in Bezug auf § 2 Abs. 1 Nr. 1 bis 4 auch im Falle einer ungünstigeren Behandlung einer Frau wegen Schwangerschaft oder Mutterschaft vor.
(2) Eine mittelbare Benachteiligung liegt vor, wenn dem Anschein nach neutrale Vorschriften, Kriterien oder Verfahren Personen wegen eines in § 1 genannten Grundes gegenüber anderen Personen in besonderer Weise benachteiligen können, es sei denn, die betreffenden Vorschriften, Kriterien oder Verfahren sind durch ein rechtmäßiges Ziel sachlich gerechtfertigt und die Mittel sind zur Erreichung dieses Ziels angemessen und erforderlich.
(3) Eine Belästigung ist eine Benachteiligung, wenn unerwünschte Verhaltensweisen, die mit einem in § 1 genannten Grund in Zusammenhang stehen, bezwecken oder bewirken, dass die Würde der betreffenden Person verletzt und ein von Einschüchterungen, Anfeindungen, Erniedrigungen, Entwürdigungen oder Beleidigungen gekennzeichnetes Umfeld geschaffen wird.
(4) Eine sexuelle Belästigung ist eine Benachteiligung in Bezug auf § 2 Abs. 1 Nr. 1 bis 4, wenn ein unerwünschtes, sexuell bestimmtes Verhalten, wozu auch unerwünschte sexuelle Handlungen und Aufforderungen zu diesen, sexuell bestimmte körperliche Berührungen, Bemerkungen sexuellen Inhalts sowie unerwünschtes Zeigen und sichtbares Anbringen von pornographischen Darstellungen gehören, bezweckt oder bewirkt, dass die Würde der betreffenden Person verletzt wird, insbesondere wenn ein von Einschüchterungen, Anfeindungen, Erniedrigungen, Entwürdigungen oder Beleidigungen gekennzeichnetes Umfeld geschaffen wird.
(5) ¹Die Anweisung zur Benachteiligung einer Person aus einem in § 1 genannten Grund gilt als Benachteiligung. ²Eine solche Anweisung liegt in Bezug auf § 2 Abs. 1 Nr. 1 bis 4 insbesondere vor, wenn jemand eine Person zu einem Verhalten bestimmt, das einen Beschäftigten oder eine Beschäftigte wegen eines in § 1 genannten Grundes benachteiligt oder benachteiligen kann.

§ 4 Unterschiedliche Behandlung wegen mehrerer Gründe
Erfolgt eine unterschiedliche Behandlung wegen mehrerer der in § 1 genannten Gründe, so kann diese unterschiedliche Behandlung nach den §§ 8 bis 10 und 20 nur gerechtfertigt werden, wenn sich die Rechtfertigung auf alle diese Gründe erstreckt, derentwegen die unterschiedliche Behandlung erfolgt.

§ 5 Positive Maßnahmen
Ungeachtet der in den §§ 8 bis 10 sowie in § 20 benannten Gründe ist eine unterschiedliche Behandlung auch zulässig, wenn durch geeignete und angemessene Maßnahmen bestehende Nachteile wegen eines in § 1 genannten Grundes verhindert oder ausgeglichen werden sollen.

Abschnitt 2: Schutz der Beschäftigten vor Benachteiligung
Unterabschnitt 1 Verbot der Benachteiligung
§ 6 Persönlicher Anwendungsbereich
(1) ¹Beschäftigte im Sinne dieses Gesetzes sind
1. Arbeitnehmerinnen und Arbeitnehmer,
2. die zu ihrer Berufsbildung Beschäftigten,
3. Personen, die wegen ihrer wirtschaftlichen Unselbstständigkeit als arbeitnehmerähnliche Personen anzusehen sind; zu diesen gehören auch die in Heimarbeit Beschäftigten und die ihnen Gleichgestellten.

²Als Beschäftigte gelten auch die Bewerberinnen und Bewerber für ein Beschäftigungsverhältnis sowie die Personen, deren Beschäftigungsverhältnis beendet ist.

(2) ¹Arbeitgeber (Arbeitgeber und Arbeitgeberinnen) im Sinne dieses Abschnitts sind natürliche und juristische Personen sowie rechtsfähige Personengesellschaften, die Personen nach Absatz 1 beschäftigen. ²Werden Beschäftigte einem Dritten zur Arbeitsleistung überlassen, so gilt auch dieser als Arbeitgeber im Sinne dieses Abschnitts. ³Für die in Heimarbeit Beschäftigten und die ihnen Gleichgestellten tritt an die Stelle des Arbeitgebers der Auftraggeber oder Zwischenmeister.
(3) Soweit es die Bedingungen für den Zugang zur Erwerbstätigkeit sowie den beruflichen Aufstieg betrifft, gelten die Vorschriften dieses Abschnitts für Selbstständige und Organmitglieder, insbesondere Geschäftsführer oder Geschäftsführerinnen und Vorstände, entsprechend.

§ 7 Benachteiligungsverbot

(1) Beschäftigte dürfen nicht wegen eines in § 1 genannten Grundes benachteiligt werden; dies gilt auch, wenn die Person, die die Benachteiligung begeht, das Vorliegen eines in § 1 genannten Grundes bei der Benachteiligung nur annimmt.
(2) Bestimmungen in Vereinbarungen, die gegen das Benachteiligungsverbot des Absatzes 1 verstoßen, sind unwirksam.
(3) Eine Benachteiligung nach Absatz 1 durch Arbeitgeber oder Beschäftigte ist eine Verletzung vertraglicher Pflichten.

§ 8 Zulässige unterschiedliche Behandlung wegen beruflicher Anforderungen

(1) Eine unterschiedliche Behandlung wegen eines in § 1 genannten Grundes ist zulässig, wenn dieser Grund wegen der Art der auszuübenden Tätigkeit oder der Bedingungen ihrer Ausübung eine wesentliche und entscheidende berufliche Anforderung darstellt, sofern der Zweck rechtmäßig und die Anforderung angemessen ist.
(2) Die Vereinbarung einer geringeren Vergütung für gleiche oder gleichwertige Arbeit wegen eines in § 1 genannten Grundes wird nicht dadurch gerechtfertigt, dass wegen eines in § 1 genannten Grundes besondere Schutzvorschriften gelten.

§ 9 Zulässige unterschiedliche Behandlung wegen der Religion oder Weltanschauung

(1) Ungeachtet des § 8 ist eine unterschiedliche Behandlung wegen der Religion oder der Weltanschauung bei der Beschäftigung durch Religionsgemeinschaften, die ihnen zugeordneten Einrichtungen ohne Rücksicht auf ihre Rechtsform oder durch Vereinigungen, die sich die gemeinschaftliche Pflege einer Religion oder Weltanschauung zur Aufgabe machen, auch zulässig, wenn eine bestimmte Religion oder Weltanschauung unter Beachtung des Selbstverständnisses der jeweiligen Religionsgemeinschaft oder Vereinigung im Hinblick auf ihr Selbstbestimmungsrecht oder nach der Art der Tätigkeit eine gerechtfertigte berufliche Anforderung darstellt.
(2) Das Verbot unterschiedlicher Behandlung wegen der Religion oder der Weltanschauung berührt nicht das Recht der in Absatz 1 genannten Religionsgemeinschaften, der ihnen zugeordneten Einrichtungen ohne Rücksicht auf ihre Rechtsform oder der Vereinigungen, die sich die gemeinschaftliche Pflege einer Religion oder Weltanschauung zur Aufgabe machen, von ihren Beschäftigten ein loyales und aufrichtiges Verhalten im Sinne ihres jeweiligen Selbstverständnisses verlangen zu können.

§ 10 Zulässige unterschiedliche Behandlung wegen des Alters

¹Ungeachtet des § 8 ist eine unterschiedliche Behandlung wegen des Alters auch zulässig, wenn sie objektiv und angemessen und durch ein legitimes Ziel gerechtfertigt ist. ²Die Mittel zur Erreichung dieses Ziels müssen angemessen und erforderlich sein. ³Derartige unterschiedliche Behandlungen können insbesondere Folgendes einschließen:

1. die Festlegung besonderer Bedingungen für den Zugang zur Beschäftigung und zur beruflichen Bildung sowie besonderer Beschäftigungs- und Arbeitsbedingungen, einschließlich der Bedingungen für Entlohnung und Beendigung des Beschäftigungsverhältnisses, um die berufliche Eingliederung von Jugendlichen, älteren Beschäftigten und Personen mit Fürsorgepflichten zu fördern oder ihren Schutz sicherzustellen,
2. die Festlegung von Mindestanforderungen an das Alter, die Berufserfahrung oder das Dienstalter für den Zugang zur Beschäftigung oder für bestimmte mit der Beschäftigung verbundene Vorteile,
3. die Festsetzung eines Höchstalters für die Einstellung auf Grund der spezifischen Ausbildungsanforderungen eines bestimmten Arbeitsplatzes oder auf Grund der Notwendigkeit einer angemessenen Beschäftigungszeit vor dem Eintritt in den Ruhestand,
4. die Festsetzung von Altersgrenzen bei den betrieblichen Systemen der sozialen Sicherheit als Voraussetzung für die Mitgliedschaft oder den Bezug von Altersrente oder von Leistungen bei Invalidität einschließlich der Festsetzung unterschiedlicher Altersgrenzen im Rahmen dieser Systeme für bestimmte Beschäftigte oder Gruppen von Beschäftigten und die Verwendung von Alterskriterien im Rahmen dieser Systeme für versicherungsmathematische Berechnungen,
5. eine Vereinbarung, die die Beendigung des Beschäftigungsverhältnisses ohne Kündigung zu einem Zeitpunkt vorsieht, zu dem der oder die Beschäftigte eine Rente wegen Alters beantragen kann; § 41 des Sechsten Buches Sozialgesetzbuch bleibt unberührt,
6. Differenzierungen von Leistungen in Sozialplänen im Sinne des Betriebsverfassungsgesetzes, wenn die Parteien eine nach Alter oder Betriebszugehörigkeit gestaffelte Abfindungsregelung geschaffen haben, in der die wesentlich vom Alter abhängenden Chancen auf dem Arbeitsmarkt durch eine verhältnismäßig starke Betonung des Lebensalters erkennbar berücksichtigt worden sind, oder Beschäftigte von den Leistungen des Sozialplans ausgeschlossen haben, die wirtschaftlich abgesichert sind, weil sie, gegebenenfalls nach Bezug von Arbeitslosengeld, rentenberechtigt sind.

Unterabschnitt 2 Organisationspflichten des Arbeitgebers

§ 11 Ausschreibung
Ein Arbeitsplatz darf nicht unter Verstoß gegen § 7 Abs. 1 ausgeschrieben werden.

§ 12 Maßnahmen und Pflichten des Arbeitgebers
(1) ¹Der Arbeitgeber ist verpflichtet, die erforderlichen Maßnahmen zum Schutz vor Benachteiligungen wegen eines in § 1 genannten Grundes zu treffen. ²Dieser Schutz umfasst auch vorbeugende Maßnahmen.
(2) ¹Der Arbeitgeber soll in geeigneter Art und Weise, insbesondere im Rahmen der beruflichen Aus- und Fortbildung, auf die Unzulässigkeit solcher Benachteiligungen hinweisen und darauf hinwirken, dass diese unterbleiben. ²Hat der Arbeitgeber seine Beschäftigten in geeigneter Weise zum Zwecke der Verhinderung von Benachteiligung geschult, gilt dies als Erfüllung seiner Pflichten nach Absatz 1.
(3) Verstoßen Beschäftigte gegen das Benachteiligungsverbot des § 7 Abs. 1, so hat der Arbeitgeber die im Einzelfall geeigneten, erforderlichen und angemessenen Maßnahmen zur Unterbindung der Benachteiligung wie Abmahnung, Umsetzung, Versetzung oder Kündigung zu ergreifen.
(4) Werden Beschäftigte bei der Ausübung ihrer Tätigkeit durch Dritte nach § 7 Abs. 1 benachteiligt, so hat der Arbeitgeber die im Einzelfall geeigneten, erforderlichen und angemessenen Maßnahmen zum Schutz der Beschäftigten zu ergreifen.

(5) ¹Dieses Gesetz und § 61b des Arbeitsgerichtsgesetzes sowie Informationen über die für die Behandlung von Beschwerden nach § 13 zuständigen Stellen sind im Betrieb oder in der Dienststelle bekannt zu machen. ²Die Bekanntmachung kann durch Aushang oder Auslegung an geeigneter Stelle oder den Einsatz der im Betrieb oder der Dienststelle üblichen Informations- und Kommunikationstechnik erfolgen.

Unterabschnitt 3 Rechte der Beschäftigten

§ 13 Beschwerderecht

(1) ¹Die Beschäftigten haben das Recht, sich bei den zuständigen Stellen des Betriebs, des Unternehmens oder der Dienststelle zu beschweren, wenn sie sich im Zusammenhang mit ihrem Beschäftigungsverhältnis vom Arbeitgeber, von Vorgesetzten, anderen Beschäftigten oder Dritten wegen eines in § 1 genannten Grundes benachteiligt fühlen. ²Die Beschwerde ist zu prüfen und das Ergebnis der oder dem beschwerdeführenden Beschäftigten mitzuteilen.
(2) Die Rechte der Arbeitnehmervertretungen bleiben unberührt.

§ 14 Leistungsverweigerungsrecht

¹Ergreift der Arbeitgeber keine oder offensichtlich ungeeignete Maßnahmen zur Unterbindung einer Belästigung oder sexuellen Belästigung am Arbeitsplatz, sind die betroffenen Beschäftigten berechtigt, ihre Tätigkeit ohne Verlust des Arbeitsentgelts einzustellen, soweit dies zu ihrem Schutz erforderlich ist. ²§ 273 des Bürgerlichen Gesetzbuchs bleibt unberührt.

§ 15 Entschädigung und Schadensersatz

(1) ¹Bei einem Verstoß gegen das Benachteiligungsverbot ist der Arbeitgeber verpflichtet, den hierdurch entstandenen Schaden zu ersetzen. ²Dies gilt nicht, wenn der Arbeitgeber die Pflichtverletzung nicht zu vertreten hat.
(2) ¹Wegen eines Schadens, der nicht Vermögensschaden ist, kann der oder die Beschäftigte eine angemessene Entschädigung in Geld verlangen. ²Die Entschädigung darf bei einer Nichteinstellung drei Monatsgehälter nicht übersteigen, wenn der oder die Beschäftigte auch bei benachteiligungsfreier Auswahl nicht eingestellt worden wäre.
(3) Der Arbeitgeber ist bei der Anwendung kollektivrechtlicher Vereinbarungen nur dann zur Entschädigung verpflichtet, wenn er vorsätzlich oder grob fahrlässig handelt.
(4) ¹Ein Anspruch nach Absatz 1 oder 2 muss innerhalb einer Frist von zwei Monaten schriftlich geltend gemacht werden, es sei denn, die Tarifvertragsparteien haben etwas anderes vereinbart. ²Die Frist beginnt im Falle einer Bewerbung oder eines beruflichen Aufstiegs mit dem Zugang der Ablehnung und in den sonstigen Fällen einer Benachteiligung zu dem Zeitpunkt, in dem der oder die Beschäftigte von der Benachteiligung Kenntnis erlangt.
(5) Im Übrigen bleiben Ansprüche gegen den Arbeitgeber, die sich aus anderen Rechtsvorschriften ergeben, unberührt.
(6) Ein Verstoß des Arbeitgebers gegen das Benachteiligungsverbot des § 7 Abs. 1 begründet keinen Anspruch auf Begründung eines Beschäftigungsverhältnisses, Berufsausbildungsverhältnisses oder einen beruflichen Aufstieg, es sei denn, ein solcher ergibt sich aus einem anderen Rechtsgrund.

§ 16 Maßregelungsverbot

(1) ¹Der Arbeitgeber darf Beschäftigte nicht wegen der Inanspruchnahme von Rechten nach diesem Abschnitt oder wegen der Weigerung, eine gegen diesen Abschnitt verstoßende Anweisung auszuführen, benachteiligen. ²Gleiches gilt für Personen, die den Beschäftigten hierbei unterstützen oder als Zeuginnen oder Zeugen aussagen.

(2) ¹Die Zurückweisung oder Duldung benachteiligender Verhaltensweisen durch betroffene Beschäftigte darf nicht als Grundlage für eine Entscheidung herangezogen werden, die diese Beschäftigten berührt. ²Absatz 1 Satz 2 gilt entsprechend.
(3) § 22 gilt entsprechend.

Unterabschnitt 4 Ergänzende Vorschriften

§ 17 Soziale Verantwortung der Beteiligten
(1) Tarifvertragsparteien, Arbeitgeber, Beschäftigte und deren Vertretungen sind aufgefordert, im Rahmen ihrer Aufgaben und Handlungsmöglichkeiten an der Verwirklichung des in § 1 genannten Ziels mitzuwirken.
(2) ¹In Betrieben, in denen die Voraussetzungen des § 1 Abs. 1 Satz 1 des Betriebsverfassungsgesetzes vorliegen, können bei einem groben Verstoß des Arbeitgebers gegen Vorschriften aus diesem Abschnitt der Betriebsrat oder eine im Betrieb vertretene Gewerkschaft unter der Voraussetzung des § 23 Abs. 3 Satz 1 des Betriebsverfassungsgesetzes die dort genannten Rechte gerichtlich geltend machen; § 23 Abs. 3 Satz 2 bis 5 des Betriebsverfassungsgesetzes gilt entsprechend. ²Mit dem Antrag dürfen nicht Ansprüche des Benachteiligten geltend gemacht werden.

§ 18 Mitgliedschaft in Vereinigungen
(1) Die Vorschriften dieses Abschnitts gelten entsprechend für die Mitgliedschaft oder die Mitwirkung in einer
1. Tarifvertragspartei,
2. Vereinigung, deren Mitglieder einer bestimmten Berufsgruppe angehören oder die eine überragende Machtstellung im wirtschaftlichen oder sozialen Bereich innehat, wenn ein grundlegendes Interesse am Erwerb der Mitgliedschaft besteht,
sowie deren jeweiligen Zusammenschlüssen.
(2) Wenn die Ablehnung einen Verstoß gegen das Benachteiligungsverbot des § 7 Abs. 1 darstellt, besteht ein Anspruch auf Mitgliedschaft oder Mitwirkung in den in Absatz 1 genannten Vereinigungen.

Abschnitt 3: Schutz vor Benachteiligung im Zivilrechtsverkehr

§ 19 Zivilrechtliches Benachteiligungsverbot
(1) Eine Benachteiligung aus Gründen der Rasse oder wegen der ethnischen Herkunft, wegen des Geschlechts, der Religion, einer Behinderung, des Alters oder der sexuellen Identität bei der Begründung, Durchführung und Beendigung zivilrechtlicher Schuldverhältnisse, die
1. typischerweise ohne Ansehen der Person zu vergleichbaren Bedingungen in einer Vielzahl von Fällen zustande kommen (Massengeschäfte) oder bei denen das Ansehen der Person nach der Art des Schuldverhältnisses eine nachrangige Bedeutung hat und die zu vergleichbaren Bedingungen in einer Vielzahl von Fällen zustande kommen oder
2. eine privatrechtliche Versicherung zum Gegenstand haben,
ist unzulässig.
(2) Eine Benachteiligung aus Gründen der Rasse oder wegen der ethnischen Herkunft ist darüber hinaus auch bei der Begründung, Durchführung und Beendigung sonstiger zivilrechtlicher Schuldverhältnisse im Sinne des § 2 Abs. 1 Nr. 5 bis 8 unzulässig.
(3) Bei der Vermietung von Wohnraum ist eine unterschiedliche Behandlung im Hinblick auf die Schaffung und Erhaltung sozial stabiler Bewohnerstrukturen und ausgewogener Siedlungsstrukturen sowie ausgeglichener wirtschaftlicher, sozialer und kultureller Verhältnisse zulässig.

(4) Die Vorschriften dieses Abschnitts finden keine Anwendung auf familien- und erbrechtliche Schuldverhältnisse.
(5) ¹Die Vorschriften dieses Abschnitts finden keine Anwendung auf zivilrechtliche Schuldverhältnisse, bei denen ein besonderes Nähe- oder Vertrauensverhältnis der Parteien oder ihrer Angehörigen begründet wird. ²Bei Mietverhältnissen kann dies insbesondere der Fall sein, wenn die Parteien oder ihre Angehörigen Wohnraum auf demselben Grundstück nutzen. ³Die Vermietung von Wohnraum zum nicht nur vorübergehenden Gebrauch ist in der Regel kein Geschäft im Sinne des Absatzes 1 Nr. 1, wenn der Vermieter insgesamt nicht mehr als 50 Wohnungen vermietet.

§ 20 Zulässige unterschiedliche Behandlung

(1) ¹Eine Verletzung des Benachteiligungsverbots ist nicht gegeben, wenn für eine unterschiedliche Behandlung wegen der Religion, einer Behinderung, des Alters, der sexuellen Identität oder des Geschlechts ein sachlicher Grund vorliegt. ²Das kann insbesondere der Fall sein, wenn die unterschiedliche Behandlung
1. der Vermeidung von Gefahren, der Verhütung von Schäden oder anderen Zwecken vergleichbarer Art dient,
2. dem Bedürfnis nach Schutz der Intimsphäre oder der persönlichen Sicherheit Rechnung trägt,
3. besondere Vorteile gewährt und ein Interesse an der Durchsetzung der Gleichbehandlung fehlt,
4. an die Religion eines Menschen anknüpft und im Hinblick auf die Ausübung der Religionsfreiheit oder auf das Selbstbestimmungsrecht der Religionsgemeinschaften, der ihnen zugeordneten Einrichtungen ohne Rücksicht auf ihre Rechtsform sowie der Vereinigungen, die sich die gemeinschaftliche Pflege einer Religion zur Aufgabe machen, unter Beachtung des jeweiligen Selbstverständnisses gerechtfertigt ist.

(2) ¹Kosten im Zusammenhang mit Schwangerschaft und Mutterschaft dürfen auf keinen Fall zu unterschiedlichen Prämien oder Leistungen führen. ²Eine unterschiedliche Behandlung wegen der Religion, einer Behinderung, des Alters oder der sexuellen Identität ist im Falle des § 19 Abs. 1 Nr. 2 nur zulässig, wenn diese auf anerkannten Prinzipien risikoadäquater Kalkulation beruht, insbesondere auf einer versicherungsmathematisch ermittelten Risikobewertung unter Heranziehung statistischer Erhebungen.

§ 21 Ansprüche

(1) ¹Der Benachteiligte kann bei einem Verstoß gegen das Benachteiligungsverbot unbeschadet weiterer Ansprüche die Beseitigung der Beeinträchtigung verlangen. ²Sind weitere Beeinträchtigungen zu besorgen, so kann er auf Unterlassung klagen.
(2) ¹Bei einer Verletzung des Benachteiligungsverbots ist der Benachteiligende verpflichtet, den hierdurch entstandenen Schaden zu ersetzen. ²Dies gilt nicht, wenn der Benachteiligende die Pflichtverletzung nicht zu vertreten hat. ³Wegen eines Schadens, der nicht Vermögensschaden ist, kann der Benachteiligte eine angemessene Entschädigung in Geld verlangen.
(3) Ansprüche aus unerlaubter Handlung bleiben unberührt.
(4) Auf eine Vereinbarung, die von dem Benachteiligungsverbot abweicht, kann sich der Benachteiligende nicht berufen.
(5) ¹Ein Anspruch nach den Absätzen 1 und 2 muss innerhalb einer Frist von zwei Monaten geltend gemacht werden. ²Nach Ablauf der Frist kann der Anspruch nur geltend gemacht werden, wenn der Benachteiligte ohne Verschulden an der Einhaltung der Frist verhindert war.

Abschnitt 4: Rechtsschutz

§ 22 Beweislast
Wenn im Streitfall die eine Partei Indizien beweist, die eine Benachteiligung wegen eines in § 1 genannten Grundes vermuten lassen, trägt die andere Partei die Beweislast dafür, dass kein Verstoß gegen die Bestimmungen zum Schutz vor Benachteiligung vorgelegen hat.

§ 23 Unterstützung durch Antidiskriminierungsverbände
(1) [1]Antidiskriminierungsverbände sind Personenzusammenschlüsse, die nicht gewerbsmäßig und nicht nur vorübergehend entsprechend ihrer Satzung die besonderen Interessen von benachteiligten Personen oder Personengruppen nach Maßgabe von § 1 wahrnehmen. [2]Die Befugnisse nach den Absätzen 2 bis 4 stehen ihnen zu, wenn sie mindestens 75 Mitglieder haben oder einen Zusammenschluss aus mindestens sieben Verbänden bilden.
(2) [1]Antidiskriminierungsverbände sind befugt, im Rahmen ihres Satzungszwecks in gerichtlichen Verfahren als Beistände Benachteiligter in der Verhandlung aufzutreten. [2]Im Übrigen bleiben die Vorschriften der Verfahrensordnungen, insbesondere diejenigen, nach denen Beiständen weiterer Vortrag untersagt werden kann, unberührt.
(3) Antidiskriminierungsverbänden ist im Rahmen ihres Satzungszwecks die Besorgung von Rechtsangelegenheiten Benachteiligter gestattet.
(4) Besondere Klagerechte und Vertretungsbefugnisse von Verbänden zu Gunsten von behinderten Menschen bleiben unberührt.

Abschnitt 5: Sonderregelungen für öffentlich-rechtliche Dienstverhältnisse

§ 24 Sonderregelung für öffentlich-rechtliche Dienstverhältnisse
Die Vorschriften dieses Gesetzes gelten unter Berücksichtigung ihrer besonderen Rechtsstellung entsprechend für
1. Beamtinnen und Beamte des Bundes, der Länder, der Gemeinden, der Gemeindeverbände sowie der sonstigen der Aufsicht des Bundes oder eines Landes unterstehenden Körperschaften, Anstalten und Stiftungen des öffentlichen Rechts,
2. Richterinnen und Richter des Bundes und der Länder,
3. Zivildienstleistende sowie anerkannte Kriegsdienstverweigerer, soweit ihre Heranziehung zum Zivildienst betroffen ist.

Abschnitt 6: Antidiskriminierungsstelle des Bundes und Unabhängige Bundesbeauftragte oder Unabhängiger Bundesbeauftragter für Antidiskriminierung

§ 25 Antidiskriminierungsstelle des Bundes
(1) Beim Bundesministerium für Familie, Senioren, Frauen und Jugend wird unbeschadet der Zuständigkeit der Beauftragten des Deutschen Bundestages oder der Bundesregierung die Stelle des Bundes zum Schutz vor Benachteiligungen wegen eines in § 1 genannten Grundes (Antidiskriminierungsstelle des Bundes) errichtet.
(2) [1]Der Antidiskriminierungsstelle des Bundes ist die für die Erfüllung ihrer Aufgaben notwendige Personal- und Sachausstattung zur Verfügung zu stellen. [2]Sie ist im Einzelplan des Bundesministeriums für Familie, Senioren, Frauen und Jugend in einem eigenen Kapitel auszuweisen.
(3) Die Antidiskriminierungsstelle des Bundes wird von der oder dem Unabhängigen Bundesbeauftragten für Antidiskriminierung geleitet.

Allgemeines Gleichbehandlungsgesetz §§ 26–26c

§ 26 Wahl der oder des Unabhängigen Bundesbeauftragten für Antidiskriminierung; Anforderungen

(1) Die oder der Unabhängige Bundesbeauftragte für Antidiskriminierung wird auf Vorschlag der Bundesregierung vom Deutschen Bundestag gewählt.
(2) Über den Vorschlag stimmt der Deutsche Bundestag ohne Aussprache ab.
(3) Die vorgeschlagene Person ist gewählt, wenn für sie mehr als die Hälfte der gesetzlichen Zahl der Mitglieder des Deutschen Bundestages gestimmt hat.
(4) ¹Die oder der Unabhängige Bundesbeauftragte für Antidiskriminierung muss zur Erfüllung ihrer oder seiner Aufgaben und zur Ausübung ihrer oder seiner Befugnisse über die erforderliche Qualifikation, Erfahrung und Sachkunde insbesondere im Bereich der Antidiskriminierung verfügen. ²Insbesondere muss sie oder er über durch einschlägige Berufserfahrung erworbene Kenntnisse des Antidiskriminierungsrechts verfügen und die Befähigung für die Laufbahn des höheren nichttechnischen Verwaltungsdienstes des Bundes haben.

§ 26a Rechtsstellung der oder des Unabhängigen Bundesbeauftragten für Antidiskriminierung

(1) ¹Die oder der Unabhängige Bundesbeauftragte für Antidiskriminierung steht nach Maßgabe dieses Gesetzes in einem öffentlich-rechtlichen Amtsverhältnis zum Bund. ²Sie oder er ist bei der Ausübung ihres oder seines Amtes unabhängig und nur dem Gesetz unterworfen.
(2) Die oder der Unabhängige Bundesbeauftragte für Antidiskriminierung untersteht der Rechtsaufsicht der Bundesregierung.

§ 26b Amtszeit der oder des Unabhängigen Bundesbeauftragten für Antidiskriminierung

(1) Die Amtszeit der oder des Unabhängigen Bundesbeauftragten für Antidiskriminierung beträgt fünf Jahre.
(2) Eine einmalige Wiederwahl ist zulässig.
(3) Kommt vor Ende des Amtsverhältnisses eine Neuwahl nicht zustande, so führt die oder der bisherige Unabhängige Bundesbeauftragte für Antidiskriminierung auf Ersuchen der Bundespräsidentin oder des Bundespräsidenten die Geschäfte bis zur Neuwahl fort.

§ 26c Beginn und Ende des Amtsverhältnisses der oder des Unabhängigen Bundesbeauftragten für Antidiskriminierung; Amtseid

(1) ¹Die oder der nach § 26 Gewählte ist von der Bundespräsidentin oder dem Bundespräsidenten zu ernennen. ²Das Amtsverhältnis der oder des Unabhängigen Bundesbeauftragten für Antidiskriminierung beginnt mit der Aushändigung der Ernennungsurkunde.
(2) ¹Die oder der Unabhängige Bundesbeauftragte für Antidiskriminierung leistet vor der Bundespräsidentin oder dem Bundespräsidenten folgenden Eid: „Ich schwöre, dass ich meine Kraft dem Wohl des deutschen Volkes widmen, seinen Nutzen mehren, Schaden von ihm wenden, das Grundgesetz und die Gesetze des Bundes wahren und verteidigen, meine Pflichten gewissenhaft erfüllen und Gerechtigkeit gegen jedermann üben werde. So wahr mir Gott helfe." ²Der Eid kann auch ohne religiöse Beteuerung geleistet werden.
(3) Das Amtsverhältnis endet
1. regulär mit dem Ablauf der Amtszeit oder
2. wenn die oder der Unabhängige Bundesbeauftragte für Antidiskriminierung vorzeitig aus dem Amt entlassen wird.

(4) ¹Entlassen wird die oder der Unabhängige Bundesbeauftragte für Antidiskriminierung
1. auf eigenes Verlangen oder
2. auf Vorschlag der Bundesregierung, wenn die oder der Unabhängige Bundesbeauftragte für Antidiskriminierung eine schwere Verfehlung begangen hat oder die Voraussetzungen für die Wahrnehmung ihrer oder seiner Aufgaben nicht mehr erfüllt.
²Die Entlassung erfolgt durch die Bundespräsidentin oder den Bundespräsidenten.
(5) ¹Im Fall der Beendigung des Amtsverhältnisses vollzieht die Bundespräsidentin oder der Bundespräsident eine Urkunde. ²Die Entlassung wird mit der Aushändigung der Urkunde wirksam.

§ 26d Unerlaubte Handlungen und Tätigkeiten der oder des Unabhängigen Bundesbeauftragten für Antidiskriminierung
(1) Die oder der Unabhängige Bundesbeauftragte für Antidiskriminierung darf keine Handlungen vornehmen, die mit den Aufgaben des Amtes nicht zu vereinbaren sind.
(2) ¹Die oder der Unabhängige Bundesbeauftragte für Antidiskriminierung darf während der Amtszeit und während einer anschließenden Geschäftsführung keine anderen Tätigkeiten ausüben, die mit dem Amt nicht zu vereinbaren sind, unabhängig davon, ob es entgeltliche oder unentgeltliche Tätigkeiten sind. ²Insbesondere darf sie oder er
1. kein besoldetes Amt, kein Gewerbe und keinen Beruf ausüben,
2. nicht dem Vorstand, Aufsichtsrat oder Verwaltungsrat eines auf Erwerb gerichteten Unternehmens, nicht einer Regierung oder einer gesetzgebenden Körperschaft des Bundes oder eines Landes angehören und
3. nicht gegen Entgelt außergerichtliche Gutachten abgeben.

§ 26e Verschwiegenheitspflicht der oder des Unabhängigen Bundesbeauftragten für Antidiskriminierung
(1) ¹Die oder der Unabhängige Bundesbeauftragte für Antidiskriminierung ist verpflichtet, über die Angelegenheiten, die ihr oder ihm im Amt oder während einer anschließenden Geschäftsführung bekannt werden, Verschwiegenheit zu bewahren. ²Dies gilt nicht für Mitteilungen im dienstlichen Verkehr oder für Tatsachen, die offenkundig sind oder ihrer Bedeutung nach keiner Geheimhaltung bedürfen. ³Die oder der Unabhängige Bundesbeauftragte für Antidiskriminierung entscheidet nach pflichtgemäßem Ermessen, ob und inwieweit sie oder er über solche Angelegenheiten vor Gericht oder außergerichtlich aussagt oder Erklärungen abgibt.
(2) ¹Die Pflicht zur Verschwiegenheit gilt auch nach Beendigung des Amtsverhältnisses oder nach Beendigung einer anschließenden Geschäftsführung. ²In Angelegenheiten, für die die Pflicht zur Verschwiegenheit gilt, darf vor Gericht oder außergerichtlich nur ausgesagt werden und dürfen Erklärungen nur abgegeben werden, wenn dies die oder der amtierende Unabhängige Bundesbeauftragte für Antidiskriminierung genehmigt hat.
(3) Unberührt bleibt die Pflicht, bei einer Gefährdung der freiheitlichen demokratischen Grundordnung für deren Erhaltung einzutreten und die gesetzlich begründete Pflicht, Straftaten anzuzeigen.

§ 26f Zeugnisverweigerungsrecht der oder des Unabhängigen Bundesbeauftragten für Antidiskriminierung
(1) ¹Die oder der Unabhängige Bundesbeauftragte für Antidiskriminierung ist berechtigt, über Personen, die ihr oder ihm in ihrer oder seiner Eigenschaft als Leitung der Antidiskriminierungsstelle des Bundes Tatsachen anvertraut haben, sowie über diese Tatsachen selbst das Zeugnis zu verweigern. ²Soweit das Zeugnisverweigerungsrecht der oder des Unabhängigen Bundes-

Allgemeines Gleichbehandlungsgesetz §§ 26f–26h

beauftragten für Antidiskriminierung reicht, darf von ihr oder ihm nicht gefordert werden, Akten oder andere Dokumente vorzulegen oder herauszugeben.

(2) Das Zeugnisverweigerungsrecht gilt auch für die der oder dem Unabhängigen Bundesbeauftragten für Antidiskriminierung zugewiesenen Beschäftigten mit der Maßgabe, dass über die Ausübung dieses Rechts die oder der Unabhängige Bundesbeauftragte für Antidiskriminierung entscheidet.

§ 26g Anspruch der oder des Unabhängigen Bundesbeauftragten für Antidiskriminierung auf Amtsbezüge, Versorgung und auf andere Leistungen

(1) Die oder der Unabhängige Bundesbeauftragte für Antidiskriminierung erhält Amtsbezüge entsprechend dem Grundgehalt der Besoldungsgruppe B 6 und den Familienzuschlag entsprechend den §§ 39 bis 41 des Bundesbesoldungsgesetzes.

(2) ^{1}Der Anspruch auf die Amtsbezüge besteht für die Zeit vom ersten Tag des Monats, in dem das Amtsverhältnis beginnt, bis zum letzten Tag des Monats, in dem das Amtsverhältnis endet. ^{2}Werden die Geschäfte über das Ende des Amtsverhältnisses hinaus noch bis zur Neuwahl weitergeführt, so besteht der Anspruch für die Zeit bis zum letzten Tag des Monats, in dem die Geschäftsführung endet. ^{3}Bezieht die oder der Unabhängige Bundesbeauftragte für Antidiskriminierung für einen Zeitraum, für den sie oder er Amtsbezüge erhält, ein Einkommen aus einer Verwendung im öffentlichen Dienst, so ruht der Anspruch auf dieses Einkommen bis zur Höhe der Amtsbezüge. ^{4}Die Amtsbezüge werden monatlich im Voraus gezahlt.

(3) ^{1}Für Ansprüche auf Beihilfe und Versorgung gelten § 12 Absatz 6, die §§ 13 bis 18 und 20 des Bundesministergesetzes entsprechend mit der Maßgabe, dass an die Stelle der vierjährigen Amtszeit in § 15 Absatz 1 des Bundesministergesetzes eine Amtszeit als Unabhängige Bundesbeauftragte oder Unabhängiger Bundesbeauftragter für Antidiskriminierung von fünf Jahren tritt. ^{2}Ein Anspruch auf Übergangsgeld besteht längstens bis zum Ablauf des Monats, in dem die für Bundesbeamtinnen und Bundesbeamte geltende Regelaltersgrenze nach § 51 Absatz 1 und 2 des Bundesbeamtengesetzes vollendet wird. ^{3}Ist § 18 Absatz 2 des Bundesministergesetzes nicht anzuwenden, weil das Beamtenverhältnis einer Bundesbeamtin oder eines Bundesbeamten nach Beendigung des Amtsverhältnisses als Unabhängige Bundesbeauftragte oder Unabhängiger Bundesbeauftragter für Antidiskriminierung fortgesetzt wird, dann ist die Amtszeit als Unabhängige Bundesbeauftragte oder Unabhängiger Bundesbeauftragter für Antidiskriminierung bei der wegen Eintritt oder Versetzung der Bundesbeamtin oder des Bundesbeamten in den Ruhestand durchzuführenden Festsetzung des Ruhegehalts als ruhegehaltfähige Dienstzeit zu berücksichtigen.

(4) Die oder der Unabhängige Bundesbeauftragte für Antidiskriminierung erhält Reisekostenvergütung und Umzugskostenvergütung entsprechend den für Bundesbeamtinnen und Bundesbeamte geltenden Vorschriften.

(5) Zur Abmilderung der Folgen der gestiegenen Verbraucherpreise werden der oder dem Unabhängigen Bundesbeauftragten für Antidiskriminierung in entsprechender Anwendung des § 14 Absatz 4 bis 8 des Bundesbesoldungsgesetzes die folgenden Sonderzahlungen gewährt:
1. für den Monat Juni 2023 eine einmalige Sonderzahlung in Höhe von 1 240 Euro sowie
2. für die Monate Juli 2023 bis Februar 2024 eine monatliche Sonderzahlung in Höhe von jeweils 220 Euro.

§ 26h Verwendung der Geschenke an die Unabhängige Bundesbeauftragte oder den Unabhängigen Bundesbeauftragten für Antidiskriminierung

(1) Erhält die oder der Unabhängige Bundesbeauftragte für Antidiskriminierung ein Geschenk in Bezug auf das Amt, so muss sie oder er dies der Präsidentin oder dem Präsidenten des Deutschen Bundestages mitteilen.

(2) ¹Die Präsidentin oder der Präsident des Deutschen Bundestages entscheidet über die Verwendung des Geschenks. ²Sie oder er kann Verfahrensvorschriften erlassen.

§ 26i Berufsbeschränkung
¹Die oder der Unabhängige Bundesbeauftragte für Antidiskriminierung ist verpflichtet, eine beabsichtigte Erwerbstätigkeit oder sonstige entgeltliche Beschäftigung außerhalb des öffentlichen Dienstes, die innerhalb der ersten 18 Monate nach dem Ende der Amtszeit oder einer anschließenden Geschäftsführung aufgenommen werden soll, schriftlich oder elektronisch gegenüber der Präsidentin oder dem Präsidenten des Deutschen Bundestages anzuzeigen. ²Die Präsidentin oder der Präsident des Deutschen Bundestages kann der oder dem Unabhängigen Bundesbeauftragten für Antidiskriminierung die beabsichtigte Erwerbstätigkeit oder sonstige entgeltliche Beschäftigung untersagen, soweit zu besorgen ist, dass öffentliche Interessen beeinträchtigt werden. ³Von einer Beeinträchtigung ist insbesondere dann auszugehen, wenn die beabsichtigte Erwerbstätigkeit oder sonstige entgeltliche Beschäftigung in Angelegenheiten oder Bereichen ausgeführt werden soll, in denen die oder der Unabhängige Bundesbeauftragte für Antidiskriminierung während der Amtszeit oder einer anschließenden Geschäftsführung tätig war. ⁴Eine Untersagung soll in der Regel die Dauer von einem Jahr nach dem Ende der Amtszeit oder einer anschließenden Geschäftsführung nicht überschreiten. ⁵In Fällen der schweren Beeinträchtigung öffentlicher Interessen kann eine Untersagung auch für die Dauer von bis zu 18 Monaten ausgesprochen werden.

§ 27 Aufgaben der Antidiskriminierungsstelle des Bund
(1) ¹Wer der Ansicht ist, wegen eines in § 1 genannten Grundes benachteiligt worden zu sein, kann sich an die Antidiskriminierungsstelle des Bundes wenden. ²An die Antidiskriminierungsstelle des Bundes können sich auch Beschäftigte wenden, die der Ansicht sind, benachteiligt worden zu sein auf Grund
1. der Beantragung oder Inanspruchnahme einer Freistellung von der Arbeitsleistung oder der Anpassung der Arbeitszeit als Eltern oder pflegende Angehörige nach dem Bundeselterngeld- und Elternzeitgesetz, dem Pflegezeitgesetz oder dem Familienpflegezeitgesetz,
2. des Fernbleibens von der Arbeit nach § 2 des Pflegezeitgesetzes oder
3. der Verweigerung ihrer persönlich zu erbringenden Arbeitsleistung aus dringenden familiären Gründen nach § 275 Absatz 3 des Bürgerlichen Gesetzbuchs, wenn eine Erkrankung oder ein Unfall ihre unmittelbare Anwesenheit erforderten.

(2) ¹Die Antidiskriminierungsstelle des Bundes unterstützt auf unabhängige Weise Personen, die sich nach Absatz 1 an sie wenden, bei der Durchsetzung ihrer Rechte zum Schutz vor Benachteiligungen. ²Hierbei kann sie insbesondere
1. über Ansprüche und die Möglichkeiten des rechtlichen Vorgehens im Rahmen gesetzlicher Regelungen zum Schutz vor Benachteiligungen informieren,
2. Beratung durch andere Stellen vermitteln,
3. eine gütliche Beilegung zwischen den Beteiligten anstreben.

³Soweit Beauftragte des Deutschen Bundestages oder der Bundesregierung zuständig sind, leitet die Antidiskriminierungsstelle des Bundes die Anliegen der in Absatz 1 genannten Personen mit deren Einverständnis unverzüglich an diese weiter.

(3) Die Antidiskriminierungsstelle des Bundes nimmt auf unabhängige Weise folgende Aufgaben wahr, soweit nicht die Zuständigkeit der Beauftragten der Bundesregierung oder des Deutschen Bundestages berührt ist:
1. Öffentlichkeitsarbeit,
2. Maßnahmen zur Verhinderung von Benachteiligungen aus den in § 1 genannten Gründen sowie von Benachteiligungen von Beschäftigten gemäß Absatz 1 Satz 2,

3. Durchführung wissenschaftlicher Untersuchungen zu diesen Benachteiligungen.

(4) ¹Die Antidiskriminierungsstelle des Bundes und die in ihrem Zuständigkeitsbereich betroffenen Beauftragten der Bundesregierung und des Deutschen Bundestages legen gemeinsam dem Deutschen Bundestag alle vier Jahre Berichte über Benachteiligungen aus den in § 1 genannten Gründen sowie über Benachteiligungen von Beschäftigten gemäß Absatz 1 Satz 2 vor und geben Empfehlungen zur Beseitigung und Vermeidung dieser Benachteiligungen. ²Sie können gemeinsam wissenschaftliche Untersuchungen zu Benachteiligungen durchführen.

(5) Die Antidiskriminierungsstelle des Bundes und die in ihrem Zuständigkeitsbereich betroffenen Beauftragten der Bundesregierung und des Deutschen Bundestages sollen bei Benachteiligungen aus mehreren der in § 1 genannten Gründe zusammenarbeiten.

§ 28 Amtsbefugnisse der oder des Unabhängigen Bundesbeauftragten für Antidiskriminierung und Pflicht zur Unterstützung durch Bundesbehörden und öffentliche Stellen des Bundes

(1) ¹Die oder der Unabhängige Bundesbeauftragte für Antidiskriminierung ist bei allen Vorhaben, die ihre oder seine Aufgaben berühren, zu beteiligen. ²Die Beteiligung soll möglichst frühzeitig erfolgen. ³Sie oder er kann der Bundesregierung Vorschläge machen und Stellungnahmen zuleiten.

(2) Die oder der Unabhängige Bundesbeauftragte für Antidiskriminierung informiert die Bundesministerien – vorbehaltlich anderweitiger gesetzlicher Bestimmungen – frühzeitig in Angelegenheiten von grundsätzlicher politischer Bedeutung, soweit Aufgaben der Bundesministerien betroffen sind.

(3) In den Fällen, in denen sich eine Person wegen einer Benachteiligung an die Antidiskriminierungsstelle des Bundes gewandt hat und die Antidiskriminierungsstelle des Bundes die gütliche Beilegung zwischen den Beteiligten anstrebt, kann die oder der Unabhängige Bundesbeauftragte für Antidiskriminierung Beteiligte um Stellungnahmen ersuchen, soweit die Person, die sich an die Antidiskriminierungsstelle des Bundes gewandt hat, hierzu ihr Einverständnis erklärt.

(4) Alle Bundesministerien, sonstigen Bundesbehörden und öffentlichen Stellen im Bereich des Bundes sind verpflichtet, die Unabhängige Bundesbeauftragte oder den Unabhängigen Bundesbeauftragten für Antidiskriminierung bei der Erfüllung der Aufgaben zu unterstützen, insbesondere die erforderlichen Auskünfte zu erteilen.

§ 29 Zusammenarbeit der Antidiskriminierungsstelle des Bundes mit Nichtregierungsorganisationen und anderen Einrichtungen

Die Antidiskriminierungsstelle des Bundes soll bei ihrer Tätigkeit Nichtregierungsorganisationen sowie Einrichtungen, die auf europäischer, Bundes-, Landes- oder regionaler Ebene zum Schutz vor Benachteiligungen wegen eines in § 1 genannten Grundes tätig sind, in geeigneter Form einbeziehen.

§ 30 Beirat der Antidiskriminierungsstelle des Bundes

(1) ¹Zur Förderung des Dialogs mit gesellschaftlichen Gruppen und Organisationen, die sich den Schutz vor Benachteiligungen wegen eines in § 1 genannten Grundes zum Ziel gesetzt haben, wird der Antidiskriminierungsstelle des Bundes ein Beirat beigeordnet. ²Der Beirat berät die Antidiskriminierungsstelle des Bundes bei der Vorlage von Berichten und Empfehlungen an den Deutschen Bundestag nach § 27 Abs. 4 und kann hierzu sowie zu wissenschaftlichen Untersuchungen nach § 27 Abs. 3 Nr. 3 eigene Vorschläge unterbreiten.

(2) ¹Das Bundesministerium für Familie, Senioren, Frauen und Jugend beruft im Einvernehmen mit der oder dem Unabhängigen Bundesbeauftragten für Antidiskriminierung sowie den

entsprechend zuständigen Beauftragten der Bundesregierung oder des Deutschen Bundestages die Mitglieder dieses Beirats und für jedes Mitglied eine Stellvertretung. ²In den Beirat sollen Vertreterinnen und Vertreter gesellschaftlicher Gruppen und Organisationen sowie Expertinnen und Experten in Benachteiligungsfragen berufen werden. ³Die Gesamtzahl der Mitglieder des Beirats soll 16 Personen nicht überschreiten. ⁴Der Beirat soll zu gleichen Teilen mit Frauen und Männern besetzt sein.
(3) Der Beirat gibt sich eine Geschäftsordnung, die der Zustimmung des Bundesministeriums für Familie, Senioren, Frauen und Jugend bedarf.
(4) ¹Die Mitglieder des Beirats üben die Tätigkeit nach diesem Gesetz ehrenamtlich aus. ²Sie haben Anspruch auf Aufwandsentschädigung sowie Reisekostenvergütung, Tagegelder und Übernachtungsgelder. ³Näheres regelt die Geschäftsordnung.

Abschnitt 7: Schlussvorschriften

§ 31 Unabdingbarkeit
Von den Vorschriften dieses Gesetzes kann nicht zu Ungunsten der geschützten Personen abgewichen werden.

§ 32 Schlussbestimmung
Soweit in diesem Gesetz nicht Abweichendes bestimmt ist, gelten die allgemeinen Bestimmungen.

§ 33 Übergangsbestimmungen
(1) Bei Benachteiligungen nach den §§ 611a, 611b und 612 Abs. 3 des Bürgerlichen Gesetzbuchs oder sexuellen Belästigungen nach dem Beschäftigtenschutzgesetz ist das vor dem 18. August 2006 maßgebliche Recht anzuwenden.
(2) ¹Bei Benachteiligungen aus Gründen der Rasse oder wegen der ethnischen Herkunft sind die §§ 19 bis 21 nicht auf Schuldverhältnisse anzuwenden, die vor dem 18. August 2006 begründet worden sind. ²Satz 1 gilt nicht für spätere Änderungen von Dauerschuldverhältnissen.
(3) ¹Bei Benachteiligungen wegen des Geschlechts, der Religion, einer Behinderung, des Alters oder der sexuellen Identität sind die §§ 19 bis 21 nicht auf Schuldverhältnisse anzuwenden, die vor dem 1. Dezember 2006 begründet worden sind. ²Satz 1 gilt nicht für spätere Änderungen von Dauerschuldverhältnissen.
(4) ¹Auf Schuldverhältnisse, die eine privatrechtliche Versicherung zum Gegenstand haben, ist § 19 Abs. 1 nicht anzuwenden, wenn diese vor dem 22. Dezember 2007 begründet worden sind. ²Satz 1 gilt nicht für spätere Änderungen solcher Schuldverhältnisse.
(5) ¹Bei Versicherungsverhältnissen, die vor dem 21. Dezember 2012 begründet werden, ist eine unterschiedliche Behandlung wegen des Geschlechts im Falle des § 19 Absatz 1 Nummer 2 bei den Prämien oder Leistungen nur zulässig, wenn dessen Berücksichtigung bei einer auf relevanten und genauen versicherungsmathematischen und statistischen Daten beruhenden Risikobewertung ein bestimmender Faktor ist. ²Kosten im Zusammenhang mit Schwangerschaft und Mutterschaft dürfen auf keinen Fall zu unterschiedlichen Prämien oder Leistungen führen.

Arbeitsgerichtsgesetz (ArbGG) – Auszug
vom 3. September 1953 (BGBl. I 1953, S. 1267)

- zuletzt geändert durch Gesetz zur Umsetzung der Richtlinie (EU) 2020/1828 über Verbandsklagen zum Schutz der Kollektivinteressen der Verbraucher und zur Aufhebung der Richtlinie 2009/22/EG sowie zur Änderung des Kapitalanleger-Musterverfahrensgesetzes (Verbandsklagenrichtlinienumsetzungsgesetz – VRUG) vom 8. Oktober 2023 (BGBl I 2023, S. 1 Nr. 272)

Dritter Teil: Verfahren vor den Gerichten für Arbeitssachen
Erster Abschnitt Urteilsverfahren
ERSTER UNTERABSCHNITT Erster Rechtszug
§ 61b Klage wegen Benachteiligung
(1) Eine Klage auf Entschädigung nach § 15 des Allgemeinen Gleichbehandlungsgesetzes muss innerhalb von drei Monaten, nachdem der Anspruch schriftlich geltend gemacht worden ist, erhoben werden.
(2) [1]Machen mehrere Bewerber wegen Benachteiligung bei der Begründung eines Arbeitsverhältnisses oder beim beruflichen Aufstieg eine Entschädigung nach § 15 des Allgemeinen Gleichbehandlungsgesetzes gerichtlich geltend, so wird auf Antrag des Arbeitgebers das Arbeitsgericht, bei dem die erste Klage erhoben ist, auch für die übrigen Klagen ausschließlich zuständig. [2]Die Rechtsstreitigkeiten sind von Amts wegen an dieses Arbeitsgericht zu verweisen; die Prozesse sind zur gleichzeitigen Verhandlung und Entscheidung zu verbinden.
(3) Auf Antrag des Arbeitgebers findet die mündliche Verhandlung nicht vor Ablauf von sechs Monaten seit Erhebung der ersten Klage statt.

Gesetz über die Durchführung von Maßnahmen des Arbeitsschutzes zur Verbesserung der Sicherheit und des Gesundheitsschutzes der Beschäftigten bei der Arbeit (Arbeitsschutzgesetz – ArbSchG)

vom 7. August 1996 (BGBl. I 1996, S. 1246)

- zuletzt geändert durch Gesetz für einen besseren Schutz hinweisgebender Personen sowie zur Umsetzung der Richtlinie zum Schutz von Personen, die Verstöße gegen das Unionsrecht melden vom 31. Mai 2023 (BGBl I 2023, S. 1 Nr. 140)

Erster Abschnitt: Allgemeine Vorschriften

§ 1 Zielsetzung und Anwendungsbereich

(1) ^{1}Dieses Gesetz dient dazu, Sicherheit und Gesundheitsschutz der Beschäftigten bei der Arbeit durch Maßnahmen des Arbeitsschutzes zu sichern und zu verbessern. ^{2}Es gilt in allen Tätigkeitsbereichen und findet im Rahmen der Vorgaben des Seerechtsübereinkommens der Vereinten Nationen vom 10. Dezember 1982 (BGBl. 1994 II S. 1799) auch in der ausschließlichen Wirtschaftszone Anwendung.
(2) ^{1}Dieses Gesetz gilt nicht für den Arbeitsschutz von Hausangestellten in privaten Haushalten. ^{2}Es gilt nicht für den Arbeitsschutz von Beschäftigten auf Seeschiffen und in Betrieben, die dem Bundesberggesetz unterliegen, soweit dafür entsprechende Rechtsvorschriften bestehen.
(3) ^{1}Pflichten, die die Arbeitgeber zur Gewährleistung von Sicherheit und Gesundheitsschutz der Beschäftigten bei der Arbeit nach sonstigen Rechtsvorschriften haben, bleiben unberührt. ^{2}Satz 1 gilt entsprechend für Pflichten und Rechte der Beschäftigten. ^{3}Unberührt bleiben Gesetze, die andere Personen als Arbeitgeber zu Maßnahmen des Arbeitsschutzes verpflichten.
(4) Bei öffentlich-rechtlichen Religionsgemeinschaften treten an die Stelle der Betriebs- oder Personalräte die Mitarbeitervertretungen entsprechend dem kirchlichen Recht.

§ 2 Begriffsbestimmungen

(1) Maßnahmen des Arbeitsschutzes im Sinne dieses Gesetzes sind Maßnahmen zur Verhütung von Unfällen bei der Arbeit und arbeitsbedingten Gesundheitsgefahren einschließlich Maßnahmen der menschengerechten Gestaltung der Arbeit.
(2) Beschäftigte im Sinne dieses Gesetzes sind:
1. Arbeitnehmerinnen und Arbeitnehmer,
2. die zu ihrer Berufsbildung Beschäftigten,
3. arbeitnehmerähnliche Personen im Sinne des § 5 Abs. 1 des Arbeitsgerichtsgesetzes, ausgenommen die in Heimarbeit Beschäftigten und die ihnen Gleichgestellten,
4. Beamtinnen und Beamte,
5. Richterinnen und Richter,
6. Soldatinnen und Soldaten,
7. die in Werkstätten für Behinderte Beschäftigten.
(3) Arbeitgeber im Sinne dieses Gesetzes sind natürliche und juristische Personen und rechtsfähige Personengesellschaften, die Personen nach Absatz 2 beschäftigen.

(4) Sonstige Rechtsvorschriften im Sinne dieses Gesetzes sind Regelungen über Maßnahmen des Arbeitsschutzes in anderen Gesetzen, in Rechtsverordnungen und Unfallverhütungsvorschriften.
(5) [1]Als Betriebe im Sinne dieses Gesetzes gelten für den Bereich des öffentlichen Dienstes die Dienststellen. [2]Dienststellen sind die einzelnen Behörden, Verwaltungsstellen und Betriebe der Verwaltungen des Bundes, der Länder, der Gemeinden und der sonstigen Körperschaften, Anstalten und Stiftungen des öffentlichen Rechts, die Gerichte des Bundes und der Länder sowie die entsprechenden Einrichtungen der Streitkräfte.

Zweiter Abschnitt: Pflichten des Arbeitgebers

§ 3 Grundpflichten des Arbeitgebers

(1) [1]Der Arbeitgeber ist verpflichtet, die erforderlichen Maßnahmen des Arbeitsschutzes unter Berücksichtigung der Umstände zu treffen, die Sicherheit und Gesundheit der Beschäftigten bei der Arbeit beeinflussen. [2]Er hat die Maßnahmen auf ihre Wirksamkeit zu überprüfen und erforderlichenfalls sich ändernden Gegebenheiten anzupassen. [3]Dabei hat er eine Verbesserung von Sicherheit und Gesundheitsschutz der Beschäftigten anzustreben.
(2) Zur Planung und Durchführung der Maßnahmen nach Absatz 1 hat der Arbeitgeber unter Berücksichtigung der Art der Tätigkeiten und der Zahl der Beschäftigten
1. für eine geeignete Organisation zu sorgen und die erforderlichen Mittel bereitzustellen sowie
2. Vorkehrungen zu treffen, daß die Maßnahmen erforderlichenfalls bei allen Tätigkeiten und eingebunden in die betrieblichen Führungsstrukturen beachtet werden und die Beschäftigten ihren Mitwirkungspflichten nachkommen können.
(3) Kosten für Maßnahmen nach diesem Gesetz darf der Arbeitgeber nicht den Beschäftigten auferlegen.

§ 4 Allgemeine Grundsätze

Der Arbeitgeber hat bei Maßnahmen des Arbeitsschutzes von folgenden allgemeinen Grundsätzen auszugehen:
1. Die Arbeit ist so zu gestalten, daß eine Gefährdung für das Leben sowie die physische und die psychische Gesundheit möglichst vermieden und die verbleibende Gefährdung möglichst gering gehalten wird;
2. Gefahren sind an ihrer Quelle zu bekämpfen;
3. bei den Maßnahmen sind der Stand von Technik, Arbeitsmedizin und Hygiene sowie sonstige gesicherte arbeitswissenschaftliche Erkenntnisse zu berücksichtigen;
4. Maßnahmen sind mit dem Ziel zu planen, Technik, Arbeitsorganisation, sonstige Arbeitsbedingungen, soziale Beziehungen und Einfluß der Umwelt auf den Arbeitsplatz sachgerecht zu verknüpfen;
5. individuelle Schutzmaßnahmen sind nachrangig zu anderen Maßnahmen;
6. spezielle Gefahren für besonders schutzbedürftige Beschäftigtengruppen sind zu berücksichtigen;
7. den Beschäftigten sind geeignete Anweisungen zu erteilen;
8. mittelbar oder unmittelbar geschlechtsspezifisch wirkende Regelungen sind nur zulässig, wenn dies aus biologischen Gründen zwingend geboten ist.

§ 5 Beurteilung der Arbeitsbedingungen
(1) Der Arbeitgeber hat durch eine Beurteilung der für die Beschäftigten mit ihrer Arbeit verbundenen Gefährdung zu ermitteln, welche Maßnahmen des Arbeitsschutzes erforderlich sind.
(2) ¹Der Arbeitgeber hat die Beurteilung je nach Art der Tätigkeiten vorzunehmen. ²Bei gleichartigen Arbeitsbedingungen ist die Beurteilung eines Arbeitsplatzes oder einer Tätigkeit ausreichend.
(3) Eine Gefährdung kann sich insbesondere ergeben durch
1. die Gestaltung und die Einrichtung der Arbeitsstätte und des Arbeitsplatzes,
2. physikalische, chemische und biologische Einwirkungen,
3. die Gestaltung, die Auswahl und den Einsatz von Arbeitsmitteln, insbesondere von Arbeitsstoffen, Maschinen, Geräten und Anlagen sowie den Umgang damit,
4. die Gestaltung von Arbeits- und Fertigungsverfahren, Arbeitsabläufen und Arbeitszeit und deren Zusammenwirken,
5. unzureichende Qualifikation und Unterweisung der Beschäftigten,
6. psychische Belastungen bei der Arbeit.

§ 6 Dokumentation
(1) ¹Der Arbeitgeber muß über die je nach Art der Tätigkeiten und der Zahl der Beschäftigten erforderlichen Unterlagen verfügen, aus denen das Ergebnis der Gefährdungsbeurteilung, die von ihm festgelegten Maßnahmen des Arbeitsschutzes und das Ergebnis ihrer Überprüfung ersichtlich sind. ²Bei gleichartiger Gefährdungssituation ist es ausreichend, wenn die Unterlagen zusammengefaßte Angaben enthalten.
(2) Unfälle in seinem Betrieb, bei denen ein Beschäftigter getötet oder so verletzt wird, daß er stirbt oder für mehr als drei Tage völlig oder teilweise arbeits- oder dienstunfähig wird, hat der Arbeitgeber zu erfassen.

§ 7 Übertragung von Aufgaben
Bei der Übertragung von Aufgaben auf Beschäftigte hat der Arbeitgeber je nach Art der Tätigkeiten zu berücksichtigen, ob die Beschäftigten befähigt sind, die für die Sicherheit und den Gesundheitsschutz bei der Aufgabenerfüllung zu beachtenden Bestimmungen und Maßnahmen einzuhalten.

§ 8 Zusammenarbeit mehrerer Arbeitgeber
(1) ¹Werden Beschäftigte mehrerer Arbeitgeber an einem Arbeitsplatz tätig, sind die Arbeitgeber verpflichtet, bei der Durchführung der Sicherheits- und Gesundheitsschutzbestimmungen zusammenzuarbeiten. ²Soweit dies für die Sicherheit und den Gesundheitsschutz der Beschäftigten bei der Arbeit erforderlich ist, haben die Arbeitgeber je nach Art der Tätigkeiten insbesondere sich gegenseitig und ihre Beschäftigten über die mit den Arbeiten verbundenen Gefahren für Sicherheit und Gesundheit der Beschäftigten zu unterrichten und Maßnahmen zur Verhütung dieser Gefahren abzustimmen.
(2) Der Arbeitgeber muß sich je nach Art der Tätigkeit vergewissern, daß die Beschäftigten anderer Arbeitgeber, die in seinem Betrieb tätig werden, hinsichtlich der Gefahren für ihre Sicherheit und Gesundheit während ihrer Tätigkeit in seinem Betrieb angemessene Anweisungen erhalten haben.

§ 9 Besondere Gefahren

(1) Der Arbeitgeber hat Maßnahmen zu treffen, damit nur Beschäftigte Zugang zu besonders gefährlichen Arbeitsbereichen haben, die zuvor geeignete Anweisungen erhalten haben.
(2) ¹Der Arbeitgeber hat Vorkehrungen zu treffen, daß alle Beschäftigten, die einer unmittelbaren erheblichen Gefahr ausgesetzt sind oder sein können, möglichst frühzeitig über diese Gefahr und die getroffenen oder zu treffenden Schutzmaßnahmen unterrichtet sind. ²Bei unmittelbarer erheblicher Gefahr für die eigene Sicherheit oder die Sicherheit anderer Personen müssen die Beschäftigten die geeigneten Maßnahmen zur Gefahrenabwehr und Schadensbegrenzung selbst treffen können, wenn der zuständige Vorgesetzte nicht erreichbar ist; dabei sind die Kenntnisse der Beschäftigten und die vorhandenen technischen Mittel zu berücksichtigen. ³Den Beschäftigten dürfen aus ihrem Handeln keine Nachteile entstehen, es sei denn, sie haben vorsätzlich oder grob fahrlässig ungeeignete Maßnahmen getroffen.
(3) ¹Der Arbeitgeber hat Maßnahmen zu treffen, die es den Beschäftigten bei unmittelbarer erheblicher Gefahr ermöglichen, sich durch sofortiges Verlassen der Arbeitsplätze in Sicherheit zu bringen. ²Den Beschäftigten dürfen hierdurch keine Nachteile entstehen. ³Hält die unmittelbare erhebliche Gefahr an, darf der Arbeitgeber die Beschäftigten nur in besonders begründeten Ausnahmefällen auffordern, ihre Tätigkeit wieder aufzunehmen. ⁴Gesetzliche Pflichten der Beschäftigten zur Abwehr von Gefahren für die öffentliche Sicherheit sowie die §§ 7 und 11 des Soldatengesetzes bleiben unberührt.

§ 10 Erste Hilfe und sonstige Notfallmaßnahmen

(1) ¹Der Arbeitgeber hat entsprechend der Art der Arbeitsstätte und der Tätigkeiten sowie der Zahl der Beschäftigten die Maßnahmen zu treffen, die zur Ersten Hilfe, Brandbekämpfung und Evakuierung der Beschäftigten erforderlich sind. ²Dabei hat er der Anwesenheit anderer Personen Rechnung zu tragen. ³Er hat auch dafür zu sorgen, daß im Notfall die erforderlichen Verbindungen zu außerbetrieblichen Stellen, insbesondere in den Bereichen der Ersten Hilfe, der medizinischen Notversorgung, der Bergung und der Brandbekämpfung eingerichtet sind.
(2) ¹Der Arbeitgeber hat diejenigen Beschäftigten zu benennen, die Aufgaben der Ersten Hilfe, Brandbekämpfung und Evakuierung der Beschäftigten übernehmen. ²Anzahl, Ausbildung und Ausrüstung der nach Satz 1 benannten Beschäftigten müssen in einem angemessenen Verhältnis zur Zahl der Beschäftigten und zu den bestehenden besonderen Gefahren stehen. ³Vor der Benennung hat der Arbeitgeber den Betriebs- oder Personalrat zu hören. ⁴Weitergehende Beteiligungsrechte bleiben unberührt. ⁵Der Arbeitgeber kann die in Satz 1 genannten Aufgaben auch selbst wahrnehmen, wenn er über die nach Satz 2 erforderliche Ausbildung und Ausrüstung verfügt.

§ 11 Arbeitsmedizinische Vorsorge

Der Arbeitgeber hat den Beschäftigten auf ihren Wunsch unbeschadet der Pflichten aus anderen Rechtsvorschriften zu ermöglichen, sich je nach den Gefahren für ihre Sicherheit und Gesundheit bei der Arbeit regelmäßig arbeitsmedizinisch untersuchen zu lassen, es sei denn, auf Grund der Beurteilung der Arbeitsbedingungen und der getroffenen Schutzmaßnahmen ist nicht mit einem Gesundheitsschaden zu rechnen.

§ 12 Unterweisung

(1) ¹Der Arbeitgeber hat die Beschäftigten über Sicherheit und Gesundheitsschutz bei der Arbeit während ihrer Arbeitszeit ausreichend und angemessen zu unterweisen. ²Die Unterweisung umfaßt Anweisungen und Erläuterungen, die eigens auf den Arbeitsplatz oder den

Aufgabenbereich der Beschäftigten ausgerichtet sind. ³Die Unterweisung muß bei der Einstellung, bei Veränderungen im Aufgabenbereich, der Einführung neuer Arbeitsmittel oder einer neuen Technologie vor Aufnahme der Tätigkeit der Beschäftigten erfolgen. ⁴Die Unterweisung muß an die Gefährdungsentwicklung angepaßt sein und erforderlichenfalls regelmäßig wiederholt werden.
(2) ¹Bei einer Arbeitnehmerüberlassung trifft die Pflicht zur Unterweisung nach Absatz 1 den Entleiher. ²Er hat die Unterweisung unter Berücksichtigung der Qualifikation und der Erfahrung der Personen, die ihm zur Arbeitsleistung überlassen werden, vorzunehmen. ³Die sonstigen Arbeitsschutzpflichten des Verleihers bleiben unberührt.

§ 13 Verantwortliche Personen
(1) Verantwortlich für die Erfüllung der sich aus diesem Abschnitt ergebenden Pflichten sind neben dem Arbeitgeber
1. sein gesetzlicher Vertreter,
2. das vertretungsberechtigte Organ einer juristischen Person,
3. der vertretungsberechtigte Gesellschafter einer Personenhandelsgesellschaft,
4. Personen, die mit der Leitung eines Unternehmens oder eines Betriebes beauftragt sind, im Rahmen der ihnen übertragenen Aufgaben und Befugnisse,
5. sonstige nach Absatz 2 oder nach einer auf Grund dieses Gesetzes erlassenen Rechtsverordnung oder nach einer Unfallverhütungsvorschrift verpflichtete Personen im Rahmen ihrer Aufgaben und Befugnisse.

(2) Der Arbeitgeber kann zuverlässige und fachkundige Personen schriftlich damit beauftragen, ihm obliegende Aufgaben nach diesem Gesetz in eigener Verantwortung wahrzunehmen.

§ 14 Unterrichtung und Anhörung der Beschäftigten des öffentlichen Dienstes
(1) Die Beschäftigten des öffentlichen Dienstes sind vor Beginn der Beschäftigung und bei Veränderungen in ihren Arbeitsbereichen über Gefahren für Sicherheit und Gesundheit, denen sie bei der Arbeit ausgesetzt sein können, sowie über die Maßnahmen und Einrichtungen zur Verhütung dieser Gefahren und die nach § 10 Abs. 2 getroffenen Maßnahmen zu unterrichten.
(2) Soweit in Betrieben des öffentlichen Dienstes keine Vertretung der Beschäftigten besteht, hat der Arbeitgeber die Beschäftigten zu allen Maßnahmen zu hören, die Auswirkungen auf Sicherheit und Gesundheit der Beschäftigten haben können.

Dritter Abschnitt: Pflichten und Rechte der Beschäftigten

§ 15 Pflichten der Beschäftigten
(1) ¹Die Beschäftigten sind verpflichtet, nach ihren Möglichkeiten sowie gemäß der Unterweisung und Weisung des Arbeitgebers für ihre Sicherheit und Gesundheit bei der Arbeit Sorge zu tragen. ²Entsprechend Satz 1 haben die Beschäftigten auch für die Sicherheit und Gesundheit der Personen zu sorgen, die von ihren Handlungen oder Unterlassungen bei der Arbeit betroffen sind.
(2) Im Rahmen des Absatzes 1 haben die Beschäftigten insbesondere Maschinen, Geräte, Werkzeuge, Arbeitsstoffe, Transportmittel und sonstige Arbeitsmittel sowie Schutzvorrichtungen und die ihnen zur Verfügung gestellte persönliche Schutzausrüstung bestimmungsgemäß zu verwenden.

§ 16 Besondere Unterstützungspflichten

(1) Die Beschäftigten haben dem Arbeitgeber oder dem zuständigen Vorgesetzten jede von ihnen festgestellte unmittelbare erhebliche Gefahr für die Sicherheit und Gesundheit sowie jeden an den Schutzsystemen festgestellten Defekt unverzüglich zu melden.
(2) [1]Die Beschäftigten haben gemeinsam mit dem Betriebsarzt und der Fachkraft für Arbeitssicherheit den Arbeitgeber darin zu unterstützen, die Sicherheit und den Gesundheitsschutz der Beschäftigten bei der Arbeit zu gewährleisten und seine Pflichten entsprechend der behördlichen Auflagen zu erfüllen. [2]Unbeschadet ihrer Pflicht nach Absatz 1 sollen die Beschäftigten von ihnen festgestellte Gefahren für Sicherheit und Gesundheit und Mängel an den Schutzsystemen auch der Fachkraft für Arbeitssicherheit, dem Betriebsarzt oder dem Sicherheitsbeauftragten nach § 22 des Siebten Buches Sozialgesetzbuch mitteilen.

§ 17 Rechte der Beschäftigten

(1) [1]Die Beschäftigten sind berechtigt, dem Arbeitgeber Vorschläge zu allen Fragen der Sicherheit und des Gesundheitsschutzes bei der Arbeit zu machen. [2]Für Beamtinnen und Beamte des Bundes ist § 125 des Bundesbeamtengesetzes anzuwenden. [3]Entsprechendes Landesrecht bleibt unberührt.
(2) [1]Sind Beschäftigte auf Grund konkreter Anhaltspunkte der Auffassung, daß die vom Arbeitgeber getroffenen Maßnahmen und bereitgestellten Mittel nicht ausreichen, um die Sicherheit und den Gesundheitsschutz bei der Arbeit zu gewährleisten, und hilft der Arbeitgeber darauf gerichteten Beschwerden von Beschäftigten nicht ab, können sich diese an die zuständige Behörde wenden. [2]Hierdurch dürfen den Beschäftigten keine Nachteile entstehen. [3]Die in Absatz 1 Satz 2 und 3 genannten Vorschriften sowie die Vorschriften des Hinweisgeberschutzgesetzes, der Wehrbeschwerdeordnung und des Gesetzes über den Wehrbeauftragten des Deutschen Bundestages bleiben unberührt.

Vierter Abschnitt: Verordnungsermächtigungen

§ 18 Verordnungsermächtigungen

(1) [1]Die Bundesregierung wird ermächtigt, durch Rechtsverordnung mit Zustimmung des Bundesrates vorzuschreiben, welche Maßnahmen der Arbeitgeber und die sonstigen verantwortlichen Personen zu treffen haben und wie sich die Beschäftigten zu verhalten haben, um ihre jeweiligen Pflichten, die sich aus diesem Gesetz ergeben, zu erfüllen. [2]In diesen Rechtsverordnungen kann auch bestimmt werden, daß bestimmte Vorschriften des Gesetzes zum Schutz anderer als in § 2 Abs. 2 genannter Personen anzuwenden sind.
(2) Durch Rechtsverordnungen nach Absatz 1 kann insbesondere bestimmt werden,
1. daß und wie zur Abwehr bestimmter Gefahren Dauer oder Lage der Beschäftigung oder die Zahl der Beschäftigten begrenzt werden muß,
2. daß der Einsatz bestimmter Arbeitsmittel oder -verfahren mit besonderen Gefahren für die Beschäftigten verboten ist oder der zuständigen Behörde angezeigt oder von ihr erlaubt sein muß oder besonders gefährdete Personen dabei nicht beschäftigt werden dürfen,
3. daß bestimmte, besonders gefährliche Betriebsanlagen einschließlich der Arbeits- und Fertigungsverfahren vor Inbetriebnahme, in regelmäßigen Abständen oder auf behördliche Anordnung fachkundig geprüft werden müssen,
3a. dass für bestimmte Beschäftigte angemessene Unterkünfte bereitzustellen sind, wenn dies aus Gründen der Sicherheit, zum Schutz der Gesundheit oder aus Gründen der menschengerechten Gestaltung der Arbeit erforderlich ist und welche Anforderungen dabei zu erfüllen sind,

4. daß Beschäftigte, bevor sie eine bestimmte gefährdende Tätigkeit aufnehmen oder fortsetzen oder nachdem sie sie beendet haben, arbeitsmedizinisch zu untersuchen sind und welche besonderen Pflichten der Arzt dabei zu beachten hat,
5. dass Ausschüsse zu bilden sind, denen die Aufgabe übertragen wird, die Bundesregierung oder das zuständige Bundesministerium zur Anwendung der Rechtsverordnungen zu beraten, dem Stand der Technik, Arbeitsmedizin und Hygiene entsprechende Regeln und sonstige gesicherte arbeitswissenschaftliche Erkenntnisse zu ermitteln sowie Regeln zu ermitteln, wie die in den Rechtsverordnungen gestellten Anforderungen erfüllt werden können. ²Das Bundesministerium für Arbeit und Soziales kann die Regeln und Erkenntnisse amtlich bekannt machen.`

(3) ¹In epidemischen Lagen von nationaler Tragweite nach § 5 Absatz 1 des Infektionsschutzgesetzes kann das Bundesministerium für Arbeit und Soziales ohne Zustimmung des Bundesrates spezielle Rechtsverordnungen nach Absatz 1 für einen befristeten Zeitraum erlassen. ²Das Bundesministerium für Arbeit und Soziales kann ohne Zustimmung des Bundesrates durch Rechtsverordnung für einen befristeten Zeitraum, der spätestens mit Ablauf des 7. April 2023 endet,
1. bestimmen, dass spezielle Rechtsverordnungen nach Satz 1 nach Aufhebung der Feststellung der epidemischen Lage von nationaler Tragweite nach § 5 Absatz 1 des Infektionsschutzgesetzes fortgelten, und diese ändern sowie
2. spezielle Rechtsverordnungen nach Absatz 1 erlassen.

§ 19 Rechtsakte der Europäischen Gemeinschaften und zwischenstaatliche Vereinbarungen

Rechtsverordnungen nach § 18 können auch erlassen werden, soweit dies zur Durchführung von Rechtsakten des Rates oder der Kommission der Europäischen Gemeinschaften oder von Beschlüssen internationaler Organisationen oder von zwischenstaatlichen Vereinbarungen, die Sachbereiche dieses Gesetzes betreffen, erforderlich ist, insbesondere um Arbeitsschutzpflichten für andere als in § 2 Abs. 3 genannte Personen zu regeln.

§ 20 Regelungen für den öffentlichen Dienst

(1) Für die Beamten der Länder, Gemeinden und sonstigen Körperschaften, Anstalten und Stiftungen des öffentlichen Rechts regelt das Landesrecht, ob und inwieweit die nach § 18 erlassenen Rechtsverordnungen gelten.

(2) ¹Für bestimmte Tätigkeiten im öffentlichen Dienst des Bundes, insbesondere bei der Bundeswehr, der Polizei, den Zivil- und Katastrophenschutzdiensten, dem Zoll oder den Nachrichtendiensten, können das Bundeskanzleramt, das Bundesministerium des Innern, für Bau und Heimat, das Bundesministerium für Verkehr und digitale Infrastruktur, das Bundesministerium der Verteidigung oder das Bundesministerium der Finanzen, soweit sie hierfür jeweils zuständig sind, durch Rechtsverordnung ohne Zustimmung des Bundesrates bestimmen, daß Vorschriften dieses Gesetzes ganz oder zum Teil nicht anzuwenden sind, soweit öffentliche Belange dies zwingend erfordern, insbesondere zur Aufrechterhaltung oder Wiederherstellung der öffentlichen Sicherheit. ²Rechtsverordnungen nach Satz 1 werden im Einvernehmen mit dem Bundesministerium für Arbeit und Soziales und, soweit nicht das Bundesministerium des Innern, für Bau und Heimat selbst ermächtigt ist, im Einvernehmen mit diesem Ministerium erlassen. ³In den Rechtsverordnungen ist gleichzeitig festzulegen, wie die Sicherheit und der Gesundheitsschutz bei der Arbeit unter Berücksichtigung der Ziele dieses Gesetzes auf andere Weise gewährleistet werden. ⁴Für Tätigkeiten im öffentlichen Dienst der Länder, Gemeinden und sonstigen landesunmittelbaren Körperschaften, Anstalten und Stiftungen des öffentlichen Rechts können den Sätzen 1 und 3 entsprechende Regelungen durch Landesrecht getroffen werden.

Fünfter Abschnitt: Gemeinsame deutsche Arbeitsschutzstrategie

§ 20a Gemeinsame deutsche Arbeitsschutzstrategie

(1) [1]Nach den Bestimmungen dieses Abschnitts entwickeln Bund, Länder und Unfallversicherungsträger im Interesse eines wirksamen Arbeitsschutzes eine gemeinsame deutsche Arbeitsschutzstrategie und gewährleisten ihre Umsetzung und Fortschreibung. [2]Mit der Wahrnehmung der ihnen gesetzlich zugewiesenen Aufgaben zur Verhütung von Arbeitsunfällen, Berufskrankheiten und arbeitsbedingten Gesundheitsgefahren sowie zur menschengerechten Gestaltung der Arbeit tragen Bund, Länder und Unfallversicherungsträger dazu bei, die Ziele der gemeinsamen deutschen Arbeitsschutzstrategie zu erreichen.
(2) Die gemeinsame deutsche Arbeitsschutzstrategie umfasst
1. die Entwicklung gemeinsamer Arbeitsschutzziele,
2. die Festlegung vorrangiger Handlungsfelder und von Eckpunkten für Arbeitsprogramme sowie deren Ausführung nach einheitlichen Grundsätzen,
3. die Evaluierung der Arbeitsschutzziele, Handlungsfelder und Arbeitsprogramme mit geeigneten Kennziffern,
4. die Festlegung eines abgestimmten Vorgehens der für den Arbeitsschutz zuständigen Landesbehörden und der Unfallversicherungsträger bei der Beratung und Überwachung der Betriebe,
5. die Herstellung eines verständlichen, überschaubaren und abgestimmten Vorschriften- und Regelwerks.

§ 20b Nationale Arbeitsschutzkonferenz

(1) [1]Die Aufgabe der Entwicklung, Steuerung und Fortschreibung der gemeinsamen deutschen Arbeitsschutzstrategie nach § 20a Abs. 1 Satz 1 wird von der Nationalen Arbeitsschutzkonferenz wahrgenommen. [2]Sie setzt sich aus jeweils drei stimmberechtigten Vertretern von Bund, Ländern und den Unfallversicherungsträgern zusammen und bestimmt für jede Gruppe drei Stellvertreter. [3]Außerdem entsenden die Spitzenorganisationen der Arbeitgeber und Arbeitnehmer für die Behandlung von Angelegenheiten nach § 20a Abs. 2 Nr. 1 bis 3 und 5 jeweils bis zu drei Vertreter in die Nationale Arbeitsschutzkonferenz; sie nehmen mit beratender Stimme an den Sitzungen teil. [4]Die Nationale Arbeitsschutzkonferenz gibt sich eine Geschäftsordnung; darin werden insbesondere die Arbeitsweise und das Beschlussverfahren festgelegt. [5]Die Geschäftsordnung muss einstimmig angenommen werden.
(2) Alle Einrichtungen, die mit Sicherheit und Gesundheit bei der Arbeit befasst sind, können der Nationalen Arbeitsschutzkonferenz Vorschläge für Arbeitsschutzziele, Handlungsfelder und Arbeitsprogramme unterbreiten.
(3) [1]Die Nationale Arbeitsschutzkonferenz wird durch ein Arbeitsschutzforum unterstützt, das in der Regel einmal jährlich stattfindet. [2]Am Arbeitsschutzforum sollen sachverständige Vertreter der Spitzenorganisationen der Arbeitgeber und Arbeitnehmer, der Berufs- und Wirtschaftsverbände, der Wissenschaft, der Kranken- und Rentenversicherungsträger, von Einrichtungen im Bereich Sicherheit und Gesundheit bei der Arbeit sowie von Einrichtungen, die der Förderung der Beschäftigungsfähigkeit dienen, teilnehmen. [3]Das Arbeitsschutzforum hat die Aufgabe, eine frühzeitige und aktive Teilhabe der sachverständigen Fachöffentlichkeit an der Entwicklung und Fortschreibung der gemeinsamen deutschen Arbeitsschutzstrategie sicherzustellen und die Nationale Arbeitsschutzkonferenz entsprechend zu beraten.
(4) Einzelheiten zum Verfahren der Einreichung von Vorschlägen nach Absatz 2 und zur Durchführung des Arbeitsschutzforums nach Absatz 3 werden in der Geschäftsordnung der Nationalen Arbeitsschutzkonferenz geregelt.

(5) ¹Die Geschäfte der Nationalen Arbeitsschutzkonferenz und des Arbeitsschutzforums führt die Bundesanstalt für Arbeitsschutz und Arbeitsmedizin. ²Einzelheiten zu Arbeitsweise und Verfahren werden in der Geschäftsordnung der Nationalen Arbeitsschutzkonferenz festgelegt.

Sechster Abschnitt: Schlußvorschriften

§ 21 Zuständige Behörden; Zusammenwirken mit den Trägern der gesetzlichen Unfallversicherung

(1) ¹Die Überwachung des Arbeitsschutzes nach diesem Gesetz ist staatliche Aufgabe. ²Die zuständigen Behörden haben die Einhaltung dieses Gesetzes und der auf Grund dieses Gesetzes erlassenen Rechtsverordnungen zu überwachen und die Arbeitgeber bei der Erfüllung ihrer Pflichten zu beraten. ³Bei der Überwachung haben die zuständigen Behörden bei der Auswahl von Betrieben Art und Umfang des betrieblichen Gefährdungspotenzials zu berücksichtigen.

(1a) ¹Die zuständigen Landesbehörden haben bei der Überwachung nach Absatz 1 sicherzustellen, dass im Laufe eines Kalenderjahres eine Mindestanzahl an Betrieben besichtigt wird. ²Beginnend mit dem Kalenderjahr 2026 sind im Laufe eines Kalenderjahres mindestens 5 Prozent der im Land vorhandenen Betriebe zu besichtigen (Mindestbesichtigungsquote). ³Von der Mindestbesichtigungsquote kann durch Landesrecht nicht abgewichen werden. ⁴Erreicht eine Landesbehörde die Mindestbesichtigungsquote nicht, so hat sie die Zahl der besichtigten Betriebe bis zum Kalenderjahr 2026 schrittweise mindestens so weit zu erhöhen, dass sie die Mindestbesichtigungsquote erreicht. ⁵Maßgeblich für die Anzahl der im Land vorhandenen Betriebe ist die amtliche Statistik der Bundesagentur für Arbeit des Vorjahres.

(2) ¹Die Aufgaben und Befugnisse der Träger der gesetzlichen Unfallversicherung richten sich, soweit nichts anderes bestimmt ist, nach den Vorschriften des Sozialgesetzbuchs. ²Soweit die Träger der gesetzlichen Unfallversicherung nach dem Sozialgesetzbuch im Rahmen ihres Präventionsauftrags auch Aufgaben zur Gewährleistung von Sicherheit und Gesundheitsschutz der Beschäftigten wahrnehmen, werden sie ausschließlich im Rahmen ihrer autonomen Befugnisse tätig.

(3) ¹Die zuständigen Landesbehörden und die Unfallversicherungsträger wirken auf der Grundlage einer gemeinsamen Beratungs- und Überwachungsstrategie nach § 20a Abs. 2 Nr. 4 eng zusammen und stellen den Erfahrungsaustausch sicher. ²Diese Strategie umfasst die Abstimmung allgemeiner Grundsätze zur methodischen Vorgehensweise bei
1. der Beratung und Überwachung der Betriebe,
2. der Festlegung inhaltlicher Beratungs- und Überwachungsschwerpunkte, aufeinander abgestimmter oder gemeinsamer Schwerpunktaktionen und Arbeitsprogramme und
3. der Förderung eines Daten- und sonstigen Informationsaustausches, insbesondere über Betriebsbesichtigungen und deren wesentliche Ergebnisse.

³Die zuständigen Landesbehörden vereinbaren mit den Unfallversicherungsträgern nach § 20 Abs. 2 Satz 3 des Siebten Buches Sozialgesetzbuch die Maßnahmen, die zur Umsetzung der gemeinsamen Arbeitsprogramme nach § 20a Abs. 2 Nr. 2 und der gemeinsamen Beratungs- und Überwachungsstrategie notwendig sind; sie evaluieren deren Zielerreichung mit den von der Nationalen Arbeitsschutzkonferenz nach § 20a Abs. 2 Nr. 3 bestimmten Kennziffern.

(3a) ¹Zu nach dem 1. Januar 2023 durchgeführten Betriebsbesichtigungen und deren Ergebnissen übermitteln die für den Arbeitsschutz zuständigen Landesbehörden an den für

die besichtigte Betriebsstätte zuständigen Unfallversicherungsträger im Wege elektronischer Datenübertragung folgende Informationen:
1. Name und Anschrift des Betriebs,
2. Anschrift der besichtigten Betriebsstätte, soweit nicht mit Nummer 1 identisch,
3. Kennnummer zur Identifizierung,
4. Wirtschaftszweig des Betriebs,
5. Datum der Besichtigung,
6. Anzahl der Beschäftigten zum Zeitpunkt der Besichtigung,
7. Vorhandensein einer betrieblichen Interessenvertretung,
8. Art der sicherheitstechnischen Betreuung,
9. Art der betriebsärztlichen Betreuung,
10. Bewertung der Arbeitsschutzorganisation einschließlich
    a) der Unterweisung,
    b) der arbeitsmedizinischen Vorsorge und
    c) der Ersten Hilfe und sonstiger Notfallmaßnahmen,.
11. Bewertung der Gefährdungsbeurteilung einschließlich
    a) der Ermittlung von Gefährdungen und Festlegung von Maßnahmen,
    b) der Prüfung der Umsetzung der Maßnahmen und ihrer Wirksamkeit und
    c) der Dokumentation der Gefährdungen und Maßnahmen,
12. Verwaltungshandeln in Form von Feststellungen, Anordnungen oder Bußgeldern.
²Die übertragenen Daten dürfen von den Unfallversicherungsträgern nur zur Erfüllung der in ihrer Zuständigkeit nach § 17 Absatz 1 des Siebten Buches Sozialgesetzbuch liegenden Aufgaben verarbeitet werden.
(4) ¹Die für den Arbeitsschutz zuständige oberste Landesbehörde kann mit Trägern der gesetzlichen Unfallversicherung vereinbaren, daß diese in näher zu bestimmenden Tätigkeitsbereichen die Einhaltung dieses Gesetzes, bestimmter Vorschriften dieses Gesetzes oder der auf Grund dieses Gesetzes erlassenen Rechtsverordnungen überwachen. ²In der Vereinbarung sind Art und Umfang der Überwachung sowie die Zusammenarbeit mit den staatlichen Arbeitsschutzbehörden festzulegen.
(5) ¹Soweit nachfolgend nichts anderes bestimmt ist, ist zuständige Behörde für die Durchführung dieses Gesetzes und der auf dieses Gesetz gestützten Rechtsverordnungen in den Betrieben und Verwaltungen des Bundes die Zentralstelle für Arbeitsschutz beim Bundesministerium des Innern, für Bau und Heimat. ²Im Auftrag der Zentralstelle handelt, soweit nichts anderes bestimmt ist, die Unfallversicherung Bund und Bahn, die insoweit der Aufsicht des Bundesministeriums des Innern, für Bau und Heimat unterliegt; Aufwendungen werden nicht erstattet. ³Im öffentlichen Dienst im Geschäftsbereich des Bundesministeriums für Verkehr und digitale Infrastruktur führt die Unfallversicherung Bund und Bahn, soweit die Eisenbahn-Unfallkasse bis zum 31. Dezember 2014 Träger der Unfallversicherung war, dieses Gesetz durch. ⁴Für Betriebe und Verwaltungen in den Geschäftsbereichen des Bundesministeriums der Verteidigung und des Auswärtigen Amtes hinsichtlich seiner Auslandsvertretungen führt das jeweilige Bundesministerium, soweit es jeweils zuständig ist, oder die von ihm jeweils bestimmte Stelle dieses Gesetz durch. ⁵Im Geschäftsbereich des Bundesministeriums der Finanzen führt die Berufsgenossenschaft Verkehrswirtschaft Post-Logistik Telekommunikation dieses Gesetz durch, soweit der Geschäftsbereich des ehemaligen Bundesministeriums für Post und Telekommunikation betroffen ist. ⁶Die Sätze 1 bis 4 gelten auch für Betriebe und Verwaltungen, die zur Bundesverwaltung gehören, für die aber eine Berufsgenossenschaft Träger der Unfallversicherung ist. ⁷Die zuständigen Bundesministerien können mit den Berufsgenossenschaften für diese Betriebe und Verwaltungen vereinbaren, daß das Gesetz von den Berufsgenossenschaften durchgeführt wird; Aufwendungen werden nicht erstattet.

§ 22 Befugnisse der zuständigen Behörden

(1) [1]Die zuständige Behörde kann vom Arbeitgeber oder von den verantwortlichen Personen die zur Durchführung ihrer Überwachungsaufgabe erforderlichen Auskünfte und die Überlassung von entsprechenden Unterlagen verlangen. [2]Werden Beschäftigte mehrerer Arbeitgeber an einem Arbeitsplatz tätig, kann die zuständige Behörde von den Arbeitgebern oder von den verantwortlichen Personen verlangen, dass das Ergebnis der Abstimmung über die zu treffenden Maßnahmen nach § 8 Absatz 1 schriftlich vorgelegt wird. [3]Die auskunftspflichtige Person kann die Auskunft auf solche Fragen oder die Vorlage derjenigen Unterlagen verweigern, deren Beantwortung oder Vorlage sie selbst oder einen ihrer in § 383 Abs. 1 Nr. 1 bis 3 der Zivilprozeßordnung bezeichneten Angehörigen der Gefahr der Verfolgung wegen einer Straftat oder Ordnungswidrigkeit aussetzen würde. [4]Die auskunftspflichtige Person ist darauf hinzuweisen.

(2) [1]Die mit der Überwachung beauftragten Personen sind befugt, zu den Betriebs- und Arbeitszeiten Betriebsstätten, Geschäfts- und Betriebsräume zu betreten, zu besichtigen und zu prüfen sowie in die geschäftlichen Unterlagen der auskunftspflichtigen Person Einsicht zu nehmen, soweit dies zur Erfüllung ihrer Aufgaben erforderlich ist. [2]Außerdem sind sie befugt, Betriebsanlagen, Arbeitsmittel und persönliche Schutzausrüstungen zu prüfen, Arbeitsverfahren und Arbeitsabläufe zu untersuchen, Messungen vorzunehmen und insbesondere arbeitsbedingte Gesundheitsgefahren festzustellen und zu untersuchen, auf welche Ursachen ein Arbeitsunfall, eine arbeitsbedingte Erkrankung oder ein Schadensfall zurückzuführen ist. [3]Sie sind berechtigt, die Begleitung durch den Arbeitgeber oder eine von ihm beauftragte Person zu verlangen. [4]Der Arbeitgeber oder die verantwortlichen Personen haben die mit der Überwachung beauftragten Personen bei der Wahrnehmung ihrer Befugnisse nach den Sätzen 1 und 2 zu unterstützen. [5]Außerhalb der in Satz 1 genannten Zeiten dürfen die mit der Überwachung beauftragten Personen ohne Einverständnis des Arbeitgebers die Maßnahmen nach den Sätzen 1 und 2 nur treffen, soweit sie zur Verhütung dringender Gefahren für die öffentliche Sicherheit und Ordnung erforderlich sind. [6]Wenn sich die Arbeitsstätte in einer Wohnung befindet, dürfen die mit der Überwachung beauftragten Personen die Maßnahmen nach den Sätzen 1 und 2 ohne Einverständnis der Bewohner oder Nutzungsberechtigten nur treffen, soweit sie zur Verhütung dringender Gefahren für die öffentliche Sicherheit und Ordnung erforderlich sind. [7]Die auskunftspflichtige Person hat die Maßnahmen nach den Sätzen 1, 2, 5 und 6 zu dulden. [8]Die Sätze 1 und 5 gelten entsprechend, wenn nicht feststeht, ob in der Arbeitsstätte Personen beschäftigt werden, jedoch Tatsachen gegeben sind, die diese Annahme rechtfertigen. [9]Das Grundrecht der Unverletzlichkeit der Wohnung (Artikel 13 des Grundgesetzes) wird insoweit eingeschränkt.

(3) [1]Die zuständige Behörde kann im Einzelfall anordnen,
1. welche Maßnahmen der Arbeitgeber und die verantwortlichen Personen oder die Beschäftigten zur Erfüllung der Pflichten zu treffen haben, die sich aus diesem Gesetz und den auf Grund dieses Gesetzes erlassenen Rechtsverordnungen ergeben,
2. welche Maßnahmen der Arbeitgeber und die verantwortlichen Personen zur Abwendung einer besonderen Gefahr für Leben und Gesundheit der Beschäftigten zu treffen haben.

[2]Die zuständige Behörde hat, wenn nicht Gefahr im Verzug ist, zur Ausführung der Anordnung eine angemessene Frist zu setzen. [3]Wird eine Anordnung nach Satz 1 nicht innerhalb einer gesetzten Frist oder eine für sofort vollziehbar erklärte Anordnung nicht sofort ausgeführt, kann die zuständige Behörde die von der Anordnung betroffene Arbeit oder die Verwendung oder den Betrieb der von der Anordnung betroffenen Arbeitsmittel untersagen. [4]Maßnahmen der zuständigen Behörde im Bereich des öffentlichen Dienstes, die den Dienstbetrieb wesentlich beeinträchtigen, sollen im Einvernehmen mit der obersten Bundes- oder Landesbehörde oder dem Hauptverwaltungsbeamten der Gemeinde getroffen werden.

Arbeitsschutzgesetz § 23

§ 23 Betriebliche Daten; Zusammenarbeit mit anderen Behörden; Jahresbericht, Bundesfachstelle

(1) ¹Der Arbeitgeber hat der zuständigen Behörde zu einem von ihr bestimmten Zeitpunkt Mitteilungen über
1. die Zahl der Beschäftigten und derer, an die er Heimarbeit vergibt, aufgegliedert nach Geschlecht, Alter und Staatsangehörigkeit,
2. den Namen oder die Bezeichnung und Anschrift des Betriebs, in dem er sie beschäftigt,
3. seinen Namen, seine Firma und seine Anschrift sowie
4. den Wirtschaftszweig, dem sein Betrieb angehört,

zu machen. ²Das Bundesministerium für Arbeit und Soziales wird ermächtigt, durch Rechtsverordnung mit Zustimmung des Bundesrates zu bestimmen, daß die Stellen der Bundesverwaltung, denen der Arbeitgeber die in Satz 1 genannten Mitteilungen bereits auf Grund einer Rechtsvorschrift mitgeteilt hat, diese Angaben an die für die Behörden nach Satz 1 zuständigen obersten Landesbehörden als Schreiben oder auf maschinell verwertbaren Datenträgern oder durch Datenübertragung weiterzuleiten haben. ³In der Rechtsverordnung können das Nähere über die Form der weiterzuleitenden Angaben sowie die Frist für die Weiterleitung bestimmt werden. ⁴Die weitergeleiteten Angaben dürfen nur zur Erfüllung der in der Zuständigkeit der Behörden nach § 21 Abs. 1 liegenden Arbeitsschutzaufgaben verarbeitet werden.

(2) ¹Die mit der Überwachung beauftragten Personen dürfen die ihnen bei ihrer Überwachungstätigkeit zur Kenntnis gelangenden Geschäfts- und Betriebsgeheimnisse nur in den gesetzlich geregelten Fällen oder zur Verfolgung von Gesetzwidrigkeiten oder zur Erfüllung von gesetzlich geregelten Aufgaben zum Schutz der Versicherten dem Träger der gesetzlichen Unfallversicherung oder zum Schutz der Umwelt den dafür zuständigen Behörden offenbaren. ²Soweit es sich bei Geschäfts- und Betriebsgeheimnissen um Informationen über die Umwelt im Sinne des Umweltinformationsgesetzes handelt, richtet sich die Befugnis zu ihrer Offenbarung nach dem Umweltinformationsgesetz.

(3) ¹Ergeben sich im Einzelfall für die zuständigen Behörden konkrete Anhaltspunkte für
1. eine Beschäftigung oder Tätigkeit von Ausländern ohne den erforderlichen Aufenthaltstitel nach § 4 Abs. 3 des Aufenthaltsgesetzes, eine Aufenthaltsgestattung oder eine Duldung, die zur Ausübung der Beschäftigung berechtigen, oder eine Genehmigung nach § 284 Abs. 1 des Dritten Buches Sozialgesetzbuch,
2. Verstöße gegen die Mitwirkungspflicht nach § 60 Abs. 1 Satz 1 Nr. 2 des Ersten Buches Sozialgesetzbuch gegenüber einer Dienststelle der Bundesagentur für Arbeit, einem Träger der gesetzlichen Kranken-, Pflege-, Unfall- oder Rentenversicherung oder einem Träger der Sozialhilfe oder gegen die Meldepflicht nach § 8a des Asylbewerberleistungsgesetzes,
3. Verstöße gegen das Gesetz zur Bekämpfung der Schwarzarbeit,
4. Verstöße gegen das Arbeitnehmerüberlassungsgesetz,
5. Verstöße gegen die Vorschriften des Vierten und Siebten Buches Sozialgesetzbuch über die Verpflichtung zur Zahlung von Sozialversicherungsbeiträgen,
6. Verstöße gegen das Aufenthaltsgesetz,
7. Verstöße gegen die Steuergesetze,
8. Verstöße gegen das Gesetz zur Sicherung von Arbeitnehmerrechten in der Fleischwirtschaft,

unterrichten sie die für die Verfolgung und Ahndung der Verstöße nach den Nummern 1 bis 8 zuständigen Behörden, die Träger der Sozialhilfe sowie die Behörden nach § 71 des Aufenthaltsgesetzes. ²In den Fällen des Satzes 1 arbeiten die zuständigen Behörden insbesondere mit den Agenturen für Arbeit, den Hauptzollämtern, den Rentenversicherungsträgern, den Krankenkassen als Einzugsstellen für die Sozialversicherungsbeiträge, den Trägern der

gesetzlichen Unfallversicherung, den nach Landesrecht für die Verfolgung und Ahndung von Verstößen gegen das Gesetz zur Bekämpfung der Schwarzarbeit zuständigen Behörden, den Trägern der Sozialhilfe, den in § 71 des Aufenthaltsgesetzes genannten Behörden und den Finanzbehörden zusammen.
(4) ¹Die zuständigen obersten Landesbehörden haben über die Überwachungstätigkeit der ihnen unterstellten Behörden einen Jahresbericht zu veröffentlichen. ²Der Jahresbericht umfaßt auch Angaben zur Erfüllung von Unterrichtungspflichten aus internationalen Übereinkommen oder Rechtsakten der Europäischen Gemeinschaften, soweit sie den Arbeitsschutz betreffen.
(5) ¹Bei der Bundesanstalt für Arbeitsschutz und Arbeitsmedizin wird eine Bundesfachstelle für Sicherheit und Gesundheit bei der Arbeit eingerichtet. ²Sie hat die Aufgabe, die Jahresberichte der Länder einschließlich der Besichtigungsquote nach § 21 Absatz 1a auszuwerten und die Ergebnisse für den statistischen Bericht über den Stand von Sicherheit und Gesundheit bei der Arbeit und über das Unfall- und Berufskrankheitengeschehen in der Bundesrepublik Deutschland nach § 25 Absatz 1 des Siebten Buches Sozialgesetzbuch zusammenzufassen. ³Das Bundesministerium für Arbeit und Soziales kann die Arbeitsweise und das Verfahren der Bundesfachstelle für Sicherheit und Gesundheit bei der Arbeit im Errichtungserlass der Bundesanstalt für Arbeitsschutz und Arbeitsmedizin festlegen.

§ 24 Ermächtigung zum Erlaß von allgemeinen Verwaltungsvorschriften
Die Bundesregierung kann mit Zustimmung des Bundesrates allgemeine Verwaltungsvorschriften erlassen insbesondere
1. zur Durchführung dieses Gesetzes und der auf Grund dieses Gesetzes erlassenen Rechtsverordnungen, insbesondere dazu, welche Kriterien zur Auswahl von Betrieben bei der Überwachung anzuwenden sind, welche Sachverhalte im Rahmen einer Betriebsbesichtigung mindestens zu prüfen und welche Ergebnisse aus der Überwachung für die Berichterstattung zu erfassen sind,
2. über die Gestaltung der Jahresberichte nach § 23 Abs. 4 und
3. über die Angaben, die die zuständigen obersten Landesbehörden dem Bundesministerium für Arbeit und Soziales für den Unfallverhütungsbericht nach § 25 Abs. 2 des Siebten Buches Sozialgesetzbuch bis zu einem bestimmten Zeitpunkt mitzuteilen haben.

§ 24a Ausschuss für Sicherheit und Gesundheit bei der Arbeit
(1) ¹Beim Bundesministerium für Arbeit und Soziales wird ein Ausschuss für Sicherheit und Gesundheit bei der Arbeit gebildet, in dem geeignete Personen vonseiten der öffentlichen und privaten Arbeitgeber, der Gewerkschaften, der Landesbehörden, der gesetzlichen Unfallversicherung und weitere geeignete Personen, insbesondere aus der Wissenschaft, vertreten sein sollen. ²Dem Ausschuss sollen nicht mehr als 15 Mitglieder angehören. ³Für jedes Mitglied ist ein stellvertretendes Mitglied zu benennen. ⁴Die Mitgliedschaft im Ausschuss ist ehrenamtlich. ⁵Ein Mitglied oder ein stellvertretendes Mitglied aus den anderen Ausschüssen beim Bundesministerium für Arbeit und Soziales nach § 18 Absatz 2 Nummer 5 soll dauerhaft als Gast im Ausschuss für Sicherheit und Gesundheit bei der Arbeit vertreten sein.
(2) ¹Das Bundesministerium für Arbeit und Soziales beruft die Mitglieder des Ausschusses für Sicherheit und Gesundheit bei der Arbeit und die stellvertretenden Mitglieder. ²Der Ausschuss gibt sich eine Geschäftsordnung und wählt die Vorsitzende oder den Vorsitzenden aus seiner Mitte. ³Die Geschäftsordnung und die Wahl der oder des Vorsitzenden bedürfen der Zustimmung des Bundesministeriums für Arbeit und Soziales.

(3) ¹Zu den Aufgaben des Ausschusses für Sicherheit und Gesundheit bei der Arbeit gehört es, soweit hierfür kein anderer Ausschuss beim Bundesministerium für Arbeit und Soziales nach § 18 Absatz 2 Nummer 5 zuständig ist,
1. den Stand von Technik, Arbeitsmedizin und Hygiene sowie sonstige gesicherte arbeitswissenschaftliche Erkenntnisse für die Sicherheit und Gesundheit der Beschäftigten zu ermitteln,
2. Regeln und Erkenntnisse zu ermitteln, wie die in diesem Gesetz gestellten Anforderungen erfüllt werden können,
3. Empfehlungen zu Sicherheit und Gesundheit bei der Arbeit aufzustellen,
4. das Bundesministerium für Arbeit und Soziales in allen Fragen des Arbeitsschutzes zu beraten.

²Das Arbeitsprogramm des Ausschusses für Sicherheit und Gesundheit bei der Arbeit wird mit dem Bundesministerium für Arbeit und Soziales abgestimmt. ³Der Ausschuss arbeitet eng mit den anderen Ausschüssen beim Bundesministerium für Arbeit und Soziales nach § 18 Absatz 2 Nummer 5 zusammen.

(4) ¹Das Bundesministerium für Arbeit und Soziales kann die vom Ausschuss für Sicherheit und Gesundheit bei der Arbeit ermittelten Regeln und Erkenntnisse im Gemeinsamen Ministerialblatt bekannt geben und die Empfehlungen veröffentlichen. ²Der Arbeitgeber hat die bekannt gegebenen Regeln und Erkenntnisse zu berücksichtigen. ³Bei Einhaltung dieser Regeln und bei Beachtung dieser Erkenntnisse ist davon auszugehen, dass die in diesem Gesetz gestellten Anforderungen erfüllt sind, soweit diese von der betreffenden Regel abgedeckt sind. ⁴Die Anforderungen aus Rechtsverordnungen nach § 18 und dazu bekannt gegebene Regeln und Erkenntnisse bleiben unberührt.

(5) ¹Die Bundesministerien sowie die obersten Landesbehörden können zu den Sitzungen des Ausschusses für Sicherheit und Gesundheit bei der Arbeit Vertreterinnen oder Vertreter entsenden. ²Auf Verlangen ist ihnen in der Sitzung das Wort zu erteilen.

(6) Die Geschäfte des Ausschusses für Sicherheit und Gesundheit bei der Arbeit führt die Bundesanstalt für Arbeitsschutz und Arbeitsmedizin.

§ 25 Bußgeldvorschriften

(1) Ordnungswidrig handelt, wer vorsätzlich oder fahrlässig
1. einer Rechtsverordnung nach § 18 Abs. 1 oder § 19 zuwiderhandelt, soweit sie für einen bestimmten Tatbestand auf diese Bußgeldvorschrift verweist, oder
2. a) als Arbeitgeber oder als verantwortliche Person einer vollziehbaren Anordnung nach § 22 Abs. 3 oder
b) als Beschäftigter einer vollziehbaren Anordnung nach § 22 Abs. 3 Satz 1 Nr. 1 zuwiderhandelt.

(2) Die Ordnungswidrigkeit kann in den Fällen des Absatzes 1 Nr. 1 und 2 Buchstabe b mit einer Geldbuße bis zu fünftausend Euro, in den Fällen des Absatzes 1 Nr. 2 Buchstabe a mit einer Geldbuße bis zu dreißigtausend Euro geahndet werden.

§ 26 Strafvorschriften

Mit Freiheitsstrafe bis zu einem Jahr oder mit Geldstrafe wird bestraft, wer
1. eine in § 25 Abs. 1 Nr. 2 Buchstabe a bezeichnete Handlung beharrlich wiederholt oder
2. durch eine in § 25 Abs. 1 Nr. 1 oder Nr. 2 Buchstabe a bezeichnete vorsätzliche Handlung Leben oder Gesundheit eines Beschäftigten gefährdet.

Gesetz über Betriebsärzte, Sicherheitsingenieure und andere Fachkräfte für Arbeitssicherheit (Arbeitssicherheitsgesetz – ASiG)

vom 12. Dezember 1973 (BGBl. I 1973, S. 1885)

– zuletzt geändert durch Gesetz zur Umsetzung des Seearbeitsübereinkommens 2006 der Internationalen Arbeitsorganisation vom 20. April 2013 (BGBl I 2013, S. 868)

Erster Abschnitt

§ 1 Grundsatz

[1]Der Arbeitgeber hat nach Maßgabe dieses Gesetzes Betriebsärzte und Fachkräfte für Arbeitssicherheit zu bestellen. [2]Diese sollen ihn beim Arbeitsschutz und bei der Unfallverhütung unterstützen. [3]Damit soll erreicht werden, daß
1. die dem Arbeitsschutz und der Unfallverhütung dienenden Vorschriften den besonderen Betriebsverhältnissen entsprechend angewandt werden,
2. gesicherte arbeitsmedizinische und sicherheitstechnische Erkenntnisse zur Verbesserung des Arbeitsschutzes und der Unfallverhütung verwirklicht werden können,
3. die dem Arbeitsschutz und der Unfallverhütung dienenden Maßnahmen einen möglichst hohen Wirkungsgrad erreichen.

Zweiter Abschnitt: Betriebsärzte

§ 2 Bestellung von Betriebsärzten

(1) Der Arbeitgeber hat Betriebsärzte schriftlich zu bestellen und ihnen die in § 3 genannten Aufgaben zu übertragen, soweit dies erforderlich ist im Hinblick auf
1. die Betriebsart und die damit für die Arbeitnehmer verbundenen Unfall- und Gesundheitsgefahren,
2. die Zahl der beschäftigten Arbeitnehmer und die Zusammensetzung der Arbeitnehmerschaft und
3. die Betriebsorganisation, insbesondere im Hinblick auf die Zahl und die Art der für den Arbeitsschutz und die Unfallverhütung verantwortlichen Personen.

(2) [1]Der Arbeitgeber hat dafür zu sorgen, daß die von ihm bestellten Betriebsärzte ihre Aufgaben erfüllen. [2]Er hat sie bei der Erfüllung ihrer Aufgaben zu unterstützen; insbesondere ist er verpflichtet, ihnen, soweit dies zur Erfüllung ihrer Aufgaben erforderlich ist, Hilfspersonal sowie Räume, Einrichtungen, Geräte und Mittel zur Verfügung zu stellen. [3]Er hat sie über den Einsatz von Personen zu unterrichten, die mit einem befristeten Arbeitsvertrag beschäftigt oder ihm zur Arbeitsleistung überlassen sind.

(3) [1]Der Arbeitgeber hat den Betriebsärzten die zur Erfüllung ihrer Aufgaben erforderliche Fortbildung unter Berücksichtigung der betrieblichen Belange zu ermöglichen. [2]Ist der Betriebsarzt als Arbeitnehmer eingestellt, so ist er für die Zeit der Fortbildung unter Fortentrichtung der Arbeitsvergütung von der Arbeit freizustellen. [3]Die Kosten der Fortbildung trägt der Arbeitgeber. [4]Ist der Betriebsarzt nicht als Arbeitnehmer eingestellt, so ist er für die Zeit der Fortbildung von der Erfüllung der ihm übertragenen Aufgaben freizustellen.

§ 3 Aufgaben der Betriebsärzte

(1) ¹Die Betriebsärzte haben die Aufgabe, den Arbeitgeber beim Arbeitsschutz und bei der Unfallverhütung in allen Fragen des Gesundheitsschutzes zu unterstützen. ²Sie haben insbesondere
1. den Arbeitgeber und die sonst für den Arbeitsschutz und die Unfallverhütung verantwortlichen Personen zu beraten, insbesondere bei
   a) der Planung, Ausführung und Unterhaltung von Betriebsanlagen und von sozialen und sanitären Einrichtungen,
   b) der Beschaffung von technischen Arbeitsmitteln und der Einführung von Arbeitsverfahren und Arbeitsstoffen,
   c) der Auswahl und Erprobung von Körperschutzmitteln,
   d) arbeitsphysiologischen, arbeitspsychologischen und sonstigen ergonomischen sowie arbeitshygienischen Fragen, insbesondere des Arbeitsrhythmus, der Arbeitszeit und der Pausenregelung, der Gestaltung der Arbeitsplätze, des Arbeitsablaufs und der Arbeitsumgebung,
   e) der Organisation der „Ersten Hilfe" im Betrieb,
   f) Fragen des Arbeitsplatzwechsels sowie der Eingliederung und Wiedereingliederung Behinderter in den Arbeitsprozeß,
   g) der Beurteilung der Arbeitsbedingungen,
2. die Arbeitnehmer zu untersuchen, arbeitsmedizinisch zu beurteilen und zu beraten sowie die Untersuchungsergebnisse zu erfassen und auszuwerten,
3. die Durchführung des Arbeitsschutzes und der Unfallverhütung zu beobachten und im Zusammenhang damit
   a) die Arbeitsstätten in regelmäßigen Abständen zu begehen und festgestellte Mängel dem Arbeitgeber oder der sonst für den Arbeitsschutz und die Unfallverhütung verantwortlichen Person mitzuteilen, Maßnahmen zur Beseitigung dieser Mängel vorzuschlagen und auf deren Durchführung hinzuwirken,
   b) auf die Benutzung der Körperschutzmittel zu achten,
   c) Ursachen von arbeitsbedingten Erkrankungen zu untersuchen, die Untersuchungsergebnisse zu erfassen und auszuwerten und dem Arbeitgeber Maßnahmen zur Verhütung dieser Erkrankungen vorzuschlagen,
4. darauf hinzuwirken, daß sich alle im Betrieb Beschäftigten den Anforderungen des Arbeitsschutzes und der Unfallverhütung entsprechend verhalten, insbesondere sie über die Unfall- und Gesundheitsgefahren, denen sie bei der Arbeit ausgesetzt sind, sowie über die Einrichtungen und Maßnahmen zur Abwendung dieser Gefahren zu belehren und bei der Einsatzplanung und Schulung der Helfer in „Erster Hilfe" und des medizinischen Hilfspersonals mitzuwirken.

(2) Die Betriebsärzte haben auf Wunsch des Arbeitnehmers diesem das Ergebnis arbeitsmedizinischer Untersuchungen mitzuteilen; § 8 Abs. 1 Satz 3 bleibt unberührt.

(3) Zu den Aufgaben der Betriebsärzte gehört es nicht, Krankmeldungen der Arbeitnehmer auf ihre Berechtigung zu überprüfen.

§ 4 Anforderungen an Betriebsärzte

Der Arbeitgeber darf als Betriebsärzte nur Personen bestellen, die berechtigt sind, den ärztlichen Beruf auszuüben, und die über die zur Erfüllung der ihnen übertragenen Aufgaben erforderliche arbeitsmedizinische Fachkunde verfügen.

Dritter Abschnitt: Fachkräfte für Arbeitssicherheit

§ 5 Bestellung von Fachkräften für Arbeitssicherheit

(1) Der Arbeitgeber hat Fachkräfte für Arbeitssicherheit (Sicherheitsingenieure, -techniker, -meister) schriftlich zu bestellen und ihnen die in § 6 genannten Aufgaben zu übertragen, soweit dies erforderlich ist im Hinblick auf
1. die Betriebsart und die damit für die Arbeitnehmer verbundenen Unfall- und Gesundheitsgefahren,
2. die Zahl der beschäftigten Arbeitnehmer und die Zusammensetzung der Arbeitnehmerschaft,
3. die Betriebsorganisation, insbesondere im Hinblick auf die Zahl und Art der für den Arbeitsschutz und die Unfallverhütung verantwortlichen Personen,
4. die Kenntnisse und die Schulung des Arbeitgebers oder der nach § 13 Abs. 1 Nr. 1, 2 oder 3 des Arbeitsschutzgesetzes verantwortlichen Personen in Fragen des Arbeitsschutzes.

(2) ¹Der Arbeitgeber hat dafür zu sorgen, daß die von ihm bestellten Fachkräfte für Arbeitssicherheit ihre Aufgaben erfüllen. ²Er hat sie bei der Erfüllung ihrer Aufgaben zu unterstützen; insbesondere ist er verpflichtet, ihnen, soweit dies zur Erfüllung ihrer Aufgaben erforderlich ist, Hilfspersonal sowie Räume, Einrichtungen, Geräte und Mittel zur Verfügung zu stellen. ³Er hat sie über den Einsatz von Personen zu unterrichten, die mit einem befristeten Arbeitsvertrag beschäftigt oder ihm zur Arbeitsleistung überlassen sind.

(3) ¹Der Arbeitgeber hat den Fachkräften für Arbeitssicherheit die zur Erfüllung ihrer Aufgaben erforderliche Fortbildung unter Berücksichtigung der betrieblichen Belange zu ermöglichen. ²Ist die Fachkraft für Arbeitssicherheit als Arbeitnehmer eingestellt, so ist sie für die Zeit der Fortbildung unter Fortentrichtung der Arbeitsvergütung von der Arbeit freizustellen. ³Die Kosten der Fortbildung trägt der Arbeitgeber. ⁴Ist die Fachkraft für Arbeitssicherheit nicht als Arbeitnehmer eingestellt, so ist sie für die Zeit der Fortbildung von der Erfüllung der ihr übertragenen Aufgaben freizustellen.

§ 6 Aufgaben der Fachkräfte für Arbeitssicherheit

¹Die Fachkräfte für Arbeitssicherheit haben die Aufgabe, den Arbeitgeber beim Arbeitsschutz und bei der Unfallverhütung in allen Fragen der Arbeitssicherheit einschließlich der menschengerechten Gestaltung der Arbeit zu unterstützen. ²Sie haben insbesondere
1. den Arbeitgeber und die sonst für den Arbeitsschutz und die Unfallverhütung verantwortlichen Personen zu beraten, insbesondere bei
   a) der Planung, Ausführung und Unterhaltung von Betriebsanlagen und von sozialen und sanitären Einrichtungen,
   b) der Beschaffung von technischen Arbeitsmitteln und der Einführung von Arbeitsverfahren und Arbeitsstoffen,
   c) der Auswahl und Erprobung von Körperschutzmitteln,
   d) der Gestaltung der Arbeitsplätze, des Arbeitsablaufs, der Arbeitsumgebung und in sonstigen Fragen der Ergonomie,
   e) der Beurteilung der Arbeitsbedingungen,
2. die Betriebsanlagen und die technischen Arbeitsmittel insbesondere vor der Inbetriebnahme und Arbeitsverfahren insbesondere vor ihrer Einführung sicherheitstechnisch zu überprüfen,

3. die Durchführung des Arbeitsschutzes und der Unfallverhütung zu beobachten und im Zusammenhang damit
   a) die Arbeitsstätten in regelmäßigen Abständen zu begehen und festgestellte Mängel dem Arbeitgeber oder der sonst für den Arbeitsschutz und die Unfallverhütung verantwortlichen Person mitzuteilen, Maßnahmen zur Beseitigung dieser Mängel vorzuschlagen und auf deren Durchführung hinzuwirken,
   b) auf die Benutzung der Körperschutzmittel zu achten,
   c) Ursachen von Arbeitsunfällen zu untersuchen, die Untersuchungsergebnisse zu erfassen und auszuwerten und dem Arbeitgeber Maßnahmen zur Verhütung dieser Arbeitsunfälle vorzuschlagen,
4. darauf hinzuwirken, daß sich alle im Betrieb Beschäftigten den Anforderungen des Arbeitsschutzes und der Unfallverhütung entsprechend verhalten, insbesondere sie über die Unfall- und Gesundheitsgefahren, denen sie bei der Arbeit ausgesetzt sind, sowie über die Einrichtungen und Maßnahmen zur Abwendung dieser Gefahren zu belehren und bei der Schulung der Sicherheitsbeauftragten mitzuwirken.

§ 7 Anforderungen an Fachkräfte für Arbeitssicherheit

(1) ¹Der Arbeitgeber darf als Fachkräfte für Arbeitssicherheit nur Personen bestellen, die den nachstehenden Anforderungen genügen: Der Sicherheitsingenieur muß berechtigt sein, die Berufsbezeichnung Ingenieur zu führen und über die zur Erfüllung der ihm übertragenen Aufgaben erforderliche sicherheitstechnische Fachkunde verfügen. ²Der Sicherheitstechniker oder -meister muß über die zur Erfüllung der ihm übertragenen Aufgaben erforderliche sicherheitstechnische Fachkunde verfügen.
(2) Die zuständige Behörde kann es im Einzelfall zulassen, daß an Stelle eines Sicherheitsingenieurs, der berechtigt ist, die Berufsbezeichnung Ingenieur zu führen, jemand bestellt werden darf, der zur Erfüllung der sich aus § 6 ergebenden Aufgaben über entsprechende Fachkenntnisse verfügt.

Vierter Abschnitt: Gemeinsame Vorschriften

§ 8 Unabhängigkeit bei der Anwendung der Fachkunde

(1) ¹Betriebsärzte und Fachkräfte für Arbeitssicherheit sind bei der Anwendung ihrer arbeitsmedizinischen und sicherheitstechnischen Fachkunde weisungsfrei. ²Sie dürfen wegen der Erfüllung der ihnen übertragenen Aufgaben nicht benachteiligt werden. ³Betriebsärzte sind nur ihrem ärztlichen Gewissen unterworfen und haben die Regeln der ärztlichen Schweigepflicht zu beachten.
(2) Betriebsärzte und Fachkräfte für Arbeitssicherheit oder, wenn für einen Betrieb mehrere Betriebsärzte oder Fachkräfte für Arbeitssicherheit bestellt sind, der leitende Betriebsarzt und die leitende Fachkraft für Arbeitssicherheit, unterstehen unmittelbar dem Leiter des Betriebs.
(3) ¹Können sich Betriebsärzte oder Fachkräfte für Arbeitssicherheit über eine von ihnen vorgeschlagene arbeitsmedizinische oder sicherheitstechnische Maßnahme mit dem Leiter des Betriebs nicht verständigen, so können sie ihren Vorschlag unmittelbar dem Arbeitgeber und, wenn dieser eine juristische Person ist, dem zuständigen Mitglied des zur gesetzlichen Vertretung berufenen Organs unterbreiten. ²Ist für einen Betrieb oder ein Unternehmen ein leitender Betriebsarzt oder eine leitende Fachkraft für Arbeitssicherheit bestellt, steht diesen das Vorschlagsrecht nach Satz 1 zu. ³Lehnt der Arbeitgeber oder das zuständige Mitglied des zur gesetzlichen Vertretung berufenen Organs den Vorschlag ab, so ist dies den Vorschlagenden schriftlich mitzuteilen und zu begründen; der Betriebsrat erhält eine Abschrift.

§ 9 Zusammenarbeit mit dem Betriebsrat
(1) Die Betriebsärzte und die Fachkräfte für Arbeitssicherheit haben bei der Erfüllung ihrer Aufgaben mit dem Betriebsrat zusammenzuarbeiten.
(2) [1]Die Betriebsärzte und die Fachkräfte für Arbeitssicherheit haben den Betriebsrat über wichtige Angelegenheiten des Arbeitsschutzes und der Unfallverhütung zu unterrichten; sie haben ihm den Inhalt eines Vorschlags mitzuteilen, den sie nach § 8 Abs. 3 dem Arbeitgeber machen. [2]Sie haben den Betriebsrat auf sein Verlangen in Angelegenheiten des Arbeitsschutzes und der Unfallverhütung zu beraten.
(3) [1]Die Betriebsärzte und Fachkräfte für Arbeitssicherheit sind mit Zustimmung des Betriebsrats zu bestellen und abzuberufen. [2]Das gleiche gilt, wenn deren Aufgaben erweitert oder eingeschränkt werden sollen; im übrigen gilt § 87 in Verbindung mit § 76 des Betriebsverfassungsgesetzes. [3]Vor der Verpflichtung oder Entpflichtung eines freiberuflich tätigen Arztes, einer freiberuflich tätigen Fachkraft für Arbeitssicherheit oder eines überbetrieblichen Dienstes ist der Betriebsrat zu hören.

§ 10 Zusammenarbeit der Betriebsärzte und der Fachkräfte für Arbeitssicherheit
[1]Die Betriebsärzte und die Fachkräfte für Arbeitssicherheit haben bei der Erfüllung ihrer Aufgaben zusammenzuarbeiten. [2]Dazu gehört es insbesondere, gemeinsame Betriebsbegehungen vorzunehmen. [3]Die Betriebsärzte und die Fachkräfte für Arbeitssicherheit arbeiten bei der Erfüllung ihrer Aufgaben mit den anderen im Betrieb für Angelegenheiten der technischen Sicherheit, des Gesundheits- und des Umweltschutzes beauftragten Personen zusammen.

§ 11 Arbeitsschutzausschuß
[1]Soweit in einer sonstigen Rechtsvorschrift nichts anderes bestimmt ist, hat der Arbeitgeber in Betrieben mit mehr als zwanzig Beschäftigten einen Arbeitsschutzausschuß zu bilden; bei der Feststellung der Zahl der Beschäftigten sind Teilzeitbeschäftigte mit einer regelmäßigen wöchentlichen Arbeitszeit von nicht mehr als 20 Stunden mit 0,5 und nicht mehr als 30 Stunden mit 0,75 zu berücksichtigen. [2]Dieser Ausschuß setzt sich zusammen aus:
dem Arbeitgeber oder einem von ihm Beauftragten,
zwei vom Betriebsrat bestimmten Betriebsratsmitgliedern,
Betriebsärzten,
Fachkräften für Arbeitssicherheit und
Sicherheitsbeauftragten nach § 22 des Siebten Buches Sozialgesetzbuch.
[3]Der Arbeitsschutzausschuß hat die Aufgabe, Anliegen des Arbeitsschutzes und der Unfallverhütung zu beraten. [4]Der Arbeitsschutzausschuß tritt mindestens einmal vierteljährlich zusammen.

§ 12 Behördliche Anordnungen
(1) Die zuständige Behörde kann im Einzelfall anordnen, welche Maßnahmen der Arbeitgeber zur Erfüllung der sich aus diesem Gesetz und den die gesetzlichen Pflichten näher bestimmenden Rechtsverordnungen und Unfallverhütungsvorschriften ergebenden Pflichten, insbesondere hinsichtlich der Bestellung von Betriebsärzten und Fachkräften für Arbeitssicherheit, zu treffen hat.
(2) Die zuständige Behörde hat, bevor sie eine Anordnung trifft,
1. den Arbeitgeber und den Betriebsrat zu hören und mit ihnen zu erörtern, welche Maßnahmen angebracht erscheinen und
2. dem zuständigen Träger der gesetzlichen Unfallversicherung Gelegenheit zu geben, an der Erörterung mit dem Arbeitgeber teilzunehmen und zu der von der Behörde in Aussicht genommenen Anordnung Stellung zu nehmen.

Arbeitssicherheitsgesetz §§ 12–17

(3) Die zuständige Behörde hat dem Arbeitgeber zur Ausführung der Anordnung eine angemessene Frist zu setzen.
(4) Die zuständige Behörde hat den Betriebsrat über eine gegenüber dem Arbeitgeber getroffene Anordnung schriftlich in Kenntnis zu setzen.

§ 13 Auskunfts- und Besichtigungsrechte
(1) [1]Der Arbeitgeber hat der zuständigen Behörde auf deren Verlangen die zur Durchführung des Gesetzes erforderlichen Auskünfte zu erteilen. [2]Er kann die Auskunft auf solche Fragen verweigern, deren Beantwortung ihn selbst oder einen der in § 383 Abs. 1 Nr. 1 bis 3 der Zivilprozeßordnung bezeichneten Angehörigen der Gefahr strafgerichtlicher Verfolgung oder eines Verfahrens nach dem Gesetz über Ordnungswidrigkeiten aussetzen würde.
(2) [1]Die Beauftragten der zuständigen Behörde sind berechtigt, die Arbeitsstätten während der üblichen Betriebs- und Arbeitszeit zu betreten und zu besichtigen; außerhalb dieser Zeit oder wenn sich die Arbeitsstätten in einer Wohnung befinden, dürfen sie nur zur Verhütung von dringenden Gefahren für die öffentliche Sicherheit und Ordnung betreten und besichtigt werden. [2]Das Grundrecht der Unverletzlichkeit der Wohnung (Artikel 13 des Grundgesetzes) wird insoweit eingeschränkt.

§ 14 Ermächtigung zum Erlaß von Rechtsverordnungen
(1) [1]Das Bundesministerium für Arbeit und Soziales kann mit Zustimmung des Bundesrates durch Rechtsverordnung bestimmen, welche Maßnahmen der Arbeitgeber zur Erfüllung der sich aus diesem Gesetz ergebenden Pflichten zu treffen hat. [2]Soweit die Träger der gesetzlichen Unfallversicherung ermächtigt sind, die gesetzlichen Pflichten durch Unfallverhütungsvorschriften näher zu bestimmen, macht das Bundesministerium für Arbeit und Soziales von der Ermächtigung erst Gebrauch, nachdem innerhalb einer von ihm gesetzten angemessenen Frist der Träger der gesetzlichen Unfallversicherung eine entsprechende Unfallverhütungsvorschrift nicht erlassen hat oder eine unzureichend gewordene Unfallverhütungsvorschrift nicht ändert.
(2) weggefallen

§ 15 Ermächtigung zum Erlaß von allgemeinen Verwaltungsvorschriften
Das Bundesministerium für Arbeit und Soziales erläßt mit Zustimmung des Bundesrates allgemeine Verwaltungsvorschriften zu diesem Gesetz und den auf Grund des Gesetzes erlassenen Rechtsverordnungen.

§ 16 Öffentliche Verwaltung
In Verwaltungen und Betrieben des Bundes, der Länder, der Gemeinden und der sonstigen Körperschaften, Anstalten und Stiftungen des öffentlichen Rechts ist ein den Grundsätzen dieses Gesetzes gleichwertiger arbeitsmedizinischer und sicherheitstechnischer Arbeitsschutz zu gewährleisten.

§ 17 Nichtanwendung des Gesetzes
(1) Dieses Gesetz ist nicht anzuwenden, soweit Arbeitnehmer im Haushalt beschäftigt werden.
(2) [1]Soweit im Seearbeitsgesetz und in anderen Vorschriften im Bereich der Seeschifffahrt gleichwertige Regelungen enthalten sind, gelten diese Regelungen für die Besatzungsmitglieder auf Kauffahrteischiffen unter deutscher Flagge. [2]Soweit dieses Gesetz auf die Seeschifffahrt nicht anwendbar ist, wird das Nähere durch Rechtsverordnung geregelt.

(3) ¹Soweit das Bergrecht diesem Gesetz gleichwertige Regelungen enthält, gelten diese Regelungen. ²Im übrigen gilt dieses Gesetz.

§ 18 Ausnahmen
Die zuständige Behörde kann dem Arbeitgeber gestatten, auch solche Betriebsärzte und Fachkräfte für Arbeitssicherheit zu bestellen, die noch nicht über die erforderliche Fachkunde im Sinne des § 4 oder § 7 verfügen, wenn der Arbeitgeber sich verpflichtet, in einer festzulegenden Frist den Betriebsarzt oder die Fachkraft für Arbeitssicherheit entsprechend fortbilden zu lassen.

§ 19 Überbetriebliche Dienste
Die Verpflichtung des Arbeitgebers, Betriebsärzte und Fachkräfte für Arbeitssicherheit zu bestellen, kann auch dadurch erfüllt werden, daß der Arbeitgeber einen überbetrieblichen Dienst von Betriebsärzten oder Fachkräften für Arbeitssicherheit zur Wahrnehmung der Aufgaben nach § 3 oder § 6 verpflichtet.

§ 20 Ordnungswidrigkeiten
(1) Ordnungswidrig handelt, wer vorsätzlich oder fahrlässig
1. einer vollziehbaren Anordnung nach § 12 Abs. 1 zuwiderhandelt,
2. entgegen § 13 Abs. 1 Satz 1 eine Auskunft nicht, nicht richtig oder nicht vollständig erteilt oder
3. entgegen § 13 Abs. 2 Satz 1 eine Besichtigung nicht duldet.
(2) Eine Ordnungswidrigkeit nach Absatz 1 Nr. 1 kann mit einer Geldbuße bis zu fünfundzwanzigtausend Euro, eine Ordnungswidrigkeit nach Absatz 1 Nr. 2 und 3 mit einer Geldbuße bis zu fünfhundert Euro geahndet werden.

§ 21 (weggefallen)

§ 22 (Berlin-Klausel)

§ 23 Inkrafttreten
(1) ¹Dieses Gesetz, ausgenommen § 14 und § 21, tritt am ersten Tage des auf die Verkündung folgenden zwölften Kalendermonats in Kraft. ²§ 14 und § 21 treten am Tage nach der Verkündung des Gesetzes in Kraft.
(2) ¹§ 6 Abs. 3 Satz 2 und § 7 des Berliner Gesetzes über die Durchführung des Arbeitsschutzes vom 9. August 1949 (VOBl. I S. 265), zuletzt geändert durch Artikel LVIII des Gesetzes vom 6. März 1970 (GVBl. S. 474), treten außer Kraft. ²Im übrigen bleibt das Gesetz unberührt.

Verordnung über Arbeitsstätten (Arbeitsstättenverordnung – ArbStättV)

vom 12. August 2004 (BGBl. I 2004, S. 2179)
– zuletzt geändert durch Gesetz zur Verbesserung des Vollzugs im Arbeitsschutz (Arbeitsschutzkontrollgesetz) vom 22. Dezember 2020 (BGBl I 2020, S. 3334)

§ 1 Ziel, Anwendungsbereich

(1) Diese Verordnung dient der Sicherheit und dem Schutz der Gesundheit der Beschäftigten beim Einrichten und Betreiben von Arbeitsstätten.
(2) Für folgende Arbeitsstätten gelten nur § 5 und der Anhang Nummer 1.3:
1. Arbeitsstätten im Reisegewerbe und im Marktverkehr,
2. Transportmittel, die im öffentlichen Verkehr eingesetzt werden,
3. Felder, Wälder und sonstige Flächen, die zu einem land- oder forstwirtschaftlichen Betrieb gehören, aber außerhalb der von ihm bebauten Fläche liegen.
(3) Für Gemeinschaftsunterkünfte außerhalb des Geländes eines Betriebes oder einer Baustelle gelten nur
1. § 3,
2. § 3a und
3. Nummer 4.4 des Anhangs.
(4) [1]Für Telearbeitsplätze gelten nur
1. § 3 bei der erstmaligen Beurteilung der Arbeitsbedingungen und des Arbeitsplatzes,
2. § 6 und der Anhang Nummer 6,
soweit der Arbeitsplatz von dem im Betrieb abweicht. [2]Die in Satz 1 genannten Vorschriften gelten, soweit Anforderungen unter Beachtung der Eigenart von Telearbeitsplätzen auf diese anwendbar sind.
(5) Der Anhang Nummer 6 gilt nicht für
1. Bedienerplätze von Maschinen oder Fahrerplätze von Fahrzeugen mit Bildschirmgeräten,
2. tragbare Bildschirmgeräte für die ortsveränderliche Verwendung, die nicht regelmäßig an einem Arbeitsplatz verwendet werden,
3. Rechenmaschinen, Registrierkassen oder andere Arbeitsmittel mit einer kleinen Daten- oder Messwertanzeigevorrichtung, die zur unmittelbaren Benutzung des Arbeitsmittels erforderlich ist und
4. Schreibmaschinen klassischer Bauart mit einem Display.
(6) Diese Verordnung ist für Arbeitsstätten in Betrieben, die dem Bundesberggesetz unterliegen, nur für Bildschirmarbeitsplätze einschließlich Telearbeitsplätze anzuwenden.
(7) [1]Das Bundeskanzleramt, das Bundesministerium des Innern, für Bau und Heimat, das Bundesministerium für Verkehr und digitale Infrastruktur, das Bundesministerium für Umwelt, Naturschutz und nukleare Sicherheit, das Bundesministerium der Verteidigung oder das Bundesministerium der Finanzen können, soweit sie hierfür jeweils zuständig sind, im Einvernehmen mit dem Bundesministerium für Arbeit und Soziales und, soweit nicht das Bundesministerium des Innern, für Bau und Heimat selbst zuständig ist, im Einvernehmen mit dem Bundesministerium des Innern, für Bau und Heimat Ausnahmen von den Vorschriften dieser Verordnung zulassen, soweit öffentliche Belange dies zwingend erfordern, insbesondere zur Aufrechterhaltung oder Wiederherstellung der öffentlichen Sicherheit. [2]In diesem Fall ist gleichzeitig festzulegen, wie die Sicherheit und der Schutz der Gesundheit der Beschäftigten nach dieser Verordnung auf andere Weise gewährleistet werden.

§ 2 Begriffsbestimmungen

(1) Arbeitsstätten sind:
1. Arbeitsräume oder andere Orte in Gebäuden auf dem Gelände eines Betriebes,
2. Orte im Freien auf dem Gelände eines Betriebes,
3. Orte auf Baustellen,

sofern sie zur Nutzung für Arbeitsplätze vorgesehen sind.

(2) Zur Arbeitsstätte gehören insbesondere auch:
1. Orte auf dem Gelände eines Betriebes oder einer Baustelle, zu denen Beschäftigte im Rahmen ihrer Arbeit Zugang haben,
2. Verkehrswege, Fluchtwege, Notausgänge, Lager-, Maschinen- und Nebenräume, Sanitärräume, Kantinen, Pausen- und Bereitschaftsräume, Erste- Hilfe-Räume, Unterkünfte sowie
3. Einrichtungen, die dem Betreiben der Arbeitsstätte dienen, insbesondere Sicherheitsbeleuchtungen, Feuerlöscheinrichtungen, Versorgungseinrichtungen, Beleuchtungsanlagen, raumlufttechnische Anlagen, Signalanlagen, Energieverteilungsanlagen, Türen und Tore, Fahrsteige, Fahrtreppen, Laderampen und Steigleitern.

(3) Arbeitsräume sind die Räume, in denen Arbeitsplätze innerhalb von Gebäuden dauerhaft eingerichtet sind.

(4) Arbeitsplätze sind Bereiche, in denen Beschäftigte im Rahmen ihrer Arbeit tätig sind.

(5) Bildschirmarbeitsplätze sind Arbeitsplätze, die sich in Arbeitsräumen befinden und die mit Bildschirmgeräten und sonstigen Arbeitsmitteln ausgestattet sind.

(6) Bildschirmgeräte sind Funktionseinheiten, zu denen insbesondere Bildschirme zur Darstellung von visuellen Informationen, Einrichtungen zur Datenein- und -ausgabe, sonstige Steuerungs- und Kommunikationseinheiten (Rechner) sowie eine Software zur Steuerung und Umsetzung der Arbeitsaufgabe gehören.

(7) [1]Telearbeitsplätze sind vom Arbeitgeber fest eingerichtete Bildschirmarbeitsplätze im Privatbereich der Beschäftigten, für die der Arbeitgeber eine mit den Beschäftigten vereinbarte wöchentliche Arbeitszeit und die Dauer der Einrichtung festgelegt hat. [2]Ein Telearbeitsplatz ist vom Arbeitgeber erst dann eingerichtet, wenn Arbeitgeber und Beschäftigte die Bedingungen der Telearbeit arbeitsvertraglich oder im Rahmen einer Vereinbarung festgelegt haben und die benötigte Ausstattung des Telearbeitsplatzes mit Mobiliar, Arbeitsmitteln einschließlich der Kommunikationseinrichtungen durch den Arbeitgeber oder eine von ihm beauftragte Person im Privatbereich des Beschäftigten bereitgestellt und installiert ist.

(8) Gemeinschaftsunterkünfte im Sinne dieser Verordnung sind Unterkünfte innerhalb oder außerhalb des Geländes eines Betriebes oder einer Baustelle, die
1. den Beschäftigten durch den Arbeitgeber oder auf dessen Veranlassung durch Dritte entgeltlich oder unentgeltlich zur Verfügung gestellt werden und
2. von mehreren Beschäftigten und insgesamt von mindestens vier Personen gemeinschaftlich genutzt werden.

(9) [1]Einrichten ist das Bereitstellen und Ausgestalten der Arbeitsstätte. [2]Das Einrichten umfasst insbesondere:
1. bauliche Maßnahmen oder Veränderungen,
2. das Ausstatten mit Maschinen, Anlagen, anderen Arbeitsmitteln und Mobiliar sowie mit Beleuchtungs-, Lüftungs-, Heizungs-, Feuerlösch- und Versorgungseinrichtungen,
3. das Anlegen und Kennzeichnen von Verkehrs- und Fluchtwegen sowie das Kennzeichnen von Gefahrenstellen und brandschutztechnischen Ausrüstungen und
4. das Festlegen von Arbeitsplätzen.

(10) Das Betreiben von Arbeitsstätten umfasst das Benutzen, Instandhalten und Optimieren der Arbeitsstätten sowie die Organisation und Gestaltung der Arbeit einschließlich der Arbeitsabläufe in Arbeitsstätten.

(11) Instandhalten ist die Wartung, Inspektion, Instandsetzung oder Verbesserung der Arbeitsstätten zum Erhalt des baulichen und technischen Zustandes.
(12) [1]Stand der Technik ist der Entwicklungsstand fortschrittlicher Verfahren, Einrichtungen oder Betriebsweisen, der die praktische Eignung einer Maßnahme zur Gewährleistung der Sicherheit und zum Schutz der Gesundheit der Beschäftigten gesichert erscheinen lässt. [2]Bei der Bestimmung des Stands der Technik sind insbesondere vergleichbare Verfahren, Einrichtungen oder Betriebsweisen heranzuziehen, die mit Erfolg in der Praxis erprobt worden sind. [3]Gleiches gilt für die Anforderungen an die Arbeitsmedizin und die Hygiene.
(13) [1]Fachkundig ist, wer über die zur Ausübung einer in dieser Verordnung bestimmten Aufgabe erforderlichen Fachkenntnisse verfügt. [2]Die Anforderungen an die Fachkunde sind abhängig von der jeweiligen Art der Aufgabe. [3]Zu den Anforderungen zählen eine entsprechende Berufsausbildung, Berufserfahrung oder eine zeitnah ausgeübte entsprechende berufliche Tätigkeit. [4]Die Fachkenntnisse sind durch Teilnahme an Schulungen auf aktuellem Stand zu halten.

§ 3 Gefährdungsbeurteilung

(1) [1]Bei der Beurteilung der Arbeitsbedingungen nach § 5 des Arbeitsschutzgesetzes hat der Arbeitgeber zunächst festzustellen, ob die Beschäftigten Gefährdungen beim Einrichten und Betreiben von Arbeitsstätten ausgesetzt sind oder ausgesetzt sein können. [2]Ist dies der Fall, hat er alle möglichen Gefährdungen der Sicherheit und der Gesundheit der Beschäftigten zu beurteilen und dabei die Auswirkungen der Arbeitsorganisation und der Arbeitsabläufe in der Arbeitsstätte zu berücksichtigen. [3]Bei der Gefährdungsbeurteilung hat er die physischen und psychischen Belastungen sowie bei Bildschirmarbeitsplätzen insbesondere die Belastungen der Augen oder die Gefährdung des Sehvermögens der Beschäftigten zu berücksichtigen. [4]Entsprechend dem Ergebnis der Gefährdungsbeurteilung hat der Arbeitgeber Maßnahmen zum Schutz der Beschäftigten gemäß den Vorschriften dieser Verordnung einschließlich ihres Anhangs nach dem Stand der Technik, Arbeitsmedizin und Hygiene festzulegen. [5]Sonstige gesicherte arbeitswissenschaftliche Erkenntnisse sind zu berücksichtigen.
(2) [1]Der Arbeitgeber hat sicherzustellen, dass die Gefährdungsbeurteilung fachkundig durchgeführt wird. [2]Verfügt der Arbeitgeber nicht selbst über die entsprechenden Kenntnisse, hat er sich fachkundig beraten zu lassen.
(3) [1]Der Arbeitgeber hat die Gefährdungsbeurteilung vor Aufnahme der Tätigkeiten zu dokumentieren. [2]In der Dokumentation ist anzugeben, welche Gefährdungen am Arbeitsplatz auftreten können und welche Maßnahmen nach Absatz 1 Satz 4 durchgeführt werden müssen.

§ 3a Einrichten und Betreiben von Arbeitsstätten

(1) [1]Der Arbeitgeber hat dafür zu sorgen, dass Arbeitsstätten so eingerichtet und betrieben werden, dass Gefährdungen für die Sicherheit und die Gesundheit der Beschäftigten möglichst vermieden und verbleibende Gefährdungen möglichst gering gehalten werden. [2]Beim Einrichten und Betreiben der Arbeitsstätten hat der Arbeitgeber die Maßnahmen nach § 3 Absatz 1 durchzuführen und dabei den Stand der Technik, Arbeitsmedizin und Hygiene, die ergonomischen Anforderungen sowie insbesondere die vom Bundesministerium für Arbeit und Soziales nach § 7 Absatz 4 bekannt gemachten Regeln und Erkenntnisse zu berücksichtigen. [3]Bei Einhaltung der bekannt gemachten Regeln ist davon auszugehen, dass die in dieser Verordnung gestellten Anforderungen diesbezüglich erfüllt sind. [4]Wendet der Arbeitgeber diese Regeln nicht an, so muss er durch andere Maßnahmen die gleiche Sicherheit und den gleichen Schutz der Gesundheit der Beschäftigten erreichen.
(2) [1]Beschäftigt der Arbeitgeber Menschen mit Behinderungen, hat er die Arbeitsstätte so einzurichten und zu betreiben, dass die besonderen Belange dieser Beschäftigten im

Hinblick auf die Sicherheit und den Schutz der Gesundheit berücksichtigt werden. ²Dies gilt insbesondere für die barrierefreie Gestaltung von Arbeitsplätzen, Sanitär-, Pausen- und Bereitschaftsräumen, Kantinen, Erste-Hilfe-Räumen und Unterkünften sowie den zugehörigen Türen, Verkehrswegen, Fluchtwegen, Notausgängen, Treppen und Orientierungssystemen, die von den Beschäftigten mit Behinderungen benutzt werden.
(3) ¹Die zuständige Behörde kann auf schriftlichen Antrag des Arbeitgebers Ausnahmen von den Vorschriften dieser Verordnung einschließlich ihres Anhanges zulassen, wenn
1. der Arbeitgeber andere, ebenso wirksame Maßnahmen trifft oder
2. die Durchführung der Vorschrift im Einzelfall zu einer unverhältnismäßigen Härte führen würde und die Abweichung mit dem Schutz der Beschäftigten vereinbar ist.
²Der Antrag des Arbeitgebers kann in Papierform oder elektronisch übermittelt werden. ³Bei der Beurteilung sind die Belange der kleineren Betriebe besonders zu berücksichtigen.
(4) Anforderungen in anderen Rechtsvorschriften, insbesondere im Bauordnungsrecht der Länder, gelten vorrangig, soweit sie über die Anforderungen dieser Verordnung hinausgehen.

§ 4 Besondere Anforderungen an das Betreiben von Arbeitsstätten

(1) ¹Der Arbeitgeber hat die Arbeitsstätte instand zu halten und dafür zu sorgen, dass festgestellte Mängel unverzüglich beseitigt werden. ²Können Mängel, mit denen eine unmittelbare erhebliche Gefahr verbunden ist, nicht sofort beseitigt werden, hat er dafür zu sorgen, dass die gefährdeten Beschäftigten ihre Tätigkeit unverzüglich einstellen.
(2) ¹Der Arbeitgeber hat dafür zu sorgen, dass Arbeitsstätten den hygienischen Erfordernissen entsprechend gereinigt werden. ²Verunreinigungen und Ablagerungen, die zu Gefährdungen führen können, sind unverzüglich zu beseitigen.
(3) Der Arbeitgeber hat die Sicherheitseinrichtungen, insbesondere Sicherheitsbeleuchtung, Brandmelde- und Feuerlöscheinrichtungen, Signalanlagen, Notaggregate und Notschalter sowie raumlufttechnische Anlagen instand zu halten und in regelmäßigen Abständen auf ihre Funktionsfähigkeit prüfen zu lassen.
(4) ¹Der Arbeitgeber hat dafür zu sorgen, dass Verkehrswege, Fluchtwege und Notausgänge ständig freigehalten werden, damit sie jederzeit benutzbar sind. ²Der Arbeitgeber hat Vorkehrungen so zu treffen, dass die Beschäftigten bei Gefahr sich unverzüglich in Sicherheit bringen und schnell gerettet werden können. ³Der Arbeitgeber hat einen Flucht- und Rettungsplan aufzustellen, wenn Lage, Ausdehnung und Art der Benutzung der Arbeitsstätte dies erfordern. ⁴Der Plan ist an geeigneten Stellen in der Arbeitsstätte auszulegen oder auszuhängen. ⁵In angemessenen Zeitabständen ist entsprechend diesem Plan zu üben.
(5) Der Arbeitgeber hat beim Einrichten und Betreiben von Arbeitsstätten Mittel und Einrichtungen zur Ersten Hilfe zur Verfügung zu stellen und regelmäßig auf ihre Vollständigkeit und Verwendungsfähigkeit prüfen zu lassen.

§ 5 Nichtraucherschutz

(1) ¹Der Arbeitgeber hat die erforderlichen Maßnahmen zu treffen, damit die nicht rauchenden Beschäftigten in Arbeitsstätten wirksam vor den Gesundheitsgefahren durch Tabakrauch geschützt sind. ²Soweit erforderlich, hat der Arbeitgeber ein allgemeines oder auf einzelne Bereiche der Arbeitsstätte beschränktes Rauchverbot zu erlassen.
(2) In Arbeitsstätten mit Publikumsverkehr hat der Arbeitgeber beim Einrichten und Betreiben von Arbeitsräumen der Natur des Betriebes entsprechende und der Art der Beschäftigung angepasste technische oder organisatorische Maßnahmen nach Absatz 1 zum Schutz der nicht rauchenden Beschäftigten zu treffen.

§ 6 Unterweisung der Beschäftigten

(1) Der Arbeitgeber hat den Beschäftigten ausreichende und angemessene Informationen anhand der Gefährdungsbeurteilung in einer für die Beschäftigten verständlichen Form und Sprache zur Verfügung zu stellen über
1. das bestimmungsgemäße Betreiben der Arbeitsstätte,
2. alle gesundheits- und sicherheitsrelevanten Fragen im Zusammenhang mit ihrer Tätigkeit,
3. Maßnahmen, die zur Gewährleistung der Sicherheit und zum Schutz der Gesundheit der Beschäftigten durchgeführt werden müssen, und
4. arbeitsplatzspezifische Maßnahmen, insbesondere bei Tätigkeiten auf Baustellen oder an Bildschirmgeräten,

und sie anhand dieser Informationen zu unterweisen.

(2) Die Unterweisung nach Absatz 1 muss sich auf Maßnahmen im Gefahrenfall erstrecken, insbesondere auf
1. die Bedienung von Sicherheits- und Warneinrichtungen,
2. die Erste Hilfe und die dazu vorgehaltenen Mittel und Einrichtungen und
3. den innerbetrieblichen Verkehr.

(3) ^{1}Die Unterweisung nach Absatz 1 muss sich auf Maßnahmen der Brandverhütung und Verhaltensmaßnahmen im Brandfall erstrecken, insbesondere auf die Nutzung der Fluchtwege und Notausgänge. ^{2}Diejenigen Beschäftigten, die Aufgaben der Brandbekämpfung übernehmen, hat der Arbeitgeber in der Bedienung der Feuerlöscheinrichtungen zu unterweisen.

(4) ^{1}Die Unterweisungen müssen vor Aufnahme der Tätigkeit stattfinden. ^{2}Danach sind sie mindestens jährlich zu wiederholen. ^{3}Sie haben in einer für die Beschäftigten verständlichen Form und Sprache zu erfolgen. ^{4}Unterweisungen sind unverzüglich zu wiederholen, wenn sich die Tätigkeiten der Beschäftigten, die Arbeitsorganisation, die Arbeits- und Fertigungsverfahren oder die Einrichtungen und Betriebsweisen in der Arbeitsstätte wesentlich verändern und die Veränderung mit zusätzlichen Gefährdungen verbunden ist.

§ 7 Ausschuss für Arbeitsstätten

(1) ^{1}Beim Bundesministerium für Arbeit und Soziales wird ein Ausschuss für Arbeitsstätten gebildet, in dem fachkundige Vertreter der Arbeitgeber, der Gewerkschaften, der Länderbehörden, der gesetzlichen Unfallversicherung und weitere fachkundige Personen, insbesondere der Wissenschaft, in angemessener Zahl vertreten sein sollen. ^{2}Die Gesamtzahl der Mitglieder soll 16 Personen nicht überschreiten. ^{3}Für jedes Mitglied ist ein stellvertretendes Mitglied zu benennen. ^{4}Die Mitgliedschaft im Ausschuss für Arbeitsstätten ist ehrenamtlich.

(2) ^{1}Das Bundesministerium für Arbeit und Soziales beruft die Mitglieder des Ausschusses und die stellvertretenden Mitglieder. ^{2}Der Ausschuss gibt sich eine Geschäftsordnung und wählt den Vorsitzenden aus seiner Mitte. ^{3}Die Geschäftsordnung und die Wahl des Vorsitzenden bedürfen der Zustimmung des Bundesministeriums für Arbeit und Soziales.

(3) ^{1}Zu den Aufgaben des Ausschusses gehört es,
1. dem Stand der Technik, Arbeitsmedizin und Hygiene entsprechende Regeln und sonstige gesicherte wissenschaftliche Erkenntnisse für die Sicherheit und Gesundheit der Beschäftigten in Arbeitsstätten zu ermitteln,
2. Regeln und Erkenntnisse zu ermitteln, wie die Anforderungen dieser Verordnung erfüllt werden können, sowie Empfehlungen für weitere Maßnahmen zur Gewährleistung der Sicherheit und zum Schutz der Gesundheit der Beschäftigten auszuarbeiten und
3. das Bundesministerium für Arbeit und Soziales in allen Fragen der Sicherheit und der Gesundheit der Beschäftigten in Arbeitsstätten zu beraten.

²Bei der Wahrnehmung seiner Aufgaben soll der Ausschuss die allgemeinen Grundsätze des Arbeitsschutzes nach § 4 des Arbeitsschutzgesetzes berücksichtigen. ³Das Arbeitsprogramm des Ausschusses für Arbeitsstätten wird mit dem Bundesministerium für Arbeit und Soziales abgestimmt. ⁴Der Ausschuss arbeitet eng mit den anderen Ausschüssen beim Bundesministerium für Arbeit und Soziales zusammen. ⁵Die Sitzungen des Ausschusses sind nicht öffentlich. ⁶Beratungs- und Abstimmungsergebnisse des Ausschusses sowie Niederschriften der Untergremien sind vertraulich zu behandeln, soweit die Erfüllung der Aufgaben, die den Untergremien oder den Mitgliedern des Ausschusses obliegen, dem nicht entgegenstehen.
(4) Das Bundesministerium für Arbeit und Soziales kann die vom Ausschuss nach Absatz 3 ermittelten Regeln und Erkenntnisse sowie Empfehlungen im Gemeinsamen Ministerialblatt bekannt machen.
(5) ¹Die Bundesministerien sowie die zuständigen obersten Landesbehörden können zu den Sitzungen des Ausschusses Vertreter entsenden. ²Diesen ist auf Verlangen in der Sitzung das Wort zu erteilen.
(6) Die Geschäfte des Ausschusses führt die Bundesanstalt für Arbeitsschutz und Arbeitsmedizin.

§ 8 Übergangsvorschriften

(1) ¹Soweit für Arbeitsstätten,
1. die am 1. Mai 1976 eingerichtet waren oder mit deren Einrichtung vor diesem Zeitpunkt begonnen worden war oder
2. die am 20. Dezember 1996 eingerichtet waren oder mit deren Einrichtung vor diesem Zeitpunkt begonnen worden war und für die zum Zeitpunkt der Einrichtung die Gewerbeordnung keine Anwendung fand,

in dieser Verordnung Anforderungen gestellt werden, die umfangreiche Änderungen der Arbeitsstätte, der Betriebseinrichtungen, Arbeitsverfahren oder Arbeitsabläufe notwendig machen, gelten hierfür bis zum 31. Dezember 2020 mindestens die entsprechenden Anforderungen des Anhangs II der Richtlinie 89/654/EWG des Rates vom 30. November 1989 über Mindestvorschriften für Sicherheit und Gesundheitsschutz in Arbeitsstätten (ABl. EG Nr. L 393 S. 1). ²Soweit diese Arbeitsstätten oder ihre Betriebseinrichtungen wesentlich erweitert oder umgebaut oder die Arbeitsverfahren oder Arbeitsabläufe wesentlich umgestaltet werden, hat der Arbeitgeber die erforderlichen Maßnahmen zu treffen, damit diese Änderungen, Erweiterungen oder Umgestaltungen mit den Anforderungen dieser Verordnung übereinstimmen.
(2) Bestimmungen in den vom Ausschuss für Arbeitsstätten ermittelten und vom Bundesministerium für Arbeit und Soziales im Gemeinsamen Ministerialblatt bekannt gemachten Regeln für Arbeitsstätten, die Anforderungen an den Arbeitsplatz enthalten, gelten unter Berücksichtigung der Begriffsbestimmung des Arbeitsplatzes in § 2 Absatz 2 der Arbeitsstättenverordnung vom 12. August 2004 (BGBl. I S. 2179), die zuletzt durch Artikel 282 der Verordnung vom 31. August 2015 (BGBl. I S. 1474) geändert worden ist, solange fort, bis sie vom Ausschuss für Arbeitsstätten überprüft und erforderlichenfalls vom Bundesministerium für Arbeit und Soziales im Gemeinsamen Ministerialblatt neu bekannt gemacht worden sind.

§ 9 Straftaten und Ordnungswidrigkeiten

(1) Ordnungswidrig im Sinne des § 25 Absatz 1 Nummer 1 des Arbeitsschutzgesetzes handelt, wer vorsätzlich oder fahrlässig
1. entgegen § 3 Absatz 3 eine Gefährdungsbeurteilung nicht richtig, nicht vollständig oder nicht rechtzeitig dokumentiert,
2. entgegen § 3a Absatz 1 Satz 1 nicht dafür sorgt, dass eine Arbeitsstätte in der dort vorgeschriebenen Weise eingerichtet ist oder betrieben wird,
3. entgegen § 3a Absatz 1 Satz 2 in Verbindung mit Nummer 4.1 Absatz 1 des Anhangs einen dort genannten Toilettenraum oder eine dort genannte mobile, anschlussfreie Toilettenkabine nicht oder nicht in der vorgeschriebenen Weise zur Verfügung stellt,
4. entgegen § 3a Absatz 1 Satz 2 in Verbindung mit Nummer 4.2 Absatz 1 des Anhangs einen dort genannten Pausenraum oder einen dort genannten Pausenbereich nicht oder nicht in der vorgeschriebenen Weise zur Verfügung stellt,
4a. entgegen § 3a Absatz 1 Satz 2 in Verbindung mit Nummer 4.4 Absatz 1 Satz 1 des Anhangs eine Unterkunft in den Fällen der Nummer 4.4 Absatz 1 Satz 3 des Anhangs nicht oder nicht rechtzeitig zur Verfügung stellt,
4b. entgegen § 3a Absatz 1 Satz 2 in Verbindung mit Nummer 4.4 Absatz 4 Satz 1 des Anhangs eine Unterbringung in einer Gemeinschaftsunterkunft nicht, nicht richtig, nicht vollständig oder nicht rechtzeitig dokumentiert,
5. entgegen § 3a Absatz 2 eine Arbeitsstätte nicht in der dort vorgeschriebenen Weise einrichtet oder betreibt,
6. entgegen § 4 Absatz 1 Satz 2 nicht dafür sorgt, dass die gefährdeten Beschäftigten ihre Tätigkeit unverzüglich einstellen,
7. entgegen § 4 Absatz 4 Satz 1 nicht dafür sorgt, dass Verkehrswege, Fluchtwege und Notausgänge freigehalten werden,
8. entgegen § 4 Absatz 5 ein Mittel oder eine Einrichtung zur Ersten Hilfe nicht zur Verfügung stellt,
9. entgegen § 6 Absatz 4 Satz 1 nicht sicherstellt, dass die Beschäftigten vor Aufnahme der Tätigkeit unterwiesen werden.

(2) Wer durch eine in Absatz 1 bezeichnete vorsätzliche Handlung das Leben oder die Gesundheit von Beschäftigten gefährdet, ist nach § 26 Nummer 2 des Arbeitsschutzgesetzes strafbar.

Anhang: Anforderungen und Maßnahmen für Arbeitsstätten nach § 3 Absatz 1

1. Allgemeine Anforderungen

1.1 Anforderungen an Konstruktion und Festigkeit von Gebäuden
Gebäude für Arbeitsstätten müssen eine der Nutzungsart entsprechende Konstruktion und Festigkeit aufweisen.

1.2 Abmessungen von Räumen, Luftraum
(1) Arbeitsräume, Sanitär-, Pausen- und Bereitschaftsräume, Kantinen, Erste-Hilfe-Räume und Unterkünfte müssen eine ausreichende Grundfläche und eine, in Abhängigkeit von der Größe der Grundfläche der Räume, ausreichende lichte Höhe aufweisen, so dass die Beschäftigten ohne Beeinträchtigung ihrer Sicherheit, ihrer Gesundheit oder ihres Wohlbefindens die Räume nutzen oder ihre Arbeit verrichten können.
(2) Die Abmessungen der Räume richten sich nach der Art ihrer Nutzung.

(3) Die Größe des notwendigen Luftraumes ist in Abhängigkeit von der Art der physischen Belastung und der Anzahl der Beschäftigten sowie der sonstigen anwesenden Personen zu bemessen.

1.3 Sicherheits- und Gesundheitsschutzkennzeichnung

(1) [1]Unberührt von den nachfolgenden Anforderungen sind Sicherheits- und Gesundheitsschutzkennzeichnungen einzusetzen, wenn Gefährdungen der Sicherheit und Gesundheit der Beschäftigten nicht durch technische oder organisatorische Maßnahmen vermieden oder ausreichend begrenzt werden können. [2]Das Ergebnis der Gefährdungsbeurteilung und die Maßnahmen nach § 3 Absatz 1 sind dabei zu berücksichtigen.
(2) [1]Die Kennzeichnung ist nach der Art der Gefährdung dauerhaft oder vorübergehend nach den Vorgaben der Richtlinie 92/58/EWG des Rates vom 24. Juni 1992 über Mindestvorschriften für die Sicherheits- und/oder Gesundheitsschutzkennzeichnung am Arbeitsplatz (Neunte Einzelrichtlinie im Sinne des Artikels 16 Absatz 1 der Richtlinie 89/391/EWG) (ABl. EG Nr. L 245 S. 23) auszuführen. [2]Diese Richtlinie gilt in der jeweils aktuellen Fassung. [3]Wird diese Richtlinie geändert oder nach den in dieser Richtlinie vorgesehenen Verfahren an den technischen Fortschritt angepasst, gilt sie in der geänderten im Amtsblatt der Europäischen Gemeinschaften veröffentlichten Fassung nach Ablauf der in der Änderungs- oder Anpassungsrichtlinie festgelegten Umsetzungsfrist. [4]Die geänderte Fassung kann bereits ab Inkrafttreten der Änderungs- oder Anpassungsrichtlinie angewendet werden.
(3) (weggefallen)

1.4 Energieverteilungsanlagen

[1]Anlagen, die der Versorgung der Arbeitsstätte mit Energie dienen, müssen so ausgewählt, installiert und betrieben werden, dass die Beschäftigten vor dem direkten oder indirekten Berühren spannungsführender Teile geschützt sind und dass von den Anlagen keine Brand- oder Explosionsgefahren ausgehen. [2]Bei der Konzeption und der Ausführung sowie der Wahl des Materials und der Schutzvorrichtungen sind Art und Stärke der verteilten Energie, die äußeren Einwirkbedingungen und die Fachkenntnisse der Personen zu berücksichtigen, die zu Teilen der Anlage Zugang haben.

1.5 Fußböden, Wände, Decken, Dächer

(1) [1]Die Oberflächen der Fußböden, Wände und Decken der Räume müssen so gestaltet sein, dass sie den Erfordernissen des sicheren Betreibens entsprechen sowie leicht und sicher zu reinigen sind. [2]Arbeitsräume müssen unter Berücksichtigung der Art des Betriebes und der physischen Belastungen eine angemessene Dämmung gegen Wärme und Kälte sowie eine ausreichende Isolierung gegen Feuchtigkeit aufweisen. [3]Auch Sanitär-, Pausen- und Bereitschaftsräume, Kantinen, Erste-Hilfe-Räume und Unterkünfte müssen über eine angemessene Dämmung gegen Wärme und Kälte sowie eine ausreichende Isolierung gegen Feuchtigkeit verfügen.
(2) [1]Die Fußböden der Räume dürfen keine Unebenheiten, Löcher, Stolperstellen oder gefährlichen Schrägen aufweisen. [2]Sie müssen gegen Verrutschen gesichert, tragfähig, trittsicher und rutschhemmend sein.
(3) [1]Durchsichtige oder lichtdurchlässige Wände, insbesondere Ganzglaswände in Arbeitsräumen oder im Bereich von Verkehrswegen, müssen deutlich gekennzeichnet sein. [2]Sie müssen entweder aus bruchsicherem Werkstoff bestehen oder so gegen die Arbeitsplätze in Arbeitsräumen oder die Verkehrswege abgeschirmt sein, dass die Beschäftigten nicht mit den Wänden in Berührung kommen und beim Zersplittern der Wände nicht verletzt werden können.

(4) Dächer aus nicht durchtrittsicherem Material dürfen nur betreten werden, wenn Ausrüstungen benutzt werden, die ein sicheres Arbeiten ermöglichen.

1.6 Fenster, Oberlichter
(1) ¹Fenster, Oberlichter und Lüftungsvorrichtungen müssen sich von den Beschäftigten sicher öffnen, schließen, verstellen und arretieren lassen. ²Sie dürfen nicht so angeordnet sein, dass sie in geöffnetem Zustand eine Gefahr für die Beschäftigten darstellen.
(2) Fenster und Oberlichter müssen so ausgewählt oder ausgerüstet und eingebaut sein, dass sie ohne Gefährdung der Ausführenden und anderer Personen gereinigt werden können.

1.7 Türen, Tore
(1) Die Lage, Anzahl, Abmessungen und Ausführung insbesondere hinsichtlich der verwendeten Werkstoffe von Türen und Toren müssen sich nach der Art und Nutzung der Räume oder Bereiche richten.
(2) Durchsichtige Türen müssen in Augenhöhe gekennzeichnet sein.
(3) Pendeltüren und -tore müssen durchsichtig sein oder ein Sichtfenster haben.
(4) Bestehen durchsichtige oder lichtdurchlässige Flächen von Türen und Toren nicht aus bruchsicherem Werkstoff und ist zu befürchten, dass sich die Beschäftigten beim Zersplittern verletzen können, sind diese Flächen gegen Eindrücken zu schützen.
(5) ¹Schiebetüren und -tore müssen gegen Ausheben und Herausfallen gesichert sein. ²Türen und Tore, die sich nach oben öffnen, müssen gegen Herabfallen gesichert sein.
(6) ¹In unmittelbarer Nähe von Toren, die vorwiegend für den Fahrzeugverkehr bestimmt sind, müssen gut sichtbar gekennzeichnete, stets zugängliche Türen für Fußgänger vorhanden sein. ²Diese Türen sind nicht erforderlich, wenn der Durchgang durch die Tore für Fußgänger gefahrlos möglich ist.
(7) ¹Kraftbetätigte Türen und Tore müssen sicher benutzbar sein. ²Dazu gehört, dass sie
a) ohne Gefährdung der Beschäftigten bewegt werden oder zum Stillstand kommen können,
b) mit selbsttätig wirkenden Sicherungen ausgestattet sind,
c) auch von Hand zu öffnen sind, sofern sie sich bei Stromausfall nicht automatisch öffnen.
(8) Besondere Anforderungen gelten für Türen im Verlauf von Fluchtwegen (Nummer 2.3).

1.8 Verkehrswege
(1) Verkehrswege, einschließlich Treppen, fest angebrachte Steigleitern und Laderampen müssen so angelegt und bemessen sein, dass sie je nach ihrem Bestimmungszweck leicht und sicher begangen oder befahren werden können und in der Nähe Beschäftigte nicht gefährdet werden.
(2) Die Bemessung der Verkehrswege, die dem Personenverkehr, Güterverkehr oder Personen- und Güterverkehr dienen, muss sich nach der Anzahl der möglichen Benutzer und der Art des Betriebes richten.
(3) Werden Transportmittel auf Verkehrswegen eingesetzt, muss für Fußgänger ein ausreichender Sicherheitsabstand gewahrt werden.
(4) Verkehrswege für Fahrzeuge müssen an Türen und Toren, Durchgängen, Fußgängerwegen und Treppenaustritten in ausreichendem Abstand vorbeiführen.
(5) Soweit Nutzung und Einrichtung der Räume es zum Schutz der Beschäftigten erfordern, müssen die Begrenzungen der Verkehrswege gekennzeichnet sein.
(6) Besondere Anforderungen gelten für Fluchtwege (Nummer 2.3).

1.9 Fahrtreppen, Fahrsteige
[1]Fahrtreppen und Fahrsteige müssen so ausgewählt und installiert sein, dass sie sicher funktionieren und sicher benutzbar sind. [2]Dazu gehört, dass die Notbefehlseinrichtungen gut erkennbar und leicht zugänglich sind und nur solche Fahrtreppen und Fahrsteige eingesetzt werden, die mit den notwendigen Sicherheitsvorrichtungen ausgestattet sind.

1.10 Laderampen
(1) Laderampen sind entsprechend den Abmessungen der Transportmittel und der Ladung auszulegen.
(2) Sie müssen mindestens einen Abgang haben; lange Laderampen müssen, soweit betriebstechnisch möglich, an jedem Endbereich einen Abgang haben.
(3) Sie müssen einfach und sicher benutzbar sein. Dazu gehört, dass sie nach Möglichkeit mit Schutzvorrichtungen gegen Absturz auszurüsten sind; das gilt insbesondere in Bereichen von Laderampen, die keine ständigen Be- und Entladestellen sind.

1.11 Steigleitern, Steigeisengänge
[1]Steigleitern und Steigeisengänge müssen sicher benutzbar sein. [2]Dazu gehört, dass sie
a) nach Notwendigkeit über Schutzvorrichtungen gegen Absturz, vorzugsweise über Steigschutzeinrichtungen verfügen,
b) an ihren Austrittsstellen eine Haltevorrichtung haben,
c) nach Notwendigkeit in angemessenen Abständen mit Ruhebühnen ausgerüstet sind.

2. Maßnahmen zum Schutz vor besonderen Gefahren

2.1 Schutz vor Absturz und herabfallenden Gegenständen, Betreten von Gefahrenbereichen
(1) [1]Arbeitsplätze und Verkehrswege, bei denen eine Absturzgefahr für Beschäftigte oder die Gefahr des Herabfallens von Gegenständen besteht, müssen mit Schutzvorrichtungen versehen sein, die verhindern, dass Beschäftigte abstürzen oder durch herabfallende Gegenstände verletzt werden können. [2]Sind aufgrund der Eigenart des Arbeitsplatzes oder der durchzuführenden Arbeiten Schutzvorrichtungen gegen Absturz nicht geeignet, muss der Arbeitgeber die Sicherheit der Beschäftigten durch andere wirksame Maßnahmen gewährleisten. [3]Eine Absturzgefahr besteht bei einer Absturzhöhe von mehr als 1 Meter.
(2) Arbeitsplätze und Verkehrswege, die an Gefahrenbereiche grenzen, müssen mit Schutzvorrichtungen versehen sein, die verhindern, dass Beschäftigte in die Gefahrenbereiche gelangen.
(3) [1]Die Arbeitsplätze und Verkehrswege nach den Absätzen 1 und 2 müssen gegen unbefugtes Betreten gesichert und gut sichtbar als Gefahrenbereiche gekennzeichnet sein. [2]Zum Schutz derjenigen, die diese Bereiche betreten müssen, sind geeignete Maßnahmen zu treffen.

2.2 Maßnahmen gegen Brände
(1) Arbeitsstätten müssen je nach
a) Abmessung und Nutzung,
b) der Brandgefährdung vorhandener Einrichtungen und Materialien,
c) der größtmöglichen Anzahl anwesender Personen mit einer ausreichenden Anzahl geeigneter Feuerlöscheinrichtungen und erforderlichenfalls Brandmeldern und Alarmanlagen ausgestattet sein.
(2) Nicht selbsttätige Feuerlöscheinrichtungen müssen als solche dauerhaft gekennzeichnet, leicht zu erreichen und zu handhaben sein.

(3) Selbsttätig wirkende Feuerlöscheinrichtungen müssen mit Warneinrichtungen ausgerüstet sein, wenn bei ihrem Einsatz Gefahren für die Beschäftigten auftreten können.

2.3 Fluchtwege und Notausgänge
(1) [1]Fluchtwege und Notausgänge müssen
a) sich in Anzahl, Anordnung und Abmessung nach der Nutzung, der Einrichtung und den Abmessungen der Arbeitsstätte sowie nach der höchstmöglichen Anzahl der dort anwesenden Personen richten,
b) auf möglichst kurzem Weg ins Freie oder, falls dies nicht möglich ist, in einen gesicherten Bereich führen,
c) in angemessener Form und dauerhaft gekennzeichnet sein.
[2]Sie sind mit einer Sicherheitsbeleuchtung auszurüsten, wenn das gefahrlose Verlassen der Arbeitsstätte für die Beschäftigten, insbesondere bei Ausfall der allgemeinen Beleuchtung, nicht gewährleistet ist.
(2) [1]Türen im Verlauf von Fluchtwegen oder Türen von Notausgängen müssen
a) sich von innen ohne besondere Hilfsmittel jederzeit leicht öffnen lassen, solange sich Beschäftigte in der Arbeitsstätte befinden,
b) in angemessener Form und dauerhaft gekennzeichnet sein.
[2]Türen von Notausgängen müssen sich nach außen öffnen lassen. [3]In Notausgängen, die ausschließlich für den Notfall konzipiert und ausschließlich im Notfall benutzt werden, sind Karussell- und Schiebetüren nicht zulässig.

3. Arbeitsbedingungen

3.1 Bewegungsfläche
(1) Die freie unverstellte Fläche am Arbeitsplatz muss so bemessen sein, dass sich die Beschäftigten bei ihrer Tätigkeit ungehindert bewegen können.
(2) Ist dies nicht möglich, muss den Beschäftigten in der Nähe des Arbeitsplatzes eine andere ausreichend große Bewegungsfläche zur Verfügung stehen.

3.2 Anordnung der Arbeitsplätze
Arbeitsplätze sind in der Arbeitsstätte so anzuordnen, dass Beschäftigte
a) sie sicher erreichen und verlassen können,
b) sich bei Gefahr schnell in Sicherheit bringen können,
c) durch benachbarte Arbeitsplätze, Transporte oder Einwirkungen von außerhalb nicht gefährdet werden.

3.3 Ausstattung
(1) Jedem Beschäftigten muss mindestens eine Kleiderablage zur Verfügung stehen, sofern keine Umkleideräume vorhanden sind.
(2) [1]Kann die Arbeit ganz oder teilweise sitzend verrichtet werden oder lässt es der Arbeitsablauf zu, sich zeitweise zu setzen, sind den Beschäftigten am Arbeitsplatz Sitzgelegenheiten zur Verfügung zu stellen. [2]Können aus betriebstechnischen Gründen keine Sitzgelegenheiten unmittelbar am Arbeitsplatz aufgestellt werden, obwohl es der Arbeitsablauf zulässt, sich zeitweise zu setzen, müssen den Beschäftigten in der Nähe der Arbeitsplätze Sitzgelegenheiten bereitgestellt werden.

3.4 Beleuchtung und Sichtverbindung

(1) ¹Der Arbeitgeber darf als Arbeitsräume nur solche Räume betreiben, die möglichst ausreichend Tageslicht erhalten und die eine Sichtverbindung nach außen haben. ²Dies gilt nicht für
1. Räume, bei denen betriebs-, produktions- oder bautechnische Gründe Tageslicht oder einer Sichtverbindung nach außen entgegenstehen,
2. Räume, in denen sich Beschäftigte zur Verrichtung ihrer Tätigkeit regelmäßig nicht über einen längeren Zeitraum oder im Verlauf der täglichen Arbeitszeit nur kurzzeitig aufhalten müssen, insbesondere Archive, Lager-, Maschinen- und Nebenräume, Teeküchen,
3. Räume, die vollständig unter Erdgleiche liegen, soweit es sich dabei um Tiefgaragen oder ähnliche Einrichtungen, um kulturelle Einrichtungen, um Verkaufsräume oder um Schank- und Speiseräume handelt,
4. Räume in Bahnhofs- oder Flughafenhallen, Passagen oder innerhalb von Kaufhäusern und Einkaufszentren,
5. Räume mit einer Grundfläche von mindestens 2000 Quadratmetern, sofern Oberlichter oder andere bauliche Vorrichtungen vorhanden sind, die Tageslicht in den Arbeitsraum lenken.

(2) ¹Pausen- und Bereitschaftsräume sowie Unterkünfte müssen möglichst ausreichend mit Tageslicht beleuchtet sein und eine Sichtverbindung nach außen haben. ²Kantinen sollen möglichst ausreichend Tageslicht erhalten und eine Sichtverbindung nach außen haben.

(3) Räume, die bis zum 3. Dezember 2016 eingerichtet worden sind oder mit deren Einrichtung begonnen worden war und die die Anforderungen nach Absatz 1 Satz 1 oder Absatz 2 nicht erfüllen, dürfen ohne eine Sichtverbindung nach außen weiter betrieben werden, bis sie wesentlich erweitert oder umgebaut werden.

(4) In Arbeitsräumen muss die Stärke des Tageslichteinfalls am Arbeitsplatz je nach Art der Tätigkeit reguliert werden können.

(5) Arbeitsstätten müssen mit Einrichtungen ausgestattet sein, die eine angemessene künstliche Beleuchtung ermöglichen, so dass die Sicherheit und der Schutz der Gesundheit der Beschäftigten gewährleistet sind.

(6) Die Beleuchtungsanlagen sind so auszuwählen und anzuordnen, dass dadurch die Sicherheit und die Gesundheit der Beschäftigten nicht gefährdet werden.

(7) Arbeitsstätten, in denen bei Ausfall der Allgemeinbeleuchtung die Sicherheit der Beschäftigten gefährdet werden kann, müssen eine ausreichende Sicherheitsbeleuchtung haben.

3.5 Raumtemperatur

(1) Arbeitsräume, in denen aus betriebstechnischer Sicht keine spezifischen Anforderungen an die Raumtemperatur gestellt werden, müssen während der Nutzungsdauer unter Berücksichtigung der Arbeitsverfahren und der physischen Belastungen der Beschäftigten eine gesundheitlich zuträgliche Raumtemperatur haben.

(2) Sanitär-, Pausen- und Bereitschaftsräume, Kantinen, Erste-Hilfe-Räume und Unterkünfte müssen während der Nutzungsdauer unter Berücksichtigung des spezifischen Nutzungszwecks eine gesundheitlich zuträgliche Raumtemperatur haben.

(3) Fenster, Oberlichter und Glaswände müssen unter Berücksichtigung der Arbeitsverfahren und der Art der Arbeitsstätte eine Abschirmung gegen übermäßige Sonneneinstrahlung ermöglichen.

3.6 Lüftung

(1) In Arbeitsräumen, Sanitär-, Pausen- und Bereitschaftsräumen, Kantinen, Erste-Hilfe-Räumen und Unterkünften muss unter Berücksichtigung des spezifischen Nutzungszwecks, der Arbeits-

Arbeitsstättenverordnung   Anhang

verfahren, der physischen Belastungen und der Anzahl der Beschäftigten sowie der sonstigen anwesenden Personen während der Nutzungsdauer ausreichend gesundheitlich zuträgliche Atemluft vorhanden sein.
(2) ^{1}Ist für das Betreiben von Arbeitsstätten eine raumlufttechnische Anlage erforderlich, muss diese jederzeit funktionsfähig sein und die Anforderungen nach Absatz 1 erfüllen. ^{2}Bei raumlufttechnischen Anlagen muss eine Störung durch eine selbsttätige Warneinrichtung angezeigt werden. ^{3}Es müssen Vorkehrungen getroffen sein, durch die die Beschäftigten im Fall einer Störung gegen Gesundheitsgefahren geschützt sind.
(3) Werden raumlufttechnische Anlagen verwendet, ist sicherzustellen, dass die Beschäftigten keinem störenden Luftzug ausgesetzt sind.
(4) Ablagerungen und Verunreinigungen in raumlufttechnischen Anlagen, die zu einer unmittelbaren Gesundheitsgefährdung durch die Raumluft führen können, müssen umgehend beseitigt werden.

3.7 Lärm
^{1}In Arbeitsstätten ist der Schalldruckpegel so niedrig zu halten, wie es nach der Art des Betriebes möglich ist. ^{2}Der Schalldruckpegel am Arbeitsplatz in Arbeitsräumen ist in Abhängigkeit von der Nutzung und den zu verrichtenden Tätigkeiten so weit zu reduzieren, dass keine Beeinträchtigungen der Gesundheit der Beschäftigten entstehen.

4. Sanitär-, Pausen- und Bereitschaftsräume, Kantinen, Erste-Hilfe-Räume und Unterkünfte

4.1 Sanitärräume
(1) ^{1}Der Arbeitgeber hat Toilettenräume zur Verfügung zu stellen. ^{2}Toilettenräume sind für Männer und Frauen getrennt einzurichten oder es ist eine getrennte Nutzung zu ermöglichen. ^{3}Toilettenräume sind mit verschließbaren Zugängen, einer ausreichenden Anzahl von Toilettenbecken und Handwaschgelegenheiten zur Verfügung zu stellen. ^{4}Sie müssen sich sowohl in der Nähe der Arbeitsräume als auch in der Nähe von Kantinen, Pausen- und Bereitschaftsräumen, Wasch- und Umkleideräumen befinden. ^{5}Bei Arbeiten im Freien und auf Baustellen mit wenigen Beschäftigten sind mobile, anschlussfreie Toilettenkabinen in der Nähe der Arbeitsplätze ausreichend.
(2) ^{1}Der Arbeitgeber hat – wenn es die Art der Tätigkeit oder gesundheitliche Gründe erfordern – Waschräume zur Verfügung zu stellen. ^{2}Diese sind für Männer und Frauen getrennt einzurichten oder es ist eine getrennte Nutzung zu ermöglichen. ^{3}Bei Arbeiten im Freien und auf Baustellen mit wenigen Beschäftigten sind Waschgelegenheiten ausreichend. Waschräume sind
a) in der Nähe von Arbeitsräumen und sichtgeschützt einzurichten,
b) so zu bemessen, dass die Beschäftigten sich den hygienischen Erfordernissen entsprechend und ungehindert reinigen können; dazu müssen fließendes warmes und kaltes Wasser, Mittel zum Reinigen und gegebenenfalls zum Desinfizieren sowie zum Abtrocknen der Hände vorhanden sein,
c) mit einer ausreichenden Anzahl geeigneter Duschen zur Verfügung zu stellen, wenn es die Art der Tätigkeit oder gesundheitliche Gründe erfordern.
^{4}Sind Waschräume nicht erforderlich, müssen in der Nähe des Arbeitsplatzes und der Umkleideräume ausreichende und angemessene Waschgelegenheiten mit fließendem Wasser (erforderlichenfalls mit warmem Wasser), Mitteln zum Reinigen und zum Abtrocknen der Hände zur Verfügung stehen.
(3) ^{1}Der Arbeitgeber hat geeignete Umkleideräume zur Verfügung zu stellen, wenn die Beschäftigten bei ihrer Tätigkeit besondere Arbeitskleidung tragen müssen und es ihnen nicht

55

zuzumuten ist, sich in einem anderen Raum umzukleiden. [2]Umkleideräume sind für Männer und Frauen getrennt einzurichten oder es ist eine getrennte Nutzung zu ermöglichen. Umkleideräume müssen
a) leicht zugänglich und von ausreichender Größe und sichtgeschützt eingerichtet werden; entsprechend der Anzahl gleichzeitiger Benutzer muss genügend freie Bodenfläche für ungehindertes Umkleiden vorhanden sein,
b) mit Sitzgelegenheiten sowie mit verschließbaren Einrichtungen ausgestattet sein, in denen jeder Beschäftigte seine Kleidung aufbewahren kann.
[3]Kleiderschränke für Arbeitskleidung und Schutzkleidung sind von Kleiderschränken für persönliche Kleidung und Gegenstände zu trennen, wenn die Umstände dies erfordern.
(4) Wasch- und Umkleideräume, die voneinander räumlich getrennt sind, müssen untereinander leicht erreichbar sein.

4.2 Pausen- und Bereitschaftsräume
(1) [1]Bei mehr als zehn Beschäftigten oder wenn die Sicherheit und der Schutz der Gesundheit es erfordern, ist den Beschäftigten ein Pausenraum oder ein entsprechender Pausenbereich zur Verfügung zu stellen. [2]Dies gilt nicht, wenn die Beschäftigten in Büroräumen oder vergleichbaren Arbeitsräumen beschäftigt sind und dort gleichwertige Voraussetzungen für eine Erholung während der Pause gegeben sind. [3]Fallen in die Arbeitszeit regelmäßig und häufig Arbeitsbereitschaftszeiten oder Arbeitsunterbrechungen und sind keine Pausenräume vorhanden, so sind für die Beschäftigten Räume für Bereitschaftszeiten einzurichten. [4]Schwangere Frauen und stillende Mütter müssen sich während der Pausen und, soweit es erforderlich ist, auch während der Arbeitszeit unter geeigneten Bedingungen hinlegen und ausruhen können.
(2) Pausenräume oder entsprechende Pausenbereiche sind
a) für die Beschäftigten leicht erreichbar an ungefährdeter Stelle und in ausreichender Größe bereitzustellen,
b) entsprechend der Anzahl der gleichzeitigen Benutzer mit leicht zu reinigenden Tischen und Sitzgelegenheiten mit Rückenlehne auszustatten,
c) als separate Räume zu gestalten, wenn die Beurteilung der Arbeitsbedingungen und der Arbeitsstätte dies erfordern.
(3) Bereitschaftsräume und Pausenräume, die als Bereitschaftsräume genutzt werden, müssen dem Zweck entsprechend ausgestattet sein.

4.3 Erste-Hilfe-Räume
(1) Erste-Hilfe-Räume oder vergleichbare Bereiche sind entsprechend der Art der Gefährdungen in der Arbeitsstätte oder der Anzahl der Beschäftigten, der Art der auszuübenden Tätigkeiten sowie der räumlichen Größe der Betriebe zur Verfügung zu stellen.
(2) Erste-Hilfe-Räume müssen an ihren Zugängen als solche gekennzeichnet und für Personen mit Rettungstransportmitteln leicht zugänglich sein.
(3) [1]Sie sind mit den erforderlichen Mitteln und Einrichtungen zur Ersten Hilfe auszustatten. [2]An einer deutlich gekennzeichneten Stelle müssen Anschrift und Telefonnummer der örtlichen Rettungsdienste angegeben sein.
(4) [1]Darüber hinaus sind überall dort, wo es die Arbeitsbedingungen erfordern, Mittel und Einrichtungen zur Ersten Hilfe aufzubewahren. [2]Sie müssen leicht zugänglich und einsatzbereit sein. [3]Die Aufbewahrungsstellen müssen als solche gekennzeichnet und gut erreichbar sein.

4.4 Unterkünfte
(1) [1]Der Arbeitgeber hat angemessene Unterkünfte für Beschäftigte zur Verfügung zu stellen, gegebenenfalls auch außerhalb des Geländes eines Betriebes oder einer Baustelle, wenn es

aus Gründen der Sicherheit, zum Schutz der Gesundheit oder aus Gründen der menschengerechten Gestaltung der Arbeit erforderlich ist. [2]Die Bereitstellung angemessener Unterkünfte kann insbesondere wegen der Abgelegenheit der Arbeitsstätte, der Art der auszuübenden Tätigkeiten oder der Anzahl der im Betrieb beschäftigten Personen erforderlich sein. [3]Sie ist stets erforderlich, wenn den Beschäftigten im Zusammenhang mit der Anwerbung oder Entsendung zur zeitlich befristeten Erbringung einer vertraglich geschuldeten Arbeitsleistung die Bereitstellung oder Vermittlung einer Unterbringung in Gemeinschaftsunterkünften in Aussicht gestellt wird und zu erwarten ist, dass der Beschäftigte die Verpflichtung zur Erbringung seiner Arbeitsleistung anderenfalls nicht eingehen würde. [4]Kann der Arbeitgeber erforderliche Unterkünfte innerhalb des Geländes eines Betriebes oder einer Baustelle nicht zur Verfügung stellen, hat er für eine andere angemessene Unterbringung der Beschäftigten außerhalb des Geländes eines Betriebes oder einer Baustelle zu sorgen. [5]Wird die Unterkunft als Gemeinschaftsunterkunft außerhalb des Geländes eines Betriebes oder einer Baustelle durch den Arbeitgeber oder auf dessen Veranlassung durch Dritte zur Verfügung gestellt, so hat der Arbeitgeber auch in diesem Fall für die Angemessenheit der Unterkunft zu sorgen.
(2) Unterkünfte müssen entsprechend ihrer Belegungszahl und der Dauer der Unterbringung ausgestattet sein mit:
1. Wohn- und Schlafbereich (Betten, Schränken, Tischen, Stühlen),
2. Essbereich,
3. Sanitäreinrichtungen.
(3) Wird die Unterkunft von Männern und Frauen gemeinsam genutzt, ist dies bei der Zuteilung der Räume zu berücksichtigen.
(4) [1]Der Arbeitgeber hat die Unterbringung von Beschäftigten in Gemeinschaftsunterkünften innerhalb oder außerhalb des Geländes eines Betriebes oder einer Baustelle nach den Sätzen 2 und 3 zu dokumentieren. [2]In der Dokumentation sind anzugeben:
1. die Adressen der Gemeinschaftsunterkünfte,
2. die Unterbringungskapazitäten der Gemeinschaftsunterkünfte,
3. die Zuordnung der untergebrachten Beschäftigten zu den Gemeinschaftsunterkünften sowie
4. der zugehörige Zeitraum der Unterbringung der jeweiligen Beschäftigten.
[3]Die Dokumentation muss ab Beginn der Bereitstellung der Gemeinschaftsunterkünfte am Ort der Leistungserbringung verfügbar sein. [4]Die Dokumentation ist nach Beendigung der Unterbringung vier Wochen aufzubewahren.

5. Ergänzende Anforderungen und Maßnahmen für besondere Arbeitsstätten und Arbeitsplätze

5.1 Arbeitsplätze in nicht allseits umschlossenen Arbeitsstätten und Arbeitsplätze im Freien

[1]Arbeitsplätze in nicht allseits umschlossenen Arbeitsstätten und Arbeitsplätze im Freien sind so einzurichten und zu betreiben, dass sie von den Beschäftigten bei jeder Witterung sicher und ohne Gesundheitsgefährdung erreicht, benutzt und wieder verlassen werden können. [2]Dazu gehört, dass diese Arbeitsplätze gegen Witterungseinflüsse geschützt sind oder den Beschäftigten geeignete persönliche Schutzausrüstungen zur Verfügung gestellt werden. [3]Werden die Beschäftigten auf Arbeitsplätzen im Freien beschäftigt, so sind die Arbeitsplätze nach Möglichkeit so einzurichten, dass die Beschäftigten nicht gesundheitsgefährdenden äußeren Einwirkungen ausgesetzt sind.

5.2 Baustellen

(1) [1]Die Beschäftigten müssen
a) sich gegen Witterungseinflüsse geschützt umkleiden, waschen und wärmen können,
b) über Einrichtungen verfügen, um ihre Mahlzeiten einnehmen und gegebenenfalls auch zubereiten zu können,
c) in der Nähe der Arbeitsplätze über Trinkwasser oder ein anderes alkoholfreies Getränk verfügen können.
[2]Weiterhin sind auf Baustellen folgende Anforderungen umzusetzen:
d) Sind Umkleideräume nicht erforderlich, muss für jeden regelmäßig auf der Baustelle anwesenden Beschäftigten eine Kleiderablage und ein abschließbares Fach vorhanden sein, damit persönliche Gegenstände unter Verschluss aufbewahrt werden können.
e) [3]Unter Berücksichtigung der Arbeitsverfahren und der physischen Belastungen der Beschäftigten ist dafür zu sorgen, dass ausreichend gesundheitlich zuträgliche Atemluft vorhanden ist.
f) [4]Beschäftigte müssen die Möglichkeit haben, Arbeitskleidung und Schutzkleidung außerhalb der Arbeitszeit zu lüften und zu trocknen.
g) [5]In regelmäßigen Abständen sind geeignete Versuche und Übungen an Feuerlöscheinrichtungen und Brandmelde- und Alarmanlagen durchzuführen.
(2) [1]Schutzvorrichtungen, die ein Abstürzen von Beschäftigten an Arbeitsplätzen und Verkehrswegen auf Baustellen verhindern, müssen vorhanden sein:
1. unabhängig von der Absturzhöhe bei
    a) Arbeitsplätzen am und über Wasser oder an und über anderen festen oder flüssigen Stoffen, in denen man versinken kann,
    b) Verkehrswegen über Wasser oder anderen festen oder flüssigen Stoffen, in denen man versinken kann,
2. bei mehr als 1 Meter Absturzhöhe an Wandöffnungen, an freiliegenden Treppenläufen und -absätzen sowie
3. bei mehr als 2 Meter Absturzhöhe an allen übrigen Arbeitsplätzen.
[2]Bei einer Absturzhöhe bis zu 3 Metern ist eine Schutzvorrichtung entbehrlich an Arbeitsplätzen und Verkehrswegen auf Dächern und Geschossdecken von baulichen Anlagen mit bis zu 22,5 Grad Neigung und nicht mehr als 50 Quadratmeter Grundfläche, sofern die Arbeiten von hierfür fachlich qualifizierten und körperlich geeigneten Beschäftigten ausgeführt werden und diese Beschäftigten besonders unterwiesen sind. [3]Die Absturzkante muss für die Beschäftigten deutlich erkennbar sein.
(3) [1]Räumliche Begrenzungen der Arbeitsplätze, Materialien, Ausrüstungen und ganz allgemein alle Elemente, die durch Ortsveränderung die Sicherheit und die Gesundheit der Beschäftigten beeinträchtigen können, müssen auf geeignete Weise stabilisiert werden.
[2]Hierzu zählen auch Maßnahmen, die verhindern, dass Fahrzeuge, Erdbaumaschinen und Förderzeuge abstürzen, umstürzen, abrutschen oder einbrechen.
(4) [1]Werden Beförderungsmittel auf Verkehrswegen verwendet, so müssen für andere, den Verkehrsweg nutzende Personen ein ausreichender Sicherheitsabstand oder geeignete Schutzvorrichtungen vorgesehen werden. [2]Die Wege müssen regelmäßig überprüft und gewartet werden.
(5) [1]Bei Arbeiten, aus denen sich im besonderen Maße Gefährdungen für die Beschäftigten ergeben können, müssen geeignete Sicherheitsvorkehrungen getroffen werden. [2]Dies gilt insbesondere für Abbrucharbeiten sowie Montage- oder Demontagearbeiten. [3]Zur Erfüllung der Schutzmaßnahmen des Satzes 1 sind
a) bei Arbeiten an erhöhten oder tiefer gelegenen Standorten Standsicherheit und Stabilität der Arbeitsplätze und ihrer Zugänge auf geeignete Weise zu gewährleisten und zu

überprüfen, insbesondere nach einer Veränderung der Höhe oder Tiefe des Arbeitsplatzes,
b) bei Aushubarbeiten, Brunnenbauarbeiten, unterirdischen oder Tunnelarbeiten die Erd- oder Felswände so abzuböschen, zu verbauen oder anderweitig so zu sichern, dass sie während der einzelnen Bauzustände standsicher sind; vor Beginn von Erdarbeiten sind geeignete Maßnahmen durchzuführen, um die Gefährdung durch unterirdisch verlegte Kabel und andere Versorgungsleitungen festzustellen und auf ein Mindestmaß zu verringern,
c) bei Arbeiten, bei denen Sauerstoffmangel auftreten kann, geeignete Maßnahmen zu treffen, um einer Gefahr vorzubeugen und eine wirksame und sofortige Hilfeleistung zu ermöglichen; Einzelarbeitsplätze in Bereichen, in denen erhöhte Gefährdung durch Sauerstoffmangel besteht, sind nur zulässig, wenn diese ständig von außen überwacht werden und alle geeigneten Vorkehrungen getroffen sind, um eine wirksame und sofortige Hilfeleistung zu ermöglichen,
d) beim Auf-, Um- sowie Abbau von Spundwänden und Senkkästen angemessene Vorrichtungen vorzusehen, damit sich die Beschäftigten beim Eindringen von Wasser und Material retten können,
e) bei Laderampen Absturzsicherungen vorzusehen,
f) bei Arbeiten, bei denen mit Gefährdungen aus dem Verkehr von Land-, Wasser- oder Luftfahrzeugen zu rechnen ist, geeignete Vorkehrungen zu treffen.
[4]Abbrucharbeiten, Montage- oder Demontagearbeiten, insbesondere der Auf- oder Abbau von Stahl- oder Betonkonstruktionen, die Montage oder Demontage von Verbau zur Sicherung von Erd- oder Felswänden oder Senkkästen sind fachkundig zu planen und nur unter fachkundiger Aufsicht sowie nach schriftlicher Abbruch-, Montage- oder Demontageanweisung durchzuführen; die Abbruch-, Montage- oder Demontageanweisung muss die erforderlichen sicherheitstechnischen Angaben enthalten; auf die Schriftform kann verzichtet werden, wenn für die jeweiligen Abbruch-, Montage- oder Demontagearbeiten besondere sicherheitstechnische Angaben nicht erforderlich sind.
(6) [1]Vorhandene elektrische Freileitungen müssen nach Möglichkeit außerhalb des Baustellengeländes verlegt oder freigeschaltet werden. [2]Wenn dies nicht möglich ist, sind geeignete Abschrankungen, Abschirmungen oder Hinweise anzubringen, um Fahrzeuge und Einrichtungen von diesen Leitungen fern zu halten.

6. Maßnahmen zur Gestaltung von Bildschirmarbeitsplätzen

6.1 Allgemeine Anforderungen an Bildschirmarbeitsplätze

(1) [1]Bildschirmarbeitsplätze sind so einzurichten und zu betreiben, dass die Sicherheit und der Schutz der Gesundheit der Beschäftigten gewährleistet sind. [2]Die Grundsätze der Ergonomie sind auf die Bildschirmarbeitsplätze und die erforderlichen Arbeitsmittel sowie die für die Informationsverarbeitung durch die Beschäftigten erforderlichen Bildschirmgeräte entsprechend anzuwenden.
(2) Der Arbeitgeber hat dafür zu sorgen, dass die Tätigkeiten der Beschäftigten an Bildschirmgeräten insbesondere durch andere Tätigkeiten oder regelmäßige Erholungszeiten unterbrochen werden.
(3) Für die Beschäftigten ist ausreichend Raum für wechselnde Arbeitshaltungen und -bewegungen vorzusehen.
(4) Die Bildschirmgeräte sind so aufzustellen und zu betreiben, dass die Oberflächen frei von störenden Reflexionen und Blendungen sind.

(5) Die Arbeitstische oder Arbeitsflächen müssen eine reflexionsarme Oberfläche haben und so aufgestellt werden, dass die Oberflächen bei der Arbeit frei von störenden Reflexionen und Blendungen sind.
(6) ¹Die Arbeitsflächen sind entsprechend der Arbeitsaufgabe so zu bemessen, dass alle Eingabemittel auf der Arbeitsfläche variabel angeordnet werden können und eine flexible Anordnung des Bildschirms, des Schriftguts und der sonstigen Arbeitsmittel möglich ist. ²Die Arbeitsfläche vor der Tastatur muss ein Auflegen der Handballen ermöglichen.
(7) Auf Wunsch der Beschäftigten hat der Arbeitgeber eine Fußstütze und einen Manuskripthalter zur Verfügung zu stellen, wenn eine ergonomisch günstige Arbeitshaltung auf andere Art und Weise nicht erreicht werden kann.
(8) ¹Die Beleuchtung muss der Art der Arbeitsaufgabe entsprechen und an das Sehvermögen der Beschäftigten angepasst sein; ein angemessener Kontrast zwischen Bildschirm und Arbeitsumgebung ist zu gewährleisten. ²Durch die Gestaltung des Bildschirmarbeitsplatzes sowie der Auslegung und der Anordnung der Beleuchtung sind störende Blendungen, Reflexionen oder Spiegelungen auf dem Bildschirm und den sonstigen Arbeitsmitteln zu vermeiden.
(9) ¹Werden an einem Arbeitsplatz mehrere Bildschirmgeräte oder Bildschirme betrieben, müssen diese ergonomisch angeordnet sein. ²Die Eingabegeräte müssen sich eindeutig dem jeweiligen Bildschirmgerät zuordnen lassen.
(10) Die Arbeitsmittel dürfen nicht zu einer erhöhten, gesundheitlich unzuträglichen Wärmebelastung am Arbeitsplatz führen.

6.2 Allgemeine Anforderungen an Bildschirme und Bildschirmgeräte

(1) ¹Die Text- und Grafikdarstellungen auf dem Bildschirm müssen entsprechend der Arbeitsaufgabe und dem Sehabstand scharf und deutlich sowie ausreichend groß sein. ²Der Zeichen- und der Zeilenabstand müssen angemessen sein. ³Die Zeichengröße und der Zeilenabstand müssen auf dem Bildschirm individuell eingestellt werden können.
(2) Das auf dem Bildschirm dargestellte Bild muss flimmerfrei sein. ⁴Das Bild darf keine Verzerrungen aufweisen.
(3) ¹Die Helligkeit der Bildschirmanzeige und der Kontrast der Text- und Grafikdarstellungen auf dem Bildschirm müssen von den Beschäftigten einfach eingestellt werden können. ²Sie müssen den Verhältnissen der Arbeitsumgebung individuell angepasst werden können.
(4) Die Bildschirmgröße und -form müssen der Arbeitsaufgabe angemessen sein.
(5) Die von den Bildschirmgeräten ausgehende elektromagnetische Strahlung muss so niedrig gehalten werden, dass die Sicherheit und die Gesundheit der Beschäftigten nicht gefährdet werden.

6.3 Anforderungen an Bildschirmgeräte und Arbeitsmittel für die ortsgebundene Verwendung an Arbeitsplätzen

(1) ¹Bildschirme müssen frei und leicht dreh- und neigbar sein sowie über reflexionsarme Oberflächen verfügen. ²Bildschirme, die über reflektierende Oberflächen verfügen, dürfen nur dann betrieben werden, wenn dies aus zwingenden aufgabenbezogenen Gründen erforderlich ist.
(2) Tastaturen müssen die folgenden Eigenschaften aufweisen:
1. sie müssen vom Bildschirm getrennte Einheiten sein,
2. sie müssen neigbar sein,
3. die Oberflächen müssen reflexionsarm sein,
4. die Form und der Anschlag der Tasten müssen den Arbeitsaufgaben angemessen sein und eine ergonomische Bedienung ermöglichen,

5. die Beschriftung der Tasten muss sich vom Untergrund deutlich abheben und bei normaler Arbeitshaltung gut lesbar sein.
(3) Alternative Eingabemittel (zum Beispiel Eingabe über den Bildschirm, Spracheingabe, Scanner) dürfen nur eingesetzt werden, wenn dadurch die Arbeitsaufgaben leichter ausgeführt werden können und keine zusätzlichen Belastungen für die Beschäftigten entstehen.

6.4 Anforderungen an tragbare Bildschirmgeräte für die ortsveränderliche Verwendung an Arbeitsplätzen

(1) Größe, Form und Gewicht tragbarer Bildschirmgeräte müssen der Arbeitsaufgabe entsprechend angemessen sein.
(2) Tragbare Bildschirmgeräte müssen
1. über Bildschirme mit reflexionsarmen Oberflächen verfügen und
2. so betrieben werden, dass der Bildschirm frei von störenden Reflexionen und Blendungen ist.
(3) Tragbare Bildschirmgeräte ohne Trennung zwischen Bildschirm und externem Eingabemittel (insbesondere Geräte ohne Tastatur) dürfen nur an Arbeitsplätzen betrieben werden, an denen die Geräte nur kurzzeitig verwendet werden oder an denen die Arbeitsaufgaben mit keinen anderen Bildschirmgeräten ausgeführt werden können.
(4) Tragbare Bildschirmgeräte mit alternativen Eingabemitteln sind den Arbeitsaufgaben angemessen und mit dem Ziel einer optimalen Entlastung der Beschäftigten zu betreiben.
(5) Werden tragbare Bildschirmgeräte ortsgebunden an Arbeitsplätzen verwendet, gelten zusätzlich die Anforderungen nach Nummer 6.1.

6.5 Anforderungen an die Benutzerfreundlichkeit von Bildschirmarbeitsplätzen

(1) [1]Beim Betreiben der Bildschirmarbeitsplätze hat der Arbeitgeber dafür zu sorgen, dass der Arbeitsplatz den Arbeitsaufgaben angemessen gestaltet ist. [2]Er hat insbesondere geeignete Softwaresysteme bereitzustellen.
(2) Die Bildschirmgeräte und die Software müssen entsprechend den Kenntnissen und Erfahrungen der Beschäftigten im Hinblick auf die jeweilige Arbeitsaufgabe angepasst werden können.
(3) Das Softwaresystem muss den Beschäftigten Angaben über die jeweiligen Dialogabläufe machen.
(4) [1]Die Bildschirmgeräte und die Software müssen es den Beschäftigten ermöglichen, die Dialogabläufe zu beeinflussen. [2]Sie müssen eventuelle Fehler bei der Handhabung beschreiben und eine Fehlerbeseitigung mit begrenztem Arbeitsaufwand erlauben.
(5) Eine Kontrolle der Arbeit hinsichtlich der qualitativen oder quantitativen Ergebnisse darf ohne Wissen der Beschäftigten nicht durchgeführt werden.

Arbeitszeitgesetz (ArbZG)
vom 6. Juni 1994 (BGBl. I 1994, S. 1170, 1171)

– zuletzt geändert durch Gesetz zur Verbesserung des Vollzugs im Arbeitsschutz (Arbeitsschutzkontrollgesetz) vom 22. Dezember 2020 (BGBl I 2020, S. 3334)

Erster Abschnitt: Allgemeine Vorschriften

§ 1 Zweck des Gesetzes
Zweck des Gesetzes ist es,
1. die Sicherheit und den Gesundheitsschutz der Arbeitnehmer in der Bundesrepublik Deutschland und in der ausschließlichen Wirtschaftszone bei der Arbeitszeitgestaltung zu gewährleisten und die Rahmenbedingungen für flexible Arbeitszeiten zu verbessern sowie
2. den Sonntag und die staatlich anerkannten Feiertage als Tage der Arbeitsruhe und der seelischen Erhebung der Arbeitnehmer zu schützen.

§ 2 Begriffsbestimmungen
(1) ¹Arbeitszeit im Sinne dieses Gesetzes ist die Zeit vom Beginn bis zum Ende der Arbeit ohne die Ruhepausen; Arbeitszeiten bei mehreren Arbeitgebern sind zusammenzurechnen. ²Im Bergbau unter Tage zählen die Ruhepausen zur Arbeitszeit.
(2) Arbeitnehmer im Sinne dieses Gesetzes sind Arbeiter und Angestellte sowie die zu ihrer Berufsbildung Beschäftigten.
(3) Nachtzeit im Sinne dieses Gesetzes ist die Zeit von 23 bis 6 Uhr, in Bäckereien und Konditoreien die Zeit von 22 bis 5 Uhr.
(4) Nachtarbeit im Sinne dieses Gesetzes ist jede Arbeit, die mehr als zwei Stunden der Nachtzeit umfaßt.
(5) Nachtarbeitnehmer im Sinne dieses Gesetzes sind Arbeitnehmer, die
1. auf Grund ihrer Arbeitszeitgestaltung normalerweise Nachtarbeit in Wechselschicht zu leisten haben oder
2. Nachtarbeit an mindestens 48 Tagen im Kalenderjahr leisten.

Zweiter Abschnitt: Werktägliche Arbeitszeit und arbeitsfreie Zeiten

§ 3 Arbeitszeit der Arbeitnehmer
¹Die werktägliche Arbeitszeit der Arbeitnehmer darf acht Stunden nicht überschreiten. ²Sie kann auf bis zu zehn Stunden nur verlängert werden, wenn innerhalb von sechs Kalendermonaten oder innerhalb von 24 Wochen im Durchschnitt acht Stunden werktäglich nicht überschritten werden.

§ 4 Ruhepausen
¹Die Arbeit ist durch im voraus feststehende Ruhepausen von mindestens 30 Minuten bei einer Arbeitszeit von mehr als sechs bis zu neun Stunden und 45 Minuten bei einer Arbeitszeit von mehr als neun Stunden insgesamt zu unterbrechen. ²Die Ruhepausen nach Satz 1 können in Zeitabschnitte von jeweils mindestens 15 Minuten aufgeteilt werden. ³Länger als sechs Stunden hintereinander dürfen Arbeitnehmer nicht ohne Ruhepause beschäftigt werden.

§ 5 Ruhezeit

(1) Die Arbeitnehmer müssen nach Beendigung der täglichen Arbeitszeit eine ununterbrochene Ruhezeit von mindestens elf Stunden haben.
(2) Die Dauer der Ruhezeit des Absatzes 1 kann in Krankenhäusern und anderen Einrichtungen zur Behandlung, Pflege und Betreuung von Personen, in Gaststätten und anderen Einrichtungen zur Bewirtung und Beherbergung, in Verkehrsbetrieben, beim Rundfunk sowie in der Landwirtschaft und in der Tierhaltung um bis zu eine Stunde verkürzt werden, wenn jede Verkürzung der Ruhezeit innerhalb eines Kalendermonats oder innerhalb von vier Wochen durch Verlängerung einer anderen Ruhezeit auf mindestens zwölf Stunden ausgeglichen wird.
(3) Abweichend von Absatz 1 können in Krankenhäusern und anderen Einrichtungen zur Behandlung, Pflege und Betreuung von Personen Kürzungen der Ruhezeit durch Inanspruchnahmen während der Rufbereitschaft, die nicht mehr als die Hälfte der Ruhezeit betragen, zu anderen Zeiten ausgeglichen werden.
(4) (weggefallen)

§ 6 Nacht- und Schichtarbeit

(1) Die Arbeitszeit der Nacht- und Schichtarbeitnehmer ist nach den gesicherten arbeitswissenschaftlichen Erkenntnissen über die menschengerechte Gestaltung der Arbeit festzulegen.
(2) [1]Die werktägliche Arbeitszeit der Nachtarbeitnehmer darf acht Stunden nicht überschreiten. [2]Sie kann auf bis zu zehn Stunden nur verlängert werden, wenn abweichend von § 3 innerhalb von einem Kalendermonat oder innerhalb von vier Wochen im Durchschnitt acht Stunden werktäglich nicht überschritten werden. [3]Für Zeiträume, in denen Nachtarbeitnehmer im Sinne des § 2 Abs. 5 Nr. 2 nicht zur Nachtarbeit herangezogen werden, findet § 3 Satz 2 Anwendung.
(3) [1]Nachtarbeitnehmer sind berechtigt, sich vor Beginn der Beschäftigung und danach in regelmäßigen Zeitabständen von nicht weniger als drei Jahren arbeitsmedizinisch untersuchen zu lassen. [2]Nach Vollendung des 50. Lebensjahres steht Nachtarbeitnehmern dieses Recht in Zeitabständen von einem Jahr zu. [3]Die Kosten der Untersuchungen hat der Arbeitgeber zu tragen, sofern er die Untersuchungen den Nachtarbeitnehmern nicht kostenlos durch einen Betriebsarzt oder einen überbetrieblichen Dienst von Betriebsärzten anbietet.
(4) [1]Der Arbeitgeber hat den Nachtarbeitnehmer auf dessen Verlangen auf einen für ihn geeigneten Tagesarbeitsplatz umzusetzen, wenn
a) nach arbeitsmedizinischer Feststellung die weitere Verrichtung von Nachtarbeit den Arbeitnehmer in seiner Gesundheit gefährdet oder
b) im Haushalt des Arbeitnehmers ein Kind unter zwölf Jahren lebt, das nicht von einer anderen im Haushalt lebenden Person betreut werden kann, oder
c) der Arbeitnehmer einen schwerpflegebedürftigen Angehörigen zu versorgen hat, der nicht von einem anderen im Haushalt lebenden Angehörigen versorgt werden kann,
sofern dem nicht dringende betriebliche Erfordernisse entgegenstehen. [2]Stehen der Umsetzung des Nachtarbeitnehmers auf einen für ihn geeigneten Tagesarbeitsplatz nach Auffassung des Arbeitgebers dringende betriebliche Erfordernisse entgegen, so ist der Betriebs- oder Personalrat zu hören. [3]Der Betriebs- oder Personalrat kann dem Arbeitgeber Vorschläge für eine Umsetzung unterbreiten.
(5) Soweit keine tarifvertraglichen Ausgleichsregelungen bestehen, hat der Arbeitgeber dem Nachtarbeitnehmer für die während der Nachtzeit geleisteten Arbeitsstunden eine angemessene Zahl bezahlter freier Tage oder einen angemessenen Zuschlag auf das ihm hierfür zustehende Bruttoarbeitsentgelt zu gewähren.

(6) Es ist sicherzustellen, daß Nachtarbeitnehmer den gleichen Zugang zur betrieblichen Weiterbildung und zu aufstiegsfördernden Maßnahmen haben wie die übrigen Arbeitnehmer.

§ 7 Abweichende Regelungen
(1) In einem Tarifvertrag oder auf Grund eines Tarifvertrags in einer Betriebs- oder Dienstvereinbarung kann zugelassen werden,
1. abweichend von § 3
   a) die Arbeitszeit über zehn Stunden werktäglich zu verlängern, wenn in die Arbeitszeit regelmäßig und in erheblichem Umfang Arbeitsbereitschaft oder Bereitschaftsdienst fällt,
   b) einen anderen Ausgleichszeitraum festzulegen,
   c) (weggefallen)
2. abweichend von § 4 Satz 2 die Gesamtdauer der Ruhepausen in Schichtbetrieben und Verkehrsbetrieben auf Kurzpausen von angemessener Dauer aufzuteilen,
3. abweichend von § 5 Abs. 1 die Ruhezeit um bis zu zwei Stunden zu kürzen, wenn die Art der Arbeit dies erfordert und die Kürzung der Ruhezeit innerhalb eines festzulegenden Ausgleichszeitraums ausgeglichen wird,
4. abweichend von § 6 Abs. 2
   a) die Arbeitszeit über zehn Stunden werktäglich hinaus zu verlängern, wenn in die Arbeitszeit regelmäßig und in erheblichem Umfang Arbeitsbereitschaft oder Bereitschaftsdienst fällt,
   b) einen anderen Ausgleichszeitraum festzulegen,
5. den Beginn des siebenstündigen Nachtzeitraums des § 2 Abs. 3 auf die Zeit zwischen 22 und 24 Uhr festzulegen.

(2) Sofern der Gesundheitsschutz der Arbeitnehmer durch einen entsprechenden Zeitausgleich gewährleistet wird, kann in einem Tarifvertrag oder auf Grund eines Tarifvertrags in einer Betriebs- oder Dienstvereinbarung ferner zugelassen werden,
1. abweichend von § 5 Abs. 1 die Ruhezeiten bei Rufbereitschaft den Besonderheiten dieses Dienstes anzupassen, insbesondere Kürzungen der Ruhezeit infolge von Inanspruchnahmen während dieses Dienstes zu anderen Zeiten auszugleichen,
2. die Regelungen der §§ 3, 5 Abs. 1 und § 6 Abs. 2 in der Landwirtschaft der Bestellungs- und Erntezeit sowie den Witterungseinflüssen anzupassen,
3. die Regelungen der §§ 3, 4, 5 Abs. 1 und § 6 Abs. 2 bei der Behandlung, Pflege und Betreuung von Personen der Eigenart dieser Tätigkeit und dem Wohl dieser Personen entsprechend anzupassen,
4. die Regelungen der §§ 3, 4, 5 Abs. 1 und § 6 Abs. 2 bei Verwaltungen und Betrieben des Bundes, der Länder, der Gemeinden und sonstigen Körperschaften, Anstalten und Stiftungen des öffentlichen Rechts sowie bei anderen Arbeitgebern, die der Tarifbindung eines für den öffentlichen Dienst geltenden oder eines im wesentlichen inhaltsgleichen Tarifvertrags unterliegen, der Eigenart der Tätigkeit bei diesen Stellen anzupassen.

(2a) In einem Tarifvertrag oder auf Grund eines Tarifvertrags in einer Betriebs- oder Dienstvereinbarung kann abweichend von den §§ 3, 5 Abs. 1 und § 6 Abs. 2 zugelassen werden, die werktägliche Arbeitszeit auch ohne Ausgleich über acht Stunden zu verlängern, wenn in die Arbeitszeit regelmäßig und in erheblichem Umfang Arbeitsbereitschaft oder Bereitschaftsdienst fällt und durch besondere Regelungen sichergestellt wird, dass die Gesundheit der Arbeitnehmer nicht gefährdet wird.

(3) [1]Im Geltungsbereich eines Tarifvertrags nach Absatz 1, 2 oder 2a können abweichende tarifvertragliche Regelungen im Betrieb eines nicht tarifgebundenen Arbeitgebers durch

Betriebs- oder Dienstvereinbarung oder, wenn ein Betriebs- oder Personalrat nicht besteht, durch schriftliche Vereinbarung zwischen dem Arbeitgeber und dem Arbeitnehmer übernommen werden. ²Können auf Grund eines solchen Tarifvertrags abweichende Regelungen in einer Betriebs- oder Dienstvereinbarung getroffen werden, kann auch in Betrieben eines nicht tarifgebundenen Arbeitgebers davon Gebrauch gemacht werden. ³Eine nach Absatz 2 Nr. 4 getroffene abweichende tarifvertragliche Regelung hat zwischen nicht tarifgebundenen Arbeitgebern und Arbeitnehmern Geltung, wenn zwischen ihnen die Anwendung der für den öffentlichen Dienst geltenden tarifvertraglichen Bestimmungen vereinbart ist und die Arbeitgeber die Kosten des Betriebs überwiegend mit Zuwendungen im Sinne des Haushaltsrechts decken.
(4) Die Kirchen und die öffentlich-rechtlichen Religionsgesellschaften können die in Absatz 1, 2 oder 2a genannten Abweichungen in ihren Regelungen vorsehen.
(5) In einem Bereich, in dem Regelungen durch Tarifvertrag üblicherweise nicht getroffen werden, können Ausnahmen im Rahmen des Absatzes 1, 2 oder 2a durch die Aufsichtsbehörde bewilligt werden, wenn dies aus betrieblichen Gründen erforderlich ist und die Gesundheit der Arbeitnehmer nicht gefährdet wird.
(6) Die Bundesregierung kann durch Rechtsverordnung mit Zustimmung des Bundesrates Ausnahmen im Rahmen des Absatzes 1 oder 2 zulassen, sofern dies aus betrieblichen Gründen erforderlich ist und die Gesundheit der Arbeitnehmer nicht gefährdet wird.
(7) ¹Auf Grund einer Regelung nach Absatz 2a oder den Absätzen 3 bis 5 jeweils in Verbindung mit Absatz 2a darf die Arbeitszeit nur verlängert werden, wenn der Arbeitnehmer schriftlich eingewilligt hat. ²Der Arbeitnehmer kann die Einwilligung mit einer Frist von sechs Monaten schriftlich widerrufen. ³Der Arbeitgeber darf einen Arbeitnehmer nicht benachteiligen, weil dieser die Einwilligung zur Verlängerung der Arbeitszeit nicht erklärt oder die Einwilligung widerrufen hat.
(8) ¹Werden Regelungen nach Absatz 1 Nr. 1 und 4, Absatz 2 Nr. 2 bis 4 oder solche Regelungen auf Grund der Absätze 3 und 4 zugelassen, darf die Arbeitszeit 48 Stunden wöchentlich im Durchschnitt von zwölf Kalendermonaten nicht überschreiten. ²Erfolgt die Zulassung auf Grund des Absatzes 5, darf die Arbeitszeit 48 Stunden wöchentlich im Durchschnitt von sechs Kalendermonaten oder 24 Wochen nicht überschreiten.
(9) Wird die werktägliche Arbeitszeit über zwölf Stunden hinaus verlängert, muss im unmittelbaren Anschluss an die Beendigung der Arbeitszeit eine Ruhezeit von mindestens elf Stunden gewährt werden.

§ 8 Gefährliche Arbeiten
¹Die Bundesregierung kann durch Rechtsverordnung mit Zustimmung des Bundesrates für einzelne Beschäftigungsbereiche, für bestimmte Arbeiten oder für bestimmte Arbeitnehmergruppen, bei denen besondere Gefahren für die Gesundheit der Arbeitnehmer zu erwarten sind, die Arbeitszeit über § 3 hinaus beschränken, die Ruhepausen und Ruhezeiten über die §§ 4 und 5 hinaus ausdehnen, die Regelungen zum Schutz der Nacht- und Schichtarbeitnehmer in § 6 erweitern und die Abweichungsmöglichkeiten nach § 7 beschränken, soweit dies zum Schutz der Gesundheit der Arbeitnehmer erforderlich ist. ²Satz 1 gilt nicht für Beschäftigungsbereiche und Arbeiten in Betrieben, die der Bergaufsicht unterliegen.

Dritter Abschnitt: Sonn- und Feiertagsruhe

§ 9 Sonn- und Feiertagsruhe
(1) Arbeitnehmer dürfen an Sonn- und gesetzlichen Feiertagen von 0 bis 24 Uhr nicht beschäftigt werden.

(2) In mehrschichtigen Betrieben mit regelmäßiger Tag- und Nachtschicht kann Beginn oder Ende der Sonn- und Feiertagsruhe um bis zu sechs Stunden vor- oder zurückverlegt werden, wenn für die auf den Beginn der Ruhezeit folgenden 24 Stunden der Betrieb ruht.
(3) Für Kraftfahrer und Beifahrer kann der Beginn der 24stündigen Sonn- und Feiertagsruhe um bis zu zwei Stunden vorverlegt werden.

§ 10 Sonn- und Feiertagsbeschäftigung
(1) Sofern die Arbeiten nicht an Werktagen vorgenommen werden können, dürfen Arbeitnehmer an Sonn- und Feiertagen abweichend von § 9 beschäftigt werden
1. in Not- und Rettungsdiensten sowie bei der Feuerwehr,
2. zur Aufrechterhaltung der öffentlichen Sicherheit und Ordnung sowie der Funktionsfähigkeit von Gerichten und Behörden und für Zwecke der Verteidigung,
3. in Krankenhäusern und anderen Einrichtungen zur Behandlung, Pflege und Betreuung von Personen,
4. in Gaststätten und anderen Einrichtungen zur Bewirtung und Beherbergung sowie im Haushalt,
5. bei Musikaufführungen, Theatervorstellungen, Filmvorführungen, Schaustellungen, Darbietungen und anderen ähnlichen Veranstaltungen,
6. bei nichtgewerblichen Aktionen und Veranstaltungen der Kirchen, Religionsgesellschaften, Verbände, Vereine, Parteien und anderer ähnlicher Vereinigungen,
7. beim Sport und in Freizeit-, Erholungs- und Vergnügungseinrichtungen, beim Fremdenverkehr sowie in Museen und wissenschaftlichen Präsenzbibliotheken,
8. beim Rundfunk, bei der Tages- und Sportpresse, bei Nachrichtenagenturen sowie bei den der Tagesaktualität dienenden Tätigkeiten für andere Presseerzeugnisse einschließlich des Austragens, bei der Herstellung von Satz, Filmen und Druckformen für tagesaktuelle Nachrichten und Bilder, bei tagesaktuellen Aufnahmen auf Ton- und Bildträger sowie beim Transport und Kommissionieren von Presseerzeugnissen, deren Ersterscheinungstag am Montag oder am Tag nach einem Feiertag liegt,
9. bei Messen, Ausstellungen und Märkten im Sinne des Titels IV der Gewerbeordnung sowie bei Volksfesten,
10. in Verkehrsbetrieben sowie beim Transport und Kommissionieren von leichtverderblichen Waren im Sinne des § 30 Abs. 3 Nr. 2 der Straßenverkehrsordnung,
11. in den Energie- und Wasserversorgungsbetrieben sowie in Abfall- und Abwasserentsorgungsbetrieben,
12. in der Landwirtschaft und in der Tierhaltung sowie in Einrichtungen zur Behandlung und Pflege von Tieren,
13. im Bewachungsgewerbe und bei der Bewachung von Betriebsanlagen,
14. bei der Reinigung und Instandhaltung von Betriebseinrichtungen, soweit hierdurch der regelmäßige Fortgang des eigenen oder eines fremden Betriebs bedingt ist, bei der Vorbereitung der Wiederaufnahme des vollen werktägigen Betriebs sowie bei der Aufrechterhaltung der Funktionsfähigkeit von Datennetzen und Rechnersystemen,
15. zur Verhütung des Verderbens von Naturerzeugnissen oder Rohstoffen oder des Mißlingens von Arbeitsergebnissen sowie bei kontinuierlich durchzuführenden Forschungsarbeiten,
16. zur Vermeidung einer Zerstörung oder erheblichen Beschädigung der Produktionseinrichtungen.
(2) Abweichend von § 9 dürfen Arbeitnehmer an Sonn- und Feiertagen mit den Produktionsarbeiten beschäftigt werden, wenn die infolge der Unterbrechung der Produktion nach

Arbeitszeitgesetz §§ 10–13

Absatz 1 Nr. 14 zulässigen Arbeiten den Einsatz von mehr Arbeitnehmern als bei durchgehender Produktion erfordern.
(3) Abweichend von § 9 dürfen Arbeitnehmer an Sonn- und Feiertagen in Bäckereien und Konditoreien für bis zu drei Stunden mit der Herstellung und dem Austragen oder Ausfahren von Konditorwaren und an diesem Tag zum Verkauf kommenden Bäckerwaren beschäftigt werden.
(4) Sofern die Arbeiten nicht an Werktagen vorgenommen werden können, dürfen Arbeitnehmer zur Durchführung des Eil- und Großbetragszahlungsverkehrs und des Geld-, Devisen-, Wertpapier- und Derivatehandels abweichend von § 9 Abs. 1 an den auf einen Werktag fallenden Feiertagen beschäftigt werden, die nicht in allen Mitgliedstaaten der Europäischen Union Feiertage sind.

§ 11 Ausgleich für Sonn- und Feiertagsbeschäftigung
(1) Mindestens 15 Sonntage im Jahr müssen beschäftigungsfrei bleiben.
(2) Für die Beschäftigung an Sonn- und Feiertagen gelten die §§ 3 bis 8 entsprechend, jedoch dürfen durch die Arbeitszeit an Sonn- und Feiertagen die in den §§ 3, 6 Abs. 2, §§ 7 und 21a Abs. 4 bestimmten Höchstarbeitszeiten und Ausgleichszeiträume nicht überschritten werden.
(3) ¹Werden Arbeitnehmer an einem Sonntag beschäftigt, müssen sie einen Ersatzruhetag haben, der innerhalb eines den Beschäftigungstag einschließenden Zeitraums von zwei Wochen zu gewähren ist. ²Werden Arbeitnehmer an einem auf einen Werktag fallenden Feiertag beschäftigt, müssen sie einen Ersatzruhetag haben, der innerhalb eines den Beschäftigungstag einschließenden Zeitraums von acht Wochen zu gewähren ist.
(4) Die Sonn- oder Feiertagsruhe des § 9 oder der Ersatzruhetag des Absatzes 3 ist den Arbeitnehmern unmittelbar in Verbindung mit einer Ruhezeit nach § 5 zu gewähren, soweit dem technische oder arbeitsorganisatorische Gründe nicht entgegenstehen.

§ 12 Abweichende Regelungen
¹In einem Tarifvertrag oder auf Grund eines Tarifvertrags in einer Betriebs- oder Dienstvereinbarung kann zugelassen werden,
1. abweichend von § 11 Abs. 1 die Anzahl der beschäftigungsfreien Sonntage in den Einrichtungen des § 10 Abs. 1 Nr. 2, 3, 4 und 10 auf mindestens zehn Sonntage, im Rundfunk, in Theaterbetrieben, Orchestern sowie bei Schaustellungen auf mindestens acht Sonntage, in Filmtheatern und in der Tierhaltung auf mindestens sechs Sonntage im Jahr zu verringern,
2. abweichend von § 11 Abs. 3 den Wegfall von Ersatzruhetagen für auf Werktage fallende Feiertage zu vereinbaren oder Arbeitnehmer innerhalb eines festzulegenden Ausgleichszeitraums beschäftigungsfrei zu stellen,
3. abweichend von § 11 Abs. 1 bis 3 in der Seeschiffahrt die den Arbeitnehmern nach diesen Vorschriften zustehenden freien Tage zusammenhängend zu geben,
4. abweichend von § 11 Abs. 2 die Arbeitszeit in vollkontinuierlichen Schichtbetrieben an Sonn- und Feiertagen auf bis zu zwölf Stunden zu verlängern, wenn dadurch zusätzliche freie Schichten an Sonn- und Feiertagen erreicht werden.
²§ 7 Abs. 3 bis 6 findet Anwendung.

§ 13 Ermächtigung, Anordnung, Bewilligung
(1) Die Bundesregierung kann durch Rechtsverordnung mit Zustimmung des Bundesrates zur Vermeidung erheblicher Schäden unter Berücksichtigung des Schutzes der Arbeitnehmer und der Sonn- und Feiertagsruhe

1. die Bereiche mit Sonn- und Feiertagsbeschäftigung nach § 10 sowie die dort zugelassenen Arbeiten näher bestimmen,
2. über die Ausnahmen nach § 10 hinaus weitere Ausnahmen abweichend von § 9
   a) für Betriebe, in denen die Beschäftigung von Arbeitnehmern an Sonn- oder Feiertagen zur Befriedigung täglicher oder an diesen Tagen besonders hervortretender Bedürfnisse der Bevölkerung erforderlich ist,
   b) für Betriebe, in denen Arbeiten vorkommen, deren Unterbrechung oder Aufschub
      aa) nach dem Stand der Technik ihrer Art nach nicht oder nur mit erheblichen Schwierigkeiten möglich ist,
      bb) besondere Gefahren für Leben oder Gesundheit der Arbeitnehmer zur Folge hätte,
      cc) zu erheblichen Belastungen der Umwelt oder der Energie- oder Wasserversorgung führen würde,
   c) aus Gründen des Gemeinwohls, insbesondere auch zur Sicherung der Beschäftigung, zulassen und die zum Schutz der Arbeitnehmer und der Sonn- und Feiertagsruhe notwendigen Bedingungen bestimmen.

(2) ¹Soweit die Bundesregierung von der Ermächtigung des Absatzes 1 Nr. 2 Buchstabe a keinen Gebrauch gemacht hat, können die Landesregierungen durch Rechtsverordnung entsprechende Bestimmungen erlassen. ²Die Landesregierungen können diese Ermächtigung durch Rechtsverordnung auf oberste Landesbehörden übertragen.
(3) Die Aufsichtsbehörde kann
1. feststellen, ob eine Beschäftigung nach § 10 zulässig ist,
2. abweichend von § 9 bewilligen, Arbeitnehmer zu beschäftigen
   a) im Handelsgewerbe an bis zu zehn Sonn- und Feiertagen im Jahr, an denen besondere Verhältnisse einen erweiterten Geschäftsverkehr erforderlich machen,
   b) an bis zu fünf Sonn- und Feiertagen im Jahr, wenn besondere Verhältnisse zur Verhütung eines unverhältnismäßigen Schadens dies erfordern,
   c) an einem Sonntag im Jahr zur Durchführung einer gesetzlich vorgeschriebenen Inventur,
   und Anordnungen über die Beschäftigungszeit unter Berücksichtigung der für den öffentlichen Gottesdienst bestimmten Zeit treffen.
(4) Die Aufsichtsbehörde soll abweichend von § 9 bewilligen, daß Arbeitnehmer an Sonn- und Feiertagen mit Arbeiten beschäftigt werden, die aus chemischen, biologischen, technischen oder physikalischen Gründen einen ununterbrochenen Fortgang auch an Sonn- und Feiertagen erfordern.
(5) Die Aufsichtsbehörde hat abweichend von § 9 die Beschäftigung von Arbeitnehmern an Sonn- und Feiertagen zu bewilligen, wenn bei einer weitgehenden Ausnutzung der gesetzlich zulässigen wöchentlichen Betriebszeiten und bei längeren Betriebszeiten im Ausland die Konkurrenzfähigkeit unzumutbar beeinträchtigt ist und durch die Genehmigung von Sonn- und Feiertagsarbeit die Beschäftigung gesichert werden kann.

Vierter Abschnitt: Ausnahmen in besonderen Fällen

§ 14 Außergewöhnliche Fälle
(1) Von den §§ 3 bis 5, 6 Abs. 2, §§ 7, 9 bis 11 darf abgewichen werden bei vorübergehenden Arbeiten in Notfällen und in außergewöhnlichen Fällen, die unabhängig vom Willen der Betroffenen eintreten und deren Folgen nicht auf andere Weise zu beseitigen sind, besonders wenn Rohstoffe oder Lebensmittel zu verderben oder Arbeitsergebnisse zu mißlingen drohen.

(2) Von den §§ 3 bis 5, 6 Abs. 2, §§ 7, 11 Abs. 1 bis 3 und § 12 darf ferner abgewichen werden,
1. wenn eine verhältnismäßig geringe Zahl von Arbeitnehmern vorübergehend mit Arbeiten beschäftigt wird, deren Nichterledigung das Ergebnis der Arbeiten gefährden oder einen unverhältnismäßigen Schaden zur Folge haben würden,
2. bei Forschung und Lehre, bei unaufschiebbaren Vor- und Abschlußarbeiten sowie bei unaufschiebbaren Arbeiten zur Behandlung, Pflege und Betreuung von Personen oder zur Behandlung und Pflege von Tieren an einzelnen Tagen,
wenn dem Arbeitgeber andere Vorkehrungen nicht zugemutet werden können.
(3) Wird von den Befugnissen nach Absatz 1 oder 2 Gebrauch gemacht, darf die Arbeitszeit 48 Stunden wöchentlich im Durchschnitt von sechs Kalendermonaten oder 24 Wochen nicht überschreiten.
(4) (weggefallen)

§ 15 Bewilligung, Ermächtigung

(1) Die Aufsichtsbehörde kann
1. eine von den §§ 3, 6 Abs. 2 und § 11 Abs. 2 abweichende längere tägliche Arbeitszeit bewilligen
   a) für kontinuierliche Schichtbetriebe zur Erreichung zusätzlicher Freischichten,
   b) für Bau- und Montagestellen,
2. eine von den §§ 3, 6 Abs. 2 und § 11 Abs. 2 abweichende längere tägliche Arbeitszeit für Saison- und Kampagnebetriebe für die Zeit der Saison oder Kampagne bewilligen, wenn die Verlängerung der Arbeitszeit über acht Stunden werktäglich durch eine entsprechende Verkürzung der Arbeitszeit zu anderen Zeiten ausgeglichen wird,
3. eine von den §§ 5 und 11 Abs. 2 abweichende Dauer und Lage der Ruhezeit bei Arbeitsbereitschaft, Bereitschaftsdienst und Rufbereitschaft den Besonderheiten dieser Inanspruchnahmen im öffentlichen Dienst entsprechend bewilligen,
4. eine von den §§ 5 und 11 Abs. 2 abweichende Ruhezeit zur Herbeiführung eines regelmäßigen wöchentlichen Schichtwechsels zweimal innerhalb eines Zeitraums von drei Wochen bewilligen.
(2) Die Aufsichtsbehörde kann über die in diesem Gesetz vorgesehenen Ausnahmen hinaus weitergehende Ausnahmen zulassen, soweit sie im öffentlichen Interesse dringend nötig werden.
(2a) Die Bundesregierung kann durch Rechtsverordnung mit Zustimmung des Bundesrates
1. Ausnahmen von den §§ 3, 4, 5 und 6 Absatz 2 sowie von den §§ 9 und 11 für Arbeitnehmer, die besondere Tätigkeiten zur Errichtung, zur Änderung oder zum Betrieb von Bauwerken, künstlichen Inseln oder sonstigen Anlagen auf See (Offshore-Tätigkeiten) durchführen, zulassen und
2. die zum Schutz der in Nummer 1 genannten Arbeitnehmer sowie der Sonn- und Feiertagsruhe notwendigen Bedingungen bestimmen.
(3) Das Bundesministerium der Verteidigung kann in seinem Geschäftsbereich durch Rechtsverordnung mit Zustimmung des Bundesministeriums für Arbeit und Soziales aus zwingenden Gründen der Verteidigung Arbeitnehmer verpflichten, über die in diesem Gesetz und in den auf Grund dieses Gesetzes erlassenen Rechtsverordnungen und Tarifverträgen festgelegten Arbeitszeitgrenzen und -beschränkungen hinaus Arbeit zu leisten.
(3a) Das Bundesministerium der Verteidigung kann in seinem Geschäftsbereich durch Rechtsverordnung im Einvernehmen mit dem Bundesministerium für Arbeit und Soziales für besondere Tätigkeiten der Arbeitnehmer bei den Streitkräften Abweichungen von in diesem Gesetz sowie von in den auf Grund dieses Gesetzes erlassenen Rechtsverordnungen bestimmten

Arbeitszeitgrenzen und -beschränkungen zulassen, soweit die Abweichungen aus zwingenden Gründen erforderlich sind und die größtmögliche Sicherheit und der bestmögliche Gesundheitsschutz der Arbeitnehmer gewährleistet werden.
(4) Werden Ausnahmen nach Absatz 1 oder 2 zugelassen, darf die Arbeitszeit 48 Stunden wöchentlich im Durchschnitt von sechs Kalendermonaten oder 24 Wochen nicht überschreiten.

Fünfter Abschnitt: Durchführung des Gesetzes

§ 16 Aushang und Arbeitszeitnachweise

(1) Der Arbeitgeber ist verpflichtet, einen Abdruck dieses Gesetzes, der auf Grund dieses Gesetzes erlassenen, für den Betrieb geltenden Rechtsverordnungen und der für den Betrieb geltenden Tarifverträge und Betriebs- oder Dienstvereinbarungen im Sinne des § 7 Abs. 1 bis 3, §§ 12 und 21a Abs. 6 an geeigneter Stelle im Betrieb zur Einsichtnahme auszulegen oder auszuhängen.
(2) ¹Der Arbeitgeber ist verpflichtet, die über die werktägliche Arbeitszeit des § 3 Satz 1 hinausgehende Arbeitszeit der Arbeitnehmer aufzuzeichnen und ein Verzeichnis der Arbeitnehmer zu führen, die in eine Verlängerung der Arbeitszeit gemäß § 7 Abs. 7 eingewilligt haben. ²Die Nachweise sind mindestens zwei Jahre aufzubewahren.

§ 17 Aufsichtsbehörde

(1) Die Einhaltung dieses Gesetzes und der auf Grund dieses Gesetzes erlassenen Rechtsverordnungen wird von den nach Landesrecht zuständigen Behörden (Aufsichtsbehörden) überwacht.
(2) Die Aufsichtsbehörde kann die erforderlichen Maßnahmen anordnen, die der Arbeitgeber zur Erfüllung der sich aus diesem Gesetz und den auf Grund dieses Gesetzes erlassenen Rechtsverordnungen ergebenden Pflichten zu treffen hat.
(3) Für den öffentlichen Dienst des Bundes sowie für die bundesunmittelbaren Körperschaften, Anstalten und Stiftungen des öffentlichen Rechts werden die Aufgaben und Befugnisse der Aufsichtsbehörde vom zuständigen Bundesministerium oder den von ihm bestimmten Stellen wahrgenommen; das gleiche gilt für die Befugnisse nach § 15 Abs. 1 und 2.
(4) ¹Die Aufsichtsbehörde kann vom Arbeitgeber die für die Durchführung dieses Gesetzes und der auf Grund dieses Gesetzes erlassenen Rechtsverordnungen erforderlichen Auskünfte verlangen. ²Sie kann ferner vom Arbeitgeber verlangen, die Arbeitszeitnachweise und Tarifverträge oder Betriebs- oder Dienstvereinbarungen im Sinne des § 7 Abs. 1 bis 3, §§ 12 und 21a Abs. 6 sowie andere Arbeitszeitnachweise oder Geschäftsunterlagen, die mittelbar oder unmittelbar Auskunft über die Einhaltung des Arbeitszeitgesetzes geben, vorzulegen oder zur Einsicht einzusenden.
(5) ¹Die Beauftragten der Aufsichtsbehörde sind berechtigt, die Arbeitsstätten während der Betriebs- und Arbeitszeit zu betreten und zu besichtigen; außerhalb dieser Zeit oder wenn sich die Arbeitsstätten in einer Wohnung befinden, dürfen sie ohne Einverständnis des Inhabers nur zur Verhütung von dringenden Gefahren für die öffentliche Sicherheit und Ordnung betreten und besichtigt werden. ²Der Arbeitgeber hat das Betreten und Besichtigen der Arbeitsstätten zu gestatten. ³Das Grundrecht der Unverletzlichkeit der Wohnung (Artikel 13 des Grundgesetzes) wird insoweit eingeschränkt.
(6) Der zur Auskunft Verpflichtete kann die Auskunft auf solche Fragen verweigern, deren Beantwortung ihn selbst oder einen der in § 383 Abs. 1 Nr. 1 bis 3 der Zivilprozeßordnung bezeichneten Angehörigen der Gefahr strafgerichtlicher Verfolgung oder eines Verfahrens nach dem Gesetz über Ordnungswidrigkeiten aussetzen würde.

Sechster Abschnitt: Sonderregelungen

§ 18 Nichtanwendung des Gesetzes
(1) Dieses Gesetz ist nicht anzuwenden auf
1. leitende Angestellte im Sinne des § 5 Abs. 3 des Betriebsverfassungsgesetzes sowie Chefärzte,
2. Leiter von öffentlichen Dienststellen und deren Vertreter sowie Arbeitnehmer im öffentlichen Dienst, die zu selbständigen Entscheidungen in Personalangelegenheiten befugt sind,
3. Arbeitnehmer, die in häuslicher Gemeinschaft mit den ihnen anvertrauten Personen zusammenleben und sie eigenverantwortlich erziehen, pflegen oder betreuen,
4. den liturgischen Bereich der Kirchen und der Religionsgemeinschaften.

(2) Für die Beschäftigung von Personen unter 18 Jahren gilt anstelle dieses Gesetzes das Jugendarbeitsschutzgesetz.
(3) Für die Beschäftigung von Arbeitnehmern als Besatzungsmitglieder auf Kauffahrteischiffen im Sinne des § 3 des Seearbeitsgesetzes gilt anstelle dieses Gesetzes das Seearbeitsgesetz.
(4) (weggefallen)

§ 19 Beschäftigung im öffentlichen Dienst
Bei der Wahrnehmung hoheitlicher Aufgaben im öffentlichen Dienst können, soweit keine tarifvertragliche Regelung besteht, durch die zuständige Dienstbehörde die für Beamte geltenden Bestimmungen über die Arbeitszeit auf die Arbeitnehmer übertragen werden; insoweit finden die §§ 3 bis 13 keine Anwendung.

§ 20 Beschäftigung in der Luftfahrt
Für die Beschäftigung von Arbeitnehmern als Besatzungsmitglieder von Luftfahrzeugen gelten anstelle der Vorschriften dieses Gesetzes über Arbeits- und Ruhezeiten die Vorschriften über Flug-, Flugdienst- und Ruhezeiten der Zweiten Durchführungsverordnung zur Betriebsordnung für Luftfahrtgerät in der jeweils geltenden Fassung.

§ 21 Beschäftigung in der Binnenschifffahrt
(1) [1]Die Bundesregierung kann durch Rechtsverordnung mit Zustimmung des Bundesrates, auch zur Umsetzung zwischenstaatlicher Vereinbarungen oder Rechtsakten der Europäischen Union, abweichend von den Vorschriften dieses Gesetzes die Bedingungen für die Arbeitszeitgestaltung von Arbeitnehmern, die als Mitglied der Besatzung oder des Bordpersonals an Bord eines Fahrzeugs in der Binnenschifffahrt beschäftigt sind, regeln, soweit dies erforderlich ist, um den besonderen Bedingungen an Bord von Binnenschiffen Rechnung zu tragen. [2]Insbesondere können in diesen Rechtsverordnungen die notwendigen Bedingungen für die Sicherheit und den Gesundheitsschutz im Sinne des § 1, einschließlich gesundheitlicher Untersuchungen hinsichtlich der Auswirkungen der Arbeitszeitbedingungen auf einem Schiff in der Binnenschifffahrt, sowie die notwendigen Bedingungen für den Schutz der Sonn- und Feiertagsruhe bestimmt werden. [3]In Rechtsverordnungen nach Satz 1 kann ferner bestimmt werden, dass von den Vorschriften der Rechtsverordnung durch Tarifvertrag abgewichen werden kann.
(2) [1]Soweit die Bundesregierung von der Ermächtigung des Absatzes 1 keinen Gebrauch macht, gelten die Vorschriften dieses Gesetzes für das Fahrpersonal auf Binnenschiffen, es sei denn, binnenschifffahrtsrechtliche Vorschriften über Ruhezeiten stehen dem entgegen. [2]Bei Anwendung des Satzes 1 kann durch Tarifvertrag von den Vorschriften dieses Gesetzes abgewichen werden, um der Eigenart der Binnenschifffahrt Rechnung zu tragen.

§ 21a Beschäftigung im Straßentransport

(1) ¹Für die Beschäftigung von Arbeitnehmern als Fahrer oder Beifahrer bei Straßenverkehrstätigkeiten im Sinne der Verordnung (EG) Nr. 561/2006 des Europäischen Parlaments und des Rates vom 15. März 2006 zur Harmonisierung bestimmter Sozialvorschriften im Straßenverkehr und zur Änderung der Verordnungen (EWG) Nr. 3821/85 und (EG) Nr. 2135/98 des Rates sowie zur Aufhebung der Verordnung (EWG) Nr. 3820/85 des Rates (ABl. EG Nr. L 102 S. 1) oder des Europäischen Übereinkommens über die Arbeit des im internationalen Straßenverkehr beschäftigten Fahrpersonals (AETR) vom 1. Juli 1970 (BGBl. II 1974 S. 1473) in ihren jeweiligen Fassungen gelten die Vorschriften dieses Gesetzes, soweit nicht die folgenden Absätze abweichende Regelungen enthalten. ²Die Vorschriften der Verordnung (EG) Nr. 561/2006 und des AETR bleiben unberührt.

(2) Eine Woche im Sinne dieser Vorschriften ist der Zeitraum von Montag 0 Uhr bis Sonntag 24 Uhr.

(3) ¹Abweichend von § 2 Abs. 1 ist keine Arbeitszeit:
1. die Zeit, während derer sich ein Arbeitnehmer am Arbeitsplatz bereithalten muss, um seine Tätigkeit aufzunehmen,
2. die Zeit, während derer sich ein Arbeitnehmer bereithalten muss, um seine Tätigkeit auf Anweisung aufnehmen zu können, ohne sich an seinem Arbeitsplatz aufhalten zu müssen;
3. für Arbeitnehmer, die sich beim Fahren abwechseln, die während der Fahrt neben dem Fahrer oder in einer Schlafkabine verbrachte Zeit.

²Für die Zeiten nach Satz 1 Nr. 1 und 2 gilt dies nur, wenn der Zeitraum und dessen voraussichtliche Dauer im Voraus, spätestens unmittelbar vor Beginn des betreffenden Zeitraums bekannt ist. ³Die in Satz 1 genannten Zeiten sind keine Ruhezeiten. ⁴Die in Satz 1 Nr. 1 und 2 genannten Zeiten sind keine Ruhepausen.

(4) ¹Die Arbeitszeit darf 48 Stunden wöchentlich nicht überschreiten. ²Sie kann auf bis zu 60 Stunden verlängert werden, wenn innerhalb von vier Kalendermonaten oder 16 Wochen im Durchschnitt 48 Stunden wöchentlich nicht überschritten werden.

(5) ¹Die Ruhezeiten bestimmen sich nach den Vorschriften der Europäischen Gemeinschaften für Kraftfahrer und Beifahrer sowie nach dem AETR. ²Dies gilt auch für Auszubildende und Praktikanten.

(6) ¹In einem Tarifvertrag oder auf Grund eines Tarifvertrags in einer Betriebs- oder Dienstvereinbarung kann zugelassen werden,
1. nähere Einzelheiten zu den in Absatz 3 Satz 1 Nr. 1, 2 und Satz 2 genannten Voraussetzungen zu regeln,
2. abweichend von Absatz 4 sowie den §§ 3 und 6 Abs. 2 die Arbeitszeit festzulegen, wenn objektive, technische oder arbeitszeitorganisatorische Gründe vorliegen. ²Dabei darf die Arbeitszeit 48 Stunden wöchentlich im Durchschnitt von sechs Kalendermonaten nicht überschreiten.

³§ 7 Abs. 1 Nr. 2 und Abs. 2a gilt nicht. ⁴§ 7 Abs. 3 gilt entsprechend.

(7) ¹Der Arbeitgeber ist verpflichtet, die Arbeitszeit der Arbeitnehmer aufzuzeichnen. ²Die Aufzeichnungen sind mindestens zwei Jahre aufzubewahren. ³Der Arbeitgeber hat dem Arbeitnehmer auf Verlangen eine Kopie der Aufzeichnungen seiner Arbeitszeit auszuhändigen.

(8) ¹Zur Berechnung der Arbeitszeit fordert der Arbeitgeber den Arbeitnehmer schriftlich auf, ihm eine Aufstellung der bei einem anderen Arbeitgeber geleisteten Arbeitszeit vorzulegen. ²Der Arbeitnehmer legt diese Angaben schriftlich vor.

Siebter Abschnitt: Straf- und Bußgeldvorschriften

§ 22 Bußgeldvorschriften

(1) Ordnungswidrig handelt, wer als Arbeitgeber vorsätzlich oder fahrlässig
1. entgegen §§ 3, 6 Abs. 2 oder § 21a Abs. 4, jeweils auch in Verbindung mit § 11 Abs. 2, einen Arbeitnehmer über die Grenzen der Arbeitszeit hinaus beschäftigt,
2. entgegen § 4 Ruhepausen nicht, nicht mit der vorgeschriebenen Mindestdauer oder nicht rechtzeitig gewährt,
3. entgegen § 5 Abs. 1 die Mindestruhezeit nicht gewährt oder entgegen § 5 Abs. 2 die Verkürzung der Ruhezeit durch Verlängerung einer anderen Ruhezeit nicht oder nicht rechtzeitig ausgleicht,
4. einer Rechtsverordnung nach § 8 Satz 1, § 13 Abs. 1 oder 2, § 15 Absatz 2a Nummer 2, § 21 Absatz 1 oder § 24 zuwiderhandelt, soweit sie für einen bestimmten Tatbestand auf diese Bußgeldvorschrift verweist,
5. entgegen § 9 Abs. 1 einen Arbeitnehmer an Sonn- oder Feiertagen beschäftigt,
6. entgegen § 11 Abs. 1 einen Arbeitnehmer an allen Sonntagen beschäftigt oder entgegen § 11 Abs. 3 einen Ersatzruhetag nicht oder nicht rechtzeitig gewährt,
7. einer vollziehbaren Anordnung nach § 13 Abs. 3 Nr. 2 zuwiderhandelt,
8. entgegen § 16 Abs. 1 die dort bezeichnete Auslage oder den dort bezeichneten Aushang nicht vornimmt,
9. entgegen § 16 Abs. 2 oder § 21a Abs. 7 Aufzeichnungen nicht oder nicht richtig erstellt oder nicht für die vorgeschriebene Dauer aufbewahrt oder
10. entgegen § 17 Abs. 4 eine Auskunft nicht, nicht richtig oder nicht vollständig erteilt, Unterlagen nicht oder nicht vollständig vorlegt oder nicht einsendet oder entgegen § 17 Abs. 5 Satz 2 eine Maßnahme nicht gestattet.

(2) Die Ordnungswidrigkeit kann in den Fällen des Absatzes 1 Nr. 1 bis 7, 9 und 10 mit einer Geldbuße bis zu dreißigtausend Euro, in den Fällen des Absatzes 1 Nr. 8 mit einer Geldbuße bis zu fünftausend Euro geahndet werden.

§ 23 Strafvorschriften

(1) Wer eine der in § 22 Abs. 1 Nr. 1 bis 3, 5 bis 7 bezeichneten Handlungen
1. vorsätzlich begeht und dadurch Gesundheit oder Arbeitskraft eines Arbeitnehmers gefährdet oder
2. beharrlich wiederholt,
wird mit Freiheitsstrafe bis zu einem Jahr oder mit Geldstrafe bestraft.
(2) Wer in den Fällen des Absatzes 1 Nr. 1 die Gefahr fahrlässig verursacht, wird mit Freiheitsstrafe bis zu sechs Monaten oder mit Geldstrafe bis zu 180 Tagessätzen bestraft.

Achter Abschnitt: Schlußvorschriften

§ 24 Umsetzung von zwischenstaatlichen Vereinbarungen und Rechtsakten der EG
Die Bundesregierung kann mit Zustimmung des Bundesrates zur Erfüllung von Verpflichtungen aus zwischenstaatlichen Vereinbarungen oder zur Umsetzung von Rechtsakten des Rates oder der Kommission der Europäischen Gemeinschaften, die Sachbereiche dieses Gesetzes betreffen, Rechtsverordnungen nach diesem Gesetz erlassen.

§ 25 Übergangsregelung für Tarifverträge
¹Enthält ein am 1. Januar 2004 bestehender oder nachwirkender Tarifvertrag abweichende Regelungen nach § 7 Abs. 1 oder 2 oder § 12 Satz 1, die den in diesen Vorschriften

festgelegten Höchstrahmen überschreiten, bleiben diese tarifvertraglichen Bestimmungen bis zum 31. Dezember 2006 unberührt. ²Tarifverträgen nach Satz 1 stehen durch Tarifvertrag zugelassene Betriebsvereinbarungen sowie Regelungen nach § 7 Abs. 4 gleich.

§ 26 (weggefallen)

Verordnung über Sicherheit und Gesundheitsschutz auf Baustellen (Baustellenverordnung – BaustellV)

vom 10. Juni 1998 (BGBl.I.1998, S.1283)
– zuletzt geändert durch Erste Verordnung zur Änderung der Baustellenverordnung vom 19. Dezember 2022 (BGBl I 2023, S. 1 Nr. 1)

Auf Grund des § 19 des Arbeitsschutzgesetzes vom 7. August 1996 (BGBl. I S. 1246) verordnet die Bundesregierung:

§ 1 Ziele; Begriffe

(1) Diese Verordnung dient der wesentlichen Verbesserung von Sicherheit und Gesundheitsschutz der Beschäftigten auf Baustellen.
(2) Die Verordnung gilt nicht für Tätigkeiten und Einrichtungen im Sinne des § 2 des Bundesberggesetzes.
(3) [1]Baustelle im Sinne dieser Verordnung ist der Ort, an dem ein Bauvorhaben ausgeführt wird. [2]Ein Bauvorhaben ist das Vorhaben, eine oder mehrere bauliche Anlagen zu errichten, zu ändern oder abzubrechen.

§ 2 Planung der Ausführung des Bauvorhabens

(1) Bei der Planung der Ausführung eines Bauvorhabens, insbesondere bei der Einteilung der Arbeiten, die gleichzeitig oder nacheinander durchgeführt werden, und bei der Bemessung der Ausführungszeiten für diese Arbeiten, sind die allgemeinen Grundsätze nach § 4 des Arbeitsschutzgesetzes zu berücksichtigen.
(2) [1]Für jede Baustelle, bei der
1. die voraussichtliche Dauer der Arbeiten mehr als 30 Arbeitstage beträgt und auf der mehr als 20 Beschäftigte gleichzeitig tätig werden, oder
2. der Umfang der Arbeiten voraussichtlich 500 Personentage überschreitet,
hat der nach § 4 Verantwortliche der zuständigen Behörde spätestens zwei Wochen vor Einrichtung der Baustelle eine Vorankündigung zu übermitteln, die mindestens die Angaben nach Anhang I enthält. [2]Die Vorankündigung hat der nach § 4 Verantwortliche sichtbar auf der Baustelle auszuhängen und bei erheblichen Änderungen anzupassen.
(3) [1]Ist für eine Baustelle, auf der Beschäftigte mehrerer Arbeitgeber tätig werden, eine Vorankündigung zu übermitteln, oder werden auf einer Baustelle, auf der Beschäftigte mehrerer Arbeitgeber tätig werden, besonders gefährliche Arbeiten nach Anhang II ausgeführt, so hat der nach § 4 Verantwortliche dafür zu sorgen, daß vor Einrichtung der Baustelle ein Sicherheits- und Gesundheitsschutzplan erstellt wird. [2]Der Plan muß die für die betreffende Baustelle anzuwendenden Arbeitsschutzbestimmungen erkennen lassen und besondere Maßnahmen für die besonders gefährlichen Arbeiten nach Anhang II enthalten. [3]Erforderlichenfalls sind bei Erstellung des Planes betriebliche Tätigkeiten auf dem Gelände zu berücksichtigen.
(4) Ist für eine Baustelle, auf der jeder Beschäftigte für denselben Arbeitgeber tätig wird, eine Vorankündigung zu übermitteln, oder werden auf einer Baustelle, auf der jeder Beschäftigte für denselben Arbeitgeber tätig wird, besonders gefährliche Arbeiten nach Anhang II ausgeführt, so hat der nach § 4 Verantwortliche dafür zu sorgen, dass dieser Arbeitgeber vor Einrichtung der Baustelle über diejenigen Umstände auf dem Gelände unterrichtet wird,

die in einen Sicherheits- und Gesundheitsschutzplan im Sinne von Absatz 3 Satz 2 und 3 einzubeziehen wären.

§ 3 Koordinierung
(1) ¹Für Baustellen, auf denen Beschäftigte mehrerer Arbeitgeber tätig werden, hat der nach § 4 Verantwortliche einen oder mehrere geeignete Koordinatoren zu bestellen. ²Der Bauherr oder der von ihm nach § 4 beauftragte Dritte kann die Aufgaben des Koordinators selbst wahrnehmen.
(1a) Der Bauherr oder der von ihm beauftragte Dritte wird durch die Beauftragung geeigneter Koordinatoren nicht von seiner Verantwortung entbunden.
(2) Während der Planung der Ausführung des Bauvorhabens hat der Koordinator
1. die in § 2 Abs. 1 vorgesehenen Maßnahmen zu koordinieren,
2. den Sicherheits- und Gesundheitsschutzplan auszuarbeiten oder ausarbeiten zu lassen und
3. eine Unterlage mit den erforderlichen, bei möglichen späteren Arbeiten an der baulichen Anlage zu berücksichtigenden Angaben zu Sicherheit und Gesundheitsschutz zusammenzustellen.
(3) Während der Ausführung des Bauvorhabens hat der Koordinator
1. die Anwendung der allgemeinen Grundsätze nach § 4 des Arbeitsschutzgesetzes zu koordinieren,
2. darauf zu achten, daß die Arbeitgeber und die Unternehmer ohne Beschäftigte ihre Pflichten nach dieser Verordnung erfüllen,
3. den Sicherheits- und Gesundheitsschutzplan bei Änderungen in der Ausführung des Bauvorhabens, die sich auf die weitere Koordination auswirken, anzupassen oder anpassen zu lassen,
4. die Zusammenarbeit der Arbeitgeber zu organisieren und
5. die Überwachung der ordnungsgemäßen Anwendung der Arbeitsverfahren durch die Arbeitgeber zu koordinieren.

§ 4 Beauftragung
Die Maßnahmen nach § 2 und § 3 Abs. 1 Satz 1 hat der Bauherr zu treffen, es sei denn, er beauftragt einen Dritten, diese Maßnahmen in eigener Verantwortung zu treffen.

§ 5 Pflichten der Arbeitgeber
(1) Die Arbeitgeber haben bei der Ausführung der Arbeiten die erforderlichen Maßnahmen des Arbeitsschutzes insbesondere in bezug auf die
1. Instandhaltung der Arbeitsmittel,
2. Vorkehrungen zur Lagerung und Entsorgung der Arbeitsstoffe und Abfälle, insbesondere der Gefahrstoffe,
3. Anpassung der Ausführungszeiten für die Arbeiten unter Berücksichtigung der Gegebenheiten auf der Baustelle,
4. Zusammenarbeit zwischen Arbeitgebern und Unternehmern ohne Beschäftigte,
5. Wechselwirkungen zwischen den Arbeiten auf der Baustelle und anderen betrieblichen Tätigkeiten auf dem Gelände, auf dem oder in dessen Nähe die erstgenannten Arbeiten ausgeführt werden,
6. Ausführung besonders gefährlicher Arbeiten nach Anhang II auf der Baustelle
zu treffen sowie die Unterrichtung nach § 2 Absatz 4, die Hinweise des Koordinators und den Sicherheits- und Gesundheitsschutzplan zu berücksichtigen.

(2) Die Arbeitgeber haben die Beschäftigten in verständlicher Form und Sprache über die sie betreffenden Schutzmaßnahmen zu informieren.
(3) Die Verantwortlichkeit der Arbeitgeber für die Erfüllung ihrer Arbeitsschutzpflichten wird durch die Maßnahmen nach den §§ 2 und 3 nicht berührt.

§ 6 Pflichten sonstiger Personen
¹Zur Gewährleistung von Sicherheit und Gesundheitsschutz der Beschäftigten haben auch die auf einer Baustelle tätigen Unternehmer ohne Beschäftigte die bei den Arbeiten anzuwendenden Arbeitsschutzvorschriften einzuhalten. ²Sie haben die Hinweise des Koordinators sowie den Sicherheits- und Gesundheitsschutzplan zu berücksichtigen. ³Die Sätze 1 und 2 gelten auch für Arbeitgeber, die selbst auf der Baustelle tätig sind.

§ 6a Beratung durch den Ausschuss für Arbeitsstätten
¹Das Bundesministerium für Arbeit und Soziales wird in allen Fragen der Sicherheit und des Gesundheitsschutzes der Beschäftigten auf Baustellen durch den Ausschuss nach § 7 der Arbeitsstättenverordnung beraten. ²§ 7 Absatz 3 Satz 1 und Absatz 4 der Arbeitsstättenverordnung gilt entsprechend.

§ 7 Ordnungswidrigkeiten und Strafvorschriften
(1) Ordnungswidrig im Sinne des § 25 Abs. 1 Nr. 1 des Arbeitsschutzgesetzes handelt, wer vorsätzlich oder fahrlässig
1. entgegen § 2 Abs. 2 Satz 1 der zuständigen Behörde eine Vorankündigung nicht, nicht richtig, nicht vollständig oder nicht rechtzeitig übermittelt oder,
2. entgegen § 2 Abs. 3 Satz 1 nicht dafür sorgt, daß vor Einrichtung der Baustelle ein Sicherheits- und Gesundheitsschutzplan erstellt wird.

(2) Wer durch eine im Absatz 1 bezeichnete vorsätzliche Handlung Leben oder Gesundheit eines Beschäftigten gefährdet, ist nach § 26 Nr. 2 des Arbeitsschutzgesetzes strafbar.

§ 8 Inkrafttreten und Übergangsvorschrift
(1) Diese Verordnung tritt am ersten Tage des auf die Verkündung folgenden Kalendermonats in Kraft.
(2) Für Bauvorhaben, mit deren Ausführung bereits vor dem 1. April 2023 begonnen worden ist, bleiben die bisherigen Vorschriften maßgebend.

Anhang I
1. Ort der Baustelle,
2. Name und Anschrift des Bauherrn,
3. Art des Bauvorhabens,
4. Name und Anschrift des anstelle des Bauherrn verantwortlichen Dritten,
5. Name und Anschrift des Koordinators,
6. voraussichtlicher Beginn und voraussichtliche Dauer der Arbeiten,
7. voraussichtliche Höchstzahl der Beschäftigten auf der Baustelle,
8. Zahl der Arbeitgeber und Unternehmer ohne Beschäftigte, die voraussichtlich auf der Baustelle tätig werden,
9. Angabe der bereits ausgewählten Arbeitgeber und Unternehmer ohne Beschäftigte.

Anhang II
Besonders gefährliche Arbeiten im Sinne des § 2 Abs. 3 sind:
1. Arbeiten, bei denen die Beschäftigten der Gefahr des Versinkens, des Verschüttetwerdens in Baugruben oder in Gräben mit einer Tiefe von mehr als 5 m oder des Absturzes aus einer Höhe von mehr als 7 m ausgesetzt sind,
2. Arbeiten, bei denen Beschäftigte ausgesetzt sind gegenüber
    a) biologischen Arbeitsstoffen der Risikogruppen 3 oder 4 im Sinne des § 3 Absatz 1 der Biostoffverordnung,
    b) gefährlichen Stoffen und Gemischen im Sinne des § 3 Absatz 1 in Verbindung mit Absatz 2
       aa) Nummer 1 Buchstabe a,
       bb) Nummer 1 Buchstabe f oder Nummer 2 Buchstabe a (jeweils Kategorie 1 oder 2) oder
       cc) Nummer 2 Buchstabe e, f oder g (jeweils Kategorie 1A oder 1B)
    der Gefahrstoffverordnung,
3. Arbeiten mit ionisierenden Strahlungen, die die Festlegung von Kontroll- oder Überwachungsbereichen im Sinne des Strahlenschutzgesetzes und der auf dessen Grundlage erlassenen Rechtsverordnungen erfordern,
4. Arbeiten in einem geringeren Abstand als 5 m von Hochspannungsleitungen,
5. Arbeiten, bei denen die unmittelbare Gefahr des Ertrinkens besteht,
6. Brunnenbau, unterirdische Erdarbeiten und Tunnelbau,
7. Arbeiten mit Tauchgeräten,
8. Arbeiten in Druckluft,
9. Arbeiten, bei denen Sprengstoff oder Sprengschnüre eingesetzt werden,
10. Aufbau oder Abbau von Massivbauelementen, wenn dazu aufgrund deren Masse kraftbetriebene Arbeitsmittel zum Heben von Lasten oder kraftbetriebene Arbeitsmittel zum anderweitigen Versetzen von Lasten eingesetzt werden.

Verordnung über Sicherheit und Gesundheitsschutz bei der Verwendung von Arbeitsmitteln (Betriebssicherheitsverordnung – BetrSichV)

vom 3. Februar 2015 (BGBl I 2015, S. 49)

– zuletzt geändert durch Gesetz zur Anpassung des Produktsicherheitsgesetzes und zur Neuordnung des Rechts der überwachungsbedürftigen Anlagen vom 27. Juli 2021 (BGBl I 2021, S. 3146)

Abschnitt 1: Anwendungsbereich und Begriffsbestimmungen

§ 1 Anwendungsbereich und Zielsetzung

(1) [1]Diese Verordnung gilt für die Verwendung von Arbeitsmitteln. [2]Ziel dieser Verordnung ist es, die Sicherheit und den Schutz der Gesundheit von Beschäftigten bei der Verwendung von Arbeitsmitteln zu gewährleisten. [3]Dies soll insbesondere erreicht werden durch
1. die Auswahl geeigneter Arbeitsmittel und deren sichere Verwendung,
2. die für den vorgesehenen Verwendungszweck geeignete Gestaltung von Arbeits- und Fertigungsverfahren sowie
3. die Qualifikation und Unterweisung der Beschäftigten.

[4]Diese Verordnung regelt hinsichtlich der in § 18 und in Anhang 2 genannten überwachungsbedürftigen Anlagen zugleich Maßnahmen zum Schutz anderer Personen im Gefahrenbereich, soweit diese aufgrund der Verwendung dieser Anlagen durch Arbeitgeber im Sinne des § 2 Absatz 3 gefährdet werden können.

(2) [1]Diese Verordnung gilt nicht in Betrieben, die dem Bundesberggesetz unterliegen, soweit dafür entsprechende Rechtsvorschriften bestehen. [2]Abweichend von Satz 1 gilt sie jedoch für überwachungsbedürftige Anlagen in Tagesanlagen, mit Ausnahme von Rohrleitungen nach Anhang 2 Abschnitt 4 Nummer 2.1 Satz 1 Buchstabe d.

(3) Diese Verordnung gilt nicht auf Seeschiffen unter fremder Flagge und auf Seeschiffen, für die das Bundesministerium für Verkehr und digitale Infrastruktur nach § 10 des Flaggenrechtsgesetzes die Befugnis zur Führung der Bundesflagge lediglich für die erste Überführungsreise in einen anderen Hafen verliehen hat.

(4) [3]Abschnitt 3 gilt nicht für Energieanlagen im Sinne des § 3 Nummer 15 des Energiewirtschaftsgesetzes, soweit sie Druckanlagen im Sinne des Anhangs 2 Abschnitt 4 Nummer 2.1 Buchstabe b, c oder d dieser Verordnung sind. [4]Satz 1 gilt nicht für Gasfüllanlagen, die Energieanlagen im Sinne des § 3 Nummer 15 des Energiewirtschaftsgesetzes sind und nicht auf dem Betriebsgelände von Unternehmen der öffentlichen Gasversorgung von diesen errichtet und betrieben werden.

(5) Das Bundesministerium der Verteidigung kann Ausnahmen von den Vorschriften dieser Verordnung zulassen, wenn zwingende Gründe der Verteidigung oder die Erfüllung zwischenstaatlicher Verpflichtungen der Bundesrepublik Deutschland dies erfordern und die Sicherheit auf andere Weise gewährleistet ist.

§ 2 Begriffsbestimmungen

(1) Arbeitsmittel sind Werkzeuge, Geräte, Maschinen oder Anlagen, die für die Arbeit verwendet werden, sowie überwachungsbedürftige Anlagen.

(2) [1]Die Verwendung von Arbeitsmitteln umfasst jegliche Tätigkeit mit diesen. [2]Hierzu gehören insbesondere das Montieren und Installieren, Bedienen, An- oder Abschalten oder Einstellen,

§ 2

Gebrauchen, Betreiben, Instandhalten, Reinigen, Prüfen, Umbauen, Erproben, Demontieren, Transportieren und Überwachen.

(3) [1]Arbeitgeber ist, wer nach § 2 Absatz 3 des Arbeitsschutzgesetzes als solcher bestimmt ist. [2]Dem Arbeitgeber steht gleich,
1. wer, ohne Arbeitgeber zu sein, zu gewerblichen oder wirtschaftlichen Zwecken eine überwachungsbedürftige Anlage verwendet, sowie
2. der Auftraggeber und der Zwischenmeister im Sinne des Heimarbeitsgesetzes.

(4) [1]Beschäftigte sind Personen, die nach § 2 Absatz 2 des Arbeitsschutzgesetzes als solche bestimmt sind. [2]Den Beschäftigten stehen folgende Personen gleich, sofern sie Arbeitsmittel verwenden:
1. Schülerinnen und Schüler sowie Studierende,
2. in Heimarbeit Beschäftigte nach § 1 Absatz 1 des Heimarbeitsgesetzes sowie
3. sonstige Personen, insbesondere Personen, die in wissenschaftlichen Einrichtungen tätig sind.

(5) [1]Fachkundig ist, wer zur Ausübung einer in dieser Verordnung bestimmten Aufgabe über die erforderlichen Fachkenntnisse verfügt. [2]Die Anforderungen an die Fachkunde sind abhängig von der jeweiligen Art der Aufgabe. [3]Zu den Anforderungen zählen eine entsprechende Berufsausbildung, Berufserfahrung oder eine zeitnah ausgeübte entsprechende berufliche Tätigkeit. [4]Die Fachkenntnisse sind durch Teilnahme an Schulungen auf aktuellem Stand zu halten.

(6) Zur Prüfung befähigte Person ist eine Person, die durch ihre Berufsausbildung, ihre Berufserfahrung und ihre zeitnahe berufliche Tätigkeit über die erforderlichen Kenntnisse zur Prüfung von Arbeitsmitteln verfügt; soweit hinsichtlich der Prüfung von Arbeitsmitteln in den Anhängen 2 und 3 weitergehende Anforderungen festgelegt sind, sind diese zu erfüllen.

(7) [1]Instandhaltung ist die Gesamtheit aller Maßnahmen zur Erhaltung des sicheren Zustands oder der Rückführung in diesen. [2]Instandhaltung umfasst insbesondere Inspektion, Wartung und Instandsetzung.

(8) Prüfung ist die Ermittlung des Istzustands, der Vergleich des Istzustands mit dem Sollzustand sowie die Bewertung der Abweichung des Istzustands vom Sollzustand.

(9) [1]Prüfpflichtige Änderung ist jede Maßnahme, durch welche die Sicherheit eines Arbeitsmittels beeinflusst wird. [2]Auch Instandsetzungsarbeiten können solche Maßnahmen sein.

(10) [1]Stand der Technik ist der Entwicklungsstand fortschrittlicher Verfahren, Einrichtungen oder Betriebsweisen, der die praktische Eignung einer Maßnahme oder Vorgehensweise zum Schutz der Gesundheit und zur Sicherheit der Beschäftigten oder anderer Personen gesichert erscheinen lässt. [2]Bei der Bestimmung des Stands der Technik sind insbesondere vergleichbare Verfahren, Einrichtungen oder Betriebsweisen heranzuziehen, die mit Erfolg in der Praxis erprobt worden sind.

(11) Gefahrenbereich ist der Bereich innerhalb oder im Umkreis eines Arbeitsmittels, in dem die Sicherheit oder die Gesundheit von Beschäftigten und anderen Personen durch die Verwendung des Arbeitsmittels gefährdet ist.

(12) Errichtung umfasst die Montage und Installation am Verwendungsort.

(13) [1]Überwachungsbedürftige Anlagen sind die Anlagen, die in Anhang 2 genannt oder nach § 18 Absatz 1 erlaubnispflichtig sind. [2]Zu den überwachungsbedürftigen Anlagen gehören auch Mess-, Steuer- und Regeleinrichtungen, die dem sicheren Betrieb dieser überwachungsbedürftigen Anlagen dienen.

(14) Zugelassene Überwachungsstellen sind die in Anhang 2 Abschnitt 1 genannten Stellen.

(15) Andere Personen sind Personen, die nicht Beschäftigte oder Gleichgestellte nach Absatz 4 sind und sich im Gefahrenbereich einer überwachungsbedürftigen Anlage innerhalb oder außerhalb eines Betriebsgeländes befinden.

Abschnitt 2: Gefährdungsbeurteilung und Schutzmaßnahmen
§ 3 Gefährdungsbeurteilung
(1) ¹Der Arbeitgeber hat vor der Verwendung von Arbeitsmitteln die auftretenden Gefährdungen zu beurteilen (Gefährdungsbeurteilung) und daraus notwendige und geeignete Schutzmaßnahmen abzuleiten. ²Das Vorhandensein einer CE-Kennzeichnung am Arbeitsmittel entbindet nicht von der Pflicht zur Durchführung einer Gefährdungsbeurteilung. ³Für Aufzugsanlagen gilt Satz 1 nur, wenn sie von einem Arbeitgeber im Sinne des § 2 Absatz 3 Satz 1 verwendet werden.
(2) ¹In die Beurteilung sind alle Gefährdungen einzubeziehen, die bei der Verwendung von Arbeitsmitteln ausgehen, und zwar von
1. den Arbeitsmitteln selbst,
2. der Arbeitsumgebung und
3. den Arbeitsgegenständen, an denen Tätigkeiten mit Arbeitsmitteln durchgeführt werden.
¹Bei der Gefährdungsbeurteilung ist insbesondere Folgendes zu berücksichtigen:
1. die Gebrauchstauglichkeit von Arbeitsmitteln einschließlich der ergonomischen, alters- und alternsgerechten Gestaltung,
2. die sicherheitsrelevanten einschließlich der ergonomischen Zusammenhänge zwischen Arbeitsplatz, Arbeitsmittel, Arbeitsverfahren, Arbeitsorganisation, Arbeitsablauf, Arbeitszeit und Arbeitsaufgabe,
3. die physischen und psychischen Belastungen der Beschäftigten, die bei der Verwendung von Arbeitsmitteln auftreten,
4. vorhersehbare Betriebsstörungen und die Gefährdung bei Maßnahmen zu deren Beseitigung.
(3) ¹Die Gefährdungsbeurteilung soll bereits vor der Auswahl und der Beschaffung der Arbeitsmittel begonnen werden. ²Dabei sind insbesondere die Eignung des Arbeitsmittels für die geplante Verwendung, die Arbeitsabläufe und die Arbeitsorganisation zu berücksichtigen. ³Die Gefährdungsbeurteilung darf nur von fachkundigen Personen durchgeführt werden. ⁴Verfügt der Arbeitgeber nicht selbst über die entsprechenden Kenntnisse, so hat er sich fachkundig beraten zu lassen.
(4) ¹Der Arbeitgeber hat sich die Informationen zu beschaffen, die für die Gefährdungsbeurteilung notwendig sind. ²Dies sind insbesondere die nach § 21 Absatz 6 Nummer 1 bekannt gegebenen Regeln und Erkenntnisse, Gebrauchs- und Betriebsanleitungen sowie die ihm zugänglichen Erkenntnisse aus der arbeitsmedizinischen Vorsorge. ³Der Arbeitgeber darf diese Informationen übernehmen, sofern sie auf die Arbeitsmittel, Arbeitsbedingungen und Verfahren in seinem Betrieb anwendbar sind. ⁴Bei der Informationsbeschaffung kann der Arbeitgeber davon ausgehen, dass die vom Hersteller des Arbeitsmittels mitgelieferten Informationen zutreffend sind, es sei denn, dass er über andere Erkenntnisse verfügt.
(5) Der Arbeitgeber kann bei der Festlegung der Schutzmaßnahmen bereits vorhandene Gefährdungsbeurteilungen, hierzu gehören auch gleichwertige Unterlagen, die ihm der Hersteller oder Inverkehrbringer mitgeliefert hat, übernehmen, sofern die Angaben und Festlegungen in dieser Gefährdungsbeurteilung den Arbeitsmitteln einschließlich der Arbeitsbedingungen und -verfahren, im eigenen Betrieb entsprechen.
(6) ¹Der Arbeitgeber hat Art und Umfang erforderlicher Prüfungen von Arbeitsmittel sowie die Fristen von wiederkehrenden Prüfungen nach den §§ 14 und 16 zu ermitteln und festzulegen, soweit diese Verordnung nicht bereits entsprechende Vorgaben enthält. ²Satz 1 gilt auch für Aufzugsanlagen. ³Die Fristen für die wiederkehrenden Prüfungen sind so festzulegen, dass die Arbeitsmittel bis zur nächsten festgelegten Prüfung sicher verwendet werden können. ⁴Bei der Festlegung der Fristen für die wiederkehrenden Prüfungen nach § 14 Absatz 2 Satz 1 für die

in Anhang 3 genannten Arbeitsmittel dürfen die dort genannten Prüffristen nicht überschritten werden. ⁵Bei der Festlegung der Fristen für die wiederkehrenden Prüfungen nach § 16 dürfen die in Anhang 2 Abschnitt 2 Nummer 4.1 und 4.3, Abschnitt 3 Nummer 5.1 bis 5.3 und Abschnitt 4 Nummer 5.8 in Verbindung mit Tabelle 1 genannten Höchstfristen nicht überschritten werden, es sei denn, dass in den genannten Anhängen etwas anderes bestimmt ist. ⁶Ferner hat der Arbeitgeber zu ermitteln und festzulegen, welche Voraussetzungen die zur Prüfung befähigten Personen erfüllen müssen, die von ihm mit den Prüfungen von Arbeitsmitteln nach den §§ 14, 15 und 16 zu beauftragen sind.

(7) ¹Die Gefährdungsbeurteilung ist regelmäßig zu überprüfen. ²Dabei ist der Stand der Technik zu berücksichtigen. ³Soweit erforderlich, sind die Schutzmaßnahmen bei der Verwendung von Arbeitsmitteln entsprechend anzupassen. ⁴Der Arbeitgeber hat die Gefährdungsbeurteilung unverzüglich zu aktualisieren, wenn
1. sicherheitsrelevante Veränderungen der Arbeitsbedingungen einschließlich der Änderung von Arbeitsmitteln dies erfordern,
2. neue Informationen, insbesondere Erkenntnisse aus dem Unfallgeschehen oder aus der arbeitsmedizinischen Vorsorge, vorliegen oder
3. die Überprüfung der Wirksamkeit der Schutzmaßnahmen nach § 4 Absatz 5 ergeben hat, dass die festgelegten Schutzmaßnahmen nicht wirksam oder nicht ausreichend sind.

⁵Ergibt die Überprüfung der Gefährdungsbeurteilung, dass keine Aktualisierung erforderlich ist, so hat der Arbeitgeber dies unter Angabe des Datums der Überprüfung in der Dokumentation nach Absatz 8 zu vermerken.

(8) ¹Der Arbeitgeber hat das Ergebnis seiner Gefährdungsbeurteilung vor der erstmaligen Verwendung der Arbeitsmittel zu dokumentieren. ²Dabei sind mindestens anzugeben
1. die Gefährdungen, die bei der Verwendung der Arbeitsmittel auftreten,
2. die zu ergreifenden Schutzmaßnahmen,
3. wie die Anforderungen dieser Verordnung eingehalten werden, wenn von den nach § 21 Absatz 6 Nummer 1 bekannt gegebenen Regeln und Erkenntnissen abgewichen wird,
4. Art und Umfang der erforderlichen Prüfungen sowie die Fristen der wiederkehrenden Prüfungen (Absatz 6 Satz 1) und
5. das Ergebnis der Überprüfung der Wirksamkeit der Schutzmaßnahmen nach § 4 Absatz 5.

³Die Dokumentation kann auch in elektronischer Form vorgenommen werden.

(9) Sofern der Arbeitgeber von § 7 Absatz 1 Gebrauch macht und die Gefährdungsbeurteilung ergibt, dass die Voraussetzungen nach § 7 Absatz 1 vorliegen, ist eine Dokumentation dieser Voraussetzungen ausreichend.

§ 4 Grundpflichten des Arbeitgebers

(1) Arbeitsmittel dürfen erst verwendet werden, nachdem der Arbeitgeber
1. eine Gefährdungsbeurteilung durchgeführt hat,
2. die dabei ermittelten Schutzmaßnahmen nach dem Stand der Technik getroffen hat und
3. festgestellt hat, dass die Verwendung der Arbeitsmittel nach dem Stand der Technik sicher ist.

(2) ¹Ergibt sich aus der Gefährdungsbeurteilung, dass Gefährdungen durch technische Schutzmaßnahmen nach dem Stand der Technik nicht oder nur unzureichend vermieden werden können, hat der Arbeitgeber geeignete organisatorische und personenbezogene Schutzmaßnahmen zu treffen. ²Technische Schutzmaßnahmen haben Vorrang vor organisatorischen, diese haben wiederum Vorrang vor personenbezogenen Schutzmaßnahmen. ³Die Verwendung persönlicher Schutzausrüstung ist für jeden Beschäftigten auf das erforderliche Minimum zu beschränken.

(3) ¹Bei der Festlegung der Schutzmaßnahmen hat der Arbeitgeber die Vorschriften dieser Verordnung einschließlich der Anhänge zu beachten und die nach § 21 Absatz 6 Nummer 1 bekannt gegebenen Regeln und Erkenntnisse zu berücksichtigen. ²Bei Einhaltung dieser Regeln und Erkenntnisse ist davon auszugehen, dass die in dieser Verordnung gestellten Anforderungen erfüllt sind. ³Von den Regeln und Erkenntnissen kann abgewichen werden, wenn Sicherheit und Gesundheit durch andere Maßnahmen zumindest in vergleichbarer Weise gewährleistet werden.
(4) Der Arbeitgeber hat dafür zu sorgen, dass Arbeitsmittel, für die in § 14 und im Abschnitt 3 dieser Verordnung Prüfungen vorgeschrieben sind, nur verwendet werden, wenn diese Prüfungen durchgeführt und dokumentiert wurden.
(5) ¹Der Arbeitgeber hat die Wirksamkeit der Schutzmaßnahmen vor der erstmaligen Verwendung der Arbeitsmittel zu überprüfen. ²Satz 1 gilt nicht, soweit entsprechende Prüfungen nach § 14 oder § 15 durchgeführt wurden. ³Der Arbeitgeber hat weiterhin dafür zu sorgen, dass Arbeitsmittel vor ihrer jeweiligen Verwendung auf offensichtliche Mängel, die die sichere Verwendung beeinträchtigen können, kontrolliert werden und dass Schutz- und Sicherheitseinrichtungen einer regelmäßigen Kontrolle ihrer Funktionsfähigkeit unterzogen werden. ⁴Satz 3 gilt auch bei Arbeitsmitteln, für die wiederkehrende Prüfungen nach § 14 oder § 16 vorgeschrieben sind.
(6) ¹Der Arbeitgeber hat die Belange des Arbeitsschutzes in Bezug auf die Verwendung von Arbeitsmitteln angemessen in seine betriebliche Organisation einzubinden und hierfür die erforderlichen personellen, finanziellen und organisatorischen Voraussetzungen zu schaffen. ²Insbesondere hat er dafür zu sorgen, dass bei der Gestaltung der Arbeitsorganisation, des Arbeitsverfahrens und des Arbeitsplatzes sowie bei der Auswahl und beim Zur-Verfügung-Stellen der Arbeitsmittel alle mit der Sicherheit und Gesundheit der Beschäftigten zusammenhängenden Faktoren, einschließlich der psychischen, ausreichend berücksichtigt werden.

§ 5 Anforderungen an die zur Verfügung gestellten Arbeitsmittel

(1) ¹Der Arbeitgeber darf nur solche Arbeitsmittel zur Verfügung stellen und verwenden lassen, die unter Berücksichtigung der vorgesehenen Einsatzbedingungen bei der Verwendung sicher sind. ²Die Arbeitsmittel müssen
1. für die Art der auszuführenden Arbeiten geeignet sein,
2. den gegebenen Einsatzbedingungen und den vorhersehbaren Beanspruchungen angepasst sein und
3. über die erforderlichen sicherheitsrelevanten Ausrüstungen verfügen,

sodass eine Gefährdung durch ihre Verwendung so gering wie möglich gehalten wird. ³Kann durch Maßnahmen nach den Sätzen 1 und 2 die Sicherheit und Gesundheit nicht gewährleistet werden, so hat der Arbeitgeber andere geeignete Schutzmaßnahmen zu treffen, um die Gefährdung so weit wie möglich zu reduzieren.
(2) Der Arbeitgeber darf Arbeitsmittel nicht zur Verfügung stellen und verwenden lassen, wenn sie Mängel aufweisen, welche die sichere Verwendung beeinträchtigen.
(3) ¹Der Arbeitgeber darf nur solche Arbeitsmittel zur Verfügung stellen und verwenden lassen, die den für sie geltenden Rechtsvorschriften über Sicherheit und Gesundheitsschutz entsprechen. ²Zu diesen Rechtsvorschriften gehören neben den Vorschriften dieser Verordnung insbesondere Rechtsvorschriften, mit denen Gemeinschaftsrichtlinien in deutsches Recht umgesetzt wurden und die für die Arbeitsmittel zum Zeitpunkt des Bereitstellens auf dem Markt gelten. ³Arbeitsmittel, die der Arbeitgeber für eigene Zwecke selbst hergestellt hat, müssen den grundlegenden Sicherheitsanforderungen der anzuwendenden Gemeinschaftsrichtlinien entsprechen. ⁴Den formalen Anforderungen dieser Richtlinien brauchen sie nicht zu entsprechen, es sei denn, es ist in der jeweiligen Richtlinie ausdrücklich anders bestimmt.

(4) Der Arbeitgeber hat dafür zu sorgen, dass Beschäftigte nur die Arbeitsmittel verwenden, die er ihnen zur Verfügung gestellt hat oder deren Verwendung er ihnen ausdrücklich gestattet hat.

§ 6 Grundlegende Schutzmaßnahmen bei der Verwendung von Arbeitsmitteln

(1) [1]Der Arbeitgeber hat dafür zu sorgen, dass die Arbeitsmittel sicher verwendet und dabei die Grundsätze der Ergonomie beachtet werden. [2]Dabei ist Anhang 1 zu beachten. [3]Die Verwendung der Arbeitsmittel ist so zu gestalten und zu organisieren, dass Belastungen und Fehlbeanspruchungen, die die Gesundheit und die Sicherheit der Beschäftigten gefährden können, vermieden oder, wenn dies nicht möglich ist, auf ein Mindestmaß reduziert werden. [4]Der Arbeitgeber hat darauf zu achten, dass die Beschäftigten in der Lage sind, die Arbeitsmittel zu verwenden, ohne sich oder andere Personen zu gefährden. [5]Insbesondere sind folgende Grundsätze einer menschengerechten Gestaltung der Arbeit zu berücksichtigen:
1. die Arbeitsmittel einschließlich ihrer Schnittstelle zum Menschen müssen an die körperlichen Eigenschaften und die Kompetenz der Beschäftigten angepasst sein sowie biomechanische Belastungen bei der Verwendung vermieden sein. [2]Zu berücksichtigen sind hierbei die Arbeitsumgebung, die Lage der Zugriffstellen und des Schwerpunktes des Arbeitsmittels, die erforderliche Körperhaltung, die Körperbewegung, die Entfernung zum Körper, die benötigte persönliche Schutzausrüstung sowie die psychische Belastung der Beschäftigten,
2. die Beschäftigten müssen über einen ausreichenden Bewegungsfreiraum verfügen,
3. es sind ein Arbeitstempo und ein Arbeitsrhythmus zu vermeiden, die zu Gefährdungen der Beschäftigten führen können,
4. es sind Bedien- und Überwachungstätigkeiten zu vermeiden, die eine uneingeschränkte und dauernde Aufmerksamkeit erfordern.

(2) [1]Der Arbeitgeber hat dafür zu sorgen, dass vorhandene Schutzeinrichtungen und zur Verfügung gestellte persönliche Schutzausrüstungen verwendet werden, dass erforderliche Schutz- oder Sicherheitseinrichtungen funktionsfähig sind und nicht auf einfache Weise manipuliert oder umgangen werden. [2]Der Arbeitgeber hat ferner durch geeignete Maßnahmen dafür zu sorgen, dass Beschäftigte bei der Verwendung der Arbeitsmittel die nach § 12 erhaltenen Informationen sowie Kennzeichnungen und Gefahrenhinweise beachten.

(3) [1]Der Arbeitgeber hat dafür zu sorgen, dass
1. die Errichtung von Arbeitsmitteln, der Auf- und Abbau, die Erprobung sowie die Instandhaltung und Prüfung von Arbeitsmitteln unter Berücksichtigung der sicherheitsrelevanten Aufstellungs- und Umgebungsbedingungen nach dem Stand der Technik erfolgen und sicher durchgeführt werden,
2. erforderliche Sicherheits- und Schutzabstände eingehalten werden und
3. alle verwendeten oder erzeugten Energieformen und Materialien sicher zu- und abgeführt werden können.

[2]Werden Arbeitsmittel im Freien verwendet, hat der Arbeitgeber dafür zu sorgen, dass die sichere Verwendung der Arbeitsmittel ungeachtet der Witterungsverhältnisse stets gewährleistet ist.

§ 7 Vereinfachte Vorgehensweise bei der Verwendung von Arbeitsmitteln

(1) Der Arbeitgeber kann auf weitere Maßnahmen nach den §§ 8 und 9 verzichten, wenn sich aus der Gefährdungsbeurteilung ergibt, dass
1. die Arbeitsmittel mindestens den sicherheitstechnischen Anforderungen der für sie zum Zeitpunkt der Verwendung geltenden Rechtsvorschriften zum Bereitstellen von Arbeitsmitteln auf dem Markt entsprechen,

2. die Arbeitsmittel ausschließlich bestimmungsgemäß entsprechend den Vorgaben des Herstellers verwendet werden,
3. keine zusätzlichen Gefährdungen der Beschäftigten unter Berücksichtigung der Arbeitsumgebung, der Arbeitsgegenstände, der Arbeitsabläufe sowie der Dauer und der zeitlichen Lage der Arbeitszeit auftreten und
4. Instandhaltungsmaßnahmen nach § 10 getroffen und Prüfungen nach § 14 durchgeführt werden.
(2) Absatz 1 gilt nicht für überwachungsbedürftige Anlagen und die in Anhang 3 genannten Arbeitsmittel.

§ 8 Schutzmaßnahmen bei Gefährdungen durch Energien, Ingangsetzen und Stillsetzen

(1) [1]Der Arbeitgeber darf nur solche Arbeitsmittel verwenden lassen, die gegen Gefährdungen ausgelegt sind durch
1. die von ihnen ausgehenden oder verwendeten Energien,
2. direktes oder indirektes Berühren von Teilen, die unter elektrischer Spannung stehen, oder
3. Störungen ihrer Energieversorgung.
[2]Die Arbeitsmittel müssen ferner so gestaltet sein, dass eine gefährliche elektrostatische Aufladung vermieden oder begrenzt wird. [3]Ist dies nicht möglich, müssen sie mit Einrichtungen zum Ableiten solcher Aufladungen ausgestattet sein.
(2) Der Arbeitgeber hat dafür zu sorgen, dass Arbeitsmittel mit den sicherheitstechnisch erforderlichen Mess-, Steuer- und Regeleinrichtungen ausgestattet sind, damit sie sicher und zuverlässig verwendet werden können.
(3) Befehlseinrichtungen, die Einfluss auf die sichere Verwendung der Arbeitsmittel haben, müssen insbesondere
1. als solche deutlich erkennbar, außerhalb des Gefahrenbereichs angeordnet und leicht und ohne Gefährdung erreichbar sein; ihre Betätigung darf zu keiner zusätzlichen Gefährdung führen,
2. sicher beschaffen und auf vorhersehbare Störungen, Beanspruchungen und Zwänge ausgelegt sein,
3. gegen unbeabsichtigtes oder unbefugtes Betätigen gesichert sein.
(4) [1]Arbeitsmittel dürfen nur absichtlich in Gang gesetzt werden können. [2]Soweit erforderlich, muss das Ingangsetzen sicher verhindert werden können oder müssen sich die Beschäftigten Gefährdungen durch das in Gang gesetzte Arbeitsmittel rechtzeitig entziehen können. [3]Hierbei und bei Änderungen des Betriebszustands muss auch die Sicherheit im Gefahrenbereich durch geeignete Maßnahmen gewährleistet werden.
(5) [1]Vom Standort der Bedienung des Arbeitsmittels aus muss dieses als Ganzes oder in Teilen so stillgesetzt und von jeder einzelnen Energiequelle dauerhaft sicher getrennt werden können, dass ein sicherer Zustand gewährleistet ist. [2]Die hierfür vorgesehenen Befehlseinrichtungen müssen leicht und ungehindert erreichbar und deutlich erkennbar gekennzeichnet sein. [3]Der Befehl zum Stillsetzen eines Arbeitsmittels muss gegenüber dem Befehl zum Ingangsetzen Vorrang haben. [4]Können bei Arbeitsmitteln, die über Systeme mit Speicherwirkung verfügen, nach dem Trennen von jeder Energiequelle nach Satz 1 noch Energien gespeichert sein, so müssen Einrichtungen vorhanden sein, mit denen diese Systeme energiefrei gemacht werden können. [5]Diese Einrichtungen müssen gekennzeichnet sein. [6]Ist ein vollständiges Energiefreimachen nicht möglich, müssen an den Arbeitsmitteln entsprechende Gefahrenhinweise vorhanden sein.
(6) [1]Kraftbetriebene Arbeitsmittel müssen mit einer schnell erreichbaren und auffällig gekennzeichneten Notbefehlseinrichtung zum sicheren Stillsetzen des gesamten Arbeitsmittels ausgerüstet sein, mit der Gefahr bringende Bewegungen oder Prozesse ohne zusätzliche

Gefährdungen unverzüglich stillgesetzt werden können. ²Auf eine Notbefehleinrichtung kann verzichtet werden, wenn sie die Gefährdung nicht mindern würde; in diesem Fall ist die Sicherheit auf andere Weise zu gewährleisten. ³Vom jeweiligen Bedienungsort des Arbeitsmittels aus muss feststellbar sein, ob sich Personen oder Hindernisse im Gefahrenbereich befinden oder dem Ingangsetzen muss ein automatisch ansprechendes Sicherheitssystem vorgeschaltet sein, das das Ingangsetzen verhindert, solange sich Beschäftigte im Gefahrenbereich aufhalten. ⁴Ist dies nicht möglich, müssen ausreichende Möglichkeiten zur Verständigung und Warnung vor dem Ingangsetzen vorhanden sein. ⁵Soweit erforderlich, muss das Ingangsetzen sicher verhindert werden können, oder die Beschäftigten müssen sich Gefährdungen durch das in Gang gesetzte Arbeitsmittel rechtzeitig entziehen können.

§ 9 Weitere Schutzmaßnahmen bei der Verwendung von Arbeitsmitteln

(1) ¹Der Arbeitgeber hat dafür zu sorgen, dass Arbeitsmittel unter Berücksichtigung der zu erwartenden Betriebsbedingungen so verwendet werden, dass Beschäftigte gegen vorhersehbare Gefährdungen ausreichend geschützt sind. ²Insbesondere müssen
1. Arbeitsmittel ausreichend standsicher sein und, falls erforderlich, gegen unbeabsichtigte Positions- und Lageänderungen stabilisiert werden,
2. Arbeitsmittel mit den erforderlichen sicherheitstechnischen Ausrüstungen versehen sein,
3. Arbeitsmittel, ihre Teile und die Verbindungen untereinander den Belastungen aus inneren und äußeren Kräften standhalten,
4. Schutzeinrichtungen bei Splitter- oder Bruchgefahr sowie gegen herabfallende oder herausschleudernde Gegenstände vorhanden sein,
5. sichere Zugänge zu Arbeitsplätzen an und in Arbeitsmitteln gewährleistet und ein gefahrloser Aufenthalt dort möglich sein,
6. Schutzmaßnahmen getroffen werden, die sowohl einen Absturz von Beschäftigten als auch von Arbeitsmitteln sicher verhindern,
7. Maßnahmen getroffen werden, damit Personen nicht unbeabsichtigt in Arbeitsmitteln eingeschlossen werden; im Notfall müssen eingeschlossene Personen aus Arbeitsmitteln in angemessener Zeit befreit werden können,
8. Schutzmaßnahmen gegen Gefährdungen durch bewegliche Teile von Arbeitsmitteln und gegen Blockaden solcher Teile getroffen werden; hierzu gehören auch Maßnahmen, die den unbeabsichtigten Zugang zum Gefahrenbereich von beweglichen Teilen von Arbeitsmitteln verhindern oder die bewegliche Teile vor dem Erreichen des Gefahrenbereichs stillsetzen,
9. Maßnahmen getroffen werden, die verhindern, dass die sichere Verwendung der Arbeitsmittel durch äußere Einwirkungen beeinträchtigt wird,
10. Leitungen so verlegt sein, dass Gefährdungen vermieden werden, und
11. Maßnahmen getroffen werden, die verhindern, dass außer Betrieb gesetzte Arbeitsmittel zu Gefährdungen führen.

(2) Der Arbeitgeber hat Schutzmaßnahmen gegen Gefährdungen durch heiße oder kalte Teile, scharfe Ecken und Kanten und raue Oberflächen von Arbeitsmitteln zu treffen.

(3) Der Arbeitgeber hat weiterhin dafür zu sorgen, dass Schutzeinrichtungen
1. einen ausreichenden Schutz gegen Gefährdungen bieten,
2. stabil gebaut sind,
3. sicher in Position gehalten werden,
4. die Eingriffe, die für den Einbau oder den Austausch von Teilen sowie für Instandhaltungsarbeiten erforderlich sind, möglichst ohne Demontage der Schutzeinrichtungen zulassen,
5. keine zusätzlichen Gefährdungen verursachen.

Betriebssicherheitsverordnung §§ 9, 10

6. nicht auf einfache Weise umgangen oder unwirksam gemacht werden können und
7. die Beobachtung und Durchführung des Arbeitszyklus nicht mehr als notwendig einschränken.

(4) [1]Werden Arbeitsmittel in Bereichen mit gefährlicher explosionsfähiger Atmosphäre verwendet oder kommt es durch deren Verwendung zur Bildung gefährlicher explosionsfähiger Atmosphäre, müssen unter Beachtung der Gefahrstoffverordnung die erforderlichen Schutzmaßnahmen getroffen werden, insbesondere sind die für die jeweilige Zone geeigneten Geräte und Schutzsysteme im Sinne der Richtlinie 2014/34/EU des Europäischen Parlaments und des Rates vom 26. Februar 2014 zur Harmonisierung der Rechtsvorschriften der Mitgliedstaaten für Geräte und Schutzsysteme zur bestimmungsgemäßen Verwendung in explosionsgefährdeten Bereichen (ABl. L 96 vom 29.3.2014, S. 309) einzusetzen. [2]Diese Schutzmaßnahmen sind vor der erstmaligen Verwendung der Arbeitsmittel im Explosionsschutzdokument nach § 6 Absatz 9 der Gefahrstoffverordnung zu dokumentieren.

(5) Soweit nach der Gefährdungsbeurteilung erforderlich, müssen an Arbeitsmitteln oder in deren Gefahrenbereich ausreichende, verständliche und gut wahrnehmbare Sicherheitskennzeichnungen und Gefahrenhinweise sowie Einrichtungen zur angemessenen, unmissverständlichen und leicht wahrnehmbaren Warnung im Gefahrenfall vorhanden sein.

§ 10 Instandhaltung und Änderung von Arbeitsmitteln

(1) [1]Der Arbeitgeber hat Instandhaltungsmaßnahmen zu treffen, damit die Arbeitsmittel während der gesamten Verwendungsdauer den für sie geltenden Sicherheits- und Gesundheitsschutzanforderungen entsprechen und in einem sicheren Zustand erhalten werden. [2]Dabei sind die Angaben des Herstellers zu berücksichtigen. [3]Notwendige Instandhaltungsmaßnahmen nach Satz 1 sind unverzüglich durchzuführen und die dabei erforderlichen Schutzmaßnahmen zu treffen.

(2) [1]Der Arbeitgeber hat Instandhaltungsmaßnahmen auf der Grundlage einer Gefährdungsbeurteilung sicher durchführen zu lassen und dabei die Betriebsanleitung des Herstellers zu berücksichtigen. [2]Instandhaltungsmaßnahmen dürfen nur von fachkundigen, beauftragten und unterwiesenen Beschäftigten oder von sonstigen für die Durchführung der Instandhaltungsarbeiten geeigneten Auftragnehmern mit vergleichbarer Qualifikation durchgeführt werden.

(3) [1]Der Arbeitgeber hat alle erforderlichen Maßnahmen zu treffen, damit Instandhaltungsarbeiten sicher durchgeführt werden können. [2]Dabei hat er insbesondere
1. die Verantwortlichkeiten für die Durchführung der erforderlichen Sicherungsmaßnahmen festzulegen,
2. eine ausreichende Kommunikation zwischen Bedien- und Instandhaltungspersonal sicherzustellen,
3. den Arbeitsbereich während der Instandhaltungsarbeiten abzusichern,
4. das Betreten des Arbeitsbereichs durch Unbefugte zu verhindern, soweit das nach der Gefährdungsbeurteilung erforderlich ist,
5. sichere Zugänge für das Instandhaltungspersonal vorzusehen,
6. Gefährdungen durch bewegte oder angehobene Arbeitsmittel oder deren Teile sowie durch gefährliche Energien oder Stoffe zu vermeiden,
7. dafür zu sorgen, dass Einrichtungen vorhanden sind, mit denen Energien beseitigt werden können, die nach einer Trennung des instand zu haltenden Arbeitsmittels von Energiequellen noch gespeichert sind; diese Einrichtungen sind entsprechend zu kennzeichnen,
8. sichere Arbeitsverfahren für solche Arbeitsbedingungen festzulegen, die vom Normalzustand abweichen,

9. erforderliche Warn- und Gefahrenhinweise bezogen auf Instandhaltungsarbeiten an den Arbeitsmitteln zur Verfügung zu stellen,
10. dafür zu sorgen, dass nur geeignete Geräte und Werkzeuge und eine geeignete persönliche Schutzausrüstung verwendet werden,
11. bei Auftreten oder Bildung gefährlicher explosionsfähiger Atmosphäre Schutzmaßnahmen entsprechend § 9 Absatz 4 Satz 1 zu treffen.
12. Systeme für die Freigabe bestimmter Arbeiten anzuwenden.

(4) Werden bei Instandhaltungsmaßnahmen an Arbeitsmitteln die für den Normalbetrieb getroffenen technischen Schutzmaßnahmen ganz oder teilweise außer Betrieb gesetzt oder müssen solche Arbeiten unter Gefährdung durch Energie durchgeführt werden, so ist die Sicherheit der Beschäftigten während der Dauer dieser Arbeiten durch andere geeignete Maßnahmen zu gewährleisten.

(5) [1]Werden Änderungen an Arbeitsmitteln durchgeführt, gelten die Absätze 1 bis 3 entsprechend. [2]Der Arbeitgeber hat sicherzustellen, dass die geänderten Arbeitsmittel die Sicherheits- und Gesundheitsschutzanforderungen nach § 5 Absatz 1 und 2 erfüllen. [3]Bei Änderungen von Arbeitsmitteln hat der Arbeitgeber zu beurteilen, ob es sich um prüfpflichtige Änderungen handelt. [4]Er hat auch zu beurteilen, ob er bei den Änderungen von Arbeitsmitteln Herstellerpflichten zu beachten hat, die sich aus anderen Rechtsvorschriften, insbesondere dem Produktsicherheitsgesetz oder einer Verordnung nach § 8 Absatz 1 des Produktsicherheitsgesetzes ergeben.

§ 11 Besondere Betriebszustände, Betriebsstörungen und Unfälle

(1) [1]Der Arbeitgeber hat Maßnahmen zu ergreifen, durch die unzulässige oder instabile Betriebszustände von Arbeitsmitteln verhindert werden. [2]Können instabile Zustände nicht sicher verhindert werden, hat der Arbeitgeber Maßnahmen zu ihrer Beherrschung zu treffen. [3]Die Sätze 1 und 2 gelten insbesondere für An- und Abfahr- sowie Erprobungsvorgänge.

(2) [1]Der Arbeitgeber hat dafür zu sorgen, dass Beschäftigte und andere Personen bei einem Unfall oder bei einem Notfall unverzüglich gerettet und ärztlich versorgt werden können. [2]Dies schließt die Bereitstellung geeigneter Zugänge zu den Arbeitsmitteln und in diese sowie die Bereitstellung erforderlicher Befestigungsmöglichkeiten für Rettungseinrichtungen an und in den Arbeitsmitteln ein. [3]Im Notfall müssen Zugangssperren gefahrlos selbsttätig in einen sicheren Bereich öffnen. [4]Ist dies nicht möglich, müssen Zugangssperren über eine Notentriegelung leicht zu öffnen sein, wobei an der Notentriegelung und an der Zugangssperre auf die noch bestehenden Gefahren besonders hingewiesen werden muss. [5]Besteht die Möglichkeit, in ein Arbeitsmittel eingezogen zu werden, muss die Rettung eingezogener Personen möglich sein.

(3) [1]Der Arbeitgeber hat dafür zu sorgen, dass die notwendigen Informationen über Maßnahmen bei Notfällen zur Verfügung stehen. [2]Die Informationen müssen auch Rettungsdiensten zur Verfügung stehen, soweit sie für Rettungseinsätze benötigt werden. [3]Zu den Informationen zählen:
1. eine Vorabmitteilung über einschlägige Gefährdungen bei der Arbeit, über Maßnahmen zur Feststellung von Gefährdungen sowie über Vorsichtsmaßregeln und Verfahren, damit die Rettungsdienste ihre eigenen Abhilfe- und Sicherheitsmaßnahmen vorbereiten können,
2. Informationen über einschlägige und spezifische Gefährdungen, die bei einem Unfall oder Notfall auftreten können, einschließlich der Informationen über die Maßnahmen nach den Absätzen 1 und 2.

[4]Treten durch besondere Betriebszustände oder Betriebsstörungen Gefährdungen auf, hat der Arbeitgeber dafür zu sorgen, dass dies durch Warneinrichtungen angezeigt wird.

(4) ¹Werden bei Rüst-, Einrichtungs- und Erprobungsarbeiten oder vergleichbaren Arbeiten an Arbeitsmitteln die für den Normalbetrieb getroffenen technischen Schutzmaßnahmen ganz oder teilweise außer Betrieb gesetzt oder müssen solche Arbeiten unter Gefährdung durch Energie durchgeführt werden, so ist die Sicherheit der Beschäftigten während der Dauer dieser Arbeiten durch andere geeignete Maßnahmen zu gewährleisten. ²Die Arbeiten nach Satz 1 dürfen nur von fachkundigen Personen durchgeführt werden.
(5) ¹Insbesondere bei Rüst- und Einrichtungsarbeiten, der Erprobung und der Prüfung von Arbeitsmitteln sowie bei der Fehlersuche sind Gefahrenbereiche festzulegen. ²Ist ein Aufenthalt im Gefahrenbereich von Arbeitsmitteln erforderlich, sind auf der Grundlage der Gefährdungsbeurteilung weitere Maßnahmen zu treffen, welche die Sicherheit der Beschäftigten gewährleisten.

§ 12 Unterweisung und besondere Beauftragung von Beschäftigten
(1) ¹Bevor Beschäftigte Arbeitsmittel erstmalig verwenden, hat der Arbeitgeber ihnen ausreichende und angemessene Informationen anhand der Gefährdungsbeurteilung in einer für die Beschäftigten verständlichen Form und Sprache zur Verfügung zu stellen über
1. vorhandene Gefährdungen bei der Verwendung von Arbeitsmitteln einschließlich damit verbundener Gefährdungen durch die Arbeitsumgebung,
2. erforderliche Schutzmaßnahmen und Verhaltensregelungen und
3. Maßnahmen bei Betriebsstörungen, Unfällen und zur Ersten Hilfe bei Notfällen.

²Der Arbeitgeber hat die Beschäftigten vor Aufnahme der Verwendung von Arbeitsmitteln tätigkeitsbezogen anhand der Informationen nach Satz 1 zu unterweisen. ³Danach hat er in regelmäßigen Abständen, mindestens jedoch einmal jährlich, weitere Unterweisungen durchzuführen. ⁴Das Datum einer jeden Unterweisung und die Namen der Unterwiesenen hat er schriftlich festzuhalten.
(2) ¹Bevor Beschäftigte Arbeitsmittel erstmalig verwenden, hat der Arbeitgeber ihnen eine schriftliche Betriebsanweisung für die Verwendung des Arbeitsmittels in einer für die Beschäftigten verständlichen Form und Sprache an geeigneter Stelle zur Verfügung zu stellen. ²Satz 1 gilt nicht für Arbeitsmittel, für die keine Gebrauchsanleitung nach § 3 Absatz 4 des Produktsicherheitsgesetzes mitgeliefert werden muss. ³Anstelle einer Betriebsanweisung kann der Arbeitgeber auch eine bei der Bereitstellung des Arbeitsmittels auf dem Markt mitgelieferte Gebrauchsanleitung oder Betriebsanleitung zur Verfügung stellen, wenn diese Informationen enthalten, die einer Betriebsanweisung entsprechen. ⁴Die Betriebsanweisung ist bei sicherheitsrelevanten Änderungen der Arbeitsbedingungen zu aktualisieren und bei der regelmäßig wiederkehrenden Unterweisung nach § 12 des Arbeitsschutzgesetzes in Bezug zu nehmen.
(3) Ist die Verwendung von Arbeitsmitteln mit besonderen Gefährdungen verbunden, hat der Arbeitgeber dafür zu sorgen, dass diese nur von hierzu beauftragten Beschäftigten verwendet werden.

§ 13 Zusammenarbeit verschiedener Arbeitgeber
(1) ¹Beabsichtigt der Arbeitgeber, in seinem Betrieb Arbeiten durch eine betriebsfremde Person (Auftragnehmer) durchführen zu lassen, so darf er dafür nur solche Auftragnehmer heranziehen, die über die für die geplanten Arbeiten erforderliche Fachkunde verfügen. ²Der Arbeitgeber als Auftraggeber hat die Auftragnehmer, die ihrerseits Arbeitgeber sind, über die von seinen Arbeitsmitteln ausgehenden Gefährdungen und über spezifische Verhaltensregeln zu informieren. ³Der Auftragnehmer hat den Auftraggeber und andere Arbeitgeber über Gefährdungen durch seine Arbeiten für Beschäftigte des Auftraggebers und anderer Arbeitgeber zu informieren.

(2) ¹Kann eine Gefährdung von Beschäftigten anderer Arbeitgeber nicht ausgeschlossen werden, so haben alle betroffenen Arbeitgeber bei ihren Gefährdungsbeurteilungen zusammenzuwirken und die Schutzmaßnahmen so abzustimmen und durchzuführen, dass diese wirksam sind. ²Jeder Arbeitgeber ist dafür verantwortlich, dass seine Beschäftigten die gemeinsam festgelegten Schutzmaßnahmen anwenden.
(3) ¹Besteht bei der Verwendung von Arbeitsmitteln eine erhöhte Gefährdung von Beschäftigten anderer Arbeitgeber, ist für die Abstimmung der jeweils erforderlichen Schutzmaßnahmen durch die beteiligten Arbeitgeber ein Koordinator/eine Koordinatorin schriftlich zu bestellen. ²Sofern aufgrund anderer Arbeitsschutzvorschriften bereits ein Koordinator/eine Koordinatorin bestellt ist, kann dieser/diese auch die Koordinationsaufgaben nach dieser Verordnung übernehmen. ³Dem Koordinator/der Koordinatorin sind von den beteiligten Arbeitgebern alle erforderlichen sicherheitsrelevanten Informationen sowie Informationen zu den festgelegten Schutzmaßnahmen zur Verfügung zu stellen. ⁴Die Bestellung eines Koordinators/einer Koordinatorin entbindet die Arbeitgeber nicht von ihrer Verantwortung nach dieser Verordnung.

§ 14 Prüfung von Arbeitsmitteln

(1) ¹Der Arbeitgeber hat Arbeitsmittel, deren Sicherheit von den Montagebedingungen abhängt, vor der erstmaligen Verwendung von einer zur Prüfung befähigten Person prüfen zu lassen. ²Die Prüfung umfasst Folgendes:
1. die Kontrolle der vorschriftsmäßigen Montage oder Installation und der sicheren Funktion dieser Arbeitsmittel,
2. die rechtzeitige Feststellung von Schäden,
3. die Feststellung, ob die getroffenen sicherheitstechnischen Maßnahmen geeignet und funktionsfähig sind.
³Prüfinhalte, die im Rahmen eines Konformitätsbewertungsverfahrens geprüft und dokumentiert wurden, müssen nicht erneut geprüft werden. ⁴Die Prüfung muss vor jeder Inbetriebnahme nach einer Montage stattfinden.
(2) ¹Arbeitsmittel, die Schäden verursachenden Einflüssen ausgesetzt sind, die zu Gefährdungen der Beschäftigten führen können, hat der Arbeitgeber wiederkehrend von einer zur Prüfung befähigten Person prüfen zu lassen. ²Die Prüfung muss entsprechend den nach § 3 Absatz 6 ermittelten Fristen stattfinden. ³Ergibt die Prüfung, dass ein Arbeitsmittel nicht bis zu der nach § 3 Absatz 6 ermittelten nächsten wiederkehrenden Prüfung sicher betrieben werden kann, ist die Prüffrist neu festzulegen.
(3) ¹Arbeitsmittel sind nach prüfpflichtigen Änderungen vor ihrer nächsten Verwendung durch eine zur Prüfung befähigte Person prüfen zu lassen. ²Arbeitsmittel, die von außergewöhnlichen Ereignissen betroffen sind, die schädigende Auswirkungen auf ihre Sicherheit haben können, durch die Beschäftigte gefährdet werden können, sind vor ihrer weiteren Verwendung einer außerordentlichen Prüfung durch eine zur Prüfung befähigte Person unterziehen zu lassen. ³Außergewöhnliche Ereignisse können insbesondere Unfälle, längere Zeiträume der Nichtverwendung der Arbeitsmittel oder Naturereignisse sein.
(4) Bei der Prüfung der in Anhang 3 genannten Arbeitsmittel gelten die dort genannten Vorgaben zusätzlich zu den Vorgaben der Absätze 1 bis 3.
(5) ¹Der Fälligkeitstermin von wiederkehrenden Prüfungen wird jeweils mit dem Monat und dem Jahr angegeben. ²Die Frist für die nächste wiederkehrende Prüfung beginnt mit dem Fälligkeitstermin der letzten Prüfung. ³Wird eine Prüfung vor dem Fälligkeitstermin durchgeführt, beginnt die Frist für die nächste Prüfung mit dem Monat und Jahr der Durchführung. ⁴Für Arbeitsmittel mit einer Prüffrist von mehr als zwei Jahren gilt Satz 3 nur, wenn die Prüfung mehr als zwei Monate vor dem Fälligkeitstermin durchgeführt wird. ⁵Ist ein Arbeitsmittel zum

Betriebssicherheitsverordnung §§ 14, 15

Fälligkeitstermin der wiederkehrenden Prüfung außer Betrieb gesetzt, so darf es erst wieder in Betrieb genommen werden, nachdem diese Prüfung durchgeführt worden ist; in diesem Fall beginnt die Frist für die nächste wiederkehrende Prüfung mit dem Termin der Prüfung. [6]Eine wiederkehrende Prüfung gilt als fristgerecht durchgeführt, wenn sie spätestens zwei Monate nach dem Fälligkeitstermin durchgeführt wurde. [7]Dieser Absatz ist nur anzuwenden, soweit es sich um Arbeitsmittel nach Anhang 2 Abschnitt 2 bis 4 und Anhang 3 handelt.
(6) [1]Zur Prüfung befähigte Personen nach § 2 Absatz 6 unterliegen bei der Durchführung der nach dieser Verordnung vorgeschriebenen Prüfungen keinen fachlichen Weisungen durch den Arbeitgeber. [2]Zur Prüfung befähigte Personen dürfen vom Arbeitgeber wegen ihrer Prüftätigkeit nicht benachteiligt werden.
(7) [1]Der Arbeitgeber hat dafür zu sorgen, dass das Ergebnis der Prüfung nach den Absätzen 1 bis 4 aufgezeichnet und mindestens bis zur nächsten Prüfung aufbewahrt wird. [2]Dabei hat er dafür zu sorgen, dass die Aufzeichnungen nach Satz 1 mindestens Auskunft geben über:
1. Art der Prüfung,
2. Prüfumfang,
3. Ergebnis der Prüfung und
4. Name und Unterschrift der zur Prüfung befähigten Person; bei ausschließlich elektronisch übermittelten Dokumenten elektronische Signatur.
[3]Aufzeichnungen können auch in elektronischer Form aufbewahrt werden. [4]Werden Arbeitsmittel nach den Absätzen 1 und 2 sowie Anhang 3 an unterschiedlichen Betriebsorten verwendet, ist am Einsatzort ein Nachweis über die Durchführung der letzten Prüfung vorzuhalten.
(8) [1]Die Absätze 1 bis 3 gelten nicht für überwachungsbedürftige Anlagen, soweit entsprechende Prüfungen in den §§ 15 und 16 vorgeschrieben sind. [2]Absatz 7 gilt nicht für überwachungsbedürftige Anlagen, soweit entsprechende Aufzeichnungen in § 17 vorgeschrieben sind.

Abschnitt 3: Zusätzliche Vorschriften für überwachungsbedürftige Anlagen

§ 15 Prüfung vor Inbetriebnahme und vor Wiederinbetriebnahme nach prüfpflichtigen Änderungen

(1) [1]Der Arbeitgeber hat sicherzustellen, dass überwachungsbedürftige Anlagen vor erstmaliger Inbetriebnahme und vor Wiederinbetriebnahme nach prüfpflichtigen Änderungen geprüft werden. [2]Bei der Prüfung ist festzustellen,
1. ob die für die Prüfung benötigten technischen Unterlagen, wie beispielsweise eine EG-Konformitätserklärung, vorhanden sind und ihr Inhalt plausibel ist und
2. ob die Anlage einschließlich der Anlagenteile entsprechend dieser Verordnung errichtet oder geändert worden ist und sich auch unter Berücksichtigung der Aufstellbedingungen in einem sicheren Zustand befindet.
[3]Die Prüfung ist nach Maßgabe der in Anhang 2 genannten Vorgaben durchzuführen. [4]Prüfinhalte, die im Rahmen von Konformitätsbewertungsverfahren geprüft und dokumentiert wurden, müssen nicht erneut geprüft werden.
(2) [1]Bei den Prüfungen nach Absatz 1 ist auch festzustellen, ob die getroffenen sicherheitstechnischen Maßnahmen geeignet und funktionsfähig sind und ob die Fristen für die nächsten wiederkehrenden Prüfungen nach § 3 Absatz 6 zutreffend festgelegt wurden. [2]Abweichend von Satz 1 ist die Feststellung der zutreffenden Prüffrist für Druckanlagen, deren Prüffrist nach Anhang 2 Abschnitt 4 Nummer 5.4 ermittelt wird, unmittelbar nach deren Ermittlung durchzuführen. [3]Über die in den Sätzen 1 und 2 festgelegten Prüffristen entscheidet im Streitfall die

zuständige Behörde. ⁴Satz 1 gilt ferner nicht für die Eignung der sicherheitstechnischen Maßnahmen, die Gegenstand einer Erlaubnis nach § 18 oder einer Genehmigung nach anderen Rechtsvorschriften sind.
(3) ¹Die Prüfungen nach Absatz 1 sind von einer zugelassenen Überwachungsstelle nach Anhang 2 Abschnitt 1 durchzuführen. ²Sofern dies in Anhang 2 Abschnitt 2, 3 oder 4 vorgesehen ist, können die Prüfungen nach Satz 1 auch von einer zur Prüfung befähigten Person durchgeführt werden. ³Darüber hinaus können alle Prüfungen nach prüfpflichtigen Änderungen, die nicht die Bauart oder die Betriebsweise einer überwachungsbedürftigen Anlage beeinflussen, von einer zur Prüfung befähigten Person durchgeführt werden. ⁴Bei überwachungsbedürftigen Anlagen, die für einen ortsveränderlichen Einsatz vorgesehen sind und nach der ersten Inbetriebnahme an einem neuen Standort aufgestellt werden, können die Prüfungen nach Absatz 1 durch eine zur Prüfung befähigte Person durchgeführt werden. ⁵Satz 4 gilt nicht für Dampfkesselanlagen nach § 18 Absatz 1 Satz 1 Nummer 1.

§ 16 Wiederkehrende Prüfung
(1) Der Arbeitgeber hat sicherzustellen, dass überwachungsbedürftige Anlagen nach Maßgabe der in Anhang 2 genannten Vorgaben wiederkehrend auf ihren sicheren Zustand hinsichtlich des Betriebs geprüft werden.
(2) ¹Bei der wiederkehrenden Prüfung ist auch festzustellen, ob die Fristen für die nächsten wiederkehrenden Prüfungen nach § 3 Absatz 6 zutreffend festgelegt wurden. ²Im Streitfall entscheidet die zuständige Behörde.
(3) ¹§ 14 Absatz 5 gilt entsprechend. ²Ist eine behördlich angeordnete Prüfung durchgeführt worden, so beginnt die Frist für eine wiederkehrende Prüfung mit Monat und Jahr der Durchführung dieser Prüfung, wenn diese der wiederkehrenden Prüfung entspricht.
(4) § 15 Absatz 3 gilt entsprechend.

§ 17 Prüfaufzeichnungen und -bescheinigungen
(1) ¹Der Arbeitgeber hat dafür zu sorgen, dass das Ergebnis der Prüfung nach den §§ 15 und 16 aufgezeichnet wird. ²Sofern die Prüfung von einer zugelassenen Überwachungsstelle durchzuführen ist, ist von dieser eine Prüfbescheinigung über das Ergebnis der Prüfung zu fordern. ³Aufzeichnungen und Prüfbescheinigungen müssen mindestens Auskunft geben über
1. Anlagenidentifikation,
2. Prüfdatum,
3. Art der Prüfung,
4. Prüfungsgrundlagen,
5. Prüfumfang,
6. Eignung und Funktionsfähigkeit der technischen Maßnahmen sowie Eignung der organisatorischen Maßnahmen,
7. Ergebnis der Prüfung,
8. die Fristen für die nächsten wiederkehrenden Prüfungen nach § 15 Absatz 2 und § 16 Absatz 2 sowie
9. Name und Unterschrift des Prüfers, bei Prüfung durch zugelassene Überwachungsstellen zusätzlich Name der zugelassenen Überwachungsstelle; bei ausschließlich elektronisch übermittelten Dokumenten die elektronische Signatur.

⁴Aufzeichnungen und Prüfbescheinigungen sind während der gesamten Verwendungsdauer am Betriebsort der überwachungsbedürftigen Anlage aufzubewahren und der zuständigen Behörde auf Verlangen vorzulegen. ⁵Sie können auch in elektronischer Form aufbewahrt werden.

Betriebssicherheitsverordnung §§ 17, 18

(2) Unbeschadet der Aufzeichnungen und Prüfbescheinigungen nach Absatz 1 muss in der Kabine von Aufzugsanlagen eine Kennzeichnung, zum Beispiel in Form einer Prüfplakette, deutlich sichtbar und dauerhaft angebracht sein, aus der sich Monat und Jahr der nächsten wiederkehrenden Prüfung sowie der prüfenden Stelle ergibt.

§ 18 Erlaubnispflicht

(1) ¹Die Errichtung und der Betrieb sowie die Änderungen der Bauart oder Betriebsweise, welche die Sicherheit der Anlage beeinflussen, folgender Anlagen bedürfen der Erlaubnis der zuständigen Behörde:
1. Dampfkesselanlagen nach Anhang 2 Abschnitt 4 Nummer 2.1 Satz 1 Buchstabe a, die nach Artikel 13 in Verbindung mit Anhang II Diagramm 5 der Richtlinie 2014/68/EU des Europäischen Parlaments und des Rates vom 15. Mai 2014 zur Harmonisierung der Rechtsvorschriften der Mitgliedstaaten über die Bereitstellung von Druckgeräten auf dem Markt (ABl. L 189 vom 27.6.2014, S. 164) in die Kategorie IV einzustufen sind,
2. Anlagen mit Druckgeräten nach Anhang 2 Abschnitt 4 Nummer 2.1 Satz 1 Buchstabe c, in denen mit einer Füllkapazität von mehr als 10 Kilogramm je Stunde ortsbewegliche Druckgeräte im Sinne von Anhang 2 Abschnitt 4 Nummer 2.1 Satz 2 Buchstabe b mit Druckgasen zur Abgabe an Andere befüllt werden,
3. Anlagen einschließlich der Lager- und Vorratsbehälter zum Befüllen von Land-, Wasser- und Luftfahrzeugen mit entzündbaren Gasen im Sinne von Anhang 1 Nummer 2.2 der Verordnung (EG) Nr. 1272/2008 des Europäischen Parlaments und des Rates vom 16. Dezember 2008 über die Einstufung, Kennzeichnung und Verpackung von Stoffen und Gemischen, zur Änderung und Aufhebung der Richtlinien 67/548/EWG und 1999/45/EG und zur Änderung der Verordnung (EG) Nr. 1907/2006 (ABl. L 353 vom 31.12.2008, S. 1) zur Verwendung als Treib- oder Brennstoff (Gasfüllanlagen),
4. Räume oder Bereiche einschließlich der in ihnen vorgesehenen ortsfesten Behälter und sonstiger Lagereinrichtungen, die dazu bestimmt sind, dass in ihnen entzündbare Flüssigkeiten mit einem Gesamtrauminhalt von mehr als 10 000 Litern gelagert werden (Lageranlagen), soweit Räume oder Bereiche nicht zu Anlagen nach den Nummern 5 bis 7 gehören,
5. ortsfest errichtete oder dauerhaft am gleichen Ort verwendete Anlagen mit einer Umschlagkapazität von mehr als 1 000 Litern je Stunde, die dazu bestimmt sind, dass in ihnen Transportbehälter mit entzündbaren Flüssigkeiten befüllt werden (Füllstellen),
6. ortsfeste Anlagen für die Betankung von Land-, Wasser- und Luftfahrzeugen mit entzündbaren Flüssigkeiten (Tankstellen),
7. ortsfeste Anlagen oder Bereiche auf Flugfeldern, in denen Kraftstoffbehälter von Luftfahrzeugen aus Hydrantenanlagen mit entzündbaren Flüssigkeiten befüllt werden (Flugfeldbetankungsanlagen),
8. (weggefallen)

²Entzündbare Flüssigkeiten nach Satz 1 Nummer 4 bis 6 sind solche mit Stoffeigenschaften nach Anhang 1 Nummer 2.6 der Verordnung (EG) Nr. 1272/2008, sofern sie einen Flammpunkt von weniger als 23 Grad Celsius haben. ³Zu einer Anlage im Sinne des Satzes 1 gehören auch Mess-, Steuer- und Regeleinrichtungen, die dem sicheren Betrieb dieser Anlage dienen.

(2) Absatz 1 findet keine Anwendung auf
1. Anlagen, in denen Wasserdampf oder Heißwasser in einem Herstellungsverfahren durch Wärmerückgewinnung entsteht, es sei denn, Rauchgase werden gekühlt und der entstehende Wasserdampf oder das entstehende Heißwasser werden nicht überwiegend der Verfahrensanlage zugeführt, und

2. Anlagen zum Entsorgen von Kältemitteln, die einem Wärmetauscher entnommen und in ein ortsbewegliches Druckgerät gefüllt werden.
(3) ¹Die Erlaubnis ist schriftlich oder elektronisch zu beantragen. ²Ein Antrag auf eine Teilerlaubnis ist möglich. ³Dem Antrag sind alle Unterlagen beizufügen, die für die Beurteilung des Antrages notwendig sind. ⁴Erfolgt die Antragstellung elektronisch, kann die zuständige Behörde Mehrfertigungen sowie die Übermittlung der dem Antrag beizufügenden Unterlagen auch in schriftlicher Form verlangen. ⁵Aus den Unterlagen muss hervorgehen, dass Aufstellung, Bauart und Betriebsweise den Anforderungen dieser Verordnung und hinsichtlich des Brand- und Explosionsschutzes auch der Gefahrstoffverordnung entsprechen und dass die vorgesehenen sicherheitstechnischen Maßnahmen geeignet sind. ⁶Aus den Unterlagen muss weiterhin hervorgehen, dass
1. auch die möglichen Gefährdungen, die sich aus der Arbeitsumgebung und durch Wechselwirkungen mit anderen Arbeitsmitteln, insbesondere anderen überwachungsbedürftigen Anlagen, die in einem räumlichen oder betriebstechnischen Zusammenhang mit der beantragten Anlage verwendet werden, betrachtet wurden und die Anforderungen und die vorgesehenen Schutzmaßnahmen geeignet sind, und
2. die sich aus der Zusammenarbeit verschiedener Arbeitgeber ergebenden Maßnahmen nach § 13 berücksichtigt wurden.
⁷Den Unterlagen ist ein Prüfbericht einer zugelassenen Überwachungsstelle beizufügen, in dem bestätigt wird, dass die Anlage bei Einhaltung der in den Unterlagen genannten Maßnahmen einschließlich der Prüfungen nach Anhang 2 Abschnitt 3 und 4 sicher betrieben werden kann.
(4) ¹Die zuständige Behörde hat die Erlaubnis zu erteilen, wenn die vorgesehene Aufstellung, Bauart und Betriebsweise den sicherheitstechnischen Anforderungen dieser Verordnung und hinsichtlich des Brand- und Explosionsschutzes auch der Gefahrstoffverordnung entsprechen. ²Die Erlaubnis kann beschränkt, befristet, unter Bedingungen erteilt sowie mit Auflagen verbunden werden. ³Die nachträgliche Aufnahme, Änderung oder Ergänzung von Auflagen ist zulässig.
(5) ¹Die zuständige Behörde hat über den Antrag innerhalb von drei Monaten, nachdem er bei ihr eingegangen ist, zu entscheiden. ²Die Frist kann in begründeten Fällen verlängert werden. ³Die verlängerte Frist ist zusammen mit den Gründen für die Verlängerung dem Antragsteller mitzuteilen.
(6) ¹Die Erlaubnis erlischt, wenn
1. der Inhaber innerhalb von zwei Jahren nach ihrer Erteilung nicht mit der Errichtung der Anlage begonnen hat,
2. die Errichtung der Anlage zwei Jahre oder länger unterbrochen wurde oder
3. die Anlage während eines Zeitraumes von drei Jahren nicht betrieben wurde.
²Die Erlaubnisbehörde kann die Fristen aus wichtigem Grund auf Antrag verlängern.

Abschnitt 4: Vollzugsregelungen und Ausschuss für Betriebssicherheit

§ 19 Mitteilungspflichten, behördliche Ausnahmen
(1) Der Arbeitgeber hat bei Arbeitsmitteln nach den Anhängen 2 und 3 der zuständigen Behörde folgende Ereignisse unverzüglich anzuzeigen:
1. jeden Unfall, bei dem ein Mensch getötet oder erheblich verletzt worden ist, und
2. jeden Schadensfall, bei dem Bauteile oder sicherheitstechnische Einrichtungen versagt haben.
(2) ¹Die zuständige Behörde kann bei überwachungsbedürftigen Anlagen vom Arbeitgeber verlangen, dass dieser das nach Absatz 1 anzuzeigende Ereignis auf seine Kosten durch

Betriebssicherheitsverordnung §§ 19, 20

eine möglichst im gegenseitigen Einvernehmen bestimmte zugelassene Überwachungsstelle sicherheitstechnisch beurteilen lässt und ihr die Beurteilung schriftlich vorlegt. ²Die sicherheitstechnische Beurteilung hat sich insbesondere auf die Feststellung zu erstrecken,
1. worauf das Ereignis zurückzuführen ist,
2. ob sich die überwachungsbedürftige Anlage in einem nicht sicheren Zustand befand und ob nach Behebung des Mangels eine Gefährdung nicht mehr besteht und
3. ob neue Erkenntnisse gewonnen worden sind, die andere oder zusätzliche Schutzvorkehrungen erfordern.
(3) Unbeschadet des § 22 des Arbeitsschutzgesetzes hat der Arbeitgeber der zuständigen Behörde auf Verlangen Folgendes zu übermitteln:
1. die Dokumentation der Gefährdungsbeurteilung nach § 3 Absatz 8 und die ihr zugrunde liegenden Informationen,
2. einen Nachweis, dass die Gefährdungsbeurteilung entsprechend den Anforderungen nach § 3 Absatz 2 Satz 2 erstellt wurde,
3. Angaben zu den nach § 13 des Arbeitsschutzgesetzes verantwortlichen Personen,
4. Angaben zu den getroffenen Schutzmaßnahmen, einschließlich der Betriebsanweisung.
(4) ¹Die zuständige Behörde kann auf schriftlichen Antrag des Arbeitgebers Ausnahmen von den §§ 8 bis 11 und Anhang 1 zulassen, wenn die Anwendung dieser Vorschriften für den Arbeitgeber im Einzelfall zu einer unverhältnismäßigen Härte führen würde, die Ausnahme sicherheitstechnisch vertretbar und mit dem Schutz der Beschäftigten und, soweit überwachungsbedürftige Anlagen betroffen sind, auch mit dem Schutz anderer Personen vereinbar ist.
²Der Arbeitgeber hat der zuständigen Behörde im Antrag Folgendes darzulegen:
1. den Grund für die Beantragung der Ausnahme,
2. die betroffenen Tätigkeiten und Verfahren,
3. die Zahl der voraussichtlich betroffenen Beschäftigten,
4. die technischen und organisatorischen Maßnahmen, die zur Gewährleistung der Sicherheit und zur Vermeidung von Gefährdungen getroffen werden sollen.
³Für ihre Entscheidung kann die Behörde ein Sachverständigengutachten verlangen, dessen Kosten der Arbeitgeber zu tragen hat.
(5) ¹Die zuständige Behörde kann bei überwachungsbedürftigen Anlagen im Einzelfall eine außerordentliche Prüfung anordnen, wenn hierfür ein besonderer Anlass besteht. ²Ein solcher Anlass besteht insbesondere dann, wenn ein Schadensfall eingetreten ist. ³Der Arbeitgeber hat eine angeordnete Prüfung unverzüglich zu veranlassen.
(6) ¹Die zuständige Behörde kann die in Anhang 2 Abschnitt 2 bis 4 und Anhang 3 genannten Fristen im Einzelfall verkürzen, soweit es zur Gewährleistung der Sicherheit der Anlagen erforderlich ist. ²Die zuständige Behörde kann die in Anhang 2 Abschnitt 2 bis 4 und Anhang 3 genannten Fristen im Einzelfall verlängern, soweit die Sicherheit auf andere Weise gewährleistet ist.

§ 20 Sonderbestimmungen für überwachungsbedürftige Anlagen des Bundes
(1) ¹Aufsichtsbehörde für die in Anhang 2 Abschnitt 2 bis 4 genannten überwachungsbedürftigen Anlagen der Wasserstraßen- und Schifffahrtsverwaltung des Bundes, der Bundeswehr und der Bundespolizei ist das zuständige Bundesministerium oder die von ihm bestimmte Behörde. ²Dies gilt auch für alle in Anhang 2 Abschnitt 2 bis 4 genannten überwachungsbedürftigen Anlagen auf den von der Wasserstraßen- und Schifffahrtsverwaltung des Bundes, der Bundeswehr und der Bundespolizei genutzten Dienstliegenschaften.
³Für andere der Aufsicht der Bundesverwaltung unterliegende überwachungsbedürftige

Anlagen nach Anhang 2 Abschnitt 2 bis 4 bestimmt sich die zuständige Aufsichtsbehörde nach § 26 Absatz 1 des Gesetzes über überwachungsbedürftige Anlagen.
(2) § 18 findet keine Anwendung auf die in Anhang 2 Abschnitt 2 bis 4 genannten überwachungsbedürftigen Anlagen der Wasserstraßen- und Schifffahrtsverwaltung des Bundes, der Bundeswehr und der Bundespolizei.

§ 21 Ausschuss für Betriebssicherheit

(1) [1]Beim Bundesministerium für Arbeit und Soziales wird ein Ausschuss für Betriebssicherheit gebildet. [2]Dieser Ausschuss soll aus fachkundigen Vertretern der Arbeitgeber, der Gewerkschaften, der Länderbehörden, der gesetzlichen Unfallversicherung und der zugelassenen Überwachungsstellen bestehen sowie aus weiteren fachkundigen Personen, insbesondere aus der Wissenschaft. [3]Die Gesamtzahl der Mitglieder soll 21 Personen nicht überschreiten. [4]Für jedes Mitglied ist ein stellvertretendes Mitglied zu benennen. [5]Die Mitgliedschaft im Ausschuss für Betriebssicherheit ist ehrenamtlich.
(2) [1]Das Bundesministerium für Arbeit und Soziales beruft die Mitglieder des Ausschusses und die stellvertretenden Mitglieder. [2]Der Ausschuss gibt sich eine Geschäftsordnung und wählt die Vorsitzende oder den Vorsitzenden aus seiner Mitte. [3]Die Geschäftsordnung und die Wahl der oder des Vorsitzenden bedürfen der Zustimmung des Bundesministeriums für Arbeit und Soziales.
(3) [1]Das Arbeitsprogramm des Ausschusses für Betriebssicherheit wird mit dem Bundesministerium für Arbeit und Soziales abgestimmt. [2]Der Ausschuss arbeitet eng mit den anderen Ausschüssen beim Bundesministerium für Arbeit und Soziales zusammen.
(4) [1]Die Sitzungen des Ausschusses sind nicht öffentlich. [2]Beratungs- und Abstimmungsergebnisse des Ausschusses sowie Niederschriften der Untergremien sind vertraulich zu behandeln, soweit die Erfüllung der Aufgaben, die den Untergremien oder den Mitgliedern des Ausschusses obliegen, dem nicht entgegenstehen.
(5) Zu den Aufgaben des Ausschusses gehört es,
1. den Stand von Wissenschaft und Technik, Arbeitsmedizin und Arbeitshygiene sowie sonstiger gesicherter arbeitswissenschaftlicher Erkenntnisse bei der Verwendung von Arbeitsmitteln zu ermitteln und dazu Empfehlungen auszusprechen,
2. zu ermitteln, wie die in dieser Verordnung gestellten Anforderungen erfüllt werden können, und dazu die dem jeweiligen Stand der Technik und der Arbeitsmedizin entsprechenden Regeln und Erkenntnisse zu erarbeiten,
3. das Bundesministerium für Arbeit und Soziales in Fragen von Sicherheit und Gesundheitsschutz bei der Verwendung von Arbeitsmitteln zu beraten und
4. die von den zugelassenen Überwachungsstellen nach § 13 Nummer 2 des Gesetzes über überwachungsbedürftige Anlagen gewonnenen Erkenntnisse auszuwerten und bei den Aufgaben nach den Nummern 1 bis 3 zu berücksichtigen.
(6) Nach Prüfung kann das Bundesministerium für Arbeit und Soziales
1. die vom Ausschuss für Betriebssicherheit ermittelten Regeln und Erkenntnisse nach Absatz 5 Nummer 2 im Gemeinsamen Ministerialblatt bekannt geben und
2. die Empfehlungen nach Absatz 5 Nummer 1 sowie die Beratungsergebnisse nach Absatz 5 Nummer 3 in geeigneter Weise veröffentlichen.
(7) [1]Die Bundesministerien sowie die zuständigen obersten Landesbehörden können zu den Sitzungen des Ausschusses Vertreter entsenden. [2]Diesen ist auf Verlangen in der Sitzung das Wort zu erteilen.
(8) Die Geschäfte des Ausschusses führt die Bundesanstalt für Arbeitsschutz und Arbeitsmedizin.

Abschnitt 5: Ordnungswidrigkeiten und Straftaten, Schlussvorschriften
§ 22 Ordnungswidrigkeiten
(1) Ordnungswidrig im Sinne des § 25 Absatz 1 Nummer 1 des Arbeitsschutzgesetzes handelt, wer vorsätzlich oder fahrlässig
1. entgegen § 3 Absatz 1 Satz 1 eine Gefährdung nicht, nicht richtig oder nicht rechtzeitig beurteilt,
2. entgegen § 3 Absatz 3 Satz 3 eine Gefährdungsbeurteilung durchführt,
3. bis 4. (weggefallen)
5. entgegen § 3 Absatz 7 Satz 4 eine Gefährdungsbeurteilung nicht oder nicht rechtzeitig aktualisiert,
6. entgegen § 3 Absatz 8 Satz 1 ein dort genanntes Ergebnis nicht oder nicht rechtzeitig dokumentiert,
7. entgegen § 4 Absatz 1 ein Arbeitsmittel verwendet,
8. entgegen § 4 Absatz 4 nicht dafür sorgt, dass Arbeitsmittel, für die in § 14 oder in Abschnitt 3 dieser Verordnung Prüfungen vorgeschrieben sind, nur verwendet werden, wenn diese Prüfungen durchgeführt und dokumentiert wurden,
9. entgegen § 5 Absatz 2 ein Arbeitsmittel verwenden lässt,
10. entgegen § 5 Absatz 4 nicht dafür sorgt, dass ein Beschäftigter nur ein dort genanntes Arbeitsmittel verwendet,
11. entgegen § 6 Absatz 1 Satz 2 in Verbindung mit Anhang 1 Nummer 1.3 Satz 1 nicht dafür sorgt, dass ein Beschäftigter nur auf einem dort genannten Platz mitfährt,
12. entgegen § 6 Absatz 1 Satz 2 in Verbindung mit Anhang 1 Nummer 1.4 Satz 1 nicht dafür sorgt, dass eine dort genannte Einrichtung vorhanden ist,
13. entgegen § 6 Absatz 1 Satz 2 in Verbindung mit Anhang 1 Nummer 1.5 eine dort genannte Maßnahme nicht oder nicht rechtzeitig trifft,
14. entgegen § 6 Absatz 1 Satz 2 in Verbindung mit Anhang 1 Nummer 1.7 Satz 1 nicht dafür sorgt, dass die dort genannte Geschwindigkeit angepasst werden kann,
15. entgegen § 6 Absatz 1 Satz 2 in Verbindung mit Anhang 1 Nummer 1.8 Satz 1 Buchstabe a nicht dafür sorgt, dass eine Verbindungseinrichtung gesichert ist,
16. entgegen § 6 Absatz 1 Satz 2 in Verbindung mit Anhang 1 Nummer 2.1 Satz 1 nicht dafür sorgt, dass die Standsicherheit oder die Festigkeit eines dort genannten Arbeitsmittels sichergestellt ist,
17. entgegen § 6 Absatz 1 Satz 2 in Verbindung mit Anhang 1 Nummer 2.1 Satz 5 ein dort genanntes Arbeitsmittel nicht richtig aufstellt oder nicht richtig verwendet,
18. entgegen § 6 Absatz 1 Satz 2 in Verbindung mit Anhang 1 Nummer 2.2 Satz 1 nicht dafür sorgt, dass ein Arbeitsmittel mit einem dort genannten Hinweis versehen ist,
19. entgegen § 6 Absatz 1 Satz 2 in Verbindung mit Anhang 1 Nummer 2.3.2 nicht dafür sorgt, dass ein dort genanntes Arbeitsmittel abgebremst und eine ungewollte Bewegung verhindert werden kann,
20. entgegen § 6 Absatz 1 Satz 2 in Verbindung mit Anhang 1 Nummer 2.4 Satz 2 nicht dafür sorgt, dass das Heben eines Beschäftigten nur mit einem dort genannten Arbeitsmittel erfolgt,
21. entgegen § 6 Absatz 1 Satz 2 in Verbindung mit Anhang 1 Nummer 2.5 Buchstabe b oder Buchstabe c nicht dafür sorgt, dass Lasten sicher angeschlagen werden oder Lasten oder Lastaufnahme- oder Anschlagmittel sich nicht unbeabsichtigt lösen oder verschieben können,
22. entgegen § 6 Absatz 1 Satz 2 in Verbindung mit Anhang 1 Nummer 3.2.3 Satz 2 nicht dafür sorgt, dass ein dort genanntes Gerüst verankert wird,

23. entgegen § 6 Absatz 1 Satz 2 in Verbindung mit Anhang 1 Nummer 3.2.6 Satz 1 nicht dafür sorgt, dass ein Gerüst nur in der dort genannten Weise auf-, ab- oder umgebaut wird,
24. entgegen § 6 Absatz 2 Satz 1 nicht dafür sorgt, dass eine Schutzeinrichtung verwendet wird,
25. entgegen § 12 Absatz 1 Satz 1 eine Information nicht, nicht richtig, nicht vollständig oder nicht rechtzeitig zur Verfügung stellt,
26. entgegen § 12 Absatz 1 Satz 2 einen Beschäftigten nicht, nicht richtig, nicht vollständig oder nicht rechtzeitig unterweist,
27. entgegen § 12 Absatz 2 Satz 1 eine Betriebsanweisung nicht, nicht richtig, nicht vollständig oder nicht rechtzeitig zur Verfügung stellt,
28. entgegen § 14 Absatz 1 Satz 1 oder Absatz 4 Satz 1 ein Arbeitsmittel nicht oder nicht rechtzeitig prüfen lässt,
29. entgegen § 14 Absatz 3 Satz 2 ein Arbeitsmittel einer außerordentlichen Prüfung nicht oder nicht rechtzeitig unterziehen lässt,
30. entgegen § 14 Absatz 7 Satz 1 nicht dafür sorgt, dass ein Ergebnis aufgezeichnet und aufbewahrt wird,
31. entgegen § 14 Absatz 7 Satz 2 nicht dafür sorgt, dass eine Aufzeichnung eine dort genannte Auskunft gibt,
32. entgegen § 19 Absatz 1 bei einem Arbeitsmittel nach Anhang 3 Abschnitt 1 Nummer 1.1, Abschnitt 2 Nummer 1.1 Satz 1 oder Abschnitt 3 Nummer 1.1 Satz 1 eine Anzeige nicht, nicht richtig, nicht vollständig oder nicht rechtzeitig erstattet oder
33. entgegen § 19 Absatz 3 eine Dokumentation, eine Information, einen Nachweis oder eine Angabe nicht, nicht richtig, nicht vollständig oder nicht rechtzeitig übermittelt.

(2) Ordnungswidrig im Sinne des § 32 Absatz 1 Nummer 14 Buchstabe a des Gesetzes über überwachungsbedürftige Anlagen handelt, wer vorsätzlich oder fahrlässig

1. entgegen § 6 Absatz 1 Satz 2 in Verbindung mit Anhang 1 Nummer 4.1 Satz 1 nicht dafür sorgt, dass ein Kommunikationssystem wirksam ist,
2. entgegen § 6 Absatz 1 Satz 2 in Verbindung mit Anhang 1 Nummer 4.1 Satz 2 einen Notfallplan nicht oder nicht rechtzeitig zur Verfügung stellt,
3. entgegen § 6 Absatz 1 Satz 2 in Verbindung mit Anhang 1 Nummer 4.1 Satz 5 eine dort genannte Einrichtung nicht oder nicht rechtzeitig bereitstellt,
4. entgegen § 6 Absatz 1 Satz 2 in Verbindung mit Anhang 1 Nummer 4.1 Satz 6 nicht dafür sorgt, dass eine Person Hilfe herbeirufen kann,
5. entgegen § 6 Absatz 1 Satz 2 in Verbindung mit Anhang 1 Nummer 4.4 Satz 1 nicht dafür sorgt, dass ein Personenumlaufaufzug nur von Beschäftigten verwendet wird,
5a. entgegen § 6 Absatz 1 Satz 2 in Verbindung mit Anhang 1 Nummer 4.4 Satz 2 einen Personenumlaufaufzug durch eine andere Person verwenden lässt,
6. entgegen § 15 Absatz 1 Satz 1 nicht sicherstellt, dass eine überwachungsbedürftige Anlage geprüft wird,
7. entgegen § 16 Absatz 1 in Verbindung mit Anhang 2 Abschnitt 2 Nummer 4.1 oder 4.3, Abschnitt 3 Nummer 5.1 Satz 1 bis 3 oder 4, Nummer 5.2 Satz 1 oder Nummer 5.3 Satz 1 oder Abschnitt 4 Nummer 5.1 Satz 1, 2 oder 3, Nummer 5.2 bis 5.4 oder 5.5, Nummer 5.7 Satz 3, Nummer 5.8 oder Nummer 5.9 Satz 1 nicht sicherstellt, dass eine überwachungsbedürftige Anlage geprüft wird,
8. ohne Erlaubnis nach § 18 Absatz 1 Satz 1 eine dort genannte Anlage errichtet, betreibt oder ändert,
9. einer vollziehbaren Anordnung nach § 19 Absatz 5 Satz 1 zuwiderhandelt oder

10. eine in Absatz 1 Nummer 9 oder Nummer 24 bezeichnete Handlung in Bezug auf eine überwachungsbedürftige Anlage nach § 2 Nummer 30 des Produktsicherheitsgesetzes begeht.

(3) Ordnungswidrig im Sinne des § 32 Absatz 1 Nummer 14 Buchstabe b des Gesetzes über überwachungsbedürftige Anlagen handelt, wer vorsätzlich oder fahrlässig entgegen § 19 Absatz 1 bei einem Arbeitsmittel nach Anhang 2 Abschnitt 2 Nummer 2 Buchstabe a, Buchstabe b Satz 1 oder Buchstabe c, Abschnitt 3 Nummer 2 oder Abschnitt 4 Nummer 2.1, 2.2 oder 2.3 eine Anzeige nicht, nicht richtig, nicht vollständig oder nicht rechtzeitig erstattet.

§ 23 Straftaten

(1) Wer durch eine in § 22 Absatz 1 bezeichnete vorsätzliche Handlung Leben oder Gesundheit eines Beschäftigten gefährdet, ist nach § 26 Nummer 2 des Arbeitsschutzgesetzes strafbar.

(2) Wer eine in § 22 Absatz 2 bezeichnete vorsätzliche Handlung beharrlich wiederholt oder durch eine solche vorsätzliche Handlung Leben oder Gesundheit eines anderen oder fremde Sachen von bedeutendem Wert gefährdet, ist nach § 33 des Gesetzes über überwachungsbedürftige Anlagen strafbar.

§ 24 Übergangsvorschriften

(1) ¹Der Weiterbetrieb einer erlaubnisbedürftigen Anlage, die vor dem 1. Juni 2015 befugt errichtet und verwendet wurde, ist zulässig. ²Eine Erlaubnis, die nach dem bis dahin geltenden Recht erteilt wurde, gilt als Erlaubnis im Sinne dieser Verordnung. ³§ 18 Absatz 4 Satz 3 ist auf Anlagen nach den Sätzen 1 und 2 anwendbar.

(2) ¹Aufzugsanlagen nach Anhang 2 Abschnitt 2 Nummer 2 Buchstabe a, die vor dem 30. Juni 1999 erstmals zur Verfügung gestellt wurden, sowie Aufzugsanlagen nach Anhang 2 Abschnitt 2 Nummer 2 Buchstabe b, die vor dem 31. Dezember 1996 erstmals zur Verfügung gestellt wurden, müssen den Anforderungen des Anhangs 1 Nummer 4.1 spätestens am 31. Dezember 2020 entsprechen. ²Satz 1 gilt nicht für den Notfallplan gemäß Anhang 1 Nummer 4.1 Satz 2.

(3) Bei Aufzugsanlagen nach Anhang 2 Abschnitt 2 Nummer 2 Buchstabe b, die vor dem Inkrafttreten dieser Verordnung nach den Vorschriften der bis zum 31. Mai 2015 geltenden Betriebssicherheitsverordnung erstmalig oder wiederkehrend geprüft worden sind, ist die wiederkehrende Prüfung nach Anhang 2 Abschnitt 2 Nummer 4.1 und Nummer 4.3 dieser Verordnung erstmalig nach Ablauf der nach der Prüffrist nach der bis zum 31. Mai 2015 geltenden Betriebssicherheitsverordnung durchzuführen.

(4) ¹Die Prüfung nach Anhang 2 Abschnitt 3 Nummer 5.1 Satz 1 ist erstmals 6 Jahre nach der Prüfung vor der erstmaligen Inbetriebnahme durchzuführen. ²Bei Anlagen, die vor dem 1. Juni 2012 erstmals in Betrieb genommen wurden, ist die Prüfung nach Satz 1 spätestens bis zum 1. Juni 2018 durchzuführen. ³Die Prüfung nach Anhang 2 Abschnitt 3 Nummer 5.2 Satz 1 ist erstmals drei Jahre nach der Prüfung vor der Inbetriebnahme oder nach der Prüfung nach § 15 Absatz 15 der bis zum 31. Mai 2015 geltenden Betriebssicherheitsverordnung durchzuführen.

(5) Abweichend von Anhang 2 Abschnitt 3 Nummer 3.1 Buchstabe b und Abschnitt 4 Nummer 3 Buchstabe b dürfen zur Prüfung befähigte Personen auch ohne die dort vorgeschriebene Erfahrung Prüfungen durchführen, wenn sie nach der bis zum 31. Mai 2015 geltenden Betriebssicherheitsverordnung entsprechende Prüfungen befugt durchgeführt haben.

(6) ¹Die Prüfung nach Anhang 2 Abschnitt 4 Nummer 5.3 ist spätestens zehn Jahre nach der letzten Prüfung der Anlage durchzuführen. ²Bei Anlagen nach Satz 1, die nur aus einem Anlagenteil gemäß Anhang 2 Abschnitt 4 Nummer 2.2 und zugehörigen Sicherheitseinrich-

tungen bestehen, kann für die Festlegung der Prüffrist nach Satz 1 die letzte Prüfung des Anlagenteils zu Grunde gelegt werden, sofern die Prüfinhalte der Prüfung des Anlagenteils den Prüfinhalten der Anlagenprüfung gleichwertig sind. ³Bei Anlagen, die zuletzt vor dem 1. Juni 2008 geprüft wurden, ist die Prüfung nach Satz 1 spätestens bis zum 1. Juni 2018 durchzuführen.

(7) ¹Die Prüfung nach Anhang 2 Abschnitt 4 Nummer 7 Tabelle 12 Ziffer 7.2 ist erstmals fünf Jahre nach der letzten Prüfung der Anlage durchzuführen. ²Bei Anlagen, die zuletzt vor dem 1. Juni 2012 geprüft wurden, ist die Prüfung nach Satz 1 spätestens bis zum 1. Juni 2017 durchzuführen.

(8) Die Prüfung der in Anhang 2 Abschnitt 4 Nummer 7 Tabelle 12 Ziffer 7.8 genannten Zwischenbehälter ist spätestens durchzuführen
1. innerhalb von 15 Jahren nach der letzten Prüfung, wenn diese vor dem 1. Januar 2009 durchgeführt wurde, oder
2. bis zum 31. Dezember 2023, wenn die letzte Prüfung vor dem 1. Januar 2014 durchgeführt wurde.

Anmerkung der Redaktion:
Auf den Abdruck des Anhangs zur Verordnung wurde verzichtet.

Betriebsverfassungsgesetz (BetrVG) – Auszug

vom 15. Januar 1972 (BGBl. I 1972, S. 13)

– zuletzt geändert durch Gesetz zur Stärkung des Schutzes der Bevölkerung und insbesondere vulnerabler Personengruppen vor COVID-19 vom 16. September 2022 (BGBl I 2022, S. 1454)

Vierter Teil: Mitwirkung und Mitbestimmung der Arbeitnehmer
Erster Abschnitt Allgemeines
§ 74 Grundsätze für die Zusammenarbeit
(1) ¹Arbeitgeber und Betriebsrat sollen mindestens einmal im Monat zu einer Besprechung zusammentreten. ²Sie haben über strittige Fragen mit dem ernsten Willen zur Einigung zu verhandeln und Vorschläge für die Beilegung von Meinungsverschiedenheiten zu machen.
(2) ¹Maßnahmen des Arbeitskampfes zwischen Arbeitgeber und Betriebsrat sind unzulässig; Arbeitskämpfe tariffähiger Parteien werden hierdurch nicht berührt. ²Arbeitgeber und Betriebsrat haben Betätigungen zu unterlassen, durch die der Arbeitsablauf oder der Frieden des Betriebs beeinträchtigt werden. ³Sie haben jede parteipolitische Betätigung im Betrieb zu unterlassen; die Behandlung von Angelegenheiten tarifpolitischer, sozialpolitischer, umweltpolitischer und wirtschaftlicher Art, die den Betrieb oder seine Arbeitnehmer unmittelbar betreffen, wird hierdurch nicht berührt.
(3) Arbeitnehmer, die im Rahmen dieses Gesetzes Aufgaben übernehmen, werden hierdurch in der Betätigung für ihre Gewerkschaft auch im Betrieb nicht beschränkt.

§ 75 Grundsätze für die Behandlung der Betriebsangehörigen
(1) Arbeitgeber und Betriebsrat haben darüber zu wachen, dass alle im Betrieb tätigen Personen nach den Grundsätzen von Recht und Billigkeit behandelt werden, insbesondere, dass jede Benachteiligung von Personen aus Gründen ihrer Rasse oder wegen ihrer ethnischen Herkunft, ihrer Abstammung oder sonstigen Herkunft, ihrer Nationalität, ihrer Religion oder Weltanschauung, ihrer Behinderung, ihres Alters, ihrer politischen oder gewerkschaftlichen Betätigung oder Einstellung oder wegen ihres Geschlechts oder ihrer sexuellen Identität unterbleibt.
(2) ¹Arbeitgeber und Betriebsrat haben die freie Entfaltung der Persönlichkeit der im Betrieb beschäftigten Arbeitnehmer zu schützen und zu fördern. ²Sie haben die Selbständigkeit und Eigeninitiative der Arbeitnehmer und Arbeitsgruppen zu fördern.

§ 76 Einigungsstelle
(1) ¹Zur Beilegung von Meinungsverschiedenheiten zwischen Arbeitgeber und Betriebsrat, Gesamtbetriebsrat oder Konzernbetriebsrat ist bei Bedarf eine Einigungsstelle zu bilden. ²Durch Betriebsvereinbarung kann eine ständige Einigungsstelle errichtet werden.
(2) ¹Die Einigungsstelle besteht aus einer gleichen Anzahl von Beisitzern, die vom Arbeitgeber und Betriebsrat bestellt werden, und einem unparteiischen Vorsitzenden, auf dessen Person sich beide Seiten einigen müssen. ²Kommt eine Einigung über die Person des Vorsitzenden nicht zustande, so bestellt ihn das Arbeitsgericht. ³Dieses entscheidet auch, wenn kein Einverständnis über die Zahl der Beisitzer erzielt wird.
(3) ¹Die Einigungsstelle hat unverzüglich tätig zu werden. ²Sie fasst ihre Beschlüsse nach mündlicher Beratung mit Stimmenmehrheit. ³Bei der Beschlussfassung hat sich der Vorsitzende

zunächst der Stimme zu enthalten; kommt eine Stimmenmehrheit nicht zustande, so nimmt der Vorsitzende nach weiterer Beratung an der erneuten Beschlussfassung teil. ⁴Die Beschlüsse der Einigungsstelle sind schriftlich niederzulegen und vom Vorsitzenden zu unterschreiben oder in elektronischer Form niederzulegen und vom Vorsitzenden mit seiner qualifizierten elektronischen Signatur zu versehen sowie Arbeitgeber und Betriebsrat zuzuleiten.
(4) Durch Betriebsvereinbarung können weitere Einzelheiten des Verfahrens vor der Einigungsstelle geregelt werden.
(5) ¹In den Fällen, in denen der Spruch der Einigungsstelle die Einigung zwischen Arbeitgeber und Betriebsrat ersetzt, wird die Einigungsstelle auf Antrag einer Seite tätig. ²Benennt eine Seite keine Mitglieder oder bleiben die von einer Seite genannten Mitglieder trotz rechtzeitiger Einladung der Sitzung fern, so entscheiden der Vorsitzende und die erschienenen Mitglieder nach Maßgabe des Absatzes 3 allein. ³Die Einigungsstelle fasst ihre Beschlüsse unter angemessener Berücksichtigung der Belange des Betriebs und der betroffenen Arbeitnehmer nach billigem Ermessen. ⁴Die Überschreitung der Grenzen des Ermessens kann durch den Arbeitgeber oder den Betriebsrat nur binnen einer Frist von zwei Wochen, vom Tage der Zuleitung des Beschlusses an gerechnet, beim Arbeitsgericht geltend gemacht werden.
(6) ¹Im Übrigen wird die Einigungsstelle nur tätig, wenn beide Seiten es beantragen oder mit ihrem Tätigwerden einverstanden sind. ²In diesen Fällen ersetzt ihr Spruch die Einigung zwischen Arbeitgeber und Betriebsrat nur, wenn beide Seiten sich dem Spruch im Voraus unterworfen oder ihn nachträglich angenommen haben.
(7) Soweit nach anderen Vorschriften der Rechtsweg gegeben ist, wird er durch den Spruch der Einigungsstelle nicht ausgeschlossen.
(8) Durch Tarifvertrag kann bestimmt werden, dass an die Stelle der in Absatz 1 bezeichneten Einigungsstelle eine tarifliche Schlichtungsstelle tritt.

§ 76a Kosten der Einigungsstelle

(1) Die Kosten der Einigungsstelle trägt der Arbeitgeber.
(2) ¹Die Beisitzer der Einigungsstelle, die dem Betrieb angehören, erhalten für ihre Tätigkeit keine Vergütung; § 37 Abs. 2 und 3 gilt entsprechend. ²Ist die Einigungsstelle zur Beilegung von Meinungsverschiedenheiten zwischen Arbeitgeber und Gesamtbetriebsrat oder Konzernbetriebsrat zu bilden, so gilt Satz 1 für die einem Betrieb des Unternehmens oder eines Konzernunternehmens angehörenden Beisitzer entsprechend.
(3) ¹Der Vorsitzende und die Beisitzer der Einigungsstelle, die nicht zu den in Absatz 2 genannten Personen zählen, haben gegenüber dem Arbeitgeber Anspruch auf Vergütung ihrer Tätigkeit. ²Die Höhe der Vergütung richtet sich nach den Grundsätzen des Absatzes 4 Satz 3 bis 5.
(4) ¹Das Bundesministerium für Arbeit und Soziales kann durch Rechtsverordnung die Vergütung nach Absatz 3 regeln. ²In der Vergütungsordnung sind Höchstsätze festzusetzen. ³Dabei sind insbesondere der erforderliche Zeitaufwand, die Schwierigkeit der Streitigkeit sowie ein Verdienstausfall zu berücksichtigen. ⁴Die Vergütung der Beisitzer ist niedriger zu bemessen als die des Vorsitzenden. ⁵Bei der Festsetzung der Höchstsätze ist den berechtigten Interessen der Mitglieder der Einigungsstelle und des Arbeitgebers Rechnung zu tragen.
(5) Von Absatz 3 und einer Vergütungsordnung nach Absatz 4 kann durch Tarifvertrag oder in einer Betriebsvereinbarung, wenn ein Tarifvertrag dies zulässt oder eine tarifliche Regelung nicht besteht, abgewichen werden.

§ 77 Durchführung gemeinsamer Beschlüsse, Betriebsvereinbarungen

(1) ¹Vereinbarungen zwischen Betriebsrat und Arbeitgeber, auch soweit sie auf einem Spruch der Einigungsstelle beruhen, führt der Arbeitgeber durch, es sei denn, dass im

Einzelfall etwas anderes vereinbart ist. ²Der Betriebsrat darf nicht durch einseitige Handlungen in die Leitung des Betriebs eingreifen.
(2) ¹Betriebsvereinbarungen sind von Betriebsrat und Arbeitgeber gemeinsam zu beschließen und schriftlich niederzulegen. ²Sie sind von beiden Seiten zu unterzeichnen; dies gilt nicht, soweit Betriebsvereinbarungen auf einem Spruch der Einigungsstelle beruhen. ³Werden Betriebsvereinbarungen in elektronischer Form geschlossen, haben Arbeitgeber und Betriebsrat abweichend von § 126a Absatz 2 des Bürgerlichen Gesetzbuchs dasselbe Dokument elektronisch zu signieren. ⁴Der Arbeitgeber hat die Betriebsvereinbarungen an geeigneter Stelle im Betrieb auszulegen.
(3) ¹Arbeitsentgelte und sonstige Arbeitsbedingungen, die durch Tarifvertrag geregelt sind oder üblicherweise geregelt werden, können nicht Gegenstand einer Betriebsvereinbarung sein. ²Dies gilt nicht, wenn ein Tarifvertrag den Abschluss ergänzender Betriebsvereinbarungen ausdrücklich zulässt.
(4) ¹Betriebsvereinbarungen gelten unmittelbar und zwingend. ²Werden Arbeitnehmern durch die Betriebsvereinbarung Rechte eingeräumt, so ist ein Verzicht auf sie nur mit Zustimmung des Betriebsrats zulässig. ³Die Verwirkung dieser Rechte ist ausgeschlossen. ⁴Ausschlussfristen für ihre Geltendmachung sind nur insoweit zulässig, als sie in einem Tarifvertrag oder einer Betriebsvereinbarung vereinbart werden; dasselbe gilt für die Abkürzung der Verjährungsfristen.
(5) Betriebsvereinbarungen können, soweit nichts anderes vereinbart ist, mit einer Frist von drei Monaten gekündigt werden.
(6) Nach Ablauf einer Betriebsvereinbarung gelten ihre Regelungen in Angelegenheiten, in denen ein Spruch der Einigungsstelle die Einigung zwischen Arbeitgeber und Betriebsrat ersetzen kann, weiter, bis sie durch eine andere Abmachung ersetzt werden.

§ 78 Schutzbestimmungen

¹Die Mitglieder des Betriebsrats, des Gesamtbetriebsrats, des Konzernbetriebsrats, der Jugend- und Auszubildendenvertretung, der Gesamt-Jugend- und Auszubildendenvertretung, der Konzern-Jugend- und Auszubildendenvertretung, des Wirtschaftsausschusses, der Bordvertretung, des Seebetriebsrats, der in § 3 Abs. 1 genannten Vertretungen der Arbeitnehmer, der Einigungsstelle, einer tariflichen Schlichtungsstelle (§ 76 Abs. 8) und einer betrieblichen Beschwerdestelle (§ 86) sowie Auskunftspersonen (§ 80 Absatz 2 Satz 4) dürfen in der Ausübung ihrer Tätigkeit nicht gestört oder behindert werden. ²Sie dürfen wegen ihrer Tätigkeit nicht benachteiligt oder begünstigt werden; dies gilt auch für ihre berufliche Entwicklung.

§ 78a Schutz Auszubildender in besonderen Fällen

(1) Beabsichtigt der Arbeitgeber, einen Auszubildenden, der Mitglied der Jugend- und Auszubildendenvertretung, des Betriebsrats, der Bordvertretung oder des Seebetriebsrats ist, nach Beendigung des Berufsausbildungsverhältnisses nicht in ein Arbeitsverhältnis auf unbestimmte Zeit zu übernehmen, so hat er dies drei Monate vor Beendigung des Berufsausbildungsverhältnisses dem Auszubildenden schriftlich mitzuteilen.
(2) ¹Verlangt ein in Absatz 1 genannter Auszubildender innerhalb der letzten drei Monate vor Beendigung des Berufsausbildungsverhältnisses schriftlich vom Arbeitgeber die Weiterbeschäftigung, so gilt zwischen Auszubildendem und Arbeitgeber im Anschluss an das Berufsausbildungsverhältnis ein Arbeitsverhältnis auf unbestimmte Zeit als begründet. ²Auf dieses Arbeitsverhältnis ist insbesondere § 37 Abs. 4 und 5 entsprechend anzuwenden.
(3) Die Absätze 1 und 2 gelten auch, wenn das Berufsausbildungsverhältnis vor Ablauf eines Jahres nach Beendigung der Amtszeit der Jugend- und Auszubildendenvertretung, des Betriebsrats, der Bordvertretung oder des Seebetriebsrats endet.

(4) [1]Der Arbeitgeber kann spätestens bis zum Ablauf von zwei Wochen nach Beendigung des Berufsausbildungsverhältnisses beim Arbeitsgericht beantragen,
1. festzustellen, dass ein Arbeitsverhältnis nach Absatz 2 oder 3 nicht begründet wird, oder
2. das bereits nach Absatz 2 oder 3 begründete Arbeitsverhältnis aufzulösen,

wenn Tatsachen vorliegen, aufgrund derer dem Arbeitgeber unter Berücksichtigung aller Umstände die Weiterbeschäftigung nicht zugemutet werden kann. [2]In dem Verfahren vor dem Arbeitsgericht sind der Betriebsrat, die Bordvertretung, der Seebetriebsrat, bei Mitgliedern der Jugend- und Auszubildendenvertretung auch diese Beteiligte.
(5) Die Absätze 2 bis 4 finden unabhängig davon Anwendung, ob der Arbeitgeber seiner Mitteilungspflicht nach Absatz 1 nachgekommen ist.

§ 79 Geheimhaltungspflicht
(1) [1]Die Mitglieder und Ersatzmitglieder des Betriebsrats sind verpflichtet, Betriebs- oder Geschäftsgeheimnisse, die ihnen wegen ihrer Zugehörigkeit zum Betriebsrat bekannt geworden und vom Arbeitgeber ausdrücklich als geheimhaltungsbedürftig bezeichnet worden sind, nicht zu offenbaren und nicht zu verwerten. [2]Dies gilt auch nach dem Ausscheiden aus dem Betriebsrat. [3]Die Verpflichtung gilt nicht gegenüber Mitgliedern des Betriebsrats. [4]Sie gilt ferner nicht gegenüber dem Gesamtbetriebsrat, dem Konzernbetriebsrat, der Bordvertretung, dem Seebetriebsrat und den Arbeitnehmervertretern im Aufsichtsrat sowie im Verfahren vor der Einigungsstelle, der tariflichen Schlichtungsstelle (§ 76 Abs. 8) oder einer betrieblichen Beschwerdestelle (§ 86).
(2) Absatz 1 gilt sinngemäß für die Mitglieder und Ersatzmitglieder des Gesamtbetriebsrats, des Konzernbetriebsrats, der Jugend- und Auszubildendenvertretung, der Gesamt-Jugend- und Auszubildendenvertretung, der Konzern-Jugend- und Auszubildendenvertretung, des Wirtschaftsausschusses, der Bordvertretung, des Seebetriebsrats, der gemäß § 3 Abs. 1 gebildeten Vertretungen der Arbeitnehmer, der Einigungsstelle, der tariflichen Schlichtungsstelle (§ 76 Abs. 8) und einer betrieblichen Beschwerdestelle (§ 86) sowie für die Vertreter von Gewerkschaften oder von Arbeitgebervereinigungen.

§ 79a Datenschutz
[1]Bei der Verarbeitung personenbezogener Daten hat der Betriebsrat die Vorschriften über den Datenschutz einzuhalten. [2]Soweit der Betriebsrat zur Erfüllung der in seiner Zuständigkeit liegenden Aufgaben personenbezogene Daten verarbeitet, ist der Arbeitgeber der für die Verarbeitung Verantwortliche im Sinne der datenschutzrechtlichen Vorschriften. [3]Arbeitgeber und Betriebsrat unterstützen sich gegenseitig bei der Einhaltung der datenschutzrechtlichen Vorschriften. [4]Die oder der Datenschutzbeauftragte ist gegenüber dem Arbeitgeber zur Verschwiegenheit verpflichtet über Informationen, die Rückschlüsse auf den Meinungsbildungsprozess des Betriebsrats zulassen. [5]§ 6 Absatz 5 Satz 2, § 38 Absatz 2 des Bundesdatenschutzgesetzes gelten auch im Hinblick auf das Verhältnis der oder des Datenschutzbeauftragten zum Arbeitgeber.

§ 80 Allgemeine Aufgaben
(1) Der Betriebsrat hat folgende allgemeine Aufgaben:
1. darüber zu wachen, dass die zugunsten der Arbeitnehmer geltenden Gesetze, Verordnungen, Unfallverhütungsvorschriften, Tarifverträge und Betriebsvereinbarungen durchgeführt werden;
2. Maßnahmen, die dem Betrieb und der Belegschaft dienen, beim Arbeitgeber zu beantragen;

2a. die Durchsetzung der tatsächlichen Gleichstellung von Frauen und Männern, insbesondere bei der Einstellung, Beschäftigung, Aus-, Fort- und Weiterbildung und dem beruflichen Aufstieg, zu fördern;
2b. die Vereinbarkeit von Familie und Erwerbstätigkeit zu fördern;
3. Anregungen von Arbeitnehmern und der Jugend- und Auszubildendenvertretung entgegenzunehmen und, falls sie berechtigt erscheinen, durch Verhandlungen mit dem Arbeitgeber auf eine Erledigung hinzuwirken; er hat die betreffenden Arbeitnehmer über den Stand und das Ergebnis der Verhandlungen zu unterrichten;
4. die Eingliederung schwerbehinderter Menschen einschließlich der Förderung des Abschlusses von Inklusionsvereinbarungen nach § 166 des Neunten Buches Sozialgesetzbuch und sonstiger besonders schutzbedürftiger Personen zu fördern;
5. die Wahl einer Jugend- und Auszubildendenvertretung vorzubereiten und durchzuführen und mit dieser zur Förderung der Belange der in § 60 Abs. 1 genannten Arbeitnehmer eng zusammenzuarbeiten; er kann von der Jugend- und Auszubildendenvertretung Vorschläge und Stellungnahmen anfordern;
6. die Beschäftigung älterer Arbeitnehmer im Betrieb zu fördern;
7. die Integration ausländischer Arbeitnehmer im Betrieb und das Verständnis zwischen ihnen und den deutschen Arbeitnehmern zu fördern, sowie Maßnahmen zur Bekämpfung von Rassismus und Fremdenfeindlichkeit im Betrieb zu beantragen;
8. die Beschäftigung im Betrieb zu fördern und zu sichern;
9. Maßnahmen des Arbeitsschutzes und des betrieblichen Umweltschutzes zu fördern.
(2) ^{1}Zur Durchführung seiner Aufgaben nach diesem Gesetz ist der Betriebsrat rechtzeitig und umfassend vom Arbeitgeber zu unterrichten; die Unterrichtung erstreckt sich auch auf die Beschäftigung von Personen, die nicht in einem Arbeitsverhältnis zum Arbeitgeber stehen, und umfasst insbesondere den zeitlichen Umfang des Einsatzes, den Einsatzort und die Arbeitsaufgaben dieser Personen. ^{2}Dem Betriebsrat sind auf Verlangen jederzeit die zur Durchführung seiner Aufgaben erforderlichen Unterlagen zur Verfügung zu stellen; in diesem Rahmen ist der Betriebsausschuss oder ein nach § 28 gebildeter Ausschuss berechtigt, in die Listen über die Bruttolöhne und -gehälter Einblick zu nehmen. ^{3}Zu den erforderlichen Unterlagen gehören auch die Verträge, die der Beschäftigung der in Satz 1 genannten Personen zugrunde liegen. ^{4}Soweit es zur ordnungsgemäßen Erfüllung der Aufgaben des Betriebsrats erforderlich ist, hat der Arbeitgeber ihm sachkundige Arbeitnehmer als Auskunftspersonen zur Verfügung zu stellen; er hat hierbei die Vorschläge des Betriebsrats zu berücksichtigen, soweit betriebliche Notwendigkeiten nicht entgegenstehen.
(3) ^{1}Der Betriebsrat kann bei der Durchführung seiner Aufgaben nach näherer Vereinbarung mit dem Arbeitgeber Sachverständige hinzuziehen, soweit dies zur ordnungsgemäßen Erfüllung seiner Aufgaben erforderlich ist. ^{2}Muss der Betriebsrat zur Durchführung seiner Aufgaben die Einführung oder Anwendung von Künstlicher Intelligenz beurteilen, gilt insoweit die Hinzuziehung eines Sachverständigen als erforderlich. ^{3}Gleiches gilt, wenn sich Arbeitgeber und Betriebsrat auf einen ständigen Sachverständigen in Angelegenheiten nach Satz 2 einigen.
(4) Für die Geheimhaltungspflicht der Auskunftspersonen und der Sachverständigen gilt § 79 entsprechend.

Zweiter Abschnitt Mitwirkungs- und Beschwerderecht des Arbeitnehmers

§ 81 Unterrichtungs- und Erörterungspflicht des Arbeitgebers

(1) ^{1}Der Arbeitgeber hat den Arbeitnehmer über dessen Aufgabe und Verantwortung sowie über die Art seiner Tätigkeit und ihre Einordnung in den Arbeitsablauf des Betriebs zu

unterrichten. ²Er hat den Arbeitnehmer vor Beginn der Beschäftigung über die Unfall- und Gesundheitsgefahren, denen dieser bei der Beschäftigung ausgesetzt ist, sowie über die Maßnahmen und Einrichtungen zur Abwendung dieser Gefahren und die nach § 10 Abs. 2 des Arbeitsschutzgesetzes getroffenen Maßnahmen zu belehren.
(2) ¹Über Veränderungen in seinem Arbeitsbereich ist der Arbeitnehmer rechtzeitig zu unterrichten. ²Absatz 1 gilt entsprechend.
(3) In Betrieben, in denen kein Betriebsrat besteht, hat der Arbeitgeber die Arbeitnehmer zu allen Maßnahmen zu hören, die Auswirkungen auf Sicherheit und Gesundheit der Arbeitnehmer haben können.
(4) ¹Der Arbeitgeber hat den Arbeitnehmer über die aufgrund einer Planung von technischen Anlagen, von Arbeitsverfahren und Arbeitsabläufen oder der Arbeitsplätze vorgesehenen Maßnahmen und ihre Auswirkungen auf seinen Arbeitsplatz, die Arbeitsumgebung sowie auf Inhalt und Art seiner Tätigkeit zu unterrichten. ²Sobald feststeht, dass sich die Tätigkeit des Arbeitnehmers ändern wird und seine beruflichen Kenntnisse und Fähigkeiten zur Erfüllung seiner Aufgaben nicht ausreichen, hat der Arbeitgeber mit dem Arbeitnehmer zu erörtern, wie dessen berufliche Kenntnisse und Fähigkeiten im Rahmen der betrieblichen Möglichkeiten den künftigen Anforderungen angepasst werden können. ³Der Arbeitnehmer kann bei der Erörterung ein Mitglied des Betriebsrats hinzuziehen.

§ 82 Anhörungs- und Erörterungsrecht des Arbeitnehmers
(1) ¹Der Arbeitnehmer hat das Recht, in betrieblichen Angelegenheiten, die seine Person betreffen, von den nach Maßgabe des organisatorischen Aufbaus des Betriebs hierfür zuständigen Personen gehört zu werden. ²Er ist berechtigt, zu Maßnahmen des Arbeitgebers, die ihn betreffen, Stellung zu nehmen sowie Vorschläge für die Gestaltung des Arbeitsplatzes und des Arbeitsablaufs zu machen.
(2) ¹Der Arbeitnehmer kann verlangen, dass ihm die Berechnung und Zusammensetzung seines Arbeitsentgelts erläutert und dass mit ihm die Beurteilung seiner Leistungen sowie die Möglichkeiten seiner beruflichen Entwicklung im Betrieb erörtert werden. ²Er kann ein Mitglied des Betriebsrats hinzuziehen. ³Das Mitglied des Betriebsrats hat über den Inhalt dieser Verhandlungen Stillschweigen zu bewahren, soweit es vom Arbeitnehmer im Einzelfall nicht von dieser Verpflichtung entbunden wird.

§ 83 Einsicht in die Personalakten
(1) ¹Der Arbeitnehmer hat das Recht, in die über ihn geführten Personalakten Einsicht zu nehmen. ²Er kann hierzu ein Mitglied des Betriebsrats hinzuziehen. ³Das Mitglied des Betriebsrats hat über den Inhalt der Personalakte Stillschweigen zu bewahren, soweit es vom Arbeitnehmer im Einzelfall nicht von dieser Verpflichtung entbunden wird.
(2) Erklärungen des Arbeitnehmers zum Inhalt der Personalakte sind dieser auf sein Verlangen beizufügen.

§ 84 Beschwerderecht
(1) ¹Jeder Arbeitnehmer hat das Recht, sich bei den zuständigen Stellen des Betriebs zu beschweren, wenn er sich vom Arbeitgeber oder von Arbeitnehmern des Betriebs benachteiligt oder ungerecht behandelt oder in sonstiger Weise beeinträchtigt fühlt. ²Er kann ein Mitglied des Betriebsrats zur Unterstützung oder Vermittlung hinzuziehen.
(2) Der Arbeitgeber hat den Arbeitnehmer über die Behandlung der Beschwerde zu bescheiden und, soweit er die Beschwerde für berechtigt erachtet, ihr abzuhelfen.
(3) Wegen der Erhebung einer Beschwerde dürfen dem Arbeitnehmer keine Nachteile entstehen.

Betriebsverfassungsgesetz – Auszug §§ 85–87

§ 85 Behandlung von Beschwerden durch den Betriebsrat
(1) Der Betriebsrat hat Beschwerden von Arbeitnehmern entgegenzunehmen und, falls er sie für berechtigt erachtet, beim Arbeitgeber auf Abhilfe hinzuwirken.
(2) ¹Bestehen zwischen Betriebsrat und Arbeitgeber Meinungsverschiedenheiten über die Berechtigung der Beschwerde, so kann der Betriebsrat die Einigungsstelle anrufen. ²Der Spruch der Einigungsstelle ersetzt die Einigung zwischen Arbeitgeber und Betriebsrat. ³Dies gilt nicht, soweit Gegenstand der Beschwerde ein Rechtsanspruch ist.
(3) ⁴Der Arbeitgeber hat den Betriebsrat über die Behandlung der Beschwerde zu unterrichten. ⁵§ 84 Abs. 2 bleibt unberührt.

§ 86 Ergänzende Vereinbarungen
¹Durch Tarifvertrag oder Betriebsvereinbarung können die Einzelheiten des Beschwerdeverfahrens geregelt werden. ²Hierbei kann bestimmt werden, dass in den Fällen des § 85 Abs. 2 an die Stelle der Einigungsstelle eine betriebliche Beschwerdestelle tritt.

§ 86a Vorschlagsrecht der Arbeitnehmer
¹Jeder Arbeitnehmer hat das Recht, dem Betriebsrat Themen zur Beratung vorzuschlagen. ²Wird ein Vorschlag von mindestens 5 vom Hundert der Arbeitnehmer des Betriebs unterstützt, hat der Betriebsrat diesen innerhalb von zwei Monaten auf die Tagesordnung einer Betriebsratssitzung zu setzen.

Dritter Abschnitt Soziale Angelegenheiten

§ 87 Mitbestimmungsrechte
(1) Der Betriebsrat hat, soweit eine gesetzliche oder tarifliche Regelung nicht besteht, in folgenden Angelegenheiten mitzubestimmen:
1. Fragen der Ordnung des Betriebs und des Verhaltens der Arbeitnehmer im Betrieb;
2. Beginn und Ende der täglichen Arbeitszeit einschließlich der Pausen sowie Verteilung der Arbeitszeit auf die einzelnen Wochentage;
3. vorübergehende Verkürzung oder Verlängerung der betriebsüblichen Arbeitszeit;
4. Zeit, Ort und Art der Auszahlung der Arbeitsentgelte;
5. Aufstellung allgemeiner Urlaubsgrundsätze und des Urlaubsplans sowie die Festsetzung der zeitlichen Lage des Urlaubs für einzelne Arbeitnehmer, wenn zwischen dem Arbeitgeber und den beteiligten Arbeitnehmern kein Einverständnis erzielt wird;
6. Einführung und Anwendung von technischen Einrichtungen, die dazu bestimmt sind, das Verhalten oder die Leistung der Arbeitnehmer zu überwachen;
7. Regelungen über die Verhütung von Arbeitsunfällen und Berufskrankheiten sowie über den Gesundheitsschutz im Rahmen der gesetzlichen Vorschriften oder der Unfallverhütungsvorschriften;
8. Form, Ausgestaltung und Verwaltung von Sozialeinrichtungen, deren Wirkungsbereich auf den Betrieb, das Unternehmen oder den Konzern beschränkt ist;
9. Zuweisung und Kündigung von Wohnräumen, die den Arbeitnehmern mit Rücksicht auf das Bestehen eines Arbeitsverhältnisses vermietet werden, sowie die allgemeine Festlegung der Nutzungsbedingungen;
10. Fragen der betrieblichen Lohngestaltung, insbesondere die Aufstellung von Entlohnungsgrundsätzen und die Einführung und Anwendung von neuen Entlohnungsmethoden sowie deren Änderung;
11. Festsetzung der Akkord- und Prämiensätze und vergleichbarer leistungsbezogener Entgelte, einschließlich der Geldfaktoren;
12. Grundsätze über das betriebliche Vorschlagswesen.

13. Grundsätze über die Durchführung von Gruppenarbeit; Gruppenarbeit im Sinne dieser Vorschrift liegt vor, wenn im Rahmen des betrieblichen Arbeitsablaufs eine Gruppe von Arbeitnehmern eine ihr übertragene Gesamtaufgabe im Wesentlichen eigenverantwortlich erledigt;
14. Ausgestaltung von mobiler Arbeit, die mittels Informations- und Kommunikationstechnik erbracht wird.

(2) ¹Kommt eine Einigung über eine Angelegenheit nach Absatz 1 nicht zustande, so entscheidet die Einigungsstelle. ²Der Spruch der Einigungsstelle ersetzt die Einigung zwischen Arbeitgeber und Betriebsrat.

§ 88 Freiwillige Betriebsvereinbarungen
Durch Betriebsvereinbarung können insbesondere geregelt werden:
1. zusätzliche Maßnahmen zur Verhütung von Arbeitsunfällen und Gesundheitsschädigungen;
1a. Maßnahmen des betrieblichen Umweltschutzes;
2. die Errichtung von Sozialeinrichtungen, deren Wirkungsbereich auf den Betrieb, das Unternehmen oder den Konzern beschränkt ist;
3. Maßnahmen zur Förderung der Vermögensbildung;
4. Maßnahmen zur Integration ausländischer Arbeitnehmer sowie zur Bekämpfung von Rassismus und Fremdenfeindlichkeit im Betrieb;
5. Maßnahmen zur Eingliederung schwerbehinderter Menschen.

§ 89 Arbeits- und betrieblicher Umweltschutz
(1) ¹Der Betriebsrat hat sich dafür einzusetzen, dass die Vorschriften über den Arbeitsschutz und die Unfallverhütung im Betrieb sowie über den betrieblichen Umweltschutz durchgeführt werden. ²Er hat bei der Bekämpfung von Unfall- und Gesundheitsgefahren die für den Arbeitsschutz zuständigen Behörden, die Träger der gesetzlichen Unfallversicherung und die sonstigen in Betracht kommenden Stellen durch Anregung, Beratung und Auskunft zu unterstützen.
(2) ¹Der Arbeitgeber und die in Absatz 1 Satz 2 genannten Stellen sind verpflichtet, den Betriebsrat oder die von ihm bestimmten Mitglieder des Betriebsrats bei allen im Zusammenhang mit dem Arbeitsschutz oder der Unfallverhütung stehenden Besichtigungen und Fragen und bei Unfalluntersuchungen hinzuzuziehen. ²Der Arbeitgeber hat den Betriebsrat auch bei allen im Zusammenhang mit dem betrieblichen Umweltschutz stehenden Besichtigungen und Fragen hinzuzuziehen und ihm unverzüglich die den Arbeitsschutz, die Unfallverhütung und den betrieblichen Umweltschutz betreffenden Auflagen und Anordnungen der zuständigen Stellen mitzuteilen.
(3) Als betrieblicher Umweltschutz im Sinne dieses Gesetzes sind alle personellen und organisatorischen Maßnahmen sowie alle die betrieblichen Bauten, Räume, technische Anlagen, Arbeitsverfahren, Arbeitsabläufe und Arbeitsplätze betreffenden Maßnahmen zu verstehen, die dem Umweltschutz dienen.
(4) An Besprechungen des Arbeitgebers mit den Sicherheitsbeauftragten im Rahmen des § 22 Abs. 2 des Siebten Buches Sozialgesetzbuch nehmen vom Betriebsrat beauftragte Betriebsratsmitglieder teil.
(5) Der Betriebsrat erhält vom Arbeitgeber die Niederschriften über Untersuchungen, Besichtigungen und Besprechungen, zu denen er nach den Absätzen 2 und 4 hinzuzuziehen ist.
(6) Der Arbeitgeber hat dem Betriebsrat eine Durchschrift der nach § 193 Abs. 5 des Siebten Buches Sozialgesetzbuch vom Betriebsrat zu unterschreibenden Unfallanzeige auszuhändigen.

Betriebsverfassungsgesetz – Auszug §§ 90–92a

Vierter Abschnitt Gestaltung von Arbeitsplatz, Arbeitsablauf und Arbeitsumgebung

§ 90 Unterrichtungs- und Beratungsrechte

(1) Der Arbeitgeber hat den Betriebsrat über die Planung
1. von Neu-, Um- und Erweiterungsbauten von Fabrikations-, Verwaltungs- und sonstigen betrieblichen Räumen,
2. von technischen Anlagen,
3. von Arbeitsverfahren und Arbeitsabläufen einschließlich des Einsatzes von Künstlicher Intelligenz oder
4. der Arbeitsplätze

rechtzeitig unter Vorlage der erforderlichen Unterlagen zu unterrichten.
(2) [1]Der Arbeitgeber hat mit dem Betriebsrat die vorgesehenen Maßnahmen und ihre Auswirkungen auf die Arbeitnehmer, insbesondere auf die Art ihrer Arbeit sowie die sich daraus ergebenden Anforderungen an die Arbeitnehmer so rechtzeitig zu beraten, dass Vorschläge und Bedenken des Betriebsrats bei der Planung berücksichtigt werden können. [2]Arbeitgeber und Betriebsrat sollen dabei auch die gesicherten arbeitswissenschaftlichen Erkenntnisse über die menschengerechte Gestaltung der Arbeit berücksichtigen.

§ 91 Mitbestimmungsrecht

[1]Werden die Arbeitnehmer durch Änderungen der Arbeitsplätze, des Arbeitsablaufs oder der Arbeitsumgebung, die den gesicherten arbeitswissenschaftlichen Erkenntnissen über die menschengerechte Gestaltung der Arbeit offensichtlich widersprechen, in besonderer Weise belastet, so kann der Betriebsrat angemessene Maßnahmen zur Abwendung, Milderung oder zum Ausgleich der Belastung verlangen. [2]Kommt eine Einigung nicht zustande, so entscheidet die Einigungsstelle. [3]Der Spruch der Einigungsstelle ersetzt die Einigung zwischen Arbeitgeber und Betriebsrat.

Fünfter Abschnitt Personelle Angelegenheiten

ERSTER UNTERABSCHNITT Allgemeine personelle Angelegenheiten

§ 92 Personalplanung

(1) [1]Der Arbeitgeber hat den Betriebsrat über die Personalplanung, insbesondere über den gegenwärtigen und künftigen Personalbedarf sowie über die sich daraus ergebenden personellen Maßnahmen einschließlich der geplanten Beschäftigung von Personen, die nicht in einem Arbeitsverhältnis zum Arbeitgeber stehen, und Maßnahmen der Berufsbildung anhand von Unterlagen rechtzeitig und umfassend zu unterrichten. [2]Er hat mit dem Betriebsrat über Art und Umfang der erforderlichen Maßnahmen und über die Vermeidung von Härten zu beraten.
(2) Der Betriebsrat kann dem Arbeitgeber Vorschläge für die Einführung einer Personalplanung und ihre Durchführung machen.
(3) [1]Die Absätze 1 und 2 gelten entsprechend für Maßnahmen im Sinne des § 80 Abs. 1 Nr. 2a und 2b, insbesondere für die Aufstellung und Durchführung von Maßnahmen zur Förderung der Gleichstellung von Frauen und Männern. [2]Gleiches gilt für die Eingliederung schwerbehinderter Menschen nach § 80 Absatz 1 Nummer 4.

§ 92a Beschäftigungssicherung

(1) [1]Der Betriebsrat kann dem Arbeitgeber Vorschläge zur Sicherung und Förderung der Beschäftigung machen. [2]Diese können insbesondere eine flexible Gestaltung der Arbeitszeit,

die Förderung von Teilzeitarbeit und Altersteilzeit, neue Formen der Arbeitsorganisation, Änderungen der Arbeitsverfahren und Arbeitsabläufe, die Qualifizierung der Arbeitnehmer, Alternativen zur Ausgliederung von Arbeit oder ihrer Vergabe an andere Unternehmen sowie zum Produktions- und Investitionsprogramm zum Gegenstand haben.
(2) [1]Der Arbeitgeber hat die Vorschläge mit dem Betriebsrat zu beraten. [2]Hält der Arbeitgeber die Vorschläge des Betriebsrats für ungeeignet, hat er dies zu begründen; in Betrieben mit mehr als 100 Arbeitnehmern erfolgt die Begründung schriftlich. [3]Zu den Beratungen kann der Arbeitgeber oder der Betriebsrat einen Vertreter der Bundesagentur für Arbeit hinzuziehen.

§ 93 Ausschreibung von Arbeitsplätzen
Der Betriebsrat kann verlangen, dass Arbeitsplätze, die besetzt werden sollen, allgemein oder für bestimmte Arten von Tätigkeiten vor ihrer Besetzung innerhalb des Betriebs ausgeschrieben werden.

§ 94 Personalfragebogen, Beurteilungsgrundsätze
(1) [1]Personalfragebogen bedürfen der Zustimmung des Betriebsrats. [2]Kommt eine Einigung über ihren Inhalt nicht zustande, so entscheidet die Einigungsstelle. [3]Der Spruch der Einigungsstelle ersetzt die Einigung zwischen Arbeitgeber und Betriebsrat.
(2) Absatz 1 gilt entsprechend für persönliche Angaben in schriftlichen Arbeitsverträgen, die allgemein für den Betrieb verwendet werden sollen, sowie für die Aufstellung allgemeiner Beurteilungsgrundsätze.

§ 95 Auswahlrichtlinien
(1) [1]Richtlinien über die personelle Auswahl bei Einstellungen, Versetzungen, Umgruppierungen und Kündigungen bedürfen der Zustimmung des Betriebsrats. [2]Kommt eine Einigung über die Richtlinien oder ihren Inhalt nicht zustande, so entscheidet auf Antrag des Arbeitgebers die Einigungsstelle. [3]Der Spruch der Einigungsstelle ersetzt die Einigung zwischen Arbeitgeber und Betriebsrat.
(2) [1]In Betrieben mit mehr als 500 Arbeitnehmern kann der Betriebsrat die Aufstellung von Richtlinien über die bei Maßnahmen des Absatzes 1 Satz 1 zu beachtenden fachlichen und persönlichen Voraussetzungen und sozialen Gesichtspunkte verlangen. [2]Kommt eine Einigung über die Richtlinien oder ihren Inhalt nicht zustande, so entscheidet die Einigungsstelle. [3]Der Spruch der Einigungsstelle ersetzt die Einigung zwischen Arbeitgeber und Betriebsrat.
(2a) Die Absätze 1 und 2 finden auch dann Anwendung, wenn bei der Aufstellung der Richtlinien nach diesen Absätzen Künstliche Intelligenz zum Einsatz kommt.
(3) [1]Versetzung im Sinne dieses Gesetzes ist die Zuweisung eines anderen Arbeitsbereichs, die voraussichtlich die Dauer von einem Monat überschreitet, oder die mit einer erheblichen Änderung der Umstände verbunden ist, unter denen die Arbeit zu leisten ist. [2]Werden Arbeitnehmer nach der Eigenart ihres Arbeitsverhältnisses üblicherweise nicht ständig an einem bestimmten Arbeitsplatz beschäftigt, so gilt die Bestimmung des jeweiligen Arbeitsplatzes nicht als Versetzung.

ZWEITER UNTERABSCHNITT Berufsbildung

§ 96 Förderung der Berufsbildung
(1) [1]Arbeitgeber und Betriebsrat haben im Rahmen der betrieblichen Personalplanung und in Zusammenarbeit mit den für die Berufsbildung und den für die Förderung der Berufsbildung zuständigen Stellen die Berufsbildung der Arbeitnehmer zu fördern. [2]Der Arbeitgeber hat auf Verlangen des Betriebsrats den Berufsbildungsbedarf zu ermitteln und mit ihm Fragen der

Berufsbildung der Arbeitnehmer des Betriebs zu beraten. ³Hierzu kann der Betriebsrat Vorschläge machen.
(1a) ¹Kommt im Rahmen der Beratung nach Absatz 1 eine Einigung über Maßnahmen der Berufsbildung nicht zustande, können der Arbeitgeber oder der Betriebsrat die Einigungsstelle um Vermittlung anrufen. ²Die Einigungsstelle hat eine Einigung der Parteien zu versuchen.
(2) ¹Arbeitgeber und Betriebsrat haben darauf zu achten, dass unter Berücksichtigung der betrieblichen Notwendigkeiten den Arbeitnehmern die Teilnahme an betrieblichen oder außerbetrieblichen Maßnahmen der Berufsbildung ermöglicht wird. ²Sie haben dabei auch die Belange älterer Arbeitnehmer, Teilzeitbeschäftigter und von Arbeitnehmern mit Familienpflichten zu berücksichtigen.

§ 97 Einrichtungen und Maßnahmen der Berufsbildung
(1) Der Arbeitgeber hat mit dem Betriebsrat über die Errichtung und Ausstattung betrieblicher Einrichtungen zur Berufsbildung, die Einführung betrieblicher Berufsbildungsmaßnahmen und die Teilnahme an außerbetrieblichen Berufsbildungsmaßnahmen zu beraten.
(2) ¹Hat der Arbeitgeber Maßnahmen geplant oder durchgeführt, die dazu führen, dass sich die Tätigkeit der betroffenen Arbeitnehmer ändert und ihre beruflichen Kenntnisse und Fähigkeiten zur Erfüllung ihrer Aufgaben nicht mehr ausreichen, so hat der Betriebsrat bei der Einführung von Maßnahmen der betrieblichen Berufsbildung mitzubestimmen. ²Kommt eine Einigung nicht zustande, so entscheidet die Einigungsstelle. ³Der Spruch der Einigungsstelle ersetzt die Einigung zwischen Arbeitgeber und Betriebsrat.

§ 98 Durchführung betrieblicher Bildungsmaßnahmen
(1) Der Betriebsrat hat bei der Durchführung von Maßnahmen der betrieblichen Berufsbildung mitzubestimmen.
(2) Der Betriebsrat kann der Bestellung einer mit der Durchführung der betrieblichen Berufsbildung beauftragten Person widersprechen oder ihre Abberufung verlangen, wenn diese die persönliche oder fachliche, insbesondere die berufs- und arbeitspädagogische Eignung im Sinne des Berufsbildungsgesetzes nicht besitzt oder ihre Aufgaben vernachlässigt.
(3) Führt der Arbeitgeber betriebliche Maßnahmen der Berufsbildung durch oder stellt er für außerbetriebliche Maßnahmen der Berufsbildung Arbeitnehmer frei oder trägt er die durch die Teilnahme von Arbeitnehmern an solchen Maßnahmen entstehenden Kosten ganz oder teilweise, so kann der Betriebsrat Vorschläge für die Teilnahme von Arbeitnehmern oder Gruppen von Arbeitnehmern des Betriebs an diesen Maßnahmen der beruflichen Bildung machen.
(4) ¹Kommt im Fall des Absatzes 1 oder über die nach Absatz 3 vom Betriebsrat vorgeschlagenen Teilnehmer eine Einigung nicht zustande, so entscheidet die Einigungsstelle. ²Der Spruch der Einigungsstelle ersetzt die Einigung zwischen Arbeitgeber und Betriebsrat.
(5) ¹Kommt im Fall des Absatzes 2 eine Einigung nicht zustande, so kann der Betriebsrat beim Arbeitsgericht beantragen, dem Arbeitgeber aufzugeben, die Bestellung zu unterlassen oder die Abberufung durchzuführen. ²Führt der Arbeitgeber die Bestellung einer rechtskräftigen gerichtlichen Entscheidung zuwider durch, so ist er auf Antrag des Betriebsrats vom Arbeitsgericht wegen der Bestellung nach vorheriger Androhung zu einem Ordnungsgeld zu verurteilen; das Höchstmaß des Ordnungsgeldes beträgt 10 000 Euro. ³Führt der Arbeitgeber die Abberufung einer rechtskräftigen gerichtlichen Entscheidung zuwider nicht durch, so ist auf Antrag des Betriebsrats vom Arbeitsgericht zu erkennen, dass der Arbeitgeber zur Abberufung durch Zwangsgeld anzuhalten sei; das Höchstmaß des Zwangsgeldes beträgt für jeden Tag der Zuwiderhandlung 250 Euro. ⁴Die Vorschriften des Berufsbildungsgesetzes über die Ordnung der Berufsbildung bleiben unberührt.

(6) Die Absätze 1 bis 5 gelten entsprechend, wenn der Arbeitgeber sonstige Bildungsmaßnahmen im Betrieb durchführt.

DRITTER UNTERABSCHNITT Personelle Einzelmaßnahmen

§ 99 Mitbestimmung bei personellen Einzelmaßnahmen

(1) ¹In Unternehmen mit in der Regel mehr als zwanzig wahlberechtigten Arbeitnehmern hat der Arbeitgeber den Betriebsrat vor jeder Einstellung, Eingruppierung, Umgruppierung und Versetzung zu unterrichten, ihm die erforderlichen Bewerbungsunterlagen vorzulegen und Auskunft über die Person der Beteiligten zu geben; er hat dem Betriebsrat unter Vorlage der erforderlichen Unterlagen Auskunft über die Auswirkungen der geplanten Maßnahme zu geben und die Zustimmung des Betriebsrats zu der geplanten Maßnahme einzuholen. ²Bei Einstellungen und Versetzungen hat der Arbeitgeber insbesondere den in Aussicht genommenen Arbeitsplatz und die vorgesehene Eingruppierung mitzuteilen. ³Die Mitglieder des Betriebsrats sind verpflichtet, über die ihnen im Rahmen der personellen Maßnahmen nach den Sätzen 1 und 2 bekannt gewordenen persönlichen Verhältnisse und Angelegenheiten der Arbeitnehmer, die ihrer Bedeutung oder ihrem Inhalt nach einer vertraulichen Behandlung bedürfen, Stillschweigen zu bewahren; § 79 Abs. 1 Satz 2 bis 4 gilt entsprechend.

(2) Der Betriebsrat kann die Zustimmung verweigern, wenn
1. die personelle Maßnahme gegen ein Gesetz, eine Verordnung, eine Unfallverhütungsvorschrift oder gegen eine Bestimmung in einem Tarifvertrag oder in einer Betriebsvereinbarung oder gegen eine gerichtliche Entscheidung oder eine behördliche Anordnung verstoßen würde,
2. die personelle Maßnahme gegen eine Richtlinie nach § 95 verstoßen würde,
3. die durch Tatsachen begründete Besorgnis besteht, dass infolge der personellen Maßnahme im Betrieb beschäftigte Arbeitnehmer gekündigt werden oder sonstige Nachteile erleiden, ohne dass dies aus betrieblichen oder persönlichen Gründen gerechtfertigt ist; als Nachteil gilt bei unbefristeter Einstellung auch die Nichtberücksichtigung eines gleich geeigneten befristet Beschäftigten,
4. der betroffene Arbeitnehmer durch die personelle Maßnahme benachteiligt wird, ohne dass dies aus betrieblichen oder in der Person des Arbeitnehmers liegenden Gründen gerechtfertigt ist,
5. eine nach § 93 erforderliche Ausschreibung im Betrieb unterblieben ist oder
6. die durch Tatsachen begründete Besorgnis besteht, dass der für die personelle Maßnahme in Aussicht genommene Bewerber oder Arbeitnehmer den Betriebsfrieden durch gesetzwidriges Verhalten oder durch grobe Verletzung der in § 75 Abs. 1 enthaltenen Grundsätze, insbesondere durch rassistische oder fremdenfeindliche Betätigung, stören werde.

(3) ¹Verweigert der Betriebsrat seine Zustimmung, so hat er dies unter Angabe von Gründen innerhalb einer Woche nach Unterrichtung durch den Arbeitgeber diesem schriftlich mitzuteilen. ²Teilt der Betriebsrat dem Arbeitgeber die Verweigerung seiner Zustimmung nicht innerhalb der Frist schriftlich mit, so gilt die Zustimmung als erteilt.

(4) Verweigert der Betriebsrat seine Zustimmung, so kann der Arbeitgeber beim Arbeitsgericht beantragen, die Zustimmung zu ersetzen.

§ 100 Vorläufige personelle Maßnahmen

(1) ¹Der Arbeitgeber kann, wenn dies aus sachlichen Gründen dringend erforderlich ist, die personelle Maßnahme im Sinne des § 99 Abs. 1 Satz 1 vorläufig durchführen, bevor der

Betriebsrat sich geäußert oder wenn er die Zustimmung verweigert hat. ²Der Arbeitgeber hat den Arbeitnehmer über die Sach- und Rechtslage aufzuklären.
(2) ¹Der Arbeitgeber hat den Betriebsrat unverzüglich von der vorläufigen personellen Maßnahme zu unterrichten. ²Bestreitet der Betriebsrat, dass die Maßnahme aus sachlichen Gründen dringend erforderlich ist, so hat er dies dem Arbeitgeber unverzüglich mitzuteilen. ³In diesem Fall darf der Arbeitgeber die vorläufige personelle Maßnahme nur aufrechterhalten, wenn er innerhalb von drei Tagen beim Arbeitsgericht die Ersetzung der Zustimmung des Betriebsrats und die Feststellung beantragt, dass die Maßnahme aus sachlichen Gründen dringend erforderlich war.
(3) ¹Lehnt das Gericht durch rechtskräftige Entscheidung die Ersetzung der Zustimmung des Betriebsrats ab oder stellt es rechtskräftig fest, dass offensichtlich die Maßnahme aus sachlichen Gründen nicht dringend erforderlich war, so endet die vorläufige personelle Maßnahme mit Ablauf von zwei Wochen nach Rechtskraft der Entscheidung. ²Von diesem Zeitpunkt an darf die personelle Maßnahme nicht aufrechterhalten werden.

§ 101 Zwangsgeld
¹Führt der Arbeitgeber eine personelle Maßnahme im Sinne des § 99 Abs. 1 Satz 1 ohne Zustimmung des Betriebsrats durch oder hält er eine vorläufige personelle Maßnahme entgegen § 100 Abs. 2 Satz 3 oder Abs. 3 aufrecht, so kann der Betriebsrat beim Arbeitsgericht beantragen, dem Arbeitgeber aufzugeben, die personelle Maßnahme aufzuheben. ²Hebt der Arbeitgeber entgegen einer rechtskräftigen gerichtlichen Entscheidung die personelle Maßnahme nicht auf, so ist auf Antrag des Betriebsrats vom Arbeitsgericht zu erkennen, dass der Arbeitgeber zur Aufhebung der Maßnahme durch Zwangsgeld anzuhalten sei. ³Das Höchstmaß des Zwangsgeldes beträgt für jeden Tag der Zuwiderhandlung 250 Euro.

§ 102 Mitbestimmung bei Kündigungen
(1) ¹Der Betriebsrat ist vor jeder Kündigung zu hören. ²Der Arbeitgeber hat ihm die Gründe für die Kündigung mitzuteilen. ³Eine ohne Anhörung des Betriebsrats ausgesprochene Kündigung ist unwirksam.
(2) ¹Hat der Betriebsrat gegen eine ordentliche Kündigung Bedenken, so hat er diese unter Angabe der Gründe dem Arbeitgeber spätestens innerhalb einer Woche schriftlich mitzuteilen. ²Äußert er sich innerhalb dieser Frist nicht, gilt seine Zustimmung zur Kündigung als erteilt. ³Hat der Betriebsrat gegen eine außerordentliche Kündigung Bedenken, so hat er diese unter Angabe der Gründe dem Arbeitgeber unverzüglich, spätestens jedoch innerhalb von drei Tagen, schriftlich mitzuteilen. ⁴Der Betriebsrat soll, soweit dies erforderlich erscheint, vor seiner Stellungnahme den betroffenen Arbeitnehmer hören. ⁵§ 99 Abs. 1 Satz 3 gilt entsprechend.
(3) Der Betriebsrat kann innerhalb der Frist des Absatzes 2 Satz 1 der ordentlichen Kündigung widersprechen, wenn
1. der Arbeitgeber bei der Auswahl des zu kündigenden Arbeitnehmers soziale Gesichtspunkte nicht oder nicht ausreichend berücksichtigt hat,
2. die Kündigung gegen eine Richtlinie nach § 95 verstößt,
3. der zu kündigende Arbeitnehmer an einem anderen Arbeitsplatz im selben Betrieb oder in einem anderen Betrieb des Unternehmens weiterbeschäftigt werden kann,
4. die Weiterbeschäftigung des Arbeitnehmers nach zumutbaren Umschulungs- oder Fortbildungsmaßnahmen möglich ist oder
5. eine Weiterbeschäftigung des Arbeitnehmers unter geänderten Vertragsbedingungen möglich ist und der Arbeitnehmer sein Einverständnis hiermit erklärt hat.

(4) Kündigt der Arbeitgeber, obwohl der Betriebsrat nach Absatz 3 der Kündigung widersprochen hat, so hat er dem Arbeitnehmer mit der Kündigung eine Abschrift der Stellungnahme des Betriebsrats zuzuleiten.
(5) ¹Hat der Betriebsrat einer ordentlichen Kündigung frist- und ordnungsgemäß widersprochen, und hat der Arbeitnehmer nach dem Kündigungsschutzgesetz Klage auf Feststellung erhoben, dass das Arbeitsverhältnis durch die Kündigung nicht aufgelöst ist, so muss der Arbeitgeber auf Verlangen des Arbeitnehmers diesen nach Ablauf der Kündigungsfrist bis zum rechtskräftigen Abschluss des Rechtsstreits bei unveränderten Arbeitsbedingungen weiterbeschäftigen. ²Auf Antrag des Arbeitgebers kann das Gericht ihn durch einstweilige Verfügung von der Verpflichtung zur Weiterbeschäftigung nach Satz 1 entbinden, wenn
1. die Klage des Arbeitnehmers keine hinreichende Aussicht auf Erfolg bietet oder mutwillig erscheint oder
2. die Weiterbeschäftigung des Arbeitnehmers zu einer unzumutbaren wirtschaftlichen Belastung des Arbeitgebers führen würde oder
3. der Widerspruch des Betriebsrats offensichtlich unbegründet war.
(6) Arbeitgeber und Betriebsrat können vereinbaren, dass Kündigungen der Zustimmung des Betriebsrats bedürfen und dass bei Meinungsverschiedenheiten über die Berechtigung der Nichterteilung der Zustimmung die Einigungsstelle entscheidet.
(7) Die Vorschriften über die Beteiligung des Betriebsrats nach dem Kündigungsschutzgesetz bleiben unberührt.

§ 103 Außerordentliche Kündigung und Versetzung in besonderen Fällen
(1) Die außerordentliche Kündigung von Mitgliedern des Betriebsrats, der Jugend- und Auszubildendenvertretung, der Bordvertretung und des Seebetriebsrats, des Wahlvorstands sowie von Wahlbewerbern bedarf der Zustimmung des Betriebsrats.
(2) ¹Verweigert der Betriebsrat seine Zustimmung, so kann das Arbeitsgericht sie auf Antrag des Arbeitgebers ersetzen, wenn die außerordentliche Kündigung unter Berücksichtigung aller Umstände gerechtfertigt ist. ²In dem Verfahren vor dem Arbeitsgericht ist der betroffene Arbeitnehmer Beteiligter.
(2a) Absatz 2 gilt entsprechend, wenn im Betrieb kein Betriebsrat besteht.
(3) ¹Die Versetzung der in Absatz 1 genannten Personen, die zu einem Verlust des Amtes oder der Wählbarkeit führen würde, bedarf der Zustimmung des Betriebsrats; dies gilt nicht, wenn der betroffene Arbeitnehmer mit der Versetzung einverstanden ist. ²Absatz 2 gilt entsprechend mit der Maßgabe, dass das Arbeitsgericht die Zustimmung zu der Versetzung ersetzen kann, wenn diese auch unter Berücksichtigung der betriebsverfassungsrechtlichen Stellung des betroffenen Arbeitnehmers aus dringenden betrieblichen Gründen notwendig ist.

§ 104 Entfernung betriebsstörender Arbeitnehmer
¹Hat ein Arbeitnehmer durch gesetzwidriges Verhalten oder durch grobe Verletzung der in § 75 Abs. 1 enthaltenen Grundsätze, insbesondere durch rassistische oder fremdenfeindliche Betätigungen, den Betriebsfrieden wiederholt ernstlich gestört, so kann der Betriebsrat vom Arbeitgeber die Entlassung oder Versetzung verlangen. ²Gibt das Arbeitsgericht einem Antrag des Betriebsrats statt, dem Arbeitgeber aufzugeben, die Entlassung oder Versetzung durchzuführen, und führt der Arbeitgeber die Entlassung oder Versetzung einer rechtskräftigen gerichtlichen Entscheidung zuwider nicht durch, so ist auf Antrag des Betriebsrats vom Arbeitsgericht zu erkennen, dass er zur Vornahme der Entlassung oder Versetzung durch Zwangsgeld anzuhalten sei. ³Das Höchstmaß des Zwangsgeldes beträgt für jeden Tag der Zuwiderhandlung 250 Euro.

Betriebsverfassungsgesetz – Auszug §§ 105–107

§ 105 Leitende Angestellte
Eine beabsichtigte Einstellung oder personelle Veränderung eines in § 5 Abs. 3 genannten leitenden Angestellten ist dem Betriebsrat rechtzeitig mitzuteilen.

Sechster Abschnitt Wirtschaftliche Angelegenheiten

ERSTER UNTERABSCHNITT Unterrichtung in wirtschaftlichen Angelegenheiten

§ 106 Wirtschaftsausschuss
(1) ¹In allen Unternehmen mit in der Regel mehr als einhundert ständig beschäftigten Arbeitnehmern ist ein Wirtschaftsausschuss zu bilden. ²Der Wirtschaftsausschuss hat die Aufgabe, wirtschaftliche Angelegenheiten mit dem Unternehmer zu beraten und den Betriebsrat zu unterrichten.
(2) ¹Der Unternehmer hat den Wirtschaftsausschuss rechtzeitig und umfassend über die wirtschaftlichen Angelegenheiten des Unternehmens unter Vorlage der erforderlichen Unterlagen zu unterrichten, soweit dadurch nicht die Betriebs- und Geschäftsgeheimnisse des Unternehmens gefährdet werden, sowie die sich daraus ergebenden Auswirkungen auf die Personalplanung darzustellen. ²Zu den erforderlichen Unterlagen gehört in den Fällen des Absatzes 3 Nr. 9a insbesondere die Angabe über den potentiellen Erwerber und dessen Absichten im Hinblick auf die künftige Geschäftstätigkeit des Unternehmens sowie die sich daraus ergebenden Auswirkungen auf die Arbeitnehmer; Gleiches gilt, wenn im Vorfeld der Übernahme des Unternehmens ein Bieterverfahren durchgeführt wird.
(3) Zu den wirtschaftlichen Angelegenheiten im Sinne dieser Vorschrift gehören insbesondere
1. die wirtschaftliche und finanzielle Lage des Unternehmens;
2. die Produktions- und Absatzlage;
3. das Produktions- und Investitionsprogramm;
4. Rationalisierungsvorhaben;
5. Fabrikations- und Arbeitsmethoden, insbesondere die Einführung neuer Arbeitsmethoden;
5a. Fragen des betrieblichen Umweltschutzes;
5b. Fragen der unternehmerischen Sorgfaltspflichten in Lieferketten gemäß dem Lieferkettensorgfaltspflichtengesetz;
6. die Einschränkung oder Stilllegung von Betrieben oder von Betriebsteilen;
7. die Verlegung von Betrieben oder Betriebsteilen;
8. der Zusammenschluss oder die Spaltung von Unternehmen oder Betrieben;
9. die Änderung der Betriebsorganisation oder des Betriebszwecks;
9a. die Übernahme des Unternehmens, wenn hiermit der Erwerb der Kontrolle verbunden ist, sowie
10. sonstige Vorgänge und Vorhaben, welche die Interessen der Arbeitnehmer des Unternehmens wesentlich berühren können.

§ 107 Bestellung und Zusammensetzung des Wirtschaftsausschusses
(1) ¹Der Wirtschaftsausschuss besteht aus mindestens drei und höchstens sieben Mitgliedern, die dem Unternehmen angehören müssen, darunter mindestens einem Betriebsratsmitglied. ²Zu Mitgliedern des Wirtschaftsausschusses können auch die in § 5 Abs. 3 genannten Angestellten bestimmt werden. ³Die Mitglieder sollen die zur Erfüllung ihrer Aufgaben erforderliche fachliche und persönliche Eignung besitzen.
(2) ¹Die Mitglieder des Wirtschaftsausschusses werden vom Betriebsrat für die Dauer seiner Amtszeit bestimmt. ²Besteht ein Gesamtbetriebsrat, so bestimmt dieser die Mitglieder des

Wirtschaftsausschusses; die Amtszeit der Mitglieder endet in diesem Fall in dem Zeitpunkt, in dem die Amtszeit der Mehrheit der Mitglieder des Gesamtbetriebsrats, die an der Bestimmung mitzuwirken berechtigt waren, abgelaufen ist. ³Die Mitglieder des Wirtschaftsausschusses können jederzeit abberufen werden; auf die Abberufung sind die Sätze 1 und 2 entsprechend anzuwenden.
(3) ¹Der Betriebsrat kann mit der Mehrheit der Stimmen seiner Mitglieder beschließen, die Aufgaben des Wirtschaftsausschusses einem Ausschuss des Betriebsrats zu übertragen. ²Die Zahl der Mitglieder des Ausschusses darf die Zahl der Mitglieder des Betriebsausschusses nicht überschreiten. ³Der Betriebsrat kann jedoch weitere Arbeitnehmer einschließlich der in § 5 Abs. 3 genannten leitenden Angestellten bis zur selben Zahl, wie der Ausschuss Mitglieder hat, in den Ausschuss berufen; für die Beschlussfassung gilt Satz 1. ⁴Für die Verschwiegenheitspflicht der in Satz 3 bezeichneten weiteren Arbeitnehmer gilt § 79 entsprechend. ⁵Für die Abänderung und den Widerruf der Beschlüsse nach den Sätzen 1 bis 3 sind die gleichen Stimmenmehrheiten erforderlich wie für die Beschlüsse nach den Sätzen 1 bis 3. ⁶Ist in einem Unternehmen ein Gesamtbetriebsrat errichtet, so beschließt dieser über die anderweitige Wahrnehmung der Aufgaben des Wirtschaftsausschusses; die Sätze 1 bis 5 gelten entsprechend.

§ 108 Sitzungen
(1) Der Wirtschaftsausschuss soll monatlich einmal zusammentreten.
(2) ¹An den Sitzungen des Wirtschaftsausschusses hat der Unternehmer oder sein Vertreter teilzunehmen. ²Er kann sachkundige Arbeitnehmer des Unternehmens einschließlich der in § 5 Abs. 3 genannten Angestellten hinzuziehen. ³Für die Hinzuziehung und die Verschwiegenheitspflicht von Sachverständigen gilt § 80 Abs. 3 und 4 entsprechend.
(3) Die Mitglieder des Wirtschaftsausschusses sind berechtigt, in die nach § 106 Abs. 2 vorzulegenden Unterlagen Einsicht zu nehmen.
(4) Der Wirtschaftsausschuss hat über jede Sitzung dem Betriebsrat unverzüglich und vollständig zu berichten.
(5) Der Jahresabschluss ist dem Wirtschaftsausschuss unter Beteiligung des Betriebsrats zu erläutern.
(6) Hat der Betriebsrat oder der Gesamtbetriebsrat eine anderweitige Wahrnehmung der Aufgaben des Wirtschaftsausschusses beschlossen, so gelten die Absätze 1 bis 5 entsprechend.

§ 109 Beilegung von Meinungsverschiedenheiten
¹Wird eine Auskunft über wirtschaftliche Angelegenheiten des Unternehmens im Sinn des § 106 entgegen dem Verlangen des Wirtschaftsausschusses nicht, nicht rechtzeitig oder nur ungenügend erteilt und kommt hierüber zwischen Unternehmer und Betriebsrat eine Einigung nicht zustande, so entscheidet die Einigungsstelle. ²Der Spruch der Einigungsstelle ersetzt die Einigung zwischen Arbeitgeber und Betriebsrat. ³Die Einigungsstelle kann, wenn dies für ihre Entscheidung erforderlich ist, Sachverständige anhören; § 80 Abs. 4 gilt entsprechend. ⁴Hat der Betriebsrat oder der Gesamtbetriebsrat eine anderweitige Wahrnehmung der Aufgaben des Wirtschaftsausschusses beschlossen, so gilt Satz 1 entsprechend.

§ 109a Unternehmensübernahme
In Unternehmen, in denen kein Wirtschaftsausschuss besteht, ist im Fall des § 106 Abs. 3 Nr. 9a der Betriebsrat entsprechend § 106 Abs. 1 und 2 zu beteiligen; § 109 gilt entsprechend.

Betriebsverfassungsgesetz – Auszug §§ 110–112

§ 110 Unterrichtung der Arbeitnehmer

(1) In Unternehmen mit in der Regel mehr als 1 000 ständig beschäftigten Arbeitnehmern hat der Unternehmer mindestens einmal in jedem Kalendervierteljahr nach vorheriger Abstimmung mit dem Wirtschaftsausschuss oder den in § 107 Abs. 3 genannten Stellen und dem Betriebsrat die Arbeitnehmer schriftlich über die wirtschaftliche Lage und Entwicklung des Unternehmens zu unterrichten.

(2) ¹In Unternehmen, die die Voraussetzungen des Absatzes 1 nicht erfüllen, aber in der Regel mehr als zwanzig wahlberechtigte ständige Arbeitnehmer beschäftigen, gilt Absatz 1 mit der Maßgabe, dass die Unterrichtung der Arbeitnehmer mündlich erfolgen kann. ²Ist in diesen Unternehmen ein Wirtschaftsausschuss nicht zu errichten, so erfolgt die Unterrichtung nach vorheriger Abstimmung mit dem Betriebsrat.

ZWEITER UNTERABSCHNITT Betriebsänderungen

§ 111 Betriebsänderungen

¹In Unternehmen mit in der Regel mehr als zwanzig wahlberechtigten Arbeitnehmern hat der Unternehmer den Betriebsrat über geplante Betriebsänderungen, die wesentliche Nachteile für die Belegschaft oder erhebliche Teile der Belegschaft zur Folge haben können, rechtzeitig und umfassend zu unterrichten und die geplanten Betriebsänderungen mit dem Betriebsrat zu beraten. ²Der Betriebsrat kann in Unternehmen mit mehr als 300 Arbeitnehmern zu seiner Unterstützung einen Berater hinzuziehen; § 80 Abs. 4 gilt entsprechend; im Übrigen bleibt § 80 Abs. 3 unberührt. ³Als Betriebsänderungen im Sinne des Satzes 1 gelten
1. Einschränkung und Stilllegung des ganzen Betriebs oder von wesentlichen Betriebsteilen,
2. Verlegung des ganzen Betriebs oder von wesentlichen Betriebsteilen,
3. Zusammenschluss mit anderen Betrieben oder die Spaltung von Betrieben,
4. grundlegende Änderungen der Betriebsorganisation, des Betriebszwecks oder der Betriebsanlagen,
5. Einführung grundlegend neuer Arbeitsmethoden und Fertigungsverfahren.

§ 112 Interessenausgleich über die Betriebsänderung, Sozialplan

(1) ¹Kommt zwischen Unternehmer und Betriebsrat ein Interessenausgleich über die geplante Betriebsänderung zustande, so ist dieser schriftlich niederzulegen und vom Unternehmer und Betriebsrat zu unterschreiben; § 77 Absatz 2 Satz 3 gilt entsprechend. ²Das Gleiche gilt für eine Einigung über den Ausgleich oder die Milderung der wirtschaftlichen Nachteile, die den Arbeitnehmern infolge der geplanten Betriebsänderung entstehen (Sozialplan). ³Der Sozialplan hat die Wirkung einer Betriebsvereinbarung. ⁴§ 77 Abs. 3 ist auf den Sozialplan nicht anzuwenden.

(2) ¹Kommt ein Interessenausgleich über die geplante Betriebsänderung oder eine Einigung über den Sozialplan nicht zustande, so können der Unternehmer oder der Betriebsrat den Vorstand der Bundesagentur für Arbeit um Vermittlung ersuchen, der Vorstand kann die Aufgabe auf andere Bedienstete der Bundesagentur für Arbeit übertragen. ²Erfolgt kein Vermittlungsersuchen oder bleibt der Vermittlungsversuch ergebnislos, so können der Unternehmer oder der Betriebsrat die Einigungsstelle anrufen. ³Auf Ersuchen des Vorsitzenden der Einigungsstelle nimmt ein Mitglied des Vorstands der Bundesagentur für Arbeit oder ein vom Vorstand der Bundesagentur für Arbeit benannter Bediensteter der Bundesagentur für Arbeit an der Verhandlung teil.

(3) ¹Unternehmer und Betriebsrat sollen der Einigungsstelle Vorschläge zur Beilegung der Meinungsverschiedenheiten über den Interessenausgleich und den Sozialplan machen. ²Die Einigungsstelle hat eine Einigung der Parteien zu versuchen. ³Kommt eine Einigung zustande,

so ist sie schriftlich niederzulegen und von den Parteien und vom Vorsitzenden zu unterschreiben.
(4) ¹Kommt eine Einigung über den Sozialplan nicht zustande, so entscheidet die Einigungsstelle über die Aufstellung eines Sozialplans. ²Der Spruch der Einigungsstelle ersetzt die Einigung zwischen Arbeitgeber und Betriebsrat.
(5) ¹Die Einigungsstelle hat bei ihrer Entscheidung nach Absatz 4 sowohl die sozialen Belange der betroffenen Arbeitnehmer zu berücksichtigen als auch auf die wirtschaftliche Vertretbarkeit ihrer Entscheidung für das Unternehmen zu achten. ²Dabei hat die Einigungsstelle sich im Rahmen billigen Ermessens insbesondere von folgenden Grundsätzen leiten zu lassen:
1. Sie soll beim Ausgleich oder bei der Milderung wirtschaftlicher Nachteile, insbesondere durch Einkommensminderung, Wegfall von Sonderleistungen oder Verlust von Anwartschaften auf betriebliche Altersversorgung, Umzugskosten oder erhöhte Fahrtkosten, Leistungen vorsehen, die in der Regel den Gegebenheiten des Einzelfalles Rechnung tragen.
2. Sie hat die Aussichten der betroffenen Arbeitnehmer auf dem Arbeitsmarkt zu berücksichtigen. ²Sie soll Arbeitnehmer von Leistungen ausschließen, die in einem zumutbaren Arbeitsverhältnis im selben Betrieb oder in einem anderen Betrieb des Unternehmens oder eines zum Konzern gehörenden Unternehmens weiterbeschäftigt werden können und die Weiterbeschäftigung ablehnen; die mögliche Weiterbeschäftigung an einem anderen Ort begründet für sich allein nicht die Unzumutbarkeit.
2a. Sie soll insbesondere die im Dritten Buch des Sozialgesetzbuches vorgesehenen Förderungsmöglichkeiten zur Vermeidung von Arbeitslosigkeit berücksichtigen.
3. Sie hat bei der Bemessung des Gesamtbetrages der Sozialplanleistungen darauf zu achten, dass der Fortbestand des Unternehmens oder die nach Durchführung der Betriebsänderung verbleibenden Arbeitsplätze nicht gefährdet werden.

§ 112a Erzwingbarer Sozialplan bei Personalabbau, Neugründungen

(1) ¹Besteht eine geplante Betriebsänderung im Sinne des § 111 Satz 3 Nr. 1 allein in der Entlassung von Arbeitnehmern, so findet § 112 Abs. 4 und 5 nur Anwendung, wenn
1. in Betrieben mit in der Regel weniger als 60 Arbeitnehmern 20 vom Hundert der regelmäßig beschäftigten Arbeitnehmer, aber mindestens 6 Arbeitnehmer,
2. in Betrieben mit in der Regel mindestens 60 und weniger als 250 Arbeitnehmern 20 vom Hundert der regelmäßig beschäftigten Arbeitnehmer oder mindestens 37 Arbeitnehmer,
3. in Betrieben mit in der Regel mindestens 250 und weniger als 500 Arbeitnehmern 15 vom Hundert der regelmäßig beschäftigten Arbeitnehmer oder mindestens 60 Arbeitnehmer,
4. in Betrieben mit in der Regel mindestens 500 Arbeitnehmern 10 vom Hundert der regelmäßig beschäftigten Arbeitnehmer, aber mindestens 60 Arbeitnehmer
aus betriebsbedingten Gründen entlassen werden sollen. ²Als Entlassung gilt auch das vom Arbeitgeber aus Gründen der Betriebsänderung veranlasste Ausscheiden von Arbeitnehmern aufgrund von Aufhebungsverträgen.
(2) ¹§ 112 Abs. 4 und 5 findet keine Anwendung auf Betriebe eines Unternehmens in den ersten vier Jahren nach seiner Gründung. ²Dies gilt nicht für Neugründungen im Zusammenhang mit der rechtlichen Umstrukturierung von Unternehmen und Konzernen. ³Maßgebend für den Zeitpunkt der Gründung ist die Aufnahme einer Erwerbstätigkeit, die nach § 138 der Abgabenordnung dem Finanzamt mitzuteilen ist.

§ 113 Nachteilsausgleich

(1) Weicht der Unternehmer von einem Interessenausgleich über die geplante Betriebsänderung ohne zwingenden Grund ab, so können Arbeitnehmer, die infolge dieser Abweichung entlassen werden, beim Arbeitsgericht Klage erheben mit dem Antrag, den Arbeitgeber zur Zahlung von Abfindungen zu verurteilen; § 10 des Kündigungsschutzgesetzes gilt entsprechend.
(2) Erleiden Arbeitnehmer infolge einer Abweichung nach Absatz 1 andere wirtschaftliche Nachteile, so hat der Unternehmer diese Nachteile bis zu einem Zeitraum von zwölf Monaten auszugleichen.
(3) Die Absätze 1 und 2 gelten entsprechend, wenn der Unternehmer eine geplante Betriebsänderung nach § 111 durchführt, ohne über sie einen Interessenausgleich mit dem Betriebsrat versucht zu haben, und infolge der Maßnahme Arbeitnehmer entlassen werden oder andere wirtschaftliche Nachteile erleiden.

Verordnung über Sicherheit und Gesundheitsschutz bei Tätigkeiten mit Biologischen Arbeitsstoffen (Biostoffverordnung – BioStoffV)

vom 15. Juli 2013 (BGBl I 2013, S. 2514)

– zuletzt geändert durch Verordnung zur Änderung der Biostoffverordnung und anderer Arbeitsschutzverordnungen vom 21. Juli 2021 (BGBl I 2021, S. 3115)

Abschnitt 1: Anwendungsbereich, Begriffsbestimmungen und Risikogruppeneinstufung

§ 1 Anwendungsbereich

(1) [1]Diese Verordnung gilt für Tätigkeiten mit Biologischen Arbeitsstoffen (Biostoffen). [2]Sie regelt Maßnahmen zum Schutz von Sicherheit und Gesundheit der Beschäftigten vor Gefährdungen durch diese Tätigkeiten. [3]Sie regelt zugleich auch Maßnahmen zum Schutz von:
1. Beschäftigten in Arbeitsbereichen, in denen diese durch Tätigkeiten nach § 2 Absatz 7 gefährdet werden können, ohne selbst diese Tätigkeiten auszuüben sowie
2. anderen Personen, soweit diese aufgrund des Verwendens von Biostoffen durch Beschäftigte oder durch Unternehmer ohne Beschäftigte gefährdet werden können.

(2) Die Verordnung gilt auch für Tätigkeiten, die dem Gentechnikrecht unterliegen, sofern dort keine gleichwertigen oder strengeren Regelungen zum Schutz der Beschäftigten bestehen.

§ 2 Begriffsbestimmungen

(1) Biostoffe sind
1. Mikroorganismen, Zellkulturen und Endoparasiten einschließlich ihrer gentechnisch veränderten Formen,
2. mit Transmissibler Spongiformer Enzephalopathie (TSE) assoziierte Agenzien,

die den Menschen durch Infektionen, infektionsbedingte akute oder chronische Krankheiten, Toxinbildung oder sensibilisierende Wirkungen gefährden können.

(2) Den Biostoffen gleichgestellt sind
1. Ektoparasiten, die beim Menschen eigenständige Erkrankungen verursachen oder sensibilisierende oder toxische Wirkungen hervorrufen können,
2. technisch hergestellte biologische Einheiten mit neuen Eigenschaften, die den Menschen in gleicher Weise gefährden können wie Biostoffe.

(3) Mikroorganismen sind alle zellulären oder nichtzellulären mikroskopisch oder submikroskopisch kleinen biologischen Einheiten, die zur Vermehrung oder zur Weitergabe von genetischem Material fähig sind, insbesondere Bakterien, Viren, Protozoen und Pilze.

(4) Zellkulturen sind in-vitro-vermehrte Zellen, die aus vielzelligen Organismen isoliert worden sind.

(5) Toxine im Sinne von Absatz 1 sind Stoffwechselprodukte oder Zellbestandteile von Biostoffen, die infolge von Einatmen, Verschlucken oder Aufnahme über die Haut beim Menschen toxische Wirkungen hervorrufen und dadurch akute oder chronische Gesundheitsschäden oder den Tod bewirken können.

(6) [1]Biostoffe der Risikogruppe 3, die mit (**) gekennzeichnet sind, sind solche Biostoffe, bei denen das Infektionsrisiko für Beschäftigte begrenzt ist, weil eine Übertragung über den Luftweg normalerweise nicht erfolgen kann. [2]Diese Biostoffe sind in Anhang III der Richtlinie

Biostoffverordnung § 2

2000/54/EG des Europäischen Parlaments und des Rates vom 18. September 2000 über den Schutz der Arbeitnehmer gegen Gefährdung durch biologische Arbeitsstoffe bei der Arbeit (ABl. L 262 vom 17.10.2000, S. 21) sowie in den Bekanntmachungen nach § 19 Absatz 4 Nummer 1 entsprechend aufgeführt.
(7) Tätigkeiten sind
1. das Verwenden von Biostoffen, insbesondere das Isolieren, Erzeugen und Vermehren, das Aufschließen, das Ge- und Verbrauchen, das Be- und Verarbeiten, das Ab- und Umfüllen, das Mischen und Abtrennen sowie das innerbetriebliche Befördern, das Aufbewahren einschließlich des Lagerns, das Inaktivieren und das Entsorgen sowie
2. die berufliche Arbeit mit Menschen, Tieren, Pflanzen, Produkten, Gegenständen oder Materialien, wenn aufgrund dieser Arbeiten Biostoffe auftreten oder freigesetzt werden und Beschäftigte damit in Kontakt kommen können.
(8) [1]Gezielte Tätigkeiten liegen vor, wenn
1. die Tätigkeiten auf einen oder mehrere Biostoffe unmittelbar ausgerichtet sind,
2. der Biostoff oder die Biostoffe mindestens der Spezies nach bekannt sind und
3. die Exposition der Beschäftigten im Normalbetrieb hinreichend bekannt oder abschätzbar ist.
[2]Nicht gezielte Tätigkeiten liegen vor, wenn mindestens eine Voraussetzung nach Satz 1 nicht vorliegt. [3]Dies ist insbesondere bei Tätigkeiten nach Absatz 7 Nummer 2 gegeben.
(9) [1]Beschäftigte sind Personen, die nach § 2 Absatz 2 des Arbeitsschutzgesetzes als solche bestimmt sind. [2]Den Beschäftigten stehen folgende Personen gleich, sofern sie Tätigkeiten mit Biostoffen durchführen:
1. Schülerinnen und Schüler,
2. Studierende,
3. sonstige Personen, insbesondere in wissenschaftlichen Einrichtungen und in Einrichtungen des Gesundheitsdienstes Tätige,
4. in Heimarbeit Beschäftigte nach § 1 Absatz 1 des Heimarbeitsgesetzes.
[3]Auf Schülerinnen und Schüler, Studierende sowie sonstige Personen nach Nummer 3 finden die Regelungen dieser Verordnung über die Beteiligung der Vertretungen keine Anwendung.
(10) [1]Arbeitgeber ist, wer nach § 2 Absatz 3 des Arbeitsschutzgesetzes als solcher bestimmt ist. [2]Dem Arbeitgeber stehen gleich
1. der Unternehmer ohne Beschäftigte,
2. der Auftraggeber und der Zwischenmeister im Sinne des Heimarbeitsgesetzes.
(11) [1]Fachkundig im Sinne dieser Verordnung ist, wer zur Ausübung einer in dieser Verordnung bestimmten Aufgabe befähigt ist. [2]Die Anforderungen an die Fachkunde sind abhängig von der jeweiligen Art der Aufgabe und der Höhe der Gefährdung. [3]Die für die Fachkunde erforderlichen Kenntnisse sind durch eine geeignete Berufsausbildung und eine zeitnahe einschlägige berufliche Tätigkeit nachzuweisen. [4]In Abhängigkeit von der Aufgabe und der Höhe der Gefährdung kann zusätzlich die Teilnahme an spezifischen Fortbildungsmaßnahmen erforderlich sein.
(12) [1]Stand der Technik ist der Entwicklungsstand fortschrittlicher Verfahren, Einrichtungen oder Betriebsweisen, der die praktische Eignung einer Maßnahme zum Schutz von Sicherheit und Gesundheit der Beschäftigten gesichert erscheinen lässt. [2]Bei der Bestimmung des Standes der Technik sind insbesondere vergleichbare Verfahren, Einrichtungen oder Betriebsweisen heranzuziehen, die mit Erfolg in der Praxis erprobt worden sind.
(13) [1]Schutzstufen orientieren sich an der Risikogruppe des jeweiligen Biostoffs und sind ein Maßstab für die Höhe der Infektionsgefährdung einer Tätigkeit. [2]Entsprechend den Risikogruppen nach § 3 werden vier Schutzstufen unterschieden. [3]Die Schutzstufen umfassen die zusätzlichen Schutzmaßnahmen, die in den Anhängen II und III festgelegt oder empfohlen sind.

(14) Einrichtungen des Gesundheitsdienstes nach dieser Verordnung sind Arbeitsstätten, in denen Menschen stationär medizinisch untersucht, behandelt oder gepflegt werden oder ambulant medizinisch untersucht oder behandelt werden.
(15) Biotechnologie im Sinne dieser Verordnung umfasst die biotechnologische Produktion sowie die biotechnologische Forschung unter gezieltem Einsatz definierter Biostoffe.

§ 3 Einstufung von Biostoffen in Risikogruppen

(1) Biostoffe werden entsprechend dem von ihnen ausgehenden Infektionsrisiko nach dem Stand der Wissenschaft in eine der folgenden Risikogruppen eingestuft:
1. Risikogruppe 1: Biostoffe, bei denen es unwahrscheinlich ist, dass sie beim Menschen eine Krankheit hervorrufen,
2. Risikogruppe 2: Biostoffe, die eine Krankheit beim Menschen hervorrufen können und eine Gefahr für Beschäftigte darstellen könnten; eine Verbreitung in der Bevölkerung ist unwahrscheinlich; eine wirksame Vorbeugung oder Behandlung ist normalerweise möglich,
3. Risikogruppe 3: Biostoffe, die eine schwere Krankheit beim Menschen hervorrufen und eine ernste Gefahr für Beschäftigte darstellen können; die Gefahr einer Verbreitung in der Bevölkerung kann bestehen, doch ist normalerweise eine wirksame Vorbeugung oder Behandlung möglich,
4. Risikogruppe 4: Biostoffe, die eine schwere Krankheit beim Menschen hervorrufen und eine ernste Gefahr für Beschäftigte darstellen; die Gefahr einer Verbreitung in der Bevölkerung ist unter Umständen groß; normalerweise ist eine wirksame Vorbeugung oder Behandlung nicht möglich.

(2) [1]Für die Einstufung der Biostoffe in die Risikogruppen 2 bis 4 gilt Anhang III der Richtlinie 2000/54/EG des Europäischen Parlaments und des Rates vom 18. September 2000 über den Schutz der Arbeitnehmer gegen Gefährdung durch biologische Arbeitsstoffe bei der Arbeit (ABl. L 262 vom 17.10.2000, S. 21). [2]Wird dieser Anhang im Verfahren nach Artikel 19 dieser Richtlinie an den technischen Fortschritt angepasst, so kann die geänderte Fassung bereits ab ihrem Inkrafttreten angewendet werden. [3]Sie ist nach Ablauf der festgelegten Umsetzungsfrist anzuwenden.

(3) [1]Ist ein Biostoff nicht nach Absatz 2 eingestuft, kann das Bundesministerium für Arbeit und Soziales nach Beratung durch den Ausschuss nach § 19 die Einstufung in eine Risikogruppe nach Absatz 1 vornehmen. [2]Die Einstufungen werden im Gemeinsamen Ministerialblatt bekannt gegeben. [3]Der Arbeitgeber hat diese Einstufungen zu beachten.

(4) [1]Liegt für einen Biostoff weder eine Einstufung nach Absatz 2 noch eine nach Absatz 3 vor, hat der Arbeitgeber, der eine gezielte Tätigkeit mit diesem Biostoff beabsichtigt, diesen in eine der Risikogruppen nach Absatz 1 einzustufen. [2]Dabei hat der Arbeitgeber Folgendes zu beachten:
1. kommen für die Einstufung mehrere Risikogruppen in Betracht, ist der Biostoff in die höchste infrage kommende Risikogruppe einzustufen,
2. Viren, die bereits beim Menschen isoliert wurden, sind mindestens in die Risikogruppe 2 einzustufen, es sei denn, es ist unwahrscheinlich, dass diese Viren beim Menschen eine Krankheit verursachen,
3. Stämme, die abgeschwächt sind oder bekannte Virulenzgene verloren haben, können vorbehaltlich einer angemessenen Ermittlung und Bewertung in eine niedrigere Risikogruppe eingestuft werden als der Elternstamm (parentaler Stamm); ist der Elternstamm in die Risikogruppe 3 oder 4 eingestuft, kann eine Herabstufung nur auf der Grundlage einer wissenschaftlichen Bewertung erfolgen, die insbesondere der Ausschuss nach § 19 vornehmen kann.

Abschnitt 2: Gefährdungsbeurteilung, Schutzstufenzuordnung, Dokumentations- und Aufzeichnungspflichten

§ 4 Gefährdungsbeurteilung

(1) [1]Im Rahmen der Gefährdungsbeurteilung nach § 5 des Arbeitsschutzgesetzes hat der Arbeitgeber die Gefährdung der Beschäftigten durch die Tätigkeiten mit Biostoffen vor Aufnahme der Tätigkeit zu beurteilen. [2]Die Gefährdungsbeurteilung ist fachkundig durchzuführen. [3]Verfügt der Arbeitgeber nicht selbst über die entsprechenden Kenntnisse, so hat er sich fachkundig beraten zu lassen.

(2) [1]Der Arbeitgeber hat die Gefährdungsbeurteilung unverzüglich zu aktualisieren, wenn
1. maßgebliche Veränderungen der Arbeitsbedingungen oder neue Informationen, zum Beispiel Unfallberichte oder Erkenntnisse aus arbeitsmedizinischen Vorsorgeuntersuchungen, dies erfordern oder
2. die Prüfung von Funktion und Wirksamkeit der Schutzmaßnahmen ergeben hat, dass die festgelegten Schutzmaßnahmen nicht wirksam sind.

[2]Ansonsten hat der Arbeitgeber die Gefährdungsbeurteilung mindestens jedes zweite Jahr zu überprüfen und bei Bedarf zu aktualisieren. [3]Ergibt die Überprüfung, dass eine Aktualisierung der Gefährdungsbeurteilung nicht erforderlich ist, so hat der Arbeitgeber dies unter Angabe des Datums der Überprüfung in der Dokumentation nach § 7 zu vermerken.

(3) Für die Gefährdungsbeurteilung hat der Arbeitgeber insbesondere Folgendes zu ermitteln:
1. Identität, Risikogruppeneinstufung und Übertragungswege der Biostoffe, deren mögliche sensibilisierende und toxische Wirkungen und Aufnahmepfade, soweit diese Informationen ermittelt werden können,
2. Art der Tätigkeit unter Berücksichtigung der Betriebsabläufe, Arbeitsverfahren und verwendeten Arbeitsmittel einschließlich der Betriebsanlagen,
3. Art, Dauer und Häufigkeit der Exposition der Beschäftigten, soweit diese Informationen für den Arbeitgeber zugänglich sind,
4. Möglichkeit des Einsatzes von Biostoffen, Arbeitsverfahren oder Arbeitsmitteln, die zu keiner oder einer geringeren Gefährdung der Beschäftigten führen würden (Substitutionsprüfung),
5. tätigkeitsbezogene Erkenntnisse
    a) über Belastungs- und Expositionssituationen, einschließlich psychischer Belastungen,
    b) über bekannte Erkrankungen und die zu ergreifenden Gegenmaßnahmen,
    c) aus der arbeitsmedizinischen Vorsorge.

(4) [1]Der Arbeitgeber hat auf der Grundlage der nach Absatz 3 ermittelten Informationen die Infektionsgefährdung und die Gefährdungen durch sensibilisierende oder toxische Wirkungen unabhängig voneinander zu beurteilen. [2]Diese Einzelbeurteilungen sind zu einer Gesamtbeurteilung zusammenzuführen, auf deren Grundlage die Schutzmaßnahmen festzulegen und zu ergreifen sind. [3]Dies gilt auch, wenn bei einer Tätigkeit mehrere Biostoffe gleichzeitig auftreten oder verwendet werden.

(5) [1]Sind bei Tätigkeiten mit Produkten, die Biostoffe enthalten, die erforderlichen Informationen zur Gefährdungsbeurteilung wie zum Beispiel die Risikogruppeneinstufung nicht zu ermitteln, so muss der Arbeitgeber diese beim Hersteller, Einführer oder Inverkehrbringer einholen. [2]Satz 1 gilt nicht für Lebensmittel in Form von Fertigerzeugnissen, die für den Endverbrauch bestimmt sind.

§ 5 Tätigkeiten mit Schutzstufenzuordnung

(1) ¹Bei Tätigkeiten in Laboratorien, in der Versuchstierhaltung, in der Biotechnologie sowie in Einrichtungen des Gesundheitsdienstes hat der Arbeitgeber ergänzend zu § 4 Absatz 3 zu ermitteln, ob gezielte oder nicht gezielte Tätigkeiten ausgeübt werden. ²Er hat diese Tätigkeiten hinsichtlich ihrer Infektionsgefährdung einer Schutzstufe zuzuordnen.
(2) Die Schutzstufenzuordnung richtet sich
1. bei gezielten Tätigkeiten nach der Risikogruppe des ermittelten Biostoffs; werden Tätigkeiten mit mehreren Biostoffen ausgeübt, so richtet sich die Schutzstufenzuordnung nach dem Biostoff mit der höchsten Risikogruppe,
2. bei nicht gezielten Tätigkeiten nach der Risikogruppe des Biostoffs, der aufgrund
    a) der Wahrscheinlichkeit seines Auftretens,
    b) der Art der Tätigkeit,
    c) der Art, Dauer, Höhe und Häufigkeit der ermittelten Exposition
    den Grad der Infektionsgefährdung der Beschäftigten bestimmt.

§ 6 Tätigkeiten ohne Schutzstufenzuordnung

(1) ¹Tätigkeiten, die nicht unter § 5 Absatz 1 fallen, müssen keiner Schutzstufe zugeordnet werden. ²Dabei handelt es sich um Tätigkeiten im Sinne von § 2 Absatz 7 Nummer 2. ³Zu diesen Tätigkeiten gehören beispielsweise Reinigungs- und Sanierungsarbeiten, Tätigkeiten in der Veterinärmedizin, der Land-, Forst-, Abwasser- und Abfallwirtschaft sowie in Biogasanlagen und Betrieben der Futter- und Nahrungsmittelproduktion einschließlich Schlachtbetrieben.
(2) Kann bei diesen Tätigkeiten eine der in § 4 Absatz 3 Nummer 1 und 3 genannten Informationen nicht ermittelt werden, weil das Spektrum der auftretenden Biostoffe Schwankungen unterliegt oder Art, Dauer, Höhe oder Häufigkeit der Exposition wechseln können, so hat der Arbeitgeber die für die Gefährdungsbeurteilung und Festlegung der Schutzmaßnahmen erforderlichen Informationen insbesondere zu ermitteln auf der Grundlage von
1. Bekanntmachungen nach § 19 Absatz 4,
2. Erfahrungen aus vergleichbaren Tätigkeiten oder
3. sonstigen gesicherten arbeitswissenschaftlichen Erkenntnissen.

§ 7 Dokumentation der Gefährdungsbeurteilung und Aufzeichnungspflichten

(1) ¹Der Arbeitgeber hat die Gefährdungsbeurteilung unabhängig von der Zahl der Beschäftigten erstmals vor Aufnahme der Tätigkeit sowie danach jede Aktualisierung gemäß Satz 2 zu dokumentieren. ²Die Dokumentation der Gefährdungsbeurteilung umfasst insbesondere folgende Angaben:
1. die Art der Tätigkeit einschließlich der Expositionsbedingungen,
2. das Ergebnis der Substitutionsprüfung nach § 4 Absatz 3 Nummer 4,
3. die nach § 5 Absatz 2 festgelegten Schutzstufen,
4. die zu ergreifenden Schutzmaßnahmen,
5. eine Begründung, wenn von den nach § 19 Absatz 4 Nummer 1 bekannt gegebenen Regeln und Erkenntnissen abgewichen wird.
(2) ¹Als Bestandteil der Dokumentation hat der Arbeitgeber ein Verzeichnis der verwendeten oder auftretenden Biostoffe zu erstellen (Biostoffverzeichnis), soweit diese bekannt sind. ²Das Verzeichnis muss Angaben zur Einstufung der Biostoffe in eine Risikogruppe nach § 3 und zu ihren sensibilisierenden und toxischen Wirkungen beinhalten. ³Die Angaben müssen allen betroffenen Beschäftigten und ihren Vertretungen zugänglich sein.
(3) ¹Bei Tätigkeiten der Schutzstufe 3 oder 4 hat der Arbeitgeber zusätzlich ein Verzeichnis über die Beschäftigten zu führen, die diese Tätigkeiten ausüben. ²In dem Verzeichnis sind die

Biostoffverordnung §§ 7, 8

Art der Tätigkeiten und die vorkommenden Biostoffe sowie aufgetretene Unfälle und Betriebsstörungen anzugeben. ³Es ist personenbezogen für den Zeitraum von mindestens zehn Jahren nach Beendigung der Tätigkeit aufzubewahren. ⁴Der Arbeitgeber hat
1. den Beschäftigten die sie betreffenden Angaben in dem Verzeichnis zugänglich zu machen; der Schutz der personenbezogenen Daten ist zu gewährleisten,
2. bei Beendigung des Beschäftigungsverhältnisses dem Beschäftigten einen Auszug über die ihn betreffenden Angaben des Verzeichnisses auszuhändigen; der Nachweis über die Aushändigung ist vom Arbeitgeber wie Personalunterlagen aufzubewahren.
⁵Das Verzeichnis über die Beschäftigten kann zusammen mit dem Biostoffverzeichnis nach Absatz 2 geführt werden.
(4) Auf die Dokumentation der Angaben nach Absatz 1 Satz 2 Nummer 2 und 5 sowie auf das Verzeichnis nach Absatz 2 kann verzichtet werden, wenn ausschließlich Tätigkeiten mit Biostoffen der Risikogruppe 1 ohne sensibilisierende oder toxische Wirkungen durchgeführt werden.

Abschnitt 3: Grundpflichten und Schutzmaßnahmen

§ 8 Grundpflichten
(1) ¹Der Arbeitgeber hat die Belange des Arbeitsschutzes in Bezug auf Tätigkeiten mit Biostoffen in seine betriebliche Organisation einzubinden und hierfür die erforderlichen personellen, finanziellen und organisatorischen Voraussetzungen zu schaffen. ²Dabei hat er die Vertretungen der Beschäftigten in geeigneter Form zu beteiligen. ³Insbesondere hat er sicherzustellen, dass
1. bei der Gestaltung der Arbeitsorganisation, des Arbeitsverfahrens und des Arbeitsplatzes sowie bei der Auswahl und Bereitstellung der Arbeitsmittel alle mit der Sicherheit und Gesundheit der Beschäftigten zusammenhängenden Faktoren, einschließlich der psychischen, ausreichend berücksichtigt werden,
2. die Beschäftigten oder ihre Vertretungen im Rahmen der betrieblichen Möglichkeiten beteiligt werden, wenn neue Arbeitsmittel eingeführt werden sollen, die Einfluss auf die Sicherheit und Gesundheit der Beschäftigten haben.
(2) Der Arbeitgeber hat geeignete Maßnahmen zu ergreifen, um bei den Beschäftigten ein Sicherheitsbewusstsein zu schaffen und den innerbetrieblichen Arbeitsschutz bei Tätigkeiten mit Biostoffen fortzuentwickeln.
(3) Der Arbeitgeber darf eine Tätigkeit mit Biostoffen erst aufnehmen lassen, nachdem die Gefährdungsbeurteilung nach § 4 durchgeführt und die erforderlichen Maßnahmen ergriffen wurden.
(4) Der Arbeitgeber hat vor Aufnahme der Tätigkeit
1. gefährliche Biostoffe vorrangig durch solche zu ersetzen, die nicht oder weniger gefährlich sind, soweit dies nach der Art der Tätigkeit oder nach dem Stand der Technik möglich ist,
2. Arbeitsverfahren und Arbeitsmittel so auszuwählen oder zu gestalten, dass Biostoffe am Arbeitsplatz nicht frei werden, wenn die Gefährdung der Beschäftigten nicht durch eine Maßnahme nach Nummer 1 ausgeschlossen werden kann,
3. die Exposition der Beschäftigten durch geeignete bauliche, technische und organisatorische Maßnahmen auf ein Minimum zu reduzieren, wenn eine Gefährdung der Beschäftigten nicht durch eine Maßnahme nach Nummer 1 oder Nummer 2 verhindert werden kann oder die Biostoffe bestimmungsgemäß freigesetzt werden,
4. zusätzlich persönliche Schutzausrüstung zur Verfügung zu stellen, wenn die Maßnahmen nach den Nummern 1 bis 3 nicht ausreichen, um die Gefährdung auszuschließen oder

ausreichend zu verringern; der Arbeitgeber hat den Einsatz belastender persönlicher Schutzausrüstung auf das unbedingt erforderliche Maß zu beschränken und darf sie nicht als Dauermaßnahme vorsehen.
(5) ¹Der Arbeitgeber hat die Schutzmaßnahmen auf der Grundlage der Gefährdungsbeurteilung nach dem Stand der Technik sowie nach gesicherten wissenschaftlichen Erkenntnissen festzulegen und zu ergreifen. ²Dazu hat er die Vorschriften dieser Verordnung einschließlich der Anhänge zu beachten und die nach § 19 Absatz 4 Nummer 1 bekannt gegebenen Regeln und Erkenntnisse zu berücksichtigen. ³Bei Einhaltung der Regeln und Erkenntnisse ist davon auszugehen, dass die gestellten Anforderungen erfüllt sind (Vermutungswirkung). ⁴Von diesen Regeln und Erkenntnissen kann abgewichen werden, wenn durch andere Maßnahmen zumindest in vergleichbarer Weise der Schutz von Sicherheit und Gesundheit der Beschäftigten gewährleistet wird. ⁵Haben sich der Stand der Technik oder gesicherte wissenschaftliche Erkenntnisse fortentwickelt und erhöht sich die Arbeitssicherheit durch diese Fortentwicklung erheblich, sind die Schutzmaßnahmen innerhalb einer angemessenen Frist anzupassen.
(6) ¹Der Arbeitgeber hat die Funktion der technischen Schutzmaßnahmen regelmäßig und deren Wirksamkeit mindestens jedes zweite Jahr zu überprüfen. ²Die Ergebnisse und das Datum der Wirksamkeitsprüfung sind in der Dokumentation nach § 7 zu vermerken. ³Wurde für einen Arbeitsbereich, ein Arbeitsverfahren oder einen Anlagetyp in einer Bekanntmachung nach § 19 Absatz 4 ein Wert festgelegt, der die nach dem Stand der Technik erreichbare Konzentration der Biostoffe in der Luft am Arbeitsplatz beschreibt (Technischer Kontrollwert), so ist dieser Wert für die Wirksamkeitsüberprüfung der entsprechenden Schutzmaßnahmen heranzuziehen.
(7) Der Arbeitgeber darf in Heimarbeit nur Tätigkeiten mit Biostoffen der Risikogruppe 1 ohne sensibilisierende oder toxische Wirkung ausüben lassen.

§ 9 Allgemeine Schutzmaßnahmen
(1) ¹Bei allen Tätigkeiten mit Biostoffen müssen mindestens die allgemeinen Hygienemaßnahmen eingehalten werden. ²Insbesondere hat der Arbeitgeber dafür zu sorgen, dass
1. Arbeitsplätze und Arbeitsmittel in einem dem Arbeitsablauf entsprechenden sauberen Zustand gehalten und regelmäßig gereinigt werden,
2. Fußböden und Oberflächen von Arbeitsmitteln und Arbeitsflächen leicht zu reinigen sind,
3. Waschgelegenheiten zur Verfügung stehen,
4. vom Arbeitsplatz getrennte Umkleidemöglichkeiten vorhanden sind, sofern Arbeitskleidung erforderlich ist; die Arbeitskleidung ist regelmäßig sowie bei Bedarf zu wechseln und zu reinigen.
(2) Bei Tätigkeiten in Laboratorien, in der Versuchstierhaltung, in der Biotechnologie und in Einrichtungen des Gesundheitsdienstes hat der Arbeitgeber für die Schutzstufe 1 über die Maßnahmen des Absatzes 1 hinaus spezielle Hygienemaßnahmen entsprechend den nach § 19 Absatz 4 Nummer 1 bekannt gegebenen Regeln und Erkenntnissen zu berücksichtigen.
(3) ¹Werden nicht ausschließlich Tätigkeiten mit Biostoffen der Risikogruppe 1 ohne sensibilisierende und toxische Wirkungen ausgeübt, hat der Arbeitgeber in Abhängigkeit von der Gefährdungsbeurteilung weitergehende Schutzmaßnahmen zu ergreifen. ²Dabei hat er insbesondere
1. Arbeitsverfahren und Arbeitsmittel so zu gestalten oder auszuwählen, dass die Exposition der Beschäftigten gegenüber Biostoffen und die Gefahr durch Stich- und Schnittverletzungen verhindert oder minimiert werden, soweit dies technisch möglich ist,
2. Tätigkeiten und Arbeitsverfahren mit Staub- oder Aerosolbildung, einschließlich Reinigungsverfahren, durch solche ohne oder mit geringerer Staub- oder Aerosolbildung

zu ersetzen, soweit dies nach dem Stand der Technik möglich ist; ist dies nicht möglich, hat der Arbeitgeber geeignete Maßnahmen zur Minimierung der Exposition zu ergreifen,
3. die Zahl der exponierten Beschäftigten auf das für die Durchführung der Tätigkeit erforderliche Maß zu begrenzen,
4. die erforderlichen Maßnahmen zur Desinfektion, Inaktivierung oder Dekontamination sowie zur sachgerechten und sicheren Entsorgung von Biostoffen, kontaminierten Gegenständen, Materialien und Arbeitsmitteln zu ergreifen,
5. zur Verfügung gestellte persönliche Schutzausrüstung einschließlich Schutzkleidung zu reinigen, zu warten, instand zu halten und sachgerecht zu entsorgen; Beschäftigte müssen die bereitgestellte persönliche Schutzausrüstung verwenden, solange eine Gefährdung besteht,
6. die Voraussetzungen dafür zu schaffen, dass persönliche Schutzausrüstung einschließlich Schutzkleidung beim Verlassen des Arbeitsplatzes sicher abgelegt und getrennt von anderen Kleidungsstücken aufbewahrt werden kann,
7. sicherzustellen, dass die Beschäftigten in Arbeitsbereichen, in denen Biostoffe auftreten können, keine Nahrungs- und Genussmittel zu sich nehmen; hierzu hat der Arbeitgeber vor Aufnahme der Tätigkeiten gesonderte Bereiche einzurichten, die nicht mit persönlicher Schutzausrüstung einschließlich Schutzkleidung betreten werden dürfen.

(4) ^{1}Der Arbeitgeber hat Biostoffe sicher zu lagern, innerbetrieblich sicher zu befördern und Vorkehrungen zu treffen, um Missbrauch oder Fehlgebrauch zu verhindern. ^{2}Dabei hat er sicherzustellen, dass nur Behälter verwendet werden, die
1. hinsichtlich ihrer Beschaffenheit geeignet sind, den Inhalt sicher zu umschließen,
2. so gekennzeichnet sind, dass die davon ausgehenden Gefahren in geeigneter Weise deutlich erkennbar sind,
3. hinsichtlich Form und Kennzeichnung so gestaltet sind, dass der Inhalt nicht mit Lebensmitteln verwechselt werden kann.

(5) ^{1}Bei der medizinischen Untersuchung, Behandlung und Pflege von Patienten außerhalb von Einrichtungen des Gesundheitsdienstes findet § 11 Absatz 2 bis 5 Anwendung. ^{2}Bei diesen Tätigkeiten hat der Arbeitgeber in Arbeitsanweisungen den Umgang mit persönlicher Schutzausrüstung und Arbeitskleidung sowie die erforderlichen Maßnahmen zur Hygiene und zur Desinfektion festzulegen.

§ 10 Zusätzliche Schutzmaßnahmen und Anforderungen bei Tätigkeiten der Schutzstufe 2, 3 oder 4 in Laboratorien, in der Versuchstierhaltung sowie in der Biotechnologie

(1) Zusätzlich zu den Schutzmaßnahmen nach § 9 hat der Arbeitgeber vor Aufnahme der Tätigkeiten der Schutzstufe 2, 3 oder 4 in Laboratorien, in der Versuchstierhaltung oder in der Biotechnologie
1. entsprechend der Schutzstufenzuordnung
   a) geeignete räumliche Schutzstufenbereiche festzulegen und mit der Schutzstufenbezeichnung sowie mit dem Symbol für Biogefährdung nach Anhang I zu kennzeichnen,
   b) die Schutzmaßnahmen nach Anhang II oder III zu ergreifen; die als empfohlen bezeichneten Schutzmaßnahmen sind zu ergreifen, wenn dadurch die Gefährdung der Beschäftigten verringert werden kann,
2. gebrauchte spitze und scharfe Arbeitsmittel entsprechend der Anforderung nach § 11 Absatz 4 sicher zu entsorgen,
3. den Zugang zu Biostoffen der Risikogruppe 3 oder 4 auf dazu berechtigte, fachkundige und zuverlässige Beschäftigte zu beschränken; Tätigkeiten der Schutzstufe 3 oder 4 dürfen

diesen Beschäftigten nur übertragen werden, wenn sie anhand von Arbeitsanweisungen eingewiesen und geschult sind.
(2) ¹Der Arbeitgeber hat vor Aufnahme von Tätigkeiten der Schutzstufe 3 oder 4 eine Person zu benennen, die zuverlässig ist und über eine Fachkunde verfügt, die der hohen Gefährdung entspricht. ²Er hat diese Person mit folgenden Aufgaben zu beauftragen:
1. Beratung bei
    a) der Gefährdungsbeurteilung nach § 4,
    b) sonstigen sicherheitstechnisch relevanten Fragestellungen,
2. Unterstützung bei der
    a) Kontrolle der Wirksamkeit der Schutzmaßnahmen,
    b) Durchführung der Unterweisung nach § 14 Absatz 2,
3. Überprüfung der Einhaltung der Schutzmaßnahmen.
³Der Arbeitgeber hat die Aufgaben und die Befugnisse dieser Person schriftlich festzulegen. ⁴Sie darf wegen der Erfüllung der ihr übertragenen Aufgaben nicht benachteiligt werden. ⁵Ihr ist für die Durchführung der Aufgaben ausreichend Zeit zur Verfügung zu stellen. ⁶Satz 1 gilt nicht für Tätigkeiten mit Biostoffen der Risikogruppe 3, die mit (**) gekennzeichnet sind.

§ 11 Zusätzliche Schutzmaßnahmen und Anforderungen in Einrichtungen des Gesundheitsdienstes

(1) Zusätzlich zu den Schutzmaßnahmen nach § 9 hat der Arbeitgeber vor Aufnahme der Tätigkeiten der Schutzstufe 2, 3 oder 4 in Einrichtungen des Gesundheitsdienstes in Abhängigkeit von der Gefährdungsbeurteilung
1. wirksame Desinfektions- und Inaktivierungsverfahren festzulegen,
2. Oberflächen, die desinfiziert werden müssen, so zu gestalten, dass sie leicht zu reinigen und beständig gegen die verwendeten Desinfektionsmittel sind; für Tätigkeiten der Schutzstufe 4 gelten zusätzlich die Anforderungen des Anhangs II an Oberflächen.
(2) Der Arbeitgeber hat entsprechend § 9 Absatz 3 Satz 2 Nummer 1 spitze und scharfe medizinische Instrumente vor Aufnahme der Tätigkeit durch solche zu ersetzen, bei denen keine oder eine geringere Gefahr von Stich- und Schnittverletzungen besteht, soweit dies technisch möglich und zur Vermeidung einer Infektionsgefährdung erforderlich ist.
(3) ¹Der Arbeitgeber hat sicherzustellen, dass gebrauchte Kanülen nicht in die Schutzkappen zurückgesteckt werden. ²Werden Tätigkeiten ausgeübt, die nach dem Stand der Technik eine Mehrfachverwendung des medizinischen Instruments erforderlich machen, und muss dabei die Kanüle in die Schutzkappe zurückgesteckt werden, ist dies zulässig, wenn ein Verfahren angewendet wird, das ein sicheres Zurückstecken der Kanüle in die Schutzkappe mit einer Hand erlaubt.
(4) ¹Spitze und scharfe medizinische Instrumente sind nach Gebrauch sicher zu entsorgen. ²Hierzu hat der Arbeitgeber vor Aufnahme der Tätigkeiten Abfallbehältnisse bereitzustellen, die stich- und bruchfest sind und den Abfall sicher umschließen. ³Er hat dafür zu sorgen, dass diese Abfallbehältnisse durch Farbe, Form und Beschriftung eindeutig als Abfallbehältnisse erkennbar sind. ⁴Satz 1 und 2 gelten auch für gebrauchte medizinische Instrumente mit Schutzeinrichtungen gegen Stich- und Schnittverletzungen.
(5) ¹Der Arbeitgeber hat die Beschäftigten und ihre Vertretungen über Verletzungen durch gebrauchte spitze oder scharfe medizinische Instrumente, die organisatorische oder technische Ursachen haben, zeitnah zu unterrichten. ²Er hat die Vorgehensweise hierfür festzulegen.
(6) Tätigkeiten der Schutzstufe 3 oder 4 dürfen nur fachkundigen Beschäftigten übertragen werden, die anhand von Arbeitseinweisungen eingewiesen und geschult sind.

(7) Vor Aufnahme von Tätigkeiten der Schutzstufe 4 hat der Arbeitgeber
1. geeignete räumliche Schutzstufenbereiche festzulegen und mit der Schutzstufenbezeichnung sowie mit dem Symbol für Biogefährdung nach Anhang I zu kennzeichnen,
2. die Maßnahmen der Schutzstufe 4 aus Anhang II auszuwählen und zu ergreifen, die erforderlich und geeignet sind, die Gefährdung der Beschäftigten und anderer Personen zu verringern,
3. eine Person im Sinne von § 10 Absatz 2 Satz 1 zu benennen und mit den Aufgaben nach § 10 Absatz 2 Satz 2 zu beauftragen.

§ 12 Arbeitsmedizinische Vorsorge
Die Verordnung zur arbeitsmedizinischen Vorsorge in der jeweils geltenden Fassung gilt auch für den in § 2 Absatz 9 Satz 2 genannten Personenkreis.

§ 13 Betriebsstörungen, Unfälle
(1) [1]Der Arbeitgeber hat vor Aufnahme einer Tätigkeit der Schutzstufen 2 bis 4 die erforderlichen Maßnahmen festzulegen, die bei Betriebsstörungen oder Unfällen notwendig sind, um die Auswirkungen auf die Sicherheit und Gesundheit der Beschäftigten und anderer Personen zu minimieren und den normalen Betriebsablauf wiederherzustellen. [2]In Abhängigkeit von der Art möglicher Ereignisse und verwendeter oder vorkommender Biostoffe ist insbesondere Folgendes festzulegen:
1. Maßnahmen zur Ersten Hilfe und weitergehende Hilfsmaßnahmen für Beschäftigte bei unfallbedingter Übertragung von Biostoffen einschließlich der Möglichkeit zur postexpositionellen Prophylaxe,
2. Maßnahmen, um eine Verschleppung von Biostoffen zu verhindern,
3. Desinfektions-, Inaktivierungs- oder Dekontaminationsmaßnahmen,
4. dass getestet wird, ob bei Betriebsstörungen oder Unfällen die verwendeten Biostoffe in die Arbeitsumgebung gelangt sind, soweit dies technisch möglich ist und validierte Testverfahren bestehen.

[3]Die Festlegungen sind gemäß § 14 Absatz 1 Satz 4 Nummer 3 ein Bestandteil der Betriebsanweisung.
(2) [1]Der Arbeitgeber hat die Beschäftigten über die festgelegten Maßnahmen und ihre Anwendung zu informieren. [2]Tritt eine Betriebsstörung oder ein Unfall im Sinne von Absatz 1 Satz 1 ein, so hat der Arbeitgeber unverzüglich die gemäß Absatz 1 Satz 2 festgelegten Maßnahmen zu ergreifen. [3]Dabei dürfen im Gefahrenbereich nur die Personen verbleiben, die erforderlich sind, um die in Absatz 1 genannten Ziele zu erreichen.
(3) [1]Vor Aufnahme von Tätigkeiten der Schutzstufe 3 oder 4 in Laboratorien, in der Versuchstierhaltung, in der Biotechnologie sowie vor Aufnahme von Tätigkeiten der Schutzstufe 4 in Einrichtungen des Gesundheitsdienstes hat der Arbeitgeber ergänzend zu den Festlegungen nach Absatz 1 einen innerbetrieblichen Plan darüber zu erstellen, wie Gefahren abzuwehren sind, die beim Versagen einer Einschließungsmaßnahme durch eine Freisetzung von Biostoffen auftreten können. [2]Darin hat er die spezifischen Gefahren und die Namen der für die innerbetrieblichen Rettungsmaßnahmen zuständigen Personen festzulegen. [3]Die Festlegungen sind regelmäßig zu aktualisieren. [4]Satz 1 gilt nicht für Tätigkeiten mit Biostoffen der Risikogruppe 3, die mit (**) gekennzeichnet sind.
(4) [1]Bei Tätigkeiten der Schutzstufe 4 hat der Plan nach Absatz 3 Angaben über den Umfang von Sicherheitsübungen und deren regelmäßige Durchführung zu enthalten, sofern solche Sicherheitsübungen aufgrund der Gefährdungsbeurteilung erforderlich sind. [2]Die Maßnahmen nach Absatz 3 sind mit den zuständigen Rettungs- und Sicherheitsdiensten abzustimmen. [3]Darüber hinaus hat der Arbeitgeber Warnsysteme einzurichten und Kommunikationsmög-

lichkeiten zu schaffen, durch die alle betroffenen Beschäftigten unverzüglich gewarnt und der Rettungs- und Sicherheitsdienst alarmiert werden können. ⁴Der Arbeitgeber hat sicherzustellen, dass diese Systeme funktionstüchtig sind.
(5) ¹Der Arbeitgeber hat vor Aufnahme der Tätigkeiten ein Verfahren für Unfallmeldungen und -untersuchungen sowie die Vorgehensweise zur Unterrichtung der Beschäftigten und ihrer Vertretungen festzulegen. ²Das Verfahren ist so zu gestalten, dass bei schweren Unfällen sowie bei Nadelstichverletzungen mögliche organisatorische und technische Unfallursachen erkannt werden können und individuelle Schuldzuweisungen vermieden werden. ³Die Beschäftigten und ihre Vertretungen sind über Betriebsstörungen und Unfälle mit Biostoffen, die die Sicherheit oder Gesundheit der Beschäftigten gefährden können, unverzüglich zu unterrichten.

§ 14 Betriebsanweisung und Unterweisung der Beschäftigten

(1) ¹Der Arbeitgeber hat auf der Grundlage der Gefährdungsbeurteilung nach § 4 vor Aufnahme der Tätigkeit eine schriftliche Betriebsanweisung arbeitsbereichs- und biostoffbezogen zu erstellen. ²Satz 1 gilt nicht, wenn ausschließlich Tätigkeiten mit Biostoffen der Risikogruppe 1 ohne sensibilisierende oder toxische Wirkungen ausgeübt werden. ³Die Betriebsanweisung ist den Beschäftigten zur Verfügung zu stellen. ⁴Sie muss in einer für die Beschäftigten verständlichen Form und Sprache verfasst sein und insbesondere folgende Informationen enthalten:
1. die mit den vorgesehenen Tätigkeiten verbundenen Gefahren für die Beschäftigten, insbesondere zu
   a) der Art der Tätigkeit,
   b) den am Arbeitsplatz verwendeten oder auftretenden, tätigkeitsrelevanten Biostoffen einschließlich der Risikogruppe, Übertragungswege und gesundheitlichen Wirkungen,
2. Informationen über Schutzmaßnahmen und Verhaltensregeln, die die Beschäftigten zu ihrem eigenen Schutz und zum Schutz anderer Beschäftigter am Arbeitsplatz durchzuführen oder einzuhalten haben; dazu gehören insbesondere
   a) innerbetriebliche Hygienevorgaben,
   b) Informationen über Maßnahmen, die zur Verhütung einer Exposition zu ergreifen sind, einschließlich der richtigen Verwendung scharfer oder spitzer medizinischer Instrumente,
   c) Informationen zum Tragen, Verwenden und Ablegen persönlicher Schutzausrüstung einschließlich Schutzkleidung,
3. Anweisungen zum Verhalten und zu Maßnahmen bei Verletzungen, bei Unfällen und Betriebsstörungen sowie zu deren innerbetrieblicher Meldung und zur Ersten Hilfe,
4. Informationen zur sachgerechten Inaktivierung oder Entsorgung von Biostoffen und kontaminierten Gegenständen, Materialien oder Arbeitsmitteln.

⁵Die Betriebsanweisung muss bei jeder maßgeblichen Veränderung der Arbeitsbedingungen aktualisiert werden.
(2) ¹Der Arbeitgeber hat sicherzustellen, dass die Beschäftigten auf der Grundlage der jeweils aktuellen Betriebsanweisung nach Absatz 1 Satz 1 über alle auftretenden Gefährdungen und erforderlichen Schutzmaßnahmen mündlich unterwiesen werden. ²Die Unterweisung ist so durchzuführen, dass bei den Beschäftigten ein Sicherheitsbewusstsein geschaffen wird. ³Die Beschäftigten sind auch über die Voraussetzungen zu informieren, unter denen sie Anspruch auf arbeitsmedizinische Vorsorge nach der Verordnung zur arbeitsmedizinischen Vorsorge haben. ⁴Im Rahmen der Unterweisung ist auch eine allgemeine arbeitsmedizinische Beratung durchzuführen mit Hinweisen zu besonderen Gefährdungen zum Beispiel bei verminderter Immun-

abwehr. ⁵Soweit erforderlich ist bei der Beratung die Ärztin oder der Arzt nach § 7 Absatz 1 der Verordnung zur arbeitsmedizinischen Vorsorge zu beteiligen.
(3) ¹Die Unterweisung muss vor Aufnahme der Beschäftigung und danach mindestens jährlich arbeitsplatzbezogen durchgeführt werden sowie in einer für die Beschäftigten verständlichen Form und Sprache erfolgen. ²Inhalt und Zeitpunkt der Unterweisung hat der Arbeitgeber schriftlich festzuhalten und sich von den unterwiesenen Beschäftigten durch Unterschrift bestätigen zu lassen.
(4) ¹Für Tätigkeiten der Schutzstufen 3 und 4 sind zusätzlich zur Betriebsanweisung Arbeitsanweisungen zu erstellen, die am Arbeitsplatz vorliegen müssen. ²Arbeitsanweisungen sind auch erforderlich für folgende Tätigkeiten mit erhöhter Infektionsgefährdung:
1. Instandhaltungs-, Reinigungs-, Änderungs- oder Abbrucharbeiten in oder an kontaminierten Arbeitsmitteln,
2. Tätigkeiten, bei denen erfahrungsgemäß eine erhöhte Unfallgefahr besteht,
3. Tätigkeiten, bei denen bei einem Unfall mit schweren Infektionen zu rechnen ist; dies kann bei der Entnahme von Proben menschlichen oder tierischen Ursprungs der Fall sein.

Abschnitt 4: Erlaubnis- und Anzeigepflichten

§ 15 Erlaubnispflicht

(1) ¹Der Arbeitgeber bedarf der Erlaubnis der zuständigen Behörde, bevor Tätigkeiten der Schutzstufe 3 oder 4 in Laboratorien, in der Versuchstierhaltung oder in der Biotechnologie erstmals aufgenommen werden. ²Die Erlaubnis umfasst die baulichen, technischen und organisatorischen Voraussetzungen nach dieser Verordnung zum Schutz der Beschäftigten und anderer Personen vor den Gefährdungen durch diese Tätigkeiten. ³Satz 1 gilt auch für Einrichtungen des Gesundheitsdienstes, die für Tätigkeiten der Schutzstufe 4 vorgesehen sind. ⁴Tätigkeiten mit Biostoffen der Risikogruppe 3, die mit (**) gekennzeichnet sind, bedürfen keiner Erlaubnis.
(2) ¹Schließt eine andere behördliche Entscheidung, insbesondere eine öffentlich-rechtliche Genehmigung oder Erlaubnis, die Erlaubnis nach Absatz 1 ein, so wird die Anforderung nach Absatz 1 durch Übersendung einer Kopie dieser behördlichen Entscheidung an die zuständige Behörde erfüllt. ²Bei Bedarf kann die zuständige Behörde weitere Unterlagen anfordern.
(3) ¹Die Erlaubnis nach Absatz 1 ist schriftlich oder elektronisch zu beantragen. ²Dem Antrag sind folgende Unterlagen beizufügen:
1. Name und Anschrift des Arbeitgebers,
2. Name und Befähigung der nach § 10 Absatz 2 oder § 11 Absatz 7 Nummer 3 benannten Person,
3. Name des Erlaubnisinhabers nach § 44 des Infektionsschutzgesetzes,
4. Lageplan, Grundriss und Bezeichnung der Räumlichkeiten einschließlich Flucht- und Rettungswege,
5. Beschreibung der vorgesehenen Tätigkeiten,
6. Ergebnis der Gefährdungsbeurteilung unter Angabe
   a) der eingesetzten oder vorkommenden Biostoffe und der Schutzstufe der Tätigkeit,
   b) der baulichen, technischen, organisatorischen und persönlichen Schutzmaßnahmen einschließlich der Angaben zur geplanten Wartung und Instandhaltung der baulichen und technischen Maßnahmen,
7. Plan nach § 13 Absatz 3,
8. Informationen über die Abfall- und Abwasserentsorgung.

³Bei Bedarf kann die zuständige Behörde weitere Unterlagen anfordern. ⁴Erfolgt die Antragstellung elektronisch, kann die zuständige Behörde Mehrfertigungen sowie die Übermittlung der dem Antrag beizufügenden Unterlagen auch in schriftlicher Form verlangen.
(4) Die Erlaubnis ist zu erteilen, wenn die Anforderungen dieser Verordnung erfüllt werden, die erforderlich sind, um den Schutz der Beschäftigten und anderer Personen vor den Gefährdungen durch Biostoffe sicherzustellen.

§ 16 Anzeigepflicht
(1) Der Arbeitgeber hat der zuständigen Behörde nach Maßgabe der Absätze 2 und 3 anzuzeigen:
1. die erstmalige Aufnahme
   a) gezielter Tätigkeiten mit Biostoffen der Risikogruppe 2 sowie mit Biostoffen der Risikogruppe 3, die mit (**) gekennzeichnet sind,
   b) nicht gezielter Tätigkeiten der Schutzstufe 2 mit Biostoffen der Risikogruppe 3 einschließlich solcher, die mit (**) gekennzeichnet sind, sofern die Tätigkeiten auf diese Biostoffe ausgerichtet sind und regelmäßig durchgeführt werden sollen,
   in Laboratorien, in der Versuchstierhaltung und in der Biotechnologie,
2. jede Änderung der erlaubten oder angezeigten Tätigkeiten, wenn diese für die Sicherheit und den Gesundheitsschutz bedeutsam sind, zum Beispiel Tätigkeiten, die darauf abzielen, die Virulenz des Biostoffs zu erhöhen oder die Aufnahme von Tätigkeiten mit weiteren Biostoffen der Risikogruppe 3 oder 4,
3. die Inbetriebnahme einer Patientenstation der Schutzstufe 4 bei Aufnahme einer infizierten Patientin oder eines infizierten Patienten sowie die anschließende Außerbetriebnahme,
4. das Einstellen einer nach § 15 erlaubnispflichtigen Tätigkeit.
(2) Die Anzeige hat folgende Angaben zu umfassen:
1. Name und Anschrift des Arbeitgebers,
2. Beschreibung der vorgesehenen Tätigkeiten einschließlich der Bezeichnung der Räumlichkeiten, in denen diese Tätigkeiten durchgeführt werden sollen,,
3. das Ergebnis der Gefährdungsbeurteilung nach § 4,
4. die Art des Biostoffs,
5. die vorgesehenen Maßnahmen zum Schutz der Sicherheit und Gesundheit der Beschäftigten.
(3) Die Anzeige nach Absatz 1 hat zu erfolgen bei Tätigkeiten nach
1. Nummer 1 spätestens 30 Tage vor deren erstmaliger Aufnahme,
2. Nummer 2 spätestens 30 Tage vor der geplanten Änderung,
3. Nummer 3 unverzüglich,
4. Nummer 4 spätestens 30 Tage vor deren Einstellung.
(4) Die Anzeigepflicht kann auch dadurch erfüllt werden, dass der zuständigen Behörde innerhalb der in Absatz 3 bestimmten Frist die Kopie einer Anzeige, Genehmigung oder Erlaubnis nach einer anderen Rechtsvorschrift übermittelt wird, wenn diese gleichwertige Angaben beinhaltet.

Abschnitt 5: Vollzugsregelungen und Ausschuss für Biologische Arbeitsstoffe

§ 17 Unterrichtung der Behörde
(1) Der Arbeitgeber hat die zuständige Behörde unverzüglich zu unterrichten über
1. jeden Unfall und jede Betriebsstörung bei Tätigkeiten mit Biostoffen der Risikogruppe 3 oder 4, die zu einer Gesundheitsgefahr der Beschäftigten führen können,

Biostoffverordnung §§ 17–19

2. Krankheits- und Todesfälle Beschäftigter, die auf Tätigkeiten mit Biostoffen zurückzuführen sind, unter genauer Angabe der Tätigkeit.
(2) Unbeschadet des § 22 des Arbeitsschutzgesetzes hat der Arbeitgeber der zuständigen Behörde auf ihr Verlangen Folgendes zu übermitteln:
1. die Dokumentation der Gefährdungsbeurteilung,
2. das Verzeichnis nach § 7 Absatz 3 Satz 1 sowie den Nachweis nach § 7 Absatz 3 Satz 4 Nummer 2,
3. die Tätigkeiten, bei denen Beschäftigte tatsächlich oder möglicherweise gegenüber Biostoffen exponiert worden sind, und die Anzahl dieser Beschäftigten,
4. die ergriffenen Schutz- und Vorsorgemaßnahmen einschließlich der Betriebs- und Arbeitsanweisungen,
5. die nach § 13 Absatz 1 und 2 festgelegten oder ergriffenen Maßnahmen und den nach § 13 Absatz 3 erstellten Plan.

§ 18 Behördliche Ausnahmen
Die zuständige Behörde kann auf schriftlichen oder elektronischen Antrag des Arbeitgebers Ausnahmen von den Vorschriften der §§ 9, 10, 11 und 13 einschließlich der Anhänge II und III erteilen, wenn die Durchführung der Vorschrift im Einzelfall zu einer unverhältnismäßigen Härte führen würde und die beantragte Abweichung mit dem Schutz der betroffenen Beschäftigten vereinbar ist.

§ 19 Ausschuss für Biologische Arbeitsstoffe
(1) [1]Beim Bundesministerium für Arbeit und Soziales wird ein Ausschuss für Biologische Arbeitsstoffe (ABAS) gebildet, in dem fachlich geeignete Personen vonseiten der Arbeitgeber, der Gewerkschaften, der Länderbehörden, der gesetzlichen Unfallversicherung und weitere fachlich geeignete Personen, insbesondere der Wissenschaft, vertreten sein sollen. [2]Die Gesamtzahl der Mitglieder soll 16 Personen nicht überschreiten. [3]Für jedes Mitglied ist ein stellvertretendes Mitglied zu benennen. [4]Die Mitgliedschaft im Ausschuss ist ehrenamtlich.
(2) [1]Das Bundesministerium für Arbeit und Soziales beruft die Mitglieder des Ausschusses und die stellvertretenden Mitglieder. [2]Der Ausschuss gibt sich eine Geschäftsordnung und wählt die Vorsitzende oder den Vorsitzenden aus seiner Mitte. [3]Die Geschäftsordnung und die Wahl des oder der Vorsitzenden bedürfen der Zustimmung des Bundesministeriums für Arbeit und Soziales.
(3) [1]Zu den Aufgaben des Ausschusses gehört es,
1. den Stand der Wissenschaft, Technik, Arbeitsmedizin und Arbeitshygiene sowie sonstige gesicherte Erkenntnisse für Tätigkeiten mit Biostoffen zu ermitteln und entsprechende Empfehlungen auszusprechen einschließlich solcher Beiträge, die in öffentlich nutzbaren Informationssystemen über Biostoffe genutzt werden können,
2. zu ermitteln, wie die in dieser Verordnung gestellten Anforderungen erfüllt werden können und dazu die dem jeweiligen Stand von Technik und Medizin entsprechenden Regeln und Erkenntnisse zu erarbeiten,
3. wissenschaftliche Bewertungen von Biostoffen vorzunehmen und deren Einstufung in Risikogruppen vorzuschlagen,
4. das Bundesministerium für Arbeit und Soziales in Fragen der biologischen Sicherheit, insbesondere zu epidemischen Lagen von nationaler Tragweite im Sinne von § 5 Absatz 1 Satz 6 des Infektionsschutzgesetzes vom 20. Juli 2000 (BGBl. I S. 1045) in der am 31. März 2021 geltenden Fassung, zu beraten.

²Das Arbeitsprogramm des Ausschusses wird mit dem Bundesministerium für Arbeit und Soziales abgestimmt. ³Der Ausschuss arbeitet eng mit den anderen Ausschüssen beim Bundesministerium für Arbeit und Soziales zusammen.
(4) Nach Prüfung kann das Bundesministerium für Arbeit und Soziales
1. die vom Ausschuss ermittelten Regeln und Erkenntnisse nach Absatz 3 Satz 1 Nummer 2 sowie die Einstufungen nach § 3 Absatz 3 im Gemeinsamen Ministerialblatt bekannt geben,
2. die Empfehlungen nach Absatz 3 Satz 1 Nummer 1 sowie die Beratungsergebnisse nach Absatz 3 Satz 1 Nummer 4 in geeigneter Weise veröffentlichen.
(5) ¹Die Bundesministerien sowie die zuständigen obersten Landesbehörden können zu den Sitzungen des Ausschusses Vertreter entsenden. ²Diesen ist auf Verlangen in der Sitzung das Wort zu erteilen.
(6) Die Bundesanstalt für Arbeitsschutz und Arbeitsmedizin führt die Geschäfte des Ausschusses.

Abschnitt 6: Ordnungswidrigkeiten, Straftaten und Übergangsvorschriften

§ 20 Ordnungswidrigkeiten

(1) Ordnungswidrig im Sinne des § 25 Absatz 1 Nummer 1 des Arbeitsschutzgesetzes handelt, wer vorsätzlich oder fahrlässig
1. entgegen § 4 Absatz 1 Satz 1 oder 2 die Gefährdung der Beschäftigten nicht, nicht richtig, nicht vollständig oder nicht rechtzeitig beurteilt,
2. entgegen § 4 Absatz 2 Satz 1 eine Gefährdungsbeurteilung nicht oder nicht rechtzeitig aktualisiert,
3. entgegen § 4 Absatz 2 Satz 2 eine Gefährdungsbeurteilung nicht oder nicht rechtzeitig überprüft,
4. entgegen § 7 Absatz 1 Satz 1 eine Gefährdungsbeurteilung nicht, nicht richtig, nicht vollständig oder nicht rechtzeitig dokumentiert,
5. entgegen § 7 Absatz 3 Satz 1 ein dort genanntes Verzeichnis nicht, nicht richtig oder nicht vollständig führt,
6. entgegen § 7 Absatz 3 Satz 3 ein dort genanntes Verzeichnis nicht oder nicht mindestens zehn Jahre aufbewahrt,
7. entgegen § 8 Absatz 4 Nummer 4 persönliche Schutzausrüstung nicht oder nicht rechtzeitig zur Verfügung stellt oder das Verwenden einer dort genannten Schutzausrüstung als Dauermaßnahme vorsieht,
7a. entgegen § 8 Absatz 6 Satz 1 die Wirksamkeit einer dort genannten Schutzmaßnahme nicht oder nicht rechtzeitig überprüft,
8. entgegen § 9 Absatz 1 Satz 2 Nummer 3 nicht dafür sorgt, dass eine Waschgelegenheit zur Verfügung steht,
9. entgegen § 9 Absatz 1 Satz 2 Nummer 4 erster Halbsatz nicht dafür sorgt, dass eine Umkleidemöglichkeit vorhanden ist,
10. entgegen § 9 Absatz 3 Satz 2 Nummer 5 erster Halbsatz zur Verfügung gestellte persönliche Schutzausrüstung nicht instand hält,
11. entgegen § 9 Absatz 3 Satz 2 Nummer 7 zweiter Halbsatz dort genannte Bereiche nicht oder nicht rechtzeitig einrichtet,
12. entgegen § 9 Absatz 4 Satz 2 nicht sicherstellt, dass nur dort genannte Behälter verwendet werden,

Biostoffverordnung §§ 20–22

13. entgegen § 10 Absatz 1 Nummer 1 Buchstabe a oder § 11 Absatz 7 Nummer 1 einen Schutzstufenbereich nicht oder nicht rechtzeitig festlegt oder nicht, nicht richtig oder nicht rechtzeitig kennzeichnet,
14. entgegen § 10 Absatz 2 Satz 1 oder § 11 Absatz 7 Nummer 3 eine Person nicht oder nicht rechtzeitig benennt,
15. entgegen § 11 Absatz 1 Nummer 1 ein dort genanntes Verfahren nicht oder nicht rechtzeitig festlegt,
16. entgegen § 11 Absatz 2 ein dort genanntes Instrument nicht oder nicht rechtzeitig ersetzt,
17. entgegen § 11 Absatz 3 Satz 1 nicht sicherstellt, dass eine gebrauchte Kanüle nicht in die Schutzkappe zurückgesteckt wird,
18. entgegen § 11 Absatz 4 Satz 1, auch in Verbindung mit Satz 4, ein dort genanntes Instrument nicht oder nicht rechtzeitig entsorgt,
19. entgegen § 13 Absatz 1 Satz 2 Nummer 1, 2 oder 3 eine dort genannte Maßnahme nicht oder nicht rechtzeitig festlegt,
20. entgegen § 13 Absatz 3 Satz 1 einen innerbetrieblichen Plan nicht, nicht richtig, nicht vollständig oder nicht rechtzeitig erstellt,
21. entgegen § 13 Absatz 5 Satz 1 ein Verfahren für Unfallmeldungen und -untersuchungen nicht oder nicht rechtzeitig festlegt,
22. entgegen § 14 Absatz 1 Satz 1 eine schriftliche Betriebsanweisung nicht, nicht richtig, nicht vollständig oder nicht rechtzeitig erstellt,
23. entgegen § 14 Absatz 2 Satz 1 nicht sicherstellt, dass ein Beschäftigter unterwiesen wird,
24. ohne Erlaubnis nach § 15 Absatz 1 Satz 1 eine dort genannte Tätigkeit aufnimmt,
25. entgegen § 16 Absatz 1 eine Anzeige nicht, nicht richtig, nicht vollständig oder nicht rechtzeitig erstattet oder
26. entgegen § 17 Absatz 1 die zuständige Behörde nicht, nicht richtig, nicht vollständig oder nicht rechtzeitig unterrichtet.
(2) Ordnungswidrig im Sinne des § 32 Absatz 1 Nummer 1 des Heimarbeitsgesetzes handelt, wer vorsätzlich oder fahrlässig entgegen § 8 Absatz 7 eine dort genannte Tätigkeit ausüben lässt.

§ 21 Straftaten
(1) Wer durch eine in § 20 Absatz 1 bezeichnete vorsätzliche Handlung Leben oder Gesundheit eines Beschäftigten gefährdet, ist nach § 26 Nummer 2 des Arbeitsschutzgesetzes strafbar.
(2) Wer durch eine in § 20 Absatz 2 bezeichnete vorsätzliche Handlung in Heimarbeit Beschäftigte in ihrer Arbeitskraft oder Gesundheit gefährdet, ist nach § 32 Absatz 3 oder Absatz 4 des Heimarbeitsgesetzes strafbar.

§ 22 Übergangsvorschriften
[1]Bei Tätigkeiten, die vor dem 23. Juli 2013 aufgenommen worden sind, besteht keine Erlaubnispflicht nach § 15 Absatz 1, sofern
1. diese Tätigkeiten der zuständigen Behörde angezeigt wurden und
2. die der Anzeige zugrundeliegenden baulichen, technischen und organisatorischen Bedingungen nach dem 30. September 2021 nicht wesentlich verändert wurden.
[2]Die Anzeigepflicht nach § 16 Absatz 1 Nummer 4 bleibt unberührt.

Anhang I: Symbol für Biogefährdung

Anhang II: Zusätzliche Schutzmaßnahmen bei Tätigkeiten in Laboratorien und vergleichbaren Einrichtungen sowie in der Versuchstierhaltung

A Schutzmaßnahmen	B Schutzstufen		
	2	3	4
1. Der Schutzstufenbereich ist von anderen Schutzstufen- oder Arbeitsbereichen in demselben Gebäude abzugrenzen.	empfohlen	verbindlich	verbindlich
2. Der Schutzstufenbereich muss als Zugang eine Schleuse mit gegeneinander verriegelbaren Türen haben.	nein	verbindlich, wenn die Übertragung über die Luft erfolgen kann	verbindlich
3. Der Zugang zum Schutzstufenbereich ist auf benannte Beschäftigte zu beschränken.	verbindlich bei gelisteten humanpathogenen Biostoffen* mit Zugangskontrolle	verbindlich mit Zugangskontrolle	verbindlich mit Zugangskontrolle
4. Im Schutzstufenbereich muss ein ständiger Unterdruck aufrechterhalten werden.	nein	verbindlich alarmüberwacht, wenn die Übertragung über die Luft erfolgen kann	verbindlich alarmüberwacht
5. Zu- und Abluft müssen durch Hochleistungsschwebstoff-Filter oder eine vergleichbare Vorrichtung geführt werden.	nein	verbindlich für Abluft, wenn die Übertragung über die Luft erfolgen kann	verbindlich für Zu- und Abluft

Biostoffverordnung — Anhang II

6. Der Schutzstufenbereich muss zum Zweck der Begasung abdichtbar sein.	nein	verbindlich, wenn die Übertragung über die Luft erfolgen kann	verbindlich
7. Eine mikrobiologische Sicherheitswerkbank oder eine technische Einrichtung mit gleichwertigem Schutzniveau muss verwendet werden.	verbindlich für Tätigkeiten mit Aerosolbildung	verbindlich	verbindlich
8. Jeder Schutzstufenbereich muss über eine eigene Ausrüstung verfügen.	empfohlen	verbindlich	verbindlich
9. Jeder Schutzstufenbereich muss über einen Autoklaven oder eine gleichwertige Sterilisationseinheit verfügen.	empfohlen	verbindlich, wenn die Übertragung über die Luft erfolgen kann	verbindlich
10. Kontaminierte Prozessabluft darf nicht in den Arbeitsbereich abgegeben werden.	verbindlich	verbindlich	verbindlich
11. Wirksame Desinfektions- und Inaktivierungsverfahren sind festzulegen.	verbindlich	verbindlich	verbindlich
12. Die jeweils genannten Flächen müssen wasserundurchlässig und leicht zu reinigen sein.	Werkbänke, Fußböden	Werkbänke, Fußböden sowie andere Flächen, die aufgrund der Gefährdungsbeurteilung festzulegen sind	Werkbänke, Wände, Fußböden und Decken
13. Oberflächen müssen beständig gegen die verwendeten Chemikalien und Desinfektionsmittel sein.	verbindlich	verbindlich	verbindlich
14. Dekontaminations- und Wascheinrichtungen für die Beschäftigten müssen vorhanden sein.	verbindlich	verbindlich	verbindlich
15. Beschäftigte müssen vor dem Verlassen des Schutzstufenbereichs duschen.	nein	empfohlen	verbindlich

16. Kontaminierte feste und flüssige Abfälle sind vor der endgültigen Entsorgung mittels erprobter physikalischer oder chemischer Verfahren zu inaktivieren.	verbindlich, wenn keine sachgerechte Auftragsentsorgung erfolgt	verbindlich, wenn die Übertragung über die Luft erfolgen kann; ansonsten grundsätzlich verbindlich, nur in ausreichend begründeten Einzelfällen ist eine sachgerechte Auftragsentsorgung möglich	verbindlich
17. Abwässer sind mittels erprobter physikalischer oder chemischer Verfahren vor der endgültigen Entsorgung zu inaktivieren.	nein für Handwasch- und Duschwasser oder vergleichbare Abwässer	empfohlen für Handwasch- und Duschwasser	verbindlich
18. Ein Sichtfenster oder eine vergleichbare Vorrichtung zur Einsicht in den Arbeitsbereich ist vorzusehen.	verbindlich	verbindlich	verbindlich
19. Bei Alleinarbeit ist eine Notrufmöglichkeit vorzusehen.	empfohlen	verbindlich	verbindlich
20. Fenster dürfen nicht zu öffnen sein.	nein; Fenster müssen während der Tätigkeit geschlossen sein	verbindlich	verbindlich
21. Für sicherheitsrelevante Einrichtungen ist eine Notstromversorgung vorzusehen.	empfohlen	verbindlich	verbindlich
22. Biostoffe sind unter Verschluss aufzubewahren.	verbindlich bei gelisteten humanpathogenen Biostoffen*	verbindlich bei gelisteten humanpathogenen Biostoffen*	verbindlich
23. Eine wirksame Kontrolle von Vektoren (zum Beispiel von Nagetieren und Insekten) ist durchzuführen.	empfohlen	verbindlich	verbindlich

24. Sichere Entsorgung von infizierten Tierkörpern, zum Beispiel durch thermische Inaktivierung, Verbrennungsanlagen für Tierkörper oder andere geeignete Einrichtungen zur Sterilisation/ Inaktivierung.	verbindlich	verbindlich	verbindlich vor Ort

Anmerkung:
Gemäß § 10 Absatz 1 sind die als empfohlen bezeichneten Schutzmaßnahmen dann zu ergreifen, wenn dadurch die Gefährdung der Beschäftigten verringert werden kann.
* Im Anhang I der Verordnung (EU) Nr. 388/2012 des Europäischen Parlaments und des Rates vom 19. April 2012 zur Änderung der Verordnung (EG) Nr. 428/2009 des Rates über eine Gemeinschaftsregelung für die Kontrolle der Ausfuhr, der Verbringung, der Vermittlung und der Durchfuhr von Gütern mit doppeltem Verwendungszweck (ABl. L 129 vom 16.5.2012, S. 12) unter 1C351 gelistete humanpathogene Erreger sowie unter 1C353 aufgeführte genetisch modifizierte Organismen.

Anhang III: Zusätzliche Schutzmaßnahmen bei Tätigkeiten in der Biotechnologie

Es gelten die Anforderungen nach Anhang II. Für Tätigkeiten mit Biostoffen in bioverfahrenstechnischen Apparaturen, zum Beispiel Bioreaktoren und Separatoren, gilt darüber hinaus:

A Schutzmaßnahmen	B Schutzstufen		
	2	3	4
1. Die Apparatur muss den Prozess physisch von der Umwelt trennen.	verbindlich	verbindlich	verbindlich
2. Die Apparatur oder eine vergleichbare Anlage muss innerhalb eines entsprechenden Schutzstufenbereichs liegen.	verbindlich	verbindlich	verbindlich
3. Die Prozessabluft der Apparatur muss so behandelt werden, dass ein Freisetzen von Biostoffen	minimiert wird.	verhindert wird.	zuverlässig verhindert wird.
4. Das Öffnen der Apparatur zum Beispiel zur Probenahme, zum Hinzufügen von Substanzen oder zur Übertragung von Biostoffen muss so durchgeführt werden, dass ein Freisetzen von Biostoffen	minimiert wird.	verhindert wird.	zuverlässig verhindert wird.

5. Kulturflüssigkeiten dürfen zur Weiterverarbeitung nur aus der Apparatur entnommen werden, wenn die Entnahme in einem geschlossenen System erfolgt oder die Biostoffe durch wirksame physikalische oder chemische Verfahren inaktiviert worden sind.	verbindlich	verbindlich	verbindlich
6. Dichtungen an der Apparatur müssen so beschaffen sein, dass ein unbeabsichtigtes Freisetzen von Biostoffen	minimiert wird.	verhindert wird.	zuverlässig verhindert wird.
7. Der gesamte Inhalt der Apparatur muss aufgefangen werden können.	verbindlich	verbindlich	verbindlich

Anmerkung:
Gemäß § 10 Absatz 1 sind die als empfohlen bezeichneten Schutzmaßnahmen dann zu ergreifen, wenn dadurch die Gefährdung der Beschäftigten verringert werden kann.

Bürgerliches Gesetzbuch (BGB) – Auszug

vom 2. Januar 2002 (BGBl. I 2002, S. 42)

– zuletzt geändert durch Gesetz zur Förderung geordneter Kreditzweitmärkte und zur Umsetzung der Richtlinie (EU) 2021/2167 über Kreditdienstleister und Kreditkäufer sowie zur Änderung weiterer finanzrechtlicher Bestimmungen (Kreditzweitmarktförderungsgesetz) vom 22. Dezember 2023 (BGBl I 2023, S. 1 Nr. 411)

Buch 2: Recht der Schuldverhältnisse
Abschnitt 8 Einzelne Schuldverhältnisse
TITEL 8 Dienstvertrag und ähnliche Verträge
Untertitel 1 Dienstvertrag

§ 612 Vergütung
(1) Eine Vergütung gilt als stillschweigend vereinbart, wenn die Dienstleistung den Umständen nach nur gegen eine Vergütung zu erwarten ist.
(2) Ist die Höhe der Vergütung nicht bestimmt, so ist bei dem Bestehen einer Taxe die taxmäßige Vergütung, in Ermangelung einer Taxe die übliche Vergütung als vereinbart anzusehen.
(3) (weggefallen)

§ 612a Maßregelungsverbot
Der Arbeitgeber darf einen Arbeitnehmer bei einer Vereinbarung oder einer Maßnahme nicht benachteiligen, weil der Arbeitnehmer in zulässiger Weise seine Rechte ausübt.

§ 613 Unübertragbarkeit
[1]Der zur Dienstleistung Verpflichtete hat die Dienste im Zweifel in Person zu leisten. [2]Der Anspruch auf die Dienste ist im Zweifel nicht übertragbar.

§ 613a Rechte und Pflichten bei Betriebsübergang
(1) [1]Geht ein Betrieb oder Betriebsteil durch Rechtsgeschäft auf einen anderen Inhaber über, so tritt dieser in die Rechte und Pflichten aus den im Zeitpunkt des Übergangs bestehenden Arbeitsverhältnissen ein. [2]Sind diese Rechte und Pflichten durch Rechtsnormen eines Tarifvertrags oder durch eine Betriebsvereinbarung geregelt, so werden sie Inhalt des Arbeitsverhältnisses zwischen dem neuen Inhaber und dem Arbeitnehmer und dürfen nicht vor Ablauf eines Jahres nach dem Zeitpunkt des Übergangs zum Nachteil des Arbeitnehmers geändert werden. [3]Satz 2 gilt nicht, wenn die Rechte und Pflichten bei dem neuen Inhaber durch Rechtsnormen eines anderen Tarifvertrags oder durch eine andere Betriebsvereinbarung geregelt werden. [4]Vor Ablauf der Frist nach Satz 2 können die Rechte und Pflichten geändert werden, wenn der Tarifvertrag oder die Betriebsvereinbarung nicht mehr gilt oder bei fehlender beiderseitiger Tarifgebundenheit im Geltungsbereich eines anderen Tarifvertrags dessen Anwendung zwischen dem neuen Inhaber und dem Arbeitnehmer vereinbart wird.
(2) [1]Der bisherige Arbeitgeber haftet neben dem neuen Inhaber für Verpflichtungen nach Absatz 1, soweit sie vor dem Zeitpunkt des Übergangs entstanden sind und vor Ablauf von einem Jahr nach diesem Zeitpunkt fällig werden, als Gesamtschuldner. [2]Werden solche Verpflichtungen nach dem Zeitpunkt des Übergangs fällig, so haftet der bisherige Arbeit-

geber für sie jedoch nur in dem Umfang, der dem im Zeitpunkt des Übergangs abgelaufenen Teil ihres Bemessungszeitraums entspricht.
(3) Absatz 2 gilt nicht, wenn eine juristische Person oder eine Personenhandelsgesellschaft durch Umwandlung erlischt.
(4) [1]Die Kündigung des Arbeitsverhältnisses eines Arbeitnehmers durch den bisherigen Arbeitgeber oder durch den neuen Inhaber wegen des Übergangs eines Betriebs oder eines Betriebsteils ist unwirksam. [2]Das Recht zur Kündigung des Arbeitsverhältnisses aus anderen Gründen bleibt unberührt.
(5) Der bisherige Arbeitgeber oder der neue Inhaber hat die von einem Übergang betroffenen Arbeitnehmer vor dem Übergang in Textform zu unterrichten über:
1. den Zeitpunkt oder den geplanten Zeitpunkt des Übergangs,
2. den Grund für den Übergang,
3. die rechtlichen, wirtschaftlichen und sozialen Folgen des Übergangs für die Arbeitnehmer und
4. die hinsichtlich der Arbeitnehmer in Aussicht genommenen Maßnahmen.
(6) [1]Der Arbeitnehmer kann dem Übergang des Arbeitsverhältnisses innerhalb eines Monats nach Zugang der Unterrichtung nach Absatz 5 schriftlich widersprechen. [2]Der Widerspruch kann gegenüber dem bisherigen Arbeitgeber oder dem neuen Inhaber erklärt werden.

§ 614 Fälligkeit der Vergütung
[1]Die Vergütung ist nach der Leistung der Dienste zu entrichten. [2]Ist die Vergütung nach Zeitabschnitten bemessen, so ist sie nach dem Ablauf der einzelnen Zeitabschnitte zu entrichten.

§ 615 Vergütung bei Annahmeverzug und bei Betriebsrisiko
[1]Kommt der Dienstberechtigte mit der Annahme der Dienste in Verzug, so kann der Verpflichtete für die infolge des Verzugs nicht geleisteten Dienste die vereinbarte Vergütung verlangen, ohne zur Nachleistung verpflichtet zu sein. [2]Er muss sich jedoch den Wert desjenigen anrechnen lassen, was er infolge des Unterbleibens der Dienstleistung erspart oder durch anderweitige Verwendung seiner Dienste erwirbt oder zu erwerben böswillig unterlässt. [3]Die Sätze 1 und 2 gelten entsprechend in den Fällen, in denen der Arbeitgeber das Risiko des Arbeitsausfalls trägt.

Bundesdatenschutzgesetz (BDSG) – Auszug

vom 30. Juni 2017 (BGBl I 2017, S. 2097)
– zuletzt geändert durch Gesetz zur Anpassung der Bundesbesoldung und -versorgung für die Jahre 2023 und 2024 sowie zur Änderung weiterer dienstrechtlicher Vorschriften (BBVAnpÄndG 2023/2024) vom 22. Dezember 2023 (BGBl I 2023, S. 1 Nr. 414)

Teil 2: Durchführungsbestimmungen für Verarbeitungen zu Zwecken gemäß Artikel 2 der Verordnung (EU) 2016/679

Kapitel 1 Rechtsgrundlagen der Verarbeitung personenbezogener Daten

ABSCHNITT 2 Besondere Verarbeitungssituationen

§ 26 Datenverarbeitung für Zwecke des Beschäftigungsverhältnisses

(1) [1]Personenbezogene Daten von Beschäftigten dürfen für Zwecke des Beschäftigungsverhältnisses verarbeitet werden, wenn dies für die Entscheidung über die Begründung eines Beschäftigungsverhältnisses oder nach Begründung des Beschäftigungsverhältnisses für dessen Durchführung oder Beendigung oder zur Ausübung oder Erfüllung der sich aus einem Gesetz oder einem Tarifvertrag, einer Betriebs- oder Dienstvereinbarung (Kollektivvereinbarung) ergebenden Rechte und Pflichten der Interessenvertretung der Beschäftigten erforderlich ist. [2]Zur Aufdeckung von Straftaten dürfen personenbezogene Daten von Beschäftigten nur dann verarbeitet werden, wenn zu dokumentierende tatsächliche Anhaltspunkte den Verdacht begründen, dass die betroffene Person im Beschäftigungsverhältnis eine Straftat begangen hat, die Verarbeitung zur Aufdeckung erforderlich ist und das schutzwürdige Interesse der oder des Beschäftigten an dem Ausschluss der Verarbeitung nicht überwiegt, insbesondere Art und Ausmaß im Hinblick auf den Anlass nicht unverhältnismäßig sind.

(2) [1]Erfolgt die Verarbeitung personenbezogener Daten von Beschäftigten auf der Grundlage einer Einwilligung, so sind für die Beurteilung der Freiwilligkeit der Einwilligung insbesondere die im Beschäftigungsverhältnis bestehende Abhängigkeit der beschäftigten Person sowie die Umstände, unter denen die Einwilligung erteilt worden ist, zu berücksichtigen. [2]Freiwilligkeit kann insbesondere vorliegen, wenn für die beschäftigte Person ein rechtlicher oder wirtschaftlicher Vorteil erreicht wird oder Arbeitgeber und beschäftigte Person gleichgelagerte Interessen verfolgen. [3]Die Einwilligung hat schriftlich oder elektronisch zu erfolgen, soweit nicht wegen besonderer Umstände eine andere Form angemessen ist. [4]Der Arbeitgeber hat die beschäftigte Person über den Zweck der Datenverarbeitung und über ihr Widerrufsrecht nach Artikel 7 Absatz 3 der Verordnung (EU) 2016/679 in Textform aufzuklären.

(3) [1]Abweichend von Artikel 9 Absatz 1 der Verordnung (EU) 2016/679 ist die Verarbeitung besonderer Kategorien personenbezogener Daten im Sinne des Artikels 9 Absatz 1 der Verordnung (EU) 2016/679 für Zwecke des Beschäftigungsverhältnisses zulässig, wenn sie zur Ausübung von Rechten oder zur Erfüllung rechtlicher Pflichten aus dem Arbeitsrecht, dem Recht der sozialen Sicherheit und des Sozialschutzes erforderlich ist und kein Grund zu der Annahme besteht, dass das schutzwürdige Interesse der betroffenen Person an dem Ausschluss der Verarbeitung überwiegt. [2]Absatz 2 gilt auch für die Einwilligung in die Verarbeitung besonderer Kategorien personenbezogener Daten; die Einwilligung muss sich dabei ausdrücklich auf diese Daten beziehen. [3]§ 22 Absatz 2 gilt entsprechend.

(4) [1]Die Verarbeitung personenbezogener Daten, einschließlich besonderer Kategorien personenbezogener Daten von Beschäftigten für Zwecke des Beschäftigungsverhältnisses, ist auf

der Grundlage von Kollektivvereinbarungen zulässig. ²Dabei haben die Verhandlungspartner Artikel 88 Absatz 2 der Verordnung (EU) 2016/679 zu beachten.

(5) Der Verantwortliche muss geeignete Maßnahmen ergreifen, um sicherzustellen, dass insbesondere die in Artikel 5 der Verordnung (EU) 2016/679 dargelegten Grundsätze für die Verarbeitung personenbezogener Daten eingehalten werden.

(6) Die Beteiligungsrechte der Interessenvertretungen der Beschäftigten bleiben unberührt.

(7) Die Absätze 1 bis 6 sind auch anzuwenden, wenn personenbezogene Daten, einschließlich besonderer Kategorien personenbezogener Daten, von Beschäftigten verarbeitet werden, ohne dass sie in einem Dateisystem gespeichert sind oder gespeichert werden sollen.

(8) ¹Beschäftigte im Sinne dieses Gesetzes sind:
1. Arbeitnehmerinnen und Arbeitnehmer, einschließlich der Leiharbeitnehmerinnen und Leiharbeitnehmer im Verhältnis zum Entleiher,
2. zu ihrer Berufsbildung Beschäftigte,
3. Teilnehmerinnen und Teilnehmer an Leistungen zur Teilhabe am Arbeitsleben sowie an Abklärungen der beruflichen Eignung oder Arbeitserprobung (Rehabilitandinnen und Rehabilitanden),
4. in anerkannten Werkstätten für behinderte Menschen Beschäftigte,
5. Freiwillige, die einen Dienst nach dem Jugendfreiwilligendienstegesetz oder dem Bundesfreiwilligendienstgesetz leisten,
6. Personen, die wegen ihrer wirtschaftlichen Unselbständigkeit als arbeitnehmerähnliche Personen anzusehen sind; zu diesen gehören auch die in Heimarbeit Beschäftigten und die ihnen Gleichgestellten,
7. Beamtinnen und Beamte des Bundes, Richterinnen und Richter des Bundes, Soldatinnen und Soldaten sowie Zivildienstleistende.

²Bewerberinnen und Bewerber für ein Beschäftigungsverhältnis sowie Personen, deren Beschäftigungsverhältnis beendet ist, gelten als Beschäftigte.

Gesetz zum Elterngeld und zur Elternzeit (Bundeselterngeld- und Elternzeitgesetz – BEEG)

vom 5. Dezember 2006 (BGBl. I 2006, S. 2748)
– zuletzt geändert durch Haushaltsfinanzierungsgesetz 2024 vom 22. Dezember 2023 (BGBl I 2023, S. 1 Nr. 412)

Abschnitt 1: Elterngeld

§ 1 Berechtigte

(1) ¹Anspruch auf Elterngeld hat, wer
1. einen Wohnsitz oder seinen gewöhnlichen Aufenthalt in Deutschland hat,
2. mit seinem Kind in einem Haushalt lebt,
3. dieses Kind selbst betreut und erzieht und
4. keine oder keine volle Erwerbstätigkeit ausübt.

²Bei Mehrlingsgeburten besteht nur ein Anspruch auf Elterngeld.

(2) ¹Anspruch auf Elterngeld hat auch, wer, ohne eine der Voraussetzungen des Absatzes 1 Satz 1 Nummer 1 zu erfüllen,
1. nach § 4 des Vierten Buches Sozialgesetzbuch dem deutschen Sozialversicherungsrecht unterliegt oder im Rahmen seines in Deutschland bestehenden öffentlich-rechtlichen Dienst- oder Amtsverhältnisses vorübergehend ins Ausland abgeordnet, versetzt oder kommandiert ist,
2. Entwicklungshelfer oder Entwicklungshelferin im Sinne des § 1 des Entwicklungshelfer-Gesetzes ist oder als Missionar oder Missionarin der Missionswerke und -gesellschaften, die Mitglieder oder Vereinbarungspartner des Evangelischen Missionswerkes Hamburg, der Arbeitsgemeinschaft Evangelikaler Missionen e. V. oder der Arbeitsgemeinschaft pfingstlich-charismatischer Missionen sind, tätig ist oder
3. die deutsche Staatsangehörigkeit besitzt und nur vorübergehend bei einer zwischen- oder überstaatlichen Einrichtung tätig ist, insbesondere nach den Entsenderichtlinien des Bundes beurlaubte Beamte und Beamtinnen, oder wer vorübergehend eine nach § 123a des Beamtenrechtsrahmengesetzes oder § 29 des Bundesbeamtengesetzes zugewiesene Tätigkeit im Ausland wahrnimmt.

²Dies gilt auch für mit der nach Satz 1 berechtigten Person in einem Haushalt lebende Ehegatten oder Ehegattinnen.

(3) ¹Anspruch auf Elterngeld hat abweichend von Absatz 1 Satz 1 Nummer 2 auch, wer
1. mit einem Kind in einem Haushalt lebt, das er mit dem Ziel der Annahme als Kind aufgenommen hat,
2. ein Kind des Ehegatten oder der Ehegattin in seinen Haushalt aufgenommen hat oder
3. mit einem Kind in einem Haushalt lebt und die von ihm erklärte Anerkennung der Vaterschaft nach § 1594 Absatz 2 des Bürgerlichen Gesetzbuchs noch nicht wirksam oder über die von ihm beantragte Vaterschaftsfeststellung nach § 1600d des Bürgerlichen Gesetzbuchs noch nicht entschieden ist.

²Für angenommene Kinder und Kinder im Sinne des Satzes 1 Nummer 1 sind die Vorschriften dieses Gesetzes mit der Maßgabe anzuwenden, dass statt des Zeitpunktes der Geburt der Zeitpunkt der Aufnahme des Kindes bei der berechtigten Person maßgeblich ist.

(4) Können die Eltern wegen einer schweren Krankheit, Schwerbehinderung oder Todes der Eltern ihr Kind nicht betreuen, haben Verwandte bis zum dritten Grad und ihre Ehegatten

oder Ehegattinnen Anspruch auf Elterngeld, wenn sie die übrigen Voraussetzungen nach Absatz 1 erfüllen und wenn von anderen Berechtigten Elterngeld nicht in Anspruch genommen wird.
(5) Der Anspruch auf Elterngeld bleibt unberührt, wenn die Betreuung und Erziehung des Kindes aus einem wichtigen Grund nicht sofort aufgenommen werden kann oder wenn sie unterbrochen werden muss.
(6) Eine Person ist nicht voll erwerbstätig, wenn ihre Arbeitszeit 32 Wochenstunden im Durchschnitt des Lebensmonats nicht übersteigt, sie eine Beschäftigung zur Berufsbildung ausübt oder sie eine geeignete Tagespflegeperson im Sinne des § 23 des Achten Buches Sozialgesetzbuch ist und nicht mehr als fünf Kinder in Tagespflege betreut.
(7) [1]Ein nicht freizügigkeitsberechtigter Ausländer oder eine nicht freizügigkeitsberechtigte Ausländerin ist nur anspruchsberechtigt, wenn diese Person
1. eine Niederlassungserlaubnis oder eine Erlaubnis zum Daueraufenthalt-EU besitzt,
2. eine Blaue Karte EU, eine ICT-Karte, eine Mobiler-ICT-Karte oder eine Aufenthaltserlaubnis besitzt, die für einen Zeitraum von mindestens sechs Monaten zur Ausübung einer Erwerbstätigkeit berechtigen oder berechtigt haben oder diese erlauben, es sei denn, die Aufenthaltserlaubnis wurde
   a) nach § 16e des Aufenthaltsgesetzes zu Ausbildungszwecken, nach § 19c Absatz 1 des Aufenthaltsgesetzes zum Zweck der Beschäftigung als Au-Pair oder zum Zweck der Saisonbeschäftigung, nach § 19e des Aufenthaltsgesetzes zum Zweck der Teilnahme an einem Europäischen Freiwilligendienst oder nach § 20 Absatz 1 und 2 des Aufenthaltsgesetzes zur Arbeitsplatzsuche erteilt,
   b) nach § 16b des Aufenthaltsgesetzes zum Zweck eines Studiums, nach § 16d des Aufenthaltsgesetzes für Maßnahmen zur Anerkennung ausländischer Berufsqualifikationen oder nach § 20 Absatz 3 des Aufenthaltsgesetzes zur Arbeitsplatzsuche erteilt und er ist weder erwerbstätig noch nimmt er Elternzeit nach § 15 des Bundeselterngeld- und Elternzeitgesetzes oder laufende Geldleistungen nach dem Dritten Buch Sozialgesetzbuch in Anspruch,
   c) nach § 23 Absatz 1 des Aufenthaltsgesetzes wegen eines Krieges in seinem Heimatland oder nach den § 23a oder § 25 Absatz 3 bis 5 des Aufenthaltsgesetzes erteilt,
3. eine in Nummer 2 Buchstabe c genannte Aufenthaltserlaubnis besitzt und im Bundesgebiet berechtigt erwerbstätig ist oder Elternzeit nach § 15 des Bundeselterngeld- und Elternzeitgesetzes oder laufende Geldleistungen nach dem Dritten Buch Sozialgesetzbuch in Anspruch nimmt,
4. eine in Nummer 2 Buchstabe c genannte Aufenthaltserlaubnis besitzt und sich seit mindestens 15 Monaten erlaubt, gestattet oder geduldet im Bundesgebiet aufhält oder
5. eine Beschäftigungsduldung gemäß § 60d in Verbindung mit § 60a Absatz 2 Satz 3 des Aufenthaltsgesetzes besitzt.

[2]Abweichend von Satz 1 Nummer 3 erste Alternative ist ein minderjähriger nicht freizügigkeitsberechtigter Ausländer oder eine minderjährige nicht freizügigkeitsberechtigte Ausländerin unabhängig von einer Erwerbstätigkeit anspruchsberechtigt.
(8) [1]Ein Anspruch entfällt, wenn die berechtigte Person im letzten abgeschlossenen Veranlagungszeitraum vor der Geburt des Kindes ein zu versteuerndes Einkommen nach § 2 Absatz 5 des Einkommensteuergesetzes in Höhe von mehr als 250 000 Euro erzielt hat. [2]Erfüllt auch eine andere Person die Voraussetzungen des Absatzes 1 Nummer 2 oder der Absätze 3 oder 4, entfällt abweichend von Satz 1 der Anspruch, wenn die Summe des zu versteuernden Einkommens beider Personen mehr als 300 000 Euro beträgt.

§ 2 Höhe des Elterngeldes

(1) ¹Elterngeld wird in Höhe von 67 Prozent des Einkommens aus Erwerbstätigkeit vor der Geburt des Kindes gewährt. ²Es wird bis zu einem Höchstbetrag von 1 800 Euro monatlich für volle Lebensmonate gezahlt, in denen die berechtigte Person kein Einkommen aus Erwerbstätigkeit hat. ³Das Einkommen aus Erwerbstätigkeit errechnet sich nach Maßgabe der §§ 2c bis 2f aus der um die Abzüge für Steuern und Sozialabgaben verminderten Summe der positiven Einkünfte aus
1. nichtselbständiger Arbeit nach § 2 Absatz 1 Satz 1 Nummer 4 des Einkommensteuergesetzes sowie
2. Land- und Forstwirtschaft, Gewerbebetrieb und selbständiger Arbeit nach § 2 Absatz 1 Satz 1 Nummer 1 bis 3 des Einkommensteuergesetzes,

die im Inland zu versteuern sind und die die berechtigte Person durchschnittlich monatlich im Bemessungszeitraum nach § 2b oder in Lebensmonaten der Bezugszeit nach § 2 Absatz 3 hat.
(2) ¹In den Fällen, in denen das Einkommen aus Erwerbstätigkeit vor der Geburt geringer als 1 000 Euro war, erhöht sich der Prozentsatz von 67 Prozent um 0,1 Prozentpunkte für je 2 Euro, um die dieses Einkommen den Betrag von 1 000 Euro unterschreitet, auf bis zu 100 Prozent. ²In den Fällen, in denen das Einkommen aus Erwerbstätigkeit vor der Geburt höher als 1 200 Euro war, sinkt der Prozentsatz von 67 Prozent um 0,1 Prozentpunkte für je 2 Euro, um die dieses Einkommen den Betrag von 1 200 Euro überschreitet, auf bis zu 65 Prozent.
(3) ¹Für Lebensmonate nach der Geburt des Kindes, in denen die berechtigte Person ein Einkommen aus Erwerbstätigkeit hat, das durchschnittlich geringer ist als das Einkommen aus Erwerbstätigkeit vor der Geburt, wird Elterngeld in Höhe des nach Absatz 1 oder 2 maßgeblichen Prozentsatzes des Unterschiedsbetrages dieser Einkommen aus Erwerbstätigkeit gezahlt. ²Als Einkommen aus Erwerbstätigkeit vor der Geburt ist dabei höchstens der Betrag von 2 770 Euro anzusetzen. ³Der Unterschiedsbetrag nach Satz 1 ist für das Einkommen aus Erwerbstätigkeit in Monaten, in denen die berechtigte Person Basiselterngeld in Anspruch nimmt, und in Lebensmonaten, in denen sie Elterngeld Plus im Sinne des § 4a Absatz 2 in Anspruch nimmt, getrennt zu berechnen.
(4) ¹Elterngeld wird mindestens in Höhe von 300 Euro gezahlt. ²Dies gilt auch, wenn die berechtigte Person vor der Geburt des Kindes kein Einkommen aus Erwerbstätigkeit hat.

§ 2a Geschwisterbonus und Mehrlingszuschlag

(1) ¹Lebt die berechtigte Person in einem Haushalt mit
1. zwei Kindern, die noch nicht drei Jahre alt sind, oder
2. drei oder mehr Kindern, die noch nicht sechs Jahre alt sind,

wird das Elterngeld um 10 Prozent, mindestens jedoch um 75 Euro erhöht (Geschwisterbonus). ²Zu berücksichtigen sind alle Kinder, für die die berechtigte Person die Voraussetzungen des § 1 Absatz 1 und 3 erfüllt und für die sich das Elterngeld nicht nach Absatz 4 erhöht.
(2) ¹Für angenommene Kinder, die noch nicht 14 Jahre alt sind, gilt als Alter des Kindes der Zeitraum seit der Aufnahme des Kindes in den Haushalt der berechtigten Person. ²Dies gilt auch für Kinder, die die berechtigte Person entsprechend § 1 Absatz 3 Satz 1 Nummer 1 mit dem Ziel der Annahme als Kind in ihren Haushalt aufgenommen hat. ³Für Kinder mit Behinderung im Sinne von § 2 Absatz 1 Satz 1 des Neunten Buches Sozialgesetzbuch liegt die Altersgrenze nach Absatz 1 Satz 1 bei 14 Jahren.
(3) Der Anspruch auf den Geschwisterbonus endet mit Ablauf des Monats, in dem eine der in Absatz 1 genannten Anspruchsvoraussetzungen entfällt.

(4) ¹Bei Mehrlingsgeburten erhöht sich das Elterngeld um je 300 Euro für das zweite und jedes weitere Kind (Mehrlingszuschlag). ²Dies gilt auch, wenn ein Geschwisterbonus nach Absatz 1 gezahlt wird.

§ 2b Bemessungszeitraum

(1) ¹Für die Ermittlung des Einkommens aus nichtselbstständiger Erwerbstätigkeit im Sinne von § 2c vor der Geburt sind die zwölf Kalendermonate vor dem Kalendermonat der Geburt des Kindes maßgeblich. ²Bei der Bestimmung des Bemessungszeitraums nach Satz 1 bleiben Kalendermonate unberücksichtigt, in denen die berechtigte Person
1. im Zeitraum nach § 4 Absatz 1 Satz 2 und 3 und Absatz 5 Satz 3 Nummer 2 Elterngeld für ein älteres Kind bezogen hat,
2. während der Schutzfristen nach § 3 des Mutterschutzgesetzes nicht beschäftigt werden durfte oder Mutterschaftsgeld nach dem Fünften Buch Sozialgesetzbuch oder nach dem Zweiten Gesetz über die Krankenversicherung der Landwirte bezogen hat,
3. eine Krankheit hatte, die maßgeblich durch eine Schwangerschaft bedingt war, oder
4. Wehrdienst nach dem Wehrpflichtgesetz in der bis zum 31. Mai 2011 geltenden Fassung oder nach dem Vierten Abschnitt des Soldatengesetzes oder Zivildienst nach dem Zivildienstgesetz geleistet hat

und in den Fällen der Nummern 3 und 4 dadurch ein geringeres Einkommen aus Erwerbstätigkeit hatte. ³Abweichend von Satz 2 sind Kalendermonate im Sinne des Satzes 2 Nummer 1 bis 4 auf Antrag der berechtigten Person zu berücksichtigen. ⁴Abweichend von Satz 2 bleiben auf Antrag bei der Ermittlung des Einkommens für die Zeit vom 1. März 2020 bis 23. September 2022 auch solche Kalendermonate unberücksichtigt, in denen die berechtigte Person aufgrund der COVID-19-Pandemie ein geringeres Einkommen aus Erwerbstätigkeit hatte und dies glaubhaft machen kann. ⁵Satz 2 Nummer 1 gilt in den Fällen des § 27 Absatz 1 Satz 1 mit der Maßgabe, dass auf Antrag auch Kalendermonate mit Elterngeldbezug für ein älteres Kind nach Vollendung von dessen 14. Lebensmonat unberücksichtigt bleiben, soweit der Elterngeldbezug von der Zeit vor Vollendung des 14. Lebensmonats auf danach verschoben wurde.

(2) ¹Für die Ermittlung des Einkommens aus selbstständiger Erwerbstätigkeit im Sinne von § 2d vor der Geburt sind die jeweiligen steuerlichen Gewinnermittlungszeiträume maßgeblich, die dem letzten abgeschlossenen steuerlichen Veranlagungszeitraum vor der Geburt des Kindes zugrunde liegen. ²Haben in einem Gewinnermittlungszeitraum die Voraussetzungen des Absatzes 1 Satz 2 oder Satz 3 vorgelegen, sind auf Antrag die Gewinnermittlungszeiträume maßgeblich, die dem diesen Ereignissen vorangegangenen abgeschlossenen steuerlichen Veranlagungszeitraum zugrunde liegen.

(3) ¹Abweichend von Absatz 1 ist für die Ermittlung des Einkommens aus nichtselbstständiger Erwerbstätigkeit vor der Geburt der letzte abgeschlossene steuerliche Veranlagungszeitraum vor der Geburt maßgeblich, wenn die berechtigte Person in den Zeiträumen nach Absatz 1 oder Absatz 2 Einkommen aus selbstständiger Erwerbstätigkeit hatte. ²Haben im Bemessungszeitraum nach Satz 1 die Voraussetzungen des Absatzes 1 Satz 2 oder Satz 3 vorgelegen, ist Absatz 2 Satz 2 mit der zusätzlichen Maßgabe anzuwenden, dass für die Ermittlung des Einkommens aus nichtselbstständiger Erwerbstätigkeit vor der Geburt der vorangegangene steuerliche Veranlagungszeitraum maßgeblich ist.

(4) ¹Abweichend von Absatz 3 ist auf Antrag der berechtigten Person für die Ermittlung des Einkommens aus nichtselbstständiger Erwerbstätigkeit allein der Bemessungszeitraum nach Absatz 1 maßgeblich, wenn die zu berücksichtigende Summe der Einkünfte aus Land- und Forstwirtschaft, Gewerbebetrieb und selbstständiger Arbeit nach § 2 Absatz 1 Satz 1 Nummer 1 bis 3 des Einkommensteuergesetzes

1. in den jeweiligen steuerlichen Gewinnermittlungszeiträumen, die dem letzten abgeschlossenen steuerlichen Veranlagungszeitraum vor der Geburt des Kindes zugrunde liegen, durchschnittlich weniger als 35 Euro im Kalendermonat betrug und
2. in den jeweiligen steuerlichen Gewinnermittlungszeiträumen, die dem steuerlichen Veranlagungszeitraum der Geburt des Kindes zugrunde liegen, bis einschließlich zum Kalendermonat vor der Geburt des Kindes durchschnittlich weniger als 35 Euro im Kalendermonat betrug.

²Abweichend von § 2 Absatz 1 Satz 3 Nummer 2 ist für die Berechnung des Elterngeldes im Fall des Satzes 1 allein das Einkommen aus nichtselbstständiger Erwerbstätigkeit maßgeblich. ³Die für die Entscheidung über den Antrag notwendige Ermittlung der Höhe der Einkünfte aus Land- und Forstwirtschaft, Gewerbebetrieb und selbstständiger Arbeit erfolgt für die Zeiträume nach Satz 1 Nummer 1 entsprechend § 2d Absatz 2; in Fällen, in denen zum Zeitpunkt der Entscheidung kein Einkommensteuerbescheid vorliegt, und für den Zeitraum nach Satz 1 Nummer 2 erfolgt die Ermittlung der Höhe der Einkünfte entsprechend § 2d Absatz 3. ⁴Die Entscheidung über den Antrag erfolgt abschließend auf der Grundlage der Höhe der Einkünfte, wie sie sich aus den gemäß Satz 3 vorgelegten Nachweisen ergibt.

§ 2c Einkommen aus nichtselbstständiger Erwerbstätigkeit

(1) ¹Der monatlich durchschnittlich zu berücksichtigende Überschuss der Einnahmen aus nichtselbstständiger Arbeit in Geld oder Geldeswert über ein Zwölftel des Arbeitnehmer-Pauschbetrags, vermindert um die Abzüge für Steuern und Sozialabgaben nach den §§ 2e und 2f, ergibt das Einkommen aus nichtselbstständiger Erwerbstätigkeit. ²Nicht berücksichtigt werden Einnahmen, die im Lohnsteuerabzugsverfahren nach den lohnsteuerlichen Vorgaben als sonstige Bezüge zu behandeln sind. ³Die zeitliche Zuordnung von Einnahmen erfolgt nach den lohnsteuerlichen Vorgaben für das Lohnsteuerabzugsverfahren. ⁴Maßgeblich ist der Arbeitnehmer-Pauschbetrag nach § 9a Satz 1 Nummer 1 Buchstabe a des Einkommensteuergesetzes in der am 1. Januar des Kalenderjahres vor der Geburt des Kindes für dieses Jahr geltenden Fassung.
(2) ¹Grundlage der Ermittlung der Einnahmen sind die Angaben in den für die maßgeblichen Kalendermonate erstellten Lohn- und Gehaltsbescheinigungen des Arbeitgebers. ²Die Richtigkeit und Vollständigkeit der Angaben in den maßgeblichen Lohn- und Gehaltsbescheinigungen wird vermutet.
(3) ¹Grundlage der Ermittlung der nach den §§ 2e und 2f erforderlichen Abzugsmerkmale für Steuern und Sozialabgaben sind die Angaben in der Lohn- und Gehaltsbescheinigung, die für den letzten Kalendermonat im Bemessungszeitraum mit Einnahmen nach Absatz 1 erstellt wurde. ²Soweit sich in den Lohn- und Gehaltsbescheinigungen des Bemessungszeitraums eine Angabe zu einem Abzugsmerkmal geändert hat, ist die von der Angabe nach Satz 1 abweichende Angabe maßgeblich, wenn sie in der überwiegenden Zahl der Kalendermonate des Bemessungszeitraums gegolten hat. ³§ 2c Absatz 2 Satz 2 gilt entsprechend.

§ 2d Einkommen aus selbstständiger Erwerbstätigkeit

(1) Die monatlich durchschnittlich zu berücksichtigende Summe der positiven Einkünfte aus Land- und Forstwirtschaft, Gewerbebetrieb und selbstständiger Arbeit (Gewinneinkünfte), vermindert um die Abzüge für Steuern und Sozialabgaben nach den §§ 2e und 2f, ergibt das Einkommen aus selbstständiger Erwerbstätigkeit.
(2) ¹Bei der Ermittlung der im Bemessungszeitraum zu berücksichtigenden Gewinneinkünfte sind die entsprechenden im Einkommensteuerbescheid ausgewiesenen Gewinne anzusetzen. ²Ist kein Einkommensteuerbescheid zu erstellen, werden die Gewinneinkünfte in entsprechender Anwendung des Absatzes 3 ermittelt.

(3) ¹Grundlage der Ermittlung der in den Bezugsmonaten zu berücksichtigenden Gewinneinkünfte ist eine Gewinnermittlung, die mindestens den Anforderungen des § 4 Absatz 3 des Einkommensteuergesetzes entspricht. ²Als Betriebsausgaben sind 25 Prozent der zugrunde gelegten Einnahmen oder auf Antrag die damit zusammenhängenden tatsächlichen Betriebsausgaben anzusetzen.
(4) ¹Soweit nicht in § 2c Absatz 3 etwas anderes bestimmt ist, sind bei der Ermittlung der nach § 2e erforderlichen Abzugsmerkmale für Steuern die Angaben im Einkommensteuerbescheid maßgeblich. ²§ 2c Absatz 3 Satz 2 gilt entsprechend.
(5) Die zeitliche Zuordnung von Einnahmen und Ausgaben erfolgt nach den einkommensteuerrechtlichen Grundsätzen.

§ 2e Abzüge für Steuern

(1) ¹Als Abzüge für Steuern sind Beträge für die Einkommensteuer, den Solidaritätszuschlag und, wenn die berechtigte Person kirchensteuerpflichtig ist, die Kirchensteuer zu berücksichtigen. ²Die Abzüge für Steuern werden einheitlich für Einkommen aus nichtselbstständiger und selbstständiger Erwerbstätigkeit auf Grundlage einer Berechnung anhand des am 1. Januar des Kalenderjahres vor der Geburt des Kindes für dieses Jahr geltenden Programmablaufplans für die maschinelle Berechnung der vom Arbeitslohn einzubehaltenden Lohnsteuer, des Solidaritätszuschlags und der Maßstabsteuer für die Kirchenlohnsteuer im Sinne von § 39b Absatz 6 des Einkommensteuergesetzes nach den Maßgaben der Absätze 2 bis 5 ermittelt.
(2) ¹Bemessungsgrundlage für die Ermittlung der Abzüge für Steuern ist die monatlich durchschnittlich zu berücksichtigende Summe der Einnahmen nach § 2c, soweit sie von der berechtigten Person zu versteuern sind, und der Gewinneinkünfte nach § 2d. ²Bei der Ermittlung der Abzüge für Steuern nach Absatz 1 werden folgende Pauschalen berücksichtigt:
1. der Arbeitnehmer-Pauschbetrag nach § 9a Satz 1 Nummer 1 Buchstabe a des Einkommensteuergesetzes, wenn die berechtigte Person von ihr zu versteuernde Einnahmen hat, die unter § 2c fallen, und
2. eine Vorsorgepauschale
    a) mit den Teilbeträgen nach § 39b Absatz 2 Satz 5 Nummer 3 Buchstabe b, c und e des Einkommensteuergesetzes, falls die berechtigte Person von ihr zu versteuernde Einnahmen nach § 2c hat, ohne in der gesetzlichen Rentenversicherung oder einer vergleichbaren Einrichtung versicherungspflichtig gewesen zu sein, oder
    b) mit den Teilbeträgen nach § 39b Absatz 2 Satz 5 Nummer 3 Buchstabe a bis c und e des Einkommensteuergesetzes in allen übrigen Fällen,
    wobei die Höhe der Teilbeträge ohne Berücksichtigung der besonderen Regelungen zur Berechnung der Beiträge nach § 55 Absatz 3 und § 58 Absatz 3 des Elften Buches Sozialgesetzbuch bestimmt wird.
(3) ¹Als Abzug für die Einkommensteuer ist der Betrag anzusetzen, der sich unter Berücksichtigung der Steuerklasse und des Faktors nach § 39f des Einkommensteuergesetzes nach § 2c Absatz 3 ergibt; die Steuerklasse VI bleibt unberücksichtigt. ²War die berechtigte Person im Bemessungszeitraum nach § 2b in keine Steuerklasse eingereiht oder ist ihr nach § 2d zu berücksichtigender Gewinn höher als ihr nach § 2c zu berücksichtigender Überschuss der Einnahmen über ein Zwölftel des Arbeitnehmer-Pauschbetrags, ist als Abzug für die Einkommensteuer der Betrag anzusetzen, der sich unter Berücksichtigung der Steuerklasse IV ohne Berücksichtigung eines Faktors nach § 39f des Einkommensteuergesetzes ergibt.
(4) Als Abzug für den Solidaritätszuschlag ist der Betrag anzusetzen, der sich nach den Maßgaben des Solidaritätszuschlagsgesetzes 1995 für die Einkommensteuer nach Absatz 3 ergibt. Freibeträge für Kinder werden nach den Maßgaben des § 3 Absatz 2a des Solidaritätszuschlagsgesetzes 1995 berücksichtigt.

(5) ¹Als Abzug für die Kirchensteuer ist der Betrag anzusetzen, der sich unter Anwendung eines Kirchensteuersatzes von 8 Prozent für die Einkommensteuer nach Absatz 3 ergibt. ²Freibeträge für Kinder werden nach den Maßgaben des § 51a Absatz 2a des Einkommensteuergesetzes berücksichtigt.
(6) Vorbehaltlich der Absätze 2 bis 5 werden Freibeträge und Pauschalen nur berücksichtigt, wenn sie ohne weitere Voraussetzung jeder berechtigten Person zustehen.

§ 2f Abzüge für Sozialabgaben

(1) ¹Als Abzüge für Sozialabgaben sind Beträge für die gesetzliche Sozialversicherung oder für eine vergleichbare Einrichtung sowie für die Arbeitsförderung zu berücksichtigen. ²Die Abzüge für Sozialabgaben werden einheitlich für Einkommen aus nichtselbstständiger und selbstständiger Erwerbstätigkeit anhand folgender Beitragssatzpauschalen ermittelt:
1. 9 Prozent für die Kranken- und Pflegeversicherung, falls die berechtigte Person in der gesetzlichen Krankenversicherung nach § 5 Absatz 1 Nummer 1 bis 12 des Fünften Buches Sozialgesetzbuch versicherungspflichtig gewesen ist,
2. 10 Prozent für die Rentenversicherung, falls die berechtigte Person in der gesetzlichen Rentenversicherung oder einer vergleichbaren Einrichtung versicherungspflichtig gewesen ist, und
3. 2 Prozent für die Arbeitsförderung, falls die berechtigte Person nach dem Dritten Buch Sozialgesetzbuch versicherungspflichtig gewesen ist.

(2) ¹Bemessungsgrundlage für die Ermittlung der Abzüge für Sozialabgaben ist die monatlich durchschnittlich zu berücksichtigende Summe der Einnahmen nach § 2c und der Gewinneinkünfte nach § 2d. ²Einnahmen aus Beschäftigungen im Sinne des § 8, des § 8a oder des § 20 Absatz 3 Satz 1 des Vierten Buches Sozialgesetzbuch werden nicht berücksichtigt. ³Für Einnahmen aus Beschäftigungsverhältnissen im Sinne des § 20 Absatz 2 des Vierten Buches Sozialgesetzbuch ist der Betrag anzusetzen, der sich nach § 344 Absatz 4 des Dritten Buches Sozialgesetzbuch für diese Einnahmen ergibt, wobei der Faktor im Sinne des § 163 Absatz 10 Satz 2 des Sechsten Buches Sozialgesetzbuch unter Zugrundelegung der Beitragssatzpauschalen nach Absatz 1 bestimmt wird.
(3) Andere Maßgaben zur Bestimmung der sozialversicherungsrechtlichen Beitragsbemessungsgrundlagen werden nicht berücksichtigt.

§ 3 Anrechnung von anderen Einnahmen

(1) ¹Auf das der berechtigten Person nach § 2 oder nach § 2 in Verbindung mit § 2a zustehende Elterngeld werden folgende Einnahmen angerechnet:
1. Mutterschaftsleistungen
   a) in Form des Mutterschaftsgeldes nach dem Fünften Buch Sozialgesetzbuch oder nach dem Zweiten Gesetz über die Krankenversicherung der Landwirte mit Ausnahme des Mutterschaftsgeldes nach § 19 Absatz 2 des Mutterschutzgesetzes oder
   b) in Form des Zuschusses zum Mutterschaftsgeld nach § 20 des Mutterschutzgesetzes, die der berechtigten Person für die Zeit ab dem Tag der Geburt des Kindes zustehen,
2. Dienst- und Anwärterbezüge sowie Zuschüsse, die der berechtigten Person nach beamten- oder soldatenrechtlichen Vorschriften für die Zeit eines Beschäftigungsverbots ab dem Tag der Geburt des Kindes zustehen,
3. dem Elterngeld vergleichbare Leistungen, auf die eine nach § 1 berechtigte Person außerhalb Deutschlands oder gegenüber einer über- oder zwischenstaatlichen Einrichtung Anspruch hat,
4. Elterngeld, das der berechtigten Person für ein älteres Kind zusteht, sowie

5. Einnahmen, die der berechtigten Person als Ersatz für Erwerbseinkommen zustehen und
   a) die nicht bereits für die Berechnung des Elterngeldes nach § 2 berücksichtigt werden oder
   b) bei deren Berechnung das Elterngeld nicht berücksichtigt wird.

²Stehen der berechtigten Person die Einnahmen nur für einen Teil des Lebensmonats des Kindes zu, sind sie nur auf den entsprechenden Teil des Elterngeldes anzurechnen. ³Für jeden Kalendermonat, in dem Einnahmen nach Satz 1 Nummer 4 oder Nummer 5 im Bemessungszeitraum bezogen worden sind, wird der Anrechnungsbetrag um ein Zwölftel gemindert. ⁴Beginnt der Bezug von Einnahmen nach Satz 1 Nummer 5 nach der Geburt des Kindes und berechnen sich die anzurechnenden Einnahmen auf der Grundlage eines Einkommens, das geringer ist als das Einkommen aus Erwerbstätigkeit im Bemessungszeitraum, so ist der Teil des Elterngeldes in Höhe des nach § 2 Absatz 1 oder 2 maßgeblichen Prozentsatzes des Unterschiedsbetrages zwischen dem durchschnittlichen monatlichen Einkommen aus Erwerbstätigkeit im Bemessungszeitraum und dem durchschnittlichen monatlichen Bemessungseinkommen der anzurechnenden Einnahmen von der Anrechnung freigestellt.

(2) ¹Bis zu einem Betrag von 300 Euro ist das Elterngeld von der Anrechnung nach Absatz 1 frei, soweit nicht Einnahmen nach Absatz 1 Satz 1 Nummer 1 bis 3 auf das Elterngeld anzurechnen sind. ²Dieser Betrag erhöht sich bei Mehrlingsgeburten um je 300 Euro für das zweite und jedes weitere Kind.

(3) Solange kein Antrag auf die in Absatz 1 Satz 1 Nummer 3 genannten vergleichbaren Leistungen gestellt wird, ruht der Anspruch auf Elterngeld bis zur möglichen Höhe der vergleichbaren Leistung.

§ 4 Bezugsdauer, Anspruchsumfang

(1) ¹Elterngeld wird als Basiselterngeld oder als Elterngeld Plus gewährt. ²Es kann ab dem Tag der Geburt bezogen werden. ³Basiselterngeld kann bis zur Vollendung des 14. Lebensmonats des Kindes bezogen werden. ⁴Elterngeld Plus kann bis zur Vollendung des 32. Lebensmonats bezogen werden, solange es ab dem 15. Lebensmonat in aufeinander folgenden Lebensmonaten von zumindest einem Elternteil in Anspruch genommen wird. ⁵Für angenommene Kinder und Kinder im Sinne des § 1 Absatz 3 Satz 1 Nummer 1 kann Elterngeld ab Aufnahme bei der berechtigten Person längstens bis zur Vollendung des achten Lebensjahres des Kindes bezogen werden.

(2) ¹Elterngeld wird in Monatsbeträgen für Lebensmonate des Kindes gezahlt. ²Der Anspruch endet mit dem Ablauf des Lebensmonats, in dem eine Anspruchsvoraussetzung entfallen ist. ³Die Eltern können die jeweiligen Monatsbeträge abwechselnd oder gleichzeitig beziehen.

(3) ¹Die Eltern haben gemeinsam Anspruch auf zwölf Monatsbeträge Basiselterngeld. ²Ist das Einkommen aus Erwerbstätigkeit eines Elternteils in zwei Lebensmonaten gemindert, haben die Eltern gemeinsam Anspruch auf zwei weitere Monate Basiselterngeld (Partnermonate). ³Statt für einen Lebensmonat Basiselterngeld zu beanspruchen, kann die berechtigte Person jeweils zwei Lebensmonate Elterngeld Plus beziehen.

(4) ¹Ein Elternteil hat Anspruch auf höchstens zwölf Monatsbeträge Basiselterngeld zuzüglich der höchstens vier zustehenden Monatsbeträge Partnerschaftsbonus nach § 4b. ²Ein Elternteil hat nur Anspruch auf Elterngeld, wenn er es mindestens für zwei Lebensmonate bezieht. ³Lebensmonate des Kindes, in denen einem Elternteil nach § 3 Absatz 1 Satz 1 Nummer 1 bis 3 anzurechnende Leistungen oder nach § 192 Absatz 5 Satz 2 des Versicherungsvertragsgesetzes Versicherungsleistungen zustehen, gelten als Monate, für die dieser Elternteil Basiselterngeld nach § 4a Absatz 1 bezieht.

Bundeselterngeld- und Elternzeitgesetz § 4

(5) ¹Abweichend von Absatz 3 Satz 1 beträgt der gemeinsame Anspruch der Eltern auf Basiselterngeld für ein Kind, das
1. mindestens sechs Wochen vor dem voraussichtlichen Tag der Entbindung geboren wurde: 13 Monatsbeträge Basiselterngeld;
2. mindestens acht Wochen vor dem voraussichtlichen Tag der Entbindung geboren wurde: 14 Monatsbeträge Basiselterngeld;
3. mindestens zwölf Wochen vor dem voraussichtlichen Tag der Entbindung geboren wurde: 15 Monatsbeträge Basiselterngeld;
4. mindestens 16 Wochen vor dem voraussichtlichen Tag der Entbindung geboren wurde: 16 Monatsbeträge Basiselterngeld.

²Für die Berechnung des Zeitraums zwischen dem voraussichtlichen Tag der Entbindung und dem tatsächlichen Tag der Geburt ist der voraussichtliche Tag der Entbindung maßgeblich, wie er sich aus dem ärztlichen Zeugnis oder dem Zeugnis einer Hebamme oder eines Entbindungspflegers ergibt.
Im Fall von
1. Satz 1 Nummer 1
   a) hat ein Elternteil abweichend von Absatz 4 Satz 1 Anspruch auf höchstens 13 Monatsbeträge Basiselterngeld zuzüglich der höchstens vier zustehenden Monatsbeträge Partnerschaftsbonus nach § 4b,
   b) kann Basiselterngeld abweichend von Absatz 1 Satz 3 bis zur Vollendung des 15. Lebensmonats des Kindes bezogen werden und
   c) kann Elterngeld Plus abweichend von Absatz 1 Satz 4 bis zur Vollendung des 32. Lebensmonats des Kindes bezogen werden, solange es ab dem 16. Lebensmonat in aufeinander folgenden Lebensmonaten von zumindest einem Elternteil in Anspruch genommen wird;
2. Satz 1 Nummer 2
   a) hat ein Elternteil abweichend von Absatz 4 Satz 1 Anspruch auf höchstens 14 Monatsbeträge Basiselterngeld zuzüglich der höchstens vier zustehenden Monatsbeträge Partnerschaftsbonus nach § 4b,
   b) kann Basiselterngeld abweichend von Absatz 1 Satz 3 bis zur Vollendung des 16. Lebensmonats des Kindes bezogen werden und
   c) kann Elterngeld Plus abweichend von Absatz 1 Satz 4 bis zur Vollendung des 32. Lebensmonats des Kindes bezogen werden, solange es ab dem 17. Lebensmonat in aufeinander folgenden Lebensmonaten von zumindest einem Elternteil in Anspruch genommen wird;
3. Satz 1 Nummer 3
   a) hat ein Elternteil abweichend von Absatz 4 Satz 1 Anspruch auf höchstens 15 Monatsbeträge Basiselterngeld zuzüglich der höchstens vier zustehenden Monatsbeträge Partnerschaftsbonus nach § 4b,
   b) kann Basiselterngeld abweichend von Absatz 1 Satz 3 bis zur Vollendung des 17. Lebensmonats des Kindes bezogen werden und
   c) kann Elterngeld Plus abweichend von Absatz 1 Satz 4 bis zur Vollendung des 32. Lebensmonats des Kindes bezogen werden, solange es ab dem 18. Lebensmonat in aufeinander folgenden Lebensmonaten von zumindest einem Elternteil in Anspruch genommen wird;
4. Satz 1 Nummer 4
   a) hat ein Elternteil abweichend von Absatz 4 Satz 1 Anspruch auf höchstens 16 Monatsbeträge Basiselterngeld zuzüglich der höchstens vier zustehenden Monatsbeträge Partnerschaftsbonus nach § 4b,

b) kann Basiselterngeld abweichend von Absatz 1 Satz 3 bis zur Vollendung des 18. Lebensmonats des Kindes bezogen werden und
c) kann Elterngeld Plus abweichend von Absatz 1 Satz 4 bis zur Vollendung des 32. Lebensmonats des Kindes bezogen werden, solange es ab dem 19. Lebensmonat in aufeinander folgenden Lebensmonaten von zumindest einem Elternteil in Anspruch genommen wird.

§ 4a Berechnung von Basiselterngeld und Elterngeld Plus
(1) Basiselterngeld wird allein nach den Vorgaben der §§ 2 bis 3 ermittelt.
(2) ^{1}Elterngeld Plus wird nach den Vorgaben der §§ 2 bis 3 und den zusätzlichen Vorgaben der Sätze 2 und 3 ermittelt. ^{2}Das Elterngeld Plus beträgt monatlich höchstens die Hälfte des Basiselterngeldes, das der berechtigten Person zustünde, wenn sie während des Elterngeldbezugs keine Einnahmen im Sinne des § 2 oder des § 3 hätte oder hat. ^{3}Für die Berechnung des Elterngeldes Plus halbieren sich:
1. der Mindestbetrag für das Elterngeld nach § 2 Absatz 4 Satz 1,
2. der Mindestbetrag des Geschwisterbonus nach § 2a Absatz 1 Satz 1,
3. der Mehrlingszuschlag nach § 2a Absatz 4 sowie
4. die von der Anrechnung freigestellten Elterngeldbeträge nach § 3 Absatz 2.

§ 4b Partnerschaftsbonus
(1) Wenn beide Elternteile
1. nicht weniger als 24 und nicht mehr als 32 Wochenstunden im Durchschnitt des Lebensmonats erwerbstätig sind und
2. die Voraussetzungen des § 1 erfüllen,
hat jeder Elternteil für diesen Lebensmonat Anspruch auf einen zusätzlichen Monatsbetrag Elterngeld Plus (Partnerschaftsbonus).
(2) ^{1}Die Eltern haben je Elternteil Anspruch auf höchstens vier Monatsbeträge Partnerschaftsbonus. ^{2}Sie können den Partnerschaftsbonus nur beziehen, wenn sie ihn jeweils für mindestens zwei Lebensmonate in Anspruch nehmen.
(3) Die Eltern können den Partnerschaftsbonus nur gleichzeitig und in aufeinander folgenden Lebensmonaten beziehen.
(4) Treten während des Bezugs des Partnerschaftsbonus die Voraussetzungen für einen alleinigen Bezug nach § 4c Absatz 1 Nummer 1 bis 3 ein, so kann der Bezug durch einen Elternteil nach § 4c Absatz 2 fortgeführt werden.
(5) Das Erfordernis des Bezugs in aufeinander folgenden Lebensmonaten nach Absatz 3 und § 4 Absatz 1 Satz 4 gilt auch dann als erfüllt, wenn sich während des Bezugs oder nach dem Ende des Bezugs herausstellt, dass die Voraussetzungen für den Partnerschaftsbonus nicht in allen Lebensmonaten, für die der Partnerschaftsbonus beantragt wurde, vorliegen oder vorlagen.

§ 4c Alleiniger Bezug durch einen Elternteil
(1) Ein Elternteil kann abweichend von § 4 Absatz 4 Satz 1 zusätzlich auch das Elterngeld für die Partnermonate nach § 4 Absatz 3 Satz 3 beziehen, wenn das Einkommen aus Erwerbstätigkeit für zwei Lebensmonate gemindert ist und
1. bei diesem Elternteil die Voraussetzungen für den Entlastungsbetrag für Alleinerziehende nach § 24b Absatz 1 und 3 des Einkommensteuergesetzes vorliegen und der andere Elternteil weder mit ihm noch mit dem Kind in einer Wohnung lebt,
2. mit der Betreuung durch den anderen Elternteil eine Gefährdung des Kindeswohls im Sinne von § 1666 Absatz 1 und 2 des Bürgerlichen Gesetzbuchs verbunden wäre oder

3. die Betreuung durch den anderen Elternteil unmöglich ist, insbesondere, weil er wegen einer schweren Krankheit oder einer Schwerbehinderung sein Kind nicht betreuen kann; für die Feststellung der Unmöglichkeit der Betreuung bleiben wirtschaftliche Gründe und Gründe einer Verhinderung wegen anderweitiger Tätigkeiten außer Betracht.

(2) Liegt eine der Voraussetzungen des Absatzes 1 Nummer 1 bis 3 vor, so hat ein Elternteil, der in mindestens zwei bis höchstens vier aufeinander folgenden Lebensmonaten nicht weniger als 24 und nicht mehr als 32 Wochenstunden im Durchschnitt des Lebensmonats erwerbstätig ist, für diese Lebensmonate Anspruch auf zusätzliche Monatsbeträge Elterngeld Plus.

§ 4d Weitere Berechtigte

^{1}Die §§ 4 bis 4c gelten in den Fällen des § 1 Absatz 3 und 4 entsprechend. ^{2}Der Bezug von Elterngeld durch nicht sorgeberechtigte Elternteile und durch Personen, die nach § 1 Absatz 3 Satz 1 Nummer 2 und 3 Anspruch auf Elterngeld haben, bedarf der Zustimmung des sorgeberechtigten Elternteils.

Abschnitt 2: Verfahren und Organisation

§ 5 Zusammentreffen von Ansprüchen

(1) Erfüllen beide Elternteile die Anspruchsvoraussetzungen, bestimmen sie, wer von ihnen die Monatsbeträge für welche Lebensmonate des Kindes in Anspruch nimmt.

(2) ^{1}Beanspruchen beide Elternteile zusammen mehr als die ihnen nach § 4 Absatz 3 und § 4b oder nach § 4 Absatz 3 und § 4b in Verbindung mit § 4d zustehenden Monatsbeträge, so besteht der Anspruch eines Elternteils, der nicht über die Hälfte der zustehenden Monatsbeträge hinausgeht, ungekürzt; der Anspruch des anderen Elternteils wird gekürzt auf die vom Gesamtanspruch verbleibenden Monatsbeträge. ^{2}Beansprucht jeder der beiden Elternteile mehr als die Hälfte der ihm zustehenden Monatsbeträge, steht jedem Elternteil die Hälfte des Gesamtanspruchs der Monatsbeträge zu.

(3) ^{1}Die Absätze 1 und 2 gelten in den Fällen des § 1 Absatz 3 und 4 entsprechend. ^{2}Wird eine Einigung mit einem nicht sorgeberechtigten Elternteil oder einer Person, die nach § 1 Absatz 3 Satz 1 Nummer 2 und 3 Anspruch auf Elterngeld hat, nicht erzielt, so kommt es abweichend von Absatz 2 allein auf die Entscheidung des sorgeberechtigten Elternteils an.

§ 6 Auszahlung

Elterngeld wird im Laufe des Lebensmonats gezahlt, für den es bestimmt ist.

§ 7 Antragstellung

(1) ^{1}Elterngeld ist schriftlich zu beantragen. ^{2}Es wird rückwirkend nur für die letzten drei Lebensmonate vor Beginn des Lebensmonats geleistet, in dem der Antrag auf Elterngeld eingegangen ist. ^{3}Im Antrag ist anzugeben, für welche Lebensmonate Basiselterngeld, für welche Lebensmonate Elterngeld Plus oder für welche Lebensmonate Partnerschaftsbonus beantragt wird.

(2) ^{1}Die im Antrag getroffenen Entscheidungen können bis zum Ende des Bezugszeitraums geändert werden. ^{2}Eine Änderung kann rückwirkend nur für die letzten drei Lebensmonate vor Beginn des Lebensmonats verlangt werden, in dem der Änderungsantrag eingegangen ist. ^{3}Sie ist außer in den Fällen besonderer Härte unzulässig, soweit Monatsbeträge bereits ausgezahlt sind. ^{4}Abweichend von den Sätzen 2 und 3 kann für einen Lebensmonat, in dem bereits Elterngeld Plus bezogen wurde, nachträglich Basiselterngeld beantragt werden. ^{5}Im

Übrigen finden die für die Antragstellung geltenden Vorschriften auch auf den Änderungsantrag Anwendung.
(3) ¹Der Antrag ist, außer im Fall des § 4c und der Antragstellung durch eine allein sorgeberechtigte Person, zu unterschreiben von der Person, die ihn stellt, und zur Bestätigung der Kenntnisnahme auch von der anderen berechtigten Person. ²Die andere berechtigte Person kann gleichzeitig
1. einen Antrag auf Elterngeld stellen oder
2. der Behörde anzeigen, wie viele Monatsbeträge sie beansprucht, wenn mit ihrem Anspruch die Höchstgrenzen nach § 4 Absatz 3 in Verbindung mit § 4b überschritten würden.
³Liegt der Behörde von der anderen berechtigten Person weder ein Antrag auf Elterngeld noch eine Anzeige nach Satz 2 vor, so werden sämtliche Monatsbeträge der berechtigten Person ausgezahlt, die den Antrag gestellt hat; die andere berechtigte Person kann bei einem späteren Antrag abweichend von § 5 Absatz 2 nur die unter Berücksichtigung von § 4 Absatz 3 in Verbindung mit § 4b vom Gesamtanspruch verbleibenden Monatsbeträge erhalten.

§ 8 Auskunftspflicht, Nebenbestimmungen
(1) Soweit im Antrag auf Elterngeld Angaben zum voraussichtlichen Einkommen aus Erwerbstätigkeit gemacht wurden, ist nach Ablauf des Bezugszeitraums für diese Zeit das tatsächliche Einkommen aus Erwerbstätigkeit nachzuweisen.
(1a) ¹Die Mitwirkungspflichten nach § 60 des Ersten Buches Sozialgesetzbuch gelten
1. im Falle des § 1 Absatz 8 Satz 2 auch für die andere Person im Sinne des § 1 Absatz 8 Satz 2 und
2. im Falle des § 4b oder des § 4b in Verbindung mit § 4d Satz 1 für beide Personen, die den Partnerschaftsbonus beantragt haben.
²§ 65 Absatz 1 und 3 des Ersten Buches Sozialgesetzbuch gilt entsprechend.
(2) ¹Elterngeld wird in den Fällen, in denen die berechtigte Person nach ihren Angaben im Antrag im Bezugszeitraum voraussichtlich kein Einkommen aus Erwerbstätigkeit haben wird, unter dem Vorbehalt des Widerrufs für den Fall gezahlt, dass sie entgegen ihren Angaben im Antrag Einkommen aus Erwerbstätigkeit hat. ²In den Fällen, in denen zum Zeitpunkt der Antragstellung der Steuerbescheid für den letzten abgeschlossenen steuerlichen Veranlagungszeitraum vor der Geburt des Kindes nicht vorliegt und nach den Angaben im Antrag die Beträge nach § 1 Absatz 8 voraussichtlich nicht überschritten werden, wird das Elterngeld unter dem Vorbehalt des Widerrufs für den Fall gezahlt, dass entgegen den Angaben im Antrag die Beträge nach § 1 Absatz 8 überschritten werden.
(3) Das Elterngeld wird bis zum Nachweis der jeweils erforderlichen Angaben vorläufig unter Berücksichtigung der glaubhaft gemachten Angaben gezahlt, wenn
1. zum Zeitpunkt der Antragstellung der Steuerbescheid für den letzten abgeschlossenen Veranlagungszeitraum vor der Geburt des Kindes nicht vorliegt und noch nicht angegeben werden kann, ob die Beträge nach § 1 Absatz 8 überschritten werden,
2. das Einkommen aus Erwerbstätigkeit vor der Geburt nicht ermittelt werden kann oder
3. die berechtigte Person nach den Angaben im Antrag auf Elterngeld im Bezugszeitraum voraussichtlich Einkommen aus Erwerbstätigkeit hat.

§ 9 Einkommens- und Arbeitszeitnachweis, Auskunftspflicht des Arbeitgebers
(1) ¹Soweit es zum Nachweis des Einkommens aus Erwerbstätigkeit oder der wöchentlichen Arbeitszeit erforderlich ist, hat der Arbeitgeber der nach § 12 zuständigen Behörde für bei ihm Beschäftigte das Arbeitsentgelt, die für die Ermittlung der nach den §§ 2e und 2f

erforderlichen Abzugsmerkmale für Steuern und Sozialabgaben sowie die Arbeitszeit auf Verlangen zu bescheinigen; das Gleiche gilt für ehemalige Arbeitgeber. [2]Für die in Heimarbeit Beschäftigten und die ihnen Gleichgestellten (§ 1 Absatz 1 und 2 des Heimarbeitsgesetzes) tritt an die Stelle des Arbeitgebers der Auftraggeber oder Zwischenmeister.
(2) [1]Für den Nachweis des Einkommens aus Erwerbstätigkeit kann die nach § 12 Absatz 1 zuständige Behörde auch das in § 108a Absatz 1 des Vierten Buches Sozialgesetzbuch vorgesehene Verfahren zur elektronischen Abfrage und Übermittlung von Entgeltbescheinigungsdaten nutzen. [2]Sie darf dieses Verfahren nur nutzen, wenn die betroffene Arbeitnehmerin oder der betroffene Arbeitnehmer zuvor in dessen Nutzung eingewilligt hat. [3]Wenn der betroffene Arbeitgeber ein systemgeprüftes Entgeltabrechnungsprogramm nutzt, ist er verpflichtet, die jeweiligen Entgeltbescheinigungsdaten mit dem in § 108a Absatz 1 des Vierten Buches Sozialgesetzbuch vorgesehenen Verfahren zu übermitteln.

§ 10 Verhältnis zu anderen Sozialleistungen
(1) Das Elterngeld und vergleichbare Leistungen der Länder sowie die nach § 3 auf die Leistung angerechneten Einnahmen oder Leistungen bleiben bei Sozialleistungen, deren Zahlung von anderen Einkommen abhängig ist, bis zu einer Höhe von insgesamt 300 Euro im Monat als Einkommen unberücksichtigt.
(2) Das Elterngeld und vergleichbare Leistungen der Länder sowie die nach § 3 auf die Leistung angerechneten Einnahmen oder Leistungen dürfen bis zu einer Höhe von insgesamt 300 Euro nicht dafür herangezogen werden, um auf Rechtsvorschriften beruhende Leistungen anderer, auf die kein Anspruch besteht, zu versagen.
(3) Soweit die berechtigte Person Elterngeld Plus bezieht, bleibt das Elterngeld nur bis zur Hälfte des Anrechnungsfreibetrags, der nach Abzug der anderen nach Absatz 1 nicht zu berücksichtigenden Einnahmen für das Elterngeld verbleibt, als Einkommen unberücksichtigt und darf nur bis zu dieser Höhe nicht dafür herangezogen werden, um auf Rechtsvorschriften beruhende Leistungen anderer, auf die kein Anspruch besteht, zu versagen.
(4) Die nach den Absätzen 1 bis 3 nicht zu berücksichtigenden oder nicht heranzuziehenden Beträge vervielfachen sich bei Mehrlingsgeburten mit der Zahl der geborenen Kinder.
(5) [1]Die Absätze 1 bis 4 gelten nicht bei Leistungen nach dem Zweiten Buch Sozialgesetzbuch, dem Zwölften Buch Sozialgesetzbuch, § 6a des Bundeskindergeldgesetzes und dem Asylbewerberleistungsgesetz. [2]Bei den in Satz 1 bezeichneten Leistungen bleiben das Elterngeld und vergleichbare Leistungen der Länder sowie die nach § 3 auf das Elterngeld angerechneten Einnahmen in Höhe des nach § 2 Absatz 1 berücksichtigten Einkommens aus Erwerbstätigkeit vor der Geburt bis zu 300 Euro im Monat als Einkommen unberücksichtigt. [3]Soweit die berechtigte Person Elterngeld Plus bezieht, verringern sich die Beträge nach Satz 2 um die Hälfte. [4]Abweichend von Satz 2 bleibt Mutterschaftsgeld gemäß § 19 des Mutterschutzgesetzes in voller Höhe unberücksichtigt.
(6) Die Absätze 1 bis 4 gelten entsprechend, soweit für eine Sozialleistung ein Kostenbeitrag erhoben werden kann, der einkommensabhängig ist.

§ 11 Unterhaltspflichten
[1]Unterhaltsverpflichtungen werden durch die Zahlung des Elterngeldes und vergleichbarer Leistungen der Länder nur insoweit berührt, als die Zahlung 300 Euro monatlich übersteigt. [2]Soweit die berechtigte Person Elterngeld Plus bezieht, werden die Unterhaltspflichten insoweit berührt, als die Zahlung 150 Euro übersteigt. [3]Die in den Sätzen 1 und 2 genannten Beträge vervielfachen sich bei Mehrlingsgeburten mit der Zahl der geborenen Kinder. [4]Die Sätze 1 bis 3 gelten nicht in den Fällen des § 1361 Absatz 3, der §§ 1579, 1603 Absatz 2 und des § 1611 Absatz 1 des Bürgerlichen Gesetzbuchs.

§ 12 Zuständigkeit; Bewirtschaftung der Mittel

(1) ¹Die Landesregierungen oder die von ihnen beauftragten Stellen bestimmen die für die Ausführung dieses Gesetzes zuständigen Behörden. ²Zuständig ist die von den Ländern für die Durchführung dieses Gesetzes bestimmte Behörde des Bezirks, in dem das Kind, für das Elterngeld beansprucht wird, zum Zeitpunkt der ersten Antragstellung seinen inländischen Wohnsitz hat. ³Hat das Kind, für das Elterngeld beansprucht wird, in den Fällen des § 1 Absatz 2 zum Zeitpunkt der ersten Antragstellung keinen inländischen Wohnsitz, so ist die von den Ländern für die Durchführung dieses Gesetzes bestimmte Behörde des Bezirks zuständig, in dem die berechtigte Person ihren letzten inländischen Wohnsitz hatte; hilfsweise ist die Behörde des Bezirks zuständig, in dem der entsendende Dienstherr oder Arbeitgeber der berechtigten Person oder der Arbeitgeber des Ehegatten oder der Ehegattin der berechtigten Person den inländischen Sitz hat.
(2) Den nach Absatz 1 zuständigen Behörden obliegt auch die Beratung zur Elternzeit.
(3) ¹Der Bund trägt die Ausgaben für das Elterngeld. ²Die damit zusammenhängenden Einnahmen sind an den Bund abzuführen. ³Für die Ausgaben und die mit ihnen zusammenhängenden Einnahmen sind die Vorschriften über das Haushaltsrecht des Bundes einschließlich der Verwaltungsvorschriften anzuwenden.

§ 13 Rechtsweg

(1) ¹Über öffentlich-rechtliche Streitigkeiten in Angelegenheiten der §§ 1 bis 12 entscheiden die Gerichte der Sozialgerichtsbarkeit. ²§ 85 Absatz 2 Nummer 2 des Sozialgerichtsgesetzes gilt mit der Maßgabe, dass die zuständige Stelle nach § 12 bestimmt wird.
(2) Widerspruch und Anfechtungsklage haben keine aufschiebende Wirkung.

§ 14 Bußgeldvorschriften

(1) Ordnungswidrig handelt, wer vorsätzlich oder fahrlässig
1. entgegen § 8 Absatz 1 einen Nachweis nicht, nicht richtig, nicht vollständig oder nicht rechtzeitig erbringt,
2. entgegen § 9 Absatz 1 eine dort genannte Angabe nicht, nicht richtig, nicht vollständig oder nicht rechtzeitig bescheinigt,
3. entgegen § 60 Absatz 1 Satz 1 Nummer 1 des Ersten Buches Sozialgesetzbuch, auch in Verbindung mit § 8 Absatz 1a Satz 1, eine Angabe nicht, nicht richtig, nicht vollständig oder nicht rechtzeitig macht,
4. entgegen § 60 Absatz 1 Satz 1 Nummer 2 des Ersten Buches Sozialgesetzbuch, auch in Verbindung mit § 8 Absatz 1a Satz 1, eine Mitteilung nicht, nicht richtig, nicht vollständig oder nicht rechtzeitig macht, oder
5. entgegen § 60 Absatz 1 Satz 1 Nummer 3 des Ersten Buches Sozialgesetzbuch, auch in Verbindung mit § 8 Absatz 1a Satz 1, eine Beweisurkunde nicht, nicht richtig, nicht vollständig oder nicht rechtzeitig vorlegt.

(2) Die Ordnungswidrigkeit kann mit einer Geldbuße von bis zu zweitausend Euro geahndet werden.
(3) Verwaltungsbehörden im Sinne des § 36 Absatz 1 Nummer 1 des Gesetzes über Ordnungswidrigkeiten sind die in § 12 Absatz 1 genannten Behörden.

Bundeselterngeld- und Elternzeitgesetz § 15

Abschnitt 3: Elternzeit für Arbeitnehmerinnen und Arbeitnehmer
§ 15 Anspruch auf Elternzeit
(1) ¹Arbeitnehmerinnen und Arbeitnehmer haben Anspruch auf Elternzeit, wenn sie
1. a) mit ihrem Kind,
   b) mit einem Kind, für das sie die Anspruchsvoraussetzungen nach § 1 Absatz 3 oder 4 erfüllen, oder
   c) mit einem Kind, das sie in Vollzeitpflege nach § 33 des Achten Buches Sozialgesetzbuch aufgenommen haben,
   in einem Haushalt leben und
2. dieses Kind selbst betreuen und erziehen.

²Nicht sorgeberechtigte Elternteile und Personen, die nach Satz 1 Nummer 1 Buchstabe b und c Elternzeit nehmen können, bedürfen der Zustimmung des sorgeberechtigten Elternteils.
(1a) ¹Anspruch auf Elternzeit haben Arbeitnehmerinnen und Arbeitnehmer auch, wenn sie mit ihrem Enkelkind in einem Haushalt leben und dieses Kind selbst betreuen und erziehen und
1. ein Elternteil des Kindes minderjährig ist oder
2. ein Elternteil des Kindes sich in einer Ausbildung befindet, die vor Vollendung des 18. Lebensjahres begonnen wurde und die Arbeitskraft des Elternteils im Allgemeinen voll in Anspruch nimmt.

²Der Anspruch besteht nur für Zeiten, in denen keiner der Elternteile des Kindes selbst Elternzeit beansprucht.
(2) ¹Der Anspruch auf Elternzeit besteht bis zur Vollendung des dritten Lebensjahres eines Kindes. ²Ein Anteil von bis zu 24 Monaten kann zwischen dem dritten Geburtstag und dem vollendeten achten Lebensjahr des Kindes in Anspruch genommen werden. ³Die Zeit der Mutterschutzfrist nach § 3 Absatz 2 und 3 des Mutterschutzgesetzes wird für die Elternzeit der Mutter auf die Begrenzung nach den Sätzen 1 und 2 angerechnet. ⁴Bei mehreren Kindern besteht der Anspruch auf Elternzeit für jedes Kind, auch wenn sich die Zeiträume im Sinne der Sätze 1 und 2 überschneiden. ⁵Bei einem angenommenen Kind und bei einem Kind in Vollzeit- oder Adoptionspflege kann Elternzeit von insgesamt bis zu drei Jahren ab der Aufnahme bei der berechtigten Person, längstens bis zur Vollendung des achten Lebensjahres des Kindes genommen werden; die Sätze 2 und 4 sind entsprechend anwendbar, soweit sie die zeitliche Aufteilung regeln. ⁶Der Anspruch kann nicht durch Vertrag ausgeschlossen oder beschränkt werden.
(3) ¹Die Elternzeit kann, auch anteilig, von jedem Elternteil allein oder von beiden Elternteilen gemeinsam genommen werden. ²Satz 1 gilt in den Fällen des Absatzes 1 Satz 1 Nummer 1 Buchstabe b und c entsprechend.
(4) ¹Der Arbeitnehmer oder die Arbeitnehmerin darf während der Elternzeit nicht mehr als 32 Wochenstunden im Durchschnitt des Monats erwerbstätig sein. ²Eine im Sinne des § 23 des Achten Buches Sozialgesetzbuch geeignete Tagespflegeperson darf bis zu fünf Kinder in Tagespflege betreuen, auch wenn die wöchentliche Betreuungszeit 32 Stunden übersteigt. ³Teilzeitarbeit bei einem anderen Arbeitgeber oder selbstständige Tätigkeit nach Satz 1 bedürfen der Zustimmung des Arbeitgebers. ⁴Dieser kann sie nur innerhalb von vier Wochen aus dringenden betrieblichen Gründen schriftlich ablehnen.
(5) ¹Der Arbeitnehmer oder die Arbeitnehmerin kann eine Verringerung der Arbeitszeit und ihre Verteilung beantragen. ²Der Antrag kann mit der schriftlichen Mitteilung nach Absatz 7 Satz 1 Nummer 5 verbunden werden. ³Über den Antrag sollen sich der Arbeitgeber und der Arbeitnehmer oder die Arbeitnehmerin innerhalb von vier Wochen einigen. ⁴Lehnt der Arbeitgeber den Antrag ab, so hat er dies dem Arbeitnehmer oder der Arbeitnehmerin innerhalb der Frist nach Satz 3 mit einer Begründung mitzuteilen. ⁵Unberührt bleibt das Recht,

sowohl die vor der Elternzeit bestehende Teilzeitarbeit unverändert während der Elternzeit fortzusetzen, soweit Absatz 4 beachtet ist, als auch nach der Elternzeit zu der Arbeitszeit zurückzukehren, die vor Beginn der Elternzeit vereinbart war.
(6) Der Arbeitnehmer oder die Arbeitnehmerin kann gegenüber dem Arbeitgeber, soweit eine Einigung nach Absatz 5 nicht möglich ist, unter den Voraussetzungen des Absatzes 7 während der Gesamtdauer der Elternzeit zweimal eine Verringerung seiner oder ihrer Arbeitszeit beanspruchen.
(7) ¹Für den Anspruch auf Verringerung der Arbeitszeit gelten folgende Voraussetzungen:
1. Der Arbeitgeber beschäftigt, unabhängig von der Anzahl der Personen in Berufsbildung, in der Regel mehr als 15 Arbeitnehmer und Arbeitnehmerinnen,
2. das Arbeitsverhältnis in demselben Betrieb oder Unternehmen besteht ohne Unterbrechung länger als sechs Monate,
3. die vertraglich vereinbarte regelmäßige Arbeitszeit soll für mindestens zwei Monate auf einen Umfang von nicht weniger als 15 und nicht mehr als 32 Wochenstunden im Durchschnitt des Monats verringert werden,
4. dem Anspruch stehen keine dringenden betrieblichen Gründe entgegen und
5. der Anspruch auf Teilzeit wurde dem Arbeitgeber
    a) für den Zeitraum bis zum vollendeten dritten Lebensjahr des Kindes sieben Wochen und
    b) für den Zeitraum zwischen dem dritten Geburtstag und dem vollendeten achten Lebensjahr des Kindes 13 Wochen
    vor Beginn der Teilzeittätigkeit schriftlich mitgeteilt.
²Der Antrag muss den Beginn und den Umfang der verringerten Arbeitszeit enthalten. ³Die gewünschte Verteilung der verringerten Arbeitszeit soll im Antrag angegeben werden. ⁴Falls der Arbeitgeber die beanspruchte Verringerung oder Verteilung der Arbeitszeit ablehnt, muss die Ablehnung innerhalb der in Satz 5 genannten Frist und mit schriftlicher Begründung erfolgen. ⁵Hat ein Arbeitgeber die Verringerung der Arbeitszeit
1. in einer Elternzeit zwischen der Geburt und dem vollendeten dritten Lebensjahr des Kindes nicht spätestens vier Wochen nach Zugang des Antrags oder
2. in einer Elternzeit zwischen dem dritten Geburtstag und dem vollendeten achten Lebensjahr des Kindes nicht spätestens acht Wochen nach Zugang des Antrags
schriftlich abgelehnt, gilt die Zustimmung als erteilt und die Verringerung der Arbeitszeit entsprechend den Wünschen der Arbeitnehmerin oder des Arbeitnehmers als festgelegt. ⁶Haben Arbeitgeber und Arbeitnehmerin oder Arbeitnehmer über die Verteilung der Arbeitszeit kein Einvernehmen nach Absatz 5 Satz 2 erzielt und hat der Arbeitgeber nicht innerhalb der in Satz 5 genannten Fristen die gewünschte Verteilung schriftlich abgelehnt, gilt die Verteilung der Arbeitszeit entsprechend den Wünschen der Arbeitnehmerin oder des Arbeitnehmers als festgelegt. ⁷Soweit der Arbeitgeber den Antrag auf Verringerung oder Verteilung der Arbeitszeit rechtzeitig ablehnt, kann die Arbeitnehmerin oder der Arbeitnehmer Klage vor dem Gericht für Arbeitssachen erheben.

§ 16 Inanspruchnahme der Elternzeit
(1) ¹Wer Elternzeit beanspruchen will, muss sie
1. für den Zeitraum bis zum vollendeten dritten Lebensjahr des Kindes spätestens sieben Wochen und
2. für den Zeitraum zwischen dem dritten Geburtstag und dem vollendeten achten Lebensjahr des Kindes spätestens 13 Wochen
vor Beginn der Elternzeit schriftlich vom Arbeitgeber verlangen. ²Verlangt die Arbeitnehmerin oder der Arbeitnehmer Elternzeit nach Satz 1 Nummer 1, muss sie oder er gleichzeitig

erklären, für welche Zeiten innerhalb von zwei Jahren Elternzeit genommen werden soll. [3]Bei dringenden Gründen ist ausnahmsweise eine angemessene kürzere Frist möglich. [4]Nimmt die Mutter die Elternzeit im Anschluss an die Mutterschutzfrist, wird die Zeit der Mutterschutzfrist nach § 3 Absatz 2 und 3 des Mutterschutzgesetzes auf den Zeitraum nach Satz 2 angerechnet. [5]Nimmt die Mutter die Elternzeit im Anschluss an einen auf die Mutterschutzfrist folgenden Erholungsurlaub, werden die Zeit der Mutterschutzfrist nach § 3 Absatz 2 und 3 des Mutterschutzgesetzes und die Zeit des Erholungsurlaubs auf den Zweijahreszeitraum nach Satz 2 angerechnet. [6]Jeder Elternteil kann seine Elternzeit auf drei Zeitabschnitte verteilen; eine Verteilung auf weitere Zeitabschnitte ist nur mit der Zustimmung des Arbeitgebers möglich. [7]Der Arbeitgeber kann die Inanspruchnahme eines dritten Abschnitts einer Elternzeit innerhalb von acht Wochen nach Zugang des Antrags aus dringenden betrieblichen Gründen ablehnen, wenn dieser Abschnitt im Zeitraum zwischen dem dritten Geburtstag und dem vollendeten achten Lebensjahr des Kindes liegen soll. [8]Der Arbeitgeber hat dem Arbeitnehmer oder der Arbeitnehmerin die Elternzeit zu bescheinigen. [9]Bei einem Arbeitgeberwechsel ist bei der Anmeldung der Elternzeit auf Verlangen des neuen Arbeitgebers eine Bescheinigung des früheren Arbeitgebers über bereits genommene Elternzeit durch die Arbeitnehmerin oder den Arbeitnehmer vorzulegen.
(2) Können Arbeitnehmerinnen aus einem von ihnen nicht zu vertretenden Grund eine sich unmittelbar an die Mutterschutzfrist des § 3 Absatz 2 und 3 des Mutterschutzgesetzes anschließende Elternzeit nicht rechtzeitig verlangen, können sie dies innerhalb einer Woche nach Wegfall des Grundes nachholen.
(3) [1]Die Elternzeit kann vorzeitig beendet oder im Rahmen des § 15 Absatz 2 verlängert werden, wenn der Arbeitgeber zustimmt. [2]Die vorzeitige Beendigung wegen der Geburt eines weiteren Kindes oder in Fällen besonderer Härte, insbesondere bei Eintritt einer schweren Krankheit, Schwerbehinderung oder Tod eines Elternteils oder eines Kindes der berechtigten Person oder bei erheblich gefährdeter wirtschaftlicher Existenz der Eltern nach Inanspruchnahme der Elternzeit, kann der Arbeitgeber unbeschadet von Satz 3 nur innerhalb von vier Wochen aus dringenden betrieblichen Gründen schriftlich ablehnen. [3]Die Elternzeit kann zur Inanspruchnahme der Schutzfristen des § 3 des Mutterschutzgesetzes auch ohne Zustimmung des Arbeitgebers vorzeitig beendet werden; in diesen Fällen soll die Arbeitnehmerin dem Arbeitgeber die Beendigung der Elternzeit rechtzeitig mitteilen. [4]Eine Verlängerung der Elternzeit kann verlangt werden, wenn ein vorgesehener Wechsel der Anspruchsberechtigten aus einem wichtigen Grund nicht erfolgen kann.
(4) Stirbt das Kind während der Elternzeit, endet diese spätestens drei Wochen nach dem Tod des Kindes.
(5) Eine Änderung in der Anspruchsberechtigung hat der Arbeitnehmer oder die Arbeitnehmerin dem Arbeitgeber unverzüglich mitzuteilen.

§ 17 Urlaub

(1) [1]Der Arbeitgeber kann den Erholungsurlaub, der dem Arbeitnehmer oder der Arbeitnehmerin für das Urlaubsjahr zusteht, für jeden vollen Kalendermonat der Elternzeit um ein Zwölftel kürzen. [2]Dies gilt nicht, wenn der Arbeitnehmer oder die Arbeitnehmerin während der Elternzeit bei seinem oder ihrem Arbeitgeber Teilzeitarbeit leistet.
(2) Hat der Arbeitnehmer oder die Arbeitnehmerin den ihm oder ihr zustehenden Urlaub vor dem Beginn der Elternzeit nicht oder nicht vollständig erhalten, hat der Arbeitgeber den Resturlaub nach der Elternzeit im laufenden oder im nächsten Urlaubsjahr zu gewähren.
(3) Endet das Arbeitsverhältnis während der Elternzeit oder wird es im Anschluss an die Elternzeit nicht fortgesetzt, so hat der Arbeitgeber den noch nicht gewährten Urlaub abzugelten.

(4) Hat der Arbeitnehmer oder die Arbeitnehmerin vor Beginn der Elternzeit mehr Urlaub erhalten, als ihm oder ihr nach Absatz 1 zusteht, kann der Arbeitgeber den Urlaub, der dem Arbeitnehmer oder der Arbeitnehmerin nach dem Ende der Elternzeit zusteht, um die zu viel gewährten Urlaubstage kürzen.

§ 18 Kündigungsschutz
(1) [1]Der Arbeitgeber darf das Arbeitsverhältnis ab dem Zeitpunkt, von dem an Elternzeit verlangt worden ist, nicht kündigen. [2]Der Kündigungsschutz nach Satz 1 beginnt
1. frühestens acht Wochen vor Beginn einer Elternzeit bis zum vollendeten dritten Lebensjahr des Kindes und
2. frühestens 14 Wochen vor Beginn einer Elternzeit zwischen dem dritten Geburtstag und dem vollendeten achten Lebensjahr des Kindes.

[3]Während der Elternzeit darf der Arbeitgeber das Arbeitsverhältnis nicht kündigen. [4]In besonderen Fällen kann ausnahmsweise eine Kündigung für zulässig erklärt werden. [5]Die Zulässigkeitserklärung erfolgt durch die für den Arbeitsschutz zuständige oberste Landesbehörde oder die von ihr bestimmte Stelle. [6]Die Bundesregierung kann mit Zustimmung des Bundesrates allgemeine Verwaltungsvorschriften zur Durchführung des Satzes 4 erlassen.
(2) Absatz 1 gilt entsprechend, wenn Arbeitnehmer oder Arbeitnehmerinnen
1. während der Elternzeit bei demselben Arbeitgeber Teilzeitarbeit leisten oder
2. ohne Elternzeit in Anspruch zu nehmen, Teilzeitarbeit leisten und Anspruch auf Elterngeld nach § 1 während des Zeitraums nach § 4 Absatz 1 Satz 2, 3 und 5 haben.

§ 19 Kündigung zum Ende der Elternzeit
Der Arbeitnehmer oder die Arbeitnehmerin kann das Arbeitsverhältnis zum Ende der Elternzeit nur unter Einhaltung einer Kündigungsfrist von drei Monaten kündigen.

§ 20 Zur Berufsbildung Beschäftigte, in Heimarbeit Beschäftigte
(1) [1]Die zu ihrer Berufsbildung Beschäftigten gelten als Arbeitnehmer und Arbeitnehmerinnen im Sinne dieses Gesetzes. [2]Die Elternzeit wird auf die Dauer einer Berufsausbildung nicht angerechnet, es sei denn, dass während der Elternzeit die Berufsausbildung nach § 7a des Berufsbildungsgesetzes oder § 27b der Handwerksordnung in Teilzeit durchgeführt wird.
[3]§ 15 Absatz 4 Satz 1 bleibt unberührt.
(2) [1]Anspruch auf Elternzeit haben auch die in Heimarbeit Beschäftigten und die ihnen Gleichgestellten (§ 1 Absatz 1 und 2 des Heimarbeitsgesetzes), soweit sie am Stück mitarbeiten. [2]Für sie tritt an die Stelle des Arbeitgebers der Auftraggeber oder Zwischenmeister und an die Stelle des Arbeitsverhältnisses das Beschäftigungsverhältnis.

§ 21 Befristete Arbeitsverträge
(1) Ein sachlicher Grund, der die Befristung eines Arbeitsverhältnisses rechtfertigt, liegt vor, wenn ein Arbeitnehmer oder eine Arbeitnehmerin zur Vertretung eines anderen Arbeitnehmers oder einer anderen Arbeitnehmerin für die Dauer eines Beschäftigungsverbotes nach dem Mutterschutzgesetz, einer Elternzeit, einer auf Tarifvertrag, Betriebsvereinbarung oder einzelvertraglicher Vereinbarung beruhenden Arbeitsfreistellung zur Betreuung eines Kindes oder für diese Zeiten zusammen oder für Teile davon eingestellt wird.
(2) Über die Dauer der Vertretung nach Absatz 1 hinaus ist die Befristung für notwendige Zeiten einer Einarbeitung zulässig.
(3) Die Dauer der Befristung des Arbeitsvertrags muss kalendermäßig bestimmt oder bestimmbar oder den in den Absätzen 1 und 2 genannten Zwecken zu entnehmen sein.

(4) [1]Der Arbeitgeber kann den befristeten Arbeitsvertrag unter Einhaltung einer Frist von mindestens drei Wochen, jedoch frühestens zum Ende der Elternzeit, kündigen, wenn die Elternzeit ohne Zustimmung des Arbeitgebers vorzeitig endet und der Arbeitnehmer oder die Arbeitnehmerin die vorzeitige Beendigung der Elternzeit mitgeteilt hat. [2]Satz 1 gilt entsprechend, wenn der Arbeitgeber die vorzeitige Beendigung der Elternzeit in den Fällen des § 16 Absatz 3 Satz 2 nicht ablehnen darf.
(5) Das Kündigungsschutzgesetz ist im Falle des Absatzes 4 nicht anzuwenden.
(6) Absatz 4 gilt nicht, soweit seine Anwendung vertraglich ausgeschlossen ist.
(7) [1]Wird im Rahmen arbeitsrechtlicher Gesetze oder Verordnungen auf die Zahl der beschäftigten Arbeitnehmer und Arbeitnehmerinnen abgestellt, so sind bei der Ermittlung dieser Zahl Arbeitnehmer und Arbeitnehmerinnen, die sich in der Elternzeit befinden oder zur Betreuung eines Kindes freigestellt sind, nicht mitzuzählen, solange für sie aufgrund von Absatz 1 ein Vertreter oder eine Vertreterin eingestellt ist. [2]Dies gilt nicht, wenn der Vertreter oder die Vertreterin nicht mitzuzählen ist. [3]Die Sätze 1 und 2 gelten entsprechend, wenn im Rahmen arbeitsrechtlicher Gesetze oder Verordnungen auf die Zahl der Arbeitsplätze abgestellt wird.

Abschnitt 4: Statistik und Schlussvorschriften

§ 22 Bundesstatistik

(1) [1]Zur Beurteilung der Auswirkungen dieses Gesetzes sowie zu seiner Fortentwicklung sind laufende Erhebungen zum Bezug von Elterngeld als Bundesstatistiken durchzuführen. [2]Die Erhebungen erfolgen zentral beim Statistischen Bundesamt.
(2) [1]Die Statistik zum Bezug von Elterngeld erfasst vierteljährlich zum jeweils letzten Tag des aktuellen und der vorangegangenen zwei Kalendermonate für Personen, die in einem dieser Kalendermonate Elterngeld bezogen haben, für jedes den Anspruch auslösende Kind folgende Erhebungsmerkmale:
1. Art der Berechtigung nach § 1,
2. Grundlagen der Berechnung des zustehenden Monatsbetrags nach Art und Höhe (§ 2 Absatz 1, 2, 3 oder 4, § 2a Absatz 1 oder 4, § 2c, die §§ 2d, 2e oder § 2f),
3. Höhe und Art des zustehenden Monatsbetrags (§ 4a Absatz 1 und 2 Satz 1) ohne die Berücksichtigung der Einnahmen nach § 3,
4. Art und Höhe der Einnahmen nach § 3,
5. Inanspruchnahme der als Partnerschaftsbonus gewährten Monatsbeträge nach § 4b Absatz 1 und der weiteren Monatsbeträge Elterngeld Plus nach § 4c Absatz 2 § 4 Absatz 6 Satz 2,
6. Höhe des monatlichen Auszahlungsbetrags,
7. Geburtstag des Kindes,
8. für die Elterngeld beziehende Person:
   a) Geschlecht, Geburtsjahr und -monat,
   b) Staatsangehörigkeit,
   c) Wohnsitz oder gewöhnlicher Aufenthalt,
   d) Familienstand und unverheiratetes Zusammenleben mit dem anderen Elternteil,
   e) Vorliegen der Voraussetzungen nach § 4c Absatz 1 Nummer 1 und
   f) Anzahl der im Haushalt lebenden Kinder.

[2]Die Angaben nach den Nummern 2, 3, 5 und 6 sind für jeden Lebensmonat des Kindes bezogen auf den nach § 4 Absatz 1 möglichen Zeitraum des Leistungsbezugs zu melden.

(3) Hilfsmerkmale sind:
1. Name und Anschrift der zuständigen Behörde,
2. Name und Telefonnummer sowie Adresse für elektronische Post der für eventuelle Rückfragen zur Verfügung stehenden Person und
3. Kennnummer des Antragstellers oder der Antragstellerin.

§ 23 Auskunftspflicht; Datenübermittlung an das Statistische Bundesamt
(1) [1]Für die Erhebung nach § 22 besteht Auskunftspflicht. [2]Die Angaben nach § 22 Absatz 4 Nummer 2 sind freiwillig. [3]Auskunftspflichtig sind die nach § 12 Absatz 1 zuständigen Stellen.
(2) [1]Der Antragsteller oder die Antragstellerin ist gegenüber den nach § 12 Absatz 1 zuständigen Stellen zu den Erhebungsmerkmalen nach § 22 Absatz 2 und 3 auskunftspflichtig. [2]Die zuständigen Stellen nach § 12 Absatz 1 dürfen die Angaben nach § 22 Absatz 2 Satz 1 Nummer 8 und Absatz 3 Satz 1 Nummer 4, soweit sie für den Vollzug dieses Gesetzes nicht erforderlich sind, nur durch technische und organisatorische Maßnahmen getrennt von den übrigen Daten nach § 22 Absatz 2 und 3 und nur für die Übermittlung an das Statistische Bundesamt verwenden und haben diese unverzüglich nach Übermittlung an das Statistische Bundesamt zu löschen.
(3) Die in sich schlüssigen Angaben sind als Einzeldatensätze elektronisch bis zum Ablauf von 30 Arbeitstagen nach Ablauf des Berichtszeitraums an das Statistische Bundesamt zu übermitteln.

§ 24 Übermittlung von Tabellen mit statistischen Ergebnissen durch das Statistische Bundesamt
[1]Zur Verwendung gegenüber den gesetzgebenden Körperschaften und zu Zwecken der Planung, jedoch nicht zur Regelung von Einzelfällen, übermittelt das Statistische Bundesamt Tabellen mit statistischen Ergebnissen, auch soweit Tabellenfelder nur einen einzigen Fall ausweisen, an die fachlich zuständigen obersten Bundes- oder Landesbehörden. [2]Tabellen, deren Tabellenfelder nur einen einzigen Fall ausweisen, dürfen nur dann übermittelt werden, wenn sie nicht differenzierter als auf Regierungsbezirksebene, im Falle der Stadtstaaten auf Bezirksebene, aufbereitet sind.

§ 24a Übermittlung von Einzelangaben durch das Statistische Bundesamt
(1) [1]Zur Abschätzung von Auswirkungen der Änderungen dieses Gesetzes im Rahmen der Zwecke nach § 24 übermittelt das Statistische Bundesamt auf Anforderung des fachlich zuständigen Bundesministeriums diesem oder von ihm beauftragten Forschungseinrichtungen Einzelangaben ab dem Jahr 2007 ohne Hilfsmerkmale mit Ausnahme des Merkmals nach § 22 Absatz 4 Nummer 3 für die Entwicklung und den Betrieb von Mikrosimulationsmodellen. [2]Die Einzelangaben dürfen nur im hierfür erforderlichen Umfang und mittels eines sicheren Datentransfers übermittelt werden.
(2) [1]Bei der Verarbeitung der Daten nach Absatz 1 ist das Statistikgeheimnis nach § 16 des Bundesstatistikgesetzes zu wahren. [2]Dafür ist die Trennung von statistischen und nichtstatistischen Aufgaben durch Organisation und Verfahren zu gewährleisten. [3]Die nach Absatz 1 übermittelten Daten dürfen nur für die Zwecke verwendet werden, für die sie übermittelt wurden. [4]Die übermittelten Einzeldaten sind nach dem Erreichen des Zweckes zu löschen, zu dem sie übermittelt wurden.
(3) [1]Personen, die Empfängerinnen und Empfänger von Einzelangaben nach Absatz 1 Satz 1 sind, unterliegen der Pflicht zur Geheimhaltung nach § 16 Absatz 1 und 10 des Bundesstatistikgesetzes. [2]Personen, die Einzelangaben nach Absatz 1 Satz 1 erhalten sollen,

müssen Amtsträger oder für den öffentlichen Dienst besonders Verpflichtete sein. [3]Personen, die Einzelangaben erhalten sollen und die nicht Amtsträger oder für den öffentlichen Dienst besonders Verpflichtete sind, sind vor der Übermittlung zur Geheimhaltung zu verpflichten. [4]§ 1 Absatz 2, 3 und 4 Nummer 2 des Verpflichtungsgesetzes vom 2. März 1974 (BGBl. I S. 469, 547), das durch § 1 Nummer 4 des Gesetzes vom 15. August 1974 (BGBl. I S. 1942) geändert worden ist, gilt in der jeweils geltenden Fassung entsprechend. [5]Die Empfängerinnen und Empfänger von Einzelangaben dürfen aus ihrer Tätigkeit gewonnene Erkenntnisse nur für die in Absatz 1 genannten Zwecke verwenden.

§ 24b Elektronische Unterstützung bei der Antragstellung

(1) [1]Zur elektronischen Unterstützung bei der Antragstellung kann der Bund ein Internetportal einrichten und betreiben. [2]Das Internetportal ermöglicht das elektronische Ausfüllen der Antragsformulare der Länder sowie die Übermittlung der Daten aus dem Antragsformular an die nach § 12 zuständige Behörde. [3]Zuständig für Einrichtung und Betrieb des Internetportals ist das Bundesministerium für Familie, Senioren, Frauen und Jugend. [4]Die Ausführung dieses Gesetzes durch die nach § 12 zuständigen Behörden bleibt davon unberührt.
(2) [1]Das Bundesministerium für Familie, Senioren, Frauen und Jugend ist für das Internetportal datenschutzrechtlich verantwortlich. [2]Für die elektronische Unterstützung bei der Antragstellung darf das Bundesministerium für Familie, Senioren, Frauen und Jugend die zur Beantragung von Elterngeld erforderlichen personenbezogenen Daten sowie die in § 22 genannten statistischen Erhebungsmerkmale verarbeiten, sofern der Nutzer in die Verarbeitung eingewilligt hat. [3]Die statistischen Erhebungsmerkmale einschließlich der zur Beantragung von Elterngeld erforderlichen personenbezogenen Daten sind nach Beendigung der Nutzung des Internetportals unverzüglich zu löschen.

§ 25 Datenübermittlung durch die Standesämter

Beantragt eine Person Elterngeld, so darf das für die Entgegennahme der Anzeige der Geburt zuständige Standesamt der nach § 12 Absatz 1 zuständigen Behörde die erforderlichen Daten über die Beurkundung der Geburt eines Kindes elektronisch übermitteln, wenn die antragstellende Person zuvor in die elektronische Datenübermittlung eingewilligt hat.

§ 26 Anwendung der Bücher des Sozialgesetzbuches

(1) Soweit dieses Gesetz zum Elterngeld keine ausdrückliche Regelung trifft, ist bei der Ausführung des Ersten, Zweiten und Dritten Abschnitts das Erste Kapitel des Zehnten Buches Sozialgesetzbuch anzuwenden.
(2) § 328 Absatz 3 und § 331 des Dritten Buches Sozialgesetzbuch gelten entsprechend.

§ 27 Sonderregelung aus Anlass der COVID-19-Pandemie

(1) [1]Übt ein Elternteil eine systemrelevante Tätigkeit aus, so kann sein Bezug von Elterngeld auf Antrag für die Zeit vom 1. März 2020 bis 31. Dezember 2020 aufgeschoben werden. [2]Der Bezug der verschobenen Lebensmonate ist spätestens bis zum 30. Juni 2021 anzutreten. [3]Wird von der Möglichkeit des Aufschubs Gebrauch gemacht, so kann das Basiselterngeld abweichend von § 4 Absatz 1 Satz 2 und 3 auch noch nach Vollendung des 14. Lebensmonats bezogen werden. [4]In der Zeit vom 1. März 2020 bis 30. Juni 2021 entstehende Lücken im Elterngeldbezug sind abweichend von § 4 Absatz 1 Satz 4 unschädlich.
(2) [1]Für ein Verschieben des Partnerschaftsbonus genügt es, wenn nur ein Elternteil einen systemrelevanten Beruf ausübt. [2]Hat der Bezug des Partnerschaftsbonus bereits begonnen, so gelten allein die Bestimmungen des Absatzes 3.

(3) Liegt der Bezug des Partnerschaftsbonus ganz oder teilweise vor dem Ablauf des 23. September 2022 und kann die berechtigte Person die Voraussetzungen des Bezugs aufgrund der COVID-19-Pandemie nicht einhalten, gelten die Angaben zur Höhe des Einkommens und zum Umfang der Arbeitszeit, die bei der Beantragung des Partnerschaftsbonus glaubhaft gemacht worden sind.
(4) (weggefallen)

§ 28 Übergangsvorschrift
(1) Für die vor dem 1. September 2021 geborenen oder mit dem Ziel der Adoption aufgenommenen Kinder ist dieses Gesetz in der bis zum 31. August 2021 geltenden Fassung weiter anzuwenden.
(1a) (weggefallen)
(1a) Soweit dieses Gesetz Mutterschaftsgeld nach dem Fünften Buch Sozialgesetzbuch oder nach dem Zweiten Gesetz über die Krankenversicherung der Landwirte in Bezug nimmt, gelten die betreffenden Regelungen für Mutterschaftsgeld nach der Reichsversicherungsordnung oder nach dem Gesetz über die Krankenversicherung der Landwirte entsprechend.
(2) Für die dem Erziehungsgeld vergleichbaren Leistungen der Länder sind § 8 Absatz 1 und § 9 des Bundeserziehungsgeldgesetzes in der bis zum 31. Dezember 2006 geltenden Fassung weiter anzuwenden.
(3) ^{1}§ 1 Absatz 7 Satz 1 Nummer 1 bis 4 in der Fassung des Artikels 36 des Gesetzes vom 12. Dezember 2019 (BGBl. I S. 2451) ist für Entscheidungen anzuwenden, die Zeiträume betreffen, die nach dem 29. Februar 2020 beginnen. ^{2}§ 1 Absatz 7 Satz 1 Nummer 5 in der Fassung des Artikels 36 des Gesetzes vom 12. Dezember 2019 (BGBl. I S. 2451) ist für Entscheidungen anzuwenden, die Zeiträume betreffen, die nach dem 31. Dezember 2019 beginnen. ^{3}§ 1 Absatz 7 Satz 1 Nummer 2 Buchstabe c in der Fassung des Artikels 12 Nummer 1 des Gesetzes vom 23. Mai 2022 (BGBl. I S. 760) ist für Entscheidungen anzuwenden, die Zeiträume betreffen, die nach dem 31. Mai 2022 beginnen.
(4) ^{1}§ 9 Absatz 2 und § 25 sind auf Kinder anwendbar, die nach dem 31. Dezember 2021 geboren oder nach dem 31. Dezember 2021 mit dem Ziel der Adoption aufgenommen worden sind. ^{2}Zur Erprobung des Verfahrens können diese Regelungen in Pilotprojekten mit Zustimmung des Bundesministeriums für Familie, Senioren, Frauen und Jugend, des Bundesministeriums für Arbeit und Soziales und des Bundesministeriums des Innern, für Bau und Heimat auf Kinder, die vor dem 1. Januar 2022 geboren oder vor dem 1. Januar 2022 zur Adoption aufgenommen worden sind, angewendet werden.

Mindesturlaubsgesetz für Arbeitnehmer (Bundesurlaubsgesetz – BUrlG)

vom 8. Januar 1963 (BGBl. I 1963, S. 2)
- zuletzt geändert durch Gesetz zur Umsetzung des Seearbeitsübereinkommens 2006 der Internationalen Arbeitsorganisation vom 20. April 2013 (BGBl I 2013, S. 868)

§ 1 Urlaubsanspruch
Jeder Arbeitnehmer hat in jedem Kalenderjahr Anspruch auf bezahlten Erholungsurlaub.

§ 2 Geltungsbereich
¹Arbeitnehmer im Sinne des Gesetzes sind Arbeiter und Angestellte sowie die zu ihrer Berufsausbildung Beschäftigten. ²Als Arbeitnehmer gelten auch Personen, die wegen ihrer wirtschaftlichen Unselbständigkeit als arbeitnehmerähnliche Personen anzusehen sind; für den Bereich der Heimarbeit gilt § 12.

§ 3 Dauer des Urlaubs
(1) Der Urlaub beträgt jährlich mindestens 24 Werktage.
(2) Als Werktage gelten alle Kalendertage, die nicht Sonn- oder gesetzliche Feiertage sind.

§ 4 Wartezeit
Der volle Urlaubsanspruch wird erstmalig nach sechsmonatigem Bestehen des Arbeitsverhältnisses erworben.

§ 5 Teilurlaub
(1) Anspruch auf ein Zwölftel des Jahresurlaubs für jeden vollen Monat des Bestehens des Arbeitsverhältnisses hat der Arbeitnehmer
a) für Zeiten eines Kalenderjahres, für die er wegen Nichterfüllung der Wartezeit in diesem Kalenderjahr keinen vollen Urlaubsanspruch erwirbt;
b) wenn er vor erfüllter Wartezeit aus dem Arbeitsverhältnis ausscheidet;
c) wenn er nach erfüllter Wartezeit in der ersten Hälfte eines Kalenderjahres aus dem Arbeitsverhältnis ausscheidet.
(2) Bruchteile von Urlaubstagen, die mindestens einen halben Tag ergeben, sind auf volle Urlaubstage aufzurunden.
(3) Hat der Arbeitnehmer im Falle des Absatzes 1 Buchstabe c bereits Urlaub über den ihm zustehenden Umfang hinaus erhalten, so kann das dafür gezahlte Urlaubsentgelt nicht zurückgefordert werden.

§ 6 Ausschluß von Doppelansprüchen
(1) Der Anspruch auf Urlaub besteht nicht, soweit dem Arbeitnehmer für das laufende Kalenderjahr bereits von einem früheren Arbeitgeber Urlaub gewährt worden ist.
(2) Der Arbeitgeber ist verpflichtet, bei Beendigung des Arbeitsverhältnisses dem Arbeitnehmer eine Bescheinigung über den im laufenden Kalenderjahr gewährten oder abgegoltenen Urlaub auszuhändigen.

§ 7 Zeitpunkt, Übertragbarkeit und Abgeltung des Urlaubs
(1) ¹Bei der zeitlichen Festlegung des Urlaubs sind die Urlaubswünsche des Arbeitnehmers zu berücksichtigen, es sei denn, daß ihrer Berücksichtigung dringende betriebliche Belange

oder Urlaubswünsche anderer Arbeitnehmer, die unter sozialen Gesichtspunkten den Vorrang verdienen, entgegenstehen. ²Der Urlaub ist zu gewähren, wenn der Arbeitnehmer dies im Anschluß an eine Maßnahme der medizinischen Vorsorge oder Rehabilitation verlangt.
(2) ¹Der Urlaub ist zusammenhängend zu gewähren, es sei denn, daß dringende betriebliche oder in der Person des Arbeitnehmers liegende Gründe eine Teilung des Urlaubs erforderlich machen. ²Kann der Urlaub aus diesen Gründen nicht zusammenhängend gewährt werden, und hat der Arbeitnehmer Anspruch auf Urlaub von mehr als zwölf Werktagen, so muß einer der Urlaubsteile mindestens zwölf aufeinanderfolgende Werktage umfassen.
(3) ¹Der Urlaub muß im laufenden Kalenderjahr gewährt und genommen werden. ²Eine Übertragung des Urlaubs auf das nächste Kalenderjahr ist nur statthaft, wenn dringende betriebliche oder in der Person des Arbeitnehmers liegende Gründe dies rechtfertigen. ³Im Fall der Übertragung muß der Urlaub in den ersten drei Monaten des folgenden Kalenderjahres gewährt und genommen werden. ⁴Auf Verlangen des Arbeitnehmers ist ein nach § 5 Abs. 1 Buchstabe a entstehender Teilurlaub jedoch auf das nächste Kalenderjahr zu übertragen.
(4) Kann der Urlaub wegen Beendigung des Arbeitsverhältnisses ganz oder teilweise nicht mehr gewährt werden, so ist er abzugelten.

§ 8 Erwerbstätigkeit während des Urlaubs
Während des Urlaubs darf der Arbeitnehmer keine dem Urlaubszweck widersprechende Erwerbstätigkeit leisten.

§ 9 Erkrankung während des Urlaubs
Erkrankt ein Arbeitnehmer während des Urlaubs, so werden die durch ärztliches Zeugnis nachgewiesenen Tage der Arbeitsunfähigkeit auf den Jahresurlaub nicht angerechnet.

§ 10 Maßnahmen der medizinischen Vorsorge oder Rehabilitation
Maßnahmen der medizinischen Vorsorge oder Rehabilitation dürfen nicht auf den Urlaub angerechnet werden, soweit ein Anspruch auf Fortzahlung des Arbeitsentgelts nach den gesetzlichen Vorschriften über die Entgeltfortzahlung im Krankheitsfall besteht.

§ 11 Urlaubsentgelt
(1) ¹Das Urlaubsentgelt bemißt sich nach dem durchschnittlichen Arbeitsverdienst, das der Arbeitnehmer in den letzten dreizehn Wochen vor dem Beginn des Urlaubs erhalten hat, mit Ausnahme des zusätzlich für Überstunden gezahlten Arbeitsverdienstes. ²Bei Verdiensterhöhungen nicht nur vorübergehender Natur, die während des Berechnungszeitraums oder des Urlaubs eintreten, ist von dem erhöhten Verdienst auszugehen. ³Verdienstkürzungen, die im Berechnungszeitraum infolge von Kurzarbeit, Arbeitsausfällen oder unverschuldeter Arbeitsversäumnis eintreten, bleiben für die Berechnung des Urlaubsentgelts außer Betracht. ⁴Zum Arbeitsentgelt gehörende Sachbezüge, die während des Urlaubs nicht weitergewährt werden, sind für die Dauer des Urlaubs angemessen in bar abzugelten.
(2) Das Urlaubsentgelt ist vor Antritt des Urlaubs auszuzahlen.

§ 12 Urlaub im Bereich der Heimarbeit
Für die in Heimarbeit Beschäftigten und die ihnen nach § 1 Abs. 2 Buchstaben a bis c des Heimarbeitsgesetzes Gleichgestellten, für die die Urlaubsregelung nicht ausdrücklich von der Gleichstellung ausgenommen ist, gelten die vorstehenden Bestimmungen mit Ausnahme der §§ 4 bis 6, 7 Abs. 3 und 4 und § 11 nach Maßgabe der folgenden Bestimmungen:

1. Heimarbeiter (§ 1 Abs. 1 Buchstabe a des Heimarbeitsgesetzes) und nach § 1 Abs. 2 Buchstabe a des Heimarbeitsgesetzes Gleichgestellte erhalten von ihrem Auftraggeber oder, falls sie von einem Zwischenmeister beschäftigt werden, von diesem bei einem Anspruch auf 24 Werktage ein Urlaubsentgelt von 9,1 vom Hundert des in der Zeit vom 1. Mai bis zum 30. April des folgenden Jahres oder bis zur Beendigung des Beschäftigungsverhältnisses verdienten Arbeitsentgelts vor Abzug der Steuern und Sozialversicherungsbeiträge ohne Unkostenzuschlag und ohne die für den Lohnausfall an Feiertagen, den Arbeitsausfall infolge Krankheit und den Urlaub zu leistenden Zahlungen.
2. War der Anspruchsberechtigte im Berechnungszeitraum nicht ständig beschäftigt, so brauchen unbeschadet des Anspruches auf Urlaubsentgelt nach Nummer 1 nur so viele Urlaubstage gegeben zu werden, wie durchschnittliche Tagesverdienste, die er in der Regel erzielt hat, in dem Urlaubsentgelt nach Nummer 1 enthalten sind.
3. Das Urlaubsentgelt für die in Nummer 1 bezeichneten Personen soll erst bei der letzten Entgeltzahlung vor Antritt des Urlaubs ausgezahlt werden.
4. Hausgewerbetreibende (§ 1 Abs. 1 Buchstabe b des Heimarbeitsgesetzes) und nach § 1 Abs. 2 Buchstaben b und c des Heimarbeitsgesetzes Gleichgestellte erhalten von ihrem Auftraggeber oder, falls sie von einem Zwischenmeister beschäftigt werden, von diesem als eigenes Urlaubsentgelt und zur Sicherung der Urlaubsansprüche der von ihnen Beschäftigten einen Betrag von 9,1 vom Hundert des an sie ausgezahlten Arbeitsentgelts vor Abzug der Steuern und Sozialversicherungsbeiträge ohne Unkostenzuschlag und ohne die für den Lohnausfall an Feiertagen, den Arbeitsausfall infolge Krankheit und den Urlaub zu leistenden Zahlungen.
5. Zwischenmeister, die den in Heimarbeit Beschäftigten nach § 1 Abs. 2 Buchstabe d des Heimarbeitsgesetzes gleichgestellt sind, haben gegen ihren Auftraggeber Anspruch auf die von ihnen nach den Nummern 1 und 4 nachweislich zu zahlenden Beträge.
6. Die Beträge nach den Nummern 1, 4 und 5 sind gesondert im Entgeltbeleg auszuweisen.
7. Durch Tarifvertrag kann bestimmt werden, daß Heimarbeiter (§ 1 Abs. 1 Buchstabe a des Heimarbeitsgesetzes), die nur für einen Auftraggeber tätig sind und tariflich allgemein wie Betriebsarbeiter behandelt werden, Urlaub nach den allgemeinen Urlaubsbestimmungen erhalten.
8. Auf die in den Nummern 1, 4 und 5 vorgesehenen Beträge finden die §§ 23 bis 25, 27 und 28 und auf die in den Nummern 1 und 4 vorgesehenen Beträge außerdem § 21 Abs. 2 des Heimarbeitsgesetzes entsprechende Anwendung. ²Für die Urlaubsansprüche der fremden Hilfskräfte der in Nummer 4 genannten Personen gilt § 26 des Heimarbeitsgesetzes entsprechend.

§ 13 Unabdingbarkeit
(1) ¹Von den vorstehenden Vorschriften mit Ausnahme der §§ 1, 2 und 3 Abs. 1 kann in Tarifverträgen abgewichen werden. ²Die abweichenden Bestimmungen haben zwischen nichttarifgebundenen Arbeitgebern und Arbeitnehmern Geltung, wenn zwischen diesen die Anwendung der einschlägigen tariflichen Urlaubsregelung vereinbart ist. ³Im übrigen kann, abgesehen von § 7 Abs. 2 Satz 2, von den Bestimmungen dieses Gesetzes nicht zuungunsten des Arbeitnehmers abgewichen werden.
(2) ¹Für das Baugewerbe oder sonstige Wirtschaftszweige, in denen als Folge häufigen Ortswechsels der von den Betrieben zu leistenden Arbeit Arbeitsverhältnisse von kürzerer Dauer als einem Jahr in erheblichem Umfange üblich sind, kann durch Tarifvertrag von den vorstehenden Vorschriften über die in Absatz 1 Satz 1 vorgesehene Grenze hinaus abgewichen werden, soweit dies zur Sicherung eines zusammenhängenden Jahresurlaubs für alle Arbeitnehmer erforderlich ist. ²Absatz 1 Satz 2 findet entsprechende Anwendung.

(3) Für den Bereich der Deutsche Bahn Aktiengesellschaft sowie einer gemäß § 2 Abs. 1 und § 3 Abs. 3 des Deutsche Bahn Gründungsgesetzes vom 27. Dezember 1993 (BGBl. I S. 2378, 2386) ausgegliederten Gesellschaft und für den Bereich der Nachfolgeunternehmen der Deutschen Bundespost kann von der Vorschrift über das Kalenderjahr als Urlaubsjahr (§ 1) in Tarifverträgen abgewichen werden.

§ 14 (weggefallen)

§ 15 Änderung und Aufhebung von Gesetzen
(1) Unberührt bleiben die urlaubsrechtlichen Bestimmungen des Arbeitsplatzschutzgesetzes vom 30. März 1957 (Bundesgesetzbl. I S. 293), geändert durch Gesetz vom 22. März 1962 (Bundesgesetzbl. I S. 169), des Neunten Buches Sozialgesetzbuch, des Jugendarbeitsschutzgesetzes vom 9. August 1960 (Bundesgesetzbl. I S. 665), geändert durch Gesetz vom 20. Juli 1962 (Bundesgesetzbl. I S. 449), und des Seearbeitsgesetzes vom 20. April 2013 (BGBl. I S. 868), jedoch wird
a) in § 19 Abs. 6 Satz 2 des Jugendarbeitsschutzgesetzes der Punkt hinter dem letzten Wort durch ein Komma ersetzt und folgender Satzteil angefügt:
„und in diesen Fällen eine grobe Verletzung der Treuepflicht aus dem Beschäftigungsverhältnis vorliegt.";
b) § 53 Abs. 2 des Seemannsgesetzes durch folgende Bestimmung ersetzt:
Das Bundesurlaubsgesetz vom 8. Januar 1963 (Bundesgesetzbl. I S. 2) findet auf den Urlaubsanspruch des Besatzungsmitglieds nur insoweit Anwendung, als es Vorschriften über die Mindestdauer des Urlaubs enthält.
(2) [1]Mit dem Inkrafttreten dieses Gesetzes treten die landesrechtlichen Vorschriften über den Erholungsurlaub außer Kraft. [2]In Kraft bleiben jedoch die landesrechtlichen Bestimmungen über den Urlaub für Opfer des Nationalsozialismus und für solche Arbeitnehmer, die geistig oder körperlich in ihrer Erwerbsfähigkeit behindert sind.

§ 15a Übergangsvorschrift
Befindet sich der Arbeitnehmer von einem Tag nach dem 9. Dezember 1998 bis zum 1. Januar 1999 oder darüber hinaus in einer Maßnahme der medizinischen Vorsorge oder Rehabilitation, sind für diesen Zeitraum die seit dem 1. Januar 1999 geltenden Vorschriften maßgebend, es sei denn, daß diese für den Arbeitnehmer ungünstiger sind.

§ 16 Inkrafttreten
Dieses Gesetz tritt mit Wirkung vom 1. Januar 1963 in Kraft.

Datenschutz-Grundverordnung – Auszug   Art. 1, 2

Verordnung (EU) 2016/679 des Europäischen Parlaments und des Rates vom 27. April 2016 zum Schutz natürlicher Personen bei der Verarbeitung personenbezogener Daten, zum freien Datenverkehr und zur Aufhebung der Richtlinie 95/46/EG (Datenschutz-Grundverordnung – 2016/679/EU) – Auszug

vom 27. April 2016 (ABl. Nr. L 119 2016, S. 1)
– zuletzt berichtigt durch Berichtigung der Verordnung (EU) 2016/679 des Europäischen Parlaments und des Rates vom 27. April 2016 zum Schutz natürlicher Personen bei der Verarbeitung personenbezogener Daten, zum freien Datenverkehr und zur Aufhebung der Richtlinie 95/46/EG (Datenschutz- Grundverordnung) vom 4. März 2021 (ABl. L 74 2021, S. 35)

KAPITEL I: Allgemeine Bestimmungen

Art. 1 Gegenstand und Ziele
(1) Diese Verordnung enthält Vorschriften zum Schutz natürlicher Personen bei der Verarbeitung personenbezogener Daten und zum freien Verkehr solcher Daten.
(2) Diese Verordnung schützt die Grundrechte und Grundfreiheiten natürlicher Personen und insbesondere deren Recht auf Schutz personenbezogener Daten.
(3) Der freie Verkehr personenbezogener Daten in der Union darf aus Gründen des Schutzes natürlicher Personen bei der Verarbeitung personenbezogener Daten weder eingeschränkt noch verboten werden.

Art. 2 Sachlicher Anwendungsbereich
(1) Diese Verordnung gilt für die ganz oder teilweise automatisierte Verarbeitung personenbezogener Daten sowie für die nichtautomatisierte Verarbeitung personenbezogener Daten, die in einem Dateisystem gespeichert sind oder gespeichert werden sollen.
(2) Diese Verordnung findet keine Anwendung auf die Verarbeitung personenbezogener Daten
a) im Rahmen einer Tätigkeit, die nicht in den Anwendungsbereich des Unionsrechts fällt,
b) durch die Mitgliedstaaten im Rahmen von Tätigkeiten, die in den Anwendungsbereich von Titel V Kapitel 2 EUV fallen,
c) durch natürliche Personen zur Ausübung ausschließlich persönlicher oder familiärer Tätigkeiten,
d) durch die zuständigen Behörden zum Zwecke der Verhütung, Ermittlung, Aufdeckung oder Verfolgung von Straftaten oder der Strafvollstreckung, einschließlich des Schutzes vor und der Abwehr von Gefahren für die öffentliche Sicherheit.
(3) Für die Verarbeitung personenbezogener Daten durch die Organe, Einrichtungen, Ämter und Agenturen der Union gilt die Verordnung (EG) Nr. 45/2001. Die Verordnung (EG) Nr. 45/2001 und sonstige Rechtsakte der Union, die diese Verarbeitung personenbezogener Daten regeln, werden im Einklang mit Artikel 98 an die Grundsätze und Vorschriften der vorliegenden Verordnung angepasst.
(4) Die vorliegende Verordnung lässt die Anwendung der Richtlinie 2000/31/EG und speziell die Vorschriften der Artikel 12 bis 15 dieser Richtlinie zur Verantwortlichkeit der Vermittler unberührt.

Art. 3 Räumlicher Anwendungsbereich

(1) Diese Verordnung findet Anwendung auf die Verarbeitung personenbezogener Daten, soweit diese im Rahmen der Tätigkeiten einer Niederlassung eines Verantwortlichen oder eines Auftragsverarbeiters in der Union erfolgt, unabhängig davon, ob die Verarbeitung in der Union stattfindet.

(2) Diese Verordnung findet Anwendung auf die Verarbeitung personenbezogener Daten von betroffenen Personen, die sich in der Union befinden, durch einen nicht in der Union niedergelassenen Verantwortlichen oder Auftragsverarbeiter, wenn die Datenverarbeitung im Zusammenhang damit steht
a) betroffenen Personen in der Union Waren oder Dienstleistungen anzubieten, unabhängig davon, ob von diesen betroffenen Personen eine Zahlung zu leisten ist;
b) das Verhalten betroffener Personen zu beobachten, soweit ihr Verhalten in der Union erfolgt.

(3) Diese Verordnung findet Anwendung auf die Verarbeitung personenbezogener Daten durch einen nicht in der Union niedergelassenen Verantwortlichen an einem Ort, der aufgrund Völkerrechts dem Recht eines Mitgliedstaats unterliegt.

Art. 4 Begriffsbestimmungen

Im Sinne dieser Verordnung bezeichnet der Ausdruck:
1. „personenbezogene Daten" alle Informationen, die sich auf eine identifizierte oder identifizierbare natürliche Person (im Folgenden „betroffene Person") beziehen; als identifizierbar wird eine natürliche Person angesehen, die direkt oder indirekt, insbesondere mittels Zuordnung zu einer Kennung wie einem Namen, zu einer Kennnummer, zu Standortdaten, zu einer Online-Kennung oder zu einem oder mehreren besonderen Merkmalen, die Ausdruck der physischen, physiologischen, genetischen, psychischen, wirtschaftlichen, kulturellen oder sozialen Identität dieser natürlichen Person sind, identifiziert werden kann;
2. „Verarbeitung" jeden mit oder ohne Hilfe automatisierter Verfahren ausgeführten Vorgang oder jede solche Vorgangsreihe im Zusammenhang mit personenbezogenen Daten wie das Erheben, das Erfassen, die Organisation, das Ordnen, die Speicherung, die Anpassung oder Veränderung, das Auslesen, das Abfragen, die Verwendung, die Offenlegung durch Übermittlung, Verbreitung oder eine andere Form der Bereitstellung, den Abgleich oder die Verknüpfung, die Einschränkung, das Löschen oder die Vernichtung;
3. „Einschränkung der Verarbeitung" die Markierung gespeicherter personenbezogener Daten mit dem Ziel, ihre künftige Verarbeitung einzuschränken;
4. „Profiling" jede Art der automatisierten Verarbeitung personenbezogener Daten, die darin besteht, dass diese personenbezogenen Daten verwendet werden, um bestimmte persönliche Aspekte, die sich auf eine natürliche Person beziehen, zu bewerten, insbesondere um Aspekte bezüglich Arbeitsleistung, wirtschaftliche Lage, Gesundheit, persönliche Vorlieben, Interessen, Zuverlässigkeit, Verhalten, Aufenthaltsort oder Ortswechsel dieser natürlichen Person zu analysieren oder vorherzusagen;
5. „Pseudonymisierung" die Verarbeitung personenbezogener Daten in einer Weise, dass die personenbezogenen Daten ohne Hinzuziehung zusätzlicher Informationen nicht mehr einer spezifischen betroffenen Person zugeordnet werden können, sofern diese zusätzlichen Informationen gesondert aufbewahrt werden und technischen und organisatorischen Maßnahmen unterliegen, die gewährleisten, dass die personenbezogenen Daten nicht einer identifizierten oder identifizierbaren natürlichen Person zugewiesen werden;

6. „Dateisystem" jede strukturierte Sammlung personenbezogener Daten, die nach bestimmten Kriterien zugänglich sind, unabhängig davon, ob diese Sammlung zentral, dezentral oder nach funktionalen oder geografischen Gesichtspunkten geordnet geführt wird;
7. „Verantwortlicher" die natürliche oder juristische Person, Behörde, Einrichtung oder andere Stelle, die allein oder gemeinsam mit anderen über die Zwecke und Mittel der Verarbeitung von personenbezogenen Daten entscheidet; sind die Zwecke und Mittel dieser Verarbeitung durch das Unionsrecht oder das Recht der Mitgliedstaaten vorgegeben, so kann der Verantwortliche beziehungsweise können die bestimmten Kriterien seiner Benennung nach dem Unionsrecht oder dem Recht der Mitgliedstaaten vorgesehen werden;
8. „Auftragsverarbeiter" eine natürliche oder juristische Person, Behörde, Einrichtung oder andere Stelle, die personenbezogene Daten im Auftrag des Verantwortlichen verarbeitet;
9. „Empfänger" eine natürliche oder juristische Person, Behörde, Einrichtung oder andere Stelle, der personenbezogene Daten offengelegt werden, unabhängig davon, ob es sich bei ihr um einen Dritten handelt oder nicht. Behörden, die im Rahmen eines bestimmten Untersuchungsauftrags nach dem Unionsrecht oder dem Recht der Mitgliedstaaten möglicherweise personenbezogene Daten erhalten, gelten jedoch nicht als Empfänger; die Verarbeitung dieser Daten durch die genannten Behörden erfolgt im Einklang mit den geltenden Datenschutzvorschriften gemäß den Zwecken der Verarbeitung;
10. „Dritter" eine natürliche oder juristische Person, Behörde, Einrichtung oder andere Stelle, außer der betroffenen Person, dem Verantwortlichen, dem Auftragsverarbeiter und den Personen, die unter der unmittelbaren Verantwortung des Verantwortlichen oder des Auftragsverarbeiters befugt sind, die personenbezogenen Daten zu verarbeiten;
11. „Einwilligung" der betroffenen Person jede freiwillig für den bestimmten Fall, in informierter Weise und unmissverständlich abgegebene Willensbekundung in Form einer Erklärung oder einer sonstigen eindeutigen bestätigenden Handlung, mit der die betroffene Person zu verstehen gibt, dass sie mit der Verarbeitung der sie betreffenden personenbezogenen Daten einverstanden ist;
12. „Verletzung des Schutzes personenbezogener Daten" eine Verletzung der Sicherheit, die, ob unbeabsichtigt oder unrechtmäßig, zur Vernichtung, zum Verlust, zur Veränderung, oder zur unbefugten Offenlegung von beziehungsweise zum unbefugten Zugang zu personenbezogenen Daten führt, die übermittelt, gespeichert oder auf sonstige Weise verarbeitet wurden;
13. „genetische Daten" personenbezogene Daten zu den ererbten oder erworbenen genetischen Eigenschaften einer natürlichen Person, die eindeutige Informationen über die Physiologie oder die Gesundheit dieser natürlichen Person liefern und insbesondere aus der Analyse einer biologischen Probe der betreffenden natürlichen Person gewonnen wurden;
14. „biometrische Daten" mit speziellen technischen Verfahren gewonnene personenbezogene Daten zu den physischen, physiologischen oder verhaltenstypischen Merkmalen einer natürlichen Person, die die eindeutige Identifizierung dieser natürlichen Person ermöglichen oder bestätigen, wie Gesichtsbilder oder daktyloskopische Daten;
15. „Gesundheitsdaten" personenbezogene Daten, die sich auf die körperliche oder geistige Gesundheit einer natürlichen Person, einschließlich der Erbringung von Gesundheitsdienstleistungen, beziehen und aus denen Informationen über deren Gesundheitszustand hervorgehen;

16. „Hauptniederlassung"
    a) im Falle eines Verantwortlichen mit Niederlassungen in mehr als einem Mitgliedstaat den Ort seiner Hauptverwaltung in der Union, es sei denn, die Entscheidungen hinsichtlich der Zwecke und Mittel der Verarbeitung personenbezogener Daten werden in einer anderen Niederlassung des Verantwortlichen in der Union getroffen und diese Niederlassung ist befugt, diese Entscheidungen umsetzen zu lassen; in diesem Fall gilt die Niederlassung, die derartige Entscheidungen trifft, als Hauptniederlassung;
    b) im Falle eines Auftragsverarbeiters mit Niederlassungen in mehr als einem Mitgliedstaat den Ort seiner Hauptverwaltung in der Union oder, sofern der Auftragsverarbeiter keine Hauptverwaltung in der Union hat, die Niederlassung des Auftragsverarbeiters in der Union, in der die Verarbeitungstätigkeiten im Rahmen der Tätigkeiten einer Niederlassung eines Auftragsverarbeiters hauptsächlich stattfinden, soweit der Auftragsverarbeiter spezifischen Pflichten aus dieser Verordnung unterliegt;
17. „Vertreter" eine in der Union niedergelassene natürliche oder juristische Person, die von dem Verantwortlichen oder Auftragsverarbeiter schriftlich gemäß Artikel 27 bestellt wurde und den Verantwortlichen oder Auftragsverarbeiter in Bezug auf die ihnen jeweils nach dieser Verordnung obliegenden Pflichten vertritt;
18. „Unternehmen" eine natürliche oder juristische Person, die eine wirtschaftliche Tätigkeit ausübt, unabhängig von ihrer Rechtsform, einschließlich Personengesellschaften oder Vereinigungen, die regelmäßig einer wirtschaftlichen Tätigkeit nachgehen;
19. „Unternehmensgruppe" eine Gruppe, die aus einem herrschenden Unternehmen und den von diesem abhängigen Unternehmen besteht;
20. „verbindliche interne Datenschutzvorschriften" Maßnahmen zum Schutz personenbezogener Daten, zu deren Einhaltung sich ein im Hoheitsgebiet eines Mitgliedstaats niedergelassener Verantwortlicher oder Auftragsverarbeiter verpflichtet im Hinblick auf Datenübermittlungen oder eine Kategorie von Datenübermittlungen personenbezogener Daten an einen Verantwortlichen oder Auftragsverarbeiter derselben Unternehmensgruppe oder derselben Gruppe von Unternehmen, die eine gemeinsame Wirtschaftstätigkeit ausüben, in einem oder mehreren Drittländern;
21. „Aufsichtsbehörde" eine von einem Mitgliedstaat gemäß Artikel 51 eingerichtete unabhängige staatliche Stelle;
22. „betroffene Aufsichtsbehörde" eine Aufsichtsbehörde, die von der Verarbeitung personenbezogener Daten betroffen ist, weil
    a) der Verantwortliche oder der Auftragsverarbeiter im Hoheitsgebiet des Mitgliedstaats dieser Aufsichtsbehörde niedergelassen ist,
    b) diese Verarbeitung erhebliche Auswirkungen auf betroffene Personen mit Wohnsitz im Mitgliedstaat dieser Aufsichtsbehörde hat oder haben kann oder
    c) eine Beschwerde bei dieser Aufsichtsbehörde eingereicht wurde;
23. „grenzüberschreitende Verarbeitung" entweder
    a) eine Verarbeitung personenbezogener Daten, die im Rahmen der Tätigkeiten von Niederlassungen eines Verantwortlichen oder eines Auftragsverarbeiters in der Union in mehr als einem Mitgliedstaat erfolgt, wenn der Verantwortliche oder Auftragsverarbeiter in mehr als einem Mitgliedstaat niedergelassen ist, oder
    b) eine Verarbeitung personenbezogener Daten, die im Rahmen der Tätigkeiten einer einzelnen Niederlassung eines Verantwortlichen oder eines Auftragsverarbeiters in der Union erfolgt, die jedoch erhebliche Auswirkungen auf betroffene Personen in mehr als einem Mitgliedstaat hat oder haben kann;

24. „maßgeblicher und begründeter Einspruch" einen Einspruch gegen einen Beschlussentwurf im Hinblick darauf, ob ein Verstoß gegen diese Verordnung vorliegt oder ob beabsichtigte Maßnahmen gegen den Verantwortlichen oder den Auftragsverarbeiter im Einklang mit dieser Verordnung steht, wobei aus diesem Einspruch die Tragweite der Risiken klar hervorgeht, die von dem Beschlussentwurf in Bezug auf die Grundrechte und Grundfreiheiten der betroffenen Personen und gegebenenfalls den freien Verkehr personenbezogener Daten in der Union ausgehen;
25. „Dienst der Informationsgesellschaft" eine Dienstleistung im Sinne des Artikels 1 Nummer 1 Buchstabe b der Richtlinie (EU) 2015/1535 des Europäischen Parlaments und des Rates;
26. „internationale Organisation" eine völkerrechtliche Organisation und ihre nachgeordneten Stellen oder jede sonstige Einrichtung, die durch eine zwischen zwei oder mehr Ländern geschlossene Übereinkunft oder auf der Grundlage einer solchen Übereinkunft geschaffen wurde.

KAPITEL II: Grundsätze

Art. 5 Grundsätze für die Verarbeitung personenbezogener Daten

(1) Personenbezogene Daten müssen
a) auf rechtmäßige Weise, nach Treu und Glauben und in einer für die betroffene Person nachvollziehbaren Weise verarbeitet werden („Rechtmäßigkeit, Verarbeitung nach Treu und Glauben, Transparenz");
b) für festgelegte, eindeutige und legitime Zwecke erhoben werden und dürfen nicht in einer mit diesen Zwecken nicht zu vereinbarenden Weise weiterverarbeitet werden; eine Weiterverarbeitung für im öffentlichen Interesse liegende Archivzwecke, für wissenschaftliche oder historische Forschungszwecke oder für statistische Zwecke gilt gemäß Artikel 89 Absatz 1 nicht als unvereinbar mit den ursprünglichen Zwecken („Zweckbindung");
c) dem Zweck angemessen und erheblich sowie auf das für die Zwecke der Verarbeitung notwendige Maß beschränkt sein („Datenminimierung");
d) sachlich richtig und erforderlichenfalls auf dem neuesten Stand sein; es sind alle angemessenen Maßnahmen zu treffen, damit personenbezogene Daten, die im Hinblick auf die Zwecke ihrer Verarbeitung unrichtig sind, unverzüglich gelöscht oder berichtigt werden („Richtigkeit");
e) in einer Form gespeichert werden, die die Identifizierung der betroffenen Personen nur so lange ermöglicht, wie es für die Zwecke, für die sie verarbeitet werden, erforderlich ist; personenbezogene Daten dürfen länger gespeichert werden, soweit die personenbezogenen Daten vorbehaltlich der Durchführung geeigneter technischer und organisatorischer Maßnahmen, die von dieser Verordnung zum Schutz der Rechte und Freiheiten der betroffenen Person gefordert werden, ausschließlich für im öffentlichen Interesse liegende Archivzwecke oder für wissenschaftliche und historische Forschungszwecke oder für statistische Zwecke gemäß Artikel 89 Absatz 1 verarbeitet werden („Speicherbegrenzung");
f) in einer Weise verarbeitet werden, die eine angemessene Sicherheit der personenbezogenen Daten gewährleistet, einschließlich Schutz vor unbefugter oder unrechtmäßiger Verarbeitung und vor unbeabsichtigtem Verlust, unbeabsichtigter Zerstörung oder unbeabsichtigter Schädigung durch geeignete technische und organisatorische Maßnahmen („Integrität und Vertraulichkeit");
(2) Der Verantwortliche ist für die Einhaltung des Absatzes 1 verantwortlich und muss dessen Einhaltung nachweisen können („Rechenschaftspflicht").

Art. 6 Rechtmäßigkeit der Verarbeitung

(1) Die Verarbeitung ist nur rechtmäßig, wenn mindestens eine der nachstehenden Bedingungen erfüllt ist:
a) Die betroffene Person hat ihre Einwilligung zu der Verarbeitung der sie betreffenden personenbezogenen Daten für einen oder mehrere bestimmte Zwecke gegeben;
b) die Verarbeitung ist für die Erfüllung eines Vertrags, dessen Vertragspartei die betroffene Person ist, oder zur Durchführung vorvertraglicher Maßnahmen erforderlich, die auf Anfrage der betroffenen Person erfolgen;
c) die Verarbeitung ist zur Erfüllung einer rechtlichen Verpflichtung erforderlich, der der Verantwortliche unterliegt;
d) die Verarbeitung ist erforderlich, um lebenswichtige Interessen der betroffenen Person oder einer anderen natürlichen Person zu schützen;
e) die Verarbeitung ist für die Wahrnehmung einer Aufgabe erforderlich, die im öffentlichen Interesse liegt oder in Ausübung öffentlicher Gewalt erfolgt, die dem Verantwortlichen übertragen wurde;
f) die Verarbeitung ist zur Wahrung der berechtigten Interessen des Verantwortlichen oder eines Dritten erforderlich, sofern nicht die Interessen oder Grundrechte und Grundfreiheiten der betroffenen Person, die den Schutz personenbezogener Daten erfordern, überwiegen, insbesondere dann, wenn es sich bei der betroffenen Person um ein Kind handelt.
Unterabsatz 1 Buchstabe f gilt nicht für die von Behörden in Erfüllung ihrer Aufgaben vorgenommene Verarbeitung.
(2) Die Mitgliedstaaten können spezifischere Bestimmungen zur Anpassung der Anwendung der Vorschriften dieser Verordnung in Bezug auf die Verarbeitung zur Erfüllung von Absatz 1 Buchstaben c und e beibehalten oder einführen, indem sie spezifische Anforderungen für die Verarbeitung sowie sonstige Maßnahmen präziser bestimmen, um eine rechtmäßig und nach Treu und Glauben erfolgende Verarbeitung zu gewährleisten, einschließlich für andere besondere Verarbeitungssituationen gemäß Kapitel IX.
(3) Die Rechtsgrundlage für die Verarbeitungen gemäß Absatz 1 Buchstaben c und e wird festgelegt durch
a) Unionsrecht oder
b) das Recht der Mitgliedstaaten, dem der Verantwortliche unterliegt.
Der Zweck der Verarbeitung muss in dieser Rechtsgrundlage festgelegt oder hinsichtlich der Verarbeitung gemäß Absatz 1 Buchstabe e für die Erfüllung einer Aufgabe erforderlich sein, die im öffentlichen Interesse liegt oder in Ausübung öffentlicher Gewalt erfolgt, die dem Verantwortlichen übertragen wurde. Diese Rechtsgrundlage kann spezifische Bestimmungen zur Anpassung der Anwendung der Vorschriften dieser Verordnung enthalten, unter anderem Bestimmungen darüber, welche allgemeinen Bedingungen für die Regelung der Rechtmäßigkeit der Verarbeitung durch den Verantwortlichen gelten, welche Arten von Daten verarbeitet werden, welche Personen betroffen sind, an welche Einrichtungen und für welche Zwecke die personenbezogenen Daten offengelegt werden dürfen, welcher Zweckbindung sie unterliegen, wie lange sie gespeichert werden dürfen und welche Verarbeitungsvorgänge und -verfahren angewandt werden dürfen, einschließlich Maßnahmen zur Gewährleistung einer rechtmäßig und nach Treu und Glauben erfolgenden Verarbeitung, wie solche für sonstige besondere Verarbeitungssituationen gemäß Kapitel IX. Das Unionsrecht oder das Recht der Mitgliedstaaten müssen ein im öffentlichen Interesse liegendes Ziel verfolgen und in einem angemessenen Verhältnis zu dem verfolgten legitimen Zweck stehen.
(4) Beruht die Verarbeitung zu einem anderen Zweck als zu demjenigen, zu dem die personenbezogenen Daten erhoben wurden, nicht auf der Einwilligung der betroffenen

Person oder auf einer Rechtsvorschrift der Union oder der Mitgliedstaaten, die in einer demokratischen Gesellschaft eine notwendige und verhältnismäßige Maßnahme zum Schutz der in Artikel 23 Absatz 1 genannten Ziele darstellt, so berücksichtigt der Verantwortliche – um festzustellen, ob die Verarbeitung zu einem anderen Zweck mit demjenigen, zu dem die personenbezogenen Daten ursprünglich erhoben wurden, vereinbar ist – unter anderem
a) jede Verbindung zwischen den Zwecken, für die die personenbezogenen Daten erhoben wurden, und den Zwecken der beabsichtigten Weiterverarbeitung,
b) den Zusammenhang, in dem die personenbezogenen Daten erhoben wurden, insbesondere hinsichtlich des Verhältnisses zwischen den betroffenen Personen und dem Verantwortlichen,
c) die Art der personenbezogenen Daten, insbesondere ob besondere Kategorien personenbezogener Daten gemäß Artikel 9 verarbeitet werden oder ob personenbezogene Daten über strafrechtliche Verurteilungen und Straftaten gemäß Artikel 10 verarbeitet werden,
d) die möglichen Folgen der beabsichtigten Weiterverarbeitung für die betroffenen Personen,
e) das Vorhandensein geeigneter Garantien, wozu Verschlüsselung oder Pseudonymisierung gehören kann.

Art. 7 Bedingungen für die Einwilligung
(1) Beruht die Verarbeitung auf einer Einwilligung, muss der Verantwortliche nachweisen können, dass die betroffene Person in die Verarbeitung ihrer personenbezogenen Daten eingewilligt hat.
(2) Erfolgt die Einwilligung der betroffenen Person durch eine schriftliche Erklärung, die noch andere Sachverhalte betrifft, so muss das Ersuchen um Einwilligung in verständlicher und leicht zugänglicher Form in einer klaren und einfachen Sprache so erfolgen, dass es von den anderen Sachverhalten klar zu unterscheiden ist. Teile der Erklärung sind dann nicht verbindlich, wenn sie einen Verstoß gegen diese Verordnung darstellen.
(3) Die betroffene Person hat das Recht, ihre Einwilligung jederzeit zu widerrufen. Durch den Widerruf der Einwilligung wird die Rechtmäßigkeit der aufgrund der Einwilligung bis zum Widerruf erfolgten Verarbeitung nicht berührt. Die betroffene Person wird vor Abgabe der Einwilligung hiervon in Kenntnis gesetzt. Der Widerruf der Einwilligung muss so einfach wie die Erteilung der Einwilligung sein.
(4) Bei der Beurteilung, ob die Einwilligung freiwillig erteilt wurde, muss dem Umstand in größtmöglichem Umfang Rechnung getragen werden, ob unter anderem die Erfüllung eines Vertrags, einschließlich der Erbringung einer Dienstleistung, von der Einwilligung zu einer Verarbeitung von personenbezogenen Daten abhängig ist, die für die Erfüllung des Vertrags nicht erforderlich sind.

Art. 8 Bedingungen für die Einwilligung eines Kindes in Bezug auf Dienste der Informationsgesellschaft
(1) Gilt Artikel 6 Absatz 1 Buchstabe a bei einem Angebot von Diensten der Informationsgesellschaft, das einem Kind direkt gemacht wird, so ist die Verarbeitung der personenbezogenen Daten des Kindes rechtmäßig, wenn das Kind das sechzehnte Lebensjahr vollendet hat. Hat das Kind noch nicht das sechzehnte Lebensjahr vollendet, so ist diese Verarbeitung nur rechtmäßig, sofern und soweit diese Einwilligung durch den Träger der elterlichen Verantwortung für das Kind oder mit dessen Zustimmung erteilt wird.

Die Mitgliedstaaten können durch Rechtsvorschriften zu diesen Zwecken eine niedrigere Altersgrenze vorsehen, die jedoch nicht unter dem vollendeten dreizehnten Lebensjahr liegen darf.
(2) Der Verantwortliche unternimmt unter Berücksichtigung der verfügbaren Technik angemessene Anstrengungen, um sich in solchen Fällen zu vergewissern, dass die Einwilligung durch den Träger der elterlichen Verantwortung für das Kind oder mit dessen Zustimmung erteilt wurde.
(3) Absatz 1 lässt das allgemeine Vertragsrecht der Mitgliedstaaten, wie etwa die Vorschriften zur Gültigkeit, zum Zustandekommen oder zu den Rechtsfolgen eines Vertrags in Bezug auf ein Kind, unberührt.

Art. 9 Verarbeitung besonderer Kategorien personenbezogener Daten
(1) Die Verarbeitung personenbezogener Daten, aus denen die rassische und ethnische Herkunft, politische Meinungen, religiöse oder weltanschauliche Überzeugungen oder die Gewerkschaftszugehörigkeit hervorgehen, sowie die Verarbeitung von genetischen Daten, biometrischen Daten zur eindeutigen Identifizierung einer natürlichen Person, Gesundheitsdaten oder Daten zum Sexualleben oder der sexuellen Orientierung einer natürlichen Person ist untersagt.
(2) Absatz 1 gilt nicht in folgenden Fällen:
a) Die betroffene Person hat in die Verarbeitung der genannten personenbezogenen Daten für einen oder mehrere festgelegte Zwecke ausdrücklich eingewilligt, es sei denn, nach Unionsrecht oder dem Recht der Mitgliedstaaten kann das Verbot nach Absatz 1 durch die Einwilligung der betroffenen Person nicht aufgehoben werden,
b) die Verarbeitung ist erforderlich, damit der Verantwortliche oder die betroffene Person die ihm bzw. ihr aus dem Arbeitsrecht und dem Recht der sozialen Sicherheit und des Sozialschutzes erwachsenden Rechte ausüben und seinen bzw. ihren diesbezüglichen Pflichten nachkommen kann, soweit dies nach Unionsrecht oder dem Recht der Mitgliedstaaten oder einer Kollektivvereinbarung nach dem Recht der Mitgliedstaaten, das geeignete Garantien für die Grundrechte und die Interessen der betroffenen Person vorsieht, zulässig ist,
c) die Verarbeitung ist zum Schutz lebenswichtiger Interessen der betroffenen Person oder einer anderen natürlichen Person erforderlich und die betroffene Person ist aus körperlichen oder rechtlichen Gründen außerstande, ihre Einwilligung zu geben,
d) die Verarbeitung erfolgt auf der Grundlage geeigneter Garantien durch eine politisch, weltanschaulich, religiös oder gewerkschaftlich ausgerichtete Stiftung, Vereinigung oder sonstige Organisation ohne Gewinnerzielungsabsicht im Rahmen ihrer rechtmäßigen Tätigkeiten und unter der Voraussetzung, dass sich die Verarbeitung ausschließlich auf die Mitglieder oder ehemalige Mitglieder der Organisation oder auf Personen, die im Zusammenhang mit deren Tätigkeitszweck regelmäßige Kontakte mit ihr unterhalten, bezieht und die personenbezogenen Daten nicht ohne Einwilligung der betroffenen Personen nach außen offengelegt werden,
e) die Verarbeitung bezieht sich auf personenbezogene Daten, die die betroffene Person offensichtlich öffentlich gemacht hat,
f) die Verarbeitung ist zur Geltendmachung, Ausübung oder Verteidigung von Rechtsansprüchen oder bei Handlungen der Gerichte im Rahmen ihrer justiziellen Tätigkeit erforderlich,
g) die Verarbeitung ist auf der Grundlage des Unionsrechts oder des Rechts eines Mitgliedstaats, das in angemessenem Verhältnis zu dem verfolgten Ziel steht, den Wesensgehalt des Rechts auf Datenschutz wahrt und angemessene und spezifische Maßnahmen zur

Datenschutz-Grundverordnung – Auszug Art. 9–11

Wahrung der Grundrechte und Interessen der betroffenen Person vorsieht, aus Gründen eines erheblichen öffentlichen Interesses erforderlich,
h) die Verarbeitung ist für Zwecke der Gesundheitsvorsorge oder der Arbeitsmedizin, für die Beurteilung der Arbeitsfähigkeit des Beschäftigten, für die medizinische Diagnostik, die Versorgung oder Behandlung im Gesundheitsoder Sozialbereich oder für die Verwaltung von Systemen und Diensten im Gesundheits- oder Sozialbereich auf der Grundlage des Unionsrechts oder des Rechts eines Mitgliedstaats oder aufgrund eines Vertrags mit einem Angehörigen eines Gesundheitsberufs und vorbehaltlich der in Absatz 3 genannten Bedingungen und Garantien erforderlich,
i) die Verarbeitung ist aus Gründen des öffentlichen Interesses im Bereich der öffentlichen Gesundheit, wie dem Schutz vor schwerwiegenden grenzüberschreitenden Gesundheitsgefahren oder zur Gewährleistung hoher Qualitäts- und Sicherheitsstandards bei der Gesundheitsversorgung und bei Arzneimitteln und Medizinprodukten, auf der Grundlage des Unionsrechts oder des Rechts eines Mitgliedstaats, das angemessene und spezifische Maßnahmen zur Wahrung der Rechte und Freiheiten der betroffenen Person, insbesondere des Berufsgeheimnisses, vorsieht, erforderlich, oder
j) die Verarbeitung ist auf der Grundlage des Unionsrechts oder des Rechts eines Mitgliedstaats, das in angemessenem Verhältnis zu dem verfolgten Ziel steht, den Wesensgehalt des Rechts auf Datenschutz wahrt und angemessene und spezifische Maßnahmen zur Wahrung der Grundrechte und Interessen der betroffenen Person vorsieht, für im öffentlichen Interesse liegende Archivzwecke, für wissenschaftliche oder historische Forschungszwecke oder für statistische Zwecke gemäß Artikel 89 Absatz 1 erforderlich.
(3) Die in Absatz 1 genannten personenbezogenen Daten dürfen zu den in Absatz 2 Buchstabe h genannten Zwecken verarbeitet werden, wenn diese Daten von Fachpersonal oder unter dessen Verantwortung verarbeitet werden und dieses Fachpersonal nach dem Unionsrecht oder dem Recht eines Mitgliedstaats oder den Vorschriften nationaler zuständiger Stellen dem Berufsgeheimnis unterliegt, oder wenn die Verarbeitung durch eine andere Person erfolgt, die ebenfalls nach dem Unionsrecht oder dem Recht eines Mitgliedstaats oder den Vorschriften nationaler zuständiger Stellen einer Geheimhaltungspflicht unterliegt.
(4) Die Mitgliedstaaten können zusätzliche Bedingungen, einschließlich Beschränkungen, einführen oder aufrechterhalten, soweit die Verarbeitung von genetischen, biometrischen oder Gesundheitsdaten betroffen ist.

Art. 10 Verarbeitung von personenbezogenen Daten über strafrechtliche Verurteilungen und Straftaten

Die Verarbeitung personenbezogener Daten über strafrechtliche Verurteilungen und Straftaten oder damit zusammenhängende Sicherungsmaßregeln aufgrund von Artikel 6 Absatz 1 darf nur unter behördlicher Aufsicht vorgenommen werden oder wenn dies nach dem Unionsrecht oder dem Recht der Mitgliedstaaten, das geeignete Garantien für die Rechte und Freiheiten der betroffenen Personen vorsieht, zulässig ist. Ein umfassendes Register der strafrechtlichen Verurteilungen darf nur unter behördlicher Aufsicht geführt werden.

Art. 11 Verarbeitung, für die eine Identifizierung der betroffenen Person nicht erforderlich ist

(1) Ist für die Zwecke, für die ein Verantwortlicher personenbezogene Daten verarbeitet, die Identifizierung der betroffenen Person durch den Verantwortlichen nicht oder nicht mehr erforderlich, so ist dieser nicht verpflichtet, zur bloßen Einhaltung dieser Verordnung zusätzliche Informationen aufzubewahren, einzuholen oder zu verarbeiten, um die betroffene Person zu identifizieren.

(2) Kann der Verantwortliche in Fällen gemäß Absatz 1 des vorliegenden Artikels nachweisen, dass er nicht in der Lage ist, die betroffene Person zu identifizieren, so unterrichtet er die betroffene Person hierüber, sofern möglich. In diesen Fällen finden die Artikel 15 bis 20 keine Anwendung, es sei denn, die betroffene Person stellt zur Ausübung ihrer in diesen Artikeln niedergelegten Rechte zusätzliche Informationen bereit, die ihre Identifizierung ermöglichen.

KAPITEL III: Rechte der betroffenen Person
Abschnitt 1 Transparenz und Modalitäten

Art. 12 Transparente Information, Kommunikation und Modalitäten für die Ausübung der Rechte der betroffenen Person

(1) Der Verantwortliche trifft geeignete Maßnahmen, um der betroffenen Person alle Informationen gemäß den Artikeln 13 und 14 und alle Mitteilungen gemäß den Artikeln 15 bis 22 und Artikel 34, die sich auf die Verarbeitung beziehen, in präziser, transparenter, verständlicher und leicht zugänglicher Form in einer klaren und einfachen Sprache zu übermitteln; dies gilt insbesondere für Informationen, die sich speziell an Kinder richten. Die Übermittlung der Informationen erfolgt schriftlich oder in anderer Form, gegebenenfalls auch elektronisch. Falls von der betroffenen Person verlangt, kann die Information mündlich erteilt werden, sofern die Identität der betroffenen Person in anderer Form nachgewiesen wurde.
(2) Der Verantwortliche erleichtert der betroffenen Person die Ausübung ihrer Rechte gemäß den Artikeln 15 bis 22. In den in Artikel 11 Absatz 2 genannten Fällen darf sich der Verantwortliche nur dann weigern, aufgrund des Antrags der betroffenen Person auf Wahrnehmung ihrer Rechte gemäß den Artikeln 15 bis 22 tätig zu werden, wenn er glaubhaft macht, dass er nicht in der Lage ist, die betroffene Person zu identifizieren.
(3) Der Verantwortliche stellt der betroffenen Person Informationen über die auf Antrag gemäß den Artikeln 15 bis 22 ergriffenen Maßnahmen unverzüglich, in jedem Fall aber innerhalb eines Monats nach Eingang des Antrags zur Verfügung. Diese Frist kann um weitere zwei Monate verlängert werden, wenn dies unter Berücksichtigung der Komplexität und der Anzahl von Anträgen erforderlich ist. Der Verantwortliche unterrichtet die betroffene Person innerhalb eines Monats nach Eingang des Antrags über eine Fristverlängerung, zusammen mit den Gründen für die Verzögerung. Stellt die betroffene Person den Antrag elektronisch, so ist sie nach Möglichkeit auf elektronischem Weg zu unterrichten, sofern sie nichts anderes angibt.
(4) Wird der Verantwortliche auf den Antrag der betroffenen Person hin nicht tätig, so unterrichtet er die betroffene Person ohne Verzögerung, spätestens aber innerhalb eines Monats nach Eingang des Antrags über die Gründe hierfür und über die Möglichkeit, bei einer Aufsichtsbehörde Beschwerde einzulegen oder einen gerichtlichen Rechtsbehelf einzulegen.
(5) Informationen gemäß den Artikeln 13 und 14 sowie alle Mitteilungen und Maßnahmen gemäß den Artikeln 15 bis 22 und Artikel 34 werden unentgeltlich zur Verfügung gestellt. Bei offenkundig unbegründeten oder – insbesondere im Fall von häufiger Wiederholung – exzessiven Anträgen einer betroffenen Person kann der Verantwortliche entweder
a) ein angemessenes Entgelt verlangen, bei dem die Verwaltungskosten für die Unterrichtung oder die Mitteilung oder die Durchführung der beantragten Maßnahme berücksichtigt werden, oder
b) sich weigern, aufgrund des Antrags tätig zu werden.

Datenschutz-Grundverordnung – Auszug Art. 12, 13

Der Verantwortliche hat den Nachweis für den offenkundig unbegründeten oder exzessiven Charakter des Antrags zu erbringen.
(6) Hat der Verantwortliche begründete Zweifel an der Identität der natürlichen Person, die den Antrag gemäß den Artikeln 15 bis 21 stellt, so kann er unbeschadet des Artikels 11 zusätzliche Informationen anfordern, die zur Bestätigung der Identität der betroffenen Person erforderlich sind.
(7) Die Informationen, die den betroffenen Personen gemäß den Artikeln 13 und 14 bereitzustellen sind, können in Kombination mit standardisierten Bildsymbolen bereitgestellt werden, um in leicht wahrnehmbarer, verständlicher und klar nachvollziehbarer Form einen aussagekräftigen Überblick über die beabsichtigte Verarbeitung zu vermitteln. Werden die Bildsymbole in elektronischer Form dargestellt, müssen sie maschinenlesbar sein.
(8) Der Kommission wird die Befugnis übertragen, gemäß Artikel 92 delegierte Rechtsakte zur Bestimmung der Informationen, die durch Bildsymbole darzustellen sind, und der Verfahren für die Bereitstellung standardisierter Bildsymbole zu erlassen.

Abschnitt 2 Informationspflicht und Recht auf Auskunft zu personenbezogenen Daten

Art. 13 Informationspflicht bei Erhebung von personenbezogenen Daten bei der betroffenen Person
(1) Werden personenbezogene Daten bei der betroffenen Person erhoben, so teilt der Verantwortliche der betroffenen Person zum Zeitpunkt der Erhebung dieser Daten Folgendes mit:
a) den Namen und die Kontaktdaten des Verantwortlichen sowie gegebenenfalls seines Vertreters;
b) gegebenenfalls die Kontaktdaten des Datenschutzbeauftragten;
c) die Zwecke, für die die personenbezogenen Daten verarbeitet werden sollen, sowie die Rechtsgrundlage für die Verarbeitung;
d) wenn die Verarbeitung auf Artikel 6 Absatz 1 Buchstabe f beruht, die berechtigten Interessen, die von dem Verantwortlichen oder einem Dritten verfolgt werden;
e) gegebenenfalls die Empfänger oder Kategorien von Empfängern der personenbezogenen Daten und
f) gegebenenfalls die Absicht des Verantwortlichen, die personenbezogenen Daten an ein Drittland oder eine internationale Organisation zu übermitteln, sowie das Vorhandensein oder das Fehlen eines Angemessenheitsbeschlusses der Kommission oder im Falle von Übermittlungen gemäß Artikel 46 oder Artikel 47 oder Artikel 49 Absatz 1 Unterabsatz 2 einen Verweis auf die geeigneten oder angemessenen Garantien und die Möglichkeit, wie eine Kopie von ihnen zu erhalten ist, oder wo sie verfügbar sind.
(2) Zusätzlich zu den Informationen gemäß Absatz 1 stellt der Verantwortliche der betroffenen Person zum Zeitpunkt der Erhebung dieser Daten folgende weitere Informationen zur Verfügung, die notwendig sind, um eine faire und transparente Verarbeitung zu gewährleisten:
a) die Dauer, für die die personenbezogenen Daten gespeichert werden oder, falls dies nicht möglich ist, die Kriterien für die Festlegung dieser Dauer;
b) das Bestehen eines Rechts auf Auskunft seitens des Verantwortlichen über die betreffenden personenbezogenen Daten sowie auf Berichtigung oder Löschung oder auf Einschränkung der Verarbeitung oder eines Widerspruchsrechts gegen die Verarbeitung sowie des Rechts auf Datenübertragbarkeit;

c) wenn die Verarbeitung auf Artikel 6 Absatz 1 Buchstabe a oder Artikel 9 Absatz 2 Buchstabe a beruht, das Bestehen eines Rechts, die Einwilligung jederzeit zu widerrufen, ohne dass die Rechtmäßigkeit der aufgrund der Einwilligung bis zum Widerruf erfolgten Verarbeitung berührt wird;
d) das Bestehen eines Beschwerderechts bei einer Aufsichtsbehörde;
e) ob die Bereitstellung der personenbezogenen Daten gesetzlich oder vertraglich vorgeschrieben oder für einen Vertragsabschluss erforderlich ist, ob die betroffene Person verpflichtet ist, die personenbezogenen Daten bereitzustellen, und welche mögliche Folgen die Nichtbereitstellung hätte und
f) das Bestehen einer automatisierten Entscheidungsfindung einschließlich Profiling gemäß Artikel 22 Absätze 1 und 4 und – zumindest in diesen Fällen – aussagekräftige Informationen über die involvierte Logik sowie die Tragweite und die angestrebten Auswirkungen einer derartigen Verarbeitung für die betroffene Person.

(3) Beabsichtigt der Verantwortliche, die personenbezogenen Daten für einen anderen Zweck weiterzuverarbeiten als den, für den die personenbezogenen Daten erhoben wurden, so stellt er der betroffenen Person vor dieser Weiterverarbeitung Informationen über diesen anderen Zweck und alle anderen maßgeblichen Informationen gemäß Absatz 2 zur Verfügung.

(4) Die Absätze 1, 2 und 3 finden keine Anwendung, wenn und soweit die betroffene Person bereits über die Informationen verfügt.

Art. 14 Informationspflicht, wenn die personenbezogenen Daten nicht bei der betroffenen Person erhoben wurden

(1) Werden personenbezogene Daten nicht bei der betroffenen Person erhoben, so teilt der Verantwortliche der betroffenen Person Folgendes mit:
a) den Namen und die Kontaktdaten des Verantwortlichen sowie gegebenenfalls seines Vertreters;
b) zusätzlich die Kontaktdaten des Datenschutzbeauftragten;
c) die Zwecke, für die die personenbezogenen Daten verarbeitet werden sollen, sowie die Rechtsgrundlage für die Verarbeitung;
d) die Kategorien personenbezogener Daten, die verarbeitet werden;
e) gegebenenfalls die Empfänger oder Kategorien von Empfängern der personenbezogenen Daten;
f) gegebenenfalls die Absicht des Verantwortlichen, die personenbezogenen Daten an einen Empfänger in einem Drittland oder einer internationalen Organisation zu übermitteln, sowie das Vorhandensein oder das Fehlen eines Angemessenheitsbeschlusses der Kommission oder im Falle von Übermittlungen gemäß Artikel 46 oder Artikel 47 oder Artikel 49 Absatz 1 Unterabsatz 2 einen Verweis auf die geeigneten oder angemessenen Garantien und die Möglichkeit, eine Kopie von ihnen zu erhalten, oder wo sie verfügbar sind.

(2) Zusätzlich zu den Informationen gemäß Absatz 1 stellt der Verantwortliche der betroffenen Person die folgenden Informationen zur Verfügung, die erforderlich sind, um der betroffenen Person gegenüber eine faire und transparente Verarbeitung zu gewährleisten:
a) die Dauer, für die die personenbezogenen Daten gespeichert werden oder, falls dies nicht möglich ist, die Kriterien für die Festlegung dieser Dauer;
b) wenn die Verarbeitung auf Artikel 6 Absatz 1 Buchstabe f beruht, die berechtigten Interessen, die von dem Verantwortlichen oder einem Dritten verfolgt werden;
c) das Bestehen eines Rechts auf Auskunft seitens des Verantwortlichen über die betreffenden personenbezogenen Daten sowie auf Berichtigung oder Löschung oder auf Einschränkung

Datenschutz-Grundverordnung – Auszug   Art. 14, 15

der Verarbeitung und eines Widerspruchsrechts gegen die Verarbeitung sowie des Rechts auf Datenübertragbarkeit;
d) wenn die Verarbeitung auf Artikel 6 Absatz 1 Buchstabe a oder Artikel 9 Absatz 2 Buchstabe a beruht, das Bestehen eines Rechts, die Einwilligung jederzeit zu widerrufen, ohne dass die Rechtmäßigkeit der aufgrund der Einwilligung bis zum Widerruf erfolgten Verarbeitung berührt wird;
e) das Bestehen eines Beschwerderechts bei einer Aufsichtsbehörde;
f) aus welcher Quelle die personenbezogenen Daten stammen und gegebenenfalls ob sie aus öffentlich zugänglichen Quellen stammen;
g) das Bestehen einer automatisierten Entscheidungsfindung einschließlich Profiling gemäß Artikel 22 Absätze 1 und 4 und – zumindest in diesen Fällen – aussagekräftige Informationen über die involvierte Logik sowie die Tragweite und die angestrebten Auswirkungen einer derartigen Verarbeitung für die betroffene Person.

(3) Der Verantwortliche erteilt die Informationen gemäß den Absätzen 1 und 2
a) unter Berücksichtigung der spezifischen Umstände der Verarbeitung der personenbezogenen Daten innerhalb einer angemessenen Frist nach Erlangung der personenbezogenen Daten, längstens jedoch innerhalb eines Monats,
b) falls die personenbezogenen Daten zur Kommunikation mit der betroffenen Person verwendet werden sollen, spätestens zum Zeitpunkt der ersten Mitteilung an sie, oder,
c) falls die Offenlegung an einen anderen Empfänger beabsichtigt ist, spätestens zum Zeitpunkt der ersten Offenlegung.

(4) Beabsichtigt der Verantwortliche, die personenbezogenen Daten für einen anderen Zweck weiterzuverarbeiten als den, für den die personenbezogenen Daten erlangt wurden, so stellt er der betroffenen Person vor dieser Weiterverarbeitung Informationen über diesen anderen Zweck und alle anderen maßgeblichen Informationen gemäß Absatz 2 zur Verfügung.

(5) Die Absätze 1 bis 4 finden keine Anwendung, wenn und soweit
a) die betroffene Person bereits über die Informationen verfügt,
b) die Erteilung dieser Informationen sich als unmöglich erweist oder einen unverhältnismäßigen Aufwand erfordern würde; dies gilt insbesondere für die Verarbeitung für im öffentlichen Interesse liegende Archivzwecke, für wissenschaftliche oder historische Forschungszwecke oder für statistische Zwecke vorbehaltlich der in Artikel 89 Absatz 1 genannten Bedingungen und Garantien oder soweit die in Absatz 1 des vorliegenden Artikels genannte Pflicht voraussichtlich die Verwirklichung der Ziele dieser Verarbeitung unmöglich macht oder ernsthaft beeinträchtigt In diesen Fällen ergreift der Verantwortliche geeignete Maßnahmen zum Schutz der Rechte und Freiheiten sowie der berechtigten Interessen der betroffenen Person, einschließlich der Bereitstellung dieser Informationen für die Öffentlichkeit,
c) die Erlangung oder Offenlegung durch Rechtsvorschriften der Union oder der Mitgliedstaaten, denen der Verantwortliche unterliegt und die geeignete Maßnahmen zum Schutz der berechtigten Interessen der betroffenen Person vorsehen, ausdrücklich geregelt ist oder
d) die personenbezogenen Daten gemäß dem Unionsrecht oder dem Recht der Mitgliedstaaten dem Berufsgeheimnis, einschließlich einer satzungsmäßigen Geheimhaltungspflicht, unterliegen und daher vertraulich behandelt werden müssen.

Art. 15 Auskunftsrecht der betroffenen Person
(1) Die betroffene Person hat das Recht, von dem Verantwortlichen eine Bestätigung darüber zu verlangen, ob sie betreffende personenbezogene Daten verarbeitet werden; ist dies der

Fall, so hat sie ein Recht auf Auskunft über diese personenbezogenen Daten und auf folgende Informationen:
a) die Verarbeitungszwecke;
b) die Kategorien personenbezogener Daten, die verarbeitet werden;
c) die Empfänger oder Kategorien von Empfängern, gegenüber denen die personenbezogenen Daten offengelegt worden sind oder noch offengelegt werden, insbesondere bei Empfängern in Drittländern oder bei internationalen Organisationen;
d) falls möglich die geplante Dauer, für die die personenbezogenen Daten gespeichert werden, oder, falls dies nicht möglich ist, die Kriterien für die Festlegung dieser Dauer;
e) das Bestehen eines Rechts auf Berichtigung oder Löschung der sie betreffenden personenbezogenen Daten oder auf Einschränkung der Verarbeitung durch den Verantwortlichen oder eines Widerspruchsrechts gegen diese Verarbeitung;
f) das Bestehen eines Beschwerderechts bei einer Aufsichtsbehörde;
g) wenn die personenbezogenen Daten nicht bei der betroffenen Person erhoben werden, alle verfügbaren Informationen über die Herkunft der Daten;
h) das Bestehen einer automatisierten Entscheidungsfindung einschließlich Profiling gemäß Artikel 22 Absätze 1 und 4 und – zumindest in diesen Fällen – aussagekräftige Informationen über die involvierte Logik sowie die Tragweite und die angestrebten Auswirkungen einer derartigen Verarbeitung für die betroffene Person.

(2) Werden personenbezogene Daten an ein Drittland oder an eine internationale Organisation übermittelt, so hat die betroffene Person das Recht, über die geeigneten Garantien gemäß Artikel 46 im Zusammenhang mit der Übermittlung unterrichtet zu werden.

(3) Der Verantwortliche stellt eine Kopie der personenbezogenen Daten, die Gegenstand der Verarbeitung sind, zur Verfügung. Für alle weiteren Kopien, die die betroffene Person beantragt, kann der Verantwortliche ein angemessenes Entgelt auf der Grundlage der Verwaltungskosten verlangen. Stellt die betroffene Person den Antrag elektronisch, so sind die Informationen in einem gängigen elektronischen Format zur Verfügung zu stellen, sofern sie nichts anderes angibt.

(4) Das Recht auf Erhalt einer Kopie gemäß Absatz 3 darf die Rechte und Freiheiten anderer Personen nicht beeinträchtigen.

Abschnitt 3 Berichtigung und Löschung

Art. 16 Recht auf Berichtigung

Die betroffene Person hat das Recht, von dem Verantwortlichen unverzüglich die Berichtigung sie betreffender unrichtiger personenbezogener Daten zu verlangen. Unter Berücksichtigung der Zwecke der Verarbeitung hat die betroffene Person das Recht, die Vervollständigung unvollständiger personenbezogener Daten – auch mittels einer ergänzenden Erklärung – zu verlangen.

Art. 17 Recht auf Löschung („Recht auf Vergessenwerden")

(1) Die betroffene Person hat das Recht, von dem Verantwortlichen zu verlangen, dass sie betreffende personenbezogene Daten unverzüglich gelöscht werden, und der Verantwortliche ist verpflichtet, personenbezogene Daten unverzüglich zu löschen, sofern einer der folgenden Gründe zutrifft:
a) Die personenbezogenen Daten sind für die Zwecke, für die sie erhoben oder auf sonstige Weise verarbeitet wurden, nicht mehr notwendig.

b) Die betroffene Person widerruft ihre Einwilligung, auf die sich die Verarbeitung gemäß Artikel 6 Absatz 1 Buchstabe a oder Artikel 9 Absatz 2 Buchstabe a stützte, und es fehlt an einer anderweitigen Rechtsgrundlage für die Verarbeitung.
c) Die betroffene Person legt gemäß Artikel 21 Absatz 1 Widerspruch gegen die Verarbeitung ein und es liegen keine vorrangigen berechtigten Gründe für die Verarbeitung vor, oder die betroffene Person legt gemäß Artikel 21 Absatz 2 Widerspruch gegen die Verarbeitung ein.
d) Die personenbezogenen Daten wurden unrechtmäßig verarbeitet.
e) Die Löschung der personenbezogenen Daten ist zur Erfüllung einer rechtlichen Verpflichtung nach dem Unionsrecht oder dem Recht der Mitgliedstaaten erforderlich, dem der Verantwortliche unterliegt.
f) Die personenbezogenen Daten wurden in Bezug auf angebotene Dienste der Informationsgesellschaft gemäß Artikel 8 Absatz 1 erhoben.
(2) Hat der Verantwortliche die personenbezogenen Daten öffentlich gemacht und ist er gemäß Absatz 1 zu deren Löschung verpflichtet, so trifft er unter Berücksichtigung der verfügbaren Technologie und der Implementierungskosten angemessene Maßnahmen, auch technischer Art, um für die Datenverarbeitung Verantwortliche, die die personenbezogenen Daten verarbeiten, darüber zu informieren, dass eine betroffene Person von ihnen die Löschung aller Links zu diesen personenbezogenen Daten oder von Kopien oder Replikationen dieser personenbezogenen Daten verlangt hat.
(3) Die Absätze 1 und 2 gelten nicht, soweit die Verarbeitung erforderlich ist
a) zur Ausübung des Rechts auf freie Meinungsäußerung und Information;
b) zur Erfüllung einer rechtlichen Verpflichtung, die die Verarbeitung nach dem Recht der Union oder der Mitgliedstaaten, dem der Verantwortliche unterliegt, erfordert, oder zur Wahrnehmung einer Aufgabe, die im öffentlichen Interesse liegt oder in Ausübung öffentlicher Gewalt erfolgt, die dem Verantwortlichen übertragen wurde;
c) aus Gründen des öffentlichen Interesses im Bereich der öffentlichen Gesundheit gemäß Artikel 9 Absatz 2 Buchstaben h und i sowie Artikel 9 Absatz 3;
d) für im öffentlichen Interesse liegende Archivzwecke, wissenschaftliche oder historische Forschungszwecke oder für statistische Zwecke gemäß Artikel 89 Absatz 1, soweit das in Absatz 1 genannte Recht voraussichtlich die Verwirklichung der Ziele dieser Verarbeitung unmöglich macht oder ernsthaft beeinträchtigt, oder
e) zur Geltendmachung, Ausübung oder Verteidigung von Rechtsansprüchen.

Art. 18 Recht auf Einschränkung der Verarbeitung
(1) Die betroffene Person hat das Recht, von dem Verantwortlichen die Einschränkung der Verarbeitung zu verlangen, wenn eine der folgenden Voraussetzungen gegeben ist:
a) die Richtigkeit der personenbezogenen Daten von der betroffenen Person bestritten wird, und zwar für eine Dauer, die es dem Verantwortlichen ermöglicht, die Richtigkeit der personenbezogenen Daten zu überprüfen,
b) die Verarbeitung unrechtmäßig ist und die betroffene Person die Löschung der personenbezogenen Daten ablehnt und stattdessen die Einschränkung der Nutzung der personenbezogenen Daten verlangt;
c) der Verantwortliche die personenbezogenen Daten für die Zwecke der Verarbeitung nicht länger benötigt, die betroffene Person sie jedoch zur Geltendmachung, Ausübung oder Verteidigung von Rechtsansprüchen benötigt, oder
d) die betroffene Person Widerspruch gegen die Verarbeitung gemäß Artikel 21 Absatz 1 eingelegt hat, solange noch nicht feststeht, ob die berechtigten Gründe des Verantwortlichen gegenüber denen der betroffenen Person überwiegen.

(2) Wurde die Verarbeitung gemäß Absatz 1 eingeschränkt, so dürfen diese personenbezogenen Daten – von ihrer Speicherung abgesehen – nur mit Einwilligung der betroffenen Person oder zur Geltendmachung, Ausübung oder Verteidigung von Rechtsansprüchen oder zum Schutz der Rechte einer anderen natürlichen oder juristischen Person oder aus Gründen eines wichtigen öffentlichen Interesses der Union oder eines Mitgliedstaats verarbeitet werden.
(3) Eine betroffene Person, die eine Einschränkung der Verarbeitung gemäß Absatz 1 erwirkt hat, wird von dem Verantwortlichen unterrichtet, bevor die Einschränkung aufgehoben wird.

Art. 19 Mitteilungspflicht im Zusammenhang mit der Berichtigung oder Löschung personenbezogener Daten oder der Einschränkung der Verarbeitung

Der Verantwortliche teilt allen Empfängern, denen personenbezogenen Daten offengelegt wurden, jede Berichtigung oder Löschung der personenbezogenen Daten oder eine Einschränkung der Verarbeitung nach Artikel 16, Artikel 17 Absatz 1 und Artikel 18 mit, es sei denn, dies erweist sich als unmöglich oder ist mit einem unverhältnismäßigen Aufwand verbunden. Der Verantwortliche unterrichtet die betroffene Person über diese Empfänger, wenn die betroffene Person dies verlangt.

Art. 20 Recht auf Datenübertragbarkeit

(1) Die betroffene Person hat das Recht, die sie betreffenden personenbezogenen Daten, die sie einem Verantwortlichen bereitgestellt hat, in einem strukturierten, gängigen und maschinenlesbaren Format zu erhalten, und sie hat das Recht, diese Daten einem anderen Verantwortlichen ohne Behinderung durch den Verantwortlichen, dem die personenbezogenen Daten bereitgestellt wurden, zu übermitteln, sofern
a) die Verarbeitung auf einer Einwilligung gemäß Artikel 6 Absatz 1 Buchstabe a oder Artikel 9 Absatz 2 Buchstabe a oder auf einem Vertrag gemäß Artikel 6 Absatz 1 Buchstabe b beruht und
b) die Verarbeitung mithilfe automatisierter Verfahren erfolgt.
(2) Bei der Ausübung ihres Rechts auf Datenübertragbarkeit gemäß Absatz 1 hat die betroffene Person das Recht, zu erwirken, dass die personenbezogenen Daten direkt von einem Verantwortlichen einem anderen Verantwortlichen übermittelt werden, soweit dies technisch machbar ist.
(3) Die Ausübung des Rechts nach Absatz 1 des vorliegenden Artikels lässt Artikel 17 unberührt. Dieses Recht gilt nicht für eine Verarbeitung, die für die Wahrnehmung einer Aufgabe erforderlich ist, die im öffentlichen Interesse liegt oder in Ausübung öffentlicher Gewalt erfolgt, die dem Verantwortlichen übertragen wurde.
(4) Das Recht gemäß Absatz 1 darf die Rechte und Freiheiten anderer Personen nicht beeinträchtigen.

Abschnitt 4 Widerspruchsrecht und automatisierte Entscheidungsfindung im Einzelfall

Art. 21 Widerspruchsrecht

(1) Die betroffene Person hat das Recht, aus Gründen, die sich aus ihrer besonderen Situation ergeben, jederzeit gegen die Verarbeitung sie betreffender personenbezogener Daten, die aufgrund von Artikel 6 Absatz 1 Buchstaben e oder f erfolgt, Widerspruch einzulegen; dies gilt auch für ein auf diese Bestimmungen gestütztes Profiling. Der Verantwortliche verarbeitet die personenbezogenen Daten nicht mehr, es sei denn, er kann zwingende schutzwürdige Gründe für die Verarbeitung nachweisen, die die Interessen, Rechte und

Freiheiten der betroffenen Person überwiegen, oder die Verarbeitung dient der Geltendmachung, Ausübung oder Verteidigung von Rechtsansprüchen.
(2) Werden personenbezogene Daten verarbeitet, um Direktwerbung zu betreiben, so hat die betroffene Person das Recht, jederzeit Widerspruch gegen die Verarbeitung sie betreffender personenbezogener Daten zum Zwecke derartiger Werbung einzulegen; dies gilt auch für das Profiling, soweit es mit solcher Direktwerbung in Verbindung steht.
(3) Widerspricht die betroffene Person der Verarbeitung für Zwecke der Direktwerbung, so werden die personenbezogenen Daten nicht mehr für diese Zwecke verarbeitet.
(4) Die betroffene Person muss spätestens zum Zeitpunkt der ersten Kommunikation mit ihr ausdrücklich auf das in den Absätzen 1 und 2 genannte Recht hingewiesen werden; dieser Hinweis hat in einer verständlichen und von anderen Informationen getrennten Form zu erfolgen.
(5) Im Zusammenhang mit der Nutzung von Diensten der Informationsgesellschaft kann die betroffene Person ungeachtet der Richtlinie 2002/58/EG ihr Widerspruchsrecht mittels automatisierter Verfahren ausüben, bei denen technische Spezifikationen verwendet werden.
(6) Die betroffene Person hat das Recht, aus Gründen, die sich aus ihrer besonderen Situation ergeben, gegen die sie betreffende Verarbeitung sie betreffender personenbezogener Daten, die zu wissenschaftlichen oder historischen Forschungszwecken oder zu statistischen Zwecken gemäß Artikel 89 Absatz 1 erfolgt, Widerspruch einzulegen, es sei denn, die Verarbeitung ist zur Erfüllung einer im öffentlichen Interesse liegenden Aufgabe erforderlich.

Art. 22 Automatisierte Entscheidungen im Einzelfall einschließlich Profiling

(1) Die betroffene Person hat das Recht, nicht einer ausschließlich auf einer automatisierten Verarbeitung – einschließlich Profiling – beruhenden Entscheidung unterworfen zu werden, die ihr gegenüber rechtliche Wirkung entfaltet oder sie in ähnlicher Weise erheblich beeinträchtigt.
(2) Absatz 1 gilt nicht, wenn die Entscheidung
a) für den Abschluss oder die Erfüllung eines Vertrags zwischen der betroffenen Person und dem Verantwortlichen erforderlich ist,
b) aufgrund von Rechtsvorschriften der Union oder der Mitgliedstaaten, denen der Verantwortliche unterliegt, zulässig ist und diese Rechtsvorschriften angemessene Maßnahmen zur Wahrung der Rechte und Freiheiten sowie der berechtigten Interessen der betroffenen Person enthalten oder
c) mit ausdrücklicher Einwilligung der betroffenen Person erfolgt.
(3) In den in Absatz 2 Buchstaben a und c genannten Fällen trifft der Verantwortliche angemessene Maßnahmen, um die Rechte und Freiheiten sowie die berechtigten Interessen der betroffenen Person zu wahren, wozu mindestens das Recht auf Erwirkung des Eingreifens einer Person seitens des Verantwortlichen, auf Darlegung des eigenen Standpunkts und auf Anfechtung der Entscheidung gehört.
(4) Entscheidungen nach Absatz 2 dürfen nicht auf besonderen Kategorien personenbezogener Daten nach Artikel 9 Absatz 1 beruhen, sofern nicht Artikel 9 Absatz 2 Buchstabe a oder g gilt und angemessene Maßnahmen zum Schutz der Rechte und Freiheiten sowie der berechtigten Interessen der betroffenen Person getroffen wurden.

Abschnitt 5 Beschränkungen

Art. 23 Beschränkungen

(1) Durch Rechtsvorschriften der Union oder der Mitgliedstaaten, denen der Verantwortliche oder der Auftragsverarbeiter unterliegt, können die Pflichten und Rechte gemäß den Artikeln 12 bis 22 und Artikel 34 sowie Artikel 5, insofern dessen Bestimmungen den in den Artikeln 12 bis 22 vorgesehenen Rechten und Pflichten entsprechen, im Wege von Gesetzgebungsmaßnahmen beschränkt werden, sofern eine solche Beschränkung den Wesensgehalt der Grundrechte und Grundfreiheiten achtet und in einer demokratischen Gesellschaft eine notwendige und verhältnismäßige Maßnahme darstellt, die Folgendes sicherstellt:
a) die nationale Sicherheit;
b) die Landesverteidigung;
c) die öffentliche Sicherheit;
d) die Verhütung, Ermittlung, Aufdeckung oder Verfolgung von Straftaten oder die Strafvollstreckung, einschließlich des Schutzes vor und der Abwehr von Gefahren für die öffentliche Sicherheit;
e) den Schutz sonstiger wichtiger Ziele des allgemeinen öffentlichen Interesses der Union oder eines Mitgliedstaats, insbesondere eines wichtigen wirtschaftlichen oder finanziellen Interesses der Union oder eines Mitgliedstaats, etwa im Währungs-, Haushalts- und Steuerbereich sowie im Bereich der öffentlichen Gesundheit und der sozialen Sicherheit;
f) den Schutz der Unabhängigkeit der Justiz und den Schutz von Gerichtsverfahren;
g) die Verhütung, Aufdeckung, Ermittlung und Verfolgung von Verstößen gegen die berufsständischen Regeln reglementierter Berufe;
h) Kontroll-, Überwachungs- und Ordnungsfunktionen, die dauernd oder zeitweise mit der Ausübung öffentlicher Gewalt für die unter den Buchstaben a bis e und g genannten Zwecke verbunden sind;
i) den Schutz der betroffenen Person oder der Rechte und Freiheiten anderer Personen;
j) die Durchsetzung zivilrechtlicher Ansprüche.
(2) Jede Gesetzgebungsmaßnahme im Sinne des Absatzes 1 muss insbesondere gegebenenfalls spezifische Vorschriften enthalten zumindest in Bezug auf
a) die Zwecke der Verarbeitung oder die Verarbeitungskategorien,
b) die Kategorien personenbezogener Daten,
c) den Umfang der vorgenommenen Beschränkungen,
d) die Garantien gegen Missbrauch oder unrechtmäßigen Zugang oder unrechtmäßige Übermittlung,
e) die Angaben zu dem Verantwortlichen oder den Kategorien von Verantwortlichen,
f) die jeweiligen Speicherfristen sowie die geltenden Garantien unter Berücksichtigung von Art, Umfang und Zwecken der Verarbeitung oder der Verarbeitungskategorien,
g) die Risiken für die Rechte und Freiheiten der betroffenen Personen und
h) das Recht der betroffenen Personen auf Unterrichtung über die Beschränkung, sofern dies nicht dem Zweck der Beschränkung abträglich ist.

KAPITEL IV: Verantwortlicher und Auftragsverarbeiter

Abschnitt 1 Allgemeine Pflichten

Art. 24 Verantwortung des für die Verarbeitung Verantwortlichen

(1) Der Verantwortliche setzt unter Berücksichtigung der Art, des Umfangs, der Umstände und der Zwecke der Verarbeitung sowie der unterschiedlichen Eintrittswahrscheinlichkeit und Schwere der Risiken für die Rechte und Freiheiten natürlicher Personen geeignete technische

und organisatorische Maßnahmen um, um sicherzustellen und den Nachweis dafür erbringen zu können, dass die Verarbeitung gemäß dieser Verordnung erfolgt. Diese Maßnahmen werden erforderlichenfalls überprüft und aktualisiert.
(2) Sofern dies in einem angemessenen Verhältnis zu den Verarbeitungstätigkeiten steht, müssen die Maßnahmen gemäß Absatz 1 die Anwendung geeigneter Datenschutzvorkehrungen durch den Verantwortlichen umfassen.
(3) Die Einhaltung der genehmigten Verhaltensregeln gemäß Artikel 40 oder eines genehmigten Zertifizierungsverfahrens gemäß Artikel 42 kann als Gesichtspunkt herangezogen werden, um die Erfüllung der Pflichten des Verantwortlichen nachzuweisen.

Art. 25 Datenschutz durch Technikgestaltung und durch datenschutzfreundliche Voreinstellungen

(1) Unter Berücksichtigung des Stands der Technik, der Implementierungskosten und der Art, des Umfangs, der Umstände und der Zwecke der Verarbeitung sowie der unterschiedlichen Eintrittswahrscheinlichkeit und Schwere der mit der Verarbeitung verbundenen Risiken für die Rechte und Freiheiten natürlicher Personen trifft der Verantwortliche sowohl zum Zeitpunkt der Festlegung der Mittel für die Verarbeitung als auch zum Zeitpunkt der eigentlichen Verarbeitung geeignete technische und organisatorische Maßnahmen – wie z.B. Pseudonymisierung –, die dafür ausgelegt sind, die Datenschutzgrundsätze wie etwa Datenminimierung wirksam umzusetzen und die notwendigen Garantien in die Verarbeitung aufzunehmen, um den Anforderungen dieser Verordnung zu genügen und die Rechte der betroffenen Personen zu schützen.
(2) Der Verantwortliche trifft geeignete technische und organisatorische Maßnahmen, die sicherstellen, dass durch Voreinstellung nur personenbezogene Daten, deren Verarbeitung für den jeweiligen bestimmten Verarbeitungszweck erforderlich ist, verarbeitet werden. Diese Verpflichtung gilt für die Menge der erhobenen personenbezogenen Daten, den Umfang ihrer Verarbeitung, ihre Speicherfrist und ihre Zugänglichkeit. Solche Maßnahmen müssen insbesondere sicherstellen, dass personenbezogene Daten durch Voreinstellungen nicht ohne Eingreifen der Person einer unbestimmten Zahl von natürlichen Personen zugänglich gemacht werden.
(3) Ein genehmigtes Zertifizierungsverfahren gemäß Artikel 42 kann als Faktor herangezogen werden, um die Erfüllung der in den Absätzen 1 und 2 des vorliegenden Artikels genannten Anforderungen nachzuweisen.

Art. 26 Gemeinsam Verantwortliche

(1) Legen zwei oder mehr Verantwortliche gemeinsam die Zwecke der und die Mittel zur Verarbeitung fest, so sind sie gemeinsam Verantwortliche. Sie legen in einer Vereinbarung in transparenter Form fest, wer von ihnen welche Verpflichtung gemäß dieser Verordnung erfüllt, insbesondere was die Wahrnehmung der Rechte der betroffenen Person angeht, und wer welchen Informationspflichten gemäß den Artikeln 13 und 14 nachkommt, sofern und soweit die jeweiligen Aufgaben der Verantwortlichen nicht durch Rechtsvorschriften der Union oder der Mitgliedstaaten, denen die Verantwortlichen unterliegen, festgelegt sind. In der Vereinbarung kann eine Anlaufstelle für die betroffenen Personen angegeben werden.
(2) Die Vereinbarung gemäß Absatz 1 muss die jeweiligen tatsächlichen Funktionen und Beziehungen der gemeinsam Verantwortlichen gegenüber betroffenen Personen gebührend widerspiegeln. Das wesentliche der Vereinbarung wird der betroffenen Person zur Verfügung gestellt.
(3) Ungeachtet der Einzelheiten der Vereinbarung gemäß Absatz 1 kann die betroffene Person ihre Rechte im Rahmen dieser Verordnung bei und gegenüber jedem einzelnen der Verantwortlichen geltend machen.

Art. 27 Vertreter von nicht in der Union niedergelassenen Verantwortlichen oder Auftragsverarbeitern

(1) In den Fällen gemäß Artikel 3 Absatz 2 benennt der Verantwortliche oder der Auftragsverarbeiter schriftlich einen Vertreter in der Union.
(2) Die Pflicht gemäß Absatz 1 des vorliegenden Artikels gilt nicht für
a) eine Verarbeitung, die gelegentlich erfolgt, nicht die umfangreiche Verarbeitung besonderer Datenkategorien im Sinne des Artikels 9 Absatz 1 oder die umfangreiche Verarbeitung von personenbezogenen Daten über strafrechtliche Verurteilungen und Straftaten im Sinne des Artikels 10 einschließt und unter Berücksichtigung der Art, der Umstände, des Umfangs und der Zwecke der Verarbeitung voraussichtlich nicht zu einem Risiko für die Rechte und Freiheiten natürlicher Personen führt, oder
b) Behörden oder öffentliche Stellen.
(3) Der Vertreter muss in einem der Mitgliedstaaten niedergelassen sein, in denen die betroffenen Personen, deren personenbezogene Daten im Zusammenhang mit den ihnen angebotenen Waren oder Dienstleistungen verarbeitet werden oder deren Verhalten beobachtet wird, sich befinden.
(4) Der Vertreter wird durch den Verantwortlichen oder den Auftragsverarbeiter beauftragt, zusätzlich zu diesem oder an seiner Stelle insbesondere für Aufsichtsbehörden und betroffene Personen bei sämtlichen Fragen im Zusammenhang mit der Verarbeitung zur Gewährleistung der Einhaltung dieser Verordnung als Anlaufstelle zu dienen.
(5) Die Benennung eines Vertreters durch den Verantwortlichen oder den Auftragsverarbeiter erfolgt unbeschadet etwaiger rechtlicher Schritte gegen den Verantwortlichen oder den Auftragsverarbeiter selbst.

Art. 28 Auftragsverarbeiter

(1) Erfolgt eine Verarbeitung im Auftrag eines Verantwortlichen, so arbeitet dieser nur mit Auftragsverarbeitern, die hinreichend Garantien dafür bieten, dass geeignete technische und organisatorische Maßnahmen so durchgeführt werden, dass die Verarbeitung im Einklang mit den Anforderungen dieser Verordnung erfolgt und den Schutz der Rechte der betroffenen Person gewährleistet.
(2) Der Auftragsverarbeiter nimmt keinen weiteren Auftragsverarbeiter ohne vorherige gesonderte oder allgemeine schriftliche Genehmigung des Verantwortlichen in Anspruch. Im Fall einer allgemeinen schriftlichen Genehmigung informiert der Auftragsverarbeiter den Verantwortlichen immer über jede beabsichtigte Änderung in Bezug auf die Hinzuziehung oder die Ersetzung anderer Auftragsverarbeiter, wodurch der Verantwortliche die Möglichkeit erhält, gegen derartige Änderungen Einspruch zu erheben.
(3) Die Verarbeitung durch einen Auftragsverarbeiter erfolgt auf der Grundlage eines Vertrags oder eines anderen Rechtsinstruments nach dem Unionsrecht oder dem Recht der Mitgliedstaaten, der bzw. das den Auftragsverarbeiter in Bezug auf den Verantwortlichen bindet und in dem Gegenstand und Dauer der Verarbeitung, Art und Zweck der Verarbeitung, die Art der personenbezogenen Daten, die Kategorien betroffener Personen und die Pflichten und Rechte des Verantwortlichen festgelegt sind. Dieser Vertrag bzw. dieses andere Rechtsinstrument sieht insbesondere vor, dass der Auftragsverarbeiter
a) die personenbezogenen Daten nur auf dokumentierte Weisung des Verantwortlichen – auch in Bezug auf die Übermittlung personenbezogener Daten an ein Drittland oder eine internationale Organisation – verarbeitet, sofern er nicht durch das Recht der Union oder der Mitgliedstaaten, dem der Auftragsverarbeiter unterliegt, hierzu verpflichtet ist; in einem solchen Fall teilt der Auftragsverarbeiter dem Verantwortlichen diese rechtlichen Anforde-

rungen vor der Verarbeitung mit, sofern das betreffende Recht eine solche Mitteilung nicht wegen eines wichtigen öffentlichen Interesses verbietet;
b) gewährleistet, dass sich die zur Verarbeitung der personenbezogenen Daten befugten Personen zur Vertraulichkeit verpflichtet haben oder einer angemessenen gesetzlichen Verschwiegenheitspflicht unterliegen;
c) alle gemäß Artikel 32 erforderlichen Maßnahmen ergreift;
d) die in den Absätzen 2 und 4 genannten Bedingungen für die Inanspruchnahme der Dienste eines weiteren Auftragsverarbeiters einhält;
e) angesichts der Art der Verarbeitung den Verantwortlichen nach Möglichkeit mit geeigneten technischen und organisatorischen Maßnahmen dabei unterstützt, seiner Pflicht zur Beantwortung von Anträgen auf Wahrnehmung der in Kapitel III genannten Rechte der betroffenen Person nachzukommen;
f) unter Berücksichtigung der Art der Verarbeitung und der ihm zur Verfügung stehenden Informationen den Verantwortlichen bei der Einhaltung der in den Artikeln 32 bis 36 genannten Pflichten unterstützt;
g) nach Abschluss der Erbringung der Verarbeitungsleistungen alle personenbezogenen Daten nach Wahl des Verantwortlichen entweder löscht oder zurückgibt und die vorhandenen Kopien löscht, sofern nicht nach dem Unionsrecht oder dem Recht der Mitgliedstaaten eine Verpflichtung zur Speicherung der personenbezogenen Daten besteht;
h) dem Verantwortlichen alle erforderlichen Informationen zum Nachweis der Einhaltung der in diesem Artikel niedergelegten Pflichten zur Verfügung stellt und Überprüfungen – einschließlich Inspektionen –, die vom Verantwortlichen oder einem anderen von diesem beauftragten Prüfer durchgeführt werden, ermöglicht und dazu beiträgt.
Mit Blick auf Unterabsatz 1 Buchstabe h informiert der Auftragsverarbeiter den Verantwortlichen unverzüglich, falls er der Auffassung ist, dass eine Weisung gegen diese Verordnung oder gegen andere Datenschutzbestimmungen der Union oder der Mitgliedstaaten verstößt.
(4) Nimmt der Auftragsverarbeiter die Dienste eines weiteren Auftragsverarbeiters in Anspruch, um bestimmte Verarbeitungstätigkeiten im Namen des Verantwortlichen auszuführen, so werden diesem weiteren Auftragsverarbeiter im Wege eines Vertrags oder eines anderen Rechtsinstruments nach dem Unionsrecht oder dem Recht des betreffenden Mitgliedstaats dieselben Datenschutzpflichten auferlegt, die in dem Vertrag oder anderen Rechtsinstrument zwischen dem Verantwortlichen und dem Auftragsverarbeiter gemäß Absatz 3 festgelegt sind, wobei insbesondere hinreichende Garantien dafür geboten werden muss, dass die geeigneten technischen und organisatorischen Maßnahmen so durchgeführt werden, dass die Verarbeitung entsprechend den Anforderungen dieser Verordnung erfolgt. Kommt der weitere Auftragsverarbeiter seinen Datenschutzpflichten nicht nach, so haftet der erste Auftragsverarbeiter gegenüber dem Verantwortlichen für die Einhaltung der Pflichten jenes anderen Auftragsverarbeiters.
(5) Die Einhaltung genehmigter Verhaltensregeln gemäß Artikel 40 oder eines genehmigten Zertifizierungsverfahrens gemäß Artikel 42 durch einen Auftragsverarbeiter kann als Faktor herangezogen werden, um hinreichende Garantien im Sinne der Absätze 1 und 4 des vorliegenden Artikels nachzuweisen.
(6) Unbeschadet eines individuellen Vertrags zwischen dem Verantwortlichen und dem Auftragsverarbeiter kann der Vertrag oder das andere Rechtsinstrument im Sinne der Absätze 3 und 4 des vorliegenden Artikels ganz oder teilweise auf den in den Absätzen 7 und 8 des vorliegenden Artikels genannten Standardvertragsklauseln beruhen, auch wenn diese Bestandteil einer dem Verantwortlichen oder dem Auftragsverarbeiter gemäß den Artikeln 42 und 43 erteilten Zertifizierung sind.

(7) Die Kommission kann im Einklang mit dem Prüfverfahren gemäß Artikel 93 Absatz 2 Standardvertragsklauseln zur Regelung der in den Absätzen 3 und 4 des vorliegenden Artikels genannten Fragen festlegen.
(8) Eine Aufsichtsbehörde kann im Einklang mit dem Kohärenzverfahren gemäß Artikel 63 Standardvertragsklauseln zur Regelung der in den Absätzen 3 und 4 des vorliegenden Artikels genannten Fragen festlegen.
(9) Der Vertrag oder das andere Rechtsinstrument im Sinne der Absätze 3 und 4 ist schriftlich abzufassen, was auch in einem elektronischen Format erfolgen kann.
(10) Unbeschadet der Artikel 82, 83 und 84 gilt ein Auftragsverarbeiter, der unter Verstoß gegen diese Verordnung die Zwecke und Mittel der Verarbeitung bestimmt, in Bezug auf diese Verarbeitung als Verantwortlicher.

Art. 29 Verarbeitung unter der Aufsicht des Verantwortlichen oder des Auftragsverarbeiters
Der Auftragsverarbeiter und jede dem Verantwortlichen oder dem Auftragsverarbeiter unterstellte Person, die Zugang zu personenbezogenen Daten hat, dürfen diese Daten ausschließlich auf Weisung des Verantwortlichen verarbeiten, es sei denn, dass sie nach dem Unionsrecht oder dem Recht der Mitgliedstaaten zur Verarbeitung verpflichtet sind.

Art. 30 Verzeichnis von Verarbeitungstätigkeiten
(1) Jeder Verantwortliche und gegebenenfalls sein Vertreter führen ein Verzeichnis aller Verarbeitungstätigkeiten, die ihrer Zuständigkeit unterliegen. Dieses Verzeichnis enthält sämtliche folgenden Angaben:
a) den Namen und die Kontaktdaten des Verantwortlichen und gegebenenfalls des gemeinsam mit ihm Verantwortlichen, des Vertreters des Verantwortlichen sowie eines etwaigen Datenschutzbeauftragten;
b) die Zwecke der Verarbeitung;
c) eine Beschreibung der Kategorien betroffener Personen und der Kategorien personenbezogener Daten;
d) die Kategorien von Empfängern, gegenüber denen die personenbezogenen Daten offengelegt worden sind oder noch offengelegt werden, einschließlich Empfänger in Drittländern oder internationalen Organisationen;
e) gegebenenfalls Übermittlungen von personenbezogenen Daten an ein Drittland oder an eine internationale Organisation, einschließlich der Angabe des betreffenden Drittlands oder der betreffenden internationalen Organisation, sowie bei den in Artikel 49 Absatz 1 Unterabsatz 2 genannten Datenübermittlungen die Dokumentierung geeigneter Garantien;
f) wenn möglich, die vorgesehenen Fristen für die Löschung der verschiedenen Datenkategorien;
g) wenn möglich, eine allgemeine Beschreibung der technischen und organisatorischen Maßnahmen gemäß Artikel 32 Absatz 1.
(2) Jeder Auftragsverarbeiter und gegebenenfalls sein Vertreter führen ein Verzeichnis zu allen Kategorien von im Auftrag eines Verantwortlichen durchgeführten Tätigkeiten der Verarbeitung, das Folgendes enthält:
a) den Namen und die Kontaktdaten des Auftragsverarbeiters oder der Auftragsverarbeiter und jedes Verantwortlichen, in dessen Auftrag der Auftragsverarbeiter tätig ist, sowie gegebenenfalls des Vertreters des Verantwortlichen oder des Auftragsverarbeiters und eines etwaigen Datenschutzbeauftragten;

Datenschutz-Grundverordnung – Auszug   Art. 30–32

b) die Kategorien von Verarbeitungen, die im Auftrag jedes Verantwortlichen durchgeführt werden;
c) gegebenenfalls Übermittlungen von personenbezogenen Daten an ein Drittland oder an eine internationale Organisation, einschließlich der Angabe des betreffenden Drittlands oder der betreffenden internationalen Organisation, sowie bei den in Artikel 49 Absatz 1 Unterabsatz 2 genannten Datenübermittlungen die Dokumentierung geeigneter Garantien;
d) wenn möglich, eine allgemeine Beschreibung der technischen und organisatorischen Maßnahmen gemäß Artikel 32 Absatz 1.

(3) Das in den Absätzen 1 und 2 genannte Verzeichnis ist schriftlich zu führen, was auch in einem elektronischen Format erfolgen kann.

(4) Der Verantwortliche oder der Auftragsverarbeiter sowie gegebenenfalls der Vertreter des Verantwortlichen oder des Auftragsverarbeiters stellen der Aufsichtsbehörde das Verzeichnis auf Anfrage zur Verfügung.

(5) Die in den Absätzen 1 und 2 genannten Pflichten gelten nicht für Unternehmen oder Einrichtungen, die weniger als 250 Mitarbeiter beschäftigen, es sei denn, die von ihnen vorgenommene Verarbeitung birgt ein Risiko für die Rechte und Freiheiten der betroffenen Personen, die Verarbeitung erfolgt nicht nur gelegentlich oder es erfolgt eine Verarbeitung besonderer Datenkategorien gemäß Artikel 9 Absatz 1 bzw. die Verarbeitung von personenbezogenen Daten über strafrechtliche Verurteilungen und Straftaten im Sinne des Artikels 10.

Art. 31 Zusammenarbeit mit der Aufsichtsbehörde
Der Verantwortliche und der Auftragsverarbeiter und gegebenenfalls deren Vertreter arbeiten auf Anfrage mit der Aufsichtsbehörde bei der Erfüllung ihrer Aufgaben zusammen.

Abschnitt 2 Sicherheit personenbezogener Daten

Art. 32 Sicherheit der Verarbeitung
(1) Unter Berücksichtigung des Stands der Technik, der Implementierungskosten und der Art, des Umfangs, der Umstände und der Zwecke der Verarbeitung sowie der unterschiedlichen Eintrittswahrscheinlichkeit und Schwere des Risikos für die Rechte und Freiheiten natürlicher Personen treffen der Verantwortliche und der Auftragsverarbeiter geeignete technische und organisatorische Maßnahmen, um ein dem Risiko angemessenes Schutzniveau zu gewährleisten; diese Maßnahmen schließen gegebenenfalls unter anderem Folgendes ein:
a) die Pseudonymisierung und Verschlüsselung personenbezogener Daten;
b) die Fähigkeit, die Vertraulichkeit, Integrität, Verfügbarkeit und Belastbarkeit der Systeme und Dienste im Zusammenhang mit der Verarbeitung auf Dauer sicherzustellen;
c) die Fähigkeit, die Verfügbarkeit der personenbezogenen Daten und den Zugang zu ihnen bei einem physischen oder technischen Zwischenfall rasch wiederherzustellen;
d) ein Verfahren zur regelmäßigen Überprüfung, Bewertung und Evaluierung der Wirksamkeit der technischen und organisatorischen Maßnahmen zur Gewährleistung der Sicherheit der Verarbeitung.

(2) Bei der Beurteilung des angemessenen Schutzniveaus sind insbesondere die Risiken zu berücksichtigen, die mit der Verarbeitung verbunden sind, insbesondere durch – ob unbeabsichtigt oder unrechtmäßig – Vernichtung, Verlust, Veränderung oder unbefugte Offenlegung von beziehungsweise unbefugten Zugang zu personenbezogenen Daten, die übermittelt, gespeichert oder auf andere Weise verarbeitet wurden.

(3) Die Einhaltung genehmigter Verhaltensregeln gemäß Artikel 40 oder eines genehmigten Zertifizierungsverfahrens gemäß Artikel 42 kann als Faktor herangezogen werden, um die Erfüllung der in Absatz 1 des vorliegenden Artikels genannten Anforderungen nachzuweisen.
(4) Der Verantwortliche und der Auftragsverarbeiter unternehmen Schritte, um sicherzustellen, dass ihnen unterstellte natürliche Personen, die Zugang zu personenbezogenen Daten haben, diese nur auf Anweisung des Verantwortlichen verarbeiten, es sei denn, sie sind nach dem Recht der Union oder der Mitgliedstaaten zur Verarbeitung verpflichtet.

Art. 33 Meldung von Verletzungen des Schutzes personenbezogener Daten an die Aufsichtsbehörde

(1) Im Falle einer Verletzung des Schutzes personenbezogener Daten meldet der Verantwortliche unverzüglich und möglichst binnen 72 Stunden, nachdem ihm die Verletzung bekannt wurde, diese der gemäß Artikel 55 zuständigen Aufsichtsbehörde, es sei denn, dass die Verletzung des Schutzes personenbezogener Daten voraussichtlich nicht zu einem Risiko für die Rechte und Freiheiten natürlicher Personen führt. Erfolgt die Meldung an die Aufsichtsbehörde nicht binnen 72 Stunden, so ist ihr eine Begründung für die Verzögerung beizufügen.
(2) Wenn dem Auftragsverarbeiter eine Verletzung des Schutzes personenbezogener Daten bekannt wird, meldet er diese dem Verantwortlichen unverzüglich.
(3) Die Meldung gemäß Absatz 1 enthält zumindest folgende Informationen:
a) eine Beschreibung der Art der Verletzung des Schutzes personenbezogener Daten, soweit möglich mit Angabe der Kategorien und der ungefähren Zahl der betroffenen Personen, der betroffenen Kategorien und der ungefähren Zahl der betroffenen personenbezogenen Datensätze;
b) den Namen und die Kontaktdaten des Datenschutzbeauftragten oder einer sonstigen Anlaufstelle für weitere Informationen;
c) eine Beschreibung der wahrscheinlichen Folgen der Verletzung des Schutzes personenbezogener Daten;
d) eine Beschreibung der von dem Verantwortlichen ergriffenen oder vorgeschlagenen Maßnahmen zur Behebung der Verletzung des Schutzes personenbezogener Daten und gegebenenfalls Maßnahmen zur Abmilderung ihrer möglichen nachteiligen Auswirkungen.
(4) Wenn und soweit die Informationen nicht zur gleichen Zeit bereitgestellt werden können, kann der Verantwortliche diese Informationen ohne unangemessene weitere Verzögerung schrittweise zur Verfügung stellen.
(5) Der Verantwortliche dokumentiert Verletzungen des Schutzes personenbezogener Daten einschließlich aller im Zusammenhang mit der Verletzung des Schutzes personenbezogener Daten stehenden Fakten, ihrer Auswirkungen und der ergriffenen Abhilfemaßnahmen.

Art. 34 Benachrichtigung der von einer Verletzung des Schutzes personenbezogener Daten betroffenen Person

(1) Hat die Verletzung des Schutzes personenbezogener Daten voraussichtlich ein hohes Risiko für die persönlichen Rechte und Freiheiten natürlicher Personen zur Folge, so benachrichtigt der Verantwortliche die betroffene Person unverzüglich von der Verletzung.
(2) Die in Absatz 1 genannte Benachrichtigung der betroffenen Person beschreibt in klarer und einfacher Sprache die Art der Verletzung des Schutzes personenbezogener Daten und enthält zumindest die in Artikel 33 Absatz 3 Buchstaben b, c und d genannten Informationen und Maßnahmen.
(3) Die Benachrichtigung der betroffenen Person gemäß Absatz 1 ist nicht erforderlich, wenn eine der folgenden Bedingungen erfüllt ist:

a) der Verantwortliche hat geeignete technische und organisatorische Sicherheitsvorkehrungen getroffen und diese Vorkehrungen wurden auf die von der Verletzung betroffenen personenbezogenen Daten angewandt, insbesondere solche, durch die die personenbezogenen Daten für alle Personen, die nicht zum Zugang zu den personenbezogenen Daten befugt sind, unzugänglich gemacht werden, etwa durch Verschlüsselung;
b) der Verantwortliche hat durch nachfolgende Maßnahmen sichergestellt, dass das hohe Risiko für die Rechte und Freiheiten der betroffenen Personen gemäß Absatz 1 aller Wahrscheinlichkeit nach nicht mehr besteht;
c) die Benachrichtigung wäre mit einem unverhältnismäßigen Aufwand verbunden. In diesem Fall hat stattdessen eine öffentliche Bekanntmachung oder eine ähnliche Maßnahme zu erfolgen, durch die die betroffenen Personen vergleichbar wirksam informiert werden.
(4) Wenn der Verantwortliche die betroffene Person nicht bereits über die Verletzung des Schutzes personenbezogener Daten benachrichtigt hat, kann die Aufsichtsbehörde unter Berücksichtigung der Wahrscheinlichkeit, mit der die Verletzung des Schutzes personenbezogener Daten zu einem hohen Risiko führt, von dem Verantwortlichen verlangen, dies nachzuholen, oder sie kann mit einem Beschluss feststellen, dass bestimmte der in Absatz 3 genannten Voraussetzungen erfüllt sind.

Abschnitt 3 Datenschutz-Folgenabschätzung und vorherige Konsultation

Art. 35 Datenschutz-Folgenabschätzung

(1) Hat eine Form der Verarbeitung, insbesondere bei Verwendung neuer Technologien, aufgrund der Art, des Umfangs, der Umstände und der Zwecke der Verarbeitung voraussichtlich ein hohes Risiko für die Rechte und Freiheiten natürlicher Personen zur Folge, so führt der Verantwortliche vorab eine Abschätzung der Folgen der vorgesehenen Verarbeitungsvorgänge für den Schutz personenbezogener Daten durch. Für die Untersuchung mehrerer ähnlicher Verarbeitungsvorgänge mit ähnlich hohen Risiken kann eine einzige Abschätzung vorgenommen werden.
(2) Der Verantwortliche holt bei der Durchführung einer Datenschutz-Folgenabschätzung den Rat des Datenschutzbeauftragten, sofern ein solcher benannt wurde, ein.
(3) Eine Datenschutz-Folgenabschätzung gemäß Absatz 1 ist insbesondere in folgenden Fällen erforderlich:
a) systematische und umfassende Bewertung persönlicher Aspekte natürlicher Personen, die sich auf automatisierte Verarbeitung einschließlich Profiling gründet und die ihrerseits als Grundlage für Entscheidungen dient, die Rechtswirkung gegenüber natürlichen Personen entfalten oder diese in ähnlich erheblicher Weise beeinträchtigen;
b) umfangreiche Verarbeitung besonderer Kategorien von personenbezogenen Daten gemäß Artikel 9 Absatz 1 oder von personenbezogenen Daten über strafrechtliche Verurteilungen und Straftaten gemäß Artikel 10 oder
c) systematische umfangreiche Überwachung öffentlich zugänglicher Bereiche.
(4) Die Aufsichtsbehörde erstellt eine Liste der Verarbeitungsvorgänge, für die gemäß Absatz 1 eine Datenschutz-Folgenabschätzung durchzuführen ist, und veröffentlicht diese. Die Aufsichtsbehörde übermittelt diese Listen dem in Artikel 68 genannten Ausschuss.
(5) Die Aufsichtsbehörde kann des Weiteren eine Liste der Arten von Verarbeitungsvorgängen erstellen und veröffentlichen, für die keine Datenschutz-Folgenabschätzung erforderlich ist. Die Aufsichtsbehörde übermittelt diese Listen dem Ausschuss.
(6) Vor Festlegung der in den Absätzen 4 und 5 genannten Listen wendet die zuständige Aufsichtsbehörde das Kohärenzverfahren gemäß Artikel 63 an, wenn solche Listen Verarbeitungstätigkeiten umfassen, die mit dem Angebot von Waren oder Dienstleistungen für

betroffene Personen oder der Beobachtung des Verhaltens dieser Personen in mehreren Mitgliedstaaten im Zusammenhang stehen oder die den freien Verkehr personenbezogener Daten innerhalb der Union erheblich beeinträchtigen könnten.
(7) Die Folgenabschätzung enthält zumindest Folgendes:
a) eine systematische Beschreibung der geplanten Verarbeitungsvorgänge und der Zwecke der Verarbeitung, gegebenenfalls einschließlich der von dem Verantwortlichen verfolgten berechtigten Interessen;
b) eine Bewertung der Notwendigkeit und Verhältnismäßigkeit der Verarbeitungsvorgänge in Bezug auf den Zweck;
c) eine Bewertung der Risiken für die Rechte und Freiheiten der betroffenen Personen gemäß Absatz 1 und
d) die zur Bewältigung der Risiken geplanten Abhilfemaßnahmen, einschließlich Garantien, Sicherheitsvorkehrungen und Verfahren, durch die der Schutz personenbezogener Daten sichergestellt und der Nachweis dafür erbracht wird, dass diese Verordnung eingehalten wird, wobei den Rechten und berechtigten Interessen der betroffenen Personen und sonstiger Betroffener Rechnung getragen wird.
(8) Die Einhaltung genehmigter Verhaltensregeln gemäß Artikel 40 durch die zuständigen Verantwortlichen oder die zuständigen Auftragsverarbeiter ist bei der Beurteilung der Auswirkungen der von diesen durchgeführten Verarbeitungsvorgänge, insbesondere für die Zwecke einer Datenschutz-Folgenabschätzung, gebührend zu berücksichtigen.
(9) Der Verantwortliche holt gegebenenfalls den Standpunkt der betroffenen Personen oder ihrer Vertreter zu der beabsichtigten Verarbeitung unbeschadet des Schutzes gewerblicher oder öffentlicher Interessen oder der Sicherheit der Verarbeitungsvorgänge ein.
(10) Falls die Verarbeitung gemäß Artikel 6 Absatz 1 Buchstabe c oder e auf einer Rechtsgrundlage im Unionsrecht oder im Recht des Mitgliedstaats, dem der Verantwortliche unterliegt, beruht und falls diese Rechtsvorschriften den konkreten Verarbeitungsvorgang oder die konkreten Verarbeitungsvorgänge regeln und bereits im Rahmen der allgemeinen Folgenabschätzung im Zusammenhang mit dem Erlass dieser Rechtsgrundlage eine Datenschutz-Folgenabschätzung erfolgte, gelten die Absätze 1 bis 7 nur, wenn es nach dem Ermessen der Mitgliedstaaten erforderlich ist, vor den betreffenden Verarbeitungstätigkeiten eine solche Folgenabschätzung durchzuführen.
(11) Erforderlichenfalls führt der Verantwortliche eine Überprüfung durch, um zu bewerten, ob die Verarbeitung gemäß der Datenschutz-Folgenabschätzung durchgeführt wird; dies gilt zumindest, wenn hinsichtlich des mit den Verarbeitungsvorgängen verbundenen Risikos Änderungen eingetreten sind.

Art. 36 Vorherige Konsultation

(1) Der Verantwortliche konsultiert vor der Verarbeitung die Aufsichtsbehörde, wenn aus einer Datenschutz-Folgenabschätzung gemäß Artikel 35 hervorgeht, dass die Verarbeitung ein hohes Risiko zur Folge hätte, sofern der Verantwortliche keine Maßnahmen zur Eindämmung des Risikos trifft.
(2) Falls die Aufsichtsbehörde der Auffassung ist, dass die geplante Verarbeitung gemäß Absatz 1 nicht im Einklang mit dieser Verordnung stünde, insbesondere weil der Verantwortliche das Risiko nicht ausreichend ermittelt oder nicht ausreichend eingedämmt hat, unterbreitet sie dem Verantwortlichen und gegebenenfalls dem Auftragsverarbeiter innerhalb eines Zeitraums von bis zu acht Wochen nach Erhalt des Ersuchens um Konsultation entsprechende schriftliche Empfehlungen und kann ihre in Artikel 58 genannten Befugnisse ausüben. Diese Frist kann unter Berücksichtigung der Komplexität der geplanten Verarbeitung um sechs Wochen verlängert werden. Die Aufsichtsbehörde unterrichtet den Verantwortlichen oder

Datenschutz-Grundverordnung – Auszug Art. 36, 37

gegebenenfalls den Auftragsverarbeiter über eine solche Fristverlängerung innerhalb eines Monats nach Eingang des Antrags auf Konsultation zusammen mit den Gründen für die Verzögerung. Diese Fristen können ausgesetzt werden, bis die Aufsichtsbehörde die für die Zwecke der Konsultation angeforderten Informationen erhalten hat.
(3) Der Verantwortliche stellt der Aufsichtsbehörde bei einer Konsultation gemäß Absatz 1 folgende Informationen zur Verfügung:
a) gegebenenfalls Angaben zu den jeweiligen Zuständigkeiten des Verantwortlichen, der gemeinsam Verantwortlichen und der an der Verarbeitung beteiligten Auftragsverarbeiter, insbesondere bei einer Verarbeitung innerhalb einer Gruppe von Unternehmen;
b) die Zwecke und die Mittel der beabsichtigten Verarbeitung;
c) die zum Schutz der Rechte und Freiheiten der betroffenen Personen gemäß dieser Verordnung vorgesehenen Maßnahmen und Garantien;
d) gegebenenfalls die Kontaktdaten des Datenschutzbeauftragten;
e) die Datenschutz-Folgenabschätzung gemäß Artikel 35 und
f) alle sonstigen von der Aufsichtsbehörde angeforderten Informationen.
(4) Die Mitgliedstaaten konsultieren die Aufsichtsbehörde bei der Ausarbeitung eines Vorschlags für von einem nationalen Parlament zu erlassende Gesetzgebungsmaßnahmen oder von auf solchen Gesetzgebungsmaßnahmen basierenden Regelungsmaßnahmen, die die Verarbeitung betreffen.
(5) Ungeachtet des Absatzes 1 können Verantwortliche durch das Recht der Mitgliedstaaten verpflichtet werden, bei der Verarbeitung zur Erfüllung einer im öffentlichen Interesse liegenden Aufgabe, einschließlich der Verarbeitung zu Zwecken der sozialen Sicherheit und der öffentlichen Gesundheit, die Aufsichtsbehörde zu konsultieren und deren vorherige Genehmigung einzuholen.

Abschnitt 4 Datenschutzbeauftragter

Art. 37 Benennung eines Datenschutzbeauftragten

(1) Der Verantwortliche und der Auftragsverarbeiter benennen auf jeden Fall einen Datenschutzbeauftragten, wenn
a) die Verarbeitung von einer Behörde oder öffentlichen Stelle durchgeführt wird, mit Ausnahme von Gerichten, soweit sie im Rahmen ihrer justiziellen Tätigkeit handeln,
b) die Kerntätigkeit des Verantwortlichen oder des Auftragsverarbeiters in der Durchführung von Verarbeitungsvorgängen besteht, welche aufgrund ihrer Art, ihres Umfangs und/oder ihrer Zwecke eine umfangreiche regelmäßige und systematische Überwachung von betroffenen Personen erforderlich machen, oder
c) die Kerntätigkeit des Verantwortlichen oder des Auftragsverarbeiters in der umfangreichen Verarbeitung besonderer Kategorien von Daten gemäß Artikel 9 oder von personenbezogenen Daten über strafrechtliche Verurteilungen und Straftaten gemäß Artikel 10 besteht.
(2) Eine Unternehmensgruppe darf einen gemeinsamen Datenschutzbeauftragten ernennen, sofern von jeder Niederlassung aus der Datenschutzbeauftragte leicht erreicht werden kann.
(3) Falls es sich bei dem Verantwortlichen oder dem Auftragsverarbeiter um eine Behörde oder öffentliche Stelle handelt, kann für mehrere solcher Behörden oder Stellen unter Berücksichtigung ihrer Organisationsstruktur und ihrer Größe ein gemeinsamer Datenschutzbeauftragter benannt werden.
(4) In anderen als den in Absatz 1 genannten Fällen können der Verantwortliche oder der Auftragsverarbeiter oder Verbände und andere Vereinigungen, die Kategorien von Verantwortlichen oder Auftragsverarbeitern vertreten, einen Datenschutzbeauftragten benennen;

falls dies nach dem Recht der Union oder der Mitgliedstaaten vorgeschrieben ist, müssen sie einen solchen benennen. Der Datenschutzbeauftragte kann für derartige Verbände und andere Vereinigungen, die Verantwortliche oder Auftragsverarbeiter vertreten, handeln.
(5) Der Datenschutzbeauftragte wird auf der Grundlage seiner beruflichen Qualifikation und insbesondere des Fachwissens benannt, das er auf dem Gebiet des Datenschutzrechts und der Datenschutzpraxis besitzt, sowie auf der Grundlage seiner Fähigkeit zur Erfüllung der in Artikel 39 genannten Aufgaben.
(6) Der Datenschutzbeauftragte kann Beschäftigter des Verantwortlichen oder des Auftragsverarbeiters sein oder seine Aufgaben auf der Grundlage eines Dienstleistungsvertrags erfüllen.
(7) Der Verantwortliche oder der Auftragsverarbeiter veröffentlicht die Kontaktdaten des Datenschutzbeauftragten und teilt diese Daten der Aufsichtsbehörde mit.

Art. 38 Stellung des Datenschutzbeauftragten

(1) Der Verantwortliche und der Auftragsverarbeiter stellen sicher, dass der Datenschutzbeauftragte ordnungsgemäß und frühzeitig in alle mit dem Schutz personenbezogener Daten zusammenhängenden Fragen eingebunden wird.
(2) Der Verantwortliche und der Auftragsverarbeiter unterstützen den Datenschutzbeauftragten bei der Erfüllung seiner Aufgaben gemäß Artikel 39, indem sie die für die Erfüllung dieser Aufgaben erforderlichen Ressourcen und den Zugang zu personenbezogenen Daten und Verarbeitungsvorgängen sowie die zur Erhaltung seines Fachwissens erforderlichen Ressourcen zur Verfügung stellen.
(3) Der Verantwortliche und der Auftragsverarbeiter stellen sicher, dass der Datenschutzbeauftragte bei der Erfüllung seiner Aufgaben keine Anweisungen bezüglich der Ausübung dieser Aufgaben erhält. Der Datenschutzbeauftragte darf von dem Verantwortlichen oder dem Auftragsverarbeiter wegen der Erfüllung seiner Aufgaben nicht abberufen oder benachteiligt werden. Der Datenschutzbeauftragte berichtet unmittelbar der höchsten Managementebene des Verantwortlichen oder des Auftragsverarbeiters.
(4) Betroffene Personen können den Datenschutzbeauftragten zu allen mit der Verarbeitung ihrer personenbezogenen Daten und mit der Wahrnehmung ihrer Rechte gemäß dieser Verordnung im Zusammenhang stehenden Fragen zu Rate ziehen.
(5) Der Datenschutzbeauftragte ist nach dem Recht der Union oder der Mitgliedstaaten bei der Erfüllung seiner Aufgaben an die Wahrung der Geheimhaltung oder der Vertraulichkeit gebunden.
(6) Der Datenschutzbeauftragte kann andere Aufgaben und Pflichten wahrnehmen. Der Verantwortliche oder der Auftragsverarbeiter stellt sicher, dass derartige Aufgaben und Pflichten nicht zu einem Interessenkonflikt führen.

Art. 39 Aufgaben des Datenschutzbeauftragten

(1) Dem Datenschutzbeauftragten obliegen zumindest folgende Aufgaben:
a) Unterrichtung und Beratung des Verantwortlichen oder des Auftragsverarbeiters und der Beschäftigten, die Verarbeitungen durchführen, hinsichtlich ihrer Pflichten nach dieser Verordnung sowie nach sonstigen Datenschutzvorschriften der Union bzw. der Mitgliedstaaten;
b) Überwachung der Einhaltung dieser Verordnung, anderer Datenschutzvorschriften der Union bzw. der Mitgliedstaaten sowie der Strategien des Verantwortlichen oder des Auftragsverarbeiters für den Schutz personenbezogener Daten einschließlich der Zuweisung von Zuständigkeiten, der Sensibilisierung und Schulung der an den Verarbeitungsvorgängen beteiligten Mitarbeiter und der diesbezüglichen Überprüfungen;

c) Beratung – auf Anfrage – im Zusammenhang mit der Datenschutz-Folgenabschätzung und Überwachung ihrer Durchführung gemäß Artikel 35;
d) Zusammenarbeit mit der Aufsichtsbehörde;
e) Tätigkeit als Anlaufstelle für die Aufsichtsbehörde in mit der Verarbeitung zusammenhängenden Fragen, einschließlich der vorherigen Konsultation gemäß Artikel 36, und gegebenenfalls Beratung zu allen sonstigen Fragen.

(2) Der Datenschutzbeauftragte trägt bei der Erfüllung seiner Aufgaben dem mit den Verarbeitungsvorgängen verbundenen Risiko gebührend Rechnung, wobei er die Art, den Umfang, die Umstände und die Zwecke der Verarbeitung berücksichtigt.

Verordnung über Arbeiten in Druckluft (Druckluftverordnung – DruckluftVO)

vom 4. Oktober 1972 (BGBl. I 1972, S. 1909)
– zuletzt geändert durch Gesetz zum Abbau verzichtbarer Anordnungen der Schriftform im Verwaltungsrecht des Bundes vom 29. März 2017 (BGBl I 2017, S. 626)

Auf Grund
1. des § 120 e der Gewerbeordnung,
2. des § 9 Abs. 2 der Arbeitszeitordnung vom 30. April 1938 (Reichsgesetzbl. I S. 447), zuletzt geändert durch Artikel 150 des Einführungsgesetzes zum Gesetz über Ordnungswidrigkeiten vom 24. Mai 1968 (Bundesgesetzbl. I S. 503),
3. des § 37 Abs. 2 des Jugendarbeitsschutzgesetzes vom 9. August 1960 (Bundesgesetzbl. I S. 665), zuletzt geändert durch Artikel 75 des Ersten Gesetzes zur Reform des Strafrechts vom 25. Juni 1969 (Bundesgesetzbl. I S. 645),
4. des § 4 Abs. 4 des Mutterschutzgesetzes in der Fassung der Bekanntmachung vom 18. April 1968 (Bundesgesetzbl. I S. 315), geändert durch Artikel 127 des Einführungsgesetzes zum Gesetz über Ordnungswidrigkeiten vom 24. Mai 1968 (Bundesgesetzbl. I S. 503),
in Verbindung mit Artikel 129 Abs. 1 des Grundgesetzes wird mit Zustimmung des Bundesrates verordnet:

§ 1 Geltungsbereich
(1) Diese Verordnung gilt für Arbeiten in Druckluft, soweit diese von einem Arbeitgeber gewerbsmäßig ausgeführt werden.
(2) Diese Verordnung gilt nicht für Arbeiten in Taucherglocken ohne Schleusen und für Taucherarbeiten.

§ 2 Begriffsbestimmungen
(1) Im Sinne dieser Verordnung sind
1. Arbeitskammern Räume, in denen Arbeiten in Druckluft ausgeführt werden,
2. Personenschleusen Zugänge, durch die ausschließlich Personen in die Arbeitskammern ein- oder aus diesen ausgeschleust werden,
3. Materialschleusen Zugänge, durch die ausschließlich Material in die Arbeitskammern ein- oder aus diesen ausgeschleust wird,
4. kombinierte Schleusen Zugänge, durch die Arbeitnehmer und Material in die Arbeitskammern ein- oder aus diesen ausgeschleust werden,
5. Krankendruckluftkammern Räume, die unabhängig vom Arbeitsdruck einer Arbeitskammer zur Behandlung drucklufterkrankter Personen sowie zur Probeschleusung nach ärztlicher Anweisung dienen.
(2) [1]Druckluft im Sinne dieser Verordnung ist Luft mit einem Überdruck von mehr als 0,1 bar. [2]Der Arbeitsdruck ist der über den atmosphärischen Druck hinausgehende Überdruck.

§ 3 Anzeige
(1) Will ein Arbeitgeber Arbeiten in Druckluft ausführen, so hat er dies spätestens 2 Wochen vorher der zuständigen Behörde anzuzeigen.

(2) ¹In der Anzeige nach Absatz 1 sind anzugeben:
1. der Name oder die Firma und die Anschrift des Arbeitgebers und, wenn sich mehrere Arbeitgeber zur Durchführung eines bestimmten Bauvorhabens zu einer Gesellschaft des bürgerlichen Rechts zusammengeschlossen haben (Arbeitsgemeinschaft) und die Geschäfte nicht gemeinschaftlich führen, der Name und die Anschrift des Arbeitgebers, dem die Geschäftsführung übertragen ist,
2. der Name dessen, der die Arbeiten in Druckluft leitet, und seines Vertreters (§ 18 Abs. 1 Nr. 1),
3. der Name und die Anschrift des nach § 12 Abs. 1 beauftragten Arztes,
4. die Zahl der Arbeitnehmer, die voraussichtlich mit Arbeiten in Druckluft beschäftigt werden,
5. die voraussichtliche Dauer der Arbeiten in Druckluft,
6. der voraussichtlich höchste Arbeitsdruck,
7. die zu erwartenden Bodenverhältnisse.

²Ihr sind als Unterlagen beizufügen:
1. eine behördlich beglaubigte Abschrift der Befähigungsscheine nach § 18 Abs. 2 und des nach § 20 Abs. 2 vorgesehenen Merkblatts,
2. einen Lageplan der Arbeitsstelle,
3. eine Beschreibung der Arbeitsweise bei den Arbeiten in Druckluft,
4. Beschreibung und Übersichtszeichnungen der Arbeitskammer, der Schleusen und der Verdichteranlagen,
5. Angaben über die Einrichtungen nach § 17 Abs. 1.

(3) Sind nach Erstattung der Anzeige Veränderungen gegenüber dem Inhalt der Anzeige oder der Unterlagen eingetreten oder vorgesehen, ist dies der zuständigen Behörde unverzüglich schriftlich oder elektronisch anzuzeigen.

(4) Erfolgt die Anzeige nach Absatz 1 oder nach Absatz 3 elektronisch, kann die zuständige Behörde Mehrfertigungen sowie die Übermittlung der beizufügenden Unterlagen auch in schriftlicher Form verlangen.

§ 4 Allgemeine Anforderungen

(1) Die Arbeitskammern und die ihrem Betrieb dienenden Einrichtungen müssen den Nummern 1 und 2 des Anhangs 1 zu dieser Verordnung und im übrigen den allgemein anerkannten Regeln der Technik entsprechend beschaffen sein und betrieben werden.

(2) ¹Soweit Arbeitskammern und die ihrem Betrieb dienenden Einrichtungen auch Rechtsvorschriften, die Gemeinschaftsrichtlinien in deutsches Recht umsetzen, unterliegen, gelten hinsichtlich ihrer Beschaffenheit die Anforderungen nach diesen Rechtsvorschriften; die Übereinstimmung mit diesen Anforderungen muß gemäß den in diesen Rechtsvorschriften festgelegten Verfahren festgestellt und bestätigt sein. ²Insoweit entfällt im Rahmen der Anzeige nach § 3 sowie der Prüfungen vor Inbetriebnahme nach § 7 eine Prüfung der Einhaltung dieser Beschaffenheitsanforderungen.

(3) ¹Bei Arbeitskammern und ihrem Betrieb dienende Einrichtungen, die nach den in einem anderen Mitgliedstaat der Europäischen Gemeinschaften oder in einem anderen Vertragsstaat des Abkommens über den Europäischen Wirtschaftsraum geltenden Regelungen oder Anforderungen rechtmäßig hergestellt und in den Verkehr gebracht werden und die gleiche Sicherheit gewährleisten, ist davon auszugehen, daß die die sicherheitstechnische Beschaffenheit betreffenden Anforderungen nach Absatz 1 erfüllt sind. ²In begründeten Einzelfällen ist auf Verlangen der zuständigen Behörde nachzuweisen, daß die Anforderungen nach Satz 1 erfüllt sind. ³Normen des Deutschen Instituts für Normung oder andere technische Regelungen gelten beispielhaft und schließen andere, mindestens ebenso sichere Lösungen

nicht aus, die insbesondere auch in Normen oder technischen Regelungen oder Anforderungen anderer Mitgliedstaaten der Europäischen Gemeinschaften oder anderer Vertragsstaaten des Abkommens über den Europäischen Wirtschaftsraum ihren Niederschlag gefunden haben. [4]Soweit in dieser Verordnung zum Nachweis dafür, daß die die sicherheitstechnische Beschaffenheit betreffenden Anforderungen im Sinne des Absatzes 1 erfüllt sind, die Vorlage von Gutachten oder Prüfbescheinigungen deutscher Stellen vorgesehen ist, werden auch Prüfberichte von in anderen Mitgliedstaaten der Europäischen Gemeinschaften oder in anderen Vertragsstaaten des Abkommens über den Europäischen Wirtschaftsraum zugelassenen Stellen berücksichtigt, wenn die den Prüfberichten dieser Stellen zugrunde liegenden technischen Anforderungen, Prüfungen, Prüfverfahren denen der deutschen Stellen gleichwertig sind. [5]Um derartige Stellen handelt es sich vor allem dann, wenn diese die an sie zu stellenden Anforderungen erfüllen, die insbesondere in den harmonisierten europäischen Normen niedergelegt sind, deren Fundstelle der Bundesminister für Arbeit und Sozialordnung im Bundesarbeitsblatt bekanntgemacht hat. [6]Vorschriften dieser Verordnung zur Umsetzung von Rechtsakten des Rates der Europäischen Union oder der Kommission der Europäischen Gemeinschaften bleiben unberührt.

§ 5 Weitergehende Anforderungen
Die Arbeitskammern und die ihrem Betrieb dienenden Einrichtungen müssen den über die Vorschriften des § 4 Abs. 1 hinausgehenden Anforderungen entsprechen, die von der zuständigen Behörde im Einzelfall zur Abwendung besonderer Gefahren für die Arbeitnehmer gestellt werden.

§ 6 Ausnahmebewilligung
[1]Die zuständige Behörde kann von den Vorschriften des § 4 Abs. 1, § 9 Abs. 1, § 21 Abs. 4 und von dem Beschäftigungsverbot für Arbeitnehmer, die das 50. Lebensjahr vollendet haben (§ 9 Abs. 2), Ausnahmen zulassen, wenn hierfür besondere Gründe vorliegen und der Schutz der Arbeitnehmer auf andere Weise gewährleistet ist. [2]Die Ausnahmezulassung ist schriftlich oder elektronisch zu beantragen. [3]Dem Antrag ist bei einer Abweichung von den Regelungen des § 4 Abs. 1 ein Gutachten eines behördlich anerkannten Sachverständigen und bei einer Abweichung von den Regelungen des § 9 Abs. 1, 2 oder § 21 Abs. 4 ein Gutachten eines ermächtigten Arztes beizufügen, das jeweils dokumentiert, ob der Schutz der Arbeitnehmer gewährleistet ist. [4]Erfolgt die Antragstellung elektronisch, kann die zuständige Behörde Mehrfertigungen sowie die Übermittlung der dem Antrag beizufügenden Unterlagen auch in schriftlicher Form verlangen. [5]Über den Antrag ist innerhalb einer Frist von vier Wochen nach Eingang bei der zuständigen Behörde zu entscheiden. [6]Die Frist kann in begründeten Fällen verlängert werden. [7]Die Zulassung gilt als erteilt, wenn die zuständige Behörde nicht innerhalb der genannten Frist die Beschäftigung der Arbeitnehmer untersagt.

§ 7 Prüfung durch Sachverständige
(1) Die Arbeitskammern dürfen nur betrieben werden, wenn
1. die Schleusen und Schachtrohre einer Kammer, in der ein höherer Arbeitsdruck als 0,5 bar herrschen darf,
2. die elektrischen Anlagen
von einem behördlich anerkannten Sachverständigen nach Maßgabe der Absätze 2 und 3 geprüft worden sind und dieser festgestellt hat, daß sie den Anforderungen der Verordnung entsprechen, und er darüber eine Prüfbescheinigung erteilt hat.

(2) Es müssen geprüft werden
1. Schleusen und Schachtrohre
   a) vor ihrer ersten Inbetriebnahme,
   b) wiederkehrend vor ihrer Inbetriebnahme, nachdem sie zum dritten Mal neu installiert worden sind, zumindest aber vor Ablauf von 3 Jahren seit Abschluß der letzten Prüfung durch einen behördlich anerkannten Sachverständigen,
   c) nach wesentlichen Änderungen,
2. die elektrischen Anlagen vor der Inbetriebnahme der Arbeitskammer und nach wesentlichen Änderungen.

(3) ^{1}Die Prüfung der Schleusen und Schachtrohre besteht
1. vor der ersten Inbetriebnahme aus
   a) einer Bauprüfung,
   b) einer Wasserdruckprüfung mit einem Prüfdruck, der das 1,5fache des höchstzulässigen Arbeitsdruckes betragen muß,
   c) einer Abnahmeprüfung,
2. bei den wiederkehrenden Prüfungen vor der Inbetriebnahme aus
   a) einer inneren Prüfung,
   b) einer Wasserdruckprüfung mit einem Prüfdruck, der das 1,5fache des höchstzulässigen Arbeitsdruckes betragen muß,
   c) einer äußeren Prüfung.

^{2}Ist die Schleusenanlage Teil des Baukörpers und eine Wasserdruckprüfung nach der Nummer 1 Buchstabe b und der Nummer 2 Buchstabe b deshalb technisch nicht möglich, so ist eine andere gleichwertige Prüfung vorzunehmen. ^{3}Die Wasserdruckprüfung nach Nummer 2 Buchstabe b entfällt, wenn zu besorgen ist, daß dabei fest eingebaute Geräte und Installationsteile beschädigt werden und wenn eine Luftdruckprüfung mit dem 1,1fachen des höchstzulässigen Arbeitsdruckes vorgenommen wird.
(4) ^{1}Die zuständige Behörde kann bei Schadensfällen oder aus besonderem Anlaß im Einzelfall außerordentliche Prüfungen anordnen. ^{2}Dies gilt auch bei Arbeitskammern mit einem höchstzulässigen Arbeitsdruck von weniger als 0,5 bar.

§ 8 (weggefallen)

§ 9 Beschäftigungsverbot
(1) In Druckluft von mehr als 3,6 bar Überdruck dürfen Arbeitnehmer nicht beschäftigt werden.
(2) In Druckluft dürfen Arbeitnehmer unter 18 oder über 50 Jahren nicht beschäftigt werden.

§ 10 Ärztliche Untersuchung
(1) Der Arbeitgeber darf einen Arbeitnehmer in Druckluft nur beschäftigen, wenn der Arbeitnehmer
1. vor der ersten Beschäftigung,
2. vor Ablauf von einem Jahr seit der letzten Untersuchung
von einem nach § 13 ermächtigten Arzt oder einer nach § 13 ermächtigten Ärztin untersucht worden ist und eine von diesem Arzt oder dieser Ärztin ausgestellte Bescheinigung darüber vorliegt, dass keine gesundheitlichen Bedenken gegen die Beschäftigung oder Weiterbeschäftigung bestehen.
(2) Die ärztliche Untersuchung muss vorgenommen worden sein
1. innerhalb von zwölf Wochen vor Beginn der Beschäftigung und
2. innerhalb von sechs Wochen vor Ablauf der Nachuntersuchungsfrist nach Absatz 1 Nummer 2.

§ 11 Weitere ärztliche Maßnahmen

(1) Arbeitnehmer, die
1. durch Arbeiten in Druckluft erkrankt waren (Drucklufterkrankung),
2. ihre Arbeit wegen anderer Erkrankungen länger als einen Tag unterbrochen haben oder
3. erkältet sind oder sich sonst nicht wohl fühlen,

dürfen in Druckluft erst weiterbeschäftigt werden, nachdem sie dem ermächtigten Arzt vorgestellt worden sind und dieser festgestellt hat, daß gesundheitliche Bedenken gegen die Weiterbeschäftigung nicht bestehen.

(2) [1]Der Arzt hat auf Verlangen des Arbeitgebers oder Arbeitnehmers eine Bescheinigung über seine Feststellung nach Absatz 1 auszustellen. [2]Halten ,der untersuchte Arbeitnehmer oder der Arbeitgeber das Untersuchungsergebnis für unzutreffend, so entscheidet auf Antrag die zuständige Behörde.

§ 12 Allgemeine Aufgaben und Erreichbarkeit des ermächtigten Arztes

(1) [1]Der Arbeitgeber hat einem nach § 13 ermächtigten Arzt, der drucklufttauglich ist, die Aufgabe zu übertragen, die notwendigen Maßnahmen zur Verhütung von Gesundheitsgefahren für Arbeitnehmer, die in Druckluft beschäftigt werden, zu veranlassen, die Arbeitnehmer arbeitsmedizinisch zu beraten und drucklufterkrankte Arbeitnehmer zu behandeln. [2]Der Arbeitgeber hat dafür zu sorgen, daß dieser Arzt während der Arbeits- und Wartezeiten jederzeit erreichbar ist und in angemessener Zeit, bei Arbeiten bei einem Arbeitsdruck von mehr als 2,0 bar ständig, an der Arbeitsstelle zur Verfügung steht. [3]Der Arbeitgeber hat den Arzt zu verpflichten, sich bei dem nach § 18 Abs. 1 Nr. 1 bestellten Fachkundigen über die arbeitsspezifischen und örtlichen Gegebenheiten der Arbeitsstelle zu informieren und sich mit diesen durch regelmäßige Begehungen vertraut zu machen. [4]Die zuständige Behörde kann von der Verpflichtung, daß bei einem Arbeitsdruck von mehr als 2,0 bar ständig ein Arzt an der Arbeitsstelle zur Verfügung steht, in begründeten Fällen Ausnahmen zulassen. [5]Der Antrag auf Zulassung soll Angaben darüber enthalten, durch welche anderen Maßnahmen die Erstversorgung drucklufterkrankter Arbeitnehmer gewährleistet wird. [6]Über den Antrag ist innerhalb einer Frist von vier Wochen nach Eingang bei der zuständigen Behörde zu entscheiden. [7]Die Frist kann in begründeten Fällen verlängert werden. [8]Die Zulassung gilt als erteilt, wenn die zuständige Behörde nicht innerhalb der genannten Frist die Beschäftigung der Arbeitnehmer untersagt.

(2) Der Arbeitgeber hat Name, Anschrift und Fernsprechnummer des ermächtigten Arztes an der Arbeitsstelle an geeigneter, allen Arbeitnehmern zugänglicher Stelle, insbesondere in der Personenschleuse und im Erholungsraum auszuhängen und den Aushang in gut lesbarem Zustand zu erhalten.

§ 13 Ermächtigte Ärzte

Ärzte, die nach dieser Verordnung tätig werden, müssen die erforderliche arbeitsmedizinische Fachkunde sowie Fachkenntnisse bezüglich der Arbeiten in Druckluft besitzen und von der zuständigen Behörde ermächtigt sein.

§ 14 Veranlassung der ärztlichen Maßnahmen

(1) Der Arbeitgeber hat die ärztlichen Maßnahmen nach den §§ 11 und 12 Abs. 1 auf seine Kosten zu veranlassen.

(2) Er hat dem Arzt mitzuteilen, unter welchem höchsten Arbeitsdruck der Arbeitnehmer beschäftigt wird und welche Arbeiten er zu verrichten hat.

§§ 15 bis 16 (weggefallen)

§ 17 Krankendruckluftkammern, Erholungsräume und sanitäre Einrichtungen
(1) [1]Der Arbeitgeber hat dafür zu sorgen, daß dort, wo die Arbeitskammer betrieben wird, die nachstehenden Einrichtungen vorhanden sind:
1. bei einem Arbeitsdruck von 0,7 bar oder mehr eine Krankendruckluftkammer, die für einen Arbeitsdruck von mindestens 5,5 bar ausgelegt sein muß,
2. ein Raum für ärztliche Untersuchungen und Behandlungen,
3. ein Erholungsraum,
4. ein Umkleideraum,
5. ein Trockenraum,
6. die erforderlichen sanitären Einrichtungen, insbesondere Waschräume und Aborte,
7. Rettungseinrichtungen zur Bergung Verletzter oder Kranker aus der Arbeitskammer.

[2]Ist die Zahl der Arbeitnehmer gering, so kann die zuständige Behörde zulassen, daß ein Raum zugleich als Erholungs- und Umkleideraum verwendet wird.
(2) [1]Die in Absatz 1 aufgeführten Einrichtungen müssen der Nummer 3 des Anhangs 1 und im übrigen den allgemein anerkannten Regeln der Technik entsprechend beschaffen sein. [2]§ 4 Abs. 2 und 3 sowie die §§ 5 und 6 sind entsprechend anzuwenden.
(3) [1]Der Arbeitgeber hat dafür zu sorgen, daß die Krankendruckluftkammer von einem behördlich anerkannten Sachverständigen daraufhin geprüft wird, ob sie den Anforderungen des Absatzes 2 entspricht, und zwar
1. bevor er sie an der Arbeitsstelle bereitstellt,
2. jeweils vor Ablauf von 3 Jahren seit der letzten Prüfung durch einen Sachverständigen und
3. nach wesentlichen Änderungen.

[2]Er hat den Sachverständigen zu veranlassen, hierüber Prüfbescheinigungen zu erteilen. [3]§ 7 Abs. 3 ist entsprechend anzuwenden.

§ 18 Bestellung von Fachkräften
(1) Der Arbeitgeber hat zu bestellen
1. einen Fachkundigen, der die Arbeiten in Druckluft leitet und den Betrieb der Arbeitskammer ständig überwacht, sowie dessen ständigen Vertreter,
2. einen Sachkundigen, der das Druckleitungsnetz, die Personen- und Materialschleusen und die Krankendruckluftkammern vor dem Beginn einer jeden Arbeitsschicht unter einem dem Arbeitsdruck entsprechenden Luftdruck daraufhin prüft, ob sie dicht sind,
3. einen Sachkundigen, der die elektrischen Anlagen beim Betrieb der Arbeitskammer und der Krankendruckluftkammer ständig überwacht,
4. einen Schleusenwärter, der den Schleusenbetrieb nach Maßgabe der Anweisung des Anhangs 3 ständig überwacht,
5. zwei Sachkundige, die sich ständig an der Arbeitsstelle aufhalten, davon einer in der Arbeitskammer, und die ständig in der Lage sind, einen auftretenden Brand zu bekämpfen,
6. zwei Betriebshelfer, die sich an der Arbeitsstelle ständig aufhalten, davon einer in der Arbeitskammer, und die ständig in der Lage sind, bei Unfällen und Druckluferkrankungen Erste Hilfe zu leisten.

(2) [1]Zum Fachkundigen oder dessen ständigen Vertreter im Sinne des Absatzes 1 Nr. 1 darf nur bestellt werden, wer einen behördlichen Befähigungsschein für die Ausübung dieser

Tätigkeit besitzt. ²Die zuständige Behörde erteilt auf Antrag demjenigen einen Befähigungsschein, der
1. eine ausreichende praktische Erfahrung bei Arbeiten in Druckluft besitzt und
2. über ausreichende Kenntnisse der bei Arbeiten in Druckluft auftretenden Gefahren und der zur Abwendung solcher Gefahren zu treffenden Maßnahmen verfügt.
³Der Befähigungsschein ist in der Regel für die Dauer von drei Jahren zu erteilen.
(3) Es ist zulässig, daß mehrere Aufgaben nach Absatz 1 von einer Person wahrgenommen werden; jedoch dürfen der Fachkundige und sein ständiger Vertreter (Abs. 1 Nr. 1) nicht für Aufgaben nach Absatz 1 Nr. 4, 5 oder 6, der Schleusenwärter (Abs. 1 Nr. 4) nicht für Aufgaben nach den Nummern 5 oder 6 bestellt werden.
(4) Zum Sachkundigen im Sinne des Absatzes 1 Nr. 2 darf nur bestellt werden, wer die zur Prüfung des Druckleitungsnetzes und der Schleusen notwendige Sachkunde besitzt.
(5) Zum Sachkundigen im Sinne des Absatzes 1 Nr. 3 darf nur bestellt werden, wer die zur Überwachung der elektrischen Anlagen notwendige Sachkunde besitzt.
(6) Zum Schleusenwärter im Sinne des Absatzes 1 Nr. 4 darf nur bestellt werden, wer zuverlässig ist und über ausreichende praktische Erfahrungen mit der Überwachung des Schleusenbetriebs verfügt.
(7) Zum Sachkundigen im Sinne des Absatzes 1 Nr. 5 darf nur bestellt werden, wer über die zur Brandbekämpfung in Druckluft erforderlichen Kenntnisse verfügt.
(8) Zum Betriebshelfer im Sinne des Absatzes 1 Nr. 6 darf nur bestellt werden, wer eine Bescheinigung darüber vorgelegt hat, daß er
1. erfolgreich an einem Erste-Hilfe-Lehrgang teilgenommen hat und
2. von einem ermächtigten Arzt in der Ersten Hilfe für Druckluftkranke unterwiesen worden ist.
(9) Der Arbeitgeber hat dafür zu sorgen, daß die von ihm nach Absatz 1 bestellten Personen die ihnen übertragenen Aufgaben ordnungsgemäß erfüllen.
(10) Für die in Absatz 1 genannten Personen gelten die Bestimmungen der §§ 9 bis 11 entsprechend.

§ 19 Nachweise
Der Arbeitgeber hat auf der Arbeitsstelle bereitzuhalten
1. ein Verzeichnis der auf der Arbeitsstelle eingesetzten Personen-, Material- und kombinierten Schleusen, Schachtrohre und Krankendruckluftkammern unter Angabe der bisherigen Einsätze und die sich hierauf beziehenden Prüfbescheinigungen nach den §§ 7 und 17 Abs. 3,
2. die Vorsorgekartei nach § 4 Abs. 3 der Verordnung zur arbeitsmedizinischen Vorsorge für die auf der Arbeitsstelle in Druckluft Beschäftigten und
3. ein Verzeichnis der nach § 18 bestellten Fachkräfte unter Angabe von Name und Anschrift.

§ 20 Belehrung der Arbeitnehmer
(1) ¹Der Arbeitgeber hat dafür zu sorgen, daß der Fachkundige, der die Arbeiten in Druckluft leitet (§ 18 Abs. 1 Nr. 1), und der nach § 12 Abs. 1 beauftragte Arzt die beim Betrieb der Arbeitskammer Beschäftigten vor Beginn der Beschäftigung über die Unfall- und Gesundheitsgefahren, denen sie bei der Beschäftigung ausgesetzt sind, sowie über die Einrichtungen und Maßnahmen zur Abwendung dieser Gefahren belehren. ²Die Belehrungen sind in angemessenen Zeitabständen, mindestens in Abständen von sechs Monaten, zu wiederholen.

Druckluftverordnung §§ 20–22

(2) ¹Der Arbeitgeber hat jedem Arbeitnehmer außerdem vor Beginn der Beschäftigung mit Arbeiten in Druckluft ein Merkblatt auszuhändigen, in dem der Inhalt der Unterrichtung nach Absatz 1 enthalten ist. ²Das Merkblatt muß in der Sprache des Beschäftigten abgefaßt sein.

§ 21 Ausschleusungs- und Wartezeiten
(1) Der Arbeitgeber hat dafür zu sorgen, daß die Vorschriften des Anhanges 2 eingehalten werden.
(2) ¹Für Arbeitseinsätze, deren Dauer 50 Prozent der maximalen Aufenthaltszeit überschreiten, darf während einer Schicht nur eine Einschleusung vorgenommen werden; im übrigen muß zwischen Aus- und Einschleusung eine Pause in Normalatmosphäre von mindestens einer Stunde eingehalten werden. ²Die zulässige Gesamtaufenthaltszeit darf nicht überschritten und die Ausschleusungszeit muß jeweils auf die Summe der Aufenthaltszeiten und den maximalen Arbeitsdruck bezogen werden.
(3) Zwischen 2 Arbeitsschichten muß eine arbeitsfreie Zeit von mindestens 12 Stunden liegen.
(4) Arbeitnehmer dürfen täglich höchstens 8 und wöchentlich höchstens 40 Stunden einschließlich Ein- und Ausschleusungszeiten in Druckluft beschäftigt werden.
(5) Wenn die Zeit des Aufenthalts in der Arbeitskammer 4 Stunden überschreitet, sind den Beschäftigten Pausen in der Gesamtdauer von mindestens einer halben Stunde zu gewähren.

§ 22 Straftaten und Ordnungswidrigkeiten nach dem Arbeitsschutzgesetz
(1) Ordnungswidrig im Sinne des § 25 Abs. 1 Nr. 1 des Arbeitsschutzgesetzes handelt, wer vorsätzlich oder fahrlässig
1. entgegen § 3 Absatz 1, 2 Satz 1, Absatz 3 oder 4 eine Anzeige nicht, nicht richtig, nicht vollständig, nicht in der vorgeschriebenen Weise oder nicht rechtzeitig erstattet,
2. entgegen § 3 Absatz 2 Satz 2 oder Absatz 4 eine Unterlage nicht, nicht richtig, nicht vollständig, nicht in der vorgeschriebenen Weise oder nicht rechtzeitig beifügt,
3. entgegen § 7 Abs. 1 eine Arbeitskammer betreibt,
4. entgegen § 9 Abs. 1 einen Arbeitnehmer beschäftigt,
5. entgegen § 9 Abs. 2 einen Arbeitnehmer, der das 50. Lebensjahr vollendet hat, in Druckluft beschäftigt,
6. (weggefallen)
7. entgegen § 11 Abs. 1 einen Arbeitnehmer weiterbeschäftigt,
8. entgegen § 12 Abs. 1 Satz 2 nicht dafür sorgt, daß ein ermächtigter Arzt erreichbar ist,
9. entgegen § 12 Abs. 2 Name, Anschrift und Fernsprechnummer des ermächtigten Arztes nicht aushängt,
10. (weggefallen)
11. entgegen § 17 Abs. 1 Satz 1 nicht dafür sorgt, daß die dort genannten Einrichtungen am Betriebsort vorhanden sind,
12. entgegen § 17 Abs. 3 Satz 1 nicht dafür sorgt, daß die Krankendruckluftkammer von einem Sachverständigen geprüft wird,
13. entgegen § 18 Abs. 1 einen Fachkundigen oder dessen Vertreter, die dort genannten Sachkundigen, einen Schleusenwärter oder die dort genannten Betriebshelfer nicht oder nicht rechtzeitig bestellt,
14. entgegen § 19 die dort genannten Nachweise nicht bereithält,
15. entgegen § 20 Abs. 1 Satz 1 nicht dafür sorgt, daß der Fachkundige und der Arzt die Beschäftigten belehren,

16. entgegen § 20 Abs. 2 ein dort genanntes Merkblatt nicht oder nicht rechtzeitig aushändigt oder
17. entgegen § 21 Abs. 1 nicht dafür sorgt, daß die dort genannten Vorschriften eingehalten werden.

(2) Wer durch eine in Absatz 1 bezeichnete vorsätzliche Handlung Leben oder Gesundheit eines Beschäftigten gefährdet, ist nach § 26 Nr. 2 des Arbeitsschutzgesetzes strafbar.

§ 22a Ordnungswidrigkeit nach dem Jugendarbeitsschutzgesetz
Ordnungswidrig im Sinne des § 58 Abs. 1 Nr. 26 Buchstabe a des Jugendarbeitsschutzgesetzes handelt, wer als Arbeitgeber vorsätzlich oder fahrlässig entgegen § 9 Abs. 2 einen Arbeitnehmer, der das 18. Lebensjahr noch nicht vollendet hat, in Druckluft beschäftigt.

§ 23 Ordnungswidrigkeiten nach dem Arbeitszeitgesetz
Ordnungswidrig im Sinne des § 22 Abs. 1 Nr. 4 des Arbeitszeitgesetzes handelt, wer als Arbeitgeber vorsätzlich oder fahrlässig
1. entgegen § 21 Abs. 4 einen Arbeitnehmer in Druckluft beschäftigt oder
2. entgegen § 21 Abs. 5 Pausen nicht, nicht mit der vorgeschriebenen Mindestdauer oder nicht rechtzeitig gewährt.

§§ 24 bis 25 (weggefallen)

§ 26 Inkrafttreten
(1) Diese Verordnung tritt am ersten Tage des auf die Verkündung folgenden 6. Kalendermonats in Kraft.
(2) Mit dem Inkrafttreten dieser Verordnung tritt die Verordnung für Arbeiten in Druckluft vom 29. Mai 1935 (Reichsgesetzbl. I S. 725) außer Kraft.

Anmerkung der Redaktion:
Auf den Abdruck der Anlagen zur Verordnung wurde verzichtet.

Gesetz über das Fahrpersonal von Kraftfahrzeugen und Straßenbahnen (Fahrpersonalgesetz – FPersG)

vom 30. März 1971 (BGBl. I 1971, S. 277)
– zuletzt geändert durch Gesetz zur Anpassung von Gesetzen und Verordnungen an die neue Behördenbezeichnung des Bundesamtes für Güterverkehr vom 2. März 2023 (BGBl I 2023, S. 1 Nr. 56)

§ 1 Anwendungsbereich

(1) [1]Dieses Gesetz gilt für die Beschäftigung und für die Tätigkeit des Fahrpersonals von Kraftfahrzeugen sowie von Straßenbahnen, soweit sie am Verkehr auf öffentlichen Straßen teilnehmen. [2]Mitglieder des Fahrpersonals sind Fahrer, Beifahrer und Schaffner. [3]Sofern dieses Gesetz und die auf der Grundlage von § 2 Nr. 3 erlassenen Rechtsverordnungen Regelungen zur Arbeitszeitgestaltung treffen, gehen diese dem Arbeitszeitgesetz vor.
(2) Dieses Gesetz gilt nicht für die Mitglieder des Fahrpersonals
1. von Dienstfahrzeugen der Bundeswehr, der Feuerwehr und der anderen Einheiten und Einrichtungen des Katastrophenschutzes, der Polizei und des Zolldienstes,
2. von Kraftfahrzeugen mit einem zulässigen Gesamtgewicht, einschließlich Anhänger und Sattelanhänger, bis zu 2,8 t, es sei denn, daß sie als Fahrpersonal in einem unter den Geltungsbereich des Arbeitszeitgesetzes fallenden Arbeitsverhältnis stehen.

§ 2 Rechtsverordnungen

Das Bundesministerium für Verkehr und digitale Infrastruktur wird ermächtigt, im Einvernehmen mit dem Bundesministerium für Arbeit und Soziales mit Zustimmung des Bundesrates
1. zur Durchführung der Verordnung (EG) Nr. 2135/98 des Rates vom 24. September 1998 zur Änderung der Verordnung (EWG) Nr. 3821/85 und der Richtlinie 88/599/EWG (ABl. EG Nr. L 274 S. 1), der Verordnung (EG) Nr. 561/2006 des Europäischen Parlaments und des Rates vom 15. März 2006 zur Harmonisierung bestimmter Sozialvorschriften im Straßenverkehr und zur Änderung der Verordnungen (EWG) Nr. 3821/85 und (EG) Nr. 2135/98 des Rates sowie zur Aufhebung der Verordnung (EWG) Nr. 3820/85 des Rates (ABl. EU Nr. L 102 S. 1), der der Verordnung (EU) Nr. 165/2014 des Europäischen Parlaments und des Rates vom 4. Februar 2014 über Fahrtenschreiber im Straßenverkehr, zur Aufhebung der Verordnung (EWG) Nr. 3821/85 des Rates über das Kontrollgerät im Straßenverkehr und zur Änderung der Verordnung (EG) Nr. 561/2006 des Europäischen Parlaments und des Rates zur Harmonisierung bestimmter Sozialvorschriften im Straßenverkehr (ABl. L 60 vom 28.2.2014, S. 1) sowie der Richtlinie 2006/22/EG des Europäischen Parlaments und des Rates vom 15. März 2006 über Mindestbedingungen für die Durchführung der Verordnungen (EWG) Nr. 3820/85 und (EWG) Nr. 3821/85 des Rates über Sozialvorschriften für Tätigkeiten im Kraftverkehr sowie zur Aufhebung der Richtlinie 88/599/EWG des Rates (ABl. EU Nr. L 102 S. 35), in der jeweils geltenden Fassung, Rechtsverordnungen
   a) über die Organisation, das Verfahren und die Mittel der Überwachung der Durchführung dieser Verordnungen,
   b) über die Gestaltung und Behandlung der Tätigkeitsnachweise und Fahrtenschreiber,
   c) über Ausnahmen von den Mindestaltersgrenzen für das Fahrpersonal sowie Ausnahmen von den Vorschriften über die ununterbrochene Lenkzeit, Fahrtunterbrechungen und Ruhezeiten,
   d) über die Benutzung von Fahrzeugen und,

§ 2 Fahrpersonalgesetz

e) soweit es zur Durchsetzung der Rechtsakte der Europäischen Gemeinschaft oder der Europäischen Union erforderlich ist, zur Bezeichnung der Tatbestände, die als Ordnungswidrigkeiten nach § 8 Abs. 1 Nr. 1 Buchstabe b, Nr. 2 Buchstabe b und Nr. 4 Buchstabe b geahndet werden können,
zu erlassen, soweit der Bundesrepublik Deutschland eine Regelung in den Artikeln 5, 6, 7, 8, 10, 11, 12, 13, 14, 15, 16, 17, 18, 19, 21 und 22 der Verordnung (EG) Nr. 561/2006, in den Artikeln 3, 21 bis 24, 26, 27, 29 und 32 bis 41 der Verordnung (EU) Nr. 165/2014 und in deren Anhängen anheimgestellt oder auferlegt wird,
1a (weggefallen)
2. zur Durchführung des Europäischen Übereinkommens vom 1. Juli 1970 über die Arbeit des im internationalen Straßenverkehr beschäftigten Fahrpersonals (AETR) (BGBl. 1974 II S. 1473), in der jeweils geltenden Fassung, Rechtsverordnungen
   a) über die Organisation, das Verfahren und die Mittel der Überwachung der Durchführung dieses Abkommens,
   b) über die Ausrüstung mit Kontrollgeräten und ihre Benutzung sowie über die Gestaltung und Behandlung der Tätigkeitsnachweise,
   c) über Ausnahmen von den Mindestaltersgrenzen für das Fahrpersonal,
   d) über die Nichtanwendung des AETR und anderweitige Vereinbarungen und,
   e) soweit es zur Durchsetzung des AETR erforderlich ist, zur Bezeichnung der Tatbestände, die als Ordnungswidrigkeiten nach § 8 Abs. 1 Nr. 1 Buchstabe b, Nr. 2 Buchstabe b und Nr. 4 Buchstabe b geahndet werden können,
   zu erlassen, soweit der Bundesrepublik Deutschland eine Regelung in Artikel 2 Abs. 2, Artikel 3, 4 und 10 Abs. 1 sowie Artikel 12 Abs. 1 des AETR und in dessen Anhängen anheimgestellt oder auferlegt wird,
3. zur Gewährleistung der Sicherheit im Straßenverkehr oder zum Schutz von Leben und Gesundheit der Mitglieder des Fahrpersonals, Rechtsverordnungen
   a) über Arbeitszeiten, Lenkzeiten, Fahrtunterbrechungen und Schichtzeiten;
   b) über Ruhezeiten und Ruhepausen,
   c) über die Ausrüstung mit Fahrtenschreibern und ihre Benutzung sowie über die Gestaltung und Behandlung der Tätigkeitsnachweise und
   d) über die Organisation, das Verfahren und die Mittel der Überwachung der Durchführung dieser Rechtsverordnungen,
   e) über die Zulässigkeit tarifvertraglicher Regelungen über Arbeits-, Lenk-, Schicht- und Ruhezeiten sowie Ruhepausen und Fahrtunterbrechungen
   zu erlassen,
4. zur Führung eines zentralen Registers zum Nachweis der ausgestellten, abhanden gekommenen und beschädigten Fahrer-, Werkstatt-, Unternehmens- und Kontrollkarten (Zentrales Fahrtenschreiberkartenregister) eine Rechtsverordnung zu erlassen über
   a) die Speicherung der Identifizierungsdaten der Fahrer, Techniker, Unternehmen und Behörden, denen Fahrer-, Werkstatt-, Unternehmens- oder Kontrollkarten ausgestellt worden sind, und die Speicherung der Identifizierungsdaten der ausgestellten, verlorenen und defekten Fahrer-, Werkstatt-, Unternehmens- und Kontrollkarten,
   b) die Übermittlung der Identifizierungsdaten, mit Ausnahme biometrischer Daten, an die öffentlichen Stellen, die für Verwaltungsmaßnahmen auf Grund der Verordnung (EU) Nr. 165/2014 oder darauf beruhender Rechtsvorschriften oder für die Verfolgung von Straftaten oder Ordnungswidrigkeiten zuständig sind,

c) den automatisierten Abruf der Identifizierungsdaten, mit Ausnahme biometrischer Daten, durch die vorgenannten Stellen und zur Gewährleistung des Datenschutzes, insbesondere einer Kontrolle der Zulässigkeit der Abrufe, und der Datensicherheit,
d) die Löschung der Daten spätestens fünf Jahre nach Ablauf der Gültigkeit der jeweiligen Karte.

§ 3 Verbot bestimmter Akkordlöhne, Prämien und Zuschläge
[1]Mitglieder des Fahrpersonals dürfen als Arbeitnehmer nicht nach den zurückgelegten Fahrstrecken oder der Menge der beförderten Güter entlohnt werden, auch nicht in Form von Prämien oder Zuschlägen für diese Fahrstrecken oder Gütermengen. [2]Ausgenommen sind Vergütungen, die nicht geeignet sind, die Sicherheit im Straßenverkehr zu beeinträchtigen.

§ 4 Aufsicht
(1) Die Aufsicht über die Ausführung der Verordnungen (EG) Nr. 561/2006, (EU) Nr. 165/2014 und der Verordnung (EG) Nr. 2135/98, des AETR sowie dieses Gesetzes und der auf Grund dieses Gesetzes erlassenen Rechtsverordnungen obliegt den von den Landesregierungen bestimmten Behörden (Aufsichtsbehörden), soweit in diesem Gesetz nichts anderes bestimmt ist.
(1a) Die Aufsichtsbehörde kann die erforderlichen Maßnahmen anordnen, die der Arbeitgeber, der Verlader, der Spediteur, der Reiseveranstalter, der Hauptauftragnehmer, der Unterauftragnehmer und die Fahrervermittlungsagentur zur Erfüllung der sich aus diesem Gesetz und den auf Grund dieses Gesetzes erlassenen Rechtsverordnungen ergebenden Pflichten zu treffen haben.
(2) Unberührt bleibt die Zuständigkeit des Bundesamtes für Logistik und Mobilität nach § 9 Abs. 2 dieses Gesetzes und nach § 11 Abs. 2 Nr. 3 Buchstabe a, § 12 Abs. 6 des Güterkraftverkehrsgesetzes.
(3) [1]Der Unternehmer, der Fahrzeughalter und die Mitglieder des Fahrpersonals sind verpflichtet, der zuständigen Behörde innerhalb einer von ihr festzusetzenden Frist
1. die Auskünfte, die zur Ausführung der in Absatz 1 genannten Vorschriften erforderlich sind, wahrheitsgemäß und vollständig zu erteilen,
2. die Unterlagen, die sich auf diese Angaben beziehen oder aus denen die Lohn- oder Gehaltszahlungen ersichtlich sind, zur Prüfung auszuhändigen oder einzusenden; werden die Unterlagen automatisiert gespeichert, sind sie den zuständigen Behörden auf deren Verlangen nach Maßgabe von Satz 12 durch Datenfernübertragung oder auf einem von der jeweiligen Behörde zu bestimmenden Datenträger nach Satz 12 zur Verfügung zu stellen.
[2]Mitglieder des Fahrpersonals haben die Schaublätter und andere Tätigkeitsnachweise der Vortage, die nicht mehr mitzuführen sind, unverzüglich dem Unternehmer auszuhändigen. [3]Bei Einsatz eines digitalen Fahrtenschreibers nach der Verordnung (EU) Nr. 165/2014 hat der Unternehmer die auf der Fahrerkarte gespeicherten Daten in regelmäßigen Abständen zu kopieren. [4]Hierzu haben ihm die Mitglieder des Fahrpersonals die jeweiligen Fahrerkarten zur Verfügung zu stellen. [5]Der Unternehmer hat ferner die im Massenspeicher des Fahrtenschreibers gespeicherten Daten in regelmäßigen Abständen zu kopieren. [6]Der Unternehmer hat die von den Fahrerkarten und den Massenspeichern kopierten Daten unter Berücksichtigung der Grundsätze des Satzes 12 ein Jahr ab dem Zeitpunkt des Kopierens zu speichern. [7]Der Unternehmer hat die Schaublätter im Sinne des Artikels 33 Absatz 2 der Verordnung (EU) Nr. 165/2014 und die gemäß Artikel 35 Absatz 2 und Artikel 37 Absatz 2 der Verordnung (EU) Nr. 165/2014 sowie § 2 Abs. 3 Satz 1 und 2 der Fahrpersonalverordnung zu fertigenden Ausdrucke und handschriftlichen Aufzeichnungen ein Jahr nach

§ 4 Fahrpersonalgesetz

dem Ablauf der Mitführpflicht nach Artikel 36 Absatz 1 und 2 der Verordnung (EU) Nr. 165/2014 aufzubewahren. [8]Danach sind bis zum 31. März des auf das Kalenderjahr, in dem die Aufbewahrungsfrist endet, folgenden Kalenderjahres die Daten zu löschen und die Schaublätter und die gemäß Artikel 35 Absatz 2 und Artikel 37 Absatz 2 der Verordnung (EU) Nr. 165/2014 und § 2 Abs. 3 Satz 1 und 2 der Fahrpersonalverordnung zu fertigenden Ausdrucke und handschriftlichen Aufzeichnungen zu vernichten, soweit sie nicht zur Erfüllung der Aufbewahrungspflichten nach § 16 Abs. 2 und § 21a Abs. 7 des Arbeitszeitgesetzes, § 147 Abs. 1 Nr. 5 in Verbindung mit Abs. 3 der Abgabenordnung , § 28f Abs. 1 Satz 1 des Vierten Buches Sozialgesetzbuch nach § 17 Absatz 2 des Gesetzes zur Regelung eines allgemeinen Mindestlohns, nach § 19 Absatz 2 des Arbeitnehmer-Entsendegesetzes oder nach § 17c Absatz 2 des Arbeitnehmerüberlassungsgesetzes benötigt werden. [9]Der Unternehmer hat dabei dafür Sorge zu tragen, dass eine lückenlose Dokumentation der Lenk- und Ruhezeiten gewährleistet ist und die Daten sowie die Schaublätter und die gemäß Artikel 35 Absatz 2, Artikel 37 Absatz 2 der Verordnung (EU) Nr. 165/2014 und § 2 Abs. 3 Satz 1 und 2 der Fahrpersonalverordnung zu fertigenden Ausdrucke und handschriftlichen Aufzeichnungen gegen Verlust und Beschädigung zu sichern. [10]Er stellt den Mitgliedern des Fahrpersonals auf Verlangen eine Kopie der von ihrer Fahrerkarte kopierten Daten zur Verfügung. [11]Artikel 10 Abs. 2 der Verordnung (EG) Nr. 561/2006 bleibt unberührt. [12]Im Falle der Datenfernübertragung sind die erforderlichen technischen und organisatorischen Maßnahmen nach den Artikeln 24, 25 und 32 der Verordnung (EU) 2016/679 des Europäischen Parlaments und des Rates vom 27. April 2016 zum Schutz natürlicher Personen bei der Verarbeitung personenbezogener Daten, zum freien Datenverkehr und zur Aufhebung der Richtlinie 95/46/EG (Datenschutz-Grundverordnung) (ABl. L 119 vom 4.5.2016, S. 1; L 314 vom 22.11.2016, S. 72; L 127 vom 23.5.2018, S. 2) in der jeweils geltenden Fassung zur Sicherstellung des Datenschutzes und der Datensicherheit zu treffen.
(4) Der zur Auskunft Verpflichtete kann die Auskunft auf solche Fragen verweigern, deren Beantwortung ihn selbst oder einen der in § 383 Abs. 1 Nr. 1 bis 3 der Zivilprozeßordnung bezeichneten Angehörigen der Gefahr strafgerichtlicher Verfolgung oder eines Verfahrens nach dem Gesetz über Ordnungswidrigkeiten aussetzen würde.
(5) [1]Während der Betriebs- und Arbeitszeit ist den Beauftragten der Aufsichtsbehörden, soweit dies zur Wahrnehmung ihrer Aufgaben erforderlich ist, das Betreten und Besichtigen der Grundstücke, Betriebsanlagen, Geschäftsräume und Beförderungsmittel gestattet. [2]Das Betreten und Besichtigen außerhalb dieser Zeit oder wenn die Betriebsanlagen oder Geschäftsräume sich in einer Wohnung befinden, ist ohne Einverständnis nur zur Verhütung von dringenden Gefahren für die öffentliche Sicherheit und Ordnung zulässig. [3]Das Grundrecht der Unverletzlichkeit der Wohnung (Artikel 13 des Grundgesetzes) wird insoweit eingeschränkt. [4]Soweit dies zur Erfüllung der Aufgaben der Beauftragten der Aufsichtsbehörden erforderlich ist, können Prüfungen und Untersuchungen durchgeführt und die Einsicht in geschäftliche Unterlagen des Auskunftspflichtigen vorgenommen werden. [5]Die Maßnahmen nach den Sätzen 1, 2 und 4 sind von den zu überwachenden Unternehmen und ihren Angestellten, einschließlich der Fahrer, zu dulden.
(6) (weggefallen)
(7) Zuständige Behörde im Sinne des Artikels 4 des Anhangs zum AETR und der Artikel 15, 22 Absatz 3 und Artikel 24 Absatz 5 der Verordnung (EU) Nr. 165/2014 ist das Kraftfahrt-Bundesamt.

§ 4a Zuständigkeiten

[1]Anträge auf Erteilung von Fahrer-, Werkstatt- oder Unternehmenskarten sind an die nach Landesrecht zuständigen Behörden oder Stellen zu richten. [2]Die Länder können Dritte mit dieser Aufgabe betrauen.

§ 4b Fahrerlaubnisrechtliche Auskünfte

Durch Abruf im automatisierten Verfahren dürfen aus dem Zentralen Fahrerlaubnisregister die nach § 49 Absatz 1 Nummer 1 bis 3, 7 bis 13 und 17 der Fahrerlaubnis-Verordnung gespeicherten Daten für Maßnahmen im Zusammenhang mit der Ausgabe und Kontrolle von Fahrerkarten nach der Verordnung (EU) Nr. 165/2014 an die hierfür zuständigen Stellen im Inland sowie in einem Mitgliedstaat der Europäischen Union oder einem Vertragsstaat des Abkommens über den Europäischen Wirtschaftsraum übermittelt werden. Die Verantwortung für die Zulässigkeit des einzelnen Abrufs trägt die Stelle, an die die Daten übermittelt werden.

§ 4c Auskünfte aus dem Fahrtenschreiberkartenregister

(1) Durch Abruf im automatisierten Verfahren dürfen aus dem Fahrtenschreiberkartenregister die nach § 12 der Fahrpersonalverordnung gespeicherten Daten für Maßnahmen im Zusammenhang mit der Ausgabe und Kontrolle von Fahrerkarten nach der Verordnung (EU) Nr. 165/2014 an die hierfür zuständigen Behörden und Stellen im Inland; in einem Mitgliedstaat der Europäischen Union, in einem Vertragsstaat des Abkommens über den Europäischen Wirtschaftsraum und in der Schweiz übermittelt werden.
(2) [1]Die zuständigen Behörden und Stellen dürfen die nach § 12 der Fahrpersonalverordnung gespeicherten Daten im automatisierten Verfahren abrufen, soweit die Kenntnis dieser Daten für Maßnahmen im Zusammenhang mit der Ausgabe und Kontrolle von Fahrerkarten nach der Verordnung (EU) Nr. 165/2014 erforderlich ist. [2]Die Daten dürfen nur für diese Zwecke verarbeitet werden.
(3) [1]Die Verantwortung für die Zulässigkeit des einzelnen Abrufs tragen die Behörden und Stellen, an die die Daten übermittelt werden. [2]Die für das Fahrtenschreiberkartenregister zuständige Stelle prüft die Zulässigkeit der Abrufe nur, wenn dazu Anlass besteht. [3]Die für das Fahrtenschreiberkartenregister zuständige Stelle hat zu gewährleisten, dass die Übermittlung personenbezogener Daten zumindest durch geeignete Stichprobenverfahren festgestellt und überprüft werden kann.

§ 5 Anordnungsbefugnis, Sicherungsmaßnahmen, Zurückweisung an der Grenze

(1) [1]Werden bei einer Kontrolle auf Verlangen keine oder nicht vorschriftsmäßig geführte Tätigkeitsnachweise vorgelegt oder wird festgestellt, daß vorgeschriebene Unterbrechungen der Lenkzeit nicht eingelegt oder die höchstzulässige Tageslenkzeit überschritten oder einzuhaltende Mindestruhezeiten nicht genommen worden sind, können die zuständigen Behörden die Fortsetzung der Fahrt untersagen, bis die Voraussetzungen zur Weiterfahrt erfüllt sind. [2]Tätigkeitsnachweise oder Fahrtenschreiber, aus denen sich der Regelverstoß ergibt oder mit denen er begangen wurde, können zur Beweissicherung eingezogen werden; die Fahrerkarte darf während ihrer Gültigkeitsdauer nicht entzogen oder ihre Gültigkeit ausgesetzt werden, es sei denn, es wird festgestellt, dass die Karte gefälscht worden ist, der Fahrer eine Karte verwendet, deren Inhaber er nicht ist, oder die Ausstellung der Karte auf der Grundlage falscher Erklärungen oder gefälschter Dokumente erwirkt wurde.
(1a) [1]Ergeben sich bei einer Kontrolle konkrete Anhaltspunkte dafür, dass der Fahrtenschreiber nicht ordnungsgemäß funktioniert, kann die zuständige Behörde eine Prüfung des Fahrtenschreibers nach Maßgabe des § 57b Absatz 1 und 3 der Straßenverkehrs-Zulassungs-Ordnung anordnen. [2]Abweichend von § 57b Absatz 1 Satz 1 der Straßenverkehrs-

Zulassungs-Ordnung fallen dem Halter die Kosten der Prüfung nur zu Last, wenn festgestellt wird, dass Einbau, Zustand, Messgenauigkeit und Arbeitsweise des Fahrtenschreibers nicht vorschriftsmäßig sind.
(2) Im grenzüberschreitenden Verkehr können Kraftfahrzeuge, die nicht in einem Mitgliedstaat der Europäischen Union oder einem anderen Vertragsstaat des Abkommens über den Europäischen Wirtschaftsraum zugelassen sind und in das Hoheitsgebiet der Bundesrepublik Deutschland einfahren wollen, in Fällen des Absatzes 1 an den Außengrenzen der Mitgliedstaaten der Europäischen Union zurückgewiesen werden.
(3) Rechtsbehelfe gegen Anordnungen nach den Absätzen 1, 1a und 2 sowie zur Durchsetzung der in § 4 Abs. 3 Satz 1 und Abs. 5 geregelten Pflichten haben keine aufschiebende Wirkung.

§ 6 Allgemeine Verwaltungsvorschriften
Das Bundesministerium für Verkehr und digitale Infrastruktur kann im Einvernehmen mit dem Bundesministerium für Arbeit und Soziales mit Zustimmung des Bundesrates zur Durchführung der in § 2 genannten oder auf § 2 beruhenden Vorschriften allgemeine Verwaltungsvorschriften erlassen, insbesondere über die Erteilung einer Verwarnung (§§ 56, 58 Abs. 2 des Gesetzes über Ordnungswidrigkeiten) wegen einer Ordnungswidrigkeit nach § 8 und darüber, in welchen Fällen eine solche Verwarnung nicht erteilt werden soll.

§ 7 Sicherheitsleistung
Wird eine angeordnete Sicherheitsleistung nicht sofort erbracht, so kann die zuständige Behörde die Weiterfahrt bis zur vollständigen Erbringung untersagen.

§§ 7a bis 7c (weggefallen)

§ 8 Bußgeldvorschriften
(1) Ordnungswidrig handelt, wer vorsätzlich oder fahrlässig
1. als Unternehmer
    a) einer Rechtsverordnung nach § 2 Nr. 2 Buchstabe b oder Nr. 3 oder einer vollziehbaren Anordnung auf Grund einer solchen Rechtsverordnung zuwiderhandelt, soweit die Rechtsverordnung für einen bestimmten Tatbestand auf diese Bußgeldvorschrift verweist,
    b) einer Vorschrift der Verordnung (EG) Nr. 2135/98, der Verordnung (EU) Nr. 165/2014 oder des AETR zuwiderhandelt, soweit eine Rechtsverordnung nach § 2 Nr. 1 Buchstabe e oder Nr. 2 Buchstabe e für einen bestimmten Tatbestand auf diese Bußgeldvorschrift verweist,
    c) entgegen § 3 Satz 1 ein Mitglied des Fahrpersonals nach der zurückgelegten Fahrstrecke oder der Menge der beförderten Güter entlohnt,
    d) entgegen § 4 Abs. 3 Satz 1 eine Auskunft nicht, nicht richtig, nicht vollständig oder nicht rechtzeitig erteilt oder eine Unterlage nicht oder nicht rechtzeitig aushändigt, nicht oder nicht rechtzeitig einsendet oder nicht oder nicht rechtzeitig zur Verfügung stellt,
    e) entgegen § 4 Abs. 3 Satz 6 dort genannte Daten nicht, nicht richtig oder nicht für die vorgeschriebene Dauer speichert,
    f) entgegen § 4 Abs. 3 Satz 7 ein Schaublatt oder einen Ausdruck nicht oder nicht für die vorgeschriebene Dauer aufbewahrt,

Fahrpersonalgesetz § 8

g) entgegen § 4 Abs. 3 Satz 9 nicht dafür Sorge trägt, dass eine lückenlose Dokumentation oder Datensicherung erfolgt,
h) entgegen § 4 Abs. 5 Satz 5 eine Maßnahme nicht duldet oder
i) einer vollziehbaren Anordnung nach § 5 Absatz 1 Satz 1 oder Absatz 1a Satz 1 oder § 7 zuwiderhandelt,
2. als Fahrer
   a) einer Rechtsverordnung nach § 2 Nr. 2 Buchstabe b oder Nr. 3 oder einer vollziehbaren Anordnung auf Grund einer solchen Rechtsverordnung zuwiderhandelt, soweit die Rechtsverordnung für einen bestimmten Tatbestand auf diese Bußgeldvorschrift verweist,
   b) einer Vorschrift der Verordnung (EG) Nr. 2135/98, der Verordnung (EU) Nr. 165/2014 oder des AETR zuwiderhandelt, soweit eine Rechtsverordnung nach § 2 Nr. 1 Buchstabe e oder Nr. 2 Buchstabe e für einen bestimmten Tatbestand auf diese Bußgeldvorschrift verweist,
   c) entgegen § 4 Abs. 3 Satz 1 eine Auskunft nicht, nicht richtig, nicht vollständig oder nicht rechtzeitig erteilt oder eine Unterlage nicht aushändigt,
   d) entgegen § 4 Abs. 3 Satz 2 einen Tätigkeitsnachweis nicht oder nicht rechtzeitig aushändigt,
   e) entgegen § 4 Abs. 3 Satz 4 die Fahrerkarte zum Kopieren nicht oder nicht rechtzeitig zur Verfügung stellt,
   f) entgegen § 4 Abs. 5 Satz 5 eine Maßnahme nicht duldet oder
   g) einer vollziehbaren Anordnung nach § 5 Absatz 1 Satz 1 oder Absatz 1a Satz 1 oder § 7 zuwiderhandelt oder
3. als Fahrzeughalter entgegen § 4 Abs. 3 Satz 1 eine Auskunft nicht, nicht richtig, nicht vollständig oder nicht rechtzeitig erteilt oder eine Unterlage nicht oder nicht rechtzeitig aushändigt, nicht oder nicht rechtzeitig einsendet oder nicht oder nicht rechtzeitig zur Verfügung stellt oder
4. als Werkstattinhaber oder Installateur
   a) einer Rechtsverordnung nach § 2 Nr. 2 Buchstabe b oder Nr. 3 Buchstabe c oder einer vollziehbaren Anordnung auf Grund einer solchen Rechtsverordnung zuwiderhandelt, soweit die Rechtsverordnung für einen bestimmten Tatbestand auf diese Bußgeldvorschrift verweist, oder
   b) einer Vorschrift der Verordnung (EU) Nr. 165/2014 oder des AETR zuwiderhandelt, soweit eine Rechtsverordnung nach § 2 Nr. 1 Buchstabe e oder Nr. 2 Buchstabe e für einen bestimmten Tatbestand auf diese Bußgeldvorschrift verweist.

(2) Die Ordnungswidrigkeit kann in den Fällen des Absatzes 1 Nr. 1 und 3 mit einer Geldbuße bis zu dreißigtausend Euro, in den übrigen Fällen mit einer Geldbuße bis zu fünftausend Euro geahndet werden.

(3) Ordnungswidrigkeiten nach Absatz 1 Nummer 1 Buchstabe b, Nummer 2 Buchstabe b oder Nummer 4 Buchstabe b, die bis zum 1. März 2016 unter Geltung der Verordnung (EWG) Nr. 3821/85 begangen wurden, können abweichend von § 4 Absatz 3 des Gesetzes über Ordnungswidrigkeiten nach den zum Zeitpunkt der Tat geltenden Bestimmungen geahndet werden.

(4) In den Fällen des Absatzes 1 Nummer 1 Buchstabe b, Nummer 2 Buchstabe b und Nummer 4 Buchstabe b kann eine Ordnungswidrigkeit wegen einer Zuwiderhandlung gegen das AETR auch dann geahndet werden, wenn die Ordnungswidrigkeit nicht im Geltungsbereich dieses Gesetzes begangen wurde.

§ 8a Bußgeldvorschriften

(1) ¹Ordnungswidrig handelt, wer als Unternehmer gegen die Verordnung (EG) Nr. 561/2006 des Europäischen Parlaments und des Rates vom 15. März 2006 zur Harmonisierung bestimmter Sozialvorschriften im Straßenverkehr und zur Änderung der Verordnungen (EWG) Nr. 3821/85 und (EG) Nr. 2135/98 des Rates sowie zur Aufhebung der Verordnung (EWG) Nr. 3820/85 des Rates (ABl. EU Nr. L 102 S. 1), die zuletzt durch die Verordnung (EG) Nr. 1073/2009 (ABl. L 300 vom 14.11.2009, S. 88) geändert worden ist, verstößt, indem er vorsätzlich oder fahrlässig
1. einen Schaffner oder Beifahrer einsetzt, der das in Artikel 5 genannte Mindestalter nicht erreicht hat,
2. nicht dafür sorgt, dass die in Artikel 6 Abs. 1 Satz 1, Abs. 2 und 3 genannten Lenkzeiten, die in Artikel 7 Satz 1 genannte Fahrtunterbrechung oder die in Artikel 8 Abs. 2 Satz 1, Abs. 4 bis 7 genannten Ruhezeiten vom Fahrer eingehalten werden,
3. entgegen Artikel 16 Abs. 2 Satz 1 in Verbindung mit Abs. 3 Buchstabe a Halbsatz 1 einen Fahrplan oder einen Arbeitszeitplan nicht, nicht richtig oder nicht vollständig erstellt oder
4. entgegen Artikel 16 Abs. 3 Buchstabe c einen Arbeitszeitplan nicht oder nicht mindestens ein Jahr aufbewahrt.
²Im Fall von Satz 1 Nummer 2 sorgt der Unternehmer auch dann nicht dafür, dass die regelmäßige wöchentliche Ruhezeit nach Artikel 8 Absatz 6 eingehalten wird, wenn diese im Fahrzeug oder an einem Ort ohne geeignete Schlafmöglichkeit verbracht wird.
(2) ¹Ordnungswidrig handelt, wer als Fahrer gegen die Verordnung (EG) Nr. 561/2006 verstößt, indem er vorsätzlich oder fahrlässig
1. eine in Artikel 6 Abs. 1 Satz 1, Abs. 2 oder 3 genannte Lenkzeit, die in Artikel 7 Satz 1 genannte Fahrtunterbrechung oder eine in Artikel 8 Abs. 2 Satz 1, Absatz 4, 5, 6, 6a Satz 1 oder Absatz 7 genannte Ruhezeit oder Ruhepause nicht einhält,
2. entgegen Artikel 6 Abs. 5 eine andere Arbeit oder eine Bereitschaftszeit nicht, nicht richtig oder nicht in der vorgeschriebenen Weise festhält,
3. entgegen Artikel 12 Satz 2 Art oder Grund einer Abweichung nicht, nicht richtig, nicht in der vorgeschriebenen Weise oder nicht rechtzeitig vermerkt oder
4. entgegen Artikel 16 Abs. 2 Unterabs. 2 einen Auszug auf dem Arbeitszeitplan oder eine Ausfertigung des Linienfahrplans nicht mit sich führt.
²Im Fall von Satz 1 Nummer 1 wird die regelmäßige wöchentliche Ruhezeit nach Artikel 8 Absatz 6 auch dann nicht eingehalten, wenn diese im Fahrzeug oder an einem Ort ohne geeignete Schlafmöglichkeit verbracht wird.
(3) Ordnungswidrig handelt, wer als Unternehmer, Verlader, Spediteur, Reiseveranstalter oder Fahrervermittler einen Beförderungszeitplan vertraglich vereinbart und nicht sicherstellt, dass dieser Beförderungszeitplan nicht gegen eine in Absatz 2 Nr. 1 genannte Vorschrift verstößt.
(4) Die Ordnungswidrigkeit kann in den Fällen der Absätze 1 und 3 mit einer Geldbuße bis zu dreißigtausend Euro, in den übrigen Fällen mit einer Geldbuße bis zu fünftausend Euro geahndet werden.
(5) In den Fällen der Absätze 1 und 2 kann die Ordnungswidrigkeit auch dann geahndet werden, wenn sie nicht im Geltungsbereich dieses Gesetzes begangen wurde.

§ 9 Zuständigkeit für die Verfolgung und Ahndung von Ordnungswidrigkeiten

(1) ¹Wird ein Verstoß in einem Unternehmen begangen, das im Geltungsbereich dieses Gesetzes seinen Sitz oder eine geschäftliche Niederlassung hat, ist nur die Verwaltungsbehörde örtlich zuständig, in deren Bezirk die geschäftliche Niederlassung oder der Hauptsitz des Betriebes liegt, bei dem der Betroffene tätig ist. ²Die §§ 38 und 39 des Gesetzes

Fahrpersonalgesetz §§ 9, 10

über Ordnungswidrigkeiten gelten entsprechend. ³Soweit nach Satz 1 oder Satz 2 eine Verwaltungsbehörde zuständig ist, die nicht auch für die Kontrolle der Bestimmungen dieses Gesetzes auf dem Betriebsgelände zuständig ist, unterrichtet diese Verwaltungsbehörde die für die Kontrollen der Bestimmungen dieses Gesetzes auf dem Betriebsgelände zuständige Behörde über begangene Ordnungswidrigkeiten.
(2) Wird ein Verstoß in einem Unternehmen begangen, das im Geltungsbereich des Gesetzes weder seinen Sitz noch eine geschäftliche Niederlassung hat, und hat auch der Betroffene im Geltungsbereich des Gesetzes keinen Wohnsitz, so ist Verwaltungsbehörde im Sinne des § 36 Abs. 1 Nr. 1 des Gesetzes über Ordnungswidrigkeiten das Bundesamt für Logistik und Mobilität.
(3) bis (4) (weggefallen)

§ 10 Datenschutzbestimmungen
(1) Die nach § 9 für die Durchführung von Bußgeldverfahren zuständigen Behörden dürfen folgende personenbezogene Daten über laufende und abgeschlossene Bußgeldverfahren wegen der in § 8 Absatz 1 und der in § 8a Absatz 1 bis 3 genannten Ordnungswidrigkeiten verarbeiten, soweit dies für die Erfüllung ihrer Aufgaben oder für Zwecke der Beurteilung der Zuverlässigkeit des Unternehmens, bei dem die betroffene Person angestellt ist, erforderlich ist:
1. Name, Anschrift, Geburtsdatum und Geburtsort der betroffenen Person, Name und Anschrift des Unternehmens,
2. Zeit und Ort der Begehung der Ordnungswidrigkeit,
3. die gesetzlichen Merkmale der Ordnungswidrigkeit,
4. Bußgeldbescheide mit dem Datum ihres Erlasses und dem Datum des Eintritts ihrer Rechtskraft sowie
5. die Höhe der Geldbuße und
6. das Datum der Verwarnung oder des Erlasses des Verwarnungsgeldes.
(2) Die in Absatz 1 genannten Behörden übermitteln die Daten nach Absatz 1 für die dort genannten Zwecke
1. an öffentliche Stellen, soweit die Daten für die Entscheidung über den Zugang zum Beruf des Güter- und Personenkraftverkehrsunternehmers erforderlich sind,
2. auf Ersuchen an Gerichte und die Behörden, die in bezug auf die Aufgaben nach diesem Gesetz Verwaltungsbehörde nach § 36 Abs. 1 Nr. 1 des Gesetzes über Ordnungswidrigkeiten sind oder
3. in den Fällen des § 9 Absatz 1 Satz 3 an die für die Kontrollen der Bestimmungen dieses Gesetzes auf dem Betriebsgelände zuständigen Verwaltungsbehörden.
(2a) ¹Die in Absatz 1 genannten Behörden haben Zuwiderhandlungen, die Anlass geben, an der Zuverlässigkeit des Unternehmers und der Verkehrsleiter zu zweifeln, dem Unternehmen und der für das Unternehmen zuständigen Erlaubnisbehörde nach § 3 Abs. 7 des Güterkraftverkehrsgesetzes oder der Genehmigungsbehörde nach § 11 Abs. 1 des Personenbeförderungsgesetzes mitzuteilen. ²Zur Feststellung von Wiederholungsfällen haben sie die Zuwiderhandlungen der Angehörigen desselben Unternehmens zusammenzuführen.
(3) Eine Übermittlung unterbleibt, soweit hierdurch schutzwürdige Interessen der betroffenen Person beeinträchtigt würden und nicht das öffentliche Interesse das Geheimhaltungsinteresse der betroffenen Person überwiegt.
(4) Der Empfänger darf die nach Absatz 2 übermittelten Daten nur für den Zweck verarbeiten, zu dessen Erfüllung sie ihm übermittelt werden.

(5) Erweisen sich übermittelte Daten als unrichtig, so ist der Empfänger unverzüglich zu unterrichten, wenn dies zur Wahrung schutzwürdiger Interessen der betroffenen Person erforderlich ist.

(6) ¹Die nach den Absätzen 1 und 2 gespeicherten Daten sind zwei Jahre nach dem Eintritt der Rechtskraft des Bußgeldbescheides zu löschen. ²Wurde das Bußgeld zwei Jahre nach Rechtskraft des Bußgeldbescheides noch nicht oder nicht vollständig gezahlt, so sind die nach den Absätzen 1 und 2 gespeicherten Daten erst bei Eintritt der Vollstreckungsverjährung zu löschen. ³Wurde die betroffene Person schriftlich verwarnt oder das Verfahren eingestellt, so sind die Daten zwei Jahre nach dem Erlaß der Verwarnung zu löschen. ⁴Daten eingestellter Verfahren sind unverzüglich zu löschen.

(7) § 25 Absatz 1 Satz 1 in Verbindung mit § 23 Absatz 1 Nummer 3 und 4 des Bundesdatenschutzgesetzes sowie die entsprechenden Vorschriften der Landesdatenschutzgesetze bleiben unberührt.

§ 11 (Inkrafttreten)

Gesetz über die Familienpflegezeit (Familienpflegezeitgesetz – FPfZG)

vom 6. Dezember 2011 (BGBl I 2011, S. 2564)
– zuletzt geändert durch Gesetz zur weiteren Umsetzung der Richtlinie (EU) 2019/1158 des Europäischen Parlaments und des Rates vom 20. Juni 2019 zur Vereinbarkeit von Beruf und Privatleben für Eltern und pflegende Angehörige und zur Aufhebung der Richtlinie 2010/18/EU des Rates vom 19. Dezember 2022 (BGBl I 2022, S. 2510)

§ 1 Ziel des Gesetzes
Durch die Einführung der Familienpflegezeit werden die Möglichkeiten zur Vereinbarkeit von Beruf und familiärer Pflege verbessert.

§ 2 Familienpflegezeit
(1) ¹Beschäftigte sind von der Arbeitsleistung für längstens 24 Monate (Höchstdauer) teilweise freizustellen, wenn sie einen pflegebedürftigen nahen Angehörigen in häuslicher Umgebung pflegen (Familienpflegezeit). ²Während der Familienpflegezeit muss die verringerte Arbeitszeit wöchentlich mindestens 15 Stunden betragen. ³Bei unterschiedlichen wöchentlichen Arbeitszeiten oder einer unterschiedlichen Verteilung der wöchentlichen Arbeitszeit darf die wöchentliche Arbeitszeit im Durchschnitt eines Zeitraums von bis zu einem Jahr 15 Stunden nicht unterschreiten (Mindestarbeitszeit). ⁴Der Anspruch nach Satz 1 besteht nicht gegenüber Arbeitgebern mit in der Regel 25 oder weniger Beschäftigten ausschließlich der zu ihrer Berufsbildung Beschäftigten.
(2) Pflegezeit und Familienpflegezeit dürfen gemeinsam 24 Monate je pflegebedürftigem nahen Angehörigen nicht überschreiten (Gesamtdauer).
(3) Die §§ 5 bis 8 des Pflegezeitgesetzes gelten entsprechend.
(4) Die Familienpflegezeit wird auf Berufsbildungszeiten nicht angerechnet.
(5) ¹Beschäftigte sind von der Arbeitsleistung für längstens 24 Monate (Höchstdauer) teilweise freizustellen, wenn sie einen minderjährigen pflegebedürftigen nahen Angehörigen in häuslicher oder außerhäuslicher Umgebung betreuen. ²Die Inanspruchnahme dieser Freistellung ist jederzeit im Wechsel mit der Freistellung nach Absatz 1 im Rahmen der Gesamtdauer nach Absatz 2 möglich. ³Absatz 1 Satz 2 bis 4 und die Absätze 2 bis 4 gelten entsprechend. ⁴Beschäftigte können diesen Anspruch wahlweise statt des Anspruchs auf Familienpflegezeit nach Absatz 1 geltend machen.

§ 2a Inanspruchnahme der Familienpflegezeit
(1) ¹Wer Familienpflegezeit nach § 2 beanspruchen will, muss dies dem Arbeitgeber spätestens acht Wochen vor dem gewünschten Beginn schriftlich ankündigen und gleichzeitig erklären, für welchen Zeitraum und in welchem Umfang innerhalb der Gesamtdauer nach § 2 Absatz 2 die Freistellung von der Arbeitsleistung in Anspruch genommen werden soll. ²Dabei ist auch die gewünschte Verteilung der Arbeitszeit anzugeben. ³Enthält die Ankündigung keine eindeutige Festlegung, ob die oder der Beschäftigte Pflegezeit nach § 3 des Pflegezeitgesetzes oder Familienpflegezeit in Anspruch nehmen will, und liegen die Voraussetzungen beider Freistellungsansprüche vor, gilt die Erklärung als Ankündigung von Pflegezeit. ⁴Wird die Familienpflegezeit nach einer Freistellung nach § 3 Absatz 1 oder Absatz 5 des Pflegezeitgesetzes zur Pflege oder Betreuung desselben pflegebedürftigen Angehörigen in Anspruch genommen, muss sich die Familienpflegezeit unmittelbar an die Freistellung nach § 3 Ab-

satz 1 oder Absatz 5 des Pflegezeitgesetzes anschließen. ⁵In diesem Fall soll die oder der Beschäftigte möglichst frühzeitig erklären, ob sie oder er Familienpflegezeit in Anspruch nehmen wird; abweichend von Satz 1 muss die Ankündigung spätestens drei Monate vor Beginn der Familienpflegezeit erfolgen. ⁶Wird eine Freistellung nach § 3 Absatz 1 oder Absatz 5 des Pflegezeitgesetzes nach einer Familienpflegezeit in Anspruch genommen, ist diese in unmittelbarem Anschluss an die Familienpflegezeit zu beanspruchen; sie ist dem Arbeitgeber spätestens acht Wochen vor Beginn schriftlich anzukündigen.
(2) ¹Arbeitgeber und Beschäftigte haben über die Verringerung und Verteilung der Arbeitszeit eine schriftliche Vereinbarung zu treffen. ²Hierbei hat der Arbeitgeber den Wünschen der Beschäftigten zu entsprechen, es sei denn, dass dringende betriebliche Gründe entgegenstehen.
(3) ¹Für einen kürzeren Zeitraum in Anspruch genommene Familienpflegezeit kann bis zur Gesamtdauer nach § 2 Absatz 2 verlängert werden, wenn der Arbeitgeber zustimmt. ²Eine Verlängerung bis zur Gesamtdauer kann verlangt werden, wenn ein vorgesehener Wechsel in der Person der oder des Pflegenden aus einem wichtigen Grund nicht erfolgen kann.
(4) ¹Die Beschäftigten haben die Pflegebedürftigkeit der oder des nahen Angehörigen durch Vorlage einer Bescheinigung der Pflegekasse oder des Medizinischen Dienstes der Krankenversicherung nachzuweisen. ²Bei in der privaten Pflege-Pflichtversicherung versicherten Pflegebedürftigen ist ein entsprechender Nachweis zu erbringen.
(5) ¹Ist die oder der nahe Angehörige nicht mehr pflegebedürftig oder die häusliche Pflege der oder des nahen Angehörigen unmöglich oder unzumutbar, endet die Familienpflegezeit vier Wochen nach Eintritt der veränderten Umstände. ²Der Arbeitgeber ist hierüber unverzüglich zu unterrichten. ³Im Übrigen kann die Familienpflegezeit nur vorzeitig beendet werden, wenn der Arbeitgeber zustimmt.
(5a) ¹Beschäftigte von Arbeitgebern mit in der Regel 25 oder weniger Beschäftigten ausschließlich der zu ihrer Berufsbildung Beschäftigten können bei ihrem Arbeitgeber den Abschluss einer Vereinbarung über eine Familienpflegezeit nach § 2 Absatz 1 Satz 1 bis 3 oder eine Freistellung nach § 2 Absatz 5 Satz 1 beantragen. ²Der Arbeitgeber hat den Antrag nach Satz 1 innerhalb von vier Wochen nach Zugang zu beantworten. ³Eine Ablehnung des Antrags ist zu begründen. ⁴Wird eine Freistellung nach Satz 1 vereinbart, gelten § 2 Absatz 2 bis 4 sowie § 2a Absatz 1 Satz 4 und 6 erster Halbsatz, Absatz 2 Satz 1, Absatz 3 Satz 1, Absatz 4 und 5 entsprechend.
(6) Die Absätze 1 bis 5 gelten entsprechend für die Freistellung von der Arbeitsleistung nach § 2 Absatz 5.

§ 2b Erneute Familienpflegezeit nach Inanspruchnahme einer Freistellung auf Grundlage der Sonderregelungen aus Anlass der COVID-19-Pandemie

(1) Abweichend von § 2a Absatz 3 können Beschäftigte einmalig nach einer beendeten Familienpflegezeit zur Pflege und Betreuung desselben pflegebedürftigen Angehörigen Familienpflegezeit erneut, jedoch insgesamt nur bis zur Höchstdauer nach § 2 Absatz 1 in Anspruch nehmen, wenn die Gesamtdauer von 24 Monaten nach § 2 Absatz 2 nicht überschritten wird und die Inanspruchnahme der beendeten Familienpflegezeit auf der Grundlage der Sonderregelungen aus Anlass der COVID-19-Pandemie erfolgte.
(2) Abweichend von § 2a Absatz 1 Satz 4 muss sich die Familienpflegezeit nicht unmittelbar an die Freistellung nach § 3 Absatz 1 oder Absatz 5 des Pflegezeitgesetzes anschließen, wenn die Freistellung aufgrund der Sonderregelungen aus Anlass der COVID-19-Pandemie in Anspruch genommen wurde und die Gesamtdauer nach § 2 Absatz 2 von 24 Monaten nicht überschritten wird.

Familienpflegezeitgesetz §§ 2b, 3

(3) Abweichend von § 2a Absatz 1 Satz 6 muss sich die Freistellung nach § 3 Absatz 1 oder Absatz 5 des Pflegezeitgesetzes nicht unmittelbar an die Familienpflegezeit anschließen, wenn die Inanspruchnahme der Familienpflegezeit aufgrund der Sonderregelungen aus Anlass der COVID-19-Pandemie erfolgte und die Gesamtdauer nach § 2 Absatz 2 von 24 Monaten ab Beginn der ersten Freistellung nicht überschritten wird.

§ 3 Förderung der pflegebedingten Freistellung von der Arbeitsleistung

(1) [1]Für die Dauer der Freistellungen nach § 2 dieses Gesetzes oder nach § 3 des Pflegezeitgesetzes gewährt das Bundesamt für Familie und zivilgesellschaftliche Aufgaben Beschäftigten auf Antrag ein in monatlichen Raten zu zahlendes zinsloses Darlehen nach Maßgabe der Absätze 2 bis 5. [2]Der Anspruch gilt auch für Vereinbarungen über Freistellungen von der Arbeitsleistung nach § 2a Absatz 5a dieses Gesetzes.
(2) Die monatlichen Darlehensraten werden in Höhe der Hälfte der Differenz zwischen den pauschalierten monatlichen Nettoentgelten vor und während der Freistellung nach Absatz 1 gewährt.
(3) [1]Das pauschalierte monatliche Nettoentgelt vor der Freistellung nach Absatz 1 wird berechnet auf der Grundlage des regelmäßigen durchschnittlichen monatlichen Bruttoarbeitsentgelts ausschließlich der Sachbezüge der letzten zwölf Kalendermonate vor Beginn der Freistellung. [2]Das pauschalierte monatliche Nettoentgelt während der Freistellung wird berechnet auf der Grundlage des Bruttoarbeitsentgelts, das sich aus dem Produkt aus der vereinbarten durchschnittlichen monatlichen Stundenzahl während der Freistellung und dem durchschnittlichen Entgelt je Arbeitsstunde ergibt. [3]Durchschnittliches Entgelt je Arbeitsstunde ist das Verhältnis des regelmäßigen gesamten Bruttoarbeitsentgelts ausschließlich der Sachbezüge der letzten zwölf Kalendermonate vor Beginn der Freistellung zur arbeitsvertraglichen Gesamtstundenzahl der letzten zwölf Kalendermonate vor Beginn der Freistellung. [4]Die Berechnung der pauschalierten Nettoentgelte erfolgt entsprechend der Berechnung der pauschalierten Nettoentgelte gemäß § 106 Absatz 1 Satz 5 bis 7 des Dritten Buches Sozialgesetzbuch. [5]Bei einem weniger als zwölf Monate vor Beginn der Freistellung bestehenden Beschäftigungsverhältnis verkürzt sich der der Berechnung zugrunde zu legende Zeitraum entsprechend. [6]Für die Berechnung des durchschnittlichen Entgelts je Arbeitsstunde bleiben Mutterschutzfristen, Freistellungen nach § 2, kurzzeitige Arbeitsverhinderungen nach § 2 des Pflegezeitgesetzes, Freistellungen nach § 3 des Pflegezeitgesetzes sowie die Einbringung von Arbeitsentgelt in und die Entnahme von Arbeitsentgelt aus Wertguthaben nach § 7b des Vierten Buches Sozialgesetzbuch außer Betracht. [7]Abweichend von Satz 6 bleiben auf Antrag für die Berechnung des durchschnittlichen Arbeitsentgelts je Arbeitsstunde in der Zeit vom 1. März 2020 bis zum Ablauf des 30. April 2023 auch Kalendermonate mit einem aufgrund der COVID-19-Pandemie geringeren Entgelt unberücksichtigt.
(4) In den Fällen der Freistellung nach § 3 des Pflegezeitgesetzes ist die monatliche Darlehensrate auf den Betrag begrenzt, der bei einer durchschnittlichen Arbeitszeit während der Familienpflegezeit von 15 Wochenstunden zu gewähren ist.
(5) Abweichend von Absatz 2 können Beschäftigte auch einen geringeren Darlehensbetrag in Anspruch nehmen, wobei die monatliche Darlehensrate mindestens 50 Euro betragen muss.
(6) [1]Das Darlehen ist in der in Absatz 2 genannten Höhe, in den Fällen der Pflegezeit in der in Absatz 4 genannten Höhe, vorrangig vor dem Bezug von bedürftigkeitsabhängigen Sozialleistungen in Anspruch zu nehmen und von den Beschäftigten zu beantragen; Absatz 5 ist insoweit nicht anzuwenden. [2]Bei der Berechnung von Sozialleistungen nach Satz 1 sind die Zuflüsse aus dem Darlehen als Einkommen zu berücksichtigen.

§ 4 Mitwirkungspflicht des Arbeitgebers
¹Der Arbeitgeber hat dem Bundesamt für Familie und zivilgesellschaftliche Aufgaben für bei ihm Beschäftigte den Arbeitsumfang sowie das Arbeitsentgelt vor der Freisfellung nach § 3 Absatz 1 zu bescheinigen, soweit dies zum Nachweis des Einkommens aus Erwerbstätigkeit oder der wöchentlichen Arbeitszeit der für die Förderung beantragenden Beschäftigten erforderlich ist. ²Für die in Heimarbeit Beschäftigten und die ihnen Gleichgestellten tritt an die Stelle des Arbeitgebers der Auftraggeber oder Zwischenmeister.

§ 5 Ende der Förderfähigkeit
(1) ¹Die Förderfähigkeit endet mit dem Ende der Freistellung nach § 3 Absatz 1. ²Die Förderfähigkeit endet auch dann, wenn die oder der Beschäftigte während der Freistellung nach § 2 den Mindestumfang der wöchentlichen Arbeitszeit aufgrund gesetzlicher oder kollektivvertraglicher Bestimmungen oder aufgrund von Bestimmungen, die in Arbeitsrechtsregelungen der Kirchen enthalten sind, unterschreitet. ³Die Unterschreitung der Mindestarbeitszeit aufgrund von Kurzarbeit oder eines Beschäftigungsverbotes lässt die Förderfähigkeit unberührt.
(2) Die Darlehensnehmerin oder der Darlehensnehmer hat dem Bundesamt für Familie und zivilgesellschaftliche Aufgaben unverzüglich jede Änderung in den Verhältnissen, die für den Anspruch nach § 3 Absatz 1 erheblich sind, mitzuteilen, insbesondere die Beendigung der häuslichen Pflege der oder des nahen Angehörigen, die Beendigung der Betreuung nach § 2 Absatz 5 dieses Gesetzes oder § 3 Absatz 5 des Pflegezeitgesetzes, die Beendigung der Freistellung nach § 3 Absatz 6 des Pflegezeitgesetzes, die vorzeitige Beendigung der Freistellung nach § 3 Absatz 1 sowie die Unterschreitung des Mindestumfangs der wöchentlichen Arbeitszeit während der Freistellung nach § 2 aus anderen als den in Absatz 1 Satz 2 genannten Gründen.

§ 6 Rückzahlung des Darlehens
(1) ¹Im Anschluss an die Freistellung nach § 3 Absatz 1 ist die Darlehensnehmerin oder der Darlehensnehmer verpflichtet, das Darlehen innerhalb von 48 Monaten nach Beginn der Freistellung nach § 3 Absatz 1 zurückzuzahlen. ²Die Rückzahlung erfolgt in möglichst gleichbleibenden monatlichen Raten in Höhe des im Bescheid nach § 9 festgesetzten monatlichen Betrags jeweils spätestens zum letzten Bankarbeitstag des laufenden Monats. ³Für die Rückzahlung gelten alle nach § 3 an die Darlehensnehmerin oder den Darlehensnehmer geleisteten Darlehensbeträge als ein Darlehen.
(2) ¹Die Rückzahlung beginnt in dem Monat, der auf das Ende der Förderung der Freistellung nach § 3 Absatz 1 folgt. ²Das Bundesamt für Familie und zivilgesellschaftliche Aufgaben kann auf Antrag der Darlehensnehmerin oder des Darlehensnehmers den Beginn der Rückzahlung auf einen späteren Zeitpunkt, spätestens jedoch auf den 25. Monat nach Beginn der Förderung festsetzen, wenn die übrigen Voraussetzungen für den Anspruch nach den §§ 2 und 3 weiterhin vorliegen. ³Befindet sich die Darlehensnehmerin oder der Darlehensnehmer während des Rückzahlungszeitraums in einer Freistellung nach § 3 Absatz 1, setzt das Bundesamt für Familie und zivilgesellschaftliche Aufgaben auf Antrag der oder des Beschäftigten die monatlichen Rückzahlungsraten bis zur Beendigung der Freistellung von der Arbeitsleistung aus. ⁴Der Rückzahlungszeitraum verlängert sich um den Zeitraum der Aussetzung.

§ 7 Härtefallregelung
(1) ¹Zur Vermeidung einer besonderen Härte stundet das Bundesamt für Familie und zivilgesellschaftliche Aufgaben der Darlehensnehmerin oder dem Darlehensnehmer auf Antrag die Rückzahlung des Darlehens, ohne dass hierfür Zinsen anfallen. ²Als besondere Härte gelten

insbesondere der Bezug von Entgeltersatzleistungen nach dem Dritten und dem Fünften Buch Sozialgesetzbuch, Leistungen zur Sicherung des Lebensunterhalts nach dem Zweiten Buch Sozialgesetzbuch und Leistungen nach dem Dritten und Vierten Kapitel des Zwölften Buches Sozialgesetzbuch oder eine mehr als 180 Tage ununterbrochene Arbeitsunfähigkeit. ³Eine besondere Härte liegt auch vor, wenn sich die Darlehensnehmerin oder der Darlehensnehmer wegen unverschuldeter finanzieller Belastungen vorübergehend in ernsthaften Zahlungsschwierigkeiten befindet oder zu erwarten ist, dass sie oder er durch die Rückzahlung des Darlehens in der vorgesehenen Form in solche Schwierigkeiten gerät.
(2) Für den über die Gesamtdauer der Freistellungen nach § 2 dieses Gesetzes oder nach § 3 Absatz 1 oder 5 des Pflegezeitgesetzes hinausgehenden Zeitraum, in dem die Pflegebedürftigkeit desselben nahen Angehörigen fortbesteht, die Pflege durch die oder den Beschäftigten in häuslicher Umgebung andauert und die Freistellung von der Arbeitsleistung fortgeführt wird, sind auf Antrag die fälligen Rückzahlungsraten zu einem Viertel zu erlassen (Teildarlehenserlass) und die restliche Darlehensschuld für diesen Zeitraum bis zur Beendigung der häuslichen Pflege auf Antrag zu stunden, ohne dass hierfür Zinsen anfallen, sofern eine besondere Härte im Sinne von Absatz 1 Satz 3 vorliegt.
(3) Die Darlehensschuld erlischt, soweit sie noch nicht fällig ist, wenn die Darlehensnehmerin oder der Darlehensnehmer
1. Leistungen nach dem Dritten und Vierten Kapitel des Zwölften Buches Sozialgesetzbuch oder Leistungen zur Sicherung des Lebensunterhalts nach dem Zweiten Buch Sozialgesetzbuch ununterbrochen seit mindestens zwei Jahren nach dem Ende der Freistellung bezieht oder
2. verstirbt.
(4) Der Abschluss von Vergleichen sowie die Stundung, Niederschlagung und der Erlass von Ansprüchen richten sich, sofern in diesem Gesetz nicht abweichende Regelungen getroffen werden, nach den §§ 58 und 59 der Bundeshaushaltsordnung.

§ 8 Antrag auf Förderung

(1) Das Bundesamt für Familie und zivilgesellschaftliche Aufgaben entscheidet auf schriftlichen Antrag über das Darlehen nach § 3 und dessen Rückzahlung nach § 6.
(2) Der Antrag wirkt vom Zeitpunkt des Vorliegens der Anspruchsvoraussetzungen, wenn er innerhalb von drei Monaten nach deren Vorliegen gestellt wird, andernfalls wirkt er vom Beginn des Monats der Antragstellung.
(3) Der Antrag muss enthalten:
1. Name und Anschrift der oder des das Darlehen beantragenden Beschäftigten,
2. Name, Anschrift und Angehörigenstatus der gepflegten Person,
3. Bescheinigung über die Pflegebedürftigkeit oder im Fall des § 3 Absatz 6 des Pflegezeitgesetzes das dort genannte ärztliche Zeugnis über die Erkrankung des oder der nahen Angehörigen,
4. Dauer der Freistellung nach § 3 Absatz 1 sowie Mitteilung, ob zuvor eine Freistellung nach § 3 Absatz 1 in Anspruch genommen wurde, sowie
5. Höhe, Dauer und Angabe der Zeitabschnitte des beantragten Darlehens.
(4) Dem Antrag sind beizufügen:
1. Entgeltbescheinigungen mit Angabe der arbeitsvertraglichen Wochenstunden der letzten zwölf Monate vor Beginn der Freistellung nach § 3 Absatz 1,
2. in den Fällen der vollständigen Freistellung nach § 3 des Pflegezeitgesetzes eine Bescheinigung des Arbeitgebers über die Freistellung und in den Fällen der teilweisen Freistellung die hierüber getroffene schriftliche Vereinbarung zwischen dem Arbeitgeber und der oder dem Beschäftigten.

§ 9 Darlehensbescheid und Zahlweise
(1) ¹In dem Bescheid nach § 8 Absatz 1 sind anzugeben:
1. Höhe des Darlehens,
2. Höhe der monatlichen Darlehensraten sowie Dauer der Leistung der Darlehensraten,
3. Höhe und Dauer der Rückzahlungsraten und
4. Fälligkeit der ersten Rückzahlungsrate.

²Wurde dem Antragsteller für eine vor dem Antrag liegende Freistellung nach § 3 Absatz 1 ein Darlehen gewährt, sind für die Ermittlung der Beträge nach Satz 1 Nummer 3 und 4 das zurückliegende und das aktuell gewährte Darlehen wie ein Darlehen zu behandeln. ³Der das erste Darlehen betreffende Bescheid nach Satz 1 wird hinsichtlich Höhe, Dauer und Fälligkeit der Rückzahlungsraten geändert.
(2) Die Höhe der Darlehensraten wird zu Beginn der Leistungsgewährung in monatlichen Festbeträgen für die gesamte Förderdauer festgelegt.
(3) ¹Die Darlehensraten werden unbar zu Beginn jeweils für den Kalendermonat ausgezahlt, in dem die Anspruchsvoraussetzungen vorliegen. ²Monatliche Förderungsbeträge, die nicht volle Euro ergeben, sind bei Restbeträgen bis zu 0,49 Euro abzurunden und von 0,50 Euro an aufzurunden.

§ 10 Antrag und Nachweis in weiteren Fällen
(1) Das Bundesamt für Familie und zivilgesellschaftliche Aufgaben entscheidet auch in den Fällen des § 7 auf schriftlichen Antrag, der Name und Anschrift der Darlehensnehmerin oder des Darlehensnehmers enthalten muss.
(2) Die Voraussetzungen des § 7 sind nachzuweisen
1. in den Fällen des Absatzes 1 durch Glaubhaftmachung der dort genannten Voraussetzungen, insbesondere durch Darlegung der persönlichen wirtschaftlichen Verhältnisse oder bei Arbeitsunfähigkeit durch Vorlage einer Arbeitsunfähigkeitsbescheinigung der Darlehensnehmerin oder des Darlehensnehmers,
2. in den Fällen des Absatzes 2 durch Vorlage einer Bescheinigung über die fortbestehende Pflegebedürftigkeit der oder des nahen Angehörigen und die Fortdauer der Freistellung von der Arbeitsleistung sowie Glaubhaftmachung der dort genannten Voraussetzungen, insbesondere durch Darlegung der persönlichen wirtschaftlichen Verhältnisse,
3. in den Fällen des Absatzes 3 durch Vorlage der entsprechenden Leistungsbescheide der Darlehensnehmerin oder des Darlehensnehmers oder durch Vorlage einer Sterbeurkunde durch die Rechtsnachfolger.
(3) Anträge auf Teildarlehenserlass nach § 7 Absatz 2 sind bis spätestens 48 Monate nach Beginn der Freistellungen nach § 2 dieses Gesetzes oder nach § 3 Absatz 1 oder 5 des Pflegezeitgesetzes zu stellen.

§ 11 Allgemeine Verwaltungsvorschriften
Zur Durchführung des Verfahrens nach den §§ 8 und 10 kann das Bundesministerium für Familie, Senioren, Frauen und Jugend allgemeine Verwaltungsvorschriften erlassen.

§ 12 Bußgeldvorschriften
(1) Ordnungswidrig handelt, wer vorsätzlich oder fahrlässig
1. entgegen § 4 Satz 1 eine dort genannte Bescheinigung nicht, nicht richtig, nicht vollständig oder nicht rechtzeitig erstellt,
2. entgegen § 5 Absatz 2 eine Mitteilung nicht, nicht richtig, nicht vollständig oder nicht rechtzeitig macht oder

3. entgegen § 8 Absatz 3 Nummer 4 eine Mitteilung nicht, nicht richtig, nicht vollständig oder nicht rechtzeitig macht.
(2) Verwaltungsbehörde im Sinne des § 36 Absatz 1 Nummer 1 des Gesetzes über Ordnungswidrigkeiten ist das Bundesamt für Familie und zivilgesellschaftliche Aufgaben.
(3) Die Ordnungswidrigkeit kann in den Fällen des Absatzes 1 Nummer 1 mit einer Geldbuße bis zu fünftausend Euro und in den Fällen des Absatzes 1 Nummer 2 mit einer Geldbuße bis zu tausend Euro geahndet werden.
(4) [1]Die Geldbußen fließen in die Kasse des Bundesamtes für Familie und zivilgesellschaftliche Aufgaben. [2]Diese trägt abweichend von § 105 Absatz 2 des Gesetzes über Ordnungswidrigkeiten die notwendigen Auslagen. [3]Sie ist auch ersatzpflichtig im Sinne des § 110 Absatz 4 des Gesetzes über Ordnungswidrigkeiten.

§ 13 Aufbringung der Mittel
Die für die Ausführung dieses Gesetzes erforderlichen Mittel trägt der Bund.

§ 14 Beirat
(1) Das Bundesministerium für Familie, Senioren, Frauen und Jugend setzt einen unabhängigen Beirat für die Vereinbarkeit von Pflege und Beruf ein.
(2) [1]Der Beirat befasst sich mit Fragen zur Vereinbarkeit von Pflege und Beruf, er begleitet die Umsetzung der einschlägigen gesetzlichen Regelungen und berät über deren Auswirkungen. [2]Das Bundesministerium für Familie, Senioren, Frauen und Jugend kann dem Beirat Themenstellungen zur Beratung vorgeben.
(3) Der Beirat legt dem Bundesministerium für Familie, Senioren, Frauen und Jugend alle vier Jahre, erstmals zum 1. Juni 2019, einen Bericht vor und kann hierin Handlungsempfehlungen aussprechen.
(4) [1]Der Beirat besteht aus einundzwanzig Mitgliedern, die vom Bundesministerium für Familie, Senioren, Frauen und Jugend im Einvernehmen mit dem Bundesministerium für Arbeit und Soziales und dem Bundesministerium für Gesundheit berufen werden. [2]Stellvertretung ist zulässig. [3]Die oder der Vorsitzende und die oder der stellvertretende Vorsitzende werden vom Bundesministerium für Familie, Senioren, Frauen und Jugend ernannt. [4]Der Beirat setzt sich zusammen aus sechs Vertreterinnen oder Vertretern von fachlich betroffenen Interessenverbänden, je zwei Vertreterinnen oder Vertretern der Gewerkschaften, der Arbeitgeber, der Wohlfahrtsverbände und der Seniorenorganisationen sowie aus je einer Vertreterin oder einem Vertreter der sozialen und der privaten Pflege-Pflichtversicherung. [5]Des Weiteren gehören dem Beirat zwei Wissenschaftlerinnen oder Wissenschaftler mit Schwerpunkt in der Forschung der Vereinbarkeit von Pflege und Beruf sowie je eine Vertreterin oder ein Vertreter der Konferenz der Ministerinnen und Minister, Senatorinnen und Senatoren für Jugend und Familie, der Konferenz der Ministerinnen und Minister, Senatorinnen und Senatoren für Arbeit und Soziales sowie der kommunalen Spitzenverbände an. [6]Die Besetzung des Beirats muss geschlechterparitätisch erfolgen.
(5) [1]Die Amtszeit der Mitglieder des Beirats und ihrer Stellvertreterinnen oder Stellvertreter beträgt fünf Jahre und kann einmalig um fünf Jahre verlängert werden. [2]Scheidet ein Mitglied oder dessen Stellvertreterin oder Stellvertreter vorzeitig aus, wird für den Rest der Amtszeit eine Nachfolgerin oder ein Nachfolger berufen.
(6) [1]Die Mitglieder des Beirats sind ehrenamtlich tätig. [2]Sie haben Anspruch auf Erstattung ihrer notwendigen Auslagen.
(7) Der Beirat arbeitet auf der Grundlage einer durch das Bundesministerium für Familie, Senioren, Frauen und Jugend zu erlassenden Geschäftsordnung.

§ 15 Übergangsvorschrift
Die Vorschriften des Familienpflegezeitgesetzes in der Fassung vom 6. Dezember 2011 gelten in den Fällen fort, in denen die Voraussetzungen für die Gewährung eines Darlehens nach § 3 Absatz 1 in Verbindung mit § 12 Absatz 1 Satz 1 bis einschließlich 31. Dezember 2014 vorlagen.

§ 16 *(weggefallen)*

Verordnung zum Schutz vor Gefahrstoffen (Gefahrstoffverordnung – GefStoffV)

vom 26. November 2010 (BGBl. I 2010, S. 1643, 1644)

– zuletzt geändert durch Verordnung zur Änderung der Biostoffverordnung und anderer Arbeitsschutzverordnungen vom 21. Juli 2021 (BGBl I 2021, S. 3115)

Abschnitt 1: Zielsetzung, Anwendungsbereich und Begriffsbestimmungen
§ 1 Zielsetzung und Anwendungsbereich
(1) Ziel dieser Verordnung ist es, den Menschen und die Umwelt vor stoffbedingten Schädigungen zu schützen durch
1. Regelungen zur Einstufung, Kennzeichnung und Verpackung gefährlicher Stoffe und Gemische,
2. Maßnahmen zum Schutz der Beschäftigten und anderer Personen bei Tätigkeiten mit Gefahrstoffen und
3. Beschränkungen für das Herstellen und Verwenden bestimmter gefährlicher Stoffe, Gemische und Erzeugnisse.

(2) [1]Abschnitt 2 gilt für das Inverkehrbringen von
1. gefährlichen Stoffen und Gemischen,
2. bestimmten Stoffen, Gemischen und Erzeugnissen, die mit zusätzlichen Kennzeichnungen zu versehen sind, nach Maßgabe der Richtlinie 96/59/EG des Rates vom 16. September 1996 über die Beseitigung polychlorierter Biphenyle und polychlorierter Terphenyle (PCB/PCT) (ABl. L 243 vom 24.9.1996, S. 31), die durch die Verordnung (EG) Nr. 596/2009 (ABl. L 188 vom 18.7.2009, S. 14) geändert worden ist,
3. Biozid-Produkten im Sinne des § 3 Nummer 11 des Chemikaliengesetzes, die keine gefährlichen Stoffe oder Gemische sind, sowie
4. Biozid-Wirkstoffen im Sinne des § 3 Nummer 12 des Chemikaliengesetzes, die biologische Arbeitsstoffe im Sinne der Biostoffverordnung sind, und Biozid-Produkten im Sinne des § 3 Nummer 11 des Chemikaliengesetzes, die als Wirkstoffe solche biologischen Arbeitsstoffe enthalten.

[2]Abschnitt 2 gilt nicht für Lebensmittel oder Futtermittel in Form von Fertigerzeugnissen, die für den Endverbrauch bestimmt sind.

(3) [1]Die Abschnitte 3 bis 6 gelten für Tätigkeiten, bei denen Beschäftigte Gefährdungen ihrer Gesundheit und Sicherheit durch Stoffe, Gemische oder Erzeugnisse ausgesetzt sein können. [2]Sie gelten auch, wenn die Sicherheit und Gesundheit anderer Personen aufgrund von Tätigkeiten im Sinne von § 2 Absatz 5 gefährdet sein können, die durch Beschäftigte oder Unternehmer ohne Beschäftigte ausgeübt werden. [3]Die Sätze 1 und 2 finden auch Anwendung auf Tätigkeiten, die im Zusammenhang mit der Beförderung von Stoffen, Gemischen und Erzeugnissen ausgeübt werden. [4]Die Vorschriften des Gefahrgutbeförderungsgesetzes und der darauf gestützten Rechtsverordnungen bleiben unberührt.

(4) [1]Sofern nicht ausdrücklich etwas anderes bestimmt ist, gilt diese Verordnung nicht für
1. biologische Arbeitsstoffe im Sinne der Biostoffverordnung und
2. private Haushalte.

[2]Diese Verordnung gilt ferner nicht für Betriebe, die dem Bundesberggesetz unterliegen, soweit dort oder in Rechtsverordnungen, die auf Grund dieses Gesetzes erlassen worden sind, entsprechende Rechtsvorschriften bestehen.

§ 2 Begriffsbestimmungen

(1) Gefahrstoffe im Sinne dieser Verordnung sind
1. gefährliche Stoffe und Gemische nach § 3,
2. Stoffe, Gemische und Erzeugnisse, die explosionsfähig sind,
3. Stoffe, Gemische und Erzeugnisse, aus denen bei der Herstellung oder Verwendung Stoffe nach Nummer 1 oder Nummer 2 entstehen oder freigesetzt werden,
4. Stoffe und Gemische, die die Kriterien nach den Nummern 1 bis 3 nicht erfüllen, aber auf Grund ihrer physikalisch-chemischen, chemischen oder toxischen Eigenschaften und der Art und Weise, wie sie am Arbeitsplatz vorhanden sind oder verwendet werden, die Gesundheit und die Sicherheit der Beschäftigten gefährden können,
5. alle Stoffe, denen ein Arbeitsplatzgrenzwert zugewiesen worden ist.

(2) Für die Begriffe Stoff, Gemisch, Erzeugnis, Lieferant, nachgeschalteter Anwender und Hersteller gelten die Begriffsbestimmungen nach Artikel 2 der Verordnung (EG) Nr. 1272/2008 des Europäischen Parlaments und des Rates vom 16. Dezember 2008 über die Einstufung, Kennzeichnung und Verpackung von Stoffen und Gemischen, zur Änderung und Aufhebung der Richtlinien 67/548/EWG und 1999/45/EG und zur Änderung der Verordnung (EG) Nr. 1907/2006 (ABl. L 353 vom 31.12.2008, S. 1), die zuletzt durch die Verordnung (EU) 2015/1221 (ABl. L 197 vom 25.7.2015, S. 10) geändert worden ist.

(2a) Umweltgefährlich sind, über die Gefahrenklasse gewässergefährdend nach der Verordnung (EG) Nr. 1272/2008 hinaus, Stoffe oder Gemische, wenn sie selbst oder ihre Umwandlungsprodukte geeignet sind, die Beschaffenheit von Naturhaushalt, Boden oder Luft, Klima, Tieren, Pflanzen oder Mikroorganismen derart zu verändern, dass dadurch sofort oder später Gefahren für die Umwelt herbeigeführt werden können.

(3) Krebserzeugend, keimzellmutagen oder reproduktionstoxisch sind
1. Stoffe, die in Anhang VI der Verordnung (EG) Nr. 1272/2008 in der jeweils geltenden Fassung als karzinogen, keimzellmutagen oder reproduktionstoxisch eingestuft sind,
2. Stoffe, welche die Kriterien für die Einstufung als karzinogen, keimzellmutagen oder reproduktionstoxisch nach Anhang I der Verordnung (EG) Nr. 1272/2008 in der jeweils geltenden Fassung erfüllen,
3. Gemische, die einen oder mehrere der in § 2 Absatz 3 Nummer 1 oder 2 genannten Stoffe enthalten, wenn die Konzentration dieses Stoffs oder dieser Stoffe die stoffspezifischen oder die allgemeinen Konzentrationsgrenzen nach der Verordnung (EG) Nr. 1272/2008 in der jeweils geltenden Fassung erreicht oder übersteigt, die für die Einstufung eines Gemischs als karzinogen, keimzellmutagen oder reproduktionstoxisch festgelegt sind,
4. Stoffe, Gemische oder Verfahren, die in den nach § 20 Absatz 4 bekannt gegebenen Regeln und Erkenntnissen als krebserzeugend, keimzellmutagen oder reproduktionstoxisch bezeichnet werden.

(4) Organische Peroxide im Sinne des § 11 Absatz 4 und des Anhangs III sind Stoffe, die sich vom Wasserstoffperoxid dadurch ableiten, dass ein oder beide Wasserstoffatome durch organische Gruppen ersetzt sind, sowie Gemische, die diese Stoffe enthalten.

(5) [1]Eine Tätigkeit ist jede Arbeit mit Stoffen, Gemischen oder Erzeugnissen, einschließlich Herstellung, Mischung, Ge- und Verbrauch, Lagerung, Aufbewahrung, Be- und Verarbeitung, Ab- und Umfüllung, Entfernung, Entsorgung und Vernichtung. [2]Zu den Tätigkeiten zählen auch das innerbetriebliche Befördern sowie Bedien- und Überwachungsarbeiten.

(5a) Begasung bezeichnet eine Verwendung von Biozid-Produkten oder Pflanzenschutzmitteln
1. bei der bestimmungsgemäß Stoffe gasförmig freigesetzt werden,
   a) die als akut toxisch Kategorie 1, 2 oder 3 eingestuft sind oder

Gefahrstoffverordnung § 2

b) für die in der Zulassung festgelegt wurde, dass eine Messung oder Überwachung der Wirkstoff- oder Sauerstoffkonzentration zu erfolgen hat,
2. für die in der Zulassung die Bereitstellung und Verwendung eines unabhängig von der Umgebungsatmosphäre wirkenden Atemschutzgeräts festgelegt wurde oder
3. die zur Raumdesinfektion sämtlicher Flächen eines umschlossenen Raums eingesetzt werden, wobei Formaldehyd aus einer wässrigen Formaldehydlösung in Form schwebfähiger Flüssigkeitstropfen ausgebracht wird.
(6) [1]Lagern ist das Aufbewahren zur späteren Verwendung sowie zur Abgabe an andere. [2]Es schließt die Bereitstellung zur Beförderung ein, wenn die Beförderung nicht innerhalb von 24 Stunden nach der Bereitstellung oder am darauffolgenden Werktag erfolgt. [3]Ist dieser Werktag ein Samstag, so endet die Frist mit Ablauf des nächsten Werktags.
(7) Es stehen gleich
1. den Beschäftigten die in Heimarbeit beschäftigten Personen sowie Schülerinnen und Schüler, Studierende und sonstige, insbesondere an wissenschaftlichen Einrichtungen tätige Personen, die Tätigkeiten mit Gefahrstoffen ausüben; für Schülerinnen und Schüler und Studierende gelten jedoch nicht die Regelungen dieser Verordnung über die Beteiligung der Personalvertretungen,
2. dem Arbeitgeber der Unternehmer ohne Beschäftigte sowie der Auftraggeber und der Zwischenmeister im Sinne des Heimarbeitsgesetzes in der im Bundesgesetzblatt Teil III, Gliederungsnummer 804-1, veröffentlichten bereinigten Fassung, das zuletzt durch Artikel 225 der Verordnung vom 31. Oktober 2006 (BGBl. I S. 2407) geändert worden ist.
(8) [1]Der Arbeitsplatzgrenzwert ist der Grenzwert für die zeitlich gewichtete durchschnittliche Konzentration eines Stoffs in der Luft am Arbeitsplatz in Bezug auf einen gegebenen Referenzzeitraum. [2]Er gibt an, bis zu welcher Konzentration eines Stoffs akute oder chronische schädliche Auswirkungen auf die Gesundheit von Beschäftigten im Allgemeinen nicht zu erwarten sind.
(9) [1]Der biologische Grenzwert ist der Grenzwert für die toxikologisch-arbeitsmedizinisch abgeleitete Konzentration eines Stoffs, seines Metaboliten oder eines Beanspruchungsindikators im entsprechenden biologischen Material. [2]Er gibt an, bis zu welcher Konzentration die Gesundheit von Beschäftigten im Allgemeinen nicht beeinträchtigt wird.
(9a) Physikalisch-chemische Einwirkungen umfassen Gefährdungen, die hervorgerufen werden können durch Tätigkeiten mit
1. Stoffen, Gemischen oder Erzeugnissen mit einer physikalischen Gefahr nach der Verordnung (EG) Nr. 1272/2008 oder
2. weiteren Gefahrstoffen, die nach der Verordnung (EG) Nr. 1272/2008 nicht mit einer physikalischen Gefahr eingestuft sind, die aber miteinander oder aufgrund anderer Wechselwirkungen so reagieren können, dass Brände oder Explosionen entstehen können.
(10) Ein explosionsfähiges Gemisch ist ein Gemisch aus brennbaren Gasen, Dämpfen, Nebeln oder aufgewirbelten Stäuben und Luft oder einem anderen Oxidationsmittel, das nach Wirksamwerden einer Zündquelle in einer sich selbsttätig fortpflanzenden Flammenausbreitung reagiert, sodass im Allgemeinen ein sprunghafter Temperatur- und Druckanstieg hervorgerufen wird.
(11) Chemisch instabile Gase, die auch ohne ein Oxidationsmittel nach Wirksamwerden einer Zündquelle in einer sich selbsttätig fortpflanzenden Flammenausbreitung reagieren können, sodass ein sprunghafter Temperatur- und Druckanstieg hervorgerufen wird, stehen explosionsfähigen Gemischen nach Absatz 10 gleich.
(12) Ein gefährliches explosionsfähiges Gemisch ist ein explosionsfähiges Gemisch, das in solcher Menge auftritt, dass besondere Schutzmaßnahmen für die Aufrechterhaltung der Gesundheit und Sicherheit der Beschäftigten oder anderer Personen erforderlich werden.

§ 2   Gefahrstoffverordnung

(13) Gefährliche explosionsfähige Atmosphäre ist ein gefährliches explosionsfähiges Gemisch mit Luft als Oxidationsmittel unter atmosphärischen Bedingungen (Umgebungstemperatur von -20 °C bis +60 °C und Druck von 0,8 Bar bis 1,1 Bar).
(14) Explosionsgefährdeter Bereich ist der Gefahrenbereich, in dem gefährliche explosionsfähige Atmosphäre auftreten kann.
(15) [1]Der Stand der Technik ist der Entwicklungsstand fortschrittlicher Verfahren, Einrichtungen oder Betriebsweisen, der die praktische Eignung einer Maßnahme zum Schutz der Gesundheit und zur Sicherheit der Beschäftigten gesichert erscheinen lässt. [2]Bei der Bestimmung des Stands der Technik sind insbesondere vergleichbare Verfahren, Einrichtungen oder Betriebsweisen heranzuziehen, die mit Erfolg in der Praxis erprobt worden sind. [3]Gleiches gilt für die Anforderungen an die Arbeitsmedizin und die Arbeitsplatzhygiene.
(16) [1]Fachkundig ist, wer zur Ausübung einer in dieser Verordnung bestimmten Aufgabe über die erforderlichen Fachkenntnisse verfügt. [2]Die Anforderungen an die Fachkunde sind abhängig von der jeweiligen Art der Aufgabe. [3]Zu den Anforderungen zählen eine entsprechende Berufsausbildung, Berufserfahrung oder eine zeitnah ausgeübte entsprechende berufliche Tätigkeit sowie die Teilnahme an spezifischen Fortbildungsmaßnahmen.
(17) [1]Sachkundig ist, wer seine bestehende Fachkunde durch Teilnahme an einem behördlich anerkannten Sachkundelehrgang erweitert hat. [2]In Abhängigkeit vom Aufgabengebiet kann es zum Erwerb der Sachkunde auch erforderlich sein, den Lehrgang mit einer erfolgreichen Prüfung abzuschließen. [3]Sachkundig ist ferner, wer über eine von der zuständigen Behörde als gleichwertig anerkannte oder in dieser Verordnung als gleichwertig bestimmte Qualifikation verfügt.
(18) [1]Eine Verwenderkategorie bezeichnet eine Personengruppe, die berechtigt ist, ein bestimmtes Biozid-Produkt zu verwenden. [2]Sie beschreibt den Grad der Qualifikation, die für diese Verwendung erforderlich ist. [3]Die zugehörige Verwenderkategorie eines Biozid-Produkts wird nach der Verordnung (EU) Nr. 528/2012 des Europäischen Parlaments und des Rates vom 22. Mai 2012 über die Bereitstellung auf dem Markt und die Verwendung von Biozid-Produkten (ABl. L 167 vom 27.6.2012, S. 1), die zuletzt durch die Delegierte Verordnung (EU) 2019/1825 (ABl. L 279 vom 31.10.2019, S. 19) geändert worden ist, in der jeweils geltenden Fassung, im Zulassungsverfahren festgelegt. [4]Verwenderkategorien sind:
1. die breite Öffentlichkeit,
2. der berufsmäßige Verwender,
3. der geschulte berufsmäßige Verwender.

Gefahrstoffverordnung § 3

Abschnitt 2: Gefahrstoffinformation

§ 3 Gefahrenklassen

(1) Gefährlich im Sinne dieser Verordnung sind Stoffe, Gemische und bestimmte Erzeugnisse, die den in Anhang I der Verordnung (EG) Nr. 1272/2008 dargelegten Kriterien entsprechen.
(2) Die folgenden Gefahrenklassen geben die Art der Gefährdung wieder und werden unter Angabe der Nummerierung des Anhangs I der Verordnung (EG) Nr. 1272/2008 aufgelistet:

		Nummerierung nach Anhang I der Verordnung (EG) Nr. 1272/2008
1. Physikalische Gefahren		2
	a) Explosive Stoffe/Gemische und Erzeugnisse mit Explosivstoff	2.1
	b) Entzündbare Gase	2.2
	c) Aerosole	2.3
	d) Oxidierende Gase	2.4
	e) Gase unter Druck	2.5
	f) Entzündbare Flüssigkeiten	2.6
	g) Entzündbare Feststoffe	2.7
	h) Selbstzersetzliche Stoffe und Gemische	2.8
	i) Pyrophore Flüssigkeiten	2.9
	j) Pyrophore Feststoffe	2.10
	k) Selbsterhitzungsfähige Stoffe und Gemische	2.11
	l) Stoffe und Gemische, die in Berührung mit Wasser entzündbare Gase entwickeln	2.12
	m) Oxidierende Flüssigkeiten	2.13
	n) Oxidierende Feststoffe	2.14
	o) Organische Peroxide	2.15
	p) Korrosiv gegenüber Metallen	2.16
2. Gesundheitsgefahren		3
	a) Akute Toxizität (oral, dermal und inhalativ)	3.1
	b) Ätz-/Reizwirkung auf die Haut	3.2
	c) Schwere Augenschädigung/ Augenreizung	3.3
	d) Sensibilisierung der Atemwege oder der Haut	3.4
	e) Keimzellmutagenität	3.5
	f) Karzinogenität	3.6
	g) Reproduktionstoxizität	3.7
	h) Spezifische Zielorgan-Toxizität, einmalige Exposition (STOT SE)	3.8
	i) Spezifische Zielorgan-Toxizität, wiederholte Exposition (STOT RE)	3.9
	j) Aspirationsgefahr	3.10
3. Umweltgefahren		4
	Gewässergefährdend (akut und langfristig)	4.1
4. Weitere Gefahren		5
	Die Ozonschicht schädigend	5.1

§ 4 Einstufung, Kennzeichnung, Verpackung

(1) ¹Die Einstufung, Kennzeichnung und Verpackung von Stoffen und Gemischen sowie von Erzeugnissen mit Explosivstoff richten sich nach den Bestimmungen der Verordnung (EG) Nr. 1272/2008. ²Gemische, die bereits vor dem 1. Juni 2015 in Verkehr gebracht worden sind und die nach den Bestimmungen der Richtlinie 1999/45/EG gekennzeichnet und verpackt sind, müssen bis 31. Mai 2017 nicht nach der Verordnung (EG) Nr. 1272/2008 eingestuft, gekennzeichnet und verpackt werden.
(2) Bei der Einstufung von Stoffen und Gemischen sind die nach § 20 Absatz 4 bekannt gegebenen Regeln und Erkenntnisse zu beachten.
(3) Die Kennzeichnung von Stoffen und Gemischen, die in Deutschland in Verkehr gebracht werden, muss in deutscher Sprache erfolgen.
(4) Werden gefährliche Stoffe oder gefährliche Gemische unverpackt in Verkehr gebracht, sind jeder Liefereinheit geeignete Sicherheitsinformationen oder ein Sicherheitsdatenblatt in deutscher Sprache beizufügen.
(5) ¹Lieferanten eines Biozid-Produkts, für das ein Dritter der Zulassungsinhaber ist, haben über die in Absatz 1 erwähnten Kennzeichnungspflichten hinaus sicherzustellen, dass die vom Zulassungsinhaber nach Artikel 69 Absatz 2 Satz 2 der Verordnung (EU) Nr. 528/2012 anzubringende Zusatzkennzeichnung bei der Abgabe an Dritte erhalten oder neu angebracht ist. ²Biozid-Produkte, die aufgrund des § 28 Absatz 8 des Chemikaliengesetzes ohne Zulassung auf dem Markt bereitgestellt werden, sind zusätzlich zu der in Absatz 1 erwähnten Kennzeichnung entsprechend Artikel 69 Absatz 2 Satz 2 und 3 der Verordnung (EU) Nr. 528/2012 zu kennzeichnen, wobei die dort in Satz 2 Buchstabe c und d aufgeführten Angaben entfallen und die Angaben nach Satz 2 Buchstabe f und g auf die vorgesehenen Anwendungen zu beziehen sind.
(6) ¹Biozid-Wirkstoffe, die biologische Arbeitsstoffe nach § 2 Absatz 1 der Biostoffverordnung sind, sind zusätzlich nach § 3 der Biostoffverordnung einzustufen. ²Biozid-Wirkstoffe nach Satz 1 sowie Biozid-Produkte, bei denen der Wirkstoff ein biologischer Arbeitsstoff ist, sind zusätzlich mit den folgenden Elementen zu kennzeichnen:
1. Identität des Organismus nach Anhang II Titel 2 Nummer 2.1 und 2.2 der Verordnung (EU) Nr. 528/2012,
2. Einstufung der Mikroorganismen in Risikogruppen nach § 3 der Biostoffverordnung und
3. im Falle einer Einstufung in die Risikogruppe 2 und höher nach § 3 der Biostoffverordnung Hinzufügung des Symbols für Biogefährdung nach Anhang I der Biostoffverordnung.
(7) Dekontaminierte PCB-haltige Geräte im Sinne der Richtlinie 96/59/EG müssen nach dem Anhang dieser Richtlinie gekennzeichnet werden.
(8) Die Kennzeichnung bestimmter, beschränkter Stoffe, Gemische und Erzeugnisse richtet sich zusätzlich nach Artikel 67 in Verbindung mit Anhang XVII der Verordnung (EG) Nr. 1907/2006 in ihrer jeweils geltenden Fassung.
(9) Der Lieferant eines Gemischs oder eines Stoffs hat einem nachgeschalteten Anwender auf Anfrage unverzüglich alle Informationen zur Verfügung zu stellen, die dieser für eine ordnungsgemäße Einstufung neuer Gemische benötigt, wenn
1. der Informationsgehalt der Kennzeichnung oder des Sicherheitsdatenblatts des Gemischs oder
2. die Information über eine Verunreinigung oder Beimengung auf dem Kennzeichnungsetikett oder im Sicherheitsdatenblatt des Stoffs
dafür nicht ausreicht.

Gefahrstoffverordnung §§ 5, 6

§ 5 Sicherheitsdatenblatt und sonstige Informationspflichten

(1) [1]Die vom Lieferanten hinsichtlich des Sicherheitsdatenblatts beim Inverkehrbringen von Stoffen und Gemischen zu beachtenden Anforderungen ergeben sich aus Artikel 31 in Verbindung mit Anhang II der Verordnung (EG) Nr. 1907/2006. [2]Ist nach diesen Vorschriften die Übermittlung eines Sicherheitsdatenblatts nicht erforderlich, richten sich die Informationspflichten nach Artikel 32 der Verordnung (EG) Nr. 1907/2006.

(2) Bei den Angaben, die nach den Nummern 15 und 16 des Anhangs II der Verordnung (EG) Nr. 1907/2006 zu machen sind, sind insbesondere die nach § 20 Absatz 4 bekannt gegebenen Regeln und Erkenntnisse zu berücksichtigen, nach denen Stoffe oder Tätigkeiten als krebserzeugend, keimzellmutagen oder reproduktionstoxisch bezeichnet werden.

(3) (weggefallen)

Abschnitt 3: Gefährdungsbeurteilung und Grundpflichten

§ 6 Informationsermittlung und Gefährdungsbeurteilung

(1) [1]Im Rahmen einer Gefährdungsbeurteilung als Bestandteil der Beurteilung der Arbeitsbedingungen nach § 5 des Arbeitsschutzgesetzes hat der Arbeitgeber festzustellen, ob die Beschäftigten Tätigkeiten mit Gefahrstoffen ausüben oder ob bei Tätigkeiten Gefahrstoffe entstehen oder freigesetzt werden können. [2]Ist dies der Fall, so hat er alle hiervon ausgehenden Gefährdungen der Gesundheit und Sicherheit der Beschäftigten unter folgenden Gesichtspunkten zu beurteilen:

1. gefährliche Eigenschaften der Stoffe oder Gemische, einschließlich ihrer physikalisch-chemischen Wirkungen,
2. Informationen des Lieferanten zum Gesundheitsschutz und zur Sicherheit, insbesondere im Sicherheitsdatenblatt,
3. Art und Ausmaß der Exposition unter Berücksichtigung aller Expositionswege; dabei sind die Ergebnisse der Messungen und Ermittlungen nach § 7 Absatz 8 zu berücksichtigen,
4. Möglichkeiten einer Substitution,
5. Arbeitsbedingungen und Verfahren, einschließlich der Arbeitsmittel und der Gefahrstoffmenge,
6. Arbeitsplatzgrenzwerte und biologische Grenzwerte,
7. Wirksamkeit der ergriffenen oder zu ergreifenden Schutzmaßnahmen,
8. Erkenntnisse aus arbeitsmedizinischen Vorsorgeuntersuchungen nach der Verordnung zur arbeitsmedizinischen Vorsorge.

(2) [1]Der Arbeitgeber hat sich die für die Gefährdungsbeurteilung notwendigen Informationen beim Lieferanten oder aus anderen, ihm mit zumutbarem Aufwand zugänglichen Quellen zu beschaffen. [2]Insbesondere hat der Arbeitgeber die Informationen zu beachten, die ihm nach Titel IV der Verordnung (EG) Nr. 1907/2006 zur Verfügung gestellt werden; dazu gehören Sicherheitsdatenblätter und die Informationen zu Stoffen oder Gemischen, für die kein Sicherheitsdatenblatt zu erstellen ist. [3]Sofern die Verordnung (EG) Nr. 1907/2006 keine Informationspflicht vorsieht, hat der Lieferant dem Arbeitgeber auf Anfrage die für die Gefährdungsbeurteilung notwendigen Informationen über die Gefahrstoffe zur Verfügung zu stellen.

(3) [1]Stoffe und Gemische, die nicht von einem Lieferanten nach § 4 Absatz 1 eingestuft und gekennzeichnet worden sind, beispielsweise innerbetrieblich hergestellte Stoffe oder Gemische, hat der Arbeitgeber selbst einzustufen. [2]Zumindest aber hat er die von den Stoffen oder Gemischen ausgehenden Gefährdungen der Beschäftigten zu ermitteln; dies gilt auch für Gefahrstoffe nach § 2 Absatz 1 Nummer 4.

(4) ¹Der Arbeitgeber hat festzustellen, ob die verwendeten Stoffe, Gemische und Erzeugnisse bei Tätigkeiten, auch unter Berücksichtigung verwendeter Arbeitsmittel, Verfahren und der Arbeitsumgebung sowie ihrer möglichen Wechselwirkungen, zu Brand- oder Explosionsgefährdungen führen können. ²Dabei hat er zu beurteilen,
1. ob gefährliche Mengen oder Konzentrationen von Gefahrstoffen, die zu Brand- und Explosionsgefährdungen führen können, auftreten; dabei sind sowohl Stoffe und Gemische mit physikalischen Gefährdungen nach der Verordnung (EG) Nr. 1272/2008 wie auch andere Gefahrstoffe, die zu Brand- und Explosionsgefährdungen führen können, sowie Stoffe, die in gefährlicher Weise miteinander reagieren können, zu berücksichtigen,
2. ob Zündquellen oder Bedingungen, die Brände oder Explosionen auslösen können, vorhanden sind und
3. ob schädliche Auswirkungen von Bränden oder Explosionen auf die Gesundheit und Sicherheit der Beschäftigten möglich sind.
³Insbesondere hat er zu ermitteln, ob die Stoffe, Gemische und Erzeugnisse auf Grund ihrer Eigenschaften und der Art und Weise, wie sie am Arbeitsplatz vorhanden sind oder verwendet werden, explosionsfähige Gemische bilden können. ⁴Im Fall von nicht atmosphärischen Bedingungen sind auch die möglichen Veränderungen der für den Explosionsschutz relevanten sicherheitstechnischen Kenngrößen zu ermitteln und zu berücksichtigen.
(5) ¹Bei der Gefährdungsbeurteilung sind ferner Tätigkeiten zu berücksichtigen, bei denen auch nach Ausschöpfung sämtlicher technischer Schutzmaßnahmen die Möglichkeit einer Gefährdung besteht. ²Dies gilt insbesondere für Instandhaltungsarbeiten, einschließlich Wartungsarbeiten. ³Darüber hinaus sind auch andere Tätigkeiten wie Bedien- und Überwachungsarbeiten zu berücksichtigen, wenn diese zu einer Gefährdung von Beschäftigten durch Gefahrstoffe führen können.
(6) ¹Die mit den Tätigkeiten verbundenen inhalativen, dermalen und physikalisch-chemischen Gefährdungen sind unabhängig voneinander zu beurteilen und in der Gefährdungsbeurteilung zusammenzuführen. ²Treten bei einer Tätigkeit mehrere Gefahrstoffe gleichzeitig auf, sind Wechsel- oder Kombinationswirkungen der Gefahrstoffe, die Einfluss auf die Gesundheit und Sicherheit der Beschäftigten haben, bei der Gefährdungsbeurteilung zu berücksichtigen, soweit solche Wirkungen bekannt sind.
(7) Der Arbeitgeber kann bei der Festlegung der Schutzmaßnahmen eine Gefährdungsbeurteilung übernehmen, die ihm der Lieferant mitgeliefert hat, sofern die Angaben und Festlegungen in dieser Gefährdungsbeurteilung den Arbeitsbedingungen und Verfahren, einschließlich der Arbeitsmittel und der Gefahrstoffmenge, im eigenen Betrieb entsprechen.
(8) ¹Der Arbeitgeber hat die Gefährdungsbeurteilung unabhängig von der Zahl der Beschäftigten erstmals vor Aufnahme der Tätigkeit zu dokumentieren. ²Dabei ist Folgendes anzugeben:
1. die Gefährdungen bei Tätigkeiten mit Gefahrstoffen,
2. das Ergebnis der Prüfung auf Möglichkeiten einer Substitution nach Absatz 1 Satz 2 Nummer 4,
3. eine Begründung für einen Verzicht auf eine technisch mögliche Substitution, sofern Schutzmaßnahmen nach § 9 oder § 10 zu ergreifen sind,
4. die durchzuführenden Schutzmaßnahmen einschließlich derer,
    a) die wegen der Überschreitung eines Arbeitsplatzgrenzwerts zusätzlich ergriffen wurden sowie der geplanten Schutzmaßnahmen, die zukünftig ergriffen werden sollen, um den Arbeitsplatzgrenzwert einzuhalten, oder

b) die unter Berücksichtigung eines Beurteilungsmaßstabs für krebserzeugende Gefahrstoffe, der nach § 20 Absatz 4 bekannt gegeben worden ist, zusätzlich getroffen worden sind oder zukünftig getroffen werden sollen (Maßnahmenplan),
5. eine Begründung, wenn von den nach § 20 Absatz 4 bekannt gegebenen Regeln und Erkenntnissen abgewichen wird, und
6. die Ermittlungsergebnisse, die belegen, dass der Arbeitsplatzgrenzwert eingehalten wird oder, bei Stoffen ohne Arbeitsplatzgrenzwert, die ergriffenen technischen Schutzmaßnahmen wirksam sind.
[3]Im Rahmen der Dokumentation der Gefährdungsbeurteilung können auch vorhandene Gefährdungsbeurteilungen, Dokumente oder andere gleichwertige Berichte verwendet werden, die auf Grund von Verpflichtungen nach anderen Rechtsvorschriften erstellt worden sind.
(9) [1]Bei der Dokumentation nach Absatz 8 hat der Arbeitgeber in Abhängigkeit der Feststellungen nach Absatz 4 die Gefährdungen durch gefährliche explosionsfähige Gemische besonders auszuweisen (Explosionsschutzdokument). [2]Daraus muss insbesondere hervorgehen,
1. dass die Explosionsgefährdungen ermittelt und einer Bewertung unterzogen worden sind,
2. dass angemessene Vorkehrungen getroffen werden, um die Ziele des Explosionsschutzes zu erreichen (Darlegung eines Explosionsschutzkonzeptes),
3. ob und welche Bereiche entsprechend Anhang I Nummer 1.7 in Zonen eingeteilt wurden,
4. für welche Bereiche Explosionsschutzmaßnahmen nach § 11 und Anhang I Nummer 1 getroffen wurden,
5. wie die Vorgaben nach § 15 umgesetzt werden und
6. welche Überprüfungen nach § 7 Absatz 7 und welche Prüfungen zum Explosionsschutz nach Anhang 2 Abschnitt 3 der Betriebssicherheitsverordnung durchzuführen sind.
(10) [1]Bei Tätigkeiten mit geringer Gefährdung nach Absatz 13 kann auf eine detaillierte Dokumentation verzichtet werden. [2]Falls in anderen Fällen auf eine detaillierte Dokumentation verzichtet wird, ist dies nachvollziehbar zu begründen. [3]Die Gefährdungsbeurteilung ist regelmäßig zu überprüfen und bei Bedarf zu aktualisieren. [4]Sie ist umgehend zu aktualisieren, wenn maßgebliche Veränderungen oder neue Informationen dies erfordern oder wenn sich eine Aktualisierung auf Grund der Ergebnisse der arbeitsmedizinischen Vorsorge nach der Verordnung zur arbeitsmedizinischen Vorsorge als notwendig erweist.
(11) [1]Die Gefährdungsbeurteilung darf nur von fachkundigen Personen durchgeführt werden. [2]Verfügt der Arbeitgeber nicht selbst über die entsprechenden Kenntnisse, so hat er sich fachkundig beraten zu lassen. [3]Fachkundig können insbesondere die Fachkraft für Arbeitssicherheit und die Betriebsärztin oder der Betriebsarzt sein.
(12) [1]Der Arbeitgeber hat nach Satz 2 ein Verzeichnis der im Betrieb verwendeten Gefahrstoffe zu führen, in dem auf die entsprechenden Sicherheitsdatenblätter verwiesen wird. [2]Das Verzeichnis muss mindestens folgende Angaben enthalten:
1. Bezeichnung des Gefahrstoffs,
2. Einstufung des Gefahrstoffs oder Angaben zu den gefährlichen Eigenschaften,
3. Angaben zu den im Betrieb verwendeten Mengenbereichen,
4. Bezeichnung der Arbeitsbereiche, in denen Beschäftigte dem Gefahrstoff ausgesetzt sein können.
[3]Die Sätze 1 und 2 gelten nicht, wenn nur Tätigkeiten mit geringer Gefährdung nach Absatz 13 ausgeübt werden. [4]Die Angaben nach Satz 2 Nummer 1, 2 und 4 müssen allen betroffenen Beschäftigten und ihrer Vertretung zugänglich sein.
(13) Ergibt sich aus der Gefährdungsbeurteilung für bestimmte Tätigkeiten auf Grund
1. der gefährlichen Eigenschaften des Gefahrstoffs,
2. einer geringen verwendeten Stoffmenge,

3. einer nach Höhe und Dauer niedrigen Exposition und
4. der Arbeitsbedingungen
insgesamt eine nur geringe Gefährdung der Beschäftigten und reichen die nach § 8 zu ergreifenden Maßnahmen zum Schutz der Beschäftigten aus, so müssen keine weiteren Maßnahmen des Abschnitts 4 ergriffen werden.
(14) [1]Liegen für Stoffe oder Gemische keine Prüfdaten oder entsprechende aussagekräftige Informationen zur akut toxischen, reizenden, hautsensibilisierenden oder keimzellmutagenen Wirkung oder zur spezifischen Zielorgan-Toxizität bei wiederholter Exposition vor, sind die Stoffe oder Gemische bei der Gefährdungsbeurteilung wie Stoffe der Gefahrenklasse Akute Toxizität (oral, dermal und inhalativ) Kategorie 3, Ätz-/Reizwirkung auf die Haut Kategorie 2, Sensibilisierung der Haut Kategorie 1, Keimzellmutagenität Kategorie 2 oder Spezifische Zielorgan-Toxizität, wiederholte Exposition (STOT RE) Kategorie 2 zu behandeln. [2]Hinsichtlich der Spezifizierung der anzuwendenden Einstufungskategorien sind die entsprechenden nach § 20 Absatz 4 Nummer 1 bekannt gegebenen Regeln und Erkenntnisse zu berücksichtigen.

§ 7 Grundpflichten

(1) Der Arbeitgeber darf eine Tätigkeit mit Gefahrstoffen erst aufnehmen lassen, nachdem eine Gefährdungsbeurteilung nach § 6 durchgeführt und die erforderlichen Schutzmaßnahmen nach Abschnitt 4 ergriffen worden sind.
(2) [1]Um die Gesundheit und die Sicherheit der Beschäftigten bei allen Tätigkeiten mit Gefahrstoffen zu gewährleisten, hat der Arbeitgeber die erforderlichen Maßnahmen nach dem Arbeitsschutzgesetz und zusätzlich die nach dieser Verordnung erforderlichen Maßnahmen zu ergreifen. [2]Dabei hat er die nach § 20 Absatz 4 bekannt gegebenen Regeln und Erkenntnisse zu berücksichtigen. [3]Bei Einhaltung dieser Regeln und Erkenntnisse ist in der Regel davon auszugehen, dass die Anforderungen dieser Verordnung erfüllt sind. [4]Von diesen Regeln und Erkenntnissen kann abgewichen werden, wenn durch andere Maßnahmen zumindest in vergleichbarer Weise der Schutz der Gesundheit und die Sicherheit der Beschäftigten gewährleistet werden.
(3) [1]Der Arbeitgeber hat auf der Grundlage des Ergebnisses der Substitutionsprüfung nach § 6 Absatz 1 Satz 2 Nummer 4 vorrangig eine Substitution durchzuführen. [2]Er hat Gefahrstoffe oder Verfahren durch Stoffe, Gemische oder Erzeugnisse oder Verfahren zu ersetzen, die unter den jeweiligen Verwendungsbedingungen für die Gesundheit und Sicherheit der Beschäftigten nicht oder weniger gefährlich sind.
(4) [1]Der Arbeitgeber hat Gefährdungen der Gesundheit und der Sicherheit der Beschäftigten bei Tätigkeiten mit Gefahrstoffen auszuschließen. [2]Ist dies nicht möglich, hat er sie auf ein Minimum zu reduzieren. [3]Diesen Geboten hat der Arbeitgeber durch die Festlegung und Anwendung geeigneter Schutzmaßnahmen Rechnung zu tragen. [4]Dabei hat er folgende Rangfolge zu beachten:
1. Gestaltung geeigneter Verfahren und technischer Steuerungseinrichtungen von Verfahren, den Einsatz emissionsfreier oder emissionsarmer Verwendungsformen sowie Verwendung geeigneter Arbeitsmittel und Materialien nach dem Stand der Technik,
2. Anwendung kollektiver Schutzmaßnahmen technischer Art an der Gefahrenquelle, wie angemessene Be- und Entlüftung, und Anwendung geeigneter organisatorischer Maßnahmen,
3. sofern eine Gefährdung nicht durch Maßnahmen nach den Nummern 1 und 2 verhütet werden kann, Anwendung von individuellen Schutzmaßnahmen, die auch die Bereitstellung und Verwendung von persönlicher Schutzausrüstung umfassen.
(5) [1]Beschäftigte müssen die bereitgestellte persönliche Schutzausrüstung verwenden, solange eine Gefährdung besteht. [2]Die Verwendung von belastender persönlicher Schutzausrüs-

Gefahrstoffverordnung § 7

tung darf keine Dauermaßnahme sein. [3]Sie ist für jeden Beschäftigten auf das unbedingt erforderliche Minimum zu beschränken.
(6) Der Arbeitgeber stellt sicher, dass
1. die persönliche Schutzausrüstung an einem dafür vorgesehenen Ort sachgerecht aufbewahrt wird,
2. die persönliche Schutzausrüstung vor Gebrauch geprüft und nach Gebrauch gereinigt wird und
3. schadhafte persönliche Schutzausrüstung vor erneutem Gebrauch ausgebessert oder ausgetauscht wird.
(7) [1]Der Arbeitgeber hat die Funktion und die Wirksamkeit der technischen Schutzmaßnahmen regelmäßig, mindestens jedoch jedes dritte Jahr, zu überprüfen. [2]Das Ergebnis der Prüfungen ist aufzuzeichnen und vorzugsweise zusammen mit der Dokumentation nach § 6 Absatz 8 aufzubewahren.
(8) [1]Der Arbeitgeber stellt sicher, dass die Arbeitsplatzgrenzwerte eingehalten werden. [2]Er hat die Einhaltung durch Arbeitsplatzmessungen oder durch andere geeignete Methoden zur Ermittlung der Exposition zu überprüfen. [3]Ermittlungen sind auch durchzuführen, wenn sich die Bedingungen ändern, welche die Exposition der Beschäftigten beeinflussen können. [4]Die Ermittlungsergebnisse sind aufzuzeichnen, aufzubewahren und den Beschäftigten und ihrer Vertretung zugänglich zu machen. [5]Werden Tätigkeiten entsprechend einem verfahrens- und stoffspezifischen Kriterium ausgeübt, das nach § 20 Absatz 4 bekannt gegebenen worden ist, kann der Arbeitgeber in der Regel davon ausgehen, dass die Arbeitsplatzgrenzwerte eingehalten werden; in diesem Fall findet Satz 2 keine Anwendung.
(9) Sofern Tätigkeiten mit Gefahrstoffen ausgeübt werden, für die kein Arbeitsplatzgrenzwert vorliegt, hat der Arbeitgeber regelmäßig die Wirksamkeit der ergriffenen technischen Schutzmaßnahmen durch geeignete Ermittlungsmethoden zu überprüfen, zu denen auch Arbeitsplatzmessungen gehören können.
(10) [1]Wer Arbeitsplatzmessungen von Gefahrstoffen durchführt, muss fachkundig sein und über die erforderlichen Einrichtungen verfügen. [2]Wenn ein Arbeitgeber eine für Messungen von Gefahrstoffen an Arbeitsplätzen akkreditierte Messstelle beauftragt, kann der Arbeitgeber in der Regel davon ausgehen, dass die von dieser Messstelle gewonnenen Erkenntnisse zutreffend sind.
(11) Der Arbeitgeber hat bei allen Ermittlungen und Messungen die nach § 20 Absatz 4 bekannt gegebenen Verfahren, Messregeln und Grenzwerte zu berücksichtigen, bei denen die entsprechenden Bestimmungen der folgenden Richtlinien berücksichtigt worden sind:
1. der Richtlinie 98/24/EG des Rates vom 7. April 1998 zum Schutz von Gesundheit und Sicherheit der Arbeitnehmer vor der Gefährdung durch chemische Arbeitsstoffe bei der Arbeit (vierzehnte Einzelrichtlinie im Sinne des Artikels 16 Absatz 1 der Richtlinie 89/391/EWG (ABl. L 131 vom 5.5.1998, S. 11), die zuletzt durch die Richtlinie 2014/27/EU (ABl. L 65 vom 5.3.2014, S. 1) geändert worden ist, einschließlich der Richtlinien über Arbeitsplatzgrenzwerte, die nach Artikel 3 Absatz 2 der Richtlinie 98/24/EG erlassen wurden,
2. der Richtlinie 2004/37/EG des Europäischen Parlaments und des Rates vom 29. April 2004 über den Schutz der Arbeitnehmer gegen Gefährdung durch Karzinogene oder Mutagene bei der Arbeit (Sechste Einzelrichtlinie im Sinne von Artikel 16 Absatz 1 der Richtlinie 89/391/EWG des Rates) (kodifizierte Fassung) (ABl. L 158 vom 30.4.2004, S. 50, L 229 vom 29.6.2004, S. 23, L 204 vom 4.8.2007, S. 28), die zuletzt durch die Richtlinie 2014/27/EU geändert worden ist, sowie
3. der Richtlinie 2009/148/EG des Europäischen Parlaments und des Rates vom 30. November 2009 über den Schutz der Arbeitnehmer gegen Gefährdung durch Asbest am Arbeitsplatz (ABl. L 330 vom 16.12.2009, S. 28).

Abschnitt 4: Schutzmaßnahmen

§ 8 Allgemeine Schutzmaßnahmen

(1) Der Arbeitgeber hat bei Tätigkeiten mit Gefahrstoffen die folgenden Schutzmaßnahmen zu ergreifen:
1. geeignete Gestaltung des Arbeitsplatzes und geeignete Arbeitsorganisation,
2. Bereitstellung geeigneter Arbeitsmittel für Tätigkeiten mit Gefahrstoffen und geeignete Wartungsverfahren zur Gewährleistung der Gesundheit und Sicherheit der Beschäftigten bei der Arbeit,
3. Begrenzung der Anzahl der Beschäftigten, die Gefahrstoffen ausgesetzt sind oder ausgesetzt sein können,
4. Begrenzung der Dauer und der Höhe der Exposition,
5. angemessene Hygienemaßnahmen, insbesondere zur Vermeidung von Kontaminationen, und die regelmäßige Reinigung des Arbeitsplatzes,
6. Begrenzung der am Arbeitsplatz vorhandenen Gefahrstoffe auf die Menge, die für den Fortgang der Tätigkeiten erforderlich ist,
7. geeignete Arbeitsmethoden und Verfahren, welche die Gesundheit und Sicherheit der Beschäftigten nicht beeinträchtigen oder die Gefährdung so gering wie möglich halten, einschließlich Vorkehrungen für die sichere Handhabung, Lagerung und Beförderung von Gefahrstoffen und von Abfällen, die Gefahrstoffe enthalten, am Arbeitsplatz.

(2) [1]Der Arbeitgeber hat sicherzustellen, dass
1. alle verwendeten Stoffe und Gemische identifizierbar sind,
2. gefährliche Stoffe und Gemische innerbetrieblich mit einer Kennzeichnung versehen sind, die ausreichende Informationen über die Einstufung, über die Gefahren bei der Handhabung und über die zu beachtenden Sicherheitsmaßnahmen enthält; vorzugsweise ist eine Kennzeichnung zu wählen, die der Verordnung (EG) Nr. 1272/2008 entspricht,
3. Apparaturen und Rohrleitungen so gekennzeichnet sind, dass mindestens die enthaltenen Gefahrstoffe sowie die davon ausgehenden Gefahren eindeutig identifizierbar sind.

[2]Kennzeichnungspflichten nach anderen Rechtsvorschriften bleiben unberührt. [3]Solange der Arbeitgeber den Verpflichtungen nach Satz 1 nicht nachgekommen ist, darf er Tätigkeiten mit den dort genannten Stoffen und Gemischen nicht ausüben lassen. [4]Satz 1 Nummer 2 gilt nicht für Stoffe, die für Forschungs- und Entwicklungszwecke oder für wissenschaftliche Lehrzwecke neu hergestellt worden sind und noch nicht geprüft werden konnten. [5]Eine Exposition der Beschäftigten bei Tätigkeiten mit diesen Stoffen ist zu vermeiden.

(3) [1]Der Arbeitgeber hat gemäß den Ergebnissen der Gefährdungsbeurteilung nach § 6 sicherzustellen, dass die Beschäftigten in Arbeitsbereichen, in denen sie Gefahrstoffen ausgesetzt sein können, keine Nahrungs- oder Genussmittel zu sich nehmen. [2]Der Arbeitgeber hat hierfür vor Aufnahme der Tätigkeiten geeignete Bereiche einzurichten.

(4) Der Arbeitgeber hat sicherzustellen, dass durch Verwendung verschließbarer Behälter eine sichere Lagerung, Handhabung und Beförderung von Gefahrstoffen auch bei der Abfallentsorgung gewährleistet ist.

(5) [1]Der Arbeitgeber hat sicherzustellen, dass Gefahrstoffe so aufbewahrt oder gelagert werden, dass sie weder die menschliche Gesundheit noch die Umwelt gefährden. [2]Er hat dabei wirksame Vorkehrungen zu treffen, um Missbrauch oder Fehlgebrauch zu verhindern. [3]Insbesondere dürfen Gefahrstoffe nicht in solchen Behältern aufbewahrt oder gelagert werden, durch deren Form oder Bezeichnung der Inhalt mit Lebensmitteln verwechselt werden kann. [4]Sie dürfen nur übersichtlich geordnet und nicht in unmittelbarer Nähe von Arznei-, Lebens- oder Futtermitteln, einschließlich deren Zusatzstoffe, aufbewahrt oder gela-

Gefahrstoffverordnung §§ 8, 9

gert werden. [5]Bei der Aufbewahrung zur Abgabe oder zur sofortigen Verwendung muss eine Kennzeichnung nach Absatz 2 deutlich sichtbar und lesbar angebracht sein.
(6) Der Arbeitgeber hat sicherzustellen, dass Gefahrstoffe, die nicht mehr benötigt werden, und entleerte Behälter, die noch Reste von Gefahrstoffen enthalten können, sicher gehandhabt, vom Arbeitsplatz entfernt und sachgerecht gelagert oder entsorgt werden.
(7) [1]Der Arbeitgeber hat sicherzustellen, dass Stoffe und Gemische, die als akut toxisch Kategorie 1, 2 oder 3, spezifisch zielorgantoxisch Kategorie 1, krebserzeugend Kategorie 1A oder 1B oder keimzellmutagen Kategorie 1A oder 1B eingestuft sind, unter Verschluss oder so aufbewahrt oder gelagert werden, dass nur fachkundige und zuverlässige Personen Zugang haben. [2]Tätigkeiten mit diesen Stoffen und Gemischen dürfen nur von fachkundigen oder besonders unterwiesenen Personen ausgeführt werden. [3]Satz 2 gilt auch für Tätigkeiten mit Stoffen und Gemischen, die als reproduktionstoxisch Kategorie 1A oder 1B oder als atemwegssensibilisierend eingestuft sind. [4]Die Sätze 1 und 2 gelten nicht für Kraftstoffe an Tankstellen oder sonstigen Betankungseinrichtungen sowie für Stoffe und Gemische, die als akut toxisch Kategorie 3 eingestuft sind, sofern diese vormals nach der Richtlinie 67/548/EWG oder der Richtlinie 1999/45/EG als gesundheitsschädlich bewertet wurden. [5]Hinsichtlich der Bewertung als gesundheitsschädlich sind die entsprechenden nach § 20 Absatz 4 Nummer 1 bekannt gegebenen Regeln und Erkenntnisse zu berücksichtigen.
(8) Der Arbeitgeber hat bei Tätigkeiten mit Gefahrstoffen nach Anhang I Nummer 2 bis 5 sowohl die §§ 6 bis 18 als auch die betreffenden Vorschriften des Anhangs I Nummer 2 bis 5 zu beachten.

§ 9 Zusätzliche Schutzmaßnahmen

(1) [1]Sind die allgemeinen Schutzmaßnahmen nach § 8 nicht ausreichend, um Gefährdungen durch Einatmen, Aufnahme über die Haut oder Verschlucken entgegenzuwirken, hat der Arbeitgeber zusätzlich diejenigen Maßnahmen nach den Absätzen 2 bis 7 zu ergreifen, die auf Grund der Gefährdungsbeurteilung nach § 6 erforderlich sind. [2]Dies gilt insbesondere, wenn
1. Arbeitsplatzgrenzwerte oder biologische Grenzwerte überschritten werden,
2. bei hautresorptiven oder haut- oder augenschädigenden Gefahrstoffen eine Gefährdung durch Haut- oder Augenkontakt besteht oder
3. bei Gefahrstoffen ohne Arbeitsplatzgrenzwert und ohne biologischen Grenzwert eine Gefährdung auf Grund der ihnen zugeordneten Gefahrenklasse nach § 3 und der inhalativen Exposition angenommen werden kann.

(2) [1]Der Arbeitgeber hat sicherzustellen, dass Gefahrstoffe in einem geschlossenen System hergestellt und verwendet werden, wenn
1. die Substitution der Gefahrstoffe nach § 7 Absatz 3 durch solche Stoffe, Gemische, Erzeugnisse oder Verfahren, die bei ihrer Verwendung nicht oder weniger gefährlich für die Gesundheit und Sicherheit sind, technisch nicht möglich ist und
2. eine erhöhte Gefährdung der Beschäftigten durch inhalative Exposition gegenüber diesen Gefahrstoffen besteht.

[2]Ist die Anwendung eines geschlossenen Systems technisch nicht möglich, so hat der Arbeitgeber dafür zu sorgen, dass die Exposition der Beschäftigten nach dem Stand der Technik und unter Beachtung von § 7 Absatz 4 so weit wie möglich verringert wird.
(3) [1]Bei Überschreitung eines Arbeitsplatzgrenzwerts muss der Arbeitgeber unverzüglich die Gefährdungsbeurteilung nach § 6 erneut durchführen und geeignete zusätzliche Schutzmaßnahmen ergreifen, um den Arbeitsplatzgrenzwert einzuhalten. [2]Wird trotz Ausschöpfung aller technischen und organisatorischen Schutzmaßnahmen der Arbeitsplatzgrenzwert nicht

eingehalten, hat der Arbeitgeber unverzüglich persönliche Schutzausrüstung bereitzustellen. ³Dies gilt insbesondere für Abbruch-, Sanierungs- und Instandhaltungsarbeiten.

(4) Besteht trotz Ausschöpfung aller technischen und organisatorischen Schutzmaßnahmen bei hautresorptiven, haut- oder augenschädigenden Gefahrstoffen eine Gefährdung durch Haut- oder Augenkontakt, hat der Arbeitgeber unverzüglich persönliche Schutzausrüstung bereitzustellen.

(5) ¹Der Arbeitgeber hat getrennte Aufbewahrungsmöglichkeiten für die Arbeits- oder Schutzkleidung einerseits und die Straßenkleidung andererseits zur Verfügung zu stellen. ²Der Arbeitgeber hat die durch Gefahrstoffe verunreinigte Arbeitskleidung zu reinigen.

(6) Der Arbeitgeber hat geeignete Maßnahmen zu ergreifen, die gewährleisten, dass Arbeitsbereiche, in denen eine erhöhte Gefährdung der Beschäftigten besteht, nur den Beschäftigten zugänglich sind, die sie zur Ausübung ihrer Arbeit oder zur Durchführung bestimmter Aufgaben betreten müssen.

(7) ¹Wenn Tätigkeiten mit Gefahrstoffen von einer oder einem Beschäftigten allein ausgeübt werden, hat der Arbeitgeber zusätzliche Schutzmaßnahmen zu ergreifen oder eine angemessene Aufsicht zu gewährleisten. ²Dies kann auch durch den Einsatz technischer Mittel sichergestellt werden.

§ 10 Besondere Schutzmaßnahmen bei Tätigkeiten mit krebserzeugenden, keimzellmutagenen und reproduktionstoxischen Gefahrstoffen der Kategorie 1A und 1B

(1) ¹Bei Tätigkeiten mit krebserzeugenden Gefahrstoffen der Kategorie 1A oder 1B, für die kein Arbeitsplatzgrenzwert nach § 20 Absatz 4 bekannt gegeben worden ist, hat der Arbeitgeber ein geeignetes, risikobezogenes Maßnahmenkonzept anzuwenden, um das Minimierungsgebot nach § 7 Absatz 4 umzusetzen. ²Hierbei sind die nach § 20 Absatz 4 bekannt gegebenen Regeln, Erkenntnisse und Beurteilungsmaßstäbe zu berücksichtigen. ³Bei Tätigkeiten mit krebserzeugenden, keimzellmutagenen oder reproduktionstoxischen Gefahrstoffen der Kategorie 1A oder 1B hat der Arbeitgeber, unbeschadet des Absatzes 2, zusätzlich die Bestimmungen nach den Absätzen 3 bis 5 zu erfüllen. ⁴Die besonderen Bestimmungen des Anhangs II Nummer 6 sind zu beachten.

(2) Die Absätze 3 bis 5 gelten nicht, wenn
1. ein Arbeitsplatzgrenzwert nach § 20 Absatz 4 bekannt gegeben worden ist, dieser eingehalten und dies durch Arbeitsplatzmessung oder durch andere geeignete Methoden zur Ermittlung der Exposition belegt wird oder
2. Tätigkeiten entsprechend einem nach § 20 Absatz 4 bekannt gegebenen verfahrens- und stoffspezifischen Kriterium ausgeübt werden.

(3) Wenn Tätigkeiten mit krebserzeugenden, keimzellmutagenen oder reproduktionstoxischen Gefahrstoffen der Kategorie 1A oder 1B ausgeübt werden, hat der Arbeitgeber
1. die Exposition der Beschäftigten durch Arbeitsplatzmessungen oder durch andere geeignete Ermittlungsmethoden zu bestimmen, auch um erhöhte Expositionen infolge eines unvorhersehbaren Ereignisses oder eines Unfalls schnell erkennen zu können,
2. Gefahrenbereiche abzugrenzen, in denen Beschäftigte diesen Gefahrstoffen ausgesetzt sind oder ausgesetzt sein können, und Warn- und Sicherheitszeichen anzubringen, einschließlich der Verbotszeichen "Zutritt für Unbefugte verboten" und "Rauchen verboten" nach Anhang II Nummer 3.1 der Richtlinie 92/58/EWG des Rates vom 24. Juni 1992 über Mindestvorschriften für die Sicherheits- und/oder Gesundheitsschutzkennzeichnung am Arbeitsplatz (ABl. L 245 vom 26.8.1992, S. 23), die zuletzt durch die Richtlinie 2014/27/EU (ABl. L 65 vom 5.3.2014, S. 1) geändert worden ist.

(4) ¹Bei Tätigkeiten, bei denen eine beträchtliche Erhöhung der Exposition der Beschäftigten durch krebserzeugende, keimzellmutagene oder reproduktionstoxische Gefahrstoffe der Kategorie 1A oder 1B zu erwarten ist und bei denen jede Möglichkeit weiterer technischer Schutzmaßnahmen zur Begrenzung dieser Exposition bereits ausgeschöpft wurde, hat der Arbeitgeber nach Beratung mit den Beschäftigten oder mit ihrer Vertretung Maßnahmen zu ergreifen, um die Dauer der Exposition der Beschäftigten so weit wie möglich zu verkürzen und den Schutz der Beschäftigten während dieser Tätigkeiten zu gewährleisten. ²Er hat den betreffenden Beschäftigten persönliche Schutzausrüstung zur Verfügung zu stellen, die sie während der gesamten Dauer der erhöhten Exposition tragen müssen.
(5) ¹Werden in einem Arbeitsbereich Tätigkeiten mit krebserzeugenden, keimzellmutagenen oder reproduktionstoxischen Gefahrstoffen der Kategorie 1A oder 1B ausgeübt, darf die dort abgesaugte Luft nicht in den Arbeitsbereich zurückgeführt werden. ²Dies gilt nicht, wenn die Luft unter Anwendung von behördlich oder von den Trägern der gesetzlichen Unfallversicherung anerkannten Verfahren oder Geräte ausreichend von solchen Stoffen gereinigt ist. ³Die Luft muss dann so geführt oder gereinigt werden, dass krebserzeugende, keimzellmutagene oder reproduktionstoxische Stoffe nicht in die Atemluft anderer Beschäftigter gelangen.

§ 11 Besondere Schutzmaßnahmen gegen physikalisch-chemische Einwirkungen, insbesondere gegen Brand- und Explosionsgefährdungen

(1) ¹Der Arbeitgeber hat auf der Grundlage der Gefährdungsbeurteilung Maßnahmen zum Schutz der Beschäftigten und anderer Personen vor physikalisch-chemischen Einwirkungen zu ergreifen. ²Er hat die Maßnahmen so festzulegen, dass die Gefährdungen vermieden oder so weit wie möglich verringert werden. ³Dies gilt insbesondere bei Tätigkeiten einschließlich Lagerung, bei denen es zu Brand- und Explosionsgefährdungen kommen kann. ⁴Dabei hat der Arbeitgeber Anhang I Nummer 1 und 5 zu beachten. ⁵Die Vorschriften des Sprengstoffgesetzes und der darauf gestützten Rechtsvorschriften bleiben unberührt.
(2) Zur Vermeidung von Brand- und Explosionsgefährdungen hat der Arbeitgeber Maßnahmen nach folgender Rangfolge zu ergreifen:
1. gefährliche Mengen oder Konzentrationen von Gefahrstoffen, die zu Brand- oder Explosionsgefährdungen führen können, sind zu vermeiden,
2. Zündquellen oder Bedingungen, die Brände oder Explosionen auslösen können, sind zu vermeiden,
3. schädliche Auswirkungen von Bränden oder Explosionen auf die Gesundheit und Sicherheit der Beschäftigten und anderer Personen sind so weit wie möglich zu verringern.
(3) Arbeitsbereiche, Arbeitsplätze, Arbeitsmittel und deren Verbindungen untereinander müssen so konstruiert, errichtet, zusammengebaut, installiert, verwendet und instand gehalten werden, dass keine Brand- und Explosionsgefährdungen auftreten.
(4) ¹Bei Tätigkeiten mit organischen Peroxiden hat der Arbeitgeber über die Bestimmungen der Absätze 1 und 2 sowie des Anhangs I Nummer 1 hinaus insbesondere Maßnahmen zu treffen, die die
1. Gefahr einer unbeabsichtigten Explosion minimieren und
2. Auswirkungen von Bränden und Explosionen beschränken.
²Dabei hat der Arbeitgeber Anhang III zu beachten.

§ 12 (weggefallen)

§ 13 Betriebsstörungen, Unfälle und Notfälle

(1) ¹Um die Gesundheit und die Sicherheit der Beschäftigten bei Betriebsstörungen, Unfällen oder Notfällen zu schützen, hat der Arbeitgeber rechtzeitig die Notfallmaßnahmen festzu-

legen, die beim Eintreten eines derartigen Ereignisses zu ergreifen sind. ²Dies schließt die Bereitstellung angemessener Erste-Hilfe-Einrichtungen und die Durchführung von Sicherheitsübungen in regelmäßigen Abständen ein.
(2) ¹Tritt eines der in Absatz 1 Satz 1 genannten Ereignisse ein, so hat der Arbeitgeber unverzüglich die gemäß Absatz 1 festgelegten Maßnahmen zu ergreifen, um
1. betroffene Beschäftigte über die durch das Ereignis hervorgerufene Gefahrensituation im Betrieb zu informieren,
2. die Auswirkungen des Ereignisses zu mindern und
3. wieder einen normalen Betriebsablauf herbeizuführen.
²Neben den Rettungskräften dürfen nur die Beschäftigten im Gefahrenbereich verbleiben, die Tätigkeiten zur Erreichung der Ziele nach Satz 1 Nummer 2 und 3 ausüben.
(3) ¹Der Arbeitgeber hat Beschäftigten, die im Gefahrenbereich tätig werden, vor Aufnahme ihrer Tätigkeit geeignete Schutzkleidung und persönliche Schutzausrüstung sowie gegebenenfalls erforderliche spezielle Sicherheitseinrichtungen und besondere Arbeitsmittel zur Verfügung zu stellen. ²Im Gefahrenbereich müssen die Beschäftigten die Schutzkleidung und die persönliche Schutzausrüstung für die Dauer des nicht bestimmungsgemäßen Betriebsablaufs verwenden. ³Die Verwendung belastender persönlicher Schutzausrüstung muss für die einzelnen Beschäftigten zeitlich begrenzt sein. ⁴Ungeschützte und unbefugte Personen dürfen sich nicht im festzulegenden Gefahrenbereich aufhalten.
(4) Der Arbeitgeber hat Warn- und sonstige Kommunikationssysteme, die eine erhöhte Gefährdung der Gesundheit und Sicherheit anzeigen, zur Verfügung zu stellen, so dass eine angemessene Reaktion möglich ist und unverzüglich Abhilfemaßnahmen sowie Hilfs-, Evakuierungs- und Rettungsmaßnahmen eingeleitet werden können.
(5) ¹Der Arbeitgeber hat sicherzustellen, dass Informationen über Maßnahmen bei Notfällen mit Gefahrstoffen zur Verfügung stehen. ²Die zuständigen innerbetrieblichen und betriebsfremden Unfall- und Notfalldienste müssen Zugang zu diesen Informationen erhalten. ³Zu diesen Informationen zählen:
1. eine Vorabmitteilung über einschlägige Gefahren bei der Arbeit, über Maßnahmen zur Feststellung von Gefahren sowie über Vorsichtsmaßregeln und Verfahren, damit die Notfalldienste ihre eigenen Abhilfe- und Sicherheitsmaßnahmen vorbereiten können,
2. alle verfügbaren Informationen über spezifische Gefahren, die bei einem Unfall oder Notfall auftreten oder auftreten können, einschließlich der Informationen über die Verfahren nach den Absätzen 1 bis 4.

§ 14 Unterrichtung und Unterweisung der Beschäftigten

(1) ¹Der Arbeitgeber hat sicherzustellen, dass den Beschäftigten eine schriftliche Betriebsanweisung, die der Gefährdungsbeurteilung nach § 6 Rechnung trägt, in einer für die Beschäftigten verständlichen Form und Sprache zugänglich gemacht wird. ²Die Betriebsanweisung muss mindestens Folgendes enthalten:
1. Informationen über die am Arbeitsplatz vorhandenen oder entstehenden Gefahrstoffe, wie beispielsweise die Bezeichnung der Gefahrstoffe, ihre Kennzeichnung sowie mögliche Gefährdungen der Gesundheit und der Sicherheit,
2. Informationen über angemessene Vorsichtsmaßregeln und Maßnahmen, die die Beschäftigten zu ihrem eigenen Schutz und zum Schutz der anderen Beschäftigten am Arbeitsplatz durchzuführen haben; dazu gehören insbesondere
    a) Hygienevorschriften,
    b) Informationen über Maßnahmen, die zur Verhütung einer Exposition zu ergreifen sind,
    c) Informationen zum Tragen und Verwenden von persönlicher Schutzausrüstung und Schutzkleidung,

Gefahrstoffverordnung § 14

3. Informationen über Maßnahmen, die bei Betriebsstörungen, Unfällen und Notfällen und zur Verhütung dieser von den Beschäftigten, insbesondere von Rettungsmannschaften, durchzuführen sind.
³Die Betriebsanweisung muss bei jeder maßgeblichen Veränderung der Arbeitsbedingungen aktualisiert werden. ⁴Der Arbeitgeber hat ferner sicherzustellen, dass die Beschäftigten
1. Zugang haben zu allen Informationen nach Artikel 35 der Verordnung (EG) Nr. 1907/2006 über die Stoffe und Gemische, mit denen sie Tätigkeiten ausüben, insbesondere zu Sicherheitsdatenblättern, und
2. über Methoden und Verfahren unterrichtet werden, die bei der Verwendung von Gefahrstoffen zum Schutz der Beschäftigten angewendet werden müssen.

(2) ¹Der Arbeitgeber hat sicherzustellen, dass die Beschäftigten anhand der Betriebsanweisung nach Absatz 1 über alle auftretenden Gefährdungen und entsprechende Schutzmaßnahmen mündlich unterwiesen werden. ²Teil dieser Unterweisung ist ferner eine allgemeine arbeitsmedizinisch-toxikologische Beratung. ³Diese dient auch zur Information der Beschäftigten über die Voraussetzungen, unter denen sie Anspruch auf arbeitsmedizinische Vorsorgeuntersuchungen nach der Verordnung zur arbeitsmedizinischen Vorsorge haben, und über den Zweck dieser Vorsorgeuntersuchungen. ⁴Die Beratung ist unter Beteiligung der Ärztin oder des Arztes nach § 7 Absatz 1 der Verordnung zur arbeitsmedizinischen Vorsorge durchzuführen, falls dies erforderlich sein sollte. ⁵Die Unterweisung muss vor Aufnahme der Tätigkeit und danach mindestens jährlich arbeitsplatzbezogen durchgeführt werden. ⁶Sie muss in für die Beschäftigten verständlicher Form und Sprache erfolgen. ⁷Inhalt und Zeitpunkt der Unterweisung sind schriftlich festzuhalten und von den Unterwiesenen durch Unterschrift zu bestätigen.

(3) Der Arbeitgeber hat bei Tätigkeiten mit krebserzeugenden, keimzellmutagenen oder reproduktionstoxischen Gefahrstoffen der Kategorie 1A oder 1B sicherzustellen, dass
1. die Beschäftigten und ihre Vertretung nachprüfen können, ob die Bestimmungen dieser Verordnung eingehalten werden, und zwar insbesondere in Bezug auf
   a) die Auswahl und Verwendung der persönlichen Schutzausrüstung und die damit verbundenen Belastungen der Beschäftigten,
   b) durchzuführende Maßnahmen im Sinne des § 10 Absatz 4 Satz 1,
2. die Beschäftigten und ihre Vertretung bei einer erhöhten Exposition, einschließlich der in § 10 Absatz 4 Satz 1 genannten Fälle, unverzüglich unterrichtet und über die Ursachen sowie über die bereits ergriffenen oder noch zu ergreifenden Gegenmaßnahmen informiert werden,
3. ein aktualisiertes Verzeichnis über die Beschäftigten geführt wird, die Tätigkeiten mit krebserzeugenden oder keimzellmutagenen Gefahrstoffen der Kategorie 1A oder 1B ausüben, bei denen die Gefährdungsbeurteilung nach § 6 eine Gefährdung der Gesundheit oder der Sicherheit der Beschäftigten ergibt; in dem Verzeichnis ist auch die Höhe und die Dauer der Exposition anzugeben, der die Beschäftigten ausgesetzt waren,
4. das Verzeichnis nach Nummer 3 mit allen Aktualisierungen, 40 Jahre nach Ende der Exposition aufbewahrt wird; bei Beendigung von Beschäftigungsverhältnissen hat der Arbeitgeber den Beschäftigten einen Auszug über die sie betreffenden Angaben des Verzeichnisses auszuhändigen und einen Nachweis hierüber wie Personalunterlagen aufzubewahren,
5. die Ärztin oder der Arzt nach § 7 Absatz 1 der Verordnung zur arbeitsmedizinischen Vorsorge, die zuständige Behörde sowie jede für die Gesundheit und die Sicherheit am Arbeitsplatz verantwortliche Person Zugang zu dem Verzeichnis nach Nummer 3 haben,
6. alle Beschäftigten Zugang zu den sie persönlich betreffenden Angaben in dem Verzeichnis haben,

7. die Beschäftigten und ihre Vertretung Zugang zu den nicht personenbezogenen Informationen allgemeiner Art in dem Verzeichnis haben.

(4) ¹Der Arbeitgeber kann mit Einwilligung des betroffenen Beschäftigten die Aufbewahrungs- einschließlich der Aushändigungspflicht nach Absatz 3 Nummer 4 auf den zuständigen gesetzlichen Unfallversicherungsträger übertragen. ²Dafür übergibt der Arbeitgeber dem Unfallversicherungsträger die erforderlichen Unterlagen in einer für die elektronische Datenverarbeitung geeigneten Form. ³Der Unfallversicherungsträger händigt der betroffenen Person auf Anforderung einen Auszug des Verzeichnisses mit den sie betreffenden Angaben aus.

§ 15 Zusammenarbeit verschiedener Firmen

(1) ¹Sollen in einem Betrieb Fremdfirmen Tätigkeiten mit Gefahrstoffen ausüben, hat der Arbeitgeber als Auftraggeber sicherzustellen, dass nur solche Fremdfirmen herangezogen werden, die über die Fachkenntnisse und Erfahrungen verfügen, die für diese Tätigkeiten erforderlich sind. ²Der Arbeitgeber als Auftraggeber hat die Fremdfirmen über Gefahrenquellen und spezifische Verhaltensregeln zu informieren.
(2) ¹Kann bei Tätigkeiten von Beschäftigten eines Arbeitgebers eine Gefährdung von Beschäftigten anderer Arbeitgeber durch Gefahrstoffe nicht ausgeschlossen werden, so haben alle betroffenen Arbeitgeber bei der Durchführung ihrer Gefährdungsbeurteilungen nach § 6 zusammenzuwirken und die Schutzmaßnahmen abzustimmen. ²Dies ist zu dokumentieren. ³Die Arbeitgeber haben dabei sicherzustellen, dass Gefährdungen der Beschäftigten aller beteiligten Unternehmen durch Gefahrstoffe wirksam begegnet wird.
(3) Jeder Arbeitgeber ist dafür verantwortlich, dass seine Beschäftigten die gemeinsam festgelegten Schutzmaßnahmen anwenden.
(4) ¹Besteht bei Tätigkeiten von Beschäftigten eines Arbeitgebers eine erhöhte Gefährdung von Beschäftigten anderer Arbeitgeber durch Gefahrstoffe, ist durch die beteiligten Arbeitgeber ein Koordinator zu bestellen. ²Wurde ein Koordinator nach den Bestimmungen der Baustellenverordnung vom 10. Juni 1998 (BGBl. I S. 1283), die durch Artikel 15 der Verordnung vom 23. Dezember 2004 (BGBl. I S. 3758) geändert worden ist, bestellt, gilt die Pflicht nach Satz 1 als erfüllt. ³Dem Koordinator sind von den beteiligten Arbeitgebern alle erforderlichen sicherheitsrelevanten Informationen sowie Informationen zu den festgelegten Schutzmaßnahmen zur Verfügung zu stellen. ⁴Die Bestellung eines Koordinators entbindet die Arbeitgeber nicht von ihrer Verantwortung nach dieser Verordnung.
(5) ¹Vor dem Beginn von Abbruch-, Sanierungs- und Instandhaltungsarbeiten oder Bauarbeiten muss der Arbeitgeber für die Gefährdungsbeurteilung nach § 6 Informationen, insbesondere vom Auftraggeber oder Bauherrn, darüber einholen, ob entsprechend der Nutzungs- oder Baugeschichte des Objekts Gefahrstoffe, insbesondere Asbest, vorhanden oder zu erwarten sind. ²Weiter reichende Informations-, Schutz- und Überwachungspflichten, die sich für den Auftraggeber oder Bauherrn nach anderen Rechtsvorschriften ergeben, bleiben unberührt.

Abschnitt 4a: Anforderungen an die Verwendung von Biozid-Produkten einschließlich der Begasung sowie an Begasungen mit Pflanzenschutzmitteln

§ 15a Verwendungsbeschränkungen

(1) Biozid-Produkte dürfen nicht verwendet werden, soweit damit zu rechnen ist, dass ihre Verwendung im einzelnen Anwendungsfall schädliche Auswirkungen auf die Gesundheit von Menschen, Nicht-Zielorganismen oder auf die Umwelt hat.

(2) ¹Wer Biozid-Produkte verwendet, hat dies ordnungsgemäß zu tun. ²Zur ordnungsgemäßen Verwendung gehört insbesondere, dass
1. die Verwendung von Biozid-Produkten auf das notwendige Mindestmaß begrenzt wird durch:
   a) das Abwägen von Nutzen und Risiken des Einsatzes des Biozid-Produkts und
   b) eine sachgerechte Berücksichtigung physikalischer, biologischer, chemischer und sonstiger Alternativen,
2. das Biozid-Produkt nur für die in der Kennzeichnung oder der Zulassung ausgewiesenen Verwendungszwecke eingesetzt wird,
3. die sich aus der Kennzeichnung oder der Zulassung ergebenden Verwendungsbedingungen eingehalten werden und
4. die Qualifikation des Verwenders die Anforderungen erfüllt, die für die in der Zulassung festgelegte Verwenderkategorie erforderlich ist.

(3) Die Absätze 1 und 2 gelten auch für private Haushalte.

§ 15b Allgemeine Anforderungen an die Verwendung von Biozid-Produkten

(1) ¹Der Arbeitgeber hat vor Verwendung eines Biozid-Produkts sicherzustellen, dass die Anforderungen nach § 15a erfüllt werden. ²Dies erfolgt hinsichtlich der Anforderungen nach
1. § 15a Absatz 2 Satz 2 Nummer 1 im Rahmen der Substitutionsprüfung nach § 6 Absatz 1 Satz 2 Nummer 4,
2. § 15a Absatz 2 Satz 2 Nummer 3 im Rahmen der Gefährdungsbeurteilung nach § 6 Absatz 1; dabei hat der Arbeitgeber insbesondere Folgendes zu berücksichtigen:
   a) die in der Zulassung festgelegten Maßnahmen zum Schutz der Sicherheit und Gesundheit sowie der Umwelt,
   b) die Kennzeichnung nach § 4 Absatz 5 und 6 einschließlich des gegebenenfalls beigefügten Merkblatts.

(2) Der Arbeitgeber hat die erforderlichen Maßnahmen unter Beachtung der Rangfolge nach § 7 Absatz 4 Satz 4 und unter dem Gesichtspunkt einer nachhaltigen Verwendung so festzulegen und durchzuführen, dass eine Gefährdung der Beschäftigten, anderer Personen oder der Umwelt verhindert oder minimiert wird.

(3) ¹Eine Fachkunde im Sinne von Anhang I Nummer 4.3 ist erforderlich für die Verwendung von Biozid-Produkten,
1. die zu der Hauptgruppe 3 „Schädlingsbekämpfungsmittel" im Sinne des Anhangs V der Verordnung (EU) Nr. 528/2012 gehören oder
2. deren Wirkstoffe endokrinschädigende Eigenschaften nach Artikel 5 Absatz 1 Buchstabe d der Verordnung (EU) Nr. 528/2012 haben.

²Satz 1 gilt nicht, wenn das Biozid-Produkt für eine Verwendung durch die breite Öffentlichkeit zugelassen oder wenn für die Verwendung eine Sachkunde nach § 15c Absatz 3 erforderlich ist.

§ 15c Besondere Anforderungen an die Verwendung bestimmter Biozid-Produkte

(1) Der Arbeitgeber hat die Pflichten nach den Absätzen 2 und 3 zu erfüllen, wenn Biozid-Produkte verwendet werden sollen,
1. die eingestuft sind als
   a) akut toxisch Kategorie 1, 2 oder 3,
   b) krebserzeugend, keimzellmutagen oder reproduktionstoxisch Kategorie 1A oder 1B oder
   c) spezifisch zielorgantoxisch Kategorie 1 SE oder RE oder

2. für die über die nach Nummer 1 erfassten Fälle hinaus für die vorgesehene Anwendung in der Zulassung die Verwenderkategorie „geschulter berufsmäßiger Verwender" festgelegt wurde.

(2) ¹Der Arbeitgeber hat bei der zuständigen Behörde schriftlich oder elektronisch anzuzeigen:
1. die erstmalige Verwendung von Biozid-Produkten nach Absatz 1 und
2. den Beginn einer erneuten Verwendung von Biozid-Produkten nach Absatz 1 nach einer Unterbrechung von mehr als einem Jahr.

²Die Anzeige hat spätestens sechs Wochen vor Beginn der Verwendung zu erfolgen. ³Anhang I Nummer 4.2.1 ist zu beachten.

(3) ¹Die Verwendung von Biozid-Produkten nach Absatz 1 darf nur durch Personen erfolgen, die über eine für das jeweilige Biozid-Produkt geltende Sachkunde im Sinne von Anhang I Nummer 4.4 verfügen. ²Die Anforderungen an die Sachkunde sind von der Produktart, den Anwendungen, für die das Biozid-Produkt zugelassen ist, und dem Gefährdungspotential für Mensch und Umwelt abhängig.

(4) Abweichend von Absatz 3 ist eine Sachkunde für die Verwendung der in Absatz 1 genannten Biozid-Produkte nicht erforderlich, wenn diese Tätigkeiten unter unmittelbarer und ständiger Aufsicht einer sachkundigen Person durchgeführt werden.

§ 15d Besondere Anforderungen bei Begasungen

(1) ¹Der Arbeitgeber bedarf einer Erlaubnis durch die zuständige Behörde, wenn Begasungen durchgeführt werden sollen. ²Die Erlaubnis ist nach Maßgabe des Anhangs I Nummer 4.1 vor der erstmaligen Durchführung von Begasungen schriftlich oder elektronisch zu beantragen. ³Sie kann befristet, mit Auflagen oder unter dem Vorbehalt des Widerrufs erteilt werden. ⁴Auflagen können nachträglich angeordnet werden.

(2) ¹Eine Erlaubnis ist nicht erforderlich, wenn wegen der geringen Menge des freiwerdenden Wirkstoffs eine Gefährdung für Mensch und Umwelt nicht besteht. ²Hierbei sind die nach § 20 Absatz 4 bekanntgegebenen Regeln und Erkenntnisse zu berücksichtigen.

(3) ¹Der Arbeitgeber hat eine Begasung spätestens eine Woche vor deren Durchführung bei der zuständigen Behörde nach Maßgabe des Anhangs I Nummer 4.2.2 schriftlich oder elektronisch anzuzeigen. ²Die zuständige Behörde kann
1. in begründeten Fällen auf die Einhaltung dieser Frist verzichten oder
2. einer Sammelanzeige zustimmen, wenn Begasungen regelmäßig wiederholt werden und dabei die in der Anzeige beschriebenen Bedingungen unverändert bleiben.

³Bei Schiffs- und Containerbegasungen in Häfen verkürzt sich die Frist nach Satz 1 auf 24 Stunden.

(4) ¹Der Arbeitgeber hat für jede Begasung eine verantwortliche Person zu bestellen, die Inhaber eines Befähigungsscheins (Befähigungsscheininhaber) nach Anhang I Nummer 4.5 ist. ²Die verantwortliche Person hat
1. bei Begasungen innerhalb von Räumen die Nutzer angrenzender Räume und Gebäude spätestens 24 Stunden vor Beginn der Tätigkeit schriftlich unter Hinweis auf die Gefahren der eingesetzten Biozid-Produkte oder Pflanzenschutzmittel zu warnen und
2. sicherzustellen, dass
   a) die Begasung von einem Befähigungsscheininhaber durchgeführt wird,
   b) Zugänge zu den Gefahrenbereichen gemäß Anhang I Nummer 4.6 gekennzeichnet sind und

Gefahrstoffverordnung §§ 15d–15f

c) neben einem Befähigungsscheininhaber mindestens eine weitere sachkundige Person anwesend ist, wenn Begasungen mit Biozid-Produkten durchgeführt werden sollen, für die in der Zulassung festgelegt wurde, dass
   aa) eine Messung oder Überwachung der Wirkstoff- oder Sauerstoffkonzentration zu erfolgen hat oder
   bb) ein unabhängig von der Umgebungsatmosphäre wirkendes Atemschutzgerät bereitzustellen und zu verwenden ist.

(5) Bei einer Betriebsstörung, einem Unfall oder Notfall hat
1. der anwesende Befähigungsscheininhaber den Gefahrenbereich zu sichern und darf ihn erst freigeben, wenn die Gefahr nicht mehr besteht und gefährliche Rückstände beseitigt sind,
2. die sachkundige Person den Befähigungsscheininhaber zu unterstützen; dies gilt insbesondere bei Absperr- und Rettungsmaßnahmen.

(6) Für Begasungen mit Pflanzenschutzmitteln gelten die Sachkundeanforderungen nach Anhang I Nummer 4.4 als erfüllt, wenn die Sachkunde nach dem Pflanzenschutzrecht erworben wurde.

(7) Bei Begasungen von Transporteinheiten
1. im Freien muss ein allseitiger Sicherheitsabstand von mindestens 10 Metern zu den benachbarten Gebäuden eingehalten werden,
2. sind diese von der verantwortlichen Person abzudichten, auf ihre Gasdichtheit zu prüfen sowie für die Dauer der Verwendung abzuschließen, zu verplomben und allseitig sichtbar mit einem Warnzeichen nach Anhang I Nummer 4.6 zu kennzeichnen.

§ 15e Ergänzende Dokumentationspflichten

(1) [1]Der Arbeitgeber hat dafür Sorge zu tragen, dass über die Begasungen eine Niederschrift angefertigt wird. [2]In der Niederschrift ist zu dokumentieren:
1. Name der verantwortlichen Person,
2. Art und Menge der verwendeten Biozid-Produkte oder Pflanzenschutzmittel,
3. Ort, Beginn und Ende der Begasung,
4. Zeitpunkt der Freigabe,
5. andere im Sinne von § 15 beteiligte Arbeitgeber und
6. die getroffenen Maßnahmen.

(2) Der Arbeitgeber hat der zuständigen Behörde die Niederschrift auf Verlangen vorzulegen.

(3) Werden für die Begasungen Pflanzenschutzmittel verwendet, kann die Niederschrift zusammen mit den Aufzeichnungen nach Artikel 67 Absatz 1 der Verordnung (EG) Nr. 1107/2009 des Europäischen Parlaments und des Rates vom 21. Oktober 2009 über das Inverkehrbringen von Pflanzenschutzmitteln und zur Aufhebung der Richtlinien 79/117/EWG und 91/414/EWG des Rates (ABl. L 309 vom 24.11.2009, S. 1; L 111 vom 2.5.2018, S. 10; L 45 vom 18.2.2020, S. 81), die zuletzt durch die Verordnung (EU) 2019/1381 vom 20. Juni 2019 (ABl. L 231 vom 6.9.2019, S. 1) geändert worden ist, erstellt werden.

§ 15f Anforderungen an den Umgang mit Transporteinheiten

(1) Kann nicht ausgeschlossen werden, dass Transporteinheiten wie Fahrzeuge, Waggons, Schiffe, Tanks, Container oder andere Transportbehälter begast wurden, so hat der Arbeitgeber dies vor dem Öffnen der Transporteinheiten zu ermitteln.

(2) [1]Ergibt die Ermittlung, dass die Transporteinheit begast wurde, hat der Arbeitgeber die erforderlichen Schutzmaßnahmen zu treffen. [2]Dabei ist insbesondere sicherzustellen, dass

§§ 15f–15h   Gefahrstoffverordnung

Beschäftigte gegenüber den Biozid-Produkten oder Pflanzenschutzmitteln nicht exponiert werden. ³Kann eine Exposition nicht ausgeschlossen werden, hat das Öffnen, Lüften und die Freigabe der Transporteinheit durch eine Person zu erfolgen, die über eine Fachkunde im Sinne von Anhang I Nummer 4.3 verfügt.

§ 15g Besondere Anforderungen an Begasungen auf Schiffen
(1) Begasungen auf Schiffen sind nur zulässig, wenn
1. das Begasungsmittel für diese Verwendung zugelassen ist und
2. die erforderlichen Maßnahmen getroffen wurden, um die Sicherheit der Besatzung und anderer Personen jederzeit hinreichend zu gewährleisten.

(2) Bei Begasungen auf Schiffen hat die verantwortliche Person
1. sicherzustellen, dass eine Kennzeichnung entsprechend Anhang I Nummer 4.6 erfolgt,
2. vor Beginn der Begasung der Schiffsführerin beziehungsweise dem Schiffsführer schriftlich mitzuteilen:
   a) den Zeitpunkt und die betroffenen Räume,
   b) Art, Umfang und Dauer der Begasung einschließlich der Angaben zu dem verwendeten Begasungsmittel,
   c) die getroffenen Schutz- und Sicherheitsmaßnahmen einschließlich der erforderlichen technischen Änderungen, die am Schiff vorgenommen wurden,
3. vor Verlassen des Hafens oder der Beladestelle der Schiffsführerin beziehungsweise dem Schiffsführer schriftlich zu bestätigen, dass
   a) die begasten Räume hinreichend gasdicht sind und
   b) die angrenzenden Räume von Begasungsmitteln frei sind.

(3) ¹Die Gasdichtheit der begasten Räume muss mindestens alle acht Stunden geprüft werden. ²Die Ergebnisse der Prüfungen sind zu dokumentieren. ³Die Schiffsführerin beziehungsweise der Schiffsführer hat der Hafenbehörde beziehungsweise der zuständigen Person der Entladestelle spätestens 24 Stunden vor Ankunft des Schiffs die Art und den Zeitpunkt der Begasung anzuzeigen und dabei mitzuteilen, welche Räume begast worden sind.

(4) ¹Die Beförderung begaster Transporteinheiten auf Schiffen darf nur erfolgen, wenn sichergestellt ist, dass sich außerhalb der Transporteinheiten keine gefährlichen Gaskonzentrationen entwickeln. ²Die Anzeigepflicht nach Absatz 3 Satz 3 gilt entsprechend.

§ 15h Ausnahmen von Abschnitt 4a
(1) Es finden keine Anwendung
1. Abschnitt 4a sowie Anhang I Nummer 4 auf Begasungen, wenn diese ausschließlich der Forschung und Entwicklung oder der institutionellen Eignungsprüfung der Biozid-Produkte, Pflanzenschutzmittel oder deren Anwendungsverfahren dienen,
2. § 15c Absatz 3 auf die Verwendung von Biozid-Produkten der Hauptgruppe 3 Schädlingsbekämpfungsmittel, die als akut toxisch Kategorie 1, 2 oder 3 eingestuft sind, wenn sich entsprechende Anforderungen bereits aus anderen Rechtsvorschriften ergeben,
3. §§ 15d und 15e auf Begasungen in vollautomatisch programmgesteuerten Sterilisatoren im medizinischen Bereich, die einem verfahrens- und stoffspezifischen Kriterium entsprechen, das nach § 20 Absatz 4 bekanntgegeben wurde,
4. § 15d Absatz 3 auf Begasungen, wenn diese durchgeführt werden
   a) im medizinischen Bereich oder
   b) innerhalb ortsfester Sterilisationskammern.

(2) Die Ausnahmen nach Absatz 1 gelten nicht für Biozid-Produkte soweit in der Zulassung des jeweiligen Biozid-Produkts etwas Anderes bestimmt ist.

Abschnitt 5: Verbote und Beschränkungen

§ 16 Herstellungs- und Verwendungsbeschränkungen

(1) Herstellungs- und Verwendungsbeschränkungen für bestimmte Stoffe, Gemische und Erzeugnisse ergeben sich aus Artikel 67 in Verbindung mit Anhang XVII der Verordnung (EG) Nr. 1907/2006.
(2) Nach Maßgabe des Anhangs II bestehen weitere Herstellungs- und Verwendungsbeschränkungen für dort genannte Stoffe, Gemische und Erzeugnisse.
(3) (weggefallen)
(3) Der Arbeitgeber darf in Heimarbeit beschäftigte Personen nur Tätigkeiten mit geringer Gefährdung im Sinne des § 6 Absatz 13 ausüben lassen.

§ 17 Nationale Ausnahmen von Beschränkungsregelungen nach der Verordnung (EG) Nr. 1907/2006

(1) [1]Für am 1. Dezember 2010 bestehende Anlagen gelten die Beschränkungen nach Artikel 67 in Verbindung mit Anhang XVII Nummer 6 der Verordnung (EG) Nr. 1907/2006 bis zum 1. Juli 2025 nicht für das Verwenden chrysotilhaltiger Diaphragmen für die Chloralkalielektrolyse oder für das Verwenden von Chrysotil, das ausschließlich zur Wartung dieser Diaphragmen eingesetzt wird, wenn
1. keine asbestfreien Ersatzstoffe, Gemische oder Erzeugnisse auf dem Markt angeboten werden oder
2. die Verwendung der asbestfreien Ersatzstoffe, Gemische oder Erzeugnisse zu einer unzumutbaren Härte führen würde

und die Konzentration der Asbestfasern in der Luft am Arbeitsplatz unterhalb von 1 000 Fasern je Kubikmeter liegt. [2]Betreiber von Anlagen, die von der Regelung nach Satz 1 Gebrauch machen, übermitteln der Bundesstelle für Chemikalien bis zum 31. Januar eines jeden Kalenderjahres einen Bericht, aus dem die Menge an Chrysotil hervorgeht, die in Diaphragmen, die unter diese Ausnahmeregelung fallen, im Vorjahr verwendet wurde. [3]Die Ergebnisse der Arbeitsplatzmessungen sind in den Bericht aufzunehmen. [4]Die Bundesstelle für Chemikalien übermittelt der Europäischen Kommission eine Kopie des Berichts.
(2) Das Verwendungsverbot nach Artikel 67 in Verbindung mit Anhang XVII Nummer 16 und 17 der Verordnung (EG) Nr. 1907/2006 gilt nicht für die Verwendung der dort genannten Bleiverbindungen in Farben, die zur Erhaltung oder originalgetreuen Wiederherstellung von Kunstwerken und historischen Bestandteilen oder von Einrichtungen denkmalgeschützter Gebäude bestimmt sind, wenn die Verwendung von Ersatzstoffen nicht möglich ist.

Abschnitt 6: Vollzugsregelungen und Ausschuss für Gefahrstoffe

§ 18 Unterrichtung der Behörde

(1) [1]Der Arbeitgeber hat der zuständigen Behörde unverzüglich anzuzeigen
1. jeden Unfall und jede Betriebsstörung, die bei Tätigkeiten mit Gefahrstoffen zu einer ernsten Gesundheitsschädigung von Beschäftigten geführt haben,
2. Krankheits- und Todesfälle, bei denen konkrete Anhaltspunkte dafür bestehen, dass sie durch die Tätigkeit mit Gefahrstoffen verursacht worden sind, mit der genauen Angabe der Tätigkeit und der Gefährdungsbeurteilung nach § 6.

[2]Lassen sich die für die Anzeige nach Satz 1 erforderlichen Angaben gleichwertig aus Anzeigen nach anderen Rechtsvorschriften entnehmen, kann die Anzeigepflicht auch durch Übermittlung von Kopien dieser Anzeigen an die zuständige Behörde erfüllt werden. [3]Der Arbeitgeber hat den betroffenen Beschäftigten oder ihrer Vertretung Kopien der Anzeigen nach Satz 1 oder Satz 2 zur Kenntnis zu geben.

(2) Unbeschadet des § 22 des Arbeitsschutzgesetzes hat der Arbeitgeber der zuständigen Behörde auf Verlangen Folgendes mitzuteilen:
1. das Ergebnis der Gefährdungsbeurteilung nach § 6 und die ihr zugrunde liegenden Informationen, einschließlich der Dokumentation der Gefährdungsbeurteilung,
2. die Tätigkeiten, bei denen Beschäftigte tatsächlich oder möglicherweise gegenüber Gefahrstoffen exponiert worden sind, und die Anzahl dieser Beschäftigten,
3. die nach § 13 des Arbeitsschutzgesetzes verantwortlichen Personen,
4. die durchgeführten Schutz- und Vorsorgemaßnahmen, einschließlich der Betriebsanweisungen.
(3) Der Arbeitgeber hat der zuständigen Behörde bei Tätigkeiten mit krebserzeugenden, keimzellmutagenen oder reproduktionstoxischen Gefahrstoffen der Kategorie 1A oder 1B zusätzlich auf Verlangen Folgendes mitzuteilen:
1. das Ergebnis der Substitutionsprüfung,
2. Informationen über
    a) ausgeübte Tätigkeiten und angewandte industrielle Verfahren und die Gründe für die Verwendung dieser Gefahrstoffe,
    b) die Menge der hergestellten oder verwendeten Gefahrstoffe,
    c) die Art der zu verwendenden Schutzausrüstung,
    d) Art und Ausmaß der Exposition,
    e) durchgeführte Substitutionen.
(4) Auf Verlangen der zuständigen Behörde ist die nach Anhang II der Verordnung (EG) Nr. 1907/2006 geforderte Fachkunde für die Erstellung von Sicherheitsdatenblättern nachzuweisen.

§ 19 Behördliche Ausnahmen, Anordnungen und Befugnisse
(1) [1]Die zuständige Behörde kann auf schriftlichen oder elektronischen Antrag des Arbeitgebers Ausnahmen von den §§ 6 bis 15 zulassen, wenn die Anwendung dieser Vorschriften im Einzelfall zu einer unverhältnismäßigen Härte führen würde und die Abweichung mit dem Schutz der Beschäftigten vereinbar ist. [2]Der Arbeitgeber hat der zuständigen Behörde im Antrag darzulegen:
1. den Grund für die Beantragung der Ausnahme,
2. die jährlich zu verwendende Menge des Gefahrstoffs,
3. die betroffenen Tätigkeiten und Verfahren,
4. die Zahl der voraussichtlich betroffenen Beschäftigten,
5. die geplanten Maßnahmen zur Gewährleistung des Gesundheitsschutzes und der Sicherheit der betroffenen Beschäftigten,
6. die technischen und organisatorischen Maßnahmen, die zur Verringerung oder Vermeidung einer Exposition der Beschäftigten ergriffen werden sollen.
(2) Eine Ausnahme nach Absatz 1 kann auch im Zusammenhang mit Verwaltungsverfahren nach anderen Rechtsvorschriften beantragt werden.
(3) (weggefallen)
(3) [1]Die zuständige Behörde kann unbeschadet des § 23 des Chemikaliengesetzes im Einzelfall Maßnahmen anordnen, die der Hersteller, Lieferant oder Arbeitgeber zu ergreifen hat, um die Pflichten nach den Abschnitten 2 bis 5 dieser Verordnung zu erfüllen; dabei kann sie insbesondere anordnen, dass der Arbeitgeber
1. die zur Bekämpfung besonderer Gefahren notwendigen Maßnahmen ergreifen muss,
2. festzustellen hat, ob und in welchem Umfang eine vermutete Gefahr tatsächlich besteht und welche Maßnahmen zur Bekämpfung der Gefahr ergriffen werden müssen,

Gefahrstoffverordnung §§ 19–20

3. die Arbeit, bei der die Beschäftigten gefährdet sind, einstellen zu lassen hat, wenn der Arbeitgeber die zur Bekämpfung der Gefahr angeordneten notwendigen Maßnahmen nicht unverzüglich oder nicht innerhalb der gesetzten Frist ergreift.
²Bei Gefahr im Verzug können die Anordnungen auch gegenüber weisungsberechtigten Personen im Betrieb erlassen werden.
(4) Der zuständigen Behörde ist auf Verlangen ein Nachweis vorzulegen, dass die Gefährdungsbeurteilung fachkundig nach § 6 Absatz 9 erstellt wurde.
(5) Die zuständige Behörde kann dem Arbeitgeber untersagen, Tätigkeiten mit Gefahrstoffen auszuüben oder ausüben zu lassen, und insbesondere eine Stilllegung der betroffenen Arbeitsbereiche anordnen, wenn der Arbeitgeber der Mitteilungspflicht nach § 18 Absatz 2 Nummer 1 nicht nachkommt.

§ 19a Anerkennung ausländischer Qualifikationen

(1) Die zuständige Behörde erkennt auf Antrag an, dass eine ausländische Aus- oder Weiterbildung dem Erwerb einer Sachkunde im Sinne von § 2 Absatz 17 gleichwertig ist, wenn durch sie Kenntnisse erlangt wurden, die den Sachkundeanforderungen der nach § 20 Absatz 4 bekanntgegebenen Regeln und Erkenntnissen entsprechen.
(2) ¹Die Behörde entscheidet über die Gleichwertigkeit einer ausländischen Qualifikation auf Grundlage der ihr vorliegenden oder zusätzlich vom Antragsteller vorgelegten Nachweise. ²Die Nachweise sind in deutscher Sprache beizubringen. ³Die Gleichwertigkeit wird durch eine Bescheinigung bestätigt.

§ 20 Ausschuss für Gefahrstoffe

(1) ¹Beim Bundesministerium für Arbeit und Soziales wird ein Ausschuss für Gefahrstoffe (AGS) gebildet, in dem geeignete Personen vonseiten der Arbeitgeber, der Gewerkschaften, der Landesbehörden, der gesetzlichen Unfallversicherung und weitere geeignete Personen, insbesondere aus der Wissenschaft, vertreten sein sollen. ²Die Gesamtzahl der Mitglieder soll 21 Personen nicht überschreiten. ³Für jedes Mitglied ist ein stellvertretendes Mitglied zu benennen. ⁴Die Mitgliedschaft im Ausschuss für Gefahrstoffe ist ehrenamtlich.
(2) ¹Das Bundesministerium für Arbeit und Soziales beruft die Mitglieder des Ausschusses und die stellvertretenden Mitglieder. ²Der Ausschuss gibt sich eine Geschäftsordnung und wählt die Vorsitzende oder den Vorsitzenden aus seiner Mitte. ³Die Geschäftsordnung und die Wahl der oder des Vorsitzenden bedürfen der Zustimmung des Bundesministeriums für Arbeit und Soziales.
(3) ¹Zu den Aufgaben des Ausschusses gehört es:
1. den Stand der Wissenschaft, Technik, Arbeitsmedizin und Arbeitshygiene sowie sonstige gesicherte Erkenntnisse für Tätigkeiten mit Gefahrstoffen einschließlich deren Einstufung und Kennzeichnung zu ermitteln und entsprechende Empfehlungen auszusprechen,
2. zu ermitteln, wie die in dieser Verordnung gestellten Anforderungen erfüllt werden können und dazu die dem jeweiligen Stand von Technik und Medizin entsprechenden Regeln und Erkenntnisse zu erarbeiten,
3. das Bundesministerium für Arbeit und Soziales in allen Fragen zu Gefahrstoffen und zur Chemikaliensicherheit zu beraten und
4. Arbeitsplatzgrenzwerte, biologische Grenzwerte und andere Beurteilungsmaßstäbe für Gefahrstoffe vorzuschlagen und regelmäßig zu überprüfen, wobei Folgendes zu berücksichtigen ist:
   a) bei der Festlegung der Grenzwerte und Beurteilungsmaßstäbe ist sicherzustellen, dass der Schutz der Gesundheit der Beschäftigten gewahrt ist,

b) für jeden Stoff, für den ein Arbeitsplatzgrenzwert oder ein biologischer Grenzwert in Rechtsakten der Europäischen Union festgelegt worden ist, ist unter Berücksichtigung dieses Grenzwerts ein nationaler Grenzwert vorzuschlagen.
²Das Arbeitsprogramm des Ausschusses für Gefahrstoffe wird mit dem Bundesministerium für Arbeit und Soziales abgestimmt, wobei die Letztentscheidungsbefugnis beim Bundesministerium für Arbeit und Soziales liegt. ³Der Ausschuss arbeitet eng mit den anderen Ausschüssen beim Bundesministerium für Arbeit und Soziales zusammen.
(4) Nach Prüfung kann das Bundesministerium für Arbeit und Soziales
1. die vom Ausschuss für Gefahrstoffe ermittelten Regeln und Erkenntnisse nach Absatz 3 Satz 1 Nummer 2 sowie die Arbeitsplatzgrenzwerte und Beurteilungsmaßstäbe nach Absatz 3 Satz 1 Nummer 4 im Gemeinsamen Ministerialblatt bekannt geben und
2. die Empfehlungen nach Absatz 3 Satz 1 Nummer 1 sowie die Beratungsergebnisse nach Absatz 3 Satz 1 Nummer 3 in geeigneter Weise veröffentlichen.
(5) ¹Die Bundesministerien sowie die obersten Landesbehörden können zu den Sitzungen des Ausschusses Vertreterinnen oder Vertreter entsenden. ²Auf Verlangen ist diesen in der Sitzung das Wort zu erteilen.
(6) Die Bundesanstalt für Arbeitsschutz und Arbeitsmedizin führt die Geschäfte des Ausschusses.

Abschnitt 7: Ordnungswidrigkeiten, Straftaten und Übergangsvorschriften

§ 21 Chemikaliengesetz – Anzeigen
Ordnungswidrig im Sinne des § 26 Absatz 1 Nummer 8 Buchstabe b des Chemikaliengesetzes handelt, wer vorsätzlich oder fahrlässig
1. entgegen § 8 Absatz 8 in Verbindung mit Anhang I Nummer 2.4.2 Absatz 1 Satz 1 oder Absatz 2 eine Anzeige nicht, nicht richtig, nicht vollständig oder nicht rechtzeitig erstattet,
2. entgegen § 8 Absatz 8 in Verbindung mit Anhang I Nummer 5.4.2.3 Absatz 1 oder Absatz 2 eine Anzeige nicht, nicht richtig, nicht vollständig oder nicht rechtzeitig erstattet,
3. entgegen § 8 Absatz 8 in Verbindung mit Anhang I Nummer 5.4.2.3 Absatz 3 eine Änderung nicht oder nicht rechtzeitig anzeigt,
4. entgegen § 15d Absatz 3 Satz 1, § 15g Absatz 3 Satz 3 oder § 18 Absatz 1 eine Anzeige nicht, nicht richtig, nicht vollständig oder nicht rechtzeitig erstattet oder
5. entgegen § 18 Absatz 2 eine Mitteilung nicht, nicht richtig, nicht vollständig oder nicht rechtzeitig macht.

§ 22 Chemikaliengesetz – Tätigkeiten
(1) Ordnungswidrig im Sinne des § 26 Absatz 1 Nummer 8 Buchstabe b des Chemikaliengesetzes handelt, wer vorsätzlich oder fahrlässig
1. entgegen § 6 Absatz 8 Satz 1 eine Gefährdungsbeurteilung nicht, nicht richtig, nicht vollständig oder nicht rechtzeitig dokumentiert,
2. entgegen § 6 Absatz 12 Satz 1 ein Gefahrstoffverzeichnis nicht, nicht richtig oder nicht vollständig führt,
3. entgegen § 7 Absatz 1 eine Tätigkeit aufnehmen lässt,
4. entgegen § 7 Absatz 5 Satz 2 das Verwenden von belastender persönlicher Schutzausrüstung als Dauermaßnahme anwendet,
5. entgegen § 7 Absatz 7 Satz 1 die Funktion und die Wirksamkeit der technischen Schutzmaßnahmen nicht oder nicht rechtzeitig überprüft,
6. entgegen § 8 Absatz 2 Satz 3 eine Tätigkeit ausüben lässt,
7. entgegen § 8 Absatz 3 Satz 2 einen Bereich nicht oder nicht rechtzeitig einrichtet,

Gefahrstoffverordnung § 22

8. entgegen § 8 Absatz 5 Satz 3 Gefahrstoffe aufbewahrt oder lagert,
9. entgegen § 8 Absatz 8 in Verbindung mit Anhang I Nummer 2.4.2 Absatz 3 Satz 2 nicht dafür sorgt, dass eine weisungsbefugte sachkundige Person vor Ort tätig ist,
10. entgegen § 8 Absatz 8 in Verbindung mit Anhang I Nummer 2.4.4 Satz 1 einen Arbeitsplan nicht oder nicht rechtzeitig aufstellt,
11. entgegen § 8 Absatz 8 in Verbindung mit Anhang I Nummer 5.4.2.1 Absatz 2 Stoffe oder Gemische der Gruppe A lagert oder befördert,
12. entgegen § 8 Absatz 8 in Verbindung mit Anhang I Nummer 5.4.2.1 Absatz 3 brennbare Materialien lagert,
13. entgegen § 8 Absatz 8 in Verbindung mit Anhang I Nummer 5.4.2.2 Absatz 3 Stoffe oder Gemische nicht oder nicht rechtzeitig in Teilmengen unterteilt,
14. entgegen § 8 Absatz 8 in Verbindung mit Anhang I Nummer 5.4.2.3 Absatz 5 Stoffe oder Gemische lagert,
15. entgegen § 9 Absatz 3 Satz 2 oder § 9 Absatz 4 eine persönliche Schutzausrüstung nicht oder nicht rechtzeitig bereitstellt,
15a. entgegen § 9 Absatz 5 nicht gewährleistet, dass getrennte Aufbewahrungsmöglichkeiten zur Verfügung stehen,
16. entgegen § 10 Absatz 4 Satz 2 Schutzkleidung oder ein Atemschutzgerät nicht zur Verfügung stellt,
17. entgegen § 10 Absatz 5 Satz 1 abgesaugte Luft in einen Arbeitsbereich zurückführt,
18. entgegen § 11 Absatz 1 Satz 3 in Verbindung mit Anhang I Nummer 1.3 Absatz 2 Satz 1 das Rauchen oder die Verwendung von offenem Feuer oder offenem Licht nicht verbietet,
19. entgegen § 11 Absatz 1 Satz 3 in Verbindung mit Anhang I Nummer 1.5 Absatz 4 oder Nummer 1.6 Absatz 5 einen dort genannten Bereich nicht oder nicht richtig kennzeichnet,
19a. entgegen § 11 Absatz 4 Satz 2 in Verbindung mit Anhang III Nummer 2.3 Absatz 1 Satz 1 eine Tätigkeit mit einem organischen Peroxid ausüben lässt,
19b. entgegen § 11 Absatz 4 Satz 2 in Verbindung mit Anhang III Nummer 2.6 Satz 2 Buchstabe a nicht sicherstellt, dass ein dort genanntes Gebäude oder ein dort genannter Raum in Sicherheitsbauweise errichtet wird,
19c. entgegen § 11 Absatz 4 Satz 2 in Verbindung mit Anhang III Nummer 2.7 einen dort genannten Bereich nicht oder nicht rechtzeitig festlegt,
20. entgegen § 13 Absatz 2 Satz 1 eine dort genannte Maßnahme nicht oder nicht rechtzeitig ergreift,
21. entgegen § 13 Absatz 3 Satz 1 einen Beschäftigten nicht oder nicht rechtzeitig ausstattet,
22. entgegen § 13 Absatz 4 Warn- und sonstige Kommunikationseinrichtungen nicht zur Verfügung stellt,
23. entgegen § 13 Absatz 5 Satz 1 nicht sicherstellt, dass Informationen über Notfallmaßnahmen zur Verfügung stehen,
24. entgegen § 14 Absatz 1 Satz 1 nicht sicherstellt, dass den Beschäftigten eine schriftliche Betriebsanweisung in der vorgeschriebenen Weise zugänglich gemacht wird,
25. entgegen § 14 Absatz 2 Satz 1 nicht sicherstellt, dass die Beschäftigten über auftretende Gefährdungen und entsprechende Schutzmaßnahmen mündlich unterwiesen werden,
26. entgegen § 14 Absatz 3 Nummer 2 nicht oder nicht rechtzeitig sicherstellt, dass die Beschäftigten und ihre Vertretung unterrichtet und informiert werden,
27. entgegen § 14 Absatz 3 Nummer 3 nicht sicherstellt, dass ein aktualisiertes Verzeichnis geführt wird

28. entgegen § 14 Absatz 3 Nummer 4 nicht sicherstellt, dass ein aktualisiertes Verzeichnis 40 Jahre nach Ende der Exposition aufbewahrt wird,
29. entgegen § 15c Absatz 3 Satz 1 ein Biozid-Produkt verwendet,
30. entgegen § 15d Absatz 4 Satz 2 Nummer 2 Buchstabe a nicht sicherstellt, dass die Begasung von einer dort genannten Person durchgeführt wird,
31. entgegen § 15d Absatz 4 Satz 2 Nummer 2 Buchstabe c nicht sicherstellt, dass neben dem Befähigungsscheininhaber eine weitere sachkundige Person anwesend ist, oder
32. entgegen § 15d Absatz 5 Nummer 1 einen Gefahrenbereich nicht oder nicht rechtzeitig sichert oder einen Gefahrenbereich freigibt.

(2) Wer durch eine in Absatz 1 bezeichnete Handlung das Leben oder die Gesundheit eines anderen oder fremde Sachen von bedeutendem Wert gefährdet, ist nach § 27 Absatz 2 bis 4 des Chemikaliengesetzes strafbar.

§ 23 (weggefallen)

§ 24 Chemikaliengesetz – Herstellungs- und Verwendungsbeschränkungen

(1) Ordnungswidrig im Sinne des § 26 Absatz 1 Nummer 7 Buchstabe a des Chemikaliengesetzes handelt, wer vorsätzlich oder fahrlässig
1. entgegen § 15a Absatz 2 Satz 1 ein Biozid-Produkt in den Fällen des § 15a Absatz 2 Satz 2 Nummer 2 oder 3 nicht richtig verwendet oder
2. entgegen § 16 Absatz 2 in Verbindung mit Anhang II Nummer 6 Absatz 1 einen dort aufgeführten Stoff verwendet.

(2) Nach § 27 Absatz 1 Nummer 1, Absatz 2 bis 4 des Chemikaliengesetzes wird bestraft, wer vorsätzlich oder fahrlässig
1. entgegen § 8 Absatz 8 in Verbindung mit Anhang I Nummer 2.4.2 Absatz 3 Satz 1 oder Absatz 4 Satz 1 Abbruch-, Sanierungs- oder Instandhaltungsarbeiten durchführt,
2. entgegen § 16 Absatz 2 in Verbindung mit Anhang II Nummer 1 Absatz 1 Satz 1 auch in Verbindung mit Satz 3 Arbeiten durchführt,
3. entgegen § 16 Absatz 2 in Verbindung mit Anhang II Nummer 1 Absatz 1 Satz 4 Überdeckungs-, Überbauungs-, Aufständerungs-, Reinigungs- oder Beschichtungsarbeiten durchführt,
4. entgegen § 16 Absatz 2 in Verbindung mit Anhang II Nummer 1 Absatz 1 Satz 5 asbesthaltige Gegenstände oder Materialien zu anderen Zwecken weiterverwendet,
5. entgegen § 16 Absatz 2 in Verbindung mit Anhang II Nummer 2 Absatz 1 die dort aufgeführten Stoffe oder Gemische herstellt,
6. entgegen § 16 Absatz 2 in Verbindung mit Anhang II Nummer 3 Absatz 1 die dort aufgeführten Erzeugnisse verwendet,
7. entgegen § 16 Absatz 2 in Verbindung mit Anhang II Nummer 4 Absatz 1, Absatz 3 Satz 1 oder Absatz 4 die dort aufgeführten Kühlschmierstoffe oder Korrosionsschutzmittel verwendet oder
8. entgegen § 16 Absatz 2 in Verbindung mit Anhang II Nummer 5 Absatz 1 die dort aufgeführten Stoffe, Gemische oder Erzeugnisse herstellt oder verwendet.

§ 25 Übergangsvorschriften

(1) ¹Auf die Verwendung von Biozid-Produkten, die unter die Übergangsregelung des § 28 Absatz 8 des Chemikaliengesetzes fallen, finden folgende Vorschriften keine Anwendung

soweit deren Erfüllung einer solchen Zulassung nach der Verordnung (EU) Nr. 528/2012 bedarf:
1. § 15a Absatz 2 Satz 2 Nummer 4,
2. § 15b Absatz 1 Nummer 2 Buchstabe a und Absatz 3,
3. § 15c Absatz 1 Nummer 2.
²Für diese Biozid-Produkte sind bis zur Erteilung einer Zulassung die entsprechenden nach § 20 Absatz 4 bekanntgegebenen Regeln und Erkenntnisse zu berücksichtigen.
(2) Für eine Verwendung von Biozid-Produkten nach § 15c Absatz 1, die bis zum 30. September 2021 ohne Sachkunde ausgeübt werden konnte, ist die Sachkunde spätestens bis zum 28. Juli 2025 nachzuweisen.

Anmerkung der Redaktion:
Auf den Abdruck des Anhangs zur Verordnung wurde verzichtet.

Gesetz über genetische Untersuchungen bei Menschen (Gendiagnostikgesetz – GenDG)

vom 31. Juli 2009 (BGBl. I 2009, S. 2529)
– zuletzt geändert durch Gesetz zur Reform des Vormundschafts- und Betreuungsrechts vom 4. Mai 2021 (BGBl I 2021, S. 882)

Abschnitt 1: Allgemeine Vorschriften

§ 1 Zweck des Gesetzes

Zweck dieses Gesetzes ist es, die Voraussetzungen für genetische Untersuchungen und im Rahmen genetischer Untersuchungen durchgeführte genetische Analysen sowie die Verwendung genetischer Proben und Daten zu bestimmen und eine Benachteiligung auf Grund genetischer Eigenschaften zu verhindern, um insbesondere die staatliche Verpflichtung zur Achtung und zum Schutz der Würde des Menschen und des Rechts auf informationelle Selbstbestimmung zu wahren.

§ 2 Anwendungsbereich

(1) Dieses Gesetz gilt für genetische Untersuchungen und im Rahmen genetischer Untersuchungen durchgeführte genetische Analysen bei geborenen Menschen sowie bei Embryonen und Föten während der Schwangerschaft und den Umgang mit dabei gewonnenen genetischen Proben und genetischen Daten bei genetischen Untersuchungen zu medizinischen Zwecken, zur Klärung der Abstammung sowie im Versicherungsbereich und im Arbeitsleben.
(2) Dieses Gesetz gilt nicht für genetische Untersuchungen und Analysen und den Umgang mit genetischen Proben und Daten
1. zu Forschungszwecken,
2. auf Grund von Vorschriften
   a) über das Strafverfahren, über die internationale Rechtshilfe in Strafsachen, des Bundeskriminalamtgesetzes und der Polizeigesetze der Länder,
   b) des Infektionsschutzgesetzes und der auf Grund des Infektionsschutzgesetzes erlassenen Rechtsverordnungen.

§ 3 Begriffsbestimmungen

Im Sinne dieses Gesetzes
1. ist genetische Untersuchung eine auf den Untersuchungszweck gerichtete
   a) genetische Analyse zur Feststellung genetischer Eigenschaften oder
   b) vorgeburtliche Risikoabklärung
   einschließlich der Beurteilung der jeweiligen Ergebnisse,
2. ist genetische Analyse eine auf die Feststellung genetischer Eigenschaften gerichtete Analyse
   a) der Zahl und der Struktur der Chromosomen (zytogenetische Analyse),
   b) der molekularen Struktur der Desoxyribonukleinsäure oder der Ribonukleinsäure (molekulargenetische Analyse) oder
   c) der Produkte der Nukleinsäuren (Genproduktanalyse),
3. ist vorgeburtliche Risikoabklärung eine Untersuchung des Embryos oder Fötus, mit der die Wahrscheinlichkeit für das Vorliegen bestimmter genetischer Eigenschaften mit Bedeutung für eine Erkrankung oder gesundheitliche Störung des Embryos oder Fötus ermittelt werden soll,

4. sind genetische Eigenschaften ererbte oder während der Befruchtung oder bis zur Geburt erworbene, vom Menschen stammende Erbinformationen,
5. ist verantwortliche ärztliche Person die Ärztin oder der Arzt, die oder der die genetische Untersuchung zu medizinischen Zwecken vornimmt,
6. ist genetische Untersuchung zu medizinischen Zwecken eine diagnostische oder eine prädiktive genetische Untersuchung,
7. ist eine diagnostische genetische Untersuchung eine genetische Untersuchung mit dem Ziel
   a) der Abklärung einer bereits bestehenden Erkrankung oder gesundheitlichen Störung,
   b) der Abklärung, ob genetische Eigenschaften vorliegen, die zusammen mit der Einwirkung bestimmter äußerer Faktoren oder Fremdstoffe eine Erkrankung oder gesundheitliche Störung auslösen können,
   c) der Abklärung, ob genetische Eigenschaften vorliegen, die die Wirkung eines Arzneimittels beeinflussen können, oder
   d) der Abklärung, ob genetische Eigenschaften vorliegen, die den Eintritt einer möglichen Erkrankung oder gesundheitlichen Störung ganz oder teilweise verhindern können,
8. ist prädiktive genetische Untersuchung eine genetische Untersuchung mit dem Ziel der Abklärung
   a) einer erst zukünftig auftretenden Erkrankung oder gesundheitlichen Störung oder
   b) einer Anlageträgerschaft für Erkrankungen oder gesundheitliche Störungen bei Nachkommen,
9. ist genetische Reihenuntersuchung eine genetische Untersuchung zu medizinischen Zwecken, die systematisch der gesamten Bevölkerung oder bestimmten Personengruppen in der gesamten Bevölkerung angeboten wird, ohne dass bei der jeweiligen betroffenen Person notwendigerweise Grund zu der Annahme besteht, sie habe die genetischen Eigenschaften, deren Vorhandensein mit der Untersuchung geklärt werden soll,
10. ist genetische Probe biologisches Material, das zur Verwendung für genetische Analysen vorgesehen ist oder an dem solche Analysen vorgenommen wurden,
11. sind genetische Daten die durch eine genetische Untersuchung oder die im Rahmen einer genetischen Untersuchung durchgeführte genetische Analyse gewonnenen Daten über genetische Eigenschaften,
12. sind Beschäftigte
    a) Arbeitnehmerinnen und Arbeitnehmer,
    b) die zu ihrer Berufsbildung Beschäftigten,
    c) Teilnehmer an Leistungen zur Teilhabe am Arbeitsleben sowie an Abklärungen der beruflichen Eignung oder Arbeitserprobung (Rehabilitanden),
    d) die in anerkannten Werkstätten für behinderte Menschen Beschäftigten,
    e) Personen, die nach dem Jugendfreiwilligendienstegesetz beschäftigt werden,
    f) Personen, die wegen ihrer wirtschaftlichen Unselbstständigkeit als arbeitnehmerähnliche Personen anzusehen sind; zu diesen gehören auch die in Heimarbeit Beschäftigten und die ihnen Gleichgestellten,
    g) Bewerberinnen und Bewerber für ein Beschäftigungsverhältnis sowie Personen, deren Beschäftigungsverhältnis beendet ist,
13. sind Arbeitgeber (Arbeitgeberinnen und Arbeitgeber) natürliche oder juristische Personen oder rechtsfähige Personengesellschaften, die Personen nach Nummer 12 beschäftigen, bei in Heimarbeit Beschäftigten und den ihnen Gleichgestellten die Auftraggeber oder Zwischenmeister oder bei Beschäftigten, die einem Dritten zur Arbeitsleistung überlassen werden, auch die Dritten.

§ 4 Benachteiligungsverbot

(1) Niemand darf wegen seiner oder der genetischen Eigenschaften einer genetisch verwandten Person, wegen der Vornahme oder Nichtvornahme einer genetischen Untersuchung oder Analyse bei sich oder einer genetisch verwandten Person oder wegen des Ergebnisses einer solchen Untersuchung oder Analyse benachteiligt werden.
(2) ¹Die Geltung von Benachteiligungsverboten oder Geboten der Gleichbehandlung nach anderen Vorschriften und Grundsätzen wird durch dieses Gesetz nicht berührt. ²Dies gilt auch für öffentlich-rechtliche Vorschriften, die dem Schutz bestimmter Personengruppen dienen.

§ 5 Qualitätssicherung genetischer Analysen

(1) ¹Genetische Analysen im Rahmen genetischer Untersuchungen zur Klärung der Abstammung dürfen nur von Einrichtungen vorgenommen werden, die eine Akkreditierung für die Durchführung der genetischen Analysen durch eine hierfür allgemein anerkannte Stelle erhalten haben. ²Für eine Akkreditierung muss die Einrichtung insbesondere
1. die genetischen Analysen nach dem allgemein anerkannten Stand der Wissenschaft und Technik durchführen und hierfür ein System der internen Qualitätssicherung einrichten,
2. über für die entsprechenden Tätigkeiten qualifiziertes Personal verfügen,
3. die Anforderungen an die Aufbewahrung und Vernichtung der Ergebnisse der genetischen Analysen nach § 12 sowie an die Verwendung und Vernichtung genetischer Proben nach § 13 einhalten und hierfür die erforderlichen organisatorischen und technischen Maßnahmen treffen und
4. die erfolgreiche Teilnahme an geeigneten externen Qualitätssicherungsmaßnahmen nachweisen.
³Die Einrichtungen werden für die im Akkreditierungsantrag benannten Analysearten sowie Analyseverfahren akkreditiert. ⁴Die Akkreditierung ist auf längstens fünf Jahre zu befristen.
(2) Einrichtungen oder Personen, die genetische Analysen zu medizinischen Zwecken im Rahmen genetischer Untersuchungen vornehmen, müssen die in Absatz 1 Satz 2 Nr. 1 bis 4 genannten Anforderungen erfüllen.

§ 6 Abgabe genetischer Untersuchungsmittel

Das Bundesministerium für Gesundheit kann durch Rechtsverordnung mit Zustimmung des Bundesrates regeln, dass bestimmte, in der Rechtsverordnung zu bezeichnende genetische Untersuchungsmittel, die dazu dienen, genetische Untersuchungen vorzunehmen, zur Endanwendung nur an Personen und Einrichtungen abgegeben werden dürfen, die zu diesen Untersuchungen oder zu genetischen Analysen im Rahmen dieser Untersuchungen nach Maßgabe dieses Gesetzes berechtigt sind.

Abschnitt 2: Genetische Untersuchungen zu medizinischen Zwecken

§ 7 Arztvorbehalt

(1) Eine diagnostische genetische Untersuchung darf nur durch Ärztinnen oder Ärzte und eine prädiktive genetische Untersuchung nur durch Fachärztinnen oder Fachärzte für Humangenetik oder andere Ärztinnen oder Ärzte, die sich beim Erwerb einer Facharzt-, Schwerpunkt- oder Zusatzbezeichnung für genetische Untersuchungen im Rahmen ihres Fachgebietes qualifiziert haben, vorgenommen werden.
(2) Die genetische Analyse einer genetischen Probe darf nur im Rahmen einer genetischen Untersuchung von der verantwortlichen ärztlichen Person oder durch von dieser beauftragte Personen oder Einrichtungen vorgenommen werden.

(3) Eine genetische Beratung nach § 10 darf nur durch in Absatz 1 genannte Ärztinnen oder Ärzte, die sich für genetische Beratungen qualifiziert haben, vorgenommen werden.

§ 8 Einwilligung
(1) ¹Eine genetische Untersuchung oder Analyse darf nur vorgenommen und eine dafür erforderliche genetische Probe nur gewonnen werden, wenn die betroffene Person in die Untersuchung und die Gewinnung der dafür erforderlichen genetischen Probe ausdrücklich und schriftlich gegenüber der verantwortlichen ärztlichen Person eingewilligt hat. ²Die Einwilligung nach Satz 1 umfasst sowohl die Entscheidung über den Umfang der genetischen Untersuchung als auch die Entscheidung, ob und inwieweit das Untersuchungsergebnis zur Kenntnis zu geben oder zu vernichten ist. ³Die Einwilligung nach Satz 1 umfasst auch die Einwilligung in die Verarbeitung genetischer Daten. ⁴Eine nach § 7 Abs. 2 beauftragte Person oder Einrichtung darf die genetische Analyse nur vornehmen, wenn ihr ein Nachweis der Einwilligung vorliegt.
(2) ¹Die betroffene Person kann ihre Einwilligung jederzeit mit Wirkung für die Zukunft schriftlich oder mündlich gegenüber der verantwortlichen ärztlichen Person widerrufen. ²Erfolgt der Widerruf mündlich, ist dieser unverzüglich zu dokumentieren. ³Die verantwortliche ärztliche Person hat der nach § 7 Abs. 2 beauftragten Person oder Einrichtung unverzüglich einen Nachweis des Widerrufs zu übermitteln.

§ 9 Aufklärung
(1) ¹Vor Einholung der Einwilligung hat die verantwortliche ärztliche Person die betroffene Person über Wesen, Bedeutung und Tragweite der genetischen Untersuchung aufzuklären. ²Der betroffenen Person ist nach der Aufklärung eine angemessene Bedenkzeit bis zur Entscheidung über die Einwilligung einzuräumen.
(2) Die Aufklärung umfasst insbesondere
1. Zweck, Art, Umfang und Aussagekraft der genetischen Untersuchung einschließlich der mit dem vorgesehenen genetischen Untersuchungsmittel im Rahmen des Untersuchungszwecks erzielbaren Ergebnisse; dazu gehören auch die Bedeutung der zu untersuchenden genetischen Eigenschaften für eine Erkrankung oder gesundheitliche Störung sowie die Möglichkeiten, sie zu vermeiden, ihr vorzubeugen oder sie zu behandeln,
2. gesundheitliche Risiken, die mit der Kenntnis des Ergebnisses der genetischen Untersuchung und der Gewinnung der dafür erforderlichen genetischen Probe für die betroffene Person verbunden sind, bei Schwangeren auch gesundheitliche Risiken, die mit der vorgeburtlichen genetischen Untersuchung und der Gewinnung der dafür erforderlichen genetischen Probe für den Embryo oder Fötus verbunden sind,
3. die vorgesehene Verwendung der genetischen Probe sowie der Untersuchungs- oder der Analyseergebnisse,
4. das Recht der betroffenen Person, die Einwilligung jederzeit zu widerrufen,
5. das Recht der betroffenen Person auf Nichtwissen einschließlich des Rechts, das Untersuchungsergebnis oder Teile davon nicht zur Kenntnis zu nehmen, sondern vernichten zu lassen,
6. bei einer genetischen Reihenuntersuchung die Unterrichtung der betroffenen Personen über das Ergebnis der Bewertung der Untersuchung durch die Gendiagnostik-Kommission nach § 16 Abs. 2.

(3) Die verantwortliche ärztliche Person hat den Inhalt der Aufklärung vor der genetischen Untersuchung zu dokumentieren.

§ 10 Genetische Beratung

(1) ¹Bei einer diagnostischen genetischen Untersuchung soll die verantwortliche ärztliche Person nach Vorliegen des Untersuchungsergebnisses der betroffenen Person eine genetische Beratung durch eine Ärztin oder einen Arzt, die oder der die Voraussetzungen nach § 7 Abs. 1 und 3 erfüllt, anbieten. ²Wird bei der betroffenen Person eine genetische Eigenschaft mit Bedeutung für eine Erkrankung oder gesundheitliche Störung festgestellt, die nach dem allgemein anerkannten Stand der Wissenschaft und Technik nicht behandelbar ist, gilt Satz 1 mit der Maßgabe, dass die verantwortliche ärztliche Person die Beratung anzubieten hat.
(2) ¹Bei einer prädiktiven genetischen Untersuchung ist die betroffene Person vor der genetischen Untersuchung und nach Vorliegen des Untersuchungsergebnisses durch eine Ärztin oder einen Arzt, die oder der die Voraussetzungen nach § 7 Abs. 1 und 3 erfüllt, genetisch zu beraten, soweit diese nicht im Einzelfall nach vorheriger schriftlicher Information über die Beratungsinhalte auf die genetische Beratung schriftlich verzichtet. ²Der betroffenen Person ist nach der Beratung eine angemessene Bedenkzeit bis zur Untersuchung einzuräumen.
(3) ¹Die genetische Beratung erfolgt in allgemein verständlicher Form und ergebnisoffen. ²Sie umfasst insbesondere die eingehende Erörterung der möglichen medizinischen, psychischen und sozialen Fragen im Zusammenhang mit einer Vornahme oder Nichtvornahme der genetischen Untersuchung und ihren vorliegenden oder möglichen Untersuchungsergebnissen sowie der Möglichkeiten zur Unterstützung bei physischen und psychischen Belastungen der betroffenen Person durch die Untersuchung und ihr Ergebnis. ³Mit Zustimmung der betroffenen Person kann eine weitere sachverständige Person mitberatend hinzugezogen werden. ⁴Ist anzunehmen, dass genetisch Verwandte der betroffenen Person Träger der zu untersuchenden genetischen Eigenschaften mit Bedeutung für eine vermeidbare oder behandelbare Erkrankung oder gesundheitliche Störung sind, umfasst die genetische Beratung auch die Empfehlung, diesen Verwandten eine genetische Beratung zu empfehlen. ⁵Soll die genetische Untersuchung bei einem Embryo oder Fötus vorgenommen werden, gilt Satz 4 entsprechend.
(4) Die verantwortliche ärztliche Person oder die Ärztin oder der Arzt, die oder der die Beratung angeboten oder vorgenommen hat, hat den Inhalt der Beratung zu dokumentieren.

§ 11 Mitteilung der Ergebnisse genetischer Untersuchungen und Analysen

(1) Das Ergebnis einer genetischen Untersuchung darf vorbehaltlich der Absätze 2 und 3 nur der betroffenen Person und nur durch die verantwortliche ärztliche Person oder die Ärztin oder den Arzt, die oder der die genetische Beratung durchgeführt hat, mitgeteilt werden.
(2) Eine nach § 7 Abs. 2 mit der genetischen Analyse beauftragte Person oder Einrichtung darf das Ergebnis der genetischen Analyse nur der ärztlichen Person mitteilen, die sie mit der genetischen Analyse beauftragt hat.
(3) Die verantwortliche ärztliche Person darf das Ergebnis der genetischen Untersuchung oder Analyse anderen nur mit ausdrücklicher und schriftlicher oder in elektronischer Form vorliegender Einwilligung der betroffenen Person mitteilen.
(4) Das Ergebnis der genetischen Untersuchung darf der betroffenen Person nicht mitgeteilt werden, soweit diese Person nach § 8 Abs. 1 Satz 1 in Verbindung mit Satz 2 entschieden hat, dass das Ergebnis der genetischen Untersuchung zu vernichten ist oder diese Person nach § 8 Abs. 2 ihre Einwilligung widerrufen hat.

§ 12 Aufbewahrung und Vernichtung der Ergebnisse genetischer Untersuchungen und Analysen

(1) ¹Die Ergebnisse genetischer Untersuchungen und Analysen hat die verantwortliche ärztliche Person zehn Jahre in den Untersuchungsunterlagen über die betroffene Person aufzube-

wahren. ²Die verantwortliche ärztliche Person hat die Ergebnisse genetischer Untersuchungen und Analysen unverzüglich in den Untersuchungsunterlagen über die betroffene Person zu vernichten,
1. wenn die Aufbewahrungsfrist nach Satz 1 abgelaufen ist oder
2. soweit diese Person nach § 8 Abs. 1 Satz 1 in Verbindung mit Satz 2 entschieden hat, dass die Ergebnisse der genetischen Untersuchungen und Analysen zu vernichten sind.
³Soweit Grund zu der Annahme besteht, dass durch eine Vernichtung schutzwürdige Interessen der betroffenen Person beeinträchtigt würden oder wenn die betroffene Person eine längere Aufbewahrung schriftlich oder in elektronischer Form verlangt, hat die verantwortliche ärztliche Person die Ergebnisse anstelle einer Vernichtung nach Satz 2 Nr. 1 in der Verarbeitung einzuschränken und dies der nach § 7 Abs. 2 beauftragten Person oder Einrichtung mitzuteilen. ⁴Satz 2 Nr. 2 gilt auch, wenn die betroffene Person ihre Einwilligung nach § 8 Abs. 2 widerrufen hat, soweit ihr die Ergebnisse nicht bereits bekannt sind.
(2) Absatz 1 gilt für die Aufbewahrung, Vernichtung und Einschränkung der Verarbeitung des Ergebnisses einer genetischen Analyse durch die nach § 7 Abs. 2 beauftragte Person oder Einrichtung entsprechend.

§ 13 Verwendung und Vernichtung genetischer Proben
(1) ¹Eine genetische Probe darf nur für die Zwecke verwendet werden, für die sie gewonnen worden ist. ²Die verantwortliche ärztliche Person oder die nach § 7 Abs. 2 beauftragte Person oder Einrichtung hat die genetische Probe unverzüglich zu vernichten, sobald sie für diese Zwecke nicht mehr benötigt wird oder die betroffene Person ihre Einwilligung nach § 8 Abs. 2 widerrufen hat.
(2) Abweichend von Absatz 1 darf die genetische Probe zu anderen Zwecken nur verwendet werden, soweit dies nach anderen gesetzlichen Vorschriften zulässig ist oder wenn zuvor die Person, von der die genetische Probe stammt, nach Unterrichtung über die anderen Zwecke in die Verwendung ausdrücklich und schriftlich eingewilligt hat.
(3) Wer eine genetische Probe verwendet, hat die erforderlichen technischen und organisatorischen Maßnahmen zu treffen, um eine unzulässige Verwendung der Probe auszuschließen.

§ 14 Genetische Untersuchungen bei nicht einwilligungsfähigen Personen
(1) Bei einer Person, die nicht in der Lage ist, Wesen, Bedeutung und Tragweite der genetischen Untersuchung zu erkennen und ihren Willen hiernach auszurichten, dürfen eine genetische Untersuchung zu medizinischen Zwecken sowie die Gewinnung der dafür erforderlichen genetischen Probe nur vorgenommen werden, wenn
1. die Untersuchung nach dem allgemein anerkannten Stand der Wissenschaft und Technik erforderlich ist, um bei der Person eine genetisch bedingte Erkrankung oder gesundheitliche Störung zu vermeiden oder zu behandeln oder dieser vorzubeugen, oder wenn eine Behandlung mit einem Arzneimittel vorgesehen ist, dessen Wirkung durch genetische Eigenschaften beeinflusst wird,
2. die Untersuchung zuvor der Person in einer ihr gemäßen Weise so weit wie möglich verständlich gemacht worden ist und sie die Untersuchung oder die Gewinnung der dafür erforderlichen genetischen Probe nicht ablehnt,
3. die Untersuchung für die Person mit möglichst wenig Risiken und Belastungen verbunden ist und
4. der Vertreter der Person nach § 9 aufgeklärt worden ist, die Vorschriften über die genetische Beratung nach § 10 gegenüber dem Vertreter eingehalten worden sind und dieser nach § 8 Abs. 1 eingewilligt hat.

(2) Eine genetische Untersuchung darf bei einer in Absatz 1 bezeichneten Person abweichend von Absatz 1 auch vorgenommen werden, wenn
1. sich bei einer genetisch verwandten Person im Hinblick auf eine geplante Schwangerschaft nach dem allgemein anerkannten Stand der Wissenschaft und Technik auf andere Weise nicht klären lässt, ob eine bestimmte genetisch bedingte Erkrankung oder gesundheitliche Störung bei einem künftigen Abkömmling der genetisch verwandten Person auftreten kann,
2. die Voraussetzungen nach Absatz 1 Nr. 2 und 4 vorliegen,
3. die Person voraussichtlich allenfalls geringfügig und nicht über die mit der Gewinnung der dafür erforderlichen genetischen Probe in der Regel verbundenen Risiken hinaus gesundheitlich beeinträchtigt wird und
4. die Person durch das Untersuchungsergebnis voraussichtlich weder physisch noch psychisch belastet wird.
(3) ¹Es dürfen nur die für den jeweiligen Untersuchungszweck erforderlichen Untersuchungen der genetischen Probe vorgenommen werden. ²Andere Feststellungen dürfen nicht getroffen werden. ³Die §§ 1627 und 1821 Absatz 2 bis 4 des Bürgerlichen Gesetzbuchs finden Anwendung.

§ 15 Vorgeburtliche genetische Untersuchungen

(1) ¹Eine genetische Untersuchung darf vorgeburtlich nur zu medizinischen Zwecken und nur vorgenommen werden, soweit die Untersuchung auf bestimmte genetische Eigenschaften des Embryos oder Fötus abzielt, die nach dem allgemein anerkannten Stand der Wissenschaft und Technik seine Gesundheit während der Schwangerschaft oder nach der Geburt beeinträchtigen, oder wenn eine Behandlung des Embryos oder Fötus mit einem Arzneimittel vorgesehen ist, dessen Wirkung durch bestimmte genetische Eigenschaften beeinflusst wird und die Schwangere nach § 9 aufgeklärt worden ist und diese nach § 8 Abs. 1 eingewilligt hat. ²Wird anlässlich einer Untersuchung nach Satz 1 oder einer sonstigen vorgeburtlichen Untersuchung das Geschlecht eines Embryos oder Fötus festgestellt, kann dies der Schwangeren mit ihrer Einwilligung nach Ablauf der zwölften Schwangerschaftswoche mitgeteilt werden.
(2) Eine vorgeburtliche genetische Untersuchung, die darauf abzielt, genetische Eigenschaften des Embryos oder des Fötus für eine Erkrankung festzustellen, die nach dem allgemein anerkannten Stand der medizinischen Wissenschaft und Technik erst nach Vollendung des 18. Lebensjahres ausbricht, darf nicht vorgenommen werden.
(3) Vor einer vorgeburtlichen genetischen Untersuchung und nach Vorliegen des Untersuchungsergebnisses ist die Schwangere entsprechend § 10 Abs. 2 und 3 genetisch zu beraten und ergänzend auf den Beratungsanspruch nach § 2 des Schwangerschaftskonfliktgesetzes hinzuweisen; der Inhalt der Beratung ist zu dokumentieren.
(4) ¹Wird die vorgeburtliche genetische Untersuchung bei einer Schwangeren vorgenommen, die nicht in der Lage ist, Wesen, Bedeutung und Tragweite der vorgeburtlichen genetischen Untersuchung zu erkennen und ihren Willen hiernach auszurichten, findet § 14 Abs. 1 Nr. 2 und 3 Anwendung. ²Die genetische Untersuchung darf nur vorgenommen werden, wenn zuvor
1. der Vertreter der Schwangeren nach § 9 aufgeklärt worden ist,
2. eine Ärztin oder ein Arzt, die oder der die Voraussetzungen nach § 7 Abs. 1 und 3 erfüllt, den Vertreter entsprechend Absatz 2 genetisch beraten und
3. der Vertreter nach § 8 Abs. 1 eingewilligt hat.
³Die §§ 1627 und 1821 Absatz 2 bis 4 des Bürgerlichen Gesetzbuchs finden Anwendung.

§ 16 Genetische Reihenuntersuchungen

(1) Eine genetische Reihenuntersuchung darf nur vorgenommen werden, wenn mit der Untersuchung geklärt werden soll, ob die betroffenen Personen genetische Eigenschaften mit Bedeutung für eine Erkrankung oder gesundheitliche Störung haben, die nach dem allgemein anerkannten Stand der Wissenschaft und Technik vermeidbar oder behandelbar ist oder der vorgebeugt werden kann.

(2) ¹Mit einer genetischen Reihenuntersuchung nach Absatz 1 darf nur begonnen werden, wenn die Gendiagnostik-Kommission die Untersuchung in einer schriftlichen Stellungnahme bewertet hat. ²Die Gendiagnostik-Kommission prüft und bewertet anhand der ihr vorgelegten Unterlagen, ob die Voraussetzungen nach Absatz 1 vorliegen, das Anwendungskonzept für die Durchführung der Untersuchung dem allgemein anerkannten Stand der Wissenschaft und Technik entspricht und die Untersuchung in diesem Sinne ethisch vertretbar ist.

Abschnitt 3: Genetische Untersuchungen zur Klärung der Abstammung

§ 17 Genetische Untersuchungen zur Klärung der Abstammung

(1) ¹Eine genetische Untersuchung zur Klärung der Abstammung darf nur vorgenommen werden, wenn die Person, deren genetische Probe untersucht werden soll, zuvor über die Untersuchung aufgeklärt worden ist und in die Untersuchung und die Gewinnung der dafür erforderlichen genetischen Probe eingewilligt hat; für die Einwilligung gilt § 8 entsprechend. ²Die Aufklärung muss durch die für die Vornahme der Untersuchung verantwortliche Person erfolgen; für die Aufklärung gilt § 9 Abs. 2 Nr. 1 erster Halbsatz, Nr. 2 bis 5 und Abs. 3 entsprechend. ³Es dürfen nur die zur Klärung der Abstammung erforderlichen Untersuchungen an der genetischen Probe vorgenommen werden. ⁴Feststellungen über andere Tatsachen dürfen nicht getroffen werden.

(2) Absatz 1 gilt entsprechend für Personen, die eine genetische Untersuchung zur Klärung der Abstammung vornehmen lassen.

(3) ¹Bei einer Person, die nicht in der Lage ist, Wesen, Bedeutung und Tragweite der genetischen Untersuchung zu erkennen und ihren Willen hiernach auszurichten, darf eine genetische Untersuchung zur Klärung der Abstammung vorgenommen werden, wenn
1. die Untersuchung der Person zuvor in einer ihr gemäßen Weise so weit wie möglich verständlich gemacht worden ist und sie die Untersuchung oder die Gewinnung der dafür erforderlichen genetischen Probe nicht ablehnt,
2. der Vertreter der Person zuvor über die Untersuchung aufgeklärt worden ist und dieser in die Untersuchung und die Gewinnung der dafür erforderlichen genetischen Probe eingewilligt hat und
3. die Person voraussichtlich allenfalls geringfügig und nicht über die mit der Untersuchung und der Gewinnung der dafür erforderlichen genetischen Probe in der Regel verbundenen Risiken hinaus gesundheitlich beeinträchtigt wird.

²Für die Aufklärung und die Einwilligung des Vertreters gelten Absatz 1 Satz 1 und 2 und Absatz 2 entsprechend. ³Die §§ 1627 und 1821 Absatz 2 bis 4 des Bürgerlichen Gesetzbuchs finden Anwendung.

(4) ¹Genetische Untersuchungen zur Klärung der Abstammung dürfen nur durch Ärztinnen oder Ärzte oder durch auf dem Gebiet der Abstammungsbegutachtung erfahrene nichtärztliche Sachverständige mit abgeschlossener naturwissenschaftlicher Hochschulausbildung vorgenommen werden. ²§ 7 Abs. 2 gilt entsprechend.

(5) § 11 Abs. 2 bis 4 über die Mitteilung der Ergebnisse und § 13 über die Verwendung und Vernichtung der Proben gelten entsprechend; § 12 über die Aufbewahrung und Vernichtung

der Ergebnisse gilt entsprechend mit der Maßgabe, dass die Ergebnisse der genetischen Untersuchung 30 Jahre aufzubewahren sind.
(6) Eine vorgeburtliche genetische Untersuchung zur Klärung der Abstammung darf abweichend von § 15 Abs. 1 Satz 1 nur durch Ärztinnen oder Ärzte vorgenommen werden, wenn nach ärztlicher Erkenntnis an der Schwangeren eine rechtswidrige Tat nach den §§ 176 bis 178 des Strafgesetzbuchs begangen worden ist und dringende Gründe für die Annahme sprechen, dass die Schwangerschaft auf der Tat beruht.
(7) ¹Der nach den Absätzen 1, 2 und 3 Satz 1 Nr. 2 erforderlichen Einwilligung steht eine rechtskräftige gerichtliche Entscheidung nach § 1598a Abs. 2 des Bürgerlichen Gesetzbuchs gleich. ²In diesem Falle ist eine Ablehnung nach Absatz 3 Satz 1 Nr. 1 unbeachtlich. ³Die Vorschriften über die Feststellung der Abstammung im Rahmen eines gerichtlichen Verfahrens bleiben unberührt.
(8) ¹Auf genetische Untersuchungen an einem Mundschleimhautabstrich, die zum Nachweis eines Verwandtschaftsverhältnisses im Verfahren nach dem Pass- oder Personalausweisgesetz und im Verfahren der Auslandsvertretungen und der Ausländerbehörden zum Familiennachzug nach dem Aufenthaltsgesetz beigebracht werden, finden keine Anwendung
1. Absatz 1 Satz 1 zweiter Halbsatz, soweit er auf die Entscheidung, ob und inwieweit das Untersuchungsergebnis zur Kenntnis zu geben oder zu vernichten ist, nach § 8 Abs. 1 Satz 2 verweist,
2. Absatz 1 Satz 2 zweiter Halbsatz, soweit er auf § 9 Abs. 2 Nr. 2 und 5 verweist, und
3. Absatz 5, soweit er auf § 12 Abs. 1 Satz 1 verweist.
²Auf die Aufklärung und die Einwilligung des Vertreters nach Absatz 3 Satz 1 Nr. 2 findet Absatz 3 Satz 2 in Verbindung mit Absatz 1 Satz 1 und 2 keine Anwendung, soweit er auf die Entscheidung, ob und inwieweit das Untersuchungsergebnis zur Kenntnis zu geben oder zu vernichten ist, nach § 8 Abs. 1 Satz 2 und auf § 9 Abs. 2 Nr. 2 und 5 verweist. ³Die Aufklärung nach den Absätzen 1 und 3 kann abweichend von Absatz 1 Satz 2 erster Halbsatz im Verfahren vor einer Auslandsvertretung von einer anderen als der für die Untersuchung verantwortlichen Person vorgenommen werden, die nicht die Anforderungen nach Absatz 4 erfüllen muss. ⁴Ergibt sich der Verdacht einer Straftat, dürfen abweichend von Absatz 5 das Ergebnis der genetischen Untersuchung und die genetische Probe auch nach einem Widerruf der Einwilligung zum Zwecke der Strafverfolgung übermittelt werden; § 11 Abs. 4, § 12 Abs. 1 Satz 4 und § 13 Abs. 1 finden in diesem Fall keine Anwendung.

Abschnitt 4: Genetische Untersuchungen im Versicherungsbereich

§ 18 Genetische Untersuchungen und Analysen im Zusammenhang mit dem Abschluss eines Versicherungsvertrages

(1) ¹Der Versicherer darf von Versicherten weder vor noch nach Abschluss des Versicherungsvertrages
1. die Vornahme genetischer Untersuchungen oder Analysen verlangen oder
2. die Mitteilung von Ergebnissen oder Daten aus bereits vorgenommenen genetischen Untersuchungen oder Analysen verlangen oder solche Ergebnisse oder Daten entgegennehmen oder verwenden.
²Für die Lebensversicherung, die Berufsunfähigkeitsversicherung, die Erwerbsunfähigkeitsversicherung und die Pflegerentenversicherung gilt Satz 1 Nr. 2 nicht, wenn eine Leistung von mehr als 300 000 Euro oder mehr als 30 000 Euro Jahresrente vereinbart wird.
(2) Vorerkrankungen und Erkrankungen sind anzuzeigen; insoweit sind die §§ 19 bis 22 und 47 des Versicherungsvertragsgesetzes anzuwenden.

Abschnitt 5: Genetische Untersuchungen im Arbeitsleben

§ 19 Genetische Untersuchungen und Analysen vor und nach Begründung des Beschäftigungsverhältnisses
Der Arbeitgeber darf von Beschäftigten weder vor noch nach Begründung des Beschäftigungsverhältnisses
1. die Vornahme genetischer Untersuchungen oder Analysen verlangen oder
2. die Mitteilung von Ergebnissen bereits vorgenommener genetischer Untersuchungen oder Analysen verlangen, solche Ergebnisse entgegennehmen oder verwenden.

§ 20 Genetische Untersuchungen und Analysen zum Arbeitsschutz
(1) Im Rahmen arbeitsmedizinischer Vorsorgeuntersuchungen dürfen weder
1. genetische Untersuchungen oder Analysen vorgenommen werden noch
2. die Mitteilung von Ergebnissen bereits vorgenommener genetischer Untersuchungen oder Analysen verlangt, solche Ergebnisse entgegengenommen oder verwendet werden.
(2) ^{1}Abweichend von Absatz 1 sind im Rahmen arbeitsmedizinischer Vorsorgeuntersuchungen diagnostische genetische Untersuchungen durch Genproduktanalyse zulässig, soweit sie zur Feststellung genetischer Eigenschaften erforderlich sind, die für schwerwiegende Erkrankungen oder schwerwiegende gesundheitliche Störungen, die bei einer Beschäftigung an einem bestimmten Arbeitsplatz oder mit einer bestimmten Tätigkeit entstehen können, ursächlich oder mitursächlich sind. ^{2}Als Bestandteil arbeitsmedizinischer Vorsorgeuntersuchungen sind genetische Untersuchungen nachrangig zu anderen Maßnahmen des Arbeitsschutzes.
(3) ^{1}Die Bundesregierung kann durch Rechtsverordnung mit Zustimmung des Bundesrates regeln, dass abweichend von den Absätzen 1 und 2 im Rahmen arbeitsmedizinischer Vorsorgeuntersuchungen diagnostische genetische Untersuchungen durch zytogenetische und molekulargenetische Analysen bei bestimmten gesundheitsgefährdenden Tätigkeiten von Beschäftigten vorgenommen werden dürfen, soweit nach dem allgemein anerkannten Stand der Wissenschaft und Technik
1. dadurch genetische Eigenschaften festgestellt werden können, die für bestimmte, in der Rechtsverordnung zu bezeichnende schwerwiegende Erkrankungen oder schwerwiegende gesundheitliche Störungen, die bei einer Beschäftigung an einem bestimmten Arbeitsplatz oder mit einer bestimmten Tätigkeit entstehen können, ursächlich oder mitursächlich sind,
2. die Wahrscheinlichkeit, dass die Erkrankung oder gesundheitliche Störung bei der Beschäftigung an dem bestimmten Arbeitsplatz oder mit der bestimmten Tätigkeit entsteht, hoch ist und
3. die jeweilige genetische Untersuchung eine geeignete und die für die Beschäftigte oder den Beschäftigten schonendste Untersuchungsmethode ist, um die genetischen Eigenschaften festzustellen.
^{2}Absatz 2 Satz 2 gilt entsprechend.
(4) Die §§ 7 bis 16 gelten entsprechend.

§ 21 Arbeitsrechtliches Benachteiligungsverbot
(1) ^{1}Der Arbeitgeber darf Beschäftigte bei einer Vereinbarung oder Maßnahme, insbesondere bei der Begründung des Beschäftigungsverhältnisses, beim beruflichen Aufstieg, bei einer Weisung oder der Beendigung des Beschäftigungsverhältnisses nicht wegen ihrer oder der genetischen Eigenschaften einer genetisch verwandten Person benachteiligen. ^{2}Dies gilt auch, wenn sich Beschäftigte weigern, genetische Untersuchungen oder Analysen bei sich

vornehmen zu lassen oder die Ergebnisse bereits vorgenommener genetischer Untersuchungen oder Analysen zu offenbaren.
(2) Die §§ 15 und 22 des Allgemeinen Gleichbehandlungsgesetzes gelten entsprechend.

§ 22 Öffentlich-rechtliche Dienstverhältnisse
Es gelten entsprechend
1. für Beamtinnen, Beamte, Richterinnen und Richter des Bundes, Soldatinnen und Soldaten sowie Zivildienstleistende die für Beschäftigte geltenden Vorschriften,
2. für Bewerberinnen und Bewerber für ein öffentlich-rechtliches Dienstverhältnis oder Personen, deren öffentlich-rechtliches Dienstverhältnis beendet ist, die für Bewerberinnen und Bewerber für ein Beschäftigungsverhältnis oder Personen, deren Beschäftigungsverhältnis beendet ist, geltenden Vorschriften und
3. für den Bund und sonstige bundesunmittelbare Körperschaften, Anstalten und Stiftungen des öffentlichen Rechts, die Dienstherrnfähigkeit besitzen, die für Arbeitgeber geltenden Vorschriften.

Abschnitt 6: Allgemein anerkannter Stand der Wissenschaft und Technik

§ 23 Richtlinien
(1) [1]Beim Robert Koch-Institut wird eine interdisziplinär zusammengesetzte, unabhängige Gendiagnostik-Kommission eingerichtet, die sich aus 13 Sachverständigen aus den Fachrichtungen Medizin und Biologie, zwei Sachverständigen aus den Fachrichtungen Ethik und Recht sowie drei Vertretern der für die Wahrnehmung der Interessen der Patientinnen und Patienten, der Verbraucherinnen und Verbraucher und der Selbsthilfe behinderter Menschen auf Bundesebene maßgeblichen Organisationen zusammensetzt. [2]Die Mitglieder und stellvertretenden Mitglieder der Gendiagnostik-Kommission werden vom Bundesministerium für Gesundheit für die Dauer von drei Jahren berufen. [3]Die Kommission gibt sich eine Geschäftsordnung, in der das Nähere über das Verfahren der Gendiagnostik-Kommission und die Heranziehung externer Sachverständiger festgelegt wird; die Geschäftsordnung bedarf der Zustimmung des Bundesministeriums für Gesundheit. [4]Vertreter des Bundesministeriums für Gesundheit sowie weitere Vertreter von Bundes- und Landesbehörden können mit beratender Stimme an den Sitzungen teilnehmen.
(2) Die Gendiagnostik-Kommission erstellt in Bezug auf den allgemein anerkannten Stand der Wissenschaft und Technik Richtlinien insbesondere für
1. die Beurteilung genetischer Eigenschaften hinsichtlich
   a) ihrer Bedeutung für Erkrankungen oder gesundheitliche Störungen sowie die Möglichkeiten, sie zu vermeiden, ihnen vorzubeugen oder sie zu behandeln,
   b) ihrer Bedeutung für die Wirkung eines Arzneimittels bei einer Behandlung,
   c) der Erforderlichkeit einer genetischen Untersuchung nach § 14 Abs. 1 Nr. 1, um eine genetisch bedingte Erkrankung oder gesundheitliche Störung zu vermeiden oder zu behandeln oder dieser vorzubeugen, oder nach § 14 Abs. 2 Nr. 1 zur Klärung, ob eine bestimmte genetisch bedingte Erkrankung oder gesundheitliche Störung bei einem künftigen Abkömmling der genetisch verwandten Person auftreten kann,
   d) ihrer Bedeutung nach § 15 Abs. 1 Satz 1 für eine Beeinträchtigung der Gesundheit des Embryos oder des Fötus während der Schwangerschaft oder nach der Geburt,
   e) ihrer Bedeutung für die nach § 20 Abs. 3 maßgeblichen Voraussetzungen für den Erlass einer Rechtsverordnung,

2. die Anforderungen an die Qualifikation
  a) zur genetischen Beratung nach § 7 Abs. 3,
  b) der auf dem Gebiet der Abstammungsbegutachtung erfahrenen ärztlichen und nichtärztlichen Sachverständigen nach § 17 Abs. 4,
3. die Anforderungen an die Inhalte der Aufklärung und der genetischen Beratung,
4. die Anforderungen an die Durchführung genetischer Analysen genetischer Proben, insbesondere an die Eignung und Zuverlässigkeit der Analysemethoden, die Verlässlichkeit der Analyseergebnisse und den Befundbericht sowie an die erforderlichen Maßnahmen zur Qualitätssicherung einschließlich Art, Umfang und Häufigkeit externer Qualitätssicherungsmaßnahmen,
5. die Anforderungen an die Durchführung der vorgeburtlichen Risikoabklärung sowie an die insoweit erforderlichen Maßnahmen zur Qualitätssicherung,
6. die Anforderungen an die Durchführung genetischer Reihenuntersuchungen.
(3) Das Robert Koch-Institut veröffentlicht die Richtlinien der Gendiagnostik-Kommission sowie ihre Stellungnahmen nach § 16 Abs. 2 zu den genetischen Reihenuntersuchungen.
(4) [1]Die Gendiagnostik-Kommission bewertet in einem Tätigkeitsbericht die Entwicklung in der genetischen Diagnostik. [2]Der Bericht ist im Abstand von drei Jahren, erstmals zum Ablauf des Jahres 2012, zu erstellen und durch das Robert Koch-Institut zu veröffentlichen.
(5) Die Gendiagnostik-Kommission kann auf Anfrage von Personen oder Einrichtungen, die genetische Untersuchungen oder Analysen vornehmen, gutachtliche Stellungnahmen zu Einzelfragen der Auslegung und Anwendung ihrer Richtlinien abgeben.

§ 24 *(weggefallen)*

Abschnitt 7: Straf- und Bußgeldvorschriften

§ 25 Strafvorschriften

(1) Mit Freiheitsstrafe bis zu einem Jahr oder mit Geldstrafe wird bestraft, wer
1. entgegen § 8 Abs. 1 Satz 1, auch in Verbindung mit § 14 Abs. 1 Nr. 4 oder Abs. 2 Nr. 2, oder § 15 Abs. 1 Satz 1 oder Abs. 4 Satz 2 Nr. 3 eine genetische Untersuchung oder Analyse ohne die erforderliche Einwilligung vornimmt,
2. entgegen § 14 Abs. 1 Nr. 1 eine genetische Untersuchung vornimmt,
3. entgegen § 15 Abs. 1 Satz 1 eine vorgeburtliche genetische Untersuchung vornimmt, die nicht medizinischen Zwecken dient oder die nicht auf die dort genannten genetischen Eigenschaften des Embryos oder des Fötus abzielt,
4. entgegen § 14 Abs. 3 Satz 1 oder 2 oder § 17 Abs. 1 Satz 3 oder 4, jeweils auch in Verbindung mit Abs. 2, eine weitergehende Untersuchung vornimmt oder vornehmen lässt oder eine Feststellung trifft oder treffen lässt oder
5. entgegen § 18 Abs. 1 Satz 1 Nr. 2, § 19 Nr. 2 oder § 20 Abs. 1 Nr. 2 dort genannten Daten oder ein dort genanntes Ergebnis verwendet.
(2) Mit Freiheitsstrafe bis zu zwei Jahren oder mit Geldstrafe wird bestraft, wer eine in Absatz 1 bezeichnete Handlung gegen Entgelt oder in der Absicht begeht, sich oder einen Anderen zu bereichern oder einen Anderen zu schädigen.
(3) [1]Die Tat wird nur auf Antrag verfolgt. [2]Antragsberechtigt ist in den Fällen des Absatzes 1 Nr. 1 in Verbindung mit § 15 Abs. 1 Satz 1 und des Absatzes 1 Nr. 3 die Schwangere.

§ 26 Bußgeldvorschriften

(1) Ordnungswidrig handelt, wer
1. entgegen § 7 Absatz 1 oder 2, auch in Verbindung mit § 17 Absatz 4 Satz 2, oder entgegen § 17 Absatz 4 Satz 1 oder § 20 Absatz 1 Nummer 1 eine genetische Untersuchung oder Analyse vornimmt,
1a. entgegen § 13 Absatz 1 Satz 1 oder Absatz 2, jeweils auch in Verbindung mit § 17 Absatz 5, eine genetische Probe verwendet,
1b. entgegen § 13 Absatz 1 Satz 2, auch in Verbindung mit § 17 Absatz 5, eine genetische Probe nicht oder nicht rechtzeitig vernichtet,
2. entgegen § 16 Absatz 2 Satz 1 mit einer genetischen Reihenuntersuchung beginnt oder
3. einer Rechtsverordnung nach § 6 oder einer vollziehbaren Anordnung auf Grund einer solchen Rechtsverordnung zuwiderhandelt, soweit die Rechtsverordnung für einen bestimmten Tatbestand auf diese Bußgeldvorschrift verweist.

(2) Die Ordnungswidrigkeit kann mit einer Geldbuße bis zu fünfzigtausend Euro geahndet werden.

(3) Die Absätze 1 und 2 sind nicht anzuwenden, soweit die Verordnung (EU) 2016/679 des Europäischen Parlaments und des Rates vom 27. April 2016 zum Schutz natürlicher Personen bei der Verarbeitung personenbezogener Daten, zum freien Datenverkehr und zur Aufhebung der Richtlinie 95/46/EG (Datenschutz-Grundverordnung) (ABl. L 119 vom 4.5.2016, S. 1; L 314 vom 22.11.2016, S. 72; L 127 vom 23.5.2018, S. 2) in der jeweils geltenden Fassung unmittelbar gilt.

Abschnitt 8: Schlussvorschriften

§ 27 Inkrafttreten

(1) Dieses Gesetz tritt am 1. Februar 2010 in Kraft, soweit in den folgenden Absätzen nichts Abweichendes bestimmt ist.
(2) Die §§ 6, 20 Abs. 3, die §§ 23 und 24 treten am Tag nach der Verkündung in Kraft.
(3) § 5 tritt am 1. Februar 2011 in Kraft.
(4) § 7 Abs. 3 tritt am 1. Februar 2012 in Kraft.

Gesetz zum Schutz von Geschäftsgeheimnissen (GeschGehG)
vom 18. April 2019 (BGBl I 2019, S. 466)

Abschnitt 1: Allgemeines
§ 1 Anwendungsbereich
(1) Dieses Gesetz dient dem Schutz von Geschäftsgeheimnissen vor unerlaubter Erlangung, Nutzung und Offenlegung.
(2) Öffentlich-rechtliche Vorschriften zur Geheimhaltung, Erlangung, Nutzung oder Offenlegung von Geschäftsgeheimnissen gehen vor.
(3) Es bleiben unberührt:
1. der berufs- und strafrechtliche Schutz von Geschäftsgeheimnissen, deren unbefugte Offenbarung von § 203 des Strafgesetzbuches erfasst wird,
2. die Ausübung des Rechts der freien Meinungsäußerung und der Informationsfreiheit nach der Charta der Grundrechte der Europäischen Union (ABl. C 202 vom 7.6.2016, S. 389), einschließlich der Achtung der Freiheit und der Pluralität der Medien,
3. die Autonomie der Sozialpartner und ihr Recht, Kollektivverträge nach den bestehenden europäischen und nationalen Vorschriften abzuschließen,
4. die Rechte und Pflichten aus dem Arbeitsverhältnis und die Rechte der Arbeitnehmervertretungen.

§ 2 Begriffsbestimmungen
Im Sinne dieses Gesetzes ist
1. Geschäftsgeheimnis eine Information
   a) die weder insgesamt noch in der genauen Anordnung und Zusammensetzung ihrer Bestandteile den Personen in den Kreisen, die üblicherweise mit dieser Art von Informationen umgehen, allgemein bekannt oder ohne Weiteres zugänglich ist und daher von wirtschaftlichem Wert ist und
   b) die Gegenstand von den Umständen nach angemessenen Geheimhaltungsmaßnahmen durch ihren rechtmäßigen Inhaber ist und
   c) bei der ein berechtigtes Interesse an der Geheimhaltung besteht;
2. Inhaber eines Geschäftsgeheimnisses jede natürliche oder juristische Person, die die rechtmäßige Kontrolle über ein Geschäftsgeheimnis hat;
3. Rechtsverletzer jede natürliche oder juristische Person, die entgegen § 4 ein Geschäftsgeheimnis rechtswidrig erlangt, nutzt oder offenlegt; Rechtsverletzer ist nicht, wer sich auf eine Ausnahme nach § 5 berufen kann;
4. rechtsverletzendes Produkt ein Produkt, dessen Konzeption, Merkmale, Funktionsweise, Herstellungsprozess oder Marketing in erheblichem Umfang auf einem rechtswidrig erlangten, genutzten oder offengelegten Geschäftsgeheimnis beruht.

§ 3 Erlaubte Handlungen
(1) Ein Geschäftsgeheimnis darf insbesondere erlangt werden durch
1. eine eigenständige Entdeckung oder Schöpfung;
2. ein Beobachten, Untersuchen, Rückbauen oder Testen eines Produkts oder Gegenstands, das oder der

a) öffentlich verfügbar gemacht wurde oder
b) sich im rechtmäßigen Besitz des Beobachtenden, Untersuchenden, Rückbauenden oder Testenden befindet und dieser keiner Pflicht zur Beschränkung der Erlangung des Geschäftsgeheimnisses unterliegt;
3. ein Ausüben von Informations- und Anhörungsrechten der Arbeitnehmer oder Mitwirkungs- und Mitbestimmungsrechte der Arbeitnehmervertretung.
(2) Ein Geschäftsgeheimnis darf erlangt, genutzt oder offengelegt werden, wenn dies durch Gesetz, aufgrund eines Gesetzes oder durch Rechtsgeschäft gestattet ist.

§ 4 Handlungsverbote
(1) Ein Geschäftsgeheimnis darf nicht erlangt werden durch
1. unbefugten Zugang zu, unbefugte Aneignung oder unbefugtes Kopieren von Dokumenten, Gegenständen, Materialien, Stoffen oder elektronischen Dateien, die der rechtmäßigen Kontrolle des Inhabers des Geschäftsgeheimnisses unterliegen und die das Geschäftsgeheimnis enthalten oder aus denen sich das Geschäftsgeheimnis ableiten lässt, oder
2. jedes sonstige Verhalten, das unter den jeweiligen Umständen nicht dem Grundsatz von Treu und Glauben unter Berücksichtigung der anständigen Marktgepflogenheit entspricht.
(2) Ein Geschäftsgeheimnis darf nicht nutzen oder offenlegen, wer
1. das Geschäftsgeheimnis durch eine eigene Handlung nach Absatz 1
   a) Nummer 1 oder
   b) Nummer 2
   erlangt hat,
2. gegen eine Verpflichtung zur Beschränkung der Nutzung des Geschäftsgeheimnisses verstößt oder
3. gegen eine Verpflichtung verstößt, das Geschäftsgeheimnis nicht offenzulegen.
(3) ^{1}Ein Geschäftsgeheimnis darf nicht erlangen, nutzen oder offenlegen, wer das Geschäftsgeheimnis über eine andere Person erlangt hat und zum Zeitpunkt der Erlangung, Nutzung oder Offenlegung weiß oder wissen müsste, dass diese das Geschäftsgeheimnis entgegen Absatz 2 genutzt oder offengelegt hat. ^{2}Das gilt insbesondere, wenn die Nutzung in der Herstellung, dem Anbieten, dem Inverkehrbringen oder der Einfuhr, der Ausfuhr oder der Lagerung für diese Zwecke von rechtsverletzenden Produkten besteht.

§ 5 Ausnahmen
Die Erlangung, die Nutzung oder die Offenlegung eines Geschäftsgeheimnisses fällt nicht unter die Verbote des § 4, wenn dies zum Schutz eines berechtigten Interesses erfolgt, insbesondere
1. zur Ausübung des Rechts der freien Meinungsäußerung und der Informationsfreiheit, einschließlich der Achtung der Freiheit und der Pluralität der Medien;
2. zur Aufdeckung einer rechtswidrigen Handlung oder eines beruflichen oder sonstigen Fehlverhaltens, wenn die Erlangung, Nutzung oder Offenlegung geeignet ist, das allgemeine öffentliche Interesse zu schützen;
3. im Rahmen der Offenlegung durch Arbeitnehmer gegenüber der Arbeitnehmervertretung, wenn dies erforderlich ist, damit die Arbeitnehmervertretung ihre Aufgaben erfüllen kann.

Abschnitt 2: Ansprüche bei Rechtsverletzungen

§ 6 Beseitigung und Unterlassung
^{1}Der Inhaber des Geschäftsgeheimnisses kann den Rechtsverletzer auf Beseitigung der Beeinträchtigung und bei Wiederholungsgefahr auch auf Unterlassung in Anspruch nehmen. Der Anspruch auf Unterlassung besteht auch dann, wenn eine Rechtsverletzung erstmalig droht.^{2}

§ 7 Vernichtung; Herausgabe; Rückruf; Entfernung und Rücknahme vom Markt

Der Inhaber des Geschäftsgeheimnisses kann den Rechtsverletzer auch in Anspruch nehmen auf
1. Vernichtung oder Herausgabe der im Besitz oder Eigentum des Rechtsverletzers stehenden Dokumente, Gegenstände, Materialien, Stoffe oder elektronischen Dateien, die das Geschäftsgeheimnis enthalten oder verkörpern,
2. Rückruf des rechtsverletzenden Produkts,
3. dauerhafte Entfernung der rechtsverletzenden Produkte aus den Vertriebswegen,
4. Vernichtung der rechtsverletzenden Produkte oder
5. Rücknahme der rechtsverletzenden Produkte vom Markt, wenn der Schutz des Geschäftsgeheimnisses hierdurch nicht beeinträchtigt wird.

§ 8 Auskunft über rechtsverletzende Produkte; Schadensersatz bei Verletzung der Auskunftspflicht

(1) Der Inhaber des Geschäftsgeheimnisses kann vom Rechtsverletzer Auskunft über Folgendes verlangen:
1. Name und Anschrift der Hersteller, Lieferanten und anderer Vorbesitzer der rechtsverletzenden Produkte sowie der gewerblichen Abnehmer und Verkaufsstellen, für die sie bestimmt waren,
2. die Menge der hergestellten, bestellten, ausgelieferten oder erhaltenen rechtsverletzenden Produkte sowie über die Kaufpreise,
3. diejenigen im Besitz oder Eigentum des Rechtsverletzers stehenden Dokumente, Gegenstände, Materialien, Stoffe oder elektronischen Dateien, die das Geschäftsgeheimnis enthalten oder verkörpern, und
4. die Person, von der sie das Geschäftsgeheimnis erlangt haben und der gegenüber sie es offenbart haben.

(2) Erteilt der Rechtsverletzer vorsätzlich oder grob fahrlässig die Auskunft nicht, verspätet, falsch oder unvollständig, ist er dem Inhaber des Geschäftsgeheimnisses zum Ersatz des daraus entstehenden Schadens verpflichtet.

§ 9 Anspruchsausschluss bei Unverhältnismäßigkeit

Die Ansprüche nach den §§ 6 bis 8 Absatz 1 sind ausgeschlossen, wenn die Erfüllung im Einzelfall unverhältnismäßig wäre, unter Berücksichtigung insbesondere
1. des Wertes oder eines anderen spezifischen Merkmals des Geschäftsgeheimnisses,
2. der getroffenen Geheimhaltungsmaßnahmen,
3. des Verhaltens des Rechtsverletzers bei Erlangung, Nutzung oder Offenlegung des Geschäftsgeheimnisses,
4. der Folgen der rechtswidrigen Nutzung oder Offenlegung des Geschäftsgeheimnisses,
5. der berechtigten Interessen des Inhabers des Geschäftsgeheimnisses und des Rechtsverletzers sowie der Auswirkungen, die die Erfüllung der Ansprüche für beide haben könnte,
6. der berechtigten Interessen Dritter oder
7. des öffentlichen Interesses.

§ 10 Haftung des Rechtsverletzers

(1) ¹Ein Rechtsverletzer, der vorsätzlich oder fahrlässig handelt, ist dem Inhaber des Geschäftsgeheimnisses zum Ersatz des daraus entstehenden Schadens verpflichtet. ²§ 619a des Bürgerlichen Gesetzbuchs bleibt unberührt.
(2) ¹Bei der Bemessung des Schadensersatzes kann auch der Gewinn, den der Rechtsverletzer durch die Verletzung des Rechts erzielt hat, berücksichtigt werden. ²Der Schadensersatzanspruch kann auch auf der Grundlage des Betrages bestimmt werden, den der Rechtsverletzer als angemessene Vergütung hätte entrichten müssen, wenn er die Zustimmung zur Erlangung, Nutzung oder Offenlegung des Geschäftsgeheimnisses eingeholt hätte.
(3) Der Inhaber des Geschäftsgeheimnisses kann auch wegen des Schadens, der nicht Vermögensschaden ist, von dem Rechtsverletzer eine Entschädigung in Geld verlangen, soweit dies der Billigkeit entspricht.

§ 11 Abfindung in Geld

(1) Ein Rechtsverletzer, der weder vorsätzlich noch fahrlässig gehandelt hat, kann zur Abwendung der Ansprüche nach den §§ 6 oder 7 den Inhaber des Geschäftsgeheimnisses in Geld abfinden, wenn dem Rechtsverletzer durch die Erfüllung der Ansprüche ein unverhältnismäßig großer Nachteil entstehen würde und wenn die Abfindung in Geld als angemessen erscheint.
(2) ¹Die Höhe der Abfindung in Geld bemisst sich nach der Vergütung, die im Falle einer vertraglichen Einräumung des Nutzungsrechts angemessen wäre. ²Sie darf den Betrag nicht übersteigen, der einer Vergütung im Sinne von Satz 1 für die Länge des Zeitraums entspricht, in dem dem Inhaber des Geschäftsgeheimnisses ein Unterlassungsanspruch zusteht.

§ 12 Haftung des Inhabers eines Unternehmens

¹Ist der Rechtsverletzer Beschäftigter oder Beauftragter eines Unternehmens, so hat der Inhaber des Geschäftsgeheimnisses die Ansprüche nach den §§ 6 bis 8 auch gegen den Inhaber des Unternehmens. ²Für den Anspruch nach § 8 Absatz 2 gilt dies nur, wenn der Inhaber des Unternehmens vorsätzlich oder grob fahrlässig die Auskunft nicht, verspätet, falsch oder unvollständig erteilt hat.

§ 13 Herausgabeanspruch nach Eintritt der Verjährung

¹Hat der Rechtsverletzer ein Geschäftsgeheimnis vorsätzlich oder fahrlässig erlangt, offengelegt oder genutzt und durch diese Verletzung eines Geschäftsgeheimnisses auf Kosten des Inhabers des Geschäftsgeheimnisses etwas erlangt, so ist er auch nach Eintritt der Verjährung des Schadensersatzanspruchs nach § 10 zur Herausgabe nach den Vorschriften des Bürgerlichen Gesetzbuchs über die Herausgabe einer ungerechtfertigten Bereicherung verpflichtet. ²Dieser Anspruch verjährt sechs Jahre nach seiner Entstehung.

§ 14 Missbrauchsverbot

¹Die Geltendmachung der Ansprüche nach diesem Gesetz ist unzulässig, wenn sie unter Berücksichtigung der gesamten Umstände missbräuchlich ist. ²Bei missbräuchlicher Geltendmachung kann der Anspruchsgegner Ersatz der für seine Rechtsverteidigung erforderlichen Aufwendungen verlangen. ³Weitergehende Ersatzansprüche bleiben unberührt.

Abschnitt 3: Verfahren in Geschäftsgeheimnisstreitsachen

§ 15 Sachliche und örtliche Zuständigkeit; Verordnungsermächtigung

(1) Für Klagen vor den ordentlichen Gerichten, durch die Ansprüche nach diesem Gesetz geltend gemacht werden, sind die Landgerichte ohne Rücksicht auf den Streitwert ausschließlich zuständig.
(2) [1]Für Klagen nach Absatz 1 ist das Gericht ausschließlich zuständig, in dessen Bezirk der Beklagte seinen allgemeinen Gerichtsstand hat. [2]Hat der Beklagte im Inland keinen allgemeinen Gerichtsstand, ist nur das Gericht zuständig, in dessen Bezirk die Handlung begangen worden ist.
(3) [1]Die Landesregierungen werden ermächtigt, durch Rechtsverordnung einem Landgericht die Klagen nach Absatz 1 der Bezirke mehrerer Landgerichte zuzuweisen. [2]Die Landesregierungen können diese Ermächtigung durch Rechtsverordnung auf die Landesjustizverwaltungen übertragen. [3]Die Länder können außerdem durch Vereinbarung die den Gerichten eines Landes obliegenden Klagen nach Absatz 1 insgesamt oder teilweise dem zuständigen Gericht eines anderen Landes übertragen.

§ 16 Geheimhaltung

(1) Bei Klagen, durch die Ansprüche nach diesem Gesetz geltend gemacht werden (Geschäftsgeheimnisstreitsachen) kann das Gericht der Hauptsache auf Antrag einer Partei streitgegenständliche Informationen ganz oder teilweise als geheimhaltungsbedürftig einstufen, wenn diese ein Geschäftsgeheimnis sein können.
(2) Die Parteien, ihre Prozessvertreter, Zeugen, Sachverständige, sonstige Vertreter und alle sonstigen Personen, die an Geschäftsgeheimnisstreitsachen beteiligt sind oder die Zugang zu Dokumenten eines solchen Verfahrens haben, müssen als geheimhaltungsbedürftig eingestufte Informationen vertraulich behandeln und dürfen diese außerhalb eines gerichtlichen Verfahrens nicht nutzen oder offenlegen, es sei denn, dass sie von diesen außerhalb des Verfahrens Kenntnis erlangt haben.
(3) Wenn das Gericht eine Entscheidung nach Absatz 1 trifft, darf Dritten, die ein Recht auf Akteneinsicht haben, nur ein Akteninhalt zur Verfügung gestellt werden, in dem die Geschäftsgeheimnisse enthaltenden Ausführungen unkenntlich gemacht wurden.

§ 17 Ordnungsmittel

[1]Das Gericht der Hauptsache kann auf Antrag einer Partei bei Zuwiderhandlungen gegen die Verpflichtungen nach § 16 Absatz 2 ein Ordnungsgeld bis zu 100 000 Euro oder Ordnungshaft bis zu sechs Monaten festsetzen und sofort vollstrecken. [2]Bei der Festsetzung von Ordnungsgeld ist zugleich für den Fall, dass dieses nicht beigetrieben werden kann, zu bestimmen, in welchem Maße Ordnungshaft an seine Stelle tritt. [3]Die Beschwerde gegen ein nach Satz 1 verhängtes Ordnungsmittel entfaltet aufschiebende Wirkung.

§ 18 Geheimhaltung nach Abschluss des Verfahrens

[1]Die Verpflichtungen nach § 16 Absatz 2 bestehen auch nach Abschluss des gerichtlichen Verfahrens fort. [2]Dies gilt nicht, wenn das Gericht der Hauptsache das Vorliegen des streitgegenständlichen Geschäftsgeheimnisses durch rechtskräftiges Urteil verneint hat oder sobald die streitgegenständlichen Informationen für Personen in den Kreisen, die üblicherweise mit solchen Informationen umgehen, bekannt oder ohne Weiteres zugänglich werden.

§ 19 Weitere gerichtliche Beschränkungen

(1) [1]Zusätzlich zu § 16 Absatz 1 beschränkt das Gericht der Hauptsache zur Wahrung von Geschäftsgeheimnissen auf Antrag einer Partei den Zugang ganz oder teilweise auf eine bestimmte Anzahl von zuverlässigen Personen
1. zu von den Parteien oder Dritten eingereichten oder vorgelegten Dokumenten, die Geschäftsgeheimnisse enthalten können, oder
2. zur mündlichen Verhandlung, bei der Geschäftsgeheimnisse offengelegt werden könnten, und zu der Aufzeichnung oder dem Protokoll der mündlichen Verhandlung.

[2]Dies gilt nur, soweit nach Abwägung aller Umstände das Geheimhaltungsinteresse das Recht der Beteiligten auf rechtliches Gehör auch unter Beachtung ihres Rechts auf effektiven Rechtsschutz und ein faires Verfahren übersteigt. [3]Es ist jeweils mindestens einer natürlichen Person jeder Partei und ihren Prozessvertretern oder sonstigen Vertretern Zugang zu gewähren. [4]Im Übrigen bestimmt das Gericht nach freiem Ermessen, welche Anordnungen zur Erreichung des Zwecks erforderlich sind.

(2) Wenn das Gericht Beschränkungen nach Absatz 1 Satz 1 trifft,
1. kann die Öffentlichkeit auf Antrag von der mündlichen Verhandlung ausgeschlossen werden und
2. gilt § 16 Absatz 3 für nicht zugelassene Personen.

(3) Die §§ 16 bis 19 Absatz 1 und 2 gelten entsprechend im Verfahren der Zwangsvollstreckung, wenn das Gericht der Hauptsache Informationen nach § 16 Absatz 1 als geheimhaltungsbedürftig eingestuft oder zusätzliche Beschränkungen nach Absatz 1 Satz 1 getroffen hat.

§ 20 Verfahren bei Maßnahmen nach den §§ 16 bis 19

(1) Das Gericht der Hauptsache kann eine Beschränkung nach § 16 Absatz 1 und § 19 Absatz 1 ab Anhängigkeit des Rechtsstreits anordnen.

(2) [1]Die andere Partei ist spätestens nach Anordnung der Maßnahme vom Gericht zu hören. [2]Das Gericht kann die Maßnahmen nach Anhörung der Parteien aufheben oder abändern.

(3) Die den Antrag nach § 16 Absatz 1 oder § 19 Absatz 1 stellende Partei muss glaubhaft machen, dass es sich bei der streitgegenständlichen Information um ein Geschäftsgeheimnis handelt.

(4) [1]Werden mit dem Antrag oder nach einer Anordnung nach § 16 Absatz 1 oder einer Anordnung nach § 19 Absatz 1 Satz 1 Nummer 1 Schriftstücke und sonstige Unterlagen eingereicht oder vorgelegt, muss die den Antrag stellende Partei diejenigen Ausführungen kennzeichnen, die nach ihrem Vorbringen Geschäftsgeheimnisse enthalten. [2]Im Fall des § 19 Absatz 1 Satz 1 Nummer 1 muss sie zusätzlich eine Fassung ohne Preisgabe von Geschäftsgeheimnissen vorlegen, die eingesehen werden kann. [3]Wird keine solche um die Geschäftsgeheimnisse reduzierte Fassung vorgelegt, kann das Gericht von der Zustimmung zur Einsichtnahme ausgehen, es sei denn, ihm sind besondere Umstände bekannt, die eine solche Vermutung nicht rechtfertigen.

(5) [1]Das Gericht entscheidet über den Antrag durch Beschluss. [2]Gibt es dem Antrag statt, hat es die Beteiligten auf die Wirkung der Anordnung nach § 16 Absatz 2 und § 18 und Folgen der Zuwiderhandlung nach § 17 hinzuweisen. [3]Beabsichtigt das Gericht die Zurückweisung des Antrags, hat es die den Antrag stellende Partei darauf und auf die Gründe hierfür hinzuweisen und ihr binnen einer zu bestimmenden Frist Gelegenheit zur Stellungnahme zu geben. [4]Die Einstufung als geheimhaltungsbedürftig nach § 16 Absatz 1 und die Anordnung der Beschränkung nach § 19 Absatz 1 können nur gemeinsam mit dem Rechtsmittel in der Hauptsache angefochten werden. [5]Im Übrigen findet die sofortige Beschwerde statt.

(6) Gericht der Hauptsache im Sinne dieses Abschnitts ist
1. das Gericht des ersten Rechtszuges oder
2. das Berufungsgericht, wenn die Hauptsache in der Berufungsinstanz anhängig ist.

§ 21 Bekanntmachung des Urteils
(1) [1]Der obsiegenden Partei einer Geschäftsgeheimnisstreitsache kann auf Antrag in der Urteilsformel die Befugnis zugesprochen werden, das Urteil oder Informationen über das Urteil auf Kosten der unterliegenden Partei öffentlich bekannt zu machen, wenn die obsiegende Partei hierfür ein berechtigtes Interesse darlegt. [2]Form und Umfang der öffentlichen Bekanntmachung werden unter Berücksichtigung der berechtigten Interessen der im Urteil genannten Personen in der Urteilsformel bestimmt.
(2) Bei den Entscheidungen über die öffentliche Bekanntmachung nach Absatz 1 Satz 1 ist insbesondere zu berücksichtigen:
1. der Wert des Geschäftsgeheimnisses,
2. das Verhalten des Rechtsverletzers bei Erlangung, Nutzung oder Offenlegung des Geschäftsgeheimnisses,
3. die Folgen der rechtswidrigen Nutzung oder Offenlegung des Geschäftsgeheimnisses und
4. die Wahrscheinlichkeit einer weiteren rechtswidrigen Nutzung oder Offenlegung des Geschäftsgeheimnisses durch den Rechtsverletzer.
(3) Das Urteil darf erst nach Rechtskraft bekannt gemacht werden, es sei denn, das Gericht bestimmt etwas anderes.

§ 22 Streitwertbegünstigung
(1) Macht bei Geschäftsgeheimnisstreitsachen eine Partei glaubhaft, dass die Belastung mit den Prozesskosten nach dem vollen Streitwert ihre wirtschaftliche Lage erheblich gefährden würde, so kann das Gericht auf ihren Antrag anordnen, dass die Verpflichtung dieser Partei zur Zahlung von Gerichtskosten sich nach dem ihrer Wirtschaftslage angepassten Teil des Streitwerts bemisst.
(2) Die Anordnung nach Absatz 1 bewirkt auch, dass
1. die begünstigte Partei die Gebühren ihres Rechtsanwalts ebenfalls nur nach diesem Teil des Streitwerts zu entrichten hat,
2. die begünstigte Partei, soweit ihr Kosten des Rechtsstreits auferlegt werden oder soweit sie diese übernimmt, die von dem Gegner entrichteten Gerichtsgebühren und die Gebühren seines Rechtsanwalts nur nach diesem Teil des Streitwerts zu erstatten hat und
3. der Rechtsanwalt der begünstigten Partei seine Gebühren von dem Gegner nach dem für diesen geltenden Streitwert beitreiben kann, soweit die außergerichtlichen Kosten dem Gegner auferlegt oder von ihm übernommen werden.
(3) [1]Der Antrag nach Absatz 1 ist vor der Verhandlung zur Hauptsache zu stellen. [2]Danach ist er nur zulässig, wenn der angenommene oder festgesetzte Streitwert durch das Gericht heraufgesetzt wird. [3]Der Antrag kann vor der Geschäftsstelle des Gerichts zur Niederschrift erklärt werden. [4]Vor der Entscheidung über den Antrag ist der Gegner zu hören.

Abschnitt 4: Strafvorschriften
§ 23 Verletzung von Geschäftsgeheimnissen
(1) Mit Freiheitsstrafe bis zu drei Jahren oder mit Geldstrafe wird bestraft, wer zur Förderung des eigenen oder fremden Wettbewerbs, aus Eigennutz, zugunsten eines Dritten oder in der Absicht, dem Inhaber eines Unternehmens Schaden zuzufügen,

1. entgegen § 4 Absatz 1 Nummer 1 ein Geschäftsgeheimnis erlangt,
2. entgegen § 4 Absatz 2 Nummer 1 Buchstabe a ein Geschäftsgeheimnis nutzt oder offenlegt oder
3. entgegen § 4 Absatz 2 Nummer 3 als eine bei einem Unternehmen beschäftigte Person ein Geschäftsgeheimnis, das ihr im Rahmen des Beschäftigungsverhältnisses anvertraut worden oder zugänglich geworden ist, während der Geltungsdauer des Beschäftigungsverhältnisses offenlegt.

(2) Ebenso wird bestraft, wer zur Förderung des eigenen oder fremden Wettbewerbs, aus Eigennutz, zugunsten eines Dritten oder in der Absicht, dem Inhaber eines Unternehmens Schaden zuzufügen, ein Geschäftsgeheimnis nutzt oder offenlegt, das er durch eine fremde Handlung nach Absatz 1 Nummer 2 oder Nummer 3 erlangt hat.

(3) Mit Freiheitsstrafe bis zu zwei Jahren oder mit Geldstrafe wird bestraft, wer zur Förderung des eigenen oder fremden Wettbewerbs oder aus Eigennutz entgegen § 4 Absatz 2 Nummer 2 oder Nummer 3 ein Geschäftsgeheimnis, das eine ihm im geschäftlichen Verkehr anvertraute geheime Vorlage oder Vorschrift technischer Art ist, nutzt oder offenlegt.

(4) Mit Freiheitsstrafe bis zu fünf Jahren oder mit Geldstrafe wird bestraft, wer
1. in den Fällen des Absatzes 1 oder des Absatzes 2 gewerbsmäßig handelt,
2. in den Fällen des Absatzes 1 Nummer 2 oder Nummer 3 oder des Absatzes 2 bei der Offenlegung weiß, dass das Geschäftsgeheimnis im Ausland genutzt werden soll, oder
3. in den Fällen des Absatzes 1 Nummer 2 oder des Absatzes 2 das Geschäftsgeheimnis im Ausland nutzt.

(5) Der Versuch ist strafbar.

(6) Beihilfehandlungen einer in § 53 Absatz 1 Satz 1 Nummer 5 der Strafprozessordnung genannten Person sind nicht rechtswidrig, wenn sie sich auf die Entgegennahme, Auswertung oder Veröffentlichung des Geschäftsgeheimnisses beschränken.

(7) [1]§ 5 Nummer 7 des Strafgesetzbuches gilt entsprechend. [2]Die §§ 30 und 31 des Strafgesetzbuches gelten entsprechend, wenn der Täter zur Förderung des eigenen oder fremden Wettbewerbs oder aus Eigennutz handelt.

(8) Die Tat wird nur auf Antrag verfolgt, es sei denn, dass die Strafverfolgungsbehörde wegen des besonderen öffentlichen Interesses an der Strafverfolgung ein Einschreiten von Amts wegen für geboten hält.

Heimarbeitsgesetz (HAG)

vom 14. März 1951 (BGBl. I 1951, S. 191)

– zuletzt geändert durch Gesetz zur Stärkung des Schutzes der Bevölkerung und insbesondere vulnerabler Personengruppen vor COVID-19 vom 16. September 2022 (BGBl I 2022, S. 1454)

Erster Abschnitt: Allgemeine Vorschriften

§ 1 Geltungsbereich

(1) In Heimarbeit Beschäftigte sind
a) die Heimarbeiter (§ 2 Abs. 1);
b) die Hausgewerbetreibenden (§ 2 Abs. 2).

(2) [1]Ihnen können, wenn dieses wegen ihrer Schutzbedürftigkeit gerechtfertigt erscheint, gleichgestellt werden
a) Personen, die in der Regel allein oder mit ihren Familienangehörigen (§ 2 Abs. 5) in eigener Wohnung oder selbstgewählter Betriebsstätte eine sich in regelmäßigen Arbeitsvorgängen wiederholende Arbeit im Auftrag eines anderen gegen Entgelt ausüben, ohne daß ihre Tätigkeit als gewerblich anzusehen oder daß der Auftraggeber ein Gewerbetreibender oder Zwischenmeister (§ 2 Abs. 3) ist;
b) Hausgewerbetreibende, die mit mehr als zwei fremden Hilfskräften (§ 2 Abs. 6) oder Heimarbeitern (§ 2 Abs. 1) arbeiten;
c) andere im Lohnauftrag arbeitende Gewerbetreibende, die infolge ihrer wirtschaftlichen Abhängigkeit eine ähnliche Stellung wie Hausgewerbetreibende einnehmen;
d) Zwischenmeister (§ 2 Abs. 3).
[2]Für die Feststellung der Schutzbedürftigkeit ist das Ausmaß der wirtschaftlichen Abhängigkeit maßgebend. [3]Dabei sind insbesondere die Zahl der fremden Hilfskräfte, die Abhängigkeit von einem oder mehreren Auftraggebern, die Möglichkeiten des unmittelbaren Zugangs zum Absatzmarkt, die Höhe und die Art der Eigeninvestitionen sowie der Umsatz zu berücksichtigen.

(3) [1]Die Gleichstellung erstreckt sich, wenn in ihr nichts anderes bestimmt ist, auf die allgemeinen Schutzvorschriften und die Vorschriften über die Entgeltregelung, den Entgeltschutz und die Auskunftspflicht über Entgelte (Dritter, Sechster, Siebenter und Achter Abschnitt). [2]Die Gleichstellung kann auf einzelne dieser Vorschriften beschränkt oder auf weitere Vorschriften des Gesetzes ausgedehnt werden. [3]Sie kann für bestimmte Personengruppen oder Gewerbezweige oder Beschäftigungsarten allgemein oder räumlich begrenzt ergehen; auch bestimmte einzelne Personen können gleichgestellt werden.

(4) [1]Die Gleichstellung erfolgt durch widerrufliche Entscheidung des zuständigen Heimarbeitsausschusses (§ 4) nach Anhörung der Beteiligten. [2]Sie ist vom Vorsitzenden zu unterschreiben und bedarf der Zustimmung der zuständigen Arbeitsbehörde (§ 3 Abs. 1) und der Veröffentlichung im Wortlaut an der von der zuständigen Arbeitsbehörde bestimmten Stelle. [3]Sie tritt am Tag nach der Veröffentlichung in Kraft, wenn in ihr nicht ein anderer Zeitpunkt bestimmt ist. [4]Die Veröffentlichung kann unterbleiben, wenn die Gleichstellung nur bestimmte einzelne Personen betrifft; in diesem Fall ist in der Gleichstellung der Zeitpunkt ihres Inkrafttretens festzusetzen.

(5) [1]Besteht ein Heimarbeitsausschuß für den Gewerbezweig oder die Beschäftigungsart nicht, so entscheidet über die Gleichstellung die zuständige Arbeitsbehörde nach Anhörung der

Beteiligten. ²Die Entscheidung ergeht unter Mitwirkung der zuständigen Gewerkschaften und Vereinigungen der Auftraggeber, soweit diese zur Mitwirkung bereit sind. ³Die Vorschriften des Absatzes 4 über die Veröffentlichung und das Inkrafttreten finden entsprechende Anwendung.
(6) Gleichgestellte haben bei Entgegennahme von Heimarbeit auf Befragen des Auftraggebers ihre Gleichstellung bekanntzugeben.

§ 2 Begriffe
(1) ¹Heimarbeiter im Sinne dieses Gesetzes ist, wer in selbstgewählter Arbeitsstätte (eigener Wohnung oder selbstgewählter Betriebsstätte) allein oder mit seinen Familienangehörigen (Absatz 5) im Auftrag von Gewerbetreibenden oder Zwischenmeistern erwerbsmäßig arbeitet, jedoch die Verwertung der Arbeitsergebnisse dem unmittelbar oder mittelbar auftraggebenden Gewerbetreibenden überläßt. ²Beschafft der Heimarbeiter die Roh- und Hilfsstoffe selbst, so wird hierdurch seine Eigenschaft als Heimarbeiter nicht beeinträchtigt.
(2) ¹Hausgewerbetreibender im Sinne dieses Gesetzes ist, wer in eigener Arbeitsstätte (eigener Wohnung oder Betriebsstätte) mit nicht mehr als zwei fremden Hilfskräften (Absatz 6) oder Heimarbeitern (Absatz 1) im Auftrag von Gewerbetreibenden oder Zwischenmeistern Waren herstellt, bearbeitet oder verpackt, wobei er selbst wesentlich am Stück mitarbeitet, jedoch die Verwertung der Arbeitsergebnisse dem unmittelbar oder mittelbar auftraggebenden Gewerbetreibenden überläßt. ²Beschafft der Hausgewerbetreibende die Roh- und Hilfsstoffe selbst oder arbeitet er vorübergehend unmittelbar für den Absatzmarkt, so wird hierdurch seine Eigenschaft als Hausgewerbetreibender nicht beeinträchtigt.
(3) Zwischenmeister im Sinne dieses Gesetzes ist, wer, ohne Arbeitnehmer zu sein, die ihm von Gewerbetreibenden übertragene Arbeit an Heimarbeiter oder Hausgewerbetreibende weitergibt.
(4) Die Eigenschaft als Heimarbeiter, Hausgewerbetreibender und Zwischenmeister ist auch dann gegeben, wenn Personen, Personenvereinigungen oder Körperschaften des privaten oder öffentlichen Rechts, welche die Herstellung, Bearbeitung oder Verpackung von Waren nicht zum Zwecke der Gewinnerzielung betreiben, die Auftraggeber sind.
(5) Als Familienangehörige im Sinne dieses Gesetzes gelten, wenn sie Mitglieder der häuslichen Gemeinschaft sind:
a) Ehegatten und Lebenspartner der in Heimarbeit Beschäftigten (§ 1 Abs. 1) oder der nach § 1 Abs. 2 Buchstabe a Gleichgestellten;
b) Personen, die mit dem in Heimarbeit Beschäftigten oder nach § 1 Abs. 2 Buchstabe a Gleichgestellten oder deren Ehegatten oder Lebenspartner bis zum dritten Grade verwandt oder verschwägert sind;
c) Mündel, Betreute und Pflegekinder des in Heimarbeit Beschäftigten oder nach § 1 Absatz 2 Buchstabe a Gleichgestellten oder deren Ehegatten oder Lebenspartner sowie Mündel, Betreute und Pflegekinder der Ehegatten oder Lebenspartners des in Heimarbeit Beschäftigten oder nach § 1 Absatz 2 Buchstabe a Gleichgestellten.
(6) Fremde Hilfskraft im Sinne dieses Gesetzes ist, wer als Arbeitnehmer eines Hausgewerbetreibenden oder nach § 1 Abs. 2 Buchstaben b und c Gleichgestellten in deren Arbeitsstätte beschäftigt ist.

Zweiter Abschnitt: Zuständige Arbeitsbehörde, Heimarbeitsausschüsse

§ 3 Zuständige Arbeitsbehörde
(1) ¹Zuständige Arbeitsbehörde im Sinne dieses Gesetzes ist die oberste Arbeitsbehörde des Landes. ²Für Angelegenheiten (§§ 1, 4, 5, 11, 19 und 22), die nach Umfang, Auswirkung oder Bedeutung den Zuständigkeitsbereich mehrerer Länder umfassen, wird die Zuständig-

keit durch die obersten Arbeitsbehörden der beteiligten Länder nach näherer Vereinbarung gemeinsam im Einvernehmen mit dem Bundesministerium für Arbeit und Soziales wahrgenommen. ³Betrifft eine Angelegenheit nach Umfang, Auswirkung oder Bedeutung das gesamte Bundesgebiet oder kommt eine Vereinbarung nach Satz 2 nicht zustande, so ist das Bundesministerium für Arbeit und Soziales zuständig.
(2) ¹Den obersten Arbeitsbehörden der Länder und den von ihnen bestimmten Stellen obliegt die Aufsicht über die Durchführung dieses Gesetzes. ²Die Vorschriften des § 139b der Gewerbeordnung über die Aufsicht gelten für die Befugnisse der mit der Aufsicht über die Durchführung dieses Gesetzes beauftragten Stellen auch hinsichtlich der Arbeitsstätten der in Heimarbeit Beschäftigten entsprechend.

§ 4 Heimarbeitsausschüsse

(1) ¹Die zuständige Arbeitsbehörde errichtet zur Wahrnehmung der in den §§ 1, 10, 11, 18 und 19 genannten Aufgaben Heimarbeitsausschüsse für die Gewerbezweige und Beschäftigungsarten, in denen Heimarbeit in nennenswertem Umfang geleistet wird. ²Erfordern die unterschiedlichen Verhältnisse innerhalb eines Gewerbezweiges gesonderte Regelungen auf einzelnen Gebieten, so sind zu diesem Zweck jeweils besondere Heimarbeitsausschüsse zu errichten. ³Die Heimarbeitsausschüsse können innerhalb ihres sachlichen Zuständigkeitsbereichs Unterausschüsse bilden, wenn dies erforderlich erscheint. ⁴Für Heimarbeit, für die nach den Sätzen 1 und 2 dieses Absatzes Heimarbeitsausschüsse nicht errichtet werden, ist ein gemeinsamer Heimarbeitsausschuß zu errichten.
(2) ¹Der Heimarbeitsausschuß besteht aus je drei Beisitzern aus Kreisen der Auftraggeber und Beschäftigten seines Zuständigkeitsbereichs und einem von der zuständigen Arbeitsbehörde bestimmten Vorsitzenden. ²Weitere sachkundige Personen können zugezogen werden; sie haben kein Stimmrecht. ³Die Beisitzer haben Stellvertreter, für die Satz 1 entsprechend gilt.
(3) ¹Der Heimarbeitsausschuß ist beschlußfähig, wenn außer dem Vorsitzenden mindestens mehr als die Hälfte der Beisitzer anwesend sind. ²Die Beschlüsse des Heimarbeitsausschusses bedürfen der Mehrheit der Stimmen seiner anwesenden Mitglieder. ³Bei der Beschlußfassung hat sich der Vorsitzende zunächst der Stimme zu enthalten; kommt eine Stimmenmehrheit nicht zustande, so übt nach weiterer Beratung der Vorsitzende sein Stimmrecht aus. ⁴Bis zum Ablauf des 7. April 2023 können auf Vorschlag des Vorsitzenden die Teilnahme an Sitzungen des Heimarbeitsausschusses sowie die Beschlussfassung auch mittels einer Video- und Telefonkonferenz erfolgen, wenn
1. kein Beisitzer diesem Verfahren unverzüglich widerspricht und
2. sichergestellt ist, dass Dritte vom Inhalt der Sitzung keine Kenntnis nehmen können.
(4) ¹Der Heimarbeitsausschuß kann sonstige Bestimmungen über die Geschäftsführung in einer schriftlichen Geschäftsordnung treffen. ²Für die Beschlußfassung über die Geschäftsordnung gilt Absatz 3.

§ 5 Beisitzer

(1) ¹Als Beisitzer oder Stellvertreter werden von der zuständigen Arbeitsbehörde geeignete Personen unter Berücksichtigung der Gruppen der Beschäftigten (§ 1 Abs. 1 und 2) auf Grund von Vorschlägen der fachlich und räumlich zuständigen Gewerkschaften und Vereinigungen der Auftraggeber oder, soweit solche nicht bestehen oder keine Vorschläge einreichen, auf Grund von Vorschlägen der Zusammenschlüsse von Gewerkschaften und von Vereinigungen von Arbeitgebern (Spitzenorganisationen) für die Dauer von drei Jahren berufen. ²Soweit eine Spitzenorganisation keine Vorschläge einreicht, werden die Beisitzer oder Stellvertreter dieser Seite nach Anhörung geeigneter Personen aus den Kreisen der Auftraggeber oder Beschäftigten des Zuständigkeitsbereichs, für den der Heimarbeitsausschuß errichtet ist, berufen.

(2) Auf die Voraussetzungen für das Beisitzeramt, die Besonderheiten für Beisitzer aus Kreisen der Auftraggeber und der Beschäftigten, die Ablehnung des Beisitzeramts und den Schutz der Beschäftigtenbeisitzer finden die für die ehrenamtlichen Richter der Arbeitsgerichte geltenden Vorschriften mit den sich aus Absatz 3 ergebenden Abweichungen entsprechend Anwendung.
(3) [1]Wird das Fehlen einer Voraussetzung für die Berufung nachträglich bekannt oder fällt eine Voraussetzung nachträglich fort oder verletzt ein Beisitzer; gröblich seine Amtspflichten, so kann ihn die zuständige Arbeitsbehörde seines Amtes entheben. [2]Über die Berechtigung zur Ablehnung des Beisitzeramtes entscheidet die zuständige Arbeitsbehörde.
(4) [1]Das Amt des Beisitzers ist ein Ehrenamt. [2]Die Beisitzer erhalten eine angemessene Entschädigung für den ihnen aus der Wahrnehmung ihrer Tätigkeit erwachsenden Verdienstausfall und Aufwand sowie Ersatz der Fahrkosten entsprechend den für die ehrenamtlichen Richter der Arbeitsgerichte geltenden Vorschriften. [3]Die Entschädigung und die erstattungsfähigen Fahrkosten setzt im Einzelfall der Vorsitzende des Heimarbeitsausschusses fest.

Dritter Abschnitt: Allgemeine Schutzvorschriften

§ 6 Listenführung
[1]Wer Heimarbeit ausgibt oder weitergibt, hat jeden, den er mit Heimarbeit beschäftigt oder dessen er sich zur Weitergabe von Heimarbeit bedient, in Listen auszuweisen. [2]Je drei Abschriften sind halbjährlich der obersten Arbeitsbehörde des Landes oder der von ihr bestimmten Stelle einzusenden.

§ 7 Mitteilungspflicht
Wer erstmalig Personen mit Heimarbeit beschäftigen will, hat dies der obersten Arbeitsbehörde des Landes oder der von ihr bestimmten Stelle mitzuteilen.

§ 7a Unterrichtungspflicht
[1]Wer Heimarbeit ausgibt oder weitergibt, hat die Personen, die die Arbeit entgegennehmen, vor Aufnahme der Beschäftigung über die Art und Weise der zu verrichtenden Arbeit, die Unfall- und Gesundheitsgefahren, denen diese bei der Beschäftigung ausgesetzt sind, sowie über die Maßnahmen und Einrichtungen zur Abwendung dieser Gefahren zu unterrichten. [2]Der Auftraggeber hat sich von der Person, die von ihm Arbeit entgegennimmt, schriftlich bestätigen zu lassen, daß sie entsprechend dieser Vorschrift unterrichtet worden ist.

§ 8 Entgeltverzeichnisse
(1) [1]Wer Heimarbeit ausgibt oder abnimmt, hat in den Räumen der Ausgabe und Abnahme Entgeltverzeichnisse und Nachweise über die sonstigen Vertragsbedingungen offen auszulegen. [2]Soweit Musterbücher Verwendung finden, sind sie den Entgeltverzeichnissen beizufügen. [3]Wird Heimarbeit den Beschäftigten in die Wohnung oder Betriebsstätte gebracht, so hat der Auftraggeber dafür zu sorgen, daß das Entgeltverzeichnis zur Einsichtnahme vorgelegt wird.
(2) [1]Die Entgeltverzeichnisse müssen die Entgelte für jedes einzelne Arbeitsstück enthalten. [2]Die Preise für mitzuliefernde Roh- und Hilfsstoffe sind besonders auszuweisen. [3]Können die Entgelte für das einzelne Arbeitsstück nicht aufgeführt werden, so ist eine zuverlässige und klare Berechnungsgrundlage einzutragen.
(3) [1]Bei Vorliegen einer Entgeltregelung gemäß den §§ 17 bis 19 ist diese auszulegen. [2]Hierbei ist für die Übersichtlichkeit dadurch zu sorgen, daß nur der Teil der Entgeltregelung ausgelegt wird, der für die Beschäftigten in Betracht kommt.

(4) Die Vorschriften der Absätze 1 bis 3 gelten nicht für neue Muster, die als Einzelstücke erst auszuarbeiten sind.

§ 9 Entgeltbelege
(1) ¹Wer Heimarbeit ausgibt oder weitergibt, hat den Personen, welche die Arbeit entgegennehmen, auf seine Kosten Entgeltbücher für jeden Beschäftigten (§ 1 Abs. 1 und 2) auszuhändigen. ²In die Entgeltbücher, die bei den Beschäftigten verbleiben, sind bei jeder Ausgabe und Abnahme von Arbeit ihre Art und ihr Umfang, die Entgelte und die Tage der Ausgabe und der Lieferung einzutragen. ³Diese Vorschrift gilt nicht für neue Muster, die als Einzelstücke erst auszuarbeiten sind.
(2) An Stelle von Entgeltbüchern (Absatz 1) können auch Entgelt- oder Arbeitszettel mit den zu einer ordnungsmäßigen Sammlung geeigneten Heften ausgegeben werden, falls die oberste Arbeitsbehörde des Landes oder die von ihr bestimmte Stelle dieses genehmigt hat.
(3) ¹Die in Heimarbeit Beschäftigten haben für die ordnungsmäßige Aufbewahrung der Entgeltbelege zu sorgen. ²Sie haben sie den von der obersten Arbeitsbehörde des Landes bestimmten Stellen auf Verlangen vorzulegen. ³Diese Verpflichtung gilt auch für die Auftraggeber, in deren Händen sich die Entgeltbelege befinden.

Vierter Abschnitt: Arbeitszeitschutz

§ 10 Schutz vor Zeitversäumnis
¹Wer Heimarbeit ausgibt oder abnimmt, hat dafür zu sorgen, daß unnötige Zeitversäumnis bei der Ausgabe oder Abnahme vermieden wird. ²Die oberste Arbeitsbehörde des Landes oder die von ihr bestimmte Stelle kann im Benehmen mit dem Heimarbeitsausschuß die zur Vermeidung unnötiger Zeitversäumnis bei der Abfertigung erforderlichen Maßnahmen anordnen. ³Bei Anordnungen gegenüber einem einzelnen Auftraggeber kann die Beteiligung des Heimarbeitsausschusses unterbleiben.

§ 11 Verteilung der Heimarbeit
(1) Wer Heimarbeit an mehrere in Heimarbeit Beschäftigte ausgibt, soll die Arbeitsmenge auf die Beschäftigten gleichmäßig unter Berücksichtigung ihrer und ihrer Mitarbeiter Leistungsfähigkeit verteilen.
(2) ¹Der Heimarbeitsausschuß kann zur Beseitigung von Mißständen, die durch ungleichmäßige Verteilung der Heimarbeit entstehen, für einzelne Gewerbezweige oder Arten von Heimarbeit die Arbeitsmenge festsetzen, die für einen bestimmten Zeitraum auf einen Entgeltbeleg (§ 9) ausgegeben werden darf. ²Die Arbeitsmenge ist so zu bemessen, daß sie durch eine vollwertige Arbeitskraft ohne Hilfskräfte in der für vergleichbare Betriebsarbeiter üblichen Arbeitszeit bewältigt werden kann. ³Für jugendliche Heimarbeiter ist eine Arbeitsmenge festzusetzen, die von vergleichbaren jugendlichen Betriebsarbeitern in der für sie üblichen Arbeitszeit bewältigt werden kann. ⁴Die Festsetzung erfolgt durch widerrufliche Entscheidung nach Anhörung der Beteiligten. ⁵Sie ist vom Vorsitzenden zu unterschreiben und bedarf der Zustimmung der zuständigen Arbeitsbehörde und der Veröffentlichung im Wortlaut an der von der zuständigen Arbeitsbehörde bestimmten Stelle. ⁶Sie tritt am Tag nach der Veröffentlichung in Kraft, wenn in ihr nicht ein anderer Zeitpunkt bestimmt ist. ⁷Die Vorschriften des § 8 Abs. 1 über die Auslegung und Vorlegung von Entgeltverzeichnissen gelten entsprechend.
(3) ¹Soweit für einzelne Gewerbezweige oder Arten von Heimarbeit Bestimmungen nach Absatz 2 getroffen sind, darf an einen in Heimarbeit Beschäftigten eine größere Menge nicht ausgegeben werden. ²Die Ausgabe einer größeren Menge ist zulässig, wenn Hilfskräfte

(Familienangehörige oder fremde Hilfskräfte) zur Mitarbeit herangezogen werden. ³Für diese Hilfskräfte sind dann weitere Entgeltbelege nach § 9 auszustellen.
(4) ¹Aus wichtigen Gründen, insbesondere wenn nach Auskunft der Agentur für Arbeit geeignete unbeschäftigte Heimarbeiter und Hausgewerbetreibende nicht oder nicht in ausreichender Zahl vorhanden sind oder wenn besondere persönliche Verhältnisse eines in Heimarbeit Beschäftigten es rechtfertigen, kann der Vorsitzende des Heimarbeitsausschusses einem Auftraggeber die Ausgabe größerer Arbeitsmengen auf einen Entgeltbeleg gestatten. ²Die Erlaubnis kann jeweils nur für einen bestimmten Zeitraum, der sechs Monate nicht überschreiten darf, erteilt werden.

Fünfter Abschnitt: Gefahrenschutz (Arbeitsschutz und öffentlicher Gesundheitsschutz)

§ 12 Grundsätze des Gefahrenschutzes
(1) Die Arbeitsstätten der in Heimarbeit Beschäftigten einschließlich der Maschinen, Werkzeuge und Geräte müssen so beschaffen, eingerichtet und unterhalten und Heimarbeit muß so ausgeführt werden, daß keine Gefahren für Leben, Gesundheit und Sittlichkeit der Beschäftigten und ihrer Mitarbeiter sowie für die öffentliche Gesundheit im Sinne des § 14 entstehen.
(2) Werden von Hausgewerbetreibenden oder Gleichgestellten fremde Hilfskräfte beschäftigt, so gelten auch die sonstigen Vorschriften über den Betriebsschutz und die sich daraus ergebenden Verpflichtungen des Arbeitgebers seinen Arbeitnehmern gegenüber.

§ 13 Arbeitsschutz
(1) Die Bundesregierung kann mit Zustimmung des Bundesrates für einzelne Gewerbezweige oder bestimmte Arten von Beschäftigungen oder Arbeitsstätten Rechtsverordnungen zur Durchführung des Arbeitsschutzes durch die in Heimarbeit Beschäftigten und ihre Auftraggeber erlassen.
(2) Die Bundesregierung kann mit Zustimmung des Bundesrates Heimarbeit, die mit erheblichen Gefahren für Leben, Gesundheit oder Sittlichkeit der Beschäftigten verbunden ist, durch Rechtsverordnung verbieten.

§ 14 Schutz der öffentlichen Gesundheit
(1) Die Bundesregierung kann mit Zustimmung des Bundesrates für einzelne Gewerbezweige oder bestimmte Arten von Beschäftigungen oder Arbeitsstätten Rechtsverordnungen zum Schutz der Öffentlichkeit gegen gemeingefährliche und übertragbare Krankheiten und gegen Gefahren, die beim Verkehr mit Arznei-, Heil- und Betäubungsmitteln, Giften, Lebens- und Genußmitteln sowie Bedarfsgegenständen entstehen können, erlassen.
(2) Die Polizeibehörde kann im Benehmen mit dem Gewerbeaufsichtsamt und dem Gesundheitsamt für einzelne Arbeitsstätten Verfügungen zur Durchführung des öffentlichen Gesundheitsschutzes im Sinne des Absatzes 1 treffen, insbesondere zur Verhütung von Gefahren für die öffentliche Gesundheit, die sich bei der Herstellung, Verarbeitung oder Verpackung von Lebens- und Genußmitteln ergeben.
(3) Die Bundesregierung kann mit Zustimmung des Bundesrates Heimarbeit, die mit erheblichen Gefahren für die öffentliche Gesundheit im Sinne des Absatzes 1 verbunden ist, durch Rechtsverordnung verbieten.

Heimarbeitsgesetz §§ 15–19

§ 15 Anzeigepflicht
Wer Heimarbeit ausgibt, für die zur Durchführung des Gefahrenschutzes besondere Vorschriften gelten, hat dem Gewerbeaufsichtsamt und der Polizeibehörde Namen und Arbeitsstätte der von ihm mit Heimarbeit Beschäftigten anzuzeigen.

§ 16 [Gefahrenschutz]
(1) Wer Heimarbeit ausgibt oder weitergibt, hat dafür zu sorgen, daß Leben oder Gesundheit der in der Heimarbeit Beschäftigten durch technische Arbeitsmittel und Arbeitsstoffe, die er ihnen zur Verwendung überläßt, nicht gefährdet werden.
(2) Die zur Durchführung des Gefahrenschutzes erforderlichen Maßnahmen, die sich auf Räume oder Betriebseinrichtungen beziehen, hat der zu treffen, der die Räume und Betriebseinrichtungen unterhält.

§ 16a Anordnungen
^{1}Das Gewerbeaufsichtsamt kann in Einzelfällen anordnen, welche Maßnahmen zur Durchführung der §§ 12, 13 und 16 sowie der auf § 13 und § 34 Abs. 2 gestützten Rechtsverordnungen zu treffen sind. ^{2}Neben den auf Grund von § 3 Abs. 2 bestimmten Stellen nimmt das Gewerbeaufsichtsamt die Aufsichtsbefugnisse nach § 139b der Gewerbeordnung wahr.

Sechster Abschnitt: Entgeltregelung

§ 17 Tarifverträge, Entgeltregelungen
(1) Als Tarifverträge gelten auch schriftliche Vereinbarungen zwischen Gewerkschaften einerseits und Auftraggebern oder deren Vereinigungen andererseits über Inhalt, Abschluß oder Beendigung von Vertragsverhältnissen der in Heimarbeit Beschäftigten oder Gleichgestellten mit ihren Auftraggebern.
(2) Entgeltregelungen im Sinne dieses Gesetzes sind Tarifverträge, bindende Festsetzungen von Entgelten und sonstigen Vertragsbedingungen (§ 19) und von Mindestarbeitsbedingungen für fremde Hilfskräfte (§ 22).

§ 18 Aufgaben des Heimarbeitsausschusses auf dem Gebiet der Entgeltregelung
Der Heimarbeitsausschuß hat die Aufgaben:
a) auf das Zustandekommen von Tarifverträgen hinzuwirken;
b) zur Vermeidung und Beendigung von Gesamtstreitigkeiten zwischen den in § 17 Abs. 1 genannten Parteien diesen auf Antrag einer Partei Vorschläge für den Abschluß eines Tarifvertrags zu unterbreiten; wird ein schriftlich abgefaßter Vorschlag von allen Parteien durch Erklärung gegenüber dem Heimarbeitsausschuß angenommen, so hat er die Wirkung eines Tarifvertrags;
c) bindende Festsetzungen für Entgelte und sonstige Vertragsbedingungen nach Maßgabe des § 19 zu treffen.

§ 19 Bindende Festsetzungen
(1) ^{1}Bestehen Gewerkschaften oder Vereinigungen der Auftraggeber für den Zuständigkeitsbereich eines Heimarbeitsausschusses nicht oder umfassen sie nur eine Minderheit der Auftraggeber oder Beschäftigten, so kann der Heimarbeitsausschuß nach Anhörung der Auftraggeber und Beschäftigten, für die eine Regelung getroffen werden soll, Entgelte und sonstige Vertragsbedingungen mit bindender Wirkung für alle Auftraggeber und Beschäftigten seines Zuständigkeitsbereichs festsetzen, wenn unzulängliche Entgelte gezahlt werden oder die sonstigen Vertragsbedingungen unzulänglich sind. ^{2}Als unzulänglich sind insbesondere Entgelte und sonstige Vertragsbedingungen anzusehen, die unter Berücksichtigung der

sozialen und wirtschaftlichen Eigenart der Heimarbeit unter den tarifvertraglichen Löhnen oder sonstigen durch Tarifvertrag festgelegten Arbeitsbedingungen für gleiche oder gleichwertige Betriebsarbeit liegen. ³Soweit im Zuständigkeitsbereich eines Heimarbeitsausschusses Entgelte und sonstige Vertragsbedingungen für Heimarbeit derselben Art tarifvertraglich vereinbart sind, sollen in der bindenden Festsetzung keine für die Beschäftigten günstigeren Entgelte oder sonstigen Vertragsbedingungen festgesetzt werden.
(2) ¹Die bindende Festsetzung bedarf der Zustimmung der zuständigen Arbeitsbehörde und der Veröffentlichung im Wortlaut an der von der zuständigen Arbeitsbehörde bestimmten Stelle. ²Der persönliche Geltungsbereich der bindenden Festsetzung ist unter Berücksichtigung der Vorschriften des § 1 zu bestimmen. ³Sie tritt am Tag nach der Veröffentlichung in Kraft, wenn in ihr nicht ein anderer Zeitpunkt bestimmt ist. ⁴Beabsichtigt die zuständige Arbeitsbehörde die Zustimmung zu einer bindenden Festsetzung insbesondere wegen Unzulänglichkeit der Entgelte oder der sonstigen Vertragsbedingungen (Absatz 1 Satz 2) zu versagen, so hat sie dies dem Heimarbeitsausschuß unter Angabe von Gründen mitzuteilen und ihm vor ihrer Entscheidung über die Zustimmung Gelegenheit zu geben, die bindende Festsetzung zu ändern.
(3) ¹Die bindende Festsetzung hat die Wirkung eines allgemeinverbindlichen Tarifvertrags und ist in das beim Bundesministerium für Arbeit und Soziales geführte Tarifregister einzutragen. ²Von den Vorschriften einer bindenden Festsetzung kann nur zugunsten des Beschäftigten abgewichen werden. ³Ein Verzicht auf Rechte, die auf Grund einer bindenden Festsetzung eines Beschäftigten entstanden sind, ist nur in einem von der Obersten Arbeitsbehörde des Landes oder der von ihr bestimmten Stelle gebilligten Vergleich zulässig. ⁴Die Verwirkung solcher Rechte ist ausgeschlossen. ⁵Ausschlußfristen für ihre Geltendmachung können nur durch eine bindende Festsetzung vorgesehen werden; das gleiche gilt für die Abkürzung von Verjährungsfristen. ⁶Im übrigen gelten für die bindende Festsetzung die gesetzlichen Vorschriften über den Tarifvertrag sinngemäß, soweit sich aus dem Fehlen der Vertragsparteien nicht etwas anderes ergibt.
(4) ¹Der Heimarbeitsausschuß kann nach Anhörung der Auftraggeber und Beschäftigten bindende Festsetzungen ändern oder aufheben. ²Die Absätze 1 bis 3 gelten entsprechend.
(5) Die Absätze 1 bis 4 gelten entsprechend für die Festsetzung von vermögenswirksamen Leistungen im Sinne des Fünften Vermögensbildungsgesetzes.

§ 20 Art der Entgelte
¹Die Entgelte für Heimarbeit sind in der Regel als Stückentgelte, und zwar möglichst auf der Grundlage von Stückzeiten zu regeln. ²Ist dieses nicht möglich, so sind Zeitentgelte festzusetzen, die der Stückentgeltberechnung im Einzelfall zugrunde gelegt werden können.

§ 21 Entgeltregelung für Zwischenmeister, Mithaftung des Auftraggebers
(1) Für Zwischenmeister, die nach § 1 Abs. 2 Buchstabe d den in Heimarbeit Beschäftigten gleichgestellt sind, können im Verhältnis zu ihren Auftraggebern durch Entgeltregelungen gemäß den §§ 17 bis 19 Zuschläge festgelegt werden.
(2) Zahlt ein Auftraggeber an einen Zwischenmeister ein Entgelt, von dem er weiß oder den Umständen nach wissen muß, daß es zur Zahlung der in der Entgeltregelung festgelegten Entgelte an die Beschäftigten nicht ausreicht, oder zahlt er an einen Zwischenmeister, dessen Unzuverlässigkeit er kennt oder kennen muß, so haftet er neben dem Zwischenmeister für diese Entgelte.

Heimarbeitsgesetz §§ 22–25

§ 22 Mindestarbeitsbedingungen für fremde Hilfskräfte
(1) [1]Für fremde Hilfskräfte, die von Hausgewerbetreibenden oder Gleichgestellten beschäftigt werden, können Mindestarbeitsbedingungen festgesetzt werden. [2]Voraussetzung ist, daß die Entgelte der Hausgewerbetreibenden oder Gleichgestellten durch eine Entgeltregelung (§§ 17 bis 19) festgelegt sind.
(2) [1]Für die Festsetzung gilt § 19 entsprechend mit der Maßgabe, daß an die Stelle der Heimarbeitsausschüsse Entgeltausschüsse für fremde Hilfskräfte der Heimarbeit treten. [2]Für die Auslegung der Mindestarbeitsbedingungen gilt § 8 Abs. 3 entsprechend.
(3) [1]Die Entgeltausschüsse werden im Bedarfsfall durch die zuständige Arbeitsbehörde errichtet. [2]Für ihre Zusammensetzung und das Verfahren vor ihnen gelten § 4 Absätze 2 bis 4 und § 5 entsprechend. [3]Die Beisitzer und Stellvertreter sind aus Kreisen der beteiligten Arbeitnehmer einerseits sowie der Hausgewerbetreibenden und Gleichgestellten andererseits auf Grund von Vorschlägen der fachlich und räumlich zuständigen Gewerkschaften und Vereinigungen der Hausgewerbetreibenden oder Gleichgestellten, soweit solche nicht bestehen oder keine Vorschläge einreichen, nach Anhörung der Beteiligten jeweils zu berufen.

Siebenter Abschnitt: Entgeltschutz

§ 23 Entgeltprüfung
(1) Die oberste Arbeitsbehörde des Landes hat für eine wirksame Überwachung der Entgelte und sonstigen Vertragsbedingungen durch Entgeltprüfer Sorge zu tragen.
(2) Die Entgeltprüfer haben die Innehaltung der Vorschriften des Dritten Abschnitts dieses Gesetzes und der gemäß den §§ 17 bis 19, 21 und 22 geregelten Entgelte und sonstigen Vertragsbedingungen zu überwachen sowie auf Antrag bei der Errechnung der Stückentgelte Berechnungshilfe zu leisten.
(3) Die oberste Arbeitsbehörde des Landes kann die Aufgaben der Entgeltprüfer anderen Stellen übertragen, insbesondere für Bezirke, in denen Heimarbeit nur in geringerem Umfang geleistet wird.

§ 24 Aufforderung zur Nachzahlung der Minderbeträge
[1]Hat ein Auftraggeber oder Zwischenmeister einem in Heimarbeit Beschäftigten oder einem Gleichgestellten ein Entgelt gezahlt, das niedriger ist als das in einer Entgeltregelung gemäß den §§ 17 bis 19 festgesetzte oder das in § 29 Abs. 5 oder 6 bestimmte, so kann ihn die oberste Arbeitsbehörde des Landes oder die von ihr bestimmte Stelle auffordern, innerhalb einer in der Aufforderung festzusetzenden Frist den Minderbetrag nachzuzahlen und den Zahlungsnachweis vorzulegen. [2]Satz 1 gilt entsprechend für sonstige Vertragsbedingungen, die gemäß den §§ 17 bis 19 festgesetzt sind und die Geldleistungen an einen in Heimarbeit Beschäftigten oder einen Gleichgestellten zum Inhalt haben. [3]Die Oberste Arbeitsbehörde des Landes soll von einer Maßnahme nach Satz 1 absehen, wenn glaubhaft gemacht worden ist, daß ein Gleichgestellter im Fall des § 1 Abs. 6 nicht oder wahrheitswidrig geantwortet hat.

§ 25 Klagebefugnis der Länder
[1]Das Land, vertreten durch die oberste Arbeitsbehörde oder die von ihr bestimmte Stelle, kann im eigenen Namen den Anspruch auf Nachzahlung des Minderbetrags an den Berechtigten gerichtlich geltend machen. [2]Das Urteil wirkt auch für und gegen den in Heimarbeit Beschäftigten oder den Gleichgestellten. [3]§ 24 Satz 3 gilt entsprechend.

§ 26 Entgeltschutz für fremde Hilfskräfte

(1) Hat ein Hausgewerbetreibender oder Gleichgestellter einer fremden Hilfskraft ein Entgelt gezahlt, das niedriger ist als das durch Mindestarbeitsbedingungen (§ 22) festgesetzte, so gelten die Vorschriften der §§ 24 und 25 über die Aufforderung zur Nachzahlung der Minderbeträge und über die Klagebefugnis der Länder sinngemäß.

(2) ¹Das gleiche gilt, wenn ein Hausgewerbetreibender oder Gleichgestellter eine fremde Hilfskraft nicht nach der einschlägigen tariflichen Regelung entlohnt. ²Voraussetzung ist, daß die Entgelte des Hausgewerbetreibenden oder Gleichgestellten durch eine Entgeltregelung (§§ 17 bis 19) festgelegt sind.

§ 27 Pfändungsschutz

Für das Entgelt, das den in Heimarbeit Beschäftigten oder den Gleichgestellten gewährt wird, gelten die Vorschriften über den Pfändungsschutz für Vergütungen, die auf Grund eines Arbeits- oder Dienstverhältnisses geschuldet werden, entsprechend.

Achter Abschnitt: Auskunfts- und Aufklärungspflicht über Entgelte

§ 28 [Auskunfts- und Aufklärungspflicht über Entgelte]

(1) ¹Auftraggeber, Zwischenmeister, Beschäftigte und fremde Hilfskräfte haben den mit der Entgeltfestsetzung oder Entgeltprüfung beauftragten Stellen auf Verlangen Auskunft über alle die Entgelte berührenden Fragen zu erteilen und hierbei auch außer den Entgeltbelegen (§ 9) Arbeitsstücke, Stoffproben und sonstige Unterlagen für die Entgeltfestsetzung oder Entgeltprüfung vorzulegen. ²Die mit der Entgeltfestsetzung oder Entgeltprüfung beauftragten Stellen können Erhebungen über Arbeitszeiten für einzelne Arbeitsstücke anstellen oder anstellen lassen.

(2) Der in Heimarbeit Beschäftigte und Gleichgestellte kann von seinem Auftraggeber verlangen, daß ihm die Berechnung und Zusammensetzung seines Entgelts erläutert wird.

Neunter Abschnitt: Kündigung

§ 29 Allgemeiner Kündigungsschutz

(1) Das Beschäftigungsverhältnis eines in Heimarbeit Beschäftigten kann beiderseits an jedem Tag für den Ablauf des folgenden Tages gekündigt werden.

(2) Wird ein in Heimarbeit Beschäftigter von einem Auftraggeber oder Zwischenmeister länger als vier Wochen beschäftigt, so kann das Beschäftigungsverhältnis beiderseits nur mit einer Frist von zwei Wochen gekündigt werden.

(3) ¹Wird ein in Heimarbeit Beschäftigter überwiegend von einem Auftraggeber oder Zwischenmeister beschäftigt, so kann das Beschäftigungsverhältnis mit einer Frist von vier Wochen zum Fünfzehnten oder zum Ende eines Kalendermonats gekündigt werden. ²Während einer vereinbarten Probezeit, längstens für die Dauer von sechs Monaten, beträgt die Kündigungsfrist zwei Wochen.

(4) Unter der in Absatz 3 Satz 1 genannten Voraussetzung beträgt die Frist für eine Kündigung durch den Auftraggeber oder Zwischenmeister, wenn das Beschäftigungsverhältnis
1. zwei Jahre bestanden hat, einen Monat zum Ende eines Kalendermonats,
2. fünf Jahre bestanden hat, zwei Monate zum Ende eines Kalendermonats,
3. acht Jahre bestanden hat, drei Monate zum Ende eines Kalendermonats,
4. zehn Jahre bestanden hat, vier Monate zum Ende eines Kalendermonats,
5. zwölf Jahre bestanden hat, fünf Monate zum Ende eines Kalendermonats,
6. fünfzehn Jahre bestanden hat, sechs Monate zum Ende eines Kalendermonats,
7. zwanzig Jahre bestanden hat, sieben Monate zum Ende eines Kalendermonats.

Heimarbeitsgesetz §§ 29, 29a

(5) § 622 Abs. 4 bis 6 des Bürgerlichen Gesetzbuchs gilt entsprechend.
(6) Für die Kündigung aus wichtigem Grund gilt § 626 des Bürgerlichen Gesetzbuchs entsprechend.
(7) [1]Für die Dauer der Kündigungsfrist nach den Absätzen 2 bis 5 hat der Beschäftigte auch bei Ausgabe einer geringeren Arbeitsmenge Anspruch auf Arbeitsentgelt in Höhe von einem Zwölftel bei einer Kündigungsfrist von zwei Wochen, zwei Zwölfteln bei einer Kündigungsfrist von vier Wochen, drei Zwölfteln bei einer Kündigungsfrist von einem Monat, vier Zwölfteln bei einer Kündigungsfrist von zwei Monaten, sechs Zwölfteln bei einer Kündigungsfrist von drei Monaten, acht Zwölfteln bei einer Kündigungsfrist von vier Monaten, zehn Zwölfteln bei einer Kündigungsfrist von fünf Monaten, zwölf Zwölfteln bei einer Kündigungsfrist von sechs Monaten und vierzehn Zwölfteln bei einer Kündigungsfrist von sieben Monaten des Gesamtbetrages, den er in den dem Zugang der Kündigung vorausgegangenen 24 Wochen als Entgelt erhalten hat. [2]Bei Entgelterhöhungen während des Berechnungszeitraums oder der Kündigungsfrist ist von dem erhöhten Entgelt auszugehen. [3]Zeiten des Bezugs von Krankengeld oder Kurzarbeiterlgeld sind in den Berechnungszeitraum nicht mit einzubeziehen.
(8) [1]Absatz 7 gilt entsprechend, wenn ein Auftraggeber oder Zwischenmeister die Arbeitsmenge, die er mindestens ein Jahr regelmäßig an einen Beschäftigten, auf den die Voraussetzungen der Absätze 2, 3, 4 oder 5 zutreffen, ausgegeben hat, um mindestens ein Viertel verringert, es sei denn, daß die Verringerung auf einer Festsetzung gemäß § 11 Abs. 2 beruht. [2]Hat das Beschäftigungsverhältnis im Fall des Absatzes 2 ein Jahr noch nicht erreicht, so ist von der während der Dauer des Beschäftigungsverhältnisses ausgegebenen Arbeitsmenge auszugehen. [3]Die Sätze 1 und 2 finden keine Anwendung, wenn die Verringerung der Arbeitsmenge auf rechtswirksam eingeführter Kurzarbeit beruht.
(9) Teilt ein Auftraggeber einem Zwischenmeister, der überwiegend für ihn Arbeit weitergibt, eine künftige Herabminderung der regelmäßig zu verteilenden Arbeitsmenge nicht rechtzeitig mit, so kann dieser vom Auftraggeber Ersatz der durch Einhaltung der Kündigungsfrist verursachten Aufwendungen insoweit verlangen, als während der Kündigungsfrist die Beschäftigung wegen des Verhaltens des Auftraggebers nicht möglich war.

§ 29a Kündigungsschutz im Rahmen der Betriebsverfassung
(1) [1]Die Kündigung des Beschäftigungsverhältnisses eines in Heimarbeit beschäftigten Mitglieds eines Betriebsrats oder einer Jugend- und Auszubildendenvertretung ist unzulässig, es sei denn, daß Tatsachen vorliegen, die einen Arbeitgeber zur Kündigung eines Arbeitsverhältnisses aus wichtigem Grund ohne Einhaltung einer Kündigungsfrist berechtigen würden, und daß die nach § 103 des Betriebsverfassungsgesetzes erforderliche Zustimmung vorliegt oder durch gerichtliche Entscheidung ersetzt ist. [2]Nach Beendigung der Amtszeit ist die Kündigung innerhalb eines Jahres, jeweils vom Zeitpunkt der Beendigung der Amtszeit an gerechnet, unzulässig, es sei denn, daß Tatsachen vorliegen, die einen Arbeitgeber zur Kündigung eines Arbeitsverhältnisses aus wichtigem Grund ohne Einhaltung einer Kündigungsfrist berechtigen würden; dies gilt nicht, wenn die Beendigung der Mitgliedschaft auf einer gerichtlichen Entscheidung beruht.
(2) [1]Die Kündigung eines in Heimarbeit beschäftigten Mitglieds eines Wahlvorstands ist vom Zeitpunkt seiner Bestellung an, die Kündigung eines in Heimarbeit beschäftigten Wahlbewerbers vom Zeitpunkt der Aufstellung des Wahlvorschlags an jeweils bis zur Bekanntgabe des Wahlergebnisses unzulässig, es sei denn, daß Tatsachen vorliegen, die einen Arbeitgeber zur Kündigung eines Arbeitsverhältnisses aus wichtigem Grund ohne Einhaltung einer Kündigungsfrist berechtigen würden, und daß die nach § 103 des Betriebsverfassungsgesetzes erforderliche Zustimmung vorliegt oder durch eine gerichtliche Entscheidung ersetzt ist. [2]Innerhalb von sechs Monaten nach Bekanntgabe des Wahlergebnisses ist die Kündigung

unzulässig, es sei denn, daß Tatsachen vorliegen, die einen Arbeitgeber zur Kündigung eines Arbeitsverhältnisses aus wichtigem Grund ohne Einhaltung einer Kündigungsfrist berechtigen würden; dies gilt nicht für Mitglieder des Wahlvorstands, wenn dieser nach § 18 Abs. 1 des Betriebsverfassungsgesetzes durch gerichtliche Entscheidung durch einen anderen Wahlvorstand ersetzt worden ist.
(3) Wird die Vergabe von Heimarbeit eingestellt, so ist die Kündigung des Beschäftigungsverhältnisses der in den Absätzen 1 und 2 genannten Personen frühestens zum Zeitpunkt der Einstellung der Vergabe zulässig, es sei denn, daß die Kündigung zu einem früheren Zeitpunkt durch zwingende betriebliche Erfordernisse bedingt ist.

Zehnter Abschnitt: Ausgabeverbot

§ 30 Verbot der Ausgabe von Heimarbeit
Die Oberste Arbeitsbehörde des Landes oder die von ihr bestimmte Stelle kann einer Person, die
1. in den letzten fünf Jahren wiederholt wegen eines Verstoßes gegen die Vorschriften dieses Gesetzes rechtskräftig verurteilt oder mit Geldbuße belegt worden ist,
2. der Obersten Arbeitsbehörde des Landes oder der von ihr bestimmten Stelle falsche Angaben gemacht oder falsche Unterlagen vorgelegt hat, um sich der Pflicht zur Nachzahlung von Minderbeträgen (§ 24) zu entziehen, oder
3. der Aufforderung der Obersten Arbeitsbehörde des Landes oder der von ihr bestimmten Stelle zur Nachzahlung von Minderbeträgen (§ 24) wiederholt nicht nachgekommen ist oder die Minderbeträge nach Aufforderung zwar nachgezahlt, jedoch weiter zu niedrige Entgelte gezahlt hat,
die Aus- und Weitergabe von Heimarbeit verbieten.

Elfter Abschnitt: Straftaten und Ordnungswidrigkeiten

§ 31 Ausgabe verbotener Heimarbeit
(1) Wer Heimarbeit, die nach einer zur Durchführung des Gefahrenschutzes erlassenen Rechtsvorschrift (§ 13 Abs. 2, § 14 Abs. 3, § 34 Abs. 2 Satz 2) verboten ist, ausgibt oder weitergibt, wird mit Freiheitsstrafe bis zu einem Jahr oder mit Geldstrafe bestraft.
(2) Handelt der Täter fahrlässig, so ist die Strafe Freiheitsstrafe bis zu sechs Monaten oder Geldstrafe bis zu einhundertachtzig Tagessätzen.

§ 32 Straftaten und Ordnungswidrigkeiten im Bereich des Arbeits- und Gefahrenschutzes
(1) Ordnungswidrig handelt, wer, abgesehen von den Fällen des § 31, vorsätzlich oder fahrlässig
1. einer zur Durchführung des Gefahrenschutzes erlassenen Rechtsvorschrift (§§ 13, 14 Abs. 1, 3, § 34 Abs. 2 Satz 2), soweit sie für einen bestimmten Tatbestand auf diese Bußgeldvorschrift verweist, oder
2. einer vollziehbaren Verfügung nach § 14 Abs. 2 oder § 16a
zuwiderhandelt.
[1]Die in Satz 1 Nr. 1 vorgeschriebene Verweisung ist nicht erforderlich, soweit die dort genannten Rechtsvorschriften vor Inkrafttreten dieses Gesetzes erlassen sind.
(2) Die Ordnungswidrigkeit kann mit einer Geldbuße bis zu zehntausend Euro geahndet werden.

(3) Wer vorsätzlich eine der in Absatz 1 bezeichneten Handlungen begeht und dadurch in Heimarbeit Beschäftigte in ihrer Arbeitskraft oder Gesundheit gefährdet, wird mit Freiheitsstrafe bis zu einem Jahr oder mit Geldstrafe bestraft.
(4) Wer in den Fällen des Absatzes 3 die Gefahr fahrlässig verursacht, wird mit Freiheitsstrafe bis zu sechs Monaten oder mit Geldstrafe bis zu einhundertachtzig Tagessätzen bestraft.

§ 32a Sonstige Ordnungswidrigkeiten
(1) Ordnungswidrig handelt, wer vorsätzlich oder fahrlässig einem nach § 30 ergangenen vollziehbaren Verbot der Ausgabe oder Weitergabe von Heimarbeit zuwiderhandelt.
(2) Ordnungswidrig handelt auch, wer vorsätzlich oder fahrlässig
1. einer Vorschrift über die Listenführung (§ 6), die Mitteilung oder Anzeige von Heimarbeit (§§ 7, 15), die Unterrichtungspflicht (§ 7a), die Offenlegung der Entgeltverzeichnisse (§ 8), die Entgeltbelege (§ 9) oder die Auskunftspflicht über die Entgelte (§ 28 Abs. 1) zuwiderhandelt,
2. einer vollziehbaren Anordnung zum Schutz der Heimarbeiter vor Zeitversäumnis (§ 10) zuwiderhandelt,
3. einer Regelung zur Verteilung der Heimarbeit nach § 11 Abs. 2 zuwiderhandelt, soweit sie für einen bestimmten Tatbestand auf diese Bußgeldvorschrift verweist oder
4. als in Heimarbeit Beschäftigter (§ 1 Abs. 1) oder diesem Gleichgestellter (§ 1 Abs. 2) duldet, daß ein mitarbeitender Familienangehöriger eine Zuwiderhandlung nach § 32 begeht.

(3) Die Ordnungswidrigkeit nach Absatz 1 kann mit einer Geldbuße bis zu zehntausend Euro, die Ordnungswidrigkeit nach Absatz 2 mit einer Geldbuße bis zu zweitausendfünfhundert Euro geahndet werden.

Zwölfter Abschnitt: Schlußvorschriften

§ 33 Durchführungsvorschriften
(1) Das Bundesministerium für Arbeit und Soziales wird ermächtigt, mit Zustimmung des Bundesrates und nach Anhörung der Spitzenverbände der Gewerkschaften und der Vereinigungen der Arbeitgeber die zur Durchführung dieses Gesetzes erforderlichen Rechtsverordnungen zu erlassen über
a) das Verfahren bei der Gleichstellung (§ 1 Abs. 2 bis 5);
b) die Errichtung von Heimarbeitsausschüssen und von Entgeltausschüssen für fremde Hilfskräfte der Heimarbeit und das Verfahren vor ihnen (§§ 4, 5, 11, 18 bis 22);
c) Form, Inhalt und Einsendung der Listen und der Anzeige bei erstmaliger Ausgabe von Heimarbeit (§§ 6 und 7);
d) Form, Inhalt, Ausgabe und Aufbewahrung von Entgeltbelegen (§ 9).
(2) Das Bundesministerium für Arbeit und Soziales kann mit Zustimmung des Bundesrates und nach Anhörung der Spitzenverbände der Gewerkschaften und der Vereinigung der Arbeitgeber allgemeine Verwaltungsvorschriften für die Durchführung dieses Gesetzes erlassen.

§ 34 Inkrafttreten
(1) Das Gesetz tritt einen Monat nach seiner Verkündung, der § 33 am Tag nach der Verkündung in Kraft.
(2) ¹Mit dem Inkrafttreten dieses Gesetzes treten das Gesetz über die Heimarbeit in der Fassung der Bekanntmachung vom 30. Oktober 1939 (Reichsgesetzbl. I S. 2145) und die Verordnung zur Durchführung des Gesetzes über die Heimarbeit vom 30. Oktober 1939 (Reichsgesetzbl. I

S. 2152) außer Kraft. ²Die auf Grund der bisherigen gesetzlichen Vorschriften zur Durchführung des Gefahrenschutzes erlassenen Verordnungen bleiben mit der Maßgabe in Kraft, daß anstelle der in ihnen erwähnten Vorschriften des Gesetzes über die Heimarbeit in der Fassung vom 30. Oktober 1939 und des Hausarbeitgesetzes in der Fassung vom 30. Juni 1923 (Reichsgesetzbl. S. 472/730) die entsprechenden Vorschriften dieses Gesetzes treten.

Gesetz zur Verhütung und Bekämpfung von Infektionskrankheiten beim Menschen (Infektionsschutzgesetz – IfSG) – Auszug

vom 20. Juli 2000 (BGBl. I 2000, S. 1045)

- zuletzt geändert durch Gesetz zur Stärkung der hochschulischen Pflegeausbildung, zu Erleichterungen bei der Anerkennung ausländischer Abschlüsse in der Pflege und zur Änderung weiterer Vorschriften (Pflegestudiumstärkungsgesetz – PflStudStG) vom 12. Dezember 2023 (BGBl I 2023, S. 1 Nr. 359)

12. Abschnitt: Entschädigung in besonderen Fällen

§ 56 Entschädigung

(1) ¹Wer auf Grund dieses Gesetzes als Ausscheider, Ansteckungsverdächtiger, Krankheitsverdächtiger oder als sonstiger Träger von Krankheitserregern im Sinne von § 31 Satz 2 Verboten in der Ausübung seiner bisherigen Erwerbstätigkeit unterliegt oder unterworfen wird und dadurch einen Verdienstausfall erleidet, erhält eine Entschädigung in Geld. ²Das Gleiche gilt für eine Person, die nach § 30, auch in Verbindung mit § 32, abgesondert wird oder sich auf Grund einer nach § 36 Absatz 8 Satz 1 Nummer 1 erlassenen Rechtsverordnung absondert. ³Eine Entschädigung in Geld kann auch einer Person gewährt werden, wenn diese sich bereits vor der Anordnung einer Absonderung nach § 30 oder eines beruflichen Tätigkeitsverbots nach § 31 vorsorglich abgesondert oder vorsorglich bestimmte berufliche Tätigkeiten ganz oder teilweise nicht ausgeübt hat und dadurch einen Verdienstausfall erleidet, wenn eine Anordnung einer Absonderung nach § 30 oder eines beruflichen Tätigkeitsverbots nach § 31 bereits zum Zeitpunkt der vorsorglichen Absonderung oder der vorsorglichen Nichtausübung beruflicher Tätigkeiten hätte erlassen werden können. ⁴Eine Entschädigung nach den Sätzen 1 und 2 erhält nicht, wer durch Inanspruchnahme einer Schutzimpfung oder anderen Maßnahme der spezifischen Prophylaxe, die gesetzlich vorgeschrieben ist oder im Bereich des gewöhnlichen Aufenthaltsorts des Betroffenen öffentlich empfohlen wurde oder durch Nichtantritt einer vermeidbaren Reise in ein bereits zum Zeitpunkt der Abreise eingestuftes Risikogebiet, ein Verbot in der Ausübung seiner bisherigen Tätigkeit oder eine Absonderung hätte vermeiden können. ⁵Eine Reise ist im Sinne des Satzes 4 vermeidbar, wenn zum Zeitpunkt der Abreise keine zwingenden und unaufschiebbaren Gründe für die Reise vorlagen.

(1a) ¹Sofern der Deutsche Bundestag nach § 5 Absatz 1 Satz 1 eine epidemische Lage von nationaler Tragweite festgestellt hat, erhält eine erwerbstätige Person eine Entschädigung in Geld, wenn

1. Einrichtungen zur Betreuung von Kindern, Schulen oder Einrichtungen für Menschen mit Behinderungen zur Verhinderung der Verbreitung von Infektionen oder übertragbaren Krankheiten auf Grund dieses Gesetzes vorübergehend geschlossen werden oder deren Betreten, auch aufgrund einer Absonderung, untersagt wird, oder wenn von der zuständigen Behörde aus Gründen des Infektionsschutzes Schul- oder Betriebsferien angeordnet oder verlängert werden, die Präsenzpflicht in einer Schule aufgehoben oder der Zugang zum Kinderbetreuungsangebot eingeschränkt wird oder eine behördliche Empfehlung vorliegt, vom Besuch einer Einrichtung zur Betreuung von Kindern, einer Schule oder einer Einrichtung für Menschen mit Behinderungen abzusehen,

§ 56 Infektionsschutzgesetz – Auszug

2. die erwerbstätige Person ihr Kind, das das zwölfte Lebensjahr noch nicht vollendet hat oder behindert und auf Hilfe angewiesen ist, in diesem Zeitraum selbst beaufsichtigt, betreut oder pflegt, weil sie keine anderweitige zumutbare Betreuungsmöglichkeit sicherstellen kann, und
3. die erwerbstätige Person dadurch einen Verdienstausfall erleidet.
²Anspruchsberechtigte haben gegenüber der zuständigen Behörde, auf Verlangen des Arbeitgebers auch diesem gegenüber, darzulegen, dass sie in diesem Zeitraum keine zumutbare Betreuungsmöglichkeit für das Kind sicherstellen können. ³Ein Anspruch besteht nicht, soweit eine Schließung ohnehin wegen der Schul- oder Betriebsferien erfolgen würde. ⁴Im Fall, dass das Kind in Vollzeitpflege nach § 33 des Achten Buches Sozialgesetzbuch in den Haushalt aufgenommen wurde, steht der Anspruch auf Entschädigung den Pflegeeltern zu. ⁵Der Anspruch nach Satz 1 besteht in Bezug auf die dort genannten Maßnahmen auch unabhängig von einer durch den Deutschen Bundestag nach § 5 Absatz 1 Satz 1 festgestellten epidemischen Lage von nationaler Tragweite, soweit diese zur Verhinderung der Verbreitung der Coronavirus-Krankheit-2019 (COVID-19) im Zeitraum bis zum Ablauf des 23. September 2022 erfolgen.
(2) ¹Die Entschädigung bemisst sich nach dem Verdienstausfall. ²Für die ersten sechs Wochen wird sie in Höhe des Verdienstausfalls gewährt. ³Vom Beginn der siebenten Woche an wird die Entschädigung abweichend von Satz 2 in Höhe von 67 Prozent des der erwerbstätigen Person entstandenen Verdienstausfalls gewährt; für einen vollen Monat wird höchstens ein Betrag von 2 016 Euro gewährt. ⁴Im Fall des Absatzes 1a wird die Entschädigung von Beginn an in der in Satz 3 bestimmten Höhe gewährt. ⁵Für jede erwerbstätige Person wird die Entschädigung nach Satz 4 für die Dauer der vom Deutschen Bundestag nach § 5 Absatz 1 Satz 1 festgestellten epidemischen Lage von nationaler Tragweite und für den in Absatz 1a Satz 5 genannten Zeitraum unabhängig von der Anzahl der Kinder für längstens zehn Wochen pro Jahr gewährt, für eine erwerbstätige Person, die ihr Kind allein beaufsichtigt, betreut oder pflegt, längstens für 20 Wochen pro Jahr.
(3) ¹Als Verdienstausfall gilt das Arbeitsentgelt, das dem Arbeitnehmer bei der für ihn maßgebenden regelmäßigen Arbeitszeit zusteht, vermindert um Steuern und Beiträge zur Sozialversicherung sowie zur Arbeitsförderung oder entsprechende Aufwendungen zur sozialen Sicherung in angemessenem Umfang (Netto-Arbeitsentgelt). ²Bei der Ermittlung des Arbeitsentgelts sind die Regelungen des § 4 Absatz 1, 1a und 4 des Entgeltfortzahlungsgesetzes entsprechend anzuwenden. ³Für die Berechnung des Verdienstausfalls ist die Netto-Entgeltdifferenz in entsprechender Anwendung des § 106 des Dritten Buches Sozialgesetzbuch zu bilden. ⁴Der Betrag erhöht sich um das Kurzarbeitergeld und um das Zuschuss-Wintergeld, auf das der Arbeitnehmer Anspruch hätte, wenn er nicht aus den in Absatz 1 genannten Gründen an der Arbeitsleistung verhindert wäre. ⁵Satz 1 gilt für die Berechnung des Verdienstausfalls bei den in Heimarbeit Beschäftigten und bei Selbständigen entsprechend mit der Maßgabe, dass bei den in Heimarbeit Beschäftigten das im Durchschnitt des letzten Jahres vor Einstellung der verbotenen Tätigkeit oder vor der Absonderung verdiente monatliche Arbeitsentgelt und bei Selbständigen ein Zwölftel des Arbeitseinkommens (§ 15 des Vierten Buches Sozialgesetzbuch) aus der entschädigungspflichtigen Tätigkeit zugrunde zu legen ist.
(4) ¹Bei einer Existenzgefährdung können den Entschädigungsberechtigten die während der Verdienstausfallzeiten entstehenden Mehraufwendungen auf Antrag in angemessenem Umfang von der zuständigen Behörde erstattet werden. ²Selbständige, deren Betrieb oder Praxis während der Dauer einer Maßnahme nach Absatz 1 ruht, erhalten neben der Entschädigung nach den Absätzen 2 und 3 auf Antrag von der zuständigen Behörde Ersatz der in dieser Zeit weiterlaufenden nicht gedeckten Betriebsausgaben in angemessenem Umfang.

Infektionsschutzgesetz – Auszug § 56

(5) ¹Bei Arbeitnehmern hat der Arbeitgeber für die Dauer des Arbeitsverhältnisses, längstens für sechs Wochen, die Entschädigung für die zuständige Behörde auszuzahlen. ²Abweichend von Satz 1 hat der Arbeitgeber die Entschädigung nach Absatz 1a für die in Absatz 2 Satz 5 genannte Dauer auszuzahlen. ³Die ausgezahlten Beträge werden dem Arbeitgeber auf Antrag von der zuständigen Behörde erstattet. ⁴Im Übrigen wird die Entschädigung von der zuständigen Behörde auf Antrag gewährt.
(6) ¹Bei Arbeitnehmern richtet sich die Fälligkeit der Entschädigungsleistungen nach der Fälligkeit des aus der bisherigen Tätigkeit erzielten Arbeitsentgelts. ²Bei sonstigen Entschädigungsberechtigten ist die Entschädigung jeweils zum Ersten eines Monats für den abgelaufenen Monat zu gewähren.
(7) ¹Wird der Entschädigungsberechtigte arbeitsunfähig, so bleibt der Entschädigungsanspruch in Höhe des Betrages, der bei Eintritt der Arbeitsunfähigkeit an den Berechtigten auszuzahlen war, bestehen. ²Ansprüche, die Entschädigungsberechtigten wegen des durch die Arbeitsunfähigkeit bedingten Verdienstausfalls auf Grund anderer gesetzlicher Vorschriften oder eines privaten Versicherungsverhältnisses zustehen, gehen insoweit auf das entschädigungspflichtige Land über.
(8) ¹Auf die Entschädigung sind anzurechnen
1. Zuschüsse des Arbeitgebers, soweit sie zusammen mit der Entschädigung den tatsächlichen Verdienstausfall übersteigen,
2. das Netto-Arbeitsentgelt und das Arbeitseinkommen nach Absatz 3 aus einer Tätigkeit, die als Ersatz der verbotenen Tätigkeit ausgeübt wird, soweit es zusammen mit der Entschädigung den tatsächlichen Verdienstausfall übersteigt,
3. der Wert desjenigen, das der Entschädigungsberechtigte durch Ausübung einer anderen als der verbotenen Tätigkeit zu erwerben böswillig unterlässt, soweit es zusammen mit der Entschädigung den tatsächlichen Verdienstausfall übersteigt,
4. das Arbeitslosengeld in der Höhe, in der diese Leistung dem Entschädigungsberechtigten ohne Anwendung der Vorschriften über das Ruhen des Anspruchs auf Arbeitslosengeld bei Sperrzeit nach dem Dritten Buch Sozialgesetzbuch sowie des § 66 des Ersten Buches Sozialgesetzbuch in der jeweils geltenden Fassung hätten gewährt werden müssen.
²Liegen die Voraussetzungen für eine Anrechnung sowohl nach Nummer 3 als auch nach Nummer 4 vor, so ist der höhere Betrag anzurechnen.
(9) ¹Der Anspruch auf Entschädigung geht insoweit, als dem Entschädigungsberechtigten Arbeitslosengeld oder Kurzarbeitergeld für die gleiche Zeit zu gewähren ist, auf die Bundesagentur für Arbeit über. ²Die bei der Gewährung von Kurzarbeitergeld auf die Bundesagentur für Arbeit übergegangenen Entschädigungsansprüche können auf der Grundlage von Vereinbarungen der Bundesagentur für Arbeit mit den Ländern in einem pauschalierten Verfahren geltend gemacht werden. ³Das Eintreten eines Tatbestandes nach Absatz 1 oder Absatz 1a unterbricht nicht den Bezug von Arbeitslosengeld oder Kurzarbeitergeld, wenn die weiteren Voraussetzungen nach dem Dritten Buch Sozialgesetzbuch erfüllt sind.
(10) Ein auf anderen gesetzlichen Vorschriften beruhender Anspruch auf Ersatz des Verdienstausfalls, der dem Entschädigungsberechtigten durch das Verbot der Ausübung seiner Erwerbstätigkeit oder durch die Absonderung erwachsen ist, geht insoweit auf das zur Gewährung der Entschädigung verpflichtete Land über, als dieses dem Entschädigungsberechtigten nach diesem Gesetz Leistungen zu gewähren hat.
(11) ¹Die Anträge nach Absatz 5 sind innerhalb einer Frist von zwei Jahren nach Einstellung der verbotenen Tätigkeit, dem Ende der Absonderung oder nach dem Ende der vorübergehenden Schließung, der Untersagung des Betretens, der Schul- oder Betriebsferien, der Aufhebung der Präsenzpflicht, der Einschränkung des Kinderbetreuungsangebotes oder der Aufhebung der Empfehlung nach Absatz 1a Satz 1 Nummer 1 bei der zuständigen Behörde

zu stellen. ²Die Landesregierungen werden ermächtigt, durch Rechtsverordnung zu bestimmen, dass der Antrag nach Absatz 5 Satz 3 und 4 nach amtlich vorgeschriebenem Verfahren durch Datenfernübertragung zu übermitteln ist und das nähere Verfahren zu bestimmen. ³Die zuständige Behörde kann zur Vermeidung unbilliger Härten auf eine Übermittlung durch Datenfernübertragung verzichten. ⁴Dem Antrag ist von Arbeitnehmern eine Bescheinigung des Arbeitgebers und von den in Heimarbeit Beschäftigten eine Bescheinigung des Auftraggebers über die Höhe des in dem nach Absatz 3 für sie maßgeblichen Zeitraum verdienten Arbeitsentgelts und der gesetzlichen Abzüge, von Selbständigen eine Bescheinigung des Finanzamtes über die Höhe des letzten beim Finanzamt nachgewiesenen Arbeitseinkommens beizufügen. ⁵Ist ein solches Arbeitseinkommen noch nicht nachgewiesen oder ist ein Unterschiedsbetrag nach Absatz 3 zu errechnen, so kann die zuständige Behörde die Vorlage anderer oder weiterer Nachweise verlangen. ⁶Die Frist nach Satz 1 verlängert sich in den Fällen des Absatzes 9 bei der Gewährung von Kurzarbeitergeld auf vier Jahre.

(12) Die zuständige Behörde hat auf Antrag dem Arbeitgeber einen Vorschuss in der voraussichtlichen Höhe des Erstattungsbetrages, den in Heimarbeit Beschäftigten und Selbständigen in der voraussichtlichen Höhe der Entschädigung zu gewähren.

Gesetz zum Schutze der arbeitenden Jugend (Jugendarbeitsschutzgesetz – JArbSchG)

vom 12. April 1976 (BGBl. I 1976, S. 965)

– zuletzt geändert durch Gesetz zur Umsetzung der Richtlinie (EU) 2019/882 des Europäischen Parlaments und des Rates über die Barrierefreiheitsanforderungen für Produkte und Dienstleistungen und zur Änderung anderer Gesetze vom 16. Juli 2021 (BGBl I 2021, S. 2970)

Erster Abschnitt: Allgemeine Vorschriften

§ 1 Geltungsbereich
(1) Dieses Gesetz gilt in der Bundesrepublik Deutschland und in der ausschließlichen Wirtschaftszone für die Beschäftigung von Personen, die noch nicht 18 Jahre alt sind,
1. in der Berufsausbildung,
2. als Arbeitnehmer oder Heimarbeiter,
3. mit sonstigen Dienstleistungen, die der Arbeitsleistung von Arbeitnehmern oder Heimarbeitern ähnlich sind,
4. in einem der Berufsausbildung ähnlichen Ausbildungsverhältnis.
(2) Dieses Gesetz gilt nicht
1. für geringfügige Hilfeleistungen, soweit sie gelegentlich
    a) aus Gefälligkeit,
    b) auf Grund familienrechtlicher Vorschriften,
    c) in Einrichtungen der Jugendhilfe,
    d) in Einrichtungen zur Eingliederung Behinderter
    erbracht werden,
2. für die Beschäftigung durch die Personensorgeberechtigten im Familienhaushalt.

§ 2 Kind, Jugendlicher
(1) Kind im Sinne dieses Gesetzes ist, wer noch nicht 15 Jahre alt ist.
(2) Jugendlicher im Sinne dieses Gesetzes ist, wer 15, aber noch nicht 18 Jahre alt ist.
(3) Auf Jugendliche, die der Vollzeitschulpflicht unterliegen, finden die für Kinder geltenden Vorschriften Anwendung.

§ 3 Arbeitgeber
Arbeitgeber im Sinne dieses Gesetzes ist, wer ein Kind oder einen Jugendlichen gemäß § 1 beschäftigt.

§ 4 Arbeitszeit
(1) Tägliche Arbeitszeit ist die Zeit vom Beginn bis zum Ende der täglichen Beschäftigung ohne die Ruhepausen (§ 11).
(2) Schichtzeit ist die tägliche Arbeitszeit unter Hinzurechnung der Ruhepausen (§ 11).
(3) ^{1}Im Bergbau unter Tage gilt die Schichtzeit als Arbeitszeit. ^{2}Sie wird gerechnet vom Betreten des Förderkorbs bei der Einfahrt bis zum Verlassen des Förderkorbs bei der Ausfahrt oder vom Eintritt des einzelnen Beschäftigten in das Stollenmundloch bis zu seinem Wiederaustritt.
(4) ^{1}Für die Berechnung der wöchentlichen Arbeitszeit ist als Woche die Zeit von Montag bis einschließlich Sonntag zugrunde zu legen. ^{2}Die Arbeitszeit, die an einem Werktag infolge eines gesetzlichen Feiertags ausfällt, wird auf die wöchentliche Arbeitszeit angerechnet.

(5) Wird ein Kind oder ein Jugendlicher von mehreren Arbeitgebern beschäftigt, so werden die Arbeits- und Schichtzeiten sowie die Arbeitstage zusammengerechnet.

Zweiter Abschnitt: Beschäftigung von Kindern
§ 5 Verbot der Beschäftigung von Kindern
(1) Die Beschäftigung von Kindern (§ 2 Abs. 1) ist verboten.
(2) [1]Das Verbot des Absatzes 1 gilt nicht für die Beschäftigung von Kindern
1. zum Zwecke der Beschäftigungs- und Arbeitstherapie,
2. im Rahmen des Betriebspraktikums während der Vollzeitschulpflicht,
3. in Erfüllung einer richterlichen Weisung.
[2]Auf die Beschäftigung finden § 7 Satz 1 Nr. 2 und die §§ 9 bis 46 entsprechende Anwendung.
(3) [1]Das Verbot des Absatzes 1 gilt ferner nicht für die Beschäftigung von Kindern über 13 Jahre mit Einwilligung des Personensorgeberechtigten, soweit die Beschäftigung leicht und für Kinder geeignet ist. [2]Die Beschäftigung ist leicht, wenn sie auf Grund ihrer Beschaffenheit und der besonderen Bedingungen, unter denen sie ausgeführt wird,
1. die Sicherheit, Gesundheit und Entwicklung der Kinder,
2. ihren Schulbesuch, ihre Beteiligung an Maßnahmen zur Berufswahlvorbereitung oder Berufsausbildung, die von der zuständigen Stelle anerkannt sind, und
3. ihre Fähigkeit, dem Unterricht mit Nutzen zu folgen,
nicht nachteilig beeinflußt. [3]Die Kinder dürfen nicht mehr als zwei Stunden täglich, in landwirtschaftlichen Familienbetrieben nicht mehr als drei Stunden täglich, nicht zwischen 18 und 8 Uhr, nicht vor dem Schulunterricht und nicht während des Schulunterrichts beschäftigt werden. [4]Auf die Beschäftigung finden die §§ 15 bis 31 entsprechende Anwendung.
(4) [1]Das Verbot des Absatzes 1 gilt ferner nicht für die Beschäftigung von Jugendlichen (§ 2 Abs. 3) während der Schulferien für höchstens vier Wochen im Kalenderjahr. [2]Auf die Beschäftigung finden die §§ 8 bis 31 entsprechende Anwendung.
(4a) Die Bundesregierung hat durch Rechtsverordnung mit Zustimmung des Bundesrates die Beschäftigung nach Absatz 3 näher zu bestimmen.
(4b) Der Arbeitgeber unterrichtet die Personensorgeberechtigten der von ihm beschäftigten Kinder über mögliche Gefahren sowie über alle zu ihrer Sicherheit und ihrem Gesundheitsschutz getroffenen Maßnahmen.
(5) Für Veranstaltungen kann die Aufsichtsbehörde Ausnahmen gemäß § 6 bewilligen.

§ 6 Behördliche Ausnahmen für Veranstaltungen
(1) [1]Die Aufsichtsbehörde kann auf Antrag bewilligen, daß
1. bei Theatervorstellungen Kinder über sechs Jahre bis zu vier Stunden täglich in der Zeit von 10 bis 23 Uhr,
2. bei Musikaufführungen und anderen Aufführungen, bei Werbeveranstaltungen sowie bei Aufnahmen im Rundfunk (Hörfunk und Fernsehen), auf Ton- und Bildträger sowie bei Film- und Fotoaufnahmen
   a) Kinder über drei bis sechs Jahre bis zu zwei Stunden täglich in der Zeit von 8 bis 17 Uhr,
   b) Kinder über sechs Jahre bis zu drei Stunden täglich in der Zeit von 8 bis 22 Uhr
gestaltend mitwirken und an den erforderlichen Proben teilnehmen. [2]Eine Ausnahme darf nicht bewilligt werden für die Mitwirkung in Kabaretts, Tanzlokalen und ähnlichen Betrieben sowie auf Vergnügungsparks, Kirmessen, Jahrmärkten und bei ähnlichen Veranstaltungen, Schaustellungen oder Darbietungen.

Jugendarbeitsschutzgesetz §§ 6–8

(2) Die Aufsichtsbehörde darf nach Anhörung des zuständigen Jugendamts die Beschäftigung nur bewilligen, wenn
1. die Personensorgeberechtigten in die Beschäftigung schriftlich eingewilligt haben,
2. der Aufsichtsbehörde eine nicht länger als vor drei Monaten ausgestellte ärztliche Bescheinigung vorgelegt wird, nach der gesundheitliche Bedenken gegen die Beschäftigung nicht bestehen,
3. die erforderlichen Vorkehrungen und Maßnahmen zum Schutz des Kindes gegen Gefahren für Leben und Gesundheit sowie zur Vermeidung einer Beeinträchtigung der körperlichen oder seelisch-geistigen Entwicklung getroffen sind,
4. Betreuung und Beaufsichtigung des Kindes bei der Beschäftigung sichergestellt sind,
5. nach Beendigung der Beschäftigung eine ununterbrochene Freizeit von mindestens 14 Stunden eingehalten wird,
6. das Fortkommen in der Schule nicht beeinträchtigt wird.
(3) Die Aufsichtsbehörde bestimmt,
1. wie lange, zu welcher Zeit und an welchem Tag das Kind beschäftigt werden darf,
2. Dauer und Lage der Ruhepausen,
3. die Höchstdauer des täglichen Aufenthalts an der Beschäftigungsstätte.
(4) ¹Die Entscheidung der Aufsichtsbehörde ist dem Arbeitgeber schriftlich bekanntzugeben. ²Er darf das Kind erst nach Empfang des Bewilligungsbescheids beschäftigen.

§ 7 Beschäftigung von nicht vollzeitschulpflichtigen Kindern
¹Kinder, die der Vollzeitschulpflicht nicht mehr unterliegen, dürfen
1. im Berufsausbildungsverhältnis,
2. außerhalb eines Berufsausbildungsverhältnisses nur mit leichten und für sie geeigneten Tätigkeiten bis zu sieben Stunden täglich und 35 Stunden wöchentlich
beschäftigt werden. ²Auf die Beschäftigung finden die §§ 8 bis 46 entsprechende Anwendung.

Dritter Abschnitt: Beschäftigung Jugendlicher

Erster Titel Arbeitszeit und Freizeit

§ 8 Dauer der Arbeitszeit
(1) Jugendliche dürfen nicht mehr als acht Stunden täglich und nicht mehr als 40 Stunden wöchentlich beschäftigt werden.
(2) ¹Wenn in Verbindung mit Feiertagen an Werktagen nicht gearbeitet wird, damit die Beschäftigten eine längere zusammenhängende Freizeit haben, so darf die ausfallende Arbeitszeit auf die Werktage von fünf zusammenhängenden, die Ausfalltage einschließenden Wochen nur dergestalt verteilt werden, daß die Wochenarbeitszeit im Durchschnitt dieser fünf Wochen 40 Stunden nicht überschreitet. ²Die tägliche Arbeitszeit darf hierbei achteinhalb Stunden nicht überschreiten.
(2a) Wenn an einzelnen Werktagen die Arbeitszeit auf weniger als acht Stunden verkürzt ist, können Jugendliche an den übrigen Werktagen derselben Woche achteinhalb Stunden beschäftigt werden.
(3) In der Landwirtschaft dürfen Jugendliche über 16 Jahre während der Erntezeit nicht mehr als neun Stunden täglich und nicht mehr als 85 Stunden in der Doppelwoche beschäftigt werden.

§ 9 Berufsschule
(1) ¹Der Arbeitgeber hat den Jugendlichen für die Teilnahme am Berufsschulunterricht freizustellen. ²Er darf den Jugendlichen nicht beschäftigen
1. vor einem vor 9 Uhr beginnenden Unterricht; dies gilt auch für Personen, die über 18 Jahre alt und noch berufsschulpflichtig sind,
2. an einem Berufsschultag mit mehr als fünf Unterrichtsstunden von mindestens je 45 Minuten, einmal in der Woche,
3. in Berufsschulwochen mit einem planmäßigen Blockunterricht von mindestens 25 Stunden an mindestens fünf Tagen; zusätzliche betriebliche Ausbildungsveranstaltungen bis zu zwei Stunden wöchentlich sind zulässig.
(2) Auf die Arbeitszeit des Jugendlichen werden angerechnet
1. Berufsschultage nach Absatz 1 Satz 2 Nummer 2 mit der durchschnittlichen täglichen Arbeitszeit,
2. Berufsschulwochen nach Absatz 1 Satz 2 Nummer 3 mit der durchschnittlichen wöchentlichen Arbeitszeit,
3. im Übrigen die Unterrichtszeit einschließlich der Pausen.
(3) Ein Entgeltausfall darf durch den Besuch der Berufsschule nicht eintreten.

§ 10 Prüfungen und außerbetriebliche Ausbildungsmaßnahmen
(1) Der Arbeitgeber hat den Jugendlichen
1. für die Teilnahme an Prüfungen und Ausbildungsmaßnahmen, die auf Grund öffentlich-rechtlicher oder vertraglicher Bestimmungen außerhalb der Ausbildungsstätte durchzuführen sind,
2. an dem Arbeitstag, der der schriftlichen Abschlußprüfung unmittelbar vorangeht,
freizustellen.
(2) ¹Auf die Arbeitszeit des Jugendlichen werden angerechnet
1. die Freistellung nach Absatz 1 Nr. 1 mit der Zeit der Teilnahme einschließlich der Pausen,
2. die Freistellung nach Absatz 1 Nr. 2 mit der durchschnittlichen täglichen Arbeitszeit.
²Ein Entgeltausfall darf nicht eintreten.

§ 11 Ruhepausen, Aufenthaltsräume
(1) ¹Jugendlichen müssen im voraus feststehende Ruhepausen von angemessener Dauer gewährt werden. ²Die Ruhepausen müssen mindestens betragen
1. 30 Minuten bei einer Arbeitszeit von mehr als viereinhalb bis zu sechs Stunden,
2. 60 Minuten bei einer Arbeitszeit von mehr als sechs Stunden.
³Als Ruhepause gilt nur eine Arbeitsunterbrechung von mindestens 15 Minuten.
(2) ¹Die Ruhepausen müssen in angemessener zeitlicher Lage gewährt werden, frühestens eine Stunde nach Beginn und spätestens eine Stunde vor Ende der Arbeitszeit. ²Länger als viereinhalb Stunden hintereinander dürfen Jugendliche nicht ohne Ruhepause beschäftigt werden.
(3) Der Aufenthalt während der Ruhepausen in Arbeitsräumen darf den Jugendlichen nur gestattet werden, wenn die Arbeit in diesen Räumen während dieser Zeit eingestellt ist und auch sonst die notwendige Erholung nicht beeinträchtigt wird.
(4) Absatz 3 gilt nicht für den Bergbau unter Tage.

§ 12 Schichtzeit
Bei der Beschäftigung Jugendlicher darf die Schichtzeit (§ 4 Abs. 2) 10 Stunden, im Bergbau unter Tage 8 Stunden, im Gaststättengewerbe, in der Landwirtschaft, in der Tierhaltung, auf Bau- und Montagestellen 11 Stunden nicht überschreiten.

§ 13 Tägliche Freizeit
Nach Beendigung der täglichen Arbeitszeit dürfen Jugendliche nicht vor Ablauf einer ununterbrochenen Freizeit von mindestens 12 Stunden beschäftigt werden.

§ 14 Nachtruhe
(1) Jugendliche dürfen nur in der Zeit von 6 bis 20 Uhr beschäftigt werden.
(2) Jugendliche über 16 Jahre dürfen
1. im Gaststätten- und Schaustellergewerbe bis 22 Uhr,
2. in mehrschichtigen Betrieben bis 23 Uhr,
3. in der Landwirtschaft ab 5 Uhr oder bis 21 Uhr,
4. in Bäckereien und Konditoreien ab 5 Uhr beschäftigt werden.

(3) Jugendliche über 17 Jahre dürfen in Bäckereien ab 4 Uhr beschäftigt werden.
(4) An dem einem Berufsschultag unmittelbar vorangehenden Tag dürfen Jugendliche auch nach Absatz 2 Nr. 1 bis 3 nicht nach 20 Uhr beschäftigt werden, wenn der Berufsschulunterricht am Berufsschultag vor 9 Uhr beginnt.
(5) [1]Nach vorheriger Anzeige an die Aufsichtsbehörde dürfen in Betrieben, in denen die übliche Arbeitszeit aus verkehrstechnischen Gründen nach 20 Uhr endet, Jugendliche bis 21 Uhr beschäftigt werden, soweit sie hierdurch unnötige Wartezeiten vermeiden können. [2]Nach vorheriger Anzeige an die Aufsichtsbehörde dürfen ferner in mehrschichtigen Betrieben Jugendliche über 16 Jahre ab 5.30 Uhr oder bis 23.30 Uhr beschäftigt werden, soweit sie hierdurch unnötige Wartezeiten vermeiden können.
(6) [1]Jugendliche dürfen in Betrieben, in denen die Beschäftigten in außergewöhnlichem Grade der Einwirkung von Hitze ausgesetzt sind, in der warmen Jahreszeit ab 5 Uhr beschäftigt werden. [2]Die Jugendlichen sind berechtigt, sich vor Beginn der Beschäftigung und danach in regelmäßigen Zeitabständen arbeitsmedizinisch untersuchen zu lassen. [3]Die Kosten der Untersuchungen hat der Arbeitgeber zu tragen, sofern er diese nicht kostenlos durch einen Betriebsarzt oder einen überbetrieblichen Dienst von Betriebsärzten anbietet.
(7) [1]Jugendliche dürfen bei Musikaufführungen, Theatervorstellungen und anderen Aufführungen, bei Aufnahmen im Rundfunk (Hörfunk und Fernsehen), auf Ton- und Bildträger sowie bei Film- und Fotoaufnahmen bis 23 Uhr gestaltend mitwirken. [2]Eine Mitwirkung ist nicht zulässig bei Veranstaltungen, Schaustellungen oder Darbietungen, bei denen die Anwesenheit Jugendlicher nach den Vorschriften des Jugendschutzgesetzes verboten ist. [3]Nach Beendigung der Tätigkeit dürfen Jugendliche nicht vor Ablauf einer ununterbrochenen Freizeit von mindestens 14 Stunden beschäftigt werden. [4]Die Sätze 1 bis 3 gelten entsprechend auch für die Tätigkeit von Jugendlichen als Sportler im Rahmen von Sportveranstaltungen.

§ 15 Fünf-Tage-Woche
[1]Jugendliche dürfen nur an fünf Tagen in der Woche beschäftigt werden. [2]Die beiden wöchentlichen Ruhetage sollen nach Möglichkeit aufeinander folgen.

§ 16 Samstagsruhe
(1) An Samstagen dürfen Jugendliche nicht beschäftigt werden.
(2) [1]Zulässig ist die Beschäftigung Jugendlicher an Samstagen nur
1. in Krankenanstalten sowie in Alten-, Pflege- und Kinderheimen,
2. in offenen Verkaufsstellen, in Betrieben mit offenen Verkaufsstellen, in Bäckereien und Konditoreien, im Friseurhandwerk und im Marktverkehr,
3. im Verkehrswesen,
4. in der Landwirtschaft und Tierhaltung,
5. im Familienhaushalt,

6. im Gaststätten- und Schaustellergewerbe,
7. bei Musikaufführungen, Theatervorstellungen und anderen Aufführungen, bei Aufnahmen im Rundfunk (Hörfunk und Fernsehen), auf Ton- und Bildträger sowie bei Film- und Fotoaufnahmen,
8. bei außerbetrieblichen Ausbildungsmaßnahmen,
9. beim Sport,
10. im ärztlichen Notdienst,
11. in Reparaturwerkstätten für Kraftfahrzeuge.
²Mindestens zwei Samstage im Monat sollen beschäftigungsfrei bleiben.
(3) ¹Werden Jugendliche am Samstag beschäftigt, ist ihnen die Fünf-Tage-Woche (§ 15) durch Freistellung an einem anderen berufsschulfreien Arbeitstag derselben Woche sicherzustellen. ²In Betrieben mit einem Betriebsruhetag in der Woche kann die Freistellung auch an diesem Tag erfolgen, wenn die Jugendlichen an diesem Tag keinen Berufsschulunterricht haben.
(4) Können Jugendliche in den Fällen des Absatzes 2 Nr. 2 am Samstag nicht acht Stunden beschäftigt werden, kann der Unterschied zwischen der tatsächlichen und der nach § 8 Abs. 1 höchstzulässigen Arbeitszeit an dem Tag bis 13 Uhr ausgeglichen werden, an dem die Jugendlichen nach Absatz 3 Satz 1 freizustellen sind.

§ 17 Sonntagsruhe
(1) An Sonntagen dürfen Jugendliche nicht beschäftigt werden.
(2) ¹Zulässig ist die Beschäftigung Jugendlicher an Sonntagen nur
1. in Krankenanstalten sowie in Alten-, Pflege- und Kinderheimen,
2. in der Landwirtschaft und Tierhaltung mit Arbeiten, die auch an Sonn- und Feiertagen naturnotwendig vorgenommen werden müssen,
3. im Familienhaushalt, wenn der Jugendliche in die häusliche Gemeinschaft aufgenommen ist,
4. im Schaustellergewerbe,
5. bei Musikaufführungen, Theatervorstellungen und anderen Aufführungen sowie bei Direktsendungen im Rundfunk (Hörfunk und Fernsehen),
6. beim Sport,
7. im ärztlichen Notdienst,
8. im Gaststättengewerbe.
²Jeder zweite Sonntag soll, mindestens zwei Sonntage im Monat müssen beschäftigungsfrei bleiben.
(3) ¹Werden Jugendliche am Sonntag beschäftigt, ist ihnen die Fünf-Tage-Woche (§ 15) durch Freistellung an einem anderen berufsschulfreien Arbeitstag derselben Woche sicherzustellen. ²In Betrieben mit einem Betriebsruhetag in der Woche kann die Freistellung auch an diesem Tag erfolgen, wenn die Jugendlichen an diesem Tag keinen Berufsschulunterricht haben.

§ 18 Feiertagsruhe
(1) Am 24. und 31. Dezember nach 14 Uhr und an gesetzlichen Feiertagen dürfen Jugendliche nicht beschäftigt werden.
(2) Zulässig ist die Beschäftigung Jugendlicher an gesetzlichen Feiertagen in den Fällen des § 17 Abs. 2, ausgenommen am 25. Dezember, am 1. Januar, am ersten Osterfeiertag und am 1. Mai.
(3) ¹Für die Beschäftigung an einem gesetzlichen Feiertag, der auf einen Werktag fällt, ist der Jugendliche an einem anderen berufsschulfreien Arbeitstag derselben oder der folgenden Woche freizustellen. ²In Betrieben mit einem Betriebsruhetag in der Woche kann die

Freistellung auch an diesem Tag erfolgen, wenn die Jugendlichen an diesem Tag keinen Berufsschulunterricht haben.

§ 19 Urlaub

(1) Der Arbeitgeber hat Jugendlichen für jedes Kalenderjahr einen bezahlten Erholungsurlaub zu gewähren.
(2) [1]Der Urlaub beträgt jährlich
1. mindestens 30 Werktage, wenn der Jugendliche zu Beginn des Kalenderjahrs noch nicht 16 Jahre alt ist,
2. mindestens 27 Werktage, wenn der Jugendliche zu Beginn des Kalenderjahrs noch nicht 17 Jahre alt ist,
3. mindestens 25 Werktage, wenn der Jugendliche zu Beginn des Kalenderjahrs noch nicht 18 Jahre alt ist.
[2]Jugendliche, die im Bergbau unter Tage beschäftigt werden, erhalten in jeder Altersgruppe einen zusätzlichen Urlaub von drei Werktagen.
(3) [1]Der Urlaub soll Berufsschülern in der Zeit der Berufsschulferien gegeben werden. [2]Soweit er nicht in den Berufsschulferien gegeben wird, ist für jeden Berufsschultag, an dem die Berufsschule während des Urlaubs besucht wird, ein weiterer Urlaubstag zu gewähren.
(4) [1]Im übrigen gelten für den Urlaub der Jugendlichen § 3 Abs. 2, §§ 4 bis 12 und § 13 Abs. 3 des Bundesurlaubsgesetzes. [2]Der Auftraggeber oder Zwischenmeister hat jedoch abweichend von § 12 Nr. 1 des Bundesurlaubsgesetzes den jugendlichen Heimarbeitern für jedes Kalenderjahr einen bezahlten Erholungsurlaub entsprechend Absatz 2 zu gewähren; das Urlaubsentgelt der jugendlichen Heimarbeiter beträgt bei einem Urlaub von 30 Werktagen 11,6 vom Hundert, bei einem Urlaub von 27 Werktagen 10,3 vom Hundert und bei einem Urlaub von 25 Werktagen 9,5 vom Hundert.

§ 20 Binnenschiffahrt

(1) In der Binnenschiffahrt gelten folgende Abweichungen:
1. Abweichend von § 12 darf die Schichtzeit Jugendlicher über 16 Jahre während der Fahrt bis auf 14 Stunden täglich ausgedehnt werden, wenn ihre Arbeitszeit sechs Stunden täglich nicht überschreitet. [2]Ihre tägliche Freizeit kann abweichend von § 13 der Ausdehnung der Schichtzeit entsprechend bis auf 10 Stunden verkürzt werden.
2. Abweichend von § 14 Abs. 1 dürfen Jugendliche über 16 Jahre während der Fahrt bis 22 Uhr beschäftigt werden.
3. Abweichend von §§ 15, 16 Abs. 1, § 17 Abs. 1 und § 18 Abs. 1 dürfen Jugendliche an jedem Tag der Woche beschäftigt werden, jedoch nicht am 24. Dezember, an den Weihnachtsfeiertagen am 31. Dezember, am 1. Januar, an den Osterfeiertagen und am 1. Mai. [2]Für die Beschäftigung an einem Samstag, Sonntag und an einem gesetzlichen Feiertag, der auf einen Werktag fällt, ist ihnen je ein freier Tag zu gewähren. [3]Diese freien Tage sind den Jugendlichen in Verbindung mit anderen freien Tagen zu gewähren, spätestens, wenn ihnen 10 freie Tage zustehen.

(2) [1]In der gewerblichen Binnenschifffahrt hat der Arbeitgeber Aufzeichnungen nach Absatz 3 über die tägliche Arbeits- oder Freizeit jedes Jugendlichen zu führen, um eine Kontrolle der Einhaltung der §§ 8 bis 21a dieses Gesetzes zu ermöglichen. [2]Die Aufzeichnungen sind in geeigneten Zeitabständen, spätestens bis zum nächsten Monatsende, gemeinsam vom Arbeitgeber oder seinem Vertreter und von dem Jugendlichen zu prüfen und zu bestätigen. [3]Im Anschluss müssen die Aufzeichnungen für mindestens zwölf Monate an Bord aufbewahrt werden und dem Jugendlichen ist eine Kopie der bestätigten Aufzeichnungen auszuhändi-

gen. ⁴Der Jugendliche hat die Kopien daraufhin zwölf Monate für eine Kontrolle bereitzuhalten.
(3) Die Aufzeichnungen nach Absatz 2 müssen mindestens folgende Angaben enthalten:
1. Name des Schiffes,
2. Name des Jugendlichen,
3. Name des verantwortlichen Schiffsführers,
4. Datum des jeweiligen Arbeits- oder Ruhetages,
5. für jeden Tag der Beschäftigung, ob es sich um einen Arbeits- oder um einen Ruhetag handelt sowie
6. Beginn und Ende der täglichen Arbeitszeit oder der täglichen Freizeit.

§ 21 Ausnahmen in besonderen Fällen
(1) Die §§ 8 und 11 bis 18 finden keine Anwendung auf die Beschäftigung Jugendlicher mit vorübergehenden und unaufschiebbaren Arbeiten in Notfällen, soweit erwachsene Beschäftigte nicht zur Verfügung stehen.
(2) Wird in den Fällen des Absatzes 1 über die Arbeitszeit des § 8 hinaus Mehrarbeit geleistet, so ist sie durch entsprechende Verkürzung der Arbeitszeit innerhalb der folgenden drei Wochen auszugleichen.
(3) (weggefallen)

§ 21a Abweichende Regelungen
(1) In einem Tarifvertrag oder auf Grund eines Tarifvertrages in einer Betriebsvereinbarung kann zugelassen werden
1. abweichend von den §§ 8, 15, 16 Abs. 3 und 4, § 17 Abs. 3 und § 18 Abs. 3 die Arbeitszeit bis zu neun Stunden täglich, 44 Stunden wöchentlich und bis zu fünfeinhalb Tagen in der Woche anders zu verteilen, jedoch nur unter Einhaltung einer durchschnittlichen Wochenarbeitszeit von 40 Stunden in einem Ausgleichszeitraum von zwei Monaten,
2. abweichend von § 11 Abs. 1 Satz 2 Nr. 2 und Abs. 2 die Ruhepausen bis zu 15 Minuten zu kürzen und die Lage der Pausen anders zu bestimmen,
3. abweichend von § 12 die Schichtzeit mit Ausnahme des Bergbaus unter Tage bis zu einer Stunde täglich zu verlängern,
4. abweichend von § 16 Abs. 1 und 2 Jugendliche an 26 Samstagen im Jahr oder an jedem Samstag zu beschäftigen, wenn statt dessen der Jugendliche an einem anderen Werktag derselben Woche von der Beschäftigung freigestellt wird,
5. abweichend von den §§ 15, 16 Abs. 3 und 4, § 17 Abs. 3 und § 18 Abs. 3 Jugendliche bei einer Beschäftigung an einem Samstag oder an einem Sonn- oder Feiertag unter vier Stunden an einem anderen Arbeitstag derselben oder der folgenden Woche vor- oder nachmittags von der Beschäftigung freizustellen,
6. abweichend von § 17 Abs. 2 Satz 2 Jugendliche im Gaststätten- und Schaustellergewerbe sowie in der Landwirtschaft während der Saison oder der Erntezeit an drei Sonntagen im Monat zu beschäftigen.
(2) Im Geltungsbereich eines Tarifvertrages nach Absatz 1 kann die abweichende tarifvertragliche Regelung im Betrieb eines nicht tarifgebundenen Arbeitgebers durch Betriebsvereinbarung oder, wenn ein Betriebsrat nicht besteht, durch schriftliche Vereinbarung zwischen dem Arbeitgeber und dem Jugendlichen übernommen werden.
(3) Die Kirchen und die öffentlich-rechtlichen Religionsgesellschaften können die in Absatz 1 genannten Abweichungen in ihren Regelungen vorsehen.

§ 21b Ermächtigung
Das Bundesministerium für Arbeit und Soziales kann im Interesse der Berufsausbildung oder der Zusammenarbeit von Jugendlichen und Erwachsenen durch Rechtsverordnung mit Zustimmung des Bundesrates Ausnahmen von den Vorschriften
1. des § 8, der §§ 11 und 12, der §§ 15 und 16, des § 17 Abs. 2 und 3 sowie des § 18 Abs. 3 im Rahmen des § 21a Abs. 1,
2. des § 14, jedoch nicht vor 5 Uhr und nicht nach 23 Uhr, sowie
3. des § 17 Abs. 1 und des § 18 Abs. 1 an höchstens 26 Sonn- und Feiertagen im Jahr

zulassen, soweit eine Beeinträchtigung der Gesundheit oder der körperlichen oder seelisch-geistigen Entwicklung der Jugendlichen nicht zu befürchten ist.

Zweiter Titel Beschäftigungsverbote und -beschränkungen

§ 22 Gefährliche Arbeiten
(1) Jugendliche dürfen nicht beschäftigt werden,
1. mit Arbeiten, die ihre physische oder psychische Leistungsfähigkeit übersteigen,
2. mit Arbeiten, bei denen sie sittlichen Gefahren ausgesetzt sind,
3. mit Arbeiten, die mit Unfallgefahren verbunden sind, von denen anzunehmen ist, daß Jugendliche sie wegen mangelnden Sicherheitsbewußtseins oder mangelnder Erfahrung nicht erkennen oder nicht abwenden können,
4. mit Arbeiten, bei denen ihre Gesundheit durch außergewöhnliche Hitze oder Kälte oder starke Nässe gefährdet wird,
5. mit Arbeiten, bei denen sie schädlichen Einwirkungen von Lärm, Erschütterungen oder Strahlen ausgesetzt sind,
6. mit Arbeiten, bei denen sie schädlichen Einwirkungen von Gefahrstoffen im Sinne der Gefahrstoffverordnung ausgesetzt sind,
7. mit Arbeiten, bei denen sie schädlichen Einwirkungen von biologischen Arbeitsstoffen im Sinne der Biostoffverordnung ausgesetzt sind.

(2) ^{1}Absatz 1 Nr. 3 bis 7 gilt nicht für die Beschäftigung Jugendlicher, soweit
1. dies zur Erreichung ihres Ausbildungszieles erforderlich ist,
2. ihr Schutz durch die Aufsicht eines Fachkundigen gewährleistet ist und
3. der Luftgrenzwert bei gefährlichen Stoffen (Absatz 1 Nr. 6) unterschritten wird.

^{2}Satz 1 findet keine Anwendung auf gezielte Tätigkeiten mit biologischen Arbeitsstoffen der Risikogruppen 3 und 4 im Sinne der Biostoffverordnung sowie auf nicht gezielte Tätigkeiten, die nach der Biostoffverordnung der Schutzstufe 3 oder 4 zuzuordnen sind.

(3) Werden Jugendliche in einem Betrieb beschäftigt, für den ein Betriebsarzt oder eine Fachkraft für Arbeitssicherheit verpflichtet ist, muß ihre betriebsärztliche oder sicherheitstechnische Betreuung sichergestellt sein.

§ 23 Akkordarbeit; tempoabhängige Arbeiten
(1) Jugendliche dürfen nicht beschäftigt werden
1. mit Akkordarbeit und sonstigen Arbeiten, bei denen durch ein gesteigertes Arbeitstempo ein höheres Entgelt erzielt werden kann,
2. in einer Arbeitsgruppe mit erwachsenen Arbeitnehmern, die mit Arbeiten nach Nummer 1 beschäftigt werden,
3. mit Arbeiten, bei denen ihr Arbeitstempo nicht nur gelegentlich vorgeschrieben, vorgegeben oder auf andere Weise erzwungen wird.

(2) Absatz 1 Nr. 2 gilt nicht für die Beschäftigung Jugendlicher,
1. soweit dies zur Erreichung ihres Ausbildungsziels erforderlich ist oder
2. wenn sie eine Berufsausbildung für diese Beschäftigung abgeschlossen haben und ihr Schutz durch die Aufsicht eines Fachkundigen gewährleistet ist.

§ 24 Arbeiten unter Tage
(1) Jugendliche dürfen nicht mit Arbeiten unter Tage beschäftigt werden.
(2) Absatz 1 gilt nicht für die Beschäftigung Jugendlicher über 16 Jahre,
1. soweit dies zur Erreichung ihres Ausbildungsziels erforderlich ist,
2. wenn sie eine Berufsausbildung für die Beschäftigung unter Tage abgeschlossen haben oder
3. wenn sie an einer von der Bergbehörde genehmigten Ausbildungsmaßnahme für Bergjungarbeiter teilnehmen oder teilgenommen haben
und ihr Schutz durch die Aufsicht eines Fachkundigen gewährleistet ist.

§ 25 Verbot der Beschäftigung durch bestimmte Personen
(1) [1]Personen, die
1. wegen eines Verbrechens zu einer Freiheitsstrafe von mindestens zwei Jahren,
2. wegen einer vorsätzlichen Straftat, die sie unter Verletzung der ihnen als Arbeitgeber, Ausbildender oder Ausbilder obliegenden Pflichten zum Nachteil von Kindern oder Jugendlichen begangen haben, zu einer Freiheitsstrafe von mehr als drei Monaten,
3. wegen einer Straftat nach den §§ 109h, 171, 174 bis 184l, 225, 232 bis 233a des Strafgesetzbuches,
4. wegen einer Straftat nach dem Betäubungsmittelgesetz oder
5. wegen einer Straftat nach dem Jugendschutzgesetz oder nach dem Gesetz über die Verbreitung jugendgefährdender Schriften wenigstens zweimal
rechtskräftig verurteilt worden sind, dürfen Jugendliche nicht beschäftigen sowie im Rahmen eines Rechtsverhältnisses im Sinne des § 1 nicht beaufsichtigen, nicht anweisen, nicht ausbilden und nicht mit der Beaufsichtigung, Anweisung oder Ausbildung von Jugendlichen beauftragt werden. [2]Eine Verurteilung bleibt außer Betracht, wenn seit dem Tag ihrer Rechtskraft fünf Jahre verstrichen sind. [3]Die Zeit, in welcher der Täter auf behördliche Anordnung in einer Anstalt verwahrt worden ist, wird nicht eingerechnet.
(2) [1]Das Verbot des Absatzes 1 Satz 1 gilt auch für Personen, gegen die wegen einer Ordnungswidrigkeit nach § 58 Abs. 1 bis 4 wenigstens dreimal eine Geldbuße rechtskräftig festgesetzt worden ist. [2]Eine Geldbuße bleibt außer Betracht, wenn seit dem Tag ihrer rechtskräftigen Festsetzung fünf Jahre verstrichen sind.
(3) Das Verbot des Absatzes 1 und 2 gilt nicht für die Beschäftigung durch die Personensorgeberechtigten.

§ 26 Ermächtigungen
Das Bundesministerium für Arbeit und Soziales kann zum Schutz der Jugendlichen gegen Gefahren für Leben und Gesundheit sowie zur Vermeidung einer Beeinträchtigung der körperlichen oder seelisch-geistigen Entwicklung durch Rechtsverordnung mit Zustimmung des Bundesrates
1. die für Kinder, die der Vollzeitschulpflicht nicht mehr unterliegen, geeigneten und leichten Tätigkeiten nach § 7 Satz 1 Nr. 2 und die Arbeiten nach § 22 Abs. 1 und den §§ 23 und 24 näher bestimmen,
2. über die Beschäftigungsverbote in den §§ 22 bis 25 hinaus die Beschäftigung Jugendlicher in bestimmten Betriebsarten oder mit bestimmten Arbeiten verbieten oder beschrän-

ken, wenn sie bei diesen Arbeiten infolge ihres Entwicklungsstands in besonderem Maß Gefahren ausgesetzt sind oder wenn das Verbot oder die Beschränkung der Beschäftigung infolge der technischen Entwicklung oder neuer arbeitsmedizinischer oder sicherheitstechnischer Erkenntnisse notwendig ist.

§ 27 Behördliche Anordnungen und Ausnahmen

(1) ¹Die Aufsichtsbehörde kann in Einzelfällen feststellen, ob eine Arbeit unter die Beschäftigungsverbote oder -beschränkungen der §§ 22 bis 24 oder einer Rechtsverordnung nach § 26 fällt. ²Sie kann in Einzelfällen die Beschäftigung Jugendlicher mit bestimmten Arbeiten über die Beschäftigungsverbote und -beschränkungen der §§ 22 bis 24 und einer Rechtsverordnung nach § 26 hinaus verbieten oder beschränken, wenn diese Arbeiten mit Gefahren für Leben, Gesundheit oder für die körperliche oder seelisch-geistige Entwicklung der Jugendlichen verbunden sind.
(2) Die zuständige Behörde kann
1. den Personen, die die Pflichten, die ihnen kraft Gesetzes zugunsten der von ihnen beschäftigten, beaufsichtigten, angewiesenen oder auszubildenden Kinder und Jugendlichen obliegen, wiederholt oder gröblich verletzt haben,
2. den Personen, gegen die Tatsachen vorliegen, die sie in sittlicher Beziehung zur Beschäftigung, Beaufsichtigung, Anweisung oder Ausbildung von Kindern und Jugendlichen ungeeignet erscheinen lassen,
verbieten, Kinder und Jugendliche zu beschäftigen oder im Rahmen eines Rechtsverhältnisses im Sinne des § 1 zu beaufsichtigen, anzuweisen oder auszubilden.
(3) Die Aufsichtsbehörde kann auf Antrag Ausnahmen von § 23 Abs. 1 Nr. 2 und 3 für Jugendliche über 16 Jahre bewilligen,
1. wenn die Art der Arbeit oder das Arbeitstempo eine Beeinträchtigung der Gesundheit oder der körperlichen oder seelisch-geistigen Entwicklung des Jugendlichen nicht befürchten lassen und
2. wenn eine nicht länger als vor drei Monaten ausgestellte ärztliche Bescheinigung vorgelegt wird, nach der gesundheitliche Bedenken gegen die Beschäftigung nicht bestehen.

Dritter Titel Sonstige Pflichten des Arbeitgebers

§ 28 Menschengerechte Gestaltung der Arbeit

(1) ¹Der Arbeitgeber hat bei der Einrichtung und der Unterhaltung der Arbeitsstätte einschließlich der Maschinen, Werkzeuge und Geräte und bei der Regelung der Beschäftigung die Vorkehrungen und Maßnahmen zu treffen, die zum Schutz der Jugendlichen gegen Gefahren für Leben und Gesundheit sowie zur Vermeidung einer Beeinträchtigung der körperlichen oder seelisch-geistigen Entwicklung der Jugendlichen erforderlich sind. ²Hierbei sind das mangelnde Sicherheitsbewußtsein, die mangelnde Erfahrung und der Entwicklungsstand der Jugendlichen zu berücksichtigen und die allgemein anerkannten sicherheitstechnischen und arbeitsmedizinischen Regeln sowie die sonstigen gesicherten arbeitswissenschaftlichen Erkenntnisse zu beachten.
(2) Das Bundesministerium für Arbeit und Soziales kann durch Rechtsverordnung mit Zustimmung des Bundesrates bestimmen, welche Vorkehrungen und Maßnahmen der Arbeitgeber zur Erfüllung der sich aus Absatz 1 ergebenden Pflichten zu treffen hat.
(3) Die Aufsichtsbehörde kann in Einzelfällen anordnen, welche Vorkehrungen und Maßnahmen zur Durchführung des Absatzes 1 oder einer vom Bundesministerium für Arbeit und Soziales gemäß Absatz 2 erlassenen Verordnung zu treffen sind.

§ 28a Beurteilung der Arbeitsbedingungen

¹Vor Beginn der Beschäftigung Jugendlicher und bei wesentlicher Änderung der Arbeitsbedingungen hat der Arbeitgeber die mit der Beschäftigung verbundenen Gefährdungen Jugendlicher zu beurteilen. ²Im übrigen gelten die Vorschriften des Arbeitsschutzgesetzes.

§ 29 Unterweisung über Gefahren

(1) ¹Der Arbeitgeber hat die Jugendlichen vor Beginn der Beschäftigung und bei wesentlicher Änderung der Arbeitsbedingungen über die Unfall- und Gesundheitsgefahren, denen sie bei der Beschäftigung ausgesetzt sind, sowie über die Einrichtungen und Maßnahmen zur Abwendung dieser Gefahren zu unterweisen. ²Er hat die Jugendlichen vor der erstmaligen Beschäftigung an Maschinen oder gefährlichen Arbeitsstellen oder mit Arbeiten, bei denen sie mit gesundheitsgefährdenden Stoffen in Berührung kommen, über die besonderen Gefahren dieser Arbeiten sowie über das bei ihrer Verrichtung erforderliche Verhalten zu unterweisen.
(2) Die Unterweisungen sind in angemessenen Zeitabständen, mindestens aber halbjährlich, zu wiederholen.
(3) Der Arbeitgeber beteiligt die Betriebsärzte und die Fachkräfte für Arbeitssicherheit an der Planung, Durchführung und Überwachung der für die Sicherheit und den Gesundheitsschutz bei der Beschäftigung Jugendlicher geltenden Vorschriften.

§ 30 Häusliche Gemeinschaft

(1) Hat der Arbeitgeber einen Jugendlichen in die häusliche Gemeinschaft aufgenommen, so muß er
1. ihm eine Unterkunft zur Verfügung stellen und dafür sorgen, daß sie so beschaffen, ausgestattet und belegt ist und so benutzt wird, daß die Gesundheit des Jugendlichen nicht beeinträchtigt wird, und
2. ihm bei einer Erkrankung, jedoch nicht über die Beendigung der Beschäftigung hinaus, die erforderliche Pflege und ärztliche Behandlung zuteil werden lassen, soweit diese nicht von einem Sozialversicherungsträger geleistet wird.
(2) Die Aufsichtsbehörde kann im Einzelfall anordnen, welchen Anforderungen die Unterkunft (Absatz 1 Nr. 1) und die Pflege bei Erkrankungen (Absatz 1 Nr. 2) genügen müssen.

§ 31 Züchtigungsverbot; Verbot der Abgabe von Alkohol und Tabak

(1) Wer Jugendliche beschäftigt oder im Rahmen eines Rechtsverhältnisses im Sinne des § 1 beaufsichtigt, anweist oder ausbildet, darf sie nicht körperlich züchtigen.
(2) ¹Wer Jugendliche beschäftigt, muß sie vor körperlicher Züchtigung und Mißhandlung und vor sittlicher Gefährdung durch andere bei ihm Beschäftigte und durch Mitglieder seines Haushalts an der Arbeitsstätte und in seinem Haus schützen. ²Soweit deren Abgabe nach § 9 Absatz 1 oder § 10 Absatz 1 und 4 des Jugendschutzgesetzes verboten ist, darf der Arbeitgeber Jugendlichen keine alkoholischen Getränke, Tabakwaren oder anderen dort genannten Erzeugnisse geben.

Vierter Titel Gesundheitliche Betreuung

§ 32 Erstuntersuchung

(1) Ein Jugendlicher, der in das Berufsleben eintritt, darf nur beschäftigt werden, wenn
1. er innerhalb der letzten vierzehn Monate von einem Arzt untersucht worden ist (Erstuntersuchung) und
2. dem Arbeitgeber eine von diesem Arzt ausgestellte Bescheinigung vorliegt.

Jugendarbeitsschutzgesetz §§ 32–37

(2) Absatz 1 gilt nicht für eine nur geringfügige oder eine nicht länger als zwei Monate dauernde Beschäftigung mit leichten Arbeiten, von denen keine gesundheitlichen Nachteile für den Jugendlichen zu befürchten sind.

§ 33 Erste Nachuntersuchung
(1) ¹Ein Jahr nach Aufnahme der ersten Beschäftigung hat sich der Arbeitgeber die Bescheinigung eines Arztes darüber vorlegen zu lassen, daß der Jugendliche nachuntersucht worden ist (erste Nachuntersuchung). ²Die Nachuntersuchung darf nicht länger als drei Monate zurückliegen. ³Der Arbeitgeber soll den Jugendlichen neun Monate nach Aufnahme der ersten Beschäftigung nachdrücklich auf den Zeitpunkt, bis zu dem der Jugendliche ihm die ärztliche Bescheinigung nach Satz 1 vorzulegen hat, hinweisen und ihn auffordern, die Nachuntersuchung bis dahin durchführen zu lassen.
(2) ¹Legt der Jugendliche die Bescheinigung nicht nach Ablauf eines Jahres vor, hat ihn der Arbeitgeber innerhalb eines Monats unter Hinweis auf das Beschäftigungsverbot nach Absatz 3 schriftlich aufzufordern, ihm die Bescheinigung vorzulegen. ²Je eine Durchschrift des Aufforderungsschreibens hat der Arbeitgeber dem Personensorgeberechtigten und dem Betriebs- oder Personalrat zuzusenden.
(3) Der Jugendliche darf nach Ablauf von 14 Monaten nach Aufnahme der ersten Beschäftigung nicht weiterbeschäftigt werden, solange er die Bescheinigung nicht vorgelegt hat.

§ 34 Weitere Nachuntersuchungen
¹Nach Ablauf jedes weiteren Jahres nach der ersten Nachuntersuchung kann sich der Jugendliche erneut nachuntersuchen lassen (weitere Nachuntersuchungen). ²Der Arbeitgeber soll ihn auf diese Möglichkeit rechtzeitig hinweisen und darauf hinwirken, daß der Jugendliche ihm die Bescheinigung über die weitere Nachuntersuchung vorlegt.

§ 35 Außerordentliche Nachuntersuchung
(1) Der Arzt soll eine außerordentliche Nachuntersuchung anordnen, wenn eine Untersuchung ergibt, daß
1. ein Jugendlicher hinter dem seinem Alter entsprechenden Entwicklungsstand zurückgeblieben ist,
2. gesundheitliche Schwächen oder Schäden vorhanden sind,
3. die Auswirkungen der Beschäftigung auf die Gesundheit oder Entwicklung des Jugendlichen noch nicht zu übersehen sind.

(2) Die in § 33 Abs. 1 festgelegten Fristen werden durch die Anordnung einer außerordentlichen Nachuntersuchung nicht berührt.

§ 36 Ärztliche Untersuchungen und Wechsel des Arbeitgebers
Wechselt der Jugendliche den Arbeitgeber, so darf ihn der neue Arbeitgeber erst beschäftigen, wenn ihm die Bescheinigung über die Erstuntersuchung (§ 32 Abs. 1) und, falls seit der Aufnahme der Beschäftigung ein Jahr vergangen ist, die Bescheinigung über die erste Nachuntersuchung (§ 33) vorliegen.

§ 37 Inhalt und Durchführung der ärztlichen Untersuchungen
(1) Die ärztlichen Untersuchungen haben sich auf den Gesundheits- und Entwicklungsstand und die körperliche Beschaffenheit, die Nachuntersuchungen außerdem auf die Auswirkungen der Beschäftigung auf Gesundheit und Entwicklung des Jugendlichen zu erstrecken.

(2) Der Arzt hat unter Berücksichtigung der Krankheitsvorgeschichte des Jugendlichen auf Grund der Untersuchungen zu beurteilen,
1. ob die Gesundheit oder die Entwicklung des Jugendlichen durch die Ausführung bestimmter Arbeiten oder durch die Beschäftigung während bestimmter Zeiten gefährdet wird,
2. ob besondere der Gesundheit dienende Maßnahmen einschließlich Maßnahmen zur Verbesserung des Impfstatus erforderlich sind,
3. ob eine außerordentliche Nachuntersuchung (§ 35 Abs. 1) erforderlich ist.
(3) Der Arzt hat schriftlich festzuhalten:
1. den Untersuchungsbefund,
2. die Arbeiten, durch deren Ausführung er die Gesundheit oder die Entwicklung des Jugendlichen für gefährdet hält,
3. die besonderen der Gesundheit dienenden Maßnahmen einschließlich Maßnahmen zur Verbesserung des Impfstatus,
4. die Anordnung einer außerordentlichen Nachuntersuchung (§ 35 Abs. 1).

§ 38 Ergänzungsuntersuchung
Kann der Arzt den Gesundheits- und Entwicklungsstand des Jugendlichen nur beurteilen, wenn das Ergebnis einer Ergänzungsuntersuchung durch einen anderen Arzt oder einen Zahnarzt vorliegt, so hat er die Ergänzungsuntersuchung zu veranlassen und ihre Notwendigkeit schriftlich zu begründen.

§ 39 Mitteilung, Bescheinigung
(1) Der Arzt hat dem Personensorgeberechtigten schriftlich mitzuteilen:
1. das wesentliche Ergebnis der Untersuchung,
2. die Arbeiten, durch deren Ausführung er die Gesundheit oder die Entwicklung des Jugendlichen für gefährdet hält,
3. die besonderen der Gesundheit dienenden Maßnahmen einschließlich Maßnahmen zur Verbesserung des Impfstatus,
4. die Anordnung einer außerordentlichen Nachuntersuchung (§ 35 Abs. 1).
(2) Der Arzt hat eine für den Arbeitgeber bestimmte Bescheinigung darüber auszustellen, daß die Untersuchung stattgefunden hat und darin die Arbeiten zu vermerken, durch deren Ausführung er die Gesundheit oder die Entwicklung des Jugendlichen für gefährdet hält.

§ 40 Bescheinigung mit Gefährdungsvermerk
(1) Enthält die Bescheinigung des Arztes (§ 39 Abs. 2) einen Vermerk über Arbeiten, durch deren Ausführung er die Gesundheit oder die Entwicklung des Jugendlichen für gefährdet hält, so darf der Jugendliche mit solchen Arbeiten nicht beschäftigt werden.
(2) Die Aufsichtsbehörde kann die Beschäftigung des Jugendlichen mit den in der Bescheinigung des Arztes (§ 39 Abs. 2) vermerkten Arbeiten im Einvernehmen mit einem Arzt zulassen und die Zulassung mit Auflagen verbinden.

§ 41 Aufbewahren der ärztlichen Bescheinigungen
(1) Der Arbeitgeber hat die ärztlichen Bescheinigungen bis zur Beendigung der Beschäftigung, längstens jedoch bis zur Vollendung des 18. Lebensjahrs des Jugendlichen aufzubewahren und der Aufsichtsbehörde sowie der Berufsgenossenschaft auf Verlangen zur Einsicht vorzulegen oder einzusenden.
(2) Scheidet der Jugendliche aus dem Beschäftigungsverhältnis aus, so hat ihm der Arbeitgeber die Bescheinigungen auszuhändigen.

Jugendarbeitsschutzgesetz

§ 42 Eingreifen der Aufsichtsbehörde
Die Aufsichtsbehörde hat, wenn die dem Jugendlichen übertragenen Arbeiten Gefahren für seine Gesundheit befürchten lassen, dies dem Personensorgeberechtigten und dem Arbeitgeber mitzuteilen und den Jugendlichen aufzufordern, sich durch einen von ihr ermächtigten Arzt untersuchen zu lassen.

§ 43 Freistellung für Untersuchungen
¹Der Arbeitgeber hat den Jugendlichen für die Durchführung der ärztlichen Untersuchungen nach diesem Abschnitt freizustellen. ²Ein Entgeltausfall darf hierdurch nicht eintreten.

§ 44 Kosten der Untersuchungen
Die Kosten der Untersuchungen trägt das Land.

§ 45 Gegenseitige Unterrichtung der Ärzte
(1) Die Ärzte, die Untersuchungen nach diesem Abschnitt vorgenommen haben, müssen, wenn der Personensorgeberechtigte und der Jugendliche damit einverstanden sind,
1. dem staatlichen Gewerbearzt,
2. dem Arzt, der einen Jugendlichen nach diesem Abschnitt nachuntersucht,
auf Verlangen die Aufzeichnungen über die Untersuchungsbefunde zur Einsicht aushändigen.
(2) Unter den Voraussetzungen des Absatzes 1 kann der Amtsarzt des Gesundheitsamts einem Arzt, der einen Jugendlichen nach diesem Abschnitt untersucht, Einsicht in andere in seiner Dienststelle vorhandene Unterlagen über Gesundheit und Entwicklung des Jugendlichen gewähren.

§ 46 Ermächtigungen
(1) Das Bundesministerium für Arbeit und Soziales kann zum Zweck einer gleichmäßigen und wirksamen gesundheitlichen Betreuung durch Rechtsverordnung mit Zustimmung des Bundesrates Vorschriften über die Durchführung der ärztlichen Untersuchungen und über die für die Aufzeichnungen der Untersuchungsbefunde, die Bescheinigungen und Mitteilungen zu verwendenden Vordrucke erlassen.
(2) Die Landesregierung kann durch Rechtsverordnung
1. zur Vermeidung von mehreren Untersuchungen innerhalb eines kurzen Zeitraums aus verschiedenen Anlässen bestimmen, daß die Untersuchungen nach den §§ 32 bis 34 zusammen mit Untersuchungen nach anderen Vorschriften durchzuführen sind, und hierbei von der Frist des § 32 Abs. 1 Nr. 1 bis zu drei Monaten abweichen,
2. zur Vereinfachung der Abrechnung
   a) Pauschbeträge für die Kosten der ärztlichen Untersuchungen im Rahmen der geltenden Gebührenordnungen festsetzen,
   b) Vorschriften über die Erstattung der Kosten beim Zusammentreffen mehrerer Untersuchungen nach Nummer 1 erlassen.

Vierter Abschnitt: Durchführung des Gesetzes

Erster Titel Aushänge und Verzeichnisse

§ 47 Bekanntgabe des Gesetzes und der Aufsichtsbehörde
Arbeitgeber, die regelmäßig mindestens einen Jugendlichen beschäftigen, haben einen Abdruck dieses Gesetzes und die Anschrift der zuständigen Aufsichtsbehörde an geeigneter Stelle im Betrieb zur Einsicht auszulegen oder auszuhängen.

§ 48 Aushang über Arbeitszeit und Pausen
Arbeitgeber, die regelmäßig mindestens drei Jugendliche beschäftigen, haben einen Aushang über Beginn und Ende der regelmäßigen täglichen Arbeitszeit und der Pausen der Jugendlichen an geeigneter Stelle im Betrieb anzubringen.

§ 49 Verzeichnisse der Jugendlichen
Arbeitgeber haben Verzeichnisse der bei ihnen beschäftigten Jugendlichen unter Angabe des Vor- und Familiennamens, des Geburtsdatums und der Wohnanschrift zu führen, in denen das Datum des Beginns der Beschäftigung bei ihnen, bei einer Beschäftigung unter Tage auch das Datum des Beginns dieser Beschäftigung, enthalten ist.

§ 50 Auskunft; Vorlage der Verzeichnisse
(1) Der Arbeitgeber ist verpflichtet, der Aufsichtsbehörde auf Verlangen
1. die zur Erfüllung ihrer Aufgaben erforderlichen Angaben wahrheitsgemäß und vollständig zu machen,
2. die Verzeichnisse gemäß § 49, die Unterlagen, aus denen Name, Beschäftigungsart und -zeiten der Jugendlichen sowie Lohn- und Gehaltszahlungen ersichtlich sind, und alle sonstigen Unterlagen, die sich auf die nach Nummer 1 zu machenden Angaben beziehen, zur Einsicht vorzulegen oder einzusenden.

(2) Die Verzeichnisse und Unterlagen sind mindestens bis zum Ablauf von zwei Jahren nach der letzten Eintragung aufzubewahren.

Zweiter Titel Aufsicht

§ 51 Aufsichtsbehörde; Besichtigungsrechte und Berichtspflicht
(1) [1]Die Aufsicht über die Ausführung dieses Gesetzes und der auf Grund dieses Gesetzes erlassenen Rechtsverordnungen obliegt der nach Landesrecht zuständigen Behörde (Aufsichtsbehörde). [2]Die Landesregierung kann durch Rechtsverordnung die Aufsicht über die Ausführung dieser Vorschriften in Familienhaushalten auf gelegentliche Prüfungen beschränken.
(2) [1]Die Beauftragten der Aufsichtsbehörde sind berechtigt, die Arbeitsstätten während der üblichen Betriebs- und Arbeitszeit zu betreten und zu besichtigen; außerhalb dieser Zeit oder wenn sich die Arbeitsstätten in einer Wohnung befinden, dürfen sie nur zur Verhütung von dringenden Gefahren für die öffentliche Sicherheit und Ordnung betreten und besichtigt werden. [2]Der Arbeitgeber hat das Betreten und Besichtigen der Arbeitsstätten zu gestatten. [3]Das Grundrecht der Unverletzlichkeit der Wohnung (Artikel 13 des Grundgesetzes) wird insoweit eingeschränkt.
(3) Die Aufsichtsbehörden haben im Rahmen der Jahresberichte nach § 139b Abs. 3 der Gewerbeordnung über ihre Aufsichtstätigkeit gemäß Absatz 1 zu berichten.

§ 53 Mitteilung über Verstöße
[1]Die Aufsichtsbehörde teilt schwerwiegende Verstöße gegen die Vorschriften dieses Gesetzes oder gegen die auf Grund dieses Gesetzes erlassenen Rechtsverordnungen der nach dem Berufsbildungsgesetz oder der Handwerksordnung zuständigen Stelle mit. [2]Die zuständige Agentur für Arbeit erhält eine Durchschrift dieser Mitteilung.

§ 54 Ausnahmebewilligungen

(1) ¹Ausnahmen, die die Aufsichtsbehörde nach diesem Gesetz oder den auf Grund dieses Gesetzes erlassenen Rechtsverordnungen bewilligen kann, sind zu befristen. ²Die Ausnahmebewilligungen können
1. mit einer Bedingung erlassen werden,
2. mit einer Auflage oder mit einem Vorbehalt der nachträglichen Aufnahme, Änderung oder Ergänzung einer Auflage verbunden werden und
3. jederzeit widerrufen werden.

(2) Ausnahmen können nur für einzelne Beschäftigte, einzelne Betriebe oder einzelne Teile des Betriebs bewilligt werden.

(3) Ist eine Ausnahme für einen Betrieb oder einen Teil des Betriebs bewilligt worden, so hat der Arbeitgeber hierüber an geeigneter Stelle im Betrieb einen Aushang anzubringen.

Dritter Titel Ausschüsse für Jugendarbeitsschutz

§ 55 Bildung des Landesausschusses für Jugendarbeitsschutz

(1) Bei der von der Landesregierung bestimmten obersten Landesbehörde kann ein Landesausschuss für Jugendarbeitsschutz gebildet werden.

(2) Dem Landesausschuß gehören als Mitglieder an:
1. je sechs Vertreter der Arbeitgeber und der Arbeitnehmer,
2. ein Vertreter des Landesjugendrings,
3. ein von der Bundesagentur für Arbeit benannter Vertreter und je ein Vertreter des Landesjugendamts, der für das Gesundheitswesen zuständigen obersten Landesbehörde und der für die berufsbildenden Schulen zuständigen obersten Landesbehörde und
4. ein Arzt.

(3) Die Mitglieder des Landesausschusses werden von der von der Landesregierung bestimmten obersten Landesbehörde berufen, die Vertreter der Arbeitgeber und Arbeitnehmer auf Vorschlag der auf Landesebene bestehenden Arbeitgeberverbände und Gewerkschaften, der Arzt auf Vorschlag der Landesärztekammer, die übrigen Vertreter auf Vorschlag der in Absatz 2 Nr. 2 und 3 genannten Stellen.

(4) ¹Die Tätigkeit im Landesausschuß ist ehrenamtlich. ²Für bare Auslagen und für Entgeltausfall ist, soweit eine Entschädigung nicht von anderer Seite gewährt wird, eine angemessene Entschädigung zu zahlen, deren Höhe nach Landesrecht oder von der von der Landesregierung bestimmten obersten Landesbehörde festgesetzt wird.

(5) Die Mitglieder können nach Anhören der an ihrer Berufung beteiligten Stellen aus wichtigem Grund abberufen werden.

(6) ¹Die Mitglieder haben Stellvertreter. ²Die Absätze 2 bis 5 gelten für die Stellvertreter entsprechend.

(7) ¹Der Landesausschuß wählt aus seiner Mitte einen Vorsitzenden und dessen Stellvertreter. ²Der Vorsitzende und sein Stellvertreter sollen nicht derselben Mitgliedergruppe angehören.

(8) ¹Der Landesausschuß gibt sich eine Geschäftsordnung. ²Die Geschäftsordnung kann die Bildung von Unterausschüssen vorsehen und bestimmen, daß ihnen ausnahmsweise nicht nur Mitglieder des Landesausschusses angehören. ³Absatz 4 Satz 2 gilt für die Unterausschüsse hinsichtlich der Entschädigung entsprechend. ⁴An den Sitzungen des Landesausschusses und der Unterausschüsse können Vertreter der beteiligten obersten Landesbehörden teilnehmen.

§ 56 Bildung des Ausschusses für Jugendarbeitsschutz bei der Aufsichtsbehörde

(1) ¹Bei der Aufsichtsbehörde kann ein Ausschuss für Jugendarbeitsschutz gebildet werden. ²In Städten, in denen mehrere Aufsichtsbehörden ihren Sitz haben, kann ein gemeinsamer

Ausschuss für Jugendarbeitsschutz gebildet werden. ³In Ländern, in denen nicht mehr als zwei Aufsichtsbehörden eingerichtet sind, kann der Landesausschuss für Jugendarbeitsschutz die Aufgaben dieses Ausschusses übernehmen.
(2) Dem Ausschuß gehören als Mitglieder an:
1. je sechs Vertreter der Arbeitgeber und der Arbeitnehmer,
2. ein Vertreter des im Bezirk der Aufsichtsbehörde wirkenden Jugendrings,
3. je ein Vertreter eines Arbeits-, Jugend- und Gesundheitsamts,
4. ein Arzt und ein Lehrer an einer berufsbildenden Schule.
(3) ¹Die Mitglieder des Jugendarbeitsschutzausschusses werden von der Aufsichtsbehörde berufen, die Vertreter der Arbeitgeber und Arbeitnehmer auf Vorschlag der im Aufsichtsbezirk bestehenden Arbeitgeberverbände und Gewerkschaften, der Arzt auf Vorschlag der Ärztekammer, der Lehrer auf Vorschlag der nach Landesrecht zuständigen Behörde, die übrigen Vertreter auf Vorschlag der in Absatz 2 Nr. 2 und 3 genannten Stellen. ²§ 55 Abs. 4 bis 8 gilt mit der Maßgabe entsprechend, daß die Entschädigung von der Aufsichtsbehörde mit Genehmigung der von der Landesregierung bestimmten obersten Landesbehörde festgesetzt wird.

§ 57 Aufgaben der Ausschüsse
(1) ¹Der Landesausschuß berät die oberste Landesbehörde in allen allgemeinen Angelegenheiten des Jugendarbeitsschutzes und macht Vorschläge für die Durchführung dieses Gesetzes. ²Er klärt über Inhalt und Ziel des Jugendarbeitsschutzes auf.
(2) Die oberste Landesbehörde beteiligt den Landesausschuß in Angelegenheiten von besonderer Bedeutung, insbesondere vor Erlaß von Rechtsvorschriften zur Durchführung dieses Gesetzes.
(3) Der Landesausschuß hat über seine Tätigkeit im Zusammenhang mit dem Bericht der Aufsichtsbehörden nach § 51 Abs. 3 zu berichten.
(4) ¹Der Ausschuß für Jugendarbeitsschutz bei der Aufsichtsbehörde berät diese in allen allgemeinen Angelegenheiten des Jugendarbeitsschutzes und macht dem Landesausschuß Vorschläge für die Durchführung dieses Gesetzes. ²Er klärt über Inhalt und Ziel des Jugendarbeitsschutzes auf.

Fünfter Abschnitt: Straf- und Bußgeldvorschriften

§ 58 Bußgeld- und Strafvorschriften
(1) Ordnungswidrig handelt, wer als Arbeitgeber vorsätzlich oder fahrlässig
1. entgegen § 5 Abs. 1, auch in Verbindung mit § 2 Abs. 3, ein Kind oder einen Jugendlichen, der der Vollzeitschulpflicht unterliegt, beschäftigt,
2. entgegen § 5 Abs. 3 Satz 1 oder Satz 3, jeweils auch in Verbindung mit § 2 Abs. 3, ein Kind über 13 Jahre oder einen Jugendlichen, der der Vollzeitschulpflicht unterliegt, in anderer als der zugelassenen Weise beschäftigt,
4. entgegen § 7 Satz 1 Nr. 2, auch in Verbindung mit einer Rechtsverordnung nach § 26 Nr. 1, ein Kind, das der Vollzeitschulpflicht nicht mehr unterliegt, in anderer als der zugelassenen Weise beschäftigt,
5. entgegen § 8 einen Jugendlichen über die zulässige Dauer der Arbeitszeit hinaus beschäftigt,
6. entgegen § 9 Absatz 1 einen Jugendlichen beschäftigt oder nicht freistellt,
7. entgegen § 10 Abs. 1 einen Jugendlichen für die Teilnahme an Prüfungen oder Ausbildungsmaßnahmen oder an dem Arbeitstag, der der schriftlichen Abschlußprüfung unmittelbar vorangeht, nicht freistellt,

Jugendarbeitsschutzgesetz § 58

8. entgegen § 11 Abs. 1 oder 2 Ruhepausen nicht, nicht mit der vorgeschriebenen Mindestdauer oder nicht in der vorgeschriebenen zeitlichen Lage gewährt,
9. entgegen § 12 einen Jugendlichen über die zulässige Schichtzeit hinaus beschäftigt,
10. entgegen § 13 die Mindestfreizeit nicht gewährt,
11. entgegen § 14 Abs. 1 einen Jugendlichen außerhalb der Zeit von 6 bis 20 Uhr oder entgegen § 14 Abs. 7 Satz 3 vor Ablauf der Mindestfreizeit beschäftigt,
12. entgegen § 15 einen Jugendlichen an mehr als fünf Tagen in der Woche beschäftigt,
13. entgegen § 16 Abs. 1 einen Jugendlichen an Samstagen beschäftigt oder entgegen § 16 Abs. 3 Satz 1 den Jugendlichen nicht freistellt,
14. entgegen § 17 Abs. 1 einen Jugendlichen an Sonntagen beschäftigt oder entgegen § 17 Abs. 2 Satz 2 Halbsatz 2 oder Abs. 3 Satz 1 den Jugendlichen nicht freistellt,
15. entgegen § 18 Abs. 1 einen Jugendlichen am 24. oder 31. Dezember nach 14 Uhr oder an gesetzlichen Feiertagen beschäftigt oder entgegen § 18 Abs. 3 nicht freistellt,
16. entgegen § 19 Abs. 1, auch in Verbindung mit Abs. 2 Satz 1 oder 2, oder entgegen § 19 Abs. 3 Satz 2 oder Abs. 4 Satz 2 Urlaub nicht oder nicht mit der vorgeschriebenen Dauer gewährt,
17. entgegen § 21 Abs. 2 die geleistete Mehrarbeit durch Verkürzung der Arbeitszeit nicht ausgleicht,
18. entgegen § 22 Abs. 1, auch in Verbindung mit einer Rechtsverordnung nach § 26 Nr. 1, einen Jugendlichen mit den dort genannten Arbeiten beschäftigt,
19. entgegen § 23 Abs. 1, auch in Verbindung mit einer Rechtsverordnung nach § 26 Nr. 1, einen Jugendlichen mit Arbeiten mit Lohnanreiz, in einer Arbeitsgruppe mit Erwachsenen, deren Entgelt vom Ergebnis ihrer Arbeit abhängt, oder mit tempoabhängigen Arbeiten beschäftigt,
20. entgegen § 24 Abs. 1, auch in Verbindung mit einer Rechtsverordnung nach § 26 Nr. 1, einen Jugendlichen mit Arbeiten unter Tage beschäftigt,
21. entgegen § 31 Abs. 2 Satz 2 einem Jugendlichen ein dort genanntes Getränk, Tabakwaren oder ein dort genanntes Erzeugnis gibt,
22. entgegen § 32 Abs. 1 einen Jugendlichen ohne ärztliche Bescheinigung über die Erstuntersuchung beschäftigt,
23. entgegen § 33 Abs. 3 einen Jugendlichen ohne ärztliche Bescheinigung über die erste Nachuntersuchung weiterbeschäftigt,
24. entgegen § 36 einen Jugendlichen ohne Vorlage der erforderlichen ärztlichen Bescheinigungen beschäftigt,
25. entgegen § 40 Abs. 1 einen Jugendlichen mit Arbeiten beschäftigt, durch deren Ausführung der Arzt nach der von ihm erteilten Bescheinigung die Gesundheit oder die Entwicklung des Jugendlichen für gefährdet hält,
26. einer Rechtsverordnung nach
    a) § 26 Nr. 2 oder
    b) § 28 Abs. 2
    zuwiderhandelt, soweit sie für einen bestimmten Tatbestand auf diese Bußgeldvorschrift verweist.
27. einer vollziehbaren Anordnung der Aufsichtsbehörde nach § 6 Abs. 3, § 27 Abs. 1 Satz 2 oder Abs. 2, § 28 Abs. 3 oder § 30 Abs. 2 zuwiderhandelt,
28. einer vollziehbaren Auflage der Aufsichtsbehörde nach § 6 Abs. 1, § 14 Abs. 7, § 27 Abs. 3 oder § 40 Abs. 2, jeweils in Verbindung mit § 54 Abs. 1, zuwiderhandelt,
29. einer vollziehbaren Anordnung oder Auflage der Aufsichtsbehörde auf Grund einer Rechtsverordnung nach § 26 Nr. 2 oder § 28 Abs. 2 zuwiderhandelt, soweit die Rechtsverordnung für einen bestimmten Tatbestand auf die Bußgeldvorschrift verweist.

(2) Ordnungswidrig handelt, wer vorsätzlich oder fahrlässig entgegen § 25 Abs. 1 Satz 1 oder Abs. 2 Satz 1 einen Jugendlichen beschäftigt, beaufsichtigt, anweist oder ausbildet, obwohl ihm dies verboten ist, oder einen anderen, dem dies verboten ist, mit der Beaufsichtigung, Anweisung oder Ausbildung eines Jugendlichen beauftragt.
(3) [1]Absatz 1 Nr. 4, 6 bis 29 und Absatz 2 gelten auch für die Beschäftigung von Kindern (§ 2 Abs. 1) oder Jugendlichen, die der Vollzeitschulpflicht unterliegen (§ 2 Abs. 3), nach § 5 Abs. 2. [2]Absatz 1 Nr. 6 bis 29 und Absatz 2 gelten auch für die Beschäftigung von Kindern, die der Vollzeitschulpflicht nicht mehr unterliegen, nach § 7.
(4) Die Ordnungswidrigkeit kann mit einer Geldbuße bis zu dreißigtausend Euro geahndet werden.
(5) [1]Wer vorsätzlich eine in Absatz 1, 2 oder 3 bezeichnete Handlung begeht und dadurch ein Kind, einen Jugendlichen oder im Fall des Absatzes 1 Nr. 6 eine Person, die noch nicht 21 Jahre alt ist, in ihrer Gesundheit oder Arbeitskraft gefährdet, wird mit Freiheitsstrafe bis zu einem Jahr oder mit Geldstrafe bestraft. [2]Ebenso wird bestraft, wer eine in Absatz 1, 2 oder 3 bezeichnete Handlung beharrlich wiederholt.
(6) Wer in den Fällen des Absatzes 5 Satz 1 die Gefahr fahrlässig verursacht, wird mit Freiheitsstrafe bis zu sechs Monaten oder mit Geldstrafe bis zu einhundertachtzig Tagessätzen bestraft.

§ 59 Bußgeldvorschriften
(1) Ordnungswidrig handelt, wer als Arbeitgeber vorsätzlich oder fahrlässig
1. entgegen § 6 Abs. 4 Satz 2 ein Kind vor Erhalt des Bewilligungsbescheids beschäftigt,
2. entgegen § 11 Abs. 3 den Aufenthalt in Arbeitsräumen gestattet,
2a. entgegen § 20 Absatz 2 Satz 1 eine Aufzeichnung nicht oder nicht richtig führt,
2b. entgegen § 20 Absatz 2 Satz 3 eine Aufzeichnung nicht oder nicht mindestens zwölf Monate aufbewahrt,
3. entgegen § 29 einen Jugendlichen über Gefahren nicht, nicht richtig oder nicht rechtzeitig unterweist,
4. entgegen § 33 Abs. 2 Satz 1 einen Jugendlichen nicht oder nicht rechtzeitig zur Vorlage einer ärztlichen Bescheinigung auffordert,
5. entgegen § 41 die ärztliche Bescheinigung nicht aufbewahrt, vorlegt, einsendet oder aushändigt,
6. entgegen § 43 Satz 1 einen Jugendlichen für ärztliche Untersuchungen nicht freistellt,
7. entgegen § 47 einen Abdruck des Gesetzes oder die Anschrift der zuständigen Aufsichtsbehörde nicht auslegt oder aushängt,
8. entgegen § 48 Arbeitszeit und Pausen nicht oder nicht in der vorgeschriebenen Weise aushängt,
9. entgegen § 49 ein Verzeichnis nicht oder nicht in der vorgeschriebenen Weise führt,
10. entgegen § 50 Abs. 1 Angaben nicht, nicht richtig oder nicht vollständig macht oder Verzeichnisse oder Unterlagen nicht vorlegt oder einsendet oder entgegen § 50 Abs. 2 Verzeichnisse oder Unterlagen nicht oder nicht vorschriftsmäßig aufbewahrt,
11. entgegen § 51 Abs. 2 Satz 2 das Betreten oder Besichtigen der Arbeitsstätten nicht gestattet,
12. entgegen § 54 Abs. 3 einen Aushang nicht anbringt.
(2) Absatz 1 Nr. 2 bis 6 gilt auch für die Beschäftigung von Kindern (§ 2 Abs. 1 und 3) nach § 5 Abs. 2 Satz 1.
(3) Die Ordnungswidrigkeit kann mit einer Geldbuße bis zu fünftausend Euro geahndet werden.

§ 60 Verwaltungsvorschriften für die Verfolgung und Ahndung von Ordnungswidrigkeiten

Der Bundesminister für Arbeit und Sozialordnung kann mit Zustimmung des Bundesrates allgemeine Verwaltungsvorschriften für die Verfolgung und Ahndung von Ordnungswidrigkeiten nach §§ 58 und 59 durch die Verwaltungsbehörde (§ 35 des Gesetzes über Ordnungswidrigkeiten) und über die Erteilung einer Verwarnung (§§ 56, 58 Abs. 2 des Gesetzes über Ordnungswidrigkeiten) wegen einer Ordnungswidrigkeit nach §§ 58 und 59 erlassen.

Sechster Abschnitt: Schlußvorschriften

§ 61 Beschäftigung von Jugendlichen auf Kauffahrteischiffen

Für die Beschäftigung von Jugendlichen als Besatzungsmitglieder auf Kauffahrteischiffen im Sinne des § 3 des Seearbeitsgesetzes gilt anstelle dieses Gesetzes das Seearbeitsgesetz.

§ 62 Beschäftigung im Vollzug einer Freiheitsentziehung

(1) Die Vorschriften dieses Gesetzes gelten für die Beschäftigung Jugendlicher (§ 2 Abs. 2) im Vollzug einer gerichtlich angeordneten Freiheitsentziehung entsprechend, soweit es sich nicht nur um gelegentliche, geringfügige Hilfeleistungen handelt und soweit in den Absätzen 2 bis 4 nichts anderes bestimmt ist.
(2) Im Vollzug einer gerichtlich angeordneten Freiheitsentziehung finden § 19, §§ 47 bis 50 keine Anwendung.
(3) Die §§ 13, 14, 15, 16, 17 und 18 Abs. 1 und 2 gelten im Vollzug einer gerichtlich angeordneten Freiheitsentziehung nicht für die Beschäftigung jugendlicher Anstaltsinsassen mit der Zubereitung und Ausgabe der Anstaltsverpflegung.
(4) § 18 Abs. 1 und 2 gilt nicht für die Beschäftigung jugendlicher Anstaltsinsassen in landwirtschaftlichen Betrieben der Vollzugsanstalten mit Arbeiten, die auch an Sonn- und Feiertagen naturnotwendig vorgenommen werden müssen.

§ 72 Inkrafttreten

(1) Dieses Gesetz tritt am 1. Mai 1976 in Kraft.
(2) (gegenstandslos)
(3) [1]Die auf Grund des § 37 Abs. 2 und des § 53 des Jugendarbeitsschutzgesetzes vom 9. August 1960, des § 20 Abs. 1 des Jugendschutzgesetzes vom 30. April 1938 und des § 120e der Gewerbeordnung erlassenen Vorschriften bleiben unberührt. [2]Sie können, soweit sie den Geltungsbereich dieses Gesetzes betreffen, durch Rechtsverordnungen auf Grund des § 26 oder des § 46 geändert oder aufgehoben werden.
(4) Vorschriften in Rechtsverordnungen, die durch § 69 dieses Gesetzes geändert werden, können vom Bundesministerium für Arbeit und Soziales im Rahmen der bestehenden Ermächtigungen geändert oder aufgehoben werden.
(5) Verweisungen auf Vorschriften des Jugendarbeitsschutzgesetzes vom 9. August 1960 gelten als Verweisungen auf die entsprechenden Vorschriften dieses Gesetzes oder der auf Grund dieses Gesetzes erlassenen Rechtsverordnungen.

Kündigungsschutzgesetz (KSchG)

vom 10. August 1951 (BGBl. I 1951, S. 499)

– zuletzt geändert durch Gesetz zur Förderung der Betriebsratswahlen und der Betriebsratsarbeit in einer digitalen Arbeitswelt (Betriebsrätemodernisierungsgesetz) vom 14. Juni 2021 (BGBl I 2021, S. 1762)

Erster Abschnitt: Allgemeiner Kündigungsschutz
§ 1 Sozial ungerechtfertigte Kündigungen
(1) Die Kündigung des Arbeitsverhältnisses gegenüber einem Arbeitnehmer, dessen Arbeitsverhältnis in demselben Betrieb oder Unternehmen ohne Unterbrechung länger als sechs Monate bestanden hat, ist rechtsunwirksam, wenn sie sozial ungerechtfertigt ist.
(2) ¹Sozial ungerechtfertigt ist die Kündigung, wenn sie nicht durch Gründe, die in der Person oder in dem Verhalten des Arbeitnehmers liegen, oder durch dringende betriebliche Erfordernisse, die einer Weiterbeschäftigung des Arbeitnehmers in diesem Betrieb entgegenstehen, bedingt ist. ²Die Kündigung ist auch sozial ungerechtfertigt, wenn
1. in Betrieben des privaten Rechts
   a) die Kündigung gegen eine Richtlinie nach § 95 des Betriebsverfassungsgesetzes verstößt,
   b) der Arbeitnehmer an einem anderen Arbeitsplatz in demselben Betrieb oder in einem anderen Betrieb des Unternehmens weiterbeschäftigt werden kann

und der Betriebsrat oder eine andere nach dem Betriebsverfassungsgesetz insoweit zuständige Vertretung der Arbeitnehmer aus einem dieser Gründe der Kündigung innerhalb der Frist des § 102 Abs. 2 Satz 1 des Betriebsverfassungsgesetzes schriftlich widersprochen hat,
2. in Betrieben und Verwaltungen des öffentlichen Rechts
   a) die Kündigung gegen eine Richtlinie über die personelle Auswahl bei Kündigungen verstößt,
   b) der Arbeitnehmer an einem anderen Arbeitsplatz in derselben Dienststelle oder in einer anderen Dienststelle desselben Verwaltungszweigs an demselben Dienstort einschließlich seines Einzugsgebiets weiterbeschäftigt werden kann

und die zuständige Personalvertretung aus einem dieser Gründe fristgerecht gegen die Kündigung Einwendungen erhoben hat, es sei denn, daß die Stufenvertretung in der Verhandlung mit der übergeordneten Dienststelle die Einwendungen nicht aufrechterhalten hat.
³Satz 2 gilt entsprechend, wenn die Weiterbeschäftigung des Arbeitnehmers nach zumutbaren Umschulungs- oder Fortbildungsmaßnahmen oder eine Weiterbeschäftigung des Arbeitnehmers unter geänderten Arbeitsbedingungen möglich ist und der Arbeitnehmer sein Einverständnis hiermit erklärt hat. ⁴Der Arbeitgeber hat die Tatsachen zu beweisen, die die Kündigung bedingen.
(3) ¹Ist einem Arbeitnehmer aus dringenden betrieblichen Erfordernissen im Sinne des Absatzes 2 gekündigt worden, so ist die Kündigung trotzdem sozial ungerechtfertigt, wenn der Arbeitgeber bei der Auswahl des Arbeitnehmers die Dauer der Betriebszugehörigkeit, das Lebensalter, die Unterhaltspflichten und die Schwerbehinderung des Arbeitnehmers nicht oder nicht ausreichend berücksichtigt hat; auf Verlangen des Arbeitnehmers hat der Arbeitgeber dem Arbeitnehmer die Gründe anzugeben, die zu der getroffenen sozialen Auswahl geführt haben. ²In die soziale Auswahl nach Satz 1 sind Arbeitnehmer nicht einzubeziehen, deren

Weiterbeschäftigung, insbesondere wegen ihrer Kenntnisse, Fähigkeiten und Leistungen oder zur Sicherung einer ausgewogenen Personalstruktur des Betriebes, im berechtigten betrieblichen Interesse liegt. [3]Der Arbeitnehmer hat die Tatsachen zu beweisen, die die Kündigung als sozial ungerechtfertigt im Sinne des Satzes 1 erscheinen lassen.
(4) Ist in einem Tarifvertrag, in einer Betriebsvereinbarung nach § 95 des Betriebsverfassungsgesetzes oder in einer entsprechenden Richtlinie nach den Personalvertretungsgesetzen festgelegt, wie die sozialen Gesichtspunkte nach Absatz 3 Satz 1 im Verhältnis zueinander zu bewerten sind, so kann die Bewertung nur auf grobe Fehlerhaftigkeit überprüft werden.
(5) [1]Sind bei einer Kündigung auf Grund einer Betriebsänderung nach § 111 des Betriebsverfassungsgesetzes die Arbeitnehmer, denen gekündigt werden soll, in einem Interessenausgleich zwischen Arbeitgeber und Betriebsrat namentlich bezeichnet, so wird vermutet, dass die Kündigung durch dringende betriebliche Erfordernisse im Sinne des Absatzes 2 bedingt ist. [2]Die soziale Auswahl der Arbeitnehmer kann nur auf grobe Fehlerhaftigkeit überprüft werden. [3]Die Sätze 1 und 2 gelten nicht, soweit sich die Sachlage nach Zustandekommen des Interessenausgleichs wesentlich geändert hat. [4]Der Interessenausgleich nach Satz 1 ersetzt die Stellungnahme des Betriebsrates nach § 17 Abs. 3 Satz 2.

§ 1a Abfindungsanspruch bei betriebsbedingter Kündigung
(1) [1]Kündigt der Arbeitgeber wegen dringender betrieblicher Erfordernisse nach § 1 Abs. 2 Satz 1 und erhebt der Arbeitnehmer bis zum Ablauf der Frist des § 4 Satz 1 keine Klage auf Feststellung, dass das Arbeitsverhältnis durch die Kündigung nicht aufgelöst ist, hat der Arbeitnehmer mit dem Ablauf der Kündigungsfrist Anspruch auf eine Abfindung. [2]Der Anspruch setzt den Hinweis des Arbeitgebers in der Kündigungserklärung voraus, dass die Kündigung auf dringende betriebliche Erfordernisse gestützt ist und der Arbeitnehmer bei Verstreichenlassen der Klagefrist die Abfindung beanspruchen kann.
(2) [1]Die Höhe der Abfindung beträgt 0,5 Monatsverdienste für jedes Jahr des Bestehens des Arbeitsverhältnisses. [2]§ 10 Abs. 3 gilt entsprechend. [3]Bei der Ermittlung der Dauer des Arbeitsverhältnisses ist ein Zeitraum von mehr als sechs Monaten auf ein volles Jahr aufzurunden.

§ 2 Änderungskündigung
[1]Kündigt der Arbeitgeber das Arbeitsverhältnis und bietet er dem Arbeitnehmer im Zusammenhang mit der Kündigung die Fortsetzung des Arbeitsverhältnisses zu geänderten Arbeitsbedingungen an, so kann der Arbeitnehmer dieses Angebot unter dem Vorbehalt annehmen, daß die Änderung der Arbeitsbedingungen nicht sozial ungerechtfertigt ist (§ 1 Abs. 2 Satz 1 bis 3, Abs. 3 Satz 1 und 2). [2]Diesen Vorbehalt muß der Arbeitnehmer dem Arbeitgeber innerhalb der Kündigungsfrist, spätestens jedoch innerhalb von drei Wochen nach Zugang der Kündigung erklären.

§ 3 Kündigungseinspruch
[1]Hält der Arbeitnehmer eine Kündigung für sozial ungerechtfertigt, so kann er binnen einer Woche nach der Kündigung Einspruch beim Betriebsrat einlegen. [2]Erachtet der Betriebsrat den Einspruch für begründet, so hat er zu versuchen, eine Verständigung mit dem Arbeitgeber herbeizuführen. [3]Er hat seine Stellungnahme zu dem Einspruch dem Arbeitnehmer und dem Arbeitgeber auf Verlangen schriftlich mitzuteilen.

§ 4 Anrufung des Arbeitsgerichts
[1]Will ein Arbeitnehmer geltend machen, dass eine Kündigung sozial ungerechtfertigt oder aus anderen Gründen rechtsunwirksam ist, so muss er innerhalb von drei Wochen nach Zugang der schriftlichen Kündigung Klage beim Arbeitsgericht auf Feststellung erheben, dass

das Arbeitsverhältnis durch die Kündigung nicht aufgelöst ist. ²Im Falle des § 2 ist die Klage auf Feststellung zu erheben, daß die Änderung der Arbeitsbedingungen sozial ungerechtfertigt oder aus anderen Gründen rechtsunwirksam ist. ³Hat der Arbeitnehmer Einspruch beim Betriebsrat eingelegt (§ 3), so soll er der Klage die Stellungnahme des Betriebsrates beifügen. ⁴Soweit die Kündigung der Zustimmung einer Behörde bedarf, läuft die Frist zur Anrufung des Arbeitsgerichts erst von der Bekanntgabe der Entscheidung der Behörde an den Arbeitnehmer ab.

§ 5 Zulassung verspäteter Klagen

(1) ¹War ein Arbeitnehmer nach erfolgter Kündigung trotz Anwendung aller ihm nach Lage der Umstände zuzumutenden Sorgfalt verhindert, die Klage innerhalb von drei Wochen nach Zugang der schriftlichen Kündigung zu erheben, so ist auf seinen Antrag die Klage nachträglich zuzulassen. ²Gleiches gilt, wenn eine Frau von ihrer Schwangerschaft aus einem von ihr nicht zu vertretenden Grund erst nach Ablauf der Frist des § 4 Satz 1 Kenntnis erlangt hat.
(2) ¹Mit dem Antrag ist die Klageerhebung zu verbinden; ist die Klage bereits eingereicht, so ist auf sie im Antrag Bezug zu nehmen. ²Der Antrag muß ferner die Angabe der die nachträgliche Zulassung begründenden Tatsachen und der Mittel für deren Glaubhaftmachung enthalten.
(3) ¹Der Antrag ist nur innerhalb von zwei Wochen nach Behebung des Hindernisses zulässig. ²Nach Ablauf von sechs Monaten, vom Ende der versäumten Frist an gerechnet, kann der Antrag nicht mehr gestellt werden.
(4) ¹Das Verfahren über den Antrag auf nachträgliche Zulassung ist mit dem Verfahren über die Klage zu verbinden. ²Das Arbeitsgericht kann das Verfahren zunächst auf die Verhandlung und Entscheidung über den Antrag beschränken. ³In diesem Fall ergeht die Entscheidung durch Zwischenurteil, das wie ein Endurteil angefochten werden kann.
(5) ¹Hat das Arbeitsgericht über einen Antrag auf nachträgliche Klagezulassung nicht entschieden oder wird ein solcher Antrag erstmals vor dem Landesarbeitsgericht gestellt, entscheidet hierüber die Kammer des Landesarbeitsgerichts. ²Absatz 4 gilt entsprechend.

§ 6 Verlängerte Anrufungsfrist

¹Hat ein Arbeitnehmer innerhalb von drei Wochen nach Zugang der schriftlichen Kündigung im Klagewege geltend gemacht, dass eine rechtswirksame Kündigung nicht vorliege, so kann er sich in diesem Verfahren bis zum Schluss der mündlichen Verhandlung erster Instanz zur Begründung der Unwirksamkeit der Kündigung auch auf innerhalb der Klagefrist nicht geltend gemachte Gründe berufen. ²Das Arbeitsgericht soll ihn hierauf hinweisen.

§ 7 Wirksamwerden der Kündigung

Wird die Rechtsunwirksamkeit einer Kündigung nicht rechtzeitig geltend gemacht (§ 4 Satz 1, §§ 5 und 6), so gilt die Kündigung als von Anfang an rechtswirksam; ein vom Arbeitnehmer nach § 2 erklärter Vorbehalt erlischt.

§ 8 Wiederherstellung der früheren Arbeitsbedingungen

Stellt das Gericht im Falle des § 2 fest, daß die Änderung der Arbeitsbedingungen sozial ungerechtfertigt ist, so gilt die Änderungskündigung als von Anfang an rechtsunwirksam.

§ 9 Auflösung des Arbeitsverhältnisses durch Urteil des Gerichts; Abfindung des Arbeitnehmers

(1) ¹Stellt das Gericht fest, daß das Arbeitsverhältnis durch die Kündigung nicht aufgelöst ist, ist jedoch dem Arbeitnehmer die Fortsetzung des Arbeitsverhältnisses nicht zuzumuten, so

hat das Gericht auf Antrag des Arbeitnehmers das Arbeitsverhältnis aufzulösen und den Arbeitgeber zur Zahlung einer angemessenen Abfindung zu verurteilen. ²Die gleiche Entscheidung hat das Gericht auf Antrag des Arbeitgebers zu treffen, wenn Gründe vorliegen, die eine den Betriebszwecken dienliche weitere Zusammenarbeit zwischen Arbeitgeber und Arbeitnehmer nicht erwarten lassen. ³Arbeitnehmer und Arbeitgeber können den Antrag auf Auflösung des Arbeitsverhältnisses bis zum Schluß der letzten mündlichen Verhandlung in der Berufungsinstanz stellen.
(2) Das Gericht hat für die Auflösung des Arbeitsverhältnisses den Zeitpunkt festzusetzen, an dem es bei sozial gerechtfertigter Kündigung geendet hätte.

§ 10 Höhe der Abfindung
(1) Als Abfindung ist ein Betrag bis zu zwölf Monatsverdiensten festzusetzen.
(2) ¹Hat der Arbeitnehmer das fünfzigste Lebensjahr vollendet und hat das Arbeitsverhältnis mindestens fünfzehn Jahre bestanden, so ist ein Betrag bis zu fünfzehn Monatsverdiensten, hat der Arbeitnehmer das fünfundfünfzigste Lebensjahr vollendet und hat das Arbeitsverhältnis mindestens zwanzig Jahre bestanden, so ist ein Betrag bis zu achtzehn Monatsverdiensten festzusetzen. ²Dies gilt nicht, wenn der Arbeitnehmer in dem Zeitpunkt, den das Gericht nach § 9 Abs. 2 für die Auflösung des Arbeitsverhältnisses festsetzt, das in der Vorschrift des Sechsten Buches Sozialgesetzbuch über die Regelaltersrente bezeichnete Lebensalter erreicht hat.
(3) Als Monatsverdienst gilt, was dem Arbeitnehmer bei der für ihn maßgebenden regelmäßigen Arbeitszeit in dem Monat, in dem das Arbeitsverhältnis endet (§ 9 Abs. 2), an Geld und Sachbezügen zusteht.

§ 11 Anrechnung auf entgangenen Zwischenverdienst
Besteht nach der Entscheidung des Gerichts das Arbeitsverhältnis fort, so muß sich der Arbeitnehmer auf das Arbeitsentgelt, das ihm der Arbeitgeber für die Zeit nach der Entlassung schuldet, anrechnen lassen,
1. was er durch anderweitige Arbeit verdient hat,
2. was er hätte verdienen können, wenn er es nicht böswillig unterlassen hätte, eine ihm zumutbare Arbeit anzunehmen,
3. was ihm an öffentlich-rechtlichen Leistungen infolge Arbeitslosigkeit aus der Sozialversicherung, der Arbeitslosenversicherung, der Sicherung des Lebensunterhalts nach dem Zweiten Buch Sozialgesetzbuch oder der Sozialhilfe für die Zwischenzeit gezahlt worden ist. ²Diese Beträge hat der Arbeitgeber der Stelle zu erstatten, die sie geleistet hat.

§ 12 Neues Arbeitsverhältnis des Arbeitnehmers; Auflösung des alten Arbeitsverhältnisses
¹Besteht nach der Entscheidung des Gerichts das Arbeitsverhältnis fort, ist jedoch der Arbeitnehmer inzwischen ein neues Arbeitsverhältnis eingegangen, so kann er binnen einer Woche nach der Rechtskraft des Urteils durch Erklärung gegenüber dem alten Arbeitgeber die Fortsetzung des Arbeitsverhältnisses bei diesem verweigern. ²Die Frist wird auch durch eine vor ihrem Ablauf zur Post gegebene schriftliche Erklärung gewahrt. ³Mit dem Zugang der Erklärung erlischt das Arbeitsverhältnis. ⁴Macht der Arbeitnehmer von seinem Verweigerungsrecht Gebrauch, so ist ihm entgangener Verdienst nur für die Zeit zwischen der Entlassung und dem Tag des Eintritts in das neue Arbeitsverhältnis zu gewähren. ⁵§ 11 findet entsprechende Anwendung.

§ 13 Außerordentliche, sittenwidrige und sonstige Kündigungen

(1) ¹Die Vorschriften über das Recht zur außerordentlichen Kündigung eines Arbeitsverhältnisses werden durch das vorliegende Gesetz nicht berührt. ²Die Rechtsunwirksamkeit einer außerordentlichen Kündigung kann jedoch nur nach Maßgabe des § 4 Satz 1 und der §§ 5 bis 7 geltend gemacht werden. ³Stellt das Gericht fest, dass die außerordentliche Kündigung unbegründet ist, ist jedoch dem Arbeitnehmer die Fortsetzung des Arbeitsverhältnisses nicht zuzumuten, so hat auf seinen Antrag das Gericht das Arbeitsverhältnis aufzulösen und den Arbeitgeber zur Zahlung einer angemessenen Abfindung zu verurteilen. ⁴Das Gericht hat für die Auflösung des Arbeitsverhältnisses den Zeitpunkt festzulegen, zu dem die außerordentliche Kündigung ausgesprochen wurde. ⁵Die Vorschriften der §§ 10 bis 12 gelten entsprechend.
(2) Verstößt eine Kündigung gegen die guten Sitten, so finden die Vorschriften des § 9 Abs. 1 Satz 1 und Abs. 2 und der §§ 10 bis 12 entsprechende Anwendung.
(3) Im Übrigen finden die Vorschriften dieses Abschnitts mit Ausnahme der §§ 4 bis 7 auf eine Kündigung, die bereits aus anderen als den in § 1 Abs. 2 und 3 bezeichneten Gründen rechtsunwirksam ist, keine Anwendung.

§ 14 Angestellte in leitender Stellung
(1) Die Vorschriften dieses Abschnitts gelten nicht
1. in Betrieben einer juristischen Person für die Mitglieder des Organs, das zur gesetzlichen Vertretung der juristischen Person berufen ist,
2. in Betrieben einer Personengesamtheit für die durch Gesetz, Satzung oder Gesellschaftsvertrag zur Vertretung der Personengesamtheit berufenen Personen.
(2) ¹Auf Geschäftsführer, Betriebsleiter und ähnliche leitende Angestellte, soweit diese zur selbständigen Einstellung oder Entlassung von Arbeitnehmern berechtigt sind, finden die Vorschriften dieses Abschnitts mit Ausnahme des § 3 Anwendung. ²§ 9 Abs. 1 Satz 2 findet mit der Maßgabe Anwendung, daß der Antrag des Arbeitgebers auf Auflösung des Arbeitsverhältnisses keiner Begründung bedarf.

Zweiter Abschnitt: Kündigungsschutz im Rahmen der Betriebsverfassung und Personalvertretung

§ 15 Unzulässigkeit der Kündigung
(1) ¹Die Kündigung eines Mitglieds eines Betriebsrats, einer Jugend- und Auszubildendenvertretung, einer Bordvertretung oder eines Seebetriebsrats ist unzulässig, es sei denn, daß Tatsachen vorliegen, die den Arbeitgeber zur Kündigung aus wichtigem Grund ohne Einhaltung einer Kündigungsfrist berechtigen, und daß die nach § 103 des Betriebsverfassungsgesetzes erforderliche Zustimmung vorliegt oder durch gerichtliche Entscheidung ersetzt ist. ²Nach Beendigung der Amtszeit ist die Kündigung eines Mitglieds eines Betriebsrats, einer Jugend- und Auszubildendenvertretung oder eines Seebetriebsrats innerhalb eines Jahres, die Kündigung eines Mitglieds einer Bordvertretung innerhalb von sechs Monaten, jeweils vom Zeitpunkt der Beendigung der Amtszeit an gerechnet, unzulässig, es sei denn, daß Tatsachen vorliegen, die den Arbeitgeber zur Kündigung aus wichtigem Grund ohne Einhaltung einer Kündigungsfrist berechtigen; dies gilt nicht, wenn die Beendigung der Mitgliedschaft auf einer gerichtlichen Entscheidung beruht.
(2) ¹Die Kündigung eines Mitglieds einer Personalvertretung, einer Jugend- und Auszubildendenvertretung oder einer Jugendvertretung ist unzulässig, es sei denn, daß Tatsachen vorliegen, die den Arbeitgeber zur Kündigung aus wichtigem Grund ohne Einhaltung einer Kündigungsfrist berechtigen, und daß die nach dem Personalvertretungsrecht erforderliche Zustimmung vorliegt oder durch gerichtliche Entscheidung ersetzt ist. ²Nach Beendigung der

Amtszeit der in Satz 1 genannten Personen ist ihre Kündigung innerhalb eines Jahres, vom Zeitpunkt der Beendigung der Amtszeit an gerechnet, unzulässig, es sei denn, daß Tatsachen vorliegen, die den Arbeitgeber zur Kündigung aus wichtigem Grund ohne Einhaltung einer Kündigungsfrist berechtigen; dies gilt nicht, wenn die Beendigung der Mitgliedschaft auf einer gerichtlichen Entscheidung beruht.
(3) [1]Die Kündigung eines Mitglieds eines Wahlvorstands ist vom Zeitpunkt seiner Bestellung an, die Kündigung eines Wahlbewerbers vom Zeitpunkt der Aufstellung des Wahlvorschlags an, jeweils bis zur Bekanntgabe des Wahlergebnisses unzulässig, es sei denn, daß Tatsachen vorliegen, die den Arbeitgeber zur Kündigung aus wichtigem Grund ohne Einhaltung einer Kündigungsfrist berechtigen, und daß die nach § 103 des Betriebsverfassungsgesetzes oder nach dem Personalvertretungsrecht erforderliche Zustimmung vorliegt oder durch eine gerichtliche Entscheidung ersetzt ist. [2]Innerhalb von sechs Monaten nach Bekanntgabe des Wahlergebnisses ist die Kündigung unzulässig, es sei denn, daß Tatsachen vorliegen, die den Arbeitgeber zur Kündigung aus wichtigem Grund ohne Einhaltung einer Kündigungsfrist berechtigen; dies gilt nicht für Mitglieder des Wahlvorstands, wenn dieser durch gerichtliche Entscheidung durch einen anderen Wahlvorstand ersetzt worden ist.
(3a) [1]Die Kündigung eines Arbeitnehmers, der zu einer Betriebs-, Wahl- oder Bordversammlung nach § 17 Abs. 3, § 17a Nr. 3 Satz 2, § 115 Abs. 2 Nr. 8 Satz 1 des Betriebsverfassungsgesetzes einlädt oder die Bestellung eines Wahlvorstands nach § 16 Abs. 2 Satz 1, § 17 Abs. 4, § 17a Nr. 4, § 63 Abs. 3, § 115 Abs. 2 Nr. 8 Satz 2 oder § 116 Abs. 2 Nr. 7 Satz 5 des Betriebsverfassungsgesetzes beantragt, ist vom Zeitpunkt der Einladung oder Antragstellung an bis zur Bekanntgabe des Wahlergebnisses unzulässig, es sei denn, dass Tatsachen vorliegen, die den Arbeitgeber zur Kündigung aus wichtigem Grund ohne Einhaltung einer Kündigungsfrist berechtigen; der Kündigungsschutz gilt für die ersten sechs in der Einladung oder die ersten drei in der Antragstellung aufgeführten Arbeitnehmer. [2]Wird ein Betriebsrat, eine Jugend- und Auszubildendenvertretung, eine Bordvertretung oder ein Seebetriebsrat nicht gewählt, besteht der Kündigungsschutz nach Satz 1 vom Zeitpunkt der Einladung oder Antragstellung an drei Monate.
(3b) [1]Die Kündigung eines Arbeitnehmers, der Vorbereitungshandlungen zur Errichtung eines Betriebsrats oder einer Bordvertretung unternimmt und eine öffentlich beglaubigte Erklärung mit dem Inhalt abgegeben hat, dass er die Absicht hat, einen Betriebsrat oder eine Bordvertretung zu errichten, ist unzulässig, soweit sie aus Gründen erfolgt, die in der Person oder in dem Verhalten des Arbeitnehmers liegen, es sei denn, dass Tatsachen vorliegen, die den Arbeitgeber zur Kündigung aus wichtigem Grund ohne Einhaltung einer Kündigungsfrist berechtigen. [2]Der Kündigungsschutz gilt von der Abgabe der Erklärung nach Satz 1 bis zum Zeitpunkt der Einladung zu einer Betriebs-, Wahl- oder Bordversammlung nach § 17 Absatz 3, § 17a Nummer 3 Satz 2, § 115 Absatz 2 Nummer 8 Satz 1 des Betriebsverfassungsgesetzes, längstens jedoch für drei Monate.
(4) Wird der Betrieb stillgelegt, so ist die Kündigung der in den Absätzen 1 bis 3a genannten Personen frühestens zum Zeitpunkt der Stillegung zulässig, es sei denn, daß ihre Kündigung zu einem früheren Zeitpunkt durch zwingende betriebliche Erfordernisse bedingt ist.
(5) [1]Wird eine der in den Absätzen 1 bis 3a genannten Personen in einer Betriebsabteilung beschäftigt, die stillgelegt wird, so ist sie in eine andere Betriebsabteilung zu übernehmen. [2]Ist dies aus betrieblichen Gründen nicht möglich, so findet auf ihre Kündigung die Vorschrift des Absatzes 4 über die Kündigung bei Stillegung des Betriebs sinngemäß Anwendung.

§ 16 Neues Arbeitsverhältnis; Auflösung des alten Arbeitsverhältnisses

[1]Stellt das Gericht die Unwirksamkeit der Kündigung einer der in § 15 Absatz 1 bis 3b genannten Personen fest, so kann diese Person, falls sie inzwischen ein neues Arbeitsverhältnis

eingegangen ist, binnen einer Woche nach Rechtskraft des Urteils durch Erklärung gegenüber dem alten Arbeitgeber die Weiterbeschäftigung bei diesem verweigern. ²Im übrigen finden die Vorschriften des § 11 und des § 12 Satz 2 bis 4 entsprechende Anwendung.

Dritter Abschnitt: Anzeigepflichtige Entlassungen

§ 17 Anzeigepflicht

(1) ¹Der Arbeitgeber ist verpflichtet, der Agentur für Arbeit Anzeige zu erstatten, bevor er
1. in Betrieben mit in der Regel mehr als 20 und weniger als 60 Arbeitnehmern mehr als 5 Arbeitnehmer,
2. in Betrieben mit in der Regel mindestens 60 und weniger als 500 Arbeitnehmern 10 vom Hundert der im Betrieb regelmäßig beschäftigten Arbeitnehmer oder aber mehr als 25 Arbeitnehmer,
3. in Betrieben mit in der Regel mindestens 500 Arbeitnehmern mindestens 30 Arbeitnehmer innerhalb von 30 Kalendertagen entläßt. ²Den Entlassungen stehen andere Beendigungen des Arbeitsverhältnisses gleich, die vom Arbeitgeber veranlaßt werden.

(2) ¹Beabsichtigt der Arbeitgeber, nach Absatz 1 anzeigepflichtige Entlassungen vorzunehmen, hat er dem Betriebsrat rechtzeitig die zweckdienlichen Auskünfte zu erteilen und ihn schriftlich insbesondere zu unterrichten über
1. die Gründe für die geplanten Entlassungen,
2. die Zahl und die Berufsgruppen der zu entlassenden Arbeitnehmer,
3. die Zahl und die Berufsgruppen der in der Regel beschäftigten Arbeitnehmer,
4. den Zeitraum, in dem die Entlassungen vorgenommen werden sollen,
5. die vorgesehenen Kriterien für die Auswahl der zu entlassenden Arbeitnehmer,
6. die für die Berechnung etwaiger Abfindungen vorgesehenen Kriterien.
²Arbeitgeber und Betriebsrat haben insbesondere die Möglichkeiten zu beraten, Entlassungen zu vermeiden oder einzuschränken und ihre Folgen zu mildern.

(3) ¹Der Arbeitgeber hat gleichzeitig der Agentur für Arbeit eine Abschrift der Mitteilung an den Betriebsrat zuzuleiten; sie muß zumindest die in Absatz 2 Satz 1 Nr. 1 bis 5 vorgeschriebenen Angaben enthalten. ²Die Anzeige nach Absatz 1 ist schriftlich unter Beifügung der Stellungnahme des Betriebsrats zu den Entlassungen zu erstatten. ³Liegt eine Stellungnahme des Betriebsrats nicht vor, so ist die Anzeige wirksam, wenn der Arbeitgeber glaubhaft macht, daß er den Betriebsrat mindestens zwei Wochen vor Erstattung der Anzeige nach Absatz 2 Satz 1 unterrichtet hat, und er den Stand der Beratungen darlegt. ⁴Die Anzeige muß Angaben über den Namen des Arbeitgebers, den Sitz und die Art des Betriebes enthalten, ferner die Gründe für die geplanten Entlassungen, die Zahl und die Berufsgruppen der zu entlassenden und der in der Regel beschäftigten Arbeitnehmer, den Zeitraum, in dem die Entlassungen vorgenommen werden sollen und die vorgesehenen Kriterien für die Auswahl der zu entlassenden Arbeitnehmer. ⁵In der Anzeige sollen ferner im Einvernehmen mit dem Betriebsrat für die Arbeitsvermittlung Angaben über Geschlecht, Alter, Beruf und Staatsangehörigkeit der zu entlassenden Arbeitnehmer gemacht werden. ⁶Der Arbeitgeber hat dem Betriebsrat eine Abschrift der Anzeige zuzuleiten. ⁷Der Betriebsrat kann gegenüber der Agentur für Arbeit weitere Stellungnahmen abgeben. ⁸Er hat dem Arbeitgeber eine Abschrift der Stellungnahme zuzuleiten.

(3a) ¹Die Auskunfts-, Beratungs- und Anzeigepflichten nach den Absätzen 1 bis 3 gelten auch dann, wenn die Entscheidung über die Entlassungen von einem den Arbeitgeber beherrschenden Unternehmen getroffen wurde. ²Der Arbeitgeber kann sich nicht darauf berufen, daß das für die Entlassungen verantwortliche Unternehmen die notwendigen Auskünfte nicht übermittelt hat.

(4) ¹Das Recht zur fristlosen Entlassung bleibt unberührt. ²Fristlose Entlassungen werden bei Berechnung der Mindestzahl der Entlassungen nach Absatz 1 nicht mitgerechnet.
(5) Als Arbeitnehmer im Sinne dieser Vorschrift gelten nicht
1. in Betrieben einer juristischen Person die Mitglieder des Organs, das zur gesetzlichen Vertretung der juristischen Person berufen ist,
2. in Betrieben einer Personengesamtheit die durch Gesetz, Satzung oder Gesellschaftsvertrag zur Vertretung der Personengesamtheit berufenen Personen,
3. Geschäftsführer, Betriebsleiter und ähnliche leitende Personen, soweit diese zur selbständigen Einstellung oder Entlassung von Arbeitnehmern berechtigt sind.

§ 18 Entlassungssperre
(1) Entlassungen, die nach § 17 anzuzeigen sind, werden vor Ablauf eines Monats nach Eingang der Anzeige bei der Agentur für Arbeit nur mit deren Zustimmung wirksam; die Zustimmung kann auch rückwirkend bis zum Tage der Antragstellung erteilt werden.
(2) Die Agentur für Arbeit kann im Einzelfall bestimmen, daß die Entlassungen nicht vor Ablauf von längstens zwei Monaten nach Eingang der Anzeige bei der Agentur für Arbeit wirksam werden.
(3) (außer Kraft)
(4) Soweit die Entlassungen nicht innerhalb von 90 Tagen nach dem Zeitpunkt, zu dem sie nach den Absätzen 1 und 2 zulässig sind, durchgeführt werden, bedarf es unter den Voraussetzungen des § 17 Abs. 1 einer erneuten Anzeige.

§ 19 Zulässigkeit von Kurzarbeit
(1) Ist der Arbeitgeber nicht in der Lage, die Arbeitnehmer bis zu dem in § 18 Abs. 1 und 2 bezeichneten Zeitpunkt voll zu beschäftigen, so kann die Bundesagentur für Arbeit zulassen, daß der Arbeitgeber für die Zwischenzeit Kurzarbeit einführt.
(2) Der Arbeitgeber ist im Falle der Kurzarbeit berechtigt, Lohn oder Gehalt der mit verkürzter Arbeitszeit beschäftigten Arbeitnehmer entsprechend zu kürzen; die Kürzung des Arbeitsentgelts wird jedoch erst von dem Zeitpunkt an wirksam, an dem das Arbeitsverhältnis nach den allgemeinen gesetzlichen oder den vereinbarten Bestimmungen enden würde.
(3) Tarifvertragliche Bestimmungen über die Einführung, das Ausmaß und die Bezahlung von Kurzarbeit werden durch die Absätze 1 und 2 nicht berührt.

§ 20 Entscheidungen der Agentur für Arbeit
(1) ¹Die Entscheidungen der Agentur für Arbeit nach § 18 Abs. 1 und 2 trifft deren Geschäftsführung oder ein Ausschuß (Entscheidungsträger). ²Die Geschäftsführung darf nur dann entscheiden, wenn die Zahl der Entlassungen weniger als 50 beträgt.
(2) ¹Der Ausschuß setzt sich aus dem Geschäftsführer, der Geschäftsführerin oder dem oder der Vorsitzenden der Geschäftsführung der Agentur für Arbeit oder einem von ihm oder ihr beauftragten Angehörigen der Agentur für Arbeit als Vorsitzenden und je zwei Vertretern der Arbeitnehmer, der Arbeitgeber und der öffentlichen Körperschaften zusammen, die von dem Verwaltungsausschuss der Agentur für Arbeit benannt werden. ²Er trifft seine Entscheidungen mit Stimmenmehrheit.
(3) ¹Der Entscheidungsträger hat vor seiner Entscheidung den Arbeitgeber und den Betriebsrat anzuhören. ²Dem Entscheidungsträger sind, insbesondere vom Arbeitgeber und Betriebsrat, die von ihm für die Beurteilung des Falles erforderlich gehaltenen Auskünfte zu erteilen.
(4) Der Entscheidungsträger hat sowohl das Interesse des Arbeitgebers als auch das der zu entlassenden Arbeitnehmer, das öffentliche Interesse und die Lage des gesamten Arbeits-

marktes unter besonderer Beachtung des Wirtschaftszweiges, dem der Betrieb angehört, zu berücksichtigen.

§ 21 Entscheidungen der Zentrale der Bundesagentur für Arbeit
[1]Für Betriebe, die zum Geschäftsbereich des Bundesministers für Verkehr oder des Bundesministers für Post und Telekommunikation gehören, trifft, wenn mehr als 500 Arbeitnehmer entlassen werden sollen, ein gemäß § 20 Abs. 1 bei der Zentrale der Bundesagentur für Arbeit zu bildender Ausschuß die Entscheidungen nach § 18 Abs. 1 und 2. [2]Der zuständige Bundesminister kann zwei Vertreter mit beratender Stimme in den Ausschuß entsenden. [3]Die Anzeigen nach § 17 sind in diesem Falle an die Zentrale der Bundesagentur für Arbeit zu erstatten. [4]Im übrigen gilt § 20 Abs. 1 bis 3 entsprechend.

§ 22 Ausnahmebetriebe
(1) Auf Saisonbetriebe und Kampagne-Betriebe finden die Vorschriften dieses Abschnitts bei Entlassungen, die durch diese Eigenart der Betriebe bedingt sind, keine Anwendung.
(2) [1]Keine Saisonbetriebe oder Kampagne-Betriebe sind Betriebe des Baugewerbes, in denen die ganzjährige Beschäftigung nach dem Dritten Buch Sozialgesetzbuch gefördert wird. [2]Das Bundesministerium für Arbeit und Soziales wird ermächtigt, durch Rechtsverordnung Vorschriften zu erlassen, welche Betriebe als Saisonbetriebe oder Kampagne-Betriebe im Sinne des Absatzes 1 gelten.

§ 22a (weggefallen)

Vierter Abschnitt: Schlußbestimmungen

§ 23 Geltungsbereich
(1) [1]Die Vorschriften des Ersten und Zweiten Abschnitts gelten für Betriebe und Verwaltungen des privaten und des öffentlichen Rechts, vorbehaltlich der Vorschriften des § 24 für die Seeschiffahrts-, Binnenschiffahrts- und Luftverkehrsbetriebe. [2]Die Vorschriften des Ersten Abschnitts gelten mit Ausnahme der §§ 4 bis 7 und des § 13 Abs. 1 Satz 1 und 2 nicht für Betriebe und Verwaltungen, in denen in der Regel fünf oder weniger Arbeitnehmer ausschließlich der zu ihrer Berufsbildung Beschäftigten beschäftigt werden. [3]In Betrieben und Verwaltungen, in denen in der Regel zehn oder weniger Arbeitnehmer ausschließlich der zu ihrer Berufsbildung Beschäftigten beschäftigt werden, gelten die Vorschriften des Ersten Abschnitts mit Ausnahme der §§ 4 bis 7 und des § 13 Abs. 1 Satz 1 und 2 nicht für Arbeitnehmer, deren Arbeitsverhältnis nach dem 31. Dezember 2003 begonnen hat; diese Arbeitnehmer sind bei der Feststellung der Zahl der beschäftigten Arbeitnehmer nach Satz 2 bis zur Beschäftigung von in der Regel zehn Arbeitnehmern nicht zu berücksichtigen. [4]Bei der Feststellung der Zahl der beschäftigten Arbeitnehmer nach den Sätzen 2 und 3 sind teilzeitbeschäftigte Arbeitnehmer mit einer regelmäßigen wöchentlichen Arbeitszeit von nicht mehr als 20 Stunden mit 0,5 und nicht mehr als 30 Stunden mit 0,75 zu berücksichtigen.
(2) Die Vorschriften des Dritten Abschnitts gelten für Betriebe und Verwaltungen des privaten Rechts sowie für Betriebe, die von einer öffentlichen Verwaltung geführt werden, soweit sie wirtschaftliche Zwecke verfolgen.

§ 24 Anwendung des Gesetzes auf Betriebe der Schiffahrt und des Luftverkehrs
(1) Die Vorschriften des Ersten und Zweiten Abschnitts finden nach Maßgabe der Absätze 2 bis 4 auf Arbeitsverhältnisse der Besatzung von Seeschiffen, Binnenschiffen und Luftfahrzeugen Anwendung.

(2) Als Betrieb im Sinne dieses Gesetzes gilt jeweils die Gesamtheit der Seeschiffe oder der Binnenschiffe eines Schifffahrtsbetriebs oder der Luftfahrzeuge eines Luftverkehrsbetriebs.
(3) Dauert die erste Reise eines Besatzungsmitglieds eines Seeschiffes oder eines Binnenschiffes länger als sechs Monate, so verlängert sich die Sechsmonatsfrist des § 1 Absatz 1 bis drei Tage nach Beendigung dieser Reise.
(4) ¹Die Klage nach § 4 ist binnen drei Wochen zu erheben, nachdem die Kündigung dem Besatzungsmitglied an Land zugegangen ist. ²Geht dem Besatzungsmitglied eines Seeschiffes oder eines Binnenschiffes die Kündigung während der Fahrt des Schiffes zu, ist die Klage innerhalb von sechs Wochen nach dem Dienstende an Bord zu erheben. ³Geht dem Besatzungsmitglied eines Seeschiffes die Kündigung während einer Gefangenschaft aufgrund von seeräuberischen Handlungen oder bewaffneten Raubüberfällen auf Schiffe im Sinne von § 2 Nummer 11 oder 12 des Seearbeitsgesetzes zu oder gerät das Besatzungsmitglied während des Laufs der Frist nach Satz 1 oder 2 in eine solche Gefangenschaft, ist die Klage innerhalb von sechs Wochen nach der Freilassung des Besatzungsmitglieds zu erheben; nimmt das Besatzungsmitglied nach der Freilassung den Dienst an Bord wieder auf, beginnt die Frist mit dem Dienstende an Bord. ⁴An die Stelle der Dreiwochenfrist in § 5 Absatz 1 und § 6 treten die in den Sätzen 1 bis 3 genannten Fristen.
(5) ¹Die Vorschriften des Dritten Abschnitts finden nach Maßgabe der folgenden Sätze Anwendung auf die Besatzungen von Seeschiffen. ²Bei Schiffen nach § 114 Absatz 4 Satz 1 des Betriebsverfassungsgesetzes tritt, soweit sie nicht als Teil des Landbetriebs gelten, an die Stelle des Betriebsrats der Seebetriebsrat. ³Betrifft eine anzeigepflichtige Entlassung die Besatzung eines Seeschiffes, welches unter der Flagge eines anderen Mitgliedstaates der Europäischen Union fährt, so ist die Anzeige an die Behörde des Staates zu richten, unter dessen Flagge das Schiff fährt.

§ 25 Kündigung in Arbeitskämpfen
Die Vorschriften dieses Gesetzes finden keine Anwendung auf Kündigungen und Entlassungen, die lediglich als Maßnahmen in wirtschaftlichen Kämpfen zwischen Arbeitgebern und Arbeitnehmern vorgenommen werden.

§ 25a (gegenstandslos)

§ 26 Inkrafttreten
Dieses Gesetz tritt am Tag nach seiner Verkündung in Kraft.

Gesetz über den Ladenschluss (Ladenschlussgesetz – LadSchlG)

vom 1. Januar 1964 (BGBl. III 1964, S.)

– zuletzt geändert durch Zehnte Zuständigkeitsanpassungsverordnung vom 31. August 2015 (BGBl I 2015, S. 1474)

Erster Abschnitt: Begriffsbestimmungen

§ 1 Verkaufsstellen
(1) Verkaufsstellen im Sinne dieses Gesetzes sind
1. Ladengeschäfte aller Art, Apotheken, Tankstellen und Bahnhofsverkaufsstellen,
2. sonstige Verkaufsstände und -buden, Kioske, Basare und ähnliche Einrichtungen, falls in ihnen ebenfalls von einer festen Stelle aus ständig Waren zum Verkauf an jedermann feilgehalten werden. [2]Dem Feilhalten steht das Zeigen von Mustern, Proben und ähnlichem gleich, wenn Warenbestellungen in der Einrichtung entgegengenommen werden,
3. Verkaufsstellen von Genossenschaften.
(2) Zur Herbeiführung einer einheitlichen Handhabung des Gesetzes kann das Bundesministerium für Arbeit und Soziales im Einvernehmen mit dem Bundesministerium für Wirtschaft und Energie durch Rechtsverordnung mit Zustimmung des Bundesrates bestimmen, welche Einrichtungen Verkaufsstellen gemäß Absatz 1 sind.

§ 2 Begriffsbestimmungen
(1) Feiertage im Sinne dieses Gesetzes sind die gesetzlichen Feiertage.
(2) Reisebedarf im Sinne dieses Gesetzes sind Zeitungen, Zeitschriften, Straßenkarten, Stadtpläne, Reiselektüre, Schreibmaterialien, Tabakwaren, Schnittblumen, Reisetoilettenartikel, Filme, Tonträger, Bedarf für Reiseapotheken, Reiseandenken und Spielzeug geringeren Wertes, Lebens- und Genussmittel in kleineren Mengen sowie ausländische Geldsorten.

Zweiter Abschnitt: Ladenschlusszeiten

§ 3
[1]Verkaufsstellen müssen zu folgenden Zeiten für den geschäftlichen Verkehr mit Kunden geschlossen sein:
1. an Sonn- und Feiertagen,
2. montags bis samstags bis 6 Uhr und ab 20 Uhr,
3. am 24. Dezember, wenn dieser Tag auf einen Werktag fällt, bis 6 Uhr und ab 14 Uhr.
[2]Verkaufsstellen für Bäckerwaren dürfen abweichend von Satz 1 den Beginn der Ladenöffnungszeit an Werktagen auf 5.30 Uhr vorverlegen. [3]Die beim Ladenschluss anwesenden Kunden dürfen noch bedient werden.

§ 4 Apotheken
(1) [1]Abweichend von den Vorschriften des § 3 dürfen Apotheken an allen Tagen während des ganzen Tages geöffnet sein. [2]An Werktagen während der allgemeinen Ladenschlusszeiten (§ 3) und an Sonn- und Feiertagen ist nur die Abgabe von Arznei-, Krankenpflege-, Säuglingspflege- und Säuglingsnährmitteln, hygienischen Artikeln sowie Desinfektionsmitteln gestattet.

(2) [1]Die nach Landesrecht zuständige Verwaltungsbehörde hat für eine Gemeinde oder für benachbarte Gemeinden mit mehreren Apotheken anzuordnen, dass während der allgemeinen Ladenschlusszeiten (§ 3) abwechselnd ein Teil der Apotheken geschlossen sein muss. [2]An den geschlossenen Apotheken ist an sichtbarer Stelle ein Aushang anzubringen, der die zur Zeit offenen Apotheken bekannt gibt. [3]Dienstbereitschaft der Apotheken steht der Offenhaltung gleich.

§ 5 Zeitungen und Zeitschriften
Abweichend von den Vorschriften des § 3 dürfen Kioske für den Verkauf von Zeitungen und Zeitschriften an Sonn- und Feiertagen von 11 bis 13 Uhr geöffnet sein.

§ 6 Tankstellen
(1) Abweichend von den Vorschriften des § 3 dürfen Tankstellen an allen Tagen während des ganzen Tages geöffnet sein.
(2) An Werktagen während der allgemeinen Ladenschlusszeiten (§ 3) und an Sonn- und Feiertagen ist nur die Abgabe von Ersatzteilen für Kraftfahrzeuge, soweit dies für die Erhaltung oder Wiederherstellung der Fahrbereitschaft notwendig ist, sowie die Abgabe von Betriebsstoffen und von Reisebedarf gestattet.

§ 7 (weggefallen)

§ 8 Verkaufsstellen auf Personenbahnhöfen
(1) [1]Abweichend von den Vorschriften des § 3 dürfen Verkaufsstellen auf Personenbahnhöfen von Eisenbahnen und Magnetschwebebahnen, soweit sie den Bedürfnissen des Reiseverkehrs zu dienen bestimmt sind, an allen Tagen während des ganzen Tages geöffnet sein, am 24. Dezember jedoch nur bis 17 Uhr. [2]Während der allgemeinen Ladenschlusszeiten ist der Verkauf von Reisebedarf zulässig.
(2) Das Bundesministerium für Verkehr und digitale Infrastruktur wird ermächtigt, im Einvernehmen mit den Bundesministerien für Wirtschaft und Energie und für Arbeit und Soziales durch Rechtsverordnung mit Zustimmung des Bundesrates Ladenschlusszeiten für die Verkaufsstellen auf Personenbahnhöfen vorzuschreiben, die sicherstellen, dass die Dauer der Offenhaltung nicht über das von den Bedürfnissen des Reiseverkehrs geforderte Maß hinausgeht; es kann ferner die Abgabe von Waren in den genannten Verkaufsstellen während der allgemeinen Ladenschlusszeiten (§ 3) auf bestimmte Waren beschränken.
(2a) Die Landesregierungen werden ermächtigt, durch Rechtsverordnung zu bestimmen, dass in Städten mit über 200 000 Einwohnern zur Versorgung der Berufspendler und der anderen Reisenden mit Waren des täglichen Ge- und Verbrauchs sowie mit Geschenkartikeln
1. Verkaufsstellen auf Personenbahnhöfen des Schienenfernverkehrs und
2. Verkaufsstellen innerhalb einer baulichen Anlage, die einen Personenbahnhof des Schienenfernverkehrs mit einem Verkehrsknotenpunkt des Nah- und Stadtverkehrs verbindet,

an Werktagen von 6 bis 22 Uhr geöffnet sein dürfen; sie haben dabei die Größe der Verkaufsfläche auf das für diesen Zweck erforderliche Maß zu begrenzen.
(3) Für Apotheken bleibt es bei den Vorschriften des § 4.

§ 9 Verkaufsstellen auf Flughäfen und in Fährhäfen
(1) [1]Abweichend von den Vorschriften des § 3 dürfen Verkaufsstellen auf Flughäfen an allen Tagen während des ganzen Tages geöffnet sein, am 24. Dezember jedoch nur bis 17 Uhr. [2]An Werktagen während der allgemeinen Ladenschlusszeiten (§ 3) und an Sonn- und Feiertagen ist nur die Abgabe von Reisebedarf an Reisende gestattet.

(2) Das Bundesministerium für Verkehr und digitale Infrastruktur wird ermächtigt, im Einvernehmen mit den Bundesministerien für Wirtschaft und Energie und für Arbeit und Soziales durch Rechtsverordnung mit Zustimmung des Bundesrates Ladenschlusszeiten für die in Absatz 1 genannten Verkaufsstellen vorzuschreiben und die Abgabe von Waren näher zu regeln.
(3) Die Landesregierungen werden ermächtigt, durch Rechtsverordnung abweichend von Absatz 1 Satz 2 zu bestimmen, dass auf internationalen Verkehrsflughäfen und in internationalen Fährhäfen Waren des täglichen Ge- und Verbrauchs sowie Geschenkartikel an Werktagen während der allgemeinen Ladenschlusszeiten (§ 3) und an Sonn- und Feiertagen auch an andere Personen als an Reisende abgegeben werden dürfen; sie haben dabei die Größe der Verkaufsflächen auf das für diesen Zweck erforderliche Maß zu begrenzen.

§ 10 Kur- und Erholungsorte
(1) [1]Die Landesregierungen können durch Rechtsverordnung bestimmen, dass und unter welchen Voraussetzungen und Bedingungen in Kurorten und in einzeln aufzuführenden Ausflugs-, Erholungs- und Wallfahrtsorten mit besonders starkem Fremdenverkehr, Badegegenstände, Devotionalien, frische Früchte, alkoholfreie Getränke, Milch und Milcherzeugnisse im Sinne des § 4 Abs. 2 des Milch- und Fettgesetzes in der im Bundesgesetzblatt Teil III, Gliederungsnummer 7842-1, veröffentlichten bereinigten Fassung, Süßwaren, Tabakwaren, Blumen und Zeitungen sowie Waren, die für diese Orte kennzeichnend sind, abweichend von den Vorschriften des § 3 Abs. 1 Nr. 1 an jährlich höchstens 40 Sonn- und Feiertagen bis zur Dauer von acht Stunden verkauft werden dürfen. [2]Sie können durch Rechtsverordnung die Festsetzung der zugelassenen Öffnungszeiten auf andere Stellen übertragen. [3]Bei der Festsetzung der Öffnungszeiten ist auf die Zeit des Hauptgottesdienstes Rücksicht zu nehmen.
(2) In den nach Absatz 1 erlassenen Rechtsverordnungen kann die Offenhaltung auf bestimmte Ortsteile beschränkt werden.

§ 11 Verkauf in ländlichen Gebieten an Sonntagen
Die Landesregierungen oder die von ihnen bestimmten Stellen können durch Rechtsverordnung bestimmen, dass und unter welchen Voraussetzungen und Bedingungen in ländlichen Gebieten während der Zeit der Feldbestellung und der Ernte abweichend von den Vorschriften des § 3 alle oder bestimmte Arten von Verkaufsstellen an Sonn- und Feiertagen bis zur Dauer von zwei Stunden geöffnet sein dürfen, falls dies zur Befriedigung dringender Kaufbedürfnisse der Landbevölkerung erforderlich ist.

§ 12 Verkauf bestimmter Waren an Sonntagen
(1) Das Bundesministerium für Arbeit und Soziales bestimmt im Einvernehmen mit den Bundesministerien für Wirtschaft und Energie und für Ernährung und Landwirtschaft durch Rechtsverordnung mit Zustimmung des Bundesrates, dass und wie lange an Sonn- und Feiertagen abweichend von der Vorschrift des § 3 Abs. 1 Nr. 1 Verkaufsstellen für die Abgabe von Milch- und Milcherzeugnissen im Sinne des § 4 Abs. 2 des Milch- und Fettgesetzes in der im Bundesgesetzblatt Teil III, Gliederungsnummer 7842-1, veröffentlichten bereinigten Fassung, Bäcker- und Konditorwaren, frischen Früchten, Blumen und Zeitungen geöffnet sein dürfen.
(2) [1]In den nach Absatz 1 erlassenen Rechtsverordnungen kann die Offenhaltung auf bestimmte Sonn- und Feiertage oder Jahreszeiten sowie auf bestimmte Arten von Verkaufsstellen beschränkt werden. [2]Eine Offenhaltung am 2. Weihnachts-, Oster- und Pfingstfeiertag soll nicht zugelassen werden. [3]Die Lage der zugelassenen Öffnungszeiten wird unter Berücksich-

Ladenschlussgesetz §§ 12–17

tigung der Zeit des Hauptgottesdienstes von den Landesregierungen oder den von ihnen bestimmten Stellen durch Rechtsverordnung festgesetzt.

§ 13 *(weggefallen)*

§ 14 Weitere Verkaufssonntage

(1) [1]Abweichend von der Vorschrift des § 3 Abs. 1 Nr. 1 dürfen Verkaufsstellen aus Anlass von Märkten, Messen oder ähnlichen Veranstaltungen an jährlich höchstens vier Sonn- und Feiertagen geöffnet sein. [2]Diese Tage werden von den Landesregierungen oder den von ihnen bestimmten Stellen durch Rechtsverordnung freigegeben.
(2) [1]Bei der Freigabe kann die Offenhaltung auf bestimmte Bezirke und Handelszweige beschränkt werden. [2]Der Zeitraum, während dessen die Verkaufsstellen geöffnet sein dürfen, ist anzugeben. [3]Er darf fünf zusammenhängende Stunden nicht überschreiten, muss spätestens um 18 Uhr enden und soll außerhalb der Zeit des Hauptgottesdienstes liegen.
(3) [1]Sonn- und Feiertage im Dezember dürfen nicht freigegeben werden. [2]In Orten, für die eine Regelung nach § 10 Abs. 1 Satz 1 getroffen ist, dürfen Sonn- und Feiertage nach Absatz 1 nur freigegeben werden, soweit die Zahl dieser Tage zusammen mit den nach § 10 Abs. 1 Nr. 1 freigegebenen Sonn- und Feiertagen 40 nicht übersteigt.

§ 15 Sonntagsverkauf am 24. Dezember

Abweichend von der Vorschrift des § 3 Abs. 1 Nr. 1 dürfen, wenn der 24. Dezember auf einen Sonntag fällt,
1. Verkaufsstellen, die gemäß § 12 oder den hierauf gestützten Vorschriften an Sonn- und Feiertagen geöffnet sein dürfen,
2. Verkaufsstellen, die überwiegend Lebens- und Genussmittel feilhalten,
3. alle Verkaufsstellen für die Abgabe von Weihnachtsbäumen
während höchstens drei Stunden bis längstens 14 Uhr geöffnet sein.

§ 16 *(weggefallen)*

Dritter Abschnitt: Besonderer Schutz der Arbeitnehmer

§ 17 Arbeitszeit an Sonn- und Feiertagen

(1) In Verkaufsstellen dürfen Arbeitnehmer an Sonn- und Feiertagen nur während der ausnahmsweise zugelassenen Öffnungszeiten (§§ 4 bis 15 und die hierauf gestützten Vorschriften) und, falls dies zur Erledigung von Vorbereitungs- und Abschlussarbeiten unerlässlich ist, während insgesamt weiterer 30 Minuten beschäftigt werden.
(2) Die Dauer der Beschäftigungszeit des einzelnen Arbeitnehmers an Sonn- und Feiertagen darf acht Stunden nicht überschreiten.
(2a) [1]In Verkaufsstellen, die gemäß § 10 oder den hierauf gestützten Vorschriften an Sonn- und Feiertagen geöffnet sein dürfen, dürfen Arbeitnehmer an jährlich höchstens 22 Sonn- und Feiertagen beschäftigt werden. [2]Ihre Arbeitszeit an Sonn- und Feiertagen darf vier Stunden nicht überschreiten.
(3) [1]Arbeitnehmer, die an Sonn- und Feiertagen in Verkaufsstellen gemäß §§ 4 bis 6, 8 bis 12, 14 und 15 und den hierauf gestützten Vorschriften beschäftigt werden, sind, wenn die Beschäftigung länger als drei Stunden dauert, an einem Werktag derselben Woche ab 13 Uhr, wenn sie länger als sechs Stunden dauert, an einem ganzen Werktag derselben Woche von der Arbeit freizustellen; mindestens jeder dritte Sonntag muss beschäftigungsfrei bleiben. [2]Werden sie bis zu drei Stunden beschäftigt, so muss jeder zweite Sonntag oder in

jeder zweiten Woche ein Nachmittag ab 13 Uhr beschäftigungsfrei bleiben. ³Statt an einem Nachmittag darf die Freizeit am Sonnabend- oder Montagvormittag bis 14 Uhr gewährt werden. ⁴Während der Zeiten, zu denen die Verkaufsstelle geschlossen sein muss, darf die Freizeit nicht gegeben werden.
(4) Arbeitnehmerinnen und Arbeitnehmer in Verkaufsstellen können verlangen, in jedem Kalendermonat an einem Samstag von der Beschäftigung freigestellt zu werden.
(5) Mit dem Beschicken von Warenautomaten dürfen Arbeitnehmer außerhalb der Öffnungszeiten, die für die mit dem Warenautomaten in räumlichem Zusammenhang stehende Verkaufsstelle gelten, nicht beschäftigt werden.
(6) (weggefallen)
(7) Das Bundesministerium für Arbeit und Soziales wird ermächtigt, zum Schutze der Arbeitnehmer in Verkaufsstellen vor übermäßiger Inanspruchnahme ihrer Arbeitskraft oder sonstiger Gefährdung ihrer Gesundheit durch Rechtsverordnung mit Zustimmung des Bundesrates zu bestimmen,
1. dass während der ausnahmsweise zugelassenen Öffnungszeiten (§§ 4 bis 16 und die hierauf gestützten Vorschriften) bestimmte Arbeitnehmer nicht oder die Arbeitnehmer nicht mit bestimmten Arbeiten beschäftigt werden dürfen,
2. dass den Arbeitnehmern für Sonn- und Feiertagsarbeit über die Vorschriften des Absatzes 3 hinaus ein Ausgleich zu gewähren ist,
3. dass die Arbeitnehmer während der Ladenschlusszeiten an Werktagen (§ 3 Abs. 1 Nr. 2, §§ 5, 6, 8 bis 10 und die hierauf gestützten Vorschriften) nicht oder nicht mit bestimmten Arbeiten beschäftigt werden dürfen.
(8) ¹Das Gewerbeaufsichtsamt kann in begründeten Einzelfällen Ausnahmen von den Vorschriften der Absätze 1 bis 5 bewilligen. ²Die Bewilligung kann jederzeit widerrufen werden.
(9) Die Vorschriften der Absätze 1 bis 8 finden auf pharmazeutisch vorgebildete Arbeitnehmer in Apotheken keine Anwendung.

Vierter Abschnitt: Bestimmungen für einzelne Gewerbezweige und für den Marktverkehr

§§ 18 bis 18a (weggefallen)

§ 19 Marktverkehr
(1) Während der allgemeinen Ladenschlusszeiten (§ 3) dürfen auf behördlich genehmigten Groß- und Wochenmärkten Waren zum Verkauf an den letzten Verbraucher nicht feilgehalten werden; jedoch kann die nach Landesrecht zuständige Verwaltungsbehörde in den Grenzen einer gemäß §§ 10 bis 15 oder den hierauf gestützten Vorschriften zulässigen Offenhaltung der Verkaufsstellen einen geschäftlichen Verkehr auf Groß- und Wochenmärkten zulassen.
(2) Am 24. Dezember dürfen nach 14 Uhr Waren auch im sonstigen Marktverkehr nicht feilgehalten werden.
(3) Im Übrigen bleibt es bei den Vorschriften der §§ 64 bis 71a der Gewerbeordnung, insbesondere bei den auf Grund des § 69 Abs. 1 Satz 1 der Gewerbeordnung festgesetzten Öffnungszeiten für Messen, Ausstellungen und Märkte.

§ 20 Sonstiges gewerbliches Feilhalten
(1) ¹Während der allgemeinen Ladenschlusszeiten (§ 3) ist auch das gewerbliche Feilhalten von Waren zum Verkauf an jedermann außerhalb von Verkaufsstellen verboten; dies gilt nicht für Volksbelustigungen, die den Vorschriften des Titels III der Gewerbeordnung unterliegen

und von der nach Landesrecht zuständigen Behörde genehmigt worden sind, sowie für das Feilhalten von Tageszeitungen an Werktagen. ²Dem Feilhalten steht das Zeigen von Mustern, Proben und ähnlichem gleich, wenn dazu Räume benutzt werden, die für diesen Zweck besonders bereitgestellt sind, und dabei Warenbestellungen entgegengenommen werden.
(2) Soweit für Verkaufsstellen gemäß §§ 10 bis 15 oder den hierauf gestützten Vorschriften Abweichungen von den Ladenschlusszeiten des § 3 zugelassen sind, gelten diese Abweichungen unter denselben Voraussetzungen und Bedingungen auch für das Feilhalten gemäß Absatz 1.
(2a) Die nach Landesrecht zuständige Verwaltungsbehörde kann abweichend von den Vorschriften der Absätze 1 und 2 Ausnahmen für das Feilhalten von leichtverderblichen Waren und Waren zum sofortigen Verzehr, Gebrauch oder Verbrauch zulassen, sofern dies zur Befriedigung örtlich auftretender Bedürfnisse notwendig ist und diese Ausnahmen im Hinblick auf den Arbeitsschutz unbedenklich sind.
(3) Die Vorschriften des § 17 Abs. 1 bis 3 gelten entsprechend.
(4) Das Bundesministerium für Arbeit und Soziales kann durch Rechtsverordnung mit Zustimmung des Bundesrates zum Schutze der Arbeitnehmer vor übermäßiger Inanspruchnahme ihrer Arbeitskraft oder sonstiger Gefährdung ihrer Gesundheit Vorschriften, wie in § 17 Abs. 7 genannt, erlassen.

Fünfter Abschnitt: Durchführung des Gesetzes

§ 21 Auslage des Gesetzes, Verzeichnisse
(1) Der Inhaber einer Verkaufsstelle, in der regelmäßig mindestens ein Arbeitnehmer beschäftigt wird, ist verpflichtet,
1. einen Abdruck dieses Gesetzes und der auf Grund dieses Gesetzes erlassenen Rechtsverordnungen mit Ausnahme der Vorschriften, die Verkaufsstellen anderer Art betreffen, an geeigneter Stelle in der Verkaufsstelle auszulegen oder auszuhängen,
2. ein Verzeichnis über Namen, Tag, Beschäftigungsart und -dauer der an Sonn- und Feiertagen beschäftigten Arbeitnehmer und über die diesen gemäß § 17 Abs. 3 als Ersatz für die Beschäftigung an diesen Tagen gewährte Freizeit zu führen; dies gilt nicht für die pharmazeutisch vorgebildeten Arbeitnehmer in Apotheken. ²Die Landesregierungen können durch Rechtsverordnung eine einheitliche Form für das Verzeichnis vorschreiben.
(2) Die Verpflichtung nach Absatz 1 Nr. 2 obliegt auch den in § 20 genannten Gewerbetreibenden.

§ 22 Aufsicht und Auskunft
(1) Die Aufsicht über die Ausführung der Vorschriften dieses Gesetzes und der auf Grund dieses Gesetzes erlassenen Vorschriften üben, soweit es sich nicht um Wochenmärkte (§ 19) handelt, die nach Landesrecht für den Arbeitsschutz zuständigen Verwaltungsbehörden aus; ob und inwieweit andere Dienststellen an der Aufsicht beteiligt werden, bestimmen die obersten Landesbehörden.
(2) Auf die Befugnisse und Obliegenheiten der in Absatz 1 genannten Behörden finden die Vorschriften des § 139b der Gewerbeordnung entsprechende Anwendung.
(3) Die Inhaber von Verkaufsstellen und die in § 20 genannten Gewerbetreibenden sind verpflichtet, den Behörden, denen auf Grund des Absatzes 1 die Aufsicht obliegt, auf Verlangen
1. die zur Erfüllung der Aufgaben dieser Behörden erforderlichen Angaben wahrheitsgemäß und vollständig zu machen,

2. das Verzeichnis gemäß § 21 Abs. 1 Nr. 2, die Unterlagen, aus denen Namen, Beschäftigungsart und -zeiten der Arbeitnehmer sowie Lohn- und Gehaltszahlungen ersichtlich sind, und alle sonstigen Unterlagen, die sich auf die nach Nummer 1 zu machenden Angaben beziehen, vorzulegen oder zur Einsicht einzusenden. ²Die Verzeichnisse und Unterlagen sind mindestens bis zum Ablauf eines Jahres nach der letzten Eintragung aufzubewahren.
(4) Die Auskunftspflicht nach Absatz 3 Nr. 1 obliegt auch den in Verkaufsstellen oder beim Feilhalten gemäß § 20 beschäftigten Arbeitnehmern.

§ 23 Ausnahmen im öffentlichen Interesse
(1) ¹Die obersten Landesbehörden können in Einzelfällen befristete Ausnahmen von den Vorschriften der §§ 3 bis 15 und 19 bis 21 dieses Gesetzes bewilligen, wenn die Ausnahmen im öffentlichen Interesse dringend nötig werden. ²Die Bewilligung kann jederzeit widerrufen werden. ³Die Landesregierungen werden ermächtigt, durch Rechtsverordnung die zuständigen Behörden abweichend von Satz 1 zu bestimmen. ⁴Sie können diese Ermächtigung auf oberste Landesbehörden übertragen.
(2) Das Bundesministerium für Arbeit und Soziales kann im Einvernehmen mit dem Bundesministerium für Wirtschaft und Energie durch Rechtsverordnung mit Zustimmung des Bundesrates Vorschriften über die Voraussetzungen und Bedingungen für die Bewilligung von Ausnahmen im Sinne des Absatzes 1 erlassen.

Sechster Abschnitt: Straftaten und Ordnungswidrigkeiten

§ 24 Ordnungswidrigkeiten
(1) Ordnungswidrig handelt, wer vorsätzlich oder fahrlässig
1. als Inhaber einer Verkaufsstelle oder als Gewerbetreibender im Sinne des § 20
    a) einer Vorschrift des § 17 Abs. 1 bis 3 über die Beschäftigung an Sonn- und Feiertagen, die Freizeit oder den Ausgleich,
    b) einer Vorschrift einer Rechtsverordnung nach § 17 Abs. 7 oder § 20 Abs. 4, soweit sie für einen bestimmten Tatbestand auf diese Bußgeldvorschrift verweist,
    c) einer Vorschrift des § 21 Abs. 1 Nr. 2 über Verzeichnisse oder des § 22 Abs. 3 Nr. 2 über die Einsicht, Vorlage oder Aufbewahrung der Verzeichnisse,
2. als Inhaber einer Verkaufsstelle
    a) einer Vorschrift der §§ 3, 4 Abs. 1 Satz 2, des § 6 Abs. 2, des § 9 Abs. 1 Satz 2, des § 17 Abs. 5 oder einer nach § 4 Abs. 2 Satz 1, § 8 Abs. 2, § 9 Abs. 2 oder nach § 10 oder § 11 erlassenen Rechtsvorschrift über die Ladenschlusszeiten,
    b) einer sonstigen Vorschrift einer Rechtsverordnung nach § 10 oder § 11, soweit sie für einen bestimmten Tatbestand auf diese Bußgeldvorschrift verweist,
    c) der Vorschrift des § 21 Abs. 1 Nr. 1 über Auslagen und Aushänge,
3. als Gewerbetreibender im Sinne des § 19 oder des § 20 einer Vorschrift des § 19 Abs. 1, 2 oder des § 20 Abs. 1, 2 über das Feilhalten von Waren im Marktverkehr oder außerhalb einer Verkaufsstelle oder
4. einer Vorschrift des § 22 Abs. 3 Nr. 1 oder Abs. 4 über die Auskunft zuwiderhandelt.
(2) Die Ordnungswidrigkeit nach Absatz 1 Nr. 1 Buchstabe a und b kann mit einer Geldbuße bis zu zweitausendfünfhundert Euro, die Ordnungswidrigkeit nach Absatz 1 Nr. 1 Buchstabe c und Nr. 2 bis 4 mit einer Geldbuße bis zu fünfhundert Euro geahndet werden.

§ 25 Straftaten
Wer vorsätzlich als Inhaber einer Verkaufsstelle oder als Gewerbetreibender im Sinne des § 20 eine der in § 24 Abs. 1 Nr. 1 Buchstabe a und b bezeichneten Handlungen begeht und dadurch vorsätzlich oder fahrlässig Arbeitnehmer in ihrer Arbeitskraft oder Gesundheit gefährdet, wird mit Freiheitsstrafe bis zu sechs Monaten oder mit Geldstrafe bis zu 180 Tagessätzen bestraft.

§ 26 (weggefallen)

Siebenter Abschnitt: Schlussbestimmungen

§ 27 Vorbehalt für die Landesgesetzgebung
Unberührt bleiben die landesrechtlichen Vorschriften, durch die der Gewerbebetrieb und die Beschäftigung von Arbeitnehmern in Verkaufsstellen an anderen Festtagen als an Sonn- und Feiertagen beschränkt werden.

§ 28 Bestimmung der zuständigen Behörden
Soweit in diesem Gesetz auf die nach Landesrecht zuständige Verwaltungsbehörde verwiesen wird, bestimmt die Landesregierung durch Verordnung, welche Behörden zuständig sind.

§§ 29 bis 31 (weggefallen)

Verordnung über Sicherheit und Gesundheitsschutz bei der manuellen Handhabung von Lasten bei der Arbeit (Lastenhandhabungsverordnung – LasthandhabV)

vom 4. Dezember 1996 (BGBl. I 1996, S. 1841)
– zuletzt geändert durch Elfte Zuständigkeitsanpassungsverordnung vom 19. Juni 2020 (BGBl I 2020, S. 1328)

§ 1 Anwendungsbereich

(1) Diese Verordnung gilt für die manuelle Handhabung von Lasten, die aufgrund ihrer Merkmale oder ungünstiger ergonomischer Bedingungen für die Beschäftigten eine Gefährdung für Sicherheit und Gesundheit, insbesondere der Lendenwirbelsäule, mit sich bringt.
(2) Manuelle Handhabung im Sinne dieser Verordnung ist jedes Befördern oder Abstützen einer Last durch menschliche Kraft, unter anderem das Heben, Absetzen, Schieben, Ziehen, Tragen oder Bewegen einer Last.
(3) (weggefallen)
(3) ¹Das Bundeskanzleramt, das Bundesministerium des Innern, für Bau und Heimat, das Bundesministerium für Verkehr und digitale Infrastruktur, das Bundesministerium der Verteidigung oder das Bundesministerium der Finanzen können, soweit sie hierfür jeweils zuständig sind, im Einvernehmen mit dem Bundesministerium für Arbeit und Soziales und, soweit nicht das Bundesministerium des Innern, für Bau und Heimat selbst zuständig ist, im Einvernehmen mit dem Bundesministerium des Innern, für Bau und Heimat bestimmen, daß für bestimmte Tätigkeiten im öffentlichen Dienst des Bundes, insbesondere bei der Bundeswehr, der Polizei, den Zivil- und Katastrophenschutzdiensten, dem Zoll oder den Nachrichtendiensten, Vorschriften dieser Verordnung ganz oder zum Teil nicht anzuwenden sind, soweit öffentliche Belange dies zwingend erfordern, insbesondere zur Aufrechterhaltung oder Wiederherstellung der öffentlichen Sicherheit. ²In diesem Fall ist gleichzeitig festzulegen, wie die Sicherheit und der Gesundheitsschutz der Beschäftigten nach dieser Verordnung auf andere Weise gewährleistet werden.

§ 2 Maßnahmen

(1) Der Arbeitgeber hat unter Zugrundelegung des Anhangs geeignete organisatorische Maßnahmen zu treffen oder geeignete Arbeitsmittel, insbesondere mechanische Ausrüstungen, einzusetzen, um manuelle Handhabungen von Lasten, die für die Beschäftigten eine Gefährdung für Sicherheit und Gesundheit, insbesondere der Lendenwirbelsäule mit sich bringen, zu vermeiden.
(2) ¹Können diese manuellen Handhabungen von Lasten nicht vermieden werden, hat der Arbeitgeber bei der Beurteilung der Arbeitsbedingungen nach § 5 des Arbeitsschutzgesetzes die Arbeitsbedingungen insbesondere unter Zugrundelegung des Anhangs zu beurteilen. ²Aufgrund der Beurteilung hat der Arbeitgeber geeignete Maßnahmen zu treffen, damit eine Gefährdung von Sicherheit und Gesundheit der Beschäftigten möglichst gering gehalten wird.

§ 3 Übertragung von Aufgaben

Bei der Übertragung von Aufgaben der manuellen Handhabung von Lasten, die für die Beschäftigten zu einer Gefährdung für Sicherheit und Gesundheit führen, hat der Arbeitgeber die körperliche Eignung der Beschäftigten zur Ausführung der Aufgaben zu berücksichtigen.

Lastenhandhabungsverordnung § 4,

§ 4 Unterweisung
^{1}Bei der Unterweisung nach § 12 des Arbeitsschutzgesetzes hat der Arbeitgeber insbesondere den Anhang und die körperliche Eignung der Beschäftigten zu berücksichtigen. ^{2}Er hat den Beschäftigten, soweit dies möglich ist, genaue Angaben zu machen über die sachgemäße manuelle Handhabung von Lasten und über die Gefahren, denen die Beschäftigten insbesondere bei unsachgemäßer Ausführung der Tätigkeit ausgesetzt sind.

Anhang
Merkmale, aus denen sich eine Gefährdung von Sicherheit und Gesundheit, insbesondere der Lendenwirbelsäule, der Beschäftigten ergeben kann:
(1) Im Hinblick auf die zu handhabende Last insbesondere
1. ihr Gewicht, ihre Form und Größe,
2. die Lage der Zugriffsstellen,
3. die Schwerpunktlage und
4. die Möglichkeit einer unvorhergesehenen Bewegung.

(2) Im Hinblick auf die von den Beschäftigten zu erfüllende Arbeitsaufgabe insbesondere
1. die erforderliche Körperhaltung oder Körperbewegung, insbesondere Drehbewegung,
2. die Entfernung der Last vom Körper,
3. die durch das Heben, Senken oder Tragen der Last zu überbrückende Entfernung,
4. das Ausmaß, die Häufigkeit und die Dauer des erforderlichen Kraftaufwandes,
5. die erforderliche persönliche Schutzausrüstung,
6. das Arbeitstempo infolge eines nicht durch die Beschäftigten zu ändernden Arbeitsablaufs und
7. die zur Verfügung stehende Erholungs- oder Ruhezeit.

(3) Im Hinblick auf die Beschaffenheit des Arbeitsplatzes und der Arbeitsumgebung insbesondere
1. der in vertikaler Richtung zur Verfügung stehende Platz und Raum,
2. der Höhenunterschied über verschiedene Ebenen,
3. die Temperatur, Luftfeuchtigkeit und Luftgeschwindigkeit,
4. die Beleuchtung,
5. die Ebenheit, Rutschfestigkeit oder Stabilität der Standfläche und
6. die Bekleidung, insbesondere das Schuhwerk.

Gesetz zur Regelung eines allgemeinen Mindestlohns (Mindestlohngesetz – MiLoG)

vom 11. August 2014 (BGBl I 2014, S. 1348)

– zuletzt geändert durch Gesetz zur Regelung der Entsendung von Kraftfahrern und Kraftfahrerinnen im Straßenverkehrssektor und zur grenzüberschreitenden Durchsetzung des Entsenderechts vom 28. Juni 2023 (BGBl I 2023, S. 1 Nr. 172)

Abschnitt 1: Festsetzung des allgemeinen Mindestlohns

Unterabschnitt 1 Inhalt des Mindestlohns

§ 1 Mindestlohn

(1) Jede Arbeitnehmerin und jeder Arbeitnehmer hat Anspruch auf Zahlung eines Arbeitsentgelts mindestens in Höhe des Mindestlohns durch den Arbeitgeber.
(2) [1]Die Höhe des Mindestlohns beträgt ab dem 1. Oktober 2022 brutto 12 Euro je Zeitstunde. [2]Die Höhe des Mindestlohns kann auf Vorschlag einer ständigen Kommission der Tarifpartner (Mindestlohnkommission) durch Rechtsverordnung der Bundesregierung geändert werden.
(3) Die Regelungen des Arbeitnehmer-Entsendegesetzes, des Arbeitnehmerüberlassungsgesetzes und der auf ihrer Grundlage erlassenen Rechtsverordnungen gehen den Regelungen dieses Gesetzes vor, soweit die Höhe der auf ihrer Grundlage festgesetzten Branchenmindestlöhne die Höhe des Mindestlohns nicht unterschreitet.

§ 2 Fälligkeit des Mindestlohns

(1) [1]Der Arbeitgeber ist verpflichtet, der Arbeitnehmerin oder dem Arbeitnehmer den Mindestlohn
1. zum Zeitpunkt der vereinbarten Fälligkeit,
2. spätestens am letzten Bankarbeitstag (Frankfurt am Main) des Monats, der auf den Monat folgt, in dem die Arbeitsleistung erbracht wurde,
zu zahlen. [2]Für den Fall, dass keine Vereinbarung über die Fälligkeit getroffen worden ist, bleibt § 614 des Bürgerlichen Gesetzbuchs unberührt.
(2) [1]Abweichend von Absatz 1 Satz 1 sind bei Arbeitnehmerinnen und Arbeitnehmern die über die vertraglich vereinbarte Arbeitszeit hinausgehenden und auf einem schriftlich vereinbarten Arbeitszeitkonto eingestellten Arbeitsstunden spätestens innerhalb von zwölf Kalendermonaten nach ihrer monatlichen Erfassung durch bezahlte Freizeitgewährung oder Zahlung des Mindestlohns auszugleichen, soweit der Anspruch auf den Mindestlohn für die geleisteten Arbeitsstunden nach § 1 Absatz 1 nicht bereits durch Zahlung des verstetigten Arbeitsentgelts erfüllt ist. [2]Im Falle der Beendigung des Arbeitsverhältnisses hat der Arbeitgeber nicht ausgeglichene Arbeitsstunden spätestens in dem auf die Beendigung des Arbeitsverhältnisses folgenden Kalendermonat auszugleichen. [3]Die auf das Arbeitszeitkonto eingestellten Arbeitsstunden dürfen monatlich jeweils 50 Prozent der vertraglich vereinbarten Arbeitszeit nicht übersteigen.
(3) [1]Die Absätze 1 und 2 gelten nicht für Wertguthabenvereinbarungen im Sinne des Vierten Buches Sozialgesetzbuch. [2]Satz 1 gilt entsprechend für eine im Hinblick auf den Schutz der Arbeitnehmerinnen und Arbeitnehmer vergleichbare ausländische Regelung.

§ 3 Unabdingbarkeit des Mindestlohns

[1]Vereinbarungen, die den Anspruch auf Mindestlohn unterschreiten oder seine Geltendmachung beschränken oder ausschließen, sind insoweit unwirksam. [2]Die Arbeitnehmerin oder der Arbeitnehmer kann auf den entstandenen Anspruch nach § 1 Absatz 1 nur durch gerichtlichen Vergleich verzichten; im Übrigen ist ein Verzicht ausgeschlossen. [3]Die Verwirkung des Anspruchs ist ausgeschlossen.

Unterabschnitt 2 Mindestlohnkommission

§ 4 Aufgabe und Zusammensetzung

(1) Die Bundesregierung errichtet eine ständige Mindestlohnkommission, die über die Anpassung der Höhe des Mindestlohns befindet.
(2) [1]Die Mindestlohnkommission wird alle fünf Jahre neu berufen. [2]Sie besteht aus einer oder einem Vorsitzenden, sechs weiteren stimmberechtigten ständigen Mitgliedern und zwei Mitgliedern aus Kreisen der Wissenschaft ohne Stimmrecht (beratende Mitglieder).

§ 5 Stimmberechtigte Mitglieder

(1) [1]Die Bundesregierung beruft je drei stimmberechtigte Mitglieder auf Vorschlag der Spitzenorganisationen der Arbeitgeber und der Arbeitnehmer aus Kreisen der Vereinigungen von Arbeitgebern und Gewerkschaften. [2]Die Spitzenorganisationen der Arbeitgeber und Arbeitnehmer sollen jeweils mindestens eine Frau und einen Mann als stimmberechtigte Mitglieder vorschlagen. [3]Werden auf Arbeitgeber- oder auf Arbeitnehmerseite von den Spitzenorganisationen mehr als drei Personen vorgeschlagen, erfolgt die Auswahl zwischen den Vorschlägen im Verhältnis zur Bedeutung der jeweiligen Spitzenorganisationen für die Vertretung der Arbeitgeber- oder Arbeitnehmerinteressen im Arbeitsleben des Bundesgebietes. [4]Übt eine Seite ihr Vorschlagsrecht nicht aus, werden die Mitglieder dieser Seite durch die Bundesregierung aus Kreisen der Vereinigungen von Arbeitgebern oder Gewerkschaften berufen.
(2) Scheidet ein Mitglied aus, wird nach Maßgabe des Absatzes 1 Satz 1 und 4 ein neues Mitglied berufen.

§ 6 Vorsitz

(1) Die Bundesregierung beruft die Vorsitzende oder den Vorsitzenden auf gemeinsamen Vorschlag der Spitzenorganisationen der Arbeitgeber und der Arbeitnehmer.
(2) [1]Wird von den Spitzenorganisationen kein gemeinsamer Vorschlag unterbreitet, beruft die Bundesregierung jeweils eine Vorsitzende oder einen Vorsitzenden auf Vorschlag der Spitzenorganisationen der Arbeitgeber und der Arbeitnehmer. [2]Der Vorsitz wechselt zwischen den Vorsitzenden nach jeder Beschlussfassung nach § 9. [3]Über den erstmaligen Vorsitz entscheidet das Los. [4]§ 5 Absatz 1 Satz 3 und 4 gilt entsprechend.
(3) Scheidet die Vorsitzende oder der Vorsitzende aus, wird nach Maßgabe der Absätze 1 und 2 eine neue Vorsitzende oder ein neuer Vorsitzender berufen.

§ 7 Beratende Mitglieder

(1) [1]Die Bundesregierung beruft auf Vorschlag der Spitzenorganisationen der Arbeitgeber und Arbeitnehmer zusätzlich je ein beratendes Mitglied aus Kreisen der Wissenschaft. [2]Die Bundesregierung soll darauf hinwirken, dass die Spitzenorganisationen der Arbeitgeber und Arbeitnehmer eine Frau und einen Mann als beratendes Mitglied vorschlagen. [3]Das beratende Mitglied soll in keinem Beschäftigungsverhältnis stehen zu
1. einer Spitzenorganisation der Arbeitgeber oder Arbeitnehmer,
2. einer Vereinigung der Arbeitgeber oder einer Gewerkschaft oder

3. einer Einrichtung, die von den in der Nummer 1 oder Nummer 2 genannten Vereinigungen getragen wird.
⁴§ 5 Absatz 1 Satz 3 und 4 und Absatz 2 gilt entsprechend.
(2) ¹Die beratenden Mitglieder unterstützen die Mindestlohnkommission insbesondere bei der Prüfung nach § 9 Absatz 2 durch die Einbringung wissenschaftlichen Sachverstands. ²Sie haben das Recht, an den Beratungen der Mindestlohnkommission teilzunehmen.

§ 8 Rechtsstellung der Mitglieder
(1) Die Mitglieder der Mindestlohnkommission unterliegen bei der Wahrnehmung ihrer Tätigkeit keinen Weisungen.
(2) Die Tätigkeit der Mitglieder der Mindestlohnkommission ist ehrenamtlich.
(3) ¹Die Mitglieder der Mindestlohnkommission erhalten eine angemessene Entschädigung für den ihnen bei der Wahrnehmung ihrer Tätigkeit erwachsenden Verdienstausfall und Aufwand sowie Ersatz der Fahrtkosten entsprechend den für ehrenamtliche Richterinnen und Richter der Arbeitsgerichte geltenden Vorschriften. ²Die Entschädigung und die erstattungsfähigen Fahrtkosten setzt im Einzelfall die oder der Vorsitzende der Mindestlohnkommission fest.

§ 9 Beschluss der Mindestlohnkommission
(1) ¹Die Mindestlohnkommission hat über eine Anpassung der Höhe des Mindestlohns bis zum 30. Juni 2023 mit Wirkung zum 1. Januar 2024 zu beschließen. ²Danach hat die Mindestlohnkommission alle zwei Jahre über Anpassungen der Höhe des Mindestlohns zu beschließen.
(2) ¹Die Mindestlohnkommission prüft im Rahmen einer Gesamtabwägung, welche Höhe des Mindestlohns geeignet ist, zu einem angemessenen Mindestschutz der Arbeitnehmerinnen und Arbeitnehmer beizutragen, faire und funktionierende Wettbewerbsbedingungen zu ermöglichen sowie Beschäftigung nicht zu gefährden. ²Die Mindestlohnkommission orientiert sich bei der Festsetzung des Mindestlohns nachlaufend an der Tarifentwicklung.
(3) Die Mindestlohnkommission hat ihren Beschluss schriftlich zu begründen.
(4) Die Mindestlohnkommission evaluiert laufend die Auswirkungen des Mindestlohns auf den Schutz der Arbeitnehmerinnen und Arbeitnehmer, die Wettbewerbsbedingungen und die Beschäftigung in Bezug auf bestimmte Branchen und Regionen sowie die Produktivität und stellt ihre Erkenntnisse der Bundesregierung in einem Bericht alle zwei Jahre gemeinsam mit ihrem Beschluss zur Verfügung.

§ 10 Verfahren der Mindestlohnkommission
(1) Die Mindestlohnkommission ist beschlussfähig, wenn mindestens die Hälfte ihrer stimmberechtigten Mitglieder anwesend ist.
(2) ¹Die Beschlüsse der Mindestlohnkommission werden mit einfacher Mehrheit der Stimmen der anwesenden Mitglieder gefasst. ²Bei der Beschlussfassung hat sich die oder der Vorsitzende zunächst der Stimme zu enthalten. ³Kommt eine Stimmenmehrheit nicht zustande, macht die oder der Vorsitzende einen Vermittlungsvorschlag. ⁴Kommt nach Beratung über den Vermittlungsvorschlag keine Stimmenmehrheit zustande, übt die oder der Vorsitzende ihr oder sein Stimmrecht aus.
(3) ¹Die Mindestlohnkommission kann Spitzenorganisationen der Arbeitgeber und Arbeitnehmer, Vereinigungen von Arbeitgebern und Gewerkschaften, öffentlich-rechtliche Religionsgesellschaften, Wohlfahrtsverbände, Verbände, die wirtschaftliche und soziale Interessen organisieren, sowie sonstige von der Anpassung des Mindestlohns Betroffene vor Beschlussfassung anhören. ²Sie kann Informationen und fachliche Einschätzungen von externen Stellen einholen.

Mindestlohngesetz §§ 10–14

(4) ¹Die Sitzungen der Mindestlohnkommission sind nicht öffentlich; der Inhalt ihrer Beratungen ist vertraulich. ²Die Teilnahme an Sitzungen der Mindestlohnkommission sowie die Beschlussfassung können in begründeten Ausnahmefällen auf Vorschlag der oder des Vorsitzenden mittels einer Videokonferenz erfolgen, wenn
1. kein Mitglied diesem Verfahren unverzüglich widerspricht und
2. sichergestellt ist, dass Dritte vom Inhalt der Sitzung keine Kenntnis nehmen können.
³Die übrigen Verfahrensregelungen trifft die Mindestlohnkommission in einer Geschäftsordnung.

§ 11 Rechtsverordnung

(1) ¹Die Bundesregierung kann die von der Mindestlohnkommission vorgeschlagene Anpassung des Mindestlohns durch Rechtsverordnung ohne Zustimmung des Bundesrates für alle Arbeitgeber sowie Arbeitnehmerinnen und Arbeitnehmer verbindlich machen. ²Die Rechtsverordnung tritt am im Beschluss der Mindestlohnkommission bezeichneten Tag, frühestens aber am Tag nach Verkündung in Kraft. ³Die Rechtsverordnung gilt, bis sie durch eine neue Rechtsverordnung abgelöst wird.
(2) ¹Vor Erlass der Rechtsverordnung erhalten die Spitzenorganisationen der Arbeitgeber und Arbeitnehmer, die Vereinigungen von Arbeitgebern und Gewerkschaften, die öffentlich-rechtlichen Religionsgesellschaften, die Wohlfahrtsverbände sowie die Verbände, die wirtschaftliche und soziale Interessen organisieren, Gelegenheit zur schriftlichen Stellungnahme. ²Die Frist zur Stellungnahme beträgt drei Wochen; sie beginnt mit der Bekanntmachung des Verordnungsentwurfs.

§ 12 Geschäfts- und Informationsstelle für den Mindestlohn; Kostenträgerschaft

(1) ¹Die Mindestlohnkommission wird bei der Durchführung ihrer Aufgaben von einer Geschäftsstelle unterstützt. ²Die Geschäftsstelle untersteht insoweit fachlich der oder dem Vorsitzenden der Mindestlohnkommission.
(2) Die Geschäftsstelle wird bei der Bundesanstalt für Arbeitsschutz und Arbeitsmedizin als selbständige Organisationeinheit eingerichtet.
(3) Die Geschäftsstelle informiert und berät als Informationsstelle für den Mindestlohn Arbeitnehmerinnen und Arbeitnehmer sowie Unternehmen zum Thema Mindestlohn.
(4) Die durch die Tätigkeit der Mindestlohnkommission und der Geschäftsstelle anfallenden Kosten trägt der Bund.

Abschnitt 2: Zivilrechtliche Durchsetzung

§ 13 Haftung des Auftraggebers
§ 14 des Arbeitnehmer-Entsendegesetzes findet entsprechende Anwendung.

Abschnitt 3: Kontrolle und Durchsetzung durch staatliche Behörden

§ 14 Zuständigkeit
Für die Prüfung der Einhaltung der Pflichten eines Arbeitgebers nach § 20 sind die Behörden der Zollverwaltung zuständig.

§ 15 Befugnisse der Behörden der Zollverwaltung und anderer Behörden; Mitwirkungspflichten des Arbeitgebers

¹Die §§ 2 bis 6, 14, 15, 20, 22 und 23 des Schwarzarbeitsbekämpfungsgesetzes sind entsprechend anzuwenden mit der Maßgabe, dass
1. die dort genannten Behörden auch Einsicht in Arbeitsverträge, Niederschriften nach § 2 des Nachweisgesetzes und andere Geschäftsunterlagen nehmen können, die mittelbar oder unmittelbar Auskunft über die Einhaltung des Mindestlohns nach § 20 geben, und
2. die nach § 5 Absatz 1 des Schwarzarbeitsbekämpfungsgesetzes zur Mitwirkung Verpflichteten diese Unterlagen vorzulegen haben.

²§ 6 Absatz 3 sowie die §§ 16 bis 19 des Schwarzarbeitsbekämpfungsgesetzes finden entsprechende Anwendung.

§ 16 Meldepflicht

(1) ¹Ein Arbeitgeber mit Sitz im Ausland, der eine Arbeitnehmerin oder einen Arbeitnehmer oder mehrere Arbeitnehmerinnen oder Arbeitnehmer in den in § 2a des Schwarzarbeitsbekämpfungsgesetzes genannten Wirtschaftsbereichen oder Wirtschaftszweigen im Anwendungsbereich dieses Gesetzes beschäftigt, ist verpflichtet, vor Beginn jeder Werk- oder Dienstleistung eine schriftliche Anmeldung in deutscher Sprache bei der zuständigen Behörde der Zollverwaltung nach Absatz 6 vorzulegen, die die für die Prüfung wesentlichen Angaben enthält. ²Wesentlich sind die Angaben über
1. den Familiennamen, den Vornamen und das Geburtsdatum der von ihm im Geltungsbereich dieses Gesetzes beschäftigten Arbeitnehmerinnen und Arbeitnehmer,
2. den Beginn und die voraussichtliche Dauer der Beschäftigung,
3. den Ort der Beschäftigung,
4. den Ort im Inland, an dem die nach § 17 erforderlichen Unterlagen bereitgehalten werden,
5. den Familiennamen, den Vornamen, das Geburtsdatum und die Anschrift in Deutschland der oder des verantwortlich Handelnden,
6. die Branche, in die die Arbeitnehmerinnen und Arbeitnehmer entsandt werden sollen, und
7. den Familiennamen, den Vornamen und die Anschrift in Deutschland einer oder eines Zustellungsbevollmächtigten, soweit diese oder dieser nicht mit der oder dem in Nummer 5 genannten verantwortlich Handelnden identisch ist.

³Änderungen bezüglich dieser Angaben hat der Arbeitgeber im Sinne des Satzes 1 unverzüglich zu melden.

(2) ¹Abweichend von Absatz 1 ist ein Arbeitgeber mit Sitz in einem anderen Mitgliedstaat der Europäischen Union oder des Europäischen Wirtschaftsraums verpflichtet, der zuständigen Behörde der Zollverwaltung vor Beginn der Beschäftigung einer Kraftfahrerin oder eines Kraftfahrers für die Durchführung von Güter- oder Personenbeförderungen im Inland nach § 36 Absatz 1 des Arbeitnehmer-Entsendegesetzes eine Anmeldung mit folgenden Angaben elektronisch zuzuleiten:
1. die Identität des Unternehmens, sofern diese verfügbar ist in Form der Nummer der Gemeinschaftslizenz,
2. den Familiennamen und den Vornamen sowie die Anschrift im Niederlassungsstaat eines oder einer Zustellungsbevollmächtigten,
3. den Familiennamen, den Vornamen, das Geburtsdatum, die Anschrift und die Führerscheinnummer der Kraftfahrerin oder des Kraftfahrers,
4. den Beginn des Arbeitsvertrags der Kraftfahrerin oder des Kraftfahrers und das auf diesen Vertrag anwendbare Recht,

5. den voraussichtlichen Beginn und das voraussichtliche Ende der Beschäftigung der Kraftfahrerin oder des Kraftfahrers im Inland,
6. die amtlichen Kennzeichen der für die Beschäftigung im Inland einzusetzenden Kraftfahrzeuge,
7. ob es sich bei den von der Kraftfahrerin oder dem Kraftfahrer zu erbringenden Verkehrsdienstleistungen um Güterbeförderung oder Personenbeförderung und grenzüberschreitende Beförderung oder Kabotage handelt;

die Anmeldung ist mittels der elektronischen Schnittstelle des Binnenmarkt-Informationssystems nach Artikel 1 in Verbindung mit Artikel 5 Buchstabe a der Verordnung (EU) Nr. 1024/2012 des Europäischen Parlaments und des Rates vom 25. Oktober 2012 über die Verwaltungszusammenarbeit mit Hilfe des Binnenmarkt-Informationssystems und zur Aufhebung der Entscheidung 2008/49/EG der Kommission („IMI- Verordnung") (ABl. L 316 vom 14.11.2012, S. 1), die zuletzt durch die Verordnung (EU) 2020/1055 (ABl. L 249 vom 31.7.2020, S. 17) geändert worden ist, zuzuleiten. ²Absatz 1 Satz 3 gilt entsprechend.

(3) ¹Überlässt ein Verleiher mit Sitz im Ausland eine Arbeitnehmerin oder einen Arbeitnehmer oder mehrere Arbeitnehmerinnen oder Arbeitnehmer zur Arbeitsleistung einem Entleiher, hat der Verleiher in den in § 2a des Schwarzarbeitsbekämpfungsgesetzes genannten Wirtschaftsbereichen oder Wirtschaftszweigen unter den Voraussetzungen des Absatzes 1 Satz 1 vor Beginn jeder Werk- oder Dienstleistung der zuständigen Behörde der Zollverwaltung eine schriftliche Anmeldung in deutscher Sprache mit folgenden Angaben zuzuleiten:
1. den Familiennamen, den Vornamen und das Geburtsdatum der überlassenen Arbeitnehmerinnen und Arbeitnehmer,
2. den Beginn und die Dauer der Überlassung,
3. den Ort der Beschäftigung,
4. den Ort im Inland, an dem die nach § 17 erforderlichen Unterlagen bereitgehalten werden,
5. den Familiennamen, den Vornamen und die Anschrift in Deutschland einer oder eines Zustellungsbevollmächtigten des Verleihers,
6. die Branche, in die die Arbeitnehmerinnen und Arbeitnehmer entsandt werden sollen,
7. den Familiennamen, den Vornamen oder die Firma sowie die Anschrift des Entleihers.

²Absatz 1 Satz 3 gilt entsprechend.

(4) Das Bundesministerium der Finanzen kann durch Rechtsverordnung im Einvernehmen mit dem Bundesministerium für Arbeit und Soziales ohne Zustimmung des Bundesrates bestimmen,
1. dass, auf welche Weise und unter welchen technischen und organisatorischen Voraussetzungen eine Anmeldung, eine Änderungsmeldung und die Versicherung abweichend von Absatz 1 Satz 1 und 3, Absatz 2 und 3 Satz 1 und 2 und Absatz 4 elektronisch übermittelt werden kann,
2. unter welchen Voraussetzungen eine Änderungsmeldung ausnahmsweise entfallen kann, und
3. wie das Meldeverfahren vereinfacht oder abgewandelt werden kann, sofern die entsandten Arbeitnehmerinnen und Arbeitnehmer im Rahmen einer regelmäßig wiederkehrenden Werk- oder Dienstleistung eingesetzt werden oder sonstige Besonderheiten der zu erbringenden Werk- oder Dienstleistungen dies erfordern.

(5) Das Bundesministerium der Finanzen kann durch Rechtsverordnung ohne Zustimmung des Bundesrates die zuständige Behörde nach Absatz 1 Satz 1 und Absatz 3 Satz 1 bestimmen.

§ 17 Erstellen und Bereithalten von Dokumenten

(1) ¹Ein Arbeitgeber, der Arbeitnehmerinnen und Arbeitnehmer nach § 8 Absatz 1 des Vierten Buches Sozialgesetzbuch oder in den in § 2a des Schwarzarbeitsbekämpfungsgesetzes

§ 17 Mindestlohngesetz

genannten Wirtschaftsbereichen oder Wirtschaftszweigen beschäftigt, ist verpflichtet, Beginn, Ende und Dauer der täglichen Arbeitszeit dieser Arbeitnehmerinnen und Arbeitnehmer spätestens bis zum Ablauf des siebten auf den Tag der Arbeitsleistung folgenden Kalendertages aufzuzeichnen und diese Aufzeichnungen mindestens zwei Jahre beginnend ab dem für die Aufzeichnung maßgeblichen Zeitpunkt aufzubewahren. ²Satz 1 gilt entsprechend für einen Entleiher, dem ein Verleiher eine Arbeitnehmerin oder einen Arbeitnehmer oder mehrere Arbeitnehmerinnen oder Arbeitnehmer zur Arbeitsleistung in einem der in § 2a des Schwarzarbeitsbekämpfungsgesetzes genannten Wirtschaftszweige überlässt. ³Satz 1 gilt nicht für Beschäftigungsverhältnisse nach § 8a des Vierten Buches Sozialgesetzbuch.

(2) ¹Arbeitgeber im Sinne des Absatzes 1 haben die für die Kontrolle der Einhaltung der Verpflichtungen nach § 20 in Verbindung mit § 2 erforderlichen Unterlagen im Inland in deutscher Sprache für die gesamte Dauer der tatsächlichen Beschäftigung der Arbeitnehmerinnen und Arbeitnehmer im Geltungsbereich dieses Gesetzes, mindestens für die Dauer der gesamten Werk- oder Dienstleistung, insgesamt jedoch nicht länger als zwei Jahre, bereitzuhalten. ²Auf Verlangen der Prüfbehörde sind die Unterlagen auch am Ort der Beschäftigung bereitzuhalten.

(2a) ¹Abweichend von Absatz 2 hat der Arbeitgeber mit Sitz in einem anderen Mitgliedstaat der Europäischen Union oder des Europäischen Wirtschaftsraums sicherzustellen, dass der Kraftfahrerin oder dem Kraftfahrer, die oder der von ihm für die Durchführung von Güter- oder Personenbeförderungen im Inland nach § 36 Absatz 1 des Arbeitnehmer-Entsendegesetzes beschäftigt wird, die folgenden Unterlagen als Schriftstück oder in einem elektronischen Format zur Verfügung stehen:
1. eine Kopie der nach § 16 Absatz 2 zugeleiteten Anmeldung,
2. die Nachweise über die Beförderungen, insbesondere elektronische Frachtbriefe oder die in Artikel 8 Absatz 3 der Verordnung (EG) Nr. 1072/2009 des Europäischen Parlaments und des Rates vom 21. Oktober 2009 über gemeinsame Regeln für den Zugang zum Markt des grenzüberschreitenden Güterkraftverkehrs (ABl. L 300 vom 14.11.2009, S. 72), die zuletzt durch die Verordnung (EU) 2020/1055 (ABl. L 249 vom 31.7.2020, S. 17) geändert worden ist, genannten Belege und
3. alle Aufzeichnungen des Fahrtenschreibers, insbesondere die in Artikel 34 Absatz 6 Buchstabe f und Absatz 7 der Verordnung (EU) Nr. 165/2014 des Europäischen Parlaments und des Rates vom 4. Februar 2014 über Fahrtenschreiber im Straßenverkehr, zur Aufhebung der Verordnung (EWG) Nr. 3821/85 des Rates über das Kontrollgerät im Straßenverkehr und zur Änderung der Verordnung (EG) Nr. 561/2006 des Europäischen Parlaments und des Rates zur Harmonisierung bestimmter Sozialvorschriften im Straßenverkehr (ABl. L 60 vom 28.2.2014, S. 1; L 93 vom 9.4.2015, S. 103; L 246 vom 23.9.2015, S. 11), die zuletzt durch die Verordnung (EU) 2020/1054 (ABl. L 249 vom 31.7.2020, S. 1) geändert worden ist, genannten Ländersymbole der Mitgliedstaaten, in denen sich der Kraftfahrer oder die Kraftfahrerin bei grenzüberschreitenden Beförderungen und Kabotagebeförderungen aufgehalten hat, oder die Aufzeichnungen nach § 1 Absatz 6 Satz 1 und 2 der Fahrpersonalverordnung vom 27. Juni 2005 (BGBl. I S. 1882), die zuletzt durch Artikel 1 der Verordnung vom 8. August 2017 (BGBl. I S. 3158) geändert worden ist.
²Die Kraftfahrerin oder der Kraftfahrer hat im Falle einer Beschäftigung im Inland nach § 36 Absatz 1 des Arbeitnehmer-Entsendegesetzes die ihm oder ihr nach Satz 1 zur Verfügung gestellten Unterlagen mit sich zu führen und den Behörden der Zollverwaltung auf Verlangen als Schriftstück oder in einem elektronischen Format vorzulegen; liegt keine Beschäftigung im Inland nach § 36 Absatz 1 des Arbeitnehmer-Entsendegesetzes vor, gilt die Pflicht nach dem

ersten Halbsatz nur im Rahmen einer auf der Straße vorgenommenen Kontrolle für die Unterlagen nach Satz 1 Nummer 2 und 3.
(2b) ¹Nach Beendigung der Beschäftigung der Kraftfahrerin oder des Kraftfahrers im Inland nach § 36 Absatz 1 des Arbeitnehmer-Entsendegesetzes hat der Arbeitgeber mit Sitz in einem anderen Mitgliedstaat der Europäischen Union oder des Europäischen Wirtschaftsraums den Behörden der Zollverwaltung auf Verlangen über die mit dem Binnenmarkt-Informationssystem verbundene elektronische Schnittstelle folgende Unterlagen innerhalb von acht Wochen ab dem Tag des Verlangens zu übermitteln:
1. Kopien der Unterlagen nach Absatz 2a Satz 1 Nummer 2 und 3,
2. Unterlagen über die Entlohnung der Kraftfahrerin oder des Kraftfahrers einschließlich der Zahlungsbelege,
3. den Arbeitsvertrag oder gleichwertige Unterlagen im Sinne des Artikels 3 Absatz 1 der Richtlinie 91/533/EWG des Rates vom 14. Oktober 1991 über die Pflicht des Arbeitgebers zur Unterrichtung des Arbeitnehmers über die für seinen Arbeitsvertrag oder sein Arbeitsverhältnis geltenden Bedingungen (ABl. L 288 vom 18.10.1991, S. 32) und
4. Unterlagen über die Zeiterfassung, die sich auf die Arbeit der Kraftfahrerin oder des Kraftfahrers beziehen, insbesondere die Aufzeichnungen des Fahrtenschreibers.
²Die Behörden der Zollverwaltung dürfen die Unterlagen nach Satz 1 nur für den Zeitraum der Beschäftigung nach § 36 Absatz 1 des Arbeitnehmer-Entsendegesetzes verlangen, der zum Zeitpunkt des Verlangens beendet ist.
³Soweit eine Anmeldung nach § 16 Absatz 2 nicht zugeleitet wurde, obwohl eine Beschäftigung im Inland nach § 36 Absatz 1 des Arbeitnehmer-Entsendegesetzes vorliegt, hat der Arbeitgeber mit Sitz in einem anderen Mitgliedstaat der Europäischen Union oder des Europäischen Wirtschaftsraums den Behörden der Zollverwaltung auf Verlangen die Unterlagen nach Satz 1 außerhalb der mit dem Binnenmarkt- Informationssystem verbundenen elektronischen Schnittstelle als Schriftstück oder in einem elektronischen Format zu übermitteln.
(3) Das Bundesministerium für Arbeit und Soziales kann durch Rechtsverordnung ohne Zustimmung des Bundesrates die Verpflichtungen des Arbeitgebers, des Verleihers oder eines Entleihers nach § 16 und den Absätzen 1 und 2 hinsichtlich bestimmter Gruppen von Arbeitnehmerinnen und Arbeitnehmern oder der Wirtschaftsbereiche oder den Wirtschaftszweigen einschränken oder erweitern.
(4) Das Bundesministerium der Finanzen kann durch Rechtsverordnung im Einvernehmen mit dem Bundesministerium für Arbeit und Soziales ohne Zustimmung des Bundesrates bestimmen, wie die Verpflichtung des Arbeitgebers, die tägliche Arbeitszeit bei ihm beschäftigter Arbeitnehmerinnen und Arbeitnehmer aufzuzeichnen und diese Aufzeichnungen aufzubewahren, vereinfacht oder abgewandelt werden kann, sofern Besonderheiten der zu erbringenden Werk- oder Dienstleistungen oder Besonderheiten des jeweiligen Wirtschaftsbereiches oder Wirtschaftszweiges dies erfordern.

§ 18 Zusammenarbeit der in- und ausländischen Behörden
(1) ¹Die Behörden der Zollverwaltung unterrichten die zuständigen örtlichen Landesfinanzbehörden über Meldungen nach § 16 Absatz 1 und 3. ²Auf die Informationen zu den Meldungen nach § 16 Absatz 2 können die Landesfinanzbehörden über das Binnenmarkt-Informationssystem zugreifen.
(2) ¹Die Behörden der Zollverwaltung und die übrigen in § 2 des Schwarzarbeitsbekämpfungsgesetzes genannten Behörden dürfen nach Maßgabe der datenschutzrechtlichen Vorschriften auch mit Behörden anderer Vertragsstaaten des Abkommens über den Europäischen Wirtschaftsraum zusammenarbeiten, die diesem Gesetz entsprechende Aufgaben durchführen oder für die Bekämpfung illegaler Beschäftigung zuständig sind oder Auskünfte

geben können, ob ein Arbeitgeber seine Verpflichtungen nach § 20 erfüllt. ²Die Regelungen über die internationale Rechtshilfe in Strafsachen bleiben hiervon unberührt.
(3) Die Behörden der Zollverwaltung unterrichten das Gewerbezentralregister über rechtskräftige Bußgeldentscheidungen nach § 21 Absatz 1 bis 3, sofern die Geldbuße mehr als zweihundert Euro beträgt.

§ 19 Ausschluss von der Vergabe öffentlicher Aufträge
(1) Von der Teilnahme an einem Wettbewerb um einen Liefer-, Bau- oder Dienstleistungsauftrag der in den §§ 99 und 100 des Gesetzes gegen Wettbewerbsbeschränkungen genannten Auftraggeber sollen Bewerberinnen oder Bewerber für eine angemessene Zeit bis zur nachgewiesenen Wiederherstellung ihrer Zuverlässigkeit ausgeschlossen werden, die wegen eines Verstoßes nach § 21 Absatz 1 Nummer 1 bis 8, 10 und 11 oder Absatz 2 mit einer Geldbuße von wenigstens zweitausendfünfhundert Euro belegt worden sind.
(2) Die für die Verfolgung oder Ahndung der Ordnungswidrigkeiten nach § 21 Absatz 1 Nummer 1 bis 8, 10 und 11 oder Absatz 2 zuständigen Behörden dürfen öffentlichen Auftraggebern nach § 99 des Gesetzes gegen Wettbewerbsbeschränkungen und solchen Stellen, die von öffentlichen Auftraggebern zugelassene Präqualifikationsverzeichnisse oder Unternehmer- und Lieferantenverzeichnisse führen, auf Verlangen die erforderlichen Auskünfte geben.
(3) ¹Öffentliche Auftraggeber nach Absatz 2 fordern im Rahmen ihrer Tätigkeit beim Wettbewerbsregister Auskünfte über rechtskräftige Bußgeldentscheidungen wegen einer Ordnungswidrigkeit nach § 21 Absatz 1 Nummer 1 bis 8, 10 und 11 oder Absatz 2 an oder verlangen von Bewerberinnen oder Bewerbern eine Erklärung, dass die Voraussetzungen für einen Ausschluss nach Absatz 1 nicht vorliegen. ²Im Falle einer Erklärung der Bewerberin oder des Bewerbers können öffentliche Auftraggeber nach Absatz 2 jederzeit zusätzlich Auskünfte des Wettbewerbsregisters anfordern.
(4) Bei Aufträgen ab einer Höhe von 30 000 Euro fordert der öffentliche Auftraggeber nach Absatz 2 für die Bewerberin oder den Bewerber, die oder der den Zuschlag erhalten soll, vor der Zuschlagserteilung eine Auskunft aus dem Wettbewerbsregister an.
(5) Vor der Entscheidung über den Ausschluss ist die Bewerberin oder der Bewerber zu hören.

§ 20 Pflichten des Arbeitgebers zur Zahlung des Mindestlohns
Arbeitgeber mit Sitz im In- oder Ausland sind verpflichtet, ihren im Inland beschäftigten Arbeitnehmerinnen und Arbeitnehmern ein Arbeitsentgelt mindestens in Höhe des Mindestlohns nach § 1 Absatz 2 spätestens zu dem in § 2 Absatz 1 Satz 1 Nummer 2 genannten Zeitpunkt zu zahlen.

§ 21 Bußgeldvorschriften
(1) Ordnungswidrig handelt, wer vorsätzlich oder fahrlässig
1. entgegen § 15 Satz 1 in Verbindung mit § 5 Absatz 1 Satz 1 Nummer 1 oder 3 des Schwarzarbeitsbekämpfungsgesetzes eine Prüfung nicht duldet oder bei einer Prüfung nicht mitwirkt,
2. entgegen § 15 Satz 1 in Verbindung mit § 5 Absatz 1 Satz 1 Nummer 2 des Schwarzarbeitsbekämpfungsgesetzes das Betreten eines Grundstücks oder Geschäftsraums nicht duldet,
3. entgegen § 15 Satz 1 in Verbindung mit § 5 Absatz 5 Satz 1 des Schwarzarbeitsbekämpfungsgesetzes Daten nicht, nicht richtig, nicht vollständig, nicht in der vorgeschriebenen Weise oder nicht rechtzeitig übermittelt,

4. entgegen § 16 Absatz 1 Satz 1, Absatz 2 Satz 1 oder Absatz 3 Satz 1 eine Anmeldung nicht, nicht richtig, nicht vollständig, nicht in der vorgeschriebenen Weise oder nicht rechtzeitig vorlegt oder nicht, nicht richtig, nicht vollständig, nicht in der vorgeschriebenen Weise oder nicht rechtzeitig zuleitet,
5. entgegen § 16 Absatz 1 Satz 3, auch in Verbindung mit Absatz 2 Satz 2 oder Absatz 3 Satz 2, eine Änderungsmeldung nicht, nicht richtig, nicht vollständig, nicht in der vorgeschriebenen Weise oder nicht rechtzeitig macht,
6. entgegen § 17 Absatz 1 Satz 1, auch in Verbindung mit Satz 2, eine Aufzeichnung nicht, nicht richtig, nicht vollständig oder nicht rechtzeitig erstellt oder nicht oder nicht mindestens zwei Jahre aufbewahrt,
7. entgegen § 17 Absatz 2 eine Unterlage nicht, nicht richtig, nicht vollständig oder nicht in der vorgeschriebenen Weise bereithält,
8. entgegen § 17 Absatz 2a Satz 1 nicht sicherstellt, dass die dort genannten Unterlagen zur Verfügung stehen,
9. entgegen § 17 Absatz 2a Satz 2 eine Unterlage nicht, nicht richtig, nicht vollständig, nicht in der vorgeschriebenen Weise oder nicht rechtzeitig vorlegt,
10. entgegen § 17 Absatz 2b Satz 1 oder 3 eine Unterlage nicht, nicht richtig, nicht vollständig, nicht in der vorgeschriebenen Weise oder nicht rechtzeitig übermittelt oder
11. entgegen § 20 das dort genannte Arbeitsentgelt nicht oder nicht rechtzeitig zahlt.

(2) Ordnungswidrig handelt, wer Werk- oder Dienstleistungen in erheblichem Umfang ausführen lässt, indem er als Unternehmer einen anderen Unternehmer beauftragt, von dem er weiß oder fahrlässig nicht weiß, dass dieser bei der Erfüllung dieses Auftrags
1. entgegen § 20 das dort genannte Arbeitsentgelt nicht oder nicht rechtzeitig zahlt oder
2. einen Nachunternehmer einsetzt oder zulässt, dass ein Nachunternehmer tätig wird, der entgegen § 20 das dort genannte Arbeitsentgelt nicht oder nicht rechtzeitig zahlt.

(3) Die Ordnungswidrigkeit kann in den Fällen des Absatzes 1 Nummer 11 und des Absatzes 2 mit einer Geldbuße bis zu fünfhunderttausend Euro, in den übrigen Fällen mit einer Geldbuße bis zu dreißigtausend Euro geahndet werden.

(4) Verwaltungsbehörden im Sinne des § 36 Absatz 1 Nummer 1 des Gesetzes über Ordnungswidrigkeiten sind die in § 14 genannten Behörden jeweils für ihren Geschäftsbereich.

(5) Für die Vollstreckung zugunsten der Behörden des Bundes und der bundesunmittelbaren juristischen Personen des öffentlichen Rechts sowie für die Vollziehung des Vermögensarrestes nach § 111e der Strafprozessordnung in Verbindung mit § 46 des Gesetzes über Ordnungswidrigkeiten durch die in § 14 genannten Behörden gilt das Verwaltungs-Vollstreckungsgesetz des Bundes.

Abschnitt 4: Schlussvorschriften

§ 22 Persönlicher Anwendungsbereich

(1) ¹Dieses Gesetz gilt für Arbeitnehmerinnen und Arbeitnehmer. ²Praktikantinnen und Praktikanten im Sinne des § 26 des Berufsbildungsgesetzes gelten als Arbeitnehmerinnen und Arbeitnehmer im Sinne dieses Gesetzes, es sei denn, dass sie
1. ein Praktikum verpflichtend auf Grund einer schulrechtlichen Bestimmung, einer Ausbildungsordnung, einer hochschulrechtlichen Bestimmung oder im Rahmen einer Ausbildung an einer gesetzlich geregelten Berufsakademie leisten,
2. ein Praktikum von bis zu drei Monaten zur Orientierung für eine Berufsausbildung oder für die Aufnahme eines Studiums leisten,

3. ein Praktikum von bis zu drei Monaten begleitend zu einer Berufs- oder Hochschulausbildung leisten, wenn nicht zuvor ein solches Praktikumsverhältnis mit demselben Ausbildenden bestanden hat, oder
4. an einer Einstiegsqualifizierung nach § 54a des Dritten Buches Sozialgesetzbuch oder an einer Berufsausbildungsvorbereitung nach §§ 68 bis 70 des Berufsbildungsgesetzes teilnehmen.
³Praktikantin oder Praktikant ist unabhängig von der Bezeichnung des Rechtsverhältnisses, wer sich nach der tatsächlichen Ausgestaltung und Durchführung des Vertragsverhältnisses für eine begrenzte Dauer zum Erwerb praktischer Kenntnisse und Erfahrungen einer bestimmten betrieblichen Tätigkeit zur Vorbereitung auf eine berufliche Tätigkeit unterzieht, ohne dass es sich dabei um eine Berufsausbildung im Sinne des Berufsbildungsgesetzes oder um eine damit vergleichbare praktische Ausbildung handelt.
(2) Personen im Sinne von § 2 Absatz 1 und 2 des Jugendarbeitsschutzgesetzes ohne abgeschlossene Berufsausbildung gelten nicht als Arbeitnehmerinnen und Arbeitnehmer im Sinne dieses Gesetzes.
(3) Von diesem Gesetz nicht geregelt wird die Vergütung von zu ihrer Berufsausbildung Beschäftigten sowie ehrenamtlich Tätigen.
(4) ¹Für Arbeitsverhältnisse von Arbeitnehmerinnen und Arbeitnehmern, die unmittelbar vor Beginn der Beschäftigung langzeitarbeitslos im Sinne des § 18 Absatz 1 des Dritten Buches Sozialgesetzbuch waren, gilt der Mindestlohn in den ersten sechs Monaten der Beschäftigung nicht. ²Die Bundesregierung hat den gesetzgebenden Körperschaften zum 1. Juni 2016 darüber zu berichten, inwieweit die Regelung nach Satz 1 die Wiedereingliederung von Langzeitarbeitslosen in den Arbeitsmarkt gefördert hat, und eine Einschätzung darüber abzugeben, ob diese Regelung fortbestehen soll.

§ 23 Evaluation
Dieses Gesetz ist im Jahr 2020 zu evaluieren.

§ 24 (weggefallen)

Gesetz zum Schutz von Müttern bei der Arbeit, in der Ausbildung und im Studium (Mutterschutzgesetz – MuSchG)

vom 23. Mai 2017 (BGBl I 2017, S. 1228)

– zuletzt geändert durch Gesetz zur Regelung des Sozialen Entschädigungsrechts vom 12. Dezember 2019 (BGBl I 2019, S. 2652)

Abschnitt 1: Allgemeine Vorschriften

§ 1 Anwendungsbereich, Ziel des Mutterschutzes

(1) ^{1}Dieses Gesetz schützt die Gesundheit der Frau und ihres Kindes am Arbeits-, Ausbildungs- und Studienplatz während der Schwangerschaft, nach der Entbindung und in der Stillzeit. ^{2}Das Gesetz ermöglicht es der Frau, ihre Beschäftigung oder sonstige Tätigkeit in dieser Zeit ohne Gefährdung ihrer Gesundheit oder der ihres Kindes fortzusetzen und wirkt Benachteiligungen während der Schwangerschaft, nach der Entbindung und in der Stillzeit entgegen. ^{3}Regelungen in anderen Arbeitsschutzgesetzen bleiben unberührt.

(2) ^{1}Dieses Gesetz gilt für Frauen in einer Beschäftigung im Sinne von § 7 Absatz 1 des Vierten Buches Sozialgesetzbuch. ^{2}Unabhängig davon, ob ein solches Beschäftigungsverhältnis vorliegt, gilt dieses Gesetz auch für

1. Frauen in betrieblicher Berufsbildung und Praktikantinnen im Sinne von § 26 des Berufsbildungsgesetzes,
2. Frauen mit Behinderung, die in einer Werkstatt für behinderte Menschen beschäftigt sind,
3. Frauen, die als Entwicklungshelferinnen im Sinne des Entwicklungshelfer-Gesetzes tätig sind, jedoch mit der Maßgabe, dass die §§ 18 bis 22 auf sie nicht anzuwenden sind,
4. Frauen, die als Freiwillige im Sinne des Jugendfreiwilligendienstegesetzes oder des Bundesfreiwilligendienstgesetzes tätig sind,
5. Frauen, die als Mitglieder einer geistlichen Genossenschaft, Diakonissen oder Angehörige einer ähnlichen Gemeinschaft auf einer Planstelle oder aufgrund eines Gestellungsvertrages für diese tätig werden, auch während der Zeit ihrer dortigen außerschulischen Ausbildung,
6. Frauen, die in Heimarbeit beschäftigt sind, und ihnen Gleichgestellte im Sinne von § 1 Absatz 1 und 2 des Heimarbeitsgesetzes, soweit sie am Stück mitarbeiten, jedoch mit der Maßgabe, dass die §§ 10 und 14 auf sie nicht anzuwenden sind und § 9 Absatz 1 bis 5 auf sie entsprechend anzuwenden ist,
7. Frauen, die wegen ihrer wirtschaftlichen Unselbstständigkeit als arbeitnehmerähnliche Person anzusehen sind, jedoch mit der Maßgabe, dass die §§ 18, 19 Absatz 2 und § 20 auf sie nicht anzuwenden sind, und
8. Schülerinnen und Studentinnen, soweit die Ausbildungsstelle Ort, Zeit und Ablauf der Ausbildungsveranstaltung verpflichtend vorgibt oder die ein im Rahmen der schulischen oder hochschulischen Ausbildung verpflichtend vorgegebenes Praktikum ableisten, jedoch mit der Maßgabe, dass die §§ 17 bis 24 auf sie nicht anzuwenden sind.

(3) ^{1}Das Gesetz gilt nicht für Beamtinnen und Richterinnen. ^{2}Das Gesetz gilt ebenso nicht für Soldatinnen, auch soweit die Voraussetzungen des Absatzes 2 erfüllt sind, es sei denn, sie werden aufgrund dienstlicher Anordnung oder Gestattung außerhalb des Geschäftsbereiches des Bundesministeriums der Verteidigung tätig.

(4) ^{1}Dieses Gesetz gilt für jede Person, die schwanger ist, ein Kind geboren hat oder stillt. ^{2}Die Absätze 2 und 3 gelten entsprechend.

§ 2 Begriffsbestimmungen

(1) Arbeitgeber im Sinne dieses Gesetzes ist die natürliche oder juristische Person oder die rechtsfähige Personengesellschaft, die Personen nach § 1 Absatz 2 Satz 1 beschäftigt. Dem Arbeitgeber stehen gleich:
1. die natürliche oder juristische Person oder die rechtsfähige Personengesellschaft, die Frauen im Fall von § 1 Absatz 2 Satz 2 Nummer 1 ausbildet oder für die Praktikantinnen im Fall von § 1 Absatz 2 Satz 2 Nummer 1 tätig sind,
2. der Träger der Werkstatt für behinderte Menschen im Fall von § 1 Absatz 2 Satz 2 Nummer 2,
3. der Träger des Entwicklungsdienstes im Fall von § 1 Absatz 2 Satz 2 Nummer 3,
4. die Einrichtung, in der der Freiwilligendienst nach dem Jugendfreiwilligendienstegesetz oder nach dem Bundesfreiwilligendienstgesetz im Fall von § 1 Absatz 2 Satz 2 Nummer 4 geleistet wird,
5. die geistliche Genossenschaft und ähnliche Gemeinschaft im Fall von § 1 Absatz 2 Satz 2 Nummer 5,
6. der Auftraggeber und der Zwischenmeister von Frauen im Fall von § 1 Absatz 2 Satz 2 Nummer 6,
7. die natürliche oder juristische Person oder die rechtsfähige Personengesellschaft, für die Frauen im Sinne von § 1 Absatz 2 Satz 2 Nummer 7 tätig sind, und
8. die natürliche oder juristische Person oder die rechtsfähige Personengesellschaft, mit der das Ausbildungs- oder Praktikumsverhältnis im Fall von § 1 Absatz 2 Satz 2 Nummer 8 besteht (Ausbildungsstelle).

(2) Eine Beschäftigung im Sinne der nachfolgenden Vorschriften erfasst jede Form der Betätigung, die eine Frau im Rahmen eines Beschäftigungsverhältnisses nach § 1 Absatz 2 Satz 1 oder die eine Frau im Sinne von § 1 Absatz 2 Satz 2 im Rahmen ihres Rechtsverhältnisses zu ihrem Arbeitgeber nach § 2 Absatz 1 Satz 2 ausübt.

(3) ^{1}Ein Beschäftigungsverbot im Sinne dieses Gesetzes ist nur ein Beschäftigungsverbot nach den §§ 3 bis 6, 10 Absatz 3, § 13 Absatz 1 Nummer 3 und § 16. ^{2}Für eine in Heimarbeit beschäftigte Frau und eine ihr Gleichgestellte tritt an die Stelle des Beschäftigungsverbots das Verbot der Ausgabe von Heimarbeit nach den §§ 3, 8, 13 Absatz 2 und § 16. ^{3}Für eine Frau, die wegen ihrer wirtschaftlichen Unselbständigkeit als arbeitnehmerähnliche Person anzusehen ist, tritt an die Stelle des Beschäftigungsverbots nach Satz 1 die Befreiung von der vertraglich vereinbarten Leistungspflicht; die Frau kann sich jedoch gegenüber der dem Arbeitgeber gleichgestellten Person oder Gesellschaft im Sinne von Absatz 1 Satz 2 Nummer 7 dazu bereit erklären, die vertraglich vereinbarte Leistung zu erbringen.

(4) Alleinarbeit im Sinne dieses Gesetzes liegt vor, wenn der Arbeitgeber eine Frau an einem Arbeitsplatz in seinem räumlichen Verantwortungsbereich beschäftigt, ohne dass gewährleistet ist, dass sie jederzeit den Arbeitsplatz verlassen oder Hilfe erreichen kann.

(5) ^{1}Arbeitsentgelt im Sinne dieses Gesetzes ist das Arbeitsentgelt, das nach § 14 des Vierten Buches Sozialgesetzbuch in Verbindung mit einer aufgrund des § 17 des Vierten Buches Sozialgesetzbuch erlassenen Verordnung bestimmt wird. ^{2}Für Frauen im Sinne von § 1 Absatz 2 Satz 2 gilt als Arbeitsentgelt ihre jeweilige Vergütung.

Abschnitt 2: Gesundheitsschutz
Unterabschnitt 1 Arbeitszeitlicher Gesundheitsschutz
§ 3 Schutzfristen vor und nach der Entbindung
(1) ¹Der Arbeitgeber darf eine schwangere Frau in den letzten sechs Wochen vor der Entbindung nicht beschäftigen (Schutzfrist vor der Entbindung), soweit sie sich nicht zur Arbeitsleistung ausdrücklich bereit erklärt. ²Sie kann die Erklärung nach Satz 1 jederzeit mit Wirkung für die Zukunft widerrufen. ³Für die Berechnung der Schutzfrist vor der Entbindung ist der voraussichtliche Tag der Entbindung maßgeblich, wie er sich aus dem ärztlichen Zeugnis oder dem Zeugnis einer Hebamme oder eines Entbindungspflegers ergibt. ⁴Entbindet eine Frau nicht am voraussichtlichen Tag, verkürzt oder verlängert sich die Schutzfrist vor der Entbindung entsprechend.
(2) ¹Der Arbeitgeber darf eine Frau bis zum Ablauf von acht Wochen nach der Entbindung nicht beschäftigen (Schutzfrist nach der Entbindung). ²Die Schutzfrist nach der Entbindung verlängert sich auf zwölf Wochen
1. bei Frühgeburten,
2. bei Mehrlingsgeburten und,
3. wenn vor Ablauf von acht Wochen nach der Entbindung bei dem Kind eine Behinderung im Sinne von § 2 Absatz 1 Satz 1 des Neunten Buches Sozialgesetzbuch ärztlich festgestellt wird.
³Bei vorzeitiger Entbindung verlängert sich die Schutzfrist nach der Entbindung nach Satz 1 oder nach Satz 2 um den Zeitraum der Verkürzung der Schutzfrist vor der Entbindung nach Absatz 1 Satz 4. ⁴Nach Satz 2 Nummer 3 verlängert sich die Schutzfrist nach der Entbindung nur, wenn die Frau dies beantragt.
(3) ¹Die Ausbildungsstelle darf eine Frau im Sinne von § 1 Absatz 2 Satz 2 Nummer 8 bereits in der Schutzfrist nach der Entbindung im Rahmen der schulischen oder hochschulischen Ausbildung tätig werden lassen, wenn die Frau dies ausdrücklich gegenüber ihrer Ausbildungsstelle verlangt. ²Die Frau kann ihre Erklärung jederzeit mit Wirkung für die Zukunft widerrufen.
(4) ¹Der Arbeitgeber darf eine Frau nach dem Tod ihres Kindes bereits nach Ablauf der ersten zwei Wochen nach der Entbindung beschäftigen, wenn
1. die Frau dies ausdrücklich verlangt und
2. nach ärztlichem Zeugnis nichts dagegen spricht.
²Sie kann ihre Erklärung nach Satz 1 Nummer 1 jederzeit mit Wirkung für die Zukunft widerrufen.

§ 4 Verbot der Mehrarbeit; Ruhezeit
(1) ¹Der Arbeitgeber darf eine schwangere oder stillende Frau, die 18 Jahre oder älter ist, nicht mit einer Arbeit beschäftigen, die die Frau über achteinhalb Stunden täglich oder über 90 Stunden in der Doppelwoche hinaus zu leisten hat. ²Eine schwangere oder stillende Frau unter 18 Jahren darf der Arbeitgeber nicht mit einer Arbeit beschäftigen, die die Frau über acht Stunden täglich oder über 80 Stunden in der Doppelwoche hinaus zu leisten hat. ³In die Doppelwoche werden die Sonntage eingerechnet. ⁴Der Arbeitgeber darf eine schwangere oder stillende Frau nicht in einem Umfang beschäftigen, der die vertraglich vereinbarte wöchentliche Arbeitszeit im Durchschnitt des Monats übersteigt. ⁵Bei mehreren Arbeitgebern sind die Arbeitszeiten zusammenzurechnen.
(2) Der Arbeitgeber muss der schwangeren oder stillenden Frau nach Beendigung der täglichen Arbeitszeit eine ununterbrochene Ruhezeit von mindestens elf Stunden gewähren.

§ 5 Verbot der Nachtarbeit

(1) ¹Der Arbeitgeber darf eine schwangere oder stillende Frau nicht zwischen 20 Uhr und 6 Uhr beschäftigen. ²Er darf sie bis 22 Uhr beschäftigen, wenn die Voraussetzungen des § 28 erfüllt sind.
(2) ¹Die Ausbildungsstelle darf eine schwangere oder stillende Frau im Sinne von § 1 Absatz 2 Satz 2 Nummer 8 nicht zwischen 20 Uhr und 6 Uhr im Rahmen der schulischen oder hochschulischen Ausbildung tätig werden lassen. ²Die Ausbildungsstelle darf sie an Ausbildungsveranstaltungen bis 22 Uhr teilnehmen lassen, wenn
1. sich die Frau dazu ausdrücklich bereit erklärt,
2. die Teilnahme zu Ausbildungszwecken zu dieser Zeit erforderlich ist und
3. insbesondere eine unverantwortbare Gefährdung für die schwangere Frau oder ihr Kind durch Alleinarbeit ausgeschlossen ist.
³Die schwangere oder stillende Frau kann ihre Erklärung nach Satz 2 Nummer 1 jederzeit mit Wirkung für die Zukunft widerrufen.

§ 6 Verbot der Sonn- und Feiertagsarbeit

(1) ¹Der Arbeitgeber darf eine schwangere oder stillende Frau nicht an Sonn- und Feiertagen beschäftigen. ²Er darf sie an Sonn- und Feiertagen nur dann beschäftigen, wenn
1. sich die Frau dazu ausdrücklich bereit erklärt,
2. eine Ausnahme vom allgemeinen Verbot der Arbeit an Sonn- und Feiertagen nach § 10 des Arbeitszeitgesetzes zugelassen ist,
3. der Frau in jeder Woche im Anschluss an eine ununterbrochene Nachtruhezeit von mindestens elf Stunden ein Ersatzruhetag gewährt wird und
4. insbesondere eine unverantwortbare Gefährdung für die schwangere Frau oder ihr Kind durch Alleinarbeit ausgeschlossen ist.
³Die schwangere oder stillende Frau kann ihre Erklärung nach Satz 2 Nummer 1 jederzeit mit Wirkung für die Zukunft widerrufen.
(2) ¹Die Ausbildungsstelle darf eine schwangere oder stillende Frau im Sinne von § 1 Absatz 2 Satz 2 Nummer 8 nicht an Sonn- und Feiertagen im Rahmen der schulischen oder hochschulischen Ausbildung tätig werden lassen. ²Die Ausbildungsstelle darf sie an Ausbildungsveranstaltungen an Sonn- und Feiertagen teilnehmen lassen, wenn
1. sich die Frau dazu ausdrücklich bereit erklärt,
2. die Teilnahme zu Ausbildungszwecken zu dieser Zeit erforderlich ist,
3. der Frau in jeder Woche im Anschluss an eine ununterbrochene Nachtruhezeit von mindestens elf Stunden ein Ersatzruhetag gewährt wird und
4. insbesondere eine unverantwortbare Gefährdung für die schwangere Frau oder ihr Kind durch Alleinarbeit ausgeschlossen ist.
³Die schwangere oder stillende Frau kann ihre Erklärung nach Satz 2 Nummer 1 jederzeit mit Wirkung für die Zukunft widerrufen.

§ 7 Freistellung für Untersuchungen und zum Stillen

(1) ¹Der Arbeitgeber hat eine Frau für die Zeit freizustellen, die zur Durchführung der Untersuchungen im Rahmen der Leistungen der gesetzlichen Krankenversicherung bei Schwangerschaft und Mutterschaft erforderlich sind. ²Entsprechendes gilt zugunsten einer Frau, die nicht in der gesetzlichen Krankenversicherung versichert ist.
(2) ¹Der Arbeitgeber hat eine stillende Frau auf ihr Verlangen während der ersten zwölf Monate nach der Entbindung für die zum Stillen erforderliche Zeit freizustellen, mindestens aber zweimal täglich für eine halbe Stunde oder einmal täglich für eine Stunde. ²Bei einer zusammenhängenden Arbeitszeit von mehr als acht Stunden soll auf Verlangen der Frau

zweimal eine Stillzeit von mindestens 45 Minuten oder, wenn in der Nähe der Arbeitsstätte keine Stillgelegenheit vorhanden ist, einmal eine Stillzeit von mindestens 90 Minuten gewährt werden. ³Die Arbeitszeit gilt als zusammenhängend, wenn sie nicht durch eine Ruhepause von mehr als zwei Stunden unterbrochen wird.

§ 8 Beschränkung von Heimarbeit
(1) Der Auftraggeber oder Zwischenmeister darf Heimarbeit an eine schwangere in Heimarbeit beschäftigte Frau oder an eine ihr Gleichgestellte nur in solchem Umfang und mit solchen Fertigungsfristen ausgeben, dass die Arbeit werktags während einer achtstündigen Tagesarbeitszeit ausgeführt werden kann.
(2) Der Auftraggeber oder Zwischenmeister darf Heimarbeit an eine stillende in Heimarbeit beschäftigte Frau oder an eine ihr Gleichgestellte nur in solchem Umfang und mit solchen Fertigungsfristen ausgeben, dass die Arbeit werktags während einer siebenstündigen Tagesarbeitszeit ausgeführt werden kann.

Unterabschnitt 2 Betrieblicher Gesundheitsschutz

§ 9 Gestaltung der Arbeitsbedingungen; unverantwortbare Gefährdung
(1) ¹Der Arbeitgeber hat bei der Gestaltung der Arbeitsbedingungen einer schwangeren oder stillenden Frau alle aufgrund der Gefährdungsbeurteilung nach § 10 erforderlichen Maßnahmen für den Schutz ihrer physischen und psychischen Gesundheit sowie der ihres Kindes zu treffen. ²Er hat die Maßnahmen auf ihre Wirksamkeit zu überprüfen und erforderlichenfalls den sich ändernden Gegebenheiten anzupassen. ³Soweit es nach den Vorschriften dieses Gesetzes verantwortbar ist, ist der Frau auch während der Schwangerschaft, nach der Entbindung und in der Stillzeit die Fortführung ihrer Tätigkeiten zu ermöglichen. ⁴Nachteile aufgrund der Schwangerschaft, der Entbindung oder der Stillzeit sollen vermieden oder ausgeglichen werden.
(2) ¹Der Arbeitgeber hat die Arbeitsbedingungen so zu gestalten, dass Gefährdungen einer schwangeren oder stillenden Frau oder ihres Kindes möglichst vermieden werden und eine unverantwortbare Gefährdung ausgeschlossen wird. ²Eine Gefährdung ist unverantwortbar, wenn die Eintrittswahrscheinlichkeit einer Gesundheitsbeeinträchtigung angesichts der zu erwartenden Schwere des möglichen Gesundheitsschadens nicht hinnehmbar ist. ³Eine unverantwortbare Gefährdung gilt als ausgeschlossen, wenn der Arbeitgeber alle Vorgaben einhält, die aller Wahrscheinlichkeit nach dazu führen, dass die Gesundheit einer schwangeren oder stillenden Frau oder ihres Kindes nicht beeinträchtigt wird.
(3) ¹Der Arbeitgeber hat sicherzustellen, dass die schwangere oder stillende Frau ihre Tätigkeit am Arbeitsplatz, soweit es für sie erforderlich ist, kurz unterbrechen kann. ²Er hat darüber hinaus sicherzustellen, dass sich die schwangere oder stillende Frau während der Pausen und Arbeitsunterbrechungen unter geeigneten Bedingungen hinlegen, hinsetzen und ausruhen kann.
(4) ¹Alle Maßnahmen des Arbeitgebers nach diesem Unterabschnitt sowie die Beurteilung der Arbeitsbedingungen nach § 10 müssen dem Stand der Technik, der Arbeitsmedizin und der Hygiene sowie den sonstigen gesicherten wissenschaftlichen Erkenntnissen entsprechen. ²Der Arbeitgeber hat bei seinen Maßnahmen die vom Ausschuss für Mutterschutz ermittelten und nach § 30 Absatz 4 im Gemeinsamen Ministerialblatt veröffentlichten Regeln und Erkenntnisse zu berücksichtigen; bei Einhaltung dieser Regeln und bei Beachtung dieser Erkenntnisse ist davon auszugehen, dass die in diesem Gesetz gestellten Anforderungen erfüllt sind

(5) Der Arbeitgeber kann zuverlässige und fachkundige Personen schriftlich damit beauftragen, ihm obliegende Aufgaben nach diesem Unterabschnitt in eigener Verantwortung wahrzunehmen.
(6) ¹Kosten für Maßnahmen nach diesem Gesetz darf der Arbeitgeber nicht den Personen auferlegen, die bei ihm beschäftigt sind. ²Die Kosten für Zeugnisse und Bescheinigungen, die die schwangere oder stillende Frau auf Verlangen des Arbeitgebers vorzulegen hat, trägt der Arbeitgeber.

§ 10 Beurteilung der Arbeitsbedingungen; Schutzmaßnahmen
(1) ¹Im Rahmen der Beurteilung der Arbeitsbedingungen nach § 5 des Arbeitsschutzgesetzes hat der Arbeitgeber für jede Tätigkeit
1. die Gefährdungen nach Art, Ausmaß und Dauer zu beurteilen, denen eine schwangere oder stillende Frau oder ihr Kind ausgesetzt ist oder sein kann, und
2. unter Berücksichtigung des Ergebnisses der Beurteilung der Gefährdung nach Nummer 1 zu ermitteln, ob für eine schwangere oder stillende Frau oder ihr Kind voraussichtlich
   a) keine Schutzmaßnahmen erforderlich sein werden,
   b) eine Umgestaltung der Arbeitsbedingungen nach § 13 Absatz 1 Nummer 1 erforderlich sein wird oder
   c) eine Fortführung der Tätigkeit der Frau an diesem Arbeitsplatz nicht möglich sein wird.
²Bei gleichartigen Arbeitsbedingungen ist die Beurteilung eines Arbeitsplatzes oder einer Tätigkeit ausreichend.
(2) ¹Sobald eine Frau dem Arbeitgeber mitgeteilt hat, dass sie schwanger ist oder stillt, hat der Arbeitgeber unverzüglich die nach Maßgabe der Gefährdungsbeurteilung nach Absatz 1 erforderlichen Schutzmaßnahmen festzulegen. ²Zusätzlich hat der Arbeitgeber der Frau ein Gespräch über weitere Anpassungen ihrer Arbeitsbedingungen anzubieten.
(3) Der Arbeitgeber darf eine schwangere oder stillende Frau nur diejenigen Tätigkeiten ausüben lassen, für die er die erforderlichen Schutzmaßnahmen nach Absatz 2 Satz 1 getroffen hat.

§ 11 Unzulässige Tätigkeiten und Arbeitsbedingungen für schwangere Frauen
(1) ¹Der Arbeitgeber darf eine schwangere Frau keine Tätigkeiten ausüben lassen und sie keinen Arbeitsbedingungen aussetzen, bei denen sie in einem Maß Gefahrstoffen ausgesetzt ist oder sein kann, dass dies für sie oder für ihr Kind eine unverantwortbare Gefährdung darstellt. ²Eine unverantwortbare Gefährdung im Sinne von Satz 1 liegt insbesondere vor, wenn die schwangere Frau Tätigkeiten ausübt oder Arbeitsbedingungen ausgesetzt ist, bei denen sie folgenden Gefahrstoffen ausgesetzt ist oder sein kann:
1. Gefahrstoffen, die nach den Kriterien des Anhangs I zur Verordnung (EG) Nr. 1272/2008 des Europäischen Parlaments und des Rates vom 16. Dezember 2008 über die Einstufung, Kennzeichnung und Verpackung von Stoffen und Gemischen, zur Änderung und Aufhebung der Richtlinien 67/548/EWG und 1999/45/EG und zur Änderung der Verordnung (EG) Nr. 1907/2006 (ABl. L 353 vom 31.12.2008, S. 1) zu bewerten sind
   a) als reproduktionstoxisch nach der Kategorie 1A, 1B oder 2 oder nach der Zusatzkategorie für Wirkungen auf oder über die Laktation,
   b) als keimzellmutagen nach der Kategorie 1A oder 1B,
   c) als karzinogen nach der Kategorie 1A oder 1B,
   d) als spezifisch zielorgantoxisch nach einmaliger Exposition nach der Kategorie 1 oder
   e) als akut toxisch nach der Kategorie 1, 2 oder 3,
2. Blei und Bleiderivaten, soweit die Gefahr besteht, dass diese Stoffe vom menschlichen Körper aufgenommen werden, oder

Mutterschutzgesetz § 11

3. Gefahrstoffen, die als Stoffe ausgewiesen sind, die auch bei Einhaltung der arbeitsplatzbezogenen Vorgaben möglicherweise zu einer Fruchtschädigung führen können.
[3]Eine unverantwortbare Gefährdung im Sinne von Satz 1 oder 2 gilt insbesondere als ausgeschlossen,
1. wenn
   a) für den jeweiligen Gefahrstoff die arbeitsplatzbezogenen Vorgaben eingehalten werden und es sich um einen Gefahrstoff handelt, der als Stoff ausgewiesen ist, der bei Einhaltung der arbeitsplatzbezogenen Vorgaben hinsichtlich einer Fruchtschädigung als sicher bewertet wird, oder
   b) der Gefahrstoff nicht in der Lage ist, die Plazentaschranke zu überwinden, oder aus anderen Gründen ausgeschlossen ist, dass eine Fruchtschädigung eintritt; und
2. wenn der Gefahrstoff nach den Kriterien des Anhangs I zur Verordnung (EG) Nr. 1272/2008 nicht als reproduktionstoxisch nach der Zusatzkategorie für Wirkungen auf oder über die Laktation zu bewerten ist.

[4]Die vom Ausschuss für Mutterschutz ermittelten wissenschaftlichen Erkenntnisse sind zu beachten.

(2) [1]Der Arbeitgeber darf eine schwangere Frau keine Tätigkeiten ausüben lassen und sie keinen Arbeitsbedingungen aussetzen, bei denen sie in einem Maß mit Biostoffen der Risikogruppe 2, 3 oder 4 im Sinne von § 3 Absatz 1 der Biostoffverordnung in Kontakt kommt oder kommen kann, dass dies für sie oder für ihr Kind eine unverantwortbare Gefährdung darstellt. [2]Eine unverantwortbare Gefährdung im Sinne von Satz 1 liegt insbesondere vor, wenn die schwangere Frau Tätigkeiten ausübt oder Arbeitsbedingungen ausgesetzt ist, bei denen sie mit folgenden Biostoffen in Kontakt kommt oder kommen kann:
1. mit Biostoffen, die in die Risikogruppe 4 im Sinne von § 3 Absatz 1 der Biostoffverordnung einzustufen sind, oder
2. mit Rötelnvirus oder mit Toxoplasma.

[3]Die Sätze 1 und 2 gelten auch, wenn der Kontakt mit Biostoffen im Sinne von Satz 1 oder 2 therapeutische Maßnahmen erforderlich macht oder machen kann, die selbst eine unverantwortbare Gefährdung darstellen. [4]Eine unverantwortbare Gefährdung im Sinne von Satz 1 oder 2 gilt insbesondere als ausgeschlossen, wenn die schwangere Frau über einen ausreichenden Immunschutz verfügt.

(3) [1]Der Arbeitgeber darf eine schwangere Frau keine Tätigkeiten ausüben lassen und sie keinen Arbeitsbedingungen aussetzen, bei denen sie physikalischen Einwirkungen in einem Maß ausgesetzt ist oder sein kann, dass dies für sie oder für ihr Kind eine unverantwortbare Gefährdung darstellt. [2]Als physikalische Einwirkungen im Sinne von Satz 1 sind insbesondere zu berücksichtigen:
1. ionisierende und nicht ionisierende Strahlungen,
2. Erschütterungen, Vibrationen und Lärm sowie
3. Hitze, Kälte und Nässe.

(4) [1]Der Arbeitgeber darf eine schwangere Frau keine Tätigkeiten ausüben lassen und sie keinen Arbeitsbedingungen aussetzen, bei denen sie einer belastenden Arbeitsumgebung in einem Maß ausgesetzt ist oder sein kann, dass dies für sie oder für ihr Kind eine unverantwortbare Gefährdung darstellt. [2]Der Arbeitgeber darf eine schwangere Frau insbesondere keine Tätigkeiten ausüben lassen
1. in Räumen mit einem Überdruck im Sinne von § 2 der Druckluftverordnung,
2. in Räumen mit sauerstoffreduzierter Atmosphäre oder
3. im Bergbau unter Tage.

(5) [1]Der Arbeitgeber darf eine schwangere Frau keine Tätigkeiten ausüben lassen und sie keinen Arbeitsbedingungen aussetzen, bei denen sie körperlichen Belastungen oder mecha-

nischen Einwirkungen in einem Maß ausgesetzt ist oder sein kann, dass dies für sie oder für ihr Kind eine unverantwortbare Gefährdung darstellt. ²Der Arbeitgeber darf eine schwangere Frau insbesondere keine Tätigkeiten ausüben lassen, bei denen
1. sie ohne mechanische Hilfsmittel regelmäßig Lasten von mehr als 5 Kilogramm Gewicht oder gelegentlich Lasten von mehr als 10 Kilogramm Gewicht von Hand heben, halten, bewegen oder befördern muss,
2. sie mit mechanischen Hilfsmitteln Lasten von Hand heben, halten, bewegen oder befördern muss und dabei ihre körperliche Beanspruchung der von Arbeiten nach Nummer 1 entspricht,
3. sie nach Ablauf des fünften Monats der Schwangerschaft überwiegend bewegungsarm ständig stehen muss und wenn diese Tätigkeit täglich vier Stunden überschreitet,
4. sie sich häufig erheblich strecken, beugen, dauernd hocken, sich gebückt halten oder sonstige Zwangshaltungen einnehmen muss,
5. sie auf Beförderungsmitteln eingesetzt wird, wenn dies für sie oder für ihr Kind eine unverantwortbare Gefährdung darstellt,
6. Unfälle, insbesondere durch Ausgleiten, Fallen oder Stürzen, oder Tätlichkeiten zu befürchten sind, die für sie oder für ihr Kind eine unverantwortbare Gefährdung darstellen,
7. sie eine Schutzausrüstung tragen muss und das Tragen eine Belastung darstellt oder
8. eine Erhöhung des Drucks im Bauchraum zu befürchten ist, insbesondere bei Tätigkeiten mit besonderer Fußbeanspruchung.
(6) Der Arbeitgeber darf eine schwangere Frau folgende Arbeiten nicht ausüben lassen:
1. Akkordarbeit oder sonstige Arbeiten, bei denen durch ein gesteigertes Arbeitstempo ein höheres Entgelt erzielt werden kann,
2. Fließarbeit oder
3. getaktete Arbeit mit vorgeschriebenem Arbeitstempo, wenn die Art der Arbeit oder das Arbeitstempo für die schwangere Frau oder für ihr Kind eine unverantwortbare Gefährdung darstellt.

§ 12 Unzulässige Tätigkeiten und Arbeitsbedingungen für stillende Frauen
(1) ¹Der Arbeitgeber darf eine stillende Frau keine Tätigkeiten ausüben lassen und sie keinen Arbeitsbedingungen aussetzen, bei denen sie in einem Maß Gefahrstoffen ausgesetzt ist oder sein kann, dass dies für sie oder für ihr Kind eine unverantwortbare Gefährdung darstellt. ²Eine unverantwortbare Gefährdung im Sinne von Satz 1 liegt insbesondere vor, wenn die stillende Frau Tätigkeiten ausübt oder Arbeitsbedingungen ausgesetzt ist, bei denen sie folgenden Gefahrstoffen ausgesetzt ist oder sein kann:
1. Gefahrstoffen, die nach den Kriterien des Anhangs I zur Verordnung (EG) Nr. 1272/2008 als reproduktionstoxisch nach der Zusatzkategorie für Wirkungen auf oder über die Laktation zu bewerten sind oder
2. Blei und Bleiderivaten, soweit die Gefahr besteht, dass diese Stoffe vom menschlichen Körper aufgenommen werden.
(2) ¹Der Arbeitgeber darf eine stillende Frau keine Tätigkeiten ausüben lassen und sie keinen Arbeitsbedingungen aussetzen, bei denen sie in einem Maß mit Biostoffen der Risikogruppe 2, 3 oder 4 im Sinne von § 3 Absatz 1 der Biostoffverordnung in Kontakt kommt oder kommen kann, dass dies für sie oder für ihr Kind eine unverantwortbare Gefährdung darstellt. ²Eine unverantwortbare Gefährdung im Sinne von Satz 1 liegt insbesondere vor, wenn die stillende Frau Tätigkeiten ausübt oder Arbeitsbedingungen ausgesetzt ist, bei denen sie mit Biostoffen in Kontakt kommt oder kommen kann, die in die Risikogruppe 4 im Sinne von § 3 Absatz 1 der Biostoffverordnung einzustufen sind. ³Die Sätze 1 und 2 gelten auch, wenn der Kontakt mit Biostoffen im Sinne von Satz 1 oder 2 therapeutische Maßnahmen erforderlich

macht oder machen kann, die selbst eine unverantwortbare Gefährdung darstellen. ⁴Eine unverantwortbare Gefährdung im Sinne von Satz 1 oder 2 gilt als ausgeschlossen, wenn die stillende Frau über einen ausreichenden Immunschutz verfügt.
(3) ¹Der Arbeitgeber darf eine stillende Frau keine Tätigkeiten ausüben lassen und sie keinen Arbeitsbedingungen aussetzen, bei denen sie physikalischen Einwirkungen in einem Maß ausgesetzt ist oder sein kann, dass dies für sie oder für ihr Kind eine unverantwortbare Gefährdung darstellt. ²Als physikalische Einwirkungen im Sinne von Satz 1 sind insbesondere ionisierende und nicht ionisierende Strahlungen zu berücksichtigen.
(4) ¹Der Arbeitgeber darf eine stillende Frau keine Tätigkeiten ausüben lassen und sie keinen Arbeitsbedingungen aussetzen, bei denen sie einer belastenden Arbeitsumgebung in einem Maß ausgesetzt ist oder sein kann, dass dies für sie oder für ihr Kind eine unverantwortbare Gefährdung darstellt. ²Der Arbeitgeber darf eine stillende Frau insbesondere keine Tätigkeiten ausüben lassen
1. in Räumen mit einem Überdruck im Sinne von § 2 der Druckluftverordnung oder
2. im Bergbau unter Tage.
(5) Der Arbeitgeber darf eine stillende Frau folgende Arbeiten nicht ausüben lassen:
1. Akkordarbeit oder sonstige Arbeiten, bei denen durch ein gesteigertes Arbeitstempo ein höheres Entgelt erzielt werden kann,
2. Fließarbeit oder
3. getaktete Arbeit mit vorgeschriebenem Arbeitstempo, wenn die Art der Arbeit oder das Arbeitstempo für die stillende Frau oder für ihr Kind eine unverantwortbare Gefährdung darstellt.

§ 13 Rangfolge der Schutzmaßnahmen: Umgestaltung der Arbeitsbedingungen, Arbeitsplatzwechsel und betriebliches Beschäftigungsverbot

(1) Werden unverantwortbare Gefährdungen im Sinne von § 9, § 11 oder § 12 festgestellt, hat der Arbeitgeber für jede Tätigkeit einer schwangeren oder stillenden Frau Schutzmaßnahmen in folgender Rangfolge zu treffen:
1. Der Arbeitgeber hat die Arbeitsbedingungen für die schwangere oder stillende Frau durch Schutzmaßnahmen nach Maßgabe des § 9 Absatz 2 umzugestalten.
2. Kann der Arbeitgeber unverantwortbare Gefährdungen für die schwangere oder stillende Frau nicht durch die Umgestaltung der Arbeitsbedingungen nach Nummer 1 ausschließen oder ist eine Umgestaltung wegen des nachweislich unverhältnismäßigen Aufwandes nicht zumutbar, hat der Arbeitgeber die Frau an einem anderen geeigneten Arbeitsplatz einzusetzen, wenn er einen solchen Arbeitsplatz zur Verfügung stellen kann und dieser Arbeitsplatz der schwangeren oder stillenden Frau zumutbar ist.
3. Kann der Arbeitgeber unverantwortbare Gefährdungen für die schwangere oder stillende Frau weder durch Schutzmaßnahmen nach Nummer 1 noch durch einen Arbeitsplatzwechsel nach Nummer 2 ausschließen, darf er die schwangere oder stillende Frau nicht weiter beschäftigen.
(2) Der Auftraggeber oder Zwischenmeister darf keine Heimarbeit an schwangere oder stillende Frauen ausgeben, wenn unverantwortbare Gefährdungen nicht durch Schutzmaßnahmen nach Absatz 1 Nummer 1 ausgeschlossen werden können.

§ 14 Dokumentation und Information durch den Arbeitgeber
(1) ¹Der Arbeitgeber hat die Beurteilung der Arbeitsbedingungen nach § 10 durch Unterlagen zu dokumentieren, aus denen Folgendes ersichtlich ist:
1. das Ergebnis der Gefährdungsbeurteilung nach § 10 Absatz 1 Satz 1 Nummer 1 und der Bedarf an Schutzmaßnahmen nach § 10 Absatz 1 Satz 1 Nummer 2,

2. die Festlegung der erforderlichen Schutzmaßnahmen nach § 10 Absatz 2 Satz 1 sowie das Ergebnis ihrer Überprüfung nach § 9 Absatz 1 Satz 2 und
3. das Angebot eines Gesprächs mit der Frau über weitere Anpassungen ihrer Arbeitsbedingungen nach § 10 Absatz 2 Satz 2 oder der Zeitpunkt eines solchen Gesprächs.
²Wenn die Beurteilung nach § 10 Absatz 1 ergibt, dass die schwangere oder stillende Frau oder ihr Kind keiner Gefährdung im Sinne von § 9 Absatz 2 ausgesetzt ist oder sein kann, reicht es aus, diese Feststellung in einer für den Arbeitsplatz der Frau oder für die Tätigkeit der Frau bereits erstellten Dokumentation der Beurteilung der Arbeitsbedingungen nach § 5 des Arbeitsschutzgesetzes zu vermerken.
(2) Der Arbeitgeber hat alle Personen, die bei ihm beschäftigt sind, über das Ergebnis der Gefährdungsbeurteilung nach § 10 Absatz 1 Satz 1 Nummer 1 und über den Bedarf an Schutzmaßnahmen nach § 10 Absatz 1 Satz 1 Nummer 2 zu informieren.
(3) Der Arbeitgeber hat eine schwangere oder stillende Frau über die Gefährdungsbeurteilung nach § 10 Absatz 1 Satz 1 Nummer 1 und über die damit verbundenen für sie erforderlichen Schutzmaßnahmen nach § 10 Absatz 2 Satz 1 in Verbindung mit § 13 zu informieren.

§ 15 Mitteilungen und Nachweise der schwangeren und stillenden Frauen
(1) ¹Eine schwangere Frau soll ihrem Arbeitgeber ihre Schwangerschaft und den voraussichtlichen Tag der Entbindung mitteilen, sobald sie weiß, dass sie schwanger ist. ²Eine stillende Frau soll ihrem Arbeitgeber so früh wie möglich mitteilen, dass sie stillt.
(2) ¹Auf Verlangen des Arbeitgebers soll eine schwangere Frau als Nachweis über ihre Schwangerschaft ein ärztliches Zeugnis oder das Zeugnis einer Hebamme oder eines Entbindungspflegers vorlegen. ²Das Zeugnis über die Schwangerschaft soll den voraussichtlichen Tag der Entbindung enthalten.

Unterabschnitt 3 Ärztlicher Gesundheitsschutz

§ 16 Ärztliches Beschäftigungsverbot
(1) Der Arbeitgeber darf eine schwangere Frau nicht beschäftigen, soweit nach einem ärztlichen Zeugnis ihre Gesundheit oder die ihres Kindes bei Fortdauer der Beschäftigung gefährdet ist.
(2) Der Arbeitgeber darf eine Frau, die nach einem ärztlichen Zeugnis in den ersten Monaten nach der Entbindung nicht voll leistungsfähig ist, nicht mit Arbeiten beschäftigen, die ihre Leistungsfähigkeit übersteigen.

Abschnitt 3: Kündigungsschutz

§ 17 Kündigungsverbot
(1) ¹Die Kündigung gegenüber einer Frau ist unzulässig
1. während ihrer Schwangerschaft,
2. bis zum Ablauf von vier Monaten nach einer Fehlgeburt nach der zwölften Schwangerschaftswoche und
3. bis zum Ende ihrer Schutzfrist nach der Entbindung, mindestens jedoch bis zum Ablauf von vier Monaten nach der Entbindung,

wenn dem Arbeitgeber zum Zeitpunkt der Kündigung die Schwangerschaft, die Fehlgeburt nach der zwölften Schwangerschaftswoche oder die Entbindung bekannt ist oder wenn sie ihm innerhalb von zwei Wochen nach Zugang der Kündigung mitgeteilt wird. ²Das Überschreiten dieser Frist ist unschädlich, wenn die Überschreitung auf einem von der Frau nicht zu vertretenden Grund beruht und die Mitteilung unverzüglich nachgeholt wird. ³Die Sätze 1

Mutterschutzgesetz §§ 17–20

und 2 gelten entsprechend für Vorbereitungsmaßnahmen des Arbeitgebers, die er im Hinblick auf eine Kündigung der Frau trifft.
(2) ¹Die für den Arbeitsschutz zuständige oberste Landesbehörde oder die von ihr bestimmte Stelle kann in besonderen Fällen, die nicht mit dem Zustand der Frau in der Schwangerschaft, nach einer Fehlgeburt nach der zwölften Schwangerschaftswoche oder nach der Entbindung in Zusammenhang stehen, ausnahmsweise die Kündigung für zulässig erklären. ²Die Kündigung bedarf der Schriftform und muss den Kündigungsgrund angeben.
(3) ¹Der Auftraggeber oder Zwischenmeister darf eine in Heimarbeit beschäftigte Frau in den Fristen nach Absatz 1 Satz 1 nicht gegen ihren Willen bei der Ausgabe von Heimarbeit ausschließen; die §§ 3, 8, 11, 12, 13 Absatz 2 und § 16 bleiben unberührt. ²Absatz 1 gilt auch für eine Frau, die der in Heimarbeit beschäftigten Frau gleichgestellt ist und deren Gleichstellung sich auch auf § 29 des Heimarbeitsgesetzes erstreckt. ³Absatz 2 gilt für eine in Heimarbeit beschäftigte Frau und eine ihr Gleichgestellte entsprechend.

Abschnitt 4: Leistungen

§ 18 Mutterschutzlohn

¹Eine Frau, die wegen eines Beschäftigungsverbots außerhalb der Schutzfristen vor oder nach der Entbindung teilweise oder gar nicht beschäftigt werden darf, erhält von ihrem Arbeitgeber Mutterschutzlohn. ²Als Mutterschutzlohn wird das durchschnittliche Arbeitsentgelt der letzten drei abgerechneten Kalendermonate vor dem Eintritt der Schwangerschaft gezahlt. ³Dies gilt auch, wenn wegen dieses Verbots die Beschäftigung oder die Entlohnungsart wechselt. ⁴Beginnt das Beschäftigungsverhältnis erst nach Eintritt der Schwangerschaft, ist das durchschnittliche Arbeitsentgelt aus dem Arbeitsentgelt der ersten drei Monate der Beschäftigung zu berechnen.

§ 19 Mutterschaftsgeld

(1) Eine Frau, die Mitglied einer gesetzlichen Krankenkasse ist, erhält für die Zeit der Schutzfristen vor und nach der Entbindung sowie für den Entbindungstag Mutterschaftsgeld nach den Vorschriften des Fünften Buches Sozialgesetzbuch oder nach den Vorschriften des Zweiten Gesetzes über die Krankenversicherung der Landwirte.
(2) ¹Eine Frau, die nicht Mitglied einer gesetzlichen Krankenkasse ist, erhält für die Zeit der Schutzfristen vor und nach der Entbindung sowie für den Entbindungstag Mutterschaftsgeld zu Lasten des Bundes in entsprechender Anwendung der Vorschriften des Fünften Buches Sozialgesetzbuch über das Mutterschaftsgeld, jedoch insgesamt höchstens 210 Euro. ²Das Mutterschaftsgeld wird dieser Frau auf Antrag vom Bundesamt für Soziale Sicherung gezahlt. ³Endet das Beschäftigungsverhältnis nach Maßgabe von § 17 Absatz 2 durch eine Kündigung, erhält die Frau Mutterschaftsgeld in entsprechender Anwendung der Sätze 1 und 2 für die Zeit nach dem Ende des Beschäftigungsverhältnisses.

§ 20 Zuschuss zum Mutterschaftsgeld

(1) ¹Eine Frau erhält während ihres bestehenden Beschäftigungsverhältnisses für die Zeit der Schutzfristen vor und nach der Entbindung sowie für den Entbindungstag von ihrem Arbeitgeber einen Zuschuss zum Mutterschaftsgeld. ²Als Zuschuss zum Mutterschaftsgeld wird der Unterschiedsbetrag zwischen 13 Euro und dem um die gesetzlichen Abzüge verminderten durchschnittlichen kalendertäglichen Arbeitsentgelt der letzten drei abgerechneten Kalendermonate vor Beginn der Schutzfrist vor der Entbindung gezahlt. ³Einer Frau, deren Beschäftigungsverhältnis während der Schutzfristen vor oder nach der Entbindung beginnt, wird der Zuschuss zum Mutterschaftsgeld von Beginn des Beschäftigungsverhältnisses an gezahlt.

(2) ¹Ist eine Frau für mehrere Arbeitgeber tätig, sind für die Berechnung des Arbeitgeberzuschusses nach Absatz 1 die durchschnittlichen kalendertäglichen Arbeitsentgelte aus diesen Beschäftigungsverhältnissen zusammenzurechnen. ²Den sich daraus ergebenden Betrag zahlen die Arbeitgeber anteilig im Verhältnis der von ihnen gezahlten durchschnittlichen kalendertäglichen Arbeitsentgelte.
(3) ¹Endet das Beschäftigungsverhältnis nach Maßgabe von § 17 Absatz 2 durch eine Kündigung, erhält die Frau für die Zeit nach dem Ende des Beschäftigungsverhältnisses den Zuschuss zum Mutterschaftsgeld nach Absatz 1 von der für die Zahlung des Mutterschaftsgeldes zuständigen Stelle. ²Satz 1 gilt entsprechend, wenn der Arbeitgeber wegen eines Insolvenzereignisses im Sinne von § 165 Absatz 1 Satz 2 des Dritten Buches Sozialgesetzbuch den Zuschuss nach Absatz 1 nicht zahlen kann.

§ 21 Ermittlung des durchschnittlichen Arbeitsentgelts

(1) ¹Bei der Bestimmung des Berechnungszeitraumes für die Ermittlung des durchschnittlichen Arbeitsentgelts für die Leistungen nach den §§ 18 bis 20 bleiben Zeiten unberücksichtigt, in denen die Frau infolge unverschuldeter Fehlzeiten kein Arbeitsentgelt erzielt hat. ²War das Beschäftigungsverhältnis kürzer als drei Monate, ist der Berechnung der tatsächliche Zeitraum des Beschäftigungsverhältnisses zugrunde zu legen.
(2) Für die Ermittlung des durchschnittlichen Arbeitsentgelts für die Leistungen nach den §§ 18 bis 20 bleiben unberücksichtigt:
1. einmalig gezahltes Arbeitsentgelt im Sinne von § 23a des Vierten Buches Sozialgesetzbuch,
2. Kürzungen des Arbeitsentgelts, die im Berechnungszeitraum infolge von Kurzarbeit, Arbeitsausfällen oder unverschuldetem Arbeitsversäumnis eintreten, und
3. im Fall der Beendigung der Elternzeit nach dem Bundeselterngeld- und Elternzeitgesetz das Arbeitsentgelt aus Teilzeitbeschäftigung, das vor der Beendigung der Elternzeit während der Elternzeit erzielt wurde, soweit das durchschnittliche Arbeitsentgelt ohne die Berücksichtigung der Zeiten, in denen dieses Arbeitsentgelt erzielt wurde, höher ist.
(3) Ist die Ermittlung des durchschnittlichen Arbeitsentgelts entsprechend den Absätzen 1 und 2 nicht möglich, ist das durchschnittliche kalendertägliche Arbeitsentgelt einer vergleichbar beschäftigten Person zugrunde zu legen.
(4) Bei einer dauerhaften Änderung der Arbeitsentgelthöhe ist die geänderte Arbeitsentgelthöhe bei der Ermittlung des durchschnittlichen Arbeitsentgelts für die Leistungen nach den §§ 18 bis 20 zugrunde zu legen, und zwar
1. für den gesamten Berechnungszeitraum, wenn die Änderung während des Berechnungszeitraums wirksam wird,
2. ab Wirksamkeit der Änderung der Arbeitsentgelthöhe, wenn die Änderung der Arbeitsentgelthöhe nach dem Berechnungszeitraum wirksam wird.

§ 22 Leistungen während der Elternzeit

¹Während der Elternzeit sind Ansprüche auf Leistungen nach den §§ 18 und 20 aus dem wegen der Elternzeit ruhenden Arbeitsverhältnis ausgeschlossen. ²Übt die Frau während der Elternzeit eine Teilzeitarbeit aus, ist für die Ermittlung des durchschnittlichen Arbeitsentgelts nur das Arbeitsentgelt aus dieser Teilzeitarbeit zugrunde zu legen.

§ 23 Entgelt bei Freistellung für Untersuchungen und zum Stillen

(1) ¹Durch die Gewährung der Freistellung nach § 7 darf bei der schwangeren oder stillenden Frau kein Entgeltausfall eintreten. ²Freistellungszeiten sind weder vor- noch nachzuarbeiten.

³Sie werden nicht auf Ruhepausen angerechnet, die im Arbeitszeitgesetz oder in anderen Vorschriften festgelegt sind.
(2) ¹Der Auftraggeber oder Zwischenmeister hat einer in Heimarbeit beschäftigten Frau und der ihr Gleichgestellten für die Stillzeit ein Entgelt zu zahlen, das nach der Höhe des durchschnittlichen Stundenentgelts für jeden Werktag zu berechnen ist. ²Ist eine Frau für mehrere Auftraggeber oder Zwischenmeister tätig, haben diese das Entgelt für die Stillzeit zu gleichen Teilen zu zahlen. ³Auf das Entgelt finden die Vorschriften der §§ 23 bis 25 des Heimarbeitsgesetzes über den Entgeltschutz Anwendung.

§ 24 Fortbestehen des Erholungsurlaubs bei Beschäftigungsverboten
¹Für die Berechnung des Anspruchs auf bezahlten Erholungsurlaub gelten die Ausfallzeiten wegen eines Beschäftigungsverbots als Beschäftigungszeiten. ²Hat eine Frau ihren Urlaub vor Beginn eines Beschäftigungsverbots nicht oder nicht vollständig erhalten, kann sie nach dem Ende des Beschäftigungsverbots den Resturlaub im laufenden oder im nächsten Urlaubsjahr beanspruchen.

§ 25 Beschäftigung nach dem Ende des Beschäftigungsverbots
Mit dem Ende eines Beschäftigungsverbots im Sinne von § 2 Absatz 3 hat eine Frau das Recht, entsprechend den vertraglich vereinbarten Bedingungen beschäftigt zu werden.

Abschnitt 5: Durchführung des Gesetzes

§ 26 Aushang des Gesetzes
(1) ¹In Betrieben und Verwaltungen, in denen regelmäßig mehr als drei Frauen beschäftigt werden, hat der Arbeitgeber eine Kopie dieses Gesetzes an geeigneter Stelle zur Einsicht auszulegen oder auszuhängen. ²Dies gilt nicht, wenn er das Gesetz für die Personen, die bei ihm beschäftigt sind, in einem elektronischen Verzeichnis jederzeit zugänglich gemacht hat.
(2) ¹Für eine in Heimarbeit beschäftigte Frau oder eine ihr Gleichgestellte muss der Auftraggeber oder Zwischenmeister in den Räumen der Ausgabe oder Abnahme von Heimarbeit eine Kopie dieses Gesetzes an geeigneter Stelle zur Einsicht auslegen oder aushängen. ²Absatz 1 Satz 2 gilt entsprechend.

§ 27 Mitteilungs- und Aufbewahrungspflichten des Arbeitgebers, Offenbarungsverbot der mit der Überwachung beauftragten Personen
(1) ¹Der Arbeitgeber hat die Aufsichtsbehörde unverzüglich zu benachrichtigen,
1. wenn eine Frau ihm mitgeteilt hat,
   a) dass sie schwanger ist oder
   b) dass sie stillt, es sei denn, er hat die Aufsichtsbehörde bereits über die Schwangerschaft dieser Frau benachrichtigt, oder
2. wenn er beabsichtigt, eine schwangere oder stillende Frau zu beschäftigen
   a) bis 22 Uhr nach den Vorgaben des § 5 Absatz 2 Satz 2 und 3,
   b) an Sonn- und Feiertagen nach den Vorgaben des § 6 Absatz 1 Satz 2 und 3 oder Absatz 2 Satz 2 und 3 oder
   c) mit getakteter Arbeit im Sinne von § 11 Absatz 6 Nummer 3 oder § 12 Absatz 5 Nummer 3.

²Er darf diese Informationen nicht unbefugt an Dritte weitergeben.
(2) ¹Der Arbeitgeber hat der Aufsichtsbehörde auf Verlangen die Angaben zu machen, die zur Erfüllung der Aufgaben dieser Behörde erforderlich sind. ²Er hat die Angaben wahrheitsgemäß, vollständig und rechtzeitig zu machen.

(3) Der Arbeitgeber hat der Aufsichtsbehörde auf Verlangen die Unterlagen zur Einsicht vorzulegen oder einzusenden, aus denen Folgendes ersichtlich ist:
1. die Namen der schwangeren oder stillenden Frauen, die bei ihm beschäftigt sind,
2. die Art und der zeitliche Umfang ihrer Beschäftigung,
3. die Entgelte, die an sie gezahlt worden sind,
4. die Ergebnisse der Beurteilung der Arbeitsbedingungen nach § 10 und
5. alle sonstigen nach Absatz 2 erforderlichen Angaben.
(4) ^{1}Die auskunftspflichtige Person kann die Auskunft auf solche Fragen oder die Vorlage derjenigen Unterlagen verweigern, deren Beantwortung oder Vorlage sie selbst oder einen ihrer in § 383 Absatz 1 Nummer 1 bis 3 der Zivilprozessordnung bezeichneten Angehörigen der Gefahr der Verfolgung wegen einer Straftat oder Ordnungswidrigkeit aussetzen würde. ^{2}Die auskunftspflichtige Person ist darauf hinzuweisen.
(5) Der Arbeitgeber hat die in Absatz 3 genannten Unterlagen mindestens bis zum Ablauf von zwei Jahren nach der letzten Eintragung aufzubewahren.
(6) ^{1}Die mit der Überwachung beauftragten Personen der Aufsichtsbehörde dürfen die ihnen bei ihrer Überwachungstätigkeit zur Kenntnis gelangten Geschäfts- und Betriebsgeheimnisse nur in den gesetzlich geregelten Fällen oder zur Verfolgung von Rechtsverstößen oder zur Erfüllung von gesetzlich geregelten Aufgaben zum Schutz der Umwelt den dafür zuständigen Behörden offenbaren. ^{2}Soweit es sich bei Geschäfts- und Betriebsgeheimnissen um Informationen über die Umwelt im Sinne des Umweltinformationsgesetzes handelt, richtet sich die Befugnis zu ihrer Offenbarung nach dem Umweltinformationsgesetz.

§ 28 Behördliches Genehmigungsverfahren für eine Beschäftigung zwischen 20 Uhr und 22 Uhr

(1) ^{1}Die Aufsichtsbehörde kann abweichend von § 5 Absatz 1 Satz 1 auf Antrag des Arbeitgebers genehmigen, dass eine schwangere oder stillende Frau zwischen 20 Uhr und 22 Uhr beschäftigt wird, wenn
1. sich die Frau dazu ausdrücklich bereit erklärt,
2. nach ärztlichem Zeugnis nichts gegen die Beschäftigung der Frau bis 22 Uhr spricht und
3. insbesondere eine unverantwortbare Gefährdung für die schwangere Frau oder ihr Kind durch Alleinarbeit ausgeschlossen ist.
^{2}Dem Antrag ist die Dokumentation der Beurteilung der Arbeitsbedingungen nach § 14 Absatz 1 beizufügen. ^{3}Die schwangere oder stillende Frau kann ihre Erklärung nach Satz 1 Nummer 1 jederzeit mit Wirkung für die Zukunft widerrufen.
(2) ^{1}Solange die Aufsichtsbehörde den Antrag nicht ablehnt oder die Beschäftigung zwischen 20 Uhr und 22 Uhr nicht vorläufig untersagt, darf der Arbeitgeber die Frau unter den Voraussetzungen des Absatzes 1 beschäftigen. ^{2}Die Aufsichtsbehörde hat dem Arbeitgeber nach Eingang des Antrags unverzüglich eine Mitteilung zu machen, wenn die für den Antrag nach Absatz 1 erforderlichen Unterlagen unvollständig sind. ^{3}Die Aufsichtsbehörde kann die Beschäftigung vorläufig untersagen, soweit dies erforderlich ist, um den Schutz der Gesundheit der Frau oder ihres Kindes sicherzustellen.
(3) ^{1}Lehnt die Aufsichtsbehörde den Antrag nicht innerhalb von sechs Wochen nach Eingang des vollständigen Antrags ab, gilt die Genehmigung als erteilt. ^{2}Auf Verlangen ist dem Arbeitgeber der Eintritt der Genehmigungsfiktion (§ 42a des Verwaltungsverfahrensgesetzes) zu bescheinigen.
(4) Im Übrigen gelten die Vorschriften des Verwaltungsverfahrensgesetzes.

§ 29 Zuständigkeit und Befugnisse der Aufsichtsbehörden, Jahresbericht

(1) Die Aufsicht über die Ausführung der Vorschriften dieses Gesetzes und der aufgrund dieses Gesetzes erlassenen Vorschriften obliegt den nach Landesrecht zuständigen Behörden (Aufsichtsbehörden).
(2) ^{1}Die Aufsichtsbehörden haben dieselben Befugnisse wie die nach § 22 Absatz 2 und 3 des Arbeitsschutzgesetzes mit der Überwachung beauftragten Personen. ^{2}Das Grundrecht der Unverletzlichkeit der Wohnung (Artikel 13 des Grundgesetzes) wird insoweit eingeschränkt.
(3) ^{1}Die Aufsichtsbehörde kann in Einzelfällen die erforderlichen Maßnahmen anordnen, die der Arbeitgeber zur Erfüllung derjenigen Pflichten zu treffen hat, die sich aus Abschnitt 2 dieses Gesetzes und aus den aufgrund des § 31 Nummer 1 bis 5 erlassenen Rechtsverordnungen ergeben. ^{2}Insbesondere kann die Aufsichtsbehörde:
1. in besonders begründeten Einzelfällen Ausnahmen vom Verbot der Mehrarbeit nach § 4 Absatz 1 Satz 1, 2 oder 4 sowie vom Verbot der Nachtarbeit auch zwischen 22 Uhr und 6 Uhr nach § 5 Absatz 1 Satz 1 oder Absatz 2 Satz 1 bewilligen, wenn
   a) sich die Frau dazu ausdrücklich bereit erklärt,
   b) nach ärztlichem Zeugnis nichts gegen die Beschäftigung spricht und
   c) in den Fällen des § 5 Absatz 1 Satz 1 oder Absatz 2 Satz 1 insbesondere eine unverantwortbare Gefährdung für die schwangere Frau oder ihr Kind durch Alleinarbeit ausgeschlossen ist,
2. verbieten, dass ein Arbeitgeber eine schwangere oder stillende Frau
   a) nach § 5 Absatz 2 Satz 2 zwischen 20 Uhr und 22 Uhr beschäftigt oder
   b) nach § 6 Absatz 1 Satz 2 oder nach § 6 Absatz 2 Satz 2 an Sonn- und Feiertagen beschäftigt,
3. Einzelheiten zur Freistellung zum Stillen nach § 7 Absatz 2 und zur Bereithaltung von Räumlichkeiten, die zum Stillen geeignet sind, anordnen,
4. Einzelheiten zur zulässigen Arbeitsmenge nach § 8 anordnen,
5. Schutzmaßnahmen nach § 9 Absatz 1 bis 3 und nach § 13 anordnen,
6. Einzelheiten zu Art und Umfang der Beurteilung der Arbeitsbedingungen nach § 10 anordnen,
7. bestimmte Tätigkeiten oder Arbeitsbedingungen nach § 11 oder nach § 12 verbieten,
8. Ausnahmen von den Vorschriften des § 11 Absatz 6 Nummer 1 und 2 und des § 12 Absatz 5 Nummer 1 und 2 bewilligen, wenn die Art der Arbeit und das Arbeitstempo keine unverantwortbare Gefährdung für die schwangere oder stillende Frau oder für ihr Kind darstellen, und
9. Einzelheiten zu Art und Umfang der Dokumentation und Information nach § 14 anordnen.

^{3}Die schwangere oder stillende Frau kann ihre Erklärung nach Satz 2 Nummer 1 Buchstabe a jederzeit mit Wirkung für die Zukunft widerrufen.
(4) Die Aufsichtsbehörde berät den Arbeitgeber bei der Erfüllung seiner Pflichten nach diesem Gesetz sowie die bei ihm beschäftigten Personen zu ihren Rechten und Pflichten nach diesem Gesetz; dies gilt nicht für die Rechte und Pflichten nach den §§ 18 bis 22.
(5) Für Betriebe und Verwaltungen im Geschäftsbereich des Bundesministeriums der Verteidigung wird die Aufsicht nach Absatz 1 durch das Bundesministerium der Verteidigung oder die von ihm bestimmte Stelle in eigener Zuständigkeit durchgeführt.
(6) ^{1}Die zuständigen obersten Landesbehörden haben über die Überwachungstätigkeit der ihnen unterstellten Behörden einen Jahresbericht zu veröffentlichen. ^{2}Der Jahresbericht umfasst auch Angaben zur Erfüllung von Unterrichtspflichten aus internationalen Übereinkommen oder Rechtsakten der Europäischen Union, soweit sie den Mutterschutz betreffen.

§ 30 Ausschuss für Mutterschutz

(1) ¹Beim Bundesministerium für Familie, Senioren, Frauen und Jugend wird ein Ausschuss für Mutterschutz gebildet, in dem geeignete Personen vonseiten der öffentlichen und privaten Arbeitgeber, der Ausbildungsstellen, der Gewerkschaften, der Studierendenvertretungen und der Landesbehörden sowie weitere geeignete Personen, insbesondere aus der Wissenschaft, vertreten sein sollen. ²Dem Ausschuss sollen nicht mehr als 15 Mitglieder angehören. ³Für jedes Mitglied ist ein stellvertretendes Mitglied zu benennen. ⁴Die Mitgliedschaft im Ausschuss für Mutterschutz ist ehrenamtlich.

(2) ¹Das Bundesministerium für Familie, Senioren, Frauen und Jugend beruft im Einvernehmen mit dem Bundesministerium für Arbeit und Soziales, dem Bundesministerium für Gesundheit und dem Bundesministerium für Bildung und Forschung die Mitglieder des Ausschusses für Mutterschutz und die stellvertretenden Mitglieder. ²Der Ausschuss gibt sich eine Geschäftsordnung und wählt die Vorsitzende oder den Vorsitzenden aus seiner Mitte. Die Geschäftsordnung und die Wahl der oder des Vorsitzenden bedürfen der Zustimmung des Bundesministeriums für Familie, Senioren, Frauen und Jugend. ³Die Zustimmung erfolgt im Einvernehmen mit dem Bundesministerium für Arbeit und Soziales und dem Bundesministerium für Gesundheit.

(3) ¹Zu den Aufgaben des Ausschusses für Mutterschutz gehört es,
1. Art, Ausmaß und Dauer der möglichen unverantwortbaren Gefährdungen einer schwangeren oder stillenden Frau und ihres Kindes nach wissenschaftlichen Erkenntnissen zu ermitteln und zu begründen
2. sicherheitstechnische, arbeitsmedizinische und arbeitshygienische Regeln zum Schutz der schwangeren oder stillenden Frau und ihres Kindes aufzustellen und
3. das Bundesministerium für Familie, Senioren, Frauen und Jugend in allen mutterschutzbezogenen Fragen zu beraten.

²Der Ausschuss arbeitet eng mit den Ausschüssen nach § 18 Absatz 2 Nummer 5 des Arbeitsschutzgesetzes zusammen.

(4) Nach Prüfung durch das Bundesministerium für Familie, Senioren, Frauen und Jugend, durch das Bundesministerium für Arbeit und Soziales, durch das Bundesministerium für Gesundheit und durch das Bundesministerium für Bildung und Forschung kann das Bundesministerium für Familie, Senioren, Frauen und Jugend im Einvernehmen mit den anderen in diesem Absatz genannten Bundesministerien die vom Ausschuss für Mutterschutz nach Absatz 3 aufgestellten Regeln und Erkenntnisse im Gemeinsamen Ministerialblatt veröffentlichen.

(5) ¹Die Bundesministerien sowie die obersten Landesbehörden können zu den Sitzungen des Ausschusses für Mutterschutz Vertreterinnen oder Vertreter entsenden. ²Auf Verlangen ist ihnen in der Sitzung das Wort zu erteilen.

(6) Die Geschäfte des Ausschusses für Mutterschutz werden vom Bundesamt für Familie und zivilgesellschaftliche Aufgaben geführt.

§ 31 Erlass von Rechtsverordnungen

Die Bundesregierung wird ermächtigt, durch Rechtsverordnung mit Zustimmung des Bundesrates Folgendes zu regeln:
1. nähere Bestimmungen zum Begriff der unverantwortbaren Gefährdung nach § 9 Absatz 2 Satz 2 und 3,
2. nähere Bestimmungen zur Durchführung der erforderlichen Schutzmaßnahmen nach § 9 Absatz 1 und 2 und nach § 13,
3. nähere Bestimmungen zu Art und Umfang der Beurteilung der Arbeitsbedingungen nach § 10,

4. Festlegungen von unzulässigen Tätigkeiten und Arbeitsbedingungen im Sinne von § 11 oder § 12 oder von anderen nach diesem Gesetz unzulässigen Tätigkeiten und Arbeitsbedingungen,
5. nähere Bestimmungen zur Dokumentation und Information nach § 14,
6. nähere Bestimmungen zur Ermittlung des durchschnittlichen Arbeitsentgelts im Sinne der §§ 18 bis 22 und
7. nähere Bestimmungen zum erforderlichen Inhalt der Benachrichtigung, ihrer Form, der Art und Weise der Übermittlung sowie die Empfänger der vom Arbeitgeber nach § 27 zu meldenden Informationen.

Abschnitt 6: Bußgeldvorschriften, Strafvorschriften

§ 32 Bußgeldvorschriften

(1) Ordnungswidrig handelt, wer vorsätzlich oder fahrlässig
1. entgegen § 3 Absatz 1 Satz 1, auch in Verbindung mit Satz 4, entgegen § 3 Absatz 2 Satz 1, auch in Verbindung mit Satz 2 oder 3, entgegen § 3 Absatz 3 Satz 1, § 4 Absatz 1 Satz 1, 2 oder 4 oder § 5 Absatz 1 Satz 1, § 6 Absatz 1 Satz 1, § 13 Absatz 1 Nummer 3 oder § 16 eine Frau beschäftigt,
2. entgegen § 4 Absatz 2 eine Ruhezeit nicht, nicht richtig oder nicht rechtzeitig gewährt,
3. entgegen § 5 Absatz 2 Satz 1 oder § 6 Absatz 2 Satz 1 eine Frau tätig werden lässt,
4. entgegen § 7 Absatz 1 Satz 1, auch in Verbindung mit Satz 2, oder entgegen § 7 Absatz 2 Satz 1 eine Frau nicht freistellt,
5. entgegen § 8 oder § 13 Absatz 2 Heimarbeit ausgibt,
6. entgegen § 10 Absatz 1 Satz 1, auch in Verbindung mit einer Rechtsverordnung nach § 31 Nummer 3, eine Gefährdung nicht, nicht richtig oder nicht rechtzeitig beurteilt oder eine Ermittlung nicht, nicht richtig oder nicht rechtzeitig durchführt,
7. entgegen § 10 Absatz 2 Satz 1, auch in Verbindung mit einer Rechtsverordnung nach § 31 Nummer 3, eine Schutzmaßnahme nicht, nicht richtig oder nicht rechtzeitig festlegt,
8. entgegen § 10 Absatz 3 eine Frau eine andere als die dort bezeichnete Tätigkeit ausüben lässt,
9. entgegen § 14 Absatz 1 Satz 1 in Verbindung mit einer Rechtsverordnung nach § 31 Nummer 5 eine Dokumentation nicht, nicht richtig, nicht vollständig oder nicht rechtzeitig erstellt,
10. entgegen § 14 Absatz 2 oder 3, jeweils in Verbindung mit einer Rechtsverordnung nach § 31 Nummer 5, eine Information nicht, nicht richtig, nicht vollständig oder nicht rechtzeitig gibt,
11. entgegen § 27 Absatz 1 Satz 1 die Aufsichtsbehörde nicht, nicht richtig oder nicht rechtzeitig benachrichtigt,
12. entgegen § 27 Absatz 1 Satz 2 eine Information weitergibt,
13. entgegen § 27 Absatz 2 eine Angabe nicht, nicht richtig, nicht vollständig oder nicht rechtzeitig macht,
14. entgegen § 27 Absatz 3 eine Unterlage nicht, nicht richtig oder nicht rechtzeitig vorlegt oder nicht oder nicht rechtzeitig einsendet,
15. entgegen § 27 Absatz 5 eine Unterlage nicht oder nicht mindestens zwei Jahre aufbewahrt,
16. einer vollziehbaren Anordnung nach § 29 Absatz 3 Satz 1 zuwiderhandelt oder
17. einer Rechtsverordnung nach § 31 Nummer 4 oder einer vollziehbaren Anordnung aufgrund einer solchen Rechtsverordnung zuwiderhandelt, soweit die Rechtsverordnung für einen bestimmten Tatbestand auf diese Bußgeldvorschrift verweist.

(2) Die Ordnungswidrigkeit kann in den Fällen des Absatzes 1 Nummer 1 bis 5, 8, 16 und 17 mit einer Geldbuße bis zu dreißigtausend Euro, in den übrigen Fällen mit einer Geldbuße bis zu fünftausend Euro geahndet werden.

§ 33 Strafvorschriften
Wer eine in § 32 Absatz 1 Nummer 1 bis 5, 8, 16 und 17 bezeichnete vorsätzliche Handlung begeht und dadurch die Gesundheit der Frau oder ihres Kindes gefährdet, wird mit Freiheitsstrafe bis zu einem Jahr oder mit Geldstrafe bestraft.

Abschnitt 7: Schlussvorschriften

§ 34 Evaluationsbericht
[1]Die Bundesregierung legt dem Deutschen Bundestag zum 1. Januar 2021 einen Evaluationsbericht über die Auswirkungen des Gesetzes vor. [2]Schwerpunkte des Berichts sollen die Handhabbarkeit der gesetzlichen Regelung in der betrieblichen und behördlichen Praxis, die Wirksamkeit und die Auswirkungen des Gesetzes im Hinblick auf seinen Anwendungsbereich, die Auswirkungen der Regelungen zum Verbot der Mehr- und Nachtarbeit sowie zum Verbot der Sonn- und Feiertagsarbeit und die Arbeit des Ausschusses für Mutterschutz sein. [3]Der Bericht darf keine personenbezogenen Daten enthalten.

Gesetz über den Nachweis der für ein Arbeitsverhältnis geltenden wesentlichen Bedingungen (Nachweisgesetz – NachwG)

vom 20. Juli 1995 (BGBl. I 1995, S. 946)

– zuletzt geändert durch Gesetz zur Umsetzung der Richtlinie (EU) 2019/1152 des Europäischen Parlaments und des Rates vom 20. Juni 2019 über transparente und vorhersehbare Arbeitsbedingungen in der Europäischen Union im Bereich des Zivilrechts und zur Übertragung von Aufgaben an die Sozialversicherung für Landwirtschaft, Forsten und Gartenbau vom 20. Juli 2022 (BGBl I 2022, S. 1174)

§ 1 Anwendungsbereich
[1]Dieses Gesetz gilt für alle Arbeitnehmer. [2]Praktikanten, die gemäß § 22 Absatz 1 des Mindestlohngesetzes als Arbeitnehmer gelten, sind Arbeitnehmer im Sinne dieses Gesetzes.

§ 2 Nachweispflicht
(1) [1]Der Arbeitgeber hat die wesentlichen Vertragsbedingungen des Arbeitsverhältnisses innerhalb der Fristen des Satzes 4 schriftlich niederzulegen, die Niederschrift zu unterzeichnen und dem Arbeitnehmer auszuhändigen. [2]In die Niederschrift sind mindestens aufzunehmen:
1. der Name und die Anschrift der Vertragsparteien,
2. der Zeitpunkt des Beginns des Arbeitsverhältnisses,
3. bei befristeten Arbeitsverhältnissen: das Enddatum oder die vorhersehbare Dauer des Arbeitsverhältnisses,
4. der Arbeitsort oder, falls der Arbeitnehmer nicht nur an einem bestimmten Arbeitsort tätig sein soll, ein Hinweis darauf, daß der Arbeitnehmer an verschiedenen Orten beschäftigt werden oder seinen Arbeitsort frei wählen kann,
5. eine kurze Charakterisierung oder Beschreibung der vom Arbeitnehmer zu leistenden Tätigkeit,
6. sofern vereinbart, die Dauer der Probezeit,
7. die Zusammensetzung und die Höhe des Arbeitsentgelts einschließlich der Vergütung von Überstunden, der Zuschläge, der Zulagen, Prämien und Sonderzahlungen sowie anderer Bestandteile des Arbeitsentgelts, die jeweils getrennt anzugeben sind, und deren Fälligkeit sowie die Art der Auszahlung,
8. die vereinbarte Arbeitszeit, vereinbarte Ruhepausen und Ruhezeiten sowie bei vereinbarter Schichtarbeit das Schichtsystem, der Schichtrhythmus und Voraussetzungen für Schichtänderungen,
9. bei Arbeit auf Abruf nach § 12 des Teilzeit- und Befristungsgesetzes:
    a) die Vereinbarung, dass der Arbeitnehmer seine Arbeitsleistung entsprechend dem Arbeitsanfall zu erbringen hat,
    b) die Zahl der mindestens zu vergütenden Stunden,
    c) der Zeitrahmen, bestimmt durch Referenztage und Referenzstunden, der für die Erbringung der Arbeitsleistung festgelegt ist, und
    d) die Frist, innerhalb derer der Arbeitgeber die Lage der Arbeitszeit im Voraus mitzuteilen hat,
10. sofern vereinbart, die Möglichkeit der Anordnung von Überstunden und deren Voraussetzungen,

11. die Dauer des jährlichen Erholungsurlaubs,
12. ein etwaiger Anspruch auf vom Arbeitgeber bereitgestellte Fortbildung,
13. wenn der Arbeitgeber dem Arbeitnehmer eine betriebliche Altersversorgung über einen Versorgungsträger zusagt, der Name und die Anschrift dieses Versorgungsträgers; die Nachweispflicht entfällt, wenn der Versorgungsträger zu dieser Information verpflichtet ist,
14. das bei der Kündigung des Arbeitsverhältnisses von Arbeitgeber und Arbeitnehmer einzuhaltende Verfahren, mindestens das Schriftformerfordernis und die Fristen für die Kündigung des Arbeitsverhältnisses, sowie die Frist zur Erhebung einer Kündigungsschutzklage; § 7 des Kündigungsschutzgesetzes ist auch bei einem nicht ordnungsgemäßen Nachweis der Frist zur Erhebung einer Kündigungsschutzklage anzuwenden,
15. ein in allgemeiner Form gehaltener Hinweis auf die auf das Arbeitsverhältnis anwendbaren Tarifverträge, Betriebs- oder Dienstvereinbarungen sowie Regelungen paritätisch besetzter Kommissionen, die auf der Grundlage kirchlichen Rechts Arbeitsbedingungen für den Bereich kirchlicher Arbeitgeber festlegen.

³Der Nachweis der wesentlichen Vertragsbedingungen in elektronischer Form ist ausgeschlossen. ⁴Dem Arbeitnehmer ist die Niederschrift mit den Angaben nach Satz 2 Nummer 1, 7 und 8 spätestens am ersten Tag der Arbeitsleistung, die Niederschrift mit den Angaben nach Satz 2 Nummer 2 bis 6, 9 und 10 spätestens am siebten Kalendertag nach dem vereinbarten Beginn des Arbeitsverhältnisses und die Niederschrift mit den übrigen Angaben nach Satz 2 spätestens einen Monat nach dem vereinbarten Beginn des Arbeitsverhältnisses auszuhändigen.

(1a) ¹Wer einen Praktikanten einstellt, hat unverzüglich nach Abschluss des Praktikumsvertrages, spätestens vor Aufnahme der Praktikantentätigkeit, die wesentlichen Vertragsbedingungen schriftlich niederzulegen, die Niederschrift zu unterzeichnen und dem Praktikanten auszuhändigen. ²In die Niederschrift sind mindestens aufzunehmen:
1. der Name und die Anschrift der Vertragsparteien,
2. die mit dem Praktikum verfolgten Lern- und Ausbildungsziele,
3. Beginn und Dauer des Praktikums,
4. Dauer der regelmäßigen täglichen Praktikumszeit,
5. Zahlung und Höhe der Vergütung,
6. Dauer des Urlaubs,
7. ein in allgemeiner Form gehaltener Hinweis auf die Tarifverträge, Betriebs- oder Dienstvereinbarungen, die auf das Praktikumsverhältnis anzuwenden sind.

³Absatz 1 Satz 3 gilt entsprechend.

(2) Hat der Arbeitnehmer seine Arbeitsleistung länger als vier aufeinanderfolgende Wochen außerhalb der Bundesrepublik Deutschland zu erbringen, so hat der Arbeitgeber dem Arbeitnehmer vor dessen Abreise die Niederschrift nach Absatz 1 Satz 1 mit allen wesentlichen Angaben nach Absatz 1 Satz 2 und folgenden zusätzlichen Angaben auszuhändigen:
1. das Land oder die Länder, in dem oder in denen die Arbeit im Ausland geleistet werden soll, und die geplante Dauer der Arbeit,
2. die Währung, in der die Entlohnung erfolgt,
3. sofern vereinbart, mit dem Auslandsaufenthalt verbundene Geld- oder Sachleistungen, insbesondere Entsendezulagen und zu erstattende Reise-, Verpflegungs- und Unterbringungskosten,
4. die Angabe, ob eine Rückkehr des Arbeitnehmers vorgesehen ist, und gegebenenfalls die Bedingungen der Rückkehr.

(3) Fällt ein Auslandsaufenthalt nach Absatz 2 in den Anwendungsbereich der Richtlinie 96/71/EG des Europäischen Parlaments und des Rates vom 16. Dezember 1996 über

die Entsendung von Arbeitnehmern im Rahmen der Erbringung von Dienstleistungen (ABl. L 18 vom 21.1.1997, S. 1), die durch die Richtlinie (EU) 2018/957 (ABl. L 173 vom 9.7.2018, S. 16) geändert worden ist, muss die Niederschrift nach Absatz 1 Satz 1 neben den Angaben nach Absatz 2 auch folgende zusätzliche Angaben enthalten:
1. die Entlohnung, auf die der Arbeitnehmer nach dem Recht des Mitgliedstaats oder der Mitgliedstaaten, in dem oder in denen der Arbeitnehmer seine Arbeit leisten soll, Anspruch hat,
2. den Link zu der einzigen offiziellen nationalen Website, die der Mitgliedstaat, in dem der Arbeitnehmer seine Arbeit leisten soll, betreibt nach Artikel 5 Absatz 2 Buchstabe a der Richtlinie 2014/67/EU des Europäischen Parlaments und des Rates vom 15. Mai 2014 zur Durchsetzung der Richtlinie 96/71/EG über die Entsendung von Arbeitnehmern im Rahmen der Erbringung von Dienstleistungen und zur Änderung der Verordnung (EU) Nr. 1024/2012 über die Verwaltungszusammenarbeit mit Hilfe des Binnenmarkt-Informationssystems – („IMI-Verordnung") (ABl. L 159 vom 28.5.2014, S. 11).
(4) ¹Die Angaben nach Absatz 1 Satz 2 Nummer 6 bis 8 und 10 bis 14 können ersetzt werden durch einen Hinweis auf die auf das Arbeitsverhältnis anwendbaren Tarifverträge, Betriebs- oder Dienstvereinbarungen sowie Regelungen paritätisch besetzter Kommissionen, die auf der Grundlage kirchlichen Rechts Arbeitsbedingungen für den Bereich kirchlicher Arbeitgeber festlegen. ²Ist in den Fällen des Absatzes 1 Satz 2 Nummer 11 und 14 die jeweilige gesetzliche Regelung maßgebend, so kann hierauf verwiesen werden. ³Die Angaben nach Absatz 2 Nummer 2 und Absatz 3 Nummer 1 können ersetzt werden durch einen Hinweis auf konkrete Bestimmungen der einschlägigen Rechts- und Verwaltungsvorschriften und Satzungen oder Tarifverträge, Betriebs- oder Dienstvereinbarungen sowie Regelungen paritätisch besetzter Kommissionen, die auf der Grundlage kirchlichen Rechts Arbeitsbedingungen für den Bereich kirchlicher Arbeitgeber festlegen.
(5) Wenn dem Arbeitnehmer ein schriftlicher Arbeitsvertrag ausgehändigt worden ist, entfällt die Verpflichtung nach den Absätzen 1, 2 und 3, soweit der Vertrag die in den Absätzen 1 bis 4 geforderten Angaben enthält.

§ 3 Änderung der Angaben
¹Eine Änderung der wesentlichen Vertragsbedingungen ist dem Arbeitnehmer spätestens an dem Tag, an dem sie wirksam wird, schriftlich mitzuteilen. ²Satz 1 gilt nicht bei einer Änderung der auf das Arbeitsverhältnis anwendbaren gesetzlichen Vorschriften, Tarifverträge, Betriebs- oder Dienstvereinbarungen sowie Regelungen paritätisch besetzter Kommissionen, die auf der Grundlage kirchlichen Rechts Arbeitsbedingungen für den Bereich kirchlicher Arbeitgeber festlegen.

§ 4 Bußgeldvorschriften
(1) Ordnungswidrig handelt, wer
1. entgegen § 2 Absatz 1 Satz 1 eine in § 2 Absatz 1 Satz 2 genannte wesentliche Vertragsbedingung nicht, nicht richtig, nicht vollständig, nicht in der vorgeschriebenen Weise oder nicht rechtzeitig aushändigt,
2. entgegen § 2 Absatz 2, auch in Verbindung mit Absatz 3, eine dort genannte Niederschrift nicht, nicht richtig, nicht vollständig oder nicht rechtzeitig aushändigt oder
3. entgegen § 3 Satz 1 eine Mitteilung nicht, nicht richtig, nicht vollständig, nicht in der vorgeschriebenen Weise oder nicht rechtzeitig macht.
(2) Die Ordnungswidrigkeit kann mit einer Geldbuße bis zu zweitausend Euro geahndet werden.

§ 5 Übergangsvorschrift

¹Hat das Arbeitsverhältnis bereits vor dem 1. August 2022 bestanden, so ist dem Arbeitnehmer auf sein Verlangen spätestens am siebten Tag nach Zugang der Aufforderung beim Arbeitgeber die Niederschrift mit den Angaben nach § 2 Absatz 1 Satz 2 Nummer 1 bis 10 auszuhändigen; die Niederschrift mit den übrigen Angaben nach § 2 Absatz 1 Satz 2 ist spätestens einen Monat nach Zugang der Aufforderung auszuhändigen. ²Soweit eine früher ausgestellte Niederschrift oder ein schriftlicher Arbeitsvertrag die nach diesem Gesetz erforderlichen Angaben enthält, entfällt diese Verpflichtung.

§ 6 Unabdingbarkeit

Von den Vorschriften dieses Gesetzes kann nicht zuungunsten des Arbeitnehmers abgewichen werden.

Gesetz über die Pflegezeit (Pflegezeitgesetz – PflegeZG)

vom 28. Mai 2008 (BGBl. I 2008, S. 874)
– zuletzt geändert durch Gesetz zur weiteren Umsetzung der Richtlinie (EU) 2019/1158 des Europäischen Parlaments und des Rates vom 20. Juni 2019 zur Vereinbarkeit von Beruf und Privatleben für Eltern und pflegende Angehörige und zur Aufhebung der Richtlinie 2010/18/EU des Rates vom 19. Dezember 2022 (BGBl I 2022, S. 2510)

§ 1 Ziel des Gesetzes
Ziel des Gesetzes ist, Beschäftigten die Möglichkeit zu eröffnen, pflegebedürftige nahe Angehörige in häuslicher Umgebung zu pflegen und damit die Vereinbarkeit von Beruf und familiärer Pflege zu verbessern.

§ 2 Kurzzeitige Arbeitsverhinderung
(1) Beschäftigte haben das Recht, bis zu zehn Arbeitstage der Arbeit fernzubleiben, wenn dies erforderlich ist, um für einen pflegebedürftigen nahen Angehörigen in einer akut aufgetretenen Pflegesituation eine bedarfsgerechte Pflege zu organisieren oder eine pflegerische Versorgung in dieser Zeit sicherzustellen.
(2) [1]Beschäftigte sind verpflichtet, dem Arbeitgeber ihre Verhinderung an der Arbeitsleistung und deren voraussichtliche Dauer unverzüglich mitzuteilen. [2]Dem Arbeitgeber ist auf Verlangen eine ärztliche Bescheinigung über die Pflegebedürftigkeit des nahen Angehörigen und die Erforderlichkeit der in Absatz 1 genannten Maßnahmen vorzulegen.
(3) [1]Der Arbeitgeber ist zur Fortzahlung der Vergütung nur verpflichtet, soweit sich eine solche Verpflichtung aus anderen gesetzlichen Vorschriften oder auf Grund einer Vereinbarung ergibt. [2]Ein Anspruch der Beschäftigten auf Zahlung von Pflegeunterstützungsgeld richtet sich nach § 44a Absatz 3 des Elften Buches Sozialgesetzbuch.

§ 3 Pflegezeit und sonstige Freistellungen
(1) [1]Beschäftigte sind von der Arbeitsleistung vollständig oder teilweise freizustellen, wenn sie einen pflegebedürftigen nahen Angehörigen in häuslicher Umgebung pflegen (Pflegezeit). [2]Der Anspruch nach Satz 1 besteht nicht gegenüber Arbeitgebern mit in der Regel 15 oder weniger Beschäftigten.
(2) [1]Die Beschäftigten haben die Pflegebedürftigkeit des nahen Angehörigen durch Vorlage einer Bescheinigung der Pflegekasse oder des Medizinischen Dienstes der Krankenversicherung nachzuweisen. [2]Bei in der privaten Pflege-Pflichtversicherung versicherten Pflegebedürftigen ist ein entsprechender Nachweis zu erbringen.
(3) [1]Wer Pflegezeit beanspruchen will, muss dies dem Arbeitgeber spätestens zehn Arbeitstage vor Beginn schriftlich ankündigen und gleichzeitig erklären, für welchen Zeitraum und in welchem Umfang die Freistellung von der Arbeitsleistung in Anspruch genommen werden soll. [2]Wenn nur teilweise Freistellung in Anspruch genommen wird, ist auch die gewünschte Verteilung der Arbeitszeit anzugeben. [3]Enthält die Ankündigung keine eindeutige Festlegung, ob die oder der Beschäftigte Pflegezeit oder Familienpflegezeit nach § 2 des Familienpflegezeitgesetzes in Anspruch nehmen will, und liegen die Voraussetzungen beider Freistellungsansprüche vor, gilt die Erklärung als Ankündigung von Pflegezeit. [4]Beansprucht die oder der Beschäftigte nach der Pflegezeit Familienpflegezeit oder eine Freistellung nach § 2 Absatz 5 des Familienpflegezeitgesetzes zur Pflege oder Betreuung desselben pflegebedürftigen Angehörigen, muss sich die Familienpflegezeit oder die Freistellung nach § 2 Absatz 5 des Familienpflegezeitgesetzes unmittelbar an die Pflegezeit anschließen. [5]In diesem Fall soll die

oder der Beschäftigte möglichst frühzeitig erklären, ob sie oder er Familienpflegezeit oder eine Freistellung nach § 2 Absatz 5 des Familienpflegezeitgesetzes in Anspruch nehmen wird; abweichend von § 2a Absatz 1 Satz 1 des Familienpflegezeitgesetzes muss die Ankündigung spätestens drei Monate vor Beginn der Familienpflegezeit erfolgen. [6]Wird Pflegezeit nach einer Familienpflegezeit oder einer Freistellung nach § 2 Absatz 5 des Familienpflegezeitgesetzes in Anspruch genommen, ist die Pflegezeit in unmittelbarem Anschluss an die Familienpflegezeit oder die Freistellung nach § 2 Absatz 5 des Familienpflegezeitgesetzes zu beanspruchen; sie ist abweichend von Satz 1 dem Arbeitgeber spätestens acht Wochen vor Beginn schriftlich anzukündigen.
(4) [1]Wenn nur teilweise Freistellung in Anspruch genommen wird, haben Arbeitgeber und Beschäftigte über die Verringerung und die Verteilung der Arbeitszeit eine schriftliche Vereinbarung zu treffen. [2]Hierbei hat der Arbeitgeber den Wünschen der Beschäftigten zu entsprechen, es sei denn, dass dringende betriebliche Gründe entgegenstehen.
(5) [1]Beschäftigte sind von der Arbeitsleistung vollständig oder teilweise freizustellen, wenn sie einen minderjährigen pflegebedürftigen nahen Angehörigen in häuslicher oder außerhäuslicher Umgebung betreuen. [2]Die Inanspruchnahme dieser Freistellung ist jederzeit im Wechsel mit der Freistellung nach Absatz 1 im Rahmen der Gesamtdauer nach § 4 Absatz 1 Satz 4 möglich. [3]Absatz 1 Satz 2 und die Absätze 2 bis 4 gelten entsprechend. [4]Beschäftigte können diesen Anspruch wahlweise statt des Anspruchs auf Pflegezeit nach Absatz 1 geltend machen.
(6) [1]Beschäftigte sind zur Begleitung eines nahen Angehörigen von der Arbeitsleistung vollständig oder teilweise freizustellen, wenn dieser an einer Erkrankung leidet, die progredient verläuft und bereits ein weit fortgeschrittenes Stadium erreicht hat, bei der eine Heilung ausgeschlossen und eine palliativmedizinische Behandlung notwendig ist und die lediglich eine begrenzte Lebenserwartung von Wochen oder wenigen Monaten erwarten lässt. [2]Beschäftigte haben diese gegenüber dem Arbeitgeber durch ein ärztliches Zeugnis nachzuweisen. [3]Absatz 1 Satz 2, Absatz 3 Satz 1 und 2 und Absatz 4 gelten entsprechend. [4]§ 45 des Fünften Buches Sozialgesetzbuch bleibt unberührt.
(6a) [1]Beschäftigte von Arbeitgebern mit in der Regel 15 oder weniger Beschäftigten können bei ihrem Arbeitgeber den Abschluss einer Vereinbarung über eine Pflegezeit nach Absatz 1 Satz 1 oder eine sonstige Freistellung nach Absatz 5 Satz 1 oder Absatz 6 Satz 1 beantragen. [2]Der Arbeitgeber hat den Antrag innerhalb von vier Wochen nach Zugang zu beantworten. [3]Eine Ablehnung des Antrags ist zu begründen. [4]Wird eine Pflegezeit oder sonstige Freistellung nach Satz 1 vereinbart, gelten die Absätze 2, 3 Satz 4 und 6 erster Halbsatz, Absatz 4 Satz 1 sowie Absatz 6 Satz 2 und 4 entsprechend.
(7) Ein Anspruch auf Förderung richtet sich nach den §§ 3, 4, 5 Absatz 1 Satz 1 und Absatz 2 sowie den §§ 6 bis 10 des Familienpflegezeitgesetzes.

§ 4 Dauer der Inanspruchnahme
(1) [1]Die Pflegezeit nach § 3 beträgt für jeden pflegebedürftigen nahen Angehörigen längstens sechs Monate (Höchstdauer). [2]Für einen kürzeren Zeitraum in Anspruch genommene Pflegezeit kann bis zur Höchstdauer verlängert werden, wenn der Arbeitgeber zustimmt. [3]Eine Verlängerung bis zur Höchstdauer kann verlangt werden, wenn ein vorgesehener Wechsel in der Person des Pflegenden aus einem wichtigen Grund nicht erfolgen kann; dies gilt nicht für Fälle des § 3 Absatz 6a. [4]Pflegezeit und Familienpflegezeit nach § 2 des Familienpflegezeitgesetzes dürfen gemeinsam die Gesamtdauer von 24 Monaten je pflegebedürftigem nahen Angehörigen nicht überschreiten. [5]Die Pflegezeit wird auf Berufsbildungszeiten nicht angerechnet.

Pflegezeitgesetz §§ 4–5

(2). [1]Ist der nahe Angehörige nicht mehr pflegebedürftig oder die häusliche Pflege des nahen Angehörigen unmöglich oder unzumutbar, endet die Pflegezeit vier Wochen nach Eintritt der veränderten Umstände. [2]Der Arbeitgeber ist über die veränderten Umstände unverzüglich zu unterrichten. [3]Im Übrigen kann die Pflegezeit nur vorzeitig beendet werden, wenn der Arbeitgeber zustimmt.
(3) [1]Für die Betreuung nach § 3 Absatz 5 gelten die Absätze 1 und 2 entsprechend. [2]Für die Freistellung nach § 3 Absatz 6 gilt eine Höchstdauer von drei Monaten je nahem Angehörigen. [3]Für die Freistellung nach § 3 Absatz 6 gelten Absatz 1 Satz 2, 3 und 5 sowie Absatz 2 entsprechend; bei zusätzlicher Inanspruchnahme von Pflegezeit oder einer Freistellung nach § 3 Absatz 5 oder Familienpflegezeit oder einer Freistellung nach § 2 Absatz 5 des Familienpflegezeitgesetzes dürfen die Freistellungen insgesamt 24 Monate je nahem Angehörigen nicht überschreiten.
(4) Der Arbeitgeber kann den Erholungsurlaub, der der oder dem Beschäftigten für das Urlaubsjahr zusteht, für jeden vollen Kalendermonat der vollständigen Freistellung von der Arbeitsleistung um ein Zwölftel kürzen.

§ 4a Erneute Pflegezeit nach Inanspruchnahme einer Freistellung auf Grundlage der Sonderregelungen aus Anlass der COVID-19-Pandemie

(1) Abweichend von § 4 Absatz 1 Satz 2 und 3 können Beschäftigte einmalig nach einer beendeten Pflegezeit zur Pflege oder Betreuung desselben pflegebedürftigen Angehörigen Pflegezeit erneut, jedoch insgesamt nur bis zur Höchstdauer nach § 4 Absatz 1 Satz 1 in Anspruch nehmen, wenn die Gesamtdauer nach § 4 Absatz 1 Satz 4 nicht überschritten wird und die Inanspruchnahme der beendeten Pflegezeit auf der Grundlage der Sonderregelungen aus Anlass der COVID-19-Pandemie erfolgte.
(2) Abweichend von § 3 Absatz 3 Satz 4 muss sich die Familienpflegezeit oder eine Freistellung nach § 2 Absatz 5 des Familienpflegezeitgesetzes nicht unmittelbar an die Pflegezeit anschließen, wenn die Pflegezeit auf Grund der Sonderregelungen aus Anlass der COVID-19-Pandemie in Anspruch genommen wurde und die Gesamtdauer nach § 4 Absatz 1 Satz 4 nicht überschritten wird.
(3) Abweichend von § 3 Absatz 3 Satz 6 muss sich die Pflegezeit nicht unmittelbar an die Familienpflegezeit oder an die Freistellung nach § 2 Absatz 5 des Familienpflegezeitgesetzes anschließen, wenn die Familienpflegezeit oder Freistellung auf Grund der Sonderregelungen aus Anlass der COVID-19-Pandemie erfolgte und die Gesamtdauer nach § 4 Absatz 1 Satz 4 nicht überschritten wird.

§ 5 Kündigungsschutz

(1) [1]Der Arbeitgeber darf das Beschäftigungsverhältnis von der Ankündigung, höchstens jedoch zwölf Wochen vor dem angekündigten Beginn, bis zur Beendigung der kurzzeitigen Arbeitsverhinderung nach § 2 oder der Freistellung nach § 3 nicht kündigen. [2]Im Fall einer Vereinbarung über eine Freistellung nach § 3 Absatz 6a dieses Gesetzes oder nach § 2a Absatz 5a des Familienpflegezeitgesetzes beginnt der Kündigungsschutz mit dem Beginn der Freistellung.
(2) [1]In besonderen Fällen kann eine Kündigung von der für den Arbeitsschutz zuständigen obersten Landesbehörde oder der von ihr bestimmten Stelle ausnahmsweise für zulässig erklärt werden. [2]Die Bundesregierung kann hierzu mit Zustimmung des Bundesrates allgemeine Verwaltungsvorschriften erlassen.

§ 6 Befristete Verträge
(1) ¹Wenn zur Vertretung einer Beschäftigten oder eines Beschäftigten für die Dauer der kurzzeitigen Arbeitsverhinderung nach § 2 oder der Freistellung nach § 3 eine Arbeitnehmerin oder ein Arbeitnehmer eingestellt wird, liegt hierin ein sachlicher Grund für die Befristung des Arbeitsverhältnisses. ²Über die Dauer der Vertretung nach Satz 1 hinaus ist die Befristung für notwendige Zeiten einer Einarbeitung zulässig.
(2) Die Dauer der Befristung des Arbeitsvertrages muss kalendermäßig bestimmt oder bestimmbar sein oder den in Absatz 1 genannten Zwecken zu entnehmen sein.
(3) ¹Der Arbeitgeber kann den befristeten Arbeitsvertrag unter Einhaltung einer Frist von zwei Wochen kündigen, wenn die Freistellung nach § 4 Abs. 2 Satz 1 vorzeitig endet. ²Das Kündigungsschutzgesetz ist in diesen Fällen nicht anzuwenden. ³Satz 1 gilt nicht, soweit seine Anwendung vertraglich ausgeschlossen ist.
(4) ¹Wird im Rahmen arbeitsrechtlicher Gesetze oder Verordnungen auf die Zahl der beschäftigten Arbeitnehmerinnen und Arbeitnehmer abgestellt, sind bei der Ermittlung dieser Zahl Arbeitnehmerinnen und Arbeitnehmer, die nach § 2 kurzzeitig an der Arbeitsleistung verhindert oder nach § 3 freigestellt sind, nicht mitzuzählen, solange für sie auf Grund von Absatz 1 eine Vertreterin oder ein Vertreter eingestellt ist. ²Dies gilt nicht, wenn die Vertreterin oder der Vertreter nicht mitzuzählen ist. ³Die Sätze 1 und 2 gelten entsprechend, wenn im Rahmen arbeitsrechtlicher Gesetze oder Verordnungen auf die Zahl der Arbeitsplätze abgestellt wird.

§ 7 Begriffsbestimmungen
(1) Beschäftigte im Sinne dieses Gesetzes sind
1. Arbeitnehmerinnen und Arbeitnehmer,
2. die zu ihrer Berufsbildung Beschäftigten,
3. Personen, die wegen ihrer wirtschaftlichen Unselbständigkeit als arbeitnehmerähnliche Personen anzusehen sind; zu diesen gehören auch die in Heimarbeit Beschäftigten und die ihnen Gleichgestellten.

(2) ¹Arbeitgeber im Sinne dieses Gesetzes sind natürliche und juristische Personen sowie rechtsfähige Personengesellschaften, die Personen nach Absatz 1 beschäftigen. ²Für die arbeitnehmerähnlichen Personen, insbesondere für die in Heimarbeit Beschäftigten und die ihnen Gleichgestellten, tritt an die Stelle des Arbeitgebers der Auftraggeber oder Zwischenmeister.
(3) Nahe Angehörige im Sinne dieses Gesetzes sind
1. Großeltern, Eltern, Schwiegereltern, Stiefeltern,
2. Ehegatten, Lebenspartner, Partner einer eheähnlichen oder lebenspartnerschaftsähnlichen Gemeinschaft, Geschwister, Ehegatten der Geschwister und Geschwister der Ehegatten, Lebenspartner der Geschwister und Geschwister der Lebenspartner,
3. Kinder, Adoptiv- oder Pflegekinder, die Kinder, Adoptiv- oder Pflegekinder des Ehegatten oder Lebenspartners, Schwiegerkinder und Enkelkinder.

(4) ¹Pflegebedürftig im Sinne dieses Gesetzes sind Personen, die die Voraussetzungen nach den §§ 14 und 15 des Elften Buches Sozialgesetzbuch erfüllen. ²Pflegebedürftig im Sinne von § 2 sind auch Personen, die die Voraussetzungen nach den §§ 14 und 15 des Elften Buches Sozialgesetzbuch voraussichtlich erfüllen.

§ 8 Unabdingbarkeit
Von den Vorschriften dieses Gesetzes kann nicht zuungunsten der Beschäftigten abgewichen werden.

§ 9 (weggefallen)

Verordnung über Sicherheit und Gesundheitsschutz bei der Benutzung persönlicher Schutzausrüstungen bei der Arbeit (PSA-Benutzungsverordnung – PSA-BV)

vom 4. Dezember 1996 (BGBl. I 1996, S. 1841)

§ 1 Anwendungsbereich
(1) Diese Verordnung gilt für die Bereitstellung persönlicher Schutzausrüstungen durch Arbeitgeber sowie für die Benutzung persönlicher Schutzausrüstungen durch Beschäftigte bei der Arbeit.
(2) Persönliche Schutzausrüstung im Sinne dieser Verordnung ist jede Ausrüstung, die dazu bestimmt ist, von den Beschäftigten benutzt oder getragen zu werden, um sich gegen eine Gefährdung für ihre Sicherheit und Gesundheit zu schützen, sowie jede mit demselben Ziel verwendete und mit der persönlichen Schutzausrüstung verbundene Zusatzausrüstung.
(3) Als persönliche Schutzausrüstungen im Sinne des Absatzes 2 gelten nicht:
1. Arbeitskleidung und Uniformen, die nicht speziell der Sicherheit und dem Gesundheitsschutz der Beschäftigten dienen,
2. Ausrüstungen für Not- und Rettungsdienste,
3. persönliche Schutzausrüstungen für die Bundeswehr, den Zivil- und Katastrophenschutz, die Polizeien des Bundes und der Länder sowie sonstige Einrichtungen, die der öffentlichen Sicherheit oder der öffentlichen Ordnung dienen,
4. persönliche Schutzausrüstungen für den Straßenverkehr, soweit sie verkehrsrechtlichen Vorschriften unterliegen,
5. Sportausrüstungen,
6. Selbstverteidigungs- und Abschreckungsmittel,
7. tragbare Geräte zur Feststellung und Signalisierung von Gefahren und Gefahrstoffen.
(4) Die Verordnung gilt nicht in Betrieben, die dem Bundesberggesetz unterliegen.

§ 2 Bereitstellung und Benutzung
(1) Unbeschadet seiner Pflichten nach den §§ 3, 4 und 5 des Arbeitsschutzgesetzes darf der Arbeitgeber nur persönliche Schutzausrüstungen auswählen und den Beschäftigten bereitstellen, die
1. den Anforderungen der Verordnung über das Inverkehrbringen von persönlichen Schutzausrüstungen entsprechen,
2. Schutz gegenüber der zu verhütenden Gefährdung bieten, ohne selbst eine größere Gefährdung mit sich zu bringen,
3. für die am Arbeitsplatz gegebenen Bedingungen geeignet sind und
4. den ergonomischen Anforderungen und den gesundheitlichen Erfordernissen der Beschäftigten entsprechen.
(2) [1]Persönliche Schutzausrüstungen müssen den Beschäftigten individuell passen. [2]Sie sind grundsätzlich für den Gebrauch durch eine Person bestimmt. [3]Erfordern die Umstände eine Benutzung durch verschiedene Beschäftigte, hat der Arbeitgeber dafür zu sorgen, daß Gesundheitsgefahren oder hygienische Probleme nicht auftreten.
(3) Werden mehrere persönliche Schutzausrüstungen gleichzeitig von einer oder einem Beschäftigten benutzt, muß der Arbeitgeber diese Schutzausrüstungen so aufeinander abstimmen, daß die Schutzwirkung der einzelnen Ausrüstungen nicht beeinträchtigt wird.

(4) Durch Wartungs-, Reparatur- und Ersatzmaßnahmen sowie durch ordnungsgemäße Lagerung trägt der Arbeitgeber dafür Sorge, daß die persönlichen Schutzausrüstungen während der gesamten Benutzungsdauer gut funktionieren und sich in einem hygienisch einwandfreien Zustand befinden.

§ 3 Unterweisung

(1) [1]Bei der Unterweisung nach § 12 des Arbeitsschutzgesetzes hat der Arbeitgeber die Beschäftigten darin zu unterweisen, wie die persönlichen Schutzausrüstungen sicherheitsgerecht benutzt werden. [2]Soweit erforderlich, führt er eine Schulung in der Benutzung durch.

(2) Für jede bereitgestellte persönliche Schutzausrüstung hat der Arbeitgeber erforderliche Informationen für die Benutzung in für die Beschäftigten verständlicher Form und Sprache bereitzuhalten.

Sozialgesetzbuch Neuntes Buch – Auszug §§ 151, 152

Sozialgesetzbuch Neuntes Buch – Rehabilitation und Teilhabe von Menschen mit Behinderungen (Neuntes Buch Sozialgesetzbuch – SGB IX) – Auszug

vom 23. Dezember 2016 (BGBl I 2016, S. 3234)

– zuletzt geändert durch Artikel 2 Gesetz zur Förderung eines inklusiven Arbeitsmarkts vom 6. Juni 2023 (BGBl I 2023, S. 1 Nr. 146)

Teil 3: Besondere Regelungen zur Teilhabe schwerbehinderter Menschen (Schwerbehindertenrecht)

Kapitel 1 Geschützter Personenkreis

§ 151 Geltungsbereich
(1) Die Regelungen dieses Teils gelten für schwerbehinderte und diesen gleichgestellte behinderte Menschen.
(2) ¹Die Gleichstellung behinderter Menschen mit schwerbehinderten Menschen (§ 2 Absatz 3) erfolgt auf Grund einer Feststellung nach § 152 auf Antrag des behinderten Menschen durch die Bundesagentur für Arbeit. ²Die Gleichstellung wird mit dem Tag des Eingangs des Antrags wirksam. ³Sie kann befristet werden.
(3) Auf gleichgestellte behinderte Menschen werden die besonderen Regelungen für schwerbehinderte Menschen mit Ausnahme des § 208 und des Kapitels 13 angewendet.
(4) ¹Schwerbehinderten Menschen gleichgestellt sind auch behinderte Jugendliche und junge Erwachsene (§ 2 Absatz 1) während der Zeit ihrer Berufsausbildung in Betrieben und Dienststellen oder einer beruflichen Orientierung, auch wenn der Grad der Behinderung weniger als 30 beträgt oder ein Grad der Behinderung nicht festgestellt ist. ²Der Nachweis der Behinderung wird durch eine Stellungnahme der Agentur für Arbeit oder durch einen Bescheid über Leistungen zur Teilhabe am Arbeitsleben erbracht. ³Die Gleichstellung gilt nur für Leistungen des Integrationsamtes im Rahmen der beruflichen Orientierung und der Berufsausbildung im Sinne des § 185 Absatz 3 Nummer 2 Buchstabe c.

§ 152 Feststellung der Behinderung, Ausweise
(1) ¹Auf Antrag des behinderten Menschen stellen die für die Durchführung des Vierzehnten Buches zuständigen Behörden das Vorliegen einer Behinderung und den Grad der Behinderung zum Zeitpunkt der Antragstellung fest. ²Auf Antrag kann festgestellt werden, dass ein Grad der Behinderung oder gesundheitliche Merkmale bereits zu einem früheren Zeitpunkt vorgelegen haben, wenn dafür ein besonderes Interesse glaubhaft gemacht wird. ³Beantragt eine erwerbstätige Person die Feststellung der Eigenschaft als schwerbehinderter Mensch (§ 2 Absatz 2), gelten die in § 14 Absatz 2 Satz 2 und 3 sowie § 17 Absatz 1 Satz 1 und Absatz 2 Satz 1 genannten Fristen sowie § 60 Absatz 1 des Ersten Buches entsprechend. ⁴Die Auswirkungen auf die Teilhabe am Leben in der Gesellschaft werden als Grad der Behinderung nach Zehnergraden abgestuft festgestellt. ⁵Eine Feststellung ist nur zu treffen, wenn ein Grad der Behinderung von wenigstens 20 vorliegt. ⁶Durch Landesrecht kann die Zuständigkeit abweichend von Satz 1 geregelt werden.
(2) ¹Feststellungen nach Absatz 1 sind nicht zu treffen, wenn eine Feststellung über das Vorliegen einer Behinderung und den Grad einer auf ihr beruhenden Erwerbsminderung schon in einem Rentenbescheid, einer entsprechenden Verwaltungs- oder Gerichtsentscheidung oder einer vorläufigen Bescheinigung der für diese Entscheidungen zuständigen Dienst-

stellen getroffen worden ist, es sei denn, dass der behinderte Mensch ein Interesse an anderweitiger Feststellung nach Absatz 1 glaubhaft macht. ²Eine Feststellung nach Satz 1 gilt zugleich als Feststellung des Grades der Behinderung.
(3) ¹Liegen mehrere Beeinträchtigungen der Teilhabe am Leben in der Gesellschaft vor, so wird der Grad der Behinderung nach den Auswirkungen der Beeinträchtigungen in ihrer Gesamtheit unter Berücksichtigung ihrer wechselseitigen Beziehungen festgestellt. ²Für diese Entscheidung gilt Absatz 1, es sei denn, dass in einer Entscheidung nach Absatz 2 eine Gesamtbeurteilung bereits getroffen worden ist.
(4) Sind neben dem Vorliegen der Behinderung weitere gesundheitliche Merkmale Voraussetzung für die Inanspruchnahme von Nachteilsausgleichen, so treffen die zuständigen Behörden die erforderlichen Feststellungen im Verfahren nach Absatz 1.
(5) ¹Auf Antrag des behinderten Menschen stellen die zuständigen Behörden auf Grund einer Feststellung der Behinderung einen Ausweis über die Eigenschaft als schwerbehinderter Mensch, den Grad der Behinderung sowie im Falle des Absatzes 4 über weitere gesundheitliche Merkmale aus. ²Der Ausweis dient dem Nachweis für die Inanspruchnahme von Leistungen und sonstigen Hilfen, die schwerbehinderten Menschen nach diesem Teil oder nach anderen Vorschriften zustehen. ³Die Gültigkeitsdauer des Ausweises soll befristet werden. ⁴Er wird eingezogen, sobald der gesetzliche Schutz schwerbehinderter Menschen erloschen ist. ⁵Der Ausweis wird berichtigt, sobald eine Neufeststellung unanfechtbar geworden ist.

§ 153 Verordnungsermächtigung
(1) Die Bundesregierung wird ermächtigt, durch Rechtsverordnung mit Zustimmung des Bundesrates nähere Vorschriften über die Gestaltung der Ausweise, ihre Gültigkeit und das Verwaltungsverfahren zu erlassen.
(2) Das Bundesministerium für Arbeit und Soziales wird ermächtigt, durch Rechtsverordnung mit Zustimmung des Bundesrates die Grundsätze aufzustellen, die für die Bewertung des Grades der Behinderung, die Kriterien für die Bewertung der Hilflosigkeit und die Voraussetzungen für die Vergabe von Merkzeichen maßgebend sind, die nach Bundesrecht im Schwerbehindertenausweis einzutragen sind.

§ 153a Sachverständigenbeirat, Verfahren
(1) ¹Beim Bundesministerium für Arbeit und Soziales wird ein unabhängiger „Sachverständigenbeirat Versorgungsmedizinische Begutachtung" gebildet. ²Der Beirat berät das Bundesministerium für Arbeit und Soziales zu allen versorgungsärztlichen Angelegenheiten und bereitet die Fortentwicklung der in der Versorgungsmedizin-Verordnung enthaltenen Versorgungsmedizinischen Grundsätze vor, die bei der Begutachtung im Schwerbehindertenrecht und im Sozialen Entschädigungsrecht verbindlich anzuwenden sind. ³Dies geschieht teilhabeorientiert auf der Grundlage des aktuellen Standes der medizinischen Wissenschaft und der Medizintechnik unter Berücksichtigung versorgungsmedizinischer Erfordernisse.
(2) ¹Für den Beirat benennen die Länder, der Deutsche Behindertenrat und das Bundesministerium für Arbeit und Soziales jeweils sieben Personen, darunter jeweils mindestens vier Ärztinnen und Ärzte, die versorgungsmedizinisch oder wissenschaftlich besonders qualifiziert sind. ²Eine der vom Bundesministerium für Arbeit und Soziales zu benennenden Personen ist ein Vertreter oder eine Vertreterin aus dem versorgungsmedizinischen ärztlich-gutachterlichen Bereich der Bundeswehr. ³Das Bundesministerium für Arbeit und Soziales beruft die benannten Personen als Mitglieder in den Beirat.
(3) ¹Die Mitglieder des Beirates werden für die Dauer von vier Jahren berufen. ²Die Mitgliedschaft im Beirat ist ein persönliches Ehrenamt, das keine Vertretung zulässt. ³Die Mitglieder des Beirates unterliegen keinerlei Weisungen, üben ihre Tätigkeit unabhängig aus und sind nur

ihrem Gewissen verantwortlich. ⁴Scheidet ein Mitglied aus, erfolgt für dieses Mitglied eine Neuberufung für den restlichen Zeitraum der Berufungsperiode. ⁵Der Beirat bestimmt durch Wahl aus seiner Mitte den Vorsitz sowie die Stellvertretung des Vorsitzes und gibt sich eine Geschäftsordnung. ⁶Die Geschäftsführung des Beirates wird vom Bundesministerium für Arbeit und Soziales ausgeübt, welches zu den Sitzungen einlädt und im Einvernehmen mit dem vorsitzenden Mitglied die Tagesordnung festlegt.
(4) ¹Die Beschlüsse des Beirates werden mit einfacher Mehrheit der berufenen Mitglieder gefasst. ²Zu den Beratungen des Beirates können externe Sachverständige hinzugezogen werden. ³Es können Arbeitsgruppen gebildet werden.

Kapitel 2 Beschäftigungspflicht der Arbeitgeber

§ 154 Pflicht der Arbeitgeber zur Beschäftigung schwerbehinderter Menschen

(1) ¹Private und öffentliche Arbeitgeber (Arbeitgeber) mit jahresdurchschnittlich monatlich mindestens 20 Arbeitsplätzen im Sinne des § 156 haben auf wenigstens 5 Prozent der Arbeitsplätze schwerbehinderte Menschen zu beschäftigen. ²Dabei sind schwerbehinderte Frauen besonders zu berücksichtigen. ³Abweichend von Satz 1 haben Arbeitgeber mit jahresdurchschnittlich monatlich weniger als 40 Arbeitsplätzen jahresdurchschnittlich je Monat einen schwerbehinderten Menschen, Arbeitgeber mit jahresdurchschnittlich monatlich weniger als 60 Arbeitsplätzen jahresdurchschnittlich je Monat zwei schwerbehinderte Menschen zu beschäftigen.
(2) Als öffentliche Arbeitgeber im Sinne dieses Teils gelten
1. jede oberste Bundesbehörde mit ihren nachgeordneten Dienststellen, das Bundespräsidialamt, die Verwaltungen des Deutschen Bundestages und des Bundesrates, das Bundesverfassungsgericht, die obersten Gerichtshöfe des Bundes, der Bundesgerichtshof jedoch zusammengefasst mit dem Generalbundesanwalt, sowie das Bundeseisenbahnvermögen,
2. jede oberste Landesbehörde und die Staats- und Präsidialkanzleien mit ihren nachgeordneten Dienststellen, die Verwaltungen der Landtage, die Rechnungshöfe (Rechnungskammern), die Organe der Verfassungsgerichtsbarkeit der Länder und jede sonstige Landesbehörde, zusammengefasst jedoch diejenigen Behörden, die eine gemeinsame Personalverwaltung haben,
3. jede sonstige Gebietskörperschaft und jeder Verband von Gebietskörperschaften,
4. jede sonstige Körperschaft, Anstalt oder Stiftung des öffentlichen Rechts.

§ 155 Beschäftigung besonderer Gruppen schwerbehinderter Menschen

(1) Im Rahmen der Erfüllung der Beschäftigungspflicht sind in angemessenem Umfang zu beschäftigen:
1. schwerbehinderte Menschen, die nach Art oder Schwere ihrer Behinderung im Arbeitsleben besonders betroffen sind, insbesondere solche,
   a) die zur Ausübung der Beschäftigung wegen ihrer Behinderung nicht nur vorübergehend einer besonderen Hilfskraft bedürfen oder
   b) deren Beschäftigung infolge ihrer Behinderung nicht nur vorübergehend mit außergewöhnlichen Aufwendungen für den Arbeitgeber verbunden ist oder
   c) die infolge ihrer Behinderung nicht nur vorübergehend offensichtlich nur eine wesentlich verminderte Arbeitsleistung erbringen können oder
   d) bei denen ein Grad der Behinderung von wenigstens 50 allein infolge geistiger oder seelischer Behinderung oder eines Anfallsleidens vorliegt oder
   e) die wegen Art oder Schwere der Behinderung keine abgeschlossene Berufsbildung im Sinne des Berufsbildungsgesetzes haben,
2. schwerbehinderte Menschen, die das 50. Lebensjahr vollendet haben.

§§ 155–158 Sozialgesetzbuch Neuntes Buch – Auszug

(2) ¹Arbeitgeber mit Stellen zur beruflichen Bildung, insbesondere für Auszubildende, haben im Rahmen der Erfüllung der Beschäftigungspflicht einen angemessenen Anteil dieser Stellen mit schwerbehinderten Menschen zu besetzen. ²Hierüber ist mit der zuständigen Interessenvertretung im Sinne des § 176 und der Schwerbehindertenvertretung zu beraten.

§ 156 Begriff des Arbeitsplatzes
(1) Arbeitsplätze im Sinne dieses Teils sind alle Stellen, auf denen Arbeitnehmerinnen und Arbeitnehmer, Beamtinnen und Beamte, Richterinnen und Richter sowie Auszubildende und andere zu ihrer beruflichen Bildung Eingestellte beschäftigt werden.
(2) Als Arbeitsplätze gelten nicht die Stellen, auf denen beschäftigt werden:
1. behinderte Menschen, die an Leistungen zur Teilhabe am Arbeitsleben nach § 49 Absatz 3 Nummer 4 in Betrieben oder Dienststellen teilnehmen,
2. Personen, deren Beschäftigung nicht in erster Linie ihrem Erwerb dient, sondern vorwiegend durch Beweggründe karitativer oder religiöser Art bestimmt ist, und Geistliche öffentlich-rechtlicher Religionsgemeinschaften,
3. Personen, deren Beschäftigung nicht in erster Linie ihrem Erwerb dient und die vorwiegend zu ihrer Heilung, Wiedereingewöhnung oder Erziehung erfolgt,
4. Personen, die an Arbeitsbeschaffungsmaßnahmen nach dem Dritten Buch teilnehmen,
5. Personen, die noch ständiger Übung in ihre Stellen gewählt werden,
6. Personen, deren Arbeits-, Dienst- oder sonstiges Beschäftigungsverhältnis wegen Wehr- oder Zivildienst, Elternzeit, unbezahlten Urlaubs, wegen Bezuges einer Rente auf Zeit oder bei Altersteilzeitarbeit in der Freistellungsphase (Verblockungsmodell) ruht, solange für sie eine Vertretung eingestellt ist.
(3) Als Arbeitsplätze gelten ferner nicht Stellen, die nach der Natur der Arbeit oder nach den zwischen den Parteien getroffenen Vereinbarungen nur auf die Dauer von höchstens acht Wochen besetzt sind, sowie Stellen, auf denen Beschäftigte weniger als 18 Stunden wöchentlich beschäftigt werden.

§ 157 Berechnung der Mindestzahl von Arbeitsplätzen und der Pflichtarbeitsplatzzahl
(1) ¹Bei der Berechnung der Mindestzahl von Arbeitsplätzen und der Zahl der Arbeitsplätze, auf denen schwerbehinderte Menschen zu beschäftigen sind (§ 154), zählen Stellen, auf denen Auszubildende beschäftigt werden, nicht mit. ²Das Gleiche gilt für Stellen, auf denen Rechts- oder Studienreferendarinnen und -referendare beschäftigt werden, die einen Rechtsanspruch auf Einstellung haben.
(2) Bei der Berechnung sich ergebende Bruchteile von 0,5 und mehr sind aufzurunden, bei Arbeitgebern mit jahresdurchschnittlich weniger als 60 Arbeitsplätzen abzurunden.

§ 158 Anrechnung Beschäftigter auf die Zahl der Pflichtarbeitsplätze für schwerbehinderte Menschen
(1) Ein schwerbehinderter Mensch, der auf einem Arbeitsplatz im Sinne des § 156 Absatz 1 oder Absatz 2 Nummer 1 oder 4 beschäftigt wird, wird auf einen Pflichtarbeitsplatz für schwerbehinderte Menschen angerechnet.
(2) ¹Ein schwerbehinderter Mensch, der in Teilzeitbeschäftigung kürzer als betriebsüblich, aber nicht weniger als 18 Stunden wöchentlich beschäftigt wird, wird auf einen Pflichtarbeitsplatz für schwerbehinderte Menschen angerechnet. ²Bei Herabsetzung der wöchentlichen Arbeitszeit auf weniger als 18 Stunden infolge von Altersteilzeit oder Teilzeitberufsausbildung gilt Satz 1 entsprechend. ³Wird ein schwerbehinderter Mensch weniger als 18 Stunden wöchentlich beschäftigt, lässt die Bundesagentur für Arbeit die Anrechnung auf

Sozialgesetzbuch Neuntes Buch – Auszug §§ 158–160

einen dieser Pflichtarbeitsplätze zu, wenn die Teilzeitbeschäftigung wegen Art oder Schwere der Behinderung notwendig ist.
(3) Ein schwerbehinderter Mensch, der im Rahmen einer Maßnahme zur Förderung des Übergangs aus der Werkstatt für behinderte Menschen auf den allgemeinen Arbeitsmarkt (§ 5 Absatz 4 Satz 1 der Werkstättenverordnung) beschäftigt wird, wird auch für diese Zeit auf die Zahl der Pflichtarbeitsplätze angerechnet.
(4) Ein schwerbehinderter Arbeitgeber wird auf einen Pflichtarbeitsplatz für schwerbehinderte Menschen angerechnet.
(5) Der Inhaber eines Bergmannsversorgungsscheins wird, auch wenn er kein schwerbehinderter oder gleichgestellter behinderter Mensch im Sinne des § 2 Absatz 2 oder 3 ist, auf einen Pflichtarbeitsplatz angerechnet.

§ 159 Mehrfachanrechnung
(1) ^{1}Die Bundesagentur für Arbeit kann die Anrechnung eines schwerbehinderten Menschen, besonders eines schwerbehinderten Menschen im Sinne des § 155 Absatz 1 auf mehr als einen Pflichtarbeitsplatz, höchstens drei Pflichtarbeitsplätze für schwerbehinderte Menschen zulassen, wenn dessen Teilhabe am Arbeitsleben auf besondere Schwierigkeiten stößt. ^{2}Satz 1 gilt auch für schwerbehinderte Menschen im Anschluss an eine Beschäftigung in einer Werkstatt für behinderte Menschen und für teilzeitbeschäftigte schwerbehinderte Menschen im Sinne des § 158 Absatz 2.
(2) ^{1}Ein schwerbehinderter Mensch, der beruflich ausgebildet wird, wird auf zwei Pflichtarbeitsplätze für schwerbehinderte Menschen angerechnet. ^{2}Satz 1 gilt auch während der Zeit einer Ausbildung im Sinne des § 51 Absatz 2, die in einem Betrieb oder einer Dienststelle durchgeführt wird. ^{3}Die Bundesagentur für Arbeit kann die Anrechnung auf drei Pflichtarbeitsplätze für schwerbehinderte Menschen zulassen, wenn die Vermittlung in eine berufliche Ausbildungsstelle wegen Art oder Schwere der Behinderung auf besondere Schwierigkeiten stößt. ^{4}Bei Übernahme in ein Arbeits- oder Beschäftigungsverhältnis durch den ausbildenden oder einen anderen Arbeitgeber im Anschluss an eine abgeschlossene Ausbildung wird der schwerbehinderte Mensch im ersten Jahr der Beschäftigung auf zwei Pflichtarbeitsplätze angerechnet; Absatz 1 bleibt unberührt.
(2a) Ein schwerbehinderter Mensch, der unmittelbar vorher in einer Werkstatt für behinderte Menschen oder bei einem anderen Leistungsanbieter beschäftigt war oder ein Budget für Arbeit erhält, wird in den ersten zwei Jahren der Beschäftigung auf zwei Pflichtarbeitsplätze angerechnet; Absatz 1 bleibt unberührt.
(3) Bescheide über die Anrechnung eines schwerbehinderten Menschen auf mehr als drei Pflichtarbeitsplätze für schwerbehinderte Menschen, die vor dem 1. August 1986 erlassen worden sind, gelten fort.

§ 160 Ausgleichsabgabe
(1) ^{1}Solange Arbeitgeber die vorgeschriebene Zahl schwerbehinderter Menschen nicht beschäftigen, entrichten sie für jeden unbesetzten Pflichtarbeitsplatz für schwerbehinderte Menschen eine Ausgleichsabgabe. ^{2}Die Zahlung der Ausgleichsabgabe hebt die Pflicht zur Beschäftigung schwerbehinderter Menschen nicht auf. ^{3}Die Ausgleichsabgabe wird auf der Grundlage einer jahresdurchschnittlichen Beschäftigungsquote ermittelt.
(2) ^{1}Die Ausgleichsabgabe beträgt je unbesetztem Pflichtarbeitsplatz
1. 140 Euro bei einer jahresdurchschnittlichen Beschäftigungsquote von 3 Prozent bis weniger als dem geltenden Pflichtsatz,
2. 245 Euro bei einer jahresdurchschnittlichen Beschäftigungsquote von 2 Prozent bis weniger als 3 Prozent,

§ 160

3. 360 Euro bei einer jahresdurchschnittlichen Beschäftigungsquote von mehr als 0 Prozent bis weniger als 2 Prozent,
4. 720 Euro bei einer jahresdurchschnittlichen Beschäftigungsquote von 0 Prozent.
²Abweichend von Satz 1 beträgt die Ausgleichsabgabe je unbesetztem Pflichtarbeitsplatz für schwerbehinderte Menschen
1. für Arbeitgeber mit jahresdurchschnittlich weniger als 40 zu berücksichtigenden Arbeitsplätzen bei einer jahresdurchschnittlichen Beschäftigung von weniger als einem schwerbehinderten Menschen 140 Euro und bei einer jahresdurchschnittlichen Beschäftigung von null schwerbehinderten Menschen 210 Euro und
2. für Arbeitgeber mit jahresdurchschnittlich weniger als 60 zu berücksichtigenden Arbeitsplätzen bei einer jahresdurchschnittlichen Beschäftigung von weniger als zwei schwerbehinderten Menschen 140 Euro, bei einer jahresdurchschnittlichen Beschäftigung von weniger als einem schwerbehinderten Menschen 245 Euro und bei einer jahresdurchschnittlichen Beschäftigung von null schwerbehinderten Menschen 410 Euro.
(3) ¹Die Ausgleichsabgabe erhöht sich entsprechend der Veränderung der Bezugsgröße nach § 18 Absatz 1 des Vierten Buches. ²Sie erhöht sich zum 1. Januar eines Kalenderjahres, wenn sich die Bezugsgröße seit der letzten Neubestimmung der Beträge der Ausgleichsabgabe um wenigstens 10 Prozent erhöht hat. ³Die Erhöhung der Ausgleichsabgabe erfolgt, indem der Faktor für die Veränderung der Bezugsgröße mit dem jeweiligen Betrag der Ausgleichsabgabe vervielfältigt wird. ⁴Die sich ergebenden Beträge sind auf den nächsten durch fünf teilbaren Betrag abzurunden. ⁵Das Bundesministerium für Arbeit und Soziales gibt den Erhöhungsbetrag und die sich nach Satz 3 ergebenden Beträge der Ausgleichsabgabe im Bundesanzeiger bekannt.
(4) ¹Die Ausgleichsabgabe zahlt der Arbeitgeber jährlich zugleich mit der Erstattung der Anzeige nach § 163 Absatz 2 an das für seinen Sitz zuständige Integrationsamt. ²Ist ein Arbeitgeber mehr als drei Monate im Rückstand, erlässt das Integrationsamt einen Feststellungsbescheid über die rückständigen Beträge und zieht diese ein. ³Für rückständige Beträge der Ausgleichsabgabe erhebt das Integrationsamt nach dem 31. März Säumniszuschläge nach Maßgabe des § 24 Absatz 1 des Vierten Buches; für ihre Verwendung gilt Absatz 5 entsprechend. ⁴Das Integrationsamt kann in begründeten Ausnahmefällen von der Erhebung von Säumniszuschlägen absehen. ⁵Widerspruch und Anfechtungsklage gegen den Feststellungsbescheid haben keine aufschiebende Wirkung. ⁶Gegenüber privaten Arbeitgebern wird die Zwangsvollstreckung nach den Vorschriften über das Verwaltungszwangsverfahren durchgeführt. ⁷Bei öffentlichen Arbeitgebern wendet sich das Integrationsamt an die Aufsichtsbehörde, gegen deren Entscheidung es die Entscheidung der obersten Bundes- oder Landesbehörde anrufen kann. ⁸Die Ausgleichsabgabe wird nach Ablauf des Kalenderjahres, das auf den Eingang der Anzeige bei der Bundesagentur für Arbeit folgt, weder nachgefordert noch erstattet.
(5) ¹Die Ausgleichsabgabe darf nur für besondere Leistungen zur Förderung der Teilhabe schwerbehinderter Menschen am Arbeitsleben einschließlich begleitender Hilfe im Arbeitsleben (§ 185 Absatz 1 Nummer 3) verwendet werden, soweit Mittel für denselben Zweck nicht von anderer Seite zu leisten sind oder geleistet werden. ²Aus dem Aufkommen an Ausgleichsabgabe dürfen persönliche und sächliche Kosten der Verwaltung und Kosten des Verfahrens nicht bestritten werden. ³Das Integrationsamt gibt dem Beratenden Ausschuss für behinderte Menschen bei dem Integrationsamt (§ 186) auf dessen Verlangen eine Übersicht über die Verwendung der Ausgleichsabgabe.
(6) ¹Die Integrationsämter leiten den in der Rechtsverordnung nach § 162 bestimmten Prozentsatz des Aufkommens an Ausgleichsabgabe an den Ausgleichsfonds (§ 161) weiter. ²Zwischen den Integrationsämtern wird ein Ausgleich herbeigeführt. ³Der auf das einzelne Integrationsamt entfallende Anteil am Aufkommen an Ausgleichsabgabe bemisst sich nach dem

Sozialgesetzbuch Neuntes Buch – Auszug §§ 160–162

Mittelwert aus dem Verhältnis der Wohnbevölkerung im Zuständigkeitsbereich des Integrationsamtes zur Wohnbevölkerung im Geltungsbereich dieses Gesetzbuches und dem Verhältnis der Zahl der im Zuständigkeitsbereich des Integrationsamtes in den Betrieben und Dienststellen beschäftigungspflichtiger Arbeitgeber auf Arbeitsplätzen im Sinne des § 156 beschäftigten und der bei den Agenturen für Arbeit arbeitslos gemeldeten schwerbehinderten und diesen gleichgestellten behinderten Menschen zur entsprechenden Zahl der schwerbehinderten und diesen gleichgestellten behinderten Menschen im Geltungsbereich dieses Gesetzbuchs.
(7) ¹Die bei den Integrationsämtern verbleibenden Mittel der Ausgleichsabgabe werden von diesen gesondert verwaltet. ²Die Rechnungslegung und die formelle Einrichtung der Rechnungen und Belege regeln sich nach den Bestimmungen, die für diese Stellen allgemein maßgebend sind.
(8) Für die Verpflichtung zur Entrichtung einer Ausgleichsabgabe (Absatz 1) gelten hinsichtlich der in § 154 Absatz 2 Nummer 1 genannten Stellen der Bund und hinsichtlich der in § 154 Absatz 2 Nummer 2 genannten Stellen das Land als ein Arbeitgeber.

§ 161 Ausgleichsfonds

(1) ¹Zur besonderen Förderung der Einstellung und Beschäftigung schwerbehinderter Menschen auf Arbeitsplätzen und zur Förderung von Maßnahmen, die den Interessen mehrerer Länder auf dem Gebiet der Förderung der Teilhabe schwerbehinderter Menschen am Arbeitsleben dienen, ist beim Bundesministerium für Arbeit und Soziales als zweckgebundene Vermögensmasse ein Ausgleichsfonds für überregionale Vorhaben zur Teilhabe schwerbehinderter Menschen am Arbeitsleben gebildet. ²Das Bundesministerium für Arbeit und Soziales verwaltet den Ausgleichsfonds.
(2) Abweichend von § 160 Absatz 5 Satz 1 dürfen sich Vorhaben, die aus dem Ausgleichsfonds finanziert werden, auch auf die Förderung der Ausbildung von nicht schwerbehinderten Jugendlichen und jungen Erwachsenen erstrecken, wenn diese Personen Leistungen zur Teilhabe am Arbeitsleben erhalten.
(3) Abweichend von § 160 Absatz 5 Satz 2 werden bei Vorhaben, die aus dem Ausgleichsfonds gefördert werden, auch die dabei anfallenden Administrationskosten aus dem Ausgleichsfonds finanziert.

§ 162 Verordnungsermächtigungen

Die Bundesregierung wird ermächtigt, durch Rechtsverordnung mit Zustimmung des Bundesrates
1. die Pflichtquote nach § 154 Absatz 1 nach dem jeweiligen Bedarf an Arbeitsplätzen für schwerbehinderte Menschen zu ändern, jedoch auf höchstens 10 Prozent zu erhöhen oder bis auf 4 Prozent herabzusetzen; dabei kann die Pflichtquote für öffentliche Arbeitgeber höher festgesetzt werden als für private Arbeitgeber,
2. nähere Vorschriften über die Verwendung der Ausgleichsabgabe nach § 160 Absatz 5 und die Gestaltung des Ausgleichsfonds nach § 161, die Verwendung der Mittel durch ihn für die Förderung der Teilhabe schwerbehinderter Menschen am Arbeitsleben und das Vergabe- und Verwaltungsverfahren des Ausgleichsfonds zu erlassen,
3. in der Rechtsverordnung nach Nummer 2
   a) den Anteil des an den Ausgleichsfonds weiterzuleitenden Aufkommens an Ausgleichsabgabe entsprechend den erforderlichen Aufwendungen zur Erfüllung der Aufgaben des Ausgleichsfonds und der Integrationsämter sowie
   b) den Ausgleich zwischen den Integrationsämtern auf Vorschlag der Länder oder einer Mehrheit der Länder abweichend von § 160 Absatz 6 Satz 3
   zu regeln,

4. die Ausgleichsabgabe bei Arbeitgebern, die über weniger als 30 Arbeitsplätze verfügen, für einen bestimmten Zeitraum allgemein oder für einzelne Bundesländer herabzusetzen oder zu erlassen, wenn die Zahl der unbesetzten Pflichtarbeitsplätze für schwerbehinderte Menschen die Zahl der zu beschäftigenden schwerbehinderten Menschen so erheblich übersteigt, dass die Pflichtarbeitsplätze für schwerbehinderte Menschen dieser Arbeitgeber nicht in Anspruch genommen zu werden brauchen.

Kapitel 3 Sonstige Pflichten der Arbeitgeber; Rechte der schwerbehinderten Menschen

§ 163 Zusammenwirken der Arbeitgeber mit der Bundesagentur für Arbeit und den Integrationsämtern

(1) Die Arbeitgeber haben, gesondert für jeden Betrieb und jede Dienststelle, ein Verzeichnis der bei ihnen beschäftigten schwerbehinderten, ihnen gleichgestellten behinderten Menschen und sonstigen anrechnungsfähigen Personen laufend zu führen und dieses den Vertretern oder Vertreterinnen der Bundesagentur für Arbeit und des Integrationsamtes, die für den Sitz des Betriebes oder der Dienststelle zuständig sind, auf Verlangen vorzulegen.

(2) ^{1}Die Arbeitgeber haben der für ihren Sitz zuständigen Agentur für Arbeit einmal jährlich bis spätestens zum 31. März für das vorangegangene Kalenderjahr, aufgegliedert nach Monaten, die Daten anzuzeigen, die zur Berechnung des Umfangs der Beschäftigungspflicht, zur Überwachung ihrer Erfüllung und der Ausgleichsabgabe notwendig sind. ^{2}Der Anzeige sind das nach Absatz 1 geführte Verzeichnis sowie eine Kopie der Anzeige und des Verzeichnisses zur Weiterleitung an das für ihren Sitz zuständige Integrationsamt beizufügen. ^{3}Dem Betriebs-, Personal-, Richter-, Staatsanwalts- und Präsidialrat, der Schwerbehindertenvertretung und dem Inklusionsbeauftragten des Arbeitgebers ist je eine Kopie der Anzeige und des Verzeichnisses zu übermitteln.

(3) Zeigt ein Arbeitgeber die Daten bis zum 30. Juni nicht, nicht richtig oder nicht vollständig an, erlässt die Bundesagentur für Arbeit nach Prüfung in tatsächlicher sowie in rechtlicher Hinsicht einen Feststellungsbescheid über die zur Berechnung der Zahl der Pflichtarbeitsplätze für schwerbehinderte Menschen und der besetzten Arbeitsplätze notwendigen Daten.

(4) Die Arbeitgeber, die Arbeitsplätze für schwerbehinderte Menschen nicht zur Verfügung zu stellen haben, haben die Anzeige nur nach Aufforderung durch die Bundesagentur für Arbeit im Rahmen einer repräsentativen Teilerhebung zu erstatten, die mit dem Ziel der Erfassung der in Absatz 1 genannten Personengruppen, aufgegliedert nach Bundesländern, alle fünf Jahre durchgeführt wird.

(5) Die Arbeitgeber haben der Bundesagentur für Arbeit und dem Integrationsamt auf Verlangen die Auskünfte zu erteilen, die zur Durchführung der besonderen Regelungen zur Teilhabe schwerbehinderter und ihnen gleichgestellter behinderter Menschen am Arbeitsleben notwendig sind.

(6) ^{1}Für das Verzeichnis und die Anzeige des Arbeitgebers sind die mit der Bundesarbeitsgemeinschaft der Integrationsämter und Hauptfürsorgestellen abgestimmten Vordrucke der Bundesagentur für Arbeit zu verwenden. ^{2}Die Bundesagentur für Arbeit soll zur Durchführung des Anzeigeverfahrens in Abstimmung mit der Bundesarbeitsgemeinschaft ein elektronisches Übermittlungsverfahren zulassen.

(7) Die Arbeitgeber haben den Beauftragten der Bundesagentur für Arbeit und des Integrationsamtes auf Verlangen Einblick in ihren Betrieb oder ihre Dienststelle zu geben, soweit es im Interesse der schwerbehinderten Menschen erforderlich ist und Betriebs- oder Dienstgeheimnisse nicht gefährdet werden.

(8) Die Arbeitgeber haben die Vertrauenspersonen der schwerbehinderten Menschen (§ 177 Absatz 1 Satz 1 bis 3 und § 180 Absatz 1 bis 5) unverzüglich nach der Wahl und ihren

Sozialgesetzbuch Neuntes Buch – Auszug §§ 163, 164

Inklusionsbeauftragten für die Angelegenheiten der schwerbehinderten Menschen (§ 181 Satz 1) unverzüglich nach der Bestellung der für den Sitz des Betriebes oder der Dienststelle zuständigen Agentur für Arbeit und dem Integrationsamt zu benennen.

§ 164 Pflichten des Arbeitgebers und Rechte schwerbehinderter Menschen

(1) ¹Die Arbeitgeber sind verpflichtet zu prüfen, ob freie Arbeitsplätze mit schwerbehinderten Menschen, insbesondere mit bei der Agentur für Arbeit arbeitslos oder arbeitsuchend gemeldeten schwerbehinderten Menschen, besetzt werden können. ²Sie nehmen frühzeitig Verbindung mit der Agentur für Arbeit auf. ³Die Bundesagentur für Arbeit oder ein Integrationsfachdienst schlägt den Arbeitgebern geeignete schwerbehinderte Menschen vor. ⁴Über die Vermittlungsvorschläge und vorliegende Bewerbungen von schwerbehinderten Menschen haben die Arbeitgeber die Schwerbehindertenvertretung und die in § 176 genannten Vertretungen unmittelbar nach Eingang zu unterrichten. ⁵Bei Bewerbungen schwerbehinderter Richterinnen und Richter wird der Präsidialrat unterrichtet und gehört, soweit dieser an der Ernennung zu beteiligen ist. ⁶Bei der Prüfung nach Satz 1 beteiligen die Arbeitgeber die Schwerbehindertenvertretung nach § 178 Absatz 2 und hören die in § 176 genannten Vertretungen an. ⁷Erfüllt der Arbeitgeber seine Beschäftigungspflicht nicht und ist die Schwerbehindertenvertretung oder eine in § 176 genannte Vertretung mit der beabsichtigten Entscheidung des Arbeitgebers nicht einverstanden, ist diese unter Darlegung der Gründe mit ihnen zu erörtern. ⁸Dabei wird der betroffene schwerbehinderte Mensch angehört. ⁹Alle Beteiligten sind vom Arbeitgeber über die getroffene Entscheidung unter Darlegung der Gründe unverzüglich zu unterrichten. ¹⁰Bei Bewerbungen schwerbehinderter Menschen ist die Schwerbehindertenvertretung nicht zu beteiligen, wenn der schwerbehinderte Mensch die Beteiligung der Schwerbehindertenvertretung ausdrücklich ablehnt.

(2) ¹Arbeitgeber dürfen schwerbehinderte Beschäftigte nicht wegen ihrer Behinderung benachteiligen. ²Im Einzelnen gelten hierzu die Regelungen des Allgemeinen Gleichbehandlungsgesetzes.

(3) ¹Die Arbeitgeber stellen durch geeignete Maßnahmen sicher, dass in ihren Betrieben und Dienststellen wenigstens die vorgeschriebene Zahl schwerbehinderter Menschen eine möglichst dauerhafte behinderungsgerechte Beschäftigung finden kann. ²Absatz 4 Satz 2 und 3 gilt entsprechend.

(4) Die schwerbehinderten Menschen haben gegenüber ihren Arbeitgebern Anspruch auf
1. Beschäftigung, bei der sie ihre Fähigkeiten und Kenntnisse möglichst voll verwerten und weiterentwickeln können,
2. bevorzugte Berücksichtigung bei innerbetrieblichen Maßnahmen der beruflichen Bildung zur Förderung ihres beruflichen Fortkommens,
3. Erleichterungen im zumutbaren Umfang zur Teilnahme an außerbetrieblichen Maßnahmen der beruflichen Bildung,
4. behinderungsgerechte Einrichtung und Unterhaltung der Arbeitsstätten einschließlich der Betriebsanlagen, Maschinen und Geräte sowie der Gestaltung der Arbeitsplätze, des Arbeitsumfelds, der Arbeitsorganisation und der Arbeitszeit, unter besonderer Berücksichtigung der Unfallgefahr,
5. Ausstattung ihres Arbeitsplatzes mit den erforderlichen technischen Arbeitshilfen unter Berücksichtigung der Behinderung und ihrer Auswirkungen auf die Beschäftigung. ²Bei der Durchführung der Maßnahmen nach Satz 1 Nummer 1, 4 und 5 unterstützen die Bundesagentur für Arbeit und die Integrationsämter die Arbeitgeber unter Berücksichtigung der für die Beschäftigung wesentlichen Eigenschaften der schwerbehinderten Menschen. ³Ein Anspruch nach Satz 1 besteht nicht, soweit seine Erfüllung für den Arbeitgeber nicht zumutbar oder mit unverhältnismäßigen Aufwendungen verbunden wäre oder soweit die

staatlichen oder berufsgenossenschaftlichen Arbeitsschutzvorschriften oder beamtenrechtliche Vorschriften entgegenstehen.
(5) ¹Die Arbeitgeber fördern die Einrichtung von Teilzeitarbeitsplätzen. ²Sie werden dabei von den Integrationsämtern unterstützt. ³Schwerbehinderte Menschen haben einen Anspruch auf Teilzeitbeschäftigung, wenn die kürzere Arbeitszeit wegen Art oder Schwere der Behinderung notwendig ist; Absatz 4 Satz 3 gilt entsprechend.

§ 165 Besondere Pflichten der öffentlichen Arbeitgeber

¹Die Dienststellen der öffentlichen Arbeitgeber melden den Agenturen für Arbeit frühzeitig nach einer erfolglosen Prüfung zur internen Besetzung des Arbeitsplatzes frei werdende und neu zu besetzende sowie neue Arbeitsplätze (§ 156). ²Mit dieser Meldung gilt die Zustimmung zur Veröffentlichung der Stellenangebote als erteilt. ³Haben schwerbehinderte Menschen sich um einen solchen Arbeitsplatz beworben oder sind sie von der Bundesagentur für Arbeit oder einem von dieser beauftragten Integrationsfachdienst vorgeschlagen worden, werden sie zu einem Vorstellungsgespräch eingeladen. ⁴Eine Einladung ist entbehrlich, wenn die fachliche Eignung offensichtlich fehlt. ⁵Einer Inklusionsvereinbarung nach § 166 bedarf es nicht, wenn für die Dienststellen dem § 166 entsprechende Regelungen bereits bestehen und durchgeführt werden.

§ 166 Inklusionsvereinbarung

(1) ¹Die Arbeitgeber treffen mit der Schwerbehindertenvertretung und den in § 176 genannten Vertretungen in Zusammenarbeit mit dem Inklusionsbeauftragten des Arbeitgebers (§ 181) eine verbindliche Inklusionsvereinbarung. ²Auf Antrag der Schwerbehindertenvertretung wird unter Beteiligung der in § 176 genannten Vertretungen hierüber verhandelt. ³Ist eine Schwerbehindertenvertretung nicht vorhanden, steht das Antragsrecht den in § 176 genannten Vertretungen zu. ⁴Der Arbeitgeber oder die Schwerbehindertenvertretung kann das Integrationsamt einladen, sich an den Verhandlungen über die Inklusionsvereinbarung zu beteiligen. ⁵Das Integrationsamt soll dabei insbesondere darauf hinwirken, dass unterschiedliche Auffassungen überwunden werden. ⁶Der Agentur für Arbeit und dem Integrationsamt, die für den Sitz des Arbeitgebers zuständig sind, wird die Vereinbarung übermittelt.
(2) ¹Die Vereinbarung enthält Regelungen im Zusammenhang mit der Eingliederung schwerbehinderter Menschen, insbesondere zur Personalplanung, Arbeitsplatzgestaltung, Gestaltung des Arbeitsumfelds, Arbeitsorganisation, Arbeitszeit sowie Regelungen über die Durchführung in den Betrieben und Dienststellen. ²Dabei ist die gleichberechtigte Teilhabe schwerbehinderter Menschen am Arbeitsleben bei der Gestaltung von Arbeitsprozessen und Rahmenbedingungen von Anfang an zu berücksichtigen. ³Bei der Personalplanung werden besondere Regelungen zur Beschäftigung eines angemessenen Anteils von schwerbehinderten Frauen vorgesehen.
(3) In der Vereinbarung können insbesondere auch Regelungen getroffen werden
1. zur angemessenen Berücksichtigung schwerbehinderter Menschen bei der Besetzung freier, frei werdender oder neuer Stellen,
2. zu einer anzustrebenden Beschäftigungsquote, einschließlich eines angemessenen Anteils schwerbehinderter Frauen,
3. zu Teilzeitarbeit,
4. zur Ausbildung behinderter Jugendlicher,
5. zur Durchführung der betrieblichen Prävention (betriebliches Eingliederungsmanagement) und zur Gesundheitsförderung,
6. über die Hinzuziehung des Werks- oder Betriebsarztes auch für Beratungen über Leistungen zur Teilhabe sowie über besondere Hilfen im Arbeitsleben.
(4) In den Versammlungen schwerbehinderter Menschen berichtet der Arbeitgeber über alle Angelegenheiten im Zusammenhang mit der Eingliederung schwerbehinderter Menschen.

Sozialgesetzbuch Neuntes Buch – Auszug §§ 167–171

§ 167 Prävention

(1) Der Arbeitgeber schaltet bei Eintreten von personen-, verhaltens- oder betriebsbedingten Schwierigkeiten im Arbeits- oder sonstigen Beschäftigungsverhältnis, die zur Gefährdung dieses Verhältnisses führen können, möglichst frühzeitig die Schwerbehindertenvertretung und die in § 176 genannten Vertretungen sowie das Integrationsamt ein, um mit ihnen alle Möglichkeiten und alle zur Verfügung stehenden Hilfen zur Beratung und mögliche finanzielle Leistungen zu erörtern, mit denen die Schwierigkeiten beseitigt werden können und das Arbeits- oder sonstige Beschäftigungsverhältnis möglichst dauerhaft fortgesetzt werden kann.

(2) ^{1}Sind Beschäftigte innerhalb eines Jahres länger als sechs Wochen ununterbrochen oder wiederholt arbeitsunfähig, klärt der Arbeitgeber mit der zuständigen Interessenvertretung im Sinne des § 176, bei schwerbehinderten Menschen außerdem mit der Schwerbehindertenvertretung, mit Zustimmung und Beteiligung der betroffenen Person die Möglichkeiten, wie die Arbeitsunfähigkeit möglichst überwunden werden und mit welchen Leistungen oder Hilfen erneuter Arbeitsunfähigkeit vorgebeugt und der Arbeitsplatz erhalten werden kann (betriebliches Eingliederungsmanagement). ^{2}Beschäftigte können zusätzlich eine Vertrauensperson eigener Wahl hinzuziehen. ^{3}Soweit erforderlich, wird der Werks- oder Betriebsarzt hinzugezogen. ^{4}Die betroffene Person oder ihr gesetzlicher Vertreter ist zuvor auf die Ziele des betrieblichen Eingliederungsmanagements sowie auf Art und Umfang der hierfür erhobenen und verwendeten Daten hinzuweisen. ^{5}Kommen Leistungen zur Teilhabe oder begleitende Hilfen im Arbeitsleben in Betracht, werden vom Arbeitgeber die Rehabilitationsträger oder bei schwerbehinderten Beschäftigten das Integrationsamt hinzugezogen. ^{6}Diese wirken darauf hin, dass die erforderlichen Leistungen oder Hilfen unverzüglich beantragt und innerhalb der Frist des § 14 Absatz 2 Satz 2 erbracht werden. ^{7}Die zuständige Interessenvertretung im Sinne des § 176, bei schwerbehinderten Menschen außerdem die Schwerbehindertenvertretung, können die Klärung verlangen. ^{8}Sie wachen darüber, dass der Arbeitgeber die ihm nach dieser Vorschrift obliegenden Verpflichtungen erfüllt.

(3) Die Rehabilitationsträger und die Integrationsämter können Arbeitgeber, die ein betriebliches Eingliederungsmanagement einführen, durch Prämien oder einen Bonus fördern.

Kapitel 4 Kündigungsschutz

§ 168 Erfordernis der Zustimmung

Die Kündigung des Arbeitsverhältnisses eines schwerbehinderten Menschen durch den Arbeitgeber bedarf der vorherigen Zustimmung des Integrationsamtes.

§ 169 Kündigungsfrist

Die Kündigungsfrist beträgt mindestens vier Wochen.

§ 170 Antragsverfahren

(1) ^{1}Die Zustimmung zur Kündigung beantragt der Arbeitgeber bei dem für den Sitz des Betriebes oder der Dienststelle zuständigen Integrationsamt schriftlich oder elektronisch. ^{2}Der Begriff des Betriebes und der Begriff der Dienststelle im Sinne dieses Teils bestimmen sich nach dem Betriebsverfassungsgesetz und dem Personalvertretungsrecht.

(2) Das Integrationsamt holt eine Stellungnahme des Betriebsrates oder Personalrates und der Schwerbehindertenvertretung ein und hört den schwerbehinderten Menschen an.

(3) Das Integrationsamt wirkt in jeder Lage des Verfahrens auf eine gütliche Einigung hin.

§ 171 Entscheidung des Integrationsamtes

(1) Das Integrationsamt soll die Entscheidung, falls erforderlich, auf Grund mündlicher Verhandlung, innerhalb eines Monats vom Tag des Eingangs des Antrages an treffen.

(2) ¹Die Entscheidung wird dem Arbeitgeber und dem schwerbehinderten Menschen zugestellt. ²Der Bundesagentur für Arbeit wird eine Abschrift der Entscheidung übersandt.
(3) Erteilt das Integrationsamt die Zustimmung zur Kündigung, kann der Arbeitgeber die Kündigung nur innerhalb eines Monats nach Zustellung erklären.
(4) Widerspruch und Anfechtungsklage gegen die Zustimmung des Integrationsamtes zur Kündigung haben keine aufschiebende Wirkung.
(5) ¹In den Fällen des § 172 Absatz 1 Satz 1 und Absatz 3 gilt Absatz 1 mit der Maßgabe, dass die Entscheidung innerhalb eines Monats vom Tag des Eingangs des Antrages an zu treffen ist. ²Wird innerhalb dieser Frist eine Entscheidung nicht getroffen, gilt die Zustimmung als erteilt. ³Die Absätze 3 und 4 gelten entsprechend.

§ 172 Einschränkungen der Ermessensentscheidung
(1) ¹Das Integrationsamt erteilt die Zustimmung bei Kündigungen in Betrieben und Dienststellen, die nicht nur vorübergehend eingestellt oder aufgelöst werden, wenn zwischen dem Tag der Kündigung und dem Tag, bis zu dem Gehalt oder Lohn gezahlt wird, mindestens drei Monate liegen. ²Unter der gleichen Voraussetzung soll es die Zustimmung auch bei Kündigungen in Betrieben und Dienststellen erteilen, die nicht nur vorübergehend wesentlich eingeschränkt werden, wenn die Gesamtzahl der weiterhin beschäftigten schwerbehinderten Menschen zur Erfüllung der Beschäftigungspflicht nach § 154 ausreicht. ³Die Sätze 1 und 2 gelten nicht, wenn eine Weiterbeschäftigung auf einem anderen Arbeitsplatz desselben Betriebes oder derselben Dienststelle oder auf einem freien Arbeitsplatz in einem anderen Betrieb oder einer anderen Dienststelle desselben Arbeitgebers mit Einverständnis des schwerbehinderten Menschen möglich und für den Arbeitgeber zumutbar ist.
(2) Das Integrationsamt soll die Zustimmung erteilen, wenn dem schwerbehinderten Menschen ein anderer angemessener und zumutbarer Arbeitsplatz gesichert ist.
(3) Ist das Insolvenzverfahren über das Vermögen des Arbeitgebers eröffnet, soll das Integrationsamt die Zustimmung erteilen, wenn
1. der schwerbehinderte Mensch in einem Interessenausgleich namentlich als einer der zu entlassenden Arbeitnehmer bezeichnet ist (§ 125 der Insolvenzordnung),
2. die Schwerbehindertenvertretung beim Zustandekommen des Interessenausgleichs gemäß § 178 Absatz 2 beteiligt worden ist,
3. der Anteil der nach dem Interessenausgleich zu entlassenden schwerbehinderten Menschen an der Zahl der beschäftigten schwerbehinderten Menschen nicht größer ist als der Anteil der zu entlassenden übrigen Arbeitnehmer an der Zahl der beschäftigten übrigen Arbeitnehmer und
4. die Gesamtzahl der schwerbehinderten Menschen, die nach dem Interessenausgleich bei dem Arbeitgeber verbleiben sollen, zur Erfüllung der Beschäftigungspflicht nach § 154 ausreicht.

§ 173 Ausnahmen
(1) ¹Die Vorschriften dieses Kapitels gelten nicht für schwerbehinderte Menschen,
1. deren Arbeitsverhältnis zum Zeitpunkt des Zugangs der Kündigungserklärung ohne Unterbrechung noch nicht länger als sechs Monate besteht oder
2. die auf Stellen im Sinne des § 156 Absatz 2 Nummer 2 bis 5 beschäftigt werden oder
3. deren Arbeitsverhältnis durch Kündigung beendet wird, sofern sie
    a) das 58. Lebensjahr vollendet haben und Anspruch auf eine Abfindung, Entschädigung oder ähnliche Leistung auf Grund eines Sozialplanes haben oder
    b) Anspruch auf Knappschaftsausgleichsleistung nach dem Sechsten Buch oder auf Anpassungsgeld für entlassene Arbeitnehmer des Bergbaus haben.

²Satz 1 Nummer 3 (Buchstabe a und b) finden Anwendung, wenn der Arbeitgeber ihnen die Kündigungsabsicht rechtzeitig mitgeteilt hat und sie der beabsichtigten Kündigung bis zu deren Ausspruch nicht widersprechen.
(2) Die Vorschriften dieses Kapitels finden ferner bei Entlassungen, die aus Witterungsgründen vorgenommen werden, keine Anwendung, sofern die Wiedereinstellung der schwerbehinderten Menschen bei Wiederaufnahme der Arbeit gewährleistet ist.
(3) Die Vorschriften dieses Kapitels finden ferner keine Anwendung, wenn zum Zeitpunkt der Kündigung die Eigenschaft als schwerbehinderter Mensch nicht nachgewiesen ist oder das Versorgungsamt nach Ablauf der Frist des § 152 Absatz 1 Satz 3 eine Feststellung wegen fehlender Mitwirkung nicht treffen konnte.
(4) Der Arbeitgeber zeigt Einstellungen auf Probe und die Beendigung von Arbeitsverhältnissen schwerbehinderter Menschen in den Fällen des Absatzes 1 Nummer 1 unabhängig von der Anzeigepflicht nach anderen Gesetzen dem Integrationsamt innerhalb von vier Tagen an.

§ 174 Außerordentliche Kündigung
(1) Die Vorschriften dieses Kapitels gelten mit Ausnahme von § 169 auch bei außerordentlicher Kündigung, soweit sich aus den folgenden Bestimmungen nichts Abweichendes ergibt.
(2) ¹Die Zustimmung zur Kündigung kann nur innerhalb von zwei Wochen beantragt werden; maßgebend ist der Eingang des Antrages bei dem Integrationsamt. ²Die Frist beginnt mit dem Zeitpunkt, in dem der Arbeitgeber von den für die Kündigung maßgebenden Tatsachen Kenntnis erlangt.
(3) ¹Das Integrationsamt trifft die Entscheidung innerhalb von zwei Wochen vom Tag des Eingangs des Antrages an. ²Wird innerhalb dieser Frist eine Entscheidung nicht getroffen, gilt die Zustimmung als erteilt.
(4) Das Integrationsamt soll die Zustimmung erteilen, wenn die Kündigung aus einem Grund erfolgt, der nicht im Zusammenhang mit der Behinderung steht.
(5) Die Kündigung kann auch nach Ablauf der Frist des § 626 Absatz 2 Satz 1 des Bürgerlichen Gesetzbuchs erfolgen, wenn sie unverzüglich nach Erteilung der Zustimmung erklärt wird.
(6) Schwerbehinderte Menschen, denen lediglich aus Anlass eines Streiks oder einer Aussperrung fristlos gekündigt worden ist, werden nach Beendigung des Streiks oder der Aussperrung wieder eingestellt.

§ 175 Erweiterter Beendigungsschutz
¹Die Beendigung des Arbeitsverhältnisses eines schwerbehinderten Menschen bedarf auch dann der vorherigen Zustimmung des Integrationsamtes, wenn sie im Falle des Eintritts einer teilweisen Erwerbsminderung, der Erwerbsminderung auf Zeit, der Berufsunfähigkeit oder der Erwerbsunfähigkeit auf Zeit ohne Kündigung erfolgt. ²Die Vorschriften dieses Kapitels über die Zustimmung zur ordentlichen Kündigung gelten entsprechend.

Kapitel 5 Betriebs-, Personal-, Richter-, Staatsanwalts- und Präsidialrat, Schwerbehindertenvertretung, Inklusionsbeauftragter des Arbeitgebers

§ 176 Aufgaben des Betriebs-, Personal-, Richter-, Staatsanwalts- und Präsidialrates
¹Betriebs-, Personal-, Richter-, Staatsanwalts- und Präsidialrat fördern die Eingliederung schwerbehinderter Menschen. ²Sie achten insbesondere darauf, dass die dem Arbeitgeber nach den §§ 154, 155 und 164 bis 167 obliegenden Verpflichtungen erfüllt werden; sie wirken auf die Wahl der Schwerbehindertenvertretung hin.

§ 177 Sozialgesetzbuch Neuntes Buch – Auszug

§ 177 Wahl und Amtszeit der Schwerbehindertenvertretung

(1) ¹In Betrieben und Dienststellen, in denen wenigstens fünf schwerbehinderte Menschen nicht nur vorübergehend beschäftigt sind, werden eine Vertrauensperson und wenigstens ein stellvertretendes Mitglied gewählt, das die Vertrauensperson im Falle der Verhinderung vertritt. ²Ferner wählen bei Gerichten, denen mindestens fünf schwerbehinderte Richter oder Richterinnen angehören, diese einen Richter oder eine Richterin zu ihrer Schwerbehindertenvertretung. ³Satz 2 gilt entsprechend für Staatsanwälte oder Staatsanwältinnen, soweit für sie eine besondere Personalvertretung gebildet wird. ⁴Betriebe oder Dienststellen, die die Voraussetzungen des Satzes 1 nicht erfüllen, können für die Wahl mit räumlich nahe liegenden Betrieben des Arbeitgebers oder gleichstufigen Dienststellen derselben Verwaltung zusammengefasst werden; soweit erforderlich, können Gerichte unterschiedlicher Gerichtszweige und Stufen zusammengefasst werden. ⁵Über die Zusammenfassung entscheidet der Arbeitgeber im Benehmen mit dem für den Sitz der Betriebe oder Dienststellen einschließlich Gerichten zuständigen Integrationsamt.

(2) Wahlberechtigt sind alle in dem Betrieb oder der Dienststelle beschäftigten schwerbehinderten Menschen.

(3) ¹Wählbar sind alle in dem Betrieb oder der Dienststelle nicht nur vorübergehend Beschäftigten, die am Wahltag das 18. Lebensjahr vollendet haben und dem Betrieb oder der Dienststelle seit sechs Monaten angehören; besteht der Betrieb oder die Dienststelle weniger als ein Jahr, so bedarf es für die Wählbarkeit nicht der sechsmonatigen Zugehörigkeit. ²Nicht wählbar ist, wer kraft Gesetzes dem Betriebs-, Personal-, Richter-, Staatsanwaltsoder Präsidialrat nicht angehören kann.

(4) In Dienststellen der Bundeswehr sind auch schwerbehinderte Soldatinnen und Soldaten wahlberechtigt und auch Soldatinnen und Soldaten wählbar.

(5) ¹Die regelmäßigen Wahlen finden alle vier Jahre in der Zeit vom 1. Oktober bis 30. November statt. Außerhalb dieser Zeit finden Wahlen statt, wenn
1. das Amt der Schwerbehindertenvertretung vorzeitig erlischt und ein stellvertretendes Mitglied nicht nachrückt,
2. die Wahl mit Erfolg angefochten worden ist oder
3. eine Schwerbehindertenvertretung noch nicht gewählt ist.

²Hat außerhalb des für die regelmäßigen Wahlen festgelegten Zeitraumes eine Wahl der Schwerbehindertenvertretung stattgefunden, wird die Schwerbehindertenvertretung in dem auf die Wahl folgenden nächsten Zeitraum der regelmäßigen Wahlen neu gewählt. ³Hat die Amtszeit der Schwerbehindertenvertretung zum Beginn des für die regelmäßigen Wahlen festgelegten Zeitraums noch nicht ein Jahr betragen, wird die Schwerbehindertenvertretung im übernächsten Zeitraum für regelmäßige Wahlen neu gewählt.

(6) ¹Die Vertrauensperson und das stellvertretende Mitglied werden in geheimer und unmittelbarer Wahl nach den Grundsätzen der Mehrheitswahl gewählt. ²Im Übrigen sind die Vorschriften über die Wahlanfechtung, den Wahlschutz und die Wahlkosten bei der Wahl des Betriebs-, Personal-, Richter-, Staatsanwalts- oder Präsidialrates sinngemäß anzuwenden. ³In Betrieben und Dienststellen mit weniger als 50 wahlberechtigten schwerbehinderten Menschen wird die Vertrauensperson und das stellvertretende Mitglied im vereinfachten Wahlverfahren gewählt, sofern der Betrieb oder die Dienststelle nicht aus räumlich weit auseinanderliegenden Teilen besteht. ⁴Ist in einem Betrieb oder einer Dienststelle eine Schwerbehindertenvertretung nicht gewählt, so kann das für den Betrieb oder die Dienststelle zuständige Integrationsamt zu einer Versammlung schwerbehinderter Menschen zum Zwecke der Wahl eines Wahlvorstandes einladen.

(7) ¹Die Amtszeit der Schwerbehindertenvertretung beträgt vier Jahre. ²Sie beginnt mit der Bekanntgabe des Wahlergebnisses oder, wenn die Amtszeit der bisherigen Schwerbehindertenvertretung noch nicht beendet ist, mit deren Ablauf. ³Das Amt erlischt vorzeitig, wenn die

Sozialgesetzbuch Neuntes Buch – Auszug §§ 177, 178

Vertrauensperson es niederlegt, aus dem Arbeits-, Dienst- oder Richterverhältnis ausscheidet oder die Wählbarkeit verliert. ⁴Scheidet die Vertrauensperson vorzeitig aus dem Amt aus, rückt das mit der höchsten Stimmenzahl gewählte stellvertretende Mitglied für den Rest der Amtszeit nach; dies gilt für das stellvertretende Mitglied entsprechend. ⁵Auf Antrag eines Viertels der wahlberechtigten schwerbehinderten Menschen kann der Widerspruchsausschuss bei dem Integrationsamt (§ 202) das Erlöschen des Amtes einer Vertrauensperson wegen grober Verletzung ihrer Pflichten beschließen.
(8) In Betrieben gilt § 21a des Betriebsverfassungsgesetzes entsprechend.

§ 178 Aufgaben der Schwerbehindertenvertretung

(1) ¹Die Schwerbehindertenvertretung fördert die Eingliederung schwerbehinderter Menschen in den Betrieb oder die Dienststelle, vertritt ihre Interessen in dem Betrieb oder der Dienststelle und steht ihnen beratend und helfend zur Seite. ²Sie erfüllt ihre Aufgaben insbesondere dadurch, dass sie
1. darüber wacht, dass die zugunsten schwerbehinderter Menschen geltenden Gesetze, Verordnungen, Tarifverträge, Betriebs- oder Dienstvereinbarungen und Verwaltungsanordnungen durchgeführt, insbesondere auch die dem Arbeitgeber nach den §§ 154, 155 und 164 bis 167 obliegenden Verpflichtungen erfüllt werden,
2. Maßnahmen, die den schwerbehinderten Menschen dienen, insbesondere auch präventive Maßnahmen, bei den zuständigen Stellen beantragt,
3. Anregungen und Beschwerden von schwerbehinderten Menschen entgegennimmt und, falls sie berechtigt erscheinen, durch Verhandlung mit dem Arbeitgeber auf eine Erledigung hinwirkt; sie unterrichtet die schwerbehinderten Menschen über den Stand und das Ergebnis der Verhandlungen.

³Die Schwerbehindertenvertretung unterstützt Beschäftigte auch bei Anträgen an die nach § 152 Absatz 1 zuständigen Behörden auf Feststellung einer Behinderung, ihres Grades und einer Schwerbehinderung sowie bei Anträgen auf Gleichstellung an die Agentur für Arbeit. ⁴In Betrieben und Dienststellen mit in der Regel mehr als 100 beschäftigten schwerbehinderten Menschen kann sie nach Unterrichtung des Arbeitgebers das mit der höchsten Stimmenzahl gewählte stellvertretende Mitglied zu bestimmten Aufgaben heranziehen. ⁵Ab jeweils 100 weiteren beschäftigten schwerbehinderten Menschen kann jeweils auch das mit der nächsthöheren Stimmenzahl gewählte Mitglied herangezogen werden. ⁶Die Heranziehung zu bestimmten Aufgaben schließt die Abstimmung untereinander ein.

(2) ¹Der Arbeitgeber hat die Schwerbehindertenvertretung in allen Angelegenheiten, die einen einzelnen oder die schwerbehinderten Menschen als Gruppe berühren, unverzüglich und umfassend zu unterrichten und vor einer Entscheidung anzuhören; er hat ihr die getroffene Entscheidung unverzüglich mitzuteilen. ²Die Durchführung oder Vollziehung einer ohne Beteiligung nach Satz 1 getroffenen Entscheidung ist auszusetzen, die Beteiligung ist innerhalb von sieben Tagen nachzuholen; sodann ist endgültig zu entscheiden. ³Die Kündigung eines schwerbehinderten Menschen, die der Arbeitgeber ohne eine Beteiligung nach Satz 1 ausspricht, ist unwirksam. ⁴Die Schwerbehindertenvertretung hat das Recht auf Beteiligung am Verfahren nach § 164 Absatz 1 und beim Vorliegen von Vermittlungsvorschlägen der Bundesagentur für Arbeit nach § 164 Absatz 1 oder von Bewerbungen schwerbehinderter Menschen das Recht auf Einsicht in die entscheidungsrelevanten Teile der Bewerbungsunterlagen und Teilnahme an Vorstellungsgesprächen.

(3) ¹Der schwerbehinderte Mensch hat das Recht, bei Einsicht in die über ihn geführte Personalakte oder ihn betreffende Daten des Arbeitgebers die Schwerbehindertenvertretung hinzuzuziehen. ²Die Schwerbehindertenvertretung bewahrt über den Inhalt der Daten Stillschweigen, soweit sie der schwerbehinderte Mensch nicht von dieser Verpflichtung entbunden hat.

(4) ¹Die Schwerbehindertenvertretung hat das Recht, an allen Sitzungen des Betriebs-, Personal-, Richter-, Staatsanwalts- oder Präsidialrates und deren Ausschüssen sowie des Arbeitsschutzausschusses beratend teilzunehmen; sie kann beantragen, Angelegenheiten, die einzelne oder die schwerbehinderten Menschen als Gruppe besonders betreffen, auf die Tagesordnung der nächsten Sitzung zu setzen. ²Erachtet sie einen Beschluss des Betriebs-, Personal-, Richter-, Staatsanwalts- oder Präsidialrates als eine erhebliche Beeinträchtigung wichtiger Interessen schwerbehinderter Menschen oder ist sie entgegen Absatz 2 Satz 1 nicht beteiligt worden, wird auf ihren Antrag der Beschluss für die Dauer von einer Woche vom Zeitpunkt der Beschlussfassung an ausgesetzt; die Vorschriften des Betriebsverfassungsgesetzes und des Personalvertretungsrechts über die Aussetzung von Beschlüssen gelten entsprechend. ³Durch die Aussetzung wird eine Frist nicht verlängert. ⁴In den Fällen des § 21e Absatz 1 und 3 des Gerichtsverfassungsgesetzes ist die Schwerbehindertenvertretung, außer in Eilfällen, auf Antrag einer betroffenen schwerbehinderten Richterin oder eines schwerbehinderten Richters vor dem Präsidium des Gerichtes zu hören.
(5) Die Schwerbehindertenvertretung wird zu Besprechungen nach § 74 Absatz 1 des Betriebsverfassungsgesetzes, § 65 des Bundespersonalvertretungsgesetzes sowie den entsprechenden Vorschriften des sonstigen Personalvertretungsrechts zwischen dem Arbeitgeber und den in Absatz 4 genannten Vertretungen hinzugezogen.
(6) ¹Die Schwerbehindertenvertretung hat das Recht, mindestens einmal im Kalenderjahr eine Versammlung schwerbehinderter Menschen im Betrieb oder in der Dienststelle durchzuführen. ²Die für Betriebs- und Personalversammlungen geltenden Vorschriften finden entsprechende Anwendung.
(7) Sind in einer Angelegenheit sowohl die Schwerbehindertenvertretung der Richter und Richterinnen als auch die Schwerbehindertenvertretung der übrigen Bediensteten beteiligt, so handeln sie gemeinsam.
(8) Die Schwerbehindertenvertretung kann an Betriebs- und Personalversammlungen in Betrieben und Dienststellen teilnehmen, für die sie als Schwerbehindertenvertretung zuständig ist, und hat dort ein Rederecht, auch wenn die Mitglieder der Schwerbehindertenvertretung nicht Angehörige des Betriebes oder der Dienststelle sind.

§ 179 Persönliche Rechte und Pflichten der Vertrauenspersonen der schwerbehinderten Menschen

(1) Die Vertrauenspersonen führen ihr Amt unentgeltlich als Ehrenamt.
(2) Die Vertrauenspersonen dürfen in der Ausübung ihres Amtes nicht behindert oder wegen ihres Amtes nicht benachteiligt oder begünstigt werden; dies gilt auch für ihre berufliche Entwicklung.
(3) ¹Die Vertrauenspersonen besitzen gegenüber dem Arbeitgeber die gleiche persönliche Rechtsstellung, insbesondere den gleichen Kündigungs-, Versetzungs- und Abordnungsschutz, wie ein Mitglied des Betriebs-, Personal-, Staatsanwalts- oder Richterrates. ²Das stellvertretende Mitglied besitzt während der Dauer der Vertretung und der Heranziehung nach § 178 Absatz 1 Satz 4 und 5 die gleiche persönliche Rechtsstellung wie die Vertrauensperson, im Übrigen die gleiche Rechtsstellung wie Ersatzmitglieder der in Satz 1 genannten Vertretungen.
(4) ¹Die Vertrauenspersonen werden von ihrer beruflichen Tätigkeit ohne Minderung des Arbeitsentgelts oder der Dienstbezüge befreit, wenn und soweit es zur Durchführung ihrer Aufgaben erforderlich ist. ²Sind in den Betrieben und Dienststellen in der Regel wenigstens 100 schwerbehinderte Menschen beschäftigt, wird die Vertrauensperson auf ihren Wunsch freigestellt; weitergehende Vereinbarungen sind zulässig. ³Satz 1 gilt entsprechend für die Teilnahme der Vertrauensperson und des mit der höchsten Stimmenzahl gewählten stellvertretenden Mitglieds sowie in den Fällen des § 178 Absatz 1 Satz 5 auch des jeweils mit der

nächsthöheren Stimmenzahl gewählten weiteren stellvertretenden Mitglieds an Schulungs- und Bildungsveranstaltungen, soweit diese Kenntnisse vermitteln, die für die Arbeit der Schwerbehindertenvertretung erforderlich sind.
(5) ¹Freigestellte Vertrauenspersonen dürfen von inner- oder außerbetrieblichen Maßnahmen der Berufsförderung nicht ausgeschlossen werden. ²Innerhalb eines Jahres nach Beendigung ihrer Freistellung ist ihnen im Rahmen der Möglichkeiten des Betriebes oder der Dienststelle Gelegenheit zu geben, eine wegen der Freistellung unterbliebene berufliche Entwicklung in dem Betrieb oder der Dienststelle nachzuholen. ³Für Vertrauenspersonen, die drei volle aufeinander folgende Amtszeiten freigestellt waren, erhöht sich der genannte Zeitraum auf zwei Jahre.
(6) Zum Ausgleich für ihre Tätigkeit, die aus betriebsbedingten oder dienstlichen Gründen außerhalb der Arbeitszeit durchzuführen ist, haben die Vertrauenspersonen Anspruch auf entsprechende Arbeits- oder Dienstbefreiung unter Fortzahlung des Arbeitsentgelts oder der Dienstbezüge.
(7) ¹Die Vertrauenspersonen sind verpflichtet,
1. ihnen wegen ihres Amtes anvertraute oder sonst bekannt gewordene fremde Geheimnisse, namentlich zum persönlichen Lebensbereich gehörende Geheimnisse, nicht zu offenbaren und
2. ihnen wegen ihres Amtes bekannt gewordene und vom Arbeitgeber ausdrücklich als geheimhaltungsbedürftig bezeichnete Betriebs- oder Geschäftsgeheimnisse nicht zu offenbaren und nicht zu verwerten.
²Diese Pflichten gelten auch nach dem Ausscheiden aus dem Amt. ³Sie gelten nicht gegenüber der Bundesagentur für Arbeit, den Integrationsämtern und den Rehabilitationsträgern, soweit deren Aufgaben den schwerbehinderten Menschen gegenüber es erfordern, gegenüber den Vertrauenspersonen in den Stufenvertretungen (§ 180) sowie gegenüber den in § 79 Absatz 1 des Betriebsverfassungsgesetzes und den in den entsprechenden Vorschriften des Personalvertretungsrechts genannten Vertretungen, Personen und Stellen.
(8) ¹Die durch die Tätigkeit der Schwerbehindertenvertretung entstehenden Kosten trägt der Arbeitgeber; für öffentliche Arbeitgeber gelten die Kostenregelungen für Personalvertretungen entsprechend. ²Das Gleiche gilt für die durch die Teilnahme der stellvertretenden Mitglieder an Schulungs- und Bildungsveranstaltungen nach Absatz 4 Satz 3 entstehenden Kosten. ³Satz 1 umfasst auch eine Bürokraft für die Schwerbehindertenvertretung in erforderlichem Umfang.
(9) Die Räume und der Geschäftsbedarf, die der Arbeitgeber dem Betriebs-, Personal-, Richter-, Staatsanwalts- oder Präsidialrat für dessen Sitzungen, Sprechstunden und laufende Geschäftsführung zur Verfügung stellt, stehen für die gleichen Zwecke auch der Schwerbehindertenvertretung zur Verfügung, soweit ihr hierfür nicht eigene Räume und sächliche Mittel zur Verfügung gestellt werden.

§ 180 Konzern-, Gesamt-, Bezirks- und Hauptschwerbehindertenvertretung

(1) ¹Ist für mehrere Betriebe eines Arbeitgebers ein Gesamtbetriebsrat oder für den Geschäftsbereich mehrerer Dienststellen ein Gesamtpersonalrat errichtet, wählen die Schwerbehindertenvertretungen der einzelnen Betriebe oder Dienststellen eine Gesamtschwerbehindertenvertretung. ²Ist eine Schwerbehindertenvertretung nur in einem der Betriebe oder in einer der Dienststellen gewählt, nimmt sie die Rechte und Pflichten der Gesamtschwerbehindertenvertretung wahr.
(2) ¹Ist für mehrere Unternehmen ein Konzernbetriebsrat errichtet, wählen die Gesamtschwerbehindertenvertretungen eine Konzernschwerbehindertenvertretung. ²Besteht ein Konzernunternehmen nur aus einem Betrieb, für den eine Schwerbehindertenvertretung gewählt ist, hat sie das Wahlrecht wie eine Gesamtschwerbehindertenvertretung.
(3) ¹Für den Geschäftsbereich mehrstufiger Verwaltungen, bei denen ein Bezirks- oder Hauptpersonalrat gebildet ist, gilt Absatz 1 sinngemäß mit der Maßgabe, dass bei den Mittel-

behörden von deren Schwerbehindertenvertretung und den Schwerbehindertenvertretungen der nachgeordneten Dienststellen eine Bezirksschwerbehindertenvertretung zu wählen ist. ²Bei den obersten Dienstbehörden ist von deren Schwerbehindertenvertretung und den Bezirksschwerbehindertenvertretungen des Geschäftsbereichs eine Hauptschwerbehindertenvertretung zu wählen; ist die Zahl der Bezirksschwerbehindertenvertretungen niedriger als zehn, sind auch die Schwerbehindertenvertretungen der nachgeordneten Dienststellen wahlberechtigt.
(4) ¹Für Gerichte eines Zweiges der Gerichtsbarkeit, für die ein Bezirks- oder Hauptrichterrat gebildet ist, gilt Absatz 3 entsprechend. ²Sind in einem Zweig der Gerichtsbarkeit bei den Gerichten der Länder mehrere Schwerbehindertenvertretungen nach § 177 zu wählen und ist in diesem Zweig kein Hauptrichterrat gebildet, ist in entsprechender Anwendung von Absatz 3 eine Hauptschwerbehindertenvertretung zu wählen. ³Die Hauptschwerbehindertenvertretung nimmt die Aufgabe der Schwerbehindertenvertretung gegenüber dem Präsidialrat wahr.
(5) Für jede Vertrauensperson, die nach den Absätzen 1 bis 4 neu zu wählen ist, wird wenigstens ein stellvertretendes Mitglied gewählt.
(6) ¹Die Gesamtschwerbehindertenvertretung vertritt die Interessen der schwerbehinderten Menschen in Angelegenheiten, die das Gesamtunternehmen oder mehrere Betriebe oder Dienststellen des Arbeitgebers betreffen und von den Schwerbehindertenvertretungen der einzelnen Betriebe oder Dienststellen nicht geregelt werden können, sowie die Interessen der schwerbehinderten Menschen, die in einem Betrieb oder einer Dienststelle tätig sind, für die eine Schwerbehindertenvertretung nicht gewählt ist; dies umfasst auch Verhandlungen und den Abschluss entsprechender Inklusionsvereinbarungen. ²Satz 1 gilt entsprechend für die Konzern-, Bezirks- und Hauptschwerbehindertenvertretung sowie für die Schwerbehindertenvertretung der obersten Dienstbehörde, wenn bei einer mehrstufigen Verwaltung Stufenvertretungen nicht gewählt sind. ³Die nach Satz 2 zuständige Schwerbehindertenvertretung ist auch in persönlichen Angelegenheiten schwerbehinderter Menschen, über die eine übergeordnete Dienststelle entscheidet, zuständig; sie gibt der Schwerbehindertenvertretung der Dienststelle, die den schwerbehinderten Menschen beschäftigt, Gelegenheit zur Äußerung. ⁴Satz 3 gilt nicht in den Fällen, in denen der Personalrat der Beschäftigungsbehörde zu beteiligen ist.
(7) § 177 Absatz 3 bis 8, § 178 Absatz 1 Satz 4 und 5, Absatz 2, 4, 5 und 7 und § 179 gelten entsprechend, § 177 Absatz 5 mit der Maßgabe, dass die Wahl der Gesamt- und Bezirksschwerbehindertenvertretungen in der Zeit vom 1. Dezember bis 31. Januar, die der Konzern- und Hauptschwerbehindertenvertretungen in der Zeit vom 1. Februar bis 31. März stattfindet, § 177 Absatz 6 mit der Maßgabe, dass bei den Wahlen zu überörtlichen Vertretungen der zweite Halbsatz des Satzes 3 nicht gilt.
(8) § 178 Absatz 6 gilt für die Durchführung von Versammlungen der Vertrauens- und der Bezirksvertrauenspersonen durch die Gesamt-, Bezirks- oder Hauptschwerbehindertenvertretung entsprechend.

§ 181 Inklusionsbeauftragter des Arbeitgebers
¹Der Arbeitgeber bestellt einen Inklusionsbeauftragten, der ihn in Angelegenheiten schwerbehinderter Menschen verantwortlich vertritt; falls erforderlich, können mehrere Inklusionsbeauftragte bestellt werden. ²Der Inklusionsbeauftragte soll nach Möglichkeit selbst ein schwerbehinderter Mensch sein. ³Der Inklusionsbeauftragte achtet vor allem darauf, dass dem Arbeitgeber obliegende Verpflichtungen erfüllt werden.

§ 182 Zusammenarbeit
(1) Arbeitgeber, Inklusionsbeauftragter des Arbeitgebers, Schwerbehindertenvertretung und Betriebs-, Personal-, Richter-, Staatsanwalts- oder Präsidialrat arbeiten zur Teilhabe schwerbehinderter Menschen am Arbeitsleben in dem Betrieb oder der Dienststelle eng zusammen.

Sozialgesetzbuch Neuntes Buch – Auszug §§ 182–185

(2) ¹Die in Absatz 1 genannten Personen und Vertretungen, die mit der Durchführung dieses Teils beauftragten Stellen und die Rehabilitationsträger unterstützen sich gegenseitig bei der Erfüllung ihrer Aufgaben. ²Vertrauensperson und Inklusionsbeauftragter des Arbeitgebers sind Verbindungspersonen zur Bundesagentur für Arbeit und zu dem Integrationsamt.

§ 183 Verordnungsermächtigung
Die Bundesregierung wird ermächtigt, durch Rechtsverordnung mit Zustimmung des Bundesrates nähere Vorschriften über die Vorbereitung und Durchführung der Wahl der Schwerbehindertenvertretung und ihrer Stufenvertretungen zu erlassen.

Kapitel 6 Durchführung der besonderen Regelungen zur Teilhabe schwerbehinderter Menschen

§ 184 Zusammenarbeit der Integrationsämter und der Bundesagentur für Arbeit
(1) Soweit die besonderen Regelungen zur Teilhabe schwerbehinderter Menschen am Arbeitsleben nicht durch freie Entschließung der Arbeitgeber erfüllt werden, werden sie
1. in den Ländern von dem Amt für die Sicherung der Integration schwerbehinderter Menschen im Arbeitsleben (Integrationsamt) und
2. von der Bundesagentur für Arbeit
in enger Zusammenarbeit durchgeführt.
(2) Die den Rehabilitationsträgern nach den geltenden Vorschriften obliegenden Aufgaben bleiben unberührt.

§ 185 Aufgaben des Integrationsamtes
(1) ¹Das Integrationsamt hat folgende Aufgaben:
1. die Erhebung und Verwendung der Ausgleichsabgabe,
2. den Kündigungsschutz,
3. die begleitende Hilfe im Arbeitsleben,
4. die zeitweilige Entziehung der besonderen Hilfen für schwerbehinderte Menschen (§ 200).

²Die Integrationsämter werden so ausgestattet, dass sie ihre Aufgaben umfassend und qualifiziert erfüllen können. ³Hierfür wird besonders geschultes Personal mit Fachkenntnissen des Schwerbehindertenrechts eingesetzt.
(2) ¹Die begleitende Hilfe im Arbeitsleben wird in enger Zusammenarbeit mit der Bundesagentur für Arbeit und den übrigen Rehabilitationsträgern durchgeführt. ²Sie soll dahingehend wirken, dass die schwerbehinderten Menschen in ihrer sozialen Stellung nicht absinken, auf Arbeitsplätzen beschäftigt werden, auf denen sie ihre Fähigkeiten und Kenntnisse voll verwerten und weiterentwickeln können sowie durch Leistungen der Rehabilitationsträger und Maßnahmen der Arbeitgeber befähigt werden, sich am Arbeitsplatz und im Wettbewerb mit nichtbehinderten Menschen zu behaupten. ³Dabei gelten als Arbeitsplätze auch Stellen, auf denen Beschäftigte befristet oder als Teilzeitbeschäftigte in einem Umfang von mindestens 15 Stunden, in Inklusionsbetrieben mindestens zwölf Stunden wöchentlich beschäftigt werden. ⁴Die begleitende Hilfe im Arbeitsleben umfasst auch die nach den Umständen des Einzelfalles notwendige psychosoziale Betreuung schwerbehinderter Menschen. ⁵Das Integrationsamt kann bei der Durchführung der begleitenden Hilfen im Arbeitsleben Integrationsfachdienste einschließlich psychosozialer Dienste freier gemeinnütziger Einrichtungen und Organisationen beteiligen. ⁶Das Integrationsamt soll außerdem darauf Einfluss nehmen, dass Schwierigkeiten im Arbeitsleben verhindert oder beseitigt werden; es führt hierzu auch Schulungs- und Bildungsmaßnahmen für Vertrauenspersonen, Inklusionsbeauftragte der Arbeitgeber, Betriebs-, Personal-, Richter-, Staatsanwalts- und Präsidialräte durch. ⁷Das Integrationsamt benennt in enger Abstimmung mit den Beteiligten des örtlichen Arbeitsmarktes Ansprechpartner, die in Handwerks- sowie in

Industrie- und Handelskammern für die Arbeitgeber zur Verfügung stehen, um sie über Funktion und Aufgaben der Integrationsfachdienste aufzuklären, über Möglichkeiten der begleitenden Hilfe im Arbeitsleben zu informieren und Kontakt zum Integrationsfachdienst herzustellen.
(3) Das Integrationsamt kann im Rahmen seiner Zuständigkeit für die begleitende Hilfe im Arbeitsleben aus den ihm zur Verfügung stehenden Mitteln auch Geldleistungen erbringen, insbesondere
1. an schwerbehinderte Menschen
   a) für technische Arbeitshilfen,
   b) zum Erreichen des Arbeitsplatzes,
   c) zur Gründung und Erhaltung einer selbständigen beruflichen Existenz,
   d) zur Beschaffung, Ausstattung und Erhaltung einer behinderungsgerechten Wohnung,
   e) zur Teilnahme an Maßnahmen zur Erhaltung und Erweiterung beruflicher Kenntnisse und Fertigkeiten und
   f) in besonderen Lebenslagen,
2. an Arbeitgeber
   a) zur behinderungsgerechten Einrichtung von Arbeits- und Ausbildungsplätzen für schwerbehinderte Menschen,
   b) für Zuschüsse zu Gebühren, insbesondere Prüfungsgebühren, bei der Berufsausbildung besonders betroffener schwerbehinderter Jugendlicher und junger Erwachsener,
   c) für Prämien und Zuschüsse zu den Kosten der Berufsausbildung behinderter Jugendlicher und junger Erwachsener, die für die Zeit der Berufsausbildung schwerbehinderten Menschen nach § 151 Absatz 4 gleichgestellt worden sind,
   d) für Prämien zur Einführung eines betrieblichen Eingliederungsmanagements und
   e) für außergewöhnliche Belastungen, die mit der Beschäftigung schwerbehinderter Menschen im Sinne des § 155 Absatz 1 Nummer 1 Buchstabe a bis d, von schwerbehinderten Menschen im Anschluss an eine Beschäftigung in einer anerkannten Werkstatt für behinderte Menschen oder im Sinne des § 158 Absatz 2 verbunden sind, vor allem, wenn ohne diese Leistungen das Beschäftigungsverhältnis gefährdet würde,
3. an Träger von Integrationsfachdiensten einschließlich psychosozialer Dienste freier gemeinnütziger Einrichtungen und Organisationen sowie an Träger von Inklusionsbetrieben,
4. zur Durchführung von Aufklärungs-, Schulungs- und Bildungsmaßnahmen,
5. nachrangig zur beruflichen Orientierung,
6. zur Deckung eines Teils der Aufwendungen für ein Budget für Arbeit oder eines Teils der Aufwendungen für ein Budget für Ausbildung.
(4) Schwerbehinderte Menschen haben im Rahmen der Zuständigkeit des Integrationsamtes aus den ihm aus der Ausgleichsabgabe zur Verfügung stehenden Mitteln Anspruch auf Übernahme der Kosten einer Berufsbegleitung nach § 55 Absatz 3.
(5) ¹Schwerbehinderte Menschen haben im Rahmen der Zuständigkeit des Integrationsamtes für die begleitende Hilfe im Arbeitsleben aus den ihm aus der Ausgleichsabgabe zur Verfügung stehenden Mitteln Anspruch auf Übernahme der Kosten einer notwendigen Arbeitsassistenz. ²Der Anspruch richtet sich auf die Übernahme der vollen Kosten, die für eine als notwendig festgestellte Arbeitsassistenz entstehen.
(6) ¹Verpflichtungen anderer werden durch die Absätze 3 bis 5 nicht berührt. ²Leistungen der Rehabilitationsträger nach § 6 Absatz 1 Nummer 1 bis 5 dürfen, auch wenn auf sie ein Rechtsanspruch nicht besteht, nicht deshalb versagt werden, weil nach den besonderen Regelungen für schwerbehinderte Menschen entsprechende Leistungen vorgesehen sind; eine Aufstockung durch Leistungen des Integrationsamtes findet nicht statt.
(7) ¹Die §§ 14, 15 Absatz 1, die §§ 16 und 17 gelten sinngemäß, wenn bei dem Integrationsamt eine Leistung zur Teilhabe am Arbeitsleben beantragt wird. ²Das Gleiche gilt, wenn ein

Antrag bei einem Rehabilitationsträger gestellt und der Antrag von diesem nach § 16 Absatz 2 des Ersten Buches an das Integrationsamt weitergeleitet worden ist. ³Ist die unverzügliche Erbringung einer Leistung zur Teilhabe am Arbeitsleben erforderlich, so kann das Integrationsamt die Leistung vorläufig erbringen. ⁴Hat das Integrationsamt eine Leistung erbracht, für die ein anderer Träger zuständig ist, so erstattet dieser die auf die Leistung entfallenden Aufwendungen.
(8) ¹Auf Antrag führt das Integrationsamt seine Leistungen zur begleitenden Hilfe im Arbeitsleben als Persönliches Budget aus. ²§ 29 gilt entsprechend.
(9) Ein Antrag auf eine Leistung, auf die ein Anspruch besteht (Absätze 4 und 5), gilt sechs Wochen nach Eingang als genehmigt, wenn
1. das Integrationsamt bis dahin nicht über den Antrag entschieden hat und
2. die beantragte Leistung nach Art und Umfang im Antrag genau bezeichnet ist.

§ 185a Einheitliche Ansprechstellen für Arbeitgeber
(1) Einheitliche Ansprechstellen für Arbeitgeber informieren, beraten und unterstützen Arbeitgeber bei der Ausbildung, Einstellung und Beschäftigung von schwerbehinderten Menschen.
(2) ¹Die Einheitlichen Ansprechstellen für Arbeitgeber werden als begleitende Hilfe im Arbeitsleben aus Mitteln der Ausgleichsabgabe finanziert. ²Sie haben die Aufgabe,
1. Arbeitgeber anzusprechen und diese für die Ausbildung, Einstellung und Beschäftigung von schwerbehinderten Menschen zu sensibilisieren,
2. Arbeitgebern als trägerunabhängiger Lotse bei Fragen zur Ausbildung, Einstellung, Berufsbegleitung und Beschäftigungssicherung von schwerbehinderten Menschen zur Verfügung zu stehen und
3. Arbeitgeber bei der Stellung von Anträgen bei den zuständigen Leistungsträgern zu unterstützen.
(3) ¹Die Einheitlichen Ansprechstellen für Arbeitgeber sind flächendeckend einzurichten. ²Sie sind trägerunabhängig.
(4) Die Einheitlichen Ansprechstellen für Arbeitgeber sollen
1. für Arbeitgeber schnell zu erreichen sein,
2. über fachlich qualifiziertes Personal verfügen, das mit den Regelungen zur Teilhabe schwerbehinderter Menschen sowie der Beratung von Arbeitgebern und ihren Bedürfnissen vertraut ist, sowie
3. in der Region gut vernetzt sein.
(5) ¹Die Integrationsämter beauftragen die Integrationsfachdienste oder andere geeignete Träger, als Einheitliche Ansprechstellen für Arbeitgeber tätig zu werden. ²Die Integrationsämter wirken darauf hin, dass die Einheitlichen Ansprechstellen für Arbeitgeber flächendeckend zur Verfügung stehen und mit Dritten, die aufgrund ihres fachlichen Hintergrunds über eine besondere Betriebsnähe verfügen, zusammenarbeiten.

§ 186 Beratender Ausschuss für behinderte Menschen bei dem Integrationsamt
(1) ¹Bei jedem Integrationsamt wird ein Beratender Ausschuss für behinderte Menschen gebildet, der die Teilhabe der behinderten Menschen am Arbeitsleben fördert, das Integrationsamt bei der Durchführung der besonderen Regelungen für schwerbehinderte Menschen zur Teilhabe am Arbeitsleben unterstützt und bei der Vergabe der Mittel der Ausgleichsabgabe mitwirkt. ²Soweit die Mittel der Ausgleichsabgabe zur institutionellen Förderung verwendet werden, macht der Beratende Ausschuss Vorschläge für die Entscheidungen des Integrationsamtes.
(2) Der Ausschuss besteht aus zehn Mitgliedern, und zwar aus
1. zwei Mitgliedern, die die Arbeitnehmerinnen und Arbeitnehmer vertreten,
2. zwei Mitgliedern, die die privaten und öffentlichen Arbeitgeber vertreten,
3. vier Mitgliedern, die die Organisationen behinderter Menschen vertreten,

4. einem Mitglied, das das jeweilige Land vertritt,
5. einem Mitglied, das die Bundesagentur für Arbeit vertritt.

(3) ¹Für jedes Mitglied ist eine Stellvertreterin oder ein Stellvertreter zu berufen. ²Mitglieder und Stellvertreterinnen oder Stellvertreter sollen im Bezirk des Integrationsamtes ihren Wohnsitz haben.

(4) ¹Das Integrationsamt beruft auf Vorschlag
1. der Gewerkschaften des jeweiligen Landes zwei Mitglieder,
2. der Arbeitgeberverbände des jeweiligen Landes ein Mitglied,
3. der zuständigen obersten Landesbehörde oder der von ihr bestimmten Behörde ein Mitglied,
4. der Organisationen behinderter Menschen des jeweiligen Landes, die nach der Zusammensetzung ihrer Mitglieder dazu berufen sind, die behinderten Menschen in ihrer Gesamtheit zu vertreten, vier Mitglieder.

²Die zuständige oberste Landesbehörde oder die von ihr bestimmte Behörde und die Bundesagentur für Arbeit berufen je ein Mitglied.

§ 187 Aufgaben der Bundesagentur für Arbeit

(1) Die Bundesagentur für Arbeit hat folgende Aufgaben:
1. die Berufsberatung, Ausbildungsvermittlung und Arbeitsvermittlung schwerbehinderter Menschen einschließlich der Vermittlung von in Werkstätten für behinderte Menschen Beschäftigten auf den allgemeinen Arbeitsmarkt,
2. die Beratung der Arbeitgeber bei der Besetzung von Ausbildungs- und Arbeitsplätzen mit schwerbehinderten Menschen,
3. die Förderung der Teilhabe schwerbehinderter Menschen am Arbeitsleben auf dem allgemeinen Arbeitsmarkt, insbesondere von schwerbehinderten Menschen,
   a) die wegen Art oder Schwere ihrer Behinderung oder sonstiger Umstände im Arbeitsleben besonders betroffen sind (§ 155 Absatz 1),
   b) die langzeitarbeitslos im Sinne des § 18 des Dritten Buches sind,
   c) die im Anschluss an eine Beschäftigung in einer anerkannten Werkstatt für behinderte Menschen, bei einem anderen Leistungsanbieter (§ 60) oder einem Inklusionsbetrieb eingestellt werden,
   d) die als Teilzeitbeschäftigte eingestellt werden oder
   e) die zur Aus- oder Weiterbildung eingestellt werden,
4. im Rahmen von Arbeitsbeschaffungsmaßnahmen die besondere Förderung schwerbehinderter Menschen,
5. die Gleichstellung, deren Widerruf und Rücknahme,
6. die Durchführung des Anzeigeverfahrens (§ 163 Absatz 2 und 4),
7. die Überwachung der Erfüllung der Beschäftigungspflicht,
8. die Zulassung der Anrechnung und der Mehrfachanrechnung (§ 158 Absatz 2, § 159 Absatz 1 und 2),
9. die Erfassung der Werkstätten für behinderte Menschen, ihre Anerkennung und die Aufhebung der Anerkennung.

(2) ¹Die Bundesagentur für Arbeit übermittelt dem Bundesministerium für Arbeit und Soziales jährlich die Ergebnisse ihrer Förderung der Teilhabe schwerbehinderter Menschen am Arbeitsleben auf dem allgemeinen Arbeitsmarkt nach dessen näherer Bestimmung und fachlicher Weisung. ²Zu den Ergebnissen gehören Angaben über die Zahl der geförderten Arbeitgeber und schwerbehinderten Menschen, die insgesamt aufgewandten Mittel und die durchschnittlichen Förderungsbeträge. ³Die Bundesagentur für Arbeit veröffentlicht diese Ergebnisse.

Sozialgesetzbuch Neuntes Buch – Auszug §§ 187, 188

(3) ¹Die Bundesagentur für Arbeit führt befristete überregionale und regionale Arbeitsmarktprogramme zum Abbau der Arbeitslosigkeit schwerbehinderter Menschen, besonderer Gruppen schwerbehinderter Menschen, insbesondere schwerbehinderter Frauen, sowie zur Förderung des Ausbildungsplatzangebots für schwerbehinderte Menschen durch, die ihr durch Verwaltungsvereinbarung gemäß § 368 Absatz 3 Satz 2 und Absatz 4 des Dritten Buches unter Zuweisung der entsprechenden Mittel übertragen werden. ²Über den Abschluss von Verwaltungsvereinbarungen mit den Ländern ist das Bundesministerium für Arbeit und Soziales zu unterrichten.
(4) Die Bundesagentur für Arbeit richtet zur Durchführung der ihr in diesem Teil und der ihr im Dritten Buch zur Teilhabe behinderter und schwerbehinderter Menschen am Arbeitsleben übertragenen Aufgaben in allen Agenturen für Arbeit besondere Stellen ein; bei der personellen Ausstattung dieser Stellen trägt sie dem besonderen Aufwand bei der Beratung und Vermittlung des zu betreuenden Personenkreises sowie bei der Durchführung der sonstigen Aufgaben nach Absatz 1 Rechnung.
(5) Im Rahmen der Beratung der Arbeitgeber nach Absatz 1 Nummer 2 hat die Bundesagentur für Arbeit
1. dem Arbeitgeber zur Besetzung von Arbeitsplätzen geeignete arbeitslose oder arbeitssuchende schwerbehinderte Menschen unter Darlegung der Leistungsfähigkeit und der Auswirkungen der jeweiligen Behinderung auf die angebotene Stelle vorzuschlagen,
2. ihre Fördermöglichkeiten aufzuzeigen, soweit möglich und erforderlich, auch die entsprechenden Hilfen der Rehabilitationsträger und der begleitenden Hilfe im Arbeitsleben durch die Integrationsämter.

§ 188 Beratender Ausschuss für behinderte Menschen bei der Bundesagentur für Arbeit

(1) Bei der Zentrale der Bundesagentur für Arbeit wird ein Beratender Ausschuss für behinderte Menschen gebildet, der die Teilhabe der behinderten Menschen am Arbeitsleben durch Vorschläge fördert und die Bundesagentur für Arbeit bei der Durchführung der in diesem Teil und im Dritten Buch zur Teilhabe behinderter und schwerbehinderter Menschen am Arbeitsleben übertragenen Aufgaben unterstützt.
(2) Der Ausschuss besteht aus elf Mitgliedern, und zwar aus
1. zwei Mitgliedern, die die Arbeitnehmerinnen und Arbeitnehmer vertreten,
2. zwei Mitgliedern, die die privaten und öffentlichen Arbeitgeber vertreten,
3. fünf Mitgliedern, die die Organisationen behinderter Menschen vertreten,
4. einem Mitglied, das die Integrationsämter vertritt,
5. einem Mitglied, das das Bundesministerium für Arbeit und Soziales vertritt.
(3) Für jedes Mitglied ist eine Stellvertreterin oder ein Stellvertreter zu berufen.
(4) ¹Der Vorstand der Bundesagentur für Arbeit beruft die Mitglieder, die Arbeitnehmer und Arbeitgeber vertreten, auf Vorschlag ihrer Gruppenvertreter im Verwaltungsrat der Bundesagentur für Arbeit. ²Er beruft auf Vorschlag der Organisationen behinderter Menschen, die nach der Zusammensetzung ihrer Mitglieder dazu berufen sind, die behinderten Menschen in ihrer Gesamtheit auf Bundesebene zu vertreten, die Mitglieder, die Organisationen der behinderten Menschen vertreten. ³Auf Vorschlag der Bundesarbeitsgemeinschaft der Integrationsämter und Hauptfürsorgestellen beruft er das Mitglied, das die Integrationsämter vertritt, und auf Vorschlag des Bundesministeriums für Arbeit und Soziales das Mitglied, das dieses vertritt.

§ 189 Gemeinsame Vorschriften

(1) ¹Die Beratenden Ausschüsse für behinderte Menschen (§§ 186, 188) wählen aus den ihnen angehörenden Mitgliedern von Seiten der Arbeitnehmer, Arbeitgeber oder Organisationen behinderter Menschen jeweils für die Dauer eines Jahres eine Vorsitzende oder einen Vorsitzenden und eine Stellvertreterin oder einen Stellvertreter. ²Die Gewählten dürfen nicht derselben Gruppe angehören. ³Die Gruppen stellen in regelmäßig jährlich wechselnder Reihenfolge die Vorsitzende oder den Vorsitzenden und die Stellvertreterin oder den Stellvertreter. ⁴Die Reihenfolge wird durch die Beendigung der Amtszeit der Mitglieder nicht unterbrochen. ⁵Scheidet die Vorsitzende oder der Vorsitzende oder die Stellvertreterin oder der Stellvertreter aus, wird sie oder er neu gewählt.
(2) ¹Die Beratenden Ausschüsse für behinderte Menschen sind beschlussfähig, wenn wenigstens die Hälfte der Mitglieder anwesend ist. ²Die Beschlüsse und Entscheidungen werden mit einfacher Stimmenmehrheit getroffen.
(3) ¹Die Mitglieder der Beratenden Ausschüsse für behinderte Menschen üben ihre Tätigkeit ehrenamtlich aus. ²Ihre Amtszeit beträgt vier Jahre.

§ 190 Übertragung von Aufgaben

(1) ¹Die Landesregierung oder die von ihr bestimmte Stelle kann die Verlängerung der Gültigkeitsdauer der Ausweise nach § 152 Absatz 5, für die eine Feststellung nach § 152 Absatz 1 nicht zu treffen ist, auf andere Behörden übertragen. ²Im Übrigen kann sie andere Behörden zur Aushändigung der Ausweise heranziehen.
(2) Die Landesregierung oder die von ihr bestimmte Stelle kann Aufgaben und Befugnisse des Integrationsamtes nach diesem Teil auf örtliche Fürsorgestellen übertragen oder die Heranziehung örtlicher Fürsorgestellen zur Durchführung der den Integrationsämtern obliegenden Aufgaben bestimmen.

§ 191 Verordnungsermächtigung

Die Bundesregierung wird ermächtigt, durch Rechtsverordnung mit Zustimmung des Bundesrates das Nähere über die Voraussetzungen des Anspruchs nach § 49 Absatz 8 Nummer 3 und § 185 Absatz 5 sowie über die Dauer und Ausführung der Leistungen zu regeln.

Kapitel 7 Integrationsfachdienste

§ 192 Begriff und Personenkreis

(1) Integrationsfachdienste sind Dienste Dritter, die bei der Durchführung der Maßnahmen zur Teilhabe schwerbehinderter Menschen am Arbeitsleben beteiligt werden.
(2) Schwerbehinderte Menschen im Sinne des Absatzes 1 sind insbesondere
1. schwerbehinderte Menschen mit einem besonderen Bedarf an arbeitsbegleitender Betreuung,
2. schwerbehinderte Menschen, die nach zielgerichteter Vorbereitung durch die Werkstatt für behinderte Menschen am Arbeitsleben auf dem allgemeinen Arbeitsmarkt teilhaben sollen und dabei auf aufwendige, personalintensive, individuelle arbeitsbegleitende Hilfen angewiesen sind sowie
3. schwerbehinderte Schulabgänger, die für die Aufnahme einer Beschäftigung auf dem allgemeinen Arbeitsmarkt auf die Unterstützung eines Integrationsfachdienstes angewiesen sind.
(3) Ein besonderer Bedarf an arbeits- und berufsbegleitender Betreuung ist insbesondere gegeben bei schwerbehinderten Menschen mit geistiger oder seelischer Behinderung oder mit einer schweren Körper-, Sinnes- oder Mehrfachbehinderung, die sich im Arbeitsleben besonders nachteilig auswirkt und allein oder zusammen mit weiteren vermittlungshemmen-

den Umständen (Alter, Langzeitarbeitslosigkeit, unzureichende Qualifikation, Leistungsminderung) die Teilhabe am Arbeitsleben auf dem allgemeinen Arbeitsmarkt erschwert.
(4) ¹Der Integrationsfachdienst kann im Rahmen der Aufgabenstellung nach Absatz 1 auch zur beruflichen Eingliederung von behinderten Menschen, die nicht schwerbehindert sind, tätig werden. ²Hierbei wird den besonderen Bedürfnissen seelisch behinderter oder von einer seelischen Behinderung bedrohter Menschen Rechnung getragen.

§ 193 Aufgaben
(1) Die Integrationsfachdienste können zur Teilhabe schwerbehinderter Menschen am Arbeitsleben (Aufnahme, Ausübung und Sicherung einer möglichst dauerhaften Beschäftigung) beteiligt werden, indem sie
1. die schwerbehinderten Menschen beraten, unterstützen und auf geeignete Arbeitsplätze vermitteln,
2. die Arbeitgeber informieren, beraten und ihnen Hilfe leisten.

(2) Zu den Aufgaben des Integrationsfachdienstes gehört es,
1. die Fähigkeiten der zugewiesenen schwerbehinderten Menschen zu bewerten und einzuschätzen und dabei ein individuelles Fähigkeits-, Leistungs- und Interessenprofil zur Vorbereitung auf den allgemeinen Arbeitsmarkt in enger Kooperation mit den schwerbehinderten Menschen, dem Auftraggeber und der abgebenden Einrichtung der schulischen oder beruflichen Bildung oder Rehabilitation zu erarbeiten,
2. die Bundesagentur für Arbeit auf deren Anforderung bei der Berufsorientierung und Berufsberatung in den Schulen einschließlich der auf jeden einzelnen Jugendlichen bezogenen Dokumentation der Ergebnisse zu unterstützen,
3. die betriebliche Ausbildung schwerbehinderter, insbesondere seelisch und lernbehinderter, Jugendlicher zu begleiten,
4. geeignete Arbeitsplätze (§ 156) auf dem allgemeinen Arbeitsmarkt zu erschließen,
5. die schwerbehinderten Menschen auf die vorgesehenen Arbeitsplätze vorzubereiten,
6. die schwerbehinderten Menschen, solange erforderlich, am Arbeitsplatz oder beim Training der berufspraktischen Fähigkeiten am konkreten Arbeitsplatz zu begleiten,
7. mit Zustimmung des schwerbehinderten Menschen die Mitarbeiter im Betrieb oder in der Dienststelle über Art und Auswirkungen der Behinderung und über entsprechende Verhaltensregeln zu informieren und zu beraten,
8. eine Nachbetreuung, Krisenintervention oder psychosoziale Betreuung durchzuführen sowie
9. als Einheitliche Ansprechstellen für Arbeitgeber zur Verfügung zu stehen, über die Leistungen für die Arbeitgeber zu informieren und für die Arbeitgeber diese Leistungen abzuklären,
10. in Zusammenarbeit mit den Rehabilitationsträgern und den Integrationsämtern die für den schwerbehinderten Menschen benötigten Leistungen zu klären und bei der Beantragung zu unterstützen.

§ 194 Beauftragung und Verantwortlichkeit
(1) ¹Die Integrationsfachdienste werden im Auftrag der Integrationsämter oder der Rehabilitationsträger tätig. ²Diese bleiben für die Ausführung der Leistung verantwortlich.
(2) Im Auftrag legt der Auftraggeber in Abstimmung mit dem Integrationsfachdienst Art, Umfang und Dauer des im Einzelfall notwendigen Einsatzes des Integrationsfachdienstes sowie das Entgelt fest.
(3) Der Integrationsfachdienst arbeitet insbesondere mit
1. den zuständigen Stellen der Bundesagentur für Arbeit,
2. dem Integrationsamt,

3. dem zuständigen Rehabilitationsträger, insbesondere den Berufshelfern der gesetzlichen Unfallversicherung,
4. dem Arbeitgeber, der Schwerbehindertenvertretung und den anderen betrieblichen Interessenvertretungen,
5. der abgebenden Einrichtung der schulischen oder beruflichen Bildung oder Rehabilitation mit ihren begleitenden Diensten und internen Integrationsfachkräften oder -diensten zur Unterstützung von Teilnehmenden an Leistungen zur Teilhabe am Arbeitsleben,
6. den Handwerks-, den Industrie- und Handelskammern sowie den berufsständigen Organisationen,
7. wenn notwendig, auch mit anderen Stellen und Personen,

eng zusammen.
(4) ¹Näheres zur Beauftragung, Zusammenarbeit, fachlichen Leitung, Aufsicht sowie zur Qualitätssicherung und Ergebnisbeobachtung wird zwischen dem Auftraggeber und dem Träger des Integrationsfachdienstes vertraglich geregelt. ²Die Vereinbarungen sollen im Interesse finanzieller Planungssicherheit auf eine Dauer von mindestens drei Jahren abgeschlossen werden.
(5) Die Integrationsämter wirken darauf hin, dass die berufsbegleitenden und psychosozialen Dienste bei den von ihnen beauftragten Integrationsfachdiensten konzentriert werden.

§ 195 Fachliche Anforderungen

(1) Die Integrationsfachdienste müssen
1. nach der personellen, räumlichen und sächlichen Ausstattung in der Lage sein, ihre gesetzlichen Aufgaben wahrzunehmen,
2. über Erfahrungen mit dem zu unterstützenden Personenkreis (§ 192 Absatz 2) verfügen,
3. mit Fachkräften ausgestattet sein, die über eine geeignete Berufsqualifikation, eine psychosoziale oder arbeitspädagogische Zusatzqualifikation und ausreichende Berufserfahrung verfügen, sowie
4. rechtlich oder organisatorisch und wirtschaftlich eigenständig sein.
(2) ¹Der Personalbedarf eines Integrationsfachdienstes richtet sich nach den konkreten Bedürfnissen unter Berücksichtigung der Zahl der Betreuungs- und Beratungsfälle, des durchschnittlichen Betreuungs- und Beratungsaufwands, der Größe des regionalen Einzugsbereichs und der Zahl der zu beratenden Arbeitgeber. ²Den besonderen Bedürfnissen besonderer Gruppen schwerbehinderter Menschen, insbesondere schwerbehinderter Frauen, und der Notwendigkeit einer psychosozialen Betreuung soll durch eine Differenzierung innerhalb des Integrationsfachdienstes Rechnung getragen werden.
(3) ¹Bei der Stellenbesetzung des Integrationsfachdienstes werden schwerbehinderte Menschen bevorzugt berücksichtigt. ²Dabei wird ein angemessener Anteil der Stellen mit schwerbehinderten Frauen besetzt.

§ 196 Finanzielle Leistungen

(1) ¹Die Inanspruchnahme von Integrationsfachdiensten wird vom Auftraggeber vergütet. ²Die Vergütung für die Inanspruchnahme von Integrationsfachdiensten kann bei Beauftragung durch das Integrationsamt aus Mitteln der Ausgleichsabgabe erbracht werden.
(2) Die Bezahlung tarifvertraglich vereinbarter Vergütungen sowie entsprechender Vergütungen nach kirchlichen Arbeitsrechtsregelungen kann bei der Beauftragung von Integrationsfachdiensten nicht als unwirtschaftlich abgelehnt werden.
(3) ¹Die Bundesarbeitsgemeinschaft der Integrationsämter und Hauptfürsorgestellen vereinbart mit den Rehabilitationsträgern nach § 6 Absatz 1 Nummer 2 bis 5 unter Beteiligung der maßgeblichen Verbände, darunter der Bundesarbeitsgemeinschaft, in der sich die Integrationsfachdienste zusammengeschlossen haben, eine gemeinsame Empfehlung zur Inanspruch-

nahme der Integrationsfachdienste durch die Rehabilitationsträger, zur Zusammenarbeit und zur Finanzierung der Kosten, die dem Integrationsfachdienst bei der Wahrnehmung der Aufgaben der Rehabilitationsträger entstehen. ²§ 26 Absatz 7 und 8 gilt entsprechend.

§ 197 Ergebnisbeobachtung

(1) ¹Der Integrationsfachdienst dokumentiert Verlauf und Ergebnis der jeweiligen Bemühungen um die Förderung der Teilhabe am Arbeitsleben. ²Er erstellt jährlich eine zusammenfassende Darstellung der Ergebnisse und legt diese den Auftraggebern nach deren näherer gemeinsamer Maßgabe vor. ³Diese Zusammenstellung soll insbesondere geschlechtsdifferenzierte Angaben enthalten zu
1. den Zu- und Abgängen an Betreuungsfällen im Kalenderjahr,
2. dem Bestand an Betreuungsfällen,
3. der Zahl der abgeschlossenen Fälle, differenziert nach Aufnahme einer Ausbildung, einer befristeten oder unbefristeten Beschäftigung, einer Beschäftigung in einem Integrationsprojekt oder in einer Werkstatt für behinderte Menschen.

(2) Der Integrationsfachdienst dokumentiert auch die Ergebnisse seiner Bemühungen zur Unterstützung der Bundesagentur für Arbeit und die Begleitung der betrieblichen Ausbildung nach § 193 Absatz 2 Nummer 2 und 3 unter Einbeziehung geschlechtsdifferenzierter Daten und Besonderheiten sowie der Art der Behinderung.

§ 198 Verordnungsermächtigung

(1) Das Bundesministerium für Arbeit und Soziales wird ermächtigt, durch Rechtsverordnung mit Zustimmung des Bundesrates das Nähere über den Begriff und die Aufgaben des Integrationsfachdienstes, die für sie geltenden fachlichen Anforderungen und die finanziellen Leistungen zu regeln.

(2) Vereinbaren die Bundesarbeitsgemeinschaft der Integrationsämter und Hauptfürsorgestellen und die Rehabilitationsträger nicht innerhalb von sechs Monaten, nachdem das Bundesministerium für Arbeit und Soziales sie dazu aufgefordert hat, eine gemeinsame Empfehlung nach § 196 Absatz 3 oder ändern sie die unzureichend gewordene Empfehlung nicht innerhalb dieser Frist, kann das Bundesministerium für Arbeit und Soziales Regelungen durch Rechtsverordnung mit Zustimmung des Bundesrates erlassen.

Kapitel 8 Beendigung der Anwendung der besonderen Regelungen zur Teilhabe schwerbehinderter und gleichgestellter behinderter Menschen

§ 199 Beendigung der Anwendung der besonderen Regelungen zur Teilhabe schwerbehinderter Menschen

(1) Die besonderen Regelungen für schwerbehinderte Menschen werden nicht angewendet nach dem Wegfall der Voraussetzungen nach § 2 Absatz 2; wenn sich der Grad der Behinderung auf weniger als 50 verringert, jedoch erst am Ende des dritten Kalendermonats nach Eintritt der Unanfechtbarkeit des die Verringerung feststellenden Bescheides.

(2) ¹Die besonderen Regelungen für gleichgestellte behinderte Menschen werden nach dem Widerruf oder der Rücknahme der Gleichstellung nicht mehr angewendet. ²Der Widerruf der Gleichstellung ist zulässig, wenn die Voraussetzungen nach § 2 Absatz 3 in Verbindung mit § 151 Absatz 2 weggefallen sind. ³Er wird erst am Ende des dritten Kalendermonats nach Eintritt seiner Unanfechtbarkeit wirksam.

(3) Bis zur Beendigung der Anwendung der besonderen Regelungen für schwerbehinderte Menschen und ihnen gleichgestellte behinderte Menschen werden die behinderten Men-

schen dem Arbeitgeber auf die Zahl der Pflichtarbeitsplätze für schwerbehinderte Menschen angerechnet.

§ 200 Entziehung der besonderen Hilfen für schwerbehinderte Menschen
(1) [1]Einem schwerbehinderten Menschen, der einen zumutbaren Arbeitsplatz ohne berechtigten Grund zurückweist oder aufgibt oder sich ohne berechtigten Grund weigert, an einer Maßnahme zur Teilhabe am Arbeitsleben teilzunehmen, oder sonst durch sein Verhalten seine Teilhabe am Arbeitsleben schuldhaft vereitelt, kann das Integrationsamt im Benehmen mit der Bundesagentur für Arbeit die besonderen Hilfen für schwerbehinderte Menschen zeitweilig entziehen. [2]Dies gilt auch für gleichgestellte behinderte Menschen.
(2) [1]Vor der Entscheidung über die Entziehung wird der schwerbehinderte Mensch gehört. [2]In der Entscheidung wird die Frist bestimmt, für die sie gilt. [3]Die Frist läuft vom Tag der Entscheidung an und beträgt nicht mehr als sechs Monate. [4]Die Entscheidung wird dem schwerbehinderten Menschen bekannt gegeben.

Kapitel 9 Widerspruchsverfahren
§ 201 Widerspruch
(1) [1]Den Widerspruchsbescheid nach § 73 der Verwaltungsgerichtsordnung erlässt bei Verwaltungsakten der Integrationsämter und bei Verwaltungsakten der örtlichen Fürsorgestellen (§ 190 Absatz 2) der Widerspruchsausschuss bei dem Integrationsamt (§ 202). [2]Des Vorverfahrens bedarf es auch, wenn den Verwaltungsakt ein Integrationsamt erlassen hat, das bei einer obersten Landesbehörde besteht.
(2) Den Widerspruchsbescheid nach § 85 des Sozialgerichtsgesetzes erlässt bei Verwaltungsakten, welche die Bundesagentur für Arbeit auf Grund dieses Teils erlässt, der Widerspruchsausschuss der Bundesagentur für Arbeit.

§ 202 Widerspruchsausschuss bei dem Integrationsamt
(1) Bei jedem Integrationsamt besteht ein Widerspruchsausschuss aus sieben Mitgliedern, und zwar aus zwei Mitgliedern, die schwerbehinderte Arbeitnehmer oder Arbeitnehmerinnen sind, zwei Mitgliedern, die Arbeitgeber sind, einem Mitglied, das das Integrationsamt vertritt, einem Mitglied, das die Bundesagentur für Arbeit vertritt, einer Vertrauensperson schwerbehinderter Menschen.
(2) Für jedes Mitglied wird ein Stellvertreter oder eine Stellvertreterin berufen.
(3) [1]Das Integrationsamt beruft auf Vorschlag der Organisationen behinderter Menschen des jeweiligen Landes die Mitglieder, die Arbeitnehmer sind, auf Vorschlag der jeweils für das Land zuständigen Arbeitgeberverbände die Mitglieder, die Arbeitgeber sind, sowie die Vertrauensperson. [2]Die zuständige oberste Landesbehörde oder die von ihr bestimmte Behörde beruft das Mitglied, das das Integrationsamt vertritt. [3]Die Bundesagentur für Arbeit beruft das Mitglied, das sie vertritt. [4]Entsprechendes gilt für die Berufung des Stellvertreters oder der Stellvertreterin des jeweiligen Mitglieds.
(4) [1]In Kündigungsangelegenheiten schwerbehinderter Menschen, die bei einer Dienststelle oder in einem Betrieb beschäftigt sind, der zum Geschäftsbereich des Bundesministeriums der Verteidigung gehört, treten an die Stelle der Mitglieder, die Arbeitgeber sind, Angehörige des öffentlichen Dienstes. [2]Dem Integrationsamt werden ein Mitglied und sein Stellvertreter oder seine Stellvertreterin von den den von der Bundesregierung bestimmten Bundesbehörden benannt. [3]Eines der Mitglieder, die schwerbehinderte Arbeitnehmer oder Arbeitnehmerinnen sind, muss dem öffentlichen Dienst angehören.
(5) [1]Die Amtszeit der Mitglieder der Widerspruchsausschüsse beträgt vier Jahre. [2]Die Mitglieder der Ausschüsse üben ihre Tätigkeit unentgeltlich aus.

§ 203 Widerspruchsausschüsse der Bundesagentur für Arbeit

(1) Die Bundesagentur für Arbeit richtet Widerspruchsausschüsse ein, die aus sieben Mitgliedern bestehen, und zwar aus zwei Mitgliedern, die schwerbehinderte Arbeitnehmer oder Arbeitnehmerinnen sind, zwei Mitgliedern, die Arbeitgeber sind, einem Mitglied, das das Integrationsamt vertritt, einem Mitglied, das die Bundesagentur für Arbeit vertritt, einer Vertrauensperson schwerbehinderter Menschen.
(2) Für jedes Mitglied wird ein Stellvertreter oder eine Stellvertreterin berufen.
(3) ¹Die Bundesagentur für Arbeit beruft
1. die Mitglieder, die Arbeitnehmer oder Arbeitnehmerinnen sind, auf Vorschlag der jeweils zuständigen Organisationen behinderter Menschen, der im Benehmen mit den jeweils zuständigen Gewerkschaften, die für die Vertretung der Arbeitnehmerinteressen wesentliche Bedeutung haben, gemacht wird,
2. die Mitglieder, die Arbeitgeber sind, auf Vorschlag der jeweils zuständigen Arbeitgeberverbände, soweit sie für die Vertretung von Arbeitgeberinteressen wesentliche Bedeutung haben, sowie
3. das Mitglied, das die Bundesagentur für Arbeit vertritt, und
4. die Vertrauensperson.

²Die zuständige oberste Landesbehörde oder die von ihr bestimmte Behörde beruft das Mitglied, das das Integrationsamt vertritt. ³Entsprechendes gilt für die Berufung des Stellvertreters oder der Stellvertreterin des jeweiligen Mitglieds.
(4) § 202 Absatz 5 gilt entsprechend.

§ 204 Verfahrensvorschriften

(1) Für den Widerspruchsausschuss bei dem Integrationsamt (§ 202) und die Widerspruchsausschüsse bei der Bundesagentur für Arbeit (§ 203) gilt § 189 Absatz 1 und 2 entsprechend.
(2) Im Widerspruchsverfahren nach Kapitel 4 werden der Arbeitgeber und der schwerbehinderte Mensch vor der Entscheidung gehört; in den übrigen Fällen verbleibt es bei der Anhörung des Widerspruchsführers.
(3) ¹Die Mitglieder der Ausschüsse können wegen Besorgnis der Befangenheit abgelehnt werden. ²Über die Ablehnung entscheidet der Ausschuss, dem das Mitglied angehört.

Kapitel 10 Sonstige Vorschriften

§ 205 Vorrang der schwerbehinderten Menschen

Verpflichtungen zur bevorzugten Einstellung und Beschäftigung bestimmter Personenkreise nach anderen Gesetzen entbinden den Arbeitgeber nicht von der Verpflichtung zur Beschäftigung schwerbehinderter Menschen nach den besonderen Regelungen für schwerbehinderte Menschen.

§ 206 Arbeitsentgelt und Dienstbezüge

(1) ¹Bei der Bemessung des Arbeitsentgelts und der Dienstbezüge aus einem bestehenden Beschäftigungsverhältnis werden Renten und vergleichbare Leistungen, die wegen der Behinderung bezogen werden, nicht berücksichtigt. ²Die völlige oder teilweise Anrechnung dieser Leistungen auf das Arbeitsentgelt oder die Dienstbezüge ist unzulässig.
(2) Absatz 1 gilt nicht für Zeiträume, in denen die Beschäftigung tatsächlich nicht ausgeübt wird und die Vorschriften über die Zahlung der Rente oder der vergleichbaren Leistung eine Anrechnung oder ein Ruhen vorsehen, wenn Arbeitsentgelt oder Dienstbezüge gezahlt werden.

§ 207 Mehrarbeit

Schwerbehinderte Menschen werden auf ihr Verlangen von Mehrarbeit freigestellt.

§ 208 Zusatzurlaub
(1) ¹Schwerbehinderte Menschen haben Anspruch auf einen bezahlten zusätzlichen Urlaub von fünf Arbeitstagen im Urlaubsjahr; verteilt sich die regelmäßige Arbeitszeit des schwerbehinderten Menschen auf mehr oder weniger als fünf Arbeitstage in der Kalenderwoche, erhöht oder vermindert sich der Zusatzurlaub entsprechend. ²Soweit tarifliche, betriebliche oder sonstige Urlaubsregelungen für schwerbehinderte Menschen einen längeren Zusatzurlaub vorsehen, bleiben sie unberührt.
(2) ¹Besteht die Schwerbehinderteneigenschaft nicht während des gesamten Kalenderjahrs, so hat der schwerbehinderte Mensch für jeden vollen Monat der im Beschäftigungsverhältnis vorliegenden Schwerbehinderteneigenschaft einen Anspruch auf ein Zwölftel des Zusatzurlaubs nach Absatz 1 Satz 1. ²Bruchteile von Urlaubstagen, die mindestens einen halben Tag ergeben, sind auf volle Urlaubstage aufzurunden. ³Der so ermittelte Zusatzurlaub ist dem Erholungsurlaub hinzuzurechnen und kann bei einem nicht im ganzen Kalenderjahr bestehenden Beschäftigungsverhältnis nicht erneut gemindert werden.
(3) Wird die Eigenschaft als schwerbehinderter Mensch nach § 152 Absatz 1 und 2 rückwirkend festgestellt, finden auch für die Übertragbarkeit des Zusatzurlaubs in das nächste Kalenderjahr die dem Beschäftigungsverhältnis zugrunde liegenden urlaubsrechtlichen Regelungen Anwendung.

§ 209 Nachteilsausgleich
(1) Die Vorschriften über Hilfen für behinderte Menschen zum Ausgleich behinderungsbedingter Nachteile oder Mehraufwendungen (Nachteilsausgleich) werden so gestaltet, dass sie unabhängig von der Ursache der Behinderung der Art oder Schwere der Behinderung Rechnung tragen.
(2) Nachteilsausgleiche, die auf Grund bisher geltender Rechtsvorschriften erfolgen, bleiben unberührt.

§ 210 Beschäftigung schwerbehinderter Menschen in Heimarbeit
(1) Schwerbehinderte Menschen, die in Heimarbeit beschäftigt oder diesen gleichgestellt sind (§ 1 Absatz 1 und 2 des Heimarbeitsgesetzes) und in der Hauptsache für den gleichen Auftraggeber arbeiten, werden auf die Arbeitsplätze für schwerbehinderte Menschen dieses Auftraggebers angerechnet.
(2) ¹Für in Heimarbeit beschäftigte und diesen gleichgestellte schwerbehinderte Menschen wird die in § 29 Absatz 2 des Heimarbeitsgesetzes festgelegte Kündigungsfrist von zwei Wochen auf vier Wochen erhöht; die Vorschrift des § 29 Absatz 7 des Heimarbeitsgesetzes ist sinngemäß anzuwenden. ²Der besondere Kündigungsschutz schwerbehinderter Menschen im Sinne des Kapitels 4 gilt auch für die in Satz 1 genannten Personen.
(3) ¹Die Bezahlung des zusätzlichen Urlaubs der in Heimarbeit beschäftigten oder diesen gleichgestellten schwerbehinderten Menschen erfolgt nach den für die Bezahlung ihres sonstigen Urlaubs geltenden Berechnungsgrundsätzen. ²Sofern eine besondere Regelung nicht besteht, erhalten die schwerbehinderten Menschen als zusätzliches Urlaubsgeld 2 Prozent des in der Zeit vom 1. Mai des vergangenen bis zum 30. April des laufenden Jahres verdienten Arbeitsentgelts ausschließlich der Unkostenzuschläge.
(4) ¹Schwerbehinderte Menschen, die als fremde Hilfskräfte eines Hausgewerbetreibenden oder eines Gleichgestellten beschäftigt werden (§ 2 Absatz 6 des Heimarbeitsgesetzes) können auf Antrag eines Auftraggebers auch auf dessen Pflichtarbeitsplätze für schwerbehinderte Menschen angerechnet werden, wenn der Arbeitgeber in der Hauptsache für diesen Auftraggeber arbeitet. ²Wird einem schwerbehinderten Menschen im Sinne des Satzes 1, dessen Anrechnung die Bundesagentur für Arbeit zugelassen hat, durch seinen Arbeitgeber

Sozialgesetzbuch Neuntes Buch – Auszug §§ 210–213

gekündigt, weil der Auftraggeber die Zuteilung von Arbeit eingestellt oder die regelmäßige Arbeitsmenge erheblich herabgesetzt hat, erstattet der Auftraggeber dem Arbeitgeber die Aufwendungen für die Zahlung des regelmäßigen Arbeitsverdienstes an den schwerbehinderten Menschen bis zur rechtmäßigen Beendigung seines Arbeitsverhältnisses.
(5) Werden fremde Hilfskräfte eines Hausgewerbetreibenden oder eines Gleichgestellten (§ 2 Absatz 6 des Heimarbeitsgesetzes) einem Auftraggeber gemäß Absatz 4 auf seine Arbeitsplätze für schwerbehinderte Menschen angerechnet, erstattet der Auftraggeber die dem Arbeitgeber nach Absatz 3 entstehenden Aufwendungen.
(6) Die den Arbeitgeber nach § 163 Absatz 1 und 5 treffenden Verpflichtungen gelten auch für Personen, die Heimarbeit ausgeben.

§ 211 Schwerbehinderte Beamtinnen und Beamte, Richterinnen und Richter, Soldatinnen und Soldaten
(1) Die besonderen Vorschriften und Grundsätze für die Besetzung der Beamtenstellen sind unbeschadet der Geltung dieses Teils auch für schwerbehinderte Beamtinnen und Beamte so zu gestalten, dass die Einstellung und Beschäftigung schwerbehinderter Menschen gefördert und ein angemessener Anteil schwerbehinderter Menschen unter den Beamten und Beamtinnen erreicht wird.
(2) Absatz 1 gilt für Richterinnen und Richter entsprechend.
(3) ^{1}Für die persönliche Rechtsstellung schwerbehinderter Soldatinnen und Soldaten gelten die §§ 2, 152, 176 bis 182, 199 Absatz 1 sowie die §§ 206, 208, 209 und 228 bis 230. ^{2}Im Übrigen gelten für Soldatinnen und Soldaten die Vorschriften über die persönliche Rechtsstellung der schwerbehinderten Menschen, soweit sie mit den Besonderheiten des Dienstverhältnisses vereinbar sind.

§ 212 Unabhängige Tätigkeit
Soweit zur Ausübung einer unabhängigen Tätigkeit eine Zulassung erforderlich ist, soll schwerbehinderten Menschen, die eine Zulassung beantragen, bei fachlicher Eignung und Erfüllung der sonstigen gesetzlichen Voraussetzungen die Zulassung bevorzugt erteilt werden.

§ 213 Geheimhaltungspflicht
(1) Die Beschäftigten der Integrationsämter, der Bundesagentur für Arbeit, der Rehabilitationsträger sowie der von diesen Stellen beauftragten Integrationsfachdienste und die Mitglieder der Ausschüsse und des Beirates für die Teilhabe von Menschen mit Behinderungen (§ 86) und ihre Stellvertreterinnen oder Stellvertreter sowie zur Durchführung ihrer Aufgaben hinzugezogene Sachverständige sind verpflichtet,
1. über ihnen wegen ihres Amtes oder Auftrages bekannt gewordene persönliche Verhältnisse und Angelegenheiten von Beschäftigten auf Arbeitsplätzen für schwerbehinderte Menschen, die ihrer Bedeutung oder ihrem Inhalt nach einer vertraulichen Behandlung bedürfen, Stillschweigen zu bewahren und
2. ihnen wegen ihres Amtes oder Auftrages bekannt gewordene und vom Arbeitgeber ausdrücklich als geheimhaltungsbedürftig bezeichnete Betriebs- oder Geschäftsgeheimnisse nicht zu offenbaren und nicht zu verwerten.

(2) ^{1}Diese Pflichten gelten auch nach dem Ausscheiden aus dem Amt oder nach Beendigung des Auftrages. ^{2}Sie gelten nicht gegenüber der Bundesagentur für Arbeit, den Integrationsämtern und den Rehabilitationsträgern, soweit deren Aufgaben gegenüber schwerbehinderten Menschen es erfordern, gegenüber der Schwerbehindertenvertretung sowie gegenüber den in § 79 Absatz 1 des Betriebsverfassungsgesetzes und den in den entsprechenden Vorschriften des Personalvertretungsrechts genannten Vertretungen, Personen und Stellen.

§ 214 Statistik

(1) [1]Über schwerbehinderte Menschen wird alle zwei Jahre eine Bundesstatistik durchgeführt. [2]Sie umfasst die folgenden Erhebungsmerkmale:
1. die Zahl der schwerbehinderten Menschen mit gültigem Ausweis,
2. die schwerbehinderten Menschen nach Geburtsjahr, Geschlecht, Staatsangehörigkeit und Wohnort,
3. Art, Ursache und Grad der Behinderung.

(2) Hilfsmerkmale sind:
1. Name, Anschrift, Telefonnummer und Adresse für elektronische Post der nach Absatz 3 Satz 2 auskunftspflichtigen Behörden,
2. Name und Kontaktdaten der für Rückfragen zur Verfügung stehenden Personen,
3. die Signiernummern für das Versorgungsamt und für das Berichtsland.

(3) [1]Für die Erhebung besteht Auskunftspflicht. [2]Auskunftspflichtig sind die nach § 152 Absatz 1 und 5 zuständigen Behörden. [3]Die Angaben zu Absatz 2 Nummer 2 sind freiwillig.

Kapitel 11 Inklusionsbetriebe

§ 215 Begriff und Personenkreis

(1) Inklusionsbetriebe sind rechtlich und wirtschaftlich selbständige Unternehmen oder unternehmensinterne oder von öffentlichen Arbeitgebern im Sinne des § 154 Absatz 2 geführte Betriebe oder Abteilungen zur Beschäftigung schwerbehinderter Menschen auf dem allgemeinen Arbeitsmarkt, deren Teilhabe an einer sonstigen Beschäftigung auf dem allgemeinen Arbeitsmarkt auf Grund von Art oder Schwere der Behinderung oder wegen sonstiger Umstände voraussichtlich trotz Ausschöpfens aller Fördermöglichkeiten und des Einsatzes von Integrationsfachdiensten auf besondere Schwierigkeiten stößt.

(2) Schwerbehinderte Menschen nach Absatz 1 sind insbesondere
1. schwerbehinderte Menschen mit geistiger oder seelischer Behinderung oder mit einer schweren Körper-, Sinnes- oder Mehrfachbehinderung, die sich im Arbeitsleben besonders nachteilig auswirkt und allein oder zusammen mit weiteren vermittlungshemmenden Umständen die Teilhabe am allgemeinen Arbeitsmarkt außerhalb eines Inklusionsbetriebes erschwert oder verhindert,
2. schwerbehinderte Menschen, die nach zielgerichteter Vorbereitung in einer Werkstatt für behinderte Menschen oder in einer psychiatrischen Einrichtung für den Übergang in einen Betrieb oder eine Dienststelle auf dem allgemeinen Arbeitsmarkt in Betracht kommen und auf diesen Übergang vorbereitet werden sollen,
3. schwerbehinderte Menschen nach Beendigung einer schulischen Bildung, die nur dann Aussicht auf eine Beschäftigung auf dem allgemeinen Arbeitsmarkt haben, wenn sie zuvor in einem Inklusionsbetrieb an berufsvorbereitenden Bildungsmaßnahmen teilnehmen und dort beschäftigt und weiterqualifiziert werden, sowie
4. schwerbehinderte Menschen, die langzeitarbeitslos im Sinne des § 18 des Dritten Buches sind.

(3) [1]Inklusionsbetriebe beschäftigen mindestens 30 Prozent schwerbehinderte Menschen im Sinne von Absatz 1. [2]Der Anteil der schwerbehinderten Menschen soll in der Regel 50 Prozent nicht übersteigen.

(4) Auf die Quoten nach Absatz 3 wird auch die Anzahl der psychisch kranken beschäftigten Menschen angerechnet, die behindert oder von Behinderung bedroht sind und deren Teilhabe an einer sonstigen Beschäftigung auf dem allgemeinen Arbeitsmarkt auf Grund von Art oder Schwere der Behinderung oder wegen sonstiger Umstände auf besondere Schwierigkeiten stößt.

§ 216 Aufgaben
¹Die Inklusionsbetriebe bieten den schwerbehinderten Menschen Beschäftigung, Maßnahmen der betrieblichen Gesundheitsförderung und arbeitsbegleitende Betreuung an, soweit erforderlich auch Maßnahmen der beruflichen Weiterbildung oder Gelegenheit zur Teilnahme an entsprechenden außerbetrieblichen Maßnahmen sowie geeignete Maßnahmen zur Vorbereitung auf eine Beschäftigung in einem Inklusionsbetrieb. ²Satz 1 gilt entsprechend für psychisch kranke Menschen im Sinne des § 215 Absatz 4.

§ 217 Finanzielle Leistungen
(1) Inklusionsbetriebe können aus Mitteln der Ausgleichsabgabe Leistungen für Aufbau, Erweiterung, Modernisierung und Ausstattung einschließlich einer betriebswirtschaftlichen Beratung und für besonderen Aufwand erhalten.
(2) Die Finanzierung von Leistungen nach § 216 Satz 2 erfolgt durch den zuständigen Rehabilitationsträger.

§ 218 Verordnungsermächtigung
Das Bundesministerium für Arbeit und Soziales wird ermächtigt, durch Rechtsverordnung mit Zustimmung des Bundesrates das Nähere über den Begriff und die Aufgaben der Inklusionsbetriebe, die für sie geltenden fachlichen Anforderungen, die Aufnahmevoraussetzungen und die finanziellen Leistungen zu regeln.

Kapitel 12 Werkstätten für behinderte Menschen

§ 219 Begriff und Aufgaben der Werkstatt für behinderte Menschen
(1) ¹Die Werkstatt für behinderte Menschen ist eine Einrichtung zur Teilhabe behinderter Menschen am Arbeitsleben im Sinne des Kapitels 10 des Teils 1 und zur Eingliederung in das Arbeitsleben. ²Sie hat denjenigen behinderten Menschen, die wegen Art oder Schwere der Behinderung nicht, noch nicht oder noch nicht wieder auf dem allgemeinen Arbeitsmarkt beschäftigt werden können,
1. eine angemessene berufliche Bildung und eine Beschäftigung zu einem ihrer Leistung angemessenen Arbeitsentgelt aus dem Arbeitsergebnis anzubieten und
2. zu ermöglichen, ihre Leistungs- oder Erwerbsfähigkeit zu erhalten, zu entwickeln, zu erhöhen oder wiederzugewinnen und dabei ihre Persönlichkeit weiterzuentwickeln.

³Sie fördert den Übergang geeigneter Personen auf den allgemeinen Arbeitsmarkt durch geeignete Maßnahmen. ⁴Sie verfügt über ein möglichst breites Angebot an Berufsbildungs- und Arbeitsplätzen sowie über qualifiziertes Personal und einen begleitenden Dienst. ⁵Zum Angebot an Berufsbildungs- und Arbeitsplätzen gehören ausgelagerte Plätze auf dem allgemeinen Arbeitsmarkt. ⁶Die ausgelagerten Arbeitsplätze werden zum Zwecke des Übergangs und als dauerhaft ausgelagerte Plätze angeboten.
(2) ¹Die Werkstatt steht allen behinderten Menschen im Sinne des Absatzes 1 unabhängig von Art oder Schwere der Behinderung offen, sofern erwartet werden kann, dass sie spätestens nach Teilnahme an Maßnahmen im Berufsbildungsbereich wenigstens ein Mindestmaß wirtschaftlich verwertbarer Arbeitsleistung erbringen werden. ²Dies ist nicht der Fall bei behinderten Menschen, bei denen trotz einer der Behinderung angemessenen Betreuung eine erhebliche Selbst- oder Fremdgefährdung zu erwarten ist oder das Ausmaß der erforderlichen Betreuung und Pflege die Teilnahme an Maßnahmen im Berufsbildungsbereich oder sonstige Umstände ein Mindestmaß wirtschaftlich verwertbarer Arbeitsleistung im Arbeitsbereich dauerhaft nicht zulassen.
(3) ¹Behinderte Menschen, die die Voraussetzungen für eine Beschäftigung in einer Werkstatt nicht erfüllen, sollen in Einrichtungen oder Gruppen betreut und gefördert werden, die der Werkstatt angegliedert sind. ²Die Betreuung und Förderung kann auch gemeinsam mit den

Werkstattbeschäftigten in der Werkstatt erfolgen. ³Die Betreuung und Förderung soll auch Angebote zur Orientierung auf Beschäftigung enthalten.

§ 220 Aufnahme in die Werkstätten für behinderte Menschen
(1) ¹Anerkannte Werkstätten nehmen diejenigen behinderten Menschen aus ihrem Einzugsgebiet auf, die die Aufnahmevoraussetzungen gemäß § 219 Absatz 2 erfüllen, wenn Leistungen durch die Rehabilitationsträger gewährleistet sind; die Möglichkeit zur Aufnahme in eine andere anerkannte Werkstatt nach Maßgabe des § 104 oder entsprechender Regelungen bleibt unberührt. ²Die Aufnahme erfolgt unabhängig von
1. der Ursache der Behinderung,
2. der Art der Behinderung, wenn in dem Einzugsgebiet keine besondere Werkstatt für behinderte Menschen für diese Behinderungsart vorhanden ist, und
3. der Schwere der Behinderung, der Minderung der Leistungsfähigkeit und einem besonderen Bedarf an Förderung, begleitender Betreuung oder Pflege.
(2) Behinderte Menschen werden in der Werkstatt beschäftigt, solange die Aufnahmevoraussetzungen nach Absatz 1 vorliegen.
(3) Leistungsberechtigte Menschen mit Behinderungen, die aus einer Werkstatt für behinderte Menschen auf den allgemeinen Arbeitsmarkt übergegangen sind oder bei einem anderen Leistungsanbieter oder mit Hilfe des Budgets für Arbeit oder des Budgets für Ausbildung am Arbeitsleben teilnehmen, haben einen Anspruch auf Aufnahme in eine Werkstatt für behinderte Menschen.

§ 221 Rechtsstellung und Arbeitsentgelt behinderter Menschen
(1) Behinderte Menschen im Arbeitsbereich anerkannter Werkstätten stehen, wenn sie nicht Arbeitnehmer sind, zu den Werkstätten in einem arbeitnehmerähnlichen Rechtsverhältnis, soweit sich aus dem zugrunde liegenden Sozialleistungsverhältnis nichts anderes ergibt.
(2) ¹Die Werkstätten zahlen aus ihrem Arbeitsergebnis an die im Arbeitsbereich beschäftigten behinderten Menschen ein Arbeitsentgelt, das sich aus einem Grundbetrag in Höhe des Ausbildungsgeldes, das die Bundesagentur für Arbeit nach den für sie geltenden Vorschriften behinderten Menschen im Berufsbildungsbereich leistet, und einem leistungsangemessenen Steigerungsbetrag zusammensetzt. ²Der Steigerungsbetrag bemisst sich nach der individuellen Arbeitsleistung der behinderten Menschen, insbesondere unter Berücksichtigung von Arbeitsmenge und Arbeitsgüte.
(3) Der Inhalt des arbeitnehmerähnlichen Rechtsverhältnisses wird unter Berücksichtigung des zwischen den behinderten Menschen und dem Rehabilitationsträger bestehenden Sozialleistungsverhältnisses durch Werkstattverträge zwischen den behinderten Menschen und dem Träger der Werkstatt näher geregelt.
(4) Hinsichtlich der Rechtsstellung der Teilnehmer an Maßnahmen im Eingangsverfahren und im Berufsbildungsbereich gilt § 52 entsprechend.
(5) Ist ein volljähriger behinderter Mensch gemäß Absatz 1 in den Arbeitsbereich einer anerkannten Werkstatt für behinderte Menschen im Sinne des § 219 aufgenommen worden und war er zu diesem Zeitpunkt geschäftsunfähig, so gilt der von ihm geschlossene Werkstattvertrag in Ansehung einer bereits bewirkten Leistung und deren Gegenleistung, soweit diese in einem angemessenen Verhältnis zueinander stehen, als wirksam.
(6) War der volljährige behinderte Mensch bei Abschluss eines Werkstattvertrages geschäftsunfähig, so kann der Träger einer Werkstatt das Werkstattverhältnis nur unter den Voraussetzungen für gelöst erklären, unter denen ein wirksamer Vertrag seitens des Trägers einer Werkstatt gekündigt werden kann.

(7) Die Lösungserklärung durch den Träger einer Werkstatt bedarf der schriftlichen Form und ist zu begründen.

§ 222 Mitbestimmung, Mitwirkung, Frauenbeauftragte
(1) [1]Die in § 221 Absatz 1 genannten behinderten Menschen bestimmen und wirken unabhängig von ihrer Geschäftsfähigkeit durch Werkstatträte in den ihre Interessen berührenden Angelegenheiten der Werkstatt mit. [2]Die Werkstatträte berücksichtigen die Interessen der im Eingangsverfahren und im Berufsbildungsbereich der Werkstätten tätigen behinderten Menschen in angemessener und geeigneter Weise, solange für diese eine Vertretung nach § 52 nicht besteht.
(2) Ein Werkstattrat wird in Werkstätten gewählt; er setzt sich aus mindestens drei Mitgliedern zusammen.
(3) Wahlberechtigt zum Werkstattrat sind alle in § 221 Absatz 1 genannten behinderten Menschen; von ihnen sind die behinderten Menschen wählbar, die am Wahltag seit mindestens sechs Monaten in der Werkstatt beschäftigt sind.
(4) [1]Die Werkstätten für behinderte Menschen unterrichten die Personen, die behinderte Menschen gesetzlich vertreten oder mit ihrer Betreuung beauftragt sind, einmal im Kalenderjahr in einer Eltern- und Betreuerversammlung in angemessener Weise über die Angelegenheiten der Werkstatt, auf die sich die Mitwirkung erstreckt, und hören sie dazu an. [2]In den Werkstätten kann im Einvernehmen mit dem Träger der Werkstatt ein Eltern- und Betreuerbeirat errichtet werden, der die Werkstatt und den Werkstattrat bei ihrer Arbeit berät und durch Vorschläge und Stellungnahmen unterstützt.
(5) [1]Behinderte Frauen im Sinne des § 221 Absatz 1 wählen in jeder Werkstatt eine Frauenbeauftragte und eine Stellvertreterin. [2]In Werkstätten mit mehr als 700 wahlberechtigten Frauen wird eine zweite Stellvertreterin gewählt, in Werkstätten mit mehr als 1 000 wahlberechtigten Frauen werden bis zu drei Stellvertreterinnen gewählt.

§ 223 Anrechnung von Aufträgen auf die Ausgleichsabgabe
(1) [1]Arbeitgeber, die durch Aufträge an anerkannte Werkstätten für behinderte Menschen zur Beschäftigung behinderter Menschen beitragen, können 50 Prozent des auf die Arbeitsleistung der Werkstatt entfallenden Rechnungsbetrages solcher Aufträge (Gesamtrechnungsbetrag abzüglich Materialkosten) auf die Ausgleichsabgabe anrechnen. [2]Dabei wird die Arbeitsleistung des Fachpersonals zur Arbeits- und Berufsförderung berücksichtigt, nicht hingegen die Arbeitsleistung sonstiger nichtbehinderter Arbeitnehmerinnen und Arbeitnehmer. [3]Bei Weiterveräußerung von Erzeugnissen anderer anerkannter Werkstätten für behinderte Menschen wird die von diesen erbrachte Arbeitsleistung berücksichtigt. [4]Die Werkstätten bestätigen das Vorliegen der Anrechnungsvoraussetzungen in der Rechnung.
(2) Voraussetzung für die Anrechnung ist, dass
1. die Aufträge innerhalb des Jahres, in dem die Verpflichtung zur Zahlung der Ausgleichsabgabe entsteht, von der Werkstatt für behinderte Menschen ausgeführt und vom Auftraggeber bis spätestens 31. März des Folgejahres vergütet werden und
2. es sich nicht um Aufträge handelt, die Träger einer Gesamteinrichtung an Werkstätten für behinderte Menschen vergeben, die rechtlich unselbständige Teile dieser Einrichtung sind.

(3) Bei der Vergabe von Aufträgen an Zusammenschlüsse anerkannter Werkstätten für behinderte Menschen gilt Absatz 2 entsprechend.

§§ 224–228 Sozialgesetzbuch Neuntes Buch – Auszug

§ 224 Vergabe von Aufträgen durch die öffentliche Hand
(1) [1]Aufträge der öffentlichen Hand, die von anerkannten Werkstätten für behinderte Menschen ausgeführt werden können, werden bevorzugt diesen Werkstätten angeboten; zudem können Werkstätten für behinderte Menschen nach Maßgabe der allgemeinen Verwaltungsvorschriften nach Satz 2 beim Zuschlag und den Zuschlagskriterien bevorzugt werden. [2]Die Bundesregierung erlässt mit Zustimmung des Bundesrates allgemeine Verwaltungsvorschriften zur Vergabe von Aufträgen durch die öffentliche Hand.
(2) Absatz 1 gilt auch für Inklusionsbetriebe.

§ 225 Anerkennungsverfahren
[1]Werkstätten für behinderte Menschen, die eine Vergünstigung im Sinne dieses Kapitels in Anspruch nehmen wollen, bedürfen der Anerkennung. [2]Die Entscheidung über die Anerkennung trifft auf Antrag die Bundesagentur für Arbeit im Einvernehmen mit dem Träger der Eingliederungshilfe. [3]Die Bundesagentur für Arbeit führt ein Verzeichnis der anerkannten Werkstätten für behinderte Menschen. [4]In dieses Verzeichnis werden auch Zusammenschlüsse anerkannter Werkstätten für behinderte Menschen aufgenommen.

§ 226 Blindenwerkstätten
Die §§ 223 und 224 sind auch zugunsten von auf Grund des Blindenwarenvertriebsgesetzes anerkannten Blindenwerkstätten anzuwenden.

§ 227 Verordnungsermächtigungen
(1) Die Bundesregierung bestimmt durch Rechtsverordnung mit Zustimmung des Bundesrates das Nähere über den Begriff und die Aufgaben der Werkstatt für behinderte Menschen, die Aufnahmevoraussetzungen, die fachlichen Anforderungen, insbesondere hinsichtlich der Wirtschaftsführung, sowie des Begriffs und der Verwendung des Arbeitsergebnisses sowie das Verfahren zur Anerkennung als Werkstatt für behinderte Menschen.
(2) [1]Das Bundesministerium für Arbeit und Soziales bestimmt durch Rechtsverordnung mit Zustimmung des Bundesrates im Einzelnen die Errichtung, Zusammensetzung und Aufgaben des Werkstattrats, die Fragen, auf die sich Mitbestimmung und Mitwirkung erstrecken, einschließlich Art und Umfang der Mitbestimmung und Mitwirkung, die Vorbereitung und Durchführung der Wahl, einschließlich der Wahlberechtigung und der Wählbarkeit, die Amtszeit sowie die Geschäftsführung des Werkstattrats einschließlich des Erlasses einer Geschäftsordnung und der persönlichen Rechte und Pflichten der Mitglieder des Werkstattrats und der Kostentragung. [2]In der Rechtsverordnung werden auch Art und Umfang der Beteiligung von Frauenbeauftragten, die Vorbereitung und Durchführung der Wahl einschließlich der Wahlberechtigung und der Wählbarkeit, die Amtszeit, die persönlichen Rechte und die Pflichten der Frauenbeauftragten und ihrer Stellvertreterinnen sowie die Kostentragung geregelt. [3]Die Rechtsverordnung kann darüber hinaus bestimmen, dass die in ihr getroffenen Regelungen keine Anwendung auf Religionsgemeinschaften und ihre Einrichtungen finden, soweit sie eigene gleichwertige Regelungen getroffen haben.

Kapitel 13 Unentgeltliche Beförderung schwerbehinderter Menschen im öffentlichen Personenverkehr

§ 228 Unentgeltliche Beförderung, Anspruch auf Erstattung der Fahrgeldausfälle
(1) [1]Schwerbehinderte Menschen, die infolge ihrer Behinderung in ihrer Bewegungsfähigkeit im Straßenverkehr erheblich beeinträchtigt oder hilflos oder gehörlos sind, werden von Unternehmern, die öffentlichen Personenverkehr betreiben, gegen Vorzeigen eines entsprechend gekennzeichneten Ausweises nach § 152 Absatz 5 im Nahverkehr im Sinne des § 230

Sozialgesetzbuch Neuntes Buch – Auszug § 228

Absatz 1 unentgeltlich befördert; die unentgeltliche Beförderung verpflichtet zur Zahlung eines tarifmäßigen Zuschlages bei der Benutzung zuschlagpflichtiger Züge des Nahverkehrs. ²Voraussetzung ist, dass der Ausweis mit einer gültigen Wertmarke versehen ist.
(2) ¹Die Wertmarke wird gegen Entrichtung eines Betrages von 80 Euro für ein Jahr oder 40 Euro für ein halbes Jahr ausgegeben. ²Der Betrag erhöht sich in entsprechender Anwendung des § 160 Absatz 3 jeweils zu dem Zeitpunkt, zu dem die nächste Neubestimmung der Beträge der Ausgleichsabgabe erfolgt. ³Liegt dieser Zeitpunkt innerhalb der Gültigkeitsdauer einer bereits ausgegebenen Wertmarke, ist der höhere Betrag erst im Zusammenhang mit der Ausgabe der darauffolgenden Wertmarke zu entrichten. ⁴Abweichend von § 160 Absatz 3 Satz 4 sind die sich ergebenden Beträge auf den nächsten vollen Eurobetrag aufzurunden. ⁵Das Bundesministerium für Arbeit und Soziales gibt den Erhöhungsbetrag und die sich nach entsprechender Anwendung des § 160 Absatz 3 Satz 3 ergebenden Beträge im Bundesanzeiger bekannt.
(3) ¹Wird die für ein Jahr ausgegebene Wertmarke vor Ablauf eines halben Jahres ihrer Gültigkeitsdauer zurückgegeben, wird auf Antrag die Hälfte der Gebühr erstattet. ²Entsprechendes gilt für den Fall, dass der schwerbehinderte Mensch vor Ablauf eines halben Jahres der Gültigkeitsdauer der für ein Jahr ausgegebenen Wertmarke verstirbt.
(4) Auf Antrag wird eine für ein Jahr gültige Wertmarke, ohne dass der Betrag nach Absatz 2 in seiner jeweiligen Höhe zu entrichten ist, an schwerbehinderte Menschen ausgegeben,
1. die blind im Sinne des § 72 Absatz 5 des Zwölften Buches oder entsprechender Vorschriften oder hilflos im Sinne des § 33b des Einkommensteuergesetzes oder entsprechender Vorschriften sind oder
2. die Leistungen zur Sicherung des Lebensunterhalts nach dem Zweiten Buch oder für den Lebensunterhalt laufende Leistungen nach dem Dritten und Vierten Kapitel des Zwölften Buches, dem Achten oder dem Vierzehnten Buch erhalten oder
3. die am 1. Oktober 1979 die Voraussetzungen nach § 2 Absatz 1 Nummer 1 bis 4 und Absatz 3 des Gesetzes über die unentgeltliche Beförderung von Kriegs- und Wehrdienstbeschädigten sowie von anderen Behinderten im Nahverkehr vom 27. August 1965 (BGBl. I S. 978), das zuletzt durch Artikel 41 des Zuständigkeitsanpassungs-Gesetzes vom 18. März 1975 (BGBl. I S. 705) geändert worden ist, erfüllten, solange ein Grad der Schädigungsfolgen von mindestens 70 festgestellt ist oder von mindestens 50 festgestellt ist und sie infolge der Schädigung erheblich gehbehindert sind; das Gleiche gilt für schwerbehinderte Menschen, die diese Voraussetzungen am 1. Oktober 1979 nur deshalb nicht erfüllt haben, weil sie ihren Wohnsitz oder ihren gewöhnlichen Aufenthalt zu diesem Zeitpunkt in dem in Artikel 3 des Einigungsvertrages genannten Gebiet hatten.
(5) ¹Die Wertmarke wird nicht ausgegeben, solange eine Kraftfahrzeugsteuerermäßigung nach § 3a Absatz 2 des Kraftfahrzeugsteuergesetzes in Anspruch genommen wird. ²Die Ausgabe der Wertmarken erfolgt auf Antrag durch die nach § 152 Absatz 5 zuständigen Behörden. ³Die Landesregierung oder die von ihr bestimmte Stelle kann die Aufgaben nach den Absätzen 2 bis 4 ganz oder teilweise auf andere Behörden übertragen. ⁴Für Streitigkeiten in Zusammenhang mit der Ausgabe der Wertmarke gilt § 51 Absatz 1 Nummer 7 des Sozialgerichtsgesetzes entsprechend.
(6) Absatz 1 gilt im Nah- und Fernverkehr im Sinne des § 230, ohne dass die Voraussetzung des Absatzes 1 Satz 2 erfüllt sein muss, für die Beförderung
1. einer Begleitperson eines schwerbehinderten Menschen im Sinne des Absatzes 1, wenn die Berechtigung zur Mitnahme einer Begleitperson nachgewiesen und dies im Ausweis des schwerbehinderten Menschen eingetragen ist, und
2. des Handgepäcks, eines mitgeführten Krankenfahrstuhles, soweit die Beschaffenheit des Verkehrsmittels dies zulässt, sonstiger orthopädischer Hilfsmittel und eines Führhundes; das

Gleiche gilt für einen Hund, den ein schwerbehinderter Mensch mitführt, in dessen Ausweis die Berechtigung zur Mitnahme einer Begleitperson nachgewiesen ist, sowie für einen nach § 12e Absatz 4 des Behindertengleichstellungsgesetzes gekennzeichneten Assistenzhund.
(7) ¹Die durch die unentgeltliche Beförderung nach den Absätzen 1 bis 6 entstehenden Fahrgeldausfälle werden nach Maßgabe der §§ 231 bis 233 erstattet. ²Die Erstattungen sind aus dem Anwendungsbereich der Verordnung (EG) Nr. 1370/2007 des Europäischen Parlaments und des Rates vom 23. Oktober 2007 über öffentliche Personenverkehrsdienste auf Schiene und Straße und zur Aufhebung der Verordnungen (EWG) Nr. 1191/69 und (EWG) Nr. 1107/70 des Rates (ABl. L 315 vom 3.12.2007, S. 1) ausgenommen.

§ 229 Persönliche Voraussetzungen

(1) ¹In seiner Bewegungsfähigkeit im Straßenverkehr erheblich beeinträchtigt ist, wer infolge einer Einschränkung des Gehvermögens (auch durch innere Leiden oder infolge von Anfällen oder von Störungen der Orientierungsfähigkeit) nicht ohne erhebliche Schwierigkeiten oder nicht ohne Gefahren für sich oder andere Wegstrecken im Ortsverkehr zurückzulegen vermag, die üblicherweise noch zu Fuß zurückgelegt werden. ²Der Nachweis der erheblichen Beeinträchtigung in der Bewegungsfähigkeit im Straßenverkehr kann bei schwerbehinderten Menschen mit einem Grad der Behinderung von wenigstens 80 nur mit einem Ausweis mit halbseitigem orangefarbenem Flächenaufdruck und eingetragenem Merkzeichen „G" geführt werden, dessen Gültigkeit frühestens mit dem 1. April 1984 beginnt, oder auf dem ein entsprechender Änderungsvermerk eingetragen ist.
(2) ¹Zur Mitnahme einer Begleitperson sind schwerbehinderte Menschen berechtigt, die bei der Benutzung von öffentlichen Verkehrsmitteln infolge ihrer Behinderung regelmäßig auf Hilfe angewiesen sind. ²Die Feststellung bedeutet nicht, dass die schwerbehinderte Person, wenn sie nicht in Begleitung ist, eine Gefahr für sich oder für andere darstellt.
(3) ¹Schwerbehinderte Menschen mit außergewöhnlicher Gehbehinderung sind Personen mit einer erheblichen mobilitätsbezogenen Teilhabebeeinträchtigung, die einem Grad der Behinderung von mindestens 80 entspricht. ²Eine erhebliche mobilitätsbezogene Teilhabebeeinträchtigung liegt vor, wenn sich die schwerbehinderten Menschen wegen der Schwere ihrer Beeinträchtigung dauernd nur mit fremder Hilfe oder mit großer Anstrengung außerhalb ihres Kraftfahrzeuges bewegen können. ³Hierzu zählen insbesondere schwerbehinderte Menschen, die auf Grund der Beeinträchtigung der Gehfähigkeit und Fortbewegung – dauerhaft auch für sehr kurze Entfernungen – aus medizinischer Notwendigkeit auf die Verwendung eines Rollstuhls angewiesen sind. ⁴Verschiedenste Gesundheitsstörungen (insbesondere Störungen bewegungsbezogener, neuromuskulärer oder mentaler Funktionen, Störungen des kardiovaskulären oder Atmungssystems) können die Gehfähigkeit erheblich beeinträchtigen. ⁵Diese sind als außergewöhnliche Gehbehinderung anzusehen, wenn nach versorgungsärztlicher Feststellung die Auswirkung der Gesundheitsstörungen sowie deren Kombination auf die Gehfähigkeit dauerhaft so schwer ist, dass sie der unter Satz 1 genannten Beeinträchtigung gleich kommt.

§ 230 Nah- und Fernverkehr

(1) Nahverkehr im Sinne dieses Gesetzes ist der öffentliche Personenverkehr mit
1. Straßenbahnen und Obussen im Sinne des Personenbeförderungsgesetzes,
2. Kraftfahrzeugen im Linienverkehr nach den §§ 42 und 43 des Personenbeförderungsgesetzes auf Linien, bei denen die Mehrzahl der Beförderungen eine Strecke von 50 Kilometern nicht übersteigt, es sei denn, dass bei den Verkehrsformen nach § 43 des Personenbeförderungsgesetzes die Genehmigungsbehörde auf die Einhaltung der Vor-

schriften über die Beförderungsentgelte gemäß § 45 Absatz 3 des Personenbeförderungsgesetzes ganz oder teilweise verzichtet hat,
3. S-Bahnen in der 2. Wagenklasse,
4. Eisenbahnen in der 2. Wagenklasse in Zügen und auf Strecken und Streckenabschnitten, die in ein von mehreren Unternehmern gebildetes, mit den unter Nummer 1, 2 oder 7 genannten Verkehrsmitteln zusammenhängendes Liniennetz mit einheitlichen oder verbundenen Beförderungsentgelten einbezogen sind,
5. Eisenbahnen des Bundes in der 2. Wagenklasse in Zügen, die überwiegend dazu bestimmt sind, die Verkehrsnachfrage im Nahverkehr zu befriedigen (Züge des Nahverkehrs),
6. sonstigen Eisenbahnen des öffentlichen Verkehrs im Sinne von § 2 Absatz 1 und § 3 Absatz 1 des Allgemeinen Eisenbahngesetzes in der 2. Wagenklasse auf Strecken, bei denen die Mehrzahl der Beförderungen eine Strecke von 50 Kilometern nicht überschreitet,
7. Wasserfahrzeugen im Linien-, Fähr- und Übersetzverkehr, wenn dieser der Beförderung von Personen im Orts- und Nachbarschaftsbereich dient und Ausgangs- und Endpunkt innerhalb dieses Bereiches liegen; Nachbarschaftsbereich ist der Raum zwischen benachbarten Gemeinden, die, ohne unmittelbar aneinander grenzen zu müssen, durch einen stetigen, mehr als einmal am Tag durchgeführten Verkehr wirtschaftlich und verkehrsmäßig verbunden sind.
(2) Fernverkehr im Sinne dieses Gesetzes ist der öffentliche Personenverkehr mit
1. Kraftfahrzeugen im Linienverkehr nach § 42a Satz 1 des Personenbeförderungsgesetzes,
2. Eisenbahnen, ausgenommen der Sonderzugverkehr,
3. Wasserfahrzeugen im Fähr- und Übersetzverkehr, sofern keine Häfen außerhalb des Geltungsbereiches dieses Buches angelaufen werden, soweit der Verkehr nicht Nahverkehr im Sinne des Absatzes 1 ist.
(3) Die Unternehmer, die öffentlichen Personenverkehr betreiben, weisen im öffentlichen Personenverkehr nach Absatz 1 Nummer 2, 5, 6 und 7 im Fahrplan besonders darauf hin, inwieweit eine Pflicht zur unentgeltlichen Beförderung nach § 228 Absatz 1 nicht besteht.

§ 231 Erstattung der Fahrgeldausfälle im Nahverkehr
(1) Die Fahrgeldausfälle im Nahverkehr werden nach einem Prozentsatz der von den Unternehmern oder den Nahverkehrsorganisationen im Sinne des § 233 Absatz 2 nachgewiesenen Fahrgeldeinnahmen im Nahverkehr erstattet.
(2) [1]Fahrgeldeinnahmen im Sinne dieses Kapitels sind alle Erträge aus dem Fahrkartenverkauf. [2]Sie umfassen auch Erträge aus der Beförderung von Handgepäck, Krankenfahrstühlen, sonstigen orthopädischen Hilfsmitteln, Tieren sowie aus erhöhten Beförderungsentgelten.
(3) Werden in einem von mehreren Unternehmern gebildeten zusammenhängenden Liniennetz mit einheitlichen oder verbundenen Beförderungsentgelten die Erträge aus dem Fahrkartenverkauf zusammengefasst und dem einzelnen Unternehmer anteilmäßig nach einem vereinbarten Verteilungsschlüssel zugewiesen, so ist der zugewiesene Anteil Ertrag im Sinne des Absatzes 2.
(4) [1]Der Prozentsatz im Sinne des Absatzes 1 wird für jedes Land von der Landesregierung oder der von ihr bestimmten Behörde für jeweils ein Jahr bekannt gemacht. [2]Bei der Berechnung des Prozentsatzes ist von folgenden Zahlen auszugehen:
1. der Zahl der in dem Land in dem betreffenden Kalenderjahr ausgegebenen Wertmarken und der Hälfte der in dem Land am Jahresende in Umlauf befindlichen gültigen Ausweise im Sinne des § 228 Absatz 1 von schwerbehinderten Menschen, die das sechste Lebensjahr vollendet haben und bei denen die Berechtigung zur Mitnahme einer Begleitperson im Ausweis eingetragen ist; Wertmarken mit einer Gültigkeitsdauer von einem

halben Jahr und Wertmarken für ein Jahr, die vor Ablauf eines halben Jahres ihrer Gültigkeitsdauer zurückgegeben werden, werden zur Hälfte gezählt,
2. der in den jährlichen Veröffentlichungen des Statistischen Bundesamtes zum Ende des Vorjahres nachgewiesenen Zahl der Wohnbevölkerung in dem Land abzüglich der Zahl der Kinder, die das sechste Lebensjahr noch nicht vollendet haben, und der Zahlen nach Nummer 1.
[3]Der Prozentsatz ist nach folgender Formel zu berechnen:

$$\frac{\text{nach Nummer 1 errechnete Zahl}}{\text{nach Nummer 2 errechnete Zahl}} \times 100.$$

[4]Bei der Festsetzung des Prozentsatzes sich ergebende Bruchteile von 0,005 und mehr werden auf ganze Hundertstel aufgerundet, im Übrigen abgerundet.
(5) [1]Weist ein Unternehmen durch Verkehrszählung nach, dass das Verhältnis zwischen den nach diesem Kapitel unentgeltlich beförderten Fahrgästen und den sonstigen Fahrgästen den nach Absatz 4 festgesetzten Prozentsatz um mindestens ein Drittel übersteigt, wird neben dem sich aus der Berechnung nach Absatz 4 ergebenden Erstattungsbetrag auf Antrag der nachgewiesene, über dem Drittel liegende Anteil erstattet. [2]Die Länder können durch Rechtsverordnung bestimmen, dass die Verkehrszählung durch Dritte auf Kosten des Unternehmens zu erfolgen hat.
(6) Absatz 5 gilt nicht in Fällen des § 233 Absatz 2.

§ 232 Erstattung der Fahrgeldausfälle im Fernverkehr
(1) Die Fahrgeldausfälle im Fernverkehr werden nach einem Prozentsatz der von den Unternehmern nachgewiesenen Fahrgeldeinnahmen im Fernverkehr erstattet.
(2) [1]Der maßgebende Prozentsatz wird vom Bundesministerium für Arbeit und Soziales im Einvernehmen mit dem Bundesministerium der Finanzen und dem Bundesministerium für Verkehr und digitale Infrastruktur für jeweils zwei Jahre bekannt gemacht. [2]Bei der Berechnung des Prozentsatzes ist von folgenden, für das letzte Jahr vor Beginn des Zweijahreszeitraumes vorliegenden Zahlen auszugehen:
1. der Zahl der im Geltungsbereich dieses Gesetzes am Jahresende in Umlauf befindlichen gültigen Ausweise nach § 228 Absatz 1, auf denen die Berechtigung zur Mitnahme einer Begleitperson eingetragen ist, abzüglich 25 Prozent,
2. der in den jährlichen Veröffentlichungen des Statistischen Bundesamtes zum Jahresende nachgewiesenen Zahl der Wohnbevölkerung im Geltungsbereich dieses Gesetzes abzüglich der Zahl der Kinder, die das vierte Lebensjahr noch nicht vollendet haben, und der nach Nummer 1 ermittelten Zahl.
[3]Der Prozentsatz ist nach folgender Formel zu berechnen:

$$\frac{\text{nach Nummer 1 errechnete Zahl}}{\text{nach Nummer 2 errechnete Zahl}} \times 100.$$

[4]§ 231 Absatz 4 letzter Satz gilt entsprechend.

§ 233 Erstattungsverfahren
(1) [1]Die Fahrgeldausfälle werden auf Antrag des Unternehmers erstattet. [2]Bei einem von mehreren Unternehmern gebildeten zusammenhängenden Liniennetz mit einheitlichen oder verbundenen Beförderungsentgelten können die Anträge auch von einer Gemeinschaftseinrichtung dieser Unternehmer für ihre Mitglieder gestellt werden. [3]Der Antrag ist innerhalb von drei Jahren nach Ablauf des Abrechnungsjahres zu stellen, und zwar für den Nahverkehr

nach § 234 Satz 1 Nummer 1 und für den Fernverkehr an das Bundesverwaltungsamt, für den übrigen Nahverkehr bei den in Absatz 4 bestimmten Behörden.
(2) Haben sich in einem Bundesland mehrere Aufgabenträger des öffentlichen Personennahverkehrs auf lokaler oder regionaler Ebene zu Verkehrsverbünden zusammengeschlossen und erhalten die im Zuständigkeitsbereich dieser Aufgabenträger öffentlichen Personennahverkehr betreibenden Verkehrsunternehmen für ihre Leistungen ein mit diesen Aufgabenträgern vereinbartes Entgelt (Bruttoprinzip), können anstelle der antrags- und erstattungsberechtigten Verkehrsunternehmen auch die Nahverkehrsorganisationen Antrag auf Erstattung der in ihrem jeweiligen Gebiet entstandenen Fahrgeldausfälle stellen, sofern die Verkehrsunternehmen hierzu ihr Einvernehmen erteilt haben.
(3) ^{1}Die Unternehmer oder die Nahverkehrsorganisationen im Sinne des Absatzes 2 erhalten auf Antrag Vorauszahlungen für das laufende Kalenderjahr in Höhe von insgesamt 80 Prozent des zuletzt für ein Jahr festgesetzten Erstattungsbetrages. ^{2}Die Vorauszahlungen werden je zur Hälfte am 15. Juli und am 15. November gezahlt. ^{3}Der Antrag auf Vorauszahlungen gilt zugleich als Antrag im Sinne des Absatzes 1. ^{4}Die Vorauszahlungen sind zurückzuzahlen, wenn Unterlagen, die für die Berechnung der Erstattung erforderlich sind, nicht bis zum 31. Dezember des dritten auf die Vorauszahlung folgenden Kalenderjahres vorgelegt sind. ^{5}In begründeten Ausnahmefällen kann die Rückforderung der Vorauszahlungen ausgesetzt werden.
(4) ^{1}Die Landesregierung oder die von ihr bestimmte Stelle legt die Behörden fest, die über die Anträge auf Erstattung und Vorauszahlung entscheiden und die auf den Bund und das Land entfallenden Beträge auszahlen. ^{2}§ 11 Absatz 2 bis 4 des Personenbeförderungsgesetzes gilt entsprechend.
(5) Erstreckt sich der Nahverkehr auf das Gebiet mehrerer Länder, entscheiden die nach Landesrecht zuständigen Landesbehörden dieser Länder darüber, welcher Teil der Fahrgeldeinnahmen jeweils auf den Bereich ihres Landes entfällt.
(6) Die Unternehmen im Sinne des § 234 Satz 1 Nummer 1 legen ihren Anträgen an das Bundesverwaltungsamt den Anteil der nachgewiesenen Fahrgeldeinnahmen im Nahverkehr zugrunde, der auf den Bereich des jeweiligen Landes entfällt; für den Nahverkehr von Eisenbahnen des Bundes im Sinne des § 230 Absatz 1 Satz 1 Nummer 5 bestimmt sich dieser Teil nach dem Anteil der Zugkilometer, die von einer Eisenbahn des Bundes mit Zügen des Nahverkehrs im jeweiligen Land erbracht werden.
(7) ^{1}Hinsichtlich der Erstattungen gemäß § 231 für den Nahverkehr nach § 234 Satz 1 Nummer 1 und gemäß § 232 sowie der entsprechenden Vorauszahlungen nach Absatz 3 wird dieses Kapitel in bundeseigener Verwaltung ausgeführt. ^{2}Die Verwaltungsaufgaben des Bundes erledigt das Bundesverwaltungsamt nach fachlichen Weisungen des Bundesministeriums für Arbeit und Soziales in eigener Zuständigkeit.
(8) ^{1}Für das Erstattungsverfahren gelten das Verwaltungsverfahrensgesetz und die entsprechenden Gesetze der Länder. ^{2}Bei Streitigkeiten über die Erstattungen und die Vorauszahlungen ist der Verwaltungsrechtsweg gegeben.

§ 234 Kostentragung
^{1}Der Bund trägt die Aufwendungen für die unentgeltliche Beförderung
1. im Nahverkehr, soweit Unternehmen, die sich überwiegend in der Hand des Bundes oder eines mehrheitlich dem Bund gehörenden Unternehmens befinden (auch in Verkehrsverbünden), erstattungsberechtigte Unternehmer sind sowie
2. im Fernverkehr für die Begleitperson und die mitgeführten Gegenstände im Sinne des § 228 Absatz 6.

^{2}Die Länder tragen die Aufwendungen für die unentgeltliche Beförderung im übrigen Nahverkehr.

§ 235 Einnahmen aus Wertmarken
¹Von den durch die Ausgabe der Wertmarken erzielten jährlichen Einnahmen erhält der Bund einen Anteil von 27 Prozent. ²Dieser ist unter Berücksichtigung der in der Zeit vom 1. Januar bis 30. Juni eines Kalenderjahres eingegangenen Einnahmen zum 15. Juli und unter Berücksichtigung der vom 1. Juli bis 31. Dezember eines Kalenderjahres eingegangenen Einnahmen zum 15. Januar des darauffolgenden Kalenderjahres an den Bund abzuführen.

§ 236 Erfassung der Ausweise
¹Die für die Ausstellung der Ausweise nach § 152 Absatz 5 zuständigen Behörden erfassen
1. die am Jahresende im Umlauf befindlichen gültigen Ausweise, getrennt nach Art und besonderen Eintragungen,
2. die im Kalenderjahr ausgegebenen Wertmarken, unterteilt nach der jeweiligen Gültigkeitsdauer und die daraus erzielten Einnahmen

als Grundlage für die nach § 231 Absatz 4 Satz 2 Nummer 1 und § 232 Absatz 2 Satz 2 Nummer 1 zu ermittelnde Zahl der Ausweise und Wertmarken. ²Die zuständigen obersten Landesbehörden teilen dem Bundesministerium für Arbeit und Soziales das Ergebnis der Erfassung nach Satz 1 spätestens bis zum 31. März des Jahres mit, in dem die Prozentsätze festzusetzen sind.

§ 237 Verordnungsermächtigungen
(1) Die Bundesregierung wird ermächtigt, in der Rechtsverordnung auf Grund des § 153 Absatz 1 nähere Vorschriften über die Gestaltung der Wertmarken, ihre Verbindung mit dem Ausweis und Vermerke über ihre Gültigkeitsdauer zu erlassen.
(2) Das Bundesministerium für Arbeit und Soziales und das Bundesministerium für Verkehr und digitale Infrastruktur werden ermächtigt, durch Rechtsverordnung festzulegen, welche Zuggattungen von Eisenbahnen des Bundes zu den Zügen des Nahverkehrs im Sinne des § 230 Absatz 1 Nummer 5 und zu den zuschlagpflichtigen Zügen des Nahverkehrs im Sinne des § 228 Absatz 1 Satz 1 zweiter Halbsatz zählen.

Kapitel 14 Straf-, Bußgeld- und Schlussvorschriften

§ 237a Strafvorschriften
(1) Mit Freiheitsstrafe bis zu zwei Jahren oder mit Geldstrafe wird bestraft, wer entgegen § 179 Absatz 7 Satz 1 Nummer 2, auch in Verbindung mit Satz 2 oder § 180 Absatz 7, ein Betriebs- oder Geschäftsgeheimnis verwertet.
(2) Die Tat wird nur auf Antrag verfolgt.

§ 237b Strafvorschriften
(1) Mit Freiheitsstrafe bis zu einem Jahr oder mit Geldstrafe wird bestraft, wer entgegen § 179 Absatz 7 Satz 1, auch in Verbindung mit Satz 2 oder § 180 Absatz 7, ein dort genanntes Geheimnis offenbart.
(2) Handelt der Täter gegen Entgelt oder in der Absicht, sich oder einen anderen zu bereichern oder einen anderen zu schädigen, so ist die Strafe Freiheitsstrafe bis zu zwei Jahren oder Geldstrafe.
(3) Die Tat wird nur auf Antrag verfolgt.

§ 238 Bußgeldvorschriften
(1) Ordnungswidrig handelt, wer vorsätzlich oder fahrlässig
1. (aufgehoben)

2. entgegen § 163 Absatz 1 ein Verzeichnis nicht, nicht richtig, nicht vollständig oder nicht in der vorgeschriebenen Weise führt oder nicht oder nicht rechtzeitig vorlegt,
3. entgegen § 163 Absatz 2 Satz 1 oder Absatz 4 eine Anzeige nicht, nicht richtig, nicht vollständig, nicht in der vorgeschriebenen Weise oder nicht rechtzeitig erstattet,
4. entgegen § 163 Absatz 5 eine Auskunft nicht, nicht richtig, nicht vollständig oder nicht rechtzeitig erteilt,
5. entgegen § 163 Absatz 7 Einblick in den Betrieb oder die Dienststelle nicht oder nicht rechtzeitig gibt,
6. entgegen § 163 Absatz 8 eine dort bezeichnete Person nicht oder nicht rechtzeitig benennt,
7. entgegen § 164 Absatz 1 Satz 4 oder 9 eine dort bezeichnete Vertretung oder einen Beteiligten nicht, nicht richtig, nicht vollständig oder nicht rechtzeitig unterrichtet oder
8. entgegen § 178 Absatz 2 Satz 1 erster Halbsatz die Schwerbehindertenvertretung nicht, nicht richtig, nicht vollständig oder nicht rechtzeitig unterrichtet oder nicht oder nicht rechtzeitig anhört.
(2) Die Ordnungswidrigkeit kann mit einer Geldbuße bis zu zehntausend Euro geahndet werden.
(3) Verwaltungsbehörde im Sinne des § 36 Absatz 1 Nummer 1 des Gesetzes über Ordnungswidrigkeiten ist die Bundesagentur für Arbeit.
(4) ¹Die Geldbußen fließen in die Kasse der Verwaltungsbehörde, die den Bußgeldbescheid erlassen hat. ²§ 66 des Zehnten Buches gilt entsprechend.
(5) ¹Die nach Absatz 4 Satz 1 zuständige Kasse trägt abweichend von § 105 Absatz 2 des Gesetzes über Ordnungswidrigkeiten die notwendigen Auslagen. ²Sie ist auch ersatzpflichtig im Sinne des § 110 Absatz 4 des Gesetzes über Ordnungswidrigkeiten.

§ 239 Stadtstaatenklausel
(1) ¹Der Senat der Freien und Hansestadt Hamburg wird ermächtigt, die Schwerbehindertenvertretung für Angelegenheiten, die mehrere oder alle Dienststellen betreffen, in der Weise zu regeln, dass die Schwerbehindertenvertretungen aller Dienststellen eine Gesamtschwerbehindertenvertretung wählen. ²Für die Wahl gilt § 177 Absatz 2, 3, 6 und 7 entsprechend.
(2) § 180 Absatz 6 Satz 1 gilt entsprechend.

§ 240 Sonderregelung für den Bundesnachrichtendienst und den Militärischen Abschirmdienst
(1) Für den Bundesnachrichtendienst gilt dieses Gesetz mit folgenden Abweichungen:
1. Der Bundesnachrichtendienst gilt vorbehaltlich der Nummer 3 als einheitliche Dienststelle.
2. Für den Bundesnachrichtendienst gelten die Pflichten zur Vorlage des nach § 163 Absatz 1 zu führenden Verzeichnisses, zur Anzeige nach § 163 Absatz 2 und zur Gewährung von Einblick nach § 163 Absatz 7 nicht. ²Die Anzeigepflicht nach § 173 Absatz 4 gilt nur für die Beendigung von Probearbeitsverhältnissen.
3. Als Dienststelle im Sinne des Kapitels 5 gelten auch Teile und Stellen des Bundesnachrichtendienstes, die nicht zu seiner Zentrale gehören. ²§ 177 Absatz 1 Satz 4 und 5 sowie § 180 sind nicht anzuwenden. ³In den Fällen des § 180 Absatz 6 ist die Schwerbehindertenvertretung der Zentrale des Bundesnachrichtendienstes zuständig. ⁴Im Falle des § 177 Absatz 6 Satz 4 lädt der Leiter oder die Leiterin der Dienststelle ein. ⁵Die Schwerbehindertenvertretung ist in den Fällen nicht zu beteiligen, in denen die Beteiligung der Personalvertretung nach dem Bundespersonalvertretungsgesetz ausgeschlossen ist. ⁶Der Leiter oder die Leiterin des Bundesnachrichtendienstes kann anordnen, dass die Schwerbehindertenvertretung nicht zu

beteiligen ist, Unterlagen nicht vorgelegt oder Auskünfte nicht erteilt werden dürfen, wenn und soweit dies aus besonderen nachrichtendienstlichen Gründen geboten ist. [7]Die Rechte und Pflichten der Schwerbehindertenvertretung ruhen, wenn die Rechte und Pflichten der Personalvertretung ruhen. [8]§ 179 Absatz 7 Satz 3 ist nach Maßgabe der Sicherheitsbestimmungen des Bundesnachrichtendienstes anzuwenden. [9]§ 182 Absatz 2 gilt nur für die in § 182 Absatz 1 genannten Personen und Vertretungen der Zentrale des Bundesnachrichtendienstes.
4. Im Widerspruchsausschuss bei dem Integrationsamt (§ 202) und in den Widerspruchsausschüssen bei der Bundesagentur für Arbeit (§ 203) treten in Angelegenheiten schwerbehinderter Menschen, die beim Bundesnachrichtendienst beschäftigt sind, an die Stelle der Mitglieder, die Arbeitnehmer oder Arbeitnehmerinnen und Arbeitgeber sind (§ 202 Absatz 1 und § 203 Absatz 1), Angehörige des Bundesnachrichtendienstes, an die Stelle der Schwerbehindertenvertretung die Schwerbehindertenvertretung der Zentrale des Bundesnachrichtendienstes. [2]Sie werden dem Integrationsamt und der Bundesagentur für Arbeit vom Leiter oder von der Leiterin des Bundesnachrichtendienstes benannt. [3]Die Mitglieder der Ausschüsse müssen nach den dafür geltenden Bestimmungen ermächtigt sein, Kenntnis von Verschlusssachen des in Betracht kommenden Geheimhaltungsgrades zu erhalten.
5. Über Rechtsstreitigkeiten, die auf Grund dieses Buches im Geschäftsbereich des Bundesnachrichtendienstes entstehen, entscheidet im ersten und letzten Rechtszug der oberste Gerichtshof des zuständigen Gerichtszweiges.
(2) Der Militärische Abschirmdienst mit seinem Geschäftsbereich gilt als einheitliche Dienststelle.

§ 241 Übergangsregelung

(1) Abweichend von § 154 Absatz 1 beträgt die Pflichtquote für die in § 154 Absatz 2 Nummer 1 und 4 genannten öffentlichen Arbeitgeber des Bundes weiterhin 6 Prozent, wenn sie am 31. Oktober 1999 auf mindestens 6 Prozent der Arbeitsplätze schwerbehinderte Menschen beschäftigt hatten.
(2) Eine auf Grund des Schwerbehindertengesetzes getroffene bindende Feststellung über das Vorliegen einer Behinderung, eines Grades der Behinderung und das Vorliegen weiterer gesundheitlicher Merkmale gelten als Feststellungen nach diesem Buch.
(3) Die nach § 56 Absatz 2 des Schwerbehindertengesetzes erlassenen allgemeinen Richtlinien sind bis zum Erlass von allgemeinen Verwaltungsvorschriften nach § 224 weiter anzuwenden, auch auf Inklusionsbetriebe.
(4) Auf Erstattungen nach Kapitel 13 dieses Teils ist § 231 für bis zum 31. Dezember 2004 entstandene Fahrgeldausfälle in der bis zu diesem Zeitpunkt geltenden Fassung anzuwenden.
(5) Soweit noch keine Verordnung nach § 153 Absatz 2 erlassen ist, gelten die Maßstäbe des § 30 Absatz 1 des Bundesversorgungsgesetzes und der auf Grund des § 30 Absatz 16 des Bundesversorgungsgesetzes erlassenen Rechtsverordnungen entsprechend.
(6) Bestehende Integrationsvereinbarungen im Sinne des § 83 in der bis zum 30. Dezember 2016 geltenden Fassung gelten als Inklusionsvereinbarungen fort.
(7) [1]Die nach § 22 in der am 31. Dezember 2017 geltenden Fassung bis zu diesem Zeitpunkt errichteten gemeinsamen Servicestellen bestehen längstens bis zum 31. Dezember 2018. [2]Für die Aufgaben der nach Satz 1 im Jahr 2018 bestehenden gemeinsamen Servicestellen gilt § 22 in der am 31. Dezember 2017 geltenden Fassung entsprechend.
(8) Bis zum 31. Dezember 2019 treten an die Stelle der Träger der Eingliederungshilfe als Rehabilitationsträger im Sinne dieses Buches die Träger der Sozialhilfe nach § 3 des Zwölften

Buches, soweit sie zur Erbringung von Leistungen der Eingliederungshilfe für Menschen mit Behinderungen nach § 8 Nummer 4 des Zwölften Buches bestimmt sind.

(9) Das Inkrafttreten der bei einer Beschäftigungsquote von 0 Prozent zu zahlenden Ausgleichsabgabe gilt nicht als Neubestimmung der Ausgleichsabgabe im Sinne des § 160 Absatz 3 Satz 2.

(10) Für Personen, die Leistungen nach dem Soldatenversorgungsgesetz in der Fassung der Bekanntmachung vom 16. September 2009 (BGBl. I S. 3054), das zuletzt durch Artikel 19 des Gesetzes vom 4. August 2019 (BGBl. I S. 1147) geändert worden ist, in Verbindung mit dem Bundesversorgungsgesetz in der Fassung der Bekanntmachung vom 22. Januar 1982 (BGBl. I S. 21), das zuletzt durch Artikel 1 der Verordnung vom 13. Juni 2019 (BGBl. I S. 793) geändert worden ist, erhalten, gelten die Vorschriften des § 6 Absatz 1 Nummer 5, des § 16 Absatz 6, des § 18 Absatz 7, des § 63 Absatz 1 Nummer 4 und Absatz 2 Nummer 2, des § 64 Absatz 1 Nummer 1 und Absatz 2 Satz 2, des § 65 Absatz 1 Nummer 4, Absatz 2 Nummer 4, Absatz 5 Nummer 2, Absatz 6 und 7, des § 66 Absatz 1 Satz 4, der §§ 69, 70 Absatz 1, des § 71 Absatz 1 Satz 1, des § 152 Absatz 1 Satz 1 und 4, des § 228 Absatz 4 Nummer 2 und des § 241 Absatz 5 in der am 31. Dezember 2023 geltenden Fassung weiter.

Gesetz zum Schutz vor der schädlichen Wirkung ionisierender Strahlung (Strahlenschutzgesetz – StrlSchG)

vom 27. Juni 2017 (BGBl I 2017, S. 1966)
– zuletzt geändert durch Bekanntmachung über das Inkrafttreten des Artikels 2 des Ersten Gesetzes zur Änderung des Strahlenschutzgesetzes vom 3. Januar 2022 (BGBl I 2022, S. 15)

Teil 1: Allgemeine Vorschriften

§ 1 Anwendungs- und Geltungsbereich

(1) Dieses Gesetz trifft Regelungen zum Schutz des Menschen und, soweit es um den langfristigen Schutz der menschlichen Gesundheit geht, der Umwelt vor der schädlichen Wirkung ionisierender Strahlung insbesondere bei
1. geplanten Expositionssituationen,
2. Notfallexpositionssituationen,
3. bestehenden Expositionssituationen.

(2) Dieses Gesetz trifft keine Regelungen für
1. die Exposition von Einzelpersonen der Bevölkerung oder Arbeitskräften durch kosmische Strahlung, mit Ausnahme des fliegenden und raumfahrenden Personals,
2. die oberirdische Exposition durch Radionuklide, die natürlicherweise in der nicht durch Eingriffe beeinträchtigten Erdrinde vorhanden sind,
3. die Exposition durch Radionuklide, die natürlicherweise im menschlichen Körper vorhanden sind, und durch kosmische Strahlung in Bodennähe.

(3) Dieses Gesetz und die auf Grund dieses Gesetzes erlassenen Rechtsverordnungen sind im Rahmen der Vorgaben des Seerechtsübereinkommens der Vereinten Nationen vom 10. Dezember 1982 (BGBl. 1994 II S. 1799) auch im Bereich der ausschließlichen Wirtschaftszone und des Festlandsockels anzuwenden.

§ 2 Exposition; Expositionssituationen; Expositionskategorien

(1) Exposition ist die Einwirkung ionisierender Strahlung auf den menschlichen Körper durch Strahlungsquellen außerhalb des Körpers (äußere Exposition) und innerhalb des Körpers (innere Exposition) oder das Ausmaß dieser Einwirkung.
(2) Geplante Expositionssituation ist eine Expositionssituation, die durch Tätigkeiten entsteht und in der eine Exposition verursacht wird oder verursacht werden kann.
(3) Notfallexpositionssituation ist eine Expositionssituation, die durch einen Notfall entsteht, solange die Situation nicht unter Absatz 4 fällt.
(4) Bestehende Expositionssituation ist eine Expositionssituation, die bereits besteht, wenn eine Entscheidung über ihre Kontrolle getroffen werden muss.
(5) Folgende Expositionskategorien werden unterschieden:
1. Exposition der Bevölkerung,
2. berufliche Exposition,
3. medizinische Exposition.
(6) Exposition der Bevölkerung ist die Exposition von Personen, mit Ausnahme beruflicher oder medizinischer Exposition.

(7) [1]Berufliche Exposition ist die Exposition
1. einer Person, die zum Ausübenden einer Tätigkeit nach diesem Gesetz in einem Beschäftigungsverhältnis steht oder diese Tätigkeit selbst ausübt,
2. von fliegendem und raumfahrendem Personal,
3. einer Person, die eine Aufgabe nach § 19 oder § 20 des Atomgesetzes, nach § 172 oder § 178 wahrnimmt,
4. einer Person, die in einer bestehenden Expositionssituation zum Ausübenden einer beruflichen Betätigung in einem Beschäftigungsverhältnis steht oder eine solche Betätigung selbst ausübt (Arbeitskraft) oder
5. einer Einsatzkraft während ihres Einsatzes in einer Notfallexpositionssituation oder einer anderen Gefahrenlage.
[2]Einem Beschäftigungsverhältnis gleich steht ein Ausbildungsverhältnis oder eine freiwillige oder ehrenamtliche Ausübung vergleichbarer Handlungen.
(8) Medizinische Exposition ist die Exposition
1. eines Patienten oder einer asymptomatischen Person, an dem oder der im Rahmen seiner oder ihrer medizinischen oder zahnmedizinischen Untersuchung oder Behandlung, die seiner oder ihrer Gesundheit zugutekommen soll, radioaktive Stoffe oder ionisierende Strahlung angewendet werden,
2. einer Person, an der mit ihrer Einwilligung oder mit Einwilligung des gesetzlichen Vertreters oder Bevollmächtigten radioaktive Stoffe oder ionisierende Strahlung zum Zweck der medizinischen Forschung angewendet werden oder
3. einer einwilligungsfähigen oder mit Einwilligung des gesetzlichen Vertreters oder Bevollmächtigten handelnden Person, die sich wissentlich und willentlich ionisierender Strahlung aussetzt, indem sie außerhalb ihrer beruflichen Tätigkeit freiwillig Personen unterstützt oder betreut, an denen im Rahmen ihrer medizinischen oder zahnmedizinischen Untersuchung oder Behandlung oder im Rahmen der medizinischen Forschung radioaktive Stoffe oder ionisierende Strahlung angewendet werden (Betreuungs- oder Begleitperson).

§ 3 Begriff der radioaktiven Stoffe

(1) [1]Radioaktive Stoffe (Kernbrennstoffe und sonstige radioaktive Stoffe) im Sinne dieses Gesetzes sind alle Stoffe, die ein Radionuklid oder mehrere Radionuklide enthalten und deren Aktivität oder spezifische Aktivität nach den Regelungen dieses Gesetzes oder einer auf Grund dieses Gesetzes von der Bundesregierung mit Zustimmung des Bundesrates erlassenen Rechtsverordnung nicht außer Acht gelassen werden kann. [2]Kernbrennstoffe sind besondere spaltbare Stoffe in Form von
1. Plutonium 239 und Plutonium 241,
2. mit den Isotopen 235 oder 233 angereichertem Uran,
3. jedem Stoff, der einen oder mehrere der in den Nummern 1 und 2 genannten Stoffe enthält,
4. Stoffen, mit deren Hilfe in einer geeigneten Anlage eine sich selbst tragende Kettenreaktion aufrechterhalten werden kann und die in einer durch die Bundesregierung mit Zustimmung des Bundesrates erlassenen Rechtsverordnung bestimmt werden.
[3]Der Ausdruck „mit den Isotopen 235 und 233 angereichertem Uran" bedeutet Uran, das die Isotope 235 oder 233 oder diese beiden Isotope in einer solchen Menge enthält, dass die Summe der Mengen dieser beiden Isotope größer ist als die Menge des Isotops 238 multipliziert mit dem in der Natur auftretenden Verhältnis des Isotops 235 zum Isotop 238.
(2) [1]Die Aktivität oder spezifische Aktivität eines Stoffes kann im Sinne des Absatzes 1 Satz 1 außer Acht gelassen werden, wenn dieser nach diesem Gesetz oder einer auf Grund dieses Gesetzes durch die Bundesregierung mit Zustimmung des Bundesrates erlassenen Rechtsverordnung

1. festgelegte Freigrenzen unterschreitet,
2. soweit es sich um einen im Rahmen einer genehmigungspflichtigen Tätigkeit nach diesem Gesetz, dem Atomgesetz oder nach einer auf Grund eines dieser Gesetze erlassenen Rechtsverordnung anfallenden Stoff handelt, festgelegte Freigabewerte unterschreitet und der Stoff freigegeben worden ist,
3. soweit es sich um einen Stoff natürlichen Ursprungs handelt, der nicht auf Grund seiner Radioaktivität, als Kernbrennstoff oder zur Erzeugung von Kernbrennstoff genutzt wird, nicht der Überwachung nach dem Atomgesetz, nach diesem Gesetz oder einer auf Grund dieses Gesetzes mit Zustimmung des Bundesrates erlassenen Rechtsverordnung unterliegt.

[2]Abweichend von Satz 1 kann eine auf Grund dieses Gesetzes erlassene Rechtsverordnung, die von der Bundesregierung mit Zustimmung des Bundesrates erlassen wird, für die Verwendung von Stoffen am Menschen oder für den zweckgerichteten Zusatz von Stoffen bei der Herstellung von Arzneimitteln, Medizinprodukten, Pflanzenschutzmitteln, Schädlingsbekämpfungsmitteln, Stoffen nach § 2 Satz 1 Nummer 1 bis 8 des Düngegesetzes oder Konsumgütern oder deren Aktivierung festlegen, in welchen Fällen die Aktivität oder spezifische Aktivität eines Stoffes nicht außer Acht gelassen werden kann.

(3) Für die Anwendung von Genehmigungsvorschriften nach diesem Gesetz oder der auf Grund dieses Gesetzes erlassenen Rechtsverordnungen gelten Stoffe, in denen der Anteil der Isotope Uran 233, Uran 235, Plutonium 239 und Plutonium 241 insgesamt 15 Gramm oder die Konzentration der genannten Isotope 15 Gramm pro 100 Kilogramm nicht überschreitet, als sonstige radioaktive Stoffe. Satz 1 gilt nicht für verfestigte hochradioaktive Spaltproduktlösungen aus der Aufarbeitung von Kernbrennstoffen.

(4) Die Absätze 1 bis 3 sind nicht auf Stoffe anzuwenden, die im Zusammenhang mit bestehenden Expositionssituationen und Notfallexpositionssituationen auftreten.

§ 4

(1) [1]Tätigkeiten sind
1. der Umgang nach § 5 Absatz 39,
2. der Erwerb von künstlich erzeugten radioaktiven Stoffen und von natürlich vorkommenden radioaktiven Stoffen, die auf Grund ihrer Radioaktivität, als Kernbrennstoff oder zur Erzeugung von Kernbrennstoff genutzt werden, die Abgabe dieser Stoffe an andere, ihre Beförderung und ihre grenzüberschreitende Verbringung,
3. die Verwahrung von Kernbrennstoffen nach § 5 des Atomgesetzes und die Aufbewahrung von Kernbrennstoffen nach § 6 des Atomgesetzes,
4. die Errichtung, der Betrieb, die sonstige Innehabung, die Stilllegung, der sichere Einschluss einer Anlage sowie der Abbau einer Anlage oder von Anlagenteilen nach § 7 des Atomgesetzes,
5. die Bearbeitung, Verarbeitung und sonstige Verwendung von Kernbrennstoffen nach § 9 des Atomgesetzes,
6. die Errichtung, der Betrieb und die Stilllegung von Anlagen des Bundes zur Sicherstellung und zur Endlagerung radioaktiver Abfälle nach § 9b des Atomgesetzes,
7. die Errichtung und der Betrieb von Anlagen zur Erzeugung ionisierender Strahlung,
8. der Betrieb und die Prüfung, Erprobung, Wartung oder Instandsetzung von Röntgeneinrichtungen oder Störstrahlern,
9. der Zusatz radioaktiver Stoffe bei der Herstellung von Konsumgütern, von Arzneimitteln im Sinne des Arzneimittelgesetzes, von Pflanzenschutzmitteln im Sinne des Pflanzenschutzgesetzes, von Schädlingsbekämpfungsmitteln und von Stoffen nach § 2 Satz 1 Nummer 1 bis 8 des Düngegesetzes sowie die Aktivierung der vorgenannten Produkte und

10. Handlungen, die, ohne unter die Nummern 1 bis 9 zu fallen, bei natürlich vorkommender Radioaktivität die Exposition oder Kontamination erhöhen können,
    a) soweit sie im Zusammenhang mit dem Aufsuchen, der Gewinnung, Erzeugung, Lagerung, Bearbeitung, Verarbeitung und sonstigen Verwendung von Materialien durchgeführt werden,
    b) soweit sie im Zusammenhang mit Materialien durchgeführt werden, die bei betrieblichen Abläufen anfallen, soweit diese Handlungen nicht bereits unter Buchstabe a fallen,
    c) soweit sie im Zusammenhang mit der Verwertung oder Beseitigung von Materialien durchgeführt werden, die durch Handlungen nach Buchstaben a oder b anfallen,
    d) soweit in ihrer Folge natürliche terrestrische Strahlungsquellen einwirken, ausgenommen die Exposition durch Radon, das aus dem Boden in die freie Atmosphäre austritt oder aus dem geogenen Untergrund herrührt und in Aufenthaltsräume eintritt, und soweit diese Handlungen nicht bereits unter die Buchstaben a bis c fallen und nicht zu einem unter Buchstabe a genannten Zweck erfolgen, oder
11. der Betrieb von Luft- und Raumfahrzeugen im Zusammenhang mit der Berufsausübung des fliegenden und raumfahrenden Personals.
[2]Zu den Tätigkeiten nach Satz 1 Nummer 1 bis 10 zählen auch die Beschäftigung von Personen, die diese Tätigkeit für Dritte ausüben, sowie sonstige Handlungen, die im Zusammenhang mit diesen Tätigkeiten die Exposition oder Kontamination erhöhen können. [3]Nicht als Tätigkeit im Sinne von Satz 1 Nummer 10 gilt die landwirtschaftliche, forstwirtschaftliche und bautechnische Bearbeitung der Erdoberfläche, soweit diese Handlungen nicht zum Zweck der Entfernung von Kontaminationen nach § 64 Absatz 1 erfolgen.
(2) Tätigkeitsart ist die Gesamtheit von Tätigkeiten, die unter dem Aspekt des Grundsatzes der Rechtfertigung wesentlich gleich zu beurteilen sind.

§ 5 Sonstige Begriffsbestimmungen
(1) [1]Abfälle: Alle Stoffe und Gegenstände, die Abfälle im Sinne des § 3 Absatz 1 des Kreislaufwirtschaftsgesetzes sind, einschließlich der Abfälle, die nach § 2 Absatz 2 Nummer 1 bis 5 oder 7 bis 15 des Kreislaufwirtschaftsgesetzes vom Geltungsbereich des Kreislaufwirtschaftsgesetzes ausgenommen sind. [2]Keine Abfälle im Sinne dieses Gesetzes sind Reststoffe und Anlagenteile, die nach § 9a Absatz 1 des Atomgesetzes schadlos zu verwerten oder geordnet zu beseitigen sind, sowie andere den Bestimmungen des Standortauswahlgesetzes oder des Atomgesetzes unterliegende radioaktive Abfälle, Rückstände und sonstige radioaktive Stoffe.
(2) [1]Anlagen zur Erzeugung ionisierender Strahlung: Vorrichtungen oder Geräte, die geeignet sind, Teilchen- oder Photonenstrahlung mit einer Teilchen- oder Photonenenergie von mindestens 5 Kiloelektronenvolt gewollt oder ungewollt zu erzeugen, insbesondere Elektronenbeschleuniger, Ionenbeschleuniger, Plasmaanlagen, Laseranlagen. [2]Eine Anlage zur Erzeugung ionisierender Strahlung umfasst im Zusammenhang mit der Anwendung am Menschen auch Anwendungsgeräte, Zusatzgeräte und Zubehör, die erforderliche Software und die Vorrichtungen zur Überprüfung und Beurteilung der unmittelbaren Ergebnisse der Anwendung. [3]Keine Anlagen zur Erzeugung ionisierender Strahlung sind Röntgeneinrichtungen, Störstrahler, kerntechnische Anlagen und Anlagen im Sinne des § 9a Absatz 3 Satz 1 erster Halbsatz des Atomgesetzes.
(3) Anwendung ionisierender Strahlung oder radioaktiver Stoffe am Menschen: Technische Durchführung
1. einer Untersuchung mit ionisierender Strahlung oder radioaktiven Stoffen und die Befundung der Untersuchung oder

§ 5 Strahlenschutzgesetz

2. einer Behandlung mit ionisierender Strahlung oder radioaktiven Stoffen und die unmittelbare Überprüfung und Beurteilung des Ergebnisses der Behandlung.

(4) Arbeitsplatz: Jeder Ort, an dem sich eine Arbeitskraft während ihrer Berufsausübung regelmäßig oder wiederholt aufhält.

(5) Aufenthaltsraum: Innenraum, der zum nicht nur vorübergehenden Aufenthalt von Einzelpersonen der Bevölkerung bestimmt ist, zum Beispiel in einer Schule, einem Krankenhaus, einem Kindergarten oder zum Wohnen.

(6) Bauprodukte: Baustoffe, Bausätze, Bauteile und Anlagen, die hergestellt werden, um dauerhaft als Wand-, Boden- oder Deckenkonstruktionen, einschließlich deren Bekleidungen, von Aufenthaltsräumen in Gebäuden eingebaut zu werden. Keine Bauprodukte sind kleinflächig und kleinvolumig verwendete Fertigprodukte wie Flickmörtel und Verfugungen.

(6a) Beförderung sonstiger radioaktiver Stoffe: Vorgang der Ortsveränderung sonstiger radioaktiver Stoffe auf öffentlichen oder der Öffentlichkeit zugänglichen Verkehrswegen, einschließlich des zeitweiligen Aufenthalts im Verlauf der Ortsveränderung, bei dem die sonstigen radioaktiven Stoffe für den Wechsel der Beförderungsart oder des Beförderungsmittels oder aus sonstigen transportbedingten Gründen zeitweilig abgestellt werden.

(7) [1]Beruflich exponierte Person: Eine Person, die eine berufliche Exposition aus Tätigkeiten erhalten kann, die
1. eine effektive Dosis von 1 Millisievert im Kalenderjahr überschreitet,
2. eine Organ-Äquivalentdosis für die Augenlinse von 15 Millisievert im Kalenderjahr überschreitet oder
3. eine Organ-Äquivalentdosis für die Haut, gemittelt über jede beliebige Hautfläche von 1 Quadratzentimeter unabhängig von der exponierten Fläche, von 50 Millisievert im Kalenderjahr überschreitet.

[2]Berufliche Expositionen aus Notfallexpositionssituationen werden dabei nicht berücksichtigt. [3]Eine Person, die eine berufliche Exposition ausschließlich in einer Notfallexpositionssituation oder einer anderen Gefahrenlage erhält, ist keine beruflich exponierte Person.

(8) [1]Bestrahlungsvorrichtung: Gerät mit Abschirmung, das umschlossene radioaktive Stoffe enthält oder Bestandteil einer Anlage zur Spaltung von Kernbrennstoffen ist und das zeitweise durch Öffnen der Abschirmung oder Ausfahren dieser radioaktiven Stoffe ionisierende Strahlung aussendet,
1. die im Zusammenhang mit der Anwendung am Menschen oder der Anwendung am Tier in der Tierheilkunde verwendet wird oder
2. mit der zu anderen Zwecken eine Wirkung in den zu bestrahlenden Objekten hervorgerufen werden soll, wenn die Aktivität der radioaktiven Stoffe 20 Terabecquerel überschreitet.

[2]Eine Bestrahlungsvorrichtung umfasst im Zusammenhang mit der Anwendung am Menschen auch Anwendungsgeräte, Zusatzgeräte und Zubehör, die erforderliche Software sowie die Vorrichtungen zur Befundung einer Untersuchung oder zur Überprüfung und Beurteilung der Ergebnisse einer Behandlung.

(9) [1]Betrieb einer Röntgeneinrichtung: Eigenverantwortliches Verwenden oder Bereithalten einer Röntgeneinrichtung zur Erzeugung von Röntgenstrahlung. [2]Nicht zum Betrieb gehört die Erzeugung von Röntgenstrahlung im Zusammenhang mit der geschäftsmäßigen Prüfung, Erprobung, Wartung oder Instandsetzung der Röntgeneinrichtung. [3]Röntgeneinrichtungen werden ferner nicht betrieben, soweit sie im Bereich der Bundeswehr oder des Zivilschutzes ausschließlich für den Einsatzfall geprüft, erprobt, gewartet, instand gesetzt oder bereitgehalten werden.

(10) [1]Betrieb eines Störstrahlers: Eigenverantwortliches Verwenden oder Bereithalten eines Störstrahlers. [2]Nicht zum Betrieb gehört die Erzeugung von Röntgenstrahlung im Zusammenhang mit der geschäftsmäßigen Prüfung, Erprobung, Wartung oder Instandsetzung des

Strahlenschutzgesetz § 5

Störstrahlers. ³Störstrahler werden ferner nicht betrieben, soweit sie im Bereich der Bundeswehr oder des Zivilschutzes ausschließlich für den Einsatzfall geprüft, erprobt, gewartet, instand gesetzt oder bereitgehalten werden.

(11) Effektive Dosis: Das zur Berücksichtigung der Strahlenwirkung auf verschiedene Organe oder Gewebe gewichtete Mittel von Organ-Äquivalentdosen; die Organe oder Gewebe werden mit den Wichtungsfaktoren berücksichtigt, die in der Rechtsverordnung nach § 175 Absatz 2 Nummer 2 festgelegt sind.

(12) Einrichtungen: Gebäude, Gebäudeteile, einzelne Räume oder vergleichbar abgegrenzte Freiflächen, in denen
1. nach § 5 oder § 9 des Atomgesetzes oder nach § 12 Absatz 1 Nummer 3 dieses Gesetzes mit radioaktiven Stoffen umgegangen wird, außer Zwischenlagerungen im Sinne des § 2 Absatz 3a Nummer 1 Buchstabe c des Atomgesetzes, oder
2. nach § 12 Absatz 1 Nummer 1 eine Anlage zur Erzeugung ionisierender Strahlung, nach § 12 Absatz 1 Nummer 4 eine Röntgeneinrichtung oder nach § 12 Absatz 1 Nummer 5 ein Störstrahler betrieben wird.

(13) Einsatzkraft: Person, die bei einem Notfall oder einer anderen Gefahrenlage eine festgelegte Aufgabe wahrnimmt und die bei ihrem Einsatz einer Exposition ausgesetzt sein kann.

(14) Einzelperson der Bevölkerung: Person, soweit sie nicht einer beruflichen Exposition oder einer medizinischen Exposition ausgesetzt ist.

(15) Freigrenzen: Werte der Aktivität und spezifischen Aktivität radioaktiver Stoffe, die in einer Rechtsverordnung nach § 24 Satz 1 Nummer 10 festgelegt sind und für Tätigkeiten im Zusammenhang mit diesen radioaktiven Stoffen als Maßstab für die Überwachungsbedürftigkeit nach diesem Gesetz und den auf seiner Grundlage erlassenen Rechtsverordnungen dienen.

(16) Früherkennung: Anwendung von Röntgenstrahlung oder radioaktiven Stoffen im Rahmen einer medizinischen Exposition zur Untersuchung von Personen, die keine Krankheitssymptome und keinen konkreten Krankheitsverdacht aufweisen (asymptomatische Personen), um eine bestimmte Krankheit festzustellen.

(17) Innenräume: Umschlossene ortsfeste Räume innerhalb und außerhalb von Gebäuden, in denen sich Menschen aufhalten können, einschließlich Höhlen und Bergwerken.

(18) Kerntechnische Anlage: Kerntechnische Anlage nach § 2 Absatz 3a Nummer 1 des Atomgesetzes.

(19) Körperdosis: Oberbegriff für die effektive Dosis und die Organ-Äquivalentdosis.

(20) ¹Konsumgüter: Für den Endverbraucher bestimmte Bedarfsgegenstände im Sinne des Lebensmittel- und Futtermittelgesetzbuches sowie Güter und Gegenstände des täglichen Gebrauchs zur Verwendung im häuslichen und beruflichen Bereich. ²Keine Konsumgüter sind Bauprodukte und bauartzugelassene Vorrichtungen, wenn diese Bauprodukte oder Vorrichtungen sonstige radioaktive Stoffe enthalten.

(21) Kontamination: Verunreinigung mit Stoffen, die ein Radionuklid oder mehrere Radionuklide enthalten.

(22) ¹Materialien: Stoffe, die natürlich vorkommende Radionuklide enthalten oder mit solchen Stoffen kontaminiert sind. ²Keine Materialien sind
1. Stoffe, die natürliche und künstliche Radionuklide enthalten, die Gegenstand von Tätigkeiten nach § 4 Absatz 1 Satz 1 Nummer 1 bis 9 und 11 sind oder waren,
2. Stoffe, die natürliche und künstliche Radionuklide enthalten, die aus Notfällen stammen, und
3. Stoffe, die in der Umwelt vorhanden und auf Grund von Kernwaffenversuchen kontaminiert sind.

§ 5 Strahlenschutzgesetz

(23) ¹Medizinische Forschung: Fortentwicklung medizinischer Untersuchungsmethoden, Behandlungsverfahren oder der medizinischen Wissenschaft. ²Medizinische Forschung liegt nicht vor, wenn die Anwendung radioaktiver Stoffe oder ionisierender Strahlung ausschließlich der Untersuchung oder Behandlung der einzelnen Person dient.

(24) Medizinphysik-Experte: Person mit Masterabschluss in medizinischer Physik oder eine in medizinischer Physik gleichwertig ausgebildete Person mit Hochschulabschluss, die jeweils die erforderliche Fachkunde im Strahlenschutz besitzt.

(25) Nachsorgemaßnahmen: Überwachung, Aufrechterhaltung und Wiederherstellung der Wirksamkeit von Sanierungsmaßnahmen oder von sonstigen Maßnahmen zur Verhinderung oder Verminderung der Exposition bei bestehenden Expositionssituationen.

(26) ¹Notfall: Ereignis, bei dem sich durch ionisierende Strahlung erhebliche nachteilige Auswirkungen auf Menschen, die Umwelt oder Sachgüter ergeben können. ²Kein Notfall liegt vor, wenn abzusehen ist, dass ein Ereignis, das im Rahmen einer geplanten Tätigkeit eingetreten ist, voraussichtlich durch die für geplante Expositionssituationen geregelten Maßnahmen bewältigt werden kann.
1. Überregionaler Notfall: Ein Notfall im Bundesgebiet, dessen nachteilige Auswirkungen sich voraussichtlich nicht auf das Land beschränken werden, in dem er sich ereignet hat, oder ein Notfall außerhalb des Bundesgebietes, der voraussichtlich innerhalb des Geltungsbereichs dieses Gesetzes nicht nur örtliche nachteilige Auswirkungen haben wird.
2. Regionaler Notfall: Ein Notfall im Bundesgebiet, dessen nachteilige Auswirkungen sich voraussichtlich im Wesentlichen auf das Land beschränken werden, in dem er sich ereignet hat.
3. Lokaler Notfall: Ein Notfall, der voraussichtlich im Geltungsbereich dieses Gesetzes im Wesentlichen nur örtliche nachteilige Auswirkungen haben wird.

(27) ¹Organ-Äquivalentdosis: Ergebnis der Multiplikation der Energie, die durch ionisierende Strahlung in einem Organ oder Gewebe deponiert worden ist, geteilt durch die Masse des Organs oder Gewebes, mit einem zur Berücksichtigung der Wirkung für die Strahlungsart oder -energie gegenüber Photonen- und Elektronenstrahlung durch Rechtsverordnung nach § 175 Absatz 2 Nummer 1 festgelegten Wichtungsfaktor. ²Bei Vorliegen mehrerer Strahlungsarten oder -energien werden die Beiträge addiert.

(28) Radon: Das Radionuklid Rn-222 und dessen Zerfallsprodukte.

(29) ¹Referenzwert: In bestehenden Expositionssituationen oder Notfallexpositionssituationen ein festgelegter Wert, der als Maßstab für die Prüfung der Angemessenheit von Maßnahmen dient. ²Ein Referenzwert ist kein Grenzwert.

(30) ¹Röntgeneinrichtung: Eine Vorrichtung oder ein Gerät,
1. in der oder dem Röntgenstrahlung mit einer Grenzenergie von mindestens 5 Kiloelektronvolt durch beschleunigte Elektronen erzeugt werden kann, wobei die Beschleunigung der Elektronen auf eine Energie von 1 Megaelektronenvolt begrenzt ist, und
2. die oder das zum Zweck der Erzeugung von Röntgenstrahlung betrieben wird.

²Eine Röntgeneinrichtung umfasst auch Anwendungsgeräte, Zusatzgeräte und Zubehör, die erforderliche Software sowie Vorrichtungen zur medizinischen Befundung.

(31) Röntgenstrahler: Bestandteil einer Röntgeneinrichtung, der aus einer Röntgenröhre und einem Röhrenschutzgehäuse besteht und bei einem Eintankgerät auch die Hochspannungserzeugung umfasst.

(32) Rückstände: Materialien, die in den in Anlage 1 genannten industriellen und bergbaulichen Prozessen anfallen und die dort genannten Voraussetzungen erfüllen.

Strahlenschutzgesetz § 5

(33) Sanierungsmaßnahmen: Maßnahmen, die
1. der Beseitigung oder Verminderung einer Kontamination dienen oder
2. eine Ausbreitung von Radionukliden oder der von ihnen ausgehenden ionisierenden Strahlung langfristig verhindern oder vermindern.

(34) Offene radioaktive Stoffe: Alle radioaktiven Stoffe mit Ausnahme der umschlossenen radioaktiven Stoffe.

(35) [1]Umschlossene radioaktive Stoffe: Radioaktive Stoffe, die ständig von einer allseitig dichten, festen, inaktiven Hülle umschlossen oder in festen inaktiven Stoffen ständig so eingebettet sind, dass bei üblicher betriebsmäßiger Beanspruchung ein Austritt radioaktiver Stoffe mit Sicherheit verhindert wird; eine Abmessung des umschlossenen radioaktiven Stoffes muss mindestens 0,2 Zentimeter betragen. [2]Keine umschlossenen radioaktiven Stoffe sind radioaktive Stoffe, die auf Grund ihrer Radioaktivität genutzt werden und deren Hülle zerstörungsfrei zu öffnen ist.

(36) [1]Hochradioaktive Strahlenquellen: Umschlossene radioaktive Stoffe, deren Aktivität den in einer Rechtsverordnung nach § 24 Satz 1 Nummer 11 festgelegten Werten entspricht oder diese überschreitet. [2]Keine hochradioaktiven Strahlenquellen sind Brennelemente und verfestigte hochradioaktive Spaltproduktlösungen aus der Aufarbeitung von Kernbrennstoffen sowie ständig dichte und feste Transport- oder Lagerbehälter mit radioaktiven Stoffen.

(37) [1]Störstrahler: Gerät oder Vorrichtung, in der oder dem Röntgenstrahlung mit einer Grenzenergie von mindestens 5 Kiloelektronenvolt ausschließlich durch beschleunigte Elektronen erzeugt werden kann und bei dem oder der die Beschleunigung der Elektronen auf eine Energie von 1 Megaelektronenvolt begrenzt ist, ohne dass das Gerät oder die Vorrichtung zu dem Zweck der Erzeugung von Röntgenstrahlung betrieben wird. [2]Als Störstrahler gilt auch ein Elektronenmikroskop, bei dem die erzeugte Röntgenstrahlung durch Detektoren ausgewertet wird.

(38) Teleradiologie: Untersuchung eines Menschen mit Röntgenstrahlung unter der Verantwortung eines Arztes, der die erforderliche Fachkunde im Strahlenschutz besitzt und der sich nicht am Ort der technischen Durchführung befindet (Teleradiologe).

(39) Umgang:
1. die Gewinnung, Erzeugung, Lagerung, Bearbeitung, Verarbeitung, sonstige Verwendung und Beseitigung von
   a) künstlich erzeugten radioaktiven Stoffen und
   b) natürlich vorkommenden radioaktiven Stoffen auf Grund ihrer Radioaktivität, zur Nutzung als Kernbrennstoff oder zur Erzeugung von Kernbrennstoffen,
2. der Betrieb von Bestrahlungsvorrichtungen und
3. das Aufsuchen, die Gewinnung und die Aufbereitung von radioaktiven Bodenschätzen im Sinne des Bundesberggesetzes.

(40) [1]Zusatz radioaktiver Stoffe: Zweckgerichteter Zusatz von Radionukliden zu Stoffen zur Erzeugung besonderer Eigenschaften, wenn
1. der Zusatz künstlich erzeugter Radionuklide dazu führt, dass deren spezifische Aktivität im Produkt 500 Mikrobecquerel je Gramm überschreitet, oder
2. der Zusatz natürlich vorkommender Radionuklide dazu führt, dass deren spezifische Aktivität im Produkt ein Fünftel der Freigrenzen, die in einer Rechtsverordnung nach § 24 Satz 1 Nummer 10 festgelegt sind, überschreitet.

[2]Es ist unerheblich, ob der Zusatz auf Grund der Radioaktivität oder auf Grund anderer Eigenschaften erfolgt.

Teil 2: Strahlenschutz bei geplanten Expositionssituationen
Kapitel 1 Strahlenschutzgrundsätze
§ 6 Rechtfertigung von Tätigkeitsarten; Verordnungsermächtigung

(1) [1]Neue Tätigkeitsarten, mit denen Expositionen von Mensch und Umwelt verbunden sein können, müssen unter Abwägung ihres wirtschaftlichen, gesellschaftlichen oder sonstigen Nutzens gegen die möglicherweise von ihnen ausgehende gesundheitliche Beeinträchtigung gerechtfertigt sein. [2]Bei der Rechtfertigung sind die berufliche Exposition, die Exposition der Bevölkerung und die medizinische Exposition zu berücksichtigen. Expositionen durch die Anwendung am Menschen sind nach Maßgabe des § 83 Absatz 2 zu berücksichtigen.
(2) Die Rechtfertigung bestehender Tätigkeitsarten kann überprüft werden, sobald wesentliche neue Erkenntnisse über den Nutzen oder die Auswirkungen der Tätigkeit oder wesentliche neue Informationen über andere Verfahren und Techniken vorliegen.
(3) Die Bundesregierung wird ermächtigt, durch Rechtsverordnung mit Zustimmung des Bundesrates zu bestimmen, welche Tätigkeitsarten nicht gerechtfertigt sind.

§ 7
(1) [1]Liegen der zuständigen Behörde in einem Genehmigungs- oder Anzeigeverfahren nach den §§ 10, 12, 17, 19 Absatz 1 Satz 1 Nummer 1, § 56 oder § 59 Anhaltspunkte vor, die Zweifel an der Rechtfertigung der Tätigkeitsart im Sinne des § 6 Absatz 1 oder 2 aufwerfen, so übermittelt die Behörde, bei Landesbehörden über die für den Strahlenschutz zuständige oberste Landesbehörde, dem Bundesministerium für Umwelt, Naturschutz und nukleare Sicherheit die Unterlagen, die die Anhaltspunkte darlegen. [2]Erfordern die Anhaltspunkte eine weitere Untersuchung, so veranlasst dieses eine Prüfung durch das Bundesamt für Strahlenschutz. [3]Das Bundesministerium für Umwelt, Naturschutz und nukleare Sicherheit kann auch außerhalb laufender Genehmigungs- und Anzeigeverfahren in entsprechender Anwendung von Satz 2 für Tätigkeitsarten eine Prüfung durch das Bundesamt für Strahlenschutz veranlassen, sofern es aus Sicht des Strahlenschutzes geboten ist.
(2) [1]Das Bundesamt für Strahlenschutz prüft innerhalb von zwölf Monaten nach Eingang der Unterlagen die Rechtfertigung der Tätigkeitsart im Sinne des § 6 Absatz 1 und 2 und veröffentlicht einen wissenschaftlichen Bericht. [2]In dem Bericht sind Betriebs- und Geschäftsgeheimnisse und personenbezogene Daten unkenntlich zu machen.
(3) Die Bundesregierung wird ermächtigt, durch Rechtsverordnung mit Zustimmung des Bundesrates
1. zu bestimmen, welche Unterlagen vorzulegen sind,
2. Vorgaben über das Prüfungsverfahren zur Rechtfertigung von Tätigkeitsarten zu treffen,
3. zu regeln, auf welche Weise das Bundesamt für Strahlenschutz den wissenschaftlichen Bericht über die Rechtfertigung der Tätigkeitsart veröffentlicht.

§ 8 Vermeidung unnötiger Exposition und Dosisreduzierung
(1) Wer eine Tätigkeit plant, ausübt oder ausüben lässt, ist verpflichtet, jede unnötige Exposition oder Kontamination von Mensch und Umwelt zu vermeiden.
(2) [1]Wer eine Tätigkeit plant, ausübt oder ausüben lässt, ist verpflichtet, jede Exposition oder Kontamination von Mensch und Umwelt auch unterhalb der Grenzwerte so gering wie möglich zu halten. [2]Hierzu hat er unter Berücksichtigung aller Umstände des Einzelfalls
1. bei Tätigkeiten nach § 4 Absatz 1 Satz 1 Nummer 1 bis 7 und 9 den Stand von Wissenschaft und Technik zu beachten,
2. bei Tätigkeiten nach § 4 Absatz 1 Satz 1 Nummer 8, 10 und 11 den Stand der Technik zu beachten.

Strahlenschutzgesetz §§ 9–11

§ 9 Dosisbegrenzung
Wer eine Tätigkeit plant, ausübt oder ausüben lässt, ist verpflichtet, dafür zu sorgen, dass die Dosisgrenzwerte nicht überschritten werden, die in diesem Gesetz und in den auf Grund dieses Gesetzes erlassenen Rechtsverordnungen festgelegt sind.

Kapitel 2 Vorabkontrolle bei radioaktiven Stoffen oder ionisierender Strahlung

ABSCHNITT 1 Errichtung von Anlagen zur Erzeugung ionisierender Strahlung

§ 10 Genehmigungsbedürftige Errichtung von Anlagen zur Erzeugung ionisierender Strahlung
(1) Wer eine Anlage zur Erzeugung ionisierender Strahlung der folgenden Art errichtet, bedarf der Genehmigung:
1. Beschleuniger- oder Plasmaanlage, in der je Sekunde mehr als 10^{12} Neutronen erzeugt werden können,
2. Elektronenbeschleuniger mit einer Endenergie der Elektronen von mehr als 10 Megaelektronenvolt, sofern die mittlere Strahlleistung 1 Kilowatt übersteigen kann,
3. Elektronenbeschleuniger mit einer Endenergie der Elektronen von mehr als 150 Megaelektronenvolt,
4. Ionenbeschleuniger mit einer Endenergie der Ionen von mehr als 10 Megaelektronenvolt je Nukleon, sofern die mittlere Strahlleistung 50 Watt übersteigen kann,
5. Ionenbeschleuniger mit einer Endenergie der Ionen von mehr als 150 Megaelektronenvolt je Nukleon.

(2) Einer Genehmigung bedarf auch, wer die genehmigungsbedürftige Errichtung einer der in Absatz 1 genannten Anlagen wesentlich ändert.

§ 11 Voraussetzungen für die Erteilung der Genehmigung; Aussetzung des Genehmigungsverfahrens
(1) ¹Die zuständige Behörde hat die Genehmigung für die Errichtung einer Anlage nach § 10 zu erteilen, wenn
1. keine Tatsachen vorliegen, aus denen sich Bedenken gegen die Zuverlässigkeit des Antragstellers, seines gesetzlichen Vertreters oder, bei juristischen Personen oder sonstigen Personenvereinigungen, der nach Gesetz, Satzung oder Gesellschaftsvertrag zur Vertretung oder Geschäftsführung Berechtigten ergeben,
2. gewährleistet ist, dass für die Errichtung der Anlage ein Strahlenschutzbeauftragter bestellt wird, der die erforderliche Fachkunde im Strahlenschutz besitzt und der die Anlage entsprechend der Genehmigung errichten oder errichten lassen kann; es dürfen keine Tatsachen vorliegen, aus denen sich Bedenken gegen die Zuverlässigkeit des Strahlenschutzbeauftragten ergeben,
3. gewährleistet ist, dass die Exposition von Personen auf Grund des Betriebs der Anlage die für Einzelpersonen der Bevölkerung zugelassenen Grenzwerte in den allgemein zugänglichen Bereichen außerhalb des Betriebsgeländes nicht überschreitet; bei der Ermittlung der Exposition sind die Ableitung radioaktiver Stoffe mit Luft und Wasser und die austretende und gestreute Strahlung zu berücksichtigen,
4. die Vorschriften über den Schutz der Umwelt bei dem beabsichtigten Betrieb der Anlage sowie bei Störfällen eingehalten werden können,
5. der erforderliche Schutz gegen Störmaßnahmen oder sonstige Einwirkungen Dritter gewährleistet ist,

6. es sich nicht um eine nicht gerechtfertigte Tätigkeitsart nach einer Rechtsverordnung nach § 6 Absatz 3 handelt oder wenn unter Berücksichtigung eines nach § 7 Absatz 2 veröffentlichten Berichts keine erheblichen Zweifel an der Rechtfertigung der Tätigkeitsart bestehen.
²Satz 1 Nummer 2 ist nicht anzuwenden, wenn eine der in Satz 1 Nummer 1 genannten Personen die erforderliche Fachkunde im Strahlenschutz besitzt und die Anlage entsprechend der Genehmigung errichten oder errichten lassen kann.
(2) Leitet die zuständige Behörde ein Verfahren zur Prüfung der Rechtfertigung nach § 7 ein, so setzt sie das Verfahren zur Erteilung der Genehmigung für die Dauer des Verfahrens zur Prüfung der Rechtfertigung aus.

ABSCHNITT 2 Betrieb von Anlagen zur Erzeugung ionisierender Strahlung; Umgang mit radioaktiven Stoffen; Betrieb von Röntgeneinrichtungen oder Störstrahlern

§ 12 Genehmigungsbedürftige Tätigkeiten
(1) Einer Genehmigung bedarf, wer
1. eine Anlage zur Erzeugung ionisierender Strahlung betreibt; ausgenommen sind Anlagen, für deren Betrieb, auch unter Berücksichtigung der Genehmigungsbedürftigkeit nach § 17 Absatz 1 Satz 3, eine Anzeige nach § 17 Absatz 1 Satz 1 ausreichend ist oder die nach der Rechtsverordnung nach § 24 Satz 1 Nummer 1 genehmigungs- und anzeigefrei betrieben werden dürfen,
2. ionisierende Strahlung aus einer Bestrahlungsvorrichtung, die Bestandteil einer nach § 7 Absatz 1 Satz 1 des Atomgesetzes genehmigten Anlage zur Spaltung von Kernbrennstoffen ist, im Zusammenhang mit der Anwendung am Menschen oder mit der Anwendung am Tier in der Tierheilkunde verwendet,
3. mit sonstigen radioaktiven Stoffen umgeht; ausgenommen ist der Umgang, der nach der Rechtsverordnung nach § 24 Satz 1 Nummer 1 genehmigungsfrei ist,
4. eine Röntgeneinrichtung betreibt; ausgenommen sind Röntgeneinrichtungen, für deren Betrieb, auch unter Berücksichtigung der Genehmigungsbedürftigkeit nach § 19 Absatz 2, eine Anzeige nach § 19 Absatz 1 ausreichend ist,
5. einen Störstrahler betreibt; ausgenommen ist ein Störstrahler, der nach der Rechtsverordnung nach § 24 Satz 1 Nummer 1 genehmigungsfrei betrieben werden darf.
(2) Einer Genehmigung bedarf auch, wer eine der in Absatz 1 Nummer 1 bis 5, jeweils erster Halbsatz, genannten genehmigungsbedürftigen Tätigkeiten wesentlich ändert.
(3) Eine Genehmigung nach Absatz 1 Nummer 1 kann sich auf einen nach Absatz 1 Nummer 3 genehmigungsbedürftigen Umgang erstrecken.
(4) Eine Genehmigung nach Absatz 1 Nummer 3 ist nicht erforderlich
1. soweit eine Genehmigung nach Absatz 1 Nummer 1, eine Genehmigung nach den §§ 6, 7, 9 oder 9b des Atomgesetzes oder ein Planfeststellungsbeschluss nach § 9b des Atomgesetzes vorliegt, die oder der sich gemäß § 10a Absatz 2 des Atomgesetzes auf den Umgang mit sonstigen radioaktiven Stoffen nach Absatz 1 Nummer 3 erstreckt, und
2. für das Aufsuchen, die Gewinnung oder die Aufbereitung von radioaktiven Bodenschätzen, wenn dies der Betriebsplanpflicht nach § 51 des Bundesberggesetzes unterfällt.
(5) ¹Zwei oder mehr Tätigkeiten, die zu einem gemeinsamen Zweck zusammenhängend ausgeführt werden, können in einer Genehmigung beschieden werden,
1. wenn sie zwei oder mehr Genehmigungstatbestände nach Absatz 1 erfüllen und
2. wenn die Voraussetzungen für alle Genehmigungen erfüllt sind.
²Satz 1 gilt entsprechend für Tätigkeiten, die sowohl genehmigungsbedürftig als auch anzeigebedürftig nach diesem Gesetz sind, wenn die mit der Anzeige einzureichenden

Unterlagen im Genehmigungsverfahren vorgelegt werden und kein Grund für die Untersagung der anzeigebedürftigen Tätigkeit vorliegt. ³Bei wesentlichen Änderungen gelten die Sätze 1 und 2 entsprechend.

§ 13 Allgemeine Voraussetzungen für die Erteilung der Genehmigung; Aussetzung des Genehmigungsverfahrens

(1) Die zuständige Behörde hat eine Genehmigung für Tätigkeiten nach § 12 Absatz 1 zu erteilen, wenn
1. keine Tatsachen vorliegen, aus denen sich Bedenken gegen die Zuverlässigkeit des Antragstellers, seines gesetzlichen Vertreters oder, bei juristischen Personen oder sonstigen Personenvereinigungen, der nach Gesetz, Satzung oder Gesellschaftsvertrag zur Vertretung oder Geschäftsführung Berechtigten ergeben und, falls ein Strahlenschutzbeauftragter nicht notwendig ist, eine der genannten natürlichen Personen die erforderliche Fachkunde im Strahlenschutz besitzt,
2. keine Tatsachen vorliegen, aus denen sich Bedenken gegen die Zuverlässigkeit der Strahlenschutzbeauftragten ergeben und diese die erforderliche Fachkunde im Strahlenschutz besitzen,
3. die für eine sichere Ausführung der Tätigkeit notwendige Anzahl von Strahlenschutzbeauftragten bestellt ist und ihnen die für die Erfüllung ihrer Aufgaben erforderlichen Befugnisse eingeräumt sind,
4. gewährleistet ist, dass die bei der Tätigkeit sonst tätigen Personen das notwendige Wissen und die notwendigen Fertigkeiten im Hinblick auf die mögliche Strahlengefährdung und die anzuwendenden Schutzmaßnahmen besitzen,
5. keine Tatsachen vorliegen, aus denen sich Bedenken ergeben, ob das für die sichere Ausführung der Tätigkeit notwendige Personal vorhanden ist,
6. gewährleistet ist, dass die Ausrüstungen vorhanden und die Maßnahmen getroffen sind,
    a) die, bei einer Tätigkeit nach § 12 Absatz 1 Nummer 1 bis 3, nach dem Stand von Wissenschaft und Technik erforderlich sind, damit die Schutzvorschriften eingehalten werden, oder
    b) die, bei einer Tätigkeit nach § 12 Absatz 1 Nummer 4 oder 5, nach dem Stand der Technik erforderlich sind, damit die Schutzvorschriften eingehalten werden,
7. es sich nicht um eine nicht gerechtfertigte Tätigkeitsart nach einer Rechtsverordnung nach § 6 Absatz 3 handelt oder wenn unter Berücksichtigung eines nach § 7 Absatz 2 veröffentlichten Berichts keine erheblichen Zweifel an der Rechtfertigung der Tätigkeitsart bestehen sowie
8. sonstige öffentlich-rechtliche Vorschriften nicht entgegenstehen.

(2) Die Genehmigung für eine Tätigkeit nach § 12 Absatz 1 Nummer 1, 2 oder 3 wird nur erteilt, wenn die erforderliche Vorsorge für die Erfüllung gesetzlicher Schadensersatzverpflichtungen getroffen ist.

(3) Die Genehmigung für eine Tätigkeit nach § 12 Absatz 1 Nummer 1 oder 3 wird nur erteilt, wenn der erforderliche Schutz gegen Störmaßnahmen oder sonstige Einwirkungen Dritter gewährleistet ist; für die Genehmigung nach § 12 Absatz 1 Nummer 1 gilt dies nur, wenn die Errichtung der Anlage der Genehmigung nach § 10 bedarf.

(4) Die Genehmigung nach § 12 Absatz 1 Nummer 3 für den Umgang mit hochradioaktiven Strahlenquellen wird nur erteilt, wenn Verfahren für den Notfall und geeignete Kommunikationsverbindungen vorhanden sind.

(5) ¹Lässt sich erst während eines probeweisen Betriebs oder Umgangs beurteilen, ob die Voraussetzungen der Absätze 1 und 3 vorliegen, so kann die zuständige Behörde die Genehmigung für eine Tätigkeit nach § 12 Absatz 1 Nummer 1 oder 3 befristet erteilen.

²Der Strahlenschutzverantwortliche hat zu gewährleisten, dass die Vorschriften über die Dosisgrenzwerte, über die Sperrbereiche und Kontrollbereiche sowie zur Begrenzung der Ableitung radioaktiver Stoffe während des probeweisen Betriebs oder Umgangs eingehalten werden. ³Während des probeweisen Betriebs oder Umgangs ist eine Anwendung am Menschen nicht zulässig.
(6) Leitet die zuständige Behörde ein Verfahren zur Prüfung der Rechtfertigung nach § 7 ein, so setzt sie das Verfahren zur Erteilung einer Genehmigung nach § 12 Absatz 1 für die Dauer des Verfahrens zur Prüfung der Rechtfertigung aus.
(7) ¹Die zuständige Behörde kann von dem Inhaber einer Genehmigung nach § 12 Absatz 1 Nummer 3 eine Sicherheitsleistung für die Beseitigung von aus dem Umgang stammenden radioaktiven Stoffen verlangen. ²Satz 1 findet keine Anwendung, wenn Genehmigungsinhaber der Bund, ein oder mehrere Länder oder ein Dritter ist, der vom Bund, von einem oder mehreren Ländern oder vom Bund gemeinsam mit einem oder mehreren Ländern vollständig finanziert wird.

§ 14 Besondere Voraussetzungen bei Tätigkeiten im Zusammenhang mit der Anwendung am Menschen

(1) Die Genehmigung für eine Tätigkeit nach § 12 Absatz 1 Nummer 1, 2, 3 oder 4 im Zusammenhang mit der Anwendung ionisierender Strahlung oder radioaktiver Stoffe am Menschen wird nur erteilt, wenn neben dem Vorliegen der jeweiligen Voraussetzungen des § 13
1. der Antragsteller oder der von ihm bestellte Strahlenschutzbeauftragte als Arzt oder Zahnarzt approbiert oder ihm die vorübergehende Ausübung des ärztlichen oder zahnärztlichen Berufs erlaubt ist,
2. gewährleistet ist, dass
    a) bei einer Behandlung mit radioaktiven Stoffen oder ionisierender Strahlung, der ein individueller Bestrahlungsplan zugrunde liegt, ein Medizinphysik- Experte zur engen Mitarbeit nach der Rechtsverordnung nach § 86 Satz 2 Nummer 10 hinzugezogen werden kann,
    b) bei einer Behandlung mit radioaktiven Stoffen oder ionisierender Strahlung, der kein individueller Bestrahlungsplan zugrunde liegt (standardisierte Behandlung), und bei einer Untersuchung mit radioaktiven Stoffen oder ionisierender Strahlung, die mit einer erheblichen Exposition der untersuchten Person verbunden sein kann, ein Medizinphysik-Experte zur Mitarbeit nach der Rechtsverordnung nach § 86 Satz 2 Nummer 10 hinzugezogen werden kann,
    c) bei allen weiteren Anwendungen mit ionisierender Strahlung oder radioaktiven Stoffen am Menschen sichergestellt ist, dass ein Medizinphysik- Experte zur Beratung hinzugezogen werden kann, soweit es die jeweilige Anwendung erfordert,
3. gewährleistet ist, dass
    a) bei einer Behandlung nach Nummer 2 Buchstabe a Medizinphysik-Experten in ausreichender Anzahl als weitere Strahlenschutzbeauftragte bestellt sind,
    b) bei einer Behandlung oder Untersuchung nach Nummer 2 Buchstabe b ein Medizinphysik-Experte als weiterer Strahlenschutzbeauftragter bestellt ist, sofern dies aus organisatorischen oder strahlenschutzfachlichen Gründen geboten ist,
4. gewährleistet ist, dass das für die sichere Ausführung der Tätigkeit notwendige Personal in ausreichender Anzahl zur Verfügung steht,
5. gewährleistet ist, dass die Ausrüstungen vorhanden und die Maßnahmen getroffen sind, die erforderlich sind, damit die für die Anwendung erforderliche Qualität

a) bei Untersuchungen mit möglichst geringer Exposition erreicht wird,
b) bei Behandlungen mit der für die vorgesehenen Zwecke erforderlichen Dosisverteilung erreicht wird.

(2) ¹Die Genehmigung für eine Tätigkeit nach § 12 Absatz 1 Nummer 4 zur Teleradiologie wird nur erteilt, wenn neben dem Vorliegen der Voraussetzungen des Absatzes 1 und des § 13 Absatz 1
1. die Verfügbarkeit des Teleradiologen während der Untersuchung gewährleistet ist,
2. gewährleistet ist, dass die technische Durchführung durch eine Person erfolgt, die die erforderliche Fachkunde im Strahlenschutz besitzt und die nach der Rechtsverordnung nach § 86 Satz 2 Nummer 6 zur technischen Durchführung der Untersuchung in der Teleradiologie berechtigt ist,
3. gewährleistet ist, dass am Ort der technischen Durchführung ein Arzt mit den erforderlichen Kenntnissen im Strahlenschutz anwesend ist,
4. ein Gesamtkonzept für den teleradiologischen Betrieb vorliegt, das
   a) die erforderliche Verfügbarkeit des Teleradiologiesystems gewährleistet,
   b) eine im Einzelfall erforderliche persönliche Anwesenheit des Teleradiologen am Ort der technischen Durchführung innerhalb eines für eine Notfallversorgung erforderlichen Zeitraums ermöglicht; in begründeten Fällen kann auch ein anderer Arzt persönlich anwesend sein, der die erforderliche Fachkunde im Strahlenschutz besitzt,
   c) eine regelmäßige und enge Einbindung des Teleradiologen in den klinischen Betrieb des Strahlenschutzverantwortlichen gewährleistet.

²Die Genehmigung für den Betrieb einer Röntgeneinrichtung zur Teleradiologie wird auf den Nacht-, Wochenend- und Feiertagsdienst beschränkt. ³Sie kann über den Nacht-, Wochenend- und Feiertagsdienst hinaus erteilt werden, wenn ein Bedürfnis im Hinblick auf die Patientenversorgung besteht. ⁴Die Genehmigung nach Satz 3 wird auf längstens fünf Jahre befristet.

(3) ¹Die Genehmigung für eine Tätigkeit nach § 12 Absatz 1 Nummer 3 und 4 im Zusammenhang mit der Früherkennung wird nur erteilt, wenn neben dem Vorliegen der jeweiligen Voraussetzungen des § 13 sowie des Absatzes 1
1. die Früherkennung nach § 84 Absatz 1 oder 4 zulässig ist und
2. die Einhaltung derjenigen Maßnahmen gewährleistet ist, die unter Berücksichtigung der Erfordernisse der medizinischen Wissenschaft erforderlich sind, damit bei der Früherkennung die erforderliche Qualität mit möglichst geringer Exposition erreicht wird.

²Die Genehmigung wird auf längstens fünf Jahre befristet.

§ 15 Besondere Voraussetzungen bei Tätigkeiten im Zusammenhang mit der Anwendung am Tier in der Tierheilkunde

Die Genehmigung für eine Tätigkeit nach § 12 Absatz 1 Nummer 1, 2, 3 oder 4 im Zusammenhang mit der Anwendung am Tier in der Tierheilkunde wird nur erteilt, wenn neben dem Vorliegen der jeweiligen Voraussetzungen des § 13 der Antragsteller oder der von ihm bestellte Strahlenschutzbeauftragte als Tierarzt, Arzt oder Zahnarzt approbiert oder zur vorübergehenden Ausübung des tierärztlichen, ärztlichen oder zahnärztlichen Berufs berechtigt ist.

§ 16 Erforderliche Unterlagen

Einem Genehmigungsantrag für eine Tätigkeit nach § 12 Absatz 1 sind die zur Prüfung erforderlichen Unterlagen, insbesondere die Unterlagen nach Anlage 2, beizufügen.

§ 17 Anzeigebedürftiger Betrieb von Anlagen zur Erzeugung ionisierender Strahlung

(1) ¹Wer beabsichtigt, eine der folgenden Anlagen zur Erzeugung ionisierender Strahlung zu betreiben, hat dies der zuständigen Behörde spätestens vier Wochen vor dem beabsichtigten Beginn schriftlich anzuzeigen:
1. eine Plasmaanlage, bei deren Betrieb die Ortsdosisleistung von 10 Mikrosievert durch Stunde im Abstand von 0,1 Metern von den Wandungen des Bereichs, der aus elektrotechnischen Gründen während des Betriebs unzugänglich ist, nicht überschritten wird,
2. einen Ionenbeschleuniger, bei dessen Betrieb die Ortsdosisleistung von 10 Mikrosievert durch Stunde im Abstand von 0,1 Metern von der berührbaren Oberfläche nicht überschritten wird,
3. eine Laseranlage, bei deren Betrieb die Ortsdosisleistung von 10 Mikrosievert durch Stunde im Abstand von 0,1 Metern von der berührbaren Oberfläche nicht überschritten wird, oder
4. eine nach § 45 Absatz 1 Nummer 7 bauartzugelassene Vollschutzanlage.

²Nach Ablauf dieser Frist darf der Anzeigende die Anlage zur Erzeugung ionisierender Strahlung betreiben, es sei denn, die zuständige Behörde hat das Verfahren nach § 18 Absatz 2 ausgesetzt oder den Betrieb untersagt. ³Abweichend von Satz 1 bedarf einer Genehmigung nach § 12 Absatz 1 Nummer 1, wer beabsichtigt, eine der in Satz 1 genannten Anlagen zur Erzeugung ionisierender Strahlung im Zusammenhang mit der Anwendung am Menschen zu betreiben.

(2) Der Anzeige nach Absatz 1 Satz 1 Nummer 1, 2 oder 3 sind die folgenden Unterlagen beizufügen:
1. Nachweis, dass die Anlage den Anforderungen des Absatzes 1 Satz 1 Nummer 1, 2 oder 3 entspricht,
2. Nachweis, dass die für eine sichere Ausführung des Betriebs notwendige Anzahl von Strahlenschutzbeauftragten bestellt ist und ihnen die für die Erfüllung ihrer Aufgaben erforderlichen Befugnisse eingeräumt sind,
3. Nachweis, dass jeder Strahlenschutzbeauftragte die erforderliche Fachkunde im Strahlenschutz besitzt oder, falls ein Strahlenschutzbeauftragter nicht notwendig ist, die zur Anzeige verpflichtete Person, ihr gesetzlicher Vertreter oder, bei juristischen Personen oder sonstigen Personenvereinigungen, die nach Gesetz, Satzung oder Gesellschaftsvertrag zur Vertretung oder Geschäftsführung berechtigte Person die erforderliche Fachkunde im Strahlenschutz besitzt.

(3) Der Anzeige nach Absatz 1 Satz 1 Nummer 4 sind die folgenden Unterlagen beizufügen:
1. Abdruck des Zulassungsscheins nach § 47 für die Bauart der Vollschutzanlage,
2. Nachweis über die auf Grund einer Rechtsverordnung nach § 49 Nummer 4 durchgeführte Qualitätskontrolle mit dem Ergebnis, dass die Vollschutzanlage den für den Strahlenschutz wesentlichen Merkmalen der Bauartzulassung entspricht.

(4) ¹Bei einer wesentlichen Änderung einer Anlage nach Absatz 1 Satz 1 Nummer 1, 2 oder 3 oder ihres Betriebs sind die Absätze 1 und 2 entsprechend anzuwenden. ²Bei einer wesentlichen Änderung des Betriebs einer Anlage nach Absatz 1 Satz 1 Nummer 4 sind die Absätze 1 und 3 entsprechend anzuwenden.

§ 18 Prüfung des angezeigten Betriebs einer Anlage zur Erzeugung ionisierender Strahlung

(1) ¹Die zuständige Behörde prüft die Unterlagen innerhalb von vier Wochen nach Eingang der Anzeige. ²Teilt die Behörde dem Anzeigenden vor Ablauf der Frist schriftlich mit, dass

Strahlenschutzgesetz §§ 18, 19

alle Nachweise nach § 17 Absatz 2 oder 3 erbracht sind, darf der Anzeigende die Anlage zur Erzeugung ionisierender Strahlung bereits mit Erhalt der Mitteilung betreiben.
(2) Leitet die zuständige Behörde innerhalb der Frist nach Absatz 1 ein Verfahren zur Prüfung der Rechtfertigung nach § 7 ein, so setzt sie das Verfahren zur Prüfung der Anzeige für die Dauer des Verfahrens zur Prüfung der Rechtfertigung aus.
(3) Die zuständige Behörde kann den Betrieb der Anlage zur Erzeugung ionisierender Strahlung nach § 17 Absatz 1 Satz 1 Nummer 1, 2 oder 3 oder die Änderung des Betriebs untersagen, wenn
1. eine der nach § 17 Absatz 2 nachzuweisenden Anforderungen nicht oder nicht mehr erfüllt ist; dies gilt nach Ablauf der Frist nach Absatz 1 nur, wenn nicht in angemessener Zeit Abhilfe geschaffen wird,
2. Tatsachen vorliegen, aus denen sich Bedenken gegen die Zuverlässigkeit der zur Anzeige verpflichteten Person, ihres gesetzlichen Vertreters oder, bei juristischen Personen oder sonstigen Personenvereinigungen, der nach Gesetz, Satzung oder Gesellschaftsvertrag zur Vertretung oder Geschäftsführung berechtigten Person oder des Strahlenschutzbeauftragten ergeben,
3. es sich um eine nicht gerechtfertigte Tätigkeitsart nach einer Rechtsverordnung nach § 6 Absatz 3 handelt oder wenn unter Berücksichtigung eines nach § 7 Absatz 2 veröffentlichten Berichts erhebliche Zweifel an der Rechtfertigung der Tätigkeitsart bestehen,
4. gegen die Vorschriften dieses Gesetzes oder der auf Grund dieses Gesetzes erlassenen Rechtsverordnungen oder gegen die hierauf beruhenden Anordnungen und Verfügungen der Aufsichtsbehörden erheblich oder wiederholt verstoßen wird und nicht in angemessener Zeit Abhilfe geschaffen wird oder
5. dies wegen einer erheblichen Gefährdung der Beschäftigten, Dritter oder der Allgemeinheit erforderlich ist.
(4) Die zuständige Behörde kann den Betrieb der Vollschutzanlage nach § 17 Absatz 1 Satz 1 Nummer 4 untersagen, wenn
1. Tatsachen vorliegen, aus denen sich Bedenken gegen die Zuverlässigkeit des Strahlenschutzverantwortlichen ergeben, oder
2. der Anzeige nicht die nach § 17 Absatz 3 geforderten Unterlagen beigefügt wurden.

§ 19 Genehmigungs- und anzeigebedürftiger Betrieb von Röntgeneinrichtungen
(1) [1]Wer beabsichtigt,
1. eine Röntgeneinrichtung zu betreiben,
   a) deren Röntgenstrahler nach § 45 Absatz 1 Nummer 2 bauartzugelassen ist,
   b) deren Herstellung und erstmaliges Inverkehrbringen unter den Anwendungsbereich des Medizinproduktegesetzes in der bis einschließlich 25. Mai 2021 geltenden Fassung fällt,
   c) deren Herstellung und Inverkehrbringen unter den Anwendungsbereich der Verordnung (EU) 2017/745 des Europäischen Parlaments und des Rates vom 5. April 2017 über Medizinprodukte, zur Änderung der Richtlinie 2001/83/EG, der Verordnung (EG) Nr. 178/2002 und der Verordnung (EG) Nr. 1223/2009 und zur Aufhebung der Richtlinien 90/385/EWG und 93/42/EWG des Rates (ABl. L 117 vom 5.5.2017, S. 1; L 117 vom 3.5.2019, S. 9; L 334 vom 27.12.2019, S. 165, die durch die Verordnung (EU) 2020/561 (ABl. L 130 vom 24.4.2020, S. 18) geändert worden ist, in der jeweils geltenden Fassung) fällt,
   d) die nach den Vorschriften des Medizinproduktegesetzes in der bis einschließlich 25. Mai 2021 geltenden Fassung erstmalig in Verkehr gebracht worden ist und nicht im Zusammenhang mit medizinischen Expositionen eingesetzt wird oder

e) die nach den Vorschriften der Verordnung (EU) 2017/745 in Verkehr gebracht worden ist und nicht im Zusammenhang mit medizinischen Expositionen eingesetzt wird,
2. ein Basis-, Hoch- oder Vollschutzgerät oder eine Schulröntgeneinrichtung zu betreiben, hat dies der zuständigen Behörde spätestens vier Wochen vor dem beabsichtigten Beginn schriftlich anzuzeigen, sofern der Betrieb nicht nach Absatz 2 der Genehmigungspflicht unterliegt. ²Nach Ablauf dieser Frist darf der Anzeigende die Röntgeneinrichtung betreiben, es sei denn, die zuständige Behörde hat das Verfahren nach § 20 Absatz 2 ausgesetzt oder den Betrieb untersagt.

(2) Abweichend von Absatz 1 Satz 1 Nummer 1 bedarf einer Genehmigung nach § 12 Absatz 1 Nummer 4, wer eine Röntgeneinrichtung
1. in der technischen Radiographie zur Grobstrukturanalyse in der Werkstoffprüfung betreibt,
2. zur Behandlung von Menschen betreibt,
3. zur Teleradiologie betreibt,
4. im Zusammenhang mit der Früherkennung betreibt,
5. außerhalb eines Röntgenraumes betreibt, es sei denn, der Zustand der zu untersuchenden Person oder des zu untersuchenden Tieres oder dessen Größe erfordert im Einzelfall zwingend, dass die Röntgeneinrichtung außerhalb des Röntgenraumes betrieben wird,
6. in einem Röntgenraum betreibt, der nicht Gegenstand einer Prüfung durch einen behördlich bestimmten Sachverständigen für diese Röntgeneinrichtung war, oder
7. in einem mobilen Röntgenraum betreibt.

(3) ¹Der Anzeige nach Absatz 1 Satz 1 Nummer 1 sind die folgenden Unterlagen beizufügen:
1. ein Abdruck der Bescheinigung eines behördlich bestimmten Sachverständigen nach § 172 einschließlich des Prüfberichtes, in der
    a) die Röntgeneinrichtung und der vorgesehene Betrieb beschrieben sind,
    b) festgestellt ist, dass der Röntgenstrahler bauartzugelassen oder die Röntgeneinrichtung als Medizinprodukt nach dem Medizinproduktegesetz in der bis einschließlich 25. Mai 2021 geltenden Fassung oder nach den Vorschriften der Verordnung (EU) 2017/745 gekennzeichnet ist,
    c) festgestellt ist, dass für den vorgesehenen Betrieb die Ausrüstungen vorhanden und die Maßnahmen getroffen sind, die nach dem Stand der Technik erforderlich sind, damit die Schutzvorschriften eingehalten werden,
    d) bei einer Röntgeneinrichtung zur Anwendung von Röntgenstrahlung am Menschen festgestellt ist, dass die Voraussetzungen nach § 14 Absatz 1 Nummer 5 Buchstabe a vorliegen und die nach einer Rechtsverordnung nach § 86 Satz 2 Nummer 13 erforderliche Abnahmeprüfung durchgeführt wurde,
    e) bei einer Röntgeneinrichtung zur Untersuchung, deren Betrieb gemäß Absatz 2 Nummer 5 außerhalb eines Röntgenraums im Einzelfall zwingend erforderlich ist, festgestellt ist, dass besondere Vorkehrungen zum Schutz Dritter vor Röntgenstrahlung getroffen worden sind;
2. bei einer Röntgeneinrichtung nach Absatz 1 Satz 1 Nummer 1 Buchstabe a ein Abdruck des Zulassungsscheins nach § 47 für die Bauart des Röntgenstrahlers,
3. bis 4. (weggefallen)
3. der Nachweis, dass die für den sicheren Betrieb der Röntgeneinrichtung notwendige Anzahl von Strahlenschutzbeauftragten bestellt ist und ihnen die für die Erfüllung ihrer Aufgaben erforderlichen Befugnisse eingeräumt sind,
4. der Nachweis, dass jeder Strahlenschutzbeauftragte die erforderliche Fachkunde besitzt oder, falls ein Strahlenschutzbeauftragter nicht notwendig ist, die zur Anzeige verpflichtete

Person, ihr gesetzlicher Vertreter oder, bei juristischen Personen oder sonstigen Personenvereinigungen, der nach Gesetz, Satzung oder Gesellschaftsvertrag zur Vertretung oder Geschäftsführung Berechtigte die erforderliche Fachkunde im Strahlenschutz besitzt,
5. der Nachweis, dass die beim Betrieb der Röntgeneinrichtung sonst tätigen Personen das notwendige Wissen und die notwendigen Fertigkeiten im Hinblick auf die mögliche Strahlengefährdung und die anzuwendenden Schutzmaßnahmen besitzen,
6. bei einer Röntgeneinrichtung zur Anwendung am Menschen der Nachweis, dass die in § 14 Absatz 1 Nummer 1, 2 Buchstabe b oder c, Nummer 3 Buchstabe b und Nummer 4 genannten Voraussetzungen erfüllt sind und
7. bei einer Röntgeneinrichtung zur Anwendung am Tier in der Tierheilkunde der Nachweis, dass die in § 15 genannten Voraussetzungen erfüllt sind.
²Verweigert der Sachverständige die Erteilung der Bescheinigung nach Satz 1 Nummer 1, so entscheidet auf Antrag die zuständige Behörde, ob die nach Satz 1 Nummer 1 nachzuweisenden Anforderungen erfüllt sind. ³Sie kann in diesem Fall Auflagen für den Betrieb vorsehen.
(4) Der Anzeige nach Absatz 1 Satz 1 Nummer 2 sind die folgenden Unterlagen beizufügen:
1. der Abdruck des Zulassungsscheins nach § 47 für die Bauart der Röntgeneinrichtung,
2. der Nachweis über die auf Grund einer Rechtsverordnung nach § 49 Nummer 4 durchgeführte Qualitätskontrolle mit dem Ergebnis, dass die Röntgeneinrichtung den für den Strahlenschutz wesentlichen Merkmalen der Bauartzulassung entspricht, und
3. bei einem Basis- oder Hochschutzgerät oder einer Schulröntgeneinrichtung die Nachweise nach Absatz 3 Satz 1 Nummer 4 bis 6.
(5) ¹Bei einer wesentlichen Änderung des Betriebs einer nach Absatz 1 Satz 1 Nummer 1 angezeigten Röntgeneinrichtung sind die Absätze 1 bis 3 entsprechend anzuwenden. ²Bei einer wesentlichen Änderung des Betriebs einer nach Absatz 1 Satz 1 Nummer 2 angezeigten Röntgeneinrichtung sind die Absätze 1 und 4 entsprechend anzuwenden.

§ 20 Prüfung des angezeigten Betriebs einer Röntgeneinrichtung
(1) ¹Die zuständige Behörde prüft die Unterlagen innerhalb von vier Wochen nach Eingang der Anzeige. ²Teilt die Behörde dem Anzeigenden vor Ablauf der Frist schriftlich mit, dass alle Nachweise nach § 19 Absatz 3 oder 4 erbracht sind, darf der Anzeigende die Röntgeneinrichtung bereits mit Erhalt der Mitteilung betreiben.
(2) Leitet die zuständige Behörde im Falle einer Anzeige nach § 19 Absatz 1 Satz 1 Nummer 1 innerhalb der Frist nach Absatz 1 ein Verfahren zur Prüfung der Rechtfertigung nach § 7 ein, so setzt sie das Verfahren zur Prüfung der Anzeige für die Dauer des Verfahrens zur Prüfung der Rechtfertigung aus.
(3) Die zuständige Behörde kann den Betrieb einer Röntgeneinrichtung nach § 19 Absatz 1 Satz 1 Nummer 1 oder die Änderung des Betriebs nach § 19 Absatz 5 untersagen, wenn
1. eine der nach § 19 Absatz 3 nachzuweisenden Anforderungen nicht oder nicht mehr erfüllt ist; dies gilt nach Ablauf der Frist nach Absatz 1 nur, wenn nicht in angemessener Zeit Abhilfe geschaffen wird,
2. Tatsachen vorliegen, aus denen sich Bedenken gegen die Zuverlässigkeit der zur Anzeige verpflichteten Person, ihres gesetzlichen Vertreters oder, bei juristischen Personen oder sonstigen Personenvereinigungen, der nach Gesetz, Satzung oder Gesellschaftsvertrag zur Vertretung oder Geschäftsführung berechtigten Person oder des Strahlenschutzbeauftragten ergeben,
3. Tatsachen vorliegen, aus denen sich Bedenken ergeben, ob das für die sichere Ausführung der Tätigkeit notwendige Personal vorhanden ist,

4. es sich um eine nicht gerechtfertigte Tätigkeitsart nach einer Rechtsverordnung nach § 6 Absatz 3 handelt oder wenn unter Berücksichtigung eines nach § 7 Absatz 2 veröffentlichten Berichts erhebliche Zweifel an der Rechtfertigung der Tätigkeitsart bestehen,
5. gegen die Vorschriften dieses Gesetzes oder der auf Grund dieses Gesetzes erlassenen Rechtsverordnungen oder gegen die hierauf beruhenden Anordnungen und Verfügungen der Aufsichtsbehörden erheblich oder wiederholt verstoßen wird und nicht in angemessener Zeit Abhilfe geschaffen wird,
6. dies wegen einer erheblichen Gefährdung der Beschäftigten, Dritter oder der Allgemeinheit erforderlich ist oder
7. sonstige öffentlich-rechtliche Vorschriften der beabsichtigten Tätigkeit entgegenstehen.
(4) [1]Die zuständige Behörde kann den Betrieb eines Basis- oder Hochschutzgerätes oder einer Schulröntgeneinrichtung nach § 19 Absatz 1 Satz 1 Nummer 2 oder die Änderung des Betriebs nach § 19 Absatz 5 untersagen, wenn eine der nach § 19 Absatz 4 nachzuweisenden Anforderungen nicht oder nicht mehr erfüllt ist. [2]Dies gilt nach Ablauf der Frist nach Absatz 1 nur, wenn nicht in angemessener Zeit Abhilfe geschaffen wird. [3]Im Übrigen gilt Absatz 3 Nummer 2, 4 und 7 entsprechend.
(5) Die zuständige Behörde kann den Betrieb eines Vollschutzgerätes nach § 19 Absatz 1 Satz 1 Nummer 2 untersagen, wenn
1. Tatsachen vorliegen, aus denen sich Bedenken gegen die Zuverlässigkeit des Strahlenschutzverantwortlichen ergeben, oder
2. der Anzeige nicht die nach § 19 Absatz 4 Nummer 1 und 2 geforderten Unterlagen beigefügt wurden.

§ 21 Beendigung des genehmigten oder angezeigten Betriebs oder Umgangs
Wer den genehmigten oder angezeigten Betrieb einer Anlage zur Erzeugung ionisierender Strahlung, einer Röntgeneinrichtung oder eines Störstrahlers oder den genehmigten Umgang mit radioaktiven Stoffen beendet, hat dies der zuständigen Behörde unverzüglich mitzuteilen

§ 22 Anzeigebedürftige Prüfung, Erprobung, Wartung und Instandsetzung von Röntgeneinrichtungen oder Störstrahlern
(1) Wer
1. geschäftsmäßig Röntgeneinrichtungen oder Störstrahler prüft, erprobt, wartet oder instand setzt oder
2. Röntgeneinrichtungen oder Störstrahler im Zusammenhang mit ihrer Herstellung prüft oder erprobt,
hat dies der zuständigen Behörde vor Beginn der Tätigkeit schriftlich anzuzeigen.
(2) Der Anzeige sind die folgenden Unterlagen beizufügen:
1. Nachweis, dass jeder Strahlenschutzbeauftragte die erforderliche Fachkunde im Strahlenschutz besitzt oder, falls ein Strahlenschutzbeauftragter nicht notwendig ist, dass die zur Anzeige verpflichtete Person, ihr gesetzlicher Vertreter oder, bei juristischen Personen oder sonstigen Personenvereinigungen, der nach Gesetz, Satzung oder Gesellschaftsvertrag zur Vertretung oder Geschäftsführung Berechtigte die erforderliche Fachkunde im Strahlenschutz besitzt,
2. Nachweis, dass die bei der Prüfung, Wartung, Erprobung oder Instandsetzung der Röntgeneinrichtung sonst tätigen Personen das notwendige Wissen und die notwendigen Fertigkeiten im Hinblick auf die mögliche Strahlengefährdung und die anzuwendenden Schutzmaßnahmen besitzen,

3. Nachweis, dass bei der Prüfung, Wartung, Erprobung oder Instandsetzung der Röntgeneinrichtung die Ausrüstungen vorhanden und die Maßnahmen getroffen sind, die nach dem Stand der Technik erforderlich sind, damit die Schutzvorschriften eingehalten werden und
4. Nachweis, dass die für die sichere Prüfung, Erprobung, Wartung oder Instandsetzung notwendige Anzahl von Strahlenschutzbeauftragten bestellt ist und ihnen die für die Erfüllung ihrer Aufgaben erforderlichen Befugnisse eingeräumt sind.

(3) Die zuständige Behörde kann Tätigkeiten nach Absatz 1 untersagen, wenn
1. Tatsachen vorliegen, aus denen sich Bedenken gegen die Zuverlässigkeit der zur Anzeige verpflichteten Person, ihres gesetzlichen Vertreters oder, bei juristischen Personen oder sonstigen Personenvereinigungen, der nach Gesetz, Satzung oder Gesellschaftsvertrag zur Vertretung oder Geschäftsführung berechtigten Person oder des Strahlenschutzbeauftragten ergeben,
2. eine der nach Absatz 2 nachzuweisenden Anforderungen nicht oder nicht mehr erfüllt ist oder
3. Tatsachen vorliegen, aus denen sich Bedenken ergeben, ob das für die sichere Ausführung der Tätigkeit notwendige Personal vorhanden ist.

§ 23 Verhältnis zur Verordnung (EU) 2017/745

[1]Die Anforderungen an die Beschaffenheit von Bestrahlungsvorrichtungen, von radioaktiven Stoffen, von Anlagen zur Erzeugung ionisierender Strahlung und von Röntgeneinrichtungen, die Medizinprodukte oder Zubehör im Sinne der Verordnung (EU) 2017/745 sind, richten sich nach den jeweils geltenden Anforderungen der Verordnung (EU) 2017/745. [2]Anforderungen der Verordnung (EU) 2017/745 an die Beschaffenheit von Geräten und Einrichtungen zur Aufzeichnung, Speicherung, Auswertung, Wiedergabe und Übertragung von Röntgenbildern und digitalen Untersuchungs- und Behandlungsdaten bleiben unberührt.

§ 24 Verordnungsermächtigungen

[1]Die Bundesregierung wird ermächtigt, durch Rechtsverordnung mit Zustimmung des Bundesrates zu bestimmen,
1. dass Ausnahmen von der Genehmigungs- oder Anzeigebedürftigkeit einer Tätigkeit zugelassen werden können, soweit wegen der Menge oder Beschaffenheit der radioaktiven Stoffe, Eigenschaften der Geräte oder wegen bestimmter Schutzmaßnahmen nicht mit Schäden infolge der Wirkung ionisierender Strahlung zu rechnen ist,
2. unter welchen Voraussetzungen die erforderliche Vorsorge für die Erfüllung gesetzlicher Schadensersatzverpflichtungen für die Genehmigung nach § 12 Absatz 1 Nummer 3 nicht getroffen werden muss,
3. unter welchen Voraussetzungen der Hersteller oder Einführer einen Störstrahler einem anderen überlassen darf,
4. welche Röntgeneinrichtungen in Schulen betrieben werden dürfen, mit welchen radioaktiven Stoffen in Schulen umgegangen werden darf, welche bauartzugelassenen Vorrichtungen, die radioaktive Stoffe enthalten, in Schulen verwendet werden dürfen und welche besonderen Anforderungen bei Tätigkeiten in Schulen gelten,
5. dass und in welcher Weise und in welchem Umfang der Inhaber einer kerntechnischen Anlage, einer Anlage im Sinne des § 9a Absatz 3 Satz 1 zweiter Satzteil des Atomgesetzes oder einer Anlage zur Erzeugung ionisierender Strahlung, in der mit radioaktiven Stoffen umgegangen wird oder umgegangen werden soll, verpflichtet ist, der Aufsichtsbehörde mitzuteilen, ob und welche Abweichungen von den Angaben zum Genehmigungsantrag einschließlich der beigefügten Unterlagen oder von der Genehmigung eingetreten sind,

6. dass in den Fällen, in denen der Umgang mit radioaktiven Stoffen oder der Betrieb einer Anlage zur Erzeugung ionisierender Strahlung, einer Röntgeneinrichtung oder eines Störstrahlers in der Verantwortung mehrerer Strahlenschutzverantwortlicher liegt, dies den zuständigen Behörden mitzuteilen ist, durch wen dies zu erfolgen hat und welche Unterlagen dabei vorzulegen sind,
7. dass radioaktive Stoffe
    a) in bestimmter Art und Weise oder für bestimmte Zwecke nicht verwendet oder nicht in Verkehr gebracht werden dürfen oder
    b) nicht grenzüberschreitend verbracht werden dürfen,
    soweit das Verbot zum Schutz von Leben und Gesundheit der Bevölkerung vor den Gefahren radioaktiver Stoffe oder zur Durchsetzung von Beschlüssen internationaler Organisationen, deren Mitglied die Bundesrepublik Deutschland ist, erforderlich ist,
8. dass und in welcher Weise der Schutz von radioaktiven Stoffen, von Anlagen zur Erzeugung ionisierender Strahlung, von Röntgeneinrichtungen und von Störstrahlern gegen Störmaßnahmen und sonstige Einwirkungen Dritter zu gewährleisten ist,
9. unter welchen Voraussetzungen eine Genehmigung nach § 12 Absatz 1 Nummer 3
    a) für eine Zwischenlagerung von radioaktiven Abfällen, die von der Ablieferungspflicht von radioaktiven Abfällen an die Landessammelstellen und an die Anlagen des Bundes nach § 9a Absatz 3 des Atomgesetzes im Hinblick auf das Ausmaß der damit verbundenen Gefahr abweicht, erteilt werden kann oder
    b) unter Zulassung sonstiger Ausnahmen von der Ablieferungspflicht erteilt werden kann,
10. welche Werte der Aktivität und spezifischen Aktivität radioaktiver Stoffe als Freigrenzen gelten,
11. ab welcher Aktivität ein umschlossener radioaktiver Stoff eine hochradioaktive Strahlenquelle ist.

²Die Rechtsverordnung kann auch diejenigen Vorschriften der Rechtsverordnung festlegen, für deren Einhaltung die Strahlenschutzverantwortliche zu sorgen hat.

ABSCHNITT 3 Beschäftigung in fremden Anlagen oder Einrichtungen oder im Zusammenhang mit dem Betrieb fremder Röntgeneinrichtungen oder Störstrahler

§ 25 Genehmigungsbedürftige Beschäftigung in fremden Anlagen oder Einrichtungen

(1) ¹Wer in fremden kerntechnischen Anlagen, Anlagen im Sinne des § 9a Absatz 3 Satz 1 zweiter Satzteil des Atomgesetzes, Anlagen zur Erzeugung ionisierender Strahlung oder Einrichtungen Personen beschäftigt, die unter seiner Aufsicht stehen, oder Aufgaben selbst wahrnimmt, bedarf der Genehmigung, wenn dies bei den beschäftigten Personen oder bei ihm selbst zu einer effektiven Dosis von mehr als 1 Millisievert im Kalenderjahr führen kann. ²Im Zusammenhang mit fremden Einrichtungen, in denen Röntgeneinrichtungen oder Störstrahler betrieben werden, ist eine Genehmigung nach Satz 1 entbehrlich, wenn eine Anzeige nach § 26 Absatz 1 erstattet wird.
(2) Dem Genehmigungsantrag sind die zur Prüfung erforderlichen Unterlagen, insbesondere die Unterlagen nach Anlage 2 Teil E, beizufügen.
(3) ¹Die zuständige Behörde hat die Genehmigung zu erteilen, wenn
1. die Voraussetzungen nach § 13 Absatz 1 Nummer 1 bis 4 und 6 Buchstabe a erfüllt sind und
2. gewährleistet ist, dass die in den Anlagen und Einrichtungen beschäftigten Personen den Anordnungen der Strahlenschutzverantwortlichen und der Strahlenschutzbeauftragten dieser Anlagen oder Einrichtungen Folge zu leisten haben, die diese in Erfüllung ihrer

Strahlenschutzgesetz §§ 25–27

Pflichten nach diesem Gesetz und nach den auf Grund dieses Gesetzes erlassenen Rechtsverordnungen treffen.
²Die Genehmigung wird auf längstens fünf Jahre befristet.

§ 26 Anzeigebedürftige Beschäftigung im Zusammenhang mit dem Betrieb fremder Röntgeneinrichtungen oder Störstrahler

(1) ¹Wer im Zusammenhang mit dem Betrieb einer fremden Röntgeneinrichtung oder eines fremden Störstrahlers Personen beschäftigt, die unter seiner Aufsicht stehen, oder Aufgaben selbst wahrnimmt, hat dies der zuständigen Behörde vor Beginn der Tätigkeit schriftlich anzuzeigen, wenn dies bei den beschäftigten Personen oder bei ihm selbst zu einer effektiven Dosis von mehr als 1 Millisievert im Kalenderjahr führen kann. ²Von der Anzeigepflicht ausgenommen sind Inhaber einer Genehmigung nach § 25 für die Tätigkeit nach Satz 1.
(2) Der Anzeige sind die folgenden Unterlagen beizufügen:
1. Nachweis, dass jeder Strahlenschutzbeauftragte die erforderliche Fachkunde im Strahlenschutz besitzt oder, falls ein Strahlenschutzbeauftragter nicht notwendig ist, die zur Anzeige verpflichtete Person, ihr gesetzlicher Vertreter oder, bei juristischen Personen oder sonstigen Personenvereinigungen, der nach Gesetz, Satzung oder Gesellschaftsvertrag zur Vertretung oder Geschäftsführung Berechtigte die erforderliche Fachkunde im Strahlenschutz besitzt,
2. Nachweis, dass die beim Betrieb der Röntgeneinrichtung sonst tätigen Personen das notwendige Wissen und die notwendigen Fertigkeiten im Hinblick auf die mögliche Strahlengefährdung und die anzuwendenden Schutzmaßnahmen besitzen und
3. Nachweis, dass die im Zusammenhang mit dem Betrieb der fremden Röntgeneinrichtung oder des fremden Störstrahlers beschäftigten Personen den Anordnungen der dortigen Strahlenschutzverantwortlichen und Strahlenschutzbeauftragten Folge zu leisten haben, die diese in Erfüllung ihrer Pflichten nach diesem Gesetz und nach den auf Grund dieses Gesetzes erlassenen Rechtsverordnungen treffen.
(3) Die zuständige Behörde kann Tätigkeiten nach Absatz 1 Satz 1 untersagen, wenn
1. eine der Anforderungen nach Absatz 2 nicht oder nicht mehr erfüllt ist,
2. Tatsachen vorliegen, aus denen sich Bedenken gegen die Zuverlässigkeit der zur Anzeige verpflichteten Person, ihres gesetzlichen Vertreters oder, bei juristischen Personen oder sonstigen Personenvereinigungen, der nach Gesetz, Satzung oder Gesellschaftsvertrag zur Vertretung oder Geschäftsführung berechtigten Person oder des Strahlenschutzbeauftragten ergeben.

ABSCHNITT 4 Beförderung radioaktiver Stoffe; grenzüberschreitende Verbringung

§ 27 Genehmigungsbedürftige Beförderung sonstiger radioaktiver Stoffe

(1) ¹Wer sonstige radioaktive Stoffe befördert, bedarf der Genehmigung. ²Die Genehmigung kann dem Absender oder Beförderer im Sinne der Vorschriften über die Beförderung gefährlicher Güter, dem Abgebenden oder demjenigen erteilt werden, der es übernimmt, die Versendung oder Beförderung zu besorgen. ³Sie ist für den einzelnen Beförderungsvorgang zu erteilen; sie kann jedoch einem Antragsteller allgemein für längstens drei Jahre für eine Vielzahl von Beförderungen erteilt werden. ⁴Die Genehmigung erstreckt sich auch auf die Teilstrecken eines Beförderungsvorgangs, der nicht auf öffentlichen oder der Öffentlichkeit zugänglichen Verkehrswegen stattfindet, soweit für diese Teilstrecken keine Genehmigung für den Umgang mit radioaktiven Stoffen vorliegt.

(2) Eine Genehmigung nach Absatz 1 ist nicht erforderlich, soweit eine Genehmigung nach § 4 Absatz 1 des Atomgesetzes vorliegt, die sich gemäß § 10a Absatz 3 des Atomgesetzes auf eine genehmigungsbedürftige Beförderung sonstiger radioaktiver Stoffe nach Absatz 1 erstreckt.
(3) ¹Bei der Beförderung ist eine Ausfertigung oder eine amtlich beglaubigte Abschrift des Genehmigungsbescheides mitzuführen. ²Die Ausfertigung oder Abschrift des Genehmigungsbescheides ist der für die Aufsicht zuständigen Behörde oder den von ihr Beauftragten auf Verlangen vorzuzeigen.
(4) Die Bestimmungen des Genehmigungsbescheides sind bei der Ausführung der Beförderung auch vom Beförderer, der nicht selbst Inhaber der Genehmigung ist, zu beachten.
(5) Die für die jeweiligen Verkehrsträger geltenden Rechtsvorschriften über die Beförderung gefährlicher Güter bleiben unberührt.

§ 28 Genehmigungsfreie Beförderung
(1) ¹Keiner Genehmigung nach § 4 Absatz 1 des Atomgesetzes oder § 27 Absatz 1 dieses Gesetzes bedarf, wer folgende Stoffe befördert:
1. Stoffe, für die der Umgang nach einer nach § 24 Satz 1 Nummer 1 erlassenen Rechtsverordnung genehmigungsfrei ist,
2. Stoffe, die von der Anwendung der für radioaktive Stoffe geltenden Vorschriften für die Beförderung gefährlicher Güter befreit sind,
3. sonstige radioaktive Stoffe
   a) unter den Voraussetzungen für freigestellte Versandstücke nach den Vorschriften für die Beförderung gefährlicher Güter,
   b) nach den Vorschriften der Gefahrgutverordnung See oder
   c) mit Luftfahrzeugen und der hierfür erforderlichen Erlaubnis nach § 27 des Luftverkehrsgesetzes.
²Satz 1 gilt nicht für die Beförderung von Großquellen im Sinne des § 186 Absatz 1 Satz 2. Satz 1 Nummer 3 Buchstabe a gilt nicht für die Beförderung hochradioaktiver Strahlenquellen.
(2) ¹Wer radioaktive Erzeugnisse oder Abfälle befördert, die Kernmaterialien im Sinne von § 2 Absatz 4 Satz 1 des Atomgesetzes sind, ohne hierfür der Genehmigung nach § 27 Absatz 1 zu bedürfen, darf die Kernmaterialien zur Beförderung oder Weiterbeförderung nur dann übernehmen, wenn ihm gleichzeitig eine Bescheinigung der zuständigen Behörde darüber vorgelegt wird, dass sich die Vorsorge der Person, die ihm die Kernmaterialien übergibt, auch auf die Erfüllung gesetzlicher Schadensersatzverpflichtungen im Zusammenhang mit der Beförderung oder Weiterbeförderung erstreckt. ²Die Vorlage ist entbehrlich, falls er nicht selbst den Nachweis der erforderlichen Vorsorge für die Erfüllung gesetzlicher Schadensersatzverpflichtungen nach § 4b des Atomgesetzes zu erbringen hat.

§ 29 Voraussetzungen für die Erteilung der Genehmigung
(1) Die zuständige Behörde hat die Genehmigung nach § 27 Absatz 1 zu erteilen, wenn
1. keine Tatsachen vorliegen, aus denen sich Bedenken gegen die Zuverlässigkeit des Abgebenden, des Absenders, des Beförderers und der die Versendung und Beförderung besorgenden Personen, ihrer gesetzlichen Vertreter oder, bei juristischen Personen oder sonstigen Personenvereinigungen, der nach Gesetz, Satzung oder Gesellschaftsvertrag zur Vertretung oder Geschäftsführung Berechtigten ergeben, und, falls ein Strahlenschutzbeauftragter nicht notwendig ist, eine der genannten natürlichen Personen die erforderliche Fachkunde im Strahlenschutz besitzt,

2. keine Tatsachen vorliegen, aus denen sich Bedenken gegen die Zuverlässigkeit der Strahlenschutzbeauftragten ergeben und wenn diese die erforderliche Fachkunde im Strahlenschutz besitzen,
3. die für eine sichere Ausführung der Beförderung notwendige Anzahl von Strahlenschutzbeauftragten bestellt ist und ihnen die für die Erfüllung ihrer Aufgaben erforderlichen Befugnisse eingeräumt sind,
4. gewährleistet ist, dass die Beförderung durch Personen ausgeführt wird, die das für die beabsichtigte Art der Beförderung notwendige Wissen und die notwendigen Fertigkeiten im Hinblick auf die mögliche Strahlengefährdung und die anzuwendenden Schutzmaßnahmen besitzen,
5. gewährleistet ist, dass die sonstigen radioaktiven Stoffe unter Beachtung der für den jeweiligen Verkehrsträger geltenden Rechtsvorschriften über die Beförderung gefährlicher Güter befördert werden oder, soweit solche Vorschriften fehlen, auf andere Weise die nach dem Stand von Wissenschaft und Technik erforderliche Vorsorge gegen Schäden durch die Beförderung der sonstigen radioaktiven Stoffe getroffen ist,
6. die erforderliche Vorsorge für die Erfüllung gesetzlicher Schadensersatzverpflichtungen getroffen ist bei der Beförderung
   a) von sonstigen radioaktiven Stoffen nach § 3 Absatz 1, deren Aktivität je Versandstück das 10^9fache der in einer nach § 24 Satz 1 Nummer 10 erlassenen Rechtsverordnung festgelegten Freigrenzen der Aktivität oder 10^{15} Becquerel überschreitet, oder
   b) von Kernbrennstoffen nach § 3 Absatz 3, deren Aktivität je Versandstück das 10^5fache der in einer nach § 24 Satz 1 Nummer 10 erlassenen Rechtsverordnung festgelegten Freigrenzen der Aktivität oder 10^{15} Becquerel überschreitet,
7. der erforderliche Schutz gegen Störmaßnahmen oder sonstige Einwirkungen Dritter gewährleistet ist,
8. gewährleistet ist, dass bei der Beförderung von sonstigen radioaktiven Stoffen mit einer Aktivität von mehr als dem 10^{10}fachen der in einer nach § 24 Satz 1 Nummer 10 erlassenen Rechtsverordnung festgelegten Freigrenzen der Aktivität nach Maßgabe einer nach § 82 Absatz 1 Nummer 1 erlassenen Rechtsverordnung das erforderliche Personal und die erforderlichen Hilfsmittel vorgehalten werden, um Gefahren einzudämmen und zu beseitigen, die in Zusammenhang mit der Beförderung durch Störfälle oder Notfälle entstehen können,
9. die Wahl der Art, der Zeit und des Weges der Beförderung dem Schutz der Bevölkerung vor der schädlichen Wirkung ionisierender Strahlung nicht entgegensteht.

(2) Dem Genehmigungsantrag sind die zur Prüfung erforderlichen Unterlagen beizufügen.

(3) Bei der Beförderung von Kernmaterialien im Sinne des § 2 Absatz 4 des Atomgesetzes ist eine Deckungsvorsorge auch dann zu erbringen, wenn die Aktivitätswerte des Absatzes 1 Nummer 6 nicht überschritten werden.

§ 30 Verordnungsermächtigung für die grenzüberschreitende Verbringung radioaktiver Stoffe

¹Die Bundesregierung wird ermächtigt, durch Rechtsverordnung mit Zustimmung des Bundesrates zu bestimmen, dass die grenzüberschreitende Verbringung radioaktiver Stoffe einer Genehmigung, Anzeige oder Anmeldung bedarf. ²In der Rechtsverordnung können insbesondere festgelegt werden:
1. die Voraussetzungen für die Erteilung der Genehmigung,
2. Art, Inhalt und Umfang der vorzulegenden Unterlagen oder beizubringenden Nachweise,
3. die Art und Weise der Abgabe dieser Unterlagen und Nachweise sowie

4. die Anforderungen an die Person, die die eingeführten radioaktiven Stoffe erstmals erwirbt.
³In der Rechtsverordnung kann ebenfalls festgelegt werden, unter welchen Voraussetzungen die grenzüberschreitende Verbringung genehmigungsfrei ist.

ABSCHNITT 5 Medizinische Forschung

§ 31 Genehmigungsbedürftige Anwendung radioaktiver Stoffe oder ionisierender Strahlung am Menschen zum Zweck der medizinischen Forschung

(1) ¹Wer zum Zweck der medizinischen Forschung radioaktive Stoffe oder ionisierende Strahlung am Menschen anwendet, bedarf der Genehmigung, sofern die Anwendung radioaktiver Stoffe oder ionisierender Strahlung am Menschen zum Zweck der medizinischen Forschung nicht nach § 32 Absatz 1 anzeigebedürftig ist. ²Einer Genehmigung bedarf ferner, wer von einer nach dieser Vorschrift genehmigten Anwendung wesentlich abweicht.
(2) Dem Genehmigungsantrag sind die zur Prüfung erforderlichen Unterlagen beizufügen.
(3) ¹Die zuständige Behörde soll die zur Prüfung erforderlichen Unterlagen innerhalb von 21 Kalendertagen nach Eingang des Genehmigungsantrages auf Vollständigkeit prüfen. ²Sind die Unterlagen unvollständig, so soll die zuständige Behörde den Antragsteller auffordern, die von ihr benannten Mängel innerhalb einer Frist von 21 Kalendertagen nach Zugang der Aufforderung zu beheben. ³Die zuständige Behörde entscheidet über den Antrag auf Erteilung der Genehmigung innerhalb von 90 Kalendertagen nach Eingang der vollständigen Antragsunterlagen. ⁴Die zuständige Behörde kann die Frist um 90 Kalendertage verlängern, wenn dies wegen der Schwierigkeit der Prüfung erforderlich ist. ⁵Die Fristverlängerung ist zu begründen und rechtzeitig mitzuteilen. ⁶Die Genehmigung gilt als erteilt, wenn die zuständige Behörde nicht innerhalb der verlängerten Frist über den Genehmigungsantrag entschieden hat.
(4) Die zuständige Behörde darf die Genehmigung nur erteilen, wenn
1. die strahlenbedingten Risiken, die für die in das Forschungsvorhaben eingeschlossene Person mit der Anwendung verbunden sind, gemessen an der voraussichtlichen Bedeutung der Ergebnisse für die Fortentwicklung medizinischer Untersuchungsmethoden oder Behandlungsverfahren oder der medizinischen Wissenschaft, gegebenenfalls unter Berücksichtigung des medizinischen Nutzens für die Person, ärztlich gerechtfertigt sind,
2. die für die medizinische Forschung vorgesehenen radioaktiven Stoffe oder Anwendungsarten ionisierender Strahlung dem Zweck des Forschungsvorhabens entsprechen und nicht durch andere Untersuchungs- und Behandlungsarten ersetzt werden können, die zu keiner oder einer geringeren Exposition für die Person führen,
3. die bei der Anwendung auftretende Exposition und die Aktivität der anzuwendenden radioaktiven Stoffe nach dem Stand von Wissenschaft und Technik nicht weiter herabgesetzt werden können, ohne die Erfüllung des Zwecks des Forschungsvorhabens zu gefährden,
4. die Anzahl der in das Forschungsvorhaben eingeschlossenen Personen auf das für die Erfüllung des Zwecks des Forschungsvorhabens notwendige Maß beschränkt wird,
5. die zustimmende Stellungnahme einer Ethikkommission nach § 36 zu dem Forschungsvorhaben vorliegt,
6. die Anwendungen von einem Arzt geleitet werden, der die erforderliche Fachkunde im Strahlenschutz und mindestens zwei Jahre Erfahrung in der Anwendung radioaktiver Stoffe oder ionisierender Strahlung am Menschen besitzt,
7. die erforderliche Vorsorge für die Erfüllung gesetzlicher Schadensersatzverpflichtungen getroffen ist und

Strahlenschutzgesetz §§ 31, 32

8. eine Genehmigung nach § 12 Absatz 1 Nummer 1 bis 4 zur Anwendung am Menschen vorliegt oder der Betrieb einer nach § 19 Absatz 1 zur Anwendung am Menschen angezeigten Röntgeneinrichtung zulässig ist.

(5) ¹Die Vorsorge zur Erfüllung gesetzlicher Schadensersatzverpflichtungen im Sinne des Absatzes 4 Nummer 7 ist für den Zeitraum vom Beginn der Anwendung bis zum Ablauf von zehn Jahren nach Beendigung des Forschungsvorhabens zu treffen. ²Absatz 4 Nummer 7 findet keine Anwendung, soweit die Vorgaben der Atomrechtlichen Deckungsvorsorge-Verordnung durch die getroffene Vorsorge zur Erfüllung gesetzlicher Schadensersatzverpflichtungen nach den entsprechenden Vorschriften des Arzneimittelgesetzes oder des Medizinprodukterecht- Durchführungsgesetzes dem Grunde und der Höhe nach erfüllt sind.

(6) Sieht der Antrag die Anwendung radioaktiver Stoffe oder ionisierender Strahlung in mehreren Einrichtungen vor (Multi-Center-Studie), so erteilt die zuständige Behörde eine umfassende Genehmigung für alle Einrichtungen, für die die Voraussetzungen nach Absatz 4 Nummer 6 und 8 erfüllt sind.

(7) Die zuständige Behörde übermittelt der für das Forschungsvorhaben zuständigen Aufsichtsbehörde einen Abdruck des Genehmigungsbescheids.

§ 32 Anzeigebedürftige Anwendung radioaktiver Stoffe oder ionisierender Strahlung am Menschen zum Zweck der medizinischen Forschung

(1) ¹Wer beabsichtigt, radioaktive Stoffe oder ionisierende Strahlung am Menschen zum Zweck der medizinischen Forschung anzuwenden, hat dies der zuständigen Behörde vorher schriftlich oder elektronisch anzuzeigen, wenn
1. das Forschungsvorhaben die Prüfung von Sicherheit oder Wirksamkeit eines Verfahrens zur Behandlung volljähriger, kranker Menschen zum Gegenstand hat und
2. die Anwendung radioaktiver Stoffe oder ionisierender Strahlung selbst nicht Gegenstand des Forschungsvorhabens ist.

²Anzeigepflichtig ist ferner, wer beabsichtigt, von einer nach dieser Vorschrift angezeigten Anwendung wesentlich abzuweichen.

(2) Im Rahmen der Anzeige ist nachvollziehbar darzulegen, dass
1. die Art der Anwendung anerkannten Standardverfahren zur Untersuchung von Menschen entspricht,
2. der Zweck des Forschungsvorhabens Art und Häufigkeit der Anwendung rechtfertigt,
3. gewährleistet ist, dass ausschließlich volljährige Personen in das Forschungsvorhaben eingeschlossen werden, bei denen eine Krankheit vorliegt, deren Behandlung im Rahmen des Forschungsvorhabens geprüft wird und
4. eine Genehmigung nach § 12 Absatz 1 Nummer 1 bis 4 zur Anwendung am Menschen vorliegt oder der Betrieb einer nach § 19 Absatz 1 zur Anwendung am Menschen angezeigten Röntgeneinrichtung zulässig ist.

(3) ¹Der Anzeige ist der Nachweis beizufügen, dass die erforderliche Vorsorge für die Erfüllung gesetzlicher Schadensersatzverpflichtungen nach Maßgabe des § 35 getroffen ist. ²Einrichtungen des Bundes und der Länder sind nicht zur Vorlage dieses Nachweises verpflichtet, soweit das Prinzip der Selbstversicherung der jeweiligen Körperschaft zur Anwendung kommt.

(4) ¹Ist das Forschungsvorhaben als Multi-Center-Studie vorgesehen, so kann die Anwendung radioaktiver Stoffe oder ionisierender Strahlung am Menschen zum Zweck der medizinischen Forschung für alle beteiligten Einrichtungen gemeinsam angezeigt werden. ²In diesem Fall hat der Anzeigende darzulegen, dass die Anforderungen nach Absatz 2 Nummer 4 in Bezug auf jede teilnehmende Einrichtung erfüllt sind.

§ 33 Prüfung der Anzeige durch die zuständige Behörde

(1) ¹Ist die Anzeige nach § 32 vollständig, so bestätigt die zuständige Behörde dies dem Anzeigenden innerhalb von 14 Kalendertagen nach Eingang der Anzeige und teilt ihm das Eingangsdatum der Anzeige mit. ²Ist die Anzeige unvollständig, so fordert die zuständige Behörde den Anzeigenden innerhalb von 14 Kalendertagen nach Eingang der Anzeige einmalig auf, die von ihr benannten Mängel innerhalb einer Frist von zehn Kalendertagen nach Zugang der Aufforderung zu beheben. ³Innerhalb von zwölf Kalendertagen nach Eingang der ergänzenden Angaben oder Unterlagen schließt die zuständige Behörde im Falle von Satz 2 die Vollständigkeitsprüfung ab und teilt dem Anzeigenden das Ergebnis der Vollständigkeitsprüfung sowie das Eingangsdatum der ergänzenden Angaben oder Unterlagen mit.
(2) ¹Die zuständige Behörde schließt die inhaltliche Prüfung der Anzeige innerhalb von 28 Kalendertagen nach der Bestätigung gemäß Absatz 1 Satz 1 oder der Mitteilung nach Absatz 1 Satz 3 ab. ²Hat die zuständige Behörde Einwände gegen die angezeigte Anwendung, so übermittelt sie dem Anzeigenden einmalig innerhalb des in Satz 1 genannten Zeitraums ihre mit Gründen versehenen Einwände und fordert ihn auf, seine Anzeige innerhalb von 21 Kalendertagen nach Zugang der Aufforderung entsprechend zu ändern. ³Im Falle von Satz 2 schließt die zuständige Behörde die inhaltliche Prüfung der Anzeige innerhalb von 21 Kalendertagen nach Eingang der geänderten oder ergänzten Anzeigeunterlagen ab.
(3) ¹Mit der angezeigten Anwendung radioaktiver Stoffe oder ionisierender Strahlung am Menschen zum Zweck der medizinischen Forschung darf begonnen werden, wenn
1. der Zeitraum zur inhaltlichen Prüfung der Anzeige nach Absatz 2 verstrichen ist oder die zuständige Behörde dem Anzeigenden mitgeteilt hat, dass sie auf die Ausschöpfung dieser Frist verzichtet,
2. die zuständige Behörde dem Anzeigenden den Eingang einer zustimmenden Stellungnahme einer Ethikkommission nach § 36 Absatz 1 bis 3 zu dem Forschungsvorhaben bestätigt hat und
3. die Anwendung nicht nach § 34 Absatz 1 untersagt wurde.

²Die zuständige Behörde hat dem Anzeigenden den Eingang einer zustimmenden Stellungnahme einer Ethikkommission nach § 36 zu dem Forschungsvorhaben unverzüglich zu bestätigen.
(4) Sobald nach Absatz 3 mit der Anwendung begonnen werden darf, gibt die für die Anzeige zuständige Behörde der zuständigen Aufsichtsbehörde den wesentlichen Inhalt der Anzeige unverzüglich zur Kenntnis.

§ 34 Untersagung der angezeigten Anwendung radioaktiver Stoffe oder ionisierender Strahlung am Menschen zum Zweck der medizinischen Forschung

(1) Innerhalb des Zeitraums der inhaltlichen Prüfung der Anzeige nach § 33 Absatz 2 Satz 1, auch in Verbindung mit den Sätzen 2 und 3, kann die zuständige Behörde die angezeigte Anwendung untersagen, wenn eine der in § 32 Absatz 2 bis 4 genannten Anforderungen nicht erfüllt ist.
(2) Nach Ablauf des Zeitraums der inhaltlichen Prüfung kann die zuständige Behörde die angezeigte Anwendung untersagen, wenn
1. eine der in § 32 Absatz 2 bis 4 genannten Anforderungen nicht oder nicht mehr erfüllt ist und nicht in angemessener Zeit Abhilfe geschaffen wird,
2. der zuständigen Behörde nach Ablauf einer dem Anzeigenden mitgeteilten angemessenen Frist eine zustimmende Stellungnahme einer Ethikkommission nach § 36 Absatz 1 Satz 1 zu dem Forschungsvorhaben nicht vorliegt oder

Strahlenschutzgesetz §§ 34–36

3. gegen die Vorschriften dieses Gesetzes oder der auf Grund dieses Gesetzes erlassenen Rechtsverordnungen oder gegen die hierauf beruhenden Anordnungen und Verfügungen der Aufsichtsbehörden erheblich oder wiederholt verstoßen wird und nicht in angemessener Zeit Abhilfe geschaffen wird.

§ 35 Deckungsvorsorge bei der anzeigebedürftigen Anwendung radioaktiver Stoffe oder ionisierender Strahlung am Menschen zum Zweck der medizinischen Forschung

(1) [1]Im Anzeigeverfahren ist der Nachweis über die erforderliche Deckungsvorsorge zu erbringen durch die Vorlage einer Bestätigung über eine bestehende Versicherung, die für den Fall, dass bei der Anwendung radioaktiver Stoffe oder ionisierender Strahlung am Menschen zum Zweck der medizinischen Forschung ein Mensch getötet oder der Körper oder die Gesundheit eines Menschen verletzt oder beeinträchtigt wird, auch Leistungen gewährt, wenn kein anderer für den Schaden haftet. [2]Die Versicherung muss zugunsten der Personen, an denen die radioaktiven Stoffe oder die ionisierende Strahlung angewendet werden, bei einem in einem Mitgliedstaat der Europäischen Union oder einem anderen Vertragsstaat des Abkommens über den Europäischen Wirtschaftsraum zum Geschäftsbetrieb zugelassenen Versicherer genommen werden.
(2) [1]Der Umfang der Versicherung muss in einem angemessenen Verhältnis zu den Risiken stehen, die mit den Anwendungen verbunden sind. [2]Er muss auf der Grundlage der Risikoabschätzung so festgelegt werden, dass für den Fall des Todes oder der dauernden Erwerbsunfähigkeit einer jeden Person, an der die radioaktiven Stoffe oder die ionisierende Strahlung angewendet werden, mindestens 500 000 Euro zur Verfügung stehen.
(3) Abweichend von Absatz 1 kann der Nachweis über die erforderliche Deckungsvorsorge durch den Nachweis des Bestehens einer Versicherung zugunsten der von der klinischen Prüfung betroffenen Personen nach dem Arzneimittelgesetz oder nach dem Medizinprodukterecht-Durchführungsgesetz erbracht werden.

§ 36 Ethikkommission

(1) [1]Eine im Anwendungsbereich dieses Gesetzes tätige Ethikkommission muss unabhängig, interdisziplinär besetzt, nach Landesrecht gebildet und bei der zuständigen Behörde registriert sein. [2]Die Ethikkommission muss aus medizinischen Sachverständigen und nichtmedizinischen Mitgliedern bestehen, die die jeweils erforderliche Fachkompetenz aufweisen. [3]Eine Registrierung erfolgt nur, wenn die Mitglieder, das Verfahren und die Anschrift der Ethikkommission in einer veröffentlichten Verfahrensordnung aufgeführt sind. [4]Veränderungen der Zusammensetzung der Kommission, des Verfahrens oder der übrigen Festlegungen der Verfahrensordnung sind der für die Registrierung zuständigen Behörde unverzüglich mitzuteilen.
(2) [1]Aufgabe der Ethikkommission ist es, auf Veranlassung des Antragstellers oder des Anzeigenden das Forschungsvorhaben nach ethischen und rechtlichen Gesichtspunkten mit mindestens fünf Mitgliedern mündlich zu beraten und innerhalb von 60 Kalendertagen nach Eingang der erforderlichen Unterlagen eine schriftliche Stellungnahme dazu abzugeben. [2]Bei Multi-Center-Studien genügt die Stellungnahme einer Ethikkommission. [3]Wird das Forschungsvorhaben durch eine Ethikkommission sowohl nach Arzneimittelrecht oder Medizinprodukterecht als auch nach diesem Gesetz geprüft, soll die Stellungnahme sowohl die arzneimittelrechtliche oder medizinprodukterechtliche als auch die strahlenschutzrechtliche Bewertung enthalten.
(3) [1]Die Ethikkommission prüft und bewertet, ob das Forschungsvorhaben ethisch vertretbar ist. [2]Sie gibt eine Stellungnahme dazu ab, ob

1. das Forschungsvorhaben geeignet ist, nach dem Stand der Wissenschaft einem wissenschaftlichen Erkenntnisgewinn zu dienen,
2. das Forschungsvorhaben, einschließlich der Anzahl der in das Forschungsvorhaben eingeschlossenen Personen, zur Beantwortung der wissenschaftlichen Fragestellung geeignet ist,
3. das Risiko für die einzelne Person im Hinblick auf den potentiellen Nutzen für die Gesellschaft vertretbar ist,
4. die Einbeziehung vertretbar ist, soweit eine besonders schutzbedürftige Personengruppe in das Forschungsvorhaben einbezogen werden soll, und
5. die schriftliche Information über das Forschungsvorhaben, die die in das Forschungsvorhaben eingeschlossene Person, ihr gesetzlicher Vertreter oder der Bevollmächtigte erhält, ausreichend über Nutzen und Risiken aufklärt und somit eine informierte Einwilligung ermöglicht.

(4) Rechtsbehelfe gegen Stellungnahmen der Ethikkommission können nur gleichzeitig mit den gegen die Sachentscheidung zulässigen Rechtsbehelfen geltend gemacht werden.

§ 37 Verordnungsermächtigung

(1) [1]Die Bundesregierung wird ermächtigt, durch Rechtsverordnung mit Zustimmung des Bundesrates zu bestimmen, welche besonderen Anforderungen bei der Anwendung radioaktiver Stoffe oder ionisierender Strahlung zum Zweck der medizinischen Forschung einzuhalten sind, um die ordnungsgemäße Durchführung eines Forschungsvorhabens und den Schutz der in das Forschungsvorhaben eingeschlossenen Personen zu gewährleisten. [2]In der Rechtsverordnung können insbesondere Regelungen getroffen werden über
1. Aufklärungspflichten und Einwilligungserfordernisse,
2. Verbote und Beschränkungen der Anwendung an einzelnen Personengruppen,
3. ärztliche oder zahnärztliche Untersuchungen der in das Forschungsvorhaben eingeschlossenen Personen vor Beginn der Anwendung,
4. die Befugnis der zuständigen Behörde, bei Überschreitung genehmigter oder angezeigter Dosiswerte für die Anwendung ärztliche oder zahnärztliche Untersuchungen der in das Forschungsvorhaben eingeschlossenen Personen anzuordnen,
5. Grenzwerte und Maßnahmen zur Einhaltung der Grenzwerte,
6. Maßnahmen zur Beschränkung und Überwachung der Exposition der in das Forschungsvorhaben eingeschlossenen Personen,
7. Aufzeichnungs- und Aufbewahrungspflichten,
8. Mitteilungs- und Berichtspflichten.
[3]Die Rechtsverordnung kann auch diejenigen Vorschriften der Rechtsverordnung festlegen, für deren Einhaltung der Strahlenschutzverantwortliche zu sorgen hat.
(2) Das Grundrecht auf körperliche Unversehrtheit (Artikel 2 Absatz 2 Satz 1 des Grundgesetzes) wird nach Maßgabe des Absatzes 1 Satz 2 Nummer 3 und 4 eingeschränkt.

ABSCHNITT 6 Schutz des Verbrauchers bei Zusatz radioaktiver Stoffe und Aktivierung; bauartzugelassene Vorrichtungen

Unterabschnitt 1 Rechtfertigung

§ 38 Rechtfertigung von Tätigkeitsarten mit Konsumgütern oder bauartzugelassenen Vorrichtungen; Verordnungsermächtigung

(1) [1]Das Bundesamt für Strahlenschutz prüft innerhalb von zwölf Monaten nach Eingang eines von der zuständigen Behörde gemäß § 41 Absatz 5, § 43 Absatz 2 oder § 46 Absatz 3 weitergeleiteten Antrags die Rechtfertigung der Tätigkeitsart im Sinne des § 6

Absatz 1 und veröffentlicht eine Stellungnahme. ²Die Stellungnahme enthält eine Feststellung über die Rechtfertigung der Tätigkeitsart. ³In der Stellungnahme sind Betriebs- und Geschäftsgeheimnisse und personenbezogene Daten unkenntlich zu machen.
(2) Die Bundesregierung wird ermächtigt, durch Rechtsverordnung mit Zustimmung des Bundesrates
1. zu bestimmen, welche Unterlagen der Antragsteller dem Bundesamt für Strahlenschutz vorzulegen hat,
2. Vorgaben über das Prüfungsverfahren nach Absatz 1, einschließlich der Beteiligung von Behörden, zu treffen,
3. zu bestimmen, welche Bewertungskriterien das Bundesamt für Strahlenschutz im Verfahren nach Absatz 1 besonders zu berücksichtigen hat,
4. zu regeln, dass die zuständigen Behörden dem Bundesamt für Strahlenschutz Informationen über erteilte Genehmigungen für Konsumgüter nach § 40 oder § 42 sowie Bauartzulassungen nach § 45 Absatz 1 Nummer 1, 3, 4, 5, 6 oder 7 übermitteln und auf welche Weise das Bundesamt für Strahlenschutz eine Liste mit den Angaben, für welche Tätigkeitsarten solche Genehmigungen oder Bauartzulassungen bereits erteilt wurden, veröffentlicht,
5. zu regeln, auf welche Weise das Bundesamt für Strahlenschutz die Stellungnahme über die Rechtfertigung der Tätigkeitsart veröffentlicht und
6. festzulegen, auf welche Weise das Bundesamt für Strahlenschutz die Stellungnahme an die zuständigen Behörden anderer Mitgliedstaaten der Europäischen Atomgemeinschaft sowie Drittstaaten weitergibt.

Unterabschnitt 2 Schutz des Verbrauchers beim Zusatz radioaktiver Stoffe und bei der Aktivierung

§ 39 Unzulässiger Zusatz radioaktiver Stoffe und unzulässige Aktivierung
(1) ¹Der Zusatz radioaktiver Stoffe bei der Herstellung folgender Produkte ist unzulässig:
1. Spielwaren im Sinne des § 2 Absatz 6 Nummer 5 des Lebensmittel- und Futtermittelgesetzbuchs,
2. Schmuck,
3. Lebensmittel, einschließlich Trinkwasser und Lebensmittelzusatzstoffe, im Sinne des Lebensmittel- und Futtermittelgesetzbuchs,
4. Futtermittel im Sinne des Lebensmittel- und Futtermittelgesetzbuchs,
5. Erzeugnisse im Sinne von § 2 Nummer 1 des Tabakerzeugnisgesetzes,
6. Mittel zum Tätowieren einschließlich vergleichbarer Stoffe und Gemische aus Stoffen, die dazu bestimmt sind, zur Beeinflussung des Aussehens in oder unter die menschliche Haut eingebracht zu werden und dort, auch vorübergehend, zu verbleiben,
7. kosmetische Mittel,
8. Gasglühstrümpfe, soweit diese nicht zur Beleuchtung öffentlicher Straßen verwendet werden sollen,
9. Blitzschutzsysteme und
10. Lebensmittelbedarfsgegenstände im Sinne des § 2 Absatz 6 Nummer 1 des Lebensmittel- und Futtermittelgesetzbuchs.

²Die grenzüberschreitende Verbringung nach § 42 Absatz 1 von Produkten nach Satz 1, denen radioaktive Stoffe zugesetzt worden sind, sowie das Inverkehrbringen von solchen Produkten sind ebenfalls unzulässig. ³Die Sätze 1 und 2 gelten nicht für den Zusatz von Radionukliden, für die keine Freigrenzen festgelegt sind.

(2) Absatz 1 Satz 1 und 2 gilt entsprechend für die Aktivierung derartiger Produkte, wenn dies zu einer spezifischen Aktivität im Produkt von mehr als 500 Mikrobecquerel je Gramm führt oder wenn bei Schmuck die in einer Rechtsverordnung nach § 24 Satz 1 Nummer 10 festgelegten Freigrenzen für die spezifische Aktivität überschritten werden.
(3) Im Übrigen bleiben die Rechtsvorschriften für die in Absatz 1 Satz 1 Nummer 1 bis 10 genannten Produkte unberührt.

§ 40 Genehmigungsbedürftiger Zusatz radioaktiver Stoffe und genehmigungsbedürftige Aktivierung

(1) [1]Wer bei der Herstellung von Konsumgütern, von Arzneimitteln im Sinne des § 2 des Arzneimittelgesetzes mit Ausnahme von radioaktiven Arzneimitteln im Sinne des § 4 Absatz 8 des Arzneimittelgesetzes, von Schädlingsbekämpfungsmitteln, von Pflanzenschutzmitteln im Sinne des § 2 des Pflanzenschutzgesetzes oder von Stoffen nach § 2 Satz 1 Nummer 1 bis 8 des Düngegesetzes, die im Geltungsbereich dieses Gesetzes erworben oder an andere abgegeben werden sollen, radioaktive Stoffe zusetzt, bedarf der Genehmigung. [2]Satz 1 gilt entsprechend für die Aktivierung der dort genannten Produkte. § 39 bleibt unberührt.
(2) Die Genehmigung nach Absatz 1 ersetzt keine Genehmigung nach § 12 Absatz 1 Nummer 1 oder 3.
(3) Eine Genehmigung nach Absatz 1 ist nicht erforderlich für den Zusatz von
1. aus der Luft gewonnenen Edelgasen, wenn das Isotopenverhältnis im Zusatz demjenigen in der Luft entspricht, oder
2. Radionukliden, für die keine Freigrenzen nach der Rechtsverordnung nach § 24 Satz 1 Nummer 10 festgelegt sind.
(4) Dem Genehmigungsantrag sind die zur Prüfung erforderlichen Unterlagen, insbesondere die in Anlage 2 Teil B genannten Unterlagen, sowie bei der Herstellung von Konsumgütern die in Anlage 2 Teil F genannten Unterlagen, beizufügen.

§ 41 Voraussetzungen für die Erteilung der Genehmigung des Zusatzes radioaktiver Stoffe oder der Aktivierung

(1) Die zuständige Behörde hat die Genehmigung nach § 40 bei der Herstellung von Konsumgütern zu erteilen, wenn
1. die Aktivität der zugesetzten radioaktiven Stoffe nach dem Stand der Technik so gering wie möglich ist,
2. nachgewiesen ist, dass
   a) in dem Konsumgut die in einer Rechtsverordnung nach § 24 Satz 1 Nummer 10 festgelegten Freigrenzen der Aktivität nicht überschritten werden oder
   b) für Einzelpersonen der Bevölkerung nur eine effektive Dosis im Bereich von 10 Mikrosievert im Kalenderjahr auftreten kann,
3. in einem Rücknahmekonzept dargelegt ist, dass das Konsumgut nach Gebrauch kostenlos dem Antragsteller oder einer von ihm benannten Stelle zurückgegeben werden kann, wenn
   a) die spezifische Aktivität der zugesetzten künstlichen radioaktiven Stoffe in dem Konsumgut die in einer Rechtsverordnung nach § 24 Satz 1 Nummer 10 festgelegten Freigrenzen der spezifischen Aktivität überschreitet oder
   b) die spezifische Aktivität der zugesetzten natürlichen radioaktiven Stoffe in dem Konsumgut 0,5 Becquerel je Gramm überschreitet,
4. das Material, das die radioaktiven Stoffe enthält, berührungssicher abgedeckt ist oder der radioaktive Stoff fest in das Konsumgut eingebettet ist und die Ortsdosisleistung im

Abstand von 0,1 Metern von der berührbaren Oberfläche des Konsumguts 1 Mikrosievert durch Stunde unter normalen Nutzungsbedingungen nicht überschreitet,
5. gewährleistet ist, dass dem Konsumgut eine Information beigefügt wird, die
   a) den radioaktiven Zusatz erläutert,
   b) den bestimmungsgemäßen Gebrauch beschreibt und
   c) auf die Rückführungspflicht nach § 44 und die zur Rücknahme verpflichtete Stelle hinweist,
   falls die spezifische Aktivität der zugesetzten künstlichen radioaktiven Stoffe in dem Konsumgut die in einer Rechtsverordnung nach § 24 Satz 1 Nummer 10 festgelegten Freigrenzen der spezifischen Aktivität oder die spezifische Aktivität der zugesetzten natürlichen radioaktiven Stoffe in dem Konsumgut 0,5 Becquerel je Gramm überschreitet,
6. es sich bei dem Zusatz um sonstige radioaktive Stoffe nach § 3 Absatz 1 handelt,
7. beim Zusetzen die Voraussetzungen für eine Genehmigung des Umgangs nach § 13 Absatz 1 bis 3 erfüllt sind,
8. es sich bei der Verwendung des Konsumguts nicht um eine nicht gerechtfertigte Tätigkeitsart nach einer Rechtsverordnung nach § 6 Absatz 3 handelt und
9. das Bundesamt für Strahlenschutz nicht in einer Stellungnahme nach § 38 Absatz 1 festgestellt hat, dass die beabsichtigte Verwendung oder Lagerung des Konsumguts eine nicht gerechtfertigte Tätigkeitsart darstellt.

(2) Die zuständige Behörde kann bei Konsumgütern, die überwiegend im beruflichen, nicht häuslichen Bereich genutzt werden, Abweichungen von Absatz 1 Nummer 2 Buchstabe a und Nummer 4 gestatten, sofern das Zehnfache der in einer Rechtsverordnung nach § 24 Satz 1 Nummer 10 festgelegten Freigrenze in einem einzelnen Konsumgut nicht überschritten wird.

(3) Die zuständige Behörde hat die Genehmigung nach § 40 bei der Herstellung von Arzneimitteln im Sinne des § 2 des Arzneimittelgesetzes, von Schädlingsbekämpfungsmitteln, von Pflanzenschutzmitteln im Sinne des § 2 des Pflanzenschutzgesetzes und von Stoffen nach § 2 Satz 1 Nummer 1 bis 8 des Düngegesetzes zu erteilen, wenn
1. es sich bei dem Zusatz um sonstige radioaktive Stoffe nach § 3 Absatz 1 handelt,
2. nachgewiesen ist, dass in dem Arzneimittel im Sinne des § 2 des Arzneimittelgesetzes, dem Schädlingsbekämpfungsmittel, dem Pflanzenschutzmittel im Sinne des § 2 des Pflanzenschutzgesetzes oder dem Stoff nach § 2 Satz 1 Nummer 1 bis 8 des Düngegesetzes die in einer Rechtsverordnung nach § 24 Satz 1 Nummer 10 festgelegten Freigrenzen der Aktivität oder der spezifischen Aktivität nicht überschritten sind und
3. beim Zusetzen die Voraussetzungen des § 13 Absatz 1 bis 3 für eine Umgangsgenehmigung erfüllt sind.

(4) Die Absätze 1 bis 3 gelten entsprechend für die Aktivierung der in diesen Absätzen genannten Produkte.

(5) ¹Die zuständige Behörde übermittelt den Genehmigungsantrag an das Bundesamt für Strahlenschutz, sofern die beabsichtigte Verwendung oder Lagerung des Konsumguts, für dessen Herstellung der Zusatz von radioaktiven Stoffen oder dessen Aktivierung beantragt worden ist, eine neue Tätigkeitsart darstellt. ²Das Verfahren nach § 38 ist anzuwenden; bis zu dessen Abschluss setzt die zuständige Behörde das Genehmigungsverfahren aus.

§ 42 Genehmigungsbedürftige grenzüberschreitende Verbringung von Konsumgütern

(1) Wer Konsumgüter, denen radioaktive Stoffe zugesetzt oder die aktiviert worden sind,
1. in den Geltungsbereich dieses Gesetzes oder
2. aus dem Geltungsbereich dieses Gesetzes in einen Staat, der nicht Mitgliedstaat der Europäischen Union ist,

verbringt, bedarf der Genehmigung.
(2) Absatz 1 gilt nicht für
1. die Verbringung von Waren im Reiseverkehr, die weder zum Handel noch zur gewerblichen Verwendung bestimmt sind,
2. die zollamtlich überwachte Durchfuhr,
3. Konsumgüter, deren Herstellung nach § 40 genehmigt ist und dabei nach § 41 Absatz 1 Nummer 2 Buchstabe b nachgewiesen wurde, dass für Einzelpersonen der Bevölkerung nur eine effektive Dosis im Bereich von 10 Mikrosievert im Kalenderjahr auftreten kann,
4. Produkte, in die Konsumgüter eingebaut sind, wenn die Herstellung der Konsumgüter nach § 40 oder deren Verbringung nach Absatz 1 genehmigt ist,
5. Konsumgüter, denen
   a) aus der Luft gewonnene Edelgase zugesetzt sind, wenn das Isotopenverhältnis im Zusatz demjenigen in der Luft entspricht, oder
   b) Radionuklide zugesetzt sind, für die keine Freigrenzen nach der Rechtsverordnung nach § 24 Satz 1 Nummer 10 festgelegt sind.
(3) Dem Genehmigungsantrag sind die zur Prüfung erforderlichen Unterlagen, bei Verbringung in den Geltungsbereich dieses Gesetzes insbesondere die in Anlage 2 Teil F genannten Unterlagen, beizufügen.

§ 43 Voraussetzungen für die Erteilung der Genehmigung der grenzüberschreitenden Verbringung von Konsumgütern

(1) ^{1}Die zuständige Behörde hat die Genehmigung nach § 42 zu erteilen, wenn die Voraussetzungen für die Genehmigung der grenzüberschreitenden Verbringung radioaktiver Stoffe nach Maßgabe der Rechtsverordnung nach § 30 erfüllt sind. ^{2}Bei Verbringung in den Geltungsbereich dieses Gesetzes müssen zusätzlich die Voraussetzungen des § 41 Absatz 1 Nummer 1 bis 6, 8 und 9 erfüllt sein. ^{3}§ 41 Absatz 2 und § 44 Satz 1 gelten entsprechend; dabei tritt der Verbringer an die Stelle des Herstellers im Sinne des § 44 Satz 1.
(2) ^{1}Die zuständige Behörde übermittelt einen Genehmigungsantrag für die Verbringung in den Geltungsbereich dieses Gesetzes dem Bundesamt für Strahlenschutz, sofern die beabsichtigte Verwendung oder Lagerung des Konsumguts, dem radioaktive Stoffe zugesetzt sind oder das aktiviert ist und für dessen grenzüberschreitende Verbringung die Genehmigung beantragt worden ist, eine neue Tätigkeitsart darstellt. ^{2}Das Verfahren nach § 38 ist anzuwenden; bis zu dessen Abschluss setzt die zuständige Behörde das Genehmigungsverfahren aus.

§ 44 Rückführung von Konsumgütern
^{1}Wer als Hersteller eines Konsumguts einer Genehmigung nach § 40 bedarf und nach § 41 Absatz 1 Nummer 3 ein Rücknahmekonzept zu erstellen hat, hat sicherzustellen, dass das Konsumgut kostenlos zurückgenommen wird. ^{2}Der Letztverbraucher hat das Konsumgut nach Beendigung des Gebrauchs unverzüglich der in der Information nach § 41 Absatz 1 Nummer 5 angegebenen Stelle zurückzugeben.

Unterabschnitt 3 Bauartzulassung

§ 45 Bauartzugelassene Vorrichtungen
(1) Die Bauart folgender Vorrichtungen kann auf Antrag des Herstellers oder Verbringers der Vorrichtung zugelassen werden (bauartzugelassene Vorrichtungen):
1. die Bauart einer Vorrichtung, die sonstige radioaktive Stoffe nach § 3 Absatz 1 enthält, oder eines Störstrahlers, wenn Strahlenschutz und Sicherheit der Vorrichtung eine geneh-

migungs- und anzeigefreie Verwendung nach der Rechtsverordnung nach § 49 Nummer 1 und 2 erlaubt,
2. die Bauart eines Röntgenstrahlers, wenn die strahlenschutztechnischen Eigenschaften den genehmigungsfreien Betrieb einer Röntgeneinrichtung mit diesem Röntgenstrahler nach der Rechtsverordnung nach § 49 Nummer 1 und 2 erlaubt,
3. die Bauart einer Röntgeneinrichtung als Basisschutzgerät, wenn das hohe Schutzniveau der Bauart, einschließlich möglicher Öffnungen im Schutzgehäuse zum Ein- und Ausbringen von Gegenständen, den genehmigungsfreien Betrieb der Röntgeneinrichtung nach der Rechtsverordnung nach § 49 Nummer 1 und 2 erlaubt,
4. die Bauart einer Röntgeneinrichtung als Hochschutzgerät, wenn das hohe Schutzniveau der Bauart den genehmigungsfreien Betrieb der Röntgeneinrichtung nach der Rechtsverordnung nach § 49 Nummer 1 und 2 erlaubt,
5. die Bauart einer Röntgeneinrichtung als Vollschutzgerät, wenn das besonders hohe Schutzniveau der Bauart den genehmigungsfreien Betrieb der Röntgeneinrichtung ohne Beaufsichtigung durch eine Person nach der Rechtsverordnung nach § 49 Nummer 1 und 2 erlaubt, die die erforderliche Fachkunde im Strahlenschutz besitzt,
6. die Bauart einer Röntgeneinrichtung als Schulröntgeneinrichtung, wenn die strahlenschutztechnische Funktion der Bauart den Betrieb der Röntgeneinrichtung in Zusammenhang mit dem Unterricht in Schulen nach der Rechtsverordnung nach § 49 Nummer 1 und 2 erlaubt,
7. die Bauart einer Anlage zur Erzeugung ionisierender Strahlung als Vollschutzanlage, wenn das besonders hohe Schutzniveau der Bauart den genehmigungsfreien Betrieb der Anlage ohne Beaufsichtigung durch eine Person, die die erforderliche Fachkunde im Strahlenschutz besitzt, nach der Rechtsverordnung nach § 49 Nummer 1 und 2 erlaubt.
(2) ^{1}Absatz 1 ist nicht auf Medizinprodukte oder Zubehör im Sinne der Verordnung (EU) 2017/745 anzuwenden. ^{2}Absatz 1 Nummer 1 ist nicht auf Vorrichtungen anzuwenden, die hochradioaktive Strahlenquellen enthalten.

§ 46 Verfahren der Bauartzulassung
(1) Dem Antrag auf Zulassung einer Bauart sind die zur Prüfung erforderlichen Unterlagen, insbesondere die in Anlage 2 Teil G genannten Unterlagen, beizufügen.
(2) ^{1}Der Antragsteller hat der für die Zulassung der Bauart zuständigen Behörde auf Verlangen die zur Prüfung erforderlichen Baumuster zu überlassen. ^{2}Bei einer Bauart einer Vorrichtung, die radioaktive Stoffe enthält, hat die zuständige Behörde vor ihrer Entscheidung die Bundesanstalt für Materialforschung und -prüfung zu Fragen der Dichtheit, der Werkstoffauswahl und der Konstruktion der Geräte oder Vorrichtungen sowie der Qualitätssicherung zu beteiligen.
(3) ^{1}Die für die Zulassung der Bauart zuständige Behörde übermittelt den Antrag gemäß § 45 Absatz 1 Nummer 1, 3, 4, 5, 6 oder 7 dem Bundesamt für Strahlenschutz, sofern die beabsichtigte Verwendung oder der beabsichtigte Betrieb der Vorrichtungen, Anlagen, Röntgeneinrichtungen oder Störstrahler, deren Bauartzulassung beantragt worden ist, eine neue Tätigkeitsart darstellt. ^{2}Das Verfahren nach § 38 ist anzuwenden; bis zu dessen Abschluss setzt die für die Zulassung der Bauart zuständige Behörde das Verfahren der Bauartzulassung aus.
(4) Die zuständige Behörde darf die Bauartzulassung nur erteilen, wenn
1. die Vorrichtung die in der Rechtsverordnung nach § 49 Nummer 1 und 2 festgelegten Anforderungen erfüllt,
2. keine Tatsachen vorliegen, aus denen sich Bedenken ergeben

a) gegen die Zuverlässigkeit des Herstellers oder Verbringers oder des für die Leitung der Herstellung Verantwortlichen oder
b) gegen die für die Herstellung erforderliche technische Erfahrung des für die Leitung der Herstellung Verantwortlichen,
3. überwiegende öffentliche Interessen der Bauartzulassung nicht entgegenstehen,
4. es sich bei der Verwendung oder dem Betrieb der bauartzuzulassenden Vorrichtung nicht um eine nicht gerechtfertigte Tätigkeitsart nach der Rechtsverordnung nach § 6 Absatz 3 handelt und
5. das Bundesamt für Strahlenschutz nicht in einer Stellungnahme nach § 38 Absatz 1 festgestellt hat, dass die beabsichtigte Verwendung oder der Betrieb der nach § 45 Absatz 1 Nummer 1, 3, 4, 5, 6 oder 7 bauartzuzulassenden Vorrichtung, der Anlage zur Erzeugung ionisierender Strahlung, der Röntgeneinrichtung oder des Störstrahlers eine nicht gerechtfertigte Tätigkeitsart darstellt.

(5) [1]Die Bauartzulassung wird auf längstens zehn Jahre befristet. [2]Sie kann auf Antrag jeweils maximal um zehn Jahre verlängert werden.

(6) [1]Die zuständige Behörde soll über den Antrag auf Zulassung innerhalb von zwölf Monaten nach Eingang der vollständigen Antragsunterlagen entscheiden. [2]Hat der Antragsteller der zuständigen Behörde auf deren Verlangen die zur Prüfung erforderlichen Baumuster überlassen, soll die zuständige Behörde über den Antrag innerhalb von zwölf Monaten nach Eingang der vollständigen Antragsunterlagen und des zur Prüfung erforderlichen Baumusters entscheiden.

§ 47 Zulassungsschein

[1]Wird die Bauart einer Vorrichtung nach § 45 zugelassen, so erteilt die für die Zulassung der Bauart zuständige Behörde einen Zulassungsschein. [2]Der Zulassungsschein enthält die folgenden Angaben:
1. die für den Strahlenschutz wesentlichen Merkmale der bauartzugelassenen Vorrichtung,
2. den zugelassenen Gebrauch der bauartzugelassenen Vorrichtung,
3. die Bezeichnung der dem Strahlenschutz dienenden Ausrüstungen der bauartzugelassenen Vorrichtung,
4. inhaltliche Beschränkungen, Auflagen und Befristungen der Bauartzulassung,
5. das Bauartzeichen und die Angaben, mit denen die bauartzugelassene Vorrichtung zu versehen ist,
6. einen Hinweis auf die Pflichten des Inhabers der bauartzugelassenen Vorrichtung nach der Rechtsverordnung nach § 49 Nummer 5 und
7. bei einer Vorrichtung, die radioaktive Stoffe enthält, Anforderungen an die Rückführung der Vorrichtung an den Inhaber der Bauartzulassung oder an die Entsorgung der Vorrichtung nach der Rechtsverordnung nach § 49 Nummer 4 und 5.

§ 48 Verwendung oder Betrieb bauartzugelassener Vorrichtungen

[1]Eine bauartzugelassene Vorrichtung darf
1. bei einer Bauart nach § 45 Absatz 1 Nummer 1 nach Maßgabe der Voraussetzungen, die die Rechtsverordnung nach § 24 Satz 1 Nummer 1 festlegt, genehmigungs- und anzeigefrei verwendet werden,
2. bei einer Bauart nach § 45 Absatz 1 Nummer 2, 3, 4, 5 oder 6 nach Maßgabe der Voraussetzungen, die für den anzeigebedürftigen Betrieb von Röntgeneinrichtungen nach § 19 gelten, betrieben werden oder

Strahlenschutzgesetz §§ 48–50

3. bei einer Bauart nach § 45 Absatz 1 Nummer 7 nach Maßgabe der Voraussetzungen, die für den anzeigebedürftigen Betrieb von Anlagen zur Erzeugung ionisierender Strahlung nach § 17 gelten, betrieben werden.
²Ist die bauartzugelassene Vorrichtung vor Ablauf der Frist der Bauartzulassung in Verkehr gebracht worden, so darf sie auch nach Ablauf dieser Frist verwendet oder betrieben werden. ³Satz 2 gilt nicht, wenn die für die Zulassung der Bauart zuständige Behörde bekannt gemacht hat, dass die Vorrichtung nicht weiter betrieben werden darf, weil ein ausreichender Schutz gegen Strahlenschäden nicht gewährleistet ist.

§ 49 Verordnungsermächtigung
Die Bundesregierung wird ermächtigt, durch Rechtsverordnung mit Zustimmung des Bundesrates
1. die technischen Anforderungen an die Bauartzulassung von Vorrichtungen festzulegen, die eine genehmigungs- und anzeigefreie Verwendung oder einen genehmigungsfreien Betrieb der bauartzugelassenen Vorrichtung erlauben,
2. festzulegen, unter welchen Voraussetzungen die für die Zulassung der Bauart zuständige Behörde Ausnahmen von den technischen Anforderungen nach Nummer 1 zulassen kann,
3. zu bestimmen, dass und auf welche Weise
   a) Angaben über eine Bauartzulassung bekannt zu machen sind und
   b) die Festlegung, dass eine bauartzugelassene Vorrichtung nicht weiter betrieben werden darf, bekannt zu machen ist,
4. die Pflichten des Inhabers einer Bauartzulassung festzulegen, einschließlich der Pflicht, die bauartzugelassene Vorrichtung, die radioaktive Stoffe enthält, nach Beendigung der Nutzung zurückzunehmen, und
5. die Pflichten des Inhabers einer bauartzugelassenen Vorrichtung festzulegen, einschließlich der Pflicht, die bauartzugelassene Vorrichtung nach Beendigung der Nutzung dem Inhaber zurückzugeben oder sie zu entsorgen.

ABSCHNITT 7 Tätigkeiten im Zusammenhang mit kosmischer Strahlung

§ 50 Anzeigebedürftiger Betrieb von Luftfahrzeugen
(1) ¹Wer beabsichtigt, ein Luftfahrzeug zu betreiben, das in der deutschen Luftfahrzeugrolle nach § 3 Absatz 1 des Luftverkehrsgesetzes vom 10. Mai 2007 in der jeweils geltenden Fassung eingetragen ist, hat dies der zuständigen Behörde vier Wochen vor der beabsichtigten Aufnahme des Betriebs anzuzeigen, wenn die effektive Dosis, die das fliegende Personal während des Fluges, einschließlich der aufgewendeten Zeit für die Positionierung nach § 13 Satz 1 der Zweiten Durchführungsverordnung zur Betriebsordnung für Luftfahrtgerät (Dienst-, Flugdienst-, Block- und Ruhezeiten von Besatzungsmitgliedern in Luftfahrtunternehmen und außerhalb von Luftfahrtunternehmen bei berufsmäßiger Betätigung) vom 6. April 2009 (BAnz. S. 1327), die durch Artikel 180 des Gesetzes vom 29. März 2017 (BGBl. I S. 626) geändert worden ist, durch kosmische Strahlung erhält, 1 Millisievert im Kalenderjahr überschreiten kann. ²Satz 1 gilt entsprechend für den Betrieb von Luftfahrzeugen, die in einem anderen Land registriert sind, wenn der Betreiber deutscher Staatsangehöriger oder eine juristische Person oder rechtsfähige Personengesellschaft mit Sitz im Geltungsbereich dieses Gesetzes ist und fliegendes Personal einsetzt, das in einem Beschäftigungsverhältnis nach dem deutschen Arbeitsrecht steht.
(2) Absatz 1 gilt entsprechend, wenn ein der Anzeigepflicht zuvor nicht unterfallender Betrieb eines Luftfahrzeugs derart geändert wird, dass die effektive Dosis, die das fliegende Personal

während des Fluges, einschließlich der aufgewendeten Zeit für die Positionierung nach § 13 Satz 1 der Zweiten Durchführungsverordnung zur Betriebsordnung für Luftfahrtgerät (Dienst-, Flugdienst-, Block- und Ruhezeiten von Besatzungsmitgliedern in Luftfahrtunternehmen und außerhalb von Luftfahrtunternehmen bei berufsmäßiger Betätigung), durch kosmische Strahlung erhält, 1 Millisievert im Kalenderjahr überschreiten kann.
(3) Der Anzeige sind die folgenden Unterlagen beizufügen:
1. Nachweis, dass die für die sichere Durchführung der Tätigkeit notwendige Anzahl von Strahlenschutzbeauftragten bestellt ist und ihnen die für die Erfüllung ihrer Aufgaben erforderlichen Befugnisse eingeräumt sind,
2. Nachweis, dass jeder Strahlenschutzbeauftragte die erforderliche Fachkunde im Strahlenschutz besitzt oder, falls ein Strahlenschutzbeauftragter nicht notwendig ist, die zur Anzeige verpflichtete Person, ihr gesetzlicher Vertreter oder, bei juristischen Personen oder sonstigen Personenvereinigungen, der nach Gesetz, Satzung oder Gesellschaftsvertrag zur Vertretung oder Geschäftsführung Berechtigte die erforderliche Fachkunde im Strahlenschutz besitzt,
3. Nachweis, dass die bei der Tätigkeit sonst tätigen Personen das notwendige Wissen und die notwendigen Fertigkeiten im Hinblick auf die mögliche Strahlengefährdung und die anzuwendenden Schutzmaßnahmen besitzen,
4. Benennung eines von der zuständigen Behörde anerkannten Rechenprogramms oder der Nachweis, dass geeignete Messgeräte genutzt werden, die jeweils zur Ermittlung der Körperdosis verwendet werden und den Anforderungen der auf Grund des § 76 Absatz 1 Satz 2 Nummer 11 erlassenen Rechtsverordnung genügen.
(4) Bei einer wesentlichen Änderung des angezeigten Betriebs sind die Absätze 1 und 3 entsprechend anzuwenden.
(5) Die Anzeigepflicht gilt auch für Luftfahrzeuge, die im Geschäftsbereich des Bundesministeriums der Verteidigung betrieben werden.

§ 51 Prüfung des angezeigten Betriebs von Luftfahrzeugen
(1) ¹Die zuständige Behörde prüft die Unterlagen innerhalb von vier Wochen nach Eingang der Anzeige. ²Teilt die Behörde dem Anzeigenden vor Ablauf der Frist schriftlich mit, dass alle Nachweise nach § 50 Absatz 3 erbracht sind, so darf der Anzeigende die Tätigkeit bereits mit Erhalt der Mitteilung aufnehmen.
(2) Die zuständige Behörde kann den angezeigten Betrieb untersagen, wenn
1. eine der nachzuweisenden Anforderungen nicht oder nicht mehr erfüllt ist; dies gilt nach Ablauf der Frist nach Absatz 1 nur, wenn nicht in angemessener Zeit Abhilfe geschaffen wird,
2. Tatsachen vorliegen, aus denen sich Bedenken gegen die Zuverlässigkeit der zur Anzeige verpflichteten Person, ihres gesetzlichen Vertreters oder, bei juristischen Personen oder sonstigen Personenvereinigungen, der nach Gesetz, Satzung oder Gesellschaftsvertrag zur Vertretung oder Geschäftsführung berechtigten Person oder des Strahlenschutzbeauftragten ergeben, oder
3. gegen die Vorschriften dieses Gesetzes oder der auf Grund dieses Gesetzes erlassenen Rechtsverordnungen oder gegen die hierauf beruhenden Anordnungen und Verfügungen der Aufsichtsbehörden erheblich oder wiederholt verstoßen wird und nicht in angemessener Zeit Abhilfe geschaffen wird.

§ 52 Anzeigebedürftiger Betrieb von Raumfahrzeugen
(1) Wer mit Sitz im Geltungsbereich dieses Gesetzes beabsichtigt, Raumfahrzeuge zu betreiben und dafür raumfahrendes Personal einzusetzen, das in einem Beschäftigungsver-

hältnis nach dem deutschen Arbeitsrecht steht, hat dies der zuständigen Behörde zwei Monate vor der beabsichtigten Aufnahme der Tätigkeit anzuzeigen, wenn die effektive Dosis, die das raumfahrende Personal durch kosmische Strahlung während des Betriebs des Raumfahrzeugs erhält, 1 Millisievert im Kalenderjahr überschreiten kann.
(2) Der Anzeige sind die folgenden Unterlagen beizufügen:
1. Nachweis, dass die für die sichere Durchführung der Tätigkeit notwendige Anzahl von Strahlenschutzbeauftragten bestellt ist und ihnen die für die Erfüllung ihrer Aufgaben erforderlichen Befugnisse eingeräumt sind,
2. Nachweis, dass jeder Strahlenschutzbeauftragte die erforderliche Fachkunde im Strahlenschutz besitzt oder, falls kein Strahlenschutzbeauftragter notwendig ist, die zur Anzeige verpflichtete Person, ihr gesetzlicher Vertreter oder, bei juristischen Personen oder sonstigen Personenvereinigungen, der nach Gesetz, Satzung oder Gesellschaftsvertrag zur Vertretung oder Geschäftsführung Berechtigte die erforderliche Fachkunde im Strahlenschutz besitzt,
3. Nachweis, dass die bei der Tätigkeit sonst tätigen Personen das notwendige Wissen und die notwendigen Fertigkeiten im Hinblick auf die mögliche Strahlengefährdung und die anzuwendenden Schutzmaßnahmen besitzen und
4. plausible Darlegung der beabsichtigten Vorgehensweise zur Ermittlung der Körperdosis nach den Anforderungen der auf Grund von § 76 Absatz 1 Satz 2 Nummer 11 erlassenen Rechtsverordnung.
(3) ^{1}Ist zu erwarten, dass die Exposition des raumfahrenden Personals den Dosisgrenzwert nach § 78 Absatz 1 Satz 1 überschreitet, so ist zusätzlich eine gesonderte Anzeige der erhöhten Exposition spätestens zwei Monate vor dem Einsatz des raumfahrenden Personals erforderlich. ^{2}In diesem Fall gelten die Grenzwerte nach den §§ 77 und 78 für die berufliche Exposition von raumfahrendem Personal durch kosmische Strahlung nicht.
(4) Der gesonderten Anzeige sind die folgenden Unterlagen beizufügen:
1. Darlegung, dass die erhöhte Exposition gerechtfertigt ist,
2. Nachweis, dass die erhöhte Exposition mit dem einzusetzenden raumfahrenden Personal und dem ermächtigten Arzt erörtert worden ist,
3. Nachweis, dass das einzusetzende raumfahrende Personal über die zu erwartenden Dosen, die mit der erhöhten Exposition verbundenen Risiken und die zu ergreifenden Vorsorgemaßnahmen unterrichtet worden ist,
4. Einwilligung des einzusetzenden raumfahrenden Personals zu der erhöhten Exposition.

§ 53 Prüfung des angezeigten Betriebs von Raumfahrzeugen
(1) ^{1}Die zuständige Behörde prüft die Unterlagen innerhalb von zwei Monaten nach Eingang der Anzeige. ^{2}Teilt die Behörde dem Anzeigenden vor Ablauf der Frist schriftlich mit, dass alle Nachweise nach § 52 Absatz 2 oder 4 erbracht sind, so darf der Anzeigende die Tätigkeit bereits mit Erhalt der Mitteilung aufnehmen.
(2) Die zuständige Behörde kann im Falle einer Anzeige nach § 52 Absatz 1 den Einsatz des Personals untersagen, wenn
1. eine der nach § 52 Absatz 2 nachzuweisenden Anforderungen nicht oder nicht mehr erfüllt ist; dies gilt nach Ablauf der Frist nach Absatz 1 nur, wenn nicht in angemessener Zeit Abhilfe geschaffen wird,
2. Tatsachen vorliegen, aus denen sich Bedenken gegen die Zuverlässigkeit der zur Anzeige verpflichteten Person, ihres gesetzlichen Vertreters oder, bei juristischen Personen oder sonstigen Personenvereinigungen, der nach Gesetz, Satzung oder Gesellschaftsvertrag zur Vertretung oder Geschäftsführung berechtigten Person oder des Strahlenschutzbeauftragten ergeben, oder

3. gegen die Vorschriften dieses Gesetzes oder der auf Grund dieses Gesetzes erlassenen Rechtsverordnungen oder gegen die hierauf beruhenden Anordnungen und Verfügungen der Aufsichtsbehörden erheblich oder wiederholt verstoßen wird und nicht in angemessener Zeit Abhilfe geschaffen wird.

(3) Im Falle einer gesonderten Anzeige nach § 52 Absatz 3 Satz 1 kann die zuständige Behörde den Einsatz des raumfahrenden Personals zusätzlich untersagen, wenn eine der nach § 52 Absatz 4 nachzuweisenden Anforderungen nicht erfüllt ist.

§ 54 Beendigung der angezeigten Tätigkeit

Wer eine nach § 50 Absatz 1 oder § 52 Absatz 1 angezeigte Tätigkeit beendet oder derart verändert, dass die effektive Dosis, die das fliegende oder raumfahrende Personal durch kosmische Strahlung erhält, 1 Millisievert im Kalenderjahr nicht mehr überschreiten kann, hat dies der zuständigen Behörde unverzüglich mitzuteilen.

ABSCHNITT 8 Tätigkeiten im Zusammenhang mit natürlich vorkommender Radioaktivität

Unterabschnitt 1 Arbeitsplätze mit Exposition durch natürlich vorkommende Radioaktivität

§ 55 Abschätzung der Exposition

(1) [1]Wer in seiner Betriebsstätte eine Tätigkeit nach § 4 Absatz 1 Satz 1 Nummer 10 ausübt oder ausüben lässt, die einem der in Anlage 3 genannten Tätigkeitsfelder zuzuordnen ist, hat vor Beginn der Tätigkeit eine auf den Arbeitsplatz bezogene Abschätzung der Körperdosis durchzuführen. [2]Die Abschätzung ist unverzüglich zu wiederholen, wenn der Arbeitsplatz so verändert wird, dass eine höhere Exposition auftreten kann.

(2) [1]Liegen Anhaltspunkte dafür vor, dass bei einer Tätigkeit nach § 4 Absatz 1 Satz 1 Nummer 10, die keinem der in Anlage 3 genannten Tätigkeitsfelder zuzuordnen ist, Expositionen auftreten, die denen der in Anlage 3 genannten Tätigkeitsfelder entsprechen, so kann die zuständige Behörde anordnen, dass eine Abschätzung nach Absatz 1 Satz 1 unverzüglich durchzuführen ist. [2]Wird der Arbeitsplatz so verändert, dass eine höhere Exposition auftreten kann, so kann die zuständige Behörde anordnen, dass die Abschätzung unverzüglich zu wiederholen ist.

(3) [1]Der zur Abschätzung Verpflichtete hat die Ergebnisse der Abschätzung unverzüglich aufzuzeichnen. [2]Er hat die Aufzeichnungen bis zum Ende der Tätigkeit oder bis zum Vorliegen einer neuen Abschätzung aufzubewahren und der zuständigen Behörde auf Verlangen vorzulegen.

§ 56 Anzeige

(1) [1]Ergibt die Abschätzung, dass die Körperdosis einen der Werte für die Einstufung als beruflich exponierte Person überschreiten kann, so hat der zur Abschätzung Verpflichtete der zuständigen Behörde die Tätigkeit schriftlich anzuzeigen. [2]Die Anzeige auf Grund einer Abschätzung nach § 55 Absatz 1 Satz 1 hat spätestens vier Wochen vor der beabsichtigten Aufnahme der Tätigkeit zu erfolgen; nach Ablauf dieser Frist darf der Anzeigende die Tätigkeit aufnehmen, es sei denn, die zuständige Behörde hat das Verfahren nach § 57 Absatz 2 ausgesetzt oder die Tätigkeit untersagt. [3]Die Anzeige auf Grund einer Abschätzung nach § 55 Absatz 1 Satz 2 oder nach § 55 Absatz 2 hat unverzüglich nach der Abschätzung zu erfolgen.

Strahlenschutzgesetz §§ 56, 57

(2) ¹Der Anzeige sind die folgenden Unterlagen beizufügen:
1. Prüfbericht eines behördlich bestimmten Sachverständigen nach § 172, in dem
   a) die angezeigte Tätigkeit und die vorgesehenen Strahlenschutzmaßnahmen beschrieben sind,
   b) die mögliche Körperdosis der beruflich exponierten Personen bestimmt ist und
   c) nachgewiesen ist, dass bei der Tätigkeit die Ausrüstungen vorhanden und die Maßnahmen getroffen sind, die nach dem Stand der Technik erforderlich sind, damit die Schutzvorschriften eingehalten werden,
2. Nachweis, dass die für die sichere Durchführung der Tätigkeit notwendige Anzahl von Strahlenschutzbeauftragten bestellt ist und ihnen die für die Erfüllung ihrer Aufgaben erforderlichen Befugnisse eingeräumt sind,
3. Nachweis, dass jeder Strahlenschutzbeauftragte die erforderliche Fachkunde im Strahlenschutz besitzt oder, falls ein Strahlenschutzbeauftragter nicht notwendig ist, der Anzeigende, sein gesetzlicher Vertreter oder, bei juristischen Personen oder sonstigen Personenvereinigungen, der nach Gesetz, Satzung oder Gesellschaftsvertrag zur Vertretung oder Geschäftsführung Berechtigte die erforderliche Fachkunde im Strahlenschutz besitzt und
4. Nachweis, dass die bei der Tätigkeit sonst tätigen Personen das notwendige Wissen und die notwendigen Fertigkeiten im Hinblick auf die mögliche Strahlengefährdung und die anzuwendenden Schutzmaßnahmen besitzen.

²Erfolgt die Anzeige auf Grund einer Abschätzung nach § 55 Absatz 1 Satz 2 oder nach § 55 Absatz 2, so kann die zuständige Behörde im Einzelfall eine Frist für eine spätere Vorlage aller oder einzelner Unterlagen bestimmen.
(3) Die Absätze 1 und 2 sind entsprechend anzuwenden, wenn die angezeigte Tätigkeit wesentlich verändert wird.

§ 57 Prüfung der angezeigten Tätigkeit

(1) ¹Die zuständige Behörde prüft die Anzeige innerhalb von vier Wochen nach Eingang der Unterlagen. ²Teilt die Behörde dem Anzeigenden im Falle einer Abschätzung nach § 55 Absatz 1 Satz 1 vor Ablauf dieser Frist schriftlich mit, dass alle erforderlichen Nachweise erbracht sind, darf der Anzeigende die Tätigkeit bereits mit Erhalt der Mitteilung aufnehmen.
(2) Leitet die zuständige Behörde innerhalb der Frist nach Absatz 1 Satz 1 ein Verfahren zur Prüfung der Rechtfertigung nach § 7 ein, so setzt sie das Verfahren zur Prüfung der Anzeige für die Dauer des Verfahrens zur Prüfung der Rechtfertigung aus.
(3) Die zuständige Behörde kann die Tätigkeit untersagen, wenn
1. eine der nach § 56 Absatz 2 Satz 1 nachzuweisenden Anforderungen nicht oder nicht mehr erfüllt ist; dies gilt nach Ablauf der Frist nach Absatz 1 nur, wenn nicht in angemessener Zeit Abhilfe geschaffen wird,
2. Tatsachen vorliegen, aus denen sich Bedenken gegen die Zuverlässigkeit der zur Anzeige verpflichteten Person, ihres gesetzlichen Vertreters oder, bei juristischen Personen oder sonstigen Personenvereinigungen, der nach Gesetz, Satzung oder Gesellschaftsvertrag zur Vertretung oder Geschäftsführung berechtigten Person oder des Strahlenschutzbeauftragten ergeben,
3. Tatsachen vorliegen, aus denen sich Bedenken ergeben, ob das für die sichere Ausführung der Tätigkeit notwendige Personal vorhanden ist,
4. es sich um eine nicht gerechtfertigte Tätigkeitsart nach einer Rechtsverordnung nach § 6 Absatz 3 handelt oder wenn unter Berücksichtigung eines nach § 7 Absatz 2 veröffentlichten Berichts erhebliche Zweifel an der Rechtfertigung der Tätigkeitsart bestehen,
5. gegen die Vorschriften dieses Gesetzes oder der auf Grund dieses Gesetzes erlassenen Rechtsverordnungen oder gegen die darauf beruhenden Anordnungen und Verfügungen

der Aufsichtsbehörden erheblich oder wiederholt verstoßen wird und nicht in angemessener Zeit Abhilfe geschaffen wird oder
6. dies wegen einer erheblichen Gefährdung der Beschäftigten, Dritter oder der Allgemeinheit erforderlich ist.
(4) Kommt der auf Grund von § 55 Absatz 2 zur Abschätzung Verpflichtete der vollziehbaren behördlichen Anordnung nicht nach, so kann die zuständige Behörde die Tätigkeit ganz oder teilweise bis zur Erfüllung der Anordnung untersagen.

§ 58 Beendigung der angezeigten Tätigkeit
Wer eine nach § 56 Absatz 1 Satz 1 angezeigte Tätigkeit beendet oder derart verändert, dass eine Abschätzung nach § 55 Absatz 1 Satz 2 ergibt, dass die Körperdosis die Werte für die Einstufung als beruflich exponierte Person nicht mehr überschreiten kann, hat dies der zuständigen Behörde unverzüglich mitzuteilen.

§ 59 Externe Tätigkeit
(1) [1]Die Pflicht zur Abschätzung der Körperdosis nach § 55 Absatz 1 gilt entsprechend für denjenigen, der die dort genannten Tätigkeiten in einer fremden Betriebsstätte in eigener Verantwortung ausübt oder von Personen ausüben lässt, die unter seiner Aufsicht stehen. [2]Liegt für die fremde Betriebsstätte eine auf den Arbeitsplatz bezogene Abschätzung vor, so hat der Inhaber der Betriebsstätte eine Abschrift der Aufzeichnungen über die Abschätzung an den nach Satz 1 Verpflichten unverzüglich zu übermitteln. [3]§ 55 Absatz 2 und 3 gilt entsprechend.
(2) Ergibt die Abschätzung nach Absatz 1 Satz 1 oder 3, dass die Körperdosis einen der Werte für die Einstufung als beruflich exponierte Person überschreiten kann, so hat der nach Absatz 1 Satz 1 oder 3 Verpflichtete die Tätigkeit der zuständigen Behörde entsprechend § 56 Absatz 1 anzuzeigen.
(3) Der Anzeige nach Absatz 2 sind das Ergebnis der Abschätzung nach § 55 Absatz 1 und die folgenden Unterlagen beizufügen:
1. Nachweis, dass jeder Strahlenschutzbeauftragte die erforderliche Fachkunde im Strahlenschutz besitzt oder, falls ein Strahlenschutzbeauftragter nicht notwendig ist, der Anzeigende, sein gesetzlicher Vertreter oder, bei juristischen Personen oder sonstigen Personenvereinigungen, der nach Gesetz, Satzung oder Gesellschaftsvertrag zur Vertretung oder Geschäftsführung Berechtigte die erforderliche Fachkunde im Strahlenschutz besitzt,
2. Nachweis, dass die bei der Tätigkeit sonst tätigen Personen das notwendige Wissen und die notwendigen Fertigkeiten im Hinblick auf die mögliche Strahlengefährdung und die anzuwendenden Schutzmaßnahmen besitzen,
3. Nachweis, dass die beschäftigten Personen den Anordnungen der Strahlenschutzverantwortlichen und Strahlenschutzbeauftragten derjenigen Betriebsstätten, in denen eine nach § 56 Absatz 1 angezeigte Tätigkeit ausgeübt wird, Folge zu leisten haben, die diese infolge ihrer Pflichten nach diesem Gesetz und der auf Grund dieses Gesetzes erlassenen Rechtsverordnungen treffen und
4. Nachweis, dass für die Beschäftigung in denjenigen Betriebsstätten, für die eine Anzeige nach § 56 Absatz 1 nicht erstattet ist, die Ausrüstungen vorhanden und die Maßnahmen getroffen sind, die nach dem Stand der Technik erforderlich sind, damit die Schutzvorschriften eingehalten werden.
(4) § 56 Absatz 3 und die §§ 57 und 58 gelten für die nach Absatz 2 angezeigte Tätigkeit entsprechend.

Strahlenschutzgesetz §§ 60, 61

Unterabschnitt 2 Tätigkeiten mit Rückständen; Materialien

§ 60 Anfall, Verwertung oder Beseitigung von Rückständen

(1) ¹Wer in seiner Betriebsstätte industrielle und bergbauliche Prozesse durchführt oder durchführen lässt, bei denen jährlich mehr als insgesamt 2 000 Tonnen an Rückständen anfallen werden und verwertet oder beseitigt werden sollen, hat dies bei der zuständigen Behörde und der nach § 47 Absatz 1 Satz 1 des Kreislaufwirtschaftsgesetzes zuständigen Behörde zu Beginn jedes Kalenderjahrs anzumelden. ²Die Anmeldepflicht gilt entsprechend für denjenigen, der überwachungsbedürftige Rückstände, die im Ausland angefallen und ins Inland verbracht worden sind, verwertet oder zur Verwertung annimmt.

(2) ¹Der zur Anmeldung nach Absatz 1 Verpflichtete hat ein Konzept über die Verwertung und Beseitigung der Rückstände (Rückstandskonzept) zu erstellen und der zuständigen Behörde auf Verlangen vorzulegen. ²Das Rückstandskonzept hat Folgendes zu enthalten:
1. Angaben über Art, Masse, spezifische Aktivität und Verbleib der Rückstände, einschließlich Schätzungen der in den nächsten fünf Jahren anfallenden Rückstände, und
2. eine Darstellung der getroffenen und für die nächsten fünf Jahre geplanten Beseitigungs- oder Verwertungsmaßnahmen.

(3) Das Rückstandskonzept ist alle fünf Jahre oder auf Verlangen der zuständigen Behörde zu einem früheren Zeitpunkt fortzuschreiben.

(4) ¹Der zur Anmeldung nach Absatz 1 Verpflichtete hat jährlich für das vorangegangene Jahr eine Bilanz über Art, Masse, spezifische Aktivität und Verbleib der verwerteten und beseitigten Rückstände (Rückstandsbilanz) zu erstellen, fünf Jahre lang aufzubewahren und der zuständigen Behörde auf Verlangen vorzulegen. ²Ergänzend kann die zuständige Behörde die Vorlage entsprechender Nachweise nach § 21 des Kreislaufwirtschaftsgesetzes verlangen.

(5) Die zuständige Behörde kann verlangen, dass Form und Inhalt des Rückstandskonzeptes und der Rückstandsbilanz bestimmten Anforderungen genügen, und die sachliche Richtigkeit überprüfen.

§ 61 Anfall und Lagerung überwachungsbedürftiger Rückstände; Verordnungsermächtigung

(1) ¹Wer in eigener Verantwortung industrielle und bergbauliche Prozesse durchführt oder durchführen lässt, bei denen überwachungsbedürftige Rückstände anfallen, durch deren Lagerung, Verwertung oder Beseitigung für Einzelpersonen der Bevölkerung der Richtwert der effektiven Dosis von 1 Millisievert im Kalenderjahr überschritten werden kann, hat Maßnahmen zum Schutz der Bevölkerung zu ergreifen, um sicherzustellen, dass der Richtwert nicht überschritten wird, und sich hierzu von einer Person mit der erforderlichen Fachkunde im Strahlenschutz beraten zu lassen. ²Satz 1 gilt entsprechend für denjenigen, der überwachungsbedürftige Rückstände, die im Ausland angefallen und ins Inland verbracht worden sind, verwertet oder zur Verwertung annimmt.

(2) ¹Rückstände sind überwachungsbedürftig, wenn nicht sichergestellt ist, dass bei ihrer Beseitigung oder Verwertung die durch Rechtsverordnung nach Satz 2 festgelegten Überwachungsgrenzen und Verwertungs- und Beseitigungswege eingehalten werden. ²Die Bundesregierung wird ermächtigt, durch Rechtsverordnung mit Zustimmung des Bundesrates die für Rückstände geltenden Überwachungsgrenzen und heranzuziehenden Verwertungs- und Beseitigungswege festzulegen.

(3) ¹Anfallende Rückstände dürfen vor der beabsichtigten Beseitigung oder Verwertung nicht vermischt oder verdünnt werden, um die Überwachungsgrenzen gemäß Absatz 2

einzuhalten. ²Satz 1 gilt auch für im Ausland angefallene und zur Verwertung ins Inland verbrachte Rückstände.
(4) ¹Werden die überwachungsbedürftigen Rückstände auf dem Betriebsgelände des nach Absatz 1 Verpflichteten gelagert, so hat dieser die Lagerung bei der zuständigen Behörde anzumelden. ²Die Beendigung der Lagerung ist der zuständigen Behörde unverzüglich mitzuteilen.
(5) ¹Die zuständige Behörde kann verlangen, dass für die Rückstände, die nicht überwachungsbedürftig sind, die Einhaltung der durch Rechtsverordnung nach Absatz 2 Satz 2 bestimmten Überwachungsgrenzen und Verwertungs- und Beseitigungswege nachgewiesen wird. ²Sie kann hierfür technische Verfahren, geeignete Messverfahren und sonstige Anforderungen, insbesondere solche zur Ermittlung repräsentativer Messwerte der spezifischen Aktivität, festlegen.
(6) ¹Der nach Absatz 1 Verpflichtete hat Rückstände vor ihrer Beseitigung oder Verwertung gegen Abhandenkommen und vor dem Zugriff durch Unbefugte zu sichern. ²Sie dürfen an andere Personen nur zum Zweck der Beseitigung oder Verwertung abgegeben werden.
(7) Die grenzüberschreitende Verbringung von Rückständen ins Inland zur Beseitigung ist verboten.

§ 62 Entlassung von Rückständen aus der Überwachung; Verordnungsermächtigung

(1) ¹Der nach § 61 Absatz 1 Satz 1 Verpflichtete hat unter Angabe von Art, Masse und spezifischer Aktivität die beabsichtigte Verwertung oder Beseitigung der Rückstände bei der zuständigen Behörde unverzüglich anzumelden, sobald er deren Überwachungsbedürftigkeit nach § 61 Absatz 2 festgestellt hat. ²Eine Anmeldung nach Satz 1 ist entbehrlich, wenn wegen der Art und spezifischen Aktivität der überwachungsbedürftigen Rückstände eine Anzeige nach § 63 Absatz 1 erstattet wird.
(2) ¹Die zuständige Behörde entlässt auf Antrag des nach § 61 Absatz 1 Satz 1 Verpflichteten überwachungsbedürftige Rückstände zum Zweck einer bestimmten Verwertung oder Beseitigung aus der Überwachung, wenn
1. auf Grund der für die Verwertung oder Beseitigung getroffenen Maßnahmen der erforderliche Schutz der Bevölkerung vor Expositionen sichergestellt ist,
2. bei der Beseitigung oder Verwertung die Körperdosis der beruflich tätigen Personen die Werte für die Einstufung als beruflich exponierte Person nicht überschreiten kann und
3. keine Bedenken gegen die abfallrechtliche Zulässigkeit des vorgesehenen Verwertungs- oder Beseitigungsweges und seine Einhaltung bestehen.
²Die Entlassung aus der Überwachung erfolgt durch schriftlichen Bescheid.
(3) ¹Maßstab für den Schutz der Bevölkerung ist, dass als Richtwert für die Exposition von Einzelpersonen der Bevölkerung, die durch die Beseitigung oder Verwertung bedingt ist, eine effektive Dosis von 1 Millisievert im Kalenderjahr auch ohne weitere Maßnahmen nach Abschluss der Verwertung oder Beseitigung nicht überschritten wird. ²Sollen die überwachungsbedürftigen Rückstände als Bauprodukt verwertet werden, ist als Maßstab für den Schutz der Bevölkerung, dass die Anforderungen der §§ 133 bis 135 erfüllt sind.
(4) ¹Die Exposition bei Rückständen ist unter Anwendung der Grundsätze der Rechtsverordnung nach Absatz 6 Nummer 1 zu ermitteln. ²Eine abfallrechtliche Verwertung oder Beseitigung überwachungsbedürftiger Rückstände ohne Entlassung aus der Überwachung ist nicht zulässig.
(5) ¹Die Absätze 1 bis 4 gelten entsprechend für die Verbringung überwachungsbedürftiger Rückstände, die im Ausland angefallen sind. ²Wer beabsichtigt, im Ausland angefallene Rückstände zur Verwertung ins Inland zu verbringen, muss zuvor der zuständigen Behörde nachweisen, dass

Strahlenschutzgesetz §§ 62–64

1. die durch Rechtsverordnung nach § 61 Absatz 2 Satz 2 bestimmten Überwachungsgrenzen und Verwertungswege eingehalten werden oder
2. die Voraussetzungen der Entlassung aus der Überwachung zum Zweck einer bestimmten Verwertung vorliegen.

(6) Die Bundesregierung wird ermächtigt, durch Rechtsverordnung mit Zustimmung des Bundesrates
1. Grundsätze für die Ermittlung von Expositionen bei Rückständen festzulegen,
2. zu bestimmen, unter welchen Voraussetzungen die zuständige Behörde bei der Entlassung von Rückständen aus der Überwachung zur gemeinsamen Deponierung mit anderen Rückständen und Abfällen davon ausgehen kann, dass für die Exposition von Einzelpersonen der Bevölkerung, die durch die Beseitigung oder Verwertung bedingt ist, eine effektive Dosis im Bereich von 1 Millisievert im Kalenderjahr auch ohne weitere Maßnahmen nach Abschluss der Deponierung nicht überschritten wird und
3. zu bestimmen, in welchem Verfahren eine Entlassung überwachungsbedürftiger Rückstände aus der Überwachung erfolgt, insbesondere, wenn überwachungsbedürftige Rückstände als Bauprodukt verwertet werden sollen oder eine Verwertung oder Beseitigung in einem anderen Bundesland vorgesehen ist.

(7) Sofern eine Entlassung überwachungsbedürftiger Rückstände aus der Überwachung nach diesem Gesetz, dem Atomgesetz oder nach einer auf Grund dieses Gesetzes oder des Atomgesetzes erlassenen Rechtsverordnung die Beseitigung nach den Vorschriften des Kreislaufwirtschaftsgesetzes oder den auf dessen Grundlage oder auf der Grundlage des bis zum 1. Juni 2012 geltenden Kreislaufwirtschafts- und Abfallgesetzes erlassenen Rechtsverordnungen vorsieht, dürfen diese Rückstände nach den genannten Vorschriften nicht wieder verwendet oder verwertet werden.

§ 63 In der Überwachung verbleibende Rückstände; Verordnungsermächtigung

(1) ¹Ist eine Entlassung aus der Überwachung nach § 62 Absatz 2 nicht möglich, so hat der nach § 61 Absatz 1 Satz 1 Verpflichtete der zuständigen Behörde Art, Masse und spezifische Aktivität der in der Überwachung verbleibenden Rückstände sowie eine geplante Beseitigung oder Verwertung dieser Rückstände oder die Abgabe zu diesem Zweck innerhalb der Frist nach Satz 2 anzuzeigen. ²Die Anzeige hat nach Ablehnung eines Antrags nach § 62 Absatz 2 innerhalb eines Monats, anderenfalls unverzüglich, nachdem der Verpflichtete die Überwachungsbedürftigkeit nach § 61 Absatz 2 festgestellt hat, zu erfolgen.

(2) Die zuständige Behörde kann anordnen, dass und welche Schutzmaßnahmen zu treffen sind und wie die in der Überwachung verbleibenden Rückstände bei einer von ihr zu bestimmenden Stelle weiter zu behandeln oder zu lagern sind.

(3) Die Bundesregierung wird ermächtigt, durch Rechtsverordnung mit Zustimmung des Bundesrates festzulegen, auf welche Weise in der Überwachung verbleibende Rückstände zu beseitigen sind.

§ 64 Entfernung von Kontaminationen von Grundstücken

(1) ¹Wer industrielle oder bergbauliche Prozesse, bei denen überwachungsbedürftige Rückstände angefallen sind, beendet, hat Kontaminationen durch überwachungsbedürftige Rückstände vor Nutzung des Grundstücks durch Dritte, spätestens jedoch fünf Jahre nach Beendigung der Nutzung, so zu entfernen, dass die Rückstände keine Einschränkung der Nutzung begründen. ²Maßstab für eine Grundstücksnutzung ohne Einschränkungen ist, dass die Exposition, der Einzelpersonen der Bevölkerung durch die nicht entfernten Rückstände ausgesetzt sind, den Richtwert einer effektiven Dosis von 1 Millisievert im Kalenderjahr nicht überschreitet.

(2) ¹Der nach Absatz 1 Satz 1 Verpflichtete hat der zuständigen Behörde den Abschluss der Entfernung der Kontaminationen unter Beifügung geeigneter Nachweise nach Satz 2 innerhalb von drei Monaten mitzuteilen. ²Der Nachweis nach Satz 1 ist unter Anwendung der Grundsätze, die in einer Rechtsverordnung nach § 62 Absatz 6 Nummer 1 festgelegt werden, zu erbringen. ³Die Behörde kann verlangen, dass der Verbleib der entfernten Kontaminationen nachgewiesen wird.
(3) ¹Die zuständige Behörde kann im Einzelfall ganz oder teilweise von der Pflicht nach Absatz 1 befreien, wenn die vorgesehene Nutzung des Grundstücks oder Schutzmaßnahmen eine Exposition von mehr als 1 Millisievert effektive Dosis im Kalenderjahr für Einzelpersonen der Bevölkerung auch ohne Entfernung der Kontaminationen verhindern. ²Sie kann die Durchführung der Pflicht nach Absatz 1 auch zu einem späteren Zeitpunkt gestatten, wenn auf dem Grundstück weiterhin industrielle oder bergbauliche Prozesse nach § 61 Absatz 1 durchgeführt werden sollen.

§ 65 Überwachung sonstiger Materialien; Verordnungsermächtigung
(1) ¹Kann durch Tätigkeiten nach § 4 Absatz 1 Satz 1 Nummer 10 mit Materialien, die im Inland oder im Ausland angefallen und die keine Rückstände sind oder durch die Ausübung von industriellen oder bergbaulichen Prozessen, bei denen solche Materialien anfallen, die Exposition von Einzelpersonen der Bevölkerung so erheblich erhöht werden, dass Strahlenschutzmaßnahmen notwendig sind, kann die zuständige Behörde Anordnungen treffen. ²Sie kann insbesondere anordnen,
1. dass und welche Schutzmaßnahmen zu ergreifen sind,
2. dass und wie die Materialien bei einer von ihr zu bestimmenden Stelle weiter zu behandeln oder zu lagern sind oder
3. dass derjenige, der Materialien angenommen hat, die im Ausland angefallen und ins Inland verbracht worden sind, diese an den ursprünglichen Besitzer im Versandstaat zurückführt.
(2) Die Bundesregierung wird ermächtigt, durch Rechtsverordnung mit Zustimmung des Bundesrates festzulegen, auf welche Weise Materialien zu beseitigen sind.

§ 66 Mitteilungspflichten zur Betriebsorganisation
¹Besteht bei juristischen Personen das vertretungsberechtigte Organ aus mehreren Mitgliedern oder sind bei sonstigen Personenvereinigungen mehrere vertretungsberechtigte Personen vorhanden, so ist der zuständigen Behörde mitzuteilen, wer von ihnen die Verpflichtungen nach diesem Unterabschnitt wahrnimmt. ²Die Gesamtverantwortung aller Organmitglieder oder vertretungsberechtigter Mitglieder der Personenvereinigung bleibt hiervon unberührt.

ABSCHNITT 9 Ausnahme

§ 67 Ausnahme von dem Erfordernis der Genehmigung und der Anzeige
Wer als Arbeitnehmer oder Arbeitnehmerin oder anderweitig unter der Aufsicht stehend im Rahmen einer nach diesem Gesetz genehmigungs- oder anzeigebedürftigen Tätigkeit beschäftigt wird, bedarf weder einer Genehmigung noch hat er oder sie eine Anzeige zu erstatten.

Kapitel 3 Freigabe

§ 68 Verordnungsermächtigung; Verwendungs- und Verwertungsverbot

(1) ¹Die Bundesregierung wird ermächtigt, durch Rechtsverordnung mit Zustimmung des Bundesrates zu bestimmen,
1. unter welchen Voraussetzungen und mit welchen Nebenbestimmungen sowie in welchem Verfahren eine Freigabe radioaktiver Stoffe zum Zweck der Entlassung aus der Überwachung nach diesem Gesetz oder einer auf Grund dieses Gesetzes erlassenen Rechtsverordnung erfolgt,
2. wer die Freigabe beantragen kann und
3. welche Pflichten im Zusammenhang mit der Freigabe zu beachten sind, insbesondere dass und auf welche Weise über diese Stoffe Buch zu führen und der zuständigen Behörde Mitteilung zu erstatten ist.

¹In der Rechtsverordnung können auch das Verfahren und die Mitteilungspflichten für die Fälle geregelt werden, in denen die Voraussetzungen für die Freigabe nicht mehr bestehen.
(2) Sofern eine Freigabe radioaktiver Stoffe nach einer auf Grund dieses Gesetzes erlassenen Rechtsverordnung die Beseitigung nach den Vorschriften des Kreislaufwirtschaftsgesetzes oder den auf dessen Grundlage oder auf der Grundlage des bis zum 1. Juni 2012 geltenden Kreislaufwirtschafts- und Abfallgesetzes erlassenen Rechtsverordnungen vorsieht, dürfen diese Stoffe nach den genannten Vorschriften nicht wieder verwendet oder verwertet werden.

Kapitel 4 Betriebliche Organisation des Strahlenschutzes

§ 69 Strahlenschutzverantwortlicher

(1) Strahlenschutzverantwortlicher ist, wer
1. einer Genehmigung nach § 10, § 12 Absatz 1, § 25 oder § 27, einer Genehmigung nach den §§ 4, 6, 7 oder 9 des Atomgesetzes, der Planfeststellung nach § 9b des Atomgesetzes oder der Genehmigung nach § 9b Absatz 1a des Atomgesetzes bedarf,
2. eine Tätigkeit nach § 5 des Atomgesetzes ausübt,
3. eine Anzeige nach den §§ 17, 19, 22, 26, 50, 52, 56 oder 59 zu erstatten hat oder
4. auf Grund des § 12 Absatz 4 keiner Genehmigung nach § 12 Absatz 1 Nummer 3 bedarf.

(2) ¹Handelt es sich bei dem Strahlenschutzverantwortlichen um eine juristische Person oder um eine rechtsfähige Personengesellschaft, so werden die Aufgaben des Strahlenschutzverantwortlichen von der durch Gesetz, Satzung oder Gesellschaftsvertrag zur Vertretung berechtigten Person wahrgenommen. ²Besteht das vertretungsberechtigte Organ aus mehreren Mitgliedern oder sind bei sonstigen Personenvereinigungen mehrere vertretungsberechtigte Personen vorhanden, so ist der zuständigen Behörde mitzuteilen, welche dieser Personen die Aufgaben des Strahlenschutzverantwortlichen wahrnimmt. ³Die Gesamtverantwortung aller Organmitglieder oder Mitglieder der Personenvereinigung bleibt hiervon unberührt.

§ 70 Strahlenschutzbeauftragter

(1) ¹Der Strahlenschutzverantwortliche hat für die Leitung oder Beaufsichtigung einer Tätigkeit die erforderliche Anzahl von Strahlenschutzbeauftragten unverzüglich schriftlich zu bestellen, soweit dies für die Gewährleistung des Strahlenschutzes bei der Tätigkeit notwendig ist. ²Der Strahlenschutzverantwortliche bleibt auch im Falle einer solchen Bestellung für die Einhaltung der Pflichten, die ihm durch dieses Gesetz und durch die auf seiner Grundlage erlassenen Rechtsverordnungen auferlegt sind, verantwortlich.

(2) ¹Der Strahlenschutzverantwortliche hat bei der Bestellung eines Strahlenschutzbeauftragten dessen Aufgaben, dessen innerbetrieblichen Entscheidungsbereich und die zur Aufgabenwahrnehmung erforderlichen Befugnisse schriftlich festzulegen. ²Dem Strahlenschutzbeauftragten obliegen die Pflichten, die ihm durch dieses Gesetz und durch die auf dessen Grundlage ergangenen Rechtsverordnungen auferlegt sind, nur im Rahmen seiner Befugnisse.
(3) Es dürfen nur Personen zu Strahlenschutzbeauftragten bestellt werden, bei denen keine Tatsachen vorliegen, aus denen sich Bedenken gegen ihre Zuverlässigkeit ergeben und die die erforderliche Fachkunde im Strahlenschutz besitzen.
(4) ¹Die Bestellung eines Strahlenschutzbeauftragten hat der Strahlenschutzverantwortliche der zuständigen Behörde unter Angabe der festgelegten Aufgaben und Befugnisse unverzüglich schriftlich mitzuteilen. ²Der Mitteilung ist die Bescheinigung über die erforderliche Fachkunde im Strahlenschutz beizufügen. ³Dem Strahlenschutzbeauftragten und dem Betriebsrat oder dem Personalrat ist je eine Abschrift der Mitteilung zu übermitteln. ⁴Die Sätze 1 und 3 gelten entsprechend im Falle der Änderung der Aufgaben oder Befugnisse eines Strahlenschutzbeauftragten sowie im Falle des Ausscheidens des Strahlenschutzbeauftragten aus seiner Funktion. ⁵Satz 2 gilt im Falle der Änderung entsprechend, falls es eine Erweiterung der Aufgaben oder Befugnisse eines Strahlenschutzbeauftragten gibt.
(5) Die zuständige Behörde kann gegenüber dem Strahlenschutzverantwortlichen feststellen, dass eine Person nicht als Strahlenschutzbeauftragter anzusehen ist, wenn die Person auf Grund unzureichender Befugnisse, unzureichender Fachkunde im Strahlenschutz, fehlender Zuverlässigkeit oder aus anderen Gründen ihre Pflichten als Strahlenschutzbeauftragter nur unzureichend erfüllen kann.
(6) ¹Der Strahlenschutzbeauftragte darf bei der Erfüllung seiner Pflichten nicht behindert und wegen deren Erfüllung nicht benachteiligt werden. ²Steht der Strahlenschutzbeauftragte in einem Arbeitsverhältnis mit dem zur Bestellung verpflichteten Strahlenschutzverantwortlichen, so ist die Kündigung des Arbeitsverhältnisses unzulässig, es sei denn, es liegen Tatsachen vor, die den Strahlenschutzverantwortlichen zur Kündigung aus wichtigem Grund ohne Einhaltung einer Kündigungsfrist berechtigen. ³Nach der Abberufung als Strahlenschutzbeauftragter ist die Kündigung innerhalb eines Jahres nach der Beendigung der Bestellung unzulässig, es sei denn, der Strahlenschutzverantwortliche ist zur Kündigung aus wichtigem Grund ohne Einhaltung einer Kündigungsfrist berechtigt.
(7) Strahlenschutzbeauftragte, die für das Aufsuchen, das Gewinnen oder das Aufbereiten radioaktiver Bodenschätze zu bestellen sind, müssen als verantwortliche Person zur Leitung oder Beaufsichtigung des Betriebes oder eines Betriebsteiles nach § 58 Absatz 1 Nummer 2 des Bundesberggesetzes bestellt sein, wenn auf diese Tätigkeiten die Vorschriften des Bundesberggesetzes Anwendung finden.

§ 71 Betriebliche Zusammenarbeit im Strahlenschutz

(1) Der Strahlenschutzverantwortliche hat den Strahlenschutzbeauftragten unverzüglich über alle Verwaltungsakte und Maßnahmen, die Aufgaben oder Befugnisse des Strahlenschutzbeauftragten betreffen, zu unterrichten.
(2) ¹Der Strahlenschutzbeauftragte hat dem Strahlenschutzverantwortlichen unverzüglich alle Mängel mitzuteilen, die den Strahlenschutz beeinträchtigen. ²Kann sich der Strahlenschutzbeauftragte über eine von ihm vorgeschlagene Maßnahme zur Behebung von aufgetretenen Mängeln mit dem Strahlenschutzverantwortlichen nicht einigen, so hat dieser dem Strahlenschutzbeauftragten die Ablehnung des Vorschlages schriftlich mitzuteilen und zu begründen; dem Betriebsrat oder dem Personalrat sowie der zuständigen Behörde hat der Strahlenschutzverantwortliche je eine Abschrift der Mitteilung einschließlich der Begründung zu

übermitteln. ³Unterbleibt die Mitteilung oder die Übermittlung an die zuständige Behörde, so kann der Strahlenschutzbeauftragte sich direkt an die zuständige Behörde wenden.
(3) ¹Der Strahlenschutzverantwortliche und der Strahlenschutzbeauftragte haben bei der Wahrnehmung ihrer Aufgaben mit dem Betriebsrat oder dem Personalrat, den Fachkräften für Arbeitssicherheit und dem ermächtigten Arzt nach § 79 Absatz 1 Satz 2 Nummer 9 Buchstabe a zusammenzuarbeiten und sie über wichtige Angelegenheiten des Strahlenschutzes zu unterrichten. ²Der Strahlenschutzbeauftragte hat den Betriebsrat oder Personalrat auf dessen Verlangen in Angelegenheiten des Strahlenschutzes zu beraten.

§ 72 Weitere Pflichten des Strahlenschutzverantwortlichen und des Strahlenschutzbeauftragten; Verordnungsermächtigung

(1) ¹Der Strahlenschutzverantwortliche hat bei Tätigkeiten nach § 4 Absatz 1 Satz 1 Nummer 1 bis 7 und 9 unter Beachtung des Standes von Wissenschaft und Technik, bei Tätigkeiten nach § 4 Absatz 1 Satz 1 Nummer 8, 10 und 11 unter Beachtung des Standes der Technik, zum Schutz des Menschen und der Umwelt vor den schädlichen Wirkungen ionisierender Strahlung durch geeignete Schutzmaßnahmen, insbesondere durch Bereitstellung geeigneter Räume, Ausrüstungen und Geräte, durch geeignete Regelung des Betriebsablaufs und durch Bereitstellung ausreichenden und geeigneten Personals, dafür zu sorgen, dass
1. im Sinne des § 8 Absatz 1 jede unnötige Exposition oder Kontamination von Mensch und Umwelt vermieden wird und im Sinne des § 8 Absatz 2 jede Exposition oder Kontamination von Mensch und Umwelt unter Berücksichtigung aller Umstände des Einzelfalls auch unterhalb der Grenzwerte so gering wie möglich gehalten wird;
2. die folgenden Vorschriften eingehalten werden:
    a) § 27 Absatz 3, § 77 Satz 1, § 78 Absatz 1 bis 4, § 80 Absatz 1 und 2, § 83 Absatz 1, 3 Satz 1 und 4 und Absatz 5 und § 166 sowie nach Maßgabe des § 115 Absatz 1 Nummer 1 und Absatz 2 Nummer 1 die Vorschriften der §§ 113, 114 und 116 und
    b) § 76 Absatz 2, § 85 Absatz 1 bis 3, § 90 Absatz 2, die §§ 167 und 168;
3. die Vorschriften und Schutzvorschriften einer auf Grund der §§ 24, 37 Absatz 1, von § 68 Absatz 1, der §§ 73, 76 Absatz 1, von § 79 Absatz 1, der §§ 81, 82, 85 Absatz 4, der §§ 86, 87, 89, 90 Absatz 1, von § 170 Absatz 9, § 171 erlassenen Rechtsverordnung eingehalten werden, soweit die Rechtsverordnung dies bestimmt, und
4. die erforderlichen Maßnahmen gegen ein unbeabsichtigtes Kritischwerden von Kernbrennstoffen getroffen werden.

²Für Tätigkeiten nach § 4 Absatz 1 Satz 2 gilt Satz 1 entsprechend.
(2) ¹Der Strahlenschutzbeauftragte hat dafür zu sorgen, dass
1. im Rahmen der ihm nach § 70 Absatz 2 übertragenen Aufgaben und Befugnisse
    a) die in Absatz 1 Satz 1 Nummer 1 und 2 genannten Vorschriften eingehalten werden,
    b) die in Absatz 1 Satz 1 Nummer 3 genannten Vorschriften und Schutzvorschriften eingehalten werden,
    soweit nicht auf Grund der Rechtsverordnung nach Satz 2 allein der Strahlenschutzverantwortliche für die Einhaltung zu sorgen hat, und
2. die Bestimmungen des Bescheides über die Genehmigung, Freigabe oder Bauartzulassung und die von der zuständigen Behörde erlassenen Anordnungen und Auflagen eingehalten werden, soweit ihm deren Durchführung und Erfüllung nach § 70 Absatz 2 übertragen worden sind.

²Die Bundesregierung wird ermächtigt, durch Rechtsverordnung mit Zustimmung des Bundesrates festzulegen, dass für die Einhaltung bestimmter in Absatz 1 Satz 1 Nummer 3 genannter Vorschriften und Schutzvorschriften allein der Strahlenschutzverantwortliche zu sorgen hat. ³

Die Bundesregierung wird ermächtigt, durch Rechtsverordnung mit Zustimmung des Bundesrates festzulegen, wie die Befugnisse des nach § 29 Absatz 1 Satz 1 Nummer 3 erforderlichen Strahlenschutzbeauftragten auszugestalten sind.
(3) Der Strahlenschutzverantwortliche und der Strahlenschutzbeauftragte haben dafür zu sorgen, dass bei Gefahr für Mensch und Umwelt unverzüglich geeignete Maßnahmen zur Abwendung dieser Gefahr getroffen werden.

§ 73 Verordnungsermächtigung für den Erlass einer Strahlenschutzanweisung
Die Bundesregierung wird ermächtigt, durch Rechtsverordnung mit Zustimmung des Bundesrates festzulegen, dass der Strahlenschutzverantwortliche eine Strahlenschutzanweisung zu erlassen hat und welchen Inhalt die Strahlenschutzanweisung haben muss.

§ 74 Erforderliche Fachkunde und Kenntnisse im Strahlenschutz; Verordnungsermächtigungen
(1) Die erforderliche Fachkunde im Strahlenschutz wird in der Regel durch eine für das jeweilige Anwendungsgebiet geeignete Ausbildung, durch praktische Erfahrung und durch die erfolgreiche Teilnahme an von der zuständigen Stelle anerkannten Kursen erworben.
(2) ^{1}Die erforderlichen Kenntnisse im Strahlenschutz werden in der Regel durch eine für das jeweilige Anwendungsgebiet geeignete Einweisung und durch praktische Erfahrung erworben. ^{2}Die in einer Rechtsverordnung nach Absatz 4 Nummer 5 bestimmten Personen erwerben in der Regel die erforderlichen Kenntnisse im Strahlenschutz durch eine geeignete Ausbildung, durch praktische Erfahrung und durch die erfolgreiche Teilnahme an von der zuständigen Stelle anerkannten Kursen.
(3) Die Bundesregierung wird ermächtigt, durch Rechtsverordnung mit Zustimmung des Bundesrates Näheres über die erforderliche Fachkunde und die erforderlichen Kenntnisse im Strahlenschutz in Abhängigkeit von dem Anwendungsgebiet und den Aufgaben der Person, die die erforderliche Fachkunde im Strahlenschutz oder die erforderlichen Kenntnisse im Strahlenschutz besitzen muss, festzulegen.
(4) Die Bundesregierung wird auch ermächtigt, durch Rechtsverordnung mit Zustimmung des Bundesrates zu bestimmen,
1. welche Nachweise über die erforderliche Fachkunde im Strahlenschutz oder die erforderlichen Kenntnisse im Strahlenschutz zu erbringen sind,
2. dass und auf welche Weise das Vorliegen der erforderlichen Fachkunde im Strahlenschutz oder der erforderlichen Kenntnisse im Strahlenschutz geprüft und bescheinigt wird,
3. welche Anforderungen an die Anerkennung von Kursen zum Erwerb der erforderlichen Fachkunde im Strahlenschutz oder der erforderlichen Kenntnisse im Strahlenschutz, an die Anerkennung einer Berufsausbildung, die den Erwerb der erforderlichen Fachkunde im Strahlenschutz oder der erforderlichen Kenntnisse im Strahlenschutz beinhaltet, sowie an Kurse zu ihrer Aktualisierung zu stellen sind,
4. welche Inhalte in den Kursen zum Erwerb der erforderlichen Fachkunde im Strahlenschutz oder der erforderlichen Kenntnisse im Strahlenschutz und zu ihrer Aktualisierung zu vermitteln sind,
5. welche Personen die erforderlichen Kenntnisse im Strahlenschutz nach Absatz 2 Satz 2 zu erwerben haben,
6. dass, in welchen Abständen und auf welche Weise Personen die erforderliche Fachkunde oder Kenntnisse im Strahlenschutz zu aktualisieren haben,
7. unter welchen Voraussetzungen eine vergleichbare Fachkunde im Strahlenschutz oder vergleichbare Kenntnisse im Strahlenschutz, die außerhalb des Geltungsbereichs dieses

Strahlenschutzgesetz §§ 74–76

Gesetzes erworben wurden, oder die Teilnahme an einem Kurs, der außerhalb des Geltungsbereichs dieses Gesetzes stattgefunden hat, anerkannt werden können,
8. unter welchen Voraussetzungen die zuständige Stelle eine Bescheinigung über die erforderliche Fachkunde im Strahlenschutz oder die erforderlichen Kenntnisse im Strahlenschutz entziehen kann, die Fortgeltung der Bescheinigung mit Auflagen versehen kann oder eine Überprüfung der Fachkunde oder der Kenntnisse veranlassen kann und
9. welche Pflichten für Kursanbieter in Bezug auf die Zusammenarbeit mit den zuständigen Stellen und Behörden gelten.

§ 75 Überprüfung der Zuverlässigkeit

Für die Überprüfung der Zuverlässigkeit von Personen zum Schutz gegen unbefugte Handlungen, die zu einer Entwendung oder Freisetzung sonstiger radioaktiver Stoffe führen können, sind § 12b des Atomgesetzes und die Atomrechtliche Zuverlässigkeitsüberprüfungs-Verordnung anzuwenden.

Kapitel 5 Anforderungen an die Ausübung von Tätigkeiten

§ 76 Verordnungsermächtigungen für die physikalische Strahlenschutzkontrolle und Strahlenschutzbereiche; Aufzeichnungs- und Mitteilungspflichten der Daten der Körperdosis

(1) ¹Die Bundesregierung wird ermächtigt, durch Rechtsverordnung mit Zustimmung des Bundesrates Anforderungen an die physikalische Strahlenschutzkontrolle festzulegen sowie Vorgaben für Überwachungsbereiche, Kontrollbereiche und Sperrbereiche als Teil des Kontrollbereichs (Strahlenschutzbereiche) und den Schutz von Personen, die sich in Strahlenschutzbereichen aufhalten, zu machen. ²In der Rechtsverordnung kann insbesondere festgelegt werden,
1. wann Strahlenschutzbereiche einzurichten sind und welche Merkmale sie erfüllen müssen,
2. wie Strahlenschutzbereiche abzugrenzen, zu sichern und zu kennzeichnen sind,
3. unter welchen Bedingungen Personen der Zutritt zu Strahlenschutzbereichen erlaubt wird,
4. dass Personen vor dem Zutritt zu Strahlenschutzbereichen, vor dem Einsatz als fliegendes oder raumfahrendes Personal oder vor dem Umgang mit radioaktiven Stoffen oder vor dem Betrieb von Anlagen zur Erzeugung ionisierender Strahlung, Röntgeneinrichtungen oder Störstrahlern oder vor der Beförderung radioaktiver Stoffe zu unterweisen sind, welchen Inhalt die Unterweisungen haben müssen, in welchen Zeitabständen die Unterweisung zu erfolgen hat,
5. dass aufzuzeichnen ist, wer an der Unterweisung nach Nummer 4 teilgenommen hat, wie lange die Aufzeichnung aufzubewahren und unter welchen Voraussetzungen sie der zuständigen Behörde vorzulegen ist,
6. dass persönliche Schutzausrüstungen zu verwenden sind und welche persönlichen Schutzausrüstungen zu verwenden sind,
7. dass und wie die messtechnische Überwachung zu erfolgen hat, einschließlich der Verwendung bestimmter Strahlungsmessgeräte,
8. wie Personen, die sich in Strahlenschutzbereichen aufhalten oder aufgehalten haben, zu überwachen sind, einschließlich der Pflicht dieser Personen, Dosimeter zu tragen,
9. dass aufzuzeichnen ist, wer sich in Strahlenschutzbereichen aufgehalten hat und welche Ergebnisse die Überwachung hat, dass und wie lange die Aufzeichnungen aufzubewahren sind, dass und unter welchen Voraussetzungen sie der zuständigen Behörde vorzulegen sind und unter welchen Voraussetzungen die Ergebnisse der Überwachung ermächtigten Ärzten und Arbeitgebern mitzuteilen sind,

10. dass und in welchem Umfang Personen, die einer beruflichen Exposition ausgesetzt sein können oder die sich in einem Strahlenschutzbereich aufhalten oder aufgehalten haben, verpflichtet sind, sich Messungen zur Bestimmung der Körperdosis, ärztlicher Untersuchung und, soweit zum Schutz anderer Personen oder der Allgemeinheit erforderlich, ärztlicher Behandlung zu unterziehen,.und dass die Untersuchung oder die Behandlung durch ermächtigte Ärzte vorzunehmen ist,
11. dass, wie und durch wen die Körperdosis zu ermitteln ist,
12. welche technischen und organisatorischen Anforderungen für die nach Absatz 2, nach § 85 Absatz 1 Nummer 3 Buchstabe b sowie nach den §§ 167 und 168 erforderliche Aufzeichnung, Aufbewahrung, Weitergabe und Übermittlung der ermittelten Daten zur Körperdosis gelten,
13. welche Dosimeter zur Messung der beruflichen Exposition verwendet werden dürfen und dass sie der zu überwachenden Person zur Verfügung zu stellen sind,
14. welche Anforderungen an die Anerkennung eines Rechenprogramms zur Ermittlung der Körperdosis des fliegenden Personals zu stellen sind,
15. welche Schutzmaßnahmen in Strahlenschutzbereichen und beim Verlassen von Strahlenschutzbereichen zu ergreifen sind, um Kontaminationen von Personen und Gegenständen festzustellen und zu beseitigen sowie Aktivierungen von Gegenständen festzustellen und welche Werte der oberflächenspezifischen und spezifischen Aktivität hierfür heranzuziehen sind sowie welche Anforderungen an mit der Dekontamination betraute Personen zu stellen sind,
16. welche Vorkehrungen zum Schutz der Feuerwehr vor der schädlichen Wirkung ionisierender Strahlung bei der Brandbekämpfung zu treffen sind und
17. welche weiteren Aufzeichnungs-, Aufbewahrungs-, Mitteilungs- und Vorlagepflichten im Zusammenhang mit den Pflichten nach den Nummern 1 bis 16 bestehen.
³Die Rechtsverordnung kann auch diejenigen Vorschriften der Rechtsverordnung festlegen, für deren Einhaltung der Strahlenschutzverantwortliche zu sorgen hat.
(2) ¹Der Strahlenschutzverantwortliche hat dafür zu sorgen, dass die Ergebnisse der nach der Rechtsverordnung nach Absatz 1 Satz 2 Nummer 11 ermittelten Daten zur Körperdosis von Personen, die der physikalischen Strahlenschutzkontrolle unterliegen oder sich in Strahlenschutzbereichen aufgehalten haben und weder einer beruflichen Exposition unterliegen noch Betreuungs- und Begleitpersonen sind, unverzüglich aufgezeichnet werden. ²Die Aufzeichnungen sind zehn Jahre ab dem Zeitpunkt der Erstellung aufzubewahren und der zuständigen Behörde auf Verlangen vorzulegen.
(3) Das Grundrecht auf körperliche Unversehrtheit (Artikel 2 Absatz 2 Satz 1 des Grundgesetzes) wird nach Maßgabe des Absatzes 1 Satz 2 Nummer 10 eingeschränkt.

§ 77 Grenzwert für die Berufslebensdosis
¹Der Grenzwert für die Summe der in allen Kalenderjahren ermittelten effektiven Dosen beruflich exponierter Personen beträgt 400 Millisievert. ²Die zuständige Behörde kann im Benehmen mit einem ermächtigten Arzt eine zusätzliche berufliche Exposition zulassen, wenn diese nicht mehr als 10 Millisievert effektive Dosis im Kalenderjahr beträgt und die beruflich exponierte Person einwilligt. ³Die Einwilligung ist schriftlich zu erteilen.

§ 78 Grenzwerte für beruflich exponierte Personen
(1) ¹Der Grenzwert der effektiven Dosis beträgt für beruflich exponierte Personen 20 Millisievert im Kalenderjahr. ²Die zuständige Behörde kann im Einzelfall für ein einzelnes Jahr eine effektive Dosis von 50 Millisievert zulassen, wobei in fünf aufeinander folgenden Jahren insgesamt 100 Millisievert nicht überschritten werden dürfen.

Strahlenschutzgesetz §§ 78, 79

(2) [1]Der Grenzwert der Organ-Äquivalentdosis beträgt für beruflich exponierte Personen
1. für die Augenlinse 20 Millisievert im Kalenderjahr,
2. für die Haut, gemittelt über jede beliebige Hautfläche von einem Quadratzentimeter, unabhängig von der exponierten Fläche, (lokale Hautdosis) 500 Millisievert im Kalenderjahr und
3. für die Hände, die Unterarme, die Füße und Knöchel jeweils 500 Millisievert im Kalenderjahr.
[2]Für die Organ-Äquivalentdosis der Augenlinse gilt Absatz 1 Satz 2 entsprechend.
(3) [1]Für beruflich exponierte Personen unter 18 Jahren beträgt der Grenzwert der effektiven Dosis 1 Millisievert im Kalenderjahr. [2]Der Grenzwert der Organ-Äquivalentdosis beträgt
1. für die Augenlinse 15 Millisievert im Kalenderjahr,
2. für die lokale Hautdosis 50 Millisievert im Kalenderjahr,
3. für die Hände, die Unterarme, die Füße und Knöchel jeweils 50 Millisievert im Kalenderjahr.
[3]Abweichend davon kann die zuständige Behörde für Auszubildende und Studierende im Alter zwischen 16 und 18 Jahren einen Grenzwert von 6 Millisievert im Kalenderjahr für die effektive Dosis und jeweils 150 Millisievert im Kalenderjahr für die Organ-Äquivalentdosis der Haut, der Hände, der Unterarme, der Füße und Knöchel zulassen, wenn dies zur Erreichung des Ausbildungszieles notwendig ist.
(4) [1]Bei gebärfähigen Frauen beträgt der Grenzwert für die Organ-Äquivalentdosis der Gebärmutter 2 Millisievert im Monat. [2]Für ein ungeborenes Kind, das auf Grund der Beschäftigung der Mutter einer Exposition ausgesetzt ist, beträgt der Grenzwert der effektiven Dosis vom Zeitpunkt der Mitteilung über die Schwangerschaft bis zu deren Ende 1 Millisievert.
(5) Die Befugnis der zuständigen Behörde nach der Rechtsverordnung nach § 79 Absatz 1 Satz 2 Nummer 1, unter außergewöhnlichen, im Einzelfall zu beurteilenden Umständen zur Durchführung notwendiger spezifischer Arbeitsvorgänge Expositionen zuzulassen, die von den Grenzwerten der Absätze 1 und 2 und Absatz 4 Satz 1 abweichen, bleibt unberührt.

§ 79 Verordnungsermächtigung für die berufliche Exposition; Führung einer Gesundheitsakte

(1) [1]Die Bundesregierung wird ermächtigt, durch Rechtsverordnung mit Zustimmung des Bundesrates festzulegen, welche Vorsorge- und Überwachungsmaßnahmen für den Schutz von Personen, die einer beruflichen Exposition unterliegen, zu treffen sind. [2]In der Rechtsverordnung kann insbesondere festgelegt werden,
1. unter welchen Voraussetzungen eine Weiterbeschäftigung als beruflich exponierte Person bei Grenzwertüberschreitung zulässig ist und unter welchen Voraussetzungen von den Grenzwerten abweichende Expositionen zugelassen werden können,
2. in welchen Fällen, auf welche Weise und durch wen Dosisrichtwerte für berufliche Expositionen festgelegt werden können und wer diese Dosisrichtwerte bei der Durchführung von Strahlenschutzmaßnahmen zu berücksichtigen hat,
3. dass und wie Schutzvorkehrungen vor äußerer und innerer Exposition getroffen werden, welche Beschäftigungsverbote und Beschäftigungsbeschränkungen für Personen unter 18 Jahren gelten sowie Ausnahmen von diesen Verboten und Beschränkungen,
4. welche besonderen Schutzmaßnahmen für eine schwangere oder stillende Frau und ihr Kind zu treffen sind,
5. dass Personen zum Zweck der Kontrolle und ärztlichen Überwachung Kategorien zugeordnet werden,
6. in welchen Fällen Personen nur nach Vorlage einer Bescheinigung ermächtigter Ärzte so beschäftigt werden dürfen, dass sie einer beruflichen Exposition ausgesetzt sind, und

471

dass die zuständige Behörde bei gesundheitlichen Bedenken gegen eine solche Beschäftigung nach Einholung eines Gutachtens ärztlicher Sachverständiger entscheidet, dass die ärztliche Untersuchung in regelmäßigen Abständen zu wiederholen ist und auch in kürzeren Abständen sowie nach Beendigung des Arbeitsverhältnisses angeordnet werden kann,
7. welche Unterlagen, einschließlich der Gesundheitsakte nach Nummer 10, ein ermächtigter Arzt für die Anfertigung der Bescheinigung nach Nummer 6 heranzuziehen hat, welche Angaben die Bescheinigung enthalten muss und welches Verfahren bei der Ausstellung der Bescheinigung zu beachten ist,
8. in welchen Fällen bei einer Person eine besondere ärztliche Überwachung durchzuführen ist und wie diese durchzuführen ist,
9. dass und unter welchen Voraussetzungen
    a) die zuständige Behörde Ärzte zur ärztlichen Überwachung exponierter Personen ermächtigen darf (ermächtigte Ärzte),
    b) die Ermächtigung befristet werden kann,
10. welche Aufgaben und Verpflichtungen, einschließlich der Pflicht zur Führung von Gesundheitsakten, die ermächtigten Ärzte haben,
11. dass und unter welchen Voraussetzungen ein ermächtigter Arzt
    a) die Bescheinigung nach Nummer 6 dem Strahlenschutzverantwortlichen, der untersuchten Person, einem anderen ermächtigten Arzt und der zuständigen Behörde zu übermitteln hat,
    b) die Gesundheitsakte einem anderen ermächtigten Arzt und, bei Beendigung der Ermächtigung, einer von der zuständigen Behörde benannten Stelle zu übermitteln hat,
12. dass bei der Aufstellung der Arbeitspläne für das fliegende Personal der ermittelten Exposition im Hinblick auf eine Verringerung der Dosen Rechnung zu tragen ist,
13. welche weiteren Aufzeichnungs-, Aufbewahrungs-, Mitteilungs- und Vorlagepflichten im Zusammenhang mit den Pflichten nach den Nummern 1 bis 12 bestehen.

[3]Die Rechtsverordnung kann auch diejenigen Vorschriften der Rechtsverordnung festlegen, für deren Einhaltung der Strahlenschutzverantwortliche zu sorgen hat.
(2) Die Gesundheitsakte nach der Rechtsverordnung nach Absatz 1 Satz 2 Nummer 10 hat die folgenden Angaben zu enthalten:
1. Angaben über die Arbeitsbedingungen,
2. Angaben über die Ergebnisse der ärztlichen Überwachung,
3. die ärztliche Bescheinigung nach Absatz 1 Satz 2 Nummer 6,
4. Angaben über die Ergebnisse der besonderen ärztlichen Überwachung nach Absatz 1 Satz 2 Nummer 8,
5. Angaben über die Entscheidung der zuständigen Behörde auf Grund der Rechtsverordnung nach Absatz 1 Satz 2 Nummer 6,
    a) dass die ärztliche Überwachung innerhalb eines kürzeren Zeitraums als dem in der Rechtsverordnung festgelegten Zeitraum durchzuführen ist,
    b) bei gesundheitlichen Bedenken gegen eine Beschäftigung, einschließlich des Gutachtens des ärztlichen Sachverständigen, und
6. Angaben über die erhaltene Körperdosis.
(3) [1]Die Gesundheitsakte ist während der Tätigkeit der beruflich exponierten Person auf dem neuesten Stand zu halten. [2]Sie ist so lange aufzubewahren, bis die Person das 75. Lebensjahr vollendet hat oder vollendet hätte, mindestens jedoch 30 Jahre nach Beendigung der Wahrnehmung von Aufgaben als beruflich exponierte Person. [3]Sie ist spätestens 100 Jahre nach der Geburt der überwachten Person zu vernichten.

(4) ¹Der ermächtigte Arzt nach Absatz 1 Satz 2 Nummer 9 Buchstabe a ist verpflichtet, die Gesundheitsakte auf Verlangen der zuständigen Behörde einer von ihr bestimmten Stelle zur Einsicht vorzulegen und bei Beendigung der Ermächtigung zu übergeben. ²Dabei ist durch geeignete Maßnahmen sicherzustellen, dass die Wahrung des Patientengeheimnisses durch die bestimmte Stelle gewährleistet ist. ³Der ermächtigte Arzt hat der untersuchten Person auf ihr Verlangen Einsicht in ihre Gesundheitsakte zu gewähren.
(5) Das Grundrecht auf körperliche Unversehrtheit (Artikel 2 Absatz 2 Satz 1 des Grundgesetzes) wird nach Maßgabe des Absatzes 1 Satz 2 Nummer 6 und 8 eingeschränkt.

§ 80 Grenzwerte für die Exposition der Bevölkerung
(1) Für Einzelpersonen der Bevölkerung beträgt der Grenzwert der Summe der effektiven Dosen 1 Millisievert im Kalenderjahr durch Expositionen aus
1. genehmigungs- oder anzeigebedürftigen Tätigkeiten nach diesem Gesetz oder dem Atomgesetz,
2. der staatlichen Verwahrung von Kernbrennstoffen nach § 5 Absatz 3 Satz 1 des Atomgesetzes,
3. der planfeststellungsbedürftigen Errichtung, dem planfeststellungsbedürftigen Betrieb oder der planfeststellungsbedürftigen Stilllegung der in § 9a Absatz 3 des Atomgesetzes genannten Anlagen des Bundes und
4. dem Aufsuchen, Gewinnen oder Aufbereiten von radioaktiven Bodenschätzen, wenn dies der Betriebsplanpflicht nach § 51 des Bundesberggesetzes unterliegt.
(2) Der Grenzwert der Summe der Organ-Äquivalentdosen für Einzelpersonen der Bevölkerung beträgt
1. für die Augenlinse 15 Millisievert im Kalenderjahr und
2. für die lokale Hautdosis 50 Millisievert im Kalenderjahr.
(3) Expositionen auf Grund nichtmedizinischer Anwendung nach § 83 Absatz 1 Nummer 2 werden bei den Grenzwerten für Einzelpersonen der Bevölkerung nicht berücksichtigt.
(4) Die zuständige Behörde hat darauf hinzuwirken, dass bei mehreren zu betrachtenden genehmigungs- oder anzeigebedürftigen Tätigkeiten die in den Absätzen 1 und 2 genannten Grenzwerte insgesamt eingehalten werden.

§ 81 Verordnungsermächtigung für den Schutz der Bevölkerung und der Umwelt
¹Die Bundesregierung wird ermächtigt, durch Rechtsverordnung mit Zustimmung des Bundesrates festzulegen, welche Vorsorge- und Überwachungsmaßnahmen für den Schutz von Einzelpersonen der Bevölkerung in Zusammenhang mit geplanten Expositionssituationen zu treffen sind, damit bestimmte Körperdosen und bestimmte Konzentrationen radioaktiver Stoffe in Luft und Wasser nicht überschritten werden. ²In der Rechtsverordnung kann insbesondere festgelegt werden,
1. bei der Planung oder bei der Ausübung welcher Tätigkeiten die zu erwartende Exposition von Einzelpersonen der Bevölkerung zu ermitteln ist und welche Expositionen aus weiteren Tätigkeiten bei der Ermittlung zu berücksichtigen sind sowie welche Angaben der zuständigen Behörde zur Wahrnehmung der Aufgabe nach § 80 Absatz 4 zu übermitteln sind,
2. für welche genehmigten oder angezeigten Tätigkeiten die erhaltene Exposition von Einzelpersonen der Bevölkerung zu ermitteln ist und welche Angaben der Strahlenschutzverantwortliche hierzu der zuständigen Behörde zu übermitteln hat,
3. dass und auf welche Weise die Ermittlung der erhaltenen Exposition zu dokumentieren ist,

4. auf welche Weise und unter welchen Annahmen die Exposition von Einzelpersonen der Bevölkerung zu ermitteln ist und welche Beiträge bei der Bildung der Summe der Körperdosen nach § 80 Absatz 1 und 2 zu berücksichtigen sind,
5. welche Dosisgrenzwerte für Ableitungen mit Luft oder Wasser bei Planung, Errichtung, Betrieb, Stilllegung, sicherem Einschluss und Abbau von kerntechnischen Anlagen, Anlagen im Sinne des § 9a Absatz 3 Satz 1 zweiter Satzteil des Atomgesetzes, Anlagen zur Erzeugung ionisierender Strahlung und Einrichtungen gelten,
6. dass und auf welche Weise die zuständige Behörde in Zusammenhang mit kerntechnischen Anlagen, Anlagen im Sinne des § 9a Absatz 3 Satz 1 zweiter Satzteil des Atomgesetzes, Anlagen zur Erzeugung ionisierender Strahlung und Einrichtungen zulässige Ableitungen radioaktiver Stoffe mit Luft und Wasser festlegt sowie unter welchen Voraussetzungen die zuständige Behörde davon ausgehen kann, dass die Dosisgrenzwerte nach Nummer 5 eingehalten werden,
7. welche Vorgaben zur Emissions- und Immissionsüberwachung, die auch die Überwachung der Exposition durch Direktstrahlung umfasst, von kerntechnischen Anlagen, Anlagen im Sinne des § 9a Absatz 3 Satz 1 zweiter Satzteil des Atomgesetzes, Anlagen zur Erzeugung ionisierender Strahlung und Einrichtungen einzuhalten sind,
8. für welche Tätigkeiten eine allgemeine Untersuchung zur Einhaltung von Umweltkriterien für einen langfristigen Schutz der menschlichen Gesundheit durchzuführen ist und welche Verfahren hierzu zu verwenden sind,
9. in welchen Fällen, auf welche Weise und durch wen Dosisrichtwerte festgelegt werden können und wer diese Dosisrichtwerte bei der Durchführung von Strahlenschutzmaßnahmen zu berücksichtigen hat und
10. bei der Planung welcher Tätigkeiten bauliche oder sonstige technische Schutzmaßnahmen zur Begrenzung der Exposition durch Störfälle zu treffen und welche Grundsätze und welche Höchstwerte für Expositionen dabei zu beachten sind.

[3]In der Rechtsverordnung können Verwaltungsbehörden des Bundes Aufgaben zur Qualitätssicherung, zur Verfahrensentwicklung für Probenahme, Analyse und Messung sowie zur Behandlung der Daten zugewiesen werden. [4]Die Rechtsverordnung kann auch diejenigen Vorschriften der Rechtsverordnung festlegen, für deren Einhaltung der Strahlenschutzverantwortliche zu sorgen hat.

§ 82 Verordnungsermächtigung für Pflichten des Strahlenschutzverantwortlichen im Zusammenhang mit Störfällen und Notfällen

(1) Die Bundesregierung wird ermächtigt, durch Rechtsverordnung mit Zustimmung des Bundesrates festzulegen, welche Pflichten der Strahlenschutzverantwortliche zur Vorbereitung angemessener Reaktionen auf Störfälle, mögliche Notfälle sowie bei einem Notfall zu erfüllen hat, insbesondere
1. dass das erforderliche Personal und die erforderlichen Hilfsmittel vorzuhalten sind, um Gefahren, die im Zusammenhang mit der Tätigkeit des Strahlenschutzverantwortlichen durch Störfälle oder Notfälle entstanden sind, einzudämmen und zu beseitigen, und welche Anforderungen an die erforderliche Fachkunde oder die erforderlichen Kenntnisse im Strahlenschutz und die Hilfsmittel zu stellen sind,
2. dass und auf welche Weise die Bevölkerung über die Schutzmaßnahmen und die Empfehlungen für das Verhalten bei möglichen Notfällen zu informieren ist,
3. dass bei Notfällen unverzüglich alle angemessenen Maßnahmen zu treffen sind, um Gefahren für Mensch und Umwelt abzuwenden oder die nachteiligen Auswirkungen zu beschränken,

4. dass und auf welche Weise bestimmte Behörden unverzüglich über den Eintritt eines Notfalls zu unterrichten sind, dass diesen unverzüglich eine vorläufige erste Bewertung der Umstände und Abschätzung der Folgen des Notfalls zu übermitteln ist und dass den zuständigen Behörden und Hilfsorganisationen bei deren Entscheidungen und Schutzmaßnahmen Hilfe zu leisten ist, insbesondere durch die notwendigen Informationen und die erforderliche Beratung.

(2) Unberührt bleiben Pflichten der Strahlenschutzverantwortlichen auf Grundlage anderer Rechtsvorschriften des Bundes und der Länder zur Abwehr von Gefahren für die menschliche Gesundheit, die Umwelt oder für die öffentliche Sicherheit oder auf Grundlage unmittelbar anwendbarer Rechtsakte der Europäischen Union oder der Europäischen Atomgemeinschaft, soweit diese Rechtsvorschriften und Rechtsakte auch bei radiologischen Gefahren anwendbar sind. .

§ 83 Anwendung ionisierender Strahlung oder radioaktiver Stoffe am Menschen

(1) Ionisierende Strahlung und radioaktive Stoffe dürfen am Menschen nur angewendet werden
1. im Rahmen einer medizinischen Exposition oder
2. im Rahmen der Exposition der Bevölkerung zur Untersuchung einer Person in durch Gesetz vorgesehenen oder zugelassenen Fällen oder nach Vorschriften des allgemeinen Arbeitsschutzes oder nach Einwanderungsbestimmungen anderer Staaten (nichtmedizinische Anwendung).

(2) [1]Die Anwendung muss einen hinreichenden Nutzen erbringen. [2]Bei der Bewertung, ob die Anwendung einen hinreichenden Nutzen erbringt, ist ihr Gesamtpotential an diagnostischem oder therapeutischem Nutzen, einschließlich des unmittelbaren gesundheitlichen Nutzens für den Einzelnen und des Nutzens für die Gesellschaft, gegen die von der Exposition möglicherweise verursachte Schädigung des Einzelnen abzuwägen.

(3) [1]Die Anwendung darf erst durchgeführt werden, nachdem ein Arzt oder Zahnarzt mit der erforderlichen Fachkunde im Strahlenschutz entschieden hat, dass und auf welche Weise die Anwendung durchzuführen ist (rechtfertigende Indikation). [2]Die rechtfertigende Indikation erfordert bei Anwendungen im Rahmen einer medizinischen Exposition die Feststellung, dass der gesundheitliche Nutzen der einzelnen Anwendung gegenüber dem Strahlenrisiko überwiegt. [3]Die rechtfertigende Indikation erfordert bei nichtmedizinischen Anwendungen die Feststellung, dass der mit der jeweiligen Untersuchung verbundene Nutzen gegenüber dem Strahlenrisiko überwiegt. [4]Die rechtfertigende Indikation darf nur gestellt werden, wenn der Arzt oder Zahnarzt, der die Indikation stellt, die Person, an der ionisierende Strahlung oder radioaktive Stoffe angewendet werden, vor Ort persönlich untersuchen kann, es sei denn, es liegt ein Fall der Teleradiologie nach § 14 Absatz 2 vor.

(4) Absatz 3 gilt nicht für Untersuchungen mit Röntgenstrahlung nach dem Infektionsschutzgesetz und für Anwendungen am Menschen zum Zweck der medizinischen Forschung nach § 31 Absatz 1 oder § 32 Absatz 1. . .

(5) [1]Die Exposition durch eine Untersuchung mit ionisierender Strahlung oder radioaktiven Stoffen ist so weit einzuschränken, wie dies mit den Erfordernissen der medizinischen Wissenschaft zu vereinbaren ist. [2]Bei der Anwendung ionisierender Strahlung oder radioaktiver Stoffe zur Behandlung von Menschen ist die Dosis außerhalb des Zielvolumens so niedrig zu halten, wie dies unter Berücksichtigung des Behandlungsziels möglich ist. [3]Satz 1 gilt entsprechend für nichtmedizinische Anwendungen.

§ 84

(1) Früherkennung zur Ermittlung nicht übertragbarer Krankheiten ist nur zulässig, wenn die Rechtsverordnung nach Absatz 2 dies vorsieht.

(2) [1]Das Bundesministerium für Umwelt, Naturschutz und nukleare Sicherheit wird ermächtigt, durch Rechtsverordnung ohne Zustimmung des Bundesrates festzulegen, welche Früherkennungsuntersuchung unter welchen Voraussetzungen zur Ermittlung einer nicht übertragbaren Krankheit für eine besonders betroffene Personengruppe zulässig ist. [2]In der Rechtsverordnung darf nur die Zulässigkeit solcher Früherkennungsuntersuchungen geregelt werden, bei denen mit einem wissenschaftlich anerkannten Untersuchungsverfahren eine schwere Krankheit in einem Frühstadium erfasst werden kann und so die wirksamere Behandlung einer erkrankten Person ermöglicht wird. [3]Die Ergebnisse der wissenschaftlichen Bewertung nach Absatz 3 sind zu berücksichtigen.

(3) [1]Früherkennungsuntersuchungen zur Ermittlung nicht übertragbarer Krankheiten werden durch das Bundesamt für Strahlenschutz unter Beteiligung von Fachkreisen wissenschaftlich bewertet, wobei Risiko und Nutzen der Früherkennungsuntersuchung gegeneinander abzuwägen sind. [2]Die wissenschaftliche Bewertung ist zu veröffentlichen. [3]Das Bundesministerium für Umwelt, Naturschutz und nukleare Sicherheit regelt das weitere Verfahren der wissenschaftlichen Bewertung und ihrer Veröffentlichung im Einvernehmen mit dem Bundesministerium für Gesundheit durch allgemeine Verwaltungsvorschriften.

(4) Früherkennung zur Ermittlung übertragbarer Krankheiten in Landesteilen oder für Bevölkerungsgruppen mit überdurchschnittlicher Erkrankungshäufigkeit ist nur zulässig, wenn die zuständige oberste Landesgesundheitsbehörde im Einvernehmen mit der obersten Strahlenschutzbehörde des Landes eine Früherkennungsuntersuchung zur öffentlichen Gesundheitsvorsorge zugelassen hat.

(5) Erfolgt die Früherkennungsuntersuchung im Rahmen eines Früherkennungsprogramms, so kann die Rechtsverordnung nach Absatz 2 oder die Zulassung nach Absatz 4 Ausnahmen von der Pflicht zur rechtfertigenden Indikation zulassen, soweit Art und Umfang der Einschlusskriterien für das Früherkennungsprogramm eine Entscheidung darüber, ob oder auf welche Weise die Anwendung durchzuführen ist, entbehrlich machen.

§ 85 Aufzeichnungs-, Aufbewahrungs- und behördliche Mitteilungspflichten von Daten und Bilddokumenten bei der Anwendung am Menschen; Verordnungsermächtigung

(1) [1]Der Strahlenschutzverantwortliche hat dafür zu sorgen, dass über die Anwendung ionisierender Strahlung oder radioaktiver Stoffe am Menschen unverzüglich Aufzeichnungen angefertigt werden. [2]Die Aufzeichnungen müssen Folgendes enthalten:
1. Angaben zur rechtfertigenden Indikation und den Zeitpunkt der Indikationsstellung,
2. den Zeitpunkt und die Art der Anwendung,
3. Angaben zur Exposition
   a) der untersuchten oder behandelten Person oder zur Ermittlung dieser Exposition sowie
   b) von Betreuungs- und Begleitpersonen, sofern nach der Rechtsverordnung nach § 86 Satz 2 Nummer 3 ihre Körperdosis zu ermitteln ist,
4. den erhobenen Befund einer Untersuchung,
5. den Bestrahlungsplan und das Bestrahlungsprotokoll einer Behandlung.

[3]Die Aufzeichnungen sind gegen unbefugten Zugriff und unbefugte Änderung zu sichern.

(1a) Der Strahlenschutzverantwortliche hat dafür zu sorgen, dass eine Überschreitung diagnostischer Referenzwerte sowie die Gründe für diese Überschreitung aufgezeichnet werden.

(2) ¹Der Strahlenschutzverantwortliche hat dafür zu sorgen, dass die Aufzeichnungen sowie Röntgenbilder, digitale Bilddaten und sonstige Untersuchungsdaten aufbewahrt werden, und zwar
1. im Falle von Behandlungen für eine Dauer von 30 Jahren,
2. im Falle von Untersuchungen
   a) einer volljährigen Person für eine Dauer von zehn Jahren,
   b) bei einer minderjährigen Person bis zur Vollendung ihres 28. Lebensjahres.
²Die zuständige Behörde kann verlangen, dass im Falle der Praxisaufgabe oder sonstigen Einstellung des Betriebes die Aufzeichnungen sowie die Röntgenbilder, die digitalen Bilddaten und die sonstigen Untersuchungsdaten unverzüglich bei einer von ihr bestimmten Stelle zu hinterlegen sind; dabei ist durch geeignete Maßnahmen sicherzustellen, dass die Wahrung des Patientengeheimnisses durch die bestimmte Stelle gewährleistet ist.
(3) ¹Der Strahlenschutzverantwortliche hat
1. der zuständigen Behörde auf Verlangen die Aufzeichnungen vorzulegen; dies gilt nicht für medizinische Befunde,
2. der ärztlichen oder zahnärztlichen Stelle auf Verlangen die Aufzeichnungen sowie die Röntgenbilder, die digitalen Bilddaten und die sonstigen Untersuchungsdaten zur Erfüllung ihrer nach der Rechtsverordnung nach § 86 Satz 2 Nummer 9 festgelegten Aufgaben vorzulegen,
3. einem weiter untersuchenden oder behandelnden Arzt oder Zahnarzt Auskünfte über die Aufzeichnungen zu erteilen und ihm die Aufzeichnungen sowie die Röntgenbilder, die digitalen Bilddaten und die sonstigen Untersuchungsdaten vorübergehend zu überlassen.
²Bei der Weitergabe oder Übermittlung sind geeignete Maßnahmen zur Einhaltung der ärztlichen Schweigepflicht zu treffen. ³Der untersuchten oder behandelten Person ist auf deren Wunsch eine Abschrift der Aufzeichnungen zu überlassen.
(4) ¹Die Bundesregierung wird ermächtigt, durch Rechtsverordnung mit Zustimmung des Bundesrates festzulegen,
1. dass einer Person, die unter Anwendung von ionisierender Strahlung oder radioaktiven Stoffen untersucht wurde, Informationen über die durchgeführte Untersuchung anzubieten sind, welchen Inhalt diese Informationen haben müssen und in welcher Form diese Informationen zur Verfügung zu stellen sind,
2. welche Anforderungen an die Aufbewahrung von Aufzeichnungen, Röntgenbildern, digitalen Bilddaten und sonstigen Untersuchungsdaten zu stellen sind, insbesondere zur Sicherung ihrer Verfügbarkeit und Verhinderung von Datenverlusten,
3. welche Anforderungen an die Weitergabe und Übermittlung von Aufzeichnungen, Röntgenbildern, digitalen Bilddaten und sonstigen Untersuchungsdaten zu stellen sind.
²Die Rechtsverordnung kann auch diejenigen Vorschriften der Rechtsverordnung festlegen, für deren Einhaltung der Strahlenschutzverantwortliche zu sorgen hat.

§ 86 Verordnungsermächtigungen zum Schutz von Personen bei der Anwendung ionisierender Strahlung oder radioaktiver Stoffe am Menschen

¹Die Bundesregierung wird ermächtigt, durch Rechtsverordnung mit Zustimmung des Bundesrates festzulegen, welche Maßnahmen, einschließlich Vorsorge- und Überwachungsmaßnahmen, für den Schutz von Personen, an denen ionisierende Strahlung und radioaktive Stoffe angewendet werden, sowie für den Schutz von Einzelpersonen der Bevölkerung bei oder nach der Anwendung ionisierender Strahlung oder radioaktiver Stoffe am Menschen zu treffen sind. ²In der Rechtsverordnung kann insbesondere festgelegt werden,

1. auf welche Weise jede einzelne Exposition zu rechtfertigen ist,
2. auf welche Weise bei der Anwendung die medizinische Exposition und die Exposition der Personen, an denen ionisierende Strahlung oder radioaktive Stoffe im Rahmen einer nichtmedizinischen Anwendung angewendet werden, zu beschränken ist,
3. dass und auf welche Weise bei der Anwendung die medizinische Exposition und die Exposition der Personen, die im Rahmen nichtmedizinischer Anwendungen untersucht werden, zu ermitteln und zu bewerten ist,
4. welche Maßnahmen vor, bei und nach der Anwendung zu ergreifen sind, damit die für den Strahlenschutz erforderliche Qualität unter Berücksichtigung der Erfordernisse der medizinischen Wissenschaften eingehalten wird,
5. auf welche Weise Teleradiologie durchzuführen ist und welche Anforderungen an die Qualität von Teleradiologiesystemen zu stellen sind,
6. welche Personen berechtigt sind, radioaktive Stoffe und ionisierende Strahlung am Menschen anzuwenden oder bei der technischen Durchführung der Anwendung tätig zu werden, und welche Kriterien für die Bemessung der ausreichenden Anzahl des notwendigen Personals nach § 14 Absatz 1 Nummer 4 zugrunde gelegt werden sollen,
7. dass und auf welche Weise diagnostische Referenzwerte ermittelt, erstellt und veröffentlicht werden,
8. dass und auf welche Weise für die Bevölkerung die medizinische Exposition ermittelt wird und dazu Erhebungen durchgeführt werden,
9. dass und auf welche Weise ärztliche und zahnärztliche Stellen zur Sicherung der Qualität bei der Anwendung radioaktiver Stoffe oder ionisierender Strahlung am Menschen tätig werden und dass die zuständigen Behörden ärztliche und zahnärztliche Stellen zu diesem Zweck bestimmen,
10. dass und in welchem Umfang ein Medizinphysik- Experte entsprechend dem radiologischen Risiko der Strahlenanwendung hinzuzuziehen ist sowie welche Untersuchungen mit radioaktiven Stoffen oder ionisierender Strahlung mit einer erheblichen Exposition der untersuchten Person verbunden sein können,
11. dass und auf welche Weise zu gewährleisten ist, dass die Bevölkerung vor einer Exposition durch eine Person, an der radioaktive Stoffe angewendet worden sind, geschützt wird,
12. welche Anforderungen an die eingesetzten Ausrüstungen, Geräte und Vorrichtungen, insbesondere im Hinblick auf das Qualitätsziel des § 14 Absatz 1 Nummer 5, zu stellen sind,
13. dass, durch wen und auf welche Weise bei den eingesetzten Ausrüstungen, Geräten und Vorrichtungen Maßnahmen zur Qualitätssicherung, insbesondere Überprüfungen der physikalisch-technischen Parameter durch Abnahme- und Konstanzprüfungen, im Hinblick auf das Qualitätsziel des § 14 Absatz 1 Nummer 5, durchzuführen sind,
14. dass und auf welche Weise im Zusammenhang mit der Behandlung von Menschen die eingesetzten Verfahren auf Risiken für unbeabsichtigte Expositionen zu untersuchen sind und wie die Ergebnisse dieser Untersuchung bei der Ausübung der Tätigkeit zu berücksichtigen sind,
15. dass der Behandlungserfolg nach der Behandlung zu prüfen ist und in welchen Zeiträumen er zu prüfen ist,
16. dass und auf welche Weise eine Person, an der ionisierende Strahlung oder radioaktive Stoffe angewendet werden, und ihre Betreuungs- oder Begleitperson vor und nach der Anwendung über die Risiken aufzuklären sind,
17. dass und auf welche Weise Aufzeichnungen über die Anwendung radioaktiver Stoffe oder ionisierender Strahlung einschließlich der eingesetzten Ausrüstungen, Geräte und

Vorrichtungen sowie ein Verzeichnis der eingesetzten Ausrüstungen, Geräte und Vorrichtungen anzufertigen und aufzubewahren sind,
18. dass und auf welche Weise der zuständigen Stelle Informationen und Aufzeichnungen über die Anwendung radioaktiver Stoffe oder ionisierender Strahlung zur Verfügung zu stellen sind und
19. auf welche Weise Früherkennung durchzuführen ist und welche besonderen Anforderungen an die Ausrüstung, Geräte und Vorrichtungen sowie an das notwendige Wissen und die notwendigen Fertigkeiten im Hinblick auf die mögliche Strahlengefährdung und die anzuwendenden Schutzmaßnahmen des Personals zu stellen und Maßnahmen zur Qualitätssicherung erforderlich sind.

[3]In der Rechtsverordnung kann auch bestimmt werden, welche Informationen und personenbezogenen Daten der Strahlenschutzverantwortliche der ärztlichen und zahnärztlichen Stelle zur Wahrnehmung ihrer Aufgabe nach Satz 2 Nummer 9 zur Verfügung zu stellen hat sowie ob und unter welchen Voraussetzungen die ärztliche und die zahnärztliche Stelle diese Informationen und personenbezogenen Daten verarbeiten und aufbewahren und der zuständigen Behörde und anderen ärztlichen und zahnärztlichen Stellen übermitteln dürfen. [4]In der Rechtsverordnung kann auch bestimmt werden, dass und auf welche Weise die ärztliche oder zahnärztliche Stelle die Ergebnisse ihrer Prüfungen, einschließlich des Namens und der Anschrift des Strahlenschutzverantwortlichen, an die Stelle übermitteln darf, die für die Qualitätsprüfung nach dem Neunten Abschnitt des Vierten Kapitels des Fünften Buches Sozialgesetzbuch zuständig ist; personenbezogene Daten der untersuchten oder behandelten Personen dürfen nicht übermittelt werden. [5]Die Rechtsverordnung kann auch diejenigen Vorschriften der Rechtsverordnung festlegen, für deren Einhaltung der Strahlenschutzverantwortliche zu sorgen hat.

§ 87 Verordnungsermächtigungen zum Schutz von Personen bei der Anwendung radioaktiver Stoffe oder ionisierender Strahlung am Tier in der Tierheilkunde

[1]Die Bundesregierung wird ermächtigt, durch Rechtsverordnung mit Zustimmung des Bundesrates zum Schutz der bei der Anwendung radioaktiver Stoffe oder ionisierender Strahlung in der Tierheilkunde anwesenden Personen festzulegen,
1. welche Personen radioaktive Stoffe oder ionisierende Strahlung in der Tierheilkunde anwenden dürfen oder die Anwendung technisch durchführen dürfen und
2. dass und auf welche Weise die Exposition von Tierbegleitpersonen zu beschränken ist.
[2]Die Rechtsverordnung kann auch diejenigen Vorschriften der Rechtsverordnung festlegen, für deren Einhaltung der Strahlenschutzverantwortliche zu sorgen hat.

§ 88 Register über hochradioaktive Strahlenquellen; Verordnungsermächtigungen

(1) Die Daten über hochradioaktive Strahlenquellen, die auf Grund dieses Gesetzes oder einer Rechtsverordnung nach § 89 Satz 1 Nummer 1 erhoben werden, werden zum Zweck der Sicherheit und Kontrolle von Strahlenquellen zum Schutz von Leben und Gesundheit in einem beim Bundesamt für Strahlenschutz eingerichteten Register erfasst.
(2) In das Register werden insbesondere folgende Angaben über die hochradioaktive Strahlenquelle, deren Kontrolle und über erteilte Genehmigungen nach diesem Gesetz, dem Atomgesetz oder einer Rechtsverordnung nach § 30 dieses Gesetzes oder § 11 Absatz 1 Nummer 6 des Atomgesetzes eingetragen:
1. Inhaber der Genehmigung, Ausstellungsdatum und Befristung der Genehmigung,
2. Identifizierungsnummer der hochradioaktiven Strahlenquelle,
3. Eigenschaften, Kontrollen und Verwendung der hochradioaktiven Strahlenquelle,
4. Ort des Umgangs mit der hochradioaktiven Strahlenquelle oder Ort ihrer Lagerung,

5. Erlangung oder Aufgabe der Sachherrschaft über die hochradioaktive Strahlenquelle,
6. Verlust, Diebstahl oder Fund der hochradioaktiven Strahlenquelle.

(3) ¹Lesenden Zugriff auf das Register haben die nach den §§ 184, 185, 188, 190 und 191 zuständigen Behörden, die nach § 24 des Atomgesetzes zuständigen Behörden, das Bundesministerium für Umwelt, Naturschutz und nukleare Sicherheit und das Bundesamt für Bevölkerungsschutz und Katastrophenhilfe. ²Lesenden Zugriff haben zum Zweck der sofortigen Ermittlung eines Inhabers und der Eigenschaften einer hochradioaktiven Strahlenquelle auf Grund von Fund, Verlust oder der Gefahr missbräuchlicher Verwendung und bei Hinweisen und Ermittlungen im Zusammenhang mit der Bekämpfung des Nuklearterrorismus oder der Nuklearkriminalität sowie des Nuklearschmuggels oder des sonstigen illegalen grenzüberschreitenden Verbringens hochradioaktiver Strahlenquellen auch das Bundeskriminalamt und die Landeskriminalämter, die in der Rechtsverordnung nach § 58 Absatz 1 des Bundespolizeigesetzes bestimmte Bundespolizeibehörde, das Zollkriminalamt und die Verfassungsschutzbehörden des Bundes und der Länder gemäß ihren jeweiligen gesetzlichen Zuständigkeiten.

(4) Auskünfte aus dem Register dürfen erteilt werden
1. den sonstigen Polizeibehörden der Länder, den Zollbehörden, dem Militärischen Abschirmdienst und dem Bundesnachrichtendienst, soweit es für die Wahrnehmung der jeweiligen Aufgaben erforderlich ist,
2. Behörden anderer Staaten mit vergleichbaren Aufgaben und internationalen Organisationen, soweit es für die Wahrnehmung der jeweiligen Aufgaben erforderlich ist und bindende Beschlüsse der Europäischen Union dies vorsehen oder dies auf Grund sonstiger internationaler Vereinbarungen geboten ist.

(5) Die im Register gespeicherten Daten sind nach der letzten Aktualisierung der Angaben über eine hochradioaktive Strahlenquelle 30 Jahre lang aufzubewahren.

(6) Die Bundesregierung wird ermächtigt, durch Rechtsverordnung mit Zustimmung des Bundesrates das Nähere festzulegen über
1. Inhalt und Form der Datenerhebung und der Eintragung, über Zugriffsrechte und das Verfahren der Erteilung von Auskünften,
2. Zugriffsrechte der Genehmigungsinhaber auf die sie betreffenden Daten und
3. die Übermittlung, Berichtigung, Einschränkung der Verarbeitung und Löschung von Daten.

§ 89 Verordnungsermächtigungen zu der Sicherheit von Strahlungsquellen

¹Die Bundesregierung wird ermächtigt, durch Rechtsverordnung mit Zustimmung des Bundesrates zum Schutz von Menschen vor der schädlichen Wirkung ionisierender Strahlung und zur Kontrolle und Sicherung radioaktiver Stoffe zu bestimmen,
1. dass und auf welche Weise Buch zu führen ist über die Erzeugung, die Gewinnung, den Erwerb, den Besitz, den Standort, die Abgabe und den sonstigen Verbleib von radioaktiven Stoffen und über Messungen von Dosis und Dosisleistungen, dass Meldungen zu erstatten und Unterlagen aufzubewahren, zu hinterlegen und zu übergeben sind sowie auf welche Weise die zuständige Behörde die übermittelten Daten prüft,
2. welche Anforderungen an die Sicherung und Lagerung radioaktiver Stoffe zu stellen sind,
3. welche Anforderungen an die Wartung und Überprüfung von Ausrüstungen, Geräten und sonstigen Vorrichtungen zu stellen sind und wer die Wartung und Überprüfung durchzuführen hat,
4. welche Anforderungen an die Dichtheitsprüfung von umschlossenen radioaktiven Stoffen zu stellen sind und wer die Dichtheitsprüfung durchzuführen hat,
5. welche Strahlungsmessgeräte zu verwenden sind und welche Anforderungen an sie zu stellen sind,

6. welche Bereiche, Räume, Geräte, Vorrichtungen, Behälter, Umhüllungen, Anlagen zur Erzeugung ionisierender Strahlung und welche bauartzugelassenen Vorrichtungen zu kennzeichnen sind, auf welche Weise und unter welchen Voraussetzungen die Kennzeichnung zu erfolgen hat sowie in welchen Fällen Kennzeichnungen zu entfernen sind,
7. welche Anforderungen an die Abgabe radioaktiver Stoffe zu stellen sind,
8. welche Anforderungen an die Rücknahme hochradioaktiver Strahlenquellen zu stellen sind,
9. in welchen Fällen bei Tätigkeiten mit Strahlungsquellen Röntgenräume oder Bestrahlungsräume zu nutzen sind und welche Anforderungen an Röntgenräume und Bestrahlungsräume zu stellen sind,
10. welche Personen bei Tätigkeiten mit Strahlungsquellen die Strahlung anwenden oder die Anwendung technisch durchführen dürfen, dass und wie Personen bei Tätigkeiten mit Strahlungsquellen einzuweisen sind und welche Unterlagen bei der Ausübung dieser Tätigkeiten verfügbar sein müssen, dass über die Einweisungen Aufzeichnungen anzufertigen und diese der Behörde auf Verlangen vorzulegen sind,
11. dass weitere Vorsorge- und Überwachungsmaßnahmen für eine Kontrolle radioaktiver Stoffe zum Schutz Einzelner und der Allgemeinheit zu treffen sind und welche solcher Maßnahmen zu treffen sind,
12. welche weiteren Aufzeichnungs-, Aufbewahrungs-, Mitteilungs-, Vorlage- und Hinterlegungspflichten im Zusammenhang mit den Pflichten nach den Nummern 1 bis 11 bestehen.

^{2}Die Rechtsverordnung kann auch diejenigen Vorschriften der Rechtsverordnung festlegen, für deren Einhaltung der Strahlenschutzverantwortliche zu sorgen hat.

Kapitel 6 Melde- und Informationspflichten

§ 90 Verordnungsermächtigung für Pflichten, Aufgaben und Befugnisse bei Vorkommnissen; Aufzeichnungs-, Übermittlungs- und Aufbewahrungspflichten

(1) ^{1}Die Bundesregierung wird ermächtigt, durch Rechtsverordnung mit Zustimmung des Bundesrates im Hinblick auf Vorkommnisse in geplanten Expositionssituationen Pflichten des Strahlenschutzverantwortlichen sowie behördliche Aufgaben und Befugnisse festzulegen. ^{2}In der Rechtsverordnung kann insbesondere festgelegt werden,
1. dass und welche Maßnahmen der Strahlenschutzverantwortliche einzuleiten hat, damit Expositionen bei einem solchen Vorkommnis so gering wie möglich gehalten werden,
2. dass und welche Maßnahmen der Strahlenschutzverantwortliche zu treffen hat, um solche Vorkommnisse zukünftig zu vermeiden,
3. dass und auf welche Weise der Strahlenschutzverantwortliche ein Vorkommnis aufzuzeichnen und zu untersuchen hat, dass und für welchen Zeitraum er diesbezügliche Aufzeichnungen aufzubewahren hat,
4. dass und auf welche Weise der Strahlenschutzverantwortliche der Aufsichtsbehörde
   a) ein Vorkommnis zu melden hat,
   b) Informationen und Erkenntnisse über Ursachen und Auswirkungen des Vorkommnisses sowie Maßnahmen zur Behebung oder Begrenzung der Auswirkungen des Vorkommnisses zu melden hat und
   c) Maßnahmen zur Vermeidung von Vorkommnissen zu melden hat,
5. dass und auf welche Weise die Aufsichtsbehörde Meldungen nach Nummer 4 erfasst, prüft und bewertet,
6. dass und wie im Bundesamt für Strahlenschutz eine zentrale Stelle zur Erfassung, Verarbeitung und Auswertung von Informationen und Erkenntnissen über Vorkommnisse im

Zusammenhang mit der Anwendung radioaktiver Stoffe oder ionisierender Strahlung am Menschen einzurichten ist, welche Aufgaben die zentrale Stelle im Einzelnen wahrnimmt und wie sie diese Aufgaben wahrnimmt,
7. dass und auf welche Weise die Aufsichtsbehörde der zentralen Stelle Informationen und Erkenntnisse über ein Vorkommnis im Zusammenhang mit der Anwendung radioaktiver Stoffe oder ionisierender Strahlung am Menschen sowie ihre diesbezügliche Bewertung übermittelt,
8. unter welchen Voraussetzungen und in welcher Weise die Aufsichtsbehörde und die zentrale Stelle Informationen und Erkenntnisse über Vorkommnisse veröffentlichen.

(2) ¹Der Strahlenschutzverantwortliche hat dafür zu sorgen, dass bei einem Vorkommnis, das der Rechtsverordnung nach Absatz 1 unterliegt, Name, Vornamen, Geburtsdatum und -ort, Geschlecht und Anschrift sowie Daten zur Exposition einer durch das Vorkommnis exponierten Person sowie zu den gesundheitlichen Folgen der Exposition unverzüglich aufgezeichnet werden. ²Sofern der Strahlenschutzverantwortliche das Vorkommnis nach der Rechtsverordnung nach Absatz 1 zu melden hat und Maßnahmen zum Schutz der exponierten Person erforderlich sind, übermittelt er die Daten unverzüglich der zuständigen Behörde. ³Die Daten sind vor dem Zugriff Unbefugter durch technisch-organisatorische Maßnahmen zu sichern. ⁴Sie sind der zuständigen Behörde in anderen Fällen als in Satz 2 auf Verlangen zu übermitteln. ⁵Die Daten sind 30 Jahre lang aufzubewahren und nach Ablauf dieser Frist unverzüglich zu löschen.

§ 91 Verordnungsermächtigung für Informationspflichten des Herstellers oder Lieferanten von Geräten

¹Die Bundesregierung wird ermächtigt, durch Rechtsverordnung mit Zustimmung des Bundesrates zu bestimmen, dass der Hersteller oder Lieferant von Anlagen zur Erzeugung ionisierender Strahlung, Röntgeneinrichtungen, Störstrahlern, Bestrahlungsvorrichtungen und weiteren im Zusammenhang mit Tätigkeiten eingesetzten Ausrüstungen, Geräten und Vorrichtungen dem Strahlenschutzverantwortlichen Informationen über diese Geräte zur Verfügung zu stellen hat. ²In der Rechtsverordnung kann insbesondere festgelegt werden,
1. zu welchem Zeitpunkt der Hersteller oder Lieferant dem Strahlenschutzverantwortlichen für welche der genannten Geräte Informationen zur Verfügung zu stellen hat,
2. welche Angaben und Unterlagen zur Verfügung gestellt werden müssen,
3. für welche Zwecke die Unterlagen geeignet sein müssen und welchen Anforderungen sie genügen müssen,
4. dass die Informationen auch demjenigen zur Verfügung zu stellen sind, der beabsichtigt, Strahlenschutzverantwortlicher zu werden.

Teil 3: Strahlenschutz bei Notfallexpositionssituationen
Kapitel 1 Notfallmanagementsystem des Bundes und der Länder
ABSCHNITT 1 Notfallschutzgrundsätze
§ 92 Notfallschutzgrundsätze

(1) Die Vorschriften der folgenden Absätze (Notfallschutzgrundsätze) sind als Vorgaben bei der Bewertung von Gefahren, die bei Notfällen durch ionisierende Strahlung entstehen können, in den folgenden Fällen zu berücksichtigen:
1. bei dem Erlass, der Überprüfung und der Änderung von Notfallplänen und von Rechtsverordnungen nach diesem Kapitel und nach § 117,

2. bei der Notfallreaktion von den zuständigen Behörden und den bei der Notfallreaktion mitwirkenden Behörden und Organisationen auf der Grundlage dieses Gesetzes, der in Nummer 1 genannten Rechtsverordnungen sowie von Rechtsvorschriften des Bundes und der Länder zur Abwehr von Gefahren für die menschliche Gesundheit, die Umwelt oder die öffentliche Sicherheit, soweit sie auch bei radiologischen Gefahren anwendbar sind, und unmittelbar anwendbarer Rechtsakte der Europäischen Union und der Europäischen Atomgemeinschaft, soweit diese den Mitgliedstaaten für radiologische Gefahren keine abschließenden Vorgaben machen.
(2) Die Referenzwerte, die in diesem Gesetz und in den auf Grund dieses Gesetzes erlassenen Rechtsverordnungen für den Schutz der Bevölkerung und der Einsatzkräfte bei Notfällen festgelegt sind, sollen möglichst unterschritten werden.
(3) Die Exposition der Bevölkerung und der Einsatzkräfte sowie die Kontamination der Umwelt sind bei Notfällen unter Beachtung des Standes der Wissenschaft und unter Berücksichtigung aller Umstände des jeweiligen Notfalls durch angemessene Maßnahmen auch unterhalb der Referenzwerte so gering wie möglich zu halten.

ABSCHNITT 2 Referenz-, Dosis- und Kontaminationswerte; Abfälle und Anlagen

§ 93 Referenzwerte für den Schutz der Bevölkerung; Verordnungsermächtigungen

(1) [1]Für den Schutz der Bevölkerung gilt bei der Planung von Schutzmaßnahmen und bei den Entscheidungen über ihre Durchführung in einem Notfall ein Referenzwert von 100 Millisievert für die effektive Dosis, die betroffene Personen jeweils durch den Notfall innerhalb eines Jahres über alle Expositionspfade erhalten würden, wenn die vorgesehenen Schutzmaßnahmen durchgeführt würden. [2]Das Bundesministerium für Umwelt, Naturschutz und nukleare Sicherheit wird ermächtigt, durch Rechtsverordnung mit Zustimmung des Bundesrates Verfahren und Annahmen zur Abschätzung, inwieweit dieser Referenzwert unterschritten, eingehalten oder überschritten wird, festzulegen.
(2) [1]Das Bundesministerium für Umwelt, Naturschutz und nukleare Sicherheit wird ermächtigt, durch Rechtsverordnung mit Zustimmung des Bundesrates für mögliche Notfälle oder für einen bereits eingetretenen Notfall ergänzend angemessene Referenzwerte für Organ-Äquivalentdosen festzulegen. [2]Dies gilt insbesondere zur Erleichterung der Zusammenarbeit mit anderen Mitgliedstaaten der Europäischen Union und der Europäischen Atomgemeinschaft oder Drittstaaten beim Schutz der Bevölkerung.
(3) Das Bundesministerium für Umwelt, Naturschutz und nukleare Sicherheit wird ermächtigt, für einen bereits eingetretenen Notfall durch Rechtsverordnung mit Zustimmung des Bundesrates einen niedrigeren Referenzwert für die effektive Dosis, bezogen auf ein Jahr oder eine einmalige Exposition, festzulegen.

§ 94 Dosiswerte und Kontaminationswerte für den Schutz der Bevölkerung; Verordnungsermächtigungen

(1) [1]Das Bundesministerium für Umwelt, Naturschutz und nukleare Sicherheit legt für mögliche Notfälle durch Rechtsverordnung mit Zustimmung des Bundesrates Dosiswerte fest, die als radiologisches Kriterium für die Angemessenheit folgender Schutzmaßnahmen dienen:
1. Aufforderung zum Aufenthalt in Gebäuden,
2. Verteilung von Jodtabletten oder Aufforderung zur Einnahme von Jodtabletten und
3. Evakuierung.
[2]Diese Werte beziehen sich auf die Dosis, die betroffene Personen in einem bestimmten Zeitraum nach Eintritt des Notfalls ohne Schutzmaßnahmen erhalten würden.

(2) ¹Das Bundesministerium für Umwelt, Naturschutz und nukleare Sicherheit wird ermächtigt, für mögliche Notfälle, für einen bereits eingetretenen Notfall und für eine nach einem Notfall bestehende Expositionssituation durch Rechtsverordnung mit Zustimmung des Bundesrates Grenzwerte für notfallbedingte Kontaminationen oder Dosisleistungen festzulegen
1. für Einzelpersonen der Bevölkerung,
2. für das Trinkwasser,
3. für Lebensmittel, Futtermittel, Bedarfsgegenstände, kosmetische Mittel und Erzeugnisse im Sinne von § 2 Nummer 1 des Tabakerzeugnisgesetzes,
4. für Arzneimittel und deren Ausgangsstoffe sowie für Medizinprodukte,
5. für sonstige Produkte, Gegenstände und Stoffe,
6. für Fahrzeuge, Güter oder Gepäck und
7. für kontaminierte Gebiete, insbesondere für kontaminierte Grundstücke und Gewässer, bei deren Überschreitung davon auszugehen ist, dass eine Gefahr für Einzelpersonen der Bevölkerung durch ionisierende Strahlung besteht. ²Diese Grenzwerte dienen der Durchführung optimierter Schutzstrategien nach § 98 Absatz 3 Satz 1 Nummer 1.
(3) Das Bundesministerium für Umwelt, Naturschutz und nukleare Sicherheit wird ermächtigt, durch Rechtsverordnung ohne Zustimmung des Bundesrates Rechtsverordnungen nach Absatz 2 aufzuheben, zeitlich befristet für unanwendbar zu erklären oder in ihrem Wortlaut einem verbleibenden Anwendungsbereich anzupassen, soweit sie durch den Erlass entsprechender Vorschriften in unmittelbar geltenden Rechtsakten der Europäischen Atomgemeinschaft oder der Europäischen Union unbefristet oder befristet unanwendbar geworden sind.
(4) In den Rechtsverordnungen nach den Absätzen 1 und 2 können auch
1. Verfahren und Annahmen zur Messung, Berechnung oder Abschätzung der Dosiswerte, Kontaminationswerte oder Dosisleistungswerte festgelegt werden oder
2. Voraussetzungen festgelegt werden, unter denen diese Werte gelten.
(5) Rechtsverordnungen nach Absatz 2 ergehen im Einvernehmen mit dem Bundesministerium für Gesundheit, dem Bundesministerium für Ernährung und Landwirtschaft, dem Bundesministerium für Wirtschaft und Energie, dem Bundesministerium für Arbeit und Soziales, dem Bundesministerium für Verkehr und digitale Infrastruktur, dem Bundesministerium des Innern, für Bau und Heimat und dem Bundesministerium der Finanzen.

§ 95 Bewirtschaftung von Abfällen, die infolge eines Notfalls kontaminiert sein können, Errichtung und Betrieb von Anlagen; Verordnungsermächtigungen

(1) ¹Die Bundesregierung legt für mögliche Notfälle, für einen bereits eingetretenen Notfall und für eine nach einem Notfall bestehende Expositionssituation durch Rechtsverordnung mit Zustimmung des Bundesrates Kontaminationswerte für Abfälle und sonstige Gegenstände oder Stoffe, die durch einen Notfall kontaminiert sind oder kontaminiert sein können, fest. ²Werden diese Kontaminationswerte unterschritten, so ist davon auszugehen, dass der erforderliche Schutz von Mensch und Umwelt vor der schädlichen Wirkung ionisierender Strahlung bei der Bewirtschaftung dieser Abfälle sowie der Errichtung und dem Betrieb oder der Benutzung der nachfolgend genannten Anlagen nach Maßgabe des Kreislaufwirtschaftsgesetzes und der sonstigen für Abfälle und für die Anlagen geltenden Bundesgesetze und der auf diese Gesetze gestützten Rechtsverordnungen ohne zusätzliche spezielle Schutzmaßnahmen sichergestellt ist:
1. Anlagen, in denen diese Abfälle entsorgt werden,
2. Abwasseranlagen, die Abwasser aufnehmen, das durch einen Notfall kontaminiert ist oder kontaminiert sein kann,
3. Anlagen, in denen diese Abfälle oder diese sonstigen Gegenstände oder Stoffe insbesondere als Brennstoff, Rohstoff, Material, Vorprodukt, Schmier-, Löse- oder sonstiges

Strahlenschutzgesetz § 95

Hilfsmittel gelagert, eingesetzt oder behandelt werden oder gelagert, eingesetzt oder behandelt werden können.

(2) ¹Um den Schutz des Menschen und der Umwelt vor der schädlichen Wirkung ionisierender Strahlung sicherzustellen, regelt die Bundesregierung durch Rechtsverordnung mit Zustimmung des Bundesrates für die Vermeidung, Verwertung, Beseitigung oder sonstige Bewirtschaftung von Abfällen, die infolge eines Notfalls radioaktiv kontaminiert sind oder radioaktiv kontaminiert sein können, für die Errichtung und den Betrieb der in Absatz 1 Satz 2 genannten Anlagen sowie für die Gewässeraufsicht ergänzende Anforderungen und Ausnahmen zu nachfolgenden Rechtsvorschriften oder lässt die Erteilung von Ausnahmen zu diesen Rechtsvorschriften durch die zuständigen Behörden zu:
1. zum Kreislaufwirtschaftsgesetz und zu den sonstigen für Abfälle geltenden Bundesgesetzen und zu den auf diese Gesetze gestützten Rechtsverordnungen und
2. zu Bundesgesetzen, die für die Errichtung und den Betrieb der in Absatz 1 Satz 2 genannten Anlagen gelten, und zu den auf diese Gesetze gestützten Rechtsverordnungen.
²Ausnahmen dürfen nur geregelt, zugelassen oder erteilt werden, soweit Gefahren für die menschliche Gesundheit hierdurch nicht zu erwarten sind und Rechtsakte der Europäischen Union oder der Europäischen Atomgemeinschaft nicht entgegenstehen. ³Bei solchen Ausnahmen sind erhebliche Nachteile für die Allgemeinheit oder die Nachbarschaft zu vermeiden oder zu vermindern, soweit dies unter Berücksichtigung der radiologischen Lage und der anderen für die Ausnahme erheblichen Umstände des jeweiligen Notfalls möglich und angemessen ist. ⁴Bei den Ausnahmen und den ergänzenden Regelungen sind Anforderungen an die Vorsorge gegen schädliche Umwelteinwirkungen und sonstige Gefahren sowie gegen erhebliche Nachteile und erhebliche Belästigungen zu berücksichtigen, insbesondere dadurch, dass die dem Stand der Technik entsprechenden Maßnahmen ergriffen werden.

(3) Die Regelungen nach Absatz 2 beziehen sich insbesondere auf
1. die Rangfolge der Maßnahmen zur Abfallvermeidung und zur Abfallbewirtschaftung,
2. Anforderungen an die Schadlosigkeit der Verwertung,
3. die Ordnung und Durchführung der Abfallbeseitigung,
4. Anforderungen an die Errichtung und den Betrieb von Deponien sowie deren Zulassung einschließlich des Zulassungsverfahrens,
5. Anforderungen an die Überwachung der Abfallwirtschaft,
6. Anforderungen an Sammler, Beförderer, Händler und Makler von Abfällen sowie deren jeweilige Zulassung einschließlich des Zulassungsverfahrens,
7. Anforderungen an die Errichtung, die Beschaffenheit, den Betrieb und die wesentliche Änderung der in Absatz 1 Satz 2 genannten Anlagen, an die Zulassung dieser Anlagen einschließlich des Zulassungsverfahrens sowie an den Zustand der Anlage und des Anlagengrundstücks nach Betriebseinstellung,
8. Anforderungen an die Benutzung der in Absatz 1 Satz 2 Nummer 2 genannten Abwasseranlagen,
9. Anforderungen an die Benutzung von Gewässern, insbesondere an das Einbringen und Einleiten von Stoffen in ein Gewässer; die Anforderungen können auch für den Ort des Anfalls von Abwasser oder vor seiner Vermischung festgelegt werden,
10. Anforderungen an die Erfüllung der Abwasserbeseitigungspflicht,
11. Anforderungen an die Überwachung der Gewässereigenschaften,
12. Messmethoden und Messverfahren, insbesondere im Rahmen der Abwasserbeseitigung und der Überwachung von Gewässereigenschaften,
13. Pflichten der Betreiber der in Absatz 1 Satz 2 genannten Anlagen,
14. die Voraussetzungen, unter denen die zuständigen Behörden Ausnahmen auf Grund einer Verordnung nach Absatz 2 zulassen können und

15. die Anforderungen, die zur Erfüllung der sich aus Absatz 2 Satz 2 und 3 ergebenden Pflichten zu erfüllen sind.

(4) Die Länder legen fest, welche juristischen Personen als öffentlich-rechtliche Entsorgungsträger im Sinne des § 17 des Kreislaufwirtschaftsgesetzes zur Entsorgung solcher Abfälle aus privaten Haushaltungen und aus anderen Herkunftsbereichen verpflichtet sind, die auf Grund ihrer notfallbedingten Kontamination nicht in den für die Beseitigung anderer Abfälle vorgesehenen Anlagen oder Einrichtungen behandelt, gelagert oder abgelagert werden können.

(5) Für Rechtsverordnungen nach den Absätzen 1 bis 3 gilt § 94 Absatz 3 und 4 entsprechend.

§ 95a Auskunftsverlangen, Betretensrechte, Mitwirkungs- und Duldungspflichten

(1) Auskunft über Abfälle und sonstige Gegenstände oder Stoffe, die durch einen Notfall kontaminiert sind oder kontaminiert sein können, über Errichtung, Betrieb und Benutzung der in § 95 Absatz 1 Satz 2 genannten Anlagen, über Grundstücke, auf denen sich solche Abfälle, sonstige Gegenstände oder Stoffe oder solche Anlagen befinden können, sowie über andere der Aufsicht nach § 178 Satz 2 unterliegende Gegenstände oder Stoffe haben den Bediensteten und Beauftragten der für die Aufsicht nach § 178 Satz 2 zuständigen Behörde auf Verlangen zu erteilen
1. Erzeuger und Besitzer von Abfällen oder von sonstigen Gegenständen oder Stoffen, die durch einen Notfall kontaminiert sind oder kontaminiert sein können,
2. zur Entsorgung von Abfällen, die durch einen Notfall kontaminiert sind oder kontaminiert sein können, Verpflichtete,
3. Eigentümer und Betreiber sowie frühere Betreiber
   a) von Unternehmen, die solche Abfälle entsorgen oder entsorgt haben,
   b) der in § 95 Absatz 1 Satz 2 genannten Anlagen, auch wenn diese Anlagen stillgelegt sind,
4. Eigentümer und Besitzer von Grundstücken, auf denen die in § 95 Absatz 1 Satz 2 genannten Anlagen betrieben werden oder wurden, sowie
5. Sammler, Beförderer, Händler und Makler von Abfällen, die durch einen Notfall kontaminiert sind oder kontaminiert sein können.

(2) [1]Die nach Absatz 1 zur Auskunft verpflichteten Personen haben den Bediensteten und Beauftragten der für die Aufsicht nach § 178 Satz 2 zuständigen Behörde zur Prüfung der Einhaltung ihrer Verpflichtungen nach § 95, den Verordnungen nach § 95 oder den Eilverordnungen nach § 96 das Betreten der Grundstücke sowie der Geschäfts und Betriebsräume zu den üblichen Geschäftszeiten, die Einsicht in Unterlagen und die Vornahme von technischen Ermittlungen und Prüfungen, einschließlich der Ermittlung von Emissionen und Immissionen, zu gestatten. [2]Die nach Absatz 1 zur Auskunft verpflichteten Personen sind ferner verpflichtet, zu diesen Zwecken das Betreten von Geschäfts- und Betriebsgrundstücken und -räumen außerhalb der üblichen Geschäftszeiten sowie das Betreten von Wohnräumen zu gestatten, wenn dies zur Verhütung dringender Gefahren für die öffentliche Sicherheit oder Ordnung erforderlich ist. [3]Das Grundrecht auf Unverletzlichkeit der Wohnung (Artikel 13 Absatz 1 des Grundgesetzes) wird insoweit eingeschränkt.

(3) Betreiber der in § 95 Absatz 1 Satz 2 genannten Anlagen haben diese Anlagen den Bediensteten oder Beauftragten der zuständigen Behörde zugänglich zu machen, die zur Überwachung erforderlichen Arbeitskräfte, Werkzeuge, Hilfsmittel, insbesondere Treibstoffe und Antriebsaggregate, und Unterlagen zur Verfügung zu stellen und nach Anordnung der zuständigen Behörde Zustand und Betrieb der Anlage auf eigene Kosten prüfen zu lassen.

(4) Die behördlichen Befugnisse nach den Absätzen 1 bis 3 erstrecken sich auch auf die Prüfung, ob bestimmte Stoffe oder Gegenstände
1. nicht oder nicht mehr als Abfall anzusehen sind oder
2. als Abfälle, sonstige Gegenstände oder Stoffe anzusehen sind, bei denen der für solche Abfälle, sonstige Gegenstände oder Stoffe in einer Verordnung nach § 95 Absatz 1 festgelegte Kontaminationswert unterschritten wird.

(5) Für die nach dieser Vorschrift zur Auskunft verpflichteten Personen gilt § 55 der Strafprozessordnung entsprechend.

(6) [1]Auf die nach den Absätzen 1 bis 3 erlangten Kenntnisse und Unterlagen sind die §§ 93, 97, 105 Absatz 1, § 111 Absatz 5 in Verbindung mit § 105 Absatz 1 sowie § 116 Absatz 1 der Abgabenordnung nicht anzuwenden. [2]Dies gilt nicht, soweit die Finanzbehörden die Kenntnisse für die Durchführung eines Verfahrens wegen einer Steuerstraftat sowie eines damit zusammenhängenden Besteuerungsverfahrens benötigen, an deren Verfolgung ein zwingendes öffentliches Interesse besteht, oder soweit es sich um vorsätzlich falsche Angaben des Auskunftspflichtigen oder der für ihn tätigen Personen handelt.

§ 96 Eilverordnungen

(1) Bei Eilbedürftigkeit nach Eintritt eines Notfalls kann
1. das Bundesministerium für Umwelt, Naturschutz und nukleare Sicherheit Regelungen nach den §§ 93, 94 und 95 Absatz 1 und
2. das Bundesministerium für Umwelt, Naturschutz und nukleare Sicherheit oder das Bundesministerium, das jeweils für abfallwirtschaftliche Regelungen außerhalb des Geltungsbereichs des Kreislaufwirtschaftsgesetzes oder für Regelungen über die Errichtung und den Betrieb der in § 95 Absatz 1 Satz 2 Nummer 2 genannten Anlagen zuständig ist, Regelungen nach § 95 Absatz 2 und 3

durch Rechtsverordnung ohne die Zustimmung des Bundesrates und ohne das Einvernehmen der zu beteiligenden Bundesministerien erlassen (Eilverordnungen), soweit noch keine entsprechenden Regelungen bestehen oder die bestehenden Regelungen nicht angemessen sind.

(2) [1]Eilverordnungen treten spätestens sechs Monate nach ihrem Inkrafttreten außer Kraft. [2]Ihre Geltungsdauer kann nur durch eine Rechtsverordnung mit Zustimmung des Bundesrates und im Einvernehmen mit den zu beteiligenden Bundesministerien verlängert werden. [3]Eilverordnungen, die bestehende Regelungen ändern, sind unverzüglich aufzuheben, wenn der Bundesrat dies verlangt.

ABSCHNITT 3 Notfallvorsorge

§ 97 Gemeinsame Vorschriften für die Notfallpläne

(1) [1]Bund und Länder stellen Notfallpläne nach den §§ 98, 99, 100 und 101 auf. [2]In diesen Notfallplänen sind die geplanten angemessenen Reaktionen auf mögliche Notfälle anhand bestimmter Referenzszenarien darzustellen. [3]Die darzustellenden Notfallreaktionen umfassen
1. die Schutzmaßnahmen, die Folgendes beinhalten:
   a) Maßnahmen zur Vermeidung oder Verringerung einer Exposition und Kontamination von Mensch oder Umwelt und
   b) Maßnahmen zur medizinischen Behandlung oder Vorsorge nach einer Exposition,
2. andere Maßnahmen, die bei einem Notfall von den beteiligten Behörden und sonstigen Organisationen ergriffen werden sollen, um nachteilige Auswirkungen des Notfalls für die

menschliche Gesundheit oder die Umwelt zu verhindern oder so gering wie möglich zu halten, insbesondere Maßnahmen zur Prüfung, Vorbereitung, Durchführung, Überwachung, Änderung oder Aufhebung von Schutzmaßnahmen sowie zur Zusammenarbeit und Abstimmung bei Notfällen.
(2) Die Notfallpläne sollen die an der Notfallreaktion beteiligten Behörden und Organisationen in die Lage versetzen, im Notfall unverzüglich abgestimmte Entscheidungen zu treffen und die angemessenen Maßnahmen rechtzeitig durchzuführen.
(3) Die für Ausarbeitung der Notfallpläne zuständigen Behörden
1. stimmen ihre Notfallpläne aufeinander ab, soweit dies zur Vorbereitung einer koordinierten Notfallreaktion erforderlich ist, und
2. bemühen sich im Rahmen ihrer Zuständigkeiten um eine entsprechende Abstimmung ihrer Notfallpläne mit anderen Mitgliedstaaten der Europäischen Union und der Europäischen Atomgemeinschaft sowie nach den Grundsätzen der Gegenseitigkeit und Gleichwertigkeit mit Drittstaaten.
(4) [1]Zu den Entwürfen der Notfallpläne des Bundes, der Rechtsverordnungen nach den §§ 93 bis 95 und 117 Absatz 1 und zu den Entwürfen wesentlicher Änderungen dieser Notfallpläne und Rechtsverordnungen soll ein jeweils auszuwählender Kreis von Vertretern der Wissenschaft, der betroffenen Wirtschaft, der Umweltvereinigungen, der Gemeinden und Gemeindeverbände, der an der Notfallvorsorge und -reaktion beteiligten Organisationen sowie der sonstigen Interessenträger und der für den jeweiligen Bereich zuständigen obersten Landesbehörden angehört werden. [2]Satz 1 gilt nicht für den Erlass von Eilverordnungen nach den §§ 93 bis 95 und 117 Absatz 2 sowie für den Erlass, die Änderungen und Ergänzungen von Rechtsverordnungen und Notfallplänen für einen eingetretenen Notfall nach den §§ 94 und 111. [3]Zu den Entwürfen der allgemeinen und besonderen Notfallplanungen der Länder und wesentlichen Änderungen dieser Notfallplanungen soll ein vom Land jeweils auszuwählender Kreis von Interessenträgern angehört werden. [4]Die Länder können die Anhörung auf relevante landes- oder bereichsspezifische Konkretisierungen oder Ergänzungen der in den Notfallplänen des Bundes vorgesehenen optimierten Schutzstrategien und -maßnahmen beschränken.
(5) [1]Bis zum Erlass von Notfallplänen des Bundes oder von Rechtsverordnungen nach den §§ 93 bis 95 gelten entsprechende Festlegungen und Darstellungen in den in Anlage 4 genannten Dokumenten vorläufig als Notfallpläne des Bundes. [2]Bis zum Erlass von Notfallplänen der Länder nach § 100 gelten entsprechende Festlegungen und Darstellungen in Plänen, Konzepten und Erlassen der Länder, die dem Katastrophenschutz oder der sonstigen Abwehr von Gefahren für die menschliche Gesundheit, die Umwelt oder die öffentliche Sicherheit dienen, vorläufig als allgemeine und besondere Notfallpläne der Länder.

§ 98 Allgemeiner Notfallplan des Bundes
(1) [1]Das Bundesministerium für Umwelt, Naturschutz und nukleare Sicherheit bewertet mögliche Notfallexpositionssituationen. [2]Auf seinen Vorschlag erlässt die Bundesregierung einen allgemeinen Notfallplan des Bundes. [3]Der allgemeine Notfallplan des Bundes wird als allgemeine Verwaltungsvorschrift mit Zustimmung des Bundesrates beschlossen.
(2) Im allgemeinen Notfallplan des Bundes sind
1. Referenzszenarien festzulegen, die dem Bund und den Ländern als Grundlage ihrer Planungen für Notfallreaktionen dienen, und
2. folgende allgemeine Planungen für mögliche Notfälle innerhalb oder außerhalb des Geltungsbereichs dieses Gesetzes darzustellen:
   a) die Planungen des Bundes,

b) die Planungen der Europäischen Union und der Europäischen Atomgemeinschaft, ihrer Mitgliedstaaten und von Drittstaaten sowie
c) die Planungen internationaler Organisationen und die Planungen im Rahmen internationaler Verträge.
(3) ¹Der allgemeine Notfallplan des Bundes umfasst insbesondere
1. auf das jeweilige Referenzszenario optimal abgestimmte Strategien zum Schutz der Bevölkerung und der Einsatzkräfte, die auch besonders schutzbedürftige Personen berücksichtigen (optimierte Schutzstrategien), und
2. die weiteren in Anlage 5 genannten Elemente.
²Der allgemeine Notfallplan des Bundes kann auch Hinweise auf die Notfallpläne der Länder, von Gemeinden und Gemeindeverbänden sowie von weiteren Organisationen, die an der Notfallvorsorge und -reaktion beteiligt sind, enthalten oder diese Notfallpläne zusammenfassend darstellen.

§ 99 Besondere Notfallpläne des Bundes
(1) ¹Auf Vorschlag der für die jeweiligen Sachbereiche zuständigen Bundesministerien ergänzt und konkretisiert die Bundesregierung den allgemeinen Notfallplan des Bundes durch besondere Notfallpläne des Bundes. ²Die besonderen Notfallpläne des Bundes werden als allgemeine Verwaltungsvorschriften mit Zustimmung des Bundesrates beschlossen.
(2) In den besonderen Notfallplänen des Bundes sind die Planungen insbesondere für die folgenden Anwendungsbereiche darzustellen:
1. für den Katastrophenschutz, die allgemeine Gefahrenabwehr und Hilfeleistung sowie für die medizinische Behandlung und Vorsorge nach einer Exposition der Bevölkerung und der Einsatzkräfte,
2. für die Trinkwassergewinnung und -versorgung,
3. für die Produktion pflanzlicher und tierischer Erzeugnisse, für Lebensmittel, Futtermittel, Bedarfsgegenstände, kosmetische Mittel und Erzeugnisse im Sinne von § 2 Nummer 1 des Tabakerzeugnisgesetzes,
4. für Arzneimittel und deren Ausgangsstoffe sowie für Medizinprodukte,
5. für sonstige Produkte, Gegenstände und Stoffe,
6. für die Beförderung von Gütern,
7. für den grenzüberschreitenden Verkehr von Personen, Fahrzeugen, Gütern und Gepäck,
8. für kontaminierte Gebiete, insbesondere für kontaminierte Grundstücke und Gewässer,
9. für die Entsorgung von Abfällen und für die Beseitigung von Abwasser sowie für die Errichtung und den Betrieb der in § 95 Absatz 1 Satz 2 genannten Anlagen.
(3) ¹Die besonderen Notfallpläne umfassen insbesondere die in Anlage 6 genannten Elemente. ²§ 98 Absatz 3 Satz 2 gilt entsprechend.

§ 100 Allgemeine und besondere Notfallpläne der Länder
¹Die Länder stellen allgemeine und besondere Notfallpläne auf. ²Diese Notfallpläne der Länder ergänzen und konkretisieren den allgemeinen Notfallplan des Bundes und die besonderen Notfallpläne des Bundes, soweit die Länder für die Planung oder Durchführung von Schutzmaßnahmen zuständig sind.

§ 101 Externe Notfallpläne für ortsfeste Anlagen oder Einrichtungen mit besonderem Gefahrenpotential
(1) Die für den Katastrophenschutz oder für die öffentliche Sicherheit zuständigen Behörden stellen nach Maßgabe ihrer landesrechtlichen Bestimmungen Sonderschutzpläne (externe

Notfallpläne) auf für die Umgebung von kerntechnischen Anlagen, Anlagen im Sinne des § 9a Absatz 3 Satz 1 zweiter Satzteil des Atomgesetzes, Anlagen zur Erzeugung ionisierender Strahlung oder Einrichtungen im Sinne des § 5 Absatz 12 dieses Gesetzes, soweit Notfälle in der Anlage oder Einrichtung für eine nicht unerhebliche Personenzahl in der Umgebung der Anlage oder Einrichtung zu schwerwiegenden Gesundheitsbeeinträchtigungen führen können.
(2) ¹Die externen Notfallpläne ergänzen und konkretisieren die in den allgemeinen und besonderen Notfallplänen des Bundes und der Länder enthaltenen Planungen. ²Sie berücksichtigen dabei die örtlichen Gegebenheiten sowie die Verfahren und Vorkehrungen der Strahlenschutzverantwortlichen für den anlageninternen Notfallschutz.

§ 102 Notfallübungen
(1) Die Behörden und Organisationen, die gemäß den Notfallplänen des Bundes und der Länder an der Notfallreaktion beteiligt sind, sowie die nach § 115 Absatz 1 für die Aus- und Fortbildung der Einsatzkräfte Verantwortlichen führen regelmäßig Notfallübungen durch.
(2) ¹Die Notfallübungen sind nach Art der Übung, Umfang, Notfallszenarien und Beteiligten angemessen zu differenzieren. ²Zu erproben und zu üben sind insbesondere
1. die organisatorischen Vorkehrungen für die Notfallreaktion und
2. entsprechend den Notfallplänen der Informationsaustausch und die Zusammenarbeit der an der Notfallreaktion beteiligten Behörden, Organisationen und Strahlenschutzverantwortlichen bei
    a) der Lageerfassung und Lagebewertung,
    b) der Abstimmung der Entscheidungen der zuständigen Behörden und
    c) der Durchführung von angemessenen Schutzmaßnahmen.

§ 103 Überprüfung und Änderung der Notfallpläne
(1) Die Notfallpläne des Bundes und der Länder werden regelmäßig unter Berücksichtigung der Erfahrungen aus den Notfallübungen, den Erkenntnissen aus Notfällen im In- oder Ausland sowie den Veränderungen des Standes der Wissenschaft und der Rechtslage überprüft und gegebenenfalls geändert.
(2) ¹Die die Notfallpläne ergänzenden Informationen, wie die Kontaktdaten der zuständigen Behörden und mitwirkenden Organisationen oder die Verzeichnisse der geltenden Rechtsvorschriften, werden bei Änderungen aktualisiert und regelmäßig überprüft. ²Die Stichtage für die Überprüfungen sind in den Notfallplänen festzulegen.

§ 104 Beschaffung von Schutzwirkstoffen
(1) ¹Die nach § 192 Absatz 1 zuständige Behörde beschafft Schutzwirkstoffe in dem zur Versorgung der Bevölkerung im Bundesgebiet bei möglichen Notfällen erforderlichen Umfang. ²Sie stellt diese Schutzwirkstoffe den Ländern für den Katastrophenschutz zur Bevorratung, Verteilung und Abgabe an die Bevölkerung zur Verfügung.
(2) Schutzwirkstoffe sind Arzneimittel,
1. die zur Verhinderung der Aufnahme radioaktiven Jods in die menschliche Schilddrüse geeignet sind oder
2. die zur Verhinderung der Aufnahme von Radionukliden in den menschlichen Körper oder zur Entfernung von Radionukliden aus dem menschlichen Körper geeignet sind.

Strahlenschutzgesetz §§ 105, 106

§ 105 Information der Bevölkerung über die Schutzmaßnahmen und Empfehlungen für das Verhalten bei möglichen Notfällen

(1) Die zuständigen Stellen des Bundes veröffentlichen die Notfallpläne des Bundes nach Maßgabe des § 10 des Umweltinformationsgesetzes.
(2) Die zuständigen Stellen des Bundes
1. informieren die Bevölkerung nach Maßgabe des § 10 des Umweltinformationsgesetzes in geeigneter Weise
   a) über die Grundbegriffe der Radioaktivität und die Auswirkungen der Radioaktivität auf den Menschen und die Umwelt,
   b) über die in den Notfallplänen berücksichtigten Notfälle und ihre Folgen für Bevölkerung und Umwelt,
   c) über geplante Maßnahmen zur Warnung und zum Schutz der Bevölkerung bei möglichen Notfällen
   und
2. geben der Bevölkerung Empfehlungen für das Verhalten bei möglichen Notfällen.

(3) Die Länder informieren die Bevölkerung über die in Absatz 2 Nummer 1 genannten Angelegenheiten nach Maßgabe der landesrechtlichen Vorschriften und geben der Bevölkerung Empfehlungen für das Verhalten bei möglichen Notfällen, die die Empfehlungen nach Absatz 2 Nummer 2 ergänzen und konkretisieren.
(4) ¹Die Informationen und die Verhaltensempfehlungen sind regelmäßig und bei wesentlichen Änderungen zu aktualisieren und in aktualisierter Fassung unaufgefordert zu veröffentlichen. ²Sie müssen der Öffentlichkeit ständig zugänglich sein.

ABSCHNITT 4 Radiologische Lage, Notfallreaktion

§ 106 Radiologisches Lagezentrum des Bundes

(1) Das Bundesministerium für Umwelt, Naturschutz und nukleare Sicherheit richtet ein radiologisches Lagezentrum des Bundes ein.
(2) Das radiologische Lagezentrum des Bundes hat folgende Aufgaben:
1. Sammlung, Auswertung und Dokumentation von Daten über regionale und überregionale Notfälle,
2. Erstellung des radiologischen Lagebildes nach § 108 Absatz 2 Satz 1 und 3,
3. Bereitstellung oder Übermittlung dieses radiologischen Lagebildes an die Länder und an das Gemeinsame Melde- und Lagezentrum von Bund und Ländern im Bundesamt für Bevölkerungsschutz und Katastrophenhilfe,
4. Bereitstellung oder Übermittlung dieses radiologischen Lagebildes an die im allgemeinen Notfallplan des Bundes festgelegten obersten Bundesbehörden,
5. Informationsaustausch über die radiologische Lage und über deren Bewertung innerhalb der Bundesregierung und mit den Ländern sowie mit anderen Mitgliedstaaten, mit Organen und Einrichtungen der Europäischen Union und der Europäischen Atomgemeinschaft, mit Drittstaaten und mit internationalen Organisationen, soweit keine andere Zuständigkeit durch ein Gesetz oder auf Grund eines Gesetzes festgelegt ist,
6. Koordinierung der Schutzmaßnahmen und der Maßnahmen zur Information der Bevölkerung sowie von Hilfeleistungen bei Notfällen innerhalb der Bundesregierung und mit den Ländern sowie mit anderen Mitgliedstaaten, mit Organen und Einrichtungen der Europäischen Union und der Europäischen Atomgemeinschaft, mit Drittstaaten und mit internationalen Organisationen, soweit keine andere Zuständigkeit durch ein Gesetz oder auf Grund eines Gesetzes festgelegt ist,

7. Information der Bevölkerung und Empfehlungen für das Verhalten bei Notfällen gemäß § 112 Absatz 3,
8. Koordinierung der Messungen des Bundes und der Länder und anderer an der Bewältigung des Notfalls beteiligten Organisationen zur Vervollständigung des radiologischen Lagebildes und der Datenbasis zur Dosisabschätzung.

(3) Das Bundesministerium für Umwelt, Naturschutz und nukleare Sicherheit wird bei der Wahrnehmung seiner Aufgaben vom Bundesamt für Strahlenschutz, vom Bundesamt für die Sicherheit der nuklearen Entsorgung, von der Gesellschaft für Anlagen- und Reaktorsicherheit und vom Bundesamt für Bevölkerungsschutz und Katastrophenhilfe unterstützt.

§ 107 Aufgaben der Länder bei der Ermittlung und Auswertung der radiologischen Lage

Die Länder übermitteln dem radiologischen Lagezentrum des Bundes unverzüglich
1. Daten, die nach § 162 Absatz 2 an die Zentralstelle des Bundes zur Überwachung der Umweltradioaktivität übermittelt werden,
2. Mitteilungen des Strahlenschutzverantwortlichen über einen überregionalen oder regionalen Notfall in ihrem Landesgebiet oder ein Ereignis in ihrem Landesgebiet, das zu einem solchen Notfall führen kann, oder
3. sonstige Erkenntnisse über einen überregionalen oder regionalen Notfall in ihrem Landesgebiet,
4. bei einem überregionalen oder regionalen Notfall in ihrem Landesgebiet die für die radiologische Lage relevanten Daten zur Anlage oder Strahlungsquelle, zum radiologischen Inventar und zu Freisetzungen sowie Freisetzungsabschätzungen und -prognosen,
5. bei einem überregionalen oder regionalen Notfall im Bundesgebiet oder im grenznahen Ausland anlagenbezogene Messdaten, die aus anlagenbezogenen Messprogrammen zur Immissionsüberwachung oder aus lageabhängig durchgeführten weiteren Immissionsmessungen stammen,
6. bei überregionalen oder regionalen Notfällen Mitteilungen über die von den zuständigen Landesbehörden getroffenen Schutzmaßnahmen sowie über Informationen der Bevölkerung und Verhaltensempfehlungen gemäß § 112 Absatz 2 und
7. Mitteilungen über die Wirksamkeit dieser Schutzmaßnahmen und Verhaltensempfehlungen.

§ 108 Radiologisches Lagebild

(1) ¹Nach Eintritt eines überregionalen oder regionalen Notfalls wird ein radiologisches Lagebild erstellt. ²In dem radiologischen Lagebild werden die Informationen nach den §§ 106, 107 und 161 bis 163 und weitere relevante Informationen zu Art, Umfang und zu erwartender Entwicklung der radiologischen Lage aufbereitet, dargestellt und bewertet. ³Das radiologische Lagebild ist entsprechend der weiteren Entwicklung des Notfalls und der relevanten Informationen zu aktualisieren. ⁴Soweit eine Dosisabschätzung nach § 111 Absatz 1 vorliegt, ist auch diese in das radiologische Lagebild aufzunehmen.

(2) ¹Das radiologische Lagebild wird bei einem überregionalen Notfall vom radiologischen Lagezentrum des Bundes erstellt. ²Bei einem regionalen Notfall erstellt das Land, in dem sich der Notfall ereignet hat, das radiologische Lagebild. ³Das Land kann diese Aufgabe allgemein oder im Einzelfall im Einvernehmen mit dem Bundesministerium für Umwelt, Naturschutz und nukleare Sicherheit an das radiologische Lagezentrum des Bundes abgeben; das radiologische Lagezentrum des Bundes kann die Aufgabe im Einzelfall im Benehmen mit dem Land an sich ziehen. ⁴Wenn das radiologische Lagezentrum des Bundes für die Erstellung des radiologischen Lagebildes zuständig ist, kann es im Einvernehmen mit der zuständigen obersten Landesbehörde die Aufgabe der Fortschreibung des radiologischen Lagebildes an

das Land abgeben, in dem sich der Notfall ereignet hat, wenn sich die weiteren Auswirkungen dieses Notfalls voraussichtlich im Wesentlichen auf dieses Land beschränken werden.
(3) Die Bundesregierung kann im allgemeinen Notfallplan des Bundes mit Zustimmung des Bundesrates insbesondere anhand der darin festgelegten Referenzszenarien bestimmen, wann von einem überregionalen, regionalen oder lokalen Notfall auszugehen ist.
(4) Durch Verwaltungsvereinbarung des Bundesministeriums für Umwelt, Naturschutz und nukleare Sicherheit mit der zuständigen obersten Landesbehörde kann festgelegt werden, dass bei einem Notfall in einer kerntechnischen Anlage oder Einrichtung, die nach den §§ 6, 7 oder 9 des Atomgesetzes einer Genehmigung oder nach § 9b des Atomgesetzes der Planfeststellung bedarf, das Land, in dem sich die kerntechnische Anlage oder die Einrichtung befindet, dem radiologischen Lagezentrum des Bundes zusätzlich zu den Daten nach § 107 eine Aufbereitung seiner regionalen Daten zur Verfügung stellt, und zwar bis zu der Entfernung von der kerntechnischen Anlage oder Einrichtung, die die verfahrensmäßige und technische Ausstattung des Landes prognostisch und diagnostisch zulässt.

§ 109 Entscheidungen über Schutzmaßnahmen durch die zuständigen Behörden
(1) [1]Ob bei einem Notfall Schutzmaßnahmen getroffen werden und welche Schutzmaßnahmen bei diesem Notfall angemessen sind, entscheiden die zuständigen Behörden nach Maßgabe der Rechtsverordnungen auf Grundlage der §§ 94 bis 96 und, soweit sich aus diesen nichts anderes ergibt, auf Grundlage
1. der für derartige Maßnahmen geltenden Rechtsvorschriften des Bundes und der Länder zur Abwehr von Gefahren für die menschliche Gesundheit, für die Umwelt oder für die öffentliche Sicherheit und
2. unmittelbar anwendbarer Rechtsakte der Europäischen Union und der Europäischen Atomgemeinschaft,

soweit diese Rechtsvorschriften und Rechtsakte auch bei radiologischen Gefahren anwendbar sind. [2]Bei den Entscheidungen sind die Notfallpläne zu beachten sowie die radiologische Lage und die anderen entscheidungserheblichen Umstände des jeweiligen Notfalls zu berücksichtigen.
(2) Für die Bewertung der radiologischen Lage ist bei überregionalen und regionalen Notfällen das radiologische Lagebild nach § 108 maßgeblich.
(3) [1]Im weiteren Verlauf des Notfalls prüfen die zuständigen Behörden, ob die Schutzmaßnahmen geändert, ergänzt oder beendet werden sollen. [2]Sie berücksichtigen dabei die Wirksamkeit der getroffenen Schutzmaßnahmen sowie Veränderungen der radiologischen Lage und der anderen Umstände des Notfalls.

§ 110 Zusammenarbeit und Abstimmung bei Notfällen
[1]Die Behörden und Organisationen, die an Entscheidungen über Schutzmaßnahmen oder deren Durchführung beteiligt sind, arbeiten nach Maßgabe der Notfallpläne zusammen. [2]Die Entscheidungen und Schutzmaßnahmen sind im erforderlichen Umfang aufeinander abzustimmen, soweit die rechtzeitige Durchführung angemessener Schutzmaßnahmen dadurch nicht verhindert oder unangemessen verzögert wird.

§ 111 Dosisabschätzung, Abschätzung der Wirksamkeit der Schutzmaßnahmen, Anpassung der Notfallplanungen bei überregionalen und regionalen Notfällen
(1) Bei einem überregionalen oder regionalen Notfall schätzt die für die Erstellung des radiologischen Lagebildes zuständige Behörde oder Stelle für betroffene Bevölkerungsgruppen die Dosis ab, die diese infolge des Notfalls bereits aufgenommen haben und voraussichtlich noch aufnehmen werden (Dosisabschätzung).

(2) ¹Das Bundesministerium für Umwelt, Naturschutz und nukleare Sicherheit vergleicht bei einem überregionalen oder regionalen Notfall die Ergebnisse der Dosisabschätzung mit dem Referenzwert und schätzt die Wirksamkeit der Schutzmaßnahmen, der Verhaltensempfehlungen und der angewandten Schutzstrategien ab. ²Es prüft, ob die Referenzwerte für den Schutz der Bevölkerung, die Dosiswerte und die Grenzwerte für notfallbedingte Kontaminationen oder Dosisleistungen an die radiologische Lage und die anderen relevanten Umstände des jeweiligen Notfalls oder an eingetretene oder zu erwartende Veränderungen dieser Umstände angepasst werden sollen. ³Es berücksichtigt dabei die Notfallschutzgrundsätze, die Ergebnisse der Dosisabschätzung sowie die Informationen über die getroffenen und noch vorgesehenen Schutzmaßnahmen und Verhaltensempfehlungen, die von den zuständigen Bundes- und Landesbehörden nach den §§ 106 und 107 bereitgestellt worden sind.
(3) ¹Die zuständigen Bundesministerien prüfen bei einem überregionalen oder regionalen Notfall im Rahmen ihrer in den §§ 98, 99 und § 96 Absatz 1 genannten Zuständigkeiten, ob die Schutzstrategien, die Schutzmaßnahmen, die Verhaltensempfehlungen und sonstigen Regelungen, die in den Notfallplänen des Bundes und in Rechtsverordnungen nach § 95 festgelegt sind, an die radiologische Lage und die anderen relevanten Umstände des jeweiligen Notfalls oder an eingetretene oder zu erwartende Veränderungen dieser Umstände angepasst werden sollen. ²Sie berücksichtigen dabei die Ergebnisse der Abschätzung der Wirksamkeit der Schutzmaßnahmen, Verhaltensempfehlungen und angewandten Schutzstrategien.
(4) Soweit es bei einem überregionalen oder regionalen Notfall für abgestimmte und angemessene Entscheidungen über die erforderlichen Schutzmaßnahmen oder für deren Durchführung erforderlich ist, ändert oder ergänzt die Bundesregierung auf Vorschlag der zuständigen Bundesministerien durch allgemeine Verwaltungsvorschriften mit Zustimmung des Bundesrates die Notfallpläne des Bundes für diesen Notfall.
(5) Die Bundesregierung wird ermächtigt, bei einem überregionalen oder regionalen Notfall bei Eilbedürftigkeit durch Einzelweisungen nach Artikel 84 Absatz 5 des Grundgesetzes für diesen Notfall
1. zu bestimmen, welche der in den Notfallplänen für bestimmte Referenzszenarien festgelegten optimierten Schutzstrategien ganz oder teilweise entsprechend anzuwenden sind, wenn dieser Notfall möglicherweise wesentlich von den Referenzszenarien abweicht oder die Erkenntnisse über diesen Notfall noch nicht ausreichen, um ihn einem bestimmten Referenzszenario zuzuordnen oder
2. Richtwerte für notfallbedingte Kontaminationen oder Dosisleistungen festzulegen.
(6) Eilbedürftigkeit liegt vor, wenn
1. die in den bestehenden Notfallplänen des Bundes festgelegten optimierten Schutzstrategien oder die in diesen Notfallplänen und in Rechtsverordnungen nach diesem Kapitel festgelegten Schutzmaßnahmen unter Berücksichtigung der Abschätzungen nach den Absätzen 1 und 2 sowie der internationalen Zusammenarbeit und Koordinierung nicht angemessen oder ausreichend sind und
2. Rechtsverordnungen nach diesem Kapitel oder Notfallpläne des Bundes für diesen Notfall voraussichtlich nicht rechtzeitig erlassen oder geändert werden können.

§ 112 Information der betroffenen Bevölkerung und Empfehlungen für das Verhalten bei Notfällen

(1) Die nach Landesrecht zuständigen Behörden informieren bei einem lokalen Notfall unverzüglich die möglicherweise betroffene Bevölkerung über den Notfall und geben ihr angemessene Empfehlungen für das Verhalten bei diesem Notfall.

Strahlenschutzgesetz §§ 112–114

(2) Die für den Katastrophenschutz zuständigen Behörden unterrichten bei überregionalen und regionalen Notfällen, die in ihrem Zuständigkeitsbereich zu einer Katastrophe geführt haben oder führen können, unverzüglich die in ihrem Zuständigkeitsbereich möglicherweise betroffene Bevölkerung über den eingetretenen Notfall und geben ihr angemessene Empfehlungen für das Verhalten in diesem Notfall.
(3) Das Bundesministerium für Umwelt, Naturschutz und nukleare Sicherheit unterrichtet unverzüglich bei überregionalen und regionalen Notfällen die möglicherweise betroffene Bevölkerung und gibt ihr angemessene Empfehlungen für das Verhalten bei diesem Notfall, soweit nicht die für den Katastrophenschutz zuständigen Behörden nach Absatz 2 für die Unterrichtung der Bevölkerung und Verhaltensempfehlungen zuständig sind.
(4) Die Informationen, Aufforderungen und Verhaltensempfehlungen umfassen die in Anlage 7 aufgeführten Punkte, die für den jeweiligen Notfall relevant sind.

Kapitel 2 Schutz der Einsatzkräfte

§ 113 Unterrichtung, Aus- und Fortbildung der Einsatzkräfte im Rahmen der Notfallvorsorge

(1) Personen, die in den Notfallplänen des Bundes oder der Länder oder in internen Planungen der Strahlenschutzverantwortlichen
1. als Einsatzkräfte vorgesehen sind,
2. als Fachkräfte für die Mitwirkung an Entscheidungen über Aufgaben und Maßnahmen von Einsatzkräften vorgesehen sind oder
3. für die Unterrichtung der Einsatzkräfte im Notfalleinsatz vorgesehen sind,

sind über die gesundheitlichen Risiken, die ein Einsatz bei einem Notfall mit sich bringen kann, und über die bei einem Einsatz zu treffenden Schutz- und Überwachungsmaßnahmen angemessen zu unterrichten und entsprechend aus- und fortzubilden.
(2) ¹Die Unterrichtung, Aus- und Fortbildung berücksichtigt die in den Notfallplänen berücksichtigten Notfälle sowie die entsprechenden Arten des Einsatzes oder der Mitwirkungs- oder Unterrichtungsaufgaben. ²Die Inhalte der Unterrichtung, Aus- und Fortbildung und die Lehr- und Lernmittel werden regelmäßig auf den neuesten Stand gebracht. ³Soweit es zweckdienlich ist, soll die Aus- und Fortbildung auch die Teilnahme an Notfallübungen umfassen.

§ 114 Schutz der Einsatzkräfte bei Notfalleinsätzen

(1) Bei Notfalleinsätzen ist durch dem jeweiligen Einsatzzweck angemessene Schutz- und Überwachungsmaßnahmen anzustreben, dass die Exposition von Einsatzkräften in dieser Expositionssituation unterhalb der Werte bleibt, die in § 78 bei geplanten Expositionssituationen als Dosisgrenzwerte festgesetzt sind.
(2) ¹Sofern der Einsatz dem Schutz des Lebens oder der Gesundheit dient und einer der Werte nach Absatz 1 bei Einsätzen zum Schutz des Lebens oder der Gesundheit auch durch angemessene Schutz- und Überwachungsmaßnahmen nicht eingehalten werden kann, ist anzustreben, dass die Exposition der Einsatzkräfte den Referenzwert für die effektive Dosis von 100 Millisievert nicht überschreitet. ²Die Einsatzkräfte müssen vor dem jeweiligen Einsatz über die mit ihm verbundenen gesundheitlichen Risiken und die zu treffenden Schutz- und Überwachungsmaßnahmen angemessen unterrichtet werden. ³Bei Einsatzkräften, die bereits im Rahmen der Notfallvorsorge unterrichtet, aus- und fortgebildet wurden, ist deren allgemeine Unterrichtung entsprechend den Umständen des jeweiligen Notfalls zu ergänzen. ⁴Schwangere und Personen unter 18 Jahren dürfen nicht in Situationen nach Satz 1 eingesetzt werden.

(3) ¹Sofern der Einsatz der Rettung von Leben, der Vermeidung schwerer strahlungsbedingter Gesundheitsschäden oder der Vermeidung oder Bekämpfung einer Katastrophe dient und die effektive Dosis 100 Millisievert auch bei angemessenen Schutz- und Überwachungsmaßnahmen überschreiten kann, ist anzustreben, dass die Exposition von Notfalleinsatzkräften den Referenzwert für die effektive Dosis von 250 Millisievert nicht überschreitet. ²In Ausnahmefällen, in denen es auch bei angemessenen Schutz- und Überwachungsmaßnahmen möglich ist, dass die effektive Dosis den Wert von 250 Millisievert überschreitet, kann die Einsatzleitung einen erhöhten Referenzwert von 500 Millisievert festlegen. ³Die Einsätze nach den Sätzen 1 und 2 dürfen nur von Freiwilligen ausgeführt werden, die vor dem jeweiligen Einsatz über die Möglichkeit einer solchen Exposition informiert wurden. ⁴Absatz 2 Satz 2 bis 4 gilt entsprechend.

(4) Es ist anzustreben, dass Einsatzkräfte, die bei einem Notfall bereits eine effektive Dosis von mehr als 250 Millisievert erhalten haben oder bei denen der Grenzwert der Berufslebensdosis nach § 77 erreicht ist, bei weiteren Notfällen nicht in Situationen nach Absatz 3 eingesetzt werden.

(5) ¹Bei der Ermittlung oder Abschätzung der Exposition einer Einsatzkraft in einer Notfallexpositionssituation sind die ermittelten oder abgeschätzten Körperdosen aus allen Einsätzen zu addieren, die von der Einsatzkraft in dieser Notfallexpositionssituation ausgeführt werden. ²Die Exposition einer Einsatzkraft während ihres Einsatzes in einer Notfallexpositionssituation ist hinsichtlich des Grenzwertes für die Berufslebensdosis nach § 77 zu berücksichtigen.

§ 115 Verantwortlichkeit für den Schutz der Einsatzkräfte
(1) Verantwortlich für die Unterrichtung, Aus- und Fortbildung ihrer eigenen Einsatzkräfte sind
1. die Strahlenschutzverantwortlichen,
2. die Behörden, die gemäß den Notfallplänen des Bundes und der Länder für Maßnahmen der Notfallreaktion zuständig sind oder an diesen Maßnahmen mitwirken und
3. die an der Notfallreaktion mitwirkenden Organisationen.

(2) Verantwortlich für den Schutz der Einsatzkräfte im Notfalleinsatz sind
1. die Strahlenschutzverantwortlichen hinsichtlich ihrer eigenen und der in ihrem Auftrag tätigen Einsatzkräfte,
2. hinsichtlich der anderen Einsatzkräfte
   a) die Behörde, die den Notfalleinsatz mehrerer Behörden oder mitwirkender Organisationen leitet oder
   b) die Behörden und Organisationen, die für Maßnahmen der Notfallreaktion zuständig sind oder an diesen Maßnahmen mitwirken, soweit die Einsatzkräfte nicht einer den Notfalleinsatz leitenden Behörde unterstellt sind.

§ 116 Schutz der Einsatzkräfte bei anderen Gefahrenlagen
Bei der Vorbereitung und Durchführung von Einsätzen, die nicht der Bekämpfung eines Notfalls im Sinne dieses Gesetzes, sondern der Bekämpfung einer anderen Gefahrenlage dienen, und bei denen die Einsatzkräfte ionisierender Strahlung ausgesetzt sein können, sind die §§ 113 bis 115 entsprechend anzuwenden.

§ 117 Verordnungsermächtigungen zum Schutz der Einsatzkräfte
(1) ¹Das Bundesministerium für Umwelt, Naturschutz und nukleare Sicherheit wird ermächtigt, durch Rechtsverordnung
1. wesentliche Inhalte der in § 113 vorgeschriebenen Unterrichtung, Aus- und Fortbildung zu regeln,
2. Art und Inhalte der in § 114 Absatz 2 und 3 vorgeschriebenen Unterrichtung zu regeln,

Strahlenschutzgesetz §§ 117, 118

3. die in § 76 Absatz 1 und § 79 genannten weiteren Regelungen über die physikalische Strahlenschutzkontrolle, Schutzbereiche, Schutz-, Vorsorge- und Überwachungsmaßnahmen zum Schutz der Einsatzkräfte zu treffen,
4. zu bestimmen, welche Personen, Behörden oder Organisationen für die nach Nummer 3 geregelten Maßnahmen zum Schutz der Einsatzkräfte verantwortlich sind.
²Rechtsverordnungen nach Satz 1 Nummer 2 bis 4 bedürfen der Zustimmung des Bundesrates.
(2) ¹Bei Eilbedürftigkeit nach Eintritt eines Notfalls kann das Bundesministerium für Umwelt, Naturschutz und nukleare Sicherheit Regelungen nach Absatz 1 Satz 1 Nummer 2 bis 4 durch Rechtsverordnung ohne die Zustimmung des Bundesrates erlassen (Eilverordnungen), soweit noch keine entsprechenden Regelungen bestehen. ²Eilverordnungen treten spätestens sechs Monate nach ihrem Inkrafttreten außer Kraft. ³Ihre Geltungsdauer kann nur durch eine Rechtsverordnung mit Zustimmung des Bundesrates und im Einvernehmen mit den zu beteiligenden Bundesministerien verlängert werden. ⁴Eilverordnungen, die bestehende Regelungen ändern, sind unverzüglich aufzuheben, wenn der Bundesrat dies verlangt.
(3) Das Landesrecht regelt, ob und inwieweit Rechtsverordnungen nach Absatz 1 Satz 1 Nummer 1 auch für die Beschäftigten der zuständigen Behörden der Länder, Gemeinden und sonstigen Körperschaften, Anstalten und Stiftungen des öffentlichen Rechts der Länder sowie privater Hilfsorganisationen gelten, die beim Katastrophenschutz oder beim Vollzug anderer landesrechtlicher Vorschriften zur Gefahrenabwehr und Hilfeleistung mitwirken.
(4) Das Grundrecht auf körperliche Unversehrtheit (Artikel 2 Absatz 2 Satz 1 des Grundgesetzes) wird nach Maßgabe des Absatzes 1 Satz 1 Nummer 3 eingeschränkt.

Teil 4: Strahlenschutz bei bestehenden Expositionssituationen

Kapitel 1 Nach einem Notfall bestehende Expositionssituationen

§ 118 Übergang zu einer bestehenden Expositionssituation; Verordnungsermächtigungen

(1) ¹Wenn sich bei einem überregionalen oder regionalen Notfall die radiologische Lage im Wesentlichen stabilisiert hat, schätzt das Bundesministerium für Umwelt, Naturschutz und nukleare Sicherheit im Rahmen der Wirksamkeitsprüfung nach § 111 Absatz 2 auch ab, ob die effektive Dosis bei der betroffenen Bevölkerung infolge des Notfalls voraussichtlich im folgenden Jahr im Bundesgebiet oder in Teilen des Bundesgebietes noch den Wert von 1 Millisievert im Jahr überschreiten wird. ²Soweit der Wert von 1 Millisievert voraussichtlich im folgenden Jahr im Bundesgebiet oder in Teilen des Bundesgebietes noch überschritten wird, erstrecken sich die von den zuständigen Bundesministerien nach § 111 Absatz 3 und 4 vorzunehmenden Prüfungen
1. auch darauf, ob und wie lange angemessene Schutzmaßnahmen und andere Maßnahmen nach Teil 3 im Bundesgebiet oder Teilen des Bundesgebietes noch erforderlich sind, um sicherzustellen, dass die effektive Dosis bei der betroffenen Bevölkerung so bald wie möglich den Wert von 20 Millisievert unterschreitet sowie
2. darauf, ob und ab welchem Zeitpunkt bei Anwendung der Rechtsvorschriften über bestehende Expositionssituationen durch angemessene Schutz-, Sanierungs- oder andere Maßnahmen erreicht werden kann, dass die effektive Dosis weiter reduziert wird und den nach Absatz 4 festzusetzenden Referenzwert so weit wie möglich unterschreitet.
(2) ¹Wenn eine Reduzierung der effektiven Dosis möglich ist, erlässt die Bundesregierung in entsprechender Anwendung der §§ 92 und 97 Absatz 1 bis Absatz 4 Satz 1 bis 3 sowie des § 98 auf Vorschlag des Bundesministeriums für Umwelt, Naturschutz und nukleare Sicherheit einen Plan des Bundes zum Schutz der Bevölkerung in der nach dem Notfall

bestehenden Expositionssituation. ²Dieser Plan wird als allgemeine Verwaltungsvorschrift mit Zustimmung des Bundesrates beschlossen.
(3) ¹Auf Vorschlag der für die jeweiligen Sachbereiche zuständigen Bundesministerien kann die Bundesregierung den Plan des Bundes nach Absatz 2 bei Bedarf durch besondere Pläne des Bundes ergänzen und konkretisieren, in denen für bestimmte der in § 99 Absatz 2 genannten Anwendungsbereiche die besonderen Planungen für Maßnahmen nach Absatz 1 Satz 2 Nummer 2 dargestellt werden. ²Diese besonderen Pläne des Bundes werden als allgemeine Verwaltungsvorschriften mit Zustimmung des Bundesrates beschlossen.
(4) ¹Das Bundesministerium für Umwelt, Naturschutz und nukleare Sicherheit legt durch Rechtsverordnung mit Zustimmung des Bundesrates für eine nach einem überregionalen oder regionalen Notfall nach Absatz 1 Satz 2 Nummer 2 bestehende Expositionssituation einen Referenzwert für die effektive Dosis fest, die betroffene Personen infolge des Notfalls über alle Expositionspfade erhalten, wenn die vorgesehenen Schutzmaßnahmen durchgeführt werden. ²Der Referenzwert darf 20 Millisievert im Jahr nicht überschreiten. ³In der Rechtsverordnung ist des Weiteren festzulegen, in welchen Gebieten und ab welchem Zeitpunkt die Referenzwerte, die §§ 119, 120 und 152 sowie Pläne nach Absatz 2 und 3 anzuwenden sind.
(5) Soweit dies für einen angemessenen Schutz der Bevölkerung erforderlich ist, stellen die Länder, soweit die Länder für die Planung oder Durchführung von Maßnahmen nach Absatz 1 Satz 2 Nummer 2 zuständig sind, Landespläne auf, welche die Pläne des Bundes nach den Absätzen 2 und 3 für diese bestehende Expositionssituation ergänzen und konkretisieren.
(6) ¹Wenn sich bei einem lokalen Notfall die radiologische Lage im Wesentlichen stabilisiert hat, die effektive Dosis bei der betroffenen Bevölkerung infolge des Notfalls aber den Wert von 1 Millisievert im Jahr noch überschreitet, legt die zuständige Behörde durch Allgemeinverfügung einen Referenzwert für die effektive Dosis fest, die betroffene Personen infolge des Notfalls über alle Expositionspfade erhalten, wenn die vorgesehenen Schutzmaßnahmen durchgeführt werden. ²Der Referenzwert darf 20 Millisievert im Jahr nicht überschreiten. ³Die zuständige Behörde kann ergänzend angemessene Referenzwerte für Organ-Äquivalentdosen festlegen.

§ 119 Radiologische Lage, Maßnahmen, Zusammenarbeit und Abstimmung in einer nach einem Notfall bestehenden Expositionssituation

¹In einer nach einem Notfall bestehenden Expositionssituation sind die §§ 92 und 106 bis 111 entsprechend anzuwenden. ²An Stelle der Referenzwerte nach § 93 gelten für den Schutz der Bevölkerung die nach § 118 Absatz 4 oder 6 festgelegten Referenzwerte; an Stelle der Notfallpläne nach den §§ 98 bis 100 gelten die Pläne nach § 118 Absatz 2, 3 und 5.

§ 120 Information der Bevölkerung und Verhaltensempfehlungen

(1) Pläne des Bundes nach § 118 Absatz 2 und 3 werden von den zuständigen Stellen des Bundes nach Maßgabe des § 10 des Umweltinformationsgesetzes veröffentlicht.
(2) ¹Das Bundesministerium für Umwelt, Naturschutz und nukleare Sicherheit informiert die betroffene Bevölkerung über eine nach einem überregionalen oder regionalen Notfall überörtlich bestehende Expositionssituation. ²§ 105 Absatz 2 gilt entsprechend.
(3) ¹Bei einem überregionalen oder regionalen Notfall ergänzen und konkretisieren die zuständigen Behörden der Länder die Informationen und Verhaltensempfehlungen des Bundes. ²§ 105 Absatz 3 gilt entsprechend.

(4) [1]Die nach Landesrecht zuständigen Behörden informieren die betroffene Bevölkerung über eine nach einem lokalen Notfall bestehende Expositionssituation, über die Referenzwerte nach § 118 Absatz 6 sowie über die getroffenen und vorgesehenen Schutz-, Sanierungs- und anderen Maßnahmen. [2]Sie geben der betroffenen Bevölkerung angemessene Empfehlungen für das Verhalten in dieser Expositionssituation.
(5) § 105 Absatz 4 gilt entsprechend.

Kapitel 2 Schutz vor Radon

ABSCHNITT 1 Gemeinsame Vorschriften

§ 121 Festlegung von Gebieten; Verordnungsermächtigung
(1) [1]Die zuständige Behörde legt durch Allgemeinverfügung innerhalb von zwei Jahren nach Inkrafttreten einer Rechtsverordnung nach Absatz 2 die Gebiete fest, für die erwartet wird, dass die über das Jahr gemittelte Radon-222-Aktivitätskonzentration in der Luft in einer beträchtlichen Zahl von Gebäuden mit Aufenthaltsräumen oder Arbeitsplätzen den Referenzwert nach § 124 oder § 126 überschreitet. [2]Sie veröffentlicht die Festlegung der Gebiete. [3]Die Festlegung der Gebiete ist mindestens alle zehn Jahre zu überprüfen.
(2) Die Bundesregierung wird ermächtigt, durch Rechtsverordnung mit Zustimmung des Bundesrates zu bestimmen, unter welchen Umständen die zuständige Behörde davon ausgehen kann, dass in einem Gebiet in einer beträchtlichen Zahl von Gebäuden mit Aufenthaltsräumen oder Arbeitsplätzen die Referenzwerte nach den §§ 124 und 126 überschritten werden und welche Verfahren und Kriterien für die Festlegung der Gebiete heranzuziehen sind.

§ 122 Radonmaßnahmenplan
(1) [1]Das Bundesministerium für Umwelt, Naturschutz und nukleare Sicherheit erstellt einen Radonmaßnahmenplan. [2]Der Radonmaßnahmenplan wird unter Beteiligung der Länder erstellt. [3]Er erläutert die Maßnahmen nach diesem Gesetz und enthält Ziele für die Bewältigung der langfristigen Risiken der Exposition durch Radon in Aufenthaltsräumen und an Arbeitsplätzen in Innenräumen hinsichtlich sämtlicher Quellen, aus denen Radon zutritt, sei es aus dem Boden, aus Bauprodukten oder aus dem Wasser.
(2) Das Bundesministerium für Umwelt, Naturschutz und nukleare Sicherheit macht den Radonmaßnahmenplan im Bundesanzeiger bekannt.
(3) Der Radonmaßnahmenplan wird vom Bundesministerium für Umwelt, Naturschutz und nukleare Sicherheit unter Beteiligung der Länder regelmäßig aktualisiert, jedoch mindestens alle zehn Jahre.
(4) [1]Die zuständige Behörde entwickelt für ihren Zuständigkeitsbereich an die jeweiligen Bedingungen angepasste Strategien zum Umgang mit langfristigen Risiken der Exposition durch Radon. [2]Sie berücksichtigt dabei den Radonmaßnahmenplan. [3]Sie erhebt die erforderlichen Daten. [4]Das Bundesministerium für Umwelt, Naturschutz und nukleare Sicherheit koordiniert die Entwicklung der Strategien.

§ 123 Maßnahmen an Gebäuden; Verordnungsermächtigung
(1) [1]Wer ein Gebäude mit Aufenthaltsräumen oder Arbeitsplätzen errichtet, hat geeignete Maßnahmen zu treffen, um den Zutritt von Radon aus dem Baugrund zu verhindern oder erheblich zu erschweren. [2]Diese Pflicht gilt als erfüllt, wenn
1. die nach den allgemein anerkannten Regeln der Technik erforderlichen Maßnahmen zum Feuchteschutz eingehalten werden und

2. in den nach § 121 Absatz 1 Satz 1 festgelegten Gebieten zusätzlich die in der Rechtsverordnung nach Absatz 2 bestimmten Maßnahmen eingehalten werden.
³Die Pflicht nach Satz 1 kann auch auf andere Weise erfüllt werden.
(2) Die Bundesregierung wird ermächtigt, durch Rechtsverordnung mit Zustimmung des Bundesrates weitere Maßnahmen zum Schutz vor Radon für zu errichtende Gebäude innerhalb der nach § 121 Absatz 1 Satz 1 festgelegten Gebiete zu bestimmen.
(3) ¹Die zuständige Behörde kann von der Pflicht nach Absatz 1 Satz 1 auf Antrag befreien, soweit die Anforderungen im Einzelfall durch einen unangemessenen Aufwand oder in sonstiger Weise zu einer unbilligen Härte führen. ²Eine unbillige Härte kann insbesondere vorliegen, wenn eine Überschreitung des Referenzwerts in dem Gebäude auch ohne Maßnahmen nicht zu erwarten ist.
(4) Wer im Rahmen der baulichen Veränderung eines Gebäudes mit Aufenthaltsräumen oder Arbeitsplätzen Maßnahmen durchführt, die zu einer erheblichen Verminderung der Luftwechselrate führen, soll die Durchführung von Maßnahmen zum Schutz vor Radon in Betracht ziehen, soweit diese Maßnahmen erforderlich und zumutbar sind.

ABSCHNITT 2 Schutz vor Radon in Aufenthaltsräumen

§ 124 Referenzwert; Verordnungsermächtigung

¹Der Referenzwert für die über das Jahr gemittelte Radon-222-Aktivitätskonzentration in der Luft in Aufenthaltsräumen beträgt 300 Becquerel je Kubikmeter. ²Spätestens zehn Jahre nach Inkrafttreten dieses Gesetzes legt das Bundesministerium für Umwelt, Naturschutz und nukleare Sicherheit einen Bericht über die Entwicklung der Schutzmaßnahmen für die Allgemeinbevölkerung gegenüber Radonexpositionen, über deren Wirksamkeit und Kosten auf Bundes- und Länderebene vor. ³Die Bundesregierung wird ermächtigt, durch Rechtsverordnung mit Zustimmung des Bundesrates festzulegen, wie die Messung der Radon-222-Aktivitätskonzentration in der Luft in Aufenthaltsräumen zu erfolgen hat.

§ 125 Unterrichtung der Bevölkerung; Reduzierung der Radonkonzentration

(1) Das Bundesministerium für Umwelt, Naturschutz und nukleare Sicherheit sowie die zuständigen Behörden der Länder unterrichten die Bevölkerung in geeigneter Weise über die Exposition durch Radon in Aufenthaltsräumen und die damit verbundenen Gesundheitsrisiken, über die Wichtigkeit von Radonmessungen und über die technischen Möglichkeiten, die zur Verringerung vorhandener Radon-222-Aktivitätskonzentrationen verfügbar sind.
(2) Das Bundesministerium für Umwelt, Naturschutz und nukleare Sicherheit sowie die zuständigen Behörden der Länder regen Maßnahmen zur Ermittlung von Aufenthaltsräumen an, in denen die über das Jahr gemittelte Radon-222-Aktivitätskonzentration in der Luft den Referenzwert nach § 124 überschreitet, und empfehlen technische oder andere Mittel zur Verringerung der Exposition durch Radon.

ABSCHNITT 3 Schutz vor Radon an Arbeitsplätzen in Innenräumen

§ 126 Referenzwert

Der Referenzwert für die über das Jahr gemittelte Radon-222-Aktivitätskonzentration in der Luft an Arbeitsplätzen beträgt 300 Becquerel je Kubikmeter.

§ 127 Messung der Radonkonzentration

(1) ¹Wer für einen Arbeitsplatz in einem Innenraum verantwortlich ist, hat innerhalb der Frist nach Satz 2 Messungen der Radon-222-Aktivitätskonzentration in der Luft zu veranlassen, wenn

1. sich der Arbeitsplatz im Erd- oder Kellergeschoss eines Gebäudes befindet, das in einem nach § 121 Absatz 1 Satz 1 festgelegten Gebiet liegt, oder
2. die Art des Arbeitsplatzes einem der Arbeitsfelder nach Anlage 8 zuzuordnen ist.

²Im Falle des Satzes 1 Nummer 1 muss die Messung innerhalb von 18 Monaten nach der Festlegung des Gebiets und Aufnahme der beruflichen Betätigung an dem Arbeitsplatz und im Falle des Satzes 1 Nummer 2 innerhalb von 18 Monaten nach Aufnahme der beruflichen Betätigung an dem Arbeitsplatz erfolgt sein. ³Der für den Arbeitsplatz Verantwortliche hat erneute Messungen der Radon-222-Aktivitätskonzentration in der Luft zu veranlassen, wenn Änderungen am Arbeitsplatz vorgenommen werden, die dazu führen können, dass die Radon-222-Aktivitätskonzentration in der Luft über dem Referenzwert nach § 126 liegt; Satz 2 gilt in diesem Fall entsprechend. ⁴Die zuständige Behörde kann anordnen, dass der für den Arbeitsplatz Verantwortliche auch für andere Arbeitsplätze in Innenräumen Messungen der Radon-222- Aktivitätskonzentration in der Luft zu veranlassen hat, wenn Anhaltspunkte dafür vorliegen, dass die Radon- 222-Aktivitätskonzentration in der Luft über dem Referenzwert nach § 126 liegt. ⁵Die zuständige Behörde kann im Einzelfall die Frist nach Satz 2 um längstens sechs Monate verlängern, wenn die Frist auf Grund von Umständen, die von dem für den Arbeitsplatz Verantwortlichen nicht zu vertreten sind, nicht eingehalten werden kann.

(2) Verantwortlich für einen Arbeitsplatz ist,
1. wer in seiner Betriebsstätte eine Betätigung beruflich ausübt oder ausüben lässt oder
2. in wessen Betriebsstätte ein Dritter in eigener Verantwortung eine Betätigung beruflich ausübt oder von Personen ausüben lässt, die unter dessen Aufsicht stehen.

(3) ¹Der für den Arbeitsplatz Verantwortliche hat die Ergebnisse der Messungen nach Absatz 1 Satz 1, 3 und 4 unverzüglich aufzuzeichnen. ²Er hat die Aufzeichnungen bis zur Beendigung der Betätigung oder bis zum Vorliegen neuer Messergebnisse aufzubewahren und der zuständigen Behörde auf Verlangen vorzulegen.

(4) ¹Im Falle der Verantwortlichkeit nach Absatz 2 Nummer 1 hat der für den Arbeitsplatz Verantwortliche die betroffenen Arbeitskräfte und den Betriebsrat oder den Personalrat unverzüglich über die Ergebnisse der Messungen zu unterrichten. ²Im Falle der Verantwortlichkeit nach Absatz 2 Nummer 2 hat der für den Arbeitsplatz Verantwortliche unverzüglich den Dritten zu unterrichten; die Pflicht nach Satz 1 gilt entsprechend für den Dritten.

§ 128 Reduzierung der Radonkonzentration

(1) Überschreitet die Radon-222-Aktivitätskonzentration in der Luft an einem Arbeitsplatz den Referenzwert nach § 126, so hat der für den Arbeitsplatz Verantwortliche unverzüglich Maßnahmen zur Reduzierung der Radon-222-Aktivitätskonzentration in der Luft zu ergreifen.

(2) ¹Der für den Arbeitsplatz Verantwortliche hat den Erfolg der von ihm getroffenen Maßnahmen durch eine Messung der Radon-222-Aktivitätskonzentration in der Luft zu überprüfen; die Messung muss innerhalb von 30 Monaten erfolgt sein, nachdem die Überschreitung des Referenzwerts bekannt geworden ist. ²Die zuständige Behörde kann im Einzelfall die Frist nach Satz 1 verlängern, wenn die Frist auf Grund von Umständen, die von dem für den Arbeitsplatz Verantwortlichen nicht zu vertreten sind, nicht eingehalten werden kann. ³Der für den Arbeitsplatz Verantwortliche hat das Ergebnis der Messung unverzüglich aufzuzeichnen. ⁴Er hat die Aufzeichnungen bis zur Beendigung der Betätigung oder bis zum Vorliegen neuer Messergebnisse aufzubewahren und der zuständigen Behörde auf Verlangen vorzulegen.

(3) ¹Im Falle der Verantwortlichkeit nach § 127 Absatz 2 Nummer 1 hat der für den Arbeitsplatz Verantwortliche die betroffenen Arbeitskräfte und den Betriebsrat oder den Personalrat unverzüglich über die Ergebnisse der Messungen zu unterrichten. ²Im Falle der Verantwort-

lichkeit nach § 127 Absatz 2 Nummer 2 hat der für den Arbeitsplatz Verantwortliche unverzüglich den Dritten zu unterrichten; die Pflicht nach Satz 1 gilt entsprechend für den Dritten.
(4) [1]Der für den Arbeitsplatz Verantwortliche muss keine Maßnahmen zur Reduzierung der Radon-222-Aktivitätkonzentration in der Luft ergreifen, wenn die Maßnahmen nicht oder nur mit unverhältnismäßig hohem Aufwand möglich sind, und zwar aus besonderen Gründen, die sich ergeben
1. aus überwiegenden Belangen des Arbeits- oder Gesundheitsschutzes oder
2. aus der Natur des Arbeitsplatzes.
[1]Im Falle der Verantwortlichkeit nach § 127 Absatz 2 Nummer 2 hat der für den Arbeitsplatz Verantwortliche den Dritten unverzüglich nach Bekanntwerden der Gründe darüber zu unterrichten.

§ 129 Anmeldung
(1) [1]Der Verantwortliche nach § 128 Absatz 1 hat den Arbeitsplatz bei der zuständigen Behörde unverzüglich anzumelden, wenn eine Messung nach § 128 Absatz 2 Satz 1 keine Unterschreitung des Referenzwerts nach § 126 ergibt. [2]Der Anmeldung sind beizufügen:
1. Informationen über die Art des Arbeitsplatzes und die Anzahl der betroffenen Arbeitskräfte,
2. die Ergebnisse der Messungen nach § 127 Absatz 1,
3. Informationen über die ergriffenen Maßnahmen zur Reduzierung der Radon-222-Aktivitätskonzentration sowie die Ergebnisse der Messungen nach § 128 Absatz 2 und
4. die weiteren vorgesehenen Maßnahmen zur Reduzierung der Exposition.
(2) [1]Ergreift der für den Arbeitsplatz Verantwortliche auf Grund des § 128 Absatz 4 keine Maßnahmen, so hat er den Arbeitsplatz unverzüglich nach Bekanntwerden der besonderen Gründe bei der zuständigen Behörde anzumelden. [2]Der Anmeldung sind die Unterlagen nach Absatz 1 Satz 2 beizufügen; abweichend von Absatz 1 Satz 2 Nummer 3 ist zu begründen, warum keine Maßnahmen zur Reduzierung ergriffen wurden. [3]Soweit die vorgetragenen Gründe den Verzicht auf Maßnahmen nicht rechtfertigen, kann die zuständige Behörde Maßnahmen zur Reduzierung der Radon-222-Aktivitätskonzentration in der Luft an diesem Arbeitsplatz anordnen.
(3) [1]Ein Dritter, der in fremden Betriebsstätten eine Betätigung eigenverantwortlich beruflich ausübt oder ausüben lässt, hat diese Betätigung unverzüglich anzumelden, sobald sie an mehreren Arbeitsplätzen ausgeübt wird, die nach Absatz 1 Satz 1 anzumelden sind. [2]Der Anmeldung sind Unterlagen entsprechend Absatz 1 Satz 2 beizufügen; die für die Arbeitsplätze Verantwortlichen haben dem Dritten die dafür erforderlichen Auskünfte zu erteilen.
(4) Für den zur Anmeldung Verpflichteten gilt die Pflicht zur betrieblichen Zusammenarbeit nach § 71 Absatz 3 entsprechend.

§ 130 Abschätzung der Exposition
(1) [1]Der zur Anmeldung Verpflichtete hat innerhalb von sechs Monaten nach der Anmeldung eine auf den Arbeitsplatz bezogene Abschätzung der Radon-222-Exposition, der potentiellen Alphaenergie-Exposition oder der Körperdosis durch die Exposition durch Radon durchzuführen; im Falle der Anmeldung durch den Dritten nach § 129 Absatz 3 Satz 1 ist die Abschätzung bezogen auf die gesamte Betätigung durchzuführen. [2]Die Abschätzung ist unverzüglich zu wiederholen, sobald der Arbeitsplatz so verändert wird, dass eine höhere Exposition auftreten kann. [3]Die Ergebnisse der Abschätzungen sind aufzuzeichnen und der zuständigen Behörde unverzüglich vorzulegen. [4]Die Ergebnisse der Abschätzung sind fünf Jahre lang aufzubewahren.

(2) ¹Ergibt die Abschätzung, dass die effektive Dosis 6 Millisievert im Kalenderjahr nicht überschreiten kann, so hat der zur Abschätzung Verpflichtete die Exposition durch Radon regelmäßig zu überprüfen. ²Er hat die Exposition durch geeignete Strahlenschutzmaßnahmen auf der Grundlage von Vorschriften des allgemeinen Arbeitsschutzes und unter Berücksichtigung aller Umstände des Einzelfalls so gering wie möglich zu halten. ³Die zuständige Behörde kann die Vorlage entsprechender Nachweise verlangen.
(3) Ergibt die Abschätzung, dass die effektive Dosis 6 Millisievert im Kalenderjahr überschreiten kann, so sind Anforderungen des beruflichen Strahlenschutzes nach Maßgabe des § 131 und der Rechtsverordnung nach § 132 Satz 2 Nummer 6 zu erfüllen.

§ 131 Beruflicher Strahlenschutz
(1) Erfordert das Ergebnis der Abschätzung nach § 130 Absatz 3 die Einhaltung von Anforderungen des beruflichen Strahlenschutzes, so hat der zur Abschätzung Verpflichtete
1. geeignete Maßnahmen zu treffen, um unter Berücksichtigung aller Umstände des Einzelfalls die Exposition durch Radon so gering wie möglich zu halten,
2. die Radon-222-Exposition, die potentielle Alphaenergie- Exposition oder die Körperdosis der an anmeldungsbedürftigen Arbeitsplätzen beschäftigten Arbeitskräfte auf geeignete Weise durch Messung zu ermitteln,
3. dafür zu sorgen, dass die Dosisgrenzwerte nicht überschritten werden und die Körperdosen nach § 166 ermittelt werden; die Regelungen und Grenzwerte der §§ 77 und 78 Absatz 1 und 3 Satz 1 und 3 gelten insoweit entsprechend,
4. dafür zu sorgen, dass die Anforderungen des beruflichen Strahlenschutzes nach der nach § 132 Satz 2 Nummer 6 erlassenen Rechtsverordnung eingehalten werden.

(2) Handelt es sich bei dem Verpflichteten um eine juristische Person oder um eine rechtsfähige Personengesellschaft, so gilt § 69 Absatz 2 entsprechend.

§ 131a Aufgabe oder Änderung des angemeldeten Arbeitsplatzes
Der für den Arbeitsplatz Verantwortliche, der einen Arbeitsplatz nach § 129 angemeldet hat, hat der zuständigen Behörde folgende Änderungen unverzüglich mitzuteilen:
1. die Aufgabe des Arbeitsplatzes,
2. Änderungen, die nachweislich dazu führen, dass die Radon-222-Aktivitätskonzentration in der Luft an dem angemeldeten Arbeitsplatz den Referenzwert nach § 126 nicht länger überschreitet; der Nachweis ist durch Messung entsprechend § 127 Absatz 1 zu erbringen,
3. Änderungen, die nachweislich dazu führen, dass eine auf den angemeldeten Arbeitsplatz bezogene Abschätzung der Exposition entsprechend § 130 Absatz 1 ergibt, dass die effektive Dosis 6 Millisievert im Kalenderjahr nicht länger überschreiten kann.

§ 132 Verordnungsermächtigung
¹Die Bundesregierung wird ermächtigt, durch Rechtsverordnung mit Zustimmung des Bundesrates Anforderungen an den Schutz vor Radon an Arbeitsplätzen festzulegen. ²In der Rechtsverordnung kann insbesondere festgelegt werden,
1. in welchen Fällen und auf welche Weise mehrere Arbeitsorte als Arbeitsplatz im Sinne dieses Abschnitts zu betrachten sind,
2. wie die Radon-222-Aktivitätskonzentration an Arbeitsplätzen über das Kalenderjahr zu mitteln ist,
3. wie die Messung der Radon-222-Aktivitätskonzentration in der Luft an Arbeitsplätzen nach den §§ 127 und 128 zu erfolgen hat, dass sie von einer anerkannten Stelle auszuführen ist und welche Anforderungen an die Messung und an die Stelle, die die Messung ausführt, sowie an das Verfahren der Anerkennung dieser Stelle zu stellen sind,

4. welche Informationen im Zusammenhang mit den Messungen nach den §§ 127 und 128 der für den Arbeitsplatz Verantwortliche der nach einer Rechtsverordnung nach Nummer 3 anerkannten Stelle zur Verfügung zu stellen hat, dass und auf welche Art und Weise die anerkannte Stelle die Informationen, einschließlich der Messergebnisse, dem Bundesamt für Strahlenschutz zur Erfüllung seiner Amtsaufgaben übermittelt und auf welche Weise das Bundesamt für Strahlenschutz die Informationen zur Erfüllung seiner Amtsaufgaben verarbeitet,
5. wie die arbeitsplatzbezogene Abschätzung der Radon-222-Exposition, der potentiellen Alphaenergie- Exposition oder der Körperdosis durch die Exposition durch Radon nach § 130 Absatz 1 durchzuführen ist und welche Anforderungen an das Verfahren der Abschätzung und an die Person, die die Abschätzung durchführt, zu stellen sind,
6. dass die für Teil 2 dieses Gesetzes geltenden sowie die in § 76 Absatz 1 und § 79 aufgezählten Maßnahmen und Anforderungen des beruflichen Strahlenschutzes zum Schutz der Arbeitskräfte auch im Falle des § 130 Absatz 3 anzuwenden sind,
7. wie die Radon-222-Exposition, die potentielle Alphaenergie-Exposition oder die Körperdosis im Falle des § 131 Absatz 1 Nummer 2 zu ermitteln ist und welche Anforderungen an das Verfahren der Ermittlung zu stellen sind,
8. dass die Ermittlung nach § 131 Absatz 1 Nummer 2 durch eine nach § 169 behördlich bestimmte Messstelle zu erfolgen hat und welche Informationen der Messstelle für die Ermittlung zur Verfügung zu stellen sind und
9. welche Aufzeichnungs-, Aufbewahrungs-, Mitteilungs- und Vorlagepflichten im Zusammenhang mit den Pflichten nach § 131 und nach den Nummern 1 bis 8 bestehen.

Kapitel 3 Schutz vor Radioaktivität in Bauprodukten

§ 133 Referenzwert
Der Referenzwert für die effektive Dosis aus äußerer Exposition von Einzelpersonen der Bevölkerung in Aufenthaltsräumen durch Gammastrahlung aus Bauprodukten beträgt zusätzlich zur effektiven Dosis aus äußerer Exposition im Freien 1 Millisievert im Kalenderjahr.

§ 134 Bestimmung der spezifischen Aktivität
(1) Wer Bauprodukte, die die in Anlage 9 genannten mineralischen Primärrohstoffe oder Rückstände enthalten, herstellt oder ins Inland verbringt, muss vor dem Inverkehrbringen der Bauprodukte die spezifische Aktivität der Radionuklide Radium-226, Thorium-232 oder seines Zerfallsprodukts Radium-228 und Kalium-40 bestimmen.
(2) Die Ergebnisse der Bestimmung der nach Absatz 1 bestimmten spezifischen Aktivitäten sind aufzuzeichnen und fünf Jahre lang aufzubewahren.
(3) Die zuständige Behörde kann verlangen, dass sie von dem zur Bestimmung der spezifischen Aktivität Verpflichteten über die Ergebnisse der Bestimmung und den gemäß der Rechtsverordnung nach § 135 Absatz 1 Satz 3 ermittelten Aktivitätsindex sowie über andere in der Rechtsverordnung genannte für die Berechnung des Aktivitätsindex verwendete Größen unterrichtet wird.

§ 135 Maßnahmen; Verordnungsermächtigung
(1) [1]Der zur Bestimmung der spezifischen Aktivität Verpflichtete darf Bauprodukte, die die in Anlage 9 genannten mineralischen Primärrohstoffe oder Rückstände enthalten, uneingeschränkt nur in Verkehr bringen, wenn er nachweist, dass die voraussichtliche Exposition durch von dem Bauprodukt ausgehende Strahlung den Referenzwert nicht überschreitet. [2]Der Referenzwert gilt als eingehalten, wenn der gemäß der Rechtsverordnung nach Satz 3 ermittelte Aktivitätsindex die dort festgelegten Werte nicht überschreitet. [3]Die Bundesregie-

rung wird ermächtigt, durch Rechtsverordnung mit Zustimmung des Bundesrates festzulegen, wie der Aktivitätsindex zu berechnen ist und welche Werte der Aktivitätsindex nicht überschreiten darf.
(2) Überschreitet die voraussichtlich von einem Bauprodukt, das die in Anlage 9 genannten mineralischen Primärrohstoffe oder Rückstände enthält, ausgehende effektive Dosis den Referenzwert, hat derjenige, der das Bauprodukt herstellt oder ins Inland verbringt, die zuständige Behörde unverzüglich zu informieren.
(3) ¹Die zuständige Behörde kann innerhalb eines Monats nach Eingang der Information
1. die Maßnahmen anordnen, die zur Einhaltung des Referenzwerts bei Verwendung des Bauprodukts zur Herstellung von Gebäuden mit Aufenthaltsräumen erforderlich sind, oder
2. die Verwendung des Bauprodukts zur Herstellung von Gebäuden mit Aufenthaltsräumen untersagen, wenn der Referenzwert nicht eingehalten werden kann.
²Das Bauprodukt darf erst nach Ablauf der Monatsfrist oder nach Maßgabe der behördlichen Entscheidung in Verkehr gebracht werden.
(4) ¹Der Verpflichtete hat den Bauherrn, den Entwurfsverfasser und den Unternehmer im Sinne der jeweils anwendbaren Landesbauordnungen hinsichtlich der getroffenen Einschränkungen zu informieren. ²Soweit diese Personen nicht bekannt sind, ist das Bauprodukt mit Begleitpapieren zu versehen, aus denen die Verwendungseinschränkungen hervorgehen.

Kapitel 4 Radioaktiv kontaminierte Gebiete

ABSCHNITT 1 Radioaktive Altlasten

§ 136 Begriff der radioaktiven Altlast; Verordnungsermächtigung

(1) Radioaktive Altlasten sind durch abgeschlossene menschliche Betätigung kontaminierte Grundstücke, Teile von Grundstücken, Gebäude oder Gewässer, wenn von der Kontamination eine Exposition verursacht wird oder werden kann, durch die für Einzelpersonen der Bevölkerung der Referenzwert der effektiven Dosis von 1 Millisievert im Kalenderjahr überschritten wird.
(2) Die Bundesregierung wird ermächtigt, durch Rechtsverordnung mit Zustimmung des Bundesrates die Anforderungen für die Ermittlung der Exposition und Prüfwerte, bei deren Unterschreitung keine radioaktive Altlast vorliegt, festzulegen.
(3) ¹Bei der Ermittlung der Exposition zur Bestimmung einer radioaktiven Altlast ist die planungsrechtlich zulässige Nutzung der Grundstücke und ihrer Umgebung sowie das sich daraus ergebende Schutzbedürfnis zu beachten. ²Fehlen planungsrechtliche Festsetzungen, so ist die Prägung des Gebiets unter Berücksichtigung der absehbaren Entwicklung zugrunde zu legen. ³Liegen auf Teilflächen gegenüber der nach den Sätzen 1 oder 2 zugrunde zu legenden Nutzung abweichende Nutzungen vor, die zu höheren Expositionen führen können, sind diese zu berücksichtigen.
(4) Besteht die Besorgnis, dass eine radioaktive Altlast einen Grundwasserleiter beeinflusst, ist abweichend von Absatz 3 grundsätzlich eine Nutzung des Grundwassers zu unterstellen.

§ 137 Verantwortlichkeit für radioaktive Altlasten

(1) Verantwortlich für eine radioaktive Altlast ist, wer
1. die Kontamination verursacht hat,
2. einer Person nach Nummer 1 in Gesamtrechtsnachfolge folgt,
3. Eigentümer der radioaktiven Altlast ist,
4. die tatsächliche Gewalt über die radioaktive Altlast ausübt oder
5. das Eigentum an der radioaktiven Altlast aufgibt.

(2) Verantwortlich ist auch, wer aus handelsrechtlichem oder gesellschaftsrechtlichem Rechtsgrund für eine juristische Person einzustehen hat, der eine radioaktive Altlast gehört.
(3) ¹Verantwortlich ist auch der frühere Eigentümer einer radioaktiven Altlast, wenn er die Kontamination kannte oder kennen musste und wenn das Eigentum nach dem 31. Dezember 2018 übertragen wurde. ²Dies gilt für denjenigen nicht, der beim Erwerb des Grundstücks darauf vertraut hat, dass keine Kontaminationen vorhanden sind, wenn das Vertrauen unter Berücksichtigung der Umstände des Einzelfalls schutzwürdig ist.

§ 138 Verdacht auf radioaktive Altlasten
(1) Liegen einer der in § 137 genannten Personen Anhaltspunkte für das Vorliegen einer radioaktiven Altlast vor, so hat sie dies der zuständigen Behörde unverzüglich zu melden.
(2) Liegen der zuständigen Behörde Anhaltspunkte für das Vorliegen einer radioaktiven Altlast vor, so soll sie zur Ermittlung des Sachverhalts die geeigneten Maßnahmen treffen.
(3) ¹Besteht ein hinreichender Verdacht für das Vorliegen einer radioaktiven Altlast, so kann die zuständige Behörde die in § 137 genannten Personen verpflichten, die erforderlichen Untersuchungen durchzuführen, insbesondere zu Art, Höhe und Ausdehnung der Kontamination und zur Exposition. ²Ein hinreichender Verdacht liegt in der Regel vor, wenn Untersuchungen eine Überschreitung der in der Rechtsverordnung nach § 136 Absatz 2 festgelegten Prüfwerte ergeben haben oder erwarten lassen oder wenn es auf Grund sonstiger Feststellungen überwiegend wahrscheinlich ist, dass eine radioaktive Altlast vorliegt.

§ 139 Behördliche Anordnungsbefugnisse für Maßnahmen; Verordnungsermächtigung
(1) ¹Liegt eine radioaktive Altlast vor, so kann die zuständige Behörde einen der für die radioaktive Altlast Verantwortlichen verpflichten,
1. Untersuchungen zu Art und Ausdehnung der radioaktiven Altlast sowie zur Exposition und zu möglichen Sanierungs- und sonstigen Maßnahmen zur Verhinderung oder Verminderung der Exposition durchzuführen,
2. der zuständigen Behörde das Ergebnis dieser Untersuchungen mitzuteilen,
3. durch bestimmte Sanierungsmaßnahmen, sonstige Maßnahmen zur Verhinderung oder Verminderung der Exposition oder Nachsorgemaßnahmen dafür zu sorgen, dass der Referenzwert nach § 136 Absatz 1 unterschritten wird,
4. die Exposition der Bevölkerung infolge der Sanierungsarbeiten zu überwachen,
5. auch nach Durchführung von Maßnahmen nach Nummer 3 weitere Maßnahmen durchzuführen, soweit dies zur Sicherung des Ziels von Sanierungs- oder sonstigen Maßnahmen zur Verhinderung oder Verminderung der Exposition notwendig ist, oder
6. die von der radioaktiven Altlast ausgehenden, Radionuklide enthaltenden Emissionen und Immissionen, einschließlich der Direktstrahlung, zu überwachen.
²§ 13 Absatz 2 und § 18 Satz 1 des Bundes-Bodenschutzgesetzes gelten entsprechend.
(2) ¹Die nach Absatz 1 Satz 1 Nummer 3 und 5 durchzuführenden Maßnahmen sollen auf wissenschaftlich begründeten, technisch und wirtschaftlich durchführbaren Verfahren beruhen, die in der praktischen Anwendung erprobt und bewährt sind oder die ihre praktische Eignung als gesichert erscheinen lassen. ²Art, Umfang und Dauer der Maßnahmen sind zu optimieren.
(3) ¹Wird während der Sanierungsmaßnahmen vorübergehend die Exposition erhöht, so soll diese einen Richtwert für die effektive Dosis von 6 Millisievert im Kalenderjahr für Einzelpersonen der Bevölkerung nicht überschreiten. ²Dabei soll infolge von Einleitungen in oberirdische Gewässer der Richtwert für die effektive Dosis von 1 Millisievert im Kalenderjahr für Einzelpersonen der Bevölkerung nicht überschritten werden.

(4) Die Bundesregierung wird ermächtigt, durch Rechtsverordnung mit Zustimmung des Bundesrates
1. Vorgaben zur Emissions- und Immissionsüberwachung nach Absatz 1 Satz 1 Nummer 6 zu machen und
2. Anforderungen an die Optimierung der Maßnahmen nach Absatz 2 Satz 2 festzulegen.

§ 140 Weitere Pflichten im Zusammenhang mit der Durchführung von Maßnahmen
(1) Der für die radioaktive Altlast Verantwortliche hat der zuständigen Behörde unverzüglich den Beginn und den Abschluss der Maßnahmen mitzuteilen und geeignete Nachweise über die Wirksamkeit der durchgeführten Maßnahmen vorzulegen.
(2) Wer nach Durchführung von Maßnahmen nach § 139 Absatz 1 Satz 1 Nummer 3 und 5 beabsichtigt, Veränderungen an dem betroffenen Grundstück vorzunehmen, insbesondere Änderungen der Nutzung sowie das Aufbringen oder Entfernen von Stoffen, hat dies vier Wochen vor dem beabsichtigten Beginn der zuständigen Behörde mitzuteilen und nachzuweisen, dass infolge der Veränderung die Exposition nicht erhöht wird.

§ 141 Anwendung der Vorschriften für Tätigkeiten mit Rückständen
Abweichend von den §§ 138 bis 140 finden die Vorschriften von Teil 2 Kapitel 2 Abschnitt 8 Unterabschnitt 2 dieses Gesetzes entsprechende Anwendung, wenn Rückstände oder sonstige Materialien vom verunreinigten Grundstück, auch zum Zweck der Sanierung des Grundstücks, entfernt werden, es sei denn, die Rückstände oder Materialien werden bei der Sanierung anderer radioaktiver Altlasten verwendet.

§ 143 Information der Öffentlichkeit; Erfassung
(1) Die zuständige Behörde informiert die betroffene Öffentlichkeit über die radioaktive Altlast und die von ihr ausgehende Exposition sowie über die getroffenen Sanierungsmaßnahmen, sonstigen Maßnahmen zur Verhinderung oder Verminderung der Exposition und Nachsorgemaßnahmen.
(2) Die zuständigen Behörden erfassen die festgestellten radioaktiven Altlasten und altlastverdächtigen Flächen.

§ 143 Sanierungsplanung; Verordnungsermächtigung
(1) [1]Bei radioaktiven Altlasten, bei denen wegen der Verschiedenartigkeit der erforderlichen Maßnahmen ein abgestimmtes Vorgehen notwendig ist oder von denen auf Grund von Art oder Ausdehnung der Kontamination in besonderem Maße Risiken für den Einzelnen oder die Allgemeinheit ausgehen, kann die zuständige Behörde einen für die radioaktive Altlast Verantwortlichen verpflichten, einen Sanierungsplan vorzulegen. [2]Der Sanierungsplan hat insbesondere Folgendes zu enthalten:
1. eine Darstellung der Ergebnisse der durchgeführten Untersuchungen, von Art und Ausdehnung der radioaktiven Altlast und eine Zusammenfassung der Expositionsabschätzung,
2. Angaben über die bisherige und künftige Nutzung der zu sanierenden Grundstücke und
3. die Darstellung der vorgesehenen Sanierungsmaßnahmen, sonstigen Maßnahmen zur Verhinderung oder Verminderung der Exposition und Nachsorgemaßnahmen.
[3]Die Bundesregierung wird ermächtigt, durch Rechtsverordnung mit Zustimmung des Bundesrates Vorschriften über den Inhalt von Sanierungsplänen zu erlassen.
(2) [1]§ 136 Absatz 3 und 4 und § 139 Absatz 2 dieses Gesetzes sowie § 13 Absatz 2 und 4 und § 18 Satz 1 des Bundes-Bodenschutzgesetzes gelten entsprechend. [2]Die zuständige

Behörde kann den Sanierungsplan, auch mit Abänderungen oder mit Nebenbestimmungen, für verbindlich erklären.

§ 144 Behördliche Sanierungsplanung
(1) ¹Die zuständige Behörde kann den Sanierungsplan nach § 143 Absatz 1 selbst erstellen oder ergänzen oder durch einen Sachverständigen erstellen oder ergänzen lassen, wenn
1. der Plan nicht, nicht innerhalb der von der Behörde gesetzten Frist oder fachlich unzureichend erstellt worden ist,
2. ein für die radioaktive Altlast Verantwortlicher nicht oder nicht rechtzeitig herangezogen werden kann oder
3. auf Grund der Komplexität der Altlastensituation, insbesondere auf Grund der großflächigen Ausdehnung der Kontamination oder der Anzahl der betroffenen Verpflichteten, ein koordiniertes Vorgehen erforderlich ist.

²Für den Sachverständigen gilt § 18 Satz 1 des Bundes- Bodenschutzgesetzes entsprechend.
(2) Die zuständige Behörde kann den Sanierungsplan, auch mit Abänderungen oder mit Nebenbestimmungen, für verbindlich erklären.
(3) ¹Mit dem Sanierungsplan kann der Entwurf eines Sanierungsvertrages über die Ausführung des Plans vorgelegt werden. ²Der Sanierungsvertrag kann die Einbeziehung Dritter vorsehen.

§ 145 Schutz von Arbeitskräften; Verordnungsermächtigung
(1) ¹Bei Sanierungs- und sonstigen Maßnahmen zur Verhinderung und Verminderung der Exposition bei radioaktiven Altlasten hat derjenige, der die Maßnahmen selbst beruflich durchführt oder durch unter seiner Aufsicht stehende Arbeitskräfte durchführen lässt, vor Beginn der Maßnahmen eine Abschätzung der Körperdosis der Arbeitskräfte durchzuführen. ²Die Abschätzung ist unverzüglich zu wiederholen, sobald die Arbeitssituation so verändert wird, dass eine höhere Exposition auftreten kann. ³Die Ergebnisse der Abschätzung sind aufzuzeichnen, fünf Jahre lang aufzubewahren und der zuständigen Behörde auf Verlangen vorzulegen. ⁴Für sonstige Betätigungen im Zusammenhang mit radioaktiven Altlasten kann die zuständige Behörde verlangen, dass derjenige, der die Betätigungen selbst beruflich durchführt oder durch unter seiner Aufsicht stehende Arbeitskräfte durchführen lässt, eine Abschätzung der Körperdosis der Arbeitskräfte durchführt.
(2) ¹Ergibt die Abschätzung, dass die Körperdosis einen der Werte für die Einstufung als beruflich exponierte Person überschreiten kann, so hat der zur Abschätzung Verpflichtete die Durchführung der Maßnahmen vor deren Beginn bei der zuständigen Behörde anzumelden. ²Der Anmeldung sind beizufügen:
1. Informationen über die durchzuführenden Maßnahmen,
2. die Abschätzung der Körperdosis,
3. die Anzahl der betroffenen Arbeitskräfte und
4. Informationen über die bei der Durchführung der Maßnahmen vorgesehenen Vorkehrungen und Maßnahmen zur Reduzierung der beruflichen Exposition.

(3) Der zur Anmeldung Verpflichtete hat
1. geeignete Maßnahmen zu treffen, um unter Berücksichtigung aller Umstände des Einzelfalls die berufliche Exposition so gering wie möglich zu halten,
2. dafür zu sorgen, dass für die Arbeitskräfte, bei denen die Abschätzung ergeben hat, dass die Körperdosis einen der Werte für die Einstufung als beruflich exponierte Person überschreiten kann, die Dosisgrenzwerte nicht überschritten werden und die Körperdosen nach § 166 ermittelt werden; die Regelungen und Grenzwerte der §§ 77 und 78 gelten insoweit entsprechend,

Strahlenschutzgesetz §§ 145–147

3. dafür zu sorgen, dass die Anforderungen des beruflichen Strahlenschutzes auf Grund der nach Absatz 5 erlassenen Rechtsverordnung eingehalten werden.

(4) ¹Für den zur Anmeldung Verpflichteten gilt die Pflicht zur betrieblichen Zusammenarbeit nach § 71 Absatz 3 entsprechend. ²Handelt es sich bei dem Verpflichteten um eine juristische Person oder um eine rechtsfähige Personengesellschaft, so gilt § 69 Absatz 2 entsprechend.

(5) Die Bundesregierung wird ermächtigt, durch Rechtsverordnung mit Zustimmung des Bundesrates festzulegen,
1. dass die in den §§ 73, 76 Absatz 1, §§ 79 und 89 aufgezählten Maßnahmen und Anforderungen des beruflichen Strahlenschutzes zum Schutz der Arbeitskräfte nach Absatz 1 anzuwenden sind und
2. dass sich der zur Anmeldung Verpflichtete bei der Durchführung der Maßnahmen von Personen mit der erforderlichen Fachkunde oder den erforderlichen Kenntnissen im Strahlenschutz beraten zu lassen hat.

§ 146 Kosten; Ausgleichsanspruch

(1) ¹Die Kosten der nach § 138 Absatz 3, § 139 Absatz 1, den §§ 143 und 144 Absatz 1 Nummer 1 angeordneten Maßnahmen tragen die zur Durchführung Verpflichteten. ²Bestätigen im Falle des § 138 Absatz 3 die Untersuchungen den Verdacht nicht, sind den zur Untersuchung Herangezogenen die Kosten zu erstatten, wenn sie die den Verdacht begründenden Umstände nicht zu vertreten haben. ³In den Fällen des § 144 Absatz 1 Nummer 2 und 3 trägt derjenige die Kosten, von dem die Erstellung eines Sanierungsplans hätte verlangt werden können.

(2) ¹Mehrere Verantwortliche haben unabhängig von ihrer Heranziehung untereinander einen Ausgleichsanspruch. ²Soweit nichts anderes vereinbart wird, bestimmt sich der Umfang des zu leistenden Ausgleichs danach, inwieweit der die Sanierungspflicht begründende Zustand den einzelnen Verpflichteten zuzuordnen ist; § 426 Absatz 1 Satz 2 des Bürgerlichen Gesetzbuches findet entsprechend Anwendung. ³Der Ausgleichsanspruch verjährt in drei Jahren; die §§ 438, 548 und 606 des Bürgerlichen Gesetzbuches sind nicht anzuwenden. ⁴Die Verjährung beginnt nach der Beitreibung der Kosten, wenn eine Behörde Maßnahmen selbst ausführt, im Übrigen nach der Beendigung der Maßnahmen durch den Verpflichteten zu dem Zeitpunkt, zu dem der Verpflichtete von der Person des Ersatzpflichtigen Kenntnis erlangt. ⁵Der Ausgleichsanspruch verjährt ohne Rücksicht auf diese Kenntnis 30 Jahre nach der Beendigung der Maßnahmen. ⁶Für Streitigkeiten steht der Rechtsweg vor den ordentlichen Gerichten offen.

§ 147 Wertausgleich; Verordnungsermächtigung

(1) ¹Soweit durch den Einsatz öffentlicher Mittel bei Maßnahmen zur Erfüllung der Pflichten nach § 139 oder § 143 der Verkehrswert des Grundstücks nicht nur unwesentlich erhöht wird und der Eigentümer die Kosten hierfür nicht oder nicht vollständig getragen hat, hat er einen von der zuständigen Behörde festzusetzenden Wertausgleich in Höhe der durch die Maßnahmen bedingten Wertsteigerung an den öffentlichen Kostenträger zu leisten. ²Die Höhe des Ausgleichsbetrages wird durch die Höhe der eingesetzten öffentlichen Mittel begrenzt. ³Die Pflicht zum Wertausgleich entsteht nicht, soweit hinsichtlich der auf einem Grundstück vorhandenen radioaktiven Altlasten eine Freistellung erfolgt ist von der Verantwortung oder der Kostentragungspflicht nach Artikel 1 § 4 Absatz 3 Satz 1 des Umweltrahmengesetzes vom 29. Juni 1990 (GBl. I Nr. 42 S. 649), das zuletzt durch Artikel 12 des Gesetzes vom 22. März 1991 (BGBl. I S. 766) geändert worden ist, in der jeweils geltenden Fassung. ⁴Soweit Maßnahmen im Sinne des Satzes 1 in förmlich festgelegten

Sanierungsgebieten oder Entwicklungsbereichen als Ordnungsmaßnahmen von der Gemeinde durchgeführt werden, wird die dadurch bedingte Erhöhung des Verkehrswerts im Rahmen des Ausgleichsbetrags nach § 154 des Baugesetzbuchs abgegolten.
(2) Die durch Sanierungsmaßnahmen bedingte Erhöhung des Verkehrswerts eines Grundstücks besteht aus dem Unterschied zwischen dem Wert, der sich für das Grundstück ergeben würde, wenn die Maßnahmen nicht durchgeführt worden wären (Anfangswert), und dem Verkehrswert, der sich für das Grundstück nach Durchführung der Erkundungs- und Sanierungsmaßnahmen ergibt (Endwert).
(3) ¹Der Ausgleichsbetrag wird fällig, wenn die Sanierungsmaßnahmen oder sonstigen Maßnahmen zur Verhinderung oder Verminderung der Exposition abgeschlossen sind und der Betrag von der zuständigen Behörde festgesetzt worden ist. ²Die Pflicht zum Wertausgleich erlischt, wenn der Betrag nicht bis zum Ende des vierten Jahres nach Abschluss der in Satz 1 genannten Maßnahmen festgesetzt worden ist.
(4) ¹Die zuständige Behörde hat von dem Wertausgleich nach Absatz 1 die Aufwendungen abzuziehen, die der Eigentümer für eigene Sanierungsmaßnahmen oder sonstige Maßnahmen zur Verhinderung oder Verminderung der Exposition oder die er für den Erwerb des Grundstücks im berechtigten Vertrauen darauf verwendet hat, dass keine radioaktiven Altlasten vorhanden sind. ²Kann der Eigentümer von Dritten Ersatz verlangen, so ist dies bei der Entscheidung nach Satz 1 zu berücksichtigen.
(5) ¹Im Einzelfall kann von der Festsetzung eines Ausgleichsbetrages ganz oder teilweise abgesehen werden, wenn dies im öffentlichen Interesse oder zur Vermeidung unbilliger Härten geboten ist. ²Werden dem öffentlichen Kostenträger Kosten für Sanierungsmaßnahmen oder sonstige Maßnahmen zur Verhinderung oder Verminderung der Exposition erstattet, so muss insoweit von der Festsetzung des Ausgleichsbetrages abgesehen, ein festgesetzter Ausgleichsbetrag erlassen oder ein bereits geleisteter Ausgleichsbetrag erstattet werden.
(6) ¹Der Ausgleichsbetrag ruht als öffentliche Last auf dem Grundstück. ²Das Bundesministerium der Justiz und für Verbraucherschutz wird ermächtigt, durch Rechtsverordnung mit Zustimmung des Bundesrates die Art und Weise, wie im Grundbuch auf das Vorhandensein der öffentlichen Last hinzuweisen ist, zu regeln.

§ 148 Sonstige bergbauliche und industrielle Hinterlassenschaften
¹Die §§ 136 bis 147 finden entsprechende Anwendung auf Grubenbaue und sonstige nicht von § 136 erfasste Hinterlassenschaften aus abgeschlossenen bergbaulichen und industriellen Betätigungen, von denen eine Exposition verursacht wird oder werden kann, die nicht außer Acht gelassen werden kann, sofern die Kontamination auf abgeschlossene menschliche Betätigungen zurückzuführen ist. ²Satz 1 gilt nicht für die Schachtanlage Asse II, auf die § 57b des Atomgesetzes Anwendung findet.

§ 149 Stilllegung und Sanierung der Betriebsanlagen und Betriebsstätten des Uranerzbergbaus; Verordnungsermächtigung
(1) Die Stilllegung und Sanierung von Betriebsanlagen und Betriebsstätten des Uranerzbergbaus auf Grund des Gesetzes zu dem Abkommen vom 16. Mai 1991 zwischen der Regierung der Bundesrepublik Deutschland und der Regierung der Union der Sozialistischen Sowjetrepubliken über die Beendigung der Tätigkeit der Sowjetisch-Deutschen Aktiengesellschaft Wismut vom 12. Dezember 1991 (BGBl. 1991 II S. 1138, 1142) bedarf der Genehmigung.
(2) Die zuständige Behörde hat eine Genehmigung nach Absatz 1 zu erteilen, wenn

1. durch die geplanten Sanierungsmaßnahmen, sonstigen Maßnahmen zur Verhinderung oder Verminderung der Exposition und Nachsorgemaßnahmen der Referenzwert nach § 136 Absatz 1 unterschritten werden kann, soweit dies unter Berücksichtigung aller Umstände des Einzelfalls verhältnismäßig ist,
2. die Voraussetzungen nach § 139 Absatz 2 und 3 erfüllt sind,
3. Maßnahmen getroffen sind, um die von den Betriebsanlagen und Betriebsstätten ausgehenden, Radionuklide enthaltenden Emissionen und Immissionen, einschließlich der Direktstrahlung, zu überwachen und um die Exposition der Bevölkerung infolge der Stilllegungs- und Sanierungsarbeiten zu überwachen, und
4. die Ausrüstungen vorgesehen und Maßnahmen geplant sind, die nach dem Stand von Wissenschaft und Technik erforderlich sind, um den Schutz von Arbeitskräften bei beruflichen Expositionen nach Absatz 5 und § 145 Absatz 3 sowie nach der Rechtsverordnung nach § 145 Absatz 5 zu gewährleisten.

(3) Dem Genehmigungsantrag sind die zur Prüfung erforderlichen Unterlagen beizufügen.
(4) Im Übrigen sind § 136 Absatz 3 und 4 und die §§ 140 bis 142 entsprechend anzuwenden.
(5) Für den beruflichen Strahlenschutz
1. sind die §§ 8 und 9 entsprechend anzuwenden,
2. steht derjenige, der der Genehmigung nach Absatz 1 bedarf, dem Strahlenschutzverantwortlichen nach § 69 gleich und
3. sind § 70 Absatz 1 bis 6, § 71 und § 72 Absatz 2 entsprechend anzuwenden.

(6) Die Bundesregierung wird ermächtigt, durch Rechtsverordnung mit Zustimmung des Bundesrates
1. Prüfwerte festzulegen, bei deren Einhaltung eine Genehmigung nach Absatz 1 nicht erforderlich ist,
2. Vorgaben zur Ermittlung der Exposition und zur Emissions- und Immissionsüberwachung zu machen.

§ 150 Verhältnis zu anderen Vorschriften

(1) Die §§ 136 bis 144 und 146 bis 148 finden keine Anwendung, soweit Vorschriften des Bundesberggesetzes und der auf Grund des Bundesberggesetzes erlassenen Rechtsverordnungen die Einstellung eines Betriebes regeln.
(2) ^{1}Anordnungen zur Durchführung von Untersuchungen gemäß § 139 Absatz 1, ein für verbindlich erklärter Sanierungsplan gemäß § 143 Absatz 2 Satz 2, eine behördliche Sanierungsplanung nach § 144, Anordnungen zur Durchführung von Sanierungsmaßnahmen, sonstigen Maßnahmen zur Verhinderung oder Verminderung der Exposition und Nachsorgemaßnahmen gemäß § 139 Absatz 1 Nummer 3 und 5 sowie Genehmigungen gemäß § 149 schließen andere, die radioaktive Altlast betreffende Entscheidungen ein, soweit sie im Einvernehmen mit der jeweils zuständigen Behörde erlassen und in den Anordnungen die miteingeschlossenen Entscheidungen aufgeführt werden. ^{2}Satz 1 gilt nicht für die Entscheidungen, die für die radioaktive Altlast nach dem Bundes-Bodenschutzgesetz getroffen werden, sowie für andere, die radioaktive Altlast betreffende Entscheidungen, wenn sie in einer behördlich für verbindlich erklärten Sanierungsplanung gemäß § 13 oder § 14 des Bundes-Bodenschutzgesetzes oder in einer Anordnung zur Sanierung gemäß § 16 des Bundes-Bodenschutzgesetzes mit eingeschlossen sind. ^{3}In den Fällen nach Satz 2 stellen die nach diesem Gesetz und die nach dem Bundes-Bodenschutzgesetz zuständigen Behörden Einvernehmen her.

ABSCHNITT 2 Infolge eines Notfalls kontaminierte Gebiete

§ 151 Kontaminierte Gebiete in einer Notfallexpositionssituation; Verordnungsermächtigungen

¹Auf die infolge eines Notfalls kontaminierten Grundstücke, Teile von Grundstücken, Gebäude und Gewässer finden in einer Notfallexpositionssituation die §§ 136 bis 138, 139 Absatz 1, 2 und 4, die §§ 140 bis 144, 146, 147 und 150 entsprechende Anwendung. ²An Stelle des Referenzwerts nach § 136 Absatz 1 gelten für den Schutz der Bevölkerung der Referenzwert nach § 93 Absatz 1 oder die nach § 93 Absatz 2 oder 3 festgelegten Referenzwerte.

§ 152 Kontaminierte Gebiete in einer nach einem Notfall bestehenden Expositionssituation; Verordnungsermächtigungen

¹Auf die infolge eines Notfalls kontaminierten Grundstücke, Teile von Grundstücken, Gebäude und Gewässer finden in einer bestehenden Expositionssituation die §§ 136 bis 138, 139 Absatz 1, 2 und 4, die §§ 140 bis 147 und 150 entsprechende Anwendung. ²An Stelle des Referenzwerts nach § 136 Absatz 1 gelten für den Schutz der Bevölkerung die nach § 118 Absatz 4 oder 6 festgelegten Referenzwerte.

Kapitel 5 Sonstige bestehende Expositionssituationen

§ 153 Verantwortlichkeit für sonstige bestehende Expositionssituationen

(1) Verantwortlich für eine sonstige bestehende Expositionssituation ist, wer Hersteller, Lieferant, Verbringer oder Eigentümer der Strahlungsquelle ist, die die sonstige bestehende Expositionssituation bewirkt, oder wer Inhaber der tatsächlichen Gewalt über diese Strahlungsquelle ist.

(2) Verantwortlich für eine sonstige bestehende Expositionssituation ist nicht, wer
1. als Hersteller, Lieferant oder Verbringer die tatsächliche Gewalt über die Strahlungsquelle nach den Vorschriften dieses Gesetzes oder der auf Grund dieses Gesetzes erlassenen Rechtsverordnungen einem Dritten überlassen hat, wenn dieser bei der Erlangung der tatsächlichen Gewalt Kenntnis von der Eigenschaft als Strahlungsquelle hatte,
2. als Endverbraucher Eigentümer von Konsumgütern oder sonstigen aus dem Wirtschaftskreislauf herrührenden Waren ist, die eine Strahlungsquelle enthalten, welche die sonstige bestehende Expositionssituation bewirkt, oder wer Inhaber der tatsächlichen Gewalt über solche Konsumgüter oder sonstigen Waren ist,
3. als Mieter oder Pächter die tatsächliche Gewalt über eine Strahlungsquelle, die die sonstige bestehende Expositionssituation bewirkt, innehat oder
4. eine Strahlungsquelle, die die sonstige bestehende Expositionssituation bewirkt, gefunden hat oder ohne seinen Willen die tatsächliche Gewalt über sie erlangt hat oder die tatsächliche Gewalt über sie erlangt hat, ohne zu wissen, dass es sich um eine Strahlungsquelle handelt.

§ 154 Ermittlung und Bewertung einer sonstigen bestehenden Expositionssituation

(1) ¹Die zuständige Behörde trifft bei Anhaltspunkten für eine sonstige bestehende Expositionssituation oder für eine nachgewiesene sonstige bestehende Expositionssituation, die jeweils unter Strahlenschutzgesichtspunkten nicht außer Acht gelassen werden kann, die erforderlichen Maßnahmen, um
1. Ursache, nähere Umstände und Ausmaß der sonstigen bestehenden Expositionssituation zu ermitteln,

Strahlenschutzgesetz §§ 154–156

2. die damit zusammenhängenden beruflichen Expositionen und Expositionen der Bevölkerung zu bestimmen und
3. die gesammelten Erkenntnisse insgesamt zu bewerten.

²§ 53 des Atomgesetzes bleibt unberührt.

(2) Sofern es sich bei der sonstigen bestehenden Expositionssituation um kontaminierte Konsumgüter oder sonstige im Wirtschaftskreislauf befindliche Waren handelt, kann die Expositionssituation nicht außer Acht gelassen werden, wenn diese Konsumgüter oder sonstigen Waren
1. künstlich erzeugte Radionuklide enthalten, deren Aktivität und spezifische Aktivität die Freigrenzen, die in einer Rechtsverordnung nach § 24 Satz 1 Nummer 10 festgelegt sind, überschreiten oder
2. natürlich vorkommende Radionuklide enthalten, die eine effektive Dosis für eine Einzelperson der Bevölkerung von mehr als 1 Millisievert im Kalenderjahr bewirken können.

(3) Die zuständige Behörde kann einen oder mehrere für die sonstige bestehende Expositionssituation Verantwortliche dazu verpflichten, die Maßnahmen nach Absatz 1 durchzuführen und ihr die Ergebnisse mitzuteilen.

§ 155 Verordnungsermächtigung für die Festlegung von Referenzwerten

Das Bundesministerium für Umwelt, Naturschutz und nukleare Sicherheit wird ermächtigt, durch Rechtsverordnung mit Zustimmung des Bundesrates Referenzwerte für Arten von sonstigen bestehenden Expositionssituationen festzulegen, die eine angemessene Behandlung, die den Risiken und der Wirksamkeit der zu treffenden Maßnahmen entspricht, ermöglichen.

§ 156 Maßnahmen

(1) ¹Auf der Grundlage der Ermittlung und Bewertung der sonstigen bestehenden Expositionssituation kann die zuständige Behörde Art, Umfang, Dauer und Ziel der zu ergreifenden Sanierungs- und sonstigen Maßnahmen zur Verhinderung oder Verminderung der Exposition festlegen. ²Maßnahmen, die auf der Grundlage anderer Rechtsvorschriften getroffen werden können, gehen vor.

(2) Bei der Festlegung der Maßnahmen nach Absatz 1 sind folgende Grundsätze zu beachten:
1. jede unnötige Exposition oder Kontamination von Mensch und Umwelt ist zu vermeiden;
2. die nach § 155 festgelegten Referenzwerte sollen möglichst unterschritten werden;
3. jede Exposition oder Kontamination von Mensch und Umwelt ist auch unterhalb der Referenzwerte so gering wie möglich zu halten.

(3) ¹Die zuständige Behörde kann eine oder mehrere für die Expositionssituation Verantwortliche verpflichten,
1. die festgelegten Sanierungs- und sonstigen Maßnahmen zur Verhinderung oder Verminderung der Exposition durchzuführen und
2. nach Abschluss der Maßnahmen die effektive Dosis der Arbeitskräfte, die einer beruflichen Exposition ausgesetzt waren, und von Einzelpersonen der Bevölkerung zu ermitteln.

²Die zuständige Behörde koordiniert die Maßnahmen nach Satz 1.

(4) ¹Die zuständige Behörde bewertet in regelmäßigen Abständen die ergriffenen Maßnahmen. ²Sie kann von einem oder mehreren für die Expositionssituation Verantwortlichen die Übermittlung von Unterlagen verlangen, die zur Bewertung erforderlich sind.

§ 157 Kosten; Ausgleichsanspruch
¹Die Kosten der nach § 154 Absatz 3 und § 156 Absatz 3 angeordneten Maßnahmen tragen die zur Durchführung der Maßnahmen Verpflichteten. ²§ 146 Absatz 2 gilt entsprechend.

§ 158 Information
(1) Die zuständige Behörde
1. informiert die exponierte und potentiell exponierte Bevölkerung in regelmäßigen Abständen über mögliche Risiken durch die sonstige bestehende Expositionssituation sowie über die verfügbaren Maßnahmen zur Verringerung ihrer Exposition und
2. veröffentlicht Empfehlungen für das individuelle Verhalten oder Maßnahmen auf örtlicher Ebene und aktualisiert diese erforderlichenfalls.

(2) Die zuständige Behörde kann einen oder mehrere für die Expositionssituation Verantwortliche verpflichten, die vorgesehenen Informationen zur Verfügung zu stellen.

§ 159 Anmeldung; Anwendung der Bestimmungen zu geplanten Expositionssituationen; Verordnungsermächtigung
(1) Die Vorschriften der folgenden Absätze sind anzuwenden, wenn
1. die sonstige bestehende Expositionssituation aus Sicht des Strahlenschutzes bedeutsam ist, insbesondere, wenn der Referenzwert nach § 155 überschritten werden kann oder, falls kein Referenzwert festgelegt ist, eine effektive Dosis von 1 Millisievert im Kalenderjahr überschritten werden kann, und
2. einer der für die Expositionssituation Verantwortlichen zugleich Verursacher der sonstigen bestehenden Expositionssituation ist.

(2) ¹Der Verantwortliche hat die sonstige bestehende Expositionssituation unverzüglich bei der zuständigen Behörde anzumelden. ²Der Anmeldung sind Unterlagen zum Nachweis beizufügen, wie den Pflichten nach Absatz 3 Nummer 1 und 2 und der Rechtsverordnung nach Absatz 5 nachgekommen wird.

(3) Der Verantwortliche hat
1. dafür zu sorgen, dass jede Exposition oder Kontamination von Mensch und Umwelt unter Berücksichtigung aller Umstände des Einzelfalls so gering wie möglich gehalten wird,
2. dafür zu sorgen, dass für die Arbeitskräfte, die Maßnahmen nach § 156 Absatz 1 durchführen, die Dosisgrenzwerte nicht überschritten werden und die Körperdosen nach § 166 ermittelt werden; die Regelungen und Grenzwerte der §§ 77 und 78 gelten insoweit entsprechend, und
3. dafür zu sorgen, dass die Anforderungen der nach Absatz 5 erlassenen Rechtsverordnung eingehalten werden.

(4) ¹Für den Verantwortlichen gilt die Pflicht zur betrieblichen Zusammenarbeit nach § 71 Absatz 3 entsprechend. ²Handelt es sich bei der verantwortlichen Person um eine juristische Person oder um eine rechtsfähige Personengesellschaft, so gilt § 69 Absatz 2 entsprechend.

(5) Die Bundesregierung wird ermächtigt, durch Rechtsverordnung mit Zustimmung des Bundesrates festzulegen,
1. dass die in den §§ 73, 76 Absatz 1, §§ 79 und 89 aufgezählten Maßnahmen und Anforderungen des beruflichen Strahlenschutzes für anmeldungsbedürftige sonstige bestehende Expositionssituationen anzuwenden sind und
2. dass der Verantwortliche sich bei der Erfüllung seiner Pflichten von Personen mit der erforderlichen Fachkunde oder den erforderlichen Kenntnissen im Strahlenschutz beraten zu lassen hat.

§ 160 Verhältnis zu den Kapiteln 1 bis 4
Die Bestimmungen dieses Kapitels gelten nicht für nach einem Notfall bestehende Expositionssituationen, für Radon in Aufenthaltsräumen und am Arbeitsplatz, für radioaktiv kontaminierte Gebiete und für Radioaktivität in Bauprodukten.

Teil 5: Expositionssituationsübergreifende Vorschriften
Kapitel 1 Überwachung der Umweltradioaktivität
§ 161 Aufgaben des Bundes
(1) Aufgaben des Bundes sind
1. die großräumige Ermittlung
   a) der Radioaktivität in der Luft,
   b) der Radioaktivität in Niederschlägen,
   c) der Radioaktivität in Bundeswasserstraßen und in der Nord- und Ostsee außerhalb der Bundeswasserstraßen sowie in Meeresorganismen,
   d) der Radioaktivität auf der Bodenoberfläche und
   e) der Gamma-Ortsdosisleistung,
2. die Entwicklung und Festlegung von Probenahme-, Analyse-, Mess- und Berechnungsverfahren zur Ermittlung der Umweltradioaktivität sowie die Durchführung von Vergleichsmessungen und Vergleichsanalysen,
3. die Zusammenfassung, Dokumentation und Aufbereitung der vom Bund ermittelten sowie der von den Ländern und von Stellen außerhalb des Geltungsbereichs dieses Gesetzes übermittelten Daten zur Umweltradioaktivität,
4. die Erstellung von Ausbreitungsprognosen,
5. die Entwicklung und der Betrieb von Entscheidungshilfesystemen,
6. die Bewertung der Daten zur Umweltradioaktivität, soweit sie vom Bund oder im Auftrag des Bundes durch die Länder ermittelt worden sind, und
7. die Bereitstellung von Daten und Dokumenten nach den Nummern 1, 3, 4 und 5 für die Länder und die Unterrichtung der Länder über die Ergebnisse der Bewertung der Daten.

(2) Die zuständigen Behörden des Bundes übermitteln der Zentralstelle des Bundes für die Überwachung der Umweltradioaktivität (§ 163) die Daten, die sie gemäß Absatz 1 Nummer 1 ermittelt haben.
(3) Die Länder können weitergehende Ermittlungen der Radioaktivität in den in Absatz 1 Nummer 1 genannten Bereichen durchführen.
(4) Die Messstellen für die Ermittlung der Radioaktivität nach Absatz 1 Nummer 1 legt der Bund im Benehmen mit den zuständigen Landesbehörden fest.

§ 162 Aufgaben der Länder
(1) Die Länder ermitteln die Radioaktivität insbesondere
1. in Lebensmitteln, in Futtermitteln und in Bedarfsgegenständen, sofern diese als Indikatoren für die Umweltradioaktivität dienen,
2. in Arzneimitteln und deren Ausgangsstoffen,
3. im Trinkwasser, im Grundwasser und in oberirdischen Gewässern außer Bundeswasserstraßen,
4. in Abwässern, im Klärschlamm und in Abfällen sowie
5. im Boden und in Pflanzen.

(2) Die Länder übermitteln der Zentralstelle des Bundes für die Überwachung der Umweltradioaktivität (§ 163) die Daten, die sie gemäß Absatz 1 ermittelt haben.

§ 163 Integriertes Mess- und Informationssystem des Bundes
(1) ¹Das Bundesamt für Strahlenschutz als Zentralstelle des Bundes für die Überwachung der Umweltradioaktivität betreibt ein integriertes Mess- und Informationssystem für die Überwachung der Umweltradioaktivität. ²In diesem Mess- und Informationssystem werden die nach § 161 Absatz 1 und § 162 Absatz 1 ermittelten Daten zusammengefasst.
(2) Die im integrierten Mess- und Informationssystem zusammengefassten Daten stehen den zuständigen Landesbehörden direkt zur Verfügung.

§ 164 Bewertung der Daten, Unterrichtung des Deutschen Bundestages und des Bundesrates
(1) ¹Das Bundesministerium für Umwelt, Naturschutz und nukleare Sicherheit bewertet die Daten zur Umweltradioaktivität. ²Die Zentralstelle des Bundes für die Überwachung der Umweltradioaktivität unterstützt es bei der Wahrnehmung dieser Aufgabe.
(2) Das Bundesministerium für Umwelt, Naturschutz und nukleare Sicherheit leitet dem Deutschen Bundestag und dem Bundesrat jährlich einen Bericht über die Entwicklung der Radioaktivität in der Umwelt zu.

§ 165 Betretungsrecht und Probenahme
Die Beauftragten der zuständigen Behörden sind berechtigt, Grundstücke und Betriebs- und Geschäftsräume während der Betriebs- und Arbeitszeit zu betreten, die Radioaktivität zu ermitteln und Proben zu nehmen.

Kapitel 2 Weitere Vorschriften

§ 166 Festlegungen zur Ermittlung der beruflichen Exposition
(1) ¹Die Körperdosen einer Person aus beruflicher Exposition sind zu addieren, wenn sie nach diesem Gesetz oder einer auf dieses Gesetz gestützten Rechtsverordnung in mehreren der folgenden Bereiche zu ermitteln sind:
1. bei Tätigkeiten als beruflich exponierte Person,
2. im Zusammenhang mit Radon am Arbeitsplatz,
3. bei Sanierungs- und sonstigen Maßnahmen zur Verhinderung und Verminderung der Exposition bei radioaktiven Altlasten sowie sonstigen Betätigungen im Zusammenhang mit radioaktiven Altlasten und
4. bei anmeldebedürftigen sonstigen bestehenden Expositionssituationen.

²Für den Nachweis, dass die jeweils geltenden Grenzwerte nicht überschritten wurden, ist die Summe entscheidend.
(2) Außerhalb des räumlichen Geltungsbereichs dieses Gesetzes erfolgte Expositionen, die denen nach Absatz 1 entsprechen, sind bei der Ermittlung der beruflichen Exposition zu berücksichtigen.

§ 167 Aufzeichnungs-, Aufbewahrungs- und behördliche Mitteilungspflichten für die ermittelte Körperdosis bei beruflicher Exposition
(1) Der Strahlenschutzverantwortliche, der Verpflichtete nach § 131 Absatz 1 oder § 145 Absatz 1 Satz 1 sowie der Verantwortliche nach § 115 Absatz 2 oder § 153 Absatz 1 haben für Personen, die einer beruflichen Exposition unterliegen und für die eine Messung, Ermittlung oder Abschätzung der Körperdosis vorgenommen wurde,
1. die Ergebnisse dieser Messungen, Ermittlungen oder Abschätzungen sowie Daten, die zu dieser Messung, Ermittlung oder Abschätzung dienen,
2. Familienname, Geburtsname, Vornamen, Geburtsdatum und -ort, Geschlecht, Staatsangehörigkeit (Personendaten),

3. die persönliche Kennnummer nach § 170 Absatz 3 Satz 1,
4. bei Strahlenpassinhabern die fortlaufende Nummer des Strahlenpasses sowie
5. die Beschäftigungsmerkmale und die Expositionsverhältnisse
unverzüglich aufzuzeichnen.
(2) Die zur Aufzeichnung Verpflichteten haben die Aufzeichnungen so lange aufzubewahren, bis die überwachte Person das 75. Lebensjahr vollendet hat oder vollendet hätte, mindestens jedoch 30 Jahre nach Beendigung der jeweiligen Beschäftigung.
(3) ^{1}Die zur Aufzeichnung Verpflichteten haben die Aufzeichnungen auf Verlangen der zuständigen Behörde vorzulegen oder bei einer von dieser zu bestimmenden Stelle zu hinterlegen. ^{2}§ 168 Absatz 2 bleibt unberührt. ^{3}Die zur Aufzeichnung Verpflichteten haben die Ermittlungsergebnisse bei einem Wechsel des Beschäftigungsverhältnisses dem neuen Arbeitgeber auf Verlangen mitzuteilen, wenn weiterhin eine Beschäftigung mit beruflicher Exposition ausgeübt wird. ^{4}Satz 3 gilt entsprechend für fliegendes Personal, das in einem Luftfahrzeug eines anderen Strahlenschutzverantwortlichen tätig wird. ^{5}Die zur Aufzeichnung Verpflichteten haben die Aufzeichnungen, die infolge einer Beendigung der Beschäftigung nicht mehr benötigt werden, der nach Landesrecht zuständigen Stelle zu übergeben.
(4) ^{1}Die zur Aufzeichnung Verpflichteten sind verpflichtet, der zuständigen Behörde Folgendes unverzüglich zu melden:
1. Überschreitungen der Grenzwerte der Körperdosis und
2. die Körperdosen bei besonders zugelassenen Expositionen nach der Rechtsverordnung nach § 79 Absatz 1 Satz 2 Nummer 1.
^{2}Dabei sind die Personendaten der betroffenen Personen und die ermittelte Körperdosis sowie die Gründe für eine Überschreitung der Grenzwerte der Körperdosis anzugeben.
^{3}Die zur Aufzeichnung Verpflichteten sind verpflichtet, den betroffenen Personen unverzüglich die Körperdosis mitzuteilen.

§ 168 Übermittlung der Ergebnisse der Ermittlung der Körperdosis

(1) ^{1}Der Strahlenschutzverantwortliche, der Verpflichtete nach § 131 Absatz 1 oder § 145 Absatz 1 Satz 1 sowie der Verantwortliche nach § 115 Absatz 2 oder § 153 Absatz 1 haben, soweit sie sich einer Messstelle nach § 169 Absatz 1 zur Ermittlung der beruflichen Exposition bedienen, dieser Messstelle die Daten nach § 170 Absatz 2 Nummer 1 bis 7 derjenigen Personen zur Verfügung zu stellen, für die die Körperdosis ermittelt werden soll.
^{2}Der zuständigen Behörde sind die Angaben nach Satz 1 sowie die ermittelte Körperdosis auf Verlangen vorzulegen.
(2) Soweit sich die nach Absatz 1 zur Übermittlung Verpflichteten zur Ermittlung der beruflichen Exposition keiner Messstelle nach § 169 Absatz 1 bedienen, haben sie die Daten nach § 170 Absatz 2 einschließlich der ermittelten Körperdosis der zuständigen Behörde vorzulegen.

§ 169 Bestimmung von Messstellen; Verordnungsermächtigung

(1) Die zuständige Behörde bestimmt Messstellen für die Ermittlung der beruflichen Exposition
1. durch äußere Exposition bei Tätigkeiten,
2. durch innere Exposition bei Tätigkeiten,
3. der Einsatzkräfte durch ihren Einsatz in einer Notfallexpositionssituation oder einer anderen Gefahrenlage,
4. durch Radon am Arbeitsplatz,
5. im Zusammenhang mit Maßnahmen bei radioaktiven Altlasten und
6. bei sonstigen bestehenden Expositionssituationen.
(2) Eine Messstelle darf nur bestimmt werden, wenn

1. sie über ausreichend Personal zur Ausführung ihrer Aufgaben verfügt und ihr Personal, insbesondere die Leitung der Messstelle und die weiteren leitenden Fachkräfte, die erforderliche Qualifikation, Eignung und Erfahrung besitzt,
2. sie über die erforderlichen Verfahren zur Ermittlung der Exposition verfügt,
3. sie über die zur Ausführung ihrer Aufgaben erforderliche räumliche und technische Ausstattung, insbesondere die erforderlichen Messgeräte, verfügt,
4. sie ein angemessenes Qualitätsmanagementsystem betreibt und
5. keine Tatsachen vorliegen, aus denen sich Bedenken gegen die Zuverlässigkeit des Leiters der Messstelle oder der weiteren leitenden Fachkräfte ergeben, und die Messstelle über die erforderliche Unabhängigkeit verfügt.

(3) ¹Die Messstelle hat die Ergebnisse der Ermittlung der beruflichen Exposition aufzuzeichnen und sie der jeweiligen Person nach § 168 Absatz 1, die die Messung veranlasst hat, schriftlich mitzuteilen. ²Die Messstelle hat die Aufzeichnungen nach der Ermittlung fünf Jahre lang aufzubewahren. ³Sie hat der für die Person nach Satz 1 zuständigen Behörde auf Verlangen oder wenn sie es auf Grund der Ergebnisse ihrer Ermittlungen für erforderlich hält, diese Ergebnisse einschließlich der Daten nach § 168 Absatz 1 unverzüglich mitzuteilen.

(4) Die Bundesregierung wird ermächtigt, durch Rechtsverordnung mit Zustimmung des Bundesrates festzulegen,
1. wie die Anforderungen nach Absatz 2 unter Berücksichtigung der verschiedenen Expositionen nach Absatz 1 näher auszugestalten sind,
2. welche Aufgaben die behördlich bestimmten Messstellen im Zusammenhang mit der Ermittlung der Exposition wahrnehmen,
3. dass die behördlich bestimmten Messstellen der Qualitätssicherung unterliegen, welche Stellen diese ausführen und wie diese ausgeführt wird,
4. welche Informationen zusätzlich zu den Informationen nach § 168 Absatz 1 den Messstellen zum Zweck der Ermittlung der Exposition sowie der Überwachung der Dosisgrenzwerte der jeweils überwachten Person und der Beachtung der Strahlenschutzgrundsätze zu Vorsorge- und Überwachungsmaßnahmen zur Verfügung zu stellen sind,
5. welche weiteren Aufzeichnungs-, Aufbewahrungs-, Mitteilungs- und Vorlagepflichten die Messstellen im Zusammenhang mit der Wahrnehmung ihrer Aufgaben haben und
6. dass und unter welchen Voraussetzungen die Bestimmung einer Messstelle befristet werden kann.

§ 170 Strahlenschutzregister; Verordnungsermächtigung

(1) Daten über berufliche Expositionen, die auf Grund dieses Gesetzes oder einer auf diesem Gesetz gestützten Rechtsverordnung erhoben werden, werden zum Zweck der Überwachung von Dosisgrenzwerten und der Beachtung der Strahlenschutzgrundsätze, zur Prüfung des Bestehens eines Anspruchs gegen einen Träger der gesetzlichen Unfallversicherung sowie zum Zweck der wissenschaftlichen Forschung im Bereich des Strahlenschutzes in einem beim Bundesamt für Strahlenschutz eingerichteten Register (Strahlenschutzregister) erfasst.

(2) In das Strahlenschutzregister werden die folgenden Daten eingetragen:
1. die persönliche Kennnummer nach Absatz 3,
2. die jeweiligen Personendaten,
3. Beschäftigungsmerkmale und Expositionsverhältnisse,
4. die Betriebsnummer des Beschäftigungsbetriebs,
5. Name und Anschrift des Strahlenschutzverantwortlichen, des Verpflichteten nach § 131 Absatz 1 und § 145 Absatz 1 Satz 1 sowie des Verantwortlichen nach § 115 Absatz 2 und § 153 Absatz 1,

6. Angaben über einen nach einer auf dieses Gesetz gestützten Rechtsverordnung registrierten Strahlenpass,
7. Angaben über die zuständige Behörde und
8. die nach diesem Gesetz oder einer auf dieses Gesetz gestützten Rechtsverordnung ermittelte Körperdosis infolge einer beruflichen Exposition, die Expositionsbedingungen sowie die Feststellungen der zuständigen Behörde hinsichtlich dieser Körperdosis und der Expositionsbedingungen.

(3) ¹Zur eindeutigen Zuordnung der Eintragungen nach Absatz 2 vergibt das Bundesamt für Strahlenschutz für jede Person, für die Eintragungen vorgenommen werden, eine persönliche Kennnummer. ²Die persönliche Kennnummer ist mittels nicht rückführbarer Verschlüsselung aus der Versicherungsnummer nach § 147 des Sechsten Buches Sozialgesetzbuch abzuleiten, die der jeweiligen Person zugeordnet ist. ³Die Versicherungsnummer ist nach Ableitung der Kennnummer zu löschen. ⁴Ist einer Person bereits eine andere Identifikationsnummer zugeordnet, die eine zuständige Stelle außerhalb des Geltungsbereichs dieses Gesetzes vergeben hat, und ist diese Identifikationsnummer für die Verwendung im Strahlenschutzregister geeignet, so kann das Bundesamt für Strahlenschutz diese Identifikationsnummer als persönliche Kennnummer verwenden. ⁵Für eine Person, der weder eine Versicherungsnummer noch eine Identifikationsnummer zugeordnet ist, vergibt das Bundesamt für Strahlenschutz auf der Basis der Personendaten eine persönliche Kennnummer.

(4) ¹Die Daten nach Absatz 2 werden dem Strahlenschutzregister übermittelt durch
1. die Messstellen nach § 169,
2. (weggefallen)
2. die zuständigen Behörden oder
3. den Strahlenschutzverantwortlichen, den Verpflichteten nach § 131 Absatz 1 oder § 145 Absatz 1 Satz 1, den Verantwortlichen nach § 115 Absatz 2 oder § 153 Absatz 1.

²Die Personen nach Nummer 4 übermitteln dem Strahlenschutzregister zur Erzeugung der persönlichen Kennnummer die Versicherungsnummer oder Identifikationsnummer nach Absatz 3 zusätzlich zu den für die Zuordnung erforderlichen Daten nach Absatz 2.

(5) ¹Auskünfte aus dem Strahlenschutzregister werden erteilt, soweit dies für die Wahrnehmung der Aufgaben des Empfängers erforderlich ist,
1. einer zuständigen Behörde,
2. einer Messstelle nach § 169,
3. auf Antrag einem Strahlenschutzverantwortlichen, Verpflichteten nach § 131 Absatz 1 oder § 145 Absatz 1 Satz 1, Verantwortlichen nach § 153 Absatz 1 über Daten, die bei ihm beschäftigte Personen betreffen,
4. auf Antrag einem Verantwortlichen nach § 115 Absatz 2 über Daten für Personen, für die er verantwortlich ist,
5. auf Antrag einem Träger der gesetzlichen Unfallversicherung über Daten, die bei ihm versicherte Personen betreffen.

²Das Bundesamt für Strahlenschutz kann den in Satz 1 Nummer 1 und 2 genannten Behörden und Messstellen die Daten nach Absatz 2 sowie Auswertungen aus diesen Daten auch durch automatisierte Abrufverfahren übermitteln, soweit die Daten zur Wahrnehmung der Aufgaben der abrufenden Behörden und Messstellen erforderlich sind. ³Die in Satz 1 Nummer 1 und 2 genannten Behörden dürfen die Daten nach Satz 2 im automatisierten Verfahren beim Bundesamt für Strahlenschutz abrufen, soweit dies für die Wahrnehmung ihrer Aufgaben erforderlich ist. ⁴Die zuständige Behörde kann Auskünfte aus dem Strahlenschutzregister an einen Strahlenschutzverantwortlichen, Verpflichteten oder Verantwortlichen, an deren Strahlenschutzbeauftragten sowie an ermächtigte Ärzte nach § 79 Absatz 1 Satz 2 Nummer 9 Buchstabe a weitergeben, soweit dies zur Wahrnehmung ihrer Aufgaben erforderlich ist.

(6) (weggefallen)
(6) ¹Die Übermittlung der im Strahlenschutzregister gespeicherten personenbezogenen Daten zu Zwecken der wissenschaftlichen Forschung (Forschungszwecken) an Dritte ist nur unter den Voraussetzungen der Absätze 7 und 8 zulässig. ²Soweit die betroffenen Personen nicht in die Veröffentlichung der sie betreffenden Daten eingewilligt haben, dürfen Forschungsergebnisse nur anonymisiert veröffentlicht werden. ³Auch nach dem Tod der betroffenen Personen sind die Bestimmungen des Bundesdatenschutzgesetzes und der Verordnung (EU) 2016/679 des Europäischen Parlaments und des Rates vom 27. April 2016 zum Schutz natürlicher Personen bei der Verarbeitung personenbezogener Daten, zum freien Datenverkehr und zur Aufhebung der Richtlinie 95/46/EG (Datenschutz-Grundverordnung) (ABl. L 119 vom 4.5.2016, S. 1; L 314 vom 22.11.2016, S. 72; L 127 vom 23.5.2018, S. 2) in der jeweils geltenden Fassung einzuhalten.
(7) ¹Für Forschungszwecke im Bereich des Strahlenschutzes dürfen personenbezogene Daten aus dem Strahlenschutzregister mit Einwilligung der betroffenen Personen an Dritte übermittelt werden. ²Ohne diese Einwilligung dürfen die Daten übermittelt werden, wenn schutzwürdige Belange der betroffenen Personen der Übermittlung oder der beabsichtigten Verarbeitung der Daten nicht entgegenstehen oder wenn das öffentliche Interesse an der Forschungsarbeit das Geheimhaltungsinteresse der betroffenen Personen erheblich überwiegt. ³Eine Übermittlung personenbezogener Daten für Forschungszwecke ist ausgeschlossen, wenn der Zweck der Forschung mit einem vertretbaren Aufwand durch die Verarbeitung anonymisierter Daten erfüllt werden kann. ⁴Soweit besondere Kategorien von Daten im Sinne von Artikel 9 Absatz 1 der Verordnung (EU) 2016/679 übermittelt werden, sind angemessene und spezifische Maßnahmen zur Wahrung der Interessen der betroffenen Person gemäß § 22 Absatz 2 Satz 2 des Bundesdatenschutzgesetzes zu treffen.
(8) ¹Wird eine Übermittlung personenbezogener Daten zu Forschungszwecken beantragt, so ist die Einwilligung der betroffenen Personen nachzuweisen. ²Soll die Übermittlung ohne Einwilligung der betroffenen Personen erfolgen, sind die für die Prüfung der Voraussetzungen nach Absatz 7 Satz 2 erforderlichen Angaben zu machen; zu Absatz 7 Satz 3 ist glaubhaft zu machen, dass der Zweck der Forschung bei Verarbeitung anonymisierter Daten nicht mit vertretbarem Aufwand erfüllt werden kann. ³Besondere Kategorien von Daten im Sinne von Artikel 9 Absatz 1 der Verordnung (EU) 2016/679 dürfen nur für die Forschungsarbeit verarbeitet werden, für die sie übermittelt worden sind; die Verarbeitung für andere Forschungsarbeiten oder die Übermittlung richtet sich nach den Sätzen 1 und 2 und bedarf der Zustimmung des Bundesamtes für Strahlenschutz.
(9) Die Bundesregierung wird ermächtigt, durch Rechtsverordnung mit Zustimmung des Bundesrates zu bestimmen,
1. auf welche Weise die persönliche Kennnummer nach Absatz 3 erzeugt wird, wie sie beschaffen sein muss und unter welchen Voraussetzungen eine Identifikationsnummer, die außerhalb des Geltungsbereichs dieses Gesetzes vergeben wurde, genutzt werden kann,
2. welche technischen und organisatorischen Maßnahmen für die Übermittlung von Angaben nach Absatz 2 durch die Stellen nach Absatz 4 zum Strahlenschutzregister zu treffen sind,
3. unter welchen Voraussetzungen und in welchem Verfahren zum Zweck der Überwachung von Dosisgrenzwerten, der Beachtung der Strahlenschutzgrundsätze, zur Prüfung des Bestehens eines Auskunftsanspruchs oder zur Qualitätssicherung in erforderlichem Umfang an die Stellen und Personen nach Absatz 5 Auskünfte aus dem Strahlenschutzregister erteilt und weitergegeben und dabei personenbezogene Daten übermittelt werden dürfen.

§ 171 Verordnungsermächtigung für Vorgaben in Bezug auf einen Strahlenpass
Die Bundesregierung wird ermächtigt, durch Rechtsverordnung mit Zustimmung des Bundesrates Vorgaben in Bezug auf einen zu führenden Strahlenpass festzulegen. In der Rechtsverordnung kann insbesondere festgelegt werden,
1. wann zum Zweck der Überwachung von Dosisgrenzwerten und der Beachtung der Strahlenschutzgrundsätze ein Strahlenpass zu führen ist, welche Daten nach § 170 Absatz 2 und welche Daten zum Ergebnis der ärztlichen Überwachungsuntersuchung eingetragen werden, welche Form der Strahlenpass hat, wie er zu registrieren oder seine Gültigkeit zu verlängern ist und wer Einträge vornehmen und die Inhalte verwenden darf,
2. unter welchen Bedingungen Strahlenpässe, die außerhalb des Geltungsbereichs dieses Gesetzes ausgestellt wurden, anerkannt werden,
3. unter welchen Voraussetzungen die Behörde einen Strahlenpass vernichten darf.

§ 172 Bestimmung von Sachverständigen; Verordnungsermächtigung
(1) ¹Die zuständige Behörde bestimmt Sachverständige für die folgenden Sachverständigentätigkeiten:
1. Prüfung von Röntgeneinrichtungen, einschließlich der Erteilung der Bescheinigung, und die Prüfung von Röntgeneinrichtungen oder Störstrahlern gemäß der Rechtsverordnung nach § 89 Satz 1 Nummer 3,
2. Prüfung von Arbeitsplätzen mit Exposition durch natürlich vorkommende Radioaktivität,
3. Prüfung von Anlagen zur Erzeugung ionisierender Strahlung, von Bestrahlungsvorrichtungen und von Geräten für die Gammaradiographie,
4. Dichtheitsprüfung von umschlossenen radioaktiven Stoffen sowie von bauartzugelassenen Vorrichtungen, die radioaktive Stoffe enthalten.

²Der behördlich bestimmte Sachverständige bedarf für die Ausübung der Sachverständigentätigkeit weder einer Genehmigung noch muss er sie anzeigen.
(2) ¹Der behördlich bestimmte Sachverständige muss unabhängig sein von Personen, die an der Herstellung, am Vertrieb oder an der Instandhaltung von Anlagen zur Erzeugung ionisierender Strahlung, Bestrahlungsvorrichtungen, Röntgeneinrichtungen, Störstrahlern oder umschlossenen radioaktiven Stoffen beteiligt sind. ²Der behördlich bestimmte Sachverständige oder, bei juristischen Personen oder sonstigen Personenvereinigungen, die Personen, die Aufgaben als behördlich bestimmte Sachverständige wahrnehmen, müssen die erforderliche Fachkunde im Strahlenschutz besitzen. ³Der behördlich bestimmte Sachverständige darf keinen fachlichen Weisungen im Hinblick auf die Sachverständigentätigkeit unterliegen.
(3) ¹Für die Sachverständigentätigkeit eines behördlich bestimmten Sachverständigen gelten die Pflichten des Strahlenschutzverantwortlichen nach § 72 Absatz 1 entsprechend. ²Handelt es sich bei dem behördlich bestimmten Sachverständigen um eine juristische Person oder eine sonstige Personenvereinigung, so gilt für diese Person auch § 70 entsprechend. ³Übt der behördlich bestimmte Sachverständige die Sachverständigentätigkeit in einem Beschäftigungsverhältnis aus, so gelten die §§ 70 und 72 Absatz 1 abweichend von den Sätzen 1 und 2 entsprechend für diejenige Person, zu der das Beschäftigungsverhältnis besteht.
(4) Die Bundesregierung wird ermächtigt, durch Rechtsverordnung mit Zustimmung des Bundesrates
1. die Anforderungen an die Ausbildung, die beruflichen Kenntnisse und Fähigkeiten, insbesondere hinsichtlich Berufserfahrung und Eignung, der behördlich bestimmten Sachverständigen oder, bei juristischen Personen oder sonstigen Personenvereinigungen, der Personen, die Aufgaben als behördlich bestimmte Sachverständige wahrnehmen, festzulegen,

2. festzulegen, welche Anforderungen an die Zuverlässigkeit, Unabhängigkeit und Unparteilichkeit der Sachverständigen und, bei juristischen Personen oder sonstigen Personenvereinigungen, der Personen, die Aufgaben als behördlich bestimmte Sachverständige wahrnehmen, bestehen,
3. festzulegen, wie die Einweisung in die Sachverständigentätigkeit erfolgt, welchen Umfang die Prüftätigkeit umfasst, wie die Prüfmaßstäbe festgelegt werden und welche sonstigen Voraussetzungen und Pflichten, einschließlich der Qualitätssicherung, in Bezug auf die Prüfungen und die Zusammenarbeit mit den zuständigen Behörden für behördlich bestimmte Sachverständige gelten, und
4. festzulegen, welche Voraussetzungen bei der behördlichen Bestimmung eines Sachverständigen zu prüfen sind und dass und unter welchen Voraussetzungen die Bestimmung eines Sachverständigen befristet werden kann.

§ 173 Verordnungsermächtigungen für Mitteilungspflichten bei Fund und Erlangung

Die Bundesregierung wird ermächtigt, durch Rechtsverordnung mit Zustimmung des Bundesrates festzulegen, dass, auf welche Weise und durch wen den zuständigen Behörden Folgendes zu melden ist:
1. der Fund, das Abhandenkommen und das Wiederauffinden von Stoffen, sofern zu befürchten ist, dass deren Aktivität oder spezifische Aktivität die nach einer Rechtsverordnung nach § 24 Satz 1 Nummer 10 festgelegten Werte überschreitet,
2. das Vorhandensein von Wasser in einer Wasserversorgungsanlage oder in einer Abwasseranlage, das Radionuklide enthält, deren Aktivitätskonzentration die in der Rechtsverordnung festgelegten Werte oder Grenzen überschreitet,
3. die Vermutung oder die Kenntnis, dass eine herrenlose Strahlenquelle eingeschmolzen oder auf sonstige Weise metallurgisch verwendet worden ist.

§ 174 Verordnungsermächtigung für behördliche Befugnisse bei kontaminiertem Metall

Die Bundesregierung wird ermächtigt, durch Rechtsverordnung mit Zustimmung des Bundesrates festzulegen, dass kontaminiertes Metall nur nach den Vorgaben der zuständigen Behörde verwendet, in Verkehr gebracht oder entsorgt werden darf.

§ 175 Dosis- und Messgrößen; Verordnungsermächtigung

(1) ¹Für die Ermittlung der Organ-Äquivalentdosis ist, soweit nicht anders bestimmt, die äußere und innere Exposition zu berücksichtigen; für die innere Exposition ist auch die außerhalb des Bezugszeitraums auftretende Exposition infolge der während des Bezugszeitraums aufgenommenen Radionuklide nach Maßgabe der Rechtsverordnung nach Absatz 2 Nummer 3 zu berücksichtigen. ²Satz 1 gilt entsprechend für die effektive Dosis.
(2) Das Bundesministerium für Umwelt, Naturschutz und nukleare Sicherheit wird ermächtigt, durch Rechtsverordnung ohne Zustimmung des Bundesrates
1. nähere Anforderungen an die Bestimmung der Organ-Äquivalentdosis und ihre Berechnung festzulegen, insbesondere die für verschiedene Strahlungsarten und Strahlungsenergien zu nutzenden Wichtungsfaktoren sowie Einzelheiten der Mittelung über das Gewebe oder Organ,
2. nähere Anforderungen an die Bestimmung der effektiven Dosis sowie ihre Berechnung festzulegen, insbesondere die zu berücksichtigenden Gewebe oder Organe sowie die zu nutzenden Wichtungsfaktoren, und Festlegungen zur Bestimmung der effektiven Dosis des ungeborenen Kindes zu treffen,
3. zu bestimmen, auf welche Weise und für welchen Zeitraum bei der inneren Exposition die Dosis durch aufgenommene Radionuklide zu berücksichtigen ist,

4. festzulegen, welche Messgrößen im Hinblick auf die Ermittlung der äußeren Exposition zu benutzen sind und wie diese Ermittlung zu erfolgen hat,
5. die Daten festzulegen, die bei der Ermittlung der Körperdosis aus Größen des Strahlungsfeldes oder der Aktivität zugrunde zu legen sind, und
6. zu bestimmen, welche Einheiten für die Größen im Strahlenschutz zu verwenden sind.

§ 176 Haftung für durch ionisierende Strahlung verursachte Schäden
Im Anwendungsbereich dieses Gesetzes und der auf dieses Gesetz gestützten Rechtsverordnungen richtet sich die Haftung für durch ionisierende Strahlung verursachte Schäden nach den §§ 25 bis 40 des Atomgesetzes.

§ 177 Vorsorge für die Erfüllung gesetzlicher Schadensersatzverpflichtungen
^{1}Im Anwendungsbereich dieses Gesetzes und der auf dieses Gesetz gestützten Rechtsverordnungen richtet sich die Vorsorge für die Erfüllung gesetzlicher Schadensersatzverpflichtungen nach den §§ 13 bis 15 des Atomgesetzes und nach der Atomrechtlichen Deckungsvorsorge-Verordnung. ^{2}§ 35 bleibt unberührt. ^{3}Abweichend von § 13 Absatz 1 Satz 2 des Atomgesetzes kann die zuständige Behörde bei Tätigkeiten nach § 12 Absatz 1 Nummer 1, 2 oder 3 und § 31 Absatz 1 auf eine erneute Festsetzung der Deckungsvorsorge verzichten, wenn die Überprüfung der Deckungsvorsorge ergeben hat, dass die Deckungssumme noch ausreichend bemessen ist.

Teil 6: Strahlenschutzrechtliche Aufsicht, Verwaltungsverfahren

§ 178 Strahlenschutzrechtliche Aufsicht
^{1}Die Durchführung dieses Gesetzes und der auf dieses Gesetz gestützten Rechtsverordnungen unterliegt der Aufsicht durch die zuständigen Behörden. ^{2}Dies gilt nicht für Teil 3 Kapitel 1 und Teil 4 Kapitel 1 mit Ausnahme
1. der §§ 95 und 95a,
2. der Rechtsverordnungen nach § 95 und
3. der Eilverordnungen nach § 96, soweit sie Regelungen nach § 95 über die Bewirtschaftung von Abfällen oder die Errichtung, den Betrieb oder die Benutzung von Anlagen enthalten.

§ 179 Anwendung des Atomgesetzes; Anordnungsbefugnis
(1) Im Anwendungsbereich dieses Gesetzes und der auf dieses Gesetz gestützten Rechtsverordnungen sind in der jeweils geltenden Fassung entsprechend anzuwenden:
1. für Genehmigungen und Bauartzulassungen sowie für Anerkennungen, Bestimmungen und Ermächtigungen § 17 Absatz 1 Satz 2 bis 4 und Absatz 2 bis 6 des Atomgesetzes über inhaltliche Beschränkungen, Auflagen, Befristung, Rücknahme, Widerruf und die Bezeichnung als Inhaber einer Kernanlage,
2. § 19 Absatz 1 Satz 2 bis 4, Absatz 2 Satz 1 bis 3 und Absatz 3 bis 5 des Atomgesetzes über die staatliche Aufsicht und
3. § 20 des Atomgesetzes über Sachverständige.
(2) ^{1}Die zuständige Behörde kann im Einzelfall diejenigen Maßnahmen zur Durchführung der Vorschriften dieses Gesetzes und der auf Grund dieses Gesetzes erlassenen Rechtsverordnungen anordnen, die zum Schutz vor der schädlichen Wirkung ionisierender Strahlung erforderlich sind. ^{2}Satz 1 gilt nicht, soweit Absatz 1 Nummer 2 in Verbindung mit § 19 Absatz 3 des Atomgesetzes oder die in diesem Gesetz oder den auf dieses Gesetz

gestützten Rechtsverordnungen vorgesehenen speziellen Anordnungsbefugnisse anwendbar sind. ³Satz 1 gilt zudem nicht für Teil 3 Kapitel 1 und Teil 4 Kapitel 1 mit Ausnahme
1. der §§ 95 und 95a,
2. der Rechtsverordnungen nach § 95 und
3. der Eilverordnungen nach § 96, soweit sie Regelungen nach § 95 über die Bewirtschaftung von Abfällen oder die Errichtung, den Betrieb oder die Benutzung von Anlagen enthalten.
(3) Das Grundrecht des Artikels 13 des Grundgesetzes über die Unverletzlichkeit der Wohnung wird eingeschränkt, soweit es den Befugnissen nach Absatz 1 Nummer 2 und 3 entgegensteht.

§ 180 Aufsichtsprogramm; Verordnungsermächtigung

(1) ¹Im Rahmen der strahlenschutzrechtlichen Aufsicht bei geplanten Expositionssituationen richtet die zuständige Behörde ein Programm für aufsichtliche Prüfungen ein, das dem möglichen Ausmaß und der Art der mit den Tätigkeiten verbundenen Risiken Rechnung trägt (Aufsichtsprogramm). ²Die Bundesregierung wird ermächtigt, durch Rechtsverordnung mit Zustimmung des Bundesrates Anforderungen an die Ausgestaltung des Aufsichtsprogramms festzulegen. ³In der Rechtsverordnung können insbesondere festgelegt werden:
1. Kriterien zur Bestimmung des Ausmaßes und der Art des mit einer Tätigkeit verbundenen Risikos,
2. Zeitabstände zwischen Vor-Ort-Prüfungen durch die zuständige Behörde bei einem Strahlenschutzverantwortlichen.
(2) ¹Die zuständige Behörde zeichnet die Ergebnisse jeder Vor-Ort-Prüfung auf und übermittelt sie dem Strahlenschutzverantwortlichen. ²In den Fällen des Teils 2 Kapitel 2 Abschnitt 8 Unterabschnitt 2 sind die Ergebnisse nach Satz 1 dem Verpflichteten zu übermitteln. ³Beziehen sich die Ergebnisse auf eine externe Arbeitskraft, so hat der Strahlenschutzverantwortliche nach Satz 1 oder der Verpflichtete nach Satz 2 diese Ergebnisse, mit Ausnahme von Betriebs- und Geschäftsgeheimnissen, auch demjenigen mitzuteilen, zu dem das Beschäftigungsverhältnis der externen Arbeitskraft besteht.
(3) ¹Die zuständige Behörde macht der Öffentlichkeit eine Kurzfassung des Aufsichtsprogramms und die wichtigsten bei der Durchführung des Programms gewonnenen Erkenntnisse zugänglich. ²Die Informationen nach Satz 1 dürfen keine Betriebs- und Geschäftsgeheimnisse enthalten. ³Die Gesetze des Bundes und der Länder über Umweltinformationen bleiben unberührt.

§ 181 Umweltverträglichkeitsprüfung

(1) ¹Besteht nach dem Gesetz über die Umweltverträglichkeitsprüfung eine Verpflichtung zur Durchführung einer Umweltverträglichkeitsprüfung für Vorhaben, die einer Genehmigung nach diesem Gesetz bedürfen (UVP-pflichtige Vorhaben), ist die Umweltverträglichkeitsprüfung unselbständiger Teil der Verfahren zur Erteilung der nach diesem Gesetz erforderlichen Genehmigung. ²Die Umweltverträglichkeitsprüfung ist nach den Vorschriften des § 7 Absatz 4 Satz 1 und 2 des Atomgesetzes und nach den Vorschriften der Atomrechtlichen Verfahrensverordnung über den Gegenstand der Umweltverträglichkeitsprüfung, die Antragsunterlagen, die Bekanntmachung des Vorhabens, die Auslegung und das Zugänglichmachen von Antragsunterlagen, auch über das einschlägige zentrale Internetportal nach dem Gesetz über die Umweltverträglichkeitsprüfung, die Erhebung von Einwendungen, die Beteiligung von Behörden, den Inhalt des Genehmigungsbescheids und Zustellung, die öffentliche Bekanntmachung und das Zugänglichmachen der Entscheidung, auch über das einschlägige zentrale Internetportal nach dem Gesetz über die Umweltverträglichkeitsprüfung, durchzufüh-

Strahlenschutzgesetz §§ 181–183

ren. ³Nach Ablauf der Einwendungsfrist kann die Genehmigungsbehörde die rechtzeitig gegen das Vorhaben erhobenen Einwendungen mit dem Antragsteller und denjenigen, die Einwendungen erhoben haben, erörtern. ⁴§ 31 des Gesetzes über die Umweltverträglichkeitsprüfung bleibt unberührt.
(1a) Besteht nach dem Gesetz über die Umweltverträglichkeitsprüfung eine Verpflichtung zur Durchführung einer Vorprüfung für Vorhaben, die einer Genehmigung nach diesem Gesetz oder einer auf Grund dieses Gesetzes erlassenen Rechtsverordnung bedürfen, wird die Vorprüfung nach den Bestimmungen des Gesetzes über die Umweltverträglichkeitsprüfung durchgeführt.
(2) Vor Erhebung einer verwaltungsgerichtlichen Klage, die einen nach Durchführung einer Umweltverträglichkeitsprüfung erlassenen Verwaltungsakt zum Gegenstand hat, bedarf es keiner Nachprüfung in einem Vorverfahren.

§ 182 Schriftform, elektronische Kommunikation
(1) Genehmigungen und Bauartzulassungen nach diesem Gesetz oder nach einer auf dieses Gesetz gestützten Rechtsverordnung sind schriftlich zu erteilen.
(2) Wird für einen Verwaltungsakt, für den in diesem Gesetz oder in einer auf diesem Gesetz gestützten Rechtsverordnung die Schriftform angeordnet ist, die elektronische Form verwendet, so ist er mit einer dauerhaft überprüfbaren qualifizierten elektronischen Signatur nach § 37 Absatz 4 des Verwaltungsverfahrensgesetzes zu versehen.
(3) ¹Anzeige- und Anmeldungspflichten sowie Melde- und Mitteilungspflichten nach diesem Gesetz oder nach einer auf dieses Gesetz gestützten Rechtsverordnung können in elektronischer Form erfüllt werden, wenn der Empfänger hierfür einen Zugang eröffnet und das Verfahren und die für die Datenübertragung notwendigen Anforderungen bestimmt. ²Dabei müssen dem jeweiligen Stand der Technik entsprechende Maßnahmen zur Sicherstellung von Datenschutz und Datensicherheit getroffen werden, die insbesondere die Vertraulichkeit und Unversehrtheit der Daten gewährleisten; bei der Nutzung allgemein zugänglicher Netze sind Verschlüsselungsverfahren anzuwenden. ³Soweit es sich um personenbezogene Daten handelt, richten sich die Maßnahmen nach den Artikeln 24, 25 und 32 der Verordnung (EU) 2016/679. ⁴Ist ein übermitteltes elektronisches Dokument für den Empfänger nicht zur Bearbeitung geeignet, teilt er dies dem Absender unter Angabe der für den Empfang geltenden technischen Rahmenbedingungen unverzüglich mit.
(4) Wenn die Antragstellung, die Anzeige, die Anmeldung, die Meldung oder die Mitteilung elektronisch erfolgt, sind der zuständigen Behörde auf Verlangen Papierausfertigungen der elektronisch übermittelten Unterlagen zu übermitteln.

§ 183 Kosten; Verordnungsermächtigung
(1) Gebühren und Auslagen (Kosten) werden erhoben
1. für Festsetzungen nach § 177 in Verbindung mit § 13 Absatz 1 Satz 2 des Atomgesetzes,
2. für Entscheidungen nach § 179 Absatz 1 Nummer 1 in Verbindung mit § 17 Absatz 1 Satz 3, Absatz 2 bis 5 des Atomgesetzes und für Entscheidungen nach § 179 Absatz 1 Nummer 2 in Verbindung mit § 19 Absatz 3 des Atomgesetzes,
3. für die in der Kostenverordnung zum Atomgesetz und zum Strahlenschutzgesetz näher bestimmten sonstigen Aufsichtsmaßnahmen nach § 179 Absatz 1 Nummer 2 in Verbindung mit § 19 des Atomgesetzes,
4. für sonstige Amtshandlungen einschließlich Prüfungen und Untersuchungen des Bundesamtes für Strahlenschutz, soweit es nach § 185 Absatz 1 Nummer 1 bis 8 zuständig ist,

§ 183 Strahlenschutzgesetz

5. für Entscheidungen des Bundesamtes für die Sicherheit der nuklearen Entsorgung über Anträge nach § 27 Absatz 1, soweit es nach § 186 Absatz 1 zuständig ist,
6. für sonstige Amtshandlungen einschließlich Prüfungen und Untersuchungen des Luftfahrt-Bundesamtes, soweit es nach § 189 zuständig ist,
7. für folgende Leistungen der Physikalisch-Technischen Bundesanstalt:
   a) Amtshandlungen einschließlich Prüfungen und Untersuchungen nach § 187 Absatz 1 Nummer 1 oder 2,
   b) die Bereitstellung von Radioaktivitätsstandards nach § 187 Absatz 1 Nummer 3 für Vergleichsmessungen des Bundesamtes für Strahlenschutz, an denen der Strahlenschutzverantwortliche zur Sicherung der Qualität der von ihm nach Maßgabe der Rechtsverordnung nach § 81 Satz 2 Nummer 7 durchzuführenden Emissionsmessungen teilzunehmen hat,
8. für Entscheidungen des Eisenbahn-Bundesamtes über Anträge nach § 27 Absatz 1, soweit es nach § 190 Satz 1 zuständig ist.

(2) In den Rechtsverordnungen nach den §§ 81 und 185 Absatz 2 Nummer 5 und 6 können auch Regelungen zur Kostenerhebung für Amtshandlungen der danach zuständigen Behörden getroffen werden.

(3) [1]Kosten werden erhoben in den Fällen
1. des Widerrufs oder der Rücknahme einer Amtshandlung nach Absatz 1 oder 2, sofern der Betroffene dies zu vertreten hat und nicht bereits nach Absatz 1 oder 2 Kosten erhoben werden,
2. der Ablehnung eines Antrags auf Vornahme einer Amtshandlung nach Absatz 1 oder 2 aus anderen Gründen als wegen Unzuständigkeit der Behörde,
3. der Zurücknahme eines Antrags auf Vornahme einer Amtshandlung oder einer Anzeige nach Absatz 1 oder 2 nach Beginn der sachlichen Bearbeitung, jedoch vor deren Beendigung,
4. der vollständigen oder teilweisen Zurückweisung oder der Zurücknahme eines Widerspruchs gegen
   a) eine Amtshandlung nach Absatz 1 oder 2 oder
   b) eine nach Absatz 1 oder 2 in Verbindung mit der Kostenverordnung zum Atomgesetz und zum Strahlenschutzgesetz festgesetzte Kostenentscheidung.

[2]Die Gebühr darf in den Fällen des Satzes 1 Nummer 1, 2 und 4 Buchstabe a bis zur Höhe der für eine Amtshandlung festzusetzenden Gebühr, in den Fällen des Satzes 1 Nummer 3 bis zur Höhe von drei Vierteln der für die Amtshandlung festzusetzenden Gebühr und in den Fällen des Satzes 1 Nummer 4 Buchstabe b bis zur Höhe von 10 Prozent des streitigen Betrags festgesetzt werden.

(4) [1]Die Bundesregierung wird ermächtigt, das Nähere durch Rechtsverordnung mit Zustimmung des Bundesrates nach den Grundsätzen des Verwaltungskostengesetzes in der bis zum 14. August 2013 geltenden Fassung zu regeln. [2]Dabei sind die gebührenpflichtigen Tatbestände näher zu bestimmen und die Gebühren durch feste Sätze, Rahmensätze oder nach dem Wert des Gegenstandes zu bestimmen. [3]Die Gebührensätze sind so zu bemessen, dass der mit den Amtshandlungen, Prüfungen oder Untersuchungen verbundene Personal- und Sachaufwand gedeckt wird; bei begünstigenden Amtshandlungen kann daneben die Bedeutung, der wirtschaftliche Wert oder der sonstige Nutzen für den Gebührenschuldner angemessen berücksichtigt werden. [4]In der Verordnung können die Kostenbefreiung des Bundesamtes für Strahlenschutz und die Verpflichtung zur Zahlung von Gebühren für die Amtshandlungen bestimmter Behörden abweichend von § 8 des Verwaltungskostengesetzes in der bis zum 14. August 2013 geltenden Fassung geregelt werden. [5]Die Verjährungsfrist der Kostenschuld kann abweichend von § 20 des Verwaltungskostengesetzes in der bis zum

Strahlenschutzgesetz §§ 183–185

14. August 2013 geltenden Fassung verlängert werden. ⁶Es kann bestimmt werden, dass die Verordnung auch auf die bei ihrem Inkrafttreten anhängigen Verwaltungsverfahren anzuwenden ist, soweit in diesem Zeitpunkt die Kosten nicht bereits festgesetzt sind.
(5) Für die Erhebung von Kosten nach diesem Gesetz oder der auf dieses Gesetz gestützten Rechtsverordnungen sind § 21 Absatz 2 des Atomgesetzes und die Kostenverordnung zum Atomgesetz und zum Strahlenschutzgesetz anzuwenden; § 21 Absatz 4 und 5 des Atomgesetzes ist entsprechend anzuwenden.

Teil 7: Verwaltungsbehörden

§ 184 Zuständigkeit der Landesbehörden
(1) Durch die Länder als eigene Angelegenheit werden ausgeführt:
1. Teil 3 Kapitel 1 mit Ausnahme des § 107,
2. Teil 3 Kapitel 2,
3. Teil 4 Kapitel 1 mit Ausnahme der in § 119 vorgesehenen entsprechenden Anwendung des § 107,
4. Teil 4 Kapitel 2 Abschnitt 1 mit Ausnahme des § 121 und Abschnitt 2,
5. Teil 4 Kapitel 3,
6. Teil 4 Kapitel 4 mit Ausnahme der §§ 145, 149 Absatz 5 und der in § 152 Satz 1 vorgesehenen entsprechenden Anwendung des § 145,
7. die Rechtsverordnungen, die auf Grund der Ermächtigungen in den unter den Nummern 1 bis 6 genannten Vorschriften erlassen werden,
soweit nicht der Bund nach den aufgeführten Vorschriften dieses Gesetzes oder den hierzu jeweils ergehenden Rechtsverordnungen für die Ausführung zuständig ist.
(2) Vorbehaltlich des § 81 Satz 3, der §§ 185 bis 192 sowie des Absatzes 1 werden die Verwaltungsaufgaben nach diesem Gesetz und den hierzu ergehenden Rechtsverordnungen im Auftrag des Bundes durch die Länder ausgeführt.

§ 185 Zuständigkeit des Bundesamtes für Strahlenschutz; Verordnungsermächtigung
(1) Das Bundesamt für Strahlenschutz ist zuständig für
1. die Genehmigung für die Anwendung radioaktiver Stoffe oder ionisierender Strahlung am Menschen zum Zweck der medizinischen Forschung sowie die Rücknahme und den Widerruf der Genehmigung,
2. die Prüfung der Anzeige der Anwendung radioaktiver Stoffe oder ionisierender Strahlung am Menschen zum Zweck der medizinischen Forschung sowie die Untersagung der Anwendung,
3. die Prüfung der Anzeige des Betriebs von Raumfahrzeugen sowie die Untersagung des Betriebs,
4. die Bauartzulassung nach § 45 Absatz 1 Nummer 1 für Vorrichtungen, die sonstige radioaktive Stoffe enthalten, und die Bauartzulassung nach § 45 Absatz 1 Nummer 7 für Anlagen zur Erzeugung ionisierender Strahlung,
5. die Durchführung von Maßnahmen zur Qualitätssicherung bei der Ermittlung der Körperdosis des fliegenden Personals,
6. die Überwachung der Einhaltung der Anforderungen zum Schutz vor Expositionen von Personen durch kosmische Strahlung beim Betrieb von Raumfahrzeugen nach diesem Gesetz oder nach einer auf Grund dieses Gesetzes erlassenen Rechtsverordnung, einschließlich der Bescheinigung der erforderlichen Fachkunde im Strahlenschutz sowie der Anerkennung von Kursen zu deren Erwerb,

7. die Einrichtung und Führung eines Registers über Ethikkommissionen, die Forschungsvorhaben zur Anwendung radioaktiver Stoffe oder ionisierender Strahlung am Menschen zum Zweck der medizinischen Forschung bewerten, die Registrierung der Ethikkommissionen und den Widerruf der Registrierung,
8. die Einrichtung und Führung des Registers über berufliche Expositionen,
9. die Einrichtung und die Führung des Registers über hochradioaktive Strahlenquellen,
10. die Prüfung der Rechtfertigung von Tätigkeitsarten und den Bericht zu der Rechtfertigung nach § 7,
11. die Prüfung der Rechtfertigung von Tätigkeitsarten mit Konsumgütern oder bauartzugelassenen Vorrichtungen und die Stellungnahme zu der Rechtfertigung nach § 38.

(2) Die Bundesregierung wird ermächtigt, in einer Rechtsverordnung mit Zustimmung des Bundesrates zu bestimmen, dass das Bundesamt für Strahlenschutz zuständig ist
1. für die retrospektive Bestimmung von Expositionen von Einzelpersonen der Bevölkerung durch in der Rechtsverordnung nach § 81 Satz 2 Nummer 2 festgelegte genehmigte oder angezeigte Tätigkeiten,
2. für die Ermittlung, Erstellung und Veröffentlichung von diagnostischen Referenzwerten, die Ermittlung der medizinischen Exposition von Personen und die dazu jeweils erforderlichen Erhebungen auf Grund einer Rechtsverordnung nach § 86 Satz 2 Nummer 7 und 8,
3. für das Verwalten und die Vergabe von Identifizierungsnummern für hochradioaktive Strahlenquellen,
4. als zentrale Stelle für die Einrichtung und den Betrieb eines Systems zur Erfassung, Verarbeitung und Auswertung von Informationen über bedeutsame Vorkommnisse, insbesondere bei der Anwendung radioaktiver Stoffe oder ionisierender Strahlung am Menschen nach der Rechtsverordnung nach § 90 Absatz 1 Satz 2 Nummer 6 bis 8,
5. für die Anerkennung von Stellen zur Messung der Radon-222-Aktivitätskonzentration und
6. für die Durchführung von Maßnahmen zur Qualitätssicherung von Messstellen für die innere Exposition und die Exposition durch Radon.

§ 186 Zuständigkeit des Bundesamtes für die Sicherheit der nuklearen Entsorgung
(1) ¹Das Bundesamt für die Sicherheit der nuklearen Entsorgung ist zuständig für die Genehmigung der Beförderung von Großquellen sowie deren Rücknahme und Widerruf. ²Großquellen sind sonstige radioaktive Stoffe, deren Aktivität je Beförderungs- oder Versandstück den Aktivitätswert von 1 000 Terabecquerel übersteigt.
(2) Das Bundesamt für die Sicherheit der nuklearen Entsorgung nimmt auch die in § 184 bezeichneten Zuständigkeiten wahr als
1. Zulassungs- und Aufsichtsbehörde im Rahmen
2. a) der übertägigen Erkundung nach § 16 Absatz 1 des Standortauswahlgesetzes,
   b) der untertägigen Erkundung nach § 18 Absatz 1 des Standortauswahlgesetzes,
   c) der Errichtung, des Betriebs und der Stilllegung von Anlagen des Bundes nach § 9a Absatz 3 Satz 1 des Atomgesetzes und
2. für die Schachtanlage Asse II zuständige Aufsichtsbehörde.

§ 187 Zuständigkeit der Physikalisch-Technischen Bundesanstalt
(1) Die Physikalisch-Technische Bundesanstalt ist zuständig für
1. die Bauartzulassung von Störstrahlern nach § 45 Absatz 1 Nummer 1 und die Bauartzulassung nach § 45 Absatz 1 Nummer 2 bis 6,
2. die Durchführung von Maßnahmen zur Qualitätssicherung von Messstellen für die externe Exposition nach Maßgabe der Rechtsverordnung nach § 169 Absatz 4 und

3. die Bereitstellung von Radioaktivitätsstandards für Vergleichsmessungen nach Maßgabe der Rechtsverordnung nach § 81 Satz 3.
(2) ¹Die Rechts- und Fachaufsicht über die Physikalisch-Technische Bundesanstalt für die Aufgaben nach diesem Gesetz obliegt dem Bundesministerium für Umwelt, Naturschutz und nukleare Sicherheit. ²Soweit dadurch technisch-wissenschaftliche Belange der Bundesanstalt, ihre strategische Ausrichtung oder sonstige Rahmenbedingungen berührt werden, ist ein Einvernehmen mit dem Bundesministerium für Wirtschaft und Energie herzustellen.

§ 188 Zuständigkeiten für grenzüberschreitende Verbringungen und deren Überwachung
(1) ¹Das Bundesamt für Wirtschaft und Ausfuhrkontrolle ist zuständig für die Erteilung einer Genehmigung für die grenzüberschreitende Verbringung von Konsumgütern sowie für ihre Rücknahme und den Widerruf. ²Das Gleiche gilt, soweit die Rechtsverordnungen nach § 24 Satz 1 Nummer 7 und § 30 das Erfordernis von Genehmigungen und Zustimmungen sowie die Prüfung von Anzeigen oder Anmeldungen für grenzüberschreitende Verbringungen vorsehen.
(2) ¹Die Zollbehörden wirken bei der Überwachung von grenzüberschreitenden Verbringungen radioaktiver Stoffe, von Konsumgütern oder Produkten nach § 39 Absatz 1 Satz 1 Nummer 1 bis 10, denen radioaktive Stoffe zugesetzt oder die aktiviert worden sind, sowie von Rückständen mit. ²Die Zollbehörden können
1. grenzüberschreitend verbrachte Sendungen, die radioaktive Stoffe, Rückstände oder die in Satz 1 genannten Konsumgüter oder Produkte enthalten, sowie deren Beförderungsmittel, Behälter, Lademittel und Verpackungsmittel zur Überwachung anhalten,
2. einen auf Grund tatsächlicher Anhaltspunkte bestehenden Verdacht von Verstößen gegen Verbote und Beschränkungen nach diesem Gesetz oder den auf Grund von § 24 Satz 1 Nummer 7 und § 30 ergehenden Rechtsverordnungen, der sich bei der Wahrnehmung ihrer Aufgaben ergibt, den zuständigen Behörden mitteilen und
3. in den Fällen der Nummer 2 anordnen, dass Sendungen nach Nummer 1 auf Kosten und Gefahr des Verfügungsberechtigten den zuständigen Behörden vorgeführt werden.
³Das Brief- und Postgeheimnis nach Artikel 10 des Grundgesetzes wird nach Maßgabe der Sätze 1 und 2 eingeschränkt.
(3) Absatz 2 gilt vorbehaltlich anderweitiger Bestimmungen in nationalen oder europäischen Rechtsvorschriften entsprechend für die grenzüberschreitende Verbringung von Stoffen, bei denen zu besorgen ist, dass deren Aktivität oder spezifische Aktivität die nach einer Rechtsverordnung nach § 24 Satz 1 Nummer 10 festgelegten Werte überschreitet.
(4) Soweit das Bundesamt für Wirtschaft und Ausfuhrkontrolle auf Grund des Absatzes 1 entscheidet, ist es unbeschadet seiner Unterstellung unter das Bundesministerium für Wirtschaft und Energie und dessen auf anderen Rechtsvorschriften beruhenden Weisungsbefugnissen an die fachlichen Weisungen des Bundesministeriums für Umwelt, Naturschutz und nukleare Sicherheit gebunden.

§ 189 Zuständigkeit des Luftfahrt-Bundesamtes
Das Luftfahrt-Bundesamt ist zuständig für
1. die Prüfung der Anzeige des Betriebs von Luftfahrzeugen sowie die Untersagung des Betriebs,
2. die Anerkennung von Rechenprogrammen zur Ermittlung der Körperdosis des fliegenden Personals,

3. die Überwachung der Einhaltung der Anforderungen zum Schutz vor Expositionen von Personen durch kosmische Strahlung beim Betrieb von Luftfahrzeugen nach diesem Gesetz oder einer auf Grund dieses Gesetzes erlassenen Rechtsverordnung,
4. die Bescheinigung der Fachkunde im Strahlenschutz, soweit sie im Zusammenhang mit dem Betrieb von Luftfahrzeugen erforderlich ist, und
5. die Anerkennung von Kursen, soweit sie dem Erwerb der erforderlichen Fachkunde im Strahlenschutz im Zusammenhang mit dem Betrieb von Luftfahrzeugen dienen.

§ 190 Zuständigkeit des Eisenbahn-Bundesamtes
[1]§ 24 Absatz 1 Satz 2 und 3 des Atomgesetzes über die Zuständigkeit des Eisenbahn-Bundesamtes gilt entsprechend für die Beaufsichtigung und Genehmigung der Beförderung sonstiger radioaktiver Stoffe. [2]Die Zuständigkeit für die Genehmigung der Beförderung von Großquellen bestimmt sich nach § 186 Absatz 1.

§ 191 Geschäftsbereich des Bundesministeriums der Verteidigung
(1) Abweichend von § 189 sind bei dem Betrieb von Luftfahrzeugen, die im Geschäftsbereich des Bundesministeriums der Verteidigung betrieben werden, dieses Bundesministerium oder die von ihm bezeichneten Dienststellen für die Aufgaben nach § 189 Nummer 1 und 3 zuständig.
(2) [1]Für den Geschäftsbereich des Bundesministeriums der Verteidigung werden die in § 184 bezeichneten Zuständigkeiten von diesem Bundesministerium oder den von ihm bezeichneten Dienststellen wahrgenommen. [2]Im Falle des § 184 Absatz 2 erfolgt dies im Benehmen mit dem Bundesministerium für Umwelt, Naturschutz und nukleare Sicherheit. [3]Die Sätze 1 und 2 gelten auch für zivile Arbeitskräfte bei sich auf Grund völkerrechtlicher Verträge in der Bundesrepublik Deutschland aufhaltenden Truppen und zivilen Gefolgen.

§ 192 Zuständigkeiten von Verwaltungsbehörden des Bundes bei Aufgaben des Notfallschutzes und der Überwachung der Umweltradioaktivität; Verordnungsermächtigung
(1) Das Bundesamt für Strahlenschutz ist zuständig für die Beschaffung und das Zurverfügungstellen von Schutzwirkstoffen nach § 104, soweit keine andere Zuständigkeit durch Gesetz oder auf Grund eines Gesetzes festgelegt ist.
(2) Die Bundesregierung wird ermächtigt, durch Rechtsverordnung ohne Zustimmung des Bundesrates zu bestimmen, welche Bundesbehörden, bundesunmittelbare Körperschaften oder Anstalten des öffentlichen Rechts oder sonstigen Stellen die in den §§ 104, 105, 106 Absatz 2 Nummer 5, den §§ 113 bis 116, 120 Absatz 1 und 2 Satz 2 und in § 161 Absatz 1 genannten Aufgaben des Bundes wahrnehmen.

§ 193 Informationsübermittlung
(1) [1]Das Bundesministerium für Umwelt, Naturschutz und nukleare Sicherheit kann folgende Informationen, die in strahlenschutzrechtlichen Genehmigungen der nach den §§ 184 bis 191 zuständigen Behörden enthalten sind, an die für den Außenwirtschaftsverkehr zuständigen obersten Bundesbehörden zur Erfüllung ihrer Aufgaben bei Genehmigungen oder der Überwachung des Außenwirtschaftsverkehrs übermitteln:
1. Inhaber der Genehmigung,
2. Rechtsgrundlagen der Genehmigung,
3. den wesentlichen Inhalt der Genehmigung.
[2]Reichen diese Informationen im Einzelfall nicht aus, können weitere Informationen aus der strahlenschutzrechtlichen Genehmigung übermittelt werden.

Strahlenschutzgesetz §§ 193–194

(2) Die Empfänger dürfen die übermittelten Informationen, soweit gesetzlich nichts anderes bestimmt ist, nur zu dem Zweck verarbeiten, zu dem sie übermittelt worden sind.

§ 193a Ausstattung der zuständigen Behörden
Die zuständigen Behörden verfügen über die zur Erfüllung ihrer gesetzlichen Aufgaben erforderliche Ausstattung an Finanzmitteln und die erforderliche Personalausstattung.

Teil 8: Schlussbestimmungen
Kapitel 1 Bußgeldvorschriften
§ 194 Bußgeldvorschriften
(1) Ordnungswidrig handelt, wer vorsätzlich oder fahrlässig
1. einer Rechtsverordnung nach
    a) § 6 Absatz 3, § 24 Satz 1 Nummer 3, 4, 7 Buchstabe a oder Nummer 8 oder Satz 2, § 37 Absatz 1 Satz 1, 2 Nummer 2 bis 5 oder 6 oder Satz 3, § 49 Nummer 4 oder 5, § 61 Absatz 2 Satz 2, § 62 Absatz 6 Nummer 3, § 63 Absatz 3, § 65 Absatz 2, § 68 Absatz 1 Satz 1, § 72 Absatz 2 Satz 2, § 76 Absatz 1 Satz 1, 2 Nummer 1, 2, 6, 7, 8, 10, 11, 13, 15 oder 16 oder Satz 3, § 79 Absatz 1 Satz 1, 2 Nummer 1 bis 3 oder 4, 6, 8 oder 12 oder Satz 3, § 81 Satz 1, 2 Nummer 5, 7, 8, 9 oder 10 oder Satz 4, § 82 Absatz 1 Nummer 1 oder 3, § 84 Absatz 2, § 86 Satz 1, 2 Nummer 2, 4, 5, 6, 9 bis 14 oder 15 oder 19 oder Satz 5, den §§ 87, 89 Satz 1 Nummer 2, 3, 4, 5, 7, 8, 9 oder 11 oder Satz 2, § 90 Absatz 1 Satz 1 oder Satz 2 Nummer 1 oder 2, § 95 Absatz 2 Satz 1 oder Absatz 3, § 123 Absatz 2, § 143 Absatz 1 Satz 3, § 169 Absatz 4 Nummer 1, 2 oder 3, § 174,
    b) § 24 Satz 1 Nummer 1, 2, 5, 6 oder 9, § 37 Absatz 1 Satz 2 Nummer 1, 7 oder 8, § 38 Absatz 2 Nummer 1, § 68 Absatz 1 Satz 2, den §§ 73, 74 Absatz 3 oder 4 Nummer 1, 2, 4, 5 oder 6, § 76 Absatz 1 Satz 2 Nummer 3, 4, 5, 9, 12 oder 17, § 79 Absatz 1 Satz 2 Nummer 5, 7, 10, 11 oder 12, § 81 Satz 2 Nummer 1, 2, 3 oder 4, § 82 Absatz 1 Nummer 2 oder 4, § 85 Absatz 4, § 86 Satz 2 Nummer 1, 3, 7, 8, 16, 17 oder 18 oder Satz 3 oder 4, § 88 Absatz 6, § 89 Satz 1 Nummer 1, 6, 10 oder 12, § 90 Absatz 1 Satz 2 Nummer 3 oder 4, den §§ 91, 124 Satz 3, den §§ 132, 135 Absatz 1 Satz 3, § 136 Absatz 2, § 139 Absatz 4, § 169 Absatz 4 Nummer 4, 5 oder 6, § 170 Absatz 9 Nummer 2 oder 3, den §§ 171, 172 Absatz 4, § 173 oder § 175 Absatz 2,
    c) § 24 Satz 1 Nummer 7 Buchstabe b oder § 30 Satz 1 oder 2
    oder einer vollziehbaren Anordnung auf Grund einer solchen Rechtsverordnung zuwiderhandelt, soweit die Rechtsverordnung für einen bestimmten Tatbestand auf diese Bußgeldvorschrift verweist,
2. ohne Genehmigung nach
    a) § 10 eine dort genannte Anlage errichtet,
    b) § 12 Absatz 1 Nummer 1 erster Halbsatz eine dort genannte Anlage betreibt,
    c) § 12 Absatz 1 Nummer 2 ionisierende Strahlung aus einer dort genannten Bestrahlungsvorrichtung verwendet,
    d) § 12 Absatz 1 Nummer 3 erster Halbsatz mit sonstigen radioaktiven Stoffen umgeht,
    e) § 12 Absatz 1 Nummer 4 erster Halbsatz eine Röntgeneinrichtung betreibt,
    f) § 12 Absatz 1 Nummer 5 erster Halbsatz einen Störstrahler betreibt,
    g) § 12 Absatz 2 eine genehmigungsbedürftige Tätigkeit ändert,

§ 194 Strahlenschutzgesetz

h) § 25 Absatz 1 Satz 1 in einer dort genannten Anlage eine Person beschäftigt oder eine Aufgabe selbst wahrnimmt,
i) § 27 Absatz 1 Satz 1 sonstige radioaktive Stoffe auf öffentlichen oder der Öffentlichkeit zugänglichen Verkehrswegen befördert,
j) § 31 Absatz 1 Satz 1, auch in Verbindung mit Satz 2, radioaktive Stoffe oder ionisierende Strahlung am Menschen anwendet,
k) § 40 Absatz 1 Satz 1, auch in Verbindung mit Satz 2, radioaktive Stoffe zusetzt,
l) § 42 Absatz 1 ein dort genanntes Konsumgut verbringt,
3. entgegen § 17 Absatz 1 Satz 1, § 19 Absatz 1 Satz 1, § 22 Absatz 1, § 26 Absatz 1 Satz 1, § 32 Absatz 1 Satz 1, auch in Verbindung mit Satz 2, § 50 Absatz 1, auch in Verbindung mit Absatz 2, § 52 Absatz 1, auch in Verbindung mit Absatz 3 Satz 1, § 56 Absatz 1, auch in Verbindung mit Absatz 3, § 59 Absatz 2, auch in Verbindung mit Absatz 4, oder § 63 Absatz 1 Satz 1 eine Anzeige nicht, nicht richtig, nicht vollständig, nicht in der vorgeschriebenen Weise oder nicht rechtzeitig erstattet,
4. einer vollziehbaren Anordnung nach § 18 Absatz 3, § 20 Absatz 3, 4 oder 5, § 22 Absatz 3, § 26 Absatz 3, den §§ 34, 51 Absatz 2, § 53 Absatz 2 oder 3, § 55 Absatz 2, § 57 Absatz 3 oder 4, jeweils auch in Verbindung mit § 59 Absatz 4, § 61 Absatz 5 Satz 1, § 63 Absatz 2, § 64 Absatz 2 Satz 3, § 65 Absatz 1, § 127 Absatz 1 Satz 4, § 129 Absatz 2 Satz 3, § 130 Absatz 2 Satz 3, § 134 Absatz 3, § 135 Absatz 3 Satz 1, § 139 Absatz 1 Satz 1, auch in Verbindung mit § 148 Satz 1, § 156 Absatz 3 Satz 1 oder Absatz 4 Satz 2 oder § 158 Absatz 2 zuwiderhandelt,
5. entgegen den §§ 21, 54, 58, auch in Verbindung mit § 59 Absatz 4, § 61 Absatz 4 Satz 2, § 64 Absatz 2 Satz 1, § 70 Absatz 4 Satz 1, § 71 Absatz 2 Satz 1 oder § 167 Absatz 3 Satz 3, auch in Verbindung mit Satz 4, eine Mitteilung nicht, nicht richtig, nicht vollständig oder nicht rechtzeitig macht,
6. entgegen § 28 Absatz 2 Satz 1 Kernmaterialien zur Beförderung oder Weiterbeförderung übernimmt,
7. entgegen § 39 Absatz 1 Satz 1, auch in Verbindung mit Absatz 2, radioaktive Stoffe zusetzt,
8. entgegen § 39 Absatz 1 Satz 2, auch in Verbindung mit Absatz 2, eine dort genannte Ware verbringt oder in Verkehr bringt,
9. einer vollziehbaren Auflage nach § 47 Satz 2 Nummer 4 zuwiderhandelt,
10. entgegen § 55 Absatz 1 Satz 1, auch in Verbindung mit Satz 2, jeweils auch in Verbindung mit § 59 Absatz 1 Satz 1, § 130 Absatz 1 Satz 1, auch in Verbindung mit Satz 2, oder § 145 Absatz 1 Satz 1, auch in Verbindung mit Satz 2, jeweils auch in Verbindung mit § 148 Satz 1, eine Abschätzung nicht, nicht richtig oder nicht rechtzeitig durchführt,
11. entgegen § 59 Absatz 1 Satz 2 eine Abschätzung nicht oder nicht rechtzeitig übermittelt,
12. entgegen § 60 Absatz 1 Satz 1, auch in Verbindung mit Satz 2, § 62 Absatz 1 Satz 1, auch in Verbindung mit Absatz 5 Satz 1, § 129 Absatz 1 Satz 1, Absatz 2 Satz 1 oder Absatz 3 Satz 1, § 145 Absatz 2 Satz 1, auch in Verbindung mit § 148, oder § 159 Absatz 2 Satz 1 eine Anmeldung nicht, nicht richtig, nicht vollständig oder nicht rechtzeitig macht,
13. entgegen § 60 Absatz 2 Satz 1 oder Absatz 4 Satz 1 ein Rückstandskonzept oder eine Rückstandsbilanz nicht, nicht richtig, nicht vollständig oder nicht rechtzeitig vorlegt,
14. entgegen § 61 Absatz 3 Satz 1, auch in Verbindung mit Satz 2, Rückstände vermischt oder verdünnt,

532

15. entgegen § 61 Absatz 6 Satz 1 Rückstände nicht, nicht richtig oder nicht rechtzeitig sichert,
16. entgegen § 61 Absatz 6 Satz 2 Rückstände abgibt,
17. entgegen § 61 Absatz 7 Rückstände ins Inland verbringt,
18. entgegen § 62 Absatz 4 Satz 2, auch in Verbindung mit Absatz 5 Satz 1, überwachungsbedürftige Rückstände verwertet oder beseitigt,
19. entgegen § 64 Absatz 1 Satz 1 eine Kontamination nicht, nicht richtig, nicht vollständig, nicht in der vorgeschriebenen Weise oder nicht rechtzeitig entfernt,
20. entgegen § 70 Absatz 1 Satz 1 einen Strahlenschutzbeauftragten nicht, nicht richtig, nicht in der vorgeschriebenen Weise oder nicht rechtzeitig bestellt,
21. entgegen § 72 Absatz 1 Satz 1 Nummer 1 oder Absatz 2 Nummer 1 Buchstabe a, jeweils auch in Verbindung mit Absatz 1 Satz 2, nicht dafür sorgt, dass eine dort genannte Exposition oder Kontamination vermieden oder so gering wie möglich gehalten wird,
22. entgegen § 72 Absatz 1 Satz 1 Nummer 2 Buchstabe a oder Absatz 2 Nummer 1 Buchstabe a, jeweils auch in Verbindung mit Absatz 1 Satz 2, nicht dafür sorgt, dass eine dort genannte Vorschrift eingehalten wird,
23. entgegen § 72 Absatz 1 Satz 1 Nummer 4, auch in Verbindung mit Satz 2, nicht dafür sorgt, dass die erforderlichen Maßnahmen gegen ein Kritischwerden von Kernbrennstoffen getroffen werden,
24. entgegen § 85 Absatz 1 Satz 1 nicht dafür sorgt, dass eine Aufzeichnung angefertigt wird,
25. entgegen § 85 Absatz 1 Satz 3 eine Aufzeichnung nicht oder nicht richtig sichert,
26. entgegen § 85 Absatz 3 Satz 1 Nummer 1 erster Halbsatz oder Nummer 2 eine Aufzeichnung, ein Röntgenbild oder dort genannte Daten nicht, nicht richtig, nicht vollständig oder nicht rechtzeitig vorlegt,
27. entgegen § 127 Absatz 1 Satz 1 oder 3 erster Halbsatz eine Messung nicht, nicht richtig oder nicht rechtzeitig veranlasst,
28. entgegen § 127 Absatz 3, § 128 Absatz 2 Satz 3 oder 4, § 130 Absatz 1 Satz 3, § 134 Absatz 2 oder § 145 Absatz 1 Satz 3, auch in Verbindung mit § 148 Satz 1, eine dort genannte Aufzeichnung nicht, nicht richtig, nicht vollständig oder nicht rechtzeitig fertigt oder nicht oder nicht für die vorgeschriebene Dauer aufbewahrt oder nicht, nicht richtig, nicht vollständig oder nicht rechtzeitig vorlegt,
29. entgegen § 128 Absatz 1 eine Maßnahme nicht, nicht richtig oder nicht rechtzeitig ergreift,
30. entgegen § 128 Absatz 2 Satz 1 eine Überprüfung nicht, nicht richtig oder nicht rechtzeitig vornimmt,
31. entgegen § 129 Absatz 3 Satz 2 zweiter Halbsatz eine Auskunft nicht erteilt,
32. entgegen § 131 Absatz 1 Nummer 3 erster Halbsatz, auch in Verbindung mit dem zweiten Halbsatz, § 145 Absatz 3 Nummer 2 erster Halbsatz, auch in Verbindung mit dem zweiten Halbsatz, oder § 159 Absatz 3 Nummer 2 erster Halbsatz, auch in Verbindung mit dem zweiten Halbsatz, nicht dafür sorgt, dass ein Dosisgrenzwert nicht überschritten wird,
33. entgegen § 134 Absatz 1 die spezifische Aktivität nicht, nicht richtig oder nicht rechtzeitig bestimmt,
34. entgegen § 135 Absatz 1 Satz 1 oder Absatz 3 Satz 2 ein Bauprodukt in Verkehr bringt,
35. entgegen § 135 Absatz 2 eine Information nicht, nicht richtig, nicht vollständig oder nicht rechtzeitig übermittelt,

36. entgegen § 138 Absatz 1, auch in Verbindung mit § 148 Satz 1, oder § 167 Absatz 4 Satz 1 eine Meldung nicht, nicht richtig, nicht vollständig oder nicht rechtzeitig macht,
37. entgegen § 140, auch in Verbindung mit § 148 Satz 1, eine Mitteilung nicht, nicht richtig, nicht vollständig oder nicht rechtzeitig macht oder einen Nachweis nicht, nicht richtig, nicht vollständig oder nicht rechtzeitig vorlegt,
38. entgegen § 167 Absatz 1 eine Aufzeichnung nicht, nicht richtig, nicht vollständig oder nicht rechtzeitig fertigt,
39. entgegen § 167 Absatz 3 Satz 1 eine Aufzeichnung nicht, nicht richtig, nicht vollständig oder nicht rechtzeitig vorlegt oder nicht, nicht richtig, nicht vollständig oder nicht rechtzeitig hinterlegt,
40. entgegen § 168 Absatz 1 Satz 1 dort genannte Daten nicht, nicht richtig, nicht vollständig oder nicht rechtzeitig zur Verfügung stellt,
41. entgegen § 168 Absatz 1 Satz 2 oder § 168 Absatz 2 eine Angabe nicht, nicht richtig, nicht vollständig oder nicht rechtzeitig vorlegt oder
42. einer vollziehbaren Auflage nach § 179 Absatz 1 Nummer 1 dieses Gesetzes in Verbindung mit § 17 Absatz 1 Satz 2 oder 3 des Atomgesetzes oder einer vollziehbaren Anordnung nach § 179 Absatz 1 Nummer 2 dieses Gesetzes in Verbindung mit § 19 Absatz 3 des Atomgesetzes zuwiderhandelt.

(2) Die Ordnungswidrigkeit kann in den Fällen des Absatzes 1 Nummer 1 Buchstabe a und c, Nummer 2 bis 4, 6 bis 9, 14 bis 23, 29, 32, 34 und 42 mit einer Geldbuße bis zu fünfzigtausend Euro und in den übrigen Fällen mit einer Geldbuße bis zu zehntausend Euro geahndet werden.

(3) Verwaltungsbehörde im Sinne des § 36 Absatz 1 Nummer 1 des Gesetzes über Ordnungswidrigkeiten ist
1. in den Fällen des Absatzes 1 Nummer 1 Buchstabe a und b, Nummer 2, 5 bis 41 oder 42 das Bundesamt für die Sicherheit der nuklearen Entsorgung für seinen in § 186 bezeichneten Bereich,
2. in den Fällen des Absatzes 1 Nummer 1 Buchstabe c und Nummer 2 Buchstabe l das Bundesamt für Wirtschaft und Ausfuhrkontrolle,
3. in den Fällen des Absatzes 1 Nummer 3 und 4
   a) das Bundesamt für Strahlenschutz im Zusammenhang mit dem Betrieb von Raumfahrzeugen,
   b) das Luftfahrt-Bundesamt im Zusammenhang mit dem Betrieb von Luftfahrzeugen,
   c) das Bundesamt für die Sicherheit der nuklearen Entsorgung für seinen in § 186 bezeichneten Bereich.

(4) Für einen Verstoß gegen eine Bestimmung nach Absatz 1 ist, soweit sie dem Schutz personenbezogener Daten dient, abweichend von den Absätzen 1 bis 3 ausschließlich Artikel 83 der Verordnung (EU) 2016/679 anzuwenden.

§ 195 Einziehung

Ist eine Ordnungswidrigkeit nach § 194 Absatz 1 vorsätzlich begangen worden, so können Gegenstände eingezogen werden,
1. auf die sich die Ordnungswidrigkeit bezieht oder
2. die zur Begehung oder Vorbereitung gebraucht wurden oder bestimmt gewesen sind.

Strahlenschutzgesetz §§ 196, 197

Kapitel 2 Übergangsvorschriften

§ 196 Genehmigungsbedürftige Errichtung von Anlagen (§ 10)
Eine Genehmigung für die Errichtung von Anlagen zur Erzeugung ionisierender Strahlen, die vor dem 31. Dezember 2018 erteilt worden ist, gilt als Genehmigung nach § 10 mit allen Nebenbestimmungen fort.

§ 197 Genehmigungsbedürftige Tätigkeiten (§ 12)
(1) ¹Eine Genehmigung für den Betrieb von Anlagen zur Erzeugung ionisierender Strahlen, die vor dem 31. Dezember 2018 erteilt worden ist, gilt als Genehmigung nach § 12 Absatz 1 Nummer 1 mit allen Nebenbestimmungen fort. ²Dies gilt für Genehmigungen im Zusammenhang mit der Anwendung am Menschen für eine Behandlung mit ionisierender Strahlung, der ein individueller Bestrahlungsplan zugrunde liegt, wenn bis zum 31. Dezember 2020 bei der zuständigen Behörde nachgewiesen ist, dass die Voraussetzungen nach § 14 Absatz 1 Nummer 2 Buchstabe a, Nummer 3 Buchstabe a und Nummer 4 erfüllt sind.
(2) ¹Eine Genehmigung für den Umgang mit sonstigen radioaktiven Stoffen, die vor dem 31. Dezember 2018 erteilt worden ist, gilt als Genehmigung nach § 12 Absatz 1 Nummer 3 mit allen Nebenbestimmungen fort. ²Dies gilt für Genehmigungen
1. für den Umgang mit hochradioaktiven Strahlenquellen nur, wenn bis zum 31. Dezember 2020 nachgewiesen ist, dass die Voraussetzung des § 13 Absatz 4 erfüllt ist,
2. im Zusammenhang mit der Anwendung am Menschen für eine Behandlung mit radioaktiven Stoffen und ionisierender Strahlung, der jeweils ein individueller Bestrahlungsplan zugrunde liegt, wenn bis zum 31. Dezember 2020 bei der zuständigen Behörde nachgewiesen ist, dass die Voraussetzungen nach § 14 Absatz 1 Nummer 2 Buchstabe a, Nummer 3 Buchstabe a und Nummer 4 erfüllt sind,
3. im Zusammenhang mit der Anwendung am Menschen für eine standardisierte Behandlung mit radioaktiven Stoffen sowie zur Untersuchung mit radioaktiven Stoffen, die mit einer erheblichen Exposition der untersuchten Person verbunden sein kann, wenn bis zum 31. Dezember 2022 bei der zuständigen Behörde nachgewiesen ist, dass die Voraussetzungen nach § 14 Absatz 1 Nummer 2 Buchstabe b, Nummer 3 Buchstabe b und Nummer 4 erfüllt sind.

³Die zuständige Behörde kann von dem Inhaber einer Genehmigung nach Satz 1 innerhalb von zwei Jahren nach Inkrafttreten dieses Gesetzes die Erbringung einer Sicherheitsleistung gemäß § 13 Absatz 7 verlangen.
(3) Hat sich eine Genehmigung nach den §§ 6, 7 oder § 9 des Atomgesetzes oder ein Planfeststellungsbeschluss nach § 9b des Atomgesetzes, die oder der vor dem 31. Dezember 2018 erteilt worden ist, auf einen genehmigungsbedürftigen Umgang mit radioaktiven Stoffen erstreckt, so gilt diese Erstreckung als Erstreckung auf einen genehmigungsbedürftigen Umgang nach § 12 Absatz 1 Nummer 3 dieses Gesetzes fort.
(4) Tätigkeiten nach § 4 Absatz 1 Satz 1 Nummer 1, die vor dem 31. Dezember 2018 genehmigungsfrei ausgeübt wurden und ab dem 31. Dezember 2018 einer Genehmigung nach § 12 Absatz 1 Nummer 3 bedürfen, dürfen fortgesetzt werden, wenn der Antrag auf Genehmigung bis zum 31. Dezember 2019 gestellt wurde.

§ 198 Genehmigungsbedürftiger Betrieb von Röntgeneinrichtungen und Störstrahlern (§ 12)

(1) ¹Eine vor dem 31. Dezember 2018 erteilte Genehmigung für den Betrieb von Röntgeneinrichtungen, mit Ausnahme der in den Absätzen 2 und 3 genannten Röntgeneinrichtungen, gilt als Genehmigung nach § 12 Absatz 1 Nummer 4 mit allen Nebenbestimmungen fort. ²Bei
1. Genehmigungen im Zusammenhang mit der Anwendung am Menschen für eine standardisierte Behandlung mit ionisierender Strahlung sowie zur Untersuchung mit ionisierender Strahlung, die mit einer erheblichen Exposition der untersuchten Person verbunden sein kann, ist bis zum 31. Dezember 2022 bei der zuständigen Behörde nachzuweisen, dass die Voraussetzungen nach § 14 Absatz 1 Nummer 2 Buchstabe b, Nummer 3 Buchstabe b und Nummer 4 erfüllt sind,
2. unbefristeten Genehmigungen zur Teleradiologie ist bis zum 31. Dezember 2022 bei der zuständigen Behörde nachzuweisen, dass die Voraussetzung des § 14 Absatz 2 Nummer 4 und, soweit einschlägig, die in Nummer 2 genannten Voraussetzungen erfüllt sind.

(2) Eine Genehmigung für den Betrieb von Röntgeneinrichtungen zur Teleradiologie über den Nacht-, Wochenend- und Feiertagsdienst hinaus, die vor dem 31. Dezember 2018 nach § 3 Absatz 1 der Röntgenverordnung in der bis zum 31. Dezember 2018 geltenden Fassung erteilt und nach § 3 Absatz 4 Satz 4 der Röntgenverordnung befristet worden ist, gilt bis zum Ablauf der in der Genehmigung genannten Frist mit allen Nebenbestimmungen fort.

(3) Eine Genehmigung für den Betrieb von Röntgeneinrichtungen zur Untersuchung von Menschen im Rahmen freiwilliger Röntgenreihenuntersuchungen, die vor dem 31. Dezember 2018 nach § 3 Absatz 1 der Röntgenverordnung in der bis zum 31. Dezember 2018 geltenden Fassung erteilt und nach § 3 Absatz 4a Satz 2 der Röntgenverordnung befristet worden ist, gilt bis zum Ablauf der in der Genehmigung genannten Frist mit allen Nebenbestimmungen fort.

(4) Eine vor dem 31. Dezember 2018 erteilte Genehmigung für den Betrieb von Störstrahlern gilt als Genehmigung nach § 12 Absatz 1 Nummer 5 mit allen Nebenbestimmungen fort.

§ 199 Anzeigebedürftiger Betrieb von Anlagen (§ 17)

Eine Anzeige des Betriebs einer Anlage zur Erzeugung ionisierender Strahlung, die vor dem 31. Dezember 2018 erfolgt ist, gilt als Anzeige nach § 17 Absatz 1 fort.

§ 200 Anzeigebedürftiger Betrieb von Röntgeneinrichtungen und Störstrahlern (§ 19)

(1) ¹Eine Anzeige des Betriebs einer Röntgeneinrichtung, die vor dem 31. Dezember 2018 erfolgt ist, gilt als Anzeige nach § 19 Absatz 1 Nummer 1 fort. ²Bei Anzeigen im Zusammenhang mit der Anwendung am Menschen zur Untersuchung mit Röntgenstrahlung, die mit einer erheblichen Exposition der untersuchten Person verbunden sein kann, sind die jeweils einschlägigen Voraussetzungen nach § 19 Absatz 3 Satz 1 Nummer 6 in Verbindung mit § 14 Absatz 1 Nummer 2 Buchstabe b und Nummer 4 bis zum 31. Dezember 2022 bei der zuständigen Behörde nachzuweisen.

(2) Eine Anzeige des Betriebs eines Basis-, Hoch- oder Vollschutzgerätes oder einer Schulröntgeneinrichtung, die vor dem 31. Dezember 2018 erfolgt ist, gilt als Anzeige nach § 19 Absatz 1 Nummer 2 fort.

§ 201 Anzeigebedürftige Prüfung, Erprobung, Wartung und Instandsetzung von Röntgeneinrichtungen und Störstrahlern (§ 22)

Eine Anzeige der Prüfung, Erprobung, Wartung und Instandsetzung von Röntgeneinrichtungen oder Störstrahlern, die vor dem 31. Dezember 2018 erfolgt ist, gilt als Anzeige nach § 22 Absatz 1 fort.

§ 202 Genehmigungsbedürftige Beschäftigung in fremden Anlagen oder Einrichtungen (§ 25)

Eine Genehmigung für die Beschäftigung in fremden Anlagen oder Einrichtungen, die vor dem 31. Dezember 2018 erteilt worden ist, gilt als Genehmigung nach § 25 Absatz 1 mit allen Nebenbestimmungen bis zum im Genehmigungsbescheid festgelegten Datum und längstens bis zum 31. Dezember 2023 fort.

§ 203 Anzeigebedürftige Beschäftigung im Zusammenhang mit dem Betrieb fremder Röntgeneinrichtungen und Störstrahler (§ 26)

Eine Anzeige der Aufgabenwahrnehmung im Zusammenhang mit dem Betrieb einer fremden Röntgeneinrichtung oder eines fremden Störstrahlers, die vor dem 31. Dezember 2018 erfolgt ist, gilt als Anzeige nach § 26 Absatz 1 fort.

§ 204 Genehmigungsbedürftige Beförderung radioaktiver Stoffe (§ 27)

(1) Eine Genehmigung für die Beförderung, die vor dem 31. Dezember 2018 erteilt worden ist, gilt als Genehmigung nach § 27 Absatz 1 mit allen Nebenbestimmungen fort, wenn die nach § 29 Absatz 1 Nummer 2 geforderte Fachkunde bis zum 31. Dezember 2021 bei der zuständigen Behörde nachgewiesen ist.
(2) Hat sich eine Genehmigung nach § 4 Absatz 1 des Atomgesetzes, die vor dem 31. Dezember 2018 erteilt worden ist, auf eine genehmigungsbedürftige Beförderung radioaktiver Stoffe erstreckt, so gilt diese Erstreckung als Erstreckung auf eine genehmigungsbedürftige Beförderung nach § 27 Absatz 1 dieses Gesetzes fort, wenn die nach § 29 Absatz 1 Nummer 2 dieses Gesetzes geforderte Fachkunde bis zum 31. Dezember 2021 bei der zuständigen Behörde nachgewiesen ist.

§ 205 Medizinische Forschung (§§ 31, 32)

(1) Eine nach § 23 Absatz 1 in Verbindung mit § 24 Absatz 1 der Strahlenschutzverordnung in der bis zum 31. Dezember 2018 geltenden Fassung oder nach § 28a Absatz 1 in Verbindung mit § 28b Absatz 1 der Röntgenverordnung in der bis zum 31. Dezember 2018 geltenden Fassung genehmigte Anwendung radioaktiver Stoffe oder ionisierender Strahlung am Menschen zum Zweck der medizinischen Forschung gilt mit allen Nebenbestimmungen als Genehmigung nach § 31 fort.
(2) Eine nach § 23 Absatz 1 in Verbindung mit § 24 Absatz 2 der Strahlenschutzverordnung in der bis zum 31. Dezember 2018 geltenden Fassung oder nach § 28a Absatz 1 in Verbindung mit § 28b Absatz 2 der Röntgenverordnung in der bis zum 31. Dezember 2018 geltenden Fassung genehmigte Anwendung radioaktiver Stoffe oder ionisierender Strahlung am Menschen zum Zweck der medizinischen Forschung gilt als Anzeige nach § 32 fort.
(3) [1]Vor dem 31. Dezember 2018 begonnene Genehmigungsverfahren nach § 23 Absatz 1 in Verbindung mit § 24 Absatz 2 der Strahlenschutzverordnung in der bis zum 31. Dezember 2018 geltenden Fassung oder nach § 28a Absatz 1 in Verbindung mit § 28b Absatz 2 der Röntgenverordnung in der bis zum 31. Dezember 2018 geltenden Fassung der Anwendung radioaktiver Stoffe oder ionisierender Strahlung am Menschen zum Zweck der medizinischen

Forschung werden nach Maßgabe der vor dem 31. Dezember 2018 geltenden Vorschriften abgeschlossen. ²Für Genehmigungen nach Satz 1 gilt Absatz 2 entsprechend.
(4) Registrierungen von Ethikkommissionen nach § 92 der Strahlenschutzverordnung in der bis zum 31. Dezember 2018 geltenden Fassung oder nach § 28g der Röntgenverordnung in der bis zum 31. Dezember 2018 geltenden Fassung gelten als Registrierungen nach § 36 Absatz 1 dieses Gesetzes fort.

§ 206 Genehmigungsbedürftiger Zusatz radioaktiver Stoffe und genehmigungsbedürftige Aktivierung (§ 40)

(1) ¹Eine Genehmigung für den Zusatz radioaktiver Stoffe und die Aktivierung, die vor dem 31. Dezember 2018 erteilt worden ist, gilt als Genehmigung nach § 40 Absatz 1 mit allen Nebenbestimmungen fort. ²Bedarf es zur Erteilung einer Genehmigung ab dem 31. Dezember 2018 eines Rücknahmekonzeptes nach § 41 Absatz 1 Nummer 3, das vor dem 31. Dezember 2018 noch nicht erforderlich war, so gilt Satz 1 nur, wenn für Konsumgüter, die ab dem 31. Dezember 2019 hergestellt werden, bis zu diesem Zeitpunkt ein Rücknahmekonzept erstellt wurde.
(2) Die Verwendung, Lagerung und Beseitigung von Konsumgütern, die vor dem 1. August 2001 oder auf Grund des § 117 Absatz 6 Satz 1 der Strahlenschutzverordnung in der bis zum 31. Dezember 2018 geltenden Fassung genehmigungsfrei hergestellt wurden, bedarf weiterhin keiner Genehmigung.

§ 207 Genehmigungsbedürftige grenzüberschreitende Verbringung von Konsumgütern (§ 42)

Eine Genehmigung für die grenzüberschreitende Verbringung von Konsumgütern, die vor dem 31. Dezember 2018 erteilt worden ist, gilt als Genehmigung nach § 42 mit allen Nebenbestimmungen fort; § 206 Absatz 1 Satz 2 gilt entsprechend.

§ 208 Bauartzulassung (§ 45)

(1) Bauartzulassungen von Geräten und anderen Vorrichtungen, in die sonstige radioaktive Stoffe nach § 2 Absatz 1 des Atomgesetzes eingefügt sind, von Anlagen zur Erzeugung ionisierender Strahlen sowie von Röntgenstrahlern, Schulröntgeneinrichtungen, Basisschutzgeräten, Hochschutzgeräten, Vollschutzgeräten oder Störstrahlern, die am 31. Dezember 2018 gültig waren, gelten bis zum Ablauf der im Zulassungsschein genannten Frist fort; sie können auf Antrag entsprechend § 46 Absatz 5 Satz 2 als Zulassung nach § 45 Absatz 1 verlängert werden.
(2) Vorrichtungen, deren Bauartzulassung vor dem 31. Dezember 2018 ausgelaufen war und die nach Maßgabe des § 25 Absatz 5 der Strahlenschutzverordnung in der bis zum 31. Dezember 2018 geltenden Fassung oder nach § 8 Absatz 5 der Röntgenverordnung in der bis zum 31. Dezember 2018 geltenden Fassung weiterbetrieben wurden, dürfen entsprechend § 48 weiterbetrieben werden.
(3) Für die Verwendung und Lagerung von Vorrichtungen, die radioaktive Stoffe enthalten und für die vor dem 1. August 2001 eine Bauartzulassung erteilt worden ist, gelten die Regelungen des § 4 Absatz 1, 2 Satz 2 und 5 in Verbindung mit Anlage II Nummer 2 oder 3 und Anlage III Teil B Nummer 4, § 29 Absatz 1 Satz 1, der §§ 34 und 78 Absatz 1 Nummer 1 der Strahlenschutzverordnung vom 30. Juni 1989 fort; nach dem Auslaufen dieser Bauartzulassung gilt auch die Regelung des § 23 Absatz 2 Satz 3 der Strahlenschutzverordnung vom 30. Juni 1989 fort; § 69 Absatz 2, §§ 70, 71, 72 dieses Gesetzes gelten entsprechend.

(4) Vorrichtungen, deren Bauartzulassung vor dem 1. August 2001 ausgelaufen ist und die auf Grund des § 117 Absatz 7 Satz 3 der Strahlenschutzverordnung in der bis zum 31. Dezember 2018 geltenden Fassung nach Maßgabe des § 23 Absatz 2 Satz 3 in Verbindung mit § 4 der Strahlenschutzverordnung vom 30. Juni 1989 weiterbetrieben worden sind, dürfen weiter genehmigungsfrei betrieben werden.
(5) [1]Bauartzulassungen für Anlagen zur Erzeugung ionisierender Strahlung, die vor dem 5. Juni 2021 nach § 45 Absatz 1 Nummer 1 in seiner bis dahin geltenden Fassung erteilt worden sind, gelten als Bauartzulassungen nach § 45 Absatz 1 Nummer 7 fort. [2]Anlagen zur Erzeugung ionisierender Strahlung, die vor dem 5. Juni 2021 auf Grund einer Bauartzulassung nach § 45 Absatz 1 Nummer 1 in seiner bis dahin geltenden Fassung betrieben wurden, dürfen als bauartzugelassene Vorrichtungen nach § 45 Absatz 1 Nummer 7 weiterbetrieben werden, wenn bis zum 5. Juni 2021 eine Anzeige nach § 17 Absatz 1 Satz 1 Nummer 4 erstattet wird.

§ 209 Anzeigebedürftiger Betrieb von Luftfahrzeugen (§ 50)
Tätigkeiten im Sinne des § 4 Absatz 1 Satz 1 Nummer 11, die vor dem 31. Dezember 2018 aufgenommen wurden und nach diesem Gesetz eine Anzeige nach § 50 erfordern, dürfen fortgesetzt werden, wenn die Anzeige bis zum 31. Dezember 2020 vorgenommen wurde.

§ 210 Anzeigebedürftige Tätigkeiten (§ 56)
(1) Eine Anzeige einer Tätigkeit im Sinne des § 4 Absatz 1 Satz 1 Nummer 10, die vor dem 31. Dezember 2018 erfolgt ist, gilt als Anzeige nach § 56 Absatz 1 fort, soweit die nach § 56 Absatz 2 Satz 1 geforderten Unterlagen bis zum 31. Dezember 2020 bei der zuständigen Behörde eingereicht wurden.
(2) [1]Wurde eine Tätigkeit im Sinne des § 4 Absatz 1 Satz 1 Nummer 10 vor dem 31. Dezember 2018 aufgenommen, ohne dass eine Anzeige erforderlich war, so ist eine Abschätzung nach § 55 Absatz 1 Satz 1 bis zum 31. Dezember 2020 durchzuführen; § 56 Absatz 1 Satz 1 gilt entsprechend. [2]Die Abschätzung muss nicht erneut durchgeführt werden, wenn vor dem 31. Dezember 2018 eine auf den Arbeitsplatz bezogene Abschätzung der Körperdosis durchgeführt und aufgezeichnet worden ist; in diesem Fall hat eine nach § 56 Absatz 1 Satz 1 erforderliche Anzeige unverzüglich zu erfolgen, § 56 Absatz 2 Satz 2 gilt entsprechend.

§ 211 Bestellung von Strahlenschutzbeauftragten (§ 70)
Eine Bestellung eines Strahlenschutzbeauftragten, die vor dem 31. Dezember 2018 erfolgt ist, gilt als Bestellung nach § 70 Absatz 1 fort.

§ 212 Grenzwerte für beruflich exponierte Personen; Ermittlung der Exposition der Bevölkerung (§§ 78, 80)
(1) Der Grenzwert nach § 78 Absatz 2 Nummer 1 ist ab dem 1. Januar 2019 einzuhalten.
(2) Für die Ermittlung der Exposition der Bevölkerung ist § 80 ab dem 1. Januar 2019 anzuwenden.

§ 213 Zulassung der Früherkennung (§ 84)
Eine Zulassung freiwilliger Röntgenreihenuntersuchungen zur Ermittlung übertragbarer Krankheiten in Landesteilen oder für Bevölkerungsgruppen mit überdurchschnittlicher Erkrankungshäufigkeit nach § 25 Absatz 1 Satz 2 der Röntgenverordnung in der bis zum 31. Dezember 2018 geltenden Fassung gilt als Zulassung nach § 84 Absatz 4 fort.

§ 214 Anmeldung von Arbeitsplätzen in Innenräumen (§ 129)

(1) Eine vor dem 31. Dezember 2018 erfolgte Anzeige einer Arbeit, die einem in Anlage XI Teil A zur Strahlenschutzverordnung in der bis zum 31. Dezember 2018 geltenden Fassung genannten Arbeitsfeld zuzuordnen war, gilt als Anmeldung nach § 129 Absatz 1 mit der Maßgabe fort, dass Maßnahmen zur Reduzierung der Radon-222-Exposition, soweit sie nach § 128 Absatz 1 erforderlich sind, bis zum 31. Dezember 2020 zu ergreifen sind.
(2) Eine Messung der Radon-222-Aktivitätskonzentration, die vor dem 31. Dezember 2018 im Rahmen einer Abschätzung nach § 95 Absatz 1 in Verbindung mit Anlage XI Teil A zur Strahlenschutzverordnung in der bis zum 31. Dezember 2018 geltenden Fassung durchgeführt worden ist, erfüllt die Pflicht zur Messung nach § 127 Absatz 1.

§ 215 Radioaktive Altlasten

(1) Erlaubnisse, die vor dem 31. Dezember 2018 auf dem in Artikel 3 des Einigungsvertrags vom 6. September 1990 (BGBl. 1990 II S. 885, 889) genannten Gebiet erteilt wurden für Sanierungs-, Schutz- oder Nachsorgemaßnahmen an Hinterlassenschaften früherer menschlicher Betätigungen im Sinne von § 136 Absatz 1 sowie für die Stilllegung und Sanierung der Betriebsanlagen und Betriebsstätten des Uranerzbergbaus auf Grund
1. der Verordnung über die Gewährleistung von Atomsicherheit und Strahlenschutz vom 11. Oktober 1984 (GBl. I Nr. 30 S. 341) nebst Durchführungsbestimmung zur Verordnung über die Gewährleistung von Atomsicherheit und Strahlenschutz vom 11. Oktober 1984 (GBl. I Nr. 30 S. 348; Ber. GBl. I 1987 Nr. 18 S. 196) und
2. der Anordnung zur Gewährleistung des Strahlenschutzes bei Halden und industriellen Absetzanlagen und bei der Verwendung darin abgelagerter Materialien vom 17. November 1980 (GBl. I Nr. 34 S. 347),

gelten fort, soweit sie nach Inkrafttreten des Einigungsvertrags erteilt wurden oder vor diesem Zeitpunkt erteilt wurden, aber noch fortgelten.
(2) Die auf den Erlaubnissen beruhenden Maßnahmen können nach Maßgabe der jeweiligen Erlaubnis beendet werden.

§ 216 Bestimmung von Messstellen (§ 169)

Behördliche Bestimmungen von Messstellen, die vor dem 31. Dezember 2018 erfolgt sind, gelten als Bestimmungen nach § 169 Absatz 1 fort, wenn bis zum 31. Dezember 2020 bei der zuständigen Behörde nachgewiesen ist, dass die Voraussetzungen nach § 169 Absatz 2 erfüllt sind.

§ 217 Bestimmung von Sachverständigen (§ 172)

Behördliche Bestimmungen von Sachverständigen, die vor dem 31. Dezember 2018 erfolgt sind, gelten als Bestimmungen nach § 172 Absatz 1 Nummer 1, 3 oder 4 längstens fünf Jahre fort.

§ 218 Genehmigungsfreier Umgang mit Geräten, keramischen Gegenständen, Porzellan- und Glaswaren oder elektronischen Bauteilen sowie sonstigen Produkten

(1) Vor dem 1. April 1977 beschaffte Geräte, keramische Gegenstände, Porzellanwaren, Glaswaren oder elektronische Bauteile, mit denen nach § 11 der Ersten Strahlenschutzverordnung vom 15. Oktober 1965 ohne Genehmigung umgegangen werden durfte, dürfen weiter genehmigungsfrei verwendet und beseitigt werden, wenn diese Gegenstände zum Zeitpunkt der Beschaffung die Vorschrift des § 11 der Ersten Strahlenschutzverordnung vom 15. Oktober 1965 erfüllt haben.

(2) Sonstige Produkte, die den Anforderungen der Anlage III Teil A Nummer 5, 6 oder 7 zur Strahlenschutzverordnung in der Fassung vom 30. Juni 1989 entsprechen und vor dem 1. August 2001 erworben worden sind, können weiter genehmigungs- und anzeigefrei verwendet, gelagert oder beseitigt werden.

Anlage 1 (zu § 5 Absatz 32): Rückstände nach § 5 Absatz 32

Rückstände im Sinne dieses Gesetzes sind die folgenden Materialien:
1. Schlämme und Ablagerungen aus der Gewinnung, Verarbeitung und Aufbereitung von Erdöl und Erdgas und aus der Tiefengeothermie;
2. Kiese, Sande, Harze und Kornaktivkohle aus der Grundwasseraufbereitung;
3. nicht aufbereitete Phosphorgipse, Schlämme aus deren Aufbereitung sowie Stäube und Schlacken aus der Verarbeitung von Rohphosphat (Phosphorit);
4. Nebengestein, Schlämme, Sande, Schlacken und Stäube
    a) aus der Gewinnung und Aufbereitung von Bauxit, Columbit, Pyrochlor, Mikrolyth, Euxenit, Kupferschiefer-, Zinn-, Seltene-Erden- und Uranerzen,
    b) aus der Weiterverarbeitung von Konzentraten und Rückständen, die bei der Gewinnung und Aufbereitung dieser Erze und Mineralien anfallen;
5. Materialien, die den in Nummer 4 genannten Erzen entsprechen und die bei der Gewinnung und Aufbereitung anderer Rohstoffe anfallen;
6. Stäube und Schlämme aus der Rauchgasreinigung bei der Primärverhüttung in der Roheisen- und Nichteisenmetallurgie.

Rückstände im Sinne dieses Gesetzes sind auch
1. Materialien nach Satz 1, wenn das Anfallen dieser Materialien zweckgerichtet herbeigeführt wird,
2. Formstücke aus den in Satz 1 genannten Materialien sowie
3. ausgehobener oder abgetragener Boden und Bauschutt aus dem Abbruch von Gebäuden oder sonstigen baulichen Anlagen, wenn dieser Boden und Bauschutt Rückstände nach Satz 1 enthält und gemäß § 64 nach der Beendigung von Tätigkeiten oder gemäß § 141 von Grundstücken entfernt wird.

Keine Rückstände im Sinne dieses Gesetzes sind Materialien nach Satz 1,
1. deren spezifische Aktivität für jedes Radionuklid der U-238-Zerfallsreihe und der Th-232-Zerfallsreihe unter 0,2 Becquerel durch Gramm (Bq/g) liegt und die nicht als Bauprodukte verwertet werden, oder
2. die in dort genannte technologische Prozesse als Rohstoffe eingebracht werden.

Anlage 2 (zu § 16, § 25 Absatz 2, § 40 Absatz 4, § 46 Absatz 1): Erforderliche Unterlagen zur Prüfung von Genehmigungsanträgen

Teil A: Erforderliche Unterlagen für den Antrag auf Genehmigungen nach § 12 Absatz 1 Nummer 1 und 2

1. Sicherheitsbericht, der
    a) die Anlage und ihren Betrieb beschreibt und anhand von Lageplänen und Übersichtszeichnungen darstellt,
    b) die Auswirkungen und Gefahren beschreibt, die mit der Anlage und dem Betrieb verbunden sind, und
    c) die Ausrüstungen und Maßnahmen darlegt, die nach § 13 Absatz 1 Nummer 6 Buchstabe a vorzusehen sind,
2. ergänzende Pläne, Zeichnungen und Beschreibungen der Anlage und ihrer Teile,
3. Angaben, die es ermöglichen zu prüfen, ob

a) die für eine sichere Ausführung der Tätigkeit notwendige Anzahl von Strahlenschutzbeauftragten bestellt ist und ihnen die für die Erfüllung ihrer Aufgaben erforderlichen Befugnisse eingeräumt sind,
b) gewährleistet ist, dass die Ausrüstung vorhanden und die Maßnahmen getroffen sind, die nach dem Stand von Wissenschaft und Technik erforderlich sind, damit die Schutzvorschriften eingehalten werden,
c) der erforderliche Schutz gegen Störmaßnahmen oder sonstige Einwirkungen Dritter gewährleistet ist, soweit die Errichtung der Anlage der Genehmigung nach § 10 bedarf,
4. Angaben, die es ermöglichen zu prüfen, ob der Strahlenschutzverantwortliche und die Strahlenschutzbeauftragten zuverlässig sind und die erforderliche Fachkunde im Strahlenschutz besitzen,
5. Exemplar einer Strahlenschutzanweisung gemäß der Rechtsverordnung nach § 73,
6. Nachweis über die erforderliche Vorsorge für die Erfüllung gesetzlicher Schadensersatzverpflichtungen,
7. im Zusammenhang mit
a) der Anwendung am Menschen: Angaben, die es ermöglichen zu prüfen, ob die Voraussetzungen des § 14 Absatz 1 erfüllt sind,
b) der Anwendung am Tier in der Tierheilkunde: Angaben, die es ermöglichen zu prüfen, ob die Voraussetzungen des § 15 erfüllt sind,
c) dem Betrieb von Anlagen zur Erzeugung ionisierender Strahlung in der Medizin im Sinne der Verordnung (EU) 2017/745: Angaben zur Zweckbestimmung der Anlage, die es ermöglichen zu prüfen, ob das Medizinprodukt für die vorgesehene Anwendung geeignet ist.

Teil B: Erforderliche Unterlagen für den Antrag auf Genehmigungen nach § 12 Absatz 1 Nummer 3 und § 40

1. Pläne, Zeichnungen und Beschreibungen, die zur Prüfung der Genehmigungsvoraussetzungen erforderlich sind,
2. Angaben, die es ermöglichen zu prüfen, ob
a) die für eine sichere Ausführung der Tätigkeit notwendige Anzahl von Strahlenschutzbeauftragten bestellt ist und ihnen die für die Erfüllung ihrer Aufgaben erforderlichen Befugnisse eingeräumt sind,
b) gewährleistet ist, dass die Ausrüstung vorhanden und die Maßnahmen getroffen sind, die nach dem Stand von Wissenschaft und Technik erforderlich sind, damit die Schutzvorschriften eingehalten werden,
c) der erforderliche Schutz gegen Störmaßnahmen oder sonstige Einwirkungen Dritter gewährleistet ist,
3. Angaben, die es ermöglichen zu prüfen, ob der Strahlenschutzverantwortliche und die Strahlenschutzbeauftragten zuverlässig sind und die erforderliche Fachkunde im Strahlenschutz besitzen,
4. Exemplar einer Strahlenschutzanweisung gemäß der Rechtsverordnung nach § 73,
5. Nachweis über die Vorsorge für die Erfüllung der gesetzlichen Schadensersatzverpflichtungen,
6. im Zusammenhang mit
a) der Anwendung am Menschen: Angaben, die es ermöglichen zu prüfen, ob die Voraussetzungen des § 14 Absatz 1 erfüllt sind,
b) der Anwendung am Tier in der Tierheilkunde: Angaben, die es ermöglichen zu prüfen, ob die Voraussetzungen des § 15 erfüllt sind,
c) der Verwendung von radioaktiven Stoffen in Bestrahlungsvorrichtungen in der Medizin im Sinne der Verordnung (EU) 2017/745: Angaben zur Zweckbestimmung der

Anlage, die es ermöglichen zu prüfen, ob das Medizinprodukt für die vorgesehene Anwendung geeignet ist,
d) der Früherkennung von Krankheiten: Angaben, die es ermöglichen zu prüfen, ob die Voraussetzungen des § 14 Absatz 3 Nummer 2 erfüllt sind.

Teil C: Erforderliche Unterlagen für den Antrag auf Genehmigungen nach § 12 Absatz 1 Nummer 4

1. Pläne, Zeichnungen und Beschreibungen, die zur Prüfung der Genehmigungsvoraussetzungen erforderlich sind,
2. Angaben, die es ermöglichen zu prüfen, ob
   a) die für eine sichere Ausführung der Tätigkeit notwendige Anzahl von Strahlenschutzbeauftragten bestellt ist und ihnen die für die Erfüllung ihrer Aufgaben erforderlichen Befugnisse eingeräumt sind,
   b) gewährleistet ist, dass die Ausrüstung vorhanden und Maßnahmen getroffen sind, die nach dem Stand der Technik erforderlich sind, damit die Schutzvorschriften eingehalten werden,
3. Angaben, die es ermöglichen zu prüfen, ob der Strahlenschutzverantwortliche und die Strahlenschutzbeauftragten zuverlässig sind und die erforderliche Fachkunde im Strahlenschutz besitzen,
4. Exemplar einer Strahlenschutzanweisung gemäß der Rechtsverordnung nach § 73, wenn der Erlass einer Strahlenschutzanweisung erforderlich ist,
5. im Zusammenhang mit
   a) der Anwendung am Menschen: Angaben, die es ermöglichen zu prüfen, ob die Voraussetzungen des § 14 Absatz 1 erfüllt sind,
   b) der Anwendung am Tier in der Tierheilkunde: Angaben, die es ermöglichen zu prüfen, ob die Voraussetzungen des § 15 erfüllt sind,
   c) dem Einsatz einer Röntgeneinrichtung in der Teleradiologie: Angaben, die es ermöglichen zu prüfen, ob die Voraussetzungen des § 14 Absatz 2 erfüllt sind,
   d) der Früherkennung von Krankheiten: Angaben, die es ermöglichen zu prüfen, ob die Voraussetzungen des § 14 Absatz 3 Nummer 2 erfüllt sind.

Teil D: Erforderliche Unterlagen für den Antrag auf Genehmigungen nach § 12 Absatz 1 Nummer 5

Teil C Nummer 1 bis 4 ist entsprechend auf Genehmigungen nach § 12 Absatz 1 Nummer 5 anzuwenden.

Teil E: Erforderliche Unterlagen für den Antrag auf Genehmigungen nach § 25

1. Angaben, die es ermöglichen zu prüfen, ob
   a) die für eine sichere Ausführung der Tätigkeit notwendige Anzahl von Strahlenschutzbeauftragten bestellt ist und ihnen die für die Erfüllung ihrer Aufgaben erforderlichen Befugnisse eingeräumt sind,
   b) gewährleistet ist, dass die Ausrüstung vorhanden und Maßnahmen getroffen sind, die nach dem Stand von Wissenschaft und Technik erforderlich sind, damit die Schutzvorschriften eingehalten werden,
2. Angaben, die es ermöglichen zu prüfen, ob der Strahlenschutzverantwortliche und die Strahlenschutzbeauftragten zuverlässig sind und die erforderliche Fachkunde im Strahlenschutz besitzen,
3. Angaben, die die Aufgabenverteilung zwischen dem Strahlenschutzbeauftragten des Genehmigungsinhabers und dem Strahlenschutzbeauftragten der fremden Anlage oder Einrichtung darlegen; dies kann beispielsweise der Entwurf eines Abgrenzungsvertrags sein.

Anlage 3 — Strahlenschutzgesetz

Teil F: Erforderliche Unterlagen für den Antrag auf Genehmigungen nach § 40 Absatz 1 und § 42 Absatz 1

1. Angaben zur beabsichtigten Verwendung des Konsumguts,
2. Angaben zu den technischen Eigenschaften des Konsumguts, einschließlich erforderlicher Zeichnungen, sowie zur Art der Einfügung, Befestigung, Einbettung oder Abdeckung der radioaktiven Stoffe,
3. Angaben zu den zugesetzten radioaktiven Stoffen, einschließlich der physikalischen und chemischen Beschaffenheit, sowie zur Aktivität und der spezifischen Aktivität jedes zugesetzten Radionuklids,
4. Angaben zu Dosisleistungen in den für die Verwendung des Konsumguts relevanten Entfernungen, einschließlich der Dosisleistungen in einer Entfernung von 0,1 Metern von jeder berührbaren Oberfläche,
5. Nachweis, dass die Aktivität der zugesetzten radioaktiven Stoffe nach dem Stand der Technik so gering wie möglich ist,
6. sofern in dem Konsumgut die in einer Rechtsverordnung nach § 24 Satz 1 Nummer 10 festgelegten Freigrenzen der Aktivität überschritten werden, Angaben zur möglichen Exposition von Personen durch die Nutzung des Konsumguts und
7. sofern die spezifische Aktivität der zugesetzten künstlichen radioaktiven Stoffe die in einer Rechtsverordnung nach § 24 Satz 1 Nummer 10 festgelegten Freigrenzen der spezifischen Aktivität oder die spezifische Aktivität der zugesetzten natürlichen radioaktiven Stoffe in dem Konsumgut 0,5 Becquerel je Gramm überschreitet, Angaben zum Rücknahmekonzept sowie die Information nach § 41 Absatz 1 Nummer 5.

Teil G: Erforderliche Unterlagen für den Antrag auf Zulassungen nach § 45 Absatz 1 Nummer 1

1. Zeichnungen, die für die Bauartprüfung erforderlich sind,
2. Beschreibungen der Bauart, der Betriebsweise und des Verwendungszwecks und erforderlichenfalls Hinweise zur Art der wiederkehrenden Dichtheitsprüfung nach der Rechtsverordnung nach § 89 Satz 1 Nummer 3,
3. Angaben zur Qualitätssicherung,
4. Angaben zur Rückführung der Vorrichtung, die radioaktive Stoffe enthält, an den Zulassungsinhaber oder Angaben zur Entsorgung der Vorrichtung.

Anlage 3 (zu § 55 Absatz 1): Tätigkeitsfelder nach § 55 Absatz 1

1. Schleifen thorierter Schweißelektroden und Wechselstromschweißen mit thorierten Schweißelektroden,
2. Handhabung und Lagerung thorierter Gasglühstrümpfe,
3. Handhabung und Lagerung thoriumhaltiger Optikbauteile,
4. Verwendung von Thorium oder Uran in der natürlichen Isotopenzusammensetzung einschließlich der daraus jeweils hervorgehenden Tochternuklide, sofern vorhanden, zu chemisch-analytischen oder chemisch-präparativen Zwecken,
5. Handhabung von Produkten aus thorierten Legierungen, insbesondere Montage, Demontage, Bearbeiten und Untersuchen solcher Produkte,
6. Gewinnung, Verwendung und Verarbeitung von Pyrochlorerzen,
7. Verwendung und Verarbeitung von Schlacke aus der Verhüttung von Kupferschiefererzen,
8. Aufarbeitung von Niob- und Tantalerzen,
9. Handhabung, insbesondere bei Wartungs- oder Reinigungstätigkeiten, von Schlämmen und Ablagerungen bei der Gewinnung, Verarbeitung und Aufbereitung von Erdöl und Erdgas sowie in der Tiefengeothermie,

Strahlenschutzgesetz   Anlage 4

10. Verarbeitung zirkonhaltiger Stoffe bei der Herstellung feuerfester Werkstoffe,
11. Wartung von Klinkeröfen in der Zementproduktion und Heizkesseln in Kohlekraftwerken,
12. Lagerung überwachungsbedürftiger Rückstände und Entfernung von Kontaminationen von Grundstücken nach § 64.

Anlage 4 (zu § 97 Absatz 5): Vorläufig als Notfallpläne des Bundes geltende Dokumente

1. Bundesministerium für Umwelt, Naturschutz, Bau und Reaktorsicherheit: Bekanntmachung einer Empfehlung der Strahlenschutzkommission (Rahmenempfehlungen für den Katastrophenschutz in der Umgebung kerntechnischer Anlagen – vom 19. Februar 2015), verabschiedet in der 274. Sitzung der Kommission am 19./20. Februar 2015, vom Hauptausschuss des Länderausschusses für Atomkernenergie am 25./26. Juni 2015 zustimmend zur Kenntnis genommen, von der Ständigen Konferenz der Innenminister und -senatoren der Länder in deren 203. Sitzung am 3./4. Dezember 2015 zur Kenntnis genommen, veröffentlicht im BAnz AT 04.01.2016 B4;
2. Bundesministerium für Umwelt, Naturschutz, Bau und Reaktorsicherheit: Bekanntmachung einer gemeinsamen Empfehlung der Reaktor-Sicherheitskommission und der Strahlenschutzkommission (Kriterien für die Alarmierung der Katastrophenschutzbehörde durch die Betreiber kerntechnischer Einrichtungen – vom 28. Februar 2013), verabschiedet in der 366. Sitzung der Reaktor-Sicherheitskommission (RSK) am 16. Oktober 2003 und der 453. Sitzung der Kommission am 13. Dezember 2012 sowie in der 186. Sitzung der Strahlenschutzkommission (SSK) am 11./12. September 2003 und der 260. Sitzung der Kommission am 28. Februar 2013, veröffentlicht im BAnz AT 09.10.2014 B1;
3. Bundesministerium für Umwelt, Naturschutz, Bau und Reaktorsicherheit: Bekanntmachung einer Empfehlung der Strahlenschutzkommission (Radiologische Grundlagen für Entscheidungen über Maßnahmen zum Schutz der Bevölkerung bei unfallbedingten Freisetzungen von Radionukliden), verabschiedet in der 268. Sitzung der SSK am 13./14. Februar 2014, veröffentlicht im BAnz AT 18.11.2014 B5;
4. Bundesministerium für Umwelt, Naturschutz und Reaktorsicherheit: Bekanntmachung einer Empfehlung der Strahlenschutzkommission (Leitfaden zur Information der Öffentlichkeit bei kerntechnischen Notfällen), verabschiedet in der 220. Sitzung der SSK am 5./6. Dezember 2007, veröffentlicht im BAnz. Nr. 152a vom 8. Oktober 2008;
5. Berichte der Strahlenschutzkommission des Bundesministeriums für Umwelt, Naturschutz und Reaktorsicherheit, Heft 60, Teil 1 und 2 (Übersicht über Maßnahmen zur Verringerung der Strahlenexposition nach Ereignissen mit nicht unerheblichen radiologischen Auswirkungen), herausgegeben im Auftrag des Bundesministeriums für Umwelt, Naturschutz und Reaktorsicherheit von der Geschäftsstelle der Strahlenschutzkommission beim Bundesamt für Strahlenschutz im Mai 2010, ISBN 978-3-87344-163-7, verabschiedet in der 220. Sitzung der SSK am 5./6. Dezember 2007;
6. Allgemeine Verwaltungsvorschrift zum Integrierten Mess- und Informationssystem zur Überwachung der Radioaktivität in der Umwelt (IMIS) nach dem Strahlenschutzvorsorgegesetz (AVV-IMIS) vom 13. Dezember 2006, veröffentlicht im BAnz. Nr. 244a vom 29. Dezember 2006;
7. Bundesministerium für Umwelt, Naturschutz und Reaktorsicherheit: Bekanntmachung der Richtlinie zur Emissions- und Immissionsüberwachung kerntechnischer Anlagen (REI) vom 7. Dezember 2005, beschlossen im Hauptausschuss des Länderausschusses für Atomkernenergie am 27. Oktober 2005, veröffentlicht im GMBl 2006, Nr. 14-17, S. 254;

8. Berichte der Strahlenschutzkommission des Bundesministeriums für Umwelt, Naturschutz und Reaktorsicherheit, Heft 37 (Leitfaden für den Fachberater Strahlenschutz der Katastrophenschutzleitung bei kerntechnischen Notfällen), herausgegeben im Auftrag des Bundesministeriums für Umwelt, Naturschutz und Reaktorsicherheit von der Geschäftsstelle der Strahlenschutzkommission beim Bundesamt für Strahlenschutz im September 2003, ISBN 3-437-22178-7, verabschiedet in der 182. Sitzung der SSK am 4. bis 6. Dezember 2002;
9. Veröffentlichungen der Strahlenschutzkommission des Bundesministeriums für Umwelt, Naturschutz und Reaktorsicherheit, Band 4 (Medizinische Maßnahmen bei Kernkraftwerksunfällen), herausgegeben im Auftrag des Bundesministeriums für Umwelt, Naturschutz und Reaktorsicherheit von der Geschäftsstelle der Strahlenschutzkommission beim Bundesamt für Strahlenschutz im Jahr 2007, ISBN 978-3-87344-131-6;
10. Veröffentlichungen der Strahlenschutzkommission des Bundesministeriums für Umwelt, Naturschutz und Reaktorsicherheit, Band 32 (Der Strahlenunfall), herausgegeben im Auftrag des Bundesministeriums für Umwelt, Naturschutz und Reaktorsicherheit von der Geschäftsstelle der Strahlenschutzkommission beim Bundesamt für Strahlenschutz im Jahr 2008, ISBN 978-3-87344-139-2;
11. Bundesministerium für Umwelt, Naturschutz und Reaktorsicherheit: Bekanntmachung einer Empfehlung der Strahlenschutzkommission (Verwendung von Jodtabletten zur Jodblockade der Schilddrüse bei einem kerntechnischen Unfall), verabschiedet in der 247. Sitzung der SSK am 24./25. Februar 2011, veröffentlicht im BAnz. S. 3144;
12. Bundesministerium für Umwelt, Naturschutz und Reaktorsicherheit: Bekanntmachung einer Empfehlung der Strahlenschutzkommission (Richtlinie für die Festlegung von Kontaminationswerten zur Kontrolle von Fahrzeugoberflächen im grenzüberschreitenden Verkehr nach dem Strahlenschutzvorsorgegesetz), verabschiedet in der 139. Sitzung der SSK am 26. bis 28. Juni 1996, veröffentlicht im BAnz. 1997 S. 43;
13. Bundesministerium für Umwelt, Naturschutz, Bau und Reaktorsicherheit: Bekanntmachung über die Anwendung der deutschen Fassung des Handbuchs der Internationalen Nuklearen und Radiologischen Ereignis- Skala (INES) in kerntechnischen Einrichtungen sowie im Strahlenschutz außerhalb der Kerntechnik, veröffentlicht im BAnz AT 30.03.2015 B1;
14. Bundesamt für Bevölkerungsschutz und Katastrophenhilfe: Sicherheit der Trinkwasserversorgung, Teil 1: Risikoanalyse, Grundlagen und Handlungsempfehlungen für Aufgabenträger der Wasserversorgung in den Kommunen in Bezug auf außergewöhnliche Gefahrenlagen, Praxis im Bevölkerungsschutz, Band 15, Stand: Januar 2016, ISBN 978-3-93947-69-9;
15. DVGW Deutscher Verein des Gas- und Wasserfachs e.V. – Technisch-Wissenschaftlicher Verein: Radioaktivitätsbedingte Notfallsituationen; Technische Mitteilung – Hinweis W 255, Dezember 2008, ISSN 0176-3504;
16. Bundesregierung: Allgemeine Verwaltungsvorschrift zur Durchführung der Überwachung von Lebensmitteln nach der Verordnung (Euratom) Nr. 3954/87 des Rates vom 22. Dezember 1987 zur Festlegung von Höchstwerten an Radioaktivität in Nahrungsmitteln und Futtermitteln im Falle eines nuklearen Unfalls oder einer anderen radiologischen Notstandssituation (AVV-Strahlenschutzvorsorge-Lebensmittelüberwachung – AVV-StrahLe) vom 28. Juni 2000 (GMBl S. 490);
17. Bundesregierung: Allgemeine Verwaltungsvorschrift zur Überwachung der Höchstwerte für Futtermittel nach der Verordnung (Euratom) Nr. 3954/87 des Rates vom 22. Dezember 1987 zur Festlegung von Höchstwerten an Radioaktivität in Nahrungsmitteln und

Futtermitteln im Falle eines nuklearen Unfalls oder einer anderen radiologischen Notstandssituation (Futtermittel-Strahlenschutzvorsorge-Verwaltungsvorschrift – FMStrVVwV) vom 22. Juni 2000 (BAnz. S. 12 565).

Anlage 5 (zu § 98): Wesentliche Elemente des allgemeinen Notfallplans des Bundes

1. Eine allgemeine Darstellung der Rechtsgrundlagen, Aufgaben und Zuständigkeiten des Bundes und der Länder, ihrer für Maßnahmen der Notfallreaktion zuständigen Behörden und der bei der Notfallreaktion mitwirkenden Behörden sowie der bei der Notfallreaktion mitwirkenden privaten und öffentlich-rechtlichen Organisationen und Personen;
2. eine Darstellung
   a) der Verfahren und Vorkehrungen für den Informationsaustausch, die Zusammenarbeit, Hilfeleistung und Koordinierung bei der Notfallreaktion auf Bundesebene, zwischen Bund und Ländern, mit Organen, Dienststellen, Einrichtungen und anderen Mitgliedstaaten der Europäischen Union, mit Drittstaaten und mit internationalen Organisationen und
   b) der Gremien und Einrichtungen, die für diesen Informationsaustausch und diese Zusammenarbeit, Hilfeleistung und Koordinierung zuständig sind;
3. die nach § 93 bestimmten Referenzwerte für die Exposition der Bevölkerung;
4. die Referenzszenarien;
5. die in § 114 Absatz 1 genannten Expositionswerte, die bei einer Exposition der Einsatzkräfte unterschritten werden sollen, und die Referenzwerte nach § 114 Absatz 2 und 3;
6. szenarienspezifische optimierte Schutzstrategien, die insbesondere Folgendes enthalten:
   a) Darstellung der prioritären und der sonstigen in Betracht kommenden Maßnahmen zum Schutz der Bevölkerung und der Einsatzkräfte,
   b) Angabe der Dosiswerte, die als radiologisches Kriterium für die Angemessenheit bestimmter Schutzmaßnahmen dienen,
   c) Angabe der Kriterien für das Auslösen der Alarmierung und für das Ergreifen bestimmter Schutzmaßnahmen (Auslösekriterien), insbesondere Messgrößen oder Indikatoren der Bedingungen am Ort der Strahlungsquelle,
   d) Angabe von Grenz- oder Richtwerten, die sich auf bestimmte, unmittelbar messbare Folgen des Notfalls beziehen, z. B. Dosisleistungen, Kontaminationswerte oder Aktivitätskonzentrationen,
   e) Angabe der Berechnungsverfahren und Annahmen, die der jeweiligen optimierten Schutzstrategie zugrunde liegen;
7. Angaben zur Ermittlung und Bewertung der radiologischen Lage, insbesondere
   a) zum Austausch von Informationen mit dem radiologischen Lagezentrum des Bundes,
   b) zu den Aufgaben des radiologischen Lagezentrums des Bundes,
   c) zu Aufgaben, Zuständigkeiten und Überwachungsmaßnahmen des Bundes und der Länder nach den §§ 107, 161 bis 163 und 165, insbesondere Messstrategien, in einem Notfall und
   d) zum radiologischen Lagebild nach § 108;
8. Angaben zur Anwendung der optimierten Schutzstrategie unter Berücksichtigung der tatsächlichen Lage, insbesondere
   a) zum Verhältnis der strahlenschutzrechtlichen Vorschriften, Notfallschutzgrundsätze und Schutzstrategien zu den Vorschriften und Zielen
      aa) anderer Rechtsvorschriften des Bundes und der Länder zur Abwehr von Gefahren für die menschliche Gesundheit, für die Umwelt oder für die öffentliche Sicherheit sowie
      bb) unmittelbar anwendbarer Rechtsakte der Europäischen Union und der Europäischen Atomgemeinschaft,

b) zur Auswahl und Anpassung der Schutzstrategie bei einer von den Referenzszenarien abweichenden tatsächlichen Lage,
c) zur Prüfung der Eignung, Durchführbarkeit, Priorisierung, Erforderlichkeit und Angemessenheit der Schutzmaßnahmen unter Berücksichtigung aller relevanten nichtradiologischen Entscheidungskriterien, insbesondere der Schäden und sonstigen Nachteile, die beim jeweiligen Notfall durch die Schutzmaßnahmen entstehen können;
9. Vorgaben zur Überprüfung und Anpassung der Schutzstrategie und -maßnahmen (§§ 111 und 109 Absatz 3); dies umfasst Vorgaben
   a) zur Dosisabschätzung,
   b) zum Vergleich der Ergebnisse der Dosisabschätzung mit dem geltenden Referenzwert,
   c) zur Abschätzung der Wirksamkeit der Schutzstrategien und -maßnahmen,
   d) zur Anpassung der Schutzstrategien und -maßnahmen an die sich weiterentwickelnden Umstände des jeweiligen Notfalls und an die Ergebnisse der Abschätzung der Wirksamkeit,
   e) zu Kriterien und Verfahren für die Änderung von Referenzwerten,
   f) zur Anpassung der Schutzstrategien und -maßnahmen an einen geänderten Referenzwert oder andere geänderte oder neue Rechtsvorschriften,
   g) zu Kriterien und Verfahren für die Aufhebung von Schutzmaßnahmen;
10. Vorgaben für die Information der Bevölkerung und Verhaltensempfehlungen;
11. Vorgaben für den Übergang zu einer bestehenden Expositionssituation.

Anlage 6 (zu § 99): Wesentliche Elemente der besonderen Notfallpläne des Bundes

1. Eine Darstellung der im Anwendungsbereich des besonderen Notfallplans anwendbaren Rechtsgrundlagen, Aufgaben und Zuständigkeiten des Bundes und der Länder, ihrer für Maßnahmen der Notfallreaktion zuständigen Behörden sowie der bei der Notfallreaktion mitwirkenden Behörden sowie der bei der Notfallreaktion mitwirkenden privaten und öffentlich-rechtlichen Organisationen und Personen;
2. eine Darstellung
   a) der im Anwendungsbereich des besonderen Notfallplans anwendbaren Verfahren und Vorkehrungen für den Informationsaustausch, die Zusammenarbeit, Hilfeleistung und Koordinierung bei der Notfallreaktion auf Bundesebene, zwischen Bund und Ländern, mit Organen, Dienststellen, Einrichtungen und anderen Mitgliedstaaten der Europäischen Union, mit Drittstaaten und mit internationalen Organisationen und
   b) der Gremien und Einrichtungen, die für diesen Informationsaustausch und diese Zusammenarbeit, Hilfeleistung und Koordinierung zuständig sind;
3. Angabe und Erläuterung der Schnittstellen zu
   a) anderen Verfahren und Vorkehrungen für den Informationsaustausch, die Zusammenarbeit, Hilfeleistung und Koordinierung bei der Notfallreaktion, die in den weiteren Notfallplänen des Bundes und der Länder aufgeführt sind,
   b) anderen Gremien und Einrichtungen, die auch für den Informationsaustausch und die Zusammenarbeit, Hilfeleistung und Koordinierung bei der Notfallreaktion zuständig sind;
4. zur Konkretisierung, Ergänzung und Anwendung der im allgemeinen Notfallplan des Bundes festgelegten optimierten Schutzstrategien unter anderem eine Darstellung
   a) der im Anwendungsbereich des besonderen Notfallplans in Betracht kommenden prioritären und der sonstigen Maßnahmen zum Schutz der Bevölkerung und der Einsatzkräfte sowie

Strahlenschutzgesetz   Anlage 7

b) der Vorkehrungen und Kriterien für eine bereichsspezifische Konkretisierung, Anwendung und Anpassung der im allgemeinen Notfallplan angegebenen Auslösekriterien und Grenz- oder Richtwerte unter Berücksichtigung der für die jeweilige Schutzmaßnahme geltenden Rechtsvorschriften und der tatsächlichen Merkmale des Notfalls, soweit eine solche Darstellung im Rahmen der Notfallplanung im Voraus möglich ist.

Anlage 7 (zu § 112): Information der Bevölkerung und Empfehlungen für das Verhalten bei Notfällen

1. In einem Notfall bereitzustellende Informationen und Verhaltensempfehlungen für die betroffene Bevölkerung
   Entsprechend der im jeweiligen Notfall anwendbaren Notfallpläne erhält die betroffene Bevölkerung im Falle eines Notfalls rasch und wiederholt Folgendes:
   a) Informationen über den eingetretenen Notfall und nach Möglichkeit über dessen Merkmale wie Ursprung, Ausbreitung und voraussichtliche Entwicklung;
   b) Verhaltensempfehlungen, die nach den Umständen des jeweiligen Notfalls
      aa) insbesondere folgende Punkte umfassen können: Beschränkung des Verzehrs bestimmter möglicherweise kontaminierter Nahrungsmittel und von möglicherweise kontaminiertem Wasser, einfache Hygiene- und Dekontaminationsregeln, Empfehlungen zum Verbleiben im Haus, zur Abholung und Verwendung von Jodtabletten oder anderen Schutzwirkstoffen, Vorkehrungen für den Fall der Evakuierung;
      bb) mit speziellen Warnhinweisen für bestimmte Bevölkerungsgruppen verbunden werden können;
   c) Ankündigungen, in denen empfohlen wird, den Anweisungen und Aufrufen der zuständigen Behörden Folge zu leisten.
2. Informationen und Empfehlungen in der Vorwarnphase
   Soweit dem Notfall eine Vorwarnphase vorausgeht, erhält die bei dem jeweiligen Notfall möglicherweise betroffene Bevölkerung bereits in dieser Phase relevante Informationen und Empfehlungen wie
   a) eine Aufforderung, die relevanten Kommunikationskanäle einzuschalten;
   b) vorbereitende Empfehlungen für Einrichtungen, die öffentliche Aufgaben haben;
   c) Empfehlungen für besonders betroffene Berufszweige.
3. Ergänzende Informationen über Grundbegriffe der Radioaktivität und ihre Auswirkungen auf den Menschen und die Umwelt
   Wenn die Zeit es erlaubt, wird die möglicherweise betroffene Bevölkerung erneut über die Grundbegriffe der Radioaktivität und ihre Auswirkungen auf den Menschen und die Umwelt informiert. Zu diesem Zwecke kann auch auf die nach § 105 hierzu veröffentlichten Informationen hingewiesen werden.

Anlage 8 (zu § 127 Absatz 1 Nummer 2): Arbeitsfelder mit erhöhter Exposition durch Radon

1. Arbeitsplätze in untertägigen Bergwerken, Schächten und Höhlen, einschließlich Besucherbergwerken,
2. Arbeitsplätze in Radonheilbädern und Radonheilstollen,
3. Arbeitsplätze in Anlagen der Wassergewinnung, -aufbereitung und -verteilung.

Anlage 9 (zu § 134 Absatz 1): Radiologisch relevante mineralische Primärrohstoffe für die Herstellung von Gebäuden mit Aufenthaltsräumen

1. Saure magmatische Gesteine sowie daraus entstandene metamorphe und sedimentäre Gesteine,
2. Sedimentgestein mit hohem organischem Anteil wie Öl-, Kupfer- und Alaunschiefer,
3. Travertin.

Verordnung zum Schutz vor der schädlichen Wirkung ionisierender Strahlung (Strahlenschutzverordnung – StrlSchV)

vom 29. November 2018 (BGBl I 2018, S. 2034, 2036)
– zuletzt geändert durch Berichtigung der Verordnung zur weiteren Modernisierung des Strahlenschutzrechts vom 21. Dezember 2021 (BGBl I 2021, S. 5261)

Teil 1: Begriffsbestimmungen

§ 1 Begriffsbestimmungen

(1) Ableitung: Abgabe flüssiger, an Schwebstoffe gebundener oder gasförmiger radioaktiver Stoffe auf hierfür vorgesehenen Wegen.
(2) ^{1}Äquivalentdosis: Produkt aus der Energiedosis im ICRU-Weichteilgewebe und dem Qualitätsfaktor Q der ICRU nach Anlage 18 Teil D, der die Einflüsse der Strahlungsart und der Strahlungsenergie berücksichtigt. ^{2}Beim Vorliegen mehrerer Strahlungsarten und Strahlungsenergien ist die gesamte Äquivalentdosis die Summe ihrer ermittelten Einzelbeiträge.
(3) Betriebsgelände: Grundstück, auf dem sich kerntechnische Anlagen, Anlagen zur Erzeugung ionisierender Strahlung und Anlagen im Sinne des § 9a Absatz 3 Satz 1 zweiter Satzteil des Atomgesetzes oder Einrichtungen befinden und zu dem der Strahlenschutzverantwortliche den Zugang oder auf dem der Strahlenschutzverantwortliche die Aufenthaltsdauer von Personen beschränken kann.
(4) Diagnostische Referenzwerte:
1. Dosiswerte bei Anwendung ionisierender Strahlung am Menschen oder
2. empfohlene Aktivitätswerte bei Anwendung radioaktiver Stoffe am Menschen,
für typische Untersuchungen, bezogen auf Standardphantome oder auf Patientengruppen, für einzelne Gerätekategorien.
(5) Dosisrichtwert: eine effektive Dosis oder Organ-Äquivalentdosis, die bei der Planung und der Optimierung von Schutzmaßnahmen für Personen in geplanten Expositionssituationen als oberer Wert für die in Betracht zu ziehende Exposition dient.
(6) Energiedosis: Energie, die durch ionisierende Strahlung in Materie, einem Organ oder Gewebe deponiert worden ist, geteilt durch die Masse der bestrahlten Materie, des bestrahlten Organs oder Gewebes.
(7) Im Sinne des Forschungsvorhabens gesunde Person: Person, an der zum Zweck der medizinischen Forschung ein radioaktiver Stoff oder ionisierende Strahlung angewendet wird oder werden soll und bei der weder die Krankheit, deren Erforschung Gegenstand des Forschungsvorhabens ist, noch ein entsprechender Krankheitsverdacht vorliegt.
(8) Intervention: Einsatz von Röntgenbildgebungstechniken, um zu medizinischen Zwecken die Einbringung von Geräten und Substanzen in den Körper und ihre Steuerung zu ermöglichen.
(9) Maximale Betriebsbedingungen: Kombination der technischen Einstellparameter, die unter normalen Betriebsbedingungen bei Röntgenstrahlern nach § 18 Absatz 1 Nummer 1, Röntgeneinrichtungen nach den §§ 19 bis 22 und Störstrahlern nach § 17 zur höchsten Ortsdosisleistung und bei Röntgenstrahlern nach § 18 Absatz 1 Nummer 2 und Absatz 2 zur höchsten mittleren Ortsdosisleistung führen; hierzu gehören die Spannung für die Beschleunigung von Elektronen, der Röntgenröhrenstrom und gegebenenfalls weitere Parameter wie Einschaltzeit oder Elektrodenabstand.
(10) ^{1}Oberflächenkontamination: Verunreinigung einer Oberfläche mit radioaktiven Stoffen, die die nicht festhaftende, die festhaftende und die über die Oberfläche eingedrungene

§ 1 Strahlenschutzverordnung

Aktivität umfasst. ²Die Einheit der Messgröße der Oberflächenkontamination ist die flächenbezogene Aktivität in Becquerel pro Quadratzentimeter.
(11) Oberflächenkontamination, nicht festhaftende: Verunreinigung einer Oberfläche mit radioaktiven Stoffen, bei denen eine Weiterverbreitung der radioaktiven Stoffe nicht ausgeschlossen werden kann.
(12) Ortsdosis: Äquivalentdosis, gemessen mit den in Anlage 18 Teil A angegebenen Messgrößen an einem bestimmten Ort.
(13) Ortsdosisleistung: in einem bestimmten Zeitintervall erzeugte Ortsdosis, geteilt durch die Länge des Zeitintervalls.
(14) Personendosis: Äquivalentdosis, gemessen mit den in Anlage 18 Teil A angegebenen Messgrößen an einer für die Exposition repräsentativen Stelle der Körperoberfläche.
(15) Prüfende Person: natürliche Person, die in einer Sachverständigenorganisation eigenständig Sachverständigentätigkeiten durchführt.
(16) Sachverständiger:
1. natürliche Person, die eigenständig Sachverständigentätigkeiten durchführt (Einzelsachverständiger) oder
2. juristische Person oder sonstige Personenvereinigung, die Sachverständigentätigkeiten durchführt (Sachverständigenorganisation).
(17) ¹Spezifische Aktivität: Verhältnis der Aktivität eines Radionuklids zur Masse des Materials, in dem das Radionuklid verteilt ist. ²Bei festen radioaktiven Stoffen ist die Bezugsmasse für die Bestimmung der spezifischen Aktivität die Masse des Körpers oder Gegenstandes, mit dem die Radioaktivität bei vorgesehener Anwendung untrennbar verbunden ist. ³Bei gasförmigen radioaktiven Stoffen ist die Bezugsmasse die Masse des Gases oder des Gasgemisches.
(18) Störfall: Ereignisablauf, bei dessen Eintreten der Betrieb der kerntechnischen Anlage, der Anlage zur Erzeugung ionisierender Strahlung oder die Tätigkeit aus sicherheitstechnischen Gründen nicht fortgeführt werden kann und für den die kerntechnische Anlage oder die Anlage zur Erzeugung ionisierender Strahlung auszulegen ist oder für den bei der Tätigkeit vorsorglich Schutzvorkehrungen vorzusehen sind.
(19) Tierbegleitperson: einwilligungsfähige Person, die das 18. Lebensjahr vollendet hat und die außerhalb ihrer beruflichen Tätigkeit freiwillig ein Tier begleitet oder betreut.
(20) Überwachung, ärztliche: ärztliche Untersuchung, gesundheitliche Beurteilung und Beratung einer beruflich exponierten Person durch einen ermächtigten Arzt.
(21) Verbringung:
1. Einfuhr in den Geltungsbereich dieser Verordnung aus einem Staat, der nicht Mitgliedstaat der Europäischen Union ist,
2. Ausfuhr aus dem Geltungsbereich dieser Verordnung in einen Staat, der nicht Mitgliedstaat der Europäischen Union ist, oder
3. grenzüberschreitender Warenverkehr aus einem Mitgliedstaat der Europäischen Union in den Geltungsbereich dieser Verordnung oder in einen Mitgliedstaat der Europäischen Union aus dem Geltungsbereich dieser Verordnung.
(22) ¹Vorkommnis: Ereignis in einer geplanten Expositionssituation, das zu einer unbeabsichtigten Exposition geführt hat, geführt haben könnte oder führen könnte. ²Kein Vorkommnis liegt vor, wenn das Ereignis für den Strahlenschutz nicht relevant ist.
(23) Zur medizinischen Forschung Berechtigter: der Inhaber der Genehmigung nach § 31 des Strahlenschutzgesetzes oder derjenige, nach dessen Anzeige nach § 33 Absatz 3 Satz 1 des Strahlenschutzgesetzes mit der angezeigten Anwendung begonnen werden darf.

Teil 2: Strahlenschutz bei geplanten Expositionssituationen
Kapitel 1 Rechtfertigung von Tätigkeitsarten
§ 2 Nicht gerechtfertigte Tätigkeitsarten
Tätigkeiten, die den in Anlage 1 genannten nicht gerechtfertigten Tätigkeitsarten zuzuordnen sind, dürfen nicht ausgeübt werden.

§ 3 Verfahren zur Prüfung der Rechtfertigung von Tätigkeitsarten nach § 7 des Strahlenschutzgesetzes
(1) Die nach § 7 Absatz 1 Satz 1 des Strahlenschutzgesetzes zu übermittelnden Unterlagen umfassen neben den jeweiligen Genehmigungs- oder Anzeigeunterlagen die Unterlagen nach Anlage 2 Teil A sowie eine Darlegung der Zweifel der für das Genehmigungs- oder Anzeigeverfahren zuständigen Behörde.
(2) Leitet eine für den Strahlenschutz zuständige oberste Landesbehörde die ihr übermittelten Unterlagen an das Bundesministerium für Umwelt, Naturschutz und nukleare Sicherheit weiter, so hat sie zu den Zweifeln der für das Genehmigungs- oder Anzeigeverfahren zuständigen Behörde schriftlich Stellung zu nehmen und die Stellungnahme zusammen mit den Unterlagen unverzüglich zu übermitteln.
(3) ¹Die Frist zur Prüfung nach § 7 Absatz 2 Satz 1 des Strahlenschutzgesetzes beginnt mit der Feststellung der Vollständigkeit der Unterlagen durch das Bundesamt für Strahlenschutz. ²Das Bundesamt für Strahlenschutz informiert das Bundesministerium für Umwelt, Naturschutz und nukleare Sicherheit und die für das Genehmigungs- oder Anzeigeverfahren zuständige Behörde oder, im Falle des Absatzes 2, die oberste Landesbehörde über den Beginn der Prüfung.
(4) Das Bundesamt für Strahlenschutz kann auch nach Feststellung der Vollständigkeit für die Prüfung erforderliche Unterlagen nachfordern.
(5) ¹Das Bundesamt für Strahlenschutz legt den Bericht unverzüglich nach Abschluss der Prüfung dem Bundesministerium für Umwelt, Naturschutz und nukleare Sicherheit vor und veröffentlicht den Bericht im Bundesanzeiger. ²Das Bundesministerium für Umwelt, Naturschutz und nukleare Sicherheit informiert die für das Genehmigungs- oder Anzeigeverfahren zuständige Behörde oder, im Falle des Absatzes 2, die oberste Landesbehörde über das Ergebnis der Prüfung.

§ 4 Verfahren zur Prüfung der Rechtfertigung von Tätigkeitsarten nach § 38 des Strahlenschutzgesetzes
(1) ¹Die für die Erteilung einer Genehmigung nach § 40 oder § 42 des Strahlenschutzgesetzes oder einer Bauartzulassung nach § 45 des Strahlenschutzgesetzes zuständige Behörde hat dem Bundesamt für Strahlenschutz zusammen mit dem gemäß § 41 Absatz 5 Satz 1, § 43 Absatz 2 Satz 1 oder § 46 Absatz 3 Satz 1 des Strahlenschutzgesetzes weiterzuleitenden Antrag Folgendes vorzulegen:
1. die Darlegung, warum die beabsichtigte Verwendung, die beabsichtigte Lagerung oder der beabsichtigte Betrieb eine neue Tätigkeitsart darstellt, und
2. die Unterlagen, die zur Prüfung der Rechtfertigung der Tätigkeitsart erforderlich sind, insbesondere die in Anlage 2 aufgeführten Unterlagen.

²Das Bundesamt für Strahlenschutz kann für die Prüfung erforderliche Unterlagen nachfordern; die Frist nach § 38 Absatz 1 Satz 1 des Strahlenschutzgesetzes bleibt davon unberührt.
(2) Das Bundesamt für Strahlenschutz informiert das Bundesministerium für Umwelt, Naturschutz und nukleare Sicherheit, die für die Erteilung der Genehmigung nach § 40 oder § 42

des Strahlenschutzgesetzes oder der Bauartzulassung nach § 45 Absatz 1 Nummer 1, 3, 4, 5, 6 oder 7 des Strahlenschutzgesetzes zuständige Behörde sowie die für den Strahlenschutz zuständigen obersten Landesbehörden über den Beginn einer Prüfung.
(3) Das Bundesamt für Strahlenschutz bewertet bei der Prüfung der Rechtfertigung der Tätigkeitsart insbesondere, ob
1. die Leistungsfähigkeit und Eignung des Konsumguts, der Vorrichtung, der Anlage, der Röntgeneinrichtung oder des Störstrahlers die beabsichtigte Verwendung, die beabsichtigte Lagerung oder den beabsichtigten Betrieb rechtfertigt,
2. die Auslegung geeignet ist, um sicherzustellen, dass Expositionen bei normaler Verwendung sowie die Wahrscheinlichkeit einer falschen Verwendung oder unfallbedingter Expositionen und deren Folgen so gering wie möglich sind.
(4) Das Bundesamt für Strahlenschutz veröffentlicht seine Stellungnahme zur Rechtfertigung der Tätigkeitsart unverzüglich nach ihrer Fertigstellung im Bundesanzeiger.
(5) [1]Das Bundesamt für Strahlenschutz übermittelt die Stellungnahme unverzüglich
1. dem Bundesministerium für Umwelt, Naturschutz und nukleare Sicherheit,
2. der für das ausgesetzte Genehmigungs- oder Zulassungsverfahren zuständigen Behörde und
3. im Falle eines Antrags nach § 40 oder § 42 des Strahlenschutzgesetzes den zuständigen Kontaktstellen der anderen Mitgliedstaaten nach Artikel 76 Absatz 2 Satz 1 der Richtlinie 2013/59 Euratom.
[2]Die für die Erteilung einer Genehmigung nach § 40 oder § 42 des Strahlenschutzgesetzes oder einer Bauartzulassung nach § 45 Absatz 1 Nummer 1, 3, 4, 5, 6 oder 7 des Strahlenschutzgesetzes zuständigen Behörden übermitteln dem Bundesamt für Strahlenschutz Informationen über erteilte Genehmigungen für Konsumgüter sowie über Bauartzulassungen.
[3]Das Bundesamt für Strahlenschutz veröffentlicht eine Liste mit den wesentlichen Angaben über den Gegenstand dieser Genehmigungen oder Bauartzulassungen.

Kapitel 2 Vorabkontrolle bei radioaktiven Stoffen oder ionisierender Strahlung

ABSCHNITT 1 Ausnahmen von der Genehmigungs- und Anzeigebedürftigkeit einer Tätigkeit; Ausnahmen von Genehmigungsvoraussetzungen

§ 5 Genehmigungsfreier Umgang

(1) [1]Eine Genehmigung nach § 12 Absatz 1 Nummer 3 des Strahlenschutzgesetzes ist in den in Anlage 3 Teil A und B genannten Fällen nicht erforderlich. [2]Bei der Prüfung der Voraussetzungen nach Anlage 3 Teil B Nummer 1 oder 2 bleiben die mit den Tätigkeiten nach Anlage 3 Teil A oder Teil B Nummer 3 bis 9 verbundenen radioaktiven Stoffe außer Betracht.
(2) [1]Bei einem nach § 12 Absatz 1 Nummer 3 oder Absatz 2 des Strahlenschutzgesetzes genehmigten Umgang ist ein darüber hinausgehender genehmigungsfreier Umgang nach Absatz 1 für die radioaktiven Stoffe, die in der Genehmigung aufgeführt sind, auch unterhalb der Freigrenzen der Anlage 4 Tabelle 1 Spalte 2 und 3 nicht zulässig. [2]Dies gilt nicht, wenn in einem einzelnen Betrieb oder selbständigen Zweigbetrieb, bei Nichtgewerbetreibenden am Ort der Tätigkeit des Genehmigungsinhabers, mit radioaktiven Stoffen in mehreren, räumlich voneinander getrennten Gebäuden, Gebäudeteilen, Anlagen oder Einrichtungen umgegangen wird und ausreichend sichergestellt ist, dass die radioaktiven Stoffe aus den einzelnen Gebäuden, Gebäudeteilen, Anlagen oder Einrichtungen nicht zusammenwirken können.

§ 6 Genehmigungsfreier Besitz von Kernbrennstoffen

(1) Die Vorschriften des § 5 Absatz 2 bis 4 des Atomgesetzes sind auf denjenigen nicht anzuwenden, der
1. mit Kernbrennstoffen
   a) nach § 5 Absatz 1 in Verbindung mit Anlage 3 Teil B Nummer 1 oder 2 ohne Genehmigung oder
   b) auf Grund einer Genehmigung nach § 12 Absatz 1 Nummer 3 oder Absatz 2 des Strahlenschutzgesetzes
   umgehen darf oder
2. Kernbrennstoffe
   a) auf Grund von § 28 des Strahlenschutzgesetzes ohne Genehmigung oder
   b) auf Grund einer Genehmigung nach § 27 Absatz 1 des Strahlenschutzgesetzes
   befördern darf.

(2) Die Herausgabe von Kernbrennstoffen aus der staatlichen Verwahrung nach § 5 Absatz 6 des Atomgesetzes oder aus der genehmigten Aufbewahrung nach § 6 des Atomgesetzes oder § 12 Absatz 1 Nummer 3 des Strahlenschutzgesetzes ist auch zulässig, wenn der Empfänger zum Besitz der Kernbrennstoffe nach Absatz 1 berechtigt ist oder wenn diese Kernbrennstoffe zum Zweck der Ausfuhr befördert werden sollen.

§ 7 Genehmigungs- und anzeigefreier Betrieb von Anlagen zur Erzeugung ionisierender Strahlung

Wer eine Anlage zur Erzeugung ionisierender Strahlung der in Anlage 3 Teil C genannten Art betreibt, bedarf weder einer Genehmigung nach § 12 Absatz 1 Nummer 1 des Strahlenschutzgesetzes, noch hat er eine Anzeige nach § 17 Absatz 1 des Strahlenschutzgesetzes zu erstatten.

§ 8 Genehmigungsfreier Betrieb von Störstrahlern

Eine Genehmigung nach § 12 Absatz 1 Nummer 5 des Strahlenschutzgesetzes ist in den in Anlage 3 Teil D genannten Fällen nicht erforderlich.

§ 9 Anzeigefreie Prüfung, Erprobung, Wartung und Instandsetzung von Röntgeneinrichtungen oder Störstrahlern

Eine Anzeige nach § 22 Absatz 1 des Strahlenschutzgesetzes haben folgende Personen nicht zu erstatten:
1. derjenige, der geschäftsmäßig Störstrahler nach Anlage 3 Teil D Nummer 3 prüft, erprobt, wartet oder instand setzt,
2. derjenige, der, ohne Röntgenstrahlung einzuschalten, Tätigkeiten nach § 22 Absatz 1 des Strahlenschutzgesetzes an Anwendungsgeräten, Zusatzgeräten und Zubehör, der erforderlichen Software sowie an Vorrichtungen zur medizinischen Befundung durchführt, die keine Strahlenschutzmaßnahmen erfordern.

§ 10 Befreiung von der Pflicht zur Deckungsvorsorge

(1) Keiner Deckungsvorsorge nach § 13 Absatz 2 des Strahlenschutzgesetzes für die Erteilung einer Umgangsgenehmigung nach § 12 Absatz 1 Nummer 3 des Strahlenschutzgesetzes sowie nach § 6 Absatz 2 Nummer 3 und § 9 Absatz 2 Nummer 4 des Atomgesetzes bedarf es, wenn
1. die Gesamtaktivität der radioaktiven Stoffe, mit denen in dem einzelnen Betrieb oder selbständigen Zweigbetrieb, bei Nichtgewerbetreibenden am Ort der Tätigkeit des Antragstellers, umgegangen wird, das 10^{6}fache der Freigrenzen der Anlage 4 Tabelle 1 Spalte 2

und bei angereichertem Uran die Masse an Uran-235 den Wert von 350 Gramm nicht überschreitet und
2. ausreichend sichergestellt ist, dass die sonstigen radioaktiven Stoffe aus den einzelnen Gebäuden, Gebäudeteilen, Anlagen oder Einrichtungen nicht zusammenwirken können.
(2) Keiner Deckungsvorsorge nach § 13 Absatz 2 des Strahlenschutzgesetzes für die Erteilung einer Umgangsgenehmigung nach § 12 Absatz 1 Nummer 3 des Strahlenschutzgesetzes bedarf es ferner, wenn in dem einzelnen Betrieb oder selbständigen Zweigbetrieb, bei Nichtgewerbetreibenden am Ort der Tätigkeit des Antragstellers, mit sonstigen radioaktiven Stoffen in mehreren räumlich voneinander getrennten Gebäuden, Gebäudeteilen, Anlagen oder Einrichtungen umgegangen wird und wenn
1. die Aktivität der sonstigen radioaktiven Stoffe in den einzelnen Gebäuden, Gebäudeteilen, Anlagen oder Einrichtungen das 10⁶fache der Freigrenzen der Anlage 4 Tabelle 1 Spalte 2 nicht überschreitet und
2. ausreichend sichergestellt ist, dass die sonstigen radioaktiven Stoffe aus den einzelnen Gebäuden, Gebäudeteilen, Anlagen oder Einrichtungen nicht zusammenwirken können.
(3) Bei der Anwendung des Absatzes 1 oder 2 darf der Anteil an offenen radioaktiven Stoffen das 10⁵fache der Freigrenzen der Anlage 4 Tabelle 1 Spalte 2 nicht überschreiten.
(4) Die Absätze 1 und 2 gelten nicht für hochradioaktive Strahlenquellen.

§ 11 Freigrenzen
Die Radionuklide, für die Freigrenzen bestehen, und die nach dem Strahlenschutzgesetz maßgeblichen Freigrenzen ergeben sich aus Anlage 4 Tabelle 1 Spalte 1 bis 3.

ABSCHNITT 2 Grenzüberschreitende Verbringung radioaktiver Stoffe

§ 12 Genehmigungsbedürftige grenzüberschreitende Verbringung
(1) Einer Genehmigung bedarf, wer hochradioaktive Strahlenquellen nicht nur vorübergehend zur eigenen Nutzung im Rahmen eines genehmigten Umgangs aus einem Staat, der nicht Mitgliedstaat der Europäischen Union ist, in den Geltungsbereich dieser Verordnung verbringt, wenn
1. deren Aktivität jeweils das Zehnfache des Wertes für hochradioaktive Strahlenquellen der Anlage 4 Tabelle 1 Spalte 4 beträgt oder überschreitet,
2. sie ebenso wie ihre Schutzbehälter oder Aufbewahrungsbehältnisse keine Kennzeichnung nach § 92 Absatz 1 Satz 1 Nummer 1 und § 92 Absatz 1 Satz 2 aufweisen oder
3. ihnen keine Dokumentation nach § 94 Absatz 3 beigefügt ist.
(2) Einer Genehmigung bedarf, wer folgende radioaktive Stoffe nicht nur vorübergehend zur eigenen Nutzung im Rahmen eines genehmigten Umgangs aus dem Geltungsbereich dieser Verordnung in einen Staat verbringt, der nicht Mitgliedstaat der Europäischen Union ist:
1. hochradioaktive Strahlenquellen,
   a) deren Aktivität jeweils das Zehnfache des Wertes für hochradioaktive Strahlenquellen der Anlage 4 Tabelle 1 Spalte 4 beträgt oder überschreitet,
   b) die ebenso wie ihre Schutzbehälter oder Aufbewahrungsbehältnisse keine Kennzeichnung nach § 92 Absatz 1 Satz 1 Nummer 1 und § 92 Absatz 1 Satz 2 aufweisen oder
   c) denen keine Dokumentation nach § 94 Absatz 3 beigefügt ist,
oder
2. sonstige radioaktive Stoffe nach § 3 Absatz 1 des Strahlenschutzgesetzes oder Kernbrennstoffe nach § 3 Absatz 3 des Strahlenschutzgesetzes, deren Aktivität je Versandstück das 10⁸fache der Freigrenzen der Anlage 4 Tabelle 1 Spalte 2 beträgt oder überschreitet.

(3) ¹Eine Genehmigung nach Absatz 1 ist nicht erforderlich, soweit eine Genehmigung nach § 3 Absatz 1 des Atomgesetzes vorliegt, die sich gemäß § 10a Absatz 1 des Atomgesetzes auf eine Verbringung nach Absatz 1 erstreckt. ²Eine Genehmigung nach Absatz 2 ist nicht erforderlich, soweit eine Genehmigung nach § 3 Absatz 1 des Atomgesetzes vorliegt, die sich gemäß § 10a Absatz 1 des Atomgesetzes auf eine Verbringung nach Absatz 2 erstreckt.

§ 13 Anmeldebedürftige grenzüberschreitende Verbringung
(1) ¹Wer sonstige radioaktive Stoffe nach § 3 Absatz 1 des Strahlenschutzgesetzes oder Kernbrennstoffe nach § 3 Absatz 3 des Strahlenschutzgesetzes
1. aus einem Staat, der nicht Mitgliedstaat der Europäischen Union ist, in den Geltungsbereich dieser Verordnung verbringt oder
2. aus dem Geltungsbereich dieser Verordnung in einen Staat verbringt, der nicht Mitgliedstaat der Europäischen Union ist,

und keiner Genehmigung nach § 12 Absatz 1 oder 2 bedarf, hat die Verbringung der nach § 188 Absatz 1 Satz 2 des Strahlenschutzgesetzes zuständigen Behörde elektronisch anzumelden. ²Bei der Zollabfertigung ist der Nachweis der Anmeldung nach Satz 1 der nach § 188 Absatz 2 Satz 1 des Strahlenschutzgesetzes für die Überwachung zuständigen Behörde oder der von ihr benannten Stelle vorzulegen. ³Für die Anmeldung ist der Ausdruck des elektronisch erzeugten Formulars zu verwenden, das die nach § 188 Absatz 1 Satz 2 des Strahlenschutzgesetzes zuständige Behörde bestimmt hat.
(2) Wer Kernbrennstoffe nach § 3 Absatz 1 des Strahlenschutzgesetzes in Form von
1. bis zu 1 Kilogramm Uran, das auf 10 Prozent oder mehr, jedoch weniger als 20 Prozent an Uran-235 angereichert ist, oder
2. weniger als 10 Kilogramm Uran, das auf weniger als 10 Prozent an Uran-235 angereichert ist,

aus einem Staat, der nicht Mitgliedstaat der Europäischen Union ist, in den Geltungsbereich dieser Verordnung verbringt, hat die Verbringung abweichend von § 3 Absatz 1 des Atomgesetzes nach Absatz 1 anzumelden.
(3) Bei einer nach Absatz 1 Satz 1 oder Absatz 2 anmeldebedürftigen Verbringung in den Geltungsbereich dieser Verordnung hat der Verbringer Vorsorge zu treffen, dass die zu verbringenden radioaktiven Stoffe nach der Verbringung erstmals nur an Personen abgegeben werden, die eine Genehmigung nach § 12 Absatz 1 Nummer 1 oder 3, jeweils auch in Verbindung mit Absatz 2, des Strahlenschutzgesetzes oder § 6 Absatz 1, § 7 Absatz 1 Satz 1 oder Absatz 3 Satz 1 oder § 9 Absatz 1 des Atomgesetzes besitzen.

§ 14 Ausnahmen; andere Vorschriften über die grenzüberschreitende Verbringung
(1) Keiner Genehmigung nach § 3 Absatz 1 des Atomgesetzes oder § 12 dieser Verordnung bedarf und keine Anmeldung nach § 13 dieser Verordnung hat vorzunehmen, wer
1. einen der in Anlage 3 Teil E genannten Stoffe oder eine dort genannte Vorrichtung verbringt,
2. sonstige radioaktive Stoffe nach § 3 Absatz 1 des Strahlenschutzgesetzes oder Kernbrennstoffe nach § 3 Absatz 3 des Strahlenschutzgesetzes zollamtlich überwacht durch den Geltungsbereich dieser Verordnung verbringt,
3. Stoffe im Sinne der Nummer 2 zur eigenen Nutzung im Rahmen eines genehmigten Umgangs vorübergehend grenzüberschreitend verbringt, sofern es sich nicht um hochradioaktive Strahlenquellen handelt, oder
4. nach § 42 des Strahlenschutzgesetzes Konsumgüter verbringt.

(2) Die §§ 12 und 13 dieser Verordnung gelten nicht für die Verbringung durch die Bundeswehr.
(3) Andere Vorschriften über die Verbringung bleiben unberührt.

§ 15 Voraussetzungen für die Erteilung der Genehmigung für die grenzüberschreitende Verbringung

(1) ¹Die Genehmigung für eine grenzüberschreitende Verbringung nach § 12 Absatz 1 ist zu erteilen, wenn
1. keine Tatsachen vorliegen, aus denen sich Bedenken gegen die Zuverlässigkeit des Antragstellers, seines gesetzlichen Vertreters oder, bei juristischen Personen oder nicht rechtsfähigen Personenvereinigungen, der nach Gesetz, Satzung oder Gesellschaftsvertrag zur Vertretung oder Geschäftsführung Berechtigten ergeben, und
2. der Antragsteller Vorsorge getroffen hat, dass die radioaktiven Stoffe nach der Verbringung erstmals nur an Personen abgegeben werden, die die für den Umgang erforderliche Genehmigung besitzen.

²Für hochradioaktive Strahlenquellen darf die Genehmigung nach Satz 1 nur erteilt werden, wenn gewährleistet ist, dass
1. sie und ihr Schutzbehälter oder Aufbewahrungsbehältnis eine Kennzeichnung nach § 92 Absatz 1 Satz 1 Nummer 1 und § 92 Absatz 1 Satz 2 aufweisen und
2. die schriftlichen Unterlagen nach § 94 Absatz 3 beigefügt sind.

(2) ¹Die Genehmigung für eine grenzüberschreitende Verbringung nach § 12 Absatz 2 ist zu erteilen, wenn
1. keine Tatsachen vorliegen, aus denen sich Bedenken gegen die Zuverlässigkeit des Antragstellers, seines gesetzlichen Vertreters oder, bei juristischen Personen oder nicht rechtsfähigen Personenvereinigungen, der nach Gesetz, Satzung oder Gesellschaftsvertrag zur Vertretung oder Geschäftsführung Berechtigten ergeben, und
2. gewährleistet ist, dass die zu verbringenden radioaktiven Stoffe nicht in einer Weise verwendet werden, die die innere oder äußere Sicherheit der Bundesrepublik Deutschland oder die Erfüllung ihrer internationalen Verpflichtungen auf dem Gebiet der Kernenergie und des Strahlenschutzes gefährden.

²Absatz 1 Satz 2 gilt entsprechend.

ABSCHNITT 3 Bauartzulassung

§ 16 Technische Anforderungen an die Bauartzulassung einer Vorrichtung, die sonstige radioaktive Stoffe enthält

(1) Die Bauart einer Vorrichtung, die sonstige radioaktive Stoffe nach § 3 Absatz 1 des Strahlenschutzgesetzes enthält, darf nach § 45 Absatz 1 Nummer 1 des Strahlenschutzgesetzes nur dann zugelassen werden, wenn sichergestellt ist, dass
1. sie nur sonstige radioaktive Stoffe nach § 3 Absatz 1 des Strahlenschutzgesetzes enthält, die
   a) umschlossen sind und
   b) berührungssicher abgedeckt sind,
2. die Ortsdosisleistung im Abstand von 0,1 Meter von der berührbaren Oberfläche der Vorrichtung 1 Mikrosievert durch Stunde bei normalen Betriebsbedingungen nicht überschreitet,
3. die Vorrichtung so ausgelegt ist, dass ein sicherer Einschluss der radioaktiven Stoffe bei bestimmungsgemäßem Betrieb gewährleistet ist und außer der Qualitätskontrolle durch den Hersteller nach § 24 Nummer 2 und einer gegebenenfalls durchzuführenden Dicht-

Strahlenschutzverordnung §§ 16–18

heitsprüfung nach § 25 Absatz 4 keine weiteren Dichtheitsprüfungen an den radioaktiven Stoffen, die in der Vorrichtung enthalten sind, erforderlich sind, und
4. die Aktivität der in der Vorrichtung enthaltenen radioaktiven Stoffe das Zehnfache der Freigrenzen der Anlage 4 Tabelle 1 Spalte 2 nicht überschreitet.
(2) Die für die Zulassung der Bauart zuständige Behörde kann im Einzelfall Abweichungen von den Voraussetzungen nach Absatz 1 Nummer 1 Buchstabe a, Nummer 3 oder 4 zulassen, sofern die durch die Vorrichtung verursachte, zu erwartende jährliche, effektive Dosis für eine Einzelperson der Bevölkerung im Bereich von höchstens 10 Mikrosievert liegt.

§ 17 Technische Anforderungen an die Bauartzulassung von Störstrahlern
Die Bauart eines Störstrahlers darf nach § 45 Absatz 1 Nummer 1 des Strahlenschutzgesetzes nur dann zugelassen werden, wenn sichergestellt ist, dass
1. die Ortsdosisleistung im Abstand von 0,1 Meter von der berührbaren Oberfläche des Störstrahlers 1 Mikrosievert durch Stunde bei den vom Hersteller oder Verbringer angegebenen maximalen Betriebsbedingungen nicht überschreitet und
2. der Störstrahler auf Grund technischer Maßnahmen nur dann betrieben werden kann, wenn die dem Strahlenschutz dienenden Sicherheitseinrichtungen vorhanden und wirksam sind.

§ 18 Technische Anforderungen an die Bauartzulassung von Röntgenstrahlern
(1) Die Bauart eines Röntgenstrahlers, der weder zur Anwendung am Menschen noch zur Anwendung am Tier bestimmt ist und, bei dem der Untersuchungsgegenstand nicht vom Schutzgehäuse mit umschlossen wird, darf nach § 45 Absatz 1 Nummer 2 des Strahlenschutzgesetzes nur dann zugelassen werden, wenn sichergestellt ist, dass
1. im Falle eines Röntgenstrahlers für Röntgenfeinstrukturuntersuchungen die Ortsdosisleistung bei geschlossenen Strahlenaustrittsfenstern und den vom Hersteller oder Verbringer angegebenen maximalen Betriebsbedingungen in 1 Meter Abstand vom Brennfleck 3 Mikrosievert durch Stunde nicht überschreitet, oder
2. im Falle eines Röntgenstrahlers, der nicht unter Nummer 1 fällt, die über einen je nach Anwendung geeigneten Zeitraum gemittelte Ortsdosisleistung bei geschlossenen Strahlenaustrittsfenstern und den vom Hersteller oder Verbringer angegebenen maximalen Betriebsbedingungen in 1 Meter Abstand vom Brennfleck folgende Werte nicht überschreitet:
    a) bei Nennspannungen bis 200 Kilovolt 2,5 Millisievert durch Stunde,
    b) bei Nennspannungen über 200 Kilovolt 10 Millisievert durch Stunde und nach Herunterregeln auf eine Röntgenspannung von 200 Kilovolt 2,5 Millisievert durch Stunde.
(2) Die Bauart eines Röntgenstrahlers, der zur Anwendung von Röntgenstrahlung am Tier bestimmt ist, darf nach § 45 Absatz 1 Nummer 2 des Strahlenschutzgesetzes nur dann zugelassen werden, wenn sichergestellt ist, dass die über einen je nach Anwendung geeigneten Zeitraum gemittelte Ortsdosisleistung bei geschlossenem Strahlenaustrittsfenster und bei den vom Hersteller oder Verbringer angegebenen maximalen Betriebsbedingungen
1. in 1 Meter Abstand vom Brennfleck 1 Millisievert durch Stunde nicht überschreitet und
2. in 0,1 Meter Abstand von der berührbaren Oberfläche des Röntgenstrahlers, ausgenommen dem Bereich der Oberfläche, in dem sich das Strahlenaustrittsfenster befindet, 100 Mikrosievert durch Stunde nicht überschreitet, sofern der Röntgenstrahler für eine Anwendung aus der Hand geeignet ist.

§ 19 Technische Anforderungen an die Bauartzulassung von Basisschutzgeräten

Die Bauart einer Röntgeneinrichtung, die weder zur Anwendung am Menschen noch zur Anwendung am Tier bestimmt ist, darf als Basisschutzgerät nach § 45 Absatz 1 Nummer 3 des Strahlenschutzgesetzes nur dann zugelassen werden, wenn sichergestellt ist, dass

1. das Schutzgehäuse außer der Röntgenröhre oder dem Röntgenstrahler auch den zu behandelnden oder zu untersuchenden Gegenstand so umschließt, dass ausschließlich Öffnungen zum Ein- und Ausbringen des Gegenstandes vorhanden sind,
2. die Ortsdosisleistung im Abstand von 0,1 Meter von der berührbaren Oberfläche des Schutzgehäuses und im Abstand von 0,1 Meter vor den Öffnungen 10 Mikrosievert durch Stunde bei den vom Hersteller oder Verbringer angegebenen maximalen Betriebsbedingungen nicht überschreitet und
3. die Röntgenröhre oder der Röntgenstrahler nur bei vollständig geschlossenem Schutzgehäuse betrieben werden kann; dies gilt nicht für
   a) Öffnungen im Schutzgehäuse gemäß Nummer 1, wenn das Ein- und Ausbringen des zu behandelnden oder zu untersuchenden Gegenstandes ausschließlich mittels Probenwechsler oder Fördereinrichtung geschieht und die Abmessungen der Öffnungen diesem Zweck angepasst sind, oder
   b) Untersuchungsverfahren, die einen kontinuierlichen Betrieb des Röntgenstrahlers erfordern, wenn die Ortsdosisleistung im Innern des geöffneten Schutzgehäuses 10 Mikrosievert durch Stunde nicht überschreitet.

§ 20 Technische Anforderungen an die Bauartzulassung von Hochschutzgeräten

Die Bauart einer Röntgeneinrichtung, die weder zur Anwendung am Menschen noch zur Anwendung am Tier bestimmt ist, darf als Hochschutzgerät nach § 45 Absatz 1 Nummer 4 des Strahlenschutzgesetzes nur dann zugelassen werden, wenn sichergestellt ist, dass

1. das Schutzgehäuse außer der Röntgenröhre oder dem Röntgenstrahler auch den zu behandelnden oder zu untersuchenden Gegenstand vollständig umschließt,
2. die Ortsdosisleistung im Abstand von 0,1 Meter von der berührbaren Oberfläche des Schutzgehäuses – ausgenommen Innenräume nach Nummer 3 Buchstabe a – bei den vom Hersteller oder Verbringer angegebenen maximalen Betriebsbedingungen 10 Mikrosievert durch Stunde nicht überschreitet,
3. die Röntgenröhre oder der Röntgenstrahler nur bei vollständig geschlossenem Schutzgehäuse betrieben werden kann; dies gilt nicht für
   a) Schutzgehäuse, in die ausschließlich hineingefasst werden kann, wenn die Ortsdosisleistung im erreichbaren Teil des Innenraumes bei den vom Hersteller oder Verbringer angegebenen maximalen Betriebsbedingungen 250 Mikrosievert durch Stunde nicht überschreitet, oder
   b) Untersuchungsverfahren, die einen kontinuierlichen Betrieb des Röntgenstrahlers erfordern, wenn die Ortsdosisleistung im Innern des geöffneten Schutzgehäuses 10 Mikrosievert durch Stunde nicht überschreitet.

§ 21 Technische Anforderungen an die Bauartzulassung von Vollschutzgeräten

Die Bauart einer Röntgeneinrichtung, die weder zur Anwendung am Menschen noch zur Anwendung am Tier bestimmt ist, darf als Vollschutzgerät nach § 45 Absatz 1 Nummer 5 des Strahlenschutzgesetzes nur dann zugelassen werden,

1. wenn sichergestellt ist, dass
   a) das Schutzgehäuse außer der Röntgenröhre oder dem Röntgenstrahler auch den zu behandelnden oder zu untersuchenden Gegenstand vollständig umschließt,

b) die Ortsdosisleistung im Abstand von 0,1 Meter von der berührbaren Oberfläche des Schutzgehäuses 3 Mikrosievert durch Stunde bei den vom Hersteller oder Verbringer angegebenen maximalen Betriebsbedingungen nicht überschreitet, und
2. wenn durch zwei voneinander unabhängige Sicherheitseinrichtungen sichergestellt ist, dass
  a) die Röntgenröhre oder der Röntgenstrahler nur bei vollständig geschlossenem Schutzgehäuse betrieben werden kann oder
  b) bei Untersuchungsverfahren, die einen kontinuierlichen Betrieb des Röntgenstrahlers erfordern, das Schutzgehäuse während des Betriebes des Röntgenstrahlers nur bei geschlossenem Strahlenaustrittsfenster geöffnet werden kann und hierbei im Inneren des Schutzgehäuses die Ortsdosisleistung 3 Mikrosievert durch Stunde nicht überschreitet.

§ 22 Technische Anforderungen an die Bauartzulassung von Schulröntgeneinrichtungen

Die Bauart einer Röntgeneinrichtung, die weder zur Anwendung am Menschen noch zur Anwendung am Tier bestimmt ist, darf als Schulröntgeneinrichtung nach § 45 Absatz 1 Nummer 6 des Strahlenschutzgesetzes nur dann zugelassen werden, wenn sichergestellt ist, dass
1. die Voraussetzungen des § 21 erfüllt sind und
2. die vom Hersteller oder Verbringer angegebenen maximalen Betriebsbedingungen nicht überschritten werden können.

§ 23 Technische Anforderungen an die Bauartzulassung einer Anlage zur Erzeugung ionisierender Strahlung als Vollschutzanlage

Die Bauart einer Anlage zur Erzeugung ionisierender Strahlung, die nicht zur Anwendung am Menschen bestimmt ist, darf als Vollschutzanlage nach § 45 Absatz 1 Nummer 7 des Strahlenschutzgesetzes nur dann zugelassen werden,
1. wenn sichergestellt ist, dass
  a) die Erzeugung radioaktiver Stoffe durch Aktivierung beim Betrieb der Vollschutzanlage ausgeschlossen ist,
  b) ein Schutzgehäuse den Ort, an dem die ionisierende Strahlung entsteht, und den zu behandelnden oder zu untersuchenden Gegenstand vollständig umschließt,
  c) die Ortsdosisleistung im Abstand von 0,1 Meter von der berührbaren Oberfläche des Schutzgehäuses 3 Mikrosievert durch Stunde bei den vom Hersteller oder Verbringer angegebenen maximalen normalen Betriebsbedingungen nicht überschreitet, und
2. wenn durch zwei voneinander unabhängige Sicherheitseinrichtungen sichergestellt ist, dass die Vollschutzanlage nur bei vollständig geschlossenem Schutzgehäuse betrieben werden kann.

§ 24 Pflichten des Inhabers einer Bauartzulassung

Der Inhaber einer Bauartzulassung hat
1. ein Qualitätssicherungssystem zu betreiben,
2. vor einer Abgabe der gefertigten bauartzugelassenen Vorrichtung eine Qualitätskontrolle durchzuführen, um sicherzustellen, dass die gefertigte bauartzugelassene Vorrichtung den für den Strahlenschutz wesentlichen Merkmalen der Bauartzulassung entspricht,
3. die Qualitätskontrolle nach Nummer 2 durch eine von der für die Zulassung der Bauart zuständigen Behörde zu benennende sachverständige Person überwachen zu lassen,
4. vor einer Abgabe der gefertigten bauartzugelassenen Vorrichtung

a) das Bauartzeichen und weitere von der für die Zulassung der Bauart zuständigen Behörde zu bestimmende Angaben anzubringen und,
b) im Falle einer bauartzugelassenen Vorrichtung nach § 45 Absatz 1 Nummer 1 erste Alternative oder Nummer 7 des Strahlenschutzgesetzes diese entsprechend § 91 Absatz 1 zu kennzeichnen und
c) im Falle einer bauartzugelassenen Vorrichtung nach § 45 Absatz 1 Nummer 1 erste Alternative des Strahlenschutzgesetzes die Vorrichtung zusätzlich so zu kennzeichnen, dass die enthaltenen Radionuklide und deren Aktivität zum Zeitpunkt der Herstellung ersichtlich sind, soweit dies nach Größe und Beschaffenheit der Vorrichtung möglich ist,
5. dem Erwerber einer bauartzugelassenen Vorrichtung zusammen mit der Vorrichtung folgende Unterlagen auszuhändigen:
a) einen Abdruck des Zulassungsscheins,
b) einen Nachweis über das Ergebnis der Qualitätskontrolle nach Nummer 2 unter Angabe des Datums der Durchführung,
c) eine Betriebsanleitung in deutscher Sprache, in der auf die dem Strahlenschutz dienenden Maßnahmen hingewiesen wird, und
6. sicherzustellen, dass eine bauartzugelassene Vorrichtung nach § 45 Absatz 1 Nummer 1 erste Alternative des Strahlenschutzgesetzes nach Beendigung der Nutzung wieder von ihm zurückgenommen werden kann.

§ 25 Pflichten des Inhabers einer bauartzugelassenen Vorrichtung

(1) [1]Der Inhaber einer bauartzugelassenen Vorrichtung hat folgende Unterlagen bei der Vorrichtung bereitzuhalten:
1. einen Abdruck des Zulassungsscheins,
2. die Betriebsanleitung und
3. im Falle einer Vorrichtung nach § 45 Absatz 1 Nummer 1 erste Alternative des Strahlenschutzgesetzes die Befunde der Dichtheitsprüfung nach Absatz 4 Satz 1.
[2]Bei einer Abgabe der bauartzugelassenen Vorrichtung gilt § 24 Nummer 5 entsprechend.
(2) An der bauartzugelassenen Vorrichtung dürfen keine Änderungen vorgenommen werden, die für den Strahlenschutz wesentliche Merkmale betreffen.
(3) Wer eine bauartzugelassene Vorrichtung betreibt oder verwendet, hat in den Fällen einer Bauartzulassung nach § 45 Absatz 1 Nummer 2 bis 7 des Strahlenschutzgesetzes unverzüglich den Betrieb einzustellen oder in den Fällen einer Bauartzulassung nach § 45 Absatz 1 Nummer 1 des Strahlenschutzgesetzes die Vorrichtung unverzüglich stillzulegen und Schutzmaßnahmen zur Vermeidung von Strahlenschäden zu treffen, wenn
1. die Rücknahme oder der Widerruf der Bauartzulassung oder die Erklärung, dass eine bauartzugelassene Vorrichtung nicht weiter betrieben werden darf, bekannt gemacht wurde oder
2. die bauartzugelassene Vorrichtung nicht mehr den im Zulassungsschein angegebenen Merkmalen entspricht.
(4) [1]Der Inhaber einer bauartzugelassenen Vorrichtung nach § 45 Absatz 1 Nummer 1 erste Alternative des Strahlenschutzgesetzes hat die Vorrichtung alle zehn Jahre durch einen nach § 172 Absatz 1 Nummer 4 des Strahlenschutzgesetzes bestimmten Sachverständigen auf Unversehrtheit und Dichtheit prüfen zu lassen. [2]Stichtag für die Prüfung nach Satz 1 ist der im Nachweis nach § 24 Nummer 5 Buchstabe b vermerkte Tag der Qualitätskontrolle. [3]Die für die Zulassung der Bauart zuständige Behörde kann im Zulassungsschein von den Sätzen 1 und 2 abweichende Regelungen zur Dichtheitsprüfung treffen.

(5) ¹Der Inhaber einer bauartzugelassenen Vorrichtung nach § 45 Absatz 1 Nummer 1 erste Alternative des Strahlenschutzgesetzes hat die Vorrichtung nach Beendigung der Nutzung, sofern er diese nicht an einen Dritten zur weiteren Nutzung abgibt, unverzüglich dem Inhaber der Bauartzulassung zurückzugeben. ²Ist dies nicht möglich, so hat er sie an eine Landessammelstelle oder an eine von der zuständigen Behörde bestimmte Stelle abzugeben.

§ 26 Bekanntmachung
Die für die Zulassung der Bauart zuständige Behörde hat den wesentlichen Inhalt der Bauartzulassung, ihre Änderungen, ihre Rücknahme, ihren Widerruf, die Verlängerung der Zulassungsfrist und die Erklärung, dass eine bauartzugelassene Vorrichtung nicht weiter betrieben werden darf, im Bundesanzeiger bekannt zu machen.

ABSCHNITT 4 Rückstände

§ 27 Bestimmung der Überwachungsbedürftigkeit von Rückständen
Für die Bestimmung der Überwachungsbedürftigkeit von Rückständen nach § 61 Absatz 2 Satz 1 des Strahlenschutzgesetzes gelten die in Anlage 5 festgelegten Überwachungsgrenzen und Verwertungs- und Beseitigungswege.

§ 28 Ermittlung der von Rückständen verursachten Expositionen
Die von Rückständen verursachten Expositionen sind nach den in Anlage 6 festgelegten Grundsätzen zu ermitteln.

§ 29 Entlassung überwachungsbedürftiger Rückstände aus der Überwachung zur Verwertung oder Beseitigung nach dem Kreislaufwirtschaftsgesetz
(1) Bei einer beabsichtigten Verwertung oder Beseitigung der überwachungsbedürftigen Rückstände nach dem Kreislaufwirtschaftsgesetz legt der Antragsteller der für die Entlassung aus der Überwachung zuständigen Behörde die folgenden Unterlagen vor:
1. eine Erklärung des Antragstellers über den Verbleib des künftigen Abfalls,
2. eine Annahmeerklärung des Verwerters oder Beseitigers und
3. einen Nachweis, dass eine Kopie der Annahmeerklärung des Verwerters oder Beseitigers der für die Verwertungs- oder Beseitigungsanlage nach dem Kreislaufwirtschaftsgesetz zuständigen Behörde zugeleitet worden ist.

(2) ¹Die für die Verwertungs- oder Beseitigungsanlage nach dem Kreislaufwirtschaftsgesetz zuständige Behörde kann von der für die Entlassung aus der Überwachung zuständigen Behörde innerhalb einer Frist von 30 Kalendertagen nach Zugang der Kopie der Annahmeerklärung des Verwerters oder Beseitigers verlangen, dass Einvernehmen hinsichtlich der Anforderungen an den Verwertungs- oder Beseitigungsweg hergestellt wird. ²Absatz 3 bleibt unberührt.

(3) ¹Die für die Entlassung aus der Überwachung zuständige Behörde stellt bei einer beabsichtigten Verwertung oder Beseitigung des künftigen Abfalls zur Gewährleistung des Dosiskriteriums nach § 62 Absatz 3 Satz 1 des Strahlenschutzgesetzes innerhalb einer Frist von 30 Kalendertagen nach Zugang des Nachweises nach Absatz 1 Nummer 3 das Einvernehmen mit der für die Entlassung aus der Überwachung zuständigen Behörde her, in deren örtlichem Zuständigkeitsbereich der künftige Abfall verwertet oder beseitigt werden soll. ²Das Einvernehmen kann nicht erteilt werden, wenn das Dosiskriterium nicht eingehalten werden kann. ³Das Einvernehmen gilt als erteilt, wenn es nicht innerhalb von 30 Kalendertagen nach Eingang des Ersuchens versagt wird.

(4) Die zuständige Behörde kann bei der Entscheidung über die Entlassung von Rückständen aus der Überwachung zur gemeinsamen Deponierung mit anderen Rückständen und Abfäl-

len unter den in Anlage 7 genannten Voraussetzungen davon ausgehen, dass für die Exposition von Einzelpersonen der Bevölkerung eine effektive Dosis im Bereich von 1 Millisievert im Kalenderjahr auch ohne weitere Maßnahmen nicht überschritten wird.
(5) Die Bestimmungen des Kreislaufwirtschaftsgesetzes und der auf Grund dieses Gesetzes erlassenen Verordnungen zur Führung von Nachweisen über die ordnungsgemäße Entsorgung von Abfällen bleiben unberührt.

§ 30 Entlassung überwachungsbedürftiger Rückstände aus der Überwachung zur Verwertung als Bauprodukt

(1) Bei einer beabsichtigten Verwertung der überwachungsbedürftigen Rückstände als Bauprodukt legt der Antragsteller der für die Entlassung aus der Überwachung zuständigen Behörde die folgenden Unterlagen vor:
1. eine Erklärung des Antragstellers über den Verbleib der Rückstände,
2. eine Annahmeerklärung des Herstellers des Bauproduktes, das die Rückstände enthalten soll, und
3. eine Bestätigung des Herstellers des Bauproduktes, das die Rückstände enthalten soll, dass die voraussichtliche Exposition durch von dem Bauprodukt ausgehende Gammastrahlung den Referenzwert nach § 133 des Strahlenschutzgesetzes nicht überschreitet.

(2) Die für die Entlassung aus der Überwachung zuständige Behörde prüft bei der Entscheidung über die Entlassung der überwachungsbedürftigen Rückstände zur Verwertung in einem Bauprodukt, dass das Dosiskriterium nach § 62 Absatz 3 Satz 1 des Strahlenschutzgesetzes nicht überschritten wird.
(3) Die Bestimmungen des Kreislaufwirtschaftsgesetzes und der auf Grund dieses Gesetzes erlassenen Verordnungen bleiben unberührt.

Kapitel 3 Freigabe

§ 31 Freigabe radioaktiver Stoffe; Dosiskriterium

(1) [1]Nur nach einer Freigabe dürfen als nicht radioaktive Stoffe verwendet, verwertet, beseitigt, innegehalten oder an einen Dritten weitergegeben werden:
1. radioaktive Stoffe, die aus Tätigkeiten nach § 4 Absatz 1 Satz 1 Nummer 1 in Verbindung mit § 5 Absatz 39 Nummer 1 oder 2, oder aus Tätigkeiten nach § 4 Absatz 1 Satz 1 Nummer 3 bis 7 des Strahlenschutzgesetzes stammen, und
2. bewegliche Gegenstände, Gebäude, Räume, Raumteile und Bauteile, Bodenflächen, Anlagen oder Anlagenteile (Gegenstände), die mit radioaktiven Stoffen, die aus Tätigkeiten nach § 4 Absatz 1 Satz 1 Nummer 1 in Verbindung mit § 5 Absatz 39 Nummer 1 oder 2, oder aus Tätigkeiten nach § 4 Absatz 1 Satz 1 Nummer 3 bis 7 des Strahlenschutzgesetzes stammen, kontaminiert sind oder durch die genannten Tätigkeiten aktiviert wurden.

[2]Einer Freigabe bedürfen insbesondere Stoffe und Gegenstände, die aus Kontrollbereichen stammen, in denen
1. mit offenen radioaktiven Stoffen umgegangen wird oder wurde,
2. offene radioaktive Stoffe vorhanden sind oder waren, oder
3. die Möglichkeit einer Aktivierung bestand.

(2) Dosiskriterium für die Freigabe ist, dass für Einzelpersonen der Bevölkerung durch die freizugebenden Stoffe und Gegenstände nur eine effektive Dosis im Bereich von 10 Mikrosievert im Kalenderjahr auftreten kann.
(3) Eine Freigabe ersetzt keine Genehmigung nach § 7 Absatz 3 des Atomgesetzes.
(4) § 58 Absatz 2 und die §§ 99 bis 102 bleiben unberührt.

(5) ¹Die zuständige Behörde soll Ausnahmen von Absatz 1 Satz 2 erteilen, wenn durch geeignete beweissichernde Messungen nachgewiesen wird, dass keine Kontamination oder Aktivierung vorliegt. ²Satz 1 gilt nicht für Tätigkeiten nach § 4 Absatz 1 Satz 1 Nummer 4 des Strahlenschutzgesetzes. ³Die Vorgehensweise zum Nachweis, dass keine Kontamination oder Aktivierung vorliegt, ist in einer betrieblichen Unterlage zu beschreiben und durch Angaben zu Art und Umfang der Tätigkeit darzulegen.

§ 32 Antrag auf Freigabe
(1) Eine Freigabe kann beantragt werden vom Inhaber
1. einer Genehmigung nach § 6, § 7 oder § 9 des Atomgesetzes,
2. eines Planfeststellungsbeschlusses oder einer Genehmigung nach § 9b des Atomgesetzes oder
3. einer Genehmigung nach § 12 Absatz 1 Nummer 1 bis 3 des Strahlenschutzgesetzes.

(2) Eine uneingeschränkte Freigabe bedarf keiner Festlegungen zur künftigen Verwendung, Verwertung, Beseitigung, des Innehabens der freizugebenden Stoffe und Gegenstände oder deren Weitergabe an Dritte.
(3) Bei einer spezifischen Freigabe ist die künftige Verwendung, Verwertung, Beseitigung, das Innehaben der freizugebenden Stoffe und Gegenstände oder deren Weitergabe an Dritte eingeschränkt
1. auf Grund der materiellen Eigenschaften der freizugebenden Stoffe und Gegenstände oder
2. durch Anforderungen an die künftige Verwendung, Verwertung, Beseitigung, das Innehaben der freizugebenden Stoffe und Gegenstände oder deren Weitergabe an Dritte.

(4) ¹Eine Freigabe im Einzelfall ist nur dann eine uneingeschränkte Freigabe, wenn bei der Nachweisführung zur Einhaltung des Dosiskriteriums für die Freigabe alle möglichen künftigen Nutzungen, Verwendungen, Verwertungen, Beseitigungen, Innehaben der freizugebenden Stoffe und Gegenstände oder deren Weitergabe an Dritte beachtet wurden. ²Abweichend von Satz 1 kommt für eine wässrige Lösung eine uneingeschränkte Freigabe im Einzelfall in Betracht, wenn zusätzlich zum Dosiskriterium der Freigabe die radiologischen Parameter für Tritium und Radon-222 der Anlage 3a der Trinkwasserverordnung in der Fassung der Bekanntmachung vom 10. März 2016 (BGBl. I S. 459) in der jeweils geltenden Fassung eingehalten werden.

§ 33 Erteilung der Freigabe
(1) Die zuständige Behörde erteilt die Freigabe, wenn das Dosiskriterium für die Freigabe eingehalten wird.
(2) Die Freigabe wird schriftlich in einem Freigabebescheid erteilt.
(3) Die zuständige Behörde kann die Freigabe unter der aufschiebenden Bedingung erteilen, dass sie den vom Strahlenschutzverantwortlichen, der Inhaber der Freigabe ist, erbrachten Nachweis der Übereinstimmung mit dem Inhalt des Freigabebescheides bestätigt.
(4) ¹§ 17 Absatz 1 Satz 2 bis 4 des Atomgesetzes über inhaltliche Beschränkungen, Auflagen und Befristung ist in der jeweils geltenden Fassung entsprechend anzuwenden. ²Die Freigabe kann darüber hinaus mit einer Bedingung, einem Vorbehalt des Widerrufs oder einem Vorbehalt der nachträglichen Aufnahme, Änderung oder Ergänzung einer Auflage erteilt werden.

§ 34 Vermischungsverbot
Derjenige, der einen Antrag auf Freigabe stellen kann, und der Strahlenschutzverantwortliche, der Inhaber der Freigabe ist, dürfen die Anforderungen, von denen die Erteilung der

Freigabe abhängt, und die Übereinstimmung mit dem Inhalt des Freigabebescheides nicht zielgerichtet durch Vermischen oder Verdünnen herbeiführen, veranlassen oder ermöglichen.

§ 35 Uneingeschränkte Freigabe

Die zuständige Behörde kann davon ausgehen, dass das Dosiskriterium für die Freigabe eingehalten wird, wenn der Antragsteller nachweist, dass für eine uneingeschränkte Freigabe
1. die Freigabewerte nach Anlage 4 Tabelle 1 Spalte 3 eingehalten werden,
2. die Festlegungen nach Anlage 8 Teil A Nummer 1 und Teil B eingehalten werden und
3. in den Fällen, in denen eine feste Oberfläche vorhanden ist, an der eine Messung der Kontamination möglich ist, die Werte der Oberflächenkontamination nach Anlage 4 Tabelle 1 Spalte 5 eingehalten werden.

§ 36 Spezifische Freigabe

(1) Die zuständige Behörde kann davon ausgehen, dass das Dosiskriterium für die Freigabe eingehalten wird, wenn der Antragsteller nachweist, dass für eine spezifische Freigabe
1. von Bauschutt bei einer zu erwartenden Masse von mehr als 1 000 Megagramm im Kalenderjahr
    a) die Freigabewerte nach Anlage 4 Tabelle 1 Spalte 6 eingehalten werden und
    b) die Festlegungen nach Anlage 8 Teil A Nummer 1 und Teil F eingehalten werden,
2. von Bodenflächen
    a) die Freigabewerte nach Anlage 4 Tabelle 1 Spalte 7 eingehalten werden und
    b) Festlegungen nach Anlage 8 Teil A Nummer 1 und Teil E eingehalten werden,
3. von festen Stoffen zur Beseitigung auf Deponien
    a) die Festlegungen nach Anlage 8 Teil A Nummer 1 und Teil C eingehalten werden,
    b) in den Fällen, in denen eine feste Oberfläche vorhanden ist, an der eine Messung der Kontamination möglich ist, die Werte der Oberflächenkontamination nach Anlage 4 Tabelle 1 Spalte 5 eingehalten werden und
    c) bei einer zu erwartenden Masse
        aa) von bis zu 100 Megagramm im Kalenderjahr die Freigabewerte nach Anlage 4 Tabelle 1 Spalte 8 eingehalten werden oder
        bb) von mehr als 100 Megagramm bis zu 1 000 Megagramm im Kalenderjahr die Freigabewerte nach Anlage 4 Tabelle 1 Spalte 10 eingehalten werden,
4. von Stoffen zur Beseitigung in einer Verbrennungsanlage
    a) die Festlegungen nach Anlage 8 Teil A Nummer 1 und Teil C eingehalten werden und
    b) in den Fällen, in denen eine feste Oberfläche vorhanden ist, an der eine Messung der Kontamination möglich ist, die Werte der Oberflächenkontamination nach Anlage 4 Tabelle 1 Spalte 5 eingehalten werden und
    c) bei einer zu erwartenden Masse
        aa) von bis zu 100 Megagramm im Kalenderjahr die Freigabewerte nach Anlage 4 Tabelle 1 Spalte 9 eingehalten werden oder
        bb) von mehr als 100 Megagramm bis zu 1 000 Megagramm im Kalenderjahr die Freigabewerte nach Anlage 4 Tabelle 1 Spalte 11 eingehalten werden,
5. von Gebäuden, Räumen, Raumteilen und Bauteilen zur Wieder- und Weiterverwendung
    a) die Freigabewerte nach Anlage 4 Tabelle 1 Spalte 12 eingehalten werden und
    b) die Festlegungen nach Anlage 8 Teil A Nummer 1 und Teil D eingehalten werden,
6. von Gebäuden, Räumen, Raumteilen und Bauteilen zum Abriss
    a) die Freigabewerte nach Anlage 4 Tabelle 1 Spalte 13 eingehalten werden und
    b) die Festlegungen nach Anlage 8 Teil A Nummer 1 und Teil D eingehalten werden,
7. von Metallschrott zum Recycling

a) die Freigabewerte nach Anlage 4 Tabelle 1 Spalte 14 eingehalten werden,
b) die Festlegungen nach Anlage 8 Teil A Nummer 1 und Teil G eingehalten werden und
c) in den Fällen, in denen eine feste Oberfläche vorhanden ist, an der eine Messung der Kontamination möglich ist, die Werte der Oberflächenkontamination nach Anlage 4 Tabelle 1 Spalte 5 eingehalten werden.

(2) Bei einer spezifischen Freigabe zur Beseitigung und bei einer spezifischen Freigabe von Metallschrott zum Recycling dürfen der zuständigen Behörde darüber hinaus keine Anhaltspunkte dafür vorliegen, dass das Dosiskriterium für die Freigabe am Standort der Entsorgungsanlage nicht eingehalten wird.

(3) Bei einer spezifischen Freigabe zur Beseitigung und bei einer spezifischen Freigabe von Metallschrott zum Recycling kann die zuständige Behörde auf den Nachweis darüber verzichten, dass die Werte der Oberflächenkontamination nach Anlage 4 Tabelle 1 Spalte 5 eingehalten werden, wenn auszuschließen ist, dass Personen durch die freizugebenden Stoffe kontaminiert werden können.

§ 37 Freigabe im Einzelfall

(1) ^{1}Der Antragsteller kann den Nachweis, dass das Dosiskriterium für die Freigabe eingehalten ist, auch im Einzelfall führen. ^{2}Dies gilt, soweit
1. die für eine spezifische Freigabe erforderlichen Anforderungen und Festlegungen im Einzelfall nicht vorliegen,
2. für einzelne Radionuklide keine Freigabewerte festgelegt sind,
3. es sich um andere als die in Anlage 8 Teil B genannten flüssigen Stoffe handelt oder
4. der zuständigen Behörde Anhaltspunkte dafür vorliegen, dass am Standort der Entsorgungsanlage bei Heranziehung der Freigabewerte nach Anlage 4 Tabelle 1 Spalte 8, 9, 10, 11 oder 14 das Dosiskriterium für die Freigabe nicht eingehalten ist.

^{3}Satz 1 gilt auch, soweit die Freigabe zum Einsatz in einem Grubenbau nach § 1 Absatz 1 der Versatzverordnung vom 24. Juli 2002 (BGBl. I S. 2833), die zuletzt durch Artikel 5 Absatz 25 des Gesetzes vom 24. Februar 2012 (BGBl. I S. 212) geändert worden ist, in der jeweils geltenden Fassung erfolgt.

(2) Bei der Nachweisführung sind die Festlegungen nach Anlage 8 Teil A Nummer 2 zu berücksichtigen.

§ 38 Freigabe von Amts wegen

Ist kein Genehmigungsinhaber vorhanden, so kann eine Freigabe auch von Amts wegen erfolgen.

§ 39 Einvernehmen bei der spezifischen Freigabe zur Beseitigung

(1) Die zuständige Behörde stellt bei einer beabsichtigten Freigabe zur Beseitigung von Massen von mehr als 10 Megagramm im Kalenderjahr das Einvernehmen mit der für den Vollzug dieser Verordnung zuständigen obersten Landesbehörde her, in deren Zuständigkeitsbereich die freizugebenden Massen beseitigt werden sollen.

(2) ^{1}Das Einvernehmen gilt als erteilt, wenn es nicht innerhalb von 30 Kalendertagen nach Eingang des Ersuchens der für die beabsichtigte Freigabe zuständigen Behörde versagt wird. ^{2}Ist auf Grund einer Abschätzung nicht auszuschließen, dass mit der beabsichtigten Freigabe das Dosiskriterium für die Freigabe am Standort der Entsorgungsanlage nicht eingehalten wird, so versagt die für den Vollzug dieser Verordnung zuständige oberste Landesbehörde, in deren Zuständigkeitsbereich die freizugebenden Massen beseitigt werden sollen, das Einvernehmen.

§ 40 Abfallrechtlicher Verwertungs- und Beseitigungsweg
(1) Bei einer spezifischen Freigabe zur Beseitigung, bei einer spezifischen Freigabe von Metallschrott zum Recycling und bei einer spezifischen Freigabe im Einzelfall dürfen bei der für die Freigabe zuständigen Behörde keine Bedenken gegen die abfallrechtliche Zulässigkeit des vorgesehenen Verwertungs- oder Beseitigungsweges und seine Einhaltung bestehen.
(2) ¹Der Antragsteller hat der für die Freigabe zuständigen Behörde vor Erteilung der Freigabe eine Erklärung über den Verbleib des künftigen Abfalls und eine Annahmeerklärung des Betreibers der Verwertungs- oder Beseitigungsanlage oder eine anderweitige Vereinbarung zwischen dem Antragsteller und dem Betreiber der Verwertungs- oder Beseitigungsanlage vorzulegen. ²Der Antragsteller hat der für die Verwertungs- oder Beseitigungsanlage nach dem Kreislaufwirtschaftsgesetz zuständigen Behörde gleichzeitig eine Kopie der Annahmeerklärung oder der Vereinbarung zuzuleiten und dies der für die Freigabe zuständigen Behörde nachzuweisen.
(3) Die für die Verwertungs- und Beseitigungsanlage nach dem Kreislaufwirtschaftsgesetz zuständige Behörde kann von der für die Freigabe zuständigen Behörde innerhalb einer Frist von 30 Kalendertagen nach Zugang der Kopie verlangen, dass Einvernehmen hinsichtlich der Anforderungen an den Verwertungs- oder Beseitigungsweg hergestellt wird.
(4) Die Bestimmungen des Kreislaufwirtschaftsgesetzes sowie der auf Grund dieses Gesetzes erlassenen Verordnungen über die ordnungsgemäße Entsorgung von Abfällen bleiben unberührt.

§ 41 Festlegung des Verfahrens
(1) Die zuständige Behörde kann in einer Genehmigung nach § 6, § 7 oder § 9 des Atomgesetzes, in einem Planfeststellungsbeschluss oder einer Genehmigung nach § 9b des Atomgesetzes, in einer Genehmigung nach § 12 Absatz 1 Nummer 1 bis 3 des Strahlenschutzgesetzes oder in einem gesonderten Bescheid das Verfahren festlegen
1. zur Erfüllung der Anforderungen und Festlegungen zum Nachweis für
   a) eine uneingeschränkte Freigabe,
   b) eine spezifische Freigabe oder
   c) eine Freigabe im Einzelfall und
2. zur Feststellung der Übereinstimmung mit dem Inhalt des Freigabebescheides.

(2) Die zuständige Behörde kann auf Antrag desjenigen, der eine Freigabe beantragen kann, feststellen, ob bestimmte Anforderungen, von denen die Erteilung der Freigabe abhängig ist, bereits erfüllt sind.
(3) ¹Die Feststellung der Erfüllung bestimmter Anforderungen kann aufgenommen werden
1. in einer Genehmigung nach § 6, § 7 oder § 9 des Atomgesetzes,
2. in einem Planfeststellungsbeschluss oder einer Genehmigung nach § 9b des Atomgesetzes,
3. in einer Genehmigung nach § 12 Absatz 1 Nummer 1 bis 3 des Strahlenschutzgesetzes oder
4. in einem gesonderten Bescheid.

²Die Feststellung ist dem Freigabeverfahren zugrunde zu legen.

§ 42 Pflichten des Inhabers einer Freigabe
(1) Der Strahlenschutzverantwortliche, der Inhaber der Freigabe ist, hat für jede Masse oder Teilmasse, die auf Grund der Freigabe als nicht radioaktiver Stoff verwendet, verwertet, beseitigt, innegehabt oder an Dritte weitergegeben werden soll, zuvor die Übereinstimmung mit dem Inhalt des Freigabebescheides festzustellen.

Strahlenschutzverordnung §§ 42–45

(2) Messungen der spezifischen Aktivität (Freimessungen), die zur Feststellung der Übereinstimmung mit dem Inhalt des Freigabebescheides erforderlich sind, und ihre Ergebnisse sind von dem Strahlenschutzverantwortlichen, der Inhaber der Freigabe ist, zu dokumentieren.
(3) Der Strahlenschutzverantwortliche, der Inhaber der Freigabe ist, hat die zuständige Behörde unverzüglich zu informieren, wenn eine der Anforderungen, von denen die Erteilung der Freigabe abhängt, nicht mehr erfüllt ist.

Kapitel 4 Betriebliche Organisation des Strahlenschutzes
§ 43 Pflichten des Strahlenschutzbeauftragten
(1) [1]Der Strahlenschutzbeauftragte hat für die Einhaltung der dem Strahlenschutzverantwortlichen durch diese Verordnung zugewiesenen Pflichten zu sorgen, soweit ihm die entsprechenden Aufgaben und Befugnisse nach § 70 Absatz 2 des Strahlenschutzgesetzes übertragen wurden. [2]§ 70 Absatz 1 Satz 2 des Strahlenschutzgesetzes bleibt unberührt.
(2) Die Pflichten der folgenden Vorschriften dürfen dem Strahlenschutzbeauftragten nicht übertragen werden: § 44 Absatz 2, § 45 Absatz 1 Satz 1 und Absatz 3 und 4, § 54, § 79 Absatz 5, § 98 Satz 1 Nummer 4, auch in Verbindung mit Satz 2, § 99 Absatz 3, § 104 Absatz 1 Satz 1, Absatz 3 Satz 1 und Absatz 4, § 106 Absatz 2 und 4, § 117 Absatz 1 und 2 und § 138 Absatz 1.

§ 44 Pflichten bei Nutzung durch weitere Strahlenschutzverantwortliche
(1) [1]Ein Strahlenschutzverantwortlicher, der Inhaber einer Genehmigung nach § 12 Absatz 1 Nummer 1, 3, 4 oder 5 des Strahlenschutzgesetzes ist oder der eine Anzeige nach § 17 Absatz 1 Satz 1 oder § 19 Absatz 1 Satz 1 des Strahlenschutzgesetzes erstattet hat, hat dafür zu sorgen, dass die zuständige Behörde unverzüglich unterrichtet wird, sobald eine weitere Person die Anlage zur Erzeugung ionisierender Strahlung, die radioaktiven Stoffe, die Röntgeneinrichtung oder den Störstrahler eigenverantwortlich nutzt. [2]Die Pflicht der weiteren Person, als Strahlenschutzverantwortlicher eine Genehmigung nach § 12 Absatz 1 Nummer 1, 3, 4 oder 5 des Strahlenschutzgesetzes zu beantragen oder eine Anzeige nach §§ 17 oder 19 Absatz 1 des Strahlenschutzgesetzes zu erstatten, bleibt unberührt.
(2) [1]Der Strahlenschutzverantwortliche und die weitere Person haben ihre Pflichten sowie die Pflichten ihrer jeweiligen Strahlenschutzbeauftragten, Medizinphysik-Experten und sonst unter ihrer Verantwortung tätigen Personen vertraglich eindeutig gegeneinander abzugrenzen. [2]Der Vertrag ist der zuständigen Behörde auf Verlangen vorzulegen.

§ 45 Strahlenschutzanweisung
(1) [1]Der Strahlenschutzverantwortliche hat dafür zu sorgen, dass eine Strahlenschutzanweisung erlassen wird. [2]Die Strahlenschutzanweisung kann Bestandteil sonstiger erforderlicher Betriebsanweisungen insbesondere nach arbeitsschutz-, immissionsschutz-, gefahrgut- oder gefahrstoffrechtlichen Vorschriften sein.
(2) [1]In der Strahlenschutzanweisung sind die in dem Betrieb zu beachtenden Schutzmaßnahmen aufzuführen. [2]Zu diesen Maßnahmen können insbesondere gehören
1. die Aufstellung eines Plans für die Organisation des Strahlenschutzes, erforderlichenfalls mit der Bestimmung, dass ein oder mehrere Strahlenschutzbeauftragte oder Personen mit der erforderlichen Fachkunde im Strahlenschutz bei der Tätigkeit ständig anwesend oder sofort erreichbar sein müssen,
2. die Regelung des für den Strahlenschutz wesentlichen Betriebsablaufs,
3. die für die Ermittlung der Körperdosis vorgesehenen Messungen und Maßnahmen entsprechend den Expositionsbedingungen,

4. die Regelungen zur Festlegung von Dosisrichtwerten für die Exposition der Beschäftigten und anderer Personen,
5. die Führung eines Betriebsbuchs, in das die für den Strahlenschutz wesentlichen Betriebsvorgänge einzutragen sind,
6. Regelungen zur Vermeidung, Untersuchung und Meldung von Vorkommnissen,
7. die regelmäßige Funktionsprüfung und Wartung von Bestrahlungsvorrichtungen, Anlagen zur Erzeugung ionisierender Strahlung, Röntgeneinrichtungen, Störstrahlern, Ausrüstung und Geräten, die für den Strahlenschutz wesentlich sind, sowie die Führung von Aufzeichnungen über die Funktionsprüfungen und über die Wartungen,
8. die Regelung des Schutzes gegen Störmaßnahmen oder sonstige Einwirkungen Dritter, gegen das Abhandenkommen von radioaktiven Stoffen oder gegen das unerlaubte Inbetriebsetzen einer Bestrahlungsvorrichtung, einer Anlage zur Erzeugung ionisierender Strahlung, einer Röntgeneinrichtung oder eines Störstrahlers, unter Einhaltung der Regelungen zur Behandlung von Verschlusssachen, und
9. die Aufstellung eines Planes für regelmäßige Alarmübungen sowie für den Einsatz bei Notfällen und Störfällen, erforderlichenfalls mit Regelungen für den Brandschutz und die vorbereitenden Maßnahmen für Notfälle und Störfälle.
(3) Die Strahlenschutzanweisung ist bei wesentlichen Änderungen unverzüglich zu aktualisieren.
(4) Beim anzeigebedürftigen Betrieb von Röntgeneinrichtungen und beim Betrieb von Störstrahlern und bei einer Anzeige nach §§ 56 oder 59 des Strahlenschutzgesetzes ist der Erlass einer Strahlenschutzanweisung nur erforderlich, wenn die zuständige Behörde den Strahlenschutzverantwortlichen dazu verpflichtet.

§ 46 Bereithalten des Strahlenschutzgesetzes und der Strahlenschutzverordnung
Der Strahlenschutzverantwortliche hat dafür zu sorgen, dass das Strahlenschutzgesetz und diese Verordnung in Betrieben oder selbständigen Zweigbetrieben, bei Nichtgewerbetreibenden an dem Ort der Tätigkeit, zur Einsicht ständig verfügbar gehalten wird, wenn regelmäßig mindestens eine Person beschäftigt oder unter der Aufsicht eines anderen tätig ist.

Kapitel 5 Fachkunde und Kenntnisse

§ 47 Erforderliche Fachkunde im Strahlenschutz
(1) [1]Der Erwerb der erforderlichen Fachkunde im Strahlenschutz wird von der zuständigen Stelle geprüft und bescheinigt. [2]Dazu sind der zuständigen Stelle in der Regel folgende Unterlagen vorzulegen:
1. Nachweise über eine für das jeweilige Anwendungsgebiet geeignete Ausbildung,
2. Nachweise über die praktische Erfahrung und
3. Nachweise über die erfolgreiche Teilnahme an anerkannten Kursen.
[3]Die Kursteilnahme darf insgesamt nicht länger als fünf Jahre zurückliegen.
(2) [1]Der Nachweis der praktischen Erfahrung erfolgt durch Vorlage einer schriftlichen Bestätigung derjenigen Person, in deren Verantwortungsbereich oder unter deren Aufsicht die praktische Erfahrung erworben wurde. [2]Der Nachweis soll insbesondere folgende Angaben enthalten:
1. Angaben zur Person,
2. eine Auflistung der Tätigkeiten mit Angabe der Beschäftigungszeiten in dem jeweiligen Anwendungsgebiet und
3. den Namen der Einrichtung, in der die Tätigkeiten erbracht wurden.
[3]Dauer, Art und Umfang der zu erwerbenden praktischen Erfahrung sind abhängig von der Ausbildung und dem jeweiligen Anwendungsgebiet. [4]Die praktische Erfahrung darf nur an

einer Einrichtung erworben werden, die auf Grund ihrer technischen und personellen Ausstattung in der Lage ist, die erforderlichen praktischen Fähigkeiten zu vermitteln.
(3) [1]In den Kursen zum Erwerb der erforderlichen Fachkunde im Strahlenschutz ist das für das jeweilige Anwendungsgebiet erforderliche Wissen zu vermitteln. [2]Neben den rechtlichen Grundlagen soll in Abhängigkeit von dem jeweiligen Anwendungsgebiet insbesondere Folgendes vermittelt werden:
1. naturwissenschaftliche und technische Grundlagen,
2. angewandter Strahlenschutz und
3. allgemeine und anwendungsspezifische Strahlenschutzmaßnahmen.
[3]Die Kurse sollen praktische Übungen im Strahlenschutz beinhalten. [4]Von einer erfolgreichen Teilnahme an einem anerkannten Kurs kann ausgegangen werden, wenn die Abschlussprüfung über die Inhalte des Kurses erfolgreich absolviert wurde.
(4) [1]Die zuständige Stelle kann eine im Ausland erworbene Qualifikation im Strahlenschutz vollständig oder teilweise als erforderliche Fachkunde im Strahlenschutz anerkennen, wenn diese mit der für das jeweilige Anwendungsgebiet erforderlichen Fachkunde im Strahlenschutz vergleichbar ist. [2]Zur Feststellung der Vergleichbarkeit sind der zuständigen Stelle im Ausland erworbene Ausbildungsnachweise und Nachweise über einschlägige Berufserfahrung und sonstige Befähigungsnachweise vorzulegen, sofern diese zur Feststellung der Vergleichbarkeit erforderlich sind.
(5) [1]Die erforderliche Fachkunde im Strahlenschutz wird mit Bestehen der Abschlussprüfung einer staatlichen oder staatlich anerkannten Berufsausbildung erworben, wenn die zuständige Behörde zuvor festgestellt hat, dass in dieser Ausbildung die für das jeweilige Anwendungsgebiet erforderliche Fachkunde im Strahlenschutz vermittelt wird. [2]Die nach der jeweiligen Ausbildungs- und Prüfungsordnung oder Approbationsordnung für das Prüfungswesen zuständige Stelle erteilt die Bescheinigung über die erforderliche Fachkunde im Strahlenschutz.
(6) Für Medizinisch-technische Radiologieassistenten gilt der Nachweis der erforderlichen Fachkunde mit der Erlaubnis nach § 1 Absatz 1 Nummer 2 des MTA-Gesetzes für die vorbehaltenen Tätigkeiten nach § 9 Absatz 1 Nummer 2 des MTA-Gesetzes als erbracht.

§ 48 Aktualisierung der Fachkunde
(1) [1]Die erforderliche Fachkunde im Strahlenschutz muss mindestens alle fünf Jahre durch eine erfolgreiche Teilnahme an einem von der zuständigen Stelle anerkannten Kurs oder anderen von der zuständigen Stelle als geeignet anerkannten Fortbildungsmaßnahmen aktualisiert werden. [2]Der Nachweis der Aktualisierung der erforderlichen Fachkunde ist der zuständigen Stelle auf Anforderung vorzulegen.
(2) [1]Abweichend von Absatz 1 kann die erforderliche Fachkunde im Strahlenschutz im Einzelfall auf andere geeignete Weise aktualisiert werden. [2]Die Aktualisierung muss geeignet sein, einen Wissensstand zu gewährleisten, der der Wissensvermittlung in einem Kurs oder einer Fortbildungsmaßnahme nach Absatz 1 Satz 1 entspricht. [3]Die Aktualisierung ist der zuständigen Stelle nachzuweisen. [4]Diese entscheidet über die Anerkennung der Aktualisierung.

§ 49 Erforderliche Kenntnisse im Strahlenschutz bei der Anwendung am Menschen und am Tier in der Tierheilkunde
(1) Folgende Personen haben die erforderlichen Kenntnisse im Strahlenschutz in der Regel nach § 74 Absatz 2 Satz 2 des Strahlenschutzgesetzes zu erwerben:
1. Ärzte oder Zahnärzte nach § 145 Absatz 1 Nummer 2,

2. Ärzte, die nach § 14 Absatz 2 Satz 1 Nummer 3 des Strahlenschutzgesetzes am Ort der technischen Durchführung der Teleradiologie anwesend sind,
3. Personen mit einer erfolgreich abgeschlossenen sonstigen medizinischen Ausbildung nach § 145 Absatz 2 Nummer 5,
4. Tierärzte nach § 146 Absatz 1 Nummer 2,
5. Personen nach § 146 Absatz 2 Nummer 5.
(2) [1]§ 47 Absatz 1 bis 5 gilt entsprechend. [2]Die zuständige Behörde kann auf Antrag eines Kursveranstalters zulassen, dass der Nachweis über den erfolgreichen Abschluss eines anerkannten Kurses die Bescheinigung über den Erwerb der erforderlichen Kenntnisse ersetzt.
(3) Für die Aktualisierung der erforderlichen Kenntnisse im Strahlenschutz gilt § 48 entsprechend.

§ 50 Widerruf der Anerkennung der erforderlichen Fachkunde oder der erforderlichen Kenntnisse
(1) Die zuständige Stelle kann die Anerkennung der erforderlichen Fachkunde oder der erforderlichen Kenntnisse im Strahlenschutz widerrufen oder deren Fortgeltung mit Auflagen versehen, wenn der Nachweis über Fortbildungsmaßnahmen nicht oder nicht vollständig vorgelegt wird oder eine Überprüfung nach Absatz 2 ergibt, dass die erforderliche Fachkunde oder die erforderlichen Kenntnisse im Strahlenschutz nicht oder nicht im erforderlichen Umfang vorhanden sind.
(2) Bestehen begründete Zweifel an der erforderlichen Fachkunde oder an den erforderlichen Kenntnissen im Strahlenschutz, kann die zuständige Behörde eine Überprüfung der Fachkunde oder der Kenntnisse veranlassen.

§ 51 Anerkennung von Kursen
Kurse nach § 47 Absatz 3, § 48 Absatz 1 Satz 1, § 49 Absatz 2 Satz 1 in Verbindung mit § 47 Absatz 3 und § 49 Absatz 3 in Verbindung mit § 48 Absatz 1 Satz 1 sind von der für die Kursstätte zuständigen Stelle anzuerkennen, wenn
1. die Kursinhalte geeignet sind, die für das jeweilige Anwendungsgebiet notwendigen Fertigkeiten und das notwendige Wissen im Strahlenschutz entsprechend § 47 Absatz 3 zu vermitteln,
2. die Qualifikation des Lehrpersonals, die verwendeten Lehrmaterialien und die Ausstattung der Kursstätte eine ordnungsgemäße Wissensvermittlung gewährleisten und
3. eine Erfolgskontrolle stattfindet.

Kapitel 6 Anforderungen im Zusammenhang mit der Ausübung von Tätigkeiten
ABSCHNITT 1 Physikalische Strahlenschutzkontrolle; Strahlenschutzbereiche
§ 52 Einrichten von Strahlenschutzbereichen
(1) [1]Der Strahlenschutzverantwortliche hat dafür zu sorgen, dass bei den nachfolgenden Tätigkeiten Strahlenschutzbereiche nach Absatz 2 Satz 1 eingerichtet werden, wenn die Exposition von Personen einen der Grenzwerte für Einzelpersonen der Bevölkerung nach § 80 Absatz 1 und 2 des Strahlenschutzgesetzes überschreiten kann:
1. Tätigkeiten, die einer Genehmigung nach § 12 Absatz 1 des Strahlenschutzgesetzes bedürfen,
2. Tätigkeiten, die einer Genehmigung nach §§ 6, 7, 9 oder 9b des Atomgesetzes oder eines Planfeststellungsbeschlusses nach § 9b des Atomgesetzes bedürfen, oder
3. Tätigkeiten, die anzeigepflichtig nach §§ 17 oder 19 des Strahlenschutzgesetzes sind.

²Strahlenschutzbereiche sind bei diesen Tätigkeiten auch einzurichten, wenn zu erwarten ist, dass die nicht festhaftende, flächenspezifische Aktivität von Oberflächen in einem Bereich die Werte der Anlage 4 Tabelle 1 Spalte 5 überschreitet.
(2) ¹Strahlenschutzbereiche sind einzurichten als
1. Überwachungsbereich, wenn in betrieblichen Bereichen, die nicht zum Kontrollbereich gehören, Personen im Kalenderjahr eine effektive Dosis von mehr als 1 Millisievert oder eine Organ-Äquivalentdosis von mehr als 50 Millisievert für die Hände, die Unterarme, die Füße oder Knöchel oder eine lokale Hautdosis von mehr als 50 Millisievert erhalten können,
2. Kontrollbereich, wenn Personen im Kalenderjahr eine effektive Dosis von mehr als 6 Millisievert oder eine Organ-Äquivalentdosis von mehr als 15 Millisievert für die Augenlinse oder 150 Millisievert für die Hände, die Unterarme, die Füße oder Knöchel oder eine lokale Hautdosis von mehr als 150 Millisievert erhalten können, und
3. Sperrbereich, wenn in einem Bereich die Ortsdosisleistung höher als 3 Millisievert durch Stunde sein kann; ein Sperrbereich ist Teil des Kontrollbereichs.
²Maßgebend bei der Festlegung der Grenze von Kontrollbereich oder Überwachungsbereich ist eine Aufenthaltszeit von 40 Stunden je Woche und 50 Wochen im Kalenderjahr, soweit keine anderen begründeten Angaben über die Aufenthaltszeit vorliegen. ³Die zuständige Behörde kann bestimmen, dass weitere Bereiche als Strahlenschutzbereiche zu behandeln sind, wenn dies zum Schutz Einzelner oder der Allgemeinheit erforderlich ist. ⁴Satz 1 Nummer 3 findet keine Anwendung beim Betrieb von Röntgeneinrichtungen zum Zwecke der Untersuchung von Menschen und der Untersuchung von Tieren in der Tierheilkunde.
(3) ¹Bereiche, in denen nur Röntgeneinrichtungen oder Störstrahler betrieben werden, gelten nur während der Einschaltzeit als Strahlenschutzbereiche. ²Beim Betrieb von Anlagen zur Erzeugung ionisierender Strahlung oder Bestrahlungsvorrichtungen kann die zuständige Behörde zulassen, dass Bereiche nur während der Einschaltzeit dieser Anlagen oder Vorrichtungen als Kontrollbereiche oder Sperrbereiche gelten, wenn dadurch Einzelne oder die Allgemeinheit nicht gefährdet werden.

§ 53 Abgrenzung, Kennzeichnung und Sicherung von Strahlenschutzbereichen
(1) ¹Der Strahlenschutzverantwortliche hat dafür zu sorgen, dass Kontrollbereiche nach § 52 Absatz 2 Satz 1 Nummer 2 abgegrenzt und zusätzlich zur Kennzeichnung nach § 91 Absatz 1 deutlich sichtbar und dauerhaft mit dem Zusatz „Kontrollbereich" gekennzeichnet werden. ²Die zuständige Behörde kann Ausnahmen von Satz 1 gestatten, wenn dadurch Einzelne oder die Allgemeinheit nicht gefährdet werden.
(2) ¹Im Falle von Kontrollbereichen, in denen ausschließlich Röntgeneinrichtungen oder genehmigungsbedürftige Störstrahler betrieben werden, hat der Strahlenschutzverantwortliche dafür zu sorgen, dass diese Bereiche während der Einschaltzeit und der Betriebsbereitschaft mindestens mit den Worten „Kein Zutritt – Röntgen" gekennzeichnet werden. ²Die dauerhafte Kennzeichnung nach § 91 Absatz 1 und Absatz 1 Satz 1 ist entbehrlich.
(3) ¹Der Strahlenschutzverantwortliche hat dafür zu sorgen, dass Sperrbereiche nach § 52 Absatz 2 Satz 1 Nummer 3 abgegrenzt und zusätzlich zur Kennzeichnung nach § 91 Absatz 1 deutlich sichtbar und dauerhaft mindestens mit dem Zusatz „Sperrbereich – Kein Zutritt" gekennzeichnet werden. ²Er hat dafür zu sorgen, dass die Sperrbereiche so abgesichert werden, dass Personen, auch mit einzelnen Körperteilen, nicht unkontrolliert hineingelangen können. ³Die zuständige Behörde kann Ausnahmen von den Sätzen 1 und 2 gestatten, wenn dadurch Einzelne oder die Allgemeinheit nicht gefährdet werden.
(4) Sperrbereiche, die innerhalb eines Teiles eines Röntgen- oder Bestrahlungsraumes eingerichtet sind, müssen abweichend von Absatz 3 nicht gesondert gekennzeichnet oder abge-

grenzt werden, wenn sich während der Einschaltzeit der Röntgeneinrichtung, der Anlage zur Erzeugung ionisierender Strahlung oder der Bestrahlungsvorrichtung nur Personen, an denen ionisierende Strahlung angewendet wird, oder Betreuungs- oder Begleitpersonen in dem Röntgen- oder Bestrahlungsraum aufhalten können.
(5) ¹Beim ortsveränderlichen Umgang mit radioaktiven Stoffen und beim ortsveränderlichen Betrieb von Anlagen zur Erzeugung ionisierender Strahlung, Röntgeneinrichtungen, Störstrahlern oder Bestrahlungsvorrichtungen hat der Strahlenschutzverantwortliche dafür zu sorgen, dass ein einzurichtender Kontrollbereich so abgegrenzt und gekennzeichnet wird, dass unbeteiligte Personen diesen nicht unbeabsichtigt betreten können. ²Kann ausgeschlossen werden, dass unbeteiligte Personen den Kontrollbereich unbeabsichtigt betreten können, ist die Abgrenzung nicht erforderlich. ³Eine zusätzliche Abgrenzung oder Kennzeichnung von Sperrbereichen innerhalb des Kontrollbereichs ist nicht erforderlich.

§ 54 Vorbereitung der Brandbekämpfung
(1) ¹Der Strahlenschutzverantwortliche hat dafür zu sorgen, dass zur Vorbereitung der Brandbekämpfung mit den nach Landesrecht zuständigen Behörden die erforderlichen Maßnahmen geplant werden. ²Es ist insbesondere festzulegen, an welchen Orten die Feuerwehr oder, in untertägigen Betrieben, die Grubenwehr im Einsatzfall
1. ohne besonderen Schutz vor den Gefahren radioaktiver Stoffe tätig werden kann (Gefahrengruppe I),
2. nur unter Verwendung einer Sonderausrüstung tätig werden kann (Gefahrengruppe II) und
3. nur mit einer Sonderausrüstung und unter Hinzuziehung einer Person mit der erforderlichen Fachkunde, um die beim Einsatz in diesem Bereich entstehende Gefährdung durch ionisierende Strahlung sowie die notwendigen Schutzmaßnahmen beurteilen zu können, tätig werden kann (Gefahrengruppe III).
³Der Strahlenschutzverantwortliche hat dafür zu sorgen, dass die betroffenen Bereiche jeweils am Zugang deutlich sichtbar und dauerhaft mit dem Zeichen „Gefahrengruppe I", „Gefahrengruppe II" oder „Gefahrengruppe III" gekennzeichnet werden.
(2) Absatz 1 gilt nicht beim ausschließlichen Betrieb von Röntgeneinrichtungen oder Störstrahlern.

§ 55 Zutritt zu Strahlenschutzbereichen
(1) ¹Der Strahlenschutzverantwortliche hat dafür zu sorgen, dass Personen der Zutritt
1. zu einem Überwachungsbereich nur erlaubt wird, wenn
   a) sie in diesem Bereich eine dem Betrieb dienende Aufgabe wahrnehmen,
   b) ihr Aufenthalt in diesem Bereich zur Anwendung ionisierender Strahlung oder radioaktiver Stoffe an ihnen selbst oder als Betreuungs-, Begleit- oder Tierbegleitperson erforderlich ist,
   c) sie Auszubildende oder Studierende sind und der Aufenthalt in diesem Bereich zur Erreichung ihres Ausbildungszieles erforderlich ist oder
   d) sie Besucher sind,
2. zu einem Kontrollbereich nur erlaubt wird, wenn
   a) sie zur Durchführung oder Aufrechterhaltung der in diesem Bereich vorgesehenen Betriebsvorgänge tätig werden müssen,
   b) ihr Aufenthalt in diesem Bereich zur Anwendung ionisierender Strahlung oder radioaktiver Stoffe an ihnen selbst oder als Betreuungs-, Begleit- oder Tierbegleitperson erforderlich ist und eine zur Ausübung des ärztlichen, zahnärztlichen oder tierärztlichen Berufs berechtigte Person, die die erforderliche Fachkunde im Strahlenschutz besitzt, zugestimmt hat oder

c) bei Auszubildenden oder Studierenden dies zur Erreichung ihres Ausbildungszieles erforderlich ist,
3. zu einem Sperrbereich nur erlaubt wird, wenn
   a) sie zur Durchführung der in diesem Bereich vorgesehenen Betriebsvorgänge oder aus zwingenden Gründen tätig werden müssen und sie unter der Kontrolle eines Strahlenschutzbeauftragten oder einer von ihm beauftragten Person, die die erforderliche Fachkunde im Strahlenschutz besitzt, stehen oder
   b) ihr Aufenthalt in diesem Bereich zur Anwendung ionisierender Strahlung oder radioaktiver Stoffe an ihnen selbst oder als Betreuungs- oder Begleitperson erforderlich ist und eine zur Ausübung des ärztlichen oder zahnärztlichen Berufs berechtigte Person, die die erforderliche Fachkunde im Strahlenschutz besitzt, schriftlich zugestimmt hat.

²Die zuständige Behörde kann gestatten, dass auch anderen Personen der Zutritt zu Strahlenschutzbereichen erlaubt werden kann, wenn ein angemessener Schutz dieser Personen gewährleistet ist. ³Betretungsrechte auf Grund anderer gesetzlicher Regelungen bleiben unberührt.

(2) ¹Einer schwangeren Person darf der Zutritt
1. zu einem Sperrbereich abweichend zu Absatz 1 Satz 1 Nummer 3 nur erlaubt werden, wenn ihr Aufenthalt in diesem Bereich für ihre eigene Untersuchung oder Behandlung erforderlich ist,
2. zu einem Kontrollbereich abweichend zu Absatz 1 Satz 1 Nummer 2 Buchstabe a und c nur erlaubt werden, wenn der Strahlenschutzbeauftragte oder, wenn er die erforderliche Fachkunde im Strahlenschutz besitzt, der Strahlenschutzverantwortliche
   a) ihr den Zutritt gestattet und
   b) durch geeignete Überwachungsmaßnahmen sicherstellt, dass der besondere Dosisgrenzwert nach § 78 Absatz 4 Satz 2 des Strahlenschutzgesetzes eingehalten und dies dokumentiert wird,
3. zu einem Kontrollbereich abweichend von Absatz 1 Satz 1 Nummer 2 Buchstabe b als Betreuungs- oder Begleitperson nur erlaubt werden, wenn zwingende Gründe dies erfordern.

²Die Zutrittserlaubnis für schwangere Personen zu Kontrollbereichen nach Satz 1 Nummer 2 oder 3 ist zu dokumentieren. ³Die Aufzeichnungen sind ab dem Zutritt fünf Jahre aufzubewahren.

(3) Einer stillenden Person darf der Zutritt zu Kontrollbereichen, in denen mit offenen radioaktiven Stoffen umgegangen wird, abweichend von Absatz 1 Satz 1 Nummer 2 Buchstabe b nicht als Tierbegleitperson erlaubt werden.

§ 56 Messtechnische Überwachung in Strahlenschutzbereichen

(1) Der Strahlenschutzverantwortliche hat dafür zu sorgen, dass in Strahlenschutzbereichen in dem für die Ermittlung der Exposition erforderlichen Umfang jeweils einzeln oder in Kombination Folgendes gemessen wird:
1. die Ortsdosis oder die Ortsdosisleistung,
2. die Konzentration radioaktiver Stoffe in der Luft oder
3. die Kontamination des Arbeitsplatzes.

(2) ¹Der Strahlenschutzverantwortliche hat dafür zu sorgen, dass Zeitpunkt und Ergebnis der Messungen unverzüglich aufgezeichnet werden. ²Die Aufzeichnungen sind mindestens fünf Jahre nach der letzten durchgeführten Messung oder nach Beendigung der Tätigkeit aufzubewahren und der zuständigen Behörde auf Verlangen vorzulegen. ³Der Strahlenschutzverantwortliche hat dafür zu sorgen, dass bei Beendigung der Tätigkeit die Aufzeichnungen bei einer von der zuständigen Behörde vorgegebenen Stelle hinterlegt werden.

(3) Der Strahlenschutzverantwortliche hat dafür zu sorgen, dass die Anzeige der Geräte zur Überwachung der Ortsdosis oder Ortsdosisleistung in Sperrbereichen auch außerhalb dieser Bereiche erkennbar ist.

§ 57 Kontamination und Dekontamination

(1) Bei Strahlenschutzbereichen, in denen offene radioaktive Stoffe vorhanden sind, hat der Strahlenschutzverantwortliche, soweit es zum Schutz der sich darin aufhaltenden Personen oder der dort befindlichen Sachgüter erforderlich ist, dafür zu sorgen, dass festgestellt wird, ob Kontaminationen durch diese Stoffe vorliegen.

(2) [1]Der Strahlenschutzverantwortliche hat dafür zu sorgen, dass unverzüglich Maßnahmen zur Verhinderung der Weiterverbreitung radioaktiver Stoffe oder ihrer Aufnahme in den Körper getroffen werden, wenn
1. festgestellt wird, dass die nicht festhaftende Oberflächenkontamination auf Verkehrsflächen, an Arbeitsplätzen oder an der Kleidung in Kontrollbereichen das Hundertfache der Werte der Anlage 4 Tabelle 1 Spalte 5 überschreitet,
2. festgestellt wird, dass die nicht festhaftende Oberflächenkontamination auf Verkehrsflächen, an Arbeitsplätzen oder an der Kleidung in Überwachungsbereichen das Zehnfache der Werte der Anlage 4 Tabelle 1 Spalte 5 überschreitet, oder
3. außerhalb eines Strahlenschutzbereichs auf dem Betriebsgelände die Oberflächenkontamination von Bodenflächen, Gebäuden und beweglichen Gegenständen, insbesondere Kleidung, die Werte der Anlage 4 Tabelle 1 Spalte 5 überschreitet.

[2]Satz 1 gilt nicht für die Gegenstände, die als gefährliche Güter nach § 2 des Gefahrgutbeförderungsgesetzes befördert oder nach § 94 abgegeben werden.

(3) [1]Werden die Werte der Oberflächenkontamination nach Absatz 2 Satz 1 Nummer 3 überschritten, hat der Strahlenschutzverantwortliche dafür zu sorgen, dass die Ergebnisse der Messungen und Ermittlungen unverzüglich aufgezeichnet werden. [2]Der Strahlenschutzverantwortliche hat dafür zu sorgen, dass diese Aufzeichnungen mindestens zehn Jahre aufbewahrt und der zuständigen Behörde auf Verlangen vorgelegt werden.

(4) Können die in Absatz 2 Satz 1 Nummer 1 oder 2 genannten Werte der Oberflächenkontamination dauerhaft nicht eingehalten werden, so hat der Strahlenschutzverantwortliche dafür zu sorgen, dass die in solchen Arbeitsbereichen beschäftigten Personen durch besondere Maßnahmen geschützt werden.

(5) Die Absätze 1 bis 3 gelten nicht für Personen, die sich zur Anwendung ionisierender Strahlung oder radioaktiver Stoffe an ihnen selbst oder als Betreuungs- oder Begleitpersonen in einem Strahlenschutzbereich aufhalten.

§ 58 Verlassen von und Herausbringen aus Strahlenschutzbereichen

(1) [1]Der Strahlenschutzverantwortliche hat dafür zu sorgen, dass Personen beim Verlassen eines Kontrollbereichs, in dem offene radioaktive Stoffe vorhanden sind, daraufhin geprüft werden, ob sie kontaminiert sind. [2]Wird hierbei eine Kontamination festgestellt, so hat der Strahlenschutzverantwortliche dafür zu sorgen, dass unverzüglich Maßnahmen getroffen werden, die geeignet sind, weitere Expositionen und eine Weiterverbreitung radioaktiver Stoffe zu verhindern. [3]Wenn in einem Überwachungsbereich offene radioaktive Stoffe vorhanden sein können, kann die zuständige Behörde festlegen, dass eine Prüfung auch beim Verlassen des Überwachungsbereichs durchzuführen ist. [4]Wird nach Satz 2 oder 3 eine Kontamination festgestellt, gelten die Aufzeichnungs-, Aufbewahrungs- und Mitteilungspflichten nach § 167 Absatz 1, 2 und 3 Satz 1 und Absatz 4 des Strahlenschutzgesetzes entsprechend.

(2) ¹Der Strahlenschutzverantwortliche hat dafür zu sorgen, dass bewegliche Gegenstände, insbesondere Werkzeuge, Messgeräte, Messvorrichtungen, sonstige Apparate, Anlagenteile oder Kleidungsstücke, die zum Zweck der Handhabung, zum Zweck der Nutzung oder zum Zweck einer sonstigen Verwendung mit dem Ziel einer Wiederverwendung oder Reparatur außerhalb eines Strahlenschutzbereichs aus einem Kontrollbereich herausgebracht werden, daraufhin geprüft werden, ob sie aktiviert oder kontaminiert sind. ²Der Strahlenschutzverantwortliche hat dafür zu sorgen, dass Gegenstände nicht aus dem Kontrollbereich herausgebracht werden, wenn
1. im Falle ihrer Aktivierung die Werte der Anlage 4 Tabelle 1 Spalte 3 überschritten sind oder
2. im Falle ihrer Kontamination die Werte der Anlage 4 Tabelle 1 Spalte 3 oder Spalte 5 überschritten sind.

³Wenn in einem Überwachungsbereich eine Kontamination oder eine Aktivierung nicht ausgeschlossen ist, kann die zuständige Behörde festlegen, dass die Sätze 1 und 2 auch auf Überwachungsbereiche anzuwenden sind. ⁴Die Sätze 1 und 2 gelten nicht für die Gegenstände, die als gefährliche Güter nach § 2 des Gefahrgutbeförderungsgesetzes befördert oder nach § 94 abgegeben werden. ⁵Die Prüfung nach den Sätzen 1 und 2 ist nicht erforderlich für Kontrollbereiche, in denen es keine offenen radioaktiven Stoffe gibt und in denen keine Aktivierung erfolgen kann. ⁶§ 31 findet keine Anwendung.
(3) Die Absätze 1 und 2 gelten nicht für Personen, die sich zur Anwendung ionisierender Strahlung oder radioaktiver Stoffe an ihnen selbst oder als Betreuungs- oder Begleitpersonen in einem Strahlenschutzbereich aufhalten.

§ 59 Einrichten von Strahlenschutzbereichen bei Tätigkeiten mit natürlich vorkommenden radioaktiven Stoffen

¹Bei einer nach § 56 oder § 59 des Strahlenschutzgesetzes angezeigten Tätigkeit kann die zuständige Behörde auf Grund der Expositionsbedingungen anordnen, dass Strahlenschutzbereiche entsprechend § 52 einzurichten sind. ²In diesem Fall gelten § 53 und die §§ 55 bis 58 nur, soweit die zuständige Behörde die dort genannten Maßnahmen entsprechend anordnet.

§ 60 Röntgenräume

(1) Der Strahlenschutzverantwortliche hat dafür zu sorgen, dass eine Röntgeneinrichtung nur in einem Röntgenraum betrieben wird.
(2) Röntgenräume müssen allseitig umschlossen und in der Genehmigung nach § 12 Absatz 1 Nummer 4 des Strahlenschutzgesetzes, in der Bescheinigung nach § 19 Absatz 3 Satz 1 Nummer 1 des Strahlenschutzgesetzes oder in der Entscheidung nach § 19 Absatz 3 Satz 2 des Strahlenschutzgesetzes als Röntgenraum bezeichnet sein.
(3) ¹Der Strahlenschutzverantwortliche hat dafür zu sorgen, dass im Kontrollbereich von Röntgeneinrichtungen, die in einem Röntgenraum betrieben werden, Arbeitsplätze, Verkehrswege oder Umkleidekabinen nur liegen, wenn sichergestellt ist, dass sich dort während der Einschaltzeit keine Personen aufhalten. ²Dies gilt nicht für Arbeitsplätze, die aus Gründen einer ordnungsgemäßen Anwendung der Röntgenstrahlen nicht außerhalb des Kontrollbereichs liegen können.
(4) Absatz 1 gilt nicht
1. für Röntgeneinrichtungen, die nach § 61 in einem Bestrahlungsraum zu betreiben sind,
2. für Röntgeneinrichtungen, bei denen die Genehmigung einen Betrieb außerhalb eines Röntgenraums und eines Bestrahlungsraums zulässt,
3. für Basis-, Hoch- und Vollschutzgeräte sowie Schulröntgeneinrichtungen und

4. in den Ausnahmefällen nach § 19 Absatz 2 Nummer 5 des Strahlenschutzgesetzes, in denen der Zustand der zu untersuchenden Person oder des zu untersuchenden Tieres oder dessen Größe im Einzelfall zwingend den Betrieb außerhalb eines Röntgenraums erfordert.

§ 61 Bestrahlungsräume
(1) Der Strahlenschutzverantwortliche hat dafür zu sorgen, dass folgende Geräte bei der Anwendung am Menschen und der Anwendung am Tier in der Tierheilkunde nur in Bestrahlungsräumen betrieben werden:
1. Röntgeneinrichtungen zur Behandlung,
2. Anlagen zur Erzeugung ionisierender Strahlung sowie
3. Bestrahlungsvorrichtungen,
   a) die hochradioaktive Strahlenquellen enthalten oder
   b) bei denen die Gesamtaktivität der radioaktiven Stoffe den Wert von Anlage 4 Tabelle 1 Spalte 4 überschreitet.

(2) Bestrahlungsräume müssen
1. allseitig umschlossen sein,
2. so bemessen sein, dass die erforderlichen Verrichtungen ohne Behinderung vorgenommen werden können,
3. über eine geeignete Ausstattung zur Überwachung der Person verfügen, an der ionisierende Strahlung angewendet wird, und
4. so bemessen sein, dass sich bei Anlagen zur Erzeugung ionisierender Strahlung und bei Bestrahlungsvorrichtungen nach Absatz 1 Nummer 3
   a) die Bedienungsvorrichtungen, die die Strahlung freigeben, in einem Nebenraum außerhalb des Kontrollbereichs befinden, und
   b) in dem Bestrahlungsraum mindestens ein Notschalter befindet, mit dem die Anlage abgeschaltet, der Strahlerkopf der Bestrahlungsvorrichtung geschlossen oder der radioaktive Stoff in die Abschirmung eingefahren werden kann.

§ 62 Räume für den Betrieb von Störstrahlern
Die zuständige Behörde kann für genehmigungsbedürftige Störstrahler zum Schutz Einzelner oder der Allgemeinheit festlegen, dass sie nur in allseitig umschlossenen Räumen betrieben werden dürfen.

§ 63 Unterweisung
(1) ^{1}Der Strahlenschutzverantwortliche hat dafür zu sorgen, dass folgende Personen unterwiesen werden:
1. Personen, die im Rahmen einer anzeige- oder genehmigungsbedürftigen Tätigkeit tätig werden,
2. Personen, denen nach § 55 Absatz 1 Satz 1 Nummer 2 Buchstabe a oder c der Zutritt zu einem Kontrollbereich erlaubt wird.

^{2}Die Unterweisung ist erstmals vor Aufnahme der Betätigung oder vor dem erstmaligen Zutritt zu einem Kontrollbereich durchzuführen. ^{3}Danach ist die Unterweisung mindestens einmal im Jahr zu wiederholen. ^{4}Satz 1 Nummer 1 gilt nicht für Personen, die bei der Errichtung von Anlagen zur Erzeugung ionisierender Strahlung tätig sind.

(2) ^{1}Die Unterweisung hat insbesondere Informationen zu umfassen über
1. die Arbeitsmethoden,
2. die möglichen Gefahren,
3. die anzuwendenden Sicherheits- und Schutzmaßnahmen,

4. die für ihre Beschäftigung oder ihre Anwesenheit wesentlichen Inhalte des Strahlenschutzrechts, der Genehmigung oder Anzeige, der Strahlenschutzanweisung und
5. die zum Zweck der Überwachung von Dosisgrenzwerten und der Beachtung der Strahlenschutzgrundsätze erfolgende Verarbeitung und Nutzung personenbezogener Daten..
²Diese Unterweisung kann Bestandteil sonstiger erforderlicher Unterweisungen insbesondere nach arbeitsschutz-, immissionsschutz-, gefahrgut- oder gefahrstoffrechtlichen Vorschriften sein.
(3) ¹Die Unterweisung muss in einer für die Unterwiesenen verständlichen Form und Sprache erfolgen. ²Die Unterweisung hat mündlich zu erfolgen. ³Die zuständige Behörde kann zulassen, dass die Unterweisung durch Nutzung von E-Learning-Angeboten oder von audiovisuellen Medien erfolgt, wenn dabei eine Erfolgskontrolle durchgeführt wird und die Möglichkeit für Nachfragen gewährleistet ist.
(4) ¹Der Strahlenschutzverantwortliche hat dafür zu sorgen, dass andere Personen als die in Absatz 1 genannten, denen der Zutritt zu Kontrollbereichen gestattet wird, vorher über die möglichen Gefahren und ihre Vermeidung unterwiesen werden. ²Dies gilt nicht für Personen, an denen ionisierende Strahlung angewendet wird oder radioaktive Stoffe angewendet werden.
(5) Der Strahlenschutzverantwortliche hat dafür zu sorgen, dass im Rahmen der Unterweisungen darauf hingewiesen wird, dass eine Schwangerschaft im Hinblick auf die Risiken einer Exposition für das ungeborene Kind so früh wie möglich mitzuteilen ist und dass beim Vorhandensein von offenen radioaktiven Stoffen eine Kontamination zu einer inneren Exposition eines ungeborenen oder gestillten Kindes führen kann.
(6) ¹Der Strahlenschutzverantwortliche hat dafür zu sorgen, dass der Inhalt und der Zeitpunkt der Unterweisungen unverzüglich aufgezeichnet werden. ²Die Aufzeichnung ist von der unterwiesenen Person zu unterzeichnen. ³Der Strahlenschutzverantwortliche hat dafür zu sorgen, dass die Aufzeichnungen in den Fällen des Absatzes 1 fünf Jahre und in den Fällen des Absatzes 4 ein Jahr lang nach der Unterweisung aufbewahrt und der zuständigen Behörde auf Verlangen vorgelegt werden.

§ 64 Pflicht zur Ermittlung der Körperdosis; zu überwachende Personen
(1) ¹Der Strahlenschutzverantwortliche hat dafür zu sorgen, dass an Personen, die sich in einem Strahlenschutzbereich aufhalten, die Körperdosis nach Maßgabe des § 65 Absatz 1 ermittelt wird. ²Ist für den Aufenthalt in einem Überwachungsbereich für alle oder für einzelne Personen zu erwarten, dass im Kalenderjahr eine effektive Dosis von 1 Millisievert, eine höhere Organ-Äquivalentdosis als 15 Millisievert für die Augenlinse und eine lokale Hautdosis von 50 Millisievert nicht erreicht werden, so kann für diese Personen auf die Ermittlung der Körperdosis verzichtet werden. ³Satz 2 gilt nicht, wenn die zuständige Behörde die Ermittlung verlangt. ⁴Für den Aufenthalt im Kontrollbereich gilt Satz 2 entsprechend, wenn die zuständige Behörde dem zugestimmt hat. ⁵Der Strahlenschutzverantwortliche hat darauf hinzuwirken, dass die Ermittlungsergebnisse spätestens sechs Monate nach einem Aufenthalt im Strahlenschutzbereich vorliegen.
(2) ¹Absatz 1 gilt entsprechend für Personen, die bei der Ausübung einer Tätigkeit, die nicht mit dem Aufenthalt in einem Strahlenschutzbereich verbunden ist, eine effektive Dosis von mehr als 1 Millisievert, eine höhere Organ-Äquivalentdosis als 15 Millisievert für die Augenlinse oder eine lokale Hautdosis von mehr als 50 Millisievert im Kalenderjahr erhalten können. ²Für das eingesetzte fliegende Personal gilt Absatz 1 entsprechend, wenn die effektive Dosis durch kosmische Strahlung 1 Millisievert im Kalenderjahr überschreiten kann.
(3) ¹Der Strahlenschutzverantwortliche hat dafür zu sorgen, dass jeder unter seiner Aufsicht stehenden beruflich exponierten Person auf deren Verlangen die im Beschäftigungsverhältnis erhaltene berufliche Exposition schriftlich mitgeteilt wird, sofern nicht ein Strahlenpass geführt wird. ²Beim anzeigebedürftigen Betrieb eines Luftfahrzeugs hat der Strahlenschutzverantwort-

liche außerdem dafür zu sorgen, dass die erhaltene berufliche Exposition den als fliegendes Personal eingesetzten Personen einmal im Kalenderjahr sowie nach ihrem letztmaligen Einsatz schriftlich mitgeteilt wird.
(4) Ist nicht auszuschließen, dass eine Person, die sich in einem Bereich aufhält oder aufgehalten hat, in dem eine Tätigkeit ausgeübt wird, radioaktive Stoffe inkorporiert hat, kann die zuständige Behörde anordnen, dass durch geeignete Messungen festgestellt wird, ob die Person radioaktive Stoffe inkorporiert hat.
(5) Absatz 1 Satz 1 gilt nicht für Personen, die sich zur Anwendung ionisierender Strahlung oder radioaktiver Stoffe an ihnen selbst in einem Strahlenschutzbereich aufhalten.

§ 65 Vorgehen bei der Ermittlung der Körperdosis
(1) ^{1}Der Strahlenschutzverantwortliche hat dafür zu sorgen, dass zur Ermittlung der Körperdosis die Personendosis nach § 66 gemessen wird. ^{2}Die zuständige Behörde kann auf Grund der Expositionsbedingungen bestimmen, dass zur Ermittlung der Körperdosis zusätzlich oder, abweichend von Satz 1, allein
1. die Ortsdosis, die Ortsdosisleistung, die Konzentration radioaktiver Stoffe in der Luft oder die Kontamination des Arbeitsplatzes gemessen wird,
2. die Körperaktivität oder die Aktivität der Ausscheidungen gemessen wird oder
3. weitere Eigenschaften des Strahlungsfeldes oder der Quelle der ionisierenden Strahlung festgestellt werden.
(2) ^{1}Der Strahlenschutzverantwortliche hat dafür zu sorgen, dass bei einer unterbliebenen oder fehlerhaften Messung
1. die zuständige Behörde informiert wird und
2. die Dosis abgeschätzt wird.
^{2}Die zuständige Behörde legt eine Ersatzdosis fest und veranlasst, dass die Ersatzdosis an das Strahlenschutzregister nach § 170 des Strahlenschutzgesetzes übermittelt wird. ^{3}Die zuständige Behörde kann im Einzelfall von der Festlegung einer Ersatzdosis absehen, wenn die festzusetzende Dosis 0 Millisievert beträgt und sie diesen Wert an das Strahlenschutzregister nach § 170 des Strahlenschutzgesetzes übermittelt. ^{4}Die Übermittlung nach Satz 2 oder 3 kann über eine nach § 169 des Strahlenschutzgesetzes bestimmte Messstelle erfolgen.
(3) ^{1}Besteht auf Grund der Ermittlung der Körperdosis der Verdacht, dass einer der Dosisgrenzwerte des § 78 des Strahlenschutzgesetzes überschritten wurde, hat der Strahlenschutzverantwortliche dafür zu sorgen, dass die Körperdosis unter Berücksichtigung der Expositionsbedingungen ermittelt wird. ^{2}Er hat dafür zu sorgen, dass die ermittelte Körperdosis unverzüglich der betroffenen Person mitgeteilt und zusammen mit den Angaben zu den Expositionsbedingungen an die zuständige Behörde übermittelt wird. ^{3}Die zuständige Behörde veranlasst, dass die ermittelte Körperdosis und die Angaben über die Expositionsbedingungen an das Strahlenschutzregister nach § 170 des Strahlenschutzgesetzes übermittelt werden. ^{4}Dies kann über eine nach § 169 des Strahlenschutzgesetzes bestimmte Messstelle erfolgen.
(4) Der Strahlenschutzverantwortliche hat dafür zu sorgen, dass die Messung der Körperaktivität oder der Aktivität der Ausscheidungen sowie die auf Grund dieser Messung durchzuführende Ermittlung der Körperdosis durch eine nach § 169 des Strahlenschutzgesetzes bestimmte Messstelle durchgeführt wird.

§ 66 Messung der Personendosis
(1) Die Messung der Personendosis nach § 65 Absatz 1 Satz 1 hat zu erfolgen mit
1. einem Dosimeter, das bei einer nach § 169 des Strahlenschutzgesetzes bestimmten Messstelle anzufordern ist, oder

Strahlenschutzverordnung §§ 66–68

2. einem Dosimeter, das unter der Verantwortung des Strahlenschutzverantwortlichen ausgewertet wird und dessen Verwendung nach Zustimmung einer nach § 169 des Strahlenschutzgesetzes bestimmten Messstelle von der zuständigen Behörde gestattet wurde.

(2) ¹Der Strahlenschutzverantwortliche hat dafür zu sorgen, dass das Dosimeter an einer für die Exposition als repräsentativ geltenden Stelle der Körperoberfläche, in der Regel an der Vorderseite des Rumpfes, getragen wird. ²Der Messwert des Dosimeters ist als Maß für die effektive Dosis zu werten, sofern die Körperdosis für einzelne Körperteile, Organe oder Gewebe nicht genauer ermittelt worden ist. ³Ist vorauszusehen, dass im Kalenderjahr die Organ-Äquivalentdosis für die Hände, die Unterarme, die Füße oder Knöchel oder die lokale Hautdosis größer als 150 Millisievert oder die Organ-Äquivalentdosis der Augenlinse größer als 15 Millisievert sein kann, hat der Strahlenschutzverantwortliche dafür zu sorgen, dass die Personendosis durch weitere Dosimeter auch an einzelnen Körperteilen festgestellt wird. ⁴Die zuständige Behörde kann auf Grund der Expositionsbedingungen anordnen, dass die Personendosis nach einem anderen geeigneten oder nach zwei voneinander unabhängigen Verfahren gemessen wird.

(3) ¹Der Strahlenschutzverantwortliche hat dafür zu sorgen, dass
1. die Dosimeter nach Absatz 1 Nummer 1 und Absatz 2 Satz 3 der Messstelle jeweils nach Ablauf eines Monats unverzüglich eingereicht werden oder
2. im Falle des Absatzes 1 Nummer 2 die Messwerte der Messstelle zur Prüfung und Feststellung bereitgestellt werden.

²Die zuständige Behörde kann gestatten, dass Dosimeter in Zeitabständen bis zu drei Monaten bei der Messstelle einzureichen sind, wenn die Expositionsbedingungen dem nicht entgegenstehen.

(4) ¹Der Strahlenschutzverantwortliche hat dafür zu sorgen, dass die Qualität der Messungen nach Absatz 1 Nummer 2 durch regelmäßige interne Prüfungen sichergestellt wird. ²Er hat dafür zu sorgen, dass die Ergebnisse der Prüfungen der zuständigen Behörde auf Verlangen mitgeteilt werden.

(5) Der Strahlenschutzverantwortliche hat dafür zu sorgen, dass einer zu überwachenden Person auf ihr Verlangen ein Dosimeter zur Verfügung gestellt wird, mit dem die Personendosis gemessen und jederzeit festgestellt werden kann.

§ 67 Ermittlung der Körperdosis des fliegenden Personals

(1) ¹Abweichend von § 65 hat der Strahlenschutzverantwortliche beim anzeigebedürftigen Betrieb eines Luftfahrzeugs dafür zu sorgen, dass zur Ermittlung der Körperdosis des eingesetzten fliegenden Personals ein von der zuständigen Behörde anerkanntes Rechenprogramm oder ein geeignetes Messgerät verwendet wird. ²Mit Zustimmung der zuständigen Behörde kann ein anderes von ihr anerkanntes Rechenprogramm oder ein anderes geeignetes Messgerät als das nach § 50 Absatz 3 Nummer 4 des Strahlenschutzgesetzes benannte Programm oder Messgerät verwendet werden.

(2) Im Falle der Ermittlung mithilfe eines Messgerätes gilt § 65 Absatz 2, 3 und § 66 Absatz 4 entsprechend.

(3) Der Strahlenschutzverantwortliche hat dafür zu sorgen, dass die Ermittlungsergebnisse spätestens sechs Monate nach dem Einsatz vorliegen und unverzüglich dem Luftfahrt-Bundesamt nach § 168 Absatz 2 des Strahlenschutzgesetzes vorgelegt werden.

§ 68 Beschäftigung mit Strahlenpass

(1) ¹Wer auf Grund einer Genehmigung nach § 25 Absatz 1 des Strahlenschutzgesetzes, auf Grund einer Anzeige nach § 26 Absatz 1 oder § 59 Absatz 2 des Strahlenschutzgesetzes Strahlenschutzverantwortlicher ist, hat dafür zu sorgen, dass die unter seiner Aufsicht

stehenden Personen in fremden Strahlenschutzbereichen nur beschäftigt werden, wenn jede einzelne beruflich exponierte Person im Besitz eines vollständig geführten und bei der zuständigen Behörde registrierten Strahlenpasses ist. ²Satz 1 gilt nicht für Strahlenschutzbereiche, in denen auf die Ermittlung der Körperdosis verzichtet werden kann. ³Wenn ein Strahlenschutzverantwortlicher nach Satz 1 selbst in fremden Strahlenschutzbereichen tätig wird, gelten die Sätze 1 und 2 entsprechend.
(2) Absatz 1 gilt entsprechend für Personen, die bei der Ausübung einer Tätigkeit, die nicht mit dem Aufenthalt in einem Strahlenschutzbereich verbunden ist, eine effektive Dosis von mehr als 1 Millisievert, eine höhere Organ-Äquivalentdosis als 15 Millisievert für die Augenlinse oder eine lokale Hautdosis von mehr als 50 Millisievert im Kalenderjahr erhalten können.
(3) ¹Der für die Einrichtung eines Strahlenschutzbereichs verantwortliche Strahlenschutzverantwortliche hat dafür zu sorgen, dass beruflich exponierte Personen nach Absatz 1 Satz 1 und 3 im Strahlenschutzbereich nur beschäftigt werden, wenn diese den Strahlenpass vorlegen und ein Dosimeter nach § 66 Absatz 1 tragen. ²Satz 1 gilt nicht für Strahlenschutzbereiche, in denen auf die Ermittlung der Körperdosis verzichtet werden kann.
(4) Die zuständige Behörde kann im Einzelfall von der Pflicht zum Führen eines Strahlenpasses nach Absatz 1 und von der Pflicht zur Vorlage nach Absatz 3 befreien, wenn die beruflich strahlenexponierte Person in nicht mehr als einer fremden Anlage oder Einrichtung beschäftigt wird.

§ 69 Schutz von schwangeren und stillenden Personen

(1) Sobald der Strahlenschutzverantwortliche darüber informiert wird, dass eine Person, die einer beruflichen Exposition ausgesetzt sein kann, schwanger ist oder stillt, hat er dafür zu sorgen, dass die Arbeitsbedingungen dieser Person so gestaltet werden, dass eine innere berufliche Exposition ausgeschlossen ist.
(2) Sobald der Strahlenschutzverantwortliche darüber informiert wird, dass eine nach § 64 Absatz 1 Satz 1 oder Absatz 2 zu überwachende Person, die einer beruflichen Exposition ausgesetzt sein kann, schwanger ist, hat er dafür zu sorgen, dass
1. die berufliche Exposition dieser Person arbeitswöchentlich ermittelt wird und
2. die ermittelte Exposition dieser Person unverzüglich mitgeteilt wird.

§ 70 Schutz beim Umgang mit offenen radioaktiven Stoffen; Beschäftigungsverbote

(1) ¹Der Strahlenschutzverantwortliche hat dafür zu sorgen, dass Personen beim Umgang mit offenen radioaktiven Stoffen, deren Aktivität und spezifische Aktivität die Freigrenzen der Anlage 4 Tabelle 1 Spalte 2 und 3 überschreitet,
1. die erforderliche Schutzkleidung tragen und die erforderliche Schutzausrüstung verwenden und
2. ein Verhalten, durch das sie radioaktive Stoffe aufnehmen können, insbesondere Essen, Trinken, Rauchen und die Verwendung von Gesundheitspflegemitteln und kosmetischen Mitteln, untersagt wird.
²Der Strahlenschutzverantwortliche hat dafür zu sorgen, dass Personen unter 18 Jahren nicht mit offenen radioaktiven Stoffen, deren Aktivität und spezifische Aktivität die Freigrenzen der Anlage 4 Tabelle 1 Spalte 2 und 3 überschreitet, umgehen, wenn der Umgang genehmigungsbedürftig ist. ³Satz 1 Nummer 1 und 2 gilt entsprechend beim Aufenthalt in Bereichen, in denen mit den in Satz 1 genannten Stoffen umgegangen wird, es sei denn, dies ist bei Patienten oder Betreuungs- und Begleitpersonen auf Grund der Aufenthaltsdauer nicht zumutbar.
(2) Die zuständige Behörde kann für Auszubildende und Studierende im Alter zwischen 16 und 18 Jahren Ausnahmen von Absatz 1 Satz 2 zulassen, wenn dies für die Erreichung des

Ausbildungsziels notwendig ist und eine ständige Aufsicht und Anleitung durch eine Person, die die erforderliche Fachkunde im Strahlenschutz besitzt, gewährleistet wird.

ABSCHNITT 2 Besondere Vorschriften zum Schutz beruflich exponierter Personen

§ 71 Kategorien beruflich exponierter Personen

(1) Der Strahlenschutzverantwortliche hat dafür zu sorgen, dass beruflich exponierte Personen zur Kontrolle und ärztlichen Überwachung vor Aufnahme ihrer Tätigkeit einer der folgenden Kategorien zugeordnet werden:
1. Beruflich exponierte Personen der Kategorie A: Personen, die einer beruflichen Exposition aus Tätigkeiten ausgesetzt sind, die im Kalenderjahr zu einer effektiven Dosis von mehr als 6 Millisievert, einer höheren Organ-Äquivalentdosis als 15 Millisievert für die Augenlinse oder 150 Millisievert für die Hände, die Unterarme, die Füße oder Knöchel oder einer lokalen Hautdosis von mehr als 150 Millisievert führen kann;
2. Beruflich exponierte Personen der Kategorie B: Personen, die nicht in die Kategorie A eingestuft sind und die einer beruflichen Exposition aus Tätigkeiten ausgesetzt sind, die im Kalenderjahr zu einer effektiven Dosis von mehr als 1 Millisievert, einer höheren Organ-Äquivalentdosis als 50 Millisievert für die Hände, die Unterarme, die Füße oder Knöchel oder einer lokalen Hautdosis von mehr als 50 Millisievert führen kann.

(2) Beim anzeigebedürftigen Betrieb eines Luftfahrzeugs hat der Strahlenschutzverantwortliche dafür zu sorgen, dass die von ihm als fliegendes Personal eingesetzten beruflich exponierten Personen vor Aufnahme ihrer Tätigkeit den Kategorien zugeordnet werden:
1. Beruflich exponierte Personen der Kategorie A: Personen, deren Einsatz als fliegendes Personal zu einer effektiven Dosis durch kosmische Strahlung von mehr als 6 Millisievert im Kalenderjahr führen kann;
2. Beruflich exponierte Personen der Kategorie B: Personen, die nicht in die Kategorie A eingestuft sind und deren Einsatz als fliegendes Personal zu einer effektiven Dosis durch kosmische Strahlung von mehr als 1 Millisievert im Kalenderjahr führen kann.

(3) Der Strahlenschutzverantwortliche hat dafür zu sorgen, dass die Zuordnung angepasst wird, wenn abzusehen ist, dass eine Person, die in die Kategorie B eingestuft wurde, die Werte für eine Einstufung in Kategorie A erreicht.

§ 72 Dosisrichtwerte bei Tätigkeiten

(1) [1]Der Strahlenschutzverantwortliche hat innerhalb von sechs Monaten nach Aufnahme einer Tätigkeit dafür zu sorgen, dass geprüft wird, ob die Festlegung von Dosisrichtwerten für beruflich exponierte Personen ein geeignetes Instrument zur Optimierung des Strahlenschutzes ist. [2]Für beruflich exponierte Personen, die im Rahmen einer genehmigungsbedürftigen oder anzeigebedürftigen Beschäftigung nach §§ 25 oder 26 des Strahlenschutzgesetzes Tätigkeiten ausüben, hat der Strahlenschutzverantwortliche gemeinsam mit dem Strahlenschutzverantwortlichen der fremden Anlage oder Einrichtung oder der fremden Röntgeneinrichtung oder des fremden Störstrahlers für diese Prüfung zu sorgen.

(2) Werden Dosisrichtwerte festgelegt, sind diese für die effektive Dosis oder für eine Organ-Äquivalentdosis von einzelnen Personen festzulegen und auf einen Zeitraum zu beziehen.

(3) Eine Festlegung von Dosisrichtwerten soll insbesondere dann in die Planung des betrieblichen Strahlenschutzes aufgenommen werden, wenn die ausgeübten Tätigkeiten mit Expositionen verbunden sind, die eine Einstufung der beruflich exponierten Personen in die Kategorie A erforderlich machen, und nicht bereits durch andere Maßnahmen der Strahlenschutzplanung die Optimierung des Strahlenschutzes gewährleistet ist.

(4) ¹Der Strahlenschutzverantwortliche hat dafür zu sorgen, dass die Ergebnisse der Prüfung sowie die Festlegung von Dosisrichtwerten aufgezeichnet und der zuständigen Behörde auf Verlangen vorgelegt werden. ²Die Aufzeichnungen sind aufzubewahren, und zwar mindestens für die Dauer von fünf Jahren nach Beendigung der Tätigkeit oder einer erneuten Prüfung und Festlegung von Dosisrichtwerten.

§ 73 Dosisbegrenzung bei Überschreitung von Grenzwerten

¹Wurde unter Verstoß gegen § 78 des Strahlenschutzgesetzes ein Grenzwert im Kalenderjahr überschritten, so ist eine Weiterbeschäftigung als beruflich exponierte Person nur zulässig, wenn der Strahlenschutzverantwortliche dafür sorgt, dass die Expositionen in den folgenden vier Kalenderjahren unter Berücksichtigung der erfolgten Grenzwertüberschreitung so begrenzt werden, dass die Summe der Dosen das Fünffache des jeweiligen Grenzwertes nicht überschreitet. ²Ist die Überschreitung eines Grenzwertes so hoch, dass bei Anwendung von Satz 1 die bisherige Beschäftigung nicht fortgesetzt werden kann, kann die zuständige Behörde im Benehmen mit einem ermächtigten Arzt Ausnahmen zulassen.

§ 74 Besonders zugelassene Expositionen

(1) ¹Unter außergewöhnlichen, im Einzelfall zu beurteilenden Umständen kann die zuständige Behörde zur Durchführung notwendiger spezifischer Arbeitsvorgänge berufliche Expositionen abweichend von § 78 Absatz 1, 2 und 4 Satz 1 des Strahlenschutzgesetzes zulassen. ²Für diese besonders zugelassene Exposition beträgt für eine Person im Berufsleben
1. der Grenzwert der effektiven Dosis 100 Millisievert,
2. der Grenzwert der Organ-Äquivalentdosis für die Augenlinse 100 Millisievert,
3. der Grenzwert der Organ-Äquivalentdosis für die Hände, die Unterarme, die Füße und Knöchel jeweils 1 Sievert,
4. der Grenzwert der lokalen Hautdosis 1 Sievert.
³Der Strahlenschutzverantwortliche hat dafür zu sorgen, dass die Grenzwerte nach Satz 2 eingehalten werden.
(2) ¹Einer besonders zugelassenen Exposition dürfen nur Freiwillige ausgesetzt werden, die beruflich exponierte Personen der Kategorie A sind. ²Ausgenommen von solchen Expositionen sind Auszubildende und Studierende sowie schwangere Personen und, wenn die Möglichkeit einer Inkorporation radioaktiver Stoffe oder Kontamination nicht ausgeschlossen werden kann, stillende Personen.
(3) ¹Der Strahlenschutzverantwortliche hat dafür zu sorgen, dass eine besonders zugelassene Exposition im Voraus auf ihre Rechtfertigung geprüft wird. ²Er hat dafür zu sorgen, dass Personen, die einer besonders zugelassenen Exposition ausgesetzt werden, über die mit den Arbeitsvorgängen und der Exposition verbundenen Risiken und über die während der Arbeitsvorgänge zu ergreifenden Schutzmaßnahmen unterrichtet werden. ³Der Betriebsrat oder der Personalrat, die Fachkräfte für Arbeitssicherheit, der Betriebsarzt und der ermächtigte Arzt sind zu beteiligen.
(4) ¹Der Strahlenschutzverantwortliche hat dafür zu sorgen, dass die durch eine besonders zugelassene Exposition verursachte Körperdosis unter Berücksichtigung der Expositionsbedingungen ermittelt wird. ²Die ermittelte Körperdosis ist in den Aufzeichnungen nach § 167 des Strahlenschutzgesetzes und in den Aufzeichnungen des ermächtigten Arztes getrennt von den übrigen Ergebnissen der Messungen und Ermittlungen der Körperdosis einzutragen. ³Die besonders zugelassene Exposition ist bei der Summe der in allen Kalenderjahren ermittelten effektiven Dosen nach § 77 des Strahlenschutzgesetzes zu berücksichtigen.
(5) Wurden bei einer besonders zugelassenen Exposition die Grenzwerte nach § 78 Absatz 1, 2 oder 4 Satz 1 des Strahlenschutzgesetzes überschritten, so ist diese Über-

Strahlenschutzverordnung §§ 74–77

schreitung allein kein Grund, die Person ohne ihr Einverständnis von ihrer bisherigen Beschäftigung auszuschließen.

§ 75 Sonstige Schutzvorkehrungen
(1) Der Strahlenschutzverantwortliche hat dafür zu sorgen, dass der Schutz beruflich exponierter Personen vor äußerer und innerer Exposition vorrangig durch bauliche und technische Vorrichtungen oder durch geeignete Arbeitsverfahren sichergestellt wird.
(2) Der Strahlenschutzverantwortliche hat dafür zu sorgen, dass offene radioaktive Stoffe an Arbeitsplätzen nur solange und in solchen Aktivitäten vorhanden sind, wie das Arbeitsverfahren es erfordert.
(3) [1]Beim anzeigebedürftigen Betrieb eines Luftfahrzeugs hat der Strahlenschutzverantwortliche dafür zu sorgen, dass der Pflicht zur Dosisreduzierung insbesondere bei der Aufstellung von Arbeitsplänen Rechnung getragen wird. [2]Absatz 1 findet keine Anwendung.

§ 76 Besondere Regelungen zum Schutz des raumfahrenden Personals
[1]Beim anzeigebedürftigen Betrieb eines Raumfahrzeugs ist abweichend von den §§ 64 und 65 die Körperdosis, die das raumfahrende Personal während des Einsatzes durch kosmische Strahlung erhält, durch ein für die besonderen Expositionsbedingungen geeignetes Verfahren zu ermitteln. [2]§ 64 Absatz 3 Satz 1 gilt entsprechend. [3]Die §§ 45, 46, 63, 71, 72 oder 69 gelten nur, soweit die zuständige Behörde die dort genannten Maßnahmen zum Schutz des eingesetzten raumfahrenden Personals entsprechend anordnet. [4]§ 81 findet keine Anwendung.

ABSCHNITT 3 Ärztliche Überwachung beruflich exponierter Personen

§ 77 Ärztliche Überwachung beruflich exponierter Personen
(1) Der Strahlenschutzverantwortliche hat dafür zu sorgen, dass eine beruflich exponierte Person der Kategorie A nur dann Aufgaben wahrnimmt, für die die Einstufung in diese Kategorie erforderlich ist, wenn sie innerhalb eines Jahres vor der erstmaligen Aufgabenwahrnehmung von einem nach § 175 Absatz 1 Satz 1 ermächtigten Arzt untersucht worden ist und dem Strahlenschutzverantwortlichen eine von diesem Arzt ausgestellte Bescheinigung vorliegt, nach der der Aufgabenwahrnehmung keine gesundheitlichen Bedenken entgegenstehen.
(2) [1]Der Strahlenschutzverantwortliche hat dafür zu sorgen, dass die beruflich exponierte Person der Kategorie A Aufgaben nach Absatz 1 nur fortsetzt, wenn sie innerhalb eines Jahres nach der letzten Untersuchung erneut von einem nach § 175 Absatz 1 Satz 1 ermächtigten Arzt untersucht wurde und dem Strahlenschutzverantwortlichen eine von diesem Arzt ausgestellte Bescheinigung vorliegt, nach der der weiteren Aufgabenwahrnehmung keine gesundheitlichen Bedenken entgegenstehen. [2]Statt einer erneuten Untersuchung kann eine Beurteilung ohne Untersuchung erfolgen, wenn in den vergangenen zwölf Monaten eine Untersuchung durchgeführt wurde.
(3) Die zuständige Behörde kann auf Vorschlag des ermächtigten Arztes, der die Untersuchung nach Absatz 1 oder 2 durchgeführt hat, die Frist zur erneuten Untersuchung abkürzen, wenn die Arbeitsbedingungen oder der Gesundheitszustand der beruflich exponierten Person dies erfordern.
(4) Die zuständige Behörde kann für eine beruflich exponierte Person der Kategorie B Maßnahmen der ärztlichen Überwachung in entsprechender Anwendung der Absätze 1 bis 3 anordnen, wenn die Arbeitsbedingungen oder der Gesundheitszustand der beruflich exponierten Person dies erfordern.

(5) Die zuständige Behörde kann anordnen, dass Personen unter 18 Jahren, die eine berufliche Exposition erhalten, aber nicht als beruflich exponierte Person der Kategorie A oder B eingestuft sind, sich von einem nach § 175 Absatz 1 Satz 1 ermächtigten Arzt untersuchen lassen, wenn die Arbeitsbedingungen oder der Gesundheitszustand der Person dies erfordern.

§ 78 Ärztliche Überwachung nach Beendigung der Aufgabenwahrnehmung

(1) Der Strahlenschutzverantwortliche hat dafür zu sorgen, dass die ärztliche Überwachung nach Beendigung der Aufgabenwahrnehmung als beruflich exponierte Person mit Einwilligung der betroffenen Person so lange fortgesetzt wird, wie es ein nach § 175 Absatz 1 Satz 1 ermächtigter Arzt zum Schutz der Person für erforderlich erachtet (nachgehende Untersuchung).

(2) [1]Die Verpflichtung zum Angebot nachgehender Untersuchungen besteht nicht mehr, wenn nach Beendigung des Beschäftigungsverhältnisses die nachgehende Untersuchung mit Einwilligung der betroffenen Person auf Veranlassung des zuständigen gesetzlichen Unfallversicherungsträgers durchgeführt wird. [2]Voraussetzung hierfür ist, dass dem Unfallversicherungsträger die erforderlichen Unterlagen in Kopie überlassen werden; auf diese Voraussetzung ist die betroffene Person vor Abgabe der Einwilligung schriftlich hinzuweisen.

§ 79 Ärztliche Bescheinigung

(1) [1]Zur Erteilung der ärztlichen Bescheinigung nach § 77 Absatz 1, 2 oder 3 hat der nach § 175 Absatz 1 Satz 1 ermächtigte Arzt folgende Unterlagen anzufordern:
1. die Gesundheitsakten, die zuvor bei der ärztlichen Überwachung durch andere nach § 175 Absatz 1 Satz 1 ermächtigte Ärzte angelegt wurden, soweit diese Akten für die Beurteilung erforderlich sind,
2. die bisher erteilten ärztlichen Bescheinigungen,
3. die behördlichen Entscheidungen nach § 80 und
4. die Gutachten, die den behördlichen Entscheidungen zugrunde liegen.

[2]Die angeforderten Unterlagen sind dem anfordernden ermächtigten Arzt unverzüglich zu übergeben.

(2) [1]In der ärztlichen Bescheinigung ist die Tauglichkeit der beruflich exponierten Person für die Wahrnehmung der jeweiligen Aufgabe in den Stufen „tauglich", „bedingt tauglich" und „nicht tauglich" anzugeben. [2]Im Falle einer bedingten Tauglichkeit sind die mit der Einstufung verbundenen tätigkeitsbezogenen Beschränkungen für die beruflich exponierte Person darzulegen.

(3) [1]Der nach § 175 Absatz 1 Satz 1 ermächtigte Arzt kann die Erteilung der ärztlichen Bescheinigung davon abhängig machen, dass ihm zuvor folgende Informationen schriftlich mitgeteilt werden:
1. die Art der Aufgaben der beruflich exponierten Person und die mit diesen Aufgaben verbundenen Arbeitsbedingungen,
2. jeder Wechsel der Art der Aufgaben und der mit diesen verbundenen Arbeitsbedingungen,
3. die Inhalte der Aufzeichnungen nach § 167 Absatz 1 des Strahlenschutzgesetzes und
4. der Inhalt der letzten ärztlichen Bescheinigung, soweit sie nicht von ihm ausgestellt wurde.

[2]Die beruflich exponierte Person kann vom Strahlenschutzverantwortlichen eine Kopie der Mitteilungen verlangen.

(4) [1]Der nach § 175 Absatz 1 Satz 1 ermächtigte Arzt hat die ärztliche Bescheinigung unverzüglich dem Strahlenschutzverantwortlichen, der beruflich exponierten Person und, wenn gesundheitliche Bedenken bestehen, auch der zuständigen Behörde zu übersenden.

²Die Übersendung an die beruflich exponierte Person kann durch Eintragung des Inhalts der Bescheinigung in den Strahlenpass ersetzt werden.
(5) Der Strahlenschutzverantwortliche hat dafür zu sorgen, dass die ärztliche Bescheinigung während der Dauer der Aufgabenwahrnehmung als beruflich exponierte Person aufbewahrt und der zuständigen Behörde auf Verlangen vorgelegt wird.

§ 80 Behördliche Entscheidung
(1) ¹Hält der Strahlenschutzverantwortliche oder die beruflich exponierte Person die vom ermächtigten Arzt in der ärztlichen Bescheinigung getroffene Beurteilung für unzutreffend, so kann er oder sie eine Entscheidung der zuständigen Behörde beantragen. ²Die Entscheidung der zuständigen Behörde ersetzt die ärztliche Bescheinigung.
(2) ¹Die zuständige Behörde kann vor ihrer Entscheidung das Gutachten eines ärztlichen Sachverständigen einholen. ²Die Kosten des Gutachtens sind vom Strahlenschutzverantwortlichen zu tragen.

§ 81 Besondere ärztliche Überwachung
(1) Ist nicht auszuschließen, dass eine Person durch eine Exposition nach § 74 oder auf Grund anderer außergewöhnlicher Umstände Expositionen erhalten hat, die im Kalenderjahr die effektive Dosis von 20 Millisievert, die Organ-Äquivalentdosis von 20 Millisievert für die Augenlinse oder von 500 Millisievert für die Hände, die Unterarme, die Füße oder Knöchel oder die lokale Hautdosis von 500 Millisievert überschreiten, so hat der Strahlenschutzverantwortliche dafür zu sorgen, dass die Person unverzüglich von einem nach § 175 Absatz 1 Satz 1 ermächtigten Arzt untersucht wird und von diesem eine Bescheinigung darüber ausgestellt wird, ob der Aufgabenwahrnehmung weiterhin keine gesundheitlichen Bedenken entgegenstehen.
(2) ¹Ist nach dem Ergebnis der besonderen ärztlichen Überwachung zu befürchten, dass die Gesundheit der Person gefährdet wird, wenn sie erneut eine Aufgabe als beruflich exponierte Person wahrnimmt oder fortsetzt, so kann die zuständige Behörde anordnen, dass sie diese Aufgabe nicht oder nur unter Beschränkungen ausüben darf. ²§ 80 Absatz 2 gilt entsprechend.
(3) ¹Hält der Strahlenschutzverantwortliche oder die beruflich exponierte Person das Ergebnis der besonderen ärztlichen Überwachung nach Absatz 1 für unzutreffend, so kann er oder sie eine Entscheidung der zuständigen Behörde beantragen. ²§ 80 Absatz 1 Satz 1 und Absatz 2 gilt entsprechend.
(4) Für die Fortsetzung der ärztlichen Überwachung nach der Beendigung der Aufgabenwahrnehmung gilt § 78 entsprechend.

ABSCHNITT 4 Besondere Regelungen zum Strahlenschutz in Schulen und bei Lehr- und Ausbildungsverhältnissen

§ 82 Strahlenschutz in Schulen und bei Lehr- und Ausbildungsverhältnissen
(1) Röntgeneinrichtungen dürfen im Zusammenhang mit dem Unterricht in allgemeinbildenden Schulen nur betrieben werden, wenn sie Schulröntgeneinrichtungen sind.
(2) ¹Der Strahlenschutzverantwortliche hat dafür zu sorgen, dass Schüler und Auszubildende bei folgenden Tätigkeiten in Schulen nur unter Aufsicht einer Lehrkraft unmittelbar mitwirken:
1. beim Betrieb einer Schulröntgeneinrichtung oder eines Vollschutzgerätes,
2. beim Betrieb einer anderen Röntgeneinrichtung oder eines genehmigungsbedürftigen Störstrahlers und
3. beim genehmigungsbedürftigen Umgang mit radioaktiven Stoffen.

²Bei Tätigkeiten nach Satz 1 Nummer 2 und 3 hat der Strahlenschutzverantwortliche zudem dafür zu sorgen, dass die Lehrkraft nach Satz 1 die erforderliche Fachkunde im Strahlenschutz besitzt.
(3) Der für ein Lehr- oder Ausbildungsverhältnis Verantwortliche hat dafür zu sorgen, dass durch geeignete Schutzmaßnahmen eine innere Exposition durch Stoffe, bei denen der Umgang nach Anlage 3 Teil B Nummer 8 genehmigungsfrei ist, ausgeschlossen wird.

ABSCHNITT 5 Sicherheit von Strahlenquellen

Unterabschnitt 1 Hochradioaktive Strahlenquellen

§ 83 Werte für hochradioaktive Strahlenquellen

Für die Bestimmung, ab welcher Aktivität ein umschlossener radioaktiver Stoff eine hochradioaktive Strahlenquelle ist, ist Anlage 4 Tabelle 1 Spalte 4 anzuwenden.

§ 84 Register über hochradioaktive Strahlenquellen

(1) ¹Das Bundesamt für Wirtschaft und Ausfuhrkontrolle übermittelt dem Register über hochradioaktive Strahlenquellen unverzüglich in gesicherter elektronischer Form die Angaben nach Anlage 9 über erteilte Genehmigungen nach § 3 Absatz 1 des Atomgesetzes oder § 12 Absatz 1 für die grenzüberschreitende Verbringung einer hochradioaktiven Strahlenquelle aus einem Staat, der nicht Mitgliedstaat der Europäischen Union ist, in den Geltungsbereich dieser Verordnung. ²Es informiert die zuständige Behörde unverzüglich über die Mitteilung nach Satz 1.
(2) Die zuständige Behörde kann von ihr angeforderte Aufzeichnungen des Strahlenschutzverantwortlichen über hochradioaktive Strahlenquellen an das Register über hochradioaktive Strahlenquellen übermitteln.
(3) ¹Das Bundesamt für Strahlenschutz erteilt dem nach § 85 Absatz 4 Satz 1 oder § 167 Absatz 2 zur Mitteilung verpflichteten Strahlenschutzverantwortlichen oder den von ihm ermächtigten Personen auf Antrag eine persönliche Zugangsberechtigung zum Register über hochradioaktive Strahlenquellen zur Einsicht in die sie betreffenden gespeicherten Daten. ²Dem Strahlenschutzverantwortlichen oder den von ihm ermächtigten Personen ist Zugriff zu ermöglichen auf
1. die persönlichen Nutzerdaten zum Zweck der Aktualisierung,
2. die eigenen Meldungen zu hochradioaktiven Strahlenquellen zur Korrektur nach Aufforderung der zuständigen Behörde und
3. die Daten zu eigenen registrierten hochradioaktiven Strahlenquellen.
(4) ¹Das Bundesamt für Strahlenschutz fasst die übermittelten Daten im Register über hochradioaktive Strahlenquellen zusammen. ²Es unterrichtet unverzüglich
1. das für die kerntechnische Sicherheit und den Strahlenschutz zuständige Bundesministerium und das Bundeskriminalamt über den Eingang einer dem Register über hochradioaktive Strahlenquellen nach § 167 Absatz 2 oder § 168 Absatz 2 übermittelten Mitteilung über Fund, Erlangung, Verlust, widerrechtliche Entwendung oder Wiederauffinden einer hochradioaktiven Strahlenquelle,
2. die zuständige Behörde, wenn übermittelte Daten nicht vollständig sind oder eine hochradioaktive Strahlenquelle gefunden wurde.
(5) Das Bundesamt für Strahlenschutz bestimmt das Datenformat und legt die technischen Rahmenbedingungen der Datenübermittlung im Einvernehmen mit dem Bundesamt für Sicherheit in der Informationstechnik fest.

Unterabschnitt 2 Sicherheit und Sicherung von Strahlenquellen
§ 85 Buchführung und Mitteilung
(1) ¹Der Strahlenschutzverantwortliche hat dafür zu sorgen, dass beim Umgang mit radioaktiven Stoffen
1. der zuständigen Behörde Gewinnung, Erzeugung, Erwerb, Abgabe und der sonstige Verbleib von radioaktiven Stoffen innerhalb eines Monats mitgeteilt werden; Art und Aktivität der Stoffe sind dabei anzugeben,
2. über Gewinnung, Erzeugung, Erwerb, Abgabe und den sonstigen Verbleib von radioaktiven Stoffen Buch geführt wird; Art und Aktivität der Stoffe sind dabei zu verzeichnen, und
3. der zuständigen Behörde der Bestand an radioaktiven Stoffen mit Halbwertszeiten von mehr als 100 Tagen am Ende eines Kalenderjahres bis zum 31. Januar des folgenden Jahres mitgeteilt wird.

²Der Strahlenschutzverantwortliche hat dafür zu sorgen, dass der Mitteilung über den Erwerb umschlossener radioaktiver Stoffe die Bescheinigung nach § 94 Absatz 2 beigefügt wird. ³Satz 1 gilt nicht für Tätigkeiten, die nach § 5 Absatz 1 keiner Genehmigung bedürfen.
(2) ¹Die zuständige Behörde kann im Einzelfall ganz oder teilweise von der Pflicht zur Buchführung und Mitteilung nach Absatz 1 befreien, wenn durch Art und Aktivität der radioaktiven Stoffe keine Gefährdung von Mensch und Umwelt eintreten kann. ²Besteht eine Befreiung von der Pflicht zur Mitteilung nach Absatz 1 Satz 1 Nummer 1, kann die zuständige Behörde im Einzelfall festlegen, dass der am Ende eines Kalenderjahres vorhandene Bestand an radioaktiven Stoffen mit Halbwertszeiten unter 100 Tagen bis zum 31. Januar des folgenden Jahres der zuständigen Behörde mitgeteilt wird.
(3) Der Strahlenschutzverantwortliche hat dafür zu sorgen, dass die Unterlagen nach Absatz 1 Satz 1 Nummer 2
1. nach Abschluss der Gewinnung oder Erzeugung oder ab dem Zeitpunkt des Erwerbs, der Abgabe oder des sonstigen Verbleibs 30 Jahre aufbewahrt und auf Verlangen der zuständigen Behörde bei dieser hinterlegt werden oder
2. unverzüglich einer von der zuständigen Behörde bestimmten Stelle übergeben werden, wenn die Tätigkeit vor Ablauf der Aufbewahrungsfrist nach Nummer 1 beendet wird.

(4) ¹Bei hochradioaktiven Strahlenquellen hat der Strahlenschutzverantwortliche zusätzlich zu der Pflicht nach Absatz 1 Satz 1 dafür zu sorgen, dass dem Register über hochradioaktive Strahlenquellen beim Bundesamt für Strahlenschutz in gesicherter elektronischer Form Folgendes mitgeteilt wird:
1. bei Erwerb und Abgabe hochradioaktiver Strahlenquellen unverzüglich die Angaben entsprechend Anlage 9 sowie Änderungen der erfassten Angaben und
2. innerhalb eines Monats das Datum der Dichtheitsprüfung nach § 89 Absatz 2.

²Der Strahlenschutzverantwortliche hat dafür zu sorgen, dass die zuständige Behörde unverzüglich über die Mitteilung unterrichtet wird.
(5) ¹Die zuständige Behörde prüft innerhalb eines Monats die nach Absatz 4 Satz 1 übermittelten Daten auf Vollständigkeit und Übereinstimmung mit der erteilten Genehmigung nach § 9 des Atomgesetzes oder § 12 Absatz 1 Nummer 3 des Strahlenschutzgesetzes. ²Bei positiver Feststellung kennzeichnet sie die Daten als geprüft und richtig.
(6) ¹Der Strahlenschutzverantwortliche hat dafür zu sorgen, dass die Messprotokolle zum Nachweis der Kontaminationsfreiheit oder Nichtaktivierung, die nach § 31 Absatz 5 erhoben werden, fünf Jahre aufbewahrt werden. ²Sie sind unverzüglich an eine von der zuständigen Behörde bestimmten Stelle zu übergeben, wenn die Tätigkeit vor Ablauf der Aufbewahrungsfrist beendet wird.

§ 86 Buchführung und Mitteilung bei der Freigabe

(1) Der Strahlenschutzverantwortliche, der Inhaber der Freigabe nach § 33 Absatz 1 ist, hat dafür zu sorgen, dass über die Stoffe, für die die Übereinstimmung mit dem Inhalt des Freigabebescheides festgestellt wurde,
1. Buch geführt wird; dabei sind die folgenden Angaben zu machen:
    a) die getroffenen Festlegungen nach den Anlagen 4 und 8, insbesondere die spezifische Aktivität, die Radionuklide, die Mittelungsmasse und die Mittelungsfläche,
    b) die Masse der Stoffe,
    c) das Verfahren der Freimessung und
    d) der Zeitpunkt der Feststellung und
2. der zuständigen Behörde mindestens jährlich folgende Angaben mitgeteilt werden:
    a) die Masse der Stoffe,
    b) die jeweilige Art der Freigabe nach § 35, § 36 oder § 37 Absatz 1 und
    c) bei einer spezifischen Freigabe zur Beseitigung sowie einer spezifischen Freigabe von Metallschrott zum Recycling der tatsächliche Verbleib.

(2) Der Strahlenschutzverantwortliche, der Inhaber der Freigabe nach § 33 Absatz 1 ist, hat dafür zu sorgen, dass die Unterlagen nach Absatz 1 Nummer 1
1. ab dem Zeitpunkt der nach § 42 Absatz 1 getroffenen Feststellung 30 Jahre aufbewahrt und auf Verlangen der zuständigen Behörde bei dieser hinterlegt werden oder
2. unverzüglich einer von der zuständigen Behörde bestimmten Stelle übergeben werden, wenn die Tätigkeit vor Ablauf der Aufbewahrungsfrist nach Nummer 1 beendet wird.

(3) Die zuständige Behörde kann im Einzelfall ganz oder teilweise von der Pflicht zur Buchführung und Mitteilung nach Absatz 1 befreien, wenn
1. die Halbwertszeit der Radionuklide sieben Tage nicht überschreitet und
2. durch Art und Aktivität der radioaktiven Stoffe keine Gefährdung von Mensch und Umwelt eintreten kann.

§ 87 Sicherung und Lagerung radioaktiver Stoffe

(1) Der Strahlenschutzverantwortliche hat dafür zu sorgen, dass
1. radioaktive Stoffe, deren Aktivität die Freigrenze der Anlage 4 Tabelle 1 Spalte 2 und deren spezifische Aktivität die Freigrenze der Anlage 4 Tabelle 1 Spalte 3 überschreitet, gegen Abhandenkommen, missbräuchliche Verwendung und den Zugriff durch unbefugte Personen gesichert werden und
2. radioaktive Stoffe, deren Aktivität die Freigrenze der Anlage 4 Tabelle 1 Spalte 2 und deren spezifische Aktivität die Freigrenze der Anlage 4 Tabelle 1 Spalte 3 um das Hundertfache überschreitet, zusätzlich in geschützten Räumen oder Schutzbehältern gelagert werden, solange sie nicht bearbeitet, verarbeitet oder sonst verwendet werden.

(2) Der Strahlenschutzverantwortliche hat dafür zu sorgen, dass Kernbrennstoffe so gelagert werden, dass während der Lagerung kein kritischer Zustand entstehen kann.

(3) Der Strahlenschutzverantwortliche hat dafür zu sorgen, dass radioaktive Stoffe, die Sicherheitsmaßnahmen auf Grund internationaler Verpflichtungen unterliegen, so gelagert werden, dass die Durchführung der Sicherheitsmaßnahmen nicht beeinträchtigt wird.

§ 88 Wartung und Prüfung

(1) ¹Der Strahlenschutzverantwortliche hat dafür zu sorgen, dass
1. Anlagen zur Erzeugung ionisierender Strahlung, Bestrahlungsvorrichtungen und Geräte für die Gammaradiographie
    a) mindestens einmal jährlich gewartet werden und

b) zwischen den Wartungen durch einen nach § 172 Absatz 1 Satz 1 Nummer 3 des Strahlenschutzgesetzes bestimmten Sachverständigen auf sicherheitstechnische Funktion, Sicherheit und Strahlenschutz geprüft werden und
2. der Prüfbericht nach Nummer 1 Buchstabe b der zuständigen Behörde auf Verlangen vorgelegt wird.
²Satz 1 gilt nicht für die in § 17 Absatz 1 des Strahlenschutzgesetzes und § 7 genannten Anlagen.
(2) Die zuständige Behörde kann die Frist für die Prüfung durch einen Sachverständigen nach Absatz 1 Satz 1 Nummer 1 Buchstabe b bis auf drei Jahre verlängern bei
1. Bestrahlungsvorrichtungen für die Anwendung ionisierender Strahlung am Menschen, bei denen die enthaltene Aktivität das Tausendfache des Wertes für hochradioaktive Strahlenquellen der Anlage 4 Tabelle 1 Spalte 4 unterschreitet,
2. Bestrahlungsvorrichtungen, die zur Blut- oder Produktbestrahlung verwendet werden und bei denen die enthaltene Aktivität das Tausendfache des Wertes für hochradioaktive Strahlenquellen der Anlage 4 Tabelle 1 Spalte 4 unterschreitet, und
3. Geräten für die Gammaradiographie.
(3) Die zuständige Behörde kann im Einzelfall von der Pflicht nach Absatz 1 Satz 1 Nummer 1 Buchstabe b befreien, wenn
1. die Prüfung durch einen Sachverständigen auf Grund des erforderlichen geringen Prüfaufwands und der erforderlichen geringen Prüftiefe oder des geringen Gefahrenpotenzials der Anlage, der Vorrichtung oder des Gerätes unverhältnismäßig wäre und
2. regelmäßig auf andere geeignete Weise die sicherheitstechnische Funktion, die Sicherheit und der Strahlenschutz der Anlage, der Vorrichtung oder des Gerätes geprüft wird; die Prüfberichte sind der zuständigen Behörde auf Verlangen vorzulegen.
(4) Der Strahlenschutzverantwortliche hat dafür zu sorgen, dass
1. Röntgeneinrichtungen mindestens alle fünf Jahre durch einen nach § 172 Absatz 1 Satz 1 Nummer 1 des Strahlenschutzgesetzes bestimmten Sachverständigen insbesondere auf sicherheitstechnische Funktion, Sicherheit und Strahlenschutz geprüft werden und
2. der Prüfbericht der zuständigen Behörde auf Verlangen vorgelegt wird.
(5) ¹Die zuständige Behörde kann zum Schutz Einzelner oder der Allgemeinheit anordnen, dass Störstrahler, deren Betrieb genehmigungsbedürftig ist, und nach § 17 Absatz 1 Satz 1 des Strahlenschutzgesetzes anzeigebedürftige Anlagen zur Erzeugung ionisierender Strahlung durch einen nach § 172 Absatz 1 Satz 1 Nummer 1 oder 3 des Strahlenschutzgesetzes bestimmten Sachverständigen auf sicherheitstechnische Funktion, Sicherheit und Strahlenschutz zu prüfen sind und die Prüfung in bestimmten Zeitabständen zu wiederholen ist. ²Der Strahlenschutzverantwortliche hat dafür zu sorgen, dass der Prüfbericht der zuständigen Behörde auf Verlangen vorgelegt wird.

§ 89 Dichtheitsprüfung

(1) ¹Der Strahlenschutzverantwortliche hat dafür zu sorgen, dass die Unversehrtheit und Dichtheit der Umhüllung bei umschlossenen radioaktiven Stoffen, deren Aktivität die Freigrenzen der Anlage 4 Tabelle 1 Spalte 2 überschreitet, in geeigneter Weise geprüft werden und die Prüfung in bestimmten Zeitabständen wiederholt wird. ²Die zuständige Behörde kann anordnen, dass und in welchen Zeitabständen die Prüfung durch einen nach § 172 Absatz 1 Satz 1 Nummer 4 des Strahlenschutzgesetzes bestimmten Sachverständigen durchzuführen ist. ³Der Strahlenschutzverantwortliche hat dafür zu sorgen, dass der Prüfbericht der zuständigen Behörde auf Verlangen vorgelegt wird. ⁴Satz 1 findet keine Anwendung auf umschlossene radioaktive Stoffe, die als radioaktive Abfälle abgeliefert wurden. ⁵Die

zuständige Behörde kann im Einzelfall ganz oder teilweise von der Pflicht nach Satz 1 befreien, wenn dadurch keine Gefährdung von Mensch und Umwelt eintreten kann.
(2) ¹Der Strahlenschutzverantwortliche hat dafür zu sorgen, dass bei hochradioaktiven Strahlenquellen die Dichtheitsprüfung mindestens einmal jährlich erfolgt, sofern die zuständige Behörde nicht einen anderen Zeitraum bestimmt. ²Absatz 1 Satz 2 bis 4 gilt entsprechend.
(3) Ist die Umhüllung umschlossener radioaktiver Stoffe oder die Vorrichtung, die die radioaktiven Stoffe enthält, mechanisch beschädigt oder korrodiert oder war sie einem Brand ausgesetzt, hat der Strahlenschutzverantwortliche dafür zu sorgen, dass
1. die Umhüllung des umschlossenen radioaktiven Stoffes vor dessen Weiterverwendung durch einen nach § 172 Absatz 1 Satz 1 Nummer 4 des Strahlenschutzgesetzes bestimmten Sachverständigen auf Dichtheit geprüft wird und
2. der Prüfbericht der zuständigen Behörde auf Verlangen vorgelegt wird.
(4) Der Strahlenschutzverantwortliche hat dafür zu sorgen, dass festgestellte Undichtheiten und Mängel an der Unversehrtheit der zuständigen Behörde unverzüglich mitgeteilt werden.

§ 90 Strahlungsmessgeräte

(1) Der Strahlenschutzverantwortliche hat dafür zu sorgen, dass zur Messung der Personendosis, der Ortsdosis, der Ortsdosisleistung, der Oberflächenkontamination und der Aktivität von Luft und Wasser geeignete Strahlungsmessgeräte verwendet werden.
(2) ¹Der Strahlenschutzverantwortliche hat dafür zu sorgen, dass Messgeräte für Photonenstrahlung der in § 1 Absatz 1 Nummer 13 der Mess- und Eichverordnung bezeichneten Art für nachfolgende Zwecke nur verwendet werden, wenn sie dem Mess- und Eichgesetz entsprechen:
1. für die physikalische Strahlenschutzkontrolle mittels Messung
   a) der Personendosis nach § 65 Absatz 1 Satz 1, § 66 Absatz 2 Satz 4 oder Absatz 5 oder
   b) der Ortsdosis oder Ortsdosisleistung nach § 65 Absatz 1 Satz 2 Nummer 1,
2. für Messungen zur Abgrenzung von Strahlenschutzbereichen oder zur Festlegung von Aufenthaltszeiten von Personen in Strahlenschutzbereichen,
3. bei Röntgeneinrichtungen für Messungen zum Nachweis des Vorliegens
   a) der Genehmigungsvoraussetzungen nach § 13 Absatz 1 Nummer 6 Buchstabe b des Strahlenschutzgesetzes oder
   b) der Anzeigevoraussetzungen nach § 19 Absatz 3 Nummer 1 Buchstabe c des Strahlenschutzgesetzes oder
4. für Messungen im Rahmen der Qualitätssicherung vor Inbetriebnahme nach § 115 bei Röntgeneinrichtungen zur Untersuchung von Menschen.
²Sind für bestimmte Messzwecke keine dem Mess- und Eichgesetz entsprechenden Messgeräte für Photonenstrahlung nach Satz 1 erhältlich, kann die zuständige Behörde im Einzelfall die Verwendung anderer Strahlungsmessgeräte gestatten, wenn diese für den Messzweck geeignet sind.
(3) Der Strahlenschutzverantwortliche hat dafür zu sorgen, dass Strahlungsmessgeräte, die dazu bestimmt sind, fortlaufend zu messen, um bei Notfällen, Störfällen oder sonstigen bedeutsamen Vorkommnissen vor Gefahren für Mensch und Umwelt zu warnen, nur verwendet werden, wenn ihr Versagen durch ein deutlich wahrnehmbares Signal angezeigt wird, sofern nicht zwei oder mehrere voneinander unabhängige Messvorrichtungen dem gleichen Messzweck dienen.

(4) Der Strahlenschutzverantwortliche, der Inhaber der Freigabe nach § 33 Absatz 1 ist, hat dafür zu sorgen, dass bei einer Freimessung nach § 42 Absatz 2 geeignete Strahlungsmessgeräte verwendet werden.
(5) ¹Der Strahlenschutzverantwortliche hat dafür zu sorgen, dass
1. die Strahlungsmessgeräte nach den Absätzen 1 bis 4
   a) den Anforderungen des Messzwecks genügen,
   b) in ausreichender Zahl vorhanden sind und
   c) regelmäßig auf ihre Funktionstüchtigkeit geprüft und gewartet werden,
2. Zeitpunkt und Ergebnis der Funktionsprüfung und Wartung aufgezeichnet werden,
3. die Aufzeichnungen zehn Jahre ab dem Zeitpunkt der Funktionsprüfung oder Wartung aufbewahrt und der zuständigen Behörde auf Verlangen vorgelegt oder bei einer von ihr zu bestimmenden Stelle hinterlegt werden.

²Im Falle der Freimessung nach § 42 Absatz 2 hat der Strahlenschutzverantwortliche, der Inhaber der Freigabe nach § 33 Absatz 1 ist, für die Erfüllung der Pflichten nach Satz 1 zu sorgen.

§ 91 Kennzeichnungspflicht

(1) ¹Der Strahlenschutzverantwortliche hat dafür zu sorgen, dass folgende Gegenstände, Anlagen und Bereiche mit Strahlenzeichen nach Anlage 10 gekennzeichnet werden:
1. Räume, Geräte, Vorrichtungen, Schutzbehälter, Aufbewahrungsbehältnisse und Umhüllungen für radioaktive Stoffe, mit denen nur auf Grund einer Genehmigung nach § 6 Absatz 1 Satz 1 oder Absatz 3 Satz 1, § 7 Absatz 1 Satz 1, Absatz 3 Satz 1 oder Absatz 5, § 9 Absatz 1 oder § 9b Absatz 1a Satz 1 des Atomgesetzes, eines Planfeststellungsbeschlusses nach § 9b Absatz 1 Satz 1 des Atomgesetzes oder einer Genehmigung nach § 12 Absatz 1 Nummer 3 des Strahlenschutzgesetzes umgegangen werden darf,
2. Anlagen zur Erzeugung ionisierender Strahlung,
3. Kontrollbereiche und Sperrbereiche,
4. Bereiche, in denen die Kontamination die in § 57 Absatz 2 Satz 1 genannten Werte überschreitet.

²Die Strahlenzeichen sind in ausreichender Anzahl deutlich sichtbar und dauerhaft anzubringen. ³Die Kennzeichnung muss mit Ausnahme von Kontrollbereichen und Sperrbereichen die Worte „Vorsicht – Strahlung", „Radioaktiv", „Kernbrennstoffe" oder „Kontamination" enthalten, soweit dies nach Größe und Beschaffenheit des zu kennzeichnenden Gegenstandes möglich ist.
(2) ¹Die Kennzeichnung ist nicht erforderlich bei Behältnissen oder Geräten, die innerhalb eines Kontrollbereichs in dafür vorgesehenen Bereichen verwendet werden, solange
1. die Person, die mit dieser Verwendung betraut ist, in diesen Bereichen anwesend ist oder
2. diese Bereiche gegen unbeabsichtigten Zutritt gesichert sind.

²Satz 1 gilt nicht für Behältnisse und Geräte, die hochradioaktive Strahlenquellen enthalten.
(3) Der Strahlenschutzverantwortliche hat dafür zu sorgen, dass Schutzbehälter und Aufbewahrungsbehältnisse, die gemäß Absatz 1 gekennzeichnet sind, nur zur Aufbewahrung von radioaktiven Stoffen verwendet werden.

§ 92 Besondere Kennzeichnungspflichten

(1) ¹Der Strahlenschutzverantwortliche hat dafür zu sorgen, dass
1. eine hochradioaktive Strahlenquelle, soweit technisch möglich, und ihre Schutzbehälter oder Aufbewahrungsbehältnisse bei der Herstellung zusätzlich zur Kennzeichnung mit

dem Strahlenzeichen nach Anlage 10 sichtbar und dauerhaft mit einer unverwechselbaren Identifizierungsnummer gekennzeichnet werden und
2. die aufgebrachte Identifizierungsnummer dem Bundesamt für Strahlenschutz innerhalb Monatsfrist mitgeteilt wird.
²Ist die zusätzliche Kennzeichnung der hochradioaktiven Strahlenquelle technisch nicht möglich oder werden wiederverwendbare Schutzbehälter oder Aufbewahrungsbehältnisse verwendet, so sind diese neben der Kennzeichnung mit dem Strahlenzeichen zusätzlich mit der Angabe „hochradioaktive Strahlenquelle" zu versehen.
(2) ¹Der Strahlenschutzverantwortliche hat dafür zu sorgen, dass alle Vorratsbehälter, die offene radioaktive Stoffe enthalten, deren Aktivität das 10^4fache der Werte der Anlage 4 Tabelle 1 Spalte 2 überschreitet, so gekennzeichnet werden, dass folgende Einzelheiten feststellbar sind:
1. Radionuklid,
2. chemische Verbindung,
3. Tag der Abfüllung,
4. Aktivität am Tag der Abfüllung oder an einem daneben besonders zu bezeichnenden Stichtag,
5. Strahlenschutzverantwortlicher zum Zeitpunkt der Abfüllung und
6. Name desjenigen, der die radioaktiven Stoffe abgefüllt hat.
²Kennnummern, Zeichen und sonstige Abkürzungen dürfen dabei nur verwendet werden, wenn diese allgemein bekannt oder ohne weiteres aus der Buchführung nach § 85 Absatz 1 Satz 1 Nummer 2 zu entnehmen sind.
(3) Für Vorrichtungen, die umschlossene radioaktive Stoffe oder festhaftend in offener Form enthalten, deren Aktivität die Werte der Anlage 4 Tabelle 1 Spalte 4 überschreitet, gilt Absatz 2 entsprechend.

§ 93 Entfernen von Kennzeichnungen
(1) Der Strahlenschutzverantwortliche hat dafür zu sorgen, dass Kennzeichnungen nach § 91 Absatz 1 von Gegenständen entfernt werden, die gemäß § 58 Absatz 2 Satz 1 aus Strahlenschutzbereichen herausgebracht worden sind.
(2) Der Strahlenschutzverantwortliche, der Inhaber der Freigabe nach § 33 Absatz 1 ist, hat dafür zu sorgen, dass nach einer Freigabe nach § 31 Absatz 1 Kennzeichnungen nach § 91 Absatz 1 entfernt werden.

§ 94 Abgabe radioaktiver Stoffe
(1) Der Strahlenschutzverantwortliche hat dafür zu sorgen, dass Stoffe, mit denen nur auf Grund einer Genehmigung nach § 6 Absatz 1 Satz 1 oder Absatz 3 Satz 1, § 7 Absatz 1 Satz 1, Absatz 3 Satz 1 oder Absatz 5, § 9 Absatz 1 oder § 9b Absatz 1a Satz 1 des Atomgesetzes, eines Planfeststellungsbeschlusses nach § 9b Absatz 1 Satz 1 des Atomgesetzes oder einer Genehmigung nach § 12 Absatz 1 Nummer 1 oder 3 des Strahlenschutzgesetzes umgegangen werden darf, nur an Personen abgegeben werden, die die erforderliche Genehmigung besitzen.
(2) ¹Bei der Abgabe umschlossener radioaktiver Stoffe zur weiteren Verwendung hat der Strahlenschutzverantwortliche dafür zu sorgen, dass dem Erwerber nach Satz 2 bescheinigt wird, dass die Umhüllung dicht und kontaminationsfrei ist. ²Die Bescheinigung muss die die Prüfung ausführende Stelle sowie Datum, Art und Ergebnis der Prüfung enthalten.
(3) ¹Der Strahlenschutzverantwortliche hat dafür zu sorgen, dass hochradioaktive Strahlenquellen nur abgegeben werden, wenn ihnen eine Dokumentation des Herstellers beigefügt ist, die Folgendes enthält:

1. die Identifizierungsnummer,
2. Angaben über die Art und die Aktivität der Strahlenquelle und
3. Fotografien oder technische Zeichnungen
   a) des Typs der Strahlenquelle,
   b) eines typischen Schutzbehälters oder Aufbewahrungsbehältnisses und
   c) eines geeigneten Transportbehälters.

²Liegt eine Dokumentation des Herstellers nach Satz 1 nicht vor, hat der Strahlenschutzverantwortliche dafür zu sorgen, dass hochradioaktive Strahlenquellen nur abgegeben werden, wenn ihnen die Bescheinigung eines Sachverständigen, die die Angaben nach Satz 1 Nummer 1 und 2 enthält, sowie eigene Fotografien oder technische Zeichnungen, die Satz 1 Nummer 3 entsprechen, beigefügt werden.

(4) Der Strahlenschutzverantwortliche hat dafür zu sorgen, dass hochradioaktive Strahlenquellen, mit denen nicht mehr umgegangen wird oder umgegangen werden soll, nach Beendigung des Gebrauchs
1. an den Hersteller, den Verbringer oder einen anderen Genehmigungsinhaber abgegeben werden oder
2. als radioaktiver Abfall abgeliefert oder zwischengelagert werden.

(5) ¹Der Strahlenschutzverantwortliche hat dafür zu sorgen, dass radioaktive Stoffe, die zur Beförderung oder Weiterbeförderung auf öffentlichen oder der Öffentlichkeit zugänglichen Verkehrswegen unbeschadet des § 4 der Atomrechtlichen Entsorgungsverordnung abgegeben werden, durch Personen befördert werden, die nach § 4 des Atomgesetzes oder nach den §§ 27 oder 28 des Strahlenschutzgesetzes zur Beförderung berechtigt sind. ²Der Strahlenschutzverantwortliche hat ferner dafür zu sorgen, dass die radioaktiven Stoffe bei der Übergabe unter Beachtung der für den jeweiligen Verkehrsträger geltenden Rechtsvorschriften verpackt sind. ³Fehlen solche Rechtsvorschriften, sind die radioaktiven Stoffe gemäß den Anforderungen zu verpacken, die sich nach dem Stand von Wissenschaft und Technik für den beabsichtigten Verkehrsträger ergeben. ⁴Zur Weiterbeförderung dürfen die Stoffe nicht abgegeben werden, wenn die Verpackung offensichtlich beschädigt oder undicht ist.

(6) ¹Wer radioaktive Stoffe befördert, hat dafür zu sorgen, dass diese Stoffe nur an den Empfänger oder an eine von diesem zum Empfang berechtigte Person übergeben werden. ²Bis zu der Übergabe hat er für den erforderlichen Schutz gegen Abhandenkommen, Störmaßnahmen oder sonstige Einwirkung Dritter zu sorgen. ³Die zuständige Behörde kann im Einzelfall Ausnahmen von Satz 1 zulassen, sofern der erforderliche Schutz gegen Abhandenkommen, Störmaßnahmen oder sonstige Einwirkungen Dritter sichergestellt ist.

§ 95 Rücknahme hochradioaktiver Strahlenquellen
Wer hochradioaktive Strahlenquellen hergestellt oder aus einem Staat, der nicht Mitgliedstaat der Europäischen Union ist, in den Geltungsbereich dieser Verordnung eingeführt oder aus einem Mitgliedstaat der Europäischen Union in den Geltungsbereich dieser Verordnung verbracht hat, hat diese zurückzunehmen oder sicherzustellen, dass sie von Dritten zurückgenommen werden können.

§ 96 Überlassen von Störstrahlern
(1) Der Hersteller und der Einführer dürfen einem anderen einen Störstrahler zum genehmigungsfreien Betrieb nur überlassen, wenn dieser den in Anlage 3 Teil D Nummer 1 bis 3 genannten Voraussetzungen entsprechend beschaffen ist.

(2) Der Hersteller und der Einführer dürfen einem anderen einen Störstrahler, dessen Betrieb genehmigungsbedürftig ist, nur überlassen, wenn der Störstrahler einen deutlich sichtbaren Hinweis auf die Genehmigungsbedürftigkeit enthält.

(3) Die zuständige Behörde kann zum Schutz Einzelner oder der Allgemeinheit anordnen, dass der Hersteller oder Einführer die für den Strahlenschutz wesentlichen Merkmale eines Störstrahlers, der genehmigungsfrei betrieben werden darf und der nicht bauartzugelassen ist, prüfen lässt, bevor er den Störstrahler einem anderen überlässt.

§ 97 Aufbewahrung und Bereithalten von Unterlagen
(1) Der Strahlenschutzverantwortliche hat dafür zu sorgen, dass bei genehmigungsbedürftigen Tätigkeiten nach § 12 Absatz 1 des Strahlenschutzgesetzes eine Ausfertigung des Genehmigungsbescheides dauerhaft aufbewahrt wird.
(2) Der Strahlenschutzverantwortliche hat auch dafür zu sorgen, dass die Betriebsanleitung bereitgehalten wird bei
1. Anlagen zur Erzeugung ionisierender Strahlung,
2. Röntgeneinrichtungen,
3. Störstrahlern und
4. Vorrichtungen oder Geräten, die umschlossene radioaktive Stoffe enthalten.
(3) Der Strahlenschutzverantwortliche hat außerdem dafür zu sorgen, dass Folgendes bereitgehalten wird:
1. bei genehmigungsbedürftigen Anlagen zur Erzeugung ionisierender Strahlung der letzte Prüfbericht nach § 88 Absatz 1 Satz 1 Nummer 1 Buchstabe b,
2. bei anzeigebedürftigen Anlagen zur Erzeugung ionisierender Strahlung der letzte Prüfbericht nach § 88 Absatz 5,
3. bei Bestrahlungsvorrichtungen und Geräten für die Gammaradiographie jeweils der letzte Prüfbericht nach § 88 Absatz 1 Satz 1 Nummer 1 Buchstabe b und § 89 Absatz 1,
4. bei genehmigungsbedürftigen Röntgeneinrichtungen der letzte Prüfbericht nach § 88 Absatz 4 Nummer 1,
5. bei anzeigebedürftigen Röntgeneinrichtungen
    a) die Bescheinigung eines behördlich bestimmten Sachverständigen nach § 19 Absatz 3 Satz 1 Nummer 1 des Strahlenschutzgesetzes,
    b) der letzte Prüfbericht nach § 88 Absatz 4 Nummer 1 und
    c) die Bescheinigungen über Sachverständigenprüfungen nach wesentlichen Änderungen des Betriebes der Röntgeneinrichtung und
6. bei genehmigungsbedürftigen Störstrahlern der letzte Prüfbericht nach § 88 Absatz 5.

§ 98 Einweisung in Tätigkeiten mit Strahlungsquellen
^{1}Der Strahlenschutzverantwortliche hat dafür zu sorgen, dass bei der Anwendung am Menschen oder der Anwendung am Tier in der Tierheilkunde
1. die beim Betrieb einer Anlage zur Erzeugung ionisierender Strahlung, einer Bestrahlungsvorrichtung oder einer Röntgeneinrichtung beschäftigten Personen anhand einer deutschsprachigen Betriebsanleitung durch eine entsprechend qualifizierte Person in die sachgerechte Handhabung eingewiesen werden,
2. die Einweisung bei der ersten Inbetriebnahme durch eine entsprechend qualifizierte Person des Herstellers oder Lieferanten vorgenommen wird,
3. über die Einweisung unverzüglich Aufzeichnungen angefertigt werden und
4. die Aufzeichnungen für die Dauer des Betriebes aufbewahrt werden.
^{2}Satz 1 ist auch anzuwenden bei der Anwendung von Röntgenstrahlung außerhalb der Anwendung am Menschen oder der Anwendung am Tier in der Tierheilkunde sowie im Zusammenhang mit dem Betrieb von Störstrahlern.

ABSCHNITT 6 Schutz der Bevölkerung und der Umwelt
§ 99 Begrenzung der Ableitung radioaktiver Stoffe

(1) Für die Planung, die Errichtung, den Betrieb, die Stilllegung, den sicheren Einschluss und den Abbau von kerntechnischen Anlagen, Anlagen im Sinne des § 9a Absatz 3 Satz 1 erster Halbsatz zweiter Satzteil des Atomgesetzes, Anlagen zur Erzeugung ionisierender Strahlung und Einrichtungen betragen die Grenzwerte der effektiven Dosis der durch Ableitungen radioaktiver Stoffe mit Luft oder Wasser aus diesen Anlagen oder Einrichtungen jeweils bedingten Exposition für Einzelpersonen der Bevölkerung 0,3 Millisievert im Kalenderjahr.
(2) Sind für die Einhaltung des Dosisgrenzwerts nach § 80 Absatz 1 des Strahlenschutzgesetzes mehrere Tätigkeiten zu betrachten, so hat die zuständige Behörde darauf hinzuwirken, dass auch die Dosisgrenzwerte des Absatzes 1 durch die Gesamtheit der Ableitungen radioaktiver Stoffe aus diesen Tätigkeiten mit Luft oder mit Wasser eingehalten werden.
(3) Der Strahlenschutzverantwortliche hat für die Einhaltung der Grenzwerte des Absatzes 1 zu sorgen.
(4) Der Strahlenschutzverantwortliche hat dafür zu sorgen, dass radioaktive Stoffe nicht unkontrolliert in die Umwelt abgeleitet werden.

§ 100 Ermittlung der für Einzelpersonen der Bevölkerung zu erwartenden Exposition

(1) ¹Im Rahmen des Genehmigungs- oder Anzeigeverfahrens für Tätigkeiten nach § 4 Absatz 1 Nummer 1 und Nummer 3 bis Nummer 8 des Strahlenschutzgesetzes sowie für in der Überwachung verbleibende Rückstände nach § 63 Absatz 1 des Strahlenschutzgesetzes hat der Strahlenschutzverantwortliche die zu erwartende Exposition für eine repräsentative Person unter Berücksichtigung der in Anlage 11 Teil A bis C oder, im Falle von in der Überwachung verbleibenden Rückständen, der in Anlage 6 genannten Expositionspfade, Lebensgewohnheiten der repräsentativen Person und der dort genannten übrigen Annahmen zu ermitteln. ²Die zuständige Behörde kann davon ausgehen, dass die Grenzwerte des § 80 des Strahlenschutzgesetzes und des § 99 dieser Verordnung eingehalten sind, wenn dies unter Zugrundelegung der Allgemeinen Verwaltungsvorschriften nach Absatz 3 Satz 1 nachgewiesen wird.
(2) Die Ermittlung nach Absatz 1 ist nicht erforderlich
1. bei Tätigkeiten nach § 4 Absatz 1 Nummer 7 des Strahlenschutzgesetzes, die einer Anzeige nach § 17 Absatz 1 des Strahlenschutzgesetzes bedürfen,
2. bei Tätigkeiten nach § 4 Absatz 1 Nummer 8 des Strahlenschutzgesetzes,
   a) die im Zusammenhang mit der Anwendung am Menschen oder der Anwendung am Tier in der Tierheilkunde ausgeübt werden oder
   b) die einer Anzeige nach § 19 Absatz 1 Nummer 2 des Strahlenschutzgesetzes bedürfen, oder
   c) die nicht von den Buchstaben a oder b erfasst werden, sofern keine Anhaltspunkte vorliegen, dass die in § 99 Absatz 1 genannten Grenzwerte oder die Grenzwerte des § 80 Absatz 1 und 2 des Strahlenschutzgesetzes auf Grund von Tätigkeiten nach § 4 Absatz 1 Satz 1 des Strahlenschutzgesetzes an diesem Standort oder anderen nach § 99 Absatz 2 einzubeziehenden Standorten überschritten werden können, oder
3. wenn die zuständige Behörde nach § 102 Absatz 2 Satz 1 von der Festlegung von Aktivitätsmengen und Aktivitätskonzentrationen absieht.
(3) ¹Die Bundesregierung erlässt mit Zustimmung des Bundesrates Allgemeine Verwaltungsvorschriften über zugrunde zu legende Annahmen und Berechnungsverfahren für die Ermittlung der zu erwartenden Exposition einer repräsentativen Person. ²Die Kriterien für die nach § 80 Absatz 4 des Strahlenschutzgesetzes und § 99 Absatz 2 dieser Verordnung erforder-

liche Berücksichtigung anderer Tätigkeiten werden ebenfalls in die Allgemeinen Verwaltungsvorschriften aufgenommen.
(4) Die zuständige Behörde kann zur Ermittlung der zu erwartenden Exposition bei anderen Behörden folgende Angaben zu anderen, bereits genehmigten oder angezeigten Tätigkeiten sowie zu Tätigkeiten in anderen laufenden Genehmigungs- oder Anzeigeverfahren anfordern:
1. tatsächliche oder erwartete Ableitungen mit der Fortluft oder mit dem Abwasser,
2. Daten zu meteorologischen und hydrologischen Ausbreitungsverhältnissen,
3. tatsächliche oder erwartete Körperdosen durch Direktstrahlung.

§ 101 Ermittlung der von Einzelpersonen der Bevölkerung erhaltenen Exposition
(1) ^{1}Die zuständige Behörde hat jährlich die von einer repräsentativen Person im vorhergehenden Kalenderjahr erhaltenen Körperdosen nach § 80 Absatz 1 und 2 des Strahlenschutzgesetzes unter Berücksichtigung der in Anlage 11 Teil A bis C oder, im Falle von in der Überwachung verbleibenden Rückständen, der in Anlage 6 genannten Expositionspfade, Lebensgewohnheiten der repräsentativen Person und der dort genannten übrigen Annahmen für folgende genehmigte oder angezeigte Tätigkeiten zu ermitteln:
1. Tätigkeiten nach § 4 Absatz 1 Nummer 1 und 3 bis 7 des Strahlenschutzgesetzes,
2. Beseitigung oder Verwertung von in der Überwachung verbleibenden Rückständen nach § 63 Absatz 1 des Strahlenschutzgesetzes.
^{2}Die Ermittlung der Exposition hat realitätsnah zu erfolgen. ^{3}Die Bundesregierung erlässt mit Zustimmung des Bundesrates Allgemeine Verwaltungsvorschriften über weitere zu treffende Annahmen und über anzuwendende Berechnungsverfahren für die Ermittlung der von einer repräsentativen Person erhaltenen Exposition.
(2) Die Ermittlung nach Absatz 1 ist nicht erforderlich bei
1. Tätigkeiten im Zusammenhang mit der Anwendung am Menschen zu nichtmedizinischen Zwecken in Bezug auf die Exposition derjenigen Person, an der die ionisierende Strahlung oder der radioaktive Stoff angewandt wird,
2. Tätigkeiten, im Zusammenhang mit der Anwendung am Tier in der Tierheilkunde, auch nach Entlassung des Tieres, in Bezug auf die Exposition der Tierbegleitperson,
3. Tätigkeiten nach § 4 Absatz 1 Nummer 7 des Strahlenschutzgesetzes, die einer Anzeige nach § 17 Absatz 1 des Strahlenschutzgesetzes bedürfen,
4. Tätigkeiten nach § 4 Absatz 1 Nummer 1 und 7 des Strahlenschutzgesetzes in den Fällen, in denen die effektive Dosis 0,1 Millisievert im Kalenderjahr nicht überschreitet.
(3) Liegen der zuständigen Behörde Anhaltspunkte für eine Überschreitung der Grenzwerte nach § 80 des Strahlenschutzgesetzes vor, so sind in die Ermittlung der Körperdosen nach § 80 Absatz 1 und 2 des Strahlenschutzgesetzes alle weiteren Tätigkeiten einzubeziehen, die auch im Zulassungsverfahren einbezogen wurden.
(4) Zur Ermittlung der von einer repräsentativen Person erhaltenen Exposition kann die zuständige Behörde anordnen, dass der Strahlenschutzverantwortliche zu Tätigkeiten nach Absatz 1 folgende Daten mindestens jährlich zu ermitteln und mitzuteilen hat:
1. falls radioaktive Stoffe abgeleitet werden, die zur Beschreibung der meteorologischen und hydrologischen Ausbreitungsverhältnisse erforderlichen Daten, ergänzend zu den Angaben nach § 103 Absatz 1,
2. Daten, die für eine Ermittlung der durch Direktstrahlung erzeugten Exposition der repräsentativen Person geeignet sind.
(5) ^{1}Die zuständige Behörde hat die von ihr ermittelten Expositionen der repräsentativen Personen zu dokumentieren. ^{2}Sie sind allen Interessenträgern auf Anfrage zur Verfügung zu

stellen. ³Jedenfalls für die Tätigkeiten nach Absatz 1 Satz 1 Nummer 1 sind die ermittelten Expositionen jährlich zu veröffentlichen.
(6) Zuständig für die Ermittlung nach Absatz 1 Satz 1 Nummer 1 ist das Bundesamt für Strahlenschutz, soweit die dort genannten Tätigkeiten auf dem Betriebsgelände von Anlagen oder Einrichtungen nach §§ 6, 7, 9 oder § 9b des Atomgesetzes ausgeübt werden.

§ 102 Zulässige Ableitungen radioaktiver Stoffe
(1) ¹Für den Betrieb, die Stilllegung, den sicheren Einschluss und den Abbau von kerntechnischen Anlagen, Anlagen im Sinne des § 9a Absatz 3 Satz 1 erster Halbsatz zweiter Satzteil des Atomgesetzes, Anlagen zur Erzeugung ionisierender Strahlung und Einrichtungen legt die zuständige Behörde die zulässigen Ableitungen radioaktiver Stoffe mit Luft und Wasser durch Begrenzung der Aktivitätskonzentrationen oder Aktivitätsmengen fest. ²Der Nachweis der Einhaltung der Grenzwerte des § 99 Absatz 1 gilt als erbracht, wenn diese Begrenzungen nicht überschritten werden.
(2) ¹Bei Anlagen oder Einrichtungen nach Absatz 1, die keiner Genehmigung nach §§ 6, 7, 9 oder 9b des Atomgesetzes und keines Planfeststellungsbeschlusses nach § 9b des Atomgesetzes bedürfen, kann die zuständige Behörde von der Festlegung von Aktivitätsmengen und Aktivitätskonzentrationen absehen und den Nachweis nach § 100 Absatz 1 zur Einhaltung der in § 99 Absatz 1 genannten Grenzwerte als erbracht ansehen, wenn die nach Anlage 11 Teil D zulässigen Aktivitätskonzentrationen für Ableitungen radioaktiver Stoffe mit Luft oder Wasser aus Strahlenschutzbereichen der betreffenden Anlagen oder Einrichtungen im Jahresdurchschnitt nicht überschritten werden. ²Werden die Werte der Anlage 11 Teil D eingehalten, so ist davon auszugehen, dass die effektive Dosis durch Ableitungen radioaktiver Stoffe aus dieser Tätigkeit mit Luft oder Wasser den Bereich von 10 Mikrosievert im Kalenderjahr jeweils nicht überschreitet. ³Soweit die zuständige Behörde nichts anderes festlegt, sind die zulässigen Aktivitätskonzentrationen an der Grenze eines Strahlenschutzbereichs einzuhalten. ⁴Satz 1 findet keine Anwendung, wenn der zuständigen Behörde Anhaltspunkte vorliegen, dass die in § 99 Absatz 1 genannten Grenzwerte oder die Grenzwerte des § 80 Absatz 1 und 2 des Strahlenschutzgesetzes an einem Standort durch Ableitungen oder Direktstrahlung aus in Absatz 1 genannten Anlagen oder Einrichtungen an diesem Standort oder anderen nach § 99 Absatz 2 einzubeziehenden Standorten überschritten werden können.

§ 103 Emissions- und Immissionsüberwachung
(1) ¹Der Strahlenschutzverantwortliche hat dafür zu sorgen, dass Ableitungen aus kerntechnischen Anlagen, Anlagen im Sinne des § 9a Absatz 3 Satz 1 erster Halbsatz zweiter Satzteil des Atomgesetzes, Anlagen zur Erzeugung ionisierender Strahlung und Einrichtungen
1. überwacht werden und
2. der zuständigen Behörde mindestens jährlich mitgeteilt werden; die Ableitungen sind nach Art und Aktivität zu spezifizieren.

²Die zuständige Behörde kann von der Mitteilungspflicht ganz oder teilweise befreien, wenn sie auf andere Weise hinreichend abschätzen kann, dass die Grenzwerte des § 99 Absatz 1 unter Berücksichtigung von § 99 Absatz 2 durch die Ableitungen nicht überschritten werden. ³Satz 2 gilt nicht für Anlagen zur Spaltung von Kernbrennstoffen zur gewerblichen Erzeugung von Elektrizität und von Anlagen zur Aufarbeitung bestrahlter Kernbrennstoffe.
(2) ¹Die zuständige Behörde kann anordnen, dass bei dem Betrieb, der Stilllegung, dem sicheren Einschluss und dem Abbau von kerntechnischen Anlagen, Anlagen im Sinne des § 9a Absatz 3 Satz 1 zweiter Satzteil des Atomgesetzes, Anlagen zur Erzeugung ionisierender Strahlung und Einrichtungen die Aktivität von Proben aus der Umgebung sowie Ortsdosen zur

Überwachung der Exposition durch Direktstrahlung nach einem festzulegenden Plan durch Messung bestimmt werden und dass die Messergebnisse aufzuzeichnen, der zuständigen Behörde auf Verlangen vorzulegen und der Öffentlichkeit zugänglich zu machen sind. ²Die zuständige Behörde kann die Stelle bestimmen, die die Messungen vorzunehmen hat.
(3) ¹Zur Sicherstellung eines bundeseinheitlichen Qualitätsstandards bei der Emissions- und Immissionsüberwachung führen die in Anlage 12 genannten Verwaltungsbehörden des Bundes als Leitstellen Vergleichsmessungen und Vergleichsanalysen durch. ²Die Leitstellen haben ferner die Aufgabe, Probenahme-, Analyse- und Messverfahren zu entwickeln und festzulegen sowie die Daten der Emissions- und Immissionsüberwachung zusammenzufassen, aufzubereiten und zu dokumentieren. ³Die Physikalisch-Technische Bundesanstalt stellt Radioaktivitätsstandards für Vergleichsmessungen und Referenzmessfelder zur Messung der Gamma-Ortsdosisleistung der Umgebungsstrahlung bereit.
(4) ¹Zur Überprüfung der Emissionsmessungen nach Absatz 1 führt das Bundesamt für Strahlenschutz Kontrollmessungen durch und teilt die Messergebnisse der zuständigen Behörde mit. ²Im Einvernehmen mit dem Bundesamt für Strahlenschutz kann die zuständige Behörde oder eine von ihr beauftragte öffentliche Stelle im Einzelfall die Kontrollmessungen durchführen, wenn die Qualität der Messungen gewährleistet ist. ³Der Strahlenschutzverantwortliche und die von ihm beauftragten Messstellen haben die Kontrollmessungen zu dulden. ⁴Der Strahlenschutzverantwortliche hat zur Sicherung der Qualität seiner Emissionsmessungen an Vergleichsmessungen und Vergleichsanalysen des Bundesamtes für Strahlenschutz teilzunehmen. ⁵Die Qualität der Kontrollmessungen ist ebenfalls durch Teilnahme an diesen Ringversuchen zu sichern. ⁶Für die Durchführung der Kontrollmessungen sowie für die Teilnahme an den Vergleichsmessungen und Vergleichsanalysen werden Gebühren und Auslagen erhoben.

§ 104 Begrenzung der Exposition durch Störfälle

(1) ¹Der Strahlenschutzverantwortliche hat dafür zu sorgen, dass bei der Planung baulicher oder sonstiger technischer Schutzmaßnahmen gegen Störfälle in oder an einem Kernkraftwerk, das der Erzeugung von Elektrizität dient, bis zur Stilllegung nach § 7 Absatz 3 des Atomgesetzes unbeschadet der Forderungen des § 8 des Strahlenschutzgesetzes in der Umgebung der Anlage durch Freisetzung radioaktiver Stoffe in die Umgebung höchstens folgende Körperdosen zugrunde gelegt werden:
1. eine effektive Dosis von 50 Millisievert,
2. eine Organ-Äquivalentdosis der Schilddrüse von 150 Millisievert,
3. eine Organ-Äquivalentdosis der Haut, der Hände, der Unterarme, der Füße und Knöchel von jeweils 500 Millisievert,
4. eine Organ-Äquivalentdosis der Augenlinse, der Keimdrüsen, der Gebärmutter und des Knochenmarks (rot) von jeweils 50 Millisievert,
5. eine Organ-Äquivalentdosis der Knochenoberfläche von 300 Millisievert und
6. eine Organ-Äquivalentdosis des Dickdarms, der Lunge, des Magens, der Blase, der Brust, der Leber, der Speiseröhre, der anderen Organe oder Gewebe gemäß Anlage 18 Teil C Nummer 2 Fußnote 1, soweit nicht unter Nummer 4 genannt, von jeweils 150 Millisievert.

²Maßgebend für eine ausreichende Vorsorge gegen Störfälle nach Satz 1 ist der Stand von Wissenschaft und Technik. ³Die Genehmigungsbehörde kann diese Vorsorge insbesondere dann als getroffen ansehen, wenn der Antragsteller bei der Auslegung des Kernkraftwerks die Störfälle zugrunde gelegt hat, die nach den veröffentlichten Sicherheitsanforderungen an Kernkraftwerke und den Interpretationen zu den Sicherheitsanforderungen an Kernkraftwerke die Auslegung eines Kernkraftwerks bestimmen müssen.

Strahlenschutzverordnung §§ 104, 105

(2) Absatz 1 Satz 1 und 2 gilt auch für die Aufbewahrung bestrahlter Kernbrennstoffe nach § 6 des Atomgesetzes an den jeweiligen Standorten der nach § 7 des Atomgesetzes genehmigten Kernkraftwerke sowie für Anlagen des Bundes zur Sicherstellung und zur Endlagerung radioaktiver Abfälle nach § 9a Absatz 3 Satz 1 erster Halbsatz zweiter Satzteil des Atomgesetzes.
(3) ¹Der Strahlenschutzverantwortliche hat dafür zu sorgen, dass bei der Planung von anderen als in Absatz 1 Satz 1 genannten Anlagen nach § 7 Absatz 1 des Atomgesetzes sowie bei der Planung der Stilllegung, des sicheren Einschlusses der endgültig stillgelegten Anlagen und des Abbaus der Anlagen oder von Anlagenteilen nach § 7 Absatz 3 Satz 1 des Atomgesetzes bauliche oder technische Schutzmaßnahmen unter Berücksichtigung des potenziellen Schadensausmaßes getroffen werden, um die Exposition bei Störfällen durch die Freisetzung radioaktiver Stoffe in die Umgebung zu begrenzen. ²Die Genehmigungsbehörde legt Art und Umfang der Schutzmaßnahmen unter Berücksichtigung des Einzelfalls, insbesondere des Gefährdungspotenzials der Anlage und der Wahrscheinlichkeit des Eintritts eines Störfalls, fest.
(4) Absatz 3 gilt entsprechend für
1. die übrigen Tätigkeiten nach § 6 Absatz 1 und § 9 Absatz 1 des Atomgesetzes,
2. Abbau- und Stilllegungsmaßnahmen im Rahmen von Tätigkeiten nach § 6 Absatz 1 und § 9 Absatz 1 des Atomgesetzes,
3. Tätigkeiten nach § 12 Absatz 1 Nummer 3 des Strahlenschutzgesetzes in Verbindung mit § 12 Absatz 4 des Strahlenschutzgesetzes, bei denen mit mehr als dem 10^7fachen der Freigrenzen der Anlage 4 Tabelle 1 Spalte 2 als offener radioaktiver Stoff oder mit mehr als dem 10^{10}fachen der Freigrenzen der Anlage 4 Tabelle 1 Spalte 2 als umschlossener radioaktiver Stoff umgegangen wird, es sei denn,
a) der Umgang mit den radioaktiven Stoffen in einem einzelnen Betrieb oder selbständigen Zweigbetrieb, bei Nichtgewerbetreibenden am Ort der Tätigkeit des Antragstellers, erfolgt in mehreren räumlich voneinander getrennten Gebäuden, Gebäudeteilen, Anlagen oder Einrichtungen,
b) die Aktivität der radioaktiven Stoffe in den einzelnen Gebäuden, Gebäudeteilen, Anlagen oder Einrichtungen überschreitet die genannten Vielfachen der Freigrenzen nicht und
c) es ist ausreichend sichergestellt, dass die radioaktiven Stoffe aus den einzelnen Gebäuden, Gebäudeteilen, Anlagen oder Einrichtungen nicht zusammenwirken können.
(5) Die Absätze 1 bis 4 gelten nicht für Güter, die als gefährliche Güter nach § 2 des Gefahrgutbeförderungsgesetzes befördert werden.
(6) ¹Die Bundesregierung erlässt mit Zustimmung des Bundesrates Allgemeine Verwaltungsvorschriften, in denen Schutzziele zur Störfallvorsorge nach den Absätzen 3 und 4 festgelegt werden. ²Zu berücksichtigen sind dabei die Eintrittswahrscheinlichkeit des Schadensausmaßes und bei Tätigkeiten nach § 12 Absatz 1 Nummer 3 des Strahlenschutzgesetzes das Vielfache der Freigrenzen für offene und umschlossene radioaktive Stoffe.

ABSCHNITT 7 Vorkommnisse

§ 105 Vorbereitende Maßnahmen zur Vermeidung, zum Erkennen und zur Eindämmung der Auswirkungen eines Vorkommnisses bei der Anwendung am Menschen

(1) Der Strahlenschutzverantwortliche hat dafür zu sorgen, dass bei der Anwendung radioaktiver Stoffe oder ionisierender Strahlung am Menschen in systematischer Weise geeignete Maßnahmen getroffen werden, um

1. ein Vorkommnis zu vermeiden,
2. ein Vorkommnis zu erkennen und
3. im Falle eines Vorkommnisses die nachteiligen Auswirkungen so gering wie möglich zu halten.

(2) Bei der Wahl der Maßnahmen ist dem mit der Tätigkeit verbundenen Risiko Rechnung zu tragen.

§ 106 Vorbereitende Maßnahmen für Notfälle oder Störfälle

(1) ¹Der Strahlenschutzverantwortliche hat dafür zu sorgen, dass den für den Katastrophenschutz und den für die öffentliche Sicherheit zuständigen Behörden die notwendigen Informationen und die erforderliche Beratung für deren Planungen zur Abwehr von Gefahren durch ionisierende Strahlung und zur Begrenzung oder Beseitigung der nachteiligen Auswirkungen eines Notfalls oder Störfalls gegeben werden. ²Darüber hinaus hat der Strahlenschutzverantwortliche dafür zu sorgen, dass den nach § 115 Absatz 1 Nummer 2 und 3 des Strahlenschutzgesetzes verantwortlichen Behörden und Organisationen die notwendigen Informationen und die erforderliche Beratung gegeben werden, die diese für die im Rahmen der Notfallvorsorge vorgesehene Unterrichtung, Aus- und Fortbildung von Personen benötigen, die als Einsatzkräfte oder als nach § 113 Absatz 1 Nummer 2 oder 3 des Strahlenschutzgesetzes verantwortliche Personen für Einsätze bei Notfällen im Zusammenhang mit Tätigkeiten des Strahlenschutzverantwortlichen vorgesehen sind.

(2) ¹Der Strahlenschutzverantwortliche hat des Weiteren dafür zu sorgen, dass das zur Eindämmung und Beseitigung der durch Notfälle oder Störfälle auf dem Betriebsgelände entstandenen Gefahren erforderliche geschulte Personal und die erforderlichen Hilfsmittel vorgehalten werden. ²Er hat deren Einsatzfähigkeit der zuständigen Behörde nachzuweisen. ³Dies kann auch dadurch geschehen, dass ein Anspruch auf Einsatz einer für die Erfüllung dieser Aufgaben geeigneten Institution nachgewiesen wird.

(3) ¹Die Absätze 1 und 2 sind nicht anzuwenden
1. auf den Umgang mit radioaktiven Stoffen, deren Aktivitäten die Freigrenzen der Anlage 4 Tabelle 1 Spalte 2 um nicht mehr überschreiten als das
   a) 10^7fache, wenn es sich um offene radioaktive Stoffe handelt,
   b) 10^{10}fache, wenn es sich um umschlossene radioaktive Stoffe handelt, und
2. auf den Betrieb von Röntgeneinrichtungen, Störstrahlern sowie Anlagen zur Erzeugung ionisierender Strahlung, falls deren Errichtung keiner Genehmigung nach § 10 des Strahlenschutzgesetzes bedarf.

²Satz 1 ist auch anzuwenden, wenn in dem einzelnen Betrieb oder selbständigen Zweigbetrieb, bei Nichtgewerbetreibenden am Ort der Tätigkeit des Antragstellers, mit radioaktiven Stoffen in mehreren räumlich voneinander getrennten Anlagen oder Einrichtungen umgegangen wird, die Aktivität der radioaktiven Stoffe in den einzelnen Anlagen oder Einrichtungen die Werte des Satzes 1 nicht überschreitet und ausreichend sichergestellt ist, dass die radioaktiven Stoffe aus den einzelnen Anlagen oder Einrichtungen nicht zusammenwirken können.

(4) ¹Soweit die für den Katastrophenschutz oder die für die öffentliche Sicherheit zuständige Behörde einen externen Notfallplan nach § 101 Absatz 1 des Strahlenschutzgesetzes für den Fall eines Notfalls aufgestellt hat, hat der Strahlenschutzverantwortliche des Weiteren dafür zu sorgen, dass die Bevölkerung, die bei einem Notfall betroffen sein könnte, in geeigneter Weise und unaufgefordert mindestens alle fünf Jahre über die Sicherheitsmaßnahmen, geplante Maßnahmen zur Warnung und zum Schutz der Bevölkerung sowie Empfehlungen für das Verhalten bei möglichen Notfällen informiert wird. ²Der Strahlenschutzverantwortliche hat dafür zu sorgen, dass diese Informationen jedermann zugänglich

gemacht werden und jederzeit im Internet abrufbar sind. ³Die Informationen ergänzen die Informationen der zuständigen Stellen des Bundes und der Länder nach § 105 des Strahlenschutzgesetzes und müssen sich auf die in Anlage 13 aufgeführten Angaben erstrecken. ⁴Der Strahlenschutzverantwortliche hat dafür zu sorgen, dass seine Informationen bei wesentlichen Änderungen, die Auswirkungen auf die Sicherheit oder den Schutz der Bevölkerung haben, auf den neuesten Stand gebracht werden. ⁵Soweit die Informationen zum Schutz der Öffentlichkeit bestimmt sind, hat der Strahlenschutzverantwortliche sie mit den für den Katastrophenschutz und den für die öffentliche Sicherheit zuständigen Behörden abzustimmen. ⁶Der Strahlenschutzverantwortliche hat die Art und Weise, in der die Informationen zu geben, zu wiederholen und auf den neuesten Stand zu bringen sind, mit den für den Katastrophenschutz und den für die öffentliche Sicherheit zuständigen Behörden abzustimmen.

§ 107 Maßnahmen bei einem Notfall oder Störfall
Über § 72 Absatz 3 des Strahlenschutzgesetzes hinaus hat der Strahlenschutzverantwortliche dafür zu sorgen, dass bei einem Notfall oder Störfall unverzüglich alle notwendigen Maßnahmen zur Verringerung der Folgen des Notfalls oder Störfalls getroffen werden.

§ 108 Meldung eines bedeutsamen Vorkommnisses
(1) ¹Der Strahlenschutzverantwortliche hat dafür zu sorgen, dass der Eintritt eines Notfalls, Störfalls oder eines sonstigen bedeutsamen Vorkommnisses der zuständigen Behörde unverzüglich gemäß Absatz 2 gemeldet wird. ²Ein sonstiges Vorkommnis ist insbesondere dann bedeutsam, wenn ein in den Anlagen 14 oder 15 genanntes Kriterium erfüllt ist.
(2) ¹Die Meldung hat alle verfügbaren Angaben zu enthalten, die für die Bewertung des bedeutsamen Vorkommnisses erforderlich sind. ²Soweit möglich, sind die Ursachen und Auswirkungen sowie die Maßnahmen zur Behebung der Auswirkungen und zur Vermeidung derartiger Vorkommnisse anzugeben.
(3) ¹Der Strahlenschutzverantwortliche hat dafür zu sorgen, dass ergänzende Angaben, die zur vollständigen Bewertung erforderlich sind, nach Abschluss der Untersuchung nach § 109 Absatz 1 unverzüglich der zuständigen Behörde vorgelegt werden. ²Er hat dafür zu sorgen, dass der zuständigen Behörde spätestens sechs Monate nach Eintritt des bedeutsamen Vorkommnisses eine vollständige und zusammenfassende Meldung einschließlich der Darlegung der Maßnahmen zur Behebung der Auswirkungen und zur Vermeidung derartiger Vorkommnisse vorgelegt wird. ³Die zuständige Behörde kann einer späteren Vorlage zustimmen.
(4) ¹Der Strahlenschutzverantwortliche hat dafür zu sorgen, dass der Eintritt eines Notfalls, Störfalls oder, falls erforderlich, eines sonstigen bedeutsamen Vorkommnisses unverzüglich nach Kenntnis auch der für den Katastrophenschutz und der für die öffentliche Sicherheit zuständigen Behörde gemeldet wird. ²Der Strahlenschutzverantwortliche hat des Weiteren dafür zu sorgen, dass der Eintritt eines bedeutsamen Vorkommnisses, das zu einem überregionalen oder regionalen Notfall führen kann oder geführt hat, unverzüglich nach Kenntnis auch dem radiologischen Lagezentrum des Bundes nach § 106 des Strahlenschutzgesetzes gemeldet wird.

§ 109 Untersuchung, Aufzeichnung und Aufbewahrung
(1) Der Strahlenschutzverantwortliche hat dafür zu sorgen, dass die Ursachen und Auswirkungen eines Vorkommnisses unverzüglich in systematischer Weise untersucht werden.
(2) Unbeschadet des § 90 Absatz 2 Satz 1 des Strahlenschutzgesetzes hat der Strahlenschutzverantwortliche dafür zu sorgen, dass das Eintreten eines Vorkommnisses, die Ergebnisse der Untersuchung nach Absatz 1 sowie die zur Behebung der Auswirkungen und zur Vermeidung eines Vorkommnisses getroffenen Maßnahmen unverzüglich aufgezeichnet werden.

(3) Unbeschadet des § 90 Absatz 2 Satz 3 des Strahlenschutzgesetzes hat der Strahlenschutzverantwortliche dafür zu sorgen, dass die Aufzeichnungen nach Absatz 2 vor dem Zugriff Unbefugter geschützt werden.
(4) ¹Unbeschadet des § 90 Absatz 2 Satz 2, 4 und 5 des Strahlenschutzgesetzes hat der Strahlenschutzverantwortliche dafür zu sorgen, dass die Aufzeichnungen nach Absatz 2 30 Jahre lang aufbewahrt und der zuständigen Behörde auf Verlangen vorgelegt werden. ²Die Aufbewahrungsfrist beginnt mit dem Eintritt des Vorkommnisses.

§ 110 Aufgaben der zuständigen Aufsichtsbehörden

(1) Im Rahmen der strahlenschutzrechtlichen Aufsicht erfasst, prüft und bewertet die zuständige Behörde Meldungen nach § 108.
(2) ¹Die zuständige Behörde
1. informiert unverzüglich das Bundesministerium für Umwelt, Naturschutz und nukleare Sicherheit über ein bedeutsames Vorkommnis und
2. übermittelt bei einem bedeutsamen Vorkommnis bei medizinischer Exposition und bei Exposition der untersuchten Person bei einer nichtmedizinischen Anwendung unverzüglich die Informationen über das bedeutsame Vorkommnis in pseudonymisierter Form an die zentrale Stelle nach § 111.

²Im Falle der Zuständigkeit einer Landesbehörde erfolgt die Information nach Satz 1 Nummer 1 durch die zuständige oberste Landesbehörde.
(3) ¹Betrifft ein bedeutsames Vorkommnis bei medizinischer Exposition eine Anwendung radioaktiver Stoffe oder ionisierender Strahlung zum Zweck der medizinischen Forschung, so informiert die zuständige Behörde unverzüglich die für die Genehmigung oder Anzeige der Anwendung zuständige Behörde über den Sachverhalt. ²Sie übermittelt hierbei auch die Information über den Strahlenschutzverantwortlichen und die Genehmigung nach § 31 Absatz 1 oder die Anzeige nach § 32 Absatz 1 des Strahlenschutzgesetzes.

§ 111 Aufgaben der zentralen Stelle

(1) Die zentrale Stelle
1. richtet ein elektronisches System zur Erfassung, Verarbeitung und Auswertung von Informationen über bedeutsame Vorkommnisse bei medizinischer Exposition und bei Exposition der untersuchten Person bei einer nichtmedizinischen Anwendung ein und betreibt dieses,
2. bestimmt Verfahren, Form und Inhalt der Übermittlung von Informationen nach § 110 Absatz 2 Satz 1 Nummer 2,
3. erfasst und verarbeitet Informationen über ein bedeutsames Vorkommnis und wertet diese insbesondere im Hinblick auf die Übertragbarkeit und Bedeutsamkeit der Erkenntnisse auf andere Anwendungen und andere Anwender aus,
4. informiert das Bundesministerium für Umwelt, Naturschutz und nukleare Sicherheit unverzüglich über ihr vorliegende Informationen und ihre Auswertung zu einem bedeutsamen Vorkommnis,
5. macht dem Bundesministerium für Umwelt, Naturschutz und nukleare Sicherheit sowie den zuständigen Behörden die in dem System nach Nummer 1 enthaltenen Informationen zugänglich, soweit dies für deren Aufgabenerfüllung erforderlich ist,
6. führt eine regelmäßige systematische wissenschaftliche Aufarbeitung der durchgeführten Auswertungen durch und veröffentlicht die Ergebnisse einschließlich der daraus abgeleiteten Empfehlungen für den Strahlenschutz und
7. tauscht Informationen mit den für die Meldeverfahren nach Medizinprodukterecht und Arzneimittelrecht zuständigen Stellen sowie mit weiteren im Bereich der Sicherheit von

Arzneimitteln und Medizinprodukten tätigen Stellen aus und berücksichtigt deren Erkenntnisse bei ihrer Auswertung und wissenschaftlichen Aufarbeitung.
(2) Zentrale Stelle ist das Bundesamt für Strahlenschutz.

§ 112 Meldung und Erfassung von Vorkommnissen nach anderen Rechtsvorschriften
(1) Die Vorschriften zur Meldung und Erfassung von Vorkommnissen nach Arzneimittelrecht und Medizinprodukterecht bleiben unberührt.
(2) Die §§ 108 bis 110 finden im Anwendungsbereich der Atomrechtlichen Sicherheitsbeauftragten- und Meldeverordnung keine Anwendung.

§ 113 Ausnahme
Dieser Abschnitt findet keine Anwendung beim anzeigebedürftigen Betrieb eines Luftfahrzeugs oder eines Raumfahrzeugs.

ABSCHNITT 8 Anwendung ionisierender Strahlung oder radioaktiver Stoffe am Menschen

Unterabschnitt 1 Technische Anforderungen

§ 114 Anforderungen an die Ausrüstung bei der Anwendung am Menschen
(1) Der Strahlenschutzverantwortliche hat dafür zu sorgen, dass eine Röntgeneinrichtung zur Anwendung am Menschen nur verwendet wird, wenn sie
1. über eine Funktion verfügt, die die Parameter zur Ermittlung der bei der Anwendung erhaltenen Exposition der untersuchten oder behandelten Person anzeigt, oder, falls dies nach dem Stand der Technik nicht möglich ist, mit der die erhaltene Exposition der untersuchten oder behandelten Person auf andere Weise ermittelt werden kann,
2. über eine Funktion verfügt, die die Parameter, die zur Ermittlung der Exposition der untersuchten oder behandelten Person erforderlich sind, elektronisch aufzeichnet und für die Qualitätssicherung elektronisch nutzbar macht,
3. im Falle der Verwendung zur Durchleuchtung über eine Funktion zur elektronischen Bildverstärkung und zur automatischen Dosisleistungsregelung oder über eine andere, mindestens gleichwertige Funktion verfügt,
4. im Falle der Verwendung zur Durchleuchtung bei Interventionen neben der Vorrichtung oder Funktion nach Nummer 1 über eine Funktion verfügt, die der Person nach § 145 durchgängig während der Anwendung die Parameter zur Ermittlung der Exposition der untersuchten Person anzeigt.

(2) Der Strahlenschutzverantwortliche hat dafür zu sorgen, dass eine Anlage zur Erzeugung ionisierender Strahlung oder eine Bestrahlungsvorrichtung, die jeweils eine Photonen- oder Teilchenenergie von mindestens 1 Megaelektronenvolt bereitstellt, zur Behandlung von Personen nur verwendet wird, wenn sie die Überprüfung der Parameter zur Bestimmung der Dosisverteilung ermöglicht.

(3) Der Strahlenschutzverantwortliche hat dafür zu sorgen, dass eine Anlage zur Erzeugung ionisierender Strahlung zur Untersuchung von Personen nur verwendet wird, wenn sie über eine Funktion verfügt, die der Person nach § 145 die Parameter zur Ermittlung der Exposition der untersuchten Person anzeigt, oder, falls dies nach dem Stand der Technik nicht möglich ist, mit der die erhaltene Exposition der untersuchten Person auf andere Weise unmittelbar ermittelt werden kann.

§ 115 Qualitätssicherung vor Inbetriebnahme; Abnahmeprüfung

(1) Bei Anlagen zur Erzeugung ionisierender Strahlung, Bestrahlungsvorrichtungen, Röntgeneinrichtungen und sonstigen Vorrichtungen und Geräten, die bei der Anwendung radioaktiver Stoffe oder ionisierender Strahlung am Menschen verwendet werden, hat der Strahlenschutzverantwortliche vor der Inbetriebnahme sicherzustellen, dass die für die Anwendung erforderliche Qualität im Sinne des § 14 Absatz 1 Nummer 5 des Strahlenschutzgesetzes erreicht wird und zu diesem Zweck unter seiner Einbindung eine Abnahmeprüfung durch den jeweiligen Hersteller oder Lieferanten der einzelnen Komponenten durchgeführt wird.
(2) Der Strahlenschutzverantwortliche hat dafür zu sorgen, dass als Teil der Abnahmeprüfung die Bezugswerte für die Konstanzprüfung nach § 116 bestimmt werden.
(3) Ist die Anlage zur Erzeugung ionisierender Strahlung, die Bestrahlungsvorrichtung, die Röntgeneinrichtung oder eine sonstige Vorrichtung oder ein Gerät Teil eines Gesamtsystems für die Anwendung am Menschen, so hat der Strahlenschutzverantwortliche auch für das Gesamtsystem durch eine Prüfung sicherzustellen, dass die für die Anwendung erforderliche Qualität im Sinne des § 14 Absatz 1 Nummer 5 des Strahlenschutzgesetzes erreicht wird.
(4) [1]Die Absätze 1 bis 3 gelten entsprechend nach jeder Änderung einer Anlage zur Erzeugung ionisierender Strahlung, Bestrahlungsvorrichtung, einer Röntgeneinrichtung, einer sonstigen Vorrichtung oder eines Gerätes nach Absatz 1, welche die für die Anwendung erforderliche Qualität im Sinne des § 14 Absatz 1 Nummer 5 des Strahlenschutzgesetzes beeinflussen kann. [2]In diesem Fall kann sich die Prüfung auf die Änderung und deren Auswirkungen beschränken. [3]Ist die Abnahmeprüfung durch den Hersteller oder Lieferanten nicht mehr möglich, so hat der Strahlenschutzverantwortliche dafür zu sorgen, dass eine gleichwertige Prüfung durch eine Person mit der erforderlichen Fachkunde im Strahlenschutz durchgeführt wird.

§ 116 Konstanzprüfung

(1) [1]Der Strahlenschutzverantwortliche hat dafür zu sorgen, dass für Anlagen zur Erzeugung ionisierender Strahlung, Bestrahlungsvorrichtungen, Röntgeneinrichtungen oder sonstige Vorrichtungen oder Geräte nach § 115 Absatz 1 nach der Inbetriebnahme regelmäßig und in den erforderlichen Zeitabständen geprüft wird, ob die für die Anwendung erforderliche Qualität im Sinne des § 14 Absatz 1 Nummer 5 des Strahlenschutzgesetzes weiterhin erreicht wird (Konstanzprüfung). [2]Hierzu ist insbesondere zu prüfen, ob die Bezugswerte, die nach § 115 Absatz 2 in der letzten Abnahmeprüfung erhoben wurden, eingehalten werden.
(2) [1]Der Strahlenschutzverantwortliche hat dafür zu sorgen, dass bei der Konstanzprüfung die Prüfmittel verwendet werden, die bei der Abnahmeprüfung für die Bestimmung der Bezugswerte nach § 115 Absatz 2 verwendet wurden. [2]Die zuständige Behörde kann im Einzelfall der Verwendung anderer Prüfmittel zustimmen, wenn die Verwendung der bei der Abnahmeprüfung verwendeten Prüfmittel zu einer unverhältnismäßigen Beeinträchtigung des angezeigten oder genehmigten Betriebs führen würde.
(3) In Fällen des § 115 Absatz 3 ist zudem zu prüfen, ob auch das Gesamtsystem die für die Anwendung erforderliche Qualität im Sinne des § 14 Absatz 1 Nummer 5 des Strahlenschutzgesetzes weiterhin erreicht.
(4) Wird die erforderliche Qualität im Sinne des § 14 Absatz 1 Nummer 5 des Strahlenschutzgesetzes nicht mehr erreicht, so hat der Strahlenschutzverantwortliche dafür zu sorgen, dass die Ursache unverzüglich ermittelt und beseitigt wird.

§ 117 Aufzeichnungen

(1) Der Strahlenschutzverantwortliche hat dafür zu sorgen, dass Inhalt, Ergebnis und Zeitpunkt der Prüfungen nach den §§ 115 und 116 Absatz 1 und 3 unverzüglich aufgezeichnet werden.
(2) ¹Der Strahlenschutzverantwortliche hat dafür zu sorgen, dass die Aufzeichnungen aufbewahrt werden,
1. bei Prüfungen nach § 115 für die Dauer des Betriebes, mindestens jedoch drei Jahre nach dem Abschluss der nächsten vollständigen Abnahmeprüfung,
2. bei Prüfungen nach § 116 zehn Jahre nach Abschluss der Prüfung.
²Die zuständige Behörde kann Abweichungen von den Aufbewahrungsfristen festlegen.
(3) Der Strahlenschutzverantwortliche hat die Aufzeichnungen der zuständigen Behörde und der ärztlichen oder zahnärztlichen Stelle auf Verlangen vorzulegen.

§ 118 Bestandsverzeichnis

Der Strahlenschutzverantwortliche hat dafür zu sorgen, dass ein aktuelles Bestandsverzeichnis über die bei der Anwendung radioaktiver Stoffe oder ionisierender Strahlung am Menschen eingesetzten Ausrüstungen, Geräte und Vorrichtungen geführt und der zuständigen Behörde auf Verlangen vorgelegt wird; das Bestandsverzeichnis nach § 13 der Verordnung über das Errichten, Betreiben und Anwenden von Medizinprodukten kann herangezogen werden.

Unterabschnitt 2 Anforderungen im Zusammenhang mit der Anwendung am Menschen

§ 119 Rechtfertigende Indikation

(1) Der die rechtfertigende Indikation stellende Arzt oder Zahnarzt hat neben der Einhaltung der Anforderungen nach § 83 Absatz 3 des Strahlenschutzgesetzes zu prüfen, ob es sich bei der vorgesehenen Anwendung ionisierender Strahlung oder radioaktiver Stoffe um ein anerkanntes Verfahren nach den Erfordernissen der medizinischen Wissenschaften oder um einen Heilversuch handelt, dessen Durchführung durch den Arzt oder Zahnarzt besonders zu begründen ist.
(2) Eine rechtfertigende Indikation ist auch dann zu stellen, wenn eine Anforderung eines überweisenden Arztes oder Zahnarztes vorliegt.
(3) ¹Der die rechtfertigende Indikation stellende Arzt oder Zahnarzt hat vor der Anwendung, erforderlichenfalls in Zusammenarbeit mit dem überweisenden Arzt oder Zahnarzt, die verfügbaren Informationen über bisherige medizinische Erkenntnisse heranzuziehen, um jede unnötige Exposition zu vermeiden. ²Zu diesem Zweck ist die zu untersuchende oder zu behandelnde Person über frühere Anwendungen ionisierender Strahlung oder radioaktiver Stoffe, die für die vorgesehene Anwendung von Bedeutung sein können, zu befragen.

§ 120 Schutz von besonderen Personengruppen

(1) ¹Der anwendende Arzt oder Zahnarzt hat vor einer Anwendung ionisierender Strahlung oder radioaktiver Stoffe gebärfähige Personen, erforderlichenfalls in Zusammenarbeit mit einem überweisenden Arzt, zu befragen, ob eine Schwangerschaft besteht oder bestehen könnte. ²Bei bestehender oder nicht auszuschließender Schwangerschaft ist die Dringlichkeit der Anwendung zu prüfen. ³Bei der Anwendung offener radioaktiver Stoffe gelten die Sätze 1 und 2 entsprechend für stillende Personen.
(2) ¹Der anwendende Arzt oder Zahnarzt hat bei Personen, bei denen trotz bestehender oder nicht auszuschließender Schwangerschaft die Anwendung ionisierender Strahlung oder radioaktiver Stoffe geboten ist, alle Möglichkeiten zur Herabsetzung der Exposition dieser Person und insbesondere des ungeborenen Kindes auszuschöpfen. ²Bei der Anwendung offener radioaktiver Stoffe gilt Satz 1 entsprechend für stillende Personen.

(3) Der Strahlenschutzverantwortliche hat dafür zu sorgen, dass bei der Anwendung ionisierender Strahlung oder radioaktiver Stoffe an Personen unter 18 Jahren geeignete Verfahren sowie Ausrüstungen, Geräte und Vorrichtungen verfügbar sind und eingesetzt werden, um der besonderen Strahlenempfindlichkeit dieser Personen Rechnung zu tragen.

§ 121 Maßnahmen bei der Anwendung
(1) [1]Der Strahlenschutzverantwortliche hat dafür zu sorgen, dass für Untersuchungen und Behandlungen mit ionisierender Strahlung oder radioaktiven Stoffen schriftliche Arbeitsanweisungen erstellt werden. [2]Diese sind für die Personen, die bei diesen Anwendungen tätig sind, zur jederzeitigen Einsicht bereitzuhalten und auf Anforderung der zuständigen Behörde und der ärztlichen oder zahnärztlichen Stelle vorzulegen.
(2) [1]Der Strahlenschutzverantwortliche hat dafür zu sorgen, dass ein Arzt nach § 145 Absatz 1 Nummer 1 und ein Medizinphysik-Experte für Personen, deren Behandlung mit ionisierender Strahlung oder radioaktiven Stoffen individuell festzulegen ist, einen auf diese Person bezogenen Bestrahlungsplan schriftlich festlegen. [2]In den Bestrahlungsplan sind alle Behandlungsbedingungen aufzunehmen, insbesondere die nach den Erfordernissen der medizinischen Wissenschaft individuell festzulegende Dosis im Zielvolumen oder die Aktivität des eingesetzten radioaktiven Stoffes.
(3) [1]Der Strahlenschutzverantwortliche hat dafür zu sorgen, dass bei Behandlungen, denen ein individueller Bestrahlungsplan zugrunde liegt, die Einhaltung aller im Bestrahlungsplan festgelegten Bedingungen überprüft wird. [2]Die Überprüfung erfolgt vor Beginn
1. der ersten Bestrahlung oder nach Änderung des Bestrahlungsplans durch einen Arzt nach § 145 Absatz 1 Nummer 1 und einen Medizinphysik-Experten,
2. jeder weiteren Bestrahlung durch einen Arzt nach § 145 Absatz 1 Nummer 1 oder eine Person nach § 145 Absatz 2 Nummer 2 oder 3.

(4) Der Strahlenschutzverantwortliche hat dafür zu sorgen, dass über jede Behandlung ein Protokoll erstellt wird.

§ 122 Beschränkung der Exposition
(1) [1]Der Strahlenschutzverantwortliche hat dafür zu sorgen, dass Maßnahmen ergriffen werden, um die Exposition von Betreuungs- und Begleitpersonen zu beschränken. [2]Er hat dafür zu sorgen, dass innerhalb von sechs Monaten nach Aufnahme einer Tätigkeit geprüft wird, ob die Festlegung von Dosisrichtwerten für die Exposition von Betreuungs- und Begleitpersonen ein geeignetes Instrument zur Optimierung des Strahlenschutzes ist. [3]Der Strahlenschutzverantwortliche hat auch dafür zu sorgen, dass ein Leitfaden für den Strahlenschutz von Betreuungs- und Begleitpersonen erstellt wird.
(2) Der Strahlenschutzverantwortliche hat dafür zu sorgen, dass für jede Art der Untersuchung und Behandlung die Expositionen der Personen, an denen ionisierende Strahlung oder radioaktive Stoffe angewendet werden, regelmäßig ausgewertet und bewertet wird.
(3) Der Strahlenschutzverantwortliche hat dafür zu sorgen, dass die diagnostischen Referenzwerte nach § 125 Absatz 1 Satz 1 bei Untersuchungen von Personen mit radioaktiven Stoffen oder ionisierender Strahlung zugrunde gelegt werden.
(4) [1]Der Strahlenschutzverantwortliche hat dafür zu sorgen, dass eine Person, die mit radioaktiven Stoffen behandelt wurde, erst dann aus dem Strahlenschutzbereich entlassen wird, wenn davon ausgegangen werden kann, dass hierdurch für Angehörige und Dritte eine effektive Dosis von nicht mehr als 1 Millisievert auftreten kann. [2]Ist im Einzelfall eine Entlassung aus medizinischen Gründen vor diesem Zeitpunkt erforderlich, so hat der Strahlenschutzverantwortliche dafür zu sorgen, dass dies schriftlich begründet und der zuständigen Behörde mitgeteilt wird.

Strahlenschutzverordnung §§ 123, 124

§ 123 Anforderungen im Zusammenhang mit dem Betrieb einer Röntgeneinrichtung zur Teleradiologie

(1) Der Teleradiologe hat bei der Durchführung der Untersuchung
1. nach eingehender Beratung mit dem Arzt, der nach § 14 Absatz 2 Nummer 3 des Strahlenschutzgesetzes am Ort der technischen Durchführung anwesend zu sein hat, die rechtfertigende Indikation zu stellen,
2. die Untersuchungsergebnisse zu befunden und
3. mithilfe elektronischer Datenübertragung und Telekommunikation insbesondere zur rechtfertigenden Indikation und Befundung unmittelbar in Verbindung zu stehen mit der Person, die nach § 14 Absatz 2 Nummer 2 des Strahlenschutzgesetzes die technische Durchführung der Untersuchung vorzunehmen hat, und mit dem Arzt, der nach § 14 Absatz 2 Nummer 3 des Strahlenschutzgesetzes am Ort der technischen Durchführung anwesend zu sein hat.

(2) Der Arzt, der nach § 14 Absatz 2 Nummer 3 des Strahlenschutzgesetzes am Ort der technischen Durchführung anwesend zu sein hat, hat bei der Durchführung der Untersuchung in der Teleradiologie insbesondere die zur Feststellung der rechtfertigenden Indikation erforderlichen Angaben zu ermitteln und an den Teleradiologen weiterzuleiten.

(3) Der Strahlenschutzverantwortliche hat dafür zu sorgen, dass die technische Durchführung bei der Anwendung von ionisierender Strahlung am Menschen in der Teleradiologie durch nach § 145 Absatz 2 Nummer 2 oder 3 berechtigte Personen vorgenommen wird.

(4) ¹Beim Betrieb einer Röntgeneinrichtung zur Teleradiologie hat der Strahlenschutzverantwortliche dafür zu sorgen, dass bei der an dem Teleradiologiesystem jeweils beteiligten anderen Einrichtung Kopien der Aufzeichnungen über die Qualitätssicherung vor Inbetriebnahme nach § 115 und über die Konstanzprüfungen nach § 116 sowie über die Sachverständigenprüfungen nach § 88 Absatz 4 Nummer 1 aller zum System gehörenden Röntgeneinrichtungen zur Einsicht verfügbar sind. ²Die Pflicht kann auch durch das Bereithalten der Aufzeichnungen in elektronischer Form erfüllt werden.

§ 124 Informationspflichten

(1) Der Strahlenschutzverantwortliche hat dafür zu sorgen, dass eine Person, an der ionisierende Strahlung oder radioaktive Stoffe angewendet werden, vor der Anwendung über das Risiko der Strahlenanwendung informiert wird.

(2) Der Strahlenschutzverantwortliche hat dafür zu sorgen, dass Betreuungs- oder Begleitpersonen vor dem Betreten des Kontrollbereichs
1. über mögliche Gefahren der Exposition aufgeklärt werden und
2. geeignete schriftliche Hinweise angeboten und auf Wunsch ausgehändigt bekommen.

(3) ¹Der Strahlenschutzverantwortliche hat dafür zu sorgen, dass nach der Anwendung radioaktiver Stoffe der Person, an der die Stoffe angewendet wurden, sowie der Betreuungs- oder Begleitperson geeignete schriftliche Hinweise ausgehändigt werden, um die von der Person ausgehende Exposition oder die Kontamination der Angehörigen, Dritter oder der Umwelt zu vermeiden oder so gering wie möglich zu halten. ²Dies gilt nicht, wenn eine solche Exposition oder Kontamination ausgeschlossen werden kann oder die Person weiter stationär aufgenommen wird.

(4) Der Strahlenschutzverantwortliche hat dafür zu sorgen, dass eine Person nach einer Behandlung mit ionisierender Strahlung oder radioaktiven Stoffen, die eine Überprüfung des langfristigen Erfolgs der Strahlenbehandlung erfordert, über geeignete Zeitabstände für die Überprüfung informiert wird.

§ 125 Diagnostische Referenzwerte; Bevölkerungsdosis
(1) ¹Das Bundesamt für Strahlenschutz ermittelt, erstellt und veröffentlicht diagnostische Referenzwerte für Untersuchungen mit ionisierender Strahlung und radioaktiven Stoffen. ²Das Bundesamt für Strahlenschutz kann für die Ermittlung die Daten heranziehen, die der zuständigen Behörde nach § 130 Absatz 3 Satz 1 Nummer 2 von den ärztlichen und zahnärztlichen Stellen übermittelt werden. ³Zu diesem Zweck übermittelt die zuständige Behörde dem Bundesamt für Strahlenschutz einmal pro Jahr die von den ärztlichen und zahnärztlichen Stellen erfassten Daten zur Exposition.
(2) Das Bundesamt für Strahlenschutz prüft spätestens drei Jahre nach der letzten Veröffentlichung, ob die diagnostischen Referenzwerte aktualisiert werden müssen und aktualisiert sie gegebenenfalls.
(3) Das Bundesamt für Strahlenschutz ermittelt mindestens alle zwei Jahre die medizinische Exposition der Bevölkerung und ausgewählter Bevölkerungsgruppen.

§ 126 Risikoanalyse vor Strahlenbehandlungen
(1) Der Strahlenschutzverantwortliche hat dafür zu sorgen, dass vor dem erstmaligen Einsatz oder einer wesentlichen Änderung eines Behandlungsverfahrens mit radioaktiven Stoffen oder ionisierender Strahlung eine Analyse zur Identifikation und Bewertung der Gefahr unbeabsichtigter Expositionen der behandelten Person durchgeführt wird.
(2) Der Strahlenschutzverantwortliche hat dafür zu sorgen, dass die Ergebnisse der Analyse
1. aufgezeichnet werden,
2. zehn Jahre lang aufbewahrt werden und
3. der zuständigen Behörde auf Verlangen vorgelegt werden.

§ 127 Aufbewahrung, Weitergabe und Übermittlung von Aufzeichnungen, Röntgenbildern, digitalen Bilddaten und sonstigen Untersuchungsdaten
(1) Der Strahlenschutzverantwortliche hat dafür zu sorgen, dass die Aufzeichnungen nach § 85 Absatz 1 Satz 1 des Strahlenschutzgesetzes, Röntgenbilder, digitale Bilddaten und sonstige Untersuchungsdaten so aufbewahrt werden, dass während der Dauer der Aufbewahrungsfrist nach § 85 Absatz 2 des Strahlenschutzgesetzes sichergestellt ist, dass
1. sie jederzeit innerhalb angemessener Zeit verfügbar sind und bei elektronischer Aufbewahrung unmittelbar lesbar gemacht werden können und
2. keine Informationsänderungen oder -verluste eintreten können.
(2) Der Strahlenschutzverantwortliche hat dafür zu sorgen, dass bei der Aufbewahrung der Aufzeichnungen nach § 85 Absatz 1 Satz 1 des Strahlenschutzgesetzes sowie bei der Aufbewahrung von Personendaten, Röntgenbildern, digitalen Bilddaten und sonstigen Untersuchungsdaten auf elektronischen Datenträgern durch geeignete Maßnahmen sichergestellt ist, dass
1. der Urheber, der Entstehungsort und der Entstehungszeitpunkt eindeutig erkennbar sind,
2. nachträgliche Änderungen oder Ergänzungen als solche erkennbar sind und mit Angaben zu Urheber und Zeitpunkt der nachträglichen Änderungen oder Ergänzungen aufbewahrt werden und
3. während der Dauer der Aufbewahrung die Verknüpfung der Personendaten mit dem erhobenen Befund, den Daten, die den Bilderzeugungs- und Bildverarbeitungsprozess beschreiben, den Bilddaten und den sonstigen Aufzeichnungen nach § 85 Absatz 1 Satz 1 des Strahlenschutzgesetzes jederzeit hergestellt werden kann.
(3) ¹Der Strahlenschutzverantwortliche hat dafür zu sorgen, dass bei der Aufbewahrung von Röntgenbildern, digitalen Bilddaten und sonstigen Untersuchungsdaten auf elektronischen Datenträgern sichergestellt ist, dass

1. alle erhobenen Daten, die zur Befundung genutzt wurden oder die nach den Erfordernissen der medizinischen Wissenschaft zur Befundung, zur Verlaufsbeurteilung oder zur Vermeidung weiterer Expositionen erforderlich sind, aufbewahrt werden und
2. Daten, die den Prozess der Erzeugung und Verarbeitung der Röntgenbilder, digitalen Bilddaten und sonstigen Untersuchungsdaten beschreiben, aufbewahrt werden, sofern sie dazu dienen, den Inhalt der in Nummer 1 genannten Daten nachzuvollziehen.

²Daten können komprimiert werden, wenn sichergestellt ist, dass die diagnostische Aussagekraft erhalten bleibt.

(4) ¹Der Strahlenschutzverantwortliche hat bei der Weitergabe oder Übermittlung von Daten nach § 85 Absatz 3 des Strahlenschutzgesetzes dafür zu sorgen, dass die Daten mit den Ursprungsdaten übereinstimmen und für den Adressaten lesbar sind. ²Die Röntgenbilder, digitalen Bilddaten und sonstigen Untersuchungsdaten müssen zur Befundung geeignet sein.

§ 128 Bestimmung von ärztlichen und zahnärztlichen Stellen zur Qualitätssicherung

(1) Zur Sicherung der Qualität bei der Anwendung ionisierender Strahlung oder radioaktiver Stoffe am Menschen bestimmt die zuständige Behörde für ihren Zuständigkeitsbereich ärztliche und zahnärztliche Stellen.

(2) Eine ärztliche oder zahnärztliche Stelle darf nur bestimmt werden, wenn
1. keine Tatsachen vorliegen, aus denen sich Bedenken gegen die für die Wahrnehmung ihrer Aufgaben erforderliche Unabhängigkeit ergeben,
2. die zur Wahrnehmung ihrer Aufgaben erforderliche personelle, technische und organisatorische Ausstattung zur Verfügung steht,
3. die für die Stelle tätigen Personen über die erforderliche Qualifikation und Erfahrung zur Wahrnehmung der Aufgaben der ärztlichen oder zahnärztlichen Stelle verfügen,
4. die Arbeitsweise der ärztlichen oder zahnärztlichen Stelle und die Art und Weise der Durchführung der Prüfungen nach § 130 Absatz 1 und 2 die ordnungsgemäße Wahrnehmung der Aufgaben einschließlich der Beachtung der Erfordernisse der medizinischen Wissenschaft erwarten lassen und
5. angemessene Maßnahmen zur Qualitätssicherung ihrer Prüfungen zur Verfügung stehen.

§ 129 Mitteilung der Aufnahme und Beendigung einer Tätigkeit an eine ärztliche oder zahnärztliche Stelle

(1) ¹Der Strahlenschutzverantwortliche hat dafür zu sorgen, dass
1. die Aufnahme einer Tätigkeit im Zusammenhang mit der Anwendung ionisierender Strahlung oder radioaktiver Stoffe am Menschen, die einer Genehmigung nach § 12 Absatz 1 Nummer 1, 2, 3 oder Nummer 4 des Strahlenschutzgesetzes oder einer Anzeige nach § 19 Absatz 1 des Strahlenschutzgesetzes bedarf, unverzüglich einer von der zuständigen Behörde bestimmten ärztlichen oder zahnärztlichen Stelle mitgeteilt wird und
2. ein Abdruck der Mitteilung der zuständigen Behörde übersandt wird.

²Bei einer wesentlichen Änderung einer Tätigkeit gilt Satz 1 entsprechend.

(2) Der Strahlenschutzverantwortliche hat dafür zu sorgen, dass
1. die Beendigung einer Tätigkeit nach Absatz 1 Satz 1 Nummer 1 unverzüglich einer von der zuständigen Behörde bestimmten ärztlichen oder zahnärztlichen Stelle mitgeteilt wird und
2. ein Abdruck der Mitteilung der zuständigen Behörde übersandt wird.

§ 130 Maßnahmen zur Qualitätssicherung durch ärztliche und zahnärztliche Stellen

(1) ¹Der Strahlenschutzverantwortliche unterliegt der von der ärztlichen und zahnärztlichen Stelle durchzuführenden Prüfung zur Qualitätssicherung. ²Die ärztlichen und zahnärztlichen Stellen prüfen im Rahmen der Qualitätssicherung insbesondere, ob
1. die jeweilige Anwendung ionisierender Strahlung oder radioaktiver Stoffe am Menschen gerechtfertigt ist und bei der Anwendung die Erfordernisse der medizinischen Wissenschaft beachtet werden,
2. die eingesetzten Anlagen zur Erzeugung ionisierender Strahlung, Bestrahlungsvorrichtungen, sonstige Geräte oder Ausrüstungen sowie die im Zusammenhang damit angewendeten Verfahren den nach dem Stand von Wissenschaft und Technik jeweils notwendigen Qualitätsstandards entsprechen, um deren Exposition so gering wie möglich zu halten,
3. die eingesetzten Röntgeneinrichtungen und die im Zusammenhang damit angewendeten Verfahren den nach dem Stand der Technik jeweils notwendigen Qualitätsstandards entsprechen, um deren Exposition so gering wie möglich zu halten,
4. die diagnostischen Referenzwerte nicht ungerechtfertigt überschritten werden,
5. ein Verfahren vorliegt, mit dem Vorkommnisse bei der Anwendung ionisierender Strahlung oder radioaktiver Stoffe am Menschen in systematischer Weise erkannt und bearbeitet werden, und
6. schriftliche Arbeitsanweisungen gemäß § 121 Absatz 1 Satz 1 erstellt wurden.

³Sofern bei dem Strahlenschutzverantwortlichen radioaktive Stoffe oder ionisierende Strahlung zum Zweck der medizinischen Forschung angewendet werden, prüfen die ärztlichen und zahnärztlichen Stellen, ob das Forschungsvorhaben unter Beachtung der Erfordernisse der medizinischen Wissenschaft im Hinblick auf den Strahlenschutz ordnungsgemäß durchgeführt worden ist.

(2) Die ärztlichen und zahnärztlichen Stellen schlagen dem Strahlenschutzverantwortlichen Möglichkeiten zur Optimierung der Anwendung ionisierender Strahlung oder radioaktiver Stoffe am Menschen vor und prüfen, ob und wieweit die Vorschläge umgesetzt werden.

(3) ¹Die ärztlichen und zahnärztlichen Stellen haben der zuständigen Behörde Folgendes mitzuteilen:
1. die Ergebnisse der Prüfungen,
2. eine Zusammenstellung der bei den Prüfungen erfassten Daten zur Exposition,
3. eine ständige, ungerechtfertigte Überschreitung der bei der Untersuchung zugrunde zu legenden diagnostischen Referenzwerte und
4. eine Nichtbeachtung der Optimierungsvorschläge.

²Personenbezogene Daten der untersuchten oder behandelten Personen dürfen nicht übermittelt werden.

(4) ¹Die ärztlichen und zahnärztlichen Stellen dürfen die Ergebnisse der Prüfungen, einschließlich des Namens und der Anschrift des Strahlenschutzverantwortlichen, der Stelle übermitteln, die für die Qualitätsprüfung nach dem Neunten Abschnitt des Vierten Kapitels des Fünften Buches Sozialgesetzbuch zuständig ist. ²Personenbezogene Daten der untersuchten oder behandelten Personen dürfen nicht übermittelt werden.

(5) Die ärztlichen und zahnärztlichen Stellen unterliegen im Hinblick auf personenbezogene Daten der untersuchten oder behandelten Personen der ärztlichen Schweigepflicht.

(6) ¹Der Strahlenschutzverantwortliche hat dafür zu sorgen, dass der ärztlichen oder zahnärztlichen Stelle auf Verlangen alle Informationen zur Verfügung gestellt werden, die diese zur Wahrnehmung ihrer Aufgaben benötigt. ²Die ärztliche oder zahnärztliche Stelle darf die ihr nach Satz 1 übermittelten Daten nur zu den in den Absätzen 1 und 2 genannten Zwecken verarbeiten.

§ 131 Medizinphysik-Experte

(1) Der Strahlenschutzverantwortliche hat dafür zu sorgen, dass bei einer Behandlung mit radioaktiven Stoffen oder ionisierender Strahlung, der ein individueller Bestrahlungsplan zugrunde liegt, ein Medizinphysik-Experte zur engen Mitarbeit bei der Festlegung des Bestrahlungsplans und der Durchführung der Behandlung hinzugezogen wird.
(2) ¹Der Strahlenschutzverantwortliche hat dafür zu sorgen, dass ein Medizinphysik-Experte zur Mitarbeit hinzugezogen wird bei
1. standardisierten Behandlungen mit radioaktiven Stoffen oder ionisierender Strahlung,
2. Untersuchungen mit offenen radioaktiven Stoffen,
3. Untersuchungen mit ionisierender Strahlung, die mit einem Computertomographen oder mit Geräten zur dreidimensionalen Bildgebung von Objekten mit niedrigem Röntgenkontrast durchgeführt werden mit Ausnahme der Tomosynthese, und
4. Interventionen, bei denen die Röntgeneinrichtungen zur Durchleuchtung eingesetzt werden und die mit einer erheblichen Exposition verbunden sind.

²Der Umfang, in dem der Medizinphysik-Experte hinzuzuziehen ist, richtet sich nach der Art und Anzahl der Untersuchungen oder Behandlungen sowie der Anzahl der eingesetzten Geräte.
(3) Der Strahlenschutzverantwortliche hat dafür zu sorgen, dass bei allen weiteren Anwendungen mit radioaktiven Stoffen oder ionisierender Strahlung ein Medizinphysik-Experte zur Beratung hinzugezogen wird, soweit dies zur Optimierung des Strahlenschutzes oder zur Gewährleistung der erforderlichen Qualität geboten ist.

§ 132 Aufgaben des Medizinphysik-Experten

Der Strahlenschutzverantwortliche hat dafür zu sorgen, dass ein Medizinphysik-Experte, wenn er nach § 131 hinzuzuziehen ist, die Verantwortung für die Dosimetrie von Personen, an denen radioaktive Stoffe oder ionisierende Strahlung angewendet werden, übernimmt und insbesondere bei der Wahrnehmung der Optimierung des Strahlenschutzes und folgender Aufgaben mitwirkt:
1. Qualitätssicherung bei der Planung und Durchführung von Anwendungen radioaktiver Stoffe oder ionisierender Strahlung am Menschen einschließlich der physikalisch-technischen Qualitätssicherung,
2. Auswahl der einzusetzenden Ausrüstungen, Geräte und Vorrichtungen,
3. Überwachung der Exposition von Personen, an denen radioaktive Stoffe oder ionisierende Strahlung angewendet werden,
4. Überwachung der Einhaltung der diagnostischen Referenzwerte,
5. Untersuchung von Vorkommnissen,
6. Durchführung der Risikoanalyse für Behandlungen und
7. Unterweisung und Einweisung der bei der Anwendung tätigen Personen.

ABSCHNITT 9 Besondere Anforderungen bei der Anwendung radioaktiver Stoffe oder ionisierender Strahlung zum Zweck der medizinischen Forschung

§ 133 Grundsatz der Einwilligung nach Aufklärung und Befragung

Der Strahlenschutzverantwortliche hat dafür zu sorgen, dass die Anwendung radioaktiver Stoffe oder ionisierender Strahlung am Menschen zum Zweck der medizinischen Forschung nur mit Einwilligung nach Aufklärung und Befragung nach Maßgabe der §§ 134, 135 und des § 136 Absatz 1 Satz 1 Nummer 4, Absatz 2 und 3 erfolgt.

§ 134 Einwilligungen der in das Forschungsvorhaben eingeschlossenen Person

(1) ¹Der Strahlenschutzverantwortliche hat dafür zu sorgen, dass die schriftliche Einwilligung der in das Forschungsvorhaben eingeschlossenen Person darüber eingeholt wird, dass sie mit Folgendem einverstanden ist:
1. der Anwendung radioaktiver Stoffe oder ionisierender Strahlung an ihrer Person und
2. den Untersuchungen, die vor, während und nach der Anwendung radioaktiver Stoffe oder ionisierender Strahlung an ihrer Person zur Kontrolle und zur Erhaltung ihrer Gesundheit erforderlich sind.

²Die Einwilligung nach Satz 1 kann von der in das Forschungsvorhaben eingeschlossenen Person jederzeit widerrufen werden.

(2) Des Weiteren hat der Strahlenschutzverantwortliche dafür zu sorgen, dass die Einwilligung der in das Forschungsvorhaben eingeschlossenen Person in Folgendes eingeholt und nachgewiesen wird:
1. die Mitteilung ihrer Teilnahme an dem Forschungsvorhaben an die zuständige Behörde und
2. die Übermittlung der Angaben über ihre durch die Anwendung erhaltenen Expositionen an die zuständige Behörde.

(3) Die Einwilligungen nach Absatz 1 Satz 1 und Absatz 2 sind persönlich zu erklären und nur wirksam, wenn die in das Forschungsvorhaben eingeschlossene Person volljährig und in der Lage ist, Art, Bedeutung, Tragweite und Risiken der Anwendung der radioaktiven Stoffe oder der ionisierenden Strahlung für sich zu erkennen und ihren Willen hiernach auszurichten.

(4) ¹Ist die Person nicht in der Lage, die Einwilligung nach Absatz 1 Satz 1 schriftlich zu erklären, so kann diese auf andere geeignete Weise in Anwesenheit eines unparteiischen Zeugen erklärt und aufgezeichnet werden. ²Der Zeuge muss bei der Aufklärung nach § 135 Absatz 2 anwesend gewesen sein und die Aufzeichnung der auf andere geeignete Weise erklärten Einwilligung unterzeichnen.

(5) Der Widerruf der Einwilligung nach Absatz 1 Satz 1 oder Absatz 2 hat keine Auswirkungen auf eine Verarbeitung von Daten, die auf der Grundlage der jeweiligen Einwilligung vor ihrem Widerruf durchgeführt wurde, oder auf die weitere Verarbeitung solcher Daten, die auf der Grundlage der jeweiligen Einwilligung bereits vor ihrem Widerruf erhoben wurden, soweit
1. die Verwirklichung der Forschungszwecke ansonsten unmöglich gemacht oder ernsthaft beeinträchtigt würde,
2. die Verarbeitung der Daten erforderlich ist, um sicherzustellen, dass schutzwürdige Interessen der in das Forschungsvorhaben eingeschlossenen Person nicht beeinträchtigt werden oder
3. die Verarbeitung der Daten für die Nachvollziehbarkeit der Exposition der in das Forschungsvorhaben eingeschlossenen Person erforderlich ist um
   a) der Pflicht zur Erstellung des Abschlussberichts zu genügen oder
   b) strahlenschutzrechtliche Aufsicht und Qualitätssicherung durch ärztliche und zahnärztliche Stellen zu ermöglichen.

§ 135 Aufklärung und Befragung

(1) Der Strahlenschutzverantwortliche hat dafür zu sorgen, dass der in das Forschungsvorhaben eingeschlossenen Person vor der Erklärung der Einwilligungen nach § 134 Absatz 1 Satz 1 und Absatz 2 eine für die Person verständliche schriftliche Information zu der Anwendung ausgehändigt wird, in der Art, Bedeutung, Tragweite und Risiken der Anwendung der radioaktiven Stoffe oder der ionisierenden Strahlung dargelegt werden und die in

Strahlenschutzverordnung §§ 135–137

das Forschungsvorhaben eingeschlossene Person über die Bedingungen und die Dauer der Anwendungen und über die Möglichkeit des Widerrufs der Einwilligung nach § 134 Absatz 1 Satz 1 unterrichtet wird.
(2) ^{1}Der Strahlenschutzverantwortliche hat dafür zu sorgen, dass die in das Forschungsvorhaben eingeschlossene Person vor Erklärung der Einwilligungen nach § 134 Absatz 1 Satz 1 und Absatz 2 durch den die Anwendungen leitenden Arzt oder Zahnarzt oder einen von diesem beauftragten Arzt oder Zahnarzt aufgeklärt und befragt wird, ob an ihr bereits radioaktive Stoffe oder ionisierende Strahlung angewendet worden sind. ^{2}Bei genehmigungsbedürftigen Anwendungen muss der beauftragte Arzt oder Zahnarzt die erforderliche Fachkunde im Strahlenschutz besitzen. ^{3}Die Aufklärung muss die in Absatz 1 genannten Aspekte umfassen. ^{4}Der Strahlenschutzverantwortliche hat dafür zu sorgen, dass über die Aufklärung und die Befragung Aufzeichnungen angefertigt werden.

§ 136 Anwendung an nicht Einwilligungsfähigen und an Minderjährigen
(1) ^{1}Der Strahlenschutzverantwortliche hat dafür zu sorgen, dass an einer Person, die nicht in der Lage ist, Art, Bedeutung, Tragweite und Risiken der Anwendung der radioaktiven Stoffe oder der ionisierenden Strahlung für sich zu erkennen und ihren Willen hiernach auszurichten, sowie an einer minderjährigen Person radioaktive Stoffe oder ionisierende Strahlung nur angewendet werden, wenn
1. das Forschungsziel anders nicht erreicht werden kann,
2. die Anwendung an einer Person erfolgt, bei der in Bezug auf das Forschungsvorhaben eine Krankheit oder ein entsprechender Krankheitsverdacht vorliegt,
3. im Rahmen des Forschungsvorhabens das Ziel verfolgt wird, diese Krankheit zu erkennen, das Leben der Person zu retten, ihre Gesundheit wiederherzustellen, ihr Leiden zu lindern oder Verfahren zu ihrer Untersuchung oder Behandlung im Zusammenhang mit dieser Krankheit zu verbessern,
4. der gesetzliche Vertreter oder der Bevollmächtigte die Einwilligungen nach § 134 Absatz 1 Satz 1 und Absatz 2 erklärt hat, nachdem ihm die schriftliche Information nach § 135 Absatz 1 ausgehändigt wurde und er entsprechend § 135 Absatz 2 Satz 1 bis 3 aufgeklärt und befragt worden ist, und
5. die Erklärung der Person oder deren in sonstiger Weise zum Ausdruck gebrachte Wille, nicht an dem Forschungsvorhaben teilnehmen zu wollen, beachtet wird.
^{2}Satz 1 Nummer 3 und 5 gilt nicht für ein Forschungsvorhaben, für das eine Genehmigung nach dem Arzneimittelrecht oder dem Medizinprodukterecht erforderlich ist.
(2) ^{1}Der Strahlenschutzverantwortliche hat dafür zu sorgen, dass neben dem gesetzlichen Vertreter oder dem Bevollmächtigten die Person, die in das Forschungsvorhaben eingeschlossen werden soll, in angemessener Weise aufgeklärt wird. ^{2}Ist die minderjährige Person in der Lage, Art, Bedeutung, Tragweite und Risiken der Anwendung für sich zu erkennen und ihren Willen hiernach auszurichten, sind zusätzlich deren persönliche Einwilligungen nach § 134 Absatz 1 Satz 1 und Absatz 2 erforderlich.
(3) Für die Einwilligungen des gesetzlichen Vertreters oder des Bevollmächtigten nach Absatz 1 Satz 1 Nummer 4 sowie für die Einwilligungen des Minderjährigen nach Absatz 2 Satz 2 gelten § 134 Absatz 1 Satz 2, Absatz 4 und 5 und § 135 Absatz 2 Satz 4 entsprechend.

§ 137 Weitere Anwendungsverbote und Anwendungsbeschränkungen
(1) ^{1}Der Strahlenschutzverantwortliche hat dafür zu sorgen, dass radioaktive Stoffe oder ionisierende Strahlung zum Zweck der medizinischen Forschung an einer schwangeren Person oder an einer Person, die auf gerichtliche oder behördliche Anordnung in einer

Anstalt untergebracht ist, nicht angewendet werden. ²Der Strahlenschutzverantwortliche hat dafür zu sorgen, dass radioaktive Stoffe zum Zweck der medizinischen Forschung an einer stillenden Person nicht angewendet werden.
(2) Der Strahlenschutzverantwortliche hat dafür zu sorgen, dass die durch das Forschungsvorhaben bedingte effektive Dosis für eine im Sinne des Forschungsvorhabens gesunde Person den Grenzwert von 20 Millisievert nicht überschreitet.
(3) Der Strahlenschutzverantwortliche hat dafür zu sorgen, dass von der Anwendung eine im Sinne des Forschungsvorhabens gesunde Person ausgeschlossen wird, bei der in den vergangenen zehn Jahren eine Anwendung radioaktiver Stoffe oder ionisierender Strahlung zum Zweck der medizinischen Forschung oder zur Behandlung stattgefunden hat, wenn durch die erneute Anwendung zum Zweck der medizinischen Forschung eine effektive Dosis von mehr als 10 Millisievert zu erwarten ist.
(4) Der Strahlenschutzverantwortliche hat dafür zu sorgen, dass radioaktive Stoffe oder ionisierende Strahlung an einer im Sinne des Forschungsvorhabens gesunden Person, die das 50. Lebensjahr nicht vollendet hat, nur dann zum Zweck der medizinischen Forschung angewendet werden, wenn dies zur Erreichung des Forschungszieles besonders notwendig ist.

§ 138 Besondere Schutzpflichten
(1) Bei einer nach § 32 Absatz 1 des Strahlenschutzgesetzes angezeigten Anwendung hat der Strahlenschutzverantwortliche vor der ersten Anwendung einen die Anwendungen leitenden Arzt oder Zahnarzt zu benennen, der die erforderliche Fachkunde im Strahlenschutz und mindestens zwei Jahre Erfahrung in der Anwendung radioaktiver Stoffe oder ionisierender Strahlung am Menschen besitzt.
(2) Der Strahlenschutzverantwortliche hat dafür zu sorgen, dass während der Anwendung radioaktiver Stoffe oder ionisierender Strahlung zum Zweck der medizinischen Forschung die ständige Erreichbarkeit des die Anwendungen leitenden Arztes oder Zahnarztes im Sinne des § 31 Absatz 4 Nummer 6 des Strahlenschutzgesetzes oder des Absatzes 1 (die Anwendungen leitender Arzt oder Zahnarzt) oder die ständige Erreichbarkeit eines Vertreters mit gleicher Qualifikation gewährleistet ist.
(3) ¹Der Strahlenschutzverantwortliche hat dafür zu sorgen, dass radioaktive Stoffe oder ionisierende Strahlung am Menschen zum Zweck der medizinischen Forschung nur von dem die Anwendungen leitenden oder einem von diesem beauftragten Arzt oder Zahnarzt mit der erforderlichen Fachkunde im Strahlenschutz angewendet werden. ²§ 145 Absatz 2 bleibt unberührt.
(4) ¹Der Strahlenschutzverantwortliche hat dafür zu sorgen, dass die in das Forschungsvorhaben eingeschlossene Person vor Beginn der Anwendung radioaktiver Stoffe oder ionisierender Strahlung ärztlich oder zahnärztlich untersucht wird. ²Er hat dafür zu sorgen, dass die Befunde unverzüglich aufgezeichnet werden.
(5) ¹Der Strahlenschutzverantwortliche hat dafür zu sorgen, dass vor der Anwendung radioaktiver Stoffe oder ionisierender Strahlung zum Zweck der medizinischen Forschung
1. die Aktivität der anzuwendenden radioaktiven Stoffe bestimmt wird,
2. bei genehmigungsbedürftigen Anwendungen die Exposition für jede in das Forschungsvorhaben eingeschlossene Person durch geeignete Verfahren individuell abgeschätzt wird und
3. bei anzeigebedürftigen Anwendungen die Exposition für die in das Forschungsvorhaben eingeschlossenen Personen durch geeignete Verfahren abgeschätzt wird.
²Der Strahlenschutzverantwortliche hat dafür zu sorgen, dass die Exposition für jede in das Forschungsvorhaben eingeschlossene Person durch geeignete Verfahren überwacht und im Hinblick auf die Abschätzung bewertet wird. ³Der Strahlenschutzverantwortliche hat dafür zu

sorgen, dass die Ergebnisse der Abschätzung sowie Art und Ergebnis der Überwachungsmaßnahmen unverzüglich aufgezeichnet werden.
(6) ¹§ 122 Absatz 3 gilt für Anwendungen zur Untersuchung zum Zweck der medizinischen Forschung entsprechend. ²Bei genehmigungsbedürftigen Anwendungen zur Untersuchung zum Zweck der medizinischen Forschung kann die Genehmigungsbehörde Abweichendes festlegen, sofern die Anwendung der diagnostischen Referenzwerte für das Forschungsvorhaben nicht angemessen ist.

§ 139 Qualitätssicherung
(1) Der zur medizinischen Forschung Berechtigte und der die Anwendungen leitende Arzt oder Zahnarzt haben dafür zu sorgen, dass bei der Anwendung radioaktiver Stoffe oder ionisierender Strahlung zum Zweck der medizinischen Forschung der Gesundheit, der Sicherheit sowie den Rechten und den Interessen der in das Forschungsvorhaben eingeschlossenen Personen Vorrang eingeräumt wird, insbesondere vor dem wissenschaftlichen und gesellschaftlichen Interesse an dem Forschungsvorhaben.
(2) Im Falle einer Multi-Center-Studie hat der zur medizinischen Forschung Berechtigte den Genehmigungsbescheid oder die wesentlichen Inhalte der Anzeige, die Festlegungen zu Zielsetzung, Organisation, Methodik und Ablauf des Forschungsvorhabens sowie weitere für die Durchführung der Anwendungen erforderliche Informationen und Anleitungen in Bezug auf das Forschungsvorhaben dem jeweiligen Strahlenschutzverantwortlichen zu übermitteln.
(3) Der Strahlenschutzverantwortliche hat dafür zu sorgen, dass der Genehmigungsbescheid oder die wesentlichen Inhalte der Anzeige, die Festlegungen zu Zielsetzung, Organisation, Methodik und Ablauf des Forschungsvorhabens sowie weitere für die Durchführung der Anwendungen erforderliche Informationen und Anleitungen in Bezug auf das Forschungsvorhaben folgenden Personen übermittelt werden:
1. dem die Anwendungen leitenden Arzt oder Zahnarzt,
2. dem von dem die Anwendungen leitenden Arzt oder Zahnarzt mit der Aufklärung oder Anwendung beauftragten Arzt oder Zahnarzt und
3. soweit es die Art der Anwendung erfordert, dem Medizinphysik-Experten.
(4) ¹Der zur medizinischen Forschung Berechtigte hat dafür zu sorgen, dass die Anwendungen radioaktiver Stoffe oder ionisierender Strahlung am Menschen so konzipiert sind, dass zuverlässige und belastbare Ergebnisse zur Erreichung der Forschungszwecke gewonnen werden können. ²Der zur medizinischen Forschung Berechtigte hat die Ergebnisse so aufzubewahren, dass eine vollständige Berichterstattung und Überprüfung möglich ist und der zuständigen Behörde und der ärztlichen oder zahnärztlichen Stelle auf Verlangen Einblick zu gewähren.
(5) ¹Der zur medizinischen Forschung Berechtigte und der die Anwendungen leitende Arzt oder Zahnarzt haben die Durchführung der Anwendungen am Menschen zum Zweck der medizinischen Forschung fortlaufend zu überwachen. ²Die Überwachung muss insbesondere geeignet sein,
1. unter Erfassung von erwarteten und unerwarteten Strahlenwirkungen zu erkennen, dass strahlenbedingte Risiken oder der mit dem Forschungsvorhaben verbundene Nutzen, gegebenenfalls unter Berücksichtigung des medizinischen Nutzens für die in das Forschungsvorhaben eingeschlossenen Personen, von den Angaben abweichen, die Grundlage für die Genehmigung oder Anzeige waren,
2. die Einhaltung der Festlegungen zu Zielsetzung, Organisation, Methodik und Ablauf des Forschungsvorhabens und die Gewinnung der Ergebnisse sicherzustellen und
3. im Falle einer Multi-Center-Studie die Einhaltung der genehmigten oder angezeigten Anzahl der in das Forschungsvorhaben einzuschließenden Personen sicherzustellen.

(6) Die Absätze 1 und 4 gelten nicht für ein Forschungsvorhaben, für das eine Genehmigung nach dem Arzneimittelrecht oder dem Medizinprodukterecht besteht.

§ 140 Aufbewahrungspflichten; weitere Regelungen zu Aufzeichnungen
(1) Der Strahlenschutzverantwortliche hat dafür zu sorgen, dass
1. die Einwilligungen nach § 134 Absatz 1 Satz 1 und Absatz 2 auch in Verbindung mit § 136 Absatz 1 Satz 1 Nummer 4 und Absatz 2 Satz 2, 30 Jahre lang nach ihrer Erklärung aufbewahrt werden,
2. die Aufzeichnungen nach § 135 Absatz 2 Satz 4, auch in Verbindung mit § 136 Absatz 3, und nach § 138 Absatz 4 Satz 2 und Absatz 5 Satz 3 30 Jahre lang nach dem Zeitpunkt der letzten Anwendung aufbewahrt werden und
3. die Einwilligungen nach Nummer 1 und die Aufzeichnungen nach Nummer 2 der zuständigen Aufsichtsbehörde auf Verlangen vorgelegt werden.
(2) Für die Aufzeichnungen nach § 135 Absatz 2 Satz 4, auch in Verbindung mit § 136 Absatz 3, und § 138 Absatz 4 Satz 2 und Absatz 5 Satz 3 gelten § 85 Absatz 1 Satz 3, Absatz 2 Satz 2 und Absatz 3 Satz 1 Nummer 2 und 3, Satz 2 und 3 des Strahlenschutzgesetzes und § 127 entsprechend.

§ 141 Mitteilungspflichten
(1) Der Strahlenschutzverantwortliche hat dafür zu sorgen, dass der zuständigen Aufsichtsbehörde die Beendigung der Anwendung radioaktiver Stoffe oder ionisierender Strahlung zum Zweck der medizinischen Forschung unverzüglich mitgeteilt wird.
(2) Der zur medizinischen Forschung Berechtigte hat dafür zu sorgen, dass der Genehmigungs- oder Anzeigebehörde unverzüglich Folgendes mitgeteilt wird:
1. bei einer Multi-Center-Studie das Ausscheiden eines Strahlenschutzverantwortlichen und
2. die Beendigung des Forschungsvorhabens.
(3) Der zur medizinischen Forschung Berechtigte hat dafür zu sorgen, dass der Genehmigungs- oder Anzeigebehörde unverzüglich Folgendes mitgeteilt wird:
1. den Abbruch oder die Unterbrechung der Anwendungen zum Schutz der in das Forschungsvorhaben eingeschlossenen Personen vor Strahlenwirkungen oder wegen einer Änderung des Nutzen-Risiko-Verhältnisses und
2. bei genehmigten Anwendungen das Vorliegen wesentlicher neuer Erkenntnisse über den mit dem Forschungsvorhaben verbundenen Nutzen, gegebenenfalls unter Berücksichtigung des medizinischen Nutzens für die in das Forschungsvorhaben eingeschlossenen Personen, oder über strahlenbedingte Risiken.
(4) Wer eine Anwendung radioaktiver Stoffe oder ionisierender Strahlung am Menschen zum Zweck der medizinischen Forschung nach § 32 des Strahlenschutzgesetzes angezeigt hat, hat eine Änderung in Bezug auf den Nachweis der erforderlichen Deckungsvorsorge nach § 32 Absatz 3 des Strahlenschutzgesetzes in Verbindung mit § 35 des Strahlenschutzgesetzes der Anzeigebehörde unverzüglich mitzuteilen und einen vorhandenen aktuellen Nachweis beizufügen.

§ 142 Abschlussbericht
(1) Der zur medizinischen Forschung Berechtigte hat der für ihn zuständigen Aufsichtsbehörde spätestens zwölf Monate nach Beendigung des Forschungsvorhabens einen Abschlussbericht vorzulegen, aus dem insbesondere die für jede in das Forschungsvorhaben eingeschlossene Person ermittelte Exposition hervorgeht.

(2) Im Falle einer Multi-Center-Studie
1. haben die jeweiligen Strahlenschutzverantwortlichen dem zur medizinischen Forschung Berechtigten unverzüglich nach Beendigung der Anwendungen unter ihrer Verantwortung die zur Erstellung des Abschlussberichts nach Absatz 1 erforderlichen Angaben bereitzustellen,
2. muss der Abschlussbericht für jede beteiligte Einrichtung die Anzahl der Personen, an denen im Geltungsbereich dieser Verordnung radioaktive Stoffe oder ionisierende Strahlung angewendet wurden, nennen und einrichtungsspezifische Angaben in einer Weise aufführen, dass diese den einzelnen Einrichtungen zugeordnet werden können,
3. muss der Abschlussbericht auch die Gesamtanzahl der Personen, an denen im Geltungsbereich dieser Verordnung radioaktive Stoffe oder ionisierende Strahlung angewendet wurden, enthalten und
4. unterrichtet die für den zur medizinischen Forschung Berechtigten zuständige Aufsichtsbehörde die für den Strahlenschutzverantwortlichen zuständige Aufsichtsbehörde, sofern sich aus dem Abschlussbericht eine erhebliche Abweichung von der Genehmigung oder Anzeige oder ein Verstoß gegen strahlenschutzrechtliche Vorschriften ergibt.

(3) Die für den zur medizinischen Forschung Berechtigten zuständige Aufsichtsbehörde unterrichtet die Genehmigungs- oder Anzeigebehörde, sofern sich aus dem Abschlussbericht eine erhebliche Abweichung von der Genehmigung oder Anzeige ergibt.

(4) In den Fällen des Absatzes 1 und des Absatzes 2 Nummer 1 sind personenbezogene Daten der in das Forschungsvorhaben eingeschlossenen Personen zu pseudonymisieren.

§ 143 Behördliche Schutzanordnung

(1) ^{1}Ist zu besorgen, dass eine in das Forschungsvorhaben eingeschlossene Person auf Grund einer Überschreitung der genehmigten oder angezeigten Dosiswerte für die Anwendung radioaktiver Stoffe oder ionisierender Strahlung zum Zweck der medizinischen Forschung an der Gesundheit geschädigt wird, oder ist auf Grund einer Überschreitung der genehmigten oder angezeigten Dosiswerte eine Gesundheitsschädigung eingetreten, so ordnet die zuständige Behörde an, dass die Person durch einen nach § 175 Absatz 1 Satz 1 ermächtigten Arzt untersucht wird. ^{2}Ist eine Gesundheitsschädigung ohne Überschreitung der Dosiswerte zu besorgen oder eingetreten, so kann die zuständige Behörde die Untersuchung durch einen nach § 175 Absatz 1 Satz 1 ermächtigten Arzt anordnen. ^{3}§ 78 Absatz 1 gilt entsprechend.

(2) Hat die zuständige Behörde nach Absatz 1 Satz 1 oder 2 die Untersuchung einer Person angeordnet, darf eine weitere Anwendung radioaktiver Stoffe oder ionisierender Strahlung an dieser Person im Rahmen des Forschungsvorhabens nur mit Zustimmung der zuständigen Behörde erfolgen.

ABSCHNITT 10 Anwendung ionisierender Strahlung oder radioaktiver Stoffe am Tier in der Tierheilkunde

§ 144 Anforderungen im Zusammenhang mit der Anwendung

(1) ^{1}Der Strahlenschutzverantwortliche hat dafür zu sorgen, dass bei der Anwendung radioaktiver Stoffe oder ionisierender Strahlung am Tier in der Tierheilkunde eine Tierbegleitperson nur anwesend ist, wenn dies wegen der Umstände des Einzelfalls erforderlich ist. ^{2}Andere Personen als Tierbegleitpersonen dürfen das Tier nicht begleiten. ^{3}Eine schwangere Person darf nicht als Tierbegleitperson handeln.

(2) ^{1}Der Strahlenschutzverantwortliche hat dafür zu sorgen, dass bei der Planung des betrieblichen Strahlenschutzes zum Schutz der Tierbegleitperson ein Dosisrichtwert von

höchstens 100 Mikrosievert je Anwendung festgelegt wird. ²Der Dosisrichtwert ist für die effektive Dosis der Tierbegleitperson festzulegen.
(3) Der Strahlenschutzverantwortliche hat dafür zu sorgen, dass ein Tier, an dem radioaktive Stoffe angewendet wurden, aus dem Strahlenschutzbereich erst entlassen wird, wenn für die Tierbegleitperson nur eine effektive Dosis im Bereich von 100 Mikrosievert zu erwarten ist.
(4) Tierschutzrechtliche Vorschriften bleiben unberührt.

ABSCHNITT 11 Berechtigte Personen

§ 145 Berechtigte Personen bei der Anwendung am Menschen

(1) Der Strahlenschutzverantwortliche hat dafür zu sorgen, dass ionisierende Strahlung und radioaktive Stoffe am Menschen nur angewendet werden von Personen, die als Ärzte oder Zahnärzte approbiert sind oder denen die vorübergehende Ausübung des ärztlichen oder zahnärztlichen Berufs erlaubt ist und die
1. entweder die für die Anwendung erforderliche Fachkunde im Strahlenschutz besitzen oder
2. auf ihrem speziellen Arbeitsgebiet über die für die Anwendung radioaktiver Stoffe und ionisierender Strahlung erforderlichen Kenntnisse im Strahlenschutz verfügen und unter ständiger Aufsicht und Verantwortung einer der unter Nummer 1 genannten Personen tätig sind.

(2) Der Strahlenschutzverantwortliche hat dafür zu sorgen, dass die technische Durchführung bei der Anwendung ionisierender Strahlung und radioaktiver Stoffe am Menschen ausschließlich durch folgende Personen vorgenommen wird:
1. Personen, die nach Absatz 1 ionisierende Strahlung und radioaktive Stoffe am Menschen anwenden dürfen,
2. Personen mit einer Erlaubnis nach § 1 Absatz 1 Nummer 2 des MTA-Gesetzes vom 2. August 1993 (BGBl. I S. 1402), das zuletzt durch Artikel 21 des Gesetzes vom 18. April 2016 (BGBl. I S. 886) geändert worden ist,
3. Personen mit einer staatlich geregelten, staatlich anerkannten oder staatlich überwachten erfolgreich abgeschlossenen Ausbildung, wenn die technische Durchführung Gegenstand ihrer Ausbildung und Prüfung war und sie die erforderliche Fachkunde im Strahlenschutz besitzen,
4. Personen, die sich in einer die erforderlichen Voraussetzungen zur technischen Durchführung vermittelnden beruflichen Ausbildung befinden, wenn sie unter ständiger Aufsicht und Verantwortung einer Person nach Absatz 1 Nummer 1 Arbeiten ausführen, die ihnen im Rahmen ihrer Ausbildung übertragen sind, und sie die erforderlichen Kenntnisse im Strahlenschutz besitzen,
5. Personen mit einer erfolgreich abgeschlossenen sonstigen medizinischen Ausbildung, wenn sie unter ständiger Aufsicht und Verantwortung einer Person nach Absatz 1 Nummer 1 tätig sind und die erforderlichen Kenntnisse im Strahlenschutz besitzen,
6. Medizinphysik-Experten, wenn sie unter ständiger Aufsicht und Verantwortung einer Person nach Absatz 1 Nummer 1 tätig sind.

§ 146 Berechtigte Personen in der Tierheilkunde

(1) Der Strahlenschutzverantwortliche hat dafür zu sorgen, dass ionisierende Strahlung und radioaktive Stoffe in der Tierheilkunde nur angewendet werden von
1. Personen, die als Tierärzte, Ärzte oder Zahnärzte approbiert sind oder denen die vorübergehende Ausübung des ärztlichen oder zahnärztlichen Berufs erlaubt ist und die die für die Anwendung erforderliche Fachkunde im Strahlenschutz besitzen,

2. Personen, die zur Ausübung des tierärztlichen, ärztlichen oder zahnärztlichen Berufs berechtigt sind und die nicht die erforderliche Fachkunde im Strahlenschutz besitzen, wenn sie auf ihrem speziellen Arbeitsgebiet über die für die Anwendung erforderlichen Kenntnisse im Strahlenschutz verfügen und unter ständiger Aufsicht und Verantwortung einer der unter Nummer 1 genannten Personen tätig sind.

(2) Der Strahlenschutzverantwortliche hat dafür zu sorgen, dass die technische Durchführung bei der Anwendung ionisierender Strahlung und radioaktiver Stoffe in der Tierheilkunde ausschließlich durch folgende Personen vorgenommen wird:
1. Personen, die nach Absatz 1 ionisierende Strahlung und radioaktive Stoffe in der Tierheilkunde anwenden dürfen,
2. Personen mit einer Erlaubnis nach § 1 Absatz 1 Nummer 2 des MTA-Gesetzes,
3. Personen mit einer staatlich geregelten, staatlich anerkannten oder staatlich überwachten erfolgreich abgeschlossenen Ausbildung, wenn die technische Durchführung Gegenstand ihrer Ausbildung und Prüfung war und sie die erforderliche Fachkunde im Strahlenschutz besitzen,
4. Medizinphysik-Experten,
5. Personen, die über die erforderlichen Kenntnisse im Strahlenschutz verfügen, wenn sie unter ständiger Aufsicht und Verantwortung einer Person nach Absatz 1 Nummer 1 tätig sind.

§ 147 Berechtigte Personen außerhalb der Anwendung am Menschen oder der Tierheilkunde

[1]Der Strahlenschutzverantwortliche hat dafür zu sorgen, dass in anderen Fällen als zur Anwendung am Menschen oder zur Anwendung am Tier in der Tierheilkunde nur solche Personen Röntgenstrahlung anwenden, die
1. die erforderliche Fachkunde im Strahlenschutz besitzen oder
2. auf ihrem Arbeitsgebiet über die für den Anwendungsfall erforderlichen Kenntnisse im Strahlenschutz verfügen.

[2]Satz 1 gilt nicht für den Betrieb eines Vollschutzgerätes nach § 45 Absatz 1 Nummer 5 des Strahlenschutzgesetzes.

Kapitel 7 Informationspflichten des Herstellers

§ 148 Informationspflichten des Herstellers von Geräten

(1) [1]Der Hersteller eines der in § 91 Satz 1 des Strahlenschutzgesetzes genannten Geräte hat dafür zu sorgen, dass dem Gerät bei der Übergabe an den Strahlenschutzverantwortlichen Unterlagen beigefügt sind, die Folgendes enthalten:
1. geeignete Informationen zu den möglichen radiologischen Gefahren im Zusammenhang mit dem Betrieb oder der Verwendung des Gerätes und zur ordnungsgemäßen Nutzung, Prüfung, Wartung und Instandsetzung sowie
2. den Nachweis, dass es die Auslegung des Gerätes ermöglicht, die Exposition auf ein Maß zu beschränken, das nach dem Stand der Technik so niedrig wie vernünftigerweise erreichbar ist.

[2]Satz 1 Nummer 2 gilt nicht für Störstrahler, deren Betrieb keiner Genehmigung bedarf, und auch nicht für Anlagen zur Erzeugung ionisierender Strahlung, die genehmigungs- und anzeigefrei betrieben werden dürfen.

(2) Sind die in § 91 Satz 1 des Strahlenschutzgesetzes genannten Geräte zum Einsatz bei der Anwendung am Menschen bestimmt, müssen zusätzlich geeignete Informationen ein-

schließlich verfügbarer Ergebnisse der klinischen Bewertung beigefügt werden, die eine Bewertung der Risiken für untersuchte oder behandelte Personen ermöglichen.
(3) Die Unterlagen müssen in deutscher oder in einer anderen für den Anwender des Gerätes leicht verständlichen Sprache abgefasst sein.

Kapitel 8 Aufsichtsprogramm

§ 149 Aufsichtsprogramm

(1) In dem Aufsichtsprogramm nach § 180 Absatz 1 Satz 1 des Strahlenschutzgesetzes legt die zuständige Behörde die Durchführung und die Modalitäten aufsichtlicher Prüfungen fest, insbesondere von Vor-Ort-Prüfungen.
(2) ¹In welchen zeitlichen Abständen regelmäßige Vor-Ort-Prüfungen erfolgen, richtet sich nach Art und Ausmaß des mit der jeweiligen Tätigkeit verbundenen Risikos. ²Bei der Beurteilung der Art und des Ausmaßes des Risikos sind die Kriterien nach Anlage 16 zugrunde zu legen. ³Regelmäßige Vor-Ort-Prüfungen erfolgen in der Regel in zeitlichen Abständen von einem Jahr bis zu sechs Jahren. ⁴Für Tätigkeiten mit geringem Risiko kann in dem Aufsichtsprogramm von der Durchführung regelmäßiger Vor-Ort-Prüfungen abgesehen und eine andere Vorgehensweise zur Auswahl des Zeitpunkts einer Vor-Ort-Prüfung festgelegt werden.
(3) Die Absätze 1 und 2 sind nicht anzuwenden auf Tätigkeiten nach § 4 Absatz 1 Satz 1 Nummer 3 bis 6 des Strahlenschutzgesetzes.

Teil 3: Strahlenschutz bei Notfallexpositionssituationen

§ 150 Dosimetrie bei Einsatzkräften

(1) ¹Der nach § 115 Absatz 2 des Strahlenschutzgesetzes für den Schutz der Einsatzkräfte im Notfalleinsatz Verantwortliche hat dafür zu sorgen, dass die Exposition ermittelt oder abgeschätzt wird, der eine Einsatzkraft bei Einsätzen in einer Notfallexpositionssituation oder bei Einsätzen zur Bekämpfung einer anderen Gefahrenlage ausgesetzt ist. ²Die Ermittlung oder Abschätzung soll erfolgen
1. durch eine Messung der Personendosis der Einsatzkraft oder
2. wenn eine Messung nach Nummer 1 nicht möglich ist, durch eine Übernahme der Ergebnisse der Messung der Personendosis einer anderen Person mit vergleichbaren Expositionsbedingungen oder
3. ersatzweise durch eine Abschätzung der Körperdosis insbesondere auf Grundlage von Messungen der Ortsdosis, der Ortsdosisleistung, der Konzentration radioaktiver Stoffe in der Luft oder der Kontamination der Umgebung oder anderer physikalischer Parameter jeweils in Verbindung mit der Aufenthaltszeit.

(2) Falls eine relevante Inkorporation radioaktiver Stoffe zu befürchten ist, soll zur Abschätzung der Körperdosis zusätzlich zu den in Absatz 1 Satz 2 genannten Methoden eine Messung der Körperaktivität oder der Aktivität der Ausscheidungen oder anderer biologischer Parameter durch eine nach § 169 des Strahlenschutzgesetzes bestimmte Messstelle erfolgen.
(3) Die zuständige Behörde kann eine andere oder ergänzende Weise der Ermittlung oder Abschätzung der Körperdosis festlegen, wenn dies im Hinblick auf fehlende, unvollständige oder fehlerhafte Messungen oder im Hinblick auf Unsicherheiten der Ergebnisse nach den Absätzen 1 oder 2 angemessen ist.
(4) ¹Die Regelungen zur Messung der Personendosis in § 66 Absatz 1 und 2 Satz 1 und 2 gelten entsprechend. ²Die Dosimeter dürfen zwölf Monate vorgehalten werden, wenn zusätzlich ein Referenzdosimeter zur Berücksichtigung des Abzugs der natürlichen Exposition

verwendet wird. ³Nach der Verwendung eines Dosimeters in einer Notfallexpositionssituation oder einer anderen Gefahrenlage ist das Dosimeter zusammen mit dem Referenzdosimeter innerhalb eines Monats bei der Messstelle einzureichen.
(5) Wenn die ermittelte oder abgeschätzte effektive Dosis ein Millisievert oder die ermittelte Organ-Äquivalentdosis für die Augenlinse 15 Millisievert oder die lokale Hautdosis 50 Millisievert überschreitet, hat der nach § 115 Absatz 2 des Strahlenschutzgesetzes für den Schutz der Einsatzkräfte im Notfalleinsatz Verantwortliche dafür zu sorgen, dass die Ergebnisse der Ermittlung oder Abschätzung der Körperdosis nach § 170 Absatz 4 des Strahlenschutzgesetzes an das Strahlenschutzregister übermittelt werden.

§ 151 Besondere ärztliche Überwachung von Einsatzkräften
Ist nicht auszuschließen, dass eine Person durch eine Exposition nach § 114 des Strahlenschutzgesetzes oder auf Grund einer anderen Gefahrenlage nach § 116 des Strahlenschutzgesetzes Expositionen erhalten hat, die im Kalenderjahr die effektive Dosis von 20 Millisievert oder die Organ-Äquivalentdosis von 20 Millisievert für die Augenlinse oder von 500 Millisievert für die Haut, die Hände, die Unterarme, die Füße oder Knöchel überschreiten, gilt § 81 für den Verantwortlichen nach § 115 Absatz 2 des Strahlenschutzgesetzes entsprechend.

§ 152 Hilfeleistung und Beratung von Behörden, Hilfsorganisationen und Einsatzkräften bei einem Notfall
(1) Der Strahlenschutzverantwortliche hat zur Erfüllung der Pflichten nach § 72 Absatz 3 des Strahlenschutzgesetzes und nach § 107 dieser Verordnung dafür zu sorgen, dass bei einem Notfall den zuständigen und den bei der Notfallreaktion mitwirkenden Behörden und Organisationen Hilfe bei Entscheidungen, Schutzmaßnahmen und anderen Maßnahmen nach § 97 Absatz 1 Satz 3 des Strahlenschutzgesetzes geleistet wird.
(2) ¹Der Strahlenschutzverantwortliche hat gemäß Absatz 1 insbesondere dafür zu sorgen, dass bei einem nach § 108 Absatz 1 und 2 meldepflichtigen Notfall, Störfall oder sonstigen bedeutsamen Vorkommnis oder bei einem nach § 6 Absatz 1 und 2 der Atomrechtlichen Sicherheitsbeauftragten- und Meldeverordnung meldepflichtigen Ereignis nach Eintritt eines Notfalls nach der Meldung nach § 108 Absatz 4 oder der Anzeige nach § 6 Absatz 3 der Atomrechtlichen Sicherheitsbeauftragten- und Meldeverordnung folgenden Behörden unverzüglich eine vorläufige erste Bewertung des Notfalls und seiner Auswirkungen übermittelt wird:
1. der Behörde, der das besondere Vorkommnis nach § 108 Absatz 1 und 2 oder das meldepflichtige Ereignis nach § 6 Absatz 1 und 2 der Atomrechtlichen Sicherheitsbeauftragten- und Meldeverordnung zu melden ist,
2. der Katastrophenschutzbehörde,
3. der für die öffentliche Sicherheit zuständigen Behörde und
4. bei einem überregionalen oder regionalen Notfall dem radiologischen Lagezentrum des Bundes nach § 106 des Strahlenschutzgesetzes.
²Der Strahlenschutzverantwortliche hat des Weiteren dafür zu sorgen, dass neue oder veränderte relevante Daten oder Abschätzungen unverzüglich nach Kenntnis den in Satz 1 genannten Behörden übermittelt werden.
(3) ¹Bei einem überregionalen oder regionalen Notfall hat der Strahlenschutzverantwortliche dafür zu sorgen, dass die vorläufige erste Bewertung nach Absatz 2 Satz 1 und deren Aktualisierungen nach Absatz 2 Satz 2 soweit wie möglich auch diejenigen Daten zur Anlage oder Strahlungsquelle, zum radiologischen Inventar und zu Freisetzungen sowie Freisetzungsabschätzungen und -prognosen umfassen, die nach den §§ 107 und 108 des

Strahlenschutzgesetzes für die Bewertung der radiologischen Lage relevant sind. ²Bei den in § 106 Absatz 3 genannten Tätigkeiten ist der Strahlenschutzverantwortliche nicht zur Übermittlung von Freisetzungsabschätzungen und -prognosen verpflichtet.
(4) Der Strahlenschutzverantwortliche hat gemäß Absatz 1 des Weiteren insbesondere dafür zu sorgen, dass
1. den für den Katastrophenschutz und den für die öffentliche Sicherheit zuständigen Behörden sowie den bei der Notfallreaktion mitwirkenden Behörden und Organisationen jede Information und Beratung gegeben wird, die notwendig ist
   a) zur Abwendung von Gefahren für Mensch oder Umwelt oder
   b) zur Eindämmung oder Beseitigung von nachteiligen Auswirkungen, und
2. den nach § 115 Absatz 2 Nummer 2 des Strahlenschutzgesetzes für den Schutz der Einsatzkräfte verantwortlichen Behörden und Organisationen, den am Notfalleinsatz beteiligten Behörden und Organisationen sowie der Einsatzleitung am Einsatzort jede Information und Beratung gegeben wird, die für die Unterrichtung der Einsatzkräfte nach § 114 Absatz 2 Satz 2 oder 3 des Strahlenschutzgesetzes notwendig ist.

Teil 4: Strahlenschutz bei bestehenden Expositionssituationen
Kapitel 1 Schutz vor Radon

ABSCHNITT 1 Gemeinsame Vorschriften für Aufenthaltsräume und für Arbeitsplätze

§ 153 Festlegung von Gebieten nach § 121 Absatz 1 Satz 1 des Strahlenschutzgesetzes
(1) ¹Die zuständige Behörde hat die Festlegung der Gebiete nach § 121 Absatz 1 Satz 1 des Strahlenschutzgesetzes auf Grundlage einer wissenschaftlich basierten Methode vorzunehmen, die unter Zugrundelegung geeigneter Daten Vorhersagen hinsichtlich der Überschreitung des Referenzwertes nach § 124 oder § 126 des Strahlenschutzgesetzes in der Luft von Aufenthaltsräumen oder Arbeitsplätzen ermöglicht. ²Geeignete Daten sind insbesondere geologische Daten, Messdaten der Radon-222-Aktivitätskonzentration in der Bodenluft, Messdaten der Bodenpermeabilität, Messdaten zur Radon-222-Aktivitätskonzentration in Aufenthaltsräumen oder an Arbeitsplätzen sowie Fernerkundungsdaten.
(2) Die zuständige Behörde kann davon ausgehen, dass die über das Jahr gemittelte Radon-222-Aktivitätskonzentration den Referenzwert nach § 124 oder § 126 des Strahlenschutzgesetzes in einer beträchtlichen Anzahl von Gebäuden in der Luft von Aufenthaltsräumen oder Arbeitsplätzen eines Gebiets überschreitet, wenn auf Grund einer Vorhersage nach Absatz 1 auf mindestens 75 Prozent des jeweils auszuweisenden Gebiets der Referenzwert in mindestens zehn Prozent der Anzahl der Gebäude überschritten wird.
(3) Die Festlegung der Gebiete erfolgt innerhalb der in dem Land bestehenden Verwaltungsgrenzen.
(4) ¹Die zuständige Behörde erhebt die zur Festlegung der Gebiete nach § 121 Absatz 1 Satz 1 des Strahlenschutzgesetzes und die zur Überprüfung der Gebietsfestlegung nach § 121 Absatz 1 Satz 3 des Strahlenschutzgesetzes erforderlichen Daten nach Absatz 1. ²Hierzu führt sie die erforderlichen Messungen und Probenahmen durch oder zieht vorhandene Daten heran.

§ 154 Maßnahmen zum Schutz vor Radon für Neubauten in Gebieten nach § 121 Absatz 1 Satz 1 des Strahlenschutzgesetzes
In den Gebieten nach § 121 Absatz 1 Satz 1 des Strahlenschutzgesetzes gilt die Pflicht nach § 123 Absatz 1 Satz 1 des Strahlenschutzgesetzes, geeignete Maßnahmen zu treffen, um den Zutritt von Radon aus dem Baugrund zu verhindern oder erheblich zu erschweren, als

Strahlenschutzverordnung §§ 154, 155

erfüllt, wenn neben den Maßnahmen nach § 123 Absatz 1 Satz 2 Nummer 1 des Strahlenschutzgesetzes mindestens eine der folgenden Maßnahmen durchgeführt wird:
1. Verringerung der Radon-222-Aktivitätskonzentration unter dem Gebäude,
2. gezielte Beeinflussung der Luftdruckdifferenz zwischen Gebäudeinnerem und Bodenluft an der Außenseite von Wänden und Böden mit Erdkontakt, sofern der diffusive Radoneintritt auf Grund des Standorts oder der Konstruktion begrenzt ist,
3. Begrenzung der Rissbildung in Wänden und Böden mit Erdkontakt und Auswahl diffusionshemmender Betonsorten mit der erforderlichen Dicke der Bauteile,
4. Absaugung von Radon an Randfugen oder unter Abdichtungen,
5. Einsatz diffusionshemmender, konvektionsdicht verarbeiteter Materialien oder Konstruktionen.

ABSCHNITT 2 Radon an Arbeitsplätzen in Innenräumen

§ 155 Messung der Radon-222-Aktivitätskonzentration; anerkannte Stelle

(1) ^{1}Die Messungen der Radon-222-Aktivitätskonzentration nach § 127 Absatz 1 und § 128 Absatz 2 des Strahlenschutzgesetzes sind nach den allgemein anerkannten Regeln der Technik über eine Gesamtdauer von zwölf Monaten durchzuführen. ^{2}Die Messorte sind so auszuwählen, dass sie repräsentativ für die Radon-222-Aktivitätskonzentration an dem Arbeitsplatz sind. ^{3}Abweichend hiervon kann eine Überschreitung des Referenzwertes im Falle der Messung nach § 127 Absatz 1 des Strahlenschutzgesetzes auch auf der Grundlage einer kürzeren Messzeit festgestellt werden, wenn auf Grund einer Abschätzung der über das Jahr gemittelten Radon-222-Aktivitätskonzentration davon auszugehen ist, dass der Referenzwert überschritten wird.

(2) ^{1}Die Durchführung der Messung ist aufzuzeichnen. ^{2}Die Aufzeichnungen müssen folgende Informationen enthalten:
1. Anlass der Messung,
2. Datum des Beginns und des Endes der Messung oder, bei Teilmessungen, der einzelnen Messabschnitte,
3. Standort der Betriebsstätte, in der sich der Arbeitsplatz befindet, sowie diejenigen für die Höhe der Radon-222-Aktivitätskonzentration wesentlichen Eigenschaften der Betriebsstätte, die dem zur Messung Verpflichteten bekannt sind,
4. Lage des Arbeitsplatzes in der Betriebsstätte,
5. Lage des Messortes sowie diejenigen für die Höhe der Radon-222-Aktivitätskonzentration wesentlichen Eigenschaften des Messortes, die dem zur Messung Verpflichteten bekannt sind, und
6. Art des jeweils verwendeten Messgerätes und das jeweilige Messverfahren.
^{3}Die Aufzeichnungen sind der zuständigen Behörde zusammen mit den Aufzeichnungen nach § 127 Absatz 3 Satz 1 und § 128 Absatz 2 Satz 3 des Strahlenschutzgesetzes auf Verlangen vorzulegen.

(3) ^{1}Die für die Ermittlung der Radon-222-Aktivitätskonzentration notwendigen Messgeräte sind bei einer vom Bundesamt für Strahlenschutz für die Messung der Radon-222-Aktivitätskonzentration anerkannten Stelle anzufordern und nach deren Vorgaben einzusetzen. ^{2}Die Auswertung der Messgeräte hat durch die anerkannte Stelle zu erfolgen. ^{3}Hierzu sind der anerkannten Stelle nach der Messung die Messgeräte und die Informationen aus den Aufzeichnungen nach Absatz 2 Satz 2 zu übermitteln. ^{4}Die Sätze 2 und 3 gelten nicht, wenn das Messergebnis unter der Verantwortung des Verantwortlichen nach § 127 Absatz 1 des Strahlenschutzgesetzes ausgewertet werden kann.

(4) ¹Das Bundesamt für Strahlenschutz erkennt eine Stelle für die Messung der Radon-222-Aktivitätskonzentration an, wenn die Stelle
1. geeignete Messgeräte bereitstellen kann,
2. über geeignete Ausrüstung und Verfahren zur Auswertung der Messgeräte verfügt,
3. über ein geeignetes System zur Qualitätssicherung verfügt und
4. die Teilnahme an Maßnahmen zur Qualitätssicherung durch das Bundesamt für Strahlenschutz sicherstellt.

²Die Maßnahmen zur Qualitätssicherung nach Satz 1 Nummer 4 werden von dem Bundesamt für Strahlenschutz durchgeführt. ³Für die Anerkennung als Stelle für die Messung der Radon-222-Aktivitätskonzentration und für die Teilnahme an den Maßnahmen zur Qualitätssicherung nach Satz 1 Nummer 4 werden Gebühren und Auslagen erhoben. ⁴Das Bundesamt für Strahlenschutz veröffentlicht eine Liste der anerkannten Stellen.

(5) ¹Die anerkannte Stelle übermittelt das Messergebnis und die ihr nach Absatz 3 Satz 3 übermittelten Informationen aus den Aufzeichnungen an das Bundesamt für Strahlenschutz, soweit dies zur Erfüllung der Aufgaben des Bundesamtes für Strahlenschutz erforderlich ist. ²Das Bundesamt für Strahlenschutz bestimmt das Datenformat sowie das technische Verfahren der Übermittlung.

§ 156 Arbeitsplatzbezogene Abschätzung der Exposition

Die zuständige Behörde kann Vorgaben für die Durchführung der Abschätzung nach § 130 Absatz 1 des Strahlenschutzgesetzes machen, um die erforderliche Qualität der Abschätzung sicherzustellen.

§ 157 Ermittlung der Exposition und der Körperdosis

(1) Die Ermittlung der Körperdosis nach § 131 Absatz 1 Nummer 2 des Strahlenschutzgesetzes ist von einer nach § 169 Absatz 1 Nummer 4 des Strahlenschutzgesetzes bestimmten Messstelle durchzuführen.

(2) Der nach § 131 Absatz 1 des Strahlenschutzgesetzes Verpflichtete hat dafür zu sorgen, dass die Exposition mit einem Messgerät gemessen wird,
1. das bei der Messstelle nach Absatz 1 anzufordern ist und das durch diese Messstelle ausgewertet wird oder
2. das zur Ermittlung von Messwerten unter seiner Verantwortung genutzt wird, wenn dessen Verwendung nach Zustimmung der Messstelle nach Absatz 1 von der zuständigen Behörde gestattet wurde.

(3) ¹Der nach § 131 Absatz 1 des Strahlenschutzgesetzes Verpflichtete hat dafür zu sorgen, dass die Expositionsbedingungen aufgezeichnet werden. ²Er hat dafür zu sorgen, dass der Messstelle zur Ermittlung der Körperdosis nach Ablauf von drei Monaten
1. die Messgeräte nach Absatz 2 Nummer 1 zusammen mit den Aufzeichnungen nach Satz 1 zur Verfügung gestellt werden oder
2. im Falle des Absatzes 2 Nummer 2, die Messwerte zusammen mit den Aufzeichnungen nach Satz 1 bereitgestellt werden.

³Die zuständige Behörde kann gestatten, dass die Messgeräte in Zeitabständen bis zu sechs Monaten der Messstelle einzureichen sind, wenn die Expositionsbedingungen dem nicht entgegenstehen.

(4) Der nach § 131 Absatz 1 des Strahlenschutzgesetzes Verpflichtete hat darauf hinzuwirken, dass die Ergebnisse der Ermittlung der Körperdosis spätestens neun Monate nach erfolgter Exposition der an einem anmeldungsbedürftigen Arbeitsplatz beschäftigten Arbeitskraft vorliegen.

(5) ¹Der nach § 131 Absatz 1 des Strahlenschutzgesetzes Verpflichtete hat dafür zu sorgen, dass bei einer unterbliebenen oder fehlerhaften Messung
1. die zuständige Behörde informiert wird und
2. die Dosis abgeschätzt wird.

²Die zuständige Behörde legt eine Ersatzdosis fest und veranlasst, dass die Ersatzdosis an das Strahlenschutzregister nach § 170 des Strahlenschutzgesetzes übermittelt wird. ³Die zuständige Behörde kann im Einzelfall von der Festlegung einer Ersatzdosis absehen, wenn die festzusetzende Dosis 0 Millisievert beträgt und sie diesen Wert an das Strahlenschutzregister nach § 170 des Strahlenschutzgesetzes übermittelt. ⁴Die Übermittlung nach Satz 2 oder 3 kann über eine nach § 169 des Strahlenschutzgesetzes bestimmte Messstelle erfolgen.

§ 158 Weitere Anforderungen des beruflichen Strahlenschutzes

(1) ¹Der nach § 131 Absatz 1 des Strahlenschutzgesetzes Verpflichtete, der als Dritter nach § 130 Absatz 1 Satz 1 zweiter Halbsatz des Strahlenschutzgesetzes zur Abschätzung verpflichtet war, hat dafür zu sorgen, dass er selbst und die unter seiner Aufsicht stehenden Personen in fremden Betriebsstätten eine berufliche Betätigung an anmeldebedürftigen Arbeitsplätzen nur ausüben, wenn jede Person im Besitz eines vollständig geführten, bei der zuständigen Behörde registrierten Strahlenpasses ist. ²Die zuständige Behörde kann im Einzelfall von der Pflicht zum Führen eines Strahlenpasses nach Satz 1 befreien, wenn die Person in nicht mehr als einer fremden Betriebsstätte eine berufliche Betätigung an anmeldepflichtigen Arbeitsplätzen ausübt.
(2) ¹Wurde unter Verstoß gegen § 78 Absatz 1 oder 3 Satz 1 oder 3 des Strahlenschutzgesetzes ein Grenzwert im Kalenderjahr überschritten, so ist eine Weiterbeschäftigung der Person nur zulässig, wenn der nach § 131 Absatz 1 des Strahlenschutzgesetzes Verpflichtete dafür sorgt, dass die Expositionen in den folgenden vier Kalenderjahren unter Berücksichtigung der erfolgten Grenzwertüberschreitung so begrenzt werden, dass die Summe der Dosen das Fünffache des Grenzwertes nicht überschreitet. ²Ist die Überschreitung des Grenzwertes so hoch, dass bei Anwendung von Satz 1 die bisherige Beschäftigung nicht fortgesetzt werden kann, kann die zuständige Behörde im Benehmen mit einem nach § 175 Absatz 1 Satz 1 ermächtigten Arzt Ausnahmen zulassen.
(3) ¹Der nach § 131 Absatz 1 des Strahlenschutzgesetzes Verpflichtete darf Personen, die eine unter § 130 Absatz 3 des Strahlenschutzgesetzes fallende Betätigung ausüben, eine Beschäftigung oder Weiterbeschäftigung nur erlauben, wenn sie innerhalb des jeweiligen Kalenderjahres von einem nach § 175 Absatz 1 Satz 1 ermächtigten Arzt untersucht worden sind und dem nach § 131 Absatz 1 des Strahlenschutzgesetzes Verpflichteten eine von dem ermächtigten Arzt ausgestellte Bescheinigung vorliegt, nach der der Beschäftigung keine gesundheitlichen Bedenken entgegenstehen. ²Dies gilt entsprechend für Personen, die in eigener Verantwortung in eigener oder in einer anderen Betriebsstätte Arbeiten ausüben. ³§ 77 Absatz 3 und die §§ 79 und 80 gelten entsprechend. ⁴Die entsprechend § 79 Absatz 1 Satz 1 angeforderten Unterlagen sind dem ermächtigten Arzt unverzüglich zu übergeben. ⁵Der ermächtigte Arzt hat die ärztliche Bescheinigung dem Verpflichteten nach § 131 Absatz 1 des Strahlenschutzgesetzes, der exponierten Person und, soweit gesundheitliche Bedenken bestehen, auch der zuständigen Behörde unverzüglich zu übersenden.
(4) Soweit die Expositionsbedingungen es erfordern, kann die zuständige Behörde bei unter § 130 Absatz 3 des Strahlenschutzgesetzes fallenden Betätigungen gegenüber dem nach § 131 Absatz 1 des Strahlenschutzgesetzes Verpflichteten Maßnahmen entsprechend den §§ 45, 46, 52, 53, 55, 56, 63, des § 75 Absatz 1 und des § 91 Absatz 1 Satz 1 Nummer 3 anordnen.

Kapitel 2 Schutz vor Radioaktivität in Bauprodukten

§ 159 Ermittlung der spezifischen Aktivität
Der Verpflichtete nach § 135 Absatz 1 des Strahlenschutzgesetzes hat zum Nachweis, dass der Referenzwert nach § 133 des Strahlenschutzgesetzes nicht überschritten wird,
1. den Aktivitätsindex nach Anlage 17 zu berechnen und
2. dafür zu sorgen, dass der Aktivitätsindex die in Anlage 17 genannten Werte nicht überschreitet.

Kapitel 3 Radioaktive Altlasten

§ 160 Ermittlung der Exposition der Bevölkerung
(1) ^{1}Bei der Ermittlung der Exposition von Einzelpersonen der Bevölkerung sind realistische Expositionspfade und Expositionsannahmen zu verwenden. ^{2}Soweit dabei die Expositionspfade nach Anlage 11 Teil A Berücksichtigung finden, sind die Annahmen der Anlage 11 Teil B Tabelle 1 Spalte 1 bis 7 und Tabelle 2 zugrunde zu legen. ^{3}Dabei sind unbeschadet des § 136 Absatz 3 des Strahlenschutzgesetzes Art und Konzentrationen der Radionuklide und die Möglichkeit ihrer Ausbreitung in der Umwelt zu berücksichtigen.
(2) ^{1}Es ist sowohl die gegenwärtige Exposition zu ermitteln als auch die zu erwartende zukünftige Exposition abzuschätzen. ^{2}Expositionen sind für Zeiträume abzuschätzen,
1. in denen voraussichtlich nicht vernachlässigbare Expositionen auftreten werden und
2. die das zu erwartende Maximum der Exposition einschließen.

^{3}Ist die Abschätzung der Exposition für den sich aus Satz 2 ergebenden Zeitraum nicht mit hinreichender Zuverlässigkeit möglich, so ist eine Abschätzung für den Zeitraum ausreichend, für den hinreichend zuverlässige Aussagen getroffen werden können. ^{4}Eine Abschätzung ist höchstens für einen Zeitraum von 1 000 Jahren durchzuführen.
(3) ^{1}Für Einzelpersonen der Bevölkerung sind die Dosiskoeffizienten aus der Zusammenstellung im Bundesanzeiger Nummer 160a und b vom 28. August 2001 Teil I und II zu verwenden. ^{2}Für Arbeitskräfte sind die Dosiskoeffizienten aus der Zusammenstellung im Bundesanzeiger Nummer 160a und b vom 28. August 2001 Teil I und III zu verwenden.
(4) Bei der Nutzung, Stilllegung, Sanierung und Folgenutzung bergbaulicher Anlagen und Einrichtungen, insbesondere der Betriebsanlagen und Betriebsstätten des Uranerzbergbaus, sowie anderer Grundstücke, die durch bergbauliche Hinterlassenschaften kontaminiert sind, kann die zuständige Behörde davon ausgehen, dass die Anforderungen nach Absatz 1 erfüllt sind, wenn der Ermittlung der Exposition die Berechnungsgrundlagen zur Ermittlung der Exposition infolge bergbaubedingter Umweltradioaktivität (Berechnungsgrundlagen – Bergbau) zugrunde gelegt worden sind.

§ 161 Prüfwerte bei radioaktiven Altlasten und bei der Stilllegung und Sanierung der Betriebsanlagen und Betriebsstätten des Uranerzbergbaus
(1) Bei der Bestimmung radioaktiver Altlasten nach § 136 Absatz 1 des Strahlenschutzgesetzes gilt für anthropogen überprägte natürliche Radionuklide der Zerfallsreihen von Uran-238 und Thorium-232 jeweils ein Prüfwert von 0,2 Becquerel je Gramm Trockenmasse.
(2) ^{1}Abweichend von Absatz 1 gilt jeweils ein Prüfwert von 1 Becquerel je Gramm Trockenmasse, wenn Folgendes ausgeschlossen werden kann:
1. die Nutzung oder Kontamination des Grundwassers,
2. eine dauerhafte Nutzung der Altlastenfläche für Wohnzwecke oder andere mit einem dauerhaften Aufenthalt von Menschen verbundene Zwecke und
3. der Verzehr von auf der Altlastenfläche landwirtschaftlich oder gärtnerisch erzeugten Produkten.

²Satz 1 gilt nicht für bergbauliche Altlasten.
(3) Der Bestimmung sind repräsentative Werte der größten spezifischen Aktivitäten zugrunde zu legen.
(4) ¹Werden die in Absatz 1 oder 2 Satz 1 genannten Prüfwerte nicht überschritten, kann die zuständige Behörde davon ausgehen, dass keine radioaktive Altlast vorliegt. ²Bei künstlichen Radionukliden ist das Vorliegen einer radioaktiven Altlast im Einzelfall zu prüfen.
(5) Eine Genehmigung nach § 149 Absatz 1 des Strahlenschutzgesetzes für die Stilllegung und Sanierung von Betriebsanlagen und Betriebsstätten des Uranerzbergbaus ist nicht erforderlich, wenn die Prüfwerte nach Absatz 1 nicht überschritten werden.

§ 162 Emissions- und Immissionsüberwachung bei der Stilllegung und Sanierung der Betriebsanlagen und Betriebsstätten des Uranerzbergbaus

(1) ¹Bei der Stilllegung und Sanierung der Betriebsanlagen und Betriebsstätten des Uranerzbergbaus hat der Genehmigungsinhaber dafür zu sorgen, dass die von den Betriebsanlagen und Betriebsstätten ausgehenden Emissionen und Immissionen
1. überwacht werden und
2. der zuständigen Behörde mindestens einmal jährlich mitgeteilt werden.

²Der Genehmigungsinhaber hat insbesondere ein Messprogramm zur Immissionsüberwachung aufzustellen.
(2) ¹Die zuständige Behörde bestimmt Messstellen für die Emissions- und Immissionsüberwachung. ²Diese haben folgende Aufgaben:
1. Kontrolle der vom Genehmigungsinhaber durchzuführenden Emissionsüberwachung,
2. Durchführung eines Messprogramms zur Immissionsüberwachung, das der Ergänzung und Kontrolle des vom Genehmigungsinhaber aufzustellenden Messprogramms dient.

(3) Die zuständige Behörde kann davon ausgehen, dass die nach Absatz 1 und Absatz 2 Satz 2 erforderlichen Maßnahmen zur Emissions- und Immissionsüberwachung getroffen sind, wenn der Emissions- und Immissionsüberwachung die Richtlinie zur Emissions- und Immissionsüberwachung bei bergbaulichen Tätigkeiten (REI-Bergbau) zugrunde gelegt worden ist.
(4) § 103 Absatz 3 gilt entsprechend.

§ 163 Grundsätze für die Optimierung von Sanierungsmaßnahmen

(1) Bei der Optimierung von Art, Umfang und Dauer der Sanierungs-, Schutz- und Beschränkungsmaßnahmen nach § 139 Absatz 2 Satz 2 des Strahlenschutzgesetzes sind die Vor- und Nachteile der verschiedenen Maßnahmen abzuwägen.
(2) Bei der Abwägung sind insbesondere zu berücksichtigen:
1. die Eigenschaften der Altlast und des Standorts einschließlich der Nutzungs- und Expositionsverhältnisse,
2. die derzeitige Exposition durch die Altlast und die Prognose über die zukünftige Entwicklung der Exposition,
3. die durch die Maßnahmen zu erreichende Verminderung der Exposition,
4. die zusätzliche Exposition für Arbeitskräfte und die Bevölkerung durch die Maßnahmen,
5. die Kosten für die Umsetzung der Maßnahmen sowie für die Nachsorge,
6. die Veränderungen der Altlast, der geschaffenen Barrieren und der Ausbreitungsbedingungen, die die Wirksamkeit der Maßnahmen beeinträchtigen, sowie jeweils deren Konsequenzen für die Exposition und die Kosten; in Betracht zu ziehen sind hydrologische, geochemische und geomechanische Prozesse innerhalb der Altlast sowie externe geologische, klimatische und biologische Einflüsse,
7. die Stabilität der Maßnahmen gegenüber unzureichender oder unterbleibender Nachsorge und sich hieraus ergebende Konsequenzen für die Exposition und die Kosten,

8. die langfristigen negativen Auswirkungen der Maßnahmen auf die Umwelt und
9. die Auswirkungen der Maßnahmen auf die Belange der Betroffenen.

§ 164 Inhalt von Sanierungsplänen
(1) ¹Im Sanierungsplan sind die vorgesehenen Maßnahmen nach § 143 Absatz 1 Satz 2 Nummer 3 des Strahlenschutzgesetzes textlich und zeichnerisch vollständig darzustellen. ²Es ist darzulegen, dass diese Maßnahmen geeignet sind, dass der Referenzwert nach § 136 Absatz 1 des Strahlenschutzgesetzes dauerhaft unterschritten wird oder, wenn eine dauerhafte Unterschreitung nicht möglich ist, die vorgesehenen Maßnahmen geeignet sind, unter Berücksichtigung der Optimierungsgrundsätze nach § 163 die Exposition dauerhaft so gering wie möglich zu halten. ³Darzustellen sind insbesondere auch die voraussichtlichen Kosten sowie die Genehmigungs-, Anzeige- und Anmeldeerfordernisse, auch wenn ein verbindlicher Sanierungsplan nach § 143 Absatz 2 Satz 2 des Strahlenschutzgesetzes die Genehmigungs-, Anzeige- und Anmeldeerfordernisse nicht einschließen kann.
(2) Über die in § 143 Absatz 1 Satz 2 des Strahlenschutzgesetzes aufgeführten Angaben hinaus soll ein Sanierungsplan insbesondere Angaben enthalten zu
1. den Standortverhältnissen und Eigenschaften der Altlast,
2. der äußeren Abgrenzung des Sanierungsplans sowie dem Einwirkungsbereich, der durch die Altlast bereits betroffen ist oder der durch die vorgesehenen Maßnahmen zu prognostizieren ist,
3. der technischen Ausgestaltung von Sanierungsmaßnahmen, Art und Umfang sonstiger Maßnahmen zur Verhinderung oder Verminderung der Exposition, den Elementen und dem Ablauf der Sanierung,
4. fachspezifischen Berechnungen zu den einzelnen Maßnahmenkomponenten,
5. den Eigenkontrollmaßnahmen zur Überprüfung der sachgerechten Ausführung und Wirksamkeit der vorgesehenen Maßnahmen,
6. den zu behandelnden Mengen und den Transport-, Verwertungs- und Entsorgungswegen,
7. den getroffenen behördlichen Entscheidungen und den geschlossenen öffentlich-rechtlichen Verträgen, die sich auf die Erfüllung der Pflicht zur Sanierung der radioaktiven Altlast auswirken,
8. den für eine Verbindlichkeitserklärung nach § 143 Absatz 2 Satz 2 des Strahlenschutzgesetzes durch die zuständige Behörde geforderten Angaben und Unterlagen,
9. dem Zeitplan für die Sanierung und Nachsorge der Altlast,
10. der Verantwortlichkeit für die Nachsorge und den Kriterien für die Beendigung der Nachsorge,
11. den Kriterien für den Nachweis des Sanierungserfolgs sowie
12. den Gesichtspunkten, die bei der Optimierung nach § 139 Absatz 2 Satz 2 des Strahlenschutzgesetzes in die Abwägung eingeflossen sind.

§ 165 Schutz der Arbeitskräfte bei radioaktiven Altlasten
(1) Zum Schutz von Arbeitskräften im Zusammenhang mit der Durchführung von Maßnahmen nach § 145 Absatz 1 des Strahlenschutzgesetzes gelten die folgenden Vorschriften entsprechend:
1. für den nach § 145 Absatz 2 des Strahlenschutzgesetzes zur Anmeldung Verpflichteten: §§ 63, 64 Absatz 1 bis 3, § 65 Absatz 1 Satz 1 und Absatz 2 bis 4, § 66 Absatz 1, 2 Satz 1 bis 3 und Absatz 3 bis 5, §§ 68, 69, 70 Absatz 1, §§ 71, 73 Satz 1, § 75 Absatz 1, § 77 Absatz 1 und 2, §§ 78, 81 Absatz 1 und § 90 Absatz 1, 2 Satz 1 Nummer 1 und 2, Absatz 3 und 5 Satz 1,

2. für die zuständige Behörde: § 64 Absatz 4, § 65 Absatz 1 Satz 2, § 66 Absatz 2 Satz 4, § 70 Absatz 2, § 73 Satz 2, § 77 Absatz 3 bis 5 und § 81 Absatz 2 und
3. §§ 79, 80 und 81 Absatz 3.
(2) Soweit die Expositionsbedingungen es erfordern, kann die zuständige Behörde zum Schutz der Arbeitskräfte
1. geeignete Maßnahmen nach den §§ 45, 46, 52, 53 und 55 bis 58, nach § 75 Absatz 2, nach § 91, nach § 92 Absatz 2 und 3 und nach § 93 Absatz 1 anordnen und
2. anordnen, dass ein Strahlenpass geführt wird.
(3) ¹Der nach § 145 Absatz 2 des Strahlenschutzgesetzes zur Anmeldung Verpflichtete hat bei der Durchführung von Maßnahmen nach § 145 Absatz 1 des Strahlenschutzgesetzes Personen zur Beratung hinzuzuziehen, die die erforderliche Fachkunde im Strahlenschutz besitzen. ²Dies gilt nicht, wenn der zur Anmeldung Verpflichtete selbst die erforderliche Fachkunde im Strahlenschutz besitzt.

Kapitel 4 Sonstige bestehende Expositionssituationen

§ 166 Schutz der Arbeitskräfte bei sonstigen bestehenden Expositionssituationen

(1) Zum Schutz von Arbeitskräften bei anmeldungsbedürftigen sonstigen bestehenden Expositionssituationen gelten die folgenden Vorschriften entsprechend:
1. für den nach § 153 Absatz 1 des Strahlenschutzgesetzes Verantwortlichen: §§ 63, 64 Absatz 1 bis 3, § 65 Absatz 1 Satz 1 und Absatz 2 bis 4, § 66 Absatz 1, 2 Satz 1 bis 3 und Absatz 3 bis 5, §§ 68, 69, 70 Absatz 1, §§ 71, 73 Satz 1, § 75 Absatz 1, § 77 Absatz 1 und 2, §§ 78, 81 Absatz 1 und § 90 Absatz 1, 2 Satz 1 Nummer 1 und 2, Absatz 3 und 5 Satz 1,
2. für die zuständige Behörde: § 64 Absatz 4, § 65 Absatz 1 Satz 2, § 66 Absatz 2 Satz 4, § 70 Absatz 2, § 73 Satz 2, § 77 Absatz 3 bis 5 und § 81 Absatz 2 und
3. §§ 79, 80 und 81 Absatz 3.
(2) Soweit die Expositionsbedingungen es erfordern, kann die zuständige Behörde zum Schutz der Arbeitskräfte
1. geeignete Maßnahmen nach den §§ 45, 46, 52, 53 und 55 bis 58, nach § 75 Absatz 2, nach § 91, nach § 92 Absatz 2 und 3 und nach § 93 Absatz 1 anordnen und
2. anordnen, dass ein Strahlenpass geführt wird.
(3) ¹Der nach § 153 Absatz 1 des Strahlenschutzgesetzes Verantwortliche hat bei der Erfüllung seiner Pflichten Personen zur Beratung hinzuzuziehen, die die erforderliche Fachkunde im Strahlenschutz besitzen. ²Dies gilt nicht, wenn der Verantwortliche selbst die erforderliche Fachkunde im Strahlenschutz besitzt.

Teil 5: Expositionssituationsübergreifende Vorschriften

Kapitel 1 Abhandenkommen, Fund und Erlangung; kontaminiertes Metall

§ 167 Abhandenkommen

(1) ¹Der bisherige Inhaber der tatsächlichen Gewalt über einen radioaktiven Stoff nach § 3 des Strahlenschutzgesetzes hat der atom- oder strahlenschutzrechtlichen Aufsichtsbehörde oder der nach Landesrecht zuständigen Polizeibehörde das Abhandenkommen dieses Stoffes unverzüglich mitzuteilen. ²Satz 1 gilt entsprechend bei Abhandenkommen einer bauartzugelassenen Vorrichtung, die einen radioaktiven Stoff enthält, oder eines Konsumguts, dem ein radioaktiver Stoff zugesetzt ist, sofern die Aktivität und spezifische Aktivität des

enthaltenen oder zugesetzten radioaktiven Stoffes die Werte der Anlage 4 Tabelle 1 Spalte 2 und 3 überschreitet. ³Die Sätze 1 und 2 gelten auch bei Wiederauffinden des radioaktiven Stoffes oder der in Satz 2 genannten Gegenstände. ⁴Die in Satz 1 genannten Behörden unterrichten sich jeweils wechselseitig unverzüglich über die von ihnen entgegengenommene Mitteilung.
(2) ¹Zusätzlich zu der Mitteilung nach Absatz 1 Satz 1 hat der Strahlenschutzverantwortliche dafür zu sorgen, dass das Abhandenkommen einer hochradioaktiven Strahlenquelle unverzüglich dem Register über hochradioaktive Strahlenquellen beim Bundesamt für Strahlenschutz in gesicherter elektronischer Form entsprechend Anlage 9 Nummer 11 mitgeteilt wird und dass die zuständige Behörde über diese Mitteilung unverzüglich informiert wird. ²Satz 1 gilt auch bei Wiederauffinden einer hochradioaktiven Strahlenquelle.

§ 168 Fund und Erlangung
(1) ¹Wer
1. einen radioaktiven Stoff nach § 3 des Strahlenschutzgesetzes findet oder
2. ohne seinen Willen die tatsächliche Gewalt über einen radioaktiven Stoff nach § 3 des Strahlenschutzgesetzes erlangt oder
3. die tatsächliche Gewalt über einen radioaktiven Stoff nach § 3 des Strahlenschutzgesetzes erlangt hat, ohne zu wissen, dass dieser Stoff radioaktiv ist,

hat dies der atom- oder strahlenschutzrechtlichen Aufsichtsbehörde oder der nach Landesrecht zuständigen Polizeibehörde unverzüglich mitzuteilen, sobald er von der Radioaktivität dieses Stoffes Kenntnis erlangt. ²Satz 1 gilt entsprechend für denjenigen, der vermutet, einen radioaktiven Stoff nach § 3 des Strahlenschutzgesetzes gefunden oder die tatsächliche Gewalt über einen radioaktiven Stoff nach § 3 des Strahlenschutzgesetzes erlangt zu haben. ³Die in Satz 1 genannten Behörden unterrichten sich jeweils wechselseitig unverzüglich über die von ihnen entgegengenommene Mitteilung.
(2) Die zuständige Behörde teilt den Fund oder die Erlangung einer hochradioaktiven Strahlenquelle dem Register über hochradioaktive Strahlenquellen beim Bundesamt für Strahlenschutz in gesicherter elektronischer Form entsprechend Anlage 9 Nummer 11 unverzüglich, spätestens an dem auf die Kenntnisnahme folgenden zweiten Werktag, mit.
(3) ¹Die Mitteilungspflicht nach Absatz 1 Satz 1 gilt auch für denjenigen, der als Inhaber einer Wasserversorgungsanlage, die nicht in den Anwendungsbereich der Trinkwasserverordnung fällt, oder als Inhaber einer Abwasseranlage die tatsächliche Gewalt über Wasser erlangt, das radioaktive Stoffe enthält, wenn deren Aktivitätskonzentration im Kubikmeter Wasser von
1. Wasserversorgungsanlagen das Dreifache der Werte der Anlage 11 Teil D Nummer 2 übersteigt oder
2. Abwasseranlagen das 60fache der Werte der Anlage 11 Teil D Nummer 2 übersteigt.

²Absatz 1 Satz 3 gilt entsprechend.
(4) Einer Genehmigung nach den §§ 4, 6 oder 9 des Atomgesetzes oder nach § 12 Absatz 1 Nummer 3, auch in Verbindung mit Absatz 2, oder § 27 Absatz 1 des Strahlenschutzgesetzes bedarf nicht, wer in den Fällen des Absatzes 1 den Stoff oder in den Fällen des Absatzes 3 das Wasser nach unverzüglicher Mitteilung bis zur Entscheidung der zuständigen Behörde oder auf deren Anordnung lagert oder aus zwingenden Gründen zum Schutz von Leben und Gesundheit befördert oder handhabt.

§ 169 Kontaminiertes Metall
(1) Wer darüber Kenntnis erlangt oder wer vermutet, dass eine herrenlose Strahlenquelle eingeschmolzen oder auf sonstige Weise metallurgisch bearbeitet wurde, hat dies der atom-

oder strahlenschutzrechtlichen Aufsichtsbehörde oder der für die öffentliche Sicherheit zuständigen Behörde unverzüglich mitzuteilen.
(2) Die in Absatz 1 genannten Behörden können sich nach pflichtgemäßem Ermessen gegenseitig unverzüglich über die von ihnen entgegengenommene Mitteilung unterrichten.
(3) Der Inhaber der tatsächlichen Gewalt über tatsächlich oder möglicherweise kontaminiertes Metall darf dieses nur nach den Vorgaben der zuständigen Behörde verwenden, in Verkehr bringen oder entsorgen.

§ 170 Information des zuständigen Bundesministeriums
^{1}Die atom- oder strahlenschutzrechtliche Aufsichtsbehörde informiert unverzüglich das Bundesministerium für Umwelt, Naturschutz und nukleare Sicherheit über eine nach § 167 Absatz 1 Satz 1 und 2, § 168 Absatz 1 Satz 1 und 2 und Absatz 3 Satz 1 und § 169 Absatz 1 Satz 1 erhaltene Mitteilung. ^{2}Im Falle der Zuständigkeit einer Landesbehörde erfolgt die Information durch die zuständige oberste Landesbehörde.

Kapitel 2 Dosis- und Messgrößen

§ 171 Dosis- und Messgrößen
Die für die Messungen und Ermittlungen von Expositionen maßgeblichen Messgrößen, Dosisgrößen, Wichtungsfaktoren, Dosiskoeffizienten und die dazugehörigen Berechnungsgrundlagen bestimmen sich nach Anlage 18.

Kapitel 3 Gemeinsame Vorschriften für die berufliche Exposition

§ 172 Messstellen
(1) Die nach § 169 Absatz 1 des Strahlenschutzgesetzes bestimmte Messstelle hat auf Anforderung Folgendes bereitzustellen:
1. dem Strahlenschutzverantwortlichen: die zur Ermittlung der Körperdosis nach § 65 Absatz 1 Satz 1 und § 66 Absatz 1 Nummer 1 erforderlichen Personendosimeter,
2. dem nach § 145 Absatz 2 des Strahlenschutzgesetzes Verpflichteten: die zur Ermittlung der Körperdosis nach § 165 Absatz 1 Nummer 1 in Verbindung mit § 65 Absatz 1 Satz 1 und § 66 Absatz 1 Nummer 1 erforderlichen Personendosimeter,
3. dem nach § 153 Absatz 1 des Strahlenschutzgesetzes Verantwortlichen: die zur Ermittlung der Körperdosis nach § 166 Absatz 1 Nummer 1 in Verbindung mit § 65 Absatz 1 Satz 1 und § 66 Absatz 1 Nummer 1 erforderlichen Personendosimeter und
4. dem nach § 131 Absatz 1 des Strahlenschutzgesetzes Verpflichteten: die zur Ermittlung der Exposition nach § 157 Absatz 2 Nummer 1 erforderlichen Messgeräte.
(2) Die nach § 169 Absatz 1 des Strahlenschutzgesetzes bestimmte Messstelle kann sich zur Auswertung der Messgeräte nach § 157 Absatz 2 Nummer 1 einer anerkannten Stelle nach § 155 Absatz 3 bedienen, sofern die Messstelle die Anforderungen nach § 169 Absatz 2 des Strahlenschutzgesetzes weiterhin erfüllt.
(3) ^{1}Die nach § 169 Absatz 1 des Strahlenschutzgesetzes bestimmten Messstellen nehmen an Maßnahmen zur Qualitätssicherung teil. ^{2}Diese werden durchgeführt
1. für die Feststellung der Körperdosis nach § 66 Absatz 1 und 2 Satz 3 von der Physikalisch-Technischen Bundesanstalt und
2. für die Feststellung der Körperdosis nach § 65 Absatz 4 und § 157 Absatz 3 von dem Bundesamt für Strahlenschutz.
^{3}Für die Teilnahme an den Maßnahmen zur Qualitätssicherung, die vom Bundesamt für Strahlenschutz durchgeführt werden, werden Gebühren und Auslagen erhoben.

§ 173 Strahlenschutzregister

(1) Das Bundesamt für Strahlenschutz bestimmt das technische Verfahren der Erzeugung und den Aufbau der persönlichen Kennnummer nach § 170 Absatz 3 des Strahlenschutzgesetzes.
(2) Das Bundesamt für Strahlenschutz kann eine Identifikationsnummer, die eine zuständige Stelle außerhalb des Geltungsbereichs des Strahlenschutzgesetzes vergeben hat, als persönliche Kennnummer verwenden, wenn die Identifikationsnummer
1. der überwachten Person eindeutig zugeordnet werden kann,
2. während der Lebenszeit der überwachten Person unverändert besteht und
3. bei der überwachten Person oder dem Beschäftigungsbetrieb verfügbar ist.
(3) Das Bundesamt für Strahlenschutz bestimmt das Datenformat sowie das technische Verfahren der Übermittlung nach § 170 Absatz 4 und der Auskunftserteilung nach § 170 Absatz 5 Satz 1 des Strahlenschutzgesetzes.

§ 174 Strahlenpass

(1) [1]Wer nach § 68 Absatz 1, § 158 Absatz 1 Satz 1, § 165 Absatz 2 Nummer 2 oder § 166 Absatz 2 Nummer 2 dafür zu sorgen hat, dass die dort genannten Personen nur mit Strahlenpass beschäftigt werden, ist für das Führen des Strahlenpasses verantwortlich. [2]Er hat dafür zu sorgen, dass der Strahlenpass für die Person, für die er geführt wird (Strahlenpassinhaber), durch die nach Absatz 2 zuständige Behörde registriert wird. [3]Bei Abhandenkommen eines gültigen Strahlenpasses hat er dafür zu sorgen, dass dies der Behörde unverzüglich mitgeteilt wird.
(2) [1]Die Behörde, in deren Zuständigkeitsbereich der für das Führen des Strahlenpasses Verantwortliche seinen Sitz hat, registriert einen Strahlenpass für die Dauer von sechs Jahren, wenn
1. die nach Absatz 3 Nummer 1 Buchstabe a bis c und Nummer 4 erforderlichen Angaben eingetragen sind,
2. der Strahlenpass vom Strahlenpassinhaber und dem für das Führen des Strahlenpasses Verantwortlichen eigenhändig unterschrieben ist und
3. in dem Strahlenpass ausreichend Raum für die weiteren nach Absatz 3 erforderlichen Eintragungen vorgesehen ist.
[2]Die zuständige Behörde kann davon ausgehen, dass die Anforderung nach Satz 1 Nummer 3 erfüllt ist, wenn der Pass dem Muster eines Strahlenpasses nach Allgemeinen Verwaltungsvorschriften entspricht.
(3) Die nachfolgend genannten Personen oder die Behörde nach Absatz 2 haben dafür zu sorgen, dass in den Strahlenpass mindestens die folgenden Angaben eingetragen werden:
1. der zur Führung des Strahlenpasses Verpflichtete:
   a) die Personendaten des Strahlenpassinhabers und persönliche Kennnummer nach § 170 Absatz 3 des Strahlenschutzgesetzes,
   b) die Angaben über den zum Führen des Strahlenpasses Verpflichteten, einschließlich Betriebsnummer und Kontaktdaten,
   c) die Bilanzierung der amtlichen Dosiswerte aus beruflicher Exposition für jedes Kalenderjahr sowie jeden Monat des Kalenderjahres,
   d) die Überschreitung von Grenzwerten der Körperdosis,
2. der für die fremde Anlage oder Einrichtung oder die fremde Betriebsstätte Verantwortliche: die Angaben zur Exposition in der fremden Anlage, Einrichtung oder Betriebsstätte,
3. der zur Führung des Strahlenpasses nach Absatz 1 Verpflichtete oder der ermächtigte Arzt: die Angaben zur erfolgten ärztlichen Überwachung, insbesondere den Inhalt der Bescheinigung nach § 79 Absatz 1,

4. die Behörde nach Absatz 2:
   a) die Angaben zur Ausstellung des Strahlenpasses und
   b) die Angaben zu der Behörde.

(4) Der zum Führen des Strahlenpasses Verpflichtete hat dafür zu sorgen, dass die Eintragungen im Strahlenpass vor Beginn der Betätigung des Strahlenpassinhabers in einer fremden Anlage oder Einrichtung oder einer fremden Betriebsstätte vollständig sind.

(5) Der für die fremde Anlage oder Einrichtung oder die fremde Betriebsstätte Verantwortliche hat dafür zu sorgen, dass die die Betätigung betreffenden Angaben nach Absatz 3 Nummer 2 unverzüglich nach Beendigung der Betätigung des Strahlenpassinhabers in der fremden Anlage oder Einrichtung oder Betriebsstätte eingetragen werden, insbesondere die Bezeichnung der fremden Anlage, Einrichtung oder Betriebsstätte, den Zeitraum der externen Betätigung sowie die Exposition in diesem Zeitraum.

(6) ^{1}Der Strahlenpass ist Eigentum des Strahlenpassinhabers und nicht übertragbar. ^{2}Bei Beendigung des Beschäftigungsverhältnisses hat der zum Führen des Strahlenpasses Verpflichtete dafür zu sorgen, dass der Strahlenpass dem Strahlenpassinhaber zurückgegeben wird. ^{3}Ein Strahlenpass, der nicht dem Strahlenpassinhaber zurückgegeben werden kann, ist der Behörde zu übergeben, die den Strahlenpass registriert hat.

(7) Ein außerhalb des Geltungsbereichs des Strahlenschutzgesetzes registrierter Strahlenpass kann verwendet werden, wenn er die Voraussetzungen für eine Registrierung nach Absatz 2 Satz 1 erfüllt.

§ 175 Ermächtigte Ärzte

(1) ^{1}Die zuständige Behörde ermächtigt Ärzte zur Durchführung der ärztlichen Überwachung nach den §§ 77, 78, 79 und 81, auch in Verbindung mit den §§ 151, 158 Absatz 3, §§ 165 oder 166. ^{2}Die Ermächtigung darf nur einem Arzt erteilt werden, der die für die ärztliche Überwachung bei beruflicher Exposition erforderliche Fachkunde im Strahlenschutz nachweist. ^{3}Sie ist auf fünf Jahre zu befristen.

(2) ^{1}Der ermächtigte Arzt hat die Aufgabe, die Erstuntersuchungen, die erneuten Untersuchungen und die Beurteilungen nach den §§ 77 und 78 sowie die besondere ärztliche Überwachung nach § 81 durchzuführen. ^{2}Er hat Maßnahmen vorzuschlagen, die bei erhöhter Exposition zur Vorbeugung vor gesundheitlichen Schäden und zu ihrer Abwehr erforderlich sind. ^{3}Personen, die an Arbeitsplätzen beschäftigt sind, an denen die Augenlinse besonders belastet wird, sind daraufhin zu untersuchen, ob sich eine Katarakt gebildet hat.

(3) Der ermächtigte Arzt ist verpflichtet, für jede Person, die der ärztlichen Überwachung unterliegt, eine Gesundheitsakte nach § 79 Absatz 2 des Strahlenschutzgesetzes zu führen.

§ 176 Duldungspflichten

(1) Personen, die der ärztlichen Überwachung nach den §§ 77 und 78, auch in Verbindung mit § 158 Absatz 3, § 165 Absatz 1 oder § 166 Absatz 1 oder der besonderen ärztlichen Überwachung nach § 81, auch in Verbindung mit den §§ 151, 158 Absatz 3, § 165 Absatz 1 oder § 166 Absatz 1, unterliegen, haben die erforderlichen ärztlichen Untersuchungen zu dulden.

(2) Personen, an denen die Körperdosis nach § 64 Absatz 1 Satz 1 oder Absatz 2, § 65 Absatz 1 Satz 1 oder 2 oder Absatz 3, § 66 Absatz 1, §§ 67, 74 Absatz 4 Satz 1, § 76 Satz 1, § 150 Absatz 1, §§ 157, 165 Absatz 1 oder § 166 Absatz 1 zu ermitteln ist oder an denen die Kontaminationen nach § 57 Absatz 1 oder § 58 Absatz 1 festzustellen sind, haben die erforderlichen Messungen und Feststellungen zu dulden.

(3) Die Absätze 1 und 2 gelten auch für Personen, für die die zuständige Behörde nach § 64 Absatz 4, § 66 Absatz 2 Satz 4, § 77 Absatz 4 und 5, jeweils auch in Verbindung mit

§ 165 Absatz 1 Nummer 2 oder § 166 Absatz 1 Nummer 2, oder § 143 ärztliche Untersuchungen, Messungen oder Feststellungen angeordnet hat.

Kapitel 4 Bestimmung von Sachverständigen

§ 177 Bestimmung von Sachverständigen

(1) Die zuständige Behörde hat auf Antrag Einzelsachverständige nach § 172 Absatz 1 des Strahlenschutzgesetzes zu bestimmen, wenn
1. keine Tatsachen vorliegen, aus denen sich Bedenken gegen die Zuverlässigkeit oder die Unabhängigkeit des Antragstellers ergeben,
2. der Antragsteller die nach § 181 erforderlichen Anforderungen an die Ausbildung, die beruflichen Kenntnisse und Fähigkeiten erfüllt und
3. die zur sachgerechten Ausführung des Prüfauftrags erforderliche technische und organisatorische Ausstattung zur Verfügung steht.

(2) Die zuständige Behörde hat auf Antrag Sachverständigenorganisationen nach § 172 Absatz 1 des Strahlenschutzgesetzes zu bestimmen, wenn
1. keine Tatsachen vorliegen, aus denen sich Bedenken gegen die Unabhängigkeit der Sachverständigenorganisation ergeben,
2. keine Tatsachen vorliegen, aus denen sich Bedenken gegen die Zuverlässigkeit oder die Unabhängigkeit der nach Gesetz, Satzung oder Gesellschaftsvertrag zur Vertretung Berechtigten ergeben,
3. keine Tatsachen vorliegen, aus denen sich Bedenken gegen die Zuverlässigkeit der prüfenden Person ergeben,
4. die prüfende Person die nach § 181 erforderlichen Anforderungen an die Ausbildung, die beruflichen Kenntnisse und Fähigkeiten erfüllt und
5. die zur sachgerechten Ausführung des Prüfauftrags erforderliche technische und organisatorische Ausstattung zur Verfügung steht.

(3) [1]Dem Antrag sind die zur Prüfung erforderlichen Unterlagen beizufügen. [2]Im Falle einer Sachverständigenorganisation sind in dem Antrag insbesondere die einzelnen prüfenden Personen und die Prüfbereiche, in denen diese tätig werden sollen, aufzuführen.

(4) Die Bestimmung zum Sachverständigen ist auf fünf Jahre zu befristen.

§ 178 Erweiterung der Bestimmung

[1]Das Hinzukommen einer prüfenden Person in einer Sachverständigenorganisation oder die Erweiterung des Tätigkeitsumfangs des Einzelsachverständigen oder der prüfenden Person bedürfen der Zustimmung der zuständigen Behörde. [2]Dem Antrag auf Erweiterung sind die zur Prüfung erforderlichen Unterlagen beizufügen.

§ 179 Überprüfung der Zuverlässigkeit

(1) [1]Zur Überprüfung der Zuverlässigkeit hat der Antragsteller bei jeder Antragstellung auf Bestimmung zum Sachverständigen unverzüglich ein aktuelles Führungszeugnis nach § 30 Absatz 5 des Bundeszentralregistergesetzes zur Vorlage bei der Behörde zu beantragen. [2]Dies gilt entsprechend, wenn eine Überprüfung der Zuverlässigkeit aus anderen Gründen erforderlich ist.

(2) Soll während einer noch gültigen Bestimmung der Tätigkeitsumfang des Einzelsachverständigen oder der prüfenden Person erweitert werden, ist die erneute Vorlage der Unterlagen nicht erforderlich.

§ 180 Unabhängigkeit

(1) ¹Die für eine Bestimmung als Sachverständiger erforderliche Unabhängigkeit ist gegeben, wenn der Einzelsachverständige oder im Falle von Sachverständigenorganisationen die Organisation selbst sowie die zur Vertretung Berechtigten keiner wirtschaftlichen, finanziellen oder sonstigen Einflussnahme unterliegen, die ihr Urteil beeinflussen oder das Vertrauen in die unparteiische Aufgabenwahrnehmung in Frage stellen kann. ²Es dürfen keine Bindungen eingegangen werden, die die berufliche Entscheidungsfreiheit beeinträchtigen oder beeinträchtigen könnten.
(2) ¹Die erforderliche Unabhängigkeit ist nicht gegeben, wenn der Einzelsachverständige oder im Falle von Sachverständigenorganisationen die Organisation selbst oder die zur Vertretung Berechtigten an der Entwicklung, der Herstellung, am Vertrieb oder an der Instandhaltung von Geräten oder Vorrichtungen oder von deren Teilen oder von umschlossenen radioaktiven Stoffen beteiligt sind, die im Rahmen der Sachverständigentätigkeit geprüft werden sollen. ²Dies gilt auch, wenn die in Satz 1 genannten Personen die zu prüfenden Geräte oder Vorrichtungen selbst betreiben.
(3) Die erforderliche Unabhängigkeit ist in der Regel auch nicht gegeben, wenn der Einzelsachverständige oder im Falle von Sachverständigenorganisationen die Organisation selbst oder die zur Vertretung Berechtigten organisatorisch, wirtschaftlich, personell oder finanziell mit Dritten derart verflochten sind, dass deren Einflussnahme auf die jeweiligen Aufgaben nicht ausgeschlossen werden kann.
(4) ¹Bei jeder Antragstellung ist eine Erklärung darüber abzugeben, dass die Anforderungen an die Unabhängigkeit erfüllt sind und der Einzelsachverständige oder im Falle von Sachverständigenorganisationen die prüfenden Personen keinen fachlichen Weisungen im Hinblick auf die Sachverständigentätigkeit unterliegen. ²§ 179 Absatz 2 gilt entsprechend.

§ 181 Fachliche Qualifikation

(1) Wer als Einzelsachverständiger oder prüfende Person Sachverständigentätigkeiten durchführt, muss
1. einen Hochschul- oder Fachhochschulabschluss in einer naturwissenschaftlichen oder technischen Fachrichtung besitzen,
2. über die erforderliche Fachkunde im Strahlenschutz verfügen,
3. von einer Person, die seit mindestens drei Jahren als Einzelsachverständiger oder prüfende Person tätig ist, in die Sachverständigentätigkeit eingewiesen worden sein und
4. während der Einweisung Prüfungen nach Anlage 19 durchgeführt haben.

(2) ¹Über die Einweisung in die Sachverständigentätigkeit ist ein Nachweis zu erbringen, der Folgendes enthält:
1. eine Aufstellung der geprüften Systeme oder der geprüften Arbeitsplätze mit Exposition durch natürlich vorkommende Radioaktivität,
2. das jeweilige Prüfdatum und
3. die jeweilige Prüfberichtsnummer.

²Darüber hinaus ist eine abschließende Beurteilung vorzulegen, aus der hervorgeht, dass die erforderliche fachliche Qualifikation für die Ausübung der Sachverständigentätigkeit vorhanden ist.
(3) ¹Für die Prüfung von Systemen, die nicht in Anlage 19 aufgeführt sind, sind mindestens fünf Jahre Erfahrung mit der Prüfung technisch verwandter Systeme erforderlich. ²Absatz 1 Nummer 3 und 4 ist nicht anzuwenden. ³Für den Nachweis der Prüfungen gilt Absatz 2 Satz 1 entsprechend.

(4) ¹Wird eine erneute Bestimmung zum Sachverständigen beantragt und deckt sich der Tätigkeitsumfang der beantragten Bestimmung mit dem der letzten Bestimmung, muss der Einzelsachverständige oder die prüfende Person
1. im Falle von § 172 Absatz 1 Satz 1 Nummer 1, 3 und 4 des Strahlenschutzgesetzes im Rahmen der letzten Bestimmung Prüfungen nach Anlage 19 Teil 1 Tabelle 1 Spalte 3 und Tabelle 2 Spalte 3 durchgeführt haben und
2. im Falle von § 172 Absatz 1 Satz 1 Nummer 2 des Strahlenschutzgesetzes im Rahmen der letzten Bestimmung mindestens zwei Prüfungen in einem oder mehreren Tätigkeitsfeldern nach Anlage 3 des Strahlenschutzgesetzes durchgeführt haben.
²Absatz 1 Nummer 3 und 4 ist nicht anzuwenden. ³Für den Nachweis der Prüfungen gilt Absatz 2 Satz 1 entsprechend.

§ 182 Prüfmaßstab
(1) Der Einzelsachverständige oder die prüfende Person prüft, inwieweit die sicherheitstechnische Auslegung sowie die Funktion und Sicherheit des geprüften Gerätes, der Vorrichtung oder des umschlossenen radioaktiven Stoffes sowie die baulichen Gegebenheiten den Schutz des Personals, der Bevölkerung und von untersuchten oder behandelten Personen gewährleisten.
(2) Bei Arbeitsplätzen mit Exposition durch natürlich vorkommende Radioaktivität wird geprüft, ob die vorgesehenen Strahlenschutzmaßnahmen den Schutz des Personals und der Bevölkerung gewährleisten.
(3) Der Einzelsachverständige oder die prüfende Person hat bei Prüfungen nach § 172 Absatz 1 Satz 1 Nummer 1 und 2 des Strahlenschutzgesetzes den Stand der Technik und bei Prüfungen nach § 172 Absatz 1 Satz 1 Nummer 3 und 4 des Strahlenschutzgesetzes den Stand von Wissenschaft und Technik zu beachten.

§ 183 Pflichten des behördlich bestimmten Sachverständigen
(1) ¹Der behördlich bestimmte Einzelsachverständige ist verpflichtet,
1. der für die Bestimmung zuständigen Behörde Änderungen, die die Voraussetzungen der Bestimmung betreffen, unverzüglich nach Kenntniserlangung mitzuteilen,
2. dafür zu sorgen, dass die bei der Sachverständigentätigkeit verwendeten Messgeräte und Prüfmittel ordnungsgemäß beschaffen, für die jeweilige Messaufgabe geeignet und in ausreichender Zahl vorhanden sind,
3. die messtechnische Ausstattung regelmäßig im Hinblick auf ihre ordnungsgemäße Beschaffenheit und Funktionstüchtigkeit zu prüfen und zu warten,
4. an den im Bestimmungsbescheid festgelegten Maßnahmen des Meinungs- und Erfahrungsaustauschs für Sachverständige teilzunehmen,
5. regelmäßig die im Bestimmungsbescheid vorgegebenen qualitätssichernden Maßnahmen durchzuführen und zu dokumentieren,
6. derjenigen Behörde, die für den zur Veranlassung der Sachverständigenprüfung Verpflichteten zuständig ist, innerhalb von vier Wochen nach einer Prüfung eine Kopie des Prüfberichts vorzulegen,
7. der Behörde, in deren Zuständigkeitsbereich er tätig ist, über Gegenstand und Umfang seiner Sachverständigentätigkeit regelmäßig oder aus besonderem Anlass zu berichten; insbesondere sind
    a) die im Rahmen jeder Prüfung angefertigten Aufzeichnungen einmal jährlich zusammenzufassen und der Behörde auf Verlangen vorzulegen,
    b) Aufzeichnungen über die messtechnische Ausstattung bereitzuhalten,

c) der Behörde innerhalb von drei Monaten nach Ablauf eines Kalenderjahres eine Zusammenfassung der grundlegenden Folgerungen für die Verbesserung der Sicherheit der geprüften Geräte, Vorrichtungen und radioaktiven Stoffe oder der Arbeitsplätze mit Exposition durch natürlich vorkommende Radioaktivität vorzulegen,
8. diejenige Behörde, die für den zur Veranlassung der Sachverständigenprüfung Verpflichteten zuständig ist, sowie den Strahlenschutzverantwortlichen oder Strahlenschutzbeauftragten unverzüglich zu unterrichten, wenn er festgestellt hat oder der begründete Verdacht besteht, dass Leben oder Gesundheit von Personen oder die Umwelt durch das geprüfte Gerät, die geprüfte Vorrichtung, die geprüften umschlossenen radioaktiven Stoffe oder den geprüften Arbeitsplatz mit Exposition durch natürlich vorkommende Radioaktivität gefährdet sind, und
9. durch geeignete Maßnahmen unter Berücksichtigung bestehender geheimschutzrechtlicher Vorschriften sicherzustellen, dass die Wahrung von Betriebs- und Geschäftsgeheimnissen sowie von Geheimnissen aus Gründen der öffentlichen Sicherheit, die ihm im Zusammenhang mit seiner Tätigkeit bekannt geworden sind, gewährleistet ist.
²Der für die Bestimmung zuständigen Behörde sind auf Verlangen geeignete Nachweise darüber vorzulegen, dass die Pflichten nach Satz 1 Nummer 2 bis 5 erfüllt worden sind.
(2) Übt der Einzelsachverständige eine Sachverständigentätigkeit außerhalb des Zuständigkeitsbereichs der Behörde aus, die ihn bestimmt hat, so hat er der Behörde, in deren Zuständigkeitsbereich er tätig wird,
1. dies unverzüglich nach Aufnahme der Tätigkeit mitzuteilen und
2. eine Kopie des Bestimmungsbescheides zu übersenden.
(3) ¹Für die behördlich bestimmte Sachverständigenorganisation gilt Absatz 1 Satz 1 Nummer 1 bis 3 und 5 bis 9 entsprechend. ²Sie ist darüber hinaus verpflichtet,
1. der für die Bestimmung zuständigen Behörde das Ausscheiden einer prüfenden Person aus ihrer Funktion unverzüglich mitzuteilen,
2. die Teilnahme prüfender Personen an den im Bestimmungsbescheid festgelegten Maßnahmen des Meinungs- und Erfahrungsaustauschs sicherzustellen,
3. für jede prüfende Person Buch zu führen über
   a) Art und Anzahl der durchgeführten Prüfungen und
   b) die Teilnahme an Maßnahmen des Meinungs- und Erfahrungsaustauschs,
4. der für die Bestimmung zuständigen Behörde die Aufzeichnungen nach Nummer 3 auf Verlangen vorzulegen,
5. Informationen, die für den Aufgabenbereich der prüfenden Person von Bedeutung sind, unverzüglich an diese weiterzuleiten,
6. eine prüfende Person unverzüglich von ihrer Funktion zu entbinden, nachdem sie Kenntnis davon erlangt hat, dass eine der in § 177 Absatz 2 Nummer 3 oder 4 genannten Voraussetzungen von Anfang an nicht gegeben war oder später weggefallen ist, und
7. das Personal zur Geheimhaltung von Betriebs- und Geschäftsgeheimnissen sowie von Geheimnissen aus Gründen der öffentlichen Sicherheit, die dem Personal im Zusammenhang mit seiner Tätigkeit bekannt geworden sind, zu verpflichten.
³Der für die Bestimmung zuständigen Behörde sind auf Verlangen geeignete Nachweise darüber vorzulegen, dass die Pflichten nach Satz 1 in Verbindung mit Absatz 1 Satz 1 Nummer 2, 3 und 5 erfüllt worden sind.
(4) Übt eine prüfende Person eine Sachverständigentätigkeit außerhalb des Zuständigkeitsbereichs der Behörde aus, die die Sachverständigenorganisation bestimmt hat, so hat diese der Behörde, in deren Zuständigkeitsbereich die prüfende Person tätig wird,
1. dies unverzüglich nach Aufnahme der Tätigkeit mitzuteilen und
2. eine Kopie des Bestimmungsbescheides zu übersenden.

Teil 6: Schlussbestimmungen
Kapitel 1 Ordnungswidrigkeiten
§ 184 Ordnungswidrigkeiten

(1) Ordnungswidrig im Sinne des § 194 Absatz 1 Nummer 1 Buchstabe a des Strahlenschutzgesetzes handelt, wer vorsätzlich oder fahrlässig
1. entgegen § 24 Nummer 2 eine Qualitätskontrolle nicht, nicht richtig, nicht vollständig oder nicht rechtzeitig durchführt,
2. entgegen § 24 Nummer 3 eine Qualitätskontrolle nicht überwachen lässt,
3. entgegen § 24 Nummer 4 eine Kennzeichnung nicht, nicht richtig, nicht vollständig, nicht in der vorgeschriebenen Weise oder nicht rechtzeitig vornimmt,
4. entgegen § 24 Nummer 5, auch in Verbindung mit § 25 Absatz 1 Satz 2, eine Unterlage nicht, nicht richtig, nicht vollständig oder nicht rechtzeitig aushändigt,
5. entgegen § 25 Absatz 1 Satz 1 eine dort genannte Unterlage nicht bereithält,
6. entgegen § 25 Absatz 3 den Betrieb einer Vorrichtung nicht, nicht richtig, nicht vollständig oder nicht rechtzeitig einstellt, eine Vorrichtung nicht, nicht richtig, nicht vollständig oder nicht rechtzeitig stilllegt oder eine Schutzmaßnahme nicht, nicht richtig, nicht vollständig oder nicht rechtzeitig trifft,
7. entgegen § 25 Absatz 4 Satz 1 eine Vorrichtung nicht, nicht richtig, nicht vollständig oder nicht rechtzeitig prüfen lässt,
8. entgegen § 25 Absatz 5 eine Vorrichtung nicht, nicht richtig oder nicht rechtzeitig zurückgibt oder nicht, nicht richtig oder nicht rechtzeitig abgibt,
9. entgegen § 31 Absatz 1 Satz 1 einen dort genannten Stoff oder Gegenstand als nicht radioaktiven Stoff verwendet, verwertet, beseitigt, innehält oder weitergibt,
10. einer vollziehbaren Auflage nach § 33 Absatz 4 Satz 1 in Verbindung mit § 17 Absatz 1 Satz 2 oder 3 des Atomgesetzes zuwiderhandelt,
11. entgegen § 34 eine dort genannte Anforderung oder Übereinstimmung durch Vermischen oder Verdünnen herbeiführt, veranlasst oder ermöglicht,
12. entgegen § 52 Absatz 1 nicht dafür sorgt, dass ein Strahlenschutzbereich eingerichtet wird,
13. entgegen § 53 Absatz 1 Satz 1, Absatz 2 Satz 1 oder Absatz 3 Satz 1 nicht dafür sorgt, dass ein Kontrollbereich oder ein Sperrbereich abgegrenzt oder gekennzeichnet wird,
14. entgegen § 56 Absatz 1 nicht dafür sorgt, dass eine dort genannte Messung erfolgt,
15. entgegen § 57 Absatz 1 nicht dafür sorgt, dass eine Feststellung der Kontamination erfolgt,
16. entgegen § 57 Absatz 2 Satz 1 oder § 58 Absatz 1 Satz 2 nicht dafür sorgt, dass eine Maßnahme getroffen wird,
17. entgegen § 58 Absatz 1 Satz 1 oder Absatz 2 Satz 1 nicht dafür sorgt, dass eine Prüfung erfolgt,
18. entgegen § 58 Absatz 2 Satz 2 nicht dafür sorgt, dass ein Gegenstand nicht aus dem Kontrollbereich herausgebracht wird,
19. entgegen § 60 Absatz 1 oder § 61 Absatz 1 nicht dafür sorgt, dass eine Röntgeneinrichtung oder ein Gerät nur in einem dort genannten Raum betrieben wird,
20. entgegen § 64 Absatz 1 Satz 1, auch in Verbindung mit Absatz 2, nicht dafür sorgt, dass die Körperdosis ermittelt wird,

21. einer vollziehbaren Anordnung nach § 64 Absatz 4, § 66 Absatz 2 Satz 4, § 77 Absatz 4 oder 5, § 81 Absatz 2 Satz 1, § 88 Absatz 5 Satz 1, § 89 Absatz 1 Satz 2, auch in Verbindung mit Absatz 2 Satz 2, oder § 103 Absatz 2 zuwiderhandelt,
22. entgegen § 68 Absatz 3 Satz 1 nicht dafür sorgt, dass eine dort genannte Person nur unter den dort genannten Voraussetzungen beschäftigt wird,
23. entgegen § 69 Absatz 1 nicht dafür sorgt, dass die Arbeitsbedingungen in der vorgeschriebenen Weise gestaltet werden,
24. entgegen § 69 Absatz 2 Nummer 1 nicht dafür sorgt, dass die berufliche Exposition ermittelt wird,
25. entgegen § 70 Absatz 1 Satz 1 Nummer 1 nicht dafür sorgt, dass eine Person Schutzkleidung trägt oder Schutzausrüstung verwendet,
26. entgegen § 70 Absatz 1 Satz 2 nicht dafür sorgt, dass eine Person unter 18 Jahren nicht mit einem dort genannten radioaktiven Stoff umgeht,
27. entgegen § 73 Satz 1 nicht dafür sorgt, dass die Exposition begrenzt wird,
28. entgegen § 74 Absatz 1 Satz 3 oder § 99 Absatz 3 nicht dafür sorgt, dass ein Grenzwert eingehalten wird,
29. entgegen § 77 Absatz 1 oder 2 Satz 1 nicht dafür sorgt, dass eine dort genannte Person eine Aufgabe nur dann wahrnimmt oder fortsetzt, wenn die dort genannten Voraussetzungen vorliegen,
30. entgegen § 82 Absatz 1 eine Röntgeneinrichtung betreibt,
31. entgegen § 82 Absatz 2 nicht dafür sorgt, dass ein Schüler oder Auszubildender nur unter Aufsicht oder in Anwesenheit einer dort genannten Person mitwirkt,
32. entgegen § 86 Absatz 1 Nummer 1 nicht dafür sorgt, dass Buch geführt wird,
33. entgegen § 86 Absatz 1 Nummer 2 oder § 103 Absatz 1 Satz 1 Nummer 2 nicht dafür sorgt, dass eine Mitteilung gemacht wird,
34. entgegen § 86 Absatz 2 Nummer 1 nicht dafür sorgt, dass eine dort genannte Unterlage nicht mindestens 30 Jahre aufbewahrt oder hinterlegt wird,
35. entgegen § 86 Absatz 2 Nummer 2 nicht dafür sorgt, dass eine Unterlage übergeben wird,
36. entgegen § 87 Absatz 1 Nummer 1 nicht dafür sorgt, dass ein radioaktiver Stoff gesichert wird,
37. entgegen § 87 Absatz 1 Nummer 2 oder Absatz 2 oder 3 nicht dafür sorgt, dass ein radioaktiver Stoff oder Kernbrennstoff in der genannten Weise gelagert wird,
38. entgegen § 88 Absatz 1 Satz 1 Nummer 1 Buchstabe b, Absatz 4 Nummer 1 oder § 89 Absatz 2 Satz 1 oder Absatz 3 Nummer 1 nicht dafür sorgt, dass eine dort genannte Prüfung erfolgt,
39. entgegen § 90 Absatz 3 nicht dafür sorgt, dass ein dort genanntes Messgerät verwendet wird,
40. entgegen § 94 Absatz 1 nicht dafür sorgt, dass ein dort genannter Stoff an eine dort genannte Person abgegeben wird,
41. entgegen § 94 Absatz 2 Satz 1 nicht dafür sorgt, dass eine Bescheinigung ausgestellt wird,
42. entgegen § 94 Absatz 3 nicht dafür sorgt, dass eine Strahlenquelle nur abgegeben wird, wenn eine Dokumentation beigefügt ist,
43. entgegen § 94 Absatz 4 nicht dafür sorgt, dass eine dort genannte Strahlenquelle abgegeben oder als radioaktiver Abfall abgeliefert oder zwischengelagert wird,
44. entgegen § 96 Absatz 1 oder 2 einen Störstrahler einem anderen überlässt,

§ 184   Strahlenschutzverordnung

45. entgegen § 99 Absatz 4 nicht dafür sorgt, dass radioaktive Stoffe nicht unkontrolliert abgeleitet werden,
46. entgegen § 104 Absatz 1 Satz 1 nicht dafür sorgt, dass bei einer Planung dort genannte Körperdosen zugrunde gelegt werden,
47. entgegen § 104 Absatz 3 Satz 1 nicht dafür sorgt, dass eine Schutzmaßnahme getroffen wird,
48. entgegen § 114 Absatz 1, 2 oder 3 nicht dafür sorgt, dass eine Röntgeneinrichtung oder Anlage nur bei Vorliegen dort genannter Voraussetzungen verwendet wird,
49. entgegen § 115 Absatz 1, auch in Verbindung mit Absatz 4 Satz 1, nicht sicherstellt, dass eine Abnahmeprüfung durchgeführt wird,
50. entgegen § 116 Absatz 4 nicht dafür sorgt, dass die Ursache beseitigt wird,
51. entgegen § 117 Absatz 1 nicht dafür sorgt, dass eine Aufzeichnung erfolgt,
52. entgegen § 117 Absatz 3 eine Aufzeichnung nicht, nicht richtig, nicht vollständig oder nicht rechtzeitig vorlegt,
53. entgegen § 121 Absatz 2 Satz 1 nicht dafür sorgt, dass ein Bestrahlungsplan festgelegt wird,
54. entgegen § 122 Absatz 4 Satz 1 nicht dafür sorgt, dass eine Person nach Vorliegen der dort genannten Voraussetzungen entlassen wird,
55. entgegen § 123 Absatz 3, § 145 Absatz 2 oder § 146 Absatz 2 nicht dafür sorgt, dass die technische Durchführung durch eine dort genannte Person vorgenommen wird,
56. entgegen § 136 Absatz 1 Satz 1 nicht dafür sorgt, dass radioaktive Stoffe oder ionisierende Strahlung unter den dort genannten Voraussetzungen angewendet werden,
57. entgegen § 137 Absatz 1 nicht dafür sorgt, dass radioaktive Stoffe oder ionisierende Strahlung nicht angewendet werden,
58. entgegen § 137 Absatz 2 nicht dafür sorgt, dass der dort genannte Grenzwert nicht überschritten wird,
59. entgegen § 137 Absatz 3 nicht dafür sorgt, dass eine dort genannte Person von der Anwendung ausgeschlossen wird,
60. entgegen § 138 Absatz 3 Satz 1, § 145 Absatz 1 oder § 146 Absatz 1 nicht dafür sorgt, dass radioaktive Stoffe oder ionisierende Strahlung von einer dort genannten Person angewendet werden,
61. entgegen § 138 Absatz 4 Satz 1 nicht dafür sorgt, dass eine dort genannte Untersuchung erfolgt,
62. entgegen § 138 Absatz 5 Satz 2 nicht dafür sorgt, dass eine Überwachung und Bewertung erfolgt,
63. entgegen § 144 Absatz 3 nicht dafür sorgt, dass ein Tier aus dem Strahlenschutzbereich bei Vorliegen der dort genannten Voraussetzungen entlassen wird oder
64. entgegen § 169 Absatz 3 ein Metall verwendet, in Verkehr bringt oder entsorgt.

(2) Ordnungswidrig im Sinne des § 194 Absatz 1 Nummer 1 Buchstabe b des Strahlenschutzgesetzes handelt, wer vorsätzlich oder fahrlässig
1. entgegen § 42 Absatz 3 eine Information nicht, nicht richtig, nicht vollständig oder nicht rechtzeitig übermittelt,
2. entgegen § 44 Absatz 1 Satz 1, § 65 Absatz 2 Satz 1 Nummer 1, § 85 Absatz 4 Satz 2, § 157 Absatz 5 Satz 1 Nummer 1 oder § 167 Absatz 2 Satz 1, auch in Verbindung mit Satz 2, nicht dafür sorgt, dass eine Unterrichtung oder Information erfolgt,
3. entgegen § 56 Absatz 2 Satz 1 oder § 57 Absatz 3 Satz 1 eine Aufzeichnung nicht, nicht richtig, nicht vollständig oder nicht rechtzeitig anfertigt,

4. entgegen § 56 Absatz 2 Satz 2 eine Aufzeichnung nicht oder nicht mindestens fünf Jahre aufbewahrt oder nicht, nicht richtig, nicht vollständig oder nicht rechtzeitig vorlegt,
5. entgegen § 56 Absatz 2 Satz 3 nicht dafür sorgt, dass eine Aufzeichnung nicht, nicht richtig, nicht vollständig oder nicht rechtzeitig hinterlegt wird,
6. entgegen § 57 Absatz 3 Satz 2 nicht dafür sorgt, dass eine Aufzeichnung nicht oder nicht mindestens zehn Jahre aufbewahrt oder nicht, nicht richtig, nicht vollständig oder nicht rechtzeitig vorgelegt wird,
7. entgegen § 63 Absatz 6 Satz 1, § 98 Satz 1 Nummer 3, auch in Verbindung mit Satz 2, § 109 Absatz 2, § 138 Absatz 4 Satz 2 oder Absatz 5 Satz 3 oder § 157 Absatz 3 Satz 1 nicht dafür sorgt, dass eine Aufzeichnung angefertigt wird,
8. entgegen § 63 Absatz 6 Satz 3 nicht dafür sorgt, dass eine dort genannte Aufzeichnung fünf Jahre oder ein Jahr aufbewahrt oder vorgelegt wird,
9. entgegen § 65 Absatz 3 Satz 2 nicht dafür sorgt, dass eine Übermittlung erfolgt,
10. entgegen § 66 Absatz 3 Satz 1 Nummer 2 nicht dafür sorgt, dass ein Messwert bereitgestellt wird,
11. entgegen § 66 Absatz 4 Satz 2, § 85 Absatz 1 Satz 1 Nummer 1, auch in Verbindung mit Satz 2, entgegen § 85 Absatz 4 Satz 1 Nummer 1 oder 2, § 89 Absatz 4, § 141 Absatz 1 oder § 167 Absatz 2 Satz 1 oder 2 nicht dafür sorgt, dass eine Mitteilung erfolgt,
12. entgegen § 85 Absatz 3 Nummer 1 nicht dafür sorgt, dass eine Unterlage 30 Jahre aufbewahrt oder hinterlegt wird,
13. entgegen § 85 Absatz 3 Nummer 2 nicht dafür sorgt, dass eine Unterlage übergeben wird,
14. entgegen § 88 Absatz 1 Satz 1 Nummer 2, Absatz 4 Nummer 2 oder Absatz 5 Satz 2, § 89 Absatz 1 Satz 3, auch in Verbindung mit Absatz 2 Satz 2, oder Absatz 3 Nummer 2 nicht dafür sorgt, dass ein Prüfbericht vorgelegt wird,
15. entgegen § 90 Absatz 5 Satz 1 Nummer 3 nicht dafür sorgt, dass eine Aufzeichnung zehn Jahre aufbewahrt, vorgelegt oder hinterlegt wird,
16. entgegen § 91 Absatz 1 oder § 92 Absatz 1 Satz 1 Nummer 1 oder § 92 Absatz 1 Satz 2 oder § 92 Absatz 2, auch in Verbindung mit Absatz 3, nicht dafür sorgt, dass eine Kennzeichnung vorgenommen wird,
17. entgegen § 91 Absatz 3 nicht dafür sorgt, dass ein Schutzbehälter oder ein Aufbewahrungsbehältnis nur zur Aufbewahrung von radioaktiven Stoffen verwendet wird,
18. entgegen § 97 Absatz 1 nicht dafür sorgt, dass eine Aufbewahrung erfolgt,
19. entgegen § 97 Absatz 2 oder 3 nicht dafür sorgt, dass eine Betriebsanleitung, ein Prüfbericht oder eine Bescheinigung bereitgehalten wird,
20. entgegen § 98 Satz 1 Nummer 4, auch in Verbindung mit Satz 2, nicht dafür sorgt, dass eine Aufzeichnung aufbewahrt wird,
21. einer vollziehbaren Anordnung nach § 101 Absatz 4 oder § 158 Absatz 4 zuwiderhandelt,
22. entgegen § 108 Absatz 1 Satz 1, Absatz 3 Satz 2 oder § 108 Absatz 4 Satz 1 oder 2 nicht dafür sorgt, dass eine Meldung erfolgt,
23. entgegen § 109 Absatz 4 Satz 1 nicht dafür sorgt, dass eine Aufzeichnung zehn Jahre aufbewahrt oder vorgelegt wird,
24. entgegen § 127 Absatz 1, 2 Satz 1 oder Absatz 3, auch in Verbindung mit § 140 Absatz 2 nicht dafür sorgt, dass eine dort genannte Aufbewahrung sichergestellt ist,
25. entgegen § 129 Absatz 1 Satz 1 Nummer 1, auch in Verbindung mit Satz 2, oder entgegen § 129 Absatz 2 Nummer 1 nicht dafür sorgt, dass eine Mitteilung erfolgt,

26. entgegen § 129 Absatz 1 Satz 1 Nummer 2, auch in Verbindung mit Satz 2, oder entgegen § 129 Absatz 2 Nummer 2 nicht dafür sorgt, dass eine Übersendung erfolgt,
27. entgegen § 133 nicht dafür sorgt, dass die Anwendung radioaktiver Stoffe oder ionisierender Strahlung in der vorgeschriebenen Weise am Menschen erfolgt,
28. entgegen § 134 Absatz 1 Satz 1, auch in Verbindung mit § 136 Absatz 1 Satz 1 Nummer 4 oder Absatz 2 Satz 2 nicht dafür sorgt, dass die dort genannte Einwilligung eingeholt wird,
29. entgegen § 135 Absatz 1, auch in Verbindung mit § 136 Absatz 1 Satz 1 Nummer 4, nicht dafür sorgt, dass eine Information ausgehändigt wird,
30. entgegen § 135 Absatz 2 Satz 1, auch in Verbindung mit § 136 Absatz 1 Satz 1 Nummer 4, nicht dafür sorgt, dass in der dort vorgesehenen Weise aufgeklärt und befragt wird,
31. entgegen § 142 Absatz 1, auch in Verbindung mit Absatz 2, einen Abschlussbericht nicht, nicht richtig, nicht vollständig oder nicht rechtzeitig vorlegt,
32. entgegen § 147 Satz 1 nicht dafür sorgt, dass Röntgenstrahlung, ionisierende Strahlung oder ein dort genannter radioaktiver Stoff von einer dort genannten Person angewendet oder eingesetzt wird,
33. entgegen § 158 Absatz 3 Satz 1, auch in Verbindung mit Satz 2, eine Beschäftigung oder Weiterbeschäftigung erlaubt,
34. entgegen § 158 Absatz 3 Satz 4 eine Unterlage nicht, nicht richtig, nicht vollständig oder nicht rechtzeitig übergibt,
35. entgegen § 158 Absatz 3 Satz 5 eine Bescheinigung nicht, nicht richtig, nicht vollständig oder nicht rechtzeitig übersendet,
36. entgegen § 175 Absatz 3 eine Gesundheitsakte nicht oder nicht richtig führt,
37. entgegen § 183 Absatz 1 Satz 1 Nummer 1, auch in Verbindung mit Absatz 3 Satz 1, oder Absatz 3 Satz 2 Nummer 1 eine Mitteilung nicht, nicht richtig, nicht vollständig oder nicht rechtzeitig macht,
38. entgegen § 183 Absatz 1 Satz 1 Nummer 6, auch in Verbindung mit Absatz 3 Satz 1, oder Absatz 3 Satz 2 Nummer 4 eine Kopie des Prüfberichts oder eine Aufzeichnung nicht, nicht richtig, nicht vollständig oder nicht rechtzeitig vorlegt,
39. entgegen § 183 Absatz 1 Satz 1 Nummer 8, auch in Verbindung mit Absatz 3 Satz 1, eine Unterrichtung nicht, nicht richtig, nicht vollständig oder nicht rechtzeitig vornimmt,
40. entgegen § 183 Absatz 2 oder 4 eine Mitteilung nicht, nicht richtig, nicht vollständig oder nicht rechtzeitig macht oder eine Kopie des Bestimmungsbescheides nicht, nicht richtig, nicht vollständig oder nicht rechtzeitig übersendet oder
41. entgegen § 183 Absatz 3 Satz 2 Nummer 3 nicht, nicht richtig oder nicht vollständig Buch führt.

(3) Ordnungswidrig im Sinne des § 194 Absatz 1 Nummer 1 Buchstabe c des Strahlenschutzgesetzes handelt, wer vorsätzlich oder fahrlässig
1. ohne Genehmigung nach § 12 Absatz 1 oder 2 eine hochradioaktive Strahlenquelle oder einen sonstigen radioaktiven Stoff verbringt,
2. entgegen § 13 Absatz 1 Satz 1 oder Absatz 2 eine Anmeldung nicht, nicht richtig, nicht vollständig, nicht in der vorgeschriebenen Weise oder nicht rechtzeitig vornimmt oder
3. entgegen § 13 Absatz 3 eine Vorsorge nicht oder nicht richtig trifft.

Kapitel 2 Übergangsvorschriften

§ 185 Bauartzulassung (§§ 16 bis 26)
¹Bauartzugelassene Vorrichtungen, die sonstige radioaktive Stoffe nach § 3 Absatz 1 des Strahlenschutzgesetzes enthalten oder enthalten haben und die gemäß § 208 Absatz 2, 3 zweiter Teilsatz oder Absatz 4 des Strahlenschutzgesetzes weiterbetrieben werden, hat der Inhaber, sofern im Zulassungsschein nicht kürzere Fristen vorgesehen sind, entsprechend § 25 Absatz 4 Satz 1 alle zehn Jahre nach Auslaufen der Bauartzulassung auf Unversehrtheit und Dichtheit prüfen zu lassen. ²Liegt das Auslaufen der Bauartzulassung am 31. Dezember 2018 mehr als zehn Jahre zurück, hat die Prüfung der Unversehrtheit und Dichtheit spätestens bis zum 31. Dezember 2021 zu erfolgen. ³Die Sätze 1 und 2 gelten nicht, wenn die Aktivität der in der Vorrichtung enthaltenen Stoffe unterhalb der Freigrenze nach Anlage 4 Tabelle 1 Spalte 2 liegt.

§ 186 Rückstände (§ 29)
Eine nach § 98 Absatz 1 Satz 1 der Strahlenschutzverordnung in der bis zum 31. Dezember 2018 geltenden Fassung erteilte Entlassung gilt als Entlassung nach § 29 fort, wenn die nach § 29 Absatz 3 für die Entlassung aus der Überwachung zuständige Behörde, in deren örtlichen Zuständigkeitsbereich der künftige Abfall verwertet oder beseitigt werden soll, bis zum 30. Juni 2019 ihr Einvernehmen erteilt.

§ 187 Freigabe (§§ 31 bis 42)
(1) Eine nach § 29 Absatz 2 Satz 1 in Verbindung mit Satz 2 Nummer 1 Buchstabe a der Strahlenschutzverordnung in der bis zum 31. Dezember 2018 geltenden Fassung erteilte Freigabe, bei der die Werte der Anlage III Tabelle 1 Spalte 5 der Strahlenschutzverordnung in der bis zum 31. Dezember 2018 geltenden Fassung zugrunde gelegt wurden, gilt als Freigabe nach § 33 in Verbindung mit § 35 mit der Maßgabe fort, dass die Werte der Anlage 4 Tabelle 1 Spalte 3 ab dem 1. Januar 2021 einzuhalten sind.
(2) Eine nach § 29 Absatz 2 Satz 1 der Strahlenschutzverordnung in der bis zum 31. Dezember 2018 geltenden Fassung erteilte Freigabe, bei der gemäß § 29 Absatz 2 Satz 3 der Nachweis der Einhaltung des Dosiskriteriums im Einzelfall geführt worden ist, gilt als Freigabe nach § 33 in Verbindung mit § 37 fort.
(3) Eine nach § 29 Absatz 2 Satz 2 Nummer 1 Buchstabe b, c oder d oder nach Nummer 2 Buchstabe a, b, c oder d der Strahlenschutzverordnung in der bis zum 31. Dezember 2018 geltenden Fassung erteilte Freigabe gilt als Freigabe nach § 33 in Verbindung mit § 36 fort.
(4) Feststellungen nach § 29 Absatz 6 Satz 1 der Strahlenschutzverordnung in der bis zum 31. Dezember 2018 geltenden Fassung, die bis zum 31. Dezember 2018 getroffen wurden, gelten fort.
(5) Für eine Freigabe nach § 33 in Verbindung mit § 35, die zwischen dem 1. Januar 2019 und dem 31. Dezember 2020 erteilt wird, gelten bis zum 31. Dezember 2020 die Werte der Anlage III Tabelle 1 Spalte 5 der Strahlenschutzverordnung in der bis zum 31. Dezember 2018 geltenden Fassung und ab dem 1. Januar 2021 die Werte der Anlage 4 Tabelle 1 Spalte 3.
(6) Freigaberegelungen, die bis zum 31. Dezember 2018 in
1. Genehmigungen nach §§ 6, 7 oder § 9 des Atomgesetzes, die die Stilllegung von Anlagen und Einrichtungen zum Gegenstand haben,
2. einer Genehmigung nach § 7 oder § 11 Absatz 2 der Strahlenschutzverordnung in der bis zum 31. Dezember 2018 geltenden Fassung oder

3. einem gesonderten Bescheid nach § 29 Absatz 4 der Strahlenschutzverordnung in der bis zum 31. Dezember 2018 geltenden Fassung
erteilt worden sind und bei denen die Werte der Anlage III Tabelle 1 Spalte 5 der Strahlenschutzverordnung in der bis zum 31. Dezember 2018 geltenden Fassung zugrunde gelegt wurden, gelten mit der Maßgabe fort, dass die Werte der Anlage 4 Tabelle 1 Spalte 3 ab dem 1. Januar 2021 einzuhalten sind.

§ 188 Betriebliche Organisation des Strahlenschutzes (§§ 44 und 45)

(1) [1]Für eine Anlage zur Erzeugung ionisierender Strahlung, eine Röntgeneinrichtung oder einen genehmigungsbedürftigen Störstrahler, die oder der bereits vor dem 31. Dezember 2018 von mehreren Strahlenschutzverantwortlichen betrieben wurde, ist der Vertrag nach § 44 Absatz 2 Satz 1 bis zum 31. Dezember 2019 abzuschließen. [2]Satz 1 gilt entsprechend für den vor dem 31. Dezember 2018 genehmigten Umgang mit radioaktiven Stoffen.
(2) [1]Für Tätigkeiten, die vor dem 31. Dezember 2018 aufgenommen wurden, muss die Strahlenschutzanweisung nach § 45 Absatz 1 Satz 1 bis zum 1. Januar 2020 erstellt sein, wenn zuvor keine Strahlenschutzanweisung erforderlich war. [2]Eine Strahlenschutzanweisung, die vor dem 31. Dezember 2018 erstellt wurde, ist unter Berücksichtigung des § 45 Absatz 2 bis zum 1. Januar 2020 zu aktualisieren.

§ 189 Erforderliche Fachkunde und Kenntnisse im Strahlenschutz (§§ 47, 49 und 51)

(1) [1]Für Strahlenschutzbeauftragte, die
1. vor dem 1. August 2001 nach der Strahlenschutzverordnung in der bis zum 30. Juli 2001 geltenden Fassung bestellt wurden, oder
2. vor dem 1. Juli 2002 nach der Röntgenverordnung in der bis zum 30. Juni 2002 geltenden Fassung bestellt wurden,
gilt die erforderliche Fachkunde im Strahlenschutz als erworben und bescheinigt nach § 47 Absatz 1 Satz 1. [2]Für Einzelsachverständige oder prüfende Personen einer Sachverständigenorganisation, die nach § 66 der Strahlenschutzverordnung in der bis zum 31. Dezember 2018 geltenden Fassung oder § 4a der Röntgenverordnung in der bis zum 31. Dezember 2018 geltenden Fassung bestimmt wurden und die bis zum 31. Dezember 2018 noch als solche tätig waren, gilt die erforderliche Fachkunde im Strahlenschutz als erworben und bescheinigt nach § 47 Absatz 1 Satz 1. [3]§ 48 Absatz 1 Satz 1 bleibt unberührt. [4]Im Übrigen gilt eine vor dem 31. Dezember 2018 erteilte Fachkundebescheinigung als Bescheinigung nach § 47 Absatz 1 Satz 1 fort.
(2) [1]Hat die zuständige Behörde nach § 18a Absatz 1 Satz 5 der Röntgenverordnung in der bis zum 31. Dezember 2018 geltenden Fassung festgestellt, dass in einer staatlichen oder staatlich anerkannten Berufsausbildung die für den jeweiligen Anwendungsbereich geeignete Ausbildung und praktische Erfahrung im Strahlenschutz sowie den anerkannten Kursen entsprechendes theoretisches Wissen vermittelt wurde, so gilt diese Feststellung als Feststellung nach § 47 Absatz 5 Satz 1 fort. [2]Galt die erforderliche Fachkunde im Strahlenschutz nach § 18a Absatz 1 Satz 5 der Röntgenverordnung in der bis zum 31. Dezember 2018 geltenden Fassung als geprüft und bescheinigt, so gilt sie als geprüft und bescheinigt fort. [3]§ 48 Absatz 1 Satz 1 bleibt unberührt.
(3) [1]Eine vor dem 31. Dezember 2018 erteilte Bescheinigung über die erforderlichen Kenntnisse im Strahlenschutz gilt als Bescheinigung nach § 49 Absatz 2 Satz 1 in Verbindung mit § 47 Absatz 1 Satz 1 fort. [2]Hat die zuständige Behörde nach § 30 Absatz 4 Satz 3 der Strahlenschutzverordnung in der bis zum 31. Dezember 2018 geltenden Fassung oder nach § 18a Absatz 3 Satz 3 der Röntgenverordnung in der bis zum 31. Dezember 2018 geltenden Fassung festgestellt, dass die erforderlichen Kenntnisse im Strahlenschutz mit

dem Bestehen der Abschlussprüfung eines anerkannten Kurses erworben wurden, so gilt diese Feststellung als Zulassung nach § 49 Absatz 2 Satz 2 fort. ³Galten erforderliche Kenntnisse im Strahlenschutz nach § 30 Absatz 4 Satz 3 der Strahlenschutzverordnung in der bis zum 31. Dezember 2018 geltenden Fassung oder nach § 18a Absatz 3 Satz 3 der Röntgenverordnung in der bis zum 31. Dezember 2018 geltenden Fassung als geprüft und bescheinigt, so gelten sie als geprüft und bescheinigt fort. ⁴§ 49 Absatz 3 in Verbindung mit § 48 Absatz 1 Satz 1 bleibt unberührt.
(4) ¹Hat die zuständige Behörde nach § 18a Absatz 3 Satz 2 in Verbindung mit § 18a Absatz 1 Satz 5 der Röntgenverordnung in der bis zum 31. Dezember 2018 geltenden Fassung festgestellt, dass in einer staatlichen oder staatlich anerkannten Berufsausbildung die für den jeweiligen Anwendungsbereich geeignete Ausbildung und praktische Erfahrung im Strahlenschutz sowie den anerkannten Kursen entsprechendes theoretisches Wissen vermittelt wurde, so gilt diese Feststellung als Feststellung nach § 49 Absatz 2 Satz 1 in Verbindung mit § 47 Absatz 5 Satz 1 fort. ²Galten die erforderlichen Kenntnisse im Strahlenschutz nach § 18a Absatz 3 Satz 2 in Verbindung mit § 18a Absatz 1 Satz 5 der Röntgenverordnung in der bis zum 31. Dezember 2018 geltenden Fassung als geprüft und bescheinigt, so gelten sie als geprüft und bescheinigt fort. ³§ 49 Absatz 3 in Verbindung mit § 48 Absatz 1 Satz 1 bleibt unberührt.
(5) Vor dem 31. Dezember 2018 von der zuständigen Stelle anerkannte Kurse zur Vermittlung der erforderlichen Fachkunde oder der erforderlichen Kenntnisse gelten bis zum 31. Dezember 2023 als anerkannt nach § 51 fort, soweit die Anerkennung keine kürzere Frist enthält.

§ 190 Übergangsvorschriften im Zusammenhang mit Strahlenschutzbereichen (§§ 52 bis 62)

(1) Der Inhaber einer nach § 197 oder § 198 des Strahlenschutzgesetzes fortgeltenden Genehmigung, einer vor dem 31. Dezember 2018 erteilten Genehmigung nach den §§ 6, 7, 9 oder § 9b des Atomgesetzes oder eines Planfeststellungsbeschlusses nach § 9b des Atomgesetzes sowie der Anzeigepflichtige einer nach den §§ 199, 200 oder § 210 des Strahlenschutzgesetzes fortgeltenden Anzeige hat, sofern die Organ-Äquivalentdosis der Augenlinse 15 Millisievert im Kalenderjahr überschreiten kann, einen Kontrollbereich nach § 52 Absatz 2 Satz 1 Nummer 2 bis zum 1. Januar 2020 einzurichten, wenn nicht bereits ein Kontrollbereich eingerichtet ist.
(2) Der Inhaber einer nach § 198 Absatz 1 oder 4 des Strahlenschutzgesetzes fortgeltenden Genehmigung sowie der Anzeigepflichtige einer nach § 200 Absatz 1 des Strahlenschutzgesetzes fortgeltenden Anzeige hat, sofern ein Sperrbereich nach § 52 Absatz 2 Satz 1 Nummer 3 erforderlich ist, diesen bis zum 31. Dezember 2019 einzurichten.
(3) Der vor dem 31. Dezember 2018 genehmigte Betrieb einer Bestrahlungsvorrichtung, die radioaktive Stoffe enthält, deren Aktivität 50 Gigabecquerel unterschreitet, darf bis zum 31. Dezember 2019 außerhalb eines Bestrahlungsraums nach § 61 fortgesetzt werden.

§ 191 Dosisrichtwerte bei Tätigkeiten (§ 72)

Für Tätigkeiten, die bereits vor dem 31. Dezember 2018 aufgenommen wurden, hat die Prüfung nach § 72 Absatz 1, ob die Festlegung von Dosisrichtwerten ein geeignetes Instrument zur Optimierung des Strahlenschutzes ist, bis zum 1. Januar 2020 zu erfolgen.

§ 192 Register über hochradioaktive Strahlenquellen (§ 84)
Bei hochradioaktiven Strahlenquellen, die bis zum 31. Dezember 2018 im Register über hochradioaktive Strahlenquellen erfasst wurden und die nach § 83 weiter als hochradioaktive Strahlenquellen gelten, sind bis zum 1. Januar 2020 die nach Anlage 9 erforderlichen Angaben im Register über hochradioaktive Strahlenquellen zu vervollständigen.

§ 193 Ermittlung der für Einzelpersonen der Bevölkerung zu erwartenden und erhaltenen Exposition (§§ 99, 100, 101, Anlage 11)
(1) ^{1}§ 99 Absatz 1 und § 100 Absatz 1 und 4 sind erst anzuwenden auf
1. Genehmigungsverfahren, für die ein Genehmigungsantrag ab dem ersten Tag des 13. Kalendermonats gestellt wird, der auf das Inkrafttreten Allgemeiner Verwaltungsvorschriften nach § 100 Absatz 3 folgt,
2. Anzeigeverfahren, für die eine Anzeige ab dem ersten Tag des 19. Kalendermonats erstattet wird, der auf das Inkrafttreten Allgemeiner Verwaltungsvorschriften nach § 100 Absatz 3 folgt.

^{2}Bis zu dem in Satz 1 Nummer 1 und 2 jeweils genannten Zeitpunkt ist § 47 Absatz 2 in Verbindung mit Absatz 1 und Anlage VII der Strahlenschutzverordnung in der bis zum 31. Dezember 2018 geltenden Fassung weiter anzuwenden.

(2) Die Ermittlung der von Einzelpersonen der Bevölkerung erhaltenen Exposition ist
1. erstmalig für das Kalenderjahr 2020 nach § 101 Absatz 1 durchzuführen und nach § 101 Absatz 5 Satz 1 zu dokumentieren,
2. erstmalig für das Kalenderjahr 2021 nach § 101 Absatz 5 Satz 2 und 3 auf Anfrage zur Verfügung zu stellen und zu veröffentlichen.

§ 194 Begrenzung der Exposition durch Störfälle (§ 104)
Bis zum Inkrafttreten Allgemeiner Verwaltungsvorschriften zur Störfallvorsorge nach § 104 Absatz 6 ist bei der Planung der in § 104 Absatz 3 und 4 genannten Anlagen und Einrichtungen die Störfallexposition so zu begrenzen, dass die durch Freisetzung radioaktiver Stoffe in die Umgebung verursachte effektive Dosis von 50 Millisievert nicht überschritten wird.

§ 195 Ausrüstung bei der Anwendung am Menschen (§ 114)
(1) § 114 Absatz 1 Nummer 1 gilt für Röntgeneinrichtungen, die vor dem 1. Juli 2002 erstmals in Betrieb genommen wurden, ab dem 1. Januar 2024.
(2) ^{1}§ 114 Absatz 1 Nummer 2 gilt vorbehaltlich des Satzes 2 nur für Röntgeneinrichtungen, die nach dem 1. Januar 2023 erstmals in Betrieb genommen werden. ^{2}Für Röntgeneinrichtungen, die für die Computertomographie oder für die Durchleuchtung eingesetzt werden und die vor dem 31. Dezember 2018 erstmals in Betrieb genommen wurden, gilt § 114 Absatz 1 Nummer 2 ab dem 1. Januar 2023. ^{3}Für Röntgeneinrichtungen, die für die Computertomographie oder für die Durchleuchtung eingesetzt werden und die ab dem 31. Dezember 2018 erstmals in Betrieb genommen wurden, gilt § 114 Absatz 1 Nummer 2 ab dem 1. Januar 2021.
(3) § 114 Absatz 1 Nummer 4 gilt für Röntgeneinrichtungen, die vor dem 31. Dezember 2018 erstmals in Betrieb genommen worden sind, erst ab dem 1. Januar 2021.
(4) § 114 Absatz 2 gilt für Anlagen zur Erzeugung ionisierender Strahlung und Bestrahlungsvorrichtungen, die vor dem 31. Dezember 2018 erstmals in Betrieb genommen worden sind, erst ab dem 1. Januar 2021.
(5) § 114 Absatz 3 gilt nicht für Anlagen zur Erzeugung ionisierender Strahlung, die vor dem 31. Dezember 2018 erstmals in Betrieb genommen worden sind.

§ 196 Ärztliche und zahnärztliche Stellen (§ 128)
Eine vor dem 31. Dezember 2018 erfolgte Bestimmung einer ärztlichen oder zahnärztlichen Stelle gilt als Bestimmung nach § 128 Absatz 1 fort, wenn bis zum 31. Dezember 2020 bei der zuständigen Behörde nachgewiesen ist, dass die Voraussetzungen nach § 128 Absatz 2 erfüllt sind.

§ 197 Dosis- und Messgrößen (§ 171, Anlage 18)
(1) [1]Die in Anlage 18 Teil A Nummer 1 Buchstabe b genannte Messgröße ist spätestens ab dem 1. Januar 2022 bei Messungen der Personendosis nach § 65 Absatz 1 Satz 1 und § 66 Absatz 2 Satz 4 und Absatz 5 zu verwenden. [2]Die in Anlage 18 Teil A Nummer 2 Buchstabe b genannte Messgröße ist spätestens ab dem 1. Januar 2022 bei Messungen der Ortsdosis und Ortsdosisleistung nach den §§ 56 und 65 Absatz 1 Satz 2 Nummer 1 zu verwenden.
(2) Die in Anlage 18 Teil C Nummer 1 und 2 angegebenen Werte des Strahlungs-Wichtungsfaktors und des Gewebe-Wichtungsfaktors sind spätestens ab dem 1. Januar 2025 zu verwenden.

§ 198 Strahlenpass (§ 174)
Ein vor dem 31. Dezember 2018 ausgestellter gültiger Strahlenpass kann bis zu dem darin vorgesehenen Ende der Gültigkeit, längstens bis zum 31. Dezember 2024, weiterverwendet werden, sofern in diesen Strahlenpass bis spätestens 30. Juni 2019 die persönliche Kennnummer des Strahlenpassinhabers nach § 170 Absatz 3 des Strahlenschutzgesetzes eingetragen wird.

§ 199 Ermächtigte Ärzte (§ 175)
[1]Eine Ermächtigung eines Arztes zur Durchführung der arbeitsmedizinischen Vorsorge nach § 64 Absatz 1 Satz 1 der Strahlenschutzverordnung in der bis zum 31. Dezember 2018 geltenden Fassung oder nach § 41 Absatz 1 Satz 1 der Röntgenverordnung in der bis zum 31. Dezember 2018 geltenden Fassung gilt als Ermächtigung zur Durchführung der ärztlichen Überwachung nach § 175 Absatz 1 Satz 1 bis zum 31. Dezember 2023 fort. [2]Wurde die Ermächtigung auf ein früheres Datum befristet, so ist das in der Befristung genannte Datum maßgeblich.

§ 200 Behördlich bestimmte Sachverständige (§ 181)
(1) Für Einzelsachverständige oder prüfende Personen, die nach § 66 der Strahlenschutzverordnung in der bis zum 31. Dezember 2018 geltenden Fassung oder nach § 4a der Röntgenverordnung in der bis zum 31. Dezember 2018 geltenden Fassung bestimmt wurden und die bis zum 31. Dezember 2018 noch als solche tätig waren, gilt die erforderliche fachliche Qualifikation nach § 181 Absatz 1 für die Bestimmung zum Sachverständigen nach § 172 Absatz 1 Satz 1 des Strahlenschutzgesetzes für die Tätigkeitsgruppen, auf die sich die vorherige Bestimmung bezieht, als vorhanden.
(2) Personen oder Organisationen, die erstmals einen Antrag auf Bestimmung zum Sachverständigen nach § 172 Absatz 1 Satz 1 Nummer 2 des Strahlenschutzgesetzes stellen, können abweichend von § 181 Absatz 1 Nummer 2 bis 4 bis zum 1. Januar 2022 die fachliche Qualifikation dadurch nachweisen, dass sie belegen, dass die Person, die Prüfungen durchführen soll, über umfangreiche Kenntnisse im allgemeinen Strahlenschutz und vertiefte Kenntnisse im Strahlenschutz bei Arbeitsplätzen mit Exposition durch natürlich vorkommende Radioaktivität verfügt.

Anlage 1 (zu § 2): Liste der nicht gerechtfertigten Tätigkeitsarten

Teil A: Nicht gerechtfertigte Anwendung radioaktiver Stoffe oder ionisierender Strahlung – ohne Anwendung radioaktiver Stoffe oder ionisierender Strahlung am Menschen

Nicht gerechtfertigt ist die
1. Verwendung von Überspannungsableitern mit radioaktiven Stoffen auf Hochspannungsmasten,
2. Verwendung von offenen radioaktiven Stoffen zur Leckagesuche (Wasser, Heizung, Lüftung), sofern diese Stoffe anschließend nicht wieder gesammelt werden,
3. Verwendung von offenen radioaktiven Stoffen zur Verweilzeitspektroskopie, sofern diese nicht in geschlossenen Systemen und mit Radionukliden erfolgt, die auf Grund ihrer Halbwertszeit nicht in die Umwelt gelangen können und eine Exposition Dritter nicht ausgeschlossen werden kann,
4. Verwendung von uranhaltigen oder thoriumhaltigen Stoffen bei der Herstellung von Farben für Glasuren, sofern ein Kontakt des Produkts mit Lebensmitteln nicht ausgeschlossen werden kann,
5. Verwendung von Tritium-Gaslichtquellen in Nachtsichtgeräten, Zieleinrichtungen und Ferngläsern, sofern die Verwendung nicht unter Berücksichtigung aller Umstände des Einzelfalls zur Erledigung hoheitlicher Aufgaben notwendig ist,
6. Verwendung von Vorrichtungen mit fest haftenden radioaktiven Leuchtfarben, ausgenommen
   a) Plaketten mit tritiumhaltigen Leuchtfarben im beruflichen, der Öffentlichkeit nicht zugänglichen Bereich,
   b) Notausganghinweise in Fluggeräten mit einer luftfahrtrechtlichen Baumusterzulassung,
7. Verwendung von hochradioaktiven Strahlenquellen bei der Untersuchung von Containern und Fahrzeugen außerhalb der Materialprüfung,
8. Verwendung von Ionisationsrauchmeldern mit einer Bauartzulassung nach Anlage VI Nummer 1 der Strahlenschutzverordnung in der Fassung der Bekanntmachung vom 30. Juni 1989 (BGBl. I S. 1321) in der bis zum 30. Juli 2001 geltenden Fassung.

Teil B: Nicht gerechtfertigte Anwendung radioaktiver Stoffe oder ionisierender Strahlung am Menschen

Nicht gerechtfertigt ist die
1. Verwendung von
   a) Iod-131 in der Form von I-131-Orthoiodhippursäure (OIH) und
   b) Iod-125 in der Form von I-125-Iothalamat (IOT), I-125-Orthoiodhippursäure und I-125-Diethylentriaminpentaessigsäure (DTPA) zur Untersuchung der Nieren,
2. Verwendung von Iod-125 in der Form von I-125-Fibrinogen zur Untersuchung der tiefen Venenthrombose,
3. Anwendung von umschlossenem Radium-226 zur Behandlung von Menschen,
4. Anwendung von Röntgenstrahlung am Menschen zur Darstellung des Zahnstatus mit intraoraler Anode,
5. Anwendung von Röntgenstrahlung am Menschen zur Pneumenzephalographie,
6. Anwendung von Röntgenstrahlung am Menschen zur Überprüfung der Passfähigkeit von Kleidungsstücken und Schuhen,
7. Anwendung von umschlossenen radioaktiven Stoffen oder ionisierender Strahlung am Menschen zur Zutrittskontrolle oder Suche von Gegenständen, die eine Person an oder in ihrem Körper verbirgt, sofern die Anwendung nicht

a) auf Grund eines Gesetzes erfolgt und unter Berücksichtigung aller Umstände des Einzelfalls zur Erledigung hoheitlicher Aufgaben notwendig ist oder
b) im Geschäftsbereich des Bundesministeriums der Verteidigung zum Zweck der Verteidigung oder der Erfüllung zwischenstaatlicher Verpflichtungen zwingend erforderlich ist.

Anlage 2 (zu den §§ 3 und 4): Erforderliche Unterlagen zur Prüfung der Rechtfertigung von Tätigkeitsarten

Teil A: Erforderliche Unterlagen für die Prüfung der Rechtfertigung nach den §§ 7 und 38 des Strahlenschutzgesetzes

Erforderlich sind
1. Angaben, die es ermöglichen zu prüfen, ob die Tätigkeitsart grundsätzlich geeignet ist, einen Nutzen zu erbringen,
2. Angaben zu der durch die Tätigkeitsart verursachten Exposition, unterschieden nach medizinischen Expositionen von untersuchten oder behandelten Personen sowie von Betreuungs- und Begleitpersonen, Expositionen der Bevölkerung und beruflichen Expositionen,
3. Angaben zur aus der Exposition resultierenden radiologischen Gefahr entsprechend § 148,
4. Angaben zu dem Risiko der Tätigkeitsart, durch unfallbedingte oder unbeabsichtigte Expositionen die Gesundheit oder die Sicherheit von Personen zu gefährden oder Kontaminationen herbeizuführen,
5. Informationen über vorliegende Zulassungen oder Genehmigungen auf Grund anderer nationaler oder internationaler Vorschriften, die in engem Zusammenhang mit der zu prüfenden Tätigkeitsart stehen.

Teil B: Zusätzliche Unterlagen für die Prüfung der Rechtfertigung nach § 38 des Strahlenschutzgesetzes

Erforderlich sind
1. Angaben zum vorgesehenen Anwendungsbereich, zu den vorgesehenen Einsatzbedingungen und zur Häufigkeit der Nutzung, zur erwarteten Nutzungsdauer und zur erwarteten Verbreitung der Konsumgüter oder der bauartzuzulassenden Vorrichtungen,
2. Begründung zur Auswahl des verwendeten Radionuklids, insbesondere in Bezug auf die damit verbundenen Gefahren, sowie Informationen zu weiteren ggf. vorhandenen Radionukliden, die nicht zielgerichtet genutzt werden,
3. Angaben, die es ermöglichen zu prüfen,
   a) ob und wie das Konsumgut oder die bauartzuzulassende Vorrichtung auch außerhalb des Rahmens der bestimmungsgemäßen Nutzung verwendet werden kann,
   b) ob die Integrität von Konsumgütern oder bauartzuzulassenden Vorrichtungen bei bestimmungsgemäßer Verwendung sowie für den Fall eines möglichen Missbrauchs oder eines unfallbedingten Schadens ausreichend ist.

Anlage 3 (zu den §§ 5, 6, 7, 8, 9, 14, 82, 96): Genehmigungsfreie Tätigkeiten

Teil A:
Genehmigungsfrei nach § 5 Absatz 1 ist die Anwendung von Stoffen am Menschen, wenn die spezifische Aktivität der Stoffe 500 Mikrobecquerel je Gramm nicht überschreitet.

Teil B:
Genehmigungsfrei nach § 5 Absatz 1 ist
1. der Umgang mit Stoffen, deren Aktivität die Freigrenzen der Anlage 4 Tabelle 1 Spalte 2 nicht überschreitet,
2. der Umgang mit Stoffen, deren spezifische Aktivität die Freigrenzen der Anlage 4 Tabelle 1 Spalte 3 nicht überschreitet,
3. die Verwendung, Lagerung und Beseitigung von Arzneimitteln, die nach § 2 Absatz 1 Satz 2 der Verordnung über radioaktive oder mit ionisierenden Strahlen behandelte Arzneimittel in Verkehr gebracht worden sind,
4. die Verwendung von Vorrichtungen, deren Bauart nach § 45 Absatz 1 des Strahlenschutzgesetzes zugelassen ist; ausgenommen sind Ein- und Ausbau sowie Wartung dieser Vorrichtungen,
5. die Lagerung von Vorrichtungen, deren Bauart nach § 45 Absatz 1 des Strahlenschutzgesetzes zugelassen ist, sofern die Gesamtaktivität der radioaktiven Stoffe das Tausendfache der Freigrenzen der Anlage 4 Tabelle 1 Spalte 2 nicht überschreitet,
6. die Gewinnung, Verwendung und Lagerung von aus der Luft gewonnenen Edelgasen, wenn das Isotopenverhältnis im Gas demjenigen in der Luft entspricht,
7. die Verwendung und Lagerung von Konsumgütern, von Arzneimitteln im Sinne des § 2 des Arzneimittelgesetzes, von Schädlingsbekämpfungsmitteln, von Pflanzenschutzmitteln im Sinne des § 2 des Pflanzenschutzgesetzes und von Stoffen nach § 2 Satz 1 Nummer 1 bis 8 des Düngegesetzes, deren Herstellung nach § 40 des Strahlenschutzgesetzes oder deren Verbringung nach § 42 des Strahlenschutzgesetzes genehmigt ist oder deren Herstellung nach § 40 Absatz 3 des Strahlenschutzgesetzes keiner Genehmigung oder deren Verbringung nach § 42 Absatz 2 des Strahlenschutzgesetzes keiner Genehmigung bedarf; § 55 in Verbindung mit Anlage 3 des Strahlenschutzgesetzes bleibt unberührt,
8. der Umgang mit natürlichen radioaktiven Stoffen zum Zwecke der Nutzung der Radioaktivität zu Lehr- und Ausbildungszwecken, wenn die Ortsdosisleistung des jeweiligen Stoffes 1 Mikrosievert durch Stunde in 0,1 Meter Abstand von der berührbaren Oberfläche nicht überschreitet, oder
9. der Umgang mit abgereichertem Uran in Form von Uranylverbindungen zu chemischanalytischen oder zu chemisch-präparativen Zwecken mit einer Gesamtmasse des Urans von bis zu 30 Gramm.

Teil C:
Genehmigungs- und anzeigefrei nach § 7 ist der Betrieb von Anlagen zur Erzeugung ionisierender Strahlung, deren Potenzialdifferenz nicht mehr als 30 Kilovolt beträgt und bei denen unter normalen Betriebsbedingungen die Ortsdosisleistung in 0,1 Meter Abstand von der berührbaren Oberfläche 1 Mikrosievert durch Stunde nicht überschreitet. Genehmigungs- und anzeigefrei ist der Betrieb von Anlagen zur Erzeugung ionisierender Strahlung, in denen durch das Auftreffen von Laserstrahlung nach § 2 Absatz 3 Satz 1 der Arbeitsschutzverordnung zu künstlicher optischer Strahlung auf Material ionisierende Strahlung erzeugt werden kann, falls die Bestrahlungsstärke der Laserstrahlung 1×10^{13} Watt pro Quadratzentimeter

nicht überschreitet und die Ortsdosisleistung in 0,1 Meter von der berührbaren Oberfläche 1 Mikrosievert durch Stunde nicht überschreitet.

Teil D:
Genehmigungsfrei nach § 8 ist der Betrieb von Störstrahlern,
1. bei denen die Spannung zur Beschleunigung der Elektronen 30 Kilovolt nicht überschreitet, wenn
   a) die Ortsdosisleistung bei normalen Betriebsbedingungen im Abstand von 0,1 Metern von der berührbaren Oberfläche 1 Mikrosievert durch Stunde nicht überschreitet und
   b) auf dem Störstrahler ausreichend darauf hingewiesen ist, dass
      aa) Röntgenstrahlung erzeugt wird und
      bb) die Spannung zur Beschleunigung der Elektronen den vom Hersteller oder Einführer bezeichneten Höchstwert nicht überschreiten darf,
2. bei denen die Spannung zur Beschleunigung der Elektronen 30 Kilovolt überschreitet, wenn die Bauart nach § 45 Absatz 1 Nummer 1 des Strahlenschutzgesetzes zugelassen ist,
3. wenn eine Kathodenstrahlröhre für die Darstellung von Bildern betrieben wird, bei der die Spannung zur Beschleunigung von Elektronen 40 Kilovolt nicht überschreitet, wenn die Ortsdosisleistung bei normalen Betriebsbedingungen im Abstand von 0,1 Metern von der berührbaren Oberfläche 1 Mikrosievert durch Stunde nicht überschreitet, oder
4. die als Bildverstärker im Zusammenhang mit einer genehmigungs- oder anzeigebedürftigen Röntgeneinrichtung betrieben werden.

Teil E:
Genehmigungs- und anmeldefrei nach § 14 ist die Verbringung von
1. Stoffen, deren Aktivität die Freigrenzen der Anlage 4 Tabelle 1 Spalte 2 nicht überschreitet,
2. Stoffen, deren spezifische Aktivität die Freigrenzen der Anlage 4 Tabelle 1 Spalte 3 nicht überschreitet,
3. Arzneimitteln, die nach § 2 Absatz 1 Satz 2 der Verordnung über radioaktive oder mit ionisierenden Strahlen behandelte Arzneimittel in Verkehr gebracht worden sind,
4. Vorrichtungen, deren Bauart nach § 45 Absatz 1 des Strahlenschutzgesetzes zugelassen ist, oder
5. aus der Luft gewonnenen Edelgasen, wenn das Isotopenverhältnis im Gas demjenigen in der Luft entspricht.

Anlage 4 (zu den §§ 5, 10, 11, 12, 16, 31, 35, 36, 37, 52, 57, 58, 61, 70, 83, 87, 88, 89, 92, 104, 106, 167, 187 und Anlage 3):
Freigrenzen, Freigabewerte für verschiedene Freigabearten, Werte für hochradioaktive Strahlenquellen, Werte der Oberflächenkontamination, Liste der Radionuklide und bei den Berechnungen berücksichtigte Tochternuklide

Zu Tabelle 1:
Freigrenzen, Freigabewerte für verschiedene Freigabearten, Werte für hochradioaktive Strahlenquellen, Werte der Oberflächenkontamination

Erläuterung zu Spalte 1:	Kennzeichnung von Radionukliden: „+" kennzeichnet Mutternuklide, für die die in Tabelle 2 gelisteten Tochternuklide vollständig durch das Mutternuklid abgedeckt sind; die Expositionen durch diese Tochternuklide sind bei den Freigrenzen, Freigabewerten oder Werten der Oberflächenkontamination bereits berücksichtigt,
Erläuterung zu den Spalten 2 und 3 (Freigrenzen):	1. Bei mehreren Radionukliden ist die Summe der Verhältniszahlen aus der vorhandenen Aktivität (Ai) oder aus der vorhandenen spezifischen Aktivität (C_i) und den jeweiligen Freigrenzen FGi der einzelnen Radionuklide gemäß Spalte 2 oder 3 zu berechnen (Summenformel), wobei i das jeweilige Radionuklid ist. Diese Summe darf den Wert 1 nicht überschreiten: $$\sum_i \frac{A_i}{FG_i} \leq 1 \quad \text{oder} \quad \sum_i \frac{C_i}{FG_i} \leq 1.$$ 2. Radionuklide brauchen bei der Summenbildung nicht berücksichtigt zu werden, wenn der Anteil der unberücksichtigten Nuklide an der Summe aller Verhältniszahlen Ai/FGi oder Ci/FGi 10 Prozent nicht überschreitet.
Erläuterung zu Spalte 3:	Bei Messungen nach den §§ 57 und 58 gilt für die zugrunde zu legende Mittelungsmasse M: 3 kg $\leq$ M $\leq$ 300 kg. Bei einer Masse < 3 kg ist bei Messungen nach den §§ 57 und 58 die spezifische Aktivität nicht gesondert zu bestimmen, wenn die Oberflächenkontamination ermittelt und entsprechend § 57 Absatz 2 Satz 2 Nummer 2 bewertet wird.
Erläuterung zu Spalte 4:	Die Angabe „TBq" wird als Abkürzung für „Terabecquerel" verwendet. Die Angabe „UL" als Abkürzung für „unbegrenzt" (unlimited) wird für Radionuklide verwendet, bei denen auch hohe Aktivitäten nicht zu einer Einstufung als hochradioaktive Strahlenquelle führen.

Strahlenschutzverordnung   Anlage 4

Erläuterung zu Spalte 5:	Bei Messungen nach den §§ 57 und 58 darf die Mittelungsfläche bis zu 300 cm2 betragen. Bei mehreren Radionukliden ist die Summe der Verhältniszahlen aus der vorhandenen Aktivität je Flächeneinheit ($A_{s,i}$) und den jeweiligen Werten der Oberflächenkontamination (O_i) der einzelnen Radionuklide gemäß Tabelle 1 Spalte 5 zu berechnen (Summenformel), wobei i das jeweilige Radionuklid ist. Diese Summe darf den Wert 1 nicht überschreiten: $$\sum_i \frac{A_{s,i}}{O_i} \leq 1.$$ Radionuklide brauchen bei der Summenbildung nicht berücksichtigt zu werden, wenn der Anteil der unberücksichtigten Nuklide an der Summe aller Verhältniszahlen $A_{s,i}/O_i$ 10 Prozent nicht überschreitet. Bei der Bestimmung der Oberflächenkontamination für Verkehrsflächen oder Arbeitsplätze nach § 57 Absatz 2 Nummer 1 und 2 sind die festhaftende Oberflächenaktivität und die über die Oberfläche eingedrungene Aktivität nicht einzubeziehen, sofern sichergestellt ist, dass durch diese Aktivitätsanteile keine Gefährdung durch Weiterverbreitung oder Inkorporation möglich ist. Soweit für Radionuklide keine maximal zulässigen Oberflächenkontaminationswerte angegeben sind, sind diese im Einzelfall zu berechnen. Anderenfalls können folgende Werte der Oberflächenkontamination zugrunde gelegt werden: a) für Alphastrahler oder Radionuklide, die durch Spontanspaltung zerfallen: 0,1 Bq/cm^2, b) für Beta- und Gammastrahler, soweit nicht unter Buchstabe c genannt: 1 Bq/cm2, c) für Elektroneneinfangstrahler und Betastrahler mit einer maximalen Betagrenzenergie von 0,2 Megaelektronvolt: 100 Bq/cm^2.
Erläuterung zu den Spalten 6 und 8 bis 11:	Die Angabe „Mg/a" wird als Abkürzung für „Megagramm im Kalenderjahr" verwendet. Siehe auch Anlage 8 Teil F Nummer 3.
Erläuterung zu den Spalten 12 und 13:	Die Werte der Oberflächenkontamination berücksichtigen die in die oberste Schicht des Bodens oder des Gebäudes eingedrungene Aktivität; es handelt sich um auf die Oberfläche projizierte Aktivitätswerte.
Erläuterung zu Spalte 15:	Die Angabe „a" bedeutet „Jahr", die Angabe „d" bedeutet „Tag", die Angabe „h" bedeutet „Stunde" und die Angabe „m" bedeutet „Minute".

Die Regelungen und Erläuterungen zur Freigabe (Spalten 3 und 5 bis 14) finden sich in den §§ 31 bis 42 und Anlage 8.
Tabelle 1 Freigrenzen, Freigabewerte für verschiedene Freigabearten, Werte für hochradioaktive Strahlenquellen, Werte der Oberflächenkontamination

Anlage 4

Tabelle 2
Liste der Radionuklide und der bei der Berechnung berücksichtigten Tochternuklide

Mutternuklid	Tochternuklide
Mg-28+	Al-28
Si-32+	P-32
Ca-45+	Sc-45m
Sc-44m+	Sc-44
Ti-44+	Sc-44
Fe-52+	Mn-52m
Fe-60+	Co-60, Co-60m
Co-62m+	Co-62
Ni-66+	Cu-66
Zn-62+	Cu-62
Zn-69m+	Zn-69
Zn-72+	Ga-72, Ga-72m
Ge-68+	Ga-68
As-73+	Ge-73m
Se-81m+	Se-81
Br-80m+	Br-80
Br-83+	Kr-83m
Kr-88+	Rb-88
Rb-81+	Kr-81m
Rb-81m+	Kr-81m
Rb-83+	Kr-83m
Sr-80+	Rb-80
Sr-82+	Rb-82
Sr-89+	Y-89m
Sr-90+	Y-90
Sr-91+	Y-91m
Y-87+	Sr-87m
Zr-86+	Y-86, Y-86m
Zr-89+	Y-89m
Zr-95+	Nb-95m
Zr-97+	Nb-97, Nb-97m

Nb-89+	Zr-89m
Nb-89m+	Zr-89m
Nb-90+	Zr-90m
Mo-90+	Nb-90m, Nb-90n
Mo-99+	Tc-99m
Mo-101+	Tc-101
Tc-95m+	Tc-95
Ru-103+	Rh-103m
Ru-105+	Rh-105m
Ru-106+	Rh-106
Pd-100+	Rh-100
Pd-103+	Rh-103m
Pd-109+	Ag-109m
Ag-108m+	Ag-108
Ag-110m+	Ag-110
Cd-104+	Ag-104m
Cd-107+	Ag-107m
Cd-109+	Ag-109m
Cd-115+	In-115m
Cd-115m+	In-115m
Cd-117+	In-117, In-117m
Cd-117m+	In-117, In-117m
In-111+	Cd-111m
In-114m+	In-114
In-117m+	In-117
In-119m+	In-119
Sn-110+	In-110m
Sn-111+	In-111m
Sn-113+	In-113m
Sn-121m+	Sn-121
Sn-126+	Sb-126, Sb-126m, Sb-126n
Sn-128+	Sb-128m
Sb-125+	Te-125m
Sb-127+	Te-127

Sb-129+	Te-129
Te-116+	Sb-116
Te-127m+	Te-127
Te-129m+	Te-129
Te-131m+	Te-131
Te-132+	I-132
Te-133m+	Te-133
I-135+	Xe-135m
Xe-122+	I-122
Cs-137+	Ba-137m
Ba-126+	Cs-126
Ba-128+	Cs-128
Ce-134+	La-134
Ce-137m+	Ce-137
Ce-144+	Pr-144, Pr-144m
Pr-139+	Ce-139m
Nd-136+	Pr-136
Nd-138+	Pr-138
Nd-139m+	Ce-139m, Pr-139, Nd-139
Nd-140+	Pr-140
Pm-141+	Nd-141m
Sm-141m+	Nd-141m, Pm-141, Sm-141
Sm-142+	Pm-142
Gd-146+	Eu-146
Ho-157+	Dy-157m
Ho-162m+	Ho-162
Ho-164m+	Ho-164
Ho-167+	Er-167m
Er-161+	Ho-161, Ho-161m
Tm-167+	Er-167m
Tm-175+	Yb-175m
Yb-166+	Tm-166, Tm-166m
Yb-178+	Lu-178
Lu-169+	Yb-169m

Strahlenschutzverordnung Anlage 4

Lu-177m+	Lu-177, Hf-177m
Lu-178m+	Hf-178m
Hf-170+	Lu-170
Hf-172+	Lu-172, Lu-172m
Hf-177n+	Hf-177m
Hf-178n+	Hf-178m
Hf-182+	Ta-182
Hf-182m+	Ta-182m, Ta-182n
Ta-178m+	Hf-178m
Ta-182n+	Ta-182m
Ta-183+	W-183m
W-178+	Ta-178
W-188+	Re-188
Re-186m+	Re-186
Re-189+	Os-189m
Os-180+	Re-180
Os-191+	Ir-191m
Os-194+	Ir-194
Ir-189+	Os-189m
Ir-195m+	Ir-195
Pt-186+	Ir-186m
Pt-191+	Ir-191m
Pt-197m+	Au-197m
Pt-200+	Au-200
Au-200m+	Au-200
Hg-193+	Au-193m
Hg-193m+	Au-193m, Hg-193
Hg-194+	Au-194
Hg-195+	Au-195m
Hg-195m+	Au-195m, Hg-195
Hg-197m+	Au-197m
Pb-195m+	Tl-195m
Pb-202+	Tl-202
Pb-210+	Hg-206, Tl-206, Bi-210, Po-210

Pb-211+	Tl-207, Bi-211, Po-211
Pb-212+	Tl-208, Bi-212, Po-212
Pb-214+	Tl-210, Bi-214, Po-214
Bi-201+	Tl-197m, Pb-201m
Bi-203+	Tl-199, Tl-199m, Pb-203m
Bi-205+	Pb-205m
Bi-210+	Tl-206
Bi-210m+	Tl-206
Bi-212+	Tl-208, Po-212
Bi-213+	Tl-209, Po-213
Bi-214+	Tl-210, Po-214
Po-215+	At-215
Po-218+	Po-214, At-218, Rn-218
At-211+	Po-211
At-217+	Po-213, Rn-217
Rn-218+	Po-214
Rn-219+	Po-215, At-215
Rn-220+	Po-216
Rn-222+	Tl-210, Pb-209, Pb-214, Bi-214, Po-214, Po-218, At-218, Rn-218
Fr-221+	Po-213, At-217, Rn-217
Fr-222+	Po-214, Rn-218, Ra-222
Fr-223+	Tl-207, Bi-211, Bi-215, Po-211, Po-215, At-215, At-219, Rn-219
Ra-222+	Po-214, Rn-218
Ra-223+	Tl-207, Pb-211, Bi-211, Po-211, Po-215, At-215, Rn-219
Ra-224+	Tl-208, Pb-212, Bi-212, Po-212, Po-216, Rn-220
Ra-226+	Tl-210, Pb-209, Pb-214, Bi-214, Po-214, Po-218, At-218, Rn-218, Rn-222
Ra-228+	Ac-228
Ac-224+	Tl-208, Bi-212, Po-212, At-216, Rn-216, Fr-220, Ra-220
Ac-225+	Tl-209, Pb-209, Bi-213, Po-213, At-217, Rn-217, Fr-221
Ac-226+	Po-214, Rn-218, Fr-222, Ra-222, Th-226
Ac-227+	Tl-207, Pb-211, Bi-211, Bi-215, Po-211, Po-215, At-215, At-219, Rn-219, Fr-223, Ra-223, Th-227
Th-226+	Po-214, Rn-218, Ra-222

Strahlenschutzverordnung Anlage 4

Th-228+	Tl-208, Pb-212, Bi-212, Po-212, Po-216, Rn-220, Ra-224
Th-229+	Tl-209, Pb-209, Bi-213, Po-213, At-217, Rn-217, Fr-221, Ra-225, Ac-225
Th-232+	Tl-208, Pb-212, Bi-212, Po-212, Po-216, Rn-220, Ra-224, Ra-228, Ac-228, Th-228
Th-234+	Pa-234, Pa-234m
Pa-227+	Tl-207, Bi-211, Po-211, At-215, Fr-219, Ac-223
Pa-228+	Tl-208, Bi-212, Po-212, At-216, Rn-216, Fr-220, Ra-220, Ac-224
Pa-230+	Po-214, Rn-218, Fr-222, Ra-222, Ac-226, Th-226
U-232+	Tl-208, Pb-212, Bi-212, Po-212, Po-216, Rn-220, Ra-224, Th-228
U-235+	Th-231
U-238+	Th-234, Pa-234, Pa-234m
U-240+	Np-240
Np-237+	Pa-233
Pu-239+	U-235m
Pu-241+	U-237
Pu-244+	U-240, Np-240
Pu-245+	Am-245
Pu-246+	Am-246m
Am-237+	Np-233, Pu-237m
Am-242m+	Np-238, Am-242, Cm-242
Am-243+	Np-239
Cm-238+	Am-238
Cm-247+	Pu-243
Cm-250+	Pu-246, Am-246m
Bk-246+	Am-242, Am-242n
Bk-249+	Am-245
Cf-253+	Cm-249
Es-254+	Bk-250
Es-254m+	Bk-250, Fm-254
Md-258+	Fm-254, Fm-258, No-258

Anlage 5 (zu § 27 und Anlage 7): Überwachungsgrenzen sowie Verwertungs- und Beseitigungswege für die Bestimmung der Überwachungsbedürftigkeit von Rückständen

1. Bei der Verwertung oder Beseitigung von Rückständen gilt für repräsentativ ermittelte Werte $C_{U238max}$ und $C_{Th232max}$ der größten spezifischen Aktivitäten der Radionuklide der Nuklidketten U-238sec und Th-232sec in Becquerel durch Gramm (Bq/g), jeweils bezogen auf Trockenmasse, die folgende Summenformel:
$C_{U238max} + C_{Th232max} \leq C$ mit der Überwachungsgrenze $C = 1$ Bq/g.
2. Abweichend von Nummer 1 gilt $C_{U238max} + C_{Th232max} \leq 0,5$ Bq/g, wenn
   a) im Einzugsbereich eines nutzbaren Grundwasserleiters im Kalenderjahr mehr als 5 000 Tonnen Rückstände deponiert werden oder
   b) bei Baustoffen bei der Verwertung im Straßen-, Wege-, Landschafts- oder Wasserbau im Bereich von Sport- und Spielplätzen oder in sonstigen Bereichen mehr als 50 Prozent Rückstände zugesetzt werden.
   Satz 1 gilt nicht für die Verwertung von Schlacken im Straßen-, Wege-, Landschafts- oder Wasserbau in sonstigen Bereichen.
3. Abweichend von Nummer 1 gilt $C_{U238max} + C_{Th232max} \leq 5$ Bq/g bei der untertägigen Verwertung oder Deponierung von Rückständen.
4. Ist die größte spezifische Aktivität der Radionuklide des Pb-210+ gegenüber der größten spezifischen Aktivität der übrigen Radionuklide der U-238sec-Nuklidkette um einen Faktor A größer 5 erhöht, so gilt abweichend von den Nummern 1 bis 3: $R \times C_{U238max} + C_{Th232max} \leq C$. Der Faktor R nimmt bei der übertägigen Verwertung oder Beseitigung den Wert 0,5 an. Für die untertägige Verwertung oder Beseitigung ist der Faktor R aus der folgenden Tabelle zu entnehmen.

Faktor A	Faktor R
$5 < A \leq 10$	0,3
$10 < A \leq 20$	0,2
$20 < A$	0,1

5. Abweichend von den Nummern 1 und 2 gelten die Bedingungen $CU238max \leq 0,2$ Bq/g und $C_{Th232max} \leq 0,2$ Bq/g, wenn bei der Deponierung oder Verwertung im Straßen-, Wege- oder Landschaftsbau, auch im Bereich von Sport- und Spielplätzen, im Einzugsbereich eines nutzbaren Grundwasserleiters eine Fläche von mehr als 1 Hektar mit Nebengestein belegt wird.

Expositionen durch Radionuklide der U-235-Zerfallsreihe sind in der Nuklidkette U-238sec berücksichtigt und müssen nicht gesondert betrachtet werden. Liegt zudem die spezifische Aktivität für jedes Radionuklid einer der Nuklidketten U-238sec oder Th-232sec unter 0,2 Bq/g, bleibt die jeweilige Nuklidkette unberücksichtigt.

Anlage 6 (zu den §§ 28, 100, 101): Grundsätze für die Ermittlung von Expositionen bei Rückständen

1. Bei der Ermittlung der Exposition von Einzelpersonen der Bevölkerung und von beruflich tätigen Personen sind jeweils realistische Expositionspfade und Expositionsannahmen zu verwenden. Soweit dabei die Expositionspfade nach Anlage 11 Teil A Berücksichtigung finden, sind die Annahmen der Anlage 11 Teil B Tabelle 1 Spalte 1 bis 7 und Tabelle 2 zugrunde zu legen.

2. Im Falle der Verwertung von Rückständen sind bei der Ermittlung der Exposition von Einzelpersonen der Bevölkerung und von beruflich tätigen Personen alle Expositionen einzubeziehen, die auf dem vorgesehenen Verwertungsweg, insbesondere durch das Herstellen und Inverkehrbringen von Erzeugnissen und durch die Beseitigung dabei anfallender weiterer Rückstände, auftreten können.
3. Im Falle der Beseitigung von Rückständen sind bei der Ermittlung der Exposition von Einzelpersonen der Bevölkerung und von beruflich tätigen Personen alle Expositionen einzubeziehen, die auf dem vorgesehenen Beseitigungsweg durch eine Behandlung, Lagerung und Ablagerung der Rückstände auftreten können.
4. Bei Grundstücken, die durch Rückstände verunreinigt sind, sind in die Ermittlung der Exposition nach § 64 Absatz 1 Satz 2 des Strahlenschutzgesetzes alle Expositionsszenarien einzubeziehen, die bei realistischen Nutzungsannahmen unter Berücksichtigung der natürlichen Standortverhältnisse auftreten können.

Für Einzelpersonen der Bevölkerung sind die Dosiskoeffizienten aus der Zusammenstellung im Bundesanzeiger Nummer 160a und b vom 28. August 2001 Teil I und II zu verwenden. Für beruflich tätige Personen sind die Dosiskoeffizienten aus der Zusammenstellung im Bundesanzeiger Nummer 160a und b vom 28. August 2001 Teil I und III zu verwenden.

Anlage 7 (zu § 29 Absatz 4): Voraussetzungen für die Entlassung aus der Überwachung bei gemeinsamer Deponierung von überwachungsbedürftigen Rückständen mit anderen Rückständen und Abfällen

Bei der Entlassung von Rückständen aus der Überwachung zum Zwecke einer gemeinsamen Deponierung mit anderen Rückständen und Abfällen kann die zuständige Behörde unter den folgenden Voraussetzungen davon ausgehen, dass Expositionen, die infolge dieser gemeinsamen Deponierung auftreten können, auch ohne weitere Maßnahmen für Einzelpersonen der Bevölkerung den Richtwert einer effektiven Dosis von 1 Millisievert im Kalenderjahr nicht überschreiten werden:

1. Für die Mittelwerte $C^M_{U238max}$ und $C^M_{Th232max}$ der spezifischen Aktivitäten der Radionuklide der Nuklidketten U-238sec und Th-232sec in Becquerel durch Gramm (Bq/g) gilt nachfolgende Summenformel: $C^M_{U238max} + C^M_{Th232max} \leq CM$. Die Mittelwerte $C^M_{U238max}$ und $C^M_{Th232max}$ der spezifischen Aktivitäten dürfen als Gesamtaktivität der innerhalb von 12 Monaten auf der Deponie beseitigten überwachungsbedürftigen Rückstände nach Anlage 1 des Strahlenschutzgesetzes und Anlage 5 dieser Verordnung geteilt durch die Gesamtmasse aller innerhalb dieses Zeitraums auf der Deponie beseitigten Rückstände und Abfälle bestimmt werden. Bei der Ermittlung der Gesamtaktivität ist jeweils die größte Aktivität der Radionuklide der Nuklidketten U-238sec und Th-232sec zugrunde zu legen. CM nimmt folgende Werte an:

a) C^M = 0,05 Bq/g für Deponien mit einer Fläche von mehr als 15 Hektar,
b) C^M = 0,1 Bq/g für Deponien mit einer Fläche bis zu 15 Hektar,
c) C^M = 1 Bq/g unabhängig von der Deponiefläche für Deponien, bei denen auf Grund der spezifischen Standortbedingungen Grundwasserbelastungen ausgeschlossen werden können, und
d) C^M = 5 Bq/g bei der untertägigen Beseitigung.
Dabei darf die spezifische Aktivität keines Radionuklids der Nuklidketten U-238sec und Th-232sec 10 Bq/g bzw. bei der Deponierung auf Deponien für gefährliche Abfälle 50 Bq/g überschreiten.
2. Ist in einer Rückstandscharge die größte spezifische Aktivität der Radionuklide des Pb-210+ gegenüber der spezifischen Aktivität der übrigen Radionuklide der U-238sec-Nuklidkette um einen Faktor A größer 5 erhöht, darf bei der Ermittlung der Gesamtaktivität entsprechend Nummer 1 die Aktivität der Radionuklide der Nuklidkette U-238sec für diese Charge mit einem Faktor R multipliziert werden. Bei der Beseitigung auf Deponien nimmt der Faktor R den Wert 0,3 an. Bei der untertägigen Beseitigung ist der Faktor R aus der Tabelle in Anlage 5 Nummer 4 zu entnehmen.
Expositionen durch Radionuklide der U-235-Zerfallsreihe sind in der Nuklidkette U-238sec berücksichtigt und müssen nicht gesondert betrachtet werden. Liegt zudem die spezifische Aktivität für jedes Radionuklid einer der Nuklidketten U-238sec oder Th-232sec in einzelnen Rückstandschargen unter 0,2 Bq/g, bleibt die jeweilige Nuklidkette für diese Charge bei der Berechnung der Gesamtaktivität gemäß Nummer 1 unberücksichtigt.

Anlage 8 (zu den §§ 35, 36, 37 sowie Anlage 4): Festlegungen zur Freigabe
Teil A: Allgemeines
1. Sofern in den folgenden Teilen B bis G nichts anderes bestimmt ist, gilt Folgendes:
   a) Das Verfahren zum Nachweis der Einhaltung der Freigabewerte richtet sich nach der Art und Beschaffenheit der Stoffe.
   b) Der Nachweis der Einhaltung der Freigabewerte ist anhand von Messungen zu erbringen. Zusätzlich ist die Einhaltung der Oberflächenkontaminationswerte nachzuweisen, wenn eine feste Oberfläche vorhanden ist, an der eine Kontaminationsmessung möglich ist; auch dieser Nachweis ist anhand von Messungen zu erbringen. Im Einzelfall kann die zuständige Behörde auch andere Nachweisverfahren zulassen.
   c) Die zugrunde zu legende Mittelungsmasse für die Ermittlung der spezifischen Aktivität darf 300 kg nicht wesentlich überschreiten.
   d) Die Mittelungsfläche für die Oberflächenkontamination darf bis zu 1 000 cm2 betragen.
   e) Bei mehreren Radionukliden ist die Summe der Verhältniszahlen C_i/R_i aus der freizugebenden spezifischen Aktivität (C_i) und den jeweiligen Freigabewerten (R_i) der einzelnen Radionuklide gemäß Anlage 4 Tabelle 1 Spalte 3, 6 bis 11 und 14 zu berechnen (Summenformel), wobei i das jeweilige Radionuklid ist. Diese Summe darf den Wert 1 nicht überschreiten:

$$\sum_i \frac{C_i}{R_i} \leq 1.$$

Bei mehreren Radionukliden ist die Summe der Verhältniszahlen $A_{s,i}/O_i$ aus der vorhandenen Aktivität je Flächeneinheit ($A_{s,i}$) und den jeweiligen Werten der Oberflächenkontamination (O_i) der einzelnen Radionuklide gemäß Anlage 4 Tabelle 1 Spalte 5, 12 und 13 zu berechnen (Summenformel):

$$\sum_i \frac{A_{s,i}}{O_i} \leq 1.$$

Radionuklide brauchen bei der Summenbildung nicht berücksichtigt zu werden, wenn der Anteil der unberücksichtigten Nuklide an der Summe aller Verhältniszahlen C_i/R_i oder $A_{s,i}/O_i$ 10 Prozent nicht überschreitet.
2. Wenn der Nachweis der Einhaltung des Dosiskriteriums der Freigabe nach § 31 Absatz 2 im Einzelfall geführt wird, sind die Annahmen der Anlage 11 Teil B und C Nummer 1, insbesondere die Festlegungen der Anlage 11 Teil B Tabelle 1 Spalte 1 bis 7, zugrunde zu legen, soweit die Expositionspfade nach Anlage 11 Teil A für den Einzelfall nach § 37 von Bedeutung sind. Der Freigabe flüssiger Stoffe im Einzelfall gemäß § 37 sind, soweit sie abgeleitet werden könnten, höchstens die Werte der Anlage 11 Teil D Tabelle 6 Spalte 3 zugrunde zu legen. Bei einer Freigabe von Bodenflächen dürfen nur solche Expositionspfade unberücksichtigt bleiben, die auf Grund der vorhandenen Standorteigenschaften, insbesondere auf Grund der geografischen Lage und der geogenen Verhältnisse, ausgeschlossen sind.

Teil B: Uneingeschränkte Freigabe von festen Stoffen, Ölen und ölhaltigen Flüssigkeiten, organischen Lösungs- und Kühlmitteln
Die Werte der Anlage 4 Tabelle 1 Spalte 3 gelten für
1. feste Stoffe,
2. Bauschutt einschließlich anhaftenden Bodens, wenn die freizugebende Masse nicht mehr als 1 000 Megagramm im Kalenderjahr beträgt, und
3. Öle und ölhaltige Flüssigkeiten, organische Lösungs- und Kühlmittel.

Teil C: Spezifische Freigabe zur Beseitigung
1. Eine spezifische Freigabe zur Beseitigung setzt voraus, dass die Stoffe, für die eine wirksame Feststellung nach § 42 Absatz 1 getroffen wurde, auf einer Deponie abgelagert oder in einer Verbrennungsanlage beseitigt werden. Eine Verwertung oder Wiederverwendung außerhalb einer Deponie oder Verbrennungsanlage sowie der Wiedereintritt der Stoffe in den Wirtschaftskreislauf muss ausgeschlossen sein.
2. Die Werte der Anlage 4 Tabelle 1 Spalte 8 bis 11 gelten nicht für Bauschutt und Bauschutt einschließlich anhaftenden Bodens, wenn die freizugebende Masse mehr als 1 000 Megagramm im Kalenderjahr betragen kann.
3. Als Deponien für die Beseitigung freigegebener Stoffe sind nur solche Entsorgungsanlagen geeignet, die
    a) mindestens den Anforderungen der Deponieklassen nach § 2 Nummer 7 bis 10 der Deponieverordnung vom 27. April 2009 (BGBl. I S. 900), die zuletzt durch Artikel 2 der Verordnung vom 27. September 2017 (BGBl. I S. 3465) geändert worden ist, entsprechen und
    b) eine Jahreskapazität von mindestens 10 000 Megagramm im Kalenderjahr (Mg/a) oder 7 600 Kubikmeter im Kalenderjahr (m3/a) für die eingelagerte Menge von Abfällen, gemittelt über die letzten drei Jahre, aufweisen.
4. Sollen in einem Kalenderjahr mehr als 1 000 Megagramm freigegeben und über eine Entsorgungsanlage beseitigt werden, so ist abweichend von Nummer 2 und Teil A Nummer 1 Buchstabe e Satz 1 bei mehreren Radionukliden die Summe der Verhältnis-

zahlen Ci/Ri aus der freizugebenden spezifischen Aktivität (Ci) und den jeweiligen Freigabewerten (Ri) der einzelnen Radionuklide i gemäß Anlage 4 Tabelle 1 Spalte 10 oder 11, multipliziert mit einem Tausendstel der freizugebenden Masse, zu berechnen. Diese Summe darf den Wert 1 nicht überschreiten:

$$\sum_i \frac{C_i}{R_{i,Sp.10,Sp.11}} \cdot \frac{m}{1\,000} \leq 1.$$

Sollen in einem Kalenderjahr sowohl Massen mit Radionukliden unter der Maßgabe der Anlage 4 Tabelle 1 Spalte 8 als auch der Anlage 4 Tabelle 1 Spalte 10 zur Beseitigung auf einer Deponie freigegeben werden, so ist abweichend von Teil A Nummer 1 Buchstabe e Satz 1 bei mehreren Radionukliden die Summe der Produkte der Verhältniszahlen C_i/R_i aus der freizugebenden spezifischen Aktivität (C_i) und den jeweiligen Freigabewerten (R_i) der einzelnen Radionuklide i nach Anlage 4 Tabelle 1 Spalte 8, multipliziert mit einem Hundertstel der freizugebenden Masse und dem Produkt der Verhältniszahlen C_i/R_i aus der freizugebenden spezifischen Aktivität (C_i) und den jeweiligen Freigabewerten (R_i) der einzelnen Radionuklide nach Anlage 4 Tabelle 1 Spalte 10, multipliziert mit einem Tausendstel der freizugebenden Masse, zu berechnen. Diese Summe darf den Wert 1 nicht überschreiten:

$$\sum_i \left(\frac{C_{i,Sp.8}}{R_{i,Sp.8}} \cdot \frac{m_{Sp.8}}{100} + \frac{C_{i,Sp.10}}{R_{i,Sp.10}} \cdot \frac{m_{Sp.10}}{1\,000} \right) \leq 1.$$

Für eine Freigabe zur Beseitigung in einer Verbrennungsanlage nach der Maßgabe der Anlage 4 Tabelle 1 Spalte 9 oder Spalte 11 gelten die Sätze 3 und 4 entsprechend, d. h. für die Summe gilt:

$$\sum_i \left(\frac{C_{i,Sp.9}}{R_{i,Sp.9}} \cdot \frac{m_{Sp.9}}{100} + \frac{C_{i,Sp.11}}{R_{i,Sp.11}} \cdot \frac{m_{Sp.11}}{1\,000} \right) \leq 1.$$

Dabei ist

C_i die mittlere spezifische Aktivität des im laufenden Kalenderjahr freigegebenen und freizugebenden Radionuklids i in Bq/g und $C_i < R_i$

m die Masse der im laufenden Kalenderjahr freigegebenen und freizugebenden Stoffe in Megagramm

R_i der Freigabewert nach Anlage 4 Tabelle 1 Spalte 8, 9, 10 oder 11 für das jeweilige Radionuklid i in Bq/g.

Teil D: Spezifische Freigabe von Gebäuden, Räumen, Raumteilen und Bauteilen
1. Die Freimessung eines Gebäudes, eines Raumes, von Raumteilen oder von Bauteilen soll grundsätzlich an der stehenden Struktur erfolgen. Die Messungen können anhand eines geeigneten Stichprobenverfahrens durchgeführt werden.
2. Die zugrunde zu legende Mittelungsfläche darf bis zu 1 m² betragen.

Strahlenschutzverordnung Anlage 8

3. Ist eine spätere Wieder- oder Weiterverwendung des Gebäudes oder Raumes nicht auszuschließen, so dürfen die Oberflächenkontaminationswerte die Werte der Anlage 4 Tabelle 1 Spalte 12 nicht überschreiten.
4. Soll das Gebäude oder sollen Teile hiervon nach der Freimessung abgerissen werden, so dürfen die Oberflächenkontaminationswerte die Werte der Anlage 4 Tabelle 1 Spalte 13 nicht überschreiten. Die zuständige Behörde kann auf Antrag größere Mittelungsflächen als 1 m² zulassen, wenn nachgewiesen wird, dass die erforderliche Nachweisgrenze bei der größeren Mittelungsfläche erreicht wird. Eine Freigabe von Gebäuden, Räumen, Raumteilen und Bauteilen zum Abriss setzt voraus, dass diese nach der Freigabe zu Bauschutt verarbeitet werden.
5. Bauschutt, der nach der Freigabe eines Gebäudes, eines Raumes, von Raumteilen oder Bauteilen durch Abriss anfällt, bedarf keiner gesonderten Freigabe.
6. Bei volumengetragener Aktivität durch Aktivierung sind die Teile B, C oder F anzuwenden.

Teil E: Spezifische Freigabe von Bodenflächen
1. Bei der Anwendung flächenbezogener Freigabewerte darf die Mittelungsfläche für die Oberflächenkontamination bis zu 100 m² betragen. Alternativ darf bei der Anwendung massenbezogener Freigabewerte die zugrunde zu legende Mittelungsmasse für die Ermittlung der spezifischen Aktivität bis zu einem Megagramm betragen.
2. Es sind nur diejenigen Kontaminationen zu berücksichtigen, die durch die Anlagen oder Einrichtungen auf dem Betriebsgelände verursacht worden sind.
3. Wenn in Anlage 4 Tabelle 1 Spalte 7 keine Freigabewerte angegeben sind, ist der Nachweis des Dosiskriteriums der Freigabe im Einzelfall zu führen. Dabei sind die Nutzungen der freizugebenden Bodenflächen nach den jeweiligen Standortgegebenheiten und die dabei relevanten Expositionspfade zu berücksichtigen.
4. Der Nachweis nach Nummer 3 ist durch Dosisberechnungen auf der Grundlage von Messungen zu erbringen.
5. Die Freigabewerte der Anlage 4 Tabelle 1 Spalte 7 können in flächenbezogene Freigabewerte gemäß folgender Beziehung umgerechnet werden:

$$O_i = R_i \times \rho \times d.$$

Dabei ist:

O_i der Freigabewert für Bodenflächen für das jeweilige Radionuklid i in Bq/cm²,
R_i der Freigabewert für Bodenflächen für das jeweilige Radionuklid i in Bq/g gemäß Anlage 4 Tabelle 1 Spalte 7
ρ die mittlere Bodendichte in g/cm³ in der Tiefe d und
d die mittlere Eindringtiefe in cm.

Teil F: Spezifische Freigabe von Bauschutt
1. Die Werte der Anlage 4 Tabelle 1 Spalte 6 gelten für Bauschutt, der bei laufenden Betriebsarbeiten anfällt oder nach Abriss von Gebäuden oder Anlagenteilen, sofern die Voraussetzungen einer Freimessung an der stehenden Struktur nach Teil D nicht erfüllt sind. An Bauschutt anhaftender Boden kann als Bauschutt angesehen werden.

2. Bei einer Freimessung von Bauschutt darf die Mittelungsmasse bis zu einem Megagramm betragen. Die zuständige Behörde kann auf Antrag größere Mittelungsmassen zulassen, wenn nachgewiesen wird, dass das Dosiskriterium der Freigabe auch bei der größeren Mittelungsmasse eingehalten wird.
3. Abweichend von der Anwendbarkeit der Freigabewerte der Anlage 4 Tabelle 1 Spalte 6 auf jährliche Bauschuttmassen von mehr als 1 000 Megagramm kann der Freigabewert für Cs-137 für Massen zwischen Null und 10 000 Megagramm pro Kalenderjahr einer Freigabe zugrunde gelegt werden.

Teil G: Spezifische Freigabe von Metallschrott zum Recycling
1. Eine Freigabe von Metallschrott zum Recycling setzt voraus, dass der Metallschrott, für den eine Feststellung nach § 42 Absatz 1 getroffen wurde, eingeschmolzen wird.
2. Die Werte der Anlage 4 Tabelle 1 Spalte 14 gelten nicht für Verbundstoffe aus metallischen und nichtmetallischen Komponenten.
3. Es sind nur solche Schmelzbetriebe geeignet, bei denen ein Mischungsverhältnis von 1:10 von freigegebenem Metallschrott zu anderen Metallen gewährleistet werden kann oder die einen Durchsatz von mindestens 40 000 Tonnen im Kalenderjahr aufweisen.
4. Bei einer Freigabe von Metallschrott zum Recycling, der nur mit einem einzelnen der Radionuklide Be-7, C-14, Mn-53, Mn-54, Co-57, Ni-59, Ni-63, Nb-93m, Mo-93, Tc-97, Tc-99, Ru-103, Ag-105, Ag-108m, Cd-109, Sb-125, Te-132, I-129, Eu-155, Ti-204, Pa-231, Es-254 oder Fm-255 kontaminiert ist, ist die Masse auf 10 Megagramm im Kalenderjahr beschränkt. Eine Kontamination mit einem einzelnen Radionuklid liegt dann vor, wenn alle anderen Radionuklide zusammen einen Aktivitätsanteil von einem Tausendstel nicht überschreiten.

Anlage 9: (zu den §§ 84, 85, 167, 168, 192) Liste der Daten über hochradioaktive Strahlenquellen (HRQ), die im Register über hochradioaktive Strahlenquellen (HRQ-Register) erfasst werden

1		Inhaber der Genehmigung (Besitzer)
	Hersteller, Nutzer oder Lieferant	Inhaber einer Genehmigung zum Umgang mit hochradioaktiven Strahlenquellen nach § 9 AtG oder nach § 12 Absatz 1 Nummer 3 StrlSchG oder nach den §§ 6, 7 und 9b AtG (auf Grund der Erstreckungswirkung gemäß § 10a Absatz 2 AtG) Inhaber einer Genehmigung nach § 3 AtG oder nach § 12
	Name	Name der Firma oder der Institution
	Anschrift	vollständige Postadresse
	Ansprechpartner	Name, Telefonnummer, E-Mail-Adresse
	Land	
2		Angaben zur Genehmigung
	Nummer	
	Datum der Erteilung	
	Ablaufdatum	

	Genehmigungsbehörde/ zuständige Aufsichtsbehörde	
3		Angaben zur HRQ
	HRQ-Identifzierungsnummer	Identifizierungsnummer der hochradioaktiven Strahlenquelle nach § 92 Absatz 1
	Verwendung	Angabe über die Verwendung der hochradioaktiven Strahlenquelle, z. B. Blutbestrahlung oder industrielle Radiographie
	Gerätenummer des Herstellers	
4		Angaben zum Hersteller/Lieferant
		Ist der Hersteller der hochradioaktiven Strahlenquelle außerhalb der Europäischen Atomgemeinschaft niedergelassen, so ist zusätzlich der Name und die Anschrift des Verbringers oder des Lieferanten anzugeben.
	Name	Name der Firma oder der Institution
	Anschrift	vollständige Postadresse
	Land	
5		HRQ-Merkmale
	Radionuklid	
	Zeitpunkt der Herstellung oder des ersten Inverkehrbringens	
	Aktivität zum Zeitpunkt der Herstellung oder anderes Referenzdatum für die Aktivität	ggf. Aktivität zum Zeitpunkt des ersten Inverkehrbringens der hochradioaktiven Strahlenquelle oder bzgl. eines anderen Referenzdatums, falls Aktivität zum Zeitpunkt der Herstellung nicht bekannt
	Quellentyp	
	Kapseltyp	
	chemikalische/ physikalische Eigenschaften	
	ISO-Einstufung	
	ANSI-Einstufung	
	Bescheinigung über besondere Form	Angaben über das Datum der Erteilung einer „special Form"-Zulassung und ggf. über deren Verlängerungen
	IAEA-Quellenkategorie	Cat 1, 2 oder 3

	Neutronenquelle	ja/nein	
	Neutronenquellentarget		
	Neutronenfluss		
6	Art der Nutzung		
	ortsfeste Nutzung, Lagerung oder mobile Nutzung	Angabe, sofern es sich um einen ortsveränderlichen Umgang handelt und die hochradioaktive Strahlenquelle nicht länger als vier Wochen an einem anderen Ort verbleibt	
7	Standort der HRQ (Nutzung, Lagerung oder ständiger Lagerort bei mobiler Nutzung)		
		falls abweichend von 1	
	Name	Name der Firma oder der Institution	
	Anschrift	vollständige Postadresse	
	Land		
	zuständige Aufsichtsbehörde		
	ggf. Genehmigungsnummer		
8	Eingang der HRQ		
	Eingangsdatum	Datum des Erlangens der Sachherrschaft	
	erhalten von: Hersteller, anderer Nutzer oder Lieferant		
	Name	Name der Firma oder der Institution	
	Anschrift	vollständige Postadresse	
	Ansprechpartner	Name, Telefonnummer, E-Mail-Adresse	
	Land		
9	Weitergabe der HRQ		
	Datum der Weitergabe	Datum der Aufgabe der Sachherrschaft	
	Weitergabe an: Hersteller, anderer Nutzer, Lieferant oder		
	Entsorgungseinrichtung	Landessammelstelle oder Anlage des Bundes zur Sicherstellung und zur Endlagerung radioaktiver Abfälle nach § 9a Absatz 3 Satz 1 AtG	
	Name	Name der Firma oder der Institution	
	Anschrift	vollständige Postadresse	
	Ansprechpartner	Name, Telefonnummer, E-Mail-Adresse	

	Land	
	Genehmigungsnummer	
	Datum der Erteilung der Genehmigung	
	Ablaufdatum der Genehmigung	
10	Prüfung der HRQ	
	jeweils Art und Datum der Kontrolle auf Unversehrtheit und Dichtheit	Datum der Prüfung auf Unversehrtheit und Dichtheit nach § 89 Absatz 2
11	Sonstige Angaben	
	Verlust einer HRQ: Datum	
	Widerrechtliche Entwendung einer HRQ – (z. B. Diebstahl): Datum	
	Wiederauffinden einer HRQ: Datum Ort	
	Fund einer HRQ: Datum Ort	
12	Weitere Bemerkungen	

Anlage 10 (zu den §§ 91, 92): Strahlenzeichen

Kennzeichen: schwarz
Untergrund: gelb

Anlage 11 (zu den §§ 100, 101, 102, 160, 168, Anlage 6 und Anlage 8): Annahmen bei der Berechnung der Exposition

Teil A: Expositionspfade
1. Bei Ableitung mit Luft:
   1.1 Exposition durch Betastrahlung innerhalb der Abluftfahne (Betasubmersion)
   1.2 Exposition durch Gammastrahlung aus der Abluftfahne (Gammasubmersion)
   1.3 Exposition durch Gammastrahlung der am Boden abgelagerten radioaktiven Stoffe (Gammabodenstrahlung)
   1.4 Exposition durch Aufnahme radioaktiver Stoffe mit der Atemluft (Inhalation)
   1.5 Exposition durch Aufnahme radioaktiver Stoffe mit Lebensmitteln (Ingestion) auf dem Weg
      1.5.1 Luft – Pflanze
      1.5.2 Luft – Futterpflanze – Kuh – Milch
      1.5.3 Luft – Futterpflanze – Tier – Fleisch
      1.5.4 Luft – Muttermilch
      1.5.5 Luft – Nahrung – Muttermilch
2. Bei Ableitung mit Wasser:
   2.1 Exposition durch Aufenthalt auf Sediment (Gammabodenstrahlung)
   2.2 Exposition durch Aufnahme radioaktiver Stoffe mit Lebensmitteln (Ingestion) auf dem Weg
      2.2.1 Trinkwasser
      2.2.2 Wasser – Fisch
      2.2.3 Viehtränke – Kuh – Milch
      2.2.4 Viehtränke – Tier – Fleisch
      2.2.5 Beregnung – Futterpflanze – Kuh – Milch
      2.2.6 Beregnung – Futterpflanze – Tier – Fleisch
      2.2.7 Beregnung – Pflanze
      2.2.8 Muttermilch infolge der Aufnahme radioaktiver Stoffe durch die Mutter über die oben genannten Ingestionspfade
3. Ionisierende Strahlung aus kerntechnischen Anlagen, aus Anlagen im Sinne des § 9a Absatz 3 Satz 1 erster Halbsatz zweiter Satzteil des Atomgesetzes, aus Anlagen zur Erzeugung ionisierender Strahlung und aus anderen Einrichtungen:
   3.1 Gammastrahlung
   3.2 Röntgenstrahlung
   3.3 Neutronenstrahlung
4. Bei Bodenflächen, die auf sonstigen Wegen kontaminiert wurden:
   4.1 Exposition durch Aufenthalt auf kontaminierten Böden oder neben kontaminierten Ablagerungen (Gammabodenstrahlung)
   4.2 Exposition durch Aufnahme resuspendierten Bodens oder Materials von Ablagerungen mit der Atemluft (Staubinhalation)
   4.3 Exposition durch Aufnahme kontaminierten Bodens oder Materials von Ablagerungen über den Mund (Bodeningestion)
   4.4 Exposition durch Aufnahme radioaktiver Stoffe mit Lebensmitteln, die in Privatgärten neben kontaminierten Ablagerungen (Staubpfad) oder auf kontaminierten Böden erzeugt werden

Strahlenschutzverordnung — Anlage 11

Expositionspfade bleiben unberücksichtigt oder zusätzliche Expositionspfade (z. B. der Sickerwasserpfad bei kontaminierten Ablagerungen) sind zu berücksichtigen, wenn dies auf Grund der örtlichen Besonderheiten des Standortes oder auf Grund der Art der kerntechnischen Anlage, der Art der Anlage im Sinne des § 9a Absatz 3 Satz 1 erster Halbsatz zweiter Satzteil des Atomgesetzes, der Art der Anlage zur Erzeugung ionisierender Strahlung, der Art der anderen Einrichtung oder der Besonderheit der auf sonstigem Weg kontaminierten Bodenfläche begründet ist.

Teil B: Lebensgewohnheiten
Tabelle 1 Verzehrsraten

	Mittlere Verzehrsraten der repräsentativen Personen in kg/a							
1	2	3	4	5	6	7	8
Lebensmittel	Altersgruppe	≤ 1 Jahr	$> 1 -$ ≤ 2 Jahre	$> 2 -$ ≤ 7 Jahre	$> 7 -$ ≤ 12 Jahre	$> 12 -$ ≤ 17 Jahre	> 17 Jahre	
Trinkwasser		55[1]	100	100	150	200	350	2
Muttermilch, Milchfertigprodukte mit Trinkwasser		200[1,2]	–	–	–	–	–	1,6
Milch, Milchprodukte		45	160	160	170	170	130	3
Fisch[3]		0,5	3	3	4,5	5	7,5	5
Fleisch, Wurst, Eier		5	13	50	65	80	90	2
Getreide, Getreideprodukte		12	30	80	95	110	110	2
Einheimisches Frischobst, Obstprodukte, Säfte		25	45	65	65	60	35	3
Kartoffeln, Wurzelgemüse, Säfte		30	40	45	55	55	55	3
Blattgemüse		3	6	7	9	11	13	3
Gemüse, Gemüseprodukte, Säfte		5	17	30	35	35	40	3

1 Mengenangabe in [l/a].
Zur jährlichen Trinkwassermenge des Säuglings von 55 l/a kommen 160 l/a, wenn angenommen wird, dass der Säugling nicht gestillt wird, sondern nur Milchfertigprodukte erhält, die überregional erzeugt werden und als nicht kontaminiert anzusetzen sind. Dabei wird angenommen, dass 0,2 kg Konzentrat (entspricht 1 l Milch) in 0,8 l Wasser aufgelöst werden.
2 Je nach Nuklidzusammensetzung ist die ungünstigste Ernährungsvariante zugrunde zu legen.
3 Der Anteil von Süßwasserfisch am Gesamtfischverzehr beträgt im Mittel ca. 17 Prozent und ist den regionalen Besonderheiten anzupassen.

Anlage 11   Strahlenschutzverordnung

Für die Lebensmittelgruppen „Trinkwasser" und „Muttermilch, Milchfertigprodukte mit Trinkwasser" ist anzunehmen, dass 100 Prozent der Produkte kontaminiert sind. Für alle anderen Lebensmittelgruppen ist von 50 Prozent auszugehen. Die Lebensmittelgruppe „Getreide" sowie Kontaminationen über den Staubpfad für die Lebensmittelgruppe „Kartoffeln, Wurzelgemüse" können bei Radionukliden der natürlichen Zerfallsreihen Uran-238 und Thorium-232 grundsätzlich unberücksichtigt bleiben.

Bei der Ermittlung der zu erwartenden Exposition nach § 100 Absatz 1 im Rahmen des Genehmigungs- oder Anzeigeverfahrens für Tätigkeiten nach § 4 Absatz 1 Nummer 1 und Nummer 3 bis Nummer 8 des Strahlenschutzgesetzes sowie bei der Ermittlung der erhaltenen Exposition nach § 101 Absatz 1 Nummer 1 oder 2 ist für die Lebensmittelgruppe, die bei mittleren Verzehrsraten zur höchsten Ingestionsdosis führt, die mittlere Verzehrsrate mit dem Faktor in Spalte 8 zu multiplizieren. Zur Festlegung der dosisdominierenden Lebensmittelgruppe sind alle pflanzlichen Produkte außer Blattgemüse zu einer Lebensmittelgruppe zusammenzufassen. Für alle übrigen Lebensmittelgruppen sind die mittleren Verzehrsraten anzusetzen.

Tabelle 2 Atemraten

Altersgruppe	≤ 1 Jahr	> 1 – ≤ 2 Jahre	> 2 – ≤ 7 Jahre	> 7 – ≤ 12 Jahre	> 12 – ≤ 17 Jahre	> 17 Jahre
Atemrate in m^3/Jahr	1 100	1 900	3 200	5 640	7 300	8 100

Tabelle 3 Aufenthaltsdauern, Aufenthaltsorte und Reduktionsfaktoren

Expositionspfade	Aufenthaltsdauern und -orte	Reduktionsfaktor
Betastrahlung innerhalb der Abluftfahne	1 760 Stunden pro Kalenderjahr im Freien 7 000 Stunden pro Kalenderjahr in Gebäuden	– –
Gammastrahlung aus der Abluftfahne	1 760 Stunden pro Kalenderjahr im Freien 7 000 Stunden pro Kalenderjahr in Gebäuden	– 0,3
Gammastrahlung der am Boden abgelagerten radioaktiven Stoffe	1 760 Stunden pro Kalenderjahr im Freien 7 000 Stunden pro Kalenderjahr in Gebäuden	– 0,3
Inhalation radioaktiver Stoffe	1 760 Stunden pro Kalenderjahr im Freien 7 000 Stunden pro Kalenderjahr in Gebäuden	– –

Strahlenschutzverordnung   Anlage 11

Aufenthalt auf Sediment	760 Stunden pro Kalenderjahr	–
Direktstrahlung[1]	1 760 Stunden pro Kalenderjahr im Freien 7 000 Stunden pro Kalenderjahr in Gebäuden	fallspezifisch[2]

[1] Ionisierende Strahlung aus kerntechnischen Anlagen, Anlagen im Sinne des § 9a Absatz 3 Satz 1 erster Halbsatz zweiter Satzteil des Atomgesetzes, Anlagen zur Erzeugung ionisierender Strahlung und anderer Einrichtungen.

[2] Fallspezifische Reduktionsfaktoren für Direktstrahlung (Gammadirektstrahlung und Röntgendirektstrahlung) bei Aufenthalt in Gebäuden:
0,3 bei kerntechnischen Anlagen, Anlagen im Sinne des § 9a Absatz 3 Satz 1 erster Halbsatz zweiter Satzteil des Atomgesetzes,
0,3 bei Anlagen zur Erzeugung ionisierender Strahlung und anderen Einrichtungen, die sich nicht in demselben Wohngebäude wie die repräsentative Person befinden,
1 bei Anlagen zur Erzeugung ionisierender Strahlung und anderen Einrichtungen, die sich in demselben Wohngebäude wie die repräsentative Person befinden.
Bei Neutronendirektstrahlung ist der Reduktionsfaktor 1 zu verwenden.

Für die prospektive Berechnung der Exposition sind die in Tabelle 3 genannten Zahlenwerte für die jeweiligen Expositionspfade zu verwenden. Für den Aufenthalt im Freien sind folgende Fälle zu betrachten:
Die repräsentative Person hält sich im Freien entweder 760 Stunden pro Kalenderjahr auf Sediment und die restlichen 1 000 Stunden pro Kalenderjahr an anderen Stellen oder 1 760 Stunden pro Kalenderjahr an anderen Stellen im Freien auf. Für die prospektive Berechnung der Exposition ist die insgesamt ungünstigste Variante zugrunde zu legen.
Für die retrospektive Berechnung der Exposition sind, falls bekannt oder mit vertretbarem Aufwand ermittelbar, die tatsächlichen Aufenthaltsdauern und -orte während des betrachteten Zeitraums zugrunde zu legen. Andernfalls ist wie bei der prospektiven Berechnung der Exposition zu verfahren.

Teil C: Übrige Annahmen

1. Zur Berechnung der Exposition sind die in Anlage 18 Teil B Nummer 4 genannten Dosiskoeffizienten und Vorgaben sowie weitere in den Allgemeinen Verwaltungsvorschriften genannte Dosiskoeffizienten zu verwenden.
2. Zur Berechnung der Exposition sind alle wirksamen Quellen gemäß den Kriterien in den Allgemeinen Verwaltungsvorschriften zu berücksichtigen.
3. Zur Berechnung der Exposition ist von Modellen auszugehen, die einen Gleichgewichtszustand beschreiben. Die erwarteten Schwankungen radioaktiver Ableitungen sind dabei durch geeignete Wahl der Berechnungsparameter zu berücksichtigen.
4. Bei Ableitungen mit Luft ist für die Ausbreitungsrechnung das Lagrange-Partikel-Modell zu verwenden. Für die prospektive Berechnung der Exposition ist eine langjährige Wetterstatistik oder die Zeitreihe eines repräsentativen Jahres zugrunde zu legen, für die retrospektive Berechnung der Exposition die meteorologischen Daten des betrachteten Zeitraums. Im Einzelfall kann die zuständige Behörde zur Berücksichtigung von Besonderheiten des Standorts oder der kerntechnischen Anlage, der Anlage im Sinne des § 9a Absatz 3 Satz 1 erster Halbsatz zweiter Satzteil des Atomgesetzes, der Anlage zur Erzeugung ionisierender Strahlung oder der anderen Einrichtung die Anwendung anderer

Verfahren anordnen oder zulassen. Bei Ableitungen mit Wasser sind für die prognostische Berechnung der Exposition langjährige Mittelwerte der Wasserführung der Vorfluter zugrunde zu legen. Für die retrospektive Berechnung der Exposition ist der Mittelwert der Wasserführung der Vorfluter im betrachteten Zeitraum heranzuziehen.

5. Die Festlegung von Parameterwerten ist in Verbindung mit den Berechnungsmodellen so zu treffen, dass bei dem Gesamtergebnis eine Unterschätzung der Exposition der repräsentativen Person nicht zu erwarten ist. Sind zur Berechnung der Exposition Parameter zu berücksichtigen, deren Zahlenwerte einer Schwankungsbreite unterliegen, dürfen nur in begründeten Ausnahmefällen Extremwerte der Einzelparameter gewählt werden.

6. Bei der retrospektiven Berechnung der Exposition sind die standortspezifischen Verhältnisse, gegebenenfalls auch standortspezifische Modellparameter sowie aktuelle repräsentative statistische Daten, im betrachteten Zeitraum zu berücksichtigen. Es ist wie folgt vorzugehen:
    a) Es werden die gemessenen oder bilanzierten tatsächlichen Emissionen sowie die gemessene oder berechnete Direktstrahlung in der Umgebung des Standortes berücksichtigt.
    b) Es werden nur diejenigen Expositionspfade zugrunde gelegt, die auf Grund der realen Gegebenheiten in der Umgebung des Standortes tatsächlich zur Exposition beitrugen. Dabei ist insbesondere die tatsächliche Nutzung (nicht die Nutzungsmöglichkeiten) in der Umgebung maßgebend.
    c) Zur Berechnung der Ingestionsdosis durch Lebensmittel sind bevorzugt nur diejenigen Lebensmittelgruppen zu berücksichtigen, die im betrachteten Zeitraum in der Umgebung des Standortes erzeugt wurden. Soweit diese Informationen nicht mit vertretbarem Aufwand beschafft werden können, ist wie bei der prospektiven Berechnung der Exposition zu verfahren.
    d) Für die Anreicherung radioaktiver Stoffe im Boden und in anderen Umweltmedien wird einzelfallbezogen die tatsächliche Gesamtdauer der Emissionen unterstellt (Betriebsphase und gegebenenfalls auch Nachbetriebsphase).
    e) Es sind bevorzugt die realen Aufenthaltsdauern und -orte während des betrachteten Zeitraums zu berücksichtigen. Soweit diese Informationen nicht mit vertretbarem Aufwand beschafft werden können, ist wie bei der prospektiven Berechnung der Exposition zu verfahren.

7. Bei der Ermittlung der zu erwartenden Exposition nach § 100 Absatz 1 im Rahmen des Genehmigungs- oder Anzeigeverfahrens für Tätigkeiten nach § 4 Absatz 1 Nummer 1 und Nummer 3 bis 8 des Strahlenschutzgesetzes sind die berechneten effektiven Dosen infolge der Ableitung radioaktiver Stoffe mit Luft oder Wasser mit den nachstehenden generischen radionuklidspezifischen Faktoren und expositionspfadspezifischen Faktoren zu multiplizieren.

Tabelle 4 Generische radionuklidspezifische Faktoren

Expositionspfad	Faktor	Radionuklide
Gammabodenstrahlung	2	I-125
	1	I-131
Gammasubmersion	2	I-125, I-131
Ingestion	7	I-125, I-131
Betasubmersion und Inhalation	7	I-125, I-131

Strahlenschutzverordnung   Anlage 11

Tabelle 5 Expositionspfadspezifische Faktoren

Expositionspfad	Faktor
Bei Ableitung mit Luft:	
– Betasubmersion	1
– Gammasubmersion	2
– Gammabodenstrahlung	2
– Inhalation	1
– Ingestion von Lebensmitteln	3
Bei Ableitung mit Wasser:	
– Gammabodenstrahlung auf Sediment	1
– Ingestion von Lebensmitteln	3

Teil D: Maximal zulässige Aktivitätskonzentrationen aus Strahlenschutzbereichen
Bei mehreren Radionukliden ist die Summe der Verhältniszahlen aus der mittleren, jährlichen Konzentration der Radionuklide in Luft bzw. in Wasser in Bq/m³ ($C_{i,a}$) und dem jeweiligen berechneten, mittleren, jährlichen Konzentrationswert des jeweiligen Radionuklids (C_i) der Tabelle 6 oder 7 zu bestimmen (Summenformel), wobei i das jeweilige Radionuklid ist. Diese Summe darf den Wert 1 nicht überschreiten:

$$\sum_i \frac{\bar{C}_{i,a}}{C_i} \leq 1.$$

Tochternuklide sind zu berücksichtigen.
1. Maximal zulässige Aktivitätskonzentration in der Luft aus Strahlenschutzbereichen
   1.1 Inhalation
      Die Aktivität des Radionuklids i im Jahresdurchschnitt im Kubikmeter Luft darf
         1.1.1 für Fortluftströme $Q \leq 10^4$ m³ h^{-1} nicht höher sein als das Zehnfache der jeweiligen Werte der Tabelle 6 Spalte 2 oder Tabelle 8 Spalte 2 oder
         1.1.2 für Fortluftströme 10^4 m³ h^{-1} < $Q \leq 10^5$ m³ h^{-1} nicht höher sein als die jeweiligen Werte der Spalte 2 der Tabellen 4 oder 6;
   1.2 Submersion
      Die Aktivität des Radionuklids i im Jahresdurchschnitt im Kubikmeter Luft darf
         1.2.1 für Fortluftströme $Q \leq 10^4$ m³ h^{-1} nicht höher sein als das Zehnfache der Werte der Tabelle 7 Spalte 2 oder
         1.2.2 für Fortluftströme 10^4 m³ h^{-1} < $Q \leq 10^5$ m³ h^{-1} nicht höher sein als die Werte der Tabelle 7 Spalte 2.
2. Maximal zulässige Aktivitätskonzentration im Wasser, das aus Strahlenschutzbereichen in Abwasserkanäle eingeleitet wird
   2.1 Ingestion
      Die Aktivität des Radionuklids i im Jahresdurchschnitt im Kubikmeter Wasser darf
         2.1.1 für Abwassermengen $\leq 10^5$ m³ a^{-1} nicht höher sein als das Zehnfache der jeweiligen Werte der Tabelle 6 Spalte 3 oder Tabelle 8 Spalte 4 oder
         2.1.2 für Abwassermengen > 10^5 m³ a^{-1} nicht höher sein als die jeweiligen Werte der Tabelle 6 Spalte 3 oder Tabelle 8 Spalte 4.

Anlage 11 Strahlenschutzverordnung

Radionuklid		C_i	
A = an Schwebstoffe gebunden (Luft) E = elementar (Luft) O = organisch		in der Luft in Bq/m^3	im Wasser in Bq/m^3
1		2	3
H-3	A	1 E+2	1 E+7
H-3	O		7 E+6
Be-7	A	6 E+2	5 E+6
Be-10	A	1	6 E+4
C-11	A	6 E+2	3 E+6
C-14	A	6	6 E+5
F-18	A	5 E+2	2 E+6
Na-22	A	1	4 E+4
Na-24	A	9 E+1	3 E+5
Mg-28	A	2 E+1	7 E+4
Al-26	A	5 E-1	1 E+4
Si-31	A	3 E+2	5 E+5
Si-32	A	3 E-1	1 E+5
P-32	A	1	3 E+4
P-33	A	2 E+1	3 E+5
S-35	A	2 E+1	7 E+5
S-35	O		1 E+5
Cl-36	A	1 E-1	1 E+4
Cl-38	A	5 E+2	6 E+5
Cl-39	A	6 E+2	9 E+5
K-42	A	2 E+2	2 E+5
K-43	A	2 E+2	4 E+5
K-44	A	1 E+3	9 E+5
K-45	A	2 E+3	1 E+6
Ca-41	A	3	3 E+5
Ca-45	A	2	8 E+4
Ca-47	A	2 E+1	7 E+4
Sc-43	A	2 E+2	5 E+5
Sc-44	A	1 E+2	3 E+5

Strahlenschutzverordnung — Anlage 11

Radionuklid		C_i	
A = an Schwebstoffe gebunden (Luft) E = elementar (Luft) O = organisch		in der Luft in Bq/m^3	im Wasser in Bq/m^3
1		2	3
Sc-44m	A	2 E+1	4 E+4
Sc-46	A	5	8 E+4
Sc-47	A	4 E+1	1 E+5
Sc-48	A	3 E+1	7 E+4
Sc-49	A	7 E+2	9 E+5
Ti-44	A	3 E-1	2 E+4
Ti-45	A	3 E+2	6 E+5
V-47	A	8 E+2	1 E+6
V-48	A	1 E+1	6 E+4
V-49	A	8 E+2	2 E+6
Cr-48	A	1 E+2	6 E+5
Cr-49	A	8 E+2	1 E+6
Cr-51	A	8 E+2	3 E+6
Mn-51	A	6 E+2	8 E+5
Mn-52	A	2 E+1	7 E+4
Mn-52m	A	8 E+2	1 E+6
Mn-53	A	2 E+2	2 E+6
Mn-54	A	2 E+1	2 E+5
Mn-56	A	2 E+2	3 E+5
Fe-52	A	4 E+1	7 E+4
Fe-55	A	2 E+1	1 E+5
Fe-59	A	8	2 E+4
Fe-60	A	1 E-1	1 E+3
Co-55	A	5 E+1	2 E+5
Co-56	A	5	4 E+4
Co-57	A	3 E+1	3 E+5
Co-58	A	2 E+1	1 E+5
Co-58m	A	2 E+3	4 E+6
Co-60	A	1	2 E+4

Radionuklid		C_i	
A = an Schwebstoffe gebunden (Luft) E = elementar (Luft) O = organisch		in der Luft in Bq/m^3	im Wasser in Bq/m^3
1		2	3
Co-60m	A	2 E+4	4 E+7
Co-61	A	6 E+2	1 E+6
Co-62m	A	1 E+3	1 E+6
Ni-56	A	3 E+1	2 E+5
Ni-57	A	5 E+1	1 E+5
Ni-59	A	8 E+1	1 E+6
Ni-63	A	3 E+1	6 E+5
Ni-65	A	3 E+2	4 E+5
Ni-66	A	2 E+1	3 E+4
Cu-60	A	7 E+2	1 E+6
Cu-61	A	4 E+2	1 E+6
Cu-64	A	3 E+2	2 E+6
Cu-67	A	5 E+1	4 E+5
Zn-62	A	5 E+1	2 E+5
Zn-63	A	7 E+2	1 E+6
Zn-65	A	3	3 E+4
Zn-69	A	1 E+3	3 E+6
Zn-69m	A	9 E+1	7 E+5
Zn-71m	A	2 E+2	6 E+5
Zn-72	A	2 E+1	1 E+5
Ga-65	A	1 E+3	2 E+6
Ga-66	A	5 E+1	7 E+4
Ga-67	A	1 E+2	5 E+5
Ga-68	A	5 E+2	7 E+5
Ga-70	A	2 E+3	2 E+6
Ga-72	A	5 E+1	9 E+4
Ga-73	A	2 E+2	3 E+5
Ge-66	A	3 E+2	1 E+6
Ge-67	A	1 E+3	1 E+6

Radionuklid		C_i	
A = an Schwebstoffe gebunden (Luft) E = elementar (Luft) O = organisch		in der Luft in Bq/m³	im Wasser in Bq/m³
1		2	3
Ge-68	A	3	7 E+4
Ge-69	A	1 E+2	4 E+5
Ge-71	A	2 E+3	7 E+6
Ge-75	A	8 E+2	2 E+6
Ge-77	A	9 E+1	3 E+5
Ge-78	A	3 E+2	7 E+5
As-69	A	1 E+3	1 E+6
As-70	A	4 E+2	7 E+5
As-71	A	8 E+1	3 E+5
As-72	A	3 E+1	8 E+4
As-73	A	3 E+1	3 E+5
As-74	A	2 E+1	9 E+4
As-76	A	3 E+1	9 E+4
As-77	A	8 E+1	3 E+5
As-78	A	3 E+2	4 E+5
Se-70	A	3 E+2	9 E+5
Se-73	A	1 E+2	6 E+5
Se-73m	A	1 E+3	3 E+6
Se-75	A	2	4 E+4
Se-79	A	4 E-2	5 E+3
Se-81	A	2 E+3	3 E+6
Se-81m	A	6 E+2	2 E+6
Se-83	A	8 E+2	2 E+6
Br-74	A	6 E+2	1 E+6
Br-74m	A	4 E+2	6 E+5
Br-75	A	5 E+2	1 E+6
Br-76	A	7 E+1	2 E+5
Br-77	A	3 E+2	1 E+6
Br-80	A	2 E+3	2 E+6

Radionuklid		C_i	
A = an Schwebstoffe gebunden (Luft) E = elementar (Luft) O = organisch		in der Luft in Bq/m^3	im Wasser in Bq/m^3
1		2	3
Br-80m	A	4 E+2	6 E+5
Br-82	A	5 E+1	1 E+5
Br-83	A	7 E+2	2 E+6
Br-84	A	7 E+2	9 E+5
Rb-79	A	1 E+3	2 E+6
Rb-81	A	6 E+2	2 E+6
Rb-81m	A	3 E+3	8 E+6
Rb-82m	A	2 E+2	1 E+6
Rb-83	A	2 E+1	8 E+4
Rb-84	A	2 E+1	4 E+4
Rb-86	A	1 E+1	3 E+4
Rb-87	A	8 E-1	6 E+4
Rb-88	A	1 E+3	8 E+5
Rb-89	A	2 E+3	2 E+6
Sr-80	A	2 E+2	2 E+5
Sr-81	A	7 E+2	1 E+6
Sr-82	A	3	1 E+4
Sr-83	A	8 E+1	3 E+5
Sr-85	A	4 E+1	1 E+5
Sr-85m	A	6 E+3	2 E+7
Sr-87m	A	1 E+3	4 E+6
Sr-89	A	4	3 E+4
Sr-90	A	1 E-1	4 E+3
Sr-91	A	6 E+1	2 E+5
Sr-92	A	1 E+2	3 E+5
Y-86	A	5 E+1	1 E+5
Y-86m	A	9 E+2	2 E+6
Y-87	A	7 E+1	2 E+5
Y-88	A	8	1 E+5

Strahlenschutzverordnung   Anlage 11

Radionuklid		C_i	
A = an Schwebstoffe gebunden (Luft) E = elementar (Luft) O = organisch		in der Luft in Bq/m^3	im Wasser in Bq/m^3
1		2	3
Y-90	A	2 E+1	3 E+4
Y-90m	A	3 E+2	5 E+5
Y-91	A	4	3 E+4
Y-91m	A	3 E+3	1 E+7
Y-92	A	1 E+2	2 E+5
Y-93	A	5 E+1	6 E+4
Y-94	A	8 E+2	9 E+5
Y-95	A	2 E+3	2 E+6
Zr-86	A	6 E+1	1 E+5
Zr-88	A	1 E+1	3 E+5
Zr-89	A	5 E+1	1 E+5
Zr-93	A	1	4 E+5
Zr-95	A	6	1 E+5
Zr-97	A	3 E+1	4 E+4
Nb-88	A	9 E+2	1 E+6
Nb-89	A	2 E+2	3 E+5
Nb-90	A	4 E+1	8 E+4
Nb-93m	A	2 E+1	6 E+5
Nb-94	A	8 E-1	6 E+4
Nb-95	A	2 E+1	2 E+5
Nb-95m	A	4 E+1	1 E+5
Nb-96	A	4 E+1	1 E+5
Nb-97	A	6 E+2	1 E+6
Nb-98m	A	4 E+2	7 E+5
Mo-90	A	8 E+1	5 E+5
Mo-93	A	2 E+1	1 E+5
Mo-93m	A	2 E+2	1 E+6
Mo-99	A	3 E+1	2 E+5
Mo-101	A	1 E+3	2 E+6

Radionuklid		C_i	
A = an Schwebstoffe gebunden (Luft) E = elementar (Luft) O = organisch		in der Luft in Bq/m^3	im Wasser in Bq/m^3
1		2	3
Tc-93	A	7 E+2	3 E+6
Tc-93m	A	1 E+3	4 E+6
Tc-94	A	2 E+2	7 E+5
Tc-94m	A	5 E+2	7 E+5
Tc-95	A	2 E+2	9 E+5
Tc-95m	A	3 E+1	2 E+5
Tc-96	A	4 E+1	1 E+5
Tc-96m	A	4 E+3	9 E+6
Tc-97m	A	8	1 E+5
Tc-97	A	2 E+1	9 E+5
Tc-98	A	8 E-1	4 E+4
Tc-99	A	3	9 E+4
Tc-99m	A	2 E+3	4 E+6
Tc-101	A	2 E+3	4 E+6
Tc-104	A	8 E+2	9 E+5
Ru-94	A	5 E+2	1 E+6
Ru-97	A	3 E+2	7 E+5
Ru-103	A	1 E+1	1 E+5
Ru-105	A	2 E+2	3 E+5
Ru-106	A	6 E-1	1 E+4
Rh-99	A	4 E+1	2 E+5
Rh-99m	A	6 E+2	2 E+6
Rh-100	A	7 E+1	2 E+5
Rh-101	A	7	2 E+5
Rh-101m	A	1 E+2	5 E+5
Rh-102	A	2	5 E+4
Rh-102m	A	5	7 E+4
Rh-103m	A	1 E+4	2 E+7
Rh-105	A	9 E+1	2 E+5

Strahlenschutzverordnung   Anlage 11

Radionuklid		C_i	
A = an Schwebstoffe gebunden (Luft) E = elementar (Luft) O = organisch		in der Luft in Bq/m³	im Wasser in Bq/m³
1		2	3
Rh-106m	A	2 E+2	6 E+5
Rh-107	A	2 E+3	3 E+6
Pd-100	A	4 E+1	1 E+5
Pd-101	A	4 E+2	1 E+6
Pd-103	A	8 E+1	4 E+5
Pd-107	A	6 E+1	2 E+6
Pd-109	A	8 E+1	1 E+5
Ag-102	A	1 E+3	2 E+6
Ag-103	A	1 E+3	2 E+6
Ag-104	A	7 E+2	2 E+6
Ag-104m	A	9 E+2	2 E+6
Ag-105	A	1 E+1	2 E+5
Ag-106	A	2 E+3	2 E+6
Ag-106m	A	9	9 E+4
Ag-108m	A	4 E-1	4 E+4
Ag-110m	A	1	4 E+4
Ag-111	A	3	6 E+4
Ag-112	A	1 E+2	2 E+5
Ag-115	A	9 E+2	1 E+6
Cd-104	A	7 E+2	2 E+6
Cd-107	A	4 E+2	1 E+6
Cd-109	A	4	4 E+4
Cd-113	A	1 E-1	9 E+3
Cd-113m	A	2 E-1	7 E+3
Cd-115	A	3 E+1	6 E+4
Cd-115m	A	5	2 E+4
Cd-117	A	2 E+2	3 E+5
Cd-117m	A	1 E+2	3 E+5
In-109	A	6 E+2	2 E+6

Anlage 11

Radionuklid A = an Schwebstoffe gebunden (Luft) E = elementar (Luft) O = organisch		C_i in der Luft in Bq/m^3	im Wasser in Bq/m^3
1		2	3
In-110	A	2 E+2	6 E+5
In-111	A	1 E+2	4 E+5
In-112	A	4 E+3	7 E+6
In-113m	A	1 E+3	3 E+6
In-114m	A	2	2 E+4
In-115m	A	5 E+2	9 E+5
In-116m	A	6 E+2	2 E+6
In-117	A	1 E+3	3 E+6
In-117m	A	4 E+2	6 E+5
In-119m	A	1 E+3	2 E+6
Sn-110	A	1 E+2	3 E+5
Sn-111	A	2 E+3	4 E+6
Sn-113	A	1 E+1	1 E+5
Sn-117m	A	1 E+1	1 E+5
Sn-119m	A	2 E+1	2 E+5
Sn-121	A	1 E+2	3 E+5
Sn-121m	A	4	2 E+5
Sn-123	A	3	4 E+4
Sn-123m	A	1 E+3	2 E+6
Sn-125	A	1 E+1	3 E+4
Sn-126	A	1	2 E+4
Sn-127	A	2 E+2	4 E+5
Sn-128	A	3 E+2	6 E+5
Sb-115	A	2 E+3	4 E+6
Sb-116	A	2 E+3	3 E+6
Sb-116m	A	5 E+2	2 E+6
Sb-117	A	2 E+3	6 E+6
Sb-118m	A	2 E+2	7 E+5
Sb-119	A	5 E+2	1 E+6

Radionuklid		C_i	
A = an Schwebstoffe gebunden (Luft) E = elementar (Luft) O = organisch		in der Luft in Bq/m³	im Wasser in Bq/m³
1		2	3
Sb-120	A	3 E+1	1 E+5
Sb-122	A	3 E+1	5 E+4
Sb-124	A	4	4 E+4
Sb-124m	A	5 E+3	1 E+7
Sb-125	A	3	8 E+4
Sb-126	A	4 E-1	4 E+4
Sb-126m	A	1 E+3	2 E+6
Sb-127	A	2 E+1	5 E+4
Sb-128	A	6 E+1	1 E+5
Sb-129	A	1 E+2	2 E+5
Sb-130	A	5 E+2	1 E+6
Sb-131	A	6 E+2	8 E+5
Te-116	A	2 E+2	6 E+5
Te-121	A	7 E+1	3 E+5
Te-121m	A	4	3 E+4
Te-123	A	7 E-2	3 E+4
Te-123m	A	6	5 E+4
Te-125m	A	8	7 E+4
Te-127	A	2 E+2	6 E+5
Te-127m	A	2	2 E+4
Te-129	A	7 E+2	1 E+6
Te-129m	A	4	2 E+4
Te-131	A	8 E+2	1 E+6
Te-131m	A	2 E+1	4 E+4
Te-132	A	9	2 E+4
Te-133	A	8 E+2	1 E+6
Te-133m	A	2 E+2	3 E+5
Te-134	A	4 E+2	8 E+5
I-120	E	5 E+1	2 E+5

Anlage 11 — Strahlenschutzverordnung

Radionuklid		C_i	
A = an Schwebstoffe gebunden (Luft) E = elementar (Luft) O = organisch		in der Luft in Bq/m³	im Wasser in Bq/m³
1		2	3
I-120m	E	1 E+2	4 E+5
I-121	E	2 E+2	1 E+6
I-123	E	7 E+1	4 E+5
I-124	E	1	7 E+3
I-125	E	5 E-1	2 E+4
I-126	E	3 E-1	4 E+3
I-128	E	4 E+2	2 E+6
I-129	E	3 E-2	4 E+3
I-130	E	8	4 E+4
I-131	E	5 E-1	5 E+3
I-132	E	5 E+1	3 E+5
I-132m	E	5 E+1	4 E+5
I-133	E	3	2 E+4
I-134	E	2 E+2	8 E+5
I-135	E	1 E+1	9 E+4
Cs-125	A	1 E+3	2 E+6
Cs-127	A	7 E+2	5 E+6
Cs-129	A	3 E+2	2 E+6
Cs-130	A	2 E+3	3 E+6
Cs-131	A	6 E+2	2 E+6
Cs-132	A	1 E+2	3 E+5
Cs-134	A	2	2 E+4
Cs-134m	A	6 E+2	4 E+6
Cs-135	A	4	2 E+5
Cs-135m	A	2 E+3	7 E+6
Cs-136	A	1 E+1	6 E+4
Cs-137	A	9 E-1	3 E+4
Cs-138	A	6 E+2	8 E+5
Ba-126	A	2 E+2	3 E+5

Strahlenschutzverordnung — Anlage 11

Radionuklid		C_i	
A = an Schwebstoffe gebunden (Luft) E = elementar (Luft) O = organisch		in der Luft in Bq/m^3	im Wasser in Bq/m^3
1		2	3
Ba-128	A	2 E+1	4 E+4
Ba-131	A	4 E+1	2 E+5
Ba-131m	A	4 E+3	2 E+7
Ba-133	A	4	4 E+4
Ba-133m	A	7 E+1	2 E+5
Ba-135m	A	8 E+1	3 E+5
Ba-139	A	4 E+2	6 E+5
Ba-140	A	6	3 E+4
Ba-141	A	8 E+2	1 E+6
Ba-142	A	1 E+3	3 E+6
La-131	A	1 E+3	3 E+6
La-132	A	1 E+2	2 E+5
La-135	A	2 E+3	3 E+6
La-137	A	4	8 E+5
La-138	A	2 E-1	1 E+4
La-140	A	3 E+1	4 E+4
La-141	A	2 E+2	2 E+5
La-142	A	3 E+2	5 E+5
La-143	A	1 E+3	1 E+6
Ce-134	A	2 E+1	3 E+4
Ce-135	A	6 E+1	1 E+5
Ce-137	A	2 E+3	3 E+6
Ce-137m	A	7 E+1	1 E+5
Ce-139	A	2 E+1	3 E+5
Ce-141	A	9	1 E+5
Ce-143	A	4 E+1	7 E+4
Ce-144	A	6 E-1	1 E+4
Pr-136	A	2 E+3	2 E+6
Pr-137	A	1 E+3	2 E+6

Radionuklid		C_i	
A = an Schwebstoffe gebunden (Luft) E = elementar (Luft) O = organisch		in der Luft in Bq/m^3	im Wasser in Bq/m^3
1		2	3
Pr-138m	A	3 E+2	9 E+5
Pr-139	A	1 E+3	3 E+6
Pr-142	A	4 E+1	6 E+4
Pr-142m	A	3 E+3	4 E+6
Pr-143	A	1 E+1	6 E+4
Pr-144	A	1 E+3	1 E+6
Pr-145	A	1 E+2	2 E+5
Pr-147	A	1 E+3	2 E+6
Nd-136	A	5 E+2	9 E+5
Nd-138	A	9 E+1	1 E+5
Nd-139	A	2 E+3	4 E+6
Nd-139m	A	2 E+2	4 E+5
Nd-141	A	5 E+3	1 E+7
Nd-147	A	1 E+1	7 E+4
Nd-149	A	3 E+2	6 E+5
Nd-151	A	2 E+3	3 E+6
Pm-141	A	2 E+3	2 E+6
Pm-143	A	2 E+1	5 E+5
Pm-144	A	4	1 E+5
Pm-145	A	1 E+1	6 E+5
Pm-146	A	2	9 E+4
Pm-147	A	7	3 E+5
Pm-148	A	1 E+1	3 E+4
Pm-148m	A	6	6 E+4
Pm-149	A	4 E+1	7 E+4
Pm-150	A	2 E+2	3 E+5
Pm-151	A	6 E+1	1 E+5
Sm-141	A	2 E+3	2 E+6
Sm-141m	A	8 E+2	1 E+6

Strahlenschutzverordnung Anlage 11

Radionuklid		C_i	
A = an Schwebstoffe gebunden (Luft) E = elementar (Luft) O = organisch		in der Luft in Bq/m^3	im Wasser in Bq/m^3
1		2	3
Sm-142	A	3 E+2	4 E+5
Sm-145	A	2 E+1	4 E+5
Sm-146	A	3 E-3	6 E+2
Sm-151	A	9	6 E+5
Sm-153	A	5 E+1	1 E+5
Sm-155	A	2 E+3	3 E+6
Sm-156	A	1 E+2	3 E+5
Eu-145	A	5 E+1	2 E+5
Eu-146	A	4 E+1	1 E+5
Eu-147	A	3 E+1	2 E+5
Eu-148	A	1 E+1	1 E+5
Eu-149	A	1 E+2	9 E+5
Eu-150	A	7 E-1	3 E+4
Eu-152	A	9 E-1	5 E+4
Eu-152m	A	1 E+2	2 E+5
Eu-154	A	7 E-1	4 E+4
Eu-155	A	5	2 E+5
Eu-156	A	1 E+1	4 E+4
Eu-157	A	8 E+1	1 E+5
Eu-158	A	5 E+2	8 E+5
Gd-145	A	1 E+3	2 E+6
Gd-146	A	5	9 E+4
Gd-147	A	7 E+1	2 E+5
Gd-148	A	1 E-3	5 E+2
Gd-149	A	4 E+1	2 E+5
Gd-151	A	3 E+1	4 E+5
Gd-153	A	1 E+1	3 E+5
Gd-159	A	1 E+2	2 E+5
Tb-147	A	3 E+2	6 E+5

Anlage 11

Radionuklid		C_i	
A = an Schwebstoffe gebunden (Luft) E = elementar (Luft) O = organisch		in der Luft in Bq/m³	im Wasser in Bq/m³
1		2	3
Tb-149	A	7	4 E+5
Tb-150	A	2 E+2	4 E+5
Tb-151	A	1 E+2	3 E+5
Tb-153	A	1 E+2	4 E+5
Tb-154	A	8 E+1	2 E+5
Tb-155	A	2 E+2	5 E+5
Tb-156	A	3 E+1	1 E+5
Tb-156m	A	2 E+2	6 E+5
Tb-157	A	3 E+1	2 E+6
Tb-158	A	8 E-1	4 E+4
Tb-160	A	5	6 E+4
Tb-161	A	3 E+1	1 E+5
Dy-155	A	4 E+2	9 E+5
Dy-157	A	8 E+2	2 E+6
Dy-159	A	9 E+1	9 E+5
Dy-165	A	5 E+2	7 E+5
Dy-166	A	2 E+1	5 E+4
Ho-155	A	1 E+3	2 E+6
Ho-157	A	6 E+3	2 E+7
Ho-159	A	5 E+3	1 E+7
Ho-161	A	4 E+3	6 E+6
Ho-162	A	1 E+4	3 E+7
Ho-162m	A	1 E+3	4 E+6
Ho-164	A	4 E+3	7 E+6
Ho-164m	A	3 E+3	4 E+6
Ho-166	A	4 E+1	6 E+4
Ho-166m	A	3 E-1	2 E+4
Ho-167	A	4 E+2	1 E+6
Er-161	A	5 E+2	1 E+6

Radionuklid		C_i	
A = an Schwebstoffe gebunden (Luft) E = elementar (Luft) O = organisch		in der Luft in Bq/m^3	im Wasser in Bq/m^3
1		2	3
Er-165	A	3 E+3	5 E+6
Er-169	A	3 E+1	2 E+5
Er-171	A	1 E+2	2 E+5
Er-172	A	3 E+1	9 E+4
Tm-162	A	2 E+3	3 E+6
Tm-166	A	2 E+2	4 E+5
Tm-167	A	3 E+1	2 E+5
Tm-170	A	5	6 E+4
Tm-171	A	3 E+1	6 E+5
Tm-172	A	3 E+1	5 E+4
Tm-173	A	2 E+2	3 E+5
Tm-175	A	1 E+3	3 E+6
Yb-162	A	2 E+3	4 E+6
Yb-166	A	4 E+1	1 E+5
Yb-167	A	5 E+3	1 E+7
Yb-169	A	1 E+1	1 E+5
Yb-175	A	4 E+1	2 E+5
Yb-177	A	4 E+2	9 E+5
Yb-178	A	4 E+2	6 E+5
Lu-169	A	8 E+1	3 E+5
Lu-170	A	4 E+1	1 E+5
Lu-171	A	4 E+1	2 E+5
Lu-172	A	2 E+1	9 E+4
Lu-173	A	1 E+1	3 E+5
Lu-174	A	8	3 E+5
Lu-174m	A	8	1 E+5
Lu-176m	A	3 E+2	4 E+5
Lu-177	A	3 E+1	1 E+5
Lu-177m	A	2	5 E+4

Radionuklid		C_i	
A = an Schwebstoffe gebunden (Luft) E = elementar (Luft) O = organisch		in der Luft in Bq/m³	im Wasser in Bq/m³
1		2	3
Lu-178	A	1 E+3	2 E+6
Lu-178m	A	8 E+2	2 E+6
Lu-179	A	2 E+2	4 E+5
Hf-170	A	9 E+1	2 E+5
Hf-172	A	1	5 E+4
Hf-173	A	2 E+2	5 E+5
Hf-175	A	3 E+1	2 E+5
Hf-177m	A	3 E+2	1 E+6
Hf-178m	A	1 E-1	1 E+4
Hf-179m	A	9	7 E+4
Hf-180m	A	2 E+2	6 E+5
Hf-181	A	7	7 E+4
Hf-182	A	1 E-1	2 E+4
Hf-182m	A	7 E+2	2 E+6
Hf-183	A	5 E+2	1 E+6
Hf-184	A	9 E+1	2 E+5
Ta-172	A	8 E+2	2 E+6
Ta-173	A	2 E+2	4 E+5
Ta-174	A	7 E+2	1 E+6
Ta-175	A	2 E+2	6 E+5
Ta-176	A	1 E+2	4 E+5
Ta-177	A	3 E+2	9 E+5
Ta-178	A	4 E+2	1 E+6
Ta-179	A	6 E+1	1 E+6
Ta-180m	A	7 E+2	2 E+6
Ta-182	A	3	6 E+4
Ta-182m	A	1 E+3	6 E+6
Ta-183	A	2 E+1	6 E+4
Ta-184	A	7 E+1	2 E+6

Anlage 11

Radionuklid		C_i	
A = an Schwebstoffe gebunden (Luft) E = elementar (Luft) O = organisch		in der Luft in Bq/m³	im Wasser in Bq/m³
1		2	3
Ta-185	A	6 E+2	1 E+6
Ta-186	A	1 E+3	2 E+6
W-176	A	6 E+2	1 E+6
W-177	A	1 E+3	2 E+6
W-178	A	3 E+2	5 E+5
W-179	A	2 E+4	3 E+7
W-181	A	4 E+2	1 E+6
W-185	A	6 E+1	2 E+5
W-187	A	1 E+2	2 E+5
W-188	A	3 E+1	4 E+4
Re-177	A	2 E+3	4 E+6
Re-178	A	2 E+3	3 E+6
Re-181	A	1 E+2	2 E+5
Re-182	A	2 E+1	6 E+4
Re-184	A	2 E+1	1 E+5
Re-184m	A	5	5 E+4
Re-186	A	3 E+1	5 E+4
Re-186m	A	1	3 E+4
Re-187	A	7 E+2	1 E+7
Re-188	A	4 E+1	5 E+4
Re-188m	A	2 E+3	2 E+6
Re-189	A	6 E+1	9 E+4
Os-180	A	2 E+3	6 E+6
Os-181	A	4 E+2	1 E+6
Os-182	A	8 E+1	2 E+5
Os-185	A	2 E+1	2 E+5
Os-189m	A	4 E+3	4 E+6
Os-191	A	2 E+1	1 E+5
Os-191m	A	2 E+2	8 E+5

Radionuklid		C_i	
A = an Schwebstoffe gebunden (Luft) E = elementar (Luft) O = organisch		in der Luft in Bq/m³	im Wasser in Bq/m³
1		2	3
Os-193	A	6 E+1	1 E+5
Os-194	A	4 E-1	3 E+4
Ir-182	A	1 E+3	2 E+6
Ir-184	A	2 E+2	6 E+5
Ir-185	A	2 E+2	4 E+5
Ir-186	A	9 E+1	2 E+5
Ir-187	A	4 E+2	8 E+5
Ir-188	A	7 E+1	2 E+5
Ir-189	A	6 E+1	4 E+5
Ir-190	A	1 E+1	9 E+4
Ir-190m	A	3 E+2	9 E+5
Ir-192	A	5	7 E+4
Ir-192m	A	9 E-1	7 E+4
Ir-193m	A	3 E+1	3 E+5
Ir-194	A	4 E+1	6 E+4
Ir-194m	A	3	5 E+4
Ir-195	A	4 E+2	7 E+5
Ir-195m	A	2 E+2	4 E+5
Pt-186	A	7 E+2	1 E+6
Pt-188	A	6 E+1	1 E+5
Pt-189	A	5 E+2	8 E+5
Pt-191	A	2 E+2	3 E+5
Pt-193	A	2 E+1	2 E+6
Pt-193m	A	1 E+2	2 E+5
Pt-195m	A	9 E+1	1 E+5
Pt-197	A	2 E+2	2 E+5
Pt-197m	A	9 E+2	9 E+5
Pt-199	A	2 E+3	2 E+6
Pt-200	A	9 E+1	6 E+4

Strahlenschutzverordnung   Anlage 11

Radionuklid		C_i	
A = an Schwebstoffe gebunden (Luft) E = elementar (Luft) O = organisch		in der Luft in Bq/m^3	im Wasser in Bq/m^3
1		2	3
Au-193	A	3 E+2	7 E+5
Au-194	A	1 E+2	3 E+5
Au-195	A	2 E+1	4 E+5
Au-198	A	4 E+1	9 E+4
Au-198m	A	2 E+1	7 E+4
Au-199	A	4 E+1	2 E+5
Au-200	A	8 E+2	1 E+6
Au-200m	A	4 E+1	1 E+5
Au-201	A	2 E+3	3 E+6
Hg-193	A	4 E+2	3 E+6
Hg-193	O	9 E+2	1 E+6
Hg-193m	A	1 E+2	3 E+5
Hg-193m	O	2 E+2	8 E+5
Hg-194	A	1	1 E+5
Hg-194	O	4 E-1	7 E+3
Hg-195	A	4 E+2	9 E+5
Hg-195	O	9 E+2	3 E+6
Hg-195m	A	6 E+1	2 E+5
Hg-195m	O	2 E+2	4 E+5
Hg-197	A	1 E+2	4 E+5
Hg-197	O	4 E+2	9 E+5
Hg-197m	A	6 E+1	2 E+5
Hg-197m	O	2 E+2	6 E+5
Hg-199m	A	9 E+2	2 E+6
Hg-199m	O	2 E+3	3 E+6
Hg-203	A	1 E+1	2 E+5
Hg-203	O	1 E+1	6 E+4
Tl-194	A	5 E+3	1 E+7
Tl-194m	A	1 E+3	2 E+6

Anlage 11

Radionuklid		C_i	
A = an Schwebstoffe gebunden (Luft) E = elementar (Luft) O = organisch		in der Luft in Bq/m^3	im Wasser in Bq/m^3
1		2	3
Tl-195	A	2 E+3	4 E+6
Tl-197	A	2 E+3	4 E+6
Tl-198	A	4 E+2	2 E+6
Tl-198m	A	6 E+2	2 E+6
Tl-199	A	1 E+3	4 E+6
Tl-200	A	2 E+2	7 E+5
Tl-201	A	5 E+2	1 E+6
Tl-202	A	1 E+2	3 E+5
Tl-204	A	1 E+1	7 E+4
Pb-195m	A	1 E+3	3 E+6
Pb-198	A	4 E+2	2 E+6
Pb-199	A	7 E+2	3 E+6
Pb-200	A	9 E+1	4 E+5
Pb-201	A	2 E+2	9 E+5
Pb-202	A	2	3 E+4
Pb-202m	A	3 E+2	1 E+6
Pb-203	A	1 E+2	6 E+5
Pb-205	A	4 E+1	4 E+5
Pb-209	A	5 E+2	2 E+6
Pb-210	A	7 E-3	1 E+2
Pb-211	A	3	3 E+5
Pb-212	A	2 E-1	6 E+3
Pb-214	A	2	3 E+5
Bi-200	A	8 E+2	2 E+6
Bi-201	A	4 E+2	9 E+5
Bi-202	A	5 E+2	1 E+6
Bi-203	A	1 E+2	3 E+5
Bi-205	A	3 E+1	1 E+5
Bi-206	A	2 E+1	6 E+4

Strahlenschutzverordnung Anlage 11

Radionuklid			C_i	
A = an Schwebstoffe gebunden (Luft) E = elementar (Luft) O = organisch			in der Luft in Bq/m^3	im Wasser in Bq/m^3
1			2	3
Bi-207		A	1	9 E+4
Bi-210		A	4 E-1	6 E+4
Bi-210m		A	1 E-2	4 E+3
Bi-212		A	1	3 E+5
Bi-213		A	1	4 E+5
Bi-214		A	2	6 E+5
Po-203		A	7 E+2	3 E+6
Po-205		A	4 E+2	3 E+6
Po-207		A	3 E+2	2 E+6
Po-210		A	8 E-3	3 E+1
At-207		A	1 E+1	4 E+5
At-211		A	3 E-1	7 E+3
Fr-222		A	3	1 E+5
Fr-223		A	2 E+1	3 E+4
Ra-223		A	4 E-3	2 E+2
Ra-224		A	1 E-2	3 E+2
Ra-225		A	4 E-3	1 E+2
Ra-226		A	4 E-3	2 E+2
Ra-227		A	8 E+1	8 E+5
Ra-228		A	2 E-3	3 E+1
Ac-224		A	3 E-1	9 E+4
Ac-225		A	4 E-3	2 E+3
Ac-226		A	3 E-2	6 E+3
Ac-227		A	7 E-5	3 E+1
Ac-228		A	9 E-1	1 E+5
Th-226		A	5 E-1	2 E+5
Th-227		A	3 E-3	3 E+1
Th-228		A	9 E-4	2 E+2
Th-229		A	2 E-4	8 E+1

Radionuklid		C_i	
A = an Schwebstoffe gebunden (Luft) E = elementar (Luft) O = organisch		in der Luft in Bq/m³	im Wasser in Bq/m³
1		2	3
Th-230	A	4 E-4	2 E+2
Th-231	A	9 E+1	2 E+5
Th-232	A	3 E-4	2 E+2
Th-234	A	5	2 E+4
Pa-227	A	5 E-1	2 E+5
Pa-228	A	5 E-1	7 E+4
Pa-230	A	4 E-2	3 E+4
Pa-231	A	3 E-4	7 E+1
Pa-232	A	4	1 E+5
Pa-233	A	8	9 E+4
Pa-234	A	8 E+1	2 E+5
U-230	A	2 E-3	1 E+3
U-231	A	8 E+1	3 E+5
U-232	A	1 E-3	4 E+2
U-233	A	4 E-3	2 E+3
U-234	A	4 E-3	2 E+3
U-235	A	4 E-3	3 E+3
U-236	A	4 E-3	3 E+3
U-237	A	2 E+1	1 E+5
U-238	A	5 E-3	3 E+3
U-239	A	1 E+3	3 E+6
U-240	A	5 E+1	7 E+4
Np-232	A	3 E+2	1 E+7
Np-233	A	1 E+4	4 E+7
Np-234	A	5 E+1	1 E+5
Np-235	A	5 E+1	1 E+6
Np-236	A	5 E-3	5 E+3
Np-237	A	7 E-4	4 E+2
Np-238	A	1 E+1	9 E+4

Strahlenschutzverordnung Anlage 11

Radionuklid			C_i	
A = an Schwebstoffe gebunden (Luft) E = elementar (Luft) O = organisch			in der Luft in Bq/m³	im Wasser in Bq/m³
1			2	3
Np-239		A	3 E+1	1 E+5
Np-240		A	3 E+2	1 E+6
Pu-234		A	1	4 E+5
Pu-235		A	2 E+4	4 E+7
Pu-236		A	9 E-4	4 E+2
Pu-237		A	9 E+1	8 E+5
Pu-238		A	3 E-4	2 E+2
Pu-239		A	3 E-4	2 E+2
Pu-240		A	3 E-4	2 E+2
Pu-241		A	2 E-2	2 E+4
Pu-242		A	3 E-4	2 E+2
Pu-243		A	4 E+2	9 E+5
Pu-244		A	3 E-4	2 E+2
Pu-245		A	6 E+1	1 E+5
Pu-246		A	4	3 E+4
Am-237		A	1 E+3	5 E+6
Am-238		A	2 E+2	4 E+6
Am-239		A	1 E+2	3 E+5
Am-240		A	7 E+1	2 E+5
Am-241		A	4 E-4	2 E+2
Am-242		A	2	2 E+5
Am-242m		A	4 E-4	3 E+2
Am-243		A	4 E-4	3 E+2
Am-244		A	1 E+1	2 E+5
Am-244m		A	2 E+2	2 E+6
Am-245		A	6 E+2	1 E+6
Am-246		A	4 E+2	1 E+6
Am-246m		A	1 E+3	2 E+6
Cm-238		A	7	1 E+6

Radionuklid		C_i	
A = an Schwebstoffe gebunden (Luft) E = elementar (Luft) O = organisch		in der Luft in Bq/m³	im Wasser in Bq/m³
1		2	3
Cm-240	A	1 E-2	4 E+3
Cm-241	A	9 E-1	8 E+4
Cm-242	A	6 E-3	2 E+3
Cm-243	A	5 E-4	3 E+2
Cm-244	A	6 E-4	3 E+2
Cm-245	A	4 E-4	2 E+2
Cm-246	A	4 E-4	2 E+2
Cm-247	A	4 E-4	3 E+2
Cm-248	A	1 E-4	6 E+1
Cm-249	A	9 E+2	2 E+6
Cm-250	A	2 E-5	1 E+1
Bk-245	A	2 E+1	1 E+5
Bk-246	A	9 E+1	2 E+5
Bk-247	A	5 E-4	1 E+2
Bk-249	A	2 E-1	4 E+4
Bk-250	A	4 E+1	6 E+5
Cf-244	A	3	9 E+5
Cf-246	A	7 E-2	2 E+4
Cf-248	A	4 E-3	6 E+2
Cf-249	A	5 E-4	1 E+2
Cf-250	A	1 E-3	2 E+2
Cf-251	A	5 E-4	1 E+2
Cf-252	A	2 E-3	2 E+2
Cf-253	A	2 E-2	9 E+3
Cf-254	A	8 E-4	8 E+1
Es-250	A	6 E+1	4 E+6
Es-251	A	2 E+1	5 E+5
Es-253	A	1 E-2	5 E+3
Es-254	A	4 E-3	6 E+2

Strahlenschutzverordnung   Anlage 11

Radionuklid A = an Schwebstoffe gebunden (Luft) E = elementar (Luft) O = organisch		C_i	
		in der Luft in Bq/m³	im Wasser in Bq/m³
1		2	3
Es-254m	A	7 E-2	2 E+4
Fm-252	A	1 E-1	2 E+4
Fm-253	A	8 E-2	4 E+4
Fm-254	A	5 E-1	2 E+5
Fm-255	A	1 E-1	3 E+4
Fm-257	A	5 E-3	9 E+2
Md-257	A	1 3 E	+5
Md-258	A	6 E-3	1 E+3

Tabelle 7 Aktivitätskonzentration C_i aus Strahlenschutzbereichen (zu Teil D Nr. 1.2)

Radionuklid	C_i in der Luft in Bq/m³
1	2
C-11	3 E+3
N-13	2 E+3
O-15	1 E+3
Ar-37	2 E+8
Ar-39	6 E+3
Ar-41	2 E+2
Kr-74	2 E+2
Kr-76	5 E+2
Kr-77	2 E+2
Kr-79	9 E+2
Kr-81m	5 E+6
Kr-81	4 E+4
Kr-83m	4 E+6
Kr-85	4 E+3
Kr-85m	1 E+3
Kr-87	2 E+2
Kr-88	1 E+2

Radionuklid	C_i in der Luft in Bq/m³
1	2
Xe-120	6 E+2
Xe-121	1 E+2
Xe-122	3 E+3
Xe-123	3 E+2
Xe-125	9 E+2
Xe-127	9 E+2
Xe-129m	1 E+4
Xe-131m	2 E+4
Xe-133	7 E+3
Xe-133m	7 E+3
Xe-135m	5 E+2
Xe-135	9 E+2
Xe-138	2 E+2

Radionuklidgemisch	C_i in der Luft in Bq/m³
1	2
Beliebiges Gemisch	1 E-5
Beliebiges Gemisch, wenn Ac-227 und Cm-250 unberücksichtigt bleiben können	1 E-4
Beliebiges Gemisch, wenn Ac-227, Th-229, Th-230, Th-232, Pa-231, Pu-238, Pu-239, Pu-240, Pu-242, Pu-244, Am-241, Am-242m, Am-243, Cm-245, Cm-246, Cm-247, Cm-248 und Cm-250 unberücksichtigt bleiben können	5 E-4
Beliebiges Gemisch, wenn Ac-227, Th-228, Th-229, Th-230, Th-232, Pa-231, U-232, Np-237, Pu-236, Pu-238, Pu-239, Pu-240, Pu-242, Pu-244, Am-241, Am-242m, Am-243, Cm-243, Cm-244, Cm-245, Cm-246, Cm-247, Cm-248, Cm-250, Bk-247, Cf-249, Cf-251 und Cf-254 unberücksichtigt bleiben können	1 E-3

Radionuklidgemisch	C_i im Wasser in Bq/m³
3	4
Beliebiges Gemisch	1 E+1
Beliebiges Gemisch, wenn Po-210, Ra-228, Ac-227 und Cm-250 unberücksichtigt bleiben können	5 E+1
Beliebiges Gemisch, wenn Po-210, Ra-228, Ac-227, Th-229, Pa-231, Cm-248, Cm-250, Bk-247, Cf-249, Cf-251 und Cf-254 unberücksichtigt bleiben können	1 E+2
Beliebiges Gemisch, wenn Sm-146, Gd-148, Pb-210, Po-210, Ra-223, Ra-224, Ra-225, Ra-226, Ra-228, Ac-227, Th-228, Th-229, Th-230, Th-232, Pa-231, U-232, Np-237, Pu-236, Pu-238, Pu-239, Pu-240, Pu-242, Pu-244, Am-241, Am-242m, Am-243, Cm-243, Cm-244, Cm-245, Cm-246, Cm-247, Cm-248, Cm-250, Bk-247, Cf-248, Cf-249, Cf-250, Cf-251, Cf-252, Cf-254, Es-254 und Fm-257 unberücksichtigt bleiben können	1 E+3

Anlage 12 (zu § 103 Absatz 3): Leitstellen des Bundes für die Emissions- und Immissionsüberwachung

Leitstelle	Umweltbereich
Deutscher Wetterdienst	Luft, Niederschlag
Bundesanstalt für Gewässerkunde	Binnengewässer: Oberflächenwasser, Sediment
Bundesamt für Seeschifffahrt und Hydrographie	Küstengewässer: Oberflächenwasser, Sediment
Max Rubner-Institut, Bundesforschungsinstitut für Ernährung und Lebensmittel	Boden, Pflanzen, Bewuchs, Futtermittel, Nahrungsmittel pflanzlicher und tierischer Herkunft
Johann Heinrich von Thünen-Institut, Bundesforschungsinstitut für Ländliche Räume, Wald und Fischerei	Fisch und Fischereierzeugnisse
Bundesamt für Strahlenschutz	Ortsdosis, Ortsdosisleistung, Bodenoberfläche, Grundwasser, Trinkwasser, Abwasser, Klärschlamm, Fortluft

Anlage 13 (zu § 106 Absatz 4): Information der Bevölkerung zur Vorbereitung auf einen Notfall

Die Information der Bevölkerung muss Folgendes umfassen:
1. den Namen des Strahlenschutzverantwortlichen und die Angabe des Standortes der Anlage oder Einrichtung, für deren Umgebung die für den Katastrophenschutz oder die

für die öffentliche Sicherheit zuständige Behörde einen externen Notfallplan nach § 101 Absatz 1 des Strahlenschutzgesetzes aufgestellt hat,
2. die Angabe der Stelle, die die Informationen gibt,
3. eine allgemeinverständliche Kurzbeschreibung der Art und des Zwecks der Anlage oder Einrichtung und der Tätigkeit,
4. die Grundbegriffe der Radioaktivität und die Auswirkungen der Radioaktivität auf den Menschen und die Umwelt,
5. die in dem externen Notfallplan berücksichtigten Notfälle und ihre Folgen für Bevölkerung und Umwelt,
6. die geplanten Maßnahmen zum Schutz der Bevölkerung und zur Hilfeleistung,
7. Angaben dazu, wie bei einem Notfall die möglicherweise betroffene Bevölkerung gewarnt und fortlaufend über den Verlauf eines Notfalls unterrichtet werden soll,
8. Empfehlungen, wie die möglicherweise betroffenen Personen bei einem Notfall handeln und sich verhalten sollen,
9. die Bestätigung, dass der Strahlenschutzverantwortliche geeignete Maßnahmen und Vorkehrungen am Standort getroffen hat, um bei Eintritt eines Notfalls gerüstet zu sein und dessen Auswirkungen so gering wie möglich zu halten, einschließlich der Maßnahmen und Vorkehrungen für die Verbindung zu den für den Katastrophenschutz und den für die öffentliche Sicherheit zuständigen Behörden bei einem Notfall,
10. einen Hinweis auf externe Notfallpläne, die für Auswirkungen eines Notfalls in der Umgebung des Standortes der Anlage oder Einrichtung aufgestellt wurden,
11. die Angabe der für den Katastrophenschutz sowie der für die öffentliche Sicherheit zuständigen Behörden,
12. einen Hinweis auf die Notfallpläne sowie auf die nach § 105 des Strahlenschutzgesetzes veröffentlichten Informationen und Empfehlungen der zuständigen Behörden des Bundes und des Landes, in dem sich der Standort der Anlage oder Einrichtung befindet, sowie gegebenenfalls der zuständigen Behörden weiterer betroffener Länder, einschließlich der Angabe, wo diese Informationen und Empfehlungen gefunden werden können,
13. den Hinweis, dass die Informationen des Genehmigungsinhabers bei wesentlichen Änderungen, die Auswirkungen auf die Sicherheit oder auf den Schutz der Bevölkerung haben, auf den neuesten Stand gebracht werden, und die Angabe, wie diese Informationen in ihrer jeweils aktuellen Fassung jedermann zugänglich und jederzeit im Internet abrufbar sind.

Anlage 14 (zu § 108): Kriterien für die Bedeutsamkeit eines Vorkommnisses bei medizinischer Exposition und bei Exposition der untersuchten Person bei einer nichtmedizinischen Anwendung

I. Untersuchungen mit ionisierender Strahlung und radioaktiven Stoffen – ohne Interventionen – mit Ausnahme von Untersuchungen mittels konventioneller Projektionsradiographie und mittels digitaler Volumentomographie der Zähne und des Kiefers

1) Bezogen auf eine Gruppe von Personen
Jede Überschreitung des Mittelwertes über die letzten 20 aufeinanderfolgenden Untersuchungen gleicher Untersuchungsart um mehr als 100 Prozent des jeweiligen diagnostischen Referenzwertes, sobald der diagnostische Referenzwert einer einzelnen Untersuchung um 200 Prozent überschritten wurde.

2) Bezogen auf eine einzelne Person

a) Jede Überschreitung des volumenbezogenen Computertomographie-Dosisindex einer computertomographischen Anwendung am Gehirn von 120 Milligray und einer sonstigen computertomographischen Anwendung am Körper von 80 Milligray sowie jede Überschreitung des Gesamt-Dosisflächenproduktes einer Röntgendurchleuchtung von 20 000 Zentigray mal Quadratzentimeter. Für Anwendungen mit Geräten zur digitalen Volumentomographie gilt der zuerst überschrittene Wert von Computertomographie oder Durchleuchtung.
Jede durch radioaktive Stoffe verursachte Überschreitung der vorgesehenen effektiven Dosis um mehr als 20 Millisievert oder einer Organdosis um mehr als 100 Millisievert bei einer einzelnen Untersuchung; zur Überprüfung der Einhaltung dieser Werte kann der Strahlenschutzverantwortliche die vom Bundesamt für Strahlenschutz veröffentlichten Aktionsschwellen für Aktivitäten in Megabecquerel für Untersuchungen mit radioaktiven Stoffen heranziehen.
b) Jede Wiederholung einer Anwendung, insbesondere auf Grund einer Körperteilverwechslung, eines Einstellungsfehlers oder eines vorausgegangenen Gerätedefekts, wenn für die daraus resultierende gesamte zusätzliche Exposition das Kriterium nach Buchstabe a erfüllt ist.
c) Jede Personenverwechslung, wenn für die daraus resultierende gesamte zusätzliche Exposition das Kriterium nach Buchstabe a erfüllt ist.
d) Jedes Auftreten einer deterministischen Wirkung, die für die festgelegte Untersuchung nicht zu erwarten war.

II. Interventionen

1) Bezogen auf eine Gruppe von Personen
Jede Überschreitung des Mittelwertes über die letzten 20 aufeinanderfolgenden Interventionen gleicher Untersuchungsart um mehr als 100 Prozent des jeweiligen diagnostischen Referenzwertes, sobald der diagnostische Referenzwert einer einzelnen Untersuchung um 200 Prozent überschritten wurde.
2) Bezogen auf eine einzelne Person, wenn die Intervention zum Zweck der Untersuchung der Person erfolgt
   a) Jede Überschreitung des Gesamt-Dosisflächenproduktes von 20 000 Zentigray mal Quadratzentimeter.
   b) Jede Wiederholung einer Anwendung, insbesondere auf Grund einer Körperteilverwechslung, eines Einstellungsfehlers oder eines vorausgegangenen Gerätedefekts, wenn für die daraus resultierende gesamte zusätzliche Exposition das Kriterium nach Buchstabe a erfüllt ist.
   c) Jede Personenverwechslung.
   d) Jedes Auftreten einer deterministischen Wirkung, die für die festgelegte Intervention nicht zu erwarten war.
3) bezogen auf eine einzelne Person, wenn die Intervention zum Zweck der Behandlung der Person erfolgt
   a) Jede Überschreitung des Gesamt-Dosisflächenproduktes von 50 000 Zentigray mal Quadratzentimeter, wenn akut oder innerhalb von 21 Tagen nach der interventionellen Untersuchung ein deterministischer Hautschaden zweiten oder höheren Grades auftritt.
   b) Jede Personen- oder Körperteilverwechslung.
   c) Jedes Auftreten einer deterministischen Wirkung, die für die festgelegte Intervention nicht zu erwarten war.

Anlage 14   Strahlenschutzverordnung

III. Behandlungen mit ionisierender Strahlung und umschlossenen radioaktiven Stoffen
1) Jede Abweichung der Gesamtdosis im Zielvolumen oder am Referenzpunkt um mehr als 10 Prozent von der im Bestrahlungsplan festgelegten Dosis, sofern die Abweichung mindestens 4 Gray beträgt.
2) Jede ungeplante Überschreitung der in der Arbeitsanweisung festgelegten Dosisbeschränkung für Risikoorgane, sofern die Überschreitung mehr als 10 Prozent beträgt.
3) Jede Abweichung der mittleren Gesamtdosis um mehr als 10 Prozent von der festgelegten mittleren Dosis im Zielvolumen oder für Risikoorgane.
4) Jede Abweichung von der im Bestrahlungsplan festgelegten Gesamtbehandlungszeit um mehr als eine Woche, sofern die Abweichung nicht durch die behandelte Person bedingt ist.
5) Jede Personen- oder Bestrahlungsplanverwechslung.
6) Jedes Auftreten einer deterministischen Wirkung, die für die festgelegte Behandlung nicht zu erwarten war.

IV. Behandlungen mit offenen radioaktiven Stoffen
1) Jede Abweichung der verabreichten Gesamtaktivität von der festgelegten Aktivität um mehr als 10 Prozent.
2) Jedes Auftreten einer deterministischen Wirkung, die bei der festgelegten Behandlung nicht zu erwarten war.
3) Jede Personen- oder Körperteilverwechslung oder Verwechslung des radioaktiven Stoffes.
4) Jedes Auftreten eines Paravasates nach Injektion des radioaktiven Stoffes, sofern mehr als 15 Prozent der vorgesehenen Aktivität fehlappliziert wurde.
5) Jede Kontamination durch einen radioaktiven Stoff, wenn es zu einer unbeabsichtigten Exposition der behandelten Person gekommen ist und die daraus resultierende effektive Dosis 20 Millisievert oder die Organ-Äquivalentdosis 100 Millisievert überschreitet.

V. Betreuungs- und Begleitpersonen nach § 2 Absatz 8 Nummer 3 des Strahlenschutzgesetzes
Jede unbeabsichtigte Überschreitung der effektiven Dosis von 1 Millisievert für eine Betreuungs- und Begleitperson.

VI. Anwendung ionisierender Strahlung oder radioaktiver Stoffe am Menschen zum Zweck der medizinischen Forschung
1) Für nach § 31 des Strahlenschutzgesetzes genehmigte Anwendungen jedes nach den in den Abschnitten I bis V genannten Kriterien bedeutsame Vorkommnis; sofern nach § 138 Absatz 6 Satz 2 die Genehmigungsbehörde abweichende Werte festlegt, sind bei der Anwendung von Abschnitt I Nummer 1 und Abschnitt II Nummer 1 diese Werte anstelle der diagnostischen Referenzwerte heranzuziehen.
2) Für nach § 32 des Strahlenschutzgesetzes angezeigte Anwendungen jedes nach den in den Abschnitten I, II und V genannten Kriterien bedeutsame Vorkommnis.
3) Für Untersuchungen zum Zweck der medizinischen Forschung jede Überschreitung der Dosisgrenzwerte nach § 137 Absatz 2 oder 3.

VII. Ereignisse mit beinahe erfolgter Exposition
Jedes außerhalb der qualitätssichernden Maßnahmen entdeckte Ereignis mit beinahe erfolgter Exposition, für das eines der Kriterien der Abschnitte I bis VI zutreffen würde, wenn die Exposition tatsächlich aufgetreten wäre.

Anlage 15 (zu § 108): Kriterien für die Bedeutsamkeit eines Vorkommnisses in einer geplanten Expositionssituation

1. Exposition einer beruflich exponierten Person, die einen Grenzwert der Körperdosis – effektive Dosis oder Organ-Äquivalentdosis – nach § 78 des Strahlenschutzgesetzes überschreitet, sofern die Exposition nicht eine besonders zugelassene Exposition nach § 74 darstellt.
2. Exposition einer Einzelperson der Bevölkerung, die einen Grenzwert nach § 80 des Strahlenschutzgesetzes überschreitet.
3. Überschreitung der zulässigen Ableitung radioaktiver Stoffe mit Luft oder Wasser.
4. Freisetzungen radioaktiver Stoffe:
   a) innerhalb eines als Kontrollbereich gekennzeichneten Bereichs, soweit dieser nicht als Sperrbereich gekennzeichnet ist, wenn die Ortsdosisleistung den Wert von 3 Millisievert pro Stunde für mehr als 24 Stunden überschreitet,
   b) innerhalb eines Überwachungsbereichs, so dass die Einrichtung eines neuen Kontrollbereichs erforderlich ist, oder
   c) in die Umgebung mit Aktivitäten über den Freigrenzen nach Anlage 4 Tabelle 1 Spalte 2.
5. Kontaminationen:
   a) Kontamination innerhalb eines Kontrollbereichs, in einem Bereich, der bestimmungsgemäß nicht kontaminiert sein kann, die das Tausendfache der Werte der Anlage 4 Tabelle 1 Spalte 5 überschreitet und deren Gesamtaktivität in Becquerel mehr als das Hundertfache der Werte der Anlage 4 Tabelle 1 Spalte 2 beträgt,
   b) Kontamination innerhalb eines Überwachungsbereichs, in einem Bereich, der bestimmungsgemäß nicht kontaminiert sein kann, die das Hundertfache der Werte der Anlage 4 Tabelle 1 Spalte 5 überschreitet und deren Gesamtaktivität in Becquerel mehr als das Zehnfache der Werte der Anlage 4 Tabelle 1 Spalte 2 beträgt oder
   c) Kontamination, die nicht durch Buchstabe a oder b erfasst ist, die das Zehnfache der Werte der Anlage 4 Tabelle 1 Spalte 5 überschreitet und deren Gesamtaktivität in Becquerel die Werte der Anlage 4 Tabelle 1 Spalte 2 überschreitet.
6. Außergewöhnlicher Ereignisablauf oder Betriebszustand von erheblich sicherheitstechnischer Bedeutung beim Betrieb einer Röntgeneinrichtung, eines genehmigungsbedürftigen Störstrahlers, bei Anlagen zur Erzeugung ionisierender Strahlung oder beim Umgang mit oder der Beförderung von radioaktiven Stoffen.

Anlage 16 (zu § 149): Kriterien zur Bestimmung der Art und des Ausmaßes des mit einer Tätigkeit verbundenen Risikos

In welchen zeitlichen Abständen regelmäßige Vor-Ort-Prüfungen bei einem Strahlenschutzverantwortlichen durchzuführen sind, richtet sich nach einer systematischen Beurteilung der mit der Tätigkeit verbundenen Risiken, insbesondere anhand folgender Kriterien:
1. Höhe der zu erwartenden Exposition bei bestimmungsgemäßer Anwendung ionisierender Strahlung oder radioaktiver Stoffe am Menschen,
2. Höhe der zu erwartenden Exposition bei bestimmungsgemäßer Anwendung ionisierender Strahlung oder radioaktiver Stoffe bei Anwendungen ohne zielgerichtete Exposition von Personen,
3. Höhe der Aktivität des genehmigten Umgangs mit umschlossenen und offenen radioaktiven Stoffen,
4. Risiko für Inkorporationen beim Umgang mit offenen radioaktiven Stoffen,
5. Risiko für unbeabsichtigte Expositionen,
6. vorhandene Schutzeinrichtungen zur Vermeidung unbeabsichtigter Expositionen bei Röntgeneinrichtungen, Störstrahlern, Anlagen zur Erzeugung ionisierender Strahlung und

umschlossenen radioaktiven Stoffen sowie der Umfang erforderlicher Strahlenschutzmaßnahmen für die sichere Ausführung von Tätigkeiten,
7. weitere risikorelevante Bedingungen bei Tätigkeiten nach § 4 Absatz 1 des Strahlenschutzgesetzes in geplanten Expositionssituationen.

Anlage 17 (zu § 159): Aktivitätsindex und nicht zu überschreitende Werte nach § 135 Absatz 1 Satz 3 des Strahlenschutzgesetzes

Unter Berücksichtigung der Baustoffflächendichte $\rho \cdot d$ mit der Baustoffdichte ρ in der Einheit Kilogramm je Kubikmeter und der Baustoffdicke im Bauwerk d in der Einheit Meter mit den spezifischen Aktivitäten der Radionuklide Radium-226 C_{Ra226}, Thorium-232 (oder seines Zerfallsprodukts Radium-228) C_{Th232} und Kalium-40 C_{K40} im Baustoff in der Einheit Becquerel pro Kilogramm ergibt sich der Aktivitätsindex I zu:

$$I = \begin{bmatrix} [281 + 16{,}3\rho \cdot d - 0{,}0161(\rho \cdot d)^2] \cdot C_{Ra226} \\ + [319 + 18{,}5\rho \cdot d - 0{,}0178(\rho \cdot d)^2] \cdot C_{Th232} \\ + [22{,}3 + 1{,}28\rho \cdot d - 0{,}00114(\rho \cdot d)^2] \cdot C_{K40} \end{bmatrix} \cdot 10^{-6} - 0{,}29$$

Überschreitet die Flächendichte $\rho \cdot d$ den Wert von 500 Kilogramm je Quadratmeter, so ist stattdessen in der Formel der Wert $\rho \cdot d$ mit 500 Kilogramm je Quadratmeter anzusetzen.
Der Referenzwert in Höhe von 1 Millisievert pro Jahr gilt als eingehalten, wenn der Aktivitätsindex I den Wert 1 nicht überschreitet.
Für Dünnschichtmaterialien, also Baustoffe mit einer Dicke von bis zu 0,03 Meter, die nur in Kombination mit einer sie stützenden oder sie tragenden den Raum begrenzenden Oberfläche – Wand, Decke, Boden – verwendet werden – zum Beispiel Fliesen –, ist zur generischen Berücksichtigung der dahinterliegenden Oberfläche ein Beitrag von 0,48 zum Index zu addieren.
Ist die Baustoffdicke im Bauwerk nicht bekannt, so ist d = 0,2 Meter zu setzen.

Anlage 18 (zu den §§ 171, 197): Dosis- und Messgrößen

Teil A: Messgrößen für äußere Strahlung

Messgrößen für äußere Strahlung sind
1. für die Personendosis die Tiefen-Personendosis $H_p(10)$, die Augenlinsen-Personendosis $H_p(3)$ und die Oberflächen-Personendosis $H_p(0{,}07)$:
   a) die Tiefen-Personendosis $H_p(10)$ ist die Äquivalentdosis in 10 Millimeter Tiefe im Körper an der Tragestelle des für die Messung vorgesehenen Dosimeters;
   b) die Augenlinsen-Personendosis $H_p(3)$ ist die Äquivalentdosis in 3 Millimeter Tiefe im Körper an der Tragestelle des für die Messung vorgesehenen Dosimeters;
   c) die Oberflächen-Personendosis $H_p(0{,}07)$ ist die Äquivalentdosis in 0,07 Millimeter Tiefe im Körper an der Tragestelle des für die Messung vorgesehenen Dosimeters;
2. für die Ortsdosis die Umgebungs-Äquivalentdosis $H^*(10)$, die Richtungs-Äquivalentdosis in 3 Millimeter Tiefe $H'(3,\Omega)$ und die Richtungs-Äquivalentdosis in 0,07 Millimeter Tiefe $H'(0{,}07,\Omega)$:
   a) die Umgebungs-Äquivalentdosis $H^*(10)$ am interessierenden Punkt im tatsächlichen Strahlungsfeld ist die Äquivalentdosis, die im zugehörigen ausgerichteten und aufgeweiteten Strahlungsfeld in 10 Millimeter Tiefe auf dem der Einfallsrichtung der Strahlung entgegengesetzt orientierten Radius der ICRU-Kugel erzeugt würde;

b) die Richtungs-Äquivalentdosis H'(3,Ω) am interessierenden Punkt im tatsächlichen Strahlungsfeld ist die Äquivalentdosis, die im zugehörigen aufgeweiteten Strahlungsfeld in 3 Millimeter Tiefe auf einem in festgelegter Richtung Ω orientierten Radius der ICRU-Kugel erzeugt würde;
c) die Richtungs-Äquivalentdosis H'(0,07,Ω) am interessierenden Punkt im tatsächlichen Strahlungsfeld ist die Äquivalentdosis, die im zugehörigen aufgeweiteten Strahlungsfeld in 0,07 Millimeter Tiefe auf einem in festgelegter Richtung Ω orientierten Radius der ICRU-Kugel erzeugt würde.

Dabei ist
1. ein aufgeweitetes Strahlungsfeld ein idealisiertes Strahlungsfeld, in dem die Teilchenflussdichte und die Energie- und Richtungsverteilung der Strahlung an allen Punkten eines ausreichend großen Volumens die gleichen Werte aufweisen wie das tatsächliche Strahlungsfeld am interessierenden Punkt,
2. ein aufgeweitetes und ausgerichtetes Feld ein idealisiertes Strahlungsfeld, das aufgeweitet ist und in dem die Strahlung zusätzlich in eine Richtung ausgerichtet ist,
3. die ICRU-Kugel ein kugelförmiges Phantom von 30 Zentimeter Durchmesser aus ICRU-Weichteilgewebe (gewebeäquivalentes Material der Dichte 1 g/cm^3, Zusammensetzung: 76,2 Prozent Sauerstoff, 11,1 Prozent Kohlenstoff, 10,1 Prozent Wasserstoff, 2,6 Prozent Stickstoff).

Teil B: Berechnung der Körperdosis

1. Berechnung der Organ-Äquivalentdosis H_T:
Die durch die Strahlung R erzeugte Organ-Äquivalentdosis $H_{T,R}$ ist das Produkt aus der über das Gewebe oder Organ T gemittelten Energiedosis, der Organ-Energiedosis $D_{T,R}$, die durch die Strahlung R erzeugt wird, und dem Strahlungs-Wichtungsfaktor w_R nach Teil C Nummer 1:

$$H_{T,R} = w_R D_{T,R}$$

Bei Vorliegen mehrerer Strahlungsarten oder -energien mit unterschiedlichen Werten von w_R werden die einzelnen Beiträge addiert. Für die gesamte Organ-Äquivalentdosis H_T gilt dann:

$$H_T = \sum_R H_{T,R} = \sum_R w_R D_{T,R}$$

Organ-Äquivalentdosiswerte werden für eine idealisierte Person (Referenzperson) errechnet und sind separat für die männliche und die weibliche Referenzperson (H_T^M bzw. H_T^F) auf Grund deren unterschiedlicher Merkmale zu ermitteln.
Zur Berechnung der lokalen Hautdosis wird die gemittelte Energiedosis der Haut in 0,07 Millimeter Gewebetiefe herangezogen.
Bei einer inneren Exposition berücksichtigt die Organ-Äquivalentdosis auch die nach dem Bezugszeitpunkt auftretende Exposition auf Grund des Verbleibs der Radionuklide im Körper (Folge-Organ-Äquivalentdosis).
Die Folge-Organ-Äquivalentdosis $H_T(\tau)$ ist das Zeitintegral der Organ-Äquivalentdosisleistung im Gewebe oder Organ T, die eine Person infolge einer Inkorporation radioaktiver Stoffe zum Zeitpunkt t_0 erhält:

$$H_T(\tau) = \int_{t_0}^{t_0+\tau} \dot{H}_T(t) dt$$

$\dot{H}_T(t)$ bezeichnet die mittlere Organ-Äquivalentdosisleistung im Gewebe oder Organ T zum Zeitpunkt t.

Hierbei bezeichnet τ den Zeitraum, über den die Integration erfolgt. Für Erwachsene ist ein Zeitraum von 50 Jahren und für Kinder der Zeitraum vom jeweiligen Alter bis zum Alter von 70 Jahren zugrunde zu legen, sofern kein anderer Wert angegeben wird.

2. Berechnung der effektiven Dosis E:
Die effektive Dosis nach § 5 Absatz 11 des Strahlenschutzgesetzes ist das zur Berücksichtigung der Strahlenwirkung auf verschiedene Organe oder Gewebe gewichtete Mittel von Organ-Äquivalentdosen; die Strahlenempfindlichkeiten der verschiedenen Organe oder Gewebe werden durch die Wichtungsfaktoren w_T nach Teil C Nummer 2 berücksichtigt. Dabei ist über alle in Teil C Nummer 2 aufgeführten Organe und Gewebe zu summieren und über die Organ-Äquivalentdosiswerte für die männliche und weibliche Referenzperson zu mitteln:

$$E = \sum_T \frac{w_T}{2}(H_T^M + H_T^F)$$

Bei einer inneren Exposition berücksichtigt die effektive Dosis auch die nach dem Bezugszeitpunkt auftretende Exposition auf Grund des Verbleibs der Radionuklide im Körper (effektive Folgedosis).
Die effektive Folgedosis E(τ) ist die Summe der Folge-Organ-Äquivalentdosen HT(τ) nach Nummer 1, jeweils multipliziert mit dem zugehörigen Gewebe-Wichtungsfaktor wT nach Teil C Nummer 2. Dabei ist über alle in Teil C Nummer 2 aufgeführten Organe und Gewebe zu summieren:

$$E(\tau) = \sum_T w_T H_T(\tau)$$

Hierbei bezeichnet τ den Zeitraum, über den die Integration erfolgt. Für Erwachsene ist ein Zeitraum von 50 Jahren und für Kinder der Zeitraum vom jeweiligen Alter bis zum Alter von 70 Jahren zugrunde zu legen, sofern kein anderer Wert angegeben wird.
Bei der Berechnung der effektiven Dosis ist die Energiedosis der Haut in 0,07 Millimeter Gewebetiefe über die ganze Haut zu mitteln.

3. Berechnung der effektiven Dosis durch Inhalation von Radon an Arbeitsplätzen in Innenräumen:
Es ist davon auszugehen, dass eine effektive Dosis von 1 Millisievert verursacht wird durch
a) eine Radon-222-Exposition von 0,32 Megabecquerel je Kubikmeter mal Stunde; dabei wird ein Wert des Gleichgewichtsfaktors zwischen Radon-222 und seinen kurzlebigen Zerfallsprodukten von 0,4 zugrunde gelegt, oder
b) eine potenzielle Alphaenergie-Exposition von 0,71 Millijoule durch Kubikmeter mal Stunde.
Die zuständige Behörde kann auf Grund der Expositionsbedingungen von Satz 1 Buchstabe a abweichende Umrechnungsfaktoren festlegen.

4. Berechnung der effektiven Dosis bei Inkorporation, Submersion oder Bodenkontamination:
Für die Berechnung der Exposition sind jeweils die Dosiskoeffizienten und Vorgaben aus der Zusammenstellung im Bundesanzeiger Nr. 160a und b vom 28. August 2001 Teil I, II und III sowie IV und V heranzuziehen. Die zuständige Behörde kann unter Berücksichtigung der Expositionsbedingungen andere Dosiskoeffizienten nach dem Stand von Wissenschaft und Technik festlegen.

5. Berechnung der effektiven Dosis des ungeborenen Kindes:
a) Berechnung des Beitrags aus einer äußeren Exposition des ungeborenen Kindes:
Bei äußerer Exposition gilt die Organ-Äquivalentdosis der Gebärmutter der Schwangeren als effektive Dosis des ungeborenen Kindes.

Strahlenschutzverordnung   Anlage 18

b) Berechnung des Beitrags aus einer inneren Exposition des ungeborenen Kindes auf Grund der Inkorporation von Radionukliden einer Schwangeren:
Bei innerer Exposition gilt die effektive Folgedosis der Schwangeren, die durch die Aktivitätszufuhr bedingt ist, als effektive Dosis des ungeborenen Kindes, soweit die zuständige Behörde auf Grund der Expositionsbedingungen nichts anderes festlegt.

Teil C: Werte des Strahlungs-Wichtungsfaktors und des Gewebe-Wichtungsfaktors

1. Strahlungs-Wichtungsfaktor w_R:
Die Werte des Strahlungs-Wichtungsfaktors w_R richten sich nach Art und Qualität des äußeren Strahlungsfeldes oder nach Art und Qualität der von einem inkorporierten Radionuklid emittierten Strahlung.

Strahlungsart	Strahlungs-Wichtungsfaktor w_R
Photonen	1
Elektronen und Myonen	1
Protonen und geladene Pionen	2
Alphateilchen, Spaltfragmente, Schwerionen	20
Neutronen, Energie $E_n < 1$	$2{,}5 + 18{,}2\, e^{-[\ln(E_n)]^2/6}$
Neutronen, $1 \leq$ Energie $E_n \leq 50$	$5{,}0 + 17{,}0\, e^{-[\ln(2\, E_n)]^2/6}$
Neutronen, Energie $E_n > 50$	$2{,}5 + 3{,}25\, e^{-[\ln(0{,}04\, E_n)]^2/6}$

E_n ist der Zahlenwert der Neutronenenergie in MeV.

2. Gewebe-Wichtungsfaktor w_T

Gewebe oder Organe	Gewebe-Wichtungsfaktor w_T
1. Knochenmark (rot)	0,12
2. Dickdarm	0,12
3. Lunge	0,12
4. Magen	0,12
5. Brust	0,12
6. Keimdrüsen	0,08
7. Blase	0,04
8. Speiseröhre	0,04
9. Leber	0,04
10. Schilddrüse	0,01
11. Haut	0,01
12. Knochenoberfläche	0,01

13. Gehirn	0,01
14. Speicheldrüsen	0,01
15. Andere Organe oder Gewebe[1]	0,12

[1] Der Gewebe-Wichtungsfaktor für andere Organe oder Gewebe bezieht sich auf das arithmetische Mittel der Dosen der 13 Organe und Gewebe für jedes Geschlecht, die nachfolgend aufgelistet sind. Restliche Gewebe: Nebennieren, obere Atemwege, Gallenblase, Herz, Nieren, Lymphknoten, Muskelgewebe, Mundschleimhaut, Bauchspeicheldrüse, Prostata (Männer), Dünndarm, Milz, Thymus, Gebärmutter/Gebärmutterhals (Frauen).

Teil D: Qualitätsfaktor Q
Die Werte des Qualitätsfaktors Q der ICRU in Abhängigkeit von dem unbeschränkten linearen Energieübertragungsvermögen L in Wasser bestimmen sich nach den Empfehlungen der Internationalen Strahlenschutzkommission (ICRP) von 2007: ICRP-Veröffentlichung 103, die im digitalen Online Repositorium und Informations-System (DORIS) des Bundesamtes für Strahlenschutz unter der Kennung urn:nbn:de:0221-2009082154 veröffentlicht sind, wie folgt:

L	Q(L)
< 10	1
$10 \leq L \leq 100$	$0,32*L - 2,2$
L > 100	$300/\sqrt{L}$

L ist der Zahlenwert des linearen Energieübertragungsvermögens in Wasser in keV/µm.

Anlage 19 (zu § 181): Prüfungen zum Erwerb und Erhalt der erforderlichen fachlichen Qualifikation für die Ausübung einer Tätigkeit als behördlich bestimmter Sachverständiger nach § 172 Absatz 1 des Strahlenschutzgesetzes

Teil 1: Sachverständige nach § 172 Absatz 1 Satz 1 Nummer 1, 3 und 4 StrlSchG

Für den Erwerb der erforderlichen fachlichen Qualifikation nach § 181 Absatz 1 Nummer 4 für Prüfungen nach § 172 Absatz 1 Satz 1 Nummer 1, 3 und 4 des Strahlenschutzgesetzes ist für Prüfungen an Systemen nach Spalte 1 der Tabellen 1 und 2 die Durchführung von Prüfungen nach Spalte 2 der Tabellen 1 und 2 unter Aufsicht einer Person nach § 181 Absatz 1 Nummer 3 erforderlich.

Strahlenschutzverordnung — Anlage 19

Tabelle 1 Prüfungen nach § 172 Absatz 1 Satz 1 Nummer 1 StrlSchG

1 System		2 Zahl der zum Erwerb der Qualifikation zu prüfenden Systeme	3 Zahl der zum Erhalt der Qualifikation zu prüfenden Systeme	4 Anmerkungen
A	**Medizinische und zahnmedizinische Röntgeneinrichtungen**			
A 1	Aufnahmegeräte			
A 1.1	Aufnahmegeräte	20	10	Bei Erwerb der Qualifikation müssen ortsfeste – mindestens fünf – und ortsveränderliche Aufnahmegeräte geprüft werden.
A 1.2	Mammographiegeräte	10	5	Die Qualifikation kann nur im Zusammenhang mit der erforderlichen Zahl von Systemen nach A 1.1 erworben werden.
A 2	Durchleuchtungsgeräte			
A 2.1	Durchleuchtungsgeräte	30	15	Dazu gehören auch Angiographie-, digitale Subtraktionsangiographie- (DSA) und Herz-katheterarbeitsplätze sowie C-Bogengeräte, die für die Herzkatheter, DSA oder Interventionen genutzt werden.
A 2.2	C-Bogengeräte	10	5	Dazu gehören ortsveränderliche C-Bogengeräte, mit denen Untersuchungen zur Lokalisation am Körperstamm, an Extremitäten, Schultern und Hüftgelenken sowie Implantation von Katheter- und Portsystemen durchgeführt werden.
A 3	Computertomographiegeräte	10	5	Die Qualifikation kann nur im Zusammenhang mit der erforderlichen Zahl von Systemen nach A 2.1 erworben werden.
A 4	Zahnmedizinische Röntgeneinrichtungen			
A 4.1	Dentalaufnahmegeräte mit Tubus	10	5	

Anlage 19 — Strahlenschutzverordnung

1 System	2 Zahl der zum Erwerb der Qualifikation zu prüfenden Systeme	3 Zahl der zum Erhalt der Qualifikation zu prüfenden Systeme	4 Anmerkungen
A 4.2 Spezial-Dentalaufnahmegeräte	10	5	Beim Erwerb der Qualifikation müssen Panoramaschicht-, Fernröntgengeräte sowie mindestens drei DVT-Geräte geprüft werden.
A 5 Therapiegeräte	5	2	Beim Erwerb der Qualifikation können bis zu drei Systeme nach D 1 angerechnet werden.
B Nichtmedizinische Röntgeneinrichtungen und Störstrahler			
B 1 Feinstruktur- und Grobstrukturuntersuchungsgeräte	20	10	Beim Erwerb der Qualifikation müssen jeweils mindestens drei Feinstrukturgeräte, ortsfeste und ortsveränderliche Grobstrukturuntersuchungsgeräte geprüft werden.
B 2 Hoch-, Vollschutz- und Basisschutzgeräte und Schulröntgeneinrichtungen	5	2	Die Qualifikation für die Prüfung von Systemen nach B 2 kann nur im Zusammenhang mit der erforderlichen Zahl von Systemen nach B 1 erworben werden.
B 3 Störstrahler	5	2	Dazu gehören z. B. Elektronenmikroskope und Excimer-Laser. Elektronenstrahlschweißanlagen sind der Geräteart B 1 zuzuordnen.
C Tiermedizinische Röntgeneinrichtungen			
C 1 Ortsfeste und mobile Aufnahme- und Durchleuchtungsgeräte	10	5	Humanmedizinische Systeme nach A 1 und A 2 können als vergleichbare Systeme gezählt werden.
C 2 Computertomographiegeräte	5	2	Humanmedizinische Systeme nach A 3 können als vergleichbare Systeme gezählt werden.

Strahlenschutzverordnung — Anlage 19

Tabelle 2 Prüfungen nach § 172 Absatz 1 Satz 1 Nummern 3 und 4 StrlSchG

Die Prüfungen sind an unterschiedlichen Systemen oder in unterschiedlichen Einsatzbereichen durchzuführen.

	1 System	2 Zahl der zum Erwerb der Qualifikation zu prüfenden Systeme	3 Zahl der zum Erhalt der Qualifikation zu prüfenden Systeme[1]	4 Anmerkungen
D	**Medizinisch genutzte Systeme (Anwendungen am Menschen)**			
D 1	Anlagen zur Erzeugung ionisierender Strahlung, die keiner Errichtungsgenehmigung bedürfen	10	5	Beschleuniger: Beim Erwerb der Qualifikation müssen drei Prüfungen den Umfang einer Erstprüfung inklusive des baulichen Strahlenschutzes umfassen.
D 2	Bestrahlungsvorrichtungen für Brachytherapie	5	2	Falls die Qualifikation unabhängig von D 1 erworben wird, müssen beim Erwerb der Qualifikation zwei Prüfungen den Umfang einer Erstprüfung inklusive des baulichen Strahlenschutzes umfassen.
E	**Nichtmedizinisch genutzte Systeme**			
E 1	Anlagen zur Erzeugung ionisierender Strahlung, die einer Errichtungsgenehmigung bedürfen	2	2	Beim Erwerb der Qualifikation muss eine Prüfung den Umfang einer Erstprüfung inklusive des baulichen Strahlenschutzes umfassen.
E 2	Anlagen zur Erzeugung ionisierender Strahlung, ausgenommen E 1	5	2	Beim Erwerb der Qualifikation müssen zwei Prüfungen den Umfang einer Erstprüfung inklusive des baulichen Strahlenschutzes umfassen.

E 3	Bestrahlungsvorrichtungen mit radioaktiven Quellen	2	2	Beim Erwerb der Qualifikation müssen beide Prüfungen den Umfang einer Erstprüfung inklusive des baulichen Strahlenschutzes umfassen. Entsprechende Prüfungen nach D 1, D 2 oder E 1 werden angerechnet.
E 4	Geräte für die Gammaradiographie	5	2	
F	Umschlossene radioaktive Stoffe (Dichtheitsprüfungen)	100	50	Beim Erwerb der Qualifikation müssen die Dichtheitsprüfungen alle relevanten Prüfverfahren abdecken.

[1] Dazu gehören auch vergleichbare Geräte zur Anwendung am Tier.

Teil 2 Sachverständige nach § 172 Absatz 1 Satz 1 Nummer 2 StrlSchG

Für den Erwerb der erforderlichen fachlichen Qualifikation nach § 181 Absatz 1 Nummer 4 für Prüfungen nach § 172 Absatz 1 Satz 1 Nummer 2 des Strahlenschutzgesetzes sind fünf Prüfungen unter Aufsicht einer Person nach § 181 Absatz 1 Nummer 3 in zwei oder mehreren Tätigkeitsfeldern nach Anlage 3 des Strahlenschutzgesetzes durchzuführen.

Gesetz über Teilzeitarbeit und befristete Arbeitsverträge (Teilzeit- und Befristungsgesetz – TzBfG)

vom 21. Dezember 2000 (BGBl. I 2000, S. 1966)
– zuletzt geändert durch Gesetz zur Umsetzung der Richtlinie (EU) 2019/1152 des Europäischen Parlaments und des Rates vom 20. Juni 2019 über transparente und vorhersehbare Arbeitsbedingungen in der Europäischen Union im Bereich des Zivilrechts und zur Übertragung von Aufgaben an die Sozialversicherung für Landwirtschaft, Forsten und Gartenbau vom 20. Juli 2022 (BGBl I 2022, S. 1174)

Erster Abschnitt: Allgemeine Vorschriften

§ 1 Zielsetzung
Ziel des Gesetzes ist, Teilzeitarbeit zu fördern, die Voraussetzungen für die Zulässigkeit befristeter Arbeitsverträge festzulegen und die Diskriminierung von teilzeitbeschäftigten und befristet beschäftigten Arbeitnehmern zu verhindern.

§ 2 Begriff des teilzeitbeschäftigten Arbeitnehmers
(1) [1]Teilzeitbeschäftigt ist ein Arbeitnehmer, dessen regelmäßige Wochenarbeitszeit kürzer ist als die eines vergleichbaren vollzeitbeschäftigten Arbeitnehmers. [2]Ist eine regelmäßige Wochenarbeitszeit nicht vereinbart, so ist ein Arbeitnehmer teilzeitbeschäftigt, wenn seine regelmäßige Arbeitszeit im Durchschnitt eines bis zu einem Jahr reichenden Beschäftigungszeitraums unter der eines vergleichbaren vollzeitbeschäftigten Arbeitnehmers liegt. [3]Vergleichbar ist ein vollzeitbeschäftigter Arbeitnehmer des Betriebes mit derselben Art des Arbeitsverhältnisses und der gleichen oder einer ähnlichen Tätigkeit. [4]Gibt es im Betrieb keinen vergleichbaren vollzeitbeschäftigten Arbeitnehmer, so ist der vergleichbare vollzeitbeschäftigte Arbeitnehmer auf Grund des anwendbaren Tarifvertrages zu bestimmen; in allen anderen Fällen ist darauf abzustellen, wer im jeweiligen Wirtschaftszweig üblicherweise als vergleichbarer vollzeitbeschäftigter Arbeitnehmer anzusehen ist.
(2) Teilzeitbeschäftigt ist auch ein Arbeitnehmer, der eine geringfügige Beschäftigung nach § 8 Abs. 1 Nr. 1 des Vierten Buches Sozialgesetzbuch ausübt.

§ 3 Begriff des befristet beschäftigten Arbeitnehmers
(1) [1]Befristet beschäftigt ist ein Arbeitnehmer mit einem auf bestimmte Zeit geschlossenen Arbeitsvertrag. [2]Ein auf bestimmte Zeit geschlossener Arbeitsvertrag (befristeter Arbeitsvertrag) liegt vor, wenn seine Dauer kalendermäßig bestimmt ist (kalendermäßig befristeter Arbeitsvertrag) oder sich aus Art, Zweck oder Beschaffenheit der Arbeitsleistung ergibt (zweckbefristeter Arbeitsvertrag).
(2) [1]Vergleichbar ist ein unbefristet beschäftigter Arbeitnehmer des Betriebes mit der gleichen oder einer ähnlichen Tätigkeit. [2]Gibt es im Betrieb keinen vergleichbaren unbefristet beschäftigten Arbeitnehmer, so ist der vergleichbare unbefristet beschäftigte Arbeitnehmer auf Grund des anwendbaren Tarifvertrages zu bestimmen; in allen anderen Fällen ist darauf abzustellen, wer im jeweiligen Wirtschaftszweig üblicherweise als vergleichbarer unbefristet beschäftigter Arbeitnehmer anzusehen ist.

§ 4 Verbot der Diskriminierung
(1) [1]Ein teilzeitbeschäftigter Arbeitnehmer darf wegen der Teilzeitarbeit nicht schlechter behandelt werden als ein vergleichbarer vollzeitbeschäftigter Arbeitnehmer, es sei denn,

dass sachliche Gründe eine unterschiedliche Behandlung rechtfertigen. ²Einem teilzeitbeschäftigten Arbeitnehmer ist Arbeitsentgelt oder eine andere teilbare geldwerte Leistung mindestens in dem Umfang zu gewähren, der dem Anteil seiner Arbeitszeit an der Arbeitszeit eines vergleichbaren vollzeitbeschäftigten Arbeitnehmers entspricht.
(2) ¹Ein befristet beschäftigter Arbeitnehmer darf wegen der Befristung des Arbeitsvertrages nicht schlechter behandelt werden als ein vergleichbarer unbefristet beschäftigter Arbeitnehmer, es sei denn, dass sachliche Gründe eine unterschiedliche Behandlung rechtfertigen. ²Einem befristet beschäftigten Arbeitnehmer ist Arbeitsentgelt oder eine andere teilbare geldwerte Leistung, die für einen bestimmten Bemessungszeitraum gewährt wird, mindestens in dem Umfang zu gewähren, der dem Anteil seiner Beschäftigungsdauer am Bemessungszeitraum entspricht. ³Sind bestimmte Beschäftigungsbedingungen von der Dauer des Bestehens des Arbeitsverhältnisses in demselben Betrieb oder Unternehmen abhängig, so sind für befristet beschäftigte Arbeitnehmer dieselben Zeiten zu berücksichtigen wie für unbefristet beschäftigte Arbeitnehmer, es sei denn, dass eine unterschiedliche Berücksichtigung aus sachlichen Gründen gerechtfertigt ist.

§ 5 Benachteiligungsverbot
Der Arbeitgeber darf einen Arbeitnehmer nicht wegen der Inanspruchnahme von Rechten nach diesem Gesetz benachteiligen.

Zweiter Abschnitt: Teilzeitarbeit

§ 6 Förderung von Teilzeitarbeit
Der Arbeitgeber hat den Arbeitnehmern, auch in leitenden Positionen, Teilzeitarbeit nach Maßgabe dieses Gesetzes zu ermöglichen.

§ 7 Ausschreibung; Erörterung; Information über freie Arbeitsplätze
(1) Der Arbeitgeber hat einen Arbeitsplatz, den er öffentlich oder innerhalb des Betriebes ausschreibt, auch als Teilzeitarbeitsplatz auszuschreiben, wenn sich der Arbeitsplatz hierfür eignet.
(2) ¹Der Arbeitgeber hat mit dem Arbeitnehmer dessen Wunsch nach Veränderung von Dauer oder Lage oder von Dauer und Lage seiner vertraglich vereinbarten Arbeitszeit zu erörtern und den Arbeitnehmer über entsprechende Arbeitsplätze zu informieren, die im Betrieb oder Unternehmen besetzt werden sollen. ²Dies gilt unabhängig vom Umfang der Arbeitszeit. ³Der Arbeitnehmer kann ein Mitglied der Arbeitnehmervertretung zur Unterstützung oder Vermittlung hinzuziehen.
(3) ¹Der Arbeitgeber hat einem Arbeitnehmer, dessen Arbeitsverhältnis länger als sechs Monate bestanden und der ihm in Textform den Wunsch nach Absatz 2 Satz 1 angezeigt hat, innerhalb eines Monats nach Zugang der Anzeige eine begründete Antwort in Textform mitzuteilen. ²Hat der Arbeitgeber in den letzten zwölf Monaten vor Zugang der Anzeige bereits einmal einen in Textform geäußerten Wunsch nach Absatz 2 Satz 1 in Textform begründet beantwortet, ist eine mündliche Erörterung nach Absatz 2 ausreichend.
(4) ¹Der Arbeitgeber hat die Arbeitnehmervertretung über angezeigte Arbeitszeitwünsche nach Absatz 2 sowie über Teilzeitarbeit im Betrieb und Unternehmen zu informieren, insbesondere über vorhandene oder geplante Teilzeitarbeitsplätze und über die Umwandlung von Teilzeitarbeitsplätzen in Vollzeitarbeitsplätze oder umgekehrt. ²Der Arbeitnehmervertretung sind auf Verlangen die erforderlichen Unterlagen zur Verfügung zu stellen; § 92 des Betriebsverfassungsgesetzes bleibt unberührt.

§ 8 Zeitlich nicht begrenzte Verringerung der Arbeitszeit

(1) Ein Arbeitnehmer, dessen Arbeitsverhältnis länger als sechs Monate bestanden hat, kann verlangen, dass seine vertraglich vereinbarte Arbeitszeit verringert wird.
(2) ¹Der Arbeitnehmer muss die Verringerung seiner Arbeitszeit und den Umfang der Verringerung spätestens drei Monate vor deren Beginn in Textform geltend machen. ²Er soll dabei die gewünschte Verteilung der Arbeitszeit angeben.
(3) ¹Der Arbeitgeber hat mit dem Arbeitnehmer die gewünschte Verringerung der Arbeitszeit mit dem Ziel zu erörtern, zu einer Vereinbarung zu gelangen. ²Er hat mit dem Arbeitnehmer Einvernehmen über die von ihm festzulegende Verteilung der Arbeitszeit zu erzielen.
(4) ¹Der Arbeitgeber hat der Verringerung der Arbeitszeit zuzustimmen und ihre Verteilung entsprechend den Wünschen des Arbeitnehmers festzulegen, soweit betriebliche Gründe nicht entgegenstehen. ²Ein betrieblicher Grund liegt insbesondere vor, wenn die Verringerung der Arbeitszeit die Organisation, den Arbeitsablauf oder die Sicherheit im Betrieb wesentlich beeinträchtigt oder unverhältnismäßige Kosten verursacht. ³Die Ablehnungsgründe können durch Tarifvertrag festgelegt werden. ⁴Im Geltungsbereich eines solchen Tarifvertrages können nicht tarifgebundene Arbeitgeber und Arbeitnehmer die Anwendung der tariflichen Regelungen über die Ablehnungsgründe vereinbaren.
(5) ¹Die Entscheidung über die Verringerung der Arbeitszeit und ihre Verteilung hat der Arbeitgeber dem Arbeitnehmer spätestens einen Monat vor dem gewünschten Beginn der Verringerung in Textform mitzuteilen. ²Haben sich Arbeitgeber und Arbeitnehmer nicht nach Absatz 3 Satz 1 über die Verringerung der Arbeitszeit geeinigt und hat der Arbeitgeber die Arbeitszeitverringerung nicht spätestens einen Monat vor deren gewünschtem Beginn in Textform abgelehnt, verringert sich die Arbeitszeit in dem vom Arbeitnehmer gewünschten Umfang. ³Haben Arbeitgeber und Arbeitnehmer über die Verteilung der Arbeitszeit kein Einvernehmen nach Absatz 3 Satz 2 erzielt und hat der Arbeitgeber nicht spätestens einen Monat vor dem gewünschten Beginn der Arbeitszeitverringerung die gewünschte Verteilung der Arbeitszeit in Textform abgelehnt, gilt die Verteilung der Arbeitszeit entsprechend den Wünschen des Arbeitnehmers als festgelegt. ⁴Der Arbeitgeber kann die nach Satz 3 oder Absatz 3 Satz 2 festgelegte Verteilung der Arbeitszeit wieder ändern, wenn das betriebliche Interesse daran das Interesse des Arbeitnehmers an der Beibehaltung erheblich überwiegt und der Arbeitgeber die Änderung spätestens einen Monat vorher angekündigt hat.
(6) Der Arbeitnehmer kann eine erneute Verringerung der Arbeitszeit frühestens nach Ablauf von zwei Jahren verlangen, nachdem der Arbeitgeber einer Verringerung zugestimmt oder sie berechtigt abgelehnt hat.
(7) Für den Anspruch auf Verringerung der Arbeitszeit gilt die Voraussetzung, dass der Arbeitgeber, unabhängig von der Anzahl der Personen in Berufsbildung, in der Regel mehr als 15 Arbeitnehmer beschäftigt.

§ 9 Verlängerung der Arbeitszeit

¹Der Arbeitgeber hat einen teilzeitbeschäftigten Arbeitnehmer, der ihm in Textform den Wunsch nach einer Verlängerung seiner vertraglich vereinbarten Arbeitszeit angezeigt hat, bei der Besetzung eines Arbeitsplatzes bevorzugt zu berücksichtigen, es sei denn, dass
1. es sich dabei nicht um einen entsprechenden freien Arbeitsplatz handelt oder
2. der teilzeitbeschäftigte Arbeitnehmer nicht mindestens gleich geeignet ist wie ein anderer vom Arbeitgeber bevorzugter Bewerber oder
3. Arbeitszeitwünsche anderer teilzeitbeschäftigter Arbeitnehmer oder
4. dringende betriebliche Gründe entgegenstehen.

²Ein freier zu besetzender Arbeitsplatz liegt vor, wenn der Arbeitgeber die Organisationsentscheidung getroffen hat, diesen zu schaffen oder einen unbesetzten Arbeitsplatz neu zu besetzen.

§ 9a Zeitlich begrenzte Verringerung der Arbeitszeit

(1) ¹Ein Arbeitnehmer, dessen Arbeitsverhältnis länger als sechs Monate bestanden hat, kann verlangen, dass seine vertraglich vereinbarte Arbeitszeit für einen im Voraus zu bestimmenden Zeitraum verringert wird. ²Der begehrte Zeitraum muss mindestens ein Jahr und darf höchstens fünf Jahre betragen. ³Der Arbeitnehmer hat nur dann einen Anspruch auf zeitlich begrenzte Verringerung der Arbeitszeit, wenn der Arbeitgeber in der Regel mehr als 45 Arbeitnehmer beschäftigt.

(2) ¹Der Arbeitgeber kann das Verlangen des Arbeitnehmers nach Verringerung der Arbeitszeit ablehnen, soweit betriebliche Gründe entgegenstehen; § 8 Absatz 4 gilt entsprechend. ²Ein Arbeitgeber, der in der Regel mehr als 45, aber nicht mehr als 200 Arbeitnehmer beschäftigt, kann das Verlangen eines Arbeitnehmers auch ablehnen, wenn zum Zeitpunkt des begehrten Beginns der verringerten Arbeitszeit bei einer Arbeitnehmerzahl von in der Regel

1. mehr als 45 bis 60 bereits mindestens vier,
2. mehr als 60 bis 75 bereits mindestens fünf,
3. mehr als 75 bis 90 bereits mindestens sechs,
4. mehr als 90 bis 105 bereits mindestens sieben,
5. mehr als 105 bis 120 bereits mindestens acht,
6. mehr als 120 bis 135 bereits mindestens neun,
7. mehr als 135 bis 150 bereits mindestens zehn,
8. mehr als 150 bis 165 bereits mindestens elf,
9. mehr als 165 bis 180 bereits mindestens zwölf,
10. mehr als 180 bis 195 bereits mindestens 13,
11. mehr als 195 bis 200 bereits mindestens 14

andere Arbeitnehmer ihre Arbeitszeit nach Absatz 1 verringert haben.

(3) ¹Im Übrigen gilt für den Umfang der Verringerung der Arbeitszeit und für die gewünschte Verteilung der Arbeitszeit § 8 Absatz 2 bis 5. ²Für den begehrten Zeitraum der Verringerung der Arbeitszeit sind § 8 Absatz 2 Satz 1, Absatz 3 Satz 1, Absatz 4 sowie Absatz 5 Satz 1 und 2 entsprechend anzuwenden.

(4) Während der Dauer der zeitlich begrenzten Verringerung der Arbeitszeit kann der Arbeitnehmer keine weitere Verringerung und keine Verlängerung seiner Arbeitszeit nach diesem Gesetz verlangen; § 9 findet keine Anwendung.

(5) ¹Ein Arbeitnehmer, der nach einer zeitlich begrenzten Verringerung der Arbeitszeit nach Absatz 1 zu seiner ursprünglichen vertraglich vereinbarten Arbeitszeit zurückgekehrt ist, kann eine erneute Verringerung der Arbeitszeit nach diesem Gesetz frühestens ein Jahr nach der Rückkehr zur ursprünglichen Arbeitszeit verlangen. ²Für einen erneuten Antrag auf Verringerung der Arbeitszeit nach berechtigter Ablehnung auf Grund entgegenstehender betrieblicher Gründe nach Absatz 2 Satz 1 gilt § 8 Absatz 6 entsprechend. ³Nach berechtigter Ablehnung auf Grund der Zumutbarkeitsregelung nach Absatz 2 Satz 2 kann der Arbeitnehmer frühestens nach Ablauf von einem Jahr nach der Ablehnung erneut eine Verringerung der Arbeitszeit verlangen.

(6) Durch Tarifvertrag kann der Rahmen für den Zeitraum der Arbeitszeitverringerung abweichend von Absatz 1 Satz 2 auch zuungunsten des Arbeitnehmers festgelegt werden.

(7) Bei der Anzahl der Arbeitnehmer nach Absatz 1 Satz 3 und Absatz 2 sind Personen in Berufsbildung nicht zu berücksichtigen.

§ 10 Aus- und Weiterbildung
Der Arbeitgeber hat Sorge zu tragen, dass auch teilzeitbeschäftigte Arbeitnehmer an Aus- und Weiterbildungsmaßnahmen zur Förderung der beruflichen Entwicklung und Mobilität teilnehmen können, es sei denn, dass dringende betriebliche Gründe oder Aus- und Weiterbildungswünsche anderer teilzeit- oder vollzeitbeschäftigter Arbeitnehmer entgegenstehen.

§ 11 Kündigungsverbot
[1]Die Kündigung eines Arbeitsverhältnisses wegen der Weigerung eines Arbeitnehmers, von einem Vollzeit- in ein Teilzeitarbeitsverhältnis oder umgekehrt zu wechseln, ist unwirksam. [2]Das Recht zur Kündigung des Arbeitsverhältnisses aus anderen Gründen bleibt unberührt.

§ 12 Arbeit auf Abruf
(1) [1]Arbeitgeber und Arbeitnehmer können vereinbaren, dass der Arbeitnehmer seine Arbeitsleistung entsprechend dem Arbeitsanfall zu erbringen hat (Arbeit auf Abruf). [2]Die Vereinbarung muss eine bestimmte Dauer der wöchentlichen und täglichen Arbeitszeit festlegen. [3]Wenn die Dauer der wöchentlichen Arbeitszeit nicht festgelegt ist, gilt eine Arbeitszeit von 20 Stunden als vereinbart. [4]Wenn die Dauer der täglichen Arbeitszeit nicht festgelegt ist, hat der Arbeitgeber die Arbeitsleistung des Arbeitnehmers jeweils für mindestens drei aufeinander folgende Stunden in Anspruch zu nehmen.
(2) [1]Ist für die Dauer der wöchentlichen Arbeitszeit nach Absatz 1 Satz 2 eine Mindestarbeitszeit vereinbart, darf der Arbeitgeber nur bis zu 25 Prozent der wöchentlichen Arbeitszeit zusätzlich abrufen. [2]Ist für die Dauer der wöchentlichen Arbeitszeit nach Absatz 1 Satz 2 eine Höchstarbeitszeit vereinbart, darf der Arbeitgeber nur bis zu 20 Prozent der wöchentlichen Arbeitszeit weniger abrufen.
(3) [1]Der Arbeitgeber ist verpflichtet, den Zeitrahmen, bestimmt durch Referenzstunden und Referenztage, festzulegen, in dem auf seine Aufforderung hin Arbeit stattfinden kann. [2]Der Arbeitnehmer ist nur zur Arbeitsleistung verpflichtet, wenn der Arbeitgeber ihm die Lage seiner Arbeitszeit jeweils mindestens vier Tage im Voraus mitteilt und die Arbeitsleistung im Zeitrahmen nach Satz 1 zu erfolgen hat.
(4) [1]Zur Berechnung der Entgeltfortzahlung im Krankheitsfall ist die maßgebende regelmäßige Arbeitszeit im Sinne von § 4 Absatz 1 des Entgeltfortzahlungsgesetzes die durchschnittliche Arbeitszeit der letzten drei Monate vor Beginn der Arbeitsunfähigkeit (Referenzzeitraum). [2]Hat das Arbeitsverhältnis bei Beginn der Arbeitsunfähigkeit keine drei Monate bestanden, ist der Berechnung des Entgeltfortzahlungsanspruchs die durchschnittliche Arbeitszeit dieses kürzeren Zeitraums zugrunde zu legen. [3]Zeiten von Kurzarbeit, unverschuldeter Arbeitsversäumnis, Arbeitsausfällen und Urlaub im Referenzzeitraum bleiben außer Betracht. [4]Für den Arbeitnehmer günstigere Regelungen zur Berechnung der Entgeltfortzahlung im Krankheitsfall finden Anwendung.
(5) Für die Berechnung der Entgeltzahlung an Feiertagen nach § 2 Absatz 1 des Entgeltfortzahlungsgesetzes gilt Absatz 4 entsprechend.
(6) [1]Durch Tarifvertrag kann von Absatz 1 und von der Vorankündigungsfrist nach Absatz 3 Satz 2 auch zuungunsten des Arbeitnehmers abgewichen werden, wenn der Tarifvertrag Regelungen über die tägliche und wöchentliche Arbeitszeit und die Vorankündigungsfrist vorsieht. [2]Im Geltungsbereich eines solchen Tarifvertrages können nicht tarifgebundene Arbeitgeber und Arbeitnehmer die Anwendung der tariflichen Regelungen über die Arbeit auf Abruf vereinbaren.

§ 13 Arbeitsplatzteilung

(1) ¹Arbeitgeber und Arbeitnehmer können vereinbaren, dass mehrere Arbeitnehmer sich die Arbeitszeit an einem Arbeitsplatz teilen (Arbeitsplatzteilung). ²Ist einer dieser Arbeitnehmer an der Arbeitsleistung verhindert, sind die anderen Arbeitnehmer zur Vertretung verpflichtet, wenn sie der Vertretung im Einzelfall zugestimmt haben. ³Eine Pflicht zur Vertretung besteht auch, wenn der Arbeitsvertrag bei Vorliegen dringender betrieblicher Gründe eine Vertretung vorsieht und diese im Einzelfall zumutbar ist.
(2) ¹Scheidet ein Arbeitnehmer aus der Arbeitsplatzteilung aus, so ist die darauf gestützte Kündigung des Arbeitsverhältnisses eines anderen in die Arbeitsplatzteilung einbezogenen Arbeitnehmers durch den Arbeitgeber unwirksam. ²Das Recht zur Änderungskündigung aus diesem Anlass und zur Kündigung des Arbeitsverhältnisses aus anderen Gründen bleibt unberührt.
(3) Die Absätze 1 und 2 sind entsprechend anzuwenden, wenn sich Gruppen von Arbeitnehmern auf bestimmten Arbeitsplätzen in festgelegten Zeitabschnitten abwechseln, ohne dass eine Arbeitsplatzteilung im Sinne des Absatzes 1 vorliegt.
(4) ¹Durch Tarifvertrag kann von den Absätzen 1 und 3 auch zuungunsten des Arbeitnehmers abgewichen werden, wenn der Tarifvertrag Regelungen über die Vertretung der Arbeitnehmer enthält. ²Im Geltungsbereich eines solchen Tarifvertrages können nicht tarifgebundene Arbeitgeber und Arbeitnehmer die Anwendung der tariflichen Regelungen über die Arbeitsplatzteilung vereinbaren.

Dritter Abschnitt: Befristete Arbeitsverträge

§ 14 Zulässigkeit der Befristung

(1) ¹Die Befristung eines Arbeitsvertrages ist zulässig, wenn sie durch einen sachlichen Grund gerechtfertigt ist. ²Ein sachlicher Grund liegt insbesondere vor, wenn
1. der betriebliche Bedarf an der Arbeitsleistung nur vorübergehend besteht,
2. die Befristung im Anschluss an eine Ausbildung oder ein Studium erfolgt, um den Übergang des Arbeitnehmers in eine Anschlussbeschäftigung zu erleichtern,
3. der Arbeitnehmer zur Vertretung eines anderen Arbeitnehmers beschäftigt wird,
4. die Eigenart der Arbeitsleistung die Befristung rechtfertigt,
5. die Befristung zur Erprobung erfolgt,
6. in der Person des Arbeitnehmers liegende Gründe die Befristung rechtfertigen,
7. der Arbeitnehmer aus Haushaltsmitteln vergütet wird, die haushaltsrechtlich für eine befristete Beschäftigung bestimmt sind, und er entsprechend beschäftigt wird oder
8. die Befristung auf einem gerichtlichen Vergleich beruht.
(2) ¹Die kalendermäßige Befristung eines Arbeitsvertrages ohne Vorliegen eines sachlichen Grundes ist bis zur Dauer von zwei Jahren zulässig; bis zu dieser Gesamtdauer von zwei Jahren ist auch die höchstens dreimalige Verlängerung eines kalendermäßig befristeten Arbeitsvertrages zulässig. ²Eine Befristung nach Satz 1 ist nicht zulässig, wenn mit demselben Arbeitgeber bereits zuvor ein befristetes oder unbefristetes Arbeitsverhältnis bestanden hat. ³Durch Tarifvertrag kann die Anzahl der Verlängerungen oder die Höchstdauer der Befristung abweichend von Satz 1 festgelegt werden. ⁴Im Geltungsbereich eines solchen Tarifvertrages können nicht tarifgebundene Arbeitgeber und Arbeitnehmer die Anwendung der tariflichen Regelungen vereinbaren.
(2a) ¹In den ersten vier Jahren nach der Gründung eines Unternehmens ist die kalendermäßige Befristung eines Arbeitsvertrages ohne Vorliegen eines sachlichen Grundes bis zur Dauer von vier Jahren zulässig; bis zu dieser Gesamtdauer von vier Jahren ist auch die mehrfache Verlängerung eines kalendermäßig befristeten Arbeitsvertrages zulässig. ²Dies gilt nicht für

Neugründungen im Zusammenhang mit der rechtlichen Umstrukturierung von Unternehmen und Konzernen. ³Maßgebend für den Zeitpunkt der Gründung des Unternehmens ist die Aufnahme einer Erwerbstätigkeit, die nach § 138 der Abgabenordnung der Gemeinde oder dem Finanzamt mitzuteilen ist. ⁴Auf die Befristung eines Arbeitsvertrages nach Satz 1 findet Absatz 2 Satz 2 bis 4 entsprechende Anwendung.
(3) ¹Die kalendermäßige Befristung eines Arbeitsvertrages ohne Vorliegen eines sachlichen Grundes ist bis zu einer Dauer von fünf Jahren zulässig, wenn der Arbeitnehmer bei Beginn des befristeten Arbeitsverhältnisses das 52. Lebensjahr vollendet hat und unmittelbar vor Beginn des befristeten Arbeitsverhältnisses mindestens vier Monate beschäftigungslos im Sinne des § 138 Absatz 1 Nummer 1 des Dritten Buches Sozialgesetzbuch gewesen ist, Transferkurzarbeitergeld bezogen oder an einer öffentlich geförderten Beschäftigungsmaßnahme nach dem Zweiten oder Dritten Buch Sozialgesetzbuch teilgenommen hat. ²Bis zu der Gesamtdauer von fünf Jahren ist auch die mehrfache Verlängerung des Arbeitsvertrages zulässig.
(4) Die Befristung eines Arbeitsvertrages bedarf zu ihrer Wirksamkeit der Schriftform.

§ 15 Ende des befristeten Arbeitsvertrages
(1) Ein kalendermäßig befristeter Arbeitsvertrag endet mit Ablauf der vereinbarten Zeit.
(2) Ein zweckbefristeter Arbeitsvertrag endet mit Erreichen des Zwecks, frühestens jedoch zwei Wochen nach Zugang der schriftlichen Unterrichtung des Arbeitnehmers durch den Arbeitgeber über den Zeitpunkt der Zweckerreichung.
(3) Wird für ein befristetes Arbeitsverhältnis eine Probezeit vereinbart, so muss diese im Verhältnis zu der erwarteten Dauer der Befristung und der Art der Tätigkeit stehen.
(4) Ein befristetes Arbeitsverhältnis unterliegt nur dann der ordentlichen Kündigung, wenn dies einzelvertraglich oder im anwendbaren Tarifvertrag vereinbart ist.
(5) ¹Ist das Arbeitsverhältnis für die Lebenszeit einer Person oder für längere Zeit als fünf Jahre eingegangen, so kann es von dem Arbeitnehmer nach Ablauf von fünf Jahren gekündigt werden. ²Die Kündigungsfrist beträgt sechs Monate.
(6) Wird das Arbeitsverhältnis nach Ablauf der Zeit, für die es eingegangen ist, oder nach Zweckerreichung mit Wissen des Arbeitgebers fortgesetzt, so gilt es als auf unbestimmte Zeit verlängert, wenn der Arbeitgeber nicht unverzüglich widerspricht oder dem Arbeitnehmer die Zweckerreichung nicht unverzüglich mitteilt.

§ 16 Folgen unwirksamer Befristung
¹Ist die Befristung rechtsunwirksam, so gilt der befristete Arbeitsvertrag als auf unbestimmte Zeit geschlossen; er kann vom Arbeitgeber frühestens zum vereinbarten Ende ordentlich gekündigt werden, sofern nicht nach § 15 Absatz 4 die ordentliche Kündigung zu einem früheren Zeitpunkt möglich ist. ²Ist die Befristung nur wegen des Mangels der Schriftform unwirksam, kann der Arbeitsvertrag auch vor dem vereinbarten Ende ordentlich gekündigt werden.

§ 17 Anrufung des Arbeitsgerichts
¹Will der Arbeitnehmer geltend machen, dass die Befristung eines Arbeitsvertrages rechtsunwirksam ist, so muss er innerhalb von drei Wochen nach dem vereinbarten Ende des befristeten Arbeitsvertrages Klage beim Arbeitsgericht auf Feststellung erheben, dass das Arbeitsverhältnis auf Grund der Befristung nicht beendet ist. ²Die §§ 5 bis 7 des Kündigungsschutzgesetzes gelten entsprechend. ³Wird das Arbeitsverhältnis nach dem vereinbarten Ende fortgesetzt, so beginnt die Frist nach Satz 1 mit dem Zugang der schriftlichen Erklärung des Arbeitgebers, dass das Arbeitsverhältnis auf Grund der Befristung beendet sei.

§ 18 Information über unbefristete Arbeitsplätze

(1) ¹Der Arbeitgeber hat die befristet beschäftigten Arbeitnehmer über entsprechende unbefristete Arbeitsplätze zu informieren, die besetzt werden sollen. ²Die Information kann durch allgemeine Bekanntgabe an geeigneter, den Arbeitnehmern zugänglicher Stelle im Betrieb und Unternehmen erfolgen.
(2) ¹Der Arbeitgeber hat einem Arbeitnehmer, dessen Arbeitsverhältnis länger als sechs Monate bestanden und der ihm in Textform den Wunsch nach einem auf unbestimmte Zeit geschlossenen Arbeitsvertrag angezeigt hat, innerhalb eines Monats nach Zugang der Anzeige eine begründete Antwort in Textform mitzuteilen. ²Satz 1 gilt nicht, sofern der Arbeitnehmer dem Arbeitgeber diesen Wunsch in den letzten zwölf Monaten vor Zugang der Anzeige bereits einmal angezeigt hat.

§ 19 Aus- und Weiterbildung

Der Arbeitgeber hat Sorge zu tragen, dass auch befristet beschäftigte Arbeitnehmer an angemessenen Aus- und Weiterbildungsmaßnahmen zur Förderung der beruflichen Entwicklung und Mobilität teilnehmen können, es sei denn, dass dringende betriebliche Gründe oder Aus- und Weiterbildungswünsche anderer Arbeitnehmer entgegenstehen.

§ 20 Information der Arbeitnehmervertretung

Der Arbeitgeber hat die Arbeitnehmervertretung über die Anzahl der befristet beschäftigten Arbeitnehmer und ihren Anteil an der Gesamtbelegschaft des Betriebes und des Unternehmens zu informieren.

§ 21 Auflösend bedingte Arbeitsverträge

Wird der Arbeitsvertrag unter einer auflösenden Bedingung geschlossen, gelten § 4 Absatz 2, § 5, § 14 Absatz 1 und 4, § 15 Absatz 2, 4 und 6 sowie die §§ 16 bis 20 entsprechend.

Vierter Abschnitt: Gemeinsame Vorschriften

§ 22 Abweichende Vereinbarungen

(1) Außer in den Fällen des § 9a Absatz 6, § 12 Absatz 6, § 13 Absatz 4 und § 14 Absatz 2 Satz 3 und 4 kann von den Vorschriften dieses Gesetzes nicht zuungunsten des Arbeitnehmers abgewichen werden.
(2) Enthält ein Tarifvertrag für den öffentlichen Dienst Bestimmungen im Sinne des § 8 Absatz 4 Satz 3 und 4, auch in Verbindung mit § 9a Absatz 2, des § 9a Absatz 6, § 12 Absatz 6, § 13 Absatz 4, § 14 Absatz 2 Satz 3 und 4 oder § 15 Absatz 4, so gelten diese Bestimmungen auch zwischen nicht tarifgebundenen Arbeitgebern und Arbeitnehmern außerhalb des öffentlichen Dienstes, wenn die Anwendung der für den öffentlichen Dienst geltenden tarifvertraglichen Bestimmungen zwischen ihnen vereinbart ist und die Arbeitgeber die Kosten des Betriebes überwiegend mit Zuwendungen im Sinne des Haushaltsrechts decken.

§ 23 Besondere gesetzliche Regelungen

Besondere Regelungen über Teilzeitarbeit und über die Befristung von Arbeitsverträgen nach anderen gesetzlichen Vorschriften bleiben unberührt.

DGUV Vorschrift 1: Grundsätze der Prävention (DGUV-V 1)

Erstes Kapitel: Allgemeine Vorschriften

§ 1 Geltungsbereich von Unfallverhütungsvorschriften
(1) Unfallverhütungsvorschriften gelten für Unternehmer und Versicherte; sie gelten auch
- für Unternehmer und Beschäftigte von ausländischen Unternehmen, die eine Tätigkeit im Inland ausüben, ohne einem Unfallversicherungsträger anzugehören;
- soweit in dem oder für das Unternehmen Versicherte tätig werden, für die ein anderer Unfallversicherungsträger zuständig ist.

(2) Für Unternehmer mit Versicherten nach § 2 Absatz 1 Nummer 8 Buchstabe b Sozialgesetzbuch Siebtes Buch (SGB VII) gilt diese Unfallverhütungsvorschrift nur, soweit nicht der innere Schulbereich betroffen ist.

Zweites Kapitel: Pflichten des Unternehmers

§ 2 Grundpflichten des Unternehmers
(1) Der Unternehmer hat die erforderlichen Maßnahmen zur Verhütung von Arbeitsunfällen, Berufskrankheiten und arbeitsbedingten Gesundheitsgefahren sowie für eine wirksame Erste Hilfe zu treffen. Die zu treffenden Maßnahmen sind insbesondere in staatlichen Arbeitsschutzvorschriften (Anlage 1), dieser Unfallverhütungsvorschrift und in weiteren Unfallverhütungsvorschriften näher bestimmt. Die in staatlichem Recht bestimmten Maßnahmen gelten auch zum Schutz von Versicherten, die keine Beschäftigten sind.
(2) Der Unternehmer hat bei den Maßnahmen nach Absatz 1 von den allgemeinen Grundsätzen nach § 4 Arbeitsschutzgesetz auszugehen und dabei vorrangig das staatliche Regelwerk sowie das Regelwerk der Unfallversicherungsträger heranzuziehen.
(3) Der Unternehmer hat die Maßnahmen nach Absatz 1 entsprechend den Bestimmungen des § 3 Absatz 1 Sätze 2 und 3 und Absatz 2 Arbeitsschutzgesetz zu planen, zu organisieren, durchzuführen und erforderlichenfalls an veränderte Gegebenheiten anzupassen.
(4) Der Unternehmer darf keine sicherheitswidrigen Weisungen erteilen.
(5) Kosten für Maßnahmen nach dieser Unfallverhütungsvorschrift und den für ihn sonst geltenden Unfallverhütungsvorschriften darf der Unternehmer nicht den Versicherten auferlegen.

§ 3 Beurteilung der Arbeitsbedingungen, Dokumentation, Auskunftspflichten
(1) Der Unternehmer hat durch eine Beurteilung der für die Versicherten mit ihrer Arbeit verbundenen Gefährdungen entsprechend § 5 Absatz 2 und 3 Arbeitsschutzgesetz zu ermitteln, welche Maßnahmen nach § 2 Absatz 1 erforderlich sind.
(2) Der Unternehmer hat Gefährdungsbeurteilungen insbesondere dann zu überprüfen, wenn sich die betrieblichen Gegebenheiten hinsichtlich Sicherheit und Gesundheitsschutz verändert haben.
(3) Der Unternehmer hat entsprechend § 6 Absatz 1 Arbeitsschutzgesetz das Ergebnis der Gefährdungsbeurteilung nach Absatz 1, die von ihm festgelegten Maßnahmen und das Ergebnis ihrer Überprüfung zu dokumentieren.
(4) Der Unternehmer hat dem Unfallversicherungsträger alle Informationen über die im Betrieb getroffenen Maßnahmen des Arbeitsschutzes auf Wunsch zur Kenntnis zu geben.

(5) Für Personen, die in Unternehmen zur Hilfe bei Unglücksfällen oder im Zivilschutz unentgeltlich tätig werden, hat der Unternehmer, der für die vorgenannten Personen zuständig ist, Maßnahmen zu ergreifen, die denen nach Absatz 1 bis 4 gleichwertig sind.

§ 4 Unterweisung der Versicherten
(1) Der Unternehmer hat die Versicherten über Sicherheit und Gesundheitsschutz bei der Arbeit, insbesondere über die mit ihrer Arbeit verbundenen Gefährdungen und die Maßnahmen zu ihrer Verhütung, entsprechend § 12 Absatz 1 Arbeitsschutzgesetz sowie bei einer Arbeitnehmerüberlassung entsprechend § 12 Absatz 2 Arbeitsschutzgesetz zu unterweisen; die Unterweisung muss erforderlichenfalls wiederholt werden, mindestens aber einmal jährlich erfolgen; sie muss dokumentiert werden.
(2) Der Unternehmer hat den Versicherten die für ihren Arbeitsbereich oder für ihre Tätigkeit relevanten Inhalte der geltenden Unfallverhütungsvorschriften und Regeln der Unfallversicherungsträger sowie des einschlägigen staatlichen Vorschriften- und Regelwerks in verständlicher Weise zu vermitteln.
(3) Der Unternehmer nach § 136 Absatz 3 Nummer 3 Alternative 2 Sozialgesetzbuch Siebtes Buch (SGB VII) hat den Schulhoheitsträger hinsichtlich Unterweisungen für Versicherte nach § 2 Absatz 1 Nummer 8 Buchstabe b SGB VII zu unterstützen.

§ 5 Vergabe von Aufträgen
(1) Erteilt der Unternehmer den Auftrag,
1. Einrichtungen zu planen, herzustellen, zu ändern oder in Stand zu setzen,
2. Arbeitsverfahren zu planen oder zu gestalten,
so hat er dem Auftragnehmer schriftlich aufzugeben, die in § 2 Absatz 1 und 2 genannten für die Durchführung des Auftrags maßgeblichen Vorgaben zu beachten.
(2) Erteilt der Unternehmer den Auftrag, Arbeitsmittel, Ausrüstungen oder Arbeitsstoffe zu liefern, so hat er dem Auftragnehmer schriftlich aufzugeben, im Rahmen seines Auftrags die für Sicherheit und Gesundheitsschutz einschlägigen Anforderungen einzuhalten.
(3) Bei der Erteilung von Aufträgen an ein Fremdunternehmen hat der den Auftrag erteilende Unternehmer den Fremdunternehmer bei der Gefährdungsbeurteilung bezüglich der betriebsspezifischen Gefahren zu unterstützen. Der Unternehmer hat ferner sicherzustellen, dass Tätigkeiten mit besonderen Gefahren durch Aufsichtführende überwacht werden, die die Durchführung der festgelegten Schutzmaßnahmen sicherstellen. Der Unternehmer hat ferner mit dem Fremdunternehmen Einvernehmen herzustellen, wer den Aufsichtführenden zu stellen hat.

§ 6 Zusammenarbeit mehrerer Unternehmer
(1) Werden Beschäftigte mehrerer Unternehmer oder selbständige Einzelunternehmer an einem Arbeitsplatz tätig, haben die Unternehmer hinsichtlich der Sicherheit und des Gesundheitsschutzes der Beschäftigten, insbesondere hinsichtlich der Maßnahmen nach § 2 Absatz 1, entsprechend § 8 Absatz 1 Arbeitsschutzgesetz zusammenzuarbeiten. Insbesondere haben sie, soweit es zur Vermeidung einer möglichen gegenseitigen Gefährdung erforderlich ist, eine Person zu bestimmen, die die Arbeiten aufeinander abstimmt; zur Abwehr besonderer Gefahren ist sie mit entsprechender Weisungsbefugnis auszustatten.
(2) Der Unternehmer hat sich je nach Art der Tätigkeit zu vergewissern, dass Personen, die in seinem Betrieb tätig werden, hinsichtlich der Gefahren für ihre Sicherheit und Gesundheit während ihrer Tätigkeit in seinem Betrieb angemessene Anweisungen erhalten haben.

§ 7 Befähigung für Tätigkeiten

(1) Bei der Übertragung von Aufgaben auf Versicherte hat der Unternehmer je nach Art der Tätigkeiten zu berücksichtigen, ob die Versicherten befähigt sind, die für die Sicherheit und den Gesundheitsschutz bei der Aufgabenerfüllung zu beachtenden Bestimmungen und Maßnahmen einzuhalten. Der Unternehmer hat die für bestimmte Tätigkeiten festgelegten Qualifizierungsanforderungen zu berücksichtigen.
(2) Der Unternehmer darf Versicherte, die erkennbar nicht in der Lage sind, eine Arbeit ohne Gefahr für sich oder andere auszuführen, mit dieser Arbeit nicht beschäftigen.

§ 8 Gefährliche Arbeiten

(1) Wenn eine gefährliche Arbeit von mehreren Personen gemeinschaftlich ausgeführt wird und sie zur Vermeidung von Gefahren eine gegenseitige Verständigung erfordert, hat der Unternehmer dafür zu sorgen, dass eine zuverlässige, mit der Arbeit vertraute Person die Aufsicht führt.
(2) Wird eine gefährliche Arbeit von einer Person allein ausgeführt, so hat der Unternehmer über die allgemeinen Schutzmaßnahmen hinaus für geeignete technische oder organisatorische Personenschutzmaßnahmen zu sorgen.

§ 9 Zutritts- und Aufenthaltsverbote

Der Unternehmer hat dafür zu sorgen, dass Unbefugte Betriebsteile nicht betreten, wenn dadurch eine Gefahr für Sicherheit und Gesundheit entsteht.

§ 10 Besichtigung des Unternehmens, Erlass einer Anordnung, Auskunftspflicht

(1) Der Unternehmer hat den Aufsichtspersonen des Unfallversicherungsträgers die Besichtigung seines Unternehmens zu ermöglichen und sie auf ihr Verlangen zu begleiten oder durch einen geeigneten Vertreter begleiten zu lassen.
(2) Erlässt die Aufsichtsperson des Unfallversicherungsträgers eine Anordnung und setzt sie hierbei eine Frist, innerhalb der die verlangten Maßnahmen zu treffen sind, so hat der Unternehmer nach Ablauf der Frist unverzüglich mitzuteilen, ob er die verlangten Maßnahmen getroffen hat.
(3) Der Unternehmer hat den Aufsichtspersonen des Unfallversicherungsträgers auf Verlangen die zur Durchführung ihrer Überwachungsaufgabe erforderlichen Auskünfte zu erteilen. Er hat die Aufsichtspersonen zu unterstützen, soweit dies zur Erfüllung ihrer Aufgaben erforderlich ist.

§ 11 Maßnahmen bei Mängeln

Tritt bei einem Arbeitsmittel, einer Einrichtung, einem Arbeitsverfahren bzw. Arbeitsablauf ein Mangel auf, durch den für die Versicherten sonst nicht abzuwendende Gefahren entstehen, hat der Unternehmer das Arbeitsmittel oder die Einrichtung der weiteren Benutzung zu entziehen oder stillzulegen bzw. das Arbeitsverfahren oder den Arbeitsablauf abzubrechen, bis der Mangel behoben ist.

§ 12 Zugang zu Vorschriften und Regeln

(1) Der Unternehmer hat den Versicherten die für sein Unternehmen geltenden Unfallverhütungsvorschriften und Regeln der Unfallversicherungsträger sowie die einschlägigen staatlichen Vorschriften und Regeln an geeigneter Stelle zugänglich zu machen.
(2) Der Unternehmer hat den mit der Durchführung und Unterstützung von Maßnahmen nach § 2 Absatz 1 betrauten Personen die nach dem Ergebnis der Gefährdungsbeurteilung

(§ 3 Absatz 1 und 2) für ihren Zuständigkeitsbereich geltenden Vorschriften und Regeln zur Verfügung zu stellen.

§ 13 Pflichtenübertragung
Der Unternehmer kann zuverlässige und fachkundige Personen schriftlich damit beauftragen, ihm nach Unfallverhütungsvorschriften obliegende Aufgaben in eigener Verantwortung wahrzunehmen. Die Beauftragung muss den Verantwortungsbereich und Befugnisse festlegen und ist vom Beauftragten zu unterzeichnen. Eine Ausfertigung der Beauftragung ist ihm auszuhändigen.

§ 14 Ausnahmen
(1) Der Unternehmer kann bei dem Unfallversicherungsträger im Einzelfall Ausnahmen von Unfallverhütungsvorschriften schriftlich beantragen. Dem Antrag ist eine Stellungnahme der betrieblichen Arbeitnehmervertretung beizufügen; im Falle eines Antrages durch eine Kindertageseinrichtung, eine allgemein bildende oder berufsbildende Schule oder eine Hochschule ist zusätzlich der Leitung der Einrichtung Gelegenheit zur Stellungnahme zu geben.
(2) Der Unfallversicherungsträger kann dem Antrag nach Absatz 1 entsprechen, wenn
1. der Unternehmer eine andere, ebenso wirksame Maßnahme trifft oder
2. die Durchführung der Vorschriften im Einzelfall zu einer unverhältnismäßigen Härte führen würde und die Abweichung mit dem Schutz der Versicherten vereinbar ist.
(3) Betrifft der Antrag nach Absatz 1 Regelungen in Unfallverhütungsvorschriften, die zugleich Gegenstand staatlicher Arbeitsschutzvorschriften sind, hat der Unfallversicherungsträger eine Stellungnahme der für die Durchführung der staatlichen Arbeitsschutzvorschriften zuständigen staatlichen Arbeitsschutzbehörde einzuholen und zu berücksichtigen.
(4) In staatlichen Arbeitsschutzvorschriften enthaltene Verfahrensvorschriften, insbesondere über Genehmigungen, Erlaubnisse, Ausnahmen, Anzeigen und Vorlagepflichten, bleiben von dieser Unfallverhütungsvorschrift unberührt; die nach diesen Bestimmungen zu treffenden behördlichen Maßnahmen obliegen den zuständigen Arbeitsschutzbehörden.

Drittes Kapitel: Pflichten der Versicherten

§ 15 Allgemeine Unterstützungspflichten und Verhalten
(1) Die Versicherten sind verpflichtet, nach ihren Möglichkeiten sowie gemäß der Unterweisung und Weisung des Unternehmers für ihre Sicherheit und Gesundheit bei der Arbeit sowie für Sicherheit und Gesundheitsschutz derjenigen zu sorgen, die von ihren Handlungen oder Unterlassungen betroffen sind. Die Versicherten haben die Maßnahmen zur Verhütung von Arbeitsunfällen, Berufskrankheiten und arbeitsbedingten Gesundheitsgefahren sowie für eine wirksame Erste Hilfe zu unterstützen. Versicherte haben die entsprechenden Anweisungen des Unternehmers zu befolgen. Die Versicherten dürfen erkennbar gegen Sicherheit und Gesundheit gerichtete Weisungen nicht befolgen.
(2) Versicherte dürfen sich durch den Konsum von Alkohol, Drogen oder anderen berauschenden Mitteln nicht in einen Zustand versetzen, durch den sie sich selbst oder andere gefährden können.
(3) Absatz 2 gilt auch für die Einnahme von Medikamenten.

§ 16 Besondere Unterstützungspflichten
(1) Die Versicherten haben dem Unternehmer oder dem zuständigen Vorgesetzten jede von ihnen festgestellte unmittelbare erhebliche Gefahr für die Sicherheit und Gesundheit sowie

jeden an den Schutzvorrichtungen und Schutzsystemen festgestellten Defekt unverzüglich zu melden. Unbeschadet dieser Pflicht sollen die Versicherten von ihnen festgestellte Gefahren für Sicherheit und Gesundheit und Mängel an den Schutzvorrichtungen und Schutzsystemen auch der Fachkraft für Arbeitssicherheit, dem Betriebsarzt oder dem Sicherheitsbeauftragten mitteilen.
(2) Stellt ein Versicherter fest, dass im Hinblick auf die Verhütung von Arbeitsunfällen, Berufskrankheiten und arbeitsbedingten Gesundheitsgefahren
- ein Arbeitsmittel oder eine sonstige Einrichtung einen Mangel aufweist,
- Arbeitsstoffe nicht einwandfrei verpackt, gekennzeichnet oder beschaffen sind oder
- ein Arbeitsverfahren oder Arbeitsabläufe Mängel aufweisen,

hat er, soweit dies zu seiner Arbeitsaufgabe gehört und er über die notwendige Befähigung verfügt, den festgestellten Mangel unverzüglich zu beseitigen. Andernfalls hat er den Mangel dem Vorgesetzten unverzüglich zu melden.

§ 17 Benutzung von Einrichtungen, Arbeitsmitteln und Arbeitsstoffen
Versicherte haben Einrichtungen, Arbeitsmittel und Arbeitsstoffe sowie Schutzvorrichtungen bestimmungsgemäß und im Rahmen der ihnen übertragenen Arbeitsaufgaben zu benutzen.

§ 18 Zutritts- und Aufenthaltsverbote
Versicherte dürfen sich an gefährlichen Stellen nur im Rahmen der ihnen übertragenen Aufgaben aufhalten.

Viertes Kapitel: Organisation des betrieblichen Arbeitsschutzes

Erster Abschnitt Sicherheitstechnische und betriebsärztliche Betreuung, Sicherheitsbeauftragte

§ 19 Bestellung von Fachkräften für Arbeitssicherheit und Betriebsärzten
(1) Der Unternehmer hat nach Maßgabe des Gesetzes über Betriebsärzte, Sicherheitsingenieure und andere Fachkräfte für Arbeitssicherheit (Arbeitssicherheitsgesetz) und der hierzu erlassenen Unfallverhütungsvorschriften Fachkräfte für Arbeitssicherheit und Betriebsärzte zu bestellen.
(2) Der Unternehmer hat die Zusammenarbeit der Fachkräfte für Arbeitssicherheit und der Betriebsärzte zu fördern.

§ 20 Bestellung und Aufgaben von Sicherheitsbeauftragten
(1) In Unternehmen mit regelmäßig mehr als 20 Beschäftigten hat der Unternehmer unter Berücksichtigung der im Unternehmen bestehenden Verhältnisse hinsichtlich der Arbeitsbedingungen, der Arbeitsumgebung sowie der Arbeitsorganisation Sicherheitsbeauftragte in der erforderlichen Anzahl zu bestellen. Kriterien für die Anzahl der Sicherheitsbeauftragten sind:
- Im Unternehmen bestehende Unfall- und Gesundheitsgefahren,
- Räumliche Nähe der zuständigen Sicherheitsbeauftragten zu den Beschäftigten,
- Zeitliche Nähe der zuständigen Sicherheitsbeauftragten zu den Beschäftigten,
- Fachliche Nähe der zuständigen Sicherheitsbeauftragten zu den Beschäftigten,
- Anzahl der Beschäftigten.

(2) Die Sicherheitsbeauftragten haben den Unternehmer bei der Durchführung der Maßnahmen zur Verhütung von Arbeitsunfällen und Berufskrankheiten zu unterstützen, insbesondere sich von dem Vorhandensein und der ordnungsgemäßen Benutzung der vorgeschriebe-

nen Schutzeinrichtungen und persönlichen Schutzausrüstungen zu überzeugen und auf Unfall- und Gesundheitsgefahren für die Versicherten aufmerksam zu machen.
(3) Der Unternehmer hat den Sicherheitsbeauftragten Gelegenheit zu geben, ihre Aufgaben zu erfüllen, insbesondere in ihrem Bereich an den Betriebsbesichtigungen sowie den Untersuchungen von Unfällen und Berufskrankheiten durch die Aufsichtspersonen der Unfallversicherungsträger teilzunehmen; den Sicherheitsbeauftragten sind die hierbei erzielten Ergebnisse zur Kenntnis zu geben.
(4) Der Unternehmer hat sicherzustellen, dass die Fachkräfte für Arbeitssicherheit und Betriebsärzte mit den Sicherheitsbeauftragten eng zusammenwirken.
(5) Die Sicherheitsbeauftragten dürfen wegen der Erfüllung der ihnen übertragenen Aufgaben nicht benachteiligt werden.
(6) Der Unternehmer hat den Sicherheitsbeauftragten Gelegenheit zu geben, an Aus- und Fortbildungsmaßnahmen des Unfallversicherungsträgers teilzunehmen, soweit dies im Hinblick auf die Betriebsart und die damit für die Versicherten verbundenen Unfall- und Gesundheitsgefahren sowie unter Berücksichtigung betrieblicher Belange erforderlich ist.

Zweiter Abschnitt Maßnahmen bei besonderen Gefahren

§ 21 Allgemeine Pflichten des Unternehmers
(1) Der Unternehmer hat Vorkehrungen zu treffen, dass alle Versicherten, die einer unmittelbaren erheblichen Gefahr ausgesetzt sind oder sein können, möglichst frühzeitig über diese Gefahr und die getroffenen oder zu treffenden Schutzmaßnahmen unterrichtet sind. Bei unmittelbarer erheblicher Gefahr für die eigene Sicherheit oder die Sicherheit anderer Personen müssen die Versicherten die geeigneten Maßnahmen zur Gefahrenabwehr und Schadensbegrenzung selbst treffen können, wenn der zuständige Vorgesetzte nicht erreichbar ist; dabei sind die Kenntnisse der Versicherten und die vorhandenen technischen Mittel zu berücksichtigen.
(2) Der Unternehmer hat Maßnahmen zu treffen, die es den Versicherten bei unmittelbarer erheblicher Gefahr ermöglichen, sich durch sofortiges Verlassen der Arbeitsplätze in Sicherheit zu bringen.

§ 22 Notfallmaßnahmen
(1) Der Unternehmer hat entsprechend § 10 Arbeitsschutzgesetz die Maßnahmen zu planen, zu treffen und zu überwachen, die insbesondere für den Fall des Entstehens von Bränden, von Explosionen, des unkontrollierten Austretens von Stoffen und von sonstigen gefährlichen Störungen des Betriebsablaufs geboten sind.
(2) Der Unternehmer hat eine ausreichende Anzahl von Versicherten durch Unterweisung und Übung im Umgang mit Feuerlöscheinrichtungen zur Bekämpfung von Entstehungsbränden vertraut zu machen.

§ 23 Maßnahmen gegen Einflüsse des Wettergeschehens
Beschäftigt der Unternehmer Versicherte im Freien und bestehen infolge des Wettergeschehens Unfall- und Gesundheitsgefahren, so hat er geeignete Maßnahmen am Arbeitsplatz vorzusehen, geeignete organisatorische Schutzmaßnahmen zu treffen oder erforderlichenfalls persönliche Schutzausrüstungen zur Verfügung zu stellen.

Dritter Abschnitt Erste Hilfe

§ 24 Allgemeine Pflichten des Unternehmers

(1) Der Unternehmer hat dafür zu sorgen, dass zur Ersten Hilfe und zur Rettung aus Gefahr die erforderlichen Einrichtungen und Sachmittel sowie das erforderliche Personal zur Verfügung stehen.
(2) Der Unternehmer hat dafür zu sorgen, dass nach einem Unfall unverzüglich Erste Hilfe geleistet und eine erforderliche ärztliche Versorgung veranlasst wird.
(3) Der Unternehmer hat dafür zu sorgen, dass Verletzte sachkundig transportiert werden.
(4) Der Unternehmer hat im Rahmen seiner Möglichkeiten darauf hinzuwirken, dass Versicherte
1. einem Durchgangsarzt vorgestellt werden, es sei denn, dass der erstbehandelnde Arzt festgestellt hat, dass die Verletzung nicht über den Unfalltag hinaus zur Arbeitsunfähigkeit führt oder die Behandlungsbedürftigkeit voraussichtlich nicht mehr als eine Woche beträgt,
2. bei einer schweren Verletzung einem der von den Unfallversicherungsträgern bezeichneten Krankenhäuser zugeführt werden,
3. bei Vorliegen einer Augen- oder Hals-, Nasen-, Ohrenverletzung dem nächsterreichbaren Arzt des entsprechenden Fachgebiets zugeführt werden, es sei denn, dass sich die Vorstellung durch eine ärztliche Erstversorgung erübrigt hat.

(5) Der Unternehmer hat dafür zu sorgen, dass den Versicherten durch Aushänge der Unfallversicherungsträger oder in anderer geeigneter schriftlicher Form Hinweise über die Erste Hilfe und Angaben über Notruf, Erste-Hilfe- und Rettungs-Einrichtungen, über das Erste-Hilfe-Personal sowie über herbeizuziehende Ärzte und anzufahrende Krankenhäuser gemacht werden. Die Hinweise und die Angaben sind aktuell zu halten.
(6) Der Unternehmer hat dafür zu sorgen, dass jede Erste-Hilfe-Leistung dokumentiert und diese Dokumentation fünf Jahre lang verfügbar gehalten wird. Die Dokumente sind vertraulich zu behandeln.
(7) Der Schulsachkostenträger als Unternehmer nach § 136 Absatz 3 Nummer 3 Alternative 2 Sozialgesetzbuch Siebtes Buch (SGB VII) hat den Schulhoheitsträger bei der Durchführung von Maßnahmen zur Sicherstellung einer wirksamen Ersten Hilfe für Versicherte nach § 2 Absatz 1 Nummer 8 Buchstabe b SGB VII zu unterstützen.

§ 25 Erforderliche Einrichtungen und Sachmittel

(1) Der Unternehmer hat unter Berücksichtigung der betrieblichen Verhältnisse durch Meldeeinrichtungen und organisatorische Maßnahmen dafür zu sorgen, dass unverzüglich die notwendige Hilfe herbeigerufen und an den Einsatzort geleitet werden kann.
(2) Der Unternehmer hat dafür zu sorgen, dass Mittel zur Ersten Hilfe jederzeit schnell erreichbar und leicht zugänglich in geeigneten Behältnissen, gegen schädigende Einflüsse geschützt, in ausreichender Menge bereitgehalten sowie rechtzeitig ergänzt und erneuert werden.
(3) Der Unternehmer hat dafür zu sorgen, dass unter Berücksichtigung der betrieblichen Verhältnisse Rettungsgeräte und Rettungstransportmittel bereitgehalten werden.
(4) Der Unternehmer hat dafür zu sorgen, dass mindestens ein mit Rettungstransportmitteln leicht erreichbarer Erste-Hilfe-Raum oder eine vergleichbare Einrichtung
1. in einer Betriebsstätte mit mehr als 1.000 dort beschäftigten Versicherten,
2. in einer Betriebsstätte mit 1.000 oder weniger, aber mehr als 100 dort beschäftigten Versicherten, wenn ihre Art und das Unfallgeschehen nach Art, Schwere und Zahl der Unfälle einen gesonderten Raum für die Erste Hilfe erfordern,

3. auf einer Baustelle mit mehr als 50 dort beschäftigten Versicherten vorhanden ist. Nummer 3 gilt auch, wenn der Unternehmer zur Erbringung einer Bauleistung aus einem von ihm übernommenen Auftrag Arbeiten an andere Unternehmer vergeben hat und insgesamt mehr als 50 Versicherte gleichzeitig tätig werden.
(5) In Kindertageseinrichtungen, allgemein bildenden und berufsbildenden Schulen sowie Hochschulen hat der Unternehmer geeignete Liegemöglichkeiten oder geeignete Räume mit Liegemöglichkeit zur Erstversorgung von Verletzten in der erforderlichen Anzahl vorzuhalten.

§ 26 Zahl und Ausbildung der Ersthelfer
(1) Der Unternehmer hat dafür zu sorgen, dass für die Erste-Hilfe-Leistung Ersthelfer mindestens in folgender Zahl zur Verfügung stehen:
1. Bei 2 bis zu 20 anwesenden Versicherten ein Ersthelfer,
2. bei mehr als 20 anwesenden Versicherten
    a.) in Verwaltungs- und Handelsbetrieben 5 %,
    b.) in sonstigen Betrieben 10 %,
    c.) in Kindertageseinrichtungen ein Ersthelfer je Kindergruppe,
    d.) in Hochschulen 10 % der Versicherten nach § 2 Absatz 1 Nummer 1 Sozialgesetzbuch Siebtes Buch (SGB VII).

Von der Zahl der Ersthelfer nach Nummer 2 kann im Einvernehmen mit dem Unfallversicherungsträger unter Berücksichtigung der Organisation des betrieblichen Rettungswesens und der Gefährdung abgewichen werden.
(2) Der Unternehmer darf als Ersthelfer nur Personen einsetzen, die bei einer von dem Unfallversicherungsträger für die Ausbildung zur Ersten Hilfe ermächtigten Stelle ausgebildet worden sind oder über eine sanitätsdienstliche/rettungsdienstliche Ausbildung oder eine abgeschlossene Ausbildung in einem Beruf des Gesundheitswesens verfügen. Die Voraussetzungen für die Ermächtigung sind in der Anlage 2 zu dieser Unfallverhütungsvorschrift geregelt.
(3) Der Unternehmer hat dafür zu sorgen, dass die Ersthelfer in der Regel in Zeitabständen von zwei Jahren fortgebildet werden. Für die Fortbildung gilt Absatz 2 entsprechend. Personen mit einer sanitätsdienstlichen/rettungsdienstlichen Ausbildung oder einer entsprechenden Qualifikation in einem Beruf des Gesundheitswesens gelten als fortgebildet, wenn sie an vergleichbaren Fortbildungsveranstaltungen regelmäßig teilnehmen oder bei ihrer beruflichen oder ehrenamtlich sanitätsdienstlichen/rettungsdienstlichen Tätigkeit regelmäßig Erste-Hilfe-Maßnahmen durchführen. Der Unternehmer hat sich Nachweise über die Fortbildung vorlegen zu lassen.
(4) Ist nach Art des Betriebes, insbesondere auf Grund des Umganges mit Gefahrstoffen, damit zu rechnen, dass bei Unfällen Maßnahmen erforderlich werden, die nicht Gegenstand der allgemeinen Ausbildung zum Ersthelfer gemäß Absatz 2 sind, hat der Unternehmer für die erforderliche zusätzliche Aus- und Fortbildung zu sorgen.
(5) Die Absätze 1 bis 4 gelten nicht für Unternehmer hinsichtlich der nach § 2 Absatz 1 Nummer 8 Buchstabe b Sozialgesetzbuch Siebtes Buch (SGB VII) Versicherten.

§ 27 Zahl und Ausbildung der Betriebssanitäter
(1) Der Unternehmer hat dafür zu sorgen, dass mindestens ein Betriebssanitäter zur Verfügung steht, wenn
1. in einer Betriebsstätte mehr als 1.500 Versicherte nach § 2 Absatz 1 Nummer 1 Sozialgesetzbuch Siebtes Buch (SGB VII) anwesend sind,
2. in einer Betriebsstätte 1.500 oder weniger, aber mehr als 250 Versicherte nach § 2 Absatz 1 Nummer 1 SGB VII anwesend sind und Art, Schwere und Zahl der Unfälle den Einsatz von Sanitätspersonal erfordern,

3. auf einer Baustelle mehr als 100 Versicherte nach § 2 Absatz 1 Nummer 1 SGB VII anwesend sind.
Nummer 3 gilt auch, wenn der Unternehmer zur Erbringung einer Bauleistung aus einem von ihm übernommenen Auftrag Arbeiten an andere Unternehmer vergibt und insgesamt mehr als 100 Versicherte gleichzeitig tätig werden.
(2) In Betrieben nach Absatz 1 Satz 1 Nummer 1 kann im Einvernehmen mit dem Unfallversicherungsträger von Betriebssanitätern abgesehen werden, sofern nicht nach Art, Schwere und Zahl der Unfälle ihr Einsatz erforderlich ist. Auf Baustellen nach Absatz 1 Satz 1 Nummer 3 kann im Einvernehmen mit dem Unfallversicherungsträger unter Berücksichtigung der Erreichbarkeit des Unfallortes und der Anbindung an den öffentlichen Rettungsdienst von Betriebssanitätern abgesehen werden.
(3) Der Unternehmer darf als Betriebssanitäter nur Personen einsetzen, die von Stellen ausgebildet worden sind, welche von dem Unfallversicherungsträger in personeller, sachlicher und organisatorischer Hinsicht als geeignet beurteilt werden.
(4) Der Unternehmer darf als Betriebssanitäter nur Personen einsetzen, die
1. an einer Grundausbildung
   und
2. an einem Aufbaulehrgang
für den betrieblichen Sanitätsdienst teilgenommen haben.
Als Grundausbildung gilt auch eine mindestens gleichwertige Ausbildung oder eine die Sanitätsaufgaben einschließende Berufsausbildung.
(5) Für die Teilnahme an dem Aufbaulehrgang nach Absatz 4 Satz 1 Nummer 2 darf die Teilnahme an der Ausbildung nach Absatz 4 Satz 1 Nummer 1 nicht mehr als zwei Jahre zurückliegen; soweit auf Grund der Ausbildung eine entsprechende berufliche Tätigkeit ausgeübt wurde, ist die Beendigung derselben maßgebend.
(6) Der Unternehmer hat dafür zu sorgen, dass die Betriebssanitäter regelmäßig innerhalb von drei Jahren fortgebildet werden. Für die Fortbildung gilt Absatz 3 entsprechend.

§ 28 Unterstützungspflichten der Versicherten
(1) Im Rahmen ihrer Unterstützungspflichten nach § 15 Absatz 1 haben sich Versicherte zum Ersthelfer ausbilden und in der Regel in Zeitabständen von zwei Jahren fortbilden zu lassen. Sie haben sich nach der Ausbildung für Erste-Hilfe-Leistungen zur Verfügung zu stellen. Die Versicherten brauchen den Verpflichtungen nach den Sätzen 1 und 2 nicht nachzukommen, soweit persönliche Gründe entgegenstehen.
(2) Versicherte haben unverzüglich jeden Unfall der zuständigen betrieblichen Stelle zu melden; sind sie hierzu nicht im Stande, liegt die Meldepflicht bei dem Betriebsangehörigen, der von dem Unfall zuerst erfährt.

Vierter Abschnitt Persönliche Schutzausrüstungen

§ 29 Bereitstellung
(1) Der Unternehmer hat gemäß § 2 der PSA-Benutzungsverordnung den Versicherten geeignete persönliche Schutzausrüstungen bereitzustellen; vor der Bereitstellung hat er die Versicherten anzuhören.
(2) Der Unternehmer hat dafür zu sorgen, dass die persönlichen Schutzausrüstungen den Versicherten in ausreichender Anzahl zur persönlichen Verwendung für die Tätigkeit am Arbeitsplatz zur Verfügung gestellt werden. Für die bereitgestellten persönlichen Schutzausrüstungen müssen EG-Konformitätserklärungen vorliegen. Satz 2 gilt nicht für Hautschutzmittel.

§ 30 Benutzung

(1) Der Unternehmer hat dafür zu sorgen, dass persönliche Schutzausrüstungen entsprechend bestehender Tragezeitbegrenzungen und Gebrauchsdauern bestimmungsgemäß benutzt werden.

(2) Die Versicherten haben die persönlichen Schutzausrüstungen bestimmungsgemäß zu benutzen, regelmäßig auf ihren ordnungsgemäßen Zustand zu prüfen und festgestellte Mängel dem Unternehmer unverzüglich zu melden.

§ 31 Besondere Unterweisungen

Für persönliche Schutzausrüstungen, die gegen tödliche Gefahren oder bleibende Gesundheitsschäden schützen sollen, hat der Unternehmer die nach § 3 Absatz 2 der PSA-Benutzungsverordnung bereitzuhaltende Benutzungsinformation den Versicherten im Rahmen von Unterweisungen mit Übungen zu vermitteln.

Fünftes Kapitel: Ordnungswidrigkeiten

§ 32 Ordnungswidrigkeiten

Ordnungswidrig im Sinne des § 209 Absatz 1 Nummer 1 Sozialgesetzbuch Siebtes Buch (SGB VII) handelt, wer vorsätzlich oder fahrlässig den Bestimmungen der
§ 2 Abs. 5,
§ 12 Abs. 2,
§ 15 Abs. 2,
§ 20 Abs. 1,
§ 24 Abs. 6,
§ 25 Abs. 1, 4 Nr. 1 oder 3,
§ 26 Abs. 1 Satz 1 oder Abs. 2 Satz 1,
§ 27 Abs. 1 Satz 1 Nr. 1 oder 3, Abs. 3,
§ 29 Abs. 2 Satz 2 oder
§ 30
zuwiderhandelt.

Sechstes Kapitel: Aufhebung von Unfallverhütungsvorschriften

§ 33 Aufhebung von Unfallverhütungsvorschriften

Folgende Unfallverhütungsvorschrift wird aufgehoben:
(Text für Berufsgenossenschaften):
"Grundsätze der Prävention" (BGV A1) vom ...
(Text für UVT der öffentlichen Hand):
"Grundsätze der Prävention" (GUV-V A1) vom ...

Siebtes Kapitel: Inkrafttreten

§ 34 Inkrafttreten

Diese Unfallverhütungsvorschrift tritt am .... in Kraft.

Anmerkung der Redaktion:
Auf den Abdruck des Anhangs zur Verordnung wurde verzichtet

Fünftes Gesetz zur Förderung der Vermögensbildung der Arbeitnehmer (Fünftes Vermögensbildungsgesetz – 5. VermBG)

vom 1. Juli 1965 (BGBl. I 1965, S. 585)

– zuletzt geändert durch Gesetz zur Finanzierung von zukunftssichernden Investitionen (Zukunftsfinanzierungsgesetz – ZuFinG) vom 11. Dezember 2023 (BGBl I 2023, S. 1 Nr. 354)

§ 1 Persönlicher Geltungsbereich

(1) Die Vermögensbildung der Arbeitnehmer durch vereinbarte vermögenswirksame Leistungen der Arbeitgeber wird nach den Vorschriften dieses Gesetzes gefördert.
(2) ¹Arbeitnehmer im Sinne dieses Gesetzes sind Arbeiter und Angestellte einschließlich der zu ihrer Berufsausbildung Beschäftigten. ²Als Arbeitnehmer gelten auch die in Heimarbeit Beschäftigten.
(3) Die Vorschriften dieses Gesetzes gelten nicht
1. für vermögenswirksame Leistungen juristischer Personen an Mitglieder des Organs, das zur gesetzlichen Vertretung der juristischen Person berufen ist,
2. für vermögenswirksame Leistungen von Personengesamtheiten an die durch Gesetz, Satzung oder Gesellschaftsvertrag zur Vertretung der Personengesamtheit berufenen Personen.

(4) Für Beamte, Richter, Berufssoldaten und Soldaten auf Zeit gelten die nachstehenden Vorschriften dieses Gesetzes entsprechend.

§ 2 Vermögenswirksame Leistungen, Anlageformen

(1) Vermögenswirksame Leistungen sind Geldleistungen, die der Arbeitgeber für den Arbeitnehmer anlegt
1. als Sparbeiträge des Arbeitnehmers auf Grund eines Sparvertrags über Wertpapiere oder andere Vermögensbeteiligungen (§ 4)
   a) zum Erwerb von Aktien, die vom Arbeitgeber ausgegeben werden oder an einer deutschen Börse zum regulierten Markt zugelassen oder in den Freiverkehr einbezogen sind,
   b) zum Erwerb von Wandelschuldverschreibungen, die vom Arbeitgeber ausgegeben werden oder an einer deutschen Börse zum regulierten Markt zugelassen oder in den Freiverkehr einbezogen sind, sowie von Gewinnschuldverschreibungen, die vom Arbeitgeber ausgegeben werden, zum Erwerb von Namensschuldverschreibungen des Arbeitgebers jedoch nur dann, wenn auf dessen Kosten die Ansprüche des Arbeitnehmers aus der Schuldverschreibung durch ein Kreditinstitut verbürgt oder durch ein Versicherungsunternehmen privatrechtlich gesichert sind und das Kreditinstitut oder Versicherungsunternehmen im Geltungsbereich dieses Gesetzes zum Geschäftsbetrieb befugt ist,
   c) zum Erwerb von Anteilen an OGAW-Sondervermögen sowie an als Sondervermögen aufgelegten offenen Publikums-AIF nach den §§ 218 und 219 des Kapitalanlagegesetzbuchs sowie von Anteilen an offenen EU-Investmentvermögen und offenen ausländischen AIF, die nach dem Kapitalanlagegesetzbuch vertrieben werden dürfen, wenn nach dem Jahresbericht für das vorletzte Geschäftsjahr, das dem Kalenderjahr

des Abschlusses des Vertrags im Sinne des § 4 oder des § 5 vorausgeht, der Wert der Aktien in diesem Investmentvermögen 60 Prozent des Werts dieses Investmentvermögens nicht unterschreitet; für neu aufgelegte Investmentvermögen ist für das erste und zweite Geschäftsjahr der erste Jahresbericht oder der erste Halbjahresbericht nach Auflegung des Investmentvermögens maßgebend,
d) bis e) (weggefallen)
f) zum Erwerb von Genußscheinen, die vom Arbeitgeber als Wertpapiere ausgegeben werden oder an einer deutschen Börse zum regulierten Markt zugelassen oder in den Freiverkehr einbezogen sind und von Unternehmen mit Sitz und Geschäftsleitung im Geltungsbereich dieses Gesetzes, die keine Kreditinstitute sind, ausgegeben werden, wenn mit den Genußscheinen das Recht am Gewinn eines Unternehmens verbunden ist und der Arbeitnehmer nicht als Mitunternehmer im Sinne des § 15 Abs. 1 Satz 1 Nr. 2 des Einkommensteuergesetzes anzusehen ist,
g) zur Begründung oder zum Erwerb eines Geschäftsguthabens bei einer Genossenschaft mit Sitz und Geschäftsleitung im Geltungsbereich dieses Gesetzes; ist die Genossenschaft nicht der Arbeitgeber, so setzt die Anlage vermögenswirksamer Leistungen voraus, daß die Genossenschaft entweder ein Kreditinstitut oder eine Bau- oder Wohnungsgenossenschaft im Sinne des § 2 Abs. 1 Nr. 2 des Wohnungsbau-Prämiengesetzes ist, die zum Zeitpunkt der Begründung oder des Erwerbs des Geschäftsguthabens seit mindestens drei Jahren im Genossenschaftsregister ohne wesentliche Änderung ihres Unternehmensgegenstandes eingetragen und nicht aufgelöst ist oder Sitz und Geschäftsleitung in dem in Artikel 3 des Einigungsvertrags genannten Gebiet hat und dort entweder am 1. Juli 1990 als Arbeiterwohnungsbaugenossenschaft, Gemeinnützige Wohnungsbaugenossenschaft oder sonstige Wohnungsbaugenossenschaft bestanden oder einen nicht unwesentlichen Teil von Wohnungen aus dem Bestand einer solchen Bau- oder Wohnungsgenossenschaft erworben hat,
h) zur Übernahme einer Stammeinlage oder zum Erwerb eines Geschäftsanteils an einer Gesellschaft mit beschränkter Haftung mit Sitz und Geschäftsleitung im Geltungsbereich dieses Gesetzes, wenn die Gesellschaft das Unternehmen des Arbeitgebers ist,
i) zur Begründung oder zum Erwerb einer Beteiligung als stiller Gesellschafter im Sinne des § 230 des Handelsgesetzbuchs am Unternehmen des Arbeitgebers mit Sitz und Geschäftsleitung im Geltungsbereich dieses Gesetzes, wenn der Arbeitnehmer nicht als Mitunternehmer im Sinne des § 15 Abs. 1 Nr. 2 des Einkommensteuergesetzes anzusehen ist,
k) zur Begründung oder zum Erwerb einer Darlehensforderung gegen den Arbeitgeber, wenn auf dessen Kosten die Ansprüche des Arbeitnehmers aus dem Darlehensvertrag durch ein Kreditinstitut verbürgt oder durch ein Versicherungsunternehmen privatrechtlich gesichert sind und das Kreditinstitut oder Versicherungsunternehmen im Geltungsbereich dieses Gesetzes zum Geschäftsbetrieb befugt ist,
l) zur Begründung oder zum Erwerb eines Genußrechts am Unternehmen des Arbeitgebers mit Sitz und Geschäftsleitung im Geltungsbereich dieses Gesetzes, wenn damit das Recht am Gewinn dieses Unternehmens verbunden ist, der Arbeitnehmer nicht als Mitunternehmer im Sinne des § 15 Abs. 1 Nr. 2 des Einkommensteuergesetzes anzusehen ist und über das Genußrecht kein Genußschein im Sinne des Buchstaben f ausgegeben wird,
2. als Aufwendungen des Arbeitnehmers auf Grund eines Wertpapier-Kaufvertrags (§ 5),
3. als Aufwendungen des Arbeitnehmers auf Grund eines Beteiligungs-Vertrags (§ 6) oder eines Beteiligungs-Kaufvertrags (§ 7),

4. als Aufwendungen des Arbeitnehmers nach den Vorschriften des Wohnungsbau-Prämiengesetzes; die Voraussetzungen für die Gewährung einer Prämie nach dem Wohnungsbau-Prämiengesetz brauchen nicht vorzuliegen; die Anlage vermögenswirksamer Leistungen als Aufwendungen nach § 2 Abs. 1 Nr. 2 des Wohnungsbau-Prämiengesetzes für den ersten Erwerb von Anteilen an Bau- und Wohnungsgenossenschaften setzt voraus, daß die Voraussetzungen der Nummer 1 Buchstabe g zweiter Halbsatz erfüllt sind,
5. als Aufwendungen des Arbeitnehmers
   a) zum Bau, zum Erwerb, zum Ausbau oder zur Erweiterung eines im Inland belegenen Wohngebäudes oder einer im Inland belegenen Eigentumswohnung,
   b) zum Erwerb eines Dauerwohnrechts im Sinne des Wohnungseigentumsgesetzes an einer im Inland belegenen Wohnung,
   c) zum Erwerb eines im Inland belegenen Grundstücks zum Zwecke des Wohnungsbaus oder
   d) zur Erfüllung von Verpflichtungen, die im Zusammenhang mit den in den Buchstaben a bis c bezeichneten Vorhaben eingegangen sind,
   sofern der Anlage nicht ein von einem Dritten vorgefertigtes Konzept zu Grunde liegt, bei dem der Arbeitnehmer vermögenswirksame Leistungen zusammen mit mehr als 15 anderen Arbeitnehmern anlegen kann; die Förderung der Aufwendungen nach den Buchstaben a bis c setzt voraus, daß sie unmittelbar für die dort bezeichneten Vorhaben verwendet werden,
6. als Sparbeiträge des Arbeitnehmers auf Grund eines Sparvertrags (§ 8),
7. als Beiträge des Arbeitnehmers auf Grund eines Kapitalversicherungsvertrags (§ 9),
8. als Aufwendungen des Arbeitnehmers, der nach § 18 Abs. 2 oder 3 die Mitgliedschaft in einer Genossenschaft oder Gesellschaft mit beschränkter Haftung gekündigt hat, zur Erfüllung von Verpflichtungen aus der Mitgliedschaft, die nach dem 31. Dezember 1994 fortbestehen oder entstehen.

(2) [1]Aktien, Wandelschuldverschreibungen, Gewinnschuldverschreibungen oder Genußscheine eines Unternehmens, das im Sinne des § 18 Abs. 1 des Aktiengesetzes als herrschendes Unternehmen mit dem Unternehmen des Arbeitgebers verbunden ist, stehen Aktien, Wandelschuldverschreibungen, Gewinnschuldverschreibungen oder Genußscheinen im Sinne des Absatzes 1 Nr. 1 Buchstabe a, b oder f gleich, die vom Arbeitgeber ausgegeben werden. [2]Ein Geschäftsguthaben bei einer Genossenschaft mit Sitz und Geschäftsleitung im Geltungsbereich dieses Gesetzes, die im Sinne des § 18 Abs. 1 des Aktiengesetzes als herrschendes Unternehmen mit dem Unternehmen des Arbeitgebers verbunden ist, steht einem Geschäftsguthaben im Sinne des Absatzes 1 Nr. 1 Buchstabe g bei einer Genossenschaft, die das Unternehmen des Arbeitgebers ist, gleich. [3]Eine Stammeinlage oder ein Geschäftsanteil an einer Gesellschaft mit beschränkter Haftung mit Sitz und Geschäftsleitung im Geltungsbereich dieses Gesetzes, die im Sinne des § 18 Abs. 1 des Aktiengesetzes als herrschendes Unternehmen mit dem Unternehmen des Arbeitgebers verbunden ist, stehen einer Stammeinlage oder einem Geschäftsanteil im Sinne des Absatzes 1 Nr.1 Buchstabe h an einer Gesellschaft, die das Unternehmen des Arbeitgebers ist, gleich. [4]Eine Beteiligung als stiller Gesellschafter an einem Unternehmen mit Sitz und Geschäftsleitung im Geltungsbereich dieses Gesetzes, das im Sinne des § 18 Abs. 1 des Aktiengesetzes als herrschendes Unternehmen mit dem Unternehmen des Arbeitgebers verbunden ist oder das auf Grund eines Vertrags mit dem Arbeitgeber an dessen Unternehmen gesellschaftsrechtlich beteiligt ist, steht einer Beteiligung als stiller Gesellschafter im Sinne des Absatzes 1 Nr. 1 Buchstabe i gleich. [5]Eine Darlehensforderung gegen ein Unternehmen mit Sitz und Geschäftsleitung im Geltungsbereich dieses Gesetzes, das im Sinne des § 18 Abs. 1 des Aktiengesetzes als herrschendes Unternehmen mit dem Unternehmen des Arbeitgebers verbunden ist, oder ein

Genußrecht an einem solchen Unternehmen stehen einer Darlehensforderung oder einem Genußrecht im Sinne des Absatzes 1 Nr. 1 Buchstabe k oder l gleich.
(3) Die Anlage vermögenswirksamer Leistungen in Gewinnschuldverschreibungen im Sinne des Absatzes 1 Nr. 1 Buchstabe b und des Absatzes 2 Satz 1, in denen neben der gewinnabhängigen Verzinsung eine gewinnunabhängige Mindestverzinsung zugesagt ist, setzt voraus, daß
1. der Aussteller in der Gewinnschuldverschreibung erklärt, die gewinnunabhängige Mindestverzinsung werde im Regelfall die Hälfte der Gesamtverzinsung nicht überschreiten, oder
2. die gewinnunabhängige Mindestverzinsung zum Zeitpunkt der Ausgabe der Gewinnschuldverschreibung die Hälfte der Emissionsrendite festverzinslicher Wertpapiere nicht überschreitet, die in den Monatsberichten der Deutschen Bundesbank für den viertletzten Kalendermonat ausgewiesen wird, der dem Kalendermonat der Ausgabe vorausgeht.
(4) Die Anlage vermögenswirksamer Leistungen in Genußscheinen und Genußrechten im Sinne des Absatzes 1 Nr. 1 Buchstaben f und l und des Absatzes 2 Satz 1 und 5 setzt voraus, daß eine Rückzahlung zum Nennwert nicht zugesagt ist; ist neben dem Recht am Gewinn eine gewinnunabhängige Mindestverzinsung zugesagt, gilt Absatz 3 entsprechend.
(5) Der Anlage vermögenswirksamer Leistungen nach Absatz 1 Nr. 1 Buchstabe f, i bis l, Absatz 2 Satz 1, 4 und 5 sowie Absatz 4 in einer Genossenschaft mit Sitz und Geschäftsleitung im Geltungsbereich dieses Gesetzes stehen § 19 und eine Festsetzung durch Satzung gemäß § 20 des Genossenschaftsgesetzes nicht entgegen.
(5a) [1]Der Arbeitgeber hat vor der Anlage vermögenswirksamer Leistungen im eigenen Unternehmen in Zusammenarbeit mit dem Arbeitnehmer Vorkehrungen zu treffen, die der Absicherung der angelegten vermögenswirksamen Leistungen bei einer während der Dauer der Sperrfrist eintretenden Zahlungsunfähigkeit des Arbeitgebers dienen. [2]Das Bundesministerium für Arbeit und Sozialordnung berichtet den gesetzgebenden Körperschaften bis zum 30. Juni 2002 über die nach Satz 1 getroffenen Vorkehrungen.
(6) [1]Vermögenswirksame Leistungen sind steuerpflichtige Einnahmen im Sinne des Einkommensteuergesetzes und Einkommen, Verdienst oder Entgelt (Arbeitsentgelt) im Sinne der Sozialversicherung und des Dritten Buches Sozialgesetzbuch. [2]Reicht der nach Abzug der vermögenswirksamen Leistung verbleibende Arbeitslohn zur Deckung der einzubehaltenden Steuern, Sozialversicherungsbeiträge und Beiträge zur Bundesagentur für Arbeit nicht aus, so hat der Arbeitnehmer dem Arbeitgeber den zur Deckung erforderlichen Betrag zu zahlen.
(7) [1]Vermögenswirksame Leistungen sind arbeitsrechtlich Bestandteil des Lohns oder Gehalts. [2]Der Anspruch auf die vermögenswirksame Leistung ist nicht übertragbar.

§ 3 Vermögenswirksame Leistungen für Angehörige, Überweisung durch den Arbeitgeber, Kennzeichnungs-, Bestätigungs- und Mitteilungspflichten

(1) [1]Vermögenswirksame Leistungen können auch angelegt werden
1. zugunsten des nicht dauernd getrennt lebenden Ehegatten oder Lebenspartners des Arbeitnehmers,
2. zugunsten der in § 32 Abs. 1 des Einkommensteuergesetzes bezeichneten Kinder, die zu Beginn des maßgebenden Kalenderjahrs das 17. Lebensjahr noch nicht vollendet hatten oder die in diesem Kalenderjahr lebend geboren wurden, oder
3. zugunsten der Eltern oder eines Elternteils des Arbeitnehmers, wenn der Arbeitnehmer als Kind die Voraussetzungen der Nummer 2 erfüllt.
[2]Dies gilt nicht für die Anlage vermögenswirksamer Leistungen auf Grund von Verträgen nach den §§ 5 bis 7.

(2) ¹Der Arbeitgeber hat die vermögenswirksamen Leistungen für den Arbeitnehmer unmittelbar an das Unternehmen oder Institut zu überweisen, bei dem sie angelegt werden sollen. ²Er hat dabei gegenüber dem Unternehmen oder Institut die vermögenswirksamen Leistungen zu kennzeichnen. ³Das Unternehmen oder Institut hat die nach § 2 Abs. 1 Nr. 1 bis 5, Abs. 2 bis 4 angelegten vermögenswirksamen Leistungen und die Art ihrer Anlage zu kennzeichnen. ⁴Kann eine vermögenswirksame Leistung nicht oder nicht mehr die Voraussetzungen des § 2 Abs. 1 bis 4 erfüllen, so hat das Unternehmen oder Institut dies dem Arbeitgeber unverzüglich schriftlich mitzuteilen. ⁵Die Sätze 1 bis 4 gelten nicht für die Anlage vermögenswirksamer Leistungen auf Grund von Verträgen nach den §§ 5, 6 Abs. 1 und § 7 Abs. 1 mit dem Arbeitgeber.
(3) ¹Für eine vom Arbeitnehmer gewählte Anlage nach § 2 Abs. 1 Nr. 5 hat der Arbeitgeber auf Verlangen des Arbeitnehmers die vermögenswirksamen Leistungen an den Arbeitnehmer zu überweisen, wenn dieser dem Arbeitgeber eine schriftliche Bestätigung seines Gläubigers vorgelegt hat, daß die Anlage bei ihm die Voraussetzungen des § 2 Abs. 1 Nr. 5 erfüllt; Absatz 2 gilt in diesem Falle nicht. ²Der Arbeitgeber hat die Richtigkeit der Bestätigung nicht zu prüfen.

§ 4 Sparvertrag über Wertpapiere oder andere Vermögensbeteiligungen
(1) Ein Sparvertrag über Wertpapiere oder andere Vermögensbeteiligungen im Sinne des § 2 Abs. 1 Nr. 1 ist ein Sparvertrag mit einem Kreditinstitut oder einer Kapitalverwaltungsgesellschaft, in dem sich der Arbeitnehmer verpflichtet, als Sparbeiträge zum Erwerb von Wertpapieren im Sinne des § 2 Abs. 1 Nr. 1 Buchstabe a bis f, Abs. 2 Satz 1, Abs. 3 und 4 oder zur Begründung oder zum Erwerb von Rechten im Sinne des § 2 Abs. 1 Nr. 1 Buchstabe g bis l, Abs. 2 Satz 2 bis 5 und Abs. 4 einmalig oder für die Dauer von sechs Jahren seit Vertragsabschluß laufend vermögenswirksame Leistungen einzahlen zu lassen oder andere Beträge einzuzahlen.
(2) ¹Die Förderung der auf Grund eines Vertrags nach Absatz 1 angelegten vermögenswirksamen Leistungen setzt voraus, daß
1. die Leistungen eines Kalenderjahrs, vorbehaltlich des Absatzes 3, spätestens bis zum Ablauf des folgenden Kalenderjahrs zum Erwerb der Wertpapiere oder zur Begründung oder zum Erwerb der Rechte verwendet und bis zur Verwendung festgelegt werden und
2. die mit den Leistungen erworbenen Wertpapiere unverzüglich nach ihrem Erwerb bis zum Ablauf einer Frist von sieben Jahren (Sperrfrist) festgelegt werden und über die Wertpapiere oder die mit den Leistungen begründeten oder erworbenen Rechte bis zum Ablauf der Sperrfrist nicht durch Rückzahlung, Abtretung, Beleihung oder in anderer Weise verfügt wird.
²Die Sperrfrist gilt für alle auf Grund des Vertrags angelegten vermögenswirksamen Leistungen und beginnt am 1. Januar des Kalenderjahrs, in dem der Vertrag abgeschlossen worden ist. ³Als Zeitpunkt des Vertragsabschlusses gilt der Tag, an dem die vermögenswirksame Leistung, bei Verträgen über laufende Einzahlungen die erste vermögenswirksame Leistung, beim Kreditinstitut oder bei der Kapitalverwaltungsgesellschaft eingeht.
(3) Vermögenswirksame Leistungen, die nicht bis zum Ablauf der Frist nach Absatz 2 Nr. 1 verwendet worden sind, gelten als rechtzeitig verwendet, wenn sie am Ende eines Kalenderjahrs insgesamt 150 Euro nicht übersteigen und bis zum Ablauf der Sperrfrist nach Absatz 2 verwendet oder festgelegt werden.
(4) Eine vorzeitige Verfügung ist abweichend von Absatz 2 unschädlich, wenn
1. der Arbeitnehmer oder sein von ihm nicht dauernd getrennt lebender Ehegatte oder Lebenspartner nach Vertragsabschluß gestorben oder völlig erwerbsunfähig geworden ist,

Vermögensbildungsgesetz (5. VermBG)   §§ 4, 5

2. der Arbeitnehmer nach Vertragsabschluß, aber vor der vorzeitigen Verfügung geheiratet oder eine Lebenspartnerschaft begründet hat und im Zeitpunkt der vorzeitigen Verfügung mindestens zwei Jahre seit Beginn der Sperrfrist vergangen sind,
3. der Arbeitnehmer nach Vertragsabschluß arbeitslos geworden ist und die Arbeitslosigkeit mindestens ein Jahr lang ununterbrochen bestanden hat und im Zeitpunkt der vorzeitigen Verfügung noch besteht,
4. der Arbeitnehmer den Erlös innerhalb der folgenden drei Monate unmittelbar für die eigene Weiterbildung oder für die seines von ihm nicht dauernd getrennt lebenden Ehegatten oder Lebenspartners einsetzt und die Maßnahme außerhalb des Betriebes, dem er oder der Ehegatte oder der Lebenspartner angehört, durchgeführt wird und Kenntnisse und Fertigkeiten vermittelt werden, die dem beruflichen Fortkommen dienen und über arbeitsplatzbezogene Anpassungsfortbildungen hinausgehen; für vermögenswirksame Leistungen, die der Arbeitgeber für den Arbeitnehmer nach § 2 Absatz 1 Nummer 1 Buchstabe a, b, f bis l angelegt hat und die Rechte am Unternehmen des Arbeitgebers begründen, gilt dies nur bei Zustimmung des Arbeitgebers; bei nach § 2 Abs. 2 gleichgestellten Anlagen gilt dies nur bei Zustimmung des Unternehmens, das im Sinne des § 18 Abs. 1 des Aktiengesetzes als herrschendes Unternehmen mit dem Unternehmen des Arbeitgebers verbunden ist,
5. der Arbeitnehmer nach Vertragsabschluß unter Aufgabe der nichtselbständigen Arbeit eine Erwerbstätigkeit, die nach § 138 Abs. 1 der Abgabenordnung der Gemeinde mitzuteilen ist, aufgenommen hat oder
6. festgelegte Wertpapiere veräußert werden und der Erlös bis zum Ablauf des Kalendermonats, der dem Kalendermonat der Veräußerung folgt, zum Erwerb von in Absatz 1 bezeichneten Wertpapieren wiederverwendet wird; der bis zum Ablauf des der Veräußerung folgenden Kalendermonats nicht wiederverwendete Erlös gilt als rechtzeitig wiederverwendet, wenn er am Ende eines Kalendermonats insgesamt 150 Euro nicht übersteigt.

(5) Unschädlich ist auch, wenn in die Rechte und Pflichten des Kreditinstituts oder der Kapitalverwaltungsgesellschaft aus dem Sparvertrag an seine Stelle ein anderes Kreditinstitut oder eine andere Kapitalverwaltungsgesellschaft während der Laufzeit des Vertrags durch Rechtsgeschäft eintritt.

(6) ¹Werden auf einen Vertrag über laufend einzuzahlende vermögenswirksame Leistungen oder andere Beträge in einem Kalenderjahr, das dem Kalenderjahr des Vertragsabschlusses folgt, weder vermögenswirksame Leistungen noch andere Beträge eingezahlt, so ist der Vertrag unterbrochen und kann nicht fortgeführt werden. ²Das gleiche gilt, wenn mindestens alle Einzahlungen eines Kalenderjahrs zurückgezahlt oder die Rückzahlungsansprüche aus dem Vertrag abgetreten oder beliehen werden.

§ 5 Wertpapier-Kaufvertrag

(1) Ein Wertpapier-Kaufvertrag im Sinne des § 2 Abs. 1 Nr. 2 ist ein Kaufvertrag zwischen dem Arbeitnehmer und dem Arbeitgeber zum Erwerb von Wertpapieren im Sinne des § 2 Abs. 1 Nr. 1 Buchstabe a bis f, Abs. 2 Satz 1, Abs. 3 und 4 durch den Arbeitnehmer mit der Vereinbarung, den vom Arbeitnehmer geschuldeten Kaufpreis mit vermögenswirksamen Leistungen zu verrechnen oder mit anderen Beträgen zu zahlen.

(2) Die Förderung der auf Grund eines Vertrags nach Absatz 1 angelegten vermögenswirksamen Leistungen setzt voraus, daß
1. mit den Leistungen eines Kalenderjahrs spätestens bis zum Ablauf des folgenden Kalenderjahrs die Wertpapiere erworben werden und

2. die mit den Leistungen erworbenen Wertpapiere unverzüglich nach ihrem Erwerb bis zum Ablauf einer Frist von sechs Jahren (Sperrfrist) festgelegt werden und über die Wertpapiere bis zum Ablauf der Sperrfrist nicht durch Rückzahlung, Abtretung, Beleihung oder in anderer Weise verfügt wird; die Sperrfrist beginnt am 1. Januar des Kalenderjahrs, in dem das Wertpapier erworben worden ist; § 4 Abs. 4 Nr. 1 bis 5 gilt entsprechend.

§ 6 Beteiligungs-Vertrag

(1) Ein Beteiligungs-Vertrag im Sinne des § 2 Abs. 1 Nr. 3 ist ein Vertrag zwischen dem Arbeitnehmer und dem Arbeitgeber über die Begründung von Rechten im Sinne des § 2 Abs. 1 Nr. 1 Buchstabe g bis l und Abs. 4 für den Arbeitnehmer am Unternehmen des Arbeitgebers mit der Vereinbarung, die vom Arbeitnehmer für die Begründung geschuldete Geldsumme mit vermögenswirksamen Leistungen zu verrechnen oder mit anderen Beträgen zu zahlen.

(2) Ein Beteiligungs-Vertrag im Sinne des § 2 Abs. 1 Nr. 3 ist auch ein Vertrag zwischen dem Arbeitnehmer und

1. einem Unternehmen, das nach § 2 Abs. 2 Satz 2 bis 5 mit dem Unternehmen des Arbeitgebers verbunden oder nach § 2 Abs. 2 Satz 4 an diesem Unternehmen beteiligt ist, über die Begründung von Rechten im Sinne des § 2 Abs. 1 Nr. 1 Buchstabe g bis l, Abs. 2 Satz 2 bis 5 und Abs. 4 für den Arbeitnehmer an diesem Unternehmen oder
2. einer Genossenschaft mit Sitz und Geschäftsleitung im Geltungsbereich dieses Gesetzes, die ein Kreditinstitut oder eine Bau- oder Wohnungsgenossenschaft ist, die die Voraussetzungen des § 2 Abs. 1 Nr. 1 Buchstabe g zweiter Halbsatz erfüllt, über die Begründung eines Geschäftsguthabens für den Arbeitnehmer bei dieser Genossenschaft

mit der Vereinbarung, die vom Arbeitnehmer für die Begründung der Rechte oder des Geschäftsguthabens geschuldete Geldsumme mit vermögenswirksamen Leistungen zahlen zu lassen oder mit anderen Beträgen zu zahlen.

(3) Die Förderung der auf Grund eines Vertrags nach Absatz 1 oder 2 angelegten vermögenswirksamen Leistungen setzt voraus, daß

1. mit den Leistungen eines Kalenderjahrs spätestens bis zum Ablauf des folgenden Kalenderjahrs die Rechte begründet werden und
2. über die mit den Leistungen begründeten Rechte bis zum Ablauf einer Frist von sechs Jahren (Sperrfrist) nicht durch Rückzahlung, Abtretung, Beleihung oder in anderer Weise verfügt wird; die Sperrfrist beginnt am 1. Januar des Kalenderjahrs, in dem das Recht begründet worden ist; § 4 Abs. 4 Nr. 1 bis 5 gilt entsprechend.

§ 7 Beteiligungs-Kaufvertrag

(1) Ein Beteiligungs-Kaufvertrag im Sinne des § 2 Abs. 1 Nr. 3 ist ein Kaufvertrag zwischen dem Arbeitnehmer und dem Arbeitgeber zum Erwerb von Rechten im Sinne des § 2 Abs. 1 Nr. 1 Buchstabe g bis l, Abs. 2 Satz 2 bis 5 und Abs. 4 durch den Arbeitnehmer mit der Vereinbarung, den vom Arbeitnehmer geschuldeten Kaufpreis mit vermögenswirksamen Leistungen zu verrechnen oder mit anderen Beträgen zu zahlen.

(2) Ein Beteiligungs-Kaufvertrag im Sinne des § 2 Abs. 1 Nr. 3 ist auch ein Kaufvertrag zwischen dem Arbeitnehmer und einer Gesellschaft mit beschränkter Haftung, die nach § 2 Abs. 2 Satz 3 mit dem Unternehmen des Arbeitgebers verbunden ist, zum Erwerb eines Geschäftsanteils im Sinne des § 2 Abs. 1 Nr. 1 Buchstabe h an dieser Gesellschaft durch den Arbeitnehmer mit der Vereinbarung, den vom Arbeitnehmer geschuldeten Kaufpreis mit vermögenswirksamen Leistungen zahlen zu lassen oder mit anderen Beträgen zu zahlen.

(3) Für die Förderung der auf Grund eines Vertrags nach Absatz 1 oder 2 angelegten vermögenswirksamen Leistungen gilt § 6 Abs. 3 entsprechend.

§ 8 Sparvertrag

(1) Ein Sparvertrag im Sinne des § 2 Abs. 1 Nr. 6 ist ein Sparvertrag zwischen dem Arbeitnehmer und einem Kreditinstitut, in dem die in den Absätzen 2 bis 5 bezeichneten Vereinbarungen, mindestens aber die in den Absätzen 2 und 3 bezeichneten Vereinbarungen, getroffen sind.
(2) ¹Der Arbeitnehmer ist verpflichtet,
1. einmalig oder für die Dauer von sechs Jahren seit Vertragsabschluß laufend, mindestens aber einmal im Kalenderjahr, als Sparbeiträge vermögenswirksame Leistungen einzahlen zu lassen oder andere Beträge einzuzahlen und
2. bis zum Ablauf einer Frist von sieben Jahren (Sperrfrist) die eingezahlten vermögenswirksamen Leistungen bei dem Kreditinstitut festzulegen und die Rückzahlungsansprüche aus dem Vertrag weder abzutreten noch zu beleihen.

²Der Zeitpunkt des Vertragsabschlusses und der Beginn der Sperrfrist bestimmen sich nach den Regelungen des § 4 Abs. 2 Satz 2 und 3.
(3) Der Arbeitnehmer ist abweichend von der in Absatz 2 Satz 1 Nr. 2 bezeichneten Vereinbarung zu vorzeitiger Verfügung berechtigt, wenn eine der in § 4 Abs. 4 Nr. 1 bis 5 bezeichneten Voraussetzungen erfüllt ist.
(4) ¹Der Arbeitnehmer ist abweichend von der in Absatz 2 Satz 1 Nr. 2 bezeichneten Vereinbarung auch berechtigt, vor Ablauf der Sperrfrist mit eingezahlten vermögenswirksamen Leistungen zu erwerben
1. Wertpapiere im Sinne des § 2 Abs. 1 Nr. 1 Buchstabe a bis f, Abs. 2 Satz 1, Abs. 3 und 4,
2. Schuldverschreibungen, die vom Bund, von den Ländern, von den Gemeinden, von anderen Körperschaften des öffentlichen Rechts, vom Arbeitgeber, von einem im Sinne des § 18 Abs. 1 des Aktiengesetzes als herrschendes Unternehmen mit dem Unternehmen des Arbeitgebers verbundenen Unternehmen oder von einem Kreditinstitut mit Sitz und Geschäftsleitung im Geltungsbereich dieses Gesetzes ausgegeben werden, Namensschuldverschreibungen des Arbeitgebers jedoch nur dann, wenn auf dessen Kosten die Ansprüche des Arbeitnehmers aus der Schuldverschreibung durch ein Kreditinstitut verbürgt oder durch ein Versicherungsunternehmen privatrechtlich gesichert sind und das Kreditinstitut oder Versicherungsunternehmen im Geltungsbereich dieses Gesetzes zum Geschäftsbetrieb befugt ist,
3. Genußscheine, die von einem Kreditinstitut mit Sitz und Geschäftsleitung im Geltungsbereich dieses Gesetzes, das nicht der Arbeitgeber ist, als Wertpapiere ausgegeben werden, wenn mit den Genußscheinen das Recht am Gewinn des Kreditinstituts verbunden ist, der Arbeitnehmer nicht als Mitunternehmer im Sinne des § 15 Abs. 1 Nr. 2 des Einkommensteuergesetzes anzusehen ist und die Voraussetzungen des § 2 Abs. 4 erfüllt sind,
4. Anleiheforderungen, die in ein Schuldbuch des Bundes oder eines Landes eingetragen werden,
5. Anteile an einem Sondervermögen, die von Kapitalverwaltungsgesellschaften im Sinne des Kapitalanlagegesetzbuchs ausgegeben werden und nicht unter § 2 Abs. 1 Nr. 1 Buchstabe c fallen, oder
6. Anteile an offenen EU-Investmentvermögen und ausländischen AIF, die nach dem Kapitalanlagegesetzbuch vertrieben werden dürfen.

²Der Arbeitnehmer ist verpflichtet, bis zum Ablauf der Sperrfrist die nach Satz 1 erworbenen Wertpapiere bei dem Kreditinstitut, mit dem der Sparvertrag abgeschlossen ist, festzulegen und über die Wertpapiere nicht zu verfügen; diese Verpflichtung besteht nicht, wenn eine der in § 4 Abs. 4 Nr. 1 bis 5 bezeichneten Voraussetzungen erfüllt ist.

(5) ¹Der Arbeitnehmer ist abweichend von der in Absatz 2 Satz 1 Nummer 2 bezeichneten Vereinbarung auch berechtigt, vor Ablauf der Sperrfrist die Überweisung eingezahlter vermögenswirksamer Leistungen auf einen von ihm oder seinem nicht dauernd getrennt lebenden Ehegatten oder Lebenspartner abgeschlossenen Bausparvertrag zu verlangen, wenn weder mit der Auszahlung der Bausparsumme begonnen worden ist noch die überwiesenen Beträge vor Ablauf der Sperrfrist ganz oder zum Teil zurückgezahlt noch Ansprüche aus dem Bausparvertrag abgetreten oder beliehen werden oder wenn eine solche vorzeitige Verfügung nach § 2 Absatz 3 Satz 2 Nummer 1 und 2 des Wohnungsbau-Prämiengesetzes in der Fassung der Bekanntmachung vom 30. Oktober 1997 (BGBl. I S. 2678), das zuletzt durch Artikel 7 des Gesetzes vom 5. April 2011 (BGBl. I S. 554) geändert worden ist, in der jeweils geltenden Fassung unschädlich ist. ²Satz 1 gilt für vor dem 1. Januar 2009 und nach dem 31. Dezember 2008 abgeschlossene Bausparverträge.

§ 9 Kapitalversicherungsvertrag
(1) Ein Kapitalversicherungsvertrag im Sinne des § 2 Abs. 1 Nr. 7 ist ein Vertrag über eine Kapitalversicherung auf den Erlebens- und Todesfall gegen laufenden Beitrag, der für die Dauer von mindestens zwölf Jahren und mit den in den Absätzen 2 bis 5 bezeichneten Vereinbarungen zwischen dem Arbeitnehmer und einem Versicherungsunternehmen abgeschlossen ist, das im Geltungsbereich dieses Gesetzes zum Geschäftsbetrieb befugt ist.
(2) Der Arbeitnehmer ist verpflichtet, als Versicherungsbeiträge vermögenswirksame Leistungen einzahlen zu lassen oder andere Beträge einzuzahlen.
(3) Die Versicherungsbeiträge enthalten keine Anteile für Zusatzleistungen wie für Unfall, Invalidität oder Krankheit.
(4) Der Versicherungsvertrag sieht vor, daß bereits ab Vertragsbeginn ein nicht kürzbarer Anteil von mindestens 50 Prozent des gezahlten Beitrags als Rückkaufswert (§ 169 des Versicherungsvertragsgesetzes) erstattet oder der Berechnung der prämienfreien Versicherungsleistung (§ 165 des Versicherungsvertragsgesetzes) zugrunde gelegt wird.
(5) Die Gewinnanteile werden verwendet
1. zur Erhöhung der Versicherungsleistung oder
2. auf Verlangen des Arbeitnehmers zur Verrechnung mit fälligen Beiträgen, wenn er nach Vertragsabschluß arbeitslos geworden ist und die Arbeitslosigkeit mindestens ein Jahr lang ununterbrochen bestanden hat und im Zeitpunkt der Verrechnung noch besteht.

§ 10 Vereinbarung zusätzlicher vermögenswirksamer Leistungen
(1) Vermögenswirksame Leistungen können in Verträgen mit Arbeitnehmern, in Betriebsvereinbarungen, in Tarifverträgen oder in bindenden Festsetzungen (§ 19 des Heimarbeitsgesetzes) vereinbart werden.
(2) bis (4) (weggefallen)
(5) Der Arbeitgeber kann auf tarifvertraglich vereinbarte vermögenswirksame Leistungen die betrieblichen Sozialleistungen anrechnen, die dem Arbeitnehmer in dem Kalenderjahr bisher schon als vermögenswirksame Leistungen erbracht worden sind.

§ 11 Vermögenswirksame Anlage von Teilen des Arbeitslohns
(1) Der Arbeitgeber hat auf schriftliches Verlangen des Arbeitnehmers einen Vertrag über die vermögenswirksame Anlage von Teilen des Arbeitslohns abzuschließen.
(2) Auch vermögenswirksam angelegte Teile des Arbeitslohns sind vermögenswirksame Leistungen im Sinne dieses Gesetzes.
(3) ¹Zum Abschluß eines Vertrags nach Absatz 1, wonach die Lohnteile nicht zusammen mit anderen vermögenswirksamen Leistungen für den Arbeitnehmer angelegt und überwiesen

Vermögensbildungsgesetz (5. VermBG) §§ 11–13

werden sollen, ist der Arbeitgeber nur dann verpflichtet, wenn der Arbeitnehmer die Anlage von Teilen des Arbeitslohns in monatlichen der Höhe nach gleichbleibenden Beträgen von mindestens 13 Euro oder in vierteljährlichen der Höhe nach gleichbleibenden Beträgen von mindestens 39 Euro oder nur einmal im Kalenderjahr in Höhe eines Betrags von mindestens 39 Euro verlangt. [2]Der Arbeitnehmer kann bei der Anlage in monatlichen Beträgen während des Kalenderjahrs die Art der vermögenswirksamen Anlage und das Unternehmen oder Institut, bei dem sie erfolgen soll, nur mit Zustimmung des Arbeitgebers wechseln.
(4) [1]Der Arbeitgeber kann einen Termin im Kalenderjahr bestimmen, zu dem die Arbeitnehmer des Betriebs oder Betriebsteils die einmalige Anlage von Teilen des Arbeitslohns nach Absatz 3 verlangen können. [2]Die Bestimmung dieses Termins unterliegt der Mitbestimmung des Betriebsrats oder der zuständigen Personalvertretung; das für die Mitbestimmung in sozialen Angelegenheiten vorgeschriebene Verfahren ist einzuhalten. [3]Der nach Satz 1 bestimmte Termin ist den Arbeitnehmern in jedem Kalenderjahr erneut in geeigneter Form bekanntzugeben. [4]Zu einem anderen als dem nach Satz 1 bestimmten Termin kann der Arbeitnehmer eine einmalige Anlage nach Absatz 3 nur verlangen
1. von Teilen des Arbeitslohns, den er im letzten Lohnzahlungszeitraum des Kalenderjahrs erzielt, oder
2. von Teilen besonderer Zuwendungen, die im Zusammenhang mit dem Weihnachtsfest oder Jahresende gezahlt werden.
(5) [1]Der Arbeitnehmer kann jeweils einmal im Kalenderjahr von dem Arbeitgeber schriftlich verlangen, daß der Vertrag über die vermögenswirksame Anlage von Teilen des Arbeitslohns aufgehoben, eingeschränkt oder erweitert wird. [2]Im Fall der Aufhebung ist der Arbeitgeber nicht verpflichtet, in demselben Kalenderjahr einen neuen Vertrag über die vermögenswirksame Anlage von Teilen des Arbeitslohns abzuschließen.
(6) In Tarifverträgen oder Betriebsvereinbarungen kann von den Absätzen 3 bis 5 abgewichen werden.

§ 12 Freie Wahl der Anlage
[1]Vermögenswirksame Leistungen werden nur dann nach den Vorschriften dieses Gesetzes gefördert, wenn der Arbeitnehmer die Art der vermögenswirksamen Anlage und das Unternehmen oder Institut, bei dem sie erfolgen soll, frei wählen kann. [2]Einer Förderung steht jedoch nicht entgegen, daß durch Tarifvertrag die Anlage auf die Formen des § 2 Abs. 1 Nr. 1 bis 5, Abs. 2 bis 4 beschränkt wird. [3]Eine Anlage im Unternehmen des Arbeitgebers nach § 2 Abs. 1 Nr. 1 Buchstabe g bis l und Abs. 4 ist nur mit Zustimmung des Arbeitgebers zulässig.

§ 13 Anspruch auf Arbeitnehmer-Sparzulage
(1) [1]Der Arbeitnehmer hat Anspruch auf eine Arbeitnehmer-Sparzulage nach Absatz 2, wenn er gegenüber dem Unternehmen, dem Institut oder dem in § 3 Absatz 3 genannten Gläubiger in die Datenübermittlung nach Maßgabe des § 15 Absatz 1 Satz 2 und 3 eingewilligt hat und sein Einkommen die Grenze von 40 000 Euro oder bei einer Zusammenveranlagung nach § 26b des Einkommensteuergesetzes von 80 000 Euro nicht übersteigt. [2]Maßgeblich ist das zu versteuernde Einkommen nach § 2 Absatz 5 des Einkommensteuergesetzes in dem Kalenderjahr, in dem die vermögenswirksamen Leistungen angelegt worden sind.

(2) Die Arbeitnehmer-Sparzulage beträgt 20 Prozent der nach § 2 Absatz 1 Nummer 1 bis 3, Absatz 2 bis 4 angelegten vermögenswirksamen Leistungen, soweit sie 400 Euro im Kalenderjahr nicht übersteigen, und 9 Prozent der nach § 2 Absatz 1 Nummer 4 und 5 angelegten vermögenswirksamen Leistungen, soweit sie 470 Euro im Kalenderjahr nicht übersteigen.
(3) ¹Die Arbeitnehmer-Sparzulage gilt weder als steuerpflichtige Einnahme im Sinne des Einkommensteuergesetzes noch als Einkommen, Verdienst oder Entgelt (Arbeitsentgelt) im Sinne der Sozialversicherung und des Dritten Buches Sozialgesetzbuch; sie gilt arbeitsrechtlich nicht als Bestandteil des Lohns oder Gehalts. ²Der Anspruch auf Arbeitnehmer-Sparzulage ist nicht übertragbar.
(4) Der Anspruch auf Arbeitnehmer-Sparzulage entsteht mit Ablauf des Kalenderjahrs, in dem die vermögenswirksamen Leistungen angelegt worden sind.
(5) ¹Der Anspruch auf Arbeitnehmer-Sparzulage entfällt rückwirkend, soweit die in den §§ 4 bis 7 genannten Fristen oder bei einer Anlage nach § 2 Abs. 1 Nr. 4 die in § 2 Abs. 1 Nr. 3 und 4 und Abs. 3 Satz 1 des Wohnungsbau-Prämiengesetzes vorgesehenen Voraussetzungen nicht eingehalten werden. ²Satz 1 gilt für vor dem 1. Januar 2009 und nach dem 31. Dezember 2008 abgeschlossene Bausparverträge. ³Der Anspruch entfällt nicht, wenn die Sperrfrist nicht eingehalten wird, weil
1. der Arbeitnehmer das Umtausch- oder Abfindungsangebot eines Wertpapier-Emittenten angenommen hat oder Wertpapiere dem Aussteller nach Auslosung oder Kündigung durch den Aussteller zur Einlösung vorgelegt worden sind,
2. die mit den vermögenswirksamen Leistungen erworbenen oder begründeten Wertpapiere oder Rechte im Sinne des § 2 Abs. 1 Nr. 1, Abs. 2 bis 4 ohne Mitwirkung des Arbeitnehmers wertlos geworden sind oder
3. der Arbeitnehmer über nach § 2 Abs. 1 Nr. 4 angelegte vermögenswirksame Leistungen nach Maßgabe des § 4 Abs. 4 Nr. 4 in Höhe von mindestens 30 Euro verfügt.

§ 14 Festsetzung der Arbeitnehmer-Sparzulage, Anwendung der Abgabenordnung, Verordnungsermächtigung, Rechtsweg

(1) ¹Die Verwaltung der Arbeitnehmer-Sparzulage obliegt den Finanzämtern. ²Die Arbeitnehmer-Sparzulage wird aus den Einnahmen an Lohnsteuer gezahlt.
(2) ¹Auf die Arbeitnehmer-Sparzulage sind die für Steuervergütungen geltenden Vorschriften der Abgabenordnung entsprechend anzuwenden. ²Dies gilt nicht für § 163 der Abgabenordnung.
(3) ¹Für die Arbeitnehmer-Sparzulage gelten die Strafvorschriften des § 370 Abs. 1 bis 4, der §§ 371, 375 Abs. 1 und des § 376 sowie die Bußgeldvorschriften der §§ 378, 379 Abs. 1 und 4 und der §§ 383 und 384 der Abgabenordnung entsprechend. ²Für das Strafverfahren wegen einer Straftat nach Satz 1 sowie der Begünstigung einer Person, die eine solche Tat begangen hat, gelten die §§ 385 bis 408, für das Bußgeldverfahren wegen einer Ordnungswidrigkeit nach Satz 1 die §§ 409 bis 412 der Abgabenordnung entsprechend.
(4) ¹Die Arbeitnehmer-Sparzulage wird auf Antrag durch das für die Besteuerung des Arbeitnehmers nach dem Einkommen zuständige Finanzamt festgesetzt. ²Der Arbeitnehmer hat den Antrag nach amtlich vorgeschriebenem Vordruck zu stellen. ³Die Arbeitnehmer-Sparzulage wird fällig
a) mit Ablauf der für die Anlageform vorgeschriebenen Sperrfrist nach diesem Gesetz,

Vermögensbildungsgesetz (5. VermBG) §§ 14, 15

b) mit Ablauf der im Wohnungsbau-Prämiengesetz oder in der Verordnung zur Durchführung des Wohnungsbau-Prämiengesetzes genannten Sperr- und Rückzahlungsfristen. ²Bei Bausparverträgen gelten die in § 2 Abs. 3 Satz 1 des Wohnungsbau-Prämiengesetzes genannten Sperr- und Rückzahlungsfristen und zwar unabhängig davon, ob der Vertrag vor dem 1. Januar 2009 oder nach dem 31. Dezember 2008 abgeschlossen worden ist,
c) mit Zuteilung des Bausparvertrags oder
d) in den Fällen unschädlicher Verfügung.
(5) ¹Ein Bescheid über die Ablehnung der Festsetzung einer Arbeitnehmer-Sparzulage ist aufzuheben und die Arbeitnehmer-Sparzulage ist nachträglich festzusetzen, wenn der Einkommensteuerbescheid nach Ergehen des Ablehnungsbescheides geändert wird und dadurch erstmals festgestellt wird, dass die Einkommensgrenzen des § 13 Absatz 1 unterschritten sind. ²Die Frist für die Festsetzung der Arbeitnehmer-Sparzulage endet in diesem Fall nicht vor Ablauf eines Jahres nach Bekanntgabe des geänderten Steuerbescheides. ³Satz 2 gilt entsprechend, wenn der geänderten Einkommensteuerfestsetzung kein Bescheid über die Ablehnung der Festsetzung einer Arbeitnehmer-Sparzulage vorangegangen ist.
(6) Besteht für Aufwendungen, die vermögenswirksame Leistungen darstellen, ein Anspruch auf Arbeitnehmer-Sparzulage und hat der Arbeitnehmer hierfür abweichend von § 1 Satz 2 Nummer 1 des Wohnungsbau-Prämiengesetzes eine Wohnungsbauprämie beantragt, endet die Frist für die Festsetzung der Arbeitnehmer-Sparzulage nicht vor Ablauf eines Jahres nach Bekanntgabe der Mitteilung über die Änderung des Prämienanspruchs.
(7) ¹Die Bundesregierung wird ermächtigt, durch Rechtsverordnung mit Zustimmung des Bundesrates das Verfahren bei der Festsetzung und der Auszahlung der Arbeitnehmer-Sparzulage näher zu regeln, soweit dies zur Vereinfachung des Verfahrens erforderlich ist. ²Dabei kann auch bestimmt werden, daß der Arbeitgeber, das Unternehmen, das Institut oder der in § 3 Abs. 3 genannte Gläubiger bei der Antragstellung mitwirkt und ihnen die Arbeitnehmer-Sparzulage zugunsten des Arbeitnehmers überwiesen wird.
(8) In öffentlich-rechtlichen Streitigkeiten über die auf Grund dieses Gesetzes ergehenden Verwaltungsakte der Finanzbehörden ist der Finanzrechtsweg gegeben.

§ 15 Elektronische Vermögensbildungsbescheinigung, Verordnungsermächtigungen, Haftung, Anrufungsauskunft, Außenprüfung

(1) ¹Das Unternehmen, das Institut oder der in § 3 Absatz 3 genannte Gläubiger hat der für die Besteuerung des Arbeitnehmers nach dem Einkommen zuständigen Finanzbehörde nach Maßgabe des § 93c der Abgabenordnung neben den in § 93c Absatz 1 der Abgabenordnung genannten Daten folgende Angaben zu übermitteln (elektronische Vermögensbildungsbescheinigung), wenn der Arbeitnehmer gegenüber der mitteilungspflichtigen Stelle in die Datenübermittlung eingewilligt hat:
1. den jeweiligen Jahresbetrag der nach § 2 Abs. 1 Nr. 1 bis 5, Abs. 2 bis 4 angelegten vermögenswirksamen Leistungen sowie die Art ihrer Anlage,
2. das Kalenderjahr, dem diese vermögenswirksamen Leistungen zuzuordnen sind und
3. entweder das Ende der für die Anlageform vorgeschriebenen Sperrfrist nach diesem Gesetz oder bei einer Anlage nach § 2 Abs. 1 Nr. 4 das Ende der im Wohnungsbau-Prämiengesetz oder in der Verordnung zur Durchführung des Wohnungsbau-Prämiengesetzes genannten Sperr- und Rückzahlungsfristen. ²Bei Bausparverträgen sind die in § 2 Abs. 3 Satz 1 des Wohnungsbau-Prämiengesetzes genannten Sperr- und Rückzahlungsfristen zu bescheinigen unabhängig davon, ob der Vertrag vor dem 1. Januar 2009 oder nach dem 31. Dezember 2008 abgeschlossen worden ist.
²Die Einwilligung nach Satz 1 ist spätestens bis zum Ablauf des zweiten Kalenderjahres, das auf das Kalenderjahr der Anlage der vermögenswirksamen Leistungen folgt, zu erteilen. ³Dabei

hat der Arbeitnehmer dem Mitteilungspflichtigen die Identifikationsnummer mitzuteilen. [4]Wird die Einwilligung nach Ablauf des Kalenderjahres der Anlage der vermögenswirksamen Leistungen abgegeben, sind die Daten bis zum Ende des folgenden Kalendervierteljahres zu übermitteln.
(1a) [1]In den Fällen des Absatzes 1 ist für die Anwendung des § 72a Absatz 4 und des § 93c Absatz 4 Satz 1 der Abgabenordnung die für die Besteuerung der mitteilungspflichtigen Stelle nach dem Einkommen zuständige Finanzbehörde zuständig. [2]Die nach Absatz 1 übermittelten Daten können durch die nach Satz 1 zuständige Finanzbehörde zum Zweck der Anwendung des § 93c Absatz 4 Satz 1 der Abgabenordnung bei den für die Besteuerung der Arbeitnehmer nach dem Einkommen zuständigen Finanzbehörden abgerufen und verwendet werden.
(2) Die Bundesregierung wird ermächtigt, durch Rechtsverordnung mit Zustimmung des Bundesrates weitere Vorschriften zu erlassen über
1. Aufzeichnungs- und Mitteilungspflichten des Arbeitgebers und des Unternehmens oder Instituts, bei dem die vermögenswirksamen Leistungen angelegt sind, und
2. die Festlegung von Wertpapieren und die Art der Festlegung, soweit dies erforderlich ist, damit nicht die Arbeitnehmer-Sparzulage zu Unrecht gezahlt, versagt, nicht zurückgefordert oder nicht einbehalten wird.
(3) Haben der Arbeitgeber, das Unternehmen, das Institut oder der in § 3 Abs. 3 genannte Gläubiger ihre Pflichten nach diesem Gesetz oder nach einer auf Grund dieses Gesetzes erlassenen Rechtsverordnung verletzt, so haften sie für die Arbeitnehmer-Sparzulage, die wegen ihrer Pflichtverletzung zu Unrecht gezahlt, nicht zurückgefordert oder nicht einbehalten worden ist.
(4) Das Finanzamt, das für die Besteuerung nach dem Einkommen der in Absatz 3 Genannten zuständig ist, hat auf deren Anfrage Auskunft darüber zu erteilen, wie im einzelnen Fall die Vorschriften über vermögenswirksame Leistungen anzuwenden sind, die nach § 2 Absatz 1 Nummer 1 bis 5 und Absatz 2 bis 4 angelegt werden.
(5) [1]Das für die Lohnsteuer-Außenprüfung zuständige Finanzamt kann bei den in Absatz 3 Genannten eine Außenprüfung durchführen, um festzustellen, ob sie ihre Pflichten nach diesem Gesetz oder nach einer auf Grund dieses Gesetzes erlassenen Rechtsverordnung, soweit diese mit der Anlage vermögenswirksamer Leistungen nach § 2 Abs. 1 Nr. 1 bis 5, Abs. 2 bis 4 zusammenhängen, erfüllt haben. [2]Die §§ 195 bis 203a der Abgabenordnung gelten entsprechend.

§ 16 (gegenstandslos)

§ 17 Anwendungsvorschriften

(1) Die vorstehenden Vorschriften dieses Gesetzes gelten vorbehaltlich der nachfolgenden Absätze für vermögenswirksame Leistungen, die nach dem 31. Dezember 1993 angelegt werden.
(2) Für vermögenswirksame Leistungen, die vor dem 1. Januar 1994 angelegt werden, gilt, soweit Absatz 5 nichts anderes bestimmt, § 17 des Fünften Vermögensbildungsgesetzes in der Fassung der Bekanntmachung vom 19. Januar 1989 (BGBl. I S. 137) – Fünftes Vermögensbildungsgesetz 1989 –, unter Berücksichtigung der Änderung durch Artikel 2 Nr. 1 des Gesetzes vom 13. Dezember 1990 (BGBl. I S. 2749).
(3) Für vermögenswirksame Leistungen, die im Jahr 1994 angelegt werden auf Grund eines vor dem 1. Januar 1994 abgeschlossenen Vertrags
1. nach § 4 Abs. 1 oder § 5 Abs. 1 des Fünften Vermögensbildungsgesetzes 1989 zum Erwerb von Aktien oder Wandelschuldverschreibungen, die keine Aktien oder Wandel-

Vermögensbildungsgesetz (5. VermBG) § 17

schuldverschreibungen im Sinne des vorstehenden § 2 Abs. 1 Nr. 1 Buchstabe a oder b, Abs. 2 Satz 1 sind, oder
2. nach § 6 Abs. 2 des Fünften Vermögensbildungsgesetzes 1989 über die Begründung eines Geschäftsguthabens bei einer Genossenschaft, die keine Genossenschaft im Sinne des vorstehenden § 2 Abs. 1 Nr. 1 Buchstabe g, Abs. 2 Satz 2 ist, oder
3. nach § 6 Abs. 2 oder § 7 Abs. 2 des Fünften Vermögensbildungsgesetzes 1989 über die Übernahme einer Stammeinlage oder zum Erwerb eines Geschäftsanteils an einer Gesellschaft mit beschränkter Haftung, die keine Gesellschaft im Sinne des vorstehenden § 2 Abs. 1 Nr. 1 Buchstabe h, Abs. 2 Satz 3 ist,
gelten statt der vorstehenden §§ 2, 4, 6 und 7 die §§ 2, 4, 6 und 7 des Fünften Vermögensbildungsgesetzes 1989.
(4) Für vermögenswirksame Leistungen, die nach dem 31. Dezember 1993 auf Grund eines Vertrags im Sinne des § 17 Abs. 5 Satz 1 des Fünften Vermögensbildungsgesetzes 1989 angelegt werden, gilt § 17 Abs. 5 und 6 des Fünften Vermögensbildungsgesetzes 1989.
(5) [1]Für vermögenswirksame Leistungen, die vor dem 1. Januar 1994 auf Grund eines Vertrags im Sinne des Absatzes 3 angelegt worden sind, gelten § 4 Abs. 2 bis 5, § 5 Abs. 2, § 6 Abs. 3 und § 7 Abs. 3 des Fünften Vermögensbildungsgesetzes 1989 über Fristen für die Verwendung vermögenswirksamer Leistungen und über Sperrfristen nach dem 31. Dezember 1993 nicht mehr. [2]Für vermögenswirksame Leistungen, die vor dem 1. Januar 1990 auf Grund eines Vertrags im Sinne des § 17 Abs. 2 des Fünften Vermögensbildungsgesetzes 1989 über die Begründung einer oder mehrerer Beteiligungen als stiller Gesellschafter angelegt worden sind, gilt § 7 Abs. 3 des Fünften Vermögensbildungsgesetzes in der Fassung der Bekanntmachung vom 19. Februar 1987 (BGBl. I S. 630) über die Sperrfrist nach dem 31. Dezember 1993 nicht mehr.
(6) Für vermögenswirksame Leistungen, die vor dem 1. Januar 1999 angelegt worden sind, gilt § 13 Abs. 1 und 2 dieses Gesetzes in der Fassung der Bekanntmachung vom 4. März 1994 (BGBl. I S. 406).
(7) § 13 Abs. 1 Satz 1 und Abs. 2 in der Fassung des Artikels 2 des Gesetzes vom 7. März 2009 (BGBl. I S. 451) ist erstmals für vermögenswirksame Leistungen anzuwenden, die nach dem 31. Dezember 2008 angelegt werden.
(8) § 8 Abs. 5, § 13 Abs. 5 Satz 1 und 2, § 14 Abs. 4 Satz 4 Buchstabe b und § 15 Abs. 1 Nr. 3 in der Fassung des Artikels 7 des Gesetzes vom 29. Juli 2008 (BGBl. I S. 1509) sind erstmals für vermögenswirksame Leistungen anzuwenden, die nach dem 31. Dezember 2008 angelegt werden.
(9) § 4 Abs. 4 Nr. 4 und § 13 Abs. 5 Satz 3 Nr. 3 in der Fassung des Artikels 1 des Gesetzes vom 8. Dezember 2008 (BGBl. I S. 2373) ist erstmals bei Verfügungen nach dem 31. Dezember 2008 anzuwenden.
(10) § 14 Absatz 4 Satz 2 in der Fassung des Artikels 12 des Gesetzes vom 16. Juli 2009 (BGBl. I S. 1959) ist erstmals für vermögenswirksame Leistungen anzuwenden, die nach dem 31. Dezember 2006 angelegt werden, und in Fällen, in denen am 22. Juli 2009 über einen Antrag auf Arbeitnehmer-Sparzulage noch nicht bestandskräftig entschieden ist.
(11) § 13 Absatz 1 Satz 2 in der Fassung des Artikels 10 des Gesetzes vom 8. Dezember 2010 (BGBl. I S. 1768) ist erstmals für vermögenswirksame Leistungen anzuwenden, die nach dem 31. Dezember 2008 angelegt werden.
(12) § 2 Absatz 1 Nummer 5 in der Fassung des Artikels 13 des Gesetzes vom 7. Dezember 2011 (BGBl. I S. 2592) ist erstmals für vermögenswirksame Leistungen anzuwenden, die nach dem 31. Dezember 2011 angelegt werden.
(13) [1]§ 3 Absatz 1 Satz 1 Nummer 1 in der Fassung des Artikels 18 des Gesetzes vom 26. Juni 2013 (BGBl. I S. 1809) ist erstmals für vermögenswirksame Leistungen anzuwenden,

die nach dem 31. Dezember 2012 angelegt werden. ²§ 4 Absatz 4 Nummer 1, 2 und 4 sowie § 8 Absatz 5 Satz 1 in der Fassung des Artikels 18 des Gesetzes vom 26. Juni 2013 (BGBl. I S. 1809) sind erstmals bei Verfügungen nach dem 31. Dezember 2012 anzuwenden.
(14) ¹Das Bundesministerium der Finanzen teilt den Zeitpunkt der erstmaligen Anwendung der §§ 13 und 14 Absatz 4 sowie des § 15 in der Fassung des Artikels 18 des Gesetzes vom 26. Juni 2013 (BGBl. I S. 1809) durch ein im Bundessteuerblatt zu veröffentlichendes Schreiben mit. ²Bis zu diesem Zeitpunkt sind die §§ 13 und 14 Absatz 4 sowie der § 15 in der Fassung des Artikels 13 des Gesetzes vom 7. Dezember 2011 (BGBl. I S. 2592) weiter anzuwenden.
(15) ¹§ 2 Absatz 1 Nummer 1 in der Fassung des Artikels 5 des Gesetzes vom 18. Dezember 2013 (BGBl. I S. 4318) ist erstmals für vermögenswirksame Leistungen anzuwenden, die nach dem 31. Dezember 2013 angelegt werden. ²§ 4 Absatz 4 Nummer 4 in der Fassung des Artikels 5 des Gesetzes vom 18. Dezember 2013 (BGBl. I S. 4318) ist erstmals bei Verfügungen nach dem 31. Dezember 2013 anzuwenden.
(16) Zur Abwicklung von Verträgen, die vor dem 25. Mai 2018 unter den Voraussetzungen des § 15 Absatz 1 Satz 4 in der am 30. Juni 2013 geltenden Fassung abgeschlossen wurden, sind das Unternehmen, das Institut oder der in § 3 Absatz 3 genannte Gläubiger verpflichtet, die Daten nach Maßgabe des § 15 Absatz 1 Satz 1 zu übermitteln, es sei denn, der Arbeitnehmer hat der Datenübermittlung schriftlich widersprochen.
(17) § 13 Absatz 1 Satz 1 in der Fassung des Artikels 34 des Gesetzes vom 11. Dezember 2023 (BGBl. 2023 I Nr. 354) ist erstmals für vermögenswirksame Leistungen anzuwenden, die nach dem 31. Dezember 2023 angelegt werden.

§ 18 Kündigung eines vor 1994 abgeschlossenen Anlagevertrags und der Mitgliedschaft in einer Genossenschaft oder Gesellschaft mit beschränkter Haftung

(1) Hat sich der Arbeitnehmer in einem Vertrag im Sinne des § 17 Abs. 3 verpflichtet, auch nach dem 31. Dezember 1994 vermögenswirksame Leistungen überweisen zu lassen oder andere Beträge zu zahlen, so kann er den Vertrag bis zum 30. September 1994 auf den 31. Dezember 1994 mit der Wirkung schriftlich kündigen, daß auf Grund dieses Vertrags vermögenswirksame Leistungen oder andere Beträge nach dem 31. Dezember 1994 nicht mehr zu zahlen sind.
(2) ¹Ist der Arbeitnehmer im Zusammenhang mit dem Abschluß eines Vertrags im Sinne des § 17 Abs. 3 Nr. 2 Mitglied in einer Genossenschaft geworden, so kann er die Mitgliedschaft bis zum 30. September 1994 auf den 31. Dezember 1994 mit der Wirkung schriftlich kündigen, daß nach diesem Zeitpunkt die Verpflichtung, Einzahlungen auf einen Geschäftsanteil zu leisten und ein Eintrittsgeld zu zahlen, entfällt. ²Weitergehende Rechte des Arbeitnehmers nach dem Statut der Genossenschaft bleiben unberührt. ³Der ausgeschiedene Arbeitnehmer kann die Auszahlung des Auseinandersetzungsguthabens, die Genossenschaft kann die Zahlung eines ihren ausgeschiedenen Arbeitnehmer treffenden Anteils an einem Fehlbetrag zum 1. Januar 1998 verlangen.
(3) ¹Ist der Arbeitnehmer im Zusammenhang mit dem Abschluß eines Vertrags im Sinne des § 17 Abs. 3 Nr. 3 Gesellschafter einer Gesellschaft mit beschränkter Haftung geworden, so kann er die Mitgliedschaft bis zum 30. September 1994 auf den 31. Dezember 1994 schriftlich kündigen. ²Weitergehende Rechte des Arbeitnehmers nach dem Gesellschaftsvertrag bleiben unberührt. ³Der zum Austritt berechtigte Arbeitnehmer kann von der Gesellschaft als Abfindung den Verkehrswert seines Geschäftsanteils verlangen; maßgebend ist der Verkehrswert im Zeitpunkt des Zugangs der Kündigungserklärung. ⁴Der Arbeitnehmer kann die Abfindung nur verlangen, wenn die Gesellschaft sie ohne Verstoß gegen § 30 Abs. 1 des Gesetzes betreffend die Gesellschaften mit beschränkter Haftung zahlen kann. ⁵Hat die Gesellschaft die Abfindung bezahlt, so stehen dem Arbeitnehmer aus seinem Geschäftsanteil keine Rechte mehr

zu. ⁶Kann die Gesellschaft bis zum 31. Dezember 1996 die Abfindung nicht gemäß Satz 4 zahlen, so ist sie auf Antrag des zum Austritt berechtigten Arbeitnehmers aufzulösen. ⁷§ 61 Abs. 1, Abs. 2 Satz 1 und Abs. 3 des Gesetzes betreffend die Gesellschaften mit beschränkter Haftung gilt im übrigen entsprechend.

(4) Werden auf Grund der Kündigung nach Absatz 1, 2 oder 3 Leistungen nicht erbracht, so hat der Arbeitnehmer dies nicht zu vertreten.

(5) ¹Hat der Arbeitnehmer nach Absatz 1 einen Vertrag im Sinne des § 17 Abs. 3 Nr. 2 oder nach Absatz 2 die Mitgliedschaft in einer Genossenschaft gekündigt, so gelten beide Kündigungen als erklärt, wenn der Arbeitnehmer dies nicht ausdrücklich ausgeschlossen hat. ²Entsprechendes gilt, wenn der Arbeitnehmer nach Absatz 1 einen Vertrag im Sinne des § 17 Abs. 3 Nr. 3 oder nach Absatz 3 die Mitgliedschaft in einer Gesellschaft mit beschränkter Haftung gekündigt hat.

(6) Macht der Arbeitnehmer von seinem Kündigungsrecht nach Absatz 1 keinen Gebrauch, so gilt die Verpflichtung, vermögenswirksame Leistungen überweisen zu lassen, nach dem 31. Dezember 1994 als Verpflichtung, andere Beträge in entsprechender Höhe zu zahlen.

Verordnung über den Kinderarbeitsschutz (Kinderarbeitsschutzverordnung – KindArbSchV)

vom 23. Juni 1998 (BGBl. I 1998, S. 1508)

Auf Grund des § 5 Abs. 4a des Jugendarbeitsschutzgesetzes, der durch Artikel 1 Nr. 2 Buchstabe e des Gesetzes vom 24. Februar 1997 (BGBl. I S. 311) eingefügt worden ist, verordnet die Bundesregierung:

§ 1 Beschäftigungsverbot
Kinder über 13 Jahre und vollzeitschulpflichtige Jugendliche dürfen nicht beschäftigt werden, soweit nicht das Jugendarbeitsschutzgesetz und § 2 dieser Verordnung Ausnahmen vorsehen.

§ 2 Zulässige Beschäftigungen
(1) Kinder über 13 Jahre und vollzeitschulpflichtige Jugendliche dürfen nur beschäftigt werden
1. mit dem Austragen von Zeitungen, Zeitschriften, Anzeigenblättern und Werbeprospekten,
2. in privaten und landwirtschaftlichen Haushalten mit
   a) Tätigkeiten in Haushalt und Garten,
   b) Botengängen,
   c) der Betreuung von Kindern und anderen zum Haushalt gehörenden Personen,
   d) Nachhilfeunterricht,
   e) der Betreuung von Haustieren,
   f) Einkaufstätigkeiten mit Ausnahme des Einkaufs von alkoholischen Getränken und Tabakwaren,
3. in landwirtschaftlichen Betrieben mit Tätigkeiten bei
   a) der Ernte und der Feldbestellung,
   b) der Selbstvermarktung landwirtschaftlicher Erzeugnisse,
   c) der Versorgung von Tieren,
4. mit Handreichungen beim Sport,
5. mit Tätigkeiten bei nichtgewerblichen Aktionen und Veranstaltungen der Kirchen, Religionsgemeinschaften, Verbände, Vereine und Parteien,

wenn die Beschäftigung nach § 5 Abs. 3 des Jugendarbeitsschutzgesetzes leicht und für sie geeignet ist.

(2) [1]Eine Beschäftigung mit Arbeiten nach Absatz 1 ist nicht leicht und für Kinder über 13 Jahre und vollzeitschulpflichtige Jugendliche nicht geeignet, wenn sie insbesondere
1. mit einer manuellen Handhabung von Lasten verbunden ist, die regelmäßig das maximale Lastgewicht von 7,5 kg oder gelegentlich das maximale Lastgewicht von 10 kg überschreiten; manuelle Handhabung in diesem Sinne ist jedes Befördern oder Abstützen einer Last durch menschliche Kraft, unter anderem das Heben, Absetzen, Schieben, Ziehen, Tragen und Bewegen einer Last,
2. infolge einer ungünstigen Körperhaltung physisch belastend ist oder
3. mit Unfallgefahren, insbesondere bei Arbeiten an Maschinen und bei der Betreuung von Tieren, verbunden ist, von denen anzunehmen ist, daß Kinder über 13 Jahre und vollzeitschulpflichtige Jugendliche sie wegen mangelnden Sicherheitsbewußtseins oder mangelnder Erfahrung nicht erkennen oder nicht abwenden können.

[2]Satz 1 Nr. 1 gilt nicht für vollzeitschulpflichtige Jugendliche.

(3) Die zulässigen Beschäftigungen müssen im übrigen den Schutzvorschriften des Jugendarbeitsschutzgesetzes entsprechen.

§ 3 Behördliche Befugnisse
Die Aufsichtsbehörde kann im Einzelfall feststellen, ob die Beschäftigung nach § 2 zulässig ist.

§ 4 Inkrafttreten
Diese Verordnung tritt am ersten Tage des auf die Verkündung folgenden Kalendermonats in Kraft.

Verordnung über den Verkauf bestimmter Waren an Sonn- und Feiertagen (Verordnung über den Verkauf bestimmter Waren an Sonn- und Feiertagen – SonntVerkV)

vom 21. Dezember 1957 (BGBl. I 1957, S. 1881)
– zuletzt geändert durch Gesetz zur Änderung des Gesetzes über den Ladenschluß und zur Neuregelung der Arbeitszeit in Bäckereien und Konditoreien vom 30. Juli 1996 (BGBl. I 1996, S. 1186)

Auf Grund des § 12 Abs. 1 des Gesetzes über den Ladenschluß vom 28. November 1956 (Bundesgesetzbl. I S. 875) in der Fassung des Gesetzes vom 17. Juli 1957 (BGBl. I S. 727) und vom 14. November 1960 (BGBl. I S. 845) wird im Einvernehmen mit den Bundesministern für Wirtschaft und für Ernährung, Landwirtschaft und Forsten mit Zustimmung des Bundesrates verordnet:

§ 1

(1) Abweichend von der Vorschrift des § 3 Abs. 1 Nr. 1 des Gesetzes über den Ladenschluß dürfen an Sonn- und Feiertagen geöffnet sein für die Abgabe
1. von frischer Milch:
   Verkaufsstellen, für die Dauer von zwei Stunden,
2. von Bäcker- oder Konditorwaren:
   Verkaufsstellen von Betrieben, die Bäcker- oder Konditorwaren herstellen, für die Dauer von drei Stunden,
3. von Blumen:
   Verkaufsstellen, in denen in erheblichem Umfange Blumen feilgehalten werden, für die Dauer von zwei Stunden, jedoch am 1. November (Allerheiligen), am Volkstrauertag, am Buß- und Bettag, am Totensonntag und am 1. Adventssonntag für die Dauer von sechs Stunden,
4. von Zeitungen:
   Verkaufsstellen für Zeitungen für die Dauer von fünf Stunden.

(2) Absatz 1 Nr. 1 bis 3 gilt nicht für die Abgabe am 2. Weihnachts-, Oster- und Pfingstfeiertag.

(3) Die Vorschriften der §§ 5, 10, 11, 13 bis 15 des Gesetzes über den Ladenschluß bleiben unberührt.

§ 3

Diese Verordnung tritt am 1. Januar 1958 in Kraft.

Verordnung zur arbeitsmedizinischen Vorsorge (ArbMedVV)

vom 18. Dezember 2008 (BGBl. I 2008, S. 2768)
– zuletzt geändert durch Zweite Verordnung zur Änderung der Verordnung zur arbeitsmedizinischen Vorsorge vom 12. Juli 2019 (BGBl I 2019, S. 1082)

§ 1 Ziel und Anwendungsbereich
(1) ¹Ziel der Verordnung ist es, durch Maßnahmen der arbeitsmedizinischen Vorsorge arbeitsbedingte Erkrankungen einschließlich Berufskrankheiten frühzeitig zu erkennen und zu verhüten. ²Arbeitsmedizinische Vorsorge soll zugleich einen Beitrag zum Erhalt der Beschäftigungsfähigkeit und zur Fortentwicklung des betrieblichen Gesundheitsschutzes leisten.
(2) Diese Verordnung gilt für die arbeitsmedizinische Vorsorge im Geltungsbereich des Arbeitsschutzgesetzes.
(3) Diese Verordnung lässt sonstige arbeitsmedizinische Präventionsmaßnahmen, insbesondere nach dem Arbeitsschutzgesetz und dem Gesetz über Betriebsärzte, Sicherheitsingenieure und andere Fachkräfte für Arbeitssicherheit (Arbeitssicherheitsgesetz), unberührt.

§ 2 Begriffsbestimmungen
(1) Arbeitsmedizinische Vorsorge im Sinne dieser Verordnung
1. ist Teil der arbeitsmedizinischen Präventionsmaßnahmen im Betrieb;
2. dient der Beurteilung der individuellen Wechselwirkungen von Arbeit und physischer und psychischer Gesundheit und der Früherkennung arbeitsbedingter Gesundheitsstörungen sowie der Feststellung, ob bei Ausübung einer bestimmten Tätigkeit eine erhöhte gesundheitliche Gefährdung besteht;
3. beinhaltet ein ärztliches Beratungsgespräch mit Anamnese einschließlich Arbeitsanamnese sowie körperliche oder klinische Untersuchungen, soweit diese für die individuelle Aufklärung und Beratung erforderlich sind und der oder die Beschäftigte diese Untersuchungen nicht ablehnt;
4. umfasst die Nutzung von Erkenntnissen aus der Vorsorge für die Gefährdungsbeurteilung und für sonstige Maßnahmen des Arbeitsschutzes;
5. umfasst nicht den Nachweis der gesundheitlichen Eignung für berufliche Anforderungen nach sonstigen Rechtsvorschriften oder individual- oder kollektivrechtlichen Vereinbarungen.
(2) Pflichtvorsorge ist arbeitsmedizinische Vorsorge, die bei bestimmten besonders gefährdenden Tätigkeiten veranlasst werden muss.
(3) Angebotsvorsorge ist arbeitsmedizinische Vorsorge, die bei bestimmten gefährdenden Tätigkeiten angeboten werden muss.
(4) Wunschvorsorge ist arbeitsmedizinische Vorsorge, die bei Tätigkeiten, bei denen ein Gesundheitsschaden nicht ausgeschlossen werden kann, auf Wunsch des oder der Beschäftigten ermöglicht werden muss.

§ 3 Allgemeine Pflichten des Arbeitgebers
(1) ¹Der Arbeitgeber hat auf der Grundlage der Gefährdungsbeurteilung für eine angemessene arbeitsmedizinische Vorsorge zu sorgen. ²Dabei hat er die Vorschriften dieser Verordnung einschließlich des Anhangs zu beachten und die nach § 9 Abs. 4 bekannt gegebenen Regeln und Erkenntnisse zu berücksichtigen. ³Bei Einhaltung der Regeln und Erkenntnisse nach Satz 2 ist davon auszugehen, dass die gestellten Anforderungen erfüllt sind. ⁴Arbeitsmedizinische Vorsorge kann auch weitere Maßnahmen der Gesundheitsvorsorge umfassen.

(2) ¹Der Arbeitgeber hat zur Durchführung der arbeitsmedizinischen Vorsorge einen Arzt oder eine Ärztin nach § 7 zu beauftragen. ²Ist ein Betriebsarzt oder eine Betriebsärztin nach § 2 des Arbeitssicherheitsgesetzes bestellt, soll der Arbeitgeber vorrangig diesen oder diese auch mit der arbeitsmedizinischen Vorsorge beauftragen. ³Dem Arzt oder der Ärztin sind alle erforderlichen Auskünfte über die Arbeitsplatzverhältnisse, insbesondere über den Anlass der arbeitsmedizinischen Vorsorge und die Ergebnisse der Gefährdungsbeurteilung, zu erteilen und die Begehung des Arbeitsplatzes zu ermöglichen. ⁴Ihm oder ihr ist auf Verlangen Einsicht in die Unterlagen nach Absatz 4 Satz 1 zu gewähren.
(3) ¹Arbeitsmedizinische Vorsorge soll während der Arbeitszeit stattfinden. ²Ergibt die Gefährdungsbeurteilung für die Tätigkeit oder die Tätigkeiten des oder der Beschäftigten mehrere Vorsorgeanlässe, soll die arbeitsmedizinische Vorsorge in einem Termin stattfinden. ³Arbeitsmedizinische Vorsorge soll nicht zusammen mit Untersuchungen, die dem Nachweis der gesundheitlichen Eignung für berufliche Anforderungen dienen, durchgeführt werden, es sei denn, betriebliche Gründe erfordern dies; in diesem Fall hat der Arbeitgeber den Arzt oder die Ärztin zu verpflichten, die unterschiedlichen Zwecke von arbeitsmedizinischer Vorsorge und Eignungsuntersuchung gegenüber dem oder der Beschäftigten offenzulegen.
(4) ¹Der Arbeitgeber hat eine Vorsorgekartei zu führen mit Angaben, dass, wann und aus welchen Anlässen arbeitsmedizinische Vorsorge stattgefunden hat; die Kartei kann automatisiert geführt werden. ²Die Angaben sind bis zur Beendigung des Beschäftigungsverhältnisses aufzubewahren und anschließend zu löschen, es sei denn, dass Rechtsvorschriften oder die nach § 9 Absatz 4 bekannt zu gebenden Regeln etwas anderes bestimmen. ³Der Arbeitgeber hat der zuständigen Behörde auf Anordnung eine Kopie der Vorsorgekartei zu übermitteln. ⁴Bei Beendigung des Beschäftigungsverhältnisses hat der Arbeitgeber der betroffenen Person eine Kopie der sie betreffenden Angaben auszuhändigen; § 34 des Bundesdatenschutzgesetzes bleibt unberührt.

§ 4 Pflichtvorsorge

(1) ¹Der Arbeitgeber hat nach Maßgabe des Anhangs Pflichtvorsorge für die Beschäftigten zu veranlassen. ²Pflichtvorsorge muss vor Aufnahme der Tätigkeit und anschließend in regelmäßigen Abständen veranlasst werden.
(2) Der Arbeitgeber darf eine Tätigkeit nur ausüben lassen, wenn der oder die Beschäftigte an der Pflichtvorsorge teilgenommen hat.
(3) (weggefallen)

§ 5 Angebotsvorsorge

(1) ¹Der Arbeitgeber hat den Beschäftigten Angebotsvorsorge nach Maßgabe des Anhangs anzubieten. ²Angebotsvorsorge muss vor Aufnahme der Tätigkeit und anschließend in regelmäßigen Abständen angeboten werden. ³Das Ausschlagen eines Angebots entbindet den Arbeitgeber nicht von der Verpflichtung, weiter regelmäßig Angebotsvorsorge anzubieten.
(2) ¹Erhält der Arbeitgeber Kenntnis von einer Erkrankung, die im ursächlichen Zusammenhang mit der Tätigkeit des oder der Beschäftigten stehen kann, so hat er ihm oder ihr unverzüglich Angebotsvorsorge anzubieten. ²Dies gilt auch für Beschäftigte mit vergleichbaren Tätigkeiten, wenn Anhaltspunkte dafür bestehen, dass sie ebenfalls gefährdet sein können.
(3) ¹Der Arbeitgeber hat Beschäftigten sowie ehemals Beschäftigten nach Maßgabe des Anhangs nach Beendigung bestimmter Tätigkeiten, bei denen nach längeren Latenzzeiten Gesundheitsstörungen auftreten können, nachgehende Vorsorge anzubieten. ²Am Ende des Beschäftigungsverhältnisses überträgt der Arbeitgeber diese Verpflichtung auf den zuständi-

gen gesetzlichen Unfallversicherungsträger und überlässt ihm die erforderlichen Unterlagen in Kopie, sofern der oder die Beschäftigte eingewilligt hat.

§ 5a Wunschvorsorge
Über die Vorschriften des Anhangs hinaus hat der Arbeitgeber den Beschäftigten auf ihren Wunsch hin regelmäßig arbeitsmedizinische Vorsorge nach § 11 des Arbeitsschutzgesetzes zu ermöglichen, es sei denn, auf Grund der Beurteilung der Arbeitsbedingungen und der getroffenen Schutzmaßnahmen ist nicht mit einem Gesundheitsschaden zu rechnen.

§ 6 Pflichten des Arztes oder der Ärztin
(1) [1]Bei der arbeitsmedizinischen Vorsorge hat der Arzt oder die Ärztin die Vorschriften dieser Verordnung einschließlich des Anhangs zu beachten und die dem Stand der Arbeitsmedizin entsprechenden Regeln und Erkenntnisse zu berücksichtigen. [2]Vor Durchführung der arbeitsmedizinischen Vorsorge muss er oder sie sich die notwendigen Kenntnisse über die Arbeitsplatzverhältnisse verschaffen. [3]In die Arbeitsanamnese müssen alle Arbeitsbedingungen und arbeitsbedingten Gefährdungen einfließen. [4]Vor Durchführung körperlicher oder klinischer Untersuchungen hat der Arzt oder die Ärztin deren Erforderlichkeit nach pflichtgemäßem ärztlichen Ermessen zu prüfen und den oder die Beschäftigte über die Inhalte, den Zweck und die Risiken der Untersuchung aufzuklären. [5]Untersuchungen nach Satz 3 dürfen nicht gegen den Willen des oder der Beschäftigten durchgeführt werden. [6]Der Arzt oder die Ärztin hat die ärztliche Schweigepflicht zu beachten.
(2) [1]Biomonitoring ist Bestandteil der arbeitsmedizinischen Vorsorge, soweit dafür arbeitsmedizinisch anerkannte Analyseverfahren und geeignete Werte zur Beurteilung zur Verfügung stehen. [2]Biomonitoring darf nicht gegen den Willen der oder des Beschäftigten durchgeführt werden. [3]Impfungen sind Bestandteil der arbeitsmedizinischen Vorsorge und den Beschäftigten anzubieten, soweit das Risiko einer Infektion tätigkeitsbedingt und im Vergleich zur Allgemeinbevölkerung erhöht ist. [4]Satz 3 gilt nicht, wenn der oder die Beschäftigte bereits über einen ausreichenden Immunschutz verfügt.
(3) Der Arzt oder die Ärztin hat
1. das Ergebnis sowie die Befunde der arbeitsmedizinischen Vorsorge schriftlich festzuhalten und den oder die Beschäftigte darüber zu beraten,
2. dem oder der Beschäftigten auf seinen oder ihren Wunsch hin das Ergebnis zur Verfügung zu stellen sowie
3. der oder dem Beschäftigten und dem Arbeitgeber eine Vorsorgebescheinigung darüber auszustellen, dass, wann und aus welchem Anlass ein arbeitsmedizinischer Vorsorgetermin stattgefunden hat; die Vorsorgebescheinigung enthält auch die Angabe, wann eine weitere arbeitsmedizinische Vorsorge aus ärztlicher Sicht angezeigt ist.

(4) [1]Der Arzt oder die Ärztin hat die Erkenntnisse arbeitsmedizinischer Vorsorge auszuwerten. [2]Ergeben sich Anhaltspunkte dafür, dass die Maßnahmen des Arbeitsschutzes für den Beschäftigten oder die Beschäftigte oder andere Beschäftigte nicht ausreichen, so hat der Arzt oder die Ärztin dies dem Arbeitgeber mitzuteilen und Maßnahmen des Arbeitsschutzes vorzuschlagen. [3]Hält der Arzt oder die Ärztin aus medizinischen Gründen, die ausschließlich in der Person des oder der Beschäftigten liegen, einen Tätigkeitswechsel für erforderlich, so bedarf diese Mitteilung an den Arbeitgeber der Einwilligung des oder der Beschäftigten.

§ 7 Anforderungen an den Arzt oder die Ärztin
(1) [1]Unbeschadet anderer Bestimmungen im Anhang für einzelne Anlässe arbeitsmedizinischer Vorsorge muss der Arzt oder die Ärztin berechtigt sein, die Gebietsbezeichnung „Arbeitsmedizin" oder die Zusatzbezeichnung „Betriebsmedizin" zu führen. [2]Er oder sie darf

selbst keine Arbeitgeberfunktion gegenüber dem oder der Beschäftigten ausüben. [3]Verfügt der Arzt oder die Ärztin nach Satz 1 für bestimmte Untersuchungsmethoden nicht über die erforderlichen Fachkenntnisse oder die speziellen Anerkennungen oder Ausrüstungen, so hat er oder sie Ärzte oder Ärztinnen hinzuzuziehen, die diese Anforderungen erfüllen.
(2) Die zuständige Behörde kann für Ärzte oder Ärztinnen in begründeten Einzelfällen Ausnahmen von Absatz 1 Satz 1 zulassen.

§ 8 Maßnahmen nach der arbeitsmedizinischen Vorsorge
(1) [1]Im Fall von § 6 Absatz 4 Satz 2 hat der Arbeitgeber die Gefährdungsbeurteilung zu überprüfen und unverzüglich die erforderlichen Maßnahmen des Arbeitsschutzes zu treffen. [2]Wird ein Tätigkeitswechsel vorgeschlagen, so hat der Arbeitgeber nach Maßgabe der dienst- und arbeitsrechtlichen Regelungen dem oder der Beschäftigten eine andere Tätigkeit zuzuweisen.
(2) Dem Betriebs- oder Personalrat und der zuständigen Behörde sind die getroffenen Maßnahmen mitzuteilen.
(3) Halten der oder die Beschäftigte oder der Arbeitgeber das Ergebnis der Auswertung nach § 6 Absatz 4 für unzutreffend, so entscheidet auf Antrag die zuständige Behörde.

§ 9 Ausschuss für Arbeitsmedizin
(1) [1]Beim Bundesministerium für Arbeit und Soziales wird ein Ausschuss für Arbeitsmedizin gebildet, in dem fachkundige Vertreter der Arbeitgeber, der Gewerkschaften, der Länderbehörden, der gesetzlichen Unfallversicherung und weitere fachkundige Personen, insbesondere der Wissenschaft, vertreten sein sollen. [2]Die Gesamtzahl der Mitglieder soll zwölf Personen nicht überschreiten. [3]Für jedes Mitglied ist ein stellvertretendes Mitglied zu benennen. [4]Die Mitgliedschaft im Ausschuss für Arbeitsmedizin ist ehrenamtlich.
(2) [1]Das Bundesministerium für Arbeit und Soziales beruft die Mitglieder des Ausschusses und die stellvertretenden Mitglieder. [2]Der Ausschuss gibt sich eine Geschäftsordnung und wählt den Vorsitzenden oder die Vorsitzende aus seiner Mitte. [3]Die Geschäftsordnung und die Wahl des oder der Vorsitzenden bedürfen der Zustimmung des Bundesministeriums für Arbeit und Soziales.
(3) [1]Zu den Aufgaben des Ausschusses gehört es,
1. dem Stand der Arbeitsmedizin entsprechende Regeln und sonstige gesicherte arbeitsmedizinische Erkenntnisse zu ermitteln,
2. Regeln und Erkenntnisse zu ermitteln, wie die in dieser Verordnung gestellten Anforderungen insbesondere zu Inhalt und Umfang von Pflicht-, Angebots- oder Wunschvorsorge erfüllt werden können,
3. Empfehlungen zur arbeitsmedizinischen Vorsorge aufzustellen,
4. Empfehlungen für weitere Maßnahmen der Gesundheitsvorsorge auszusprechen, insbesondere für betriebliche Gesundheitsprogramme,
5. Regeln und Erkenntnisse zu sonstigen arbeitsmedizinischen Präventionsmaßnahmen nach § 1 Abs. 3 zu ermitteln, insbesondere zur allgemeinen arbeitsmedizinischen Beratung der Beschäftigten,
6. das Bundesministerium für Arbeit und Soziales in allen Fragen der arbeitsmedizinischen Vorsorge sowie zu sonstigen Fragen des medizinischen Arbeitsschutzes zu beraten.

[2]Das Arbeitsprogramm des Ausschusses für Arbeitsmedizin wird mit dem Bundesministerium für Arbeit und Soziales abgestimmt. [3]Der Ausschuss arbeitet eng mit den anderen Ausschüssen beim Bundesministerium für Arbeit und Soziales zusammen.
(4) Das Bundesministerium für Arbeit und Soziales kann die vom Ausschuss für Arbeitsmedizin ermittelten Regeln und Erkenntnisse sowie Empfehlungen im Gemeinsamen Ministerialblatt bekannt geben.

Verordnung zur arbeitsmedizinischen Vorsorge §§ 9, 10, Anhang

(5) ¹Die Bundesministerien sowie die obersten Landesbehörden können zu den Sitzungen des Ausschusses Vertreter entsenden. ²Auf Verlangen ist diesen in der Sitzung das Wort zu erteilen.
(6) Die Geschäfte des Ausschusses führt die Bundesanstalt für Arbeitsschutz und Arbeitsmedizin.

§ 10 Ordnungswidrigkeiten und Straftaten
(1) Ordnungswidrig im Sinne des § 25 Abs. 1 Nr. 1 des Arbeitsschutzgesetzes handelt, wer vorsätzlich oder fahrlässig
1. entgegen § 4 Abs. 1 eine Pflichtvorsorge nicht oder nicht rechtzeitig veranlasst,
2. entgegen § 4 Abs. 2 eine Tätigkeit ausüben lässt,
3. entgegen § 3 Absatz 4 Satz 1 Halbsatz 1 eine Vorsorgekartei nicht, nicht richtig oder nicht vollständig führt oder
4. entgegen § 5 Abs. 1 Satz 1 eine Angebotsvorsorge nicht oder nicht rechtzeitig anbietet.
(2) Wer durch eine in Absatz 1 bezeichnete vorsätzliche Handlung Leben oder Gesundheit eines oder einer Beschäftigten gefährdet, ist nach § 26 Nr. 2 des Arbeitsschutzgesetzes strafbar.

Anhang: Arbeitsmedizinische Pflicht- und Angebotsvorsorge
Teil 1 Tätigkeiten mit Gefahrstoffen
(1) Pflichtvorsorge **bei:**
1. Tätigkeiten mit den Gefahrstoffen:
   - Acrylnitril,
   - Alkylquecksilberverbindungen,
   - Alveolengängiger Staub (A-Staub),
   - Aromatische Nitro- und Aminoverbindungen,
   - Arsen und Arsenverbindungen,
   - Asbest,
   - Benzol,
   - Beryllium,
   - Bleitetraethyl und Bleitetramethyl,
   - Cadmium und Cadmiumverbindungen,
   - Chrom-VI-Verbindungen,
   - Dimethylformamid,
   - Einatembarer Staub (E-Staub),
   - Fluor und anorganische Fluorverbindungen,
   - Glycerintrinitrat und Glykoldinitrat (Nitroglycerin/Nitroglykol),
   - Hartholzstaub,
   - Kohlenstoffdisulfid,
   - Kohlenmonoxid,
   - Methanol,
   - Nickel und Nickelverbindungen,
   - Polycyclische aromatische Kohlenwasserstoffe (Pyrolyseprodukte aus organischem Material),
   - weißer Phosphor (Tetraphosphor),
   - Platinverbindungen,
   - Quecksilber und anorganische Quecksilberverbindungen,
   - Schwefelwasserstoff,

- Silikogener Staub,
- Styrol,
- Tetrachlorethen,
- Toluol,
- Trichlorethen,
- Vinylchlorid,
- Xylol (alle Isomeren),

wenn
  a) der Arbeitsplatzgrenzwert für den Gefahrstoff nach der Gefahrstoffverordnung nicht eingehalten wird,
  b) eine wiederholte Exposition nicht ausgeschlossen werden kann und der Gefahrstoff ein krebserzeugender oder keimzellmutagener Stoff der Kategorie 1A oder 1B oder ein krebserzeugendes oder keimzellmutagenes Gemisch der Kategorie 1A oder 1B im Sinne der Gefahrstoffverordnung ist oder die Tätigkeiten mit dem Gefahrstoff als krebserzeugende Tätigkeiten oder Verfahren Kategorie 1A oder 1B im Sinne der Gefahrstoffverordnung bezeichnet werden oder
  c) der Gefahrstoff hautresorptiv ist und eine Gesundheitsgefährdung durch Hautkontakt nicht ausgeschlossen werden kann;

2. Sonstige Tätigkeiten mit Gefahrstoffen:
  a) Feuchtarbeit von regelmäßig vier Stunden oder mehr je Tag,
  b) Schweißen und Trennen von Metallen bei Überschreitung einer Luftkonzentration von 3 Milligramm pro Kubikmeter Schweißrauch,
  c) Tätigkeiten mit Exposition gegenüber Getreide- und Futtermittelstäuben bei Überschreitung einer Luftkonzentration von 4 Milligramm pro Kubikmeter einatembarem Staub,
  d) Tätigkeiten mit Exposition gegenüber Isocyanaten, bei denen ein regelmäßiger Hautkontakt nicht ausgeschlossen werden kann oder eine Luftkonzentration von 0,05 Milligramm pro Kubikmeter überschritten wird,
  e) Tätigkeiten mit einer Exposition mit Gesundheitsgefährdung durch Labortierstaub in Tierhaltungsräumen und -anlagen,
  f) Tätigkeiten mit Benutzung von Naturgummilatexhandschuhen mit mehr als 30 Mikrogramm Protein je Gramm im Handschuhmaterial,
  g) Tätigkeiten mit dermaler Gefährdung oder inhalativer Exposition mit Gesundheitsgefährdung, verursacht durch Bestandteile unausgehärteter Epoxidharze, insbesondere durch Versprühen von Epoxidharzen,
  h) Tätigkeiten mit Exposition gegenüber Blei und anorganischen Bleiverbindungen bei Überschreitung einer Luftkonzentration von 0,075 Milligramm pro Kubikmeter,
  i) Tätigkeiten mit Hochtemperaturwollen, soweit dabei als krebserzeugend Kategorie 1A oder 1B im Sinne der Gefahrstoffverordnung eingestufte Faserstäube freigesetzt werden können,
  j) Tätigkeiten mit Exposition gegenüber Mehlstaub bei Überschreitung einer Mehlstaubkonzentration von 4 Milligramm pro Kubikmeter Luft.

(2) **Angebotsvorsorge bei:**
1. Tätigkeiten mit den in Absatz 1 Nr. 1 genannten Gefahrstoffen, wenn eine Exposition nicht ausgeschlossen werden kann und der Arbeitgeber keine Pflichtvorsorge zu veranlassen hat;
2. Sonstige Tätigkeiten mit Gefahrstoffen:
  a) Schädlingsbekämpfung nach der Gefahrstoffverordnung,
  b) Begasungen nach der Gefahrstoffverordnung,

c) Tätigkeiten mit folgenden Stoffen oder deren Gemischen: n-Hexan, n-Heptan, 2-Butanon, 2-Hexanon, Methanol, Ethanol, 2-Methoxyethanol, Benzol, Toluol, Xylol, Styrol, Dichlormethan, 1,1,1-Trichlorethan, Trichlorethen, Tetrachlorethen,
d) Tätigkeiten mit einem Gefahrstoff, sofern der Gefahrstoff nicht in Absatz 1 Nummer 1 genannt ist, eine wiederholte Exposition nicht ausgeschlossen werden kann und
    aa) der Gefahrstoff ein krebserzeugender oder keimzellmutagener Stoff der Kategorie 1A oder 1B oder ein krebserzeugendes oder keimzellmutagenes Gemisch der Kategorie 1A oder 1B im Sinne der Gefahrstoffverordnung ist oder
    bb) die Tätigkeiten mit dem Gefahrstoff als krebserzeugende Tätigkeiten oder Verfahren Kategorie 1A oder 1B im Sinne der Gefahrstoffverordnung bezeichnet werden,
e) Feuchtarbeit von regelmäßig mehr als zwei Stunden je Tag,
f) Schweißen und Trennen von Metallen bei Einhaltung einer Luftkonzentration von 3 Milligramm pro Kubikmeter Schweißrauch,
g) Tätigkeiten mit Exposition gegenüber Getreide- und Futtermittelstäuben bei Überschreitung einer Luftkonzentration von 1 Milligramm je Kubikmeter einatembarem Staub,
h) Tätigkeiten mit Exposition gegenüber Isocyanaten, bei denen ein Hautkontakt nicht ausgeschlossen werden kann oder eine Luftkonzentration von 0,05 Milligramm pro Kubikmeter eingehalten wird,
i) Tätigkeiten mit Exposition gegenüber Blei und anorganischen Bleiverbindungen bei Einhaltung einer Luftkonzentration von 0,075 Milligramm pro Kubikmeter,
j) Tätigkeiten mit Exposition gegenüber Mehlstaub bei Einhaltung einer Mehlstaubkonzentration von 4 Milligramm pro Kubikmeter Luft,
k) Tätigkeiten mit Exposition gegenüber sonstigen atemwegssensibilisierend oder hautsensibilisierend wirkenden Stoffen, für die nach Absatz 1, Nummer 1 oder Buchstabe a bis j keine arbeitsmedizinische Vorsorge vorgesehen ist.

3. (weggefallen)

(3) Anlässe für nachgehende Vorsorge:
1. Tätigkeiten mit Exposition gegenüber einem Gefahrstoff, sofern
    a) der Gefahrstoff ein krebserzeugender oder keimzellmutagener Stoff der Kategorie 1A oder 1B oder ein krebserzeugendes oder keimzellmutagenes Gemisch der Kategorie 1A oder 1B im Sinne der Gefahrstoffverordnung ist oder
    b) die Tätigkeiten mit dem Gefahrstoff als krebserzeugende Tätigkeiten oder Verfahren Kategorie 1A oder 1B im Sinne der Gefahrstoffverordnung bezeichnet werden;
2. Tätigkeiten mit Exposition gegenüber Blei oder anorganischen Bleiverbindungen;
3. Tätigkeiten mit Hochtemperaturwollen nach Absatz 1 Nummer 2 Buchstabe i.

(4) Vorsorge nach den Absätzen 1 bis 3 muss nicht veranlasst oder angeboten werden, wenn und soweit die auf der Grundlage von § 9 Absatz 3 Satz 1 Nummer 1 ermittelten und nach § 9 Absatz 4 bekannt gegebenen Regeln etwas anderes bestimmen.

Teil 2 Tätigkeiten mit biologischen Arbeitsstoffen einschließlich gentechnischen Arbeiten mit humanpathogenen Organismen

(1) Pflichtvorsorge bei:
1. gezielten Tätigkeiten mit einem biologischen Arbeitsstoff der Risikogruppe 4 oder mit
    – Bacillus anthracis,
    – Bartonella bacilliformis,
    – Bartonella henselae,
    – Bartonella quintana,
    – Bordetella pertussis,

- Borelia burgdorferi,
- Borrelia burgdorferi sensu lato,
- Brucella melitensis,
- Burkholderia pseudomallei (Pseudomonas pseudomallei),
- Chlamydophila pneumoniae,
- Chlamydophila psittaci (aviäre Stämme),
- Coxiella burnetii,
- Francisella tularensis,
- Frühsommermeningoenzephalitis-(FSME)-Virus,
- Gelbfieber-Virus,
- Helicobacter pylori,
- Hepatitis-A-Virus (HAV),
- Hepatitis-B-Virus (HBV),
- Hepatitis-C-Virus (HCV),
- Influenzavirus A oder B,
- Japanenzephalitisvirus,
- Leptospira spp.,
- Masernvirus,
- Mumpsvirus,
- Mycobacterium bovis,
- Mycobacterium tuberculosis,
- Neisseria meningitidis,
- Poliomyelitisvirus,
- Rubivirus,
- Salmonella typhi,
- Schistosoma mansoni,
- Streptococcus pneumoniae,
- Tollwutvirus,
- Treponema pallidum (Lues),
- Tropheryma whipplei,
- Trypanosoma cruzi,
- Yersinia pestis,
- Varizelle-Zoster-Virus (VZV) oder
- Vibrio cholerae;

2. nicht gezielten Tätigkeiten mit biologischen Arbeitsstoffen der Risikogruppe 4 bei Kontaktmöglichkeit zu infizierten Proben oder Verdachtsproben oder erkrankten oder krankheitsverdächtigen Personen oder Tieren einschließlich deren Transport sowie
3. nachfolgend aufgeführten nicht gezielten Tätigkeiten
    a) in Forschungseinrichtungen oder Laboratorien: regelmäßige Tätigkeiten mit Kontaktmöglichkeit zu infizierten Proben oder Verdachtsproben, zu infizierten Tieren oder krankheitsverdächtigen Tieren beziehungsweise zu erregerhaltigen oder kontaminierten Gegenständen oder Materialien hinsichtlich eines biologischen Arbeitsstoffes nach Nummer 1;
    b) in Tuberkuloseabteilungen und anderen pulmologischen Einrichtungen: Tätigkeiten mit regelmäßigem Kontakt zu erkrankten oder krankheitsverdächtigen Personen hinsichtlich Mycobacterium bovis oder Mycobacterium tuberculosis;

c) in Einrichtungen zur medizinischen Untersuchung, Behandlung und Pflege von Menschen:
   aa) Tätigkeiten mit regelmäßigem direkten Kontakt zu erkrankten oder krankheitsverdächtigen Personen hinsichtlich
      – Bordetella pertussis,
      – Hepatitis-A-Virus (HAV),
      – Masernvirus,
      – Mumpsvirus oder
      – Rubivirus,
   bb) Tätigkeiten, bei denen es regelmäßig und in größerem Umfang zu Kontakt mit Körperflüssigkeiten, Körperausscheidungen oder Körpergewebe kommen kann, insbesondere Tätigkeiten mit erhöhter Verletzungsgefahr oder Gefahr von Verspritzen und Aerosolbildung, hinsichtlich
      – Hepatitis-B-Virus (HBV) oder
      – Hepatitis-C-Virus (HCV);
      dies gilt auch für Bereiche, die der Versorgung oder der Aufrechterhaltung dieser Einrichtungen dienen;
d) in Einrichtungen zur medizinischen Untersuchung, Behandlung und Pflege von Kindern, ausgenommen Einrichtungen ausschließlich zur Betreuung von Kindern: Tätigkeiten mit regelmäßigem direkten Kontakt zu erkrankten oder krankheitsverdächtigen Kindern hinsichtlich Varizella-Zoster-Virus (VZV); Buchstabe c bleibt unberührt;
e) in Einrichtungen ausschließlich zur Betreuung von Menschen: Tätigkeiten, bei denen es regelmäßig und in größerem Umfang zu Kontakt mit Körperflüssigkeiten, Körperausscheidungen oder Körpergewebe kommen kann, insbesondere Tätigkeiten mit erhöhter Verletzungsgefahr oder Gefahr von Verspritzen und Aerosolbildung, hinsichtlich
   – Hepatitis-A-Virus (HAV),
   – Hepatitis-B-Virus (HBV) oder
   – Hepatitis-C-Virus (HCV);
f) in Einrichtungen zur vorschulischen Betreuung von Kindern: Tätigkeiten mit regelmäßigem direkten Kontakt zu Kindern hinsichtlich
   – Bordetella pertussis,
   – Masernvirus,
   – Mumpsvirus,
   – Rubivirus oder
   – Varizella-Zoster-Virus (VZV); Buchstabe e bleibt unberührt;
g) in Notfall- und Rettungsdiensten: Tätigkeiten, bei denen es regelmäßig und in größerem Umfang zu Kontakt mit Körperflüssigkeiten, Körperausscheidungen oder Körpergewebe kommen kann, insbesondere Tätigkeiten mit erhöhter Verletzungsgefahr oder Gefahr von Verspritzen und Aerosolbildung, hinsichtlich Hepatitis-B-Virus (HBV) oder Hepatitis-C-Virus (HCV);
h) in der Pathologie: Tätigkeiten, bei denen es regelmäßig und in größerem Umfang zu Kontakt mit Körperflüssigkeiten, Körperausscheidungen oder Körpergewebe kommen kann, insbesondere Tätigkeiten mit erhöhter Verletzungsgefahr oder Gefahr von Verspritzen und Aerosolbildung, hinsichtlich Hepatitis-B-Virus (HBV) oder Hepatitis-C-Virus (HCV);
i) in Kläranlagen oder in der Kanalisation: Tätigkeiten mit regelmäßigem Kontakt zu fäkalienhaltigen Abwässern oder mit fäkalienkontaminierten Gegenständen hinsichtlich Hepatitis-A-Virus (HAV);

j) in Einrichtungen zur Aufzucht und Haltung von Vögeln oder zur Geflügelschlachtung: regelmäßige Tätigkeiten mit Kontaktmöglichkeit zu infizierten Proben oder Verdachtsproben, zu infizierten Tieren oder krankheitsverdächtigen Tieren beziehungsweise zu erregerhaltigen oder kontaminierten Gegenständen oder Materialien, wenn dabei der Übertragungsweg gegeben ist, hinsichtlich Chlamydophila psittaci (aviäre Stämme);
k) in einem Tollwut gefährdeten Bezirk: Tätigkeiten mit regelmäßigem Kontakt zu frei lebenden Tieren hinsichtlich Tollwutvirus;
l) in oder in der Nähe von Fledermausunterschlupfen: Tätigkeiten mit engem Kontakt zu Fledermäusen hinsichtlich Europäischem Fledermaus-Lyssavirus (EBLV 1 und 2);
m) auf Freiflächen, in Wäldern, Parks und Gartenanlagen, Tiergärten und Zoos: regelmäßige Tätigkeiten in niederer Vegetation oder direkter Kontakt zu frei lebenden Tieren hinsichtlich
   aa) Borrellia burgdorferi oder
   bb) in Endemiegebieten Frühsommermeningoenzephalitis-(FSME)-Virus.

(2) Angebotsvorsorge:
1. Hat der Arbeitgeber keine Pflichtvorsorge nach Absatz 1 zu veranlassen, muss er den Beschäftigten Angebotsvorsorge anbieten bei
   a) gezielten Tätigkeiten mit biologischen Arbeitsstoffen der Risikogruppe 3 der Biostoffverordnung und nicht gezielten Tätigkeiten, die der Schutzstufe 3 der Biostoffverordnung zuzuordnen sind oder für die eine vergleichbare Gefährdung besteht,
   b) gezielten Tätigkeiten mit biologischen Arbeitsstoffen der Risikogruppe 2 der Biostoffverordnung und nicht gezielten Tätigkeiten, die der Schutzstufe 2 der Biostoffverordnung zuzuordnen sind oder für die eine vergleichbare Gefährdung besteht, es sei denn, nach der Gefährdungsbeurteilung und auf Grund der getroffenen Schutzmaßnahmen ist nicht von einer Infektionsgefährdung auszugehen;
   c) Tätigkeiten mit Exposition gegenüber sensibilisierend oder toxisch wirkenden biologischen Arbeitsstoffen, für die nach Absatz 1, Buchstabe a oder b keine arbeitsmedizinische Vorsorge vorgesehen ist;
2. 5 Abs. 2 gilt entsprechend, wenn als Folge einer Exposition gegenüber biologischen Arbeitsstoffen
   a) mit einer schweren Infektionskrankheit gerechnet werden muss und Maßnahmen der postexpositionellen Prophylaxe möglich sind oder
   b) eine Infektion erfolgt ist;
3. Am Ende einer Tätigkeit, bei der eine Pflichtvorsorge nach Absatz 1 zu veranlassen war, hat der Arbeitgeber eine Angebotsvorsorge anzubieten.

(3) Gentechnische Arbeiten mit humanpathogenen Organismen:
Die Absätze 1 und 2 zu Pflicht- und Angebotsvorsorge gelten entsprechend bei gentechnischen Arbeiten mit humanpathogenen Organismen.

Teil 3 Tätigkeiten mit physikalischen Einwirkungen
(1) Pflichtvorsorge bei:
1. Tätigkeiten mit extremer Hitzebelastung, die zu einer besonderen Gefährdung führen können;
2. Tätigkeiten mit extremer Kältebelastung (- 25° Celsius und kälter);
3. Tätigkeiten mit Lärmexposition, wenn die oberen Auslösewerte von $L_{ex,8h} = 85$ dB(A) beziehungsweise $L_{pC,peak} = 137$ dB(C) erreicht oder überschritten werden.
Bei der Anwendung der Auslösewerte nach Satz 1 wird die dämmende Wirkung eines persönlichen Gehörschutzes der Beschäftigten nicht berücksichtigt;

4. Tätigkeiten mit Exposition durch Vibrationen, wenn die Expositionsgrenzwerte
   a) $A(8) = 5$ m/s^2 für Tätigkeiten mit Hand-Arm-Vibrationen oder
   b) $A(8) = 1,15$ m/s^2 in X- oder Y-Richtung oder $A(8) = 0,8$ m/s^2 in Z-Richtung für Tätigkeiten mit Ganzkörper-Vibrationen
   erreicht oder überschritten werden;
5. *(weggefallen)*
5. Tätigkeiten unter Wasser, bei denen der oder die Beschäftigte über ein Tauchgerät mit Atemgas versorgt wird (Taucherarbeiten);
6. Tätigkeiten mit Exposition durch inkohärente künstliche optische Strahlung, wenn am Arbeitsplatz die Expositionsgrenzwerte nach § 6 der Arbeitsschutzverordnung zu künstlicher optischer Strahlung vom 19. Juli 2010 (BGBl. I S. 960) in der jeweils geltenden Fassung überschritten werden.

(2) Angebotsvorsorge bei:
1. Tätigkeiten mit Lärmexposition, wenn die unteren Auslösewerte von $L_{ex,8h} = 80$ dB(A) beziehungsweise $L_{pC,peak} = 135$ dB(C) überschritten werden.
   Bei der Anwendung der Auslösewerte nach Satz 1 wird die dämmende Wirkung eines persönlichen Gehörschutzes der Beschäftigten nicht berücksichtigt;
2. Tätigkeiten mit Exposition durch Vibrationen, wenn die Auslösewerte von
   a) $A(8) = 2,5$ m/s^2 für Tätigkeiten mit Hand-Arm-Vibrationen oder
   b) $A(8) = 0,5$ m/s^2 für Tätigkeiten mit Ganzkörper-Vibrationen
   überschritten werden;
3. Tätigkeiten mit Exposition durch inkohärente künstliche optische Strahlung, wenn am Arbeitsplatz die Expositionsgrenzwerte nach § 6 der Arbeitsschutzverordnung zu künstlicher optischer Strahlung vom 19. Juli 2010 (BGBl. I S. 960) in der jeweils geltenden Fassung überschritten werden können;
4. Tätigkeiten mit wesentlich erhöhten körperlichen Belastungen, die mit Gesundheitsgefährdungen für das Muskel-Skelett-System verbunden sind durch
   a) Lastenhandhabung beim Heben, Halten, Tragen, Ziehen oder Schieben von Lasten,
   b) repetitive manuelle Tätigkeiten oder
   c) Arbeiten in erzwungenen Körperhaltungen im Knien, in langdauerndem Rumpfbeugen oder -drehen oder in vergleichbaren Zwangshaltungen;
5. Tätigkeiten im Freien mit intensiver Belastung durch natürliche UV-Strahlung von regelmäßig einer Stunde oder mehr je Tag. Der Arbeitgeber hat Maßnahmen des Arbeitsschutzes zu treffen, durch die die Belastung durch natürliche UV-Strahlung möglichst gering gehalten wird.

Teil 4 Sonstige Tätigkeiten
(1) Pflichtvorsorge bei:
1. Tätigkeiten, die das Tragen von Atemschutzgeräten der Gruppen 2 und 3 erfordern;
2. Tätigkeiten in Tropen, Subtropen und sonstige Auslandsaufenthalte mit besonderen klimatischen Belastungen und Infektionsgefährdungen. Abweichend von § 3 Abs. 2 Satz 1 in Verbindung mit § 7 dürfen auch Ärzte oder Ärztinnen beauftragt werden, die zur Führung der Zusatzbezeichnung Tropenmedizin berechtigt sind.

(2) Angebotsvorsorge bei:
1. Tätigkeiten an Bildschirmgeräten
   Die Angebotsvorsorge enthält das Angebot auf eine angemessene Untersuchung der Augen und des Sehvermögens. Erweist sich auf Grund der Angebotsvorsorge eine augenärztliche Untersuchung als erforderlich, so ist diese zu ermöglichen. § 5 Abs. 2 gilt entsprechend für Sehbeschwerden. Den Beschäftigten sind im erforderlichen Umfang

spezielle Sehhilfen für ihre Arbeit an Bildschirmgeräten zur Verfügung zu stellen, wenn Ergebnis der Angebotsvorsorge ist, dass spezielle Sehhilfen notwendig und normale Sehhilfen nicht geeignet sind;
2. Tätigkeiten, die das Tragen von Atemschutzgeräten der Gruppe 1 erfordern;
3. Am Ende einer Tätigkeit, bei der nach Absatz 1 Nummer 2 eine Pflichtvorsorge zu veranlassen war, hat der Arbeitgeber eine Angebotsvorsorge anzubieten.

Erste Verordnung zur Durchführung des Betriebsverfassungsgesetzes (Wahlordnung – WO)

vom 11. Dezember 2001 (BGBl. I 2001, S. 3494)
– zuletzt geändert durch Verordnung zur Änderung der Wahlordnung, der Wahlordnung Seeschifffahrt und der Verordnung zur Durchführung der Betriebsratswahlen bei den Postunternehmen vom 8. Oktober 2021 (BGBl I 2021, S. 4640)

Erster Teil: Wahl des Betriebsrats (§ 14 des Gesetzes)
Erster Abschnitt Allgemeine Vorschriften
§ 1 Wahlvorstand
(1) Die Leitung der Wahl obliegt dem Wahlvorstand.
(2) [1]Der Wahlvorstand kann sich eine schriftliche Geschäftsordnung geben. [2]Er kann Wahlberechtigte als Wahlhelferinnen und Wahlhelfer zu seiner Unterstützung bei der Durchführung der Stimmabgabe und bei der Stimmenzählung heranziehen.
(3) [1]Die Beschlüsse des Wahlvorstands werden mit einfacher Stimmenmehrheit seiner stimmberechtigten Mitglieder gefasst. [2]Die Sitzungen des Wahlvorstands finden als Präsenzsitzung statt. [3]Über jede Sitzung des Wahlvorstands ist eine Niederschrift aufzunehmen, die mindestens den Wortlaut der gefassten Beschlüsse enthält. [4]Die Niederschrift ist von der oder dem Vorsitzenden und einem weiteren stimmberechtigten Mitglied des Wahlvorstands zu unterzeichnen.
(4) [1]Abweichend von Absatz 3 Satz 2 kann der Wahlvorstand beschließen, dass die Teilnahme an einer nicht öffentlichen Sitzung des Wahlvorstands mittels Video- und Telefonkonferenz erfolgen kann. [2]Dies gilt nicht für Sitzungen des Wahlvorstands
1. im Rahmen einer Wahlversammlung nach § 14a Absatz 1 Satz 2 des Gesetzes,
2. zur Prüfung eingereichter Vorschlagslisten nach § 7 Absatz 2 Satz 2,
3. zur Durchführung eines Losverfahrens nach § 10 Absatz 1.
[3]Es muss sichergestellt sein, dass Dritte vom Inhalt der Sitzung keine Kenntnis nehmen können. [4]Eine Aufzeichnung der Sitzung ist unzulässig. [5]Die mittels Video- und Telefonkonferenz Teilnehmenden bestätigen ihre Teilnahme gegenüber der oder dem Vorsitzenden in Textform. [6]Die Bestätigung ist der Niederschrift nach Absatz 3 beizufügen.
(5) Erfolgt die Sitzung des Wahlvorstands mit der zusätzlichen Möglichkeit der Teilnahme mittels Video- und Telefonkonferenz, gilt auch eine Teilnahme vor Ort als erforderlich.

§ 2 Wählerliste
(1) [1]Der Wahlvorstand hat für jede Betriebsratswahl eine Liste der Wahlberechtigten (Wählerliste), getrennt nach den Geschlechtern, aufzustellen. [2]Die Wahlberechtigten sollen mit Familienname, Vorname und Geburtsdatum in alphabetischer Reihenfolge aufgeführt werden. [3]Die nach Absatz 3 Satz 2 nicht passiv Wahlberechtigten sind in der Wählerliste auszuweisen.
(2) [1]Der Arbeitgeber hat dem Wahlvorstand alle für die Anfertigung der Wählerliste erforderlichen Auskünfte zu erteilen und die erforderlichen Unterlagen zur Verfügung zu stellen. [2]Er hat den Wahlvorstand insbesondere bei Feststellung der in § 5 Abs. 3 des Gesetzes genannten Personen zu unterstützen.
(3) [1]Das aktive und passive Wahlrecht steht nur Arbeitnehmerinnen und Arbeitnehmern zu, die in die Wählerliste eingetragen sind. [2]Wahlberechtigten Arbeitnehmerinnen und Arbeit-

nehmern, die am Wahltag nicht nach § 8 des Gesetzes wählbar sind, und wahlberechtigten Leiharbeitnehmerinnen und Leiharbeitnehmern (§ 14 Absatz 2 Satz 1 des Arbeitnehmerüberlassungsgesetzes) steht nur das aktive Wahlrecht zu.
(4) ¹Ein Abdruck der Wählerliste und ein Abdruck dieser Verordnung sind vom Tage der Einleitung der Wahl (§ 3 Abs. 1) bis zum Abschluss der Stimmabgabe an geeigneter Stelle im Betrieb zur Einsichtnahme auszulegen. ²Der Abdruck der Wählerliste soll die Geburtsdaten der Wahlberechtigten nicht enthalten. ³Ergänzend können der Abdruck der Wählerliste und die Verordnung mittels der im Betrieb vorhandenen Informations- und Kommunikationstechnik bekannt gemacht werden. ⁴Die Bekanntmachung ausschließlich in elektronischer Form ist nur zulässig, wenn alle Arbeitnehmerinnen und Arbeitnehmer von der Bekanntmachung Kenntnis erlangen können und Vorkehrungen getroffen werden, dass Änderungen der Bekanntmachung nur vom Wahlvorstand vorgenommen werden können.
(5) Der Wahlvorstand soll dafür sorgen, dass ausländische Arbeitnehmerinnen und Arbeitnehmer, die der deutschen Sprache nicht mächtig sind, vor Einleitung der Betriebsratswahl über Wahlverfahren, Aufstellung der Wähler- und Vorschlagslisten, Wahlvorgang und Stimmabgabe in geeigneter Weise unterrichtet werden.

§ 3 Wahlausschreiben

(1) ¹Spätestens sechs Wochen vor dem ersten Tag der Stimmabgabe erlässt der Wahlvorstand ein Wahlausschreiben, das von der oder dem Vorsitzenden und von mindestens einem weiteren stimmberechtigten Mitglied des Wahlvorstands zu unterschreiben ist. ²Mit Erlass des Wahlausschreibens ist die Betriebsratswahl eingeleitet. ³Der erste Tag der Stimmabgabe soll spätestens eine Woche vor dem Tag liegen, an dem die Amtszeit des Betriebsrats abläuft.
(2) Das Wahlausschreiben muss folgende Angaben enthalten:
1. das Datum seines Erlasses;
2. die Bestimmung des Orts, an dem die Wählerliste und diese Verordnung ausliegen, sowie im Fall der Bekanntmachung in elektronischer Form (§ 2 Abs. 4 Satz 3 und 4) wo und wie von der Wählerliste und der Verordnung Kenntnis genommen werden kann;
3. dass nur Arbeitnehmerinnen und Arbeitnehmer wählen oder gewählt werden können, die in die Wählerliste eingetragen sind, und dass Einsprüche gegen die Wählerliste (§ 4) nur vor Ablauf von zwei Wochen seit dem Erlass des Wahlausschreibens schriftlich beim Wahlvorstand eingelegt werden können, verbunden mit einem Hinweis auf die Anfechtungsausschlussgründe nach § 19 Absatz 3 Satz 1 und 2 des Gesetzes; der letzte Tag der Frist und im Fall des § 41 Absatz 2 zusätzlich die Uhrzeit sind anzugeben;
4. den Anteil der Geschlechter und den Hinweis, dass das Geschlecht in der Minderheit im Betriebsrat mindestens entsprechend seinem zahlenmäßigen Verhältnis vertreten sein muss, wenn der Betriebsrat aus mindestens drei Mitgliedern besteht (§ 15 Abs. 2 des Gesetzes);
5. die Zahl der zu wählenden Betriebsratsmitglieder (§ 9 des Gesetzes) sowie die auf das Geschlecht in der Minderheit entfallenden Mindestsitze im Betriebsrat (§ 15 Abs. 2 des Gesetzes);
6. die Mindestzahl von Wahlberechtigten, von denen ein Wahlvorschlag unterzeichnet sein muss (§ 14 Abs. 4 des Gesetzes);
7. dass der Wahlvorschlag einer im Betrieb vertretenen Gewerkschaft von zwei Beauftragten unterzeichnet sein muss (§ 14 Abs. 5 des Gesetzes);
8. dass Wahlvorschläge vor Ablauf von zwei Wochen seit dem Erlass des Wahlausschreibens beim Wahlvorstand in Form von Vorschlagslisten einzureichen sind, wenn mehr als

fünf Betriebsratsmitglieder zu wählen sind; der letzte Tag der Frist und im Fall des § 41 Absatz 2 zusätzlich die Uhrzeit sind anzugeben;
9. dass die Stimmabgabe an die Wahlvorschläge gebunden ist und dass nur solche Wahlvorschläge berücksichtigt werden dürfen, die fristgerecht (Nr. 8) eingereicht sind;
10. die Bestimmung des Orts, an dem die Wahlvorschläge bis zum Abschluss der Stimmabgabe aushängen;
11. Ort, Tag und Zeit der Stimmabgabe sowie die Betriebsteile und Kleinstbetriebe, für die schriftliche Stimmabgabe (§ 24 Abs. 3) beschlossen ist;
12. den Ort, an dem Einsprüche, Wahlvorschläge und sonstige Erklärungen gegenüber dem Wahlvorstand abzugeben sind (Betriebsadresse des Wahlvorstands);
13. Ort, Tag und Zeit der öffentlichen Stimmauszählung.
(3) Sofern es nach Größe, Eigenart oder Zusammensetzung der Arbeitnehmerschaft des Betriebs zweckmäßig ist, soll der Wahlvorstand im Wahlausschreiben darauf hinweisen, dass bei der Aufstellung von Wahlvorschlägen die einzelnen Organisationsbereiche und die verschiedenen Beschäftigungsarten berücksichtigt werden sollen.
(4) [1]Ein Abdruck des Wahlausschreibens ist vom Tage seines Erlasses bis zum letzten Tage der Stimmabgabe an einer oder mehreren geeigneten, den Wahlberechtigten zugänglichen Stellen vom Wahlvorstand auszuhängen und in gut lesbarem Zustand zu erhalten. [2]Ergänzend kann das Wahlausschreiben mittels der im Betrieb vorhandenen Informations- und Kommunikationstechnik bekannt gemacht werden. [3]§ 2 Abs. 4 Satz 4 gilt entsprechend. [4]Ergänzend hat der Wahlvorstand das Wahlausschreiben den Personen nach § 24 Absatz 2 postalisch oder elektronisch zu übermitteln; der Arbeitgeber hat dem Wahlvorstand die dazu erforderlichen Informationen zur Verfügung zu stellen.

§ 4 Einspruch gegen die Wählerliste
(1) Einsprüche gegen die Richtigkeit der Wählerliste können mit Wirksamkeit für die Betriebsratswahl nur vor Ablauf von zwei Wochen seit Erlass des Wahlausschreibens beim Wahlvorstand schriftlich eingelegt werden.
(2) [1]Über Einsprüche nach Absatz 1 hat der Wahlvorstand unverzüglich zu entscheiden. [2]Der Einspruch ist ausgeschlossen, soweit er darauf gestützt wird, dass die Zuordnung nach § 18a des Gesetzes fehlerhaft erfolgt sei. [3]Satz 2 gilt nicht, soweit die nach § 18a Abs. 1 oder 4 Satz 1 und 2 des Gesetzes am Zuordnungsverfahren Beteiligten die Zuordnung übereinstimmend für offensichtlich fehlerhaft halten. [4]Wird der Einspruch für begründet erachtet, so ist die Wählerliste zu berichtigen. [5]Die Entscheidung des Wahlvorstands ist der Arbeitnehmerin oder dem Arbeitnehmer, die oder der den Einspruch eingelegt hat, unverzüglich schriftlich mitzuteilen; die Entscheidung muss der Arbeitnehmerin oder dem Arbeitnehmer spätestens am Tage vor dem Beginn der Stimmabgabe zugehen.
(3) [1]Nach Ablauf der Einspruchsfrist soll der Wahlvorstand die Wählerliste nochmals auf ihre Vollständigkeit hin überprüfen. [2]Im Übrigen kann nach Ablauf der Einspruchsfrist die Wählerliste nur bei Schreibfehlern, offenbaren Unrichtigkeiten, in Erledigung rechtzeitig eingelegter Einsprüche oder bei Eintritt von Wahlberechtigten in den Betrieb oder bei Ausscheiden aus dem Betrieb bis zum Abschluss der Stimmabgabe berichtigt oder ergänzt werden.

§ 5 Bestimmung der Mindestsitze für das Geschlecht in der Minderheit
(1) [1]Der Wahlvorstand stellt fest, welches Geschlecht von seinem zahlenmäßigen Verhältnis im Betrieb in der Minderheit ist. [2]Sodann errechnet der Wahlvorstand den Mindestanteil der Betriebsratssitze für das Geschlecht in der Minderheit (§ 15 Abs. 2 des Gesetzes) nach den Grundsätzen der Verhältniswahl. [3]Zu diesem Zweck werden die Zahlen der am Tage des Erlasses des Wahlausschreibens im Betrieb beschäftigten Frauen und Männer in einer Reihe

nebeneinander gestellt und beide durch 1, 2, 3, 4 usw. geteilt. [4]Die ermittelten Teilzahlen sind nacheinander reihenweise unter den Zahlen der ersten Reihe aufzuführen, bis höhere Teilzahlen für die Zuweisung der zu verteilenden Sitze nicht mehr in Betracht kommen.
(2) [1]Unter den so gefundenen Teilzahlen werden so viele Höchstzahlen ausgesondert und der Größe nach geordnet, wie Betriebsratsmitglieder zu wählen sind. [2]Das Geschlecht in der Minderheit erhält so viele Mitgliedersitze zugeteilt, wie Höchstzahlen auf es entfallen. [3]Wenn die niedrigste in Betracht kommende Höchstzahl auf beide Geschlechter zugleich entfällt, so entscheidet das Los darüber, welchem Geschlecht dieser Sitz zufällt.

Zweiter Abschnitt Wahl von mehr als fünf Betriebsratsmitgliedern (aufgrund von Vorschlagslisten)

ERSTER UNTERABSCHNITT Einreichung und Bekanntmachung von Vorschlagslisten

§ 6 Vorschlagslisten

(1) [1]Sind mehr als fünf Betriebsratsmitglieder zu wählen, so erfolgt die Wahl aufgrund von Vorschlagslisten, sofern nicht die Anwendung des vereinfachten Wahlverfahrens vereinbart worden ist (§ 14a Absatz 5 des Gesetzes). [2]Die Vorschlagslisten sind von den Wahlberechtigten vor Ablauf von zwei Wochen seit Erlass des Wahlausschreibens beim Wahlvorstand einzureichen.
(2) Jede Vorschlagsliste soll mindestens doppelt so viele Bewerberinnen oder Bewerber aufweisen, wie Betriebsratsmitglieder zu wählen sind.
(3) [1]In jeder Vorschlagsliste sind die einzelnen Bewerberinnen oder Bewerber in erkennbarer Reihenfolge unter fortlaufender Nummer und unter Angabe von Familienname, Vorname, Geburtsdatum und Art der Beschäftigung im Betrieb aufzuführen. [2]Die schriftliche Zustimmung der Bewerberinnen oder der Bewerber zur Aufnahme in die Liste ist beizufügen.
(4) [1]Wenn kein anderer Unterzeichner der Vorschlagsliste ausdrücklich als Listenvertreter bezeichnet ist, wird die oder der an erster Stelle Unterzeichnete als Listenvertreterin oder Listenvertreter angesehen. [2]Diese Person ist berechtigt und verpflichtet, dem Wahlvorstand die zur Beseitigung von Beanstandungen erforderlichen Erklärungen abzugeben sowie Erklärungen und Entscheidungen des Wahlvorstands entgegenzunehmen.
(5) [1]Die Unterschrift eines Wahlberechtigten zählt nur auf einer Vorschlagsliste. [2]Hat ein Wahlberechtigter mehrere Vorschlagslisten unterzeichnet, so hat er auf Aufforderung des Wahlvorstands binnen einer ihm gesetzten angemessenen Frist, spätestens jedoch vor Ablauf von drei Arbeitstagen, zu erklären, welche Unterschrift er aufrechterhält. [3]Unterbleibt die fristgerechte Erklärung, so wird sein Name auf der zuerst eingereichten Vorschlagsliste gezählt und auf den übrigen Listen gestrichen; sind mehrere Vorschlagslisten, die von demselben Wahlberechtigten unterschrieben sind, gleichzeitig eingereicht worden, so entscheidet das Los darüber, auf welcher Vorschlagsliste die
Unterschrift gilt.
(6) Eine Verbindung von Vorschlagslisten ist unzulässig.
(7) [1]Eine Bewerberin oder ein Bewerber kann nur auf einer Vorschlagsliste vorgeschlagen werden. [2]Ist der Name dieser Person mit ihrer schriftlichen Zustimmung auf mehreren Vorschlagslisten aufgeführt, so hat sie auf Aufforderung des Wahlvorstands vor Ablauf von drei Arbeitstagen zu erklären, welche Bewerbung sie aufrechterhält. [3]Unterbleibt die fristgerechte Erklärung, so ist die Bewerberin oder der Bewerber auf sämtlichen Listen zu streichen.

§ 7 Prüfung der Vorschlagslisten

(1) Der Wahlvorstand hat bei Überbringen der Vorschlagsliste oder, falls die Vorschlagsliste auf eine andere Weise eingereicht wird, der Listenvertreterin oder dem Listenvertreter den Zeitpunkt der Einreichung schriftlich zu bestätigen.

(2) ¹Der Wahlvorstand hat die eingereichten Vorschlagslisten, wenn die Liste nicht mit einem Kennwort versehen ist, mit Familienname und Vorname der beiden in der Liste an erster Stelle Benannten zu bezeichnen. ²Er hat die Vorschlagsliste unverzüglich, möglichst binnen einer Frist von zwei Arbeitstagen nach ihrem Eingang, zu prüfen und bei Ungültigkeit oder Beanstandung einer Liste die Listenvertreterin oder den Listenvertreter unverzüglich schriftlich unter Angabe der Gründe zu unterrichten.

§ 8 Ungültige Vorschlagslisten

(1) ¹Ungültig sind Vorschlagslisten,
1. die nicht fristgerecht eingereicht worden sind,
2. auf denen die Bewerberinnen oder Bewerber nicht in erkennbarer Reihenfolge aufgeführt sind,
3. die bei der Einreichung nicht die erforderliche Zahl von Unterschriften (§ 14 Absatz 4 Satz 2 und 3 des Gesetzes) aufweisen.

²Die Rücknahme von Unterschriften auf einer eingereichten Vorschlagsliste beeinträchtigt deren Gültigkeit nicht; § 6 Abs. 5 bleibt unberührt.

(2) Ungültig sind auch Vorschlagslisten,
1. auf denen die Bewerberinnen oder Bewerber nicht in der in § 6 Abs. 3 bestimmten Weise bezeichnet sind,
2. wenn die schriftliche Zustimmung der Bewerberinnen oder der Bewerber zur Aufnahme in die Vorschlagsliste nicht vorliegt,
3. wenn die Vorschlagsliste infolge von Streichung gemäß § 6 Abs. 5 nicht mehr die erforderliche Zahl von Unterschriften aufweist,

falls diese Mängel trotz Beanstandung nicht binnen einer Frist von drei Arbeitstagen beseitigt werden.

§ 9 Nachfrist für Vorschlagslisten

(1) ¹Ist nach Ablauf der in § 6 Abs. 1 genannten Frist keine gültige Vorschlagsliste eingereicht, so hat dies der Wahlvorstand sofort in der gleichen Weise bekannt zu machen wie das Wahlausschreiben und eine Nachfrist von einer Woche für die Einreichung von Vorschlagslisten zu setzen. ²In der Bekanntmachung ist darauf hinzuweisen, dass die Wahl nur stattfinden kann, wenn innerhalb der Nachfrist mindestens eine gültige Vorschlagsliste eingereicht wird.

(2) Wird trotz Bekanntmachung nach Absatz 1 eine gültige Vorschlagsliste nicht eingereicht, so hat der Wahlvorstand sofort bekannt zu machen, dass die Wahl nicht stattfindet.

§ 10 Bekanntmachung der Vorschlagslisten

(1) ¹Nach Ablauf der in § 6 Abs. 1, § 8 Abs. 2 und § 9 Abs. 1 genannten Fristen ermittelt der Wahlvorstand durch das Los die Reihenfolge der Ordnungsnummern, die den eingereichten Vorschlagslisten zugeteilt werden (Liste 1 usw.). ²Die Listenvertreterin oder der Listenvertreter sind zu der Losentscheidung rechtzeitig einzuladen.

(2) Spätestens eine Woche vor Beginn der Stimmabgabe hat der Wahlvorstand die als gültig anerkannten Vorschlagslisten bis zum Abschluss der Stimmabgabe in gleicher Weise bekannt zu machen wie das Wahlausschreiben nach § 3 Absatz 4 Satz 1 bis 3.

ZWEITER UNTERABSCHNITT Wahlverfahren bei mehreren Vorschlagslisten
(§ 14 Abs. 2 Satz 1 des Gesetzes)

§ 11 Stimmabgabe
(1) ¹Die Wählerin oder der Wähler kann ihre oder seine Stimme nur für eine der als gültig anerkannten Vorschlagslisten abgeben. ²Die Stimmabgabe erfolgt durch Abgabe von Stimmzetteln.
(2) ¹Auf den Stimmzetteln sind die Vorschlagslisten nach der Reihenfolge der Ordnungsnummern sowie unter Angabe der beiden an erster Stelle benannten Bewerberinnen oder Bewerber mit Familienname, Vorname und Art der Beschäftigung im Betrieb untereinander aufzuführen; bei Listen, die mit Kennworten versehen sind, ist auch das Kennwort anzugeben. ²Die Stimmzettel für die Betriebsratswahl müssen sämtlich die gleiche Größe, Farbe, Beschaffenheit und Beschriftung haben.
(3) Die Wählerin oder der Wähler kennzeichnet die von ihr oder ihm gewählte Vorschlagsliste durch Ankreuzen an der im Stimmzettel hierfür vorgesehenen Stelle und faltet ihn in der Weise, dass ihre oder seine Stimme nicht erkennbar ist.
(4) Stimmzettel, die mit einem besonderen Merkmal versehen sind oder aus denen sich der Wille der Wählerin oder des Wählers nicht unzweifelhaft ergibt oder die andere Angaben als die in Absatz 1 genannten Vorschlagslisten, einen Zusatz oder sonstige Änderungen enthalten, sind ungültig.

§ 12 Wahlvorgang
(1) ¹Der Wahlvorstand hat geeignete Vorkehrungen für die unbeobachtete Bezeichnung der Stimmzettel im Wahlraum zu treffen und für die Bereitstellung einer Wahlurne oder mehrerer Wahlurnen zu sorgen. ²Die Wahlurne muss vom Wahlvorstand verschlossen und so eingerichtet sein, dass die eingeworfenen Stimmzettel nicht herausgenommen werden können, ohne dass die Urne geöffnet wird.
(2) Während der Wahl müssen immer mindestens zwei stimmberechtigte Mitglieder des Wahlvorstands im Wahlraum anwesend sein; sind Wahlhelferinnen oder Wahlhelfer bestellt (§ 1 Abs. 2), so genügt die Anwesenheit eines stimmberechtigten Mitglieds des Wahlvorstands und einer Wahlhelferin oder eines Wahlhelfers.
(3) Die Wählerin oder der Wähler gibt ihren oder seinen Namen an und wirft den gefalteten Stimmzettel in die Wahlurne ein, nachdem die Stimmabgabe in der Wählerliste vermerkt worden ist.
(4) ³Wer infolge seiner Behinderung bei der Stimmabgabe beeinträchtigt ist, kann eine Person seines Vertrauens bestimmen, die ihm bei der Stimmabgabe behilflich sein soll, und teilt dies dem Wahlvorstand mit. ⁴Wahlbewerberinnen oder Wahlbewerber, Mitglieder des Wahlvorstands sowie Wahlhelferinnen und Wahlhelfer dürfen nicht zur Hilfeleistung herangezogen werden. ⁵Die Hilfeleistung beschränkt sich auf die Erfüllung der Wünsche der Wählerin oder des Wählers zur Stimmabgabe; die Person des Vertrauens darf gemeinsam mit der Wählerin oder dem Wähler die Wahlzelle aufsuchen. ⁶Sie ist zur Geheimhaltung der Kenntnisse verpflichtet, die sie bei der Hilfeleistung zur Stimmabgabe erlangt hat. ⁷Die Sätze 1 bis 4 gelten entsprechend für des Lesens unkundige Wählerinnen und Wähler.
(5) ¹Nach Abschluss der Stimmabgabe ist die Wahlurne zu versiegeln, wenn die Stimmzählung nicht unmittelbar nach Beendigung der Wahl durchgeführt wird. ²Gleiches gilt, wenn die Stimmabgabe unterbrochen wird, insbesondere wenn sie an mehreren Tagen erfolgt.

§ 13 Öffentliche Stimmauszählung

¹Unverzüglich nach Abschluss der Wahl nimmt der Wahlvorstand öffentlich die Auszählung der Stimmen vor und gibt das aufgrund der Auszählung sich ergebende Wahlergebnis bekannt. ²Sofern eine schriftliche Stimmabgabe erfolgt ist, führt der Wahlvorstand vor Beginn der Stimmauszählung das Verfahren nach § 26 durch.

§ 14 Verfahren bei der Stimmauszählung

(1) ¹Nach Öffnung der Wahlurne entnimmt der Wahlvorstand die Stimmzettel und zählt die auf jede Vorschlagsliste entfallenden Stimmen zusammen. ²Dabei ist die Gültigkeit der Stimmzettel zu prüfen.
(2) Befindet sich in der Wahlurne ein Wahlumschlag mit mehreren gekennzeichneten Stimmzetteln (§ 26 Absatz 1 Satz 3, § 35 Absatz 4 Satz 3), so werden die Stimmzettel, wenn sie vollständig übereinstimmen, nur einfach gezählt, andernfalls als ungültig angesehen.

§ 15 Verteilung der Betriebsratssitze auf die Vorschlagslisten

(1) ¹Die Betriebsratssitze werden auf die Vorschlagslisten verteilt. ²Dazu werden die den einzelnen Vorschlagslisten zugefallenen Stimmenzahlen in einer Reihe nebeneinander gestellt und sämtlich durch 1, 2, 3, 4 usw. geteilt. ³Die ermittelten Teilzahlen sind nacheinander reihenweise unter den Zahlen der ersten Reihe aufzuführen, bis höhere Teilzahlen für die Zuweisung der zu verteilenden Sitze nicht mehr in Betracht kommen.
(2) ¹Unter den so gefundenen Teilzahlen werden so viele Höchstzahlen ausgesondert und der Größe nach geordnet, wie Betriebsratsmitglieder zu wählen sind. ²Jede Vorschlagsliste erhält so viele Mitgliedersitze zugeteilt, wie Höchstzahlen auf sie entfallen. ³Entfällt die niedrigste in Betracht kommende Höchstzahl auf mehrere Vorschlagslisten zugleich, so entscheidet das Los darüber, welcher Vorschlagsliste dieser Sitz zufällt.
(3) Wenn eine Vorschlagsliste weniger Bewerberinnen oder Bewerber enthält, als Höchstzahlen auf sie entfallen, so gehen die überschüssigen Mitgliedersitze auf die folgenden Höchstzahlen der anderen Vorschlagslisten über.
(4) Die Reihenfolge der Bewerberinnen oder Bewerber innerhalb der einzelnen Vorschlagslisten bestimmt sich nach der Reihenfolge ihrer Benennung.
(5) Befindet sich unter den auf die Vorschlagslisten entfallenden Höchstzahlen nicht die erforderliche Mindestzahl von Angehörigen des Geschlechts in der Minderheit nach § 15 Abs. 2 des Gesetzes, so gilt Folgendes:
1. An die Stelle der auf der Vorschlagsliste mit der niedrigsten Höchstzahl benannten Person, die nicht dem Geschlecht in der Minderheit angehört, tritt die in derselben Vorschlagsliste in der Reihenfolge nach ihr benannte, nicht berücksichtigte Person des Geschlechts in der Minderheit.
2. Enthält diese Vorschlagsliste keine Person des Geschlechts in der Minderheit, so geht dieser Sitz auf die Vorschlagsliste mit der folgenden, noch nicht berücksichtigten Höchstzahl und mit Angehörigen des Geschlechts in der Minderheit über. ²Entfällt die folgende Höchstzahl auf mehrere Vorschlagslisten zugleich, so entscheidet das Los darüber, welcher Vorschlagsliste dieser Sitz zufällt.
3. Das Verfahren nach den Nummern 1 und 2 ist so lange fortzusetzen, bis der Mindestanteil der Sitze des Geschlechts in der Minderheit nach § 15 Abs. 2 des Gesetzes erreicht ist.
4. Bei der Verteilung der Sitze des Geschlechts in der Minderheit sind auf den einzelnen Vorschlagslisten nur die Angehörigen dieses Geschlechts in der Reihenfolge ihrer Benennung zu berücksichtigen.

5. Verfügt keine andere Vorschlagsliste über Angehörige des Geschlechts in der Minderheit, verbleibt der Sitz bei der Vorschlagsliste, die zuletzt ihren Sitz zu Gunsten des Geschlechts in der Minderheit nach Nummer 1 hätte abgeben müssen.

§ 16 Wahlniederschrift

(1) Nachdem ermittelt ist, welche Arbeitnehmerinnen und Arbeitnehmer als Betriebsratsmitglieder gewählt sind, hat der Wahlvorstand in einer Niederschrift festzustellen:
1. die Gesamtzahl der abgegebenen Stimmen und die Zahl der abgegebenen gültigen Stimmen;
2. die jeder Liste zugefallenen Stimmenzahlen;
3. die berechneten Höchstzahlen;
4. die Verteilung der berechneten Höchstzahlen auf die Listen;
5. die Zahl der ungültigen Stimmen;
6. die Namen der in den Betriebsrat gewählten Bewerberinnen und Bewerber;
7. gegebenenfalls besondere während der Betriebsratswahl eingetretene Zwischenfälle oder sonstige Ereignisse.

(2) Die Niederschrift ist von der oder dem Vorsitzenden und von mindestens einem weiteren stimmberechtigten Mitglied des Wahlvorstands zu unterschreiben.

§ 17 Benachrichtigung der Gewählten

(1) [1]Der Wahlvorstand hat die als Betriebsratsmitglieder gewählten Arbeitnehmerinnen und Arbeitnehmer unverzüglich schriftlich von ihrer Wahl zu benachrichtigen. [2]Erklärt die gewählte Person nicht binnen drei Arbeitstagen nach Zugang der Benachrichtigung dem Wahlvorstand, dass sie die Wahl ablehne, so gilt die Wahl als angenommen.
(2) [1]Lehnt eine gewählte Person die Wahl ab, so tritt an ihre Stelle die in derselben Vorschlagsliste in der Reihenfolge nach ihr benannte, nicht gewählte Person. [2]Gehört die gewählte Person dem Geschlecht in der Minderheit an, so tritt an ihre Stelle die in derselben Vorschlagsliste in der Reihenfolge nach ihr benannte, nicht gewählte Person desselben Geschlechts, wenn ansonsten das Geschlecht in der Minderheit nicht die ihm nach § 15 Abs. 2 des Gesetzes zustehenden Mindestsitze erhält. [3]§ 15 Abs. 5 Nr. 2 bis 5 gilt entsprechend.

§ 18 Bekanntmachung der Gewählten

[1]Sobald die Namen der Betriebsratsmitglieder endgültig feststehen, hat der Wahlvorstand sie durch zweiwöchigen Aushang in gleicher Weise bekannt zu machen wie das Wahlausschreiben nach § 3 Absatz 4 Satz 1 bis 3. [2]Je eine Abschrift der Wahlniederschrift (§ 16) ist dem Arbeitgeber und den im Betrieb vertretenen Gewerkschaften unverzüglich zu übersenden.

§ 19 Aufbewahrung der Wahlakten

Der Betriebsrat hat die Wahlakten mindestens bis zur Beendigung seiner Amtszeit aufzubewahren.

DRITTER UNTERABSCHNITT Wahlverfahren bei nur einer Vorschlagsliste
(§ 14 Abs. 2 Satz 2 erster Halbsatz des Gesetzes)

§ 20 Stimmabgabe

(1) Ist nur eine gültige Vorschlagsliste eingereicht, so kann die Wählerin oder der Wähler ihre oder seine Stimme nur für solche Bewerberinnen oder Bewerber abgeben, die in der Vorschlagsliste aufgeführt sind.

(2) Auf den Stimmzetteln sind die Bewerberinnen oder Bewerber unter Angabe von Familienname, Vorname und Art der Beschäftigung im Betrieb in der Reihenfolge aufzuführen, in der sie auf der Vorschlagsliste benannt sind.
(3) [1]Die Wählerin oder der Wähler kennzeichnet die von ihr oder ihm gewählten Bewerberinnen oder Bewerber durch Ankreuzen an der hierfür im Stimmzettel vorgesehenen Stelle und faltet ihn in der Weise, dass ihre oder seine Stimme nicht erkennbar ist; es dürfen nicht mehr Bewerberinnen oder Bewerber angekreuzt werden, als Betriebsratsmitglieder zu wählen sind. [2]§ 11 Abs. 1 Satz 2, Abs. 2 Satz 2, Abs. 4, §§ 12 und 13 gelten entsprechend.

§ 21 Stimmauszählung
Nach Öffnung der Wahlurne entnimmt der Wahlvorstand die Stimmzettel und zählt die auf jede Bewerberin und jeden Bewerber entfallenden Stimmen zusammen; § 14 Abs. 1 Satz 2 und Abs. 2 gilt entsprechend.

§ 22 Ermittlung der Gewählten
(1) [1]Zunächst werden die dem Geschlecht in der Minderheit zustehenden Mindestsitze (§ 15 Abs. 2 des Gesetzes) verteilt. [2]Dazu werden die dem Geschlecht in der Minderheit zustehenden Mindestsitze mit Angehörigen dieses Geschlechts in der Reihenfolge der jeweils höchsten auf sie entfallenden Stimmenzahlen besetzt.
(2) [1]Nach der Verteilung der Mindestsitze des Geschlechts in der Minderheit nach Absatz 1 erfolgt die Verteilung der weiteren Sitze. [2]Die weiteren Sitze werden mit Bewerberinnen und Bewerbern, unabhängig von ihrem Geschlecht, in der Reihenfolge der jeweils höchsten auf sie entfallenden Stimmenzahlen besetzt.
(3) Haben in den Fällen des Absatzes 1 oder 2 für den zuletzt zu vergebenden Betriebsratssitz mehrere Bewerberinnen oder Bewerber die gleiche Stimmenzahl erhalten, so entscheidet das Los darüber, wer gewählt ist.
(4) Haben sich weniger Angehörige des Geschlechts in der Minderheit zur Wahl gestellt oder sind weniger Angehörige dieses Geschlechts gewählt worden als ihm nach § 15 Abs. 2 des Gesetzes Mindestsitze zustehen, so sind die insoweit überschüssigen Mitgliedersitze des Geschlechts in der Minderheit bei der Sitzverteilung nach Absatz 2 Satz 2 zu berücksichtigen.

§ 23 Wahlniederschrift, Bekanntmachung
(1) [1]Nachdem ermittelt ist, welche Arbeitnehmerinnen und Arbeitnehmer als Betriebsratsmitglieder gewählt sind, hat der Wahlvorstand eine Niederschrift anzufertigen, in der außer den Angaben nach § 16 Abs. 1 Nr. 1, 5 bis 7 die jeder Bewerberin und jedem Bewerber zugefallenen Stimmenzahlen festzustellen sind. [2]§ 16 Abs. 2, § 17 Abs. 1, §§ 18 und 19 gelten entsprechend.
(2) [1]Lehnt eine gewählte Person die Wahl ab, so tritt an ihre Stelle die nicht gewählte Person mit der nächsthöchsten Stimmenzahl. [2]Gehört die gewählte Person dem Geschlecht in der Minderheit an, so tritt an ihre Stelle die nicht gewählte Person dieses Geschlechts mit der nächsthöchsten Stimmenzahl, wenn ansonsten das Geschlecht in der Minderheit nicht die ihm nach § 15 Abs. 2 des Gesetzes zustehenden Mindestsitze erhalten würde. [3]Gibt es keine weiteren Angehörigen dieses Geschlechts, auf die Stimmen entfallen sind, geht dieser Sitz auf die nicht gewählte Person des anderen Geschlechts mit der nächsthöchsten Stimmenzahl über.

Dritter Abschnitt Schriftliche Stimmabgabe

§ 24 Voraussetzungen

(1) ¹Wahlberechtigten, die im Zeitpunkt der Wahl wegen Abwesenheit vom Betrieb verhindert sind, ihre Stimme persönlich abzugeben, hat der Wahlvorstand auf ihr Verlangen
1. das Wahlausschreiben,
2. die Vorschlagslisten,
3. den Stimmzettel und den Wahlumschlag,
4. eine vorgedruckte von der Wählerin oder dem Wähler abzugebende Erklärung, in der gegenüber dem Wahlvorstand zu versichern ist, dass der Stimmzettel persönlich gekennzeichnet worden ist, sowie
5. einen größeren Freiumschlag, der die Anschrift des Wahlvorstands und als Absender den Namen und die Anschrift der oder des Wahlberechtigten sowie den Vermerk "Schriftliche Stimmabgabe" trägt,

auszuhändigen oder zu übersenden. ²Die Wahlumschläge müssen sämtlich die gleiche Größe, Farbe, Beschaffenheit und Beschriftung haben. ³Der Wahlvorstand soll der Wählerin oder dem Wähler ferner ein Merkblatt über die Art und Weise der schriftlichen Stimmabgabe (§ 25) aushändigen oder übersenden. ⁴Der Wahlvorstand hat die Aushändigung oder die Übersendung der Unterlagen in der Wählerliste zu vermerken.

(2) ¹Wahlberechtigte, von denen dem Wahlvorstand bekannt ist, dass sie
1. im Zeitpunkt der Wahl nach der Eigenart ihres Beschäftigungsverhältnisses, insbesondere im Außendienst oder mit Telearbeit Beschäftigte und in Heimarbeit Beschäftigte, oder
2. vom Erlass des Wahlausschreibens bis zum Zeitpunkt der Wahl aus anderen Gründen, insbesondere bei Ruhen des Arbeitsverhältnisses oder Arbeitsunfähigkeit,

voraussichtlich nicht im Betrieb anwesend sein werden, erhalten die in Absatz 1 bezeichneten Unterlagen, ohne dass es eines Verlangens der Wahlberechtigten bedarf. ²Der Arbeitgeber hat dem Wahlvorstand die dazu erforderlichen Informationen zur Verfügung zu stellen.
(3) ¹Für Betriebsteile und Kleinstbetriebe, die räumlich weit vom Hauptbetrieb entfernt sind, kann der Wahlvorstand die schriftliche Stimmabgabe beschließen. ²Absatz 2 gilt entsprechend.

§ 25 Stimmabgabe

¹Die Stimmabgabe erfolgt in der Weise, dass die Wählerin oder der Wähler
1. den Stimmzettel unbeobachtet persönlich kennzeichnet und so faltet und in dem Wahlumschlag verschließt, dass die Stimmabgabe erst nach Auseinanderfalten des Stimmzettels erkennbar ist,
2. die vorgedruckte Erklärung unter Angabe des Orts und des Datums unterschreibt und
3. den Wahlumschlag und die unterschriebene vorgedruckte Erklärung in dem Freiumschlag verschließt und diesen so rechtzeitig an den Wahlvorstand absendet oder übergibt, dass er vor Abschluss der Stimmabgabe vorliegt.

²Die Wählerin oder der Wähler kann unter den Voraussetzungen des § 12 Abs. 4 die in den Nummern 1 bis 3 bezeichneten Tätigkeiten durch eine Person des Vertrauens verrichten lassen.

§ 26 Verfahren bei der Stimmabgabe

(1) ¹Beginn der öffentlichen Sitzung zur Stimmauszählung nach § 13 öffnet der Wahlvorstand die bis zum Ende der Stimmabgabe (§ 3 Absatz 2 Nummer 11) eingegangenen Freiumschläge und entnimmt ihnen die Wahlumschläge sowie die vorgedruckten Erklärungen. ²Ist die schriftli-

che Stimmabgabe ordnungsgemäß erfolgt (§ 25), so vermerkt der Wahlvorstand die Stimmabgabe in der Wählerliste, öffnet die Wahlumschläge und legt die Stimmzettel in die Wahlurne. ³Befinden sich in einem Wahlumschlag mehrere gekennzeichnete Stimmzettel, werden sie in dem Wahlumschlag in die Wahlurne gelegt.
(2) ¹Verspätet eingehende Briefumschläge hat der Wahlvorstand mit einem Vermerk über den Zeitpunkt des Eingangs ungeöffnet zu den Wahlunterlagen zu nehmen. ²Die Briefumschläge sind einen Monat nach Bekanntgabe des Wahlergebnisses ungeöffnet zu vernichten, wenn die Wahl nicht angefochten worden ist.

Vierter Abschnitt Wahlvorschläge der Gewerkschaften

§ 27 Voraussetzungen, Verfahren
(1) Für den Wahlvorschlag einer im Betrieb vertretenen Gewerkschaft (§ 14 Abs. 3 des Gesetzes) gelten die §§ 6 bis 26 entsprechend.
(2) Der Wahlvorschlag einer Gewerkschaft ist ungültig, wenn er nicht von zwei Beauftragten der Gewerkschaft unterzeichnet ist (§ 14 Abs. 5 des Gesetzes).
(3) ¹Die oder der an erster Stelle unterzeichnete Beauftragte gilt als Listenvertreterin oder Listenvertreter. ²Die Gewerkschaft kann hierfür eine Arbeitnehmerin oder einen Arbeitnehmer des Betriebs, die oder der Mitglied der Gewerkschaft ist, benennen.

Zweiter Teil: Wahl des Betriebsrats im vereinfachten Wahlverfahren (§ 14a des Gesetzes)

Erster Abschnitt Wahl des Betriebsrats im zweistufigen Verfahren (§ 14a Abs. 1 des Gesetzes)

ERSTER UNTERABSCHNITT Wahl des Wahlvorstands

§ 28 Einladung zur Wahlversammlung
(1) ¹Zu der Wahlversammlung, in der der Wahlvorstand nach § 17a Nr. 3 des Gesetzes (§ 14a Abs. 1 des Gesetzes) gewählt wird, können drei Wahlberechtigte des Betriebs oder eine im Betrieb vertretene Gewerkschaft einladen (einladende Stelle) und Vorschläge für die Zusammensetzung des Wahlvorstands machen. ²Die Einladung muss mindestens sieben Tage vor dem Tag der Wahlversammlung erfolgen. ³Sie ist durch Aushang an geeigneten Stellen im Betrieb bekannt zu machen. ⁴Ergänzend kann die Einladung mittels der im Betrieb vorhandenen Informations- und Kommunikationstechnik bekannt gemacht werden; § 2 Abs. 4 Satz 4 gilt entsprechend. ⁵Die Einladung muss folgende Hinweise enthalten:
a) Ort, Tag und Zeit der Wahlversammlung zur Wahl des Wahlvorstands;
b) dass Wahlvorschläge zur Wahl des Betriebsrats bis zum Ende der Wahlversammlung zur Wahl des Wahlvorstands gemacht werden können (§ 14a Abs. 2 des Gesetzes);
c) dass Wahlvorschläge der Arbeitnehmerinnen und Arbeitnehmer zur Wahl des Betriebsrats von mindestens zwei Wahlberechtigten unterzeichnet sein müssen; in Betrieben mit in der Regel bis zu zwanzig Wahlberechtigten bedarf es keiner Unterzeichnung von Wahlvorschlägen;
d) dass Wahlvorschläge zur Wahl des Betriebsrats, die erst in der Wahlversammlung zur Wahl des Wahlvorstands gemacht werden, nicht der Schriftform bedürfen.
(2) Der Arbeitgeber hat unverzüglich nach Aushang der Einladung zur Wahlversammlung nach Absatz 1 der einladenden Stelle alle für die Anfertigung der Wählerliste erforderlichen Unterlagen (§ 2) in einem versiegelten Umschlag auszuhändigen.

§ 29 Wahl des Wahlvorstands

¹Der Wahlvorstand wird in der Wahlversammlung zur Wahl des Wahlvorstands von der Mehrheit der anwesenden Arbeitnehmerinnen und Arbeitnehmer gewählt (§ 17a Nr. 3 Satz 1 des Gesetzes). ²Er besteht aus drei Mitgliedern (§ 17a Nr. 2 des Gesetzes). ³Für die Wahl der oder des Vorsitzenden des Wahlvorstands gilt Satz 1 entsprechend.

ZWEITER UNTERABSCHNITT Wahl des Betriebsrats

§ 30 Wahlvorstand, Wählerliste

(1) ¹Unmittelbar nach seiner Wahl hat der Wahlvorstand in der Wahlversammlung zur Wahl des Wahlvorstands die Wahl des Betriebsrats einzuleiten. ²§ 1 gilt entsprechend. ³Er hat unverzüglich in der Wahlversammlung eine Liste der Wahlberechtigten (Wählerliste), getrennt nach den Geschlechtern, aufzustellen. ⁴Die einladende Stelle hat dem Wahlvorstand den ihr nach § 28 Abs. 2 ausgehändigten versiegelten Umschlag zu übergeben. ⁵Die Wahlberechtigten sollen in der Wählerliste mit Familienname, Vorname und Geburtsdatum in alphabetischer Reihenfolge aufgeführt werden. ⁶§ 2 Abs. 1 Satz 3, Abs. 2 bis 4 gilt entsprechend.

(2) ¹Einsprüche gegen die Richtigkeit der Wählerliste können mit Wirksamkeit für die Betriebsratswahl nur vor Ablauf von drei Tagen seit Erlass des Wahlausschreibens beim Wahlvorstand schriftlich eingelegt werden. ²§ 4 Abs. 2 und 3 gilt entsprechend.

§ 31 Wahlausschreiben

(1) ¹Im Anschluss an die Aufstellung der Wählerliste erlässt der Wahlvorstand in der Wahlversammlung das Wahlausschreiben, das von der oder dem Vorsitzenden und von mindestens einem weiteren stimmberechtigten Mitglied des Wahlvorstands zu unterschreiben ist. ²Mit Erlass des Wahlausschreibens ist die Betriebsratswahl eingeleitet. ³Das Wahlausschreiben muss folgende Angaben enthalten:

1. das Datum seines Erlasses;
2. die Bestimmung des Orts, an dem die Wählerliste und diese Verordnung ausliegen sowie im Fall der Bekanntmachung in elektronischer Form (§ 2 Abs. 4 Satz 3 und 4) wo und wie von der Wählerliste und der Verordnung Kenntnis genommen werden kann;
3. dass nur Arbeitnehmerinnen und Arbeitnehmer wählen oder gewählt werden können, die in die Wählerliste eingetragen sind, und dass Einsprüche gegen die Wählerliste (§ 30 Absatz 2 Satz 1) nur vor Ablauf von drei Tagen seit dem Erlass des Wahlausschreibens schriftlich beim Wahlvorstand eingelegt werden können, verbunden mit einem Hinweis auf die Anfechtungsausschlussgründe nach § 19 Absatz 3 Satz 1 und 2 des Gesetzes; der letzte Tag der Frist und im Fall des § 41 Absatz 2 zusätzlich die Uhrzeit sind anzugeben;
4. den Anteil der Geschlechter und den Hinweis, dass das Geschlecht in der Minderheit im Betriebsrat mindestens entsprechend seinem zahlenmäßigen Verhältnis vertreten sein muss, wenn der Betriebsrat aus mindestens drei Mitgliedern besteht (§ 15 Abs. 2 des Gesetzes);
5. die Zahl der zu wählenden Betriebsratsmitglieder (§ 9 des Gesetzes) sowie die auf das Geschlecht in der Minderheit entfallenden Mindestsitze im Betriebsrat (§ 15 Abs. 2 des Gesetzes);
6. die Mindestzahl von Wahlberechtigten, von denen ein Wahlvorschlag unterzeichnet sein muss (§ 14 Abs. 4 des Gesetzes) und den Hinweis, dass Wahlvorschläge, die erst in der Wahlversammlung zur Wahl des Wahlvorstands gemacht werden, nicht der Schriftform bedürfen (§ 14a Abs. 2 zweiter Halbsatz des Gesetzes);

7. dass der Wahlvorschlag einer im Betrieb vertretenen Gewerkschaft von zwei Beauftragten unterzeichnet sein muss (§ 14 Abs. 5 des Gesetzes);
8. dass Wahlvorschläge bis zum Abschluss der Wahlversammlung zur Wahl des Wahlvorstands bei diesem einzureichen sind (§ 14a Abs. 2 erster Halbsatz des Gesetzes);
9. dass die Stimmabgabe an die Wahlvorschläge gebunden ist und dass nur solche Wahlvorschläge berücksichtigt werden dürfen, die fristgerecht (Nr. 8) eingereicht sind;
10. die Bestimmung des Orts, an dem die Wahlvorschläge bis zum Abschluss der Stimmabgabe aushängen;
11. Ort, Tag und Zeit der Wahlversammlung zur Wahl des Betriebsrats (Tag der Stimmabgabe – § 14a Abs. 1 Satz 3 und 4 des Gesetzes);
12. dass Wahlberechtigten, die an der Wahlversammlung zur Wahl des Betriebsrats nicht teilnehmen können, Gelegenheit zur nachträglichen schriftlichen Stimmabgabe gegeben wird (§ 14a Abs. 4 des Gesetzes); das Verlangen auf nachträgliche schriftliche Stimmabgabe muss spätestens drei Tage vor dem Tag der Wahlversammlung zur Wahl des Betriebsrats dem Wahlvorstand mitgeteilt werden;
13. Ort, Tag und Zeit der nachträglichen schriftlichen Stimmabgabe (§ 14a Abs. 4 des Gesetzes) sowie die Betriebsteile und Kleinstbetriebe, für die nachträgliche schriftliche Stimmabgabe entsprechend § 24 Abs. 3 beschlossen ist;
14. den Ort, an dem Einsprüche, Wahlvorschläge und sonstige Erklärungen gegenüber dem Wahlvorstand abzugeben sind (Betriebsadresse des Wahlvorstands);
15. Ort, Tag und Zeit der öffentlichen Stimmauszählung.

(2) ^{1}Ein Abdruck des Wahlausschreibens ist vom Tage seines Erlasses bis zum letzten Tage der Stimmabgabe an einer oder mehreren geeigneten, den Wahlberechtigten zugänglichen Stellen vom Wahlvorstand auszuhängen und in gut lesbarem Zustand zu erhalten. ^{2}Ergänzend kann das Wahlausschreiben mittels der im Betrieb vorhandenen Informations- und Kommunikationstechnik bekannt gemacht werden. ^{3}§ 2 Abs. 4 Satz 4 gilt entsprechend.

§ 32 Bestimmung der Mindestsitze für das Geschlecht in der Minderheit
Besteht der zu wählende Betriebsrat aus mindestens drei Mitgliedern, so hat der Wahlvorstand den Mindestanteil der Betriebsratssitze für das Geschlecht in der Minderheit (§ 15 Abs. 2 des Gesetzes) gemäß § 5 zu errechnen.

§ 33 Wahlvorschläge
(1) ^{1}Die Wahl des Betriebsrats erfolgt aufgrund von Wahlvorschlägen. ^{2}Die Wahlvorschläge sind von den Wahlberechtigten und den im Betrieb vertretenen Gewerkschaften bis zum Ende der Wahlversammlung zur Wahl des Wahlvorstands bei diesem einzureichen. ^{3}Wahlvorschläge, die erst in dieser Wahlversammlung gemacht werden, bedürfen nicht der Schriftform (§ 14a Abs. 2 des Gesetzes).
(2) ^{1}Für Wahlvorschläge gilt § 6 Abs. 2 bis 4 entsprechend. ^{2}Im Fall des § 14 Absatz 4 Satz 1 des Gesetzes gilt § 6 Absatz 4 entsprechend mit der Maßgabe, dass Person im Sinne des § 6 Absatz 4 Satz 2 diejenige ist, die den Wahlvorschlag eingereicht hat. ^{3}§ 6 Abs. 5 gilt entsprechend mit der Maßgabe, dass ein Wahlberechtigter, der mehrere Wahlvorschläge unterstützt, auf Aufforderung des Wahlvorstands in der Wahlversammlung erklären muss, welche Unterstützung er aufrechterhält. ^{4}Für den Wahlvorschlag einer im Betrieb vertretenen Gewerkschaft gilt § 27 entsprechend.
(3) ^{1}§ 7 gilt entsprechend. ^{2}§ 8 gilt entsprechend mit der Maßgabe, dass Mängel der Wahlvorschläge nach § 8 Abs. 2 nur in der Wahlversammlung zur Wahl des Wahlvorstands beseitigt werden können.

(4) Unmittelbar nach Abschluss der Wahlversammlung hat der Wahlvorstand die als gültig anerkannten Wahlvorschläge bis zum Abschluss der Stimmabgabe in gleicher Weise bekannt zu machen, wie das Wahlausschreiben (§ 31 Abs. 2).
(5) [1]Ist in der Wahlversammlung kein Wahlvorschlag zur Wahl des Betriebsrats gemacht worden, hat der Wahlvorstand bekannt zu machen, dass die Wahl nicht stattfindet. [2]Die Bekanntmachung hat in gleicher Weise wie das Wahlausschreiben (§ 31 Abs. 2) zu erfolgen.

§ 34 Wahlverfahren
(1) [1]Die Wählerin oder der Wähler kann ihre oder seine Stimme nur für solche Bewerberinnen oder Bewerber abgeben, die in einem Wahlvorschlag benannt sind. [2]Auf den Stimmzetteln sind die Bewerberinnen oder Bewerber in alphabetischer Reihenfolge unter Angabe von Familienname, Vorname und Art der Beschäftigung im Betrieb aufzuführen. [3]Die Wählerin oder der Wähler kennzeichnet die von ihm Gewählten durch Ankreuzen an der hierfür im Stimmzettel vorgesehenen Stelle und faltet ihn in der Weise, dass ihre oder seine Stimme nicht erkennbar ist; es dürfen nicht mehr Bewerberinnen oder Bewerber angekreuzt werden, als Betriebsratsmitglieder zu wählen sind. [4]§ 11 Abs. 1 Satz 2, Abs. 2 Satz 2, Abs. 4 und § 12 gelten entsprechend.
(2) Im Fall der nachträglichen schriftlichen Stimmabgabe (§ 35) hat der Wahlvorstand am Ende der Wahlversammlung zur Wahl des Betriebsrats die Wahlurne zu versiegeln und aufzubewahren.
(3) [1]Erfolgt keine nachträgliche schriftliche Stimmabgabe, hat der Wahlvorstand unverzüglich nach Abschluss der Wahl die öffentliche Auszählung der Stimmen vorzunehmen und das sich daraus ergebende Wahlergebnis bekannt zu geben. [2]Die §§ 21, 23 Abs. 1 gelten entsprechend.
(4) [1]Ist nur ein Betriebsratsmitglied zu wählen, so ist die Person gewählt, die die meisten Stimmen erhalten hat. [2]Bei Stimmengleichheit entscheidet das Los. [3]Lehnt eine gewählte Person die Wahl ab, so tritt an ihre Stelle die nicht gewählte Person mit der nächsthöchsten Stimmenzahl.
(5) Sind mehrere Betriebsratsmitglieder zu wählen, gelten für die Ermittlung der Gewählten die §§ 22 und 23 Abs. 2 entsprechend.

§ 35 Nachträgliche schriftliche Stimmabgabe
(1) [1]Können Wahlberechtigte an der Wahlversammlung zur Wahl des Betriebsrats nicht teilnehmen, um ihre Stimme persönlich abzugeben, können sie beim Wahlvorstand die nachträgliche schriftliche Stimmabgabe beantragen (§ 14a Abs. 4 des Gesetzes). [2]Das Verlangen auf nachträgliche schriftliche Stimmabgabe muss die oder der Wahlberechtigte dem Wahlvorstand spätestens drei Tage vor dem Tag der Wahlversammlung zur Wahl des Betriebsrats mitgeteilt haben. [3]Die §§ 24, 25 gelten entsprechend.
(2) Wird die nachträgliche schriftliche Stimmabgabe aufgrund eines Antrags nach Absatz 1 Satz 1 erforderlich, hat dies der Wahlvorstand unter Angabe des Orts, des Tags und der Zeit der öffentlichen Stimmauszählung in gleicher Weise bekannt zu machen wie das Wahlausschreiben (§ 31 Abs. 2).
(3) Unmittelbar nach Ablauf der Frist für die nachträgliche schriftliche Stimmabgabe nimmt der Wahlvorstand in öffentlicher Sitzung die Auszählung der Stimmen vor.
(4) [1]Zu Beginn der öffentlichen Sitzung nach Absatz 3 öffnet der Wahlvorstand die bis zu diesem Zeitpunkt eingegangenen Freiumschläge und entnimmt ihnen die Wahlumschläge sowie die vorgedruckten Erklärungen. [2]Ist die nachträgliche schriftliche Stimmabgabe ordnungsgemäß erfolgt (§ 25), so vermerkt der Wahlvorstand die Stimmabgabe in der Wählerliste, öffnet die Wahlumschläge und legt die Stimmzettel in die bis dahin versiegelte

Wahlurne. [3]Befinden sich in einem Wahlumschlag mehrere gekennzeichnete Stimmzettel, werden sie in dem Wahlumschlag in die Wahlurne gelegt.
(5) [1]Nachdem alle ordnungsgemäß nachträglich abgegebenen Stimmzettel in die Wahlurne gelegt worden sind, nimmt der Wahlvorstand im Anschluss die Auszählung der Stimmen vor. [2]§ 34 Abs. 3 bis 5 gilt entsprechend.

Zweiter Abschnitt Wahl des Betriebsrats im einstufigen Verfahren (§ 14a Abs. 3 des Gesetzes)

§ 36 Wahlvorstand, Wahlverfahren

(1) [1]Nach der Bestellung des Wahlvorstands durch den Betriebsrat, Gesamtbetriebsrat, Konzernbetriebsrat oder das Arbeitsgericht (§ 14a Abs. 3, § 17a des Gesetzes) hat der Wahlvorstand die Wahl des Betriebsrats unverzüglich einzuleiten. [2]Die Wahl des Betriebsrats findet auf einer Wahlversammlung statt (§ 14a Abs. 3 des Gesetzes). [3]Die §§ 1, 2 und 30 Abs. 2 gelten entsprechend.
(2) [1]Im Anschluss an die Aufstellung der Wählerliste erlässt der Wahlvorstand das Wahlausschreiben, das von der oder dem Vorsitzenden und von mindestens einem weiteren stimmberechtigten Mitglied des Wahlvorstands zu unterschreiben ist. [2]Mit Erlass des Wahlausschreibens ist die Betriebsratswahl eingeleitet. [3]Besteht im Betrieb ein Betriebsrat, soll der letzte Tag der Stimmabgabe (nachträgliche schriftliche Stimmabgabe) eine Woche vor dem Tag liegen, an dem die Amtszeit des Betriebsrats abläuft.
(3) [1]Das Wahlausschreiben hat die in § 31 Abs. 1 Satz 3 vorgeschriebenen Angaben zu enthalten, soweit nachfolgend nichts anderes bestimmt ist:
1. Abweichend von Nummer 6 ist ausschließlich die Mindestzahl von Wahlberechtigten anzugeben, von denen ein Wahlvorschlag unterzeichnet sein muss (§ 14 Abs. 4 des Gesetzes).
2. Abweichend von Nummer 8 hat der Wahlvorstand anzugeben, dass die Wahlvorschläge spätestens eine Woche vor dem Tag der Wahlversammlung zur Wahl des Betriebsrats beim Wahlvorstand einzureichen sind (§ 14a Abs. 3 Satz 2 des Gesetzes); der letzte Tag der Frist und im Fall des § 41 Absatz 2 zusätzlich die Uhrzeit sind anzugeben.

[2]Für die Bekanntmachung des Wahlausschreibens gilt § 31 Abs. 2 entsprechend.
(4) Die Vorschriften über die Bestimmung der Mindestsitze nach § 32, das Wahlverfahren nach § 34 und die nachträgliche Stimmabgabe nach § 35 gelten entsprechend.
(5) [1]Für Wahlvorschläge gilt § 33 Abs. 1 entsprechend mit der Maßgabe, dass die Wahlvorschläge von den Wahlberechtigten und den im Betrieb vertretenen Gewerkschaften spätestens eine Woche vor der Wahlversammlung zur Wahl des Betriebsrats beim Wahlvorstand schriftlich einzureichen sind (§ 14a Abs. 3 Satz 2 zweiter Halbsatz des Gesetzes). [2]§ 6 Abs. 2 bis 5 und die §§ 7 und 8 gelten entsprechend mit der Maßgabe, dass die in § 6 Abs. 5 und § 8 Abs. 2 genannten Fristen nicht die gesetzliche Mindestfrist zur Einreichung der Wahlvorschläge nach § 14a Abs. 3 Satz 2 erster Halbsatz des Gesetzes überschreiten dürfen. [3]Nach Ablauf der gesetzlichen Mindestfrist zur Einreichung der Wahlvorschläge hat der Wahlvorstand die als gültig anerkannten Wahlvorschläge bis zum Abschluss der Stimmabgabe in gleicher Weise bekannt zu machen wie das Wahlausschreiben (Absatz 3).
(6) [1]Ist kein Wahlvorschlag zur Wahl des Betriebsrats gemacht worden, hat der Wahlvorstand bekannt zu machen, dass die Wahl nicht stattfindet. [2]Die Bekanntmachung hat in gleicher Weise wie das Wahlausschreiben (Absatz 3) zu erfolgen.

Dritter Abschnitt Wahl des Betriebsrats in Betrieben mit in der Regel 101 bis 200 Wahlberechtigten (§ 14a Abs. 5 des Gesetzes)

§ 37 Wahlverfahren

Haben Arbeitgeber und Wahlvorstand in einem Betrieb mit in der Regel 101 bis 200 Wahlberechtigten die Wahl des Betriebsrats im vereinfachten Wahlverfahren vereinbart (§ 14a Abs. 5 des Gesetzes), richtet sich das Wahlverfahren nach § 36.

Dritter Teil: Wahl der Jugend – und Auszubildendenvertretung

§ 38 Wahlvorstand, Wahlvorbereitung

[1]Für die Wahl der Jugend- und Auszubildendenvertretung gelten die Vorschriften der §§ 1 bis 5 über den Wahlvorstand, die Wählerliste, das Wahlausschreiben und die Bestimmung der Mindestsitze für das Geschlecht in der Minderheit entsprechend. [2]Dem Wahlvorstand muss mindestens eine nach § 8 des Gesetzes wählbare Person angehören.

§ 39 Durchführung der Wahl

(1) [1]Sind mehr als drei Mitglieder zur Jugend- und Auszubildendenvertretung zu wählen, so erfolgt die Wahl aufgrund von Vorschlagslisten, sofern die Wahl nicht im vereinfachten Wahlverfahren erfolgt (§ 63 Absatz 4 und 5 des Gesetzes). [2]§ 6 Abs. 1 Satz 2, Abs. 2 und 4 bis 7, die §§ 7 bis 10 und § 27 gelten entsprechend. [3]§ 6 Abs. 3 gilt entsprechend mit der Maßgabe, dass in jeder Vorschlagsliste auch der Ausbildungsberuf der einzelnen Bewerberinnen oder Bewerber aufzuführen ist.
(2) [1]Sind mehrere gültige Vorschlagslisten eingereicht, so kann die Stimme nur für eine Vorschlagsliste abgegeben werden. [2]§ 11 Abs. 1 Satz 2, Abs. 3 und 4, die §§ 12 bis 19 gelten entsprechend. [3]§ 11 Abs. 2 gilt entsprechend mit der Maßgabe, dass auf den Stimmzetteln auch der Ausbildungsberuf der einzelnen Bewerberinnen oder Bewerber aufzuführen ist.
(3) [1]Ist nur eine gültige Vorschlagsliste eingereicht, so kann die Stimme nur für solche Bewerberinnen oder Bewerber abgegeben werden, die in der Vorschlagsliste aufgeführt sind. [2]§ 20 Abs. 3, die §§ 21 bis 23 gelten entsprechend. [3]§ 20 Abs. 2 gilt entsprechend mit der Maßgabe, dass auf den Stimmzetteln auch der Ausbildungsberuf der einzelnen Bewerber aufzuführen ist.
(4) Für die schriftliche Stimmabgabe gelten die §§ 24 bis 26 entsprechend.

§ 40 Wahl der Jugend- und Auszubildendenvertretung im vereinfachten Wahlverfahren

(1) [1]In Betrieben mit in der Regel fünf bis 100 der in § 60 Abs. 1 des Gesetzes genannten Arbeitnehmerinnen und Arbeitnehmern wird die Jugend- und Auszubildendenvertretung im vereinfachten Wahlverfahren gewählt (§ 63 Abs. 4 Satz 1 des Gesetzes). [2]Für das Wahlverfahren gilt § 36 entsprechend mit der Maßgabe, dass in den Wahlvorschlägen und auf den Stimmzetteln auch der Ausbildungsberuf der einzelnen Bewerberinnen oder Bewerber aufzuführen ist. [3]§ 38 Satz 2 gilt entsprechend.
(2) Absatz 1 Satz 2 und 3 gilt entsprechend, wenn in einem Betrieb mit in der Regel 101 bis 200 der in § 60 Abs. 1 des Gesetzes genannten Arbeitnehmerinnen und Arbeitnehmern Arbeitgeber und Wahlvorstand die Anwendung des vereinfachten Wahlverfahrens vereinbart haben (§ 63 Abs. 5 des Gesetzes).

Vierter Teil: Übergangs- und Schlussvorschriften

§ 41 Berechnung der Fristen
(1) Für die Berechnung der in dieser Verordnung festgelegten Fristen finden die §§ 186 bis 193 des Bürgerlichen Gesetzbuchs entsprechende Anwendung.
(2) ¹Mit der Bestimmung des letzten Tages einer Frist nach Absatz 1 kann der Wahlvorstand eine Uhrzeit festlegen, bis zu der ihm Erklärungen nach § 4 Absatz 1, § 6 Absatz 1 und 7 Satz 2, § 8 Absatz 2, § 9 Absatz 1 Satz 1, § 30 Absatz 2 Satz 1 sowie § 36 Absatz 5 Satz 1 und 2 zugehen müssen. ²Diese Uhrzeit darf nicht vor dem Ende der Arbeitszeit der Mehrheit der Wählerinnen und Wähler an diesem Tag liegen.

§ 42 Bereich der Seeschifffahrt
Die Regelung der Wahlen für die Bordvertretung und den Seebetriebsrat (§§ 115 und 116 des Gesetzes) bleibt einer besonderen Rechtsverordnung vorbehalten.

§ 43 Inkrafttreten
(1) ¹Diese Verordnung tritt am Tage nach der Verkündung in Kraft. ²Gleichzeitig tritt die Erste Verordnung zur Durchführung des Betriebsverfassungsgesetzes vom 16. Januar 1972 (BGBl. I S. 49), zuletzt geändert durch die Verordnung vom 16. Januar 1995 (BGBl. I S. 43), außer Kraft.
(2) (weggefallen)

Wahlordnung Schwerbehindertenvertretungen (SchwbWO)

vom 22. Juli 1975 (BGBl. I 1975, S. 1965)
– zuletzt geändert durch Erste Verordnung zur Änderung der Wahlordnung Schwerbehindertenvertretungen vom 18. März 2022 (BGBl I 2022, S. 477)

Auf Grund des Artikels 2 der Ersten Verordnung zur Änderung der Wahlordnung Schwerbehindertengesetz vom 23. April 1990 (BGBl. I S. 808) wird nachstehend der Wortlaut der Wahlordnung Schwerbehindertengesetz in der ab 1. Mai 1990 geltenden Fassung bekanntgemacht. Die Neufassung berücksichtigt:
1. die am 27. Juli 1975 in Kraft getretene Verordnung vom 22. Juli 1975 (BGBl. I S. 1965),
2. den am 1. Mai 1990 in Kraft tretenden Artikel 1 der eingangs genannten Verordnung. Die Rechtsvorschriften wurden erlassen auf Grund
zu 1. des § 21 Abs. 6 und des § 24 Abs. 6 des Schwerbehindertengesetzes in der Fassung der Bekanntmachung vom 29. April 1974 (BGBl. I S. 1005),
zu 2. des § 24 Abs. 7 und des § 27 Abs. 6 des Schwerbehindertengesetzes in der Fassung der Bekanntmachung vom 26. August 1986 (BGBl. I S. 1421).

Erster Teil: Wahl der Schwerbehindertenvertretung in Betrieben und Dienststellen

Erster Abschnitt Vorbereitung der Wahl

§ 1 Bestellung des Wahlvorstandes
(1) Spätestens acht Wochen vor Ablauf ihrer Amtszeit bestellt die Schwerbehindertenvertretung einen Wahlvorstand aus drei volljährigen in dem Betrieb oder der Dienststelle Beschäftigten und einen oder eine von ihnen als Vorsitzenden oder Vorsitzende.
(2) ¹Ist in dem Betrieb oder der Dienststelle eine Schwerbehindertenvertretung nicht vorhanden, werden der Wahlvorstand und dessen Vorsitzender oder Vorsitzende in einer Versammlung der schwerbehinderten und diesen gleichgestellten behinderten Menschen (Wahlberechtigte) gewählt. ²Zu dieser Versammlung können drei Wahlberechtigte oder der Betriebs- oder Personalrat einladen. ³Das Recht des Integrationsamtes, zu einer solchen Versammlung einzuladen (§ 177 Absatz 6 Satz 4 des Neunten Buches Sozialgesetzbuch), bleibt unberührt.

§ 2 Aufgaben des Wahlvorstandes
(1) ¹Der Wahlvorstand bereitet die Wahl vor und führt sie durch. ²Er kann volljährige in dem Betrieb oder der Dienststelle Beschäftigte als Wahlhelfer oder Wahlhelferin zu seiner Unterstützung bei der Durchführung der Stimmabgabe und bei der Stimmenzählung bestellen.
(2) ¹Die Beschlüsse des Wahlvorstandes werden mit einfacher Stimmenmehrheit seiner Mitglieder gefaßt. ²Über jede Sitzung des Wahlvorstandes ist eine Niederschrift aufzunehmen, die mindestens den Wortlaut der gefaßten Beschlüsse enthält. ³Die Niederschrift ist von dem Vorsitzenden oder der Vorsitzenden und einem weiteren Mitglied des Wahlvorstandes zu unterzeichnen.
(3) Der Wahlvorstand hat die Wahl unverzüglich einzuleiten; sie soll innerhalb von sechs Wochen, spätestens jedoch eine Woche vor dem Tage stattfinden, an dem die Amtszeit der Schwerbehindertenvertretung abläuft.

(4) Der Wahlvorstand beschließt nach Erörterung mit der Schwerbehindertenvertretung, dem Betriebs- oder Personalrat und dem Arbeitgeber, wie viele stellvertretende Mitglieder der Schwerbehindertenvertretung in dem Betrieb oder der Dienststelle zu wählen sind.
(5) Der Wahlvorstand soll dafür sorgen, daß ausländische Wahlberechtigte rechtzeitig über das Wahlverfahren, die Aufstellung der Liste der Wahlberechtigten, die Wahlvorschläge, den Wahlvorgang und die Stimmabgabe in geeigneter Weise unterrichtet werden.
(6) [1]Der Arbeitgeber unterstützt den Wahlvorstand bei der Erfüllung seiner Aufgaben. [2]Er gibt ihm insbesondere alle für die Anfertigung der Liste der Wahlberechtigten erforderlichen Auskünfte und stellt die notwendigen Unterlagen zur Verfügung.

§ 3 Liste der Wahlberechtigten

(1) [1]Der Wahlvorstand stellt eine Liste der Wahlberechtigten auf. [2]Die Wahlberechtigten sollen mit Familienname, Vorname, erforderlichenfalls Geburtsdatum sowie Betrieb oder Dienststelle in alphabetischer Reihenfolge aufgeführt werden.
(2) Die Liste der Wahlberechtigten oder eine Abschrift ist unverzüglich nach Einleitung der Wahl bis zum Abschluß der Stimmabgabe an geeigneter Stelle zur Einsicht auszulegen.

§ 4 Einspruch gegen die Liste der Wahlberechtigten

(1) Wer wahlberechtigt oder in dem Betrieb oder der Dienststelle beschäftigt ist und ein berechtigtes Interesse an einer ordnungsgemäßen Wahl glaubhaft macht, kann innerhalb von zwei Wochen nach Erlass des Wahlausschreibens beim Wahlvorstand schriftlich Einspruch gegen die Richtigkeit der Liste der Wahlberechtigten einlegen.
(2) [1]Über Einsprüche nach Absatz 1 entscheidet der Wahlvorstand unverzüglich. [2]Hält er den Einspruch für begründet, berichtigt er die Liste der Wahlberechtigten. [3]Der Person, die den Einspruch eingelegt hat, wird die Entscheidung des Wahlvorstandes unverzüglich mitgeteilt; die Entscheidung muss ihr spätestens am Tag vor dem Beginn der Stimmabgabe zugehen.
(3) [1]Nach Ablauf der Einspruchsfrist soll der Wahlvorstand die Liste der Wahlberechtigten nochmals auf ihre Vollständigkeit hin überprüfen. [2]Im übrigen kann nach Ablauf der Einspruchsfrist die Liste der Wahlberechtigten nur bei Schreibfehlern, offenbaren Unrichtigkeiten, in Erledigung rechtzeitig eingelegter Einsprüche oder bei Eintritt oder Ausscheiden eines Wahlberechtigten bis zum Tage vor dem Beginn der Stimmabgabe berichtigt oder ergänzt werden.

§ 5 Wahlausschreiben

(1) [1]Spätestens sechs Wochen vor dem Wahltage erläßt der Wahlvorstand ein Wahlausschreiben, das von dem oder der Vorsitzenden und mindestens einem weiteren Mitglied des Wahlvorstandes zu unterschreiben ist. [2]Es muß enthalten:
1. das Datum seines Erlasses,
2. die Namen der Mitglieder des Wahlvorstandes,
3. die Voraussetzungen der Wählbarkeit zur Schwerbehindertenvertretung,
4. den Hinweis, wo und wann die Liste der Wahlberechtigten und diese Verordnung zur Einsicht ausliegen,
5. den Hinweis, dass nur wählen kann, wer in die Liste der Wahlberechtigten eingetragen ist, und dass Einsprüche gegen die Richtigkeit der Liste der Wahlberechtigten nur vor Ablauf von zwei Wochen seit dem Erlaß des Wahlausschreibens beim Wahlvorstand schriftlich eingelegt werden können; der letzte Tag der Frist ist anzugeben,
6. die Zahl der zu wählenden stellvertretenden Mitglieder,

7. den Hinweis, daß Schwerbehindertenvertretung und stellvertretende Mitglieder in zwei getrennten Wahlgängen gewählt werden und daß sich aus den Wahlvorschlägen ergeben muß, wer als Schwerbehindertenvertretung und wer als stellvertretende Mitglieder vorgeschlagen wird,
8. den Hinweis, daß Wahlberechtigte sowohl einen Wahlvorschlag für die Wahl der Schwerbehindertenvertretung als auch für die Wahl des stellvertretenden Mitglieds unterzeichnen können und daß ein Bewerber oder eine Bewerberin sowohl als Schwerbehindertenvertretung als auch als stellvertretendes Mitglied vorgeschlagen werden kann,
9. die Aufforderung, Wahlvorschläge innerhalb von zwei Wochen nach Erlaß des Wahlausschreibens beim Wahlvorstand einzureichen; der letzte Tag der Frist ist anzugeben,
10. die Mindestzahl von Wahlberechtigten, von denen ein Wahlvorschlag unterzeichnet sein muß (§ 6 Abs. 2 Satz 1),
11. den Hinweis, daß die Stimmabgabe an die Wahlvorschläge gebunden ist und daß nur solche Wahlvorschläge berücksichtigt werden dürfen, die fristgerecht (Nummer 9) eingereicht sind,
12. die Bestimmung des Ortes, an dem die Wahlvorschläge bis zum Abschluß der Stimmabgabe durch Aushang oder in sonst geeigneter Weise bekanntgegeben werden,
13. Ort, Tag und Zeit der Stimmabgabe,
14. den Hinweis auf die Möglichkeit der schriftlichen Stimmabgabe (§ 11 Abs. 1), falls der Wahlvorstand nicht die schriftliche Stimmabgabe beschlossen hat (§ 11 Abs. 2),
15. den Ort und die Zeit der Stimmauszählung und der Sitzung des Wahlvorstandes, in der das Wahlergebnis abschließend festgestellt wird,
16. den Ort, an dem Einsprüche, Wahlvorschläge und sonstige Erklärungen gegenüber dem Wahlvorstand abzugeben sind (Anschrift des Wahlvorstandes).

(2) Eine Abschrift oder ein Abdruck des Wahlausschreibens ist vom Tage seines Erlasses bis zum Wahltag an einer oder mehreren geeigneten, den Wahlberechtigten zugänglichen Stellen vom Wahlvorstand auszuhängen und in gut lesbarem Zustand zu erhalten.

§ 6 Wahlvorschläge

(1) [1]Die Wahlberechtigten können innerhalb von zwei Wochen seit Erlaß des Wahlausschreibens schriftliche Vorschläge beim Wahlvorstand einreichen. [2]Es können ein Bewerber oder eine Bewerberin als Schwerbehindertenvertretung und ein Bewerber als stellvertretendes Mitglied vorgeschlagen werden. [3]Hat der Wahlvorstand die Wahl mehrerer stellvertretender Mitglieder beschlossen, können entsprechend viele Bewerber oder Bewerberinnen dafür benannt werden. [4]Ein Bewerber oder eine Bewerberin kann sowohl als Schwerbehindertenvertretung als auch als stellvertretendes Mitglied vorgeschlagen werden.

(2) [1]Jeder Wahlvorschlag muß von einem Zwanzigstel der Wahlberechtigten, mindestens jedoch von drei Wahlberechtigten unterzeichnet sein. [2]Familienname, Vorname, Geburtsdatum, Art der Beschäftigung sowie erforderlichenfalls Betrieb oder Dienststelle der Bewerber oder Bewerberinnen sind anzugeben. [3]Dem Wahlvorschlag ist die schriftliche Zustimmung der Bewerber oder Bewerberinnen beizufügen.

(3) [1]Eine Person, die sich bewirbt, kann nur auf einem Wahlvorschlag benannt werden, es sei denn, sie ist in einem Wahlvorschlag als Schwerbehindertenvertretung und in einem anderen Wahlvorschlag als stellvertretendes Mitglied benannt. [2]Der Wahlvorstand fordert eine Person, die mit ihrer schriftlichen Zustimmung auf mehreren Wahlvorschlägen für dasselbe Amt benannt ist, auf, innerhalb von drei Arbeitstagen zu erklären, auf welchem der Wahlvorschläge sie benannt bleiben will. [3]Wird diese Erklärung nicht fristgerecht abgegeben, wird der Bewerber oder die Bewerberin von sämtlichen Wahlvorschlägen gestrichen.

(4) ¹Die Unterschrift eines Wahlberechtigten zählt nur auf einem Wahlvorschlag. ²Der Wahlvorstand hat einen Wahlberechtigten, der mehrere Wahlvorschläge unterzeichnet hat, schriftlich gegen Empfangsbestätigung aufzufordern, binnen drei Arbeitstagen seit dem Zugang der Aufforderung zu erklären, welche Unterschrift er aufrechterhält. ³Gibt der Wahlberechtigte diese Erklärung nicht fristgerecht ab, zählt seine Unterschrift auf keinem Wahlvorschlag.

§ 7 Nachfrist für Wahlvorschläge
(1) ¹Ist nach Ablauf der in § 6 Abs. 1 genannten Frist kein gültiger Wahlvorschlag für die Wahl der Schwerbehindertenvertretung eingegangen, hat dies der Wahlvorstand sofort in der gleichen Weise bekanntzumachen wie das Wahlausschreiben und eine Nachfrist von einer Woche für die Einreichung von Wahlvorschlägen zu setzen. ²In der Bekanntmachung ist darauf hinzuweisen, daß die Wahl nur stattfinden kann, wenn innerhalb der Nachfrist mindestens ein gültiger Wahlvorschlag eingereicht wird.
(2) Gehen innerhalb der Nachfrist gültige Wahlvorschläge für die Wahl der Schwerbehindertenvertretung nicht ein, hat der Wahlvorstand sofort bekanntzumachen, daß die Wahl nicht stattfindet.
(3) Absatz 1 Satz 1 gilt entsprechend, wenn für die Wahl der stellvertretenden Mitglieder kein gültiger Wahlvorschlag eingeht oder wenn die Zahl der für dieses Amt gültig vorgeschlagenen Bewerber oder Bewerberinnen nicht der vom Wahlvorstand beschlossenen Zahl der stellvertretenden Mitglieder entspricht.

§ 8 Bekanntmachung der Bewerber und Bewerberinnen
Der Wahlvorstand macht spätestens eine Woche vor Beginn der Stimmabgabe die Namen der Bewerber und Bewerberinnen aus gültigen Wahlvorschlägen in alphabetischer Reihenfolge, getrennt nach Bewerbungen für die Schwerbehindertenvertretung und als stellvertretendes Mitglied, bis zum Abschluss der Stimmabgabe in gleicher Weise bekannt wie das Wahlausschreiben.

Zweiter Abschnitt Durchführung der Wahl

§ 9 Stimmabgabe
(1) Wer wahlberechtigt ist, kann seine Stimme nur für eine Person abgeben, die rechtswirksam als Bewerber oder Bewerberin vorgeschlagen ist.
(2) ¹Das Wahlrecht wird durch Abgabe eines Stimmzettels in einem Wahlumschlag ausgeübt. ²Auf dem Stimmzettel sind die Personen, die sich für das Amt der Schwerbehindertenvertretung und als stellvertretendes Mitglied bewerben, getrennt in alphabetischer Reihenfolge unter Angabe von Familienname, Vorname, Geburtsdatum und Art der Beschäftigung aufgeführt. ³Die Stimmzettel müssen sämtlich die gleiche Größe, Farbe, Beschaffenheit und Beschriftung haben. ⁴Das gleiche gilt für die Wahlumschläge.
(3) Werden mehrere stellvertretende Mitglieder gewählt, soll der Stimmzettel einen Hinweis darauf enthalten, wie viele Bewerber oder Bewerberinnen im Höchstfall angekreuzt werden dürfen.
(4) ¹Bei der Stimmabgabe wird durch Ankreuzen an der im Stimmzettel jeweils vorgesehenen Stelle die von dem Wählenden gewählte Person für das Amt der Schwerbehindertenvertretung und der Stellvertretung gekennzeichnet. ²Werden mehrere stellvertretende Mitglieder gewählt, können Bewerber oder Bewerberinnen in entsprechender Anzahl angekreuzt werden.
(5) Stimmzettel, auf denen mehr als die zulässige Anzahl der Bewerber und Bewerberinnen angekreuzt oder die mit einem besonderen Merkmal versehen sind oder aus denen sich der Wille des Wählers oder der Wählerin nicht zweifelsfrei ergibt, sind ungültig.

§ 10 Wahlvorgang

(1) [1]Der Wahlvorstand hat geeignete Vorkehrungen für die unbeobachtete Kennzeichnung der Stimmzettel im Wahlraum zu treffen und für die Bereitstellung einer Wahlurne oder mehrerer Wahlurnen zu sorgen. [2]Die Wahlurne muß vom Wahlvorstand verschlossen und so eingerichtet sein, daß die eingeworfenen Wahlumschläge nicht herausgenommen werden können, ohne daß die Urne geöffnet wird.
(2) Während der Wahl müssen immer mindestens zwei Mitglieder des Wahlvorstandes im Wahlraum anwesend sein; sind Wahlhelfer oder Wahlhelferinnen bestellt (§ 2 Abs. 1 Satz 2), genügt die Anwesenheit eines Mitgliedes des Wahlvorstandes und eines Wahlhelfers oder einer Wahlhelferin.
(3) [1]Der Wähler oder die Wählerin händigt den Wahlumschlag, in den der Stimmzettel eingelegt ist, dem mit der Entgegennahme der Wahlumschläge betrauten Mitglied des Wahlvorstandes aus, wobei der Name des Wählers oder der Wählerin angegeben wird. [2]Der Wahlumschlag ist in Gegenwart des Wählers oder der Wählerin in die Wahlurne einzuwerfen, nachdem die Stimmabgabe in der Liste der Wahlberechtigten vermerkt worden ist.
(4) [1]Wer infolge seiner Behinderung bei der Stimmabgabe beeinträchtigt ist, bestimmt eine Person, die ihm bei der Stimmabgabe behilflich sein soll, und teilt dies dem Wahlvorstand mit. [2]Personen, die sich bei der Wahl bewerben, Mitglieder des Wahlvorstandes sowie Wahlhelfer und Wahlhelferinnen dürfen nicht als Person nach Satz 1 bestimmt werden. [3]Die Hilfeleistung beschränkt sich auf die Erfüllung der Wünsche des Wählers oder der Wählerin zur Stimmabgabe; die nach Satz 1 bestimmte Person darf gemeinsam mit dem Wähler oder der Wählerin die Wahlzelle aufsuchen. [4]Die nach Satz 1 bestimmte Person ist zur Geheimhaltung der Kenntnisse verpflichtet, die sie bei der Hilfeleistung von der Wahl einer anderen Person erlangt hat. [5]Die Sätze 1 bis 4 gelten entsprechend für des Lesens unkundige Wähler und Wählerinnen.
(5) Nach Abschluß der Wahl ist die Wahlurne zu versiegeln, wenn die Stimmenzählung nicht unmittelbar nach Beendigung der Wahl durchgeführt wird.

§ 11 Schriftliche Stimmabgabe

(1) [1]Der Wahlvorstand übergibt oder übersendet den Wahlberechtigten, die an der persönlichen Stimmabgabe verhindert sind, auf deren Verlangen
1. das Wahlausschreiben,
2. den Stimmzettel und den Wahlumschlag,
3. eine vorgedruckte Erklärung, die der Wähler oder die Wählerin abgibt,
4. einen größeren Freiumschlag, der die Anschrift des Wahlvorstandes und als Absender Namen und Anschrift der wahlberechtigten Person sowie den Vermerk „Schriftliche Stimmabgabe" trägt.

[2]In der Erklärung nach Nummer 3 versichert der Wähler oder die Wählerin gegenüber dem Wahlvorstand, dass er oder sie den Stimmzettel persönlich gekennzeichnet hat oder unter den Voraussetzungen des § 10 Abs. 4 durch eine andere Person hat kennzeichnen lassen. [3]Der Wahlvorstand soll zusätzlich zu den Unterlagen nach den Nummern 1 bis 4 ein Merkblatt über die schriftliche Stimmabgabe übersenden oder übergeben. [4]Er vermerkt die Übergabe oder Übersendung der Unterlagen in der Liste der Wahlberechtigten.
(2) [1]Der Wahlvorstand kann die schriftliche Stimmabgabe beschließen. [2]Für diesen Fall sind die in Absatz 1 bezeichneten Unterlagen den Wahlberechtigten unaufgefordert zu übersenden.
(3) [1]Die Stimmabgabe erfolgt in der Weise, dass der Wähler oder die Wählerin

1. den Stimmzettel unbeobachtet persönlich kennzeichnet und in den Wahlumschlag einlegt,
2. die vorgedruckte Erklärung unter Angabe des Ortes und des Datums unterschreibt und
3. den Wahlumschlag und die unterschriebene, vorgedruckte Erklärung in dem Freiumschlag verschließt und diesen so rechtzeitig an den Wahlvorstand absendet oder übergibt, daß er vor Abschluß der Wahl vorliegt.
²Der Wähler oder die Wählerin kann unter den Voraussetzungen des § 10 Abs. 4 die in den Nummern 1 bis 3 bezeichneten Tätigkeiten durch eine andere Person verrichten lassen.

§ 12 Behandlung der schriftlich abgegebenen Stimmen
(1) ¹Unmittelbar vor Abschluß der Wahl öffnet der Wahlvorstand in öffentlicher Sitzung die bis zu diesem Zeitpunkt eingegangenen Freiumschläge und entnimmt ihnen die Wahlumschläge sowie die vorgedruckten Erklärungen. ²Ist die schriftliche Stimmabgabe ordnungsgemäß erfolgt (§ 11), legt der Wahlvorstand die Wahlumschläge nach Vermerk der Stimmabgabe in der Liste der Wahlberechtigten ungeöffnet in die Wahlurne.
(2) ¹Verspätet eingehende Freiumschläge hat der Wahlvorstand mit einem Vermerk über den Zeitpunkt des Eingangs ungeöffnet zu den Wahlunterlagen zu nehmen. ²Sie sind einen Monat nach Bekanntgabe des Wahlergebnisses ungeöffnet zu vernichten, wenn die Wahl nicht angefochten ist.

§ 13 Feststellung des Wahlergebnisses
(1) Unverzüglich nach Abschluß der Wahl nimmt der Wahlvorstand öffentlich die Auszählung der Stimmen vor und stellt das Ergebnis fest.
(2) ¹Gewählt für das Amt der Schwerbehindertenvertretung oder als stellvertretendes Mitglied ist der Bewerber oder die Bewerberin, der oder die jeweils die meisten Stimmen erhalten hat. ²Bei Stimmengleichheit entscheidet das Los.
(3) ¹Werden mehrere stellvertretende Mitglieder gewählt, ist als zweites stellvertretendes Mitglied der Bewerber oder die Bewerberin mit der zweithöchsten Stimmenzahl gewählt. ²Entsprechendes gilt für die Wahl weiterer stellvertretender Mitglieder. ³Für die Wahl und die Reihenfolge stellvertretender Mitglieder gilt Absatz 2 Satz 2 entsprechend.
(4) ¹Der Wahlvorstand fertigt eine Niederschrift des Wahlergebnisses, die von dem oder der Vorsitzenden sowie mindestens einem weiteren Mitglied des Wahlvorstandes unterschrieben wird. ²Die Niederschrift muß die Zahl der abgegebenen gültigen und ungültigen Stimmzettel, die auf jeden Bewerber und jede Bewerberin entfallenen Stimmenzahlen sowie die Namen der gewählten Bewerber und Bewerberinnen enthalten.

§ 14 Benachrichtigung der Gewählten und Annahme der Wahl
(1) ¹Der Wahlvorstand benachrichtigt die für das Amt der Schwerbehindertenvertretung oder als stellvertretendes Mitglied Gewählten unverzüglich schriftlich gegen Empfangsbestätigung von ihrer Wahl. ²Erklärt eine gewählte Person nicht innerhalb von drei Arbeitstagen nach Zugang der Benachrichtigung dem Wahlvorstand ihre Ablehnung der Wahl, ist diese angenommen.
(2) ¹Wird eine Wahl abgelehnt, tritt an die Stelle der Person, die abgelehnt hat, der Bewerber oder die Bewerberin für das Amt der Schwerbehindertenvertretung oder als stellvertretendes Mitglied mit der nächsthöheren Stimmenzahl. ²Satz 1 gilt für die Wahl mehrerer stellvertretender Mitglieder mit der Maßgabe, dass jeweils der Bewerber oder die Bewerberin mit der nächsthöheren Stimmenzahl nachrückt.

§ 15 Bekanntmachung der Gewählten
Sobald die Namen der Personen, die das Amt der Schwerbehindertenvertretung oder des stellvertretenden Mitglieds innehaben, endgültig feststehen, hat der Wahlvorstand sie durch zweiwöchigen Aushang in gleicher Weise wie das Wahlausschreiben bekanntzumachen (§ 5 Abs. 2) sowie unverzüglich dem Arbeitgeber und dem Betriebs- oder Personalrat mitzuteilen.

§ 16 Aufbewahrung der Wahlunterlagen
Die Wahlunterlagen, insbesondere die Niederschriften, Bekanntmachungen und Stimmzettel, werden von der Schwerbehindertenvertretung mindestens bis zur Beendigung der Wahlperiode aufbewahrt.

§ 17 Nachwahl des stellvertretenden Mitglieds
[1]Scheidet das einzige stellvertretende Mitglied aus oder ist ein stellvertretendes Mitglied noch nicht gewählt, bestellt die Schwerbehindertenvertretung unverzüglich einen Wahlvorstand. [2]Der Wahlvorstand hat die Wahl eines oder mehrerer Stellvertreter für den Rest der Amtszeit der Schwerbehindertenvertretung unverzüglich einzuleiten. [3]Im übrigen gelten die §§ 1 bis 16 entsprechend.

Dritter Abschnitt Vereinfachtes Wahlverfahren

§ 18 Voraussetzungen
Besteht der Betrieb oder die Dienststelle nicht aus räumlich weiter auseinanderliegenden Teilen und sind dort weniger als fünfzig Wahlberechtigte beschäftigt, ist die Schwerbehindertenvertretung in einem vereinfachten Wahlverfahren nach Maßgabe der folgenden Vorschriften zu wählen.

§ 19 Vorbereitung der Wahl
(1) Spätestens drei Wochen vor Ablauf ihrer Amtszeit lädt die Schwerbehindertenvertretung die Wahlberechtigten durch Aushang oder sonst in geeigneter Weise zur Wahlversammlung ein.
(2) Ist in dem Betrieb oder der Dienststelle eine Schwerbehindertenvertretung nicht vorhanden, können drei Wahlberechtigte, der Betriebs- oder Personalrat oder das Integrationsamt zur Wahlversammlung einladen.

§ 20 Durchführung der Wahl
(1) [1]Die Wahlversammlung wird von einer Person geleitet, die mit einfacher Stimmenmehrheit gewählt wird (Wahlleitung). [2]Die Wahlversammlung kann zur Unterstützung der Wahlleitung Wahlhelfer oder Wahlhelferinnen bestimmen.
(2) [1]Die Wahlversammlung beschließt mit einfacher Stimmenmehrheit, wie viele stellvertretende Mitglieder zu wählen sind. [2]Die Schwerbehindertenvertretung und ein oder mehrere stellvertretende Mitglieder werden in getrennten Wahlgängen gewählt; mehrere stellvertretende Mitglieder werden in einem gemeinsamen Wahlgang gewählt. [3]Jeder Person, die wahlberechtigt ist, kann Personen zur Wahl der Schwerbehindertenvertretung und ihrer stellvertretenden Mitglieder vorschlagen.
(3) [1]Das Wahlrecht wird durch Abgabe eines Stimmzettels in einem Wahlumschlag ausgeübt. [2]Auf dem Stimmzettel sind von der Wahlleitung die vorgeschlagenen Personen in alphabetischer Reihenfolge unter Angabe von Familienname und Vorname aufzuführen; die Stimmzettel und Wahlumschläge müssen sämtlich die gleiche Größe, Farbe, Beschaffenheit und Beschriftung haben. [3]Die Wahlleitung verteilt die Stimmzettel und trifft Vorkehrungen,

daß die Wähler und Wählerinnen ihre Stimme unbeobachtet abgeben können; § 9 Abs. 4 gilt entsprechend. [4]Der Wähler oder die Wählerin übergibt den Wahlumschlag, in den der Stimmzettel eingelegt ist, der Wahlleitung. [5]Diese legt den Wahlumschlag in Gegenwart des Wählers oder der Wählerin ungeöffnet in einen dafür bestimmten Behälter und hält den Namen des Wählers oder der Wählerin in einer Liste fest. [6]Unverzüglich nach Beendigung der Wahlhandlung zählt er öffentlich die Stimmen aus und stellt das Ergebnis fest.
(4) § 13 Abs. 2 und 3 sowie die §§ 14 bis 16 gelten entsprechend.
(5) [1]Die Wahlversammlung der Schwerbehindertenvertretung kann im vereinfachten Wahlverfahren mittels Video- und Telefonkonferenz erfolgen, wenn sichergestellt ist, dass Dritte vom Inhalt der Sitzung keine Kenntnis nehmen können. [2]Eine Aufzeichnung ist unzulässig. [3]Für die Ausübung des Wahlrechts durch Stimmabgabe bei der Wahl der Schwerbehindertenvertretung und ihrer stellvertretenden Mitglieder gilt § 11 entsprechend.

§ 21 Nachwahl des stellvertretenden Mitglieds
[1]Scheidet das einzige stellvertretende Mitglied aus oder ist ein stellvertretendes Mitglied noch nicht gewählt, lädt die Schwerbehindertenvertretung die Wahlberechtigten unverzüglich zur Wahlversammlung zur Wahl eines oder mehrerer stellvertretender Mitglieder ein. [2]Im übrigen gelten die §§ 18 bis 20 entsprechend.

Zweiter Teil: Wahl der Konzern-, Gesamt-, Bezirks- und Hauptschwerbehindertenvertretung in Betrieben und Dienststellen

§ 22 Wahlverfahren
(1) [1]Konzern-, Gesamt-, Bezirks- und Hauptschwerbehindertenvertretung werden durch schriftliche Stimmabgabe gewählt (§§ 11, 12). [2]Im übrigen sind § 1 Abs. 1, §§ 2 bis 5, 7 bis 10 und 13 bis 17 sinngemäß anzuwenden. [3]§ 1 Abs. 2 findet sinngemäß mit der Maßgabe Anwendung, daß sich die Wahlberechtigten auch in sonst geeigneter Weise über die Bestellung eines Wahlvorstandes einigen können. [4]§ 6 findet sinngemäß mit der Maßgabe Anwendung, daß bei weniger als fünf Wahlberechtigten die Unterzeichnung eines Wahlvorschlages durch einen Wahlberechtigten ausreicht.
(2) [1]Bei nur zwei Wahlberechtigten bestimmen diese im beiderseitigen Einvernehmen abweichend von Absatz 1 die Konzern-, Gesamt-, Bezirks- oder Hauptschwerbehindertenvertretung. [2]Kommt eine Einigung nicht zustande, entscheidet das Los.
(3) [1]Sofern rechtzeitig vor Ablauf der Amtszeit der Konzern-, Gesamt-, Bezirks- oder Hauptschwerbehindertenvertretung eine Versammlung nach § 180 Absatz 8 des Neunten Buches Sozialgesetzbuch stattfindet, kann die Wahl abweichend von Absatz 1 im Rahmen dieser Versammlung durchgeführt werden. [2]§ 20 findet entsprechende Anwendung.

Dritter Teil: Wahl der Schwerbehindertenvertretung, Bezirks- und Hauptschwerbehindertenvertretung der schwerbehinderten Staatsanwälte und Staatsanwältinnen

§ 23 Wahlverfahren
Für die Wahl der Schwerbehindertenvertretung, der Bezirks- und Hauptschwerbehindertenvertretung der schwerbehinderten Staatsanwälte und Staatsanwältinnen in den Fällen des § 177 Absatz 1 Satz 3 des Neunten Buches Sozialgesetzbuch gelten die Vorschriften des Ersten und Zweiten Teils entsprechend.

Vierter Teil: Wahl der Schwerbehindertenvertretung, Bezirks- und Hauptschwerbehindertenvertretung der schwerbehinderten Richter und Richterinnen

§ 24 Vorbereitung der Wahl der Schwerbehindertenvertretung der Richter und Richterinnen

(1) ¹Spätestens acht Wochen vor Ablauf ihrer Amtszeit lädt die Schwerbehindertenvertretung der schwerbehinderten Richter und Richterinnen die Wahlberechtigten schriftlich oder durch Aushang zu einer Wahlversammlung ein. ²Die Einladung muß folgende Angaben enthalten:
1. die Voraussetzungen der Wählbarkeit zur Schwerbehindertenvertretung,
2. den Hinweis über eine für Zwecke der Wahl erfolgte Zusammenfassung von Gerichten,
3. den Hinweis, wo und wann die Liste der Wahlberechtigten und diese Verordnung zur Einsicht ausliegen,
4. Ort, Tag und Zeit der Wahlversammlung.

(2) ¹Ist in dem Gericht eine Schwerbehindertenvertretung der schwerbehinderten Richter und Richterinnen nicht vorhanden, laden drei wahlberechtigte Richter und· Richterinnen, der Richterrat oder der Präsidialrat zu der Wahlversammlung ein. ²Das Recht des Integrationsamtes, zu einer solchen Versammlung einzuladen (§ 177 Absatz 6 Satz 4 des Neunten Buches Sozialgesetzbuch), bleibt unberührt.

§ 25 Durchführung der Wahl

(1) Die Wahlversammlung beschließt unter dem Vorsitz des oder der lebensältesten Wahlberechtigten das Wahlverfahren und die Anzahl der stellvertretenden Mitglieder der Schwerbehindertenvertretung.

(2) ¹Die Leitung der Wahlversammlung hat die Gewählten unverzüglich von ihrer Wahl zu benachrichtigen. ²§ 14 Abs. 1 Satz 2 und Abs. 2 sowie die §§ 15 und 16 gelten entsprechend.

§ 26 Nachwahl des stellvertretenden Mitglieds

¹Scheidet das einzige stellvertretende Mitglied vorzeitig aus dem Amt aus oder ist ein stellvertretendes Mitglied noch nicht gewählt, lädt die Schwerbehindertenvertretung der schwerbehinderten Richter und Richterinnen unverzüglich zur Wahlversammlung zur Wahl eines oder mehrerer stellvertretender Mitglieder für den Rest ihrer Amtszeit ein. ²Im übrigen gelten die §§ 24 und 25 entsprechend.

§ 27 Wahl der Bezirks- und Hauptschwerbehindertenvertretung der schwerbehinderten Richter und Richterinnen

Für die Wahl der Bezirks- und Hauptschwerbehindertenvertretung der schwerbehinderten Richter und Richterinnen gelten die §§ 24 bis 26 entsprechend.

Fünfter Teil: Schlußvorschriften

§§ 28 bis 29 (weggefallen)

1. Gesetz für die Gleichstellung von Frauen und Männern in der Bundesverwaltung und in den Gerichten des Bundes (Bundesgleichstellungsgesetz – BGleiG)

vom 24. April 2015 (BGBl. I 2015, S. 643)
– zuletzt geändert durch Gesetz zur Ergänzung und Änderung der Regelungen für die gleichberechtigte Teilhabe von Frauen an Führungspositionen in der Privatwirtschaft und im öffentlichen Dienst vom 7. August 2021 (BGBl I 2021, S. 3311)

Abschnitt 1: Allgemeine Bestimmungen

§ 1 Ziele des Gesetzes
(1) Ziel des Gesetzes ist es,
1. die Gleichstellung von Frauen und Männern zu verwirklichen,
2. bestehende Benachteiligungen auf Grund des Geschlechts, insbesondere Benachteiligungen von Frauen, zu beseitigen und künftige Benachteiligungen zu verhindern sowie
3. die Familienfreundlichkeit sowie die Vereinbarkeit von Familie, Pflege und Berufstätigkeit für die Beschäftigten zu verbessern.
(2) ¹Nach Maßgabe dieses Gesetzes wird die tatsächliche Durchsetzung der Gleichberechtigung von Frauen und Männern gefördert. Strukturelle Benachteiligungen von Frauen sind durch deren gezielte Förderung zu beheben. ²Ziel ist es, die gleichberechtigte Teilhabe von Frauen und Männern an Führungspositionen nach Maßgabe dieses Gesetzes bis zum 31. Dezember 2025 zu erreichen.
(3) ¹Bei der Erreichung der Ziele sind die besonderen Belange von Frauen mit Behinderungen und von Behinderung bedrohter Frauen im Sinne von § 2 Absatz 1 des Neunten Buches Sozialgesetzbuch zu berücksichtigen. ²Im Übrigen gilt § 2 Absatz 1 Satz 2 des Behindertengleichstellungsgesetzes.

§ 2 Geltungsbereich
(1) Dieses Gesetz gilt für die Dienststellen nach § 3 Nummer 5.
(2) ¹Juristische Personen, an denen der Bund mittelbar oder unmittelbar beteiligt ist, können dieses Gesetz in der Satzung ganz oder teilweise für sich verbindlich erklären. ²Ein entsprechender Beschluss zur Satzungsänderung muss einstimmig gefasst werden.

§ 3 Begriffsbestimmungen
Im Sinne dieses Gesetzes sind:
1. Arbeitsplätze: Ausbildungsplätze, Stellen, Planstellen sowie Dienstposten, die mit Beschäftigten im Sinne dieses Gesetzes besetzbar sind und für deren personelle Ausführung lediglich finanzielle Mittel benötigt werden, unabhängig davon, ob die Beschäftigung aus für Stellen und Planstellen bereitgestellten oder sonstigen Haushaltsmitteln finanziert wird;
2. Bereiche: Besoldungs- und Entgeltgruppen oder Laufbahngruppen, Laufbahnen und Fachrichtungen, Berufsausbildungen einschließlich des Vorbereitungsdienstes sowie Ebenen mit Führungspositionen einschließlich der Stellen und Planstellen Vorsitzender Richterinnen und Vorsitzender Richter;
3. beruflicher Aufstieg: Beförderungen, Höhergruppierungen, Höherreihungen sowie Übertragungen höher bewerteter Dienstposten und Arbeitsplätze;

4. Beschäftigte: Beamtinnen und Beamte, Arbeitnehmerinnen und Arbeitnehmer einschließlich Auszubildender, Richterinnen und Richter sowie Inhaberinnen und Inhaber öffentlich-rechtlicher Ämter;
5. Dienststellen:
   a) Bundesgerichte,
   b) Behörden und Verwaltungsstellen der unmittelbaren Bundesverwaltung einschließlich solcher im Bereich der Streitkräfte sowie
   c) Körperschaften, Anstalten und Stiftungen des öffentlichen Rechts des Bundes; maßgebend sind § 4 Absatz 1 Nummer 4 und 6 sowie § 6 des Bundespersonalvertretungsgesetzes;
6. Familienaufgaben: die tatsächliche Betreuung von mindestens einem Kind unter 18 Jahren durch Beschäftigte; dies schließt auch die Inanspruchnahme einer Elternzeit nach dem Bundeselterngeld- und Elternzeitgesetz ein;
7. Pflegeaufgaben: die tatsächliche, nicht erwerbsmäßige häusliche Pflege oder Betreuung einer im Sinne des Siebten Kapitels des Zwölften Buches Sozialgesetzbuch pflegebedürftigen Person durch Beschäftigte; dies schließt auch die Inanspruchnahme einer Pflegezeit nach dem Pflegezeitgesetz sowie die Inanspruchnahme einer Familienpflegezeit nach dem Familienpflegezeitgesetz ein;
8. Qualifikation: Eignung, Befähigung und fachliche Leistung;
9. unterrepräsentiert: Status von Frauen, wenn ihr jeweiliger Anteil an der Gesamtzahl der weiblichen und männlichen Beschäftigten in einem einzelnen Bereich unter 50 Prozent liegt; bei einer ungeraden Gesamtzahl der weiblichen und männlichen Beschäftigten sind Frauen unterrepräsentiert, wenn das Ungleichgewicht mindestens zwei Personen beträgt;
10. Führungspositionen: alle Arbeitsplätze mit Vorgesetzten- oder Leitungsaufgaben.

§ 4 Allgemeine Pflichten

(1) [1]Die Beschäftigten, insbesondere solche in den Führungspositionen, sowie die Leitung und Personalverwaltung der Dienststelle haben die Erreichung der Ziele dieses Gesetzes zu fördern. [2]Diese Verpflichtung ist als durchgängiges Leitprinzip bei allen Aufgabenbereichen und Entscheidungen der Dienststellen sowie bei der Zusammenarbeit von Dienststellen zu berücksichtigen. [3]Auch bei grundlegenden Änderungen von Verfahrensabläufen in personellen, organisatorischen oder sozialen Angelegenheiten, insbesondere durch Automatisierung oder Auslagerung, ist die Durchsetzung dieses Gesetzes sicherzustellen.

(2) [1]Gewähren Dienststellen Zuwendungen nach § 23 der Bundeshaushaltsordnung als institutionelle Förderungen, so sollen sie durch Nebenbestimmung zum Zuwendungsbescheid oder vertragliche Vereinbarung sicherstellen, dass die institutionellen Zuwendungsempfängerinnen und -empfänger die Grundzüge dieses Gesetzes anwenden. [2]Aus der Nebenbestimmung zum Zuwendungsbescheid oder der vertraglichen Vereinbarung muss hervorgehen, welche Vorschriften anzuwenden sind. [3]Die Sätze 1 und 2 gelten auch für den Fall, dass Stellen außerhalb der Bundesverwaltung mit Bundesmitteln im Wege der Zuweisung institutionell gefördert werden.

(3) [4]Die Rechts- und Verwaltungsvorschriften des Bundes, die Dienstvereinbarungen der Dienststellen sowie die Satzungen, Verträge und Vertragsformulare der Körperschaften, Anstalten und Stiftungen sollen die Gleichstellung von Frauen und Männern auch sprachlich zum Ausdruck bringen. [5]Dies gilt auch für den Schriftverkehr.

Abschnitt 2: Maßnahmen zur Gleichstellung von Frauen und Männern

§ 5 Ausnahmen von der Anwendung
(1) Die Vorschriften dieses Abschnitts sind nur dann nicht anzuwenden, wenn die Zugehörigkeit zu einem bestimmten Geschlecht unverzichtbare Voraussetzung für die auszuübende Tätigkeit ist.
(2) Die Beteiligungsrechte der Personalvertretung und die der Schwerbehindertenvertretung bleiben unberührt.

§ 6 Arbeitsplatzausschreibung
(1) [1]Ausschreibungen von Arbeitsplätzen müssen geschlechtsneutral erfolgen. [2]Es ist insbesondere unzulässig, Arbeitsplätze nur für Männer oder nur für Frauen auszuschreiben. [3]Der Ausschreibungstext muss so formuliert sein, dass er alle Geschlechter in gleicher Weise anspricht. [4]Sind Frauen in dem jeweiligen Bereich unterrepräsentiert, so sind sie verstärkt zur Bewerbung aufzufordern. [5]Jede Ausschreibung, insbesondere die Ausschreibungen für die Besetzung von Führungspositionen ungeachtet der Hierarchieebene, hat den Hinweis zu enthalten, dass der ausgeschriebene Arbeitsplatz in Teilzeit besetzt werden kann. [6]Der Hinweis darf entfallen, sofern einer Besetzung in Teilzeit zwingende dienstliche Belange entgegenstehen.
(2) [1]Wenn in einem Bereich Frauen unterrepräsentiert sind, soll ein freier Arbeitsplatz ausgeschrieben werden, um die Zahl der Bewerberinnen zu erhöhen. [2]Der Arbeitsplatz soll öffentlich ausgeschrieben werden, wenn dieses Ziel weder mit einer hausinternen noch mit einer dienststellenübergreifenden Ausschreibung erreicht werden kann. [3]Ausnahmen nach § 8 Absatz 1 Satz 3 des Bundesbeamtengesetzes bleiben unberührt.
(3) Arbeitsplatzausschreibungen müssen die Anforderungen des zu besetzenden Arbeitsplatzes festlegen und im Hinblick auf mögliche künftige Funktionen der Bewerberinnen und Bewerber auch das vorausgesetzte Anforderungs- und Qualifikationsprofil der Laufbahn oder des Funktionsbereichs enthalten.

§ 7 Bewerbungsgespräche
(1) [1]Liegen in ausreichender Zahl Bewerbungen von Frauen vor, die das in der Ausschreibung vorgegebene Anforderungs- und Qualifikationsprofil aufweisen, müssen bei der Besetzung von Arbeitsplätzen in einem Bereich, in dem Frauen unterrepräsentiert sind, mindestens ebenso viele Frauen wie Männer zu Vorstellungsgesprächen oder besonderen Auswahlverfahren eingeladen werden. [2]§ 165 des Neunten Buches Sozialgesetzbuch bleibt unberührt.
(2) In Vorstellungsgesprächen und besonderen Auswahlverfahren sind insbesondere Fragen nach dem Familienstand, einer bestehenden oder geplanten Schwangerschaft sowie nach bestehenden oder geplanten Familien- oder Pflegeaufgaben unzulässig.
(3) [1]Auswahlkommissionen sollen geschlechterparitätisch besetzt sein. [2]Ist eine paritätische Besetzung aus triftigen Gründen nicht möglich, sind die jeweiligen Gründe aktenkundig zu machen.

§ 8 Auswahlentscheidungen bei Einstellung, beruflichem Aufstieg und der Vergabe von Ausbildungsplätzen
(1) [1]Sind Frauen in einem Bereich unterrepräsentiert, so hat die Dienststelle sie bei gleicher Qualifikation wie ihre Mitbewerber bevorzugt zu berücksichtigen
1. bei der Besetzung von Ausbildungsplätzen,
2. bei der Einstellung,

3. beim beruflichen Aufstieg,
4. bei der Versetzung, wenn ihr ein Ausschreibungsverfahren vorausgeht, sowie
5. bei der Abordnung und Umsetzung für jeweils mehr als drei Monate, wenn ihr ein Ausschreibungsverfahren vorausgeht.
²Die bevorzugte Berücksichtigung ist ausgeschlossen, wenn rechtlich schutzwürdige Interessen überwiegen, die in der Person eines Mitbewerbers liegen.
(2) ¹Absatz 1 gilt insbesondere für
1. die Besetzung von Stellen von Beamtinnen und Beamten, von Arbeitnehmerinnen und Arbeitnehmern, von Auszubildenden sowie von Richterinnen und Richtern, es sei denn, für die Berufung von Richterinnen und Richtern ist eine Wahl oder die Mitwirkung eines Wahlausschusses vorgeschrieben;
2. den beruflichen Aufstieg, es sei denn, die Entscheidung über diesen Aufstieg erfolgt durch eine Wahl oder unter Mitwirkung eines Wahlausschusses.
²Satz 1 schließt auch Führungspositionen ungeachtet der Hierarchieebene ein.
(3) Die Ausnahmeregelung in Absatz 2 Satz 1 Nummer 1 gilt entsprechend für die Stellen von Mitgliedern des Bundesrechnungshofes, für deren Ernennung nach § 5 Absatz 2 Satz 2 des Bundesrechnungshofgesetzes vom 11. Juli 1985 (BGBl. I S. 1445), das zuletzt durch Artikel 15 Absatz 82 des Gesetzes vom 5. Februar 2009 (BGBl. I S. 160) geändert worden ist, der Ständige Ausschuss des Großen Senats des Bundesrechnungshofes zu hören ist.

§ 9 Qualifikation von Bewerberinnen und Bewerbern

(1) ¹Die Qualifikation einer Bewerberin oder eines Bewerbers wird anhand der Anforderungen des zu besetzenden Arbeitsplatzes ermittelt, insbesondere aus der hierfür erforderlichen Ausbildung, dem Qualifikationsprofil der Laufbahn oder des Funktionsbereichs sowie aus den beruflichen Erfahrungen. ²Das Dienstalter, die Beschäftigungsdauer und der Zeitpunkt der letzten Beförderung von Bewerberinnen und Bewerbern dürfen nur insoweit berücksichtigt werden, wie sie für die Qualifikation für den betreffenden Arbeitsplatz von Bedeutung sind. ³Spezifische, durch Familien- oder Pflegeaufgaben erworbene Erfahrungen und Fähigkeiten sind zu berücksichtigen, soweit sie für die Ausübung der jeweiligen Tätigkeit von Bedeutung sind.
(2) Folgende Umstände dürfen nicht Teil der vergleichenden Bewertung sein:
1. durch die Wahrnehmung von Familien- oder Pflegeaufgaben bedingte
   a) Unterbrechungen der Berufstätigkeit,
   b) geringere Anzahl aktiver Dienst- oder Beschäftigungsjahre,
   c) Reduzierungen der Arbeitszeit oder Verzögerungen beim Abschluss einzelner Ausbildungsgänge,
   d) zeitliche Belastungen,
2. die Einkommenssituation des Ehegatten, der Lebenspartnerin oder des Lebenspartners, der Lebensgefährtin oder des Lebensgefährten,
3. die Absicht, von der Möglichkeit der Arbeitszeitreduzierung oder einer Beurlaubung zur Wahrnehmung von Familien- oder Pflegeaufgaben Gebrauch zu machen,
4. organisatorische und personalwirtschaftliche Erwägungen.

§ 10 Fortbildung, Dienstreisen

(1) ¹Die Dienststelle hat die Teilnahme der Beschäftigten an Fortbildungen zu unterstützen. ²Bei der Einführungs-, Förderungs- und Anpassungsfortbildung sind Frauen mindestens entsprechend ihrem Anteil an der jeweiligen Zielgruppe der Fortbildung zu berücksichtigen.

(2) ¹Die Dienststelle muss Beschäftigten mit Familien- oder Pflegeaufgaben im Rahmen der dienstlichen Möglichkeiten die Teilnahme an dienstlichen Fortbildungen sowie an Dienstreisen ermöglichen. ²Soweit erforderlich, sind im Rahmen der dienstlichen Möglichkeiten zusätzliche Veranstaltungen oder alternative Dienstreisezeiträume anzubieten, die den räumlichen und zeitlichen Bedürfnissen von Beschäftigten mit Familien- oder Pflegeaufgaben entsprechen. ³Darüber hinaus kann die Dienststelle Beschäftigten mit Familien- oder Pflegeaufgaben im Rahmen der dienstlichen Möglichkeiten die Teilnahme an dienstlichen Ausbildungen anbieten. ⁴Für die Dauer der Teilnahme an
1. Maßnahmen nach Satz 1 kann im Bedarfsfall die Betreuung von Kindern oder pflegebedürftigen Personen angeboten werden,
2. Maßnahmen nach den Sätzen 1 und 3 können auf Antrag zusätzlich anfallende, unabwendbare Betreuungskosten für Kinder oder pflegebedürftige Personen erstattet werden.
(3) ¹Die Dienststelle soll in ausreichendem Maße Fortbildungen anbieten, die den beruflichen Aufstieg und den beruflichen Wiedereinstieg nach einer Unterbrechung der Berufstätigkeit zur Wahrnehmung von Familien- oder Pflegeaufgaben erleichtern. ²Absatz 2 gilt entsprechend.
(4) ¹Die Beschäftigten der Personalverwaltung und die Beschäftigten in Führungspositionen sind verpflichtet, sich über Maßnahmen zur Gleichstellung von Frauen und Männern sowie zur Vereinbarkeit von Familie, Pflege und Berufstätigkeit zu informieren. ²Sie sollen entsprechende Fortbildungen besuchen.
(5) Der Gleichstellungsbeauftragten und ihren Stellvertreterinnen ist zu Beginn und während ihrer Amtszeit Gelegenheit zur Fortbildung, insbesondere auf den Gebieten des Gleichstellungsrechts und des Rechts des öffentlichen Dienstes, des Arbeitsrechts sowie des Personalvertretungs-, Organisations- und des Haushaltsrechts, zu geben.

Abschnitt 3: Gleichstellungsplan

§ 11 Zweck
¹Der Gleichstellungsplan dient der Erreichung der Ziele dieses Gesetzes und ist ein wesentliches Instrument der Personalplanung, insbesondere der Personalentwicklung. ²Seine Umsetzung ist besondere Verpflichtung der Personalverwaltung, der Beschäftigten in Führungspositionen sowie der Dienststellenleitung.

§ 12 Erstellung
(1) ¹Jede Dienststelle hat einen Gleichstellungplan für jeweils vier Jahre zu erstellen, der nach zwei Jahren den aktuellen Gegebenheiten angepasst werden kann. ²Die Rechte der Personalvertretung und die der Schwerbehindertenvertretung bleiben unberührt.
(2) ¹Der Gleichstellungsplan ist bis zum 31. Dezember zu erstellen und tritt am 1. Januar des Folgejahres in Kraft. ²Für Dienststellen mit einem großen Geschäftsbereich sowie im Falle umfassender organisatorischer Änderungen in der Dienststelle können abweichend von Satz 1 im Einvernehmen mit der Gleichstellungsbeauftragten andere Stichtage festgelegt werden.

§ 13 Inhalt
(1) ¹Der Gleichstellungsplan muss eine Bestandsaufnahme vornehmen, indem er die bestehende Situation der Frauen und Männer in der Dienststelle zum 30. Juni des Jahres seiner Erstellung beschreibt und die bisherige Förderung der Beschäftigten in den einzelnen Bereichen für die vergangenen vier Jahre auswertet. ²Zur Bestandsaufnahme gehört auch eine Darstellung, die zeigt, wie Frauen und Männer die Maßnahmen zur besseren Vereinbarkeit

von Familie, Pflege und Berufstätigkeit in Anspruch genommen haben und wie sich ihr beruflicher Aufstieg darstellt im Vergleich zu Frauen und Männern, die solche Maßnahmen nicht in Anspruch genommen haben. ³Sind die Zielvorgaben des vorherigen Gleichstellungsplans nicht umgesetzt worden, so sind im aktuellen Gleichstellungsplan die Gründe für die Zielverfehlung darzulegen.
(2) ¹Der Gleichstellungsplan legt fest, wie und bis wann
1. erreicht werden soll, dass die Führungspositionen, in denen Frauen bisher unterrepräsentiert waren, mit annähernd numerischer Gleichheit mit Frauen und Männern besetzt werden, um das Ziel des § 1 Absatz 2 Satz 2 zu erreichen,
2. die Unterrepräsentanz von Frauen in anderen Bereichen abgebaut werden soll und
3. die Vereinbarkeit von Familie oder Pflege mit der Berufstätigkeit verbessert werden soll und wie insbesondere Männer motiviert werden sollen, Angebote, die eine solche Vereinbarkeit ermöglichen, stärker in Anspruch zu nehmen.
²Im Gleichstellungsplan sind konkrete Zielvorgaben insbesondere zum Frauen- und Männeranteil für jede einzelne Führungsebene festzulegen. ³Sofern Zielvorgaben zur Besetzung von Arbeitsplätzen zu entwickeln sind, über deren Besetzung die Dienststelle nicht entscheidet, sind die Vorgaben in Absprache mit der für die Arbeitsplatzbesetzung zuständigen Stelle zu entwickeln.
(3) ¹Der Gleichstellungsplan hat für jede Zielvorgabe konkrete Maßnahmen personeller, sozialer oder organisatorischer Art zur Erreichung der jeweiligen Zielvorgabe zu benennen. ²Er enthält insbesondere auch Maßnahmen zur Förderung der Vereinbarkeit von Familie, Pflege und Berufstätigkeit.
(4) Sofern personalwirtschaftliche Maßnahmen vorgesehen sind, durch die Stellen oder Planstellen gesperrt werden oder wegfallen, ist im Gleichstellungsplan vorzusehen, dass der Anteil des unterrepräsentierten Geschlechts in den betreffenden Bereichen zumindest nicht sinkt.
(5) Der Gleichstellungsplan darf keine personenbezogenen Daten enthalten.

§ 14 Veröffentlichung und Kenntnisgabe
Die Dienststelle hat den Gleichstellungsplan innerhalb eines Monats nach Beginn seiner Geltungsdauer im Intranet zu veröffentlichen und jeder einzelnen und jedem einzelnen Beschäftigten in Textform zur Kenntnis zu geben.

Abschnitt 4: Vereinbarkeit von Familie oder Pflege mit der Berufstätigkeit

§ 15 Arbeitszeiten und sonstige Rahmenbedingungen
¹Die Dienststellen haben Arbeitszeiten und sonstige Rahmenbedingungen anzubieten, die allen Beschäftigten die Vereinbarkeit von Familie oder Pflege mit der Berufstätigkeit erleichtern, soweit zwingende dienstliche Belange oder zwingende betriebliche Belange dem nicht entgegenstehen. ²Zu den sonstigen Rahmenbedingungen können Möglichkeiten zur Betreuung von Kindern oder pflegebedürftigen Personen einschließlich entsprechender Beratungs- und Vermittlungsleistungen gehören.

§ 16 Teilzeitbeschäftigung, Telearbeit, mobiles Arbeiten und Beurlaubung zur Wahrnehmung von Familien- oder Pflegeaufgaben
(1) ¹Die Dienststellen haben den Anträgen von Beschäftigten mit Familien- oder Pflegeaufgaben auf familien- oder pflegebedingte Teilzeitbeschäftigung oder auf Beurlaubung zu entsprechen, soweit zwingende dienstliche Belange dem nicht entgegenstehen. ²Dies gilt auch für Anträge von Beschäftigten in Führungspositionen ungeachtet der Hierarchieebene.

(2) Im Rahmen der dienstlichen Möglichkeiten haben die Dienststellen den Beschäftigten mit Familien- oder Pflegeaufgaben auch Telearbeitsplätze, mobile Arbeit oder familien- oder pflegefreundliche Arbeitszeit- und Präsenzzeitmodelle anzubieten.
(3) Die Ablehnung von Anträgen nach Absatz 1 oder 2 muss in Textform begründet werden.
(4) Die Dienststellen müssen Beschäftigte, die einen Antrag auf Teilzeitbeschäftigung, familien- oder pflegefreundliche Arbeitszeitmodelle oder Beurlaubung zur Wahrnehmung von Familien- oder Pflegeaufgaben stellen, frühzeitig in Textform hinweisen auf:
1. die Folgen einer Bewilligung, insbesondere in beamten-, arbeits-, versorgungs- und rentenrechtlicher Hinsicht, sowie
2. die Möglichkeit einer Befristung mit Verlängerungsoption und deren Folgen.
(5) Die Dienststellen haben darauf zu achten, dass
1. Beschäftigte, deren Antrag auf Teilzeitbeschäftigung, familien- oder pflegefreundliche Arbeitszeitmodelle oder Beurlaubung zur Wahrnehmung von Familien- oder Pflegeaufgaben positiv entschieden wurde, eine ihrer ermäßigten Arbeitszeit entsprechende Entlastung von ihren dienstlichen Aufgaben erhalten und
2. sich aus der ermäßigten Arbeitszeit keine dienstlichen Mehrbelastungen für andere Beschäftigte der Dienststelle ergeben.
(6) Die Vorschriften des Teilzeit- und Befristungsgesetzes zur Teilzeitbeschäftigung sowie sonstige gesetzliche Regelungen zur Teilzeitbeschäftigung oder zur Beurlaubung bleiben von den Absätzen 1 bis 5 unberührt.

§ 17 Wechsel zur Vollzeitbeschäftigung, beruflicher Wiedereinstieg

(1) Bei Vorliegen der gleichen Qualifikation müssen im Rahmen der Besetzung von Arbeitsplätzen vorrangig berücksichtigt werden:
1. Teilzeitbeschäftigte mit Familien- oder Pflegeaufgaben, die eine Vollzeitbeschäftigung oder eine Erhöhung ihrer wöchentlichen Arbeitszeit beantragen, sowie
2. beurlaubte Beschäftigte, die während der Beurlaubung Familien- oder Pflegeaufgaben wahrgenommen haben und eine vorzeitige Rückkehr aus der Beurlaubung beantragen.
(2) ^{1}Die Dienststellen haben den auf Grund von Familien- oder Pflegeaufgaben beurlaubten Beschäftigten die Verbindung zum Beruf und den beruflichen Wiedereinstieg zu erleichtern. ^{2}Als Maßnahmen hierfür kommen insbesondere in Betracht:
1. die Möglichkeit der Teilzeitbeschäftigung nach dem Bundeselterngeld- und Elternzeitgesetz,
2. die Möglichkeit der Teilzeitbeschäftigung nach dem Teilzeit- und Befristungsgesetz, soweit die Art der Tätigkeit eine Teilzeitbeschäftigung nicht ausschließt,
3. die rechtzeitige Unterrichtung über Fortbildungsangebote,
4. das Angebot zur Teilnahme an Fortbildungen während oder nach der Beurlaubung sowie
5. das Angebot von Urlaubs- und Krankheitsvertretungen.
(3) ^{1}Die Teilnahme an einer Fortbildung während der Beurlaubung zur Wahrnehmung von Familien- oder Pflegeaufgaben begründet einen Anspruch auf bezahlte Dienst- oder Arbeitsbefreiung nach dem Ende der Beurlaubung. ^{2}Die Dauer der bezahlten Dienst- oder Arbeitsbefreiung richtet sich nach der Dauer der Fortbildung.
(4) Die Dienststelle hat rechtzeitig vor Ablauf einer Beurlaubung zur Wahrnehmung von Familien- oder Pflegeaufgaben Personalgespräche mit den betroffenen Beschäftigten zu führen, in denen deren weitere berufliche Entwicklung zu erörtern ist.

§ 18 Verbot von Benachteiligungen

(1) ¹Folgende Umstände dürfen die Einstellung sowie die berufliche Entwicklung einschließlich des beruflichen Aufstiegs nicht beeinträchtigen und sich, sofern die dienstliche Leistung beurteilt wird, nicht nachteilig auf diese Beurteilung auswirken:
1. Teilzeitbeschäftigung,
2. Telearbeit, mobiles Arbeiten sowie die Teilnahme an flexiblen Arbeits- oder Präsenzzeiten,
3. eine bestehende Schwangerschaft,
4. schwangerschafts- oder mutterschaftsbedingte Abwesenheiten auf Grund mutterschutzrechtlicher Beschäftigungsverbote,
5. Beurlaubungen auf Grund von Familien- oder Pflegeaufgaben.

²Dies schließt nicht aus, dass Zeiten nach Satz 1 Nummer 1 anders behandelt werden als Zeiten nach Satz 1 Nummer 4 und 5.

(2) ¹Eine unterschiedliche Behandlung von Teilzeitbeschäftigung im Verhältnis zu Vollzeitbeschäftigung ist nur zulässig, wenn zwingende sachliche Gründe dies rechtfertigen. ²Dies gilt für Telearbeit, mobiles Arbeiten und Beurlaubungen auf Grund von Familien- oder Pflegeaufgaben mit Ausnahme der Elternzeit entsprechend.

(3) Schwangerschafts- und mutterschaftsbedingte Abwesenheiten auf Grund mutterschutzrechtlicher Beschäftigungsverbote sowie Beurlaubungen auf Grund von Familien- oder Pflegeaufgaben sind bei der Anrechnung von Wartezeiten für eine Beförderung nach § 22 Absatz 4 des Bundesbeamtengesetzes zu berücksichtigen.

Abschnitt 5: Gleichstellungsbeauftragte, Stellvertreterin und Vertrauensfrau

§ 19 Wahl, Verordnungsermächtigung

(1) ¹In jeder Dienststelle mit in der Regel mindestens 100 Beschäftigten wird eine Gleichstellungsbeauftragte gewählt. ²Dies gilt auch für oberste Bundesbehörden mit in der Regel weniger als 100 Beschäftigten.

(2) Die Verwaltungen mit einem großen Geschäftsbereich können abweichend von Absatz 1 Satz 1 weniger Gleichstellungsbeauftragte wählen lassen, sofern sichergestellt ist, dass die Beschäftigten des gesamten Geschäftsbereichs angemessen durch eine Gleichstellungsbeauftragte vertreten werden.

(3) Gewählt werden
1. in den Dienststellen mit mindestens 100 und höchstens 1 499 Beschäftigten sowie in Dienststellen mit weniger als 100 Beschäftigten, die eine eigene Gleichstellungsbeauftragte wählen, eine Stellvertreterin,
2. in den Dienststellen mit mindestens 1 500 und höchstens 1 999 Beschäftigten zwei Stellvertreterinnen,
3. in den Dienststellen mit höchstens 1 999 Beschäftigten und einem großen Zuständigkeits- oder komplexen Aufgabenbereich zwei oder drei Stellvertreterinnen,
4. in den Verwaltungen mit einem großen Geschäftsbereich, die von der Ausnahmeregelung nach Absatz 2 Gebrauch machen, sowie in Verwaltungen, zu denen Dienststellen mit weniger als 100 Beschäftigten gehören, die keine eigene Gleichstellungsbeauftragte wählen,
   a) bei insgesamt höchstens 1 499 Beschäftigten in allen Dienststellen, die durch eine Gleichstellungsbeauftragte vertreten werden, eine Stellvertreterin,
   b) bei insgesamt mindestens 1 500 und höchstens 1 999 Beschäftigten in allen Dienststellen, die durch eine Gleichstellungsbeauftragte vertreten werden, zwei Stellvertreterinnen,
   c) bei insgesamt mindestens 2 000 Beschäftigten in allen Dienststellen, die durch eine Gleichstellungsbeauftragte vertreten werden, drei Stellvertreterinnen und

5. in den Dienststellen mit mindestens 2 000 Beschäftigten drei Stellvertreterinnen.
(4) ¹Die Wahl der Gleichstellungsbeauftragten und der jeweiligen Zahl an Stellvertreterinnen findet in getrennten Wahlgängen nach Maßgabe der allgemeinen Wahlrechtsgrundsätze statt. ²Wahlberechtigt und wählbar sind die weiblichen Beschäftigten der Dienststelle. ³Die Wiederwahl ist zulässig. ⁴Die weiblichen Beschäftigten einer Dienststelle ohne eigene Gleichstellungsbeauftragte sind bei der nächsthöheren Dienststelle wahlberechtigt.
(5) Die Bundesregierung regelt durch Rechtsverordnung ohne Zustimmung des Bundesrates das Verfahren der Wahl nach den Absätzen 1 bis 4.

§ 20 Bestellung
(1) ¹Die Dienststelle bestellt die gewählten Beschäftigten für jeweils vier Jahre zur Gleichstellungsbeauftragten oder zur Stellvertreterin. ²Die Bestellung setzt voraus, dass die gewählten Beschäftigten ab dem Zeitpunkt der Bestellung weder dem Personalrat noch der Schwerbehindertenvertretung angehören.
(2) ¹Findet sich für die Wahl der Gleichstellungsbeauftragten keine Kandidatin oder ist nach der Wahl keine Kandidatin gewählt, so bestellt die Dienststellenleitung die Gleichstellungsbeauftragte aus dem Kreis der weiblichen Beschäftigten von Amts wegen ohne weitere Wahl. ²Hierzu bedarf es der Zustimmung der zu bestellenden Beschäftigten.
(3) ¹Finden sich für die Wahl der Stellvertreterinnen nicht genügend Kandidatinnen oder sind nach der Wahl nicht genügend Kandidatinnen gewählt, so bestellt die Dienststellenleitung die Stellvertreterinnen auf Vorschlag der Gleichstellungsbeauftragten von Amts wegen ohne weitere Wahl. ²Hierzu bedarf es der Zustimmung der zu bestellenden Beschäftigten.
(4) ¹Für Dienststellen, in denen nach § 19 Absatz 2 keine eigene Gleichstellungsbeauftragte gewählt wird, und Dienststellen mit weniger als 100 Beschäftigten, die keine eigene Gleichstellungsbeauftragte wählen, sowie für Nebenstellen und Teile einer Dienststelle, die räumlich weit von dem Dienst- oder Arbeitsort der Gleichstellungsbeauftragten entfernt im Inland liegen, muss auf Vorschlag der zuständigen Gleichstellungsbeauftragten eine Vertrauensfrau bestellt werden. ²Für Nebenstellen und Teile einer Dienststelle, die nicht räumlich weit entfernt liegen, kann die Dienststelle nach pflichtgemäßem Ermessen im Einvernehmen mit der Gleichstellungsbeauftragten eine Vertrauensfrau bestellen. ³Die Vertrauensfrau muss Beschäftigte der jeweiligen Dienststelle, der Nebenstelle der Dienststelle oder des jeweiligen Dienststellenteils sein. ⁴Die Bestellung der Vertrauensfrauen bedarf der Zustimmung der zu bestellenden weiblichen Beschäftigten.
(5) ¹Ist nach Absatz 1 oder 3 nur eine Stellvertreterin bestellt worden, so soll die Gleichstellungsbeauftragte für den Fall, dass sie und ihre Stellvertreterin gleichzeitig abwesend sind, eine Beschäftigte als zweite Stellvertreterin vorschlagen. ²Die Dienststelle bestellt die von der Gleichstellungsbeauftragten vorgeschlagene Beschäftigte zur zweiten Stellvertreterin. ³Die Bestellung bedarf der Zustimmung der zu bestellenden Beschäftigten.

§ 21 Anfechtung der Wahl
(1) ¹Die Wahl kann angefochten werden, wenn gegen wesentliche Vorschriften zur Wahl verstoßen worden und der Verstoß nicht berichtigt worden ist. ²Eine Anfechtung der Wahl scheidet aus, wenn das Wahlergebnis durch einen Verstoß gegen wesentliche Vorschriften zur Wahl nicht geändert oder beeinflusst werden konnte.
(2) Anfechtungsberechtigt sind eine Gruppe von mindestens drei Wahlberechtigten und die Dienststellenleitung.
(3) Die Anfechtung muss vor dem Verwaltungsgericht innerhalb von zwölf Arbeitstagen nach Bekanntgabe des Wahlergebnisses erfolgen.

§ 22 Vorzeitiges Ausscheiden
(1) ¹Scheidet die Gleichstellungsbeauftragte vorzeitig aus ihrem Amt aus oder ist sie nicht nur vorübergehend verhindert, ihr Amt auszuüben, hat die Dienststelle für die restliche Amtszeit unverzüglich eine neue Gleichstellungsbeauftragte zu bestellen. ²§ 19 findet keine Anwendung, wenn die Dauer der restlichen Amtszeit zwei Jahre oder weniger beträgt.
(2) ¹Scheidet eine Stellvertreterin oder eine Vertrauensfrau vorzeitig aus ihrem Amt aus oder ist sie nicht nur vorübergehend verhindert, ihr Amt auszuüben, hat die Dienststelle auf Vorschlag der Gleichstellungsbeauftragten für die restliche Amtszeit eine neue Stellvertreterin oder eine neue Vertrauensfrau zu bestellen. ²Absatz 1 Satz 2 gilt entsprechend.
(3) Scheiden sowohl die Gleichstellungsbeauftragte als auch all ihre Stellvertreterinnen vorzeitig aus ihrem Amt aus oder sind sie nicht nur vorübergehend verhindert, ihr Amt auszuüben, finden Neuwahlen nach § 19 statt.
(4) Eine Verhinderung ist nicht nur vorübergehend, wenn das Amt auf Grund krankheitsbedingter Arbeits- oder Dienstunfähigkeit für mehr als sechs Monate ununterbrochen nicht ausgeübt werden konnte.

§ 23 Zusammenlegung, Aufspaltung und Eingliederung
(1) ¹Bei der Zusammenlegung von Dienststellen zu einer neuen Dienststelle endet die Amtszeit der Gleichstellungsbeauftragten und die der Stellvertreterinnen spätestens ein Jahr nach der Zusammenlegung. ²Bis zu diesem Zeitpunkt erfolgt die Aufgabenaufteilung und -wahrnehmung in gegenseitigem Einvernehmen zwischen den Gleichstellungsbeauftragten und Stellvertreterinnen. ³Neuwahlen nach § 19 müssen rechtzeitig vor Ablauf eines Jahres nach Zusammenlegung der Dienststellen abgeschlossen sein.
(2) ¹Im Falle der Teilung oder Aufspaltung einer Dienststelle in zwei oder mehrere Dienststellen endet die Amtszeit der Gleichstellungsbeauftragten und die der Stellvertreterinnen spätestens ein Jahr nach dem Vollzug des Organisationsaktes. ²Absatz 1 Satz 3 gilt entsprechend.
(3) Wird eine Dienststelle in eine andere Dienststelle eingegliedert, endet die Amtszeit der Gleichstellungsbeauftragten und die der Stellvertreterinnen der eingegliederten Dienststelle mit Vollzug des Organisationsaktes der Eingliederung.

§ 24 Rechtsstellung
(1) ¹Die Gleichstellungsbeauftragte gehört der Personalverwaltung an. ²In Dienststellen ist sie unmittelbar der Dienststellenleitung zugeordnet. ³In den obersten Bundesbehörden, in denen die Personalangelegenheiten, die organisatorischen Angelegenheiten und die sozialen Angelegenheiten in einer Abteilung zusammengefasst sind, ist auch eine Zuordnung zur Leitung dieser Abteilung möglich.
(2) ¹Die Gleichstellungsbeauftragte ist in der Ausübung ihrer Tätigkeit weisungsfrei. ²Sie darf nur in ihrer Eigenschaft als Gleichstellungsbeauftragte mit Personalangelegenheiten befasst sein. ³Von Satz 2 unberührt bleibt ihre Befugnis, sich mit den Personalangelegenheiten der ihr zugeordneten Mitarbeiterinnen und Mitarbeiter zu befassen.
(3) Die Rechte und Pflichten der Gleichstellungsbeauftragten nach den Absätzen 1 und 2 sowie nach den §§ 28 bis 35 gelten auch für die Stellvertreterinnen, soweit dieses Gesetz nichts anderes bestimmt.

§ 25 Aufgaben, Rechte und Pflichten der Gleichstellungsbeauftragten
(1) ¹Die Gleichstellungsbeauftragte hat die Aufgabe, den Vollzug dieses Gesetzes sowie des Allgemeinen Gleichbehandlungsgesetzes im Hinblick auf den Schutz der Beschäftigten vor Benachteiligungen wegen ihres Geschlechts, insbesondere bei Benachteiligungen von

ÖD 1 – Bundesgleichstellungsgesetz §§ 25, 26

Frauen, zu fördern und zu überwachen. ²Dies umfasst auch den Schutz von Frauen mit einer Behinderung oder von Frauen, die von einer Behinderung bedroht sind, sowie den Schutz vor sexueller Belästigung am Arbeitsplatz.
(2) Zu den Aufgaben der Gleichstellungsbeauftragten zählen insbesondere:
1. die Dienststelle dabei zu unterstützen, die Ziele dieses Gesetzes zu erreichen und die Erfüllung der allgemeinen Pflichten nach § 4 zu fördern,
2. bei allen personellen, organisatorischen und sozialen Maßnahmen der Dienststelle mitzuwirken, die die Gleichstellung von Frauen und Männern, die Beseitigung von Unterrepräsentanzen, die Vereinbarkeit von Familie, Pflege und Berufstätigkeit sowie den Schutz vor sexueller Belästigung am Arbeitsplatz betreffen,
3. einzelne Beschäftigte bei Bedarf zu beraten und zu unterstützen, insbesondere in den Bereichen der beruflichen Entwicklung und Förderung sowie der Vereinbarkeit von Familie, Pflege und Berufstätigkeit sowie in Bezug auf den Schutz vor Benachteiligungen, und
4. die Fortbildungsangebote nach § 10 Absatz 5 wahrzunehmen.
(3) ¹Die Gleichstellungsbeauftragte kann Sprechstunden durchführen und jährliche Versammlungen der weiblichen Beschäftigten einberufen. ²Sie unterrichtet die Dienststellenleitung im Vorfeld über die Einberufung einer Versammlung nach Satz 1. ³Die Gleichstellungsbeauftragte kann an Personalversammlungen teilnehmen und hat dort ein Rederecht.
(4) ¹Im Falle des § 19 Absatz 4 Satz 4 nimmt die Gleichstellungsbeauftragte der nächsthöheren Dienststelle die ihr nach den Absätzen 1 und 2 zugewiesenen Aufgaben auch für nachgeordnete Dienststellen wahr. ²Absatz 3 gilt entsprechend.
(5) Die Gleichstellungsbeauftragte der obersten Bundesbehörde ist für den Informations- und Erfahrungsaustausch der Gleichstellungsbeauftragten, Stellvertreterinnen und Vertrauensfrauen in ihrem Geschäftsbereich verantwortlich.
(6) Die Gleichstellungsbeauftragte eines Bundesgerichts hat das Recht, an den Sitzungen des Präsidialrates und dessen Ausschüssen teilzunehmen.
(7) Die Aufgabenwahrnehmung als Gleichstellungsbeauftragte hat Vorrang vor der Wahrnehmung anderer Aufgaben.

§ 26 Aufgaben der Stellvertreterin und der Vertrauensfrau
(1) Die Stellvertreterin wird grundsätzlich im Vertretungsfall tätig.
(2) ¹Abweichend von Absatz 1 kann die Gleichstellungsbeauftragte der Stellvertreterin mit deren Einverständnis einen Teil der Aufgaben nach § 25 zur eigenständigen Erledigung übertragen. ²In Dienststellen mit mehr als einer nach § 20 Absatz 1 oder 3 bestellten Stellvertreterin erfolgt die Aufgabenaufteilung zwischen der Gleichstellungsbeauftragten und den Stellvertreterinnen in gegenseitigem Einvernehmen. ³Eine Änderung oder Aufhebung der Delegationsentscheidung nach den Sätzen 1 und 2 kann die Gleichstellungsbeauftragte jederzeit ohne Zustimmung der Stellvertreterin oder der Stellvertreterinnen vornehmen. ⁴§ 24 Absatz 2 Satz 2 gilt entsprechend.
(3) ¹Die Absätze 1 und 2 finden keine Anwendung auf die nach § 20 Absatz 5 bestellte zweite Stellvertreterin. ²Diese darf nur tätig werden, wenn die Gleichstellungsbeauftragte und die nach § 20 Absatz 1 oder 3 bestellte Stellvertreterin gleichzeitig abwesend sind und sie diese beiden vertritt.
(4) ¹Die Stellvertreterin hat die von der Gleichstellungsbeauftragten vorgegebenen Leitlinien der Gleichstellungsarbeit zu beachten. ²Die Gesamtverantwortung für die Aufgabenerledigung verbleibt bei der Gleichstellungsbeauftragten.

(5) ¹Die Vertrauensfrau ist Ansprechpartnerin für die Beschäftigten der jeweiligen Dienststelle, Nebenstelle oder des jeweiligen Dienststellenteils sowie für die zuständige Gleichstellungsbeauftragte. ²Ihr obliegt die Vermittlung von Informationen zwischen den Beschäftigten und der Gleichstellungsbeauftragten. ³Sind sowohl die Gleichstellungsbeauftragte als auch ihre Stellvertreterinnen verhindert, kann die Vertrauensfrau im Auftrag der Gleichstellungsbeauftragten an Vorstellungsgesprächen, besonderen Auswahlverfahren, an Sitzungen von Auswahlkommissionen oder an Personalgesprächen teilnehmen; die Ausübung des Mitwirkungsrechts nach § 32 bleibt in diesem Fall weiterhin der Gleichstellungsbeauftragten vorbehalten. ⁴Macht die Dienststelle von der Möglichkeit in § 19 Absatz 2 Gebrauch, kann die Gleichstellungsbeauftragte der Vertrauensfrau mit deren Einverständnis auch Aufgaben zur eigenständigen Erledigung bei der örtlichen Dienststelle übertragen.

§ 27 Beteiligung und Unterstützung der Gleichstellungsbeauftragten

(1) Die Dienststelle beteiligt die Gleichstellungsbeauftragten frühzeitig, insbesondere bei
1. personellen Angelegenheiten; dies betrifft die Vorbereitung und Entscheidung über
   a) die Vergabe von Ausbildungsplätzen,
   b) die Einstellung und die Versetzung sowie die Abordnung und Umsetzung von Beschäftigten für jeweils mehr als drei Monate,
   c) die Fortbildung und den beruflichen Aufstieg von Beschäftigten,
   d) die Abmahnung, die Einleitung und den Abschluss eines Disziplinarverfahrens einschließlich der vorläufigen Dienstenthebung,
   e) Kündigung sowie Aufhebungsvertrag, Entlassung, Versetzung in den Ruhestand und vergleichbare Entscheidungen,
2. organisatorischen und sozialen Angelegenheiten,
3. der Abfassung von Beurteilungsrichtlinien sowie bei Besprechungen, die die einheitliche Anwendung dieser Richtlinien in der Dienststelle sicherstellen sollen,
4. Verfahren zur Besetzung von Gremien nach Maßgabe des Bundesgremienbesetzungsgesetzes, sofern keine Organisationseinheit zur Gleichstellung von Frauen und Männern in der Dienststelle eingerichtet ist, sowie
5. der Erstellung des Gleichstellungsplans.

(2) Eine frühzeitige Beteiligung nach Absatz 1 liegt vor, wenn die Gleichstellungsbeauftragte mit Beginn des Entscheidungsprozesses auf Seiten der Dienststelle beteiligt wird und die jeweilige Entscheidung oder Maßnahme noch gestaltungsfähig ist.
(3) ¹Die Beteiligung der Gleichstellungsbeauftragten geht einem Beteiligungsverfahren nach dem Bundespersonalvertretungsgesetz und dem Neunten Buch Sozialgesetzbuch voraus; das Verfahren nach § 32 Absatz 3 muss abgeschlossen sein. ²Erfolgt entgegen Satz 1 eine parallele Beteiligung von Personal- oder Schwerbehindertenvertretung, ist die Gleichstellungsbeauftragte über die Gründe zu informieren.

§ 28 Schutzrechte

(1) ¹Die Gleichstellungsbeauftragte darf bei der Erfüllung ihrer Pflichten nicht behindert und wegen ihrer Tätigkeit als Gleichstellungsbeauftragte in ihrer beruflichen Entwicklung nicht benachteiligt oder begünstigt werden. ²Insbesondere übt sie ihr Amt ohne Minderung ihrer bisherigen Bezüge oder ihres bisherigen Arbeitsentgelts aus und nimmt am beruflichen Aufstieg so teil, wie dieser ohne die Übernahme des Amtes erfolgt wäre.
(2) ¹Die Gleichstellungsbeauftragte wird von anderweitigen Tätigkeiten in dem Ausmaß entlastet, wie dies zur ordnungsgemäßen Wahrnehmung ihrer Aufgaben als Gleichstellungsbeauftragte erforderlich ist. ²In Dienststellen mit in der Regel weniger als 600 Beschäftigten beträgt die Entlastung mindestens die Hälfte der regelmäßigen Arbeitszeit einer Vollzeitkraft. ³

Bei einer Beschäftigtenzahl von in der Regel mindestens 600 Beschäftigten wird die Gleichstellungsbeauftragte im Umfang der Regelarbeitszeit einer Vollzeitkraft entlastet. ⁴Übt die Gleichstellungsbeauftragte eine Teilzeitbeschäftigung aus, ist der Entlastungsumfang der Stellvertreterin oder der Stellvertreterinnen entsprechend zu erhöhen; dies gilt unabhängig von den Vorgaben zur Entlastung der Stellvertreterin in Absatz 5. ⁵Ist die Gleichstellungsbeauftragte gemäß § 19 Absatz 4 Satz 4 für mehr als eine Dienststelle zuständig, ist für die Höhe der Entlastung die Gesamtzahl der Beschäftigten aller Dienststellen maßgebend.
(3) ¹Die Dienststellen haben die berufliche Entwicklung der Gleichstellungsbeauftragten von Amts wegen fiktiv nachzuzeichnen. ²Diese Pflicht gilt ungeachtet des Entlastungsumfangs der Gleichstellungsbeauftragten. ³Die fiktive Nachzeichnung dient als Grundlage für Personalauswahlentscheidungen. ⁴Der Anspruch auf fiktive Nachzeichnung der dienstlichen Beurteilung nach § 33 Absatz 3 der Bundeslaufbahnverordnung bleibt unberührt. ⁵Die Dienststellen haben der Gleichstellungsbeauftragten auf deren Antrag hin eine Aufgabenbeschreibung als Nachweis über ihre Tätigkeit als Gleichstellungsbeauftragte zu erteilen.
(4) Vor Kündigung, Versetzung und Abordnung ist die Gleichstellungsbeauftragte wie ein Mitglied der Personalvertretung geschützt.
(5) ¹Wird eine Stellvertreterin im Vertretungsfall tätig, so ist sie mit Beginn der Vertretungstätigkeit in dem Ausmaß ihrer Tätigkeit als Stellvertreterin von anderweitigen Tätigkeiten zu entlasten. ²Üben Stellvertreterinnen Aufgaben zur eigenständigen Erledigung aus, so werden sie von ihren anderweitigen Tätigkeiten wie folgt entlastet:
1. in Dienststellen mit höchstens 1 499 Beschäftigten und nur einer nach § 20 Absatz 1 oder 3 bestellten Stellvertreterin im Umfang von bis zu einem Viertel der regelmäßigen Arbeitszeit einer Vollzeitkraft,
2. in Dienststellen mit mindestens 1 500 und höchstens 1 999 Beschäftigten für eine der beiden Stellvertreterinnen im Umfang von bis zur Hälfte der regelmäßigen Arbeitszeit einer Vollzeitkraft,
3. in Dienststellen mit mindestens 2 000 und höchstens 2 499 Beschäftigten
   a) für zwei Stellvertreterinnen jeweils im Umfang der Hälfte der regelmäßigen Arbeitszeit einer Vollzeitkraft oder
   b) für eine Stellvertreterin im Umfang der Regelarbeitszeit einer Vollzeitkraft,
4. in Dienststellen mit mindestens 2 500 Beschäftigten
   a) für alle drei Stellvertreterinnen jeweils im Umfang der Hälfte der regelmäßigen Arbeitszeit einer Vollzeitkraft oder
   b) für eine Stellvertreterin im Umfang der regelmäßigen Arbeitszeit einer Vollzeitkraft und für eine weitere Stellvertreterin im Umfang der Hälfte der regelmäßigen Arbeitszeit einer Vollzeitkraft,
5. in denjenigen Dienststellen mit höchstens 1 999 Beschäftigten, die einen großen Zuständigkeitsbereich oder einen komplexen Aufgabenbereich haben,
   a) bei zwei Stellvertreterinnen
      aa) für beide Stellvertreterinnen jeweils im Umfang der Hälfte der regelmäßigen Arbeitszeit einer Vollzeitkraft oder
      bb) für eine der beiden Stellvertreterinnen im Umfang der Regelarbeitszeit einer Vollzeitkraft,
   b) bei drei Stellvertreterinnen
      aa) für alle drei Stellvertreterinnen jeweils im Umfang der Hälfte der regelmäßigen Arbeitszeit einer Vollzeitkraft oder
      bb) für eine Stellvertreterin im Umfang der regelmäßigen Arbeitszeit einer Vollzeitkraft und für eine weitere Stellvertreterin im Umfang der Hälfte der regelmäßigen Arbeitszeit einer Vollzeitkraft,

6. in denjenigen Dienststellen mit mindestens 2 000 und höchstens 2 499 Beschäftigten, die einen großen Zuständigkeitsbereich oder einen komplexen Aufgabenbereich haben,
   a) für alle drei Stellvertreterinnen jeweils im Umfang der Hälfte der regelmäßigen Arbeitszeit einer Vollzeitkraft oder
   b) für eine Stellvertreterin im Umfang der regelmäßigen Arbeitszeit einer Vollzeitkraft und für eine weitere Stellvertreterin im Umfang der Hälfte der regelmäßigen Arbeitszeit einer Vollzeitkraft.

[3]Satz 2 Nummer 1 bis 4 gilt in den Verwaltungen mit einem großen Geschäftsbereich, die von der Ausnahmeregelung nach § 19 Absatz 2 Gebrauch machen, sowie in Verwaltungen, zu denen Dienststellen mit weniger als 100 Beschäftigten gehören, die keine eigene Gleichstellungsbeauftragte wählen, hinsichtlich der Gesamtzahl der im Zuständigkeitsbereich der Gleichstellungsbeauftragten tätigen Beschäftigten entsprechend. [4]Der Umfang der Entlastung der einzelnen Stellvertreterinnen nach den Sätzen 2 und 3 darf nicht auf die Entlastung der Gleichstellungsbeauftragten angerechnet werden.

(6) [1]Vertrauensfrauen werden von anderweitigen Tätigkeiten in dem Ausmaß entlastet, wie dies zur ordnungsgemäßen Wahrnehmung ihrer Aufgaben als Informationsvermittlerin erforderlich ist. [2]Die Entlastung beträgt mindestens ein Zehntel und bis zu einem Viertel der regelmäßigen Arbeitszeit einer Vollzeitkraft.

§ 29 Ausstattung

(1) Der Gleichstellungsbeauftragten ist mit Beginn und bis zum Ende ihrer Amtszeit die notwendige personelle, räumliche und sachliche Ausstattung zur Verfügung zu stellen.
(2) [1]Bei einer Beschäftigtenzahl von in der Regel weniger als 1 000 kann der Gleichstellungsbeauftragten eine Mitarbeiterin oder ein Mitarbeiter zugeordnet werden. [2]In einer Dienststelle mit in der Regel mindestens 1 000 Beschäftigten ist der Gleichstellungsbeauftragten mindestens eine Mitarbeiterin oder ein Mitarbeiter zuzuordnen.
(3) [1]Die Aufgabe der Mitarbeiterinnen und Mitarbeiter beschränkt sich auf die Unterstützung der Gleichstellungsbeauftragten. [2]§ 26 Absatz 5 Satz 3 gilt entsprechend.
(4) [1]Die Gleichstellungsbeauftragte erhält einen monatlichen Verfügungsfonds. [2]Die Höhe des Verfügungsfonds der vollständig von anderweitigen Aufgaben entlasteten Gleichstellungsbeauftragten entspricht der Höhe der Aufwandsentschädigung für ganz von ihrer dienstlichen Tätigkeit freigestellte Mitglieder von Personalräten, Gesamtpersonalräten, Bezirkspersonalräten und Hauptpersonalräten. [3]Die teilweise von anderweitigen Aufgaben entlastete Gleichstellungsbeauftragte erhält einen Verfügungsfonds, der dem Anteil ihrer Entlastung entspricht. [4]Die Verordnung über die Höhe der Aufwandsentschädigung für vom Dienst freigestellte Personalvertretungsmitglieder gilt entsprechend.

§ 30 Zusammenarbeit und Information

(1) Die Dienststellenleitung und die Gleichstellungsbeauftragte arbeiten zum Wohle der Beschäftigten und zur Erfüllung der in § 1 genannten Ziele eng zusammen.
(2) [1]Die Dienststellenleitung unterstützt die Gleichstellungsbeauftragte bei der Wahrnehmung ihrer Aufgaben und der Ausübung ihrer Mitwirkungsrechte, indem sie die Gleichstellungsbeauftragte insbesondere unverzüglich und umfassend informiert. [2]Die zur Wahrnehmung ihrer Aufgaben erforderlichen Unterlagen, insbesondere Bewerbungsunterlagen, vergleichende Übersichten und Auswahlvermerke, sind ihr frühestmöglich vorzulegen und die erbetenen Auskünfte zu erteilen. [3]Die Dienststellenleitung soll der Gleichstellungsbeauftragten Gelegenheit zur aktiven Teilnahme an allen Entscheidungsprozessen zu personellen, organisatorischen und sozialen Angelegenheiten geben und den Informations- und Erfahrungsaustausch der Gleichstellungsbeauftragten mit anderen Gleichstellungsbeauftragten unterstützen.

(3) Die Gleichstellungsbeauftragte hat das Recht, Einsicht in die entscheidungsrelevanten Teile von Personalakten zu nehmen, soweit die Kenntnis des Akteninhalts zur Erfüllung ihrer Aufgaben erforderlich ist.

§ 31 Verschwiegenheitspflicht
Die Gleichstellungsbeauftragte und ihre Stellvertreterinnen, die Mitarbeiterinnen und Mitarbeiter sowie die Vertrauensfrauen sind hinsichtlich persönlicher Verhältnisse der Beschäftigten und anderer vertraulicher Angelegenheiten in der Dienststelle ab dem Zeitpunkt ihrer Bestellung sowie über die Zeit ihrer Bestellung hinaus zum Stillschweigen verpflichtet.

§ 32 Form der Mitwirkung und Stufenbeteiligung
(1) ¹Die Gleichstellungsbeauftragte hat das Recht und die Pflicht, unmittelbar bei der Dienststellenleitung vorzutragen. ²Sie hat in allen Angelegenheiten, die nach § 25 Absatz 1 und § 27 Absatz 1 ihrer Mitwirkung unterliegen, ein Initiativrecht. ³Die Dienststelle hat über einen Initiativantrag innerhalb angemessener Zeit, spätestens nach einem Monat, zu entscheiden. ⁴In Ausnahmefällen ist die endgültige Entscheidung nach drei Monaten vorzunehmen. ⁵Die Entscheidung ist der Gleichstellungsbeauftragten in Textform mitzuteilen.
(2) ¹Die Mitwirkung der Gleichstellungsbeauftragten erfolgt regelmäßig durch Votum, das zu den Akten zu nehmen ist. ²Das Votum ist innerhalb von zehn Arbeitstagen ab Zugang der Mitteilung über die beabsichtigte Maßnahme oder Entscheidung in Textform abzugeben; von dieser Frist kann im Einvernehmen mit der Gleichstellungsbeauftragten abgewichen werden. ³Nur in besonders dringenden Fällen darf die Frist zur Abgabe des Votums ausnahmsweise auf drei Arbeitstage verkürzt werden. ⁴Hat die Gleichstellungsbeauftragte innerhalb von zehn Arbeitstagen oder im Falle des Satzes 3 innerhalb von drei Arbeitstagen kein Votum abgegeben, so gilt die beabsichtigte Maßnahme oder Entscheidung als gebilligt.
(3) ¹Folgt die Dienststelle dem Votum der Gleichstellungsbeauftragten nicht, so hat sie die Gleichstellungsbeauftragte hierüber unverzüglich formlos in Kenntnis zu setzen. ²Die Gleichstellungsbeauftragte kann bei der Abgabe des Votums oder spätestens bis zum Ablauf des auf das Inkenntnissetzen folgenden Arbeitstages eine Mitteilung der Gründe für die Nichtbefolgung des Votums verlangen. ³Die Dienststelle hat der Gleichstellungsbeauftragten innerhalb von 15 Arbeitstagen ab Zugang des Verlangens die Gründe für die Nichtbefolgung in Textform mitzuteilen.
(4) ¹Soweit in Dienststellen Entscheidungen für nachgeordnete Dienststellen getroffen werden, hat jede beteiligte Dienststelle die für sie zuständige Gleichstellungsbeauftragte nach Maßgabe der §§ 25, 27 und 30 sowie nach den Absätzen 1 und 2 an dem bei ihr anhängigen Teilverfahren zu beteiligen. ²Das in Textform verfasste Votum der Gleichstellungsbeauftragten der nachgeordneten Dienststelle ist zusammen mit den weiteren entscheidungsrelevanten Unterlagen der nächsthöheren Dienststelle und von dieser der bei ihr bestellten Gleichstellungsbeauftragten vorzulegen. ³Bei personellen Angelegenheiten gelten die Sätze 1 bis 3 für den Fall, dass personalbearbeitende Dienststelle und Beschäftigungsdienststelle nicht identisch sind, entsprechend. ⁴Satz 1 gilt auch, wenn Vorgänge, die Aufgaben der Gleichstellungsbeauftragten nach Absatz 1 betreffen, mit Wirkung für eine andere Dienststelle bearbeitet werden, die nicht nachgeordnete Dienststelle nach § 25 Absatz 4 ist.

§ 33 Einspruchsrecht und Einspruchsverfahren

(1) Die Gleichstellungsbeauftragte hat ein Einspruchsrecht gegenüber der Dienststellenleitung, wenn sie geltend macht, die Dienststelle habe
1. entgegen § 12 Absatz 1 einen Gleichstellungsplan nicht erstellt oder die Frist nach § 12 Absatz 2 erheblich verletzt,
2. einen Gleichstellungsplan erstellt, der nicht den Vorgaben des § 13 entspricht,
3. entgegen § 27 Absatz 1 Nummer 5 die Gleichstellungsbeauftragte bei der Erstellung des Gleichstellungsplans nicht beteiligt,
4. entgegen § 14 den Gleichstellungsplan nicht bekannt gegeben,
5. Rechte der Gleichstellungsbeauftragten verletzt oder
6. gegen weitere Vorschriften dieses Gesetzes oder gegen andere Vorschriften über die Gleichstellung von Frauen und Männern verstoßen.

(2) ¹Der Einspruch ist innerhalb einer Woche ab Zugang der Begründung gemäß § 32 Absatz 3 Satz 3 in Textform bei der Dienststellenleitung einzulegen. ²Er hat aufschiebende Wirkung. ³§ 80 Absatz 2 Satz 1 Nummer 4 und Absatz 3 der Verwaltungsgerichtsordnung gilt entsprechend. ⁴Im Falle der sofortigen Vollziehung unterrichtet die Dienststellenleitung die Gleichstellungsbeauftragte unverzüglich.

(3) ¹Die Dienststellenleitung soll über den Einspruch innerhalb eines Monats nach Zugang des Einspruchs entscheiden. ²Hält sie den Einspruch für begründet, sind die betreffenden Maßnahmen und ihre Folgen zu berichtigen sowie die Ergebnisse des Einspruchs bei weiteren vergleichbaren Fällen zu berücksichtigen.

(4) ¹Hält die Dienststellenleitung den Einspruch für unbegründet, legt sie diesen der nächsthöheren Dienststellenleitung unverzüglich vor. ²Bei selbständigen bundesunmittelbaren Körperschaften, Anstalten und Stiftungen ohne mehrstufigen Verwaltungsaufbau wird der Einspruch entsprechend deren Vorstand oder Geschäftsführung vorgelegt. ³Die Entscheidung der nächsthöheren Dienststellenleitung, des Vorstandes oder der Geschäftsführung erfolgt entsprechend Absatz 3.

(5) Die Entscheidung über den Einspruch ist in Textform zu begründen und der Gleichstellungsbeauftragten unverzüglich zu übermitteln.

§ 34 Gerichtliches Verfahren

(1) ¹Bleibt der Einspruch nach § 33 erfolglos, so kann die Gleichstellungsbeauftragte oder die Dienststelle einen außergerichtlichen Einigungsversuch unternehmen. ²Haben die Gleichstellungsbeauftragte und die Dienststelle in Textform den Verzicht auf einen außergerichtlichen Einigungsversuch erklärt oder hat die Gleichstellungsbeauftragte oder die Dienststelle das Scheitern des außergerichtlichen Einigungsversuchs in Textform festgestellt, so kann die Gleichstellungsbeauftragte innerhalb eines Monats das Verwaltungsgericht anrufen. ³Die Anrufung hat keine aufschiebende Wirkung.

(2) Die Anrufung des Gerichts kann nur darauf gestützt werden, dass die Dienststelle
1. Rechte der Gleichstellungsbeauftragten verletzt hat oder
2. einen Gleichstellungsplan erstellt hat, der nicht den Vorgaben der §§ 12 bis 14 entspricht.

(3) ¹Abweichend von Absatz 1 Satz 3 ist die Anrufung des Gerichts auch zulässig, wenn über den Einspruch ohne zureichenden Grund in angemessener Frist sachlich nicht entschieden worden ist. ²§ 75 Satz 2 bis 4 der Verwaltungsgerichtsordnung gilt entsprechend.

(4) Die Dienststelle trägt die Kosten, die der Gleichstellungsbeauftragten auf Grund von Rechtsbehelfen nach den Absätzen 1 oder 2 entstehen.

§ 35 Fragerecht

(1) ¹Zur Klärung von Fragen grundsätzlicher Bedeutung, insbesondere zur Auslegung dieses Gesetzes, können sich die Gleichstellungsbeauftragte und die Stellvertreterinnen unmittelbar an das Bundesministerium für Familie, Senioren, Frauen und Jugend wenden. ²Personenbezogene Daten von Beschäftigten dürfen dem Bundesministerium für Familie, Senioren, Frauen und Jugend nur mit Einwilligung der betroffenen Beschäftigten übermittelt werden.
(2) ¹Anfragen nach Absatz 1 sollen innerhalb eines Monats beantwortet werden. ²Das Bundesministerium für Familie, Senioren, Frauen und Jugend leitet seine Antwort der jeweils zuständigen obersten Bundesbehörde nachrichtlich zu.

§ 36 Interministerieller Arbeitskreis der Gleichstellungsbeauftragten

¹Die Gleichstellungsbeauftragten der obersten Bundesbehörden bilden zusammen den Interministeriellen Arbeitskreis der Gleichstellungsbeauftragten der obersten Bundesbehörden. ²Der Arbeitskreis informiert die Gleichstellungsbeauftragten aus den Geschäftsbereichen regelmäßig über seine Tätigkeit. ³Die Möglichkeit, im Geltungsbereich dieses Gesetzes weitere Arbeitskreise zur Koordinierung der Arbeit von Gleichstellungsbeauftragten einzurichten, bleibt von den Sätzen 1 und 2 unberührt.

Abschnitt 6: Sonderregelungen, Statistik, Bericht und Übergangsbestimmungen

§ 37 Sonderregelungen für den Bundesnachrichtendienst

Für den Bundesnachrichtendienst gilt dieses Gesetz mit folgenden Abweichungen:
1. der Bundesnachrichtendienst gilt als einheitliche Dienststelle, in der keine Vertrauensfrauen bestellt werden,
2. § 6 Absatz 2 Satz 2 ist nicht anzuwenden,
3. § 14 gilt nicht; die Beschäftigten des Bundesnachrichtendienstes sind berechtigt, den Gleichstellungsplan bei den von der Personalverwaltung bezeichneten Stellen einzusehen,
4. beim Bundesnachrichtendienst beschäftigte Soldatinnen sind gemäß § 19 Absatz 4 Satz 2 aktiv wahlberechtigt,
5. beim Bundesnachrichtendienst tätige Soldatinnen und Soldaten gelten hinsichtlich der Zuständigkeit der dort bestellten Gleichstellungsbeauftragten als Beschäftigte des Bundesnachrichtendienstes, soweit dessen Leitung oder das Bundeskanzleramt für die Entscheidung in personellen, sozialen oder organisatorischen Angelegenheiten dieses Personenkreises zuständig ist,
6. beim Informations- und Erfahrungsaustausch der Gleichstellungsbeauftragten gemäß § 25 Absatz 5 sind die für den Bundesnachrichtendienst geltenden Sicherheitsbestimmungen zu beachten,
7. ein Votum der Gleichstellungsbeauftragten des Bundesnachrichtendienstes, das diese gemäß den §§ 25, 27 und 32 abgegeben hat, ist dem Bundeskanzleramt vorzulegen, soweit im Bundeskanzleramt Entscheidungen für den Bundesnachrichtendienst getroffen werden und die Gleichstellungsbeauftragte des Bundeskanzleramtes insoweit nicht zu beteiligen ist,
8. § 32 Absatz 4 und § 38 Absatz 1 Satz 5 sind nicht anzuwenden.

9. die Gleichstellungsbeauftragte bedarf des Einvernehmens der Dienststelle, soweit im Falle des § 35 eine Angelegenheit behandelt werden soll, die als Verschlusssache eingestuft ist,
10. bei Vorliegen besonderer Sicherheitsvorfälle oder einer besonderen Einsatzsituation, von der der Bundesnachrichtendienst ganz oder teilweise betroffen ist, ruhen die Rechte und Pflichten der Gleichstellungsbeauftragten; Beginn und Ende des Ruhens werden jeweils von der Leitung des Bundesnachrichtendienstes im Einvernehmen mit der Chefin oder dem Chef des Bundeskanzleramtes festgestellt.

§ 38 Statistik, Verordnungsermächtigung

(1) ¹Jede Dienststelle erfasst alle zwei Jahre die Zahl aller in der Dienststelle beschäftigten Frauen und Männer sowie die Zahl der Frauen und Männer nach den folgenden weiteren Kriterien:
1. einzelne Bereiche, dabei Ebenen mit Führungspositionen ab Ebene der Referatsleitung,
2. Voll- und Teilzeitbeschäftigung,
3. Inanspruchnahme einer Beurlaubung auf Grund von Familien- oder Pflegeaufgaben,
4. Bewerbung, Einstellung sowie beruflicher Aufstieg,
5. beruflicher Aufstieg von
    a) Beschäftigten, die eine Beurlaubung auf Grund von Familien- oder Pflegeaufgaben in Anspruch genommen haben, und
    b) Beschäftigten, die eine solche Beurlaubung nicht in Anspruch genommen haben,
6. die Zahl von Beschäftigten in Führungspositionen ab Ebene der Referatsleitung in Voll- und Teilzeitbeschäftigung sowie
7. Beurteilungsergebnisse von Regelbeurteilungen im höheren Dienst in den in § 3 Nummer 5 Buchstabe a und b genannten Dienststellen.

²Die Daten nach Satz 1 Nummer 1 bis 3 und 6 sind zum 30. Juni des Berichtsjahres zu erfassen. ³Die Daten nach Satz 1 Nummer 4, 5 und 7 sind für den Zeitraum vom 1. Juli des vorletzten Jahres bis zum 30. Juni des Berichtsjahres zu erfassen. ⁴Die Sätze 1 bis 3 finden unter Beachtung der datenschutzrechtlichen Vorgaben auf Beschäftigte mit dem Geschlechtseintrag „divers" oder „keine Angabe" entsprechende Anwendung, soweit Informationen dazu vorliegen. ⁵Die Daten der nachgeordneten Bundesbehörden sowie des mittelbaren Bundesdienstes sind bis zum 30. September der obersten Bundesbehörde oder der obersten Aufsichtsbehörde zu melden. ⁶Die obersten Bundesbehörden melden dem Statistischen Bundesamt bis zum 31. Dezember ihre eigenen Daten, die zusammengefassten Daten des jeweiligen Geschäftsbereichs sowie die zusammengefassten Daten der ihrer Rechtsaufsicht unterstehenden mittelbaren Bundesverwaltung. ⁷Bei der Zusammenfassung sind die Gruppen Körperschaften, Anstalten und Stiftungen, bei Körperschaften der Sozialversicherung die Zweige der Sozialversicherung voneinander zu trennen.

(2) ¹Jede oberste Bundesbehörde erfasst jährlich die Zahl aller in der obersten Bundesbehörde beschäftigten Frauen und Männer sowie die Zahl der Frauen und Männer nach folgenden weiteren Kriterien:
1. Laufbahngruppe des höheren Dienstes,
2. einzelne Ebenen mit Führungspositionen ab Ebene der Referatsleitung einschließlich der politischen Leitungsämter,
3. Voll- und Teilzeitbeschäftigung, auch für Beschäftigte in Führungspositionen ab Ebene der Referatsleitung,
4. Inanspruchnahme einer Beurlaubung auf Grund von Familien- oder Pflegeaufgaben,
5. beruflicher Aufstieg.

²Soweit hierüber Informationen vorliegen, wird unter Beachtung der datenschutzrechtlichen Vorgaben auch die jeweilige Zahl der Beschäftigten mit dem Geschlechtseintrag „divers" oder „keine Angabe" erfasst. ³Die Daten nach Satz 1 Nummer 1 bis 4 sind zum 30. Juni des Berichtsjahres zu erfassen, die Daten nach Satz 1 Nummer 5 für den Zeitraum vom 1. Juli des Vorjahres bis zum 30. Juni des Berichtsjahres. ⁴Die Meldung an das Statistische Bundesamt hat bis zum 30. September zu erfolgen.
(3) Das Statistische Bundesamt erstellt im Auftrag des Bundesministeriums für Familie, Senioren, Frauen und Jugend
1. alle zwei Jahre eine Gleichstellungsstatistik zu den nach Absatz 1 erhobenen Daten der Dienststellen und leitet die Gleichstellungsstatistik den obersten Bundesbehörden zu und
2. jährlich einen Gleichstellungsindex aus den nach Absatz 2 erhobenen Daten der obersten Bundesbehörden und veröffentlicht den Gleichstellungsindex jeweils bis zum 31. Dezember.
(4) ¹Die Bundesregierung regelt durch Rechtsverordnung ohne Zustimmung des Bundesrates die einzelnen Vorgaben für die Erfassung und Mitteilung der statistischen Daten. ²Die Rechtsverordnung nach Satz 1 beschränkt den Kreis der mitteilungspflichtigen Dienststellen auf das Notwendige. ³In der Rechtsverordnung können auch Bestimmungen zu Inhalt, Ausarbeitung und zur jährlichen Aktualisierung der Anlagen zur Rechtsverordnung getroffen werden.

§ 39 Bericht

(1) ¹Die Bundesregierung legt dem Deutschen Bundestag alle vier Jahre einen Bericht vor. ²Der Bericht legt dar,
1. wie sich in den letzten vier Jahren die Situation für Personen der einzelnen Geschlechter in den Dienststellen entwickelt hat,
2. inwieweit die Ziele dieses Gesetzes erreicht sind und
3. wie dieses Gesetz angewendet worden ist.
³Zudem weist er vorbildhafte Gleichstellungsmaßnahmen einzelner Dienststellen aus.
(2) ¹Grundlage des Gleichstellungsberichts sind die nach § 38 Absatz 1 und 2 erfassten Daten. ²Die obersten Bundesbehörden haben durch die Bereitstellung der erforderlichen Angaben bei der Erstellung des Gleichstellungsberichts mitzuwirken.
(3) An der Erstellung des Gleichstellungsberichts ist der Interministerielle Arbeitskreis der Gleichstellungsbeauftragten der obersten Bundesbehörden zu beteiligen.
(4) Der Gleichstellungsbericht darf keine personenbezogenen Daten enthalten.

§ 40 Übergangsbestimmung

Gleichstellungspläne, die am 12. August 2021 bestehen, gelten auch nach dem Inkrafttreten des Gesetzes zur Ergänzung und Änderung der Regelungen für die gleichberechtigte Teilhabe von Frauen an Führungspositionen in der Privatwirtschaft und im öffentlichen Dienst weiter.

2. Gesetz zur Verwirklichung der Chancengleichheit von Frauen und Männern im öffentlichen Dienst in Baden-Württemberg (Chancengleichheitsgesetz Baden-Württemberg – ChancenG BW)

vom 23. Februar 2016 (GVBl Nr. 4 2016, S. 108)
– zuletzt geändert durch Gesetz zur Änderung des ADV-Zusammenarbeitsgesetzes und anderer Vorschriften vom 17. Juni 2020 (GVBl. 20 2020, S. 401, 402)

Abschnitt 1: Allgemeine Bestimmungen

§ 1 Gesetzesziele

(1) Mit diesem Gesetz wird in Erfüllung des Verfassungsauftrags nach Artikel 3 Absatz 2 des Grundgesetzes (GG) die tatsächliche Durchsetzung der Gleichberechtigung von Frauen und Männern in dem in § 3 genannten Geltungsbereich gefördert.

(2) ¹Die tatsächliche Durchsetzung der Gleichberechtigung von Frauen und Männern erfolgt mit dem Ziel ihrer Gleichstellung und der Beseitigung bestehender sowie der Verhinderung künftiger Diskriminierungen wegen des Geschlechts und des Familienstandes. ²Dadurch sollen auch bestehende Nachteile für Frauen abgebaut oder ausgeglichen werden, unter Wahrung des Vorrangs von Eignung, Befähigung und fachlicher Leistung nach Artikel 33 Absatz 2 GG. ³Zu diesem Zweck werden Frauen nach Maßgabe dieses Gesetzes gezielt gefördert, insbesondere, um Zugangs- und Aufstiegschancen für Frauen zu verbessern sowie eine deutliche Erhöhung des Anteils der Frauen in Bereichen, in denen sie unterrepräsentiert sind, zu erreichen.

(3) Ziel des Gesetzes ist darüber hinaus die paritätische Vertretung von Frauen und Männern in Gremien, soweit das Land Mitglieder für diese bestimmen kann.

(4) Ziel des Gesetzes ist es zudem, die Vereinbarkeit von Familie, Pflege und Beruf für Frauen und Männer zu verbessern.

§ 2 Besondere Verantwortung

¹Alle Beschäftigten, insbesondere diejenigen mit Vorgesetzten- und Leitungsaufgaben, sowie die Dienststellenleitungen und die Personalvertretungen, fördern die tatsächliche Verwirklichung der Gleichberechtigung von Frauen und Männern und berücksichtigen Chancengleichheit als durchgängiges Leitprinzip in allen Aufgabenbereichen der Dienststelle. ²Dies gilt insbesondere bei Personalwirtschafts- und Personalentwicklungsmaßnahmen.

§ 3 Geltungsbereich

(1) Dieses Gesetz gilt für
1. die Behörden des Landes,
2. die Körperschaften, Anstalten und Stiftungen des öffentlichen Rechts, die der alleinigen Aufsicht des Landes unterstehen, mit Ausnahme der außeruniversitären wissenschaftlichen Einrichtungen, der kommunalen Stiftungen, der sozialkaritativen Stiftungen, der Landesbank Baden-Württemberg, der Landeskreditbank, der Sparkassen sowie ihrer Verbände und Verbundunternehmen, des Badischen Gemeinde-VersicherungsVerbands, der Selbstverwaltungskörperschaften der Wirtschaft und der freien Berufe, der Sozialversicherungsträger sowie der Landesverbände der Betriebskrankenkassen und Innungskrankenkassen, des Medizinischen Dienstes der Krankenversicherung, der Kassenärztlichen Vereinigung Baden-Württemberg und der Kassenzahnärztlichen Vereinigung Baden-Württemberg,

3. die Hochschulen sowie das Karlsruher Institut für Technologie, soweit nicht das Landeshochschulgesetz (LHG) und das KIT-Gesetz (KITG) eigene Regelungen enthalten,
4. die Gerichte des Landes und
5. den Südwestrundfunk dem Sinne nach.
(2) Auf die Gemeinden, die Stadt- und Landkreise, die Zweckverbände, die Gemeindeverwaltungsverbände, den Kommunalverband für Jugend und Soziales, die Gemeindeprüfungsanstalt Baden-Württemberg, die Komm.ONE, den Kommunalen Versorgungsverband Baden-Württemberg, die Nachbarschaftsverbände, die Regionalverbände und den Verband Region Stuttgart finden ausschließlich Absatz 3 und die Vorschriften der Abschnitte 4 und 6 Anwendung.
(3) [1]Soweit das Land oder eine kommunale Gebietskörperschaft ein Unternehmen in Rechtsformen des Privatrechts gründet oder umwandelt, soll die Anwendung dieses Gesetzes im Gesellschaftsvertrag oder in der Satzung vereinbart werden. [2]Die kommunale Gebietskörperschaft soll ihre Gesellschafterrechte in Unternehmen des Privatrechts, auf die sie durch mehrheitliche Beteiligung oder in sonstiger Weise direkt oder indirekt bestimmenden Einfluss nehmen kann, so ausüben, dass die Vorschriften dieses Gesetzes entsprechende Anwendung finden. [3]Verfügt das Land oder die kommunale Gebietskörperschaft nicht über eine Mehrheitsbeteiligung an einem Unternehmen in der Rechtsform einer juristischen Person des Privatrechts oder einer Personengesellschaft, hält aber mindestens einen Geschäftsanteil von 25 Prozent, soll das Land oder die kommunale Gebietskörperschaft darauf hinwirken, dass die Vorschriften dieses Gesetzes entsprechende Anwendung finden.

§ 4 Begriffsbestimmungen

(1) [1]Beschäftigte im Sinne dieses Gesetzes sind Arbeitnehmerinnen und Arbeitnehmer, Beamtinnen und Beamte, Auszubildende sowie Richterinnen und Richter. [2]Beschäftigte im Sinne dieses Gesetzes sind ferner Personen des Südwestrundfunks, die arbeitnehmerähnliche Personen nach § 12 a des Tarifvertragsgesetzes sind.
(2) Familienaufgaben im Sinne dieses Gesetzes bestehen, wenn eine beschäftigte Person mindestens ein Kind unter 18 Jahren tatsächlich betreut.
(3) Pflegeaufgaben im Sinne dieses Gesetzes bestehen, wenn eine beschäftigte Person eine nach § 14 Absatz 1 des Elften Buches Sozialgesetzbuch (SGB XI) pflegebedürftige nahe angehörige Person nach § 7 Absatz 3 des Pflegezeitgesetzes (PflegeZG) tatsächlich und nicht erwerbsmäßig häuslich pflegt oder betreut.
(4) Dienststellen im Sinne dieses Gesetzes sind die einzelnen Behörden, Verwaltungsstellen der in § 3 genannten Körperschaften, Anstalten und Stiftungen sowie die Gerichte, die Hochschulen und die Schulen.
(5) Beförderung im Sinne dieses Gesetzes ist auch die Verleihung eines anderen Amtes mit höherem Grundgehalt ohne Änderung der Amtsbezeichnung, die Übertragung eines anderen Amtes mit gleichem Grundgehalt und anderer Amtsbezeichnung unter gleichzeitigem Wechsel der Laufbahngruppe, die Verleihung eines Richteramtes mit höherem Grundgehalt und die Übertragung einer höher zu bewertenden Tätigkeit sowie die Gewährung einer Amtszulage.
(6) Eine Unterrepräsentanz von Frauen im Sinne dieses Gesetzes liegt dort vor, wo innerhalb eines Geltungsbereichs eines Chancengleichheitsplans in einer Entgelt- oder Besoldungsgruppe einer Laufbahn oder in den Funktionen mit Vorgesetzten- und Leitungsaufgaben einschließlich der Stellen und Planstellen Vorsitzender Richterinnen und Vorsitzender Richter weniger Frauen als Männer beschäftigt sind.
(7) [1]Frühzeitige Beteiligung im Sinne dieses Gesetzes bedeutet, dass die Beauftragte für Chancengleichheit an der Entscheidungsfindung gestaltend mitwirken und Einfluss nehmen

kann. ²Die Beteiligung der Beauftragten für Chancengleichheit soll vor der Beteiligung der Personalvertretung erfolgen.

Abschnitt 2: Maßnahmen zur Gleichstellung von Frauen und Männern

§ 5 Erstellung des Chancengleichheitsplans

(1) ¹Jede personalverwaltende Dienststelle, deren Personalverwaltungsbefugnis 50 und mehr Beschäftigte umfasst, erstellt mindestens einen Chancengleichheitsplan. ²In den anderen Dienststellen kann ein Chancengleichheitsplan erstellt werden. ³Für die Ministerien ist jeweils ein gesonderter Chancengleichheitsplan zu erstellen. ⁴Soweit Gleichstellungspläne für alle Beschäftigten gemäß § 4 Absatz 5 LHG aufgestellt werden, entfällt die Pflicht zur Erstellung eines Chancengleichheitsplans nach diesem Gesetz.

(2) ¹Ist die personalverwaltende Dienststelle, deren Personalverwaltungsbefugnis Beschäftigte einer nachgeordneten Dienststelle umfasst, an der Personalplanung und der Personalauswahl der nachgeordneten Dienststelle nicht unmittelbar beteiligt, kann sie von der Erstellung eines Chancengleichheitsplans für diese Beschäftigten der nachgeordneten Dienststelle absehen. ²Diese Beschäftigten sind in den Chancengleichheitsplan der nachgeordneten Dienststelle aufzunehmen und bei der Berechnung nach Absatz 1 Satz 1 zu berücksichtigen.

(3) In besonders gelagerten Einzelfällen kann mit Genehmigung des jeweiligen Fachministeriums und des für Frauenfragen zuständigen Ministeriums von der Erstellung eines Chancengleichheitsplans abgesehen werden.

(4) ¹Der Chancengleichheitsplan ist für die Dauer von sechs Jahren zu erstellen und soll bei erheblichen strukturellen Änderungen angepasst werden. ²Bei der Erstellung des Chancengleichheitsplans und seiner Anpassung ist die Beauftragte für Chancengleichheit mit dem Ziel einer einvernehmlichen Regelung frühzeitig zu beteiligen. ³Gegen die Entscheidungen der Dienststellenleitung steht der Beauftragten für Chancengleichheit das Recht der Beanstandung nach § 21 zu.

(5) ¹Die Chancengleichheitspläne und ihre Anpassung sind der Dienstaufsichtsbehörde, die ihre Beauftragte für Chancengleichheit informiert, vorzulegen. ²Chancengleichheitspläne der übrigen, der alleinigen Aufsicht des Landes unterstehenden Körperschaften, Anstalten und Stiftungen des öffentlichen Rechts sind der Dienststelle, die die Rechtsaufsicht ausübt und ihre Beauftragte für Chancengleichheit informiert, vorzulegen.

(6) Zusammen mit dem Chancengleichheitsplan ist alle sechs Jahre eine Übersicht über die Beschäftigtenstruktur der einzelnen Dienststellen zu erstellen und in der jeweiligen Dienststelle in geeigneter Weise bekannt zu machen.

§ 6 Inhalt des Chancengleichheitsplans

(1) ¹Der Chancengleichheitsplan hat eine Bestandsaufnahme und beschreibende Auswertung der Beschäftigtenstruktur seines jeweiligen Geltungsbereichs zu enthalten. ²Im Chancengleichheitsplan ist darzustellen, in welchen Bereichen die Frauen unterrepräsentiert sind. ³Hierfür sind alle sechs Jahre folgende Daten jeweils getrennt nach Geschlecht zu erheben und auszuwerten:

1. die Zahl der Beschäftigten, gegliedert nach Voll- und Teilzeittätigkeit, Besoldungs-, Entgeltgruppen, Laufbahnen und Berufsgruppen,
2. die Zahl der Beurlaubten,
3. die Zahl der Beschäftigten in Positionen mit Vorgesetzten- und Leitungsaufgaben,
4. die Zahl der Auszubildenden, gegliedert nach Laufbahnen und Ausbildungsberufen, sowie
5. die Gremienbesetzung nach § 13.

⁴Stichtag ist der 30. Juni des Berichtsjahres.
(2) ¹Der Chancengleichheitsplan hat die Zielvorgabe zu enthalten, mindestens die Hälfte der durch Einstellung zu besetzenden Stellen in Bereichen, in denen Frauen unterrepräsentiert sind, zur Besetzung durch Frauen vorzusehen. ²Sind in Bereichen der Unterrepräsentanz von Frauen voraussichtlich nicht genügend Frauen mit der notwendigen Qualifikation zu gewinnen, können entsprechend weniger Stellen zur Besetzung mit Frauen vorgesehen werden. ³Dies ist im Chancengleichheitsplan darzulegen. ⁴Bei Beförderung und bei Übertragung höherwertiger Tätigkeiten ist der Anteil der Frauen in Be reichen, in denen sie in geringerer Zahl beschäftigt sind als Männer, deutlich zu erhöhen. ⁵Der Vorrang von Eignung, Befähigung und fachlicher Leistung nach Artikel 33 Absatz 2 GG ist zu beachten.
(3) ¹Im Chancengleichheitsplan ist festzulegen, mit welchen personellen, organisatorischen, fortbildenden und qualifizierenden Maßnahmen die Frauenanteile auf allen Ebenen sowie allen Positionen mit Vorgesetzten- und Leitungsaufgaben in unterrepräsentierten Bereichen erhöht werden, bis eine Beseitigung der Unterrepräsentanz erreicht ist. ²Zur Erreichung dessen kann sich die Zielvorgabe an dem Geschlechteranteil der vorangegangenen Entgelt- oder Besoldungsgruppe einer Laufbahn orientieren.

§ 7 Bekanntmachung, Veröffentlichung
(1) Der Chancengleichheitsplan ist innerhalb eines Monats nach Ausfertigung durch die Dienststellenleitung in den vom Geltungsbereich des Chancengleichheitsplans erfassten Dienststellen an geeigneter Stelle zur Einsicht auszulegen, auszuhängen oder in sonstiger geeigneter Weise bekannt zu machen.
(2) ¹Die Chancengleichheitspläne und die Zwischenberichte nach § 8 Absatz 1 sind jeweils im Internet zu veröffentlichen. ²Die Chancengleichheitspläne und Zwischenberichte der Ministerien sind darüber hinaus auf der Webseite der Landesregierung im Internet zu veröffentlichen. ³Da ten, die auf einer Datenbasis von weniger als sechs Personen beruhen, sind nicht zu veröffentlichen.

§ 8 Erfüllung des Chancengleichheitsplans
(1) ¹Nach drei Jahren (Zwischenbericht) und im nächsten Chancengleichheitsplan stellt jede Dienststelle, die den Chancengleichheitsplan erstellt, den Stand der Erfüllung der im Chancengleichheitsplan festgelegten Zielvorgaben fest. ²Die jeweils zuständige Beauftragte für Chancengleichheit ist frühzeitig zu beteiligen. ³Werden die Zielvorgaben nicht erreicht, ist darzulegen, weshalb von den Zielvorgaben des Chancengleichheitsplans abgewichen wird und welche Gegenmaßnahmen ergriffen werden. ⁴Hierfür sind folgende Daten jeweils getrennt nach Geschlecht zu erheben und auszuwerten:
1. die Zahl der Beschäftigten, gegliedert nach Voll- und Teilzeittätigkeit, Besoldungs-, Entgeltgruppen, Laufbahnen und Berufsgruppen,
2. die Zahl der Stellenausschreibungen, Bewerbungen, Einstellungen, Beförderungen und Höhergruppierungen,
3. die Anzahl der Teilnehmerinnen und Teilnehmer an Fortbildungen in Bereichen, in denen Frauen unterrepräsentiert sind, und
4. die Gremienbesetzung nach § 13.

⁵Stichtag ist der 30. Juni des Berichtsjahres.
(2) ¹Der Zwischenbericht ist der Dienstaufsichtsbehörde, die ihre Beauftragte für Chancengleichheit informiert, vorzulegen. ²Bei den der alleinigen Aufsicht des Landes unterstehenden Körperschaften, Anstalten und Stiftungen des öffentlichen Rechts berichtet die Dienststelle der Rechtsaufsichtsbehörde, die ihre Beauftragte für Chancengleichheit informiert.

(3) ¹Auf die Erfüllung des Chancengleichheitsplans achtet die nach Absatz 2 aufsichtführende Behörde, die ihre Beauftragte für Chancengleichheit beteiligt. ²Soweit Verstöße festgestellt werden und sie nicht im Rahmen der im Gesetz gegebenen Möglichkeiten behoben werden können, sind die Gründe hierfür bei der Aufstellung des nächsten Chancengleichheitsplans darzulegen.
(4) Bei erheblichen Abweichungen von den Zielvorgaben des Chancengleichheitsplans kann sich die Dienstaufsichtsbehörde unter frühzeitiger Beteiligung ihrer Beauftragten für Chancengleichheit in begründeten Fällen die Zustimmung bei jeder weiteren Einstellung oder Beförderung vorbehalten.

§ 9 Ausschreibung von Stellen

(1) ¹In Bereichen, in denen Frauen unterrepräsentiert sind, sind alle Stellen grundsätzlich in der Dienststelle sowie öffentlich auszuschreiben. ²Ausschreibungen müssen geschlechtsneutral erfolgen, es sei denn, ein bestimmtes Geschlecht ist unverzichtbare Voraussetzung für die Tätigkeit. ³Die Ausschreibung ist so abzufassen, dass Frauen ausdrücklich zur Bewerbung aufgefordert werden.
(2) ¹Soweit zwingende dienstliche Belange nicht entgegenstehen, ist in der Ausschreibung darauf hinzuweisen, dass Vollzeitstellen grundsätzlich teilbar sind. ²Dies gilt auch für Stellen mit Vorgesetzten- und Leitungsaufgaben.
(3) ¹Die Beauftragte für Chancengleichheit soll bei allen Ausschreibungen frühzeitig beteiligt werden. ²Bei Ausnahmen von den Grundsätzen nach Absatz 1 Satz 1 und Absatz 2 ist die Beauftragte für Chancengleichheit frühzeitig zu beteiligen.
(4) § 11 Absätze 2 und 3 des Landesbeamtengesetzes gilt entsprechend.

§ 10 Bewerbungs- und Personalauswahlgespräche

(1) Soweit möglich sind in Bereichen, in denen Frauen unterrepräsentiert sind, mindestens ebenso viele Frauen wie Männer oder alle Bewerberinnen zum Bewerbungsgespräch zu laden, soweit sie das in der Ausschreibung vorgegebene Anforderungs- und Qualifikationsprofil aufweisen.
(2) Insbesondere Fragen nach dem Familienstand, nach einer bestehenden oder geplanten Schwangerschaft oder geplanten Elternzeit sowie danach, wie bestehende oder geplante Familien- oder Pflegeaufgaben neben dem Beruf gewährleistet werden können, sind unzulässig.
(3) Bei der Stellenbesetzung kann die Beauftragte für Chancengleichheit an den Bewerbungs- und Personalauswahlgesprächen teilnehmen.

§ 11 Einstellung, beruflicher Aufstieg und Vergabe von Ausbildungsplätzen

(1) In Bereichen, in denen Frauen unterrepräsentiert sind, hat die Dienststelle unter Wahrung des Vorrangs von Eignung, Befähigung und fachlicher Leistung nach Artikel 33 Absatz 2 GG sowie nach Maßgabe der Zielvorgaben des Chancengleichheitsplans und entsprechender Personalplanung Frauen bei der Besetzung von Stellen, insbesondere mit Vorgesetzten- und Leitungsaufgaben, sowie von Stellen für die Berufsausbildung und bei der Beförderung vorrangig zu berücksichtigen, soweit nicht in der Person des Mitbewerbers liegende Gründe überwiegen.
(2) Bei der Beurteilung der Eignung sind die in den Familien- und Pflegeaufgaben und in ehrenamtlicher Tätigkeit erworbenen überfachlichen Kompetenzen einzubeziehen, soweit sie für die vorgesehene Tätigkeit von Bedeutung sind und in das Bewerbungsverfahren eingebracht werden.

(3) ¹Bei gleicher Eignung, Befähigung und fachlicher Leistung können Frauenförderung und Behinderteneigenschaft als zusätzliche Hilfskriterien berücksichtigt werden. ²Bei Vorliegen gleicher Eignung, Befähigung und fachlicher Leistung von Frauen und Männern dürfen geringere aktive Dienst- oder Beschäftigungszeiten, Inanspruchnahme von Elternzeit, Familienpflegezeit, Pflegezeit, Telearbeit und flexiblen Arbeitszeitmodellen sowie Reduzierungen der Arbeitszeit, Beurlaubungen oder Verzögerungen beim Abschluss einzelner Ausbildungsgänge auf Grund der Betreuung von Kindern oder pflegebedürftigen Personen nicht berücksichtigt werden. ³Ferner sind Familienstand oder Einkommen der Partnerin oder des Partners nicht zu berücksichtigen.
(4) ¹Die Dienststelle hat die Beauftragte für Chancengleichheit an der Entscheidung über jede Einstellung und Beförderung frühzeitig zu beteiligen. ²Ihr sind die entscheidungsrelevanten Daten mitzuteilen und die erforderlichen Bewerbungsunterlagen frühzeitig zur Einsicht vorzulegen. ³Hiervon erfasst sind auch die Bewerbungsunterlagen männlicher Mitbewerber, die die vorgesehenen Voraussetzungen für die Besetzung der Personalstelle oder des zu vergebenden Amtes erfüllen. ⁴Andere Personalaktendaten darf die Beauftragte für Chancengleichheit nur mit Zustimmung der Betroffenen einsehen.

§ 12 Fort- und Weiterbildung

(1) ¹Die berufliche Fort- und Weiterbildung weiblicher Beschäftigter wird gefördert. ²Insbesondere sollen dazu Fort- und Weiterbildungsmaßnahmen angeboten werden, die eine Weiterqualifikation ermöglichen oder auf die Übernahme von Tätigkeiten in Bereichen der Unterrepräsentanz von Frauen vorbereiten. ³Bei der Planung und Gestaltung der Fort- und Weiterbildungsmaßnahmen ist der Beauftragten für Chancengleichheit Gelegenheit zur Beteiligung zu geben.
(2) Bei innerbehördlichen Dienstbesprechungen und bei geeigneten Veranstaltungen der beruflichen Fort- und Weiterbildung, insbesondere auch bei Fort- und Weiterbildungsmaßnahmen für Führungskräfte, sind Themen zur Chancengleichheit von Frauen und Männern vorzusehen.
(3) ¹Bei allen beruflichen Fort- und Weiterbildungsmaßnahmen sollen Frauen entsprechend ihrem Anteil an der Zielgruppe der Fort- und Weiterbildungsmaßnahme berücksichtigt werden. ²Frauen sollen verstärkt als Leiterinnen und Referentinnen für Fort- und Weiterbildungsveranstaltungen eingesetzt werden. ³Die Beauftragte für Chancengleichheit ist bei der Auswahl der Teilnehmerinnen und Teilnehmer an Fort- und Weiterbildungsmaßnahmen, die eine Weiterqualifikation ermöglichen oder auf die Übernahme von Tätigkeiten in Bereichen der Unterrepräsentanz von Frauen vorbereiten, zu beteiligen.
(4) ¹Bei der Ausgestaltung und Durchführung von beruflichen Fort- und Weiterbildungsveranstaltungen soll auch darauf geachtet werden, dass den Beschäftigten mit zu betreuenden Kindern oder pflegebedürftigen nahen angehörigen Personen eine Teilnahme möglich ist. ²Möglichkeiten der Betreuung sollen im Bedarfsfall angeboten werden.

§ 13 Gremien

(1) ¹In Gremien, für die dem Land ein Berufungs-, Entsende- oder Vorschlagsrecht zusteht, müssen ab 1. Januar 2017 mindestens 40 Prozent der durch das Land zu bestimmenden Mitglieder Frauen sein, soweit nicht eine Ausnahme aus besonderen Gründen nach Absatz 5 vorliegt. ²Der Mindestanteil ist bei erforderlich werdenden Berufungen, Entsendungen oder Vorschlägen zur Besetzung einzelner oder mehrerer Sitze zu beachten und im Wege einer sukzessiven Steigerung zu erreichen. ³Bestehende Mandate können bis zu ihrem vorgesehenen Ende wahrgenommen werden. ⁴Stehen dem Land insgesamt höchstens zwei Gremiensitze zu, sind die Sätze 1 bis 3 nicht anzuwenden.

(2) Wird ein Gremium gebildet oder wiederbesetzt von einer Stelle, die nicht zur unmittelbaren Landesverwaltung gehört, ist auf eine Besetzung des Gremiums mit mindestens 40 Prozent Frauen hinzuwirken.
(3) [1]Es ist das Ziel, ab dem 1. Januar 2019 die in Absatz 1 genannten Anteile auf 50 Prozent zu erhöhen. [2]Steht dem Land insgesamt eine ungerade Anzahl an Gremiensitzen zu, darf das Ungleichgewicht zwischen Frauen und Männern nur einen Sitz betragen.
(4) Gremien im Sinne von Absatz 1 sind solche, die auf gesetzlicher Grundlage beruhen, insbesondere Beiräte, Kommissionen, Verwaltungs- und Aufsichtsräte sowie sonstige Kollegialorgane und vergleichbare Mitwirkungsgremien, unabhängig von ihrer Bezeichnung.
(5) [1]Ausnahmen sind nur aus besonderen Gründen zulässig, die aktenkundig zu machen sind. [2]Besondere Gründe sind insbesondere dann gegeben, wenn die Ausübung des Mandats in einem Gremium an einen bestimmten Dienstposten geknüpft ist, der einen fachlichen Bezug zum auszuübenden Mandat hat.
(6) Bei der Gremienbesetzung ist die Beauftragte für Chancengleichheit in den einzelnen Dienststellen frühzeitig zu beteiligen.
(7) Absatz 1 gilt nicht, soweit die Mitgliedschaft in Gremien durch eine auf einer Rechtsnorm oder Satzung beruhenden Wahl begründet wird.

§ 14 Beseitigen der Unterrepräsentanz

(1) Soweit das Gesetzesziel der weitgehenden Beseitigung der Unterrepräsentanz in allen Entgelt- oder Besoldungsgruppen einer Laufbahn und in den Funktionen mit Vorgesetzten- und Leitungsaufgaben einschließlich der Stellen und Planstellen Vorsitzender Richterinnen und Vorsitzender Richter erreicht ist, ist die jeweilige Dienststelle von folgenden Vorschriften entbunden:
1. Erstellung eines Chancengleichheitsplans nach § 5,
2. Erstellung eines Zwischenberichts nach § 8 und
3. Aufforderung zur Bewerbung von Frauen nach § 9 Absatz 1 Satz 3.
(2) [1]Die Dienststelle hat unter frühzeitiger Beteiligung ihrer Beauftragten für Chancengleichheit im Abstand von zwei Jahren zu prüfen, ob das Gesetzesziel nach Absatz 1 weiterhin gewahrt ist und sie von den Vorschriften des Absatzes 1 entbunden bleibt. [2]Die Beauftragte für Chancengleichheit kann die Entscheidung der Dienststelle nach § 21 beanstanden.

Abschnitt 3: Beauftragte für Chancengleichheit, Stellvertreterin

§ 15 Bestellung

(1) [1]In jeder Dienststelle mit 50 und mehr Beschäftigten und in jeder personalverwaltenden Dienststelle, deren Personalverwaltungsbefugnis 50 und mehr Beschäftigte umfasst, ist eine Beauftragte für Chancengleichheit und ihre Stellvertreterin nach vorheriger Wahl zu bestellen. [2]Bei den Hochschulen gelten die Angehörigen des wissenschaftlichen und künstlerischen Personals nach § 44 LHG nicht als Beschäftigte im Sinne dieser Bestimmung. [3]Die regelmäßige Amtszeit beträgt fünf Jahre. [4]In allen anderen Dienststellen ist eine Ansprechpartnerin für die weiblichen Beschäftigten und die zuständige Beauftragte für Chancengleichheit zu bestellen. [5]Eine Ansprechpartnerin kann auch für einen Teil der Dienststelle bestellt werden, der räumlich von dem Hauptsitz der Dienststelle entfernt seinen Sitz hat.
(2) Zuständig für eine Dienststelle nach Absatz 1 Satz 4 ist die Beauftragte für Chancengleichheit der nächsthöheren Dienststelle.
(3) In jedem Staatlichen Schulamt ist für den Bereich der Lehrkräfte an Grund-, Werkreal-, Haupt-, Real-, Gemeinschaftsschulen und Sonderpädagogischen Bildungs- und Beratungs-

zentren aus deren Kreis nach vorheriger Ausschreibung eine Beauftragte für Chancengleichheit zu bestellen.
(4) ¹In jedem Regierungspräsidium ist zusätzlich zur Beauftragten für Chancengleichheit eine fachliche Beraterin aus dem Bereich Schule zu bestellen. ²Absatz 1 Satz 3 gilt entsprechend. ³Die fachliche Beraterin nimmt in Abstimmung mit der Beauftragten für Chancengleichheit deren Aufgaben und Rechte wahr, soweit Maßnahmen der Dienststelle ausschließlich die Schulen betreffen.

§ 16 Verfahren zur Bestellung
(1) Wahlberechtigt sind alle weiblichen Beschäftigten der Dienststelle, es sei denn, dass sie am Wahltag seit mehr als zwölf Monaten ohne Dienstbezüge oder Arbeitsentgelt beurlaubt sind.
(2) ¹Wählbar für das Amt der Beauftragten für Chancengleichheit und der Stellvertreterin sind die weiblichen Beschäftigten der Dienststelle. ²Wer zu einer anderen Dienststelle abgeordnet ist, ist für das Amt der Beauftragten für Chancengleichheit und der Stellvertreterin nicht wählbar. ³Satz 2 gilt nicht bei Abordnungen zur Teilnahme an Lehrgängen.
(3) ¹Die Beauftragte für Chancengleichheit und ihre Stellvertreterin werden in einem Wahlverfahren in getrennten Wahlgängen nach den Grundsätzen der Mehrheitswahl gewählt. ²Die Wahl hat den Grundsätzen der allgemeinen, unmittelbaren, freien, gleichen und geheimen Wahl zu entsprechen. ³Das Verfahren für die Durchführung der Wahl wird durch Rechtsverordnung der Landesregierung geregelt.
(4) ¹Findet sich nur eine zur Ausübung des Amtes bereite Beschäftigte, kann die Dienststelle von der weiteren Durchführung des Wahlverfahrens absehen und diese zur Beauftragten für Chancengleichheit bestellen. ²Findet sich aus dem Kreis der weiblichen Beschäftigten keine zur Ausübung des Amtes bereite Person, kann die Dienststelle auch einen zur Ausübung bereiten männlichen Beschäftigten zum Beauftragten für Chancengleichheit bestellen. ³Andernfalls hat die Dienststelle das Wahlverfahren nach sechs Monaten zu wiederholen. ⁴Gleiches gilt für die Stellvertretung.
(5) ¹Die Wahl der Beauftragten für Chancengleichheit und ihrer Stellvertreterin kann beim Verwaltungsgericht angefochten werden, wenn gegen wesentliche Vorschriften über das Wahlrecht, die Wählbarkeit oder das Wahlverfahren verstoßen worden und eine Berichtigung nicht erfolgt ist, es sei denn, dass durch den Verstoß das Wahlergebnis nicht geändert oder beeinflusst werden konnte. ²Zur Anfechtung berechtigt sind mindestens drei Wahlberechtigte, alle Bewerberinnen oder die Dienststellenleitung. ³Die Anfechtung ist nur binnen einer Frist von zwei Wochen, von dem Tag der Bekanntgabe des Wahlergebnisses an gerechnet, zulässig.

§ 17 Erlöschen der Bestellung, Widerruf, Neubestellung
(1) Die Bestellung zur Beauftragten für Chancengleichheit erlischt mit Ablauf der Amtszeit, der Niederlegung des Amtes, ihrem Ausscheiden aus der Dienststelle oder ihrer nicht nur vorübergehenden Verhinderung von mehr als sechs Monaten.
(2) Die Dienststellenleitung darf die Bestellung zur Beauftragten für Chancengleichheit nur auf deren Verlangen oder wegen grober Verletzung ihrer gesetzlichen Verpflichtungen widerrufen.
(3) ¹Ist die Bestellung erloschen oder widerrufen worden, ist die Stellvertreterin mit ihrem Einverständnis bis zum Ende der laufenden Amtszeit zur Beauftragten für Chancengleichheit zu bestellen. ²Anderenfalls hat die Dienststellenleitung aus der Liste der für das Amt der Beauftragten für Chancengleichheit nicht gewählten Beschäftigten die Person mit der nächsthöheren Stimmenzahl bis zum Ende der laufenden Amtszeit zur Beauftragten für Chancen-

gleichheit zu bestellen. ³Ist eine solche nicht vorhanden, hat die Dienststelle aus dem Kreis der weiblichen Beschäftigten die Beauftragte für Chancengleichheit bis zum Ende der laufenden Amtszeit zu bestellen. ⁴§ 16 Absatz 4 Satz 2 findet entsprechende Anwendung. ⁵Die Bestellung ist nur mit Einverständnis der zu bestellenden Beschäftigten vorzunehmen.
(4) ¹Die Absätze 1 und 2 gelten für die Stellvertreterin entsprechend. ²Ist die Bestellung zur Stellvertreterin erloschen oder widerrufen worden, findet Absatz 3 Sätze 2 bis 5 entsprechende Anwendung. ³Gleiches gilt bei Nachrücken der Stellvertreterin in das Amt der Beauftragten für Chancengleichheit nach Absatz 3 Satz 1.

§ 18 Rechtsstellung

(1) ¹Die Beauftragte für Chancengleichheit ist der Dienststellenleitung unmittelbar zugeordnet und hat ein unmittelbares Vortragsrecht. ²Sie ist in der Ausübung ihrer Tätigkeit nicht an Weisungen gebunden.
(2) ¹Die Beauftragte für Chancengleichheit ist mit den zur Erfüllung ihrer Aufgaben notwendigen räumlichen, personellen und sachlichen Mitteln auszustatten. ²Ihr und ihrer Stellvertreterin ist die Teilnahme an spezifischen Fortbildungsveranstaltungen zu ermöglichen, soweit diese für ihre Tätigkeit erforderlich sind.
(3) ¹Die Dienststellenleitung hat die Beauftragte für Chancengleichheit im erforderlichen Umfang von ihren anderweitigen dienstlichen Verpflichtungen zu entlasten. ²Unter Berücksichtigung der Struktur der jeweiligen Dienststelle und sofern keine anderweitige Vereinbarung zwischen Dienststelle und Beauftragter für Chancengleichheit getroffen wird, beträgt die Entlastung in der Regel in personalverwaltenden Dienststellen mit mehr als 300 Beschäftigten mindestens 50 Prozent der vollen regelmäßigen Arbeitszeit. ³Bei einer Beschäftigtenzahl von mehr als 600 Beschäftigten wird die Beauftragte für Chancengleichheit in der Regel im Umfang der Regelarbeitszeit einer Vollzeitkraft entlastet. ⁴§ 15 Absatz 1 Satz 2 gilt entsprechend. ⁵Soweit die Beauftragte für Chancengleichheit eine Teilzeitbeschäftigung ausübt, wird auf die Möglichkeit der Aufgabendelegation nach § 22 Absatz 2 verwiesen.
(4) ¹Bei Uneinigkeit über den Umfang der Entlastung kann die Dienststelle oder die Beauftragte für Chancengleichheit eine Schlichtungsstelle anrufen. ²Die Schlichtungsstelle besteht aus einer Vertreterin oder einem Vertreter des für Frauenfragen zuständigen Ministeriums als Vorsitzende oder Vorsitzender, einer Vertreterin oder einem Vertreter des betroffenen Fachministeriums und einer dritten Person mit Befähigung zum Richteramt, die der baden-württembergischen Arbeits- oder Verwaltungsgerichtsbarkeit angehört und von dem für Frauenfragen zuständigen Landtagsausschuss zu benennen ist. ³Das Nähere wird durch Rechtsverordnung des für Frauen fragen zuständigen Ministeriums geregelt.
(5) ¹Die Beauftragte für Chancengleichheit darf wegen ihrer Tätigkeit weder allgemein noch in ihrer beruflichen Entwicklung benachteiligt werden. ²Sie darf gegen ihren Willen nur umgesetzt, versetzt oder abgeordnet werden, wenn dies aus dringenden dienstlichen Gründen, auch unter Berücksichtigung ihrer Funktion als Beauftragte für Chancengleichheit, unvermeidbar ist. ³In diesem Fall ist die Zustimmung der vorgesetzten Dienststelle, die ihre Beauftragte für Chancengleichheit beteiligt, notwendig. ⁴§ 15 Absätze 2 und 4 des Kündigungsschutzgesetzes gilt entsprechend.
(6) ¹Die Beauftragte für Chancengleichheit und ihre Stellvertreterin sind verpflichtet, über die persönlichen Verhältnisse von Beschäftigten und andere vertrauliche Angelegenheiten in der Dienststelle auch über die Zeit ihrer Bestellung hinaus Stillschweigen zu bewahren. ²Die Verschwiegenheitspflicht gilt auch für die Ansprechpartnerinnen und für die fachlichen Beraterinnen.

§ 19 Grundsätze für die Zusammenarbeit

(1) Die Dienststellenleitung legt zu Beginn der Amtszeit der Beauftragten für Chancengleichheit im Einvernehmen mit ihr die näheren Einzelheiten der Zusammenarbeit fest.
(2) ¹Die Beauftragte für Chancengleichheit ist in dem für die sachgerechte Wahrnehmung ihrer Aufgaben und Beteiligungsrechte erforderlichen Umfang frühzeitig und umfassend zu unterrichten. ²Ihr sind die hierfür erforderlichen Unterlagen frühzeitig vorzulegen und alle erforderlichen Informationen und Auskünfte zu erteilen.
(3) ¹Die Beauftragte für Chancengleichheit kann an der regelmäßig stattfindenden Besprechung der Dienststellenleitung mit den anderen Führungskräften der Dienststelle teilnehmen. ²Dies gilt nicht, soweit die Dienststelle einen Bezug zu den der Beauftragten für Chancengleichheit nach diesem Gesetz zugewiesenen Aufgaben ausschließt.

§ 20 Sonstige Aufgaben und Rechte

(1) ¹Die Beauftragte für Chancengleichheit achtet auf die Durchführung und Einhaltung dieses Gesetzes und unterstützt die Dienststellenleitung bei dessen Umsetzung. ²Sie ist an sonstigen allgemeinen personellen sowie sozialen und organisatorischen Maßnahmen ihrer Dienststelle, soweit diese Auswirkungen auf die berufliche Situation weiblicher Beschäftigter haben können, frühzeitig zu beteiligen.
(2) ¹Die Beauftragte für Chancengleichheit hat ein Initiativrecht für Maßnahmen zur gezielten beruflichen Förderung von Frauen. ²Sie kann sich innerhalb ihrer Dienststelle zu fachlichen Fragen der Gleichberechtigung von Frauen und Männern, der beruflichen Förderung von Frauen und der Vereinbarkeit von Familie, Pflege und Beruf äußern. ³Sie kann während der Arbeitszeit Sprechstunden durchführen und einmal im Jahr eine Versammlung der weiblichen Beschäftigten der Dienststelle einberufen.
(3) Weibliche Beschäftigte können sich in ihren Angelegenheiten ohne Einhaltung des Dienstwegs an die Beauftragte für Chancengleichheit ihrer Dienststelle wenden.
(4) Den Beauftragten für Chancengleichheit ist Gelegenheit zum Erfahrungsaustausch untereinander zu geben.
(5) Die Rechte der Personalvertretungen und Schwerbehindertenvertretungen bleiben unberührt.

§ 21 Beanstandungsrecht

(1) ¹Hält die Beauftragte für Chancengleichheit eine Maßnahme für unvereinbar mit diesem Gesetz oder mit anderen Vorschriften über die Gleichbehandlung von Frauen und Männern, hat sie das Recht, diese Maßnahme innerhalb einer Woche nach ihrer Unterrichtung schriftlich zu beanstanden. ²Bei unaufschiebbaren Maßnahmen kann die Dienststelle die Frist auf zwei Arbeitstage verkürzen. ³Im Fall der fristgerechten Beanstandung hat die Dienststellenleitung unter Beachtung der Einwände neu zu entscheiden. ⁴Die Ablehnung der Beanstandung ist gegenüber der Beauftragten für Chancengleichheit schriftlich zu begründen.
(2) Die beanstandete Maßnahme soll vor Ablauf der Frist und vor der Entscheidung der Dienststellenleitung nach Absatz 1 Satz 3 nicht vollzogen werden.
(3) ¹Wird die Beauftragte für Chancengleichheit nicht oder nicht rechtzeitig nach Maßgabe dieses Gesetzes beteiligt, soll der Vollzug bis zum Ablauf von einer Woche nach Unterrichtung der Beauftragten für Chancengleichheit ausgesetzt werden. ²Bei unaufschiebbaren Maßnahmen kann die Dienststelle die Frist auf zwei Arbeitstage verkürzen.
(4) Die Beauftragte für Chancengleichheit kann sich unter Einhaltung des Dienstwegs über die jeweils nächsthöhere Behörde an die oberste Dienstbehörde wenden und insbesondere

Beanstandungen, denen auch die nächst höhere Behörde nicht abhilft, binnen einer Woche nach Unterrichtung zur Klärung vorlegen.
(5) Bei Fragen von allgemeiner frauenpolitischer Bedeutung kann sich die Beauftragte für Chancengleichheit an das für Frauenfragen zuständige Ministerium wenden.

§ 22 Aufgaben der Stellvertreterin
(1) Die Stellvertreterin wird grundsätzlich im Vertretungsfall tätig.
(2) [1]Abweichend von Absatz 1 kann die Beauftragte für Chancengleichheit der Stellvertreterin mit deren Einverständnis Aufgaben zur eigenständigen Erledigung übertragen. [2]Eine Änderung oder Aufhebung der Delegationsentscheidung nach Satz 1 kann die Beauftragte für Chancengleichheit jederzeit ohne Zustimmung der Stellvertreterin vornehmen. [3]§ 18 Absatz 1 Satz 2 gilt entsprechend. [4]Eine Aufgabendelegation ist gegenüber der Dienststelle und der Personalvertretung anzuzeigen.
(3) [1]Die Stellvertreterin hat die von der Beauftragten für Chancengleichheit vorgegebenen Leitlinien der Chancengleichheitsarbeit zu beachten. [2]Die Gesamtverantwortung für die Aufgabenerledigung verbleibt bei der Beauftragten für Chancengleichheit.
(4) [1]Wird die Stellvertreterin nach Absatz 1 tätig, ist sie anstelle der Beauftragten für Chancengleichheit mit Beginn der Vertretungstätigkeit in dem Ausmaß ihrer Tätigkeit als Stellvertreterin von anderweitigen Tätigkeiten nach § 18 Absatz 3 zu entlasten. [2]Im Falle des Absatzes 2 Satz 1 wird die Stellvertreterin anstelle der Beauftragten für Chancengleichheit entsprechend der Aufgabendelegation entlastet.

§ 23 Arbeitskreis der Beauftragten für Chancengleichheit der Ministerien und des Rechnungshofs
(1) [1]Die Beauftragten für Chancengleichheit der Ministerien und des Rechnungshofs bilden den Arbeitskreis Chancengleichheit (AKC). [2]Dieser tritt regelmäßig zusammen. [3]Der AKC gibt sich eine Geschäftsordnung.
(2) An den Sitzungen des AKC können nach Maßgabe der Geschäftsordnung teilnehmen:
1. eine Vertreterin oder ein Vertreter des für Frauenfragen zuständigen Ministeriums,
2. die Beauftragten für Chancengleichheit der Regierungspräsidien und
3. weitere Personen.
(3) Der AKC kann grundsätzliche Angelegenheiten, die für die weiblichen Beschäftigten von allgemeiner Bedeutung sind, beraten sowie Vorschläge unterbreiten und Stellungnahmen hierzu abgeben.
(4) Die Möglichkeit, weitere Arbeitskreise zur Koordinierung der Arbeit der Beauftragten für Chancengleichheit einzurichten, bleibt unberührt.
(5) Näheres regelt die Geschäftsordnung.

Abschnitt 4: Regelungen für Gemeinden, Stadt- und Landkreise sowie sonstige Körperschaften und Anstalten

§ 24 Kommunale Gleichstellungspolitik
[1]Die Verwirklichung des Verfassungsgebots der Gleichberechtigung von Frauen und Männern ist auch eine kommunale Aufgabe. [2]Die Gemeinden sowie Stadt- und Landkreise wirken auf die Chancengleichheit und Gleichstellung von Frauen und Männern in allen kommunalen Bereichen, insbesondere in Beruf, öffentlichem Leben, Bildung und Ausbildung, Familie, sowie in den Bereichen der sozialen Sicherheit hin. [3]Sie stellen durch geeignete Maßnahmen sicher, dass Frauen gefördert und gestärkt werden und Chancengleichheit als durchgängiges Leitprinzip in allen kommunalen Aufgabenbereichen berücksichtigt sowie inhaltlich und fachlich begleitet wird.

§ 25 Beauftragte

(1) ¹In jedem Stadt- und Landkreis sowie in Gemeinden mit einer Einwohnerzahl ab 50 000 ist eine hauptamtliche Gleichstellungsbeauftragte zu bestellen, die die Frauenförderung und gesellschaftliche Gleichstellung von Frauen und Männern wahrnimmt. ²Sie ist in der Ausübung ihrer behördeninternen Aufgaben nicht an Weisungen gebunden.
(2) Gemeinden mit einer Einwohnerzahl unter 50 000 benennen jeweils eine Person oder eine Organisationseinheit, die die Aufgaben der Frauenförderung und der Chancengleichheit in der Gemeinde wahrnimmt.

§ 26 Aufgaben und Rechte

(1) ¹Die Beauftragten nach § 25 Absätze 1 und 2 wirken behördenintern auf die Gleichberechtigung von Frauen und Männern in Familie, Beruf und Verwaltung hin. ²Neben diesen behördeninternen Aufgaben obliegt es darüber hinaus den Beauftragten nach § 25 Absatz 1 auch, die gesellschaftliche Position der Frauen zu stärken und zu fördern. ³Die Gemeinden, Stadt- und Landkreise werden von ihrer Beauftragten nach § 25 Absätze 1 und 2 in Fragen der Gleichstellungspolitik beraten. ⁴Die Beauftragten arbeiten mit der Verwaltung zusammen. ⁵Zudem nehmen die Gleichstellungsbeauftragten der Landkreise neben ihren eigenen Aufgaben die Koordination der mit den Gleichstellungsfragen befassten Personen oder Organisationseinheiten bei den kreisangehörigen Gemeinden wahr.
(2) ¹Die Gemeinden, Stadt- und Landkreise beteiligen ihre Beauftragte nach § 25 Absätze 1 und 2 bei allen Vorhaben, soweit die spezifischen Belange von Frauen betroffen sind, frühzeitig. ²Über die jeweilige Stellungnahme informiert die Bürgermeisterin oder der Bürgermeister den Gemeinderat sowie die Landrätin oder der Landrat den Kreistag.
(3) Den Beauftragten nach § 25 Absätze 1 und 2 stehen zur Wahrnehmung der behördeninternen Frauenförderung insbesondere folgende Rechte zu:
1. In Angelegenheiten der behördeninternen Frauenförderung haben sie ein unmittelbares Vortragsrecht bei der Behördenleitung,
2. bei Stellenbesetzungen können sie an Vorstellungs- und Auswahlgesprächen teilnehmen,
3. bei der Planung und Gestaltung von Fort- und Weiterbildungsmaßnahmen ist ihnen Gelegenheit zur Beteiligung zu geben und
4. sie besitzen ein Initiativrecht für Maßnahmen zur gezielten beruflichen Förderung von Frauen.

§ 27 Chancengleichheitspläne

(1) Die Gemeinden mit mehr als 8.000 Einwohnerinnen und Einwohnern sowie Stadt- und Landkreise sollen Chancengleichheitspläne erstellen.
(2) Der Kommunalverband für Jugend und Soziales Baden-Württemberg soll einen Chancengleichheitsplan erstellen.
(3) Für die Zweckverbände, den Kommunalen Versorgungsverband Baden-Württemberg, die Gemeindeprüfungsanstalt Baden-Württemberg, die Komm.ONE, die Nachbarschaftsverbände, die Regionalverbände und den Verband Region Stuttgart gilt, soweit sie 50 und mehr Personen beschäftigen, Absatz 1 entsprechend.
(4) Die vorstehend bezeichneten Stellen regeln in eigener Verantwortung die Erstellung der Chancengleichheitspläne und das Verfahren.

Abschnitt 5: Vereinbarkeit von Familie, Pflege und Beruf für Frauen und Männer

§ 28 Verpflichtete

^{1}Die Dienststelle ist verpflichtet, die Vereinbarkeit von Familie, Pflege und Beruf für Frauen und Männer zu fördern und geeignete Maßnahmen zur Verbesserung der Rahmenbedingungen vorzunehmen. ^{2}Die Personalvertretung hat im Rahmen ihrer allgemeinen Aufgaben nach § 70 des Landespersonalvertretungsgesetzes auf die bessere Vereinbarkeit von Familie, Pflege und Beruf hinzuwirken.

§ 29 Familien- und pflegegerechte Arbeitszeit

^{1}Die Dienststellen können auf Antrag über die gleitende Arbeitszeit hinaus eine familien- oder pflegegerechte Gestaltung der täglichen und wöchentlichen Arbeitszeit einräumen, wenn dies nachweislich zur Betreuung von mindestens einem Kind unter 18 Jahren oder einer nach § 14 Absatz 1 SGB XI pflegebedürftigen nahen angehörigen Person nach § 7 Absatz 3 PflegeZG erforderlich ist und dienstliche Belange nicht entgegenstehen. ^{2}Ist beabsichtigt, dem Antrag einer oder eines Beschäftigten nicht zu entsprechen, ist die Beauftragte für Chancengleichheit zu beteiligen. ^{3}Die Ablehnung des Antrags ist von der Dienststelle schriftlich zu begründen.

§ 30 Teilzeitbeschäftigung, Telearbeit und Beurlaubung zur Wahrnehmung von Familien- oder Pflegeaufgaben

(1) ^{1}Die Dienststelle hat unter Einbeziehung der Beauftragten für Chancengleichheit für die Beschäftigten in allen Bereichen, auch bei Stellen mit Vorgesetzten- und Leitungsaufgaben, ein ausreichendes Angebot an Teilzeitarbeitsplätzen zu schaffen, soweit zwingende dienstliche Belange nicht entgegenstehen. ^{2}Die Wahrnehmung von Vorgesetzten- und Leitungsaufgaben steht der Reduzierung der Arbeitszeit grundsätzlich nicht entgegen.
(2) ^{1}Im Rahmen der dienstlichen Möglichkeiten sollen die Dienststellen den Beschäftigten auch Telearbeitsplätze anbieten. ^{2}Diese sollen bevorzugt durch Beschäftigte mit Familien- oder Pflegeaufgaben besetzt werden.
(3) ^{1}Teilzeitbeschäftigung, Telearbeit und Beurlaubung zur Wahrnehmung von Familien- oder Pflegeaufgaben dürfen sich nicht nachteilig auf den beruflichen Werdegang, insbesondere auf die dienstliche Beurteilung, auswirken. ^{2}Teilzeitbeschäftigten sind die gleichen beruflichen Aufstiegsmöglichkeiten und Fortbildungschancen einzuräumen wie Vollzeitbeschäftigten. ^{3}Entsprechendes gilt für Beschäftigte an Telearbeitsplätzen. ^{4}Teilzeit, Telearbeit und Beurlaubung zur Wahrnehmung von Familien- oder Pflegearbeiten dürfen nicht dazu führen, dass den Beschäftigten geringerwertige Aufgaben übertragen werden.
(4) Die Dienststellen sind verpflichtet, Beschäftigte, die einen Antrag auf Teilzeitbeschäftigung oder Beurlaubung zur Wahrnehmung von Familien- oder Pflegeaufgaben stellen, ausdrücklich auf die allgemeinen beamten- und versorgungsrechtlichen, sozialversicherungs-, arbeits- und tarifrechtlichen Folgen hinzuweisen.
(5) ^{1}Beabsichtigt die Dienststelle, dem Antrag einer oder eines Beschäftigten mit Familien- oder Pflegeaufgaben auf Teilzeitbeschäftigung, Teilnahme an der Telearbeit oder Beurlaubung nicht zu entsprechen, ist die Beauftragte für Chancengleichheit zu beteiligen. ^{2}Die Ablehnung des Antrags ist von der Dienststelle schriftlich zu begründen.

§ 31 Wechsel zur Vollzeitbeschäftigung, beruflicher Wiedereinstieg

(1) Bei Vorliegen der gleichen Eignung, Befähigung und fachlicher Leistung müssen im Rahmen der Besetzung von Vollzeitstellen vorrangig berücksichtigt werden:
1. Teilzeitbeschäftigte mit Familien- oder Pflegeaufgaben, die eine Vollzeitbeschäftigung oder eine Erhöhung ihrer wöchentlichen Arbeitszeit beantragen, sowie
2. beurlaubte Beschäftigte, die während der Beurlaubung Familien- oder Pflegeaufgaben wahrgenommen haben und eine vorzeitige Rückkehr aus der Beurlaubung beantragen.

(2) Die Dienststelle hat insbesondere den aus familien- oder pflegebedingten Gründen Beurlaubten durch geeignete Maßnahmen die Verbindung zum Beruf und den beruflichen Wiedereinstieg zu erleichtern.

(3) Beurlaubten soll in geeigneten Fällen Gelegenheit gegeben werden, Urlaubs- oder Krankheitsvertretungen wahrzunehmen.

(4) ^{1}Beurlaubte sind auf Verlangen über Fortbildungsmaßnahmen zu unterrichten. ^{2}Eine Teilnahme an Fortbildungsveranstaltungen soll ihnen im Rahmen der zur Verfügung stehenden Plätze und der allgemeinen Grundsätze über die Auswahl der dafür in Frage kommenden Beschäftigten ermöglicht werden. ^{3}Ihnen sind auf Verlangen Fortbildungsmaßnahmen anzubieten, die den beruflichen Wiedereinstieg erleichtern. ^{4}§ 12 Absatz 1 Satz 3 und Absatz 4 findet entsprechende Anwendung.

(5) Mit den Beurlaubten sind auf Antrag Beratungsgespräche zu führen, in denen sie über Einsatzmöglichkeiten während und nach der Beurlaubung informiert werden.

Abschnitt 6: Übergangs- und Schlussvorschriften

§ 32 Übergangsvorschrift

(1) Gleichstellungsbeauftragte nach § 25 Absatz 1 sind, soweit nicht bereits bestellt, innerhalb eines Jahres nach Inkrafttreten dieses Gesetzes, aber vor Erstellung eines Chancengleichheitsplans, zu bestellen.

(2) In den Gemeinden unter 50 000 Einwohnerinnen und Einwohnern sind Personen oder Organisationseinheiten nach § 25 Absatz 2, soweit nicht bereits benannt, innerhalb eines Jahres nach Inkrafttreten dieses Gesetzes, aber vor Erstellung eines Chancengleichheitsplans, zu benennen.

(3) ^{1}Vor Inkrafttreten dieses Gesetzes bestellte hauptamtliche Gleichstellungsbeauftragte bleiben mit deren Zustimmung bis zum Ablauf ihrer derzeitigen Bestellung im Amt. ^{2}Sie führen ihr Amt mit den Rechten und Pflichten einer Gleichstellungsbeauftragten nach diesem Gesetz fort.

§ 33 Evaluation

Die Neuregelungen dieses Gesetzes sind drei Jahre nach dem Inkrafttreten zu evaluieren.

3. Bayerisches Gesetz zur Gleichstellung von Frauen und Männern (Gleichstellungsgesetz Bayern – BayGlG)

vom 24. Mai 1996 (GVBl. 1996, S. 186)
– zuletzt geändert durch Gesetz zur Änderung des Bayerischen Gleichstellungsgesetzes vom 23. Mai 2006

Erster Teil: Allgemeine Vorschriften
Art. 1 Geltungsbereich
(1) ¹Dieses Gesetz gilt, soweit gesetzlich nichts anderes bestimmt ist, für die Behörden, Gerichte und sonstigen öffentlichen Stellen des Freistaates Bayern, die Gemeinden, Gemeindeverbände und die sonstigen der Aufsicht des Freistaates Bayern unterstehenden juristischen Personen des öffentlichen Rechts. ²Es ist darauf hinzuwirken, daß Vereinigungen, Einrichtungen und Unternehmen, deren Anteile sich unmittelbar oder mittelbar ganz oder überwiegend in öffentlicher Hand befinden, die Ziele dieses Gesetzes berücksichtigen.
(2) Dieses Gesetz findet keine Anwendung auf die Religionsgemeinschaften sowie ihre erzieherischen und karitativen Einrichtungen ohne Rücksicht auf ihre Rechtsform.
(3) Die Vorschriften dieses Gesetzes sind nicht anzuwenden, wenn die Gleichstellung in besonderen Rechtsvorschriften geregelt ist.

Art. 2 Ziele des Gesetzes
(1) ¹Die Verwirklichung der Gleichstellung von Frauen und Männern im öffentlichen Dienst in Bayern wird nach Maßgabe dieses Gesetzes unter Wahrung des Vorrangs von Eignung, Befähigung und fachlicher Leistung (Art. 94 Abs. 2 der Verfassung) gefördert. ²Ziel der Förderung ist insbesondere
– die Erhöhung der Anteile der Frauen in Bereichen, in denen sie in erheblich geringerer Zahl beschäftigt sind als Männer, um eine ausgewogene Beteiligung von Frauen zu erreichen,
– die Chancengleichheit von Frauen und Männern zu sichern,
– auf eine bessere Vereinbarkeit von Familie und Erwerbstätigkeit für Frauen und Männer hinzuwirken.
(2) Weiteres Ziel ist es, auf die gleichberechtigte Teilhabe von Frauen und Männern in Gremien hinzuwirken.
(3) Ziel ist ferner, dass alle Beschäftigten, besonders in Vorgesetzten- und Leitungsfunktionen,
– die tatsächliche Durchsetzung der Gleichberechtigung von Frauen und Männern fördern,
– auf die Beseitigung bestehender Nachteile hinwirken,
– die Chancengleichheit in allen Aufgabenbereichen als durchgängiges Leitprinzip berücksichtigen.
(4) Der Rahmen der verfügbaren Haushaltsmittel ist zu beachten.

Art. 3 Begriffsbestimmungen
(1) Beschäftigte im Sinn dieses Gesetzes sind alle Bediensteten unabhängig davon, ob der Beschäftigung ein Beamten-, Richter-, Arbeits- oder Ausbildungsverhältnis zugrunde liegt, es sei denn, das Beschäftigungsverhältnis beruht auf einer Wahl.
(2) ¹Dienststellen im Sinn dieses Gesetzes sind die Dienststellen im Sinn des Art. 6 Abs. 1 des Bayerischen Personalvertretungsgesetzes (BayPVG); Art. 6 Abs. 2, 4, 5 Satz 1 und Abs. 6 BayPVG gelten entsprechend. ²Soweit Dienststellen für andere Dienststellen Befugnisse zur Vornahme von Einstellungen, Ernennungen, Beförderungen oder Übertragungen höher zu

bewertender Tätigkeiten ausüben, haben sie insoweit die Aufgaben der ihr unterstellten Dienststellen nach diesem Gesetz wahrzunehmen; die Aufgaben der Ansprechpartnerinnen und Ansprechpartner bleiben hiervon unberührt.
(3) ¹Gremien im Sinn dieses Gesetzes sind Vorstände, Beiräte, Kommissionen, Ausschüsse, Verwaltungs- und Aufsichtsräte sowie vergleichbare Organe. ²Dies gilt nicht für die Mitglieder der Staatsregierung, für den Landtag, für die Gerichtsbarkeit und für die Mitgliedschaft in Gremien, soweit hierfür durch Rechtsnormen oder Vereinssatzungen ein Wahlverfahren vorgeschrieben ist.

Zweiter Teil: Gleichstellungsförderung

Abschnitt I Gleichstellungskonzept

Art. 4 Aufstellung von Gleichstellungskonzepten
(1) ¹Die Dienststellen erstellen alle fünf Jahre nach Maßgabe ihrer dienst- oder arbeitsrechtlichen Zuständigkeit unter frühzeitiger Mitwirkung der Gleichstellungsbeauftragten, soweit solche nicht bestellt sind, der Ansprechpartnerinnen und Ansprechpartner, ein Gleichstellungskonzept. ²Die Dienststelle kann von der Erstellung von Gleichstellungskonzepten absehen, soweit nur geringfügige Befugnisse zur Vornahme von Einstellungen, Ernennungen, Beförderungen oder Übertragungen höher zu bewertender Tätigkeiten bestehen oder weniger als regelmäßig 100 Beschäftigte betroffen sind; dies gilt nicht für oberste Landesbehörden. ³Dienststellen, die nach Art. 3 Abs. 2 Satz 2 die Aufgaben anderer Dienststellen wahrnehmen, erstellen für den gesamten Bereich, für den sie zuständig sind, ein Gleichstellungskonzept. ⁴Ändern sich wesentliche Voraussetzungen des Gleichstellungskonzepts, so ist dieses an die Entwicklung anzupassen.
(2) ¹Die Dienststellen erstellen nach der halben Laufzeit der Gleichstellungskonzepte eine tabellarische Datenübersicht über die Anteile von Frauen und Männern bei Voll- und Teilzeittätigkeit, Einstellung, Beförderung sowie Höhergruppierung. ²Abs. 1 Sätze 2 und 3 gelten entsprechend.
(3) Kreisangehörige Gemeinden können im Rahmen ihrer Leistungsfähigkeit ein Gleichstellungskonzept erstellen.

Art. 5 Inhalt des Gleichstellungskonzepts
(1) ¹Grundlage des Gleichstellungskonzepts ist eine Beschreibung der Situation der weiblichen Beschäftigten im Vergleich zu den männlichen Beschäftigten. ²Hierfür sind jeweils zum Stichtag 30. Juni des Berichtsjahres die bisherigen Gleichstellungsmaßnahmen und gleichstellungsrelevante Daten auszuwerten.
(2) Die vorhandenen Unterschiede im Vergleich der Anteile von Frauen und Männern, insbesondere bei Voll- und Teilzeittätigkeit, Beurlaubung, Einstellung, Bewerbung, Fortbildung, Beförderung, Höhergruppierung und Leistungsbesoldung, sind darzustellen und zu erläutern.
(3) Zur Erhöhung des Frauenanteils in Bereichen, in denen sie in erheblich geringerer Zahl beschäftigt sind als Männer, sind Maßnahmen zur Durchsetzung personeller und organisatorischer Verbesserungen anhand von auch zeitbezogenen Zielvorgaben zu entwickeln.
(4) Darüber hinaus sind Initiativen zur Sicherung der Chancengleichheit von Frauen und Männern und der Vereinbarkeit von Familie und Erwerbstätigkeit, insbesondere strukturelle Maßnahmen zu entwickeln und darzustellen.
(5) Die kostenmäßigen Auswirkungen sind darzustellen.

(6) Die Gemeinden und Gemeindeverbände können, unbeschadet von Art. 4 Abs. 2, durch Satzung den Inhalt des Gleichstellungskonzepts zur Erreichung der Ziele des Gesetzes nach Art. 2 abweichend von den Absätzen 1 bis 5 regeln.

Art. 6 Bekanntgabe des Gleichstellungskonzepts und Begründungspflichten
(1) Das Gleichstellungskonzept sowie die Aktualisierungen sind in den betroffenen Dienststellen in geeigneter Form bekanntzugeben.
(2) Wenn das Gleichstellungskonzept nicht umgesetzt worden ist, sind die Gründe hierfür sowohl im Rahmen einer Aktualisierung als auch bei der Aufstellung des nächsten Gleichstellungskonzepts darzulegen und entsprechend Absatz 1 bekanntzugeben.

Abschnitt II Sonstige Maßnahmen zur Förderung der Gleichstellung

Art. 7 Stellenausschreibung
(1) Ein Arbeitsplatz darf nicht nur für Frauen oder nur für Männer ausgeschrieben werden, es sei denn, eine bestimmtes Geschlecht ist unverzichtbare Voraussetzung für die ausgeschriebene Tätigkeit.
(2) Bei der Ausschreibung von Stellen, auch bei Vorgesetzten- und Leitungsfunktionen, ist auf eine Teilzeitbeschäftigungsmöglichkeit hinzuweisen.
(3) In Bereichen, in denen Frauen in erheblich geringerer Zahl beschäftigt sind als Männer, sind Frauen besonders aufzufordern, sich zu bewerben.

Art. 8 Einstellung und beruflicher Aufstieg
(1) Unter Wahrung des Vorrangs von Eignung, Befähigung und fachlicher Leistung, der dienst- oder tarifrechtlichen Vorschriften und sonstiger rechtlicher Vorgaben hat die Dienststelle nach Maßgabe der dem Gleichstellungskonzept entsprechenden Personalplanung den Anteil von Frauen in den Bereichen, in denen sie in erheblich geringerer Zahl beschäftigt sind als Männer,
1. bei der Besetzung von Beamten-, Richter-, Angestellten- und Arbeiterstellen, auch mit Vorgesetzten- und Leitungsfunktionen sowie von Stellen für die Berufsausbildung,
2. bei der Beförderung und Übertragung höher zu bewertender Tätigkeiten, auch mit Vorgesetzten- und Leitungsfunktionen
zu erhöhen.
(2) Bei der Besetzung von Beamten-, Richter-, Angestellten- und Arbeiterstellen, von Stellen für die Berufsausbildung sowie bei der Beförderung und Übertragung höher zu bewertender Tätigkeiten auch mit Vorgesetzten- und Leitungsfunktionen sind dienstlich feststellbare soziale Erfahrungen und Fähigkeiten aus der Betreuung von Kindern oder Pflegebedürftigen und aus ehrenamtlicher Tätigkeit mit zu berücksichtigen.

Art. 9 Fortbildung
(1) [1]Frauen sind bei der Auswahl der Teilnehmenden an Fortbildungsveranstaltungen im Regelfall entsprechend ihrem Anteil an der jeweiligen Zielgruppe der Fortbildung zu berücksichtigen. [2]Unter den Voraussetzungen des Art. 7 Abs. 3 sind Frauen besonders zur Teilnahme einzuladen.
(2) Auch Beschäftigten mit Familienpflichten und Teilzeitbeschäftigten ist die Teilnahme an Fortbildungsveranstaltungen in geeigneter Weise zu ermöglichen.
(3) Fortbildungskurse, die den Beschäftigten den beruflichen Aufstieg, insbesondere auch aus den unteren Einkommensgruppen, erleichtern, sind in ausreichendem Umfang anzubieten; Absatz 1 gilt entsprechend.

(4) ¹Im Rahmen der Fortbildung sind auch die Themen Chancengleichheit, geschlechtersensible Sichtweise, Gleichstellung und Benachteiligung von Frauen am Arbeitsplatz vorzusehen. ²Diese Themen sind insbesondere bei Fortbildungsmaßnahmen für Beschäftigte, die im Organisations- und Personalwesen tätig sind, sowie für Beschäftigte in Vorgesetzten- und Leitungsfunktionen vorzusehen.
(5) Frauen sollen für Fortbildungsveranstaltungen verstärkt als Referentinnen und Leiterinnen gewonnen werden.

Art. 10 Flexible Arbeitszeiten
Soweit dienstliche Belange nicht entgegenstehen, soll im Rahmen der gesetzlichen, tarifvertraglichen und sonstigen Regelungen der Arbeitszeit im Einzelfall Beschäftigten mit Familienpflichten bei Notwendigkeit über die gleitende Arbeitszeit hinaus eine flexible Gestaltung der Arbeitszeit ermöglicht werden.

Art. 11 Teilzeit-, Wohnraum- und Telearbeit
(1) ¹Unter Berücksichtigung der Funktionsfähigkeit der Verwaltung und der personalwirtschaftlichen und organisatorischen Möglichkeiten ist ein ausreichendes Angebot an Teilzeitarbeitsplätzen zu schaffen. ²Dies gilt auch für Stellen mit Vorgesetzten- oder Leitungsaufgaben. ³Es ist darauf hinzuwirken, daß sich daraus für die Teilzeitbeschäftigten und die übrigen Beschäftigten keine Mehrbelastungen ergeben. ⁴Die Sätze 1 und 3 gelten entsprechend für Wohnraum- und Telearbeit.
(2) Streben Beschäftigte, die aus familiären Gründen teilzeitbeschäftigt sind, wieder eine Vollzeitbeschäftigung an, sollen sie bei der Neubesetzung eines gleichwertigen Arbeitsplatzes, unter Wahrung des Vorrangs von Eignung, Befähigung und fachlicher Leistung sowie der personalwirtschaftlichen Möglichkeiten vorrangig berücksichtigt werden.

Art. 12 Beurlaubung
(1) ¹Beschäftigten, die aus familiären Gründen beurlaubt sind, soll durch organisatorische Maßnahmen, insbesondere durch das Angebot von Fort- und Weiterbildungsmaßnahmen, die Möglichkeit eingeräumt werden, die Verbindung zum Beruf aufrechtzuerhalten. ²Sie sind über das Angebot an Fort- und Weiterbildungsveranstaltungen zu informieren. ³Ihnen soll die Teilnahme ermöglicht werden.
(2) Notwendige Auslagen für die Teilnahme werden in entsprechender Anwendung des Reisekostengesetzes erstattet, wenn die jeweilige Bildungsmaßnahme in Abstimmung mit der Dienststelle erfolgt und sie unmittelbar auf die Wiederaufnahme der beruflichen Tätigkeit vorbereitet.
(3) In geeigneten Fällen sind Urlaubs- und Krankheitsvertretungen sowie sonstige zulässig befristete Beschäftigungsmöglichkeiten im Einvernehmen mit der Dienststelle auf Antrag vorrangig Beschäftigten anzubieten, die aus familiären Gründen beurlaubt sind, soweit nicht der Zweck der Beurlaubung oder dienstliche Belange entgegenstehen.
(4) Streben Beschäftigte, die aus familiären Gründen beurlaubt sind, vorzeitig wieder eine Vollzeit- oder Teilzeitbeschäftigung an, sollen sie bei der Neubesetzung eines gleichwertigen Arbeitsplatzes unter Wahrung der Eignung, Befähigung und fachlichen Leistung vorrangig berücksichtigt werden.
(5) Mit den Beurlaubten sollen Beratungsgespräche geführt werden, in denen sie über Einsatzmöglichkeiten während und nach der Beurlaubung informiert werden.

Art. 13 Wiedereinstellung

Beschäftigte, die aus familiären Gründen aus dem Dienst- oder Arbeitsverhältnis ausgeschieden sind, sollen unter Wahrung von Eignung, Befähigung und fachlicher Leistung, soweit gesetzlich nichts anderes bestimmt ist, nach Möglichkeit wieder eingestellt werden.

Art. 14 Benachteiligungsverbot bei Teilzeitbeschäftigung und Beurlaubung

(1) ¹Teilzeitbeschäftigung darf das berufliche Fortkommen nicht beeinträchtigen; eine unterschiedliche Behandlung von Teilzeitbeschäftigten gegenüber Vollzeitbeschäftigten ist nur zulässig, wenn sachliche Gründe sie rechtfertigen. ²Teilzeitbeschäftigung darf sich nicht nachteilig auf die dienstliche Beurteilung und Beförderung auswirken.
(2) Entsprechendes gilt für die Beurlaubung von Beschäftigten mit Familienpflichten; eine regelmäßige Gleichbehandlung von Zeiten der Beurlaubung mit der Teilzeitbeschäftigung ist damit nicht verbunden.

Dritter Teil: Gleichstellungsbeauftragte – Ansprechpartnerinnen und Ansprechpartner

Art. 15 Bestellung

(1) ¹Bei den obersten Landesbehörden und bei Dienststellen, die über die Befugnis verfügen, Einstellungen, Beförderungen oder Übertragungen höher zu bewertender Tätigkeiten vorzunehmen, werden Gleichstellungsbeauftragte mit deren Einverständnis nach vorheriger interner Ausschreibung bestellt. ²Die Dienststelle kann von der Bestellung von Gleichstellungsbeauftragten absehen, soweit nur geringfügige Befugnisse zur Vornahme von Einstellungen, Ernennungen, Beförderungen oder Übertragungen höher zu bewertender Tätigkeiten bestehen oder weniger als regelmäßig 100 Beschäftigte betroffen sind. ³Der Aufsicht des Freistaates Bayern unterstehende juristische Personen des öffentlichen Rechts können Gleichstellungsbeauftragte bestellen; Art. 20 bleibt unberührt.
(2) ¹Soweit auf Grund des Absatzes 1 Sätze 1 und 2 Gleichstellungsbeauftragte nicht zu bestellen sind oder von einer Bestellung abgesehen wird, werden in den Dienststellen Ansprechpartnerinnen und Ansprechpartner für die Beschäftigten und die zuständigen Gleichstellungsbeauftragten bestellt. ²Diese nehmen für ihre Dienststelle die Aufgaben nach Art. 16 Abs. 2 Satz 2, Art. 18 Abs. 1 wahr. ³Die übrigen Aufgaben der Gleichstellungsbeauftragten nehmen in diesem Fall die Gleichstellungsbeauftragten der jeweils zuständigen Dienststelle wahr.
(3) ¹Die Bestellung der Gleichstellungsbeauftragten erfolgt für die Dauer von drei Jahren mit der Möglichkeit der Verlängerung. ²Die Bestellung kann in beiderseitigem Einverständnis vorzeitig aufgehoben, im übrigen nur aus wichtigem Grund widerrufen werden. ³In diesen Fällen erfolgt bis zum Ende der laufenden Periode eine unverzügliche Neubestellung; beginnt die Amtszeit innerhalb des letzten Jahres der laufenden Periode, endet sie mit Ablauf der darauf folgenden Periode.

Art. 16 Rechtsstellung

(1) ¹Die Gleichstellungsbeauftragten sind grundsätzlich der Dienststellenleitung oder deren ständiger Vertretung unmittelbar zu unterstellen. ²Bei obersten Landesbehörden und bei Mittelbehörden ist auch die Zuordnung zur Leitung der Verwaltungs- oder Personalabteilung und bei Hochschulen die Zuordnung für das nichtwissenschaftliche Personal zur Leitung der Hochschulverwaltung oder zur Leitung der Personalabteilung möglich.

(2) ¹Die Gleichstellungsbeauftragten, die Personalvertretungen und die Dienststellen arbeiten vertrauensvoll zusammen. ²Die Gleichstellungsbeauftragten nehmen an den regelmäßig stattfindenden Besprechungen zwischen Dienststelle und Personalvertretung teil.
(3) ¹Die Gleichstellungsbeauftragten sind in der Erfüllung ihrer Aufgaben weisungsfrei. ²Eine dienstliche Beurteilung der Tätigkeit erfolgt nur auf Antrag der Gleichstellungsbeauftragten.
(4) Die Gleichstellungsbeauftragten können sich ohne Einhaltung des Dienstwegs an andere Gleichstellungsbeauftragte und an die Frauenbeauftragte der Staatsregierung wenden, sich mit ihnen beraten und Informationen austauschen, soweit nicht ohne Einwilligung der Betroffenen personenbezogene Daten übermittelt werden.
(5) ¹Die Gleichstellungsbeauftragten dürfen nicht behindert, benachteiligt oder begünstigt werden; dies gilt auch für die berufliche Entwicklung. ²Sie besitzen die gleiche persönliche Rechtsstellung, insbesondere den gleichen Kündigungs-, Versetzungs- und Abordnungsschutz, wie ein Mitglied des Personalrats, ungeachtet der unterschiedlichen Aufgabenstellung.
(6) ¹Die Gleichstellungsbeauftragten sind von ihrer sonstigen dienstlichen Tätigkeit freizustellen, wenn und soweit es nach Art und Umfang der Dienststelle zur ordnungsgemäßen Wahrnehmung ihrer Aufgaben notwendig ist. ²Hierzu gehört auch die Teilnahme an Fortbildungsveranstaltungen, soweit diese Kenntnisse vermitteln, die für ihre Tätigkeit erforderlich sind; dabei sind die dienstlichen Interessen angemessen zu berücksichtigen. ³Eine Änderung in der Höhe der Dienstbezüge oder des Arbeitsentgelts ist mit den Freistellungen nach den Sätzen 1 und 2 nicht verbunden.
(7) ¹Die Gleichstellungsbeauftragten sind mit den zur Erfüllung ihrer Aufgaben notwendigen und angemessenen personellen und sachlichen Mitteln auszustatten. ²Dazu gehört auch eine Vertretung in der Funktion als Gleichstellungsbeauftragte.

Art. 17 Aufgaben

(1) ¹Die Gleichstellungsbeauftragten fördern und überwachen den Vollzug dieses Gesetzes und des Gleichstellungskonzepts und unterstützen dessen Umsetzung. ²Die Gleichstellungsbeauftragten fördern zusätzlich mit eigenen Initiativen die Durchführung dieses Gesetzes und die Verbesserung der Situation von Frauen sowie die Vereinbarkeit von Familie und Erwerbstätigkeit für Frauen und Männer.
(2) Die Gleichstellungsbeauftragten wirken im Rahmen ihrer Zuständigkeit an allen Angelegenheiten des Geschäftsbereichs mit, die grundsätzliche Bedeutung für die Gleichstellung von Frauen und Männern, die Vereinbarkeit von Familie und Erwerbstätigkeit und die Sicherung der Chancengleichheit haben können.
(3) ¹Zu den Aufgaben der Gleichstellungsbeauftragten gehört auch die Beratung zu Gleichstellungsfragen und Unterstützung der Beschäftigten in Einzelfällen. ²Die Beschäftigten können sich unmittelbar an die Gleichstellungsbeauftragten wenden.

Art. 18 Rechte und Pflichten

(1) ¹Die Gleichstellungsbeauftragten haben ein unmittelbares Vortragsrecht bei der Dienststellenleitung und werden von dieser bei der Durchführung ihrer Aufgaben unterstützt. ²Die Gleichstellungsbeauftragten können sich unmittelbar an den Bayerischen Landesbeauftragten für den Datenschutz wenden.
(2) ¹Die Gleichstellungsbeauftragten sind zur Durchführung ihrer Aufgaben rechtzeitig und umfassend zu unterrichten, bei Personalangelegenheiten spätestens gleichzeitig mit der Einleitung eines personalvertretungsrechtlichen Beteiligungsverfahrens.² Die hierfür erforderlichen Unterlagen sind frühzeitig vorzulegen und die erbetenen Auskünfte zu erteilen.
(3) ¹Die Gleichstellungsbeauftragten sind frühzeitig an wichtigen gleichstellungsrelevanten Vorhaben zu beteiligen. ²Eine Beteiligung in Personalangelegenheiten findet auf Antrag der

Betroffenen statt; die Gleichstellungsbeauftragten sind auf Antrag ferner zu beteiligen, wenn sie hinreichende Anhaltspunkte dafür vortragen, daß die Ziele dieses Gesetzes nicht beachtet werden. [3]Eine Beteiligung an Vorstellungsgesprächen findet nur auf Antrag der Betroffenen statt. [4]Die Personalakten dürfen nur mit Zustimmung der Betroffenen eingesehen werden.
(4) [1]Die Gleichstellungsbeauftragten, ihre Vertretungen sowie die ihnen zur Aufgabenerfüllung zugewiesenen Beschäftigten sind hinsichtlich personenbezogener Daten und anderer vertraulicher Angelegenheiten auch über die Zeit ihrer Bestellung hinaus zum Stillschweigen verpflichtet. [2]Satz 1 gilt für die Ansprechpartnerinnen und Ansprechpartner im Sinn des Art. 15 Abs. 2 entsprechend.
(5) Die Rechte und Pflichten des Personalrats bleiben unberührt.
(6) Die Gleichstellungsbeauftragten können Informationsveranstaltungen sowie sonstige Aufklärungsarbeit im Einvernehmen mit der Dienststelle durchführen.
(7) Die Gleichstellungsbeauftragten dürfen sich in Ausübung ihres Amtes nicht parteipolitisch betätigen.

Art. 19 Beanstandungsrecht

(1) [1]Bei Verstößen gegen dieses Gesetz, das Gleichstellungskonzept und andere Vorschriften über die Gleichbehandlung von Frauen und Männern haben die Gleichstellungsbeauftragten das Recht, diese Verstöße zu beanstanden. [2]Für die Beanstandung ist eine Frist von zehn Arbeitstagen nach Unterrichtung der Gleichstellungsbeauftragten einzuhalten.
(2) [1]Über die Beanstandung entscheidet die Dienststellenleitung oder die für sie handelnde Stelle. [2]Sie soll die beanstandete Maßnahme und ihre Durchführung so lange aufschieben. [3]Hält sie die Beanstandung für begründet, sind die Maßnahme und ihre Folgen soweit möglich zu berichtigen sowie die Ergebnisse der Beanstandung für Wiederholungsfälle zu berücksichtigen. [4]Hält sie die Beanstandung nicht für begründet, so ist die Ablehnung der Beanstandung zu begründen.
(3) Das Beanstandungsverfahren bedarf keiner Form.

Art. 20 Kommunale Gleichstellungsbeauftragte

(1) [1]Die Bezirke, die Landkreise und kreisfreien Gemeinden bestellen, in der Regel nach vorheriger Ausschreibung, hauptamtliche oder teilhauptamtliche Gleichstellungsbeauftragte mit deren Einverständnis. [2]Die Gleichstellungsbeauftragten wirken im Rahmen der Zuständigkeit und finanziellen Leistungsfähigkeit des Bezirks, des Landkreises und der Gemeinde auf die Gleichstellung von Frauen und Männern in Familie, Beruf und Gesellschaft hin. [3]Die Einzelheiten der Bestellung richten sich nach Art. 15 Abs. 3, die Aufgaben, Rechte und Pflichten der Gleichstellungsbeauftragten nach Art. 16 bis 19, soweit nicht durch Satzung etwas anderes bestimmt wird. [4]Die Satzung kann auch bestimmen, daß die Gleichstellungsbeauftragten hierzu beratend tätig werden, Anregungen vorbringen, Initiativen entwickeln, sonstige öffentlichkeitswirksame Maßnahmen sowie gleichstellungsbezogene Projekte durchführen und mit allen für die Umsetzung der Gleichberechtigung relevanten gesellschaftlichen Gruppen, insbesondere den Frauengruppen und Frauenorganisationen, zusammenarbeiten können.
(2) Kreisangehörige Gemeinden können Gleichstellungsbeauftragte mit deren Einverständnis bestellen; Absatz 1 gilt entsprechend.

Vierter Teil: Gremien

Art. 21 Vertretung von Frauen und Männern in Gremien
Alle an Besetzungsverfahren von Gremien Beteiligten, auch wenn es sich dabei um gesellschaftliche Institutionen, Organisationen, Verbände und Gruppen handelt, die nicht Träger öffentlicher Verwaltung sind, haben nach Maßgabe dieses Gesetzes auf eine gleichberechtigte Teilhabe von Frauen und Männern in Gremien hinzuwirken.

Fünfter Teil: Schlußvorschriften

Art. 22 Berichtspflichten
Die Staatsregierung berichtet dem Landtag im Abstand von fünf Jahren über die Durchführung dieses Gesetzes.

Art. 23 Aufsichtspflichten
Die jeweiligen Rechtsaufsichtsbehörden begleiten den Vollzug des Gesetzes in den Dienststellen, insbesondere die Erstellung der Gleichstellungskonzepte sowie die Bestellung der Gleichbestellungsbeauftragten, Ansprechpartnerinnen und Ansprechpartner.

Art. 24 Inkrafttreten
Dieses Gesetz tritt am 1. Juli 1996 in Kraft.

4. Landesgleichstellungsgesetz Berlin (LGG BE)

vom 21. Dezember 1990 (GVBl. 1991, S. 8)
– zuletzt geändert durch Gesetz zur Änderung des Bürger- und Polizeibeauftragtengesetzes und weiterer Gesetze vom 9. Februar 2023 (GVBl. 5 2023, S. 30, 31)

§ 1 Geltungsbereich
(1) Dieses Gesetz gilt für die Berliner Verwaltung (§ 2 des Allgemeinen Zuständigkeitsgesetzes), für landesunmittelbare öffentlichrechtliche Körperschaften, Anstalten und Stiftungen (§ 28 des Allgemeinen Zuständigkeitsgesetzes), für die Gerichte des Landes Berlin, für den Präsidenten des Abgeordnetenhauses von Berlin, den Rechnungshof von Berlin und den Berliner Beauftragten für Datenschutz und Informationsfreiheit sowie die Bürger- und Polizeibeauftragte oder den Bürger- und Polizeibeauftragten.
(2) Dieses Gesetz gilt für Beamtinnen und Beamte, Arbeitnehmerinnen und Arbeitnehmer, Richterinnen und Richter sowie zu ihrer Berufsausbildung Beschäftigte.

§ 1a Geltung bei Beteiligungen des Landes
(1) [1]Soweit das Land Berlin unmittelbar oder mittelbar Mehrheitsbeteiligungen an juristischen Personen des Privatrechts oder Personengesellschaften hält oder erwirbt, stellt es sicher, dass die Regelungen dieses Gesetzes auch von diesen entsprechend angewendet werden. [2]Das gilt insbesondere für die Erstellung eines Frauenförderplans, für Stellenbesetzungsverfahren einschließlich der Besetzung von Vorstands- und Geschäftsführungspositionen sowie für die Wahl von Frauenvertreterinnen.
(2) Einzelheiten sind mit Inkrafttreten dieses Gesetzes im Rahmen der jeweiligen Rechtsgrundlage zu regeln.
(3) Soweit das Land Berlin keine Mehrheitsbeteiligungen an juristischen Personen des privaten Rechts oder Personengesellschaften unmittelbar oder mittelbar hält oder erwirbt, wirkt es darauf hin, dass Maßnahmen entsprechend den Regelungen dieses Gesetzes auch von den juristischen Personen des privaten Rechts und Personengesellschaften angewendet werden.

§ 1b Geltung bei Umwandlung, Errichtung und Veräußerung von Einrichtungen des Landes
(1) Wandelt das Land Berlin Teile der Berliner Verwaltung, eine Körperschaft oder Anstalt des öffentlichen Rechts oder eine andere Einrichtung, die in den Geltungsbereich von § 1 Absatz 1 dieses Gesetzes fällt, oder einen Teil davon in eine juristische Person des privaten Rechts oder eine Personengesellschaft um oder errichtet es juristische Personen des privaten Rechts oder Personengesellschaften, so ist in den Umwandlungs- oder Errichtungsrechtsakten und in den jeweiligen Rechtsgrundlagen festzulegen und sicherzustellen, dass die Regelungen dieses Gesetzes auch zukünftig Anwendung finden.
(2) Erfolgt eine teilweise oder vollständige Veräußerung einer juristischen Person oder Personengesellschaft, sind Erwerbende zu verpflichten, die entsprechende Anwendung der Vorschriften dieses Gesetzes zu gewährleisten und eine entsprechende Verpflichtung bei etwaigen Weiterveräußerungen auch späteren Erwerbenden aufzuerlegen.

§ 2 Grundsatz
(1) ¹Frauen und Männer sind gleichzustellen. ²Zur Verwirklichung der Gleichstellung werden nach Maßgabe dieses Gesetzes Frauen gefördert und bestehende Benachteiligungen von Frauen abgebaut.
(2) Frauen und Männer dürfen wegen ihres Geschlechts oder ihres Familienstandes nicht diskriminiert werden.

§ 3 Gleichstellungsverpflichtung
(1) ¹Die Einrichtungen nach § 1 Absatz 1 sind verpflichtet, aktiv auf die Gleichstellung von Männern und Frauen in der Beschäftigung und auf die Beseitigung bestehender Unterrepräsentanzen hinzuwirken. ²Die Erfüllung dieser Verpflichtung ist besondere Aufgabe der Beschäftigten mit Vorgesetzten- und Leitungsfunktionen. ³Sie ist in den jeweiligen vertraglichen Vereinbarungen als Leistungskriterium festzuschreiben sowie bei der Beurteilung ihrer Leistung einzubeziehen.
(2) Frauen sind unterrepräsentiert, wenn in Vorgesetzten- oder Leitungsfunktionen, in einer Besoldungs-, Vergütungs-, Entgelt- oder Lohngruppe einer Laufbahn bzw. Berufsfachrichtung in einer Einrichtung nach § 1 Absatz 1 mehr Männer als Frauen beschäftigt sind.
(3) ¹Führen personalwirtschaftliche Maßnahmen zu einem Stellenabbau, so ist sicherzustellen, dass sich der Anteil von Frauen in Bereichen, in denen sie unterrepräsentiert sind, nicht verringert. ²Dies gilt auch für den Fall, dass personalwirtschaftliche Maßnahmen eine Unterrepräsentanz von Frauen begründen und für Vorgesetzten- und Leitungspositionen.
(4) Besteht eine Einrichtung nach § 1 Absatz 1 aus mehreren Dienststellen im Sinne des Personalvertretungsgesetzes, so gelten die Absätze 1 bis 3 in diesen entsprechend.
(5) Soweit in übergeordneten Dienststellen Entscheidungen für nachgeordnete Dienststellen getroffen werden, hat jede beteiligte Dienststelle die Aufgaben nach diesem Gesetz wahrzunehmen.

§ 4 Frauenförderplan
(1) ¹Jede Einrichtung nach § 1 Absatz 1 erstellt auf der Grundlage einer Bestandsaufnahme und Analyse der Beschäftigtenstruktur sowie der zu erwartenden Fluktuation oder Einsparungsmaßnahmen einen Frauenförderplan. ²Bestehen in einer Einrichtung nach § 1 Absatz 1 mehrere Dienststellen im Sinne des Personalvertretungsgesetzes, so können diese Frauenförderpläne erlassen. ³Der Frauenförderplan ist für einen Zeitraum von sechs Jahren zu erstellen und danach fortzuschreiben. ⁴Spätestens nach zwei Jahren ist er an die aktuelle Entwicklung anzupassen.
(2) ¹Im Frauenförderplan ist mindestens festzulegen, in welcher Zeit und mit welchen personellen, organisatorischen und fortbildenden Maßnahmen die Gleichstellungsverpflichtung nach § 3 innerhalb der jeweiligen Einrichtung oder Dienststelle gefördert werden kann. ²Dazu ist für jede einzelne Besoldungs-, Vergütungs-, Entgelt- und Lohngruppe sowie jede Vorgesetzten- und Leitungsebene festzustellen, ob Frauen unterrepräsentiert sind. ³Für jeweils zwei Jahre sind verbindliche Zielvorgaben zur Erhöhung des Frauenanteils in den einzelnen Besoldungs-, Vergütungs-, Entgelt- oder Lohngruppen der einzelnen Laufbahn oder Berufsfachrichtung sowie auf den Vorgesetzten- und Leitungsebenen festzulegen. ⁴Bei der Festlegung von Zielvorgaben ist festzustellen, welche für die Besetzung von Stellen in Bereichen, in denen Frauen unterrepräsentiert sind, erforderlichen Qualifikationen die beschäftigten Frauen bereits aufweisen, erwerben oder erwerben können (Personalentwicklungsplanung). ⁵Dabei sind insbesondere solche Stellen zu berücksichtigen, die voraussichtlich neu zu besetzen

sind. [6]Es ist festzulegen, wie viele Frauen an Qualifikationsmaßnahmen teilnehmen, die für die Besetzung einer Stelle in Bereichen, in denen Frauen unterrepräsentiert sind, förderlich sind.
(3) Die Zahl der Auszubildenden, getrennt nach Geschlechtern, Laufbahn oder Berufsfachrichtung und Ausbildungsberuf ist darzustellen und in die Personalentwicklungsplanung einzubeziehen.
(4) (weggefallen)
(4) An der Erstellung des Frauenförderplans ist die Frauenvertreterin zu beteiligen; die Rechte des Personalrats bleiben unberührt.
(5) [1]Besteht eine Einrichtung nach § 1 Absatz 1 aus mehreren Dienststellen im Sinne des Personalvertretungsgesetzes, so sind an der Erstellung, Fortschreibung und Anpassung des dienststellenübergreifenden Frauenförderplans alle betroffenen Frauenvertreterinnen mit dem Ziel einer einvernehmlichen Regelung frühzeitig zu beteiligen; die Rechte der Personalräte bleiben unberührt. [2]Dies gilt auch für die Entscheidung gemäß Absatz 1 Satz 2.
(6) Frauenförderpläne sowie deren Fortschreibungen oder Anpassungen sind dem für Frauenpolitik zuständigen Mitglied des Senats zur Kenntnis zu geben.
(7) Die Festlegungen im Frauenförderplan sind Bestandteil der Personalentwicklungsplanung.
(8) Wird ein Frauenförderplan nicht erstellt, angepasst oder fortgeschrieben oder ein bestehender nicht umgesetzt, so kann die zuständige Frauenvertreterin das unmittelbar gegenüber dem für Frauenpolitik zuständigen Senatsmitglied beanstanden.

§ 5 Stellen- und Funktionsausschreibungen, öffentliche Bekanntmachungen

(1) [1]Alle Stellen und Funktionen sind intern auszuschreiben. [2]In Bereichen oberhalb der Besoldungsgruppe A 9 bzw. der entsprechenden tarifvertraglichen Regelungen, in denen Frauen unterrepräsentiert sind, sind Stellen und Funktionen öffentlich auszuschreiben.
(2) Zur gezielten Ansprache von Frauen kann zusätzlich in der Tagespresse oder in anderen geeigneten Publikationsorganen ausgeschrieben werden.
(3) [1]Zu besetzende Vorstands- und Geschäftsleitungspositionen der Anstalten, Körperschaften und Stiftungen des öffentlichen Rechts sind in Form einer Ausschreibung öffentlich bekannt zu machen, sofern eine Unterrepräsentanz von Frauen besteht. [2]Entsprechendes gilt nach § 1a für solche Positionen der juristischen Personen des privaten Rechts und Personengesellschaften mit Mehrheitsbeteiligungen des Landes Berlin.
(4) [1]Die öffentliche Bekanntmachung für die in Absatz 3 genannten Positionen erfolgt überregional in der Tages- und Wochenpresse oder in anderen geeigneten Publikationsorganen wie Fachzeitschriften und im Internet. [2]Sie erfolgt auf der Grundlage eines Anforderungsprofils zu den fachlichen und persönlichen Voraussetzungen für die zu besetzenden Positionen.
(5) [1]Bei Stellen- und Funktionsausschreibungen und öffentlichen Bekanntmachungen ist sowohl die männliche als auch die weibliche Sprachform zu verwenden, es sei denn, ein bestimmtes Geschlecht ist unverzichtbare Voraussetzung für die Tätigkeit. [2]Sofern eine Einrichtung im Sinne des § 1 Absatz 1 oder Dienststelle nach dem Personalvertretungsgesetz verpflichtet ist, den Anteil von Frauen zu erhöhen, ist das in der Ausschreibung oder Bekanntmachung zu erwähnen und darauf hinzuweisen, dass Bewerbungen von Frauen ausdrücklich erwünscht sind.
(6) [1]Von der Verpflichtung zur Bekanntmachung können Wiederbestellungen von Vorständen und Geschäftsleitungen ausgenommen werden. [2]Von der Verpflichtung zur Bekanntmachung oder Ausschreibung werden ebenfalls herausragende künstlerische Positionen ausgenommen sowie Arbeitsbereiche im Leitungsbereich der Einrichtungen gemäß § 1 Absatz 1, die regelmäßig an die laufende Legislatur oder Bestellung gebunden sind und ein beson-

deres persönliches Vertrauensverhältnis erfordern, insbesondere persönliche Referentinnen und Referenten sowie Pressesprecherinnen und Pressesprecher.
(7) Ausschreibungspflichten und Ausnahmen hiervon aufgrund beamtenrechtlicher Vorschriften bleiben von den vorstehenden Regelungen unberührt.

§ 6 Auswahlverfahren
(1) In Bereichen, in denen Frauen unterrepräsentiert sind, sind entweder alle Bewerberinnen oder mindestens ebenso viele Frauen wie Männer zum Vorstellungsgespräch einzuladen, sofern sie die in der Ausschreibung vorgegebene Qualifikation für die Stelle oder Funktion besitzen und Bewerbungen von Frauen in ausreichender Zahl vorliegen.
(2) Entsprechendes gilt für die Besetzung von Vorstands- und Geschäftsleitungspositionen der Anstalten, Körperschaften und Stiftungen des öffentlichen Rechts und der juristischen Personen des privaten Rechts und Personengesellschaften mit Mehrheitsbeteiligungen des Landes Berlin.
(3) Die Berücksichtigung von Frauen im Auswahlverfahren ist in Bereichen, in denen sie unterrepräsentiert sind, in geeigneter Form zu dokumentieren und den an der Personalfindung Beteiligten rechtzeitig vor der Auswahlentscheidung zur Kenntnis zu bringen.
(4) Soweit Dritte mit der Personalfindung beauftragt werden, ist sicherzustellen, dass die Regelungen dieses Gesetzes Beachtung finden.

§ 7 Ausbildung
(1) Der Zugang zu Ausbildungsplätzen muss diskriminierungsfrei gestaltet sein.
(2) Ausbildungsplätze sind in Bereichen, in denen Frauen unterrepräsentiert sind, in jeder Einrichtung nach § 1 Absatz 1 oder Dienststelle im Sinne des Personalvertretungsgesetzes je Ausbildungsgang und Vergaberunde mindestens zur Hälfte an Frauen zu vergeben.
(3) [1]Wenn für die Besetzung von Ausbildungsplätzen nicht genügend Bewerbungen von Frauen vorliegen, die die in der Ausschreibung vorgegebene Qualifikation besitzen, ist die Ausschreibung zu wiederholen. [2]Haben sich nach einer erneuten Ausschreibung nicht genügend geeignete Kandidatinnen beworben, so werden die Ausbildungsplätze nach der Bewerbungslage vergeben.
(4) Frauen, die in einem Beruf ausgebildet wurden, in dem der Frauenanteil bisher unter 20 vom Hundert liegt (Männerberuf), sind vorrangig in ein Beschäftigungsverhältnis im erlernten Beruf zu übernehmen.

§ 8 Einstellungen und Beförderungen
(1) Frauen, die eine zur Ausfüllung der Stelle oder Funktion gleichwertige Qualifikation (Eignung, Befähigung und fachliche Leistung) besitzen wie männliche Mitbewerber, sind diesen gegenüber unter Wahrung der Einzelfallgerechtigkeit solange bevorzugt einzustellen oder zu übernehmen, bis der Anteil der Frauen in der betreffenden Laufbahn, Berufsfachrichtung, Vorgesetzten- oder Leitungsebene und Funktionsstelle der jeweiligen Einrichtung nach § 1 Absatz 1 oder Dienststelle im Sinne des Personalvertretungsgesetzes mindestens 50 vom Hundert beträgt.
(2) Frauen, deren Qualifikation der der männlichen Mitbewerber gleichwertig ist, sind gegenüber männlichen Mitbewerbern unter Wahrung der Einzelfallgerechtigkeit solange bevorzugt zu befördern, bis in den jeweils höheren Besoldungs-, Vergütungs-, Lohn- oder Entgeltgruppen der betreffenden Laufbahn, Berufsfachrichtung, Vorgesetzten- oder Leitungsebene und Funktionsstelle der Einrichtung nach § 1 Absatz 1 oder Dienststelle im Sinne des Personalvertretungsgesetzes der Anteil der Frauen mindestens 50 vom Hundert beträgt.

(3) ¹Die Qualifikation ist ausschließlich an den Anforderungen des Berufs, der zu besetzenden Stelle, Funktion oder der Laufbahn zu messen. ²Spezifische, zum Beispiel durch Familienarbeit, durch soziales Engagement oder ehrenamtliche Tätigkeit erworbene Erfahrungen und Fähigkeiten sind Teil der Qualifikation im Sinne der Absätze 1 und 2.
(4) ¹Bei der Auswahlentscheidung ist unbeschadet sozialer Kriterien dem Recht der Frauen auf Gleichstellung im Erwerbsleben Rechnung zu tragen. ²Folgende und ähnliche Kriterien dürfen daher nicht herangezogen werden:
1. Unterbrechungen der Erwerbstätigkeit, Reduzierungen der Arbeitszeit oder Verzögerungen beim Abschluss einzelner Ausbildungsgänge aufgrund der Betreuung von Kindern oder pflegebedürftigen Angehörigen oder wegen Haushaltsführung,
2. Lebensalter oder Familienstand,
3. eigene Einkünfte des Partners oder der Partnerin einer Bewerberin oder die Einkommenslosigkeit der Partnerin oder des Partners eines Bewerbers, sofern sie nicht auf Arbeitslosigkeit beruht,
4. zeitliche Belastungen durch die Betreuung von Kindern oder pflegebedürftigen Angehörigen und die Absicht, von der Möglichkeit der Arbeitszeitreduzierung Gebrauch zu machen.
(5) Für die Besetzung von Vorstands- und Geschäftsleitungspositionen der Anstalten, Körperschaften und Stiftungen des öffentlichen Rechts gilt Absatz 1 entsprechend.

§ 9 Fort- und Weiterbildung

(1) Beschäftigte mit Vorgesetzten- und Leitungsfunktionen sind verpflichtet, Frauen auf Maßnahmen, die für das berufliche Fortkommen förderlich sind, aufmerksam zu machen und ihnen die Teilnahme entsprechend dem Frauenförderplan zu ermöglichen.
(2) Auf die Auswahl von Beschäftigten zur Teilnahme an Fortbildungsveranstaltungen, die zur Übernahme höherwertiger und Leitungspositionen qualifizieren, ist § 8 Absatz 1 durch die entsendenden Einrichtungen nach § 1 Absatz 1 oder Dienststellen im Sinne des Personalvertretungsgesetzes entsprechend anzuwenden.
(3) Die Fortbildungsgrundsätze und -angebote der Verwaltungsakademie werden regelmäßig daraufhin überprüft, wie frauenspezifische Inhalte besser berücksichtigt und die Förderung von Frauen verbessert werden können.
(4) ¹Die Themen Frauendiskriminierung und Frauenförderung sind Teil des Fortbildungsprogramms und gehen auch in passende Fortbildungsveranstaltungen ein. ²Sie sind insbesondere Bestandteil der Fortbildungsmaßnahmen für Beschäftigte mit Vorgesetzten- und Leitungsfunktionen. ³Für diese Themenkreise werden bevorzugt Referentinnen eingesetzt.
(5) ¹Fort- und Weiterbildungsmaßnahmen finden nach Möglichkeit während der regelmäßigen Arbeitszeit der Dienststellen statt. ²Fortbildungsmaßnahmen sollen so angeboten werden, dass auch Beschäftigte mit betreuungsbedürftigen Kindern oder pflegebedürftigen Angehörigen und Teilzeitbeschäftigte teilnehmen können. ³Liegt die Teilnahme an Fort- und Weiterbildungsmaßnahmen außerhalb der vereinbarten Arbeitszeit, so ist hierfür entsprechender Freizeitausgleich zu gewähren.
(6) ¹Entstehen durch die Teilnahme an Fort- und Weiterbildungsmaßnahmen unvermeidlich erhöhte Kosten für die Betreuung von Kindern unter zwölf Jahren oder pflegebedürftigen Angehörigen, so sind diese Aufwendungen zu erstatten. ²Falls erforderlich, sollen sich die Fort- und Weiterbildungseinrichtungen um eine Kinderbetreuungsmöglichkeit in den städtischen Kindertagesstätten oder um andere Kinderbetreuungsmöglichkeiten für die Dauer der Maßnahme bemühen.

§ 10 Arbeitszeit und Rahmenbedingungen

(1) ¹Unter Beachtung der dienstlichen Belange soll das Interesse der Beschäftigten an flexibler, auf die individuellen Bedürfnisse zugeschnittener Gestaltung der Arbeitszeit sowie familienfreundlichen Rahmenbedingungen berücksichtigt werden. ²Vorgesetztenverhalten soll darauf ausgerichtet sein, den Beschäftigten familienfreundliche Arbeitszeiten und Rahmenbedingungen zu ermöglichen. ³Sofern ein ordnungsgemäßer Ablauf des Schichtdienstes gewährleistet werden kann, soll diese Regelung auch für Beschäftigte im Schichtdienst Anwendung finden. ⁴Teilzeitarbeitsverhältnisse unterhalb der Grenze des § 8 Absatz 1 des Vierten Buches Sozialgesetzbuch werden in der Regel nicht begründet. ⁵Ausnahmen sind bei Einstellungen in befristete Arbeitsverhältnisse für eine Dauer von nicht mehr als drei Monaten zulässig.
(2) Wird eine Reduzierung der Arbeitszeit beantragt, so sind die Beschäftigten auf die Folgen reduzierter Arbeitszeit hinzuweisen, insbesondere auf die Folgen für Ansprüche aus der Sozialversicherung und aufgrund beamten- und tarifrechtlicher Regelungen.
(3) Die Reduzierung der wöchentlichen Arbeitszeit zur Betreuung von Kindern oder pflegebedürftigen Angehörigen steht der Wahrnehmung von gehobenen und Leitungspositionen nicht entgegen.
(4) ¹Bei befristeten Arbeitszeitverkürzungen zur Betreuung von Kindern oder pflegebedürftigen Angehörigen ist den Beschäftigten nach Ablauf der Frist ein gleichwertiger Vollzeitarbeitsplatz anzubieten. ²Unbefristet Teilzeitbeschäftigte sind bei der Neubesetzung von Vollzeitarbeitsplätzen vorrangig zu berücksichtigen. ³Besteht bei befristeter Arbeitszeitverkürzung vor Ablauf der Frist der Wunsch nach Rückkehr auf einen Vollzeitarbeitsplatz, so gilt Satz 2 entsprechend.
(5) Bei individueller Arbeitszeitreduzierung werden die Dienstaufgaben nach dem Maß der für die Zukunft festgesetzten Arbeitszeit neu bemessen.
(6) Die Rechte des Personalrats, der Richtervertretungen und der Staatsanwaltsräte bleiben unberührt.

§ 11 Beurlaubung aus familiären Gründen

(1) ¹Aus familiären Gründen beurlaubten Beschäftigten ist die Teilnahme an Fort- und Weiterbildungsveranstaltungen von der jeweiligen Einrichtung nach § 1 Absatz 1 oder Dienststelle im Sinne des Personalvertretungsgesetzes anzubieten. ²Ihnen sind, sofern sie es nicht selbst für bestimmte Zeit ausgeschlossen haben, Urlaubs- und Krankheitsvertretungen vorrangig anzubieten.
(2) Aus familiären Gründen beurlaubten Beschäftigten, die in die Beschäftigung zurückkehren wollen, sind die Ausschreibungen der jeweiligen Einrichtungen nach § 1 Absatz 1 oder Dienststellen im Sinne des Personalvertretungsgesetzes auf Wunsch bekannt zu geben.

§ 12 Sexuelle Belästigung am Arbeitsplatz

(1) ¹Sexuelle Belästigungen sind Diskriminierungen. ²Es gehört zur Dienstpflicht von Beschäftigten mit Vorgesetzten- und Leitungsfunktionen, sexuellen Belästigungen von Beschäftigten entgegenzuwirken und bekannt gewordenen Fällen sexueller Belästigung nachzugehen.
(2) Sexuelle Belästigungen sind insbesondere unerwünschter Körperkontakt, unerwünschte Bemerkungen, Kommentare und Witze sexuellen Inhalts, Zeigen pornographischer Darstellungen am Arbeitsplatz sowie die Aufforderung zu sexuellen Handlungen, die bezwecken oder bewirken, dass die Würde der betreffenden Person verletzt wird, insbesondere wenn ein von Einschüchterungen, Anfeindungen, Erniedrigungen, Entwürdigungen oder Beleidigungen gekennzeichnetes Umfeld geschaffen wird.

(3) Sexuelle Belästigungen sind Dienstpflichtverletzungen.
(4) Die Beschwerde von Betroffenen darf nicht zu Benachteiligungen führen.

§ 13 Frauenförderung durch öffentliche Auftragsvergabe
(1) ¹Beim Abschluss von Verträgen über Leistungen mit einem Auftragswert von voraussichtlich mindestens 25 000 Euro (ohne Umsatzsteuer) oder über Bauleistungen mit einem Auftragswert von voraussichtlich mindestens 200 000 Euro (ohne Umsatzsteuer) sind in den jeweiligen Verträgen die Verpflichtungen der Auftragnehmenden festzuschreiben, Maßnahmen zur Frauenförderung und zur Förderung der Vereinbarkeit von Beruf und Familie im eigenen Unternehmen durchzuführen sowie das geltende Gleichbehandlungsrecht zu beachten. ²Diese Regelung gilt nicht für Auftragnehmende, die in der Regel zehn oder weniger Arbeitnehmer und Arbeitnehmerinnen, ausschließlich der zu ihrer Berufsbildung Beschäftigten, beschäftigen.
(2) Die Vergabestellen der in § 1 Absatz 1 genannten Einrichtungen oder Dienststellen im Sinne des Personalvertretungsgesetzes erfassen regelmäßig die im Zusammenhang mit der Durchführung der Maßnahmen zur Frauenförderung und zur Förderung der Vereinbarkeit von Beruf und Familie anfallenden Daten.
(3) Der Senat wird ermächtigt, durch Rechtsverordnung insbesondere den Inhalt der Maßnahmen zur Frauenförderung und zur Förderung der Vereinbarkeit von Beruf und Familie, die Kontrolle der Durchführung, die Folgen der Nichterfüllung von Verpflichtungen sowie den Kreis der betroffenen Unternehmen zu regeln.

§ 14 Frauenförderung bei staatlicher Leistungsgewährung
(1) ¹Die Gewährung von Leistungen aus Landesmitteln, auf die kein Anspruch besteht, ist ab einem Betrag von 25 000 Euro von der Verpflichtung des Leistungsempfangenden zur Durchführung von Maßnahmen zur aktiven Förderung der Beschäftigung von Frauen im Sinne des Grundsatzes von § 3 Absatz 1 abhängig zu machen. ²Von dieser Bedingung können Leistungsempfangende ausgenommen werden, bei denen die Beschäftigung von Männern aus rechtlichen oder tatsächlichen Gründen unabdingbar ist. ³Satz 1 gilt nicht für Leistungsempfangende, die in der Regel zehn oder weniger Arbeitnehmer und Arbeitnehmerinnen, ausschließlich der zu ihrer Berufsbildung Beschäftigten, beschäftigen.
(2) Der Bewilligungsbescheid ist mit einer entsprechenden Auflage zu versehen.
(3) § 13 Absatz 2 und 3 gilt entsprechend.

§ 15 Gremien
(1) Gremien sind geschlechtsparitätisch zu besetzen, soweit für deren Zusammensetzung keine besonderen gesetzlichen Vorgaben gelten.
(2) ¹Werden bei Einrichtungen nach § 1 Absatz 1 oder Dienststellen im Sinne des Personalvertretungsgesetzes Gremien gebildet, benennen die entsendenden Einrichtungen oder Dienststellen mindestens ebenso viele Frauen wie Männer. ²Dürfen sie nur eine Person benennen, ist für das Mandat nach Ablauf der Amtsperiode eine dem jeweils anderen Geschlecht angehörende Person zu benennen.
(3) Absatz 2 gilt für die Entsendung von Vertreterinnen und Vertretern in Aufsichtsräte und andere Gremien außerhalb der Verwaltung entsprechend.

§ 16 Frauenvertreterin
(1) ¹In jeder Dienststelle im Sinne des Personalvertretungsgesetzes mit Ausnahme der Hochschulen im Sinne des § 1 des Berliner Hochschulgesetzes in der Fassung vom 26. Juli 2011 (GVBl. S. 378), das zuletzt durch Artikel 1 des Gesetzes vom 14. September 2021

(GVBl. S. 1039) geändert worden ist, wird eine Frauenvertreterin und eine Stellvertreterin gewählt. [2]Frauenvertreterin und Stellvertreterin werden die Kandidatinnen mit der jeweils höchsten Stimmenzahl. [3]Die Stellvertreterin rückt mit allen Rechten und Pflichten in das Amt der Frauenvertreterin nach, wenn die Frauenvertreterin vor Ablauf der Wahlperiode aus dem Amt scheidet. [4]Scheidet die stellvertretende Frauenvertreterin vorzeitig aus, so rückt die mit der nächsthöheren Stimmenzahl gewählte Stellvertreterin mit allen Rechten und Pflichten nach. [5]Sofern das Amt der Frauenvertreterin und der Stellvertreterin nach den für die Wahl der Frauenvertreterin geltenden Vorschriften nicht besetzt werden kann, bestellt die Dienststelle auf Vorschlag von drei volljährigen Wahlberechtigten die Amtsinhaberinnen aus dem Kreis der in § 16a Absatz 1 und 2 genannten weiblichen Beschäftigten für die Zeit bis zur nächsten regelmäßigen Wahl.
(2) [1]Ist die Frauenvertreterin an der Ausübung ihres Amtes durch Abwesenheit oder sonstige Gründe gehindert, so wird sie von der Stellvertreterin vertreten. [2]Diese hat in diesem Fall die gleichen Rechte und Pflichten wie die Frauenvertreterin.
(3) [1]Die Frauenvertreterin ist im erforderlichen Umfang von ihren Dienstgeschäften freizustellen und mit den zur Erfüllung ihrer Aufgaben notwendigen personellen und sachlichen Mitteln auszustatten; unter Berücksichtigung der jeweiligen Struktur der Dienststelle beträgt die Freistellung in der Regel
– in Dienststellen mit mehr als 200 Beschäftigten mindestens die Hälfte der regelmäßigen Arbeitszeit,
– in Dienststellen mit mehr als 500 Beschäftigten die volle regelmäßige Arbeitszeit;
für die Freistellung im Hochschulbereich gilt § 59 Absatz 5 des Berliner Hochschulgesetzes. [2]Satz 1 erster Halbsatz gilt entsprechend für die Teilnahme an Schulungs- und Bildungsveranstaltungen, soweit diese Kenntnisse vermitteln, die für die Wahrnehmung des Amtes der Frauenvertreterin erforderlich sind. [3]Überschreitet der erforderliche Umfang der Freistellung die vereinbarte Arbeitszeit, so ist die Stellvertreterin ergänzend ebenfalls freizustellen. [4]Unabhängig von der Anzahl der Beschäftigten, ist die Stellvertreterin mindestens einen Tag im Monat freizustellen, damit der erforderliche Informationsaustausch mit der Frauenvertreterin gewährleistet werden kann.
(4) [1]Die Frauenvertreterin darf in der Ausübung ihres Amtes nicht behindert und wegen ihres Amtes nicht benachteiligt oder begünstigt werden; dies gilt auch für ihre berufliche Entwicklung. [2]Sie wird vor Kündigung, Versetzung und Abordnung in gleicher Weise geschützt wie ein Mitglied des Personalrats. [3]Im Rahmen ihrer Aufgabenstellung und der damit zusammenhängenden Erledigung ist sie von Weisungen frei.
(5) [1]Die Frauenvertreterin und ihre Stellvertreter in sind verpflichtet, über die persönlichen Verhältnisse von Beschäftigten, die ihnen aufgrund ihres Amtes bekannt geworden sind, sowie über Angelegenheiten, die ihrer Bedeutung oder ihrem Inhalt nach einer vertraulichen Behandlung bedürfen, Stillschweigen zu bewahren. [2]Dies gilt auch über ihre Amtszeit hinaus. [3]Diese Verpflichtung besteht bei Einwilligung der Beschäftigten nicht gegenüber der Dienststellenleitung, der Personalvertretung, den Richtervertretungen, den Staatsanwaltsräten und der Gesamtfrauenvertreterin.
(6) Das für Frauenpolitik zuständige Mitglied des Senats koordiniert und organisiert den Informationsaustausch und die Fortbildung der Frauenvertreterinnen und Gesamtfrauenvertreterinnen.

§ 16a Wahl

(1) [1]Wahlberechtigt sind alle weiblichen Beschäftigten der Dienststelle. [2]Abgeordnete oder nach § 20 des Beamtenstatusgesetzes zugewiesene Beschäftigte, Beamtinnen im Vorberei-

§ 16a   ÖD 4 – Berlin – Landesgleichstellungsgesetz

tungsdienst und Beschäftigte in entsprechender Ausbildung sind nur bei ihrer Stammbehörde wahlberechtigt.
(2) ¹Wählbar sind alle weiblichen Beschäftigten, die am Wahltag das 18. Lebensjahr vollendet haben, seit einem Jahr im öffentlichen Dienst und seit drei Monaten im Dienst des Landes Berlin oder einer landesunmittelbaren Körperschaft, Anstalt oder Stiftung des öffentlichen Rechts beschäftigt sind. ²Nicht wählbar sind Beschäftigte, die infolge Richterspruchs die Fähigkeit, Rechte aus öffentlichen Wahlen zu erlangen, nicht besitzen, sowie
1. Leiterinnen von Einrichtungen nach § 1 Absatz 1 oder Dienststellen im Sinne des Personalvertretungsgesetzes sowie deren ständige Vertreterinnen,
2. Beschäftigte, die zu selbständigen Entscheidungen in Personalangelegenheiten von nicht untergeordneter Bedeutung befugt sind,
3. Beschäftigte, die sich ausschließlich zum Zweck einer über- und außerbetrieblichen Ausbildung in einer Einrichtung des öffentlichen Dienstes befinden und
4. die Mitglieder des Wahlvorstands.
³Satz 1 dritter Halbsatz findet keine Anwendung
1. auf Referendarinnen und Lehramtsanwärterinnen,
2. wenn die Dienststelle weniger als drei Jahre besteht,
3. wenn nicht mindestens fünf wählbare Dienstkräfte vorhanden sind.
(3) ¹Die regelmäßigen Wahlen finden entsprechend den Regelungen im Personalvertretungsgesetz alle vier Jahre statt. ²Außerhalb dieses Zeitraums finden Wahlen statt, wenn
1. das Amt der Frauenvertreterin vorzeitig erlischt und keine Stellvertreterin nachrückt oder
2. die jeweilige Wahl mit Erfolg angefochten worden ist oder
3. Dienststellen ganz oder wesentliche Teile von Dienststellen zu einer neuen Dienststelle zusammengeschlossen werden oder in einer neuen Dienststelle keine Frauenvertreterin vorhanden ist.
(4) ¹In den Fällen des Absatzes 3 Satz 2 Nummer 3 führen die bisherigen Frauenvertreterinnen unter Beibehaltung ihrer Freistellung die Geschäfte gemeinsam weiter bis zur Bekanntgabe des Wahlergebnisses der Neuwahl und der Annahmeerklärung der jeweils neu gewählten Frauenvertreterinnen, längstens jedoch bis zur Dauer von sechs Monaten. ²Der Wahlvorstand wird von den Frauenvertreterinnen gemeinsam bestellt. ³Im Falle der Schaffung einer neuen Dienststelle im Sinne des Absatzes 3 Satz 2 Nummer 3 führt die Frauenvertreterin der abgebenden Dienststelle die Geschäfte weiter und bestellt den Wahlvorstand; Satz 1 gilt entsprechend. ⁴Die Neuwahl der Frauenvertreterinnen soll jeweils zeitgleich mit der Personalratswahl durchgeführt werden.
(5) ¹Hat außerhalb der Wahlen des für die regelmäßigen Wahlen der Frauenvertreterinnen festgelegten Zeitraums eine Wahl zur Frauenvertreterin stattgefunden, so ist die Frauenvertreterin in dem auf die Wahl folgenden nächsten Zeitraum der regelmäßigen Wahlen der Frauenvertreterinnen neu zu wählen. ²Hat die Amtszeit der Frauenvertreterin zu Beginn des für die regelmäßigen Wahlen der Frauenvertreterinnen festgelegten Zeitraums noch nicht ein Jahr betragen, so ist die Frauenvertreterin in dem übernächsten Zeitraum der regelmäßigen Wahlen der Frauenvertreterinnen neu zu wählen.
(6) ¹Die Amtszeit der Frauenvertreterin beträgt entsprechend den Regelungen im Personalvertretungsgesetz vier Jahre. ²Sie beginnt mit dem Ablauf der Amtszeit der Vorgängerin, jedoch nicht vor Bekanntgabe des Wahlergebnisses der Neuwahl und der Annahmeerklärung der neu gewählten Frauenvertreterin. ³Das Amt erlischt vorzeitig, wenn die Frauenvertreterin es niederlegt, aus dem Arbeits- oder Dienstverhältnis ausscheidet oder die Wählbarkeit verliert. ⁴Auf Antrag eines Viertels der Wahlberechtigten kann das Verwaltungsgericht das Erlöschen des Amtes der Frauenvertreterin wegen grober Verletzung ihrer Pflichten beschließen.

(7) ¹Die Wahl kann durch mindestens drei Wahlberechtigte beim Verwaltungsgericht angefochten werden, wenn gegen wesentliche Vorschriften über das Wahlrecht, die Wählbarkeit oder das Wahlverfahren verstoßen worden ist und eine Berichtigung nicht erfolgt ist, es sei denn, dass durch den Verstoß das Wahlergebnis nicht geändert oder beeinflusst werden konnte. ²Die Wahlanfechtung ist nur binnen einer Frist von zwei Wochen, vom Tage der Bekanntgabe des Wahlergebnisses an gerechnet, zulässig. ³Bis zur rechtskräftigen Entscheidung über die Anfechtung bleibt die Frauenvertreterin, deren Wahl angefochten ist, im Amt. ⁴Wird die Ungültigkeit der Wahl festgestellt, so sind unverzüglich Neuwahlen anzuberaumen.
(8) Der Senat wird ermächtigt, durch Rechtsverordnung nähere Vorschriften über die Vorbereitung und Durchführung der Wahl oder Bestellung der Frauenvertreterin und der Gesamtfrauenvertreterin sowie ihrer Vertreterinnen zu erlassen, in denen insbesondere die Bestellung eines Wahlvorstands, die Aufgaben des Wahlvorstands, die Durchführung einer Wahlausschreibung und die Möglichkeit einer Briefwahl geregelt werden.

§ 17 Aufgaben und Rechte der Frauenvertreterin
(1) Die Frauenvertreterin ist bei allen sozialen, organisatorischen und personellen Maßnahmen, sowie bei allen Vorlagen, Berichten und Stellungnahmen zu Fragen der Frauenförderung zu beteiligen.
(2) ¹Dazu hat sie insbesondere die folgenden Rechte:
– Beteiligung an Stellenausschreibungen,
– Beteiligung am Auswahlverfahren,
– Teilnahme an Bewerbungsgesprächen,
– Beteiligung an Beurteilungen,
– Einsicht in die Personalakten, sofern und soweit auf deren Inhalt zur Begründung von Entscheidungen Bezug genommen wird oder die Einwilligung von den betroffenen Beschäftigten vorliegt,
– Einsicht in Bewerbungsunterlagen einschließlich der Unterlagen von Bewerberinnen und Bewerbern, die nicht in die engere Auswahl einbezogen wurden.
²Die Frauenvertreterin hat ein Recht auf Auskunft in allen mit ihren Aufgaben in Zusammenhang stehenden Angelegenheiten, einschließlich des Rechts auf entsprechende Akteneinsicht. ³Das Recht auf Beteiligung umfasst über die in Satz 1 genannten Rechte hinaus die frühzeitige und umfassende Unterrichtung der Frauenvertreterin durch die Dienststelle in allen in Absatz 1 genannten Angelegenheiten sowie die Gewährung einer Gelegenheit zur Stellungnahme durch die Frauenvertreterin vor Entscheidungen. ⁴Die Beteiligung der Frauenvertreterin erfolgt vor dem Personalrat, in dringenden Fällen zeitgleich.
(3) ¹Wird die Frauenvertreterin nicht oder nicht rechtzeitig beteiligt, so ist die Entscheidung über eine Maßnahme für zwei Wochen auszusetzen und die Beteiligung nachzuholen. ²In dringenden Fällen ist die Frist auf eine Woche, bei außerordentlichen Kündigungen auf drei Arbeitstage zu verkürzen.
(4) ¹Bei der Besetzung von Vorstands- und Geschäftsleitungspositionen der Anstalten, Körperschaften und Stiftungen des öffentlichen Rechts, prüft die jeweils zuständige Frauenvertreterin, ob die Vorgaben dieses Gesetzes in Bezug auf
– das Erfordernis sowie die Art und den Inhalt der öffentlichen Bekanntmachung (§ 5 Absatz 3, § 5 Absatz 4 und 5),
– die Anzahl der zu einem Vorstellungsgespräch einzuladenden Bewerberinnen (§ 6 Absatz 2 in Verbindung mit § 6 Absatz 1),
– die Dokumentation des Verfahrens (§ 6 Absatz 3) sowie
– die Einbeziehung von Dritten in das Personalfindungsverfahren (§ 6 Absatz 4)
eingehalten wurden.

²Dazu sind ihr alle hierfür wesentlichen, anonymisierten Informationen rechtzeitig in geeigneter Form zur Verfügung zu stellen. ³Sie legt das Ergebnis ihrer Prüfung innerhalb einer Woche vor der Besetzungsentscheidung dem dafür zuständigen Organ vor.
(5) ¹Die Frauenvertreterin kann Sprechstunden während der Arbeitszeit einrichten. ²Zeit und Ort bestimmt sie im Einvernehmen mit der Dienststellenleitung. ³Sie führt einmal jährlich eine Versammlung der weiblichen Beschäftigten durch (Frauenversammlung). ⁴Bei dieser Gelegenheit erstattet sie einen Tätigkeitsbericht. ⁵Auf die Frauenversammlung sind die Regelungen des Personalvertretungsgesetzes zur Personalversammlung entsprechend anzuwenden.
(6) ¹Unbeschadet der Rechte auf Beteiligung ist die Frauenvertreterin in allen mit ihren Aufgaben in Zusammenhang stehenden Angelegenheiten durch die Dienststellenleitung frühzeitig zu informieren. ²Geschieht dies nicht, so findet Absatz 3 entsprechend Anwendung.
(7) Die Frauenvertreterin nimmt Beschwerden über sexuelle Belästigungen entgegen, berät die Betroffenen und leitet Mitteilungen über sexuelle Belästigungen mit Einverständnis der Betroffenen der Dienststellenleitung zu.
(8) Die Vorschriften des § 92a Absatz 1 des Personalvertretungsgesetzes in der Fassung vom 14. Juli 1994 (GVBl. S. 337, 1995 S. 24), das zuletzt durch Artikel III des Gesetzes vom 25. Januar 2010 (GVBl. S. 22) geändert worden ist, über die Behandlung der Verschlusssachen der Verfassungsschutzbehörde gelten für die Frauenvertreterin der Verfassungsschutzabteilung bei der für Inneres zuständigen Senatsverwaltung entsprechend.

§ 17a (weggefallen)

§ 18 Beanstandungen
(1) ¹Beanstandet die Frauenvertreterin bei personellen oder sonstigen Maßnahmen einen Verstoß gegen dieses Gesetz, ist der Vorgang von der Dienststellenleitung unverzüglich erneut zu entscheiden. ²Die Beanstandung erfolgt spätestens 14 Tage, nachdem die Frauenvertreterin durch die Dienststelle schriftlich von der Maßnahme unterrichtet wurde. ³§ 17 Absatz 3 Satz 2 gilt entsprechend.
(2) ¹Die Frauenvertreterin kann die erneute Entscheidung innerhalb von 14 Tagen nach schriftlicher Unterrichtung durch die Dienststelle bei dem für Frauenpolitik zuständigen Mitglied des Senats beanstanden. ²Dieses legt der Dienststellenleitung einen Entscheidungsvorschlag vor. ³§ 17 Absatz 3 Satz 2 gilt entsprechend.
(3) ¹Bis zur Entscheidung durch die Dienststellenleitung und bis zur Vorlage des Entscheidungsvorschlags durch das für Frauenpolitik zuständige Mitglied des Senats wird die Entscheidung über die Maßnahme ausgesetzt. ²Der Vollzug der beanstandeten Maßnahme vor Ablauf der in Absatz 1 und 2 genannten Beanstandungsfristen ist unzulässig.
(4) ¹Hält im Bereich der Berliner Hauptverwaltung (§ 2 Absatz 1 und 2 des Allgemeinen Zuständigkeitsgesetzes) eine Dienststellenleitung trotz gegenteiligen Entscheidungsvorschlags des für Frauenpolitik zuständigen Mitglieds des Senats an einer beanstandeten Maßnahme fest, so hat diese unverzüglich Mitteilung an das für Frauenpolitik zuständige Mitglied des Senats zu erstatten. ²Dieses legt den Vorgang dem Senat zur Beratung und Beschlussfassung vor. ³Die Beratung und Beschlussfassung erfolgt durch die Personalkommission des Senats. ⁴Bis zur Beschlussfassung der Personalkommission wird die Entscheidung über die Maßnahme weiterhin ausgesetzt.
(5) Die Absätze 1 bis 4 gelten nicht in den von § 17 Absatz 4 erfassten Fällen.
(6) Das für Frauenpolitik zuständige Mitglied des Senats ist Mitglied der Personalkommission des Senats.

§ 18a Gesamtfrauenvertreterin

(1) [1]Für diejenigen Dienststellen im Sinne des Personalvertretungsgesetzes mit Ausnahme der Hochschulen im Sinne des § 1 des Berliner Hochschulgesetzes, die einen Gesamtpersonalrat bilden, ist eine Gesamtfrauenvertreterin zu wählen. [2]Für die Wahl, das aktive und passive Wahlrecht, den Wahlzeitraum, die Amtszeit, die Wahlanfechtung sowie die Vorbereitung und Durchführung der Wahl gelten § 16a sowie die Verordnung über die Wahl zur Frauenvertreterin vom 3. Juni 1993 (GVBl. S. 246) in der jeweiligen Fassung entsprechend.
(2) Der Gesamtwahlvorstand wird, wenn keine Gesamtfrauenvertreterin gewählt ist, von den Frauenvertreterinnen der zuständigen Dienststellen gemeinsam bestellt.
(3) [1]Die Freistellung und die Vertretung der Gesamtfrauenvertreterin richten sich nach den für die Frauenvertreterin geltenden Vorschriften. [2]Die gleichzeitige Ausübung des Amtes der Frauenvertreterin und des Amtes der Gesamtfrauenvertreterin ist ausgeschlossen.
(4) [1]Die Gesamtfrauenvertreterin ist zuständig:
1. für die Beteiligung an den Angelegenheiten, an denen der Gesamtpersonalrat, der Gesamtrichterrat oder der Gesamtstaatsanwaltsrat, sofern er Aufgaben des Gesamtrichterrats wahrnimmt, zu beteiligen ist,
2. für die Beteiligung bei allen sozialen, organisatorischen und personellen Maßnahmen, für die die Zuständigkeit einer Frauenvertreterin nicht gegeben ist,
3. für Angelegenheiten, für die die Zuständigkeit des Hauptpersonalrats, des Hauptrichterrats oder des Hauptstaatsanwaltsrats begründet wurde.

[2]Die §§ 17, 18 und 20 gelten entsprechend.

§ 19 Berichtspflicht

(1) Der Senat berichtet dem Abgeordnetenhaus im Abstand von zwei Jahren über die Durchführung dieses Gesetzes.
(2) Die Berichtspflicht umfasst die bisherigen und geplanten Maßnahmen zur Durchführung dieses Gesetzes, insbesondere die Auskunft über die Entwicklung des Frauenanteils in den Besoldungs-, Vergütungs-, Entgelt- und Lohngruppen der einzelnen Laufbahn- und Berufsfachgruppen im öffentlichen Dienst, die Maßnahmen zur Frauenförderung und zur Förderung der Vereinbarkeit von Beruf und Familie bei der öffentlichen Auftragsvergabe und staatlichen Leistungsgewährung sowie die Dokumentation der Besetzungsverfahren von Vorstands- und Geschäftsleitungspositionen der Anstalten, Körperschaften und Stiftungen des öffentlichen Rechts.
(3) [1]Die Einrichtungen nach § 1 Absatz 1 oder Dienststellen im Sinne des Personalvertretungsgesetzes erstellen als Grundlage des Berichts des Senats eine Analyse der Beschäftigtenstruktur und erheben dazu insbesondere Angaben über
1. die Zahl der Beschäftigten,
2. die Einstellungen, Beförderungen und Höhergruppierungen sowie die Positionen mit Vorgesetzten- und Leitungsfunktionen, jeweils gegliedert nach Geschlecht sowie Voll- und Teilzeittätigkeit, und
3. a) die Gremien der Einrichtungen,
   b) die Gremienmitglieder sowie die in Gremien außerhalb der Verwaltung des Landes Berlin entsandten Mitglieder jeweils getrennt nach Geschlecht.

[2]Die Anstalten, Körperschaften und Stiftungen des öffentlichen Rechts erheben bei der Besetzung von Vorstands- und Geschäftsleitungspositionen die Art der öffentlichen Bekanntmachung, die Einbeziehung von Dritten in den Personalfindungsprozess, die Anzahl der Bewerbungen von Frauen und Männern sowie die Anzahl der zu einem Vorstellungsgespräch eingeladenen Bewerberinnen und Bewerber. [3]Die statistischen Angaben sowie die Analyse der Beschäftigtenstruktur sind alle zwei Jahre jeweils sechs

Monate vor Abgabe des Berichts an das Abgeordnetenhaus der für Frauenpolitik zuständigen Senatsverwaltung zu übermitteln.
(4) Der Senat wird ermächtigt, durch Rechtsverordnung die einzelnen Vorgaben für die Erhebung der statistischen Angaben sowie die Berichterstattung zur Analyse der Beschäftigtenstruktur und zur Besetzung von Gremien zu regeln.

§ 20 Gerichtliches Verfahren
[1]Die Frauenvertreterin kann das Verwaltungsgericht anrufen, um geltend zu machen, dass die Dienststelle ihre Rechte aus diesem Gesetz verletzt hat oder keinen oder einen nicht den Vorschriften dieses Gesetzes entsprechenden Frauenförderplan aufgestellt hat. [2]Die Anrufung hat keine aufschiebende Wirkung.

§ 21 Verwirklichung des Gleichstellungsgebots in den Bezirken
(1) [1]Der Verfassungsauftrag der Gleichstellung und der gleichberechtigten Teilhabe von Frauen und Männern ist bei der Wahrnehmung von Aufgaben und der Planung von Vorhaben in der Verwaltung zu beachten und gehört zu den Aufgaben der Berliner Bezirksverwaltungen. [2]Ausschließlich dazu bestellen die Bezirksämter eine hauptamtlich tätige Frauen- oder Gleichstellungsbeauftragte. [3]Die Dienstaufsicht über die Frauen- oder Gleichstellungsbeauftragte übt die Bezirksbürgermeisterin oder der Bezirksbürgermeister aus. [4]Zur Erfüllung ihrer Aufgaben ist die Frauen- oder Gleichstellungsbeauftragte mit den notwendigen personellen und sachlichen Mitteln auszustatten.
(2) Das Bezirksamt informiert die Frauen- oder Gleichstellungsbeauftragte unverzüglich über Vorhaben, Programme, Maßnahmen und Entscheidungen, die ihre Aufgaben berühren, und gibt ihr vor einer Entscheidung innerhalb einer angemessenen Frist Gelegenheit zur Stellungnahme.
(3) [1]Die Frauen- oder Gleichstellungsbeauftragte regt Vorhaben und Maßnahmen zur Verbesserung der Arbeits- und Lebensbedingungen von Frauen im Bezirk an. [2]Sie arbeitet insbesondere mit gesellschaftlich relevanten Gruppen, Behörden und Betrieben zusammen. [3]Die Frauen- oder Gleichstellungsbeauftragte informiert die Öffentlichkeit über Angelegenheiten ihres Aufgabenbereichs.
(4) [1]Die Frauen- oder Gleichstellungsbeauftragte gibt dem Bezirksamt Empfehlungen zur Verwirklichung des Gebots zur Gleichstellung von Frauen und Männern. [2]Dazu kann sie das Bezirksamt innerhalb einer angemessenen Frist zur Stellungnahme auffordern.
(5) In Angelegenheiten, die frauenpolitische Belange oder Fragen der Gleichstellung berühren, kann die Frauen- oder Gleichstellungsbeauftragte über das Bezirksamt Vorlagen zur Kenntnisnahme in die Bezirksverordnetenversammlung einbringen.

§ 22 Verwaltungsvorschriften
Die zur Durchführung dieses Gesetzes erforderlichen Verwaltungsvorschriften erlässt das für Frauenpolitik zuständige Mitglied des Senats.

§ 23 Inkrafttreten
Dieses Gesetz tritt am Tage nach der Verkündung im Gesetz- und Verordnungsblatt für Berlin in Kraft.

5. Gesetz zur Gleichstellung von Frauen und Männern im öffentlichen Dienst im Land Brandenburg (Landesgleichstellungsgesetz Brandenburg – LGG-BB)

vom 4. Juli 1994 (GVBl. 1994, S. 254)
– zuletzt geändert durch Gesetz zur Anpassung des bereichsspezifischen Datenschutzrechts an die Verordnung (EU) 2016/679 vom 8. Mai 2018 (GVBl. Teil I 8 2018, S. 1, 18)

Erster Abschnitt: Allgemeine Vorschriften

§ 1 Ziel des Gesetzes
Ziel dieses Gesetzes ist es, die tatsächliche Gleichstellung von Frauen und Männern im öffentlichen Dienst zu erreichen, die Vereinbarkeit von Beruf und Familie für Frauen und Männer zu fördern sowie die berufliche Situation von Frauen auch in der Privatwirtschaft zu verbessern.

§ 2 Geltungsbereich
(1) [1]Dieses Gesetz gilt für die Verwaltung des Landes, für die der Aufsicht des Landes unterstehenden Körperschaften, Anstalten und Stiftungen des öffentlichen Rechts sowie für die Gerichte, den Landesrechnungshof und die Verwaltung des Landtages. [2]Es gilt auch für die Landesbeauftragte oder den Landesbeauftragten für den Datenschutz und für das Recht auf Akteneinsicht Brandenburg sowie für die Landesbeauftragte oder den Landesbeauftragten zur Aufarbeitung der Folgen der kommunistischen Diktatur.
(2) Dieses Gesetz gilt für die Verwaltung der Gemeinden, Ämter und Landkreise nach Maßgabe des § 25 sowie für die Eigenbetriebe, Krankenhäuser, Zweckverbände und der Aufsicht der Gemeinden, Ämter und Landkreise unterstehenden Stellen.
(3) [1]Soweit das Land Mehrheitsbeteiligungen an privatrechtlichen Unternehmen unmittelbar oder mittelbar hält oder erwirbt, hat es im Rahmen des geltenden Rechts dafür Sorge zu tragen, dass die Maßnahmen der Gleichstellung von Frauen und Männern entsprechend den Regelungen dieses Gesetzes auch in den privatrechtlichen Unternehmen umgesetzt werden. [2]Bei Beteiligungen an privatrechtlichen Unternehmen ohne Mehrheit des Landes wirkt das Land auf die Anwendung dieses Gesetzes hin. [3]Das Ziel der Gleichstellung und die entsprechenden Regelungen dieses Gesetzes gelten auch insbesondere im Bereich der Vorstands- und Geschäftsführungspositionen.
(4) Dieses Gesetz gilt nicht für die Hochschulen.

§ 3 Begriffsbestimmungen
(1) [1]Dienststellen im Sinne dieses Gesetzes sind die Behörden und Einrichtungen des Landes und die in § 2 Absatz 1 und 2 genannten Stellen. [2]Für die Schulen sind die Staatlichen Schulämter Dienststellen im Sinne dieses Gesetzes. [3]Dienststelle im Sinne dieses Gesetzes sind auch die nach § 6 Absatz 2 des Landespersonalvertretungsgesetzes zu Dienststellen erklärten Nebenstellen und Dienststellenteile, soweit deren Leitung Entscheidungsbefugnisse in Personalangelegenheiten hat.
(2) [1]Beschäftigte im Sinne dieses Gesetzes sind Arbeitnehmerinnen und Arbeitnehmer, Beamtinnen und Beamte, Richterinnen und Richter sowie Auszubildende. [2]Beschäftigte im Sinne dieses Gesetzes sind auch die Beschäftigten nach § 4 Abs. 1 bis 3 des Landespersonalvertretungsgesetzes. [3]Auf den von § 4 Abs. 4 des Landespersonalvertretungsgesetzes ausge-

nommenen Personenkreis findet auch dieses Gesetz keine Anwendung. [4]Das gleiche gilt für Wahlbeamtinnen und -beamte auf Zeit.

§ 4 Grundsätze
(1) Zur Verwirklichung der tatsächlichen Gleichstellung von Frauen und Männern im öffentlichen Dienst sind Frauen nach Maßgabe dieses Gesetzes unter Berücksichtigung des verfassungsrechtlichen Vorranges von Eignung, Befähigung und fachlicher Leistung (Artikel 33 Abs. 2 Grundgesetz) zu fördern.
(2) [1]Die Dienststellen sind verpflichtet, durch Gleichstellungspläne und sonstige Maßnahmen der Förderung auf die Gleichstellung von Frauen und Männern im öffentlichen Dienst und auf die Beseitigung bestehender Unterrepräsentanzen hinzuwirken. [2]Die Einzelfallgerechtigkeit ist zu wahren. [3]Die Erfüllung dieser Verpflichtung ist besondere Aufgabe der Dienstkräfte mit Leitungsfunktionen und bei der Beurteilung ihrer Leistung einzubeziehen.
(3) Unterrepräsentanz nach Absatz 2 liegt dann vor, wenn in Besoldungsgruppen innerhalb einer Laufbahn oder in Entgeltgruppen sowie zusätzlich in Funktionen mit Vorgesetzten- und Leitungsaufgaben in der jeweiligen Dienststelle weniger Frauen als Männer beschäftigt sind.

Zweiter Abschnitt: Frauenförderung im öffentlichen Dienst

§ 5 Erstellung von Gleichstellungsplänen
(1) [1]Für jede Dienststelle mit mehr als zwanzig Beschäftigten ist ein Gleichstellungsplan zu erstellen, der die Förderung der Gleichstellung und den Abbau von Unterrepräsentanz von Frauen zum Gegenstand hat. [2]Er enthält Maßnahmen zur Personalentwicklung für die Übernahme von Führungspositionen durch Frauen. [3]In Dienststellen mit weniger als zwanzig Beschäftigten kann ein Gleichstellungsplan aufgestellt werden. [4]Der Gleichstellungsplan ist einvernehmlich von der Leitung der Dienststelle und der Gleichstellungsbeauftragten zu erstellen. [5]Ist in einer Dienststelle eine Gleichstellungsbeauftragte nicht bestellt, ist die nächsthöhere Dienststelle zuständig.
(2) [1]Wird zwischen der Leitung der Dienststelle und der Gleichstellungsbeauftragten kein Einvernehmen erzielt, entscheidet auf Verlangen der Gleichstellungsbeauftragten die nächsthöhere Dienststelle. [2]Wird zwischen der Leitung einer obersten Landesbehörde und der Gleichstellungsbeauftragten kein Einvernehmen erzielt, entscheidet die Leitung. [3]Die Entscheidung soll innerhalb von drei Wochen ergehen.
(3) Nächsthöhere Dienststelle nach Absatz 2 ist die Dienststelle, die die Dienstaufsicht ausübt.
(4) [1]In den Gemeinden mit eigener Verwaltung, Ämtern und Landkreisen sind Gleichstellungspläne von den für Personalangelegenheiten zuständigen Stellen und den kommunalen Gleichstellungsbeauftragten einvernehmlich zu erstellen. [2]Wird auf diese Weise kein Einverständnis erzielt, entscheidet nach Anhörung der kommunalen Gleichstellungsbeauftragten die Vertretung der kommunalen Körperschaft.
(5) [1]In den Eigenbetrieben, Krankenhäusern, Zweckverbänden und der Aufsicht der Gemeinden, Ämter und Landkreise unterstehenden Stellen sind Gleichstellungspläne von den für Personalangelegenheiten zuständigen Stellen und den nach diesem Gesetz zu bestellenden Gleichstellungsbeauftragten zu erstellen. [2]Wird auf diese Weise kein Einverständnis erzielt, gilt Absatz 4 Satz 2 zweiter Halbsatz entsprechend.
(6) [1]In den der Rechtsaufsicht unterstehenden Körperschaften, Anstalten und Stiftungen des öffentlichen Rechts sowie für die Landesbeauftragte oder den Landesbeauftragten für den Datenschutz und für das Recht auf Akteneinsicht Brandenburg sowie für die Landesbeauftragte oder den Landesbeauftragten zur Aufarbeitung der Folgen der kommunistischen

Diktatur gilt Absatz 5 Satz 1 entsprechend. ²Wird auf diese Weise kein Einverständnis erzielt, entscheidet im Fall der in Satz 1 genannten juristischen Personen des öffentlichen Rechts das geschäftsführende Organ. ³Im Fall der in Satz 1 genannten Landesbeauftragten entscheidet der Präsident oder die Präsidentin des Landtages.
(7) ¹In der Verwaltung des Landtages wird der Gleichstellungsplan von dem Direktor oder der Direktorin des Landtages im Einvernehmen mit der Gleichstellungsbeauftragten erstellt. ²Wird auf diese Weise kein Einverständnis erzielt, entscheidet der Präsident oder die Präsidentin des Landtages.
(8) ¹Das Verfahren nach Absatz 1 Satz 3 und Absatz 2 geht dem Verfahren über die Mitbestimmung des Personalrates bei organisatorischen Angelegenheiten nach dem Landespersonalvertretungsgesetz voraus. ²Dies gilt auch für die Verfahren nach den Absätzen 4 bis 7.
(9) Der Gleichstellungsplan ist in der Dienststelle, für die er erstellt ist, bekanntzumachen.

§ 6 Mindestinhalt des Gleichstellungsplanes
(1) ¹Der Gleichstellungsplan ist für jeweils vier Jahre zu erstellen und nach jeweils zwei Jahren der aktuellen Entwicklung anzupassen. ²Die Anpassung erfolgt entsprechend § 5.
(2) ¹Grundlagen des Gleichstellungsplanes sind eine Bestandsaufnahme und Analyse der Beschäftigtenstruktur sowie eine Schätzung der im Geltungszeitraum zu besetzenden Stellen und möglichen Beförderungen und Höhergruppierungen. ²Für diese Analyse sind folgende Angaben zu erheben:
1. die Zahl der in der Dienststelle beschäftigten Frauen und Männer, getrennt nach Besoldungsgruppen innerhalb einer Laufbahn und Entgeltgruppen sowie für alle Funktionen mit Vorgesetzten- und Leitungsaufgaben,
2. die Zahl der teilzeitbeschäftigten Männer und Frauen getrennt nach Besoldungsgruppen innerhalb einer Laufbahn und Entgeltgruppen sowie für alle Funktionen mit Vorgesetzten- und Leitungsaufgaben in der Dienststelle,
3. die Zahl der Auszubildenden, getrennt nach Geschlecht, Laufbahn und Ausbildungsberuf,
4. die Zahl der voraussichtlich neu zu besetzenden Stellen oder möglichen Höhergruppierungen und Beförderungen,
5. die Zahl der Tarifbeschäftigten ohne Lehrkräfte und sonstiges pädagogisches Personal an Schulen ab Entgeltgruppe 13 mit Verträgen, die für ein Jahr und länger befristet sind, getrennt nach Geschlecht,
6. die Zahl der Beschäftigten, die altersbedingt ausscheiden, getrennt nach Geschlecht, Besoldungs- und Entgeltgruppen sowie gesondert für alle Funktionen mit Vorgesetzten- und Leitungsaufgaben in einer Dienststelle,
7. die Nachbesetzungsmöglichkeiten bei den Beratungs- und Entscheidungsgremien nach § 12.
(3) ¹Der Gleichstellungsplan enthält für jeweils zwei Jahre verbindliche Zielvorgaben bezogen auf den Anteil der Frauen bei Einstellungen, Beförderungen und Höhergruppierungen mit dem Ziel, den Frauenanteil in Bereichen zu erhöhen, in denen sie unterrepräsentiert sind. ²Wenn personalwirtschaftliche Regelungen vorgesehen sind, die Stellen sperren oder zum Wegfall bringen, sind die Zielvorgaben des Gleichstellungsplanes einzuhalten.
(4) Der Gleichstellungsplan soll ferner enthalten:
1. Maßnahmen zur Verbesserung der Arbeitsbedingungen, die insbesondere die Vereinbarkeit von Familie und Beruf erleichtern,
2. Maßnahmen zur Aufwertung der Tätigkeit auf Arbeitsplätzen, die überwiegend mit Frauen besetzt sind, jedoch nur im Rahmen des Stellenplanes der Dienststelle,

3. Vorgaben für Fortbildungsmaßnahmen,
4. Regelungen zur umfassenden Unterrichtung der Beschäftigten über Gleichstellungsthemen.
(5) Wird der Gleichstellungsplan in bezug auf die Einstellung und Beförderung von Frauen innerhalb des vorgesehenen Zeitraums nicht erfüllt, bedarf es bis zu seiner Erfüllung bei jeder weiteren Einstellung oder Beförderung eines Mannes in einem Bereich, in dem Frauen unterrepräsentiert sind, der Zustimmung der Stelle, die bei fehlendem Einvernehmen über den Gleichstellungsplan entscheidet.

§ 7 Ausschreibung von Stellen und Funktionen
(1) ¹Alle Stellen und Funktionen sind grundsätzlich auszuschreiben. ²In Bereichen, in denen Frauen unterrepräsentiert sind, hat die Ausschreibung in der Landesverwaltung mindestens landesweit intern und in den Gemeinden, Ämtern und Landkreisen öffentlich zu erfolgen. ³Soweit eine Personalmaßnahme nur vorläufig ist, kann bei einer Dauer von bis zu einem Jahr von einer Ausschreibung abgesehen werden. ⁴Im Einvernehmen mit der Gleichstellungsbeauftragten kann bei Vorliegen besonderer Gründe von einer öffentlichen Ausschreibung abgesehen werden. ⁵Für Stellen und Funktionen, die nur von Beschäftigten der Dienststelle besetzt werden können, ist eine hausinterne Ausschreibung ausreichend. ⁶Die Richtlinie des Landes Brandenburg zur Besetzung von Arbeitsplätzen und Dienstposten vom 4. Mai 2010 (ABl. S. 803) bleibt unberührt.
(2) Bei Stellenausschreibungen ist sowohl die männliche als auch die weibliche Form zu verwenden, es sei denn, ein bestimmtes Geschlecht ist unverzichtbare Voraussetzung für die Tätigkeit.
(3) ¹Auf bestehende Möglichkeiten zur Teilzeitbeschäftigung ist in der Ausschreibung hinzuweisen. ²Das gilt auch für Vorgesetzten- und Leitungsaufgaben.
(4) ¹In allen Bereichen, in denen Frauen unterrepräsentiert sind, sind sie besonders aufzufordern, sich zu bewerben. ²Liegen nach der ersten Ausschreibung keine Bewerbungen von Frauen vor, die die geforderten Qualifikationen nachweisen, muss die Stelle erneut ausgeschrieben werden.

§ 8 Auswahlverfahren
In Bereichen, in denen Frauen unterrepräsentiert sind, sind alle Bewerberinnen oder mindestens ebensoviele Frauen wie Männer zum Vorstellungsgespräch zu laden, sofern sie die für die Stelle erforderliche Qualifikation besitzen.

§ 9 Einstellung und beruflicher Aufstieg
(1) ¹Beträgt der Anteil von Frauen in einer Besoldungsgruppe innerhalb einer Laufbahn, in einer Entgeltgruppe oder in Funktionen mit Vorgesetzten- und Leitungsaufgaben nicht mindestens 50 Prozent, sind Frauen, die eine zur Ausfüllung der Stelle oder Funktion gleichwertige Qualifikation (Eignung, Befähigung und fachliche Leistung) besitzen wie Mitbewerber, bevorzugt einzustellen, höher zu gruppieren und zu befördern, sofern nicht in der Person des Mitbewerbers liegende Gründe überwiegen. ²Dies gilt nicht, wenn für die Besetzung einer Richterstelle die Mitwirkung des Richterwahlausschusses vorgeschrieben ist.
(2) Bei Einstellung, Beförderung, Höhergruppierung und Übertragung höherbewerteter Dienstposten und Arbeitsplätze dürfen zum Nachteil der Betroffenen nicht berücksichtigt werden:

1. der Familienstand,
2. die zeitliche Belastung durch Elternschaft, durch die Betreuung pflegebedürftiger Angehöriger oder die Absicht, von der Möglichkeit einer Ermäßigung der Arbeitszeit Gebrauch zu machen,
3. die Einkommenssituation des Partners oder der Partnerin,
4. die Unterbrechung der Erwerbstätigkeit, die Reduzierung der Arbeitszeit oder die Verzögerung des Abschlusses einzelner Ausbildungsgänge aufgrund der Betreuung von Kindern oder pflegebedürftigen Angehörigen.

(3) In der Familie und im Ehrenamt erworbene Erfahrungen und Fähigkeiten sind bei der Qualifikation zu berücksichtigen, wenn sie für die vorgesehenen Tätigkeiten dienlich sind.

(4) Fragen nach Vorliegen einer Schwangerschaft, nach der Familienplanung oder danach, wie die Betreuung von Kindern oder pflegebedürftigen Angehörigen neben der Berufstätigkeit gewährleistet werden kann, sind unzulässig.

§ 9a Sexuelle Belästigung am Arbeitsplatz
(1) [1]Sexuelle Belästigungen sind Diskriminierungen und Dienstpflichtverletzungen. [2]Es gehört zur Dienstpflicht von Beschäftigten mit Vorgesetzten- und Leitungsfunktionen, sexuellen Belästigungen von Beschäftigten entgegenzuwirken und bekannt gewordenen Fällen sexueller Belästigung nachzugehen.

(2) Die Beschwerde von Betroffenen darf nicht zu Benachteiligungen führen.

§ 10 Ausbildung
[1]Ausbildungsplätze sollen in beruflichen Bereichen, in denen Frauen unterrepräsentiert sind, mindestens zur Hälfte an Frauen vergeben werden. [2]In diesen Bereichen sind Frauen zusätzlich zur Ausschreibung besonders zu motivieren, sich um Ausbildungsplätze zu bewerben.

§ 11 Fortbildung
(1) [1]Die Teilnahmeplätze für Fortbildungsveranstaltungen sollen zur Hälfte mit Frauen besetzt werden. [2]Für weibliche Beschäftigte sind besondere Fortbildungsveranstaltungen anzubieten, die eine weitere Qualifizierung ermöglichen und auf die Übernahme von Tätigkeiten vorbereiten, bei denen Frauen unterrepräsentiert sind.

(2) Die Teilnahme an Fortbildungsveranstaltungen ist auch Beschäftigten mit Familienpflichten und Teilzeitbeschäftigten sowie Beschäftigten in Eltern- oder Pflegezeit zu ermöglichen.

(3) Fortbildungsprogramme, insbesondere für Beschäftigte mit Vorgesetzten- und Leitungsaufgaben und solche im Personalwesen, haben dieses Gesetz als Unterrichtsgegenstand vorzusehen.

(4) Frauen sind verstärkt als Dozentinnen bei Fortbildungsmaßnahmen einzusetzen.

§ 12 Gremien
(1) [1]In allen Beratungs- und Entscheidungsgremien im Bereich der unmittelbaren und mittelbaren Landesverwaltung, soweit es sich nicht um ein öffentliches Amt im Sinne des Artikels 21 Absatz 2 der Verfassung des Landes Brandenburg handelt, sind die auf Veranlassung des Landes zu besetzenden Mandate zur Hälfte mit Frauen zu besetzen. [2]Gremien im Sinne von Satz 1 sind insbesondere Beiräte, Kommissionen, Ausschüsse, Verwaltungs- und Aufsichtsräte sowie sonstige Kollegialorgane und vergleichbare Mitwirkungsgremien unabhängig von ihrer Bezeichnung und davon, ob die Mitglieder gewählt werden. [3]Mitglieder kraft Amtes sind von dieser Regelung ausgenommen. [4]Besteht das Gremium sowohl aus Mitgliedern kraft

Amtes als auch aus vom Land zu bestellenden Mitgliedern, so soll die Gesamtanzahl dieser Mitglieder zur Hälfte Frauen sein.
(2) ¹Bei der Bestellung, Berufung oder Ernennung von Gremienmitgliedern im Bereich der unmittelbaren oder mittelbaren Landesverwaltung sind die Vorschläge oder Vorschlagsrechte der entsendenden Organe, Behörden, Dienststellen oder sonstigen Einrichtungen des Landes so auszugestalten, dass bei der Bildung neuer Gremien oder bei der Entsendung mehrerer Personen zur Hälfte Frauen vorzuschlagen oder zu benennen sind. ²Wenn aus einem bestehenden Gremium Mitglieder ausscheiden, sind grundsätzlich solange Frauen vorzuschlagen, bis der Frauenanteil 50 Prozent beträgt. ³Ausnahmen sind zulässig, wenn eine Besetzung mit einer Frau aus rechtlichen und tatsächlichen Gründen nicht möglich ist.
(3) Absatz 2 gilt entsprechend für die Entsendung von Vertreterinnen und Vertretern in Gremien außerhalb der Landesverwaltung durch Organe, Behörden, Dienststellen oder sonstige Einrichtungen des Landes.
(4) (weggefallen)

§ 13 Sprache
(1) Gesetze und andere Rechtsvorschriften haben sprachlich der Gleichstellung von Frauen und Männern Rechnung zu tragen.
(2) Im dienstlichen Schriftverkehr ist bei der Formulierung besonders auf die Gleichbehandlung von Frauen und Männern zu achten.
(3) ¹In Vordrucken sind geschlechtsneutrale Personenbezeichnungen zu verwenden. ²Sofern diese nicht gefunden werden können, ist die weibliche und männliche Sprachform zu verwenden.

Dritter Abschnitt: Frauenförderung durch öffentliche Auftragsvergabe und staatliche Leistungsgewährung

§ 14 Auftragsvergabe
(1) Beim Abschluss von Verträgen über Leistungen mit einem geschätzten Auftragswert von über 50 000 Euro soll bei gleichwertigen Angeboten bevorzugt werden, wer sich der Gleichstellung von Frauen im Erwerbsleben nachweisbar angenommen hat.
(2) Das Nähere regelt eine Rechtsverordnung der Landesregierung.

§ 15 Staatliche Leistungsgewährung
(1) Bei der Gewährung von freiwilligen Leistungen nach Landesrecht an Arbeitgeber ist in geeigneten Fällen die Förderung der Beschäftigung von Frauen zu berücksichtigen.
(2) Das Nähere regelt eine Rechtsverordnung der Landesregierung.

Vierter Abschnitt: Familiengerechte Arbeitszeit

§ 16 Familie und Lebensgemeinschaften
Die Regelungen nach § 11 Abs. 2, §§ 17 und 19 gelten unabhängig vom Familienstand für Lebensgemeinschaften mit Kindern oder pflegebedürftigen Angehörigen.

§ 17 Beurlaubung
(1) ¹Arbeitnehmerinnen und Arbeitnehmer haben in entsprechender Anwendung des § 80 Abs. 1 Nr. 2 des Landesbeamtengesetzes Anspruch auf Beurlaubung aus familiären Gründen ohne Entgelt. ²Weitergehende tarifvertragliche Regelungen bleiben unberührt. ³Nach Beendigung der Beurlaubung ist anzustreben, die Beurlaubten wieder an ihrem alten Dienstort einzusetzen. ⁴Frauen in der Mutterschutzfrist und Frauen und Männer in der Elternzeit haben

nach Ablauf dieser Zeiten Anspruch darauf, an ihren früheren oder einen gleichwertigen Arbeitsplatz zurückzukehren unter Bedingungen, die für sie nicht weniger günstig sind.
(2) [1]Eine Beurlaubung aus familiären Gründen steht der Übertragung einer höherbewerteten Tätigkeit, soweit es mit dienstlichen Belangen vereinbar ist, nicht entgegen. [2]Die Dienststelle hat eine beurlaubte Person in die engere Entscheidung über eine Maßnahme nach Satz 1 dieses Absatzes einzubeziehen, wenn die zuletzt erreichten Leistungen und der Zeitpunkt der letzten vor der Beurlaubung liegenden Maßnahme nach Satz 1 dieses Absatzes dies rechtfertigen.
(3) [1]Während der Beurlaubung besteht die Möglichkeit der Teilnahme an Fortbildungsveranstaltungen. [2]Beurlaubte sind in geeigneter Weise über die Fortbildungsprogramme zu informieren. [3]Die Fortbildungsveranstaltungen sind dienstliche Veranstaltungen. [4]Arbeitsentgelt wird den Beurlaubten aus Anlaß der Teilnahme nicht gewährt; eine Anrechnung auf die Beschäftigungs- und Dienstzeiten erfolgt nicht. [5]Es besteht kein Anspruch auf Reisekosten- und Trennungsgeld.
(4) Beschäftigungsverhältnisse zur Überbrückung von dienstlichen Engpässen sind vorrangig Beschäftigten anzubieten, die aus familiären Gründen beurlaubt sind.
(5) Mit den Beurlaubten sind auf Antrag Beratungsgespräche zu führen, in denen sie über Einsatzmöglichkeiten während und nach der Beurlaubung informiert werden.

§ 18 Teilzeitbeschäftigte
(1) [1]Teilzeitbeschäftigten sind die gleichen beruflichen Chancen wie Vollzeitbeschäftigten einzuräumen. [2]Teilzeitbeschäftigung darf sich nicht nachteilig auf die dienstliche Beurteilung auswirken.
(2) [1]Anträgen von Arbeitnehmerinnen und Arbeitnehmern auf Teilzeitbeschäftigung ist zu entsprechen, soweit nicht besondere dienstliche Belange entgegenstehen. [2]Die Reduzierung der Arbeitszeit steht der Wahrnehmung von Vorgesetzten- und Leitungsaufgaben grundsätzlich nicht entgegen.
(3) [1]Nach Ablauf einer befristeten Teilzeitbeschäftigung im Rahmen eines unbefristeten Beschäftigungsverhältnisses besteht ein Anspruch auf Rückkehr zur Vollzeitbeschäftigung unter Wahrung der Belange von anderen Teilzeitbeschäftigten. [2]Teilzeitbeschäftigte aus familiären Gründen, die eine vorzeitige Rückkehr zur Vollzeitbeschäftigung oder diese erstmals anstreben, sind unter Beachtung ihrer Qualifikation vorrangig zu berücksichtigen.
(4) Wird eine Reduzierung der Arbeitszeit oder eine Beurlaubung ohne Entgelt beantragt, sind die Dienststellen verpflichtet, auf die allgemeinen sozial- und krankenversicherungs-, arbeits- und tarifrechtlichen Folgen hinzuweisen.

§ 19 Individuelle Arbeitszeit- und Arbeitsortgestaltung
Im Rahmen der gesetzlichen, tarifvertraglichen oder sonstigen Regelungen der Arbeitszeit und der dienstlichen Möglichkeiten sind im Einzelfall Beschäftigten mit Familienpflichten auf begründeten Antrag geänderte tägliche und wöchentliche Arbeitszeiten und die Wahl des Arbeitsortes einzuräumen.

Fünfter Abschnitt: Gleichstellungsbeauftragte

§ 19a Landesgleichstellungsbeauftragte
[1]Das für die Gleichstellung von Frauen und Männern zuständige Mitglied der Landesregierung bestellt in seinem Geschäftsbereich für die Dauer der Legislaturperiode auf Grundlage eines Beschlusses der Landesregierung eine Landesbeauftragte für die Gleich-

stellung von Frauen und Männern (Landesgleichstellungsbeauftragte). ²Die Verlängerung der Bestellung ist zulässig.

§ 19b Aufgaben und Rechte der Landesgleichstellungsbeauftragten

(1) ¹Die Landesgleichstellungsbeauftragte berät und unterstützt die nach diesem Gesetz und die nach der Kommunalverfassung des Landes Brandenburg bestellten Gleichstellungsbeauftragten sowie alle Dienststellen im Geltungsbereich dieses Gesetzes. ²Bei Meinungsverschiedenheiten zwischen der Gleichstellungsbeauftragten einer obersten Landesbehörde und der Leitung der Dienststelle kann sie beratend hinzugezogen werden. ³Sie ist unabhängig und keinen Weisungen unterworfen.
(2) ¹Die Landesgleichstellungsbeauftragte trägt dazu bei, die Öffentlichkeit über die Gleichstellung von Frauen und Männern zu informieren. ²Sie kooperiert mit Frauenverbänden und anderen öffentlichen und nicht öffentlichen Stellen.

§ 20 Bestellung der Gleichstellungsbeauftragten

(1) ¹In jeder Dienststelle mit mehr als zwanzig Beschäftigten ist aus dem Kreis der Beschäftigten eine Gleichstellungsbeauftragte zu bestellen. ²Dies gilt nicht, soweit die Gemeinden mit eigener Verwaltung, Ämter und Landkreise nach § 18 der Kommunalverfassung des Landes Brandenburg in Verbindung mit den §§ 131 und 140 der Kommunalverfassung des Landes Brandenburg kommunale Gleichstellungsbeauftragte zu bestellen haben.
(2) ¹Die Bestellung erfolgt durch die jeweilige Leitung nach mehrheitlichem Vorschlag der weiblichen Beschäftigten. ²Es sollen mindestens zwei Kandidatinnen vorgeschlagen werden.
(3) ¹Ist aufgrund der zu geringen Anzahl der Beschäftigten eine Gleichstellungsbeauftragte nicht zu bestellen, ist die Gleichstellungsbeauftragte der nächsthöheren Dienststelle oder der Dienststelle zuständig, die die Dienstaufsicht ausübt. ²Die Leitung der Dienststelle ohne Gleichstellungsbeauftragte bestellt eine Vertrauensperson als Ansprechpartnerin für die Gleichstellungsbeauftragte der nächsthöheren Dienststelle.
(4) ¹Die Gleichstellungsbeauftragte wird für vier Jahre mit der Möglichkeit der Verlängerung bestellt. ²Vor der Entscheidung über die Verlängerung muß das Votum der weiblichen Beschäftigten eingeholt werden.
(5) ¹Für jede Gleichstellungsbeauftragte ist mindestens eine Vertreterin zu bestellen, die sie in ihrer Arbeit unterstützt und sie bei Abwesenheit und bei sonstiger Verhinderung vertritt. ²Die Absätze 2 und 4 gelten entsprechend.
(6) ¹Werden Dienststellen im Sinne dieses Gesetzes ganz oder teilweise in eine andere Dienststelle eingegliedert oder zu einer neuen Dienststelle zusammengeschlossen oder bilden sie durch Ausgliederung eine neue Dienststelle, so sind die Gleichstellungsbeauftragten und ihre Stellvertreterinnen neu zu bestellen. ²Die bisherigen Gleichstellungsbeauftragten führen die Geschäfte so lange gemeinsam weiter, bis die Neubestellung erfolgt ist, längstens jedoch für die Dauer von sechs Monaten. ³Sie können aus ihrer Mitte eine Gleichstellungsbeauftragte wählen, die von der Dienststelle kommissarisch bestellt wird. ⁴Diese führt die Geschäfte, die übrigen Gleichstellungsbeauftragten nehmen Vertreterinnenfunktionen wahr.
(7) Bei Abwesenheit der Gleichstellungsbeauftragten oder ihrer Stellvertreterin von mehr als sechs Monaten kann die Dienststelle die Bestellung widerrufen und eine Nachbestellung nach Absatz 2 vornehmen.

§ 21 Widerruf der Bestellung

(1) ¹Die Leitung der Dienststelle kann die Bestellung der Gleichstellungsbeauftragten widerrufen, wenn die Gleichstellungsbeauftragte ihre gesetzlichen Pflichten grob vernachlässigt

hat. ²Auf Antrag der Mehrheit der weiblichen Beschäftigten oder auf Antrag der Gleichstellungsbeauftragten ist die Bestellung zu widerrufen.
(2) Absatz 1 gilt für die Vertreterin entsprechend.

§ 22 Aufgaben und Kompetenzen der Gleichstellungsbeauftragten
(1) ¹Die Gleichstellungsbeauftragte unterstützt die Dienststelle bei der Durchführung und Einhaltung dieses Gesetzes. ²Ihr ist bei allen personellen, organisatorischen und sozialen Angelegenheiten der Dienststelle mit Auswirkung auf die Gleichstellung von Frauen und Männern während des gesamten Verfahrens Gelegenheit zur aktiven Teilnahme zu geben, insbesondere bei
1. Einstellungen, Beförderungen, Eingruppierungen, Höhergruppierungen, Versetzungen und Umsetzungen von mehr als sechs Monaten, bei Abordnungen von mehr als drei Monaten sowie Übertragungen höherwertiger Tätigkeiten einschließlich der Formulierung von Stellenausschreibungen, beim gesamten Auswahlverfahren sowie bei Vorstellungsgesprächen,
2. sozialen, baulichen und organisatorischen Maßnahmen, die weibliche Beschäftigte in besonderem Maße oder anders als männliche Beschäftigte betreffen,
3. Fortbildungs- und Personalentwicklungsmaßnahmen,
4. Arbeitsplatzgestaltung,
5. Analyse der Beschäftigtenstruktur sowie Erstellung des Gleichstellungsplanes,
6. der Besetzung von Gremien,
7. der Entwicklung einheitlicher Beurteilungsmaßstäbe und bei Beurteilungskonferenzen.
³Die Wahrnehmung der Aufgaben nach Satz 1 setzt eine Einwilligung der Betroffenen nicht voraus.
(2) ¹Die Gleichstellungsbeauftragte ist frühzeitig über die Maßnahmen zu unterrichten und anzuhören. ²Ihr ist innerhalb einer angemessenen Frist, die in der Regel eine Woche nicht unterschreiten darf, Gelegenheit zur Stellungnahme zu geben. ³Soweit die Maßnahme nach § 5 Abs. 2, 4, 5 und 6 oder § 23 Abs. 2 einer anderen Dienststelle zur Entscheidung vorgelegt wird, kann sie eine schriftliche Stellungnahme beifügen. ⁴Die Beteiligung der Gleichstellungsbeauftragten erfolgt vor dem Personalrat, in dringenden Fällen zeitgleich.
(3) ¹Wird die Gleichstellungsbeauftragte nicht in der nach Absatz 2 vorgeschriebenen Weise an einer Maßnahme beteiligt, ist die Entscheidung über die Maßnahme auf Antrag der Gleichstellungsbeauftragten für eine Woche auszusetzen und die Beteiligung nachzuholen. ²Der Antrag der Gleichstellungsbeauftragten auf Nachholung der Beteiligung geht der Klage nach § 23a voraus, wenn die Entscheidung der Dienststellenleitung noch nicht getroffen ist.
(4) ¹Die Gleichstellungsbeauftragte erhält Einsicht in alle Akten, die Maßnahmen betreffen, an denen sie zu beteiligen ist. ²Soweit dies zur Erfüllung der Aufgaben nach Absatz 1 erforderlich ist, ist die Dienststelle verpflichtet und berechtigt, der Gleichstellungsbeauftragten dabei auch personenbezogene Daten zu übermitteln. ³Bei Personalentscheidungen gilt dies auch für Bewerbungsunterlagen, einschließlich der von Bewerberinnen und Bewerbern, die nicht in die engere Auswahl einbezogen wurden, sowie für Personalakten.
(5) ¹Der Gleichstellungsbeauftragten ist Gelegenheit zur aktiven Teilnahme an Besprechungen der Leitung der Dienststelle sowie an Sitzungen und Konferenzen ihrer Dienststelle und Führungsklausuren zu geben, sofern diese die Planung oder Vorbereitung von Maßnahmen in Angelegenheiten ihres Aufgabenbereiches betreffen. ²Absatz 4 Satz 2 gilt entsprechend.
(6) ¹Die Gleichstellungsbeauftragte kann Sprechstunden durchführen und einmal im Jahr eine Versammlung der weiblichen Beschäftigten einberufen. ²Beschäftigte können sich ohne Einhaltung des Dienstweges an die Gleichstellungsbeauftragte wenden. ³Die Gleichstellungsbeauftragte kann sich unmittelbar an die Leitung ihrer Dienststelle wenden.

(7) *(weggefallen)*
(7) ¹Die Gleichstellungsbeauftragte ist berechtigt, personenbezogene Daten zu verarbeiten, soweit und solange dies zur Erfüllung der ihr durch dieses Gesetz zugewiesenen Aufgaben erforderlich ist. ²In den Fällen des Absatz 4 Satz 3 sind die Daten spätestens sechs Wochen nach Abschluß der Maßnahme zu löschen. ³Für die Einhaltung der Vorschriften über den Datenschutz durch die Gleichstellungsbeauftragte ist auch die Dienststelle verantwortlich. ⁴§ 24 Absatz 1 Satz 1 und 3 bleibt unberührt.

§ 23 Widerspruchsrecht

(1) ¹Soweit bei Maßnahmen, an denen die Gleichstellungsbeauftragte zu beteiligen ist, gegen dieses Gesetz verstoßen oder durch Maßnahmen die Erfüllung des Gleichstellungsplanes der Dienststelle gefährdet wird, kann die Gleichstellungsbeauftragte der Maßnahme innerhalb einer Woche nach Kenntnis widersprechen. ²Die Leitung der Dienststelle hat erneut über den Vorgang zu entscheiden. ³Bis zur erneuten Entscheidung ist der Vollzug der Maßnahme auszusetzen. ⁴Die Entscheidung soll innerhalb von zehn Arbeitstagen ergehen.
(2) ¹Wird dem Widerspruch der Gleichstellungsbeauftragten nicht abgeholfen, so ist auf ihren Antrag die Entscheidung der Stelle einzuholen, die nach § 5 Absatz 2 und Absatz 5 Satz 2, Absatz 6 Satz 2 und 3 und Absatz 7 Satz 2 zur Entscheidung befugt ist. ²Absatz 1 Satz 3 und 4 gilt entsprechend. ³Der Antrag ist innerhalb von drei Tagen ab Kenntnis der Widerspruchsentscheidung durch die Gleichstellungsbeauftragte geltend zu machen.
(3) Das Verfahren gemäß Absätze 1 und 2 geht einem Beteiligungsverfahren nach dem Landespersonalvertretungsgesetz voraus.

§ 23a Gerichtliches Verfahren

(1) ¹Bleiben ihr Widerspruch nach § 23 Absatz 1 und ihr Antrag nach § 23 Absatz 2 erfolglos, kann die Gleichstellungsbeauftragte das Verwaltungsgericht mit dem Antrag anrufen, festzustellen, dass die Dienststelle ihre Rechte aus diesem Gesetz verletzt hat. ²Dies gilt auch, wenn die Dienststelle keinen oder einen nicht den Vorschriften dieses Gesetzes entsprechenden Gleichstellungsplan aufgestellt hat. ³Die Anrufung hat keine aufschiebende Wirkung.
(2) Die Kosten für das verwaltungsrechtliche Verfahren, einschließlich der anwaltlichen Vertretung trägt die Dienststelle.

§ 24 Dienstliche Stellung

(1) ¹Die Gleichstellungsbeauftragte und ihre Stellvertreterin sind Teil der Dienststelle und üben ihre Aufgaben als dienstliche Tätigkeit aus. ²Die Regelungen über die Verschwiegenheitspflicht gemäß § 37 des Beamtenstatusgesetzes und den tarifrechtlichen Bestimmungen gelten auch für die Tätigkeit als Gleichstellungsbeauftragte oder als stellvertretende Gleichstellungsbeauftragte. ³Im Rahmen ihrer rechtmäßigen Aufgabenerfüllung sind sie von Weisungen frei. ⁴Sie sind im erforderlichen Umfang von den übrigen dienstlichen Aufgaben zu entlasten. ⁵Unter Berücksichtigung der Struktur der jeweiligen Dienststelle beträgt die Freistellung in der Regel in Dienststellen mit mehr als 250 Beschäftigten mindestens 30 Prozent der vollen regelmäßigen Arbeitszeit, in Dienststellen mit mehr als 500 Beschäftigten mindestens 60 Prozent der vollen regelmäßigen Arbeitszeit, in Dienststellen mit mehr als 850 Beschäftigten die volle regelmäßige Arbeitszeit.
(2) ¹Die Gleichstellungsbeauftragte und ihre Stellvertreterin dürfen wegen ihrer Tätigkeit nicht benachteiligt werden. ²Das gilt auch für die berufliche Entwicklung. ³Durch die Tätigkeit als Gleichstellungsbeauftragte erworbene besondere Kenntnisse und Fähigkeiten sind bei der beruflichen Entwicklung zu berücksichtigen.

(3) Die Entlastung der Gleichstellungsbeauftragten wird durch organisatorische Maßnahmen im Rahmen der verfügbaren Planstellen und Stellen innerhalb der Dienststelle geregelt.
(4) Die Gleichstellungsbeauftragte und ihre Stellvertreterin sind vor Kündigung, Versetzung und Abordnung in gleicher Weise geschützt wie ein Mitglied des Personalrats.

§ 25 Kommunale Gleichstellungsbeauftragte
[1]Die Regelungen der Kommunalverfassung des Landes Brandenburg über die Gleichberechtigung von Frau und Mann werden durch dieses Gesetz nicht berührt. [2]Für die kommunalen Gleichstellungsbeauftragten in Gemeinden, Ämtern und Landkreisen finden die §§ 20 bis 24 dieses Gesetzes keine Anwendung. [3]In den Hauptsatzungen ist festzulegen, welche Rechte, Aufgaben, Kompetenzen und dienstliche Stellung die kommunalen Gleichstellungsbeauftragten nach §§ 22 bis 24 haben.

Sechster Abschnitt: Berichtspflicht, Übergangs- und Schlußvorschriften

§ 26 Berichtspflicht
(1) Die Landesregierung berichtet dem Landtag einmal in der Legislaturperiode über die Durchführung des Gesetzes.
(2) [1]Der Bericht gibt Auskunft über die bisherigen und geplanten Maßnahmen zur Durchführung dieses Gesetzes, insbesondere über die Entwicklung des Frauenanteils in den Besoldungsgruppen innerhalb einer Laufbahn, den Entgeltgruppen sowie über die Entwicklung des Anteils von Frauen in Funktionen mit Vorgesetzten- und Leitungsaufgaben in der Landesverwaltung. [2]Der Bericht gibt auch Auskunft über Erfahrungen bei der Anwendung dieses Gesetzes.
(3) [1]Als Grundlage des Berichts der Landesregierung erstellt jede Dienststelle der Landesverwaltung sechs Monate vor Abgabe des Berichts eine Analyse der Beschäftigtenstruktur. [2]Für die Analyse sind die nach § 6 Abs. 2 zu erhebenden Angaben maßgebend.
(4) [1]Im Bereich der Kommunalverwaltung hat die Verwaltungsleitung eine Berichtspflicht gegenüber ihren gewählten Vertretungen. [2]Die Absätze 1 bis 3 gelten entsprechend.

§ 27
Dieses Gesetz tritt am Tage nach der Verkündung in Kraft.

§§ 28 bis 29 (weggefallen)

6. Gesetz zur Gleichstellung von Frau und Mann im öffentlichen Dienst des Landes Bremen (Landesgleichstellungsgesetz Bremen – LGG-HB)

vom 20. November 1990 (GVBl. 1990, S. 433)

– zuletzt geändert durch Drittes Gesetz zur Änderung des Landesgleichstellungsgesetzes vom 2. Mai 2023 (GVBl. 72 2023, S. 450)

Art. 1
Abschnitt I Allgemeine Vorschriften
§ 1 Ziel des Gesetzes
(1) ¹Zur Verwirklichung der Gleichstellung von Frauen und Männern werden Frauen im bremischen öffentlichen Dienst nach Maßgabe dieses Gesetzes gefördert. ²Personen, die einen Antrag auf Änderung des Geschlechtseintrags im Personenstand auf weiblich gestellt haben, sind Frauen im Sinne dieses Gesetzes.
(2) Mit diesem Gesetz soll zudem der Vollzug des Allgemeinen Gleichbehandlungsgesetzes im Hinblick auf den Schutz der Beschäftigten vor Benachteiligungen wegen des Geschlechts gefördert werden.

§ 2 Geltungsbereich und Begriffsbestimmungen
(1) Dieses Gesetz gilt für die Verwaltungen des Landes Bremen und der Stadtgemeinde Bremen und Bremerhaven und die sonstigen nicht bundesunmittelbaren Körperschaften, Anstalten und Stiftungen des öffentlichen Rechts im Lande Bremen sowie die Gerichte des Landes Bremen.
(2) ¹Beschäftigte im Sinne dieses Gesetzes sind Beamtinnen und Beamte, Richterinnen und Richter, Tarifbeschäftigte sowie außertariflich Beschäftigte, die in einem öffentlich-rechtlichen oder privatrechtlichen Ausbildungsverhältnis Beschäftigten, Praktikantinnen und Praktikanten sowie Werkstudentinnen und Werkstudenten. ²Keine Beschäftigten im Sinne dieses Gesetzes sind Personen, die weisungsunabhängig zeitlich befristet tätig sind und die nur punktuell in den Dienstbetrieb eingegliedert werden.

Abschnitt II Quotierung
§ 3 Ausbildungsplatzquoten
(1) Bei der Vergabe von Ausbildungsplätzen sind Frauen mindestens zur Hälfte je Ausbildungsgang zu berücksichtigen.
(2) Bei der Besetzung von Ausbildungsplätzen für Berufe, die auch außerhalb des öffentlichen Dienstes ausgeübt werden und für die nur innerhalb des öffentlichen Dienstes ausgebildet wird, findet eine vorrangige Berücksichtigung von Bewerberinnen nicht statt.

§ 4 Einstellung, Übertragung eines Dienstpostens und Beförderung
(1) Bei der Einstellung, einschließlich der Begründung eines Beamten- und Richterverhältnisses, die nicht zum Zwecke der Ausbildung erfolgt, sind Frauen bei gleicher Qualifikation wie ihre männlichen Mitbewerber in den Bereichen vorrangig zu berücksichtigen, in denen sie unterrepräsentiert sind, sofern nicht in der Person eines Mitbewerbers liegende Gründe überwiegen.
(2) ¹Bei der Übertragung einer Tätigkeit in einer höheren Entgelt- und Besoldungsgruppe sind Frauen bei gleicher Qualifikation wie ihre männlichen Mitbewerber vorrangig zu

berücksichtigen, wenn sie unterrepräsentiert sind, sofern nicht in der Person eines Mitbewerbers liegende Gründe überwiegen. ²Das gilt auch bei der Übertragung eines anderen Dienstpostens und bei Beförderung.
(3) Unbeschadet dienstrechtlicher Regelungen dürfen bei Bewerbungen um eine andere Stelle den Beschäftigten keine Nachteile aus einer Beurlaubung, Ermäßigung der Arbeitszeit oder Teilzeitbeschäftigung erwachsen.
(4) ¹Die Qualifikation ist ausschließlich an den Anforderungen des Berufes, der zu besetzenden Stelle oder der Laufbahn zu messen. ²Spezifische, zum Beispiel durch Familienarbeit, durch soziales Engagement oder ehrenamtliche Tätigkeit erworbene Erfahrungen und Fähigkeiten sind Teil der Qualifikation im Sinne des Absatzes 1 und 2, wenn sie bei der Ausübung der jeweiligen Tätigkeit dienlich sind.
(5) ¹Eine Unterrepräsentation liegt vor, wenn in den einzelnen Entgeltgruppen der jeweiligen Personalgruppe einer Dienststelle nicht mindestens zur Hälfte Frauen vertreten sind. ²Dies gilt auch für die nach dem Geschäftsverteilungsplan vorgesehenen Funktionsebenen.

§ 5 Benennung und Entsendung
Bei Benennungen für und Entsendungen in Gremien, öffentliche Ämter, Delegationen, Kommissionen, Konferenzen, repräsentative Funktionen, Veranstaltungen und Personalauswahlgremien sollen Frauen zur Hälfte berücksichtigt werden.

Abschnitt III Fördermaßnahmen
§ 6 Frauenförderpläne
(1) ¹Die Behörden und Dienststellen haben für ihren Bereich geeignete Maßnahmen zu ergreifen, um Frauen gezielt zu fördern. ²Es sind in jeder Dienststelle Daten zur Erstellung einer Analyse über die Beschäftigungsstruktur zu erheben. ³Die Analyse ist jährlich fortzuschreiben. ⁴Zum Abbau der Unterrepräsentation der Frauen sind Frauenförderpläne in den Dienststellen aufzustellen, die Zielvorgaben und einen Zeitrahmen enthalten sollen. ⁵Für die Erstellung der Analyse sind die diesem Gesetz als Anlage beigefügten Vorgaben für die Datenerhebung maßgebend.
(2) Wenn Aufgaben des Personalwesens, insbesondere Personalentwicklungsplanung, -förderung, -einsatz, Ausbildung und berufliche Weiterbildung zentral von einer Behörde für mehrere Behörden wahrgenommen werden, erstellt diese, gegebenenfalls in Abstimmung mit der abgebenden Behörde, einen behörden- und dienststellenübergreifenden Frauenförderplan nach Absatz 1.
(3) Die Frauenförderpläne nach Absatz 2 sind der Zentralstelle für die Verwirklichung der Gleichberechtigung der Frau zur Stellungnahme vorzulegen.

§ 7 Stellenausschreibungen
(1) Stellenausschreibungen müssen die weibliche Form der Stellenbezeichnung enthalten und so erfolgen, dass alle Geschlechter angesprochen werden.
(2) Absatz 1 gilt auch für Ausschreibungen von Ausbildungsplätzen.
(3) Stellenausschreibungen müssen mit den Anforderungen der zu besetzenden Stelle übereinstimmen.
(4) Fragen nach einer bestehenden Schwangerschaft sind im Einstellungsverfahren unzulässig.

§ 8 Familiengerechte Arbeitsplatzgestaltung
(1) ¹Grundsätzlich sind Vollzeitarbeitsplätze zur Verfügung zu stellen. ²Im übrigen sind Arbeitsplätze so zu gestalten, daß sie auch vorübergehend in der Form der Teilzeitbeschäftigung

oder bei Ermäßigung der Arbeitszeit wahrgenommen werden können. ³Dies gilt insbesondere auch auf der Funktionsebene der Laufbahngruppe 2 sowie für entsprechende Positionen bei Tarifbeschäftigten und außertariflich Beschäftigten.
(2) ¹Die Regelung des § 62 des Bremischen Beamtengesetzes gilt auch für sämtliche weitere Beschäftigte im Geltungsbereich dieses Gesetzes (§ 2). ²In einem Tarifvertrag zugunsten der Beschäftigten getroffene Regelungen bleiben unberührt.
(3) Dem Wunsch von Teilzeitbeschäftigten nach Aufstockung ihrer wöchentlichen Arbeitszeit ist im Rahmen der stellenplanmäßigen Möglichkeiten zu entsprechen.

§ 9 Fort- und Weiterbildung
(1) ¹In die Fort- und Weiterbildungsangebote sind die Thematiken „Gleichberechtigung von Mann und Frau" sowie „Benachteiligungen aus Gründen des Geschlechts" aufzunehmen. ²Das gilt insbesondere für solche Bildungsveranstaltungen, die auf die Übernahme von Vorgesetztenpositionen vorbereiten.
(2) Frauen sind vermehrt als Leiterinnen und Referentinnen von Fortbildungsveranstaltungen einzusetzen.
(3) Es sind Veranstaltungen anzubieten, die gezielt der Fort- und Weiterbildung von Frauen dienen, insbesondere auch solche, die Frauen auf die Übernahme höherwertiger Stellen vorbereiten.
(4) ¹Fort- und Weiterbildungsangebote sind so zu gestalten, daß Frauen besonders zur Teilnahme motiviert werden. ²Die Veranstaltungen sind so zu planen, daß Beschäftigte mit Familienarbeit an ihnen teilnehmen können.

§ 10 Berufstätigkeitsunterbrechung
(1) ¹Beurlaubten Beschäftigten ist die Möglichkeit zu eröffnen, Kontakte zum Beruf aufrechtzuerhalten. ²Ihnen sollen zeitlich befristete Beschäftigungsmöglichkeiten (Aushilfen, Urlaubs- und Krankheitsvertretungen) angeboten werden.
(2) ¹Fortbildungsveranstaltungen sind für beurlaubte Beschäftigte kostenfrei zu öffnen. ²Auch die beurlaubten Beschäftigten sind regelmäßig über das Fortbildungsangebot zu informieren.
(3) Für beurlaubte Beschäftigte sind besondere Fortbildungsveranstaltungen anzubieten, die geeignet sind, einen Wiedereinstieg in den Beruf zu erleichtern.
(4) ¹Die Forbildungsveranstaltungen nach Absatz 2 und 3 sind dienstliche Veranstaltungen. ²Besoldung oder Arbeitsentgelt werden den beurlaubten Beschäftigten aus Anlaß der Teilnahme jedoch nicht gewährt; eine Anrechnung auf die ruhegehaltsfähige Dienstzeit erfolgt nicht.

Abschnitt IV Frauen- und Gleichstellungsbeauftragte
§ 11 Wahl
(1) ¹Ist in einer Dienststelle ein Personalrat zu wählen, wird eine Frauen- und Gleichstellungsbeauftragte und ihre Stellvertreterin gewählt. ²Ist ein Richterrat zu wählen, wird für den richterlichen Bereich eine Frauen- und Gleichstellungsbeauftragte und ihre Stellvertreterin gewählt.
(2) Wahlberechtigt sind die Frauen, die nach dem Bremischen Personalvertretungsgesetz oder nach dem Bremischen Richtergesetz für die Wahl des Personalrates oder des Richterrates wahlberechtigt sind.
(3) Wählbar sind die Frauen, die nach dem Bremischen Personalvertretungsgesetz oder dem Bremischen Richtergesetz für die Wahl des Personalrates oder Richterrates wählbar sind.

(4) ¹Die Wahlen finden alle vier Jahre zeitgleich mit den Personalratswahlen oder Richterratswahlen statt. ²Außerhalb des regelmäßigen Wahlzeitraumes finden die Wahlen statt, wenn
1. das Amt der Frauen- und Gleichstellungsbeauftragten vorzeitig erlischt und keine Stellvertreterin nachrückt,
2. die Wahl mit Erfolg angefochten worden ist oder
3. eine Frauen- und Gleichstellungsbeauftragte noch nicht gewählt ist.
³Hat eine Wahl außerhalb des regelmäßigen Wahlzeitraumes stattgefunden, ist die Frauen- und Gleichstellungsbeauftragte im nächsten regelmäßigen Wahlzeitraum neu zu wählen. ⁴Ist die Frauen- und Gleichstellungsbeauftragte zu Beginn des nächsten regelmäßigen Wahlzeitraumes noch nicht ein Jahr im Amt, findet die Neuwahl im übernächsten Wahlzeitraum statt.
(5) ¹Die Frauen- und Gleichstellungsbeauftragte und ihre Stellvertreterin werden in geheimer und unmittelbarer Wahl nach den Grundsätzen der Mehrheitswahl gewählt. ²Im übrigen sind die Vorschriften über die Wahlvorschläge, die Bestellung des Wahlvorstandes durch die Dienststelle, die Aufgaben des Wahlvorstandes, den Schutz der Wahl, die Wahlkosten und die Wahlanfechtung für die Wahl des Personalrates oder Richterrates in ihrer jeweils geltenden Fassung sinngemäß anzuwenden.
(6) ¹Die Kandidatin, auf die die meisten Stimmen entfallen sind, ist als Frauen- und Gleichstellungsbeauftragte gewählt. ²Stellvertreterin ist die Kandidatin mit der zweithöchsten Stimmenzahl.
(7) Der Senat wird ermächtigt, durch Rechtsverordnung eine Regelung über die Vorbereitung und Durchführung der Wahl der Frauen- und Gleichstellungsbeauftragten und ihrer Stellvertreterin zu erlassen.

§ 12 Amtszeit
¹Die regelmäßige Amtszeit der Frauen- und Gleichstellungsbeauftragten beträgt vier Jahre. ²Die Amtszeit beginnt mit der Bekanntgabe des Wahlergebnisses oder, wenn die Amtszeit der bisherigen Frauen- und Gleichstellungsbeauftragten noch nicht beendet ist, mit deren Ablauf. ³Sie endet spätestens am 15. April des Jahres, in dem nach § 11 Abs. 4 Satz 1 die regelmäßigen Wahlen oder nach § 11 Abs. 4 Satz 3 oder 4 die Neuwahlen stattfinden. ⁴Das Amt erlischt vorzeitig, wenn die Frauen- und Gleichstellungsbeauftragte es niederlegt, aus dem Beschäftigungsverhältnis oder aus der Dienststelle ausscheidet oder die Wählbarkeit verliert. ⁵Die Stellvertreterin rückt für den Rest der Amtszeit nach. ⁶Die Sätze 3 und 4 gelten für das Amt der Stellvertreterin entsprechend. ⁷Ist die Liste erschöpft, bleibt das Amt unbesetzt.

§ 13 Aufgaben der Frauen- und Gleichstellungsbeauftragten
(1) ¹Die Frauen- und Gleichstellungsbeauftragte hat die Aufgabe, den Vollzug dieses Gesetzes in der Dienststelle zu fördern. ²Im Rahmen dieser Aufgabe ist sie von der Dienststellenleitung sowohl an der Planung als auch bei der Entscheidung der Dienststellenleitung, insbesondere bei personellen, sozialen und organisatorischen Maßnahmen, mitberatend zu beteiligen. ³Das gilt auch bei Vorstellungsgesprächen. ⁴Zur Erfüllung dieser Aufgaben ist der Frauen- und Gleichstellungsbeauftragten Einsicht in Akten, Planungs- und Bewerbungsunterlagen zu gewähren. ⁵Personalakten darf die Frauen- und Gleichstellungsbeauftragte nur mit Zustimmung der betroffenen Beschäftigten einsehen. ⁶An der Aufstellung des Frauenförderplanes ist sie zu beteiligen.
(2) ¹Gegenüber der Dienststellenleitung kann die Frauen- und Gleichstellungsbeauftragte eine Maßnahme beanstanden. ²Das Recht zum Widerspruch nach Absatz 3 bleibt davon unberührt. ³Die Beanstandung erfolgt in Textform spätestens drei Werktage, nachdem die

Maßnahme der Frauen- und Gleichstellungsbeauftragten textförmlich bekannt gegeben wurde. [4]Beanstandet die Frauen- und Gleichstellungsbeauftragte bei organisatorischen, personellen oder sozialen Maßnahmen einen Verstoß gegen dieses Gesetz gegenüber der Dienststellenleitung, ist der Vorgang von der Dienststellenleitung nach mündlicher Erörterung gegenüber der Frauen- und Gleichstellungsbeauftragten unverzüglich spätestens bis einen Tag vor Ablauf der Widerspruchsfrist erneut textförmlich zu entscheiden.

(3) [1]Hält die Frauen- und Gleichstellungsbeauftragte eine beabsichtigte Maßnahme nach Absatz 1 oder eine Personalentscheidung im Sinne der §§ 3 und 4 oder eine Entscheidung über die Zulassung zu Fort- und Weiterbildungsveranstaltungen, Aufstiegslehrgängen, Arbeitszeitreduzierung oder Beurlaubung für unvereinbar mit den Bestimmungen dieses Gesetzes, so kann sie binnen einer Woche nach ihrer Unterrichtung widersprechen. [2]Das gilt auch, wenn sie sich in ihren Rechten nach den Absätzen 8, 9 oder 10, nach § 13a oder nach § 14 verletzt sieht. [3]Beabsichtigt das zuständige Senatsmitglied dem Widerspruch nicht abzuhelfen, ist dieses gegenüber der Landesbeauftragten für die Verwirklichung der Gleichberechtigung der Frau schriftlich zu begründen. [4]Diese kann sich binnen zwei Wochen äußern. [5]Danach kann die Maßnahme der zuständigen Personalvertretung nach § 58 des Bremischen Personalvertretungsgesetzes vorgelegt werden. [6]Wird dem Widerspruch der Frauen- und Gleichstellungsbeauftragten nicht abgeholfen, so kann die beabsichtigte Maßnahme erst dann dem zuständigen Personalrat nach § 58 des Bremischen Personalvertretungsgesetzes vorgelegt werden, wenn sie zuvor gegenüber der Landesbeauftragten für die Verwirklichung der Gleichberechtigung der Frau schriftlich begründet worden ist.

(4) [1]Beantragt der Personalrat eine Maßnahme, wie sie im vorstehenden Absatz benannt ist, nach § 58 Abs. 4 des Bremischen Personalvertretungsgesetzes, so hat die Dienststellenleitung die Frauen- und Gleichstellungsbeauftragte unverzüglich zu unterrichten. [2]Die Frauen- und Gleichstellungsbeauftragte kann der beantragten Maßnahme binnen einer Woche der Dienststellenleitung gegenüber widersprechen. [3]Schließt sich die Dienststellenleitung den Bedenken der Frauen- und Gleichstellungsbeauftragten nicht an, so gilt für die Entscheidung der Dienststellenleitung das im Absatz 3 geregelte Verfahren entsprechend. [4]Läßt sich eine Entscheidung der zuständigen Senatorin oder des zuständigen Senators innerhalb der Frist des § 58 Abs. 4 Satz 2 Bremisches Personalvertretungsgesetz unter Darlegung der Bedenken der Frauen- und Gleichstellungsbeauftragten nicht herbeiführen, so ist dem Antrag des Personalrates von seiten der Dienststelle zu widersprechen. [5]Das weitere Verfahren ergibt sich aus den §§ 59, 60 ff. des Bremischen Personalvertretungsgesetzes.

(5) Bei der Stadtgemeinde Bremerhaven tritt an die Stelle der Senatorin oder des Senators die Oberbürgermeisterin oder der Oberbürgermeister, bei der Bremischen Bürgerschaft der Vorstand, bei den sonstigen Körperschaften, Anstalten und Stiftungen das zuständige Vertretungsorgan.

(6) [1]Bei Maßnahmen, die der Natur der Sache nach keinen Aufschub dulden, kann die Dienststellenleitung bis zur endgültigen Entscheidung vorläufige Regelungen treffen. [2]Diese sind der Frauen- und Gleichstellungsbeauftragten gegenüber als solche zu bezeichnen. [3]Die Frauen- und Gleichstellungsbeauftragte ist von der vorläufigen Regelung unverzüglich zu benachrichtigen.

(7) [1]Die Frauen- und Gleichstellungsbeauftragte ist verpflichtet, mit den Personalräten in Angelegenheiten, die die Zielvorstellungen dieses Gesetzes betreffen, eng zusammenzuarbeiten. [2]Die Frauen- und Gleichstellungsbeauftragte hat das Recht, an allen Sitzungen des Personalrates mit beratender Stimme teilzunehmen.

(8) Die Frauen- und Gleichstellungsbeauftragte hat das Recht, in regelmäßigen Abständen Einladungen der Zentralstelle für die Verwirklichung der Gleichberechtigung der Frau zu folgen, um gemeinsame Belange zu koordinieren.

(9) Die Frauen- und Gleichstellungsbeauftragte ist berechtigt, Sprechstunden abzuhalten, die Beschäftigten zu unterrichten und zu beraten sowie Wünsche, Anregungen und Beschwerden entgegenzunehmen.
(10) ¹Die Frauen- und Gleichstellungsbeauftragte hat das Recht, mindestens einmal im Kalenderjahr eine Versammlung der in der Dienststelle beschäftigten Frauen durchzuführen. ²Die für die Personalversammlung geltenden Vorschriften des Bremischen Personalvertretungsgesetzes sind entsprechend anzuwenden.
(11) ¹Im Einvernehmen mit der stellvertretenden Frauen- und Gleichstellungsbeauftragten kann die Frauen- und Gleichstellungsbeauftragte dieser Aufgaben zur eigenständigen Wahrnehmung übertragen. ²Dies ist der Dienststellenleitung zur Kenntnis zu geben.

§ 13a Beteiligung der Frauen- und Gleichstellungsbeauftragten in Disziplinarverfahren
¹Werden gegen eine Beamtin oder einen Beamten Beschuldigungen erhoben, die zu disziplinarrechtlichen Ermittlungen führen, ist der Frauen- und Gleichstellungsbeauftragten davon Kenntnis zu geben. ²Vor jeder weiteren Maßnahme im Disziplinarverfahren hat die Frauen- und Gleichstellungsbeauftragte Stellung zu nehmen.

§ 13b Weitere Aufgaben der Frauen- und Gleichstellungsbeauftragten
¹Die Frauen- und Gleichstellungsbeauftragte hat in Umsetzung des § 1 Absatz 2 die Aufgabe, auf die Beschäftigungs- und Arbeitsbedingungen dahingehend einzuwirken, dass Arbeitgeber und Dienststellenleitungen ihren Pflichten nach § 12 des Allgemeinen Gleichbehandlungsgesetzes in Bezug auf den Schutz der Beschäftigten vor Benachteiligungen wegen des Geschlechts nachkommen. ²Soweit Einzelfälle an sie herangetragen werden, hat sie diese bei Einverständnis der betroffenen Person an die Landesantidiskriminierungsstelle zu übermitteln.

§ 14 Kosten der Tätigkeit der Frauen- und Gleichstellungsbeauftragten
(1) Die durch die Tätigkeit der Frauen- und Gleichstellungsbeauftragten entstehenden Kosten trägt die Dienststelle.
(2) Die Dienststelle hat der Frauen- und Gleichstellungsbeauftragten in dem zur Wahrnehmung ihrer Aufgaben notwendigen Umfange Räume, sachliche Mittel und Büropersonal bereitzustellen.

§ 14a Rechtsschutz
(1) ¹Bleibt in den Fällen des § 13 Absatz 3 ein Widerspruch wegen Nichtbeteiligung erfolglos, kann die Frauen- und Gleichstellungsbeauftragte binnen eines Monats das Verwaltungsgericht anrufen. ²Das gilt auch, wenn einem Widerspruch wegen Verletzung ihrer Rechte nach § 13 Absatz 8 bis 10, § 13a oder § 14oder § 14 nicht abgeholfen wird.
(2) ¹Ist über den Widerspruch ohne zureichenden Grund nicht in angemessener Frist sachlich entschieden, so ist die Anrufung abweichend von Absatz 1 zulässig. ²§ 75 Satz 2 bis 4 der Verwaltungsgerichtsordnung gilt entsprechend.
(3) Die Anrufung des Gerichts kann nur darauf gestützt werden, dass die Dienststellenleitung die Rechte der Frauen- und Gleichstellungsbeauftragten verletzt hat.
(4) Die Klage hat keine aufschiebende Wirkung.
(5) Die Dienststelle trägt die der Frauen- und Gleichstellungsbeauftragten entstehenden Kosten.

§ 15 Persönliche Rechte und Pflichten der Frauen- und Gleichstellungsbeauftragten

(1) Die Frauen- und Gleichstellungsbeauftragte führt ihr Amt unentgeltlich als Ehrenamt.
(2) Sie darf in Ausübung ihres Amtes nicht behindert und wegen ihres Amtes nicht benachteiligt oder begünstigt werden; dies gilt auch für ihre berufliche Entwicklung.
(3) Sie besitzt die gleiche persönliche Rechtsstellung, insbesondere den gleichen Kündigungs-, Versetzungs- und Abordnungsschutz, wie ein Mitglied des Personalrates oder Richterrates, die Stellvertreterin wie ein stellvertretender Personalrat.
(4) [1]Die Frauen- und Gleichstellungsbeauftragte ist ohne Minderung der Bezüge oder des Arbeitsentgelts von der dienstlichen Tätigkeit zu befreien, soweit es nach Art und Umfang der Dienststelle zur Wahrnehmung ihrer Aufgaben notwendig ist. [2]Satz 1 gilt entsprechend für die Teilnahme an Schulungs- und Bildungsveranstaltungen, soweit diese Kenntnisse vermitteln, die für die Arbeit der Frauen- und Gleichstellungsbeauftragten erforderlich sind. [3]Wird die Frauen- und Gleichstellungsbeauftragte durch die Wahrnehmung ihrer Aufgaben über die regelmäßige Arbeitszeit hinaus beansprucht, gilt die Mehrbeanspruchung als Leistung von Mehrarbeit oder Überstunden. [4]Ist die Frauen- und Gleichstellungsbeauftragte in einer Dienststelle mit 300 oder mehr Beschäftigten gewählt, ist sie auf Antrag von ihren weiteren Dienstgeschäften vollständig freizustellen. [5]Weitergehende Freistellungen können in entsprechender Anwendung des § 39 Absatz 8 des Bremischen Personalvertretungsgesetzes erfolgen; solche Freistellungen sind schriftlich zwischen der Dienststelle und den Frauen- und Gleichstellungsbeauftragten zu vereinbaren.
(5) [1]Die Frauen- und Gleichstellungsbeauftragte und ihre Stellvertreterin sind verpflichtet, über die persönlichen Verhältnisse von Beschäftigten, die ihnen aufgrund ihres Amtes bekannt geworden sind, sowie bei Angelegenheiten, die ihrer Bedeutung oder ihrem Inhalt nach einer vertraulichen Behandlung bedürfen, auch nach dem Erlöschen des Amtes Stillschweigen zu bewahren. [2]Die Verpflichtung besteht bei Einwilligung der Beschäftigten nicht gegenüber der Dienststelle und dem Personalrat oder dem Richterrat.

§ 16 Berichtspflicht

(1) Der Senat berichtet der Bürgerschaft im Abstand von vier Jahren über die Durchführung dieses Gesetzes.
(2) Der Bericht wird auf der Grundlage der Analyse der Dienststellen erstellt und gibt Auskunft über die bisherigen und geplanten Maßnahmen zur Durchführung dieses Gesetzes.
(3) [1]Die Bremische Zentralstelle für die Verwirklichung der Gleichberechtigung der Frau kann eine Stellungnahme zu dem Bericht abgeben. [2]Die Stellungnahme ist mit dem Bericht des Senats an die Bürgerschaft weiterzuleiten.

§ 17 Leistungsbeurteilung und Besprechungen von Führungskräften

(1) Im öffentlichen Dienst sind Erfolge und Mißerfolge bei der Umsetzung dieses Gesetzes im Rahmen der Leistungsbeurteilung der in den Dienststellen für die Umsetzung dieses Gesetzes verantwortlichen leitenden Personen zu berücksichtigen.
(2) In allen regelmäßig stattfindenden Besprechungen von Führungskräften, sowohl innerhalb einer Dienststelle als auch dienststellenübergreifend, sind die Themenfelder „Frauenförderung und Gleichstellung" sowie „Vollzug des Allgemeinen Gleichbehandlungsgesetzes im Hinblick auf den Schutz der Beschäftigten vor Benachteiligungen wegen des Geschlechts" mindestens einmal jährlich als Tagesordnungspunkt vorzusehen.
(3) Bei der Behandlung der Themenfelder nach Absatz 2 ist auf der Basis der Beschäftigtenstrukturanalyse nach § 6 Absatz 1 und des Frauenförderplanes im Einzelnen zu erörtern, welche Maßnahmen umgesetzt, welche gesetzten Ziele erreicht wurden und bei welchen Befunden weiterer Handlungsbedarf besteht.

(4) [1]Die Besprechungspunkte und Ergebnisse sind zu protokollieren. [2]Das Protokoll ist den zuständigen Frauen- und Gleichstellungsbeauftragten zur Kenntnis zu geben.

§ 18 Evaluierung

[1]Der Senat evaluiert die Wirksamkeit und praktische Anwendung dieses Gesetzes auf wissenschaftlicher Grundlage unter Mitwirkung von mindestens einer oder einem unabhängigen Sachverständigen. [2]Er beauftragt außerdem zwei externe rechtswissenschaftliche Gutachten zu der Frage, ob und wie andere Geschlechter als Frauen in den Förderauftrag nach § 1 Absatz 1 einbezogen werden sollen. [3]Eine rechtswissenschaftliche Sachverständige oder ein rechtswissenschaftlicher Sachverständiger soll eine nachhaltige Publikations- oder universitäre Lehrtätigkeit im Themenfeld Legal Gender Studies haben; diese oder dieser wird im Einvernehmen mit der Bremischen Zentralstelle für die Gleichberechtigung der Frau beauftragt. [4]Der Evaluationsbericht und die Rechtsgutachten sind der Bürgerschaft jeweils bis spätestens 30. Juni 2026 vorzulegen.

Art. 2 bis 7
(hier nicht abgedruckt)

Art. 8: Inkrafttreten
Dieses Gesetz tritt am Tage nach seiner Verkündung in Kraft.

Anlage zu § 6 des Gesetzes zur Gleichstellung von Frau und Mann im Öffentlichen Dienst des Landes Bremen

Zur Erstellung der Analyse nach § 6 Abs. 1 sind folgende Daten zu erheben, wobei das Geschlecht nach den personenstandsrechtlichen Angaben „weiblich", „männlich" sowie „divers/offen" zu differenzieren ist, die Angabe „divers/offen" jedoch nur im Einvernehmen mit der betroffenen Person erhoben werden darf:
1. Die Zahl der in einer Dienststelle beschäftigten Personen der jeweiligen Personalgruppe, getrennt nach Geschlecht, Entgelt- und Besoldungsgruppe.
2. Die Zahl der mit Teilzeitbeschäftigten besetzten Stellen, getrennt nach Geschlecht, Personalgruppe, Entgelt- und Besoldungsgruppe.
3. Zahl der beantragten und abgelehnten Anträge auf Arbeitszeitreduzierungen und Aufstockung der Arbeitszeit, getrennt nach Geschlecht, Personalgruppe, Entgelt- und Besoldungsgruppe, Art des personellen Ausgleichs.
4. Bei Stellenbesetzungen Angaben zur
   - Entgelt- und Besoldungsgruppe,
   - Personalgruppe,
   - bisherige Besetzung mit Ganztags- oder Teilzeitkraft, getrennt nach Geschlechtern,
   - Ausschreibung (ob sie als Vollzeit- oder Teilzeitstelle, ob sie in der betreffenden Behörde oder Dienststelle, ob sie im Amtsblatt oder extern oder ob keine Ausschreibung erfolgte),
   - Anzahl der Bewerbungen getrennt nach Geschlechtern,
   - Besetzung durch Einstellung, Umsetzung, Versetzung mit Vollzeit- oder Teilzeitkraft, nach Geschlecht getrennt,
   - Befristung.
5. Bei Umsetzung Angaben zur bisherigen Entgelt-, Besoldungsgruppe, Personalgruppe, Teilzeit-, Vollzeitbeschäftigung.
6. Zahl der Auszubildenden, getrennt nach Geschlecht und Personalgruppe.

7. Zahl der beförderten oder höhergruppierten Beschäftigten, getrennt nach Geschlecht, Personalgruppe, Entgelt- und Besoldungsgruppe und gesonderter Ausweisung der Beförderungen, die einen Aufstieg in die nächsthöhere Laufbahngruppe darstellen.
8. – Zahl der Beschäftigten, die an Veranstaltungen der Fort- und Weiterbildung teilgenommen haben, getrennt nach Veranstaltungsart und Geschlecht,
   – Zahl der jeweils gestellten und genehmigten Anträge.
9. Entsendung in Gremien
   – Zahl der Benennungen und Entsendungen nach Geschlechtern getrennt.

7. Hamburgisches Gesetz zur Gleichstellung von Frauen und Männern im öffentlichen Dienst (Hamburgisches Gleichstellungsgesetz – HmbGleiG)

vom 2. Dezember 2014 (GVBl Nr. 61 2014, S. 495)

Abschnitt 1: Allgemeine Vorschriften

§ 1 Ziel des Gesetzes
¹Dieses Gesetz dient der Gleichstellung von Frauen und Männern sowie der Beseitigung bestehender und der Verhinderung künftiger Nachteile auf Grund des Geschlechts im Geltungsbereich dieses Gesetzes. ²In allen Bereichen gemäß § 3 Absatz 3 des hamburgischen öffentlichen Dienstes ist eine gleiche Teilhabe von Frauen und Männern zu verwirklichen.

§ 2 Geltungsbereich
(1) Dieses Gesetz gilt für die Dienststellen im Sinne des § 6 des Hamburgischen Personalvertretungsgesetzes (HmbPersVG) vom 8. Juli 2014 (HmbGVBl. S. 299) mit Ausnahme der auf Bundesrecht beruhenden juristischen Personen des öffentlichen Rechts sowie für deren Beschäftigte, insbesondere für solche mit Vorgesetzten- und Leitungsaufgaben.
(2) ¹Soweit die Freie und Hansestadt Hamburg oder ihre staatlichen Hochschulen unmittelbar oder mittelbar Mehrheitsbeteiligungen an juristischen Personen des Privatrechts oder an Personengesellschaften halten oder erwerben, stellen sie sicher, dass dieses Gesetz sinngemäß angewendet wird. ²Bei Mehrheitsbeteiligungen an Aktiengesellschaften wirken sie darauf hin, dass dieses Gesetz sinngemäß angewendet wird.
(3) Soweit die Freie und Hansestadt Hamburg oder ihre staatlichen Hochschulen Minderheitsbeteiligungen an juristischen Personen des privaten Rechts oder an Personengesellschaften unmittelbar oder mittelbar halten oder erwerben, wirken sie darauf hin, dass dieses Gesetz sinngemäß angewendet wird.

§ 3 Begriffsbestimmungen
(1) Unterrepräsentanz im Sinne dieses Gesetzes liegt vor, wenn der Frauen- oder Männeranteil innerhalb einer Dienststelle in einem Bereich nach Absatz 3 unter 40 vom Hundert liegt.
(2) Beschäftigte im Sinne dieses Gesetzes sind Beamtinnen und Beamte, Arbeitnehmerinnen und Arbeitnehmer einschließlich der zur Berufsausbildung Beschäftigten sowie Richterinnen und Richter.
(3) ¹Bereiche im Sinne dieses Gesetzes beziehen sich auf die einzelne Dienststelle, die Laufbahn, die Fachrichtung und die jeweilige Besoldungs- und Entgeltgruppe. ²Innerhalb eines Bereichs bilden die Funktionen mit Vorgesetzten- und Leitungsaufgaben oder die Stellen Vorsitzender Richterinnen und Vorsitzender Richter einen eigenen Bereich. ³Bereiche sind auch die Berufsausbildungsgänge einer Dienststelle.
(4) Arbeitsplätze im Sinne dieses Gesetzes sind alle Dienstposten und vergleichbaren Positionen, auf denen Beschäftigte ihren Dienst oder ihre Arbeit verrichten, sowie die Ausbildungsplätze.

(5) Familienaufgaben bestehen, wenn eine beschäftigte Person mindestens ein Kind unter 18 Jahren oder eine nach ärztlichem Gutachten pflegebedürftige Angehörige oder einen nach ärztlichem Gutachten pflegebedürftigen Angehörigen tatsächlich betreut oder pflegt.
(6) Vorgesetzten- und Leitungsaufgaben nehmen diejenigen Beschäftigten wahr, die weisungsbefugt sind.

§ 4 Erfahrungsbericht
Der Senat legt der Bürgerschaft im Abstand von vier Jahren einen Erfahrungsbericht über die Umsetzung des Gesetzes vor.

Abschnitt 2: Maßnahmen zur Gleichstellung von Frauen und Männern

§ 5 Vorrang des unterrepräsentierten Geschlechts
(1) Bei der Begründung eines Dienst-, Arbeits-, oder Ausbildungsverhältnisses, der Übertragung höherwertiger Tätigkeiten, der Übertragung eines Beförderungsdienstpostens oder der Beförderung in einem Bereich, in dem ein Geschlecht unterrepräsentiert ist, sind Personen dieses Geschlechts bei gleicher Eignung, Befähigung und fachlicher Leistung vorrangig zu berücksichtigen, bis die Unterrepräsentanz beseitigt ist.
(2) [1]Wenn ein Bereich gemäß § 3 Absatz 3 zu wenige Beschäftigte umfasst und damit als Bezugsgröße für Beförderungs- und Auswahlentscheidungen nicht geeignet ist, ist er mit der darunterliegenden Besoldungs- und Entgeltgruppe beziehungsweise den darunterliegenden Besoldungs- und Entgeltgruppen zusammen zu fassen, solange die Summe der Beschäftigten fünf – einschließlich der zu besetzenden Position – nicht übersteigt. [2]Abweichend von Satz 1 können zur Wahrung der Zielsetzung dieses Gesetzes ausnahmsweise auch vergleichbare Arbeitsplätze dienststellenübergreifend zu einem Bereich zusammengefasst werden.

§ 6 Ausnahmen
(1) Ausnahmen von § 5 Absatz 1 sind nur zulässig, wenn im Einzelfall soziale Gründe, die schwerer wiegen als der Ausgleich der Unterrepräsentanz, für die vorrangige Berücksichtigung einer Person des überrepräsentierten Geschlechts sprechen.
(2) § 5 Absatz 1 gilt nicht bei der Besetzung von Ausbildungsplätzen für Berufe, die auch außerhalb des öffentlichen Dienstes ausgeübt werden und für die nur innerhalb des öffentlichen Dienstes ausgebildet wird.

§ 7 Stellenausschreibungen
(1) [1]In Stellenausschreibungen ist das jeweils unterrepräsentierte Geschlecht ausdrücklich anzusprechen. [2]Es ist darauf hinzuweisen, dass Personen des unterrepräsentierten Geschlechts bei gleicher Eignung, Befähigung und fachlicher Leistung vorrangig berücksichtigt werden. [3]§ 5 Absatz 2 gilt entsprechend.
(2) Die Arbeitsplätze sind einschließlich der Funktionen mit Vorgesetzten- und Leitungsaufgaben zur Besetzung auch in Teilzeit auszuschreiben, soweit zwingende dienstliche Belange nicht entgegenstehen.
(3) Jede ausschreibende Behörde hat eine nach dem Geschlecht aufgeschlüsselte Bewerbungs- und Besetzungsstatistik zu führen.

§ 8 Auswahlkommission
Auswahlkommissionen sollen möglichst zu gleichen Teilen mit Frauen und Männern besetzt sein.

§ 9 Qualifikation, Benachteiligungsverbote
(1) Bei der Bewertung der Eignung, Befähigung und fachlichen Leistung sind auch durch Familienaufgaben erworbene Fähigkeiten und Erfahrungen einzubeziehen, soweit sie Rückschlüsse auf die Erfüllung des Anforderungsprofils der jeweiligen Stelle erlauben.
(2) Unterbrechungen der Erwerbstätigkeit, Reduzierungen der Arbeitszeit oder Verzögerungen beim Abschluss einzelner Ausbildungsgänge jeweils auf Grund der Wahrnehmung von Familienaufgaben sind bei der Bewertung der Eignung, Befähigung und fachlichen Leistung nicht zu berücksichtigen.

§ 10 Fortbildung
(1) Die Fortbildung ist so zu gestalten, dass die Teilnahme auch für Beschäftigte mit Familienaufgaben ermöglicht wird.
(2) ¹Frauen und Männer sollen im gleichen Umfang als Dozentinnen und Dozenten bei Fortbildungsveranstaltungen eingesetzt werden. ²Sie sollen, ebenso wie die für die Fortbildung zuständigen Beschäftigten der Dienststellen, über Kompetenzen im Hinblick auf die Berücksichtigung von Geschlechteraspekten bei der Gestaltung und Durchführung der Fortbildungen verfügen.
(3) ¹Bei der Fortbildung zu den Inhalten Führung, Personal- oder Organisationsangelegenheiten ist die Thematik „Gleichstellung von Frauen und Männern" in die Programme einzubeziehen. ²Dies gilt insbesondere bei Veranstaltungen für die Wahrnehmung von Vorgesetzten- und Leitungsaufgaben.
(4) ¹In die Fortbildungsprogramme der Freien und Hansestadt Hamburg sind Veranstaltungen für Beschäftigte in Beurlaubung oder Elternzeit zur Vorbereitung auf den beruflichen Wiedereinstieg aufzunehmen. ²Beschäftigte in Beurlaubung oder Elternzeit sind von der Dienststelle rechtzeitig und umfassend über Fortbildungsmaßnahmen zu unterrichten.
(5) In das Fortbildungsprogramm der Freien und Hansestadt Hamburg sind Veranstaltungen für Gleichstellungsbeauftragte aufzunehmen.

§ 11 Sprache
¹Insbesondere in Rechts- und Verwaltungsvorschriften, bei der Gestaltung von Vordrucken und in amtlichen Schreiben der Dienststellen ist der Grundsatz der sprachlichen Gleichbehandlung von Frauen und Männern zu beachten. ²Das Nähere regelt eine Verwaltungsvorschrift.

Abschnitt 3: Vereinbarkeit von Beruf und Familie

§ 12 Familiengerechte Arbeitsgestaltung
¹Im Rahmen der dienstlichen Möglichkeiten und der geltenden Bestimmungen des Dienst- und Arbeitsrechts soll jede Dienststelle Arbeitszeiten und sonstige Arbeitsbedingungen anbieten, die Frauen und Männern die Vereinbarkeit von Beruf und Familie erleichtern. ²Beschäftigten mit Familienaufgaben sollen auch Telearbeit oder eine individuelle Verteilung der Arbeitszeit ermöglicht werden.

§ 13 Teilzeitbeschäftigung und Beurlaubung
(1) Alle Arbeitsplätze, einschließlich derjenigen mit Vorgesetzten- und Leitungsaufgaben, sind grundsätzlich für die Wahrnehmung in Teilzeit geeignet.
(2) Die Dienststellen sollen die organisatorischen Voraussetzungen für eine Verminderung der regelmäßigen durchschnittlichen wöchentlichen Arbeitszeit, auch auf Arbeitsplätzen in höheren Besoldungs- und Entgeltgruppen sowie mit Vorgesetzten- und Leitungsaufgaben, schaffen.

(3) ¹Anträgen auf Teilzeitbeschäftigung oder Beurlaubung ohne Bezüge zur Wahrnehmung von Familienaufgaben ist im Rahmen der beamten-, richter- oder tarifrechtlichen Vorschriften zu entsprechen, soweit nicht zwingende dienstliche Belange entgegenstehen. ²Satz 1 gilt entsprechend für Positionen mit Vorgesetzten- und Leitungsaufgaben.
(4) Beschäftigte, die einen Antrag auf Teilzeitbeschäftigung oder Beurlaubung stellen, sind vor einer Entscheidung auf beamten-, arbeits- und versorgungsrechtliche Folgen sowie auf die Befristungsmöglichkeiten einer Teilzeittätigkeit hinzuweisen.

§ 14 Erhöhung der Arbeitszeit, beruflicher Wiedereinstieg
(1) ¹Anträgen von Teilzeitbeschäftigten mit Familienaufgaben auf Aufstockung ihrer individuellen durchschnittlichen wöchentlichen Arbeitszeit soll entsprochen werden. ²Sie sollen bei gleicher Eignung, Befähigung und fachlicher Leistung bei der Besetzung von entsprechenden Arbeitsplätzen vorrangig berücksichtigt werden. ³Satz 2 gilt entsprechend für beurlaubte Beschäftigte mit Familienaufgaben, die eine vorzeitige Rückkehr aus der Beurlaubung beantragen.
(2) Befristete Beschäftigungsmöglichkeiten (Aushilfen, Urlaubs- und Krankheitsvertretungen) sind auf Antrag vorrangig aus familiären Gründen beurlaubten Beschäftigten und Teilzeitbeschäftigten mit Familienaufgaben anzubieten, soweit sie dem Zweck der

§ 15 Benachteiligungsverbot für Teilzeitbeschäftigung und Beurlaubung
(1) ¹Teilzeitbeschäftigung und Beurlaubung aus familiären Gründen dürfen das berufliche Fortkommen nicht beeinträchtigen. ²Sie dürfen sich nicht nachteilig auf die dienstliche Beurteilung auswirken.
(2) ¹Teilzeitbeschäftigten sind die gleichen Chancen zur beruflichen Entwicklung einzuräumen wie Vollzeitbeschäftigten. ²Eine unterschiedliche Behandlung von Teilzeitbeschäftigten gegenüber Vollzeitbeschäftigten ist nur zulässig, sofern zwingende sachliche Gründe dies erfordern.
(3) Absätze 1 und 2 gelten entsprechend für Beschäftigte an Telearbeitsplätzen und Beschäftigte mit individueller Verteilung der wöchentlichen Arbeitszeit.

Abschnitt 4: Gleichstellungsplan

§ 16 Erstellung und Inhalt
(1) Jede Dienststelle hat jeweils für vier Jahre einen Gleichstellungsplan zu erstellen.
(2) Der Gleichstellungsplan umfasst folgende Inhalte:
1. Analyse der Beschäftigtenstruktur einschließlich der zu erwartenden Fluktuation sowie eine Analyse der Geschlechterverteilung bei der bisherigen Inanspruchnahme von Fortbildungsmaßnahmen,
2. Analyse der bisherigen Ziele und Maßnahmen des ablaufenden Gleichstellungsplans,
3. Ziele und Zielvorgaben bezogen auf den Anteil des unterrepräsentierten Geschlechts in den strategisch wichtigen Bereichen sowie
4. die personellen, organisatorischen und fortbildenden Maßnahmen zur Erreichung dieser Ziele und Zielvorgaben.

Satz 1 Nummern 3 und 4 bezieht sich auf die Geltungsdauer des neuen Gleichstellungsplans.
(3) Nähere Ausführungen zum Gleichstellungsplan bestimmt die für die Gleichstellung im öffentlichen Dienst zuständige Behörde in Abstimmung mit den Behörden und Ämtern.
(4) Abweichend von Absatz 1 erstellt die für das Schulwesen zuständige Behörde einen schulformübergreifenden Gleichstellungsplan für die Beschäftigten an den staatlichen Schulen

und einen Gleichstellungsplan für die übrigen Beschäftigten ihrer eigenen und der ihr nachgeordneten Dienststellen.

§ 17 Verfahren
(1) Spätestens drei Monate vor Ablauf der Geltungsdauer eines Gleichstellungsplans ist der Gleichstellungsplan für den nächsten Vierjahreszeitraum der für die Gleichstellung im öffentlichen Dienst zuständigen Behörde vorzulegen.
(2) Die für die Gleichstellung im öffentlichen Dienst zuständige Behörde prüft die in den vorgelegten Gleichstellungsplänen enthaltenen strategischen Zielvorgaben der Dienststellen daraufhin, inwieweit in ihnen ein über die Dienststellen hinweg vergleichbares Maß an Bemühungen bei der Festsetzung der Zielvorgaben zum Ausdruck kommt.
(3) ^{1}Die Gleichstellungspläne treten zum gemeinsamen Stichtag nach § 23 Absatz 1 Satz 1 in Kraft. ^{2}Äußert die für die Gleichstellung im öffentlichen Dienst zuständige Behörde Bedenken gegen eine oder mehrere Zielvorgaben einer Dienststelle, tritt der Gleichstellungsplan dieser Dienststelle erst in Kraft, wenn Einvernehmen erzielt worden ist. ^{3}Satz 2 gilt nicht für die Bürgerschaft und den Rechnungshof der Freien und Hansestadt Hamburg.
(4) Mit Inkrafttreten der Gleichstellungspläne nach Absatz 3 gibt die Dienststelle den Gleichstellungsplan ihren Beschäftigten zur Kenntnis.
(5) Abweichend von den Absätzen 1 bis 3 legen
1. die Dienststellen im Sinne des § 6 Absatz 1 Nummer 14 HmbPersVG ihre Gleichstellungspläne der jeweils die Aufsicht ausübenden Behörde,
2. die juristischen Personen des Privatrechts und die Personengesellschaften im Sinne des § 2 Absätze 2 und 3 ihre Gleichstellungspläne der jeweils für die Wahrnehmung der Beteiligung zuständigen Behörde
zur Kenntnis vor.
(6) Die neuen Gleichstellungspläne treten jeweils nach Ablauf der bisherigen Gleichstellungspläne in Kraft.

Abschnitt 5: Gleichstellungsbeauftragte

§ 18 Bestellung von Gleichstellungsbeauftragten
(1) ^{1}Jede Dienststelle hat mindestens eine Gleichstellungsbeauftragte oder einen Gleichstellungsbeauftragten sowie deren beziehungsweise dessen Stellvertretung zu bestellen. ^{2}Mindestens die Hälfte der bestellten Gleichstellungsbeauftragten und Stellvertretungen der jeweiligen Dienststelle muss dem weiblichen Geschlecht angehören.
(2) ^{1}Abweichend von Absatz 1 Satz 1 bestellt die für das Schulwesen zuständige Behörde mindestens eine Gleichstellungsbeauftragte oder einen Gleichstellungsbeauftragten für das pädagogische Personal und mindestens eine Gleichstellungsbeauftragte oder einen Gleichstellungsbeauftragten für das Verwaltungspersonal sowie deren Stellvertretungen. ^{2}§ 18 Absatz 1 Satz 2 findet entsprechende Anwendung.
(3) ^{1}Die Gleichstellungsbeauftragten werden für die Dauer von vier Jahren bestellt. ^{2}Ihre Amtszeit endet mit Ablauf von vier Jahren oder mit dem Ausscheiden aus der Dienststelle. ^{3}Die Bestellung kann auf Antrag oder mit dem Einverständnis der Gleichstellungsbeauftragten durch die Dienststelle aufgehoben werden. ^{4}Im Übrigen kann sie nur aus wichtigem Grund widerrufen werden.
(4) ^{1}Den Bestellungen geht ein Interessenbekundungsverfahren voraus. ^{2}Die Beschäftigten der Dienststelle sind vor der Bestellung der Gleichstellungsbeauftragten von der Dienststelle anzuhören.

(5) Die Bestellungen sowie das Ergebnis der Anhörung sind den Beschäftigten der Dienststelle unverzüglich bekannt zu geben.

§ 19 Rechtsstellung
(1) ¹Die Gleichstellungsbeauftragten sind in dieser Funktion der Leitung der Dienststelle unmittelbar zugeordnet. ²Sie dürfen nicht dem Personalrat angehören.
(2) ¹Die Gleichstellungsbeauftragten sind in Ausübung der ihnen nach diesem Gesetz übertragenen Aufgaben und Rechte weisungsunabhängig. ²Eine dienstliche Beurteilung durch die Leitung der Dienststelle für die Tätigkeit als Gleichstellungsbeauftragte oder Gleichstellungsbeauftragter erfolgt nur auf Antrag der Gleichstellungsbeauftragten.
(3) Die Gleichstellungsbeauftragten dürfen bei der Wahrnehmung ihrer Aufgaben nicht behindert und wegen ihrer Tätigkeit weder benachteiligt noch begünstigt werden.
(4) Die Gleichstellungsbeauftragten sind von ihren sonstigen dienstlichen Aufgaben im angemessenen Umfang zu entlasten.
(5) Die Gleichstellungsbeauftragten sind mit den zur Erfüllung ihrer Aufgaben notwendigen räumlichen und sachlichen Mitteln auszustatten.
(6) Den Gleichstellungsbeauftragten ist im angemessenen Umfang die Teilnahme an Fortbildungen zu allen für ihre Aufgabenerfüllung notwendigen Fachkenntnissen und Kompetenzen zu ermöglichen.
(7) Die Gleichstellungsbeauftragten und ihre Stellvertretungen sind verpflichtet, über die ihnen auf Grund ihres Amtes bekannt gewordenen Informationen auch nach der Abgabe des Amtes zu schweigen, sofern nicht die Betroffenen sie von der Pflicht zur Verschwiegenheit entbinden.

§ 20 Aufgaben
(1) ¹Die Gleichstellungsbeauftragten unterstützen, fördern und begleiten die Anwendung dieses Gesetzes in den Dienststellen. ²Sie werden an der Erstellung des Gleichstellungsplans beteiligt.
(2) ¹Die Gleichstellungsbeauftragten beraten die Beschäftigten in allen Angelegenheiten, die die Gleichstellung von Frauen und Männern und die Vereinbarkeit von Beruf und Familie betreffen. ²Sie können hierzu Sprechstunden während der Dienstzeit einrichten.
(3) ¹Die Gleichstellungsbeauftragten erstatten den Beschäftigten ihrer Dienststelle gegenüber einmal jährlich einen Tätigkeitsbericht. ²Sie können hierzu eine Versammlung der Beschäftigten der Dienststelle durchführen. ³Für die Teilnahme an der Versammlung gilt § 57 Absatz 2 HmbPersVG entsprechend.
(4) Die Gleichstellungsbeauftragten können innerhalb der Dienstzeit Informationsveranstaltungen zu dienststellenbezogenen, gleichstellungsrelevanten Themen durchführen.

§ 21 Rechte
(1) ¹Die Gleichstellungsbeauftragten sind über alle anstehenden personellen, sozialen und organisatorischen Maßnahmen, die die Gleichstellung von Frauen und Männern und die Vereinbarkeit von Erwerbs- und Familienarbeit betreffen, unverzüglich und umfassend zu unterrichten, ihnen ist die Möglichkeit zur Stellungnahme zu diesen Maßnahmen zu geben. ²Sie sind berechtigt, an Personalauswahlgesprächen teilzunehmen.
(2) ¹Halten die Gleichstellungsbeauftragten eine beabsichtigte Maßnahme für unvereinbar mit diesem Gesetz, können sie diese Maßnahme binnen einer Woche nach Unterrichtung in Textform gegenüber der Leitung der Dienststelle beanstanden. ²Bei dringenden Maßnahmen kann die Dienststelle die Frist verkürzen. ³Eine Maßnahme darf außer in Fällen, in denen sie der Natur der Sache nach keinen Aufschub duldet, nicht vollzogen werden, solange die

Gleichstellungsbeauftragten sie noch beanstanden können. [4]Im Fall der fristgerechten Beanstandung hat die Dienststelle die Einwände zu prüfen und gegebenenfalls neu zu entscheiden. [5]Die Maßnahme darf erst dann vollzogen werden, wenn eine der Beanstandung nicht folgende Entscheidung gegenüber den Gleichstellungsbeauftragten in Textform begründet worden ist. [6]Wurden die Gleichstellungsbeauftragten nicht oder nicht rechtzeitig über eine Maßnahme unterrichtet, so können sie verlangen, dass das beschriebene Verfahren nach den Sätzen 1 bis 5 nachgeholt wird.
(3) [1]Die Gleichstellungsbeauftragten können Maßnahmen zur Verwirklichung der Gleichstellung von Frauen und Männern und zur besseren Vereinbarkeit von Beruf und Familie in der Dienststelle vorschlagen. [2]Die Dienststelle prüft die Vorschläge und teilt die Ergebnisse den Gleichstellungsbeauftragten in Textform mit.
(4) [1]Den Gleichstellungsbeauftragten ist in dem für die Wahrnehmung ihrer Aufgaben erforderlichen Umfang Einsicht in die Akten und Bewerbungsunterlagen zu gewähren. [2]Personalakten dürfen die Gleichstellungsbeauftragten nur einsehen, wenn und soweit die betroffene Person im Einzelfall eingewilligt hat.
(5) Die Gleichstellungsbeauftragten können ihre Stellvertretung mit bestimmten Aufgaben betrauen.
(6) [1]Die Gleichstellungsbeauftragten haben das Recht auf dienststellenübergreifende Zusammenarbeit. [2]Sie können sich unmittelbar an die für die Gleichstellung im öffentlichen Dienst zuständige Behörde wenden.

Abschnitt 6: Übergangs- und Schlussvorschriften

§ 22 Sonderregelungen für den Hochschulbereich
[1]Die Zuständigkeit der oder des Gleichstellungsbeauftragten nach § 18 erstreckt sich in den staatlichen Hochschulen gemäß § 1 Absatz 1 Nummern 1 bis 6 des Hamburgischen Hochschulgesetzes vom 18. Juli 2001 (HmbGVBl. S. 171), zuletzt geändert am 8. Juli 2014 (HmbGVBl. S. 269), nur auf das Technische, Bibliotheks- und Verwaltungspersonal. [2]Im Übrigen findet dieses Gesetz auf die staatlichen Hochschulen der Freien und Hansestadt Hamburg Anwendung, soweit das Hamburgische Hochschulgesetz in der jeweils geltenden Fassung nichts anderes bestimmt.

§ 23 Übergangsbestimmungen
(1) [1]Gleichstellungspläne nach § 16 treten erstmals zum 1. Januar 2017 in Kraft; die zum Zeitpunkt des Inkrafttretens dieses Gesetzes bestehenden Gleichstellungspläne gelten bis zum 31. Dezember 2016 fort. [2]Abweichend hiervon können für einzelne Dienststellen im Einvernehmen zwischen der für die Gleichstellung im öffentlichen Dienst zuständigen Behörde und der betroffenen Dienststelle Gleichstellungspläne bereits vor dem gemeinsamen Stichtag 1. Januar 2017 in Kraft treten und bestehende Gleichstellungspläne ablösen. [3]In diesem Fall ist die Geltungsdauer der Gleichstellungspläne abweichend von § 16 Absatz 1 begrenzt bis zum 31. Dezember 2016.
(2) [1]Die Gleichstellungsbeauftragten sind innerhalb von drei Monaten nach Inkrafttreten dieses Gesetzes zu bestellen. [2]Frauenbeauftragte, die nach § 14 des Gleichstellungsgesetzes vom 19. März 1991 (HmbGVBl. S. 75) in der bis zum 31. Dezember 2014 geltenden Fassung innerhalb der letzten zwölf Monate vor Inkrafttreten dieses Gesetzes benannt wurden, führen ihr Amt als Gleichstellungsbeauftragte nach Abschnitt 5 weiter. [3]Ihre Amtszeit endet nach Ablauf von vier Jahren nach Inkrafttreten dieses Gesetzes.

(3) Gleichstellungsbeauftragte nach Absatz 2 Satz 2, die einem Personalrat angehören, sind innerhalb von drei Monaten nach Inkrafttreten des Gesetzes abzuberufen, wenn sie ihr Personalratsmandat weiterhin ausüben wollen.

§ 24 Erfahrungsbericht
Der Erfahrungsbericht nach § 4 ist erstmals zum 1. Juli 2017 zu erstellen.

8. Hessisches Gesetz über die Gleichberechtigung von Frauen und Männern und zum Abbau von Diskriminierungen von Frauen in der öffentlichen Verwaltung (Hessisches Gleichberechtigungsgesetz – HGlG)

vom 20. Dezember 2015 (GVBl. Nr. 33 2015, S. 637)

– zuletzt geändert durch Gesetz zur Änderung des Hessischen Gleichberechtigungsgesetzes vom 21. Juli 2023 (GVBl. 26 2023, S. 609)

Erster Abschnitt: Allgemeines

§ 1 Ziele des Gesetzes

(1) ¹Ziele des Gesetzes sind die Verwirklichung der Chancengleichheit von Frauen und Männern, die Verbesserung der Vereinbarkeit von Familie und Beruf für Frauen und Männer sowie die Beseitigung bestehender Unterrepräsentanz von Frauen im öffentlichen Dienst. ²Bis zur Erreichung dieser Ziele werden durch berufliche Förderung auf der Grundlage von Frauenförder- und Gleichstellungsplänen mit verbindlichen Zielvorgaben strukturelle Benachteiligungen von Frauen behoben und die Zugangs- und Aufstiegsbedingungen für Frauen sowie die Arbeitsbedingungen für Frauen und Männer verbessert. ³Dabei wird den besonderen Belangen behinderter und von Behinderung bedrohter Frauen Rechnung getragen.
(2) ¹Rechts- und Verwaltungsvorschriften sollen die Gleichstellung von Frauen und Männern sprachlich zum Ausdruck bringen. ²Dies gilt auch für den dienstlichen Schriftverkehr.

§ 2 Geltungsbereich
(1) Dieses Gesetz gilt für
1. die Landesverwaltung einschließlich der Kanzlei des Hessischen Landtages, des Hessischen Datenschutzbeauftragten und des Hessischen Rechnungshofes,
2. die Gerichte des Landes,
3. die Gemeinden und Gemeindeverbände,
4. die kommunalen Zweckverbände, den Landeswohlfahrtsverband Hessen und den Regionalverband FrankfurtRheinMain,
5. die übrigen der alleinigen Aufsicht des Landes unterstehenden juristischen Personen des öffentlichen Rechts mit fünfzig oder mehr Beschäftigten mit Ausnahme der Selbstverwaltungskörperschaften der Wirtschaft und der freien Berufe und
6. den Hessischen Rundfunk.

(2) Die der alleinigen Aufsicht des Landes unterstehenden juristischen Personen des öffentlichen Rechts, für die das Gesetz nicht gilt, sollen bei ihrer Personalwirtschaft die Grundsätze nach § 4 eigenverantwortlich anwenden.
(3) Soweit das Land, die Gemeinden, Gemeindeverbände und kommunalen Zweckverbände Beteiligungen an privatrechtlichen Unternehmen, Vereinigungen und Einrichtungen unmittelbar oder mittelbar halten oder erwerben, haben sie darauf hinzuwirken, dass bei der Personalwirtschaft die Grundsätze nach § 4 angewendet werden.

§ 3 Begriffsbestimmungen
(1) ¹Dienststellen im Sinne dieses Gesetzes sind die einzelnen Behörden, Verwaltungsstellen und Betriebe der in § 2 Abs. 1 genannten Verwaltungen und die Gerichte. ²Gemeinden, Gemeindeverbände und kommunale Zweckverbände bilden unter Ausschluss der Eigenbe-

triebe und Krankenanstalten eine Dienststelle im Sinne dieses Gesetzes. ³Dienststellen im Sinne dieses Gesetzes sind auch
1. Eigenbetriebe und Krankenanstalten,
2. der Hessische Rundfunk einschließlich seiner Studios und Sendeanlagen,
3. jede Hochschule und jedes Universitätsklinikum in öffentlicher Trägerschaft,
4. die in § 82 Abs. 1 und § 86 Abs. 1 des Hessischen Personalvertretungsgesetzes vom 28. März 2023 (GVBl. S. 183), geändert durch Gesetz vom 29. Juni 2023 (GVBl. S. 456) genannten Dienststellen der Polizei und der Berufsfeuerwehr,
5. die Staatlichen Schulämter für alle allgemeinbildenden und beruflichen Schulen sowie die Schulen für Erwachsene und
6. die Hessische Lehrkräfteakademie für die Studienseminare.

(2) ¹Beschäftigte im Sinne dieses Gesetzes sind Beamtinnen und Beamte, Richterinnen und Richter, Arbeitnehmerinnen und Arbeitnehmer sowie Auszubildende. ²Hauptamtliche Wahlbeamtinnen und Wahlbeamte sowie Beamtinnen und Beamte, die nach § 7 des Hessischen Beamtengesetzes jederzeit in den einstweiligen Ruhestand versetzt werden können, sind keine Beschäftigten im Sinne dieses Gesetzes.

(3) Personalstellen im Sinne dieses Gesetzes sind Planstellen und Stellen nach § 21 der Hessischen Landeshaushaltsordnung vom 1. April 2022 (GVBl. S. 184).

(4) Beförderung im Sinne dieses Gesetzes sind auch die Verleihung eines Richteramtes mit einem höheren Endgrundgehalt und die Übertragung einer höher zu bewertenden Tätigkeit.

(5) ¹Eine Unterrepräsentanz von Frauen liegt vor, wenn innerhalb des Geltungsbereichs eines Frauenförder- und Gleichstellungsplanes in einer Entgeltgruppe oder Besoldungsgruppe einer Laufbahn oder in den Funktionen mit Vorgesetzten- und Leitungsaufgaben weniger Frauen als Männer beschäftigt sind. ²In den Eingangsämtern der Laufbahnen gelten Frauen als unterrepräsentiert, wenn in der gesamten Laufbahn weniger Frauen als Männer beschäftigt sind. ³Satz 2 gilt entsprechend für das Eingangsamt des richterlichen und staatsanwaltlichen Dienstes. ⁴Innerhalb des Geltungsbereichs eines Frauenförder- und Gleichstellungsplanes bilden jede Besoldungsgruppe einer Laufbahn und jede Entgeltgruppe sowie die Funktionen mit Vorgesetzten- und Leitungsaufgaben einen Bereich. ⁵Die Stelle, die den Frauenförder- und Gleichstellungsplan aufstellt, kann weitere Unterteilungen vornehmen.

(6) Familienaufgabe im Sinne dieses Gesetzes ist die tatsächliche Betreuung von Kindern unter 18 Jahren sowie von Angehörigen, deren Pflegebedürftigkeit durch ein ärztliches Zeugnis oder eine Bescheinigung im Sinne des § 63 Abs. 1 Satz 3 des Hessischen Beamtengesetzes nachgewiesen ist.

§ 4 Grundsätze

(1) ¹Alle Beschäftigten, insbesondere solche mit Vorgesetzten- oder Leitungsaufgaben, sowie die Leitungen der Dienststellen haben die Erreichung der Ziele dieses Gesetzes zu fördern. ²Sie haben bei allen Entscheidungen, die Auswirkungen auf die Beschäftigten haben können, sowie bei der Zusammenarbeit mit anderen Dienststellen, die Förderung der Chancengleichheit von Frauen und Männern als durchgängiges Leitprinzip zugrunde zu legen.

(2) Die Dienststellen sind verpflichtet, durch Frauenförder- und Gleichstellungspläne nach den §§ 5 bis 7 und sonstige Maßnahmen der Förderung nach den §§ 8 bis 14 auf die Gleichstellung von Frauen und Männern im öffentlichen Dienst, auf die Gewährleistung der Entgeltgleichheit und die Beseitigung der Unterrepräsentanz von Frauen hinzuwirken und Diskriminierungen wegen des Geschlechts und des Familienstandes zu beheben.

(3) ¹Frauen und Männer dürfen wegen ihres Geschlechts oder ihres Familienstandes nicht diskriminiert werden. ²Eine Diskriminierung liegt auch vor, wenn eine Regelung oder Maßnahme sich bei geschlechtsneutraler Fassung auf ein Geschlecht wesentlich seltener vor-

teilhaft oder wesentlich häufiger nachteilig auswirkt als auf das andere, ohne dass dies durch zwingende Gründe gerechtfertigt ist. ³Maßnahmen zur Förderung von Frauen mit dem Ziel, tatsächlich bestehende Ungleichheiten zu beseitigen, bleiben hiervon unberührt.

Zweiter Abschnitt: Gleichstellung von Frauen und Männern

§ 5 Aufstellen von Frauenförder- und Gleichstellungsplänen

(1) ¹Frauenförder- und Gleichstellungspläne werden für jeweils sechs Jahre für jede Dienststelle aufgestellt. ²Personalstellen mehrerer Dienststellen können nach Maßgabe der Abs. 2 bis 4 in einem Frauenförder- und Gleichstellungsplan zusammengefasst werden.
(2) ¹In der Landesverwaltung kann für Personalstellen mehrerer Dienststellen ein gemeinsamer Frauenförder- und Gleichstellungsplan aufgestellt werden. ²Die Personalstellen von Dienststellen mit weniger als fünfzig Beschäftigten sollen für die Aufstellung von Frauenförder- und Gleichstellungsplänen mit anderen Dienststellen zusammengefasst werden. ³Über die Zusammenfassung von Personalstellen mehrerer Dienststellen in einem Frauenförder- und Gleichstellungsplan und darüber, welche Dienststelle diesen Frauenförder- und Gleichstellungsplan aufstellt, entscheidet die oberste Dienstbehörde durch Anordnung, die im Staatsanzeiger für das Land Hessen oder im Amtsblatt des zuständigen Ministeriums zu veröffentlichen ist. ⁴Im Übrigen stellt die Dienststelle die Frauenförderund Gleichstellungspläne auf. ⁵Für Personalstellen der Richterinnen und Richter und für Personalstellen der Staatsanwältinnen und Staatsanwälte werden durch das Ministerium der Justiz besondere Frauenförder- und Gleichstellungspläne aufgestellt. ⁶Frauenförder- und Gleichstellungspläne sind jeweils im Einvernehmen mit der für die erfassten Personalstellen personalentscheidenden Dienststelle aufzustellen.
(3) ¹Für jede Gemeinde, jeden Gemeindeverband und jeden kommunalen Zweckverband ausschließlich der Eigenbetriebe und Krankenanstalten wird mindestens je ein Frauenförder- und Gleichstellungsplan aufgestellt. ²Durch Satzung kann geregelt werden, dass mehrere Eigenbetriebe oder mehrere Krankenanstalten einer Gemeinde einen gemeinsamen Frauenförder- und Gleichstellungsplan aufstellen. ³Gemeinden, Gemeindeverbände, Eigenbetriebe, Krankenanstalten und kommunale Zweckverbände mit weniger als fünfzig Beschäftigten können von der Aufstellung eines Frauenförder- und Gleichstellungsplanes absehen.
(4) Bei den übrigen der Aufsicht des Landes unterstehenden juristischen Personen des öffentlichen Rechts nach § 2 Abs. 1 Nr. 5 sowie beim Hessischen Rundfunk wird jeweils mindestens ein Frauenförderund Gleichstellungsplan aufgestellt.
(5) Im Einvernehmen mit der Frauen- und Gleichstellungsbeauftragten und einer nach § 15 Abs. 1 Satz 4 oder 5 bestellten Frauen- und Gleichstellungsbeauftragten kann der Frauenförder- und Gleichstellungsplan für die jeweilige Dienststelle auch als Frauenförderplan oder als Gleichstellungsplan bezeichnet werden.

§ 6 Inhalt des Frauenförder- und Gleichstellungsplanes

(1) Gegenstand des Frauenförder- und Gleichstellungsplanes sind die Förderung der Gleichstellung von Frauen und Männern, die Verbesserung der Vereinbarkeit von Familie und Beruf für Frauen und Männer sowie die Beseitigung der Unterrepräsentanz von Frauen innerhalb des Geltungsbereiches des Frauenförder- und Gleichstellungsplanes.
(2) ¹Der Frauenförder- und Gleichstellungsplan besteht mindestens aus
1. einer Bestandsaufnahme und Analyse der Beschäftigtenstruktur,
2. einer Schätzung der im Geltungsbereich des Frauenförder- und Gleichstellungsplanes zu besetzenden Personalstellen und möglichen Beförderungen,

3. verbindlichen Zielvorgaben für jeweils drei Jahre in Prozent bezogen auf den Anteil der Frauen bei Einstellungen und Beförderungen zur Erhöhung des Frauenanteils in Bereichen, in denen Frauen unterrepräsentiert sind,
4. Maßnahmen zur Verbesserung der Arbeitsbedingungen und zur Vereinbarkeit von Familie und Beruf für Frauen und Männer sowie zur Aufwertung von Tätigkeiten an überwiegend mit Frauen besetzten Arbeitsplätzen, soweit dies erforderlich ist, um einen dem Gleichberechtigungsgrundsatz widersprechenden Zustand zu beseitigen, und
5. konkreten Maßnahmen der geschlechtergerechten Personalentwicklung.
[2]Für die Festlegung der Zielvorgaben und Maßnahmen sind die Besonderheiten in den jeweiligen Bereichen und Dienststellen maßgebend.
(3) Für die Bestandsaufnahme und Analyse der Beschäftigtenstruktur nach Abs. 2 Nr. 1 sind folgende Daten zu erheben:
1. die Zahl der befristet und unbefristet Beschäftigten in Vollzeit getrennt nach Frauen und Männern sowie Besoldungs- und Entgeltgruppen,
2. die Zahl der befristet und unbefristet Beschäftigten in Teilzeit sowie die mit ihnen besetzten Personalstellen und die entsprechenden Stellenanteile getrennt nach Frauen und Männern sowie Besoldungs- und Entgeltgruppen,
3. die Zahl der Auszubildenden sowie der Anwärterinnen und Anwärter, getrennt nach Frauen und Männern sowie Berufsgruppen,
4. die Zahl der in der Dienststelle beschäftigten Führungskräfte mit Vorgesetzten- und Leitungsaufgaben getrennt nach Frauen und Männern und
5. die Zahl der durch Erreichen der gesetzlichen Altersgrenze und vorgesehenen Wechsel des Aufgabengebietes oder Arbeitsplatzes voraussichtlich frei werdenden Personalstellen sowie der voraussichtlich zu besetzenden Personalstellen und möglichen Beförderungen.
(4) Unter Maßnahmen der geschlechtergerechten Personalentwicklung nach Abs. 2 Nr. 5 können insbesondere fallen:
1. Potenzialerkennung und -förderung,
2. die Entwicklung von Personalauswahlkriterien,
3. Fortbildungsmaßnahmen,
4. die Übertragung von qualifizierenden Aufgaben, wie Leitungen von Arbeitsgruppen und Stellvertretungsfunktionen,
5. die Erprobung und Weiterentwicklung von Teilzeitbeschäftigung in Führungsfunktionen,
6. familienfreundliche Rotationsmöglichkeiten,
7. die Verbesserung der Integration während und nach der Rückkehr aus Beurlaubungen zur Wahrnehmung von Familienaufgaben,
8. eine geschlechtergerechte Personalkostenbudgetierung,
9. die Einflussnahme auf die Führungskultur zugunsten der Chancengleichheit von Frauen und Männern und
10. die Veränderung des Beurteilungswesens unter Anerkennung der Unterschiede in den Erwerbsbiografien von Frauen und Männern.
(5) [1]In jedem Frauenförder- und Gleichstellungsplan sind jeweils mehr als die Hälfte der zu besetzenden Personalstellen eines Bereichs, in dem Frauen unterrepräsentiert sind, zur Besetzung durch Frauen vorzusehen. [2]Dies gilt nicht, wenn ein bestimmtes Geschlecht unverzichtbare Voraussetzung für eine Tätigkeit ist. [3]Ist glaubhaft dargelegt, dass nicht genügend Frauen mit der notwendigen Qualifikation zu gewinnen sind, können entsprechend weniger Personalstellen zur Besetzung durch Frauen vorgesehen werden. [4]Bei Beförderungen ohne Stellenbesetzungen sowie Höhergruppierungen in Bereichen, in denen Frauen unterrepräsentiert sind, ist ein Frauenanteil vorzusehen, der mindestens dem Anteil der Frauen an der nächstniedrigeren Besoldungs- oder Entgeltgruppe in dem Bereich entspricht. [5]Satz 3 gilt entsprechend. [6]Wenn

personalwirtschaftliche Maßnahmen vorgesehen sind, die Stellen sperren oder zum Wegfall bringen, bei Eintritt oder Versetzungen in den Ruhestand, bei Verrentungen sowie bei Gewährung von Altersteilzeit ist durch den Frauenförder- und Gleichstellungsplan zu gewährleisten, dass der Frauenanteil in den betroffenen Bereichen mindestens gleich bleibt.
(6) [1]Stellen des wissenschaftlichen Dienstes, die nach § 72 Abs. 2 des Hessischen Hochschulgesetzes vom 14. Dezember 2021 (GVBl. S. 931), zuletzt geändert durch Gesetz vom 28. März 2023 (GVBl. S. 183), befristet besetzt werden, sind mindestens mit dem Anteil an Frauen zu besetzen, den sie an den Absolventinnen und Absolventen des jeweiligen Fachbereiches stellen. [2]Stellen des wissenschaftlichen Dienstes, die nach § 70 Abs. 4 und 5 des Hessischen Hochschulgesetzes befristet besetzt werden, sind mindestens mit dem Anteil an Frauen zu besetzen, den sie an den an dem jeweiligen Fachbereich Promovierten stellen. [3]Die zur Beschäftigung von wissenschaftlichen Hilfskräften ohne Abschluss angesetzten Mittel müssen mindestens mit dem Anteil für Frauen verwendet werden, den sie an den Studierenden des jeweiligen Fachbereiches stellen.
(7) [1]Der Frauenförder- und Gleichstellungsplan ist nach drei Jahren zu überprüfen und der aktuellen Entwicklung anzupassen. [2]Bei dieser Anpassung sind ergänzende Maßnahmen aufzunehmen, wenn erkennbar ist, dass die Zielvorgaben des Frauenförder- und Gleichstellungsplanes nach Abs. 2 Nr. 3 sonst nicht erreicht werden können. [3]Mit Zustimmung der Frauen- und Gleichstellungsbeauftragten kann der Frauenförder- und Gleichstellungsplan bei Bedarf auch zu einem anderen Zeitpunkt angepasst werden.

§ 7 Verfahren zur Aufstellung von Frauenförder- und Gleichstellungsplänen, Bekanntmachung, Berichte

(1) [1]In der Landesverwaltung bedürfen Frauenförder- und Gleichstellungspläne der Zustimmung der Dienststelle, die die unmittelbare Dienstaufsicht über die in dem Frauenförder- und Gleichstellungsplan erfassten Personalstellen ausübt. [2]Die Zustimmung gilt als erteilt, sofern die zuständige Dienststelle nicht innerhalb von drei Monaten entscheidet.
(2) Frauenförder- und Gleichstellungspläne, die beim Hessischen Landtag, beim Hessischen Datenschutzbeauftragten und beim Hessischen Rechnungshof aufgestellt werden, bedürfen der Zustimmung der Präsidentin oder des Präsidenten des Landtages im Benehmen mit dem Präsidium des Landtages.
(3) [1]Frauenförder- und Gleichstellungspläne sind in den Gemeinden der Gemeindevertretung und in den Gemeindeverbänden dem Kreistag zur Beratung und Beschlussfassung vorzulegen. [2]Frauenförder- und Gleichstellungspläne der kommunalen Zweckverbände und des Landeswohlfahrtsverbandes Hessen sind der Verbandsversammlung, Frauenförderund Gleichstellungspläne des Regionalverbandes FrankfurtRheinMain der Verbandskammer zur Beratung und Beschlussfassung vorzulegen.
(4) [1]Frauenförder- und Gleichstellungspläne der Hochschulen des Landes und der übrigen der Aufsicht des Landes unterstehenden juristischen Personen des öffentlichen Rechts nach § 2 Abs. 1 Nr. 5 werden im Benehmen mit der Dienststelle, die die Rechtsaufsicht ausübt, aufgestellt. [2]Rechtsaufsichtliche Beziehungen bleiben unberührt.
(5) Frauenförder- und Gleichstellungspläne des Hessischen Rundfunks bedürfen der Zustimmung des Verwaltungsrates.
(6) Bei Änderungen des Frauenförderund Gleichstellungsplanes nach § 6 Abs. 7 gelten Abs. 1 bis 5 entsprechend.
(7) [1]Frauenförder- und Gleichstellungspläne sind in den Dienststellen, deren Personalstellen sie betreffen, bekannt zu machen. [2]Die Dienststelle, die den Frauenförder- und Gleichstellungsplan aufstellt, berichtet der nach Abs. 1 bis 5 zuständigen Stelle alle drei Jahre über den Umset-

zungsstand der im Frauenförder- und Gleichstellungsplan enthaltenen Zielvorgaben und Maßnahmen sowie über sonstige Maßnahmen der Förderung nach den §§ 8 bis 14.
(8) Soweit der Frauenförder- und Gleichstellungsplan nicht umgesetzt worden ist, sind die Gründe hierfür sowohl im Rahmen der Anpassung an die aktuelle Entwicklung nach § 6 Abs. 7 als auch bei der Aufstellung des nächsten Frauenförder- und Gleichstellungsplanes darzulegen und in der Dienststelle bekannt zu geben.
(9) Die Landesregierung berichtet dem Landtag alle fünf Jahre über die Entwicklung des Frauenanteils an den Beschäftigten sowie über Maßnahmen nach § 6 Abs. 4 und sonstige Maßnahmen der Förderung aufgrund von Frauenförder- und Gleichstellungsplänen im Geltungsbereich dieses Gesetzes nach § 2 Abs. 1.

§ 8 Vergabe von Ausbildungsplätzen

(1) [1]In Ausbildungsberufen, in denen Frauen unterrepräsentiert sind, sind sie bei der Vergabe von Ausbildungsplätzen mindestens zur Hälfte zu berücksichtigen. [2]Satz 1 gilt nicht für Ausbildungsgänge, in denen der Staat ausschließlich ausbildet.
(2) [1]Es sind geeignete Maßnahmen zu ergreifen, um Frauen auf freie Ausbildungsplätze in Berufen im Sinne von Abs. 1 Satz 1 aufmerksam zu machen und sie zur Bewerbung zu veranlassen. [2]Liegen trotz solcher Maßnahmen nicht genügend Bewerbungen von Frauen vor, können entgegen Abs. 1 Satz 1 mehr als die Hälfte der Ausbildungsplätze mit Männern besetzt werden.

§ 9 Ausschreibungen

(1) [1]In allen Bereichen, in denen Frauen unterrepräsentiert sind, sind zu besetzende Personalstellen grundsätzlich auszuschreiben. [2]Art und Inhalt der Ausschreibung haben sich ausschließlich an den Anforderungen der zu besetzenden Personalstelle oder des zu vergebenden Amtes zu orientieren. [3]In der Ausschreibung ist darauf hinzuweisen, dass Bewerbungen von Frauen besonders erwünscht sind. [4]Ausschreibungen sind geschlechtsneutral zu formulieren.
(2) [1]In Ausschreibungen ist grundsätzlich darauf hinzuweisen, dass der ausgeschriebene Arbeitsplatz in Teilzeit besetzt werden kann. [2]Dies gilt auch für Funktionen mit Vorgesetzten- und Leitungsaufgaben aller Hierarchieebenen. [3]Ausnahmen von Satz 1 sind nur zulässig, soweit einer Besetzung in Teilzeit zwingende Belange entgegenstehen. [4]Soweit eine Verpflichtung zur Erhöhung des Frauenanteils aufgrund eines Frauenförder- und Gleichstellungsplanes besteht, ist dies in der Ausschreibung zu erwähnen. [5]Die Ausschreibung soll dienststellenübergreifend erfolgen, wenn abzusehen ist, dass die Verpflichtung zur Erhöhung des Frauenanteils mit einer internen Ausschreibung nicht erfüllt werden kann.
(3) Ausnahmen von den Grundsätzen des Abs. 1 Satz 1 und Abs. 2 Satz 1 bedürfen der Zustimmung der Frauen- und Gleichstellungsbeauftragten, welche das Benehmen mit einer nach § 15 Abs. 1 Satz 4 oder 5 bestellten Frauen- und Gleichstellungsbeauftragten herzustellen hat.

§ 10 Bewerbungsgespräche

(1) In Bereichen, in denen Frauen unterrepräsentiert sind, werden mindestens ebenso viele Frauen wie Männer oder alle Bewerberinnen zum Bewerbungsgespräch eingeladen, soweit ein solches durchgeführt wird, wenn sie die gesetzlich oder sonst vorgesehenen Voraussetzungen für die Besetzung der Personalstelle oder des zu vergebenden Amtes erfüllen.
(2) Fragen nach dem Familienstand, einer bestehenden oder geplanten Schwangerschaft oder geplanten Elternzeit und danach, wie Familienaufgaben neben der Berufstätigkeit gewährleistet werden können, sind unzulässig.

§ 11 Auswahlentscheidungen

(1) ¹Um die Chancengleichheit von Frauen und Männern bei Einstellung, Beförderung und Höhergruppierung sowie die Erfüllung der Zielvorgaben der Frauenförder- und Gleichstellungspläne zu gewährleisten, sind Eignung, Befähigung und fachliche Leistung (Qualifikation) entsprechend den Anforderungen der zu besetzenden Stelle oder des zu vergebenden Amtes zu beurteilen. ²Bei der Qualifikationsbeurteilung sind Fähigkeiten und Erfahrungen, die durch die Wahrnehmung von Familienaufgaben oder in ehrenamtlicher Tätigkeit erworben wurden, zu berücksichtigen, soweit ihnen für die Eignung, Leistung und Befähigung der Bewerberinnen und Bewerber Bedeutung zukommt. ³Dies gilt auch, wenn Familienaufgaben neben der Erwerbsarbeit wahrgenommen wurden.
(2) Dienstalter, Lebensalter und der Zeitpunkt der letzten Beförderung oder Höhergruppierung dürfen nur insoweit Berücksichtigung finden, als ihnen für die Eignung, Leistung und Befähigung der Bewerberinnen und Bewerber Bedeutung zukommt.
(3) ¹Familienstand oder Einkommen des Partners oder der Partnerin dürfen nicht berücksichtigt werden. ²Teilzeitbeschäftigungen, Beurlaubungen zur Wahrnehmung von Familienaufgaben, die Inanspruchnahme von Elternzeit, Familienpflegezeit, Pflegezeit, Telearbeit und flexiblen Arbeitszeitmodellen sowie Verzögerungen beim Abschluss der Ausbildung aufgrund der Wahrnehmung von Familienaufgaben dürfen sich nicht nachteilig auf die dienstliche Beurteilung und die Auswahlentscheidung auswirken sowie das berufliche Fortkommen nicht beeinträchtigen. ³Eine regelmäßige Gleichbehandlung von Teilzeitbeschäftigung, Beurlaubung, Elternzeit, Familienpflegezeit, Pflegezeit und Vollzeitbeschäftigung ist damit nicht verbunden.
(4) ¹Werden die Zielvorgaben des Frauenförder- und Gleichstellungsplanes nach § 6 Abs. 2 Nr. 3 für jeweils drei Jahre nicht erfüllt, bedarf bis zu ihrer Erfüllung jede weitere Einstellung oder Beförderung eines Mannes in einem Bereich, in dem Frauen unterrepräsentiert sind, der Zustimmung der Stelle, die dem Frauen- und Gleichstellungsplan zugestimmt oder diesen nach § 5 Abs. 1 Satz 2 aufgestellt hat, im Geltungsbereich der Frauen- und Gleichstellungspläne der Ministerien und der Staatskanzlei der Zustimmung der Landesregierung. ²Im Geltungsbereich der bei den Hochschulen aufgestellten Frauen- und Gleichstellungspläne ist die Zustimmung der Präsidentin, des Präsidenten, der Rektorin oder des Rektors erforderlich. ³In Gemeinden ist die Beschlussfassung des Gemeindevorstandes, in Gemeindeverbänden die Beschlussfassung des Kreisausschusses, bei kommunalen Zweckverbänden die Beschlussfassung des Verbandsvorstandes, beim Landeswohlfahrtsverband Hessen die Beschlussfassung des Verwaltungsausschusses und beim Regionalverband FrankfurtRhein- Main die Zustimmung des Regionalvorstandes erforderlich. ⁴Bei den übrigen der Aufsicht des Landes unterstehenden juristischen Personen des öffentlichen Rechts nach § 2 Abs. 1 Nr. 5 ist die Zustimmung des Organs, welches die Geschäftsführung wahrnimmt, erforderlich; die Angelegenheit ist der Aufsichtsbehörde zur Kenntnis zu geben. ⁵Ist ein in Satz 3 oder 4 genanntes Organ bereits nach anderen Rechtsvorschriften mit der Angelegenheit zu befassen, so ist vor der ersten Beschlussfassung unter Beifügung einer Stellungnahme der Frauen- und Gleichstellungsbeauftragten darauf hinzuweisen, dass der Frauenförder- und Gleichstellungsplan in diesem Bereich nicht erfüllt wurde; eine weitere Beschlussfassung nach Satz 3 oder 4 entfällt. ⁶Satz 1 findet keine Anwendung in Fällen des Art. 127 Abs. 3 der Hessischen Verfassung.
(5) ¹Solange kein Frauenförder- und Gleichstellungsplan aufgestellt ist, dürfen in Bereichen, in denen Frauen unterrepräsentiert sind, keine Einstellungen und Beförderungen vorgenommen werden. ²Ist der Frauenförder- und Gleichstellungsplan wegen eines Verfahrens nach den §§ 68 oder 70 des Hessischen Personalvertretungsgesetzes noch nicht in Kraft, dürfen keine Einstellungen und Beförderungen vorgenommen werden, die dem bereits aufgestellten Frauenförder- und Gleichstellungsplan zuwiderlaufen.

(6) ¹Unter Beachtung von § 10 des Hessischen Beamtengesetzes sind Bewerberinnen und Bewerber bevorzugt einzustellen, die wegen der Wahrnehmung von Familienaufgaben aus dem öffentlichen Dienst ausgeschieden sind oder nach Ableistung eines Vorbereitungsdienstes keinen Antrag auf Übernahme in den öffentlichen Dienst stellen konnten. ²Beschäftigte, die bei unbefristeter Teilzeitbeschäftigung oder vor Ablauf einer befristeten Teilzeitbeschäftigung oder Ermäßigung der Arbeitszeit zur Wahrnehmung von Familienaufgaben wieder zur regelmäßigen Arbeitszeit zurückkehren wollen, sind bei der Besetzung von Vollzeitstellen unter Beachtung von § 10 des Hessischen Beamtengesetzes bevorzugt zu berücksichtigen.

§ 12 Personalentwicklung

(1) ¹Die Dienststellen haben bei Maßnahmen zur Personalentwicklung die Chancengleichheit von Frauen und Männern und die Vereinbarkeit von Familie und Beruf als Leitprinzipien zugrunde zu legen. ²Dieses gilt insbesondere für Fortbildungsmaßnahmen, für die dauernde oder zeitlich befristete Übertragung anderer Aufgaben und Funktionen, für die Abordnung zu anderen Dienststellen (Rotation) und für sonstige Maßnahmen, die auf die Übernahme höherwertiger Tätigkeiten vorbereiten.
(2) In Maßnahmen zur Fortbildung, die sich an Verantwortliche für Personalentwicklung, Personalverwaltung sowie für Organisations- und Leitungsaufgaben richten, sind die Leitprinzipien zur Chancengleichheit von Frauen und Männern und zur Vereinbarkeit von Familie und Beruf zu behandeln.
(3) ¹Für weibliche Beschäftigte werden besondere Fortbildungsmaßnahmen angeboten, die eine Weiterqualifikation ermöglichen und auf die Übernahme von Tätigkeiten, bei denen Frauen unterrepräsentiert sind, vorbereiten. ²Solange Frauen in Personalstellen mit Vorgesetzten- und Leitungsaufgaben unterrepräsentiert sind, ist ihnen mindestens ihrem Anteil an den Beschäftigten der Dienststelle entsprechend die Teilnahme an Führungskräftefortbildungen einzuräumen. ³Dies ist in den Frauenförder- und Gleichstellungsplan aufzunehmen.
(4) ¹Entstehen durch die Teilnahme an dienstlichen Fortbildungsmaßnahmen unvermeidliche Kosten für die Betreuung von Kindern unter 15 Jahren oder von Angehörigen, deren Pflegebedürftigkeit durch ein ärztliches Zeugnis oder eine Bescheinigung im Sinne des § 63 Abs. 1 Satz 3 des Hessischen Beamtengesetzes nachgewiesen ist, so werden diese erstattet. ²Die Kosten sind innerhalb einer Ausschlussfrist von einem Monat bei der Beschäftigungsbehörde schriftlich zu beantragen. ³Die Frist beginnt mit dem Tage nach Beendigung der Fortbildungsmaßnahme.
(5) ¹Maßnahmen zur Personalentwicklung sind im Rahmen der dienstlichen Möglichkeiten so anzubieten, dass auch Beschäftigten mit Familienaufgaben die Teilnahme möglich ist. ²Soweit erforderlich, sind im Rahmen der dienstlichen Möglichkeiten zusätzliche Maßnahmen anzubieten, die den zeitlichen und räumlichen Bedürfnissen von Beschäftigten mit Familienaufgaben entsprechen.

§ 13 Gremien

¹Alle Dienststellen sollen bei der Besetzung von Kommissionen, Beiräten, Verwaltungs- und Aufsichtsräten sowie sonstigen Gremien, soweit sie ein Entsendungs-, Bestellungs- oder Vorschlagsrecht haben, mindestens zur Hälfte Frauen berücksichtigen. ²Ausnahmen sind nur aus erheblichen Gründen zulässig, die aktenkundig zu machen sind.

Dritter Abschnitt: Vereinbarkeit von Familie und Beruf
§ 14 Arbeitsbedingungen, Teilzeitbeschäftigung und Beurlaubung
(1) Die Dienststellen haben Arbeitszeiten und sonstige Rahmenbedingungen anzubieten, die Frauen und Männern die Vereinbarkeit von Familie und Beruf erleichtern, soweit zwingende dienstliche Belange nicht entgegenstehen.
(2) [1]Anträgen von Arbeitnehmerinnen und Arbeitnehmern auf Teilzeitbeschäftigung und Beurlaubung zur Wahrnehmung von Familienaufgaben ist zu entsprechen, soweit nicht zwingende dienstliche Belange entgegenstehen. [2]Die §§ 63, 64 und 66 des Hessischen Beamtengesetzes werden auf Arbeitnehmerinnen und Arbeitnehmer entsprechend angewandt.
(3) [1]Anträgen der Beschäftigten auf flexible Ausgestaltung der Arbeitszeit, auf Telearbeit und auf Mobiles Arbeiten zur Wahrnehmung von Familienaufgaben ist im Rahmen der dienstlichen Möglichkeiten zu entsprechen. [2]Die Ablehnung von schriftlichen Anträgen muss im Einzelnen schriftlich begründet werden.
(4) Bei Teilzeitbeschäftigung und Beurlaubung zur Wahrnehmung von Familienaufgaben sowie für die Zeit des Beschäftigungsverbotes nach § 6 des Mutterschutzgesetzes vom 23. Mai 2017 (BGBl. I S. 1228), geändert durch Gesetz vom 12. Dezember 2019 (BGBl. I S. 2652), und § 1 Abs. 1 Satz 1 Nr. 2 der Hessischen Mutterschutz- und Elternzeitverordnung vom 8. Dezember 2011 (GVBl. I S. 758, 2012, S. 10, 340), zuletzt geändert durch Gesetz vom 15. November 2021 (GVBl. S. 718), ist ein personeller Ausgleich vorzunehmen; wenn dies auch bei Ausschöpfung aller Mittel unmöglich ist, ist ein organisatorischer Ausgleich vorzunehmen.
(5) [1]Beschäftigten, die zur Wahrnehmung von Familienaufgaben beurlaubt sind, werden von ihrer Beschäftigungsdienststelle und der Dienststelle, die den sie betreffenden Frauenförder- und Gleichstellungsplan aufgestellt hat, kurzfristige Beschäftigungsverhältnisse bei vorübergehendem Personalbedarf der Dienststelle vorrangig angeboten. [2]Die Dienststelle soll durch geeignete Maßnahmen den aus familiären Gründen beurlaubten Beschäftigten die Verbindung zum Beruf und den beruflichen Wiedereinstieg erleichtern. [3]Soweit in dem jeweiligen Beruf erforderlich, werden ihnen auch Fortbildungen angeboten, die zur Erhaltung und Anpassung ihrer Qualifikation geeignet sind. [4]Die aus familiären Gründen beurlaubten Beschäftigten sollen von der Dienststelle auf Wunsch über Stellenausschreibungen informiert werden.
(6) Beschäftigte, die eine Teilzeitbeschäftigung oder eine Beurlaubung beantragen, sind auf die Folgen, insbesondere in Bezug auf renten-, arbeitslosenversicherungs- und versorgungsrechtliche Ansprüche, in allgemeiner Form hinzuweisen.
(7) [1]Teilzeitbeschäftigten sind die gleichen beruflichen Aufstiegsmöglichkeiten und Fortbildungschancen einzuräumen wie Vollzeitbeschäftigten. [2]Sie werden bei der Gewährung freiwilliger sozialer Leistungen Vollzeitbeschäftigten gleichgestellt. [3]Die Wahrnehmung von Vorgesetzten- und Leitungsaufgaben aller Hierarchieebenen steht der Teilzeitbeschäftigung grundsätzlich nicht entgegen.
(8) Abs. 7 gilt entsprechend für Beschäftigte, die flexible Arbeitszeitmodelle oder Telearbeit in Anspruch nehmen.

§ 14a Betreuungskosten bei besonderen Einsatzlagen
(2) [1]Entstehen Beschäftigten aufgrund einer kurzfristigen Heranziehung zu besonderen Einsatzlagen unvermeidliche Kosten für die Betreuung von Kindern unter 15 Jahren oder von Angehörigen, deren Pflegebedürftigkeit durch ein ärztliches Zeugnis oder eine Bescheinigung im Sinne des § 63 Abs. 1 Satz 3 des Hessischen Beamtengesetzes nachgewiesen ist, so werden diese für einen Zeitraum von maximal zwei Wochen erstattet. [2]Abweichend von Satz 1 kann im Einzelfall eine darüberhinausgehende Kostenerstattung gewährt werden,

sofern Beschäftigte nachweisen, dass keine andere Betreuungsmöglichkeit zur Verfügung stand und der Beschäftigte in der besonderen Einsatzlage unverzichtbar war. ³Die Kostenerstattung ist ausgeschlossen
1. bei einer Betreuung durch Familienmitglieder ersten oder zweiten Grades oder
2. wenn die Betreuungskosten pflegebedürftiger Angehöriger von einer anderen Stelle übernommen werden.
(2) Die Kosten sind innerhalb eines Monats nach Beendigung der besonderen Einsatzlage bei der Beschäftigungsbehörde schriftlich zu beantragen (Ausschlussfrist).

Vierter Abschnitt: Frauen- und Gleichstellungsbeauftragte

§ 15 Bestellung von Frauen- und Gleichstellungsbeauftragten

(1) ¹Jede Dienststelle mit 50 oder mehr Beschäftigten bestellt mindestens eine Frauen- und Gleichstellungsbeauftragte; Dienststellen mit weniger als 50 Beschäftigten können eine Frauen- und Gleichstellungsbeauftragte bestellen. ²In den Gemeinden und Gemeindeverbänden kann die Aufgabe dem Frauenbüro oder einer vergleichbaren Stelle nach § 4b der Hessischen Gemeindeordnung oder § 4a der Hessischen Landkreisordnung zugeordnet werden. ³In diesem Falle soll eine entsprechende personelle Verstärkung des Frauenbüros oder der ähnlichen Stelle vorgenommen werden. ⁴Gilt für Personalstellen mehrerer Dienststellen ein gemeinsamer Frauenförder- und Gleichstellungsplan, so wird bei der hierfür zuständigen Dienststelle zusätzlich eine weitere Frauen- und Gleichstellungsbeauftragte bestellt. ⁵Für den Geltungsbereich mehrerer gemeinsamer Frauenförder- und Gleichstellungspläne kann eine einzige Frauen- und Gleichstellungsbeauftragte bestellt werden, wenn die Frauenförder- und Gleichstellungspläne zusammen nicht mehr als 2 000 Personalstellen betreffen.
(2) ¹Zur Frauen- und Gleichstellungsbeauftragten darf nur eine Frau bestellt werden. ²Die Funktion der Frauen- und Gleichstellungsbeauftragten ist grundsätzlich teilbar. ³Ein Interessenwiderstreit mit ihren sonstigen dienstlichen Aufgaben ist auszuschließen. ⁴Die Frauen- und Gleichstellungsbeauftragte darf keiner Personalvertretung angehören. ⁵Sie muss die zur Erfüllung ihrer Aufgabe erforderliche Sachkenntnis und Zuverlässigkeit besitzen und in einem unbefristeten Beschäftigungsverhältnis stehen.
(3) ¹Die Bestellung von Frauen- und Gleichstellungsbeauftragten erfolgt aufgrund einer Ausschreibung in der Dienststelle unter Beachtung der Vorgaben des Abs. 2. ²Zur Bestellung ist die Zustimmung der zu bestellenden Bediensteten erforderlich.
(4) ¹Im Benehmen mit der Frauen- und Gleichstellungsbeauftragten ist mindestens eine Stellvertreterin zu bestellen, die sie bei Abwesenheit und bei sonstiger Verhinderung vertritt; Abs. 2 und Abs. 3 Satz 2 gelten entsprechend. ²Die Frauen- und Gleichstellungsbeauftragte kann der Stellvertreterin mit deren Zustimmung Aufgaben zur eigenständigen Erledigung übertragen.
(5) ¹An den Hochschulen können an den Fachbereichen zusätzlich Fachbereichsbeauftragte bestellt werden. ²Näheres regeln die Hochschulen durch Satzung.
(6) ¹Bei den Gerichten sind für Angelegenheiten des richterlichen und des nicht richterlichen Personals, bei den Staatsanwaltschaften für Angelegenheiten des staatsanwaltlichen und des nicht staatsanwaltlichen Personals jeweils gesonderte Frauen- und Gleichstellungsbeauftragte zu bestellen. ²Die Vorschrift des Abs. 1 Satz 1 über die Mindestzahl der Beschäftigten gilt entsprechend für die jeweilige Gruppe.
(7) Im Einvernehmen mit der Dienststellenleitung kann die Frauen- und Gleichstellungsbeauftragte auch die Amtsbezeichnung Frauenbeauftragte oder Gleichstellungsbeauftragte verwenden.

§ 16 Dauer der Bestellung und Abberufung

(1) [1]Die Frauen- und Gleichstellungsbeauftragte wird für sechs Jahre bestellt. [2]Im Einvernehmen mit der zu bestellenden Beschäftigten kann die Bestellung für weniger als sechs Jahre erfolgen. [3]Mit Zustimmung der Amtsinhaberin sind Verlängerungen der Bestellung um jeweils bis zu sechs Jahre möglich.
(2) [1]Die Frauen- und Gleichstellungsbeauftragte kann nur wegen grober Vernachlässigung der gesetzlichen Pflichten oder grober Verletzung der gesetzlichen Befugnisse als Frauen- und Gleichstellungsbeauftragte von dieser Funktion abberufen werden. [2]Allgemeine dienstrechtliche und tarifvertragliche Regelungen bleiben unberührt.
(3) Die Bestellung der Frauen- und Gleichstellungsbeauftragten erlischt durch die Beendigung des Dienst- oder Arbeitsverhältnisses, die Versetzung an eine andere Dienststelle, den Eintritt oder die Versetzung in den Ruhestand, bei der Wahl in eine Personalvertretung oder durch Rücktritt.
(4) Abs. 1 bis 3 gelten entsprechend für die Stellvertreterin.

§ 17 Aufgaben und Rechte der Frauen- und Gleichstellungsbeauftragten

(1) [1]Die Frauen- und Gleichstellungsbeauftragte überwacht die Durchführung dieses Gesetzes und, soweit es um das Verbot von Benachteiligungen aufgrund des Geschlechts einschließlich des Verbots von sexuellen Belästigungen geht, des Allgemeinen Gleichbehandlungsgesetzes vom 14. August 2006 (BGBl. I S. 1897), zuletzt geändert durch Gesetz vom 23. Mai 2022 (BGBl. I S. 768), und unterstützt die Dienststellenleitung bei der Umsetzung dieser Gesetze. [2]Sie hat das Recht, frühzeitig an allen personellen, organisatorischen und sozialen Maßnahmen beteiligt zu werden, welche die Gleichstellung von Frauen und Männern sowie die Vereinbarkeit von Familie und Beruf betreffen. [3]Dies betrifft insbesondere
1. die Aufstellung und Änderung des Frauenförder- und Gleichstellungsplanes, der Personalstellen ihrer Dienststelle betrifft, sowie Maßnahmen nach § 6,
2. personelle Maßnahmen im Sinne der §§ 75, 77 und 79 des Hessischen Personalvertretungsgesetzes, soziale Maßnahmen im Sinne des § 74 des Hessischen Personalvertretungsgesetzes und organisatorische Maßnahmen im Sinne des § 78 des Hessischen Personalvertretungsgesetzes mit Auswirkungen auf Personalstellen der Dienststelle, für die sie bestellt wurde,
3. Stellenausschreibungen und Auswahlverfahren für Personalstellen der Dienststellen, für die sie bestellt wurde,
4. Maßnahmen zum Schutz vor sexueller Belästigung,
5. die Besetzung von Gremien nach § 13 sowie
6. sonstige Maßnahmen zur Durchführung des Frauenförder- und Gleichstellungsplanes.
(2) [1]Frauen- und Gleichstellungsbeauftragte nach § 15 Abs. 1 Satz 4 und 5 haben das Recht, an der Aufstellung des Frauenförder- und Gleichstellungsplanes, für den sie bestellt wurden, sowie an personellen Maßnahmen im Sinne der §§ 75, 77 und 79 des Hessischen Personalvertretungsgesetzes, Stellenausschreibungen und Auswahlverfahren, welche die in diesem Frauenförder- und Gleichstellungsplan erfassten Personalstellen betreffen, beteiligt zu werden. [2]Im Rahmen der Beteiligungsrechte nach Satz 1 finden für die Frauen- und Gleichstellungsbeauftragten nach § 15 Abs. 1 Satz 4 und 5 die für die übrigen Frauen- und Gleichstellungsbeauftragten geltenden Vorschriften Anwendung, soweit nichts anderes bestimmt ist.
(3) [1]In der Landesverwaltung ist bei organisatorischen Maßnahmen, die für die Beschäftigten mehrerer Dienststellen von Bedeutung sind, die Frauen- und Gleichstellungsbeauftragte der obersten Landesbehörde anstelle der Frauen- und Gleichstellungsbeauftragten der betroffenen Dienststelle zu beteiligen. [2]Bei organisatorischen Maßnahmen, die für die Beschäftigten mehrerer Geschäftsbereiche von Bedeutung sind oder über die die Landesregierung ent-

scheidet, wird anstelle der Frauen- und Gleichstellungsbeauftragten nach Satz 1 die Frauen- und Gleichstellungsbeauftragte der zuständigen obersten Landesbehörde beteiligt.
(4) [1]Von einer beabsichtigten Maßnahme ist sie rechtzeitig, mindestens zwei Wochen vor der Entscheidung, zu unterrichten und anzuhören. [2]In dringenden Fällen kann die Frist auf eine Woche abgekürzt werden; dies ist auf Verlangen der Frauen- und Gleichstellungsbeauftragten schriftlich zu begründen. [3]Vor fristlosen Entlassungen oder außerordentlichen Kündigungen beträgt die Frist drei Arbeitstage. [4]Hat die Frauen- und Gleichstellungsbeauftragte Bedenken gegen die beabsichtigte Maßnahme, so hat sie dies unter Angabe der Gründe unverzüglich der Dienststellenleitung mitzuteilen. [5]Das Votum ist zu den Akten zu nehmen. [6]Soweit die Maßnahme einer anderen Dienststelle zur Entscheidung vorgelegt wird, kann die Frauen- und Gleichstellungsbeauftragte eine schriftliche Stellungnahme beifügen. [7]Folgt die Dienststelle dem Votum der Frauen- und Gleichstellungsbeauftragten nicht, hat sie ihr die Gründe hierfür auf Verlangen schriftlich mitzuteilen.
(5) [1]Wird die Frauen- und Gleichstellungsbeauftragte nicht ordnungsgemäß an einer Maßnahme beteiligt, ist die Entscheidung über die Maßnahme auszusetzen, bis die Beteiligung nachgeholt wurde. [2]Der Frauen- und Gleichstellungsbeauftragten ist hierfür eine Frist von zwei Wochen zu gewähren. [3]In dringenden Fällen ist die Frist auf eine Woche, bei außerordentlichen Kündigungen und fristlosen Entlassungen auf drei Arbeitstage zu verkürzen.
(6) [1]Die Frauen- und Gleichstellungsbeauftragte hat in allen Angelegenheiten, die ihrer Beteiligung unterliegen, ein Initiativrecht. [2]Die Dienststelle hat über einen Initiativantrag in angemessener Zeit zu entscheiden. [3]Die Entscheidung über einen schriftlich gestellten Initiativantrag ist der Frauen- und Gleichstellungsbeauftragten schriftlich mitzuteilen.
(7) [1]Die Frauen- und Gleichstellungsbeauftragte erhält auf Verlangen Einsicht in alle aktenrelevante Unterlagen, die Maßnahmen, an denen sie zu beteiligen ist, betreffen. [2]Bei Personalentscheidungen erhält sie auf Verlangen auch Einsicht in Bewerbungsunterlagen einschließlich derer von Bewerberinnen und Bewerbern, die nicht in die engere Auswahl einbezogen wurden.

§ 18 Information und Austausch

(1) Der Frauen- und Gleichstellungsbeauftragten ist Gelegenheit zur Teilnahme an Besprechungen nach § 62 des Hessischen Personalvertretungsgesetzes zu geben.
(2) [1]Die Frauen- und Gleichstellungsbeauftragte kann sich unmittelbar an die Dienststellenleitung wenden. [2]Sie kann sich auf dem Dienstweg an die oberste Dienstbehörde wenden.
(3) [1]Zur Beratung von Fragen grundsätzlicher Bedeutung nach § 1 Abs. 1 Satz 1, insbesondere zur Auslegung dieses Gesetzes, kann sich die Frauen- und Gleichstellungsbeauftragte unmittelbar an das für das Hessische Gleichberechtigungsgesetz zuständige Ministerium wenden. [2]Personenbezogene Daten von Beschäftigten dürfen dabei nicht ohne Einwilligung der Betroffenen übermittelt werden.
(4) [1]Die Frauen- und Gleichstellungsbeauftragte soll Sprechstunden durchführen und einmal im Jahr eine Versammlung der weiblichen Beschäftigten einberufen. [2]Weibliche Beschäftigte können sich ohne Einhaltung des Dienstweges an die Frauen- und Gleichstellungsbeauftragte ihrer Dienststelle wenden. [3]Satz 1 und 2 gelten nicht für Frauen- und Gleichstellungsbeauftragte nach § 15 Abs. 1 Satz 4 und 5.
(5) Das für das Hessische Gleichberechtigungsgesetz zuständige Ministerium koordiniert und organisiert den Informations- und Erfahrungsaustausch der Frauen- und Gleichstellungsbeauftragten.
(6) [1]Der Frauen- und Gleichstellungsbeauftragten und ihrer Stellvertreterin sind regelmäßig Gelegenheiten zu Fortbildungen, die der Ausübung ihres Amtes dienen, zu gewähren. [2]Dies gilt insbesondere für Fortbildungen im Bereich des Gleichstellungsrechts, des Arbeitsrechts,

des öffentlichen Dienst-, Personalvertretungs-, Organisations- und Haushaltsrechts sowie der Personalentwicklung.
(7) Die Frauen- und Gleichstellungsbeauftragte und ihre Stellvertreterin sowie ihre Mitarbeiterinnen und Mitarbeiter nach § 21 Abs. 2 Satz 2 sind hinsichtlich der persönlichen Verhältnisse der Beschäftigten und anderer vertraulicher Angelegenheiten in der Dienststelle über die Zeit ihrer Bestellung hinaus zur Verschwiegenheit verpflichtet.

§ 19 Widerspruchsrecht

(1) Ist die Frauen- und Gleichstellungsbeauftragte der Auffassung, dass Maßnahmen oder ihre Unterlassung gegen dieses Gesetz verstoßen oder infolge von solchen Maßnahmen die Erfüllung des Frauenförder- und Gleichstellungsplanes gefährdet ist, kann sie innerhalb einer Frist von zwei Wochen ab Kenntnis bei der Dienststellenleitung schriftlich und unter Darlegung der Gründe widersprechen; bei außerordentlichen Kündigungen und fristlosen Entlassungen ist der Widerspruch unverzüglich einzulegen.
(2) [1]Die Dienststellenleitung entscheidet innerhalb von drei Wochen nach Zugang des Widerspruchs erneut über den Vorgang. [2]Soweit die Dienststelle dem Widerspruch nicht abhilft, hat sie dies gegenüber der Frauen- und Gleichstellungsbeauftragten schriftlich zu begründen.
(3) [1]Soweit die Dienststelle einem Widerspruch der Frauen- und Gleichstellungsbeauftragten nicht abhilft, kann die Frauen- und Gleichstellungsbeauftragte in der Landesverwaltung die Entscheidung der Stelle, die dem Frauenförder- und Gleichstellungsplan zugestimmt oder diesen nach § 5 Abs. 1 Satz 2 aufgestellt hat, beantragen. [2]Bei Dienststellen der Gemeinden kann die Frauen- und Gleichstellungsbeauftragte die Entscheidung des Gemeindevorstandes, bei Dienststellen der Gemeindeverbände die Entscheidung des Kreisausschusses beantragen, bei Dienststellen der kommunalen Zweckverbände die Entscheidung des Verbandsvorstandes, beim Landeswohlfahrtsverband Hessen die Entscheidung des Verwaltungsausschusses, beim Regionalverband FrankfurtRheinMain die Entscheidung des Regionalvorstandes. [3]Bei den übrigen der Aufsicht des Landes unterstehenden juristischen Personen des öffentlichen Rechts kann die Frauen- und Gleichstellungsbeauftragte die Entscheidung des Organs, welches die Geschäftsführung wahrnimmt, beantragen, beim Hessischen Rundfunk die Entscheidung des Verwaltungsrates. [4]Die Entscheidung der Stelle nach Satz 1 bis 3 ist innerhalb einer Frist von zwei Wochen nach der erneuten Entscheidung der Dienststelle oder nach Ablauf der Entscheidungsfrist nach Abs. 2 Satz 1 schriftlich und unter Darlegung der Gründe zu beantragen. [5]Bei außerordentlichen Kündigungen und fristlosen Entlassungen ist die Entscheidung unverzüglich zu beantragen.
(4) Die Stelle nach Abs. 3 Satz 1 bis 3 entscheidet innerhalb eines Monats, bei außerordentlichen Kündigungen und fristlosen Entlassungen innerhalb von drei Tagen, schriftlich und unter Darlegung der Gründe über den Widerspruch.
(5) Bis zur erneuten Entscheidung der Dienststelle nach Abs. 2 oder der Entscheidung nach Abs. 4 wird der Vollzug der Maßnahme ausgesetzt.

§ 20 Rechtsschutz

(1) Bleibt der Widerspruch nach § 19 erfolglos, kann die Frauen- und Gleichstellungsbeauftragte innerhalb eines Monats das zuständige Verwaltungsgericht anrufen.
(2) Die Anrufung des Gerichts kann nur darauf gestützt werden, dass die Dienststelle
1. Rechte der Frauen- und Gleichstellungsbeauftragten aus diesem Gesetz verletzt hat oder
2. einen den Bestimmungen dieses Gesetzes nicht entsprechenden Frauenförder- und Gleichstellungsplan aufgestellt hat.

(3) [1]Abweichend von Abs. 1 ist die Anrufung des Gerichts auch zulässig, wenn über den Widerspruch von der Stelle nach § 19 Abs. 3 Satz 1 bis 3 innerhalb der Frist nach § 19 Abs. 4 sachlich nicht entschieden worden ist und eine Nachfrist von mindestens zwei Wochen unter Androhung der Beschreitung des Rechtswegs fruchtlos abgelaufen ist. [2]Soweit eine Stelle nach § 19 Abs. 3 Satz 1 bis 3 nicht vorgesehen ist, gilt Satz 1 entsprechend, wenn die Dienststelle innerhalb der Frist nach § 19 Abs. 2 Satz 1 nicht entschieden hat. [3]§ 75 Satz 2 bis 4 der Verwaltungsgerichtsordnung gilt entsprechend.
(4) Die Anrufung hat keine aufschiebende Wirkung.
(5) Die Dienststelle trägt die der Frauen- und Gleichstellungsbeauftragten entstehenden Kosten.

§ 21 Dienstliche Stellung

(1) [1]Die Frauen- und Gleichstellungsbeauftragte ist unmittelbar der Dienststellenleitung zugeordnet. [2]Sie nimmt ihre Aufgaben und Befugnisse als dienstliche Tätigkeit wahr. [3]Dabei ist sie von fachlichen Weisungen frei. [4]Sie ist im erforderlichen Umfang von den übrigen dienstlichen Aufgaben zu entlasten und mit den zur Erfüllung ihrer Aufgaben notwendigen räumlichen, personellen und sachlichen Mitteln auszustatten.
(2) [1]Für die Tätigkeit der Frauen- und Gleichstellungsbeauftragten ist mindestens eine Stelle zur Verfügung zu stellen, in Dienststellen mit
1. 150 bis 300 Beschäftigten mit 25 Prozent,
2. mehr als 300 Beschäftigten mit 50 Prozent und
3. mehr als 600 Beschäftigten mit 100 Prozent der regelmäßigen Arbeitszeit. [2]Im Benehmen mit der Frauen- und Gleichstellungsbeauftragten ist in Dienststellen mit mehr als 1 000 Beschäftigten eine Mitarbeiterin oder ein Mitarbeiter mit der Hälfte der regelmäßigen Arbeitszeit zuzuordnen, in Dienststellen mit mehr als 1 200 Beschäftigten eine Mitarbeiterin oder ein Mitarbeiter mit der vollen Regelarbeitszeit. [3]In Dienststellen mit mehr als 2 000 Beschäftigten sind, falls erforderlich, zudem Stellenanteile für eine weitere Frauen- und Gleichstellungsbeauftragte oder eine Stellvertreterin zur Verfügung zu stellen. [4]Für die Tätigkeit von Frauen- und Gleichstellungsbeauftragten nach § 15 Abs. 1 Satz 4 und 5 ist bei einer Zuständigkeit für weniger als 500 Personalstellen eine Stelle mit der Hälfte der regelmäßigen Arbeitszeit und darüber hinaus eine volle Stelle zur Verfügung zu stellen. [5]In der Landesverwaltung sind bei der Entlastung der Frauen- und Gleichstellungsbeauftragten in den obersten Landesbehörden die Aufgaben nach § 17 Abs. 3 entsprechend zu berücksichtigen. [6]In den Hochschulen sind bei der Entlastung der Frauen- und Gleichstellungsbeauftragten die Aufgaben nach § 6 Abs. 4 Satz 2 des Hessischen Hochschulgesetzes zu berücksichtigen.
(3) [1]Bei ununterbrochener Abwesenheit der Frauen- und Gleichstellungsbeauftragten über drei Monate hinaus ist ihre Stellvertreterin in dem gleichen Umfang wie die Frauen- und Gleichstellungsbeauftragte zu entlasten. [2]Soweit der Stellvertreterin nach § 15 Abs. 4 Satz 2 Aufgaben zur eigenständigen Erledigung übertragen worden sind, ist die Dienststelle auf gemeinsamen Antrag der Frauen- und Gleichstellungsbeauftragten und ihrer Stellvertreterin verpflichtet, die Entlastung auf die Frauen- und Gleichstellungsbeauftragte und die Stellvertreterin aufzuteilen.
(4) [1]Die Frauen- und Gleichstellungsbeauftragte und ihre Stellvertreterin dürfen wegen ihrer Tätigkeit nicht benachteiligt werden; dies gilt insbesondere für die berufliche Entwicklung. [2]Frauen- und Gleichstellungsbeauftragte, denen für ihre Tätigkeit eine Stelle mit 100 Prozent zur Verfügung gestellt wurde, haben bei sie betreffenden Personalentscheidungen einen Anspruch auf fiktive Nachzeichnung ihres beruflichen Werdegangs. [3]Die Dienststelle hat auf Antrag der Frauen- und Gleichstellungsbeauftragten eine Aufgabenbeschreibung als Nachweis über ihre Tätigkeit vorzunehmen. [4]Die Frauen- und Gleichstellungsbeauftragte und

ihre Stellvertreterin dürfen gegen ihren Willen nur versetzt oder abgeordnet werden, wenn dies aus zwingenden dienstlichen Gründen auch unter Berücksichtigung ihrer Funktion als Frauen- und Gleichstellungsbeauftragte oder Stellvertreterin unvermeidbar ist und die Stelle, die bei einem Widerspruch der Frauen- und Gleichstellungsbeauftragten nach § 19 Abs. 3 entscheidet, zugestimmt hat. [5]Auf eine Frauen- und Gleichstellungsbeauftragte oder ihre Stellvertreterin, mit der ein Arbeitsverhältnis besteht, findet § 15 Abs. 2 und 4 des Kündigungsschutzgesetzes in der Fassung vom 25. August 1969 (BGBl. I S. 1317), zuletzt geändert durch Gesetz vom 14. Juni 2021 (BGBl. I S. 1762), entsprechend Anwendung mit der Maßgabe, dass zusätzlich zur personalvertretungsrechtlich erforderlichen Zustimmung nach § 15 Abs. 2 des Kündigungsschutzgesetzes die Zustimmung der Stelle vorliegen muss, die bei einem Widerspruch der Frauen- und Gleichstellungsbeauftragten nach § 19 Abs. 3 entscheidet.

Fünfter Abschnitt: Übergangs- und Schlussvorschriften

§ 22 Neuerrichtung, Auflösung und Eingliederung von Dienststellen, Mehrung und Minderung von Stellen

(1) [1]In neu errichteten Dienststellen sind innerhalb von sechs Monaten Frauenförder- und Gleichstellungspläne aufzustellen. [2]§ 11 Abs. 5 gilt insoweit nicht. [3]In Dienststellen, in denen die Zahl der regelmäßig Beschäftigten um mehr als zwanzig Prozent steigt oder sinkt, sind Frauenförder- und Gleichstellungspläne entsprechend § 6 Abs. 7 innerhalb von sechs Monaten anzupassen.

(2) [1]In neu errichteten Dienststellen bestellt die Dienststelle innerhalb von zehn Arbeitstagen eine kommissarische Frauen- und Gleichstellungsbeauftragte für die Dauer von sechs Monaten; § 78 Abs. 1 Satz 1 Nr. 7 des Hessischen Personalvertretungsgesetzes gilt in diesen Fällen nicht. [2]Innerhalb dieser Frist ist die Stelle der Frauen- und Gleichstellungsbeauftragten auszuschreiben und neu zu besetzen.

(3) Geht eine Dienststelle durch Auflösung oder Eingliederung unter, so endet gleichzeitig das Amt der für diese Einheit bestellten Frauen- und Gleichstellungsbeauftragten sowie deren Stellvertreterin.

§ 23 (weggefallen)

§ 23 Rechte der Menschen mit Behinderung
Die Rechte der Menschen mit Behinderung werden durch dieses Gesetz nicht berührt.

§ 24 Rechte der Menschen mit Behinderung
Die Aufgaben der Gemeinden nach § 4b der Hessischen Gemeindeordnung und nach § 4a der Hessischen Landkreisordnung werden durch dieses Gesetz nicht berührt.

§ 25 Inkrafttreten, Außerkrafttreten
[1]Das Gesetz tritt am 1. Januar 2016 in Kraft. [2]Es tritt mit Ablauf des 31. Dezember 2030 außer Kraft.

9. Gesetz zur Gleichstellung von Frauen und Männern im öffentlichen Dienst des Landes Mecklenburg-Vorpommern (Gleichstellungsgesetz Mecklenburg-Vorpommern – GlG M-V)

vom 11. Juli 2016 (GVBl Nr. 15 2016, S. 550)

Abschnitt 1: Allgemeine Vorschriften

§ 1 Ziele des Gesetzes

(1) Ziel des Gesetzes ist es,
1. die Gleichstellung von Frauen und Männern in der Landesverwaltung Mecklenburg-Vorpommern zu verwirklichen und bestehende Benachteiligungen aufgrund des Geschlechts zu beseitigen und künftige Benachteiligungen zu verhindern sowie
2. die Vereinbarkeit von Familie, Pflege und Berufstätigkeit für Frauen und Männer zu verbessern.

(2) ¹Alle Einrichtungen im Geltungsbereich dieses Gesetzes haben die tatsächliche Durchsetzung der Gleichberechtigung von Frauen und Männern zu fördern. ²Insbesondere die Personalverwaltung hat die Verwirklichung der Ziele dieses Gesetzes als durchgängiges Leitprinzip bei allen Aufgaben und Entscheidungen der Dienststelle sowie in der Zusammenarbeit mit anderen Dienststellen zu berücksichtigen. ³Die Dienststellenleitungen sowie Beschäftigte mit Vorgesetzten- oder Leitungsaufgaben sind verantwortlich für die berufliche Förderung von Frauen und Männern in Bereichen, in denen diese aufgrund struktureller Benachteiligung unterrepräsentiert sind, und für die Verbesserung der Vereinbarkeit von Familie, Pflege und Berufstätigkeit. ⁴Strukturelle Benachteiligungen von Frauen oder Männern sind durch gezielte Förderung zu beheben.

§ 2 Geltungsbereich

(1) Dieses Gesetz gilt für
1. die Behörden, Gerichte und Eigenbetriebe des Landes,
2. die Präsidentin oder den Präsidenten des Landtages, die Bürgerbeauftragte oder den Bürgerbeauftragten des Landes Mecklenburg- Vorpommern und die Landesbeauftragte oder den Landesbeauftragten für Datenschutz und Informationsfreiheit Mecklenburg- Vorpommern,
3. den Landesrechnungshof,
4. die Landesbeauftragte oder den Landesbeauftragten für Mecklenburg- Vorpommern für die Unterlagen des Staatssicherheitsdienstes der ehemaligen Deutschen Demokratischen Republik,
5. die staatlichen Schulen,
6. die staatlichen Hochschulen des Landes sowie die Universitätsmedizinen, soweit im Landeshochschulgesetz nichts anderes bestimmt ist,
7. die landesunmittelbaren öffentlich-rechtlichen Körperschaften, Anstalten und Stiftungen des öffentlichen Rechts.

(2) Die
1. sonstigen juristischen Personen des öffentlichen Rechts, die der alleinigen Aufsicht des Landes unterstehen, ohne die Gemeinden, Ämter, Landkreise, Zweckverbände und den Kommunalen Sozialverband,
2. juristischen Personen und Gesellschaften des privaten Rechts, an denen das Land unmittelbar oder mittelbar mit Mehrheit beteiligt ist,
3. Schulen in freier Trägerschaft und staatlich anerkannten Hochschulen

sollen auf die entsprechende Anwendung dieses Gesetzes hinwirken.

§ 3 Begriffsbestimmungen

¹Im Sinne dieses Gesetzes sind:
1. Unterrepräsentiert: Frauen oder Männer, wenn ihr Anteil an den Führungspositionen der jeweiligen Besoldungs- und Entgeltgruppe innerhalb einer Beschäftigungsgruppe nach Nummer 4 unter 50 Prozent liegt, obwohl in den Eingangsämtern ihr Anteil über 50 Prozent liegt.
2. Strukturelle Benachteiligung: Ist das Ergebnis einer Diskriminierung von Frauen oder Männern aufgrund von vorherrschenden Strukturen der Gesamtgesellschaft und damit einhergehenden Rollenbildern und Vorurteilen gegenüber Beschäftigten des unterrepräsentierten Geschlechts. ²Ist in einer Beschäftigungsgruppe der Anteil des einen Geschlechts in den Eingangsämtern deutlich höher als in der entsprechenden Führungsebene, so kann auf eine strukturelle Benachteiligung dieses Geschlechts rückgeschlossen werden.
3. Beschäftigte: Alle Bediensteten unabhängig davon, ob der Beschäftigung ein Beamten-, Richter-, Arbeits- oder Ausbildungsverhältnis zugrunde liegt, es sei denn, das Beschäftigungsverhältnis beruht auf einer Wahl.
4. Beschäftigungsgruppen: Lautbahngruppen 1 und 2, und zwar untergliedert in die Bereiche der jeweiligen beiden Einstiegsämter; im Bereich des zweiten Einstiegsamtes der Lautbahngruppe 2 jeweils die Besoldungsordnungen A und B, die Besoldungsordnung W, sämtlich nebst vergleichbaren Entgeltgruppen, sowie in der Besoldungsordnung R jeweils für die Bereiche Eingangsamt mit erstem Beförderungsamt und höhere Besoldungsgruppen ab dem zweiten Beförderungsamt, Berufsausbildungen einschließlich des Vorbereitungsdienstes.
5. Arbeitsplätze: Ausbildungsplätze, Stellen, Planstellen, Dienstposten sowie sonstige Organisationseinheiten, für deren personelle Ausführung lediglich finanzielle Mittel benötigt werden. ²Ohne Bedeutung ist, ob die Beschäftigung aus für Stellen oder Planstellen bereitgestellten oder sonstigen Haushaltmitteln finanziert wird.
6. Führungspositionen: Arbeitsplätze mit Vorgesetztenfunktion, also mit fachlicher Weisungsbefugnis gegenüber mindestens einer Mitarbeiterin oder einem Mitarbeiter.
7. Beruflicher Aufstieg: Höhergruppierungen, Übertragung höher bewerteter Dienstposten und Arbeitsplätze, Beförderungen, Aufstieg in eine höhere Laufbahngruppe, Verleihung eines anderen Amtes mit höherem Endgrundgehalt ohne Änderung der Amtsbezeichnung, Gewährung einer Amtszulage.
8. Qualifikation: Eignung, Befähigung und fachliche Leistung.
9. Familienaufgaben: Die Betreuung von mindestens einem Kind unter 18 Jahren.
10. Pflegeaufgaben: Die nicht erwerbsmäßige Pflege oder Betreuung einer im Sinne von § 61 Absatz 1 des Zwölften Buches Sozialgesetzbuch pflegebedürftigen Person. ²Die Nachweispflicht für die Pflegebedürftigkeit der betreuten Person obliegt den Beschäftigten. ³Der Nachweis wird jedenfalls durch die entsprechende Bescheinigung des Medizinischen Dienstes der Krankenkassen oder der Pflegekassen zu erbringen sein.
11. Dienststellen und Dienststellenleitung: Dienststellen im Sinne dieses Gesetzes sind die Behörden, Verwaltungsstellen und Betriebe gemäß § 8 des Personalvertretungsgesetzes. ²Für die Dienststelle handelt ihre Leiterin oder ihr Leiter.
12. Dienstliche Belange: Öffentliche Interessen jeglicher Art an sachgemäßer und reibungsloser Aufgabenerfüllung durch die Dienststelle.
13. Zwingende dienstliche Belange: Dienstliche Belange von besonderem Gewicht, wobei besonders hohe Anforderungen an die zu erwartenden Nachteile für den Dienstbetrieb sowohl hinsichtlich deren Schwere als auch den Grad der Wahrscheinlichkeit ihres Eintretens zu stellen sind.

§ 4 Allgemeine Pflichten

(1) Gewähren Dienststellen Zuwendungen als institutionelle Förderungen, so sollen sie durch Nebenbestimmungen zum Zuwendungsbescheid oder vertragliche Vereinbarung sicherstellen, dass die Zuwendungsempfänger einer institutionellen Förderung die Grundzüge dieses Gesetzes anwenden.
(2) [1]Rechts- und Verwaltungsvorschriften sollen die Gleichstellung von Frauen und Männern auch sprachlich zum Ausdruck bringen. [2]Dies gilt auch für den dienstlichen Schriftverkehr.

Abschnitt 2: Förderung der Gleichstellung, Vereinbarkeit

§ 5 Zielvereinbarungen

(1) [1]Das für die Gleichstellung zuständige Ministerium schließt mit den obersten Landesbehörden Zielvereinbarungen ab. [2]Diese gelten auch für die nachgeordneten Geschäftsbereiche einer obersten Landesbehörde. [3]Die Präsidentin oder der Präsident des Landtages, die oder der Bürgerbeauftragte des Landes MecklenburgVorpommern sowie die oder der Landesbeauftragte für Datenschutz und Informationsfreiheit Mecklenburg-Vorpommern formulieren eigenverantwortlich Ziele und Maßnahmen der jeweiligen Dienststellen zur Umsetzung dieses Gesetzes. [4]Die Zielvereinbarungen beziehungsweise die Ziele und Maßnahmen werden jeweils für einen Zeitraum von vier Jahren abgeschlossen. [5]Sie haben das Ziel, langfristig auf eine gleichmäßige Verteilung von Frauen und Männern in Führungspositionen hinzuwirken, vorhandene Unterrepräsentanzen aufgrund von struktureller Benachteiligung zu beseitigen, neue zu verhindern und die Voraussetzungen für eine Übertragung höherwertiger Arbeitsplätze für Frauen und Männer gleichermaßen zu schaffen.
(2) [1]In den Zielvereinbarungen verpflichten sich die obersten Landesbehörden, innerhalb des Geltungszeitraums eine bestimmte Anzahl von freien oder planbar freiwerdenden Planstellen und Stellen in Führungspositionen unter Berücksichtigung der Qualifikation vorrangig mit Beschäftigten des unterrepräsentierten Geschlechts zu besetzen, soweit eine strukturelle Benachteiligung zugrunde liegt. [2]Für nicht planbar freiwerdende Planstellen und Stellen in Führungspositionen sollen entsprechend unter Berücksichtigung der Qualifikation Beschäftigte des unterrepräsentierten Geschlechts eingestellt oder befördert werden, bis eine Geschlechterparität erreicht ist. [3]Die obersten Landesbehörden sollen in den Zielvereinbarungen auch vereinbaren, mit welchen Maßnahmen die Zielerreichung begleitend unterstützt werden soll.
(3) [1]Die Präsidentin oder der Präsident des Landtages unterrichtet das für die Gleichstellung zuständige Ministerium jährlich über die Ziele und Maßnahmen des Landtages und seiner Dienststellen zur Umsetzung dieses Gesetzes. [2]Die für die Gleichstellung zuständige Ministerin oder der für die Gleichstellung zuständige Minister berichtet einmal jährlich dem Kabinett über den Stand der Umsetzung der Zielvereinbarungen mit den obersten Landesbehörden.

§ 6 Begleitmaßnahmen

[1]Das für die Gleichstellung zuständige Ministerium entwickelt Begleitmaßnahmen zu den Zielvereinbarungen nach § 5, die geeignet sind, qualifizierten Mitarbeiterinnen und Mitarbeitern die Chance einzuräumen, in eine Führungsposition zu gelangen. [2]Soweit erforderlich, sind gezielte Fördermaßnahmen für ein Geschlecht zu entwickeln. [3]Dies sind insbesondere Fortbildungen, Netzwerken und Mentoring. [4]§ 1 Absatz 2 bleibt unberührt.

§ 7 Ausschreibungen

(1) [1]Freie Arbeitsplätze sollen ausgeschrieben werden. [2]Bei Vorliegen besonderer Gründe kann im Einvernehmen mit der Gleichstellungsbeauftragten hiervon abgewichen werden. [3]

§ 59 Absatz 1 des Landeshochschulgesetzes, § 9 Absatz 1 des Landesbeamtengesetzes und die auf dessen Grundlage erlassenen Rechtsverordnungen bleiben unberührt.
(2) ¹Soweit zwingende dienstliche Gründe nicht entgegenstehen, hat jede Ausschreibung den Hinweis zu enthalten, dass der ausgeschriebene Arbeitsplatz in Teilzeit besetzt werden kann. ²Dies gilt auch für die Besetzung von Arbeitsplätzen mit Vorgesetzten- oder Leitungsaufgaben.
(3) Der Ausschreibungstext ist so zu formulieren, dass er Frauen wie Männer in gleicher Weise anspricht und bei einer Unterrepräsentanz aufgrund struktureller Benachteiligung die Angehörigen dieses Geschlechts verstärkt zur Bewerbung auffordert.

§ 8 Vorstellungsgespräche
(1) ¹Bei der Besetzung von Arbeitsplätzen in einem Bereich mit Unterrepräsentanz eines Geschlechts aufgrund struktureller Benachteiligung müssen ebenso viele Frauen wie Männer zu Vorstellungsgesprächen oder besonderen Auswahlverfahren eingeladen werden, die das in der Ausschreibung vorgegebene Anforderungs- und Qualifikationsprofil aufweisen, sofern entsprechende Bewerbungen in ausreichender Zahl vorliegen. ²§ 82 Satz 2 und 3 des Neunten Buches Sozialgesetzbuch bleibt unberührt.
(2) ¹Auswahlkommissionen sollen geschlechterparitätisch besetzt sein. ²Ist dies aus triftigen Gründen nicht möglich, sind die jeweiligen Gründe aktenkundig zu machen. ³Die Gleichstellungsbeauftragte ist grundsätzlich Mitglied der Auswahlkommission.

§ 9 Auswahlentscheidungen
(1) ¹In einer Beschäftigungsgruppe, in der ein Geschlecht aufgrund von struktureller Benachteiligung unterrepräsentiert ist, sind Bewerberinnen oder Bewerber des unterrepräsentierten Geschlechts bevorzugt einzustellen oder zu befördern, soweit sie im Wesentlichen die gleiche Qualifikation aufweisen wie Bewerberinnen oder Bewerber des nicht unterrepräsentierten Geschlechts. ²Die Bevorzugung ist ausgeschlossen, wenn rechtlich schützenswerte Gründe überwiegen, die in der Person einer Bewerberin oder eines Bewerbers des nicht unterrepräsentierten Geschlechts liegen.
(2) ¹Die Qualifikation einer Bewerberin oder eines Bewerbers ist anhand der Anforderungen des zu besetzenden Arbeitsplatzes zu ermitteln, insbesondere aus der hierfür erforderlichen Ausbildung, dem Qualifikationsprofil der Laufbahn oder des Funktionsbereichs. ²Das Dienstalter und der Zeitpunkt der letzten Beförderung von Bewerberinnen und Bewerbern dürfen nur insoweit berücksichtigt werden, wie sie für die Qualifikation für den betreffenden Arbeitsplatz entscheidend sind. ³Spezifische, durch Familien- und Pflegeaufgaben sowie im Ehrenamt erworbene überfachliche Kompetenzen sind zu berücksichtigen, soweit sie für die vorgesehene Tätigkeit von Bedeutung sind und in das Verfahren eingebracht worden sind.

§ 10 Fortbildungen
(1) ¹In das Fortbildungsangebot sind regelmäßig vor allem für Beschäftigte mit Vorgesetzten- oder Leitungsaufgaben, Beschäftigte im Personal- und Organisationswesen sowie Gleichstellungsbeauftragte und Personalratsmitglieder die Themen Gleichstellung von Frauen und Männern sowie Vereinbarkeit von Familie, Pflege und Berufstätigkeit für Frauen und Männer aufzunehmen. ²Bei Fortbildungsmaßnahmen, die zur Vorbereitung auf die Wahrnehmung von Führungsaufgaben dienen können, soll der Teilnehmerkreis geschlechterparitätisch ausgestaltet sein.
(2) Fortbildungsmaßnahmen sollen so durchgeführt werden, dass Beschäftigten mit Familien- oder Pflegeaufgaben sowie Teilzeitbeschäftigten die Teilnahme möglich ist.

(3) Beschäftigte mit Vorgesetzten- oder Leitungsaufgaben machen Beschäftigte des unterrepräsentierten Geschlechts auf Maßnahmen aufmerksam, die für ihren beruflichen Aufstieg förderlich sind.
(4) Für die Leitung und Durchführung von Fortbildungsmaßnahmen sollen Frauen und Männer möglichst paritätisch eingesetzt werden.

§ 11 Arbeitszeit
(1) Die Dienststellen haben Arbeitszeiten anzubieten und Rahmenbedingungen zu schaffen, die Frauen und Männern die Vereinbarkeit von Familien- und Pflegeaufgaben mit der Berufstätigkeit erleichtern, soweit zwingende dienstliche Belange nicht entgegenstehen.
(2) Soweit dienstliche Belange nicht entgegenstehen, soll Frauen und Männern mit Familien- und Pflegeaufgaben über die gleitende Arbeitszeit hinaus eine flexible Gestaltung der Arbeitszeit ermöglicht werden.

§ 12 Teilzeitarbeit
(1) [1]Beschäftigten kann auf Antrag und im Rahmen der gesetzlichen und tariflichen Bestimmungen Teilzeitarbeit mit mindestens der Hälfte der regelmäßigen Arbeitszeit gewährt werden, soweit dienstliche Belange nicht entgegenstehen. [2]Beschäftigten mit Familienaufgaben oder Pflegeaufgaben gegenüber Angehörigen ist auf Antrag Teilzeitbeschäftigung mit mindestens einem Viertel der regelmäßigen Arbeitszeit zu bewilligen, soweit zwingende dienstliche Gründe nicht entgegenstehen. [3]Unter den Voraussetzungen des Satzes 1 und 2 sind die erforderlichen Voraussetzungen für die Einrichtung eines Teilzeitarbeitsplatzes zu schaffen. [4]Dies gilt auch für Arbeitsplätze mit Vorgesetzten- oder Leitungsaufgaben.
(2) Teilzeitbeschäftigten sind die gleichen Chancen zur beruflichen Entwicklung einzuräumen wie Vollzeitbeschäftigten.
(3) Durch Teilzeitbeschäftigung freiwerdende Stellenanteile sollen dazu genutzt werden, Mehrbelastungen der anderen Beschäftigten zu vermeiden.
(4) § 13 Absatz 1 Satz 1 und Satz 2 Teilzeit- und Befristungsgesetz ist für Beamtinnen und Beamte entsprechend anzuwenden.
(5) Streben Teilzeitbeschäftigte eine Vollzeitbeschäftigung an, sollen sie bei der Neubesetzung eines gleichwertigen Arbeitsplatzes unter Wahrung der Qualifikation sowie der personalwirtschaftlichen Möglichkeiten vorrangig berücksichtigt werden.

§ 13 Telearbeit
[1]Frauen und Männern mit Familien- oder Pflegeaufgaben soll auf Antrag Telearbeit bis höchstens zur Hälfte der allgemeinen regelmäßigen Arbeitszeit gewährt werden, soweit dienstliche Belange nicht entgegenstehen. [2]Ein Anspruch auf Bereitstellung der Informations- und Kommunikationstechnologie am häuslichen Arbeitsplatz besteht nicht. [3]Durch dienststelleninterne Regelungen können darüber hinausgehende Anlässe für die Gewährung von Telearbeit und Arbeit an mobilen Arbeitsplätzen vorgesehen werden.

§ 14 Arbeitsplatzwechsel
Beschäftigte mit Familien- oder Pflegeaufgaben sollen auf Antrag auf einem Arbeitsplatz eingesetzt werden, der für die Wahrnehmung der Familien- und Pflegeaufgaben besser geeignet ist, soweit dienstliche Belange nicht entgegenstehen.

§ 15 Dienstliche Besprechungen, Dienstreisen
(1) [1]Die zeitliche Festlegung von Besprechungen und anderen dienstlichen Anlässen soll nach Möglichkeit so erfolgen, dass Familien- und Pflegeaufgaben der Teilnehmenden

berücksichtigt werden. ²Besprechungen sollen grundsätzlich in der Kernarbeitszeit stattfinden. ³Alle Beschäftigten sollen möglichst frühzeitig über ihre Teilnahme an Besprechungen und anderen dienstlichen Anlässen informiert werden.
(2) Dienstreisen sind auf das Notwendige zu beschränken.

§ 16 Beurlaubung
(1) Beschäftigten, die Familien- oder Pflegeaufgaben wahrnehmen, ist auf Antrag Urlaub unter Wegfall der Bezüge zu gewähren, soweit zwingende dienstliche Belange nicht entgegenstehen.
(2) ¹Beschäftigten, die wegen Familien- oder Pflegeaufgaben beurlaubt sind, soll durch organisatorische Maßnahmen, insbesondere durch das Angebot von Fort- und Weiterbildungsmaßnahmen, die Möglichkeit eingeräumt werden, die Verbindung zum Beruf aufrechtzuerhalten. ²Sie werden außerdem über alle an die übrigen Beschäftigten der Dienststelle gerichteten wesentlichen Informationen wie insbesondere Hausmitteilungen oder Stellenausschreibungen unterrichtet. ³§ 12 Absatz 2 gilt entsprechend.
(3) Streben Beschäftigte, die wegen Familien- oder Pflegeaufgaben beurlaubt sind, vorzeitig wieder eine Vollzeit- oder Teilzeitbeschäftigung an, sollen sie bei der Neubesetzung eines gleichwertigen Arbeitsplatzes unter Berücksichtigung der Qualifikation vorrangig berücksichtigt werden.
(4) ¹Mit beurlaubten Beschäftigten sollen Beratungsgespräche geführt werden, in denen sie über Einsatzmöglichkeiten während und nach der Beurlaubung informiert werden. ²Ein Beratungsgespräch ist spätestens einen Monat vor Ablauf einer Beurlaubung anzubieten.

§ 17 Gremien
(1) Kommissionen, Beiräte, Verwaltungs- und Aufsichtsräte sowie sonstige Gremien sind geschlechterparitätisch zu besetzen, soweit für deren Zusammensetzung keine besonderen gesetzlichen Regelungen gelten.
(2) ¹Bei der Besetzung von Gremien nach Absatz 1 sollen die entsendenden Stellen ebenso viele Frauen wie Männer benennen. ²Besteht das Entsende- oder Vorschlagsrecht nur für eine Person oder eine ungerade Zahl an Personen, sollen Frauen und Männer alternierend berücksichtigt werden. ³Satz 1 und Satz 2 gelten entsprechend für die Entsendung in Gremien außerhalb des Geltungsbereichs dieses Gesetzes.

Abschnitt 3: Gleichstellungsbeauftragte

§ 18 Aufgaben
(1) ¹In jeder Dienststelle, in der eine Personalvertretung, ein Richterrat oder ein Staatsanwaltsrat zu wählen ist, wird von den weiblichen Beschäftigten eine Gleichstellungsbeauftragte sowie eine Stellvertreterin gewählt und von der Dienststelle bestellt. ²Die Gleichstellungsbeauftragte unterstützt die Dienststelle bei der Gleichstellung und der Vereinbarkeit von Familie, Pflege und Berufstätigkeit für Frauen und Männer. ³Sie gibt Hinweise zur Umsetzung dieses Gesetzes sowie anderer Vorschriften zur Gleichstellung von Frauen und Männern. ⁴Sie fördert zusätzlich mit eigenen Initiativen die Durchführung dieses Gesetzes und steht den Beschäftigten als Ansprechpartnerin zur Verfügung. ⁵Zu ihren Aufgaben gehört insbesondere
1. die Mitwirkung bei allen personellen, organisatorischen und sozialen Maßnahmen ihrer Dienststelle, die die Gleichstellung von Frauen und Männern, die Vereinbarkeit von Familie, Pflege und Berufstätigkeit für beide Geschlechter sowie den Schutz vor sexueller Belästigung am Arbeitsplatz betreffen,

2. die Beratung und Unterstützung aller Beschäftigten bei der beruflichen Förderung, Beseitigung von Benachteiligungen und Fragen der Vereinbarkeit von Familie, Pflege und Berufstätigkeit,
3. die Begleitung des Vollzugs des Allgemeinen Gleichbehandlungsgesetzes im Hinblick auf den Schutz vor Benachteiligungen wegen des Geschlechts und sexueller Belästigung in der Dienststelle.

(2) Zu den personellen Maßnahmen gehören insbesondere
1. die Vorbereitung und Entscheidung über Ausschreibungen, Einstellungen, Abordnungen und Umsetzungen mit einer Dauer von über drei Monaten, Versetzungen, Fortbildungen, beruflicher Aufstieg und vorzeitige Beendigung der Beschäftigung,
2. die Vorbereitung und Umsetzung von Zielvereinbarungen (§ 5),
3. die Einführung und Umsetzung von Begleitmaßnahmen (§ 6),
4. das Verfahren zur Besetzung von Gremien (§ 17).

(3) [1]Die Gleichstellungsbeauftragte ist frühzeitig zu beteiligen. [2]Eine frühzeitige Beteiligung liegt vor, wenn die Gleichstellungsbeauftragte mit Beginn des Entscheidungsprozesses auf Seiten der Dienststelle beteiligt wird und die jeweilige Entscheidung oder Maßnahme noch gestaltungsfähig ist.

(4) [1]Die Gleichstellungsbeauftragte ist bei der Mitwirkung und Durchführung ihrer Aufgaben unverzüglich und umfassend zu unterrichten. [2]Ihr sind die hierfür erforderlichen Unterlagen einschließlich der Bewerbungsunterlagen und vergleichende Übersichten so früh wie möglich vorzulegen und die von ihr erbetenen Auskünfte zu erteilen. [3]Im Rahmen der gesetzlichen Aufgaben hat sie ein Einsichtsrecht in die entscheidungsrelevanten Teile von Personalakten. [4]Die vollständigen Personalakten darf die Gleichstellungsbeauftragte nur mit Zustimmung der Betroffenen einsehen.

(5) [1]Trifft eine übergeordnete Dienststelle Entscheidungen im Sinne des Absatzes 1 für nachgeordnete Dienststellen, beteiligt die übergeordnete Dienststelle die Gleichstellungsbeauftragte der nachgeordneten Dienststelle. [2]Die Gleichstellungsbeauftragte auf der Ebene der staatlichen Schulämter beteiligt die Gleichstellungsbeauftragte der jeweiligen öffentlichen Schule, für die im zuständigen staatlichen Schulamt eine Entscheidung getroffen wird. [3]Die Gleichstellungsbeauftragte für den Bereich der öffentlichen Schulen auf der Ebene der obersten Landesbehörde beteiligt die Gleichstellungsbeauftragte der Behörde, für die in der zuständigen obersten Landesbehörde eine Entscheidung getroffen wird.

(6) [1]Im Bereich der Landespolizei sollen auf der Ebene der obersten Dienstbehörde und auf der Ebene der Polizeipräsidien aus dem jeweiligen Kreis der Gleichstellungsbeauftragten von diesen Koordinierungsbeauftragte eingesetzt werden. [2]Diese beteiligen die gesetzlich zuständigen Gleichstellungsbeauftragten im Rahmen ihrer Koordinierungstätigkeit.

(7) Die Mitwirkung erfolgt nicht in den Verfahren der Begründung und Beendigung der Amts- oder Arbeitsverhältnisse von Wahlbeamtinnen oder Wahlbeamten und den in § 37 des Landesbeamtengesetzes genannten Beamtinnen oder Beamten und vergleichbaren Arbeitnehmerinnen oder Arbeitnehmern.

§ 19 Rechtsstellung

(1) [1]Die Gleichstellungsbeauftragte nimmt ihre Aufgabe als Angehörige der Dienststelle wahr. [2]Sie ist der Dienststellenleitung unmittelbar zugeordnet. [3]Die Dienststelle und die Gleichstellungsbeauftragte beraten mindestens zweimal jährlich über die Umsetzung der Ziele dieses Gesetzes. [4]Die Gleichstellungsbeauftragte ist hinsichtlich der persönlichen Verhältnisse von Beschäftigten sowie anderer vertraulicher Angelegenheiten der Dienststelle über ihre Amtszeit hinaus zum Stillschweigen verpflichtet.

(2) Die Gleichstellungsbeauftragte ist bei der Ausübung ihrer Tätigkeit nicht an Weisungen gebunden und unterliegt insoweit auch nicht der dienstlichen Beurteilung.
(3) ¹Die Gleichstellungsbeauftragte darf bei der Erfüllung ihrer Aufgaben nicht behindert werden. ²Die Aufgaben als Gleichstellungsbeauftragte gehen anderen Aufgaben vor. ³Sie darf wegen ihrer Tätigkeit weder allgemein noch in ihrer beruflichen Entwicklung benachteiligt werden. ⁴Die Vorschriften des Personalvertretungsgesetzes über den Schutz der Mitglieder des Personalrates bei Kündigungen, Versetzungen und Abordnungen gelten entsprechend.
(4) ¹Die Gleichstellungsbeauftragte ist mit den notwendigen räumlichen und sachlichen Mitteln auszustatten. ²Die Gleichstellungsbeauftragte ist von anderweitigen dienstlichen Tätigkeiten soweit zu entlasten, wie es nach Art und Größe der Dienststelle zur ordnungsgemäßen Erfüllung der Aufgaben erforderlich ist. ³Die Gleichstellungsbeauftragte ist in Dienststellen mit 150 bis 300 Beschäftigten mit mindestens einem Viertel und in Dienststellen mit mehr als 300 Beschäftigten mit mindestens der Hälfte der regelmäßigen Arbeitszeit zu entlasten. ⁴Bei mehr als 600 Beschäftigten hat die Entlastung die volle regelmäßige Arbeitszeit zu betragen. ⁵Die Gleichstellungsbeauftragten auf der Ebene der staatlichen Schulämter werden mit jeweils einer viertel Stelle freigestellt. ⁶Die Gleichstellungsbeauftragte für den Bereich der öffentlichen Schulen auf der Ebene einer obersten Landesbehörde wird mit einer Stelle freigestellt. ⁷Im Übrigen finden die Vorschriften des Personalvertretungsgesetzes über die Freistellung der Personalratsmitglieder entsprechende Anwendung.
(5) Der Gleichstellungsbeauftragten ist die Teilnahme an spezifischen Fortbildungsmaßnahmen zu ermöglichen, soweit sie diese für die Tätigkeit für erforderlich hält.
(6) ¹Die Gleichstellungsbeauftragten der Einrichtungen in § 2 können dienststellenübergreifend zusammenarbeiten. ²Sie können sich unmittelbar und ohne Einhaltung des Dienstweges an andere Gleichstellungsbeauftragte sowie an das für die Gleichstellung zuständige Ministerium wenden.
(7) ¹Die Arbeitsgemeinschaft der Gleichstellungsbeauftragten der Landesverwaltung setzt sich aus je einem Mitglied pro Geschäftsbereich der Landesregierung zusammen. ²Die Gleichstellungsbeauftragten der Dienststellen bei der Präsidentin oder dem Präsidenten des Landtages erhalten Beobachterstatus. ³Die Arbeitsgemeinschaft vertritt ihre Mitglieder in Angelegenheiten, die von allgemeiner Bedeutung sind und über den Geschäftsbereich einer obersten Landesbehörde hinausgehen, im Wege der Anhörung. ⁴Die Gleichstellungsbeauftragten jedes Geschäftsbereiches verständigen sich auf Initiative der Gleichstellungsbeauftragten der obersten Landesbehörden auf ein Mitglied für die Arbeitsgemeinschaft. ⁵Für den Fall, dass eine Verständigung nicht möglich ist, wird das Mitglied durch geheime Wahl ermittelt. ⁶Die Rechte der Gleichstellungsbeauftragten werden hierdurch nicht berührt.
(8) ¹Die Stellvertreterin hat im Vertretungsfall dieselben Rechte und Pflichten wie die Gleichstellungsbeauftragte. ²Die Absätze 1 bis 6, mit Ausnahme der Regelungen über die Freistellung der Gleichstellungsbeauftragten nach Absatz 4 Sätze 3 bis 6, gelten für die Stellvertreterin entsprechend.
(9) Die Gleichstellungsbeauftragte kann Sprechstunden durchführen und einmal jährlich die Beschäftigten der Dienststelle zu einer Versammlung einladen.

§ 20 Beanstandungsrecht

(1) ¹Bei Verstößen gegen dieses Gesetz, andere Vorschriften zur Gleichstellung von Frauen und Männern oder die Zielvereinbarungen nach § 5 kann die Gleichstellungsbeauftragte innerhalb von zehn Arbeitstagen nach ihrer Unterrichtung die Maßnahme schriftlich beanstanden. ²Gleiches gilt bei unterlassener Beteiligung der Gleichstellungsbeauftragten durch die Dienststelle ab Kenntniserlangung von der Maßnahme. ³Bei Unaufschiebbarkeit kann die

Dienststelle die Frist auf fünf Arbeitstage verkürzen. [4]Die Dienststelle hat sodann erneut über die Maßnahme zu entscheiden. [5]Bis zur erneuten Entscheidung wird der Vollzug der Maßnahme ausgesetzt. [6]Die Dienststelle teilt der Gleichstellungsbeauftragten schriftlich mit, wie sie in der Sache entschieden hat und begründet ihre Entscheidung.
(2) [1]Die Gleichstellungsbeauftragte kann eine ihrer Meinung nach fehlerhafte Entscheidung über die Beanstandung nach rechtzeitiger Unterrichtung der Dienststellenleitung der vorgesetzten Dienststelle zur Entscheidung vorlegen. [2]Absatz 1 Satz 5 gilt entsprechend.
(3) [1]Eine Entscheidung über eine Beanstandung durch eine oberste Landesbehörde kann die Gleichstellungsbeauftragte innerhalb von zehn Arbeitstagen bei dem für die Gleichstellung zuständigen Ministerium beanstanden. [2]Absatz 1 Satz 2 gilt entsprechend. [3]Dieses legt der obersten Landesbehörde in eiligen Fällen binnen fünf Arbeitstagen einen Entscheidungsvorschlag vor. [4]Absatz 1 Satz 5 gilt entsprechend. [5]Die abschließende Entscheidung trifft die oberste Landesbehörde. [6]Abweichend davon legt die Gleichstellungsbeauftragte der Landtagsverwaltung der Präsidentin oder dem Präsidenten des Landtages Mecklenburg-Vorpommern nach Beratung durch das für Gleichstellung zuständige Ministerium einen Entscheidungsvorschlag vor. [7]Die Fristen nach Satz 1 bis 3 gelten entsprechend.
(4) [1]Beanstandet die Gleichstellungsbeauftragte einer der alleinigen Aufsicht des Landes unterstehenden Körperschaft, Anstalt oder Stiftung des öffentlichen Rechts einen Verstoß gegen dieses Gesetz und wird der Beanstandung durch die Dienststellenleitung nicht abgeholfen, legt die Dienststellenleitung die Beanstandung dem Vorstand oder dem vergleichbaren Leitungsorgan zur Entscheidung vor. [2]Hilft auch dieses Gremium nicht ab, kann die Gleichstellungsbeauftragte die zuständige Rechtsaufsichtsbehörde unterrichten. [3]Diese beteiligt das für die Gleichstellung zuständige Ministerium, das eine Stellungnahme abgibt. [4]Die abschließende Entscheidung über die Beanstandung trifft die Rechtsaufsichtsbehörde.

§ 21 Wahl

(1) [1]Die regelmäßige Amtszeit der nach § 18 Absatz 1 Satz 1 zu wählenden Gleichstellungsbeauftragten und ihrer Stellvertreterin beträgt vier Jahre mit der Möglichkeit von Wiederwahlen. [2]Findet sich für die Wahl keine Kandidatin, wird die Gleichstellungsbeauftragte durch die Dienststelle aus dem Kreis aller weiblichen Beschäftigten bestellt. [3]Die zu bestellende Beschäftigte darf die Bestellung nur aus wichtigem Grund ablehnen. [4]Entsprechendes gilt für den Fall, dass keine Stellvertreterin gewählt wurde.
(2) [1]Wahlberechtigt sind alle weiblichen Beschäftigten der Dienststelle. [2]Nicht wahlberechtigt sind die unter Wegfall der Bezüge beurlaubten Beschäftigten. [3]Wer länger als drei Monate an eine andere Dienststelle abgeordnet ist, ist allein in der aufnehmenden Dienststelle wahlberechtigt; dies gilt nicht bei Abordnungen zur Teilnahme an Lehrgängen. [4]Wählbar sind alle weiblichen Beschäftigten der Dienststelle. [5]Die Sätze 2 und 3 gelten für die Wählbarkeit entsprechend.
(3) [1]Grundsätzlich sind an den öffentlichen Schulen Gleichstellungsbeauftragte zu wählen. [2]Ausnahmen sind möglich, wenn kein Geschlecht aufgrund von struktureller Benachteiligung unterrepräsentiert ist und sich die weiblichen Beschäftigten in einer Abstimmung mehrheitlich gegen die Wahl einer Gleichstellungsbeauftragten aussprechen. [3]Für den Bereich der öffentlichen Schulen werden zudem auf der Ebene jedes staatlichen Schulamtes je eine Gleichstellungsbeauftragte und deren Stellvertreterin gewählt und bestellt. [4]Außerdem werden eine Gleichstellungsbeauftragte und deren Stellvertreterin für den Bereich der öffentlichen Schulen auf der Ebene der zuständigen obersten Landesbehörde gewählt und bestellt. [5]Wahlberechtigt für den Bereich der öffentlichen Schulen nach Satz 3 sind die weiblichen Lehrkräfte, das weibliche Personal mit sonderpädagogischer Aufgabenstellung und die sonstigen weiblichen Landesbediensteten an den öffentlichen Schulen im Zuständigkeitsbereich

des jeweiligen staatlichen Schulamtes. ⁶Wahlberechtigt für den Bereich der öffentlichen Schulen nach Satz 4 sind die weiblichen Lehrkräfte, das weibliche Personal mit sonderpädagogischer Aufgabenstellung und die sonstigen weiblichen Landesbediensteten der beruflichen Schulen und im Zuständigkeitsbereich aller staatlichen Schulämter. ⁷Die Sätze 5 und 6 gelten für die Wählbarkeit entsprechend.
(4) Die Gleichstellungsbeauftragte sowie die Stellvertreterin dürfen keiner Personalvertretung angehören und nur in ihrer Eigenschaft als Gleichstellungsbeauftragte mit Personalangelegenheiten befasst sein.
(5) ¹Die Wahlen finden gleichzeitig mit den Wahlen zur Personalvertretung, zum Richterrat oder zum Staatsanwaltsrat statt. ²Im Übrigen findet das Personalvertretungsgesetz entsprechende Anwendung.
(6) ¹Abweichend vom regelmäßigen Wahlzeitpunkt finden die Wahlen innerhalb eines Monates statt, wenn
1. die Gleichstellungsbeauftragte das Amt niederlegt, aus der Dienststelle ausscheidet oder nicht nur vorübergehend mehr als sechs Monate verhindert ist und keine Stellvertreterin nachrückt,
2. die Wahl erfolgreich angefochten worden ist oder
3. eine Gleichstellungsbeauftragte noch nicht gewählt ist.

²Satz 1 gilt entsprechend für die Stellvertreterin der Gleichstellungsbeauftragten. ³Hat eine Wahl außerhalb des regelmäßigen Wahlzeitpunktes stattgefunden, sind die Gleichstellungsbeauftragte und die Stellvertreterin zum nächsten regelmäßigen Wahlzeitpunkt neu zu wählen. ⁴Besteht das Amtsverhältnis zu Beginn des nächsten regelmäßigen Wahlzeitpunktes erst weniger als ein Jahr, findet die Neuwahl zum übernächsten Wahlzeitpunkt statt.
(7) Die Landesregierung wird ermächtigt, durch Rechtsverordnung Näheres über die Vorbereitung und Durchführung der Wahl der Gleichstellungsbeauftragten und ihrer Stellvertreterin zu bestimmen.

Abschnitt 4: Schlussvorschriften

§ 22 Berichtspflicht
Die Landesregierung berichtet dem Landtag im Abstand von fünf Jahren über die Durchführung dieses Gesetzes.

§ 23 Rechte der Menschen mit Behinderungen
¹Bei der Erreichung der Ziele dieses Gesetzes sind die besonderen Belange behinderter und von Behinderung bedrohter Menschen im Sinne von § 2 Absatz 1 des Neunten Buches Sozialgesetzbuch zu berücksichtigen. ²Im Übrigen gilt § 4 Landesbehindertengleichstellungsgesetz.

§ 24 Übergangsvorschriften
(1) Vor Inkrafttreten dieses Gesetzes erstellte Frauenförderpläne gelten bis zum Ablauf ihres Geltungszeitraums weiter.
(2) ¹Vor Inkrafttreten dieses Gesetzes bestellte Frauen- und Gleichstellungsbeauftragte und ihre Stellvertreterinnen bleiben für den Zeitraum, für den sie gewählt wurden, im Amt. ²Gleichstellungsbeauftragte und Stellvertreterinnen, die vor Inkrafttreten dieses Gesetzes Mitglied einer Personalvertretung waren, dürfen – abweichend von § 21 Absatz 4 – bis zum Ende dieser Amtszeit Mitglied der Personalvertretung bleiben.

10. Niedersächsisches Gleichberechtigungsgesetz (Gleichberechtigungsgesetz Niedersachsen – NGG)

vom 9. Dezember 2010 (Nds. GVBl. 2010, S. 558)
– zuletzt geändert durch Gesetz zur Neuregelung des Beamtenversorgungsrechts sowie zur Änderung dienstrechtlicher Vorschriften vom 17. November 2011

()GVBl. 2011 422, 456

Erster Teil: Allgemeine Vorschriften

§ 1 Zielsetzung

(1) Ziel dieses Gesetzes ist es,
1. für Frauen und Männer in der öffentlichen Verwaltung die Vereinbarkeit von Familien- und Erwerbsarbeit zu fördern und zu erleichtern sowie
2. Frauen und Männern eine gleiche Stellung in der öffentlichen Verwaltung zu verschaffen.

(2) Um die Zielsetzung dieses Gesetzes zu erreichen, sind nach Maßgabe der nachfolgenden Vorschriften
1. Arbeitsbedingungen so zu gestalten, dass Frauen und Männer ihre Erwerbsarbeit mit ihrer Familienarbeit vereinbaren können,
2. das Handeln der Verwaltung stärker durch Frauen zu prägen und weibliche und männliche Sichtweisen und Erfahrungen sowie die Erfahrungen aus einem Leben mit Kindern einzubeziehen,
3. die berufliche Gleichberechtigung von Frauen und Männern zu verwirklichen und gleiche berufliche Chancen herzustellen,
4. Nachteile, die Männer und Frauen aufgrund ihrer geschlechtlichen Unterschiedlichkeit oder ihrer Geschlechterrolle erfahren, zu beseitigen oder auszugleichen und
5. Frauen und Männer in den Vergütungs-, Besoldungs- und Entgeltgruppen einer Dienststelle, in denen sie unterrepräsentiert sind, sowie in Gremien gerecht zu beteiligen.

(3) Alle Dienststellen und die dort Beschäftigten, insbesondere solche mit Vorgesetzten- oder Leitungsaufgaben, sind verpflichtet, die Zielsetzung dieses Gesetzes zu verwirklichen.

§ 2 Geltungsbereich

(1) Dieses Gesetz gilt für
1. die Verwaltungen des Landes, der Gemeinden und der Gemeindeverbände,
2. die Verwaltungen der auf niedersächsischem Landesrecht beruhenden sonstigen Körperschaften, Anstalten und Stiftungen des öffentlichen Rechts mit 30 oder mehr Beschäftigten,
3. die Gerichte und die Hochschulen in staatlicher Verantwortung sowie
4. die öffentlichen Schulen, soweit nicht Besonderheiten dieser Einrichtungen einer Anwendung von Vorschriften dieses Gesetzes entgegenstehen.

(2) [1]Für öffentliche Theater und Orchester sowie für öffentliche außeruniversitäre wissenschaftliche Einrichtungen gelten die Vorschriften dieses Gesetzes nur insoweit, als dem nicht die Eigenart dieser Einrichtungen entgegensteht. [2]Sie gelten insbesondere nicht bei Maßnahmen, die die künstlerische Gestaltung von Aufführungen oder Veranstaltungen wesentlich beeinflussen können.

(3) Das Gesetz gilt nicht für die Selbstverwaltungskörperschaften der Wirtschaft und der freien Berufe.

§ 3 Begriffsbestimmungen

(1) Beschäftigte im Sinne dieses Gesetzes sind Arbeitnehmerinnen und Arbeitnehmer, Beamtinnen und Beamte mit Ausnahme der Ehrenbeamtinnen und Ehrenbeamten sowie Auszubildende.
(2) Dienststellen im Sinne dieses Gesetzes sind
1. die einzelnen Behörden einschließlich der Landesbetriebe nach § 26 der Niedersächsischen Landeshaushaltsordnung,
2. soweit Behörden nicht vorhanden sind, die Verwaltungsstellen der in § 2 Abs. 1 genannten Verwaltungen,

wenn sie befugt sind, Einstellungen, Beförderungen oder Übertragungen höherwertiger Tätigkeiten vorzunehmen.
(3) [1]Unterrepräsentanz im Sinne dieses Gesetzes liegt vor, wenn der Frauen- oder Männeranteil in einem Bereich einer Dienststelle unter 45 vom Hundert liegt. [2]Teilzeitbeschäftigte werden entsprechend ihrer individuellen wöchentlichen Arbeitszeit berücksichtigt.
(4) [1]Bereich im Sinne dieses Gesetzes ist eine Vergütungs-, Besoldungs- oder Entgeltgruppe. [2]Abweichend von Satz 1 bilden in einer Besoldungsgruppe, der auch Einstiegsämter zugeordnet sind, die Einstiegsämter und die übrigen Ämter jeweils einen Bereich.

Zweiter Teil: Vereinbarkeit von Erwerbs- und Familienarbeit

§ 4 Familiengerechte Arbeitsgestaltung

Arbeitsbedingungen einschließlich der Arbeitszeiten in der Dienststelle sind, soweit die Erfüllung der dienstlichen Aufgaben das zulässt, so zu gestalten, dass Frauen und Männer ihre Erwerbsarbeit mit ihrer Familienarbeit vereinbaren können.

§ 5 Arbeitszeitgestaltung bei familiären Betreuungsaufgaben

[1]Beschäftigten, die Kinder unter zwölf Jahren oder pflegebedürftige Angehörige im Sinne des § 14 des Elften Buchs des Sozialgesetzbuchs betreuen, ist auf Verlangen über die für alle Beschäftigten geltenden Regelungen hinaus eine individuelle Gestaltung der täglichen oder wöchentlichen Arbeitszeit zu ermöglichen, soweit nicht dringende dienstliche Belange entgegenstehen. [2]Die Ablehnung des Verlangens ist schriftlich zu begründen.

§ 6 Teilzeitarbeit und Beurlaubung

(1) Die Dienststellen haben dafür zu sorgen, dass sie ihren Beschäftigten, auch für Vorgesetzten- und Leitungsaufgaben, genügend Teilzeitarbeitsplätze anbieten können.
(2) Die Dienststellen sind verpflichtet, Beschäftigte, die eine Beurlaubung oder eine Ermäßigung der Arbeitszeit beantragen, auf die generellen beamten-, arbeits- und versorgungsrechtlichen Folgen hinzuweisen.
(3) Die Ermäßigung von Arbeitszeit ist grundsätzlich personell auszugleichen; dabei sind verbleibende Stellenreste zu vollen Stellen oder Teilzeitstellen zusammenzuführen.
(4) Urlaubs- und Krankheitsvertretungen sowie Aushilfstätigkeiten sind vorrangig denjenigen Beschäftigten der Dienststelle anzubieten, die aus familiären Gründen beurlaubt worden sind und die Interesse an der Übernahme solcher Tätigkeiten bekundet haben.
(5) [1]Teilzeitbeschäftigten sind die gleichen beruflichen Aufstiegs- und Fortbildungschancen einzuräumen wie Vollzeitbeschäftigten. [2]Können Teilzeitbeschäftigte an einer längerfristigen Fortbildungsmaßnahme nur teilnehmen, wenn sie dabei ihre regelmäßige wöchentliche Arbeitszeit überschreiten, so soll für die Dauer der Maßnahme auf Antrag die regelmäßige wöchentliche Arbeitszeit entsprechend erhöht werden.

(6) ¹Den Beschäftigten, die Elternzeit in Anspruch nehmen, dürfen aus diesem Grund keine dienstlichen Nachteile entstehen. ²Eine familienbedingte Beurlaubung darf sich für die betreffenden Beschäftigten nicht nachteilig auf beamtenrechtliche Auswahlentscheidungen oder Höhergruppierungen auswirken.

Dritter Teil: Gleichstellung von Frauen und Männern

Erster Abschnitt Verbesserung der Entscheidungsfindung, Benachteiligungsverbot

§ 7 Verbesserung der Entscheidungsfindung

Die Dienststelle soll sicherstellen, dass in ihre Entscheidungsprozesse weibliche und männliche Sichtweisen und Erfahrungen sowie die Erfahrungen aus einem Leben mit Kindern einfließen können.

§ 8 Gremien

(1) Werden Kommissionen, Arbeitsgruppen, Vorstände, Beiräte und gleichartige Gremien einschließlich Personalauswahlgremien mit Beschäftigten besetzt, so sollen diese je zur Hälfte Frauen und Männer sein.
(2) Sollen in ein Gremium der öffentlichen Verwaltung durch eine Stelle außerhalb der öffentlichen Verwaltung Personen entsandt werden oder werden Beschäftigte der öffentlichen Verwaltung in Gremien außerhalb der öffentlichen Verwaltung entsandt, so ist auf eine hälftige Besetzung der Gremien mit Frauen und Männern hinzuwirken.

§ 9 Benachteiligungsverbot

(1) Beschäftigte dürfen nicht unmittelbar oder mittelbar wegen des Geschlechts benachteiligt werden.
(2) ¹Eine unmittelbare Benachteiligung liegt vor, wenn eine Person wegen des Geschlechts eine weniger günstige Behandlung erfährt, als eine andere Person in einer vergleichbaren Situation erfährt, erfahren hat oder erfahren würde. ²Eine unmittelbare Benachteiligung wegen des Geschlechts liegt auch im Fall einer ungünstigeren Behandlung einer Frau wegen Schwangerschaft oder Mutterschaft vor.
(3) Eine mittelbare Benachteiligung liegt vor, wenn dem Anschein nach neutrale Vorschriften, Kriterien oder Verfahren Personen wegen des Geschlechts gegenüber anderen Personen in besonderer Weise benachteiligen können, es sei denn, die betreffenden Vorschriften, Kriterien oder Verfahren sind durch ein rechtmäßiges Ziel sachlich gerechtfertigt und die Mittel sind zur Erreichung dieses Ziels angemessen und erforderlich.
(4) Eine unterschiedliche Behandlung wegen des Geschlechts ist zulässig, wenn dieser Grund wegen der Art der auszuübenden Tätigkeit oder der Bedingungen ihrer Ausübung eine wesentliche und entscheidende berufliche Anforderung darstellt, sofern der Zweck rechtmäßig und die Anforderung angemessen ist.
(5) Ungeachtet der in den Absätzen 3 und 4 genannten Gründe ist eine unterschiedliche Behandlung auch zulässig, wenn durch geeignete und angemessene Maßnahmen, insbesondere nach § 13 Abs. 5 dieses Gesetzes, bestehende Nachteile wegen des Geschlechts verhindert oder ausgeglichen werden sollen.

Zweiter Abschnitt Abbau von Unterrepräsentanz

§ 10 Fördermaßnahmen

(1) Unterrepräsentanz ist durch die Personal- und Organisationsentwicklung und nach Maßgabe der nachfolgenden Vorschriften durch die Förderung des unterrepräsentierten Geschlechts bei der Ausbildung, Einstellung, Beförderung und Übertragung höherwertiger Tätigkeiten abzubauen.
(2) Bei Personalabbau soll darauf geachtet werden, dass sich dadurch die Unterrepräsentanz eines Geschlechts nicht verstärkt.

§ 11 Ausschreibungen

(1) ^{1}In allen Bereichen, in denen ein Geschlecht unterrepräsentiert ist, sind Stellen grundsätzlich auszuschreiben. ^{2}In der Stellenausschreibung ist das unterrepräsentierte Geschlecht ausdrücklich anzusprechen. ^{3}Außerdem ist darin auf mögliche Teilzeitbeschäftigung hinzuweisen. ^{4}Die Sätze 1 bis 3 gelten für die Übertragung einer höherwertigen Tätigkeit und die Besetzung eines Dienstpostens ohne Stelle entsprechend.
(2) Die Gleichstellungsbeauftragte kann eine zweite Ausschreibung verlangen, wenn sich keine Person des unterrepräsentierten Geschlechts beworben hat.

§ 12 Auswahlverfahren

(1) ^{1}Bei der Besetzung von Stellen in Bereichen, in denen ein Geschlecht unterrepräsentiert ist, sollen mindestens zur Hälfte Personen dieses Geschlechts, die die in der Stellenausschreibung angegebenen Mindestvoraussetzungen erfüllen, in die engere Wahl einbezogen und zu einem Vorstellungsgespräch eingeladen werden. ^{2}Satz 1 gilt für die Übertragung einer höherwertigen Tätigkeit und die Besetzung eines Dienstpostens ohne Stelle entsprechend.
(2) Fragen nach der Familienplanung und Fragen danach, wie die Betreuung von Kindern neben der Berufstätigkeit sichergestellt wird, sind unzulässig.

§ 13 Auswahlkriterien

(1) Im Auswahlverfahren sind für die Beurteilung von Eignung, Befähigung und fachlicher Leistung ausschließlich die Anforderungen der zu besetzenden Stelle, der zu übertragenden Tätigkeit, des zu besetzenden Dienstpostens, der Laufbahn oder des Berufs maßgebend.
(2) ^{1}Falls ein Mindestdienst- oder -lebensalter in der Ausschreibung oder in anderer Weise vor Beginn des Auswahlverfahrens als Teil der Anforderungen nach Absatz 1 festgelegt worden ist, dürfen nur Personen ausgewählt werden, die diese Anforderung erfüllen. ^{2}Falls mehrere Personen das nach Satz 1 geforderte Mindestdienst- oder -lebensalter haben oder diese Kriterien zwar nicht zu den Anforderungen nach Absatz 1 gehören, ihnen jedoch in anderer Weise Bedeutung für die Beurteilung von Eignung, Befähigung und fachlicher Leistung zukommt, darf das Dienst- oder das Lebensalter nur berücksichtigt werden, wenn weder die Personal- oder Organisationsentwicklung nach § 10 Abs. 1 noch eine Festlegung in einem Gleichstellungsplan nach § 15 Abs. 2 Satz 2 und Abs. 3 Satz 1 entgegensteht.
(3) Für die Beurteilung der Eignung und Befähigung sind auch Erfahrungen und Fähigkeiten aus der familiären oder sozialen Arbeit wie Flexibilität, Kommunikations- und Teamfähigkeit, Tatkraft und Organisationsfähigkeit einzubeziehen, soweit diese Qualifikationen für die zu übertragenden Aufgaben von Bedeutung sind.
(4) ^{1}Vorangegangene Teilzeitbeschäftigungen und Unterbrechungen der Erwerbstätigkeit zur Betreuung von Kindern oder pflegebedürftigen Angehörigen dürfen nicht nachteilig berücksichtigt werden. ^{2}Hat sich auf eine teilzeitgeeignete Stelle keine zweite Teilzeitkraft bewor-

ben, so darf die Bewerbung der einen Teilzeitkraft aus diesem Grund nur abgelehnt werden, wenn dafür zwingende personalwirtschaftliche Gründe vorliegen.
(5) ¹In einem Bereich, in dem ein Geschlecht unterrepräsentiert ist, darf zur Erreichung des in § 1 Abs. 1 Nr. 2 genannten Ziels bei der Einstellung, Beförderung und Übertragung höherwertiger Tätigkeiten eine Person des unterrepräsentierten Geschlechts bei gleicher Eignung, Befähigung und fachlicher Leistung gegenüber einer Person des anderen Geschlechts bevorzugt werden. ²Eine Bevorzugung nach Satz 1 ist nicht zulässig, wenn bei der Person des anderen Geschlechts schwerwiegende persönliche Gründe vorliegen, hinter denen das in Satz 1 genannte Ziel zurücktreten muss und die durch persönliche Gründe, die bei der Person des unterrepräsentierten Geschlechts vorliegen, nicht aufgewogen werden.
(6) ¹Absatz 5 gilt für die Besetzung von Ausbildungsplätzen entsprechend, solange der Frauen- oder Männeranteil bei den Auszubildenden in einer Dienststelle unter 45 vom Hundert liegt. ²Satz 1 gilt nicht bei Ausbildungen für Berufe, die auch außerhalb des öffentlichen Dienstes ausgeübt werden und für die ausschließlich innerhalb des öffentlichen Dienstes ausgebildet wird.

§ 14 Fortbildung

(1) Frauen und Männer sollen im gleichen Umfang als Leiterinnen und Leiter sowie Referentinnen und Referenten bei Fortbildungsveranstaltungen eingesetzt werden.
(2) Beurlaubte Beschäftigte und Beschäftigte in Elternzeit sind rechtzeitig und umfassend über Fortbildungsmaßnahmen zu unterrichten.
(3) Frauen oder Männer sind gezielt anzusprechen, um möglichst eine paritätische Besetzung der Fortbildungsveranstaltungen zu erreichen.
(4) ¹Fortbildungsveranstaltungen sind so durchzuführen, dass Beschäftigte, die Kinder betreuen oder pflegebedürftige Angehörige versorgen, teilnehmen können. ²Im Rahmen der zur Verfügung stehenden Haushaltsmittel werden auf Antrag die angemessenen nachgewiesenen Mehrkosten für die Kinderbetreuung und die Betreuung pflegebedürftiger Angehöriger im Sinne des § 14 des Elften Buchs des Sozialgesetzbuchs erstattet.

Vierter Teil: Durchsetzung der Ziele

Erster Abschnitt Gleichstellungsplan

§ 15 Erstellung

(1) ¹Jede Dienststelle mit mindestens 50 Beschäftigten hat erstmals bis zum 31. Dezember 2011 jeweils für drei Jahre einen Gleichstellungsplan zu erstellen. ²Außenstellen mit mindestens 50 Beschäftigten, die befugt sind, Einstellungen, Beförderungen oder Übertragungen höherwertiger Tätigkeiten vorzunehmen, müssen jeweils zusätzlich einen eigenen Gleichstellungsplan erstellen.
(2) ¹Als Grundlage des Gleichstellungsplans dient eine Bestandsaufnahme und Analyse der Beschäftigtenstruktur und der zu erwartenden Fluktuation. ²Im Gleichstellungsplan ist für seine Geltungsdauer nach Maßgabe der dienstrechtlichen Befugnisse der ihn erstellenden Stelle und des Absatzes 3 festzulegen, wie eine Unterrepräsentanz abgebaut und die Vereinbarkeit von Erwerbsarbeit und Familienarbeit verbessert werden soll.
(3) ¹Zum Abbau von Unterrepräsentanz muss der Gleichstellungsplan für seine Geltungsdauer Zielvorgaben in Vomhundertsätzen, bezogen auf den Anteil des unterrepräsentierten Geschlechts in den jeweiligen Bereichen, enthalten. ²Für Schulen kann bei den Ämtern der Laufbahn der Laufbahngruppe 2 der Fachrichtung Bildung zwischen den nach dem ersten Einstiegsamt und den nach dem zweiten Einstiegsamt regelmäßig zu durchlaufenden Ämtern unterschieden werden. ³Die Besonderheiten in den jeweiligen Bereichen, Dienststellen und

Außenstellen sind zu berücksichtigen. ⁴Die personellen, organisatorischen und fortbildenden Maßnahmen zur Erreichung der Zielvorgaben nach Satz 1 sind konkret zu benennen. ⁵Zur Verbesserung der Vereinbarkeit von Erwerbs- und Familienarbeit muss der Gleichstellungsplan für seine Geltungsdauer geeignete Bemessungskriterien, Zielvorgaben und Maßnahmen enthalten.
(4) Der Gleichstellungsplan ist den Beschäftigten unverzüglich zur Kenntnis zu geben.

§ 16 Wirkungen und Erfolgskontrolle
(1) ¹Die im Gleichstellungsplan festgelegten Zielvorgaben und Maßnahmen müssen bei der Besetzung von Ausbildungsplätzen, Einstellung, Beförderung oder Übertragung höherwertiger Tätigkeiten, beim Personalabbau sowie bei der Durchführung von Fortbildungsmaßnahmen beachtet werden. ²Bei der Personal- und Organisationsentwicklung sind die im Gleichstellungsplan festgelegten Zielvorgaben zu beachten.
(2) ¹Nach Ablauf der Geltungsdauer eines Gleichstellungsplans ermittelt die Stelle, die ihn erstellt hat, inwieweit Unterrepräsentanz (in Vomhundertsätzen) verringert und die Vereinbarkeit von Erwerbs- und Familienarbeit verbessert worden ist. ²Sie gibt dies den Beschäftigten innerhalb von sechs Monaten nach Ablauf der Geltungsdauer des Gleichstellungsplans zur Kenntnis.

§ 17 Ausbildung
¹Unterrepräsentanz im Sinne der Vorschriften dieses Abschnitts liegt in Bezug auf die Ausbildung vor, wenn der Frauen- oder Männeranteil bei den Auszubildenden in einer Dienststelle unter 45 vom Hundert liegt. ²Bereich im Sinne der Vorschriften dieses Abschnitts ist in Bezug auf die Ausbildung die Gesamtzahl der Auszubildenden in einer Dienststelle.

Zweiter Abschnitt Gleichstellungsbeauftragte

§ 18 Geltungsbereich
Die Vorschriften dieses Abschnitts gelten nicht für die Verwaltungen der Gemeinden, Gemeindeverbände, gemeinsamen kommunalen Anstalten und Zweckverbände sowie für Hochschulen.

§ 19 Bestellung
(1) ¹Jede Dienststelle und jede Außenstelle, die nach § 15 Abs. 1 Satz 1 oder 2 zur Erstellung eines Gleichstellungsplans verpflichtet ist, hat jeweils eine Gleichstellungsbeauftragte und eine Vertreterin zu bestellen. ²Dienststellen mit weniger als 50 Beschäftigten können, auch gemeinsam mit anderen Dienststellen unter 50 Beschäftigten, eine Gleichstellungsbeauftragte und eine Vertreterin bestellen; dies gilt für Außenstellen im Sinne des § 15 Abs. 1 Satz 2 mit weniger als 50 Beschäftigten entsprechend. ³Die Bestellung weiterer Gleichstellungsbeauftragter oder Vertreterinnen für abgegrenzte Aufgabenbereiche ist zulässig. ⁴Die Dienststelle oder die Außenstelle bestellt die Gleichstellungsbeauftragte und die Vertreterin mit deren Einverständnis. ⁵Vor der Bestellung sind die Beschäftigten anzuhören. ⁶Das Ergebnis der Anhörung ist zu berücksichtigen.
(2) ¹Die Bestellung der Gleichstellungsbeauftragten und ihrer Vertreterin erfolgt für die Dauer von vier Jahren; sie kann mit ihrem Einverständnis aufgehoben werden. ²Im Übrigen kann die Bestellung nur aus wichtigem Grund widerrufen werden.
(3) Hat eine Dienststelle oder eine Außenstelle, die in Personalangelegenheiten der Fachaufsicht unterliegt, zulässigerweise keine Gleichstellungsbeauftragte bestellt, so werden die Aufgaben und Befugnisse der Gleichstellungsbeauftragten durch die Gleichstellungsbeauftragte der Dienststelle wahrgenommen, die in Personalangelegenheiten die Fachaufsicht führt.

(4) Soweit sich die §§ 20, 21, 22 Abs. 1 und 5 bis 7 und § 23 auf Dienststellen beziehen, gelten diese Vorschriften in Bezug auf Gleichstellungsbeauftragte, die von einer Außenstelle bestellt worden sind, mit der Maßgabe entsprechend, dass an die Stelle der Dienststelle die Außenstelle tritt.

§ 20 Aufgaben und Befugnisse

(1) [1]Die Gleichstellungsbeauftragte hat die Aufgabe, den Vollzug dieses Gesetzes sowie des Allgemeinen Gleichbehandlungsgesetzes im Hinblick auf den Schutz vor Benachteiligungen wegen des Geschlechts und sexueller Belästigung in der Dienststelle zu fördern und zu überwachen. [2]Sie ist bei allen personellen, sozialen und organisatorischen Maßnahmen, die die Gleichstellung von Frauen und Männern und die Vereinbarkeit von Erwerbs- und Familienarbeit berühren können, rechtzeitig zu beteiligen. [3]Zu den Maßnahmen nach Satz 2 gehören insbesondere
1. Arbeitszeitregelungen,
2. organisatorische und individuelle Regelungen zur Teilzeit,
3. Einstellungen, Beförderungen und Höhergruppierungen,
4. Zulassung zum Aufstieg sowie Entscheidung über die Teilnahme an einer Qualifizierung, die Voraussetzung für die Übertragung eines Amtes der Besoldungsgruppe A 7 oder A 14 durch eine Beförderung ist,
5. Versetzungen sowie Abordnungen von mehr als drei Monaten,
6. Planung und Durchführung von Fortbildungsmaßnahmen,
7. Besetzung von Gremien mit und Entsendung von Beschäftigten in Gremien nach § 8,
8. Ausschreibungen und Verzicht auf sie,
9. Maßnahmen der Verwaltungsreform, soweit sie Auswirkungen auf die Arbeitszeit und sonstige Arbeitsbedingungen haben,
10. Auswahlentscheidungen beim Abbau von Personal und
11. die Erstellung des Gleichstellungsplans.
[4]Die Gleichstellungsbeauftragte kann sich darüber hinaus innerhalb ihrer Dienststelle zu fachlichen Fragen mit Relevanz für die Gleichstellung von Frauen und Männern und die Vereinbarkeit von Erwerbs- und Familienarbeit äußern.
(2) Die Aufgaben und Befugnisse der Personalräte, Richtervertretungen und Schwerbehindertenvertretungen bleiben unberührt.
(3) Die Gleichstellungsbeauftragte kann Maßnahmen zur Verwirklichung der Gleichstellung von Frauen und Männern in der Dienststelle und zur Verbesserung der Vereinbarkeit von Erwerbs- und Familienarbeit vorschlagen.
(4) [1]Der Gleichstellungsbeauftragten ist in dem für die sachgerechte Wahrnehmung ihrer Aufgaben erforderlichen Umfang Einsicht in die Akten, Planungs- und Bewerbungsunterlagen zu gewähren. [2]Personalakten sowie die anlässlich von Einstellungen getroffenen amtsärztlichen oder psychologischen Feststellungen darf die Gleichstellungsbeauftragte nur einsehen, wenn die betroffene Person im Einzelfall eingewilligt hat. [3]Sie ist befugt, an Vorstellungs- und sonstigen Personalauswahlgesprächen teilzunehmen.
(5) Beschäftigte können sich in Gleichstellungsangelegenheiten und in Angelegenheiten der Vereinbarkeit von Erwerbs- und Familienarbeit unmittelbar an die Gleichstellungsbeauftragte wenden.
(6) [1]Die Gleichstellungsbeauftragte richtet bei Bedarf Sprechzeiten ein. [2]Sie beruft mindestens einmal jährlich eine Versammlung der weiblichen Beschäftigten der Dienststelle ein (Frauenversammlung). [3]Ist sie für mehrere Dienststellen zuständig, so ist in jeder der Dienststellen eine Frauenversammlung einzuberufen. [4]Sie kann Teilversammlungen abhalten.

§ 21 Beanstandungsrecht

¹Hält die Gleichstellungsbeauftragte eine beabsichtigte Maßnahme nach § 20 Abs. 1 Satz 2 für unvereinbar mit diesem Gesetz, so kann sie diese Maßnahme binnen einer Woche nach ihrer Unterrichtung beanstanden. ²Bei unaufschiebbaren Maßnahmen kann die Dienststelle die Frist verkürzen. ³Eine Maßnahme darf nicht vollzogen werden, solange die Gleichstellungsbeauftragte sie noch beanstanden kann. ⁴Im Fall der fristgerechten Beanstandung hat die Dienststelle unter Beachtung der Einwände neu zu entscheiden. ⁵Bis zu der erneuten Entscheidung darf die Maßnahme nicht vollzogen werden. ⁶Hält die Dienststelle an ihrer Entscheidung fest, so hat sie dieses schriftlich gegenüber der Gleichstellungsbeauftragten zu begründen. ⁷Wird die Gleichstellungsbeauftragte nicht oder nicht rechtzeitig an einer Maßnahme nach § 20 Abs. 1 Satz 2 beteiligt, so kann sie verlangen, dass der Vollzug der Maßnahme bis zum Ablauf einer Woche nach ihrer Unterrichtung ausgesetzt wird.

§ 22 Status

(1) ¹Die Gleichstellungsbeauftragte und ihre Vertreterin sind der Leitung der Dienststelle unmittelbar unterstellt. ²Sie dürfen keiner Personalvertretung angehören und nur in ihrer Eigenschaft als Gleichstellungsbeauftragte oder Vertreterin mit Personalangelegenheiten befasst sein.
(2) ¹Die Gleichstellungsbeauftragte ist von ihrer sonstigen dienstlichen Tätigkeit ohne Minderung der Bezüge, des Arbeitsentgelts oder der sonstigen Vergütungen ganz oder teilweise zu entlasten. ²Die Entlastung beträgt in Dienststellen mit mehr als
1. 200 Beschäftigten die Hälfte der regelmäßigen Wochenarbeitszeit,
2. 600 Beschäftigten drei Viertel der regelmäßigen Wochenarbeitszeit und
3. 1 000 Beschäftigten die volle regelmäßige Wochenarbeitszeit.

³In Dienststellen mit bis zu 200 Beschäftigten ist die Gleichstellungsbeauftragte so zu entlasten, wie es nach Art und Umfang der Dienststelle zur Wahrnehmung ihrer Aufgaben notwendig ist. ⁴Bei Dienststellen mit 50 bis 100 Beschäftigten soll die Entlastung mindestens drei Wochenstunden, bei Dienststellen mit mehr als 100 bis zu 200 Beschäftigten mindestens fünf Wochenstunden betragen. ⁵Die Vertreterin der Gleichstellungsbeauftragten kann im Einvernehmen mit der Gleichstellungsbeauftragten Aufgaben zur eigenständigen Erledigung übernehmen. ⁶Auf den gemeinsamen Antrag der Gleichstellungsbeauftragten und ihrer Vertreterin ist die Dienststelle verpflichtet, die Entlastung auf die Gleichstellungsbeauftragte und ihre Vertreterin aufzuteilen, sofern nicht dringende dienstliche Gründe entgegenstehen.
(3) ¹Die Entlastung der Gleichstellungsbeauftragten von Außenstellen richtet sich nach der Zahl der in der jeweiligen Außenstelle Beschäftigten und die Entlastung der Gleichstellungsbeauftragten der übrigen Dienststelle nach der Zahl der dort Beschäftigten. ²In den Fällen des § 19 Abs. 3 ist der Beschäftigtenzahl der Dienststelle, die die Gleichstellungsbeauftragte bestellt hat, die Hälfte der Beschäftigtenzahl der anderen Dienststelle oder Außenstelle, für die die Gleichstellungsbeauftragte tätig wird, hinzuzurechnen. ³Hat die Dienststelle dienstrechtliche Befugnisse für einen Teil der Beschäftigten nachgeordneter Dienststellen, so ist der Beschäftigtenzahl der übergeordneten Dienststelle die Hälfte der Zahl dieser Beschäftigten hinzuzurechnen; die Beschäftigtenzahl der nachgeordneten Dienststelle vermindert sich entsprechend.
(4) ¹Beträgt durch die Anwendung des Absatzes 3 Sätze 2 und 3 die zu berücksichtigende Beschäftigtenzahl mehr als 1 200, so ist im erforderlichen Umfang eine zusätzliche Entlastung zu gewähren. ²Damit können die Vertreterin entlastet oder weitere Gleichstellungsbeauftragte für den nachgeordneten Bereich bestellt werden. ³Absatz 2 Satz 6 gilt entsprechend.
(5) ¹Die Gleichstellungsbeauftragte ist mit den zur Erfüllung ihrer Aufgaben notwendigen räumlichen, personellen und sächlichen Mitteln auszustatten. ²Ihr und ihrer Vertreterin ist im

angemessenen Umfang Gelegenheit zur Fortbildung in allen für ihre Aufgabenerfüllung notwendigen Fachthemen zu geben.
(6) Die Gleichstellungsbeauftragte und ihre Vertreterin dürfen bei der Wahrnehmung ihrer Aufgaben nicht behindert und wegen ihrer Tätigkeit nicht benachteiligt werden.
(7) [1]Personen, die als Gleichstellungsbeauftragte tätig sind oder als Frauenbeauftragte oder Gleichstellungsbeauftragte tätig waren, sind verpflichtet, über die ihnen dabei bekannt gewordenen persönlichen Verhältnisse von Beschäftigten Stillschweigen zu bewahren. [2]Dies gilt auch für sonstige Angelegenheiten, es sei denn, sie bedürfen ihrer Bedeutung oder ihrem Inhalt nach keiner vertraulichen Behandlung. [3]Die Verpflichtung nach Satz 1 entfällt bei schriftlicher Einwilligung der betroffenen Beschäftigten. [4]Die Verpflichtung nach Satz 2 besteht nicht gegenüber
1. den zuständigen Stellen der Dienststelle,
2. den zuständigen Personalräten und Richtervertretungen,
3. den zuständigen Schwerbehindertenvertretungen und
4. Gleichstellungsbeauftragten übergeordneter Dienststellen.

§ 23 Unabhängigkeit
(1) Bei der Wahrnehmung ihrer Aufgaben sind die Gleichstellungsbeauftragte und ihre Vertreterin an Weisungen nicht gebunden.
(2) [1]Die Gleichstellungsbeauftragten und ihre Vertreterinnen haben das Recht auf dienststellenübergreifende Zusammenarbeit. [2]Sie können sich unmittelbar an das für Frauenpolitik und Gleichberechtigung zuständige Ministerium wenden.

§ 24 Gleichstellungsbeauftragte an Schulen
[1]Für Schulen gelten § 19 Abs. 1 Satz 3, § 20 Abs. 6 Satz 3 und § 22 Abs. 2 Sätze 2 bis 4, Abs. 3 und 4 nicht. [2]Gleichstellungsbeauftragte an Schulen sind so zu entlasten, wie es nach Art und Umfang der jeweiligen Schule zur Wahrnehmung der Aufgaben notwendig ist.

Fünfter Teil: Schlussbestimmungen

§ 25 Berichtspflichten
(1) Die Landesregierung berichtet dem Landtag im zweiten Halbjahr des auf den Beginn der Wahlperiode folgenden Jahres über die Durchführung dieses Gesetzes.
(2) In dem Bericht sind darzustellen
1. die Zahlenverhältnisse der Geschlechter und ihre Entwicklung
   a) in den einzelnen Bereichen (§ 3 Abs. 4) und
   b) in Gremien (§ 8),
2. die Inanspruchnahme von Regelungen zur Vereinbarkeit von Erwerbs- und Familienarbeit durch Frauen und durch Männer (§§ 4 und 5) und ihre Entwicklung,
3. die Altersstruktur der Beschäftigten in den einzelnen Bereichen (§ 3 Abs. 4) und ihre Entwicklung sowie
4. die bereits durchgeführten und die geplanten Maßnahmen zur Herstellung der Gleichberechtigung.
(3) Die Landesregierung hat zum 1. Juli 2013 dem Landtag darüber zu berichten, ob es angesichts der Entwicklung der tatsächlichen Verhältnisse angezeigt ist, auch männliche Gleichstellungsbeauftragte vorzusehen.

§ 26 Inkrafttreten, Aufhebung von Vorschriften und Übergangsvorschriften

(1) ¹Dieses Gesetz tritt am 1. Januar 2011 in Kraft. ²Gleichzeitig treten das Niedersächsische Gleichberechtigungsgesetz (nachfolgend: NGG 1994) vom 15. Juni 1994 (Nds. GVBl. S. 246), zuletzt geändert durch Artikel 2 des Gesetzes vom 11. Dezember 1997 (Nds. GVBl. S. 503), und die Verordnung über Schulfrauenbeauftragte vom 25. März 1998 (Nds. GVBl. S. 297) außer Kraft.

(2) ¹Bis zum Inkrafttreten von Gleichstellungsplänen nach § 15 bleiben entsprechende Stufenpläne nach § 4 NGG 1994, auch über die Frist nach § 4 Abs. 1 Satz 2 NGG 1994 hinaus, wirksam. ²Für diese Zeit ist § 5 NGG 1994 weiterhin anzuwenden.

(3) ¹Eine nach § 18 NGG 1994 bestellte Frauenbeauftragte wird, wenn sie gegenüber der für die Bestellung einer Gleichstellungsbeauftragten zuständigen Stelle ihr Einverständnis erklärt, Gleichstellungsbeauftragte. ²Ihre Amtszeit als Gleichstellungsbeauftragte beginnt an dem Tag, an dem sie ihr Einverständnis erklärt. ³Erklärt eine Frauenbeauftragte ihr Einverständnis nicht, so endet ihre Amtszeit mit dem Amtsantritt einer nach § 19 bestellten Gleichstellungsbeauftragten, auch wenn die Amtszeit nach § 18 Abs. 2 Satz 1 Halbsatz 1 NGG 1994 vorher oder später abläuft. ⁴Bis zu diesem Zeitpunkt behält die Frauenbeauftragte ihre bisherige Bezeichnung, führt ihr Amt jedoch mit den Rechten und Pflichten einer Gleichstellungsbeauftragten nach diesem Gesetz fort. ⁵In den Fällen des Satzes 3 ist innerhalb von drei Monaten nach Inkrafttreten dieses Gesetzes eine Gleichstellungsbeauftragte zu bestellen. ⁶Die Sätze 1 bis 5 gelten für die Vertreterinnen der nach § 18 NGG 1994 bestellten Frauenbeauftragten entsprechend.

11. Gesetz zur Gleichstellung von Frauen und Männern für das Land Nordrhein-Westfalen (Landesgleichstellungsgesetz Nordrhein-Westfalen – LGG-NRW)

vom 9. November 1999 (GVBl. 1999, S. 590)
– zuletzt geändert durch Zuständigkeitsbereinigungsgesetz vom 23. Januar 2018 (GVBl. 5 2018, S. 89)

Abschnitt I: Allgemeine Bestimmungen

§ 1 Gesetzesziele und allgemeine Grundsätze

(1) [1]Dieses Gesetz dient der Verwirklichung des Grundrechts der Gleichberechtigung von Frauen und Männern. [2]Nach Maßgabe dieses Gesetzes und anderer Vorschriften zur Gleichstellung von Frauen und Männern werden Frauen gefördert, um bestehende Benachteiligungen abzubauen. [3]Ziel des Gesetzes ist es auch, die Vereinbarkeit von Beruf und Familie für Frauen und Männer zu verbessern.
(2) [1]Frauen und Männer dürfen wegen ihres Geschlechts nicht diskriminiert werden. [2]Eine Diskriminierung liegt auch dann vor, wenn sich eine geschlechtsneutral formulierte Regelung oder Maßnahme tatsächlich auf ein Geschlecht wesentlich häufiger nachteilig oder seltener vorteilhaft auswirkt und dies nicht durch zwingende Gründe objektiv gerechtfertigt ist. [3]Maßnahmen zur Förderung von Frauen mit dem Ziel, tatsächlich bestehende Ungleichheiten zu beseitigen, bleiben unberührt.
(3) Die Erfüllung des Verfassungsauftrages aus Artikel 3 Absatz 2 des Grundgesetzes sowie die Umsetzung dieses Gesetzes sind Aufgaben der Dienststellen und dort besondere, für die Leistungsbeurteilung relevante Aufgaben der Dienstkräfte mit Leitungsfunktionen.

§ 2 Geltungsbereich

(1) [1]Dieses Gesetz gilt, soweit es nichts anderes bestimmt, für
1. die Verwaltungen des Landes, der Gemeinden und Gemeindeverbände und der sonstigen der alleinigen Aufsicht des Landes unterstehenden Körperschaften, Anstalten und Stiftungen des öffentlichen Rechts,
2. die Landesbetriebe sowie die Eigenbetriebe und eigenbetriebsähnlichen Einrichtungen der Gemeinden und Gemeindeverbände,
3. die Gerichte,
4. die öffentlichen Schulen,
5. die Universitäten und Fachhochschulen in der Trägerschaft des Landes, die Universitätsklinika, die staatlichen Kunsthochschulen sowie die Fachhochschulen für den öffentlichen Dienst,
6. den Landesrechnungshof,
7. die Landesbeauftragte oder den Landesbeauftragten für Datenschutz und Informationsfreiheit,
8. die Verwaltung des Landtages,
9. die Sparkassen,
10. die LBS Westdeutsche Landesbausparkasse und
11. die NRW.BANK.

[2]Dieses Gesetz gilt nicht für den Verband öffentlicher Versicherer. [3]Auf den Westdeutschen Rundfunk Köln finden die §§ 1 bis 4, § 5 Absatz 1, § 6 Absatz 1, § 7 Absatz 1 und 2, § 13 Absatz 1 bis 7, § 14, § 15 Absatz 1 und 2, § 17 Absatz 1 Satz 1 und Absatz 2

Anwendung. ⁴Die übrigen Vorschriften dieses Gesetzes gelten für den Westdeutschen Rundfunk Köln dem Sinne nach.

(2) ¹Das Land, die Gemeinden und Gemeindeverbände beziehungsweise ihre Vertreterinnen und Vertreter in den Unternehmensgremien haben bei der Gründung von Unternehmen in Rechtsformen des privaten Rechts in unmittelbarer und mittelbarer Beteiligung dafür Sorge zu tragen, dass die entsprechende Anwendung dieses Gesetzes in der Unternehmenssatzung verankert wird. ²Gehört dem Land, einer Gemeinde oder einem Gemeindeverband allein oder gemeinsam mit anderen Gebietskörperschaften die Mehrheit der Anteile eines Unternehmens in einer Rechtsform des privaten Rechts, wirken die Vertreterinnen und Vertreter darauf hin, dass in dem Unternehmen die Ziele dieses Gesetzes beachtet werden. ³Satz 2 gilt sowohl für unmittelbare als auch für mittelbare Beteiligungen. ⁴Satz 1 und 2 gelten nicht für Unternehmen, die auf eine Beendigung ihrer Geschäftstätigkeit ausgerichtet sind, sowie für Beteiligungen der NRW.BANK im Rahmen ihres Förderauftrages.

(3) In dem Vertrag nach § 81 Absatz 3 des Hochschulgesetzes vom 16. September 2014 (GV. NRW. S. 547), das durch Artikel 9 des Gesetzes vom 14. Juni 2016 (GV. NRW. S. 310) geändert worden ist, soll mit der staatlich anerkannten Fachhochschule die entsprechende Anwendung in den Bereichen vereinbart werden, in denen die Fachhochschule Zuschüsse nach § 81 Absatz 1 des Hochschulgesetzes erhält.

§ 3 Begriffsbestimmung

(1) ¹Dienststellen im Sinne dieses Gesetzes sind die Behörden und Einrichtungen des Landes und die in § 2 genannten Stellen. ²Dienststellen für Lehrkräfte und das sonstige im Landesdienst beschäftigte pädagogische Personal an Schulen sind die Bezirksregierungen und Schulämter.

(2) ¹Beschäftigte im Sinne des Gesetzes sind Beamtinnen und Beamte, Richterinnen und Richter, Personen in einem Arbeitsverhältnis sowie Auszubildende. ²Kommunale Wahlbeamtinnen und Wahlbeamte sowie Beamtinnen und Beamte, die nach § 37 des Landesbeamtengesetzes in der Fassung der Bekanntmachung vom 1. Mai 1981 (GV. NRW. S. 234), zuletzt geändert durch Gesetz vom 20. April 1999 (GV. NRW. S. 148) jederzeit in den einstweiligen Ruhestand versetzt werden können, sind keine Beschäftigten im Sinne dieses Gesetzes.

(3) Stellen im Sinne des § 6 Absatz 2 und Absatz 3 Satz 3 und des § 8 Absatz 1 Satz 1 und Absatz 6 und 7 sind Planstellen und andere Stellen im Sinne von § 17 der Landeshaushaltsordnung in der Fassung der Bekanntmachung vom 26. April 1999 (GV. NRW. S. 158, das zuletzt durch Artikel 16 des Gesetzes vom 14. Juni 2016 (GV. NRW. S. 310) geändert worden ist.

§ 4 Sprache

¹Gesetze und andere Rechtsvorschriften tragen sprachlich der Gleichstellung von Frauen und Männern Rechnung. ²In der internen wie externen dienstlichen Kommunikation ist die sprachliche Gleichbehandlung von Frauen und Männern zu beachten. ³In Vordrucken sind geschlechtsneutrale Personenbezeichnungen zu verwenden. ⁴Sofern diese nicht gefunden werden können, sind die weibliche und die männliche Sprachform zu verwenden.

Abschnitt II: Maßnahmen zur Frauenförderung

§ 5 Erstellung, Überprüfung und Fortschreibung von Gleichstellungsplänen

(1) ¹Jede Dienststelle mit mindestens 20 Beschäftigten erstellt im Rahmen ihrer Zuständigkeit für Personalangelegenheiten jeweils für den Zeitraum von drei bis fünf Jahren einen Gleichstellungsplan und schreibt diesen nach Ablauf fort. ²In anderen Dienststellen kann ein

Gleichstellungsplan aufgestellt werden. ³In der Hochschule besteht der Gleichstellungsplan aus einem Rahmenplan für die gesamte Hochschule und aus den Gleichstellungsplänen der Fachbereiche, der Verwaltung, der zentralen wissenschaftlichen Einrichtungen und der zentralen Betriebseinheiten, soweit mindestens 20 Beschäftigte vorhanden sind. ⁴Die Gleichstellungspläne der Fachbereiche können weiter differenziert werden. ⁵Mehrere Dienststellen können in einem Gleichstellungsplan zusammengefasst werden. ⁶Die Zusammenfassung darf eine erhebliche Unterrepräsentanz von Frauen in einer Dienststelle nicht durch eine erhebliche Überrepräsentanz von Frauen in anderen Dienststellen ausgleichen.

(2) ¹In der Landesverwaltung sind Gleichstellungspläne der Dienststelle vorzulegen, die die unmittelbare allgemeine Dienstaufsicht über die Dienststellen ausübt, für die der Gleichstellungsplan aufgestellt ist. ²Über die Gleichstellungspläne der Hochschulen beschließt der Senat. ³Widerspricht die Gleichstellungsbeauftragte einer nachgeordneten Dienststelle dem Gleichstellungsplan, ist der Gleichstellungsplan der Dienststelle nach Satz 1 zur Zustimmung vorzulegen. ⁴Widerspricht die Gleichstellungsbeauftragte einer Hochschule dem Gleichstellungsplan, ist der Gleichstellungsplan dem Senat zur erneuten Beschlussfassung vorzulegen. ⁵Der Senat beschließt nach Maßgabe eines in der Grundordnung geregelten qualifizierten Quorums von mindestens zwei Dritteln seiner Stimmen.

(3) Der Gleichstellungsplan beim Landtag wird im Benehmen mit dem Landtagspräsidium aufgestellt.

(4) In den Gemeinden und Gemeindeverbänden sind die Gleichstellungspläne durch die Vertretung der kommunalen Körperschaft zu beschließen.

(5) Gleichstellungspläne der sonstigen der Aufsicht des Landes unterstehenden juristischen Personen des öffentlichen Rechts werden im Benehmen mit deren verfassungsmäßig zuständigen obersten Organen aufgestellt.

(6) ¹Abweichend von Absatz 1 kann in begründeten Einzelfällen die Laufzeit der bestehenden Gleichstellungspläne verlängert werden. ²Der neue Gleichstellungsplan ist spätestens sechs Monate nach Wegfall des Verlängerungsgrundes aufzustellen. ³Begründete Einzelfälle nach Satz 1 können die Zusammenlegung oder Eingliederung von Dienststellen darstellen.

(7) ¹Nach spätestens zwei Jahren ist die Zielerreichung des Gleichstellungsplans zu überprüfen. ²Wird erkennbar, dass dessen Ziele nicht erreicht werden, sind Maßnahmen im Gleichstellungsplan entsprechend anzupassen beziehungsweise zu ergänzen. ³Absätze 2 bis 5 gelten entsprechend.

(8) ¹Solange kein gültiger Gleichstellungsplan vorliegt, sind Einstellungen, Beförderungen und die Übertragung höherwertiger Tätigkeiten bis zum Inkrafttreten des Gleichstellungsplans auszusetzen. ²Gleiches gilt, sofern von der Möglichkeit eines alternativen Instrumentes nach § 6a Gebrauch gemacht wird. ³Ausgenommen sind Einstellungen, die aus zwingenden dienstlichen Gründen geboten sind.

(9) Wenn die Zielvorgaben des Gleichstellungsplans im Hinblick auf Einstellungen, Beförderungen von und die Übertragung höherwertiger Tätigkeiten an Frauen innerhalb des vorgesehenen Zeitraumes nicht erfüllt worden sind, ist bis zur Erfüllung der Zielvorgaben bei jeder Einstellung, Beförderung und Höhergruppierung eines Mannes in einem Bereich, in dem Frauen unterrepräsentiert sind, eine besondere Begründung durch die Dienststelle notwendig.

(10) ¹Der Gleichstellungsplan ist ein wesentliches Steuerungsinstrument der Personalplanung, insbesondere der Personalentwicklung der Dienststelle. ²Seine Umsetzung und Überprüfung ist besondere Verpflichtung der Dienststellenleitung, der Personalverwaltung sowie der Beschäftigten mit Vorgesetzten- oder Leitungsaufgaben

§ 5 (weggefallen)

§ 5a Bericht über die Umsetzung des Gleichstellungsplans
(1) [1]Innerhalb von sechs Monaten nach Ablauf des Gleichstellungsplans hat die Dienststelle, die den Gleichstellungsplan aufstellt, einen Bericht über die Personalentwicklung und die durchgeführten Maßnahmen zu erarbeiten und der nach § 5 Absatz 2 bis 5 zuständigen Stelle gemeinsam mit der Fortschreibung des Gleichstellungsplans vorzulegen. [2]Sind während der Geltungsdauer des Gleichstellungsplans ergänzende Maßnahmen im Sinne des § 5 Absatz 7 ergriffen worden, sind die Gründe im Bericht darzulegen.
(2) [1]Die Gleichstellungspläne, die Berichte über die Personalentwicklung und die nach Maßgabe des Gleichstellungsplans durchgeführten Maßnahmen sind in den Dienststellen, deren Personal sie betreffen, sowie in den Hochschulen und Schulen bekannt zu machen. [2]Sie können darüber hinaus zusätzlich öffentlich bekannt gemacht werden. [3]Datenschutzrechtliche Vorschriften bleiben unberührt.

§ 6 Inhalt des Gleichstellungsplans
(1) Gegenstand des Gleichstellungsplans sind Maßnahmen zur Förderung der Gleichstellung, der Vereinbarkeit von Beruf und Familie und zum Abbau der Unterrepräsentanz von Frauen.
(2) Grundlagen des Gleichstellungsplans sind eine Bestandsaufnahme und Analyse der Beschäftigtenstruktur sowie eine Prognose der zu besetzenden Stellen und der möglichen Beförderungen und Höhergruppierungen für den Zeitraum der Geltungsdauer.
(3) [1]Der Gleichstellungsplan enthält für den Zeitraum der Geltungsdauer konkrete Zielvorgaben bezogen auf den Anteil von Frauen bei Einstellungen, Beförderungen und Höhergruppierungen, um diesen in den Bereichen, in denen sie unterrepräsentiert sind, bis auf 50 Prozent zu erhöhen. [2]Es ist festzulegen, mit welchen personellen, organisatorischen, sozialen und fortbildenden Maßnahmen die Zielvorgaben nach Satz 1 erreicht werden sollen. [3]Ist absehbar, dass auf Grund personalwirtschaftlicher Regelungen Stellen gesperrt werden oder entfallen, soll der Gleichstellungsplan Maßnahmen aufzeigen, die geeignet sind, ein Absinken des Frauenanteils zu verhindern. [4]Der Gleichstellungsplan enthält auch Maßnahmen zur Aufwertung von Tätigkeiten an überwiegend mit Frauen besetzten Arbeitsplätzen und zur Verbesserung der Arbeitsbedingungen und der Arbeitszeitgestaltung.

§ 6a Experimentierklausel
(1) [1]Der gemäß § 5 Absatz 1 zu erstellende Gleichstellungsplan kann im Einvernehmen mit der Gleichstellungsbeauftragten und mit Zustimmung der gemäß § 5 Absatz 2 bis 5 zuständigen Stelle ganz oder teilweise durch ein neues Instrument zur Erreichung der mit dem Gleichstellungsplan beabsichtigten Ziele ersetzt werden. [2]In Fällen des § 5 Absatz 2 Satz 1 ist das Einvernehmen mit der dort zuständigen Gleichstellungsbeauftragten herzustellen. [3]Das für die Gleichstellung von Frau und Mann zuständige Ministerium ist hierüber in Kenntnis zu setzen. [4]§ 5 Absatz 7 und 10 sowie § 5a gelten entsprechend. [5]Werden die in Satz 1 genannten Ziele nicht erreicht, ist dies in dem Bericht nach § 5a darzulegen.
(2) Das Einvernehmen der Gleichstellungsbeauftragten und die Information des für die Gleichstellung von Frau und Mann zuständigen Ministeriums sind aktenkundig zu machen.
(3) [1]Das für die Gleichstellung von Frau und Mann zuständige Ministerium evaluiert die Auswirkungen dieser Vorschrift auf wissenschaftlicher Grundlage unter Einbeziehung der Erfahrungen der Anwendungspraxis. [2]Die Evaluation setzt fünf Kalenderjahre nach Inkrafttreten des Gesetzes ein.

§ 7 Vergabe von Ausbildungsplätzen, Einstellungen, Beförderungen und Übertragung höherwertiger Tätigkeiten

(1) ¹Bei gleicher Eignung, Befähigung und fachlicher Leistung sind Frauen bei Begründung eines Beamten- oder Richterverhältnisses nach Maßgabe von § 14 Absatz 2 sowie § 120 Absatz 2 des Landesbeamtengesetzes vom 14. Juni 2016 (GV. NRW. S. 310, ber. S. 642), das durch Artikel 7 des Gesetzes vom 7. April 2017 (GV. NRW. S. 414) geändert worden ist, bevorzugt zu berücksichtigen. ²Für Beförderungen gilt § 19 Absatz 6 des Landesbeamtengesetzes.

(2) ¹Bei gleicher Eignung, Befähigung und fachlicher Leistung sind Frauen bei Begründung eines Arbeitsverhältnisses bevorzugt einzustellen, soweit in dem Zuständigkeitsbereich der für die Personalauswahl zuständigen Dienststelle in der jeweiligen Gruppe der Arbeitnehmerinnen und Arbeitnehmer weniger Frauen als Männer sind, sofern nicht in der Person eines Mitbewerbers liegende Gründe überwiegen. ²Satz 1 gilt auch für die Übertragung höherwertiger Tätigkeiten, soweit in der damit verbundenen Entgeltgruppe der jeweiligen Gruppe der Arbeitnehmerinnen und Arbeitnehmer weniger Frauen als Männer sind.

(3) ¹Gruppen der Arbeitnehmerinnen und Arbeitnehmer sind die Tarifbeschäftigten des Tarifvertrages für den öffentlichen Dienst (TVöD) und des Tarifvertrages für den öffentlichen Dienst der Länder (TV-L) in Tätigkeiten, die im Bereich der Beamtinnen und Beamten in einer Laufbahn erfasst sind und deren Gruppenzugehörigkeit sich im Vergleich von Entgelt- und Besoldungsgruppen unter Berücksichtigung der Anlagen 1 und 2 bestimmen lässt. ²Die Zuordnung in den Anlagen 1 und 2 gilt ausschließlich für die Vergleichsgruppenbestimmung bei Anwendung dieses Gesetzes. ³Zu den Arbeitnehmerinnen und Arbeitnehmern gehören auch die Auszubildenden. ⁴In Bereichen, in denen die genannten Tarifverträge nicht gelten, bilden eine Gruppe der Arbeitnehmerinnen und Arbeitnehmer diejenigen Arbeitnehmerinnen und Arbeitnehmer in artverwandten und in aufeinander aufbauenden Tätigkeitsbereichen, deren Tätigkeiten üblicherweise eine gleiche Vorbildung oder eine gleiche Ausbildung oder eine gleiche Berufserfahrung voraussetzen.

(4) ¹Für Hochschullehrerinnen und Hochschullehrer, wissenschaftliche und künstlerische Mitarbeiterinnen und Mitarbeiter im Beschäftigtenverhältnis sowie für wissenschaftliche, künstlerische und studentische Hilfskräfte gilt als zuständige Dienststelle der Fachbereich oder die Einheit gemäß § 26 Absatz 5 des Hochschulgesetzes vom 16. September 2014 (GV. NRW. S. 547), das zuletzt durch Artikel 3 des Gesetzes vom 7. April 2017 (GV. NRW. S. 414) geändert worden ist oder § 24 Absatz 4 des Kunsthochschulgesetzes vom 13. März 2008 (GV. NRW. S. 195), das zuletzt durch Artikel 10 des Gesetzes vom 14. Juni 2016 (GV. NRW. S. 310) geändert worden ist. ²Soweit Hochschullehrerinnen und Hochschullehrer im Beschäftigtenverhältnis beschäftigt werden sollen, werden Hochschullehrerinnen und Hochschullehrer im Beamtenverhältnis in die Berechnung nach Absatz 2 einbezogen. ³Die Hochschullehrerinnen und Hochschullehrer, die akademischen Mitarbeiterinnen und Mitarbeiter derselben Entgeltgruppe, die wissenschaftlichen und künstlerischen Hilfskräfte und die studentischen Hilfskräfte gelten jeweils als eine Gruppe der Arbeiternehmerinnen und Arbeitnehmer.

(5) Für Versetzungen und Umsetzungen, die mit der Übertragung eines höherbewerteten Dienstpostens oder der erstmaligen Übertragung einer gleich bewerteten Vorgesetzten- oder Leitungsfunktion derselben oder einer anderen Laufbahn verbunden sind, und für die Zulassung zum Aufstieg sowie zur beruflichen Entwicklung innerhalb der Laufbahngruppen sind Absatz 1 Satz 2, Absatz 2 Satz 1 und 2 entsprechend anzuwenden.

§ 8 Ausschreibung

(1) ¹In Bereichen, in denen Frauen nach Maßgabe des § 7 unterrepräsentiert sind, sind zu besetzende Stellen in allen Dienststellen des Dienstherrn beziehungsweise der Arbeitgeberin

oder des Arbeitgebers auszuschreiben. ²Im Einvernehmen mit der Gleichstellungsbeauftragten kann von einer dienststellenübergreifenden Ausschreibung abgesehen werden. ³Bei befristeten Beschäftigungsverhältnissen des wissenschaftlichen Personals an Hochschulen kann entsprechend Satz 1 verfahren werden. ⁴Die Vorgaben des Absatzes 4 Satz 1 und der Absätze 5 und 6 gelten unbeschadet der Feststellung einer Unterrepräsentanz und sind bei allen Ausschreibungen der Dienststelle zu berücksichtigen.
(2) ¹Liegen nach einer Ausschreibung in allen Dienststellen des Dienstherrn beziehungsweise der Arbeitgeberin oder des Arbeitgebers keine Bewerbungen von Frauen vor, die die geforderte Qualifikation erfüllen, und ist durch haushaltsrechtliche Bestimmungen eine interne Besetzung nicht zwingend vorgeschrieben, soll die Ausschreibung öffentlich einmal wiederholt werden. ²Im Einvernehmen mit der Gleichstellungsbeauftragten kann von einer wiederholten Ausschreibung abgesehen werden. ³Satz 1 findet keine Anwendung, sofern bereits die erste Ausschreibung öffentlich erfolgt ist.
(3) ¹Ausbildungsplätze sind öffentlich auszuschreiben. Beträgt der Frauenanteil in einem Ausbildungsgang weniger als 50 Prozent, ist zusätzlich öffentlich mit dem Ziel zu werben, den Frauenanteil zu erhöhen. ²Im Einvernehmen mit der Gleichstellungsbeauftragten kann von einer öffentlichen Ausschreibung abgesehen werden.
(4) ¹In der Ausschreibung sind sowohl die männliche als auch die weibliche Form zu verwenden, es sei denn, ein bestimmtes Geschlecht ist unverzichtbare Voraussetzung für die Tätigkeit. ²In der Ausschreibung ist darauf hinzuweisen, dass Bewerbungen von Frauen ausdrücklich erwünscht sind und Frauen nach Maßgabe dieses Gesetzes bevorzugt berücksichtigt werden.
(5) Die Ausschreibung hat sich ausschließlich an den Anforderungen des zu besetzenden Arbeitsplatzes oder des zu übertragenden Amtes zu orientieren.
(6) Soweit zwingende dienstliche Belange nicht entgegenstehen, sind die Stellen einschließlich der Funktionen mit Vorgesetzten- und Leitungsaufgaben zur Besetzung auch in Teilzeit auszuschreiben.
(7) Von einer Ausschreibung im Sinne der Absätze 1 und 2 kann abgesehen werden bei
1. Stellen der Beamtinnen und Beamten im Sinne des § 37 des Landesbeamtengesetzes;
2. Stellen, die Anwärterinnen und Anwärtern oder Auszubildenden vorbehalten sein sollen;
3. Stellen, deren Besetzung nicht mit der Übertragung eines höherbewerteten Dienstpostens verbunden sind;
4. Stellen der kommunalen Wahlbeamtinnen und -wahlbeamten.

§ 9 Vorstellungsgespräch

(1) In Bereichen, in denen Frauen unterrepräsentiert sind, sind mindestens ebenso viele Frauen wie Männer oder alle Bewerberinnen zum Vorstellungsgespräch einzuladen, wenn sie die geforderte Qualifikation für die Besetzung des Arbeitsplatzes oder des zu übertragenden Amtes erfüllen.
(2) ¹Auswahlkommissionen sollen zur Hälfte mit Frauen besetzt werden. ²Ist dies aus zwingenden Gründen nicht möglich, sind die Gründe aktenkundig zu machen.
(3) Fragen, die geeignet sind, diskriminierend zu wirken, insbesondere Fragen nach dem Familienstand, einer bestehenden oder geplanten Schwangerschaft oder Elternzeit und danach, wie Familien- und Pflegeaufgaben neben der Berufstätigkeit gewährleistet werden können, sind unzulässig.

§ 10 Auswahlkriterien

(1) ¹Für die Beurteilung von Eignung, Befähigung und fachlicher Leistung sind ausschließlich die Anforderungen des zu besetzenden Arbeitsplatzes oder des zu vergebenden Amtes maßgeblich. ²Bei der Qualifikationsbeurteilung sollen Erfahrungen und Fähigkeiten aus der

Betreuung von Kindern und Pflegebedürftigen einbezogen werden, soweit diese für die zu übertragende Aufgabe von Bedeutung sind.
(2) ¹Vorangegangene Teilzeitbeschäftigungen, Unterbrechungen der Erwerbstätigkeit und Verzögerungen beim Abschluss der Ausbildung auf Grund der Betreuung von Kindern oder pflegebedürftiger Angehöriger dürfen nicht nachteilig berücksichtigt werden. ²Die dienstrechtlichen Vorschriften bleiben unberührt. ³Familienstand, Einkommensverhältnisse des Partners oder der Partnerin und die Zahl der unterhaltsberechtigten Personen dürfen nicht berücksichtigt werden.

§ 11 Fortbildung

(1) Bei der Vergabe von Plätzen für Fortbildungsmaßnahmen, insbesondere für Weiterqualifikationen, sind – soweit die erforderlichen Voraussetzungen erfüllt sind – weibliche Beschäftigte mindestens entsprechend ihrem Anteil an den Bewerbungen zu der Fortbildungsmaßnahme zuzulassen. ²Liegen mehr Bewerbungen als zu besetzende Plätze vor und bereitet die Fortbildung auf eine Tätigkeit in einer Vorgesetzten- oder Leitungsfunktion vor, bei der Frauen unterrepräsentiert sind, werden Bewerberinnen bis zum Erreichen eines Anteils von 50 Prozent der an der Fortbildung Teilnehmenden bevorzugt berücksichtigt. ³Satz 2 findet keine Anwendung, wenn der Zulassung zur Fortbildung bereits ein anderes Auswahl- oder Zulassungsverfahren vorausgegangen ist.
(2) Für weibliche Beschäftigte werden auch besondere Fortbildungsmaßnahmen angeboten, die auf die Übernahme von Tätigkeiten vorbereiten, bei denen Frauen unterrepräsentiert sind.
(3) ¹Die Fortbildungsmaßnahmen sollen so durchgeführt werden, dass Beschäftigten, die Kinder betreuen oder pflegebedürftige Angehörige versorgen, sowie Teilzeitbeschäftigten die Teilnahme möglich ist. ²Entstehen durch die Teilnahme an Fortbildungsmaßnahmen notwendige Kosten für die Betreuung von Kindern unter zwölf Jahren, so sind diese vom Dienstherrn beziehungsweise von der Arbeitgeberin oder dem Arbeitgeber zu erstatten.
(4) ¹In das Fortbildungsangebot sind regelmäßig die Themen Gleichstellung von Frau und Mann und Schutz vor sexueller Belästigung am Arbeitsplatz aufzunehmen. ²Dies gilt insbesondere für die Fortbildung von Beschäftigten mit Leitungsaufgaben und von Beschäftigten, die im Organisations- und Personalwesen tätig sind.
(5) Frauen sind verstärkt als Leiterinnen und Referentinnen für Fortbildungsmaßnahmen einzusetzen, sofern nicht bereits ein ausgewogenes Verhältnis von Frauen und Männern erreicht wurde.

§ 12 Gremien

(1) ¹In wesentlichen Gremien müssen Frauen mit einem Mindestanteil von 40 Prozent vertreten sein. ²Es ist in allen Fällen auf volle Personenzahlen mathematisch auf- beziehungsweise abzurunden.
(2) ¹Wesentliche Gremien sind Aufsichts- und Verwaltungsräte, vergleichbare Aufsicht führende Organe sowie Gremien von besonderer tatsächlicher und rechtlicher Bedeutung. ²Hierzu zählen regelmäßig Kommissionen, Beiräte, Ausschüsse und Kuratorien. ³Weiterhin zählen dazu Gremien, die durch die obersten Landesbehörden im Rahmen ihrer fachlichen Zuständigkeit als wesentlich bestimmt werden. ⁴Wahlgremien sind Aufsichts- und Verwaltungsräte sowie andere wesentliche Gremien, deren Mitglieder ganz oder zum Teil gewählt werden. ⁵Ausgenommen sind die unmittelbar oder mittelbar aus Volkswahlen hervorgegangenen Vertretungskörperschaften der Gemeinden und Gemeindeverbände sowie deren Ausschüsse.
(3) ¹Werden bei Dienststellen im Sinne des § 3 Gremien gemäß Absatz 2 gebildet oder wiederbesetzt, müssen die entsendenden Stellen zu mindestens 40 Prozent Frauen benennen.

²Besteht das Benennungsrecht nur für eine Person, sind Frauen und Männer alternierend zu berücksichtigen. ³Die Sätze 1 und 2 gelten für die Begründung der Mitgliedschaft in einem Gremium durch Berufungsakt einer Dienststelle entsprechend.
(4) Bei der Aufstellung von Listen und Kandidaturen für Wahlgremien mit Ausnahme der in Absatz 2 Satz 5 genannten Gremien soll der Anteil von Frauen mindestens 40 Prozent betragen.
(5) ¹Von den Absätzen 1 und 3 darf nur aus zwingenden Gründen abgewichen werden. ²Zwingende Gründe liegen insbesondere vor, soweit
1. Mitglieder aufgrund einer Wahl ernannt werden,
2. eine für das Gremium geltende Regelung die Besetzung von Mitgliedern Kraft eines Amtes oder einer besonderen Funktion (geborene Mitglieder) vorsieht oder
3. der entsendenden Stelle die Einhaltung der Vorgaben des Absatzes 3 aus tatsächlichen Gründen nicht möglich ist. ³In den Fällen nach Nummer 2 werden die geborenen Mitglieder bei der Berechnung des Mindestanteils von 40 Prozent Frauen nicht einbezogen.
⁴In den Fällen nach Nummer 3 ist von der entsendenden Stelle darzulegen, dass hinreichende Bemühungen getroffen wurden, um die Mindestquote zu erfüllen. ⁵Die Dienststellenleitung der berufenden Stelle stellt fest, ob zwingende Gründe vorliegen, um einen Sitz abweichend zu besetzen und macht ihre Entscheidung aktenkundig. ⁶Liegen keine zwingenden Gründe für die Abweichung vor, bleibt der Sitz bis zur quotenkonformen Nachbenennung frei, es sei denn, die Mindestquote nach Absatz 1 wird anderweitig bereits erfüllt.
(6) ¹Die Öffentlichkeit ist über die Zusammensetzung von Aufsichts- und Verwaltungsräten nach Geschlecht regelmäßig in geeigneter Form zu unterrichten. ²Wird der Mindestanteil gemäß Absatz 1 Satz 1 bei einer Wahl unterschritten, ist dies anzugeben. ³Gremien, die einer obersten Landesbehörde zugeordnet sind, berichten dieser im Abstand von einem Jahr über ihre Zusammensetzung nach Geschlecht. ⁴Wird der Mindestanteil gemäß Absatz 1 unterschritten, ist dies gegenüber der obersten Landesbehörde zu begründen.
(7) Im Übrigen sollen Gremien geschlechtsparitätisch besetzt werden.
(8) ¹Bei der Entsendung von Vertreterinnen und Vertretern durch Dienststellen im Sinne des § 3 in Gremien außerhalb des Geltungsbereiches dieses Gesetzes sollen die entsendenden Stellen ebenso viele Frauen wie Männer benennen. ²Besteht ein Benennungsrecht nur für eine Person, sollen Frauen und Männer alternierend berücksichtigt werden. ³Bei ungerader Personenzahl gilt Satz 2 entsprechend für die letzte Position.
(9) Weitergehende spezialgesetzliche Regelungen zur geschlechtergerechten Gremienbesetzung bleiben unberührt.

Abschnitt III: Maßnahmen zur Vereinbarkeit von Beruf und Familie

§ 13 Arbeitsmodelle und Teilzeit

(1) Im Rahmen der gesetzlichen, tarifvertraglichen oder sonstigen Regelungen der Arbeitszeit sind Beschäftigten, die mindestens ein Kind unter 18 Jahren oder eine pflegebedürftige nahe Angehörige oder einen pflegebedürftigen nahen Angehörigen nach § 7 Absatz 3 des Pflegezeitgesetzes vom 28. Mai 2008 (BGBl. I S. 874, 896) in der jeweils geltenden Fassung tatsächlich betreuen oder pflegen, Arbeitszeiten zu ermöglichen, die eine Vereinbarkeit von Beruf und Familie erleichtern, soweit zwingende dienstliche Belange nicht entgegenstehen.
(2) ¹Die Dienststellen sollen ihre Beschäftigten über die Möglichkeiten von Teilzeit informieren. ²Sie sollen den Beschäftigten dem Bedarf entsprechend Teilzeitarbeitsplätze anbieten. ³Dies gilt auch für Arbeitsplätze mit Vorgesetzten- und Leitungsaufgaben.

(3) ¹Anträgen von Beschäftigten auf Ermäßigung der regelmäßigen Arbeitszeit bis auf die Hälfte zur tatsächlichen Betreuung oder Pflege mindestens eines Kindes unter 18 Jahren oder einer oder eines nach § 7 Absatz 3 des Pflegezeitgesetzes pflegebedürftigen nahen Angehörigen ist zu entsprechen, soweit zwingende dienstliche Belange nicht entgegenstehen. ²Die Wahrnehmung von Vorgesetzten- und Leitungsaufgaben stellt in der Regel keinen entgegenstehenden zwingenden dienstlichen Belang dar. ³Die Ablehnung von Anträgen ist im Einzelfall schriftlich zu begründen.
(4) ¹Die Ermäßigung der Arbeitszeit darf das berufliche Fortkommen nicht beeinträchtigen. ²Eine unterschiedliche Behandlung von Beschäftigten mit ermäßigter wöchentlicher Arbeitszeit gegenüber Beschäftigten mit regelmäßiger wöchentlicher Arbeitszeit ist nur zulässig, wenn zwingende sachliche Gründe sie rechtfertigen. ³Teilzeitbeschäftigung darf sich nicht nachteilig auf die dienstliche Beurteilung auswirken.
(5) Beschäftigte, die eine Teilzeitbeschäftigung beantragen, sind auf die Folgen der ermäßigten Arbeitszeit, insbesondere auf die beamten-, arbeits-, versorgungs- und rentenrechtlichen Folgen hinzuweisen.
(6) Bei Teilzeitbeschäftigung aus familiären Gründen im Sinne des Absatzes 3 ist unter Ausschöpfen aller haushaltsrechtlichen Möglichkeiten ein personeller, sonst ein organisatorischer Ausgleich vorzunehmen.
(7) Wenn den Beschäftigten die Teilzeitbeschäftigung im bisherigen Umfang nicht mehr zugemutet werden kann und dienstliche Belange nicht entgegenstehen, ist auf Antrag eine Änderung des Umfangs der Teilzeitbeschäftigung oder der Übergang zur Vollzeitbeschäftigung zuzulassen.
(8) Teilzeit, Telearbeit, Jobsharing und andere Arbeitsorganisationsformen stehen der Übernahme und Wahrnehmung von Vorgesetzten- und Leitungsaufgaben grundsätzlich nicht entgegen und sind in Leitungsfunktionen für beide Geschlechter zu fördern.

§ 14 Beurlaubung

(1) ¹Anträgen von Beschäftigten auf Beurlaubung zur tatsächlichen Betreuung oder Pflege mindestens eines Kindes unter 18 Jahren oder einer oder eines nach § 7 Absatz 3 des Pflegezeitgesetzes pflegebedürftigen nahen Angehörigen ist zu entsprechen, soweit zwingende dienstliche Belange nicht entgegenstehen. ²§ 13 Absatz 5 gilt entsprechend.
(2) Nach Beendigung der Beurlaubung oder der Elternzeit sollen die Beschäftigten in der Regel wieder am alten Dienstort oder wohnortnah eingesetzt werden.
(3) Bei Beurlaubungen aus familiären Gründen im Sinne des Absatzes 1 Satz 1 und bei Inanspruchnahme von Elternzeit ist unter Ausschöpfen aller haushaltsrechtlichen Möglichkeiten ein personeller, sonst ein organisatorischer Ausgleich vorzunehmen.
(4) ¹Beschäftigten, die gemäß Absatz 3 eine Beurlaubung oder Elternzeit in Anspruch nehmen, sind insbesondere Urlaubs- und Krankheitsvertretungen vorrangig anzubieten. ²Sie sind über das Fortbildungsangebot zu unterrichten. ³Im Rahmen des bestehenden Angebotes sind ihnen Fortbildungsmaßnahmen anzubieten, die geeignet sind, Status und Qualifikation zu erhalten und einen Wiedereinstieg in den Beruf zu erleichtern.
(5) ¹Mit den Beschäftigten sind rechtzeitig vor Ablauf der Beurlaubung oder der Elternzeit Beratungsgespräche zu führen, in denen sie über die Möglichkeiten ihrer Beschäftigung nach der Beurlaubung beziehungsweise Elternzeit informiert werden. ²Wird wieder eine Beschäftigung in Vollzeit oder mit reduzierter Arbeitszeit angestrebt, gilt § 13 Absatz 7 entsprechend.

Abschnitt IV: Gleichstellungsbeauftragte

§ 15 Bestellung der Gleichstellungsbeauftragten

(1) Jede Dienststelle mit mindestens 20 Beschäftigten bestellt eine Gleichstellungsbeauftragte und mindestens eine Stellvertreterin. ¹Die Bestellung erfolgt nach vorheriger Ausschreibung oder Durchführung eines Interessenbekundungsverfahrens. ²Die stellvertretenden Gleichstellungsbeauftragten haben im Vertretungsfall dieselben Rechte und Pflichten wie die Gleichstellungsbeauftragte selbst. ³Soweit auf Grund von Satz 1 eine Gleichstellungsbeauftragte nicht zu bestellen ist, nimmt die Gleichstellungsbeauftragte der übergeordneten Dienststelle oder der Dienststelle, die die Rechtsaufsicht ausübt, diese Aufgabe wahr.
(2) Als Gleichstellungsbeauftragte ist eine Frau zu bestellen. ⁴Ihre fachliche Qualifikation soll den umfassenden Anforderungen ihres Aufgabengebietes gerecht werden.
(3) Bei der Zusammenlegung von Dienststellen zu einer neuen Dienststelle endet die Amtszeit der Gleichstellungsbeauftragten und die der Stellvertreterinnen spätestens sechs Monate nach Zusammenlegung der Dienststellen. ⁵Bis zu diesem Zeitpunkt erfolgt die Aufgabenaufteilung und -wahrnehmung in gegenseitigem Einvernehmen zwischen den Gleichstellungsbeauftragten und Stellvertreterinnen. ⁶Die Bestellung nach § 15 Absatz 1 muss rechtzeitig vor Ablauf von sechs Monaten nach Zusammenlegung der Dienststellen abgeschlossen sein.
(4) Im Falle der Teilung oder Aufspaltung einer Dienststelle in zwei oder mehrere Dienststellen endet die Amtszeit der Gleichstellungsbeauftragten und die der Stellvertreterinnen spätestens sechs Monate nach dem Vollzug des Organisationsaktes. ⁷Absatz 3 Satz 3 gilt entsprechend.
(5) Wird eine Dienststelle in eine andere Dienststelle eingegliedert, endet die Amtszeit der Gleichstellungsbeauftragten und die der Stellvertreterinnen der eingegliederten Dienststelle mit Vollzug des Organisationsaktes der Eingliederung.

§ 15a Ansprechpartnerin für Gleichstellungsfragen

(1) ¹An den Schulen wird durch die Leiterin oder den Leiter nach Anhörung der Lehrerkonferenz eine Ansprechpartnerin für Gleichstellungsfragen und mindestens eine Stellvertreterin bestellt. ²Soweit die Ansprechpartnerin für Gleichstellungsfragen für die den Schulleiterinnen und Schulleitern übertragenen Dienstvorgesetztenaufgaben die Pflichtmitwirkungsaufgaben einer Gleichstellungsbeauftragten wahrnimmt, gelten § 15 Absatz 1 Satz 2 und 3 und Absatz 2, § 16 Absatz 1 Satz 1 bis 4, Absatz 2 Satz 2, Absätze 3 und 5, § 17 Absatz 1 Satz 1 und Satz 2 Nummern 1 bis 3 und Absatz 2, § 18 Absatz 1 bis 6 und § 19 entsprechend.
(2) An den Zentren für schulpraktische Lehrerausbildung, an denen die Konferenz des Zentrums dies beschließt, wird eine Ansprechpartnerin für Gleichstellungsfragen bestellt.
(3) Die Ansprechpartnerin für Gleichstellungsfragen und ihre Stellvertreterin haben im Rahmen der verfügbaren Mittel Anspruch auf Teilnahme an Fortbildungen, die die zur Erfüllung ihrer Aufgaben erforderlichen Kenntnisse vermitteln.

§ 16 Dienstliche Stellung der Gleichstellungsbeauftragten und ihrer Stellvertreterinnen

(1) ¹Die Gleichstellungsbeauftragte nimmt ihre Aufgabe als Angehörige der Verwaltung der Dienststelle wahr. ²Dabei ist sie von fachlichen Weisungen frei und entscheidet insbesondere über den Vorrang ihrer Aufgabenwahrnehmung. ³Ein Interessenwiderstreit mit ihren sonstigen dienstlichen Aufgaben soll vermieden werden. ⁴Die Gleichstellungsbeauftragte und ihre Stellvertreterinnen dürfen nicht gleichzeitig dem Personalrat, dem Richterrat oder dem Staatsanwaltschaftsrat angehören.

(2) ¹Die Gleichstellungsbeauftragte ist mit den zur Erfüllung ihrer Aufgaben notwendigen sächlichen Mitteln auszustatten und bei Bedarf personell zu unterstützen. ²Sie ist im erforderlichen Umfang von den sonstigen dienstlichen Aufgaben im Rahmen der verfügbaren Stellen zu entlasten. ³Die Entlastung soll in der Regel betragen
1. in Dienststellen mit mehr als 200 Beschäftigten mindestens die Hälfte der regelmäßigen Arbeitszeit,
2. in Dienststellen mit mehr als 500 Beschäftigten mindestens die volle regelmäßige Arbeitszeit.
⁴In Fällen von § 15 Absatz 1 Satz 4 ist die Zahl der Beschäftigten der nachgeordneten Dienststellen oder der Dienststellen, die der Aufsicht des Landes unterstehen, bei der Entlastungsregelung der zuständigen Gleichstellungsbeauftragten zusätzlich zu berücksichtigen.
(3) Die Gleichstellungsbeauftragte und ihre Stellvertreterinnnen dürfen wegen ihrer Tätigkeit nicht benachteiligt oder begünstigt werden; dies gilt auch für ihre berufliche Entwicklung.
(4) ¹Die Gleichstellungsbeauftragte und ihre Stellvertreterinnen haben das Recht, an mindestens einer Fortbildungsveranstaltung pro Jahr teilzunehmen, die Kenntnisse vermittelt, die zur Erfüllung ihrer Aufgaben erforderlich sind. ²Für die Teilnahme ist die Gleichstellungsbeauftragte von ihren anderen Dienstpflichten freizustellen. ³Ihre anderen Ansprüche auf Fortbildung verringern sich dadurch nicht.
(5) Sie haben auch über die Zeit ihrer Bestellung hinaus Verschwiegenheit über die persönlichen Verhältnisse von Beschäftigten und andere vertrauliche Angelegenheiten zu wahren.

§ 17 Aufgaben der Gleichstellungsbeauftragten

(1) ¹Die Gleichstellungsbeauftragte unterstützt und berät die Dienststelle und wirkt mit bei der Ausführung dieses Gesetzes sowie aller Vorschriften und Maßnahmen, die Auswirkungen auf die Gleichstellung von Frau und Mann haben oder haben können. ²Ihre Mitwirkung bezieht sich insbesondere auf
1. personelle Maßnahmen, einschließlich Stellenausschreibungen, Auswahlverfahren und Vorstellungsgespräche,
2. organisatorische Maßnahmen,
3. soziale Maßnahmen,
4. die Aufstellung und Änderung des Gleichstellungsplans sowie die Erstellung des Berichts über die Umsetzung des Gleichstellungsplans oder die Konzeption von alternativen Modellen nach § 6a und
5. Planungsvorhaben von grundsätzlicher Bedeutung für die Beschäftigungsverhältnisse oder die Arbeitsbedingungen in der Dienststelle.
³Die Gleichstellungsbeauftragte ist gleichberechtigtes Mitglied von Beurteilungsbesprechungen und in der Stellenbewertungskommission.
(2) Zu den Aufgaben der Gleichstellungsbeauftragten gehören auch die Beratung und Unterstützung der Beschäftigten in Fragen der Gleichstellung von Frau und Mann.

§ 18 Rechte der Gleichstellungsbeauftragten

(1) ¹Die Gleichstellungsbeauftragte ist frühzeitig über beabsichtigte Maßnahmen zu unterrichten und anzuhören. ²Ihr sind alle Akten, die Maßnahmen betreffen, an denen sie zu beteiligen ist, vorzulegen. ³Die Sätze 1 und 2 gelten entsprechend, wenn von einer Maßnahme abgesehen werden soll. ⁴Bei Personalentscheidungen gilt dies auch für Bewerbungsunterlagen, einschließlich der von Bewerberinnen und Bewerbern, die nicht in die engere Auswahl einbezogen werden, sowie für Personalakten nach Maßgabe der Grundsätze des § 83 Absatz 2 des Landesbeamtengesetzes.

(2) ¹Der Gleichstellungsbeauftragten ist innerhalb einer angemessenen Frist, die in der Regel eine Woche nicht unterschreiten darf, Gelegenheit zur Stellungnahme zu geben. ²Bei fristlosen Entlassungen und außerordentlichen Kündigungen beträgt die Frist drei Arbeitstage. ³Die Personalvertretung kann in diesen Fällen zeitgleich mit der Unterrichtung der Gleichstellungsbeauftragten beteiligt werden. ⁴Soweit die Maßnahme einer anderen Dienststelle zur Entscheidung vorgelegt wird, kann die Gleichstellungsbeauftragte eine schriftliche Stellungnahme beifügen. ⁵Bei fristlosen Entlassungen und außerordentlichen Kündigungen ist die Angelegenheit unbeschadet des Vorliegens der Stellungnahme unverzüglich der zuständigen Dienststelle vorzulegen. ⁶Aus Gründen der Rechtssicherheit ist die Beteiligung der Gleichstellungsbeauftragten zu dokumentieren. ⁷Sofern die Dienststelle beabsichtigt, eine Entscheidung zu treffen, die dem Inhalt der Stellungnahme entgegen steht, hat sie dies vor Umsetzung der Entscheidung gegenüber der Gleichstellungbeauftragten schriftlich darzulegen.
(3) ¹Wird die Gleichstellungsbeauftragte nicht oder nicht rechtzeitig an einer Maßnahme beteiligt, ist die Maßnahme rechtswidrig. ²§ 46 des Verwaltungsverfahrensgesetzes für das Land Nordrhein-Westfalen in der Fassung der Bekanntmachung vom 12. November 1999 (GV. NRW. S. 602), das zuletzt durch Artikel 2 des Gesetzes vom 15. November 2016 (GV. NRW. S. 934) geändert worden ist, bleibt unberührt. ³Ist eine Maßnahme, an der die Gleichstellungsbeauftragte nicht oder nicht rechtzeitig beteiligt wurde, noch nicht vollzogen, ist sie auszusetzen und die Beteiligung ist nachzuholen. ⁴Die Fristen des Absatzes 2 gelten entsprechend. ⁵Die Dienststellenleitung kann bei Maßnahmen, die der Natur der Sache nach keinen Aufschub dulden, bis zur endgültigen Entscheidung vorläufige Regelungen treffen. ⁶Sie hat der Gleichstellungsbeauftragten die vorläufige Regelung mitzuteilen und zu begründen.
(4) ¹Die Gleichstellungsbeauftragte hat ein unmittelbares Vortragsrecht bei der Dienststellenleitung. ²Ihr ist Gelegenheit zur Teilnahme an allen Besprechungen ihrer Dienststelle zu geben, die Angelegenheiten ihres Aufgabenbereichs betreffen. ³Dies gilt auch für Besprechungen nach § 63 des Landespersonalvertretungsgesetzes vom 3. Dezember 1974 (GV. NRW. S. 1514), das zuletzt durch Artikel 3 des Gesetzes vom 8. Dezember 2015 (GV. NRW. S. 1052) geändert worden ist.
(5) ¹Die Gleichstellungsbeauftragte kann Sprechstunden für die Beschäftigten durchführen und einmal im Jahr eine Versammlung der weiblichen Beschäftigten einberufen. ²Sie kann sich ohne Einhaltung des Dienstweges an andere Gleichstellungsbeauftragte und an die für die Gleichstellung von Frau und Mann zuständige oberste Landesbehörde wenden.
(6) ¹Die Gleichstellungsbeauftragten und die Dienststelle können Vereinbarungen über die Form und das Verfahren der Beteiligung treffen, die zu dokumentieren sind. ²Die Ziele dieses Gesetzes dürfen durch Verfahrensabsprachen nicht unterlaufen werden. ³Gesetzlich vorgegebene Beteiligungspflichten sind nicht abdingbar. ⁴Die gleichstellungsrechtliche Beteiligung, auch die Inanspruchnahme einer gleichstellungsrechtlichen Zustimmungsfiktion, ist zu dokumentieren. ⁵Die Gleichstellungsbeauftragte kann jederzeit einzelfallbezogen ihre Beteiligung nach Maßgabe dieses Gesetzes verlangen.
(7) ¹Die Gleichstellungsbeauftragte kann zu ihrer Unterstützung externen Sachverstand hinzuziehen, soweit dies zur ordnungsgemäßen Erfüllung ihrer Aufgaben im Einzelfall erforderlich ist. ²Die Kosten trägt die Dienststelle.
(8) Die Rechte der Personal- und Schwerbehindertenvertretungen bleiben unberührt.

§ 19 Widerspruchsrecht

(1) ¹Hält die Gleichstellungsbeauftragte eine Maßnahme für unvereinbar mit diesem Gesetz, anderen Vorschriften zur Gleichstellung von Frau und Mann, mit dem Gleichstellungsplan oder dem alternativen Instrument nach § 6a, kann sie innerhalb einer Woche nach ihrer Unterrichtung der Maßnahme widersprechen. ²Bei außerordentlichen Kündigungen und

fristlosen Entlassungen ist der Widerspruch spätestens innerhalb von drei Kalendertagen einzulegen. ³Die Dienststellenleitung entscheidet erneut über die Maßnahme. ⁴Die Entscheidung über den Widerspruch ergeht schriftlich. ⁵Bis zur erneuten Entscheidung ist der Vollzug der Maßnahme auszusetzen. ⁶§ 18 Absatz 3 Satz 3 und 4 gilt entsprechend.
(2) ¹Wird dem Widerspruch der Gleichstellungsbeauftragten einer nachgeordneten Dienststelle nicht abgeholfen, kann sie innerhalb einer Woche nach der erneuten Entscheidung der Dienststelle nach Absatz 1 Satz 2 nach rechtzeitiger Unterrichtung der Dienststellenleitung eine Stellungnahme der übergeordneten Dienststelle einholen. ²Bei fristlosen Entlassungen und außerordentlichen Kündigungen ist die Stellungnahme innerhalb von drei Kalendertagen einzuholen; in diesen Fällen gilt die beabsichtigte Maßnahme als gebilligt, wenn nicht innerhalb von drei Kalendertagen eine Stellungnahme der übergeordneten Dienststelle vorliegt. ³Absatz 1 Satz 3 und 4 gilt entsprechend.
(3) ¹Die Zentrale Gleichstellungsbeauftragte einer Hochschule legt den Widerspruch beim Rektorat ein. ²Im Falle der Nichtabhilfe durch das Rektorat nimmt die Gleichstellungskommission zum Widerspruch Stellung. ³Auf der Grundlage der Stellungnahme entscheidet das Rektorat erneut. ⁴Über den Widerspruch gegen Maßnahmen des Rektorates, mit Ausnahme von Widerspruchsentscheidungen nach Satz 3, entscheidet das für die Hochschulen zuständige Ministerium, für die Fachhochschulen nach dem Fachhochschulgesetz öffentlicher Dienst vom 29. Mai 1984 (GV. NRW. S. 303), das zuletzt durch Artikel 12 des Gesetzes vom 2. Oktober 2014 (GV. NRW. S. 622) geändert worden ist, das gemäß § 29 Absatz 2 des Fachhochschulgesetzes öffentlicher Dienst zuständige Ministerium. ⁵Im Übrigen gelten die Regelungen der Absätze 1 und 2.

§ 19a Rechtsschutz
(1) Die Gleichstellungsbeauftragte kann innerhalb eines Monats nach Abschluss des Widerspruchsverfahrens das zuständige Verwaltungsgericht anrufen, wenn die Dienststelle
1. die Rechte der Gleichstellungsbeauftragten verletzt oder
2. einen den Bestimmungen dieses Gesetzes nicht entsprechenden Gleichstellungsplan aufgestellt beziehungsweise ein unzureichendes alternatives Instrument nach § 6a eingesetzt hat.

(2) Die Anrufung des Gerichts hat keine aufschiebende Wirkung.
(3) Die Dienststelle trägt die der Gleichstellungsbeauftragten entstehenden notwendigen Kosten.

§ 20 Anrufungsrecht der Beschäftigten
Die Beschäftigten können sich unmittelbar an die für sie zuständige Gleichstellungsbeauftragte, darüber hinaus an die Gleichstellungsbeauftragten der übergeordneten Dienststellen oder an die für Gleichstellungsfragen zuständige oberste Landesbehörde wenden.

§ 21 Vorschriften für Gleichstellungsbeauftragte der Gemeinden und Gemeindeverbände
¹Von den Vorschriften des Abschnittes IV finden für die Gleichstellungsbeauftragten der Gemeinden und Gemeindeverbände § 15 Absatz 1 Satz 2 und 3 und Absatz 2, § 16 Absatz 1, Absatz 2 Satz 1 und 2, Absatz 3 bis 5, § 17, § 18, § 19 Absatz 1 und § 19a Anwendung.
²§ 20 findet insofern Anwendung, als dass sich die Beschäftigten unmittelbar an die für sie zuständige Gleichstellungbeauftragte oder an die für Gleichstellungsfragen zuständige oberste Landesbehörde wenden können.

Abschnitt V: Berichtspflicht, Übergangsvorschriften, Schlussvorschriften

§ 22 Berichtspflicht
Die Landesregierung berichtet dem Landtag im Abstand von fünf Jahren über die Umsetzung dieses Gesetzes in der Landesverwaltung. ²Nach Inkrafttreten des Gesetzes zur Neuregelung des Gleichstellungsrechts vom 6. Dezember 2016 (GV. NRW. S. 1052) erfolgt der nächste Bericht mit dem Stichtag 31. Dezember 2018.

§ 23 Verwaltungsvorschriften
¹Verwaltungsvorschriften zu diesem Gesetz erlässt das für die Gleichstellung zuständige Ministerium. ²Die übrigen Ministerien können im Einvernehmen mit dem für die Gleichstellung zuständigen Ministerium ergänzende Regelungen für ihren Zuständigkeitsbereich erlassen. ³Soweit die Verwaltungsvorschriften sich auch auf die Gemeinden und Gemeindeverbände oder deren verselbstständigte Aufgabenbereiche in öffentlich-rechtlicher oder privatrechtlicher Form erstrecken, bedarf es insoweit des Einvernehmens mit dem für Kommunales zuständigen Ministerium.

§ 24 Übergangsregelungen
¹Bereits erstellte und in Kraft getretene Frauenförderpläne gelten für den jeweils vorgesehenen Zeitraum fort. ²Im Anschluss erfolgt eine Fortschreibung als Gleichstellungsplan oder die Einführung eines alternativen Instrumentes nach § 6a.

§§ 25 bis 26 (weggefallen)

12. Landesgleichstellungsgesetz Rheinland-Pfalz (LGG RP)

vom 22. Dezember 2015 (GVBl. Nr. 17 2015, S. 505)
– zuletzt geändert durch Dreizehntes Rechtsbereinigungsgesetz vom 26. Juni 2020 (GVBl. 25 2020, S. 287, 289)

Teil 1: Allgemeine Bestimmungen

§ 1 Ziele
Ziele des Gesetzes sind,
1. die tatsächliche Durchsetzung der Gleichberechtigung von Frauen und Männern im öffentlichen Dienst zu fördern und bestehende Ungleichheiten aufgrund des Geschlechts auszugleichen, insbesondere unmittelbare und mittelbare Benachteiligungen von Frauen aufgrund des Geschlechts zu beseitigen und zu verhindern, und
2. die Vereinbarkeit von Beruf und Familie für Frauen und Männer im öffentlichen Dienst zu fördern.

§ 2 Geltungsbereich
(1) Dieses Gesetz gilt für das Land, die Gemeinden, die Gemeindeverbände, die öffentlich-rechtlichen Betriebe des Landes und der kommunalen Gebietskörperschaften und für alle sonstigen der alleinigen Aufsicht des Landes unterstehenden juristischen Personen des öffentlichen Rechts.
(2) [1]Für die Hochschulen gelten die besonderen Bestimmungen der Hochschulgesetze. [2]Im Anwendungsbereich des Universitätsmedizingesetzes vom 10. September 2008 (GVBl. S. 205, BS 223-42) in der jeweils geltenden Fassung gilt dieses Gesetz ausschließlich für das nicht wissenschaftliche Personal.
(3) [1]Dieses Gesetz gilt nicht für die Selbstverwaltungskörperschaften der Wirtschaft und der freien Berufe. [2]Diese fördern die berufliche Gleichstellung von Frauen und Männern eigenverantwortlich.

§ 3 Begriffsbestimmungen
(1) Dienststellen im Sinne dieses Gesetzes sind die einzelnen Behörden, Verwaltungsstellen und Einrichtungen sowie die einzelnen öffentlich-rechtlichen Betriebe und die Gerichte.
(2) [1]Nächsthöhere Dienststelle im Sinne dieses Gesetzes ist diejenige Behörde, die die Dienstaufsicht ausübt. [2]Wird keine Dienstaufsicht ausgeübt, ist nächsthöhere Dienststelle diejenige Behörde, die die Rechtsaufsicht ausübt. [3]Im Übrigen ist nächsthöhere Dienststelle im Sinne dieses Gesetzes die Dienststellenleitung.
(3) Eine Umbildung oder Neubildung einer Dienststelle im Sinne dieses Gesetzes liegt vor, wenn
1. Dienststellen ganz oder teilweise in andere Dienststellen eingegliedert werden,
2. Dienststellen zu einer neuen Dienststelle zusammengeschlossen werden oder
3. durch Ausgliederung eine neue Dienststelle entsteht.
(4) [1]Beschäftigte im Sinne dieses Gesetzes sind hauptamtliche Beamtinnen und Beamte, Richterinnen und Richter, Arbeitnehmerinnen und Arbeitnehmer einschließlich der Auszubildenden. [2]Keine Beschäftigten im Sinne dieses Gesetzes sind die kommunalen Wahlbeamtinnen und Wahlbeamten sowie Beamtinnen und Beamte, welche nach § 41 Abs. 1 des Landesbeamtengesetzes in den einstweiligen Ruhestand versetzt werden können.
(5) Positionen im Sinne dieses Gesetzes sind Stellen, Planstellen und Funktionsstellen.

(6) Führungspositionen im Sinne dieses Gesetzes sind Positionen mit Vorgesetzten-, Führungs- oder Leitungsaufgaben.
(7) ¹Bereiche im Sinne dieses Gesetzes sind die einzelnen Besoldungs- oder Entgeltgruppen sowie zusätzlich die Führungspositionen jeweils innerhalb einer Dienststelle. ²Satz 1 gilt auch für die Berufsausbildung.
(8) ¹Unterrepräsentiert im Sinne dieses Gesetzes sind Frauen, wenn ihr Anteil an der Beschäftigung in einem Bereich unter 50 vom Hundert liegt und dies nicht durch aufgabenspezifische Abweichungen begründet ist. ²Bei diesem Vergleich werden Teilzeitbeschäftigte anteilig nach ihrer individuellen Arbeitszeit gezählt.
(9) Familienarbeit im Sinne dieses Gesetzes ist die tatsächliche Betreuung oder Pflege eines Kindes unter 18 Jahren, eines nach ärztlichem Gutachten pflegebedürftigen Kindes über 18 Jahren oder einer oder eines Angehörigen, die oder der nach ärztlichem Gutachten pflegebedürftig ist.
(10) Für den Begriff der unmittelbaren Benachteiligung, der mittelbaren Benachteiligung, der Belästigung und der sexuellen Belästigung gelten die Begriffsbestimmungen des § 3 des Allgemeinen Gleichbehandlungsgesetzes vom 14. August 2006 (BGBl. I S. 1897) in der jeweils geltenden Fassung.
(11) Arbeitszeit im Sinne dieses Gesetzes sind bei Richterinnen und Richtern die entsprechenden Arbeitskraftanteile.

§ 4 Berichtspflichten

(1) ¹Die Landesregierung berichtet dem Landtag einmal in der Legislaturperiode über die Durchführung dieses Gesetzes und veröffentlicht den Bericht im Internet. ²Zur Vorbereitung des Berichts geben die einzelnen Dienststellen der Landesregierung Auskunft; das Nähere regelt eine Verwaltungsvorschrift.
(2) ¹Die Leitung der Verwaltung einer Gemeinde oder eines Gemeindeverbandes berichtet ihrer Vertretungskörperschaft mindestens einmal in jeder Wahlzeit über die Umsetzung des Gleichstellungsplans sowie über sonstige Maßnahmen zur Verwirklichung der beruflichen Gleichstellung von Frauen und Männern. ²Die Gemeinden und Gemeindeverbände veröffentlichen die Berichte im Internet.

Teil 2: Fördermaßnahmen

§ 5 Gleichstellung von Frauen und Männern

(1) ¹Alle Dienststellen sind verpflichtet, die Verwirklichung der Gleichstellung von Frauen und Männern zu fördern. ²Sie müssen Benachteiligungen aufgrund des Geschlechts vermeiden und bestehende Nachteile aufgrund des Geschlechts beseitigen. ³Sie stellen die Anwendung des Grundsatzes des gleichen Entgelts für Frauen und Männer bei gleicher oder gleichwertiger Arbeit sicher.
(2) ¹Es ist insbesondere Aufgabe der Beschäftigten in Führungspositionen, im Rahmen ihrer Zuständigkeit auf die Ziele dieses Gesetzes hinzuwirken. ²Wie sie diese Aufgabe erfüllen, ist bei der dienstlichen Beurteilung ihrer Leistungen als Kriterium einzubeziehen.
(3) ¹Alle Dienststellen des Landes müssen die Gleichstellung von Frauen und Männern in allen Phasen der Vorbereitung, Planung, Entscheidung und Durchführung von Maßnahmen berücksichtigen. ²Dazu zählt auch, in jeder Phase zu prüfen, ob und wie sich die Maßnahmen auf Frauen und Männer unterschiedlich auswirken können. ³Diese Pflicht besteht vor allem bei folgenden Maßnahmen:

1. Erlass von Rechtsverordnungen und Verwaltungsvorschriften,
2. Erarbeitung von Gesetzentwürfen oder
3. Formulierung von Beurteilungskriterien.

§ 6 Vereinbarkeit von Beruf und Familie
(1) ¹Alle Dienststellen sind verpflichtet, die Vereinbarkeit von Beruf und Familie zu fördern. ²Sie müssen ihren Beschäftigten Arbeitsbedingungen bieten, die es Frauen und Männern ermöglichen, Beruf und Familie zu vereinbaren, soweit keine zwingenden dienstlichen Gründe entgegenstehen.
(2) Die Dienststellen müssen ihren Beschäftigten bekannt geben, welche Arbeitsbedingungen sie bieten, um die Vereinbarkeit von Beruf und Familie zu fördern.
(3) ¹Teilzeit- und Telearbeit dürfen sich nicht nachteilig auf die Chancen zur beruflichen Entwicklung auswirken. ²Dies ist auch bei der Formulierung von Beurteilungskriterien zu beachten.

§ 7 Ausschreibung von Positionen
(1) ¹Zu besetzende Positionen sind auszuschreiben, soweit das Beamtenrecht oder das richterliche Dienstrecht nichts anderes bestimmen. ²Die Ausschreibung muss mit den Anforderungen der zu besetzenden Position übereinstimmen.
(2) ¹Wenn eine Position ausgeschrieben wird, dann ist sie auch in Teilzeitform auszuschreiben, soweit keine zwingenden dienstlichen Gründe entgegenstehen. ²Dies gilt auch für Führungspositionen.
(3) Ausschreibungen müssen sich gleichermaßen an Frauen und an Männer richten.
(4) ¹In Bereichen, in denen Frauen unterrepräsentiert sind, sollen zu besetzende Positionen öffentlich ausgeschrieben werden, soweit das Beamtenrecht oder das richterliche Dienstrecht nichts anderes bestimmen. ²Die Ausschreibung ist so zu gestalten, dass Frauen ausdrücklich angesprochen werden. ³Die für die Ausschreibung zuständige Dienststelle kann nur in begründeten Fällen von einer öffentlichen Ausschreibung absehen und eine interne Ausschreibung vornehmen.
(5) Die Absätze 3 und 4 sind nicht anzuwenden, wenn für die zu besetzende Position ein bestimmtes Geschlecht erforderlich ist.

§ 8 Einstellung und Beförderung
(1) ¹Für die Beurteilung von Eignung, Befähigung und fachlicher Leistung (Qualifikation) sind ausschließlich die Anforderungen der zu besetzenden Position maßgeblich. ²Wenn diese Position ausgeschrieben wird, dann ergeben sich die Anforderungen in der Regel aus der Ausschreibung. ³Bei der Beurteilung der Qualifikation sind auch Erfahrungen, Kenntnisse und Fertigkeiten zu berücksichtigen, die durch Familienarbeit oder ehrenamtliche Tätigkeit erworben wurden. ⁴Satz 3 gilt nicht, soweit diese Erfahrungen, Kenntnisse und Fertigkeiten für die zu übertragenden Aufgaben ohne Bedeutung sind.
(2) ¹Teilzeitarbeit, Beurlaubungen und Telearbeit dürfen bei Auswahlentscheidungen nicht zu Nachteilen führen. ²Dies gilt auch für Verzögerungen beim Abschluss der Ausbildung, soweit sie durch Familienarbeit bedingt sind und das Beamtenrecht, das richterliche Dienstrecht oder das Tarifrecht nichts anderes bestimmen.
(3) ¹In Bereichen, in denen Frauen unterrepräsentiert sind, sind zu Vorstellungsgesprächen entweder alle Bewerberinnen einzuladen, die für die zu besetzende Stelle im Sinne des Absatzes 1 Satz 1 qualifiziert sind, oder mindestens ebenso viele Bewerberinnen wie Bewerber. ²Den Vorstellungsgesprächen stehen andere Auswahlverfahren gleich, für die ebenfalls eine Vorauswahl an Bewerberinnen und Bewerbern getroffen wird.

(4) ¹Bei Einstellungen und Beförderungen sind Frauen bei gleichwertiger Eignung, Befähigung und fachlicher Leistung bevorzugt zu berücksichtigen, soweit und solange eine Unterrepräsentanz (§ 3 Abs. 8) vorliegt. ²Eine Bevorzugung ist nicht zulässig, wenn in der Person eines Mitbewerbers so schwerwiegende Gründe vorliegen, dass sie auch unter Beachtung des Gebotes zur Gleichstellung der Frauen überwiegen.

§ 9 Vergabe von Ausbildungsplätzen
¹Auf die Vergabe von Ausbildungsplätzen ist § 8 Abs. 4 entsprechend anzuwenden. ²Eine bevorzugte Vergabe von Ausbildungsplätzen erfolgt nicht bei Ausbildungsgängen für Berufe, die auch außerhalb des öffentlichen Dienstes ausgeübt werden und für die ausschließlich innerhalb des öffentlichen Dienstes ausgebildet wird.

§ 10 Besondere Auswahlverfahren
Zu Gunsten von diskriminierungsfreien Verfahren zur Personalauswahl, die Benachteiligungen oder Bevorzugungen aufgrund des Geschlechts verhindern sollen, kann von § 8 Abs. 3 und § 9 abgewichen werden.

§ 11 Teilzeitbeschäftigung
(1) ¹Beschäftigte, die eine Ermäßigung ihrer Arbeitszeit beantragen, müssen schriftlich auf die Möglichkeit hingewiesen werden, die Ermäßigung der Arbeitszeit zu befristen. ²Sie müssen außerdem in allgemeiner Form schriftlich auf die dienstrechtlichen, arbeitsrechtlichen, versorgungsrechtlichen und sozialversicherungsrechtlichen Folgen einer Ermäßigung der Arbeitszeit hingewiesen werden.
(2) Wenn die Arbeitszeit von einzelnen Beschäftigten ermäßigt wird, dann sind deren Dienstaufgaben entsprechend der Ermäßigung anzupassen.
(3) Die Ablehnung eines Antrags auf Ermäßigung der Arbeitszeit muss schriftlich begründet werden.
(4) ¹Beantragt eine Arbeitnehmerin oder ein Arbeitnehmer zur Familienarbeit Ermäßigung der Arbeitszeit, ist dem Antrag im Rahmen der tarifvertraglichen Bestimmungen zu entsprechen, wenn zwingende dienstliche Gründe nicht entgegenstehen. ²Über Anträge von Beamtinnen und Beamten sowie Richterinnen und Richtern auf Ermäßigung der Arbeitszeit wird nach den dienstrechtlichen Bestimmungen entschieden.
(5) ¹Mit ihrem Einverständnis sind teilzeitbeschäftigte Arbeitnehmerinnen und Arbeitnehmer, die der Dienststelle ihren Wunsch auf Erhöhung ihrer Arbeitszeit mitgeteilt haben, bei der Besetzung entsprechender Positionen gegenüber Mitbewerberinnen und Mitbewerbern mit gleichwertiger Qualifikation zu bevorzugen. ²§ 8 Abs. 4 Satz 2 gilt entsprechend. ³Über Anträge von Beamtinnen und Beamten sowie Richterinnen und Richtern auf Erhöhung der Arbeitszeit wird nach den dienstrechtlichen Bestimmungen entschieden.

§ 12 Beurlaubung
(1) Für Anträge auf Beurlaubung gilt § 11 Abs. 1 Satz 2 und Abs. 3 entsprechend.
(2) ¹Für Anträge auf Beurlaubung zur Familienarbeit gilt § 11 Abs. 4 entsprechend. ²Für Anträge auf vorzeitige Rückkehr aus einer Beurlaubung zur Familienarbeit gilt § 11 Abs. 5 entsprechend.
(3) Beurlaubte werden von ihrer Dienststelle beim Wiedereinstieg in den Beruf unterstützt und haben Anspruch auf folgende Maßnahmen, die von der Dienststelle zu treffen sind:
1. rechtzeitige Beratungsgespräche über die Möglichkeiten der Beschäftigung nach der Beurlaubung,
2. Benachrichtigungen über die Ausschreibungen der Dienststelle,

3. auf Wunsch Informationen über die Fortbildungsangebote der Dienststelle,
4. auf Wunsch Angebote zur Teilnahme an Fortbildungsveranstaltungen, die geeignet sind, einen Wiedereinstieg in den Beruf zu erleichtern.
(4) Fortbildungsveranstaltungen, die geeignet sind, den Beurlaubten den Wiedereinstieg in den Beruf zu erleichtern, sind dienstliche Veranstaltungen im Hinblick auf Arbeits- oder Dienstunfälle und die Erstattung von Auslagen.

§ 13 Fortbildung
(1) Frauen und Männern sowie Teilzeitbeschäftigten und Vollzeitbeschäftigten sind die gleichen Möglichkeiten zur Fortbildung zu geben.
(2) [1]Fortbildungsmaßnahmen sollen so gestaltet werden, dass auch Beschäftigte mit Familienarbeit daran teilnehmen können. [2]Um die Teilnahme zu ermöglichen, sollen bei Bedarf insbesondere Kinderbetreuung oder zusätzliche Fortbildungsveranstaltungen angeboten werden.
(3) [1]Fortbildungsprogramme müssen Gleichstellungsthemen enthalten; dies gilt insbesondere für Fortbildungsprogramme für Beschäftigte in Führungspositionen und Beschäftigte im Personalwesen. [2]Gleichstellungsthemen umfassen Themenbereiche wie Gleichberechtigung von Frau und Mann, Vereinbarkeit von Beruf und Familie, Benachteiligung aufgrund des Geschlechts sowie Belästigungen und sexuelle Belästigungen am Arbeitsplatz.
(4) [1]Solange Frauen in einem Bereich von Führungspositionen unterrepräsentiert sind, muss die Dienststelle alle weiblichen Beschäftigten, die geeignet sind, in diesem Bereich in die Führungspositionen aufzusteigen, auf geeignete Fortbildungs- und Qualifizierungsmaßnahmen hinweisen, zum Beispiel auf die Fortbildungsqualifizierung nach § 21 Abs. 3 Satz 1 Nr. 2 des Landesbeamtengesetzes. [2]§ 8 Abs. 4 gilt für die Auswahl der Teilnehmerinnen an den Fortbildungs- und Qualifizierungsmaßnahmen entsprechend.

Teil 3: Gleichstellungspläne

§ 14 Erstellung
(1) [1]Gleichstellungspläne müssen von
1. den Obersten Landesbehörden oder den von diesen für ihren Geschäftsbereich bestimmten Dienststellen,
2. den für das Personalwesen zuständigen Stellen der Körperschaften, Anstalten und Stiftungen des öffentlichen Rechts sowie
3. den öffentlich-rechtlichen Betrieben erstellt werden.
[2]Für Dienststellen einer Ortsgemeinde können Gleichstellungspläne erstellt werden.
(2) Gleichstellungspläne müssen alle sechs Jahre für einen Zeitraum von sechs Jahren erstellt werden.
(3) An der Erstellung des Gleichstellungsplans sind die erfassten Dienststellen frühzeitig zu beteiligen.
(4) [1]Für neu errichtete Dienststellen sind innerhalb von 15 Monaten nach der Errichtung Gleichstellungspläne zu erstellen. [2]Wenn Dienststellen umgebildet oder neu gebildet werden, dann sind innerhalb von 15 Monaten nach der Umbildung oder Neubildung die Gleichstellungspläne aller betroffenen Dienststellen anzupassen.
(5) Der Gleichstellungsplan ist den Beschäftigten der erfassten Dienststellen in geeigneter Weise bekannt zu machen.

§ 15 Mindestinhalt

(1) ¹Der Gleichstellungsplan muss eine Analyse und Prognose der Beschäftigungsstruktur der erfassten Dienststellen enthalten. ²Hierzu hat der Gleichstellungsplan die Beschäftigungssituation der weiblichen Beschäftigten im Vergleich zur Beschäftigungssituation der männlichen Beschäftigten in jeder erfassten Dienststelle zu beschreiben und darzustellen, ob Frauen in einem Bereich unterrepräsentiert sind.
(2) Für jeden Bereich, in dem Frauen unterrepräsentiert sind, muss der Gleichstellungsplan
1. festlegen, mit welchen personellen, organisatorischen und fortbildenden Maßnahmen der Anteil der Frauen an den Beschäftigten in den genannten Bereichen erhöht werden soll;
2. als Ziel angeben, welchen Anteil an der Beschäftigung Frauen am Ende des erfassten Zeitraums in den genannten Bereichen haben sollen; der Anteil ist entsprechend § 3 Abs. 8 Satz 2 zu berechnen; danach werden Teilzeitbeschäftigte anteilig nach ihrer individuellen Arbeitszeit gezählt;
3. als Zwischenziel angeben, welchen Anteil an der Beschäftigung Frauen nach einem Zeitraum von drei Jahren in den genannten Bereichen haben sollen.
(3) Der Gleichstellungsplan muss festlegen, mit welchen personellen, organisatorischen und fortbildenden Maßnahmen die Vereinbarkeit von Beruf und Familie gefördert werden soll.
(4) ¹Der Gleichstellungsplan darf keine personenbezogenen Daten enthalten. ²Bei der Verarbeitung von personenbezogenen Daten zur Erstellung des Gleichstellungsplans sind die datenschutzrechtlichen Bestimmungen zu beachten.
(5) Das Nähere über den Inhalt der Gleichstellungspläne regelt eine Verwaltungsvorschrift.

§ 16 Umsetzung

(1) Die Umsetzung des Gleichstellungsplans als wichtiges Instrument der Personalplanung und Personalentwicklung ist besondere Aufgabe der Beschäftigten im Personalwesen und der Beschäftigten in Führungspositionen.
(2) ¹Der Gleichstellungsplan ist nach Ablauf von drei Jahren auf das Erreichen der Zwischenziele zu überprüfen. ²In den Gleichstellungsplan sind ergänzende Maßnahmen aufzunehmen, wenn erkennbar ist, dass die Ziele nicht rechtzeitig erreicht werden können. ³Die ergänzenden Maßnahmen sind entsprechend § 14 Abs. 5 bekannt zu machen.
(3) Werden die Ziele des Gleichstellungsplans nicht erreicht, sind die Gründe dafür im nächsten Gleichstellungsplan darzustellen.

§ 17 Unterbliebene Erstellung, Mängel, Nicht-Umsetzung

(1) ¹Solange eine Dienststelle, die einen Gleichstellungsplan erstellen muss, den Gleichstellungsplan nicht erstellt hat, darf sie Einstellungen und Beförderungen nur mit der vorherigen Zustimmung der nächsthöheren Dienststelle vornehmen. ²Die Zustimmung kann nur für den Einzelfall erteilt werden.
(2) Absatz 1 gilt entsprechend, wenn
1. der Gleichstellungsplan nicht den Vorgaben des § 15 entspricht,
2. die Dienststelle nicht nach § 16 Abs. 2 überprüft hat, ob die Zwischenziele des Gleichstellungsplans erreicht wurden.
(3) Die Absätze 1 und 2 gelten nicht für die Gemeinden, die Gemeindeverbände und für die sonstigen der alleinigen Aufsicht des Landes unterstehenden juristischen Personen des öffentlichen Rechts.

Teil 4: Gleichstellungsbeauftragte

§ 18 Bestellung

(1) ¹In Dienststellen mit in der Regel mindestens 30 Beschäftigten muss die Dienststellenleitung eine Gleichstellungsbeauftragte bestellen. ²In Dienststellen mit in der Regel weniger als 30 Beschäftigten kann sie eine Gleichstellungsbeauftragte bestellen.
(2) Vor der Bestellung soll das Amt der Gleichstellungsbeauftragten in der Dienststelle ausgeschrieben werden.
(3) ¹Zur Gleichstellungsbeauftragten kann nur eine Frau bestellt werden. ²Diese muss mit ihrer Bestellung einverstanden sein.
(4) Für Dienststellen ohne Gleichstellungsbeauftragte ist die Gleichstellungsbeauftragte der nächsthöheren Dienststelle zuständig.
(5) Die Gemeinden und Gemeindeverbände können die Aufgaben der Gleichstellungsbeauftragten nach diesem Gesetz einer weiblichen Beschäftigten der Gleichstellungsstelle nach § 2 Abs. 6 der Gemeindeordnung oder nach § 2 Abs. 9 der Landkreisordnung übertragen, sofern diese die Funktion hauptamtlich wahrnimmt.
(6) Die Dienststelle hat den Beschäftigten die für sie zuständige Gleichstellungsbeauftragte in geeigneter Weise bekannt zu machen.

§ 19 Dauer und Ende der Bestellung, Neubestellung

(1) Die Gleichstellungsbeauftragte wird für vier Jahre bestellt; Wiederbestellungen sind möglich.
(2) ¹Die Bestellung endet mit dem Ablauf der Amtszeit, durch Widerruf, durch Niederlegung des Amtes, mit dem Ausscheiden aus der Dienststelle oder wenn die Gleichstellungsbeauftragte ihr Amt aufgrund krankheitsbedingter Arbeits- oder Dienstunfähigkeit länger als sechs Monate nicht wahrnehmen kann. ²Ohne die vorherige Zustimmung der Gleichstellungsbeauftragten darf die Dienststellenleitung die Bestellung nur aus wichtigem Grund widerrufen.
(3) Bei Ende der Bestellung muss unverzüglich eine neue Gleichstellungsbeauftragte bestellt werden, wenn die Voraussetzungen des § 18 Abs. 1 vorliegen.
(4) ¹Nach Umbildung oder Neubildung von Dienststellen müssen in allen betroffenen Dienststellen innerhalb von sechs Monaten neue Gleichstellungsbeauftragte bestellt werden, soweit die Voraussetzungen des § 18 Abs. 1 vorliegen. ²Die bisherigen Gleichstellungsbeauftragten bleiben bis zur Neubestellung, längstens jedoch sechs Monate im Amt und führen die Geschäfte gemeinsam weiter. ³Sie können aus ihrer Mitte eine Gleichstellungsbeauftragte als Sprecherin benennen und diese mit der alleinigen Führung der Geschäfte beauftragen. ⁴Die übrigen Gleichstellungsbeauftragen vertreten sie.

§ 20 Rechtsstellung

(1) ¹Die Gleichstellungsbeauftragte ist Teil der Verwaltung. ²Sie ist bei der Wahrnehmung ihrer Aufgaben der Dienststellenleitung unmittelbar unterstellt. ³In Obersten Landesbehörden kann sie der Vertretung der Dienststellenleitung unterstellt werden.
(2) ¹Die Gleichstellungsbeauftragte ist in der Ausübung ihres Amtes von fachlichen Weisungen frei. ²Sie darf in der Ausübung ihres Amtes nicht behindert werden.
(3) ¹Die Gleichstellungsbeauftragte darf wegen ihres Amtes weder benachteiligt noch begünstigt werden. ²Dies gilt insbesondere für ihre berufliche Entwicklung. ³Vor Kündigung, Versetzung, Abordnung, Umsetzung und Zuweisung ist sie in gleicher Weise geschützt wie ein Mitglied einer Personalvertretung nach § 70 des Landespersonalvertretungsgesetzes.
(4) ¹In den Dienststellen, die nach § 14 Abs. 1 Gleichstellungspläne erstellen, soll die Gleichstellungsbeauftragte im erforderlichen Umfang ohne Minderung ihrer Bezüge oder ihres

Entgelts von ihren sonstigen Dienstpflichten entlastet werden. ²Sie ist mit den zur Erfüllung ihrer Aufgaben notwendigen Mitteln auszustatten.
(5) ¹Die Gleichstellungsbeauftragte darf nur in ihrer Eigenschaft als Gleichstellungsbeauftragte mit Personalangelegenheiten befasst sein. ²Sie darf nicht Mitglied einer Personalvertretung sein.

§ 21 Freistellung
(1) ¹Zur Unterstützung der Dienststellen beschließt die Landesregierung eine Empfehlung, unter welchen Voraussetzungen und in welchem Umfang Gleichstellungsbeauftragte freigestellt werden können. ²Die Empfehlung wird im Staatsanzeiger für Rheinland-Pfalz veröffentlicht.
(2) Durch eine Freistellung von der dienstlichen Tätigkeit dürfen der Gleichstellungsbeauftragten keine Nachteile entstehen.
(3) Wird eine Gleichstellungsbeauftragte von ihren anderen Dienstpflichten freigestellt, muss ihr beruflicher Werdegang ungeachtet ihres Entlastungsumfanges für Entscheidungen über ihre Beförderung oder Höhergruppierung so nachgezeichnet werden, wie er ohne ihre Bestellung zur Gleichstellungsbeauftragten verlaufen wäre.

§ 22 Aufgabenbezogene Fortbildung
(1) Die Dienststelle fördert die persönliche und fachliche Qualifikation der Gleichstellungsbeauftragten.
(2) ¹Die Gleichstellungsbeauftragte hat das Recht, an mindestens einer Fortbildungsveranstaltung pro Jahr teilzunehmen, die Kenntnisse vermittelt, die zur Erfüllung ihrer Aufgaben erforderlich sind. ²Für die Teilnahme ist die Gleichstellungsbeauftragte von ihren anderen Dienstpflichten freizustellen. ³Ihre anderen Ansprüche auf Fortbildung verringern sich dadurch nicht.
(3) Die Fortbildungsprogramme des Landes müssen Fortbildungsveranstaltungen für Gleichstellungsbeauftragte enthalten.

§ 23 Aufgaben
(1) Die Gleichstellungsbeauftragte unterstützt die Dienststellenleitung bei der Durchführung dieses Gesetzes und anderer Vorschriften zur Verwirklichung der Gleichstellung von Frauen und Männern.
(2) Weibliche Beschäftigte können sich in allen Angelegenheiten, die im Zusammenhang mit Gleichstellungsthemen stehen, ohne Einhaltung des Dienstweges an die Gleichstellungsbeauftragte ihrer Dienststelle wenden.
(3) ¹Die Gleichstellungsbeauftragte nimmt Beschwerden von weiblichen Beschäftigten über Belästigungen und sexuelle Belästigungen am Arbeitsplatz gemäß § 3 Abs. 3 und 4 des Allgemeinen Gleichbehandlungsgesetzes entgegen. ²Sie informiert die Betroffenen über Beratungs- und Hilfsangebote. ³Mit Einverständnis der Betroffenen leitet sie die Beschwerden der Dienststellenleitung zu.

§ 24 Befugnisse und Rechte
(1) Die Gleichstellungsbeauftragte hat das Recht, an allen sozialen, organisatorischen und personellen Maßnahmen, die
1. die Gleichstellung von Frauen und Männern oder
2. die Vereinbarkeit von Beruf und Familie oder
3. den Schutz von weiblichen Beschäftigten vor Belästigungen und sexuellen Belästigungen am Arbeitsplatz

betreffen, mitzuwirken.

(2) ¹Zu den Maßnahmen nach Absatz 1 zählen insbesondere:
1. Einstellungsverfahren,
2. Beförderungen, Höher- oder Herabgruppierungen,
3. Formulierung und Erstellung von Beurteilungskriterien,
4. Versetzungen, Umsetzungen und Abordnungen für mehr als sechs Monate,
5. vorzeitige Beendigung der Beschäftigung, insbesondere durch Kündigung,
6. vorläufige Dienstenthebung, Einbehaltung von Bezügen und Erhebung der Disziplinarklage, wenn die Beamtin oder der Beamte die Mitwirkung der Gleichstellungsbeauftragten beantragt,
7. Erteilung schriftlicher Abmahnungen, wenn die Arbeitnehmerin oder der Arbeitnehmer die Mitwirkung der Gleichstellungsbeauftragten beantragt,
8. Regelungen über die Arbeitszeit,
9. Ermäßigungen der Arbeitszeit und Beurlaubungen, einschließlich ablehnender Entscheidungen,
10. Gestaltung von Fortbildungsmaßnahmen und Auswahl über die Teilnahme daran,
11. Besetzung von Gremien,
12. Erstellung von Gleichstellungsplänen,
13. Prüfung, ob die Zwischenziele eines Gleichstellungsplans erreicht wurden,
14. Aufnahme von ergänzenden Maßnahmen in den Gleichstellungsplan,
15. Umbildung oder Neubildung von Dienststellen sowie
16. Privatisierung von Dienststellen oder von Teilen von Dienststellen.
²In den Fällen des Satzes 1 Nr. 6 und 7 muss die Dienststelle die betroffenen Personen auf ihr Antragsrecht hinweisen.
(3) Die Gleichstellungsbeauftragte kann der Dienststellenleitung Maßnahmen vorschlagen, um
1. die Gleichstellung von Frauen und Männern zu fördern oder
2. die Vereinbarkeit von Beruf und Familie zu fördern oder
3. den Schutz von weiblichen Beschäftigten vor Belästigungen und sexuellen Belästigungen am Arbeitsplatz zu verbessern.
(4) ¹Die Gleichstellungsbeauftragte kann Sprechstunden anbieten. ²Sie kann einmal jährlich eine Versammlung der weiblichen Beschäftigten veranstalten. ³Zeit und Ort der Sprechstunden und der Versammlung stimmt sie mit der Dienststellenleitung ab.
(5) ¹Die Gleichstellungsbeauftragte kann mit anderen Gleichstellungsbeauftragten zusammenarbeiten. ²Sie darf sich ohne Einhaltung des Dienstweges an Gleichstellungsbeauftragte anderer Dienststellen oder an das fachlich zuständige Ministerium wenden. ³Gleichstellungsbeauftragte dürfen sich zu Arbeitsgemeinschaften zusammenschließen. ⁴Jede Gleichstellungsbeauftragte muss Verschwiegenheit und Datenschutz auch gegenüber anderen Gleichstellungsbeauftragten und gegenüber dem fachlich zuständigen Ministerium wahren.
(6) Befugnisse und Rechte, die die Gleichstellungsbeauftragte nach anderen Rechtsvorschriften hat, bleiben unberührt.

§ 25 Beteiligung

(1) ¹Die Dienststelle hat die Gleichstellungsbeauftragte über alle Maßnahmen zu unterrichten, an denen die Gleichstellungsbeauftragte das Recht zur Mitwirkung hat. ²Sie muss die Gleichstellungsbeauftragte so rechtzeitig und umfassend unterrichten, dass diese ihre Aufgaben erfüllen und ihre Rechte ausüben kann. ³Dazu sind der Gleichstellungsbeauftragten alle erforderlichen Unterlagen vorzulegen. ⁴Personalakten sind der Gleichstellungsbeauftragten nur vorzulegen, wenn die jeweiligen Beschäftigten dem zuvor schriftlich zugestimmt haben.

(2) ¹Bei Einstellungen, Beförderungen und Höhergruppierungen ist die Gleichstellungsbeauftragte vor Beteiligung der Personalvertretung oder der Schwerbehindertenvertretung zu beteiligen. ²Der Gleichstellungsbeauftragten sind alle Bewerbungs- und Auswahlunterlagen auf Verlangen vorzulegen. ³Sie kann an Bewerbungsgesprächen teilnehmen.
(3) Gibt die Dienststelle gegenüber einer anderen Dienststelle eine schriftliche Stellungnahme ab, deren Inhalt die in § 24 Abs. 1 genannten Gleichstellungsthemen berührt, kann die Gleichstellungsbeauftragte eine eigene Stellungnahme hinzufügen.
(4) An der Erstellung von Gleichstellungsplänen ist die Gleichstellungsbeauftragte von Anfang an zu beteiligen.

§ 26 Verschwiegenheit und Datenschutz

(1) ¹Die Gleichstellungsbeauftragte ist in allen Angelegenheiten, die ihrer Bedeutung oder ihrem Inhalt nach einer vertraulichen Behandlung bedürfen, zur Verschwiegenheit verpflichtet. ²Diese Pflicht besteht auch über das Ende ihrer Amtszeit hinaus und auch gegenüber Personen, die ebenfalls zur Verschwiegenheit verpflichtet sind. ³Die Gleichstellungsbeauftragte muss insbesondere Stillschweigen bewahren über diejenigen persönlichen Verhältnisse von Beschäftigten, die ihr aufgrund ihres Amtes bekannt geworden sind. ⁴Die betroffenen Beschäftigten können die Gleichstellungsbeauftragte von dieser Pflicht entbinden.
(2) ¹Die Gleichstellungsbeauftragte ist dem Datenschutz verpflichtet. ²Sie muss insbesondere Unterlagen mit personenbezogenen Daten, die sie im Rahmen einer Beteiligung erhalten hat, vor unbefugter Einsichtnahme schützen. ³Ohne die vorherige Einwilligung der Betroffenen darf sie personenbezogene Daten nicht sammeln, kopieren, in Dateien speichern oder weitergeben.

§ 27 Stellvertreterin

(1) ¹Für jede Gleichstellungsbeauftragte wird für den Fall ihrer Verhinderung eine Stellvertreterin bestellt. ²Die Stellvertreterin hat dieselben Aufgaben, Rechte und Pflichten wie die Gleichstellungsbeauftragte.
(2) ¹Endet die Bestellung der Gleichstellungsbeauftragten, tritt die Stellvertreterin in die Position der Gleichstellungsbeauftragten bis zur Neubestellung einer Gleichstellungsbeauftragten ein und nimmt deren Aufgaben wahr. ²Wurde nach drei Monaten noch keine neue Gleichstellungsbeauftragte durch die Dienststelle bestellt, ist die Gleichstellungsbeauftragte der nächsthöheren Dienststelle nach § 18 Abs. 4 zuständig.
(3) ¹Auf die Bestellung der Stellvertreterin sind § 18 Abs. 2, 3 und 6 und § 19 Abs. 1 bis 3 und Abs. 4 Satz 1 und 2 entsprechend anzuwenden. ²In den Fällen des § 18 Abs. 1 Satz 2 endet die Bestellung der Stellvertreterin mit dem Ende der Bestellung der Gleichstellungsbeauftragten, sofern keine Neubestellung einer Gleichstellungsbeauftragten erfolgt.
(4) Die Gleichstellungsbeauftragte kann der Stellvertreterin mit deren Einverständnis und mit Einverständnis der Dienststellenleitung Aufgaben zur eigenständigen Erledigung übertragen.
(5) ¹Überträgt eine Gleichstellungsbeauftragte, die freigestellt ist, der Stellvertreterin Aufgaben zur eigenständigen Erledigung, wird die Stellvertreterin anteilig anstelle der Gleichstellungsbeauftragten freigestellt. ²Der Anteil der Freistellung bestimmt sich nach dem Anteil der Aufgaben, die übertragen wurden. ³Für die freigestellte Stellvertreterin gilt § 21 Abs. 2 und 3 entsprechend.
(6) Im Übrigen gelten die §§ 20, 22 und 24 Abs. 5 und § 26 für die Stellvertreterin entsprechend.

§ 28 Ansprechpartnerin

(1) ¹In jeder Außenstelle einer Dienststelle kann eine Ansprechpartnerin bestellt werden. ²Anstatt sich an die Gleichstellungsbeauftragte zu wenden, können sich die weiblichen Beschäftigten der Außenstelle auch an die Ansprechpartnerin wenden. ³Die Ansprechpartnerin gibt das Anliegen dann an die Gleichstellungsbeauftragte weiter. ⁴Darüber hinaus kann die Gleichstellungsbeauftragte die Ansprechpartnerin beauftragen, sie in Einzelfällen in der Außenstelle zu vertreten. ⁵§ 26 gilt entsprechend.
(2) Den Außenstellen stehen andere Teile der Dienststelle gleich, die räumlich weit entfernt vom Dienstsitz der Gleichstellungsbeauftragten liegen.
(3) Auf die Bestellung der Ansprechpartnerin sind § 18 Abs. 3 und 6, § 19 Abs. 1 und 2 sowie § 27 Abs. 3 Satz 2 entsprechend anzuwenden.

§ 29 Beanstandungsrecht

(1) ¹Die Gleichstellungsbeauftragte kann eine Maßnahme der Dienststelle beanstanden, wenn sie diese für unvereinbar mit diesem Gesetz oder mi; anderen Vorschriften über die Gleichstellung von Frauen und Männern hält. ²Dies gilt auch1 wenn die Gleichstellungsbeauftragte an einer Maßnahme nicht beteiligt oder über eine Maßnahme nicht rechtzeitig unterrichtet wird.
(2) ¹Die Beanstandung ist der Dienststellenleitung innerhalb einer Woche schriftlich vorzulegen. ²Entlassungen und außerordentliche Kündigungen können nur innerhalb von drei Werktagen beanstandet werden. ³Die Frist nach Satz 1 und 2 beginnt jeweils mit Unterrichtung der Gleichstellungsbeauftragten über die Maßnahme.
(3) ¹Beanstandet die Gleichstellungsbeauftragte eine Maßnahme der Dienststelle, muss die Dienststelle über die Maßnahme neu entscheiden. ²Die Entscheidung soll innerhalb eines Monats nach Kenntnis der Dienststelle von der Beanstandung getroffen werden. ³Hält die Dienststelle an der Maßnahme fest, muss sie die Beanstandung der Gleichstellungsbeauftragten der nächsthöheren Dienststelle zur endgültigen Entscheidung vorlegen. ⁴Anstelle der nächsthöheren Dienststelle entscheiden
1. in Gemeinden und Gemeindeverbänden die Dienststellenleitung,
2. bei sonstigen der alleinigen Aufsicht des Landes unterstehenden juristischen Personen des öffentlichen Rechts der Vorstand oder einem Vorstand vergleichbare Leitungsorgane. ²Die Gleichstellungsbeauftragte ist über die endgültige Entscheidung schriftlich zu unterrichten.
(4) ¹Bis zur Entscheidung nach Absatz 3 Satz 1 oder Satz 3 darf die Maßnahme nicht umgesetzt werden. ²In dringenden Fällen kann die Dienststelle vorläufige Maßnahmen treffen; diese sind der Gleichstellungsbeauftragten bekannt zu geben und allen Betroffenen gegenüber als solche zu kennzeichnen.
(5) ¹Beanstandet die Gleichstellungsbeauftragte, dass sie an einer Maßnahme nicht beteiligt oder darüber nicht rechtzeitig unterrichtet wurde, beginnt die Frist nach Absatz 2 Satz 1 mit Kenntnisnahme der Gleichstellungsbeauftragten von der Maßnahme. ²Die Beanstandung ist ausgeschlossen, wenn sechs Monate seit Umsetzung der Maßnahme vergangen sind. ³Wird die Beteiligung oder Unterrichtung der Gleichstellungsbeauftragten nachgeholt, kann die Gleichstellungsbeauftragte die Maßnahme unter den Voraussetzungen der Absätze 1 und 2 erneut beanstanden.

§ 30 Rechtsschutz

(1) ¹Die Gleichstellungsbeauftragte kann das Verwaltungsgericht anrufen, wenn sie sich in ihren Rechten nach diesem Gesetz durch eine Maßnahme der Dienststelle verletzt sieht. ²Die Anrufung des Gerichts ist nur zulässig, wenn eine Beanstandung der Maßnahme nach § 29 Abs. 3 keinen Erfolg hatte. ³Die Gleichstellungsbeauftragte kann das Gericht nur

innerhalb eines Monats anrufen, nachdem sie über die Entscheidung nach § 29 Abs. 3 Satz 1 oder Satz 3 unterrichtet wurde.
(2) Die Anrufung des Gerichts hat keine aufschiebende Wirkung.
(3) Kosten, die der Gleichstellungsbeauftragten durch das gerichtliche Verfahren entstehen, trägt die Dienststelle.

Teil 5: Gremien, Unternehmensbeteiligungen und Auftragsvergabe

§ 31 Besetzung von Gremien

(1) Gremien im Sinne dieses Gesetzes sind durch Vorschriften einzuberufende oder zu besetzende Ausschüsse, Beiräte, Kommissionen, Verwaltungs- und Aufsichtsräte, Vorstände, Arbeitsgruppen, Jurys, Kuratorien, Schiedsstellen, kollegiale Organe und vergleichbare Einheiten unabhängig von ihrer Bezeichnung, wenn
1. sie auf Dauer, mindestens aber für ein Jahr besetzt werden und
2. Dienststellen mindestens ein Mitglied berufen oder entsenden dürfen.

(2) Gremien sind zu gleichen Anteilen mit Frauen und Männern zu besetzen.
(3) [1]Wer das Recht hat, ein Mitglied für ein Gremium zu entsenden (entsendende Stelle), muss dafür eine Frau und einen Mann vorschlagen. [2]Wer für die Besetzung des Gremiums verantwortlich ist (berufende Stelle), wählt eine der beiden vorgeschlagenen Personen als Mitglied des Gremiums nach einem objektiven, vorab festgelegten und der entsendenden Stelle mitgeteilten Verfahren aus. [3]Die andere vorgeschlagene Person wird zur Stellvertretung dieses Mitglieds berufen, wenn für das Gremium stellvertretende Mitglieder vorgesehen sind.
(4) [1]Bei Gremien mit einer ungeraden Anzahl von Sitzen wird einer der Sitze abwechselnd an Frauen und an Männer vergeben. [2]Dieser Wechsel findet bei jeder Neubesetzung des Gremiums statt.
(5) [1]Wenn vor Ablauf der regulären Amtszeit ein Mitglied aus einem Gremium ausscheidet, dessen Geschlecht dort in der Mehrheit ist, dann muss eine Person des anderen Geschlechts nachfolgen. [2]Wenn vor Ablauf der regulären Amtszeit ein Mitglied aus einem Gremium ausscheidet, dessen Geschlecht dort in der Minderheit ist, dann muss eine Person des gleichen Geschlechts nachfolgen.
(6) [1]Wenn Dienststellen Personen in Gremien außerhalb des Geltungsbereichs dieses Gesetzes entsenden, sind jeweils gleich viele Frauen und Männer zu entsenden. [2]Wenn eine ungerade Anzahl von Personen zu entsenden ist, dann ist Absatz 4 entsprechend anzuwenden.
(7) [1]Von den Absätzen 2 bis 6 darf nur aus zwingenden Gründen abgewichen werden. [2]Zwingende Gründe liegen insbesondere vor, soweit
1. Mitglieder aufgrund einer Wahl ernannt werden,
2. eine für das Gremium geltende Regelung die Besetzung von Mitgliedern kraft eines Amtes oder einer besonderen Funktion (geborene Mitglieder) vorsieht,
3. eine für das Gremium geltende Regelung ein bestimmtes Geschlecht für ein Mitglied oder mehrere Mitglieder vorsieht oder
4. der entsendenden Stelle die Einhaltung der Vorgaben der Absätze 2 bis 6 aus tatsächlichen Gründen nicht möglich ist.

[3]Die Dienststellenleitung der berufenden Stelle stellt fest, ob zwingende Gründe vorliegen, um einen Sitz abweichend zu besetzen. [4]Wenn keine zwingenden Gründe vorliegen, dann ist der Sitz freizulassen. [5]Satz 4 gilt nicht für die Entsendung von Mitgliedern in Gremien außerhalb des Geltungsbereichs dieses Gesetzes.
(8) In anderen Rechtsvorschriften des Bundes oder des Landes enthaltene vergleichbare oder weitergehende Bestimmungen zur Besetzung von Gremien bleiben unberührt.

§ 32 Beteiligung an privatrechtlichen Unternehmen

(1) ¹Sind die in § 2 Abs. 1 genannten Rechtsträger an einem privatrechtlichen Unternehmen beteiligt, haben sie im Rahmen des Gesellschaftsrechts auf die Verwirklichung der Gleichstellung von Frauen und Männern in diesem Unternehmen hinzuwirken. ²Insbesondere ist darauf hinzuwirken, dass
1. der Gesellschaftsvertrag Regelungen zur Gleichstellung von Frauen und Männern enthält,
2. die Gremien des Unternehmens zu gleichen Anteilen mit Frauen und Männern besetzt werden sowie
3. zur Unternehmenspolitik Maßnahmen und Entscheidungen zur Gleichstellung von Frauen und Männern gehören.

³Außerdem sollen sie die Gleichstellung von Frauen und Männern in dem privatrechtlichen Unternehmen überwachen.

(2) ¹Gehört den in § 2 Abs. 1 genannten Rechtsträgern die Mehrheit der Anteile an dem privatrechtlichen Unternehmen, haben sie auf eine den Bestimmungen dieses Gesetzes entsprechende Förderung der Gleichstellung von Frauen und Männern hinzuwirken. ²Als Mehrheit im Sinne des Satzes 1 gilt insbesondere jede Beteiligung des Landes, einer Gemeinde oder eines Gemeindeverbandes an einem privatrechtlichen Unternehmen in einem nach § 53 des Haushaltsgrundsätzegesetzes vom 19. August 1969 (BGBl. I S. 1273) in der jeweils geltenden Fassung bezeichneten Umfang.

(3) Für die Entsendung von Mitgliedern in die Aufsichtsorgane privatrechtlicher Unternehmen gilt § 31 Abs. 6 bis 8.

§ 33 Vergabe öffentlicher Aufträge

Die Förderung der Gleichstellung von Frauen und Männern bei der Vergabe öffentlicher Aufträge regelt die Verwaltungsvorschrift Öffentliches Auftrags- und Beschaffungswesen in Rheinland-Pfalz vom 24. April 2014 (MinBl. S. 48) in der jeweils geltenden Fassung.

Teil 6: Übergangs- und Schlussbestimmungen

§ 34 Übergangsbestimmungen

(1) Vor Inkrafttreten dieses Gesetzes erstellte Frauenförderpläne müssen innerhalb von zwei Jahren nach Inkrafttreten dieses Gesetzes an die Bestimmungen des § 15 angepasst werden.
(2) Die vor Inkrafttreten dieses Gesetzes bestellten Gleichstellungsbeauftragten bleiben abweichend von § 19 Abs. 1 bis zum Ende des Zeitraums im Amt, für den sie bestellt worden sind.
(3) ¹Für die vor Inkrafttreten dieses Gesetzes bestellten Stellvertreterinnen von Gleichstellungsbeauftragten gilt Absatz 2 entsprechend. ²Waren die Stellvertreterinnen vor Inkrafttreten dieses Gesetzes auch Mitglied einer Personalvertretung, dürfen sie Mitglied dieser Personalvertretung bleiben, bis zum Ende ihrer Bestellung als Stellvertreterin. ³Eine Wiederbestellung als Stellvertreterin der Gleichstellungsbeauftragten ist jedoch ausgeschlossen, solange sie Mitglied der Personalvertretung sind.

§ 35 Verwaltungsvorschriften

Die zur Durchführung dieses Gesetzes erforderlichen Verwaltungsvorschriften erlässt das fachlich zuständige Ministerium.

13. Landesgleichstellungsgesetz Saarland (LGG-SL)

vom 24. April 1996 (ABl. 1996, S.623)
– zuletzt geändert durch Gesetz Nr. 2050 zur Förderung der Digitalisierung durch Abbau von Formerfordernissen im Landesrecht des Saarlandes (Saarländisches Digitalisierungsgesetz, SDigG) vom 8. Dezember 2021 (ABl. 85 2021, S. 2629)

Abschnitt 1: Allgemeines
§ 1 Gesetzesziel und allgemeine Grundsätze
(1) Ziel des Gesetzes ist die tatsächliche Durchsetzung der Gleichberechtigung von Frauen und Männern und die Beseitigung bestehender Nachteile (Artikel 3 Absatz 2 Satz 2 des Grundgesetzes) durch die Gewährleistung gleichen Zugangs von Frauen und Männern zu öffentlichen Ämtern, den Abbau bestehender Unterrepräsentanzen von Frauen auf allen Funktions- und Einkommensebenen sowie die Vermeidung von Nachteilen durch die Wahrnehmung von Familien- und Betreuungspflichten.
(2) ¹Um dieses Ziel zu erreichen, sind durch eine gezielte frauenfördernde Personalplanung der Zugang und die Aufstiegschancen von Frauen auf allen Funktionsund Einkommensebenen zu verbessern und Maßnahmen zu ergreifen, um die Arbeitsbedingungen von Frauen und Männern im Hinblick auf die Vereinbarkeit von Beruf und Familie bedürfnisgerecht zu gestalten. ²Keine Maßnahme darf Frauen aufgrund ihres Geschlechts oder Personen, die Familien- und Betreuungspflichten wahrnehmen, unmittelbar oder mittelbar benachteiligen.

§ 2 Geltungsbereich
Dieses Gesetz gilt für die Verwaltungen des Landes, der Gemeinden, der Landkreise, des Regionalverbandes Saarbrücken sowie der sonstigen Körperschaften, Anstalten und Stiftungen des öffentlichen Rechts, die der Aufsicht des Landes unterstehen, für die Gerichte und Staatsanwaltschaften und vom Landtag zu wählende Gremien.

§ 2a Geltungsbereich bei wirtschaftlicher Beteiligung des Landes, der Gemeinden, der Landkreise oder des Regionalverbandes Saarbrücken
(1) ¹Soweit das Land, die Gemeinden, die Landkreise oder der Regionalverband Saarbrücken Mehrheitsbeteiligungen an juristischen Personen des privaten Rechts oder Personengesellschaften halten oder erwerben, stellen sie sicher, dass die Regelungen dieses Gesetzes auch von diesen entsprechend angewendet werden. ²Dies gilt insbesondere für die Erstellung eines Frauenförderplans, für Stellenbesetzungsverfahren einschließlich der Besetzung von Vorstands- oder Geschäftsführungsposten sowie für die Wahl der Frauenbeauftragten.
(2) Für Beteiligungen an juristischen Personen des privaten Rechts oder Personengesellschaften unterhalb der Mehrheitsgrenze sollen das Land, die Gemeinden, die Landkreise oder der Regionalverband Saarbrücken darauf hinwirken, dass Maßnahmen entsprechend den Regelungen dieses Gesetzes auch von den juristischen Personen des privaten Rechts und den Personengesellschaften ergriffen werden.

§ 3 Begriffsbestimmungen
(1) ¹Dienststelle im Sinne dieses Gesetzes ist jede Behörde, Verwaltungsstelle und jeder Betrieb, soweit die Stelle innerhalb des Verwaltungsaufbaus organisatorisch eigenständig ist. ²Eigenbetriebe und Krankenanstalten sind eigene Dienststellen.

(2) ¹Beschäftigte im Sinne dieses Gesetzes sind alle Bediensteten unabhängig davon, ob der Beschäftigung ein Beamten-, Richter-, Arbeits- oder Ausbildungsverhältnis zugrunde liegt. ²Wahlbeamtinnen und Wahlbeamte sowie Beamtinnen und Beamte, die nach § 51 Absatz 1 des Saarländischen Beamtengesetzes vom 11. März 2009 (Amtsbl. S. 514), zuletzt geändert durch das Gesetz vom 12. November 2014 (Amtsbl. I S. 428), jederzeit in den einstweiligen Ruhestand versetzt werden können, sind keine Beschäftigten im Sinne dieses Gesetzes. ³Teilzeitbeschäftigte im Sinne dieses Gesetzes sind Beschäftigte, deren Wochen-, Monats- oder Jahresarbeitszeit die tarifvertraglich vereinbarte oder gesetzlich festgelegte Wochen-, Monats- oder Jahresarbeitszeit unterschreitet.
(3) Personalstellen im Sinne dieses Gesetzes sind Planstellen und andere Stellen im Sinne von § 17 Absatz 5 und 6 des Gesetzes betreffend Haushaltsordnung des Saarlandes in der Fassung der Bekanntmachung vom 5. November 1999 (Amtsbl. 2000 S. 194), zuletzt geändert durch Artikel 5 des Gesetzes vom 1. Dezember 2011 (Amtsbl. I S. 556).
(4) (weggefallen)
(4) ¹Eine Unterrepräsentanz von Frauen im Sinne dieses Gesetzes liegt vor, wenn in einer Entgeltgruppe oder Besoldungsgruppe einer Laufbahn weniger Frauen als Männer beschäftigt sind. ²Jede Entgeltgruppe und jede Besoldungsgruppe einer Laufbahn bildet einen Bereich. ³Die Dienststellen nach § 7 Absatz 1 sind berechtigt, weitere Unterteilungen vorzunehmen.
(5) Familienpflichten sind die Erziehung eines minderjährigen Kindes, sowie die Betreuung pflegebedürftiger Angehöriger.

§ 4 Benachteiligungsverbote

(1) ¹Frauen und Männer dürfen wegen ihres Geschlechts, ihres Familienstands, der Tatsache, dass sie zusätzlich zum Beruf Familienpflichten wahrnehmen oder in der Vergangenheit wahrgenommen haben, oder aufgrund des Umstands, dass sie aus familiären Gründen teilzeitbeschäftigt oder beurlaubt sind oder waren, nicht benachteiligt werden. ²Insbesondere dürfen die genannten Umstände weder ihrem beruflichen Fortkommen entgegenstehen, noch bei der Einstellung, einer dienstlichen Beurteilung, der Übertragung einer höherwertigen Tätigkeit oder einer Beförderung nachteilig berücksichtigt werden. ³Gleiches gilt für die Tatsache, dass sich die Ausbildung oder Absolvierung einer Fach- oder Laufbahnprüfung durch eine Schwangerschaft oder die Betreuung von Kindern oder Pflegebedürftigen verzögert hat.
(2) ¹Eine Benachteiligung liegt auch vor, wenn eine Regelung sich wesentlich seltener vorteilhaft oder wesentlich häufiger nachteilig auf eine einzelne Personengruppe auswirkt als auf andere, ohne dass dies zwingend gerechtfertigt ist. ²Bestehende Benachteiligungen können durch besondere Förderung ausgeglichen werden.

§ 5 Anrechnungszeiten

Zeiten der Berufsunterbrechung wegen Familienpflichten sind bei Wiedereintritt in den Beruf nach den hierfür geltenden besonderen Vorschriften anzurechnen.

Abschnitt 2: Personalplanung zur Frauenförderung

§ 6 Statistische Erhebung; Verordnungsermächtigung

(1) Jede Dienststelle, die über einen eigenen Stellenplan verfügt, erfasst in den einzelnen Bereichen jährlich mit Stand 30. Juni statistisch die Zahl der Frauen und Männer
1. unter den Beschäftigten, gegliedert nach Entgelt- und Besoldungsgruppen, Voll- und Teilzeittätigkeit sowie die Zahl und Dauer der Beurlaubung differenziert nach familienbedingter Beurlaubung und Beurlaubung aus sonstigen Gründen,

2. in den jeweiligen dienststelleninternen Vorgesetzten- und Leitungsfunktionen,
3. bei Bewerbung, Einstellung, beruflichem Aufstieg und Fortbildung und
4. in Gremien der Dienststelle nach § 29 Absatz 1 sowie die in Gremien außerhalb der Verwaltung (Aufsichtsräte) entsandten Mitglieder.
(2) ¹Im Schulbereich wird die Statistik nach Absatz 1 für die jeweiligen Schulformen Grundschule, Gemeinschaftsschule, Gymnasium und Förderschule sowie für die beruflichen Regelschulformen insgesamt erhoben. ²Zuständig hierfür ist das Ministerium für Bildung und Kultur.
(3) ¹Die statistische Erhebung ist in der Dienststelle öffentlich zu machen sowie an das Statistische Amt, das Ministerium für Soziales, Gesundheit, Frauen und Familie und die Stelle weiterzuleiten, die den Frauenförderplan nach § 8 in Kraft gesetzt hat. ²Die Erhebung ist als Landesstatistik zu führen und mindestens alle drei Jahre zu veröffentlichen.
(4) Die Landesregierung regelt die einzelnen Vorgaben für die Erfassung und Mitteilung der statistischen Angaben unter Berücksichtigung der Personalstandstatistik nach dem Finanz- und Personalstatistikgesetz in der Fassung der Bekanntmachung vom 22. Februar 2006 (BGBl. I S. 438), zuletzt geändert durch Artikel 1 des Gesetzes vom 22. Mai 2013 (BGBl. I S. 1312), durch Rechtsverordnung.

§ 7 Grundsätze eines Frauenförderplanes

(1) ¹Jede Dienststelle mit Ausnahme der Schulen hat für einen Zeitraum von vier Jahren für ihren Zuständigkeitsbereich einen Frauenförderplan vorzulegen. ²Gegenstand des Frauenförderplanes sind die Förderung der Gleichstellung von Frauen und Männern und die Beseitigung der Unterrepräsentanz von Frauen innerhalb des Geltungsbereichs des Frauenförderplanes. ³Für die jeweiligen Schulformen Grundschule, Gemeinschaftsschule, Gymnasium und Förderschule sowie für die beruflichen Regelschulformen insgesamt gelten die Sätze 1 und 2 entsprechend; zuständig für die Aufstellung der Frauenförderpläne ist das Ministerium für Bildung und Kultur. ⁴Zum Abbau von Unterrepräsentanz muss der Frauenförderplan für seine Geltungsdauer verbindliche Zielvorgaben in Prozentsätzen bezogen auf die Unterrepräsentanz von Frauen in den jeweiligen Entgelt- und Besoldungsgruppen sowie auf den Vorgesetzten- und Leitungsebenen enthalten. ⁵Die Zielvorgaben bestimmen, dass in den Bereichen, in denen Frauen unterrepräsentiert sind, diese bei gleicher Eignung, Befähigung und fachlicher Leistung bevorzugt werden, soweit nicht in der Person eines männlichen Mitbewerbers liegende Gründe überwiegen. ⁶Die personellen, organisatorischen und fortbildenden Maßnahmen zur Erreichung der Zielvorgaben nach den Sätzen 4 und 5 sind zu benennen. ⁷Bei der Festlegung der Zielvorgaben ist festzustellen, welche für die Besetzung von Personalstellen erforderlichen Qualifikationen die Beschäftigten bereits aufweisen oder wie sie die geforderte Qualifikation erwerben können (geschlechtergerechte Personalentwicklung).
(2) Grundlage des Frauenförderplanes ist die statistische Erhebung nach § 6 sowie die zu erwartende Fluktuation oder personalwirtschaftliche Einsparmaßnahmen.
(3) Sind in einem Planungszeitraum personalwirtschaftliche Maßnahmen vorgesehen, die Personalstellen sperren oder zum Wegfall bringen, ist im Frauenförderplan vorzugeben, dass der Frauenanteil in den Bereichen, in denen Frauen unterrepräsentiert sind, mindestens gleich bleibt.
(4) ¹Der Frauenförderplan ist nach zwei Jahren zu überprüfen und der aktuellen Entwicklung anzupassen. ²Bei dieser Anpassung sind insbesondere die Gründe sowie ergänzende Maßnahmen aufzunehmen, wenn erkennbar ist, dass die Ziele des Frauenförderplans sonst nicht oder nicht innerhalb der vorgesehenen Zeiträume erreicht werden können. ³Das Gleiche gilt bei Umressortierungen.
(5) ¹Beruht der Frauenförderplan auf unrichtigen Voraussetzungen, so kann er vor Ablauf der Vierjahresfrist mit Zustimmung der Frauenbeauftragten auch zu einem anderen Zeitpunkt

geändert werden. ²Tritt die Änderung durch personalwirtschaftliche Maßnahmen nach Absatz 6 ein, so ist bei der Anpassung zu gewährleisten, dass der Frauenanteil in den betroffenen Bereichen mindestens gleich bleibt.

(6) ¹Der Frauenförderplan enthält auch Maßnahmen zur Verbesserung der Arbeitsbedingungen sowie zur Aufwertung von Tätigkeiten an überwiegend mit Frauen besetzten Arbeitsplätzen, soweit dies erforderlich ist, um einen dem Gleichberechtigungsgrundsatz widersprechenden Zustand zu beseitigen. ²Er kann auch Maßnahmen enthalten, die geeignet sind, überwiegend mit Männern besetzte Arbeitsplätze so umzugestalten, dass sie auch mit Frauen besetzt werden können.

(7) ¹Stellen des wissenschaftlichen Dienstes, die gemäß § 1 des Wissenschaftszeitvertragsgesetzes vom 12. April 2007 (BGBl. I S. 506), geändert durch das Gesetz vom 11. März 2016 (BGBl. I S. 442), befristet besetzt werden, sind mindestens mit dem Anteil an Frauen zu besetzen, den sie an den Absolventinnen und Absolventen des jeweiligen Fachbereiches stellen. ²Stellen des Wissenschaftlichen Dienstes, die nach § 42 des Saarländischen Hochschulgesetzes vom 30. November 2016 (Amtsbl. I S. 1080) befristet besetzt werden, sind mindestens mit dem Anteil an Frauen zu besetzen, den sie im jeweiligen Fachbereich an Promovierten stellen. ³Die zur Beschäftigung von wissenschaftlichen Hilfskräften ohne Abschluss angesetzten Mittel müssen mindestens mit dem Anteil für Frauen verwendet werden, den diese an den Studierenden des jeweiligen Fachbereiches stellen.

(8) ¹Bei der Ausbildung für Berufe, in denen Frauen unterrepräsentiert sind, sind Frauen bei jeder Vergaberunde auf mindestens der Hälfte der Ausbildungsplätze zur Einstellung vorzusehen. ²Dies gilt nicht für Ausbildungsgänge, in denen eine staatliche Ausbildung Voraussetzung für die Ausübung eines Berufes außerhalb des öffentlichen Dienstes ist.

(9) Die im Frauenförderplan festgelegten Zielvorgaben und Maßnahmen müssen bei der Personalplanung und -entwicklung, bei der Besetzung von Ausbildungsplätzen, Einstellung, Beförderung oder Übertragung höherwertiger Tätigkeiten sowie bei der Durchführung von Fortbildungsmaßnahmen beachtet werden.

(10) Werden die Zielvorgaben des Frauenförderplans für jeweils vier Jahre nicht erreicht, sind die Gründe hierfür im nächsten Bericht zum Frauenförderplan darzulegen.

(11) Der Frauenförderplan ist den Beschäftigten unverzüglich zur Kenntnis zu geben.

§ 8 Inkraftsetzen des Frauenförderplanes

(1) ¹Frauenförderpläne im Bereich der Landesverwaltung sind durch die oberste Landesbehörde, im Bereich der Gemeinden und Gemeindeverbände durch die Leiterin oder den Leiter der Dienststelle in Kraft zu setzen. ²Über das Inkrafttreten des Frauenförderplanes der Verwaltung des Landtages entscheidet das Landtagspräsidium, über den des Landesrechnungshofes die Präsidentin oder der Präsident des Landesrechnungshofes. ³Über das Inkrafttreten der Frauenförderpläne anderer, der alleinigen Aufsicht des Landes unterstehender juristischer Personen des öffentlichen Rechts, entscheiden diese im Benehmen mit der Dienststelle, die die Rechtsaufsicht ausübt. ⁴Der Frauenförderplan des Saarländischen Rundfunks wird durch die Leiterin oder den Leiter der Dienststelle in Kraft gesetzt. ⁵Maßnahmen der Rechtsaufsicht bleiben unberührt.

(2) Ist der Frauenförderplan drei Monate nach Ablauf des letzten Frauenförderplanes noch nicht formell in Kraft getreten, so dürfen keine Einstellungen, Übertragungen höherwertiger Tätigkeiten und Beförderungen von Männern in Bereichen, in denen Frauen unterrepräsentiert sind, vorgenommen werden.

§ 9 Berichtspflicht

(1) Jede Dienststelle, die einen Frauenförderplan aufgestellt hat, sowie das Ministerium für Bildung und Kultur für die jeweiligen Schulformen Grundschule, Gemeinschaftsschule, Gymnasium und Förderschule sowie für die beruflichen Regelschulformen insgesamt berichten jeweils nach zwei Jahren der Dienststelle, die den Frauenförderplan gemäß § 8 Absatz 1 in Kraft gesetzt hat, über die Umsetzung dieses Gesetzes. Die Berichtspflicht umfasst die bisherigen und geplanten Maßnahmen zur Durchführung dieses Gesetzes, insbesondere die Auskunft über die Entwicklung des Frauenanteils in den Entgelt- und Besoldungsgruppen in den einzelnen Berufsfach- und Laufbahngruppen im öffentlichen Dienst, insbesondere in den Bereichen, in denen Frauen unterrepräsentiert sind, die Maßnahmen zur Frauenförderung, die Umsetzung des Frauenförderplans, die Umsetzung der Zielvorgaben nach § 7 Absatz 1 und 10 sowie nach § 29 Absatz 2 und die Maßnahmen zur Förderung der Vereinbarkeit von Familie und Erwerbstätigkeit. Die Berichte werden den Beschäftigten und dem Ministerium für Soziales, Gesundheit, Frauen und Familie zugänglich gemacht. Im Bereich der Gemeinden und Gemeindeverbände wird der Bericht auch dem Gemeinde- oder Stadtrat und dem Kreistag oder der Regionalversammlung sowie bei den Eigenbetrieben dem Werksausschuss zugänglich gemacht. Die Landesregierung berichtet dem Landtag alle vier Jahre über die Umsetzung dieses Gesetzes für die gesamte Landesverwaltung und legt einen Gesamtbericht über den Geltungsbereich dieses Gesetzes vor. Beim Saarländischen Rundfunk berichtet die Leiterin oder der Leiter der Dienststelle dem Rundfunkrat über die Umsetzung der Zielvorgaben.
(2) Die Landesregierung wird ermächtigt, das Nähere über die Berichterstattung durch Rechtsverordnung zu regeln.

Abschnitt 3: Stellenausschreibung, Auswahlverfahren

§ 10 Stellenausschreibung

(1) [1]In allen Bereichen, in denen Frauen unterrepräsentiert sind, muss ein freier Arbeitsplatz ausgeschrieben werden. [2]Bei der Neubesetzung hat sich die Dienststelle an den Grundsätzen des Frauenförderplanes gemäß § 7 zu orientieren. [3]Die Stellenausschreibung kann öffentlich erfolgen, wenn das Ziel der Beseitigung der Unterrepräsentanz mit einer hausinternen oder dienststellenübergreifenden Stellenausschreibung nicht erreicht werden kann.
(2) Im Einvernehmen mit der Frauenbeauftragten kann von einer Stellenausschreibung abgesehen werden, wenn die Arbeitsplätze
1. für die Rückkehr von Beschäftigten nach einer Beurlaubung oder Abordnung vorgesehen sind oder
2. Anwärtern oder Anwärterinnen beziehungsweise Auszubildenden der Dienststelle vorbehalten sein sollen oder
3. für Beschäftigte vorgesehen sind, deren Arbeitsplätze durch Organisationsentscheidungen der Dienststelle oder aufgrund eines abgestimmten Personalentwicklungskonzeptes des Arbeitgebers oder Dienstherrn entfallen sind oder entfallen sollen oder
4. aufgrund ausreichend vorliegender Bewerbungen insbesondere auch von Frauen eine Stellenausschreibung entbehrlich erscheint.
(3) [1]Vor jeder Stellenausschreibung ist zu prüfen, ob die Stelle oder das zu vergebende Amt auch mit einer verringerten Arbeitszeit oder im Wege der Arbeitsplatzteilung ausgeschrieben werden kann. [2]Das gilt auch für leitende Positionen.
(4) [1]Die Stellenausschreibung muss alle wesentlichen Anforderungen an Eignung, Befähigung und fachliche Leistung enthalten, die bei der Stellenbesetzung herangezogen werden

sollen (Anforderungsprofil). ²Die Anforderungen haben sich ausschließlich an den Erfordernissen der zu besetzenden Stelle oder des zu vergebenden Amtes zu orientieren.
(5) ¹In Bereichen, in denen Frauen unterrepräsentiert sind, hat jede Stellenausschreibung eine ausdrückliche Aufforderung an Frauen zu enthalten, sich zu bewerben. ²Hierbei ist auf das Bestehen eines Frauenförderplanes sowie auf die Zielsetzung dieses Gesetzes, eine bestehende Unterrepräsentanz von Frauen zu beseitigen, hinzuweisen. ³Weiterhin ist die gegebenenfalls die Möglichkeit zur Teilzeitbeschäftigung oder zur flexiblen Gestaltung der Arbeitszeit aufzuführen
(6) Liegen nach der ersten Stellenausschreibung keine Bewerbungen von Frauen vor, die die gesetzlichen oder sonst vorgesehenen Voraussetzungen für die Besetzung der Stelle oder des zu vergebenden Amtes nachweisen, ist auf Verlangen der Frauenbeauftragten die Stellenausschreibung einmal zu wiederholen.
(7) Bei Maßnahmen, die das Personal-Service-Center in Erfüllung seiner Aufgaben vornimmt, ist eine Stellenausschreibung nicht erforderlich.

§ 11 Vorstellungsgespräche

(1) In den Bereichen, in denen Frauen unterrepräsentiert sind, sind bei gleicher Qualifikation mindestens ebenso viele Frauen wie Männer, die die gesetzliche oder durch die Stellenausschreibung vorgegebene Qualifikation aufweisen, zum Vorstellungsgespräch einzuladen, sofern Bewerbungen von Frauen in ausreichender Zahl vorliegen.
(2) In Vorstellungs- oder Auswahlgesprächen sind Fragen nach dem Familienstand, einer bestehenden oder geplanten Schwangerschaft sowie der Sicherstellung der Betreuung von Kindern oder pflegebedürftigen Angehörigen neben der Berufstätigkeit unzulässig.
(3) ¹Auswahlkommissionen sollen zu gleichen Teilen mit Frauen und Männern besetzt sein. ²Ist dies aus sachlichen Gründen nicht möglich, sind die Gründe aktenkundig zu machen.

§ 12 Auswahlentscheidungen

(1) Um die Gleichberechtigung von Frauen und Männern bei Einstellungen, Übertragungen höherwertiger Tätigkeiten und Beförderungen, sowie die Erfüllung der Frauenförderpläne zu gewährleisten, sind Eignung, Befähigung und fachliche Leistung entsprechend der Anforderungen der zu besetzenden Stelle oder des zu vergebenden Amtes zu beurteilen.
(2) ¹Maßgeblich für die Beurteilung der Eignung ist ausschließlich das Anforderungsprofil der zu besetzenden Stelle oder des zu vergebenden Amtes. ²Dies gilt auch bei der Vergabe von Ausbildungsplätzen, es sei denn, es handelt sich um eine staatliche Ausbildung, die Voraussetzung für die Ausübung eines Berufs auch außerhalb des öffentlichen Dienstes ist.
(3) Bei der Qualifikationsbeurteilung sind Fähigkeiten und Erfahrungen, die durch die Übernahme von Familienpflichten erworben wurden, zu berücksichtigen, soweit ihnen für die Eignung, Leistung und Befähigung der Bewerberinnen und Bewerber Bedeutung zukommt.
(4) Dienstalter, Lebensalter und der Zeitpunkt der letzten Höhergruppierung oder Beförderung dürfen nur insoweit als Qualifikationsmerkmal Berücksichtigung finden, als ihnen für Eignung, Leistung und Befähigung eigenständige Bedeutung zukommt.
(5) Werden die Zielvorgaben des Frauenförderplanes für jeweils vier Jahre nicht erfüllt, bedarf bis zu ihrer Erfüllung jede weitere Einstellung, Übertragung einer höherwertigen Tätigkeit oder Beförderung eines Mannes in einem Bereich, in dem Frauen unterrepräsentiert sind, der Zustimmung der Stelle, die den Frauenförderplan in Kraft gesetzt hat, im Geltungsbereich der bei den Ministerien und der Staatskanzlei aufgestellten Frauenförderpläne der Zustimmung der Landesregierung, im Geltungsbereich der Gemeinden und Gemeindeverbände der Zustimmung des Gemeinderates, Kreistages oder der Regionalversammlung , im Geltungs-

bereich anderer der alleinigen Aufsicht des Landes unterstehender juristischer Personen des öffentlichen Rechts des Benehmens der Dienststelle, die die Rechtsaufsicht ausübt.

§ 13 Einstellungen, Beförderung und Übertragung höherwertiger Tätigkeiten
Frauen sind bei Einstellungen, Beförderung und Übertragung höherwertiger Tätigkeiten bei gleicher Eignung, Befähigung und fachlicher Leistung so lange vorrangig zu berücksichtigen, bis sie in jeder Entgelt- und Besoldungsgruppe der jeweiligen Dienststelle mindestens zu 50 Prozent vertreten sind, sofern nicht in der Person eines Mitbewerbers liegende Gründe überwiegen.

§ 14 Umkehr der Beweislast
Wenn im Streitfall eine Person Tatsachen behauptet, die eine Benachteiligung wegen des Geschlechtes vermuten lassen, tragen Arbeitgeber beziehungsweise Dienstherr die Beweislast dafür, dass nicht auf das Geschlecht bezogene, sondern sachliche Gründe eine unterschiedliche Behandlung rechtfertigen oder das Geschlecht unverzichtbare Voraussetzung für die auszuübende Tätigkeit ist, beziehungsweise die Beweislast dafür, dass die Eignung, Befähigung und Leistung der betroffenen Person geringer ist als die der eingestellten beziehungsweise beförderten Person.

Abschnitt 4: Berufliche Qualifizierung

§ 15 Berufliche Fort- und Weiterbildung
(1) [1]Es werden von den für die Fortbildung zuständigen Stellen im Rahmen der allgemeinen Maßnahmen Fortbildungen angeboten, die gezielt der beruflichen Qualifizierung von Frauen dienen, um sie auf die Übernahme höherwertiger Tätigkeiten in Bereichen, in denen sie unterrepräsentiert sind, vorzubereiten. [2]Frauen sind ausdrücklich zur Teilnahme an beruflichen Fortbildungsveranstaltungen zu ermutigen und aufzufordern. [3]Durch die Dienststelle ist sicherzustellen, dass alle Beschäftigten zeitgerecht Kenntnis von beruflichen Fort- und Weiterbildungsmaßnahmen erhalten. [4]Die Fortbildungsveranstaltungen sollen so angeboten werden, dass die Teilnahme auch für Beschäftigte mit Familienpflichten und für Teilzeitbeschäftige möglich ist. [5]Bei Bedarf kann eine Kinderbetreuung organisiert werden.
(2) [1]Beurlaubte Beschäftigte können an Fortbildungsmaßnahmen teilnehmen. [2]Sie sind in geeigneter Weise über berufliche Fortbildungsveranstaltungen zu informieren. [3]Die Teilnahme an Fortbildungsveranstaltungen ist Dienst im Sinne des Dienstunfall- und Unfallversicherungsrechts; Ansprüche auf Entgelt oder Bezüge bestehen nicht.
(3) Frauen sind in verstärktem Maße als Leiterinnen, Dozentinnen und Referentinnen von Fortbildungsveranstaltungen heranzuziehen.
(4) Der Frauenbeauftragten und ihrer Stellvertreterin ist in angemessenem Umfang Gelegenheit zur Fortbildung insbesondere im Gleichstellungsrecht und in Fragen des öffentlichen Dienst-, Personalvertretungs-, Organisations- und Haushaltsrechts zu geben.

Abschnitt 5: Vereinbarkeit von Familie und Erwerbstätigkeit für Frauen und Männer

§ 16 Familiengerechte Arbeitszeiten und Arbeitsbedingungen
(1) Die Dienststelle hat Arbeitszeiten und sonstige Rahmenbedingungen anzubieten, die Frauen und Männern die Vereinbarkeit von Familienpflichten und Erwerbstätigkeit erleichtern, wenn zwingende dienstliche Belange nicht entgegenstehen.
(2) [1]Im Interesse dieser Zielsetzung sind die Dienststellen berechtigt, Arbeitszeitmodelle zu erproben. [2]Soweit erforderlich sind hierzu im Benehmen mit dem Ministerium für Inneres und

Sport Ausnahmen von einzelnen Vorschriften des Saarländischen Beamtengesetzes, der Arbeitszeitverordnung vom 18. Mai 1999 (Amtsbl. S. 854), zuletzt geändert durch die Verordnung vom 24. Januar 2006 (Amtsbl. S. 174), und der Urlaubsverordnung für die saarländischen Beamten und Richter in der Fassung der Bekanntmachung vom 8. Dezember 1970 (Amtsbl. S. 978), zuletzt geändert durch das Gesetz vom 10. Februar 2010 (Amtsbl. I S. 28), zulässig.

§ 17 Teilzeitarbeit; Telearbeit
(1) [1]Anträgen von Beschäftigten mit Familienpflichten auf Teilzeitbeschäftigung ist auch bei Stellen mit Vorgesetzten- oder Leitungsaufgaben zu entsprechen, wenn nicht zwingende dienstliche Belange entgegenstehen. [2]Üben Beschäftigte keine Familienpflichten aus, kann ihrem Antrag auf Teilzeitbeschäftigung entsprochen werden, soweit dienstliche Belange nicht entgegenstehen. [3]Im Rahmen der dienstlichen Möglichkeiten sind Beschäftigten mit Familienpflichten auch Telearbeitsplätze anzubieten. [4]Die Ablehnung eines Antrages auf Teilzeitbeschäftigung beziehungsweise Telearbeit ist von der Dienststelle schriftlich oder elektronisch zu begründen.
(2) Die Dienststelle hat darauf zu achten, dass die Beschäftigten eine ihrer ermäßigten Arbeitszeit entsprechende Entlastung von ihren dienstlichen Aufgaben erhalten.
(3) [1]Teilzeitstellen sollen so beschaffen sein, dass sie ein – auch im Hinblick auf die Altersversorgung – zur eigenständigen Existenzsicherung geeignetes persönliches Einkommen sicherstellen. [2]Beschäftigungsverhältnisse nach § 8 Absatz 1 Nummer 1 des Vierten Buches Sozialgesetzbuch werden in der Regel nicht begründet. [3]Ausnahmen sind für Dienstverhältnisse wissenschaftlicher und studentischer Hilfskräfte an saarländischen Hochschulen oder bei Einstellungen in befristete Arbeitsverhältnisse für eine Dauer von nicht mehr als drei Monaten zulässig.
(4) [1]Unbefristet Teilzeitbeschäftigte, die den Wunsch auf einen Vollzeitarbeitsplatz haben, sind bei der Neubesetzung von Vollzeitarbeitsplätzen unter Beachtung von Eignung, Befähigung und fachlicher Leistung vorrangig zu berücksichtigen. [2]Dies gilt entsprechend für Beschäftigte mit befristeter Arbeitszeitverkürzung, die vor Ablauf der Frist den Wunsch auf einen Vollzeitarbeitsplatz haben. [3]Ihnen ist die Teilnahme an Fort- und Weiterbildungsveranstaltungen anzubieten.
(4) (weggefallen)
(5) Beschäftigte, die wegen Familienpflichten einen Antrag nach Absatz 1 auf Verringerung der Arbeitszeit für höchstens fünf Jahre stellen, und dabei bereits angeben, dass sie nach Ablauf dieser Zeit wieder Vollzeit arbeiten wollen, haben sodann nach dieser Zeit einen Anspruch auf eine Stelle, die ihnen Vollzeitarbeit wieder ermöglicht.
(6) [1]Teilzeit- und Telearbeit stehen der Übernahme und Wahrnehmung von Leitungsaufgaben nicht entgegen. [2]Sie sind in Leitungsfunktionen für beide Geschlechter zu fördern. [3]Die Dienststelle sieht dafür eine dienststellenbezogene Zielvorgabe vor, die im Frauenförderplan festzuschreiben ist.

§ 18 Beurlaubung ohne Dienstbezüge
(1) [1]Die Dienststelle soll den wegen Familienpflichten beurlaubten Beschäftigten den beruflichen Wiedereinstieg erleichtern. [2]Darüber hinaus sind geeigneten beurlaubten Beschäftigten bei vorübergehendem Personalbedarf der Dienststelle, insbesondere im Rahmen von Urlaubs- und Krankenvertretungen, Beschäftigungsverhältnisse anzubieten. § 17 Absatz 4 Satz 3 gilt entsprechend.
(2) Beschäftigten, die Elternzeit oder eine Beurlaubung ohne Dienstbezüge aus familiären Gründen in Anspruch nehmen, dürfen hieraus keine dienstlichen Nachteile erwachsen.

§ 19 Hinweispflicht

¹Beschäftigte, die einen Antrag auf Teilzeitbeschäftigung stellen, sind insbesondere auf die arbeits-, beamten-, renten- und versorgungsrechtlichen Folgen sowie auf die Möglichkeit der Befristung mit Verlängerung und deren Folgen hinzuweisen. ²Satz 1 gilt auch für Beschäftigte, die eine Beurlaubung ohne Dienstbezüge in Anspruch nehmen wollen.

Abschnitt 6: Maßnahmen zur Vorbeugung und Vorgehensweise gegen sexuelle Belästigung

§ 20 Sexuelle Belästigung

(1) ¹Die Dienststelle ist verpflichtet, sexuellen Belästigungen am Arbeitsplatz vorzubeugen und bei bekannt gewordenen sexuellen Belästigungen die erforderlichen dienstrechtlichen, arbeitsrechtlichen und personalwirtschaftlichen Maßnahmen zu ergreifen. ²Vorgesetzte sind verpflichtet, bekannt gewordene sexuelle Belästigungen der Dienststellenleitung zu melden.
(2) ¹Die zuständige Frauenbeauftragte ist sowohl am behördlichen Disziplinarverfahren als auch am gesamten Verfahren zu beteiligen. ²Sie ist berechtigt, Beschwerden wegen sexueller Belästigungen von betroffenen Beschäftigten entgegenzunehmen und mit deren Einverständnis weiterzuleiten.
(3) Die Beschwerde über sexuelle Belästigung darf nicht zur Benachteiligung der belästigten Person führen.

Abschnitt 7: Frauenbeauftragte

§ 21 Frauenbeauftragte

(1) ¹Jede Dienststelle mit regelmäßig mindestens zehn Beschäftigten mit Ausnahme der Schulen hat das Amt einer Frauenbeauftragten einzurichten, die die Dienststelle sowie die Bediensteten in allen Fragen der tatsächlichen Durchsetzung der Gleichberechtigung berät und unterstützt. ²Dienststellen mit weniger als zehn Beschäftigten mit Ausnahme der Schulen können das Amt einer Frauenbeauftragten einrichten. ³Für die jeweiligen Schulformen Grundschule, Gemeinschaftsschule, Gymnasium und Förderschule sowie für die beruflichen Regelschulformen insgesamt gelten die Sätze 1 und 2 entsprechend.
(2) § 6 des Saarländischen Hochschulgesetzes, § 28 des Musikhochschulgesetzes vom 4. Mai 2010 (Amtsbl. I S. 1176), zuletzt geändert durch das Gesetz vom 28. August 2013 (Amtsbl. I S. 274), und § 28 des Kunsthochschulgesetzes vom 4. Mai 2010 (Amtsbl. I S. 1176), zuletzt geändert durch das Gesetz vom 28. August 2013 (Amtsbl. I S. 274), bleiben unberührt.

§ 22 Wahl und Stellung der Frauenbeauftragten; Verordnungsermächtigung

(1) ¹Die Frauenbeauftragte wird von den weiblichen Beschäftigten in geheimer und unmittelbarer Wahl für eine Amtszeit von jeweils vier Jahren gewählt. ²Sie wird alsdann von dem Arbeitgeber oder Dienstherrn zur Frauenbeauftragten ernannt. ³Die Wahl der Frauenbeauftragten ist jeweils zeitgleich mit der Personalratswahl durchzuführen. ⁴Die Landesregierung regelt das Verfahren durch Rechtsverordnung. ⁵Wird gemäß §§ 79a, 186 und 215a des Kommunalselbstverwaltungsgesetzes in der Fassung der Bekanntmachung vom 27. Juni 1997 (Amtsbl. S. 682), zuletzt geändert durch das Gesetz vom 14. Mai 2014 (Amtsbl. I S. 172), eine kommunale Frauenbeauftragte bestellt, so entfällt die Wahl gemäß Satz 1. ⁶In diesen Fällen nimmt die kommunale Frauenbeauftragte die Aufgaben gemäß Abschnitt 7 dieses Gesetzes mit wahr.
(2) ¹Finden sich aus dem Kreis der weiblichen Beschäftigten für die Wahl der Frauenbeauftragten keine Kandidatinnen oder kann das Amt der Frauenbeauftragten nach den für die Wahl geltenden Vorschriften nicht besetzt werden, bestellt die Dienststelle aus dem Kreis der

weiblichen Beschäftigten eine Frauenbeauftragte für die Zeit bis zur nächsten regelmäßigen Wahl. ²Hierzu bedarf es der Zustimmung der zu bestellenden Beschäftigten.
(3) ¹Die Frauenbeauftragte wird der Betriebs- oder Dienststellenleitung unmittelbar zugeordnet. ²Die Frauenbeauftragten der jeweiligen Schulformen werden unmittelbar der Dienststellenleitung des für Bildung zuständigen Ministeriums zugeordnet. ³Ihre Tätigkeit ist eine dienstliche Tätigkeit. ⁴Sie ist im Geschäftsverteilungsplan auszuweisen. ⁵Eine Abwesenheitsvertretung ist auf Vorschlag der Frauenbeauftragten und in Abstimmung mit ihr zu bestellen. ⁶Hierzu bedarf es der Zustimmung der zu bestellenden Beschäftigten. ⁷In Dienststellen mit mehr als 1.000 Beschäftigten sind mindestens zwei Stellvertreterinnen nach Satz 5 und 6 zu bestellen.
(4) Die Frauenbeauftragte und ihre Stellvertreterin dürfen keiner Personalvertretung angehören und nur in ihrer Eigenschaft als Frauenbeauftragte mit Personalangelegenheiten befasst sein.
(5) ¹Die Frauenbeauftragte übt ihre Tätigkeit im Rahmen der ihr aus diesem Gesetz zukommenden Aufgaben unabhängig und weisungsfrei aus. ²Sie darf in oder aufgrund der Ausübung ihrer Tätigkeit nicht behindert oder benachteiligt werden. ³Sie ist mit den zur Erfüllung ihrer Aufgaben notwendigen räumlichen, personellen und sachlichen Mitteln auszustatten.
(6) ¹Die Frauenbeauftragte und ihre Stellvertreterin sind verpflichtet, über die persönlichen Verhältnisse von Beschäftigten, die ihnen aufgrund ihres Amtes bekannt geworden sind, sowie über Angelegenheiten, die ihrer Bedeutung oder ihrem Inhalt nach einer vertraulichen Behandlung bedürfen, Stillschweigen zu bewahren. ²Dies gilt auch über ihre Amtszeit hinaus. ³Diese Verpflichtung besteht bei Einwilligung der Beschäftigten nicht gegenüber der Dienststellenleitung, der Personalvertretung sowie der Schlichtungsstelle.
(7) ¹In Dienststellen mit bis zu 100 Beschäftigten ist die Frauenbeauftragte wöchentlich im Umfang von fünf Stunden, in Dienststellen mit bis zu 300 Beschäftigten im Umfang von zehn Stunden von ihren übrigen dienstlichen Aufgaben zu entlasten. ²Bei Vorliegen besonderer Umstände ist der Frauenbeauftragten auf Antrag im erforderlichen Umfang eine über die in Satz 1 jeweils festgesetzte wöchentliche Stundenzahl hinausgehende Entlastung zu gewähren. ³In Dienststellen mit mehr als 300 Beschäftigten ist für die Tätigkeit der Frauenbeauftragten mindestens eine Stelle mit der Hälfte der regelmäßigen Wochenarbeitszeit zur Verfügung zu stellen, in Dienststellen mit mehr als 600 Beschäftigten eine volle Stelle. ⁴In Dienststellen mit mehr als 1.000 Beschäftigten ist der Frauenbeauftragten eine Mitarbeiterin mit der Hälfte der regelmäßigen Arbeitszeit zuzuordnen, in Dienststellen mit mehr als 2.000 Beschäftigten eine Mitarbeiterin mit der vollen Regelarbeitszeit. ⁵Eine vom Dienst freigestellte Frauenbeauftragte ist in ihrer beruflichen Entwicklung so zu behandeln, als wäre eine Freistellung nicht erfolgt. ⁶Für die Tätigkeit der Frauenbeauftragten der Schulformen nach § 21 Absatz 1 Satz 3 stellt das Ministerium für Bildung und Kultur abweichend von Satz 1 bis 5 einen Gesamtfreistellungsumfang von bis zu 1,5 Vollzeitlehrerstellen zur Verfügung. ⁷Die Freistellung erfolgt anteilig unter Berücksichtigung der Gesamtbeschäftigtenanzahl der von der jeweiligen Frauenbeauftragten vertretenen Schulform. ⁸Wird das Amt einer gemeinsamen Frauenbeauftragten der Schulformen nach § 22b nicht eingerichtet, so erhöht sich der Gesamtfreistellungsumfang nach Satz 6 auf bis zu 2,5 Vollzeitlehrerstellen.
(8) ¹Die Kündigung der Frauenbeauftragten ist unzulässig, es sei denn, dass Tatsachen vorliegen, die den Arbeitgeber oder Dienstherrn zur Kündigung aus wichtigem Grund ohne Einhaltung einer Kündigungsfrist berechtigen, und die nach dem Personalvertretungsrecht erforderliche Zustimmung vorliegt oder durch gerichtliche Entscheidung ersetzt ist. ²Nach Beendigung der Amtszeit der Frauenbeauftragten ist ihre Kündigung innerhalb eines Jahres, vom Zeitpunkt der Beendigung der Amtszeit an gerechnet, unzulässig, es sei denn, dass Tatsachen vorliegen, die den Arbeitgeber oder Dienstherrn zur Kündigung aus wichtigem

Grund ohne Einhaltung einer Kündigungsfrist berechtigen; dies gilt nicht, wenn die Beendigung des Amtes auf einer gerichtlichen Entscheidung beruht.
(9) ¹Die Frauenbeauftragte darf gegen ihren Willen nur versetzt, abgeordnet oder innerhalb der Dienststelle auf anderen Arbeitsplätzen beschäftigt werden, wenn dies auch unter Berücksichtigung der Funktion als Frauenbeauftragte aus wichtigen dienstlichen Gründen unvermeidbar ist und die Personalvertretung zustimmt. ²Dies gilt nicht für einen dienstlichen Wechsel zum Zweck der Ausbildung.
(10) Die Frauenbeauftragte darf für die Dauer eines Jahres nach ihrem Ausscheiden als Frauenbeauftragte nur mit Aufgaben betraut werden, die mindestens ihrer früher ausgeübten Funktion gleichwertig sind, es sei denn, zwingende dienstliche Notwendigkeiten stehen entgegen.
(11) Die Frauenbeauftragten haben das Recht zur dienststellenübergreifenden Zusammenarbeit.

§ 22a Gesamtfrauenbeauftragte

(1) ¹Bei den obersten Landesbehörden, deren Geschäftsbereich nachgeordnete Dienststellen oder Einrichtungen nach § 14 des Landesorganisationsgesetzes in der Fassung der Bekanntmachung vom 27. März 1997 (Amtsbl. S. 410), zuletzt geändert durch das Gesetz vom 18. November 2010 (Amtsbl. I S. 1420), umfasst, kann das Amt je einer Gesamtfrauenbeauftragten als Stufenvertretung eingerichtet werden. ²Die Gesamtfrauenbeauftragte wird jeweils von den und aus dem Kreis aller gemäß § 21 Absatz 1 im Geschäftsbereich der obersten Landesbehörde gewählten Frauenbeauftragten gewählt. ³Sie kann abweichend hiervon unmittelbar von allen weiblichen Beschäftigten des Geschäftsbereichs gewählt werden. ⁴Sie ist der jeweiligen obersten Landesbehörde zugeordnet.
(2) ¹Die Gesamtfrauenbeauftragte ist zuständig für alle in § 23 bestimmten Aufgaben, die dienststellenübergreifend zu regeln sind. ²Die Frauenbeauftragten der jeweils zuständigen Dienststellen sind dazu zu hören.
(3) ¹Für die Freistellung der Gesamtfrauenbeauftragten ist in entsprechender Anwendung von § 22 Absatz 7 Satz 1 bis 3 die Gesamtzahl der Beschäftigten der von ihr vertretenen Dienststellen zugrunde zu legen. ²Ihr ist keine Mitarbeiterin zuzuordnen.
(4) Soweit in dieser Vorschrift nichts Abweichendes geregelt ist, gelten § 22 sowie die §§ 23 bis 24a entsprechend.
(5) Die Absätze 1 bis 4 finden im Geschäftsbereich des Ministeriums für Bildung und Kultur keine Anwendung.

§ 22b Gemeinsame Frauenbeauftragte der Schulformen

(1) ¹Im Geschäftsbereich des Ministeriums für Bildung und Kultur kann das Amt einer gemeinsamen Frauenbeauftragten der Schulformen als Stufenvertretung für den Schulbereich eingerichtet werden, wenn die Frauenbeauftragten der Schulformen (§ 21 Absatz 1 Satz 3) aus ihrem Kreis eine solche wählen. ²§ 22a Absatz 1 Satz 4 und Absatz 2 gelten entsprechend.
(2) ¹Die gemeinsame Frauenbeauftragte der Schulformen ist in vollem Umfang von ihren übrigen dienstlichen Aufgaben zu entlasten. ²Ihr wird keine Mitarbeiterin zugeordnet.
(3) Soweit in dieser Vorschrift nichts Abweichendes geregelt ist, gelten § 22 sowie die §§ 23 bis 24a entsprechend.

§ 23 Aufgaben und Rechte der Frauenbeauftragten

(1) ¹Die Frauenbeauftragte ist bei allen personellen, sozialen und organisatorischen Maßnahmen der Dienststelle vollumfänglich und bereits an der Entscheidungsfindung zu beteiligen. ²Sie hat ein Recht auf Auskunft und Akteneinsicht in allen mit ihren Aufgaben in Zusammenhang stehenden Angelegenheiten. ³Das Recht auf Beteiligung umfasst über die in Satz 4 genannten Rechte hinaus die frühzeitige und umfassende Unterrichtung der Frauenbeauftragten durch die Dienststelle in allen in diesem Absatz genannten Angelegenheiten sowie die Gewährung einer Gelegenheit zur Stellungnahme vor Entscheidungen. ⁴Sie unterstützt die Dienststelle bei der Durchführung und Einhaltung dieses Gesetzes, insbesondere der folgenden Maßnahmen:
1. Einstellungen, Eingruppierungen, Höhergruppierungen, Beförderungen, Versetzungen sowie Übertragungen höherwertiger Tätigkeiten einschließlich der Formulierung von Stellenausschreibungen, beim gesamten Auswahlverfahren einschließlich der Einsicht in die Bewerbungsunterlagen und die Unterlagen von Bewerberinnen und Bewerbern, die nicht in die engere Auswahl einbezogen wurden, sowie bei Vorstellungsgesprächen,
2. Erstellung von Beurteilungsrichtlinien,
3. Einsicht in die Personalakten, soweit auf deren Inhalt zur Begründung von Entscheidungen Bezug genommen wird und die Einwilligung der betroffenen Beschäftigten vorliegt,
4. sozialen, baulichen und organisatorischen Maßnahmen, die weibliche Beschäftigte in besonderem Maße oder anders als männliche Beschäftigte betreffen,
5. Fortbildungsmaßnahmen,
6. Arbeitszeitgestaltung,
7. Analyse der Beschäftigtenstruktur, Erstellung des Frauenförderplans und allen Vorlagen, Berichten und Stellungnahmen zu Fragen der Frauenförderung.

⁵Die Wahrnehmung der Aufgaben nach Absatz 1 Satz 4 Nummer 1 setzt eine Einwilligung der oder des Betroffenen nicht voraus.

(2) ¹Die Frauenbeauftragte hat ein unmittelbares Vortragsrecht bei der Dienststelle und wird von dieser bei der Durchführung ihrer Aufgaben unterstützt. ²In allen ihrer Beteiligung unterliegenden Fragen hat die Frauenbeauftragte ein Initiativrecht. ³Die Beteiligung der Frauenbeauftragten erfolgt regelmäßig durch schriftliches oder elektronisches Votum, das zu den Akten zu nehmen ist. ⁴Folgt die Dienststelle dem Votum der Frauenbeauftragten nicht, hat sie dieser die Gründe hierfür auf Verlangen schriftlich oder elektronisch mitzuteilen.

(3) ¹Bei der Besetzung von Vorstands- und Geschäftsleitungspositionen der Anstalten, Körperschaften und Stiftungen des öffentlichen Rechts ist sicherzustellen, dass die jeweils zuständige Frauenbeauftragte am gesamten Verfahren beteiligt ist. ²Dies gilt nicht, soweit formelle sowie materielle Gesetze ein Wahlverfahren für die Besetzung eines Amtes vorsehen.

(4) Die Frauenbeauftragte kann Sprechstunden und einmal jährlich eine Versammlung der weiblichen Beschäftigten durchführen.

(5) Die Rechte der Personal- und Schwerbehindertenvertretungen bleiben unberührt.

§ 24 Widerspruchs- und Schlichtungsverfahren

(1) ¹Wird die Frauenbeauftragte an einer Maßnahme nach § 23 nicht oder nicht rechtzeitig beteiligt oder informiert, ist die Entscheidung über die Maßnahme für zwei Wochen auszusetzen und die Beteiligung oder Information nachzuholen. ²In dringenden Fällen ist die Frist auf eine Woche, bei außerordentlichen Kündigungen auf drei Arbeitstage zu verkürzen.

(2) ¹Macht die Frauenbeauftragte geltend,
1. durch Maßnahmen, ihre Ablehnung oder Unterlassung vonseiten der Dienststelle in ihren Rechten verletzt zu sein,
2. dass Maßnahmen, ihre Ablehnung oder Unterlassung gegen dieses Gesetz verstoßen,

3. dass die Dienststelle einen gegen die Vorschriften dieses Gesetzes verstoßenden Frauenförderplan aufgestellt hat oder
4. dass Maßnahmen der Dienststelle gegen den Frauenförderplan verstoßen,

kann sie Widerspruch erheben. [2]Der Widerspruch ist innerhalb von zwei Wochen ab Kenntnis bei der Dienststellenleitung zu erheben, bei außerordentlichen Kündigungen und fristlosen Entlassungen unverzüglich. [3]Die Dienststellenleitung entscheidet erneut über den Vorgang.
(3) Hilft die Dienststellenleitung dem Widerspruch der Frauenbeauftragten innerhalb von zwei Wochen nicht ab oder ist über den Widerspruch ohne zureichenden Grund innerhalb von zwei Wochen sachlich nicht entschieden worden, kann die Frauenbeauftragte nach den Absätzen 4 bis 8 eine Schlichtungsstelle anrufen.
(4) [1]Die Schlichtungsstelle wird von Fall zu Fall bei der Dienststelle gebildet, die den Frauenförderplan gemäß § 8 Absatz 1 in Kraft gesetzt hat. [2]Handelt es sich bei der betroffenen Dienststelle um eine oberste Landesbehörde, ist die Schlichtungsstelle bei dem Ministerium für Soziales, Gesundheit zu bilden. [3]Ist das Ministerium für Soziales, Gesundheit, Frauen und Familie selbst betroffen, bildet das Ministerium für Inneres und Sport die Schlichtungsstelle. [4]Sie setzt sich zusammen aus zwei Vertreterinnen oder Vertretern der betroffenen Dienststelle, der Frauenbeauftragten der betroffenen Dienststelle, einer von ihr ausgewählten Vertrauensperson und einer unparteiischen Person als Vorsitz, welche die Befähigung zum Richteramt besitzt oder die Voraussetzungen des § 110 Satz 1 des Deutschen Richtergesetzes in der Fassung der Bekanntmachung vom 19. April 1972 (BGBl. I S. 713), zuletzt geändert durch Artikel 17 des Gesetzes vom 6. Dezember 2011 (BGBl. I S. 2515), erfüllt. [5]Die Mitglieder der Schlichtungsstelle müssen sich auf die Person der oder des Vorsitzenden einigen.
(5) [1]Die Sitzungen der Schlichtungsstelle sind nicht öffentlich. [2]Die oder der Vorsitzende leitet das Verfahren und hilft den Parteien, eine Lösung zu erarbeiten. [3]Sie oder er hat zu diesem Zweck den gesamten Sachverhalt unter freier Würdigung aller Umstände zu erörtern.
(6) Die Mitglieder der Schlichtungsstelle behandeln alle erhaltenen Informationen vertraulich.
(7) [1]Die Mitglieder der Schlichtungsstelle sind unabhängig, an Anträge und Weisungen nicht gebunden und nur dem Gesetz unterworfen. [2]Sie dürfen wegen ihrer Tätigkeit nicht benachteiligt oder begünstigt werden. [3]Die Tätigkeit der oder des unparteiischen Vorsitzenden und der von der Frauenbeauftragten ausgewählten Vertrauensperson ist ehrenamtlich.
(8) [1]Einigt sich die Schlichtungsstelle innerhalb von vier Wochen nach ihrer Anrufung auf eine gemeinsame Lösung, ist der Einigungsvorschlag für die Beteiligten verbindlich. [2]Er ist zu begründen, von der oder dem Vorsitzenden zu unterschreiben und den Beteiligten zuzustellen. [3]Begründung und Unterzeichnung können schriftlich oder elektronisch erfolgen. [4]Kommt innerhalb von sechs Wochen nach Anrufung der Schlichtungsstelle keine Einigung zustande, kann die Frauenbeauftragte das Verwaltungsgericht nach § 24a anrufen. [5]Das Scheitern des außergerichtlichen Einigungsversuchs ist den Beteiligten schriftlich oder elektronisch mitzuteilen.
(9) [1]Der Widerspruch und die Anrufung der Schlichtungsstelle haben aufschiebende Wirkung. [2]§ 54 Absatz 4 des Beamtenstatusgesetzes vom 17. Juni 2008 (BGBl. I S. 1010), zuletzt geändert durch Artikel 15 Absatz 16 des Gesetzes vom 5. Februar 2009 (BGBl. I S. 160), und § 80 Absatz 2 Nummer 4 und Absatz 3 der Verwaltungsgerichtsordnung bleiben unberührt.

§ 24a Gerichtliches Verfahren

(1) [1]Ist der Widerspruch erfolglos und der außergerichtliche Einigungsversuch gescheitert, kann die Frauenbeauftragte innerhalb eines Monats nach schriftlicher oder elektronischer Mitteilung des Scheiterns des außergerichtlichen Einigungsversuchs das Verwaltungsgericht anrufen. [2]Die Anrufung des Verwaltungsgerichts kann nur darauf gestützt werden, dass die

Dienststelle die Rechte der Frauenbeauftragten aus diesem Gesetz verletzt hat oder keinen oder einen nicht den Vorschriften dieses Gesetzes entsprechenden Frauenförderplan erstellt hat.
(2) Die Anrufung des Verwaltungsgerichts hat keine aufschiebende Wirkung.
(3) Die Dienststelle trägt die der Frauenbeauftragten entstehenden Kosten.

§ 25 Zusammenarbeit mit anderen Stellen
Die Dienststelle, insbesondere die Personalverwaltung, die Frauenbeauftragte, die Personalvertretung und an den Hochschulen auch der Beirat für Gleichstellungsfragen, arbeiten mit dem Ziel der tatsächlichen Durchsetzung der Gleichstellung von Frauen und Männern und der Beseitigung bestehender Nachteile eng zusammen und unterstützen sich gegenseitig bei der Erfüllung ihrer Aufgaben.

§ 26 (weggefallen)

Abschnitt 8: Sonstige Regelungen

§ 27 Auftragsvergabe und staatliche Leistungen
(1) Beim Abschluss von Verträgen über Leistungen sowie bei allen freiwilligen staatlichen und kommunalen Leistungen soll durch vertragliche Vereinbarung beziehungsweise Auflagen sichergestellt werden, dass bei der Ausführung des Auftrages bzw. der Verwendung der Mittel die Grundzüge dieses Gesetzes Beachtung finden.
(2) (weggefallen)
(2) Soweit Aufträge öffentlich ausgeschrieben werden, ist auf die in Absatz 1 enthaltene gesetzliche Bestimmung hinzuweisen.

§ 28 Sprache
[1]Die Dienststellen haben beim Erlass von Rechtsvorschriften, bei der Gestaltung von Vordrucken, in amtlichen Schreiben, in der Öffentlichkeitsarbeit, im Marketing und bei der Stellenausschreibung dem Grundsatz der Gleichberechtigung von Frauen und Männern dadurch Rechnung zu tragen, dass geschlechtsneutrale Bezeichnungen gewählt werden, hilfsweise die weibliche und die männliche Form verwendet wird. [2]In Vordrucken, die sich an Ehepaare, Lebenspartnerinnen und Lebenspartner wenden, sind jeweils beide Personen anzusprechen. [3]Amts-, Dienst- und Berufsbezeichnungen sind in männlicher und weiblicher Form zu benutzen, abhängig von der Person oder Personengruppe, die sie bezeichnen.

§ 29 Gremien; Verordnungsermächtigung
(1) [1]Die Dienststellen und Einrichtungen nach §§ 2 und 2a haben darauf hinzuwirken, dass eine hälftige Besetzung von Frauen und Männern in Gremien nach § 6 Absatz 1 Nummer 4 geschaffen oder erhalten wird, soweit für deren Zusammensetzung keine besonderen gesetzlichen Vorgaben gelten und entsprechende Entsenderechte bestehen. [2]Ausnahmen sind zulässig, wenn andere tatsächliche Gründe von erheblichem Gewicht entgegenstehen. [3]Gremien im Sinne dieses Gesetzes sind insbesondere Vorstände, Verwaltungs- und Aufsichtsräte, Beiräte, Kommissionen, Ausschüsse sowie sonstige Kollegialorgane und vergleichbare Mitwirkungsgremien unabhängig von ihrer Bezeichnung. [4]Mitglieder kraft Amtes sind von dieser Regelung ausgenommen.
(2) [1]Für die Besetzung von Gremien sind im Frauenförderplan quantitative Zielvorgaben festzulegen, um den Anteil des jeweils unterrepräsentierten Geschlechts zu verbessern. [2]Diese Zielvorgaben sind in Abstimmung mit der Frauenbeauftragten zu erstellen. [3]Die

Zielvorgaben werden für die Laufzeit des Frauenförderplans vereinbart. ⁴Über die Umsetzung ist in den nach § 9 Absatz 1 zu erstellenden Berichten gegenüber dem Ministerium für Soziales, Gesundheit, Frauen und Familie zu berichten. ⁵Bei Nichterreichung der Ziele sind die Abweichungen zu begründen und darzulegen, durch welche Maßnahmen einem erneuten Abweichen entgegengewirkt werden soll.
(3) ¹Bei der Bestellung, Berufung oder Ernennung von Gremienmitgliedern bei Einrichtungen nach §§ 2 und 2a (berufende Stelle) sind die Vorschläge oder Vorschlagsrechte der entsendenden Organe, Dienststellen oder sonstigen Einrichtungen des Landes so auszugestalten, dass Frauen und Männer jeweils hälftig vorzuschlagen oder zu benennen sind. ²Bestehen Entsendungsrechte nur für eine Person, sollen Frauen und Männer alternierend berücksichtigt werden, wenn das Gremium für jeweils befristete Zeiträume zusammengesetzt wird.
(4) Absatz 3 gilt entsprechend für die Entsendung von Vertreterinnen und Vertretern in Gremien außerhalb der Landesverwaltung durch Organe, Dienststellen oder sonstige Einrichtungen des Landes.
(5) Die Frauenbeauftragte der einzelnen Dienststellen ist frühzeitig am Auswahl- und Nominierungsverfahren sowie an der Erstellung der Zielvorgaben gemäß Absatz 2 Satz 1 zu beteiligen.
(6) Die Landesregierung wird ermächtigt, Bedingungen über das Nominierungs-, Berufungs-, Vorschlags- und Entsendungsverfahren durch Rechtsverordnung zu regeln.

Abschnitt 9: Übergangs- und Schlussvorschriften

§ 30 Übergangsvorschriften
(1) Die Daten nach § 6 müssen erstmals am 30. Juni 2016 erhoben sein.
(2) ¹Die Frauenförderpläne nach § 7 müssen bis zum 1. Januar 2017 durch die nach § 8 berufenen Stellen in Kraft gesetzt werden. ²Die Frauenförderpläne, die vor Inkrafttreten des Gesetzes zur Änderung des Landesgleichstellungsgesetzes und weiterer Gesetze auslaufen, bleiben bis zu diesem Zeitpunkt wirksam.
(3) ¹Die Frauenbeauftragten, die sich im Zeitpunkt des Inkrafttretens des Gesetzes zur Änderung des Landesgleichstellungsgesetzes und weiterer Gesetze im Amt befinden, bleiben bis zur nächstfolgenden Personalratswahl im Amt. ²Sie sind dann neu zu wählen.
(4) Die Rechte der Schwerbehinderten bleiben unberührt.

§ 31 Inkrafttreten
Dieses Gesetz tritt am 28. Juni 1996 in Kraft.

14. Gesetz zur Förderung von Frauen und der Vereinbarkeit von Familie und Beruf im öffentlichen Dienst im Freistaat Sachsen (Frauenförderungsgesetz Sachsen – SächsFFG)

vom 31. März 1994 (SächsGVBl. 1994, S. 684)

– zuletzt geändert durch Zweites Gesetz zur Änderung hochschulrechtlicher Bestimmungen vom 31. Mai 2023 (GVBl. 12 2023, S. 329, 375)

Erster Abschnitt: Allgemeine Bestimmungen

§ 1 Geltungsbereich
Dieses Gesetz gilt für Behörden, Gerichte und sonstige öffentlich-rechtlich organisierte Einrichtungen des Freistaates Sachsen, die kommunalen Träger der Selbstverwaltung sowie die sonstigen der Aufsicht des Landes unterstehenden juristischen Personen des öffentlichen Rechts.

§ 2 Gesetzesziel
[1]Zur Durchsetzung der Gleichberechtigung von Frauen und Männern im öffentlichen Dienst im Freistaat Sachsen werden Beschäftigte nach Maßgabe dieses Gesetzes unter Beachtung des Vorrangs von Eignung, Befähigung und fachlicher Leistung (Artikel 33 Abs. 2 des Grundgesetzes) gefördert. [2]Ziel der Förderung ist auch, in stärkerem Maße der Unterrepräsentanz von Frauen zu begegnen, soweit sie in einzelnen Bereichen in geringerer Zahl beschäftigt sind als Männer. [3]Bei der Verwirklichung der Gleichstellung von Frauen und Männern im öffentlichen Dienst im Freistaat Sachsen sind die besonderen Belange von Frauen mit Behinderung zu berücksichtigen und bestehende Benachteiligungen zu beseitigen. [4]Hierzu sind Maßnahmen zur Förderung der Gleichstellung von Frauen mit Behinderung, die dem Abbau oder dem Ausgleich bestehender Ungleichheiten dienen, zulässig und zu fördern.

§ 3 Begriffsbestimmungen
(1) [1]Beschäftigte im Sinne dieses Gesetzes sind Richterinnen und Richter, Beamtinnen und Beamte, Angestellte, Arbeiterinnen und Arbeiter sowie zu ihrer Berufsausbildung beschäftigte Personen. [2]Als Beschäftigte im Sinne dieses Gesetzes gelten nicht die Beamten auf Zeit, bei denen die Verleihung des Amtes auf einer Wahl beruht.
(2) Familienpflichten im Sinne dieses Gesetzes bestehen, wenn eine beschäftigte Person mindestens ein Kind unter achtzehn Jahren oder einen nach ärztlichem Gutachten pflegebedürftigen sonstigen Angehörigen tatsächlich betreut oder pflegt.
(3) [1]Dienststellen im Sinne dieses Gesetzes sind die einzelnen Behörden und Betriebe der in § 1 genannten Stellen sowie die Gerichte, die Hochschulen und die Schulen. [2]Gemeinden, Landkreise und andere Gemeindeverbände bilden unter Ausschluss der Eigenbetriebe jeweils eine Dienststelle im Sinne dieses Gesetzes. [3]Eigenbetriebe gelten als selbständige Dienststellen. [4]Abweichend von Satz 1 gelten die Stellen der Polizei nach § 68 Abs. 1 des Sächsischen Personalvertretungsgesetzes (SächsPersVG) vom 21. Januar 1993 (SächsGVBl. S. 29) als Dienststellen im Sinne dieses Gesetzes. [5]Für den Begriff der Dienststellenleitung gilt § 7 des Sächsischen Personalvertretungsgesetzes.
(4) Bereiche im Sinne dieses Gesetzes sind die jeweiligen Lohngruppen, Vergütungsgruppen und Besoldungsgruppen innerhalb einer Laufbahn oder Berufsfachrichtung.

Zweiter Abschnitt: Fördermaßnahmen

§ 4 Frauenförderplan

(1) ¹In jeder Dienststelle, die den eigenen Stellenplan bewirtschaftet und in der mindestens zehn Frauen nicht nur vorübergehend beschäftigt sind, ist für jeweils vier Jahre ein Frauenförderplan zu erstellen, der innerhalb dieses Zeitraums nach zwei Jahren an die aktuelle Entwicklung anzupassen ist. ²Die Personalverwaltung erarbeitet den Frauenförderplan unter frühzeitiger Mitwirkung der Frauenbeauftragten und legt ihn der Dienststellenleitung zur Genehmigung vor. ³Er muss die Situation der weiblichen Beschäftigten beschreiben, die bisherige Förderung der Frauen in den einzelnen Bereichen auswerten und insbesondere zur Erhöhung des Frauenanteils Maßnahmen zur Durchsetzung notwendiger personeller und organisatorischer Verbesserungen im Rahmen von Zielvorgaben und eines zeitlichen Stufenplanes entwickeln. ⁴Personenbezogene Daten darf der Frauenförderplan nicht enthalten.
(2) Der Frauenförderplan muss auch die statistischen Angaben (§ 5) auswerten und vorhandene Unterschiede im Vergleich der Anteile von Frauen und Männern bei Bewerbung, Einstellung, beruflichem Aufstieg und Fortbildung in den einzelnen Bereichen darstellen und begründen.
(3) Der genehmigte vierjährige Frauenförderplan ist in der Dienststelle zu veröffentlichen.
(4) Soweit der Frauenförderplan nicht verwirklicht worden ist, hat die Dienststelle die Gründe dafür im Rahmen der nach zwei Jahren fälligen Anpassung und bei Aufstellung des nächsten Frauenförderplans gegenüber der Frauenbeauftragten darzulegen und in der Dienststelle zu veröffentlichen.

§ 5 Statistische Angaben

(1) Die Dienststelle erfasst in den einzelnen Bereichen jährlich statistisch die Zahl der Frauen und Männer
1. unter den Beschäftigten, gegliedert nach Voll- und Teilzeittätigkeit, nach dem Stand vom 30. Juni,
2. bei Bewerbung, Einstellung, beruflichen Aufstieg und Fortbildung für den Zeitraum vom 1. Juli des Vorjahres bis zum 30. Juni des Berichtsjahres.

(2) Das nach Ziffer VIII Nr. 5 des Beschlusses der Sächsischen Staatsregierung über die Abgrenzung der Geschäftsbereiche der Staatsministerien in der Fassung der Bekanntmachung vom 11. Juli 2002 (SächsGVBl. S. 225), in der jeweils geltenden Fassung, für die Gleichstellung von Frau und Mann zuständige Staatsministerium wird ermächtigt, durch Rechtsverordnung im Einvernehmen mit dem Staatsministerium des Innern Vorschriften zu erlassen über
1. die Datenerhebung (Konkretisierung der Erhebungsmerkmale, Form der Erhebung) unter Berücksichtigung der Personalstandstatistik nach dem Gesetz über die Statistiken der öffentlichen Finanzen und des Personals im öffentlichen Dienst (Finanz- und Personalstatistikgesetz – FPStatG) in der Fassung der Bekanntmachung vom 8. März 2000 (BGBl. I S. 206), zuletzt geändert durch Artikel 55 des Gesetzes vom 23. Dezember 2003 (BGBl. I S. 2848, 2900), in der jeweils geltenden Fassung,
2. die Datenübermittlung zwischen den mit der Durchführung der Statistik betrauten Personen und Stellen sowie
3. die Datenauswertung.

§ 6 Stellenausschreibung

(1) ¹Stellenausschreibungen dürfen sich weder öffentlich noch innerhalb der Dienststelle ausschließlich an Frauen oder an Männer richten, es sei denn, dass ein bestimmtes Geschlecht unverzichtbare Voraussetzung für die ausgeschriebene Tätigkeit ist. ²Es ist grund-

sätzlich die weibliche und die männliche Form der Stellenbezeichnung zu verwenden. ³Die Stellenausschreibungen sind so abzufassen, dass Frauen ausdrücklich zur Bewerbung veranlasst werden.
(2) Auf bestehende Möglichkeiten zur Teilzeitbeschäftigung ist hinzuweisen.
(3) Absatz 1 gilt auch für die Ausschreibung von Ausbildungsplätzen.

§ 7 Vorstellungsgespräch
(1) Soweit in Bereichen Frauen in geringerer Zahl beschäftigt sind als Männer, sollen zum Vorstellungsgespräch auch alle Bewerberinnen eingeladen werden, die nach den eingereichten Bewerbungsunterlagen die für die Stelle erforderlichen Voraussetzungen erfüllen.
(2) Fragen nach einer bestehenden Schwangerschaft und der Bewältigung der Familienaufgaben sind unzulässig.

§ 8 Einstellung, beruflicher Aufstieg
(1) Soweit Frauen in einzelnen Bereichen in geringerer Zahl beschäftigt sind als Männer, hat die Dienststelle nach Maßgabe der Zielvorgaben des Frauenförderplans und entsprechender Personalplanung
1. bei der Besetzung von Beamten-, Richter-, Angestellten- und Arbeiterstellen, auch mit Vorgesetzten- und Leitungsaufgaben, sowie von Stellen für die Berufsausbildung,
2. bei der Beförderung, Höhergruppierung, Übertragung höher bewerteter Dienstposten und Arbeitsplätze, auch in Funktionen mit Vorgesetzten- und Leitungsaufgaben,
um der Unterrepräsentanz der Frauen zu begegnen, deren Anteil zu erhöhen.
(2) Für die Beurteilung der Eignung sind Erfahrungen und Fähigkeiten auch aus ehrenamtlicher Tätigkeit im Sozialbereich und aus der Betreuung von Kindern oder Pflegebedürftigen einzubeziehen, soweit diese Erfahrungen und Fähigkeiten für die zu übertragenden Aufgaben und die fachlichen Leistungen erheblich sind.

§ 9 Fortbildung
(1) Frauen sind bei der Auswahl der Teilnehmer an Fortbildungsveranstaltungen mindestens entsprechend ihrem Anteil an der jeweiligen Zielgruppe der Fortbildung zu berücksichtigen.
(2) Teilzeitbeschäftigten sind die gleichen beruflichen Fortbildungsmöglichkeiten einzuräumen wie Vollzeitbeschäftigten.
(3) ¹Die Themen Frauendiskriminierung und Frauenförderung sind Teil von Fortbildungsprogrammen. ²Sie sind insbesondere bei Veranstaltungen für Beschäftigte mit Leitungsfunktionen vorzusehen.
(4) Frauen sind verstärkt als Leiterinnen und Referentinnen für Fortbildungsveranstaltungen zu gewinnen.
(5) ¹Fortbildungsmaßnahmen sollen räumlich und zeitlich so angeboten werden, dass Beschäftigte mit Familienpflichten und Teilzeitbeschäftigte daran teilnehmen können. ²Möglichkeiten der Kinderbetreuung sollen im Bedarfsfall angeboten werden.

§ 10 Familiengerechte Arbeitszeit
Im Rahmen der gesetzlichen, tarifvertraglichen oder sonstigen Regelungen der Arbeitszeit und nach Maßgabe der dienstlichen Möglichkeiten sind im Einzelfall Beschäftigten mit Familienpflichten bei Bedarf geänderte tägliche und wöchentliche Arbeitszeiten einzuräumen.

§ 11 Teilzeitbeschäftigung
(1) ¹Unter Berücksichtigung der Funktionsfähigkeit der Verwaltung und der personalwirtschaftlichen und organisatorischen Möglichkeiten hat die Dienststelle ein ausreichendes Angebot

an Teilzeitarbeitsplätzen zu schaffen. ²Dies gilt auch für Stellen mit Vorgesetzten- und Leitungsaufgaben. ³Es ist sicherzustellen, dass sich daraus für die Beschäftigten der Dienststelle keine Mehrbelastungen ergeben.
(2) ¹Wird eine Ermäßigung der Arbeitszeit beantragt, so sind die Beschäftigten auf die rechtlichen Folgen hinzuweisen, insbesondere hinsichtlich der Ansprüche aus der Renten- und Arbeitslosenversicherung, sowie auf beamtenrechtliche und tarifrechtliche Regelungen. ²Die Dienststelle hat eine Ablehnung des Antrages schriftlich zu begründen.
(3) Teilzeitarbeitsverhältnisse nach § 8 Abs. 1 Nr. 1 des Sozialgesetzbuches – Viertes Buch – (SGB) – Gemeinsame Vorschriften für die Sozialversicherung – vom 23. Dezember 1976 (BGBl. I S. 3845) zuletzt geändert durch Gesetz vom 24. Juni 1993 (BGBl. I S. 944) werden nicht auf Dauer begründet.
(4) ¹Teilzeitbeschäftigten ist nach Ablauf des Zeitraumes, für den die Ermäßigung der Arbeitszeit gewährt worden ist, ein Vollzeitarbeitsplatz unter Wahrung der bisherigen Funktion anzubieten. ²Teilzeitbeschäftigte, die eine vorzeitige Rückkehr auf einen Vollzeitarbeitsplatz anstreben, sollen bei gleichwertiger Eignung, Befähigung und fachlicher Leistung bei der Besetzung von Vollzeitarbeitsplätzen vorrangig berücksichtigt werden. ³Satz 2 gilt entsprechend für Teilzeitbeschäftigte, die erstmals eine Vollzeitbeschäftigung anstreben.

§ 12 Beurlaubung, Wiedereinstieg

(1) ¹Die Dienststelle hat durch geeignete Maßnahmen den aus familiären Gründen beurlaubten Beschäftigten die Verbindung zum Beruf und den beruflichen Wiedereinstieg zu erleichtern. ²Dazu gehört ihre Unterrichtung über das Fortbildungsprogramm und das Angebot von besonderen Veranstaltungen, die den Wiedereinstieg in den Beruf erleichtern und eine Weiterqualifikation ermöglichen.
(2) ¹Besoldung oder Arbeitsentgelte werden für die Teilnahme an einer Fortbildung während einer Beurlaubung nicht gewährt. ²Notwendige Auslagen werden im Rahmen der verfügbaren Haushaltsmittel in entsprechender Anwendung des § 16 Abs. 1 des Gesetzes über die Reisekostenvergütung der Beamten und Richter (Sächsisches Reisekostengesetz – SächsRKG) vom 12. Dezember 2008 (SächsGVBl. S. 866, 876) erstattet.
(3) Befristete Beschäftigungsmöglichkeiten (Urlaubs- und Krankheitsvertretungen) sollen auf Antrag vorrangig beurlaubten Beschäftigten angeboten werden, soweit eine Beschäftigung während der Beurlaubung zulässig ist und dem Zweck der Beurlaubung nicht widerspricht.
(4) Wird eine Beurlaubung beantragt, so sind die Beschäftigten auf die rechtlichen Folgen hinzuweisen, insbesondere hinsichtlich der Ansprüche aus der Renten- und Arbeitslosenversicherung, sowie auf beamtenrechtliche und tarifrechtliche Regelungen.
(5) ¹Beurlaubten Beschäftigten ist nach Ablauf des Zeitraumes, für den die Beurlaubung gewährt worden ist, ein Vollzeit- oder Teilzeitarbeitsplatz unter Wahrung der bisherigen Funktion anzubieten. ²Beurlaubte Beschäftigte, die eine vorzeitige Rückkehr auf einen Vollzeit- oder Teilzeitarbeitsplatz anstreben, sind bei der Besetzung von Voll- oder Teilzeitarbeitsplätzen bei gleicher Eignung, Befähigung und fachlicher Leistung vorrangig zu berücksichtigen.

§ 13 Benachteiligungsverbot bei Teilzeitbeschäftigung und familienbedingter Beurlaubung

(1) ¹Teilzeitbeschäftigung darf das berufliche Fortkommen nicht beeinträchtigen; eine unterschiedliche Behandlung von Teilzeitbeschäftigten und Vollzeitbeschäftigten ist nur notwendig, wenn zwingende sachliche Gründe sie rechtfertigen. ²Teilzeitbeschäftigung darf sich auch nicht nachteilig auf die dienstliche Beurteilung auswirken.

(2) Entsprechendes gilt für die Beurlaubung von Beschäftigten mit Familienpflichten; eine regelmäßige Gleichbehandlung von Zeiten der Beurlaubung und der Teilzeitbeschäftigung ist damit nicht verbunden.

§ 14 Tarifvertragliche Vereinbarung
Regelungen für Arbeitnehmer entsprechend den §§ 97 bis 99 des Sächsischen Beamtengesetzes (SächsBG) vom 18. Dezember 2013 (SächsGVBl. S. 970, 971), in der jeweils geltenden Fassung, bleiben tarifvertraglicher Vereinbarung vorbehalten.

§ 15 Gremien
(1) Die Dienststellen haben bei der Besetzung von Gremien, für die sie ein Entsendungs-, Bestellungs- oder Vorschlagsrecht haben, auf eine gleiche Beteiligung von Frauen und Männern hinzuwirken.
(2) Gremien im Sinne des Absatzes 1 sind insbesondere Beiräte, beratende Ausschüsse, Verwaltungs- und Aufsichtsräte.

§ 16 Sexuelle Belästigung am Arbeitsplatz
(1) Sexuelle Belästigung ist jede erkennbar unerwünschte sexuell bestimmte körperliche oder verbale Verhaltensweise, die die Würde von Beschäftigten am Arbeitsplatz beeinträchtigt.
(2) Die Dienststellen sind verpflichtet, sexuellen Belästigungen durch geeignete Maßnahmen vorzubeugen.
(3) Sexuelle Belästigung am Arbeitsplatz ist ein Dienstvergehen oder eine Verletzung der arbeitsvertraglichen Pflichten.
(4) [1]Beschwerden über sexuelle Belästigungen nimmt die Frauenbeauftragte entgegen. [2]Sie berät und unterstützt die beschwerdeführende Person bei der Bewältigung der Folgen der Belästigung und bei der Wahrnehmung ihrer Rechte. [3]Sie leitet die Beschwerde bei Einwilligung der beschwerdeführenden Person an die Dienststellenleitung weiter. [4]Diese ist verpflichtet, die zur Überprüfung der Beschwerde erforderlichen Ermittlungen zu veranlassen und bei festgestellter sexueller Belästigung die im Einzelfall angemessenen disziplinarrechtlichen oder arbeitsrechtlichen Maßnahmen zu ergreifen.
(5) Beschwerden über sexuelle Belästigungen dürfen nicht zur Benachteiligung der belästigten Person führen.

§ 17 Berichtspflicht
[1]Die Staatsregierung legt dem Landtag alle vier Jahre einen Erfahrungsbericht über die Situation der Frauen in den in § 1 genannten Verwaltungen und über die Anwendung dieses Gesetzes vor. [2]Die Staatsministerien haben dazu die erforderlichen Angaben zu machen. [3]Der Bericht darf keine personenbezogenen Daten enthalten.

Dritter Abschnitt: Frauenbeauftragte

§ 18 Bestellung, Widerruf
(1) [1]In jeder Dienststelle, in der mindestens zehn Frauen nicht nur vorübergehend beschäftigt sind, hat die Dienststellenleitung auf Vorschlag der weiblichen Beschäftigten eine Frauenbeauftragte zu bestellen. [2]Für eine Dienststelle, bei der die Voraussetzung des Satzes 1 nicht gegeben ist, ist die Frauenbeauftragte der nächsthöheren Dienststelle zuständig. [3]In den Gemeinden, Landkreisen und anderen Gemeindeverbänden mit mehr als zehn nicht nur vorübergehend beschäftigten Frauen wird je eine Frauenbeauftragte bestellt. [4]In den Gemeinden und Landkreisen können die Aufgaben der Frauenbeauftragten von der nach § 64 Abs. 2 der Gemeindeordnung für den Freistaat Sachsen (SächsGemO) vom 21. April 1993

(SächsGVBl. S. 301) oder § 60 Abs. 2 der Landkreisordnung für den Freistaat Sachsen (SächsLKrO) vom 19. Juli 1993 (SächsGVBl. S. 577) zu bestellenden Gleichstellungsbeauftragten wahrgenommen werden. [5]Entsprechendes gilt in den Hochschulen für die Gleichstellungsbeauftragte nach § 56 des Sächsischen Hochschulgesetzes vom 31. Mai 2023 (SächsGVBl. S. 329), in der jeweils geltenden Fassung.[6]Die Bestellung der Frauenbeauftragten darf nur mit ihrer Einwilligung erfolgen.
(2) [1]Für jede Frauenbeauftragte ist eine Stellvertreterin zu bestellen. [2]Die Vorschriften über die Frauenbeauftragte gelten für die Stellvertreterin entsprechend, soweit in diesem Gesetz nichts anderes bestimmt ist.
(3) Beschäftigte, die befugt sind, Entscheidungen in Personalangelegenheiten der Dienststelle vorzubereiten oder selbständig zu treffen, dürfen nicht zur Frauenbeauftragten bestellt werden.
(4) [1]Die Frauenbeauftragte wird für vier Jahre bestellt. [2]Die Wiederbestellung ist möglich. [3]Die Frauenbeauftragte ist im Geschäftsverteilungsplan zu benennen.
(5) [1]Die Bestellung zur Frauenbeauftragten erlischt durch ihr Ausscheiden aus der Dienststelle oder durch Übernahme einer Tätigkeit nach Absatz 3. [2]Die Dienststellenleitung kann die Bestellung zur Frauenbeauftragten nur auf deren Verlangen oder wegen grober Verletzung ihrer gesetzlichen Pflichten widerrufen.

§ 19 Rechtsstellung

(1) [1]Die Frauenbeauftragte gehört der Verwaltung an. [2]Sie wird grundsätzlich unmittelbar der Dienststellenleitung zugeordnet. [3]Die Frauenbeauftragte ist in der Ausübung ihrer Tätigkeit weisungsfrei.
(2) [1]Die Frauenbeauftragte wird von ihren übrigen dienstlichen Tätigkeiten ganz oder teilweise freigestellt, soweit es nach Art und Größe der Dienststelle zur ordnungsgemäßen Durchführung ihrer Aufgaben erforderlich ist. [2]Ihr ist die notwendige personelle und sachliche Ausstattung zur Verfügung zu stellen.
(3) [1]Die Frauenbeauftragte darf bei Erfüllung ihrer Aufgaben nicht behindert und wegen ihrer Tätigkeit nicht benachteiligt oder begünstigt werden; dies gilt auch für ihre berufliche Entwicklung. [2]Die Vorschriften des Sächsischen Personalvertretungsgesetzes über den Schutz der Mitglieder des Personalrats bei Kündigung, Versetzung und Abordnung gelten entsprechend.
(4) [1]Die Frauenbeauftragte ist verpflichtet, über die ihr bei der Ausübung ihrer Tätigkeit bekanntgewordenen persönlichen Verhältnisse von Beschäftigten und anderen Angelegenheiten, die ihrer Bedeutung oder ihrem Inhalt nach vertraulich zu behandeln sind, Stillschweigen zu bewahren. [2]Diese Pflicht gilt über die Zeit ihrer Bestellung hinaus.

§ 20 Aufgaben

(1) [1]Die Frauenbeauftragte hat die Aufgabe, den Vollzug dieses Gesetzes in der Dienststelle zu fördern und zu überwachen. [2]Sie wirkt bei allen Maßnahmen ihrer Dienststelle mit, die Fragen der Gleichstellung von Frauen und Männern, der Vereinbarkeit von Familie und Beruf und der Verbesserung der beruflichen Situation der in der Dienststelle beschäftigten Frauen betreffen. [3]Sie ist frühzeitig zu beteiligen, insbesondere in
1. Personalangelegenheiten an der Vorbereitung und Entscheidung über Einstellung, Umsetzung mit einer Dauer von über sechs Monaten, Versetzung, Fortbildung, beruflichen Aufstieg und vorzeitige Beendigung der Beschäftigung, soweit nicht die Betroffenen diese Beteiligung zu ihrer Unterstüt-zung für sich ausdrücklich ablehnen.
2. sozialen und organisatorischen Angelegenheiten.
[4]Die Rechte des Personalrats, Richterrats und Präsidialrats bleiben unberührt.

(2) ¹Die Frauenbeauftragte entwickelt eigene Initiativen zur Durchführung dieses Gesetzes und zur Verbesserung der beruflichen Situation von Frauen sowie der Vereinbarkeit von Familie und Beruf für Frauen und Männer. ²Zu ihren Aufgaben gehört auch die Beratung und Unterstützung von Frauen in Einzelfällen bei beruflicher Förderung und Beseitigung von Benachteiligung.

§ 21 Befugnisse
(1) ¹Die Frauenbeauftragte ist zur Durchführung ihrer Aufgaben rechtzeitig und umfassend zu unterrichten. ²Ihr sind die hierfür erforderlichen Unterlagen frühzeitig vorzulegen und die erbetenen Auskünfte zu erteilen. ³Personalakten darf die Frauenbeauftragte nur mit Einwilligung der betroffenen Beschäftigten einsehen.
(2) Die Frauenbeauftragte hat ein unmittelbares Vortragsrecht bei der Dienststellenleitung.
(3) ¹Der Frauenbeauftragten ist grundsätzlich die Gelegenheit zur Teilnahme an den Besprechungen nach § 71 Abs. 1 des Sächsischen Personalvertretungsgesetzes zu geben. ²Soweit persönliche Angelegenheiten behandelt werden, ist die Teilnahme nur mit Einwilligung der betroffenen Person zulässig.
(4) Die Frauenbeauftragte ist berechtigt, Sprechstunden und Versammlungen abzuhalten, die Beschäftigten zu unterrichten und zu beraten sowie Wünsche, Anregungen und Beschwerden entgegenzunehmen.

§ 22 Beanstandungsrecht
(1) ¹Verstöße der Dienststelle gegen dieses Gesetz oder gegen andere Vorschriften über die Gleichberechtigung von Frauen und Männern kann die Frauenbeauftragte gegenüber der Dienststellenleitung beanstanden. ²Die Beanstandung soll spätestens eine Woche nach Unterrichtung der Frauenbeauftragten über die Maßnahme erfolgen.
(2) ¹Über die Beanstandung entscheidet die Dienststellenleitung. ²Sie hat die beanstandete Maßnahme oder ihre Durchführung bis zu ihrer Entscheidung aufzuschieben. ³Hält sie die Beanstandung für begründet, sind die Maßnahmen und ihre Folgen zu berichtigen oder die Ergebnisse der Beanstandung für Wiederholungsfälle zu berücksichtigen. ⁴Andernfalls hat die Dienststellenleitung gegenüber der Frauenbeauftragten die Ablehnung der Entscheidung zu begründen.
(3) ¹Die Frauenbeauftragte einer nachgeordneten Dienststelle kann zu einer nach ihrer Auffassung fehlerhaften Entscheidung über die Beanstandung nach rechtzeitiger Unterrichtung ihrer Dienststellenleitung die nächsthöhere Dienststelle um eine rechtliche Stellungnahme bitten und diese in ihrer Dienststelle unter Beachtung des Dienst- und des Datenschutzrechts bekannt geben. ²In beiden Fällen ist die schriftliche Einwilligung der durch die beanstandete Maßnahme unmittelbar Betroffenen erforderlich, soweit personenbezogene Daten mitgeteilt werden. ³Die nächsthöhere Dienststelle hat der Bitte um Rechtsauskunft zu entsprechen. ⁴Deren weitere Entscheidung und die Rechtswirkung der beanstandeten Maßnahme richten sich unabhängig von diesem Verfahren nach den geltenden Vorschriften.

Vierter Abschnitt: Schlussbestimmungen

§ 23 (weggefallen)

§ 24 In-Kraft-Treten
Dieses Gesetz tritt am Tage nach seiner Verkündung in Kraft.

15. Frauenfördergesetz Sachsen-Anhalt (FrFG-LSA)
vom 27. Mai 1997 (GVBl. 1997, S. 516)
– zuletzt geändert durch Gesetz zum Abbau verzichtbarer Anordnungen der Schriftform im Verwaltungsrecht des Landes Sachsen-Anhalt vom 7. Juli 2020 (GVBl. 26 2020, S. 372)

Abschnitt 1: Allgemeine Vorschriften

§ 1 Zielsetzung
^{1}Zur Verwirklichung der Gleichstellung von Frauen und Männern werden Frauen in Sachsen-Anhalt entsprechend dem Auftrag des Artikels 34 der Landesverfassung nach Maßgabe dieses Gesetzes gefördert, insbesondere zur Verbesserung ihrer beruflichen Situation und ihrer beruflichen Entwicklung. ^{2}Gefördert wird ebenso die Vereinbarkeit von Familie und Beruf für Frauen und Männer.

§ 2 Geltungsbereich
^{1}Dieses Gesetz gilt für die Dienststellen und Einrichtungen des Landes Sachsen-Anhalt, der kommunalen Gebietskörperschaften und der anderen, der Aufsicht des Landes unterstehenden Körperschaften, Anstalten und Stiftungen des öffentlichen Rechts sowie für ihre Beschäftigten. ^{2}Für Richterinnen und Richter gilt dieses Gesetz entsprechend, soweit das Deutsche Richtergesetz und das Landesrichtergesetz nichts anderes bestimmen.

Abschnitt 2: Maßnahmen zur beruflichen Förderung

§ 3 Stellenausschreibung
^{1}Frauen sollen in Stellenausschreibungen besonders aufgefordert werden, sich zu bewerben. ^{2}Stellenausschreibungen sind so abzufassen, dass sie insbesondere Frauen zu einer Bewerbung auffordern. ^{3}Dies gilt vor allem für Stellen in Bereichen, in denen Frauen in geringerer Anzahl beschäftigt sind als Männer.

§ 4 Stellenbesetzung
(1) Bewerberinnen, die nach den Bewerbungsunterlagen über die in der Stellenausschreibung geforderten Qualifikationen einschließlich der erforderlichen Berufserfahrung verfügen, sind grundsätzliche zu einem Vorstellungsgespräch einzuladen.
(2) ^{1}Stellt die Einstellungsbehörde fest, dass eine Bewerberin und ein Bewerber für die auszuübende Tätigkeit nach Eignung, Befähigung und fachlicher Leistung gleichwertig qualifiziert sind, ist die Bewerberin einzustellen, wenn der Anteil der Frauen in der Funktion, in der Vergütungs- oder Besoldungsgruppe geringer ist als der der Männer. ^{2}Dies gilt nicht, wenn in der Person eines Mitbewerbers liegende Gründe vorliegen, die auch unter Beachtung der Verpflichtung zur Förderung der tatsächlichen Gleichstellung von Frauen und Männern überwiegen.
(3) Wegen einer bestehenden oder gewünschten Schwangerschaft darf niemand von einer Stellenbesetzung ausgeschlossen werden.
(4) ^{1}Für die Beurteilung der Eignung, Leistung und Befähigung sind Fähigkeiten und Erfahrungen aus der familiären oder sozialen Arbeit zu berücksichtigen, soweit ihnen für die zu übertragenden Aufgaben Bedeutung zukommt. ^{2}Dies gilt auch, wenn Familienarbeit neben der Erwerbsarbeit geleistet wurde. ^{3}Sozial und familiär bedingte Ausfallzeiten dürfen sich nicht nachteilig auswirken.

§ 5 Übertragung höherwertiger Tätigkeit, Beförderung, Höhergruppierung
(1) Für die Übertragung höherwertiger Tätigkeiten, bei Beförderung und Höhergruppierung gilt § 4 entsprechend.

(2) Teilzeitbeschäftigten Frauen und Männern sind die gleichen beruflichen Aufstiegschancen wie Vollzeitbeschäftigten einzuräumen.

§ 6 Ausbildung
Für die Berufsausbildungsgänge gelten die §§ 3 und 4 entsprechend.

§ 7 Fort- und Weiterbildung
(1) ¹Frauen ist die Gelegenheit zu geben, sich im Interesse ihrer beruflichen Qualifikation an geeigneten Bildungsmaßnahmen zu beteiligen. ²Dies gilt besonders für Bereiche, in denen Frauen unterrepräsentiert sind.
(2) Frauen sind als Referentinnen und Lehrgangsleiterinnen für Fort- und Weiterbildungsmaßnahmen verstärkt einzusetzen.
(3) ¹Fort- und Weiterbildungsmaßnahmen sind verstärkt als Möglichkeit zu nutzen, dem Gleichstellungsauftrag mehr Beachtung zu verschaffen. ²Dies gilt vor allem für Bildungsmaßnahmen, die sich an Beschäftigte der Organisations- und Personalstellen, an Beschäftigte in leitenden Positionen und an Personalräte richten, sowie für Veranstaltungen, die auf Leitungsaufgaben vorbereiten und für die Lehrerinnen- und Lehrerfortbildung.
(4) Beschäftigten mit Familienaufgaben und Teilzeitbeschäftigten sind Fort- und Weiterbildungsmaßnahmen so anzubieten, dass ihnen eine Teilnahme erleichtert wird.

§ 7a Personalabbau
¹Der Anteil von Frauen bei Maßnahmen des Personalabbaus innerhalb einer Dienststelle oder Einrichtung darf nicht ihren Anteil an den Beschäftigten innerhalb der Funktion, der Vergütungs- oder Besoldungsgruppe überschreiten. ²Dabei sind die Belange des Einzelfalles zu berücksichtigen. ³Als Maßnahmen des Personalabbaus gelten auch Änderungskündigungen unter Vereinbarung einer niedrigeren Vergütung oder einer geringeren Arbeitszeit.

Abschnitt 3: Berücksichtigung von Familienaufgaben

§ 8 Arbeitszeit
(1) Flexible Gestaltung der Arbeitszeit und Teilzeitbeschäftigungen sind zu schaffen, um die Vereinbarkeit von Beruf und Familie zu gewährleisten, soweit zwingende dienstliche Interessen nicht entgegenstehen.
(2) Im Rahmen der gesetzlichen und tarifvertraglichen Regelungen der Arbeitszeit und der dienstlichen Möglichkeiten sind im Einzelfall Beschäftigten mit Familienpflichten bei Bedarf geänderte tägliche und wöchentliche Arbeitszeiten einzuräumen.
(3) ¹Anträgen auf Teilzeitbeschäftigung, auch von Beschäftigten in leitenden Positionen mit Familienpflichten, ist nach Maßgabe des Absatzes 1 zu entsprechen. ²Die Dienststelle muss die Ablehnung von Anträgen im einzelnen schriftlich oder elektronisch begründen.
(4) Teilzeitbeschäftigte mit Familienpflichten, die eine Vollzeitbeschäftigung anstreben, sollen bei der Besetzung von Vollzeitstellen unter Beachtung von Eignung, Befähigung und fachlicher Leistung vorrangig berücksichtigt werden.
(5) Dem Antrag von Teilzeitbeschäftigten nach Aufstockung ihrer wöchentlichen Arbeitszeit ist im Rahmen der personalwirtschaftlichen Möglichkeiten zu entsprechen.

§ 9 Beurlaubung
(1) ¹Beschäftigten, die zur Betreuung von Kindern oder Angehörigen beurlaubt sind, ist durch organisatorische Maßnahmen, insbesondere durch das Angebot von Fort- und Weiterbildungsmaßnahmen, die Möglichkeit einzuräumen, Verbindung zum Beruf aufrechtzuerhalten, um die Wiederaufnahme der beruflichen Tätigkeit zu erleichtern. ²Die Teilnahme an einer

überwiegend in dienstlichem Interesse liegenden Fortbildungsveranstaltung während der Beurlaubung begründet einen Anspruch auf bezahlte Dienstbefreiung nach Ende der Beurlaubung. ³Die Dauer der bezahlten Dienstbefreiung richtet sich nach der Dauer der Fortbildung. ⁴Mit den Beurlaubten sind rechtzeitig vor Ablauf einer Beurlaubung Beratungsgespräche zu führen, in denen sie über die Möglichkeiten ihrer Beschäftigung nach der Beurlaubung informiert werden.
(2) Den Beurlaubten ist möglichst häufig eine Vertretungs- oder Aushilfstätigkeit anzubieten.
(3) ¹Längerfristig beurlaubten Beschäftigten, die bereits mehr als zwei Jahre beurlaubt sind, ist die Teilnahme an beruflichen Fort- und Weiterbildungsveranstaltungen zu ermöglichen. ²Sie sind über das Bildungsangebot zu informieren. ³Die Dienststelle kann in besonderen Fällen bei rechtzeitigem Antrag vor Beginn der Bildungsveranstaltung den beurlaubten Beschäftigten die Erstattung der notwendigen Auslagen und Kinderbetreuungskosten bewilligen. ⁴Durch die Teilnahme an einer beruflichen Fort- und Weiterbildungsmaßnahme wird die Beurlaubung nicht unterbrochen.
(4) Nach Ende der Beurlaubung ist die Wiederaufnahme der beruflichen Tätigkeit unter Wahrung dienstlicher Interessen durch Teilzeitbeschäftigungsmöglichkeiten, soweit erwünscht, zu fördern.

Abschnitt 4: Gremien

§ 10 Vertretung von Frauen und Männern in Gremien
(1) ¹Die Dienststellen und Einrichtungen gemäß § 2 haben darauf hinzuwirken, dass eine hälftige Besetzung von Frauen und Männern in Gremien geschaffen oder erhalten wird. ²Gremien im Sinne dieses Gesetzes sind insbesondere Vorstände, Beiräte, Verwaltungs- und Aufsichtsräte, kollegiale Organe und vergleichbare Gruppierungen unabhängig von ihrer Bezeichnung, soweit die Dienststellen und Einrichtungen für deren Mitglieder Berufungs- und Entsendungsrechte haben.
(2) (außer Kraft)

§ 11 Berufung in Gremien innerhalb des Landes, Vorschlagsrecht
(1) ¹Bei der Berufung von Mitgliedern in Gremien sollen die Dienststellen und Einrichtungen gemäß § 2 (berufende Stelle), die die Mitgliedschaft von Personen in einem Gremium im eigenen oder im Geschäftsbereich einer anderen Dienststelle oder Einrichtung durch Berufungsakt unmittelbar begründen, Frauen und Männer hälftig berücksichtigen. ²Bestehen Berufungsrechte nur für eine Person, sollen Frauen und Männer alternierend berücksichtigt werden, wenn das Gremium für jeweils befristete Zeiträume zusammengesetzt wird.
(2) Ist für die Berufung ein Beschluss der Landesregierung erforderlich, gilt der Beschluss als die Mitgliedschaft unmittelbar begründender Akt.
(3) ¹Erfolgt eine Berufung auf Grund der Benennung oder des Vorschlags einer vorschlagsberechtigten Stelle, so hat diese für jeden auf sie entfallenden Sitz jeweils eine Frau und einen Mann mit der persönlichen und fachlichen Eignung und Qualifikation zu benennen oder vorzuschlagen (Doppelbenennung). ²Sie ist rechtzeitig zur Doppelbenennung von der berufenden Stelle aufzufordern. ³Sollte eine Doppelbenennung nicht erfolgen, ist dies schriftlich oder elektronisch zu begründen. ⁴Die Doppelbenennung kann unterbleiben, wenn
1. einer vorschlagsberechtigten Stelle mehrere Sitze in einem Gremium zustehen und sie gleich viele Frauen und Männer benennt oder vorschlägt; bei einer ungeraden Anzahl von Sitzen bleibt für einen Sitz die Pflicht zur Doppelbenennung bestehen,
2. der vorschlagsberechtigten Stelle eine Doppelbenennung aus rechtlichen oder tatsächlichen Gründen nicht möglich oder aus sachlichen, nicht auf das Geschlecht bezogenen

Gründen unzumutbar ist; in diesem Fall hat sie der berufenden Stelle die Gründe hierfür schriftlich oder elektronisch darzulegen,
3. der berufenden Stelle auf Grund eines Gesetzes ein Auswahlrecht nicht zusteht.
(4) Vorschlagsberechtigte Stellen gemäß Absatz 3 sind
1. gesellschaftliche Institutionen, Organisationen, Verbände und Gruppen,
2. die in § 2 genannten Dienststellen und Einrichtungen,
3. sonstige Stellen,
die auf Grund von Rechtsnormen berechtigt sind, Personen als Mitglieder für Gremien zu benennen oder vorzuschlagen.
(5) Benennt eine Stelle Personen als Mitglieder für ein Gremium, für das sie selbst berufende Stelle ist, so findet anstelle des Verfahrens nach Absatz 3 das Verfahren nach § 12 Abs. 2 Anwendung.

§ 12 Berufung in Gremien außerhalb des Landes, Entsendung

(1) [1]Die Dienststellen und Einrichtungen gemäß § 2 (entsendende Stelle) sollen bei der Entsendung von Mitgliedern in Gremien außerhalb des Landes Frauen und Männer hälftig berücksichtigen. [2]Bestehen Entsendungsrechte nur für eine Person, sollen Frauen und Männer alternierend berücksichtigt werden, wenn das Gremium für jeweils befristete Zeiträume zusammengesetzt wird.
(2) [1]Bei den Vorschlägen ist für jeden auf die entsendende Stelle entfallenden Sitz jeweils eine Frau und ein Mann zu benennen, soweit Frauen und Männer mit der persönlichen und fachlichen Eignung und Qualifikation zur Verfügung stehen. [2]§ 11 Abs. 3 Satz 4 Nrn. 1 und 2 gilt entsprechend. [3]Den für die Entsendung Zuständigen sind durch die Vorschlagsberechtigten schriftliche oder elektronische Vorschläge zu unterbreiten.

§ 13 Durchführungsbestimmungen

Die Landesregierung kann durch Rechtsverordnung Bedingungen über das Berufungs-, Vorschlags- und Entsendungsverfahren erlassen.

Abschnitt 5: Gleichstellungsbeauftragte

§ 14 Hauptamtliche Gleichstellungsbeauftragte

(1) Bei jeder obersten Landesbehörde mit mehr als 300 Beschäftigten im Geschäftsbereich und beim Landesverwaltungsamt ist eine hauptamtliche Gleichstellungsbeauftragte zu bestellen.
(2) [1]Kann bei einer obersten Landesbehörde keine hauptamtliche Gleichstellungsbeauftragte nach Absatz 1 bestellt werden, hat die oberste Landesbehörde geeignete Maßnahmen zu treffen, dass die Aufgaben nach diesem Gesetz wahrgenommen werden. [2]Sie kann insbesondere die Aufgaben der hauptamtlichen Gleichstellungsbeauftragten einer anderen obersten Landesbehörde in deren Einvernehmen zuordnen.
(3) Die Gleichstellungsbeauftragten sind mit den zur Erfüllung ihrer Aufgaben notwendigen sachlichen und personellen Mitteln auszustatten.

§ 15 Aufgaben und Rechte der hauptamtlichen Gleichstellungsbeauftragten in den obersten Landesbehörden

(1) [1]Die hauptamtlichen Gleichstellungsbeauftragten in den obersten Landesbehörden wirken bei der Durchführung dieses Gesetzes mit. [2]Sie arbeiten mit der Leitstelle für Frauenpolitik des Landes Sachsen-Anhalt in Angelegenheiten, die die Zielvorstellung des Gesetzes betreffen, zusammen. [3]Sie sind als Stabsstellen direkt der Behördenleitung nachgeordnet.

(2) ¹Die Gleichstellungsbeauftragten sind bei allen personellen, sozialen und organisatorischen Maßnahmen umfassend und rechtzeitig zu informieren und auf Verlangen zu beteiligen. ²Sie sind hinsichtlich der Erfüllung ihrer gesetzlichen Aufgaben mit Ausnahme von Satz 3 Nrn. 7 und 8 an fachliche Aufträge und Weisungen nicht gebunden. ³Die Gleichstellungsbeauftragten haben insbesondere folgende Aufgaben und Rechte:
1. Einbringung frauenrelevanter Anliegen und Forderungen in die Verwaltung,
2. Erarbeitung von Empfehlungen und Initiativen zur Verbesserung der Situation von Frauen,
3. Initiierung von Frauenfördermaßnahmen, Zusammenarbeit mit anderen Organisationen, Beratungsarbeit und Öffentlichkeitsarbeit,
4. Direktes Zugangs- und Vortragsrecht bei der Behördenleitung,
5. Beteiligung bei Vorlagen in der Planungsphase und Mitzeichnungsrecht,
6. Sie sind bei Stellenausschreibungen zu beteiligen,
7. Sie können Bewerbungsunterlagen einsehen,
8. Sie können an Vorstellungsgesprächen teilnehmen,
9. Sie sind über anstehende Beförderungen sowie zu übertragende höherwertige Tätigkeiten zu unterrichten,
10. Sie sind über Maßnahmen zur Qualifikation von Mitarbeiterinnen und Mitarbeitern (zum Beispiel Bildungsmaßnahmen) zu informieren,
11. Sie arbeiten mit den ehrenamtlichen Gleichstellungsbeauftragten zusammen. Sie können diesen auf deren Anforderung bei der Beratung und Unterstützung weiblicher Beschäftigter zu deren beruflicher Förderung und zur Vermeidung und Beseitigung von Benachteiligungen behilflich sein,
12. Sie nehmen Beschwerden über sexuelle Belästigungen entgegen, beraten die Betroffenen und leiten mit deren Einverständnis Mitteilungen über sexuelle Belästigung der Behördenleitung zu.

(3) ¹Den Gleichstellungsbeauftragten sind auf Verlangen die zur Durchführung ihrer Aufgaben erforderlichen Unterlagen zur Verfügung zu stellen. ²Aus Personalakten sind ihnen die erforderlichen Auskünfte zu erteilen. ³Bei Nichteinhaltung ihrer Rechte nach Absatz 2, bei Nichtbeachtung von Formvorschriften dieses Gesetzes oder bei Nichteinhaltung von Zielvorgaben des Frauenförderplanes können die Gleichstellungsbeauftragten bei der Behördenleitung Widerspruch, der aufschiebende Wirkung hat, einlegen. ⁴Über den Widerspruch ist innerhalb von zwei Wochen erneut zu beraten und endgültig zu entscheiden.

(4) Die Gleichstellungsbeauftragten sind verpflichtet, über die ihnen bei ihrer Tätigkeit bekanntgewordenen Angelegenheiten und Tatsachen Stillschweigen zu bewahren.

§ 16 Aufgaben und Rechte der hauptamtlichen Gleichstellungsbeauftragten im Landesverwaltungsamt

(1) Die hauptamtliche Gleichstellungsbeauftragte nimmt innerhalb ihrer Dienststelle die Aufgaben und Rechte entsprechend § 15 wahr.

(2) Sie bringt eigene Initiativen und Anregungen in das Verwaltungshandeln ein und achtet darauf, dass Verwaltungsentscheidungen dem Ziel dieses Gesetzes gerecht werden.

(3) (außer Kraft)

(4) Sie steht den kommunalen Gleichstellungsbeauftragten auf deren Anforderungen bei Fragen zur Umsetzung und Durchsetzung der Frauenpolitik zur fachlichen Beratung zur Verfügung.

(5) ¹Sie nimmt nach außen gerichtete Tätigkeiten wahr. ²Dazu gehören insbesondere:
1. die Initiierung von Frauenfördermaßnahmen und
2. die Zusammenarbeit mit anderen Institutionen.

(6) (außer Kraft)

§ 17 Ehrenamtliche Gleichstellungsbeauftragte

(1) ¹Bei den Dienststellen und Einrichtungen nach § 2 mit mindestens fünf weiblichen Beschäftigten wird eine ehrenamtliche Gleichstellungsbeauftragte oder ein ehrenamtlicher Gleichstellungsbeauftragter sowie deren Stellvertreterin oder Stellvertreter von den weiblichen Beschäftigten gewählt. ²Auf die Wahl von ehrenamtlichen Gleichstellungsbeauftragten kann in Kommunen und Verwaltungsgemeinschaften, die hauptamtliche Gleichstellungsbeauftragte bestellt haben, verzichtet werden.
(2) Sind bei einer Dienststelle weniger als fünf Frauen beschäftigt, so sind sie bei der übergeordneten Dienststelle wahlberechtigt.
(3) Die Wahlen finden alle vier Jahre statt, erstmals bis spätestens nach Ablauf von drei Monaten nach Inkrafttreten dieses Gesetzes.
(4) ¹Die Wahlberechtigung ist für alle weiblichen Beschäftigten gegeben. ²Wer zu einer Dienststelle abgeordnet ist, wird in ihr wahlberechtigt, sobald die Abordnung länger als drei Monate gedauert hat; im gleichen Zeitpunkt verliert sie das Wahlrecht bei der alten Dienststelle. ³Dies gilt nicht, wenn die Beschäftigte binnen weiterer sechs Monate in die alte Dienststelle zurückkehren wird.
(5) Wählbar sind alle Beschäftigten im Sinne des § 14 Abs. 1 und 2 des Landespersonalvertretungsgesetzes Sachsen-Anhalt.
(6) Die Dienststelle hat eine Personalversammlung der weiblichen Beschäftigten einzuberufen, in der die Wahlvorschläge formlos eingebracht werden.
(7) ¹Die Dienststelle bestellt zur Durchführung der Wahl spätestens drei Monate vor Ablauf der Amtszeit der Gleichstellungsbeauftragten eine Wahlleiterin oder einen Wahlleiter. ²Über das Ergebnis der Wahl erstellt die Wahlleitung ein Protokoll, das unverzüglich nach der Wahl für mindestens drei Wochen auszuhängen ist.
(8) ¹Die Gleichstellungsbeauftragten werden in geheimer und unmittelbarer Wahl gewählt. ²Gewählt ist, wer die meisten Stimmen erhält.
(9) ¹Die regelmäßige Amtszeit der Gleichstellungsbeauftragten beträgt vier Jahre. ²Die Amtszeit beginnt mit der Bekanntgabe des Wahlergebnisses oder, wenn die Amtszeit der bisherigen Gleichstellungsbeauftragten noch nicht beendet ist, mit deren Ablauf.
(10) Die für Personalratsmitglieder geltenden Schutzbestimmungen sind für die ehrenamtlichen Gleichstellungsbeauftragten entsprechend anzuwenden.
(11) ¹Für die Fälle des vorzeitigen Ausscheidens der ehrenamtlichen Gleichstellungsbeauftragten oder ihrer Stellvertreterin, insbesondere bei
1. Bestellung der ehrenamtlichen Gleichstellungsbeauftragten zur hauptamtlichen Gleichstellungsbeauftragten,
2. Abordnung für einen sechs Monate überschreitenden Zeitraum,
3. Rücktritt,
4. Ausscheiden aus der Dienststelle,
sind Nachwahlen durchzuführen. ²Die Nachwahlen beziehen sich auf das frei gewordene Amt.
(12) Für die Fälle der Zusammenlegung oder Trennung von Dienststellen sind Neuwahlen durchzuführen.
(13) ¹Für die nach den Absätzen 11 und 12 erforderlichen Wahlen gelten die Absätze 1 bis 9 entsprechend. ²Nachwahlen erstrecken sich zeitlich auf die verbleibende Wahlperiode.
(14) Von den weiblichen Beschäftigten des Verfassungsschutzes wird in der dafür zuständigen Abteilung im Ministerium des Innern eine ehrenamtliche Gleichstellungsbeauftragte oder ein ehrenamtlicher Gleichstellungsbeauftragter sowie deren Stellvertreterin oder Stellvertreter gewählt.

§ 18 Aufgaben und Rechte der ehrenamtlichen Gleichstellungsbeauftragten

(1) Die ehrenamtlichen Gleichstellungsbeauftragten beraten und unterstützen die weiblichen Beschäftigten in Einzelfällen zur beruflichen Förderung und Beseitigung von Benachteiligungen.

(2) Sie arbeiten mit den hauptamtlichen Gleichstellungsbeauftragten zusammen und unterrichten diese über Missstände und Benachteiligungen in der Dienststelle, die die Gleichberechtigung betreffen.

(3) ¹Ihre Aufgaben und Rechte nach diesem Gesetz nehmen sie während der Dienstzeit wahr. ²Die ehrenamtlichen Gleichstellungsbeauftragten üben die Aufgaben nach diesem Gesetz unentgeltlich aus. ³Die Dienststelle hat sie bei der Erfüllung ihrer Aufgaben zu unterstützen. ⁴Ihre Tätigkeit darf nicht zur Beeinträchtigung ihres beruflichen Werdeganges führen. ⁵Die für Personalratsmitglieder geltenden Entlastungsregelungen sind für die ehrenamtlichen Gleichstellungsbeauftragten entsprechend anzuwenden.

(4) Sie haben während ihrer regelmäßigen Amtszeit Anspruch auf Freistellung vom Dienst unter Fortzahlung der Bezüge für mindestens 1 Woche im Jahr zur Teilnahme an Schulungs- und Bildungsveranstaltungen, die von der Landeszentrale für politische Bildung als geeignet anerkannt sind.

§ 18a Gleichstellungsbeauftragte in den Kommunen

¹Die gemäß § 74 Gemeindeordnung für das Land Sachsen-Anhalt und § 64 Landkreisordnung für das Land Sachsen-Anhalt zu bestellenden Gleichstellungsbeauftragten nehmen neben den ihnen in den Kommunen übertragenen Aufgaben die Aufgaben und Rechte nach § 15 Abs. 2 wahr. ²§ 15 Abs. 3 und 4 gilt entsprechend.

§ 19 Gleichstellungsbeauftragte an den Hochschulen

¹Für die Gleichstellungsbeauftragten an den Hochschulen gilt dieses Gesetz, soweit keine besonderen Regelungen vorliegen. ²Der berufliche Werdegang von Gleichstellungsbeauftragten darf durch die Ausübung ihrer Funktion nicht beeinträchtigt werden.

Abschnitt 6: Frauenförderplan

§ 20 Frauenförderplan

(1) ¹Oberste Landesbehörden sowie Körperschaften, Anstalten und Stiftungen des öffentlichen Rechts mit eigener Verwaltung im Geltungsbereich des § 2, die nicht in den Geschäftsbereich einer obersten Landesbehörde fallen, haben für ihren Geschäftsbereich einen Frauenförderplan zu erstellen. ²Er ist alle zwei Jahre fortzuschreiben.

(2) ¹Die haupt- und ehrenamtlichen Gleichstellungsbeauftragten wirken bei der Erstellung und Umsetzung des Frauenförderplanes mit. ²Mit der bestellten Gleichstellungsbeauftragten ist das Benehmen herzustellen. ³Auf Verlangen der Gleichstellungsbeauftragten ist ihre Stellungnahme dem Frauenförderplan beizufügen.

(3) ¹Frauenförderpläne enthalten für jeweils zwei Jahre verbindliche Zielvorgaben bezogen auf die Erhöhung des Anteils von Frauen bei Einstellungen und Beförderung in den einzelnen Funktionen, Vergütungs- oder Besoldungsgruppen, in denen sie unterrepräsentiert sind. ²Es sind mehr als die Hälfte der zu besetzenden Stellen innerhalb der Funktionen, Vergütungs- oder Besoldungsgruppen, in denen Frauen unterrepräsentiert sind, zur Besetzung durch Frauen vorzusehen.

Abschnitt 6a: Chancengleichheit von Frauen in der Privatwirtschaft

20a (weggefallen)

§ 20b Staatliche Leistungsgewährung
Bei der Gewährung von freiwilligen Leistungen auf der Grundlage von Landesgesetzen und bei der Neuauflage von Förderprogrammen werden Maßnahmen zur Herstellung der Chancengleichheit für Frauen und zur Familienförderung berücksichtigt.

Abschnitt 7: Schlussvorschriften

§ 21 Berichterstattung und Fortschreibung
Die Landesregierung legt dem Landtag alle fünf Jahre einen Bericht über die Umsetzung dieses Gesetzes vor.

§ 22 (Inkrafttreten)

16. Gesetz zur Gleichstellung der Frauen im öffentlichen Dienst Schleswig-Holstein (Gleichstellungsgesetz Schleswig-Holstein – GstG-SLH)

vom 13. Dezember 1994 (GVBl. 1994, S. 562)
– zuletzt geändert durch Landesverordnung zur Anpassung von Rechtsvorschriften an geänderte Zuständigkeiten der obersten Landesbehörden und geänderte Ressortbezeichnungen vom 27. Oktober 2023 (GVBl. 15 2023, S. 514)

Abschnitt I: Einleitende Vorschriften

§ 1 Gesetzeszweck
¹Dieses Gesetz dient der Verwirklichung des Grundrechtes der Gleichberechtigung von Frauen und Männern. ²Es fördert die Gleichstellung der Frauen im öffentlichen Dienst insbesondere durch
1. die Schaffung von Arbeitsbedingungen, die für beide Geschlechter die Vereinbarkeit von Familie und Beruf ermöglichen,
2. die Kompensation von Nachteilen, die vor allem Frauen als Folge der geschlechtsspezifischen Arbeitsteilung erfahren,
3. die gerechte Beteiligung von Frauen an allen Lohn-, Vergütungsund Besoldungsgruppen sowie in Gremien.

§ 2 Geltungsbereich
(1) ¹Dieses Gesetz gilt, soweit gesetzlich nichts anderes bestimmt ist, für das Land, die Gemeinden, Kreise und Ämter und für die der Aufsicht des Landes unterstehenden Körperschaften des öffentlichen Rechts ohne Gebietshoheit, die rechtsfähigen Anstalten und Stiftungen des öffentlichen Rechts. ²Es gilt nicht für die gemeinsamen Einrichtungen des Landes Schleswig-Holstein mit anderen Ländern.
(2) ¹Beschäftigte im Sinne dieses Gesetzes sind die Beamtinnen und Beamten, Richterinnen und Richter, Angestellten, Arbeiterinnen und Arbeiter sowie die Auszubildenden der Träger der öffentlichen Verwaltung nach Absatz 1. ²Dieses Gesetz gilt nicht für Ehrenbeamtinnen und Ehrenbeamte und kommunale Wahlbeamtinnen und Wahlbeamte.

Abschnitt II: Maßnahmen zur Gleichstellung

§ 3 Vergabe von Ausbildungsplätzen
(1) Bei gleichwertiger Eignung, Befähigung und fachlicher Leistung sind Ausbildungsplätze vorrangig an Frauen zu vergeben, wenn sich in dem betreffenden Ausbildungsberuf oder in der betreffenden Laufbahn bei dem jeweiligen in § 2 genannten Träger der öffentlichen Verwaltung weniger Frauen als Männer befinden.
(2) Absatz 1 gilt nicht, wenn die Ausbildung Voraussetzung für die Ausübung eines Berufes auch außerhalb des öffentlichen Dienstes ist.

§ 4 Einstellung
(1) ¹Bei gleichwertiger Eignung, Befähigung und fachlicher Leistung sind Frauen bei Begründung eines Beamten- oder Richterverhältnisses vorrangig zu berücksichtigen, wenn sich in der betreffenden Laufbahn im Geschäftsbereich der für die Personalauswahl zuständigen Dienststelle weniger Frauen als Männer befinden; bei laufbahnfreien Ämtern ist auf den Anteil in

der jeweiligen Besoldungsgruppe abzustellen. ²Soweit die Einstellung von einer Dienststelle für mehrere Geschäftsbereiche durchgeführt wird, ist der Frauenanteil in diesen Geschäftsbereichen insgesamt zugrunde zu legen.
(2) ¹Bei Begründung eines Arbeitsverhältnisses sind Frauen bei gleichwertiger Eignung, Befähigung und fachlicher Leistung vorrangig zu berücksichtigen, wenn sich in der betreffenden Fallgruppe einer Vergütungs- oder Lohngruppe im Geschäftsbereich der für die Personalauswahl zuständigen Dienststelle weniger Frauen befinden als Männer. ²Sind mehrere Fallgruppen von Vergütungs- oder Lohngruppen einer Laufbahn vergleichbar, ist der Anteil der Frauen in diesen Fallgruppen insgesamt maßgeblich. ³Absatz 1 Satz 2 gilt entsprechend.
(3) Für Beamtenverhältnisse und Beschäftigungsverhältnisse, die zum Zwecke der Ausbildung begründet werden, gilt § 3.

§ 5 Beförderung und Übertragung höherwertiger Tätigkeite
(1) ¹Bei gleichwertiger Eignung, Befähigung und fachlicher Leistung sind Frauen vorrangig zu befördern, wenn sich in dem angestrebten Beförderungsamt der Laufbahn im Geschäftsbereich der für die Personalauswahl zuständigen Dienststelle weniger Frauen als Männer befinden. ²Satz 1 gilt entsprechend, wenn, ohne daß sich die Amtsbezeichnung ändert, ein anderes Amt mit höherem Endgrundgehalt übertragen wird.
(2) Bei gleichwertiger Eignung, Befähigung und fachlicher Leistung sind Frauen vorrangig höherwertige Tätigkeiten, die eine Höhergruppierung auslösen, zu übertragen, wenn sich in der damit verbundenen Fallgruppe einer Vergütungs- oder Lohngruppe im Geschäftsbereich der für die Personalauswahl zuständigen Dienststelle weniger Frauen als Männer befinden.
(3) Die Absätze 1 und 2 gelten entsprechend für eine Versetzung, Abordnung oder Umsetzung, für die Zulassung zum Aufstieg oder für sonstige personelle Maßnahmen, die eine künftige Beförderung, eine ihr gleichgestellte Maßnahme oder eine Übertragung höherwertiger Tätigkeiten ermöglichen.

§ 6 Härteklausel
Die §§ 3 bis 5 gelten nicht, wenn in der Person eines Mitbewerbers so schwerwiegende Gründe vorliegen, daß seine Nichtberücksichtigung auch unter Beachtung des Gebotes zur Gleichstellung der Frauen eine unzumutbare Härte bedeuten würde.

§ 7 Arbeitsplatzausschreibung
(1) ¹In Bereichen, in denen Frauen nach Maßgabe der §§ 3 bis 5 unterrepräsentiert sind, müssen freie Arbeitsplätze ausgeschrieben werden. ²In der Ausschreibung sind die Anforderungen des zu besetzenden Arbeitsplatzes anzugeben. ³Sie ist so abzufassen, daß sie durchgängig Frauen und Männer gleichermaßen anspricht. ⁴Es ist darauf hinzuweisen, daß Frauen bei gleichwertiger Eignung, Befähigung und fachlicher Leistung vorrangig berücksichtigt werden.
(2) Freie Arbeitsplätze sind solche, die
1. neu geschaffen worden sind oder
2. besetzbar geworden sind durch
    1. Ausscheiden von Beschäftigten aus dem aktiven Dienst des jeweiligen Trägers der öffentlichen Verwaltung,
    2. Beurlaubung ohne Dienstbezüge oder Teilzeittätigkeit von Beschäftigten für die Dauer dieser Zeit,
    3. Versetzung, Abordnung, Zuweisung oder Umsetzung von Beschäftigten.
(3) Die Ausschreibung muß mindestens dienststellenübergreifend erfolgen, soweit innerhalb des jeweiligen Trägers der öffentlichen Verwaltung Bewerbungen möglich sind, die den

Anforderungen des zu besetzenden Arbeitsplatzes entsprechen; bei Führungspositionen soll grundsätzlich eine öffentliche Ausschreibung erfolgen.
(4) Die Absätze 1 bis 3 gelten auch für Ausbildungsplätze, soweit nicht ein Ausbildungsanspruch besteht.
(5) Mit Zustimmung der Gleichstellungsbeauftragten kann
1. von einer Ausschreibung in den Fällen des Absatzes 2 Nr. 2 Buchst. b und c oder
2. von einer öffentlichen Ausschreibung für Führungspositionen abgesehen werden. ^{2}§ 97 des Hochschulgesetzes bleibt unberührt. Bei Verweigerung der Zustimmung durch die Gleichstellungsbeauftragte gilt § 22 Abs. 2 bis 4 entsprechend.
(6) Die Absätze 1 bis 3 gelten nicht für
1. Beamtinnen und Beamte nach § 37 des Landesbeamtengesetzes oder
2. Arbeitsplätze, die für Beschäftigte vorgesehen sind,
   1. die nach einer Beurlaubung, einer Abordnung oder einer Zuweisung zurückkehren,
   2. die für ihr berufliches Fortkommen erfolgreich an einem Auswahlverfahren teilgenommen haben,
   3. die erstmalig einen Arbeitsplatz besetzen, nachdem sie vor Beginn einer bei dem jeweiligen Träger der öffentlichen Verwaltung abgeschlossenen Ausbildung oder vor Einstellung an einem Vorstellungsgespräch oder an einem Auswahlverfahren erfolgreich teilgenommen haben oder
   4. deren bisherige Arbeitsplätze aufgrund von Organisationsentscheidungen entfallen sind bzw. sollen oder
   5. die auf der Grundlage eines mit Gleichstellungsbeauftragter und Personalrat sowie den für ressortübergreifende Personalentwicklungsmaßnahmen zuständigen Stellen abgestimmten Personalentwicklungskonzeptes versetzt, abgeordnet, zugewiesen oder umgesetzt werden.
(7) Für jeden neu besetzten Arbeitsplatz ist festzuhalten,
1. ob er an eine Frau oder einen Mann vergeben wurde,
2. ob eine Ausschreibung erfolgt ist und
3. wenn ja, wie hoch der Anteil von Frauen unter den eingegangenen Bewerbungen und den zum Vorstellungsgespräch eingeladenen Personen war,
4. und mit wie vielen Frauen und Männern das Auswahlgremium besetzt war.

§ 8 Auswahlgrundsätze

(1) Die Qualifikation ist ausschließlich an solchen Eignungs-, Befähigungs- und fachlichen Leistungsmerkmalen zu messen, die den Anforderungen der Laufbahn oder des Berufs oder im Falle eines Personalentwicklungskonzeptes der angestrebten Stelle entsprechen.
(2) Für die Beurteilung der Eignung sind Erfahrungen und Fähigkeiten aus der Betreuung von Kindern oder Pflegebedürftigen einzubeziehen, soweit diese Qualifikationen für die zu übertragenden Aufgaben von Bedeutung sind.
(3) ^{1}Bei der Feststellung von Eignung, Befähigung und fachlicher Leistung darf das Dienst- oder Lebensalter nur berücksichtigt werden, wenn sich dadurch die beruflichen Kenntnisse erweitert haben. ^{2}Im übrigen können Dienst- oder Lebensalter berücksichtigt werden, soweit die §§ 3 bis 6 nicht entgegenstehen.
(4) Der Familienstand darf nicht nachteilig berücksichtigt werden.
(5) Schwangerschaft und die Möglichkeit einer Schwangerschaft dürfen nicht zum Nachteil einer Frau berücksichtigt werden.
(6) Die Absätze 1 bis 5 gelten entsprechend für Ausbildungsplätze.

§ 9 Höchstaltersgrenzen

(1) ¹Höchstaltersgrenzen für den Zugang zum öffentlichen Dienst, die nicht unmittelbar durch Gesetz bestimmt sind, erhöhen sich für Bewerberinnen und Bewerber, die wegen der Betreuung eines Kindes unter 18 Jahren oder einer oder eines sonstigen pflegebedürftigen Angehörigen von einer Bewerbung vor Erreichen des ansonsten maßgeblichen Höchstalters abgesehen haben, um 4 Jahre, bei Betreuung mehrerer Personen um höchstens 8 Jahre, jedoch nicht über das 50. Lebensjahr hinaus. ²Satz 1 gilt nur insoweit, als nicht bereits aufgrund anderer Rechtsvorschriften eine Überschreitung des regelmäßig geltenden Höchstalters zulässig ist.
(2) ¹Absatz 1 gilt entsprechend für Höchstaltersgrenzen, die das berufliche Fortkommen im öffentlichen Dienst betreffen. ²Eine Höchstaltersgrenze von 58 Jahren für den Aufstieg in nächsthöhere Laufbahngruppen bleibt unberührt.
(3) Gesetze und Verordnungen, die das berufliche Fortkommen im öffentlichen Dienst nach Erreichen eines bestimmten Lebensalters erschweren, sind nicht anzuwenden, wenn Beschäftigte das maßgebliche Lebensalter wegen der Betreuung eines Kindes unter 18 Jahren, einer oder eines sonstigen pflegebedürftigen Angehörigen überschreiten.

§ 10 Fort- und Weiterbildung

(1) ¹Zu beruflichen Fort- und Weiterbildungsveranstaltungen sollen Frauen und Männer im Rahmen des angesprochenen Adressatenkreises zu gleichen Anteilen zugelassen werden; Frauen sind mindestens entsprechend ihrem Anteil an den Bewerbungen zuzulassen. ²Kann nicht nach Satz 1 verfahren werden, weil nur ein Teilnahmeplatz zu vergeben ist, müssen Frauen und Männer alternierend berücksichtigt werden, wenn die Veranstaltung wiederholt angeboten wird; anderenfalls entscheidet das Los.
(2) ¹In Programme zur beruflichen Fort- und Weiterbildung sind Veranstaltungen zum Thema Gleichstellung von Frauen aufzunehmen. ²Bei Veranstaltungen zu Führungsverhalten, Personal- oder Organisationsangelegenheiten ist das Thema Gleichstellung einzubeziehen.

§ 11 Frauenförderplan

(1) ¹Jede einen Stellenplan bewirtschaftende Dienststelle mit regelmäßig mindestens 20 Beschäftigten hat für jeweils vier Jahre einen Frauenförderplan aufzustellen. ²Personalstellen mehrerer Dienststellen können in einem Frauenförderplan zusammengefaßt werden.
(2) ¹Personalstellen im Sinne dieses Gesetzes sind Planstellen und Stellen im Sinne von § 17 der Landeshaushaltsordnung Schleswig-Holstein sowie alle Stellen, die in Erläuterungen zu Haushaltsplänen ausgewiesen sind. ²In Dienststellen, in denen keine Planstellen vorhanden sind und in denen § 17 der Landeshaushaltsordnung Schleswig-Holstein keine Wirksamkeit entfaltet, sind Personalstellen im Sinne des Gesetzes alle Stellen, die in Stellenplänen geführt werden.
(3) Grundlage des Frauenförderplans sind eine Bestandsaufnahme und eine Analyse der Beschäftigtenstruktur sowie eine Schätzung der im Geltungsbereich des Frauenförderplans zu besetzenden Personalstellen, möglichen Beförderungen und durch Abbau wegfallenden Stellen.
(4) ¹Der Frauenförderplan enthält für jeweils zwei Jahre verbindliche Zielvorgaben, bezogen auf den Anteil der Frauen bei Einstellungen und Beförderungen zur Erhöhung des Frauenanteils in Bereichen, in denen Frauen unterrepräsentiert sind. ²In den Zielvorgaben ist zumindest ein Frauenanteil vorzusehen, der dem Anteil der Frauen an der nächstniedrigeren Besoldungs-, Vergütungs- und Lohngruppe entspricht. ³Bei Neueinstellungen sind Frauen zur Hälfte zu berücksichtigen.

(5) ¹In dem Frauenförderplan ist festzulegen, in welcher Zeit und mit welchen personellen, organisatorischen und fortbildenden Maßnahmen die Gleichstellungsverpflichtung nach § 1 gefördert werden soll. ²Wenn personalwirtschaftliche Maßnahmen vorgesehen sind, durch die Stellen gesperrt werden oder wegfallen sollen, hat der Frauenförderplan Zielvorgaben zu enthalten, nach denen der Frauenanteil zumindest gleichbleibt.
(6) ¹An der Erstellung des Frauenförderplans ist die Gleichstellungsbeauftragte von Anfang an zu beteiligen. ²Die Rechte des Personalrats bleiben unberührt.
(7) Die Frauenförderpläne werden von der Dienststellenleitung in den Dienststellen, deren Personalstellen sie betreffen, bekanntgemacht.
(8) ¹Solange kein Frauenförderplan aufgestellt ist, dürfen in Bereichen, in denen Frauen unterrepräsentiert sind, keine Einstellungen und Beförderungen vorgenommen werden. ²Dies gilt nicht für die Übergangszeit nach § 26 Abs. 1. ³Ist der Frauenförderplan wegen eines Verfahrens nach §§ 52 ff des Mitbestimmungsgesetzes noch nicht in Kraft, dürfen keine Einstellungen und Beförderungen vorgenommen werden, die dem bereits aufgestellten Frauenförderplan zuwiderlaufen.
(9) § 12 Abs. 1 Satz 4 des Hochschulgesetzes bleibt unberührt.

§ 12 Teilzeitbeschäftigung
(1) ¹Alle Arbeitsplätze sind grundsätzlich auch mit Teilzeitbeschäftigten besetzbar, wenn nicht zwingende dienstliche Belange die Besetzung mit Vollzeitbeschäftigten erfordern. ²In einer Arbeitsplatzausschreibung ist auf die Möglichkeit zur Teilzeitbeschäftigung hinzuweisen.
(2) ¹Teilzeitbeschäftigung muß mit mindestens der Hälfte der regelmäßigen wöchentlichen Arbeitszeit angeboten werden, soweit nicht durch Rechtsvorschrift etwas anderes bestimmt ist. ²Die reduzierte Stundenzahl von Teilzeitbeschäftigten ist im Rahmen des Haushaltsrechtes personell auszugleichen. ³Von Möglichkeiten zur Zusammenfassung mehrerer Reststellen ist Gebrauch zu machen. ⁴Beschäftigungsverhältnisse, die die sozialversicherungspflichtige Grenze unterschreiten, dürfen nicht begründet werden.
(3) Teilzeitbeschäftigte dürfen in ihrer beruflichen Entwicklung gegenüber Vollzeitbeschäftigten nicht benachteiligt werden.
(4) Streben Beschäftigte, die aus familiären Gründen teilzeitbeschäftigt sind, wieder eine Vollzeitbeschäftigung an, sind sie bei der Neubesetzung eines gleichwertigen Arbeitsplatzes vorrangig zu berücksichtigen.
(5) Als Teilzeitbeschäftigung im Sinne dieses Gesetzes gelten nur auf Dauer angelegte Beschäftigungen.

§ 13 Beurlaubung
(1) Urlaubs- und Krankheitsvertretungen sowie sonstige zulässig befristete Beschäftigungsmöglichkeiten sind vorrangig Beschäftigten anzubieten, die aus familiären Gründen beurlaubt sind, soweit dies nicht dem Zweck der Beurlaubung entgegensteht.
(2) § 12 Abs. 4 gilt entsprechend, sofern aus familiären Gründen beurlaubte Beschäftigte wieder eine Teilzeit- oder eine Vollzeitbeschäftigung anstreben.
(3) Für die Beurlaubung von Arbeitnehmerinnen und Arbeitnehmern ist § 62 des Landesbeamtengesetzes entsprechend anzuwenden.

§ 14 Familiengerechte Arbeitszeit
Im Rahmen der gesetzlichen, tarifvertraglichen oder sonstigen Regelungen der Arbeitszeit und der dienstlichen Möglichkeiten sind im Einzelfall Beschäftigten mit Familienpflichten bei Bedarf geänderte Arbeitszeiten einzuräumen.

§ 15 Gremienbesetzung

(1) ¹Bei Benennungen und Entsendungen von Vertreterinnen und Vertretern für Kommissionen, Beiräte, Ausschüsse, Vorstände, Verwaltungs- und Aufsichtsräte sowie für vergleichbare Gremien, deren Zusammensetzung nicht durch besondere gesetzliche Vorschriften geregelt ist, sollen Frauen und Männer jeweils hälftig berücksichtigt werden. ²Bestehen Benennungs- oder Entsendungsrechte nur für eine Person, sollen Frauen und Männer alternierend berücksichtigt werden, wenn das Gremium für jeweils befristete Zeiträume zusammengesetzt wird; anderenfalls entscheidet das Los. ³Bestehen Benennungs- oder Entsendungsrechte für eine ungerade Personenzahl, gilt Satz 2 entsprechend für die letzte Person.
(2) Sind Organisationen, die nicht Träger der öffentlichen Verwaltung sind, oder sonstige gesellschaftliche Gruppierungen zur Benennung oder Entsendung von Mitgliedern für öffentlich-rechtliche Beschluß- oder Beratungsgremien berechtigt, gilt Absatz 1 entsprechend.

§ 16 Verbot sexueller Belästigung

(1) ¹Sexuelle Belästigung ist verboten. ²Die Dienststellenleitung bzw. die nach dem Landesdisziplinargesetz zuständige Behörde stellt unter Beteiligung der Gleichstellungsbeauftragten sicher, daß in Fällen sexueller Belästigung die gebotenen arbeits- oder dienstrechtlichen Maßnahmen ergriffen werden.
(2) ¹Aus Anlaß von Beschwerden über sexuelle Belästigung dürfen den betroffenen Beschäftigten keine Nachteile entstehen. ²Insbesondere die Zuweisung eines anderen Arbeitsplatzes ist nur mit ihrer Zustimmung und mit Zustimmung der Gleichstellungsbeauftragten zulässig. ³Bei Verweigerung der Zustimmung durch die Gleichstellungsbeauftragte gilt § 22 Abs. 2 bis 4 entsprechend.

Abschnitt III: Gleichstellungsbeauftragte

§ 17 Geltungsbereich

Die nachfolgenden Vorschriften über die Gleichstellungsbeauftragte gelten, soweit in § 23 nichts anderes bestimmt ist, nicht für die Gleichstellungsbeauftragten in den Gemeinden, Kreisen und Ämtern und an den Hochschulen.

§ 18 Bestellung von Gleichstellungsbeauftragten

(1) ¹In allen Dienststellen mit mindestens fünf ständig Beschäftigten ist eine Gleichstellungsbeauftragte zu bestellen. ²In Dienststellen mit mindestens 20 Beschäftigten ist darüber hinaus eine Stellvertreterin zu bestellen. ³Die Bestellung obliegt der Leiterin oder dem Leiter der Dienststelle und darf nicht ohne Zustimmung der betroffenen Frau erfolgen. ⁴Die weiblichen Beschäftigten haben ein Vorschlagsrecht.
(2) Die Gleichstellungsbeauftragte soll keiner Personalvertretung angehören und nur in ihrer Eigenschaft als Gleichstellungsbeauftragte mit Personalangelegenheiten befaßt sein.
(3) ¹Die Gleichstellungsbeauftragte ist der Leiterin oder dem Leiter der Dienststelle unmittelbar zu unterstellen. ²Die anderweitigen dienstlichen Verpflichtungen der Gleichstellungsbeauftragten sind ihrer Aufgabe anzupassen.
(4) Die Gleichstellungsbeauftragte darf bei der Wahrnehmung ihrer Aufgaben nicht behindert und wegen ihrer Tätigkeit weder bevorzugt noch benachteiligt werden.
(5) ¹Die Leiterin oder der Leiter der Dienststelle können die Bestellung im Einverständnis mit der Gleichstellungsbeauftragten aufheben oder aus gewichtigen dienstlichen Gründen widerrufen. ²Unterliegt die Dienststelle der Dienstaufsicht durch eine übergeordnete Dienststelle, kann die Bestellung nur mit Zustimmung der Gleichstellungsbeauftragten der übergeordneten Dienststelle widerrufen werden. ³Die Bestellung einer Gleichstellungsbeauf-

tragten an einer obersten Landesbehörde kann nur mit Zustimmung des Ministeriums für Soziales, Jugend, Familie, Senioren, Integration und Gleichstellung widerrufen werden. ^{4}Das Arbeitsverhältnis einer Gleichstellungsbeauftragten kann nur unter den Voraussetzungen des § 626 des Bürgerlichen Gesetzbuches gekündigt werden. ^{5}Dies gilt auch für die Kündigung des Arbeitsverhältnisses einer ehemaligen Gleichstellungsbeauftragten, wenn seit Beendigung der Bestellung weniger als zwei Jahre verstrichen sind. ^{6}Vor Versetzung und Abordnung ist sie ungeachtet der unterschiedlichen Aufgabenstellung in gleicher Weise wie die Mitglieder des Personalrats geschützt.
(6) Kann die Bestellung einer Gleichstellungsbeauftragten nicht erfolgen, weil an der Dienststelle keine Frau oder keine zur Übernahme des Amtes bereite Frau beschäftigt ist, so ist die Gleichstellungsbeauftragte der zuständigen übergeordneten Dienststelle zuständig.
(7) Die Absätze 1 bis 5 gelten entsprechend für die Vertreterin der Gleichstellungsbeauftragten.

§ 19 Aufgaben und Rechte der Gleichstellungsbeauftragten in Fachangelegenheiten
(1) Die Gleichstellungsbeauftragte ist im Rahmen der jeweiligen fachlichen Zuständigkeit ihrer Dienststelle an allen Angelegenheiten des Geschäftsbereiches zu beteiligen, die Auswirkungen auf die Gleichstellung von Frauen haben können.
(2) ^{1}Die Dienststelle hat die Gleichstellungsbeauftragte so frühzeitig zu beteiligen, daß deren Initiativen, Anregungen, Bedenken oder sonstige Stellungnahmen berücksichtigt werden können. ^{2}Die Gleichstellungsbeauftragte kann in Unterlagen, die zur Erfüllung ihrer Aufgabe erforderlich sind, Einsicht nehmen. ^{3}Ihr sind die erforderlichen Auskünfte zu erteilen. ^{4}Die Gleichstellungsbeauftragte kann an Besprechungen, Sitzungen oder Konferenzen teilnehmen, soweit Angelegenheiten beraten werden, die Auswirkungen auf die Gleichstellung von Frauen haben können.

§ 20 Aufgaben und Rechte der Gleichstellungsbeauftragtenin Personalangelegenheiten
(1) ^{1}Die Gleichstellungsbeauftragte hat bei allen personellen, sozialen und organisatorischen Angelegenheiten auf die Gleichstellung von Frauen, insbesondere auf Einhaltung dieses Gesetzes, hinzuwirken. ^{2}Zwischen der Gleichstellungsbeauftragten und den Beschäftigten ist der Dienstweg nicht einzuhalten.
(2) ^{1}Die Gleichstellungsbeauftragte ist insbesondere bei Stellenausschreibungen, Einstellungen, Beförderungen und Höhergruppierungen, Kündigungen und Entlassungen sowie vorzeitigen Versetzungen in den Ruhestand, einschließlich vorhergehender Planungen, zu beteiligen. ^{2}§ 19 Abs. 2 gilt entsprechend. ^{3}Soweit dies zur Erfüllung ihrer Aufgaben erforderlich ist, ist der Gleichstellungsbeauftragten auch in Personalakten Einsicht zu gewähren. ^{4}Die Gleichstellungsbeauftragte ist bei Vorstellungsgesprächen und Auswahlverfahren teilnahmeberechtigt, soweit diese nicht durch ein Gremium geführt werden, dessen Zusammensetzung durch Gesetz geregelt ist. ^{5}Sie ist stimmberechtigt, wenn eine Personalentscheidung von einem Gremium, dessen Zusammensetzung nicht durch Gesetz geregelt ist, durch Abstimmung getroffen wird.
(3) ^{6}Die Leiterin oder der Leiter der Dienststelle haben die Gleichstellungsbeauftragte über die Beschäftigungsstruktur, insbesondere in den Bereichen, in denen Frauen nach Maßgabe der §§ 3 bis 5 unterrepräsentiert sind, fortlaufend zu unterrichten. ^{7}Die Gleichstellungsbeauftragte ist befugt, Beschäftigten und Bewerberinnen und Bewerbern, für deren Personalangelegenheiten die Dienststelle zuständig ist, Auskünfte über die Beschäftigungsstruktur zu erteilen.

§ 21 Fachliche Weisungsfreiheit der Gleichstellungsbeauftragten

(1) [1]Die Gleichstellungsbeauftragte ist in Ausübung der ihr nach diesem Gesetz übertragenen Aufgaben und Rechte von fachlichen Weisungen frei. [2]Diese Tätigkeit ist daher nur auf Antrag zu beurteilen.

(2) [1]Die Gleichstellungsbeauftragte kann sich ohne Einhaltung des Dienstweges an andere Gleichstellungsbeauftragte und an das Ministerium für Soziales, Jugend, Familie, Senioren, Integration und Gleichstellung des Landes Schleswig-Holstein wenden, sich mit ihnen beraten und Informationen austauschen, soweit nicht personenbezogene Daten übermittelt werden. [2]Die Regelungen über die Schweigepflicht und die Amtsverschwiegenheit bleiben unberührt.

§ 22 Widerspruchsrecht der Gleichstellungsbeauftragten

(1) [1]Verstößt die Dienststelle nach Auffassung der Gleichstellungsbeauftragten gegen die §§ 3 bis 8, 12, 13, 15 Abs. 1 oder § 16, so kann die Gleichstellungsbeauftragte Widerspruch erheben. [2]Sie kann Beschäftigte oder Bewerberinnen und Bewerber davon unterrichten, daß sie Widerspruch erhoben hat.

(2) Widerspricht die Gleichstellungsbeauftragte bei einer obersten Landesbehörde, darf die Maßnahme nur auf ausdrückliche Weisung der Leiterin oder des Leiters der Dienststelle im Benehmen mit dem Ministerium für Soziales, Jugend, Familie, Senioren, Integration und Gleichstellung des Landes Schleswig-Holstein weiterverfolgt werden; das Letztentscheidungsrecht bleibt der jeweiligen obersten Landesbehörde.

(3) [1]Widerspricht die Gleichstellungsbeauftragte einer Dienststelle der nachgeordneten Landesverwaltung einer beabsichtigten Personalentscheidung und tritt ihr die Leiterin oder der Leiter der Dienststelle nicht bei, so ist die Entscheidung der Dienststelle einzuholen, die als zuständige übergeordnete Landesbehörde die Dienstaufsicht ausübt. [2]Deren Gleichstellungsbeauftragte ist zu beteiligen. [3]Ist die übergeordnete Dienststelle eine oberste Landesbehörde, gilt Absatz 2 entsprechend. [4]Bei dreistufigem Verwaltungsaufbau hat die Leiterin oder der Leiter der übergeordneten Dienststelle die Entscheidung der obersten Landesbehörde einzuholen, wenn sie oder er der Auffassung ihrer Gleichstellungsbeauftragten nicht beitritt; Absatz 2 gilt entsprechend.

(4) [1]Erhebt die Gleichstellungsbeauftragte einer der Aufsicht des Landes unterstehenden Körperschaft des öffentlichen Rechts ohne Gebietshoheit, einer rechtsfähigen Anstalt oder Stiftung des öffentlichen Rechts Widerspruch und tritt ihr die Leiterin oder der Leiter der Dienststelle nicht bei, so kann die Gleichstellungsbeauftragte die zuständige Aufsichtsbehörde unterrichten. [2]Die Gleichstellungsbeauftragte bei der Aufsichtsbehörde ist von dieser zu beteiligen.

§ 23 Geltung für die Gleichstellungsbeauftragten der Gemeinden, Kreise, Ämter und Hochschulen

(1) [1]§ 20 sowie § 21 Abs. 1 Satz 2 und Abs. 2 gelten auch für die Gleichstellungsbeauftragten, die nach § 2. Abs. 3 der Gemeindeordnung, § 2 Abs. 3 der Kreisordnung sowie § 22a der Amtsordnung zu bestellen sind. [2]In den Gemeinden, Kreisen und Ämtern entscheidet in den Fällen des § 7 Abs. 5 und des § 16 Abs. 2 bei Verweigerung der Zustimmung durch die Gleichstellungsbeauftragte die jeweilig oberste Dienstbehörde abschließend; § 22 findet keine Anwendung. [3]Das Land fördert die kommunalen Gleichstellungsbeauftragten durch Einrichtung einer Geschäftsstelle nach Maßgabe des Haushalts.

(2) § 21 gilt auch für die Gleichstellungsbeauftragten in den Hochschulen nach § 27 des Hochschulgesetzes.

Abschnitt IV: Schlußvorschriften

§ 24 Berichtspflicht
(1) Die Landesregierung berichtet dem Landtag alle vier Jahre über die Durchführung dieses Gesetzes.
(2) Im Rahmen des Geltungsbereichs nach § 2 mit Ausnahme der Hochschulen berichten die verwaltungsleitenden Organe den Repräsentativorganen als obersten Entscheidungs- und Überwachungsorganen im Abstand von vier Jahren über die Durchführung dieses Gesetzes in ihren Bereichen.
(3) Der Bericht gibt Auskunft über die bisherigen und geplanten Maßnahmen zur Durchführung dieses Gesetzes, insbesondere über die Entwicklung des Frauenanteils in den Besoldungs-, Vergütungs- und Lohngruppen.

§ 25 Änderung des Landesbeamtengesetzes
Das Landesbeamtengesetz in der Fassung der Bekanntmachung vom 2. Juni 1991 (GVOBl. Schl.-H. S. 275), zuletzt geändert durch Gesetz vom 8. Februar 1994 (GVOBl. Schl.-H. S. 124), wird wie folgt geändert:
1. An § 10 Absatz 3 werden nach dem Wort „Wahlbeamten" die Worte „und das Gesetz über die Gleichstellung der Frauen im öffentlichen Dienst" angefügt.
2. § 222 wird wie folgt geändert:
   1. Absatz 1 wird folgender Satz angefügt: „Von einer Ausschreibung der Stellen kann abgesehen werden."
   2. Absatz 3 wird gestrichen.

§ 26 Übergangsvorschriften
(1) Frauenförderpläne sind innerhalb von einem Jahr nach Inkrafttreten dieses Gesetzes aufzustellen.
(2) Gleichstellungsbeauftragte sind, soweit nicht bereits bestellt, innerhalb der folgenden sechs Monate nach Inkrafttreten dieses Gesetzes zu bestellen.

§ 27 Inkrafttreten
Dieses Gesetz tritt am Tage nach seiner Verkündung in Kraft.

17. Thüringer Gleichstellungsgesetz (Gleichstellungsgesetz Thüringen – ThürGleichG)

vom 6. März 2013 (GVBl Nr. 2 2013, S. 49)
– zuletzt geändert durch Thüringer Gesetz zur Einführung eines Altersgeldes sowie zur Änderung versorgungs-, besoldungs- und anderer dienstrechtlicher Vorschriften vom 4. Oktober 2021 (GVBl. 25 2021, S. 508, 520)

Erster Teil: Allgemeines; Gleichstellungsbeauftragte, Vertrauensfrau
Erster Abschnitt Allgemeine Bestimmungen

§ 1 Geltungsbereich

[1]Dieses Gesetz gilt für die Verwaltungen des Landes, unabhängig von ihrer Rechtsform, der kommunalen Gebietskörperschaften und der sonstigen der Aufsicht des Landes unterstehenden Körperschaften, Anstalten und Stiftungen des öffentlichen Rechts. [2]Körperschaften, Anstalten und Stiftungen des öffentlichen Rechts, die nicht der alleinigen Aufsicht des Landes unterstehen, sind von den Regelungen dieses Gesetzes ausgenommen. [3]Für die Gerichte gilt dieses Gesetz entsprechend, soweit das Deutsche Richtergesetz und das Thüringer Richter- und Staatsanwältegesetz nichts anderes bestimmen. [4]Für die Hochschulen des Landes gilt es ebenfalls, soweit im Thüringer Hochschulgesetz nichts anderes bestimmt ist.

§ 2 Gesetzesziel

(1) [1]Dieses Gesetz dient der Verwirklichung der in der Verfassung des Freistaats Thüringen festgelegten Verpflichtung des Landes, seiner Gebietskörperschaften und anderer Träger der öffentlichen Verwaltung, die tatsächliche Gleichstellung von Frauen und Männern in allen Bereichen des öffentlichen Lebens durch geeignete Maßnahmen zu fördern und zu sichern. [2]Zur Durchsetzung der Gleichstellung werden Frauen und Männer nach Maßgabe dieses Gesetzes gefördert. [3]Ziel der Förderung ist insbesondere
1. die Schaffung von Bedingungen, die für beide Geschlechter die Vereinbarkeit von Beruf und Familie ermöglichen,
2. der Ausgleich von Nachteilen, die als Folge einer geschlechtsspezifischen Arbeitsteilung entstehen,
3. die Erhöhung des Anteils von Frauen oder Männern, soweit sie in einzelnen Bereichen unterrepräsentiert sind, sowie
4. die gleichberechtigte Teilhabe von Frauen und Männern in Gremien, für die das Land oder die Verwaltungsbehörden der kommunalen Gebietskörperschaften Berufungs- oder Entsendungsrechte haben.

(2) Maßnahmen der geschlechterspezifischen Förderung und der Gleichstellung nach diesem Gesetz haben den Grundsatz des Vorrangs von Eignung, Befähigung und fachlicher Leistung zu beachten.

(3) Bei Privatisierung und Ausgliederung von Aufgaben oder Betrieben der öffentlichen Verwaltung ist sicherzustellen, dass die tatsächliche Gleichstellung von Frauen und Männern gewährleistet bleibt.

§ 3 Begriffsbestimmungen

(1) [1]Bedienstete im Sinne dieses Gesetzes sind Beamtinnen und Beamte, Richterinnen und Richter, Arbeitnehmerinnen und Arbeitnehmer, in Berufsausbildung befindliche Personen sowie Angehörige der Hochschulen nach § 21 Abs. 3 Satz 1 Halbsatz 1 Nr. 3 und 5 des Thüringer Hochschulgesetzes. [2]Als Bedienstete im Sinne dieses Gesetzes gelten nicht Be-

amtinnen und Beamte nach den §§ 5 und 6 des Beamtenstatusgesetzes, § 27 des Thüringer Beamtengesetzes (ThürBG) sowie Organmitglieder bei juristischen Personen des öffentlichen Rechts.
(2) Familienpflichten im Sinne dieses Gesetzes bestehen, wenn eine bedienstete Person mindestens ein Kind unter 18 Jahren oder pflegebedürftige sonstige Angehörige im Sinne des § 14 des Elften Buches Sozialgesetzbuch tatsächlich betreut oder pflegt.
(3) [1]Dienststellen im Sinne dieses Gesetzes sind die einzelnen Behörden, Einrichtungen und Betriebe der in § 1 genannten Verwaltungen sowie die Gerichte. [2]Für den Bereich der Polizei gilt § 90 Abs. 1 Nr. 1 des Thüringer Personalvertretungsgesetzes (ThürPersVG). [3]Die Gemeinden, Landkreise und sonstigen Körperschaften, Anstalten und Stiftungen des öffentlichen Rechts bilden je eine Dienststelle im Sinne dieses Gesetzes. [4]§ 6 Abs. 2 ThürPersVG gilt entsprechend. [5]Personalführende Dienststellen sind Dienststellen mit Befugnissen insbesondere zur Vornahme von Einstellungen, Ernennungen, Beförderungen oder zur Übertragung höher zu bewertender Tätigkeiten.
(4) [1]Bereiche im Sinne dieses Gesetzes sind die jeweiligen Besoldungs- und Entgeltgruppen, die Laufbahnen, Wertebenen und Fachrichtungen sowie zusätzlich die Funktionen mit Vorgesetzten- und Leitungsaufgaben, wozu auch die Stellen Vorsitzender Richterinnen und Vorsitzender Richter und weiterer aufsichtführender Richterinnen und Richter zählen. [2]Bereiche im Sinne dieses Gesetzes sind auch die jeweiligen Berufsausbildungen.
(5) Unterrepäsentanz im Sinne dieses Gesetzes liegt vor, wenn der Frauen- oder Männeranteil in den in Absatz 4 genannten Bereichen jeweils unter 40 vom Hundert liegt.
(6) Gremien im Sinne dieses Gesetzes sind Kommissionen, Beiräte, Verwaltungs-, Stiftungs- und Aufsichtsräte, Vorstände, Kuratorien, Schiedsstellen und gleichartige Einrichtungen, für die ein Bestellungs- oder Vorschlagsrecht besteht und die auf Dauer oder länger als zwölf Monate eingerichtet sind.
(7) [1]Führungspositionen im Sinne dieses Gesetzes sind Dienstposten der Referats- und Abteilungsleitungen und vergleichbare Dienstposten in unteren, oberen und obersten Landesbehörden sowie der Schulleitungen, vergleichbare Dienststellen- oder Behördenleitungen in den Verwaltungen der kommunalen Gebietskörperschaften und der juristischen Personen des öffentlichen Rechts einschließlich der jeweiligen ständigen Vertretung. [2]Höhere Besoldungsgruppen sind die Besoldungsgruppe 15 und höher der Besoldungsordnung A, die Besoldungsgruppen der Besoldungsordnung B, die Besoldungsgruppen 2 und höher der Besoldungsordnung R sowie die Besoldungsgruppen W 2 und höher der Besoldungsordnung W. [3]Zu den höheren Entgeltgruppen im Sinne dieses Gesetzes gehören die Beschäftigten ab der Entgeltgruppe 15 sowie die außertariflich Beschäftigten mit Tätigkeiten, die höher zu bewerten sind als Tätigkeiten der Entgeltgruppe 15 oder diesen vergleichbare Eingruppierungen. [4]Im Kommunalbereich gehören zu den höheren Besoldungs- und Entgeltgruppen abweichend von den Sätzen 2 und 3 die Besoldungsgruppen A 13 und höher sowie die vergleichbaren Entgeltgruppen oder diesen vergleichbare Eingruppierungen.

Zweiter Abschnitt Fördermaßnahmen

§ 4 Gleichstellungsplan
(1) [1]Jede personalführende Dienststelle mit mindestens 50 Bediensteten erstellt unter frühzeitiger Mitwirkung der Gleichstellungsbeauftragten für jeweils sechs Jahre einen Gleichstellungsplan. [2]Er ist nach drei Jahren anhand der Statistik nach § 5 Abs. 1 der aktuellen Entwicklung anzupassen. [3]Für die Anpassung gilt Satz 1 entsprechend. [4]Der Zeitraum für die Erstellung von Gleichstellungsplänen und deren Anpassung soll neun Monate ab dem Stichtag für die Erhebung der statistischen Daten nach § 5 Abs. 1 nicht überschreiten. [5]Die

personalführende Dienststelle kann die Zuständigkeit für die Erstellung der Pläne für ihren nachgeordneten Zuständigkeitsbereich auf diesen delegieren. ⁶Die Gleichstellungspläne
1. der Landesverwaltung sind der jeweils nächsthöheren Dienststelle zur Genehmigung vorzulegen;
2. der Ministerien und der Staatskanzlei sind im Benehmen mit der Beauftragten für die Gleichstellung von Frau und Mann zu erstellen;
3. der Gemeinden werden dem Gemeinderat, die der Landkreise dem Kreistag zur Kenntnisnahme vorgelegt;
4. der Verwaltungsgemeinschaften sind der Gemeinschaftsversammlung zur Kenntnisnahme vorzulegen;
5. der sonstigen Körperschaften, Anstalten und Stiftungen des öffentlichen Rechts, die der Aufsicht des Landes unterstehen, werden im Benehmen mit den Dienststellen, die die Rechtsaufsicht ausüben, erstellt;
6. der Landesmedienanstalt werden im Benehmen mit der Versammlung erstellt.
Der Gleichstellungsplan darf keine personenbezogenen Daten enthalten.
(2) ¹Der Gleichstellungsplan beinhaltet insbesondere Maßnahmen zur Förderung der Gleichstellung von Frauen und Männern, der Vereinbarkeit von Beruf und Familie, einschließlich Betreuung und Pflege, und zur Erhöhung der Anteile von Frauen oder Männern in Bereichen, in denen sie unterrepräsentiert sind. ²Er hat eine Bestandsaufnahme und eine beschreibende Auswertung der Bedienstetenstruktur seines jeweiligen Geltungsbereichs zu enthalten. ³Dabei sind die Anteile von Frauen und Männern insgesamt bei Bewerbungen, Einstellungen, Höhergruppierungen, Beförderungen, Fortbildung und Gremienbesetzung in den einzelnen Bereichen darzustellen und im Falle von Unterrepräsentanz zu begründen. ⁴Hierzu sind die statistischen Daten nach § 5 Abs. 1 zu erheben und auszuwerten.
(3) ¹Zur Erhöhung der Anteile von Frauen oder Männern in Bereichen, in denen sie unterrepräsentiert sind, ist im Rahmen von Zielvorgaben festzulegen, in welcher Zeit und mit welchen organisatorischen, personellen und fortbildenden Maßnahmen die Förderung der Gleichstellung erfolgen soll. ²Bei der Erstellung der Zielvorgaben ist einzubeziehen, wie viele Stellen frei werden und welche in der Dienststelle tätigen Frauen und Männer die zur Ausfüllung dieser Stellen erforderliche Qualifikation besitzen oder in absehbarer Zeit erwerben können.
(4) Der Gleichstellungsplan sowie seine Anpassung nach Absatz 1 Satz 3 sind in der Dienststelle bekannt zu machen.
(5) Werden die im Gleichstellungsplan vereinbarten Zielvorgaben nicht erreicht, hat die Dienststelle über die Gründe im Rahmen der Anpassung und bei der Aufstellung des nächsten Gleichstellungsplans den nach Absatz 1 Satz 6 jeweils zuständigen Stellen zu berichten.
(6) ¹Werden von den Zielvorgaben des Gleichstellungsplans zu Führungspositionen weniger als 50 vom Hundert erreicht, bedarf es bis zu ihrer Erfüllung bei jeder weiteren Einstellung, Beförderung oder Höhergruppierung in Führungspositionen der Genehmigung der nach Absatz 1 Satz 6 Nr. 1 zuständigen Stelle oder der Herstellung des Benehmens mit den nach Absatz 1 Satz 6 Nr. 5 und 6 jeweils zuständigen Stellen. ²Bei einer obersten Landesbehörde entscheidet die Dienststellenleitung; dies gilt entsprechend für Landtag und Rechnungshof. ³In Gemeinden, Verwaltungsgemeinschaften und Landkreisen entscheidet das vertretungsberechtigte Organ.

§ 5 Statistische Angaben
(1) Jede Dienststelle, die einen Gleichstellungsplan aufstellt, erfasst dafür in den einzelnen Bereichen statistisch:
1. die Zahl der Bediensteten, gegliedert nach Geschlecht, Voll-, Teil- und Altersteilzeittätigkeit, Beurlaubung, Besoldungs- und Entgeltgruppen, Laufbahnen, Werteebenen, Funktionen mit Vorgesetzten- und Leitungsaufgaben nach dem Stand vom 30. Juni des jeweiligen Jahres,
2. die Gremienbesetzung nach § 13, getrennt nach Gremienbezeichnung und nach Geschlecht, nach dem Stand vom 30. Juni des jeweiligen Jahres,
3. Stellenausschreibungen, Bewerbungen, Einstellungen, gegliedert nach Besoldungs- und Entgeltgruppen, Laufbahnen und Werteebenen, getrennt nach Geschlecht für den Zeitraum vom 1. Juli des vorvorvergangenen Jahres bis zum 30. Juni des Berichtsjahres und
4. Beförderungen, Höhergruppierungen und Fortbildungen, gegliedert nach Voll-, Teil- und Altersteilzeittätigkeit, Beurlaubung, Besoldungs- und Entgeltgruppen, Laufbahnen, Wertebenen sowie getrennt nach Geschlecht, für den Zeitraum vom 1. Juli des vorvorvergangenen Jahres bis zum 30. Juni des Berichtsjahres.

Die datenschutzrechtlichen Vorschriften sind zu beachten.
(2) Die Landesregierung wird ermächtigt, durch Rechtsverordnung
1. die Datenerhebung der statistischen Angaben nach Absatz 1 unter Berücksichtigung der fachlichen Definitionen für die Erhebungsmerkmale nach Absatz 1 Satz 1 Nr. 1 entsprechend der Personalstandsstatistik nach dem Finanz- und Personalstatistikgesetz,
2. die Datenübermittlung zwischen den mit der Durchführung der Statistik betrauten Personen und Stellen,
3. die Datenspeicherung und
4. die Einzelheiten der Datenauswertung für den nach § 14 zu erstellenden Erfahrungsbericht für den Landtag

nach Anhörung der oder des Landesbeauftragten für den Datenschutz zu regeln.

§ 6 Stellenausschreibung
(1) ¹Ausschreibungen von Stellen und Ausbildungsplätzen dürfen sich weder ausschließlich an Frauen noch ausschließlich an Männer richten, es sei denn, dass ein bestimmtes Geschlecht unverzichtbare Voraussetzung für die ausgeschriebene Tätigkeit ist. ²Bei Ausschreibungen von Stellen in Bereichen, in denen Frauen oder Männer unterrepräsentiert sind, sollen Frauen beziehungsweise Männer gezielt zur Bewerbung aufgefordert werden.
(2) ¹Stellen, die ausgeschrieben werden, sind auch in Teilzeitform auszuschreiben, wenn sich die Stelle hierfür eignet. ²Dies gilt auch für Stellen mit Vorgesetzten- und Leitungsaufgaben. ³Abweichungen sind nur im Benehmen mit der Gleichstellungsbeauftragten zulässig. ⁴Ausschreibungen, die den vorstehenden Anforderungen nicht genügen, sind von Amts wegen aufzuheben.

§ 7 Auswahlverfahren
(1) In Bereichen, in denen Frauen oder Männer unterrepräsentiert sind, werden mindestens ebenso viele Angehörige der unterrepräsentierten Gruppe, die die in der Ausschreibung vorgegebene Qualifikation aufweisen, zum Vorstellungsgespräch eingeladen oder in ein besonderes Auswahlverfahren einbezogen, sofern Bewerbungen von Frauen beziehungsweise Männern in ausreichender Zahl vorliegen.
(2) Das Auswahlgremium einer Dienststelle soll möglichst zu gleichen Teilen mit Frauen und Männern besetzt sein.

§ 8 Einstellung, beruflicher Aufstieg, Qualifikation

(1) ¹Sind in einzelnen Bereichen Frauen oder Männer unterrepräsentiert, hat die Dienststelle sie
1. bei der Besetzung von Beamten-, Richter- und Arbeitnehmerstellen, auch mit Vorgesetzten und Leitungsaufgaben, sowie von Stellen für die Berufsausbildung und
2. bei der Beförderung, Höhergruppierung, vorübergehenden Übertragung einer höher zu bewertenden Tätigkeit, auch in Funktionen mit Vorgesetzten- und Leitungsaufgaben,
bei Vorliegen gleicher Eignung, Befähigung und fachlicher Leistung so lange bevorzugt zu berücksichtigen, bis keine Unterrepräsentanz mehr besteht. ²Eine Bevorzugung nach Satz 1 ist nicht zulässig, sofern in der Person eines Mitbewerbers des anderen Geschlechts liegende Grunde für eine Einstellung überwiegen.
(2) Ein Abweichen von Absatz 1 Satz 1 Nr. 1 ist in Einzelfällen nur aus zwingenden und nicht auf einer geschlechterbezogenen Diskriminierung beruhenden Gründen zulässig, die im Einzelnen schriftlich dargelegt werden müssen.
(3) Zur Feststellung der Qualifikation sind spezifische, durch Betreuung oder Pflege von Angehörigen oder durch ehrenamtliche Tätigkeit erworbene Erfahrungen und Fähigkeiten zu berücksichtigen, soweit diese für die zu übertragenden Aufgaben erheblich sind.

§ 9 Fortbildungsmaßnahmen

(1) ¹Die Dienststelle hat durch geeignete Maßnahmen die Fortbildung von Frauen und Männern zu unterstützen. ²Sie sind auf Fortbildungsveranstaltungen hinzuweisen. ³Dem in Führungspositionen unterrepräsentierten Geschlecht ist gezielt die Möglichkeit der Teilnahme an Führungskräftefortbildungen einzuräumen.
(2) ¹Bediensteten in Teilzeit sind die gleichen Möglichkeiten der Fortbildung einzuräumen wie Vollzeitbediensteten. ²Bediensteten in Teilzeit dürfen keine arbeitszeitrechtlichen Nachteile infolge der Teilnahme an Fortbildungsveranstaltungen erwachsen.
(3) Bediensteten mit Familienpflichten sind Fort- und Weiterbildungsmaßnahmen so anzubieten, dass eine Teilnahme erleichtert wird.
(4) In Fortbildungsveranstaltungen, insbesondere für Bedienstete der Personalverwaltungen und für Bedienstete mit Vorgesetzten- und Leitungsaufgaben, sowie in Seminaren zur Mitarbeiterführung sind Fragen der Gleichberechtigung von Frauen und Männern, insbesondere auch die Themen Chancengleichheit, Diskriminierung aufgrund des Geschlechts sowie Probleme der sexuellen Belästigung am Arbeitsplatz, als fester Bestandteil der Schulung aufzunehmen.

§ 10 Familiengerechte Arbeitszeit

(1) ¹Im Rahmen der gesetzlichen, tarifvertraglichen oder sonstigen Regelungen der Arbeitszeit und der dienstlichen Möglichkeiten sind auf Antrag den Bediensteten mit Familienpflichten geänderte tägliche und wöchentliche Arbeitszeiten einzuräumen. ²Dies gilt auch bei Stellen mit Vorgesetzten- und Leitungsaufgaben. ³Möglichkeiten der Gleitzeit, Tele- und Heimarbeit und der Vereinbarung individueller Arbeitszeiten sind dabei verstärkt zu nutzen.
(2) Die Ablehnung von Anträgen auf geänderte tägliche und wöchentliche Arbeitszeiten hat die Dienststelle gegenüber der betroffenen Person und auf Antrag der betroffenen Person auch gegenüber der Gleichstellungsbeauftragten schriftlich zu begründen.
(3) ¹Alle Dienststellen sind verpflichtet, Bediensteten, die eine Reduzierung der Arbeitszeit beantragen, schriftlich auf die sozialversicherungs-, arbeits- und tarifrechtlichen Folgen und die Auswirkungen auf die betriebliche Altersversorgung sowie die besoldungs- und versorgungsrechtlichen Folgen in allgemeiner Form hinzuweisen. ²§ 71 Abs. 1 ThürBG bleibt unberührt.

(4) ¹Bedienstete, deren Arbeitszeit unbefristet verkürzt wurde und die den Wunsch auf Rückkehr auf einen Vollzeitarbeitsplatz haben, sollen bei der Neubesetzung von Vollzeitarbeitsplätzen unter Beachtung von Eignung, Befähigung und fachlicher Leistung sowie von § 8 Abs. 3 vorrangig berücksichtigt werden, sofern andere Vorschriften nicht entgegenstehen. ²Dies gilt entsprechend für Bedienstete mit befristeter Arbeitszeitverkürzung, die vor Ablauf der Frist den Wunsch nach Rückkehr auf einen Vollzeitarbeitsplatz haben.
(5) ¹Alle Dienststellen haben entsprechend dem Bedarf Teilzeit-, Tele- und Heimarbeitsplätze unter Beachtung der dienstlichen Möglichkeiten zu schaffen. ²Dies gilt gleichfalls für Stellen mit Vorgesetzten- und Leitungsaufgaben.

§ 11 Beurlaubung, Wiedereinstieg

(1) ¹Die Dienststelle hat durch geeignete Maßnahmen insbesondere den aus familiären Gründen beurlaubten Bediensteten die Verbindung zum Beruf und den beruflichen Wiedereinstieg zu erleichtern. ²Dazu gehören die Unterrichtung über Fortbildungsprogramme und das Angebot zur Teilnahme an Fortbildungsmaßnahmen während oder nach der Beurlaubung; über die Genehmigung zur Teilnahme entscheidet die Dienststelle.
(2) ¹Bezüge oder Arbeitsentgelte werden für die Teilnahme an Fortbildungsmaßnahmen während einer Beurlaubung nicht gewährt. ²Notwendige Auslagen sollen in entsprechender Anwendung des § 15 des Thüringer Reisekostengesetzes erstattet werden. ³Dienstlicher Unfallschutz wird nach Maßgabe der sozialversicherungs- sowie beamtenversorgungsrechtlichen Bestimmungen gewährt.
(3) Soweit Anträge auf Beurlaubung gestellt werden, gilt § 10 Abs. 3 entsprechend.
(4) Auf Antrag können beurlaubte Bedienstete im Einvernehmen mit der Dienststelle in geeigneten Fällen Urlaubs- oder Krankheitsvertretungen übernehmen, soweit der Zweck der Beurlaubung nicht gefährdet wird und beamten- oder tarifrechtliche Bestimmungen nicht entgegenstehen.
(5) ¹Beurlaubten Bediensteten ist nach Ablauf der Beurlaubung ein gleichwertiger Arbeitsplatz anzubieten. ²Beurlaubte Bedienstete, die eine vorzeitige Rückkehr auf einen Vollzeit- oder Teilzeitarbeitsplatz anstreben, sind bei der Besetzung von Vollzeit- oder Teilzeitarbeitsplätzen bei gleicher Eignung, Befähigung und fachlicher Leistung vorrangig zu berücksichtigen, soweit andere Vorschriften nicht entgegenstehen. ³Es ist anzustreben, die Beurlaubten wieder an ihrem alten Dienstort einzusetzen.

§ 12 Benachteiligungsverbot bei Teilzeitbeschäftigung, Tele- und Heimarbeit sowie familienbedingter Beurlaubung

(1) ¹Teilzeitbeschäftigung, Tele- und Heimarbeit sowie familienbedingte Beurlaubung dürfen sich nicht nachteilig auf die dienstliche Beurteilung auswirken. ²Beurteilungskriterien sind im Hinblick auf die in Satz 1 genannten Merkmale diskriminierungsfrei auszugestalten. ³Bediensteten in Teilzeitbeschäftigung, an Tele- und Heimarbeitsplätzen sowie familienbedingt Beurlaubten sind die gleichen beruflichen Aufstiegsmöglichkeiten und Fortbildungschancen einzuräumen wie Vollzeitbeschäftigten.
(2) Für Bedienstete, die einen gesamten Beurteilungszeitraum oder darüber hinaus familienbedingt beurlaubt sind, gilt Absatz 1, wenn sie aus der Beurlaubung zurückgekehrt sind.
(3) Die Berücksichtigung von Zeiten einer familienbedingten Beurlaubung bei Beförderung oder Stufenlaufzeit richtet sich nach den einschlägigen beamtenrechtlichen oder für Arbeitnehmerinnen und Arbeitnehmer geltenden Regelungen.

Dritter Abschnitt Gremien und Berichtspflicht

§ 13 Gremien

¹Alle Dienststellen sollen bei der Besetzung von Gremien, für die sie ein Bestellungs- oder Vorschlagsrecht haben, Frauen und Männer zu gleichen Teilen berücksichtigen. ²Satz 1 gilt nicht für Gremien, für die durch Gesetz oder Satzung ein Wahlverfahren vorgeschrieben ist. ³Bei der Aufstellung von Listen und Kandidaturen für Wahlgremien und -organe soll auf paritätische Repräsentanz geachtet werden.

§ 14 Berichtspflicht

¹Die Landesregierung legt dem Landtag alle sechs Jahre einen Erfahrungsbericht über die Gleichstellung von Frauen und Männern in den in § 1 genannten Verwaltungen sowie über die Anwendung dieses Gesetzes vor. ²Insbesondere ist die Repräsentanz von Frauen in Führungspositionen und in höheren Besoldungs- und Entgeltgruppen im Sinne des § 3 Abs. 7 darzulegen. ³Der Bericht darf keine personenbezogenen Daten enthalten.

Vierter Abschnitt Gleichstellungsbeauftragte, Vertrauensfrau

§ 15 Wahl der Gleichstellungsbeauftragten, Bestellung der Vertrauensfrau, Bestellung einer Gesamtvertretung

(1) ¹In jeder Dienststelle nach § 3 Abs. 3 mit mindestens 50 Bediensteten, mit Ausnahme von Schulen sowie von Gemeinden mit mehr als 20 000 Einwohnern und Landkreisen, sind aus dem Kreis der Bediensteten in geheimer Wahl eine Gleichstellungsbeauftragte sowie deren Stellvertreterin zu wählen. ²Die Kandidatin, auf die die meisten Stimmen entfallen, ist als Gleichstellungsbeauftragte gewählt. ³Stellvertreterin ist die Kandidatin mit der zweithöchsten Stimmenzahl. ⁴Bei Stimmengleichheit entscheidet das Los. ⁵Die Dienststelle bestellt die gewählten Bediensteten zur Gleichstellungsbeauftragten und zur Stellvertreterin.
(2) ¹Die Gleichstellungsbeauftragte und ihre Stellvertreterin werden für vier Jahre gewählt. ²Es besteht die Möglichkeit der Wiederwahl. ³Wahlberechtigt sind alle Bediensteten der Dienststelle. ⁴Dies gilt auch für minderjährige Auszubildende sowie für Bedienstete, die beurlaubt sind. ⁵Bedienstete, die länger als sechs Monate zu einer anderen Dienststelle abgeordnet sind, werden an dieser wahlberechtigt und verlieren das Wahlrecht bei der anderen Dienststelle. ⁶Stichtag ist der Wahltag. ⁷Wählbar sind alle Bediensteten der Dienststelle. ⁸Ausgenommen sind Bedienstete, die vom Wahltag an noch länger als sechs Monate beurlaubt oder zu einer anderen Dienststelle abgeordnet sind. ⁹Das weitere Verfahren für die Durchführung der Wahl regelt das für die Gleichstellung von Frau und Mann zuständige Ministerium durch Rechtsverordnung.
(3) ¹Finden sich aus dem Kreis der Bediensteten für die Wahl der Gleichstellungsbeauftragten oder ihrer Stellvertreterin keine Kandidatinnen oder sind nach der Wahl keine Kandidatinnen gewählt, sind die Gleichstellungsbeauftragte oder ihre Stellvertreterin von der Dienststellenleitung zu bestellen; hierzu bedarf es der Zustimmung der zu bestellenden Bediensteten. ²Die Gleichstellungsbeauftragte ist im Geschäftsverteilungsplan zu benennen.
(4) ¹Mindestens drei Wahlberechtigte oder die Leitung der Dienststelle können binnen einer Frist von zwölf Arbeitstagen, vom Tage der Bekanntgabe des Wahlergebnisses an gerechnet, die Wahl beim Verwaltungsgericht anfechten, wenn gegen wesentliche Vorschriften über das Wahlrecht, die Wählbarkeit oder das Wahlverfahren verstoßen worden und eine Berichtigung nicht erfolgt ist, es sei denn, dass durch den Verstoß das Wahlergebnis nicht geändert oder beeinflusst werden konnte. ²Bis zur rechtskräftigen Entscheidung des Verwaltungsgerichts bleibt die bisher bestellte Gleichstellungsbeauftragte im Amt. ³Erklärt das

Verwaltungsgericht die Wahl für ungültig, hat die Dienststelle nach Rechtskraft der Entscheidung unverzüglich eine neue Wahl einzuleiten.
(5) ¹Für Dienststellen der Landesverwaltung, bei denen die Voraussetzungen des Absatzes 1 Satz 1 nicht vorliegen, ist die Gleichstellungsbeauftragte der nächsthöheren Dienststelle zuständig. ²Die nächsthöhere Dienststelle bestellt nach mehrheitlichem Vorschlag der Bediensteten der nachgeordneten Dienststelle eine Vertrauensfrau und deren Stellvertreterin. ³Vertrauensfrau wird diejenige Person, auf die die meisten Vorschläge entfallen, Stellvertreterin wird die Person mit der zweithöchsten Anzahl an Vorschlägen. ⁴Bei gleicher Anzahl an Vorschlägen entscheidet das Los.
(6) ¹Die Bestellung der Vertrauensfrau und ihrer Stellvertreterin nach Absatz 5 darf nur mit deren Einverständnis erfolgen. ²Beide werden für vier Jahre bestellt. ³Wiederbestellungen sind möglich.
(7) Zur Gleichstellungsbeauftragten, Vertrauensfrau oder jeweiligen Stellvertreterin darf nicht gewählt beziehungsweise bestellt werden, wer Entscheidungen in Personalangelegenheiten der Dienststelle vorbereitet oder selbständig trifft.
(8) Die Gleichstellungsbeauftragte, die Vertrauensfrau und ihre jeweilige Stellvertreterin dürfen keiner Personalvertretung angehören.
(9) ¹Das für die Polizei zuständige Ministerium kann auf Antrag einer oder mehrerer Gleichstellungsbeauftragter aus dem nachgeordneten Geschäftsbereich der Polizei eine Gesamtvertretung sowie deren Stellvertretung bestellen, welche die Gleichstellungbeauftragten sämtlicher Dienststellen des nachgeordneten Geschäftsbereichs der Polizei bei der Erfüllung deren Aufgaben nach § 18 Abs. 1 Satz 2 und 3 unterstützen und insbesondere gegenüber übergeordneten Dienststellen sowie in sonstigen Gremien vertreten. ²Darüber hinaus können der Gesamtvertretung sowie der Stellvertretung die Aufgaben nach § 18 Abs. 5 Satz 2 übertragen werden. ³Gesamtvertretung und Stellvertretung sind an die inhaltlichen Vorgaben der Gleichstellungsbeauftragten gebunden, die sie vertreten. ⁴Gesamtvertretung und Stellvertretung haben bei der Wahrnehmung ihrer Aufgaben die gleichen Rechte und Pflichten wie eine Gleichstellungsbeauftragte, wobei deren Rechte und Pflichten davon unberührt bleiben. ⁵Die Gesamtvertretung und die Stellvertretung werden aus der Mitte der Gleichstellungsbeauftragten des nachgeordneten Geschäftsbereichs der Polizei von diesen mit einfacher Mehrheit für die Dauer von vier Jahren gewählt. ⁶Das weitere Verfahren für die Durchführung der Wahl regelt das für die Polizei zuständige Ministerium durch Verwaltungsvorschrift, die im Thüringer Staatsanzeiger bekannt zu machen ist.

§ 16 Erlöschen und Widerruf

(1) Die Bestellung zur Gleichstellungsbeauftragten nach § 15 Abs. 1 oder die Bestellung zur Vertrauensfrau nach § 15 Abs. 5 erlöschen durch
1. Beendigung des Dienst- oder Arbeitsverhältnisses,
2. Eintritt in die Freistellungsphase einer langfristigen ungleichmäßigen Verteilung der Arbeitszeit, die sich bis zum Eintritt in den Ruhestand erstreckt,
3. Eintritt in den Ruhestand,
4. Übernahme einer Tätigkeit nach § 15 Abs. 7 oder 8,
5. Auflösung der Dienststelle oder
6. nicht nur vorübergehende Verhinderung von mehr als sechs Monaten.
(2) ¹Die Bestellung zur Gleichstellungsbeauftragten oder zur Vertrauensfrau kann nur auf eigenen Antrag oder bei grober Vernachlässigung oder Verletzung ihrer Pflichten widerrufen werden. ²Der Widerruf erfolgt durch die Dienststellenleitung.
(3) ¹Scheidet die Gleichstellungsbeauftragte vorzeitig aus dem Amt aus, ist die Stellvertreterin für die verbleibende Amtszeit als Gleichstellungsbeauftragte zu bestellen. ²Als neue

stellvertretende Gleichstellungsbeauftragte ist zu bestellen, wer in der Wahlliste die nächsthöhere Stimmenzahl erreicht hat. ³Ist die Wahlliste erschöpft, gilt § 15Abs. 3 Satz 1 entsprechend.
(4) ¹Bei Erlöschen oder Widerruf der Bestellung zur Vertrauensfrau ist mit Einverständnis der Stellvertreterin diese bis zum Ende der laufenden Amtszeit als Vertrauensfrau zu bestellen. ²Als neue stellvertretende Vertrauensfrau ist zu bestellen, wer auf der mehrheitlichen Vorschlagsliste der Bediensteten den nächsten Rang einnimmt. ³Ist die Vorschlagsliste erschöpft, bleibt die Funktion unbesetzt.

§ 17 Status

(1) ¹Die Gleichstellungsbeauftragte gehört der Verwaltung an und übt die Funktion der Gleichstellungsbeauftragten als dienstliche Tätigkeit aus. ²Sie ist in dieser Funktion unmittelbar der Dienststellenleitung zugeordnet und in deren Ausübung von fachlicher Weisung frei. ³Dies gilt entsprechend für die bestellte Vertrauensfrau.
(2) ¹Die Gleichstellungsbeauftragte ist von ihrer sonstigen dienstlichen Tätigkeit ohne Minderung der Bezüge oder des Arbeitsentgelts ganz oder teilweise zu entlasten. ²Die Entlastung beträgt in Dienststellen mit mehr als
1. 400 Bediensteten die Hälfte der regelmäßigen Wochenarbeitszeit,
2. 800 Bediensteten drei Viertel der regelmäßigen Wochenarbeitszeit,
3. 1 200 Bediensteten die volle regelmäßige Wochenarbeitszeit.
³Von Satz 2 kann im gegenseitigen Einvernehmen zwischen der Gleichstellungsbeauftragten und der Dienststellenleitung abgewichen werden. ⁴In Dienststellen mit bis zu 400 Bediensteten ist die Gleichstellungsbeauftragte so zu entlasten, wie es nach Art und Größe der Dienststelle zur ordnungsgemäßen Durchführung ihrer Aufgaben notwendig ist. ⁵Bei der Entlastung der Gleichstellungsbeauftragten nächsthöherer Dienststellen sind die Bediensteten der nachgeordneten Dienstelle, in denen Vertrauensfrauen nach § 15 Abs. 5 zu bestellen sind, kumulativ zu berücksichtigen. ⁶Die Stellvertreterin der Gleichstellungsbeauftragten kann im Einvernehmen mit dieser Aufgaben zur eigenständigen Erledigung übernehmen. ⁷Im Fall des Satzes 6 ist die Dienststelle auf gemeinsamen Antrag der Gleichstellungsbeauftragten und ihrer Stellvertreterin verpflichtet, die Entlastung auf beide aufzuteilen.
(3) Der Gleichstellungsbeauftragten ist zur Erfüllung ihrer Aufgaben die notwendige sachliche Ausstattung im Rahmen der vorhandenen Haushaltsmittel zur Verfügung zu stellen.
(4) ¹Die Gleichstellungsbeauftragte darf bei der Erfüllung ihrer Aufgaben nicht behindert und wegen ihrer Tätigkeit nicht benachteiligt werden. ²Dies gilt auch für ihre berufliche Fortbildung und Entwicklung. ³Die fiktive Nachzeichnung des beruflichen Werdegangs für vollständig entlastete Gleichstellungsbeauftragte ist im Hinblick auf die Einbeziehung in Personalauswahlentscheidungen zu berücksichtigen. ⁴Die Dienststelle hat der Gleichstellungsbeauftragten auf deren Antrag eine Aufgabenbeschreibung als Nachweis über ihre Tätigkeit zu erteilen. ⁵Bei Kündigung, Versetzung und Abordnung gelten für Gleichstellungsbeauftragte die Bestimmungen des Thüringer Personalvertretungsgesetzes und des Kündigungsschutzgesetzes über den Schutz der Mitglieder des Personalrats entsprechend. ⁶Das Gleiche gilt für die Vertrauensfrau für den Fall der Kündigung.
(5) ¹Die Gleichstellungsbeauftragte ist verpflichtet, über die persönlichen Verhältnisse von Bediensteten, die ihr aufgrund ihrer Tätigkeit bekannt geworden sind, sowie bei Angelegenheiten, die einer vertraulichen Behandlung bedürfen, Stillschweigen zu bewahren. ²Dies gilt auch über die Zeit der Bestellung hinaus. ³Die Pflicht zur Verschwiegenheit gilt auch für die Vertrauensfrau. ⁴Eine betroffene Person kann die Gleichstellungsbeauftragte oder die Vertrauensfrau von der Schweigepflicht entbinden.

(6) Die stellvertretende Gleichstellungsbeauftragte beziehungsweise die stellvertretende Vertrauensfrau haben im Vertretungsfall dieselben Rechte und Pflichten wie die Gleichstellungsbeauftragte beziehungsweise die Vertrauensfrau.

§ 18 Aufgaben

(1) [1]Die Gleichstellungsbeauftragte fördert und überwacht die Durchführung dieses Gesetzes und unterstützt die Dienststellenleitung bei dessen Umsetzung. [2]Sie ist bei allen personellen, sozialen und organisatorischen Maßnahmen der Dienststelle, die Fragen der Gleichstellung von Frauen und Männern, der Vereinbarkeit von Beruf und Familie und der Verbesserung der beruflichen Situation der in der Dienststelle beschäftigten Frauen und Männer betreffen, rechtzeitig zu beteiligen. [3]Dies gilt insbesondere bei
1. Einstellungsverfahren,
2. Beförderungen, Höhergruppierungen, Herabgruppierungen,
3. Versetzungen, Umsetzungen und Abordnungen für eine Dauer von mehr als sechs Monaten, vorzeitiger Beendigung oder Kündigung der Beschäftigung,
4. Konzeptionen von Fortbildungsmaßnahmen und der diesbezüglichen Teilnahmeentscheidung,
5. der Analyse der Bedienstetenstruktur, Aufstellung, Änderung und Umsetzung des Gleichstellungsplans sowie von Personalentwicklungskonzepten,
6. der Besetzung von Gremien,
7. Arbeitszeitregelungen,
8. Teilzeitbeschäftigung und Beurlaubung aus familiären Gründen sowie
9. Privatisierung, Auflösung, Verlegung oder Zusammenlegung von Dienststellen oder deren wesentlichen Teilen sowie Zuordnung von Bediensteten zu einem Stellenpool.

(2) [1]Die Gleichstellungsbeauftragte hat ein Initiativrecht für Maßnahmen zur Durchführung dieses Gesetzes und zur Verbesserung der Gleichstellung beider Geschlechter sowie zur Vereinbarkeit von Beruf und Familie für Frauen und Männer. [2]Zu ihren Aufgaben gehört auch die Beratung und Unterstützung von Frauen und Männern in Einzelfällen bei der beruflichen Förderung und bei der Beseitigung von Benachteiligungen. [3]Die Gleichstellungsbeauftragte nimmt Beschwerden über sexuelle Belästigung entgegen, berät die Betroffenen und leitet mit deren Einverständnis die Mitteilungen an die Dienststellenleitung weiter.

(3) [1]Die Gleichstellungsbeauftragte dokumentiert ihre Mitwirkung durch schriftliches Votum, das zu den Akten zu nehmen ist. [2]§ 20 Abs. 1 Satz 2 und 3 gilt entsprechend. [3]Bei abweichender Entscheidung der Dienststelle hat diese auf Verlangen der Gleichstellungsbeauftragten die Gründe hierfür schriftlich mitzuteilen.

(4) Die Vertrauensfrau ist Ansprechpartnerin für die Bediensteten ihrer Dienststelle und für die Gleichstellungsbeauftragte der nächsthöheren Dienststelle; sie ist für die Vermittlung von Informationen zwischen diesen verantwortlich.

(5) [1]Die Gleichstellungsbeauftragten der obersten Landesbehörden arbeiten dienststellenübergreifend zusammen. [2]Sie sind für den Informations- und Erfahrungsaustausch der Gleichstellungsbeauftragten und der Vertrauensfrauen in ihren jeweiligen Geschäftsbereichen verantwortlich.

§ 19 Rechte

(1) [1]Die Gleichstellungsbeauftragte ist zur Durchführung ihrer Aufgaben rechtzeitig und umfassend zu unterrichten. [2]Ihr sind die hierfür erforderlichen Unterlagen frühzeitig vorzulegen und jederzeit Auskünfte zu erteilen. [3]Ihre Beteiligung soll zeitlich vor der Personalvertretung erfolgen. [4]Bei Personalentscheidungen erhält sie auf Verlangen in dem zur Erfüllung ihrer Aufgaben erforderlichen Umfang auch Einsicht in Personalakten, soweit die durch die

Maßnahme betroffenen Bediensteten ihre schriftliche Einwilligung erteilt haben, oder in Bewerbungsunterlagen einschließlich der von Bewerbern, die nicht in die engere Auswahl einbezogen wurden.
(2) [1]Beabsichtigt eine übergeordnete Dienststelle Entscheidungen nach § 18 Abs. 1 Satz 2 und 3 mit Wirkung für nachgeordnete Dienststellen zu treffen, hat sie rechtzeitig die für die nachgeordneten Dienststellen zuständigen Gleichstellungsbeauftragten zu beteiligen. [2]Den zuständigen Gleichstellungsbeauftragten ist Gelegenheit zur Stellungnahme zu geben. [3]§ 20 Abs. 1 gilt entsprechend.
(3) Die Gleichstellungsbeauftragte hat ein unmittelbares Vortragsrecht bei der Dienststellenleitung.
(4) Die Gleichstellungsbeauftragte hat das Recht, an allgemeinen Dienstberatungen und Monatsgesprächen der Dienststellenleitung zu personellen, organisatorischen und sozialen Angelegenheiten nach § 18 teilzunehmen.
(5) Gleichstellungsbeauftragte und Personalvertretung arbeiten unter Beachtung ihrer jeweiligen Zuständigkeiten vertrauensvoll zum Wohle der Beschäftigten zusammen.
(6) [1]Die Gleichstellungsbeauftragte ist berechtigt, Sprechstunden in angemessenem Umfang abzuhalten. [2]Sie informiert die Bediensteten und nimmt Anregungen und Beschwerden entgegen. [3]Bedienstete können sich ohne Einhaltung des Dienstwegs an die Gleichstellungsbeauftragte wenden. [4]Sie kann im Einvernehmen mit der Dienststellenleitung Versammlungen einberufen und leiten.
(7) Die Dienststellenleitung unterstützt die Gleichstellungsbeauftragte oder die Vertrauensfrau bei der Durchführung ihrer Aufgaben.
(8) Die Gleichstellungsbeauftragte, die Vertrauensfrau sowie deren Stellvertreterinnen haben das Recht, mindestens einmal jährlich an einer Fortbildung, insbesondere zu Fragen des Gleichstellungsrechts, des öffentlichen Dienst-, Tarif-, Personalvertretungs-, Organisations- und Haushaltsrechts, teilzunehmen.

§ 20 Einspruchsrecht

(1) [1]Bei Entscheidungen der Dienststelle, die gegen den Gleichstellungsplan, Bestimmungen dieses Gesetzes oder andere die Gleichstellung von Frauen und Männern betreffenden Vorschriften verstoßen, hat die Gleichstellungsbeauftragte gegenüber der Dienststellenleitung ein Einspruchsrecht. [2]Sie hat hierbei eine Frist von sieben Arbeitstagen nach ihrer Unterrichtung einzuhalten. [3]Danach gilt die Maßnahme als gebilligt.
(2) [1]Über den schriftlichen begründeten Einspruch soll die Dienststellenleitung innerhalb einer Frist von einem Monat nach Zugang des Einspruchs entscheiden. [2]Sie soll die Umsetzung der beanstandeten Maßnahme bis zur Entscheidung über den Einspruch aufschieben. [3]Hält die Dienststellenleitung den Einspruch für begründet, sind die Maßnahme und ihre Folgen zu berichtigen und die Ergebnisse des Einspruchs künftig zu berücksichtigen.
(3) [1]Hält die Dienststellenleitung den Einspruch für unbegründet, hat sie dies gegenüber der Gleichstellungsbeauftragten schriftlich zu begründen. [2]Die Dienststellenleitung einer nachgeordneten Dienststelle legt den Einspruch unter Beifügung einer Stellungnahme der nächsthöheren Dienststellenleitung, bei Körperschaften, Anstalten und Stiftungen deren Vorstand zur Entscheidung vor. [3]Absatz 2 gilt entsprechend.
(4) Auf Gemeinden, Landkreise, Verwaltungsgemeinschaften und Zweckverbände findet Absatz 3 Satz 2 keine Anwendung.

§ 21 Rechtsschutz

(1) ¹Die Gleichstellungsbeauftragte kann das zuständige Verwaltungsgericht anrufen, wenn die Dienststelle
1. die Rechte der Gleichstellungsbeauftragten verletzt oder
2. einen den Bestimmungen dieses Gesetzes nicht entsprechenden Gleichstellungsplan aufgestellt hat. ²Die Anrufung des Gerichts hat keine aufschiebende Wirkung.

(2) ¹Der Anrufung des Gerichts hat vorauszugehen, dass der Einspruch nach § 20 erfolglos geblieben und ein nochmaliger Versuch, außergerichtlich zu einer einvernehmlichen Lösung zu gelangen, gescheitert ist. ²Das Gericht ist innerhalb eines Monats nach schriftlicher Feststellung des Scheiterns des außergerichtlichen Einigungsversuchs anzurufen. ³Die schriftliche Feststellung kann durch die Gleichstellungsbeauftragte oder die Dienststelle getroffen werden.

(3) ¹Ist über den Einspruch nach § 20 ohne zureichenden Grund sachlich nicht entschieden worden, ist eine angemessene Nachfrist von mindestens zwei Wochen unter Androhung der Beschreitung des Rechtsweges zu setzen. ²Bei fruchtlosem Ablauf der Nachfrist ist die Anrufung abweichend von Absatz 2 zulässig. ³§ 75 Satz 2 bis 4 der Verwaltungsgerichtsordnung gilt entsprechend.

(4) Die Dienststelle trägt die der Gleichstellungsbeauftragten entstehenden notwendigen Kosten.

Zweiter Teil: Gleichstellungsbeauftragte in Gemeinden mit mehr als 20 000 Einwohnern und Landkreisen

§ 22 Status

(1) ¹Für die nach § 33 Abs. 1 Satz 2 und § 111 Abs. 1 Satz 3 der Thüringer Kommunalordnung (ThürKO) zu bestellenden Gleichstellungsbeauftragten (kommunale Gleichstellungsbeauftragte) gelten die Bestimmungen des Ersten Teils, soweit nichts anderes bestimmt ist. ²Die kommunalen Gleichstellungsbeauftragten gehören der Verwaltung an und üben diese Funktion als dienstliche Tätigkeit aus. ³Sie sind in dieser Funktion unmittelbar der Dienststellenleitung zugeordnet. ⁴In Ausübung ihrer Aufgaben nach § 18 sind die kommunalen Gleichstellungsbeauftragten von fachlicher Weisung frei. ⁵Die kommunalen Gleichstellungsbeauftragten sind mindestens mit drei Vierteln der regelmäßigen Wochenarbeitszeit von anderen dienstlichen Aufgaben zu entlasten. ⁶Von Satz 5 kann im gegenseitigen Einvernehmen zwischen der kommunalen Gleichstellungsbeauftragten und der Dienststellenleitung abgewichen werden. ⁷Die Übernahme dieses Amts durch Wahlbeamte ist nicht zulässig.

(2) Die nach § 33 Abs. 1 Satz 2 und § 111 Abs. 1 Satz 3 ThürKO zu bestellenden Stellvertreterinnen nehmen bei Abwesenheit der kommunalen Gleichstellungsbeauftragten deren Aufgaben wahr.

(3) Die Regelungen der Thüringer Kommunalordnung bleiben im Übrigen unberührt.

§ 23 Aufgaben

(1) ¹Die kommunalen Gleichstellungsbeauftragten haben darauf hinzuwirken, Benachteiligungen abzubauen und das verfassungsrechtliche Gebot der Gleichberechtigung von Frauen und Männern durchzusetzen. ²Zu ihrem Zuständigkeitsbereich gehören alle die Gleichstellung der Geschlechter betreffenden Angelegenheiten. ³Sie fördern die berufliche Entwicklung und Chancengleichheit von Frauen und Männern, die Vereinbarkeit von Beruf und Familie und unterstützen Initiativen gegen Arbeitslosigkeit. ⁴Die kommunalen Gleichstellungsbeauftragten erfüllen Querschnittsaufgaben, die fachübergreifend alle Bereiche der Kommunalpolitik und -verwaltung berühren können.

(2) Zur Förderung der Verwirklichung der tatsächlichen Gleichstellung von Frauen und Männern in den Gemeinden und Landkreisen haben die kommunalen Gleichstellungsbeauftragten insbesondere folgende Aufgaben:
1. Zusammenarbeit mit und Unterstützung von Frauengruppen, -verbänden und -vereinen sowie von Frauenhäusern und -schutzwohnungen,
2. Zusammenarbeit mit gesellschaftlich wichtigen Gruppen von gleichstellungspolitischer Bedeutung,
3. Kontakt mit Stellen des Bundes, der Länder und Kommunen, die für ihren Aufgabenbereich von Belang sind,
4. Initiierung eigener Maßnahmen struktureller und präventiver Art,
5. Mitwirkung bei der Organisation oder Durchführung von Veranstaltungen oder Fortbildungsmaßnahmen,
6. Beratung und Hilfe für Rat suchende Bürgerinnen und Bürger zu Angelegenheiten und Fragen der Chancengleichheit,
7. Unterstützung der Dienststellenleitung bei Maßnahmen zur Förderung von Chancengleichheit und Initiierung von Maßnahmen zum Abbau von Diskriminierung aufgrund des Geschlechts, häuslicher Gewalt, sexualisierter Gewalt, Nachstellen sowie
8. Öffentlichkeitsarbeit im Rahmen ihres dienstlichen Auftrags.
(3) [1]Die kommunalen Gleichstellungsbeauftragten legen alle drei Jahre dem jeweils zuständigen Gemeinderat, Kreistag oder der Gemeinschaftsversammlung einen Tätigkeitsbericht vor. [2]Der Tätigkeitsbericht darf keine personenbezogenen Daten enthalten.

§ 24 Rechte
(1) Die kommunale Gleichstellungsbeauftragte hat das Recht, bei der Dienststellenleitung eigene Vorlagen einzubringen.
(2) [1]Die kommunale Gleichstellungsbeauftragte hat das Recht zur Einsicht in Vorlagen, die in die Beschlussorgane der Gemeinden und Landkreise oder deren Ausschüsse eingebracht werden, und zur Stellungnahme, soweit diese Vorlagen in ihren Tätigkeitsbereich nach § 23 fallen. [2]Hierfür ist sie rechtzeitig und umfassend zu unterrichten, und es ist ihr Auskunft zu erteilen.
(3) Die kommunale Gleichstellungsbeauftragte arbeitet mit den Fachabteilungen der Dienststellen zusammen und wird bei der Wahrnehmung ihrer Aufgaben von diesen fachlich unterstützt.
(4) Der kommunalen Gleichstellungsbeauftragten ist zur Erfüllung ihrer Aufgaben im jeweiligen Haushalt ein ihrer Verantwortung entsprechender eigener Etat zur Verfügung zu stellen.

Dritter Teil: Beauftragte für die Gleichstellung von Frau und Mann
§ 25 Bestellung
(1) Die Ministerpräsidentin, der Ministerpräsident bestellt auf Vorschlag des zuständigen Ressorts eine Beauftragte für die Gleichstellung von Frau und Mann.
(2) Die Beauftragte ist unabhängig und ressortübergreifend tätig.

§ 26 Aufgaben und Rechte
(1) Aufgabe der Beauftragten für die Gleichstellung von Frau und Mann ist es,
1. darauf hinzuwirken, dass die in § 2 genannten Ziele verwirklicht und die übrigen Bestimmungen dieses Gesetzes, die aufgrund dieses Gesetzes erlassenen Rechtsverordnungen sowie andere Rechtsvorschriften zugunsten der Gleichstellung von Frauen und Männern eingehalten werden,

2. bei der Erstellung von Rechtsvorschriften, die die Belange der Gleichstellung von Frauen und Männer berühren, aktiv mitzuwirken,
3. darauf hinzuwirken, dass geschlechtsspezifische Benachteiligungen abgebaut und verhindert werden,
4. die Verwirklichung des Ziels der tatsächlichen Gleichstellung zu fördern,
5. eng mit den für Gleichstellung zuständigen Stellen des Bundes, der Länder, der Landkreise, der kreisfreien Städte und der Gemeinden zusammenzuarbeiten,
6. in regionalen und überregionalen Gremien mitzuarbeiten und
7. mit Frauen- und Männerorganisationen, -gruppen und -initiativen sowie mit Organisationen, die Interessen von Frauen und Männern vertreten, zusammenzuarbeiten und deren Arbeit zu fördern.

(2) ¹Die in § 1 genannten Stellen unterstützen die Beauftragte bei der Erfüllung ihrer Aufgaben nach Absatz 1. ²Sie erteilen der Beauftragten die erforderlichen Auskünfte und gewähren Akteneinsicht unter Beachtung datenschutzrechtlicher Vorschriften. ³Eine Einsicht in Personalakten ist nur mit schriftlicher Einwilligung der betroffenen Person zulässig.

(3) ¹Stellt die Beauftragte Verstöße gegen Bestimmungen dieses Gesetzes fest, fordert sie zur Stellungnahme innerhalb einer von ihr zu bestimmenden Frist auf und legt bei Verstößen
1. der Landesverwaltung gegenüber der zuständigen obersten Landesbehörde oder
2. sonstiger in § 1 genannter Stellen gegenüber dem vertretungsberechtigten Organ

Einspruch ein. ²Mit dem Einspruch können Vorschläge zur Beseitigung der Mängel und zur Umsetzung des Gleichstellungsgebots von Frauen und Männern verbunden werden. ³Soweit dem Einspruch nicht Rechnung getragen wird, haben die zuständige oberste Landesbehörde oder das vertretungsberechtigte Organ der in § 1 genannten Stellen die Gründe hierfür innerhalb von vier Wochen nach dessen Eingang der Beauftragten schriftlich darzulegen.

Vierter Teil: Chancengleichheitsprüfung, geschlechtergerechte Haushaltsführung, Sprache

§ 27 Chancengleichheitsprüfung, geschlechtergerechte Haushaltsführung

¹Die in § 1 genannten Stellen sind verpflichtet, in allen Phasen eines Gesetzgebungsverfahrens sowie beim Erlass von Rechtsverordnungen und Verwaltungsvorschriften auf die Chancengleichheit von Frauen und Männern zu achten. ²Gleiches gilt bei der Haushaltsaufstellung und Haushaltsdurchführung.

§ 28 Sprache

Behörden und Dienststellen haben bei Erlass von Rechtsvorschriften, Verwaltungsvorschriften, bei der Gestaltung von Vordrucken, in amtlichen Schreiben und bei Stellenausschreibungen soweit wie möglich geschlechtneutrale Bezeichnungen zu wählen.

Fünfter Teil: Übergangs- und Schlussbestimmungen

§ 29 Übergangsbestimmungen

(1) ¹Vor Inkrafttreten dieses Gesetzes erstellte Frauenförderpläne bleiben bis zum Ablauf ihres Geltungszeitraums in Kraft. ²Für diese verbleibende Geltungsdauer sind die §§ 4 und 5 des Thüringer Gleichstellungsgesetzes in der vor dem Inkrafttreten des Gesetzes zur Novellierung des Thüringer Gleichstellungsgesetzes und zur Änderung der Thüringer Kommunalordnung geltenden Fassung weiterhin anzuwenden.

(2) ¹Vor Inkrafttreten dieses Gesetzes bestellte Frauenbeauftragte, Vertrauenspersonen oder Gleichstellungsbeauftragte in Gemeinden mit mehr als 20 000 Einwohnern und Landkreisen und deren Stellvertreterinnen bleiben bis zum Ablauf ihrer derzeitigen Bestellung im Amt. ²Dies

gilt auch für Frauenbeauftragte oder Vertrauenspersonen und deren Stellvertreterinnen in Dienststellen mit weniger als 50 Bediensteten sowie für Gleichstellungsbeauftragte in Gemeinden mit mehr als 10 000 und weniger als 20 000 Einwohnern. ³Sie führen ihr Amt mit den Rechten und Pflichten einer Gleichstellungsbeauftragten, kommunalen Gleichstellungsbeauftragten, Vertrauensfrau oder einer Stellvertreterin nach diesem Gesetz fort.
(3) Der nach § 14 zu erstellende Erfahrungsbericht wird nach Inkrafttreten dieses Gesetzes erstmalig in der 6. Legislaturperiode vorgelegt.

§ 30 Gleichstellungsbestimmung
Status- und Funktionsbezeichnungen in diesem Gesetz gelten jeweils in weiblicher und männlicher Form.

18. Gesetz über die förmliche Verpflichtung nichtbeamteter Personen (Verpflichtungsgesetz – VerpflG)

vom 2. März 1974 (BGBl. I 1974, S. 469, 547)
– zuletzt geändert durch Gesetz zur Änderung des Einführungsgesetzes zum Strafgesetzbuch vom 15. August 1974

§ 1 [Personenkreis – Vornahme der Verpflichtung]
(1) Auf die gewissenhafte Erfüllung seiner Obliegenheiten soll verpflichtet werden, wer, ohne Amtsträger (§ 11 Abs. 1 Nr. 2 des Strafgesetzbuches) zu sein,
1. bei einer Behörde oder bei einer sonstigen Stelle, die Aufgaben der öffentlichen Verwaltung wahrnimmt, beschäftigt oder für sie tätig ist,
2. bei einem Verband oder sonstigen Zusammenschluß, einem Betrieb oder Unternehmen, die für eine Behörde oder sonstige Stelle Aufgaben der öffentlichen Verwaltung ausführen, beschäftigt oder für sie tätig ist oder
3. als Sachverständiger öffentlich bestellt ist.
(2) ¹Die Verpflichtung wird mündlich vorgenommen. ²Dabei ist auf die strafrechtlichen Folgen einer Pflichtverletzung hinzuweisen.
(3) ¹Über die Verpflichtung wird eine Niederschrift aufgenommen, die der Verpflichtete mit unterzeichnet. ²Er erhält eine Abschrift der Niederschrift; davon kann abgesehen werden, wenn dies im Interesse der inneren oder äußeren Sicherheit der Bundesrepublik Deutschland geboten ist.
(4) Welche Stelle für die Verpflichtung zuständig ist, bestimmt
1. in den Fällen des Absatzes 1 Nr. 1 und 2 bei Behörden oder sonstigen Stellen nach Bundesrecht die jeweils zuständige oberste Dienstaufsichtsbehörde oder, soweit eine Dienstaufsicht nicht besteht, die oberste Fachaufsichtsbehörde,
2. in allen übrigen Fällen diejenige Behörde, die von der Landesregierung durch Rechtsverordnung bestimmt wird.

§ 2 [Dem Personenkreis des § 1 gleichstehende Personen]
(1) Wer, ohne Amtsträger zu sein, auf Grund des § 1 der Verordnung gegen Bestechung und Geheimnisverrat nichtbeamteter Personen in der Fassung der Bekanntmachung vom 22. Mai 1943 (Reichsgesetzbl. I S. 351) förmlich verpflichtet worden ist, steht einem nach § 1 Verpflichteten gleich.
(2) Wer, ohne Amtsträger zu sein,
1. als Arbeitnehmer des öffentlichen Dienstes nach einer tarifrechtlichen Regelung oder
2. auf Grund eines Gesetzes oder aus einem sonstigen Rechtsgrund
zur gewissenhaften Erfüllung seiner Obliegenheiten verpflichtet worden ist, steht einem nach § 1 Verpflichteten gleich, wenn die Voraussetzungen des § 1 Abs. 2 erfüllt sind.

§ 3 [Berlin-Klausel]
(gegenstandslos)

§ 4 [Inkrafttreten]
¹Dieses Gesetz tritt am 1. Januar 1975 in Kraft. ²§ 1 Abs. 4 tritt am Tage nach der Verkündung in Kraft.

19. Verordnung über den Mutterschutz für Beamtinnen des Bundes und die Elternzeit für Beamtinnen und Beamte des Bundes (Mutterschutz- und Elternzeitverordnung – MuSchEltZV)

vom 12. Februar 2009 (BGBl. I 2009, S. 320)
– zuletzt geändert durch Verordnung zur Fortentwicklung laufbahnrechtlicher und weiterer dienstrechtlicher Vorschriften vom 16. August 2021 (BGBl I 2021, S. 3582)

Abschnitt 1: Mutterschutz

§ 1 Allgemeines

Für den Mutterschutz von Personen in einem Beamtenverhältnis beim Bund sowie bei bundesunmittelbaren Körperschaften, Anstalten und Stiftungen des öffentlichen Rechts gelten die §§ 2 bis 5.

§ 2 Anwendung des Mutterschutzgesetzes

(1) ¹Die folgenden Vorschriften des Mutterschutzgesetzes sind entsprechend anzuwenden:
1. zu Begriffsbestimmungen (§ 2 Absatz 1 Satz 1, Absatz 3 Satz 1 und Absatz 4 des Mutterschutzgesetzes),
2. zur Gestaltung der Arbeitsbedingungen (§§ 9, 10 Absatz 1 und 2, §§ 11, 12, 13 Absatz 1 Nummer 1 des Mutterschutzgesetzes),
3. zum Arbeitsplatzwechsel (§ 13 Absatz 1 Nummer 2 des Mutterschutzgesetzes),
4. zur Dokumentation und Information durch den Arbeitgeber (§ 14 des Mutterschutzgesetzes),
5. zu Beschäftigungsverboten (§§ 3 bis 6, 10 Absatz 3, § 13 Absatz 1 Nummer 3 und § 16 des Mutterschutzgesetzes),
6. zu Mitteilungen und Nachweisen über die Schwangerschaft und das Stillen (§ 15 des Mutterschutzgesetzes),
7. zur Freistellung für Untersuchungen und zum Stillen (§ 7 des Mutterschutzgesetzes),
8. zu den Mitteilungs- und Aufbewahrungspflichten des Arbeitgebers (§ 27 Absatz 1 bis 5 des Mutterschutzgesetzes) sowie
9. zum behördlichen Genehmigungsverfahren für eine Beschäftigung zwischen 20 und 22 Uhr (§ 28 des Mutterschutzgesetzes).

²Andere Arbeitsschutzvorschriften bleiben unberührt.
(2) In jeder Dienststelle, bei der regelmäßig mehr als drei Personen tätig sind, sind ein Abdruck des Mutterschutzgesetzes sowie ein Abdruck dieser Verordnung an geeigneter Stelle zur Einsicht auszulegen, auszuhändigen oder in einem elektronischen Informationssystem jederzeit zugänglich zu machen.

§ 3 Besoldung bei Beschäftigungsverbot, Untersuchungen und Stillen

(1) ¹Durch die mutterschutzrechtlichen Beschäftigungsverbote mit Ausnahme des Verbots der Mehrarbeit wird die Zahlung der Dienst- und Anwärterbezüge nicht berührt (§§ 3 bis 6, 10 Absatz 3, § 13 Absatz 1 Nummer 3 und § 16 des Mutterschutzgesetzes). ²Dies gilt auch für das Dienstversäumnis wegen ärztlicher Untersuchungen bei Schwangerschaft und Mutterschaft sowie während des Stillens (§ 7 des Mutterschutzgesetzes).

(2) Im Fall der vorzeitigen Beendigung einer Elternzeit nach § 16 Absatz 3 Satz 3 des Bundeselterngeld- und Elternzeitgesetzes richtet sich die Höhe der Dienst- und Anwärterbezüge nach dem Beschäftigungsumfang vor der Elternzeit oder während der Elternzeit, wobei die höheren Bezüge maßgeblich sind.
(3) Bemessungsgrundlage für die Zahlung von Erschwerniszulagen nach der Erschwerniszulagenverordnung sowie für die Vergütung nach der Vollstreckungsvergütungsverordnung in der Fassung der Bekanntmachung vom 6. Januar 2003 (BGBl. I S. 8) in der jeweils geltenden Fassung ist der Durchschnitt der Zulagen und der Vergütungen der letzten drei Monate vor Beginn des Monats, in dem die Schwangerschaft eingetreten ist.

§ 4 Entlassung während der Schwangerschaft, nach einer Fehlgeburt und nach der Entbindung

(1) ^{1}Während der Schwangerschaft, bis zum Ablauf von vier Monaten nach einer Fehlgeburt nach der zwölften Schwangerschaftswoche und bis zum Ende der Schutzfrist nach der Entbindung, mindestens bis zum Ablauf von vier Monaten nach der Entbindung, darf die Entlassung von Beamtinnen auf Probe und von Beamtinnen auf Widerruf gegen ihren Willen nicht ausgesprochen werden, wenn der oder dem Dienstvorgesetzten die Schwangerschaft, die Fehlgeburt nach der zwölften Schwangerschaftswoche oder die Entbindung bekannt ist. ^{2}Eine ohne diese Kenntnis ergangene Entlassungsverfügung ist zurückzunehmen, wenn innerhalb von zwei Wochen nach ihrer Zustellung der oder dem Dienstvorgesetzten die Schwangerschaft, die Fehlgeburt nach der zwölften Schwangerschaftswoche oder die Entbindung mitgeteilt wird. ^{3}Das Überschreiten dieser Frist ist unbeachtlich, wenn dies auf einem von der Beamtin nicht zu vertretenden Grund beruht und die Mitteilung über die Schwangerschaft, die Fehlgeburt oder die Entbindung unverzüglich nachgeholt wird. ^{4}Die Sätze 1 bis 3 gelten entsprechend für Vorbereitungsmaßnahmen des Dienstherrn, die er im Hinblick auf eine Entlassung einer Beamtin trifft.
(2) Die oberste Dienstbehörde kann in besonderen Fällen, die nicht mit dem Zustand der Beamtin in der Schwangerschaft, nach einer Fehlgeburt nach der zwölften Schwangerschaftswoche oder nach der Entbindung in Zusammenhang stehen, ausnahmsweise die Entlassung für zulässig erklären.
(3) Die §§ 31, 32, 34 Absatz 4, § 35 Satz 1, letzterer vorbehaltlich der Fälle des § 24 Absatz 3, sowie die §§ 36 und 37 Absatz 1 Satz 3 des Bundesbeamtengesetzes bleiben unberührt.

§ 5 Zuschuss bei Beschäftigungsverbot während einer Elternzeit

^{1}Beamtinnen erhalten einen Zuschuss von 13 Euro für jeden Kalendertag eines Beschäftigungsverbots in den letzten sechs Wochen vor der Entbindung und eines Beschäftigungsverbots nach der Entbindung – einschließlich des Entbindungstages –, der in eine Elternzeit fällt. ^{2}Dies gilt nicht, wenn sie während der Elternzeit teilzeitbeschäftigt sind. ^{3}Der Zuschuss ist auf 210 Euro begrenzt, wenn die Dienst- oder Anwärterbezüge ohne die mit Rücksicht auf den Familienstand gewährten Zuschläge und ohne Leistungen nach Abschnitt 5 des Bundesbesoldungsgesetzes die Versicherungspflichtgrenze in der gesetzlichen Krankenversicherung überschreiten oder überschreiten würden.

Abschnitt 2: Elternzeit

§ 6 Anwendung des Bundeselterngeld- und Elternzeitgesetzes
Beamtinnen und Beamte haben Anspruch auf Elternzeit ohne Dienst- oder Anwärterbezüge entsprechend des § 15 Absatz 1 bis 3 sowie der §§ 16 und 28 Absatz 1 Satz 1 des Bundeselterngeld- und Elternzeitgesetzes.

§ 7 Teilzeitbeschäftigung während der Elternzeit
(1) Während der Elternzeit ist Beamtinnen und Beamten, die Anspruch auf Dienst- oder Anwärterbezüge haben, auf Antrag eine Teilzeitbeschäftigung bei ihrem Dienstherrn bis zu 32 Wochenstunden im Durchschnitt eines Monats zu bewilligen, wenn zwingende dienstliche Belange nicht entgegenstehen.
(2) [1]Mit Genehmigung der zuständigen Dienstbehörde darf während der Elternzeit auch eine Teilzeitbeschäftigung außerhalb des Beamtenverhältnisses in dem in Absatz 1 genannten Umfang ausgeübt werden. [2]Die Genehmigung kann nur innerhalb von vier Wochen ab Antragstellung versagt werden, wenn dringende dienstliche Belange entgegenstehen. [3]Sie ist zu versagen, wenn einer der in § 99 Absatz 2 Satz 2 Nummer 2 bis 6 des Bundesbeamtengesetzes genannten Gründe vorliegt.

§ 8 Entlassung während der Elternzeit
(1) [1]Während der Elternzeit darf die Entlassung von Beamtinnen und Beamten auf Probe und von Beamtinnen und Beamten auf Widerruf gegen ihren Willen nicht ausgesprochen werden. [2]Dies gilt nicht für Zeiten einer Teilzeitbeschäftigung nach § 7 Absatz 1.
(2) In besonderen Fällen kann die oberste Dienstbehörde die Entlassung ausnahmsweise für zulässig erklären.
(3) § 4 Absatz 3 gilt entsprechend.

§ 9 Erstattung von Krankenversicherungsbeiträgen
(1) [1]Beamtinnen und Beamten werden für die Dauer der Elternzeit die Beiträge für ihre Kranken- und Pflegeversicherung bis zu monatlich 31 Euro erstattet, wenn ihre Dienst- oder Anwärterbezüge vor Beginn der Elternzeit die Versicherungspflichtgrenze in der gesetzlichen Krankenversicherung nicht überschritten haben oder überschritten hätten. [2]Hierbei werden die mit Rücksicht auf den Familienstand gewährten Zuschläge sowie Leistungen nach Abschnitt 5 des Bundesbesoldungsgesetzes nicht berücksichtigt. [3]Nehmen die Eltern gemeinsam Elternzeit, steht die Beitragserstattung nur dem Elternteil zu, bei dem das Kind im Familienzuschlag berücksichtigt wird oder berücksichtigt werden soll.
(2) [1]Für die Zeit, für die sie Elterngeld nach den §§ 4 und 4c des Bundeselterngeld- und Elternzeitgesetzes beziehen, werden Beamtinnen und Beamten mit Dienstbezügen bis einschließlich der Besoldungsgruppe A 8 sowie Beamtinnen und Beamten mit Anwärterbezügen auf Antrag die Beiträge für die Kranken- und Pflegeversicherung über die Erstattung nach Absatz 1 hinaus in voller Höhe erstattet, soweit sie auf einen auf den Beihilfebemessungssatz abgestimmten Prozenttarif oder einen die jeweilige Beihilfe ergänzenden Tarif einschließlich etwaiger darin enthaltener Altersrückstellungen entfallen. [2]Für andere Monate einer Elternzeit wird die Beitragserstattung nach Satz 1 weitergezahlt, solange keine Beschäftigung mit mindestens der Hälfte der regelmäßigen Arbeitszeit ausgeübt wird.
(3) Die Absätze 1 und 2 gelten entsprechend für auf die Beamtin oder den Beamten entfallende Beiträge für die freiwillige gesetzliche Krankenversicherung und Pflegeversicherung.

§ 10 Sonderregelung für Richterinnen und Richter im Bundesdienst
Während der Elternzeit ist eine Teilzeitbeschäftigung als Richterin oder Richter von mindestens der Hälfte bis zu drei Vierteln des regelmäßigen Dienstes zulässig.

Abschnitt 3: Übergangs- und Schlussvorschriften
§ 11 Übergangsvorschrift
Auf die vor dem 14. Februar 2009 geborenen Kinder oder auf die vor diesem Zeitpunkt mit dem Ziel der Adoption aufgenommenen Kinder ist § 1 Absatz 2 Satz 2 und 3 der Elternzeitverordnung in der bis zum 13. Februar 2009 geltenden Fassung anzuwenden.